NomosGesetze

Bundes-Immissionsschutzgesetz

Textsammlung mit Einführung und Erläuterungen
von Prof. Dr. Klaus Hansmann

BImSchG | BImSch-Verordnungen
EMASPrivilegV | KNV-V | TA Luft | TA Lärm
UVPG | USchadG | TEHG | ZuV 2020
EHV 2030 | FluglSchG | 2. u. 3. FlugLSV | KSG

38. Auflage

Stand: 1. März 2020

Nomos

Die Deutsche Nationalbibliothek verzeichnet diese
Publikation in der Deutschen Nationalbibliografie;
detaillierte bibliografische Daten sind im Internet über
http://dnb.d-nb.de abrufbar.

ISBN 978-3-8487-6596-6

38. Auflage 2020
© Nomos Verlagsgesellschaft, Baden-Baden 2020. Gedruckt
in Deutschland. Alle Rechte, auch die des Nachdrucks von
Auszügen, der fotomechanischen Wiedergabe und der Übersetzung, vorbehalten.

Inhaltsübersicht

	Einführung		9
1	Bundes-Immissionsschutzgesetz	BImSchG	51
1.1	Verordnung über kleine und mittlere Feuerungsanlagen	1. BImSchV	153
1.2	Verordnung zur Emissionsbegrenzung von leichtflüchtigen halogenierten organischen Verbindungen	2. BImSchV	182
1.3	*Verordnung über den Schwefelgehalt bestimmter flüssiger Kraft- oder Brennstoffe – Hinweis –*	*3. BImSchV*	195
1.4	Verordnung über genehmigungsbedürftige Anlagen	4. BImSchV	196
1.5	Verordnung über Immissionsschutz- und Störfallbeauftragte	5. BImSchV	248
1.6	*Verordnung über die Fachkunde und Zuverlässigkeit der Immissionsschutzbeauftragten – Hinweis –*	*6. BImSchV*	255
1.7	Verordnung zur Auswurfbegrenzung von Holzstaub	7. BImSchV	256
1.8	*Rasenmäherlärm-Verordnung – Hinweis –*	*8. BImSchV*	259
1.9	Verordnung über das Genehmigungsverfahren	9. BImSchV	260
1.10	Verordnung über die Beschaffenheit und die Auszeichnung der Qualitäten von Kraft- und Brennstoffen	10. BImSchV	292
1.11	Verordnung über Emissionserklärungen	11. BImSchV	307
1.12	Störfall-Verordnung	12. BImSchV	313
1.13	Verordnung über Großfeuerungs-, Gasturbinen- und Verbrennungsmotoranlagen	13. BImSchV	356
1.14	Verordnung über Anlagen der Landesverteidigung	14. BImSchV	397
1.15	*Baumaschinenlärm-Verordnung – Hinweis –*	*15. BImSchV*	398
1.16	Verkehrslärmschutzverordnung	16. BImSchV	399
1.17	Verordnung über die Verbrennung und die Mitverbrennung von Abfällen	17. BImSchV	410
1.18	Sportanlagenlärmschutzverordnung	18. BImSchV	451
1.19	*Verordnung über Chlor- und Bromverbindungen als Kraftstoffzusatz – Hinweis –*	*19. BImSchV*	464

Inhalt

1.20 Verordnung zur Begrenzung der Emissionen flüchtiger organischer Verbindungen beim Umfüllen und Lagern von Ottokraftstoffen, Kraftstoffgemischen oder Rohbenzin   20. BImSchV   465

1.21 Verordnung zur Begrenzung der Kohlenwasserstoffemissionen bei der Betankung von Kraftfahrzeugen   21. BImSchV   477

1.22 *Verordnung über Immissionswerte für Schadstoffe in der Luft – Hinweis –*   *22. BImSchV*   486

1.23 *Verordnung über die Festlegung von Konzentrationswerten – Hinweis –*   *23. BImSchV*   486

1.24 Verkehrswege-Schallschutzmaßnahmenverordnung   24. BImSchV   487

1.25 Verordnung zur Begrenzung von Emissionen aus der Titandioxid-Industrie   25. BImSchV   491

1.26 Verordnung über elektromagnetische Felder   26. BImSchV   493

1.27 Verordnung über Anlagen zur Feuerbestattung   27. BImSchV   501

1.28 Verordnung über Emissionsgrenzwerte für Verbrennungsmotoren   28. BImSchV   506

1.29 Gebührenordnung für Maßnahmen bei Typprüfungen von Verbrennungsmotoren   29. BImSchV   518

1.30 Verordnung über Anlagen zur biologischen Behandlung von Abfällen   30. BImSchV   520

1.31 Verordnung zur Begrenzung der Emissionen flüchtiger organischer Verbindungen bei der Verwendung organischer Lösemittel in bestimmten Anlagen   31. BImSchV   531

1.32 Geräte- und Maschinenlärmschutzverordnung   32. BImSchV   578

1.33 *Verordnung zur Verminderung von Sommersmog, Versauerung und Nährstoffeinträgen – Hinweis –*   *33. BImSchV*   587

1.34 Verordnung über die Lärmkartierung   34. BImSchV   588

1.35 Verordnung zur Kennzeichnung der Kraftfahrzeuge mit geringem Beitrag zur Schadstoffbelastung   35. BImSchV   592

1.36 Verordnung zur Durchführung der Regelungen der Biokraftstoffquote   36. BImSchV   607

1.37 Verordnung zur Anrechnung von strombasierten Kraftstoffen und mitverarbeiteten biogenen Ölen auf die Treibhausgasquote   37. BImSchV   612

1.38	Verordnung zur Festlegung weiterer Bestimmungen zur Treibhausgasminderung bei Kraftstoffen	38. BImSchV	620
1.39	Verordnung über Luftqualitätsstandards und Emissionshöchstmengen	39. BImSchV	637
1.41	Bekanntgabeverordnung	41. BImSchV	698
1.42	Verordnung über Verdunstungskühlanlagen, Kühltürme und Nassabscheider	42. BImSchV	716
1.43	Verordnung über nationale Verpflichtungen zur Reduktion der Emissionen bestimmter Luftschadstoffe	43. BImSchV	735
1.44	Verordnung über mittelgroße Feuerungs-, Gasturbinen- und Verbrennungsmotoranlagen	44. BImSchV	750
2	Sonstige immissionsschutzrechtliche Verordnungen		
2.1	EMAS-Privilegierungs-Verordnung	EMASPrivilegV	792
2.2	KWK-Kosten-Nutzen-Vergleich-Verordnung	KNV-V	796
3	Technische Anleitung zur Reinhaltung der Luft	TA Luft	802
4	Technische Anleitung zum Schutz gegen Lärm	TA Lärm	986
5	Gesetz über die Umweltverträglichkeitsprüfung – Auszug –	UVPG	1014
6	Umweltschadensgesetz	USchadG	1057
7	Treibhausgas-Emissionshandelsgesetz	TEHG	1065
7.1	Zuteilungsverordnung 2020	ZuV 2020	1096
7.2	Emissionshandelsverordnung 2030	EHV 2030	1136
8	Gesetz zum Schutz gegen Fluglärm	FluglSchG	1150
8.1	Flugplatz-Schallschutzmaßnahmenverordnung	2. FlugLSV	1161
8.2	Fluglärm-Außenwohnbereichsentschädigungs-Verordnung	3. FlugLSV	1165
9	Bundes-Klimaschutzgesetz	KSG	1169
Schlagwortverzeichnis			1181

Einführung

1. Immissionsschutz und Immissionsschutzrecht

1.1 Das Immissionsschutzrecht ist wesentlich älter als das Bundes-Immissionsschutzgesetz. Die Probleme des Immissionsschutzes hat es im nachbarschaftlichen Bereich schon immer gegeben.

Im Bundes-Immissionsschutzgesetz aus dem Jahre 1974 sind die Immissionen – abgeleitet von dem lateinischen Wort immittere = hineinsenden – in § 3 Abs. 2 definiert. Sie werden dort als Umwelteinwirkungen bezeichnet und näher erläutert.

Von einer *Immission* kann man nach herkömmlicher Auffassung nur sprechen, wenn

a) mit *physischen* Mitteln auf Menschen, Tiere, Pflanzen oder leblose Sachen eingewirkt wird (psychische Einwirkungen – z. B. Beleidigungen durch Gesten u. ä. – sind keine Immissionen),

b) die Einwirkungen in irgendeiner Form *nachteilige* Folgen haben können (auf den Grad der Schädlichkeit kommt es bei der Begriffsbestimmung nicht an),

c) die Einwirkungen unmittelbar (z. B. durch Geräusche) oder mittelbar (z. B. bei Absorption des Sonnenlichtes durch verunreinigte Luft) durch *menschliches Verhalten* verursacht sind (Einwirkungen durch die Luft in ihrer natürlichen Zusammensetzung sind keine Immissionen) und

d) die Einwirkungen über die bestehende Umwelt an die betroffenen Menschen, Tiere, Pflanzen oder Sachen herangetragen bzw. in den Boden, das Wasser oder die Atmosphäre eingetragen werden (in § 3 Abs. 2 des Bundes-Immissionsschutzgesetzes werden deshalb beispielhaft die Einwirkungen durch Luftverunreinigungen, Geräusche, Erschütterungen, Licht, Wärme und Strahlen angeführt; physikalische Vorgänge, die unabhängig von der Umwelt auf Menschen, Tiere, Pflanzen oder leblose Sachen einwirken – wie die herumfliegenden Splitter bei einer Explosion – sind keine Immissionen).

Unter *Immissionsschutz* versteht man die Maßnahmen zur Verhinderung schädlicher Immissionen. Hauptprobleme sind dabei die Fragen der Luftreinhaltung und der Lärmbekämpfung. Diese Bereiche haben mit der fortschreitenden Industrialisierung und der damit zusammenhängenden Ballung von Wohnsiedlungen an Bedeutung gewonnen. Gleichzeitig haben sich die Aufgaben des Staates auf dem Gebiet des Immissionsschutzes gewandelt. Während er sich früher mit nachbarrechtlichen Regelungen zufrieden geben konnte, musste er im Zeichen der Industrialisierung und Verstädterung zunehmend durch hoheitliche Maßnahmen eingreifen. Das geschah zunächst mit den Mitteln des Polizeirechts. Seit etwa 1960 hat sich das Immissionsschutzrecht zu einem eigenständigen Teilgebiet des Verwaltungsrechts entwickelt. Durch das Bundes-Immissionsschutzgesetz, das für weite Bereiche des Immissionsschutzes bundeseinheitliche Regelungen in *einem* Gesetz trifft, wird diese Entwicklung bestätigt.

1.2 Mit der Bemerkung, dass das Bundes-Immissionsschutzgesetz lediglich für weite Bereiche des Immissionsschutzes Regelungen enthält, ist bereits zum Ausdruck gebracht, dass es auch außerhalb dieses Gesetzes immissionsschutzrechtliche Vorschriften gibt. Zu erwähnen sind in diesem Zusammenhang insbesondere das Fluglärmschutzgesetz, das Benzinbleigesetz, das Treibhausgas-Emissionshandelsgesetz und das Umweltschadensgesetz. Daneben gibt es in den verkehrsrechtlichen, baurechtlichen, atomrechtlichen und planungsrechtlichen Gesetzen zahlreiche Immissionsschutzvorschriften. Außerdem ist auf einzelne Bestimmungen des Gaststättengesetzes und des Kreislaufwirtschaftsgesetzes zu verweisen. Alle derartigen verwaltungsrechtlichen Normen gehören dem Immissionsschutzrecht im engeren Sinne an.

In einem weiteren Sinne können dem Immissionsschutzrecht auch alle privatrechtlichen, strafrechtlichen und abgaberechtlichen Vorschriften zum Immissionsschutz zugerechnet werden. Aus dem Bürgerlichen Gesetzbuch sind insoweit die Bestimmung des § 906 über die Einwirkungen vom Nachbargrundstück und die Regelungen der §§ 823 ff. und des § 1004 über unerlaubte Handlungen von Bedeutung. Das Strafgesetzbuch enthält einen besonderen Abschnitt »Straftaten gegen die Umwelt«, aus dem für den Immissionsschutz insbesondere § 325 (Luftverunreinigungen), § 325a (Verursachen von Lärm, Erschütterungen und nichtionisierenden Strahlen), § 327 (unerlaubtes Betreiben von Anlagen), § 329 (Gefährdung schutzbedürftiger Gebiete), § 330 (besonders schwerer Fall einer Umweltstraftat) und § 330a (schwere Gefährdung durch Freisetzen von Giften) relevant sind. Nicht zu unterschätzen ist auch die Bedeutung abgaberechtlicher Vorschriften, die für bestimmte Immissionsschutzmaßnahmen Steuererleichterungen vorsehen.

2. Zur Entstehungsgeschichte des Bundes-Immissionsschutzgesetzes und zu seinen Änderungen

2.1 Entstehung

Durch das Gesetz zur Änderung der Gewerbeordnung und Ergänzung des Bürgerlichen Gesetzbuchs vom 22. Dezember 1959 (BGBl. I S. 781) waren zu Beginn der 60er Jahre die Grundlagen für ein eigenständiges Immissionsschutzrecht gelegt worden. Für eine umfassende einheitliche Regelung fehlte dem Bund damals noch die Gesetzgebungskompetenz. Ein Teil der Länder hat deshalb für die vom Bund nicht geregelten Bereiche, insbesondere den häuslichen und kleingewerblichen Bereich, eigene Immissionsschutzgesetze erlassen (vgl. z. B. das Immissionsschutzgesetz des Landes Nordrhein-Westfalen vom 30. April 1962). Diese Gesetze sind durch zahlreiche Durchführungsverordnungen (in Nordrhein-Westfalen neun) ergänzt worden.

Der Plan, ein umfassendes einheitliches Bundes-Immissionsschutzgesetz zu erlassen, ist bereits im Jahre 1965 ins Auge gefasst worden. Er ließ sich jedoch nur verwirklichen, nachdem dem Bund eine umfassendere Gesetzgebungskompetenz zuerkannt war. Entsprechende Versuche für eine

Grundgesetzänderung im Rahmen der Finanzreform von 1969 scheiterten. Nach der Wahl des 6. Deutschen Bundestages ließ sich aber absehen, dass dem Bund eine Vollkompetenz für die Gebiete der Luftreinhaltung und der Lärmbekämpfung zuerkannt werden würde. Im Hinblick darauf legte die Bundesregierung im Jahre 1971 den Entwurf eines Bundes-Immissionsschutzgesetzes vor, den sie – nachdem das Grundgesetz durch Gesetz vom 12. April 1972 geändert worden war – im 7. Deutschen Bundestag unverändert wieder einbrachte. Nach intensiven Beratungen im Innenausschuss hat der Bundestag beachtliche Änderungen des Regierungsentwurfs beschlossen, die eine Verschärfung der immissionsschutzrechtlichen Anforderungen zum Gegenstand hatten. Das gilt insbesondere für den Vierten Teil des Gesetzes, der sich mit der Beschaffenheit und dem Betrieb von Fahrzeugen sowie dem Bau und der Änderung von Straßen und Schienenwegen befasst.

Am 18. Januar 1974 hat der Deutsche Bundestag das Bundes-Immissionsschutzgesetz einstimmig gebilligt. Nachdem auch der Bundesrat ihm am 15. Februar 1974 zugestimmt hat, ist es am 21. März 1974 veröffentlicht worden (BGBl. I S. 721) und am 1. April 1974 in Kraft getreten.

2.2 Änderungen bis 1998

Seit 1974 ist das Bundes-Immissionsschutzgesetz mehr als sechzig Mal geändert worden. Für den Immissionsschutz bedeutsam waren u. a. die Erstreckung der Konzentrationswirkung des § 13 auf das vereinfachte Verfahren durch das Gesetz vom 4. März 1982 (BGBl. I S. 281), die Änderung zahlreicher Vorschriften (insbesondere §§ 5, 7, 17, 19, 20, 28, 29 und 48) durch das Zweite Gesetz zur Änderung des Bundes-Immissionsschutzgesetzes vom 4. Oktober 1985 (BGBl. I S. 1950) und die Erstreckung der Konzentrationswirkung (§ 13) auf die wasserrechtliche Eignungsfeststellung durch das Gesetz vom 25. Juli 1986 (BGBl. I S. 1165). Eine umfangreiche Änderung ist durch das Dritte Gesetz zur Änderung des Bundes-Immissionsschutzgesetzes vom 11. Mai 1990 (BGBl. I S. 870) herbeigeführt worden. Diese Gesetzesnovelle brachte u. a.

– eine Ausweitung der Zweckbestimmung (§ 1),
– eine Pflicht zur externen Abwärmenutzung (§ 5 Abs. 1 Nr. 4),
– Regelungen für den Fall der Anlagenstilllegung (§ 5 Abs. 3, § 16 Abs. 2 – jetzt § 15 Abs. 3 – und § 17 Abs. 4a),
– neue Vorschriften zur Anlagensicherheit (§ 7 Abs. 1, § 29a, § 31a, § 51a und §§ 58a bis 58d),
– eine Ausweitung der Kompensationsmöglichkeiten (§ 7 Abs. 3 und § 17 Abs. 3a),
– die Möglichkeit der Zulassung eines vorzeitigen Beginns bei Verbesserungsmaßnahmen (§ 15a – vgl. jetzt § 8a –),
– das fakultative förmliche Verfahren (§ 19 Abs. 3),
– die Möglichkeit von Verkehrsbeschränkungen aus Gründen der Luftreinhaltung (§ 40 Abs. 2),
– die Neuordnung der Luftreinhalteplanung (§§ 44 bis 47),

– die Verankerung der Lärmminderungspläne (§ 47a; inzwischen ersetzt durch §§ 47a bis 47f) und
– die Mitteilungspflichten zur Betriebsorganisation (§ 52a, jetzt § 52b).

Durch das Einigungsvertragsgesetz vom 23. September 1990 (BGBl. II S. 885) wurden §§ 10a und 67a und durch das Umwelthaftungsgesetz vom 10. Dezember 1990 (BGBl. I S. 2634) wurde § 51b in das Gesetz eingefügt. Weitere bedeutsame Änderungen (u. a. §§ 4, 8, 10, 13, 15, 15a, 23 und 33) beruhen auf dem Investitionserleichterungs- und Wohnbaulandgesetz vom 22. April 1993 (BGBl. I S. 466). Durch das Gesetz zur Vermeidung, Verwertung und Beseitigung von Abfällen vom 27. September 1994 (BGBl. I S. 2705) ist u.a. die Verordnungsermächtigung des § 22 Abs. 1 Satz 2 eingefügt worden. Durch das Änderungsgesetz vom 19. Juli 1995 (BGBl. I S. 930) sind Regelungen für erhöhte Ozonkonzentrationen in das Gesetz aufgenommen worden; diese Vorschriften sind jedoch am 31. Dezember 1999 wieder außer Kraft getreten (§ 74).

Weitere wichtige Änderungen brachte das Gesetz zur Beschleunigung und Vereinfachung immissionsschutzrechtlicher Genehmigungsverfahren vom 9. Oktober 1996 (BGBl. I S. 1498). Durch dieses Gesetz wurden § 6 Abs. 2, § 8a, § 12 Abs. 2a und 2b, § 14a und § 23 Abs. 1a in das Bundes-Immissionsschutzgesetz eingefügt. Insbesondere wurde die Änderung genehmigungsbedürftiger Anlagen neu geregelt (§§ 15 und 16). Gleichzeitig fiel die nachträgliche Anzeige unwesentlicher Änderungen fort. Das Gesetz zum Schutz des Bodens vom 17. März 1998 (BGBl. I S. 502) führte schließlich zu Änderungen des § 5 Abs. 3 und des § 17 Abs. 4a (Verkürzung der Anordnungsbefugnis nach Einstellung des Betriebs von 10 Jahren auf ein Jahr).

2.3 Änderungen zur Umsetzung von Gemeinschaftsrecht

Die zahlreichen Änderungen seit 1998 dienten vorwiegend der Umsetzung gemeinschaftsrechtlicher Anforderungen. Durch das Fünfte Gesetz zur Änderung des Bundes-Immissionsschutzgesetzes vom 19. Oktober 1998 (BGBl. I S. 3178) wurden die Voraussetzungen zur Umsetzung der Richtlinien 96/82/EG (Seveso-II-Richtlinie) und 97/68/EG (Maschinen-Richtlinie) geschaffen. Auf dieses Gesetz gehen insbesondere § 3 Abs. 5a, § 20 Abs. 1a, § 23 Abs. 1 Nr. 4a, § 25 Abs. 1a, § 37 Satz 2 und § 48a Abs. 3 zurück. Außerdem wurden § 23 Abs. 1 Satz 1 und § 50 geändert.

Umfangreiche Änderungen brachte dann das Gesetz zur Umsetzung der UVP-Änderungsrichtlinie, der IVU-Richtlinie und weiterer EG-Richtlinien zum Umweltschutz vom 27. Juli 2001 (BGBl. I S. 1950). Durch dieses Gesetz wurden u. a. der Begriff des Standes der Technik geändert, die Vorsorgepflicht in § 5 Abs. 1 Nr. 2 auf sonstige Gefahren ausgedehnt, die Abfallvermeidungspflicht erweitert, die Pflicht zur sparsamen und effizienten Energieverwendung eingeführt und die Verordnungsermächtigung des § 58e geschaffen.

Das Siebte Gesetz zur Änderung des Bundes-Immissionsschutzgesetzes vom 11. September 2002 (BGBl. I S. 3622) diente der Umsetzung der EG-Luftqualitäts-Richtlinien. Es brachte eine Neufassung des § 40 und der

§§ 44 bis 47. Nach dieser Novelle ist das gesamte Gesetz neu bekannt gemacht worden (Bek. v. 26. September 2002 BGBl. I S. 2830).

Mit dem Gesetz zur Umsetzung der Richtlinie 2003/87/EG vom 8. Juli 2004 (BGBl. I S. 1578) wurden in § 5 Abs. 1 die Sätze 2 bis 4 angefügt (jetzt § 5 Abs. 2). Für die dem TEHG unterliegenden Anlagen wurde dadurch die Vorsorgepflicht in Bezug auf die Kohlendioxidemissionen konkretisiert.

Eine weitere umfangreiche Änderung des Bundes-Immissionsschutzgesetzes brachte das Gesetz zur Umsetzung der EG-Richtlinie über die Bewertung und Bekämpfung von Umgebungslärm vom 24. Juni 2005 (BGBl. I S. 1794). Durch dieses Gesetz wurde der bis dahin geltende § 47a aufgehoben und ein neuer Sechster Teil »Lärmminderungsplanung« geschaffen. Durch das Gesetz zur Umsetzung der Richtlinie 2003/105/EG vom 25. Juni 2005 (BGBl. I S. 1865) wurden § 3 Abs. 5a und § 50 Satz 1 geändert, § 31a aufgehoben, § 51a (Kommission für Anlagensicherheit) neu gefasst und an § 67 der Absatz 9 angefügt.

Bedeutsame Änderungen erfuhr das Bundes-Immissionsschutzgesetz im Dezember 2006 durch das Öffentlichkeitsbeteiligungsgesetz und durch das Biokraftstoffquotengesetz. Durch Art. 2 des Öffentlichkeitsbeteiligungsgesetzes vom 9. Dezember 2006 (BGBl. I S. 2819, 2821) wurden § 10 Abs. 3 und 7, § 16 Abs. 1 Satz 1, § 19 Abs. 2 und § 47 Abs. 5 geändert sowie § 17 Abs. 1a, § 47 Abs. 5a, § 67 Abs. 10 und § 73 neu in das Gesetz eingefügt. Diese Änderungen und Ergänzungen dienten der Umsetzung der Richtlinie 2003/35/EG.

Durch Art. 3 des Biokraftstoffquotengesetzes vom 18. Dezember 2006 (BGBl. I S. 3180, 3184) wurde der Dritte Teil des Bundes-Immissionsschutzgesetzes in zwei Abschnitte unterteilt. Die §§ 32 bis 37 bilden seitdem den 1. Abschnitt. Als 2. Abschnitt wurden die §§ 37a bis 37d eingefügt. Diese Vorschriften wurden durch das Gesetz vom 15. Juli 2009 (BGBl. I S. 1804) wesentlich geändert und um §§ 37e und 37f erweitert. Durch das 12. BImSchG-Änderungsgesetz vom 20. November 2014 (BGBl. I S. 1740) wurden die §§ 37a bis 37f erneut wesentlich geändert und § 37g eingefügt. Aufgrund der §§ 37d und 37e wurden die 36. BImSchV und die Biokraftstoff-Nachhaltigkeitsverordnung erlassen. Die Regelungen betreffen den Mindestanteil von Biokraftstoff an der gesamten in den Verkehr gebrachten Kraftstoffmenge. Sie dienen nicht – zumindest nicht unmittelbar – dem Immissionsschutz, sondern der Förderung des Biokraftstoffs. Als solche sind sie ein Fremdkörper innerhalb des Bundes-Immissionsschutzgesetzes.

Durch das Gesetz zur Reduzierung und Beschleunigung von immissionsschutzrechtlichen Genehmigungsverfahren vom 23. Oktober 2007 (BGBl. I S. 2470) wurde § 10 BImSchG in der Weise geändert, dass der Erörterungstermin im förmlichen Verfahren nur noch aufgrund einer Ermessensentscheidung der Genehmigungsbehörde durchgeführt wird (fakultativer Erörterungstermin). Bei ihrer Entscheidung hat die Genehmigungsbehörde den in § 14 der 9. BImSchV beschriebenen Zweck des Erörterungstermins zu berücksichtigen (§ 12 Abs. 1 Satz 2 der 9. BImSchV).

§ 22 Abs. 1 und § 32 Abs. 1 wurden durch Art. 2 des Gesetzes zum Schutz vor nichtionisierender Strahlung bei der Anwendung am Menschen vom 29. Juli 2009 (BGBl. I S. 2433) dahin geändert, dass Anforderungen zum Schutz vor nichtionisierenden Strahlen auch an Anlagen gestellt werden können, die weder gewerblich noch im Rahmen wirtschaftlicher Unternehmen betrieben werden.

Durch Art. 15b des Gesetzes zur Neuregelung des Wasserrechts vom 31. Juli 2009 (BGBl. I S. 2585, 2619) wurden die Kann-Vorschriften in §§ 8, 8a und 9 mit Wirkung vom 1. März 2010 zu Soll-Vorschriften.

Das Achte Gesetz zur Änderung des Bundes-Immissionsschutzgesetzes vom 31. Juli 2010 (BGBl. I S. 1059) diente der Umsetzung der Richtlinie 2008/50/EG über Luftqualität und saubere Luft für Europa vom 21. Mai 2008 (ABl. L 152/1). Durch das Gesetz wurde insbesondere § 47 geändert.

Eine weitere Gesetzesänderung brachte das Gesetz vom 11. August 2010 (BGBl. I S. 1163), durch das die Dienstleistungsrichtlinie 2006/123/EG (ABl. L 376/36) auf dem Gebiet des Umweltrechts umgesetzt wurde. Diese Änderung betraf die §§ 26 und 29a.

Das Neunte Gesetz zur Änderung des Bundes-Immissionsschutzgesetzes vom 26. November 2010 (BGBl. I S. 1728) diente der Umsetzung der Richtlinie 2009/30/EG und fügte insbesondere die Absätze 3 und 4 an § 34 an. Mit dem Zehnten Änderungsgesetz vom 20. Juli 2011 (BGBl. I S. 1474) wurde § 22 Abs. 1a in das BImSchG eingefügt. § 2 Abs. 3 wurde durch das Gesetz zur Neuordnung des Kreislaufwirtschafts- und Abfallrechts vom 24. Februar 2012 (BGBl. I S. 212) mit Wirkung vom 1. Juni 2012 an § 2 BImSchG angefügt.

Von besonderer Bedeutung für die Fortentwicklung des Immissionsschutzrechts war das Gesetz zur Umsetzung der Richtlinie über Industrieemissionen (Richtlinie 2010/75/EU) vom 8. April 2013 (BGBl. I S. 734). Durch dieses Gesetz wurden

- zahlreiche gemeinschaftsrechtlich vorgegebene Begriffe in § 3 aufgenommen,
- die Pflicht zur Rückführung des Anlagengrundstücks in den Ausgangszustand in § 5 Abs. 3 eingeführt,
- die Verbindlichkeit der BVT-Schlussfolgerungen (§ 3 Abs. 6b) im Gesetz verankert (§ 7 Abs. 1a und 1b, § 12 Abs. 1a und 1b, § 17 Abs. 2a und 2b),
- neue Auskunftspflichten der Anlagenbetreiber in § 31 festgelegt und
- die behördlichen Überwachungspflichten verschärft (§ 52 Abs. 1, 1a und 1b sowie § 52a – neu –).

Außerdem wurden die Bestimmungen über die Bekanntgabe von Stellen und Sachverständigen für Messungen und Prüfungen nach §§ 26 und 29 geändert (insbesondere Einfügung des § 29b).

Mit Datum vom 17. Mai 2013 ist das Bundes-Immissonsschutzgesetz neu gefasst worden. Diese Fassung ist zunächst durch das 11. und 12. Änderungsgesetz und zwei weitere Male im Zusammenhang mit anderen Rechtsetzungsvorhaben geändert worden. Größere Bedeutung hatten die Änderungen durch Artikel 1 des Umsetzungsgesetzes zur Seveso-III-Richtlinie vom 30. November 2016 (BGBl. I S. 2749). Durch das Gesetz wurden insbesondere Regelungen für störfallrelevante Änderungen geschaffen (u. a. § 3 Abs. 5b, § 15 Abs. 2 Satz 4, § 16a, § 17 Abs. 4 Satz 2, § 19 Abs. 4); für nicht genehmigungsbedürftige Anlagen, die Betriebsbereich oder Bestandteil eines Betriebsbereichs sind, wurden die Regelungen in §§ 23a bis 23c, § 25 Abs. 1a Satz 2 und 3 sowie die Vorschrift des § 25a eingefügt. Das 13. Änderungsgesetz vom 8. April 2019 (BGBl. I S. 432) brachte Konkretisierungen zu Verkehrsverboten gegenüber Kraftfahrzeugen mit Dieselmotoren.

3. Zur Konzeption des Bundes-Immissionsschutzgesetzes

3.1 Der Geltungsbereich des Gesetzes

Die schädlichen Umwelteinwirkungen (Immissionen) entstammen im wesentlichen drei großen Bereichen, dem industriellen Bereich, dem häuslichen und kleingewerblichen Bereich sowie dem Verkehrsbereich. Die Bedeutung der einzelnen Bereiche ist weitgehend von den örtlichen Verhältnissen abhängig. Für alle drei Bereiche enthält das Bundes-Immissionsschutzgesetz Regelungen; die Regelungen sind aber für keinen Bereich abschließend.

In Bezug auf den industriellen Bereich wird im Bundes-Immissionsschutzgesetz der Schutz vor den Gefahren der Kernenergie und der schädlichen Wirkung ionisierender Strahlen ausgeklammert (vgl. § 2 Abs. 2). Außerdem bleiben die Vorschriften des Benzinbleigesetzes über die Herstellung und Einfuhr von Ottokraftstoffen unberührt. Für den häuslichen und kleingewerblichen Bereich ermöglichen die §§ 22 ff. zwar umfassende anlagebezogene Regelungen; verwaltungsrechtliche Vorschriften über das Verhalten allgemein sind jedoch aus rechtlichen (Art. 74 Nr. 24 GG in Bezug auf Lärm) oder tatsächlichen Gründen der Landesgesetzgebung überlassen. Darüber hinaus sind auch die anlagebezogenen Bestimmungen des § 22 auf die Luftreinhaltung, die Lärmbekämpfung und von Funkanlagen ausgehende nichtionisierende Strahlen beschränkt (§ 22 Abs. 1 letzter Satz).

Im Verkehrsbereich sind wichtige Immissionsschutzvorschriften in den einzelnen Verkehrsgesetzen enthalten. Die Bestimmungen der §§ 41 ff. über den Lärmschutz bei Straßen und Schienenwegen stehen neben den Vorschriften der Straßengesetze, des Allgemeinen Eisenbahngesetzes und anderer einschlägiger Regelwerke. Flugplätze als Gesamtanlagen sind – soweit nicht die Lärmminderungsplanung betroffen ist – vom Geltungsbereich des Bundes-Immissionsschutzgesetzes ausgenommen (vgl. § 2 Abs. 2).

Die in § 2 Abs. 1 enthaltene positive Aufzählung des Geltungsbereichs des Bundes-Immissionsschutzgesetzes ist andererseits nicht abschließend. Über

– die Errichtung und den Betrieb von Anlagen,
– das Herstellen, Inverkehrbringen und Einführen von Anlagen, Brennstoffen, Treibstoffen und Schmierstoffen sowie Stoffen und Erzeugnissen aus Stoffen,

– die Beschaffenheit, die Ausrüstung, den Betrieb und die Prüfung von Kraftfahrzeugen und ihren Anhängern und von Schienen-, Luft- und Wasserfahrzeugen und

– den Bau öffentlicher Straßen sowie von Eisenbahnen, Magnetschwebebahnen und Straßenbahnen

hinaus enthält das Bundes-Immissionsschutzgesetz insbesondere Vorschriften über Verkehrsbeschränkungen (§ 40), Regelungen für die Luftreinhalteplanung (§§ 44 ff.) und für die Lärmminderungsplanung (§§ 47a ff.), eine wichtige Bestimmung über die Berücksichtigung des Immissionsschutzes und der Anlagensicherheit bei allen Planungsmaßnahmen (§ 50) sowie Vorschriften über den Betriebsbeauftragten für Immissionsschutz (§ 53 ff.) und den Störfallbeauftragten (§§ 58a ff.).

Schließlich ist auch darauf hinzuweisen, dass das Gesetz im Bereich der genehmigungsbedürftigen Anlagen über den Immissionsschutz hinausgeht und den allgemeinen Gefahrenschutz mit einbezieht (vgl. § 1 Abs. 2, § 5 Abs. 1 Nr. 1 und 2, § 7 Abs. 1, § 29a, § 29b, § 51a und §§ 58a bis 58d). Das ist durch die enge Verzahnung beider Problembereiche bedingt; wegen dieser Erstreckung auf den allgemeinen Gefahrenschutz wird das BImSchG auch als Anlagensicherheitsgesetz bezeichnet. – Außerdem werden in § 5 Abs. 1 Nr. 3 sowie in § 22 Abs. 1 Satz 1 Nr. 3 und Satz 2 auch Fragen der Abfallwirtschaft und in § 5 Abs. 1 Nr. 4 Fragen der Energienutzung geregelt. § 5 Abs. 4 hat für den Boden- und den Grundwasserschutz Bedeutung.

3.2 Die Grundprinzipien des Gesetzes

Das Bundes-Immissionsschutzgesetz enthält einmal eine Zusammenfassung von bereits vorher bestehenden bundesrechtlichen Vorschriften (vgl. insoweit die Aufhebungsvorschriften des § 68 Abs. 1 Nr. 1 und des § 72). Außerdem ersetzte es weitgehend das ältere Immissionsschutzrecht der Länder (vgl. insbesondere §§ 22 ff.). In beiden Bereichen wurde das früher bestehende Recht aber nicht einfach übernommen, sondern fortentwickelt. Darüber hinaus ging das Bundes-Immissionsschutzgesetz, insbesondere in seinem Dritten Teil, auch neue Wege, für die es keine unmittelbaren Vorbilder gab.

Der Gesetzgeber des Bundes-Immissionsschutzgesetzes ist im Wesentlichen folgenden Leitlinien gefolgt:

3.21 Verursacherprinzip

Immissionsschutzmaßnahmen sind grundsätzlich gegenüber dem Verursacher zu treffen. Deshalb beziehen die gesetzlichen Anforderungen sich in erster Linie auf die Emissionsquelle. Das gilt für die genehmigungsbedürftigen Anlagen, die in besonderem Maße geeignet sind, schädliche Umwelteinwirkungen hervorzurufen (vgl. §§ 5 und 17), wie auch für die nicht genehmigungsbedürftigen Anlagen (vgl. §§ 22 ff.). Auch die Anforderungen nach dem Dritten Teil des Gesetzes sind auf die Anlagen, Stoffe, Erzeugnisse, Brennstoffe, Treibstoffe und Schmierstoffe zu beziehen, die schädliche Umwelteinwirkungen hervorrufen (verursachen) können. Bei den Fahrzeugen können Emissionsgrenzwerte festgesetzt werden; im Üb-

rigen sind die Emissionen beim Betrieb so weit wie möglich zu beschränken (§ 38 Abs. 1). Auch bei dem Bau und der wesentlichen Änderung
von Straßen und Schienenwegen sind in erster Linie Schutzmaßnahmen
an der Verkehrsanlage vorzusehen (§ 41). Hier ist das Verursacherprinzip
allerdings insoweit durchbrochen, als bei Unverhältnismäßigkeit der Kosten für die Schutzmaßnahmen von diesen abgesehen werden kann (§ 41
Abs. 2) und dann lediglich eine Entschädigung für (passive) Schallschutzmaßnahmen an der betroffenen baulichen Anlage zu leisten ist (§ 42).
Beim Schutz bestimmter Gebiete (§ 40 Abs. 2, § 47 Abs. 7 und § 49) ist
das Verursacherprinzip dagegen voll eingehalten: Die Anforderungen beziehen sich nicht auf die zu schützenden Personen oder Sachen, sondern
auf die Anlagen, Fahrzeuge und Stoffe, die schädliche Umwelteinwirkungen hervorrufen können.

3.22 Vorsorgeprinzip

Der bedeutendste Fortschritt des Bundes-Immissionsschutzgesetzes gegenüber dem älteren Recht liegt darin, dass es das Vorsorgeprinzip in einzelnen Bereichen verdeutlicht und in anderen Bereichen überhaupt erst
eingeführt hat.
Schon in § 1 Abs. 1 wird zum Ausdruck gebracht, dass es auch Zweck des
Gesetzes ist, dem Entstehen schädlicher Umwelteinwirkungen vorzubeugen. Damit wollte der Gesetzgeber nicht nur den Grundsatz des vorbeugenden Gefahrenschutzes herausstellen, sondern die Vorsorge als selbstän-
diges Prinzip im Gesetz verankern. In § 1 Abs. 2 wird die Vorsorge ausdrücklich erwähnt. Dieser Grundsatz wird für die genehmigungsbedürftigen Anlagen in § 5 Abs. 1 Nr. 2 dahin konkretisiert, dass sie so zu errichten und zu betreiben sind, dass Vorsorge gegen schädliche Umwelteinwirkungen und sonstige Gefahren, erhebliche Nachteile und erhebliche Belästigungen getroffen wird. In § 23 Abs. 1 wird ausdrücklich klargestellt,
dass in einer Rechtsverordnung für nicht genehmigungsbedürftige Anlagen auch Anforderungen zur Vorsorge gegen schädliche Umwelteinwirkungen gestellt werden können.
Im Hinblick auf das Vorsorgeprinzip ist der Erste Abschnitt des Dritten
Teils des Gesetzes von ganz besonderer Bedeutung. Hier wird versucht,
die Immissionsschutzmaßnahmen bereits auf der Konstruktions- bzw. Pro-
duktionsebene von immissionsrelevanten Anlagen und Stoffen ansetzen
zu lassen; die Bestimmungen sollen zur Förderung umweltfreundlicher
Verfahren und Produkte beitragen.
Der Vorsorge gegen schädliche Umwelteinwirkungen dienen in vielen
Fällen auch die in § 47 Abs. 3 angesprochenen fakultativen Luftreinhaltepläne. Besonders wichtig ist in diesem Zusammenhang der in § 50
normierte Planungsgrundsatz. Um die Probleme des Immissionsschutzes
sachgerecht lösen zu können, ist es dringend erforderlich, schon bei der
Planung auf ausreichende Schutzabstände zu achten.

3.23 Durchsetzung der Immissionsschutzforderungen

Die fortschrittlichsten Immissionsschutzvorschriften bleiben weitgehend
wirkungslos, wenn ihre Beachtung durch die Normadressaten nicht durch-

gesetzt werden kann. Der Verbesserung der Durchsetzbarkeit und damit
der Effektivität der Immissionsschutzvorschriften dienen zahlreiche Bestimmungen des Bundes-Immissionsschutzgesetzes. Zu nennen sind insoweit einmal die Vorschriften der §§ 26 ff. über die Ermittlung von Emissionen und Immissionen und die sicherheitstechnischen Prüfungen. Hier
ist die Vorschrift des § 27 über die Emissionserklärung besonders zu erwähnen, durch die u. a. die behördliche Überwachung erleichtert werden
soll. Der besseren Durchsetzbarkeit von Immissionsschutzanforderungen
dient auch die in § 15 Abs. 3 geregelte Anzeige einer beabsichtigten Betriebseinstellung.

Die besonders wichtige behördliche Überwachung der Durchführung des
Bundes-Immissionsschutzgesetzes und der auf dieses Gesetz gestützten
Rechtsverordnungen wird in §§ 52 und 52a umfassend geregelt: Durch
§ 52 Abs. 1 Satz 1 wird generell die Pflicht zur behördlichen Überwachung der Durchführung des BImSchG und der hierauf gestützten Rechtsverordnungen festgelegt; Satz 2 stellt klar, dass dabei auch Beauftragte als
behördliche Gehilfen (nicht als mit Hoheitsbefugnissen Beliehene!) einge-
schaltet werden können. In § 52 Abs. 1 und 1a werden außerdem Gegenstand, Umfang, Ziel und Anlass der behördlichen Überwachung geregelt.
Für Anlagen nach der Industrieemissions-Richtlinie haben die zuständigen Behörden darüber hinaus Überwachungspläne und -programme nach
§ 52a aufzustellen (§ 52 Abs. 1b). Die Betreiber und Eigentümer aller
vom BImSchG erfassten Anlagen sowie die Eigentümer und Besitzer von
Stoffen nach dem Dritten Teil des Gesetzes haben gemäß § 52 Abs. 2 und
3 den Behördenvertretern die erforderlichen Auskünfte zu erteilen und sie
in der Wahrnehmung ihrer Aufgaben zu unterstützen. Nach § 52b hat eine
Kapital- oder Personengesellschaft als Betreiberin einer genehmigungsbedürftigen Anlage u. U. auch bestimmte Mitteilungen zur Betriebsorganisation zu erstatten, damit die Behörde sich auch insoweit von der Erfüllung
der immissionsschutzrechtlichen Pflichten überzeugen kann.

Eine besondere Bedeutung haben die Vorschriften der §§ 53 ff. über den
Betriebsbeauftragten für Immissionsschutz und den Störfallbeauftragten
(vgl. Nr. 9.3 dieser Einführung). Diese Beauftragten des Anlagenbetrei-
bers sind nach der Gesetzeskonzeption zwar kein verlängerter Arm der
Überwachungsbehörden im Betrieb. Sie haben aber innerbetrieblich die
Einhaltung der Vorschriften des Bundes-Immissionsschutzgesetzes und
der auf dieses Gesetz gestützten Rechtsverordnungen zu überwachen (§ 54
Abs. 1 Nr. 3 und § 58b Abs. 1 Nr. 3) und allgemein für die Durchsetzung
der Immissionsschutzbelange zu sorgen (vgl. § 54 Abs. 1, § 56, § 58b
Abs. 1 und § 58c Abs. 2).

Schließlich dienen der besseren Durchsetzung der Immissionsschutzfor-
derungen auch die weit reichenden Möglichkeiten zur Ahndung von Ge-
setzesverstößen. Das Bundes-Immissionsschutzgesetz selbst enthält zahlreiche Tatbestände von Ordnungswidrigkeiten, die mit Geldbußen bis zu
50 000 Euro geahndet werden können (§ 62). Dabei ist zu beachten, dass
dieses Höchstmaß nach § 17 Abs. 4 des Ordnungswidrigkeitengesetzes
noch überschritten werden kann, wenn anderenfalls die Geldbuße den

wirtschaftlichen Vorteil aus der Tat nicht übersteigen würde. Einschlägige Straftatbestände (früher §§ 63 und 64) finden sich im Strafgesetzbuch (vgl. oben 1.2).

Für Anlagenbetreiber, die am Umwelt-Audit-System teilnehmen, können Überwachungserleichterungen durch eine Rechtsverordnung (der EMAS-Privilegierungsverordnung) gewährt werden (§ 58e).

3.3 Die Ergänzungsbedürftigkeit des Gesetzes

Wer aus dem Bundes-Immissionsschutzgesetz selbst erfahren möchte, welche konkreten Anforderungen zum Immissionsschutz eingehalten werden müssen, wird wahrscheinlich enttäuscht sein. An vielen Stellen findet er statt konkreter Aussagen lediglich Genehmigungsvorbehalte, Verordnungsermächtigungen oder Hinweise auf noch zu erlassende Verwaltungsvorschriften. Dadurch kann der Eindruck entstehen, als sei das Bundes-Immissionsschutzgesetz lediglich ein Rahmengesetz.

Dass das Gesetz selbst nur wenige konkrete Detailregelungen enthält, hat im Wesentlichen zwei Gründe. Einmal handelt es sich bei dem Immissionsschutzrecht weitgehend um technisches Recht, das in seinen Einzelheiten nur schwer in Rechtsnormen zu fassen ist. Zum anderen verlangt es die Art der zu regelnden Materie, dass die Normen möglichst rasch der dynamischen Entwicklung angepasst werden; das Verfahren zur Änderung eines formellen Gesetzes wie des Bundes-Immissionsschutzgesetzes ist dafür aber zu schwerfällig.

Inzwischen ist der durch das Bundes-Immissionsschutzgesetz abgesteckte Rahmen durch ergänzende bundes- und landesrechtliche Rechts- und Verwaltungsvorschriften weitgehend ausgefüllt worden. Von Seiten des Bundes sind zahlreiche Durchführungsverordnungen erlassen worden.

Die Länder haben die erforderlichen Zuständigkeits- und Gebührenregelungen zur Durchführung des Bundes-Immissionsschutzgesetzes getroffen. Eigene Landes-Immissionsschutzgesetze, die insbesondere den verhaltensbezogenen Immissionsschutz behandeln (vgl. dazu oben Nr. 3.1), sind in Bayern, Berlin, Brandenburg, Bremen, Nordrhein-Westfalen, Rheinland-Pfalz und Schleswig-Holstein ergangen. Hamburg hat 2010 ein Lärmschutzgesetz erlassen. In einzelnen Ländern gibt es Lärmschutz- und Schutzgebietsverordnungen. Bayern hat außerdem auf Grund des § 23 Abs. 2 eine Verordnung zum Lärmschutz bei Biergärten erlassen.

Für die Durchführung des Bundes-Immissionsschutzgesetzes sind die in Verwaltungsvorschriften niedergelegten Norminterpretationen und Ermessensrichtlinien von besonderer Bedeutung. Derartige Verwaltungsvorschriften binden zwar unmittelbar nur die weisungsabhängigen Behörden. Wegen ihres sachlichen Inhalts (»antizipierte Sachverständigengutachten«, vgl. BVerwGE 55, 250) und ihrer Steuerung der am Gleichbehandlungsgebot (Art. 3 GG) auszurichtenden Verwaltungspraxis können sie jedoch auch für Dritte und für die Gerichte von weittragender Bedeutung sein. Dies gilt insbesondere für normkonkretisierende Verwaltungsvorschriften mit naturwissenschaftlich-technischem Inhalt (vgl. dazu BVerwGE 72, 300, 315 ff.) wie die weiter unten abgedruckten

Technischen Anleitungen zur Reinhaltung der Luft (TA Luft; novelliert 2002) und zum Schutz gegen Lärm (TA Lärm; novelliert 1998). Die in diesen Verwaltungsvorschriften festgelegten Immissionswerte (Immissionsrichtwerte) konkretisieren weitgehend den für das Bundes-Immissionsschutzgesetz zentralen Begriff der schädlichen Umwelteinwirkungen.

Soweit staatliche Normen fehlen, kann zur Auslegung unbestimmter Rechtsbegriffe (schädliche Umwelteinwirkungen, Stand der Technik) auf technische Normen sachverständiger Stellen, wie etwa DIN-Normen und Richtlinien des Vereins Deutscher Ingenieure (VDI), zurückzugreifen sein. Auf derartige Normen kann auch in Rechtsverordnungen (vgl. § 7 Abs. 5, § 23 Abs. 1 Satz 2, § 32 Abs. 1 Satz 4, § 38 Abs. 3, § 39 Satz 2 und § 43) und in allgemeinen Verwaltungsvorschriften verwiesen werden. Sicherheitstechnische Regeln zur Verhinderung von Störfällen und zur Begrenzung ihrer Auswirkungen soll die Kommission für Anlagensicherheit entwickeln (§ 51a).

4. Die Grundbegriffe des Gesetzes

4.1 Emissionen, Immissionen, schädliche Umwelteinwirkungen

Das Wort »Emissionen« (abgeleitet von dem lateinischen Wort emittere = aussenden) kann in einem doppelten Sinne verwandt werden. Als Emissionen bezeichnet man einmal den Vorgang, dass Stoffe, Schallwellen usw., die Immissionen hervorrufen können, den Bereich der Entstehungsstelle überschreiten. Unter Emissionen versteht man darüber hinaus die luftverunreinigenden Stoffe, Geräusche, Erschütterungen usw. selbst, und zwar im Zeitpunkt ihres Übertritts aus dem Bereich der Entstehungsstelle.

Im Bundes-Immissionsschutzgesetz sind die Emissionen in § 3 Abs. 3 definiert. Danach sind Emissionen die von einer Anlage ausgehenden Luftverunreinigungen, Geräusche, Erschütterungen, Licht, Wärme, Strahlen und ähnliche Erscheinungen. Hier wird also auf das Objekt, das Immissionen hervorrufen kann, und nicht auf den Vorgang seiner Abgabe abgestellt (anders § 3 Nr. 5 TEHG).

Unter dem Begriff der *Immissionen*, der bereits oben (vgl. Nr. 1.1) näher erläutert wurde, werden die durch Emissionen verursachten Einwirkungen auf die zu schützenden Personen, Tiere, Pflanzen oder leblosen Sachen verstanden. Dabei kommt es nicht darauf an, ob die Immissionen unmittelbar oder mittelbar durch Emissionen hervorgerufen worden sind; auch Stoffe, die wie Ozon erst auf Grund bestimmter luftchemischer Prozesse aus anderen emittierten Stoffen entstehen, sind Immissionen.

Die Immissionen sind *schädliche Umwelteinwirkungen* im Sinne des Bundes-Immissionsschutzgesetzes, wenn sie nach Art, Ausmaß oder Dauer geeignet sind, Gefahren, erhebliche Nachteile oder erhebliche Belästigungen für die Allgemeinheit oder die Nachbarschaft herbeizuführen (§ 3 Abs. 1). Eine schädliche Umwelteinwirkung liegt hiernach nicht erst dann vor, wenn ein Schaden eingetreten ist oder unmittelbar bevorsteht, sondern wenn bei objektiver Betrachtung die Möglichkeit einer Störung in Bezug auf bestimmte Rechtsgüter gegeben ist.

Der Unterschied zwischen den in § 3 Abs. 1 verwandten Begriffen der *Gefahren* und der *Belästigungen* ist gradueller Art. Im Polizeirecht wird zwischen Gefahren für die öffentliche Sicherheit und Ordnung und bloßen Belästigungen unterschieden; die polizeilichen Mittel dürfen nur zur Abwehr von Gefahren eingesetzt werden. Das Immissionsschutzrecht geht über den Schutz der öffentlichen Sicherheit und Ordnung hinaus; es hat auch das körperliche und seelische Wohlbefinden des Menschen und damit die Abwehr von Belästigungen zum Ziel. Allerdings ist es in einem Gemeinwesen nicht möglich, jede Beeinträchtigung des Wohlbefindens im Zusammenleben von Menschen zu untersagen. Deshalb werden im Bundes-Immissionsschutzgesetz nur *erhebli*che Belästigungen als schädliche Umwelteinwirkungen qualifiziert.

Unter *Nachteilen* im Sinne des § 3 Abs. 1 sind in erster Linie Vermögenseinbußen zu verstehen. Auch sie müssen einen bestimmten Grad (»erheblich«) erreichen, um vom Schutzzweck des Gesetzes erfasst zu werden.

Belästigungen und Nachteile sind erheblich, wenn sie das Gemeinwohl beeinträchtigen oder für die Nachbarschaft unzumutbar sind.

4.2 Anlagen

Da das Bundes-Immissionsschutzgesetz dem Verursacherprinzip folgt (vgl. dazu Nr. 3.21), hat der Begriff der (emittierenden) Anlage eine ganz besondere Bedeutung. Der Anlagenbegriff wird deshalb bereits im Ersten Teil des Gesetzes definiert (§ 3 Abs. 5). Er ist einerseits sehr weit gefasst, wird aber im Hinblick auf gesetzliche Sonderregelungen eingeschränkt.

Anlagen sind alle ortsfesten Einrichtungen wie Fabriken, Lagerhallen, sonstige Gebäude und andere mit dem Grund und Boden auf Dauer fest verbundene Gegenstände. Darüber hinaus gehören grundsätzlich alle ortsveränderlichen technischen Einrichtungen wie Fahrzeuge, Maschinen und Geräte zu den Anlagen im Sinne des Gesetzes; ausgenommen sind jedoch als Verkehrsmittel eingesetzte Kraftfahrzeuge und ihre Anhänger, Schienen-, Luft und Wasserfahrzeuge, für die nur die Spezialbestimmungen der §§ 38 bis 40 und die Regelungen über Luftreinhalte- und Lärmminderungspläne (§§ 47 ff.) gelten. Schließlich sind Anlagen auch unbebaute Grundstücke, auf denen Emissionen entstehen können, mit Ausnahme der nur in §§ 41 bis 43 erfassten öffentlichen Verkehrswege. Dabei ist allerdings zu beachten, dass sich aus dem Wesen der Anlage als einer Einrichtung mit einer gewissen Beständigkeit und Dauer eine Einschränkung ergibt: Werden auf einem unbebauten Grundstück nur gelegentlich Tätigkeiten ausgeübt, die Emissionen verursachen können, so ist es keine Anlage im Sinne des § 3 Abs. 5 Nr. 3.

4.3 Stand der Technik

Der Stand der Technik wird im Bundes-Immissionsschutzgesetz an verschiedenen Stellen erwähnt (vgl. § 5 Abs. 1 Nr. 2, § 22 Abs. 1, § 41 Abs. 1 und § 48 Abs. 1 Nr. 2). Der Begriff als solcher ist nicht neu. Bereits in der TA Luft aus dem Jahre 1964 hieß es, dass die genehmigungsbedürftigen Anlagen mit den dem jeweiligen Stand der Technik entsprechenden Einrichtungen zur Begrenzung und Verteilung der Emissionen ausgerüstet werden müssen; zur Beurteilung, ob der Stand der Technik erreicht wird, sollten fortschrittliche vergleichbare Verfahren und Einrichtungen, die sich im Betrieb bewährt haben, herangezogen werden. Eine ähnliche Bestimmung enthielt die TA Lärm von 1968. Die Auslegung dieser Vorschriften hat stets Schwierigkeiten bereitet. Insbesondere ging es dabei um die Verhältnismäßigkeit bzw. Adäquanz einer Maßnahme als Begriffsmerkmal des Standes der Technik.

Im Jahre 1974 ist der Versuch unternommen worden, den bis dahin verwandten recht unscharfen Begriff im Bundes-Immissionsschutzgesetz klarer abzugrenzen und – wie es im Bericht des Bundestags-Innenausschusses heißt – in einem dynamischen Sinne fortzuentwickeln. Er war zunächst auf Maßnahmen zur Verminderung von Emissionen im Sinne des § 3 Abs. 3 beschränkt. Im Jahre 2001 wurde der Begriff dann an den im Gemeinschaftsrecht verwandten Begriff der besten verfügbaren Techniken angepasst, insbesondere im Sinne des integrativen Umweltschutzkonzeptes fortentwickelt und durch Kriterien, die bei seiner Bestimmung zu berücksichtigen sind, konkretisiert (Anlage zu § 3 Abs. 6).

Stand der Technik ist nach dem Bundes-Immissionsschutzgesetz (§ 3 Abs. 6) ein Maßstab zur Beurteilung der Frage, ob eine Maßnahme zur optimalen Vermeidung oder Verminderung von Umweltauswirkungen, insbesondere zur Begrenzung von Emissionen in Luft, Wasser und Boden, praktisch und nicht erst nach Durchführung langwieriger Entwicklungsvorhaben geeignet ist. Die Antwort auf diese Frage ergibt sich aus dem allgemeinen technischen Entwicklungsstand. Sie setzt nicht voraus, dass das konkrete technische Problem bereits in allen Einzelheiten gelöst ist. Vergleichbare Verfahren, Einrichtungen und Betriebsweisen sind zwar ein Anhaltspunkt, aber nicht Voraussetzung für die Bejahung des Standes der Technik in Bezug auf eine Vermeidungs- oder Verminderungsmaßnahme. Auf keinen Fall müssen sich Vergleichsanlagen bereits im Betrieb – u.U. während eines längeren Zeitraumes – bewährt haben. Wichtig ist jedoch, dass alle Umweltauswirkungen betrachtet werden. Die Verlagerung von Belastungen (z. B. von der Luft ins Wasser) ist zu vermeiden. Letztlich geht es um eine Optimierung der gegebenen technischen Möglichkeiten.

Bei der Bestimmung des Standes der Technik in Bezug auf eine bestimmte Anlagenart sind die in der Anlage zum BImSchG aufgeführten Kriterien zu berücksichtigen. Berücksichtigung bedeutet dabei nicht strikte Beachtung, sondern Einbeziehung in die zur Konkretisierung erforderliche Abwägung. Dabei ist die Konkretisierung nicht in jedem Einzelfall vorzunehmen. Soweit eine generelle Konkretisierung durch Rechts- oder Verwaltungsvorschriften verbindlich vorgegeben ist, gilt diese Vorgabe. Die Kriterien der Anlage zum BImSchG sind dann vom Vorschriftengeber zu berücksichtigen. Für ihn sind die von der EU verabschiedeten BVT-Schlussfolgerungen in Bezug auf Anlagen nach der Industrieemissions-Richtlinie verbindlich (§ 7 Abs. 1a und § 48 Abs. 1a); in Bezug auf andere Anlagen hat der Vorschriftengeber die BVT-Merkblätter lediglich als Informationsquellen zu nutzen (Nr. 13 der Anlage zum BImSchG).

4.4 Gemeinschaftsrechtliche Begriffsbestimmungen

Durch das Umsetzungsgesetz zur Industrieemissions-Richtlinie aus dem Jahre 2013 sind in § 3 Abs. 6a bis 6e sowie Abs. 8 bis 10 verschiedene Definitionen aus dem Gemeinschaftsrecht wörtlich oder nur geringfügig verändert in das Bundes-Immissionsschutzgesetz übernommen worden. Das erleichtert der Bundesregierung zwar den Nachweis gegenüber der EU-Kommission, dass die Industrieemissions-Richtlinie vollständig umgesetzt worden ist. Die Anwendung des deutschen Immissionsschutzrechts wird aber eher erschwert. Hier wäre eine Einpassung in die Terminologie des nationalen Rechts hilfreich gewesen. Die unveränderte Übernahme der EU-rechtlichen Definitionen hat beispielsweise zur Folge, dass das Gesetz nunmehr unterschiedliche Sachverhalte mit dem Begriff der Emissionswerte erfasst (vgl. § 3 Abs. 6d einerseits und den sonst zugrunde gelegten, Nr. 2.7 Abs. 1 TA Luft entsprechenden Begriff andererseits).

Bei den Definitionen in § 3 Abs. 5a bis 5d ist der Gesetzgeber in gleicher Weise vorangegangen. Hier wurden u. a. die dem Bundes-Immissionsschutzrecht fremden und in ihm nicht näher beschriebenen Begriffe des Betriebsbereichs der unteren Klasse und der oberen Klasse aus dem Gemeinschaftsrecht übernommen (§ 3 Abs. 5b). Die Konkretisierung wurde insoweit dem untergesetzlichen Regelwerk (vgl. § 2 der 12. BImSchV) überlassen.

5. Die Regelungen für genehmigungsbedürftige Anlagen

5.1 Die Genehmigungspflicht als Mittel des Immissionsschutzes

Um zu vermeiden, dass durch Anwendung technischer Verfahren schädliche Umwelteinwirkungen hervorgerufen werden, stehen grundsätzlich verschiedene Regelungsmöglichkeiten offen: Bestimmte Anforderungen an einzelne Anlagearten können im Gesetz oder in einer Rechtsverordnung selbst festgelegt werden (so die Rechtsverordnungen nach §§ 7 und 23); es kann auch eine Anzeigepflicht für die Inbetriebnahme emittierender Anlagen mit der Befugnis zum nachträglichen behördlichen Einschreiten vorgesehen werden (so § 15 Abs. 1 und 2 Satz 2, § 23 Abs. 1 Nr. 4, § 67 Abs. 2 und § 67a Abs. 1); schließlich besteht die Möglichkeit, eine vorherige Genehmigung zur Errichtung und zum Betrieb bestimmter Anlagen vorzuschreiben.

Bloße gesetzliche Gebote und Verbote reichen bei komplizierten technischen Anlagen in der Regel nicht aus. Ausrüstung und Betrieb derartiger Anlagen können im Allgemeinen nicht vorher abschließend in Rechtsnormen festgelegt werden. Insbesondere ergeben sich viele Anforderungen erst aus dem vorgesehenen Standort einer Anlage.

Eine Anzeigepflicht ist in der Regel auch nicht ausreichend, da Änderungen nach der Inbetriebnahme einer Anlage nur schwer durchführbar sind. Außerdem entspräche es nicht dem Interesse des Unternehmers, wenn er erst nach einer Investition erfahren könnte, ob die Anlage in der erstellten Form bestehen bleiben kann.

Bei komplizierten technischen Anlagen ist demnach eine vorherige Prüfung hinsichtlich der Errichtung und des Betriebes der Anlagen das einzig adäquate Mittel des Immissions- und allgemeinen Gefahrenschutzes. Eine derartige vorherige Prüfung wird durch das Erfordernis einer präventiven Genehmigung, die sog. Genehmigungspflicht, ermöglicht.

5.2 Genehmigungserfordernis

In Fortführung der früher in §§ 16 ff. der Gewerbeordnung enthaltenen Regelungen sieht das Bundes-Immissionsschutzgesetz im Ersten Abschnitt seines Zweiten Teils ein besonderes Genehmigungserfordernis für Anlagen vor, die auf Grund ihrer Beschaffenheit oder ihres Betriebes in besonderem Maße geeignet sind, schädliche Umwelteinwirkungen hervorzurufen oder in anderer Weise die Allgemeinheit oder die Nachbarschaft zu gefährden, erheblich zu benachteiligen oder erheblich zu belästigen. Außerdem sollen ortsfeste Abfallentsorgungsanlagen zur Lagerung oder Behandlung von Abfällen einer Genehmigung bedürfen. Welche Anlagen im Einzelnen genehmigungsbedürftig sind, ist auf Grund des § 4 Abs. 1 Satz 3 in der Vierten Verordnung zur Durchführung des Bundes-Immissionsschutzgesetzes (Verordnung über genehmigungsbedürftige Anlagen – 4. BImSchV) festgelegt worden. Nur die in dieser Verordnung bezeichneten Anlagen sind genehmigungsbedürftige Anlagen im Sinne des Bundes-Immissionsschutzgesetzes.

Soweit § 23b für Anlagen, die Betriebsbereich (§ 3 Abs. 5a) oder Bestandteil eines Betriebsbereichs sind, einen Genehmigungvorbehalt enthält, werden die davon betroffenen Anlagen nicht zu genehmigungsbedürftigen Anlagen i. S. des Bundes-Immissionsschutzgesetzes. Das ergibt sich bereits aus der Überschrift des § 23a und aus § 23b Abs. 1 Satz 1. Deshalb sind im Hinblick auf den Immissionsschutz nur die Pflichten nach § 22 und nach den einschlägigen Rechtsverordnungen nach § 23 zu beachten, nicht dagegen die weiter gehenden Pflichten nach § 5 und nach den Rechtsverordnungen nach § 7.

Die Bedeutung des § 4 reicht über den Immissionsschutz hinaus. Die Vorschrift dient allgemein der Abwehr von Gefahren, erheblichen Nachteilen und erheblichen Belästigungen, gleichgültig ob sie durch Emissionen oder auf andere Weise herbeigeführt werden (vgl. aber § 4 Abs. 1 Satz 2). So sind beispielsweise große Gasspeicher (Nr. 9.1 des Anhangs 1 zur 4. BImSchV) genehmigungsbedürftig, obwohl bei ihnen nicht mit nennenswerten Emissionen zu rechnen ist. Soweit es aus Gründen der Luftreinhaltung oder Lärmbekämpfung angezeigt ist, gilt § 4 nicht nur für Anlagen, die gewerblichen Zwecken dienen oder die im Rahmen wirtschaftlicher Unternehmungen Verwendung finden, sondern auch für landwirtschaftliche Anlagen und Anlagen in den sogenannten Regiebetrieben der öffentlichen Hand (z.B. Heizungsanlagen in großen Behördenhäusern).

5.3 Voraussetzungen für die Genehmigungserteilung

5.31 Grundpflichten

Die Grundsätze, die bei der Errichtung und während des Betriebes genehmigungsbedürftiger Anlagen zu beachten sind, werden in § 5 Abs. 1 gesetzlich festgelegt. Die erste der dort genannten Anforderungen be-

trifft die Immissionen und die sonst möglichen Einwirkungen: Durch die
Anlage dürfen keine Gefahren, erheblichen Nachteile oder erheblichen
Belästigungen hervorgerufen werden können. Darüber hinaus ist in § 5
Abs. 1 Nr. 2 bestimmt, dass Vorsorge gegen schädliche Umwelteinwirkungen und sonstige Gefahren, erhebliche Nachteile und erhebliche Belästigungen getroffen werden muss, insbesondere durch die dem Stand der
Technik entsprechenden Maßnahmen. Der dritte in § 5 Abs. 1 niederge-
legte Grundsatz reicht über den Immissionsschutz und die Anlagensicherheit hinaus; er betrifft die beim Betrieb der Anlage anfallenden Stoffe, auf
deren Entstehung der Anlagenbetrieb nicht ausgerichtet ist (Abfälle). Derartige Stoffe müssen vorrangig vermieden und soweit das technisch nicht
möglich, nicht zumutbar oder unzulässig ist, verwertet werden. Kommt
auch eine Verwertung nicht in Betracht, dürfen die Abfälle beseitigt werden, doch muss dann sichergestellt sein, dass das Wohl der Allgemeinheit durch die vorgesehene Art der Abfallbeseitigung nicht beeinträchtigt
wird; ggf. muss ein anderes Verfahren gewählt werden, um den Anforderungen nach § 5 Abs. 1 Nr. 3 zu entsprechen. Seit 2001 besteht nach
§ 5 Abs. 1 Nr. 4 außerdem die Pflicht, die eingesetzte und die beim Betrieb anfallende Energie sparsam und effizient zu verwenden. Schließlich
müssen der erforderliche Schutz, die Abfallverwertung und ggf. die ge-
meinwohlverträgliche Abfallbeseitigung sowie die Wiederherstellung eines ordnungsgemäßen Zustandes des Anlagengrundstücks (bis 2013 als
Betriebsgelände bezeichnet) auch für die Zeit nach einer Betriebseinstellung gewährleistet werden (§ 5 Abs. 3). Die Verpflichtung aus Absatz 3
obliegt jedem Betreiber, der eine Ursache für Gefahren oder verbleibende
Abfälle setzt, sowie stets dem letzten Betreiber vor der Betriebseinstellung.
§ 5 Abs. 2 und 4 enthalten keine Pflichten, deren Erfüllung bei Errichtung
und Betrieb der Anlage sichergestellt sein muss. Durch Absatz 2 werden
lediglich die Vorsorgepflicht nach Absatz 1 Nr. 2 und die Energieeffizienz-
pflicht nach Absatz 1 Nr. 4 für Anlagen, die dem Treibhausgas-Emissionshandelsgesetz unterliegen, modifiziert. § 5 Abs. 4 begründet bei Anlagen
nach der Industrieemissions-Richtlinie erst für die Zeit nach Einstellung
des Betriebes die Pflicht zur Rückführung des Anlagengrundstücks in den
Ausgangszustand. Diese Pflicht bezieht sich – anders als die Pflichten nach
Absatz 3 – nicht auf den Gegenstand der Genehmigung (Errichtung und
Betrieb der Anlage), und ihre Erfüllung bildet deshalb keine Voraussetzung für die Genehmigungserteilung.

5.32 Konkretisierung durch Rechtsverordnungen

Die in § 5 niedergelegten Pflichten können durch Rechtsverordnungen
der Bundesregierung nach § 7 näher konkretisiert werden. In derartigen
Verordnungen können bestimmte technische Anforderungen, Emissionsgrenzwerte, Anforderungen an den Energieeinsatz, Regelungen für Emis-
sions- und Immissionsmessungen und Bestimmungen über sicherheitstechnische Prüfungen festgelegt werden. Bei der Festlegung der Anforderungen muss der Verordnungsgeber alle Umweltauswirkungen im Auge

haben (integrative Betrachtung; § 7 Abs. 1 letzter Satz). Auch die Pflichten im Hinblick auf eine Betriebseinstellung können näher ausgestaltet werden. Aufgrund der Absätze 2 und 3 des § 7 können besondere Regelungen für bestehende Anlagen getroffen und Kompensationsmöglichkeiten bei der Sanierung von Altanlagen eröffnet werden. Eine konkretisierende Rechtsverordnung nach § 7 ist jedoch weder Voraussetzung für die Anwendung des § 5, noch kann sie die Pflichten aus dieser Bestimmung einschränken.

Bisher sind aufgrund des § 7 die Störfall-Verordnung (12. BImSchV), die Verordnung über Großfeuerungs, Gasturbinen- und Verbrennungsmotoranlagen (13. BImSchV), die Verordnung über die Verbrennung und die Mitverbrennung von Abfällen (17. BImSchV), die Verordnung zur Begrenzung der Emissionen flüchtiger organischer Verbindungen beim Umfüllen und Lagern von Ottokraftstoffen, Kraftstoffgemischen und Rohbenzin (20. BImSchV), die Verordnung über Anlagen zur biologischen Behandlung von Abfällen (30. BImSchV) und die sog. VOC-Verordnung (31. BImSchV) erlassen worden. Die Verordnung zur Emissionsbegrenzung von leichtflüchtigen halogenierten organischen Verbindungen (2. BImSchV) und die Verordnung über mittelgroße Feuerungs-, Gasturbinen- und Verbrennungsmotoranlagen (44. BImSchV) sind ebenso wie die Deponieverordnung teilweise auf § 7 BImSchG gestützt.

5.33 Genehmigungserteilung

Auf eine Genehmigung nach § 4 besteht grundsätzlich ein Rechtsanspruch. Sie ist zu erteilen, wenn

1. die Erfüllung der die Errichtung und/oder den Betrieb betreffenden Pflichten aus den speziellen Bestimmungen des Bundes-Immissionsschutzgesetzes (§§ 5 und 7) sichergestellt ist (§ 6 Abs. 1 Nr. 1),
2. die Belange des Arbeitsschutzes gewahrt sind (§ 6 Abs. 1 Nr. 2) und
3. andere öffentlich-rechtliche Vorschriften nicht entgegenstehen (§ 6 Abs. 1 Nr. 2).

Die Belange des Arbeitsschutzes sind in § 6 Abs. 1 Nr. 2 besonders hervorgehoben, weil die an der Anlage beschäftigten Arbeitnehmer in erster Linie den potentiell schädlichen Wirkungen der Anlage ausgesetzt sind. Arbeitsschutz und Immissionsschutz greifen häufig ineinander über. Maßnahmen des Arbeitsschutzes haben in vielen Fällen Auswirkungen für den Immissionsschutz und umgekehrt.

Die in § 6 Abs. 1 Nr. 2 erwähnten anderen öffentlich-rechtlichen Vorschriften können verschiedenen Rechtsgebieten angehören. Einmal sind hier die einschlägigen polizei- und ordnungsrechtlichen Vorschriften, insbesondere über den Feuerschutz und die Abwehr von Gesundheitsgefahren, zu erwähnen. Weiter sind die wasser-, planungs-, verkehrs- und wegerechtlichen Bestimmungen und die Regelungen über den Natur- und Landschaftsschutz (vgl. insbesondere § 15 Abs. 5 BNatSchG) zu beachten. Darüber hinaus müssen alle anderen auf die Anlage bezogenen öffentlich-rechtlichen Vorschriften eingehalten sein, auch wenn sie nicht der Abwehr von Gefahren, erheblichen Nachteilen oder erheblichen Belästigungen dienen. Dagegen stehen privatrechtliche Bestimmungen, etwa über die Eigentumsverhältnisse an dem Grundstück, auf dem die Anlage errichtet werden soll, einer Genehmigungserteilung in der Regel nicht entgegen. Soweit die Genehmigung nach § 13 andere die Anlage betreffende behördliche Entscheidungen (z. B. die Baugenehmigung oder die Eignungsfeststellung nach § 63 Abs. 1 Satz 1 des Wasserhaushaltsgesetzes) einschließt, müssen die für deren Erteilung maßgebenden Voraussetzungen in jedem Fall beachtet sein. Insoweit reicht die Genehmigung in ihren Wirkungen über den Geltungsbereich des Bundes-Immissionsschutzgesetzes hinaus.

Zu den Voraussetzungen für die Erteilung einer Genehmigung nach § 4 gehören nicht die Zuverlässigkeit und die Fachkunde des Betreibers der Anlage. Die Genehmigung ist – wie im früheren Recht – als Realkonzession ausgestaltet; d. h. sie wird nicht personenbezogen, sondern anlagebezogen erteilt. Dem steht § 20 Abs. 3 nicht entgegen. Wenn hiernach der weitere Betrieb einer genehmigungsbedürftigen Anlage durch den Betreiber oder einen mit der Leitung des Betriebes Beauftragten aus Gründen der Unzuverlässigkeit dieser Personen untersagt wird, bleibt die Genehmigung für die Anlage grundsätzlich unberührt. Steht die Unzuverlässigkeit des Betreibers schon bei der Antragstellung fest, kann die beantragte Genehmigung nicht unter Berufung auf § 20 Abs. 3 abgelehnt werden; allenfalls kann ein schützenswertes Interesse an einer Entscheidung über den Antrag fehlen, wenn auszuschließen ist, dass die Anlage ohne Verstoß gegen eine Untersagungsverfügung nach § 20 Abs. 3 betrieben werden kann.

Soweit die Genehmigungsvoraussetzungen für verschiedene Auslegungsvarianten oder für unterschiedliche Betriebsweisen vorliegen, können auch mehrere Alternativen genehmigt werden. Das gilt insbesondere für Mehrzweck- und Vielstoffanlagen (§ 6 Abs. 2). Der Anlagenbetreiber soll in einem solchen Fall jedoch zur Anzeige eines Wechsels der Betriebsweise verpflichtet werden (§ 12 Abs. 2b).

Durch Gesetz vom 11. August 2009 (BGBl. I S. 2723, 2727) ist dem § 6 mit Wirkung vom 1. März 2010 ein Absatz 3 angefügt worden. Vorbild dafür war Nr. 3.5.4 der TA Luft aus dem Jahre 2002. Der Vorschriftengeber der TA Luft hatte die Regelung durch einen Gegenschluss aus § 17 Abs. 4 und mit dem nach § 17 Abs. 1 bestehenden Ermessensspielraum begründet.

5.4 Genehmigungsverfahren, Verfahren bei Änderungen und Zulassung des vorzeitigen Beginns

5.41 Förmliches Verfahren

Für die genehmigungsbedürftigen Anlagen kennt das Bundes-Immissionsschutzgesetz zwei Arten von Genehmigungsverfahren: ein weitgehend förmlich ausgestaltetes Verfahren, das in § 10 näher geregelt ist, und ein sogenanntes vereinfachtes Verfahren, das in § 19 angesprochen ist.

Für alle im Anhang 1 der 4. BImSchV mit G gekennzeichneten Anlagen ist die Durchführung eines förmlichen Verfahrens im Sinne des § 10 erforderlich. Es wird eingeleitet durch einen schriftlichen oder elektronischen Antrag, dem alle zur Prüfung der Genehmigungsvoraussetzungen erforderlichen Zeichnungen, Erläuterungen und sonstigen Unterlagen beizufügen sind (§ 10 Abs. 1). Bei Anlagen, die im Anhang 1 der 4. BImSchG (auch) mit E gekennzeichnet sind, ist in der Regel auch ein Bericht über den Ausgangszustand des Anlagengrundstücks vorzulegen (§ 10 Abs. 1a). Das Vorhaben ist dann öffentlich bekannt zu machen (§ 10 Abs. 3 Satz 1). Der Antrag und in der Regel auch alle Unterlagen sind einen Monat zur Einsicht für jedermann auszulegen (§ 10 Abs. 3 Satz 2). Bereits in der Bekanntmachung muss darauf hingewiesen werden, bei welcher Stelle bis zu zwei Wochen nach Ablauf der Auslegungsfrist etwaige Einwendungen vorgebracht werden sollen (§ 10 Abs. 4). Bei Anlagen nach der Industriemissions-Richtlinie gilt statt der 2-Wochenfrist eine Frist von einem Monat. Mit Auflauf der Einwendungsfrist sind *für das Genehmigungsverfahren* (also nicht für ein eventuelles späteres Gerichtsverfahren!) alle nicht vorgebrachten Einwendungen ausgeschlossen, die nicht auf besonderen privatrechtlichen Titeln (z. B. einer Grunddienstbarkeit) beruhen. Für das Genehmigungsverfahren bedeutet das, dass Personen, die verspätet Einwendungen vorgebracht haben, weder zu einem eventuellen Erörterungstermin geladen werden müssen noch ihnen der Genehmigungsbescheid zugestellt werden muss. Der Ausschluss bedeutet jedoch nicht, dass der Inhalt verspätet vorgebrachter Einwendungen für die Genehmigungsbehörde völlig unbeachtlich ist. Nach § 24 Abs. 1 VwVfG bzw. nach den entsprechenden landesrechtlichen Vorschriften hat die Genehmigungsbehörde den entscheidungserheblichen Sachverhalt von Amts wegen zu ermitteln; dabei hat sie alle für den Einzelfall bedeutsamen Umstände zu berücksichtigen (§ 24 Abs. 2 VwVfG). Solche Umstände können sich auch aus verspätetem Vorbringen ergeben.

Nach Ablauf der Einwendungsfrist kann die Genehmigungsbehörde die rechtzeitig gegen das Vorhaben erhobenen Einwendungen mit dem Antragsteller und den Einwendern erörtern (§ 10 Abs. 6). Seit dem Inkrafttreten des Änderungsgesetzes vom 23. Oktober 2007 ist ein Erörterungstermin nicht mehr zwingend durchzuführen; seine Durchführung liegt vielmehr im Ermessen der Genehmigungsbehörde (vgl. auch § 12 Abs. 1 Satz 2 der 9. BImschV). Nachdem die Genehmigungsbehörde – ggf. nach Einholung von Sachverständigengutachten – geprüft hat, ob die Genehmigungsvoraussetzungen vorliegen, trifft sie ihre Entscheidung. Hierfür ist eine Frist von 7 Monaten gesetzt, die jedoch um jeweils 3 Monate verlängert werden kann, wenn die Verzögerung sachlich begründet werden kann (§ 10 Abs. 6a).

Behörden, deren Aufgabenbereich durch das Vorhaben berührt wird, ist im Genehmigungsverfahren Gelegenheit zur Stellungnahme zu geben (§ 10 Abs. 5 Satz 1). Sind mehrere Zulassungsentscheidungen für ein Vorhaben zu treffen, hat die Genehmigungsbehörde für eine Koordinierung der Verfahren und der Entscheidungen zu sorgen (§ 10 Abs. 5 Satz 2).

Der Genehmigungsbescheid ist schriftlich zu erlassen, schriftlich zu begründen und dem Antragsteller sowie in der Regel auch allen Einwendern zuzustellen (§ 10 Abs. 7). Die Zustellung des Genehmigungsbescheids an die Einwender – nicht die Zustellung an den Antragsteller – kann durch eine öffentliche Bekanntmachung der Genehmigung (ohne Begründung und lediglich mit Hinweisen auf die Auflagen) ersetzt werden (§ 10 Abs. 8).

Im Genehmigungsverfahren für die Errichtung und den Betrieb der vom UVP-Gesetz erfassten Anlagen (UVP-pflichtige Vorhaben) ist auch eine Umweltverträglichkeitsprüfung durchzuführen. Unter den Voraussetzungen des § 1 Abs. 3 der 9. BImSchV gilt dies auch für die Verfahren zur Genehmigung wesentlicher Änderungen derartiger Anlagen. Die Durchführung der Umweltverträglichkeitsprüfung für immissionsschutzrechtlich genehmigungsbedürftige Anlagen ist in der 9. BImSchV geregelt; das UVP-Gesetz wird insoweit verdrängt (§ 1 Abs. 4 UVP-Gesetz). Für die Umweltverträglichkeitsprüfung gelten insbesondere folgende Regelungen:

– Unterrichtung über den Untersuchungsrahmen (§ 2a der 9. BImSchV),
– Vorlage eines UVP-Berichts (§ 4e der 9. BImSchV),
– grenzüberschreitende Behörden- und Öffentlichkeitsbeteiligung (§ 11a der 9. BImSchV),
– zusammenfassende Darstellung (§ 20 Abs. 1a der 9. BImSchV),
– Bewertung der Auswirkungen des Vorhabens (§ 20 Abs. 1b der 9. BImSchV).

Darüber hinaus sind die unbedingten und hinreichend bestimmten Anforderungen der EG-UVP-Richtlinie zu beachten.

5.42 Vereinfachtes Verfahren

Über die Erteilung einer Genehmigung ist gemäß § 19 Abs. 1 in einem vereinfachten Verfahren zu entscheiden, wenn und soweit das in der Rechtsverordnung nach § 4 Abs. 1 Satz 3 festgelegt ist. Auch für die so gekennzeichneten Anlagen kommt ein vereinfachtes Verfahren aber nicht in Betracht, wenn sie Betriebsbereich oder Bestandteil eines Betriebsbereichs sind und Auswirkungen auf den angemessenen Sicherheitsabstand zu benachbarten Schutzobjekten zu erwarten sind (vgl. im Einzelnen § 19 Abs. 4). In Anhang 1 der 4. BImSchV sind diese Anlagen mit V gekennzeichnet. Im vereinfachten Verfahren wird das Vorhaben nicht öffentlich bekannt gemacht; von einer Auslegung des Antrags und der beizufügenden Unterlagen wird abgesehen; eine Ausschlussfrist für die Erhebung von Einwendungen besteht nicht, und ein Erörterungstermin wird in keinem Fall durchgeführt.

Für die im vereinfachten Verfahren erteilte Genehmigung gilt nicht die Bestimmung des § 14 (Ausschluss von privatrechtlichen Abwehransprüchen). Anwendung findet jedoch die Konzentrationsvorschrift des § 13, wonach die Genehmigung andere die Anlage betreffende behördliche Entscheidungen einschließt.

Um dem Vorhabenträger den besonderen Bestandsschutz nach § 14 zu ermöglichen, muss die Genehmigungsbehörde auf Antrag auch bei Anlagen, die im Anhang 1 der 4. BImSchV mit V gekennzeichnet sind, ein förmliches Verfahren durchführen (§ 19 Abs. 3).

5.43 Teilgenehmigung und Vorbescheid

Über den Antrag auf Erteilung einer Genehmigung braucht nicht in einem Akt entschieden zu werden. Dabei ist es unerheblich, wie die betroffene Anlage im Anhang 1 der 4. BImSchV gekennzeichnet ist.

Durch einen *Vorbescheid* kann vorab über einzelne Genehmigungsvoraussetzungen, zu denen die Fragen des Standorts gehören, entschieden werden. Voraussetzung ist dabei, dass die Auswirkungen der Anlage ausreichend beurteilt werden können (§ 9).

Darüber hinaus kann das Genehmigungsverfahren dadurch in sachliche Teilabschnitte zerlegt werden, dass für die Errichtung der Anlage oder von Anlageteilen oder für den Betrieb eines Teils der Anlage jeweils *Teilgenehmigungen* erteilt werden (§ 8). Die Teilgenehmigung unterscheidet sich dadurch vom Vorbescheid, dass mit ihr für bestimmte Tätigkeiten des Antragstellers eine endgültige Genehmigung erteilt wird, während der Vorbescheid nur die Bindung der Genehmigungsbehörde für eine noch zu erteilende Genehmigung herbeiführt.

Vorbescheid und Teilgenehmigung setzen einen entsprechenden Antrag des Vorhabenträgers voraus. Ihm soll bei Vorliegen der rechtlichen Voraussetzungen in der Regel stattgegeben werden. Im Einzelnen werfen Vorbescheid und Teilgenehmigung schwierige Rechtsfragen auf, die im Rahmen dieser Einführung nicht vertieft werden können.

5.44 Verfahren bei Änderung der Anlage oder ihres Betriebs

Beabsichtigt der Anlagenbetreiber, die Lage, die Beschaffenheit oder den Betrieb einer genehmigungsbedürftigen Anlage zu ändern, so muss er dafür nur dann eine Genehmigung einholen, wenn durch die Änderung nachteilige Auswirkungen hervorgerufen werden können und diese für die Prüfung der speziellen immissionsschutzrechtlichen Genehmigungsvoraussetzungen (§ 6 Abs. 1 Nr. 1) erheblich sein können (§ 16 Abs. 1 Satz 1). Eine Genehmigung ist auch nicht erforderlich, wenn durch die Änderung hervorgerufene nachteilige Auswirkungen offensichtlich gering sind und die Erfüllung der sich aus § 6 Abs. 1 Nr. 1 ergebenden Anforderungen sichergestellt ist (§ 16 Abs. 1 Satz 2). Der Anlagenbetreiber kann für eine Änderung jedoch stets eine Genehmigung beantragen (§ 16 Abs. 4). Diese ist dann nach einem vereinfachten Verfahren zu erteilen, es sei denn, der Anlagenbetreiber habe selbst ein förmliches Verfahren gewünscht (§ 16 Abs. 4 Satz 2 i. V. m. § 19 Abs. 3). Bei störfallrelevanten Änderungen einer genehmigungsbedürftigen Anlage, die Betriebsbereich oder Bestandteil eines Betriebsbereichs ist, ist auch § 16a zu beachten.

Stellt der Anlagenbetreiber nicht unmittelbar einen Genehmigungsantrag, muss er jede Änderung (auch unwesentliche Änderungen!) mindestens einen Monat vor Beginn der Änderung der zuständigen Behörde anzeigen (§ 15 Abs. 1). Dabei ist als Änderung jedes Abweichen von der genehmigten Beschaffenheit oder Betriebsweise anzusehen, die Auswirkungen im Regelungsbereich des Bundes-Immissionsschutzgesetzes haben kann. Der Anzeige sind die Unterlagen beizufügen, die für die Prüfung der Genehmigungsbedürftigkeit der Änderung erforderlich sind. Mit der Änderung

darf erst begonnen werden, wenn die zuständige Behörde dem Anlagenbetreiber mitteilt, dass die Änderung keiner Genehmigung bedarf, oder wenn
sie sich innerhalb eines Monats nach Vorlage der vollständigen Unterlagen
nicht geäußert hat (§ 15 Abs. 2 Satz 2). Bei störfallrelevanten Änderungen
ist § 15 Abs. 2a zu beachten.

5.45 Zulassung des vorzeitigen Beginns

Ist ein Genehmigungsverfahren durch Einreichung eines entsprechenden
Antrags eingeleitet worden, kann der Vorhabenträger auch beantragen,
dass schon vor der Genehmigungserteilung vorläufig zulassen wird, dass
er mit der Errichtung einschließlich der Maßnahmen, die zur Prüfung der
Betriebstüchtigkeit der Anlage erforderlich sind, beginnt (§ 8a). Voraussetzung für eine positive Entscheidung ist, dass

1. mit einer späteren Genehmigung gerechnet werden kann,
2. ein öffentliches Interesse oder ein berechtigtes privates Interesse an
    dem vorzeitigen Beginn besteht und
3. der Antragsteller sich verpflichtet, alle bis zur Entscheidung über den
    Genehmigungsantrag durch die Errichtung der Anlage verursachten
    Schäden zu ersetzen und, wenn das Vorhaben nicht genehmigt wird,
    den früheren Zustand wiederherzustellen.

Im Hinblick auf die unter Nr. 3 genannte Voraussetzung kann die zuständige Behörde auch die Leistung einer Sicherheit verlangen (§ 8a Abs. 2
Satz 3). Sind die Voraussetzungen erfüllt, soll (eingeschränktes Ermessen!) dem Antrag in der Regel stattgegeben werden.

Ist ein Antrag auf Genehmigung einer wesentlichen Änderung von Anlagen gestellt worden, kann sich die Zulassung des vorzeitigen Beginns auch
auf den Betrieb beziehen (§ 8a Abs. 3). Bei Neuanlagen können nur Be-
triebsmaßnahmen im Zusammenhang mit dem sog. Einfahren der Anlage
vorläufig zugelassen werden.

Ob neben der Zulassung des vorzeitigen Beginns andere die Errichtung
der Anlage betreffende behördliche Zulassungen eingeholt werden müssen (z. B. die Baugenehmigung), ist dem Gesetzeswortlaut nicht eindeutig
zu entnehmen. Da § 8a bei einer anderen Auslegung weitgehend seinen
Sinn verlieren würde, wird jedoch überwiegend angenommen, dass die
Entscheidung nach § 8a für den Beginn der Errichtung ausreicht. Auf jeden Fall sind die beteiligten Behörden vor einer positiven Entscheidung
zu hören.

5.5 Nebenbestimmungen

Nach § 12 kann eine Genehmigung mit Nebenbestimmungen versehen
werden. Das gilt unabhängig davon, ob die Genehmigung im förmlichen
oder im vereinfachten Verfahren erteilt wird, und auch unabhängig davon,
ob es sich um eine Vollgenehmigung oder eine Teilgenehmigung handelt.
Ein Vorbescheid kann unter bestimmten Voraussetzungen und Vorbehalten
erteilt werden (vgl. § 23 Abs. 2 Nr. 4 der 9. BImSchV). Auch die Zulassung des vorzeitigen Beginns kann mit Nebenbestimmungen verbunden
werden (§ 8a Abs. 2).

Als Nebenbestimmungen kommen in Betracht: Bedingungen, Befristungen, Auflagen, Widerrufsvorbehalte und Vorbehalte nachträglicher Auflagen (vgl. § 36 VwVfG).

Eine Bedingung bzw. eine Befristung liegt vor, wenn die Wirksamkeit der Genehmigung vom ungewissen Eintritt eines künftigen Ereignisses (Bedingung) bzw. von einem bestimmten Zeitablauf (Befristung) abhängig gemacht wird. Je nachdem, ob die Wirksamkeit mit dem Ereignis bzw. dem Zeitablauf beginnen oder enden soll, spricht man von einer aufschiebenden oder einer auflösenden Bedingung bzw. einer Anfangs- oder Endfrist.

Die Auflage unterscheidet sich von der Bedingung und der Befristung dadurch, dass ihre Nichteinhaltung die Wirksamkeit der Genehmigung unberührt lässt. Sie enthält eine selbständig durchsetzbare Forderung, durch die von dem Betroffenen ein bestimmtes Tun, Dulden oder Unterlassen verlangt wird.

Der Widerrufsvorbehalt ist eine Nebenbestimmung zu einem Verwaltungsakt, durch den die erlassende Behörde sich die Befugnis vorbehält, künftig – u. U. nach Eintritt eines bestimmten Ereignisses – den Verwaltungsakt nach pflichtgemäßem Ermessen zu widerrufen. Beim Vorbehalt nachträglicher Auflagen geht es entsprechend um die Befugnis, auch nach Unanfechtbarkeit des Verwaltungsaktes noch Auflagen beifügen zu können.

Bedingungen und Auflagen sind bei einer Genehmigung für eine Anlage im Sinne des § 4 zulässig und geboten, soweit dies erforderlich ist, um die Erfüllung der Genehmigungsvoraussetzungen sicherzustellen (§ 12 Abs. 1). Bei Anlagen nach der Industrieemissions-Richtlinie ist darauf zu achten, dass die in den BVT-Schlussfolgerungen genannten Bandbreiten nicht überschritten werden (§ 12 Abs. 1a und 1b). Zur Erfüllung der Nachsorgepflichten von § 5 Abs. 3 soll bei Abfalllagern und Abfallbehandlungsanlagen auch eine Sicherheitsleistung verlangt werden. Darüber hinaus kommen gemäß § 12 Abs. 2c Auflagen aus abfallwirtschaftlichen Gründen in Betracht.

Eine auflösende Bedingung darf nicht im Widerspruch zum Wesen der Genehmigung stehen, durch die dem Betroffenen ein Bestandsschutz vermittelndes subjektives öffentliches Recht verliehen wird. Aus § 12 Abs. 2 Satz 1 wird man auch ableiten müssen, dass eine auflösende Bedingung ebenso wie die Endbefristung einer Vollgenehmigung einen entsprechenden – ggf. stillschweigend gestellten – Antrag voraussetzt.

Widerrufsvorbehalte und Vorbehalte nachträglicher Auflagen sind bei Teilgenehmigungen zulässig, wenn sie nicht dem Zweck des Genehmigungsverfahrens widersprechen (§ 12 Abs. 3). Bei der Zulassung des vorzeitigen Beginns stehen sie im pflichtgemäßen Ermessen der zuständigen Behörde (§ 8a Abs. 2). Bei einer Vollgenehmigung ist ein Widerrufsvorbehalt in der Regel mit der gesicherten Rechtsposition des Unternehmers nicht vereinbar. Eine Ausnahme gilt nur für Anlagen, die ausschließlich Erprobungszwecken dienen (§ 12 Abs. 2 Satz 2), da die Genehmigung ohne diese Möglichkeit häufig versagt werden müsste, andererseits die Errichtung derartiger Anlagen zur Fortentwicklung des Standes der Technik aber erforderlich ist. Ein Auflagenvorbehalt kommt bei einer Vollgenehmigung in den Fällen des § 12 Abs. 2a in Betracht.

5.6 Überwachung

Die Errichtung und der Betrieb von genehmigungsbedürftigen Anlagen unterliegt gemäß § 52 der Überwachung durch die nach Landesrecht zuständigen Behörden (vgl. dazu auch Nr. 3.23 dieser Einführung). Für Anlagen nach der Industrieemissions-Richtlinie haben die zuständigen Behörden Überwachungspläne und Überwachungsprogramme aufzustellen (§ 52 Abs. 1b und § 52a). Sie können sich ihrer Überwachungspflicht nicht dadurch entledigen, dass sie eine regelmäßige Überprüfung der Anlage durch einen Sachverständigen anordnen. Für eine solche Anordnung fehlt die Rechtsgrundlage (VGH München, NVwZ-RR 2009, 594). Genehmigungen im Sinne des § 4 müssen regelmäßig und stets in den in § 52 Abs. 1 Satz 3 genannten Fällen überprüft werden. Um ihre Überwachungsaufgaben wahrnehmen zu können, haben die Vertreter und Beauftragten der Überwachungsbehörden das Recht zum Betreten der Anlagen und zur Vornahme von Prüfungen sowie ein Auskunftsrecht (§ 52 Abs. 2).

Der Überwachung dient auch die Vorschrift des § 15 Abs. 3. Die Vorschrift verlangt die unverzügliche Anzeige einer beabsichtigten Betriebseinstellung, um entsprechende behördliche Prüfungen und ggf. Anordnungen (vgl. § 17 Abs. 4a) zu ermöglichen. Sie steht selbständig neben einer ggf. erforderlichen Anzeige nach § 4 Abs. 5 TEHG.

Von besonderer Bedeutung für die Überwachung genehmigungsbedürftiger Anlagen sind auch die Vorschriften der §§ 26 bis 31 über die Ermittlung von Emissionen und Immissionen und die sicherheitstechnischen Prüfungen. Die nach Landesrecht zuständige Behörde kann Emissions- und Immissionsmessungen

a) nach Inbetriebnahme oder einer wesentlichen Änderung der Anlage (§ 28 Satz 1 Nr. 1),

b) wiederkehrend nach Ablauf eines Zeitraumes von jeweils 3 Jahren (§ 28 Satz 1 Nr. 2),

c) kontinuierlich unter Verwendung aufzeichnender Messgeräte (§ 29 Abs. 1) und

d) aus besonderem Anlass – nämlich wenn zu befürchten ist, dass durch die Anlage schädliche Umwelteinwirkungen hervorgerufen werden – (§ 26)

vorschreiben. Sicherheitstechnische Prüfungen sowie Prüfungen von sicherheitstechnischen Unterlagen können nach § 29a Abs. 1 angeordnet werden. Weitergehende Pflichten zur Messung der Emissionen und der Immissionen und zu sicherheitstechnischen Prüfungen können sich aus Rechtsverordnungen nach § 7 ergeben (vgl. §§ 20 und 22 der 13. BImSchV). Darüber hinaus kann die Überwachungsbehörde auch im Rahmen ihrer Befugnisse aus § 52 Abs. 2 selbst Messungen und Prüfungen vornehmen oder durch Sachverständige vornehmen lassen.

Der Betreiber einer genehmigungsbedürftigen Anlage, von der mehr als nur in geringem Umfang Luftverunreinigungen ausgehen können, hat nach § 27 Angaben zu machen über Art, Menge, räumliche und zeitliche Verteilung der Luftverunreinigungen, die von der Anlage in einem bestimmten Zeitraum ausgegangen sind, sowie über die Austrittsbedingungen. Eine derartige Emissionserklärung schafft ebenfalls Beurteilungsgrundlagen für evtl. erforderliche Maßnahmen der Überwachungsbehörde. Sie ist innerhalb eines Zeitraums, der in der Rechtsverordnung nach § 27 Abs. 4 festgelegt wird, zu ergänzen (vgl. § 4 der 11. BImSchV). Die Abgabe der Emmissionserklärung entbindet nicht von der Pflicht zur Übermittlung von Informationen nach der Verordnung (EG) Nr. 166/2006 und dem hierzu ergangenen Ausführungsgesetz (Schadstofffreisetzungsgesetz) vom 6. Juni 2007 (BGBl. I S. 1002).

Im Zusammenhang mit der Überwachung müssen schließlich auch die Institute des Betriebsbeauftragten für Immissionsschutz und des Störfallbeauftragten gesehen werden (§§ 53 bis 58d). Ihre Aufgaben gehen allerdings über die innerbetriebliche Überwachung der Einhaltung von Immissionsschutzvorschriften (vgl. § 54 Abs. 1 Nr. 3 und § 58b Abs. 1 Nr. 3) weit hinaus. Wegen der Bedeutung, die die Betriebsbeauftragten für einzelne Anlagen erlangen können und sollen, werden sie weiter unten (vgl. Nr. 9.3) in einem besonderen Abschnitt behandelt.

Für Unternehmen, die am Umwelt-Audit-System teilnehmen, können durch eine Rechtsverordnung nach § 58e Erleichterungen bei den der Überwachung dienenden Anforderungen gewährt werden (vgl. dazu die unter Nr. 2.1 abgedruckte EMAS-Privilegierungsverordnung).

5.7 Nachträgliche Maßnahmen

5.71 Nachträgliche Anordnungen

Die Pflichten des Betreibers einer genehmigungsbedürftigen Anlage sind nicht nur bei der Errichtung und der Inbetriebnahme der Anlage zu beachten. Vielmehr muss die Anlage stets in Übereinstimmung mit den Grundpflichten aus § 5 und den auf § 7 gestützten Rechtsverordnungen gehalten werden. Das bedeutet einmal, dass die in der Genehmigung festgelegten Anforderungen stets beachtet, insbesondere funktionsuntüchtig gewordene Anlageteile, die für die Art und das Ausmaß der Emissionen oder für den allgemeinen Gefahrenschutz von Bedeutung sind, erneuert werden müssen. Für den Betreiber können sich zum andern neue Anforderungen in Bezug auf die Anlage ergeben. Anlass hierzu kann

– eine Nutzungsänderung in der Umgebung der Anlage,
– eine Veränderung der Immissionssituation im Einwirkungsbereich der Anlage (vgl. § 5 Abs. 1 Nr. 1),
– eine Fortentwicklung des Standes der Technik, die weitergehende (Vorsorge-) Maßnahmen zur Gewährleistung eines hohen Schutzniveaus für die Umwelt insgesamt zulässt (vgl. § 5 Abs. 1 Nr. 2), oder
– das In-Kraft-Treten einer Rechtsverordnung nach § 7

sein.

Zur Erfüllung der allgemeinen Anforderungen aus § 5 Abs. 1 und 3 und aus den Rechtsverordnungen nach § 7 können nach Erteilung der Genehmigung konkretisierende behördliche Anordnungen getroffen werden (§ 17 Abs. 1 Satz 1). Bei nach § 15 Abs. 1 angezeigten Änderungen können derartige Anordnungen bereits vor Durchführung der Änderungen ausgesprochen werden. Wird auf Grund neuer Erkenntnisse oder auf Grund neuer Tatsachen festgestellt, dass die Allgemeinheit oder die Nachbarschaft nicht ausreichend vor schädlichen Umwelteinwirkungen oder sonstigen Gefahren, erheblichen Nachteilen oder erheblichen Belästigungen geschützt sind, ist das der Behörde grundsätzlich eingeräumte Ermessen eingeschränkt: Sie *soll* die für einen ausreichenden Schutz erforderlichen Anordnungen treffen (§ 17 Abs. 1 Satz 2), d.h. sie darf nur in begründeten Ausnahmefällen hiervon absehen. Weitere Einschränkungen des Spielraums, von einer nachträglichen Anordnung – auch wenn diese Vorsorgezwecken dient – abzusehen, ergeben sich aus § 17 Abs. 2a, § 47 Abs. 6, § 47d Abs. 6 und § 52 Abs. 1 Satz 3.

Bei Anlagen nach der Industrieemissions-Richtlinie ist in formeller Hinsicht zu prüfen, ob die Öffentlichkeit vor dem Erlass einer nachträglichen Anordnung gemäß § 17 Abs. 1a zu beteiligen ist. Das ist immer der Fall, wenn zur Gewährleistung eines ausreichenden Schutzes (§ 17 Abs. 1 Satz 2) auf die Anlage bezogene Emmissionsbegrenzungen neu festgelegt werden sollen. Die Einwendungsbefugnis im Öffentlichkeitsbeteiligungsverfahren ist enger als nach § 10: Sie steht nur Betroffenen und bestimmten Vereinigungen (nicht jedermann!) zu.

Beim Erlass nachträglicher Anordnungen muss der allgemeine Grundsatz der Verhältnismäßigkeit von Mittel und Zweck beachtet werden. In § 17 Abs. 2 Satz 1 und Abs. 2b Nr. 1 wird hierauf besonders hingewiesen. In § 17 Abs. 2 Satz 1 werden beispielhaft einige Kriterien aufgeführt, die bei der Verhältnismäßigkeitsprüfung zu berücksichtigen sind. Darf eine nachträgliche Anordnung wegen Unverhältnismäßigkeit nicht getroffen werden, soll die Genehmigung unter bestimmten Voraussetzungen, insbesondere um schwere Nachteile für das Gemeinwohl zu verhüten oder zu beseitigen, widerrufen werden (§ 17 Abs. 2 Satz 2 in Verbindung mit § 21); das Ermessen der Behörde ist insoweit eingeschränkt: Liegen die Tatbestandsvoraussetzungen für den Widerruf vor, darf nur in atypischen Fällen von seinem Ausspruch abgesehen werden.

Eine Einschränkung der Anordnungsbefugnis kann sich aus § 17 Abs. 3 ergeben. Dann müssen die Anforderungen zur Vorsorge in einem bestimmten Bereich abschließend festgelegt sein. Das ist bisher in keinem Fall geschehen, da alle Rechtsverordnungen zur Konkretisierung der Vorsorgepflicht weitergehende Anforderungen zulassen (vgl. u. a. § 18 der 2. BImSchV, § 27 der 13. BImSchV, § 22 der 17. BImSchV, § 10 der 20. BImSchV, § 17 der 30. BImSchV und § 10 der 31. BImSchV).

Der durch § 17 Abs. 1 Satz 1 eingeräumte Ermessensspielraum, eine nachträgliche Anordnung zu treffen, wird durch Absatz 3a eingeschränkt. Danach soll ein vom Anlagenbetreiber vorgelegter Kompensationsplan unter bestimmten Voraussetzungen anerkannt und ggf. soll von bestimmten nachträglichen Anordnungen abgesehen werden. In diesem Zusammenhang muss der Behörde jedoch ein Spielraum bei Beurteilung der Frage eingeräumt werden, ob der Gesetzeszweck durch die Kompensation gefördert wird.

Eine zeitliche Einschränkung der Anordnungsbefugnis ergibt sich aus § 17 Abs. 4a Satz 2. Damit wird dem Gesichtspunkt der Rechtssicherheit und des Vertrauensschutzes Rechnung getragen. Nach Ablauf der Jahresfrist bleiben Anordnungen nach anderen Rechtsvorschriften, insbesondere nach dem Bundes-Bodenschutzgesetz, zulässig.

5.72 Widerruf und Rücknahme der Genehmigung

Der Widerruf einer rechtmäßig erteilten Genehmigung – auch soweit eine nach der Gewerbeordnung erteilte Genehmigung gemäß § 67 Abs. 1 fortgilt – ist unter den Voraussetzungen des § 21 zulässig. Er liegt – abgesehen von dem in § 17 Abs. 2 Satz 2 geregelten Fall – im nicht näher eingeschränkten behördlichen Ermessen.

Die Rücknahme einer rechtswidrig erteilten Genehmigung ist im Bundes-Immissionsschutzgesetz nicht ausdrücklich geregelt. Insoweit gelten die Verwaltungsverfahrensgesetze der Länder (vgl. § 48 VwVfG).

5.73 Untersagung des Betriebes, Stilllegung und Beseitigung der Anlage

Eine Untersagung des weiteren Betriebes einer genehmigungsbedürftigen Anlage ist möglich, wenn der Betreiber einer Auflage, einer nachträglichen Anordnung oder einer materiellen Anforderung, die in einer Rechtsverordnung nach § 7 abschließend festgelegt ist, nicht nachkommt (§ 20 Abs. 1). Darüber hinaus kommt eine Untersagung bei Verstößen gegen die aus der Richtlinie zur Beherrschung der Gefahren bei schweren Unfällen mit gefährlichen Stoffen abzuleitenden Anforderungen in Betracht (§ 20 Abs. 1a). Fehlt die erforderliche Genehmigung, soll im Regelfall die Stilllegung oder Beseitigung der Anlage angeordnet werden (§ 20 Abs. 2 Satz 1). Wenn dies zum Schutz der Nachbarschaft oder Allgemeinheit erforderlich ist, *muss* die Beseitigung angeordnet werden (§ 20 Abs. 2 Satz 2).

§ 20 Abs. 3 ermöglicht eine personenbezogene Untersagung des weiteren Betriebes der Anlage aus Gründen der persönlichen Unzuverlässigkeit. Diese Bestimmung schließt die nach § 35 Abs. 1 der Gewerbeordnung gegebene Möglichkeit der Gewerbeuntersagung nicht aus, sondern erweitert sie im Hinblick auf den Schutz vor schädlichen Umwelteinwirkungen.

6. Die Regelungen für nicht genehmigungsbedürftige Anlagen

6.1 Grundpflichten

Die genehmigungsbedürftigen Anlagen sind in besonderem Maße geeignet, auch als Einzelanlagen schädliche Umwelteinwirkungen hervorzurufen. Im Verhältnis zu allen emittierenden Anlagen sind die genehmigungsbedürftigen Anlagen jedoch selten. Zu einem beträchtlichen Anteil tragen auch die vielfältigen Anlagen aus dem häuslichen und kleingewerblichen Bereich (wie kleine und mittlere Heizungsanlagen, Bohrmaschinen, Kreissägen, Rasenmäher usw.) zur Belastung unserer Umwelt durch Immissionen bei. Für Errichtung und Betrieb derartiger Anlagen enthält § 22 Abs. 1 drei Grundpflichten:

a) Schädliche Umwelteinwirkungen, die nach dem Stand der Technik (vgl. § 3 Abs. 6) vermeidbar sind, müssen in jedem Fall verhindert werden.

b) Schädliche Umwelteinwirkungen, deren Vermeidung nach dem Stand der Technik nicht in vollem Umfang möglich ist, müssen unter Beachtung des Verhältnismäßigkeitsgebots so weit wie möglich beschränkt werden.

c) Es muss sichergestellt sein, dass die beim Betrieb entstehenden Abfallstoffe ordnungsgemäß beseitigt werden können.

Darüber hinaus kann die Grundpflicht des § 5 Abs. 1 Nr. 3 durch eine Rechtsverordnung nach § 22 Abs. 1 Satz 2 auch auf die Betreiber bestimmter nicht genehmigungsbedürftiger Anlagen erstreckt werden. Nach § 23 Abs. 1 können den Betreibern bestimmter Anlagen durch Rechtsverordnung auch Sicherheitspflichten auferlegt werden (vgl. dazu die Störfall-Verordnung – 12. BImSchV).

6.2 Konkretisierung der Anforderungen durch Rechtsverordnungen, Nebenbestimmungen zu einer Genehmigung nach § 23b und behördliche Anordnungen

6.21 Rechtsverordnungen nach § 23

Die Grundpflichten des § 22 Abs. 1 Satz 1 Nr. 1 und 2 sind auf die Wirkungen der nicht genehmigungsbedürftigen Anlagen bezogen. Im Hinblick auf die Vermeidung schädlicher Umwelteinwirkungen können durch Rechtsverordnungen nach § 23 darüber hinaus bestimmte Anforderungen an die Errichtung, die Beschaffenheit und den Betrieb der Anlagen selbst gestellt werden. Die Rechtsverordnungen können

– bestimmte technische Anforderungen enthalten (beispielsweise in Bezug auf das Abgasverhalten einer Feuerungsanlage),
– die Einhaltung bestimmter Emissionsgrenzwerte vorschreiben (beispielsweise in Bezug auf den Schwefelgehalt der Abgase),
– zu Emissions- und Immissionsmessungen verpflichten,
– eine Anzeigepflicht begründen und
– Abnahmeprüfungen durch Sachverständige vorschreiben.

Darüber hinaus können in einer Rechtsverordnung nach § 23 für nicht genehmigungsbedürftige Anlagen, die zu einem Betriebsbereich im Sinne des § 3 Abs. 5a gehören, auch sicherheitstechnische Anforderungen begründet werden (vgl. dazu die Störfall-Verordnung – 12. BImSchV).

Aufgrund des § 23 sind bisher ganz oder teilweise die Verordnung über kleine und mittlere Feuerungsanlagen (1. BImSchV), die Verordnung zur Emissionsbegrenzung von leichtflüchtigen halogenierten organischen Verbindungen (2. BImSchV), die Verordnung zur Auswurfbegrenzung von Holzstaub (7. BImSchV), die Sportanlagenlärmschutzverordnung (18. BImSchV), die Verordnung zur Begrenzung der Emissionen flüchtiger organischer Verbindungen beim Umfüllen und Lagern von Ottokraftstof-

fen, Kraftstoffgemischen oder Rohbenzin (20. BImSchV), die Verordnung
zur Begrenzung der Kohlenwasserstoffemissionen bei der Betankung von
Kraftfahrzeugen (21. BImSchV), die Verordnung über elektromagnetische
Felder (26. BImSchV), die Verordnung über Anlagen zur Feuerbestattung (27. BImSchV), die VOC-Verordnung (31. BImSchV), die Geräte-
und Maschinenlärmschutzverordnung (32. BImSchV), die sog. Legio-
nellenverordnung (42. BImSchV) und die Verordnung über mittelgroße
Feuerungs-, Gasturbinen- und Verbrennungsmotoranlagen (44. BImSchV)
ergangen.

6.22 Rechtsverordnungen nach §§ 32 und 33

Der Vermeidung schädlicher Umwelteinwirkungen durch nicht genehmigungsbedürftige Anlagen dienen auch die Rechtsverordnungen nach § 32
und § 33. Die Verordnungen nach beiden Vorschriften greifen im Gegensatz zu den Verordnungen nach § 23 nicht erst bei der Errichtung einer Anlage zum Zwecke der Inbetriebnahme durch einen bestimmten Betreiber
ein, sondern verhindern, dass nicht vorschriftsgemäße Anlagen oder Anlageteile überhaupt auf den Markt gelangen. Hinsichtlich der Regelungsob-
jekte sind §§ 32 und 33 einerseits enger, andererseits weiter als § 23. Sie
betreffen nur ortsveränderliche Anlagen (mit Ausnahme der von § 38 erfassten Fahrzeuge) und serienmäßig hergestellte Teile von ortsfesten Einrichtungen. Hinsichtlich der serienmäßig hergestellten Teile kommt es andererseits nicht darauf an, ob sie in genehmigungsbedürftige oder in nicht
genehmigungsbedürftige Anlagen eingebaut werden sollen.
Inhaltlich können sich die Rechtsverordnungen nach § 32 auf technische
Anforderungen zur Begrenzung von Emissionen, auf die Festlegung von
Emissionsgrenzwerten und auf die Kennzeichnung mit Angaben über die
Höhe der Emissionen beziehen. Dabei ist im Hinblick auf die Fortentwicklung des Standes der Technik besonders wichtig, dass die Einhaltung von
Emissionswerten, die nach der derzeitigen technischen Entwicklung noch
nicht möglich ist, auch für einen späteren Zeitpunkt vorgeschrieben werden kann.
In Anlehnung an die Regelungen für überwachungsbedürftige Anlagen
im Sinne des § 34 des Produktsicherheitsgesetzes (Druckbehälter u. a.)
können in den Rechtsverordnungen nach § 33 Bauartzulassungen vorgeschrieben oder ermöglicht werden. Soweit das in der Verordnung nach § 4
Abs. 1 Satz 2 vorgesehen würde (was bisher nicht der Fall ist), bedarf eine
bauartzugelassene Anlage auch dann keiner Genehmigung nach § 6, wenn
sie ihrer Art nach in der 4. BImSchV genannt ist. Die Bauartzulassung
wird von der Behörde ausgesprochen, wenn auf Grund der Prüfung eines
Musters feststeht, dass von ihm und den baugleichen Anlagen bzw. Anlageteilen keine schädlichen Umwelteinwirkungen durch Luftverunreinigungen, Geräusche oder Erschütterungen ausgehen können und bestimmte
weitere gesetzliche Anforderungen eingehalten sind (§ 33 Abs. 2).

6.23 Konkretisierung durch Genehmigung nach § 23b

Soweit eine nicht genehmigungsbedürftige Anlage als Betriebsbereich
(§ 5a) oder als Bestandteil eines Betriebsbereichs einer Genehmigung

bedarf, bestehen nach § 23b Abs. 1 ähnliche Genehmigungsvoraussetzungen wie für genehmigungsbedürftige Anlagen (s. dazu oben unter 5.33), allerdings mit dem Unterschied, dass die immissionsschutzrechtlichen Grundpflichten § 22 und nicht § 5 zu entnehmen sind. Zur Konkretisierung der Pflichten kann die Genehmigung dann auch mit Nebenbestimmungen verstehen werden (vgl. dazu oben 5.5).

6.24 Behördliche Anordnungen

Die Anforderungen an nicht genehmigungsbedürftige Anlagen können auch durch behördliche Anordnungen nach § 24 konkretisiert werden. Hiernach können beispielsweise dem Stand der Technik entsprechende Emissionsminderungsmaßnahmen an einzelnen Anlagen oder auch zeitliche und kapazitätsmäßige Beschränkungen des Betriebes verlangt werden. Soweit es um den durch Kinder hervorgerufenen Lärm geht, ist § 22 Abs. 1a zu beachten.

Von Anordnungen auf Grund des § 24 soll (nicht muss!) in der Regel abgesehen werden, wenn durch Arbeitsschutzmaßnahmen dasselbe Ziel erreicht werden kann. Der Gesetzgeber ist davon ausgegangen, dass der Arbeitsschutz quellennäher einsetzt und ihm deshalb eine natürliche Priorität zukommt.

6.3 Überwachung und Durchsetzung der immissionsschutzrechtlichen Anforderungen

6.31 Überwachungsinstrumente

Die in § 52 geregelten Überwachungsbefugnisse der nach Landesrecht zuständigen Behörden bestehen grundsätzlich auch in Bezug auf nicht genehmigungsbedürftige Anlagen. Insoweit kann auf die Ausführungen unter Nr. 5.6 verwiesen werden.

Emissions- und Immissionsermittlungen können bei nicht genehmigungsbedürftigen Anlagen nicht im selben Umfang angeordnet werden wie bei genehmigungsbedürftigen Anlagen. Sie sind nach § 26 aus besonderem Anlass zulässig. Auch können kontinuierliche Messungen vorgeschrieben werden (§ 29 Abs. 2). Die Kosten hierfür hat der Betreiber ebenso wie bei den behördlichen Messungen nach § 52 nur in Ausnahmefällen zu tragen (§§ 30 und 52 Abs. 4).

6.32 Eingriffsbefugnisse

Um die Einhaltung der im Gesetz oder in den einzelnen Rechtsverordnungen festgelegten Pflichten in Bezug auf nicht genehmigungsbedürftige Anlagen sicherzustellen, können die zuständigen Behörden nach § 24 alle erforderlichen Anordnungen treffen. Soweit in § 24 Rechtsverordnungen angesprochen werden, sind nicht nur solche nach § 23 gemeint, sondern auch Rechtsverordnungen auf Grund der §§ 32 und 33. Soll beispielsweise eine Maschine, für die eine Bauartzulassung vorgeschrieben ist, ohne eine solche gewerbsmäßig in den Verkehr gebracht werden, so kann die Behörde das untersagen und ihre Verfügung ggf. mit den Mitteln des Verwaltungszwangs durchsetzen.

Kommt der Betreiber einer nicht genehmigungsbedürftigen Anlage einer vollziehbaren Anordnung auf Grund des § 24 nicht nach, so kann die Behörde den Betrieb der Anlage ganz oder teilweise untersagen (§ 25 Abs. 1). Darüber hinaus soll sie – unabhängig von einer vorausgegangenen Anordnung – eine Untersagungsverfügung immer dann erlassen, wenn das Leben oder die Gesundheit von Menschen oder bedeutende Sachwerte gefährdet werden (§ 25 Abs. 2). Bei Nichterfüllung der Anforderungen aus der Richtlinie zur Beherrschung der Gefahren bei schweren Unfällen mit gefährlichen Stoffen kommen auch Untersagungsverfügungen nach § 25 Abs. 1a in Betracht.

7. Regelungen für den Verkehrsbereich

7.1 Einordnung in das Bundes-Immissionsschutzgesetz

Die Belastung unserer Umwelt durch Luftverunreinigungen und Lärm wird zu einem großen Teil durch den Verkehr verursacht. Immissionsschutzmaßnahmen können und müssen sich in diesem Bereich
– auf die Fahrzeuge,
– auf die Zusammensetzung der Kraftstoffe und die Betankung der Fahrzeuge,
– auf die Teilnahme am Verkehr,
– auf das Verhalten im Verkehr und
– auf die Verkehrswege
beziehen.

Im Verkehrsbereich sind die Immissionsschutzanforderungen und andere Forderungen des öffentlichen Wohls (Verkehrssicherheit u. a.) besonders stark miteinander verflochten. Das wirkt sich auch auf das Ineinandergreifen der verschiedenen Rechtsgebiete aus.

Für die Beschaffenheit, die Ausführung, den Betrieb und die Prüfung von Fahrzeugen enthält § 38 Abs. 2 eine eigenständige Verordnungsermächtigung. Die Regelungen werden gemeinsam vom Bundesministerium für Verkehr und digitale Infrastruktur und vom Bundesministerium für Umwelt, Naturschutz, Bau und Reaktorsicherheit erlassen. Dadurch soll eine Harmonisierung der grundsätzlich gleichrangigen immissionsschutzrechtlichen und verkehrsrechtlichen Anforderungen erreicht werden.

Auf die Beschaffenheit der Kraftstoffe beziehen sich die §§ 37a ff. (Mindestanteil von Biokraftstoffen; Treibhausgasminderung gemäß § 37a Abs. 4), das Benzinbleigesetz und die 10. BImSchV. Das Betanken von Kraftfahrzeugen ist in der 21. BImSchV geregelt.

Hinsichtlich der Teilnahme am Verkehr enthält § 40 Vorschriften, die der Umsetzung durch verkehrsrechtliche Regelungen (Aufstellung von Verkehrszeichen) bedürfen.

Die Vorschriften über das Verhalten im Verkehr sind – auch soweit sie dem Schutz vor schädlichen Umwelteinwirkungen dienen – in das Verkehrsrecht aufgenommen worden. Hier wäre jede Trennung von Immissionsschutz und Verkehrssicherheit unzweckmäßig und praktisch nicht durchführbar.

Hinsichtlich der öffentlichen Verkehrswege – die privaten Verkehrswege werden von §§ 22 ff. erfasst – enthält das Bundes-Immissionsschutzgesetz Regelungen für die Planung (§ 50) sowie für den Bau und die wesentlichen Änderungen (§§ 41 bis 43). Diese Bestimmungen werden durch die immissionsschutzrechtlichen Vorschriften anderer Gesetze, insbesondere des Bundes-Fernstraßengesetzes und der Landesstraßengesetze, ergänzt.

7.2 Beschaffenheit und Betrieb von Fahrzeugen

Entsprechend den Regelungen für genehmigungsbedürftige (vgl. § 5) und nicht genehmigungsbedürftige Anlagen (vgl. § 22) werden im Bundes-Immissionsschutzgesetz für die Beschaffenheit und den Betrieb von Fahrzeugen Grundpflichten aufgestellt (§ 38 Abs. 1), und zwar als unmittelbar verbindliche Anforderungen.

Kraftfahrzeuge und ihre Anhänger, Schienen-, Luft- und Wasserfahrzeuge sowie Schwimmkörper und schwimmende Anlagen müssen so *beschaffen* sein, dass ihre Emissionen bei bestimmungsgemäßem Betrieb nicht die Grenzwerte überschreiten, die generell eingehalten werden müssen, damit keine schädlichen Umwelteinwirkungen hervorgerufen werden (§ 38 Abs. 1 Satz 1). Die Grundpflichten hinsichtlich des *Betriebes* entsprechen den Pflichten nach § 22 Abs. 1 Satz 1 Nr. 1 und 2: Vermeidbare Emissionen müssen verhindert, unvermeidbare auf ein Mindestmaß beschränkt werden (§ 38 Abs. 1 Satz 2)..

Die Grundpflichten sind durch Rechtsverordnungen nach § 38 Abs. 2 zu konkretisieren. Dabei ist gerade in diesem Bereich von besonderer Bedeutung, dass Emissionswerte unter Berücksichtigung der technischen Entwicklung auch für einen Zeitpunkt nach In-Kraft-Treten der Rechtsverordnungen festgesetzt werden können (vgl. § 38 Abs. 2 letzter Satz). Beispielsweise besteht die Möglichkeit, im Jahre 2017 für das Jahr 2020 einen Höchstgehalt an Stickstoffoxiden im Abgas vorzuschreiben. Einschränkungen der Regelungsbefugnis ergeben sich allerdings aus dem EG-Recht. Die Einhaltung der Grundpflichten aus § 38 Abs. 1 Satz 1 und 2 sowie der Pflichten aus den auf § 38 Abs. 2 (und § 39) gestützten Rechtsverordnungen wird nach § 52 Abs. 1 und ggf. auch auf Grund der verkehrsrechtlichen Vorschriften überwacht. Die landesrechtlichen Zuständigkeitsregelungen zu beiden Rechtsbereichen sind insoweit miteinander abzustimmen.

7.3 Straßen und Schienenwege

7.31 Aktiver Schallschutz

Die Verkehrsanlagen sind im Bundes-Immissionsschutzgesetz in den §§ 41 bis 43 besonders angesprochen. Diese Bestimmungen dienen ausschließlich der Bekämpfung von Lärmbelästigungen durch den Verkehr. Insoweit sind sie in der Zielrichtung beschränkt. Sie beziehen aber auch nicht alle regelungsbedürftigen Tatbestände ein. Insbesondere enthält das Bundes-Immissionsschutzgesetz keine Ermächtigung, nachträgliche Schutzmaßnahmen an bestehenden Straßen und Schienenwegen zu verlangen. Hier muss ggf. auf die (beschränkten) Eingriffsmöglichkeiten nach § 75 Abs. 2 Satz 2 bis 4 VwVfG zurückgegriffen werden.

Die Vorschrift des § 41 bezieht sich auf den Bau (Neuerrichtung) und die wesentliche Änderung (Ausbau) von öffentlichen Straßen, Eisenbahnen, Magnetschwebebahnen und Straßenbahnen. Bei diesen Maßnahmen müssen grundsätzlich alle dem Stand der Technik entsprechenden Vorkehrungen getroffen werden, die zur Vermeidung von erheblichen Belästigungen durch die zu erwartenden Verkehrsgeräusche erforderlich sind. Diese Forderung gilt allerdings nicht, soweit die Kosten einer Schutzmaßnahme außer Verhältnis stehen würden zu den Verbesserungen, die im Hinblick auf den Schutz vor schädlichen Umwelteinwirkungen zu erwarten sind.

Die Grenzwerte, die beim Bau und bei der wesentlichen Änderung von Straßen und Schienenwegen nicht überschritten werden dürfen, sind in der Verkehrslärmschutzverordnung (16. BImSchV) festgelegt. Der in der 16. BImSchV vorgehene sog. Schienenbonus entfällt für neue Vorhabenabschnitte aufgrund des 11. BImSchG-Änderungsgesetzes aus dem Jahre 2013 (vgl. aber § 4 Abs. 3 der 16. BImSchV). Auf Magnetschwebebahnen ist die Magnetschwebebahn-Lärmschutzverordnung vom 23. 9. 1997 (BGBl. I S. 2329/2338) anwendbar.

7.32 Passiver Schallschutz

Die Vorschrift des § 41 gewährleistet beim Bau und bei der wesentlichen Änderung von Verkehrswegen keinen sicheren Schutz vor künftigen erheblichen Lärmbelästigungen. Die Grundpflicht ist in zweifacher Hinsicht eingeschränkt: Es werden nur Maßnahmen verlangt, die dem Stand der Technik entsprechen, und auch diese Maßnahmen können unterbleiben, wenn sie unverhältnismäßige Kosten verursachen.

Da die durch den Verkehrslärm betroffenen Bürger weder den Stand der Technik noch die Kosten einer notwendigen Schutzmaßnahme an den Verkehrswegen beeinflussen können, erscheint es folgerichtig, ihnen die Kosten für Passivmaßnahme an den schutzbedürftigen Objekten zu ersetzen. § 42 enthält deshalb eine Entschädigungsregelung, die durch die Schallschutzmaßnahmenverordnung (24. BImSchV) näher ausgestaltet worden ist. Der Gesetzgeber ließ sich dabei von folgenden Vorstellungen leiten:

Bei der Überschreitung bestimmter Immissionsgrenzwerte (Geräuschpegel) kann der Eigentümer einer baulichen Anlage an seinem Gebäude bestimmte Schallschutzmaßnahmen (z. B. Einbau von Doppelfenstern) vornehmen (vgl. dazu die 24. BImSchV). Die hierfür erbrachten notwendigen Aufwendungen sind ihm dann vom Träger der Wegebaulast (d. h. von demjenigen, der die Kosten für den Bau oder die wesentliche Änderung des betroffenen Verkehrsweges zu tragen hat) zu ersetzen. Kommt eine Einigung über die Höhe des zu zahlenden Betrages nicht zustande, setzt die nach Landesrecht zuständige Behörde die Entschädigung durch schriftlichen Bescheid fest.

Die Zivilgerichte erkennen bei unzumutbarem Straßenlärm im Hinblick auf Art. 14 GG unter bestimmten Voraussetzungen einen Entschädigungsanspruch auch bei bestehenden Straßen zu (vgl. BGHZ 64, 220 und 97, 114).

8. Die produktbezogenen Vorschriften der §§ 34 und 35

8.1 Brenn-, Treib- und Schmierstoffe

Art und Ausmaß der Luftverunreinigungen hängen häufig davon ab, welche Zusammensetzung die für den Betrieb einer Anlage oder eines Kraftfahrzeugs benutzten Brenn-, Treib- oder Schmierstoffe haben. Entsprechend dem Vorsorgeprinzip (vgl. Nr. 3.22) soll deshalb bereits bei der Herstellung auf die Zusammensetzung der auf den Markt gelangenden Brenn-, Treib- und Schmierstoffe Einfluss genommen werden.

§ 34 ermächtigt die Bundesregierung, durch Rechtsverordnung vorzuschreiben, dass Brenn-, Treib- und Schmierstoffe im Hinblick auf die Vermeidung von Luftverunreinigungen

– natürliche Bestandteile oder Zusätze nur bis zu einem bestimmten Anteil enthalten dürfen,
– bestimmte emissionsmindernde Zusätze enthalten müssen und/oder
– einer bestimmten Behandlung unterworfen werden müssen.

Ähnlich wie bei den Rechtsverordnungen nach § 32 können auch hier Zielanforderungen unter Berücksichtigung der technischen Entwicklung gestellt werden. Von der Ermächtigung des § 34 hat die Bundesregierung mit der Verordnung über die Beschaffenheit und die Auszeichnung der Qualitäten von Kraft- und Brennstoffen (10. BImSchV) Gebrauch gemacht.

Solange das Benzinbleigesetz vom 5. August 1971 (BGBl. I S. 1234) in Kraft ist, kann in Rechtsverordnungen nach § 34 nicht der Höchstgehalt an Bleiverbindungen in Ottokraftstoffen für Kraftfahrzeugmotoren geregelt werden. Das Benzinbleigesetz ist insoweit vorrangig. Wegen der besonderen Bedeutung der Bleiemissionen im Kraftverkehr ist dieses Gesetz schon vor dem Bundes-Immissionsschutzgesetz erlassen worden, und der Gesetzgeber des Bundes-Immissionsschutzgesetzes sah keine Veranlassung, es im Hinblick auf eine mögliche Rechtsverordnung aufzuheben. Für den Mindestanteil von Biokraftstoffen und die Zusammensetzung der Kraftstoffe im Hinblick auf die Treibhausgasminderung enthalten die §§ 37a ff. vorrangige Sonderregelungen.

8.2 Sonstige Stoffe und Erzeugnisse

Durch § 35 wird die Möglichkeit eröffnet, den Schutz vor Luftverunreinigungen teilweise noch früher anzusetzen, als das nach § 34 zulässig ist. Bestimmte Stoffe, insbesondere Kunststoffe, können bei ihrer Verbrennung schädliche Emissionen bis hin zu hochtoxischen Luftverunreinigungen hervorrufen. Andere Stoffe und Erzeugnisse aus diesen Stoffen können schon bei ihrer bestimmungsgemäßen Verwendung und nicht erst bei ihrer Verbrennung zum Zwecke der Beseitigung oder Rückgewinnung einzelner Bestandteile zu Luftverunreinigungen führen. In diesen Fällen soll durch Verordnungsregelungen möglichen späteren Luftverunreinigungen frühzeitig dadurch begegnet werden, dass schon beim

Erscheinen derartiger Stoffe oder Erzeugnisse auf dem Markt entweder bestimmten Anforderungen an die Zusammensetzung und das Herstellungsverfahren genügt (§ 35 Abs. 1) oder eine bestimmte Kennzeichnung vorgenommen sein muss (§ 35 Abs. 3). Die technischen Anforderungen können auch als Zielanforderungen für einen späteren Zeitpunkt festgesetzt werden (§ 35 Abs. 2). Von der Kennzeichnungspflicht wird erwartet, dass sie eine Marktbeeinflussung im Interesse des Immissionsschutzes zur Folge hat.

9. Regelungen für wichtige Einzelprobleme

9.1 Schutz bestimmter Gebiete

Die Bedeutung von Luftverunreinigungen und Geräuschen kann in einzelnen Gebieten unterschiedlich sein. Das kann einmal daran liegen, dass das Gebiet wegen der Art seiner Nutzung – etwa als Kurgebiet – besonders schutzbedürftig ist. Zum anderen kann ein Gebiet bereits in einem solchen Maße schädlichen Umwelteinwirkungen ausgesetzt sein, dass schon eine geringfügige Erhöhung der Immissionen erhebliche nachteilige Folgen hat.

Der gesteigerten Schutzbedürftigkeit einzelner Gebiete trägt das Bundes-Immissionsschutzgesetz in § 47 Abs. 7 und in § 49 Abs. 1 Rechnung. Danach können die Landesregierungen, im Falle des § 47 Abs. 7 auch die von ihnen bestimmten Stellen, z. B. das Landesumweltamt, durch Rechtsverordnung für bestimmte Gebiete die Errichtung und den Betrieb von Anlagen ganz oder teilweise untersagen oder von bestimmten Anforderungen (insbesondere hinsichtlich des einzusetzenden Brennstoffes) abhängig machen.

Soweit in bestimmten Bereichen schädliche Umwelteinwirkungen durch Luftverunreinigungen aus dem Straßenverkehr auftreten, können Verkehrssperrungen auf Grund des § 40 Abs. 2 vorgenommen werden. Darüber hinaus kommen Verbote und Beschränkungen des Kraftfahrzeugverkehrs in Betracht, soweit ein Luftreinhalteplan oder ein Plan für kurzfristig zu ergreifende Maßnahmen nach § 47 Abs. 1 oder 2 dies vorsehen (§ 40 Abs. 1). Die Anwendung des § 40 Abs. 2 setzt die Festlegung entsprechender Kriterien in einer Rechtsverordnung der Bundesregierung nach § 48a Abs. 1a voraus. Das ist mit der 39. BImSchV geschehen. Die Erfüllung der Kriterien hat jeweils die zuständige Immissionsschutzbehörde zu beurteilen; die endgültige Entscheidung trifft die Straßenverkehrsbehörde. Von besonderer Bedeutung waren bis etwa 1990 die in § 40 Abs. 1 a. F. und in § 49 Abs. 2 angesprochenen Regelungen für sogenannte austauscharme Wetterlagen. Inzwischen ist die allgemeine Luftbelastung so weit gesunken, dass Smogsituationen in Deutschland nicht mehr zu befürchten sind. Die Smogverordnungen der Länder sind deshalb aufgehoben worden.

Nicht mehr in Kraft sind auch die Regelungen in den §§ 40a bis 40e über den Schutz bestimmter Gebiete bei erhöhten Ozonkonzentrationen. Die hiermit zusammenhängenden Fragen werden nunmehr in der 39. BImSchV geregelt.

9.2 Berücksichtigung des Immissionsschutzes bei der Planung

Der in § 50 festgelegte Planungsgrundsatz, der innerhalb des Bundes-Immissionsschutzgesetzes eine Sonderstellung einnimmt, trägt der besonderen Bedeutung Rechnung, die einer ordnungsgemäßen Planung für den Immissionsschutz und die Anlagensicherheit zukommt. Wenn in einem dicht besiedelten Industrieland wie der Bundesrepublik die Standorte für Industrieansiedlungen und die Trassen für neue Verkehrswege nicht sorgfältig gewählt werden, lässt sich durch technische Maßnahmen an den Anlagen zwar eine Minderung der Umweltbelastung erreichen; die sich aus der Nachbarschaft von Emissionsquelle und Schutzobjekt ergebenden Probleme werden aber nur selten befriedigend zu lösen sein.

Die Vorschrift des § 50 ist umfassend, aber wenig konkret formuliert. Sie gilt für alle raumbedeutsamen Planungen und Maßnahmen, die von öffentlichen Planungsträgern durchgeführt werden oder auf die öffentlich-rechtliche Vorschriften (z. B. bei der Planfeststellung nach dem Bundesfernstraßengesetz) angewandt werden.

Inhaltlich betrifft der Planungsgrundsatz des § 50 Satz 1 die Zuordnung von Flächen, insbesondere die Frage des Abstandes von Flächen unterschiedlicher Nutzung. Die Flächen müssen einander so zugeordnet werden, dass bei der vorgesehenen Nutzung schädliche Umwelteinwirkungen und von schweren Unfällen hervorgerufene Auswirkungen auf die ausschließlich oder überwiegend dem Wohnen dienenden Gebiete sowie auf sonstige schutzbedürftige Gebiete (neben den in § 50 Satz 1 genannten Beispielen auch Flächen für Kirchen, Kindergärten, Schulen usw.) »so weit wie möglich« vermieden werden.

§ 50 Satz 1 begründet keinen Vorrang für schutzbedürftige Gebiete. Seine Anwendung kann im Einzelfall ebenso bedeuten, dass ein Wohngebiet wegen seiner Nähe zu einem vorhandenen Industriegebiet planungsrechtlich nicht ausgewiesen werden darf, wie auch umgekehrt, dass die Ausweisung von Industriegelände unzulässig ist.

Durch die Worte »so weit wie möglich« ist zum Ausdruck gebracht, dass dem Schutz vor schädlichen Umwelteinwirkungen in der Planung keine absolute Priorität eingeräumt ist. Im Einzelfall können andere Planungsziele überwiegen (z. B. dringend erforderliche und anderweitig nicht zu erreichende Verbesserungen der Infrastruktur eines Gebietes). In jedem Fall muss aber auf die Erfordernisse des Immissionsschutzes Rücksicht genommen werden.

Der im Jahre 2002 angefügte Satz 2 des § 50 enthält einen Abwägungsgrundsatz, der bei der Planung zu berücksichtigen ist. Damit soll eine Verschlechterung der Luftqualität in bisher wenig belasteten Gebieten nach Möglichkeit verhindert werden.

9.3 Betriebsbeauftragter für Immissionsschutz und Störfallbeauftragter

Das Institut des Betriebsbeauftragten für Immissionsschutz ist mit dem In-Kraft-Treten des Bundes-Immissionsschutzgesetzes in das Immissionsschutzrecht eingeführt worden. Zwar konnte auch schon vorher in besonders gelagerten Fällen durch Auflagen gefordert werden, dass für genehmigungsbedürftige Anlagen Personen mit bestimmter Fachkunde und bestimmten innerbetrieblichen Aufgaben eingestellt wurden. Eine gesetzliche Ausgestaltung des Instituts eines Betriebsbeauftragten fehlte jedoch. Die Regelungen über den Störfallbeauftragten sind im Jahre 1990 in das Gesetz aufgenommen worden. Sie stehen im Zusammenhang mit dem Ausbau des Bundes-Immissionsschutzgesetzes zu einem Anlagensicherheitsgesetz. Inhaltlich entsprechen sie weitgehend den Vorschriften über den Immissionsschutzbeauftragten.

Das Institut des Betriebsbeauftragten für Immissionsschutz (und entsprechend das Institut des Störfallbeauftragten) ist nach der Gesetzeskonzeption eine innerbetriebliche Einrichtung, der in erster Linie die fachkundige Beratung der Unternehmensleitung obliegt. Der Betriebsbeauftragte soll sicherstellen, dass die Erfordernisse des Immissionsschutzes und der Anlagensicherheit innerhalb des Betriebes artikuliert werden. Man spricht deshalb auch vom »Immissionsschutzgewissen« des Betriebes.

Die Bestellung von Immissionsschutz- und Störfallbeauftragten ist für bestimmte genehmigungsbedürftige Anlagen generell durch die Verordnung über Immissionsschutz- und Störfallbeauftragte (§ 1 Abs. 1 i. V. m. Anhang I bzw. § 1 Abs. 2 der 5. BImSchV) vorgeschrieben worden. Für andere genehmigungsbedürftige und für nicht genehmigungsbedürftige Anlagen kann die zuständige Behörde entsprechende Einzelanordnungen treffen (§ 53 Abs. 2 und § 58a Abs. 2).

Der Immissionsschutzbeauftragte und der Störfallbeauftragte werden in der Regel von dem Betreiber der Anlage im Rahmen eines Beschäftigungsvertrages eingestellt. Mit einem nicht betriebsangehörigen Betriebsbeauftragten ist ein entsprechender Dienst- oder Werkvertrag abzuschließen. Seine besonderen Aufgaben werden dem Betriebsbeauftragten durch eine schriftliche Bestellung übertragen. Der zuständigen Behörde ist die Bestellung durch den Betreiber der Anlage lediglich anzuzeigen (§ 55 Abs. 1 Satz 2, ggf. in Verbindung mit § 58c Abs. 1).

Aufgabe des Immissionsschutzbeauftragten ist es (§ 54),
– darauf hinzuwirken, dass umweltfreundliche Verfahren angewandt und umweltfreundliche Erzeugnisse hergestellt werden,
– bei neuartigen Verfahren und Erzeugnissen deren Umweltverträglichkeit zu prüfen,
– soweit dies nicht Aufgabe des Störfallbeauftragten ist, die Einhaltung der gesetzlichen und behördlichen Umweltschutz- und Anlagensicherheitsanforderungen innerbetrieblich zu überwachen und Vorschläge zur Beseitigung von Mängeln zu unterbreiten sowie
– die Betriebsangehörigen über die Erfordernisse des Immissionsschutzes aufzuklären.

Die Aufgaben des Störfallbeauftragten sind in § 58b beschrieben. Sie beziehen sich auf die Anlagensicherheit. Über die Pflichten hinaus, wie sie vergleichsweise auch dem Immissionsschutzbeauftragten obliegen, hat er auch Mitteilungs- und Meldepflichten.

Besonders wichtig sind die Bestimmungen des § 56 und des § 58c Abs. 2. Sie verpflichten den Betreiber der Anlage, vor bestimmten Entscheidungen, die für den Immissionsschutz oder die Sicherheit der Anlage bedeutsam sein können, rechtzeitig eine Stellungnahme des Immissionsschutzbeauftragten oder des Störfallbeauftragten einzuholen und sie der Stelle vorzulegen, die über die Investition oder die Einführung von Verfahren oder Erzeugnissen entscheidet.

Um die innerbetriebliche Stellung des Immissionsschutzbeauftragten zu stärken, wird der Betreiber durch § 57 verpflichtet, dem Immissionsschutzbeauftragten in bedeutsamen Angelegenheiten ein unmittelbares Vortragsrecht bei der Geschäftsleitung einzuräumen. Das in § 58 ausgesprochene Benachteiligungsverbot und der in derselben Vorschrift geregelte Kündigungsschutz dienen der Sicherung der Unabhängigkeit des Immissionsschutzbeauftragten und stärken damit ebenfalls seine Position im Betrieb. Für den Störfallbeauftragten gelten §§ 57 und 58 entsprechend (§ 58c Abs. 1 und § 58d).

Aus den Vorschriften über den Betriebsbeauftragten für Immissionsschutz hat man geschlossen, das Bundes-Immissionsschutzgesetz gehe vom Kooperationsprinzip aus. Dieser Schluss mag angesichts der zahlreichen Eingriffsermächtigungen des Gesetzes als zu weitgehend erscheinen. An dem Institut des Immissionsschutzbeauftragten wie auch an dem des Störfallbeauftragten wird jedoch deutlich, dass der Schutz vor schädlichen Umwelteinwirkungen und die Anlagensicherheit den Verantwortungsbereich jedes einzelnen Anlagenbetreibers betreffen und dass dieser Verantwortung nur mit fachkundiger Unterstützung Rechnung getragen werden kann.

10. Umweltschadensgesetz

Durch das Umweltschadensgesetz wird die Umwelthaftungs-Richtlinie (Richtlinie 2004/35/EG vom 21. April 2004 – ABl. EU Nr. L 143/56 –, geändert durch Richtlinie 2006/21/EU vom 15. März 2006 – ABl. EU Nr. L 102/15) in deutsches Recht umgesetzt. Zweck des Gesetzes ist der Schutz vor Umweltschäden durch bestimmte in Anlage 1 zum Gesetz aufgeführte Tätigkeiten sowie der Schutz vor Schädigungen von Arten und natürlichen Lebensräumen auch durch andere Tätigkeiten, sofern die Verantwortlichen vorsätzlich oder fahrlässig gehandelt haben (§ 3 Abs. 1 USchadG).

Umweltschäden sind nach § 2 Nr. 1 USchadG Schädigungen

1. von Arten und natürlichen Lebensräumen nach Maßgabe des § 19 BNatSchG,
2. der Gewässer nach Maßgabe des § 90 WHG oder
3. des Bodens durch eine Beeinträchtigung der Bodenfunktion, die durch bestimmte Maßnahmen hervorgerufen wird.

Derartige Umweltschäden können auch durch Luftverunreinigungen hervorgerufen werden. Insoweit ist das Umweltschadensgesetz als ein spezielles Immissionsschutzgesetz anzusehen.

Zur Erreichung des Gesetzeszwecks obliegen den Verantwortlichen Informations- (§ 4 USchadG), Gefahrenvermeidungs- (§ 5 USchadG) und Sanierungspflichten (§ 6 USchadG). Hierbei handelt es sich um öffentlich-rechtliche Pflichten, deren Einhaltung von den zuständigen Behörden zu überwachen ist und die ggf. durch entsprechende Anordnungen durchzusetzen sind (§ 7 USchadG). Zu beachten ist dabei aber, dass das Umweltschadensgesetz nur subsidiär gilt. Es findet nach seinem § 1 nur Anwendung, soweit Rechtsvorschriften des Bundes oder der Länder die Vermeidung und Sanierung von Umweltschäden nicht näher bestimmen oder in ihren Anforderungen denen des Umweltschadensgesetzes nicht entsprechen. Soweit es um Luftverunreinigungen geht, sind § 5 Abs. 1 Nr. 1 und § 22 Abs. 1 Satz 1 BImSchG in Bezug auf die Vermeidungspflichten sowie § 17 und § 24 BImSchG in Bezug auf die behördlichen Eingriffsmöglichkeiten vorrangig anzuwenden.

11. Handel mit Emissionsberechtigungen als neues Instrument des Immissionsschutzes

11.1 EG-rechtliche Vorgaben

Mit der inzwischen mehrfach geänderten Richtlinie 2003/87/EG vom 13. Oktober 2003 (ABl. der EG Nr. L 275/32) hat die Europäische Gemeinschaft die Grundlagen für den Handel mit Treibhausgas-Emissionszertifikaten in der Gemeinschaft geschaffen. Dadurch sollte darauf hingewirkt werden, dass die Treibhausgasemissionen »auf kosteneffiziente und wirtschaftlich effiziente Weise« verringert werden. Das Handelssystem galt zunächst nur für bestimmte industrielle Tätigkeiten und nur für das Treibhausgas Kohlendioxid. Inzwischen ist der Luftverkehr einbezogen worden.

11.2 Treibhausgas-Emissionshandelsgesetz

Durch das Treibhausgas-Emissionshandelsgesetz (TEHG) vom 8. Juli 2004 (BGBl. I S. 1578) hat die Bundesrepublik Deutschland die grundsätzlichen Vorgaben der Richtlinie 2003/87/EG in nationales Recht umgesetzt. An seine Stelle ist mit Wirkung vom 28. Juli 2011 das TEHG vom 21. Juli 2011 (BGBl. I S. 1475) getreten, das danach noch mehrfach geändert worden ist. Dieses Gesetz ist in sieben Abschnitte gegliedert, von denen drei allgemeine und gemeinsame Vorschriften enthalten. Der zweite Abschnitt befasst sich mit der sog. Emissionsgenehmigung sowie mit der Ermittlung von Emissionen und der Berichterstattung hierüber. In diesem Abschnitt wird für genehmigungsbedürftige Anlagen nach dem Bundes-Imissionsschutzgesetz bestimmt, dass eine vor dem 1. Januar 2013 erteilte immissionsschutzrechtliche Genehmigung zugleich die Genehmigung nach dem TEHG ist (§ 4 Abs. 4 TEHG). Da Gegenstand der immissionsschutzrechtlichen Genehmigung auch der mit der Emission von Treibhausgasen verbundene Betrieb einer Anlage ist, entspricht das den geltenden Immissionsschutzrecht. Bei Anlagen, für die erst ab dem 1. Januar 2013 eine immissionsschutzrechtliche Genehmigung zu erteilen ist, wird zwar nach § 4 Abs. 1 TEHG eine gesonderte Emissionsgenehmigung verlangt. Diese wird aber von der Konzentrationswirkung des § 13 BImSchG erfasst.

Eigenständige Bedeutung haben der dritte und sechste Abschnitt des Gesetzes. Abschnitt 3 regelt die Qualität von Berechtigungen, ihre Versteigerung oder Zuteilung und ihre Dokumentation in einem Emissionshandelsregister. In diesem Abschnitt wird auch der Handel mit Berechtigungen geregelt (§ 7 Abs. 3 TEHG). Zur Übertragung ist eine Einigung zwischen den Betroffenen und die Eintragung auf dem Konto des Erwerbers im Emissionshandelsregister erforderlich. Abschnitt 6 enthält die vom EG-Recht geforderten Sanktionen. Werden Emissionsberechtigungen nicht ordnungsgemäß abgeliefert, entsteht eine Zahlungspflicht von mindestens 100 € für jede emittierte Tonne Kohlendioxidäquivalent, für die der Betreiber keine Berechtigungen abgegeben hat (§ 30 TEHG).

Die §§ 5, 18 und 21 TEHG werden durch die Emissionshandelsverordnung 2020 konkretisiert.

11.3 Zuteilungsregelungen

Den ersten nationalen Zuteilungsplan hat die Bundesregierung der EG-Kommission rechtzeitig zum 31. 3. 2004 übermittelt. Auf seiner Grundlage ist das Zuteilungsgesetz 2007 vom 26. August 2004 (BGBl. I S. 2211) verkündet worden und am 31. 8. 2004 in Kraft getreten. Für die Zuteilungsperiode 2008 bis 2012 sind die Zuteilungsregeln für Emissionsberechtigungen im Zuteilungsgesetz 2012 vom 7. August 2007 (BGBl. I S. 1788) und in der Zuteilungsverordnung 2012 vom 13. August 2007 (BGBl. I S. 1941) festgelegt worden. Für die Zuteilung von Berechtigungen für die folgenden Jahre gilt die Zuteilungsverordnung 2020 vom 26. September 2011 (BGBl. I S. 1921). Sie enthält Zuteilungsregeln für Bestandsanlagen und für neue Marktteilnehmer, regelt die Zuteilung bei Kapazitätsverringerungen und Betriebseinstellungen, lässt die Befreiung von Kleinemittenten zu und enthält verschiedene Ordnungswidrigkeitentatbestände.

12. Gesetz zum Schutz gegen Fluglärm

Schon vor dem Inkrafttreten des Bundes-Immissionsschutzgesetzes hatte der Bund ein Gesetz zum Schutz gegen Fluglärm vom 30. März 1971 (BGBl. I S. 282) erlassen. Es war als Planungs- und Entschädigungsgesetz konzipiert. Im Hinblick auf dieses bereits bestehende Fluglärmschutzgesetz wurden Flugplätze vom Geltungsbereich des Bundes-Immissionsschutzgesetzes ausgenommen (§ 2 Abs. 2 BImSchG). Fluglärm wird deshalb – abgesehen von der Lärmminderungsplanung – von den Regelungen des Bundes-Immissionsschutzgesetzes nicht erfasst.

Nach langwierigen Vorbereitungen und kontroversen Diskussionen ist das Fluglärmschutzgesetz im Jahre 2007 wesentlich geändert worden. Es ist danach durch die Bekanntmachung vom 31. Oktober 2007 (BGBl. I S. 2550) neu gefasst worden. Durch das Gesetz sollen bauliche Nutzungsbeschränkungen und baulicher Schallschutz in der Umgebung von Flugplätzen sichergestellt werden (§ 1). Dazu werden – differenziert nach zivilen und militärischen Flugplätzen sowie nach neuen oder wesentlich erweiterten und bestehenden Plätzen – jeweils zwei Schutzzonen für den Tag und eine Schutzzone für die Nacht festgelegt (§ 2). Deren Größe hängt von dem in ihnen zu erwartenden äquivalenten Dauerschallpegel ab. Dieser ist nach § 3 in Verbindung mit der Anlage zum Gesetz zu ermitteln. Die Festsetzung der Lärmschutzbereiche ist spätestens alle 10 Jahre zu überprüfen (§ 4 Abs. 6).

In den Lärmschutzzonen sind besonders empfindliche Einrichtungen wie Krankenhäuser, Altenheime und Erholungsheime unzulässig, in der Tag-Schutzzone 1 und in der Nacht-Schutzzone in der Regel auch Wohnungen (§ 5). Wohnungen in der Tag-Schutzzone 2 dürfen nur errichtet werden, sofern sie bestimmten Schallschutzanforderungen genügen (§ 6). Diese Anforderungen werden unter Beachtung des Standes der Schallschutztechnik im Hochbau durch Rechtsverordnung der Bundesregierung festgesetzt (§ 7). Sie sind inzwischen in der Flugplatz-Schallschutzmaßnahmenverordnung (2. FlugLSV) vom 8. September 2009 (BGBl. I S. 2992) konkretisiert worden.

Darüber hinaus regelt das Gesetz die Erstattung von Aufwendungen für bauliche Schallschutzmaßnahmen und die Entschädigung für Beeinträchtigungen des Außenwohnbereichs (§ 9). Zur Zahlung der Entschädigung ist der jeweilige Flugplatzhalter verpflichtet (§ 12).

Das Fluglärmschutzgesetz ersetzt nicht die im Luftverkehrsgesetz enthaltenen Vorschriften über die Zulassung neuer oder die Erweiterung bestehender Flugplätze. Es ist in diesem Zusammenhang jedoch für die Erstattung von Aufwendungen heranzuziehen (§ 13). In Bezug auf die Lärmminderungsplanung nach dem Sechsten Teil des Bundes-Immissionsschutzgesetzes ist das Fluglärmschutzgesetz insoweit von Bedeutung, als bei der Aufstellung von Lärmaktionsplänen die Werte des äquivalenten Dauerschallpegels nach § 2 Abs. 2 FluglSchG zu beachten sind (§ 14).

13. Bundes-Klimaschutzgesetz (KSG)

Am 18. Dezember 2019 ist das Bundes-Klimaschutzgesetz (KSG) vom 12. Dezember 2019 (BGBl. I S. 2513) in Kraft getreten. In diesem Gesetz werden Klimaschutzziele normiert (§ 3), zu deren Erreichung jährliche Minderungsziele durch die Vorgabe von Jahresemissionsmengen festgelegt werden (§ 4 Abs. 1). Dabei wird zwischen sechs Sektoren unterschieden. Für die Einhaltung der Minderungsziele in den einzelnen Sektoren ist der jeweilige Fachminister der Bundesregierung verantwortlich, der die zur Zielerreichung erforderlichen Maßnahmen zu veranlassen hat (§ 4 Abs. 4). Das Geetz entfaltet keine Rechtswirkung für Private. Eine solche kann sich nur aus den durch die Initiative der Fachminister veranlassten Maßnahmen ergeben.

Gesetz
zum Schutz vor schädlichen Umwelteinwirkungen durch Luftverunreinigungen, Geräusche, Erschütterungen und ähnliche Vorgänge
(Bundes-Immissionsschutzgesetz – BImSchG)

In der Fassung der Bekanntmachung vom 17. Mai 2013
(BGBl. I S. 1274)
(FNA 2129-8)

zuletzt geändert durch Art. 1 G vom 8. April 2019 (BGBl. I S. 432)

Inhaltsübersicht

Erster Teil
Allgemeine Vorschriften
§ 1   Zweck des Gesetzes
§ 2   Geltungsbereich
§ 3   Begriffsbestimmungen

Zweiter Teil
Errichtung und Betrieb von Anlagen

Erster Abschnitt
Genehmigungsbedürftige Anlagen
§ 4   Genehmigung
§ 5   Pflichten der Betreiber genehmigungsbedürftiger Anlagen
§ 6   Genehmigungsvoraussetzungen
§ 7   Rechtsverordnungen über Anforderungen an genehmigungsbedürftige Anlagen
§ 8   Teilgenehmigung
§ 8a   Zulassung vorzeitigen Beginns
§ 9   Vorbescheid
§ 10   Genehmigungsverfahren
§ 11   Einwendungen Dritter bei Teilgenehmigung und Vorbescheid
§ 12   Nebenbestimmungen zur Genehmigung
§ 13   Genehmigung und andere behördliche Entscheidungen
§ 14   Ausschluss von privatrechtlichen Abwehransprüchen
§ 14a   Vereinfachte Klageerhebung
§ 15   Änderung genehmigungsbedürftiger Anlagen
§ 16   Wesentliche Änderung genehmigungsbedürftiger Anlagen
§ 16a   Störfallrelevante Änderung genehmigungsbedürftiger Anlagen
§ 17   Nachträgliche Anordnungen
§ 18   Erlöschen der Genehmigung
§ 19   Vereinfachtes Verfahren
§ 20   Untersagung, Stilllegung und Beseitigung
§ 21   Widerruf der Genehmigung

Zweiter Abschnitt
Nicht genehmigungsbedürftige Anlagen

§ 22   Pflichten der Betreiber nicht genehmigungsbedürftiger Anlagen
§ 23   Anforderungen an die Errichtung, die Beschaffenheit und den Betrieb nicht
          genehmigungsbedürftiger Anlagen
§ 23a   Anzeigeverfahren für nicht genehmigungsbedürftige Anlagen, die
          Betriebsbereich oder Bestandteil eines Betriebsbereichs sind
§ 23b   Störfallrechtliches Genehmigungsverfahren
§ 23c   Betriebsplanzulassung nach dem Bundesberggesetz
§ 24   Anordnungen im Einzelfall
§ 25   Untersagung
§ 25a   Stilllegung und Beseitigung nicht genehmigungsbedürftiger Anlagen, die
          Betriebsbereich oder Bestandteil eines Betriebsbereichs sind

Dritter Abschnitt
Ermittlung von Emissionen und Immissionen, sicherheitstechnische Prüfungen

§ 26   Messungen aus besonderem Anlass
§ 27   Emissionserklärung
§ 28   Erstmalige und wiederkehrende Messungen bei genehmigungsbedürftigen
          Anlagen
§ 29   Kontinuierliche Messungen
§ 29a   Anordnung sicherheitstechnischer Prüfungen
§ 29b   Bekanntgabe von Stellen und Sachverständigen
§ 30   Kosten der Messungen und sicherheitstechnischen Prüfungen
§ 31   Auskunftspflichten des Betreibers

Dritter Teil
**Beschaffenheit von Anlagen, Stoffen, Erzeugnissen, Brennstoffen, Treibstoffen
und Schmierstoffen; Treibhausgasminderung bei Kraftstoffen**

Erster Abschnitt
**Beschaffenheit von Anlagen, Stoffen, Erzeugnissen, Brennstoffen, Treibstoffen
und Schmierstoffen**

§ 32   Beschaffenheit von Anlagen
§ 33   Bauartzulassung
§ 34   Beschaffenheit von Brennstoffen, Treibstoffen und Schmierstoffen
§ 35   Beschaffenheit von Stoffen und Erzeugnissen
§ 36   Ausfuhr
§ 37   Erfüllung von zwischenstaatlichen Vereinbarungen und Rechtsakten der
          Europäischen Gemeinschaften oder der Europäischen Union

Zweiter Abschnitt
Treibhausgasminderung bei Kraftstoffen

§ 37a   Mindestanteil von Biokraftstoffen an der Gesamtmenge des in Verkehr
          gebrachten Kraftstoffs; Treibhausgasminderung
§ 37b   Begriffsbestimmungen und Anrechenbarkeit von Biokraftstoffen
§ 37c   Mitteilungs- und Abgabepflichten
§ 37d   Zuständige Stelle, Rechtsverordnungen
§ 37e   Gebühren und Auslagen; Verordnungsermächtigung
§ 37f   Berichte über Kraftstoffe und Energieerzeugnisse
§ 37g   Bericht der Bundesregierung

Vierter Teil
Beschaffenheit und Betrieb von Fahrzeugen, Bau und Änderung von Straßen und Schienenwegen
§ 38　　Beschaffenheit und Betrieb von Fahrzeugen
§ 39　　Erfüllung von zwischenstaatlichen Vereinbarungen und Rechtsakten der Europäischen Gemeinschaften oder der Europäischen Union
§ 40　　Verkehrsbeschränkungen
§ 41　　Straßen und Schienenwege
§ 42　　Entschädigung für Schallschutzmaßnahmen
§ 43　　Rechtsverordnung der Bundesregierung

Fünfter Teil
Überwachung und Verbesserung der Luftqualität, Luftreinhalteplanung
§ 44　　Überwachung der Luftqualität
§ 45　　Verbesserung der Luftqualität
§ 46　　Emissionskataster
§ 46a　　Unterrichtung der Öffentlichkeit
§ 47　　Luftreinhaltepläne, Pläne für kurzfristig zu ergreifende Maßnahmen, Landesverordnungen

Sechster Teil
Lärmminderungsplanung
§ 47a　　Anwendungsbereich des Sechsten Teils
§ 47b　　Begriffsbestimmungen
§ 47c　　Lärmkarten
§ 47d　　Lärmaktionspläne
§ 47e　　Zuständige Behörden
§ 47f　　Rechtsverordnungen

Siebenter Teil
Gemeinsame Vorschriften
§ 48　　Verwaltungsvorschriften
§ 48a　　Rechtsverordnungen über Emissionswerte und Immissionswerte
§ 48b　　Beteiligung des Bundestages beim Erlass von Rechtsverordnungen
§ 49　　Schutz bestimmter Gebiete
§ 50　　Planung
§ 51　　Anhörung beteiligter Kreise
§ 51a　　Kommission für Anlagensicherheit
§ 51b　　Sicherstellung der Zustellungsmöglichkeit
§ 52　　Überwachung
§ 52a　　Überwachungspläne, Überwachungsprogramme für Anlagen nach der Industrieemissions-Richtlinie
§ 52b　　Mitteilungspflichten zur Betriebsorganisation
§ 53　　Bestellung eines Betriebsbeauftragten für Immissionsschutz
§ 54　　Aufgaben
§ 55　　Pflichten des Betreibers
§ 56　　Stellungnahme zu Entscheidungen des Betreibers
§ 57　　Vortragsrecht
§ 58　　Benachteiligungsverbot, Kündigungsschutz
§ 58a　　Bestellung eines Störfallbeauftragten
§ 58b　　Aufgaben des Störfallbeauftragten
§ 58c　　Pflichten und Rechte des Betreibers gegenüber dem Störfallbeauftragten
§ 58d　　Verbot der Benachteiligung des Störfallbeauftragten, Kündigungsschutz

§ 58e   Erleichterungen für auditierte Unternehmensstandorte
§ 59   Zuständigkeit bei Anlagen der Landesverteidigung
§ 60   Ausnahmen für Anlagen der Landesverteidigung
§ 61   Berichterstattung an die Europäische Kommission
§ 62   Ordnungswidrigkeiten
§§ 63 bis 65   (weggefallen)

Achter Teil
Schlussvorschriften
§ 66   Fortgeltung von Vorschriften
§ 67   Übergangsvorschrift
§ 67a   Überleitungsregelung aus Anlass der Herstellung der Einheit Deutschlands
§§ 68 bis 72   (Änderung von Rechtsvorschriften, Überleitung von Verweisungen, Aufhebung von Vorschriften)
§ 73   Bestimmungen zum Verwaltungsverfahren
Anlage (zu § 3 Absatz 6)
Kriterien zur Bestimmung des Standes der Technik

Erster Teil
Allgemeine Vorschriften

§ 1 Zweck des Gesetzes

(1) Zweck dieses Gesetzes ist es, Menschen, Tiere und Pflanzen, den Boden, das Wasser, die Atmosphäre sowie Kultur- und sonstige Sachgüter vor schädlichen Umwelteinwirkungen zu schützen und dem Entstehen schädlicher Umwelteinwirkungen vorzubeugen.

(2) Soweit es sich um genehmigungsbedürftige Anlagen[1]) handelt, dient dieses Gesetz auch

–   der integrierten Vermeidung und Verminderung schädlicher Umwelteinwirkungen durch Emissionen in Luft, Wasser und Boden unter Einbeziehung der Abfallwirtschaft, um ein hohes Schutzniveau für die Umwelt insgesamt zu erreichen, sowie

–   dem Schutz und der Vorsorge gegen Gefahren, erhebliche Nachteile und erhebliche Belästigungen, die auf andere Weise[2]) herbeigeführt werden.

§ 2 Geltungsbereich[3])

(1) Die Vorschriften dieses Gesetzes gelten für

1.   die Errichtung und den Betrieb von Anlagen[4]),

2.   das Herstellen, Inverkehrbringen und Einführen von Anlagen, Brennstoffen und Treibstoffen, Stoffen und Erzeugnissen aus Stoffen nach Maßgabe der §§ 32 bis 37,

---

1) Gemeint sind nur genehmigungsbedürftige Anlagen im Sinne dieses Gesetzes, also Anlagen, die in der 4. BImSchG bezeichnet sind. Vgl. auch Einführung Nr. 5.2.
2) Das Gesetz greift in diesem Bereich über den Immissionsschutz hinaus. Vgl. dazu Einführung Nr. 3.1.
3) Vgl. Einführung Nr. 3.1.
4) Vgl. § 3 Abs. 5 und Einführung Nr. 4.2.

3. die Beschaffenheit, die Ausrüstung, den Betrieb und die Prüfung von Kraftfahrzeugen und ihren Anhängern und von Schienen-, Luft- und Wasserfahrzeugen sowie von Schwimmkörpern und schwimmenden Anlagen nach Maßgabe der §§ 38 bis 40 und
4. den Bau öffentlicher Straßen sowie von Eisenbahnen, Magnetschwebebahnen und Straßenbahnen nach Maßgabe der §§ 41 bis 43.

(2) [1]Die Vorschriften dieses Gesetzes gelten nicht für Flugplätze, soweit nicht die sich aus diesem Gesetz ergebenden Anforderungen für Betriebsbereiche oder der Sechste Teil betroffen sind, und für Anlagen, Geräte, Vorrichtungen sowie Kernbrennstoffe und sonstige radioaktive Stoffe, die den Vorschriften des Atomgesetzes oder einer hiernach erlassenen Rechtsverordnung unterliegen, soweit[5] es sich um den Schutz vor den Gefahren der Kernenergie und der schädlichen Wirkung ionisierender Strahlen handelt. [2]Sie gelten ferner nicht, soweit sich aus wasserrechtlichen Vorschriften des Bundes und der Länder zum Schutz der Gewässer oder aus Vorschriften des Düngemittel- und Pflanzenschutzrechts etwas anderes ergibt.
(3) Die Vorschriften dieses Gesetzes über Abfälle gelten nicht für
1. Luftverunreinigungen[6],
2. Böden am Ursprungsort (Böden in situ) einschließlich nicht ausgehobener, kontaminierter Böden und Bauwerke, die dauerhaft mit dem Boden verbunden sind,
3. nicht kontaminiertes Bodenmaterial und andere natürlich vorkommende Materialien, die bei Bauarbeiten ausgehoben wurden, sofern sichergestellt ist, dass die Materialien in ihrem natürlichen Zustand an dem Ort, an dem sie ausgehoben wurden, für Bauzwecke verwendet werden.

§ 3 Begriffsbestimmungen

(1) Schädliche Umwelteinwirkungen im Sinne dieses Gesetzes sind Immissionen, die nach Art, Ausmaß oder Dauer geeignet sind, Gefahren, erhebliche Nachteile oder erhebliche Belästigungen[7] für die Allgemeinheit oder die Nachbarschaft herbeizuführen.
(2) Immissionen[8] im Sinne dieses Gesetzes sind auf Menschen, Tiere und Pflanzen, den Boden, das Wasser, die Atmosphäre sowie Kultur- und sonstige Sachgüter einwirkende Luftverunreinigungen, Geräusche, Erschütterungen, Licht, Wärme, Strahlen und ähnliche Umwelteinwirkungen.

---

5) Hinsichtlich des allgemeinen Immissionsschutzes gilt das Bundes-Immissionsschutzgesetz. Vgl. im Übrigen § 8 Abs. 2 des Atomgesetzes, wonach eine Genehmigung nach § 7 des Atomgesetzes eine evtl. erforderliche Genehmigung nach dem Bundes-Immissionsschutzgesetz einschließt.
6) Luftverunreinigungen sind danach nicht als Abfälle im Sinne des BImSchG (vgl. § 5 Abs. 1 Nr. 3 und § 22 Abs. 2) anzusehen. Sie sind nur als Immissionen und Emissionen im Sinne des BImSchG (§ 3 Abs. 2 und 3) zu bewerten.
7) Vgl. Einführung Nr. 4.1.
8) Vgl. Einführung Nr. 1.1 und Nr. 4.1.

(3) Emissionen[9] im Sinne dieses Gesetzes sind die von einer Anlage ausgehenden Luftverunreinigungen, Geräusche, Erschütterungen, Licht, Wärme, Strahlen und ähnliche Erscheinungen.

(4) Luftverunreinigungen im Sinne dieses Gesetzes sind Veränderungen der natürlichen Zusammensetzung der Luft, insbesondere durch Rauch, Ruß, Staub, Gase, Aerosole, Dämpfe oder Geruchsstoffe.

(5) Anlagen[10] im Sinne dieses Gesetzes sind

1. Betriebsstätten und sonstige ortsfeste Einrichtungen,
2. Maschinen, Geräte und sonstige ortsveränderliche technische Einrichtungen sowie Fahrzeuge, soweit sie nicht der Vorschrift des § 38 unterliegen, und
3. Grundstücke, auf denen Stoffe gelagert oder abgelagert oder Arbeiten durchgeführt werden, die Emissionen verursachen können, ausgenommen öffentliche Verkehrswege.

(5a) Ein Betriebsbereich ist der gesamte unter der Aufsicht eines Betreibers stehende Bereich, in dem gefährliche Stoffe im Sinne des Artikels 3 Nummer 10 der Richtlinie 2012/18/EU des Europäischen Parlaments und des Rates vom 4. Juli 2012 zur Beherrschung der Gefahren schwerer Unfälle mit gefährlichen Stoffen, zur Änderung und anschließenden Aufhebung der Richtlinie 96/82/EG des Rates (ABl. L 197 vom 24. 7. 2012, S. 1) in einer oder mehreren Anlagen einschließlich gemeinsamer oder verbundener Infrastrukturen oder Tätigkeiten auch bei Lagerung im Sinne des Artikels 3 Nummer 16 der Richtlinie in den in Artikel 3 Nummer 2 oder Nummer 3 der Richtlinie bezeichneten Mengen tatsächlich vorhanden oder vorgesehen sind oder vorhanden sein werden, soweit vernünftigerweise vorhersehbar ist, dass die genannten gefährlichen Stoffe bei außer Kontrolle geratenen Prozessen anfallen; ausgenommen sind die in Artikel 2 Absatz 2 der Richtlinie 2012/18/EU angeführten Einrichtungen, Gefahren und Tätigkeiten, es sei denn, es handelt sich um eine in Artikel 2 Absatz 2 Unterabsatz 2 der Richtlinie 2012/18/EU genannte Einrichtung, Gefahr oder Tätigkeit.

(5b) [1]Eine störfallrelevante Errichtung und ein Betrieb oder eine störfallrelevante Änderung einer Anlage oder eines Betriebsbereichs ist eine Errichtung und ein Betrieb einer Anlage, die Betriebsbereich oder Bestandteil eines Betriebsbereichs ist, oder eine Änderung einer Anlage oder eines Betriebsbereichs einschließlich der Änderung eines Lagers, eines Verfahrens oder der Art oder physikalischen Form oder der Mengen der gefährlichen Stoffe im Sinne des Artikels 3 Nummer 10 der Richtlinie 2012/18/EU, aus der sich erhebliche Auswirkungen auf die Gefahren schwerer Unfälle ergeben können. [2]Eine störfallrelevante Änderung einer Anlage oder eines Betriebsbereichs liegt zudem vor, wenn eine Änderung dazu führen könnte, dass ein Betriebsbereich der unteren Klasse zu einem Betriebsbereich der oberen Klasse wird oder umgekehrt.

---

9) Vgl. Einführung Nr. 4.1.
10) Vgl. Einführung Nr. 4.2.

(5c) [1]Der angemessene Sicherheitsabstand im Sinne dieses Gesetzes ist der Abstand zwischen einem Betriebsbereich oder einer Anlage, die Betriebsbereich oder Bestandteil eines Betriebsbereichs ist, und einem benachbarten Schutzobjekt, der zur gebotenen Begrenzung der Auswirkungen auf das benachbarte Schutzobjekt, welche durch schwere Unfälle im Sinne des Artikels 3 Nummer 13 der Richtlinie 2012/18/EU hervorgerufen werden können, beiträgt. [2]Der angemessene Sicherheitsabstand ist anhand störfallspezifischer Faktoren zu ermitteln.

(5d) Benachbarte Schutzobjekte im Sinne dieses Gesetzes sind ausschließlich oder überwiegend dem Wohnen dienende Gebiete, öffentlich genutzte Gebäude und Gebiete, Freizeitgebiete, wichtige Verkehrswege und unter dem Gesichtspunkt des Naturschutzes besonders wertvolle oder besonders empfindliche Gebiete.

(6) [1]Stand der Technik[11]) im Sinne dieses Gesetzes ist der Entwicklungsstand fortschrittlicher Verfahren, Einrichtungen oder Betriebsweisen, der die praktische Eignung einer Maßnahme zur Begrenzung von Emissionen in Luft, Wasser und Boden, zur Gewährleistung der Anlagensicherheit, zur Gewährleistung einer umweltverträglichen Abfallentsorgung oder sonst zur Vermeidung oder Verminderung von Auswirkungen auf die Umwelt zur Erreichung eines allgemein hohen Schutzniveaus für die Umwelt insgesamt gesichert erscheinen lässt. [2]Bei der Bestimmung des Standes der Technik sind insbesondere die in der Anlage aufgeführten Kriterien zu berücksichtigen.

(6a) BVT-Merkblatt im Sinne dieses Gesetzes ist ein Dokument, das auf Grund des Informationsaustausches nach Artikel 13 der Richtlinie 2010/75/EU des Europäischen Parlaments und des Rates vom 24. November 2010 über Industrieemissionen (integrierte Vermeidung und Verminderung der Umweltverschmutzung) (Neufassung) (ABl. L 334 vom 17. 12. 2010, S. 17) für bestimmte Tätigkeiten erstellt wird und insbesondere die angewandten Techniken, die derzeitigen Emissions- und Verbrauchswerte, alle Zukunftstechniken sowie die Techniken beschreibt, die für die Festlegung der besten verfügbaren Techniken sowie der BVT-Schlussfolgerungen berücksichtigt wurden.[12)]

(6b) BVT-Schlussfolgerungen im Sinne dieses Gesetzes sind ein nach Artikel 13 Absatz 5 der Richtlinie 2010/75/EU von der Europäischen Kommission erlassenes Dokument, das die Teile eines BVT-Merkblatts mit den Schlussfolgerungen in Bezug auf Folgendes enthält:

1. die besten verfügbaren Techniken, ihre Beschreibung und Informationen zur Bewertung ihrer Anwendbarkeit,

---

11) Vgl. Einführung Nr. 4.3.
12) Die Definition entspricht Abs. 3 Nr. 11 der Industrieemissions-Richtlinie. Der Begriff wird im BImSchG lediglich in § 10 Abs. 8a und in Nr. 13 der Anlage zum Gesetz verwandt und ist dort als Hinweis auf vorhandene EU-Dokumente anzusehen. Durch den letzten Satzteil in Abs. 6a wird deshalb keine Überprüfung der EU-Dokumente ermöglicht.

2. die mit den besten verfügbaren Techniken assoziierten Emissionswerte,
3. die zu den Nummern 1 und 2 gehörigen Überwachungsmaßnahmen,
4. die zu den Nummern 1 und 2 gehörigen Verbrauchswerte sowie
5. die gegebenenfalls einschlägigen Standortsanierungsmaßnahmen.[13]

(6c) Emissionsbandbreiten im Sinne dieses Gesetzes sind die mit den besten verfügbaren Techniken assoziierten Emissionswerte.[14]

(6d) Die mit den besten verfügbaren Techniken assoziierten Emissionswerte im Sinne dieses Gesetzes sind der Bereich von Emissionswerten, die unter normalen Betriebsbedingungen unter Verwendung einer besten verfügbaren Technik oder einer Kombination von besten verfügbaren Techniken entsprechend der Beschreibung in den BVT-Schlussfolgerungen erzielt werden, ausgedrückt als Mittelwert für einen vorgegebenen Zeitraum unter spezifischen Referenzbedingungen.[15]

(6e) Zukunftstechniken im Sinne dieses Gesetzes sind neue Techniken für Anlagen nach der Industrieemissions-Richtlinie, die bei gewerblicher Nutzung entweder ein höheres allgemeines Umweltschutzniveau oder zumindest das gleiche Umweltschutzniveau und größere Kostenersparnisse bieten könnten als der bestehende Stand der Technik.[16]

(7) Dem Herstellen im Sinne dieses Gesetzes steht das Verarbeiten, Bearbeiten oder sonstiges Behandeln, dem Einführen im Sinne dieses Gesetzes das sonstige Verbringen in den Geltungsbereich dieses Gesetzes gleich.

(8) Anlagen nach der Industrieemissions-Richtlinie im Sinne dieses Gesetzes sind die in der Rechtsverordnung nach § 4 Absatz 1 Satz 4 gekennzeichneten Anlagen.

(9) Gefährliche Stoffe im Sinne dieses Gesetzes sind Stoffe oder Gemische gemäß Artikel 3 der Verordnung (EG) Nr. 1272/2008 des Europäischen Parlaments und des Rates vom 16. Dezember 2008 über die Einstufung, Kennzeichnung und Verpackung von Stoffen und Gemischen, zur Änderung und Aufhebung der Richtlinien 67/548/EWG und 1999/45/EG und zur Änderung der Verordnung (EG) Nr. 1907/2006 (ABl. L 353 vom 31. 12. 2008, S. 1), die zuletzt durch die Verordnung (EG) Nr. 286/2011 (ABl. L 83 vom 30. 3. 2011, S. 1) geändert worden ist.

13) Absatz 6b entspricht Art. 3 Nr. 12 der Industrieemisisons-Richtlinie. Ebenso wie die Definition in Absatz 6a ist die Regelung als Hinweis auf vorhandene EU-Dokumente zu verstehen. Daraus folgt, dass auch die in § 3 Abs. 6b verwandten Begriffe der besten verfügbaren Techniken und der Emissionswerte einer Interpretation nach den im nationalen Recht verwandten Auslegungsgrundsätzen nicht zugänglich sind.

14) Emissionsbandbreiten werden in den BVT-Schlussfolgerungen (§ 3 Abs. 6b) genannt (vgl. § 7 Abs. 1a und 1b, § 12 Abs. 1a und 1b, § 17 Abs. 2b, § 31 Abs. 1, § 48 Abs. 1a und 1b und § 52 Abs. 1a).

15) Die Definition entspricht Art. 3 Nr. 13 der Industrieemissions-Richtlinie. Sie ist im Sinne dieser Richtlinie zu interpretieren. Der Begriff der Emissionswerte bezeichnet deshalb nicht wie in § 48 Abs. 1 Satz 1 Nr. 2 die in Verwaltungsvorschriften festgelegten Werte zur Konkretisierung des Standes der Technik, sondern eine in BVT-Merkblättern genannte Bandbreite von tatsächlich ermittelten Betriebswerten.

16) Die Regelung entspricht im Wesentlichen Art. 3 Nr. 14 der Industrieemissions-Richtlinie.

(10) Relevante gefährliche Stoffe im Sinne dieses Gesetzes sind gefährliche Stoffe, die in erheblichem Umfang in der Anlage verwendet, erzeugt oder freigesetzt werden und die ihrer Art nach eine Verschmutzung des Bodens oder des Grundwassers auf dem Anlagengrundstück verursachen können.[17]

Zweiter Teil
Errichtung und Betrieb von Anlagen

Erster Abschnitt
Genehmigungsbedürftige Anlagen
§ 4 Genehmigung[18]

(1) [1]Die Errichtung und der Betrieb von Anlagen,[19] die auf Grund ihrer Beschaffenheit oder ihres Betriebs in besonderem Maße geeignet sind, schädliche Umwelteinwirkungen hervorzurufen oder in anderer Weise die Allgemeinheit oder die Nachbarschaft zu gefährden, erheblich zu benachteiligen oder erheblich zu belästigen, sowie von ortsfesten Abfallentsorgungsanlagen zur Lagerung oder Behandlung von Abfällen bedürfen einer Genehmigung.[20] [2]Mit Ausnahme von Abfallentsorgungsanlagen bedürfen Anlagen, die nicht gewerblichen Zwecken dienen und nicht im Rahmen wirtschaftlicher Unternehmungen Verwendung finden, der Genehmigung nur, wenn sie in besonderem Maße geeignet sind, schädliche Umwelteinwirkungen durch Luftverunreinigungen oder Geräusche hervorzurufen.[21] [3]Die Bundesregierung bestimmt nach Anhörung der beteiligten Kreise (§ 51) durch Rechtsverordnung mit Zustimmung des Bundesrates die Anlagen, die einer Genehmigung bedürfen (genehmigungsbedürftige Anlagen);[22] in der Rechtsverordnung kann auch vorgesehen werden, dass eine Genehmigung nicht erforderlich ist, wenn eine Anlage insgesamt oder in ihren in der Rechtsverordnung bezeichneten wesentlichen Teilen der

---

17) Die Definition ist für § 5 Abs. 4 und für § 10 Abs. 1a von Bedeutung. Sie konkretisiert insbesondere die Relevanz der in einer Anlage vorkommenden gefährlichen Stoffe.

18) Vgl. Einführung Nr. 5.2.

19) Die Genehmigungspflicht erstreckt sich auch auf die in einem räumlichen und betriebstechnischen Zusammenhang stehenden Nebeneinrichtungen (vgl. § 1 Abs. 2 der 4. BImSchV).

20) Für bereits bestehende Anlagen gilt § 67, in den neuen Bundesländern auch § 67a.

21) Die Einschränkung beruht darauf, dass der Bund sich außerhalb der Sachbereiche Luftreinhaltung und Lärmbekämpfung (vgl. Art. 74 Nr. 24 GG) nur auf seine Gesetzgebungskompetenz für das Recht der Wirtschaft (Art. 74 Nr. 11 GG) berufen kann. Der Einschränkung ist in § 1 Abs. 1 Satz 3 der 4. BImSchV Rechnung getragen worden.

22) Auf Grund dieser Ermächtigung ist die Vierte Verordnung zur Durchführung des Bundes-Immissionsschutzgesetzes (Verordnung über genehmigungsbedürftige Anlagen – 4. BImSchV) erlassen worden.

Bauart nach zugelassen ist und in Übereinstimmung mit der Bauartzulassung errichtet und betrieben wird.[23] [4]Anlagen nach Artikel 10 in Verbindung mit Anhang I der Richtlinie 2010/75/EU sind in der Rechtsverordnung nach Satz 3 zu kennzeichnen.[24]

(2) [1]Anlagen des Bergwesens oder Teile dieser Anlagen bedürfen der Genehmigung nach Absatz 1 nur, soweit sie über Tage errichtet und betrieben werden. [2]Keiner Genehmigung nach Absatz 1 bedürfen Tagebaue und die zum Betrieb eines Tagebaus erforderlichen sowie die zur Wetterführung unerlässlichen Anlagen.

§ 5 Pflichten der Betreiber genehmigungsbedürftiger Anlagen[25]

(1) Genehmigungsbedürftige Anlagen sind so zu errichten und zu betreiben,[26] dass zur Gewährleistung eines hohen Schutzniveaus für die Umwelt insgesamt

1. schädliche Umwelteinwirkungen und sonstige Gefahren, erhebliche Nachteile und erhebliche Belästigungen für die Allgemeinheit und die Nachbarschaft nicht hervorgerufen werden können;[27]

2. Vorsorge[28] gegen schädliche Umwelteinwirkungen und sonstige Gefahren, erhebliche Nachteile und erhebliche Belästigungen getroffen wird, insbesondere durch die dem Stand der Technik[29] entsprechenden Maßnahmen;[30]

---

23) Die Voraussetzungen und das Verfahren der Bauartzulassung für bestimmte Anlagen oder Anlagenteile werden in einer Rechtsverordnung nach § 33 geregelt. Soweit bauartzugelassene Anlagen vom Genehmigungserfordernis ausgenommen sind, gelten für sie die §§ 22 ff.

24) Die Kennzeichnung ist im Anhang 1 zur 4. BImSchV durch den Buchstaben E in der Spalte d vorgenommen worden.

25) Vgl. Einführung Nr. 5.31.

26) Die Pflichten gelten nicht nur für die Inbetriebnahme, sondern für die gesamte Dauer des Betriebs der Anlage (dynamische Pflichten).

27) § 5 Abs. 1 Nr. 1 verlangt nicht, dass jedes denkbare Risiko der Herbeiführung von schädlichen Umwelteinwirkungen ausgeschlossen wird; Risiken, die als solche erkannt sind, müssen nur mit hinreichender, dem Verhältnismäßigkeitsgrundsatz entsprechender Wahrscheinlichkeit ausgeschlossen sein (BVerwGE 55, 250). Praktisch nicht zu vermeidende Unsicherheiten sind als sozialadäquate Lasten von allen Bürgern zu tragen (vgl. BVerfGE 49, 89). – Soweit es um Gefahren für Gewässer geht, ist § 2 Abs. 2 Satz 2 zu beachten.

28) Das Vorsorgegebot des § 5 Abs. 1 Nr. 2 geht über den vorbeugenden Schutz vor schädlichen Umwelteinwirkungen und sonstigen Gefahren, erheblichen Nachteilen und erheblichen Belästigungen nach Nr. 1 hinaus. Es dient der Schaffung und Erhaltung von Freiräumen, der Verminderung schädlicher Wirkungen, die nicht einzelnen Anlagebetreibern zugeordnet werden können (Fernwirkungen von Luftverunreinigungen; vgl. BVerwGE 69, 37) und darüber hinaus der Minderung verbleibender Risiken (vgl. Fußnote 27).

29) Vgl. Einführung Nr. 4.3.

30) Auch eine Maßnahme zur Emissionsbegrenzung, die generell noch nicht dem Stand der Technik entspricht, kann im Einzelfall eine praktisch geeignete erforderliche Vorsorgemaßnahme sein (BVerwG, Urteil vom 23. 7. 2015, NVwZ 2016, 79).

3. Abfälle vermieden, nicht zu vermeidende Abfälle verwertet und nicht zu verwertende Abfälle ohne Beeinträchtigung des Wohls der Allgemeinheit beseitigt werden;[31] Abfälle sind nicht zu vermeiden, soweit die Vermeidung technisch nicht möglich oder nicht zumutbar ist; die Vermeidung ist unzulässig, soweit sie zu nachteiligeren Umweltauswirkungen führt als die Verwertung; die Verwertung und Beseitigung von Abfällen erfolgt nach den Vorschriften des Kreislaufwirtschaftsgesetzes und den sonstigen für die Abfälle geltenden Vorschriften;[32]

4. Energie sparsam und effizient verwendet wird.[33]

(2) [1]Soweit genehmigungsbedürftige Anlagen dem Anwendungsbereich des Treibhausgas-Emissionshandelsgesetzes unterliegen, sind Anforderungen zur Begrenzung von Emissionen von Treibhausgasen nur zulässig, um zur Erfüllung der Pflichten nach Absatz 1 Nummer 1 sicherzustellen, dass im Einwirkungsbereich der Anlage keine schädlichen Umwelteinwirkungen entstehen; dies gilt nur für Treibhausgase, die für die betreffende Tätigkeit nach Anhang 1 des Treibhausgas-Emissionshandelsgesetzes umfasst sind. [2]Bei diesen Anlagen dürfen zur Erfüllung der Pflicht zur effizienten Verwendung von Energie in Bezug auf die Emissionen von Kohlendioxid, die auf Verbrennungs- oder anderen Prozessen der Anlage beruhen, keine Anforderungen gestellt werden, die über die Pflichten hinausgehen, welche das Treibhausgas-Emissionshandelsgesetz begründet.[34]

(3) Genehmigungsbedürftige Anlagen sind so zu errichten, zu betreiben und stillzulegen, dass auch[35] nach einer Betriebseinstellung

1. von der Anlage oder dem Anlagengrundstück keine schädlichen Umwelteinwirkungen und sonstige Gefahren, erhebliche Nachteile und erhebliche Belästigungen für die Allgemeinheit und die Nachbarschaft hervorgerufen werden können,

2. vorhandene Abfälle ordnungsgemäß und schadlos verwertet oder ohne Beeinträchtigung des Wohls der Allgemeinheit beseitigt werden und

---

31) Es handelt sich hier nicht nur um eine Verweisung auf § 15 Abs. 2 des Kreislaufwirtschaftsgesetzes. Vielmehr ist eine eigene materielle Beurteilung erforderlich.

32) Gegenüber den Pflichten aus dem Kreislaufwirtschaftsgesetz hat § 5 Abs. 1 Nr. 3 Vorrang (vgl. § 13 KrWG). § 5 Abs. 1 Nr. 3 BImSchG bezieht sich jedoch nur auf die Frage, ob die anfallenden Abfälle vermieden, verwertet oder beseitigt werden müssen. Für die Art und Weise der Verwertung oder Beseitigung gelten die abfallrechtlichen Vorschriften.

33) Eine Konkretisierung des § 5 Abs. 1 Nr. 4 ergibt sich aus § 4d der 9. BImSchV.

34) Absatz 2 enthält nach seinem Wortlaut keine Konkretisierung des Absatzes 1 Nr. 2 und 4, sondern eine Einschränkung der Anforderungen, soweit diese eine Verminderung der CO_2-Emissionen erfordern. Diese Einschränkung ist auch bei Festlegungen in Bebauungsplänen zu beachten (BVerwG, Urteil vom 14. 9. 2017, NVwZ 2018, 322).

35) Die Pflicht entsteht – anders als die Pflicht nach Absatz 4 – nicht erst mit der Betriebseinstellung. Sie ist bereits bei der Errichtung und während des Betriebs der Anlage zu beachten. Entsprechende Auflagen (§ 12) und nachträgliche Anordnungen (§ 17) sind zulässig.

3. die Wiederherstellung eines ordnungsgemäßen Zustandes des Anlagengrundstücks gewährleistet ist.

(4) [1]Wurden nach dem 7. Januar 2013 auf Grund des Betriebs einer Anlage nach der Industrieemissions-Richtlinie erhebliche Bodenverschmutzungen oder erhebliche Grundwasserverschmutzungen durch relevante gefährliche Stoffe[36] im Vergleich zu dem im Bericht über den Ausgangszustand angegebenen Zustand[37] verursacht, so ist der Betreiber nach Einstellung des Betriebs der Anlage[38] verpflichtet, soweit dies verhältnismäßig ist, Maßnahmen zur Beseitigung dieser Verschmutzung zu ergreifen, um das Anlagengrundstück in jenen Ausgangszustand zurückzuführen.[39] [2]Die zuständige Behörde hat der Öffentlichkeit relevante Informationen zu diesen vom Betreiber getroffenen Maßnahmen zugänglich zu machen, und zwar auch über das Internet. [3]Soweit Informationen Geschäfts- oder Betriebsgeheimnisse enthalten, gilt § 10 Absatz 2 entsprechend.

§ 6 Genehmigungsvoraussetzungen[40]

(1) Die Genehmigung ist zu erteilen, wenn

1. sichergestellt ist, dass die sich aus § 5 und einer auf Grund des § 7 erlassenen Rechtsverordnung ergebenden Pflichten erfüllt werden, und[41]

2. andere öffentlich-rechtliche Vorschriften und Belange des Arbeitsschutzes der Errichtung und dem Betrieb der Anlage nicht entgegenstehen.

(2) Bei Anlagen, die unterschiedlichen Betriebsweisen dienen[42] oder in denen unterschiedliche Stoffe eingesetzt werden (Mehrzweck- oder Vielstoffanlagen), ist die Genehmigung auf Antrag auf die unterschiedlichen Betriebsweisen und Stoffe zu erstrecken, wenn die Voraussetzungen nach Absatz 1 für alle erfassten Betriebsweisen und Stoffe erfüllt sind.[43]

---

36) Vgl. § 3 Abs. 10.

37) Die Pflicht zur Erstellung und Vorlage eines Berichts über den Ausgangszustand besteht nach § 10 Abs. 1a nur für Anlagen nach der Industrieemissions-Richtlinie und für diese auch erst ab dem Inkrafttreten des § 10 Abs. 1a. Sofern ein Ausgangszustandsbericht nicht vorzulegen war, ergibt sich aus § 5 Abs. 4 auch keine Rückführungspflicht (wohl u. U. aus anderen Vorschriften).

38) Die Pflicht entsteht erst mit der Betriebseinstellung. Deshalb ist nicht schon im Genehmigungsverfahren zu prüfen, ob ihre Erfüllung sichergestellt ist. Vgl. Einführung Nr. 5.3.

39) Das Anlagengrundstück ist nur hinsichtlich der Boden- und Grundwasserverschmutzungen in den im Bericht nach § 10 Abs. 1a beschriebenen Ausgangszustand zurückzuführen. Weitergehende Pflichten ergeben sich insbesondere aus § 5 Abs. 3.

40) Vgl. Einführung Nr. 5.31.

41) Die Aufzählung der Genehmigungsvoraussetzungen ist ebenso wie die Aufzählung der Pflichten aus § 5 kumulativ.

42) Das ist z. B. der Fall, wenn unterschiedliche Stoffe in unterschiedlichen Verfahren hergestellt werden.

43) Zur Mitteilung der erstmaligen Herstellung oder Verwendung eines anderen Stoffes vgl. § 12 Abs. 2b.

(3) Eine beantragte Änderungsgenehmigung darf auch dann nicht versagt werden, wenn zwar nach ihrer Durchführung nicht alle Immissionswerte einer Verwaltungsvorschrift nach § 48 oder einer Rechtsverordnung nach § 48a eingehalten werden, wenn aber

1. der Immissionsbeitrag der Anlage unter Beachtung des § 17 Absatz 3a Satz 3 durch das Vorhaben deutlich und über das durch nachträgliche Anordnungen nach § 17 Absatz 1 durchsetzbare Maß reduziert wird,

2. weitere Maßnahmen zur Luftreinhaltung, insbesondere Maßnahmen, die über den Stand der Technik bei neu zu errichtenden Anlagen hinausgehen, durchgeführt werden,

3. der Antragsteller darüber hinaus einen Immissionsmanagementplan zur Verringerung seines Verursacheranteils vorlegt, um eine spätere Einhaltung der Anforderungen nach § 5 Absatz 1 Nummer 1 zu erreichen, und

4. die konkreten Umstände einen Widerruf der Genehmigung nicht erfordern.[44]

§ 7 Rechtsverordnungen über Anforderungen an genehmigungsbedürftige Anlagen[45]

(1) ¹Die Bundesregierung wird ermächtigt, nach Anhörung der beteiligten Kreise (§ 51) durch Rechtsverordnung mit Zustimmung des Bundesrates vorzuschreiben, dass die Errichtung, die Beschaffenheit, der Betrieb, der Zustand nach Betriebseinstellung und die betreibereigene Überwachung genehmigungsbedürftiger Anlagen zur Erfüllung der sich aus § 5 ergebenden Pflichten bestimmten Anforderungen genügen müssen, insbesondere, dass

1. die Anlagen bestimmten technischen Anforderungen entsprechen müssen,

2. die von Anlagen ausgehenden Emissionen bestimmte Grenzwerte nicht überschreiten dürfen oder Anlagen äquivalenten Parametern oder äquivalenten technischen Maßnahmen entsprechen müssen,[46]

2a. der Einsatz von Energie bestimmten Anforderungen entsprechen muss,

3. die Betreiber von Anlagen Messungen von Emissionen und Immissionen nach in der Rechtsverordnung näher zu bestimmenden Verfahren vorzunehmen haben oder vornehmen lassen müssen und

4. die Betreiber von Anlagen bestimmte sicherheitstechnische Prüfungen sowie bestimmte Prüfungen von sicherheitstechnischen Unterlagen nach in der Rechtsverordnung näher zu bestimmenden Verfahren

a) während der Errichtung oder sonst vor der Inbetriebnahme der Anlage,

---

44) Absatz 3 ist mit Wirkung vom 1. März 2010 angefügt worden. Vgl. Einführung Nr. 5.33 a. E.

45) Vgl. Einführung Nr. 5.32.

46) Die Alternativen (vgl. Art. 1 Nr. 6 des Gesetzes vom 8. 4. 2013, BGBl. I S. 734, 735) entsprechen Art. 14 Abs. 2 der Industrieemissions-Richtlinie. Die Ermächtigung gilt aber nicht nur für Anlagen nach dieser Richtlinie.

    b)   nach deren Inbetriebnahme oder einer Änderung im Sinne des § 15 oder des § 16,

    c)   in regelmäßigen Abständen oder

    d)   bei oder nach einer Betriebseinstellung

durch einen Sachverständigen nach § 29a vornehmen lassen müssen, soweit solche Prüfungen nicht in Rechtsverordnungen nach § 34 des Produktsicherheitsgesetzes vorgeschrieben sind, und

5.   die Rückführung in den Ausgangszustand nach § 5 Absatz 4 bestimmten Anforderungen entsprechen muss, insbesondere in Bezug auf den Ausgangszustandsbericht und die Feststellung der Erheblichkeit von Boden- und Grundwasserverschmutzungen.

²Bei der Festlegung der Anforderungen nach Satz 1 sind insbesondere mögliche Verlagerungen von nachteiligen Auswirkungen von einem Schutzgut auf ein anderes zu berücksichtigen; ein hohes Schutzniveau für die Umwelt insgesamt ist zu gewährleisten.

(1a) ¹Nach jeder Veröffentlichung einer BVT-Schlussfolgerung ist unverzüglich zu gewährleisten,[47] dass für Anlagen nach der Industrieemissions-Richtlinie bei der Festlegung von Emissionsgrenzwerten nach Absatz 1 Satz 1 Nummer 2 die Emissionen unter normalen Betriebsbedingungen die in den BVT-Schlussfolgerungen genannten Emissionsbandbreiten nicht überschreiten. ²Im Hinblick auf bestehende Anlagen ist

1.   innerhalb eines Jahres nach Veröffentlichung von BVT-Schlussfolgerungen zur Haupttätigkeit eine Überprüfung und gegebenenfalls Anpassung der Rechtsverordnung vorzunehmen und

2.   innerhalb von vier Jahren nach Veröffentlichung von BVT-Schlussfolgerungen zur Haupttätigkeit sicherzustellen, dass die betreffenden Anlagen die Emissionsgrenzwerte der Rechtsverordnung einhalten.[48]

(1b)[49] ¹Abweichend von Absatz 1a

1.   können in der Rechtsverordnung weniger strenge Emissionsgrenzwerte und Fristen festgelegt werden, wenn

    a)   wegen technischer Merkmale der betroffenen Anlagenart die Anwendung der in den BVT-Schlussfolgerungen genannten Emissionsbandbreiten unverhältnismäßig wäre und dies begründet wird oder

    b)   in Anlagen Zukunftstechniken für einen Gesamtzeitraum von höchstens neun Monaten erprobt oder angewendet werden sollen, sofern nach dem festgelegten Zeitraum die Anwendung der

---

47) Der Verordnungsgeber hat die Einhaltung der Emissionsbandbreiten nur insoweit zu »gewährleisten«, als er den BVT-Schlussfolgerungen nicht entsprechende Verordnungsregelungen anpassen muss. Absatz 1a Satz 1 ist nicht zu entnehmen, dass in Bezug auf alle in BVT-Schlussfolgerungen genannten Bandbreiten Rechtsverordnungen erlassen werden müssen.

48) Die Frist nach Satz 2 Nr. 2 gilt auch dann, wenn die Frist nach Nr. 1 nicht eingehalten worden ist.

49) Absatz 1b entspricht Art. 15 Abs. 4 der Industrieemissions-Richtlinie, jedoch ohne die Übernahme von dessen Absatz 1 Satz 2 Buchst. a.

betreffenden Technik beendet wird oder in der Anlage mindestens die mit den besten verfügbaren Techniken assoziierten Emissionsbandbreiten erreicht werden, oder

2. kann in der Rechtsverordnung bestimmt werden, dass die zuständige Behörde weniger strenge Emissionsbegrenzungen und Fristen festlegen kann, wenn

a) wegen technischer Merkmale der betroffenen Anlagen die Anwendung der in den BVT-Schlussfolgerungen genannten Emissionsbandbreiten unverhältnismäßig wäre oder

b) in Anlagen Zukunftstechniken für einen Gesamtzeitraum von höchstens neun Monaten erprobt oder angewendet werden sollen, sofern nach dem festgelegten Zeitraum die Anwendung der betreffenden Technik beendet wird oder in der Anlage mindestens die mit den besten verfügbaren Techniken assoziierten Emissionsbandbreiten erreicht werden.

²Absatz 1 Satz 2 bleibt unberührt. ³Emissionsgrenzwerte und Emissionsbegrenzungen[50)] nach Satz 1 dürfen die in den Anhängen der Richtlinie 2010/75/EU festgelegten Emissionsgrenzwerte nicht überschreiten und keine schädlichen Umwelteinwirkungen hervorrufen.

(2) ¹In der Rechtsverordnung kann bestimmt werden, inwieweit die nach Absatz 1 zur Vorsorge gegen schädliche Umwelteinwirkungen festgelegten Anforderungen nach Ablauf bestimmter Übergangsfristen erfüllt werden müssen, soweit zum Zeitpunkt des Inkrafttretens der Rechtsverordnung in einem Vorbescheid oder einer Genehmigung geringere Anforderungen gestellt worden sind. ²Bei der Bestimmung der Dauer der Übergangsfristen und der einzuhaltenden Anforderungen sind insbesondere Art, Menge und Gefährlichkeit der von den Anlagen ausgehenden Emissionen sowie die Nutzungsdauer und technische Besonderheiten der Anlagen zu berücksichtigen. ³Die Sätze 1 und 2 gelten entsprechend für Anlagen, die nach § 67 Absatz 2 oder § 67a Absatz 1 anzuzeigen sind oder vor Inkrafttreten dieses Gesetzes nach § 16 Absatz 4 der Gewerbeordnung anzuzeigen waren.

(3) ¹Soweit die Rechtsverordnung Anforderungen nach § 5 Absatz 1 Nummer 2 festgelegt hat, kann in ihr bestimmt werden, dass bei in Absatz 2 genannten Anlagen von den auf Grund der Absätze 1 und 2 festgelegten Anforderungen zur Vorsorge gegen schädliche Umwelteinwirkungen abgewichen werden darf. ²Dies gilt nur, wenn durch technische Maßnahmen an Anlagen des Betreibers oder Dritter insgesamt eine weitergehende Minderung von Emissionen derselben oder in ihrer Wirkung auf die Umwelt vergleichbaren Stoffen erreicht wird als bei Beachtung der auf Grund der Absätze 1 und 2 festgelegten Anforderungen und hierdurch der in § 1 genannte Zweck gefördert wird. ³In der Rechtsverordnung kann weiterhin bestimmt werden, inwieweit zur Erfüllung von zwischenstaatlichen Vereinbarungen mit Nachbarstaaten der Bundesrepublik Deutschland

---

50) Emissionsbegrenzungen sind durch Verwaltungsakt festgelegte Anforderungen an die Emissionen (vgl. Nr. 2.7 Abs. 2 TA Luft).

Satz 2 auch für die Durchführung technischer Maßnahmen an Anlagen gilt, die in den Nachbarstaaten gelegen sind.

(4) [1]Zur Erfüllung von bindenden Rechtsakten der Europäischen Gemeinschaften oder der Europäischen Union kann die Bundesregierung zu dem in § 1 genannten Zweck mit Zustimmung des Bundesrates durch Rechtsverordnung Anforderungen an die Errichtung, die Beschaffenheit und den Betrieb, die Betriebseinstellung und betreibereigene Überwachung genehmigungsbedürftiger Anlagen vorschreiben.[50a] [2]Für genehmigungsbedürftige Anlagen, die vom Anwendungsbereich der Richtlinie 1999/31/EG des Rates vom 26. April 1999 über Abfalldeponien (ABl. EG Nr. L 182 S. 1) erfasst werden, kann die Bundesregierung durch Rechtsverordnung mit Zustimmung des Bundesrates dieselben Anforderungen festlegen wie für Deponien im Sinne des § 3 Absatz 27 des Kreislaufwirtschaftsgesetzes, insbesondere Anforderungen an die Erbringung einer Sicherheitsleistung, an die Stilllegung und die Sach- und Fachkunde des Betreibers.

(5) Wegen der Anforderungen nach Absatz 1 Nr. 1 bis 4, auch in Verbindung mit Absatz 4, kann auf jedermann zugängliche Bekanntmachungen sachverständiger Stellen verwiesen werden; hierbei ist

1. in der Rechtsverordnung das Datum der Bekanntmachung anzugeben und die Bezugsquelle genau zu bezeichnen,

2. die Bekanntmachung bei dem Deutschen Patentamt archivmäßig gesichert niederzulegen und in der Rechtsverordnung darauf hinzuweisen.

§ 8 Teilgenehmigung[51]

(1) Auf Antrag soll[52] eine Genehmigung[53] für die Errichtung einer Anlage oder eines Teils einer Anlage oder für die Errichtung und den Betrieb eines Teils einer Anlage erteilt werden, wenn

1. ein berechtigtes Interesse an der Erteilung einer Teilgenehmigung besteht,

2. die Genehmigungsvoraussetzungen für den beantragten Gegenstand der Teilgenehmigung vorliegen[54] und

3. eine vorläufige Beurteilung ergibt, dass der Errichtung und dem Betrieb der gesamten Anlage keine von vornherein unüberwindlichen Hindernisse im Hinblick auf die Genehmigungsvoraussetzungen entgegenstehen.[55]

50a) Auf Grund des § 7 Abs. 4 ist die KWK-Kosten-Nutzen-Vergleich-Verordnung (abgedruckt unter Nr. 2.2) erlassen worden.

51) Vgl. Einführung Nr. 5.43.

52) Die Erteilung einer Teilgenehmigung liegt seit dem 1. März 2010 nur noch im eingeschränkten Ermessen der Genehmigungsbehörde. In der Regel ist auf Antrag eine Teilgenehmigung zu erteilen.

53) Die Teilgenehmigung ist eine Genehmigung im Sinne des § 4. Für sie gelten die Verfahrensvorschriften des § 10. Vgl. auch § 22 der 9. BImSchV.

54) In Bezug auf die endgültig genehmigten Anlageteile müssen die Voraussetzungen des § 6 in vollem Umfang vorliegen. Eine vorläufige Prüfung ist insoweit nicht ausreichend.

55) Zur Zulässigkeit einer Befristung, eines Widerrufsvorbehalts und des Vorbehalts von Auflagen vgl. § 12 Abs. 3.

(2) Die Bindungswirkung der vorläufigen Gesamtbeurteilung entfällt, wenn eine Änderung der Sach- oder Rechtslage oder Einzelprüfungen im Rahmen späterer Teilgenehmigungen zu einer von der vorläufigen Gesamtbeurteilung abweichenden Beurteilung führen.

§ 8a Zulassung vorzeitigen Beginns

(1) In einem Verfahren zur Erteilung einer Genehmigung soll die Genehmigungsbehörde auf Antrag vorläufig zulassen,[56] dass bereits vor Erteilung der Genehmigung mit der Errichtung einschließlich der Maßnahmen, die zur Prüfung der Betriebstüchtigkeit der Anlage[57] erforderlich sind, begonnen wird, wenn

1. mit einer Entscheidung zugunsten des Antragstellers gerechnet werden kann,[58]
2. ein öffentliches Interesse oder ein berechtigtes Interesse des Antragstellers an dem vorzeitigen Beginn besteht und
3. der Antragsteller sich verpflichtet,[59] alle bis zur Entscheidung durch die Errichtung der Anlage verursachten Schäden zu ersetzen und, wenn das Vorhaben nicht genehmigt wird, den früheren Zustand wiederherzustellen.

(2) ¹Die Zulassung kann jederzeit widerrufen werden. ²Sie kann mit Auflagen verbunden oder unter dem Vorbehalt nachträglicher Auflagen erteilt werden. ³Die zuständige Behörde kann die Leistung einer Sicherheit verlangen, soweit dies erforderlich ist, um die Erfüllung der Pflichten des Antragstellers zu sichern.

(3) In einem Verfahren zur Erteilung einer Genehmigung nach § 16 Absatz 1 kann die Genehmigungsbehörde unter den in Absatz 1 genannten Voraussetzungen auch den Betrieb der Anlage vorläufig zulassen, wenn die Änderung der Erfüllung einer sich aus diesem Gesetz oder einer auf Grund dieses Gesetzes erlassenen Rechtsverordnung ergebenden Pflicht dient.

---

56) Die Zulassung des vorzeitigen Beginns ist keine Genehmigung. Deshalb ist § 13 nicht anwendbar. Ob dem Sinn und Zweck des § 8a entnommen werden kann, dass neben der Zulassung vorzeitigen Beginns andere Genehmigungen, insbesondere die Baugenehmigung, nicht eingeholt werden müssen, ist nicht abschließend geklärt, wird jedoch überwiegend angenommen; vgl. Einführung Nr. 5.45.

57) Die Zulassung kann sich bei Neuanlagen nur auf die Maßnahmen zu ihrer Errichtung (einschließlich der Maßnahmen zum sog. Einfahren) und bei Änderungen auch auf den Betrieb beziehen, sofern die Änderungen der Erfüllung immissionsschutzrechtlicher Pflichten dienen. Die Zulassung muss auf Maßnahmen beschränkt werden, deren Rückgängigmachung technisch möglich und wirtschaftlich vertretbar ist (BVerwG in DVBl. 91, 877).

58) Hier wird eine umfassende Prüfung im Hinblick auf § 6 Abs. 1 Nrn. 1 und 2 verlangt. Diese braucht jedoch noch nicht zu endgültigen Ergebnissen geführt zu haben.

59) Die Verpflichtung setzt in der Regel den Abschluss eines öffentlich-rechtlichen Vertrages voraus. Eine bloße Absichtserklärung reicht nicht aus. Eine verbindliche einseitige Verpflichtungserklärung einer Privatperson ist im öffentlichen Recht unbekannt.

§ 9 Vorbescheid[60)]

(1) Auf Antrag soll durch Vorbescheid[61)] über einzelne Genehmigungs-voraussetzungen[62)] sowie über den Standort der Anlage entschieden werden, sofern die Auswirkungen der geplanten Anlage ausreichend[63)] beurteilt werden können und ein berechtigtes Interesse an der Erteilung eines Vorbescheides besteht.

(2) Der Vorbescheid wird unwirksam, wenn der Antragsteller nicht innerhalb von zwei Jahren nach Eintritt der Unanfechtbarkeit die Genehmigung beantragt; die Frist kann auf Antrag[64)] bis auf vier Jahre verlängert werden.

(3) Die Vorschriften der §§ 6 und 21 gelten sinngemäß.[65)]

§ 10 Genehmigungsverfahren[66)]

(1) [1]Das Genehmigungsverfahren setzt einen schriftlichen oder elektronischen Antrag voraus. [2]Dem Antrag sind die zur Prüfung nach § 6 erforderlichen Zeichnungen, Erläuterungen und sonstigen Unterlagen beizufügen. [3]Reichen die Unterlagen für die Prüfung nicht aus, so hat sie der Antragsteller auf Verlangen[67)] der zuständigen Behörde innerhalb einer angemessenen Frist zu ergänzen. [4]Erfolgt die Antragstellung elektronisch, kann die zuständige Behörde Mehrfertigungen sowie die Übermittlung der dem Antrag beizufügenden Unterlagen auch in schriftlicher Form verlangen.

(1a) [1]Der Antragsteller, der beabsichtigt, eine Anlage nach der Industrie-emissions-Richtlinie zu betreiben, in der relevante gefährliche Stoffe verwendet, erzeugt oder freigesetzt werden, hat mit den Unterlagen nach Absatz 1 einen Bericht über den Ausgangszustand vorzulegen, wenn und soweit eine Verschmutzung des Bodens oder des Grundwassers auf dem Anlagengrundstück durch die relevanten gefährlichen Stoffe möglich ist.[68)]

---

60) Vgl. Einführung Nr. 5.43.

61) Die Erteilung eines Vorbescheides liegt seit dem 1. März 2010 nur noch im eingeschränkten Ermessen der Genehmigungsbehörde. Liegen keine besonderen Hinderungsgründe vor, ist ein beantragter Vorbescheid bei Vorliegen der rechtlichen Voraussetzungen zu erteilen.

62) Gegenstand eines Vorbescheides kann z. B. die Frage sein, ob bei einem bestimmten Konzept einer Anlage die dem Stand der Technik entsprechenden Vorsorgemaßnahmen im Sinne des § 5 Abs. 1 Nr. 2 getroffen sind.

63) Bei Erteilung eines Vorbescheides muss sich auf Grund einer vorläufigen Prüfung ergeben, dass die gesamte Anlage an dem vorgesehenen Standort genehmigungsfähig ist (vgl. Absatz 3 in Verbindung mit § 6).

64) Der Antrag kann nicht mehr gestellt werden, wenn der Vorbescheid bereits unwirksam geworden ist.

65) Für das Verfahren gilt § 10 Abs. 1 bis 8 entsprechend (vgl. § 10 Abs. 9). Im Übrigen ist § 23 der 9. BImSchV zu beachten.

66) Vgl. Einführung Nr. 5.41.

67) Das Verlangen weiterer Unterlagen ist ein anfechtbarer Verwaltungsakt.

68) Die freiwillige Vorlage eines Ausgangszustandberichts ist stets zulässig. Das kann zweckmäßig sein, da das Fehlen einer Verschmutzungsmöglichkeit u. U. schwer nachzuweisen ist. Der notwendige Inhalt des Berichts über den Ausgangszustand ergibt sich aus § 4a Abs. 4 der 9. BImSchV.

²Die Möglichkeit einer Verschmutzung des Bodens oder des Grundwassers besteht nicht, wenn auf Grund der tatsächlichen Umstände ein Eintrag ausgeschlossen werden kann.

(2) ¹Soweit Unterlagen Geschäfts- oder Betriebsgeheimnisse[69] enthalten, sind die Unterlagen zu kennzeichnen und getrennt vorzulegen. ²Ihr Inhalt muss, soweit es ohne Preisgabe des Geheimnisses geschehen kann, so ausführlich dargestellt sein, dass es Dritten möglich ist, zu beurteilen, ob und in welchem Umfang sie von den Auswirkungen der Anlage betroffen werden können.

(3) ¹Sind die Unterlagen des Antragstellers vollständig,[70] so hat die zuständige Behörde das Vorhaben in ihrem amtlichen Veröffentlichungsblatt und außerdem entweder im Internet oder in örtlichen Tageszeitungen, die im Bereich des Standortes der Anlage verbreitet sind, öffentlich bekannt zu machen. ²Der Antrag und die vom Antragsteller vorgelegten Unterlagen, mit Ausnahme der Unterlagen nach Absatz 2 Satz 1,[71] sowie die entscheidungserheblichen Berichte und Empfehlungen, die der Behörde im Zeitpunkt der Bekanntmachung vorliegen, sind nach der Bekanntmachung einen Monat zur Einsicht auszulegen. ³Weitere Informationen, die für die Entscheidung über die Zulässigkeit des Vorhabens von Bedeutung sein können und die der zuständigen Behörde erst nach Beginn der Auslegung vorliegen, sind der Öffentlichkeit nach den Bestimmungen über den Zugang zu Umweltinformationen zugänglich zu machen. ⁴Bis zwei Wochen nach Ablauf der Auslegungsfrist kann die Öffentlichkeit gegenüber der zuständigen Behörde schriftlich oder elektronisch Einwendungen[72] erheben; bei Anlagen nach der Industrieemissions-Richtlinie gilt eine Frist von einem Monat. ⁵Mit Ablauf der Einwendungsfrist sind für das Genehmigungsverfahren alle Einwendungen ausgeschlossen, die nicht auf besonderen privatrechtlichen Titeln beruhen.[73] ⁶Einwendungen, die auf beson-

---

69) Ein Geschäfts- oder Betriebsgeheimnis setzt neben dem Mangel an Offenkundigkeit der zugrunde liegenden Informationen ein berechtigtes Interesse an deren Nichtverbreitung voraus (BVerwG in BeckRS 2009, 35103).

70) Solange die Unterlagen nicht vollständig sind, kann das Verfahren nicht fortgesetzt werden. Weigert sich der Antragsteller trotz unanfechtbarer Aufforderung nach Absatz 1 Satz 3, die erforderlichen Unterlagen innerhalb einer ihm gesetzten Frist vorzulegen, so soll sein Antrag abgelehnt werden (§ 20 Abs. 2 Satz 2 der 9. BImSchV).

71) Im Falle des Absatzes 2 Satz 1 muss die Beschreibung des Inhalts der Unterlagen zur Einsicht ausgelegt werden (§ 10 Abs. 3 der 9. BImSchV).

72) Als Einwendung ist nur ein sachliches Gegenvorbringen anzusehen, das erkennen lässt, in welcher Hinsicht Bedenken gegen das Vorhaben bestehen könnten und in welcher Weise die Genehmigungsbehörde bestimmte Belange in ihre Prüfung einbeziehen soll (vgl. BVerwG in NVwZ 02, 726 und in NVwZ 12, 180, 182). Als Nachbareinwendung muss sie zumindest erkennen lassen, welches seiner Rechtsgüter der Einwender für gefährdet hält (BVerwG in NJW 81, 359).

73) Ausgeschlossene Einwendungen können nach der Änderung durch das Gesetz vom 29. Mai 2017 im Genehmigungsverfahren nicht mehr geltend gemacht werden, wohl aber noch im gerichtlichen Verfahren. Diese Einschränkung der Präklusionswirkung trägt Art. 25 III IE-RL und Art. 11 III UVP-RL Rechnung (vgl. dazu EuGH, NVwZ

deren privatrechtlichen Titeln beruhen, sind auf den Rechtsweg vor den ordentlichen Gerichten zu verweisen.[74]

(3a) Nach dem Umwelt-Rechtsbehelfsgesetz anerkannte Vereinigungen sollen die zuständige Behörde in einer dem Umweltschutz dienenden Weise unterstützen.

(4) In der Bekanntmachung nach Absatz 3 Satz 1 ist

1. darauf hinzuweisen, wo und wann der Antrag auf Erteilung der Genehmigung und die Unterlagen zur Einsicht ausgelegt sind;
2. dazu aufzufordern, etwaige Einwendungen bei einer in der Bekanntmachung zu bezeichnenden Stelle innerhalb der Einwendungsfrist vorzubringen; dabei ist auf die Rechtsfolgen nach Absatz 3 Satz 5 hinzuweisen;
3. ein Erörterungstermin zu bestimmen und darauf hinzuweisen, dass er auf Grund einer Ermessensentscheidung der Genehmigungsbehörde nach Absatz 6 durchgeführt wird und dass dann die formgerecht erhobenen Einwendungen auch bei Ausbleiben des Antragstellers oder von Personen, die Einwendungen erhoben haben, erörtert werden;
4. darauf hinzuweisen, dass die Zustellung der Entscheidung über die Einwendungen durch öffentliche Bekanntmachung ersetzt werden kann.

(5) ¹Die für die Erteilung der Genehmigung zuständige Behörde (Genehmigungsbehörde) holt die Stellungnahmen der Behörden ein, deren Aufgabenbereich durch das Vorhaben berührt wird. ²Soweit für das Vorhaben selbst oder für weitere damit unmittelbar in einem räumlichen oder betrieblichen Zusammenhang stehende Vorhaben, die Auswirkungen auf die Umwelt haben können und die für die Genehmigung Bedeutung haben, eine Zulassung nach anderen Gesetzen vorgeschrieben ist, hat die Genehmigungsbehörde eine vollständige Koordinierung der Zulassungsverfahren sowie der Inhalts- und Nebenbestimmungen sicherzustellen.[75]

(6) Nach Ablauf der Einwendungsfrist kann die Genehmigungsbehörde die rechtzeitig gegen das Vorhaben erhobenen Einwendungen mit dem Antragsteller und denjenigen, die Einwendungen erhoben haben, erörtern.[76]

2015, 1665). Sie ist allerdings nicht auf Anlagen nach der Industrieemissions-Richtlinie (vgl. § 3 Abs. 8) und/oder nach der UVP-Richtlinie beschränkt. Vgl. auch Einführung Nr. 5.41 Abs. 2.

74) Die Verweisung ist durch schriftlichen Bescheid (Verwaltungsakt!) vorzunehmen (§ 15 der 9. BImSchV).

75) Absatz 5 dient der Berücksichtigung aller öffentlichen Belange und der Vermeidung widersprüchlichen Verwaltungshandelns. Durch Satz 2 soll die formelle Integration mehrerer Zulassungsentscheidungen für ein zusammenhängendes Vorhaben sowie die inhaltliche Abstimmung der Inhalts- und Nebenbestimmungen sichergestellt werden. Vgl. im Übrigen § 11 und § 11a der 9. BImSchV.

76) Vgl. dazu §§ 14 bis 19 der 9. BImSchV.

(6a) [1]Über den Genehmigungsantrag ist nach Eingang des Antrags und der nach Absatz 1 Satz 2 einzureichenden Unterlagen innerhalb einer Frist von sieben Monaten, in vereinfachten Verfahren innerhalb einer Frist von drei Monaten, zu entscheiden. [2]Die zuständige Behörde kann die Frist um jeweils drei Monate verlängern, wenn dies wegen der Schwierigkeit der Prüfung oder aus Gründen, die dem Antragsteller zuzurechnen sind, erforderlich ist. [3]Die Fristverlängerung soll gegenüber dem Antragsteller begründet werden.[77]

(7) [1]Der Genehmigungsbescheid ist schriftlich zu erlassen, schriftlich zu begründen und dem Antragsteller und den Personen, die Einwendungen erhoben haben, zuzustellen.[78] [2]Er ist, soweit die Zustellung nicht nach Absatz 8 erfolgt, öffentlich bekannt zu machen. [3]Die öffentliche Bekanntmachung erfolgt nach Maßgabe des Absatzes 8.

(8) [1]Die Zustellung des Genehmigungsbescheids an die Personen, die Einwendungen erhoben haben, kann durch öffentliche Bekanntmachung ersetzt werden. [2]Die öffentliche Bekanntmachung wird dadurch bewirkt, dass der verfügende Teil des Bescheides und die Rechtsbehelfsbelehrung in entsprechender Anwendung des Absatzes 3 Satz 1 bekannt gemacht werden; auf Auflagen ist hinzuweisen. [3]In diesem Fall ist eine Ausfertigung des gesamten Bescheides vom Tage nach der Bekanntmachung an zwei Wochen zur Einsicht auszulegen. [4]In der öffentlichen Bekanntmachung ist anzugeben, wo und wann der Bescheid und seine Begründung eingesehen und nach Satz 6 angefordert werden können. [5]Mit dem Ende der Auslegungsfrist gilt der Bescheid auch gegenüber Dritten, die keine Einwendung erhoben haben, als zugestellt; darauf ist in der Bekanntmachung hinzuweisen. [6]Nach der öffentlichen Bekanntmachung können der Bescheid und die Begründung bis zum Ablauf der Widerspruchsfrist von den Personen, die Einwendungen erhoben haben, schriftlich oder elektronisch angefordert werden.

(8a) [1]Unbeschadet der Absätze 7 und 8 sind bei Anlagen nach der Industrieemissions-Richtlinie folgende Unterlagen im Internet öffentlich bekannt zu machen:

1. der Genehmigungsbescheid mit Ausnahme in Bezug genommener Antragsunterlagen und des Berichts über den Ausgangszustand sowie
2. die Bezeichnung des für die betreffende Anlage maßgeblichen BVT-Merkblatts.

---

77) Die Fristverlängerung ist ein Verwaltungsakt. – Wird die Frist nicht eingehalten, darf mit der Errichtung der Anlage gleichwohl nicht begonnen werden. Der Fristablauf ersetzt nicht die Genehmigung. – Auf die Einhaltung der Frist hat der Antragsteller keinen Rechtsanspruch. Er kann jedoch verlangen, dass die Behörde das Verfahren nicht rechtswidrig verzögert. In einem solchen Fall kommt trotz § 44a VwGO einstweiliger Rechtsschutz auch während des Genehmigungsverfahrens in Betracht (OVG Münster in Feldhaus, ES BImSchG § 10-13).

78) Die Form der Zustellung ergibt sich aus den Verwaltungszustellungsgesetzen der Länder.

²Soweit der Genehmigungsbescheid Geschäfts- oder Betriebsgeheimnisse enthält, sind die entsprechenden Stellen unkenntlich zu machen. ³Absatz 8 Satz 3, 5 und 6 gilt entsprechend.

(9) Die Absätze 1 bis 8 gelten entsprechend für die Erteilung eines Vorbescheides.

(10) ¹Die Bundesregierung wird ermächtigt, durch Rechtsverordnung mit Zustimmung des Bundesrates das Genehmigungsverfahren zu regeln;[79] in der Rechtsverordnung kann auch das Verfahren bei Erteilung einer Genehmigung im vereinfachten Verfahren (§ 19) sowie bei der Erteilung eines Vorbescheides (§ 9), einer Teilgenehmigung (§ 8) und einer Zulassung vorzeitigen Beginns (§ 8a) geregelt werden. ²In der Verordnung ist auch näher zu bestimmen, welchen Anforderungen das Genehmigungsverfahren für Anlagen genügen muss, für die nach dem Gesetz über die Umweltverträglichkeitsprüfung eine Umweltverträglichkeitsprüfung durchzuführen ist.

(11) Das Bundesministerium der Verteidigung wird ermächtigt, im Einvernehmen mit dem Bundesministerium für Umwelt, Naturschutz, Bau und Reaktorsicherheit durch Rechtsverordnung mit Zustimmung des Bundesrates das Genehmigungsverfahren für Anlagen, die der Landesverteidigung dienen, abweichend von den Absätzen 1 bis 9 zu regeln.[80]

§ 11 Einwendungen Dritter bei Teilgenehmigung und Vorbescheid

Ist eine Teilgenehmigung oder ein Vorbescheid erteilt worden, können nach Eintritt ihrer Unanfechtbarkeit[81] im weiteren Verfahren zur Genehmigung der Errichtung und des Betriebs der Anlage Einwendungen nicht mehr auf Grund von Tatsachen erhoben werden, die im vorhergehenden Verfahren fristgerecht vorgebracht worden sind oder nach den ausgelegten Unterlagen hätten vorgebracht werden können.

§ 12 Nebenbestimmungen zur Genehmigung[82]

(1) ¹Die Genehmigung kann unter Bedingungen erteilt und mit Auflagen verbunden werden, soweit dies erforderlich ist, um die Erfüllung der in § 6 genannten Genehmigungsvoraussetzungen sicherzustellen. ²Zur Sicherstellung der Anforderungen nach § 5 Absatz 3 soll bei Abfallentsorgungsanlagen im Sinne des § 4 Absatz 1 Satz 1 auch eine Sicherheitsleistung auferlegt werden.

---

79) Auf Grund des § 10 Abs. 10 ist die Verordnung über das Genehmigungsverfahren (9. BImSchV) erlassen worden. Diese Verordnung enthält auch die Regelungen über die Durchführung der Umweltverträglichkeitsprüfung.

80) Auf Grund des § 10 Abs. 11 ist die Verordnung über Anlagen der Landesverteidigung (14. BImSchV) ergangen.

81) Entscheidend ist, ob die Unanfechtbarkeit der Teilgenehmigung oder des Vorbescheids in Bezug auf den betroffenen Einwender eingetreten ist.

82) Vgl. Einführung Nr. 5.5.

(1a) Für den Fall, dass eine Verwaltungsvorschrift nach § 48 für die jeweilige Anlagenart keine Anforderungen vorsieht,[83] ist bei der Festlegung von Emissionsbegrenzungen für Anlagen nach der Industrieemissions-Richtlinie in der Genehmigung sicherzustellen, dass die Emissionen unter normalen Betriebsbedingungen die in den BVT-Schlussfolgerungen genannten Emissionsbandbreiten nicht überschreiten.

(1b) [1]Abweichend von Absatz 1a[84] kann die zuständige Behörde weniger strenge Emissionsbegrenzungen festlegen, wenn

1. eine Bewertung ergibt, dass wegen technischer Merkmale der Anlage die Anwendung der in den BVT-Schlussfolgerungen genannten Emissionsbandbreiten unverhältnismäßig wäre, oder

2. in Anlagen Zukunftstechniken für einen Gesamtzeitraum von höchstens neun Monaten erprobt oder angewendet werden sollen, sofern nach dem festgelegten Zeitraum die Anwendung der betreffenden Technik beendet wird oder in der Anlage mindestens die mit den besten verfügbaren Techniken assoziierten Emissionsbandbreiten erreicht werden.

[2]Bei der Festlegung der Emissionsbegrenzungen nach Satz 1 sind insbesondere mögliche Verlagerungen von nachteiligen Auswirkungen von einem Schutzgut auf ein anderes zu berücksichtigen; ein hohes Schutzniveau für die Umwelt insgesamt ist zu gewährleisten. [3]Emissionsbegrenzungen nach Satz 1 dürfen die in den Anhängen der Richtlinie 2010/75/EU festgelegten Emissionsgrenzwerte nicht überschreiten und keine schädlichen Umwelteinwirkungen hervorrufen.

(2) [1]Die Genehmigung kann auf Antrag[85] für einen bestimmten Zeitraum erteilt werden. [2]Sie kann mit einem Vorbehalt des Widerrufs erteilt werden, wenn die genehmigungsbedürftige Anlage lediglich Erprobungszwecken dienen soll.

(2a) [1]Die Genehmigung kann mit Einverständnis des Antragstellers mit dem Vorbehalt nachträglicher Auflagen erteilt werden, soweit hierdurch hinreichend bestimmte, in der Genehmigung bereits allgemein festgelegte Anforderungen an die Errichtung oder den Betrieb der Anlage in einem Zeitpunkt nach Erteilung der Genehmigung näher festgelegt werden sol-

---

83) § 12 Abs. 1a und 1b gilt nur für Anlagen nach der Industrieemissions-Richtlinie und nur für den Fall, dass in einer Rechtsverordnung nach § 7 keine vorrangigen Regelungen getroffen worden sind. Enthält eine Verwaltungsvorschrift (z. B. die TA Luft) Emissionswerte, sind diese bei der Festlegung von Emissionsbegrenzungen grundsätzlich zu beachten. Allerdings kann die Bindungswirkung aufgrund neuer gesicherter Erkenntnisse entfallen. In diesem Fall und bei vollständigem Fehlen normativer Regelungen gilt Absatz 1a.

84) Absatz 1b gilt nur in den von Absatz 1a erfassten Fällen.

85) Der Antrag muss sich auf die Befristung beziehen.

len.[86] [2]Dies gilt unter den Voraussetzungen des Satzes 1 auch für den Fall, dass eine beteiligte Behörde sich nicht rechtzeitig äußert.[87]

(2b) Im Falle des § 6 Absatz 2 soll der Antragsteller durch eine Auflage verpflichtet werden, der zuständigen Behörde unverzüglich die erstmalige Herstellung oder Verwendung eines anderen Stoffes innerhalb der genehmigten Betriebsweise mitzuteilen.[88]

(2c) [1]Der Betreiber kann durch Auflage verpflichtet werden, den Wechsel eines im Genehmigungsverfahren dargelegten Entsorgungswegs von Abfällen der zuständigen Behörde anzuzeigen. [2]Das gilt ebenso für in Abfallbehandlungsanlagen erzeugte Abfälle. [3]Bei Abfallbehandlungsanlagen können außerdem Anforderungen an die Qualität und das Schadstoffpotential der angenommenen Abfälle sowie der die Anlage verlassenden Abfälle gestellt werden.

(3) Die Teilgenehmigung kann für einen bestimmten Zeitraum oder mit dem Vorbehalt erteilt werden, dass sie bis zur Entscheidung über die Genehmigung widerrufen oder mit Auflagen[89] verbunden werden kann.

§ 13 Genehmigung und andere behördliche Entscheidungen[90]

Die Genehmigung schließt andere die Anlage betreffende behördliche Entscheidungen ein, insbesondere öffentlich-rechtliche Genehmigungen, Zulassungen, Verleihungen, Erlaubnisse und Bewilligungen mit Ausnahme von Planfeststellungen,[91] Zulassungen bergrechtlicher Betriebspläne, behördlichen Entscheidungen auf Grund atomrechtlicher[92] Vorschriften und wasserrechtlichen Erlaubnissen und Bewilligungen nach § 8 in Verbindung mit § 10 des Wasserhaushaltsgesetzes.

§ 14 Ausschluss von privatrechtlichen Abwehransprüchen

[1]Auf Grund privatrechtlicher, nicht auf besonderen Titeln beruhender Ansprüche[93] zur Abwehr benachteiligender Einwirkungen von einem Grundstück auf ein benachbartes Grundstück kann nicht die Einstellung des Betriebs einer Anlage verlangt werden, deren Genehmigung unanfechtbar ist;

---

86) Die Genehmigung darf nur erteilt werden, wenn sichergestellt ist, dass alle Genehmigungsvoraussetzungen eingehalten werden (§ 6 Abs. 1). Nur wenn diese Voraussetzung auf Grund allgemein formulierter Auflagen erfüllt ist, darf eine Konkretisierung durch weitere Auflagen vorbehalten werden.

87) Vgl. § 11 der 9. BImSchV.

88) Absatz 2b gilt unabhängig davon, ob die Voraussetzungen des Absatzes 1 vorliegen. Der Art nach handelt es sich aber um eine Auflage im Sinne des Absatzes 1, so dass § 62 Abs. 1 Nr. 3 anwendbar ist.

89) Werden im Rahmen des Vorbehalts nachträglich Auflagen ausgesprochen, müssen die Voraussetzungen des Absatzes 1 vorliegen.

90) Vgl. Einführung Nr. 5.3.

91) Die Planfeststellung (z. B. nach § 57a des Bundesberggesetzes) ist vorrangig. Sie ersetzt die Genehmigung nach dem Bundes-Immissionsschutzgesetz.

92) Nach § 8 Abs. 2 des Atomgesetzes schließt die Genehmigung nach § 7 des Atomgesetzes eine evtl. erforderliche Genehmigung nach § 4 BImSchG ein.

93) Es kommen insbesondere Ansprüche nach §§ 858, 862, 869, 907 und 1004 des Bürgerlichen Gesetzbuches in Betracht. Auf besonderen Titeln beruhen Ansprüche aus Verträgen und aus dinglichen Rechten.

es können nur Vorkehrungen verlangt werden, die die benachteiligenden Wirkungen ausschließen. ²Soweit solche Vorkehrungen nach dem Stand der Technik nicht durchführbar oder wirtschaftlich nicht vertretbar sind, kann lediglich Schadensersatz verlangt werden.

§ 14a Vereinfachte Klageerhebung
Der Antragsteller kann eine verwaltungsgerichtliche Klage erheben, wenn über seinen Widerspruch nach Ablauf von drei Monaten seit der Einlegung nicht entschieden ist, es sei denn, dass wegen besonderer Umstände des Falles eine kürzere Frist geboten ist.[94]

§ 15 Änderung genehmigungsbedürftiger Anlagen[95]
(1) ¹Die Änderung der Lage, der Beschaffenheit oder des Betriebs einer genehmigungsbedürftigen Anlage[96] ist, sofern eine Genehmigung nicht beantragt wird,[97] der zuständigen Behörde mindestens einen Monat, bevor mit der Änderung begonnen werden soll,[98] schriftlich oder elektronisch anzuzeigen, wenn sich die Änderung auf in § 1 genannte Schutzgüter auswirken kann.[99] ²Der Anzeige sind Unterlagen im Sinne des § 10 Absatz 1 Satz 2 beizufügen, soweit diese für die Prüfung erforderlich sein können, ob das Vorhaben genehmigungsbedürftig ist. ³Die zuständige Behörde hat dem Träger des Vorhabens den Eingang der Anzeige und der beigefügten Unterlagen unverzüglich schriftlich oder elektronisch zu bestätigen; sie kann bei einer elektronischen Anzeige Mehrausfertigungen sowie die Übermittlung der Unterlagen, die der Anzeige beizufügen sind, auch in schriftlicher Form verlangen. ⁴Sie teilt dem Träger des Vorhabens nach Eingang der Anzeige unverzüglich mit, welche zusätzlichen Unterlagen sie zur Beurteilung der Voraussetzungen des § 16 Absatz 1 und des § 16a benötigt.[100] ⁵Die Sätze 1 bis 4 gelten entsprechend für eine Anlage, die nach § 67 Absatz 2 oder § 67a Absatz 1 anzuzeigen ist oder vor Inkrafttreten dieses Gesetzes nach § 16 Absatz 4 der Gewerbeordnung anzuzeigen war.[101]

---

94) § 14a enthält eine Modifikation des § 75 VwGO.
95) Vgl. Einführung Nr. 5.44.
96) Im Falle des § 23 Abs. 1a Satz 2 gilt § 15 auch für eine nicht genehmigungsbedürftige Anlage.
97) Vgl. § 16 Abs. 4.
98) Im Gegensatz zu der früheren Regelung in § 16 Abs. 1 a. F., nach der unwesentliche Änderungen alle zwei Jahre nachträglich zusammenfassend mitgeteilt werden konnten, muss jetzt jede Änderung innerhalb der für sie jeweils maßgebenden Frist vorher angezeigt werden.
99) Ob die Auswirkungen positiv oder negativ sind und ob sie für die Einhaltung des Genehmigungsvoraussetzung von Bedeutung sind, ist gleichgültig.
100) Im Falle des § 16 Abs. 1 Satz 2 müssen die Unterlagen auch erkennen lassen, ob die Einhaltung der immissionsschutzrechtlichen Genehmigungsvoraussetzungen (§ 6 Abs. 1 Nr. 1) sichergestellt ist.
101) Die Sätze 1 bis 4 gelten darüber hinaus für Anlagen, die nach § 67a Abs. 1 anzuzeigen sind oder nach § 67 Abs. 3 ohne Anzeige weiterbetrieben werden dürfen.

(2) ¹Die zuständige Behörde hat unverzüglich, spätestens innerhalb eines Monats nach Eingang der Anzeige und der nach Absatz 1 Satz 2 erforderlichen Unterlagen,[102] zu prüfen, ob die Änderung einer Genehmigung bedarf. ²Der Träger des Vorhabens darf die Änderung vornehmen, sobald die zuständige Behörde ihm mitteilt,[103] dass die Änderung keiner Genehmigung bedarf, oder sich innerhalb der in Satz 1 bestimmten Frist nicht geäußert hat. ³Absatz 1 Satz 3 gilt für nachgereichte Unterlagen entsprechend.

(2a) ¹Bei einer störfallrelevanten Änderung einer genehmigungsbedürftigen Anlage, die Betriebsbereich oder Bestandteil eines Betriebsbereichs ist, hat die zuständige Behörde unverzüglich, spätestens innerhalb von zwei Monaten nach Eingang der Anzeige und der nach Absatz 1 Satz 2 erforderlichen Unterlagen zu prüfen, ob die Änderung einer Genehmigung bedarf. ²Soweit es zur Ermittlung des angemessenen Sicherheitsabstands erforderlich ist, kann die zuständige Behörde ein Gutachten zu den Auswirkungen verlangen, die bei schweren Unfällen durch die Anlage hervorgerufen werden können. ³Der Träger des Vorhabens darf die störfallrelevante Änderung vornehmen, sobald ihm die zuständige Behörde mitteilt, dass sie keiner Genehmigung bedarf.

(3) ¹Beabsichtigt[104] der Betreiber, den Betrieb einer genehmigungsbedürftigen Anlage einzustellen, so hat er dies unter Angabe des Zeitpunktes der Einstellung der zuständigen Behörde unverzüglich anzuzeigen. ²Der Anzeige sind Unterlagen über die vom Betreiber vorgesehenen Maßnahmen zur Erfüllung der sich aus § 5 Absatz 3 und 4 ergebenden Pflichten beizufügen. ³Die Sätze 1 und 2 gelten für die in Absatz 1 Satz 5 bezeichneten Anlagen entsprechend.

(4) In der Rechtsverordnung nach § 10 Absatz 10 können die näheren Einzelheiten für das Verfahren nach den Absätzen 1 bis 3 geregelt werden.

§ 16 Wesentliche Änderung genehmigungsbedürftiger Anlagen[105]

(1) ¹Die Änderung der Lage, der Beschaffenheit oder des Betriebs einer genehmigungsbedürftigen Anlage bedarf der Genehmigung, wenn durch die Änderung nachteilige Auswirkungen hervorgerufen werden können[106] und diese für die Prüfung nach § 6 Absatz 1 Nummer 1 erheblich[107] sein

---

102) Die Monatsfrist beginnt erst zu laufen, wenn die Unterlagen vollständig bei der Behörde vorliegen. Entsprechendes gilt für die Frist nach Absatz 2a.

103) Die Mitteilung ist ein Verwaltungsakt, der von betroffenen Dritten angefochten werden kann. Entsprechendes gilt für die Mitteilung, die Änderung bedürfe einer Genehmigung; gegen sie kann der Anlagenbetreiber Widerspruch einlegen und ggf. Klage erheben.

104) Absicht ist mehr als eine Vorüberlegung, aber weniger als eine nicht mehr rückgängig zu machende endgültige Entscheidung

105) Vgl. Einführung Nr. 5.44.

106) Verbessernde und immissionsschutzrechtlich neutrale Änderungen sind zwar vom Genehmigungserfordernis nach § 16 BImSchG, nicht jedoch vom Genehmigungserfordernis nach anderen Rechtsvorschriften, insbesondere denen des Baurechts, ausgenommen.

107) »Erheblich« heißt in diesem Zusammenhang »von Bedeutung«.

können (wesentliche Änderung); eine Genehmigung ist stets erforderlich, wenn die Änderung oder Erweiterung des Betriebs einer genehmigungsbedürftigen Anlage für sich genommen die Leistungsgrenzen oder Anlagengrößen des Anhangs zur Verordnung über genehmigungsbedürftige Anlagen erreichen. [2]Eine Genehmigung ist nicht erforderlich, wenn durch die Änderung hervorgerufene nachteilige Auswirkungen[108] offensichtlich gering[109] sind und die Erfüllung der sich aus § 6 Absatz 1 Nummer 1 ergebenden Anforderungen sichergestellt ist.[110]

(2) [1]Die zuständige Behörde soll von der öffentlichen Bekanntmachung des Vorhabens sowie der Auslegung des Antrags und der Unterlagen absehen, wenn der Träger des Vorhabens dies beantragt und erhebliche nachteilige Auswirkungen[111] auf in § 1 genannte Schutzgüter nicht zu besorgen sind. [2]Dies ist insbesondere dann der Fall, wenn erkennbar ist, dass die Auswirkungen durch die getroffenen oder vom Träger des Vorhabens vorgesehenen Maßnahmen ausgeschlossen werden oder die Nachteile im Verhältnis zu den jeweils vergleichbaren Vorteilen gering sind. [3]Betrifft die wesentliche Änderung eine in einem vereinfachten Verfahren zu genehmigende Anlage, ist auch die wesentliche Änderung im vereinfachten Verfahren zu genehmigen. [4]§ 19 Absatz 3 gilt entsprechend.

(3) [1]Über den Genehmigungsantrag ist innerhalb einer Frist von sechs Monaten, im Falle des Absatzes 2 in drei Monaten zu entscheiden. [2]Im Übrigen gilt § 10 Absatz 6a Satz 2 und 3 entsprechend.

(4) [1]Für nach § 15 Absatz 1 anzeigebedürftige Änderungen kann der Träger des Vorhabens eine Genehmigung beantragen. [2]Diese ist im vereinfachten Verfahren zu erteilen; Absatz 3 und § 19 Absatz 3 gelten entsprechend.

(5) Einer Genehmigung bedarf es nicht, wenn eine genehmigte Anlage oder Teile einer genehmigten Anlage im Rahmen der erteilten Genehmigung ersetzt oder ausgetauscht werden sollen.[112]

---

108) Die durch die Änderung hervorgerufenen nachteiligen Auswirkungen sind einzeln zu betrachten. Eine Saldierung mit eventuellen Vorteilen ist bei Beurteilung der Genehmigungsbedürftigkeit nicht zulässig (anders als bei der Frage der Öffentlichkeitsbeteiligung; vgl. Abs. 2 Satz 2).

109) Wenn die Geringfügigkeit erst durch gleichzeitig vorgesehene Schutzmaßnahmen erreicht wird, ist sie als solche nicht offensichtlich. Ob die Schutzmaßnahmen ausreichen, ist stets im Genehmigungsverfahren zu prüfen (vgl. auch Absatz 2 Satz 2, der nur für die Frage der Öffentlichkeitsbeteiligung gilt.)

110) Ergeben sich Anforderungen sowohl aus § 6 Abs. 1 Nr. 1 i. V. m. § 5 Abs. 1 Nr. 1 (Schutz vor sonstigen Gefahren) als auch aus anderen öffentlich-rechtlichen Vorschriften i. S. des § 6 Abs. 1 Nr. 2 (z. B. aus der Betriebssicherheitsverordnung), so muss deren Erfüllung sichergestellt sein.

111) Es muss sich um nachteilige Auswirkungen von einem gewissen Gewicht handeln. Vorgesehene Schutzmaßnahmen sind bei der Beurteilung zu berücksichtigen.

112) Halten sich die Ersetzung oder der Austausch nicht im Rahmen der vorliegenden Genehmigung, handelt es sich um eine Änderung, für die §§ 15 und 16 Abs. 1 gelten.

§ 16a Störfallrelevante Änderung genehmigungsbedürftiger Anlagen

[1]Die störfallrelevante Änderung einer genehmigungsbedürftigen Anlage, die Betriebsbereich oder Bestandteil eines Betriebsbereichs ist, bedarf der Genehmigung, wenn durch die störfallrelevante Änderung der angemessene Sicherheitsabstand zu benachbarten Schutzobjekten erstmalig unterschritten wird, der bereits unterschrittene Sicherheitsabstand räumlich noch weiter unterschritten wird oder eine erhebliche Gefahrenerhöhung ausgelöst wird und die Änderung nicht bereits durch § 16 Absatz 1 Satz 1 erfasst ist. [2]Einer Genehmigung bedarf es nicht, soweit dem Gebot, den angemessenen Sicherheitsabstand zu wahren, bereits auf Ebene einer raumbedeutsamen Planung oder Maßnahme durch verbindliche Vorgaben Rechnung getragen worden ist.

§ 17 Nachträgliche Anordnungen[113)]

(1) [1]Zur Erfüllung der sich aus diesem Gesetz und der auf Grund dieses Gesetzes erlassenen Rechtsverordnungen[114)] ergebenden Pflichten[115)] können nach Erteilung[116)] der Genehmigung sowie nach einer nach § 15 Absatz 1 angezeigten Änderung[117)] Anordnungen getroffen werden.[118)] [2]Wird nach Erteilung der Genehmigung sowie nach einer nach § 15 Absatz 1 angezeigten Änderung festgestellt, dass die Allgemeinheit oder die Nachbarschaft nicht ausreichend vor schädlichen Umwelteinwirkungen oder sonstigen Gefahren, erheblichen Nachteilen oder erheblichen Belästigungen geschützt ist, soll[119)] die zuständige Behörde nachträgliche Anordnungen treffen.

---

113) Vgl. Einführung Nr. 5.71.

114) Bei der Durchsetzung der Pflichten aus Rechtsverordnungen ist zu unterscheiden: Allgemein gefasste Verpflichtungen (z. B. nach § 3 StörfallV) können nur durch selbständige Anordnungen nach § 17 durchgesetzt werden. Zur Durchsetzung konkreter Verpflichtungen können ohne Rückgriff auf § 17 unselbständige Verfügungen im Rahmen der allgemeinen Überwachungsbefugnisse (§ 52 Abs. 1 Satz 2) erlassen werden.

115) Pflichten, die sich aus Auflagen zur Genehmigung ergeben, können von der Überwachungsbehörde (vgl. § 52) ohne weiteres durchgesetzt werden.

116) Solange die Genehmigung noch unanfechtbar ist, können ihr noch Auflagen beigefügt werden, wenn dadurch einem auf eine nachbarschützende Norm gestützten Rechtsbehelf abgeholfen wird (BVerwG in DVBl. 82, 958).

117) Im Falle des § 15 Abs. 1 können Anordnungen auch in Bezug auf eine Beschaffenheit oder eine Betriebsweise der Anlage getroffen werden, die erst durch die Änderung herbeigeführt werden soll.

118) Die Anordnungsbefugnisse nach dem Dritten Abschnitt, insbesondere nach §§ 26, 28 und 29, stehen neben den Befugnissen aus § 17.

119) Bei nicht ausreichendem Schutz ist das Ermessen der zuständigen Behörde eingeschränkt; sie darf dann nur bei einem atypischen Sachverhalt von einer nachträglichen Anordnung absehen.

(1a) [1]Bei Anlagen nach der Industrieemissions-Richtlinie ist vor dem Erlass einer nachträglichen Anordnung nach Absatz 1 Satz 2, durch welche Emissionsbegrenzungen neu festgelegt werden sollen, der Entwurf der Anordnung öffentlich bekannt zu machen. [2]§ 10 Absatz 3 und 4 Nummer 1 und 2 gilt für die Bekanntmachung entsprechend. [3]Einwendungsbefugt sind Personen, deren Belange durch die nachträgliche Anordnung berührt werden, sowie Vereinigungen, welche die Anforderungen von § 3 Absatz 1 oder § 2 Absatz 2 des Umwelt-Rechtsbehelfsgesetzes erfüllen.[120] [4]Für die Entscheidung über den Erlass der nachträglichen Anordnung gilt § 10 Absatz 7 bis 8a entsprechend.

(1b) Absatz 1a gilt für den Erlass einer nachträglichen Anordnung entsprechend, bei der von der Behörde auf Grundlage einer Verordnung nach § 7 Absatz 1b oder einer Verwaltungsvorschrift nach § 48 Absatz 1b weniger strenge Emissionsbegrenzungen festgelegt werden sollen.

(2) [1]Die zuständige Behörde darf eine nachträgliche Anordnung nicht treffen, wenn sie unverhältnismäßig ist, vor allem wenn der mit der Erfüllung der Anordnung verbundene Aufwand außer Verhältnis zu dem mit der Anordnung angestrebten Erfolg[121] steht; dabei sind insbesondere[122] Art, Menge und Gefährlichkeit der von der Anlage ausgehenden Emissionen und der von ihr verursachten Immissionen sowie die Nutzungsdauer[123] und technische Besonderheiten der Anlage[124] zu berücksichtigen. [2]Darf eine nachträgliche Anordnung wegen Unverhältnismäßigkeit nicht getroffen werden, soll die zuständige Behörde die Genehmigung unter den Voraussetzungen des § 21 Absatz 1 Nummer 3 bis 5 ganz oder teilweise widerrufen;[125] § 21 Absatz 3 bis 6 sind anzuwenden.

(2a) § 12 Absatz 1a gilt für Anlagen nach der Industrieemissions-Richtlinie entsprechend.

---

120) Vgl. Einführung Nr. 5.71 Abs. 3.

121) Auf den Grundsatz der Verhältnismäßigkeit wird wegen seiner Bedeutung für den Erlass nachträglicher Anordnungen besonders hingewiesen. Andere aus dem Rechtsstaatsprinzip herzuleitende allgemeine Eingriffsvoraussetzungen wie Erforderlichkeit und Erfüllbarkeit der Anordnung sind auch ohne ausdrückliche Erwähnung zu beachten.

122) Die Kriterien für die Verhältnismäßigkeit werden nicht abschließend aufgezählt. Zusätzlich zu berücksichtigen sind z. B. die Vorbelastung durch Immissionen im Einwirkungsbereich der Anlage und die planungsrechtliche Situation am Standort und in dessen Umgebung.

123) Kostenintensive Aufwendungen können unverhältnismäßig sein, wenn die Anlage nur noch wenige Jahre betrieben werden soll und darf.

124) Emissionsminderungsmaßnahmen, die dem Stand der Technik entsprechen, können gleichwohl im Einzelfall unverhältnismäßig sein, wenn bei der betroffenen Anlage atypische Verhältnisse vorliegen.

125) Vgl. Einführung Nr. 5.71 Abs. 4.

(2b) [1]Abweichend von Absatz 2a kann die zuständige Behörde weniger strenge Emissionsbegrenzungen festlegen, wenn

1. wegen technischer Merkmale der Anlage die Anwendung der in den BVT-Schlussfolgerungen genannten Emissionsbandbreiten unverhältnismäßig wäre und die Behörde dies begründet oder

2. in Anlagen Zukunftstechniken für einen Gesamtzeitraum von höchstens neun Monaten erprobt oder angewendet werden sollen, sofern nach dem festgelegten Zeitraum die Anwendung der betreffenden Technik beendet wird oder in der Anlage mindestens die mit den besten verfügbaren Techniken assoziierten Emissionsbandbreiten erreicht werden.

[2]§ 12 Absatz 1b Satz 2 und 3 gilt entsprechend. [3]Absatz 1a gilt entsprechend.

(3) Soweit durch Rechtsverordnung die Anforderungen nach § 5 Absatz 1 Nummer 2 abschließend festgelegt sind, dürfen durch nachträgliche Anordnungen weitergehende Anforderungen zur Vorsorge gegen schädliche Umwelteinwirkungen nicht gestellt werden.[126]

(3a) [1]Die zuständige Behörde soll von nachträglichen Anordnungen absehen, soweit in einem vom Betreiber vorgelegten Plan technische Maßnahmen an dessen Anlagen oder an Anlagen Dritter vorgesehen sind, die zu einer weitergehenden Verringerung der Emissionsfrachten führen als die Summe der Minderungen, die durch den Erlass nachträglicher Anordnungen zur Erfüllung der sich aus diesem Gesetz oder den auf Grund dieses Gesetzes erlassenen Rechtsverordnungen ergebenden Pflichten bei den beteiligten Anlagen erreichbar wäre und hierdurch der in § 1 genannte Zweck[127] gefördert wird. [2]Dies gilt nicht, soweit der Betreiber bereits zur Emissionsminderung auf Grund einer nachträglichen Anordnung nach Absatz 1 oder einer Auflage nach § 12 Absatz 1 verpflichtet ist oder eine nachträgliche Anordnung nach Absatz 1 Satz 2 getroffen werden soll. [3]Der Ausgleich ist nur zwischen denselben oder in der Wirkung auf die Umwelt vergleichbaren Stoffen zulässig. [4]Die Sätze 1 bis 3 gelten auch für nicht betriebsbereite Anlagen, für die die Genehmigung zur Errichtung und zum Betrieb erteilt ist oder für die in einem Vorbescheid oder einer Teilgenehmigung Anforderungen nach § 5 Absatz 1 Nummer 2 festgelegt sind. [5]Die Durchführung der Maßnahmen des Plans ist durch Anordnung[128] sicherzustellen.

---

126) Vgl. Einführung Nr. 5.71 Abs. 5.

127) In der Förderung des Zwecks des Bundes-Immissionsschutzgesetzes liegt die wesentliche Voraussetzung für die Anerkennung eines Kompensationsplanes.

128) Auch soweit die vorgesehenen Verbesserungsmaßnahmen über das rechtlich Geforderte hinausgehen, müssen sie durch eine behördliche Anordnung abgesichert sein. Das setzt das Einverständnis des Betroffenen voraus.

(4) ¹Ist es zur Erfüllung der Anordnung erforderlich, die Lage, die Beschaffenheit oder den Betrieb der Anlage wesentlich zu ändern und ist in der Anordnung nicht abschließend bestimmt, in welcher Weise sie zu erfüllen ist, so bedarf die Änderung der Genehmigung nach § 16.[129)] ²Ist zur Erfüllung der Anordnung die störfallrelevante Änderung einer Anlage erforderlich, die Betriebsbereich oder Bestandteil eines Betriebsbereichs ist, und wird durch diese Änderung der angemessene Sicherheitsabstand erstmalig unterschritten, wird der bereits unterschrittene Sicherheitsabstand räumlich noch weiter unterschritten oder wird eine erhebliche Gefahrenerhöhung ausgelöst, so bedarf die Änderung einer Genehmigung nach § 16 oder § 16a, wenn in der Anordnung nicht abschließend bestimmt ist, in welcher Weise sie zu erfüllen ist.

(4a) ¹Zur Erfüllung der Pflichten nach § 5 Absatz 3 soll bei Abfallentsorgungsanlagen im Sinne des § 4 Absatz 1 Satz 1 auch eine Sicherheitsleistung angeordnet werden. ²Nach der Einstellung des gesamten Betriebs können Anordnungen zur Erfüllung der sich aus § 5 Absatz 3[130)] ergebenden Pflichten nur noch während eines Zeitraums von einem Jahr[131)] getroffen werden.

(4b) Anforderungen im Sinne des § 12 Absatz 2c können auch nachträglich angeordnet werden.

(5) Die Absätze 1 bis 4b gelten entsprechend für Anlagen, die nach § 67 Absatz 2 anzuzeigen sind oder vor Inkrafttreten dieses Gesetzes nach § 16 Absatz 4 der Gewerbeordnung anzuzeigen waren.[132)]

§ 18 Erlöschen der Genehmigung

(1) Die Genehmigung erlischt,[133)] wenn

1. innerhalb einer von der genehmigungsbehörde gesetzten angemessenen Frist nicht mit der Errichtung oder dem Betrieb der Anlage begonnen oder

2. eine Anlage während eines Zeitraums von mehr als drei Jahren nicht mehr betrieben

worden ist.

---

129) Im Gegenschluss folgt aus Absatz 4, dass eine Genehmigung nicht erforderlich ist, wenn in der Verfügung die Art und Weise der Änderung abschließend bestimmt ist (vgl. Nr. 3.5.2 TA Luft).

130) Die zeitliche Einschränkung gilt nicht für die Durchsetzung der Pflichten aus § 5 Abs. 4.

131) Die Jahres-Frist beginnt mit der vollständigen Einstellung des Anlagenbetriebs.

132) Absatz 5 gilt entsprechend für Anlagen, die nach § 67a Abs. 1 anzuzeigen sind oder waren.

133) Über die in § 18 geregelten Fälle hinaus erlischt die Genehmigung auch, wenn ihr Inhaber auf sie durch Erklärung gegenüber der Genehmigungsbehörde verzichtet. (BVerwG in NVwZ 90, 464). Die Verzichterklärung kann nicht widerrufen werden (BVerwG, NVwZ-RR 2013, 304) – Mit dem Erlöschen der Genehmigung gehen alle Rechte (Bestandschutz; § 14) und Pflichten (Pflichten aus § 5, Auflagen usw.) unter. Unberührt bleiben die gemäß § 13 eingeschlossenen Genehmigungen (einschließlich der zu ihnen ergangenen Nebenbestimmungen).

(2) Die Genehmigung erlischt ferner, soweit das Genehmigungserfordernis aufgehoben wird.

(3) Die Genehmigungsbehörde kann auf Antrag[134] die Fristen nach Absatz 1 aus wichtigem Grunde verlängern,[135] wenn hierdurch der Zweck des Gesetzes nicht gefährdet wird.

§ 19 Vereinfachtes Verfahren[136]

(1) [1]Durch Rechtsverordnung nach § 4 Absatz 1 Satz 3[137] kann vorgeschrieben werden, dass die Genehmigung von Anlagen bestimmter Art oder bestimmten Umfangs in einem vereinfachten Verfahren erteilt wird, sofern dies nach Art, Ausmaß und Dauer der von diesen Anlagen hervorgerufenen schädlichen Umwelteinwirkungen und sonstigen Gefahren, erheblichen Nachteilen und erheblichen Belästigungen mit dem Schutz der Allgemeinheit und der Nachbarschaft vereinbar ist. [2]Satz 1 gilt für Abfallentsorgungsanlagen entsprechend.

(2) In dem vereinfachten Verfahren sind § 10 Absatz 2, 3, 3a, 4, 6, 7 Satz 2 und 3, Absatz 8 und 9 sowie die §§ 11 und 14 nicht anzuwenden.[138]

(3) Die Genehmigung ist auf Antrag des Trägers des Vorhabens abweichend von den Absätzen 1 und 2 nicht in einem vereinfachten Verfahren zu erteilen.[139]

(4) [1]Die Genehmigung einer Anlage, die Betriebsbereich oder Bestandteil eines Betriebsbereichs ist, kann nicht im vereinfachten Verfahren erteilt werden, wenn durch deren störfallrelevante Errichtung und Betrieb der angemessene Sicherheitsabstand zu benachbarten Schutzobjekten unterschritten wird oder durch deren störfallrelevante Änderung der angemessene Sicherheitsabstand zu benachbarten Schutzobjekten erstmalig unterschritten wird, der bereits unterschrittene Sicherheitsabstand räumlich noch weiter unterschritten wird oder eine erhebliche Gefahrenerhöhung ausgelöst wird. [2]In diesen Fällen ist das Verfahren nach § 10 mit Ausnahme von Absatz 4 Nummer 3 und Absatz 6 anzuwenden. [3]§ 10 Absatz 3 Satz 4 ist mit der Maßgabe anzuwenden, dass nur die Personen Einwendungen erheben können, deren Belange berührt sind oder Vereinigungen, welche die Anforderungen des § 3 Absatz 1 oder des § 2 Absatz 2 des Umwelt-Rechtsbehelfsgesetzes erfüllen. [4]Bei störfallrelevanten Änderungen ist § 16 Absatz 3 entsprechend anzuwenden. [5]Die Sätze 1 bis 4 gelten nicht, soweit dem Gebot, den angemessenen Sicherheitsabstand zu wahren, bereits auf Ebene einer raumbedeutsamen Planung oder Maßnahme durch verbindliche Vorgaben Rechnung getragen worden ist.

---

134) Der Antrag kann nicht mehr gestellt werden, wenn die Genehmigung bereits erloschen ist.

135) Eine wiederholte Fristenverlängerung ist zulässig.

136) Vgl. Einführung Nr. 5.42.

137) Die Anlagen sind in Spalte c des Anhangs 1 zur 4. BImSchV mit V gekennzeichnet.

138) Für ortsveränderliche Anlagen, die im vereinfachten Verfahren genehmigt werden können, gilt außerdem nicht die Anzeigepflicht nach § 67 Abs. 2 (§ 67 Abs. 3).

139) Wird ein förmliches Genehmigungsverfahren durchgeführt, so sind auch die in Absatz 2 genannten Vorschriften (insbesondere § 14) anzuwenden.

§ 20 Untersagung, Stilllegung und Beseitigung[140]

(1) [1]Kommt der Betreiber einer genehmigungsbedürftigen Anlage einer Auflage, einer vollziehbaren nachträglichen Anordnung oder einer abschließend bestimmten Pflicht aus einer Rechtsverordnung nach § 7 nicht nach und betreffen die Auflage, die Anordnung oder die Pflicht die Beschaffenheit oder den Betrieb der Anlage, so kann die zuständige Behörde den Betrieb ganz oder teilweise bis zur Erfüllung der Auflage, der Anordnung oder der Pflichten aus der Rechtsverordnung nach § 7 untersagen.[141] [2]Die zuständige Behörde hat den Betrieb ganz oder teilweise nach Satz 1 zu untersagen, wenn ein Verstoß gegen die Auflage, Anordnung oder Pflicht eine unmittelbare Gefährdung der menschlichen Gesundheit verursacht oder eine unmittelbare erhebliche Gefährdung der Umwelt darstellt.[142]

(1a) [1]Die zuständige Behörde hat die Inbetriebnahme oder Weiterführung einer genehmigungsbedürftigen Anlage, die Betriebsbereich oder Bestandteil eines Betriebsbereichs ist und gewerblichen Zwecken dient oder im Rahmen wirtschaftlicher Unternehmungen Verwendung findet, ganz oder teilweise zu untersagen, solange und soweit die von dem Betreiber getroffenen Maßnahmen zur Verhütung schwerer Unfälle im Sinne des Artikels 3 Nummer 13 der Richtlinie 2012/18/EU oder zur Begrenzung der Auswirkungen derartiger Unfälle eindeutig unzureichend sind. [2]Bei der Entscheidung über eine Untersagung berücksichtigt die zuständige Behörde auch schwerwiegende Unterlassungen in Bezug auf erforderliche Folgemaßnahmen, die in einem Überwachungsbericht nach § 16 Absatz 2 Nummer 1 der Störfall-Verordnung festgelegt worden sind. [3]Die zuständige Behörde kann die Inbetriebnahme oder Weiterführung einer Anlage im Sinne des Satzes 1 ganz oder teilweise untersagen, wenn der Betreiber die in einer zur Umsetzung der Richtlinie 2012/18/EU erlassenen Rechtsverordnung vorgeschriebenen Mitteilungen, Berichte oder sonstigen Informationen nicht fristgerecht übermittelt.

(2) [1]Die zuständige Behörde soll anordnen, dass eine Anlage, die ohne die erforderliche Genehmigung[143] errichtet, betrieben oder wesentlich geändert wird, stillzulegen oder zu beseitigen ist. [2]Sie hat die Beseitigung anzuordnen, wenn die Allgemeinheit oder die Nachbarschaft nicht auf andere Weise ausreichend geschützt werden kann.

---

140) Vgl. Einführung Nr. 5.73 und zu Absatz 3 auch Nr. 5.3.

141) Die Untersagung schließt nicht aus, dass die Auflage oder die Anordnung selbst mit den Mitteln des Verwaltungszwanges durchgesetzt werden; bei abschließend bestimmten (d. h. hinreichend konkretisierten) Pflichten aus einer Rechtsverordnung können auch (unselbständige) Verfügungen zur Durchsetzung der Pflichten erlassen werden (vgl. Fußnote 114).

142) Satz 2 entspricht Art. 8 Abs. 2 Satz 2 der Industrieemissions-Richtlinie.

143) Absatz 2 ist auch anwendbar, wenn die Anlage nur teilweise ohne Genehmigung errichtet, betrieben oder wesentlich geändert wird. Die Anordnungen der Behörde dürfen dann aber nicht weitergehen, als das zur Rückführung auf den genehmigten Zustand erforderlich ist.

(3) ¹Die zuständige Behörde kann den weiteren Betrieb einer genehmigungsbedürftigen Anlage durch den Betreiber oder einen mit der Leitung des Betriebs Beauftragten untersagen, wenn Tatsachen vorliegen, welche die Unzuverlässigkeit dieser Personen in Bezug auf die Einhaltung von Rechtsvorschriften zum Schutz vor schädlichen Umwelteinwirkungen dartun, und die Untersagung zum Wohl der Allgemeinheit geboten ist. ²Dem Betreiber der Anlage kann auf Antrag die Erlaubnis erteilt werden, die Anlage durch eine Person betreiben zu lassen, die die Gewähr für den ordnungsgemäßen Betrieb der Anlage bietet. ³Die Erlaubnis kann mit Auflagen verbunden werden.

§ 21 Widerruf der Genehmigung[144]

(1) Eine nach diesem Gesetz erteilte rechtmäßige Genehmigung darf,[145] auch nachdem sie unanfechtbar geworden ist, ganz oder teilweise mit Wirkung für die Zukunft nur widerrufen werden,

1. wenn der Widerruf gemäß § 12 Absatz 2 Satz 2 oder Absatz 3 vorbehalten ist;

2. wenn mit der Genehmigung eine Auflage verbunden ist und der Begünstigte diese nicht oder nicht innerhalb einer ihm gesetzten Frist erfüllt hat;

3. wenn die Genehmigungsbehörde auf Grund nachträglich eingetretener Tatsachen berechtigt wäre, die Genehmigung nicht zu erteilen, und wenn ohne den Widerruf das öffentliche Interesse[146] gefährdet würde;

4. wenn die Genehmigungsbehörde auf Grund einer geänderten Rechtsvorschrift berechtigt wäre, die Genehmigung nicht zu erteilen, soweit der Betreiber von der Genehmigung noch keinen Gebrauch gemacht hat, und wenn ohne den Widerruf das öffentliche Interesse gefährdet würde;

5. um schwere Nachteile für das Gemeinwohl zu verhüten oder zu beseitigen.

(2) Erhält die Genehmigungsbehörde von Tatsachen Kenntnis, welche den Widerruf einer Genehmigung rechtfertigen, so ist der Widerruf nur innerhalb eines Jahres seit dem Zeitpunkt der Kenntnisnahme zulässig.

(3) Die widerrufene Genehmigung wird mit dem Wirksamwerden des Widerrufs unwirksam, wenn die Genehmigungsbehörde keinen späteren Zeitpunkt bestimmt.

---

144) Vgl. Einführung Nr. 5.72.

145) Im Falle des § 17 Abs. 2 Satz 2 soll die Genehmigung widerrufen werden. Das Ermessen ist dann eingeschränkt.

146) Das öffentliche Interesse an dem Widerruf muss über das allgemeine Interesse an der Beachtung der Rechtsordnung hinausgehen.

(4) [1]Wird die Genehmigung in den Fällen des Absatzes 1 Nummer 3 bis 5 widerrufen, so hat die Genehmigungsbehörde den Betroffenen auf Antrag für den Vermögensnachteil zu entschädigen, den dieser dadurch erleidet, dass er auf den Bestand der Genehmigung vertraut hat, soweit sein Vertrauen schutzwürdig ist. [2]Der Vermögensnachteil ist jedoch nicht über den Betrag des Interesses hinaus zu ersetzen, das der Betroffene an dem Bestand der Genehmigung hat. [3]Der auszugleichende Vermögensnachteil wird durch die Genehmigungsbehörde festgesetzt. [4]Der Anspruch kann nur innerhalb eines Jahres geltend gemacht werden; die Frist beginnt, sobald die Genehmigungsbehörde den Betroffenen auf sie hingewiesen hat.

(5) Die Länder können die in Absatz 4 Satz 1 getroffene Bestimmung des Entschädigungspflichtigen abweichend regeln.

(6) Für Streitigkeiten über die Entschädigung ist der ordentliche Rechtsweg gegeben.

(7) Die Absätze 1 bis 6 gelten nicht, wenn eine Genehmigung, die von einem Dritten angefochten worden ist, während des Vorverfahrens oder während des verwaltungsgerichtlichen Verfahrens aufgehoben wird, soweit dadurch dem Widerspruch oder der Klage abgeholfen wird.

Zweiter Abschnitt
Nicht genehmigungsbedürftige Anlagen

§ 22 Pflichten der Betreiber nicht genehmigungsbedürftiger Anlagen[147)]

(1) [1]Nicht genehmigungsbedürftige Anlagen[148)] sind so zu errichten und zu betreiben, dass

1. schädliche Umwelteinwirkungen verhindert werden, die nach dem Stand der Technik vermeidbar sind,

2. nach dem Stand der Technik unvermeidbare schädliche Umwelteinwirkungen auf ein Mindestmaß beschränkt werden und

3. die beim Betrieb der Anlagen entstehenden Abfälle ordnungsgemäß beseitigt werden können.

[2]Die Bundesregierung wird ermächtigt, nach Anhörung der beteiligten Kreise (§ 51) durch Rechtsverordnung mit Zustimmung des Bundesrates auf Grund der Art oder Menge aller oder einzelner anfallender Abfälle die Anlagen zu bestimmen, für die die Anforderungen des § 5 Absatz 1 Nummer 3 entsprechend gelten. [3]Für Anlagen, die nicht gewerblichen Zwecken dienen und nicht im Rahmen wirtschaftlicher Unternehmungen Verwendung finden, gilt die Verpflichtung des Satzes 1 nur, soweit sie auf

---

147) Vgl. Einführung Nr. 6.1.
148) § 22 und die folgenden Bestimmungen beziehen sich – außer im Falle des § 23 Abs. 1a Satz 2 – auf alle Anlagen, die nicht in der 4. BImSchV aufgeführt sind oder für die in der 4. BImSchV bestimmt ist, dass für sie eine Genehmigung nicht erforderlich ist (§ 4 Abs. 1 Satz 3 letzter Teilsatz). Auf die Genehmigungsbedürftigkeit nach § 23b oder nach anderen Gesetzen (z. B. nach den Bauordnungen der Länder) kommt es nicht an. Vgl. auch Einführung Nr. 5.2 Abs. 2.

die Verhinderung oder Beschränkung von schädlichen Umwelteinwirkungen durch Luftverunreinigungen, Geräusche oder von Funkanlagen ausgehende nichtionisierende Strahlen gerichtet ist.[149]

(1a) [1]Geräuscheinwirkungen, die von Kindertageseinrichtungen, Kinderspielplätzen und ähnlichen Einrichtungen wie beispielsweise Ballspielplätzen durch Kinder hervorgerufen werden, sind im Regelfall keine schädliche Umwelteinwirkung. [2]Bei der Beurteilung der Geräuscheinwirkungen dürfen Immissionsgrenz- und -richtwerte nicht herangezogen werden.[150]

(2) Weitergehende öffentlich-rechtliche Vorschriften[151] bleiben unberührt.

§ 23 Anforderungen an die Errichtung, die Beschaffenheit und den Betrieb nicht genehmigungsbedürftiger Anlagen[152]

(1) [1]Die Bundesregierung wird ermächtigt, nach Anhörung der beteiligten Kreise (§ 51) durch Rechtsverordnung mit Zustimmung des Bundesrates vorzuschreiben, dass die Errichtung, die Beschaffenheit und der Betrieb nicht genehmigungsbedürftiger Anlagen bestimmten Anforderungen zum Schutz der Allgemeinheit und der Nachbarschaft vor schädlichen Umwelteinwirkungen und, soweit diese Anlagen gewerblichen Zwecken dienen oder im Rahmen wirtschaftlicher Unternehmungen Verwendung finden und Betriebsbereiche oder Bestandteile von Betriebsbereichen sind, vor sonstigen Gefahren zur Verhütung schwerer Unfälle im Sinne des Artikels 3 Nummer 13 der Richtlinie 2012/18/EU und zur Begrenzung der Auswirkungen derartiger Unfälle für Mensch und Umwelt sowie zur Vorsorge gegen schädliche Umwelteinwirkungen genügen müssen, insbesondere dass

1. die Anlagen bestimmten technischen Anforderungen entsprechen müssen,
2. die von Anlagen ausgehenden Emissionen bestimmte Grenzwerte nicht überschreiten dürfen,
3. die Betreiber von Anlagen Messungen von Emissionen und Immissionen nach in der Rechtsverordnung näher zu bestimmenden Verfahren vorzunehmen haben oder von einer in der Rechtsverordnung zu bestimmenden Stelle vornehmen lassen müssen,
4. die Betreiber bestimmter Anlagen der zuständigen Behörde unverzüglich die Inbetriebnahme oder eine Änderung einer Anlage, die für

---

149) Vgl. Fußnote 21. Die Einbeziehung nichtionisierender Strahlen beruht auf Art. 2 des Gesetzes vom 29. Juli 2009 (BGBl. I S. 2433, 2434). Die Regelung gilt seit dem 4. August 2009.

150) Absatz 1a ist durch das 10. BImSchG-Änderungsgesetz mit Wirkung vom 28. Juli 2011 eingefügt worden. Die Vorschrift modifiziert nicht die Definition des § 3 Abs. 1, sondern die Pflichten der Betreiber der in Absatz 1a genannten Anlagen.

151) Als weitergehende öffentlich-rechtliche Vorschriften kommen insbesondere die polizei- und ordnungsrechtlichen Bestimmungen der Länder in Betracht.

152) Vgl. Einführung Nr. 6.21.

die Erfüllung von in der Rechtsverordnung vorgeschriebenen Pflichten von Bedeutung sein kann, anzuzeigen haben,

4a. Die Betreiber von Anlagen, die Betriebsbereiche oder Bestandteile von Betriebsbereichen sind, innerhalb einer angemessenen Frist vor Errichtung, vor Inbetriebnahme oder vor einer Änderung dieser Anlagen, die für die Erfüllung von in der Rechtsverordnung vorgeschriebenen Pflichten von Bedeutung sein kann, dies der zuständigen Behörde anzuzeigen haben und

5. bestimmte Anlagen nur betrieben werden dürfen, nachdem die Bescheinigung eines von der nach Landesrecht zuständigen Behörde bekannt gegebenen Sachverständigen vorgelegt worden ist, dass die Anlage den Anforderungen der Rechtsverordnung oder einer Bauartzulassung nach § 33 entspricht.

^{2}In der Rechtsverordnung nach Satz 1 können auch die Anforderungen bestimmt werden, denen Sachverständige hinsichtlich ihrer Fachkunde, Zuverlässigkeit und gerätetechnischen Ausstattung genügen müssen. ^{3}Wegen der Anforderungen nach Satz 1 Nummer 1 bis 3 gilt § 7 Absatz 5 entsprechend.

(1a) ^{1}Für bestimmte nicht genehmigungsbedürftige Anlagen kann durch Rechtsverordnung nach Absatz 1 vorgeschrieben werden, dass auf Antrag des Trägers des Vorhabens ein Verfahren zur Erteilung einer Genehmigung nach § 4 Absatz 1 Satz 1 in Verbindung mit § 6 durchzuführen ist. ^{2}Im Falle eines Antrags nach Satz 1 sind für die betroffene Anlage an Stelle der für nicht genehmigungsbedürftige Anlagen geltenden Vorschriften die Vorschriften über genehmigungsbedürftige Anlagen anzuwenden.[153] ^{3}Für das Verfahren gilt § 19 Absatz 2 und 3 entsprechend.

(2) ^{1}Soweit die Bundesregierung von der Ermächtigung keinen Gebrauch macht, sind die Landesregierungen ermächtigt, durch Rechtsverordnung Vorschriften im Sinne des Absatzes 1 zu erlassen. ^{2}Die Landesregierungen können die Ermächtigung auf eine oder mehrere oberste Landesbehörden übertragen.

§ 23a Anzeigeverfahren für nicht genehmigungsbedürftige Anlagen, die Betriebsbereich oder Bestandteil eines Betriebsbereichs sind

(1) ^{1}Die störfallrelevante Errichtung und der Betrieb oder die störfallrelevante Änderung einer nicht genehmigungsbedürftigen Anlage, die Betriebsbereich oder Bestandteil eines Betriebsbereichs ist, ist der zuständigen Behörde vor ihrer Durchführung schriftlich oder elektronisch anzuzeigen, sofern eine Genehmigung nach Absatz 3 in Verbindung mit § 23b nicht beantragt wird. ^{2}Der Anzeige sind alle Unterlagen beizufügen, die für die Feststellung nach Absatz 2 erforderlich sein können; die zuständige Behörde kann bei einer elektronischen Anzeige Mehrausfertigungen sowie die Übermittlung der der Anzeige beizufügenden Unterlagen auch in

---

153) Das Recht der nicht genehmigungsbedürftigen Anlagen ist nur dann (wieder) anwendbar, wenn der Betreiber den Antrag zurücknimmt oder – nach erteilter Genehmigung – auf diese verzichtet.

schriftlicher Form verlangen. ³Soweit es zur Ermittlung des angemessenen Sicherheitsabstands erforderlich ist, kann die zuständige Behörde ein Gutachten zu den Auswirkungen verlangen, die bei schweren Unfällen durch die Anlage hervorgerufen werden können. ⁴Die zuständige Behörde hat dem Träger des Vorhabens den Eingang der Anzeige und der beigefügten Unterlagen unverzüglich schriftlich oder elektronisch zu bestätigen. ⁵Sie teilt dem Träger des Vorhabens nach Eingang der Anzeige unverzüglich mit, welche zusätzlichen Unterlagen sie für die Feststellung nach Absatz 2 benötigt.

(2) ¹Die zuständige Behörde hat festzustellen, ob durch die störfallrelevante Errichtung und den Betrieb oder die störfallrelevante Änderung der Anlage der angemessene Sicherheitsabstand zu benachbarten Schutzobjekten erstmalig unterschritten wird, räumlich noch weiter unterschritten wird oder eine erhebliche Gefahrenerhöhung ausgelöst wird. ²Diese Feststellung¹⁵³ᵃ⁾ ist dem Träger des Vorhabens spätestens zwei Monate nach Eingang der Anzeige und der erforderlichen Unterlagen bekannt zu geben und der Öffentlichkeit nach den Bestimmungen des Bundes und der Länder über den Zugang zu Umweltinformationen zugänglich zu machen. ³Wird kein Genehmigungsverfahren nach § 23b durchgeführt, macht die zuständige Behörde dies in ihrem amtlichen Veröffentlichungsblatt und entweder im Internet oder in örtlichen Tageszeitungen, die im Bereich des Standortes des Betriebsbereichs verbreitet sind, öffentlich bekannt. ⁴Der Träger des Vorhabens darf die Errichtung und den Betrieb oder die Änderung vornehmen, sobald die zuständige Behörde ihm mitteilt,¹⁵³ᵇ⁾ dass sein Vorhaben keiner Genehmigung bedarf.

(3) Auf Antrag des Trägers des Vorhabens führt die zuständige Behörde das Genehmigungsverfahren nach § 23b auch ohne die Feststellung nach Absatz 2 Satz 1 durch.

§ 23b Störfallrechtliches Genehmigungsverfahren¹⁵³ᶜ⁾

(1) ¹Ergibt die Feststellung nach § 23a Absatz 2 Satz 1, dass der angemessene Sicherheitsabstand erstmalig unterschritten wird, räumlich noch weiter unterschritten wird oder eine erhebliche Gefahrenerhöhung ausgelöst wird, bedarf die störfallrelevante Errichtung und der Betrieb oder die störfallrelevante Änderung einer nicht genehmigungsbedürftigen Anlage, die Betriebsbereich oder Bestandteil eines Betriebsbereichs ist, einer

---

153a) Die Feststellung ist ein anfechtbarer Verwaltunsgakt.

153b) Die Mitteilung entspricht in ihrer rechtlichen Wirkung der des § 15 Abs. 2 Satz 2. Vgl. dazu Fn. 103.

153c) Das störfallrechtliche Genehmigungsverfahren ist ähnlich dem Verfahren nach § 10 BImSchG geregelt (vgl. Einführung Nr. 5.2). Insbesondere ist eine Beteiligung der Öffentlichkeit vorgeschrieben. Einwendungen können allerdings nicht von jedermann, sondern nur von Personen, deren Belange durch das Vorhaben berührt werden, und von Umweltverbänden im Sinne des § 3 Abs. 1 oder des § 2 Abs. 2 des Umwelt-Rechtsbehelfsgesetzes erhoben werden. Die Versäumung der Einwendungsfrist hat keine Präklusionswirkung. Einzelheiten zum Ablauf des störfallrechtlichen Genehmigungsverfahrens sind in § 18 der 12. BImSchV geregelt.

störfallrechtlichen Genehmigung.[153d] [2]Dies gilt nicht, soweit dem Gebot, den angemessenen Sicherheitsabstand zu wahren, bereits auf Ebene einer raumbedeutsamen Planung oder Maßnahme durch verbindliche Vorgaben Rechnung getragen worden ist. [3]Die Genehmigung setzt einen schriftlichen oder elektronischen Antrag voraus. [4]§ 10 Absatz 1 Satz 4 und Absatz 2 gilt entsprechend. [5]Die Genehmigung ist zu erteilen, wenn sichergestellt ist, dass die Anforderungen des § 22 und der auf Grundlage des § 23 erlassenen Rechtsverordnungen eingehalten werden und andere öffentlich-rechtliche Vorschriften und Belange des Arbeitsschutzes nicht entgegenstehen. [6]Die Genehmigung kann unter Bedingungen erteilt und mit Auflagen verbunden werden, soweit dies erforderlich ist, um die Erfüllung der Genehmigungsvoraussetzungen sicherzustellen. [7]Die Genehmigung schließt andere die Anlage betreffende behördliche Entscheidungen ein mit Ausnahme von Planfeststellungen, Zulassungen bergrechtlicher Betriebspläne, behördlichen Entscheidungen auf Grund atomrechtlicher Vorschriften und wasserrechtlichen Erlaubnissen und Bewilligungen nach § 8 in Verbindung mit § 10 des Wasserhaushaltsgesetzes. [8]Die §§ 8, 8a, 9 und 18 gelten entsprechend.

(2) [1]Im Genehmigungsverfahren ist die Öffentlichkeit zu beteiligen. [2]Dazu macht die zuständige Behörde das Vorhaben öffentlich bekannt und legt den Antrag, die vom Antragsteller vorgelegten Unterlagen mit Ausnahme der Unterlagen nach Absatz 1 Satz 4 sowie die entscheidungserheblichen Berichte und Empfehlungen, die der Behörde im Zeitpunkt der Bekanntmachung vorliegen, einen Monat zur Einsicht aus. [3]Personen, deren Belange durch das Vorhaben berührt werden sowie Vereinigungen, welche die Anforderungen von § 3 Absatz 1 oder § 2 Absatz 2 des Umwelt-Rechtsbehelfsgesetzes erfüllen, können innerhalb der in § 10 Absatz 3 Satz 4 erster Halbsatz genannten Frist gegenüber der zuständigen Behörde schriftlich oder elektronisch Einwendungen erheben. [4]§ 10 Absatz 3 Satz 5 und Absatz 3a gilt entsprechend. [5]Einwendungen, die auf besonderen privatrechtlichen Titeln beruhen, sind auf den Rechtsweg vor den ordentlichen Gerichten zu verweisen.

(3) [1]Die Genehmigungsbehörde holt die Stellungnahmen der Behörden ein, deren Aufgabenbereich durch das Vorhaben berührt wird. [2]Soweit für das Vorhaben selbst oder für weitere damit unmittelbar in Zusammenhang stehende Vorhaben, die Auswirkungen auf die Umwelt haben können und die für die Genehmigung Bedeutung haben, eine Zulassung nach anderen Gesetzen vorgeschrieben ist, hat die Genehmigungsbehörde eine vollständige Koordinierung der Zulassungsverfahren sowie der Inhalts- und Nebenbestimmungen sicherzustellen.

153d) Vgl. Einführung Nr. 5.2 Abs. 2.

(4) [1]Über den Antrag auf störfallrelevante Errichtung und Betrieb einer Anlage hat die zuständige Behörde innerhalb einer Frist von sieben Monaten nach Eingang des Antrags und der erforderlichen Unterlagen zu entscheiden. [2]Über den Antrag auf störfallrelevante Änderung einer Anlage ist innerhalb einer Frist von sechs Monaten nach Eingang des Antrags und der erforderlichen Unterlagen zu entscheiden. [3]Die zuständige Behörde kann die jeweilige Frist um drei Monate verlängern, wenn dies wegen der Schwierigkeit der Prüfung oder aus Gründen, die dem Antragsteller zuzurechnen sind, erforderlich ist. [4]Die Fristverlängerung soll gegenüber dem Antragsteller begründet werden. [5]§ 10 Absatz 7 Satz 1 gilt entsprechend.

(5) Die Bundesregierung wird ermächtigt, durch Rechtsverordnung mit Zustimmung des Bundesrates weitere Einzelheiten des Verfahrens nach den Absätzen 1 bis 4 zu regeln, insbesondere

1. Form und Inhalt des Antrags,
2. Verfahren und Inhalt der Bekanntmachung und Auslegung des Vorhabens durch die zuständige Behörde sowie
3. Inhalt und Bekanntmachung des Genehmigungsbescheids.[153e]

§ 23c Betriebsplanzulassung nach dem Bundesberggesetz

[1]Die §§ 23a und 23b Absatz 1, 3 und 4 gelten nicht für die störfallrelevante Errichtung und den Betrieb oder die störfallrelevante Änderung einer nicht genehmigungsbedürftigen Anlage, die Betriebsbereich oder Bestandteil eines Betriebsbereichs ist, wenn für die Errichtung und den Betrieb oder die Änderung eine Betriebsplanzulassung nach dem Bundesberggesetz erforderlich ist. [2]§ 23b Absatz 2 ist für die in Satz 1 genannten Vorhaben unter den in § 57d des Bundesberggesetzes genannten Bedingungen entsprechend anzuwenden. [3]Die Regelungen, die auf Grundlage des § 23b Absatz 5 durch Rechtsverordnung getroffen werden, gelten für die in Satz 1 genannten Vorhaben, soweit § 57d des Bundesberggesetzes dies anordnet.

§ 24 Anordnungen im Einzelfall[154]

[1]Die zuständige Behörde kann im Einzelfall die zur Durchführung des § 22 und der auf dieses Gesetz gestützten Rechtsverordnungen[155] erforderlichen Anordnungen treffen. [2]Kann das Ziel der Anordnung auch durch eine Maßnahme zum Zwecke des Arbeitsschutzes erreicht werden, soll diese angeordnet werden.

§ 25 Untersagung[156]

(1) Kommt der Betreiber einer Anlage einer vollziehbaren[157] behördlichen Anordnung nach § 24 Satz 1 nicht nach, so kann die zuständige Be-

---

153e) Auf § 23b Abs. 5 gestützte Regelungen sind in der 12. BImSchV enthalten.

154) Vgl. Einführung Nr. 6.23 und Nr. 6.32.

155) Vgl. die 1., 2., 7., 18., 20., 21., 26., 27. und 31. BImSchV.

156) Vgl. Einführung Nr. 6.32.

157) Vollziehbar ist eine Anordnung, die nicht angefochten worden ist, die durch Fristablauf oder durch Ausschöpfung des Rechtsweges unanfechtbar geworden ist oder deren sofortige Vollziehung nach § 80 Abs. 2 Nr. 4 der Verwaltungsgerichtsordnung angeordnet worden ist.

hörde den Betrieb der Anlage ganz oder teilweise bis zur Erfüllung der Anordnung untersagen.

(1a) ¹Die zuständige Behörde hat die Inbetriebnahme oder Weiterführung einer nicht genehmigungsbedürftigen Anlage, die Betriebsbereich oder Bestandteil eines Betriebsbereichs ist und gewerblichen Zwecken dient oder im Rahmen wirtschaftlicher Unternehmungen Verwendung findet, ganz oder teilweise zu untersagen, solange und soweit die von dem Betreiber getroffenen Maßnahmen zur Verhütung schwerer Unfälle im Sinne des Artikels 3 Nummer 13 der Richtlinie 2012/18/EU oder zur Begrenzung der Auswirkungen derartiger Unfälle eindeutig unzureichend sind. ²Bei der Entscheidung über eine Untersagung berücksichtigt die zuständige Behörde auch schwerwiegende Unterlassungen in Bezug auf erforderliche Folgemaßnahmen, die in einem Überwachungsbericht nach § 16 Absatz 2 Nummer 1 der Störfall-Verordnung festgelegt worden sind. ³Die zuständige Behörde kann die Inbetriebnahme oder die Weiterführung einer Anlage im Sinne des Satzes 1 außerdem ganz oder teilweise untersagen, wenn der Betreiber

1. die in einer zur Umsetzung der Richtlinie 2012/18/EU erlassenen Rechtsverordnung vorgeschriebenen Mitteilungen, Berichte oder sonstige Informationen nicht fristgerecht übermittelt oder

2. eine nach § 23a erforderliche Anzeige nicht macht oder die Anlage ohne die nach § 23b erforderliche Genehmigung störfallrelevant errichtet, betreibt oder störfallrelevant ändert.

(2) Wenn die von einer Anlage hervorgerufenen schädlichen Umwelteinwirkungen das Leben oder die Gesundheit von Menschen oder bedeutende Sachwerte gefährden, soll die zuständige Behörde die Errichtung oder den Betrieb der Anlage ganz oder teilweise untersagen, soweit die Allgemeinheit oder die Nachbarschaft nicht auf andere Weise[158)] ausreichend geschützt werden kann.

§ 25a Stilllegung und Beseitigung nicht genehmigungsbedürftiger Anlagen, die Betriebsbereich oder Bestandteil eines Betriebsbereichs sind

¹Die zuständige Behörde kann anordnen, dass eine Anlage, die Betriebsbereich oder Bestandteil eines Betriebsbereichs ist und ohne die erforderliche Genehmigung nach § 23b störfallrelevant errichtet oder geändert wird, ganz oder teilweise stillzulegen oder zu beseitigen ist. ²Sie soll die Beseitigung anordnen, wenn die Allgemeinheit oder die Nachbarschaft nicht auf andere Weise ausreichend geschützt werden kann.[158a)]

---

158) Als mildere Mittel kommen insbesondere Anordnungen auf Grund des § 24 in Betracht.

158a) Die Regelung entspricht der in § 20 Abs. 2 für genehmigungsbedürftige Anlagen.

Dritter Abschnitt
**Ermittlung von Emissionen und Immissionen,
sicherheitstechnische Prüfungen**[159]

§ 26 Messungen[160] aus besonderem Anlass

[1]Die zuständige Behörde kann anordnen, dass der Betreiber einer genehmigungsbedürftigen Anlage oder, soweit § 22 Anwendung findet, einer nicht genehmigungsbedürftigen Anlage Art und Ausmaß der von der Anlage ausgehenden Emissionen sowie die Immissionen im Einwirkungsbereich der Anlage durch eine der von der zuständigen Behörde eines Landes bekannt gegebenen Stellen ermitteln lässt, wenn zu befürchten ist, dass durch die Anlage schädliche Umwelteinwirkungen hervorgerufen werden.[161] [2]Die zuständige Behörde ist befugt, Einzelheiten über Art und Umfang der Ermittlungen sowie über die Vorlage des Ermittlungsergebnisses vorzuschreiben.[162]

§ 27 Emissionserklärung[163]

(1) [1]Der Betreiber einer genehmigungsbedürftigen Anlage ist verpflichtet,[164] der zuständigen Behörde innerhalb einer von ihr zu setzenden Frist oder zu dem in der Rechtsverordnung nach Absatz 4 festgesetzten Zeitpunkt Angaben zu machen über Art, Menge, räumliche und zeitliche Verteilung der Luftverunreinigungen, die von der Anlage in einem bestimmten Zeitraum ausgegangen sind, sowie über die Austrittsbedingungen (Emissionserklärung); er hat die Emissionserklärung nach Maßgabe der Rechtsverordnung nach Absatz 4 entsprechend dem neuesten Stand zu ergänzen. [2]§ 52 Absatz 5 gilt sinngemäß. [3]Satz 1 gilt nicht für Betreiber von Anlagen, von denen nur in geringem Umfang Luftverunreinigungen ausgehen können.

(2) [1]Auf die nach Absatz 1 erlangten Kenntnisse und Unterlagen sind die §§ 93, 97, 105 Absatz 1, § 111 Absatz 5 in Verbindung mit § 105 Absatz 1 sowie § 116 Absatz 1 der Abgabenordnung nicht anzuwenden. [2]Dies gilt nicht, soweit die Finanzbehörden die Kenntnisse für die Durchführung eines Verfahrens wegen einer Steuerstraftat sowie eines damit zusammenhängenden Besteuerungsverfahrens benötigen, an deren Verfolgung ein zwingendes öffentliches Interesse besteht, oder soweit es sich um vorsätzlich falsche Angaben des Auskunftspflichtigen oder der für ihn tätigen Personen handelt.

---

159) Vgl. Einführung Nr. 5.6 und Nr. 6.31.
160) Wie sich aus der Abschnittsüberschrift und dem Wortlaut der Bestimmung (»ermitteln«) ergibt, sind nicht nur Messungen im engeren Sinne, sondern auch Berechnungen u. ä. gemeint.
161) Hinsichtlich der Kosten der Messungen vgl. § 30.
162) Die zuständige Behörde kann auch vorschreiben, dass der Betreiber die Messstelle beauftragen muss, der Behörde das Ermittlungsergebnis unmittelbar vorzulegen.
163) Vgl. Einführung Nr. 3.23 und Nr. 5.6.
164) Die Verpflichtung wird durch die Emissionserklärungsverordnung (11. BImSchV) konkretisiert. Sie gilt unabhängig von den Informationspflichten nach dem PRTR-Gesetz vom 6. Juni 2007 (BGBl. I S. 1002).

(3) [1]Der Inhalt der Emissionserklärung ist Dritten auf Antrag bekannt zu geben. [2]Einzelangaben der Emissionserklärung dürfen nicht veröffentlicht oder Dritten bekannt gegeben werden, wenn aus diesen Rückschlüsse auf Betriebs- oder Geschäftsgeheimnisse gezogen werden können. [3]Bei Abgabe der Emissionserklärung hat der Betreiber der zuständigen Behörde mitzuteilen und zu begründen, welche Einzelangaben der Emissionserklärung Rückschlüsse auf Betriebs- oder Geschäftsgeheimnisse erlauben.

(4) [1]Die Bundesregierung wird ermächtigt, durch Rechtsverordnung mit Zustimmung des Bundesrates Inhalt, Umfang, Form und Zeitpunkt der Abgabe der Emissionserklärung, das bei der Ermittlung der Emissionen einzuhaltende Verfahren und den Zeitraum, innerhalb dessen die Emissionserklärung zu ergänzen ist, zu regeln. [2]In der Rechtsverordnung wird auch bestimmt, welche Betreiber genehmigungsbedürftiger Anlagen nach Absatz 1 Satz 3 von der Pflicht zur Abgabe einer Emissionserklärung befreit sind. [3]Darüber hinaus kann zur Erfüllung der Pflichten aus bindenden Rechtsakten der Europäischen Gemeinschaften oder der Europäischen Union in der Rechtsverordnung vorgeschrieben werden, dass die zuständigen Behörden über die nach Landesrecht zuständige Behörde dem Bundesministerium für Umwelt, Naturschutz, Bau und Reaktorsicherheit zu einem festgelegten Zeitpunkt Emissionsdaten zur Verfügung stellen, die den Emissionserklärungen zu entnehmen sind.

§ 28 Erstmalige und wiederkehrende Messungen bei genehmigungsbedürftigen Anlagen

[1]Die zuständige Behörde kann bei genehmigungsbedürftigen Anlagen
1. nach der Inbetriebnahme oder einer Änderung im Sinne des § 15 oder des § 16 und sodann
2. nach Ablauf eines Zeitraums von jeweils[165)] drei Jahren

[2]Anordnungen nach § 26 auch ohne die dort genannten Voraussetzungen treffen. [3]Hält die Behörde wegen Art, Menge und Gefährlichkeit der von der Anlage ausgehenden Emissionen[166)] Ermittlungen auch während des in Nummer 2 genannten Zeitraums für erforderlich, so soll sie auf Antrag des Betreibers zulassen, dass diese Ermittlungen durch den Immissionsschutzbeauftragten durchgeführt werden, wenn dieser hierfür die erforderliche Fachkunde, Zuverlässigkeit und gerätetechnische Ausstattung besitzt.

§ 29 Kontinuierliche Messungen

(1) [1]Die zuständige Behörde kann bei genehmigungsbedürftigen Anlagen anordnen, dass statt durch Einzelmessungen nach § 26 oder § 28 oder neben solchen Messungen bestimmte Emissionen oder Immissionen unter Verwendung aufzeichnender Messgeräte fortlaufend ermittelt werden.

---

165) Zwischen dem Zeitpunkt, zu dem die letzte gleichartige Ermittlung durchzuführen war, und der erneut geforderten Ermittlung müssen jeweils drei Jahre liegen.

166) Bei Vorliegen dieser Voraussetzungen kann eine Anordnung auch ohne einen konkreten Anlass im Sinne des § 26 getroffen werden.

[2]Bei Anlagen mit erheblichen Emissionsmassenströmen[167] luftverunreinigender Stoffe sollen unter Berücksichtigung von Art und Gefährlichkeit dieser Stoffe Anordnungen nach Satz 1 getroffen werden, soweit eine Überschreitung der in Rechtsvorschriften, Auflagen oder Anordnungen festgelegten Emissionsbegrenzungen nach der Art der Anlage nicht ausgeschlossen werden kann.

(2) Die zuständige Behörde kann bei nicht genehmigungsbedürftigen Anlagen, soweit § 22 anzuwenden ist, anordnen, dass statt durch Einzelmessungen nach § 26 oder neben solchen Messungen bestimmte Emissionen oder Immissionen unter Verwendung aufzeichnender Messgeräte fortlaufend ermittelt werden, wenn dies zur Feststellung erforderlich ist, ob durch die Anlage schädliche Umwelteinwirkungen hervorgerufen werden.

§ 29a Anordnung sicherheitstechnischer Prüfungen

(1) [1]Die zuständige Behörde kann anordnen, dass der Betreiber einer genehmigungsbedürftigen Anlage oder einer Anlage innerhalb eines Betriebsbereichs nach § 3 Absatz 5a einen der von der zuständigen Behörde eines Landes bekannt gegebenen Sachverständigen mit der Durchführung bestimmter sicherheitstechnischer Prüfungen sowie Prüfungen von sicherheitstechnischen Unterlagen[168] beauftragt. [2]In der Anordnung kann die Durchführung der Prüfungen durch den Störfallbeauftragten (§ 58a), eine zugelassene Überwachungsstelle nach § 37 Absatz 1 des Produktsicherheitsgesetzes oder einen in einer für Anlagen nach § 2 Nummer 30 des Produktsicherheitsgesetzes erlassenen Rechtsverordnung genannten Sachverständigen gestattet werden, wenn diese die Anforderungen nach § 29b Absatz 2 Satz 2 und 3 erfüllen; das Gleiche gilt für einen nach § 36 Absatz 1 der Gewerbeordnung bestellten Sachverständigen oder für Sachverständige, die im Rahmen von § 13a der Gewerbeordnung ihre gewerbliche Tätigkeit nur vorübergehend und gelegentlich im Inland ausüben wollen, soweit eine besondere Sachkunde im Bereich sicherheitstechnischer Prüfungen nachgewiesen wird. [3]Die zuständige Behörde ist befugt, Einzelheiten über Art und Umfang der sicherheitstechnischen Prüfungen sowie über die Vorlage des Prüfungsergebnisses vorzuschreiben.

(2) [1]Prüfungen können angeordnet werden
1. für einen Zeitpunkt während der Errichtung oder sonst vor der Inbetriebnahme der Anlage,
2. für einen Zeitpunkt nach deren Inbetriebnahme,
3. in regelmäßigen Abständen,
4. im Falle einer Betriebseinstellung oder
5. wenn Anhaltspunkte dafür bestehen, dass bestimmte sicherheitstechnische Anforderungen nicht erfüllt werden.

[2]Satz 1 gilt entsprechend bei einer Änderung im Sinne des § 15 oder des § 16.

---

167) Eine Konkretisierung der Erheblichkeit der Massenströme ergibt sich aus Nr. 5.3.3.2 TA Luft.

168) Hierbei ist in erster Linie an den Sicherheitsbericht im Sinne der Störfall-Verordnung gedacht.

(3) Der Betreiber hat die Ergebnisse der sicherheitstechnischen Prüfungen der zuständigen Behörde spätestens einen Monat nach Durchführung der Prüfungen vorzulegen;[169] er hat diese Ergebnisse unverzüglich vorzulegen, sofern dies zur Abwehr gegenwärtiger Gefahren erforderlich ist.

§ 29b Bekanntgabe von Stellen und Sachverständigen

(1) Die Bekanntgabe von Stellen im Sinne von § 26, von Stellen im Sinne einer auf Grund dieses Gesetzes erlassenen Rechtsverordnung oder von Sachverständigen im Sinne von § 29a durch die zuständige Behörde eines Landes berechtigt die bekannt gegebenen Stellen und Sachverständigen, die in der Bekanntgabe festgelegten Ermittlungen oder Prüfungen auf Antrag eines Anlagenbetreibers durchzuführen.

(2) [1]Die Bekanntgabe setzt einen Antrag bei der zuständigen Behörde des Landes voraus. [2]Sie ist zu erteilen, wenn der Antragsteller oder die Antragstellerin über die erforderliche Fachkunde, Unabhängigkeit, Zuverlässigkeit und gerätetechnische Ausstattung verfügt sowie die für die Aufgabenerfüllung erforderlichen organisatorischen Anforderungen erfüllt. [3]Sachverständige im Sinne von § 29a müssen über eine Haftpflichtversicherung verfügen.

(3) [1]Die Bundesregierung wird ermächtigt, nach Anhörung der beteiligten Kreise (§ 51) durch Rechtsverordnung mit Zustimmung des Bundesrates Anforderungen an die Bekanntgabe von Stellen und Sachverständigen sowie an bekannt gegebene Stellen und Sachverständige zu regeln.[170] [2]In der Rechtsverordnung nach Satz 1 können insbesondere

1. Anforderungen an die Gleichwertigkeit nicht inländischer Anerkennungen und Nachweise bestimmt werden,
2. Anforderungen an das Verfahren der Bekanntgabe und ihrer Aufhebung bestimmt werden,
3. Anforderungen an den Inhalt der Bekanntgabe bestimmt werden, insbesondere, dass sie mit Nebenbestimmungen versehen und für das gesamte Bundesgebiet erteilt werden kann,
4. Anforderungen an die Organisationsform der bekannt zu gebenden Stellen bestimmt werden,
5. Anforderungen an die Struktur bestimmt werden, die die Sachverständigen der Erfüllung ihrer Aufgaben zugrunde legen,
6. Anforderungen an die Fachkunde, Zuverlässigkeit, Unabhängigkeit und gerätetechnische Ausstattung der bekannt zu gebenden Stellen und Sachverständigen bestimmt werden,
7. Pflichten der bekannt gegebenen Stellen und Sachverständigen festgelegt werden.

---

169) Anordnungen nach Absatz 1 Satz 3 sind vorrangig zu beachten.
170) Aufgrund des § 29b Abs. 3 ist die weiter unten abgedruckte Bekanntgabeverordnung (41. BImSchV) erlassen worden.

§ 30 Kosten der Messungen und sicherheitstechnischen Prüfungen

[1]Die Kosten für die Ermittlungen der Emissionen und Immissionen sowie für die sicherheitstechnischen Prüfungen trägt der Betreiber der Anlage.[171] [2]Bei nicht genehmigungsbedürftigen Anlagen trägt der Betreiber die Kosten für Ermittlungen nach § 26 oder § 29 Absatz 2 nur, wenn die Ermittlungen ergeben, dass

1. Auflagen oder Anordnungen nach den Vorschriften dieses Gesetzes oder der auf dieses Gesetz gestützten Rechtsverordnungen nicht erfüllt worden sind oder

2. Anordnungen oder Auflagen nach den Vorschriften dieses Gesetzes oder der auf dieses Gesetz gestützten Rechtsverordnungen geboten sind.[172]

§ 31 Auskunftspflichten des Betreibers

(1) [1]Der Betreiber einer Anlage nach der Industrieemissions-Richtlinie hat nach Maßgabe der Nebenbestimmungen der Genehmigung oder auf Grund von Rechtsverordnungen der zuständigen Behörde jährlich Folgendes vorzulegen:[173]

1. eine Zusammenfassung der Ergebnisse der Emissionsüberwachung,

2. sonstige Daten, die erforderlich sind, um die Einhaltung der Genehmigungsanforderungen gemäß § 6 Absatz 1 Nummer 1 zu überprüfen.

[2]Die Pflicht nach Satz 1 besteht nicht, soweit die erforderlichen Angaben der zuständigen Behörde bereits auf Grund anderer Vorschriften vorzulegen sind. [3]Wird in einer Rechtsverordnung nach § 7 ein Emissionsgrenzwert nach § 7 Absatz 1a, in einer Verwaltungsvorschrift nach § 48 ein Emissionswert nach § 48 Absatz 1a oder in einer Genehmigung nach § 12 Absatz 1 oder einer nachträglichen Anordnung nach § 17 Absatz 2a eine Emissionsbegrenzung nach § 12 Absatz 1a oder § 17 Absatz 2a oberhalb der in den BVT-Schlussfolgerungen genannten Emissionsbandbreiten bestimmt, so hat die Zusammenfassung nach Satz 1 Nummer 1 einen Vergleich mit den in den BVT-Schlussfolgerungen genannten Emissionsbandbreiten zu ermöglichen.[174]

(2) [1]Der Betreiber einer Anlage nach der Industrieemissions-Richtlinie kann von der zuständigen Behörde verpflichtet werden, diejenigen Daten zu übermitteln, deren Übermittlung nach einem Durchführungsrechtsakt nach Artikel 72 Absatz 2 der Richtlinie 2010/75/EU vorgeschrieben ist und die zur Erfüllung der Berichtspflicht nach § 61 Absatz 1 erforderlich sind, soweit solche Daten nicht bereits auf Grund anderer Vorschriften bei der zuständigen Behörde vorhanden sind. [2]§ 3 Absatz 1 Satz 2

---

171) Die Betreiber genehmigungsbedürftiger Anlagen haben danach stets die Ermittlungs- und Prüfungskosten zu tragen, sofern nur die Anordnung rechtswirksam ist.

172) Unerheblich ist es, ob Anordnungen oder Auflagen tatsächlich getroffen werden.

173) Die Vorlagepflicht kann auch durch eine nachträgliche Anordnung nach § 17 begründet werden.

174) Die Regelung des Absatzes 1 Satz 3 steht im Zusammenhang mit Art. 14 Abs. 1 Buchst. d Unterabs. ii und Art. 15 Abs. 3 Buchst. b der Industrieemissions-Richtlinie.

und § 5 Absatz 2 bis 6 des Gesetzes zur Ausführung des Protokolls über Schadstofffreisetzungs- und -verbringungsregister vom 21. Mai 2003 sowie zur Durchführung der Verordnung (EG) Nr. 166/2006 vom 6. Juni 2007 (BGBl. I S. 1002) gelten entsprechend.

(2a) [1]Der Betreiber von Anlagen, die Betriebsbereich oder Bestandteil eines Betriebsbereichs sind, kann von der zuständigen Behörde verpflichtet werden, diejenigen Daten zu übermitteln, deren Übermittlung nach einem Durchführungsrechtsakt nach Artikel 21 Absatz 5 der Richtlinie 2012/18/EU vorgeschrieben ist und die zur Erfüllung der Berichtspflicht nach § 61 Absatz 2 erforderlich sind, soweit solche Daten nicht bereits auf Grund anderer Vorschriften bei der zuständigen Behörde vorhanden sind. [2]Absatz 2 Satz 2 gilt entsprechend.

(3) Wird bei einer Anlage nach der Industrieemissions-Richtlinie festgestellt, dass Anforderungen gemäß § 6 Absatz 1 Nummer 1 nicht eingehalten werden, hat der Betreiber dies der zuständigen Behörde unverzüglich mitzuteilen.[175)]

(4) Der Betreiber einer Anlage nach der Industrieemissions-Richtlinie hat bei allen Ereignissen mit schädlichen Umwelteinwirkungen die zuständige Behörde unverzüglich zu unterrichten, soweit er hierzu nicht bereits nach § 4 des Umweltschadensgesetzes oder nach § 19 der Störfall-Verordnung verpflichtet ist.

(5) [1]Der Betreiber der Anlage hat das Ergebnis der auf Grund einer Anordnung nach § 26, § 28 oder § 29 getroffenen Ermittlungen der zuständigen Behörde auf Verlangen[176)] mitzuteilen und die Aufzeichnungen der Messgeräte nach § 29 fünf Jahre lang aufzubewahren. [2]Die zuständige Behörde kann die Art der Übermittlung der Messergebnisse vorschreiben.[177)] [3]Die Ergebnisse der Überwachung der Emissionen, die bei der Behörde vorliegen, sind für die Öffentlichkeit nach den Bestimmungen des Umweltinformationsgesetzes mit Ausnahme des § 12[178)] zugänglich; für Landesbehörden gelten die landesrechtlichen Vorschriften.

---

175) Aus Gründen der Verhältnismäßigkeit ist die Mitteilungspflicht auf die Verletzung wesentlicher immissionsschutzrechtlicher Anforderungen beschränkt. § 52 Abs. 5 ist entsprechend anzuwenden, wenn der Betreiber ein schuldhaftes Verhalten mitteilen müsste.

176) Die zuständige Behörde kann die Mitteilung der Ergebnisse bereits bei der Anordnung der Ermittlungen verlangen.

177) Satz 2 ermöglicht u. a. eine telemetrische Überwachung der Emissionen und Immissionen (BVerwG, NVwZ 97, 998).

178) § 12 UIG regelt die Erhebung von Gebühren und Auslagen.

Dritter Teil
**Beschaffenheit von Anlagen, Stoffen, Erzeugnissen, Brennstoffen,
Treibstoffen und Schmierstoffen; Treibhausgasminderung
bei Kraftstoffen**

Erster Abschnitt
**Beschaffenheit von Anlagen, Stoffen, Erzeugnissen, Brennstoffen,
Treibstoffen und Schmierstoffen**

§ 32 Beschaffenheit von Anlagen[179)]

(1) [1]Die Bundesregierung wird ermächtigt, nach Anhörung der beteiligten Kreise (§ 51) durch Rechtsverordnung mit Zustimmung des Bundesrates vorzuschreiben, dass serienmäßig hergestellte Teile von Betriebsstätten und sonstigen ortsfesten Einrichtungen sowie die in § 3 Absatz 5 Nummer 2 bezeichneten Anlagen und hierfür serienmäßig hergestellte Teile gewerbsmäßig oder im Rahmen wirtschaftlicher Unternehmungen[180)] nur in den Verkehr gebracht oder eingeführt[181)] werden dürfen, wenn sie bestimmten Anforderungen zum Schutz vor schädlichen Umwelteinwirkungen durch Luftverunreinigungen, Geräusche, Erschütterungen oder nichtionisierende Strahlen genügen. [2]In den Rechtsverordnungen nach Satz 1 kann insbesondere vorgeschrieben werden, dass

1. die Emissionen der Anlagen oder der serienmäßig hergestellten Teile bestimmte Werte nicht überschreiten dürfen,

2. die Anlagen oder die serienmäßig hergestellten Teile bestimmten technischen Anforderungen zur Begrenzung der Emissionen entsprechen müssen.

[3]Emissionswerte nach Satz 2 Nr. 1 können unter Berücksichtigung der technischen Entwicklung auch für einen Zeitpunkt nach Inkrafttreten der Rechtsverordnung festgesetzt werden. [4]Wegen der Anforderungen nach den Sätzen 1 bis 3 gilt § 7 Absatz 5 entsprechend.

(2) In einer Rechtsverordnung kann ferner vorgeschrieben werden, dass die Anlagen oder die serienmäßig hergestellten Teile gewerbsmäßig oder im Rahmen wirtschaftlicher Unternehmungen nur in den Verkehr gebracht oder eingeführt werden dürfen, wenn sie mit Angaben über die Höhe ihrer Emissionen gekennzeichnet sind.

§ 33 Bauartzulassung[182)]

(1) Die Bundesregierung wird ermächtigt, zum Schutz vor schädlichen Umwelteinwirkungen sowie zur Vorsorge gegen schädliche Umwelteinwirkungen nach Anhörung der beteiligten Kreise (§ 51) durch Rechtsverordnung mit Zustimmung des Bundesrates

1. zu bestimmen, dass in § 3 Absatz 5 Nummer 1 oder 2 bezeichnete Anlagen oder bestimmte Teile von solchen Anlagen nach einer Bauart-

---

179) Vgl. Einführung Nr. 6.22.
180) Der Begriff ist weit auszulegen. Von ihm wird jede Unternehmung erfasst, in der wirtschaftlich bewertbare Leistungen erbracht werden.
181) Vgl. § 3 Abs. 7.
182) Vgl. Einführung Nr. 6.22.

prüfung allgemein zugelassen und dass mit der Bauartzulassung Auflagen zur Errichtung und zum Betrieb verbunden werden können;

2. vorzuschreiben, dass bestimmte serienmäßig hergestellte Anlagen oder bestimmte hierfür serienmäßig hergestellte Teile gewerbsmäßig oder im Rahmen wirtschaftlicher Unternehmungen[183]) nur in Verkehr gebracht werden dürfen, wenn die Bauart der Anlage oder des Teils allgemein zugelassen ist und die Anlage oder der Teil dem zugelassenen Muster entspricht;

3. das Verfahren der Bauartzulassung zu regeln;

4. zu bestimmen, welche Gebühren und Auslagen für die Bauartzulassung zu entrichten sind; die Gebühren werden nur zur Deckung des mit den Prüfungen verbundenen Personal- und Sachaufwandes erhoben, zu dem insbesondere der Aufwand für die Sachverständigen, die Prüfeinrichtungen und -stoffe sowie für die Entwicklung geeigneter Prüfverfahren und für den Erfahrungsaustausch gehört; es kann bestimmt werden, dass eine Gebühr auch für eine Prüfung erhoben werden kann, die nicht begonnen oder nicht zu Ende geführt worden ist, wenn die Gründe hierfür von demjenigen zu vertreten sind, der die Prüfung veranlasst hat; die Höhe der Gebührensätze richtet sich nach der Zahl der Stunden, die ein Sachverständiger durchschnittlich für die verschiedenen Prüfungen der bestimmten Anlagenart benötigt; in der Rechtsverordnung können die Kostenbefreiung, die Kostengläubigerschaft, die Kostenschuldnerschaft, der Umfang der zu erstattenden Auslagen und die Kostenerhebung abweichend von den Vorschriften des Verwaltungskostengesetzes vom 23. Juni 1970 (BGBl. I S. 821) geregelt werden.

(2) Die Zulassung der Bauart darf nur von der Erfüllung der in § 32 Absatz 1 und 2 genannten oder in anderen Rechtsvorschriften festgelegten Anforderungen[184]) sowie von einem Nachweis der Höhe der Emissionen der Anlage oder des Teils abhängig gemacht werden.

§ 34 Beschaffenheit von Brennstoffen, Treibstoffen und Schmierstoffen[185])

(1) ¹Die Bundesregierung wird ermächtigt, nach Anhörung der beteiligten Kreise (§ 51) durch Rechtsverordnung mit Zustimmung des Bundesrates vorzuschreiben[186]), dass Brennstoffe, Treibstoffe, Schmierstoffe oder Zusätze zu diesen Stoffen gewerbsmäßig oder im Rahmen wirtschaftlicher Unternehmungen[187]) nur hergestellt[188]), in den Verkehr gebracht oder eingeführt werden dürfen, wenn sie bestimmten Anforderungen zum Schutz

---

183) Vgl. Fußnote 180 zu § 32.

184) Hier kommen z.B. Anforderungen nach § 22 oder nach Rechtsverordnungen auf Grund des § 23 in Betracht.

185) Vgl. Einführung Nr. 8.1.

186) Auf Grund des § 34 ist die Verordnung über die Beschaffenheit und die Auszeichnung der Qualitäten von Kraft- und Brennstoffen (10. BImSchV) erlassen worden.

187) Vgl. Fußnote 180 zu § 32.

188) Vgl. § 3 Abs. 7.

vor schädlichen Umwelteinwirkungen durch Luftverunreinigungen genügen. [2]In den Rechtsverordnungen nach Satz 1 kann insbesondere bestimmt werden, dass

1. natürliche Bestandteile oder Zusätze von Brennstoffen, Treibstoffen oder Schmierstoffen nach Satz 1, die bei bestimmungsgemäßer Verwendung der Brennstoffe, Treibstoffe, Schmierstoffe oder Zusätze Luftverunreinigungen hervorrufen oder die Bekämpfung von Luftverunreinigungen behindern, nicht zugesetzt werden oder einen bestimmten Höchstgehalt nicht überschreiten dürfen,[189]

1a. Zusätze zu Brennstoffen, Treibstoffen oder Schmierstoffen bestimmte Stoffe, die Luftverunreinigungen hervorrufen oder die Bekämpfung von Luftverunreinigungen behindern, nicht oder nur in besonderer Zusammensetzung enthalten dürfen,

2. Brennstoffe, Treibstoffe oder Schmierstoffe nach Satz 1 bestimmte Zusätze enthalten müssen, durch die das Entstehen von Luftverunreinigungen begrenzt wird,

3. Brennstoffe, Treibstoffe, Schmierstoffe oder Zusätze nach Satz 1 einer bestimmten Behandlung, durch die das Entstehen von Luftverunreinigungen begrenzt wird, unterworfen werden müssen,

4. derjenige, der gewerbsmäßig oder im Rahmen wirtschaftlicher Unternehmungen flüssige Brennstoffe, Treibstoffe, Schmierstoffe oder Zusätze zu diesen Stoffen herstellt, einführt oder sonst in den Geltungsbereich dieses Gesetzes verbringt, der zuständigen Bundesoberbehörde

   a) Zusätze zu flüssigen Brennstoffen, Treibstoffen oder Schmierstoffen, die in ihrer chemischen Zusammensetzung andere Elemente als Kohlenstoff, Wasserstoff und Sauerstoff enthalten, anzuzeigen hat und

   b) näher zu bestimmende Angaben über die Art und die eingesetzte Menge sowie die möglichen schädlichen Umwelteinwirkungen der Zusätze und deren Verbrennungsprodukte zu machen hat.

[3]Anforderungen nach Satz 2 können unter Berücksichtigung der technischen Entwicklung auch für einen Zeitpunkt nach Inkrafttreten der Rechtsverordnungen festgesetzt werden. [4]Wegen der Anforderungen nach den Sätzen 1 bis 3 gilt § 7 Absatz 5 entsprechend.

(2) Die Bundesregierung wird ermächtigt, durch Rechtsverordnung mit Zustimmung des Bundesrates vorzuschreiben,

1. dass bei der Einfuhr von Brennstoffen, Treibstoffen, Schmierstoffen oder Zusätzen, für die Anforderungen nach Absatz 1 Satz 1 festgesetzt worden sind, eine schriftliche Erklärung des Herstellers über die Beschaffenheit der Brennstoffe, Treibstoffe, Schmierstoffe oder Zusätze den Zolldienststellen vorzulegen, bis zum ersten Bestimmungsort der Sendung mitzuführen und bis zum Abgang der Sendung vom ersten Bestimmungsort dort verfügbar zu halten ist,

---

189) Der Höchstgehalt an Bleiverbindungen in Ottokraftstoffen ist im Benzinbleigesetz geregelt.

2. dass der Einführer diese Erklärung zu seinen Geschäftspapieren zu nehmen hat,
3. welche Angaben über die Beschaffenheit der Brennstoffe, Treibstoffe, Schmierstoffe oder Zusätze die schriftliche Erklärung enthalten muss,
4. dass Brennstoffe, Treibstoffe, Schmierstoffe oder Zusätze nach Absatz 1 Satz 1, die in den Geltungsbereich dieses Gesetzes, ausgenommen in Zollausschlüsse, verbracht werden, bei der Verbringung von dem Einführer den zuständigen Behörden des Bestimmungsortes zu melden sind,
5. dass bei der Lagerung von Brennstoffen, Treibstoffen, Schmierstoffen oder Zusätzen nach Absatz 1 Satz 1 Tankbelegbücher zu führen sind, aus denen sich die Lieferer der Brennstoffe, Treibstoffe, Schmierstoffe oder Zusätze nach Absatz 1 Satz 1 ergeben,
6. dass derjenige, der gewerbsmäßig oder im Rahmen wirtschaftlicher Unternehmungen an den Verbraucher Stoffe oder Zusätze nach Absatz 1 Satz 1 veräußert, diese deutlich sichtbar und leicht lesbar mit Angaben über bestimmte Eigenschaften kenntlich zu machen hat und
7. dass derjenige, der Stoffe oder Zusätze nach Absatz 1 Satz 1 gewerbsmäßig oder im Rahmen wirtschaftlicher Unternehmungen in den Verkehr bringt, nach Nummer 6 Auszeichnungspflichtigen über bestimmte Eigenschaften zu unterrichten hat.

(3) [1]Die Bundesregierung wird ermächtigt, nach Anhörung der beteiligten Kreise (§ 51) durch Rechtsverordnung mit Zustimmung des Bundesrates vorzuschreiben, dass, wer gewerbsmäßig oder im Rahmen wirtschaftlicher Unternehmungen Treibstoffe in den Verkehr bringt, zur Vermeidung von Schäden an Fahrzeugen verpflichtet werden kann, auch Treibstoffe mit bestimmten Eigenschaften, insbesondere mit nicht zu überschreitenden Höchstgehalten an Sauerstoff und Biokraftstoff, in den Verkehr zu bringen. [2]In der Rechtsverordnung nach Satz 1 kann darüber hinaus die Unterrichtung der Verbraucher über biogene Anteile der Treibstoffe und den geeigneten Einsatz der verschiedenen Treibstoffmischungen geregelt werden; für die Regelung der Pflicht zur Unterrichtung gilt Absatz 2 Nummer 6 und 7 entsprechend.

(4) Die Bundesregierung wird ermächtigt, nach Anhörung der beteiligten Kreise (§ 51) durch Rechtsverordnung ohne Zustimmung des Bundesrates zu regeln, dass Unternehmen, die Treibstoffe in Verkehr bringen, jährlich folgende Daten der in der Rechtsverordnung zu bestimmenden Bundesbehörde vorzulegen haben:
a) die Gesamtmenge der jeweiligen Art von geliefertem Treibstoff unter Angabe des Erwerbsortes und des Ursprungs des Treibstoffs und
b) die Lebenszyklustreibhausgasemissionen pro Energieeinheit.

§ 35 Beschaffenheit von Stoffen und Erzeugnissen[190)]

(1) [1]Die Bundesregierung wird ermächtigt, nach Anhörung der beteiligten Kreise (§ 51) durch Rechtsverordnung mit Zustimmung des Bundesrates

---

190) Vgl. Einführung Nr. 8.2.

vorzuschreiben, dass bestimmte Stoffe[191] oder Erzeugnisse aus Stoffen, die geeignet sind, bei ihrer bestimmungsgemäßen Verwendung oder bei der Verbrennung zum Zwecke der Beseitigung oder der Rückgewinnung einzelner Bestandteile schädliche Umwelteinwirkungen durch Luftverunreinigungen hervorzurufen, gewerbsmäßig oder im Rahmen wirtschaftlicher Unternehmungen[192] nur hergestellt[193], eingeführt oder sonst in den Verkehr gebracht werden dürfen, wenn sie zum Schutz vor schädlichen Umwelteinwirkungen durch Luftverunreinigungen bestimmten Anforderungen an ihre Zusammensetzung und das Verfahren zu ihrer Herstellung genügen. ²Die Ermächtigung des Satzes 1 erstreckt sich nicht auf Anlagen,[194] Brennstoffe,[195] Treibstoffe und Fahrzeuge.[196]

(2) ¹Anforderungen nach Absatz 1 Satz 1 können unter Berücksichtigung der technischen Entwicklung auch für einen Zeitpunkt nach Inkrafttreten der Rechtsverordnung festgesetzt werden. ²Wegen der Anforderungen nach Absatz 1 und Absatz 2 Satz 1 gilt § 7 Absatz 5 entsprechend.

(3) Soweit dies mit dem Schutz der Allgemeinheit vor schädlichen Umwelteinwirkungen durch Luftverunreinigungen vereinbar ist, kann in der Rechtsverordnung nach Absatz 1 an Stelle der Anforderungen über die Zusammensetzung und das Herstellungsverfahren vorgeschrieben werden, dass die Stoffe und Erzeugnisse deutlich sichtbar und leicht lesbar mit dem Hinweis zu kennzeichnen sind, dass bei ihrer bestimmungsgemäßen Verwendung oder bei ihrer Verbrennung schädliche Umwelteinwirkungen entstehen können oder dass bei einer bestimmten Verwendungsart schädliche Umwelteinwirkungen vermieden werden können.

§ 36 Ausfuhr

In den Rechtsverordnungen nach den §§ 32 bis 35 kann vorgeschrieben werden, dass die Vorschriften über das Herstellen, Einführen und das Inverkehrbringen nicht gelten für Anlagen, Stoffe, Erzeugnisse, Brennstoffe und Treibstoffe, die zur Lieferung in Gebiete außerhalb des Geltungsbereichs dieses Gesetzes bestimmt sind.

§ 37 Erfüllung von zwischenstaatlichen Vereinbarungen und Rechtsakten der Europäischen Gemeinschaften oder der Europäischen Union

¹Zur Erfüllung von Verpflichtungen aus zwischenstaatlichen Vereinbarungen oder von bindenden Rechtsakten der Europäischen Gemeinschaften oder der Europäischen Union kann die Bundesregierung zu dem in § 1 genannten Zweck durch Rechtsverordnung mit Zustimmung des Bundesrates bestimmen,[197] dass Anlagen, Stoffe, Erzeugnisse, Brennstoffe

---

191) Die Vorschrift bezieht sich nicht nur auf chemische Verbindungen (ohne Zusätze), sondern auch auf Gemische.

192) Vgl. Fußnote 180 zu § 32.

193) Vgl. § 3 Abs. 7.

194) Vgl. insoweit § 32.

195) Vgl. insoweit § 34.

196) Vgl. insoweit § 38 und die verkehrsrechtlichen Ermächtigungen.

197) Auf Grund des § 37 sind die 28. BImSchV und die 32. BImSchV erlassen worden.

oder Treibstoffe gewerbsmäßig oder im Rahmen wirtschaftlicher Unternehmungen nur in den Verkehr gebracht werden dürfen, wenn sie nach Maßgabe der §§ 32 bis 35 bestimmte Anforderungen erfüllen. [2]In einer Rechtsverordnung nach Satz 1, die der Erfüllung bindender Rechtsakte der Europäischen Gemeinschaften oder der Europäischen Union über Maßnahmen zur Bekämpfung der Emission von gasförmigen Schadstoffen und luftverunreinigenden Partikeln aus Verbrennungsmotoren für mobile Maschinen und Geräte dient, kann das Kraftfahrt-Bundesamt als Genehmigungsbehörde bestimmt und insoweit der Fachaufsicht des Bundesministeriums für Umwelt, Naturschutz, Bau und Reaktorsicherheit unterstellt werden.

Zweiter Abschnitt
Treibhausgasminderung bei Kraftstoffen[198]

§ 37a Mindestanteil von Biokraftstoffen an der Gesamtmenge des in Verkehr gebrachten Kraftstoffs; Treibhausgasminderung

(1) [1]Wer gewerbsmäßig oder im Rahmen wirtschaftlicher Unternehmungen nach § 2 Absatz 1 Nummer 1 und 4 des Energiesteuergesetzes zu versteuernde Otto- oder Dieselkraftstoffe in Verkehr bringt, hat sicherzustellen, dass für die gesamte im Lauf eines Kalenderjahres (Verpflichtungsjahr) von ihm in Verkehr gebrachte Menge Kraftstoffs die Vorgaben der Absätze 3 und 4 eingehalten werden. [2]Kraftstoff gilt mit dem Entstehen der Energiesteuer nach § 8 Absatz 1, § 9 Absatz 1, § 9a Absatz 4, § 15 Absatz 1 oder Absatz 2, auch jeweils in Verbindung mit § 15 Absatz 4, § 19b Absatz 1, § 22 Absatz 1 oder § 23 Absatz 1 oder Absatz 2, § 38 Absatz 1, § 42 Absatz 1 oder § 43 Absatz 1 des Energiesteuergesetzes als in Verkehr gebracht. [3]Die Abgabe von fossilem Otto- und fossilem Dieselkraftstoff an die Bundeswehr zu Zwecken der Verteidigung oder der Erfüllung zwischenstaatlicher Verpflichtungen gilt nicht als Inverkehrbringen im Sinne der Sätze 1 und 2. [4]Dies gilt auch für den Erwerb von fossilem Otto- und fossilem Dieselkraftstoff durch die Bundeswehr zu einem in Satz 3 genannten Zweck. [5]Der Bundeswehr gleichgestellt sind auf Grund völkerrechtlicher Verträge in der Bundesrepublik Deutschland befindliche Truppen sowie Einrichtungen, die die Bundeswehr oder diese Truppen zur Erfüllung ihrer jeweiligen Aufgaben einsetzt oder einsetzen. [6]Die Abgabe von Kraftstoff im Eigentum des Erdölbevorratungsverbandes auf Grund einer Freigabe nach § 12 Absatz 1 des Erdölbevorratungsgesetzes durch den Erdölbevorratungsverband, Mitglieder des Erdölbevorratungsverbandes oder Dritte sowie nachfolgende Abgaben gelten nicht als Inverkehrbringen im Sinne der Sätze 1 und 2. [7]Dies gilt auch für die Abgabe von Kraftstoff in den in Satz 6 genannten Fällen im Rahmen von Delegationen nach § 7 Absatz 1 des Erdölbevorratungsgesetzes durch Mitglieder

---

198) Vgl. Einführung Nr. 2.3 Abs. 8.

des Erdölbevorratungsverbandes oder Dritte sowie für nachfolgende Abgaben. [8]Die Abgabe von Ausgleichsmengen an unterversorgte Unternehmen zum Versorgungsausgleich im Sinne von § 1 Absatz 1 der Mineralölausgleichs-Verordnung vom 13. Dezember 1985 (BGBl. I S. 2267), die zuletzt durch Artikel 5 Absatz 3 des Gesetzes vom 26. Juni 2013 (BGBl. I S. 1738) geändert worden ist, in der jeweils geltenden Fassung gilt nicht als Inverkehrbringen im Sinne der Sätze 1 und 2. [9]Ein Inverkehrbringen im Sinne der Sätze 1 und 2 liegt ebenfalls nicht vor, wenn der Erdölbevorratungsverband Kraftstoff aus seinem Eigentum abgibt und dieser Abgabe keine Rücklieferung am Abgabeort gegenübersteht oder er dafür Mineralölprodukte erwirbt, die nicht unter die Vorschrift des Satzes 1 fallen. [10]Satz 9 gilt auch für die nachfolgenden Abgaben des Kraftstoffs.

(2) [1]Verpflichteter nach Absatz 1 Satz 1 und 2 ist der jeweilige Steuerschuldner im Sinne des Energiesteuergesetzes. [2]Abweichend von Satz 1 ist in den Fällen des § 7 Absatz 4 Satz 1 des Energiesteuergesetzes der Dritte (Einlagerer) Verpflichteter. [3]In den Fällen des § 22 Absatz 1 des Energiesteuergesetzes gilt allein derjenige als Verpflichteter im Sinne von Satz 1, der eine der dort jeweils genannten Handlungen zuerst vornimmt.

(3) [1]Verpflichtete nach Absatz 1 Satz 1 und 2 in Verbindung mit Absatz 2 (Verpflichtete), die Dieselkraftstoff in Verkehr bringen, haben bis zum 31. Dezember 2014 einen Anteil Dieselkraftstoff ersetzenden Biokraftstoffs von mindestens 4,4 Prozent sicherzustellen. [2]Verpflichtete, die Ottokraftstoff in Verkehr bringen, haben einen Anteil Ottokraftstoff ersetzenden Biokraftstoffs von mindestens 1,2 Prozent für das Jahr 2007, von mindestens 2 Prozent für das Jahr 2008 und von mindestens 2,8 Prozent jeweils für die Jahre 2009 bis 2014 sicherzustellen. [3]Unbeschadet der Sätze 1 und 2 beträgt der Mindestanteil von Biokraftstoff an der Gesamtmenge Otto- und Dieselkraftstoffs, die von Verpflichteten in Verkehr gebracht wird, im Jahr 2009 5,25 Prozent und in den Jahren 2010 bis 2014 jeweils 6,25 Prozent. [4]Satz 3 gilt entsprechend für Verpflichtete, die ausschließlich Ottokraftstoff oder ausschließlich Dieselkraftstoff in Verkehr bringen. [5]Die Mindestanteile von Biokraftstoff beziehen sich in den Fällen der Sätze 1, 2 und 4 jeweils auf den Energiegehalt der Menge fossilen Otto- oder fossilen Dieselkraftstoffs zuzüglich des Biokraftstoffanteils, in den Fällen des Satzes 3 auf den Energiegehalt der Menge fossilen Otto- und fossilen Dieselkraftstoffs zuzüglich des Biokraftstoffanteils. [6]Die Gesamtmengen nach Satz 5 sind um die Mengen zu berichtigen, für die eine Steuerentlastung nach § 46 Absatz 1 Satz 1 Nummer 1 oder Nummer 3 oder nach § 47 Absatz 1 Nummer 1, 2 oder Nummer 6 des Energiesteuergesetzes gewährt wurde oder wird.

(4) [1]Verpflichtete haben ab dem Jahr 2015 sicherzustellen, dass die Treibhausgasemissionen der von ihnen in Verkehr gebrachten fossilen Otto- und fossilen Dieselkraftstoffe zuzüglich der Treibhausgasemissionen der von ihnen in Verkehr gebrachten Biokraftstoffe um einen festgelegten Prozentsatz gegenüber dem Referenzwert nach Satz 3 gemindert werden. [2]Die Höhe des in Satz 1 genannten Prozentsatzes beträgt

1. ab dem Jahr 2015 3,5 Prozent,

2. ab dem Jahr 2017 4 Prozent und
3. ab dem Jahr 2020 6 Prozent.

[3]Der Referenzwert, gegenüber dem die Treibhausgasminderung zu erfolgen hat, berechnet sich durch Multiplikation des Basiswertes mit der vom Verpflichteten in Verkehr gebrachten energetischen Menge fossilen Otto- und fossilen Dieselkraftstoffs zuzüglich der vom Verpflichteten in Verkehr gebrachten energetischen Menge Biokraftstoffs. [4]Der Basiswert beträgt 83,8 Kilogramm Kohlenstoffdioxid-Äquivalent pro Gigajoule. [5]Die Treibhausgasemissionen von fossilen Otto- und fossilen Dieselkraftstoffen berechnen sich durch Multiplikation des Basiswertes mit der vom Verpflichteten in Verkehr gebrachten energetischen Menge fossilen Otto- und fossilen Dieselkraftstoffs. [6]Die Treibhausgasemissionen von Biokraftstoffen berechnen sich durch Multiplikation der in den anerkannten Nachweisen nach § 14 der Biokraftstoff-Nachhaltigkeitsverordnung vom 30. September 2009 (BGBl. I S. 3182), die zuletzt durch Artikel 2 der Verordnung vom 26. November 2012 (BGBl. I S. 2363) geändert worden ist, in der jeweils geltenden Fassung ausgewiesenen Treibhausgasemissionen in Kilogramm Kohlenstoffdioxid-Äquivalent pro Gigajoule mit der vom Verpflichteten in Verkehr gebrachten energetischen Menge Biokraftstoffs. [7]Biokraftstoffe werden wie fossile Otto- oder fossile Dieselkraftstoffe behandelt, sofern

1. für die Biokraftstoffe anerkannte Nachweise nach § 14 der Biokraftstoff-Nachhaltigkeitsverordnung nicht vorgelegt werden,
2. für die Biokraftstoffe anerkannte Nachweise nach § 14 der Biokraftstoff-Nachhaltigkeitsverordnung vorgelegt werden, die keine Treibhausgasemissionen ausweisen,
3. für die Biokraftstoffe anerkannte Nachweise nach § 14 der Biokraftstoff-Nachhaltigkeitsverordnung vorgelegt werden, die unwirksam im Sinne der Biokraftstoff-Nachhaltigkeitsverordnung sind und nicht anerkannt werden dürfen,
4. die Biokraftstoffe nach § 37b Absatz 8 Satz 1 von der Anrechenbarkeit ausgeschlossen sind oder
5. die Europäische Kommission nach Artikel 18 Absatz 8 der Richtlinie 2009/28/EG des Europäischen Parlaments und des Rates vom 23. April 2009 zur Förderung der Nutzung von Energie aus erneuerbaren Quellen und zur Änderung und anschließenden Aufhebung der Richtlinien 2001/77/EG und 2003/30/EG (ABl. L 140 vom 5. 6. 2009, S. 16), die zuletzt durch die Richtlinie 2013/18/EU (ABl. L 158 vom 10. 6. 2013, S. 230) geändert worden ist, oder nach Artikel 7c Absatz 8 der Richtlinie 98/70/EG des Europäischen Parlaments und des Rates vom 13. Oktober 1998 über die Qualität von Otto- und Dieselkraftstoffen und zur Änderung der Richtlinie 93/12/EWG des Rates (ABl. L 350 vom 28. 12. 1998, S. 58), die zuletzt durch die delegierte Richtlinie 2014/77/EU (ABl. L 170 vom 11. 6. 2014, S. 62) geändert worden ist, entschieden hat, dass die Bundesrepublik Deutschland den Biokraftstoff für die in Artikel 17 Absatz 1 Buchstabe a, b

und c der Richtlinie 2009/28/EG oder für die in Artikel 7a der Richtlinie 98/70/EG genannten Zwecke nicht berücksichtigen darf. [8]Satz 7 erster Halbsatz gilt entsprechend für die in § 37b Absatz 2 bis 6 genannten Energieerzeugnisse, wenn diese keine Biokraftstoffe im Sinne dieses Gesetzes sind. [9]Bei der Berechnung des Referenzwertes nach den Sätzen 3 und 4 sowie der Treibhausgasemissionen nach den Sätzen 5 und 6 sind Kraftstoffmengen, für die dem Verpflichteten eine Steuerentlastung nach § 46 Absatz 1 Satz 1 Nummer 1 oder Nummer 3 oder nach § 47 Absatz 1 Nummer 1, 2 oder Nummer 6 des Energiesteuergesetzes gewährt wurde oder wird, nicht zu berücksichtigen. [10]In den Fällen des Absatzes 5 Satz 1 Nummer 2 und 3 gilt Satz 9 unabhängig von der Person des Entlastungsberechtigten.

(5) [1]Die Verpflichtungen nach Absatz 1 Satz 1 und 2 in Verbindung mit den Absätzen 3 und 4 können von Verpflichteten

1. durch Inverkehrbringen von Biokraftstoff, der fossilem Otto- oder fossilem Dieselkraftstoff, welcher nach § 2 Absatz 1 Nummer 1 und 4 des Energiesteuergesetzes zu versteuern ist, beigemischt wurde,

2. durch Inverkehrbringen reinen Biokraftstoffs, der nach § 2 Absatz 1 Nummer 1 und 4 des Energiesteuergesetzes zu versteuern ist, und

3. in den Fällen des Absatzes 3 Satz 2 und 3 sowie des Absatzes 4 durch Inverkehrbringen von

   a) Biokraftstoff nach § 37b Absatz 6, der fossilem Erdgaskraftstoff, welcher nach § 2 Absatz 1 Nummer 7 oder Absatz 2 Nummer 1 des Energiesteuergesetzes zu versteuern ist, zugemischt wurde, und

   b) reinem Biokraftstoff nach § 37b Absatz 6, der nach § 2 Absatz 1 Nummer 7 oder Absatz 2 Nummer 1 des Energiesteuergesetzes zu versteuern ist,

erfüllt werden. [2]Elektrischer Strom zur Verwendung in Straßenfahrzeugen kann zur Erfüllung von Verpflichtungen nach Absatz 1 Satz 1 und 2 in Verbindung mit den Absätzen 3 und 4 eingesetzt werden, sofern eine Rechtsverordnung der Bundesregierung nach § 37d Absatz 2 Satz 1 Nummer 11 dies zulässt und gegenüber der zuständigen Stelle nachgewiesen wird, dass der Strom ordnungsgemäß gemessen und überwacht wurde. [3]Andere Kraftstoffe und Upstream-Emissionsminderungen können zur Erfüllung der Verpflichtungen nach Absatz 1 Satz 1 und 2 in Verbindung mit Absatz 4 angerechnet werden, sofern eine Rechtsverordnung der Bundesregierung nach § 37d Absatz 2 Satz 1 Nummer 13 dies zulässt.

(6) [1]Die Erfüllung von Verpflichtungen nach Absatz 1 Satz 1 und 2 in Verbindung mit den Absätzen 3 und 4 kann durch Vertrag, der der Schriftform bedarf, auf einen Dritten, der nicht selbst Verpflichteter ist, übertragen werden. [2]Im Fall des Absatzes 1 Satz 1 und 2 in Verbindung mit Absatz 3 muss der Vertrag mengenmäßige Angaben zum Umfang der vom Dritten gegenüber dem Verpflichteten eingegangenen Verpflichtung sowie Angaben dazu enthalten, für welche Biokraftstoffe die Übertragung gilt. [3]Im Fall des Absatzes 1 Satz 1 und 2 in Verbindung mit Absatz 4 muss der Vertrag außerdem Angaben zu den Treibhausgasemissionen der Biokraft-

stoffe in Kilogramm Kohlenstoffdioxid-Äquivalent enthalten. [4]Der Dritte
kann Verträge nach Satz 1 ausschließlich durch Biokraftstoffe erfüllen, die
er im Verpflichtungsjahr in Verkehr bringt oder gebracht hat. [5]Abweichend
von Satz 4 kann der Dritte ab dem Verpflichtungsjahr 2016 Verträge nach
Satz 3 auch durch Biokraftstoffe erfüllen, die er bereits im Vorjahr des Verpflichtungsjahres in Verkehr gebracht hat, wenn die Biokraftstoffe nicht
bereits Gegenstand eines Vertrages nach Satz 1 waren und der Dritte im
Vorjahr des Verpflichtungsjahres nicht selbst Verpflichteter gewesen ist.
[6]Absatz 1 Satz 2 und Absatz 5 Satz 1 gelten entsprechend. [7]Bei Vorliegen
der Voraussetzungen nach den Sätzen 1 bis 6 ist der Verpflichtete so zu behandeln, als hätte er die vom Dritten in Verkehr gebrachten Biokraftstoffe
im Verpflichtungsjahr selbst in Verkehr gebracht. [8]Absatz 3 Satz 6 und Absatz 4 Satz 3 bis 10 gelten entsprechend. [9]Die vom Dritten zur Erfüllung
einer nach Satz 1 übertragenen Verpflichtung eingesetzten Biokraftstoffe
können nicht zur Erfüllung der Verpflichtung eines weiteren Verpflichteten
eingesetzt werden.

(7) [1]Die Erfüllung von Verpflichtungen nach Absatz 1 Satz 1 und 2 in
Verbindung mit den Absätzen 3 und 4 kann durch Vertrag, der der Schriftform bedarf, auf einen Dritten, der selbst Verpflichteter ist, übertragen
werden. [2]Absatz 6 Satz 2 gilt entsprechend. [3]Im Fall des Absatzes 1 Satz 1
und 2 in Verbindung mit Absatz 4 muss der Vertrag Angaben zum Umfang der vom Dritten im Verpflichtungsjahr sicherzustellenden Treibhausgasminderungsmenge in Kilogramm Kohlenstoffdioxid-Äquivalent enthalten. [4]Der Dritte kann Verträge nach den Sätzen 2 und 3 ausschließlich durch Biokraftstoffe erfüllen, die er im Verpflichtungsjahr in Verkehr
bringt oder gebracht hat. [5]Absatz 1 Satz 2 und Absatz 5 Satz 1 gelten entsprechend. [6]Bei Vorliegen der Voraussetzungen nach den Sätzen 1 bis 5
werden

1. im Fall des Absatzes 1 Satz 1 und 2 in Verbindung mit Absatz 3 die
    vom Dritten in Verkehr gebrachten Biokraftstoffe ausschließlich bei
    der Ermittlung der Mindestanteile von Biokraftstoff nach Absatz 3
    Satz 5 und

2. im Fall des Absatzes 1 Satz 1 und 2 in Verbindung mit Absatz 4 die
    vom Dritten erreichte Treibhausgasminderungsmenge ausschließlich
    bei der Berechnung der Treibhausgasemissionen nach Absatz 4 Satz 5
    und 6

zugunsten des Verpflichteten berücksichtigt. [7]Im Fall des Satzes 6 Nummer 2 berechnet sich die Treibhausgasminderungsmenge in entsprechender Anwendung des Absatzes 4 Satz 3 bis 10. [8]Die vom Dritten zur Erfüllung einer nach Satz 1 übertragenen Verpflichtung eingesetzten Biokraft-
stoff- oder Treibhausgasminderungsmengen können nicht zur Erfüllung
der eigenen Verpflichtung des Dritten oder der Verpflichtung eines weiteren Verpflichteten eingesetzt werden.

(8) [1]Biokraftstoff- oder Treibhausgasminderungsmengen, die den nach
den Absätzen 3 und 4 vorgeschriebenen Mindestanteil oder Prozentsatz
für ein bestimmtes Verpflichtungsjahr übersteigen und für die keine Steuerentlastung nach § 50 Absatz 1 Satz 1 Nummer 1, 2 und 4 des Energie-

steuergesetzes beantragt wurde, werden auf Antrag des Verpflichteten auf den Mindestanteil oder Prozentsatz des Folgejahres angerechnet. [2]Bei Biokraftstoffmengen, die den nach Absatz 3 vorgeschriebenen Mindestanteil im Verpflichtungsjahr 2014 übersteigen und deren Anrechnung auf das Verpflichtungsjahr 2015 vom Verpflichteten beantragt wird, ist die anrechenbare Treibhausgasminderungsmenge auf der Grundlage eines Durchschnittswertes von 43,58 Kilogramm Kohlendioxid-Äquivalent pro Gigajoule zu ermitteln.

§ 37b Begriffsbestimmungen und Anrechenbarkeit von Biokraftstoffen

(1) [1]Biokraftstoffe sind unbeschadet der Absätze 2 bis 6 Energieerzeugnisse ausschließlich aus Biomasse im Sinne der Biomasseverordnung vom 21. Juni 2001 (BGBl. I S. 1234), die zuletzt durch Artikel 12 des Gesetzes vom 21. Juli 2014 (BGBl. I S. 1066) geändert worden ist, in der jeweils geltenden Fassung. [2]Energieerzeugnisse, die anteilig aus Biomasse hergestellt werden, gelten in Höhe dieses Anteils als Biokraftstoff.

(2) [1]Fettsäuremethylester (Biodiesel) sind abweichend von Absatz 1 nur dann Biokraftstoffe, wenn sie aus biogenen Ölen oder Fetten gewonnen werden, die selbst Biomasse im Sinne der Biomasseverordnung sind, und wenn ihre Eigenschaften mindestens den Anforderungen für Biodiesel nach § 5 der Verordnung über die Beschaffenheit und die Auszeichnung der Qualitäten von Kraft- und Brennstoffen vom 8. Dezember 2010 (BGBl. I S. 1849), die durch Artikel 8 Absatz 1 der Verordnung vom 2. Mai 2013 (BGBl. I S. 1021) geändert worden ist, in der jeweils geltenden Fassung entsprechen. [2]Biodiesel ist unter diesen Voraussetzungen in vollem Umfang als Biokraftstoff zu behandeln.

(3) [1]Bioethanol ist abweichend von Absatz 1 nur dann Biokraftstoff, wenn es sich um Ethylalkohol ex Unterposition 2207 10 00 der Kombinierten Nomenklatur im Sinne des § 1a Satz 1 Nummer 2 des Energiesteuergesetzes handelt. [2]Im Fall von Bioethanol, das fossilem Ottokraftstoff beigemischt wird, müssen die Eigenschaften des Bioethanols außerdem mindestens den Anforderungen der DIN EN 15376, Ausgabe März 2008 oder Ausgabe November 2009 oder Ausgabe April 2011, entsprechen. [3]Im Fall von Bioethanol, das im Ethanolkraftstoff (E85) enthalten ist, müssen die Eigenschaften des Ethanolkraftstoffs (E85) außerdem mindestens den Anforderungen für Ethanolkraftstoff (E85) nach § 6 der Verordnung über die Beschaffenheit und die Auszeichnung der Qualitäten von Kraft- und Brennstoffen entsprechen. [4]Für Energieerzeugnisse, die anteilig aus Bioethanol hergestellt werden, gelten für den Bioethanolanteil die Sätze 1 und 2 entsprechend.

(4) Pflanzenöl ist abweichend von Absatz 1 nur dann Biokraftstoff, wenn seine Eigenschaften mindestens den Anforderungen für Pflanzenölkraftstoff nach § 9 der Verordnung über die Beschaffenheit und die Auszeichnung der Qualitäten von Kraft- und Brennstoffen entsprechen.

(5) [1]Hydrierte biogene Öle sind abweichend von Absatz 1 nur dann Biokraftstoffe, wenn sie aus biogenen Ölen oder Fetten gewonnen werden,

die selbst Biomasse im Sinne der Biomasseverordnung sind, und wenn die Hydrierung nicht in einem raffinerietechnischen Verfahren gemeinsam mit mineralölstämmigen Ölen erfolgt ist. [2]Hydrierte biogene Öle sind unter diesen Voraussetzungen in vollem Umfang als Biokraftstoff zu behandeln.

(6) Biomethan ist abweichend von Absatz 1 nur dann Biokraftstoff, wenn es den Anforderungen für Erdgas nach § 8 der Verordnung über die Beschaffenheit und die Auszeichnung der Qualitäten von Kraft- und Brennstoffen entspricht.

(7) [1]Für die Kraftstoffe nach den Absätzen 1 bis 6 gilt § 11 der Verordnung über die Beschaffenheit und die Auszeichnung der Qualitäten von Kraft- und Brennstoffen entsprechend. [2]Die in Satz 1 sowie den Absätzen 2 bis 4 und 6 genannten oder in Bezug genommenen Normen sind im Beuth Verlag GmbH, Berlin, erschienen und bei der Deutschen Nationalbibliothek archivmäßig gesichert niedergelegt.

(8) [1]Nicht auf die Erfüllung von Verpflichtungen nach § 37a Absatz 1 Satz 1 und 2 in Verbindung mit § 37a Absatz 3 und 4 angerechnet werden können

1. biogene Öle, die in einem raffinerietechnischen Verfahren gemeinsam mit mineralölstämmigen Ölen hydriert wurden,

2. der Biokraftstoffanteil von Energieerzeugnissen mit einem Bioethanolanteil von weniger als 70 Volumenprozent, denen Bioethanol enthaltende Waren der Unterposition 3824 90 99 der Kombinierten Nomenklatur zugesetzt wurden,

3. Biokraftstoffe, die vollständig oder teilweise aus tierischen Ölen oder Fetten hergestellt wurden, und

4. Biokraftstoffe, für die eine Steuerentlastung nach § 50 Absatz 1 Satz 1 Nummer 1, 2 oder 4 des Energiesteuergesetzes gewährt wurde oder wird.

[2]Im Fall des § 37a Absatz 1 Satz 1 und 2 in Verbindung mit § 37a Absatz 3 werden Biokraftstoffe, für die eine Steuerentlastung nach § 46 Absatz 1 Satz 1 Nummer 1 oder Nummer 3 oder nach § 47 Absatz 1 Nummer 1, 2 oder Nummer 6 des Energiesteuergesetzes gewährt wurde oder wird, nicht auf die Erfüllung der Verpflichtungen angerechnet.

(9) Das Bundesministerium für Umwelt, Naturschutz, Bau und Reaktorsicherheit gibt den Energiegehalt der verschiedenen Kraftstoffe sowie Änderungen ihres Energiegehaltes im Bundesanzeiger bekannt.

§ 37c Mitteilungs- und Abgabepflichten

(1) [1]Verpflichtete haben der zuständigen Stelle jeweils bis zum 15. April des auf das Verpflichtungsjahr folgenden Jahres die im Verpflichtungsjahr von ihnen in Verkehr gebrachte Menge fossilen Otto- und fossilen Dieselkraftstoffs, die im Verpflichtungsjahr von ihnen in Verkehr gebrachte Menge Biokraftstoffs, bezogen auf die verschiedenen jeweils betroffenen Biokraftstoffe, und für die Verpflichtungsjahre ab dem Kalenderjahr 2015 außerdem die Treibhausgasemissionen in Kilogramm Kohlenstoffdioxid-Äquivalent der jeweiligen Mengen schriftlich mitzuteilen. [2]In der Mitteilung sind darüber hinaus die Firma des Verpflichteten, der Ort der für das

Inverkehrbringen verantwortlichen Niederlassung oder der Sitz des Unternehmens, die jeweils zugehörige Anschrift sowie der Name und die Anschrift des Vertretungsberechtigten anzugeben. [3]Soweit die Erfüllung von Verpflichtungen nach § 37a Absatz 6 Satz 1 oder nach § 37a Absatz 7 Satz 1 vertraglich auf Dritte übertragen wurde, haben Verpflichtete der zuständigen Stelle zusätzlich die Angaben nach § 37a Absatz 6 Satz 2 oder Satz 3 oder § 37a Absatz 7 Satz 2 oder Satz 3 schriftlich mitzuteilen und eine Kopie des Vertrags mit dem Dritten vorzulegen. [4]Im Fall des § 37a Absatz 6 hat der Dritte der zuständigen Stelle die auf Grund seiner vertraglichen Verpflichtung von ihm im Verpflichtungsjahr in Verkehr gebrachte Menge Biokraftstoffs, bezogen auf die verschiedenen jeweils betroffenen Biokraftstoffe, und für die Verpflichtungsjahre ab dem Kalenderjahr 2015 außerdem die Treibhausgasemissionen in Kilogramm Kohlenstoffdioxid-Äquivalent der jeweiligen Mengen schriftlich mitzuteilen. [5]Im Fall des § 37a Absatz 6 Satz 5 gilt dies entsprechend für die im Vorjahr des Verpflichtungsjahres vom Dritten in Verkehr gebrachten Biokraftstoffe. [6]Im Fall des § 37a Absatz 7 hat der Dritte der zuständigen Stelle die auf Grund seiner vertraglichen Verpflichtung von ihm im Verpflichtungsjahr in Verkehr gebrachte Menge Biokraftstoffs, bezogen auf die verschiedenen jeweils betroffenen Biokraftstoffe, und für die Verpflichtungsjahre ab dem Kalenderjahr 2015 die auf Grund seiner vertraglichen Verpflichtung im Verpflichtungsjahr sichergestellte Treibhausgasminderungsmenge in Kilogramm Kohlenstoffdioxid-Äquivalent schriftlich mitzuteilen. [7]Die zuständige Stelle erteilt jedem Verpflichteten eine Registriernummer und führt ein elektronisches Register, das für alle Verpflichteten die nach den Sätzen 1 bis 6 erforderlichen Angaben enthält.

(2) [1]Soweit Verpflichtete einer Verpflichtung nach § 37a Absatz 1 Satz 1 und 2 in Verbindung mit § 37a Absatz 3 und 4 nicht nachkommen, setzt die zuständige Stelle in den Fällen des § 37a Absatz 3 für die nach dem Energiegehalt berechnete Fehlmenge Biokraftstoffs oder in den Fällen des § 37a Absatz 4 für die Fehlmenge der zu mindernden Treibhausgasemissionen eine Abgabe fest. [2]Die Abgabenschuld des Verpflichteten entsteht am 15. April des auf das Verpflichtungsjahr folgenden Kalenderjahres. [3]In den Fällen des § 37a Absatz 3 Satz 1 oder Satz 3, auch in Verbindung mit § 37a Absatz 3 Satz 4, beträgt die Höhe der Abgabe 19 Euro pro Gigajoule. [4]In den Fällen des § 37a Absatz 3 Satz 2 beträgt die Höhe der Abgabe 43 Euro pro Gigajoule. [5]In den Fällen des § 37a Absatz 3 Satz 3, auch in Verbindung mit § 37a Absatz 3 Satz 4, wird die Abgabe nicht für die Fehlmengen Biokraftstoffs festgesetzt, für die bereits nach Satz 3 oder Satz 4 eine Abgabe festzusetzen ist. [6]In den Fällen des § 37a Absatz 4 wird die Abgabe nach der Fehlmenge der zu mindernden Treibhausgasemissionen berechnet und beträgt 0,47 Euro pro Kilogramm Kohlenstoffdioxid-Äquivalent. [7]Soweit im Falle des § 37a Absatz 6 Satz 1 oder des § 37a Absatz 7 Satz 1 der Dritte seine vertragliche Verpflichtung nicht erfüllt, setzt die zuständige Stelle die Abgabe gegen den Verpflichteten fest.

(3) [1]Soweit der Verpflichtete der zuständigen Stelle die nach Absatz 1 Satz 1 und 3 erforderlichen Angaben nicht oder nicht ordnungsgemäß mit-

geteilt hat, schätzt die zuständige Stelle die vom Verpflichteten im Verpflichtungsjahr in Verkehr gebrachten Mengen fossilen Otto- und fossilen Dieselkraftstoffs und Biokraftstoffs sowie ab dem Jahr 2015 auch die Treibhausgasminderung. [2]Die Schätzung ist unwiderlegliche Basis für die Verpflichtung nach § 37a Absatz 1 Satz 1 und 2 in Verbindung mit § 37a Absatz 3 und 4. [3]Die Schätzung unterbleibt, soweit der Verpflichtete im Rahmen der Anhörung zum Festsetzungsbescheid nach Absatz 2 Satz 1 in Verbindung mit Absatz 2 Satz 3, 4 oder Satz 6 die Mitteilung nachholt. [4]Soweit ein Dritter die nach Absatz 1 Satz 4 bis 6 erforderlichen Angaben nicht ordnungsgemäß mitgeteilt hat, geht die zuständige Stelle davon aus, dass der Dritte die von ihm eingegangene Verpflichtung nicht erfüllt hat. [5]Satz 4 gilt nicht, soweit der Dritte im Rahmen der Anhörung zum Festsetzungsbescheid gegen den Verpflichteten nach Absatz 2 Satz 7 diese Mitteilung nachholt.

(4) In den Fällen des § 37a Absatz 2 Satz 2 hat der Steuerlagerinhaber seinem zuständigen Hauptzollamt mit der monatlichen Energiesteueranmeldung die für jeden Verpflichteten in Verkehr gebrachte Menge fossilen Otto- und fossilen Dieselkraftstoffs zuzüglich des Biokraftstoffanteils schriftlich mitzuteilen.

(5) [1]Hinsichtlich der Absätze 1 bis 4 finden die für die Verbrauchsteuern geltenden Vorschriften der Abgabenordnung entsprechende Anwendung. [2]Die Mitteilungen nach Absatz 1 und Absatz 4 gelten als Steueranmeldungen im Sinne der Abgabenordnung. [3]§ 170 Absatz 2 Satz 1 Nummer 1 der Abgabenordnung findet Anwendung. [4]In den Fällen des Absatzes 2 ist der Verpflichtete vor der Festsetzung der Abgabe anzuhören.

§ 37d Zuständige Stelle, Rechtsverordnungen

(1) [1]Innerhalb der Bundesverwaltung werden eine oder mehrere Stellen errichtet, denen die Aufgaben übertragen werden, die Erfüllung der Verpflichtungen nach § 37a zu überwachen, die in § 37c geregelten Aufgaben zu erfüllen und die Berichte nach § 37f zu überprüfen. [2]Die Bundesregierung wird ermächtigt, die jeweils zuständige Stelle durch Rechtsverordnung ohne Zustimmung des Bundesrates zu bestimmen.

(2) [1]Die Bundesregierung wird ermächtigt, nach Anhörung der beteiligten Kreise (§ 51) durch Rechtsverordnung ohne Zustimmung des Bundesrates[199]

1. unter Berücksichtigung der technischen Entwicklung
    a) auch in Abweichung von § 37b Absatz 1 bis 6 Energieerzeugnisse als Biokraftstoffe zu bestimmen,
    b) in Abweichung von § 37b Absatz 1 bis 6 festzulegen, dass bestimmte Energieerzeugnisse nicht oder nicht mehr in vollem Umfang als Biokraftstoffe gelten,
    c) die Anrechenbarkeit von biogenen Ölen im Sinne von § 37b Absatz 8 Satz 1 Nummer 1 auf die Erfüllung von Verpflichtungen

---

199) Auf Grund des § 37d Abs. 2 sind die 36. BImSchV, die 37. BImSchV und die Biokraftstoff-Nachhaltigkeitsverordnung erlassen worden.

nach § 37a Absatz 1 Satz 1 und 2 in Verbindung mit § 37a Absatz 3 und 4 abweichend von § 37b Absatz 8 Satz 1 Nummer 1 zu regeln, soweit landwirtschaftliche Rohstoffe, Abfälle oder Reststoffe, die bei der Herstellung von biogenen Ölen verwendet werden sollen, nachhaltig erzeugt worden sind,

d) die Anrechenbarkeit von Biomethan auf die Erfüllung von Verpflichtungen nach § 37a Absatz 1 Satz 1 und 2 in Verbindung mit § 37a Absatz 3 und 4 zu konkretisieren,

e) die Anrechenbarkeit von Biomethan, das in das Erdgasnetz eingespeist wird, auf die Erfüllung von Verpflichtungen nach § 37a Absatz 1 Satz 1 und 2 in Verbindung mit § 37a Absatz 3 und 4 näher zu regeln,

f) zu bestimmen, wie im Falle der Einspeisung von Biomethan in das Erdgasnetz der Nachweis über die Treibhausgasemissionen zu führen ist, sowie

g) das Nachweisverfahren für die Anrechenbarkeit von Biomethan insgesamt näher zu regeln,

2. zu bestimmen, dass der mengenmäßige Anteil eines bestimmten Biokraftstoffs nach Nummer 1 oder § 37b Absatz 1 bis 7 am Gesamtkraftstoffabsatz im Rahmen der Erfüllung von Verpflichtungen nach § 37a Absatz 1 Satz 1 und 2 in Verbindung mit § 37a Absatz 3 nach Maßgabe einer Multiplikation der tatsächlich in Verkehr gebrachten Menge des jeweiligen Biokraftstoffs mit einem bestimmten Rechenfaktor zu berechnen ist, der unter Berücksichtigung der Treibhausgasbilanz des jeweiligen Biokraftstoffs festzulegen ist,

3. vorzuschreiben, dass Biokraftstoffe nur dann auf die Erfüllung von Verpflichtungen nach § 37a Absatz 1 Satz 1 und 2 in Verbindung mit § 37a Absatz 3 und 4 angerechnet werden, wenn bei der Erzeugung der eingesetzten Biomasse nachweislich bestimmte ökologische und soziale Anforderungen an eine nachhaltige Produktion der Biomasse sowie zum Schutz natürlicher Lebensräume erfüllt werden und wenn der Biokraftstoff eine bestimmte Treibhausgasminderung aufweist,

4. die Anforderungen im Sinne der Nummer 3 festzulegen,

5. die Höhe der Abgabe nach § 37c Absatz 2 Satz 3, 4 oder Satz 6 zu ändern, um im Fall von Änderungen des Preisniveaus für Kraftstoffe eine vergleichbare wirtschaftliche Belastung aller Verpflichteten sicherzustellen,

6. den Basiswert abweichend von § 37a Absatz 4 Satz 4 zu bestimmen,

7. die Anrechenbarkeit bestimmter Biokraftstoffe auf die Verpflichtungen nach § 37a Absatz 1 Satz 1 und 2 in Verbindung mit § 37a Absatz 3 und 4 zu begrenzen, sofern die Richtlinie 2009/28/EG eine Begrenzung der Anrechenbarkeit dieser Biokraftstoffe auf das Ziel von Artikel 3 Absatz 4 der Richtlinie 2009/28/EG vorsieht, sowie das Nachweisverfahren zu regeln,

8. einen Mindestanteil bestimmter Biokraftstoffe oder anderer erneuerbarer Kraftstoffe zur Erfüllung der Verpflichtungen nach § 37a Ab-

satz 1 Satz 1 und 2 in Verbindung mit § 37a Absatz 3 oder 4 festzulegen sowie das Nachweisverfahren zu regeln,

9. das Berechnungsverfahren für die Treibhausgasemissionen von fossilen Otto- und fossilen Dieselkraftstoffen abweichend von § 37a Absatz 4 Satz 5 festzulegen und das Nachweisverfahren zu regeln,

10. das Berechnungsverfahren für die Treibhausgasemissionen von Biokraftstoffen abweichend von § 37a Absatz 4 Satz 6 festzulegen und das Nachweisverfahren zu regeln,

11. die Anrechenbarkeit von elektrischem Strom zur Verwendung in Straßenfahrzeugen gemäß § 37a Absatz 5 Satz 2 zu regeln und dabei insbesondere

   a) das Berechnungsverfahren für die Treibhausgasemissionen der eingesetzten Mengen elektrischen Stroms festzulegen und

   b) das Nachweisverfahren zu regeln,

12. unter Berücksichtigung der technischen Entwicklung den Anwendungsbereich in § 37a Absatz 1 Satz 1 auf weitere Kraftstoffe auszudehnen und dabei insbesondere

   a) das Berechnungsverfahren für die Treibhausgasemissionen dieser Kraftstoffe festzulegen und

   b) das Nachweisverfahren zu regeln,

13. unter Berücksichtigung der technischen Entwicklung die Vorgaben nach § 37a Absatz 5 Satz 1 um weitere Maßnahmen zur Treibhausgasminderung, die zur Erfüllung von Verpflichtungen nach § 37a Absatz 1 Satz 1 und 2 in Verbindung mit § 37a Absatz 3 und 4 eingesetzt werden können, zu ergänzen und dabei insbesondere

   a) das Berechnungsverfahren für die Treibhausgasemissionen dieser Maßnahmen festzulegen und

   b) das Nachweisverfahren sowie die Übertragbarkeit der Nachweise zu regeln,

14. die Berichtspflicht nach § 37f Absatz 1 insbesondere zu Art, Form und Inhalt des Berichts näher auszugestalten sowie die zur Sicherstellung einer ordnungsgemäßen Berichterstattung erforderlichen Anordnungen der zuständigen Stelle zu regeln,

15. ein Nachweisverfahren festzulegen für die Voraussetzungen

   a) nach § 37a Absatz 4 Satz 7 Nummer 5,

   b) nach § 37b Absatz 1 bis 7, gegebenenfalls in Verbindung mit der Verordnung nach Nummer 1 Buchstabe a oder Buchstabe b,

   c) nach § 37b Absatz 8 Satz 1,

   d) der Verordnung nach Nummer 1 Buchstabe c und ·

   e) der Verordnung nach den Nummern 2 bis 4,

16. Ausnahmen von den Vorgaben nach § 37b Absatz 8 Satz 1 Nummer 3 festzulegen, sofern dies dem Sinn und Zweck der Regelung nicht entgegensteht,

17. von § 37c Absatz 1 und 3 bis 5 abweichende Verfahrensregelungen zu treffen,

18. Ausnahmen von der in § 37a Absatz 6 Satz 5 und Absatz 8 Satz 1 vorgesehenen Möglichkeit der Anrechnung von Übererfüllungen auf

den Mindestanteil des Folgejahres festzulegen, sofern dies zur Einhaltung von Zielvorgaben aus bindenden Rechtsakten der Europäischen Gemeinschaften oder der Europäischen Union erforderlich ist. [2]In Rechtsverordnungen nach Satz 1 kann die Zuständigkeit zur Durchführung einer in einer Rechtsverordnung nach Absatz 1 Satz 2 bestimmten Stelle übertragen werden. [3]Rechtsverordnungen nach Satz 1 Nummer 1 Buchstabe c bedürfen der Zustimmung des Deutschen Bundestages. [4]Rechtsverordnungen nach Satz 1 Nummer 13 bedürfen der Zustimmung des Deutschen Bundestages, sofern Regelungen zu strombasierten Kraftstoffen getroffen werden. [5]Hat sich der Deutsche Bundestag nach Ablauf von vier Sitzungswochen seit Eingang der Rechtsverordnung nach Satz 3 oder 4 nicht mit ihr befasst, gilt die Zustimmung zu der unveränderten Rechtsverordnung als erteilt.

(3) Die Bundesregierung wird ermächtigt, durch Rechtsverordnung ohne Zustimmung des Bundesrates nähere Bestimmungen zur Durchführung der §§ 37a bis 37c sowie der auf Absatz 2 beruhenden Rechtsverordnungen zu erlassen und darin insbesondere

1. das Verfahren zur Sicherung und Überwachung der Erfüllung der Quotenverpflichtung in den Fällen des § 37a Absatz 6 und 7 und hinsichtlich der für die Ermittlung der Mindestanteile an Biokraftstoff oder der Treibhausgasminderung benötigten Daten näher zu regeln,

2. zur Sicherung und Überwachung der Erfüllung der Quotenverpflichtung abweichende Bestimmungen zu § 37a Absatz 4 Satz 9 und 10 sowie zu § 37a Absatz 6 und 7 zu erlassen,

3. die erforderlichen Nachweise und die Überwachung der Einhaltung der Anforderungen an Biokraftstoffe sowie die hierfür erforderlichen Probenahmen näher zu regeln,

4. zu bestimmen, dass das Entstehen von Verpflichtungen nach § 37a Absatz 1 Satz 1 und 2 in Verbindung mit § 37a Absatz 3 und 4 an das Inverkehrbringen einer bestimmten Mindestmenge an Kraftstoff geknüpft wird.

§ 37e Gebühren und Auslagen; Verordnungsermächtigung

(1) Für Amtshandlungen, die auf Rechtsverordnungen beruhen

1. die auf der Grundlage des § 37d Absatz 2 Satz 1 Nummer 3 und 4 erlassen worden sind oder

2. die auf der Grundlage des § 37d Absatz 2 Satz 1 Nummer 13 erlassen worden sind,

werden zur Deckelung des Verwaltungsaufwands Gebühren und Auslagen erhoben.

(2) [1]Das Bundesministerium für Ernährung und Landwirtschaft wird ermächtigt, im Einvernehmen mit dem Bundesministerium für Umwelt, Naturschutz, Bau und Reaktorsicherheit und dem Bundesministerium der Finanzen durch Rechtsverordnung ohne Zustimmung des Bundesrates die gebührenpflichtigen Tatbestände und Gebührensätze für Amtshandlungen im Sinne von Absatz 1 Nummer 1 zu bestimmen und dabei feste Sätze, auch in Form von Zeitgebühren oder Rahmensätzen, vorzusehen. [2]In der

Rechtsverordnung kann die Erstattung von Auslagen abweichend vom Verwaltungskostengesetz in der bis zum 14. August 2013 geltenden Fassung oder von § 12 Absatz 1 des Bundesgebührengesetzes vom 7. August 2013 (BGBl. I S. 3154), das zuletzt durch Artikel 3 des Gesetzes vom 31. März 2016 (BGBl. I S. 518) geändert worden ist, geregelt werden.

(3) [1]Das Bundesministerium für Umwelt, Naturschutz, Bau und Reaktorsicherheit wird ermächtigt, durch Rechtsverordnung ohne Zustimmung des Bundesrates die gebührenpflichtigen Tatbestände und Gebührensätze für Amtshandlungen im Sinne von Absatz 1 Nummer 2 zu bestimmen und dabei feste Sätze, auch in Form von Zeitgebühren oder Rahmensätzen, vorzusehen. [2]In der Rechtsverordnung kann die Erstattung von Auslagen auch abweichend von § 12 Absatz 1 des Bundesgebührengesetzes geregelt werden.

§ 37f Berichte über Kraftstoffe und Energieerzeugnisse

(1) [1]Verpflichtete haben der zuständigen Stelle jährlich bis zum 31. März einen Bericht über die im vorangegangenen Verpflichtungsjahr in Verkehr gebrachten Kraftstoffe und Energieerzeugnisse vorzulegen, sofern eine Rechtsverordnung nach § 37d Absatz 2 Satz 1 Nummer 14 dies vorsieht. [2]Der Bericht enthält zumindest folgende Angaben:

1. die Gesamtmenge jedes Typs von in Verkehr gebrachten Kraftstoffen und Energieerzeugnissen unter Angabe des Erwerbsortes und des Ursprungs und
2. die Treibhausgasemissionen pro Energieeinheit.

(2) [1]Die zuständige Stelle überprüft die Berichte. [2]Der Verpflichtete hat der zuständigen Stelle auf Verlangen die Auskünfte zu erteilen und die Unterlagen vorzulegen, die zur Überprüfung der Berichte erforderlich sind.

§ 37g Bericht der Bundesregierung

Nachdem der Bericht nach Artikel 22 der Richtlinie 2009/28/EG der Europäischen Kommission vorgelegt wurde, übermittelt die Bundesregierung den Bericht nach § 64 der Biokraftstoff-Nachhaltigkeitsverordnung dem Deutschen Bundestag und dem Bundesrat.

Vierter Teil
Beschaffenheit und Betrieb von Fahrzeugen, Bau und Änderung von Straßen und Schienenwegen

§ 38 Beschaffenheit und Betrieb von Fahrzeugen[200)]

(1) [1]Kraftfahrzeuge und ihre Anhänger, Schienen-, Luft- und Wasserfahrzeuge[201)] sowie Schwimmkörper und schwimmende Anlagen müssen so beschaffen sein, dass ihre durch die Teilnahme am Verkehr verursachten Emissionen[202)] bei bestimmungsgemäßem Betrieb die zum Schutz vor

---

200) Vgl. Einführung Nr. 7.1 und Nr. 7.2.
201) In § 38 nicht erwähnte Fahrzeuge (z. B. Pferdekarren) sind Anlagen im Sinne des § 3 Abs. 5 Nr. 2 und werden von §§ 22 ff. erfasst.
202) Die übrigen Emissionen sind nach §§ 22 ff. zu beurteilen.

schädlichen Umwelteinwirkungen einzuhaltenden Grenzwerte[203] nicht überschreiten. [2]Sie müssen so betrieben werden, dass vermeidbare Emissionen verhindert und unvermeidbare Emissionen auf ein Mindestmaß beschränkt bleiben.

(2) [1]Das Bundesministerium für Verkehr und digitale Infrastruktur und das Bundesministerium für Umwelt, Naturschutz, Bau und Reaktorsicherheit bestimmen nach Anhörung der beteiligten Kreise (§ 51) durch Rechtsverordnung mit Zustimmung des Bundesrates die zum Schutz vor schädlichen Umwelteinwirkungen notwendigen Anforderungen an die Beschaffenheit, die Ausrüstung, den Betrieb und die Prüfung der in Absatz 1 Satz 1 genannten Fahrzeuge und Anlagen, auch soweit diese den verkehrsrechtlichen Vorschriften des Bundes unterliegen.[203a] [2]Dabei können Emissionsgrenzwerte unter Berücksichtigung der technischen Entwicklung auch für einen Zeitpunkt nach Inkrafttreten der Rechtsverordnung festgesetzt werden.[204]

(3) Wegen der Anforderungen nach Absatz 2 gilt § 7 Absatz 5 entsprechend.

§ 39 Erfüllung von zwischenstaatlichen Vereinbarungen und Rechtsakten der Europäischen Gemeinschaften oder der Europäischen Union

[1]Zur Erfüllung von Verpflichtungen aus zwischenstaatlichen Vereinbarungen oder von bindenden Rechtsakten der Europäischen Gemeinschaften oder der Europäischen Union können zu dem in § 1 genannten Zweck das Bundesministerium für Verkehr und digitale Infrastruktur und das Bundesministerium für Umwelt, Naturschutz, Bau und Reaktorsicherheit durch Rechtsverordnung mit Zustimmung des Bundesrates bestimmen, dass die in § 38 genannten Fahrzeuge bestimmten Anforderungen an Beschaffenheit, Ausrüstung, Prüfung und Betrieb genügen müssen. [2]Wegen der Anforderungen nach Satz 1 gilt § 7 Absatz 5 entsprechend.

§ 40 Verkehrsbeschränkungen[205]

(1) [1]Die zuständige Straßenverkehrsbehörde beschränkt oder verbietet den Kraftfahrzeugverkehr nach Maßgabe der straßenverkehrsrechtlichen Vorschriften, soweit ein Luftreinhalteplan oder ein Plan für kurzfristig zu ergreifende Maßnahmen nach § 47 Absatz 1 oder 2 dies vorsehen.[206]

---

203) Vgl. dazu § 47 der Straßenverkehrszulassungsordnung.

203a) In Bezug auf Eisenbahngüterwagen ist auch das Schienenlärmschutzgesetz vom 20. Juli 2017 (BGBl. I S. 2804) zu beachten (Verbot des Betriebs lauter Güterwagen).

204) Die Bestimmung setzt nicht voraus, dass die Grenzwerte bereits nach dem derzeitigen Stand der Technik eingehalten werden können. Ihre künftige Einhaltbarkeit muss aber absehbar sein.

205) § 40 ist durch das 7. Änderungsgesetz neu gefasst worden. Die spezielle Ermächtigung zur Verkehrsbeschränkungen bei Smog-Situationen (vgl. Einführung Nr. 9.1) ist entfallen.

206) Die Festlegungen in einem Luftreinhalteplan oder in einem Plan für kurzfristig zu ergreifende Maßnahmen begründen eine Verpflichtung der Straßenverkehrsbehörden (vgl. auch § 47 Abs. 6).

²Die Straßenverkehrsbehörde kann im Einvernehmen mit der für den Immissionsschutz zuständigen Behörde Ausnahmen von Verboten oder Beschränkungen des Kraftfahrzeugverkehrs zulassen,²⁰⁷⁾ wenn unaufschiebbare und überwiegende Gründe des Wohls der Allgemeinheit dies erfordern.

(2) ¹Die zuständige Straßenverkehrsbehörde kann den Kraftfahrzeugverkehr nach Maßgabe der straßenverkehrsrechtlichen Vorschriften auf bestimmten Straßen oder in bestimmten Gebieten verbieten oder beschränken, wenn der Kraftfahrzeugverkehr zur Überschreitung von in Rechtsverordnungen nach § 48a Absatz 1a festgelegten Immissionswerten beiträgt²⁰⁸⁾ und soweit die für den Immissionsschutz zuständige Behörde dies im Hinblick auf die örtlichen Verhältnisse für geboten hält, um schädliche Umwelteinwirkungen durch Luftverunreinigungen zu vermindern oder deren Entstehen zu vermeiden. ²Hierbei sind die Verkehrsbedürfnisse und die städtebaulichen Belange zu berücksichtigen. ³§ 47 Absatz 6 Satz 1 bleibt unberührt.

(3) ¹Die Bundesregierung wird ermächtigt,²⁰⁹⁾ nach Anhörung der beteiligten Kreise (§ 51) durch Rechtsverordnung mit Zustimmung des Bundesrates zu regeln, dass Kraftfahrzeuge mit geringem Beitrag zur Schadstoffbelastung von Verkehrsverboten ganz oder teilweise ausgenommen sind oder ausgenommen werden können, sowie die hierfür maßgebenden Kriterien und die amtliche Kennzeichnung der Kraftfahrzeuge festzulegen. ²Die Verordnung kann auch regeln, dass bestimmte Fahrten oder Personen ausgenommen sind oder ausgenommen werden können, wenn das Wohl der Allgemeinheit oder unaufschiebbare und überwiegende Interessen des Einzelnen dies erfordern.

§ 41 Straßen und Schienenwege²¹⁰⁾

(1) Bei dem Bau oder der wesentlichen Änderung öffentlicher Straßen²¹¹⁾ sowie von Eisenbahnen²¹²⁾, Magnetschwebebahnen und Straßenbahnen ist unbeschadet des § 50 sicherzustellen, dass durch diese keine schädlichen

---

207) Die Ausnahmemöglichkeit (durch Einzelverwaltungsakt oder durch Allgemeinverfügung) besteht unabhängig von den in einer Rechtsverordnung nach Absatz 3 vorgesehenen Ausnahmemöglichkeiten.

208) Vgl. hierzu die Immissionsgrenzwerte in der 39. BImSchV.

209) Die Ermächtigung bezieht sich auf die Verkehrsbeschränkungen nach Absatz 1 ebenso wie auf die nach Absatz 2. In Bezug auf § 40 Abs. 1 hat die Bundesregierung durch die 35. BImSchV von der Ermächtigung Gebrauch gemacht.

210) Vgl. Einführung Nr. 7.31.

211) Privatstraßen sind Anlagen im Sinne des § 3 Abs. 5 Nr. 3 und werden von §§ 22 ff. erfasst.

212) § 41 gilt auch für private Eisenbahnen. – § 41 bezieht sich nur auf die Gleiskörper; die Schienenfahrzeuge fallen unter den Geltungsbereich des § 38.

Umwelteinwirkungen durch Verkehrsgeräusche[213] hervorgerufen werden können, die nach dem Stand der Technik[214] vermeidbar sind.

(2) Absatz 1 gilt nicht, soweit die Kosten der Schutzmaßnahme[215] außer Verhältnis zu dem angestrebten Schutzzweck stehen würden.

§ 42 Entschädigung für Schallschutzmaßnahmen[216]

(1) [1]Werden im Falle des § 41[217] die in der Rechtsverordnung nach § 43 Absatz 1 Satz 1 Nummer 1 festgelegten Immissionsgrenzwerte[218] überschritten,[219] hat der Eigentümer einer betroffenen baulichen Anlage gegen den Träger der Baulast einen Anspruch auf angemessene Entschädigung in Geld, es sei denn, dass die Beeinträchtigung wegen der besonderen Benutzung der Anlage zumutbar ist. [2]Dies gilt auch bei baulichen Anlagen, die bei Auslegung der Pläne im Planfeststellungsverfahren oder bei Auslegung des Entwurfs der Bauleitpläne mit ausgewiesener Wegeplanung bauaufsichtlich genehmigt waren.

(2) [1]Die Entschädigung ist zu leisten für Schallschutzmaßnahmen an den baulichen Anlagen in Höhe der erbrachten[220] notwendigen Aufwendungen, soweit sich diese im Rahmen der Rechtsverordnung nach § 43 Absatz 1 Satz 1 Nummer 3[221] halten. [2]Vorschriften, die weitergehende Entschädigungen gewähren, bleiben unberührt.

(3) [1]Kommt zwischen dem Träger der Baulast und dem Betroffenen keine Einigung über die Entschädigung zustande, setzt die nach Landesrecht zuständige Behörde auf Antrag eines der Beteiligten die Entschädigung durch schriftlichen Bescheid fest. [2]Im Übrigen gelten für das Verfahren die Enteignungsgesetze der Länder entsprechend.

---

213) Es kommt darauf an, dass die Verkehrsgeräusche, die nach der Inbetriebnahme des Verkehrsweges zu erwarten sind, keine schädlichen Umwelteinwirkungen hervorrufen.

214) Vgl. § 3 Abs. 6.

215) Hier ist die durch Absatz 1 geforderte Schutzmaßnahme an dem Verkehrsweg (z. B. Schutzwall) gemeint. Dabei ist nicht nur die einen Vollschutz gewährende Schutzmaßnahme zu betrachten. Erweist sich der Aufwand für eine vollständige Einhaltung der Immissionsgrenzwerte als unverhältnismäßig, so sind schrittweise Abschläge vorzunehmen, um so die mit gerade noch verhältnismäßigem Aufwand zu leistende maximale Verbesserung der Lärmsituation zu ermitteln (BVerwG in NVwZ 09, 1498).

216) Vgl. Einführung Nr. 7.32.

217) Es muss sich also um den Neubau oder die wesentliche Änderung öffentlicher Straßen oder von Eisenbahnen, Magnetschwebebahnen oder Straßenbahnen handeln.

218) Vgl. § 2 der 16. BImSchV.

219) Eine Überschreitung der Immissionsgrenzwerte kommt in Betracht, wenn ihre Einhaltung nach dem Stand der Technik nicht möglich ist, wenn die Schutzmaßnahmen unverhältnismäßige Kosten verursachen würden, wenn die zu erwartenden Verkehrsgeräusche nicht richtig vorausberechnet worden sind oder wenn gegen § 41 verstoßen worden ist.

220) Der Entschädigungsanspruch kann erst geltend gemacht werden, wenn die Schutzmaßnahmen an der betroffenen baulichen Anlage (z. B. Einbau von Doppelfenstern) tatsächlich durchgeführt worden sind.

221) Der Rahmen wird in § 3 der 24. BImSchV vorgegeben.

§ 43 Rechtsverordnung der Bundesregierung

(1) [1]Die Bundesregierung wird ermächtigt, nach Anhörung der beteiligten Kreise (§ 51) durch Rechtsverordnung mit Zustimmung des Bundesrates die zur Durchführung des § 41 und des § 42 Absatz 1 und 2 erforderlichen Vorschriften zu erlassen,[222]) insbesondere über

1. bestimmte Grenzwerte, die zum Schutz der Nachbarschaft[223]) vor schädlichen Umwelteinwirkungen durch Geräusche nicht überschritten werden dürfen, sowie über das Verfahren zur Ermittlung der Emissionen oder Immissionen,

2. bestimmte technische Anforderungen an den Bau von Straßen, Eisenbahnen, Magnetschwebebahnen und Straßenbahnen zur Vermeidung von schädlichen Umwelteinwirkungen durch Geräusche und

3. Art und Umfang der zum Schutz vor schädlichen Umwelteinwirkungen durch Geräusche notwendigen Schallschutzmaßnahmen an baulichen Anlagen.[224])

[2]Der in den Rechtsverordnungen auf Grund des Satzes 1 zur Berücksichtigung der Besonderheiten des Schienenverkehrs vorgesehene Abschlag von 5 Dezibel (A) ist ab dem 1. Januar 2015 und für Schienenbahnen, die ausschließlich der Verordnung über den Bau und Betrieb der Straßenbahnen vom 11. Dezember 1987 (BGBl. I S. 2648) unterliegen, ab dem 1. Januar 2019 nicht mehr anzuwenden, soweit zu diesem Zeitpunkt für den jeweiligen Abschnitt eines Vorhabens das Planfeststellungsverfahren noch nicht eröffnet ist und die Auslegung des Plans noch nicht öffentlich bekannt gemacht wurde. [3]Von der Anwendung des in Satz 2 genannten Abschlags kann bereits vor dem 1. Januar 2015 abgesehen werden, wenn die damit verbundenen Mehrkosten vom Vorhabenträger oder dem Bund getragen werden.

(2) Wegen der Anforderungen nach Absatz 1 gilt § 7 Absatz 5 entsprechend.

Fünfter Teil
Überwachung und Verbesserung der Luftqualität, Luftreinhalteplanung

§ 44 Überwachung der Luftqualität

(1) Zur Überwachung der Luftqualität führen die zuständigen Behörden regelmäßige Untersuchungen nach den Anforderungen der Rechtsverordnungen nach § 48a Absatz 1 oder 1a durch.

---

222) Auf Grund des § 43 ist die 16. BImSchV erlassen worden. Sie enthält die in Satz 1 Nr. 1 vorgesehenen Regelungen. Die ebenfalls auf § 43 gestützte 24. BImSchV bestimmt Art und Umfang der erstattungsfähigen (passiven) Schallschutzmaßnahmen.

223) Zur Nachbarschaft gehören nicht nur die an den Verkehrsweg unmittelbar angrenzenden Grundstücke, sondern alle Grundstücke im Einwirkungsbereich der Verkehrsgeräusche.

224) Nr. 3 betrifft die (passiven) Schallschutzmaßnahmen an den baulichen Anlagen, die Verkehrsgeräuschen ausgesetzt sind (vgl. § 42 Abs. 2). Zur Konkretisierung dient die 24. BImSchV.

(2) Die Landesregierungen oder die von ihnen bestimmten Stellen werden ermächtigt, durch Rechtsverordnungen Untersuchungsgebiete festzulegen, in denen Art und Umfang bestimmter nicht von Absatz 1 erfasster Luftverunreinigungen in der Atmosphäre, die schädliche Umwelteinwirkungen hervorrufen können, in einem bestimmten Zeitraum oder fortlaufend festzustellen sowie die für die Entstehung der Luftverunreinigungen und ihrer Ausbreitung bedeutsamen Umstände zu untersuchen sind.

§ 45 Verbesserung der Luftqualität

(1) [1]Die zuständigen Behörden ergreifen die erforderlichen Maßnahmen, um die Einhaltung der durch eine Rechtsverordnung nach § 48a festgelegten Immissionswerte sicherzustellen. [2]Hierzu gehören insbesondere Pläne nach § 47.[225]

(2) Die Maßnahmen nach Absatz 1
a) müssen einem integrierten Ansatz zum Schutz von Luft, Wasser und Boden Rechnung tragen;
b) dürfen nicht gegen die Vorschriften zum Schutz von Gesundheit und Sicherheit der Arbeitnehmer am Arbeitsplatz verstoßen;
c) dürfen keine erheblichen Beeinträchtigungen der Umwelt in anderen Mitgliedstaaten verursachen.

§ 46 Emissionskataster[226]

Soweit es zur Erfüllung von bindenden Rechtsakten der Europäischen Gemeinschaften oder der Europäischen Union erforderlich ist, stellen die zuständigen Behörden Emissionskataster auf.

§ 46a Unterrichtung der Öffentlichkeit

[1]Die Öffentlichkeit ist nach Maßgabe der Rechtsverordnungen nach § 48a Absatz 1 über die Luftqualität zu informieren. [2]Überschreitungen von in Rechtsverordnungen nach § 48a Absatz 1 festgelegten Informations- oder Alarmschwellen sind der Öffentlichkeit von der zuständigen Behörde unverzüglich durch Rundfunk, Fernsehen, Presse oder auf andere Weise bekannt zu geben.

§ 47 Luftreinhaltepläne, Pläne für kurzfristig zu ergreifende Maßnahmen, Landesverordnungen

(1) [1]Werden die durch eine Rechtsverordnung nach § 48a Absatz 1 festgelegten Immissionsgrenzwerte einschließlich festgelegter Toleranzmargen überschritten, hat die zuständige Behörde einen Luftreinhalteplan aufzustellen, welcher die erforderlichen Maßnahmen zur dauerhaften Verminderung von Luftverunreinigungen festlegt und den Anforderungen der Rechtsverordnung entspricht. [2]Satz 1 gilt entsprechend, soweit eine Rechtsverordnung nach § 48a Absatz 1 zur Einhaltung von Zielwerten

---

225) Aufgrund des § 45 Abs. 1 kann ein Bürger, der geltend macht, in seinen Rechten verletzt zu sein, die Durchführung bestimmter Maßnahmen verlangen. Vgl. BVerwG, Beschluss vom 29. 3. 2007, NVwZ 2007, 695 f. Vgl. auch Fußnote 227 und Fußnote 7 zur 39. BImSchV.

226) § 46 enthält eine Verpflichtung zur Aufstellung von Emissionskatastern. Die Möglichkeit, freiwillig Emissionskataster aufzustellen, wird dadurch nicht berührt.

die Aufstellung eines Luftreinhalteplans regelt. [3]Die Maßnahmen eines Luftreinhalteplans müssen geeignet sein, den Zeitraum einer Überschreitung von bereits einzuhaltenden Immissionsgrenzwerten so kurz wie möglich zu halten.

(2) [1]Besteht die Gefahr, dass die durch eine Rechtsverordnung nach § 48a Absatz 1 festgelegten Alarmschwellen überschritten werden, hat die zuständige Behörde einen Plan für kurzfristig zu ergreifende Maßnahmen aufzustellen, soweit die Rechtsverordnung dies vorsieht. [2]Besteht die Gefahr, dass durch eine Rechtsverordnung nach § 48a Absatz 1 festgelegte Immissionsgrenzwerte oder Zielwerte überschritten werden, kann die zuständige Behörde einen Plan für kurzfristig zu ergreifende Maßnahmen aufstellen, soweit die Rechtsverordnung dies vorsieht.[227] [3]Die im Plan festgelegten Maßnahmen müssen geeignet sein, die Gefahr der Überschreitung der Werte zu verringern oder den Zeitraum, während dessen die Werte überschritten werden, zu verkürzen. [4]Ein Plan für kurzfristig zu ergreifende Maßnahmen kann Teil eines Luftreinhalteplans nach Absatz 1 sein.

(3) [1]Liegen Anhaltspunkte dafür vor, dass die durch eine Rechtsverordnung nach § 48a Absatz 1a festgelegten Immissionswerte nicht eingehalten werden, oder sind in einem Untersuchungsgebiet im Sinne des § 44 Absatz 2 sonstige schädliche Umwelteinwirkungen zu erwarten, kann die zuständige Behörde einen Luftreinhalteplan aufstellen. [2]Bei der Aufstellung dieser Pläne sind die Ziele der Raumordnung zu beachten; die Grundsätze und sonstigen Erfordernisse der Raumordnung sind zu berücksichtigen.

(4) [1]Die Maßnahmen sind entsprechend des Verursacheranteils unter Beachtung des Grundsatzes der Verhältnismäßigkeit gegen alle Emittenten zu richten, die zum Überschreiten der Immissionswerte oder in einem Untersuchungsgebiet im Sinne des § 44 Absatz 2 zu sonstigen schädlichen Umwelteinwirkungen beitragen. [2]Werden in Plänen nach Absatz 1 oder 2 Maßnahmen im Straßenverkehr erforderlich, sind diese im Einvernehmen mit den zuständigen Straßenbau- und Straßenverkehrsbehörden festzulegen. [3]Werden Immissionswerte hinsichtlich mehrerer Schadstoffe überschritten, ist ein alle Schadstoffe erfassender Plan aufzustellen. [4]Werden Immissionswerte durch Emissionen überschritten, die außerhalb des Plangebiets verursacht werden, hat in den Fällen der Absätze 1 und 2 auch die dort zuständige Behörde einen Plan aufzustellen.

---

227) Aufgrund des Gemeinschaftsrechts kann neben bestimmten Maßnahmen nach § 45 Abs. 1 auch die Aufstellung eines Plans, jedoch nicht ein bestimmter Inhalt des Plans verlangt und klageweise durchgesetzt werden. Vgl. EuGH, Urteil vom 25. 7. 2008, NVwZ 2008, 984 f. Kommt nur eine einzige Maßnahme zur Einhaltung eines verbindlichen Grenzwertes in Betracht, kann deren Anordnung unter Beachtung des Grundsatzes der Verhältnismäßigkeit geboten sein (BVerwG, Urteile vom 27. 2. 2018, NVwZ 2018, 883 und 890).

(4a) [1]Verbote des Kraftfahrzeugverkehrs für Kraftfahrzeuge mit Selbstzündungsmotor kommen wegen der Überschreitung des Immissionsgrenzwertes für Stickstoffdioxid in der Regel nur in Gebieten in Betracht, in
denen der Wert von 50 Mikrogramm Stickstoffdioxid pro Kubikmeter Luft
im Jahresmittel überschritten worden ist. [2]Folgende Kraftfahrzeuge sind
von Verkehrsverboten ausgenommen:

1. Kraftfahrzeuge der Schadstoffklasse Euro 6,
2. Kraftfahrzeuge der Schadstoffklassen Euro 4 und Euro 5, sofern diese
    im praktischen Fahrbetrieb in entsprechender Anwendung des Arti-
    kels 2 Nummer 41 in Verbindung mit Anhang IIIa der Verordnung
    (EG) Nr. 692/2008 der Kommission vom 18. Juli 2008 zur Durch-
    führung und Änderung der Verordnung (EG) Nr. 715/2007 des Eu-
    ropäischen Parlaments und des Rates über die Typgenehmigung von
    Kraftfahrzeugen hinsichtlich der Emissionen von leichten Personen-
    kraftwagen und Nutzfahrzeugen (Euro 5 und Euro 6) und über den Zu-
    gang zu Reparatur- und Wartungsinformationen für Fahrzeuge (ABl.
    L 199 vom 28. 7. 2008, S. 1), die zuletzt durch die Verordnung (EU)
    2017/1221 (ABl. L 174 vom 7. 7. 2017, S. 3) geändert worden ist, we-
    niger als 270 Milligramm Stickstoffoxide pro Kilometer ausstoßen,
3. Kraftomnibusse mit einer Allgemeinen Betriebserlaubnis für ein
    Stickstoffoxid-Minderungssystem mit erhöhter Minderungsleistung,
    sofern die Nachrüstung finanziell aus einem öffentlichen Titel des
    Bundes gefördert worden ist, oder die die technischen Anforderungen
    erfüllen, die für diese Förderung erforderlich gewesen wären,
4. schwere Kommunalfahrzeuge mit einer Allgemeinen Betriebserlaub-
    nis für ein Stickstoffoxid-Minderungssystem mit erhöhter Minde-
    rungsleistung, sofern die Nachrüstung finanziell aus einem öffentli-
    chen Titel des Bundes gefördert worden ist, oder die die technischen
    Anforderungen erfüllen, die für diese Förderung erforderlich gewesen
    wären, sowie Fahrzeuge der privaten Entsorgungswirtschaft von
    mehr als 3,5 Tonnen mit einer Allgemeinen Betriebserlaubnis für ein
    Stickstoffoxid-Minderungssystem mit erhöhter Minderungsleistung,
    die die technischen Anforderungen erfüllen, die für diese Förderung
    erforderlich gewesen wären,
5. Handwerker- und Lieferfahrzeuge zwischen 2,8 und 7,5 Tonnen mit
    einer Allgemeinen Betriebserlaubnis für ein Stickstoffoxid-Minde-
    rungssystem mit erhöhter Minderungsleistung, sofern die Nachrüs-
    tung finanziell aus einem öffentlichen Titel des Bundes gefördert
    worden ist, oder die die technischen Anforderungen erfüllen, die für
    diese Förderung erforderlich gewesen wären,
6. Kraftfahrzeuge der Schadstoffklasse Euro VI und
7. Kraftfahrzeuge im Sinne von Anhang 3 Nummer 5, 6 und 7 der Ver-
    ordnung zur Kennzeichnung der Kraftfahrzeuge mit geringem Beitrag
    zur Schadstoffbelastung vom 10. Oktober 2006 (BGBl. I S. 2218),
    die zuletzt durch Artikel 85 der Verordnung vom 31. August 2015
    (BGBl. I S. 1474) geändert worden ist.

[3]Im Einzelfall kann der Luftreinhalteplan im Fall des Satzes 2 Nummer 6 auch für diese Kraftfahrzeuge ein Verbot des Kraftfahrzeugverkehrs vorsehen, wenn die schnellstmögliche Einhaltung des Immissionsgrenzwertes für Stickstoffdioxid anderenfalls nicht sichergestellt werden kann. [4]Weitere Ausnahmen von Verboten des Kraftfahrzeugverkehrs, insbesondere nach § 40 Absatz 1 Satz 2, können durch die zuständigen Behörden zugelassen werden. [5]Die Vorschriften zu ergänzenden technischen Regelungen, insbesondere zu Nachrüstmaßnahmen bei Kraftfahrzeugen, im Straßenverkehrsgesetz und in der Straßenverkehrs-Zulassungs-Ordnung bleiben unberührt.

(5) [1]Die nach den Absätzen 1 bis 4 aufzustellenden Pläne müssen den Anforderungen des § 45 Absatz 2 entsprechen. [2]Die Öffentlichkeit ist bei der Aufstellung von Plänen nach den Absätzen 1 und 3 zu beteiligen. [3]Die Pläne müssen für die Öffentlichkeit zugänglich sein.

(5a)[228] [1]Bei der Aufstellung oder Änderung von Luftreinhalteplänen nach Absatz 1 ist die Öffentlichkeit durch die zuständige Behörde zu beteiligen. [2]Die Aufstellung oder Änderung eines Luftreinhalteplanes sowie Informationen über das Beteiligungsverfahren sind in einem amtlichen Veröffentlichungsblatt und auf andere geeignete Weise öffentlich bekannt zu machen. [3]Der Entwurf des neuen oder geänderten Luftreinhalteplanes ist einen Monat zur Einsicht auszulegen; bis zwei Wochen nach Ablauf der Auslegungsfrist kann gegenüber der zuständigen Behörde schriftlich oder elektronisch Stellung genommen werden; der Zeitpunkt des Fristablaufs ist bei der Bekanntmachung nach Satz 2 mitzuteilen. [4]Fristgemäß eingegangene Stellungnahmen werden von der zuständigen Behörde bei der Entscheidung über die Annahme des Plans angemessen berücksichtigt. [5]Der aufgestellte Plan ist von der zuständigen Behörde in einem amtlichen Veröffentlichungsblatt und auf andere geeignete Weise öffentlich bekannt zu machen. [6]In der öffentlichen Bekanntmachung sind das überplante Gebiet und eine Übersicht über die wesentlichen Maßnahmen darzustellen. [7]Eine Ausfertigung des Plans, einschließlich einer Darstellung des Ablaufs des Beteiligungsverfahrens und der Gründe und Erwägungen, auf denen die getroffene Entscheidung beruht, wird zwei Wochen zur Einsicht ausgelegt. [8]Dieser Absatz findet keine Anwendung, wenn es sich bei dem Luftreinhalteplan nach Absatz 1 um einen Plan handelt, für den nach dem Gesetz über die Umweltverträglichkeitsprüfung eine Strategische Umweltprüfung durchzuführen ist.

(5b) Werden nach Absatz 2 Pläne für kurzfristig zu ergreifende Maßnahmen aufgestellt, macht die zuständige Behörde der Öffentlichkeit sowohl die Ergebnisse ihrer Untersuchungen zur Durchführbarkeit und zum Inhalt solcher Pläne als auch Informationen über die Durchführung dieser Pläne zugänglich.

---

228) Der Geltungsbereich von Abs. 5a ergibt sich aus § 67 Abs. 10.

(6) ¹Die Maßnahmen, die Pläne nach den Absätzen 1 bis 4 festlegen, sind durch Anordnungen oder sonstige Entscheidungen der zuständigen Träger öffentlicher Verwaltung nach diesem Gesetz oder nach anderen Rechtsvorschriften durchzusetzen.²²⁹⁾ ²Sind in den Plänen planungsrechtliche Festlegungen vorgesehen, haben die zuständigen Planungsträger dies bei ihren Planungen zu berücksichtigen.²³⁰⁾

(7) ¹Die Landesregierungen oder die von ihnen bestimmten Stellen werden ermächtigt, bei der Gefahr, dass Immissionsgrenzwerte überschritten werden, die eine Rechtsverordnung nach § 48a Absatz 1 festlegt, durch Rechtsverordnung vorzuschreiben, dass in näher zu bestimmenden Gebieten bestimmte

1. ortsveränderliche Anlagen nicht betrieben werden dürfen,
2. ortsfeste Anlagen nicht errichtet werden dürfen,
3. ortsveränderliche oder ortsfeste Anlagen nur zu bestimmten Zeiten betrieben werden dürfen oder erhöhten betriebstechnischen Anforderungen genügen müssen,
4. Brennstoffe in Anlagen nicht oder nur beschränkt verwendet werden dürfen,

soweit die Anlagen oder Brennstoffe geeignet sind, zur Überschreitung der Immissionswerte beizutragen. ²Absatz 4 Satz 1 und § 49 Absatz 3 gelten entsprechend.

Sechster Teil
Lärmminderungsplanung
§ 47a Anwendungsbereich des Sechsten Teils
¹Dieser Teil des Gesetzes gilt für den Umgebungslärm, dem Menschen insbesondere in bebauten Gebieten, in öffentlichen Parks oder anderen ruhigen Gebieten eines Ballungsraums, in ruhigen Gebieten auf dem Land, in der Umgebung von Schulgebäuden, Krankenhäusern und anderen lärmempfindlichen Gebäuden und Gebieten ausgesetzt sind. ²Er gilt nicht für Lärm, der von der davon betroffenen Person selbst oder durch Tätigkeiten innerhalb von Wohnungen verursacht wird, für Nachbarschaftslärm, Lärm am Arbeitsplatz, in Verkehrsmitteln oder Lärm, der auf militärische Tätigkeiten in militärischen Gebieten zurückzuführen ist.

---

229) § 47 Abs. 6 enthält keine selbständige Rechtsgrundlage zur Anordnung bestimmter Maßnahmen, sondern einen Hinweis auf andere Eingriffsermächtigungen (z. B. nach §§ 17, 21, 24 und 25). Das in diesen Vorschriften eingeräumte Ermessen wird allerdings durch § 47 Abs. 6 bzw. § 47d Abs. 6 i. V. m. dem Maßnahmenteil des einschlägigen Luftreinhalte- bzw. Lärmaktionsplan eingeschränkt.

230) Die Darstellungen des Luftreinhalteplans sind bei der Aufstellung von Bauleitplänen in der Abwägung nach § 1 Abs. 6 BauGB zu berücksichtigen.

§ 47b Begriffsbestimmungen

Im Sinne dieses Gesetzes bezeichnen die Begriffe

1. »Umgebungslärm« belästigende oder gesundheitsschädliche Geräusche im Freien, die durch Aktivitäten von Menschen verursacht werden, einschließlich des Lärms, der von Verkehrsmitteln, Straßenverkehr, Eisenbahnverkehr, Flugverkehr sowie Geländen für industrielle Tätigkeiten ausgeht;

2. »Ballungsraum« ein Gebiet mit einer Einwohnerzahl von über 100 000 und einer Bevölkerungsdichte von mehr als 1 000 Einwohnern pro Quadratkilometer;

3. »Hauptverkehrsstraße« eine Bundesfernstraße, Landesstraße[231] oder auch sonstige grenzüberschreitende Straße, jeweils mit einem Verkehrsaufkommen von über drei Millionen Kraftfahrzeugen pro Jahr;

4. »Haupteisenbahnstrecke« ein Schienenweg von Eisenbahnen nach dem Allgemeinen Eisenbahngesetz mit einem Verkehrsaufkommen von über 30 000 Zügen pro Jahr;

5. »Großflughafen« ein Verkehrsflughafen mit einem Verkehrsaufkommen von über 50 000 Bewegungen pro Jahr, wobei mit »Bewegung« der Start oder die Landung bezeichnet wird, hiervon sind ausschließlich der Ausbildung dienende Bewegungen mit Leichtflugzeugen ausgenommen.

§ 47c Lärmkarten

(1) [1]Die zuständigen Behörden arbeiten bis zum 30. Juni 2007 bezogen auf das vorangegangene Kalenderjahr Lärmkarten für Ballungsräume mit mehr als 250 000 Einwohnern sowie für Hauptverkehrsstraßen mit einem Verkehrsaufkommen von über sechs Millionen Kraftfahrzeugen pro Jahr, Haupteisenbahnstrecken mit einem Verkehrsaufkommen von über 60 000 Zügen pro Jahr und Großflughäfen aus. [2]Gleiches gilt bis zum 30. Juni 2012 und danach alle fünf Jahre für sämtliche Ballungsräume sowie für sämtliche Hauptverkehrsstraßen und Haupteisenbahnstrecken.

(2) Die Lärmkarten haben den Mindestanforderungen des Anhangs IV der Richtlinie 2002/49/EG des Europäischen Parlaments und des Rates vom 25. Juni 2002 über die Bewertung und Bekämpfung von Umgebungslärm (ABl. EG Nr. L 189 S. 12) zu entsprechen und die nach Anhang VI der Richtlinie 2002/49/EG an die Kommission zu übermittelnden Daten zu enthalten.

(2a) Öffentliche Eisenbahninfrastrukturunternehmen sind verpflichtet, den für die Ausarbeitung von Lärmkarten zuständigen Behörden folgende für die Erarbeitung von Lärmkarten erforderlichen Daten unentgeltlich zur Verfügung zu stellen:

1. Daten zur Eisenbahninfrastruktur und

2. Daten zum Verkehr der Eisenbahnen auf den Schienenwegen.

---

231) Bei EU-Rechts-konformer Auslegung erfasst dieser Begriff alle überörtlichen Straßen, die dem Landes-Straßenrecht unterliegen.

(3) Die zuständigen Behörden arbeiten bei der Ausarbeitung von Lärmkarten für Grenzgebiete mit den zuständigen Behörden anderer Mitgliedstaaten der Europäischen Union zusammen.

(4) Die Lärmkarten werden mindestens alle fünf Jahre nach dem Zeitpunkt ihrer Erstellung überprüft und bei Bedarf überarbeitet.

(5) [1]Die zuständigen Behörden teilen dem Bundesministerium für Umwelt, Naturschutz, Bau und Reaktorsicherheit oder einer von ihm benannten Stelle zum 30. Juni 2005 und danach alle fünf Jahre die Ballungsräume mit mehr als 250 000 Einwohnern, die Hauptverkehrsstraßen mit einem Verkehrsaufkommen von über sechs Millionen Kraftfahrzeugen pro Jahr, die Haupteisenbahnstrecken mit einem Verkehrsaufkommen von über 60 000 Zügen pro Jahr und die Großflughäfen mit. [2]Gleiches gilt zum 31. Dezember 2008 für sämtliche Ballungsräume sowie sämtliche Hauptverkehrsstraßen und Haupteisenbahnstrecken.

(6) Die zuständigen Behörden teilen Informationen aus den Lärmkarten, die in der Rechtsverordnung nach § 47f bezeichnet werden, dem Bundesministerium für Umwelt, Naturschutz, Bau und Reaktorsicherheit oder einer von ihm benannten Stelle mit.

§ 47d Lärmaktionspläne

(1) [1]Die zuständigen Behörden stellen bis zum 18. Juli 2008 Lärmaktionspläne auf, mit denen Lärmprobleme und Lärmauswirkungen geregelt werden[232)] für

1. Orte in der Nähe der Hauptverkehrsstraßen mit einem Verkehrsaufkommen von über sechs Millionen Kraftfahrzeugen pro Jahr, der Haupteisenbahnstrecken mit einem Verkehrsaufkommen von über 60 000 Zügen pro Jahr und der Großflughäfen,
2. Ballungsräume mit mehr als 250 000 Einwohnern.

[2]Gleiches gilt bis zum 18. Juli 2013 für sämtliche Ballungsräume sowie für sämtliche Hauptverkehrsstraßen und Haupteisenbahnstrecken. [3]Die Festlegung von Maßnahmen in den Plänen ist in das Ermessen der zuständigen Behörden gestellt, sollte aber auch unter Berücksichtigung der Belastung durch mehrere Lärmquellen insbesondere auf die Prioritäten eingehen, die sich gegebenenfalls aus der Überschreitung relevanter Grenzwerte oder aufgrund anderer Kriterien ergeben, und insbesondere für die wichtigsten Bereiche gelten, wie sie in den Lärmkarten ausgewiesen werden.

(2) [1]Die Lärmaktionspläne haben den Mindestanforderungen des Anhangs V der Richtlinie 2002/49/EG zu entsprechen und die nach Anhang VI der Richtlinie 2002/49/EG an die Kommission zu übermittelnden Daten zu enthalten. [2]Ziel dieser Pläne soll es auch sein, ruhige Gebiete gegen eine Zunahme des Lärms zu schützen.

(2a) Öffentliche Eisenbahninfrastrukturunternehmen sind verpflichtet, an der Aufstellung von Lärmaktionsplänen für Orte in der Nähe der Haupteisenbahnstrecken und für Ballungsräume mit Eisenbahnverkehr mitzuwirken.

---

232) Zur Bewertung von Fluglärm vgl. § 14 FluglSchG.

(3) [1]Die Öffentlichkeit wird zu Vorschlägen für Lärmaktionspläne gehört. [2]Sie erhält rechtzeitig und effektiv die Möglichkeit, an der Ausarbeitung und der Überprüfung der Lärmaktionspläne mitzuwirken. [3]Die Ergebnisse der Mitwirkung sind zu berücksichtigen. [4]Die Öffentlichkeit ist über die getroffenen Entscheidungen zu unterrichten. [5]Es sind angemessene Fristen mit einer ausreichenden Zeitspanne für jede Phase der Beteiligung vorzusehen.

(4) § 47c Absatz 3 gilt entsprechend.

(5) Die Lärmaktionspläne werden bei bedeutsamen Entwicklungen für die Lärmsituation, ansonsten jedoch alle fünf Jahre nach dem Zeitpunkt ihrer Aufstellung überprüft und erforderlichenfalls überarbeitet.

(6) § 47 Absatz 3 Satz 2 und Absatz 6 gilt entsprechend.

(7) Die zuständigen Behörden teilen Informationen aus den Lärmaktionsplänen, die in der Rechtsverordnung nach § 47f bezeichnet werden, dem Bundesministerium für Umwelt, Naturschutz, Bau und Reaktorsicherheit oder einer von ihm benannten Stelle mit.

§ 47e Zuständige Behörden

(1) Zuständige Behörden für die Aufgaben dieses Teils des Gesetzes sind die Gemeinden oder die nach Landesrecht zuständigen Behörden, soweit nicht nachstehend Abweichendes geregelt ist.

(2) Die obersten Landesbehörden oder die von ihnen benannten Stellen sind zuständig für die Mitteilungen nach § 47c Absatz 5 und 6 sowie nach § 47d Absatz 7.

(3) Das Eisenbahn-Bundesamt ist zuständig für die Ausarbeitung der Lärmkarten für Schienenwege von Eisenbahnen des Bundes nach § 47c sowie insoweit für die Mitteilung der Haupteisenbahnstrecken nach § 47c Absatz 5, für die Mitteilung der Informationen nach § 47c Absatz 6 und für die Information der Öffentlichkeit über Lärmkarten nach § 47f Absatz 1 Satz 1 Nummer 3.

(4) [1]Abweichend von Absatz 1 ist ab dem 1. Januar 2015 das Eisenbahn-Bundesamt zuständig für die Aufstellung eines bundesweiten Lärmaktionsplanes für die Haupteisenbahnstrecken des Bundes mit Maßnahmen in Bundeshoheit. [2]Bei Lärmaktionsplänen für Ballungsräume wirkt das Eisenbahn-Bundesamt an der Lärmaktionsplanung mit.

§ 47f Rechtsverordnungen

(1) [1]Die Bundesregierung wird ermächtigt, nach Anhörung der beteiligten Kreise (§ 51) durch Rechtsverordnung mit Zustimmung des Bundesrates weitere Regelungen zur Umsetzung der Richtlinie 2002/49/EG in deutsches Recht zu erlassen, insbesondere

1. zur Definition von Lärmindizes und zu ihrer Anwendung,
2. zu den Berechnungsmethoden für Lärmindizes und zur Bewertung gesundheitsschädlicher Auswirkungen,
3. zur Information der Öffentlichkeit über zuständige Behörden sowie Lärmkarten und Lärmaktionspläne,
4. zu Kriterien für die Festlegung von Maßnahmen in Lärmaktionsplänen.

[2]Passt die Kommission gemäß Artikel 12 der Richtlinie 2002/49/EG deren Anhang I Abschnitt 3, Anhang II und Anhang III nach dem Verfahren des Artikels 13 Absatz 2 der Richtlinie 2002/49/EG an den wissenschaftlichen und technischen Fortschritt an, gilt Satz 1 auch insoweit.

(2) Die Bundesregierung wird ermächtigt, nach Anhörung der beteiligten Kreise (§ 51) durch Rechtsverordnung mit Zustimmung des Bundesrates weitere Regelungen zu erlassen

1. zum Format und Inhalt von Lärmkarten und Lärmaktionsplänen,
2. zur Datenerhebung und Datenübermittlung.

Siebenter Teil
Gemeinsame Vorschriften

§ 48 Verwaltungsvorschriften

(1) [1]Die Bundesregierung erlässt nach Anhörung der beteiligten Kreise (§ 51) mit Zustimmung des Bundesrates zur Durchführung dieses Gesetzes und der auf Grund dieses Gesetzes erlassenen Rechtsverordnungen des Bundes allgemeine Verwaltungsvorschriften, insbesondere über

1. Immissionswerte[233], die zu dem in § 1 genannten Zweck nicht überschritten werden dürfen,
2. Emissionswerte, deren Überschreiten nach dem Stand der Technik[234] vermeidbar ist,
3. das Verfahren zur Ermittlung der Emissionen und Immissionen,
4. die von der zuständigen Behörde zu treffenden Maßnahmen bei Anlagen, für die Regelungen in einer Rechtsverordnung nach § 7 Absatz 2 oder 3 vorgesehen werden können, unter Berücksichtigung insbesondere der dort genannten Voraussetzungen,
5. äquivalente Parameter oder äquivalente technische Maßnahmen zu Emissionswerten,[235]
6. angemessene Sicherheitsabstände gemäß § 3 Absatz 5c.

[2]Bei der Festlegung der Anforderungen sind insbesondere mögliche Verlagerungen von nachteiligen Auswirkungen von einem Schutzgut auf ein anderes zu berücksichtigen; ein hohes Schutzniveau für die Umwelt insgesamt[236] ist zu gewährleisten.

---

233) Welchen Aussagegehalt die Immissionswerte haben, ist der jeweiligen Verwaltungsvorschrift zu entnehmen. Die TA Luft enthält sowohl Grenzwerte wie auch bloße Anhaltswerte. Da die Immissionswerte der TA Luft und der TA Lärm in normkonkretisierenden Verwaltungsvorschriften festgelegt und als antizipierte Sachverständigenaussagen anzusehen sind, haben sie auch für die Entscheidungsfindung der Verwaltungsgerichte Bedeutung (BVerwGE 55, 250 und BVerwGE 72, 300).

234) Vgl. § 3 Abs. 6. Emissionswerte sind u. a. in der TA Luft festgelegt.

235) Nr. 5 entspricht der Regelung in Art. 14 Abs. 2 der Industrieemissions-Richtlinie. Vgl. auch Fn. 46.

236) Bei der Festlegung der Anforderungen sind alle Auswirkungen auf die Umwelt zu ermitteln, zu gewichten und gegeneinander abzuwägen (integrative Betrachtung).

(1a) ¹Nach jeder Veröffentlichung einer BVT-Schlussfolgerung ist unverzüglich zu gewährleisten,²³⁷⁾ dass für Anlagen nach der Industrieemissions-Richtlinie bei der Festlegung von Emissionswerten nach Absatz 1 Satz 1 Nummer 2 die Emissionen unter normalen Betriebsbedingungen die in den BVT-Schlussfolgerungen genannten Emissionsbandbreiten nicht überschreiten. ²Im Hinblick auf bestehende Anlagen ist innerhalb eines Jahres nach Veröffentlichung von BVT-Schlussfolgerungen zur Haupttätigkeit eine Überprüfung und gegebenenfalls Anpassung der Verwaltungsvorschrift vorzunehmen.²³⁸⁾

(1b)²³⁹⁾ ¹Abweichend von Absatz 1a

1. können in der Verwaltungsvorschrift weniger strenge Emissionswerte festgelegt werden, wenn
   a) wegen technischer Merkmale der betroffenen Anlagenart die Anwendung der in den BVT-Schlussfolgerungen genannten Emissionsbandbreiten unverhältnismäßig wäre und dies begründet wird oder
   b) in Anlagen Zukunftstechniken für einen Gesamtzeitraum von höchstens neun Monaten erprobt oder angewendet werden sollen, sofern nach dem festgelegten Zeitraum die Anwendung der betreffenden Technik beendet wird oder in der Anlage mindestens die mit den besten verfügbaren Techniken assoziierten Emissionsbandbreiten erreicht werden, oder
2. kann in der Verwaltungsvorschrift bestimmt werden, dass die zuständige Behörde weniger strenge Emissionsbegrenzungen festlegen kann, wenn
   a) wegen technischer Merkmale der betroffenen Anlagen die Anwendung der in den BVT-Schlussfolgerungen genannten Emissionsbandbreiten unverhältnismäßig wäre oder
   b) in Anlagen Zukunftstechniken für einen Gesamtzeitraum von höchstens neun Monaten erprobt oder angewendet werden sollen, sofern nach dem festgelegten Zeitraum die Anwendung der betreffenden Technik beendet wird oder in der Anlage mindestens die mit den besten verfügbaren Techniken assoziierten Emissionsbandbreiten erreicht werden.

²Absatz 1 Satz 2 bleibt unberührt. ³Emissionswerte und Emissionsbegrenzungen²⁴⁰⁾ nach Satz 1 dürfen die in den Anhängen der Richtlinie 2010/75/EU festgelegten Emissionsgrenzwerte nicht überschreiten.

---

237) Die tatsächliche Einhaltung von Emissionsbandbreiten kann nicht durch eine Verwaltungsvorschrift »gewährleistet« werden. Deshalb verlangt die Regelung nur, dass die Vorgaben in den vorhandenen Verwaltungsvorschriften den in den BVT-Schlussfolgerungen genannten Emissionsbandbreiten nicht widersprechen. In der geltenden TA Luft ist das durch das Verfahren nach Nr. 5.1.1 Abs. 5 sichergestellt.
238) Satz 2 legt gesetzlich eine Überprüfungspflicht des Bundesumweltministeriums innerhalb eines Jahres nach Veröffentlichung von BVT-Schlussfolgerungen fest.
239) Vgl. Fn. 49.
240) Vgl. Fn. 50.

(2) (aufgehoben)

§ 48a Rechtsverordnungen über Emissionswerte und Immissionswerte

(1) [1]Zur Erfüllung von bindenden Rechtsakten der Europäischen Gemeinschaften oder der Europäischen Union kann die Bundesregierung zu dem in § 1 genannten Zweck mit Zustimmung des Bundesrates Rechtsverordnungen[241)] über die Festsetzung von Immissions- und Emissionswerten einschließlich der Verfahren zur Ermittlung sowie Maßnahmen zur Einhaltung dieser Werte und zur Überwachung und Messung erlassen. [2]In den Rechtsverordnungen kann auch geregelt werden, wie die Bevölkerung zu unterrichten ist.

(1a) [1]Über die Erfüllung von bindenden Rechtsakten der Europäischen Gemeinschaften oder der Europäischen Union hinaus kann die Bundesregierung zu dem in § 1 genannten Zweck mit Zustimmung des Bundesrates Rechtsverordnungen über die Festlegung von Immissionswerten für weitere Schadstoffe einschließlich der Verfahren zur Ermittlung sowie Maßnahmen zur Einhaltung dieser Werte und zur Überwachung und Messung erlassen. [2]In den Rechtsverordnungen kann auch geregelt werden, wie die Bevölkerung zu unterrichten ist.

(2) Die in Rechtsverordnungen nach Absatz 1 festgelegten Maßnahmen sind durch Anordnungen oder sonstige Entscheidungen der zuständigen Träger öffentlicher Verwaltung nach diesem Gesetz oder nach anderen Rechtsvorschriften durchzusetzen; soweit planungsrechtliche Festlegungen vorgesehen sind, haben die zuständigen Planungsträger zu befinden, ob und inwieweit Planungen in Betracht zu ziehen sind.

(3) Zur Erfüllung von bindenden Rechtsakten der Europäischen Gemeinschaften oder der Europäischen Union kann die Bundesregierung zu dem in § 1 genannten Zweck mit Zustimmung des Bundesrates in Rechtsverordnungen von Behörden zu erfüllende Pflichten begründen und ihnen Befugnisse zur Erhebung, Verarbeitung und Nutzung personenbezogener Daten einräumen, soweit diese für die Beurteilung und Kontrolle der in den Beschlüssen gestellten Anforderungen erforderlich sind.

§ 48b Beteiligung des Bundestages beim Erlass von Rechtsverordnungen

[1]Rechtsverordnungen nach § 7 Absatz 1 Satz 1 Nummer 2, § 23 Absatz 1 Satz 1 Nummer 2, § 43 Absatz 1 Satz 1 Nummer 1, § 48a Absatz 1 und § 48a Absatz 1a dieses Gesetzes sind dem Bundestag zuzuleiten. [2]Die Zuleitung erfolgt vor der Zuleitung an den Bundesrat. [3]Die Rechtsverordnungen können durch Beschluss des Bundestages geändert oder abgelehnt werden. [4]Der Beschluss des Bundestages wird der Bundesregierung zugeleitet. [5]Hat sich der Bundestag nach Ablauf von vier Sitzungswochen seit Eingang der Rechtsverordnung nicht mit ihr befasst, wird die unveränderte Rechtsverordnung dem Bundesrat zugeleitet. [6]Die Sätze 1 bis 5

---

241) Auf Grund des § 48a sind die 25. und die 39. BImSchV erlassen worden. Vergleichbare Ermächtigungen enthalten § 7 Abs. 4, § 37 und § 39.

gelten nicht bei Rechtsverordnungen nach § 7 Absatz 1 Satz 1 Nummer 2
für den Fall, dass wegen der Fortentwicklung des Standes der Technik die
Umsetzung von BVT-Schlussfolgerungen nach § 7 Absatz 1a erforderlich
ist.

§ 49[242] Schutz bestimmter Gebiete

(1) Die Landesregierungen werden ermächtigt, durch Rechtsverordnung
vorzuschreiben, dass in näher zu bestimmenden Gebieten, die eines besonderen Schutzes vor schädlichen Umwelteinwirkungen durch Luftverunreinigungen oder Geräusche bedürfen, bestimmte

1. ortsveränderliche Anlagen nicht betrieben werden dürfen,
2. ortsfeste Anlagen nicht errichtet werden dürfen,
3. ortsveränderliche oder ortsfeste Anlagen nur zu bestimmten Zeiten
   betrieben werden dürfen oder erhöhten betriebstechnischen Anforderungen genügen müssen oder
4. Brennstoffe in Anlagen nicht oder nur beschränkt verwendet werden
   dürfen,

soweit die Anlagen oder Brennstoffe geeignet sind, schädliche Umwelteinwirkungen durch Luftverunreinigungen oder Geräusche hervorzurufen,
die mit dem besonderen Schutzbedürfnis dieser Gebiete nicht vereinbar
sind, und die Luftverunreinigungen und Geräusche durch Auflagen nicht
verhindert werden können.

(2) ¹Die Landesregierungen werden ermächtigt, durch Rechtsverordnung
Gebiete festzusetzen, in denen während austauscharmer Wetterlagen ein
starkes Anwachsen schädlicher Umwelteinwirkungen durch Luftverunreinigungen zu befürchten ist. ²In der Rechtsverordnung kann vorgeschrieben werden, dass in diesen Gebieten

1. ortsveränderliche oder ortsfeste Anlagen nur zu bestimmten Zeiten[243]
   betrieben oder
2. Brennstoffe, die in besonderem Maße Luftverunreinigungen hervorrufen, in Anlagen nicht oder nur beschränkt verwendet

werden dürfen, sobald die austauscharme Wetterlage von der zuständigen
Behörde bekannt gegeben[244] wird.

(3) Landesrechtliche Ermächtigungen für die Gemeinden und Gemeindeverbände zum Erlass von ortsrechtlichen Vorschriften,[245] die Regelungen
zum Schutz der Bevölkerung vor schädlichen Umwelteinwirkungen durch
Luftverunreinigungen oder Geräusche zum Gegenstand haben, bleiben unberührt.

---

242) Vgl. Einführung Nr. 9.1.
243) Auch vollständige Betriebsstilllegungen sind zulässig.
244) Die Bekanntgabe ist kein Akt der Rechtsetzung, sondern eine tatsächliche Vorausset-
     zung für das Inkrafttreten der Vorschriften der Rechtsverordnung (str.).
245) Es kommen z. B. ordnungsbehördliche Verordnungen (vgl. § 5 LImschG NW)
     und Vorschriften über den Anschluss- und Benutzungszwang bei Fernheizungen
     in Betracht.

§ 50 Planung[246]

[1]Bei raumbedeutsamen Planungen und Maßnahmen sind die für eine bestimmte Nutzung vorgesehenen Flächen einander so zuzuordnen, dass schädliche Umwelteinwirkungen und von schweren Unfällen im Sinne des Artikels 3 Nummer 13 der Richtlinie 2012/18/EU in Betriebsbereichen[247] hervorgerufene Auswirkungen auf die ausschließlich oder überwiegend dem Wohnen dienenden Gebiete sowie auf sonstige schutzbedürftige Gebiete, insbesondere öffentlich genutzte Gebiete, wichtige Verkehrswege, Freizeitgebiete und unter dem Gesichtspunkt des Naturschutzes besonders wertvolle oder besonders empfindliche Gebiete und öffentlich genutzte Gebäude, so weit wie möglich vermieden werden.[248] [2]Bei raumbedeutsamen Planungen und Maßnahmen in Gebieten, in denen die in Rechtsverordnungen nach § 48a Absatz 1 festgelegten Immissionsgrenzwerte und Zielwerte[249] nicht überschritten werden, ist bei der Abwägung der betroffenen Belange die Erhaltung der bestmöglichen Luftqualität als Belang zu berücksichtigen.

§ 51 Anhörung beteiligter Kreise

Soweit Ermächtigungen zum Erlass von Rechtsverordnungen und allgemeinen Verwaltungsvorschriften die Anhörung der beteiligten Kreise vorschreiben, ist ein jeweils auszuwählender[250] Kreis von Vertretern der Wissenschaft, der Betroffenen,[251] der beteiligten Wirtschaft, des beteiligten Verkehrswesens und der für den Immissionsschutz zuständigen obersten Landesbehörden zu hören.

§ 51a Kommission für Anlagensicherheit[252]

(1) Beim Bundesministerium für Umwelt, Naturschutz, Bau und Reaktorsicherheit wird zur Beratung der Bundesregierung oder des zuständigen Bundesministeriums eine Kommission für Anlagensicherheit gebildet.

---

246) Vgl. Einführung Nr. 3.22 und Nr. 9.2.

247) Die Formulierung »in Betriebsbereichen« (vgl. § 3 Abs. 5a) bezieht sich auf den Ort der Unfälle, nicht auf den Ort der Auswirkungen.

248) Die Nichtbeachtung des § 50 führt zur Rechtswidrigkeit der öffentlichen Planung.

249) Die EG-rechtlich vorgegebenen Begriffe »Immissionsgrenzwerte« und »Zielwerte« sind in § 1 Nr. 15 und Nr. 37 der 39. BImSchV näher bestimmt.

250) Die Auswahl liegt im pflichtgemäßen Ermessen des jeweiligen Verordnungsgebers. Ein Verstoß gegen die Anhörungspflicht führt nicht zur Nichtigkeit der Verordnung (str.).

251) Hier sind die potentiell betroffenen Bevölkerungskreise (z. B. Haus- und Grundbesitzer) gemeint.

252) Die Kommission für Anlagensicherheit ist seit dem Jahre 2005 an die Stelle des Technischen Ausschusses für Anlagensicherheit (früher § 31a) und der Störfall-Kommission (§ 51a alt) getreten.

(2) ¹Die Kommission für Anlagensicherheit soll gutachtlich in regelmäßigen Zeitabständen sowie aus besonderem Anlass Möglichkeiten zur Verbesserung der Anlagensicherheit aufzeigen. ²Sie schlägt darüber hinaus dem Stand der Sicherheitstechnik entsprechende Regeln (sicherheitstechnische Regeln) unter Berücksichtigung der für andere Schutzziele vorhandenen Regeln vor. ³Nach Anhörung der für die Anlagensicherheit zuständigen obersten Landesbehörden kann das Bundesministerium für Umwelt, Naturschutz, Bau und Reaktorsicherheit diese Regeln im Bundesanzeiger veröffentlichen. ⁴Die Kommission für Anlagensicherheit überprüft innerhalb angemessener Zeitabstände, spätestens nach jeweils fünf Jahren, ob die veröffentlichten sicherheitstechnischen Regeln weiterhin dem Stand der Sicherheitstechnik entsprechen.

(3) In die Kommission für Anlagensicherheit sind im Einvernehmen mit dem Bundesministerium für Arbeit und Soziales neben Vertreterinnen oder Vertretern der beteiligten Bundesbehörden sowie der für den Immissions- und Arbeitsschutz zuständigen Landesbehörden insbesondere Vertreterinnen oder Vertreter der Wissenschaft, der Umweltverbände, der Gewerkschaften, der Sachverständigen nach § 29a und der zugelassenen Überwachungsstellen nach § 37 Absatz 5 des Produktsicherheitsgesetzes, der Berufsgenossenschaften, der beteiligten Wirtschaft sowie Vertreterinnen oder Vertreter der nach § 24 der Betriebssicherheitsverordnung und § 21 der Gefahrstoffverordnung eingesetzten Ausschüsse zu berufen.

(4) ¹Die Kommission für Anlagensicherheit wählt aus ihrer Mitte eine Vorsitzende oder einen Vorsitzenden und gibt sich eine Geschäftsordnung. ²Die Wahl der oder des Vorsitzenden und die Geschäftsordnung bedürfen der im Einvernehmen mit dem Bundesministerium für Arbeit und Soziales zu erteilenden Zustimmung des Bundesministeriums für Umwelt, Naturschutz, Bau und Reaktorsicherheit.

§ 51b Sicherstellung der Zustellungsmöglichkeit

¹Der Betreiber einer genehmigungsbedürftigen Anlage hat sicherzustellen, dass für ihn bestimmte Schriftstücke im Geltungsbereich dieses Gesetzes zugestellt werden können. ²Kann die Zustellung nur dadurch sichergestellt werden, dass ein Bevollmächtigter bestellt wird, so hat der Betreiber den Bevollmächtigten der zuständigen Behörde zu benennen.

§ 52 Überwachung²⁵³⁾

(1) ¹Die zuständigen Behörden haben die Durchführung dieses Gesetzes und der auf dieses Gesetz gestützten Rechtsverordnungen zu überwachen. ²Sie können die dafür erforderlichen Maßnahmen treffen²⁵⁴⁾ und bei

---

253) Vgl. Einführung Nr. 3.23, Nr. 5.6, Nr. 6.31 und Nr. 7.2.

254) Selbständige, die allgemeinen Pflichten konkretisierende behördliche Anordnungen sind trotz § 52 Abs. 1 Satz 2 auf §§ 17, 20, 24 oder 25 zu stützen. Für unselbständige Anordnungen (vgl. Fn. 114) kann § 52 als Ermächtigungsgrundlage herangezogen werden.

der Durchführung dieser Maßnahmen Beauftragte[255] einsetzen. [3]Sie haben Genehmigungen im Sinne des § 4 regelmäßig zu überprüfen und soweit erforderlich durch nachträgliche Anordnungen nach § 17[256] auf den neuesten Stand zu bringen. [4]Eine Überprüfung im Sinne von Satz 2 wird in jedem Fall vorgenommen, wenn

1. Anhaltspunkte dafür bestehen, dass der Schutz der Nachbarschaft und der Allgemeinheit nicht ausreichend ist und deshalb die in der Genehmigung festgelegten Begrenzungen der Emissionen überprüft oder neu festgesetzt werden müssen,
2. wesentliche Veränderungen des Standes der Technik eine erhebliche Verminderung der Emissionen ermöglichen,
3. eine Verbesserung der Betriebssicherheit erforderlich ist, insbesondere durch die Anwendung anderer Techniken, oder
4. neue umweltrechtliche Vorschriften dies fordern.

[5]Bei Anlagen nach der Industrieemissions-Richtlinie ist innerhalb von vier Jahren nach der Veröffentlichung von BVT-Schlussfolgerungen zur Haupttätigkeit[257]

1. eine Überprüfung und gegebenenfalls Aktualisierung der Genehmigung[258] im Sinne von Satz 3 vorzunehmen und
2. sicherzustellen, dass die betreffende Anlage die Genehmigungsanforderungen nach § 6 Absatz 1 Nummer 1 und der Nebenbestimmungen nach § 12 einhält.

[6]Satz 5 gilt auch für Genehmigungen, die nach Veröffentlichung von BVT-Schlussfolgerungen auf der Grundlage der bislang geltenden Rechts- und Verwaltungsvorschriften erteilt worden sind. [7]Wird festgestellt, dass eine Einhaltung der nachträglichen Anordnung nach § 17 oder der Genehmigung innerhalb der in Satz 5 bestimmten Frist wegen technischer Merkmale der betroffenen Anlage unverhältnismäßig wäre, kann die zuständige Behörde einen längeren Zeitraum festlegen. [8]Als Teil jeder Überprüfung der Genehmigung hat die zuständige Behörde die Festlegung weniger strenger Emissionsbegrenzungen nach § 7 Absatz 1b Satz 1 Nummer 2 Buchstabe a, § 12 Absatz 1b Satz 1 Nummer 1, § 17 Absatz 2b Satz 1 Nummer 1 und § 48 Absatz 1b Satz 1 Nummer 2 Buchstabe a erneut zu bewerten.

---

255) Die Beauftragen sind Gehilfen der Überwachungsbehörde. Ihnen können keine hoheitlichen Befugnisse übertragen werden.
256) Vgl. Einführung Nr. 5.71.
257) Die Frist gilt auch dann, wenn eine den Stand der Technik konkretisierende Rechtsverordnung oder Verwaltungsvorschrift nicht innerhalb der Frist nach § 7 Abs. 1a Satz 2 Nr. 1 bzw. § 48 Abs. 1a Satz 2 angepasst worden ist.
258) Eine Aktualisierung der Genehmigung ist auf § 17 zu stützen.

(1a)[259)] Im Falle des § 31 Absatz 1 Satz 3 hat die zuständige Behörde mindestens jährlich die Ergebnisse der Emissionsüberwachung[260)] zu bewerten,[261)] um sicherzustellen, dass die Emissionen unter normalen Betriebsbedingungen die in den BVT-Schlussfolgerungen festgelegten Emissionsbandbreiten nicht überschreiten.

(1b)[262)] ¹Zur Durchführung von Absatz 1 Satz 1 stellen die zuständigen Behörden zur regelmäßigen Überwachung von Anlagen nach der Industrieemissions-Richtlinie in ihrem Zuständigkeitsbereich Überwachungspläne und Überwachungsprogramme gemäß § 52a auf. ²Zur Überwachung nach Satz 1 gehören insbesondere Vor-Ort-Besichtigungen, Überwachung der Emissionen und Überprüfung interner Berichte und Folgedokumente, Überprüfung der Eigenkontrolle, Prüfung der angewandten Techniken und der Eignung des Umweltmanagements der Anlage zur Sicherstellung der Anforderungen nach § 6 Absatz 1 Nummer 1.

(2) ¹Eigentümer und Betreiber von Anlagen sowie Eigentümer und Besitzer von Grundstücken, auf denen Anlagen betrieben werden, sind verpflichtet, den Angehörigen der zuständigen Behörde und deren Beauftragten den Zutritt zu den Grundstücken und zur Verhütung dringender Gefahren für die öffentliche Sicherheit oder Ordnung auch zu Wohnräumen und die Vornahme von Prüfungen einschließlich der Ermittlung von Emissionen und Immissionen zu gestatten sowie die Auskünfte zu erteilen und die Unterlagen vorzulegen, die zur Erfüllung ihrer Aufgaben erforderlich sind. ²Das Grundrecht der Unverletzlichkeit der Wohnung (Artikel 13 des Grundgesetzes) wird insoweit eingeschränkt. ³Betreiber von Anlagen, für die ein Immissionsschutzbeauftragter oder ein Störfallbeauftragter bestellt ist, haben diesen auf Verlangen der zuständigen Behörde zu Überwachungsmaßnahmen nach Satz 1 hinzuzuziehen.[263)] ⁴Im Rahmen der Pflichten nach Satz 1 haben die Eigentümer und Betreiber der Anlagen Arbeitskräfte sowie Hilfsmittel, insbesondere Treibstoffe und Antriebsaggregate, bereitzustellen.

(3) ¹Absatz 2 gilt entsprechend für Eigentümer und Besitzer von Anlagen, Stoffen, Erzeugnissen, Brennstoffen, Treibstoffen und Schmierstoffen, soweit diese den §§ 37a bis 37c oder der Regelung der nach den §§ 32 bis 35, 37 oder 37d erlassenen Rechtsverordnung unterliegen. ²Die Eigentümer und Besitzer haben den Angehörigen der zuständigen Behörde und deren Beauftragten die Entnahme von Stichproben zu gestatten, soweit dies zur Erfüllung ihrer Aufgaben erforderlich ist.

---

259) Die Vorschrift dient der Umsetzung des Art. 15 Abs. 3 Satz 2 und ist im Hinblick auf dessen Anforderungen zu interpretieren. Sie gilt nur für Anlagen nach der Industrieemissions-Richtlinie.

260) Hier geht es um die Ergebnisse der Überwachung durch den Anlagenbetreiber.

261) Gegenstand der Bewertung sind die tatsächlichen Emissionen im Verhältnis zu den in den BVT-Schlussfolgerungen festgelegten Emissionsbandbreiten.

262) Absatz 1b in Verbindung mit § 52a dient der Umsetzung des Art. 23 der Industrieemissions-Richtlinie.

263) Auskunftspflichtig ist in jedem Fall der Betreiber der Anlage und nicht der Immissionsschutzbeauftragte.

(4) ¹Kosten²⁶⁴⁾, die durch Prüfungen im Rahmen des Genehmigungsverfahrens entstehen, trägt der Antragsteller. ²Kosten, die bei der Entnahme von Stichproben nach Absatz 3 und deren Untersuchung entstehen, trägt der Auskunftspflichtige. ³Kosten, die durch sonstige Überwachungsmaßnahmen nach Absatz 2 oder 3 entstehen, trägt der Auskunftspflichtige, es sei denn, die Maßnahme betrifft die Ermittlung von Emissionen und Immissionen oder die Überwachung einer nicht genehmigungsbedürftigen Anlage außerhalb des Überwachungssystems nach der Zwölften Verordnung zur Durchführung des Bundes-Immissionsschutzgesetzes; in diesen Fällen sind die Kosten dem Auskunftspflichtigen nur aufzuerlegen,²⁶⁵⁾ wenn die Ermittlungen ergeben, dass

1. Auflagen oder Anordnungen nach den Vorschriften dieses Gesetzes oder der auf dieses Gesetz gestützten Rechtsverordnungen nicht erfüllt worden oder

2. Auflagen oder Anordnungen nach den Vorschriften dieses Gesetzes oder der auf dieses Gesetz gestützten Rechtsverordnungen geboten²⁶⁶⁾ sind.

(5) Der zur Auskunft Verpflichtete kann die Auskunft auf solche Fragen verweigern,²⁶⁷⁾ deren Beantwortung ihn selbst oder einen der in § 383 Absatz 1 Nummer 1 bis 3 der Zivilprozessordnung bezeichneten Angehörigen der Gefahr strafgerichtlicher Verfolgung oder eines Verfahrens nach dem Gesetz über Ordnungswidrigkeiten aussetzen würde.

(6) ¹Soweit zur Durchführung dieses Gesetzes oder der auf dieses Gesetz gestützten Rechtsverordnungen Immissionen zu ermitteln sind, haben auch die Eigentümer und Besitzer von Grundstücken, auf denen Anlagen nicht betrieben werden, den Angehörigen der zuständigen Behörde und deren Beauftragten den Zutritt zu den Grundstücken und zur Verhütung dringender Gefahren für die öffentliche Sicherheit oder Ordnung auch zu Wohnräumen und die Vornahme der Prüfungen zu gestatten. ²Das Grundrecht der Unverletzlichkeit der Wohnung (Artikel 13 des Grundgesetzes) wird insoweit eingeschränkt. ³Bei Ausübung der Befugnisse nach Satz 1 ist auf die berechtigten Belange der Eigentümer und Besitzer Rücksicht zu nehmen; für entstandene Schäden hat das Land, im Falle des § 59 Absatz 1 der Bund, Ersatz zu leisten. ⁴Waren die Schäden unvermeidbare Folgen der Überwachungsmaßnahmen und haben die Überwachungsmaßnahmen zu Anordnungen der zuständigen Behörde gegen den Betreiber einer Anlage geführt, so hat dieser die Ersatzleistung dem Land oder dem Bund zu erstatten.

---

264) Kosten sind Gebühren und Auslagen. Die Gebührenerhebung für behördliche Überwachungsmaßnahmen wird durch die Länder geregelt.

265) Die Heranziehung zu den Kosten erfolgt durch einen (anfechtbaren) Verwaltungsakt. Zur Bedeutung des Abs. 4 vgl. BVerwG, NVwZ 2000, 73.

266) Vgl. Fußnote 172 zu § 30.

267) Das Auskunftsverweigerungsrecht bedeutet nicht, dass der Betroffene unrichtige oder – ohne besonderen Hinweis hierauf – unvollständige Angaben machen darf.

(7) [1]Auf die nach den Absätzen 2, 3 und 6 erlangten Kenntnisse und Unterlagen sind die §§ 93, 97, 105 Absatz 1, § 111 Absatz 5 in Verbindung mit § 105 Absatz 1 sowie § 116 Absatz 1 der Abgabenordnung nicht anzuwenden. [2]Dies gilt nicht, soweit die Finanzbehörden die Kenntnisse für die Durchführung eines Verfahrens wegen einer Steuerstraftat sowie eines damit zusammenhängenden Besteuerungsverfahrens benötigen, an deren Verfolgung ein zwingendes öffentliches Interesse besteht, oder soweit es sich um vorsätzlich falsche Angaben des Auskunftspflichtigen oder der für ihn tätigen Personen handelt.

§ 52a Überwachungspläne, Überwachungsprogramme für Anlagen nach der Industrieemissions-Richtlinie

(1) [1]Überwachungspläne haben Folgendes zu enthalten:
1. den räumlichen Geltungsbereich des Plans,
2. eine allgemeine Bewertung der wichtigen Umweltprobleme im Geltungsbereich des Plans,
3. ein Verzeichnis der in den Geltungsbereich des Plans fallenden Anlagen,
4. Verfahren für die Aufstellung von Programmen für die regelmäßige Überwachung,
5. Verfahren für die Überwachung aus besonderem Anlass sowie
6. soweit erforderlich, Bestimmungen für die Zusammenarbeit zwischen verschiedenen Überwachungsbehörden.

[2]Die Überwachungspläne sind von den zuständigen Behörden regelmäßig zu überprüfen und, soweit erforderlich, zu aktualisieren.

(2) [1]Auf der Grundlage der Überwachungspläne erstellen oder aktualisieren die zuständigen Behörden regelmäßig Überwachungsprogramme, in denen auch die Zeiträume angegeben sind, in denen Vor-Ort-Besichtigungen stattfinden müssen. [2]In welchem zeitlichen Abstand Anlagen vor Ort besichtigt werden müssen, richtet sich nach einer systematischen Beurteilung der mit der Anlage verbundenen Umweltrisiken insbesondere anhand der folgenden Kriterien:
1. mögliche und tatsächliche Auswirkungen der betreffenden Anlage auf die menschliche Gesundheit und auf die Umwelt unter Berücksichtigung der Emissionswerte und -typen, der Empfindlichkeit der örtlichen Umgebung und des von der Anlage ausgehenden Unfallrisikos,
2. bisherige Einhaltung der Genehmigungsanforderungen nach § 6 Absatz 1 Nummer 1 und der Nebenbestimmungen nach § 12,
3. Eintragung eines Unternehmens in ein Verzeichnis gemäß den Artikeln 13 bis 15 der Verordnung (EG) Nummer 1221/2009 des Europäischen Parlaments und des Rates vom 25. November 2009 über die freiwillige Teilnahme von Organisationen an einem Gemeinschaftssystem für Umweltmanagement und Umweltbetriebsprüfung und zur Aufhebung der Verordnung (EG) Nr. 761/2001, sowie der Beschlüsse der Kommission 2001/681/EG und 2006/193/EG (ABl. L 342 vom 22. 12. 2009, S. 1).

(3) [1]Der Abstand zwischen zwei Vor-Ort-Besichtigungen darf die folgenden Zeiträume nicht überschreiten:
1. ein Jahr bei Anlagen, die der höchsten Risikostufe unterfallen, sowie
2. drei Jahre bei Anlagen, die der niedrigsten Risikostufe unterfallen.
[2]Wurde bei einer Überwachung festgestellt, dass der Betreiber einer Anlage in schwerwiegender Weise gegen die Genehmigung verstößt, hat die zuständige Behörde innerhalb von sechs Monaten nach der Feststellung des Verstoßes eine zusätzliche Vor-Ort-Besichtigung durchzuführen.
(4) Die zuständigen Behörden führen unbeschadet des Absatzes 2 bei Beschwerden wegen ernsthafter Umweltbeeinträchtigungen, bei Ereignissen mit erheblichen Umweltauswirkungen und bei Verstößen gegen die Vorschriften dieses Gesetzes oder der auf Grund dieses Gesetzes erlassenen Rechtsverordnungen eine Überwachung durch.
(5) [1]Nach jeder Vor-Ort-Besichtigung einer Anlage erstellt die zuständige Behörde einen Bericht mit den relevanten Feststellungen über die Einhaltung der Genehmigungsanforderungen nach § 6 Absatz 1 Nummer 1 und der Nebenbestimmungen nach § 12 sowie mit Schlussfolgerungen, ob weitere Maßnahmen notwendig sind. [2]Der Bericht ist dem Betreiber innerhalb von zwei Monaten nach der Vor-Ort-Besichtigung durch die zuständige Behörde zu übermitteln. [3]Der Bericht ist der Öffentlichkeit nach den Vorschriften über den Zugang zu Umweltinformationen innerhalb von vier Monaten nach der Vor-Ort-Besichtigung zugänglich zu machen.

§ 52b Mitteilungspflichten zur Betriebsorganisation

(1) [1]Besteht bei Kapitalgesellschaften das vertretungsberechtigte Organ aus mehreren Mitgliedern oder sind bei Personengesellschaften mehrere vertretungsberechtigte Gesellschafter vorhanden, so ist der zuständigen Behörde anzuzeigen, wer von ihnen nach den Bestimmungen über die Geschäftsführungsbefugnis für die Gesellschaft die Pflichten des Betreibers der genehmigungsbedürftigen Anlage wahrnimmt, die ihm nach diesem Gesetz und nach den auf Grund dieses Gesetzes erlassenen Rechtsverordnungen und allgemeinen Verwaltungsvorschriften obliegen. [2]Die Gesamtverantwortung aller Organmitglieder oder Gesellschafter bleibt hiervon unberührt.
(2) Der Betreiber der genehmigungsbedürftigen Anlage oder im Rahmen ihrer Geschäftsführungsbefugnis die nach Absatz 1 Satz 1 anzuzeigende Person hat der zuständigen Behörde mitzuteilen,[268] auf welche Weise sichergestellt ist, dass die dem Schutz vor schädlichen Umwelteinwirkungen und vor sonstigen Gefahren, erheblichen Nachteilen und erheblichen Belästigungen dienenden Vorschriften und Anordnungen beim Betrieb beachtet werden.

---

268) Die Mitteilung muss so detailliert sein, dass die Behörde die Überzeugung gewinnen kann, dass die organisatorischen Voraussetzungen für eine ordnungsmäßige Erfüllung der immissionsschutzrechtlichen Pflichten gegeben sind.

§ 53 Bestellung eines Betriebsbeauftragten für Immissionsschutz[269)]

(1) [1]Betreiber genehmigungsbedürftiger Anlagen haben einen oder mehrere[270)] Betriebsbeauftragte für Immissionsschutz (Immissionsschutzbeauftragte) zu bestellen, sofern dies im Hinblick auf die Art oder die Größe der Anlagen wegen der

1. von den Anlagen ausgehenden Emissionen,
2. technischen Probleme der Emissionsbegrenzung oder
3. Eignung der Erzeugnisse, bei bestimmungsgemäßer Verwendung schädliche Umwelteinwirkungen durch Luftverunreinigungen, Geräusche oder Erschütterungen hervorzurufen,

erforderlich ist. [2]Das Bundesministerium für Umwelt, Naturschutz, Bau und Reaktorsicherheit bestimmt nach Anhörung der beteiligten Kreise (§ 51) durch Rechtsverordnung mit Zustimmung des Bundesrates die genehmigungsbedürftigen Anlagen, deren Betreiber Immissionsschutzbeauftragte zu bestellen haben.

(2) Die zuständige Behörde kann anordnen, dass Betreiber genehmigungsbedürftiger Anlagen, für die die Bestellung eines Immissionsschutzbeauftragten nicht durch Rechtsverordnung vorgeschrieben ist, sowie Betreiber nicht genehmigungsbedürftiger Anlagen einen oder mehrere Immissionsschutzbeauftragte zu bestellen haben, soweit sich im Einzelfall die Notwendigkeit der Bestellung aus den in Absatz 1 Satz 1 genannten Gesichtspunkten ergibt.

§ 54 Aufgaben[271)]

(1) [1]Der Immissionsschutzbeauftragte berät den Betreiber und die Betriebsangehörigen in Angelegenheiten, die für den Immissionsschutz bedeutsam sein können. [2]Er ist berechtigt und verpflichtet,

1. auf die Entwicklung und Einführung
   a) umweltfreundlicher Verfahren, einschließlich Verfahren zur Vermeidung oder ordnungsgemäßen und schadlosen Verwertung der beim Betrieb entstehenden Abfälle oder deren Beseitigung als Abfall sowie zur Nutzung von entstehender Wärme,
   b) umweltfreundlicher Erzeugnisse, einschließlich Verfahren zur Wiedergewinnung und Wiederverwendung,
   hinzuwirken,
2. bei der Entwicklung und Einführung umweltfreundlicher Verfahren und Erzeugnisse mitzuwirken, insbesondere durch Begutachtung der Verfahren und Erzeugnisse unter dem Gesichtspunkt der Umweltfreundlichkeit,

---

269) Vgl. Einführung Nr. 9.3. – Für welche Anlagen Immissionsschutzbeauftragte zu bestellen sind, ist in der Verordnung über Immissionsschutz- und Störfallbeauftragte (5. BImSchV) bestimmt.

270) Bei der Bestellung mehrerer Immissionsschutzbeautragter ist § 55 Abs. 3 zu beachten.

271) Vgl. Einführung Nr. 3.23 und Nr. 9.3.

3. soweit dies nicht Aufgabe des Störfallbeauftragten nach § 58b Absatz 1 Satz 2 Nummer 3 ist, die Einhaltung der Vorschriften dieses Gesetzes und der auf Grund dieses Gesetzes erlassenen Rechtsverordnungen und die Erfüllung erteilter Bedingungen und Auflagen zu überwachen,[272] insbesondere durch Kontrolle der Betriebsstätte in regelmäßigen Abständen, Messungen von Emissionen und Immissionen, Mitteilung festgestellter Mängel und Vorschläge über Maßnahmen zur Beseitigung dieser Mängel,

4. die Betriebsangehörigen über die von der Anlage verursachten schädlichen Umwelteinwirkungen aufzuklären sowie über die Einrichtungen und Maßnahmen zu ihrer Verhinderung unter Berücksichtigung der sich aus diesem Gesetz oder Rechtsverordnungen auf Grund dieses Gesetzes ergebenden Pflichten.

(2) Der Immissionsschutzbeauftragte erstattet dem Betreiber jährlich einen Bericht über die nach Absatz 1 Satz 2 Nr. 1 bis 4 getroffenen und beabsichtigten Maßnahmen.

§ 55 Pflichten des Betreibers[273]

(1) ¹Der Betreiber hat den Immissionsschutzbeauftragten schriftlich zu bestellen und die ihm obliegenden Aufgaben genau zu bezeichnen. ²Der Betreiber hat die Bestellung des Immissionsschutzbeauftragten und die Bezeichnung seiner Aufgaben sowie Veränderungen in seinem Aufgabenbereich und dessen Abberufung der zuständigen Behörde unverzüglich anzuzeigen. ³Dem Immissionsschutzbeauftragten ist eine Abschrift der Anzeige auszuhändigen.

(1a) ¹Der Betreiber hat den Betriebs- oder Personalrat vor der Bestellung des Immissionsschutzbeauftragten unter Bezeichnung der ihm obliegenden Aufgaben zu unterrichten. ²Entsprechendes gilt bei Veränderungen im Aufgabenbereich des Immissionsschutzbeauftragten und bei dessen Abberufung.

(2) ¹Der Betreiber darf zum Immissionsschutzbeauftragten nur bestellen, wer die zur Erfüllung seiner Aufgaben erforderliche Fachkunde und Zuverlässigkeit besitzt. ²Werden der zuständigen Behörde Tatsachen bekannt, aus denen sich ergibt, dass der Immissionsschutzbeauftragte nicht die zur Erfüllung seiner Aufgaben erforderliche Fachkunde oder Zuverlässigkeit besitzt, kann sie verlangen, dass der Betreiber einen anderen Immissionsschutzbeauftragten bestellt. ³Das Bundesministerium für Umwelt, Naturschutz, Bau und Reaktorsicherheit wird ermächtigt, nach Anhörung der beteiligten Kreise (§ 51) durch Rechtsverordnung mit Zustimmung des Bundesrates vorzuschreiben, welche Anforderungen an die Fachkunde und Zuverlässigkeit des Immissionsschutzbeauftragten zu stellen sind.[274]

---

272) Es handelt sich hier nicht um eine hoheitliche, sondern um eine innerbetriebliche Überwachung. Diese ist dem Immissionsschutzbeauftragten durch den Betreiber der Anlage zu ermöglichen (vgl. § 55 Abs. 4).

273) Vgl. Einführung Nr. 9.3.

274) Auf Grund des § 55 Abs. 2 sind §§ 7 bis 10a der 5. BImSchV erlassen worden.

(3) [1]Werden mehrere Immissionsschutzbeauftragte[275] bestellt, so hat der Betreiber für die erforderliche Koordinierung in der Wahrnehmung der Aufgaben, insbesondere durch Bildung eines Ausschusses für Umweltschutz, zu sorgen. [2]Entsprechendes gilt, wenn neben einem oder mehreren Immissionsschutzbeauftragten Betriebsbeauftragte nach anderen gesetzlichen Vorschriften bestellt werden. [3]Der Betreiber hat ferner für die Zusammenarbeit der Betriebsbeauftragten mit den im Bereich des Arbeitsschutzes beauftragten Personen zu sorgen.

(4) Der Betreiber hat den Immissionsschutzbeauftragten bei der Erfüllung seiner Aufgaben zu unterstützen und ihm insbesondere, soweit dies zur Erfüllung seiner Aufgaben erforderlich ist, Hilfspersonal sowie Räume, Einrichtungen, Geräte und Mittel zur Verfügung zu stellen und die Teilnahme an Schulungen zu ermöglichen.

§ 56 Stellungnahme zu Entscheidungen des Betreibers[276]

(1) Der Betreiber hat vor Entscheidungen über die Einführung von Verfahren und Erzeugnissen sowie vor Investitionsentscheidungen eine Stellungnahme[277] des Immissionsschutzbeauftragten einzuholen, wenn die Entscheidungen für den Immissionsschutz bedeutsam sein können.

(2) Die Stellungnahme ist so rechtzeitig einzuholen, dass sie bei den Entscheidungen nach Absatz 1 angemessen berücksichtigt werden kann; sie ist derjenigen Stelle vorzulegen, die über die Einführung von Verfahren und Erzeugnissen sowie über die Investition entscheidet.

§ 57 Vortragsrecht

[1]Der Betreiber hat durch innerbetriebliche Organisationsmaßnahmen sicherzustellen, dass der Immissionsschutzbeauftragte seine Vorschläge oder Bedenken unmittelbar der Geschäftsleitung vortragen kann, wenn er sich mit dem zuständigen Betriebsleiter nicht einigen konnte und er wegen der besonderen Bedeutung der Sache eine Entscheidung der Geschäftsleitung für erforderlich hält. [2]Kann der Immissionsschutzbeauftragte sich über eine von ihm vorgeschlagene Maßnahme im Rahmen seines Aufgabenbereichs mit der Geschäftsleitung nicht einigen, so hat diese den Immissionsschutzbeauftragten umfassend über die Gründe ihrer Ablehnung zu unterrichten.

§ 58 Benachteiligungsverbot, Kündigungsschutz[278]

(1) Der Immissionsschutzbeauftragte darf wegen der Erfüllung der ihm übertragenen Aufgaben nicht benachteiligt werden.

---

275) Es kommt darauf an, ob mehrere Immissionsschutzbeauftragte in einem Unternehmen (nicht nur für dieselbe Anlage!) bestellt werden.

276) Vgl. Einführung Nr. 9.3.

277) Die Stellungnahme muss sich im Rahmen des Aufgabenbereichs des Immissionsschutzbeauftragten (§ 54 Abs. 1) halten.

278) Vgl. Einführung Nr. 9.3.

(2) ¹Ist der Immissionsschutzbeauftragte Arbeitnehmer des zur Bestellung verpflichteten Betreibers, so ist die Kündigung des Arbeitsverhältnisses unzulässig, es sei denn, dass Tatsachen vorliegen, die den Betreiber zur Kündigung aus wichtigem Grund ohne Einhaltung einer Kündigungsfrist berechtigen. ²Nach der Abberufung als Immissionsschutzbeauftragter ist die Kündigung innerhalb eines Jahres, vom Zeitpunkt der Beendigung der Bestellung an gerechnet, unzulässig, es sei denn, dass Tatsachen vorliegen, die den Betreiber zur Kündigung aus wichtigem Grund ohne Einhaltung einer Kündigungsfrist berechtigen.

§ 58a Bestellung eines Störfallbeauftragten[279)]

(1) ¹Betreiber genehmigungsbedürftiger Anlagen haben einen oder mehrere Störfallbeauftragte zu bestellen, sofern dies im Hinblick auf die Art und Größe der Anlage wegen der bei einer Störung des bestimmungsgemäßen Betriebs auftretenden Gefahren für die Allgemeinheit und die Nachbarschaft erforderlich ist. ²Die Bundesregierung bestimmt nach Anhörung der beteiligten Kreise (§ 51) durch Rechtsverordnung mit Zustimmung des Bundesrates die genehmigungsbedürftigen Anlagen, deren Betreiber Störfallbeauftragte zu bestellen haben.

(2) Die zuständige Behörde kann anordnen, dass Betreiber genehmigungsbedürftiger Anlagen, für die die Bestellung eines Störfallbeauftragten nicht durch Rechtsverordnung vorgeschrieben ist, einen oder mehrere Störfallbeauftragte zu bestellen haben, soweit sich im Einzelfall die Notwendigkeit der Bestellung aus dem in Absatz 1 Satz 1 genannten Gesichtspunkt ergibt.

§ 58b Aufgaben des Störfallbeauftragten

(1) ¹Der Störfallbeauftragte berät den Betreiber in Angelegenheiten, die für die Sicherheit der Anlage bedeutsam sein können. ²Er ist berechtigt und verpflichtet,

1. auf die Verbesserung der Sicherheit der Anlage hinzuwirken,
2. dem Betreiber unverzüglich ihm bekannt gewordene Störungen des bestimmungsgemäßen Betriebs mitzuteilen, die zu Gefahren für die Allgemeinheit und die Nachbarschaft führen können,
3. die Einhaltung der Vorschriften dieses Gesetzes und der auf Grund dieses Gesetzes erlassenen Rechtsverordnungen sowie die Erfüllung erteilter Bedingungen und Auflagen im Hinblick auf die Verhinderung von Störungen des bestimmungsgemäßen Betriebs der Anlage zu überwachen, insbesondere durch Kontrolle der Betriebsstätte in regelmäßigen Abständen, Mitteilung festgestellter Mängel und Vorschläge zur Beseitigung dieser Mängel,
4. Mängel, die den vorbeugenden und abwehrenden Brandschutz sowie die technische Hilfeleistung betreffen, unverzüglich dem Betreiber zu melden.

---

279) Vgl. Einführung Nr. 9.3.

(2) [1]Der Störfallbeauftragte erstattet dem Betreiber jährlich einen Bericht über die nach Absatz 1 Satz 2 Nummer 1 bis 3 getroffenen und beabsichtigten Maßnahmen. [2]Darüber hinaus ist er verpflichtet, die von ihm ergriffenen Maßnahmen zur Erfüllung seiner Aufgaben nach Absatz 1 Satz 2 Nummer 2 schriftlich oder elektronisch aufzuzeichnen. [3]Er muss diese Aufzeichnungen mindestens fünf Jahre aufbewahren.

§ 58c Pflichten und Rechte des Betreibers gegenüber dem Störfallbeauftragten

(1) Die in den §§ 55 und 57 genannten Pflichten des Betreibers gelten gegenüber dem Störfallbeauftragten entsprechend; in Rechtsverordnungen nach § 55 Absatz 2 Satz 3 kann auch geregelt werden, welche Anforderungen an die Fachkunde und Zuverlässigkeit des Störfallbeauftragten zu stellen sind.

(2) [1]Der Betreiber hat vor Investitionsentscheidungen sowie vor der Planung von Betriebsanlagen und der Einführung von Arbeitsverfahren und Arbeitsstoffen eine Stellungnahme des Störfallbeauftragten einzuholen, wenn diese Entscheidungen für die Sicherheit der Anlage bedeutsam sein können. [2]Die Stellungnahme ist so rechtzeitig einzuholen, dass sie bei den Entscheidungen nach Satz 1 angemessen berücksichtigt werden kann; sie ist derjenigen Stelle vorzulegen, die die Entscheidungen trifft.

(3) Der Betreiber kann dem Störfallbeauftragten für die Beseitigung und die Begrenzung der Auswirkungen von Störungen des bestimmungsgemäßen Betriebs, die zu Gefahren für die Allgemeinheit und die Nachbarschaft führen können oder bereits geführt haben, Entscheidungsbefugnisse übertragen.[280)]

§ 58d Verbot der Benachteiligung des Störfallbeauftragten, Kündigungsschutz

§ 58 gilt für den Störfallbeauftragten entsprechend.

§ 58e Erleichterungen für auditierte Unternehmensstandorte

(1) Die Bundesregierung wird ermächtigt, zur Förderung der privaten Eigenverantwortung für EMAS-Standorte durch Rechtsverordnung mit Zustimmung des Bundesrates Erleichterungen zum Inhalt der Antragsunterlagen im Genehmigungsverfahren sowie überwachungsrechtliche Erleichterungen vorzusehen,[281)] soweit die entsprechenden Anforderungen der Verordnung (EG) Nummer 1221/2009 gleichwertig mit den Anforderungen sind, die zur Überwachung und zu den Antragsunterlagen nach diesem Gesetz oder nach den auf Grund dieses Gesetzes erlassenen Rechtsverordnung vorgesehen sind oder soweit die Gleichwertigkeit durch die Rechtsverordnung nach dieser Vorschrift sichergestellt wird.

---

280) Die Wahrnehmung von Entscheidungsbefugnissen gehört nicht zu den originären Aufgaben des Störfallbeauftragten. Die Übertragungsmöglichkeit wird in Absatz 3 nur erwähnt, weil eine entsprechende innerbetriebliche Regelung zweckmäßig sein kann, um eine Gefahrenlage möglichst schnell zu beheben.

281) Auf Grund des § 58e ist die weiter unten abgedruckte EMAS-Privilegierungs-Verordnung erlassen worden.

(2) Durch Rechtsverordnung nach Absatz 1 können weitere Voraussetzungen für die Inanspruchnahme und die Rücknahme von Erleichterungen
oder die vollständige oder teilweise Aussetzung von Erleichterungen für
Fälle festgelegt werden, in denen die Voraussetzungen für deren Gewäh-
rung nicht mehr vorliegen.

(3) [1]Durch Rechtsverordnung nach Absatz 1 können ordnungsrechtliche
Erleichterungen gewährt werden, wenn der Umweltgutachter oder die
Umweltgutachterorganisation die Einhaltung der Umweltvorschriften geprüft hat, keine Abweichungen festgestellt hat und dies in der Validierung
bescheinigt. [2]Dabei können insbesondere Erleichterungen vorgesehen
werden zu
1. Kalibrierungen, Ermittlungen, Prüfungen und Messungen,
2. Messberichten sowie sonstigen Berichten und Mitteilungen von Er-
   mittlungsergebnissen,
3. Aufgaben des Immissionsschutz- und Störfallbeauftragten,
4. Mitteilungspflichten zur Betriebsorganisation und
5. der Häufigkeit der behördlichen Überwachung.

§ 59 Zuständigkeit bei Anlagen der Landesverteidigung

Die Bundesregierung wird ermächtigt, durch Rechtsverordnung mit Zustimmung des Bundesrates zu bestimmen,[282] dass der Vollzug dieses Gesetzes und der auf dieses Gesetz gestützten Rechtsverordnungen bei Anlagen, die der Landesverteidigung dienen, Bundesbehörden obliegt.

§ 60 Ausnahmen für Anlagen der Landesverteidigung

(1) [1]Das Bundesministerium der Verteidigung kann für Anlagen nach § 3
Absatz 5 Nummer 1 und 3, die der Landesverteidigung dienen, in Einzelfällen, auch für bestimmte Arten von Anlagen, Ausnahmen von diesem
Gesetz und von den auf dieses Gesetz gestützten Rechtsverordnungen zulassen, soweit dies zwingende Gründe der Verteidigung oder die Erfüllung
zwischenstaatlicher Verpflichtungen erfordern. [2]Dabei ist der Schutz vor
schädlichen Umwelteinwirkungen zu berücksichtigen.

(2) [1]Die Bundeswehr darf bei Anlagen nach § 3 Absatz 5 Nummer 2, die
ihrer Bauart nach ausschließlich zur Verwendung in ihrem Bereich bestimmt sind, von den Vorschriften dieses Gesetzes und der auf dieses Gesetz gestützten Rechtsverordnungen abweichen, soweit dies zur Erfüllung
ihrer besonderen Aufgaben zwingend erforderlich ist. [2]Die auf Grund völkerrechtlicher Verträge in der Bundesrepublik Deutschland stationierten
Truppen dürfen bei Anlagen nach § 3 Absatz 5 Nummer 2, die zur Verwendung in deren Bereich bestimmt sind, von den Vorschriften dieses Gesetzes und der auf dieses Gesetz gestützten Rechtsverordnungen abweichen, soweit dies zur Erfüllung ihrer besonderen Aufgaben zwingend erforderlich ist.

---

282) Auf Grund des § 59 Abs. 1 ist die Verordnung über Anlagen der Landesverteidigung
     (14. BImSchV) erlassen worden.

§ 61 Berichterstattung an die Europäische Kommission

(1) ¹Die Länder übermitteln dem Bundesministerium für Umwelt, Naturschutz, Bau und Reaktorsicherheit nach dessen Vorgaben Informationen über die Umsetzung der Richtlinie 2010/75/EU, insbesondere über repräsentative Daten über Emissionen und sonstige Arten von Umweltverschmutzung, über Emissionsgrenzwerte und darüber, inwieweit der Stand der Technik angewendet wird. ²Die Länder stellen diese Informationen auf elektronischem Wege zur Verfügung. ³Art und Form der von den Ländern zu übermittelnden Informationen sowie der Zeitpunkt ihrer Übermittlung richten sich nach den Anforderungen, die auf der Grundlage von Artikel 72 Absatz 2 der Richtlinie 2010/75/EU festgelegt werden. ⁴§ 5 Absatz 1 Satz 2, Absatz 2 bis 6 des Gesetzes zur Ausführung des Protokolls über Schadstofffreisetzungs- und -verbringungsregister vom 21. Mai 2003 sowie zur Durchführung der Verordnung (EG) Nummer 166/2006 gilt entsprechend.

(2) ¹Die Länder übermitteln dem Bundesministerium für Umwelt, Naturschutz, Bau und Reaktorsicherheit nach dessen Vorgaben Informationen über die Umsetzung der Richtlinie 2012/18/EU sowie über die unter diese Richtlinie fallenden Betriebsbereiche. ²Art und Form der von den Ländern zu übermittelnden Informationen sowie der Zeitpunkt ihrer Übermittlung richten sich nach den Anforderungen, die auf der Grundlage von Artikel 21 Absatz 5 der Richtlinie 2012/18/EU festgelegt werden. ³Absatz 1 Satz 2 und 4 gilt entsprechend.

§ 62 Ordnungswidrigkeiten[283)]

(1) Ordnungswidrig handelt, wer vorsätzlich oder fahrlässig

1. eine Anlage ohne die Genehmigung nach § 4 Absatz 1 errichtet,[284)]

2. einer auf Grund des § 7 erlassenen Rechtsverordnung oder auf Grund einer solchen Rechtsverordnung erlassenen vollziehbaren Anordnung zuwiderhandelt, soweit die Rechtsverordnung für einen bestimmten Tatbestand auf diese Bußgeldvorschrift verweist,

3. eine vollziehbare Auflage nach § 8a Absatz 2 Satz 2 oder § 12 Absatz 1 nicht, nicht richtig, nicht vollständig oder nicht rechtzeitig erfüllt,

4. die Lage, die Beschaffenheit oder den Betrieb einer genehmigungsbedürftigen Anlage ohne die Genehmigung nach § 16 Absatz 1 wesentlich ändert,

4a. ohne Genehmigung nach § 16a Satz 1 oder § 23b Absatz 1 Satz 1 eine dort genannte Anlage störfallrelevant ändert oder störfallrelevant errichtet,

5. einer vollziehbaren Anordnung nach § 17 Absatz 1 Satz 1 oder 2, jeweils auch in Verbindung mit Absatz 5, § 24 Satz 1, § 26, § 28 Satz 1 oder § 29 nicht, nicht richtig, nicht vollständig oder nicht rechtzeitig nachkommt,

---

283) Vgl. Einführung Nr. 3.23.

284) Der Betrieb einer Anlage ohne Genehmigung ist eine Straftat nach § 327 StGB.

6. eine Anlage entgegen einer vollziehbaren Untersagung nach § 25 Absatz 1 betreibt,

7. einer auf Grund der §§ 23, 32, 33 Absatz 1 Nummer 1 oder 2, §§ 34, 35, 37, 38 Absatz 2, § 39 oder § 48a Absatz 1 Satz 1 oder 2, Absatz 1a oder 3 erlassenen Rechtsverordnung oder einer auf Grund einer solchen Rechtsverordnung ergangenen vollziehbaren Anordnung zuwiderhandelt, soweit die Rechtsverordnung für einen bestimmten Tatbestand auf diese Bußgeldvorschrift verweist,

7a. entgegen § 38 Absatz 1 Satz 2 Kraftfahrzeuge und ihre Anhänger, die nicht zum Verkehr auf öffentlichen Straßen zugelassen sind, Schienen-, Luft- und Wasserfahrzeuge sowie Schwimmkörper und schwimmende Anlagen nicht so betreibt, dass vermeidbare Emissionen verhindert und unvermeidbare Emissionen auf ein Mindestmaß beschränkt bleiben oder

8. entgegen einer Rechtsverordnung nach § 49 Absatz 1 Nummer 2 oder einer auf Grund einer solchen Rechtsverordnung ergangenen vollziehbaren Anordnung eine ortsfeste Anlage errichtet, soweit die Rechtsverordnung für einen bestimmten Tatbestand auf diese Bußgeldvorschrift verweist,

9. entgegen § 37c Absatz 1 Satz 1 bis 3 der zuständigen Stelle die dort genannten Angaben nicht, nicht richtig, nicht vollständig oder nicht rechtzeitig mitteilt oder nicht oder nicht rechtzeitig eine Kopie des Vertrages mit dem Dritten vorlegt,

10. entgegen § 37c Absatz 1 Satz 4, auch in Verbindung mit Satz 5, oder Satz 6 der zuständigen Stelle die dort genannten Angaben nicht richtig mitteilt,

11. entgegen § 37f Absatz 1 Satz 1, auch in Verbindung mit einer Rechtsverordnung nach § 37d Absatz 2 Satz 1 Nummer 14, der zuständigen Stelle einen Bericht nicht, nicht richtig, nicht vollständig oder nicht rechtzeitig vorlegt.

(2) Ordnungswidrig handelt ferner, wer vorsätzlich oder fahrlässig

1. entgegen § 15 Absatz 1 oder 3 eine Anzeige nicht, nicht richtig, nicht vollständig oder nicht rechtzeitig macht,

1a. entgegen § 15 Absatz 2 Satz 2 eine Änderung vornimmt,

1b. entgegen § 23a Absatz 1 Satz 1 eine Anzeige nicht, nicht richtig, nicht vollständig oder nicht rechtzeitig macht,

2. entgegen § 27 Absatz 1 Satz 1 in Verbindung mit einer Rechtsverordnung nach Absatz 4 Satz 1 eine Emissionserklärung nicht, nicht richtig, nicht vollständig oder nicht rechtzeitig abgibt oder nicht, nicht richtig, nicht vollständig oder nicht rechtzeitig ergänzt,

3. entgegen § 31 Absatz 1 Satz 1 eine dort genannte Zusammenfassung oder dort genannte Daten nicht, nicht richtig, nicht vollständig oder nicht rechtzeitig vorlegt,

3a. entgegen § 31 Absatz 5 Satz 1 eine Mitteilung nicht, nicht richtig, nicht vollständig oder nicht rechtzeitig macht,

4. entgegen § 52 Absatz 2 Satz 1, 3 oder 4, auch in Verbindung mit Absatz 3 Satz 1 oder Absatz 6 Satz 1 Auskünfte nicht, nicht richtig,

nicht vollständig oder nicht rechtzeitig erteilt, eine Maßnahme nicht duldet, Unterlagen nicht vorlegt, beauftragte Personen nicht hinzuzieht oder einer dort sonst genannten Verpflichtung zuwiderhandelt,

5. entgegen § 52 Absatz 3 Satz 2 die Entnahme von Stichproben nicht gestattet,

6. eine Anzeige nach § 67 Absatz 2 Satz 1 nicht, nicht richtig, nicht vollständig oder nicht rechtzeitig erstattet oder

7. entgegen § 67 Absatz 2 Satz 2 Unterlagen nicht, nicht richtig, nicht vollständig oder nicht rechtzeitig vorlegt.

(3) ¹Ordnungswidrig handelt, wer vorsätzlich oder fahrlässig

1. einer unmittelbar geltenden Vorschrift in Rechtsakten der Europäischen Union zuwiderhandelt, die inhaltlich

    a) einem in Absatz 1 Nummer 1, 3, 4, 5, 6, 7a, 9 oder Nummer 10 oder

    b) einem in Absatz 2

    bezeichneten Gebot oder Verbot entspricht, soweit eine Rechtsverordnung nach Satz 2 für einen bestimmten Tatbestand auf diese Bußgeldvorschrift verweist, oder

2. einer unmittelbar geltenden Vorschrift in Rechtsakten der Europäischen Union zuwiderhandelt, die inhaltlich einer Regelung entspricht, zu der die in Absatz 1 Nummer 2, 7 oder Nummer 8 genannten Vorschriften ermächtigen, soweit eine Rechtsverordnung nach Satz 2 für einen bestimmten Tatbestand auf diese Bußgeldvorschrift verweist.

²Das Bundesministerium für Umwelt, Naturschutz, Bau und Reaktorsicherheit wird ermächtigt, soweit dies zur Durchsetzung der Rechtsakte der Europäischen Union erforderlich ist, durch Rechtsverordnung mit Zustimmung des Bundesrates die Tatbestände zu bezeichnen, die als Ordnungswidrigkeit geahndet werden können.

(4) Die Ordnungswidrigkeit kann in den Fällen der Absätze 1 und 3 Nummer 1 Buchstabe a und Nummer 2 mit einer Geldbuße bis zu fünfzigtausend Euro und in den übrigen Fällen mit einer Geldbuße bis zu zehntausend Euro geahndet werden.

(5) Verwaltungsbehörde im Sinne des § 36 Absatz 1 Nummer 1 des Gesetzes über Ordnungswidrigkeiten ist in den Fällen des Absatzes 1 Nummer 9 bis 11 die zuständige Stelle.

§§ 63 bis 65 (weggefallen)²⁸⁵⁾

---

285) Die Strafbestimmungen der §§ 63 und 64 sind durch das Gesetz zur Bekämpfung der Umweltkriminalität vom 28. März 1980 (BGBl. I S. 373) aufgehoben worden. An ihre Stelle sind §§ 325, 327, 329 und 330 StGB getreten. Durch das Zweite Gesetz zur Bekämpfung der Umweltkriminalität vom 27. Juni 1994 (BGBl. I S. 1440, berichtigt BGBl. I 1995 S. 249) sind die §§ 324 ff. StGB wesentlich geändert und verschärft worden. – § 65 stellte die Verletzung der Geheimhaltungspflicht unter Strafe. An seine Stelle ist § 203 Abs. 2 StGB getreten.

Achter Teil
Schlussvorschriften
§ 66 Fortgeltung von Vorschriften
(1) (weggefallen)

(2) Bis zum Inkrafttreten von entsprechenden Rechtsverordnungen oder allgemeinen Verwaltungsvorschriften nach diesem Gesetz ist die Allgemeine Verwaltungsvorschrift zum Schutz gegen Baulärm – Geräuschimmissionen – vom 19. August 1970 (Beilage zum BAnz. Nr. 160 vom 1. September 1970) maßgebend.

§ 67 Übergangsvorschrift
(1) Eine Genehmigung, die vor dem Inkrafttreten dieses Gesetzes nach § 16 oder § 25 Absatz 1 der Gewerbeordnung erteilt worden ist, gilt als Genehmigung nach diesem Gesetz fort.

(2) ¹Eine genehmigungsbedürftige Anlage, die bei Inkrafttreten der Verordnung nach § 4 Absatz 1 Satz 3 errichtet oder wesentlich geändert ist oder mit deren Errichtung oder wesentlichen Änderung begonnen worden ist, muss innerhalb eines Zeitraums von drei Monaten nach Inkrafttreten der Verordnung der zuständigen Behörde angezeigt werden, sofern die Anlage nicht nach § 16 Absatz 1 oder § 25 Absatz 1 der Gewerbeordnung genehmigungsbedürftig war oder nach § 16 Absatz 4 der Gewerbeordnung angezeigt worden ist. ²Der zuständigen Behörde sind innerhalb eines Zeitraums von zwei Monaten nach Erstattung der Anzeige Unterlagen gemäß § 10 Absatz 1 über Art, Lage, Umfang und Betriebsweise der Anlage im Zeitpunkt des Inkrafttretens der Verordnung nach § 4 Absatz 1 Satz 3 vorzulegen.

(3) Die Anzeigepflicht nach Absatz 2 gilt nicht für ortsveränderliche Anlagen, die im vereinfachten Verfahren (§ 19) genehmigt werden können.

(4) Bereits begonnene Verfahren sind nach den Vorschriften dieses Gesetzes und der auf dieses Gesetz gestützten Rechts- und Verwaltungsvorschriften zu Ende zu führen.[286]

(5) ¹Soweit durch das Gesetz zur Umsetzung der Richtlinie über Industrieemissionen vom 8. April 2013 (BGBl. I S. 734) neue Anforderungen[287] festgelegt worden sind, sind diese Anforderungen von Anlagen nach der Industrieemissions-Richtlinie erst ab dem 7. Januar 2014 zu erfüllen, wenn vor dem 7. Januar 2013

1. die Anlage sich im Betrieb befand oder
2. eine Genehmigung für die Anlage erteilt wurde oder vom Vorhabenträger ein vollständiger Genehmigungsantrag gestellt wurde.

²Bestehende Anlagen nach Satz 1, die nicht von Anhang I der Richtlinie 2008/1/EG des Europäischen Parlaments und des Rates vom 15. Januar 2008 über die integrierte Vermeidung und Verminderung der Umweltverschmutzung (kodifizierte Fassung) (ABl. L 24 vom 29. 1. 2008, S. 8), die

---

286) Vgl. auch § 25 Abs. 1 und Abs. 1a der 9. BImSchV.
287) Es muss sich um inhaltlich neue Anforderungen handeln.

durch die Richtlinie 2009/31/EG (ABl. L 140 vom 5. 6. 2009, S. 114) geändert worden ist, erfasst wurden, haben abweichend von Satz 1 die dort genannten Anforderungen ab dem 7. Juli 2015 zu erfüllen.[288]

(6) [1]Eine nach diesem Gesetz erteilte Genehmigung für eine Anlage zum Umgang mit
1. gentechnisch veränderten Mikroorganismen,
2. gentechnisch veränderten Zellkulturen, soweit sie nicht dazu bestimmt sind, zu Pflanzen regeneriert zu werden,
3. Bestandteilen oder Stoffwechselprodukten von Mikroorganismen nach Nummer 1 oder Zellkulturen nach Nummer 2, soweit sie biologisch aktive, rekombinante Nukleinsäure enthalten,

ausgenommen Anlagen, die ausschließlich Forschungszwecken dienen, gilt auch nach dem Inkrafttreten eines Gesetzes zur Regelung von Fragen der Gentechnik fort. [2]Absatz 4 gilt entsprechend.[289]

(7) [1]Eine Planfeststellung oder Genehmigung nach dem Abfallgesetz gilt als Genehmigung nach diesem Gesetz fort. [2]Eine Anlage, die nach dem Abfallgesetz angezeigt wurde, gilt als nach diesem Gesetz angezeigt. [3]Abfallentsorgungsanlagen, die weder nach dem Abfallgesetz planfestgestellt oder genehmigt noch angezeigt worden sind, sind unverzüglich bei der zuständigen Behörde anzuzeigen. [4]Absatz 2 Satz 2 gilt entsprechend.

(8) Für die für das Jahr 1996 abzugebenden Emissionserklärungen ist § 27 in der am 14. Oktober 1996 geltenden Fassung weiter anzuwenden.[290]

(9)[291] [1]Baugenehmigungen für Windkraftanlagen mit einer Gesamthöhe von mehr als 50 Metern, die bis zum 1. Juli 2005 erteilt worden sind, gelten als Genehmigungen nach diesem Gesetz. [2]Nach diesem Gesetz erteilte Genehmigungen für Windfarmen gelten als Genehmigungen für die einzelnen Windkraftanlagen. [3]Verfahren auf Erteilung einer Baugenehmigung für Windkraftanlagen, die vor dem 1. Juli 2005 rechtshängig geworden sind, werden nach den Vorschriften der Verordnung über genehmigungsbedürftige Anlagen und der Anlage 1 des Gesetzes über die Umweltverträglichkeitsprüfung in der bisherigen Fassung abgeschlossen; für die in diesem Zusammenhang erteilten Baugenehmigungen gilt Satz 1 entsprechend. [4]Sofern ein Verfahren nach Satz 3 in eine Klage auf Erteilung einer Genehmigung nach diesem Gesetz geändert wird, gilt diese Änderung als sachdienlich.

---

288) Vgl. auch § 25 Abs. 2 der 9. BImSchV.

289) Absatz 6 ist als Reaktion auf den Beschluss des VGH Kassel vom 6.11.1989 (NJW 90, 336) durch das 3. Gesetz zur Änderung des BImSchG vom 11.5.1990 angefügt worden. Die Materie ist inzwischen im Gentechnikgesetz geregelt.

290) Danach war die nächste Emissionserklärung für das Jahr 2000 abzugeben. Inzwischen bestimmt sich der Erklärungszeitraum nach § 4 Abs. 1 der 11. BImSchV.

291) Absatz 9 steht im Zusammenhang mit der Änderung der Nr. 1.6 des Anhangs zur 4. BImSchV durch Verordnung vom 20. Juni 2005. Dadurch sollten die Folgen aus den Urteilen des Bundesverwaltungsgerichts vom 30. 6. und 21. 10. 2004 (NVwZ 04, 1235 und NVwZ 05, 208) vermieden werden.

(10) § 47 Absatz 5a gilt für die Verfahren zur Aufstellung oder Änderung von Luftreinhalteplänen nach § 47, die nach dem 25. Juni 2005 eingeleitet worden sind.

(11) ¹Für Kraftstoffe, die bis zum 31. Dezember 2014 in Verkehr gebracht werden, finden die §§ 37a bis 37f in der am 31. Dezember 2014 geltenden Fassung Anwendung. ²Die weitere Behandlung von Biokraftstoffmengen, die den Mindestanteil für das Kalenderjahr 2014 übersteigen und deren Anrechnung auf das Verpflichtungsjahr 2015 vom Verpflichteten beantragt wurde, richtet sich ausschließlich nach den am 1. Januar 2015 geltenden Regelungen.

§ 67a Überleitungsregelung aus Anlass der Herstellung der Einheit Deutschlands

(1) ¹In dem in Artikel 3 des Einigungsvertrages genannten Gebiet muss eine genehmigungsbedürftige Anlage, die vor dem 1. Juli 1990 errichtet worden ist oder mit deren Errichtung vor diesem Zeitpunkt begonnen wurde, innerhalb von sechs Monaten nach diesem Zeitpunkt der zuständigen Behörde angezeigt werden. ²Der Anzeige sind Unterlagen über Art, Umfang und Betriebsweise beizufügen.

(2) In dem in Artikel 3 des Einigungsvertrages genannten Gebiet darf die Erteilung einer Genehmigung zum Betrieb und zur wesentlichen Änderung der Lage, Beschaffenheit oder des Betriebs einer genehmigungsbedürftigen Anlage wegen der Überschreitung eines Immissionswertes durch die Immissionsvorbelastung nicht versagt werden, wenn

1. die Zusatzbelastung geringfügig²⁹²⁾ ist und mit einer deutlichen Verminderung der Immissionsbelastung im Einwirkungsbereich der Anlage innerhalb von fünf Jahren ab Genehmigung zu rechnen ist oder
2. im Zusammenhang mit dem Vorhaben Anlagen stillgelegt oder verbessert werden und dadurch eine Verminderung der Vorbelastung herbeigeführt wird, die im Jahresmittel mindestens doppelt so groß ist wie die von der Neuanlage verursachte Zusatzbelastung.

(3) Soweit die Technische Anleitung zur Reinhaltung der Luft vom 27. Februar 1986 (GMBl S. 95, 202) die Durchführung von Maßnahmen zur Sanierung von Altanlagen bis zu einem bestimmten Termin vorsieht, verlängern sich die hieraus ergebenden Fristen für das in Artikel 3 des Einigungsvertrages genannte Gebiet um ein Jahr; als Fristbeginn gilt der 1. Juli 1990.

§§ 68 bis 72 (Änderung von Rechtsvorschriften, Überleitung von Verweisungen, Aufhebung von Vorschriften)

---

292) Zur Bestimmung der Geringfügigkeit konnte auf Nr. 2.2.1.1 Buchst. b Doppelbuchst. aa TA Luft 1986 zurückgegriffen werden (vgl. NVwZ 91, 316).

§ 73 Bestimmungen zum Verwaltungsverfahren[293)]

Von den in diesem Gesetz und auf Grund dieses Gesetzes getroffenen Regelungen des Verwaltungsverfahrens kann durch Landesrecht nicht abgewichen werden.[294)]

---

293) § 73 ist durch das Öffentlichkeitsbeteiligungsgesetz vom 9. Dezember 2006 (BGBl. I S. 2819, 2822) eingefügt worden. Ursprünglich enthielt § 73 die Berlin-Klausel. Durch die neue Regelung wird von der durch Art. 84 Abs. 1 Satz 5 GG eingeräumten Möglichkeit Gebrauch gemacht.

294) Zum In-Kraft-Treten des Bundes-Immissionsschutzgesetzes ist festzuhalten: In seiner ursprünglichen Fassung ist das Gesetz am 1.4.1974 in Kraft getreten. In der Fassung der Bekanntmachung vom 14. 5. 1990 (BGBl. I S. 880) gilt es seit dem 1.9.1990. Die Änderungen durch das Gesetz vom 9. 10. 1996, insbesondere die Neufassung der §§ 15 und 16, gelten seit dem 15. 10. 1996. Das Gesetz zur Umsetzung der UVP-Änderungsrichtlinie, der IVU-Richtlinie u. a. vom 27. Juli 2001 (BGBl. I S. 1950) ist am 3. August 2001, das Siebte Änderungsgesetz vom 11. September 2002 (BGBl. I S. 3622) ist am 18. September 2002 in Kraft getreten. Das Gesetz vom 24. Juni 2005 (BGBl. I S. 1794), durch das der Sechste Teil eingefügt wurde, ist am 30. Juni 2005, das Öffentlichkeitsbeteiligungsgesetz mit mehreren Änderungen des Bundes-Immissionsschutzgesetzes (vgl. Einführung Nr. 2 Abs. 12) ist am 15. Dezember 2006 und die Einfügung der §§ 37a bis 37d durch das Biokraftstoffquotengesetz ist am 1. Januar 2007 in Kraft getreten. Die Änderungen des 2. Abschnitts des 3. Teils (§ 37a ff.) durch das Gesetz vom 15. Juli 2009 sind am 21. Juli 2009 in Kraft getreten. Das Gesetz zum Schutz vor nichtionisierender Strahlung bei der Anwendung am Menschen vom 29. Juli 2009, durch das die §§ 22 und 32 geändert worden sind, gilt seit dem 4. August 2009. Zum Inkrafttreten des § 6 Abs. 3 sowie der Änderungen der §§ 8, 8a, 9 und 12 vgl. Fn. 33, 42 und 65a. Das 8. BImSchG-Änderungsgesetz vom 31. Juli 2010 ist am 6. August 2010, das 9. BImSchG-Änderungsgesetz vom 26. November 2010 ist am 4. Dezember 2010 in Kraft getreten. Die Einfügung des § 22 Abs. 1a durch das 10. BImSchG-Änderungsgesetz vom 20. Juli 2011 gilt seit dem 28. Juli 2011. Die umfangreichen Änderungen durch das Gesetz zur Umsetzung der Richtlinie über Industrieemissionen vom 8. April 2013 sind, soweit sie sich auf die Kennzeichnung der Anlagen nach der Industrieemissions-Richtlinie oder die Anerkennung von Sachverständigen beziehen, am 2. Mai und im Übrigen am 13. April 2013 in Kraft getreten. Das 11. BImSchG-Änderungsgesetz ist seit dem 6. Juli 2013 in Kraft. Die Änderungen durch das 12. BImSchG-Änderungsgesetz gelten seit dem 1. Januar 2015. Das Umsetzungsgesetz zur Seveso-III-Richtlinie vom 30. November 2016 (BGBl. I S. 2749) ist am 7. Dezember 2016 in Kraft getreten.

Anlage
(zu § 3 Absatz 6)

Kriterien zur Bestimmung des Standes der Technik

Bei der Bestimmung des Standes der Technik sind unter Berücksichtigung der Verhältnismäßigkeit zwischen Aufwand und Nutzen möglicher Maßnahmen sowie des Grundsatzes der Vorsorge und der Vorbeugung, jeweils bezogen auf Anlagen einer bestimmten Art, insbesondere folgende Kriterien zu berücksichtigen:

1. Einsatz abfallarmer Technologie,
2. Einsatz weniger gefährlicher Stoffe,
3. Förderung der Rückgewinnung und Wiederverwertung der bei den einzelnen Verfahren erzeugten und verwendeten Stoffe und gegebenenfalls der Abfälle,
4. vergleichbare Verfahren, Vorrichtungen und Betriebsmethoden, die mit Erfolg im Betrieb erprobt wurden,
5. Fortschritte in der Technologie und in den wissenschaftlichen Erkenntnissen,
6. Art, Auswirkungen und Menge der jeweiligen Emissionen,
7. Zeitpunkte der Inbetriebnahme der neuen oder der bestehenden Anlagen,
8. für die Einführung einer besseren verfügbaren Technik erforderliche Zeit,
9. Verbrauch an Rohstoffen und Art der bei den einzelnen Verfahren verwendeten Rohstoffe (einschließlich Wasser) sowie Energieeffizienz,
10. Notwendigkeit, die Gesamtwirkung der Emissionen und die Gefahren für den Menschen und die Umwelt so weit wie möglich zu vermeiden oder zu verringern,
11. Notwendigkeit, Unfällen vorzubeugen und deren Folgen für den Menschen und die Umwelt zu verringern,
12. Informationen, die von internationalen Organisationen veröffentlicht werden,
13. Informationen, die in BVT-Merkblättern enthalten sind.[295)]

---

295) Für Anlagen nach der Industrieemissionsrichtlinie ergeben sich aus den BVT-Schlussfolgerungen weitergehende Anforderungen (vgl. § 7 Abs. 1a, § 12 Abs. 1a, § 17 Abs. 2a und § 48 Abs. 1a). Derartige Anforderungen sind in den bei Rdnrn. 66 ff. zur TA Luft (abgedruckt unter Nr. 3) wiedergegebenen Verwaltungsvorschriften in das nationale Recht umgesetzt.

Erste Verordnung
zur Durchführung des Bundes-Immissionsschutzgesetzes
(Verordnung über kleine und mittlere Feuerungsanlagen –
1. BImSchV)*)

Vom 26. Januar 2010 (BGBl. I S. 38)
(FNA 2129-8-1-3)
zuletzt geändert durch Art. 2 VO vom 13. Juni 2019 (BGBl. I S. 804, 828)

Inhaltsübersicht

Abschnitt 1
Allgemeine Vorschriften
§   1   Anwendungsbereich
§   2   Begriffsbestimmungen
§   3   Brennstoffe

Abschnitt 2
Feuerungsanlagen für feste Brennstoffe
§   4   Allgemeine Anforderungen
§   5   Feuerungsanlagen mit einer Nennwärmeleistung von 4 Kilowatt oder mehr

Abschnitt 3
Öl- und Gasfeuerungsanlagen
§   6   Allgemeine Anforderungen
§   7   Ölfeuerungsanlagen mit Verdampfungsbrenner
§   8   Ölfeuerungsanlagen mit Zerstäubungsbrenner
§   9   Gasfeuerungsanlagen
§ 10   Begrenzung der Abgasverluste
§ 11   (weggefallen)

Abschnitt 4
Überwachung
§ 12   Messöffnung
§ 13   Messeinrichtungen
§ 14   Überwachung neuer und wesentlich geänderter Feuerungsanlagen
§ 15   Wiederkehrende Überwachung
§ 16   Zusammenstellung der Messergebnisse
§ 17   Eigenüberwachung
§ 18   (weggefallen)

---

*) Zur Auslegung und Anwendung der 1. BImSchV vgl. die Hinweise der LAI vom
   13. Dezember 2017 (www.lai-immissionsschutz.de), abgedruckt in Ule/Laubinger/
   Repkewitz, Bundes-Immissionsschutzgesetz, Bd. 10 LAI 89.

Abschnitt 5
Gemeinsame Vorschriften

§ 19   Ableitbedingungen für Abgase
§ 20   Anzeige und Nachweise
§ 21   Weitergehende Anforderungen
§ 22   Zulassung von Ausnahmen
§ 23   Zugänglichkeit der Normen
§ 24   Ordnungswidrigkeiten

Abschnitt 6
Übergangsregelungen

§ 25   Übergangsregelung für Feuerungsanlagen für feste Brennstoffe,
        ausgenommen Einzelraumfeuerungsanlagen
§ 26   Übergangsregelung für Einzelraumfeuerungsanlagen für feste Brennstoffe
§ 27   Übergangsregelung für Schornsteinfegerarbeiten nach dem 1. Januar 2013

Abschnitt 7
Schlussvorschrift

§ 28   Inkrafttreten, Außerkrafttreten
Anlage 1   (zu § 12)
            Messöffnung
Anlage 2   (zu § 5 Absatz 1, §§ 7, 8, 10, 14 Absatz 4, § 15 Absatz 5, § 25 Absatz 2)
            Anforderungen an die Durchführung der Messungen im Betrieb
Anlage 3   (zu § 2 Nummer 11, § 6)
            Bestimmung des Nutzungsgrades und des Stickstoffoxidgehaltes unter
            Prüfbedingungen
Anlage 4   (zu § 3 Absatz 5 Nummer 2, § 4 Absatz 3, 5 und 7, § 26 Absatz 1 Satz 2
            Nummer 2, Absatz 6)
            Anforderungen bei der Typprüfung

Abschnitt 1
Allgemeine Vorschriften

§ 1 Anwendungsbereich

(1) Diese Verordnung gilt für die Errichtung, die Beschaffenheit und den Betrieb von Feuerungsanlagen, die keiner Genehmigung nach § 4 des Bundes-Immissionsschutzgesetzes bedürfen, mit Ausnahme von Feuerungsanlagen zur Verbrennung von gasförmigen oder flüssigen Brennstoffen mit einer Feuerungswärmeleistung von 1 Megawatt oder mehr.

(2) [1]Die §§ 4 bis 20 sowie die §§ 25 und 26 gelten nicht für

1. Feuerungsanlagen, die nach dem Stand der Technik ohne eine Einrichtung zur Ableitung der Abgase betrieben werden können, insbesondere Infrarotheizstrahler,

2. Feuerungsanlagen, die dazu bestimmt sind,

   a) Güter durch unmittelbare Berührung mit heißen Abgasen zu trocknen,

   b) Speisen durch unmittelbare Berührung mit heißen Abgasen zu backen oder in ähnlicher Weise zuzubereiten,

c) Alkohol in Kleinbrennereien mit einer jährlichen Erzeugung von nicht mehr als 10 Hektoliter Alkohol und einer jährlichen Betriebszeit von nicht mehr als 20 Tagen herzustellen oder

d) Warmwasser in Badeöfen zu erzeugen,

3. Feuerungsanlagen, von denen nach den Umständen zu erwarten ist, dass sie nicht länger als während der drei Monate, die auf die Inbetriebnahme folgen, an demselben Ort betrieben werden.

[2]Die §§ 14 und 19 bleiben in den Fällen von Satz 1 Nummer 2 Buchstabe b auf ab dem 20. Juni 2019 errichtete oder wesentlich geänderte stationäre Feuerungsanlagen zum Grillen oder Backen von Speisen zu gewerblichen Zwecken, die feste Brennstoffe nach § 3 Absatz 1 einsetzen, anwendbar.

§ 2 Begriffsbestimmungen

In dieser Verordnung gelten die folgenden Begriffsbestimmungen:

1. Abgasverlust:
   die Differenz zwischen dem Wärmeinhalt des Abgases und dem Wärmeinhalt der Verbrennungsluft bezogen auf den Heizwert des Brennstoffes;

2. Brennwertgerät:
   Wärmeerzeuger, bei dem die Verdampfungswärme des im Abgas enthaltenen Wasserdampfes konstruktionsbedingt durch Kondensation nutzbar gemacht wird;

3. Einzelraumfeuerungsanlage:
   Feuerungsanlage, die vorrangig zur Beheizung des Aufstellraumes verwendet wird, sowie Herde mit oder ohne indirekt beheizte Backvorrichtung;

4. Emissionen:
   die von einer Feuerungsanlage ausgehenden Luftverunreinigungen; Konzentrationsangaben beziehen sich auf das Abgasvolumen im Normzustand (273 Kelvin, 1 013 Hektopascal) nach Abzug des Feuchtegehaltes an Wasserdampf;

5. Feuerungsanlage:
   eine Anlage, bei der durch Verfeuerung von Brennstoffen Wärme erzeugt wird; zur Feuerungsanlage gehören Feuerstätte und, soweit vorhanden, Einrichtungen zur Verbrennungsluftzuführung, Verbindungsstück und Abgaseinrichtung;

6. Feuerungswärmeleistung:
   der auf den unteren Heizwert bezogene Wärmeinhalt des Brennstoffs, der einer Feuerungsanlage im Dauerbetrieb je Zeiteinheit zugeführt werden kann;

7. Holzschutzmittel:
   bei der Be- und Verarbeitung des Holzes eingesetzte Stoffe mit biozider Wirkung gegen holzzerstörende Insekten oder Pilze sowie holzverfärbende Pilze; ferner Stoffe zur Herabsetzung der Entflammbarkeit von Holz;

8. Kern des Abgasstromes:
   der Teil des Abgasstromes, der im Querschnitt des Abgaskanals im Bereich der Messöffnung die höchste Temperatur aufweist;

9. naturbelassenes Holz:
   Holz, das ausschließlich mechanischer Bearbeitung ausgesetzt war und bei seiner Verwendung nicht mehr als nur unerheblich mit Schadstoffen kontaminiert wurde;

10. Nennwärmeleistung:
    die höchste von der Feuerungsanlage im Dauerbetrieb nutzbar abgegebene Wärmemenge je Zeiteinheit; ist die Feuerungsanlage für einen Nennwärmeleistungsbereich eingerichtet, so ist die Nennwärmeleistung die in den Grenzen des Nennwärmeleistungsbereichs fest eingestellte und auf einem Zusatzschild angegebene höchste nutzbare Wärmeleistung; ohne Zusatzschild gilt als Nennwärmeleistung der höchste Wert des Nennwärmeleistungsbereichs;

11. Nutzungsgrad:
    das Verhältnis der von einer Feuerungsanlage nutzbar abgegebenen Wärmemenge zu dem der Feuerungsanlage mit dem Brennstoff zugeführten Wärmeinhalt bezogen auf eine Heizperiode mit festgelegter Wärmebedarfs-Häufigkeitsverteilung nach Anlage 3 Nummer 1;

12. offener Kamin:
    Feuerstätte für feste Brennstoffe, die bestimmungsgemäß offen betrieben werden kann, soweit die Feuerstätte nicht ausschließlich für die Zubereitung von Speisen bestimmt ist;

13. Grundofen:
    Einzelraumfeuerungsanlage als Wärmespeicherofen aus mineralischen Speichermaterialien, die an Ort und Stelle handwerklich gesetzt werden;

14. Ölderivate:
    schwerflüchtige organische Substanzen, die sich bei der Bestimmung der Rußzahl auf dem Filterpapier niederschlagen;

15. Rußzahl:
    die Kennzahl für die Schwärzung, die die im Abgas enthaltenen staubförmigen Emissionen bei der Rußzahlbestimmung nach DIN 51402 Teil 1, Ausgabe Oktober 1986, hervorrufen; Maßstab für die Schwärzung ist das optische Reflexionsvermögen; einer Erhöhung der Rußzahl um 1 entspricht eine Abnahme des Reflexionsvermögens um 10 Prozent;

16. wesentliche Änderung:
    eine Änderung an einer Feuerungsanlage, die die Art oder Menge der Emissionen erheblich verändern kann; eine wesentliche Änderung liegt regelmäßig vor bei
    a) Umstellung einer Feuerungsanlage auf einen anderen Brennstoff, es sei denn, die Feuerungsanlage ist bereits für wechselweisen Brennstoffeinsatz eingerichtet,
    b) Austausch eines Kessels;

17. bestehende Feuerungsanlagen:
     Feuerungsanlagen, die vor dem 22. März 2010 errichtet worden sind.

§ 3 Brennstoffe

(1) In Feuerungsanlagen nach § 1 dürfen nur die folgenden Brennstoffe
eingesetzt werden:

1. Steinkohlen, nicht pechgebundene Steinkohlenbriketts, Steinkoh-
    lenkoks,
2. Braunkohlen, Braunkohlenbriketts, Braunkohlenkoks,
3. Brenntorf, Presslinge aus Brenntorf,
3a. Grill-Holzkohle, Grill-Holzkohlebriketts nach DIN EN 1860, Aus-
    gabe September 2005,
4. naturbelassenes stückiges Holz einschließlich anhaftender Rinde,
    insbesondere in Form von Scheitholz und Hackschnitzeln, sowie
    Reisig und Zapfen,
5. naturbelassenes nicht stückiges Holz, insbesondere in Form von Sä-
    gemehl, Spänen und Schleifstaub, sowie Rinde,
5a. Presslinge aus naturbelassenem Holz in Form von Holzbriketts nach
    DIN 51731, Ausgabe Oktober 1996, oder in Form von Holzpellets
    nach den brennstofftechnischen Anforderungen des DINplus-Zerti-
    fizierungsprogramms »Holzpellets zur Verwendung in Kleinfeuer-
    stätten nach DIN 51731-HP 5«, Ausgabe August 2007, sowie an-
    dere Holzbriketts oder Holzpellets aus naturbelassenem Holz mit
    gleichwertiger Qualität,
6. gestrichenes, lackiertes oder beschichtetes Holz sowie daraus anfal-
    lende Reste, soweit keine Holzschutzmittel aufgetragen oder infolge
    einer Behandlung enthalten sind und Beschichtungen keine halo-
    genorganischen Verbindungen oder Schwermetalle enthalten,
7. Sperrholz, Spanplatten, Faserplatten oder sonst verleimtes Holz so-
    wie daraus anfallende Reste, soweit keine Holzschutzmittel aufge-
    tragen oder infolge einer Behandlung enthalten sind und Beschich-
    tungen keine halogenorganischen Verbindungen oder Schwerme-
    talle enthalten,
8. Stroh und ähnliche pflanzliche Stoffe, nicht als Lebensmittel be-
    stimmtes Getreide wie Getreidekörner und Getreidebruchkörner,
    Getreideganzpflanzen, Getreideausputz, Getreidespelzen und Ge-
    treidehalmreste sowie Pellets aus den vorgenannten Brennstoffen,
9. Heizöl leicht (Heizöl EL) nach DIN 51603-1, Ausgabe August
    2008, und andere leichte Heizöle mit gleichwertiger Qualität sowie
    Methanol, Ethanol, naturbelassene Pflanzenöle oder Pflanzenölme-
    thylester,
10. Gase der öffentlichen Gasversorgung, naturbelassenes Erdgas oder
    Erdölgas mit vergleichbaren Schwefelgehalten sowie Flüssiggas
    oder Wasserstoff,
11. Klärgas mit einem Volumengehalt an Schwefelverbindungen bis zu
    1 Promille, angegeben als Schwefel, oder Biogas aus der Landwirt-
    schaft,

12. Koksofengas, Grubengas, Stahlgas, Hochofengas, Raffineriegas und Synthesegas mit einem Volumengehalt an Schwefelverbindungen bis zu 1 Promille, angegeben als Schwefel, sowie

13. sonstige nachwachsende Rohstoffe, soweit diese die Anforderungen nach Absatz 5 einhalten.

(2) [1]Der Massegehalt an Schwefel der in Absatz 1 Nummer 1 und 2 genannten Brennstoffe darf 1 Prozent der Rohsubstanz nicht überschreiten. [2]Bei Steinkohlenbriketts oder Braunkohlenbriketts gilt diese Anforderung als erfüllt, wenn durch eine besondere Vorbehandlung eine gleichwertige Begrenzung der Emissionen an Schwefeldioxid im Abgas sichergestellt ist.

(3) [1]Die in Absatz 1 Nummer 4 bis 8 und 13 genannten Brennstoffe dürfen in Feuerungsanlagen nur eingesetzt werden, wenn ihr Feuchtegehalt unter 25 Prozent bezogen auf das Trocken- oder Darrgewicht des Brennstoffs liegt. [2]Satz 1 gilt nicht bei automatisch beschickten Feuerungsanlagen, die nach Angaben des Herstellers für Brennstoffe mit höheren Feuchtegehalten geeignet sind.

(4) [1]Presslinge aus Brennstoffen nach Absatz 1 Nummer 5a bis 8 und 13 dürfen nicht unter Verwendung von Bindemitteln hergestellt sein. [2]Ausgenommen davon sind Bindemittel aus Stärke, pflanzlichem Stearin, Melasse und Zellulosefaser.

(5) Brennstoffe im Sinne des Absatzes 1 Nummer 13 müssen folgende Anforderungen erfüllen:

1. für den Brennstoff müssen genormte Qualitätsanforderungen vorliegen,

2. die Emissionsgrenzwerte nach Anlage 4 Nummer 2 müssen unter Prüfbedingungen eingehalten werden,

3. beim Einsatz des Brennstoffes im Betrieb dürfen keine höheren Emissionen an Dioxinen, Furanen und polyzyklischen aromatischen Kohlenwasserstoffen als bei der Verbrennung von Holz auftreten; dies muss durch ein mindestens einjähriges Messprogramm an den für den Einsatz vorgesehenen Feuerungsanlagentyp nachgewiesen werden,

4. beim Einsatz des Brennstoffes im Betrieb müssen die Anforderungen nach § 5 Absatz 1 eingehalten werden können; dies muss durch ein mindestens einjähriges Messprogramm an den für den Einsatz vorgesehenen Feuerungsanlagentyp nachgewiesen werden.

Abschnitt 2
Feuerungsanlagen für feste Brennstoffe

§ 4 Allgemeine Anforderungen

(1) [1]Feuerungsanlagen für feste Brennstoffe dürfen nur betrieben werden, wenn sie sich in einem ordnungsgemäßen technischen Zustand befinden. [2]Sie dürfen nur mit Brennstoffen nach § 3 Absatz 1 betrieben werden, für deren Einsatz sie nach Angaben des Herstellers geeignet sind. [3]Errichtung und Betrieb haben sich nach den Vorgaben des Herstellers zu richten.

(2) Emissionsbegrenzungen beziehen sich auf einen Volumengehalt an Sauerstoff im Abgas von 13 Prozent.

(3) Einzelraumfeuerungsanlagen für feste Brennstoffe, mit Ausnahme von Grundöfen und offenen Kaminen, die ab dem 22. März 2010 errichtet werden, dürfen nur betrieben werden, wenn für die Feuerstättenart der Einzelraumfeuerungsanlagen durch eine Typprüfung des Herstellers belegt werden kann, dass unter Prüfbedingungen die Anforderungen an die Emissionsgrenzwerte und den Mindestwirkungsgrad nach Anlage 4 eingehalten werden.

(4) [1]Offene Kamine dürfen nur gelegentlich betrieben werden. [2]In ihnen dürfen nur naturbelassenes stückiges Holz nach § 3 Absatz 1 Nummer 4 oder Presslinge in Form von Holzbriketts nach § 3 Absatz 1 Nummer 5a eingesetzt werden.

(5) [1]Grundöfen, die nach dem 31. Dezember 2014 errichtet und betrieben werden, sind mit nachgeschalteten Einrichtungen zur Staubminderung nach dem Stand der Technik auszustatten. [2]Satz 1 gilt nicht für Anlagen, bei denen die Einhaltung der Anforderungen nach Anlage 4 Nummer 1 zu Kachelofenheizeinsätzen mit Füllfeuerungen nach DIN EN 13229/A1, Ausgabe Oktober 2005, wie folgt nachgewiesen wird:

1. bei einer Messung von einer Schornsteinfegerin oder einem Schornsteinfeger unter sinngemäßer Anwendung der Bestimmungen der Anlage 4 Nummer 3 zu Beginn des Betriebes oder

2. im Rahmen einer Typprüfung des vorgefertigten Feuerraumes unter Anwendung der Bestimmungen der Anlage 4 Nummer 3.

(6) [1]Die nachgeschalteten Einrichtungen zur Staubminderung nach Absatz 5 dürfen nur verwendet werden, wenn ihre Eignung von der zuständigen Behörde festgestellt worden ist oder eine Bauartzulassung vorliegt. [2]Die Eignungsfeststellung und die Bauartzulassung entfallen, sofern nach den bauordnungsrechtlichen Vorschriften über die Verwendung von Bauprodukten auch die immissionsschutzrechtlichen Anforderungen eingehalten werden.

(7) Feuerungsanlagen für die in § 3 Absatz 1 Nummer 8 und 13 genannten Brennstoffe, die ab dem 22. März 2010 errichtet werden, dürfen nur betrieben werden, wenn für die Feuerungsanlage durch eine Typprüfung des Herstellers belegt wird, dass unter Prüfbedingungen die Anforderungen an die Emissionsgrenzwerte nach Anlage 4 Nummer 2 eingehalten werden.

(8) Der Betreiber einer handbeschickten Feuerungsanlage für feste Brennstoffe hat sich nach der Errichtung oder nach einem Betreiberwechsel innerhalb eines Jahres hinsichtlich der sachgerechten Bedienung der Feuerungsanlage, der ordnungsgemäßen Lagerung des Brennstoffs sowie der Besonderheiten beim Umgang mit festen Brennstoffen von einer Schornsteinfegerin oder einem Schornsteinfeger im Zusammenhang mit anderen Schornsteinfegerarbeiten beraten zu lassen.

§ 5 Feuerungsanlagen mit einer Nennwärmeleistung von 4 Kilowatt oder mehr

(1) [1]Feuerungsanlagen für feste Brennstoffe mit einer Nennwärmeleistung von 4 Kilowatt oder mehr, ausgenommen Einzelraumfeuerungsanlagen, sind so zu errichten und zu betreiben, dass die nach Anlage 2 ermittelten Massenkonzentrationen die folgenden Emissionsgrenzwerte für Staub und Kohlenstoffmonoxid (CO) nicht überschreiten:

	Brennstoff nach § 3 Absatz 1	Nennwärme-leistung (Kilowatt)	Staub (g/m^3)	CO (g/m^3)
Stufe 1: Anlagen, die ab dem 22. März 2010 errichtet werden	Nummer 1 bis 3a	$\geq 4 \leq 500$	0,09	1,0
		> 500	0,09	0,5
	Nummer 4 bis 5	$\geq 4 \leq 500$	0,10	1,0
		> 500	0,10	0,5
	Nummer 5a	$\geq 4 \leq 500$	0,06	0,8
		> 500	0,06	0,5
	Nummer 6 bis 7	$\geq 30 \leq 100$	0,10	0,8
		$> 100 \leq 500$	0,10	0,5
		> 500	0,10	0,3
	Nummer 8 und 13	$\geq 4 < 100$	0,10	1,0
Stufe 2: Anlagen, die nach dem 31.12.2014 errichtet werden	Nummer 1 bis 5a	≥ 4	0,02	0,4
	Nummer 6 bis 7	$\geq 30 \leq 500$	0,02	0,4
		> 500	0,02	0,3
	Nummer 8 und 13	$\geq 4 < 100$	0,02	0,4

[2]Abweichend von Satz 1 gelten bei Feuerungsanlagen, in denen ausschließlich Brennstoffe nach § 3 Absatz 1 Nummer 4 in Form von Scheitholz eingesetzt werden, die Grenzwerte der Stufe 2 erst für Anlagen, die nach dem 31. Dezember 2016 errichtet werden.

(2) Die in § 3 Absatz 1 Nummer 6 oder Nummer 7 genannten Brennstoffe dürfen nur in Feuerungsanlagen mit einer Nennwärmeleistung von 30 Kilowatt oder mehr und nur in Betrieben der Holzbearbeitung oder Holzverarbeitung eingesetzt werden.

(3) [1]Die in § 3 Absatz 1 Nummer 8 und 13 genannten Brennstoffe dürfen nur in automatisch beschickten Feuerungsanlagen eingesetzt werden, die nach Angaben des Herstellers für diese Brennstoffe geeignet sind und die im Rahmen der Typprüfung nach § 4 Absatz 7 mit den jeweiligen Brenn-

stoffen geprüft wurden. [2]Die in § 3 Absatz 1 Nummer 8 genannten Brennstoffe, ausgenommen Stroh und ähnliche pflanzliche Stoffe, dürfen nur in Betrieben der Land- und Forstwirtschaft, des Gartenbaus und in Betrieben des agrargewerblichen Sektors, die Umgang mit Getreide haben, insbesondere Mühlen und Agrarhandel, eingesetzt werden.

(4) [1]Bei Feuerungsanlagen mit flüssigem Wärmeträgermedium, ausgenommen Einzelraumfeuerungsanlagen, für den Einsatz der in § 3 Absatz 1 Nummer 4 bis 8 und 13 genannten Brennstoffe, die ab dem 22. März 2010 errichtet werden, soll ein Wasser-Wärmespeicher mit einem Volumen von zwölf Litern je Liter Brennstofffüllraum vorgehalten werden. [2]Es ist mindestens ein Wasser-Wärmespeichervolumen von 55 Litern pro Kilowatt Nennwärmeleistung zu verwenden. [3]Abweichend von Satz 1 genügt bei automatisch beschickten Anlagen ein Wasser-Wärmespeicher mit einem Volumen von mindestens 20 Litern je Kilowatt Nennwärmeleistung. [4]Abweichend von den Sätzen 1 und 2 kann ein sonstiger Wärmespeicher gleicher Kapazität verwendet werden. [5]Die Sätze 1 und 2 gelten nicht für

1. automatisch beschickte Feuerungsanlagen, die die Anforderungen nach Absatz 1 bei kleinster einstellbarer Leistung einhalten,

2. Feuerungsanlagen, die zur Abdeckung der Grund- und Mittellast in einem Wärmeversorgungssystem unter Volllast betrieben werden und die Spitzen- und Zusatzlasten durch einen Reservekessel abdecken, sowie

3. Feuerungsanlagen, die auf Grund ihrer bestimmungsgemäßen Funktion ausschließlich bei Volllast betrieben werden.

Abschnitt 3
Öl- und Gasfeuerungsanlagen
§ 6 Allgemeine Anforderungen

(1) [1]Öl- und Gasfeuerungsanlagen zur Beheizung von Gebäuden oder Räumen mit Wasser als Wärmeträger und einer Feuerungswärmeleistung unter 1 Megawatt, die ab dem 22. März 2010 errichtet werden, dürfen nur betrieben werden, wenn für die eingesetzten Kessel-Brenner-Einheiten, Kessel und Brenner durch eine Bescheinigung des Herstellers belegt wird, dass der unter Prüfbedingungen nach dem Verfahren der Anlage 3 Nummer 2 ermittelte Gehalt des Abgases an Stickstoffoxiden, angegeben als Stickstoffdioxid, in Abhängigkeit von der Nennwärmeleistung die folgenden Werte nicht überschreitet:

1. bei Einsatz von Heizöl EL im Sinne des § 3 Absatz 1 Nummer 9:

Nennwärmeleistung (kW)	Emissionen in mg/kWh
≤ 120	110
> 120 ≤ 400	120
> 400	185

2. bei Einsatz von Gasen der öffentlichen Gasversorgung:

Nennwärmeleistung (kW)	Emissionen in mg/kWh
≤ 120	60
> 120 ≤ 400	80
> 400	120

[2]Die Möglichkeiten, die Emissionen an Stickstoffoxid durch feuerungs-technische Maßnahmen nach dem Stand der Technik weiter zu vermin-dern, sind auszuschöpfen.

(2) In Öl- und Gasfeuerungsanlagen zur Beheizung von Gebäuden oder Räumen mit Wasser als Wärmeträger, die ab dem 22. März 2010 errich-tet oder durch Austausch des Kessels wesentlich geändert werden, dür-fen Heizkessel mit einer Nennwärmeleistung von mehr als 400 Kilowatt nur eingesetzt werden, soweit durch eine Bescheinigung des Herstellers belegt werden kann, dass ihr unter Prüfbedingungen nach dem Verfahren der Anlage 3 Nummer 1 ermittelter Nutzungsgrad von 94 Prozent nicht unterschritten wird.

(3) (aufgehoben)

(4) Für Kessel-Brenner-Einheiten, Kessel und Brenner, die in einem Mit-gliedstaat der Europäischen Union oder in einem anderen Vertragsstaat des Abkommens über den Europäischen Wirtschaftsraum hergestellt wor-den sind, kann der Gehalt des Abgases an Stickstoffoxiden abweichend von Absatz 1 auch nach einem dem Verfahren nach Anlage 3 Nummer 2 gleichwertigen Verfahren, insbesondere nach einem in einer europäischen Norm festgelegten Verfahren, ermittelt werden.

§ 7 Ölfeuerungsanlagen mit Verdampfungsbrenner

[1]Ölfeuerungsanlagen mit Verdampfungsbrenner sind so zu errichten und zu betreiben, dass

1. die nach dem Verfahren der Anlage 2 Nummer 3.2 ermittelte Schwär-zung durch die staubförmigen Emissionen im Abgas die Rußzahl 2 nicht überschreitet,

2. die Abgase nach der nach dem Verfahren der Anlage 2 Nummer 3.3 vorgenommenen Prüfung frei von Ölderivaten sind,

3. die Grenzwerte für die Abgasverluste nach § 10 Absatz 1 eingehalten werden und

4. die Kohlenstoffmonoxidemissionen einen Wert von 1300 Milligramm je Kilowattstunde nicht überschreiten.

[2]Bei Anlagen mit einer Nennwärmeleistung von 11 Kilowatt oder weni-ger, die vor dem 1. November 1996 errichtet worden sind, darf abwei-chend von Satz 1 Nummer 1 die Rußzahl 3 nicht überschritten werden.

§ 8 Ölfeuerungsanlagen mit Zerstäubungsbrenner
[1]Ölfeuerungsanlagen mit Zerstäubungsbrenner sind so zu errichten und zu betreiben, dass
1. die nach dem Verfahren der Anlage 2 Nummer 3.2 ermittelte Schwärzung durch die staubförmigen Emissionen im Abgas die Rußzahl 1 nicht überschreitet,
2. die Abgase nach der nach dem Verfahren der Anlage 2 Nummer 3.3 vorgenommenen Prüfung frei von Ölderivaten sind,
3. die Grenzwerte für die Abgasverluste nach § 10 Absatz 1 eingehalten werden und
4. die Kohlenstoffmonoxidemissionen einen Wert von 1300 Milligramm je Kilowattstunde nicht überschreiten.
[2]Bei Anlagen, die bis zum 1. Oktober 1988, in dem in Artikel 3 des Einigungsvertrages genannten Gebiet bis zum 3. Oktober 1990, errichtet worden sind, darf abweichend von Satz 1 Nummer 1 die Rußzahl 2 nicht überschritten werden, es sei denn, die Anlagen sind nach diesen Zeitpunkten wesentlich geändert worden oder werden wesentlich geändert.

§ 9 Gasfeuerungsanlagen
(1) Für Feuerungsanlagen, die regelmäßig mit Gasen der öffentlichen Gasversorgung und während höchstens 300 Stunden im Jahr mit Heizöl EL im Sinne des § 3 Absatz 1 Nummer 9 betrieben werden, gilt während des Betriebs mit Heizöl EL für alle Betriebstemperaturen ein Emissionsgrenzwert für Stickstoffoxide von 250 Milligramm je Kilowattstunde Abgas.
(2) Gasfeuerungsanlagen sind so zu errichten und zu betreiben, dass die Grenzwerte für die Abgasverluste nach § 10 Absatz 1 eingehalten werden.

§ 10 Begrenzung der Abgasverluste
(1) [1]Bei Öl- und Gasfeuerungsanlagen dürfen die nach dem Verfahren der Anlage 2 Nummer 3.4 für die Feuerstätte ermittelten Abgasverluste die nachfolgend genannten Prozentsätze nicht überschreiten:

Nennwärmeleistung in Kilowatt	Grenzwerte für die Abgasverluste in Prozent
≥ 4 ≤ 25	11
> 25 ≤ 50	10
> 50	9

[2]Kann bei einer Öl- oder Gasfeuerungsanlage, die mit einem Heizkessel ausgerüstet ist, der die Anforderungen der Richtlinie 92/42/EWG des Rates vom 21. Mai 1992 über die Wirkungsgrade von mit flüssigen oder gasförmigen Brennstoffen beschickten neuen Warmwasserheizkesseln (ABl. L 167 vom 22. 6. 1992, S. 17, L 195 vom 14. 7. 1992, S. 32), die zuletzt durch die Richtlinie 2008/28/EG (ABl. L 81 vom 20. 3. 2008, S. 48) geändert worden ist, an den Wirkungsgrad des Heizkessels erfüllt, der Abgasverlust-Grenzwert nach Satz 1 auf Grund der Bauart des Kessels nicht

eingehalten werden, so gilt ein um 1 Prozentpunkt höherer Wert, wenn der Heizkessel in der Konformitätserklärung nach Artikel 7 Absatz 2 der Richtlinie 92/42/EWG als Standardheizkessel nach Artikel 2 der Richtlinie 92/42/EWG ausgewiesen und mit einem CE-Kennzeichen nach Artikel 7 Absatz 1 der Richtlinie 92/42/EWG gekennzeichnet ist.

(2) Öl- und Gasfeuerungsanlagen, bei denen die Grenzwerte für die Abgasverluste nach Absatz 1 auf Grund ihrer bestimmungsgemäßen Funktionen nicht eingehalten werden können, sind so zu errichten und zu betreiben, dass sie dem Stand der Technik des jeweiligen Prozesses oder der jeweiligen Bauart entsprechen.

(3) Absatz 1 gilt nicht für

1. Einzelraumfeuerungsanlagen mit einer Nennwärmeleistung von 11 Kilowatt oder weniger und

2. Feuerungsanlagen, die bei einer Nennwärmeleistung von 28 Kilowatt oder weniger ausschließlich der Brauchwasserbereitung dienen.

§ 11 (weggefallen)

Abschnitt 4
Überwachung

§ 12 Messöffnung

[1]Der Betreiber einer Feuerungsanlage, für die nach den §§ 14 und 15 Messungen von einer Schornsteinfegerin oder einem Schornsteinfeger vorgeschrieben sind, hat eine Messöffnung herzustellen oder herstellen zu lassen, die den Anforderungen nach Anlage 1 entspricht. [2]Hat eine Feuerungsanlage mehrere Verbindungsstücke, ist in jedem Verbindungsstück eine Messöffnung einzurichten. [3]In anderen als den in Satz 1 genannten Fällen hat der Betreiber auf Verlangen der zuständigen Behörde die Herstellung einer Messöffnung zu gestatten.

§ 13 Messeinrichtungen

(1) Messungen zur Feststellung der Emissionen und der Abgasverluste müssen unter Einsatz von Messverfahren und Messeinrichtungen durchgeführt werden, die dem Stand der Messtechnik entsprechen.

(2) Die Messungen nach den §§ 14 und 15 sind mit geeigneten Messeinrichtungen durchzuführen.

(3) Die eingesetzten Messeinrichtungen sind halbjährlich einmal von einer nach Landesrecht zuständigen Behörde bekannt gegebenen Stelle zu überprüfen.

§ 14 Überwachung neuer und wesentlich geänderter Feuerungsanlagen

(1) Der Betreiber einer ab dem 22. März 2010 errichteten oder wesentlich geänderten Feuerungsanlage für feste Brennstoffe hat die Einhaltung der Anforderungen des § 19 vor der Inbetriebnahme der Anlage von einer Schornsteinfegerin oder einem Schornsteinfeger feststellen zu lassen; die Feststellung kann auch im Zusammenhang mit anderen Schornsteinfegerarbeiten erfolgen.

(2) Der Betreiber einer ab dem 22. März 2010 errichteten oder wesentlich geänderten Feuerungsanlage, für die in § 3 Absatz 3, § 4 Absatz 1, 3 bis 7, § 5, § 6 Absatz 1 oder 2 oder in den §§ 7 bis 10 Anforderungen festgelegt sind, hat die Einhaltung der jeweiligen Anforderungen innerhalb von vier Wochen nach der Inbetriebnahme von einer Schornsteinfegerin oder einem Schornsteinfeger feststellen zu lassen.

(3) Absatz 2 gilt nicht für

1. Einzelraumfeuerungsanlagen für den Einsatz von flüssigen Brennstoffen mit einer Nennwärmeleistung von 11 Kilowatt oder weniger,
2. Feuerungsanlagen mit einer Nennwärmeleistung von 11 Kilowatt oder weniger, die ausschließlich der Brauchwassererwärmung dienen,
3. Feuerungsanlagen, bei denen Methanol, Ethanol, Wasserstoff, Biogas, Klärgas, Grubengas, Stahlgas, Hochofengas oder Raffineriegas eingesetzt werden, sowie Feuerungsanlagen, bei denen naturbelassenes Erdgas oder Erdölgas jeweils an der Gewinnungsstelle eingesetzt werden,
4. Feuerungsanlagen, die als Brennwertgeräte eingerichtet sind, hinsichtlich der Anforderungen des § 10.

(4) [1]Die Messungen nach Absatz 2 sind während der üblichen Betriebszeit einer Feuerungsanlage nach der Anlage 2 durchzuführen. [2]Über das Ergebnis der Messungen sowie über die Durchführung der Überwachungstätigkeiten nach Absatz 1 und 2 hat die Schornsteinfegerin oder der Schornsteinfeger dem Betreiber der Feuerungsanlage eine Bescheinigung nach Anlage 2 Nummer 4 und 5 auszustellen.

(5) [1]Ergibt eine Überprüfung nach Absatz 2, dass die Anforderungen nicht erfüllt sind, hat der Betreiber den Mangel abzustellen und von einer Schornsteinfegerin oder einem Schornsteinfeger eine Wiederholung zur Feststellung der Einhaltung der Anforderungen durchführen zu lassen. [2]Das Schornsteinfeger-Handwerksgesetz vom 26. November 2008 (BGBl. I S. 2242) in der jeweils geltenden Fassung bleibt unberührt.

§ 15 Wiederkehrende Überwachung

(1) [1]Der Betreiber einer Feuerungsanlage für den Einsatz der in § 3 Absatz 1 Nummer 1 bis 8 und 13 genannten Brennstoffe mit einer Nennwärmeleistung von 4 Kilowatt oder mehr, ausgenommen Einzelraumfeuerungsanlagen, hat die Einhaltung der Anforderungen nach § 5 Absatz 1 und § 25 Absatz 1 Satz 1 ab den in diesen Vorschriften genannten Zeitpunkten einmal in jedem zweiten Kalenderjahr von einer Schornsteinfegerin oder einem Schornsteinfeger durch Messungen feststellen zu lassen. [2]Im Rahmen der Überwachung nach Satz 1 ist die Einhaltung der Anforderungen an die Brennstoffe nach § 3 Absatz 3, § 4 Absatz 1 und § 5 Absatz 2 und 3 überprüfen zu lassen.

(2) Der Betreiber einer Einzelraumfeuerungsanlage für feste Brennstoffe hat die Einhaltung der Anforderung nach § 3 Absatz 3 und § 4 Absatz 1 im Zusammenhang mit der regelmäßigen Feuerstättenschau von dem Bezirksschornsteinfegermeister überprüfen zu lassen.

(3) [1]Der Betreiber einer Öl- oder Gasfeuerungsanlage mit einer Nennwärmeleistung von 4 Kilowatt und mehr, für die in den §§ 7 bis 10 Anforderungen festgelegt sind, hat die Einhaltung der jeweiligen Anforderungen

1. einmal in jedem dritten Kalenderjahr bei Anlagen, deren Inbetriebnahme oder wesentliche Änderung nach § 2 Nummer 16 Buchstabe b zwölf Jahre und weniger zurückliegt, und

2. einmal in jedem zweiten Kalenderjahr bei Anlagen, deren Inbetriebnahme oder wesentliche Änderung nach § 2 Nummer 16 Buchstabe b mehr als zwölf Jahre zurückliegt,

von einer Schornsteinfegerin oder einem Schornsteinfeger durch Messungen feststellen zu lassen. [2]Abweichend von Satz 1 hat der Betreiber einer Anlage mit selbstkalibrierender kontinuierlicher Regelung des Verbrennungsprozesses die Einhaltung der Anforderungen einmal in jedem fünften Kalenderjahr von einer Schornsteinfegerin oder einem Schornsteinfeger durch Messungen feststellen zu lassen.

(4) Die Absätze 1 bis 3 gelten nicht für

1. Feuerungsanlagen nach § 14 Absatz 3 sowie

2. vor dem 1. Januar 1985 errichtete Gasfeuerungsanlagen mit Außenwandanschluss.

(5) § 14 Absatz 4 und 5 gilt entsprechend.

§ 16 Zusammenstellung der Messergebnisse

[1]Der Bezirksschornsteinfegermeister meldet die Ergebnisse der Messungen nach den §§ 14 und 15 kalenderjährlich nach näherer Weisung der Innung für das Schornsteinfegerhandwerk dem zuständigen Landesinnungsverband. [2]Die Landesinnungsverbände für das Schornsteinfegerhandwerk erstellen für jedes Kalenderjahr Übersichten über die Ergebnisse der Messungen und legen diese Übersichten im Rahmen der gesetzlichen Auskunftspflichten der Innungen für das Schornsteinfegerhandwerk der für den Immissionsschutz zuständigen obersten Landesbehörde oder der nach Landesrecht zuständigen Behörde bis zum 30. April des folgenden Jahres vor. [3]Der zuständige Zentralinnungsverband des Schornsteinfegerhandwerks erstellt für jedes Kalenderjahr eine entsprechende länderübergreifende Übersicht und legt diese dem Bundesministerium für Umwelt, Naturschutz, Bau und Reaktorsicherheit bis zum 30. Juni des folgenden Jahres vor.

§ 17 Eigenüberwachung

(1) [1]Die Aufgaben der Schornsteinfegerinnen und der Schornsteinfeger und der Bezirksschornsteinfegermeister nach den §§ 14 bis 16 werden bei Feuerungsanlagen der Bundeswehr, soweit der Vollzug des Bundes-Immissionsschutzgesetzes und der auf dieses Gesetz gestützten Rechtsverordnungen nach § 1 der Verordnung über Anlagen der Landesverteidigung vom 9. April 1986 (BGBl. I S. 380) Bundesbehörden obliegt, von Stellen der zuständigen Verwaltung wahrgenommen. [2]Diese Stellen teilen die Wahrnehmung der Eigenüberwachung der für den Vollzug dieser Verordnung jeweils örtlich zuständigen Landesbehörde und dem Bezirksschornsteinfegermeister mit.

(2) [1]Die in Absatz 1 genannten Stellen richten die Bescheinigungen nach § 14 Absatz 4 sowie die Informationen nach § 16 Satz 1 an die zuständige Verwaltung. [2]Anstelle des Kehrbuchs führt sie vergleichbare Aufzeichnungen.

(3) Die zuständige Verwaltung erstellt landesweite Übersichten über die Ergebnisse der Messungen nach den §§ 14 und 15 und teilt diese den für den Immissionsschutz zuständigen obersten Landesbehörden oder den nach Landesrecht zuständigen Behörden und dem Bundesministerium für Umwelt, Naturschutz, Bau und Reaktorsicherheit innerhalb der Zeiträume nach § 16 Satz 2 und 3 mit.

§ 18 (weggefallen)

Abschnitt 5
Gemeinsame Vorschriften

§ 19 Ableitbedingungen für Abgase
Die Austrittsöffnung von Schornsteinen bei Feuerungsanlagen für feste Brennstoffe, die ab dem 22. März 2010 errichtet oder wesentlich geändert werden, müssen

1. bei Dachneigungen
    a) bis einschließlich 20 Grad den First um mindestens 40 Zentimeter überragen oder von der Dachfläche mindestens 1 Meter entfernt sein,
    b) von mehr als 20 Grad den First um mindestens 40 Zentimeter überragen oder einen horizontalen Abstand von der Dachfläche von mindestens 2 Meter und 30 Zentimeter haben;
2. bei Feuerungsanlagen mit einer Gesamtwärmeleistung bis 50 Kilowatt in einem Umkreis von 15 Metern die Oberkanten von Lüftungsöffnungen, Fenstern oder Türen um mindestens 1 Meter überragen; der Umkreis vergrößert sich um 2 Meter je weitere angefangene 50 Kilowatt bis auf höchstens 40 Meter.

§ 20 Anzeige und Nachweise
[1]Der Betreiber einer Feuerungsanlage hat dafür Sorge zu tragen, dass die Nachweise über die Durchführung aller von einer Schornsteinfegerin oder einem Schornsteinfeger durchzuführenden Tätigkeiten an den Bezirksschornsteinfegermeister gesendet werden. [2]Der Bezirksschornsteinfegermeister hat die durchgeführten Arbeiten in das Kehrbuch einzutragen.

§ 21 Weitergehende Anforderungen
Die Befugnis der zuständigen Behörde, auf Grund der §§ 24 und 25 des Bundes-Immissionsschutzgesetzes andere oder weiter gehende Anordnungen zu treffen[1]), bleibt unberührt.

---

1) Vgl. Einführung Nr. 6.23 und Nr. 6.32.

§ 22 Zulassung von Ausnahmen

Die zuständige Behörde kann auf Antrag Ausnahmen von den Anforderungen der §§ 3 bis 10, 19, 25 und 26 zulassen, soweit diese im Einzelfall wegen besonderer Umstände durch einen unangemessenen Aufwand oder in sonstiger Weise zu einer unbilligen Härte führen und schädliche Umwelteinwirkungen nicht zu befürchten sind.

§ 23 Zugänglichkeit der Normen

[1]DIN-, DIN EN-Normen sowie die VDI-Richtlinien, auf die in dieser Verordnung verwiesen wird, sind bei der Beuth Verlag GmbH, Berlin, erschienen. [2]Das in § 3 Absatz 1 Nummer 5a genannte Zertifizierungsprogramm für Holzpellets kann bei DIN CERTCO, Gesellschaft für Konformitätsbewertung mbH, Alboinstraße 56, 12103 Berlin, bezogen werden. [3]Die DIN-, DIN EN-Normen, die VDI-Richtlinien sowie das Zertifizierungsprogramm für Holzpellets sind beim Deutschen Patent- und Markenamt in München archivmäßig gesichert niedergelegt.

§ 24 Ordnungswidrigkeiten

Ordnungswidrig im Sinne des § 62 Absatz 1 Nummer 7 des Bundes-Immissionsschutzgesetzes handelt[2]), wer vorsätzlich oder fahrlässig

1. entgegen § 3 Absatz 1 andere als die dort aufgeführten Brennstoffe einsetzt,
2. entgegen § 4 Absatz 1 Satz 2, Absatz 3 oder Absatz 7 eine Feuerungsanlage betreibt,
3. entgegen § 5 Absatz 1, § 7, § 8 oder § 9 Absatz 2 eine Feuerungsanlage nicht richtig errichtet oder nicht richtig betreibt,
4. entgegen § 5 Absatz 2 oder Absatz 3 Brennstoffe in anderen als den dort bezeichneten Feuerungsanlagen oder Betrieben einsetzt,
5. entgegen § 6 Absatz 2 einen Heizkessel in einer Feuerungsanlage einsetzt,
6. (aufgehoben)
7. entgegen § 12 Satz 3 die Herstellung einer Messöffnung nicht gestattet,
8. entgegen § 14 Absatz 2, § 15 Absatz 1, 2 oder Absatz 3 oder § 25 Absatz 4 Satz 1 oder Satz 2 die Einhaltung einer dort genannten Anforderung nicht oder nicht rechtzeitig feststellen lässt, nicht oder nicht rechtzeitig überprüfen lässt oder nicht oder nicht rechtzeitig überwachen lässt,
9. bis 14. (aufgehoben)
15. entgegen § 20 Satz 1 nicht dafür Sorge trägt, dass ein dort genannter Nachweis gesendet wird,
16. entgegen § 25 Absatz 1 Satz 1 oder § 26 Absatz 1 Satz 1 eine Feuerungsanlage weiterbetreibt oder
17. entgegen § 25 Absatz 4 Satz 1 die Einhaltung einer dort genannten Anforderung nicht oder nicht rechtzeitig überwachen lässt.

---

2) Die Ordnungswidrigkeit kann gemäß § 62 Abs. 4 BImSchG mit einer Geldbuße bis zu 50 000 Euro geahndet werden.

Abschnitt 6
Übergangsregelungen
§ 25 Übergangsregelung für Feuerungsanlagen für feste Brennstoffe, ausgenommen Einzelraumfeuerungsanlagen

(1) [1]Bestehende Feuerungsanlagen, ausgenommen Einzelraumfeuerungsanlagen, für feste Brennstoffe dürfen nur weiterbetrieben werden, wenn die Grenzwerte der Stufe 1 des § 5 Absatz 1 Satz 1 in Abhängigkeit vom Zeitpunkt ihrer Errichtung ab folgenden Zeitpunkten eingehalten werden:

Zeitpunkt der Errichtung	Zeitpunkt der Einhaltung der Grenzwerte der Stufe 1 des § 5 Absatz 1
bis einschließlich 31. Dezember 1994	1. Januar 2015
vom 1. Januar 1995 bis einschließlich 31. Dezember 2004	1. Januar 2019
vom 1. Januar 2005 bis einschließlich 21. März 2010	1. Januar 2025

[2]Die Feststellung des Zeitpunktes, ab wann die Anlagen die Grenzwerte nach Satz 1 einhalten müssen, erfolgt spätestens bis zum 31. Dezember 2012 durch den Bezirksschornsteinfegermeister im Rahmen der Feuerstättenschau. [3]Sofern bis zum 31. Dezember 2012 keine Feuerstättenschau durchgeführt wird, kann die Feststellung des Zeitpunktes der Errichtung auch im Zusammenhang mit anderen Schornsteinfegerarbeiten erfolgen.

(2) [1]Vom 22. März 2010 bis zu den in Absatz 1 Satz 1 genannten Zeitpunkten gelten für bestehende Feuerungsanlagen für feste Brennstoffe mit einer Nennwärmeleistung von mehr als 15 Kilowatt, ausgenommen Einzelraumfeuerungsanlagen, in Abhängigkeit von den eingesetzten Brennstoffen folgende Grenzwerte, die nach Anlage 2 zu ermitteln sind:

Brennstoff nach § 3 Absatz 1 / Nennwärmeleistung in kW	Nummer 1 bis 3a	Nummer 4 bis 5a	
	Staub [g/m³]	Staub [g/m³]	CO [g/m³]
> 15 ≤ 50	0,15	0,15	4
> 50 ≤ 150	0,15	0,15	2
> 150 ≤ 500	0,15	0,15	1
> 500	0,15	0,15	0,5

Brennstoff nach § 3 Absatz 1 / Nennwärmeleistung in kW	Nummer 6 und 7	
	Staub [g/m³]	CO [g/m³]
> 50 ≤ 100	0,15	0,8
> 100 ≤ 500	0,15	0,5
> 500	0,15	0,3

Brennstoff nach § 3 Absatz 1 / Nennwärmeleistung in kW	Nummer 8	
	Staub [g/m³]	CO [g/m³]
> 15 ≤ 100	0,15	4

[2]Abweichend von § 4 Absatz 2 beziehen sich bis zu den in Absatz 1 Satz 1 genannten Zeitpunkten die Emissionsbegrenzungen bei den Brennstoffen nach § 3 Absatz 1 Nummer 1 bis 3a auf einen Volumengehalt an Sauerstoff im Abgas von 8 Prozent. [3]Bei handbeschickten Feuerungsanlagen ohne Pufferspeicher sind bei Einsatz der in § 3 Absatz 1 Nummer 4 bis 8 genannten Brennstoffe die Anforderungen bei gedrosselter Verbrennungsluftzufuhr einzuhalten.

(3) Für Feuerungsanlagen für feste Brennstoffe mit einer Nennwärmeleistung von 4 Kilowatt und mehr, ausgenommen Einzelraumfeuerungsanlagen, die ab dem 22. März 2010 und vor dem 1. Januar 2015 errichtet werden, gelten die Grenzwerte der Stufe 1 des § 5 Absatz 1 nach dem 1. Januar 2015 weiter.

(4) [1]Der Betreiber einer bestehenden Feuerungsanlage für feste Brennstoffe, für die in Absatz 2 Anforderungen festgelegt sind, hat die Einhaltung der Anforderungen bis einschließlich 31. Dezember 2011 und anschließend alle zwei Jahre von einer Schornsteinfegerin oder einem Schornsteinfeger überwachen zu lassen. [2]Im Rahmen der Überwachung nach Satz 1 ist die Einhaltung der Anforderungen nach § 3 Absatz 3, § 4 Absatz 1 und § 5 Absatz 2 und 3 Satz 1 überprüfen zu lassen. [3]§ 14 Absatz 3 und 5 gilt entsprechend.

(5) Der Betreiber einer bestehenden handbeschickten Feuerungsanlage für feste Brennstoffe muss sich bis einschließlich 31. Dezember 2014 nach § 4 Absatz 8 von einer Schornsteinfegerin oder einem Schornsteinfeger beraten lassen.

(6) [1]Der Betreiber einer ab dem 22. März 2010 errichteten oder wesentlich geänderten Feuerungsanlage für feste Brennstoffe hat die Überwa-

chung nach § 14 Absatz 2 auf die Einhaltung der in § 5 Absatz 1 genannten Anforderungen für Anlagen mit einer Nennwärmeleistung bis zu 15
Kilowatt, die mit den in § 3 Absatz 1 Nummer 1 bis 8 und 13 genannten
Brennstoffen betrieben werden, erst sechs Monate nach der Bekanntgabe
einer geeigneten Messeinrichtung im Sinne des § 13 Absatz 2 überprüfen
zu lassen. [2]§ 14 Absatz 2 bleibt im Übrigen unberührt.

(7) [1]Abweichend von Absatz 4 sowie § 15 Absatz 1 sind Feuerungsanlagen für feste Brennstoffe zur Einhaltung der Anforderungen nach den Absätzen 1 und 2 sowie § 5 Absatz 1 mit Ausnahme von

1. mechanisch beschickten Feuerungsanlagen für den Einsatz der in § 3
    Absatz 1 Nummer 1 bis 5a, 8 oder Nummer 13 genannten Brennstoffe
    mit einer Nennwärmeleistung über 15 Kilowatt und

2. Feuerungsanlagen für den Einsatz der in § 3 Absatz 1 Nummer 6 oder
    Nummer 7 genannten festen Brennstoffe mit einer Nennwärmeleis-
    tung über 50 Kilowatt

erst sechs Monate nach der Bekanntgabe einer geeigneten Messeinrichtung im Sinne des § 13 Absatz 2 überprüfen zu lassen. [2]§ 15 Absatz 1
Satz 2 bleibt unberührt.

§ 26 Übergangsregelung für Einzelraumfeuerungsanlagen für feste Brennstoffe

(1) [1]Einzelraumfeuerungsanlagen für feste Brennstoffe, die vor dem
22. März 2010 errichtet und in Betrieb genommen wurden, dürfen nur
weiterbetrieben werden, wenn nachfolgende Grenzwerte nicht überschritten werden:

1. Staub: 0,15 Gramm je Kubikmeter,

2. Kohlenmonoxid: 4 Gramm je Kubikmeter.

[2]Der Nachweis der Einhaltung der Grenzwerte kann

1. durch Vorlage einer Prüfstandsmessbescheinigung des Herstellers
    oder

2. durch eine Messung unter entsprechender Anwendung der Bestim-
    mungen der Anlage 4 Nummer 3 durch eine Schornsteinfegerin oder
    einen Schornsteinfeger

geführt werden.

(2) [1]Kann ein Nachweis über die Einhaltung der Grenzwerte bis einschließlich 31. Dezember 2013 nicht geführt werden, sind bestehende
Einzelraumfeuerungsanlagen in Abhängigkeit des Datums auf dem Typschild zu folgenden Zeitpunkten mit einer Einrichtung zur Reduzierung
der Staubemissionen nach dem Stand der Technik nachzurüsten oder außer
Betrieb zu nehmen:

Datum auf dem Typschild	Zeitpunkt der Nachrüstung oder Außerbetriebnahme
bis einschließlich 31. Dezember 1974 oder Datum nicht mehr feststellbar	31. Dezember 2014

Datum auf dem Typschild	Zeitpunkt der Nachrüstung oder Außerbetriebnahme
1. Januar 1975 bis 31. Dezember 1984	31. Dezember 2017
1. Januar 1985 bis 31. Dezember 1994	31. Dezember 2020
1. Januar 1995 bis einschließlich 21. März 2010	31. Dezember 2024

[2]§ 4 Absatz 6 gilt entsprechend.

(3) Die Absätze 1 und 2 gelten nicht für
1. nichtgewerblich genutzte Herde und Backöfen mit einer Nennwärmeleistung unter 15 Kilowatt,
2. offene Kamine nach § 2 Nummer 12,
3. Grundöfen nach § 2 Nummer 13,
4. Einzelraumfeuerungsanlagen in Wohneinheiten, deren Wärmeversorgung ausschließlich über diese Anlagen erfolgt, sowie
5. Einzelraumfeuerungsanlagen, bei denen der Betreiber gegenüber dem Bezirksschornsteinfegermeister glaubhaft machen kann, dass sie vor dem 1. Januar 1950 hergestellt oder errichtet wurden.

(4) [1]Absatz 2 gilt nicht für Kamineinsätze, Kachelofeneinsätze oder vergleichbare Ofeneinsätze, die eingemauert sind. [2]Diese sind spätestens bis zu den in Absatz 2 Satz 1 genannten Zeitpunkten mit nachgeschalteten Einrichtungen zur Minderung der Staubemission nach dem Stand der Technik auszustatten. [3]§ 4 Absatz 6 gilt entsprechend.

(5) [1]Der Betreiber einer bestehenden Einzelraumfeuerungsanlage hat bis einschließlich 31. Dezember 2012 das Datum auf dem Typschild der Anlage vom Bezirksschornsteinfegermeister im Rahmen der Feuerstättenschau feststellen zu lassen. [2]Sofern bis einschließlich 31. Dezember 2012 keine Feuerstättenschau durchgeführt wird, kann die Feststellung des Datums auf dem Typschild auch im Zusammenhang mit anderen Schornsteinfegerarbeiten erfolgen. [3]Nachweise nach Absatz 1 Satz 2 müssen bis spätestens 31. Dezember 2012 dem Bezirksschornsteinfegermeister vorgelegt werden. [4]Der Bezirksschornsteinfegermeister hat im Rahmen der Feuerstättenschau oder im Zusammenhang mit anderen Schornsteinfegerarbeiten spätestens zwei Jahre vor dem Zeitpunkt der Nachrüstung oder Außerbetriebnahme dem Betreiber der Anlage zu informieren.

(6) Für Einzelraumfeuerungsanlagen für feste Brennstoffe, die ab dem 22. März 2010 und vor dem 1. Januar 2015 errichtet werden, gelten die Grenzwerte der Stufe 1 der Anlage 4 Nummer 1 nach dem 1. Januar 2015 weiter.

(7) Der Betreiber einer bestehenden handbeschickten Einzelraumfeuerungsanlage für feste Brennstoffe muss sich bis einschließlich 31. Dezember 2014 nach § 4 Absatz 8 durch eine Schornsteinfegerin oder einen

Schornsteinfeger im Zusammenhang mit anderen Schornsteinfegerarbeiten beraten lassen.

§ 27 Übergangsregelung für Schornsteinfegerarbeiten nach dem 1. Januar 2013

An die Stelle der Bezirksschornsteinfegermeister treten ab dem 1. Januar 2013 die bevollmächtigten Bezirksschornsteinfeger nach § 48 Satz 1 des Schornsteinfeger-Handwerksgesetzes.

Abschnitt 7
Schlussvorschrift

§ 28 Inkrafttreten, Außerkrafttreten

[1]Diese Verordnung tritt am 22. März 2010 in Kraft. [2]Gleichzeitig tritt die Verordnung über kleine und mittlere Feuerungsanlagen in der Fassung der Bekanntmachung vom 14. März 1997 (BGBl. I S. 490), die zuletzt durch Artikel 4 der Verordnung vom 14. August 2003 (BGBl. I S. 1614) geändert worden ist, außer Kraft.

Anlage 1
(zu § 12)

Messöffnung

1. Die Messöffnung ist grundsätzlich im Verbindungsstück zwischen Wärmeerzeuger und Schornstein hinter dem letzten Wärmetauscher anzubringen. Wird die Feuerungsanlage in Verbindung mit einer Abgasreinigungseinrichtung betrieben, ist die Messöffnung hinter der Abgasreinigungseinrichtung anzubringen. Die Messöffnung soll in einem Abstand, der etwa dem zweifachen Durchmesser des Verbindungsstücks entspricht, hinter dem Abgasstutzen des Wärmetauschers oder der Abgasreinigungseinrichtung angebracht sein.

2. Eine Messöffnung an anderer Stelle als nach Nummer 1 ist zulässig, wenn reproduzierbare Strömungsverhältnisse vorherrschen und keine größeren Wärmeverluste in der Einlaufstrecke auftreten als nach Nummer 1.

3. An der Messöffnung dürfen keine Staub- oder Rußablagerungen vorhanden sein, die die Messungen wesentlich beeinträchtigen können.

Anlage 2
(zu § 5 Absatz 1, §§ 7, 8, 10, 14 Absatz 4,
§ 15 Absatz 5, § 25 Absatz 2)

Anforderungen an die Durchführung der Messungen im Betrieb

1. Allgemeine Anforderungen
Messung des Feuchtegehaltes
Die Bestimmung des Feuchtegehaltes ist mit Messgeräten, die die elektrische Leitfähigkeit messen, durchzuführen. Andere gleichwertige Meßmethoden zur Bestimmung des Feuchtegehaltes können angewendet werden.

Messung von Abgasparametern

1.1 Die Messungen sind an der Messöffnung im Kern des Abgasstromes durchzuführen. Besitzt eine Feuerungsanlage mehrere Messöffnungen, sind die Messungen an jeder Messöffnung durchzuführen.

1.2 Vor den Messungen ist die Funktionsfähigkeit der Messgeräte zu überprüfen. Die in den Betriebsanleitungen enthaltenen Anweisungen der Hersteller sind zu beachten.

1.3 Die Messungen sind im ungestörten Dauerbetriebszustand der Feuerungsanlagen bei Nennwärmeleistung, ersatzweise bei der höchsten einstellbaren Wärmeleistung, so durchzuführen, dass die Ergebnisse repräsentativ und bei vergleichbaren Feuerungsanlagen und Betriebsbedingungen miteinander vergleichbar sind.

1.4 Zur Beurteilung des Betriebszustandes sind die Druckdifferenz zwischen Abgas und Umgebungsluft sowie die Temperatur des Abgases zu messen. Das Ergebnis der Temperaturmessung nach Nummer 3.4.1 kann verwendet werden. Die von den Betriebsmessgeräten angezeigte Temperatur des Wärmeträgers in oder hinter dem Wärmeerzeuger ist zu erfassen. Bei Feuerungsanlagen mit mehrstufigen oder stufenlos geregelten Brennern ist die bei der Messung eingestellte Leistung zu erfassen.

1.5 Das Messprogramm ist immer vollständig durchzuführen. Es soll nicht abgebrochen werden, wenn eine einzelne Messung negativ ausfällt.

2. Messungen an Feuerungsanlagen für feste Brennstoffe

2.1 Zur Erfüllung der Anforderungen nach Nummer 1.3 sind die Messungen bei einer Kesseltemperatur von mindestens 60 Grad Celsius durchzuführen. Bei handbeschickten Feuerungsanlagen soll darüber hinaus mit den Messungen fünf Minuten, nachdem die größte vom Hersteller in der Bedienungsanleitung genannte Brennstoffmenge auf eine für die Entzündung ausreichende Glutschicht aufgegeben wurde, begonnen werden.

2.2 Die Emissionen sind jeweils zeitgleich mit dem Sauerstoffgehalt im Abgas als Viertelstundenmittelwert zu ermitteln. Die Emissionen sind mit einer eignungsgeprüften Messeinrichtung zu bestimmen. Die gemessenen Emissionen sind nach der Beziehung

$$E_B = \frac{21 - O_{2B}}{21 - O_2} \; x E_M$$

auf den Bezugssauerstoffgehalt umzurechnen. Es bedeuten:

E_B = Emissionen, bezogen auf den Bezugssauerstoffgehalt
E_M = gemessene Emissionen
O_{2B} = Bezugssauerstoffgehalt in Volumenprozent
O_2 = Volumengehalt an Sauerstoff im trockenen Abgas.

2.3 Das Ergebnis der Messungen ist nach Umrechnung auf den Normzustand und den Bezugssauerstoffgehalt des Abgases mit einer Dezimalstelle mehr als der Zahlenwert des festgelegten Emissionsgrenzwertes zu ermitteln. Es ist nach Nummer 4.5.1 der DIN 1333, Ausgabe Februar 1992, zu runden. Der Emissionsgrenzwert ist eingehalten, wenn ihn der gemessene Wert abzüglich der Messunsicherheit nicht überschreitet.

2.4 Bei Messungen im Teillastbereich nach § 25 Absatz 2 ist wie folgt vorzugehen:

2.4.1 Bei Feuerungsanlagen ohne Verbrennungsluftgebläse ist in den ersten fünf Minuten bei geöffneter und in den restlichen zehn Minuten bei geschlossener Verbrennungsluftklappe zu messen.

2.4.2 Bei Feuerungsanlagen mit ungeregeltem Verbrennungsluftgebläse (Ein/Aus-Regelung) ist fünf Minuten bei laufendem und zehn Minuten bei abgeschaltetem Gebläse zu messen.

2.4.3 Bei Feuerungsanlagen mit geregeltem Verbrennungsluftgebläse (Drehzahlregelung, Stufenregelung, Luftmengenregelung mittels Drosselscheibe, -blende oder -klappe u. Ä.) ist 15 Minuten lang mit verminderter Verbrennungsluftzufuhr zu messen.

3. Messungen an Öl- und Gasfeuerungsanlagen

3.1 Zur Erfüllung der Anforderungen nach Nummer 1.3 soll bei Ölfeuerungsanlagen mit Zerstäubungsbrenner und bei Gasfeuerungsanlagen frühestens zwei Minuten nach dem Einschalten des Brenners und bei Ölfeuerungsanlagen mit Verdampfungsbrenner frühestens zwei Minuten nach dem Einstellen der Nennwärmeleistung mit den Messungen begonnen werden. Bei Warmwasserheizungsanlagen soll die Kesselwassertemperatur bei Beginn der Messungen wenigstens 60 Grad Celsius betragen. Dies gilt nicht für Warmwasserheizungsanlagen, deren Kessel bestimmungsgemäß bei Temperaturen unter 60 Grad Celsius betrieben werden (Brennwertgeräte, Niedertemperaturkessel mit gleitender Regelung).

3.2 Die Bestimmung der Rußzahl ist nach dem Verfahren der DIN 51402, Teil 1, Ausgabe Oktober 1986, visuell durchzuführen. Es sind drei Einzelmessungen vorzunehmen. Eine weitere Einzelmessung ist jeweils durchzuführen, wenn das beaufschlagte Filterpapier durch Kondensatbildung merklich feucht wurde oder einen ungleichmäßigen Schwärzungsgrad aufweist. Aus den Einzelmessungen ist das arithmetische Mittel zu bilden. Das auf die nächste ganze Zahl gerundete Ergebnis entspricht dieser Verordnung, wenn die festgelegte Rußzahl nicht überschritten wird.

3.3 Die Prüfung des Abgases auf das Vorhandensein von Ölderivaten ist anhand der bei der Rußzahlbestimmung beaufschlagten Filterpapiere vorzunehmen. Die beaufschlagten Filterpapiere sind jeweils zunächst mit bloßem Auge auf Ölderivate zu untersuchen. Wird dabei eine Verfärbung festgestellt, ist der Filter für die Rußzahlbestimmung zu verwerfen. Ist eine eindeutige Entscheidung nicht möglich, muss nach der Rußzahlbestimmung ein Fließmitteltest nach DIN 51402, Teil 2, Ausgabe März 1979, durchgeführt werden. Die Anforderungen dieser Verordnung sind erfüllt, wenn an keiner der drei Filterproben Ölderivate festgestellt werden.

3.4 Bestimmung der Abgasverluste

3.4.1 Der Sauerstoffgehalt des Abgases sowie die Abgastemperatur sind quasikontinuierlich als Mittelwert über einen Zeitraum von 30 Sekunden jeweils zeitgleich im gleichen Punkt zu bestimmen. Die Temperatur der Verbrennungsluft wird in der Nähe der Ansaugöffnung des Wärmeerzeugers, bei raumluftunabhängigen Feuerungsanlagen an geeigneter Stelle im Zuführungsrohr gemessen.

Der Abgasverlust wird aus den Mittelwerten der quasikontinu-
ierlichen Messung von Abgastemperatur und Sauerstoffgehalt
sowie aus den gemessenen Werten für Sauerstoffgehalt und
Temperatur der Verbrennungsluft nach folgender Formel errechnet:

$$q_A = (t_A - t_L) \cdot \left(\frac{A}{21 - O_{2.A}} + B \right)$$

Es bedeuten:

q_A =   Abgasverlust in Prozent

t_A =   Abgastemperatur in Grad Celsius

t_L =   Verbrennungslufttemperatur in Grad Celsius

$O_{2.A}$ =   Volumengehalt an Sauerstoff im trockenen Abgas in
Prozent

	Heizöl EL, naturbelassene Pflanzenöle, Pflanzenölme-thylester	Gase der öffentlichen Gasversorgung	Kokereigas	Flüssiggas und Flüssiggas-Luft-Gemische
A =	0,68	0,66	0,60	0,63
B =	0,007	0,009	0,011	0,008

3.4.2   Nummer 2.3 gilt entsprechend.

**4.   Inhalt der Bescheinigung über die Überwachungsmessungen an
Feuerungsanlagen für flüssige und gasförmige Brennstoffe**

Die Bescheinigung nach § 14 Absatz 4 oder § 15 Absatz 5 muss mindestens
folgende Informationen enthalten:

Allgemeine Informationen

Name und Anschrift der Schornsteinfegerin oder des Schornsteinfegers bzw.
des Bezirksschornsteinfegermeisters

Name und Anschrift des Eigentümers

Aufstellort der Anlage

Rechtliche Grundlage der Überprüfung

Wärmetauscher: Hersteller, Typ, Jahr der Errichtung, Leistungsbereich und
Nennleistung

Brenner: Hersteller, Typ, Jahr der Errichtung, Leistungsbereich und Leistung
bei der Messung

Art des Brenners (mit Gebläse, ohne Gebläse, Verdampfungsbrenner)

Eingesetzter Brennstoff (Bezeichnung und Nummer nach § 3 Absatz 1)

Art der Anlage (z. B. Zentralheizung, Einzelraumfeuerungsanlage, Heizung mit
Warmwassererzeugung, Warmwassererzeugung)

Messergebnis

Wärmeträgertemperatur

Verbrennungslufttemperatur

Abgastemperatur

Sauerstoffgehalt im Abgas

Druckdifferenz

Ermittelter Abgasverlust unter Angabe der Messunsicherheit

Bei Anlagen mit flüssigen Brennstoffen: Rußzahl aus allen Einzelmessungen
sowie Mittelwert der Rußzahl
Bei Anlagen mit flüssigen Brennstoffen: Ergebnis der Überprüfung auf Ölderivate
Für die Anlage relevante Grenzwerte dieser Verordnung
Sonstige Überwachungstätigkeiten
Information über die Überprüfung der Anforderungen nach § 6 Absatz 2 (Herstellerbescheinigung)

5. **Inhalt der Bescheinigung über die Überwachungsmessungen an Feuerungsanlagen für feste Brennstoffe**
Die Bescheinigung nach § 14 Absatz 4 oder § 15 Absatz 5 muss mindestens folgende Angaben enthalten:
Allgemeine Informationen
Name und Anschrift der Schornsteinfegerin oder des Schornsteinfegers bzw.
des Bezirksschornsteinfegermeisters
Name und Anschrift des Eigentümers
Aufstellort der Anlage
Rechtliche Grundlage der Überprüfung und Messung
Feuerstätte: Hersteller, Typ, Jahr der Errichtung, Leistungsbereich und Nennleistung, Feuerstättenbauart, Beschickungsart
Eingesetzter Brennstoff (Bezeichnung und Nummer nach § 3 Absatz 1)
Art der Anlage (z. B. Zentralheizung, Einzelraumfeuerungsanlage, Heizung mit Warmwassererzeugung, Warmwassererzeugung)
Messergebnis
Wärmeträgertemperatur
Abgastemperatur
Sauerstoffgehalt im Abgas
Druckdifferenz
Ermittelter Staubgehalt im Abgas unter Angabe der Messunsicherheit
Ermittelter Kohlenstoffmonoxidgehalt im Abgas unter Angabe der Messunsicherheit
Für die Anlage relevante Grenzwerte dieser Verordnung
Sonstige Überwachungstätigkeiten
Ermittelter Feuchtigkeitsgehalt der in § 3 Absatz 1 Nummer 4, 5 und 6 bis 8 genannten Brennstoffe
Information über die Überprüfung der Anforderungen nach § 4 Absatz 1
Nur bei Inbetriebnahme
Information über die Durchführung einer Beratung nach § 4 Absatz 8
Information über die Überprüfung der Anforderungen nach § 4 Absatz 3 und 6, § 6 Absatz 1 (Herstellerbescheinigungen)

Anlage 3
(zu § 2 Nummer 11, § 6)

Bestimmung des Nutzungsgrades und des
Stickstoffoxidgehaltes unter Prüfbedingungen

1. Bestimmung des Nutzungsgrades

   1.1 Der Nutzungsgrad ist nach dem Verfahren der DIN EN 303-5, Ausgabe Juni 1999, zu bestimmen.

   1.2 Die Bestimmung des Nutzungsgrades kann für den Typ des Heizkessels auf einem Prüfstand oder für einzelne Heizkessel an einer bereits errichteten Feuerungsanlage vorgenommen werden. Erfolgt die Bestimmung an einer bereits errichteten Feuerungsanlage, sind die für die Prüfung auf dem Prüfstand geltenden Vorschriften sinngemäß anzuwenden.

   1.3 Die Unsicherheit der Bestimmungsmethode darf 3 Prozent des ermittelten Nutzungsgradwertes nicht überschreiten. Die Anforderungen an den Nutzungsgrad gelten als eingehalten, wenn die ermittelten Werte zuzüglich der Unsicherheit nach Satz 1 die festgelegten Grenzwerte nicht unterschreiten.

2. Bestimmung des Stickstoffoxidgehaltes

   2.1 Die Emissionsprüfung ist für den Typ des Brenners nach DIN EN 267, Ausgabe November 1999, oder unter ihrer sinngemäßen Anwendung am Prüfflammrohr vorzunehmen. Der Typ des Kessels mit einem vom Hersteller auszuwählenden geprüften Brenner sowie die Kessel-Brenner-Einheiten (Units) sind auf einem Prüfstand unter sinngemäßer Anwendung dieser Norm zu prüfen.

   2.2 Die Prüfungen nach Nummer 2.1 können für einzelne Brenner oder Brenner-Kessel-Kombinationen auch an bereits errichteten Feuerungsanlagen in Anlehnung an DIN EN 267, Ausgabe November 1999, vorgenommen werden.

   2.3 Für die Kalibrierung der Messgeräte sind zertifizierte Kalibriergase zu verwenden. Bei Gasbrennern und bei Gasbrenner-Kessel-Kombinationen ist als Prüfgas G20 (Methan) zu verwenden.

   2.4 Die Anforderungen an den Stickstoffoxidgehalt des Abgases gelten als eingehalten, wenn unter Berücksichtigung der Messtoleranzen nach DIN EN 267, Ausgabe November 1999,

      a) bei einstufigen Brennern die in den Prüfpunkten des Arbeitsfeldes ermittelten Werte die festgelegten Grenzwerte nicht überschreiten,

      b) bei Kesseln und Kessel-Brenner-Einheiten der nach DIN EN 303-5, Ausgabe Juni 1999, sowie bei mehrstufigen oder modulierenden Brennern der in Anlehnung an diese Norm ermittelte Norm-Emissionsfaktor EN die festgelegten Grenzwerte nicht überschreitet.

Anlage 4
(zu § 3 Absatz 5 Nummer 2, § 4 Absatz 3, 5 und 7,
§ 26 Absatz 1 Satz 2 Nummer 2, Absatz 6)

Anforderungen bei der Typprüfung

1. **Emissionsgrenzwerte und Mindestwirkungsgrade für Einzelraumfeuerungsanlagen für feste Brennstoffe (Anforderungen bei der Typprüfung)**

Feuerstättenart	Technische Regeln	Stufe 1: Errichtung ab dem 22. März 2010		Stufe 2: Errichtung nach dem 31. Dezember 2014		Errichtung ab dem 22. März 2010
		CO [g/m³]	Staub [g/m³]	CO [g/m³]	Staub [g/m³]	Mindestwirkungsgrad [%]
Raumheizer mit Flachfeuerung	DIN EN 13240 (Ausgabe Oktober 2005) Zeitbrand	2,0	0,075	1,25	0,04	73
Raumheizer mit Füllfeuerung	DIN EN 13240 (Ausgabe Oktober 2005) Dauerbrand	2,5	0,075	1,25	0,04	70
Speichereinzelfeuerstätten	DIN EN 15250/A1 (Ausgabe Juni 2007)	2,0	0,075	1,25	0,04	75
Kamineinsätze (geschlossene Betriebsweise)	DIN EN 13229 (Ausgabe Oktober 2005)	2,0	0,075	1,25	0,04	75
Kachelofeneinsätze mit Flachfeuerung	DIN EN 13229/A1 (Ausgabe Oktober 2005)	2,0	0,075	1,25	0,04	80
Kachelofeneinsätze mit Füllfeuerung	DIN EN 13229/A1 (Ausgabe Oktober 2005)	2,5	0,075	1,25	0,04	80
Herde	DIN EN 12815 (Ausgabe September 2005)	3,0	0,075	1,50	0,04	70
Heizungsherde	DIN EN 12815 (Ausgabe September 2005)	3,5	0,075	1,50	0,04	75
Pelletöfen ohne Wassertasche	DIN EN 14785 (Ausgabe September 2006)	0,40	0,05	0,25	0,03	85
Pelletöfen mit Wassertasche	DIN EN 14785 (Ausgabe September 2006)	0,40	0,03	0,25	0,02	90

Sonstige Einzelraumfeuerungsanlagen zum Beheizen, die nicht einer in der Tabelle genannten Feuerstättenart bzw. technischen Regeln zuzuordnen sind, müssen die Anforderungen der Raumheizer mit Flachfeuerung (DIN EN 13240, Ausgabe Oktober 2005) einhalten.

Sonstige Einzelraumfeuerungsanlagen zum Kochen und Backen bzw. zum Kochen, Backen und Heizen, die nicht einer in der Tabelle genannten Feuerstättenart bzw. technischen Regeln unterzuordnen sind, müssen die Anforderungen für Herde (DIN EN 12815, Ausgabe September 2005) einhalten.

Typprüfungen können nur von benannten Stellen durchgeführt werden, die Prüfungen entsprechend den Normen nach der Richtlinie 89/106/EWG des Rates vom 21. Dezember 1988 zur Angleichung der Rechts- und Verwaltungsvorschriften der Mitgliedstaaten über Bauprodukte (ABl. L 40 vom 11.2.1989, S. 12), die zuletzt durch die Verordnung (EG) Nr. 1882/2003 (ABl. L 284 vom 31.10.2003, S. 1) geändert worden ist, durchführen dürfen.

2. **Grenzwerte für Anlagen mit den in § 3 Absatz 1 Nummer 8 und 13 genannten Brennstoffen (Anforderungen bei der Typprüfung)**

Dioxine und Furane: 0,1 ng/m^3

Stickstoffoxide:

Anlagen, die ab dem 22. März 2010 errichtet werden: 0,6 g/m^3

Anlagen, die nach dem 31. Dezember 2014 errichtet werden: 0,5 g/m^3

Kohlenstoffmonoxid: 0,25 g/m^3.

3. **Durchführung der Messungen und Bestimmung des Wirkungsgrades:**

3.1 **Kohlenstoffmonoxid**

Die Ermittlung der Kohlenstoffmonoxidemissionen erfolgt bei Nennwärmeleistung als Mittelwert über die Abbrandperiode nach den entsprechenden Normen. Bei Anlagen für Brennstoffe nach § 3 Absatz 1 Nummer 8 erfolgt die Messung der Kohlenstoffmonoxidemissionen parallel zur Messung der Stickstoffoxidemissionen.

3.2 **Staub**

Die Ermittlung der staubförmigen Emissionen erfolgt bei Nennwärmeleistung als Halbstundenmittelwert (Messbeginn drei Minuten nach Brennstoffaufgabe) nach VDI 2066 Blatt 1, Ausgabe November 2006, oder nach dem Zertifizierungsprogramm DINplus in Anlehnung an VDI 2066 Blatt 1, Ausgabe November 2006. Andere Verfahren können bei Gleichwertigkeit ebenso angewendet werden.

3.3 **Wirkungsgrad**

Die Bestimmung des Wirkungsgrades erfolgt bei Nennwärmeleistung über Abgasverlust und Brennstoffdurchsatz nach den entsprechenden Normen.

3.4 **Stickstoffoxide**

Die Ermittlung erfolgt nach DIN EN 14792, Ausgabe April 2006. Die Probenahmedauer beträgt eine halbe Stunde bei Nennwärmeleistung; es sind mindestens drei Bestimmungen für jede Brennstoffart durchzuführen.

3.5 **Dioxine und Furane**

Die Ermittlung erfolgt nach DIN EN 1948, Ausgabe Juni 2006. Die Probenahmedauer beträgt sechs Stunden bei Nennwärmeleistung; es sind mindestens drei Bestimmungen für jede Brennstoffart durchzuführen.

**Zweite Verordnung
zur Durchführung des Bundes-Immissionsschutzgesetzes
(Verordnung zur Emissionsbegrenzung von leichtflüchtigen
halogenierten organischen Verbindungen – 2. BImSchV)**

Vom 10. Dezember 1990 (BGBl. I S. 2694)[1)]
(FNA 2129-8-2-3)

zuletzt geändert durch Art. 56 G
vom 24. März 2017 (BGBl. I. S. 626, 637)

Inhaltsübersicht

Erster Abschnitt
Allgemeine Vorschriften
§ 1   Anwendungsbereich
§ 2   Einsatzstoffe

Zweiter Abschnitt
Errichtung und Betrieb
§ 3   Oberflächenbehandlungsanlagen
§ 4   Chemischreinigungs- und Textilausrüstungsanlagen
§ 5   Extraktionsanlagen

Dritter Abschnitt
Anforderungen an Altanlagen
§ 6   (weggefallen)
§ 7   (weggefallen)
§ 8   (weggefallen)
§ 9   (weggefallen)

Vierter Abschnitt
Eigenkontrolle und Überwachung
§ 10   Messöffnungen
§ 11   Eigenkontrolle
§ 12   Überwachung

Fünfter Abschnitt
Gemeinsame Vorschriften
§ 13   Umgang mit leichtflüchtigen halogenierten organischen Verbindungen
§ 14   Ableitung der Abgase
§ 15   An- und Abfahren von Anlagen
§ 16   Allgemeine Anforderungen
§ 17   Berichterstattung an die Europäische Kommission, Unterrichtung der
        Öffentlichkeit

---

1) Die 2. BImSchV ist zunächst auf Grund des § 23 BImSchG erlassen worden. Die
   umfangreichen Änderungen durch Art. 2 der VO vom 21. 8. 2001 (BGBl. I S. 2180,
   2209) und durch Art. 1 VO vom 2. Mai 2013 (BGBl. I S. 1021) sind auch auf § 7
   BImSchG gestützt.

§ 18   Weitergehende Anforderungen
§ 19   Zulassung von Ausnahmen
§ 20   Ordnungswidrigkeiten

Sechster Abschnitt
(weggefallen)

Erster Abschnitt
Allgemeine Vorschriften
§ 1 Anwendungsbereich
(1) Diese Verordnung gilt für die Errichtung, die Beschaffenheit und den Betrieb von Anlagen, in denen unter Verwendung von Lösemitteln, die Halogenkohlenwasserstoffe mit einem Siedepunkt bei 1 013 Hektopascal bis zu 423 Kelvin [150 Grad Celsius] (leichtflüchtige Halogenkohlenwasserstoffe) oder andere flüchtige halogenierte organische Verbindungen mit einem Siedepunkt bei 1 013 Hektopascal bis zu 423 Kelvin [150 Grad Celsius] (leichtflüchtige halogenierte organische Verbindungen) enthalten,
1. die Oberfläche von Gegenständen oder Materialien, insbesondere aus Metall, Glas, Keramik, Kunststoff oder Gummi, gereinigt, befettet, entfettet, beschichtet, entschichtet, entwickelt, phosphatiert, getrocknet oder in ähnlicher Weise behandelt wird (Oberflächenbehandlungsanlagen),
2. Behandlungsgut, insbesondere Textilien, Leder, Pelze, Felle, Fasern, Federn oder Wolle, gereinigt, entfettet, imprägniert, ausgerüstet, getrocknet oder in ähnlicher Weise behandelt wird (Chemischreinigungs- und Textilausrüstungsanlagen),
3. Aromen, Öle, Fette oder andere Stoffe aus Pflanzen oder Pflanzenteilen oder aus Tierkörpern oder Tierkörperteilen extrahiert oder raffiniert werden (Extraktionsanlagen).
(2) Diese Verordnung gilt nicht für Anlagen, bei denen Lösemittel mit einem Massegehalt an leichtflüchtigen halogenierten organischen Verbindungen bis zu 1 vom Hundert eingesetzt werden.

§ 2 Einsatzstoffe
(1) [1]Der Betreiber einer Anlage hat schädliche Stoffe oder Gemische, die eingesetzt werden und denen aufgrund ihres Gehalts an nach der Verordnung (EG) Nr. 1272/2008 des Europäischen Parlaments und des Rates vom 16. Dezember 2008 über die Einstufung, Kennzeichnung und Verpackung von Stoffen und Gemischen, zur Änderung und Aufhebung der Richtlinien 67/548/EWG und 1999/45/EG und zur Änderung der Verordnung (EG) Nr. 1907/2006 (ABl. L 353 vom 31. 12. 2008, S. 1), die zuletzt durch die Verordnung (EU) Nr. 1297/2004 (ABl. L 350 vom 5. 12. 2014, S. 1) geändert worden ist, als karzinogen, keimzellmutagen oder reproduktionstoxisch eingestuften flüchtigen organischen Verbindungen die Gefahrenhinweise H340, H350, H350i, H360D oder H360F zugeordnet sind oder die mit diesen Sätzen zu kennzeichnen sind, durch weniger schädliche zu ersetzen. [2]Diese Stoffe oder Gemische sind in kürzestmöglicher Frist so weit wie möglich zu ersetzen, wobei die Gebrauchstauglichkeit,

die Verwendung und die Verhältnismäßigkeit zwischen Aufwand und Nutzen zu berücksichtigen sind. [3]Satz 1 gilt nicht für die Verwendung solcher Stoffe oder Gemische in Anlagen nach § 3 Absatz 1 und 2, in denen die lösemittelführenden Behälter und Leitungen gasdicht ausgeführt sind oder während des Betriebs unter vermindertem Druck gehalten werden, sofern der Schwellenwert für den Lösemittelverbrauch von 1 t/a unterschritten wird.

(2) [1]Beim Betrieb von Anlagen dürfen als leichtflüchtige Halogenkohlenwasserstoffe nur Tetrachlorethen, Trichlorethen oder Dichlormethan in technisch reiner Form eingesetzt werden. [2]Absatz 1 bleibt von Satz 1 unberührt. [3]Den Halogenkohlenwasserstoffen dürfen keine Stoffe zugesetzt sein oder zugesetzt werden, die nach Absatz 1 krebserzeugend sind. [4]Abweichend von Satz 1 gilt:

1. Trichlorethen darf nicht beim Betrieb von Chemischreinigungs- und Textilausrüstungsanlagen sowie Extraktionsanlagen eingesetzt werden,

2. Dichlormethan darf nicht beim Betrieb von Chemischreinigungs- und Textilausrüstungsanlagen eingesetzt werden.

[5]Die Einschränkung für Dichlormethan nach Satz 4 Nummer 2 gilt nicht für Anlagen, in denen unter Verwendung dieses Stoffes ausschließlich Felle entfettet werden. [6]Werden Zusatzstoffe ab dem 25. August 2001 als krebserzeugend eingestuft oder bekannt gegeben, dürfen sie abweichend von Satz 3 noch bis zum Ablauf von einem Jahr nach der Einstufung oder Bekanntgabe eingesetzt werden.

Zweiter Abschnitt
Errichtung und Betrieb

§ 3 Oberflächenbehandlungsanlagen

(1) [1]Oberflächenbehandlungsanlagen sind so zu errichten und zu betreiben, daß

1. das Behandlungsgut in einem Gehäuse behandelt wird, das bis auf die zur Absaugung von Abgasen erforderlichen Öffnungen allseits geschlossen ist und bei dem die Möglichkeiten, die Emissionen durch Abdichtung, Abscheidung aus der Anlagenluft und Änderung des Behandlungsprozesses zu begrenzen, nach dem Stand der Technik ausgeschöpft werden,

2. die Massenkonzentration an leichtflüchtigen halogenierten organischen Verbindungen in der Anlagenluft im Entnahmebereich unmittelbar vor der Entnahme des Behandlungsgutes aus dem Gehäuse 1 Gramm je Kubikmeter, bezogen auf das Abgasvolumen im Normzustand (273,15 Kelvin, 1 013 Hektopascal), nicht überschreitet und

3. eine selbsttätige Verriegelung sicherstellt, daß die Entnahme des Behandlungsgutes aus dem Entnahmebereich erst erfolgen kann, wenn die in Nummer 2 genannte Massenkonzentration nach dem Ergebnis einer laufenden meßtechnischen Überprüfung nicht mehr überschritten wird.

[2]Wird die Anlagenluft im Entnahmebereich abgesaugt, bezieht sich die in Satz 1 Nummer 2 genannte Massenkonzentration auf den Austritt der Anlagenluft aus dem Entnahmebereich.

(2) [1]Abgesaugte Abgase sind einem Abscheider zuzuführen, mit dem sichergestellt wird, daß die Emissionen an leichtflüchtigen halogenierten organischen Verbindungen im unverdünnten Abgas eine Massenkonzentration von 20 Milligramm je Kubikmeter, bezogen auf das Abgasvolumen im Normzustand, nicht überschreiten. [2]Die abgeschiedenen leichtflüchtigen halogenierten organischen Verbindungen sind zurückzugewinnen. [3]Bei der Verwendung von Stoffen oder Gemischen nach § 2 Absatz 1, die nicht durch weniger schädliche Stoffe oder Gemische ersetzt werden können, hat der Betreiber sicherzustellen, dass die Emissionen an den dort genannten flüchtigen organischen Verbindungen, auch beim Vorhandensein mehrerer dieser Verbindungen, einen Massenstrom von 5 Gramm je Stunde oder im unverdünnten Abgas eine Massenkonzentration von 2 Milligramm je Kubikmeter, bezogen auf das Abgasvolumen im Normzustand, nicht überschreiten. [4]Nach Abscheidern hinter Oberflächenbehandlungsanlagen müssen bei einem Abgasvolumenstrom von mehr als 500 Kubikmetern je Stunde entweder Einrichtungen zur kontinuierlichen Messung unter Verwendung einer aufzeichnenden Meßeinrichtung für die Massenkonzentration an leichtflüchtigen halogenierten organischen Verbindungen im Abgas oder Einrichtungen verwendet werden, die einen Anstieg der Massenkonzentration auf mehr als 1 Gramm je Kubikmeter registrieren und in diesem Fall eine Zwangsabschaltung der an den Abscheider angeschlossenen Oberflächenbehandlungsanlagen auslösen.

(3) Anlagen zum Entlacken, bei denen die Anforderungen nach Absatz 1 Nummer 2 und 3 nicht eingehalten werden können, sind so zu errichten und zu betreiben, daß der Entnahmebereich bei der Entnahme des Behandlungsgutes abgesaugt, auch durch schöpfende Teile kein flüssiges Lösemittel ausgetragen und bei manueller Nachbehandlung außerhalb des geschlossenen Gehäuses der Behandlungsbereich entsprechend dem Stand der Technik gekapselt und abgesaugt wird.

(4) Oberflächenbehandlungsanlagen, bei denen die Anforderungen nach Absatz 1 auf Grund der Sperrigkeit des Behandlungsgutes nicht eingehalten werden können, sind so zu errichten und zu betreiben, daß die Möglichkeiten, die Emissionen durch Kapselung, Abdichtung, Abscheidung aus der Anlagenluft, Luftschleusen und Absaugung zu begrenzen, nach dem Stand der Technik ausgeschöpft werden.

(5) Absatz 1 Nummer 2 und 3 gilt bei Oberflächenbehandlungsanlagen, in denen keine anderen leichtflüchtigen halogenierten organischen Verbindungen als Hydrofluorether eingesetzt werden, auch als erfüllt, soweit die Emissionen an Hydrofluorether einen durchschnittlichen Massenstrom von 30 Gramm je Stunde nicht überschreiten.

§ 4 Chemischreinigungs- und Textilausrüstungsanlagen

(1) Chemischreinigungs- und Textilausrüstungsmaschinen sind so zu errichten und zu betreiben, daß

1. nach Abschluß des Trocknungsvorganges die Massenkonzentration an leichtflüchtigen halogenierten organischen Verbindungen in der Trocknungsluft am Austritt aus dem Trommelbereich bei drehender Trommel, laufender Ventilation und geschlossener Beladetür sowie einer Temperatur des Behandlungsgutes von nicht weniger als 308 Kelvin (35 Grad Celsius) 2 Gramm je Kubikmeter (bei einer Luftwechselrate von mindestens 2 Kubikmeter bis höchstens 5 Kubikmeter pro Kilogramm Beladegewicht und Stunde in der Meßphase; bei Anlagen mit einem höheren Luftdurchsatz ist der dabei ermittelte Wert auf eine Luftwechselrate von 5 Kubikmeter pro Kilogramm Beladegewicht und Stunde zu beziehen), bezogen auf das Abgasvolumen im Normzustand (273,15 Kelvin, 1 013 Hektopascal), nicht überschreitet und

2. mit Beginn des Behandlungsprozesses selbsttätig eine Sicherung wirksam wird, die die Beladetür verriegelt, bis nach Abschluß des Trocknungsvorganges die in Nummer 1 genannte Massenkonzentration an leichtflüchtigen halogenierten organischen Verbindungen nach dem Ergebnis einer laufenden meßtechnischen Überprüfung nicht mehr überschritten wird.

(2) [1]Abgase, die von Chemischreinigungs- oder Textilausrüstungsmaschinen abgesaugt werden, sind einem Abscheider zuzuführen, mit dem sichergestellt wird, daß die Emissionen an leichtflüchtigen halogenierten organischen Verbindungen im unverdünnten Abgas eine Massenkonzentration von 20 Milligramm je Kubikmeter, bezogen auf das Abgasvolumen im Normzustand, nicht überschreiten. [2]Die abgeschiedenen leichtflüchtigen halogenierten organischen Verbindungen sind zurückzugewinnen. [3]Bei der Verwendung von Stoffen oder Gemischen nach § 2 Absatz 1, die nicht durch weniger schädliche Stoffe oder Gemische ersetzt werden können, hat der Betreiber sicherzustellen, dass die Emissionen an den dort genannten flüchtigen organischen Verbindungen, auch beim Vorhandensein mehrerer dieser Verbindungen, einen Massenstrom von 5 Gramm je Stunde oder im unverdünnten Abgas eine Massenkonzentration von 2 Milligramm je Kubikmeter, bezogen auf das Abgasvolumen im Normzustand, nicht überschreiten. [4]Der Abscheider darf nicht mit Frischluft oder Raumluft desorbiert werden. [5]Satz 1 gilt nicht für lüftungstechnische Einrichtungen nach Absatz 4. [6]Nach Abscheidern hinter Chemischreinigungs- oder Textilausrüstungsanlagen müssen bei einem Abgasvolumenstrom von mehr als 500 Kubikmetern je Stunde entweder Einrichtungen zur kontinuierlichen Messung unter Verwendung einer aufzeichnenden Meßeinrichtung für die Massenkonzentration an leichtflüchtigen halogenierten organischen Verbindungen im Abgas oder Einrichtungen verwendet werden, die einen Anstieg der Massenkonzentration auf mehr als 1 Gramm je Kubikmeter registrieren und in diesem Fall eine Zwangsabschaltung der an den Abscheider angeschlossenen Chemischreinigungssowie Textilausrüstungsanlagen auslösen.

(3) In Chemischreinigungs- und Textilausrüstungsmaschinen dürfen zur Reinigung des flüssigen Lösemittels nur regenerierbare Filter eingesetzt werden.

(4) [1]Die Betriebsräume sind ausschließlich durch lüftungstechnische Einrichtungen mit Absaugung der Raumluft zu lüften. [2]Die Lüftung ist so vorzunehmen, daß die Emissionen an leichtflüchtigen halogenierten organischen Verbindungen, die in den Bereichen der Maschinen, der Lagerung des Lösemittels, der Lagerung des gereinigten oder ausgerüsteten Behandlungsgutes, der Bügeltische, der Dämpfanlagen oder der Entladung der Maschinen entstehen, *an die*[2] Entstehungsstellen erfaßt und abgesaugt werden.

(5) In den Betriebsräumen dürfen außerhalb der Chemischreinigungs- und Textilausrüstungsmaschinen keine leichtflüchtigen halogenierten organischen Verbindungen eingesetzt werden.

(6) Chemischreinigungsanlagen einschließlich Selbstbedienungsmaschinen dürfen nur in Anwesenheit von sachkundigem Bedienungspersonal betrieben werden.

§ 5 Extraktionsanlagen

[1]Extraktionsanlagen sind so zu errichten und zu betreiben, daß die Abgase einem Abscheider zugeführt werden, mit dem sichergestellt wird, daß die Emissionen an leichtflüchtigen halogenierten organischen Verbindungen im unverdünnten Abgas eine Massenkonzentration von 20 Milligramm je Kubikmeter, bezogen auf das Abgasvolumen im Normzustand (273,15 Kelvin, 1 013 Hektopascal), nicht überschreiten. [2]Die abgeschiedenen leichtflüchtigen halogenierten organischen Verbindungen sind zurückzugewinnen. [3]Bei der Verwendung von Stoffen oder Gemischen nach § 2 Absatz 1, die nicht durch weniger schädliche Stoffe oder Gemische ersetzt werden können, hat der Betreiber sicherzustellen, dass die Emissionen an den dort genannten flüchtigen organischen Verbindungen, auch beim Vorhandensein mehrerer dieser Verbindungen, einen Massenstrom von 5 Gramm je Stunde oder im unverdünnten Abgas eine Massenkonzentration von 2 Milligramm je Kubikmeter, bezogen auf das Abgasvolumen im Normzustand, nicht überschreiten. [4]Nach Abscheidern hinter Extraktionsanlagen müssen bei einem Abgasvolumenstrom von mehr als 500 Kubikmetern je Stunde entweder Einrichtungen zur kontinuierlichen Messung unter Verwendung einer aufzeichnenden Meßeinrichtung für die Massenkonzentration an leichtflüchtigen halogenierten organischen Verbindungen im Abgas oder Einrichtungen vorhanden sein, die einen Anstieg der Massenkonzentration auf mehr als 1 Gramm je Kubikmeter, bezogen auf das Abgasvolumen im Normzustand, registrieren und in diesem Fall eine Zwangsabschaltung der an den Abscheider angeschlossenen Extraktionsanlagen auslösen.

---

2) Richtig wohl: »an den«.

Dritter Abschnitt
Anforderungen an Altanlagen

§§ 6 bis 9 (aufgehoben)

Vierter Abschnitt
Eigenkontrolle und Überwachung

§ 10 Meßöffnungen

[1]Der Betreiber einer Anlage, für die Anforderungen nach § 3 Absatz 1 Nummer 2 oder 3 oder Absatz 2, § 4 Absatz 1 oder Absatz 2 oder § 5 festgelegt sind, hat zur Kontrolle der Einhaltung der jeweiligen Anforderungen geeignete dicht verschließbare Meßöffnungen einzurichten oder einrichten zu lassen. [2]Die Einrichtung der Meßöffnungen muß für die Durchführung der Messungen geeignet sein und gefahrlose Messungen ermöglichen.

§ 11 Eigenkontrolle

(1) [1]Der Betreiber einer Anlage hat über

1. die der Anlage zugeführten Mengen an leichtflüchtigen halogenierten organischen Verbindungen,
2. die der Wiederaufbereitung oder Entsorgung zugeführten Mengen an Lösemittel oder lösemittelhaltigen Stoffen,
3. die Betriebsstunden und
4. die von ihm veranlaßten oder selbst durchgeführten Instandhaltungsmaßnahmen

[2]Aufzeichnungen zu führen, soweit er dazu nicht schon auf Grund abfall- oder wasserrechtlicher Vorschriften verpflichtet ist. [3]Für Chemischreinigungs- und Textilausrüstungsanlagen ist zusätzlich das Gewicht des Reinigungsgutes zu erfassen. [4]Die Aufzeichnungen sind am Betriebsort drei Jahre lang aufzubewahren und der zuständigen Behörde auf Verlangen vorzulegen. [5]Die Betriebsstunden sind durch einen Betriebsstundenzähler zu erfassen.

(2) [1]Der Betreiber einer Anlage, die mit einem Abscheider gemäß § 3 Absatz 2, § 4 Absatz 2 oder § 5 ausgerüstet ist, hat dessen Funktionsfähigkeit mindestens arbeitstäglich zu prüfen und das Ergebnis schriftlich oder elektronisch festzuhalten, soweit nicht die Funktion des Abscheiders der Kontrolle durch ein kontinuierlich aufzeichnendes Meßgerät oder einer automatischen Abschaltung unterliegt. [2]Die Aufzeichnungen sind am Betriebsort drei Jahre lang aufzubewahren und der zuständigen Behörde auf Verlangen vorzulegen.

§ 12 Überwachung

(1) Der Betreiber einer Anlage, die nach § 4 des Bundes-Immissionsschutzgesetzes keiner Genehmigung bedarf, hat diese der zuständigen Behörde vor der Inbetriebnahme anzuzeigen; die Anzeigepflicht gilt auch für den Fall einer wesentlichen Änderung der Anlage gemäß Absatz 2.

(2) Eine wesentliche Änderung einer nicht genehmigungsbedürftigen Anlage im Sinne von Absatz 1 ist

1. eine Änderung, die nach der Beurteilung durch die zuständige Behörde erhebliche negative Auswirkungen auf die menschliche Gesundheit oder auf die Umwelt haben kann,

2. eine Änderung der Nennkapazität bei Anlagen mit einem Lösemittelverbrauch von 10 Tonnen pro Jahr oder weniger, die zu einer Erhöhung der Emissionen flüchtiger organischer Verbindungen um mehr als 25 Prozent führt,

3. eine Änderung der Nennkapazität bei anderen als den in Nummer 2 genannten Anlagen, die zu einer Erhöhung der Emissionen flüchtiger organischer Verbindungen um mehr als 10 Prozent führt.

(3) Die in Absatz 2 Nummer 2 und 3 genannte Nennkapazität ist die maximale Masse der in einer Anlage eingesetzten organischen Lösemittel, gemittelt über einen Tag, sofern die Anlage unter Bedingungen des Normalbetriebs entsprechend ihrer Auslegung betrieben wird.

(4) Der Betreiber einer nach Inkrafttreten dieser Verordnung errichteten oder wesentlich geänderten Anlage, für die in § 3 Absatz 1 Nummer 2 und 3 oder Absatz 2 oder § 4 Absatz 1 oder Absatz 2 oder § 5 Anforderungen festgelegt sind, hat die Einhaltung der jeweiligen Anforderungen frühestens drei Monate und spätestens sechs Monate nach der Inbetriebnahme von einer nach § 29b Absatz 2 in Verbindung mit § 26 des Bundes-Immissionsschutzgesetzes bekannt gegebenen Stelle durch erstmalige Messungen feststellen zu lassen.

(5) [1]Der Betreiber einer Anlage, für die in § 3 Absatz 1 Nummer 2 und 3 oder Absatz 2 oder § 4 Absatz 1 oder Absatz 2 oder § 5 Anforderungen festgelegt sind, hat die Einhaltung der jeweiligen Anforderungen jährlich, jeweils längstens nach zwölf Monaten von einer nach § 29b Absatz 2 in Verbindung mit § 26 des Bundes-Immissionsschutzgesetzes bekannt gegebenen Stelle durch wiederkehrende Messungen feststellen zu lassen. [2]Einer wiederkehrenden Messung bedarf es nicht bei einer Anlage mit einem maximalen Lösemittelfüllvolumen bis zu 50 Liter, soweit abgesaugte Abgase nicht gemäß § 4 Absatz 2 über einen Abscheider zu führen sind.

(6) Ergibt eine Messung nach Absatz 2 oder 3, daß die Anforderungen nicht erfüllt sind, so hat der Betreiber von der nach § 29b Absatz 2 in Verbindung mit § 26 des Bundes-Immissionsschutzgesetzes bekannt gegebenen Stelle innerhalb von sechs Wochen nach der Messung eine Wiederholungsmessung durchführen zu lassen.

(7) [1]Die Massenkonzentration an leichtflüchtigen halogenierten organischen Verbindungen ist durch mindestens drei Einzelmessungen im bestimmungsgemäßen Betrieb zu bestimmen. [2]Die Gesamtdauer jeder Einzelmessung soll in der Regel

1. bei der Bestimmung der Massenkonzentration im Trommel- oder Entnahmebereich 30 Sekunden und

2. bei der Bestimmung der Massenkonzentration im Abgas während der Absaugphase 30 Minuten

betragen. [3]Soweit das Betriebsverhalten der Anlage dies erfordert, ist die Meßdauer entsprechend zu verkürzen. [4]Die Anforderungen gelten als eingehalten, wenn das Ergebnis jeder Einzelmessung den festgelegten Grenzwert nicht überschreitet.

(8) [1]Über das Ergebnis der Messungen nach Absatz 4 bis 6 hat der Betreiber jeweils einen Bericht erstellen zu lassen. [2]Der Bericht muß Angaben über die zugrundeliegenden Anlagen- und Betriebsbedingungen, die Ergebnisse der Einzelmessungen und das verwendete Meßverfahren enthalten. [3]Er ist drei Jahre lang am Betriebsort aufzubewahren. [4]Eine Durchschrift des Berichtes ist der zuständigen Behörde innerhalb von vier Wochen zuzuleiten.

(9) [1]Absatz 5 Satz 1 findet keine Anwendung, soweit die Einhaltung der Anforderungen an die Massenkonzentration an leichtflüchtigen halogenierten organischen Verbindungen im Abgas durch kontinuierliche Messungen unter Verwendung einer aufzeichnenden Meßeinrichtung nachgewiesen wird. [2]Die Meßeinrichtung ist jährlich einmal durch eine von der zuständigen obersten Landesbehörde oder der nach Landesrecht bestimmten Behörde gemäß § 29b Absatz 2 des Bundes-Immissionsschutzgesetzes bekannt gegebenen Stelle mit Prüfgasen kalibrieren und auf Funktionsfähigkeit prüfen zu lassen. [3]Die Unterlagen über die Ergebnisse der Messungen und der Kalibrierung sind am Betriebsort drei Jahre lang aufzubewahren und der zuständigen Behörde auf Verlangen vorzulegen.

(10) Die Anforderungen an die Massenkonzentration an leichtflüchtigen halogenierten organischen Verbindungen im Abgas gelten bei kontinuierlicher Messung nach Absatz 9 als eingehalten, wenn die Auswertung der Meßaufzeichnungen für die auf die Absaugphasen entfallenden Betriebsstunden eines Kalenderjahres ergibt, daß bei sämtlichen Stundenmittelwerten keine höheren Überschreitungen als bis zum Eineinhalbfachen des Grenzwertes aufgetreten sind und im Tagesmittel der Grenzwert eingehalten wird.

(11) [1]Wird bei einer Anlage festgestellt, dass die Anforderungen nach § 2 Absatz 1 oder den §§ 3, 4 oder § 5 nicht eingehalten werden, hat der Betreiber dies der zuständigen Behörde unverzüglich mitzuteilen. [2]Der Betreiber hat unverzüglich die erforderlichen Maßnahmen zu treffen, um den ordnungsgemäßen Betrieb der Anlage sicherzustellen. [3]Die zuständige Behörde trägt durch entsprechende Maßnahmen dafür Sorge, dass der Betreiber seinen Pflichten nachkommt oder die Anlage außer Betrieb nimmt.

Fünfter Abschnitt
Gemeinsame Vorschriften

§ 13 Umgang mit leichtflüchtigen halogenierten organischen Verbindungen

(1) Die Befüllung der Anlagen mit Lösemitteln oder Hilfsstoffen sowie die Entnahme gebrauchter Lösemittel sind so vorzunehmen, daß Emissionen an leichtflüchtigen halogenierten organischen Verbindungen nach dem

Stand der Technik vermindert werden, insbesondere dadurch, daß die verdrängten lösemittelhaltigen Abgase
1. abgesaugt und einem Abscheider zugeführt werden oder
2. nach dem Gaspendelverfahren ausgetauscht werden.
(2) Rückstände, die leichtflüchtige halogenierte organische Verbindungen
enthalten, dürfen den Anlagen nur mit einer geschlossenen Vorrichtung
entnommen werden.
(3) Leichtflüchtige halogenierte organische Verbindungen oder solche
Verbindungen enthaltende Rückstände dürfen nur in geschlossenen Behältnissen gelagert, transportiert und gehandhabt werden.

§ 14 Ableitung der Abgase
[1]Die abgesaugten Abgase sind durch eine Abgasleitung, die gegen leichtflüchtige halogenierte organische Verbindungen beständig ist, so abzuleiten, daß ein Abtransport mit der freien Luftströmung gewährleistet ist.
[2]Satz 1 gilt entsprechend für die Abluft von lüftungstechnischen Einrichtungen.

§ 15 An- und Abfahren von Anlagen
(1) Der Betreiber einer Anlage hat alle geeigneten Maßnahmen zu treffen, um die Emissionen während des An- und Abfahrens so gering wie
möglich zu halten.
(2) [1]An- oder Abfahren sind Vorgänge, mit denen der Betriebs- oder Bereitschaftszustand einer Anlage oder eines Anlagenteils hergestellt oder
beendet wird. [2]Regelmäßig wiederkehrende Phasen von Tätigkeiten, die
in der Anlage durchgeführt werden, gelten nicht als An- oder Abfahren.

§ 16 Allgemeine Anforderungen
(1) Anlagen nach § 1 Absatz 1 dürfen nur betrieben werden, wenn der
Übertritt von Halogenkohlenwasserstoffen
1. in einen dem Aufenthalt von Menschen dienenden betriebsfremden
    Raum oder
2. in einen angrenzenden Betrieb, in dem Lebensmittel im Sinne des
    § 1 des Lebensmittel- und Bedarfsgegenständegesetzes hergestellt,
    behandelt, in den Verkehr gebracht, verzehrt oder gelagert werden,
nach dem Stand der Technik begrenzt ist.
(2) Wird in einem der in Absatz 1 aufgeführten Bereiche eine Raumluftkonzentration an Tetrachlorethen von mehr als 0,1 Milligramm je Kubikmeter, ermittelt als Mittelwert über einen Zeitraum von sieben Tagen, festgestellt, die auf den Betrieb einer benachbarten Anlage zurückzuführen ist,
hat der Betreiber dieser Anlage innerhalb von sechs Monaten Maßnahmen
zu treffen, die sicherstellen, daß eine Raumluftkonzentration von 0,1 Milligramm je Kubikmeter nicht überschritten wird.

§ 17 Berichterstattung an die Europäische Kommission, Unterrich-
tung der Öffentlichkeit
(1) Der Betreiber einer Anlage hat die für die Berichterstattung an die
Europäische Kommission nach Absatz 2 benötigten Informationen der zuständigen Behörde auf Verlangen nach dem festgelegten Verfahren und in
der festgelegten Form zuzuleiten.

(2) [1]Die zuständige Behörde hat alle drei Jahre entsprechend den Anforderungen des Artikels 72 Absatz 1 und 2 der Richtlinie 2010/75/EU des Europäischen Parlaments ·und des Rates vom 24. November 2010 über Industrieemissionen (integrierte Vermeidung und Verminderung der Umweltverschmutzung) (Neufassung) (ABl. L 334 vom 17.12.2010, S. 17) innerhalb von sechs Monaten nach Ablauf eines jeden Dreijahreszeitraums dem Bundesministerium für Umwelt, Naturschutz, Bau und Reaktorsicherheit oder der von ihm benannten Stelle einen Bericht über die Durchführung dieser Verordnung zu übermitteln. [2]Das Bundesministerium für Umwelt, Naturschutz, Bau und Reaktorsicherheit legt der Kommission der Europäischen Gemeinschaften entsprechend den Anforderungen des Artikels 72 Absatz 1 und 2 der Richtlinie 2010/75/EU einen Bericht vor.

(3) [1]Die zuständige Behörde hat

1. die für Anlagen geltenden allgemein verbindlichen Regeln und die Verzeichnisse der angezeigten und genehmigten Tätigkeiten sowie

2. die ihr vorliegenden Ergebnisse der nach den §§ 10 bis 12 durchzuführenden Eigenkontrolle und Überwachung

der Öffentlichkeit zugänglich zu machen. [2]Satz 1 gilt nicht für solche Angaben, aus denen Rückschlüsse auf Betriebs- oder Geschäftsgeheimnisse gezogen werden können.

§ 18 Weitergehende Anforderungen

Die Befugnis der zuständigen Behörde, auf Grund des Bundes-Immissionsschutzgesetzes andere oder weitergehende Anordnungen zu treffen, bleibt unberührt.

§ 19 Zulassung von Ausnahmen

(1) Die zuständige Behörde kann auf Antrag des Betreibers abweichend von § 2 Absatz 2 Satz 1 für hochwertige Anwendungen in Oberflächenbehandlungsanlagen, insbesondere in der Reinigung von elektronischen Bauteilen, der Herstellung von Präzisionswerkstücken oder bei der Fertigung in der Mess- und Regeltechnik auch den Einsatz von leichtflüchtigen teilfluorierten Kohlenwasserstoffen in technisch reiner Form oder im Gemisch mit trans-1,2-Dichlorethen zulassen, soweit im Einzelfall schädliche Umwelteinwirkungen und Auswirkungen auf das Klima nicht zu erwarten sind und wenn nach dem Stand der Technik für diese Anwendungen keine anderen nicht teilfluorierten Lösemittel eingesetzt werden können.

(2) Die zuständige Behörde kann auf Antrag des Betreibers Ausnahmen von den Anforderungen des § 2 Absatz 2 Satz 4, der §§ 3 bis 5 sowie der §§ 10 bis 16 zulassen, soweit unter Berücksichtigung der besonderen Umstände des Einzelfalles einzelne Anforderungen der Verordnung nur mit unverhältnismäßig hohem Aufwand erfüllt werden können, schädliche Umwelteinwirkungen nicht zu erwarten sind und die Ausnahmen bei der Vorsorge gegen schädliche Umwelteinwirkungen sowie der Richtlinie 2010/75/EU nicht entgegenstehen.

(3) Die zuständige Behörde kann auf Antrag des Betreibers ferner in Übereinstimmung mit der Richtlinie 2010/75/EU eine Ausnahme erteilen

von der Anforderung einer laufenden meßtechnischen Überprüfung gemäß § 3 Absatz 1 Satz 1 Nummer 3, soweit in Verbindung mit der selbsttätigen Verriegelung auf andere Weise sichergestellt ist, daß die Entnahme des Behandlungsgutes aus dem Entnahmebereich erst erfolgen kann, wenn die Massenkonzentration an leichtflüchtigen halogenierten organischen Verbindungen in der Anlagenluft im Entnahmebereich 1 Gramm je Kubikmeter nicht mehr überschreitet.

§ 20 Ordnungswidrigkeiten

(1) Ordnungswidrig im Sinne des § 62 Absatz 1 Nummer 7 des Bundes-Immissionsschutzgesetzes handelt, wer vorsätzlich oder fahrlässig

1. entgegen § 2 Absatz 1 einen Stoff oder ein Gemisch nicht oder nicht rechtzeitig ersetzt,
1a. entgegen § 2 Absatz 2 Satz 1 oder 4 einen Stoff einsetzt,
1b. entgegen § 2 Absatz 2 Satz 3 einen Stoff zusetzt,
2. entgegen
    a) § 3 Absatz 1 Satz 1, Absatz 3 oder 4 eine Oberflächenbehandlungsanlage,
    b) § 4 Absatz 1 eine Chemischreinigungs- oder Textilausrüstungsmaschine,
    c) § 4 Absatz 6 eine Chemischreinigungs- oder Textilausrüstungsanlage,
    d) § 5 Satz 1 eine Extraktionsanlage
    nicht richtig errichtet oder nicht richtig betreibt,
3. entgegen § 3 Absatz 2 Satz 1 oder § 4 Absatz 2 Satz 1 abgesaugte Abgase nicht einem dort vorgeschriebenen Abscheider zuführt,
4. entgegen § 3 Absatz 2 Satz 2, § 4 Absatz 2 Satz 2 oder § 5 Satz 2 dort genannte Stoffe nicht zurückgewinnt,
4a. entgegen § 3 Absatz 2 Satz 3, § 4 Absatz 2 Satz 3 oder § 5 Satz 3 nicht sicherstellt, dass die Emissionen die vorgeschriebenen Werte für den Massenstrom oder die Massenkonzentration nicht überschreiten,
5. entgegen § 4 Absatz 2 Satz 4 einen Abscheider mit Frischluft oder Raumluft desorbiert,
6. entgegen § 4 Absatz 3 keine regenerierbaren Filter einsetzt,
7. entgegen § 4 Absatz 4 einen Betriebsraum nicht in der dort vorgeschriebenen Weise lüftet,
8. entgegen § 4 Absatz 5 dort genannte Stoffe einsetzt,
9. (aufgehoben)
10. entgegen § 10 Meßöffnungen nicht einrichtet oder einrichten läßt,
11. entgegen § 11 Absatz 1 Satz 1 oder 2 Aufzeichnungen nicht oder nicht vollständig führt,
12. entgegen § 11 Absatz 1 Satz 4 die Betriebsstunden nicht durch einen Betriebsstundenzähler erfaßt,
13. entgegen § 11 Absatz 2 einen Abscheider nicht oder nicht rechtzeitig prüft oder das Ergebnis der Prüfung nicht schriftlich oder elektronisch festhält,

13a.   entgegen § 12 Absatz 1 eine Anzeige nicht oder nicht rechtzeitig er-
       stattet,

14.   entgegen § 12 Absatz 4 oder Absatz 5 Satz 1 die Einhaltung der
       festgelegten Anforderungen durch Messungen nicht oder nicht
       rechtzeitig feststellen läßt,

15.   entgegen § 12 Absatz 6 eine Wiederholungsmessung nicht oder
       nicht rechtzeitig durchführen läßt,

16.   entgegen § 12 Absatz 9 Satz 2 eine Meßeinrichtung nicht oder nicht
       rechtzeitig kalibrieren oder auf Funktionsfähigkeit prüfen läßt,

16a.   entgegen § 12 Absatz 11 Satz 1 eine Mitteilung nicht, nicht richtig
       oder nicht rechtzeitig macht,

16b.   entgegen § 12 Absatz 11 Satz 2 eine Maßnahme nicht, nicht richtig
       oder nicht rechtzeitig trifft,

17.   entgegen § 13 Absatz 1 bei einer Anlage die Befüllung oder Ent-
       nahme nicht in der dort vorgeschriebenen Weise vornimmt,

18.   entgegen § 13 Absatz 2 einer Anlage dort genannte Rückstände
       nicht mit einer geschlossenen Vorrichtung entnimmt,

19.   entgegen § 13 Absatz 3 dort genannte Stoffe oder Rückstände nicht
       in geschlossenen Behältnissen lagert, transportiert oder handhabt,

20.   entgegen § 14 Satz 1, auch in Verbindung mit Satz 2, Abgase nicht
       in der dort vorgeschriebenen Weise ableitet,

21.   entgegen § 16 Absatz 1 eine Anlage nach § 1 Absatz 1 betreibt oder

22.   entgegen § 17 Absatz 1 Satz 1 eine Information nicht oder nicht
       rechtzeitig zuleitet.

(2) Ordnungswidrig im Sinne des § 62 Absatz 1 Nummer 7 des Bundes-
Immissionsschutzgesetzes handelt, wer entgegen § 11 Absatz 1 Satz 3
oder Absatz 2 Satz 2, § 12 Absatz 8 Satz 3 oder Absatz 9 Satz 3 die dort
genannten Unterlagen nicht aufbewahrt.

Sechster Abschnitt
(aufgehoben)

Dritte Verordnung
zur Durchführung des Bundes-Immissionsschutzgesetzes
(Verordnung über den Schwefelgehalt bestimmter flüssiger Kraft-
oder Brennstoffe – 3. BImSchV)

Vom 24. Juni 2002 (BGBl. I S. 2243)

geändert durch VO vom 3. Juli 2009 (BGBl. I S. 1720, ber. S. 3140)

Die 3. BImSchV ist mit Inkrafttreten der neuen 10. BImSchV am 14. Dezember 2010 außer Kraft getreten.

**Vierte Verordnung zur Durchführung
des Bundes-Immissionsschutzgesetzes
(Verordnung über genehmigungsbedürftige Anlagen –
4. BImSchV)**

In der Fassung der Bekanntmachung vom 31. Mai 2017 (BGBl. I S. 1440)
(FNA 2129-8-4-3)

§ 1 Genehmigungsbedürftige Anlagen

(1) [1]Die Errichtung und der Betrieb der im Anhang 1 genannten Anlagen bedürfen einer Genehmigung, soweit den Umständen nach zu erwarten ist, dass sie länger als während der zwölf Monate, die auf die Inbetriebnahme folgen, an demselben Ort betrieben werden.[1] [2]Für die in Nummer 8 des Anhangs 1 genannten Anlagen, ausgenommen Anlagen zur Behandlung am Entstehungsort, gilt Satz 1 auch, soweit sie weniger als während der zwölf Monate, die auf die Inbetriebnahme folgen, an demselben Ort betrieben werden sollen. [3]Für die in den Nummern 2.10.2, 7.4, 7.5, 7.25, 7.28, 9.1, 9.3 und 9.11 des Anhangs 1 genannten Anlagen gilt Satz 1 nur, soweit sie gewerblichen Zwecken dienen oder im Rahmen wirtschaftlicher Unternehmungen verwendet werden.[2] [4]Hängt die Genehmigungsbedürftigkeit der im Anhang 1 genannten Anlagen vom Erreichen oder Überschreiten einer bestimmten Leistungsgrenze oder Anlagengröße ab, ist jeweils auf den rechtlich und tatsächlich möglichen Betriebsumfang[3] der durch denselben Betreiber betriebenen Anlage[4] abzustellen.

(2) Das Genehmigungserfordernis erstreckt sich auf alle vorgesehenen

1. Anlagenteile und Verfahrensschritte, die zum Betrieb notwendig sind[5], und

2. Nebeneinrichtungen, die mit den Anlagenteilen und Verfahrensschritten nach Nummer 1 in einem räumlichen und betriebstechnischen Zusammenhang stehen und die von Bedeutung sein können für
   a) das Entstehen schädlicher Umwelteinwirkungen,
   b) die Vorsorge gegen schädliche Umwelteinwirkungen oder
   c) das Entstehen sonstiger Gefahren, erheblicher Nachteile oder erheblicher Belästigungen.

---

1) Eine andere Regelung im Anhang 1 der Verordnung ist vorrangig.

2) Vgl. § 4 BImSchG Fußnote 21 und § 32 BImSchG Fußnote 180.

3) Eine Einschränkung der rechtlichen Möglichkeiten kann sich aus der Genehmigungsurkunde oder aus einer Verzichtserklärung ergeben; die bloße Absichtserklärung, eine Anlage nur in einem genehmigungsfreien Umfang zu betreiben, reicht nicht aus. Das Kriterium des tatsächlich möglichen Betriebsumfangs ist auf den bestimmungsgemäßen Normalbetrieb bezogen.

4) Hierdurch wird klargestellt, dass jede genehmigungsbedürftige Anlage nur *einen* Betreiber haben kann.

5) Welche Anlagenteile und Verfahrensschritte zum Betrieb notwendig sind, hängt von der Beschreibung der Anlage und ihres Zwecks im Anhang 1 zur 4. BImSchV ab.

(3) [1]Die im Anhang 1 bestimmten Voraussetzungen sind auch erfüllt, wenn mehrere Anlagen derselben Art in einem engen räumlichen und betrieblichen Zusammenhang stehen (gemeinsame Anlage) und zusammen die maßgebenden Leistungsgrenzen oder Anlagengrößen erreichen oder überschreiten werden. [2]Ein enger räumlicher und betrieblicher Zusammenhang ist gegeben, wenn die Anlagen

1.   auf demselben Betriebsgelände liegen,

2.   mit gemeinsamen Betriebseinrichtungen verbunden sind und

3.   einem vergleichbaren technischen Zweck[6) dienen.

(4) Gehören zu einer Anlage Teile oder Nebeneinrichtungen, die je gesondert genehmigungsbedürftig wären, so bedarf es lediglich einer Genehmigung.

(5) Soll die für die Genehmigungsbedürftigkeit maßgebende Leistungsgrenze oder Anlagengröße durch die Erweiterung einer bestehenden Anlage erstmals überschritten werden, bedarf die gesamte Anlage der Genehmigung.

(6) Keiner Genehmigung bedürfen Anlagen, soweit sie der Forschung, Entwicklung oder Erprobung neuer Einsatzstoffe, Brennstoffe, Erzeugnisse oder Verfahren im Labor- oder Technikumsmaßstab dienen; hierunter fallen auch solche Anlagen im Labor- oder Technikumsmaßstab, in denen neue Erzeugnisse in der für die Erprobung ihrer Eigenschaften durch Dritte erforderlichen Menge vor der Markteinführung hergestellt werden, soweit die neuen Erzeugnisse noch weiter erforscht oder entwickelt werden.

(7) Keiner Genehmigung bedürfen Anlagen zur Lagerung von Stoffen, die eine Behörde in Erfüllung ihrer gesetzlichen Aufgabe zur Gefahrenabwehr sichergestellt hat.

§ 2 Zuordnung zu den Verfahrensarten

(1) [1]Das Genehmigungsverfahren wird durchgeführt nach

1.   § 10 des Bundes-Immissionsschutzgesetzes für

   a)   Anlagen, die in Spalte c des Anhangs 1 mit dem Buchstaben G gekennzeichnet sind,

   b)   Anlagen, die sich aus in Spalte c des Anhangs 1 mit dem Buchstaben G und dem Buchstaben V gekennzeichneten Anlagen zusammensetzen,

   c)   Anlagen, die in Spalte c des Anhangs 1 mit dem Buchstaben V gekennzeichnet sind und zu deren Genehmigung nach den §§ 3a bis 3f des Gesetzes über die Umweltverträglichkeitsprüfung eine Umweltverträglichkeitsprüfung durchzuführen ist,

2.   § 19 des Bundes-Immissionsschutzgesetzes im vereinfachten Verfahren für in Spalte c des Anhangs 1 mit dem Buchstaben V gekennzeichnete Anlagen.

---

6) Es brauchen nicht unbedingt dieselben Produkte hergestellt zu werden. Ein vergleichbarer technischer Zweck liegt auch vor, wenn alle Einzelanlagen Dampf erzeugen und dieser teilweise zur Stromerzeugung und teilweise zu Heizzwecken genutzt wird.

[2]Soweit die Zuordnung zu den Genehmigungsverfahren von der Leistungsgrenze oder Anlagengröße abhängt, gilt § 1 Absatz 1 Satz 4 entsprechend.

(2) Kann eine Anlage vollständig verschiedenen Anlagenbezeichnungen im Anhang 1 zugeordnet werden,[7] so ist die speziellere Anlagenbezeichnung maßgebend.

(3) [1]Für in Spalte c des Anhangs 1 mit dem Buchstaben G gekennzeichnete Anlagen, die ausschließlich oder überwiegend der Entwicklung und Erprobung neuer Verfahren, Einsatzstoffe, Brennstoffe oder Erzeugnisse dienen (Versuchsanlagen),[8] wird das vereinfachte Verfahren durchgeführt, wenn die Genehmigung für einen Zeitraum von höchstens drei Jahren nach Inbetriebnahme der Anlage erteilt werden soll; dieser Zeitraum kann auf Antrag um höchstens ein Jahr verlängert werden. [2]Satz 1 ist auf Anlagen der Anlage 1 (Liste »UVP-pflichtige Vorhaben«) zum Gesetz über die Umweltverträglichkeitsprüfung nur anzuwenden, soweit nach den Vorschriften dieses Gesetzes keine Umweltverträglichkeitsprüfung durchzuführen ist. [3]Soll die Lage, die Beschaffenheit oder der Betrieb einer nach Satz 1 genehmigten Anlage für einen anderen Entwicklungs- oder Erprobungszweck geändert werden, ist ein Verfahren nach Satz 1 durchzuführen.

(4) Wird die für die Zuordnung zu einer Verfahrensart maßgebende Leistungsgrenze oder Anlagengröße durch die Errichtung und den Betrieb einer weiteren Teilanlage oder durch eine sonstige Erweiterung der Anlage erreicht oder überschritten, so wird die Genehmigung für die Änderung in dem Verfahren erteilt, dem die Anlage nach der Summe ihrer Leistung oder Größe entspricht.

§ 3 Anlagen nach der Industrieemissions-Richtlinie[9]
Anlagen nach Artikel 10 in Verbindung mit Anhang I der Richtlinie 2010/75/EU des Europäischen Parlaments und des Rates vom 24. November 2010 über Industrieemissionen (integrierte Vermeidung und Verminderung der Umweltverschmutzung) (Neufassung) (ABl. L 334 vom 17. 12. 2010, S. 17) sind Anlagen, die in Spalte d des Anhangs 1 mit dem Buchstaben E gekennzeichnet sind.

---

7) Ein Beispiel ergibt sich aus Nr. 5.11 im Verhältnis zu Nr. 4.1 des Anhangs.
8) Die Anlage als solche muss Versuchszwecken dienen; die Durchführung von Versuchen in Produktionsanlagen fällt nicht unter § 2 Abs. 3.
9) Siehe § 4 Abs. 1 letzter Satz BImSchG.

Anhang 1

Rohstoffbegriff in Nummer 7

Der in Anlagenbeschreibungen unter Nummer 7 verwendete Begriff »Rohstoff« gilt unabhängig davon, ob dieser zuvor verarbeitet wurde oder nicht.

Abfallbegriff in Nummer 8

Der in den Anlagenbeschreibungen unter den Nummern 8.2 bis 8.15 verwendete Begriff »Abfall« betrifft jeweils ausschließlich Abfälle, auf die die Vorschriften des Kreislaufwirtschaftsgesetzes Anwendung finden.

Mischungsregel

Wird in Anlagenbeschreibungen unter Nummer 7 auf diese Mischungsregel Bezug genommen, errechnet sich die Produktionskapazität **P** beim Einsatz tierischer und pflanzlicher Rohstoffe wie folgt:

$$P = \begin{cases} 75 & \text{für } A \geq 10 \\ [300 - (22,5 \cdot A)] & \text{für } A < 10 \end{cases}$$

wobei **A** den gewichtsprozentualen Anteil der tierischen Rohstoffe an den insgesamt eingesetzten Rohstoffen darstellt.

Legende

Nr.:

Ordnungsnummer der Anlagenart

Anlagenbeschreibung:

    Die vollständige Beschreibung der Anlagenart ergibt sich aus dem fortlaufenden Text von der 2. bis zur jeweils letzten Gliederungsebene der Ordnungsnummer. (z. B. ergibt sich die vollständige Beschreibung der Anlagenart von Nummer 1.2.4.1 aus dem fortlaufenden Text der Nummern 1.2, 1.2.4 und 1.2.4.1)

Verfahrensart:

    G: Genehmigungsverfahren gemäß § 10 BImSchG (mit Öffentlichkeitsbeteiligung)

    V: Vereinfachtes Verfahren gemäß § 19 BImSchG (ohne Öffentlichkeitsbeteiligung)

Anlage gemäß Art. 10 der Richtlinie 2010/75/EU:

    E: Anlage gemäß § 3

Nr.	Anlagenbeschreibung	Ver-fahrensart	Anlage gemäß Art. 10 der RL 2010/75/EU
a	b	c	d
1.	**Wärmeerzeugung, Bergbau und Energie**		
1.1	Anlagen zur Erzeugung von Strom, Dampf, Warmwasser, Prozesswärme oder erhitztem Abgas durch den Einsatz von Brennstoffen in einer Verbrennungseinrichtung (wie Kraftwerk, Heizkraftwerk, Heizwerk, Gasturbinenanlage, Verbrennungsmotoranlage, sonstige Feuerungsanlage), einschließlich zugehöriger Dampfkessel, mit einer Feuerungswärmeleistung von 50 Megawatt oder mehr;	G	E
1.2	Anlagen zur Erzeugung von Strom, Dampf, Warmwasser, Prozesswärme oder erhitztem Abgas in einer Verbrennungseinrichtung (wie Kraftwerk, Heizkraftwerk, Heizwerk, Gasturbinenanlage, Verbrennungsmotoranlage, sonstige Feuerungsanlage), einschließlich zugehöriger Dampfkessel, ausgenommen Verbrennungsmotoranlagen für Bohranlagen und Notstromaggregate, durch den Einsatz von		
1.2.1	Kohle, Koks einschließlich Petrolkoks, Kohlebriketts, Torfbriketts, Brenntorf, naturbelassenem Holz sowie in der eigenen Produktionsanlage anfallendem gestrichenem, lackiertem oder beschichtetem Holz oder Sperrholz, Spanplatten, Faserplatten oder sonst verleimtem Holz sowie daraus anfallenden Resten, soweit keine Holzschutzmittel aufgetragen oder infolge einer Behandlung enthalten sind und Beschichtungen keine halogenorganischen Verbindungen oder Schwermetalle enthalten, emulgiertem Naturbitumen, Heizölen, ausgenommen Heizöl EL, mit einer Feuerungswärmeleistung von 1 Megawatt bis weniger als 50 Megawatt,	V	
1.2.2	gasförmigen Brennstoffen (insbesondere Koksofengas, Grubengas, Stahlgas, Raffineriegas, Synthesegas, Erdölgas aus der Tertiärförderung von Erdöl, Klärgas, Biogas), ausgenommen naturbelassenem Erdgas, Flüssiggas, Gasen der öffentlichen Gasversorgung oder Wasserstoff, mit einer Feuerungswärmeleistung von		
1.2.2.1	10 Megawatt bis weniger als 50 Megawatt,	V	

Nr.	Anlagenbeschreibung	Ver-fahrensart	Anlage gemäß Art. 10 der RL 2010/75/EU
a	b	c	d
1.2.2.2	1 Megawatt bis weniger als 10 Megawatt, bei Verbrennungsmotoranlagen oder Gasturbinen-anlagen,	V	
1.2.3	Heizöl EL, Dieselkraftstoff, Methanol, Ethanol, naturbelassenen Pflanzenölen oder Pflanzenöl-methylestern, naturbelassenem Erdgas, Flüssig-gas, Gasen der öffentlichen Gasversorgung oder Wasserstoff mit einer Feuerungswärmeleistung von		
1.2.3.1	20 Megawatt bis weniger als 50 Megawatt,	V	
1.2.3.2	1 Megawatt bis weniger als 20 Megawatt, bei Verbrennungsmotoranlagen oder Gasturbinen-anlagen,	V	
1.2.4	anderen als in Nummer 1.2.1 oder 1.2.3 genann-ten festen oder flüssigen Brennstoffen mit einer Feuerungswärmeleistung von 100 Kilowatt bis weniger als 50 Megawatt;	V	
1.3	(nicht besetzt)		
1.4	Verbrennungsmotoranlagen oder Gasturbinen-anlagen zum Antrieb von Arbeitsmaschinen für den Einsatz von		
1.4.1	Heizöl EL, Dieselkraftstoff, Methanol, Ethanol, naturbelassenen Pflanzenölen, Pflanzenölmethy-lestern, Koksofengas, Grubengas, Stahlgas, Raf-fineriegas, Synthesegas, Erdölgas aus der Terti-ärförderung von Erdöl, Klärgas, Biogas, natur-belassenem Erdgas, Flüssiggas, Gasen der öf-fentlichen Gasversorgung oder Wasserstoff mit einer Feuerungswärmeleistung von		
1.4.1.1	50 Megawatt oder mehr,	G	E
1.4.1.2	1 Megawatt bis weniger als 50 Megawatt, ausgenommen Verbrennungsmotoranlagen für Bohranlagen,	V	
1.4.2	anderen als in Nummer 1.4.1 genannten Brenn-stoffen mit einer Feuerungswärmeleistung von		
1.4.2.1	50 Megawatt oder mehr,	G	E
1.4.2.2	100 Kilowatt bis weniger als 50 Megawatt;	V	

Nr.	Anlagenbeschreibung	Ver-fahrensart	Anlage gemäß Art. 10 der RL 2010/75/EU
a	b	c	d
1.5	(nicht besetzt)		
1.6	Anlagen zur Nutzung von Windenergie mit einer Gesamthöhe von mehr als 50 Metern und		
1.6.1	20 oder mehr Windkraftanlagen,	G	
1.6.2	weniger als 20 Windkraftanlagen;	V	
1.7	(nicht besetzt)		
1.8	Elektroumspannanlagen mit einer Oberspannung von 220 Kilovolt oder mehr einschließlich der Schaltfelder, ausgenommen eingehauste Elektroumspannanlagen;	V	
1.9	Anlagen zum Mahlen oder Trocknen von Kohle mit einer Kapazität von 1 Tonne oder mehr je Stunde;	V	
1.10	Anlagen zum Brikettieren von Braun- oder Steinkohle;	G	
1.11	Anlagen zur Trockendestillation (z. B. Kokereien, Gaswerke und Schwelereien), insbesondere von Steinkohle oder Braunkohle, Holz, Torf oder Pech, ausgenommen Holzkohlenmeiler;	G	E
1.12	Anlagen zur Destillation oder Weiterverarbeitung von Teer oder Teererzeugnissen oder von Teer- oder Gaswasser;	G	
1.13	(nicht besetzt)		
1.14	Anlagen zur Vergasung oder Verflüssigung von		
1.14.1	Kohle,	G	E
1.14.2	bituminösem Schiefer mit einem Energieäquivalent von		
1.14.2.1	20 Megawatt oder mehr,	G	E
1.14.2.2	weniger als 20 Megawatt,	G	

Nr.	Anlagenbeschreibung	Ver-fahrensart	Anlage gemäß Art. 10 der RL 2010/75/EU
a	b	c	d
1.14.3	anderen Brennstoffen als Kohle oder bituminösem Schiefer, insbesondere zur Erzeugung von Generator-, Wasser-, oder Holzgas, mit einer Produktionskapazität an Stoffen, entsprechend einem Energieäquivalent von		
1.14.3.1	20 Megawatt oder mehr,	G	E
1.14.3.2	1 Megawatt bis weniger als 20 Megawatt;	V	
1.15	Anlagen zur Erzeugung von Biogas, soweit nicht von Nummer 8.6 erfasst, mit einer Produktionskapazität von 1,2 Million Normkubikmetern je Jahr Rohgas oder mehr;	V	
1.16	Anlagen zur Aufbereitung von Biogas mit einer Verarbeitungskapazität von 1,2 Million Normkubikmetern je Jahr Rohgas oder mehr;	V	
2.	**Steine und Erden, Glas, Keramik, Baustoffe**		
2.1	Steinbrüche mit einer Abbaufläche von		
2.1.1	10 Hektar oder mehr,	G	
2.1.2	weniger als 10 Hektar, soweit Sprengstoffe verwendet werden;	V	
2.2	Anlagen zum Brechen, Trocknen, Mahlen oder Klassieren von natürlichem oder künstlichem Gestein, ausgenommen Klassieranlagen für Sand oder Kies sowie Anlagen, die nicht mehr als zehn Tage im Jahr betrieben werden;	V	
2.3	Anlagen zur Herstellung von Zementklinker oder Zementen mit einer Produktionskapazität von		
2.3.1	500 Tonnen oder mehr je Tag,	G	E
2.3.2	50 Tonnen bis weniger als 500 Tonnen je Tag, soweit nicht in Drehrohröfen hergestellt,	G	E
2.3.3	weniger als 500 Tonnen je Tag, soweit in Drehrohröfen hergestellt,	V	

Nr.	Anlagenbeschreibung	Ver-fahrensart	Anlage gemäß Art. 10 der RL 2010/75/EU
a	b	c	d
2.3.4	weniger als 50 Tonnen je Tag, soweit nicht in Drehrohröfen hergestellt;	V	
2.4	Anlagen zum Brennen von		
2.4.1	Kalkstein, Magnesit oder Dolomit mit einer Produktionskapazität von		
2.4.1.1	50 Tonnen oder mehr Branntkalk oder Magnesiumoxid je Tag,	G	E
2.4.1.2	weniger als 50 Tonnen Branntkalk oder Magnesiumoxid je Tag,	V	
2.4.2	Bauxit, Gips, Kieselgur, Quarzit oder Ton zu Schamotte;	V	
2.5	Anlagen zur Gewinnung von Asbest;	G	E
2.6	Anlagen zur Be- oder Verarbeitung von Asbest oder Asbesterzeugnissen;	G	E
2.7	Anlagen zum Blähen von Perlite oder Schiefer;	V	
2.8	Anlagen zur Herstellung von Glas, auch soweit es aus Altglas hergestellt wird, einschließlich Anlagen zur Herstellung von Glasfasern, mit einer Schmelzkapazität von		
2.8.1	20 Tonnen oder mehr je Tag,	G	E
2.8.2	100 Kilogramm bis weniger als 20 Tonnen je Tag, ausgenommen in Anlagen zur Herstellung von Glasfasern, die für medizinische oder fernmeldetechnische Zwecke bestimmt sind;	V	
2.9	(nicht besetzt)		
2.10	Anlagen zum Brennen keramischer Erzeugnisse (einschließlich Anlagen zum Blähen von Ton) mit einer Produktionskapazität von		
2.10.1	75 Tonnen oder mehr je Tag,	G	E

Nr.	Anlagenbeschreibung	Ver-fahrensart	Anlage gemäß Art. 10 der RL 2010/75/EU
a	b	c	d
2.10.2	weniger als 75 Tonnen je Tag, soweit der Raum-inhalt der Brennanlage 4 Kubikmeter oder mehr beträgt oder die Besatzdichte mehr als 100 Kilo-gramm je Kubikmeter Rauminhalt der Brennan-lage beträgt, ausgenommen elektrisch beheizte Brennöfen, die diskontinuierlich und ohne Ab-luftführung betrieben werden;	V	
2.11	Anlagen zum Schmelzen mineralischer Stoffe einschließlich Anlagen zur Herstellung von Mineralfasern mit einer Schmelzkapazität von		
2.11.1	20 Tonnen oder mehr je Tag,	**G**	**E**
2.11.2	weniger als 20 Tonnen je Tag;	**V**	
2.12	(nicht besetzt)		
2.13	(nicht besetzt)		
2.14	Anlagen zur Herstellung von Formstücken unter Verwendung von Zement oder anderen Binde-mitteln durch Stampfen, Schocken, Rütteln oder Vibrieren mit einer Produktionskapazität von 10 Tonnen oder mehr je Stunde;	V	
2.15	Anlagen zur Herstellung oder zum Schmelzen von Mischungen aus Bitumen oder Teer mit Mineralstoffen, ausgenommen Anlagen, die Mischungen in Kaltbauweise herstellen, ein-schließlich Aufbereitungsanlagen für bitumi-nöse Straßenbaustoffe und Teersplittanlagen;	V	
3.	**Stahl, Eisen und sonstige Metalle einschließ-lich Verarbeitung**		
3.1	Anlagen zum Rösten (Erhitzen unter Luftzufuhr zur Überführung in Oxide), Schmelzen oder Sintern (Stückigmachen von feinkörnigen Stof-fen durch Erhitzen) von Erzen;	**G**	**E**

Nr.	Anlagenbeschreibung	Ver-fahrensart	Anlage gemäß Art. 10 der RL 2010/75/EU
a	b	c	d
3.2	Anlagen zur Herstellung oder zum Erschmelzen von Roheisen		
3.2.1	und zur Weiterverarbeitung zu Rohstahl, bei denen sich Gewinnungs- und Weiterverarbeitungseinheiten nebeneinander befinden und in funktioneller Hinsicht miteinander verbunden sind (Integrierte Hüttenwerke), mit einer Schmelzkapazität von		
3.2.1.1	2,5 Tonnen oder mehr je Stunde,	**G**	**E**
3.2.1.2	weniger als 2,5 Tonnen je Stunde,	**G**	
3.2.2	oder Stahl, einschließlich Stranggießen, auch soweit Konzentrate oder sekundäre Rohstoffe eingesetzt werden, mit einer Schmelzkapazität von		
3.2.2.1	2,5 Tonnen oder mehr je Stunde,	**G**	**E**
3.2.2.2	weniger als 2,5 Tonnen je Stunde;	**V**	
3.3	Anlagen zur Herstellung von Nichteisenrohmetallen aus Erzen, Konzentraten oder sekundären Rohstoffen durch metallurgische, chemische oder elektrolytische Verfahren;	**G**	**E**
3.4	Anlagen zum Schmelzen, zum Legieren oder zur Raffination von Nichteisenmetallen mit einer Schmelzkapazität von		
3.4.1	4 Tonnen je Tag oder mehr bei Blei und Cadmium oder von 20 Tonnen je Tag oder mehr bei sonstigen Nichteisenmetallen,	**G**	**E**
3.4.2	0,5 Tonnen bis weniger als 4 Tonnen je Tag bei Blei und Cadmium oder von 2 Tonnen bis weniger als 20 Tonnen je Tag bei sonstigen Nichteisenmetallen, ausgenommen 1. Vakuum-Schmelzanlagen, 2. Schmelzanlagen für Gusslegierungen aus Zinn und Wismut oder aus Feinzink und Aluminium in Verbindung mit Kupfer oder Magnesium,		

Nr.	Anlagenbeschreibung	Ver-fahrensart	Anlage gemäß Art. 10 der RL 2010/75/EU
a	b	c	d
	3. Schmelzanlagen, die Bestandteil von Druck oder Kokillengießmaschinen sind oder die ausschließlich im Zusammenhang mit einzelnen Druck- oder Kokillengießmaschinen gießfertige Nichteisenmetalle oder gießfertige Legierungen niederschmelzen,	V	
	4. Schmelzanlagen für Edelmetalle oder für Legierungen, die nur aus Edelmetallen oder aus Edelmetallen und Kupfer bestehen,		
	5. Schwalllötbäder und		
	6. Heißluftverzinnungsanlagen;		
3.5	Anlagen zum Abziehen der Oberflächen von Stahl, insbesondere von Blöcken, Brammen, Knüppeln, Platinen oder Blechen, durch Flämmen;	V	
3.6	Anlagen zur Umformung von		
3.6.1	Stahl durch Warmwalzen mit einer Kapazität je Stunde von		
3.6.1.1	20 Tonnen oder mehr,	G	E
3.6.1.2	weniger als 20 Tonnen,	V	
3.6.2	Stahl durch Kaltwalzen mit einer Bandbreite von 650 Millimetern oder mehr,	V	
3.6.3	Schwermetallen, ausgenommen Eisen oder Stahl, durch Walzen mit einer Kapazität von 1 Tonne oder mehr je Stunde,	V	
3.6.4	Leichtmetallen durch Walzen mit einer Kapazität von 0,5 Tonnen oder mehr je Stunde;	V	
3.7	Eisen-, Temper- oder Stahlgießereien mit einer Verarbeitungskapazität an Flüssigmetall von		
3.7.1	20 Tonnen oder mehr je Tag,	G	E
3.7.2	2 Tonnen bis weniger als 20 Tonnen je Tag;	V	

Nr.	Anlagenbeschreibung	Ver-fahrensart	Anlage gemäß Art. 10 der RL 2010/75/EU
a	b	c	d
3.8	Gießereien für Nichteisenmetalle mit einer Verarbeitungskapazität an Flüssigmetall von		
3.8.1	4 Tonnen oder mehr je Tag bei Blei und Cadmium oder 20 Tonnen oder mehr je Tag bei sonstigen Nichteisenmetallen,	G	E
3.8.2	0,5 Tonnen bis weniger als 4 Tonnen je Tag bei Blei und Cadmium oder 2 Tonnen bis weniger als 20 Tonnen je Tag bei sonstigen Nichteisenmetallen, ausgenommen 1. Gießereien für Glocken- oder Kunstguss, 2. Gießereien, in denen in metallische Formen abgegossen wird, und 3. Gießereien, in denen das Material in ortsbeweglichen Tiegeln niedergeschmolzen wird;	V	
3.9	Anlagen zum Aufbringen von metallischen Schutzschichten		
3.9.1	mit Hilfe von schmelzflüssigen Bädern auf Metalloberflächen mit einer Verarbeitungskapazität von		
3.9.1.1	2 Tonnen oder mehr Rohstahl je Stunde,	G	E
3.9.1.2	2 Tonnen oder mehr Rohgut je Stunde, soweit nicht von der Nummer 3.9.1.1 erfasst,	G	
3.9.1.3	500 Kilogramm bis weniger als 2 Tonnen Rohgut je Stunde, ausgenommen Anlagen zum kontinuierlichen Verzinken nach dem Sendzimirverfahren,	V	
3.9.2	durch Flamm-, Plasma- oder Lichtbogenspritzen		
3.9.2.1	auf Metalloberflächen mit einer Verarbeitungskapazität von 2 Tonnen oder mehr Rohstahl je Stunde,	G	E

Nr.	Anlagenbeschreibung	Ver-fahrensart	Anlage gemäß Art. 10 der RL 2010/75/EU
a	b	c	d
3.9.2.2	auf Metall- oder Kunststoffoberflächen mit einem Durchsatz an Blei, Zinn, Zink, Nickel, Kobalt oder ihren Legierungen von 2 Kilogramm oder mehr je Stunde;	V	
3.10	Anlagen zur Oberflächenbehandlung mit einem Volumen der Wirkbäder von		
3.10.1	30 Kubikmeter oder mehr bei der Behandlung von Metall- oder Kunststoffoberflächen durch ein elektrolytisches oder chemisches Verfahren,	G	E
3.10.2	1 Kubikmeter bis weniger als 30 Kubikmeter bei der Behandlung von Metalloberflächen durch Beizen oder Brennen unter Verwendung von Fluss- oder Salpetersäure;	V	
3.11	Anlagen, die aus einem oder mehreren maschinell angetriebenen Hämmern oder Fallwerken bestehen, wenn die Schlagenergie eines Hammers oder Fallwerkes		
3.11.1	50 Kilojoule oder mehr und die Feuerungswärmeleistung der Wärmebehandlungsöfen 20 Megawatt oder mehr beträgt,	G	E
3.11.2	50 Kilojoule oder mehr beträgt, soweit nicht von Nummer 3.11.1 erfasst,	G	
3.11.3	1 Kilojoule bis weniger als 50 Kilojoule beträgt;	V	
3.12	(nicht besetzt)		
3.13	Anlagen zur Sprengverformung oder zum Plattieren mit Sprengstoffen bei einem Einsatz von 10 Kilogramm Sprengstoff oder mehr je Schuss;	V	
3.14-3.15	(nicht besetzt)		
3.16	Anlagen zur Herstellung von warmgefertigten nahtlosen oder geschweißten Rohren aus Stahl mit einer Produktionskapazität von		
3.16.1	20 Tonnen oder mehr je Stunde,	G	E

Nr.	Anlagenbeschreibung	Ver-fahrensart	Anlage gemäß Art. 10 der RL 2010/75/EU
a	b	c	d
3.16.2	weniger als 20 Tonnen je Stunde;	G	
3.17	(nicht besetzt)		
3.18	Anlage zur Herstellung oder Reparatur von Schiffskörpern oder -sektionen (Schiffswerft) aus Metall mit einer Länge von 20 Metern oder mehr;	G	
3.19	Anlagen zum Bau von Schienenfahrzeugen mit einer Produktionskapazität von 600 Schienenfahrzeugeinheiten oder mehr je Jahr; 1 Schienenfahrzeugeinheit entspricht 0,5 Lokomotiven, 1 Straßenbahn, 1 Wagen eines Triebzuges, 1 Triebkopf, 1 Personenwagen oder 3 Güterwagen;	G	
3.20	Anlagen zur Oberflächenbehandlung von Gegenständen aus Stahl, Blech oder Guss mit festen Strahlmitteln, die außerhalb geschlossener Räume betrieben werden, ausgenommen nicht begehbare Handstrahlkabinen sowie Anlagen mit einem Luftdurchsatz von weniger als 300 Kubikmetern je Stunde;	V	
3.21	Anlagen zur Herstellung von Bleiakkumulatoren;	V	
3.22	Anlagen zur Behandlung von Schrotten in Schredderanlagen, sofern nicht von Nummer 8.9 erfasst, mit einer Durchsatzkapazität an Eingangsstoffen von		
3.22.1	50 Tonnen oder mehr je Tag,	G	
3.22.2	10 Tonnen bis weniger als 50 Tonnen je Tag;	V	
3.23	Anlagen zur Herstellung von Metallpulvern oder -pasten, insbesondere Aluminium-, Eisen- oder Magnesiumpulver oder -pasten oder blei- oder nickelhaltigen Pulvern oder Pasten, ausgenommen Anlagen zur Herstellung von Edelmetallpulver;	V	

Nr.	Anlagenbeschreibung	Ver-fahrensart	Anlage gemäß Art. 10 der RL 2010/75/EU
a	b	c	d
3.24	Anlagen für den Bau und die Montage von Kraftfahrzeugen oder Anlagen für den Bau von Kraftfahrzeugmotoren mit einer Kapazität von jeweils 100 000 Stück oder mehr je Jahr;	G	
3.25	Anlagen für Bau und Instandhaltung, ausgenommen die Wartung einschließlich kleinerer Reparaturen, von Luftfahrzeugen,		
3.25.1	soweit je Jahr mehr als 50 Luftfahrzeuge hergestellt werden können,	G	
3.25.2	soweit je Jahr mehr als 50 Luftfahrzeuge instand gehalten werden können;	V	
4.	**Chemische Erzeugnisse, Arzneimittel, Mineralölraffination und Weiterverarbeitung**		
4.1	Anlagen zur Herstellung von Stoffen oder Stoffgruppen durch chemische, biochemische oder biologische Umwandlung in industriellem Umfang, ausgenommen Anlagen zur Erzeugung oder Spaltung von Kernbrennstoffen oder zur Aufarbeitung bestrahlter Kernbrennstoffe, zur Herstellung von		
4.1.1	Kohlenwasserstoffen (lineare oder ringförmige, gesättigte oder ungesättigte, aliphatische oder aromatische),	G	E
4.1.2	sauerstoffhaltigen Kohlenwasserstoffen wie Alkohole, Aldehyde, Ketone, Carbonsäuren, Ester, Acetate, Ether, Peroxide, Epoxide,	G	E
4.1.3	schwefelhaltigen Kohlenwasserstoffen,	G	E
4.1.4	stickstoffhaltigen Kohlenwasserstoffen wie Amine, Amide, Nitroso-, Nitro- oder Nitratverbindungen, Nitrile, Cyanate, Isocyanate,	G	E
4.1.5	phosphorhaltigen Kohlenwasserstoffen,	G	E
4.1.6	halogenhaltigen Kohlenwasserstoffen,	G	E
4.1.7	metallorganischen Verbindungen,	G	E

Nr.	Anlagenbeschreibung	Ver-fahrensart	Anlage gemäß Art. 10 der RL 2010/75/EU
a	b	c	d
4.1.8	Kunststoffen (Kunstharzen, Polymeren, Chemiefasern, Fasern auf Zellstoffbasis),	G	E
4.1.9	synthetischen Kautschuken,	G	E
4.1.10	Farbstoffen und Pigmenten sowie von Ausgangsstoffen für Farben und Anstrichmittel,	G	E
4.1.11	Tensiden,	G	E
4.1.12	Gasen wie Ammoniak, Chlor und Chlorwasserstoff, Fluor und Fluorwasserstoff, Kohlenstoffoxiden, Schwefelverbindungen, Stickstoffoxiden, Wasserstoff, Schwefeldioxid, Phosgen,	G	E
4.1.13	Säuren wie Chromsäure, Flusssäure, Phosphorsäure, Salpetersäure, Salzsäure, Schwefelsäure, Oleum, schwefelige Säuren,	G	E
4.1.14	Basen wie Ammoniumhydroxid, Kaliumhydroxid, Natriumhydroxid,	G	E
4.1.15	Salzen wie Ammoniumchlorid, Kaliumchlorat, Kaliumkarbonat, Natriumkarbonat, Perborat, Silbernitrat,	G	E
4.1.16	Nichtmetallen, Metalloxiden oder sonstigen anorganischen Verbindungen wie Kalziumkarbid, Silizium, Siliziumkarbid, anorganische Peroxide, Schwefel,	G	E
4.1.17	phosphor-, stickstoff- oder kaliumhaltigen Düngemitteln (Einnährstoff- oder Mehrnährstoffdünger),	G	E
4.1.18	Pflanzenschutzmittel oder Biozide,	G	E
4.1.19	Arzneimittel einschließlich Zwischenerzeugnisse,	G	E
4.1.20	Explosivstoffen,	G	E
4.1.21	Stoffen oder Stoffgruppen, die keiner oder mehreren der Nummern 4.1.1 bis 4.1.20 entsprechen,	G	E

Nr.	Anlagenbeschreibung	Ver-fahrensart	Anlage gemäß Art. 10 der RL 2010/75/EU
a	b	c	d
4.1.22	– organischen Grundchemikalien, – anorganischen Grundchemikalien, – phosphor-, stickstoff- oder kaliumhaltigen Düngemitteln (Einnährstoff oder Mehrnährstoff), – Ausgangsstoffen für Pflanzenschutzmittel und Bioziden, – Grundarzneimitteln unter Verwendung eines chemischen oder biologischen Verfahrens oder – Explosivstoffen, im Verbund, bei denen sich mehrere Einheiten nebeneinander befinden und in funktioneller Hinsicht miteinander verbunden sind (integrierte chemische Anlagen);	G	E
4.2	Anlagen, in denen Pflanzenschutzmittel, Biozide oder ihre Wirkstoffe gemahlen oder maschinell gemischt, abgepackt oder umgefüllt werden, soweit diese Stoffe in einer Menge von 5 Tonnen je Tag oder mehr gehandhabt werden;	V	
4.3	Anlagen zur Herstellung von Arzneimitteln oder Arzneimittelzwischenprodukten im industriellen Umfang, soweit nicht von Nummer 4.1.19 erfasst, ausgenommen Anlagen, die ausschließlich der Herstellung der Darreichungsform dienen, in denen		
4.3.1	Pflanzen, Pflanzenteile oder Pflanzenbestandteile extrahiert, destilliert oder auf ähnliche Weise behandelt werden, ausgenommen Extraktionsanlagen mit Ethanol ohne Erwärmen,	V	
4.3.2	Tierkörper, auch lebender Tiere, sowie Körperteile, Körperbestandteile und Stoffwechselprodukte von Tieren eingesetzt werden;	V	
4.4	Anlagen zur Destillation oder Raffination oder sonstigen Weiterverarbeitung von Erdöl oder Erdölerzeugnissen in		
4.4.1	Mineralölraffinerien,	G	E

Nr.	Anlagenbeschreibung	Ver-fahrensart	Anlage gemäß Art. 10 der RL 2010/75/EU
a	b	c	d
4.4.2	Schmierstoffraffinerien,	G	
4.4.3	Gasraffinerien,	G	E
4.4.4	petrochemischen Werken oder bei der Gewinnung von Paraffin;	G	
4.5	Anlagen zur Herstellung von Schmierstoffen, wie Schmieröle, Schmierfette, Metallbearbeitungsöle;	V	
4.6	Anlagen zur Herstellung von Ruß;	G	E
4.7	Anlagen zur Herstellung von Kohlenstoff (Hartbrandkohle) oder Elektrographit durch Brennen oder Graphitieren, zum Beispiel für Elektroden, Stromabnehmer oder Apparateteile;	G	E
4.8	Anlagen zum Destillieren von flüchtigen organischen Verbindungen, die bei einer Temperatur von 293,15 Kelvin einen Dampfdruck von mindestens 0,01 Kilopascal haben, mit einer Durchsatzkapazität von 1 Tonne oder mehr je Stunde;	V	
4.9	Anlagen zum Erschmelzen von Naturharzen oder Kunstharzen mit einer Kapazität von 1 Tonne oder mehr je Tag;	V	
4.10	Anlagen zur Herstellung von Anstrich- oder Beschichtungsstoffen (Lasuren, Firnis, Lacke, Dispersionsfarben) oder Druckfarben unter Einsatz von 25 Tonnen oder mehr je Tag an flüchtigen organischen Verbindungen, die bei einer Temperatur von 293,15 Kelvin einen Dampfdruck von mindestens 0,01 Kilopascal haben;	G	

Nr.	Anlagenbeschreibung	Ver-fahrensart	Anlage gemäß Art. 10 der RL 2010/75/EU
a	b	c	d
5.	**Oberflächenbehandlung mit organischen Stoffen, Herstellung von bahnenförmigen Materialien aus Kunststoffen, sonstige Verarbeitung von Harzen und Kunststoffen**		
5.1	Anlagen zur Behandlung von Oberflächen, ausgenommen Anlagen, soweit die Farben oder Lacke ausschließlich hochsiedende Öle (mit einem Dampfdruck von weniger als 0,01 Kilopascal bei einer Temperatur von 293,15 Kelvin) als organische Lösungsmittel enthalten und die Lösungsmittel unter den jeweiligen Verwendungsbedingungen keine höhere Flüchtigkeit aufweisen,		
5.1.1	von Stoffen, Gegenständen oder Erzeugnissen einschließlich der dazugehörigen Trocknungsanlagen unter Verwendung von organischen Lösungsmitteln, insbesondere zum Appretieren, Bedrucken, Beschichten, Entfetten, Imprägnieren, Kaschieren, Kleben, Lackieren, Reinigen oder Tränken mit einem Verbrauch an organischen Lösungsmitteln von		
5.1.1.1	150 Kilogramm oder mehr je Stunde oder 200 Tonnen oder mehr je Jahr,	G	E
5.1.1.2	25 Kilogramm bis weniger als 150 Kilogramm je Stunde oder 15 Tonnen bis weniger als 200 Tonnen je Jahr, ausgenommen zum Bedrucken,	V	
5.1.2	von bahnen- oder tafelförmigen Materialien mit Rotationsdruckmaschinen einschließlich der zugehörigen Trocknungsanlagen, soweit die Farben oder Lacke		
5.1.2.1	organische Lösungsmittel mit einem Anteil von mehr als 50 Gew.-% an Ethanol enthalten und in der Anlage insgesamt 50 Kilogramm bis weniger als 150 Kilogramm je Stunde oder 30 Tonnen bis weniger als 200 Tonnen je Jahr an organischen Lösungsmitteln verbraucht werden,	V	

Nr.	Anlagenbeschreibung	Ver-fahrensart	Anlage gemäß Art. 10 der RL 2010/75/EU
a	b	c	d
5.1.2.2	sonstige organische Lösungsmittel enthalten und in der Anlage insgesamt 25 Kilogramm bis weniger als 150 Kilogramm organische Lösungsmittel je Stunde oder 15 Tonnen bis weniger als 200 Tonnen je Jahr an organischen Lösungsmitteln verbraucht werden,	V	
5.1.3	zum Isolieren von Drähten unter Verwendung von phenol- oder kresolhaltigen Drahtlacken mit einem Verbrauch an organischen Lösungsmitteln von weniger als 150 Kilogramm je Stunde oder von weniger als 200 Tonnen je Jahr;	V	
5.2	Anlagen zum Beschichten, Imprägnieren, Kaschieren, Lackieren oder Tränken von Gegenständen, Glas- oder Mineralfasern oder bahnen- oder tafelförmigen Materialien einschließlich der zugehörigen Trocknungsanlagen mit Kunstharzen, die unter weitgehender Selbstvernetzung ausreagieren (Reaktionsharze), wie Melamin-, Harnstoff-, Phenol-, Epoxid-, Furan-, Kresol-, Resorcin- oder Polyesterharzen, ausgenommen Anlagen für den Einsatz von Pulverbeschichtungsstoffen, mit einem Harzverbrauch von		
5.2.1	25 Kilogramm oder mehr je Stunde,	G	
5.2.2	10 Kilogramm bis weniger als 25 Kilogramm je Stunde;	V	
5.3	Anlagen zur Konservierung von Holz oder Holzerzeugnissen mit Chemikalien, ausgenommen die ausschließliche Bläueschutzbehandlung, mit einer Produktionskapazität von mehr als 75 Kubikmetern je Tag;	G	E
5.4	Anlagen zum Tränken oder Überziehen von Stoffen oder Gegenständen mit Teer, Teeröl oder heißem Bitumen, soweit die Menge dieser Kohlenwasserstoffe 25 Kilogramm oder mehr je Stunde beträgt, ausgenommen Anlagen zum Tränken oder Überziehen von Kabeln mit heißem Bitumen;	V	

Nr.	Anlagenbeschreibung	Ver-fahrensart	Anlage gemäß Art. 10 der RL 2010/75/EU
a	b	c	d
5.5	(nicht besetzt)		
5.6	Anlagen zur Herstellung von bahnenförmigen Materialien auf Streichmaschinen einschließlich der zugehörigen Trocknungsanlagen unter Verwendung von Gemischen aus Kunststoffen und Weichmachern oder von Gemischen aus sonstigen Stoffen und oxidiertem Leinöl;	V	
5.7	Anlagen zur Verarbeitung von flüssigen ungesättigten Polyesterharzen mit Styrol-Zusatz oder flüssigen Epoxidharzen mit Aminen zu Formmassen (zum Beispiel Harzmatten oder Faserformmassen) oder Formteilen oder Fertigerzeugnissen, soweit keine geschlossenen Werkzeuge (Formen) verwendet werden, für einen Harzverbrauch von 500 Kilogramm oder mehr je Woche;	V	
5.8	Anlagen zur Herstellung von Gegenständen unter Verwendung von Amino- oder Phenoplasten, wie Furan-, Harnstoff-, Phenol-, Resorcin- oder Xylolharzen mittels Wärmebehandlung, soweit die Menge der Ausgangsstoffe 10 Kilogramm oder mehr je Stunde beträgt;	V	
5.9	Anlagen zur Herstellung von Reibbelägen unter Verwendung von 10 Kilogramm oder mehr je Stunde an Phenoplasten oder sonstigen Kunstharzbindemitteln, soweit kein Asbest eingesetzt wird;	V	
5.10	Anlagen zur Herstellung von künstlichen Schleifscheiben, -körpern, -papieren oder -geweben unter Verwendung organischer Binde- oder Lösungsmittel, ausgenommen Anlagen, die von Nummer 5.1 erfasst werden;	V	

Nr.	Anlagenbeschreibung	Ver- fahrensart	Anlage gemäß Art. 10 der RL 2010/75/EU
a	b	c	d
5.11	Anlagen zur Herstellung von Polyurethanform- teilen, Bauteilen unter Verwendung von Poly- urethan, Polyurethanblöcken in Kastenformen oder zum Ausschäumen von Hohlräumen mit Polyurethan, soweit die Menge der Polyurethan- Ausgangsstoffe 200 Kilogramm oder mehr je Stunde beträgt, ausgenommen Anlagen zum Einsatz von thermoplastischem Polyurethangra- nulat;	V	
5.12	Anlagen zur Herstellung von PVC-Folien durch Kalandrieren unter Verwendung von Gemischen aus Kunststoffen und Zusatzstoffen mit einer Kapazität von 10 000 Tonnen oder mehr je Jahr;	V	
6.	**Holz, Zellstoff**		
6.1	Anlagen zur Gewinnung von Zellstoff aus Holz, Stroh oder ähnlichen Faserstoffen;	G	E
6.2	Anlagen zur Herstellung von Papier, Karton oder Pappe mit einer Produktionskapazität von		
6.2.1	20 Tonnen oder mehr je Tag,	G	E
6.2.2	weniger als 20 Tonnen je Tag, ausgenommen Anlagen, die aus einer oder mehreren Maschi- nen zur Herstellung von Papier, Karton oder Pappe bestehen, soweit die Bahnlänge des Papiers, des Kartons oder der Pappe bei allen Maschinen weniger als 75 Meter beträgt;	V	
6.3	Anlagen zur Herstellung von Holzspanplatten, Holzfaserplatten oder Holzfasermatten mit einer Produktionskapazität von		
6.3.1	600 Kubikmetern oder mehr je Tag,	G	E
6.3.2	weniger als 600 Kubikmetern je Tag;	V	
6.4	Anlagen zur Herstellung von Holzpresslingen (z. B. Holzpellets, Holzbriketts) mit einer Pro- duktionskapazität von 10 000 Tonnen oder mehr je Jahr;	V	

Nr.	Anlagenbeschreibung	Ver-fahrensart	Anlage gemäß Art. 10 der RL 2010/75/EU
a	b	c	d
7.	**Nahrungs-, Genuss- und Futtermittel, land-wirtschaftliche Erzeugnisse**		
7.1	Anlagen zum Halten oder zur Aufzucht von		
7.1.1	Hennen mit		
7.1.1.1	40 000 oder mehr Hennenplätzen,	G	E
7.1.1.2	15 000 bis weniger als 40 000 Hennenplätzen,	V	
7.1.2	Junghennen mit		
7.1.2.1	40 000 oder mehr Junghennenplätzen,	G	E
7.1.2.2	30 000 bis weniger als 40 000 Junghennenplätzen,	V	
7.1.3	Mastgeflügel mit		
7.1.3.1	40 000 oder mehr Mastgeflügelplätzen,	G	E
7.1.3.2	30 000 bis weniger als 40 000 Mastgeflügelplätzen,	V	
7.1.4	Truthühnern mit		
7.1.4.1	40 000 oder mehr Truthühnermastplätzen,	G	E
7.1.4.2	15 000 bis weniger als 40 000 Truthühnermastplätzen,	V	
7.1.5	Rindern (ausgenommen Plätze für Mutterkuhhaltung mit mehr als sechs Monaten Weidehaltung je Kalenderjahr) mit 600 oder mehr Rinderplätzen,	V	
7.1.6	Kälbern mit 500 oder mehr Kälbermastplätzen,	V	
7.1.7	Mastschweinen (Schweine von 30 Kilogramm oder mehr Lebendgewicht) mit		
7.1.7.1	2 000 oder mehr Mastschweineplätzen,	G	E
7.1.7.2	1 500 bis weniger als 2 000 Mastschweineplätzen,	V	

Nr.	Anlagenbeschreibung	Ver- fahrensart	Anlage gemäß Art. 10 der RL 2010/75/EU
a	b	c	d
7.1.8	Sauen einschließlich dazugehörender Ferkel-aufzuchtplätze (Ferkel bis weniger als 30 Kilogramm Lebendgewicht) mit		
7.1.8.1	750 oder mehr Sauenplätzen,	G	E
7.1.8.2	560 bis weniger als 750 Sauenplätzen,	V	
7.1.9	Ferkeln für die getrennte Aufzucht (Ferkel von 10 Kilogramm bis weniger als 30 Kilogramm Lebendgewicht) mit		
7.1.9.1	6 000 oder mehr Ferkelplätzen,	G	
7.1.9.2	4 500 bis weniger als 6 000 Ferkelplätzen,	V	
7.1.10	Pelztieren mit		
7.1.10.1	1 000 oder mehr Pelztierplätzen,	G	
7.1.10.2	750 bis weniger als 1 000 Pelztierplätzen,	V	
7.1.11	gemischten Beständen mit einem Wert von 100 oder mehr der Summe der Vom Hundert-Anteile, bis zu denen die Platzzahlen jeweils ausgeschöpft werden		
7.1.11.1	in den Nummern 7.1.1.1, 7.1.2.1, 7.1.3.1, 7.1.4.1, 7.1.7.1 oder 7.1.8.1,	G	E
7.1.11.2	in den Nummern 7.1.1.1, 7.1.2.1, 7.1.3.1, 7.1.4.1, 7.1.7.1, 7.1.8.1 in Verbindung mit den Nummern 7.1.9.1 oder 7.1.10.1, soweit nicht von Nummer 7.1.11.1 erfasst,	G	
7.1.11.3	in den Nummern 7.1.1.2, 7.1.2.2, 7.1.3.2, 7.1.4.2, 7.1.5, 7.1.6, 7.1.7.2, 7.1.8.2, 7.1.9.2 oder 7.1.10.2, soweit nicht von Nummer 7.1.11.1 oder 7.1.11.2 erfasst;	V	

Nr.	Anlagenbeschreibung	Ver-fahrensart	Anlage gemäß Art. 10 der RL 2010/75/EU
a	b	c	d
7.2	Anlagen zum Schlachten von Tieren mit einer Kapazität von		
7.2.1	50 Tonnen Lebendgewicht oder mehr je Tag,	G	E
7.2.2	0,5 Tonnen bis weniger als 50 Tonnen Lebend-gewicht je Tag bei Geflügel,	V	
7.2.3	4 Tonnen bis weniger als 50 Tonnen Lebendge-wicht je Tag bei sonstigen Tieren;	V	
7.3	Anlagen		
7.3.1	zur Erzeugung von Speisefetten aus tierischen Rohstoffen, ausgenommen bei Verarbeitung von ausschließlich Milch, mit einer Produktionska-pazität von		
7.3.1.1	75 Tonnen Fertigerzeugnissen oder mehr je Tag,	G	E
7.3.1.2	weniger als 75 Tonnen Fertigerzeugnissen je Tag, ausgenommen Anlagen zur Erzeugung von Speisefetten aus selbst gewonnenen tierischen Fetten in Fleischereien mit einer Kapazität von weniger als 200 Kilogramm Speisefett je Woche,	V	
7.3.2	zum Schmelzen von tierischen Fetten mit einer Produktionskapazität von		
7.3.2.1	75 Tonnen Fertigerzeugnissen oder mehr je Tag,	G	E
7.3.2.2	weniger als 75 Tonnen Fertigerzeugnissen je Tag, ausgenommen Anlagen zur Verarbeitung von selbst gewonnenen tierischen Fetten zu Speisefetten in Fleischereien mit einer Kapazität von weniger als 200 Kilogramm Speisefett je Woche;	V	
7.4	Anlagen zur Herstellung von Nahrungs- oder Futtermittelkonserven aus		
7.4.1	tierischen Rohstoffen, allein, ausgenommen bei Verarbeitung von ausschließlich Milch, oder mit pflanzlichen Rohstoffen, mit einer Produktions-kapazität von		

Nr.	Anlagenbeschreibung	Ver-fahrensart	Anlage gemäß Art. 10 der RL 2010/75/EU
a	b	c	d
7.4.1.1	**P** Tonnen Konserven oder mehr je Tag gemäß Mischungsregel,	G	E
7.4.1.2	1 Tonne bis weniger als **P** Tonnen Konserven je Tag gemäß Mischungsregel, ausgenommen Anlagen zum Sterilisieren oder Pasteurisieren von Nahrungs- oder Futtermitteln in geschlossenen Behältnissen,	V	
7.4.2	ausschließlich pflanzlichen Rohstoffen mit einer Produktionskapazität von		
7.4.2.1	300 Tonnen Konserven oder mehr je Tag oder 600 Tonnen Konserven oder mehr je Tag, sofern die Anlage an nicht mehr als 90 aufeinander folgenden Tagen im Jahr in Betrieb ist,	G	E
7.4.2.2	10 Tonnen bis weniger als 300 Tonnen Konserven je Tag, ausgenommen Anlagen zum Sterilisieren oder Pasteurisieren dieser Nahrungsmittel in geschlossenen Behältnissen oder weniger als 600 Tonnen Konserven je Tag, sofern die Anlage an nicht mehr als 90 aufeinander folgenden Tagen im Jahr in Betrieb ist;	V	
7.5	Anlagen zum Räuchern von Fleisch- oder Fischwaren mit einer Produktionskapazität von		
7.5.1	75 Tonnen geräucherten Waren oder mehr je Tag,	G	E
7.5.2	weniger als 75 Tonnen geräucherten Waren je Tag, ausgenommen 1. Anlagen in Gaststätten oder 2. Räuchereien mit einer Produktionskapazität von weniger als 1 Tonne Fleisch- oder Fischwaren je Woche;	V	
7.6	(nicht besetzt)		
7.7	(nicht besetzt)		

Nr.	Anlagenbeschreibung	Ver-fahrensart	Anlage gemäß Art. 10 der RL 2010/75/EU
a	b	c	d
7.8	Anlagen zur Herstellung von Gelatine mit einer Produktionskapazität je Tag von		
7.8.1	75 Tonnen Fertigerzeugnissen oder mehr,	G	E
7.8.2	weniger als 75 Tonnen Fertigerzeugnissen, sowie Anlagen zur Herstellung von Hautleim, Lederleim oder Knochenleim;	V	
7.9	Anlagen zur Herstellung von Futter- oder Düngemitteln oder technischen Fetten aus den Schlachtnebenprodukten Knochen, Tierhaare, Federn, Hörner, Klauen oder Blut, soweit nicht durch Nummer 9.11 erfasst, mit einer Produktionskapazität von		
7.9.1	75 Tonnen oder mehr Fertigerzeugnissen je Tag,	G	E
7.9.2	weniger als 75 Tonnen Fertigerzeugnissen je Tag;	G	
7.10	(nicht besetzt)		
7.11	Anlagen zum Lagern unbehandelter Knochen, ausgenommen Anlagen für selbst gewonnene Knochen in 1. Fleischereien mit einer Verarbeitungskapazität von weniger als 4 000 Kilogramm Fleisch je Woche, 2. Anlagen, die nicht durch Nummer 7.2 erfasst werden;	V	
7.12	Anlagen zur		
7.12.1	Beseitigung oder Verwertung von Tierkörpern oder tierischen Abfällen mit einer Verarbeitungskapazität von		
7.12.1.1	10 Tonnen oder mehr je Tag,	G	E
7.12.1.2	50 Kilogramm je Stunde bis weniger als 10 Tonnen je Tag,	G	
7.12.1.3	weniger als 50 Kilogramm je Stunde und weniger als 50 Kilogramm je Charge,	V	

Nr.	Anlagenbeschreibung	Verfahrensart	Anlage gemäß Art. 10 der RL 2010/75/EU
a	b	c	d
7.12.2	Sammlung oder Lagerung von Tierkörpern, Tierkörperteilen oder Abfällen tierischer Herkunft zum Einsatz in Anlagen nach Nummer 7.12.1, ausgenommen die Aufbewahrung gemäß § 10 des Tierische Nebenprodukte-Beseitigungsgesetzes vom 25. Januar 2004 (BGBl. I S. 82), das zuletzt durch Artikel 1 des Gesetzes vom 4. August 2016 (BGBl. I S. 1966) geändert worden ist, und Anlagen mit einem gekühlten Lagervolumen von weniger als 2 Kubikmetern;	G	
7.13	Anlagen zum Trocknen, Einsalzen oder Lagern ungegerbter Tierhäute oder Tierfelle, ausgenommen Anlagen, in denen weniger Tierhäute oder Tierfelle je Tag behandelt werden können als beim Schlachten von weniger als 4 Tonnen sonstiger Tiere nach Nummer 7.2.3 anfallen;	V	
7.14	Anlagen zum Gerben einschließlich Nachgerben von Tierhäuten oder Tierfellen mit einer Verarbeitungskapazität von		
7.14.1	12 Tonnen Fertigerzeugnissen oder mehr je Tag,	G	E
7.14.2	weniger als 12 Tonnen Fertigerzeugnissen je Tag, ausgenommen Anlagen, in denen weniger Tierhäute oder Tierfelle behandelt werden können als beim Schlachten von weniger als 4 Tonnen sonstiger Tiere nach Nummer 7.2.3 anfallen;	V	
7.15	Kottrocknungsanlagen;	V	
7.16	Anlagen zur Herstellung von Fischmehl oder Fischöl mit einer Produktionskapazität von		
7.16.1	75 Tonnen oder mehr je Tag,	G	E
7.16.2	weniger als 75 Tonnen je Tag;	G	
7.17	Anlagen zur Aufbereitung, Verarbeitung, Lagerung oder zum Umschlag von Fischmehl oder Fischöl		
7.17.1	mit einer Aufbereitungs- oder Verarbeitungskapazität von 75 Tonnen oder mehr je Tag,	G	E

Nr.	Anlagenbeschreibung	Ver-fahrensart	Anlage gemäß Art. 10 der RL 2010/75/EU
a	b	c	d
7.17.2	mit einer Aufbereitungs- oder Verarbeitungskapazität von weniger als 75 Tonnen je Tag,	V	
7.17.3	in denen Fischmehl ungefasst gelagert wird,	V	
7.17.4	mit einer Umschlagkapazität für ungefasstes Fischmehl von 200 Tonnen oder mehr je Tag;	V	
7.18	Anlagen zum Brennen von Melasse, soweit nicht von Nummer 4.1.2 erfasst, mit einer Produktionskapazität von		
7.18.1	300 Tonnen oder mehr je Tag oder 600 Tonnen oder mehr je Tag, sofern die Anlage an nicht mehr als 90 aufeinanderfolgenden Tagen im Jahr in Betrieb ist,	G	E
7.18.2	weniger als 300 Tonnen je Tag oder weniger als 600 Tonnen je Tag, sofern die Anlage an nicht mehr als 90 aufeinanderfolgenden Tagen im Jahr in Betrieb ist;	V	
7.19	Anlagen zur Herstellung von Sauerkraut mit einer Produktionskapazität von		
7.19.1	300 Tonnen Sauerkraut oder mehr je Tag oder 600 Tonnen Sauerkraut oder mehr je Tag, sofern die Anlage an nicht mehr als 90 aufeinander folgenden Tagen im Jahr in Betrieb ist,	G	E
7.19.2	10 Tonnen bis weniger als 300 Tonnen Sauerkraut je Tag oder weniger als 600 Tonnen Sauerkraut je Tag, sofern die Anlage an nicht mehr als 90 aufeinander folgenden Tagen im Jahr in Betrieb ist;	V	
7.20	Anlagen zur Herstellung von Braumalz (Mälzereien) mit einer Produktionskapazität von		
7.20.1	300 Tonnen Darrmalz oder mehr je Tag oder 600 Tonnen Braumalz oder mehr je Tag, sofern die Anlage an nicht mehr als 90 aufeinander folgenden Tagen im Jahr in Betrieb ist,	G	E

Nr.	Anlagenbeschreibung	Ver-fahrensart	Anlage gemäß Art. 10 der RL 2010/75/EU
a	b	c	d
7.20.2	weniger als 300 Tonnen Darrmalz je Tag oder weniger als 600 Tonnen Braumalz je Tag, sofern die Anlage an nicht mehr als 90 aufeinander folgenden Tagen im Jahr in Betrieb ist;	V	
7.21	Anlagen zum Mahlen von Nahrungsmitteln, Futtermitteln oder ähnlichen nicht als Nahrungs- oder Futtermittel bestimmten pflanzlichen Stoffen (Mühlen) mit einer Produktionskapazität von 300 Tonnen Fertigerzeugnissen oder mehr je Tag oder 600 Tonnen Fertigerzeugnissen oder mehr je Tag, sofern die Anlage an nicht mehr als 90 aufeinander folgenden Tagen im Jahr in Betrieb ist;	G	E
7.22	Anlagen zur Herstellung von Hefe oder Stärkemehlen mit einer Produktionskapazität von		
7.22.1	300 Tonnen oder mehr Hefe oder Stärkemehlen je Tag oder 600 Tonnen Hefe oder Stärkemehlen oder mehr je Tag, sofern die Anlage an nicht mehr als 90 aufeinander folgenden Tagen im Jahr in Betrieb ist,	G	E
7.22.2	1 Tonne bis weniger als 300 Tonnen Hefe oder Stärkemehlen je Tag oder weniger als 600 Tonnen Hefe oder Stärkemehlen je Tag, sofern die Anlage an nicht mehr als 90 aufeinander folgenden Tagen im Jahr in Betrieb ist;	V	
7.23	Anlagen zur Herstellung oder Raffination von Ölen oder Fetten aus pflanzlichen Rohstoffen mit einer Produktionskapazität von		
7.23.1	300 Tonnen Fertigerzeugnissen oder mehr je Tag oder 600 Tonnen Fertigerzeugnissen oder mehr je Tag, sofern die Anlage an nicht mehr als 90 aufeinander folgenden Tagen im Jahr in Betrieb ist,	G	E

Nr.	Anlagenbeschreibung	Ver-fahrensart	Anlage gemäß Art. 10 der RL 2010/75/EU
a	b	c	d
7.23.2	weniger als 300 Tonnen Fertigerzeugnissen je Tag mit Hilfe von Extraktionsmitteln, soweit die Menge des eingesetzten Extraktionsmittels 1 Tonne oder mehr beträgt oder weniger als 600 Tonnen Fertigerzeugnissen je Tag mit Hilfe von Extraktionsmittel, sofern die Anlage an nicht mehr als 90 aufeinander folgenden Tagen im Jahr in Betrieb ist;	V	
7.24	Anlagen zur Herstellung oder Raffination von Zucker unter Verwendung von Zuckerrüben oder Rohzucker mit einer Produktionskapazität je Tag von		
7.24.1	300 Tonnen Fertigerzeugnissen oder mehr oder 600 Tonnen Fertigerzeugnissen oder mehr je Tag, sofern die Anlage an nicht mehr als 90 aufeinander folgenden Tagen im Jahr in Betrieb ist,	G	E
7.24.2	weniger als 300 Tonnen Fertigerzeugnissen oder weniger als 600 Tonnen Fertigerzeugnissen je Tag, sofern die Anlage an nicht mehr als 90 aufeinander folgenden Tagen im Jahr in Betrieb ist;	G	
7.25	Anlagen zur Trocknung von Grünfutter mit einer Produktionskapazität von		
7.25.1	300 Tonnen oder mehr je Tag oder 600 Tonnen oder mehr je Tag, sofern die Anlage an nicht mehr als 90 aufeinanderfolgenden Tagen im Jahr in Betrieb ist,	G	E
7.25.2	weniger als 300 Tonnen je Tag oder weniger als 600 Tonnen je Tag, sofern die Anlage an nicht mehr als 90 aufeinanderfolgenden Tagen im Jahr in Betrieb ist, ausgenommen Anlagen zur Trocknung von selbst gewonnenem Grünfutter im landwirtschaftlichen Betrieb;	V	
7.26	Anlagen zur Trocknung von Biertreber mit einer Produktionskapazität von		
7.26.1	300 Tonnen oder mehr je Tag oder 600 Tonnen oder mehr je Tag, sofern die Anlage an nicht mehr als 90 aufeinanderfolgenden Tagen im Jahr in Betrieb ist,	G	E

Nr.	Anlagenbeschreibung	Ver-fahrensart	Anlage gemäß Art. 10 der RL 2010/75/EU
a	b	c	d
7.26.2	weniger als 300 Tonnen je Tag oder weniger als 600 Tonnen je Tag, sofern die Anlage an nicht mehr als 90 aufeinanderfolgenden Tagen im Jahr in Betrieb ist;	V	
7.27	Brauereien mit einer Produktionskapazität von		
7.27.1	3 000 Hektoliter Bier oder mehr je Tag oder 6 000 Hektoliter Bier oder mehr je Tag, sofern die Anlage an nicht mehr als 90 aufeinander folgenden Tagen im Jahr in Betrieb ist,	G	E
7.27.2	200 Hektoliter Bier oder mehr je Tag als Vierteljahresdurchschnittswert, soweit nicht durch Nummer 7.27.1 erfasst;	V	
7.28	Anlagen zur Herstellung von Speisewürzen aus		
7.28.1	tierischen Rohstoffen, allein, ausgenommen bei Verarbeitung von ausschließlich Milch, oder mit pflanzlichen Rohstoffen mit einer Produktionskapazität von		
7.28.1.1	**P** Tonnen Speisewürzen oder mehr je Tag gemäß Mischungsregel,	G	E
7.28.1.2	weniger als **P** Tonnen Speisewürzen je Tag gemäß Mischungsregel,	V	
7.28.2	ausschließlich pflanzlichen Rohstoffen mit einer Produktionskapazität von		
7.28.2.1	300 Tonnen Speisewürzen oder mehr je Tag oder 600 Tonnen Speisewürzen oder mehr je Tag, sofern die Anlage an nicht mehr als 90 aufeinander folgenden Tagen im Jahr in Betrieb ist,	G	E
7.28.2.2	weniger als 300 Tonnen Speisewürzen je Tag oder weniger als 600 Tonnen Speisewürzen je Tag, sofern die Anlage an nicht mehr als 90 aufeinander folgenden Tagen im Jahr in Betrieb ist;	V	

Nr.	Anlagenbeschreibung	Ver-fahrensart	Anlage gemäß Art. 10 der RL 2010/75/EU
a	b	c	d
7.29	Anlagen zum Rösten oder Mahlen von Kaffee oder Abpacken von gemahlenem Kaffee mit einer Produktionskapazität von		
7.29.1	300 Tonnen geröstetem Kaffee oder mehr je Tag oder 600 Tonnen geröstetem Kaffee oder mehr je Tag, sofern die Anlage an nicht mehr als 90 aufeinander folgenden Tagen im Jahr in Betrieb ist,	G	E
7.29.2	0,5 Tonnen bis weniger als 300 Tonnen geröstetem Kaffee je Tag oder weniger als 600 Tonnen geröstetem Kaffee je Tag, sofern die Anlage an nicht mehr als 90 aufeinander folgenden Tagen im Jahr in Betrieb ist;	V	
7.30	Anlagen zum Rösten von Kaffee-Ersatzprodukten, Getreide, Kakaobohnen oder Nüssen mit einer Produktionskapazität von		
7.30.1	300 Tonnen gerösteten Erzeugnissen oder mehr je Tag oder 600 Tonnen Erzeugnissen oder mehr je Tag, sofern die Anlage an nicht mehr als 90 aufeinander folgenden Tagen im Jahr in Betrieb ist,	G	E
7.30.2	1 Tonne bis weniger als 300 Tonnen gerösteten Erzeugnissen je Tag oder weniger als 600 Tonnen Erzeugnissen je Tag, sofern die Anlage an nicht mehr als 90 aufeinander folgenden Tagen im Jahr in Betrieb ist;	V	
7.31	Anlagen zur Herstellung von		
7.31.1	Süßwaren oder Sirup mit einer Produktionskapazität von		
7.31.1.1	**P** Tonnen oder mehr je Tag gemäß Mischungsregel bei der Verwendung von tierischen Rohstoffen, allein, ausgenommen bei Verarbeitung von ausschließlich Milch, oder mit pflanzlichen Rohstoffen,	G	E

Nr.	Anlagenbeschreibung	Ver-fahrensart	Anlage gemäß Art. 10 der RL 2010/75/EU
a	b	c	d
7.31.1.2	300 Tonnen oder mehr je Tag bei der Verwendung ausschließlich pflanzlicher Rohstoffe oder 600 Tonnen oder mehr je Tag bei der Verwendung ausschließlich pflanzlicher Rohstoffe, sofern die Anlage an nicht mehr als 90 aufeinander folgenden Tagen im Jahr in Betrieb ist,	G	E
7.31.2	Kakaomasse aus Rohkakao oder thermischen Veredelung von Kakao oder Schokoladenmasse mit einer Produktionskapazität von		
7.31.2.1	50 Kilogramm bis weniger als **P** Tonnen je Tag gemäß Mischungsregel bei der Verwendung tierischer Rohstoffe, allein, ausgenommen bei Verarbeitung von ausschließlich Milch, oder mit pflanzlichen Rohstoffen,	V	
7.31.2.2	50 Kilogramm bis weniger als 300 Tonnen je Tag bei der Verwendung ausschließlich pflanzlicher Rohstoffe oder weniger als 600 Tonnen je Tag bei der Verwendung ausschließlich pflanzlicher Rohstoffe, sofern die Anlage an nicht mehr als 90 aufeinander folgenden Tagen im Jahr in Betrieb ist,	V	
7.31.3	Lakritz mit einer Produktionskapazität von		
7.31.3.1	50 Kilogramm bis weniger als **P** Tonnen je Tag gemäß Mischungsregel bei der Verwendung tierischer Rohstoffe, allein, ausgenommen bei Verarbeitung von ausschließlich Milch, oder mit pflanzlichen Rohstoffen,	V	
7.31.3.2	weniger als 300 Tonnen je Tag bei der Verwendung ausschließlich pflanzlicher Rohstoffe oder weniger als 600 Tonnen je Tag bei der Verwendung ausschließlich pflanzlicher Rohstoffe, sofern die Anlage an nicht mehr als 90 aufeinander folgenden Tagen im Jahr in Betrieb ist;	V	
7.32	Anlagen zur Behandlung oder Verarbeitung von		
7.32.1	ausschließlich Milch mit einer Kapazität der eingehenden Milchmenge als Jahresdurchschnittswert von 200 Tonnen oder mehr Milch je Tag,	G	E

Nr.	Anlagenbeschreibung	Ver-fahrensart	Anlage gemäß Art. 10 der RL 2010/75/EU
a	b	c	d
7.32.2	ausschließlich Milch in Sprühtrocknern mit einer Kapazität der eingehenden Milchmenge als Jahresdurchschnittswert von 5 Tonnen bis weniger als 200 Tonnen je Tag,	V	
7.32.3	Milcherzeugnissen oder Milchbestandteilen in Sprühtrocknern mit einer Produktionskapazität von 5 Tonnen oder mehr je Tag, soweit nicht von Nummer 7.34.1 erfasst;	V	
7.33	(nicht besetzt)		
7.34	Anlagen zur Herstellung von sonstigen Nahrungs- oder Futtermittelerzeugnissen aus		
7.34.1	tierischen Rohstoffen, allein, ausgenommen bei Verarbeitung von ausschließlich Milch, oder mit pflanzlichen Rohstoffen mit einer Produktionskapazität von **P** Tonnen Fertigerzeugnissen oder mehr je Tag gemäß Mischungsregel,	G	E
7.34.2	ausschließlich pflanzlichen Rohstoffen mit einer Produktionskapazität von 300 Tonnen Fertigerzeugnissen oder mehr je Tag;	G	E
7.35	(nicht besetzt)		
8.	**Verwertung und Beseitigung von Abfällen und sonstigen Stoffen**		
8.1	Anlagen zur Beseitigung oder Verwertung fester, flüssiger oder in Behältern gefasster gasförmiger Abfälle, Deponiegas oder anderer gasförmiger Stoffe mit brennbaren Bestandteilen durch		
8.1.1	thermische Verfahren, insbesondere Entgasung, Plasmaverfahren, Pyrolyse, Vergasung, Verbrennung oder eine Kombination dieser Verfahren mit einer Durchsatzkapazität von		
8.1.1.1	10 Tonnen gefährlichen Abfällen oder mehr je Tag,	G	E
8.1.1.2	weniger als 10 Tonnen gefährlichen Abfällen je Tag,	G	

Nr.	Anlagenbeschreibung	Ver-fahrensart	Anlage gemäß Art. 10 der RL 2010/75/EU
a	b	c	d
8.1.1.3	3 Tonnen nicht gefährlichen Abfällen oder mehr je Stunde,	G	E
8.1.1.4	weniger als 3 Tonnen nicht gefährlichen Abfäl-len je Stunde, ausgenommen die Verbrennung von Altholz der Altholzkategorie A I und A II nach der Altholzverordnung vom 15. August 2002 (BGBl. I S. 3302), die zuletzt durch Ar-tikel 6 der Verordnung vom 2. Dezember 2016 (BGBl. I S. 2770) geändert worden ist,	V	
8.1.1.5	weniger als 3 Tonnen nicht gefährlichen Abfäl-len je Stunde, soweit ausschließlich Altholz der Altholzkategorie A I und A II nach der Altholz-verordnung verbrannt wird und die Feuerungsw-ärmeleistung 1 Megawatt oder mehr beträgt,	V	
8.1.2	Verbrennen von Altöl oder Deponiegas in einer Verbrennungsmotoranlage mit einer Feuerungs-wärmeleistung von		
8.1.2.1	50 Megawatt oder mehr,	G	E
8.1.2.2	weniger als 50 Megawatt,	V	
8.1.3	Abfackeln von Deponiegas oder anderen gasför-migen Stoffen, ausgenommen über Notfackeln, die für den nicht bestimmungsgemäßen Betrieb erforderlich sind;	V	
8.2	(nicht besetzt)		
8.3	Anlagen zur		
8.3.1	thermischen Aufbereitung von Stahlwerksstäu-ben für die Gewinnung von Metallen oder Me-tallverbindungen im Drehrohr oder in einer Wir-belschicht,	G	
8.3.2	Behandlung zum Zweck der Rückgewinnung von Metallen oder Metallverbindungen durch thermische Verfahren, insbesondere Pyrolyse, Verbrennung oder eine Kombination dieser Verfahren, sofern diese Abfälle nicht gefährlich sind, von		

Nr.	Anlagenbeschreibung	Ver-fahrensart	Anlage gemäß Art. 10 der RL 2010/75/EU
a	b	c	d
8.3.2.1	edelmetallhaltigen Abfällen, einschließlich der Präparation, soweit die Menge der Einsatzstoffe 10 Kilogramm oder mehr je Tag beträgt,	V	
8.3.2.2	von mit organischen Verbindungen verunreinigten Metallen, Metallspänen oder Walzzunder;	V	
8.4	Anlagen, in denen Stoffe aus in Haushaltungen anfallenden oder aus hausmüllähnlichen Abfällen durch Sortieren für den Wirtschaftskreislauf zurückgewonnen werden, mit einer Durchsatzkapazität von 10 Tonnen Einsatzstoffen oder mehr je Tag;	V	
8.5	Anlagen zur Erzeugung von Kompost aus organischen Abfällen mit einer Durchsatzkapazität an Einsatzstoffen von		
8.5.1	75 Tonnen oder mehr je Tag,	G	E
8.5.2	10 Tonnen bis weniger als 75 Tonnen je Tag;	V	
8.6	Anlagen zur biologischen Behandlung, soweit nicht durch Nummer 8.5 oder 8.7 erfasst, von		
8.6.1	gefährlichen Abfällen mit einer Durchsatzkapazität an Einsatzstoffen von		
8.6.1.1	10 Tonnen oder mehr je Tag,	G	E
8.6.1.2	1 Tonne bis weniger als 10 Tonnen je Tag,	V	
8.6.2	nicht gefährlichen Abfällen, soweit nicht durch Nummer 8.6.3 erfasst, mit einer Durchsatzkapazität an Einsatzstoffen von		
8.6.2.1	50 Tonnen oder mehr je Tag,	G	E
8.6.2.2	10 Tonnen bis weniger als 50 Tonnen je Tag,	V	
8.6.3	Gülle, soweit die Behandlung ausschließlich zur Verwertung durch anaerobe Vergärung (Biogaserzeugung) erfolgt, mit einer Durchsatzkapazität von		
8.6.3.1	100 Tonnen oder mehr je Tag,	G	E

Nr.	Anlagenbeschreibung	Ver-fahrensart	Anlage gemäß Art. 10 der RL 2010/75/EU
a	b	c	d
8.6.3.2	weniger als 100 Tonnen je Tag, soweit die Pro-duktionskapazität von Rohgas 1,2 Mio. Norm-kubikmetern je Jahr oder mehr beträgt;	V	
8.7	Anlagen zur Behandlung von verunreinigtem Boden durch biologische Verfahren, Entgasen, Strippen oder Waschen mit einem Einsatz an verunreinigtem Boden bei		
8.7.1	gefährlichen Abfällen von		
8.7.1.1	10 Tonnen oder mehr je Tag,	G	E
8.7.1.2	1 Tonne bis weniger als 10 Tonnen je Tag,	V	
8.7.2	nicht gefährlichen Abfällen von		
8.7.2.1	50 Tonnen oder mehr je Tag,	G	E
8.7.2.2	10 Tonnen bis weniger als 50 Tonnen je Tag;	V	
8.8	Anlagen zur chemischen Behandlung, insbe-sondere zur chemischen Emulsionsspaltung, Fällung, Flockung, Kalzinierung, Neutralisation oder Oxidation, von		
8.8.1	gefährlichen Abfällen mit einer Durchsatzkapa-zität an Einsatzstoffen von		
8.8.1.1	10 Tonnen oder mehr je Tag,	G	E
8.8.1.2	weniger als 10 Tonnen je Tag,	G	
8.8.2	nicht gefährlichen Abfällen mit einer Durchsatz-kapazität an Einsatzstoffen von		
8.8.2.1	50 Tonnen oder mehr je Tag,	G	E
8.8.2.2	10 Tonnen bis weniger als 50 Tonnen je Tag;	V	
8.9	Anlagen zur Behandlung von		
8.9.1	nicht gefährlichen metallischen Abfällen in Schredderanlagen mit einer Durchsatzkapazität an Einsatzstoffen von		
8.9.1.1	50 Tonnen oder mehr je Tag,	G	E
8.9.1.2	10 Tonnen bis weniger als 50 Tonnen je Tag,	V	

Nr.	Anlagenbeschreibung	Ver- fahrensart	Anlage gemäß Art. 10 der RL 2010/75/EU
a	b	c	d
8.9.2	Altfahrzeugen, sonstigen Nutzfahrzeugen, Bussen oder Sonderfahrzeugen (einschließlich der Trockenlegung) mit einer Durchsatzkapazität je Woche von 5 oder mehr Altfahrzeugen, sonstigen Nutzfahrzeugen, Bussen oder Sonderfahrzeugen;	V	
8.10	Anlagen zur physikalisch-chemischen Behandlung, insbesondere zum Destillieren, Trocknen oder Verdampfen, mit einer Durchsatzkapazität an Einsatzstoffen bei		
8.10.1	gefährlichen Abfällen von		
8.10.1.1	10 Tonnen je Tag oder mehr,	**G**	**E**
8.10.1.2	1 Tonne bis weniger als 10 Tonnen je Tag,	**V**	
8.10.2	nicht gefährlichen Abfällen von		
8.10.2.1	50 Tonnen je Tag oder mehr,	**G**	**E**
8.10.2.2	10 Tonnen bis weniger als 50 Tonnen je Tag;	**V**	
8.11	Anlagen zur		
8.11.1	Behandlung von gefährlichen Abfällen, ausgenommen Anlagen, die durch die Nummern 8.1 und 8.8 erfasst werden, 1. durch Vermengung oder Vermischung sowie durch Konditionierung, 2. zum Zweck der Hauptverwendung als Brennstoff oder der Energieerzeugung durch andere Mittel, 3. zum Zweck der Ölraffination oder anderer Wiedergewinnungsmöglichkeiten von Öl, 4. zum Zweck der Regenerierung von Basen oder Säuren, 5. zum Zweck der Rückgewinnung oder Regenerierung von organischen Lösungsmitteln oder		

Nr.	Anlagenbeschreibung	Ver-fahrensart	Anlage gemäß Art. 10 der RL 2010/75/EU
a	b	c	d
	6. zum Zweck der Wiedergewinnung von Bestandteilen, die der Bekämpfung von Verunreinigungen dienen, einschließlich der Wiedergewinnung von Katalysatorbestandteilen, mit einer Durchsatzkapazität an Einsatzstoffen von		
8.11.1.1	10 Tonnen oder mehr je Tag,	G	E
8.11.1.2	1 Tonne bis weniger als 10 Tonnen je Tag,	V	
8.11.2	sonstigen Behandlung, ausgenommen Anlagen, die durch die Nummern 8.1 bis 8.10 erfasst werden, mit einer Durchsatzkapazität von		
8.11.2.1	gefährlichen Abfällen von 10 Tonnen oder mehr je Tag,	G	E
8.11.2.2	gefährlichen Abfällen von 1 Tonne bis weniger als 10 Tonnen je Tag,	V	
8.11.2.3	nicht gefährlichen Abfällen, soweit diese für die Verbrennung oder Mitverbrennung vorbehandelt werden oder es sich um Schlacken oder Aschen handelt, von 50 Tonnen oder mehr je Tag,	G	E
8.11.2.4	nicht gefährlichen Abfällen, soweit nicht durch die Nummer 8.11.2.3 erfasst, von 10 Tonnen oder mehr je Tag;	V	
8.12	Anlagen zur zeitweiligen Lagerung von Abfällen, auch soweit es sich um Schlämme handelt, ausgenommen die zeitweilige Lagerung bis zum Einsammeln auf dem Gelände der Entstehung der Abfälle und Anlagen, die durch Nummer 8.14 erfasst werden bei		
8.12.1	gefährlichen Abfällen mit einer Gesamtlagerkapazität von		
8.12.1.1	50 Tonnen oder mehr,	G	E
8.12.1.2	30 Tonnen bis weniger als 50 Tonnen,	V	
8.12.2	nicht gefährlichen Abfällen mit einer Gesamtlagerkapazität von 100 Tonnen oder mehr,	V	

Nr.	Anlagenbeschreibung	Ver-fahrensart	Anlage gemäß Art. 10 der RL 2010/75/EU
a	b	c	d
8.12.3	Eisen- oder Nichteisenschrotten, einschließlich Autowracks, mit		
8.12.3.1	einer Gesamtlagerfläche von 15 000 Quadratmetern oder mehr oder einer Gesamtlagerkapazität von 1 500 Tonnen oder mehr,	G	
8.12.3.2	einer Gesamtlagerfläche von 1 000 bis weniger als 15 000 Quadratmetern oder einer Gesamtlagerkapazität von 100 bis weniger als 1 500 Tonnen;	V	
8.13	Anlagen zur zeitweiligen Lagerung von nicht gefährlichen Abfällen, soweit es sich um Gülle oder Gärreste handelt, mit einer Lagerkapazität von 6 500 Kubikmetern oder mehr;	V	
8.14	Anlagen zum Lagern von Abfällen über einen Zeitraum von jeweils mehr als einem Jahr mit		
8.14.1	einer Gesamtlagerkapazität von mehr als 50 Tonnen, soweit die Lagerung untertägig erfolgt,	G	E
8.14.2	einer Aufnahmekapazität von 10 Tonnen oder mehr je Tag oder einer Gesamtlagerkapazität von 25 000 Tonnen oder mehr,		
8.14.2.1	für andere Abfälle als Inertabfälle,	G	E
8.14.2.2	für Inertabfälle,	G	
8.14.3	einer Aufnahmekapazität von weniger als 10 Tonnen je Tag und einer Gesamtlagerkapazität von		
8.14.3.1	weniger als 25 000 Tonnen, soweit es sich um gefährliche Abfälle handelt,	G	
8.14.3.2	150 Tonnen bis weniger als 25 000 Tonnen, soweit es sich um nicht gefährliche Abfälle handelt,	G	
8.14.3.3	weniger als 150 Tonnen, soweit es sich um nicht gefährliche Abfälle handelt;	V	

Nr.	Anlagenbeschreibung	Ver-fahrensart	Anlage gemäß Art. 10 der RL 2010/75/EU
a	b	c	d
8.15	Anlagen zum Umschlagen von Abfällen, ausgenommen Anlagen zum Umschlagen von Erdaushub oder von Gestein, das bei der Gewinnung oder Aufbereitung von Bodenschätzen anfällt, soweit nicht von Nummer 8.12 oder 8.14 erfasst, mit einer Kapazität von		
8.15.1	10 Tonnen oder mehr gefährlichen Abfällen je Tag,	G	
8.15.2	1 Tonne bis weniger als 10 Tonnen gefährlichen Abfällen je Tag,	V	
8.15.3	100 Tonnen oder mehr nicht gefährlichen Abfällen je Tag;	V	
9.	**Lagerung, Be- und Entladen von Stoffen und Gemischen**		
9.1	Anlagen, die der Lagerung von Stoffen oder Gemischen, die bei einer Temperatur von 293,15 Kelvin und einem Standarddruck von 101,3 Kilopascal vollständig gasförmig vorliegen und dabei einen Explosionsbereich in Luft haben (entzündbare Gase), in Behältern oder von Erzeugnissen, die diese Stoffe oder Gemische z. B. als Treibmittel oder Brenngas enthalten, dienen, ausgenommen Erdgasröhrenspeicher und Anlagen, die von Nummer 9.3 erfasst werden,		
9.1.1	soweit es sich nicht ausschließlich um Einzelbehältnisse mit einem Volumen von jeweils nicht mehr als 1 000 Kubikzentimeter handelt, mit einem Fassungsvermögen von		
9.1.1.1	30 Tonnen oder mehr,	G	
9.1.1.2	3 Tonnen bis weniger als 30 Tonnen,	V	
9.1.2	soweit es sich ausschließlich um Einzelbehältnisse mit einem Volumen von jeweils nicht mehr als 1 000 Kubikzentimeter handelt, mit einem Fassungsvermögen entzündbarer Gase von 30 Tonnen oder mehr;	V	

Nr.	Anlagenbeschreibung	Ver-fahrensart	Anlage gemäß Art. 10 der RL 2010/75/EU
a	b	c	d
9.2	Anlagen, die der Lagerung von Flüssigkeiten dienen, ausgenommen Anlagen, die von Nummer 9.3 erfasst werden, mit einem Fassungsvermögen von		
9.2.1	10 000 Tonnen oder mehr, soweit die Flüssigkeiten einen Flammpunkt von 373,15 Kelvin oder weniger haben,	G	
9.2.2	5 000 Tonnen bis weniger als 10 000 Tonnen, soweit die Flüssigkeiten einen Flammpunkt unter 294,15 Kelvin haben und deren Siedepunkt bei Normaldruck (101,3 Kilopascal) über 293,15 Kelvin liegt;	V	
9.3	Anlagen, die der Lagerung von in der Stoffliste zu Nummer 9.3 (Anhang 2) genannten Stoffen dienen, mit einer Lagerkapazität von		
9.3.1	den in Spalte 4 der Stoffliste (Anhang 2) ausgewiesenen Mengen oder mehr,	G	
9.3.2	den in Spalte 3 der Stoffliste (Anhang 2) bis weniger als den in Spalte 4 der Anlage ausgewiesenen Mengen;	V	
9.4 – 9.10	(nicht besetzt)		
9.11	Offene oder unvollständig geschlossene Anlagen, ausgenommen Anlagen, die von Nummer 9.3 erfasst werden,		
9.11.1	zum Be- oder Entladen von Schüttgütern, die im trockenen Zustand stauben können, durch Kippen von Wagen oder Behältern oder unter Verwendung von Baggern, Schaufelladegeräten, Greifern, Saughebern oder ähnlichen Einrichtungen, soweit 400 Tonnen Schüttgüter oder mehr je Tag bewegt werden können, ausgenommen Anlagen zum Be- oder Entladen von Erdaushub oder von Gestein, das bei der Gewinnung oder Aufbereitung von Bodenschätzen anfällt, sowie Anlagen zur Erfassung von Getreide, Ölsaaten oder Hülsenfrüchten,	V	

Nr.	Anlagenbeschreibung	Ver-fahrensart	Anlage gemäß Art. 10 der RL 2010/75/EU
a	b	c	d
9.11.2	zur Erfassung von Getreide, Ölsaaten oder Hülsenfrüchten, soweit 400 Tonnen oder mehr je Tag bewegt werden können und 25 000 Tonnen oder mehr je Kalenderjahr umgeschlagen werden können;	V	
9.12 – 9.35	(nicht besetzt)		
9.36	Anlagen zur Lagerung von Gülle oder Gärresten mit einer Lagerkapazität von 6 500 Kubikmetern oder mehr;	V	
9.37	Anlagen, die der Lagerung von Erdöl, petrochemischen Stoffen oder chemischen Stoffen oder Erzeugnissen dienen, ausgenommen Anlagen, die von den Nummern 9.1, 9.2 oder 9.3 erfasst werden, mit einem Fassungsvermögen von 25 000 Tonnen oder mehr;	G	
10.	**Sonstige Anlagen**		
10.1	Anlagen, in denen mit explosionsgefährlichen oder explosionsfähigen Stoffen im Sinne des Sprengstoffgesetzes umgegangen wird zur 1. Herstellung, Bearbeitung oder Verarbeitung dieser Stoffe, zur Verwendung als Sprengstoffe, Zündstoffe, Treibstoffe, pyrotechnische Sätze oder zur Herstellung derselben, ausgenommen Anlagen im handwerklichen Umfang und zur Herstellung von Zündhölzern sowie ortsbewegliche Mischladegeräte, oder 2. Wiedergewinnung oder Vernichtung dieser Stoffe;	G	
10.2	(nicht besetzt)		
10.3	Eigenständig betriebene Anlagen zur Behandlung der Abgase (Verminderung von Luftschadstoffen) aus nach den Nummern dieses Anhangs genehmigungsbedürftigen Anlagen,		
10.3.1	soweit in Spalte d mit dem Buchstaben **E** gekennzeichnet,	G	E

Nr.	Anlagenbeschreibung	Ver-fahrensart	Anlage gemäß Art. 10 der RL 2010/75/EU
a	b	c	d
10.3.2	soweit in Spalte d mit dem Buchstaben **E** nicht gekennzeichnet und		
10.3.2.1	in Spalte c mit dem Buchstaben **G** gekennzeichnet,	G	
10.3.2.2	in Spalte c mit dem Buchstaben **V** gekennzeichnet;	V	
10.4	Eigenständig betriebene Anlagen zur Abscheidung von Kohlendioxid-Strömen aus nach den Nummern dieses Anhangs genehmigungsbedürftiger Anlagen zum Zwecke der dauerhaften geologischen Speicherung, soweit in Spalte d mit dem Buchstaben **E** gekennzeichnet;	G	E
10.5	(nicht besetzt)		
10.6	Anlagen zur Herstellung von Klebemitteln, ausgenommen Anlagen, die diese Mittel ausschließlich unter Verwendung von Wasser als Verdünnungsmittel herstellen, mit einer Kapazität von 1 Tonne oder mehr je Tag;	V	
10.7	Anlagen zum Vulkanisieren von Natur- oder Synthesekautschuk unter Verwendung von Schwefel oder Schwefelverbindungen mit einem Einsatz von		
10.7.1	25 Tonnen oder mehr Kautschuk je Stunde,	G	
10.7.2	weniger als 25 Tonnen Kautschuk je Stunde, ausgenommen Anlagen, in denen weniger als 50 Kilogramm Kautschuk je Stunde verarbeitet werden oder ausschließlich vorvulkanisierter Kautschuk eingesetzt wird;	V	
10.8	Anlagen zur Herstellung von Bautenschutz-, Reinigungs- oder Holzschutzmitteln, soweit diese Produkte organische Lösungsmittel enthalten und von diesen 20 Tonnen oder mehr je Tag eingesetzt werden;	V	

Nr.	Anlagenbeschreibung	Verfahrensart	Anlage gemäß Art. 10 der RL 2010/75/EU
a	b	c	d
10.9	Anlagen zur Herstellung von Holzschutzmitteln unter Verwendung von halogenierten aromatischen Kohlenwasserstoffen;	V	
10.10	Anlagen zur Vorbehandlung (Waschen, Bleichen, Mercerisieren) oder zum Färben von Fasern oder Textilien mit		
10.10.1	einer Verarbeitungskapazität von 10 Tonnen oder mehr Fasern oder Textilien je Tag,	G	E
10.10.2	einer Färbekapazität von 2 Tonnen bis weniger als 10 Tonnen Fasern oder Textilien je Tag bei Anlagen zum Färben von Fasern oder Textilien unter Verwendung von Färbebeschleunigern einschließlich der Spannrahmenanlagen, ausgenommen Anlagen, die unter erhöhtem Druck betrieben werden,	V	
10.10.3	einer Bleichkapazität von weniger als 10 Tonnen Fasern oder Textilien je Tag bei Anlagen zum Bleichen von Fasern oder Textilien unter Verwendung von Chlor oder Chlorverbindungen;	V	
10.11 – 10.14	(nicht besetzt)		
10.15	Prüfstände für oder mit		
10.15.1	Verbrennungsmotoren, ausgenommen 1. Rollenprüfstände, die in geschlossenen Räumen betrieben werden, und 2. Anlagen, in denen mit Katalysator oder Dieselrußfilter ausgerüstete Serienmotoren geprüft werden, mit einer Feuerungswärmeleistung von insgesamt 300 Kilowatt oder mehr,	V	
10.15.2	Gasturbinen oder Triebwerken mit einer Feuerungswärmeleistung von insgesamt		
10.15.2.1	200 Megawatt oder mehr,	G	
10.15.2.2	weniger als 200 Megawatt;	V	

Nr.	Anlagenbeschreibung	Ver-fahrensart	Anlage gemäß Art. 10 der RL 2010/75/EU
a	b	c	d
10.16	Prüfstände für oder mit Luftschrauben;	V	
10.17	Renn- oder Teststrecken für Kraftfahrzeuge,		
10.17.1	als ständige Anlagen,	G	
10.17.2	zur Übung oder Ausübung des Motorsports an fünf Tagen oder mehr je Jahr, ausgenommen Anlagen mit Elektromotorfahrzeugen und Anlagen in geschlossenen Hallen sowie Modellsport-anlagen;	V	
10.18	Schießstände für Handfeuerwaffen, ausgenommen solche in geschlossenen Räumen und solche für Schusswaffen bis zu einem Kaliber von 5,6 mm lfB (.22 l. r.) für Munition mit Randfeu-erzündung, wenn die Mündungsenergie der Ge-schosse höchstens 200 Joule (J) beträgt, (Klein-kaliberwaffen) und Schießplätze, ausgenommen solche für Kleinkaliberwaffen;	V	
10.19	(nicht besetzt)		
10.20	Anlagen zur Reinigung von Werkzeugen, Vor-richtungen oder sonstigen metallischen Gegen-ständen durch thermische Verfahren, soweit der Rauminhalt des Ofens 1 Kubikmeter oder mehr beträgt;	V	
10.21	Anlagen zur Innenreinigung von Eisenbahnkes-selwagen, Straßentankfahrzeugen, Tankschiffen oder Tankcontainern sowie Anlagen zur auto-matischen Reinigung von Fässern einschließlich zugehöriger Aufarbeitungsanlagen, soweit die Behälter von organischen Stoffen gereinigt wer-den, ausgenommen Anlagen, in denen Behälter ausschließlich von Nahrungs-, Genuss- oder Futtermitteln gereinigt werden;	V	

Nr.	Anlagenbeschreibung	Ver-fahrensart	Anlage gemäß Art. 10 der RL 2010/75/EU
a	b	c	d
10.22	Anlagen zur Begasung, Sterilisation oder Entgasung,		
10.22.1	mit einem Rauminhalt der Begasungs- oder Sterilisationskammer oder des zu begasenden Behälters von 1 Kubikmeter oder mehr, soweit Stoffe oder Gemische eingesetzt werden, die gemäß der Verordnung (EG) Nr. 1272/2008 des Europäischen Parlaments und des Rates vom 16. Dezember 2008 über die Einstufung, Kennzeichnung und Verpackung von Stoffen und Gemischen, zur Änderung und Aufhebung der Richtlinien 67/548/EWG und 1999/45/EG und zur Änderung der Verordnung (EG) Nr. 1907/2006 (ABl. L 353 vom 31. 12. 2008, S. 1), die zuletzt durch die Verordnung (EU) 2016/918 (ABl. L 156 vom 14. 6. 2016, S. 1) geändert worden ist, in die Gefahrenklassen »akute Toxizität« Kategorien 1, 2 oder 3, »spezifische Zielorgan-Toxizität (einmalige Exposition)« Kategorie 1 oder »spezifische Zielorgan-Toxizität (wiederholte Exposition)« Kategorie 1 einzustufen sind,	V	
10.22.2	soweit 40 Entgasungen oder mehr je Jahr gemäß TRGS 512 Nummer 5.4.3 durchzuführen sind;	V	
10.23	Anlagen zur Textilveredlung durch Sengen, Thermofixieren, Thermosolieren, Beschichten, Imprägnieren oder Appretieren, einschließlich der zugehörigen Trocknungsanlagen, ausgenommen Anlagen, in denen weniger als 500 Quadratmeter Textilien je Stunde behandelt werden;	V	
10.24	(nicht besetzt)		
10.25	Kälteanlagen mit einem Gesamtinhalt an Kältemittel von 3 Tonnen Ammoniak oder mehr.	V	

Anhang 2

Stoffliste zu Nr. 9.3 des Anhangs 1

Nr.	Stoffe	Mengen-schwelle Nr. 9.3.2 Anhang 1 (Tonnen)	Mengen-schwelle Nr. 9.3.1 Anhang 1 (Tonnen)
Spalte 1	Spalte 2	Spalte 3	Spalte 4
1	Acrylnitril	20	200
2	Chlor	10	75
3	Schwefeldioxid	20	250
4	Sauerstoff	200	2 000
5	Ammoniumnitrat oder ammoniumnitrathaltige Zubereitungen der Gruppe A nach Anhang I Nummer 5 der Gefahrstoffverordnung	25	500
6	Alkalichlorat	5	100
7	Schwefeltrioxid	15	100
8	ammoniumnitrathaltige Zubereitungen der Gruppe B nach Anhang I Nummer 5 der Gefahrstoffverordnung	100	2 500
9	Ammoniak	3	30
10	Phosgen	0,075	0,75
11	Schwefelwasserstoff	5	50
12	Fluorwasserstoff	5	50
13	Cyanwasserstoff	5	20
14	Schwefelkohlenstoff	20	200
15	Brom	20	200
16	Acetylen (Ethin)	5	50
17	Wasserstoff	3	30
18	Ethylenoxid	5	50
19	Propylenoxid	5	50

Nr.	Stoffe	Mengen-schwelle Nr. 9.3.2 Anhang 1 (Tonnen)	Mengen-schwelle Nr. 9.3.1 Anhang 1 (Tonnen)
Spalte 1	Spalte 2	Spalte 3	Spalte 4
20	Acrolein	20	200
21	Formaldehyd oder Paraformaldehyd (Konzentration $\geq$ 90 %)	5	50
22	Brommethan	20	200
23	Methylisocyanat	0,015	0,15
24	Tetraethylblei oder Tetramethylblei	5	50
25	1,2-Dibromethan	5	50
26	Chlorwasserstoff (verflüssigtes Gas)	20	200
27	Diphenylmethandiisocyanat (MDI)	20	200
28	Toluylendiisocyanat (TDI)	10	100
29	Stoffe oder Gemische, die gemäß der Verordnung (EG) Nr. 1272/2008 in die Gefahrenklasse »akute Toxizität« Kategorien 1 oder 2 einzustufen sind	2	20
30	1. Stoffe oder Gemische, die gemäß der Verordnung (EG) Nr. 1272/2008 in die Gefahrenklassen – »akute Toxizität« Kategorien 1, 2 oder 3, – »spezifische Zielorgan-Toxizität (einmalige Exposition)« Kategorie 1, – »spezifische Zielorgan-Toxizität (wiederholte Exposition)« Kategorie 1, – »explosive Stoffe, Gemische und Erzeugnisse mit Explosivstoff«, – »selbstzersetzliche Stoffe und Gemische«, – »organische Peroxide«, – »oxidierende Gase«, – »oxidierende Flüssigkeiten« oder	10	200

Nr.	Stoffe	Mengen-schwelle Nr. 9.3.2 Anhang 1 (Tonnen)	Mengen-schwelle Nr. 9.3.1 Anhang 1 (Tonnen)
Spalte 1	Spalte 2	Spalte 3	Spalte 4

	– »oxidierende Feststoffe« einzustufen sind, ausgenommen Stoffe oder Gemische, die in die Gefahrenklassen
	  – »explosive Stoffe, Gemische und Erzeugnisse mit Explosivstoff«, Unterklasse 1.6,
	  – »selbstzersetzliche Stoffe und Gemische«, Typ G, oder
	  – »organische Peroxide«, Typ G, einzustufen sind, sowie
	2. Stoffe und Gemische mit explosiven Eigenschaften nach Methode A.14 der Verordnung (EG) Nr. 440/2008 der Kommission vom 30. Mai 2008 zur Festlegung von Prüfmethoden gemäß der Verordnung (EG) Nr. 1907/2006 des Europäischen Parlaments und des Rates zur Registrierung, Bewertung, Zulassung und Beschränkung chemischer Stoffe (REACH) (ABl. L 142 vom 31. 5. 2008, S. 1), die zuletzt durch die Verordnung (EU) 2016/266 (ABl. L 54 vom 1. 3. 2016, S. 1) geändert worden ist, die nicht einzustufen sind in die Gefahrenklassen
	  – »explosive Stoffe, Gemische und Erzeugnisse mit Explosivstoff«,
	  – »selbstzersetzliche Stoffe und Gemische« oder
	  – »organische Peroxide« gemäß der Verordnung (EG) Nr. 1272/2008.		

**Fünfte Verordnung
zur Durchführung des Bundes-Immissionsschutzgesetzes
(Verordnung über Immissionsschutz- und Störfallbeauftragte
– 5. BImSchV)**

Vom 30. Juli 1993 (BGBl. I S. 1433)[1]
(FNA 2129-8-5-1)

zuletzt geändert durch Art. 4 VO
vom 28. April 2015 (BGBl. I S. 670, 676)

Abschnitt 1
Bestellung von Beauftragten[2]

§ 1 Pflicht zur Bestellung

(1) Betreiber der im Anhang I zu dieser Verordnung bezeichneten genehmigungsbedürftigen Anlagen haben einen betriebsangehörigen Immissionsschutzbeauftragten zu bestellen.

(2) [1]Betreiber genehmigungsbedürftiger Anlagen, die Betriebsbereich oder Teil eines Betriebsbereichs nach § 1 Abs. 1 Satz 2 oder eines diesem nach § 1 Abs. 2 insoweit gleichgestellten Betriebsbereichs nach der Störfall-Verordnung sind, haben einen betriebsangehörigen Störfallbeauftragten zu bestellen. [2]Die zuständige Behörde kann auf Antrag des Betreibers gestatten, dass die Bestellung eines Störfallbeauftragten unterbleibt, wenn offensichtlich ausgeschlossen ist, dass von der betreffenden genehmigungsbedürftigen Anlage die Gefahr eines Störfalls ausgehen kann.

(3) Der Betreiber kann dieselbe Person zum Immissionsschutz- und Störfallbeauftragten bestellen, soweit hierdurch die sachgemäße Erfüllung der Aufgaben nicht beeinträchtigt wird.

§ 2 Mehrere Beauftragte

Die zuständige Behörde kann anordnen, daß der Betreiber einer Anlage im Sinne des § 1 mehrere Immissionsschutz- oder Störfallbeauftragte zu bestellen hat; die Zahl der Beauftragten ist so zu bemessen, daß eine sachgemäße Erfüllung der in den §§ 54 und 58b des Bundes-Immissionsschutzgesetzes bezeichneten Aufgaben gewährleistet ist.

§ 3 Gemeinsamer Beauftragter

[1]Werden von einem Betreiber mehrere Anlagen im Sinne des § 1 betrieben, so kann er für diese Anlagen einen gemeinsamen Immissionsschutz- oder Störfallbeauftragten bestellen, wenn hierdurch eine sachgemäße Erfüllung der in den §§ 54 und 58b des Bundes-Immissionsschutzgesetzes bezeichneten Aufgaben nicht gefährdet wird. [2]§ 1 Abs. 3 gilt entsprechend.

---

1) Die Verordnung hat die 5. und 6. BImSchV von 1975 abgelöst.
2) Vgl. Einführung Nr. 9.3.

§ 4 Beauftragter für Konzerne

Die zuständige Behörde kann einem Betreiber oder mehreren Betreibern von Anlagen im Sinne des § 1, die unter der einheitlichen Leitung eines herrschenden Unternehmens zusammengefaßt sind (Konzern), auf Antrag die Bestellung eines Immissionsschutz- oder Störfallbeauftragten für den Konzernbereich gestatten, wenn

1. das herrschende Unternehmen den Betreibern gegenüber zu Weisungen hinsichtlich der in § 54 Abs. 1 Satz 2 Nr. 1, § 56 Abs. 1, § 58b Abs. 1 Satz 2 Nr. 1 und § 58c Abs. 2 Satz 1 des Bundes-Immissionsschutzgesetzes genannten Maßnahmen berechtigt ist und

2. der Betreiber für seine Anlage eine oder mehrere Personen bestellt, deren Fachkunde und Zuverlässigkeit eine sachgemäße Erfüllung der Aufgaben eines betriebsangehörigen Immissionsschutz- oder Störfallbeauftragten gewährleistet.

§ 5 Nicht betriebsangehörige Beauftragte

(1) Betreibern von Anlagen im Sinne des § 1 Abs. 1 soll die zuständige Behörde auf Antrag die Bestellung eines oder mehrerer nicht betriebsangehöriger Immissionsschutzbeauftragter gestatten, wenn hierdurch eine sachgemäße Erfüllung der in § 54 des Bundes-Immissionsschutzgesetzes bezeichneten Aufgaben nicht gefährdet wird.

(2) Betreibern von Anlagen im Sinne des § 1 Abs. 2 kann die zuständige Behörde auf Antrag die Bestellung eines oder mehrerer nicht betriebsangehöriger Störfallbeauftragter gestatten, wenn hierdurch eine sachgemäße Erfüllung der in § 58b des Bundes-Immissionsschutzgesetzes bezeichneten Aufgaben nicht gefährdet wird.

§ 6 Ausnahmen

Die zuständige Behörde hat auf Antrag den Betreiber einer Anlage im Sinne des § 1 von der Verpflichtung zur Bestellung eines Immissionsschutz- oder Störfallbeauftragten zu befreien, wenn die Bestellung im Einzelfall aus den in § 53 Abs. 1 Satz 1 und § 58a Abs. 1 Satz 1 des Bundes-Immissionsschutzgesetzes genannten Gesichtspunkten nicht erforderlich ist.

Abschnitt 2
Fachkunde und Zuverlässigkeit von Beauftragten

§ 7 Anforderungen an die Fachkunde

Die Fachkunde im Sinne des § 55 Abs. 2 Satz 1 und § 58c Abs. 1 des Bundes-Immissionsschutzgesetzes erfordert

1. den Abschluß eines Studiums auf den Gebieten des Ingenieurwesens, der Chemie oder der Physik an einer Hochschule,

2. die Teilnahme an einem oder mehreren von der nach Landesrecht zuständigen Behörde anerkannten Lehrgängen, in denen Kenntnisse entsprechend dem Anhang II zu dieser Verordnung vermittelt worden sind, die für die Aufgaben des Beauftragten erforderlich sind, und

3. während einer zweijährigen praktischen Tätigkeit erworbene Kenntnisse über die Anlage, für die der Beauftragte bestellt werden soll,

oder über Anlagen, die im Hinblick auf die Aufgaben des Beauftragten vergleichbar sind.

§ 8 Voraussetzung der Fachkunde in Einzelfällen

(1) Soweit im Einzelfall eine sachgemäße Erfüllung der gesetzlichen Aufgaben der Beauftragten gewährleistet ist, kann die zuständige Behörde auf Antrag des Betreibers als Voraussetzung der Fachkunde anerkennen:

1. eine technische Fachschulausbildung oder im Falle des Immissionsschutzbeauftragten die Qualifikation als Meister auf einem Fachgebiet, dem die Anlage hinsichtlich ihrer Anlagen- und Verfahrenstechnik oder ihres Betriebs zuzuordnen ist, und zusätzlich
2. während einer mindestens vierjährigen praktischen Tätigkeit erworbene Kenntnisse im Sinne des § 7 Nr. 2 und 3, wobei jeweils mindestens zwei Jahre lang Aufgaben der in § 54 oder § 58b des Bundes-Immissionsschutzgesetzes bezeichneten Art wahrgenommen worden sein müssen.

(2) Die zuständige Behörde kann die Ausbildung in anderen als den in § 7 Nr. 1 oder Absatz 1 Nr. 1 genannten Fachgebieten anerkennen, wenn die Ausbildung in diesem Fach im Hinblick auf die Aufgabenstellung im Einzelfall als gleichwertig anzusehen ist.

§ 9 Anforderungen an die Fortbildung

(1) [1]Der Betreiber hat dafür Sorge zu tragen, daß der Beauftragte regelmäßig, mindestens alle zwei Jahre, an Fortbildungsmaßnahmen teilnimmt. [2]Zur Fortbildung ist auch die Teilnahme an Lehrgängen im Sinne des § 7 Nr. 2 erforderlich.

(2) [1]Fortbildungsmaßnahmen nach Absatz 1 erstrecken sich auf die in Anhang II zu dieser Verordnung genannten Sachbereiche. [2]Auf Verlangen der zuständigen Behörde ist die Teilnahme des Beauftragten an im Betrieb durchgeführten Fortbildungsmaßnahmen oder an Lehrgängen nachzuweisen.

§ 10 Anforderungen an die Zuverlässigkeit

(1) Die Zuverlässigkeit im Sinne des § 55 Abs. 2 Satz 1 und des § 58c Abs. 1 des Bundes-Immissionsschutzgesetzes erfordert, daß der Beauftragte auf Grund seiner persönlichen Eigenschaften, seines Verhaltens und seiner Fähigkeiten zur ordnungsgemäßen Erfüllung der ihm obliegenden Aufgaben geeignet ist.

(2) Die erforderliche Zuverlässigkeit ist in der Regel nicht gegeben, wenn der Immissionsschutzbeauftragte oder der Störfallbeauftragte

1. wegen Verletzung der Vorschriften
   a) des Strafrechts über gemeingefährliche Delikte oder Delikte gegen die Umwelt,
   b) des Natur- und Landschaftsschutz-, Chemikalien-, Gentechnik- oder Strahlenschutzrechts,
   c) des Lebensmittel-, Arzneimittel-, Pflanzenschutz- oder Infektionsschutzrechts,
   d) des Gewerbe-, Produktsicherheits- oder Arbeitsschutzrechts oder
   e) des Betäubungsmittel-, Waffen- oder Sprengstoffrechts

zu einer Freiheitsstrafe, Jugendstrafe oder Geldstrafe rechtskräftig
verurteilt worden ist,

2. wegen Verletzung der Vorschriften
   a) des Immissionsschutz-, Abfall-, Wasser-, Natur- und Landschafts-
      schutz-, Bodenschutz-, Chemikalien-, Gentechnik- oder Atom-
      und Strahlenschutzrechts,
   b) des Lebensmittel-, Arzneimittel-, Pflanzenschutz- oder Infekti-
      onsschutzrechts,
   c) des Gewerbe-, Produktsicherheits- oder Arbeitsschutzrechts oder
   d) des Betäubungsmittel-, Waffen- oder Sprengstoffrechts
   innerhalb der letzten fünf Jahre mit einer Geldbuße in Höhe von mehr
   als fünfhundert Euro belegt worden ist,
3. wiederholt und grob pflichtwidrig gegen Vorschriften nach Nummer 2
   verstoßen hat oder
4. seine Pflichten als Immissionsschutzbeauftragter, als Störfall beauftragter oder als Betriebsbeauftragter nach anderen Vorschriften verletzt hat.

§ 10a Nachweise nicht betriebsangehöriger Personen

[1]Nachweise nicht betriebsangehöriger Personen aus einem anderen Mitgliedstaat der Europäischen Union oder einem anderen Vertragsstaat des
Abkommens über den Europäischen Wirtschaftsraum über die Erfüllung
der Anforderungen dieses Abschnitts stehen inländischen Nachweisen
gleich, wenn aus ihnen hervorgeht, dass die Person die betreffenden
Anforderungen oder die auf Grund ihrer Zielsetzung im Wesentlichen
vergleichbaren Anforderungen des Ausstellungsstaates erfüllt. [2]Sie sind
auf Verlangen der zuständigen Behörde im Original oder in Kopie vorzulegen. [3]Eine Beglaubigung der Kopie kann verlangt werden. [4]Die
zuständige Behörde kann darüber hinaus verlangen, dass gleichwertige
Nachweise in beglaubigter deutscher Übersetzung vorgelegt werden.
[5]Für den Fall der vorübergehenden und nur gelegentlichen Tätigkeit
eines Staatsangehörigen eines anderen Mitgliedstaates der Europäischen
Union oder eines anderen Vertragsstaates des Abkommens über den
Europäischen Wirtschaftsraum, der zur Ausübung einer solchen Tätigkeit
in einem dieser Staaten niedergelassen ist, im Inland gilt § 13a Absatz 2
Satz 2 bis 5 und Absatz 3 der Gewerbeordnung entsprechend. [6]Für den
Fall der Niederlassung eines solchen Staatsangehörigen gilt hinsichtlich
der erforderlichen Fachkunde § 36a Absatz 1 Satz 2 und Absatz 2 der
Gewerbeordnung entsprechend.

Abschnitt 3
Schlußvorschriften
§ 11 Übergangsregelung
Die Anforderungen der §§ 7 und 8 gelten nicht für Immissionsschutzbeauftragte, die in Übereinstimmung mit den bisher geltenden Vorschriften
bestellt worden sind.

§ 12 (Inkrafttreten, Außerkrafttreten)

Anhang I
(zu § 1 Absatz 1)

Für genehmigungsbedürftige Anlagen, die in den folgenden Nummern des Anhangs 1 der Verordnung über genehmigungsbedürftige Anlagen vom 2. Mai 2013 (BGBl. I S. 973) aufgeführt sind, ist ein Immissionsschutzbeauftragter zu bestellen:

1. Anlagen nach Nr. 1.1 mit einer Feuerungswärmeleistung bei
   a) festen oder flüssigen Brennstoffen von 150 Megawatt oder mehr oder
   b) gasförmigen Brennstoffen von 250 Megawatt oder mehr;
2. Anlagen nach Nr. 1.2.4 mit einer Feuerungswärmeleistung von 10 Megawatt oder mehr;
3. Anlagen nach Nr. 1.10;
4. Anlagen nach Nr. 1.11;
5. Anlagen nach Nr. 1.12;
6. Anlagen nach Nr. 1.14.1;
7. Anlagen nach Nr. 1.14.2;
8. Anlagen nach Nr. 2.3;
9. Anlagen nach Nr. 2.5 und Nr. 2.6;
10. Anlagen nach Nr. 2.8;
11. Anlagen nach Nr. 3.1;
12. Anlagen nach Nr. 3.2.2.1;
13. Anlagen nach Nr. 3.3;
14. Anlagen nach Nr. 3.4 mit einer Schmelzkapazität von
    a) 10 Tonnen Zink oder Zinklegierungen oder mehr je Tag,
    b) 5 Tonnen Leichtmetall oder mehr je Tag oder
    c) 10 Tonnen Schwermetall oder mehr je Tag;
15. Anlagen nach Nr. 3.7;
16. Anlagen nach Nr. 3.8;
17. Anlagen nach Nr. 3.9.1.1, ausgenommen Anlagen zum kontinuierlichen Verzinken nach dem Sendzimirverfahren, mit einer Verarbeitungskapazität von 10 Tonnen oder mehr Rohgut je Stunde;
18. Anlagen nach Nr. 3.9.2 mit einem Durchsatz von 50 Kilogramm oder mehr je Stunde;
19. Anlagen nach Nr. 3.18;
20. Anlagen nach Nr. 3.21 mit einer Produktionskapazität von 1 500 Stück oder mehr Starterbatterien oder Industriebatteriezellen je Tag;
21. Anlagen nach Nr. 4.1;
22. Anlagen nach Nr. 4.2;
23. Anlagen nach Nr. 4.4;
24. Anlagen nach Nr. 4.5;
25. Anlagen nach Nr. 4.6;
26. Anlagen nach Nr. 4.7;
27. Anlagen nach Nr. 5.1.1.1, in denen organische Lösungsmittel nach Nr. 5.1.2.1 eingesetzt werden, mit einem Verbrauch an solchen organischen Lösungsmitteln von 500 Kilogramm oder mehr je Stunde;
28. Anlagen nach Nr. 5.1.1.1, soweit nicht von Nr. 27 erfasst, mit einem Verbrauch an organischen Lösungsmitteln von 250 Kilogramm oder mehr je Stunde;

29.   Anlagen nach Nr. 5.2.1;
30.   Anlagen nach Nr. 6.1;
31.   Anlagen nach Nr. 6.3;
32.   Anlagen nach Nr. 7.3.2;
33.   Anlagen nach Nr. 7.8;
34.   Anlagen nach Nr. 7.9;
35.   Anlagen nach Nr. 7.12;
36.   Anlagen nach Nr. 7.16;
37.   Anlagen nach Nr. 8.1;
38.   Anlagen nach Nr. 8.3.1;
39.   Anlagen nach Nr. 8.4;
40.   Anlagen nach Nr. 8.5.1;
41.   Anlagen nach Nr. 8.7;
42.   Anlagen nach Nr. 8.8;
43.   Anlagen nach Nr. 8.9.1;
44.   Anlagen nach Nr. 8.12.1;
45.   Anlagen nach Nr. 8.14, soweit gefährliche Abfälle gelagert werden;
46.   Anlagen nach Nr. 8.15 mit einer Kapazität von 100 Tonnen oder mehr
      Abfällen je Tag.

Anhang II

A. Fachkunde von Immissionsschutzbeauftragten

Die Kenntnisse müssen sich auf folgende Bereiche erstrecken:
1.   Anlagen- und Verfahrenstechnik unter Berücksichtigung des Standes der Technik;
2.   Überwachung und Begrenzung von Emissionen sowie Verfahren zur Ermittlung
     und Bewertung von Immissionen und schädlichen Umwelteinwirkungen;
3.   vorbeugender Brand- und Explosionsschutz;
4.   umwelterhebliche Eigenschaften von Erzeugnissen einschließlich Verfahren zur
     Wiedergewinnung und Wiederverwertung;
5.   chemische und physikalische Eigenschaften von Schadstoffen;
6.   Vermeidung sowie ordnungsgemäße und schadlose Verwertung und Beseitigung von Abfall;
7.   Energieeinsparung, Nutzung entstehender Wärme in der Anlage, im Betrieb
     oder durch Dritte;
8.   Vorschriften des Umweltrechts, insbesondere des Immissionsschutzrechts.
Während der praktischen Tätigkeit soll die Fähigkeit vermittelt werden, Stellungnahmen zu Investitionsentscheidungen und der Einführung neuer Verfahren und Erzeugnisse abzugeben und die Betriebsangehörigen über Belange des Immissionsschutzes
zu informieren.

B. Fachkunde von Störfallbeauftragten

Die Kenntnisse müssen sich auf folgende Bereiche erstrecken:
1.   Anlagen- und Verfahrenstechnik unter Berücksichtigung des Standes der Sicherheitstechnik;

2. chemische, physikalische, human- und ökotoxikologische Eigenschaften der Stoffe und Gemische, die in der Anlage bestimmungsgemäß vorhanden sind oder bei einer Störung entstehen können sowie deren mögliche Auswirkungen im Störfall;

3. betriebliche Sicherheitsorganisation;

4. Verhinderung von Störfällen und Begrenzung von Störfallauswirkungen;

5. vorbeugender Brand- und Explosionsschutz;

6. Anfertigung, Fortschreibung und Beurteilung von Sicherheitsberichten (Grundkenntnisse) sowie von betrieblichen Alarm- und Gefahrenabwehrplänen;

7. Beurteilung sicherheitstechnischer Unterlagen und Nachweise zur Errichtung, Betriebsüberwachung, Wartung, Instandhaltung und Betriebsunterbrechung von Anlagen;

8. Überwachung, Beurteilung und Begrenzung von Emissionen und Immissionen bei Störungen des bestimmungsgemäßen Betriebs;

9. Vorschriften des Umweltrechts, insbesondere des Immissionsschutzrechts, des Rechts der technischen Sicherheit und des technischen Arbeitsschutzes, des Gefahrstoffrechts sowie des Katastrophenschutzrechts;

10. Information der Öffentlichkeit nach § 11 der Störfall-Verordnung.

Während der praktischen Tätigkeit soll auch die Fähigkeit vermittelt werden, Stellungnahmen zu Investitionsentscheidungen und zur Planung von Betriebsanlagen sowie der Einführung von Arbeitsverfahren und Arbeitsstoffen abzugeben.

Sechste Verordnung
zur Durchführung des Bundes-Immissionsschutzgesetzes
(Verordnung über die Fachkunde und
Zuverlässigkeit der Immissionsschutzbeauftragten – 6. BImSchV)

Vom 12. April 1975 (BGBl. I S. 957)

Die 6. BImSchV ist mit Inkrafttreten der neuen 5. BImSchV außer Kraft
getreten. Ihr Inhalt ist nunmehr in §§ 7 bis 10 der 5. BImSchV enthalten.

**Siebente Verordnung
zur Durchführung des Bundes-Immissionsschutzgesetzes
(Verordnung zur Auswurfbegrenzung von
Holzstaub – 7. BImSchV)**

Vom 18. Dezember 1975 (BGBl. I S. 3133)
(FNA 2129-8-7)

geändert durch Gesetz vom 25. September 1990 (BGBl. I S. 2106)

§ 1 Anwendungsbereich
[1]Diese Verordnung gilt für die Errichtung, die Beschaffenheit und den Betrieb staub- oder späneemittierender Anlagen im Sinne des § 3 Abs. 5 Nr. 1 des Bundes-Immissionsschutzgesetzes zur Bearbeitung oder Verarbeitung von Holz oder Holzwerkstoffen einschließlich der zugehörigen Förder- und Lagereinrichtungen für Späne und Stäube. [2]Sie gilt nicht für Anlagen, die einer Genehmigung nach § 4 des Bundes-Immissionsschutzgesetzes bedürfen.

§ 2 Ausrüstung
[1]Anlagen im Sinne des § 1 sind bei ihrer Errichtung mit Abluftreinigungsanlagen auszurüsten, die ein Überschreiten des Emissionswertes nach § 4 ausschließen. [2]Satz 1 gilt nicht, wenn ein Überschreiten des Emissionswertes nach § 4 durch andere Maßnahmen oder Betriebsweisen, insbesondere durch Verarbeitung von waldfrischem Holz, durch Naßschleifen oder durch Einsatz mechanischer Fördereinrichtungen bei jedem Betriebszustand ausgeschlossen wird.

§ 3 Lagerung
(1) Holzstaub und Späne sind in Bunkern, Silos oder sonstigen geschlossenen Räumen zu lagern.
(2) An Bunkern und Silos sind regelmäßig Füllstandskontrollen, gegebenenfalls mit Füllstandsmeßgeräten und Überfüllsicherungen, durchzuführen.
(3) Lagereinrichtungen im Sinne des Absatzes 1 und Filteranlagen sind so zu entleeren, daß Emissionen an Holzstaub oder Spänen soweit wie möglich vermieden werden, z. B. durch Abfüllen in geschlossene Behälter oder durch Befeuchten an der Austragsstelle.

§ 4 Emissionswert
(1) Anlagen im Sinne des § 1 sind so zu betreiben, daß die Massenkonzentration an Staub und Spänen in der Abluft, bezogen auf den Normzustand (0° C; 1013 Millibar),
1. einen Wert von 50 Milligramm je Kubikmeter Abluft nicht überschreitet, wenn in der Abluft Schleifstaub oder ein Gemisch mit Schleifstaub enthalten ist oder
2. einen aus dem folgenden Diagramm sich ergebenden Wert nicht überschreitet, wenn in der Abluft kein Schleifstaub, sondern anderer Staub oder Späne enthalten sind.

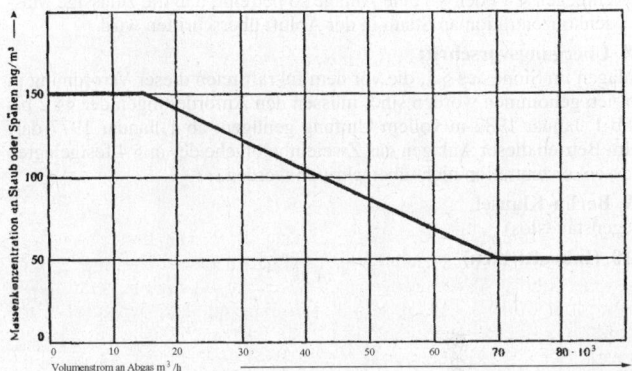

(2) Anlagen nach Absatz 1 Nr. 1, die nach dem 1. Januar 1977 errichtet werden, sind abweichend von Absatz 1 so zu betreiben, daß die Massenkonzentration an Staub und Spänen in der Abluft, bezogen auf den Normzustand, einen Wert von 20 Milligramm je Kubikmeter Abluft nicht überschreitet.

(3) Werden mehrere Anlagen in einem räumlichen und betrieblichen Zusammenhang betrieben, ist bei der Festlegung der zulässigen Massenkonzentration dieser Anlagen die Summe aller Volumenströme zugrunde zu legen.

§ 5 **Weitergehende Anforderungen**
Die Befugnis der zuständigen Behörden, auf Grund des Bundes-Immissionsschutzgesetzes andere oder weitergehende Anordnungen zu treffen, bleibt unberührt.

§ 6 **Zulassung von Ausnahmen**
Die zuständige Behörde kann auf Antrag Ausnahmen von den Vorschriften der Verordnung zulassen, soweit unter Berücksichtigung der besonderen Umstände des Einzelfalles schädliche Umwelteinwirkungen nicht zu befürchten sind oder Gründe des Arbeitsschutzes dies erfordern.

§ 7 **Ordnungswidrigkeiten**
Ordnungswidrig im Sinne des § 62 Abs. 1 Nr. 7 des Bundes-Immissionsschutzgesetzes handelt, der vorsätzlich oder fahrlässig
1. entgegen § 2 eine Anlage nicht mit einer Abluftreinigungsanlage ausrüstet,
2. entgegen § 3 Holzstaub und Späne nicht in Bunkern, Silos oder sonstigen geschlossenen Räumen lagert, keine regelmäßigen Füllstandskontrollen durchführt, Bunker, Silos oder sonstige geschlossene Räume sowie Filteranlagen nicht so entleert, daß Emissionen so weit wie möglich vermieden werden oder

3. entgegen § 4 oder § 8 eine Anlage so betreibt, daß die zulässige Massenkonzentration an Staub in der Abluft überschritten wird.

§ 8 Übergangsvorschrift

Anlagen im Sinne des § 1, die vor dem Inkrafttreten dieser Verordnung in Betrieb genommen worden sind, müssen den Anforderungen der §§ 2 bis 4 ab 1. Januar 1982 in vollem Umfang genügen; ab 1. Januar 1977 darf beim Betrieb dieser Anlagen das Zweieinhalbfache der in § 4 festgelegten Massenkonzentration nicht überschritten werden.

§ 9 Berlin-Klausel

(gegenstandslos)

§ 10 (Inkrafttreten)

Achte Verordnung
zur Durchführung des Bundes-Immissionsschutzgesetzes
(Rasenmäherlärm-Verordnung – 8. BImSchV)

In der Fassung der Bekanntmachung vom 13. Juli 1992
(BGBl. I S. 1248)

zuletzt geändert durch 2. Zuständigkeitslockerungsgesetz
vom 3. Mai 2000 (BGBl. I S. 632)

Die 8. BImSchV ist mit Inkrafttreten der 32. BImSchV aufgehoben worden.

Neunte Verordnung
zur Durchführung des Bundes-Immissionsschutzgesetzes
(Verordnung über das Genehmigungsverfahren – 9. BImSchV)

In der Fassung der Bekanntmachung vom 29. Mai 1992 (BGBl. I S. 1001)
(FNA 2129-8-9)

zuletzt geändert durch Art. 1 Erste ÄndVO
vom 8. Dezember 2017 (BGBl. I S. 3882)

Inhaltsübersicht

Erster Teil
Allgemeine Vorschriften

Erster Abschnitt
Anwendungsbereich, Antrag und Unterlagen

§   1   Anwendungsbereich
§   1a   Gegenstand der Prüfung der Umweltverträglichkeit
§   2   Antragstellung
§   2a   Unterrichtung über den Untersuchungsrahmen bei UVP-pflichtigen Vorhaben
§   3   Antragsinhalt
§   4   Antragsunterlagen
§   4a   Angaben zur Anlage und zum Anlagenbetrieb
§   4b   Angaben zu den Schutzmaßnahmen
§   4c   Plan zur Behandlung der Abfälle
§   4d   Angaben zur Energieeffizienz
§   4e   Zusätzliche Angaben zur Prüfung der Umweltverträglichkeit; UVP-Bericht
§   5   Vordrucke
§   6   Eingangsbestätigung
§   7   Prüfung der Vollständigkeit, Verfahrensablauf

Zweiter Abschnitt
Beteiligung Dritter

§   8   Bekanntmachung des Vorhabens
§   9   Inhalt der Bekanntmachung
§ 10   Auslegung von Antrag und Unterlagen; Veröffentlichung des UVP-Berichts
§ 10a   Akteneinsicht
§ 11   Beteiligung anderer Behörden
§ 11a   Grenzüberschreitende Behörden- und Öffentlichkeitsbeteiligung
§ 12   Einwendungen
§ 13   Sachverständigengutachten

Dritter Abschnitt
Erörterungstermin

§ 14   Zweck
§ 15   Besondere Einwendungen
§ 16   Wegfall
§ 17   Verlegung
§ 18   Verlauf
§ 19   Niederschrift

Vierter Abschnitt
Genehmigung

§ 20   Entscheidung
§ 21   Inhalt des Genehmigungsbescheides
§ 21a   Öffentliche Bekanntmachung und Veröffentlichung des Genehmigungsbe-
        scheids

Zweiter Teil
Besondere Vorschriften

§ 22   Teilgenehmigung
§ 23   Vorbescheid
§ 23a   Raumordnungsverfahren und Genehmigungsverfahren
§ 24   Vereinfachtes Verfahren
§ 24a   Zulassung vorzeitigen Beginns
§ 24b   Verbundene Prüfverfahren bei UVP-pflichtigen Vorhaben

Dritter Teil
Schlussvorschriften

§ 24c   Vermeidung von Interessenkonflikten
§ 25   Übergangsvorschrift

Erster Teil
Allgemeine Vorschriften

Erster Abschnitt
Anwendungsbereich, Antrag und Unterlagen

§ 1 Anwendungsbereich

(1) Für die in der Vierten Verordnung zur Durchführung des Bundes-Immissionsschutzgesetzes (Verordnung über genehmigungsbedürftige Anlagen) genannten Anlagen ist das Verfahren bei der Erteilung

1. einer Genehmigung
   a) zur Errichtung und zum Betrieb,[1]
   b) zur wesentlichen Änderung der Lage, der Beschaffenheit oder des Betriebs oder zur störfallrelevanten Änderung[2] (Änderungsgenehmigung),
   c) zur Errichtung oder zum Betrieb einer Anlage oder eines Teils einer Anlage oder zur Errichtung und zum Betrieb eines Teils einer Anlage (Teilgenehmigung),[3]
2. eines Vorbescheides,
3. einer Zulassung des vorzeitigen Beginns oder
4. einer nachträglichen Anordnung nach § 17 Abs. 1a des Bundes-Immissionsschutzgesetzes

---

1) Errichtung und Betrieb bilden einen einheitlichen Genehmigungstatbestand.
2) Vgl. § 3 Abs. 5b BImSchG.
3) Die Erteilung einer Teilgenehmigung setzt einen Genehmigungsantrag für das Gesamtvorhaben und den Antrag, Teilgenehmigungen zu erteilen, voraus.

nach dieser Verordnung durchzuführen, soweit es nicht in den §§ 8 bis 17 und 19 des Bundes-Immissionsschutzgesetzes oder in § 2 der Vierzehnten Verordnung zur Durchführung des Bundes-Immissionsschutzgesetzes (Verordnung über Anlagen der Landesverteidigung) geregelt ist; § 1 Absatz 2 des Gesetzes über die Umweltverträglichkeitsprüfung bleibt unberührt.

(2) [1]Ist nach den §§ 6 bis 14 des Gesetzes über die Umweltverträglichkeitsprüfung[4] für die Errichtung und den Betrieb einer Anlage eine Umweltverträglichkeitsprüfung durchzuführen (UVP-pflichtige Anlage), so ist die Umweltverträglichkeitsprüfung jeweils unselbständiger Teil der in Absatz 1 genannten Verfahren. [2]Für die genehmigungsbedürftige Änderung einer Anlage gilt Satz 1 entsprechend. [3]Soweit in den in Absatz 1 genannten Verfahren über die Zulässigkeit des Vorhabens entschieden wird, ist die Umweltverträglichkeitsprüfung nach den Vorschriften dieser Verordnung und den für diese Prüfung in den genannten Verfahren ergangenen allgemeinen Verwaltungsvorschriften durchzuführen.[5]

§ 1a Gegenstand der Prüfung der Umweltverträglichkeit
[1]Das Prüfverfahren nach § 1 Absatz 2 umfasst die Ermittlung, Beschreibung und Bewertung der für die Prüfung der Genehmigungsvoraussetzungen sowie die für die Prüfung der Belange des Naturschutzes und der Landschaftspflege bedeutsamen Auswirkungen einer UVP-pflichtigen Anlage auf die folgenden Schutzgüter:
1. Menschen, insbesondere die menschliche Gesundheit,
2. Tiere, Pflanzen und die biologische Vielfalt,
3. Fläche, Boden, Wasser, Luft, Klima und Landschaft,
4. kulturelles Erbe und sonstige Sachgüter sowie
5. die Wechselwirkung zwischen den vorgenannten Schutzgütern.
[2]Die Auswirkungen nach Satz 1 schließen Auswirkungen des UVP-pflichtigen Vorhabens ein, die aufgrund von dessen Anfälligkeit für schwere Unfälle oder Katastrophen zu erwarten sind, soweit diese schweren Unfälle oder Katastrophen für das UVP-pflichtige Vorhaben relevant sind.

§ 2 Antragstellung
(1) [1]Der Antrag ist von dem Träger des Vorhabens bei der Genehmigungsbehörde schriftlich oder elektronisch zu stellen. [2]Träger des Vorhabens kann auch sein, wer nicht beabsichtigt, die Anlage zu errichten oder zu betreiben.

---

4) Die entsprechenden Vorschriften des UVPG sind unter Nr. 5 abgedruckt.
5) Eine Anwendung des UVP-Gesetzes kommt insoweit nicht in Betracht (§ 1 Abs. 4 UVPG). Das UVP-Gesetz kann jedoch zur Auslegung der UVP-bezogenen Regelungen der 9. BImSchV herangezogen werden.

(2) [1]Sobald der Träger des Vorhabens die Genehmigungsbehörde über das geplante Vorhaben unterrichtet, soll diese ihn im Hinblick auf die Antragstellung beraten und mit ihm den zeitlichen Ablauf des Genehmigungsverfahrens sowie sonstige für die Durchführung dieses Verfahrens erhebliche Fragen erörtern. [2]Sie kann andere Behörden hinzuziehen, soweit dies für Zwecke des Satzes 1 erforderlich ist. [3]Die Erörterung soll insbesondere der Klärung dienen,

1. welche Antragsunterlagen bei Antragstellung vorgelegt werden müssen,
2. welche voraussichtlichen Auswirkungen das Vorhaben auf die Allgemeinheit und die Nachbarschaft haben kann und welche Folgerungen sich daraus für das Verfahren ergeben,
3. welche Gutachten voraussichtlich erforderlich sind und wie doppelte Gutachten vermieden werden können,
4. wie der zeitliche Ablauf des Genehmigungsverfahrens ausgestaltet werden kann und welche sonstigen Maßnahmen zur Vereinfachung und Beschleunigung des Genehmigungsverfahrens vom Träger des Vorhabens und von der Genehmigungsbehörde getroffen werden können,
5. ob eine Verfahrensbeschleunigung dadurch erreicht werden kann, dass der behördliche Verfahrensbevollmächtigte, der die Gestaltung des zeitlichen Verfahrensablaufs sowie die organisatorische und fachliche Abstimmung überwacht, sich auf Vorschlag oder mit Zustimmung und auf Kosten des Antragstellers eines Projektmanagers bedient,
6. welche Behörden voraussichtlich im Verfahren zu beteiligen sind.

[4]Bei UVP-pflichtigen Vorhaben gilt ergänzend § 2a.

§ 2a Unterrichtung über den Untersuchungsrahmen bei UVP-pflichtigen Vorhaben

(1) [1]Auf Antrag des Trägers des UVP-pflichtigen Vorhabens oder wenn die Genehmigungsbehörde es für zweckmäßig hält,[6] unterrichtet und berät die Genehmigungsbehörde den Träger des UVP-pflichtigen Vorhabens über die Beratung nach § 2 Absatz 2 hinaus entsprechend dem Planungsstand über Art, Inhalt, Umfang und Detailtiefe der Angaben, die der Träger des UVP-pflichtigen Vorhabens voraussichtlich in die nach den §§ 3 bis 4e vorzulegenden Unterlagen aufnehmen muss (Untersuchungsrahmen). [2]Die Unterrichtung und Beratung kann sich auch auf weitere Gesichtspunkte des Verfahrens, insbesondere auf dessen zeitlichen Ablauf, auf die zu beteiligenden Behörden oder auf die Einholung von Sachverständigengutachten erstrecken. [3]Verfügen die Genehmigungsbehörde oder die zu beteiligenden Behörden über Informationen, die für die Beibringung der in den §§ 3 bis 4e genannten Unterlagen zweckdienlich sind, so weisen sie den Träger des UVP-pflichtigen Vorhabens darauf hin und stellen ihm diese Informationen zur Verfügung, soweit nicht Rechte Dritter oder öffentliche Interessen entgegenstehen.

---

6) Die Zustimmung des Vorhabenträgers ist dann nicht erforderlich.

(2) Der Träger des UVP-pflichtigen Vorhabens hat der Genehmigungsbehörde geeignete Unterlagen zu den Merkmalen des UVP-pflichtigen Vorhabens, einschließlich seiner Größe oder Leistung, und des Standorts sowie zu den möglichen Auswirkungen auf die in § 1a genannten Schutzgüter vorzulegen.

(3) [1]Vor der Unterrichtung über den Untersuchungsrahmen kann die zuständige Behörde dem Vorhabenträger sowie den nach § 11 zu beteiligenden Behörden Gelegenheit zu einer Besprechung über Art, Inhalt, Umfang und Detailtiefe der Unterlagen geben. [2]Die Besprechung soll sich auf den Gegenstand, den Umfang und die Methoden der Umweltverträglichkeitsprüfung sowie auf sonstige Fragen erstrecken, die für die Durchführung der Umweltverträglichkeitsprüfung erheblich sind. [3]Sachverständige und Dritte, insbesondere Standort- und Nachbargemeinden, können hinzugezogen werden. [4]Verfügen die Genehmigungsbehörde oder die zu beteiligenden Behörden über Informationen, die für die Beibringung der in den §§ 3 bis 4e genannten Unterlagen zweckdienlich sind, sollen sie den Träger des Vorhabens darauf hinweisen und ihm diese Informationen zur Verfügung stellen, soweit nicht Rechte Dritter entgegenstehen.

(4) [1]Bedarf das geplante Vorhaben der Zulassung durch mehrere Behörden, obliegen der Genehmigungsbehörde die Aufgaben nach Absatz 1 bis 3 nur, wenn sie auf Grund des § 31 Absatz 1 und 2 Satz 1 und 2 des Gesetzes über die Umweltverträglichkeitsprüfung als federführende Behörde bestimmt ist. [2]Die Genehmigungsbehörde nimmt diese Aufgaben im Zusammenwirken zumindest mit denjenigen Zulassungsbehörden und mit denjenigen für Naturschutz und Landschaftspflege zuständigen Behörde wahr, deren Aufgabenbereich durch das UVP-pflichtige Vorhaben berührt wird.

§ 3 Antragsinhalt

[1]Der Antrag muss enthalten

1. die Angabe des Namens und des Wohnsitzes oder des Sitzes des Antragstellers,
2. die Angabe, ob eine Genehmigung oder ein Vorbescheid beantragt wird und im Falle eines Antrags auf Genehmigung, ob es sich um eine Änderungsgenehmigung handelt, ob eine Teilgenehmigung oder ob eine Zulassung des vorzeitigen Beginns beantragt wird,[7]
3. die Angabe des Standortes der Anlage, bei ortsveränderlicher Anlage die Angabe der vorgesehenen Standorte,
4. Angaben über Art und Umfang der Anlage,
5. die Angabe, zu welchem Zeitpunkt die Anlage in Betrieb genommen werden soll.

[2]Soll die Genehmigungsbehörde zulassen, dass die Genehmigung abweichend von § 19 Absatz 1 und 2 des Bundes-Immissionsschutzgesetzes

---

7) Bei dem Antrag auf Erteilung einer Teilgenehmigung handelt es sich um einen ergänzenden verfahrensrechtlichen Antrag, bei dem Antrag auf Zulassung des vorzeitigen Beginns um einen selbständigen, zusätzlichen Antrag.

nicht in einem vereinfachten Verfahren erteilt wird, so ist dies im Antrag anzugeben.

§ 4 Antragsunterlagen

(1) [1]Dem Antrag sind die Unterlagen beizufügen, die zur Prüfung der Genehmigungsvoraussetzungen erforderlich sind. [2]Dabei ist zu berücksichtigen, ob die Anlage Teil eines eingetragenen Standorts einer nach den Artikeln 13 bis 15 in Verbindung mit Artikel 2 Nummer 22 der Verordnung (EG) Nr. 1221/2009 des Europäischen Parlaments und des Rates vom 25. November 2009 über die freiwillige Teilnahme von Organisationen an einem Gemeinschaftssystem für Umweltmanagement und Umweltbetriebsprüfung und zur Aufhebung der Verordnung (EG) Nr. 761/2001, sowie der Beschlüsse der Kommission 2001/681/EG und 2006/193/EG (ABl. L 342 vom 22. 12. 2009, S. 1), die zuletzt durch die Verordnung (EU) Nr. 517/2013 vom 13. Mai 2013 (ABl. L 158 vom 10. 6. 2013, S. 1) geändert worden ist, registrierten Organisation ist, für die Angaben in einer der zuständigen Genehmigungsbehörde vorliegenden und für gültig erklärten, der Registrierung zu Grunde gelegten Umwelterklärung oder in einem dieser Registrierung zu Grunde liegenden Umweltbetriebsprüfungsbericht enthalten sind. [3]Die Unterlagen nach Satz 1 müssen insbesondere die nach den §§ 4a bis 4d erforderlichen Angaben enthalten, bei UVP-pflichtigen Anlagen darüber hinaus zusätzlich einen UVP-Bericht, der die erforderlichen Angaben nach § 4e und der Anlage enthält.

(2) [1]Soweit die Zulässigkeit oder die Ausführung des Vorhabens nach Vorschriften über Naturschutz und Landschaftspflege zu prüfen ist,[8)] sind die hierfür erforderlichen Unterlagen beizufügen; die Anforderungen an den Inhalt dieser Unterlagen bestimmen sich nach den naturschutzrechtlichen Vorschriften. [2]Die Unterlagen nach Satz 1 müssen insbesondere Angaben über Maßnahmen zur Vermeidung, Verminderung, zum Ausgleich oder zum Ersatz erheblicher Beeinträchtigungen von Natur und Landschaft enthalten.

(3) [1]Der Antragsteller hat der Genehmigungsbehörde außer den in Absätzen 1 und 2 genannten Unterlagen eine allgemein verständliche, für die Auslegung geeignete Kurzbeschreibung[9)] vorzulegen, die einen Überblick über die Anlage, ihren Betrieb und die voraussichtlichen Auswirkungen auf die Allgemeinheit und die Nachbarschaft ermöglicht; bei UVP-pflichtigen Anlagen erstreckt sich die Kurzbeschreibung auch auf die allgemein verständliche, nichttechnische Zusammenfassung des UVP-Berichts nach § 4e Absatz 1 Satz 1 Nummer 7. [2]Er hat ferner ein Verzeichnis der dem Antrag beigefügten Unterlagen vorzulegen, in dem die Unterlagen, die Geschäfts- oder Betriebsgeheimnisse enthalten, besonders gekennzeichnet sind.

---

8) Vgl. § 15 Abs. 5 BNatSchG.
9) Da die Kurzbeschreibung nach § 10 Abs. 2 von jedermann angefordert werden kann, sind erforderlichenfalls mehrere Exemplare vorzulegen.

(4) Bedarf das Vorhaben der Zulassung durch mehrere Behörden und ist auf Grund des § 31 Absatz 1 und 2 Satz 1 und 2 des Gesetzes über die Umweltverträglichkeitsprüfung eine federführende Behörde, die nicht Genehmigungsbehörde ist, zur Entgegennahme der Unterlagen zur Prüfung der Umweltverträglichkeit bestimmt, hat die Genehmigungsbehörde die für die Prüfung der Umweltverträglichkeit erforderlichen Unterlagen auch der federführenden Behörde zuzuleiten.

§ 4a Angaben zur Anlage und zum Anlagenbetrieb

(1) Die Unterlagen müssen die für die Entscheidung nach § 20 oder § 21 erforderlichen Angaben enthalten über

1. die Anlagenteile, Verfahrensschritte und Nebeneinrichtungen, auf die sich das Genehmigungserfordernis gemäß § 1 Absatz 2 der Verordnung über genehmigungsbedürftige Anlagen erstreckt,

2. den Bedarf an Grund und Boden und den Zustand des Anlagengrundstückes,[10)]

3. das vorgesehene Verfahren oder die vorgesehenen Verfahrenstypen einschließlich der erforderlichen Daten zur Kennzeichnung, wie Angaben zu Art, Menge und Beschaffenheit

   a) der Einsatzstoffe oder -stoffgruppen,

   b) der Zwischen-, Neben- und Endprodukte oder -produktgruppen,

   c) der anfallenden Abfälle

   und darüber hinaus, soweit ein Stoff für Zwecke der Forschung und Entwicklung hergestellt werden soll, der gemäß Artikel 9 Absatz 1, auch in Verbindung mit Absatz 7 der Verordnung (EG) Nr. 1907/2006 des Europäischen Parlaments und des Rates vom 18. Dezember 2006 zur Registrierung, Bewertung, Zulassung und Beschränkung chemischer Stoffe (REACH), zur Schaffung einer Europäischen Chemikalienagentur, zur Änderung der Richtlinie 1999/45/EG und zur Aufhebung der Verordnung (EWG) Nr. 793/93 des Rates, der Verordnung (EG) Nr. 1488/94 der Kommission, der Richtlinie 76/769/EWG des Rates sowie der Richtlinien 91/155/EWG, 93/67/EWG, 93/105/EG und 2000/21/EG der Kommission (ABl. L 396 vom 30. 12. 2006, S. 1), die zuletzt durch die Verordnung (EU) 2016/863 (ABl. L 144 vom 1. 6. 2016, S. 27) geändert worden ist, von der Registrierungspflicht ausgenommen ist,

   d) Angaben zur Identität des Stoffes, soweit vorhanden,

   e) dem Antragsteller vorliegende Prüfnachweise über physikalische, chemische und physikalisch-chemische sowie toxische und ökotoxische Eigenschaften des Stoffes einschließlich des Abbauverhaltens,

4. die in der Anlage verwendete und anfallende Energie,

5. mögliche Freisetzungen oder Reaktionen von Stoffen bei Störungen im Verfahrensablauf,

---

10) Hier ist der Bedarf an Grund und Boden für das eigentliche Vorhaben gemeint, nicht der Bedarf für Infrastrukturmaßnahmen oder Folgemaßnahmen außerhalb der Anlage.

6. Art und Ausmaß der Emissionen, die voraussichtlich von der Anlage ausgehen werden, wobei sich diese Angaben, soweit es sich um Luftverunreinigungen handelt, auch auf das Rohgas vor einer Vermischung oder Verdünnung beziehen müssen, die Art, Lage und Abmessungen der Emissionsquellen, die räumliche und zeitliche Verteilung der Emissionen sowie über die Austrittsbedingungen[11] und

7. die wichtigsten vom Antragsteller gegebenenfalls geprüften Alternativen in einer Übersicht.

(2) Soweit schädliche Umwelteinwirkungen hervorgerufen werden können, müssen die Unterlagen auch enthalten:

1. eine Prognose der zu erwartenden Immissionen, soweit Immissionswerte in Rechts- oder Verwaltungsvorschriften festgelegt sind[12] und nach dem Inhalt dieser Vorschriften eine Prognose zum Vergleich mit diesen Werten erforderlich ist;[13]

2. im Übrigen Angaben über Art, Ausmaß und Dauer von Immissionen sowie ihre Eignung, schädliche Umwelteinwirkungen herbeizuführen, soweit nach Rechts- oder Verwaltungsvorschriften eine Sonderfallprüfung[14] durchzuführen ist.[15]

(3) Für Anlagen, auf die die Verordnung über die Verbrennung und die Mitverbrennung von Abfällen anzuwenden ist, müssen die Unterlagen über Absatz 1 hinaus Angaben enthalten über

1. Art (insbesondere Abfallbezeichnung und -schlüssel gemäß der Verordnung über das Europäische Abfallverzeichnis) und Menge der zur Verbrennung vorgesehenen Abfälle,

2. die kleinsten und größten Massenströme der zur Verbrennung vorgesehenen Abfälle, angegeben als stündliche Einsatzmengen,

3. die kleinsten und größten Heizwerte der zur Verbrennung vorgesehenen Abfälle,

4. den größten Gehalt an Schadstoffen in den zur Verbrennung vorgesehenen Abfällen, insbesondere an polychlorierten Biphenylen (PCB), Pentachlorphenol (PCP), Chlor, Fluor, Schwefel und Schwermetallen,

5. die Maßnahmen für das Zuführen der Abfälle und den Einbau der Brenner, so dass ein möglichst weitgehender Ausbrand erreicht wird und

6. die Maßnahmen, wie die Emissionsgrenzwerte der Verordnung über die Verbrennung und die Mitverbrennung von Abfällen eingehalten werden.

---

11) Austrittsbedingungen sind Temperatur, Geschwindigkeit, Austrittshöhe und Austrittsrichtung der Abgase beim Übertritt in die Atmosphäre.

12) Vgl. Nrn. 4.1 bis 4.5 in Verbindung mit Nr. 4.7 TA Luft.

13) Vgl. Nr. 4.1 Abs. 4 TA Luft.

14) Vgl. Nr. 4.8 Abs. 1 TA Luft.

15) Auswirkungen, für die Angaben nach Nr. 1 zu machen sind, brauchen nach Nr. 2 nicht beschrieben zu werden.

(4) [1]Der Bericht über den Ausgangszustand nach § 10 Absatz 1a des Bundes-Immissionsschutzgesetzes hat die Informationen zu enthalten, die erforderlich sind, um den Stand der Boden- und Grundwasserverschmutzungen zu ermitteln, damit ein quantifizierter Vergleich mit dem Zustand bei der Betriebseinstellung der Anlage vorgenommen werden kann. [2]Der Bericht über den Ausgangszustand hat die folgenden Informationen zu enthalten:

1. Informationen über die derzeitige Nutzung und, falls verfügbar, über die frühere Nutzung des Anlagengrundstücks,
2. Informationen über Boden- und Grundwassermessungen, die den Zustand zum Zeitpunkt der Erstellung des Berichts über den Ausgangszustand nach § 10 Absatz 1a des Bundes-Immissionsschutzgesetzes wiedergeben und die dem Stand der Messtechnik entsprechen; neue Boden- und Grundwassermessungen sind nicht erforderlich, soweit bereits vorhandene Informationen die Anforderungen des ersten Halbsatzes erfüllen.

[3]Erfüllen Informationen, die auf Grund anderer Vorschriften erstellt wurden, die Anforderungen der Sätze 1 und 2, so können diese Informationen in den Bericht über den Ausgangszustand aufgenommen oder diesem beigefügt werden. [4]Der Bericht über den Ausgangszustand ist für den Teilbereich des Anlagengrundstücks zu erstellen, auf dem durch Verwendung, Erzeugung oder Freisetzung der relevanten gefährlichen Stoffe durch die Anlage die Möglichkeit der Verschmutzung des Bodens oder des Grundwassers besteht. [5]Die Sätze 1 bis 4 sind bei einem Antrag für eine Änderungsgenehmigung nur dann anzuwenden, wenn mit der Änderung neue relevante gefährliche Stoffe verwendet, erzeugt oder freigesetzt werden oder wenn mit der Änderung erstmals relevante gefährliche Stoffe verwendet, erzeugt oder freigesetzt werden; ein bereits vorhandener Bericht über den Ausgangszustand ist zu ergänzen. [6]§ 25 Absatz 2 bleibt unberührt.

§ 4b Angaben zu den Schutzmaßnahmen

(1) Die Unterlagen müssen die für die Entscheidung nach § 20 oder § 21 erforderlichen Angaben enthalten über

1. die vorgesehenen Maßnahmen zum Schutz vor und zur Vorsorge gegen schädliche Umwelteinwirkungen, insbesondere zur Verminderung der Emissionen, sowie zur Messung von Emissionen und Immissionen,
2. die vorgesehenen Maßnahmen zum Schutz der Allgemeinheit und der Nachbarschaft vor sonstigen Gefahren, erheblichen Nachteilen und erheblichen Belästigungen, wie Angaben über die vorgesehenen technischen und organisatorischen Vorkehrungen
    a) zur Verhinderung von Störungen des bestimmungsgemäßen Betriebs und
    b) zur Begrenzung der Auswirkungen, die sich aus Störungen des bestimmungsgemäßen Betriebs ergeben können,
3. die vorgesehenen Maßnahmen zum Arbeitsschutz,

4. die vorgesehenen Maßnahmen zum Schutz vor schädlichen Umwelt-einwirkungen und sonstigen Gefahren, erheblichen Nachteilen und er-heblichen Belästigungen für die Allgemeinheit und die Nachbarschaft im Falle der Betriebseinstellung und

5. die vorgesehenen Maßnahmen zur Überwachung der Emissionen in die Umwelt.

(2) [1]Soweit eine genehmigungsbedürftige Anlage Betriebsbereich oder Bestandteil eines Betriebsbereichs ist, für die ein Sicherheitsbericht nach § 9 der Störfall-Verordnung anzufertigen ist, müssen die Teile des Sicher-heitsberichts, die den Abschnitten II Nummer 1, 3 und 4 sowie den Ab-schnitten III bis V des Anhangs II der Störfall-Verordnung entsprechen, dem Antrag beigefügt werden, soweit sie sich auf die genehmigungsbe-dürftige Anlage beziehen oder für sie von Bedeutung sind. [2]In einem Genehmigungsverfahren nach § 16 des Bundes-Immissionsschutzgesetzes gilt dies nur, soweit durch die beantragte Änderung sicherheitsrelevante Anlagenteile betroffen sind. [3]In diesem Fall und im Fall eines Genehmi-gungsverfahrens nach § 16a des Bundes-Immissionsschutzgesetzes kann die Behörde zulassen, dass sich die vorzulegenden Teile des Sicherheits-berichts nur auf diese Anlagenteile beschränken, wenn sie trotz dieser Beschränkung aus sich heraus verständlich und prüffähig erstellt werden können.

(3) Bestehen Anhaltspunkte dafür, dass eine Bekanntgabe der Angaben nach den Absätzen 1 und 2 zu einer eine erhebliche Gefahr für die öf-fentliche Sicherheit darstellenden Störung der Errichtung oder des bestim-mungsgemäßen Betriebs der Anlage durch Dritte führen kann, und sind Maßnahmen der Gefahrenabwehr gegenüber diesen nicht möglich, ausrei-chend oder zulässig, kann die Genehmigungsbehörde die Vorlage einer aus sich heraus verständlichen und zusammenhängenden Darstellung verlan-gen, die für die Auslegung geeignet ist.

§ 4c Plan zur Behandlung der Abfälle

Die Unterlagen müssen die für die Entscheidung nach § 20 oder § 21 erforderlichen Angaben enthalten über die Maßnahmen zur Vermeidung oder Verwertung von Abfällen; hierzu sind insbesondere Angaben zu ma-chen zu

1. den vorgesehenen Maßnahmen zur Vermeidung von Abfällen,[16]

2. den vorgesehenen Maßnahmen zur ordnungsgemäßen und schadlosen stofflichen oder thermischen Verwertung der anfallenden Abfälle,

3. den Gründen, warum eine weitergehende Vermeidung oder Verwer-tung von Abfällen technisch nicht möglich oder unzumutbar ist,

4. den vorgesehenen Maßnahmen zur Beseitigung nicht zu vermeiden-der oder zu verwertender Abfälle einschließlich der rechtlichen und tatsächlichen Durchführbarkeit dieser Maßnahmen und der vorgese-henen Entsorgungswege,

---

16) Maßnahmen zur Vermeidung von Abfällen sind auch verfahrenstechnische Vorkeh-rungen zur Rückführung entstehender Stoffe in den Produktionsprozess.

5. den vorgesehenen Maßnahmen zur Verwertung oder Beseitigung von Abfällen, die bei einer Störung des bestimmungsgemäßen Betriebs entstehen können, sowie
6. den vorgesehenen Maßnahmen zur Behandlung der bei einer Betriebseinstellung vorhandenen Abfälle.

§ 4d Angaben zur Energieeffizienz

Die Unterlagen müssen Angaben über vorgesehene Maßnahmen zur sparsamen und effizienten Energieverwendung enthalten, insbesondere Angaben über Möglichkeiten zur Erreichung hoher energetischer Wirkungs- und Nutzungsgrade, zur Einschränkung von Energieverlusten sowie zur Nutzung der anfallenden Energie.

§ 4e Zusätzliche Angaben zur Prüfung der Umweltverträglichkeit; UVP-Bericht

(1) [1]Der Träger des UVP-pflichtigen Vorhabens hat den Unterlagen einen Bericht zu den voraussichtlichen Auswirkungen des UVP-pflichtigen Vorhabens auf die in § 1a genannten Schutzgüter (UVP-Bericht) beizufügen, der zumindest folgende Angaben enthält:

1. eine Beschreibung des UVP-pflichtigen Vorhabens mit Angaben zum Standort, zur Art, zum Umfang und zur Ausgestaltung, zur Größe und zu anderen wesentlichen Merkmalen des Vorhabens,
2. eine Beschreibung der Umwelt und ihrer Bestandteile im Einwirkungsbereich des UVP-pflichtigen Vorhabens,
3. eine Beschreibung der Merkmale des UVP-pflichtigen Vorhabens und des Standorts, mit denen das Auftreten erheblicher nachteiliger Auswirkungen des UVP-pflichtigen Vorhabens auf die in § 1a genannten Schutzgüter vermieden, vermindert oder ausgeglichen werden soll,
4. eine Beschreibung der geplanten Maßnahmen, mit denen das Auftreten erheblicher nachteiliger Auswirkungen des UVP-pflichtigen Vorhabens auf die in § 1a genannten Schutzgüter vermieden, vermindert oder ausgeglichen werden soll, sowie eine Beschreibung geplanter Ersatzmaßnahmen,
5. eine Beschreibung der möglichen erheblichen Auswirkungen des UVP-pflichtigen Vorhabens auf die in § 1a genannten Schutzgüter,
6. eine Beschreibung der vernünftigen Alternativen[17)] zum Schutz vor und zur Vorsorge gegen schädliche Umwelteinwirkungen sowie zum Schutz der Allgemeinheit und der Nachbarschaft vor sonstigen Gefahren, erheblichen Nachteilen und erheblichen Belästigungen, die für das UVP-pflichtige Vorhaben und seine spezifischen Merkmale relevant und von dem Träger des UVP-pflichtigen Vorhabens geprüft worden sind, und die Angabe der wesentlichen Gründe für die getroffene Wahl unter Berücksichtigung der jeweiligen Auswirkungen auf die in § 1a genannten Schutzgüter sowie

---

17) Alternativen sind nur Modifikationen innerhalb des Anlagenbetriebs (z. B. bei der Art der Abgasreinigung), nicht Alternativen zur Erreichung des Vorhabenszwecks durch eine andersartige Anlage (z. B. Gaskraftwerk statt Kohlekraftwerk).

7. eine allgemein verständliche, nichttechnische Zusammenfassung des
    UVP-Berichts.
[2]Bei einem UVP-pflichtigen Vorhaben, das einzeln oder im Zusammenwirken mit anderen Projekten oder Plänen geeignet ist, ein Natura 2000-
Gebiet erheblich zu beeinträchtigen, muss der UVP-Bericht Angaben zu
den Auswirkungen des UVP-pflichtigen Vorhabens auf die Erhaltungsziele dieses Gebiets enthalten.

(2) Der UVP-Bericht muss auch die in der Anlage zu § 4e genannten weiteren Angaben enthalten, soweit diese Angaben für die Entscheidung über
die Zulassung des UVP-pflichtigen Vorhabens erforderlich sind.

(3) [1]Inhalt und Umfang des UVP-Berichts bestimmen sich nach den
Rechtsvorschriften, die für die Entscheidung über die Zulassung des UVP-
pflichtigen Vorhabens maßgebend sind. [2]In den Fällen des § 2a stützt der
Träger des UVP-pflichtigen Vorhabens den UVP-Bericht zusätzlich auf
den Untersuchungsrahmen.

(4) [1]Der UVP-Bericht muss den gegenwärtigen Wissensstand und die gegenwärtigen Prüfmethoden berücksichtigen. [2]Er muss die Angaben enthalten, die der Träger des UVP-pflichtigen Vorhabens mit zumutbarem
Aufwand[18] ermitteln kann. [3]Die Angaben müssen ausreichend sein, um
1. der Genehmigungsbehörde eine begründete Bewertung der Auswir-
    kungen des UVP-pflichtigen Vorhabens auf die in § 1a genannten
    Schutzgüter nach § 20 Absatz 1b zu ermöglichen und
2. Dritten die Beurteilung zu ermöglichen, ob und in welchem Umfang
    sie von den Auswirkungen des UVP-pflichtigen Vorhabens auf die in
    § 1a genannten Schutzgüter betroffen sein können.

(5) Zur Vermeidung von Mehrfachprüfungen hat der Träger des UVP-
pflichtigen Vorhabens die vorhandenen Ergebnisse anderer rechtlich vorgeschriebener Prüfungen in den UVP-Bericht einzubeziehen.

(6) [1]Der Träger des UVP-pflichtigen Vorhabens muss durch geeignete
Maßnahmen sicherstellen, dass der UVP-Bericht den Anforderungen nach
den Absätzen 1 bis 5 entspricht. [2]Die Genehmigungsbehörde hat Nachbesserungen innerhalb einer angemessenen Frist zu verlangen, soweit der
Bericht den Anforderungen nicht entspricht.

(7) [1]Sind kumulierende Vorhaben[19] nach dem Gesetz über die Umweltverträglichkeitsprüfung, für die jeweils eine Umweltverträglichkeitsprüfung durchzuführen ist, Gegenstand paralleler oder verbundener Zulassungsverfahren, so können die Träger der UVP-pflichtigen Vorhaben einen
gemeinsamen UVP-Bericht vorlegen. [2]Legen sie getrennte UVP-Berichte
vor, so sind darin auch jeweils die Auswirkungen der anderen kumulierenden Vorhaben auf die in § 1a genannten Schutzgüter als Vorbelastung
zu berücksichtigen.

---

18) Die Zumutbarkeit des Aufwandes hängt einerseits von den Schwierigkeiten bei der
    Beschaffung der Angaben und andererseits von der Bedeutung des Vorhabens und sei-
    nen möglichen Auswirkungen ab. Bei erheblichen, nicht von vornherein auszuschlie-
    ßenden Umwelteinwirkungen und sonstigen Gefahren kann auch ein hoher personel-
    ler und finanzieller Aufwand noch zumutbar sein.
19) Vgl. § 10 Abs. 4 UVPG (weiter unten abgedruckt unter Nr. 5).

§ 5 Vordrucke
Die Genehmigungsbehörde kann die Verwendung von Vordrucken für den Antrag und die Unterlagen verlangen.[20)]

§ 6 Eingangsbestätigung
Die Genehmigungsbehörde hat dem Antragsteller den Eingang des Antrags und der Unterlagen unverzüglich schriftlich oder elektronisch zu bestätigen.

§ 7 Prüfung der Vollständigkeit, Verfahrensablauf
(1) [1]Die Genehmigungsbehörde hat nach Eingang des Antrags und der Unterlagen unverzüglich, in der Regel innerhalb eines Monats, zu prüfen, ob der Antrag den Anforderungen des § 3 und die Unterlagen den Anforderungen der §§ 4 bis 4e entsprechen. [2]Die zuständige Behörde kann die Frist in begründeten Ausnahmefällen einmal um zwei Wochen verlängern. [3]Sind der Antrag oder die Unterlagen nicht vollständig, so hat die Genehmigungsbehörde den Antragsteller unverzüglich aufzufordern, den Antrag oder die Unterlagen innerhalb einer angemessenen Frist zu ergänzen.[21)] [4]Teilprüfungen sind auch vor Vorlage der vollständigen Unterlagen vorzunehmen, sobald dies nach den bereits vorliegenden Unterlagen möglich ist. [5]Die Behörde kann zulassen, dass Unterlagen, deren Einzelheiten für die Beurteilung der Genehmigungsfähigkeit der Anlage als solcher nicht unmittelbar von Bedeutung sind, insbesondere den Bericht über den Ausgangszustand nach § 10 Absatz 1a des Bundes-Immissionsschutzgesetzes, bis zum Beginn der Errichtung oder der Inbetriebnahme der Anlage nachgereicht werden können.
(2) Sind die Unterlagen vollständig, hat die Genehmigungsbehörde den Antragsteller über die voraussichtlich zu beteiligenden Behörden und den geplanten zeitlichen Ablauf des Genehmigungsverfahrens zu unterrichten.

Zweiter Abschnitt
Beteiligung Dritter

§ 8 Bekanntmachung des Vorhabens
(1) [1]Sind die zur Auslegung (§ 10 Absatz 1) erforderlichen Unterlagen vollständig, so hat die Genehmigungsbehörde das Vorhaben in ihrem amtlichen Veröffentlichungsblatt und außerdem entweder im Internet oder in örtlichen Tageszeitungen, die im Bereich des Standortes der Anlage verbreitet sind,[22)] öffentlich bekanntzumachen. [2]Eine zusätzliche Bekanntmachung und Auslegung ist, auch in den Fällen der §§ 22 und 23, nur nach

---

20) Das Verlangen ist ein anfechtbarer Verwaltungsakt.
21) Die Vollständigkeit der Unterlagen im Hinblick auf die Auslegung (vgl. § 8 Abs. 1 in Verbindung mit § 10 Abs. 1) und im Hinblick auf die Sachprüfung (vgl. § 20) sind zu unterscheiden. Für eine Ergänzung im Hinblick auf die Auslegung wird in der Regel eine kürzere Frist angemessen sein.
22) Die Bekanntmachung braucht bei der Wahl dieser Veröffentlichungsmöglichkeit nicht in allen Tageszeitungen, die im Einwirkungsbereich der Anlage verbreitet sind, durchgeführt zu werden.

Maßgabe des Absatzes 2 erforderlich. [3]Bei UVP-pflichtigen Anlagen erfolgt die Bekanntmachung durch die Genehmigungsbehörde auch über das jeweilige zentrale Internetportal nach § 20 Absatz 1 des Gesetzes über die Umweltverträglichkeitsprüfung. [4]Maßgeblich ist der Inhalt der ausgelegten Unterlagen.

(2) [1]Wird das Vorhaben während eines Vorbescheidsverfahrens, nach Erteilung eines Vorbescheides oder während des Genehmigungsverfahrens geändert, so darf die Genehmigungsbehörde von einer zusätzlichen Bekanntmachung und Auslegung absehen, wenn in den nach § 10 Absatz 1 auszulegenden Unterlagen keine Umstände darzulegen wären, die nachteilige Auswirkungen für Dritte besorgen lassen. [2]Dies ist insbesondere dann der Fall, wenn erkennbar ist, dass nachteilige Auswirkungen für Dritte durch die getroffenen oder vom Träger des Vorhabens vorgesehenen Vorkehrungen ausgeschlossen werden oder die Nachteile im Verhältnis zu den jeweils vergleichbaren Vorteilen gering sind.[23] [3]Betrifft das Vorhaben eine UVP-pflichtige Anlage, darf von einer zusätzlichen Bekanntmachung und Auslegung nur abgesehen werden, wenn keine zusätzlichen erheblichen oder anderen erheblichen Auswirkungen auf in § 1a genannte Schutzgüter zu besorgen sind.[24] [4]Ist eine zusätzliche Bekanntmachung und Auslegung erforderlich, werden die Einwendungsmöglichkeit und die Erörterung auf die vorgesehenen Änderungen beschränkt; hierauf ist in der Bekanntmachung hinzuweisen.

§ 9 Inhalt der Bekanntmachung

(1) [1]Die Bekanntmachung muss neben den Angaben nach § 10 Absatz 4 des Bundes-Immissionsschutzgesetzes Folgendes enthalten:

1. die in § 3 bezeichneten Angaben,
2. den Hinweis auf die Auslegungs- und die Einwendungsfrist unter Angabe des jeweils ersten und letzten Tages[25] und
3. die Bezeichnung der für das Vorhaben entscheidungserheblichen Berichte und Empfehlungen, die der Genehmigungsbehörde zum Zeitpunkt des Beginns des Beteiligungsverfahrens vorliegen.

[2]Auf die zuständige Genehmigungsbehörde, die für die Beteiligung der Öffentlichkeit maßgebenden Vorschriften sowie eine grenzüberschreitende Behörden- und Öffentlichkeitsbeteiligung nach § 11a ist hinzuweisen.

(1a) Ist das Vorhaben UVP-pflichtig, muss die Bekanntmachung zusätzlich folgende Angaben enthalten:

1. einen Hinweis auf die UVP-Pflicht des Vorhabens und
2. die Angabe, dass ein UVP-Bericht vorgelegt wurde.

---

23) Ob nachteilige Auswirkungen zu besorgen sind, kann nur aufgrund einer Gesamtbetrachtung der vorgesehenen Änderungen beurteilt werden. Eine Besorgnis ist allerdings schon dann gegeben, wenn nachteilige Wirkungen ohne aufwändige zusätzliche Untersuchungen nicht ausgeschlossen werden können.

24) Auch hier ist eine Gesamtbetrachtung unter Berücksichtigung der Wechselwirkungen erforderlich.

25) Die Angabe der Dienststunden ist nicht erforderlich.

(2) Zwischen der Bekanntmachung des Vorhabens und dem Beginn der Auslegungsfrist soll eine Woche liegen;[26)] maßgebend ist dabei der voraussichtliche Tag der Ausgabe des Veröffentlichungsblattes oder der Tageszeitung, die zuletzt erscheint.

§ 10 Auslegung von Antrag und Unterlagen; Veröffentlichung des UVP-Berichts

(1) [1]Bei der Genehmigungsbehörde und, soweit erforderlich, bei einer geeigneten Stelle in der Nähe des Standorts des Vorhabens sind der Antrag sowie die beigefügten Unterlagen auszulegen, die die Angaben über die Auswirkungen der Anlage auf die Nachbarschaft und die Allgemeinheit enthalten. [2]Darüber hinaus sind, soweit vorhanden, die entscheidungserheblichen sonstigen der Genehmigungsbehörde vorliegenden behördlichen Unterlagen zu dem Vorhaben auszulegen, die Angaben über die Auswirkungen der Anlage auf die Nachbarschaft und die Allgemeinheit oder Empfehlungen zur Begrenzung dieser Auswirkungen enthalten. [3]Verfügt die Genehmigungsbehörde bis zur Entscheidung über den Genehmigungsantrag über zusätzliche behördliche Stellungnahmen oder von ihr angeforderte Unterlagen, die Angaben über die Auswirkungen der Anlage auf die Nachbarschaft und die Allgemeinheit oder Empfehlungen zur Begrenzung dieser Auswirkungen enthalten, sind diese der Öffentlichkeit nach den Bestimmungen des Bundes und der Länder über den Zugang zu Umweltinformationen zugänglich zu machen. [4]Betrifft das Vorhaben eine UVP-pflichtige Anlage, so ist auch der vom Antragsteller zur Durchführung einer Umweltverträglichkeitsprüfung zusätzlich beigefügte UVP-Bericht nach § 4e auszulegen; ferner sind der Antrag und die Unterlagen auch in den Gemeinden auszulegen, in denen sich das Vorhaben voraussichtlich auswirkt.[27)] [5]Soweit eine Auslegung der Unterlagen nach § 4b Absatz 1 und 2 zu einer Störung im Sinne des § 4b Absatz 3 führen kann, ist an Stelle dieser Unterlagen die Darstellung nach § 4b Absatz 3 auszulegen. [6]In den Antrag und die Unterlagen nach den Sätzen 1, 2 und 4 sowie in die Darstellung nach § 4b Absatz 3 ist während der Dienststunden Einsicht zu gewähren. [7]Bei UVP-pflichtigen Vorhaben hat der Träger des Vorhabens den UVP-Bericht sowie die das Vorhaben betreffenden entscheidungserheblichen Berichte und Empfehlungen, die der Genehmigungsbehörde zum Zeitpunkt des Beginns des Beteiligungsverfahrens vorgelegen haben, auch elektronisch vorzulegen. [8]§ 8 Absatz 1 Satz 3 und 4 gilt bei UVP-pflichtigen Vorhaben für diese Unterlagen entsprechend.

(2) Auf Aufforderung eines Dritten ist diesem eine Abschrift oder Vervielfältigung der Kurzbeschreibung nach § 4 Absatz 3 Satz 1 zu überlassen.

---

26) Die Frist soll weder über- noch unterschritten werden. Sie ist jedoch nicht zwingend. Ihre Nichteinhaltung ist deshalb kein Verfahrensfehler, auf den eine Anfechtung des Genehmigungsbescheides gestützt werden könnte.

27) Es kommt darauf an, in welchen Gemeinden Auswirkungen zu erwarten sind, die dem Vorhaben individualisierbar zugerechnet werden können und die gemäß § 1a in die Umweltverträglichkeitsprüfung einzubeziehen sind.

(3) [1]Soweit Unterlagen Geschäfts- oder Betriebsgeheimnisse enthalten, ist an ihrer Stelle die Inhaltsdarstellung nach § 10 Absatz 2 Satz 2 des Bundes-Immissionsschutzgesetzes auszulegen. [2]Hält die Genehmigungsbehörde die Kennzeichnung der Unterlagen als Geschäfts- oder Betriebsgeheimnisse für unberechtigt, so hat sie vor der Entscheidung über die Auslegung dieser Unterlagen den Antragsteller zu hören.

§ 10a Akteneinsicht[28)]
[1]Die Genehmigungsbehörde gewährt Akteneinsicht nach pflichtgemäßem Ermessen; § 29 Absatz 1 Satz 3, Absatz 2 und 3 des Verwaltungsverfahrensgesetzes findet entsprechende Anwendung. [2]Sonstige sich aus anderen Rechtsvorschriften ergebende Rechte auf Zugang zu Informationen bleiben unberührt.

§ 11 Beteiligung anderer Behörden
[1]Spätestens gleichzeitig mit der öffentlichen Bekanntmachung des Vorhabens fordert die Genehmigungsbehörde die Behörden, deren Aufgabenbereich durch das Vorhaben berührt wird, auf, für ihren Zuständigkeitsbereich eine Stellungnahme innerhalb einer Frist von einem Monat abzugeben. [2]Die Antragsunterlagen sollen sternförmig an die zu beteiligenden Stellen versandt werden. [3]Hat eine Behörde bis zum Ablauf der Frist keine Stellungnahme abgegeben, so ist davon auszugehen, dass die beteiligte Behörde sich nicht äußern will.[29)] [4]Die Genehmigungsbehörde hat sich über den Stand der anderweitigen das Vorhaben betreffenden Zulassungsverfahren Kenntnis zu verschaffen und auf ihre Beteiligung hinzuwirken sowie mit den für diese Verfahren zuständigen Behörden frühzeitig den von ihr beabsichtigten Inhalt des Genehmigungsbescheides zu erörtern und abzustimmen.

§ 11a Grenzüberschreitende Behörden- und Öffentlichkeitsbeteiligung
(1) [1]Für nicht UVP-pflichtige Vorhaben einschließlich der Verfahren nach § 17 Absatz 1a des Bundes-Immissionsschutzgesetzes gelten für das Verfahren zur grenzüberschreitenden Behörden- und Öffentlichkeitsbeteiligung die Vorschriften der Abschnitte 1 und 3 des Teils 5 des Gesetzes über die Umweltverträglichkeitsprüfung sinngemäß. [2]Abweichend von Satz 1 gelten nicht die Vorgaben zur Veröffentlichung von Informationen in dem jeweiligen zentralen Internetportal nach § 59 Absatz 4 des Gesetzes über die Umweltverträglichkeitsprüfung.

(2) Für UVP-pflichtige Vorhaben gelten für das Verfahren zur grenzüberschreitenden Behörden- und Öffentlichkeitsbeteiligung einschließlich Verfahren nach § 17 Absatz 1a des Bundes-Immissionsschutzgesetzes die Vorschriften der Abschnitte 1 und 3 des Teils 5 des Gesetzes über die Umweltverträglichkeitsprüfung sinngemäß.

---

28) § 10a geht als Sonderregelung § 29 VwVfG vor.

29) Die Genehmigungsbehörde kann beim Schweigen einer beteiligten Behörde nicht davon ausgehen, dass die von dieser Behörde zu wahrenden Belange nicht berührt werden. Sie muss dann ggf. eigene Ermittlungen über die entscheidungserheblichen Tatsachen anstellen (vgl. § 20 Abs. 1 Satz 2).

(3) [1]Rechtsvorschriften zur Geheimhaltung, insbesondere gemäß § 30 des Verwaltungsverfahrensgesetzes sowie zum Schutz von Geschäfts- oder Betriebsgeheimnissen gemäß § 10 Absatz 2 des Bundes-Immissionsschutzgesetzes sowie gemäß § 10 Absatz 3 bleiben unberührt; entgegenstehende Rechte Dritter sind zu beachten. [2]Ebenfalls unberührt bleiben die Vorschriften zur Datenübermittlung an Stellen im Ausland sowie an über- und zwischenstaatliche Stellen.

(4) Die Genehmigungsbehörde übermittelt den beteiligten Behörden des anderen Staates die Bezeichnung des für die betreffende Anlage maßgeblichen BVT-Merkblatts.

(5) Die Genehmigungsbehörde macht der Öffentlichkeit auch Aktualisierungen von Genehmigungen von Behörden anderer Staaten nach den Bestimmungen über den Zugang zu Umweltinformationen zugänglich.

§ 12 Einwendungen

(1) [1]Einwendungen[30] können bei der Genehmigungsbehörde oder bei der Stelle erhoben werden, bei der Antrag und Unterlagen zur Einsicht ausliegen. [2]Bei UVP-pflichtigen Vorhaben gilt eine Einwendungsfrist von einem Monat nach Ablauf der Auslegungsfrist. [3]Nach Ablauf der Einwendungsfrist entscheidet die Genehmigungsbehörde unter Berücksichtigung von § 14, ob im Genehmigungsverfahren ein Erörterungstermin nach § 10 Absatz 6 des Bundes-Immissionsschutzgesetzes durchgeführt wird. [4]Das gilt auch für UVP-pflichtige Anlagen. [5]Die Entscheidung ist öffentlich bekannt zu machen.

(2) [1]Die Einwendungen sind dem Antragsteller bekanntzugeben. [2]Den nach § 11 beteiligten Behörden sind die Einwendungen bekanntzugeben, die ihren Aufgabenbereich berühren. [3]Auf Verlangen des Einwenders[31] sollen dessen Name und Anschrift vor der Bekanntgabe unkenntlich gemacht werden, wenn diese zur ordnungsgemäßen Durchführung des Genehmigungsverfahrens nicht erforderlich sind; auf diese Möglichkeit ist in der öffentlichen Bekanntmachung hinzuweisen.

§ 13 Sachverständigengutachten

(1) [1]Die Genehmigungsbehörde holt Sachverständigengutachten ein, soweit dies für die Prüfung der Genehmigungsvoraussetzungen notwendig ist. [2]Der Auftrag hierzu soll möglichst bis zum Zeitpunkt der Bekanntmachung des Vorhabens (§ 8) erteilt werden. [3]Ein Sachverständigengutachten ist in der Regel notwendig

1. zur Beurteilung der Angaben derjenigen Teile des Sicherheitsberichts nach § 9 der Störfall-Verordnung, die Abschnitt II Nummer 1, 3 und

---

30) Einwendungen erfordern ein substantiiertes Gegenvorbringen. Bei Nachbareinwendungen muss zumindest das als gefährdet angesehene Rechtsgut angegeben werden (BVerwG in NJW 81, 359). Jedermann-Einwendungen müssen so konkret sein, dass die Genehmigungsbehörde erkennen kann, in welcher Weise sie bestimmte Belange in ihre Prüfung einbeziehen soll (vgl. BVerwG in NVwZ 02, 726).

31) Ohne ein derartiges Verlangen dürfen (nicht: müssen!) die vollständigen Einwendungen (Ablichtungen oder Ausdrucke) dem Antragsteller und den beteiligten Behörden bekannt gegeben werden.

4 sowie den Abschnitten III bis V des Anhangs II der Störfall-Verordnung entsprechen, soweit sie dem Antrag nach § 4b Absatz 2 beizufügen sind;

2. zur Beurteilung der Wirtschaftlichkeitsanalyse einschließlich des Kosten-Nutzen-Vergleichs gemäß § 6 der KWK-Kosten-Nutzen-Vergleich-Verordnung[32], es sei denn, es liegt ein Testat einer für die Prüfung der Wirtschaftlichkeitsanalyse nach gesetzlichen Vorschriften zuständigen Bundesbehörde vor, sowie

3. zur Beurteilung der Angaben zur Finanzlage gemäß § 8 Absatz 2 der KWK-Kosten-Nutzen-Vergleich-Verordnung.

[4]Sachverständige können darüber hinaus mit Einwilligung des Antragstellers herangezogen werden, wenn zu erwarten ist, dass hierdurch das Genehmigungsverfahren beschleunigt wird.

(1a) Bei der Entscheidung, ob vorgelegte Unterlagen durch externe Sachverständige überprüft werden sollen, wird die Standorteintragung nach der Verordnung (EG) Nr. 761/2001 des Europäischen Parlaments und des Rates vom 19. März 2001 über die freiwillige Beteiligung von Organisationen an einem Gemeinschaftssystem für das Umweltmanagement und die Umweltbetriebsprüfung (EMAS) berücksichtigt.

(2) [1]Ein vom Antragsteller vorgelegtes Gutachten ist als sonstige Unterlage im Sinne von § 10 Absatz 1 Satz 2 des Bundes-Immissionsschutzgesetzes zu prüfen. [2]Erteilt der Träger des Vorhabens den Gutachtenauftrag nach Abstimmung mit der Genehmigungsbehörde oder erteilt er ihn an einen Sachverständigen, der nach § 29b Absatz 1 des Bundes-Immissionsschutzgesetzes von der nach Landesrecht zuständigen Behörde für diesen Bereich bekanntgegeben ist, so gilt das vorgelegte Gutachten als Sachverständigengutachten im Sinne des Absatzes 1; dies gilt auch für Gutachten, die von einem Sachverständigen erstellt werden, der den Anforderungen des § 29a Absatz 1 Satz 2 des Bundes-Immissionsschutzgesetzes entspricht.

Dritter Abschnitt
Erörterungstermin

§ 14 Zweck[33]

(1) [1]Der Erörterungstermin dient dazu, die rechtzeitig erhobenen Einwendungen zu erörtern, soweit dies für die Prüfung der Genehmigungsvoraussetzungen von Bedeutung sein kann. [2]Er soll denjenigen, die Einwendungen erhoben haben, Gelegenheit geben, ihre Einwendungen zu erläutern.

(2) Rechtzeitig erhoben sind Einwendungen, die innerhalb der Einwendungsfrist bei den in § 12 Absatz 1 genannten Behörden eingegangen sind.[34]

---

32) Weiter hinten abgedruckt unter Nr. 2.2.

33) Der Erörterungstermin dient sowohl der Sachverhaltsermittlung (vgl. § 24 VwVfG) wie auch dem Rechtsschutz. Unter dem letzteren Gesichtspunkt kann den Verfahrensvorschriften Grundrechtsrelevanz zukommen (BVerfGE 53, 30).

34) Auch verfrüht eingegangene Einwendungen sind nicht rechtzeitig erhoben.

§ 15   Besondere Einwendungen

Einwendungen, die auf besonderen privatrechtlichen Titeln beruhen, sind im Erörterungstermin nicht zu behandeln; sie sind durch schriftlichen Bescheid auf den Rechtsweg vor den ordentlichen Gerichten zu verweisen.

§ 16   Wegfall

(1) ¹Ein Erörterungstermin findet nicht statt, wenn

1. Einwendungen gegen das Vorhaben nicht oder nicht rechtzeitig erhoben worden sind,
2. die rechtzeitig erhobenen Einwendungen zurückgenommen worden sind,
3. ausschließlich Einwendungen erhoben worden sind, die auf besonderen privatrechtlichen Titeln beruhen oder
4. die erhobenen Einwendungen nach der Einschätzung der Behörde keiner Erörterung bedürfen.

²Das gilt auch für UVP-pflichtige Anlagen.

(2) Der Antragsteller ist vom Wegfall des Termins zu unterrichten.

§ 17   Verlegung[35)]

(1) ¹Die Genehmigungsbehörde kann den bekanntgemachten Erörterungstermin verlegen, wenn dies im Hinblick auf dessen zweckgerechte Durchführung erforderlich ist. ²Ort und Zeit des neuen Erörterungstermins sind zum frühestmöglichen Zeitpunkt zu bestimmen.

(2) ¹Der Antragsteller und diejenigen, die rechtzeitig Einwendungen erhoben haben, sind von der Verlegung des Erörterungstermins zu benachrichtigen. ²Sie können in entsprechender Anwendung des § 10 Absatz 3 Satz 1 des Bundes-Immissionsschutzgesetzes durch öffentliche Bekanntmachung benachrichtigt werden.

§ 18   Verlauf

(1) ¹Der Erörterungstermin ist öffentlich. ²Im Einzelfall kann aus besonderen Gründen die Öffentlichkeit ausgeschlossen werden. ³Vertreter der Aufsichtsbehörden und Personen, die bei der Behörde zur Ausbildung beschäftigt sind, sind zur Teilnahme berechtigt.

(2) ¹Der Verhandlungsleiter kann bestimmen, dass Einwendungen zusammengefasst erörtert werden. ²In diesem Fall hat er die Reihenfolge der Erörterung bekanntzugeben. ³Er kann für einen bestimmten Zeitraum das Recht zur Teilnahme an dem Erörterungstermin auf die Personen beschränken, deren Einwendungen zusammengefasst erörtert werden sollen.

(3) Der Verhandlungsleiter erteilt das Wort und kann es demjenigen entziehen, der eine von ihm festgesetzte Redezeit für die einzelnen Wortmeldungen überschreitet oder Ausführungen macht, die nicht den Gegenstand des Erörterungstermins[36)] betreffen oder nicht in sachlichem Zusammenhang mit der zu behandelnden Einwendung stehen.

---

35) Von der Verlegung sind die Unterbrechung und die Vertagung eines bereits eröffneten Erörterungstermins zu unterscheiden.

36) Gegenstand des Erörterungstermins sind die rechtzeitig erhobenen Einwendungen, soweit sie für die Beurteilung der Genehmigungsfähigkeit des Vorhabens von Bedeu-

(4) ¹Der Verhandlungsleiter ist für die Ordnung verantwortlich. ²Er kann Personen, die seine Anordnungen nicht befolgen, entfernen lassen. ³Der Erörterungstermin kann ohne diese Personen fortgesetzt werden.

(5) ¹Der Verhandlungsleiter beendet den Erörterungstermin, wenn dessen Zweck erreicht ist. ²Er kann den Erörterungstermin ferner für beendet erklären, wenn, auch nach einer Vertagung, der Erörterungstermin aus dem Kreis der Teilnehmer erneut so gestört wird, dass seine ordnungsmäßige Durchführung nicht mehr gewährleistet ist. ³Personen, deren Einwendungen noch nicht oder noch nicht abschließend erörtert wurden, können innerhalb eines Monats[37] nach Aufhebung des Termins ihre Einwendungen gegenüber der Genehmigungsbehörde schriftlich oder elektronisch erläutern; hierauf sollen die Anwesenden bei Aufhebung des Termins hingewiesen werden.

§ 19 Niederschrift

(1) ¹Über den Erörterungstermin ist eine Niederschrift zu fertigen. ²Die Niederschrift muss Angaben enthalten über

1.   den Ort und den Tag der Erörterung,
2.   den Namen des Verhandlungsleiters,
3.   den Gegenstand des Genehmigungsverfahrens,
4.   den Verlauf und die Ergebnisse des Erörterungstermins.

³Die Niederschrift ist von dem Verhandlungsleiter und, soweit ein Schriftführer hinzugezogen worden ist, auch von diesem zu unterzeichnen. ⁴Der Aufnahme in die Verhandlungsniederschrift steht die Aufnahme in eine Schrift gleich, die ihr als Anlage beigefügt und als solche bezeichnet ist; auf die Anlage ist in der Verhandlungsniederschrift hinzuweisen. ⁵Die Genehmigungsbehörde kann den Erörterungstermin zum Zwecke der Anfertigung der Niederschrift auf Tonträger aufzeichnen. ⁶Die Tonaufzeichnungen sind nach dem Eintritt der Unanfechtbarkeit der Entscheidung über den Genehmigungsantrag zu löschen; liegen im Falle eines Vorbescheidsverfahrens die Voraussetzungen des § 9 Absatz 2 des Bundes-Immissionsschutzgesetzes vor, ist die Löschung nach Eintritt der Unwirksamkeit durchzuführen.

(2) ¹Dem Antragsteller ist eine Abschrift der Niederschrift zu überlassen. ²Auf Anforderung ist auch demjenigen, der rechtzeitig Einwendungen erhoben hat, eine Abschrift der Niederschrift zu überlassen.

Vierter Abschnitt
Genehmigung

§ 20 Entscheidung

(1) ¹Sind alle Umstände ermittelt, die für die Beurteilung des Antrags von Bedeutung sind, hat die Genehmigungsbehörde unverzüglich über den

---

tung sein können. Eine nähere Erläuterung der Einwendungen ist zulässig. § 8 Abs. 2 Satz 4 ist zu beachten.

37) Vorher darf eine Genehmigung nicht erteilt werden.

Antrag zu entscheiden. [2]Nach dem Ablauf der Einwendungsfrist oder, soweit ein Erörterungstermin nach § 10 Absatz 6 des Bundes-Immissionsschutzgesetzes durchgeführt worden ist, nach dem Erörterungstermin eingehende Stellungnahmen von nach § 11 beteiligten Behörden sollen dabei nicht mehr berücksichtigt werden, es sei denn, die vorgebrachten öffentlichen Belange sind der Genehmigungsbehörde bereits bekannt oder hätten ihr bekannt sein müssen oder sind für die Beurteilung der Genehmigungsvoraussetzungen von Bedeutung.

(1a) [1]Die Genehmigungsbehörde erarbeitet bei UVP-pflichtigen Anlagen eine zusammenfassende Darstellung

1. der möglichen Auswirkungen des UVP-pflichtigen Vorhabens auf die in § 1a genannten Schutzgüter, einschließlich der Wechselwirkung,

2. der Merkmale des UVP-pflichtigen Vorhabens und des Standorts, mit denen erhebliche nachteilige Auswirkungen auf die in § 1a genannten Schutzgüter vermieden, vermindert oder ausgeglichen werden sollen, und

3. der Maßnahmen, mit denen erhebliche nachteilige Auswirkungen auf die in § 1a genannten Schutzgüter vermieden, vermindert oder ausgeglichen werden sollen, sowie

4. der Ersatzmaßnahmen bei Eingriffen in Natur und Landschaft.

[2]Die Erarbeitung einer zusammenfassenden Darstellung erfolgt auf der Grundlage der nach den §§ 4 bis 4e beizufügenden Unterlagen, der behördlichen Stellungnahmen nach den §§ 11 und 11a, der Ergebnisse eigener Ermittlungen sowie der Äußerungen und Einwendungen Dritter. [3]Die Darstellung ist möglichst innerhalb eines Monats nach Ablauf der Einwendungsfrist oder, soweit ein Erörterungstermin nach § 10 Absatz 6 des Bundes-Immissionsschutzgesetzes durchgeführt worden ist, des Erörterungstermins zu bearbeiten. [4]Bedarf das Vorhaben der Zulassung durch mehrere Behörden, so obliegt die Erarbeitung der zusammenfassenden Darstellung der Genehmigungsbehörde nur, wenn sie gemäß § 31 Absatz 1 und 2 Satz 1 und 2 des Gesetzes über die Umweltverträglichkeitsprüfung als federführende Behörde bestimmt ist; sie hat die Darstellung im Zusammenwirken[38)] zumindest mit den anderen Zulassungsbehörden und der für Naturschutz und Landschaftspflege zuständigen Behörde zu erarbeiten, deren Aufgabenbereich durch das Vorhaben berührt wird.

(1b) [1]Die Genehmigungsbehörde bewertet auf der Grundlage der zusammenfassenden Darstellung und nach den für die Entscheidung maßgeblichen Rechts- und Verwaltungsvorschriften die Auswirkungen des UVP-pflichtigen Vorhabens auf die in § 1a genannten Schutzgüter. [2]Die Bewertung ist zu begründen. [3]Bedarf das Vorhaben der Zulassung durch mehrere Behörden, so haben diese im Zusammenwirken auf der Grundlage der zusammenfassenden Darstellung nach Absatz 1a eine Gesamtbewertung

---

38) Die Verantwortung für die zusammenfassende Darstellung liegt immer bei der federführenden Behörde.

der Auswirkungen vorzunehmen; ist die Genehmigungsbehörde federführende Behörde, so hat sie das Zusammenwirken[39] sicherzustellen. [4]Bei der Entscheidung über den Antrag berücksichtigt[40] die Genehmigungsbehörde die vorgenommene Bewertung oder die Gesamtbewertung nach Maßgabe der hierfür geltenden Vorschriften. [5]Bei der Entscheidung über die Genehmigung der UVP-pflichtigen Anlage müssen die zusammenfassende Darstellung und die begründete Bewertung nach Einschätzung der Genehmigungsbehörde hinreichend aktuell sein.

(2) [1]Der Antrag ist abzulehnen, sobald[41] die Prüfung ergibt, dass die Genehmigungvoraussetzungen nicht vorliegen und ihre Erfüllung nicht durch Nebenbestimmungen sichergestellt werden kann. [2]Er soll abgelehnt werden, wenn der Antragsteller einer Aufforderung zur Ergänzung der Unterlagen innerhalb einer ihm gesetzten Frist, die auch im Falle ihrer Verlängerung drei Monate nicht überschreiten soll, nicht nachgekommen ist.

(3) [1]Für die ablehnende Entscheidung gilt § 10 Absatz 7 des Bundes-Immissionsschutzgesetzes entsprechend. [2]Betrifft die ablehnende Entscheidung eine UVP-pflichtige Anlage und ist eine zusammenfassende Darstellung nach Absatz 1a von der Genehmigungsbehörde erarbeitet worden, so ist diese in die Begründung für die Entscheidung aufzunehmen.

(4) [1]Wird das Genehmigungsverfahren auf andere Weise abgeschlossen,[42] so sind der Antragsteller und die Personen, die Einwendungen erhoben haben, hiervon zu benachrichtigen. [2]§ 10 Absatz 8 Satz 1 des Bundes-Immissionsschutzgesetzes gilt entsprechend.

§ 21 Inhalt des Genehmigungsbescheides

(1) Der Genehmigungsbescheid muss enthalten

1. die Angabe des Namens und des Wohnsitzes oder des Sitzes des Antragstellers,

2. die Angabe, dass eine Genehmigung, eine Teilgenehmigung oder eine Änderungsgenehmigung erteilt wird, und die Angabe der Rechtsgrundlage,

3. die genaue Bezeichnung des Gegenstandes der Genehmigung einschließlich des Standortes der Anlage sowie der Bericht über den Ausgangszustand,

3a. die Festlegung der erforderlichen Emissionsbegrenzungen einschließlich der Begründung für die Festlegung weniger strenger Emissionsbegrenzungen nach § 7 Absatz 1b Satz 1 Nummer 2, § 12 Absatz 1b oder § 48 Absatz 1b Satz 1 Nummer 2 des Bundes-Immissionsschutzgesetzes,

---

39) Das Zusammenwirken bei der Gesamtbewertung verpflichtet zum Versuch einer einheitlichen Bewertung. Die Verantwortung für die Bewertung liegt jedoch letztlich bei jeder einzelnen Zulassungsbehörde.

40) Berücksichtigung ist weniger als Beachtung. Sie erfordert nur eine Auseinandersetzung mit dem Bewertungsergebnis.

41) Eine ablehnende Entscheidung kann bereits vor der öffentlichen Bekanntmachung des Vorhabens ergehen.

42) Z. B. durch Antragsrücknahme.

4.   die Nebenbestimmungen zur Genehmigung,[43]
5.   die Begründung, aus der die wesentlichen tatsächlichen und rechtlichen Gründe, die die Behörde zu ihrer Entscheidung bewogen haben, und die Behandlung der Einwendungen hervorgehen sollen,[44]
6.   Angaben über das Verfahren zur Beteiligung der Öffentlichkeit,
7.   eine Rechtsbehelfsbelehrung.

(1a) Der Genehmigungsbescheid für UVP-pflichtige Anlagen muss neben den nach Absatz 1 erforderlichen Angaben zumindest noch folgende Angaben enthalten:
1.   eine Beschreibung der vorgesehenen Überwachungsmaßnahmen und
2.   eine ergänzende Begründung, in der folgende Angaben enthalten sind:
     a)   die zusammenfassende Darstellung nach § 20 Absatz 1a,
     b)   die begründete Bewertung nach § 20 Absatz 1b und
     c)   eine Erläuterung, wie die begründete Bewertung nach § 20 Absatz 1b, insbesondere die Angaben des UVP-Berichts nach § 4e, die behördlichen Stellungnahmen nach den §§ 11 und 11a sowie die Äußerungen der Öffentlichkeit nach den §§ 11a und 12, in der Entscheidung berücksichtigt wurden oder wie ihnen anderweitig Rechnung getragen wurde.

(2) Der Genehmigungsbescheid soll den Hinweis enthalten, dass der Genehmigungsbescheid unbeschadet der behördlichen Entscheidungen ergeht, die nach § 13 des Bundes-Immissionsschutzgesetzes nicht von der Genehmigung eingeschlossen werden.

(2a) [1]Außer den nach Absatz 1 erforderlichen Angaben muss der Genehmigungsbescheid für Anlagen nach der Industrieemissions-Richtlinie folgende Angaben enthalten:
1.   Auflagen zum Schutz des Bodens und des Grundwassers sowie Maßnahmen zur Überwachung und Behandlung der von der Anlage erzeugten Abfälle,
2.   Regelungen für die Überprüfung der Einhaltung der Emissionsgrenzwerte oder sonstiger Anforderungen, im Fall von Messungen
     a)   Anforderungen an die Messmethodik, die Messhäufigkeit und das Bewertungsverfahren zur Überwachung der Emissionen,
     b)   die Vorgabe, dass in den Fällen, in denen ein Wert außerhalb der in den BVT-Schlussfolgerungen genannten Emissionsbandbreiten festgelegt wurde, die Ergebnisse der Emissionsüberwachung für die gleichen Zeiträume und Referenzbedingungen verfügbar sein müssen wie sie für die Emissionsbandbreiten der BVT-Schlussfolgerungen gelten,
3.   Anforderungen an

---

43) Als Nebenbestimmungen kommen Bedingungen, Befristungen, Auflagen, Auflagenvorbehalte und ein Widerrufsvorbehalt in Betracht. Vgl. § 12 BImSchG.
44) Wirksamkeitsvoraussetzung des Genehmigungsbescheides ist nur, dass er überhaupt eine Begründung enthält, nicht die Vollständigkeit und Richtigkeit ihres Inhalts. Bei UVP-pflichtigen Anlagen müssen jedoch die in Absatz 1a genannten Anforderungen zwingend eingehalten werden.

a) die regelmäßige Wartung,
b) die Überwachung der Maßnahmen zur Vermeidung der Verschmutzung von Boden und Grundwasser sowie
c) die Überwachung von Boden und Grundwasser hinsichtlich der in der Anlage verwendeten, erzeugten oder freigesetzten relevanten gefährlichen Stoffe, einschließlich der Zeiträume, in denen die Überwachung stattzufinden hat,

4. Maßnahmen im Hinblick auf von den normalen Betriebsbedingungen abweichende Bedingungen, wie das An- und Abfahren der Anlage, das unbeabsichtigte Austreten von Stoffen, Störungen, das kurzzeitige Abfahren der Anlage sowie die endgültige Stilllegung des Betriebs,

5. Vorkehrungen zur weitestgehenden Verminderung der weiträumigen oder grenzüberschreitenden Umweltverschmutzung.

[2]In den Fällen von Nummer 3 Buchstabe c sind die Zeiträume für die Überwachung so festzulegen, dass sie mindestens alle fünf Jahre für das Grundwasser und mindestens alle zehn Jahre für den Boden betragen, es sei denn, diese Überwachung erfolgt anhand einer systematischen Beurteilung des Verschmutzungsrisikos.

(3) Außer den nach Absatz 1 erforderlichen Angaben muss der Genehmigungsbescheid für Anlagen, auf die die Verordnung über die Verbrennung und die Mitverbrennung von Abfällen anzuwenden ist, Angaben enthalten über

1. Art (insbesondere Abfallschlüssel und -bezeichnung gemäß der Verordnung über das Europäische Abfallverzeichnis) und Menge der zur Verbrennung zugelassenen Abfälle,

2. die gesamte Abfallverbrennungs- oder Abfallmitverbrennungskapazität der Anlage,

3. die kleinsten und größten Massenströme der zur Verbrennung zugelassenen Abfälle, angegeben als stündliche Einsatzmenge,

4. die kleinsten und größten Heizwerte der zur Verbrennung zugelassenen Abfälle und

5. den größten Gehalt an Schadstoffen in den zur Verbrennung zugelassenen Abfällen, insbesondere an polychlorierten Biphenylen (PCB), Pentachlorphenol (PCP), Chlor, Fluor, Schwefel und Schwermetallen.

§ 21a Öffentliche Bekanntmachung und Veröffentlichung des Genehmigungsbescheids

(1) [1]Unbeschadet des § 10 Absatz 7 und 8 Satz 1 des Bundes-Immissionsschutzgesetzes ist die Entscheidung über den Antrag öffentlich bekannt zu machen, wenn das Verfahren mit Öffentlichkeitsbeteiligung durchgeführt wurde oder der Träger des Vorhabens dies beantragt. [2]§ 10 Absatz 8 Satz 2 und 3 des Bundes-Immissionsschutzgesetzes gelten entsprechend. [3]In der öffentlichen Bekanntmachung ist anzugeben, wo und wann der Bescheid und seine Begründung eingesehen werden können.

(2) [1]Bei UVP-pflichtigen Vorhaben hat die Genehmigungsbehörde die Entscheidung über den Antrag unbeschadet des § 10 Absatz 7 und 8 Satz 1 des Bundes-Immissionsschutzgesetzes öffentlich bekannt zu machen so-

wie den Bescheid zur Einsicht auszulegen. [2]§ 10 Absatz 8 Satz 2 und 3 des Bundes-Immissionsschutzgesetzes gelten entsprechend. [3]In der öffentlichen Bekanntmachung ist anzugeben, wo und wann der Bescheid und seine Begründung eingesehen werden können. [4]§ 8 Absatz 1 Satz 3 gilt für den Genehmigungsbescheid entsprechend. [5]§ 10 Absatz 8a Satz 1 und 2 des Bundes-Immissionsschutzgesetzes gilt entsprechend.

Zweiter Teil
Besondere Vorschriften

§ 22 Teilgenehmigung

(1) [1]Ist ein Antrag im Sinne des § 8 des Bundes-Immissionsschutzgesetzes gestellt, so kann die Genehmigungsbehörde zulassen, dass in den Unterlagen endgültige Angaben nur hinsichtlich des Gegenstandes der Teilgenehmigung gemacht werden. [2]Zusätzlich sind Angaben zu machen, die bei einer vorläufigen Prüfung ein ausreichendes Urteil darüber ermöglichen, ob die Genehmigungsvoraussetzungen im Hinblick auf die Errichtung und den Betrieb der gesamten Anlage vorliegen werden.

(2) Auszulegen sind der Antrag, die Unterlagen nach § 4, soweit sie den Gegenstand der jeweiligen Teilgenehmigung betreffen, sowie solche Unterlagen, die Angaben über die Auswirkungen der Anlage auf die Nachbarschaft und die Allgemeinheit enthalten.

(3) [1]Betrifft das Vorhaben eine UVP-pflichtige Anlage, so erstreckt sich im Verfahren zur Erteilung einer Teilgenehmigung die Umweltverträglichkeitsprüfung im Rahmen der vorläufigen Prüfung im Sinne des Absatzes 1 auf die erkennbaren Auswirkungen der gesamten Anlage auf die in § 1a genannten Schutzgüter und abschließend auf die Auswirkungen, deren Ermittlung, Beschreibung und Bewertung Voraussetzung für Feststellungen oder Gestattungen ist, die Gegenstand dieser Teilgenehmigung sind. [2]Ist in einem Verfahren über eine weitere Teilgenehmigung unter Einbeziehung der Öffentlichkeit zu entscheiden, soll die Umweltverträglichkeitsprüfung im nachfolgenden Verfahren auf zusätzliche erhebliche oder andere erhebliche Auswirkungen auf die in § 1a genannten Schutzgüter beschränkt werden. [3]Die Unterrichtung über den voraussichtlichen Untersuchungsrahmen nach § 2a beschränkt sich auf den zu erwartenden Umfang der durchzuführenden Umweltverträglichkeitsprüfung; für die dem Antrag zur Prüfung der Umweltverträglichkeit beizufügenden Unterlagen nach den §§ 4 bis 4e sowie die Auslegung dieser Unterlagen gelten die Absätze 1 und 2 entsprechend.

§ 23 Vorbescheid

(1) Der Antrag auf Erteilung eines Vorbescheides[45] muss außer den in § 3 genannten Angaben insbesondere die bestimmte Angabe, für welche Genehmigungsvoraussetzungen oder für welchen Standort der Vorbescheid beantragt wird, enthalten.

---

45) Ein derartiger Antrag kann selbständig oder im Rahmen eines laufenden Genehmigungsverfahrens gestellt werden.

(2) [1]Der Vorbescheid muss enthalten
1. die Angabe des Namens und des Wohnsitzes oder des Sitzes des Antragstellers,
2. die Angabe, dass ein Vorbescheid erteilt wird, und die Angabe der Rechtsgrundlage,
3. die genaue Bezeichnung des Gegenstandes des Vorbescheides,
4. die Voraussetzungen und die Vorbehalte, unter denen der Vorbescheid erteilt wird,[46)]
5. die Begründung, aus der die wesentlichen tatsächlichen und rechtlichen Gründe, die die Behörde zu ihrer Entscheidung bewogen haben, und die Behandlung der Einwendungen hervorgehen sollen.
[2]Bei UVP-pflichtigen Anlagen gilt § 20 Absatz 1a und 1b entsprechend.
(3) Der Vorbescheid soll enthalten
1. den Hinweis auf § 9 Absatz 2 des Bundes-Immissionsschutzgesetzes,
2. den Hinweis, dass der Vorbescheid nicht zur Errichtung der Anlage oder von Teilen der Anlage berechtigt,
3. den Hinweis, dass der Vorbescheid unbeschadet der behördlichen Entscheidungen ergeht, die nach § 13 des Bundes-Immissionsschutzgesetzes nicht von der Genehmigung eingeschlossen werden, und
4. die Rechtsbehelfsbelehrung.
(4) § 22 gilt entsprechend.

§ 23a Raumordnungsverfahren und Genehmigungsverfahren

(1) Die Genehmigungsbehörde hat die im Raumordnungsverfahren oder einem anderen raumordnerischen Verfahren, das den Anforderungen des § 15 Absatz 2 des Raumordnungsgesetzes entspricht (raumordnerisches Verfahren), ermittelten, beschriebenen und bewerteten Auswirkungen des Vorhabens auf die Umwelt nach Maßgabe des § 20 Absatz 1b bei der Entscheidung über den Antrag zu berücksichtigen.
(2) Im Genehmigungsverfahren soll hinsichtlich der im raumordnerischen Verfahren ermittelten und beschriebenen Auswirkungen auf die in § 1a genannten Schutzgüter von den Anforderungen der §§ 2a, 4 bis 4e, 11, 11a und 20 Absatz 1a insoweit abgesehen werden, als diese Verfahrensschritte bereits im raumordnerischen Verfahren erfolgt sind.

§ 24 Vereinfachtes Verfahren

[1]In dem vereinfachten Verfahren sind § 4 Abs. 3, die §§ 8 bis 10a, 12, 14 bis 19 und die Vorschriften, die die Durchführung der Umweltverträglichkeitsprüfung betreffen, nicht anzuwenden. [2]In dem vereinfachten Verfahren gelten zudem abweichend von § 11a Absatz 1 Satz 1 nicht die Vorschriften zur Öffentlichkeitsbeteiligung gemäß § 54 Absatz 5 und 6, §§ 56, 57 Absatz 2 und § 59 des Gesetzes über die Umweltverträglichkeitsprüfung. [3]§ 11 gilt sinngemäß.

---

46) Die Voraussetzungen betreffen die Tatsachen, von denen die Behörde ausgeht, die Vorbehalte den der Behörde verbleibenden Entscheidungsspielraum.

§ 24a Zulassung vorzeitigen Beginns

(1) Ist in einem Verfahren zur Erteilung einer Genehmigung ein Antrag auf Zulassung des vorzeitigen Beginns im Sinne des § 8a des Bundes-Immissionsschutzgesetzes gestellt, so muss dieser

1. das öffentliche Interesse oder das berechtigte Interesse des Antragstellers an dem vorzeitigen Beginn darlegen und
2. die Verpflichtung des Trägers des Vorhabens[47] enthalten, alle bis zur Erteilung der Genehmigung durch die Errichtung, den Probebetrieb und den Betrieb der Anlage verursachten Schäden zu ersetzen und, falls das Vorhaben nicht genehmigt wird, den früheren Zustand wiederherzustellen.

(2) Der Bescheid über die Zulassung des vorzeitigen Beginns muss enthalten

1. die Angabe des Namens und des Wohnsitzes oder des Sitzes des Antragstellers,
2. die Angabe, dass der vorzeitige Beginn zugelassen wird, und die Angabe der Rechtsgrundlage,
3. die genaue Bezeichnung des Gegenstandes des Bescheides,
4. die Nebenbestimmungen der Zulassung,
5. die Begründung, aus der die wesentlichen tatsächlichen und rechtlichen Gründe, die die Behörde zu ihrer Entscheidung bewogen haben, hervorgehen sollen.

(3) Der Bescheid über die Zulassung des vorzeitigen Beginns soll enthalten

1. die Bestätigung der Verpflichtung nach Absatz 1,
2. den Hinweis, dass die Zulassung jederzeit widerrufen werden kann,
3. die Bestimmung einer Sicherheitsleistung, sofern dies erforderlich ist, um die Erfüllung der Pflichten des Trägers des Vorhabens zu sichern.

§ 24b Verbundene Prüfverfahren bei UVP-pflichtigen Vorhaben

[1]Für ein UVP-pflichtiges Vorhaben, das einzeln oder im Zusammenwirken mit anderen Projekten oder Plänen geeignet ist, ein Natura 2000-Gebiet erheblich zu beeinträchtigen, wird die Verträglichkeitsprüfung nach § 34 Absatz 1 des Bundesnaturschutzgesetzes im Verfahren zur Entscheidung über die Zulassung des UVP-pflichtigen Vorhabens vorgenommen. [2]Die Umweltverträglichkeitsprüfung kann mit der Prüfung nach Satz 1 und mit anderen Prüfungen zur Ermittlung oder Bewertung von Auswirkungen auf die in § 1a genannten Schutzgüter verbunden werden.

Dritter Teil
Schlussvorschriften
§ 24c Vermeidung von Interessenkonflikten

Ist die Genehmigungsbehörde bei der Umweltverträglichkeitsprüfung zugleich Trägerin des UVP-pflichtigen Vorhabens, so ist die Unabhängigkeit

---

47) Die Verpflichtung entsteht bei privaten Vorhabenträgern durch einen öffentlich-rechtlichen Vertrag (vgl. Abs. 3 Nr. 1). Vgl. auch Fußnote 59 zu § 8a BImSchG.

des Behördenhandelns bei der Wahrnehmung der Aufgaben nach dieser Verordnung durch geeignete organisatorische Maßnahmen sicherzustellen, insbesondere durch eine angemessene funktionale Trennung.

§ 25 Übergangsvorschrift

(1) [1]Verfahren, die vor dem Inkrafttreten einer Änderung dieser Verordnung begonnen worden sind[48)], sind nach den Vorschriften der geänderten Verordnung zu Ende zu führen. [2]Eine Wiederholung von Verfahrensabschnitten ist nicht erforderlich.

(1a) Abweichend von Absatz 1 sind Verfahren für UVP-pflichtige Vorhaben nach der Fassung dieser Verordnung, die bis zum 16. Mai 2017 galt, zu Ende zu führen, wenn vor dem 16. Mai 2017

1. das Verfahren zur Unterrichtung über die voraussichtlich beizubringenden Unterlagen in der bis dahin geltenden Fassung des § 2a eingeleitet wurde oder

2. die Unterlagen nach den §§ 4 bis 4e der bis dahin geltenden Fassung dieser Verordnung vorgelegt wurden.

(2) [1]§ 4a Absatz 4 Satz 1 bis 5 ist bei Anlagen, die sich am 2. Mai 2013 in Betrieb befanden oder für die vor diesem Zeitpunkt eine Genehmigung erteilt oder für die vor diesem Zeitpunkt von ihren Betreibern ein vollständiger Genehmigungsantrag gestellt wurde, bei dem ersten nach dem 7. Januar 2014 gestellten Änderungsantrag hinsichtlich der gesamten Anlage anzuwenden, unabhängig davon, ob die beantragte Änderung die Verwendung, die Erzeugung oder die Freisetzung relevanter gefährlicher Stoffe betrifft. [2]Anlagen nach Satz 1, die nicht von Anhang I der Richtlinie 2008/1/EG über die integrierte Vermeidung und Verminderung der Umweltverschmutzung erfasst wurden, haben abweichend von Satz 1 die dort genannten Anforderungen ab dem 7. Juli 2015 zu erfüllen.

§§ 26 und 27 (aufgehoben)

---

48) Vgl. § 67 Abs. 4 BImSchG.

Anlage
(zu § 4e)[49]

Angaben des UVP-Berichts für die
Umweltverträglichkeitsprüfung

Soweit die nachfolgenden Angaben über die in § 4e Absatz 1 genannten Mindestanforderungen hinausgehen und sie für die Entscheidung über die Zulassung des UVP-pflichtigen Vorhabens erforderlich sind, muss nach § 4e Absatz 2 der UVP-Bericht hierzu Angaben enthalten.[50]

1.   Eine Beschreibung des UVP-pflichtigen Vorhabens, insbesondere
     a)   eine Beschreibung des Standorts,
     b)   eine Beschreibung der physischen Merkmale des gesamten UVP-pflichtigen Vorhabens, einschließlich der erforderlichen Abrissarbeiten, soweit relevant, sowie des Flächenbedarfs während der Bau- und der Betriebsphase,
     c)   eine Beschreibung der wichtigsten Merkmale der Betriebsphase des UVP-pflichtigen Vorhabens (insbesondere von Produktionsprozessen), z. B.
          aa)   Energiebedarf und Energieverbrauch,
          bb)   Art und Menge der verwendeten Rohstoffe und
          cc)   Art und Menge der natürlichen Ressourcen (insbesondere Fläche, Boden, Wasser, Tiere, Pflanzen und biologische Vielfalt),
     d)   eine Abschätzung, aufgeschlüsselt nach Art und Quantität,
          aa)   der erwarteten Rückstände und Emissionen (z. B. Verunreinigung des Wassers, der Luft, des Bodens und Untergrunds, Lärm, Erschütterungen, Licht, Wärme, Strahlung) sowie
          bb)   des während der Bau- und Betriebsphase erzeugten Abfalls.
2.   Eine Beschreibung der von dem Träger des UVP-pflichtigen Vorhabens geprüften vernünftigen Alternativen (z. B. in Bezug auf Ausgestaltung, Technologie, Standort, Größe und Umfang des UVP-pflichtigen Vorhabens), die für das Vorhaben und seine spezifischen Merkmale relevant sind, und die Angabe der wesentlichen Gründe für die getroffene Wahl unter Berücksichtigung der jeweiligen Auswirkungen auf die in § 1a genannten Schutzgüter.
3.   Eine Beschreibung des aktuellen Zustands der Umwelt und ihrer Bestandteile im Einwirkungsbereich des UVP-pflichtigen Vorhabens und eine Übersicht über die voraussichtliche Entwicklung der Umwelt bei Nichtdurchführung des UVP-pflichtigen Vorhabens, soweit diese Entwicklung gegenüber dem aktuellen Zustand mit zumutbarem Aufwand auf der Grundlage der verfügbaren Umweltinformationen und wissenschaftlichen Erkenntnissen abgeschätzt werden kann.

---

49) Die Anlage enthält Anforderungen an den Inhalt des UVP-Berichts. Soweit die Anforderungen über § 4e Abs. 1 hinausgehen, sind sie nur unter den Voraussetzungen des § 4e Abs. 2 einzuhalten.

50) Die Gliederung der Anlage zu § 4e ist nicht als Vorgabe für die Gliederung des UVP-Berichts anzusehen. Dessen Gliederung kann vom Vorhabenträger nach Zweckmäßigkeitsgesichtspunkten gewählt werden.

4.   Eine Beschreibung der möglichen erheblichen Auswirkungen des UVP-pflichtigen Vorhabens auf die in § 1a genannten Schutzgüter.

      Die Darstellung der Auswirkungen auf die in § 1a genannten Schutzgüter soll den Umweltschutzzielen Rechnung tragen, die nach den Rechtsvorschriften, einschließlich verbindlicher planerischer Vorgaben, maßgebend sind für die Entscheidung über die Zulassung des UVP-pflichtigen Vorhabens. Die Darstellung soll sich auf die Art der Auswirkungen auf die in § 1a genannten Schutzgüter nach Buchstabe a erstrecken. Anzugeben sind jeweils die Art, in der Schutzgüter betroffen sind nach Buchstabe b, und die Ursachen der Auswirkungen nach Buchstabe c.

    a) Art der Auswirkungen auf die in § 1a genannten Schutzgüter

        Die Beschreibung der möglichen erheblichen Auswirkungen auf die in § 1a genannten Schutzgüter soll sich auf die direkten und die etwaigen indirekten, sekundären, kumulativen, grenzüberschreitenden, kurzfristigen, mittelfristigen und langfristigen, ständigen und vorübergehenden, positiven und negativen Auswirkungen des UVP-pflichtigen Vorhabens erstrecken.

    b) Art, in der Schutzgüter betroffen sind

        Bei der Angabe, in welcher Hinsicht die Schutzgüter von den Auswirkungen des UVP-pflichtigen Vorhabens betroffen sein können, sind in Bezug auf die nachfolgenden Schutzgüter insbesondere folgende Auswirkungen zu berücksichtigen:

Schutzgut (Auswahl)	mögliche Art der Betroffenheit
Menschen, insbesondere die menschliche Gesundheit	Auswirkungen sowohl auf einzelne Menschen als auch auf die Bevölkerung
Tiere, Pflanzen, biologische Vielfalt	Auswirkungen auf Flora und Fauna
Fläche	Flächenverbrauch
Boden	Veränderung der organischen Substanz, Bodenerosion, Bodenverdichtung, Bodenversiegelung
Wasser	hydromorphologische Veränderungen, Veränderungen von Quantität oder Qualität des Wassers
Luft	Luftverunreinigungen

Klima	Veränderungen des Klimas, z. B. durch Treibhausgasemissionen, Veränderung des Kleinklimas am Standort
Kulturelles Erbe	Auswirkungen auf historisch, architektonisch oder archäologisch bedeutende Stätten und Bauwerke und auf Kulturlandschaften.

c) Mögliche Ursachen der Auswirkungen auf die in § 1a genannten Schutzgüter

Bei der Beschreibung der Umstände, die zu erheblichen Auswirkungen des UVP-pflichtigen Vorhabens auf die in § 1a genannten Schutzgüter führen können, sind insbesondere folgende Gesichtspunkte zu berücksichtigen:

aa) die Durchführung baulicher Maßnahmen, einschließlich der Abrissarbeiten, soweit relevant, sowie die physische Anwesenheit der errichteten Anlagen oder Bauwerke,

bb) verwendete Techniken und eingesetzte Stoffe,

cc) die Nutzung natürlicher Ressourcen, insbesondere Fläche, Boden, Wasser, Tiere, Pflanzen und biologische Vielfalt und, soweit möglich, jeweils auch die nachhaltige Verfügbarkeit der betroffenen Ressource,

dd) Emissionen und Belästigungen sowie Verwertung oder Beseitigung von Abfällen,

ee) Risiken für die menschliche Gesundheit, für Natur und Landschaft sowie für das kulturelle Erbe, z. B. durch schwere Unfälle oder Katastrophen,

ff) das Zusammenwirken mit den Auswirkungen anderer bestehender oder zugelassener Vorhaben oder Tätigkeiten; dabei ist auch auf Umweltprobleme einzugehen, die sich daraus ergeben, dass ökologisch empfindliche Gebiete nach Anlage 3 Nummer 2.3 des Gesetzes über die Umweltverträglichkeitsprüfung betroffen sind oder die sich aus einer Nutzung natürlicher Ressourcen ergeben,

gg) Auswirkungen des UVP-pflichtigen Vorhabens auf das Klima, z. B. durch Art und Ausmaß der mit dem Vorhaben verbundenen Treibhausgasemissionen,

hh) die Anfälligkeit des UVP-pflichtigen Vorhabens gegenüber den Folgen des Klimawandels (z. B. durch erhöhte Hochwassergefahr am Standort),

ii) die Anfälligkeit des UVP-pflichtigen Vorhabens für die Risiken von schweren Unfällen oder Katastrophen, soweit solche Risiken nach der Art, den Merkmalen und dem Standort des UVP-pflichtigen Vorhabens von Bedeutung sind.

5. Die Beschreibung der grenzüberschreitenden Auswirkungen des UVP-pflichtigen Vorhabens soll in einem gesonderten Abschnitt erfolgen.

6. Eine Beschreibung und Erläuterung der Merkmale des UVP-pflichtigen Vorhabens und seines Standorts, mit denen das Auftreten erheblicher nachteiliger Auswirkungen auf die in § 1a genannten Schutzgüter vermieden, vermindert oder ausgeglichen werden soll.

7. Eine Beschreibung und Erläuterung der geplanten Maßnahmen, mit denen das Auftreten erheblicher nachteiliger Auswirkungen auf die in § 1a genannten Schutzgüter vermieden, vermindert oder ausgeglichen werden soll, sowie eine Beschreibung geplanter Ersatzmaßnahmen und etwaiger Überwachungsmaßnahmen des Trägers des UVP-pflichtigen Vorhabens.

8. Soweit Auswirkungen aufgrund der Anfälligkeit des UVP-pflichtigen Vorhabens für die Risiken von schweren Unfällen oder Katastrophen zu erwarten sind, soll die Beschreibung, soweit möglich, auch auf vorgesehene Vorsorge- und Notfallmaßnahmen eingehen.

9. Die Beschreibung der Auswirkungen auf Natura 2000 Gebiete soll in einem gesonderten Abschnitt erfolgen.

10. Die Beschreibung der Auswirkungen auf besonders geschützte Arten soll in einem gesonderten Abschnitt erfolgen.

11. Eine Beschreibung der Methoden oder Nachweise, die zur Ermittlung der erheblichen Auswirkungen auf die in § 1a genannten Schutzgüter genutzt wurden, einschließlich näherer Hinweise auf Schwierigkeiten und Unsicherheiten, die bei der Zusammenstellung der Angaben aufgetreten sind, insbesondere soweit diese Schwierigkeiten auf fehlenden Kenntnissen und Prüfmethoden oder auf technischen Lücken beruhen.

12. Eine Referenzliste der Quellen, die für die im UVP-Bericht enthaltenen Angaben herangezogen wurden.

**Zehnte Verordnung
zur Durchführung des Bundes-Immissionsschutzgesetzes
(Verordnung über die Beschaffenheit und die Auszeichnung der
Qualitäten von Kraft- und Brennstoffen – 10. BImSchV)**

Vom 8. Dezember 2010 (BGBl. I S. 1849)
(FNA 2129-8-10-4)

zuletzt geändert durch Art. 1 VO zur Umsetzung der RL 2014/94/EU und
weiterer immissionsschutzrechtl. Rechtsakte der EU
vom 13. Dezember 2019 (BGBl. I S. 2739)[1)]

§ 1 Begriffsbestimmungen
(1) Für diese Verordnung gelten die in den Absätzen 2 bis 18 geregelten
Begriffsbestimmungen.
(2) Ottokraftstoff ist jedes flüchtige Mineralölerzeugnis im Sinne des Kapitels 27 der Kombinierten Nomenklatur, einschließlich der Zubereitungen mit einem Gehalt an Mineralöl von mindestens 70 Gewichtshundertteilen, in denen diese Öle Grundbestandteil sind, das
1. unter die Unterpositionen 2710 12 41, 2710 12 45, 2710 12 49 oder
    2710 12 50 der Kombinierten Nomenklatur fällt und
2. zum Betrieb von Fahrzeugverbrennungsmotoren mit Fremdzündung
    bestimmt ist.
(3) Dieselkraftstoff ist jedes Gasölerzeugnis im Sinne des Kapitels 27 der
Kombinierten Nomenklatur, einschließlich der Zubereitungen mit einem
Gehalt an Mineralöl von mindestens 70 Gewichtshundertteilen, in denen
diese Öle Grundbestandteil sind, das
1. unter die Unterpositionen 2710 20 11, 2710 20 15, 2710 20 17 (bis zu
    einem Schwefelgehalt von 0,05 Gewichtshundertteilen), 2710 19 43,
    2710 19 46 oder 2710 19 47 (bis zu einem Schwefelgehalt von 0,05
    Gewichtshundertteilen) der Kombinierten Nomenklatur fällt und
2. verwendet wird zum Antrieb von Fahrzeugen im Sinne
    a) der Verordnung (EG) Nr. 715/2007 des Europäischen Parlaments
        und des Rates vom 20. Juni 2007 über die Typgenehmigung von
        Kraftfahrzeugen hinsichtlich der Emissionen von leichten Personenkraftwagen und Nutzfahrzeugen (Euro 5 und Euro 6) und über
        den Zugang zu Reparatur- und Wartungsinformationen für Fahrzeuge (ABl. L 171 vom 29. 6. 2007, S. 1), die zuletzt durch die
        Verordnung (EU) 2018/858 (ABl. L 151 vom 14. 6. 2018, S. 1)
        geändert worden ist, oder
    b) der Verordnung (EG) Nr. 595/2009 des Europäischen Parlaments
        und des Rates vom 18. Juni 2009 über die Typgenehmigung
        von Kraftfahrzeugen und Motoren hinsichtlich der Emissionen
        von schweren Nutzfahrzeugen (Euro VI) und über den Zugang

---

1) Die Änderungsverordnung vom 13. Dezember 2019 ist am 20. Dezember 2019 in Kraft
getreten.

zu Fahrzeugreparatur- und -wartungsinformationen, zur Änderung der Verordnung (EG) Nr. 715/2007 und der Richtlinie 2007/46/EG sowie zur Aufhebung der Richtlinien 80/1269/EWG, 2005/55/EG und 2005/78/EG (ABl. L 188 vom 18. 7. 2009, S. 1; L 200 vom 31. 7. 2009, S. 52), die zuletzt durch die Verordnung (EU) 2019/1242 (ABl. L 198 vom 25. 7. 2019, S. 202) geändert worden ist.

(4) Dieselkraftstoff zur Verwendung für mobile Maschinen und Geräte, für land- und forstwirtschaftliche Zugmaschinen sowie für Binnenschiffe und Sportboote ist jeder aus Erdöl gewonnene flüssige Kraftstoff im Sinne des Kapitels 27 der Kombinierten Nomenklatur, einschließlich der Zubereitungen mit einem Gehalt an Mineralöl von mindestens 70 Gewichtshundertteilen, in denen diese Öle der Grundbestandteil sind, der

1. unter die Unterpositionen 2710 20 11, 2710 20 15, 2710 20 17 (bis zu einem Schwefelgehalt von 0,05 Gewichtshundertteilen), 2710 19 43, 2710 19 46 oder 2710 19 47 (bis zu einem Schwefelgehalt von 0,05 Gewichtshundertteilen) der Kombinierten Nomenklatur fällt und

2. für den Betrieb von Kompressionszündungsmotoren bestimmt ist, die in den folgenden Rechtsakten der Europäischen Union genannt werden:

    a) Richtlinie 2013/53/EU des Europäischen Parlaments und des Rates vom 20. November 2013 über Sportboote und Wassermotorräder und zur Aufhebung der Richtlinie 94/25/EG (ABl. L 354 vom 28. 12. 2013, S. 90; L 297 vom 13. 11. 2015, S. 9),

    b) Verordnung (EU) 2016/1628 des Europäischen Parlaments und des Rates vom 14. September 2016 über die Anforderungen in Bezug auf die Emissionsgrenzwerte für gasförmige Schadstoffe und luftverunreinigende Partikel und die Typgenehmigung für Verbrennungsmotoren für nicht für den Straßenverkehr bestimmte mobile Maschinen und Geräte, zur Änderung der Verordnungen (EU) Nr. 1024/2012 und (EU) Nr. 167/2013 und zur Änderung und Aufhebung der Richtlinie 97/68/EG (ABl. L 252 vom 16. 9. 2016, S. 53; L 231 vom 6. 9. 2019, S. 29) oder

    c) Verordnung (EU) Nr. 167/2013 des Europäischen Parlaments und des Rates vom 5. Februar 2013 über die Genehmigung und Marktüberwachung von land- und forstwirtschaftlichen Fahrzeugen (ABl. L 60 vom 2. 3. 2013, S. 1), die zuletzt durch die Verordnung (EU) 2019/519 (ABl. L 91 vom 29. 3. 2019, S. 42) geändert worden ist.

(5) Schiffskraftstoff ist jeder aus Erdöl gewonnene flüssige Kraft- oder Brennstoff, der zur Verwendung auf einem Schiff bestimmt ist oder auf einem Schiff verwendet wird, einschließlich Kraft- oder Brennstoffen im Sinne der Definition nach DIN ISO 8217, Ausgabe Oktober 2018.

(6) Gasöl für den Seeverkehr ist jeder Schiffskraftstoff gemäß der Definition der Güteklassen DMX, DMA und DMZ nach Tabelle 1 der DIN ISO 8217, Ausgabe Oktober 2018, ohne Berücksichtigung des Schwefelgehalts.

(7) Schiffsdiesel ist jeder Schiffskraftstoff gemäß der Definition der Gü-teklasse DMB nach Tabelle 1 der DIN ISO 8217, Ausgabe Oktober 2018, ohne Berücksichtigung des Schwefelgehalts.

(8) Sonstige Schiffskraftstoffe sind die nicht in den Absätzen 6 und 7 ge-nannten Schiffskraftstoffe.

(9) Leichtes Heizöl ist jedes Erdölerzeugnis, einschließlich der Zuberei-tungen, die Komponenten aus Synthese oder Hydrotreatment oder Kom-ponenten biogener Herkunft enthalten, mit Ausnahme der in den Absät-zen 3 bis 8 genannten Kraft- und Brennstoffe, das nach dem Prüfverfah-ren der DIN EN ISO 3405, Ausgabe April 2011, bei 350 Grad Celsius mindestens 85 oder bei 360 Grad Celsius mindestens 95 Raumhundertteile Destillat ergibt.

(10) [1]Schweres Heizöl ist jeder aus Erdöl gewonnene flüssige Kraft- oder Brennstoff mit Ausnahme der in den Absätzen 3 bis 9 genannten Kraft- und Brennstoffe, der nach dem Prüfverfahren der DIN EN ISO 3405, Aus-gabe April 2011, bei 250 Grad Celsius weniger als 65 Raumhundertteile Destillat ergibt. [2]Kann die Destillation nicht anhand der Methode DIN EN ISO 3405, Ausgabe April 2011, durchgeführt werden, wird das Erdöler-zeugnis ebenfalls als Schweres Heizöl eingestuft.

(11) Einführer ist, wer Kraft- oder Brennstoffe gewerbsmäßig oder im Rahmen wirtschaftlicher Unternehmungen einführt.

(12) Vermischer ist, wer Kraft- oder Brennstoffe gewerbsmäßig oder im Rahmen wirtschaftlicher Unternehmungen vermischt oder die Ver-mischung veranlasst.

(13) [1]Großverteiler ist, wer Kraft- oder Brennstoffe gewerbsmäßig oder im Rahmen wirtschaftlicher Unternehmungen verteilt und über eine La-gerkapazität von mehr als 1 000 Kubikmeter verfügt. [2]Das Verteilen nach Satz 1 schließt die Abgabe an Schiffe ein.

(14) Inverkehrbringen ist jedes Überlassen an andere.

(15) Kombinierte Nomenklatur ist die Warennomenklatur nach Artikel 1 in Verbindung mit Anhang I der Verordnung (EWG) Nr. 2658/87 des Ra-tes vom 23. Juli 1987 über die zolltarifliche und statistische Nomenkla-tur sowie den Gemeinsamen Zolltarif (ABl. L 256 vom 7. 9. 1987, S. 1; L 341 vom 3. 12. 1987, S. 38; L 378 vom 31. 12. 1987, S. 120; L 130 vom 26. 5. 1988, S. 42; L 151 vom 8. 6. 2016, S. 22), die zuletzt durch die Durchführungsverordnung (EU) 2019/13 (ABl. L 3 vom 7. 1. 2019, S. 1) geändert worden ist, einschließlich ihrer Anmerkungen, in der am 1. Ja-nuar 2019 geltenden Fassung.

(16) Tankstelle ist eine Tankanlage zur Abgabe eines Kraftstoffs – mit Ausnahme von Flüssigerdgas (LNG) – über eine ortsfeste oder mobile Vorrichtung.

(17) LNG-Tankstelle ist eine Tankanlage für die Abgabe von Flüssigerd-gas (LNG), die aus einer ortsfesten oder mobilen Anlage, einer Offshore-Anlage oder einem anderen System besteht.

(18) [1]Alternative Kraftstoffe sind Kraftstoffe oder Energiequellen, die zu-mindest teilweise als Ersatz für Erdöl als Energieträger für den Verkehrs-sektor dienen und die zur Reduzierung der Kohlenstoffdioxidemissionen

beitragen und die Umweltverträglichkeit des Verkehrssektors erhöhen können. [2]Hierzu zählen insbesondere:

1. Elektrizität,
2. Wasserstoff,
3. Biokraftstoffe gemäß der Definition in Artikel 2 Buchstabe i der Richtlinie 2009/28/EG des Europäischen Parlaments und des Rates vom 23. April 2009 zur Förderung der Nutzung von Energie aus erneuerbaren Quellen und zur Änderung und anschließenden Aufhebung der Richtlinien 2001/77/EG und 2003/30/EG (ABl. L 140 vom 5. 6. 2009, S. 16; L 216 vom 22. 7. 2014, S. 5; L 265 vom 5. 9. 2014, S. 33), die zuletzt durch die Richtlinie (EU) 2015/1513 (ABl. L 239 vom 15. 9. 2015, S. 1) geändert worden ist,
4. synthetische und paraffinhaltige Kraftstoffe,
5. Erdgas, einschließlich Biogas, gasförmig (komprimiertes Erdgas (CNG)) und flüssig (verflüssigtes Erdgas (LNG)), und
6. Autogas (LPG).

§ 2 Chlor- und Bromverbindungen

(1) Kraftstoffe für Kraftfahrzeuge im Sinne des § 1 Absatz 2 des Straßenverkehrsgesetzes dürfen nur dann gewerbsmäßig oder im Rahmen wirtschaftlicher Unternehmungen in den Verkehr gebracht werden, wenn sie keine Chlor- oder Bromverbindungen als Zusatz enthalten.

(2) Chlor- oder Bromverbindungen als Zusatz zu Kraftstoffen nach Absatz 1 dürfen gewerbsmäßig oder im Rahmen wirtschaftlicher Unternehmungen nicht in den Verkehr gebracht werden.

(3) Die Absätze 1 und 2 gelten nicht für das Inverkehrbringen zum Zweck der Forschung, Entwicklung oder Analyse.

§ 3 Anforderungen an Ottokraftstoffe; Bestandsschutzsortenregelung

(1) Ottokraftstoff darf nur dann gewerbsmäßig oder im Rahmen wirtschaftlicher Unternehmungen gegenüber dem Letztverbraucher in den Verkehr gebracht werden, wenn er den Anforderungen der DIN EN 228, Ausgabe August 2017, genügt.

(2) Wer Ottokraftstoffe nach Absatz 1 der Qualität »Super« mit mehr als 5 Volumenprozent Ethanol anbietet, ist verpflichtet, an derselben Abgabestelle auch Ottokraftstoffe nach Absatz 1 der Qualität »Super« mit einem maximalen Sauerstoffgehalt von 2,7 Massenprozent und einem maximalen Ethanolgehalt von 5 Volumenprozent anzubieten.

(3) Wer Ottokraftstoffe nach Absatz 1 der Qualität »Super Plus« mit mehr als 5 Volumenprozent Ethanol anbietet, ist verpflichtet, an derselben Abgabestelle auch Ottokraftstoffe nach Absatz 1 der Qualität »Super Plus« mit einem maximalen Sauerstoffgehalt von 2,7 Massenprozent und einem maximalen Ethanolgehalt von 5 Volumenprozent anzubieten.

(4) [1]An Abgabestellen, an denen im Durchschnitt der zwei jeweils vorangegangenen Kalenderjahre weniger als 500 Kubikmeter Ottokraftstoffe nach Absatz 1 in den Verkehr gebracht wurden, gelten die Verpflichtungen nach Absatz 2 und Absatz 3 nicht. [2]Die Voraussetzungen des Satzes 1 sind

durch geeignete Belege gegenüber der zuständigen Behörde auf Verlangen nachzuweisen.

(5) Zweitaktmischungen zur Verwendung in Zweitakt-Ottomotoren dürfen nur dann gewerbsmäßig oder im Rahmen wirtschaftlicher Unternehmungen gegenüber dem Letztverbraucher in den Verkehr gebracht werden, wenn der dafür verwendete Ottokraftstoff vor der Herstellung der Mischung den Anforderungen der DIN EN 228, Ausgabe August 2017, genügt hat.

§ 4 Anforderungen an Dieselkraftstoff, Gasöl und andere flüssige Kraftstoffe; Schwefelgehalt; Verwendung für Binnenschiffe und Sportboote

(1) Dieselkraftstoff darf nur dann gewerbsmäßig oder im Rahmen wirtschaftlicher Unternehmungen gegenüber dem Letztverbraucher in den Verkehr gebracht werden, wenn er den Anforderungen der DIN EN 590, Ausgabe Oktober 2017, genügt.

(2) Dieselkraftstoff zur Verwendung für mobile Maschinen und Geräte, für land- und forstwirtschaftliche Zugmaschinen sowie für Binnenschiffe und Sportboote darf nur dann gewerbsmäßig oder im Rahmen wirtschaftlicher Unternehmungen gegenüber dem Letztverbraucher in den Verkehr gebracht werden, wenn sein Gehalt an Schwefelverbindungen, berechnet als Schwefel, 10 Milligramm pro Kilogramm Dieselkraftstoff nicht überschreitet.

(3) Gasöl für den Seeverkehr darf nur dann gewerbsmäßig oder im Rahmen wirtschaftlicher Unternehmungen gegenüber dem Letztverbraucher in den Verkehr gebracht werden, wenn sein Gehalt an Schwefelverbindungen, berechnet als Schwefel, 1,0 Gramm pro Kilogramm Gasöl für den Seeverkehr nicht überschreitet.

(4) Schiffsdiesel darf nur dann gewerbsmäßig oder im Rahmen wirtschaftlicher Unternehmungen gegenüber dem Letztverbraucher in den Verkehr gebracht werden, wenn sein Gehalt an Schwefelverbindungen, berechnet als Schwefel, 15,0 Gramm pro Kilogramm Schiffsdiesel nicht überschreitet.

(5) Für Binnenschiffe und Sportboote dürfen Gasöle für Binnenschiffe und andere flüssige Kraftstoffe nur dann verwendet werden, wenn ihr Schwefelgehalt den für Dieselkraftstoff nach Absatz 2 zulässigen Schwefelgehalt nicht überschreitet.

§ 5 Anforderungen an Biodiesel

[1]Biodiesel darf nur dann gewerbsmäßig oder im Rahmen wirtschaftlicher Unternehmungen gegenüber dem Letztverbraucher in den Verkehr gebracht werden, wenn er den Anforderungen der DIN EN 14214, Ausgabe Mai 2019, genügt. [2]Das gilt auch für Biodiesel als Zusatz zum Dieselkraftstoff.

§ 6 Anforderungen an Ethanolkraftstoff (E85)

Ethanolkraftstoff (E85) darf nur dann gewerbsmäßig oder im Rahmen wirtschaftlicher Unternehmungen als Kraftstoff gegenüber dem Letztverbraucher in den Verkehr gebracht werden, wenn er den Anforderungen der DIN EN 15293, Ausgabe Oktober 2018, genügt.

§ 7 Anforderungen an Autogas

Autogas darf nur dann gewerbsmäßig oder im Rahmen wirtschaftlicher Unternehmungen gegenüber dem Letztverbraucher in den Verkehr gebracht werden, wenn er den Anforderungen der DIN EN 589, Ausgabe März 2019, genügt.

§ 8 Anforderungen an Erdgas und Biogas als Kraftstoffe

(1) [1]Erdgas und Biogas dürfen nur dann als Kraftstoff gewerbsmäßig oder im Rahmen wirtschaftlicher Unternehmungen gegenüber dem Letztverbraucher in den Verkehr gebracht werden, wenn sie den Anforderungen der DIN EN 16723-2, Ausgabe Oktober 2017, genügen. [2]Für Mischungen von Erdgas und Biogas in jedem Verhältnis gilt Satz 1 entsprechend mit der Maßgabe, dass das fertige Produkt den Anforderungen der DIN EN 16723-2, Ausgabe Oktober 2017, genügt. [3]Für Anforderungen, Grenzwerte und zugehörige Prüfverfahren für Erdgas und Biogas als Kraftstoffe für Kraftfahrzeuge ist in den Fällen der Sätze 1 und 2 Tabelle D.1 der DIN EN 16723-2, Ausgabe Oktober 2017, anzuwenden. [4]Für Anforderungen an zugesetzte Additive gilt Abschnitt 5.2 der DIN 51624, Ausgabe Februar 2008.
(2) [1]Erdgas und Biogas der Qualität »L« müssen in den Fällen von Absatz 1 Satz 1 und 2 abweichend von Absatz 1 Satz 3 einen unteren Wobbe-Index von mindestens 36,3 Megajoule pro Kubikmeter und einen Heizwert von mindestens 39 Megajoule pro Kilogramm aufweisen. [2]Im Übrigen gelten die Anforderungen der Tabelle D.1 der DIN EN 16723-2, Ausgabe Oktober 2017, und die Anforderungen nach Absatz 1 Satz 4 entsprechend.
(3) Die Absätze 1 und 2 gelten entsprechend für verflüssigtes Erdgas und Biogas sowie Mischungen hieraus.

§ 9 Anforderung an Pflanzenölkraftstoffe

(1) Pflanzenölkraftstoff – Rapsöl – darf nur dann gewerbsmäßig oder im Rahmen wirtschaftlicher Unternehmungen gegenüber dem Letztverbraucher in den Verkehr gebracht werden, wenn er den Anforderungen der DIN 51605, Ausgabe Januar 2016, genügt.
(2) Pflanzenölkraftstoff – alle Saaten – darf nur dann gewerbsmäßig oder im Rahmen wirtschaftlicher Unternehmungen gegenüber dem Letztverbraucher in den Verkehr gebracht werden, wenn er den Anforderungen der DIN 51623, Ausgabe Dezember 2015, genügt.

§ 9a Anforderungen an Wasserstoff als Kraftstoff

Wasserstoff darf nur dann gewerbsmäßig oder im Rahmen wirtschaftlicher Unternehmungen als Kraftstoff gegenüber dem Letztverbraucher in den Verkehr gebracht werden, wenn er den Anforderungen der DIN EN 17124, Ausgabe Juli 2019, genügt.

§ 10 Schwefelgehalt von Heizöl

(1) Leichtes Heizöl darf nur dann gewerbsmäßig oder im Rahmen wirtschaftlicher Unternehmungen gegenüber dem Letztverbraucher in den Verkehr gebracht werden, wenn sein Gehalt an Schwefelverbindungen,

berechnet als Schwefel, 1,0 Gramm pro Kilogramm leichtes Heizöl nicht überschreitet.

(2) [1]Schweres Heizöl darf nur dann gewerbsmäßig oder im Rahmen wirtschaftlicher Unternehmungen gegenüber dem Letztverbraucher in den Verkehr gebracht werden, wenn sein Gehalt an Schwefelverbindungen, berechnet als Schwefel, 10,0 Gramm pro Kilogramm schweres Heizöl nicht überschreitet. [2]Schweres Heizöl mit höheren Schwefelgehalten darf nur dann gewerbsmäßig oder im Rahmen wirtschaftlicher Unternehmungen gegenüber dem Letztverbraucher in den Verkehr gebracht werden, wenn dieses Heizöl:

1. in Übereinstimmung mit den Anforderungen der Verordnung über Großfeuerungs-, Gasturbinen- und Verbrennungsmotoranlagen in Verbrennungseinrichtungen eingesetzt werden darf oder

2. in Übereinstimmung mit den Anforderungen zur Vorsorge gegen schädliche Umwelteinwirkungen der Technischen Anleitung zur Reinhaltung der Luft vom 24. Juli 2002 (GMBl. 2002 S. 511) in Verbrennungseinrichtungen eingesetzt werden darf und sichergestellt ist, dass die maximalen Schwefeldioxidemissionen von 1 700 Milligramm Schwefeldioxid pro Normkubikmeter bei einem Sauerstoffgehalt des Rauchgases von 3 Volumeneinheiten im trockenen Bezugszustand nicht überschritten werden.

§ 11 Gleichwertigkeitsklausel

Den Kraftstoffen nach § 3 und § 4 Absatz 1 sowie den §§ 5 bis 9a sind solche Kraftstoffe gleichgestellt, die den Anforderungen anderer Normen oder technischer Spezifikationen genügen, die in einem anderen Mitgliedstaat der Europäischen Union oder einem anderen Vertragsstaat des Abkommens über den Europäischen Wirtschaftsraum oder in der Türkei oder einem anderen Mitglied der Welthandelsorganisation in Kraft sind, sofern

1. diese Normen oder technischen Spezifikationen mit einer der folgenden Normen übereinstimmen:

    a) DIN EN 228, Ausgabe August 2017,

    b) DIN EN 590, Ausgabe Oktober 2017,

    c) DIN EN 14214, Ausgabe Mai 2019,

    d) DIN EN 15293, Ausgabe Oktober 2018,

    e) DIN EN 589, Ausgabe März 2019,

    f) DIN EN 16723-2, Ausgabe Oktober 2017, mit der Maßgabe, dass für Anforderungen, Grenzwerte und zugehörige Prüfverfahren für Erdgas und Biogas als Kraftstoffe für Kraftfahrzeuge Tabelle D.1 der DIN EN 16723-2, Ausgabe Oktober 2017, gilt und dass für Anforderungen an zugesetzte Additive Abschnitt 5.2 der DIN 51624, Ausgabe Februar 2008, gilt,

    g) DIN 51605, Ausgabe Januar 2016,

    h) DIN 51623, Ausgabe Dezember 2015, oder

    i) DIN EN 17124, Ausgabe Juli 2019, und

2. die Kraftstoffe die klimatischen Anforderungen erfüllen, die in den unter Nummer 1 angegebenen Normen für die Bundesrepublik Deutschland festgelegt sind.

§ 12 Einschränkungen

(1) Für Kraft- und Brennstoffe nach § 1 Absatz 4 bis 10, die eingeführt oder sonst in den Geltungsbereich dieser Verordnung verbracht werden und die unter diese Verordnung fallen, sind § 4 Absatz 2 bis 4 und § 10 erst von dem Zeitpunkt an anzuwenden, an dem sie in den zollrechtlich freien Verkehr überführt werden.

(2) Die in dieser Verordnung festgelegten Grenzwerte für den Schwefelgehalt bestimmter flüssiger Kraft- oder Brennstoffe, die aus Erdöl gewonnen werden, gelten nicht für Kraft- oder Brennstoffe zur Verwendung auf Kriegsschiffen und anderen zu militärischen Zwecken eingesetzten Schiffen.

(3) Die in dieser Verordnung festgelegten Anforderungen gelten nicht für Kraft- oder Brennstoffe zur Verwendung in Luftfahrzeugen.

§ 13 Auszeichnung von Kraft- und Brennstoffen[2]

(1) [1]Wer gewerbsmäßig oder im Rahmen wirtschaftlicher Unternehmungen gegenüber dem Letztverbraucher Kraftstoffe in den Verkehr bringt, hat die Qualität an den entsprechenden Zapfsäulen der Tankstelle oder LNG-Tankstelle und ihren Zapfventilen gemäß Satz 2 und 3 sowie Absatz 3 Satz 1 in folgender Weise deutlich sichtbar zu machen:

1. Schwefelfreier Ottokraftstoff mit einem maximalen Sauerstoffgehalt von 2,7 Massenprozent und einem maximalen Ethanolgehalt von 5 Volumenprozent, der den Anforderungen der DIN EN 228, Ausgabe August 2017, genügt oder gleichwertig nach § 11 ist, wird mit der Bezeichnung »Super« oder »Super Plus« und dem jeweils zutreffenden Zeichen nach Anlage 1 oder 2 gekennzeichnet; der Hinweis »Enthält bis zu 5 % Bioethanol« muss im Zeichen Teil a enthalten sein;

2. Schwefelfreier Ottokraftstoff, der den Anforderungen der DIN EN 228, Ausgabe August 2017, genügt oder gleichwertig nach § 11 ist und dessen Sauerstoffgehalt 2,7 Massenprozent oder dessen Ethanolgehalt 5 Volumenprozent überschreiten kann, wird mit der Bezeichnung »Super E10« oder »Super Plus E10« und dem jeweils zutreffenden Zeichen nach Anlage 3 oder 4 gekennzeichnet; die Hinweise »Enthält bis zu 10 % Bioethanol« und »Verträgt Ihr Fahrzeug E10? Herstellerinformation einholen! Im Zweifel Super oder Super Plus tanken!« müssen im Zeichen Teil a enthalten sein;

3. Dieselkraftstoff, der den Anforderungen der DIN EN 590, Ausgabe Oktober 2017, genügt oder gleichwertig nach § 11 ist, wird mit der Bezeichnung »Diesel« und dem Zeichen nach Anlage 5 gekennzeichnet; der Hinweis »Enthält bis zu 7 % Biodiesel« muss im Zeichen Teil a enthalten sein;

---

2) Die Anlagen zu § 13 sind hier nicht abgedruckt.

4. Fettsäure-Methylester für Dieselmotoren, die den Anforderungen der DIN EN 14214, Ausgabe Mai 2019, genügen oder gleichwertig nach § 11 sind, werden mit der Bezeichnung »Biodiesel« und dem Zeichen nach Anlage 6 gekennzeichnet;

5. Ethanol für Kraftfahrzeuge, das den Anforderungen der DIN EN 15293, Ausgabe Oktober 2018, genügt oder gleichwertig nach § 11 ist, wird mit der Bezeichnung »Ethanolkraftstoff (E85)« und dem Zeichen nach Anlage 7 gekennzeichnet;

6. Autogas, das den Anforderungen der DIN EN 589, Ausgabe März 2019, genügt oder gleichwertig nach § 11 ist, wird mit der Bezeichnung »Autogas« und dem Zeichen nach Anlage 8 gekennzeichnet;

7. Erdgas- und Biogaskraftstoffe, die den Anforderungen der DIN EN 16723-2, Ausgabe Oktober 2017, genügen, wobei für die Anforderungen, Grenzwerte und zugehörigen Prüfverfahren für Erdgas und Biogas als Kraftstoffe für Kraftfahrzeuge Tabelle D.1 der DIN EN 16723-2, Ausgabe Oktober 2017 anzuwenden ist, oder gleichwertige Kraftstoffe nach § 11, werden gekennzeichnet

    a) sofern sie als komprimiertes Erdgas (CNG) in den Verkehr gebracht werden

        aa) mit der Bezeichnung »Erdgas H« und dem Zeichen nach Anlage 9 oder

        bb) mit der Bezeichnung »Erdgas L« und dem Zeichen nach Anlage 10, sofern abweichend von Tabelle D.1 der DIN EN 16723-2, Ausgabe Oktober 2017, die Qualität nur den Anforderungen eines unteren Wobbe-Index von mindestens 36,3 Megajoule pro Kubikmeter genügt und einen Heizwert von mindestens 39 Megajoule pro Kilogramm aufweist, oder

    b) sofern sie als verflüssigtes Erdgas (LNG) in Verkehr gebracht werden

        aa) mit der Bezeichnung »Erdgas H« und dem Zeichen nach Anlage 11 oder

        bb) mit der Bezeichnung »Erdgas L« und dem Zeichen nach Anlage 12, sofern abweichend von Tabelle D.1 der DIN EN 16723-2, Ausgabe Oktober 2017, die Qualität nur den Anforderungen eines unteren Wobbe-Index von mindestens 36,3 Megajoule pro Kubikmeter genügt und einen Heizwert von mindestens 39 Megajoule pro Kilogramm aufweist;

8. Pflanzenölkraftstoff, der den Anforderungen der DIN 51605, Ausgabe Januar 2016, genügt oder gleichwertig nach § 11 ist, wird mit der Bezeichnung »Pflanzenölkraftstoff – Rapsöl –« und dem Zeichen nach Anlage 13 gekennzeichnet;

9. Pflanzenölkraftstoff, der den Anforderungen der DIN 51623, Ausgabe Dezember 2015, genügt oder gleichwertig nach § 11 ist, wird mit der Bezeichnung »Pflanzenölkraftstoff – alle Saaten –« und dem Zeichen nach Anlage 14 gekennzeichnet;

10. Wasserstoff als Kraftstoff, der den Anforderungen der DIN EN 17124, Ausgabe Juli 2019, genügt oder gleichwertig nach § 11 ist,

wird mit der Bezeichnung »Wasserstoff« und dem Zeichen nach Anlage 15 gekennzeichnet. [2]Für die Auszeichnung der Zapfsäulen ist das Zeichen nach Teil a der jeweils zutreffenden Anlage zu verwenden. [3]Für die Auszeichnung des Zapfventils ist das Zeichen nach Teil b der jeweils zutreffenden Anlage zu verwenden.

(2) [1]Wer gewerbsmäßig oder im Rahmen wirtschaftlicher Unternehmungen gegenüber dem Letztverbraucher Kraftstoffe mit metallhaltigen Zusätzen in den Verkehr bringt, hat im untersten Abschnitt des Zeichens an der Zapfsäule den folgenden Hinweis nach Absatz 3 Satz 1 anzubringen: »Enthält metallhaltige Zusätze. [2]Fragen Sie Ihren Fahrzeughersteller, ob diese Zusätze für Ihr Fahrzeug geeignet sind. [3]Verwenden Sie im Zweifelsfall Kraftstoff ohne metallhaltige Zusätze.«

(3) [1]Für die Auszeichnung nach den Absätzen 1 und 2 gilt die DIN EN 16942, Ausgabe Dezember 2016. [2]Für das Zeichen nach Teil a der jeweils zutreffenden Anlage wird eine Mindestbreite von 40 Millimetern empfohlen.

(4) Leichtes Heizöl, das nach § 11 Absatz 1 in den Verkehr gebracht wird, kann

1. als »schwefelarm« bezeichnet werden, wenn sein Schwefelgehalt 50 Milligramm pro Kilogramm leichtes Heizöl nicht überschreitet,
2. als »stickstoffarm« bezeichnet werden, wenn sein Schwefelgehalt 50 Milligramm und sein Stickstoffgehalt 140 Milligramm pro Kilogramm leichtes Heizöl nicht überschreitet.

(5) Die Absätze 1 bis 3 finden keine Anwendung im Bereich der Kraft- und Brennstoffe nach § 1 Absatz 4 bis 10.

(6) [1]Wer gewerbsmäßig oder im Rahmen wirtschaftlicher Unternehmungen einen Ladepunkt betreibt im Sinne des § 2 Nummer 12 der Ladesäulenverordnung vom 9. März 2016 (BGBl. I S. 457), die durch Artikel 1 der Verordnung vom 1. Juni 2017 (BGBl. I S. 1520) geändert worden ist, hat deutlich sichtbar

1. einen Hinweis auf die Verträglichkeit der am Ladepunkt bereitgestellten elektrischen Verbindung nach den Anforderungen der DIN EN 17186, Ausgabe Oktober 2019, anzubringen und
2. die Verbraucherinformation nach Abschnitt 6.3 der DIN EN 17186, Ausgabe Oktober 2019, gemäß Satz 2 und 4 anzubringen.

[2]In der Verbraucherinformation ist in Abschnitt A des Zeichens nach Abschnitt 6.3.1 der DIN EN 17186, Ausgabe Oktober 2019, die Bezeichnung »Laden von E-Fahrzeugen« einzutragen. [3]Für das Zeichen in Abschnitt B wird eine Mindestbreite von 40 Millimetern empfohlen. [4]In Abschnitt C ist gemäß der Empfehlung der DIN EN 17186, Ausgabe Oktober 2019, die berechnete Leistung anzugeben.

§ 14 Nachweisführung

(1) [1]Wer gewerbsmäßig oder im Rahmen einer wirtschaftlichen Unternehmung Kraftstoffe in den Verkehr bringt, hat den nach § 13 Absatz 1

bis 5 Auszeichnungspflichtigen bei Anlieferung der Ware darüber zu unterrichten, dass die Kraftstoffe

1. den in den § 3 und § 4 Absatz 1 sowie den §§ 5 bis 9a genannten Anforderungen genügen oder

2. nach § 11 gleichwertig sind:

[2]Die Unterrichtung erfolgt schriftlich oder elektronisch. [3]Sie kann für jede einzelne Lieferung separat vorgenommen werden oder für mehrere zeitlich aufeinander folgende Lieferungen; in diesem Fall ist sie bei der ersten Lieferung vorzunehmen.

(2) Auskunftspflichtige nach § 52 Absatz 3 Satz 1 in Verbindung mit Absatz 2 Satz 1 des Bundes-Immissionsschutzgesetzes, die Kraft- und Brennstoffe nach § 1 Absatz 4 bis 10 als Hersteller, Vermischer, Einführer oder Großverteiler lagern, haben Tankbelegbücher zu führen und auf Verlangen vorzulegen, aus denen hervorgeht, welche Lieferanten den Kraft- und Brennstoff geliefert haben.

§ 15 Bekanntmachung der Kraftstoffqualität für den Betrieb von Kraftfahrzeugen

(1) [1]Wer gewerbsmäßig oder im Rahmen einer wirtschaftlichen Unternehmung Kraftfahrzeuge herstellt, einführt oder im Rahmen wirtschaftlicher Unternehmungen gegenüber dem Letztverbraucher in den Verkehr bringt, hat die vom Kraftfahrzeughersteller empfohlenen und verwendbaren Kraftstoffqualitäten für den Betrieb der Kraftfahrzeuge, die er in den Verkehr bringt, bekannt zu machen. [2]Die Bekanntmachung der Kraftstoffqualitäten umfasst

1. die Bekanntgabe gegenüber den Vertragswerkstätten und -händlern sowie der Öffentlichkeit,

2. die Angabe in den Betriebsanleitungen oder anderen für den Kraftfahrzeughalter bestimmten Unterlagen und

3. die deutlich sichtbare Anbringung an allen Kraftstoffeinfüllstutzen oder Fahrzeugsteckern von Kraftfahrzeugen, für die der betreffende Kraftstoff empfohlen und geeignet ist, oder in unmittelbarer Nähe der Einfüllstutzen oder Fahrzeugstecker dieser Fahrzeuge.

(2) Die Bekanntmachung der Kraftstoffqualität muss

1. für flüssige oder gasförmige Kraftstoffe gemäß den Anforderungen der DIN EN 16942, Ausgabe Dezember 2016, erfolgen,

2. für Strom für das Laden von Elektrofahrzeugen gemäß den Anforderungen der DIN EN 17186, Ausgabe Oktober 2019, erfolgen.

(3) Bei der Bekanntmachung der Kraftstoffqualität sind

1. für flüssige oder gasförmige Kraftstoffe die Bezeichnungen nach § 13 für die Qualität der Kraftstoffe und die Zeichen nach den Anlagen 1 bis 15, jeweils Teil b, gemäß den Anforderungen der DIN EN 16942, Ausgabe Dezember 2016, zu verwenden.

2. für Strom für das Laden von Elektrofahrzeugen die Bezeichnungen und Zeichen gemäß DIN EN 17186, Ausgabe Oktober 2019, zu verwenden.

§ 16 Ausnahmen

(1) [1]Die zuständige Behörde kann auf Antrag Ausnahmen von den Anforderungen der § 3 und § 4 Absatz 1 sowie §§ 5 bis 9a bewilligen, so-

weit dies in besonderen Einzelfällen zu Forschungs- und Erprobungszwecken erforderlich ist und schädliche Umwelteinwirkungen nicht zu erwarten sind. [2]Die Bewilligung ist zu befristen.

(2) Keine Ausnahmebewilligung nach Absatz 1 Satz 1 ist erforderlich für Kraftstoffe, die betriebsintern zu Forschungs- und Erprobungszwecken verwandt und nicht über öffentliche Tankstellen oder LNG-Tankstellen in den Verkehr gebracht werden und die keine schädlichen Umwelteinwirkungen erwarten lassen.

(3) [1]Die zuständige Behörde bewilligt im Benehmen mit dem Bundesamt für Wirtschaft und Ausfuhrkontrolle auf Antrag Ausnahmen von § 4 Absatz 2 bis 5 und § 10 für Kraft- und Brennstoffe nach § 1 Absatz 4 bis 10, soweit die Einhaltung des zulässigen Höchstgehalts an Schwefelverbindungen zu einer erheblichen Gefährdung der Versorgung des Verbrauchers mit Kraft- und Brennstoffen nach § 1 Absatz 4 bis 10 führen würde. [2]Die Bewilligungen können unter Bedingungen erteilt und mit Auflagen verbunden werden. [3]Die Bewilligungen sind zu befristen. [4]Sie können widerrufen werden, wenn die Voraussetzungen für ihre Erteilung nicht mehr vorliegen.

§ 17 Zugänglichkeit der Normen

[1]DIN-, DIN EN-, ISO-, DIN ISO- und DIN EN ISO-Normen, auf die in dieser Verordnung verwiesen wird, sind bei der Beuth-Verlag GmbH, Berlin und Köln, erschienen und dort zu beziehen. [2]Das in § 18 Absatz 1 genannte DVGW-Arbeitsblatt ist bei der Wirtschafts- und Verlagsgesellschaft Gas und Wasser mbH, Bonn, erschienen und dort zu beziehen. [3]Die DIN-, DIN EN-, ISO-, DIN ISO- und DIN EN ISO-Normen und das DVGW-Arbeitsblatt sind beim Deutschen Patent- und Markenamt in München archivmäßig gesichert niedergelegt.

§ 18 Überwachung

(1) [1]Die zuständigen Behörden überwachen die in den §§ 3 bis 9a gestellten Anforderungen an Kraftstoffe sowie die in § 13 gestellten Anforderungen an die Auszeichnungspflicht dieser Kraftstoffe anhand der in den §§ 3 bis 9a genannten DIN- und DIN EN-Normen angegebenen Prüfverfahren und nach den in DIN EN 14274, Ausgabe Mai 2013, DIN EN ISO 3170, Ausgabe Juni 2004, DIN EN ISO 3171, Ausgabe November 2000, und DIN 51610, Ausgabe Juni 1983, sowie in dem DVGW Arbeitsblatt G 264, Ausgabe September 2016, vorgeschriebenen Verfahren. [2]Abweichend von den Angaben in DIN EN 590, Ausgabe Oktober 2017, und DIN EN 14214, Ausgabe Mai 2019, findet für die Bestimmung der Gesamtverschmutzung bei der Überprüfung des in Verkehr gebrachten Kraftstoffes das Prüfverfahren nach DIN EN 12662, Ausgabe Juli 2008, weiterhin Anwendung.

(2) [1]Der Auszeichnungspflichtige nach § 13, § 14 Absatz 1 oder 2 hat auf Verlangen der zuständigen Behörde den nach § 14 Absatz 1 erhaltenen Unterrichtungsnachweis vorzulegen. [2]Auskunftspflichtige nach § 14 Absatz 2, die Kraft- und Brennstoffe nach § 1 Absatz 4 bis 10 lagern, haben auf Verlangen der zuständigen Behörde eine Erklärung des Herstellers oder Vermischers über die Beschaffenheit dieser Kraft- oder Brennstoffe vorzulegen. [3]Sofern der Hersteller oder Vermischer nicht selbst geliefert hat, muss die Erklärung zusätzlich Angaben des Lieferanten über die ge-

lieferte Menge enthalten. [4]Für die Erklärung ist ein Vordruck nach dem Muster der Anlage 16 zu verwenden.[3] [5]Die zuständige Behörde kann dem Auskunftspflichtigen für die Vorlage der Erklärung eine Frist setzen.

(3) [1]Die zuständigen Behörden überwachen durch Probenahmen, ob der Schwefelgehalt der verwendeten und der in Verkehr gebrachten Kraft- und Brennstoffe den Anforderungen nach § 4 Absatz 2 bis 5 und nach § 10 entspricht. [2]Die Probenahmen müssen mit ausreichender Häufigkeit und ausreichenden Mengen vorgenommen werden, so dass die Ergebnisse für den geprüften Kraft- und Brennstoff repräsentativ sind.

(4) [1]Der Schwefelgehalt in Dieselkraftstoff zur Verwendung für mobile Maschinen und Geräte, für land- und forstwirtschaftliche Zugmaschinen sowie für Binnenschiffe und Sportboote ist im Rahmen der Überwachung nach Absatz 3 durch eines der folgenden Prüfverfahren zu bestimmen:

1. nach DIN EN ISO 20846, Ausgabe Januar 2012,
2. nach DIN EN ISO 20884, Ausgabe Juli 2011, oder
3. nach DIN EN ISO 13032, Ausgabe Juni 2012.

[2]Als Referenzverfahren dient das Prüfverfahren nach DIN EN ISO 20846, Ausgabe Januar 2012, oder nach DIN EN ISO 20884, Ausgabe Juli 2011.

(5) [1]Für die Bestimmung des Schwefelgehalts in leichtem Heizöl ist im Rahmen der Überwachung nach Absatz 3 eines der folgenden Prüfverfahren zu verwenden:

1. nach DIN EN ISO 8754, Ausgabe Dezember 2003, oder
2. nach DIN EN ISO 14596, Ausgabe Dezember 2007.

[2]Als Referenzverfahren dient das Prüfverfahren nach ISO 8754, Ausgabe Dezember 2003. [3]Bei leichtem Heizöl, das zusätzlich nach § 14 Absatz 4 Nummer 1 mit dem Begriff »schwefelarm« ausgezeichnet ist, ist eines der folgenden Prüfverfahren zu verwenden:

1. nach DIN EN ISO 20846, Ausgabe Januar 2012, oder
2. nach DIN EN ISO 20884, Ausgabe Juli 2011.

[4]Bei leichtem Heizöl, das zusätzlich nach § 14 Absatz 4 Nummer 2 mit dem Begriff »stickstoffarm« ausgezeichnet ist, ist das Prüfverfahren nach DIN 51444, Ausgabe November 2003, zu verwenden.

(6) [1]Für die Bestimmung des Schwefelgehalts in schwerem Heizöl ist im Rahmen der Überwachung nach Absatz 3 eines der folgenden Prüfverfahren zu verwenden:

1. nach DIN 51400-3, Ausgabe Juni 2001,
2. nach DIN EN ISO 8754, Ausgabe Dezember 2003, oder
3. nach DIN EN ISO 14596, Ausgabe Dezember 2007.

[2]Als Referenzverfahren dient das Prüfverfahren nach DIN EN ISO 14596, Ausgabe Dezember 2007.

---

3) Hier nicht abgedruckt.

(7) ¹Für die Bestimmung des Schwefelgehalts in Gasöl für den Seeverkehr, für Schiffsdiesel und für sonstige Schiffskraftstoffe nach § 1 Absatz 8 ist im Rahmen der Überwachung nach Absatz 3 eines der folgenden
Prüfverfahren zu verwenden:

1. nach DIN EN ISO 8754, Ausgabe Dezember 2003, oder
2. nach DIN EN ISO 14596, Ausgabe Dezember 2007.

²Als Referenzverfahren dient das Prüfverfahren nach DIN EN ISO 8754,
Ausgabe Dezember 2003.

(8) Die nach Landesrecht zuständigen obersten Landesbehörden oder die
von ihnen bestimmten Behörden übermitteln dem Umweltbundesamt bis
spätestens zum 30. April eine jährliche Übersicht der Überwachungsergebnisse nach Absatz 1 und 3 zur Weiterleitung an die Europäische Kommission.

§ 19 Einfuhr von Heizöl, Schiffskraftstoff und Dieselkraftstoff

(1) Der Einführer von Kraft- und Brennstoffen nach § 1 Absatz 4 bis 10
hat der für den ersten Bestimmungsort zuständigen Behörde die Sendung
so rechtzeitig zu melden, dass die Behörde vor dem Eintreffen der Sendung am ersten Bestimmungsort davon Kenntnis erhält.

(2) ¹Der Einführer von Kraft- und Brennstoffen nach § 1 Absatz 4 bis 10
hat die für die Zollabfertigung vom Einführer vorgelegten Qualitäts- oder
Analysezertifikate am ersten Bestimmungsort der Sendung verfügbar zu
halten, solange sich die Sendung oder Teile der Sendung dort befinden.
²Der Einführer hat die Qualitäts- oder Analysezertifikate ab dem Zeitpunkt
des Eintreffens der Sendung am ersten Bestimmungsort mindestens ein
Jahr aufzubewahren.

(3) Die Absätze 1 und 2 sind nicht anzuwenden beim Verbringen aus
Staaten der Europäischen Union.

§ 20 Ordnungswidrigkeiten

(1) Ordnungswidrig im Sinne des § 62 Absatz 1 Nummer 7 des Bundes-
Immissionsschutzgesetzes handelt, wer vorsätzlich oder fahrlässig

1. entgegen
   a) § 2 Absatz 1, § 4 Absatz 2, Absatz 3 oder Absatz 4 oder § 10
       Absatz 1 oder Absatz 2 Satz 1 oder
   b) § 3 Absatz 1, § 4 Absatz 1, §§ 5 bis 9 oder § 9a, jeweils auch in
       Verbindung mit § 11,
   einen Brenn- oder Kraftstoff in den Verkehr bringt,
2. entgegen § 2 Absatz 2 Chlor- oder Bromverbindungen als Zusatz zu
   Kraftstoffen in den Verkehr bringt,
3. entgegen § 3 Absatz 2 oder Absatz 3 einen dort genannten Kraftstoff
   nicht anbietet,
4. entgegen § 4 Absatz 5 einen dort genannten Kraftstoff verwendet,
5. entgegen § 13 Absatz 1 Satz 1 eine Qualität nicht oder nicht richtig
   sichtbar macht,
6. entgegen § 13 Absatz 2 einen dort genannten Hinweis nicht, nicht
   richtig, nicht vollständig oder nicht in der vorgeschriebenen Weise
   anbringt,

7. entgegen § 14 Absatz 1 Satz 1 den Auszeichnungspflichtigen nicht, nicht richtig oder nicht rechtzeitig unterrichtet,

8. entgegen § 14 Absatz 2 ein Tankbelegbuch nicht oder nicht richtig führt oder nicht oder nicht rechtzeitig vorlegt,

9. entgegen § 18 Absatz 2 Satz 1 oder Satz 2 einen Unterrichtungsnachweis oder eine dort genannte Erklärung nicht oder nicht rechtzeitig vorlegt,

10. entgegen § 19 Absatz 1 eine Meldung nicht, nicht richtig oder nicht rechtzeitig macht,

11. entgegen § 19 Absatz 2 Satz 1 die Qualitäts- oder Analysezertifikate nicht oder nicht für die vorgeschriebene Dauer verfügbar hält oder

12. entgegen § 19 Absatz 2 Satz 2 die Qualitäts- oder Analysezertifikate nicht oder nicht mindestens ein Jahr aufbewahrt.

(2) Ordnungswidrig im Sinne des § 95 Absatz 1 Nummer 5 Buchstabe c des Energiewirtschaftsgesetzes handelt, wer vorsätzlich oder fahrlässig entgegen § 13 Absatz 6 Satz 1 einen dort genannten Hinweis oder eine dort genannte Verbraucherinformation nicht, nicht richtig, nicht vollständig oder nicht in der vorgeschriebenen Weise anbringt.

(3) Die Zuständigkeit für die Verfolgung und Ahndung von Ordnungswidrigkeiten nach Absatz 1 Nummer 4 wird im Anwendungsbereich des § 1 Absatz 1 Nummer 2 erster Halbsatz des Binnenschifffahrtsaufgabengesetzes in der Fassung der Bekanntmachung vom 5. Juli 2001 (BGBl. I S. 2026), das zuletzt durch Artikel 146 des Gesetzes vom 20. November 2019 (BGBl. I S. 1626) geändert worden ist, auf die Generaldirektion Wasserstraßen und Schifffahrt übertragen.

§ 21 Übergangsvorschriften

(1) Die Verwaltungsbehörde hat in den Fällen des § 20 Absatz 1 Nummer 5 und 6 bis zum 19. Juni 2020 von einer Ahndung abzusehen, sofern bis zu diesem Tag die Auszeichnung gemäß § 13 Absatz 1 und 2 dieser Verordnung in der bis zum 19. Dezember 2019 geltenden Fassung deutlich sichtbar an den Zapfsäulen sowie an der Tankstelle angebracht ist.

(2) § 13 Absatz 6, § 15 Absatz 2 Nummer 2 und Absatz 3 Nummer 2 sowie § 20 Absatz 2 sind erst ab dem 19. März 2021 anzuwenden.

(3) § 15 Absatz 1 ist für den alternativen Kraftstoff Strom, erst ab dem 19. März 2021 anzuwenden.

§ 22 Inkrafttreten, Außerkrafttreten[4]

*(Die **Anlagen 1 bis 16** sind hier nicht abgedruckt.)*

---

4) Die Regelung bezieht sich auf die Verordnung vom 8. 12. 2010 und ist hier nicht abgedruckt.

Elfte Verordnung
zur Durchführung des Bundes-Immissionsschutzgesetzes
(Verordnung über Emissionserklärungen
– 11. BImSchV)

In der Fassung der Bekanntmachung vom 5. März 2007 (BGBl. I S. 289)
(FNA 2129-8-11-2)

zuletzt geändert durch Art. 2 der VO
vom 9. Januar 2017 (BGBl. I S. 42, 45)

§ 1 Anwendungsbereich
[1]Diese Verordnung gilt für genehmigungsbedürftige Anlagen mit Ausnahme der Anlagen, die in den folgenden Nummern des Anhangs 1 der Verordnung über genehmigungsbedürftige Anlagen vom 2. Mai 2013 (BGBl. I S. 973) genannt sind: 1.6; 1.8; 1.15; 1.16; 2.1; 2.14; 3.11; 3.13; 3.19; 3.22; 3.24; 3.25; 4.5; 4.9; 6.2.2; 7.1.1.2, 7.1.2.2, 7.1.3.2, 7.1.4.2, 7.1.5, 7.1.6, 7.1.7.2, 7.1.8.2, 7.1.9, 7.1.10 und 7.1.11; 7.2; 7.3.1.2 und 7.3.2.2; 7.4; 7.5.2; 7.11; 7.13; 7.14.2; 7.17.2; 7.18; 7.19; 7.20.2; 7.22.2; 7.23.2; 7.25; 7.26; 7.27.2; 7.28.1.2 und 7.28.2.2; 7.29.2; 7.30.2; 7.31.2.2 und 7.31.3.2; 7.32; 8.4; 8.5; 8.6; 8.9; 8.10; 8.11; 8.12; 8.13; 8.14; 8.15; 9, ausgenommen die Nummern 9.2, 9.11 und 9.37; 10.1; 10.4; 10.15.1 und 10.15.2.2; 10.16; 10.17; 10.18; 10.25. [2]Gehören zu den von dieser Verordnung ausgenommenen Anlagen Teile oder Nebeneinrichtungen, die für sich gesehen unter den Anwendungsbereich dieser Verordnung fallen, so ist eine Emissionserklärung nach § 3 nur für diese Teile oder Nebeneinrichtungen abzugeben.

§ 2 Begriffsbestimmungen
Im Sinne dieser Verordnung sind:
1. Emissionen
   die von Anlagen ausgehenden Luftverunreinigungen einschließlich der klimarelevanten Stoffe,
2. Emissionsfaktor
   das Verhältnis der Masse der Emissionen zu der Masse der erzeugten oder verarbeiteten Stoffe, der eingesetzten Brenn- oder Rohstoffe oder der Menge der eingesetzten oder umgewandelten Energien,
3. Energie- und Massenbilanzen
   die Gegenüberstellungen der eingesetzten Energien und der Brenn- und Arbeitsstoffe mit den umgewandelten Energien, den erzeugten Stoffen, den entstehenden Abfällen sowie den Emissionen,
4. Abgase
   die Trägergase mit festen, flüssigen oder gasförmigen Emissionen.

§ 3 Inhalt, Umfang und Form der Emissionserklärung
(1) [1]Der Betreiber einer Anlage hat eine Emissionserklärung abzugeben, die inhaltlich dem Anhang entspricht. [2]Emissionen sind anzugeben für
1. Stoffe nach Nummer 5.2.2 Klasse I (z. B. Quecksilber), Nummer 5.2.4 Klasse I (z. B. Arsenwasserstoff), Nummer 5.2.7 (z. B. Arsen und seine Verbindungen außer Arsenwasserstoff, Cadmium und seine Ver-

bindungen, Nickel und bestimmte Nickelverbindungen) der Technischen Anleitung zur Reinhaltung der Luft (TA Luft) vom 24. Juli 2002 (GMBl. S. 511), andere sehr giftige Stoffe*⁾, soweit deren jeweilige Emissionen je Anlage 0,01 Kilogramm je Stunde oder 0,25 Kilogramm im Erklärungszeitraum übersteigen, polychlorierte Dibenzodioxine und Dibenzofurane (Angabe in Toxizitätsäquivalenten nach Anlage 2 der Verordnung über die Verbrennung und die Mitverbrennung von Abfällen vom 2. Mai 2013 (BGBl. I S. 1021, 1044) und Stoffe mit vergleichbarer toxischer Wirkung, die jeweils unabhängig von der Größe ihrer Massenströme anzugeben sind,

2. Schwefelhexafluorid, Nickelverbindungen außer krebserzeugenden Verbindungen und Polyzyklische Aromatische Kohlenwasserstoffe außer Stoffe nach Nummer 1, soweit deren jeweilige Emission je Anlage den Wert von 50 Kilogramm im Erklärungszeitraum übersteigt, Trichlorbenzol, Hexachlorbenzol und Hexachlorcyclohexan, soweit deren jeweilige Emission je Anlage den Wert von 10 Kilogramm im Erklärungszeitraum übersteigt, und

3. weitere Stoffe, soweit deren jeweilige Emission je Anlage den Wert von 100 Kilogramm im Erklärungszeitraum übersteigt, wobei anstelle der Emissionen von Einzelstoffen die Angabe auch als Summenparameter von Gesamtkohlenstoff, Staub, Stickstoffoxid als Stickstoffdioxid und Schwefeloxid als Schwefeldioxid erfolgen kann.

³Sind für den Erklärungszeitraum keine Emissionen anzugeben, können die Angaben unter »Emissionsverursachender Vorgang« und »Emissionen« des Anhangs entfallen.

(2) ¹Die zuständige oberste Landesbehörde oder die nach Landesrecht bestimmte Behörde kann bis sechs Monate vor Ablauf eines Erklärungszeitraumes für bestimmte Anlagen Vereinfachungen der Emissionserklärung festlegen. ²Die zuständige Behörde kann auf Antrag des Betreibers einer Anlage bis vier Monate vor Ablauf eines Erklärungszeitraumes festlegen, welche der nach Anhang geforderten Angaben entfallen können.

(3) ¹Die Emissionserklärung ist in der Regel in elektronischer Form gegenüber der zuständigen Behörde abzugeben. ²Das Format der elektronischen Form wird von der zuständigen Behörde bis sechs Monate vor Ende des Erklärungszeitraumes festgelegt. ³Die zuständige Behörde kann auf Antrag des Betreibers in begründeten Fällen oder von Amts wegen abweichende Regelungen von den Festlegungen nach Satz 1 oder 2 erteilen.

§ 4 Erklärungszeitraum, Zeitpunkt der Erklärung, Erklärungspflichtiger

(1) ¹Der erste Erklärungszeitraum für die Emissionserklärung ist das Kalenderjahr 2008. ²Anschließend ist für jedes vierte Kalenderjahr eine Emissionserklärung abzugeben.

---

*⁾ **Amtliche Anmerkung:** Es gelten die Begriffsbestimmungen und die Einstufungen der Gefahrstoffverordnung in der Fassung vom 26. November 2010 (BGBl. I S. 1643).

(2) [1]Die Emissionserklärung ist bis zum 31. Mai des. dem jeweiligen Erklärungszeitraum folgenden Jahres abzugeben. [2]Die zuständige Behörde kann auf Antrag des Betreibers im Einzelfall die Frist bis zum 30. Juni verlängern. [3]Der Verlängerungsantrag für eine Emissionserklärung muss spätestens bis zum 30. April des dem Erklärungszeitraum folgenden Jahres gestellt werden.

(3) [1]Zur Abgabe einer Emissionserklärung ist verpflichtet, wer die Anlage im Erklärungszeitraum betrieben hat. [2]Wird die Anlage während des Erklärungszeitraumes in Betrieb genommen, stillgelegt oder zeitweise nicht betrieben, umfasst der Erklärungszeitraum die Teile des Kalenderjahres, in denen die Anlage betrieben worden ist.

§ 5 Ermittlung der Emissionen

(1) [1]Emissionen sind wie folgt zu ermitteln:

1. Messungen (M) als fortlaufend aufgezeichnete Messungen oder repräsentative Einzelmessungen, insbesondere aufgrund von Anordnungen nach § 26 oder § 28 des Bundes-Immissionsschutzgesetzes,

2. Berechnungen (C) auf der Basis von begründeten Rechnungen unter Verwendung von Emissionsfaktoren, Energie- und Massenbilanzen oder Analysenergebnissen,

3. Schätzungen (E) auf der Basis von Massenbilanzen, Messergebnissen oder Leistungs- oder Auslegungsdaten von gleichartigen Anlagen, sofern Leistung oder Kapazität sowie Betriebsbedingungen vergleichbar sind oder durch Schätzungen auf der Basis vergleichbarer Grundlagen.

[2]Messungen, Berechnungen und Schätzungen sind als gleichberechtigt anzusehen.

(2) [1]In der Emissionserklärung ist anzugeben, nach welchen Verfahren die Emissionen ermittelt worden sind. [2]Auf Verlangen der zuständigen Behörde sind die Einzelheiten des Ermittlungsverfahrens anzugeben. [3]Die Unterlagen sind mindestens vier Jahre nach Abgabe der Erklärung aufzubewahren.

§ 6 Ausnahmen

Die zuständige Behörde kann auf Antrag den Betreiber von der Pflicht zur Abgabe einer Emissionserklärung befreien, soweit im Einzelfall von der Anlage nur in geringem Umfang Luftverunreinigungen ausgehen können.

§ 7 (Inkrafttreten, Außerkrafttreten)

Anhang

Emissionserklärung

Inhalt der Emissionserklärung	Erläuterung
Emissionserklärung – Erklärungszeitraum – Ansprechpartner/-in der Emissions- erklärung – Name – Telefon/Fax/Email-Adresse – Ort, Datum	Als Erklärungszeitraum ist das Kalender- jahr anzugeben.

Betreiber[*)]
 – Name
 – Anschrift
  – Postleitzahl
  – Ort, Ortsteil
  – Straße/Nummer	

Werk/Betrieb[*)]
 – Identifikationsnummer des
  Werks/Betriebs
 – Name
 – Standort
  – Postleitzahl
  – Ort, Ortsteil
  – Straße/Nummer
 – Email-Adresse für den elektroni-
  schen Postverkehr
 – Nummer der Systematik des Wirt-
  schaftszweigs
  (NACE-Code)	

Quellen
 – Beschreibung
  – Nummer
  – Bezeichnung
	Die Übertrittstellen der von Anlagen be-
	 ziehungsweise den Anlagen ausgehenden
	 Emissionen in die Atmosphäre (Quellen)
	 sind eindeutig zu nummerieren. Unzuläs-
	 sig ist sowohl die Mehrfachverwendung
	 einer Quellennummer als auch die Mehr-
	 fachnummerierung ein und derselben
	 Quelle.

Inhalt der Emissionserklärung	Erläuterung

– Lage
    – Rechtswert der Quelle [m]
    – Hochwert der Quelle [m]
 – Maße
    – Fläche [m²]
    – Geometrische Höhe [m]
	Die Lage der Quellen ist durch den Rechts- und Hochwert des Mittelpunktes nach den in den Ländern verwendeten amtlichen Koordinaten anzugeben.

Anlagen[*)]
 – Nummer
 – Bezeichnung
 – Nummer/Spalte des Anhangs zur 4. BImSchV
 – Installierte Leistung/Kapazität
    – Maßzahl
    – Einheit
    – Bezug
	Aus der Bezeichnung muss Art und Zweck der Anlage eindeutig erkennbar sein.
	 Unter Auslastung ist der prozentuale Anteil der tatsächlichen Leistung an der installierten Leistung bezogen auf den Erklärungszeitraum anzugeben.

Emissionsrelevante gehandhabte Stoffe – Nummer der Anlage – Bezeichnung – Verwendungsart – Heizwert (unterer) [kJ/kg] – Massenstrom [t/a]	Anzugeben sind nur die Stoffe (z. B. Steinkohle, Erdgas), aus denen unmittelbar auf die von den Anlagen ausgehenden Emissionen geschlossen werden kann oder die für die Aufstellung einer Massenbilanz erforderlich sind. Die Verwendungsart der gehandhabten Stoffe (z. B. verbrannter Brennstoff, Einsatzstoff, Produkt) ist anzugeben. Der Heizwert ist für solche Stoffe anzugeben, die verbrannt werden.

Emissionsverursachender Vorgang
 – Nummer der Anlage
 – Nummer der Quelle
 – Nummer
 – Art
 – Bezeichnung
 – Gesamtdauer [h/a]
 – Abgas
    – Reinigungsart
    – Volumenstrom [m³/h]
    – Feuchte [Vol-%]
    – Temperatur [°C]
	Ein emissionsverursachender Vorgang setzt Emissionen im Erklärungszeitraum über eine der unter Position Quellen genannten Quellen frei. Die Freisetzung der Emissionen ist für eine Quelle in mehrere Vorgänge (z. B. Normal-, An- und Abfahrtbetrieb, Betriebsstörungen) aufzuteilen, sofern bei diesen Vorgängen deutlich unterschiedliche Emissions- oder Austrittsbedingungen aufgrund verschiedener Verfahrensabschnitte und Prozessabläufe auftreten.
	 Innerhalb einer Anlage sind die emissionsverursachenden Vorgänge fortlaufend zu nummerieren und zu benennen (z. B. Verfeuern von Heizöl EL, Schmelzen von Stahl).

[*)]   **Amtliche Anmerkung:** Die Angaben liegen bei der zuständigen Behörde in der Regel vor, so dass diese vom Betreiber nur aktualisiert oder ergänzt werden müssen.

Inhalt der Emissionserklärung	Erläuterung
	Die Angabe des Volumenstroms ist auf den trockenen Normalzustand (273,15 K; 1.013 hPa) zu beziehen.

Emissionen
– Nummer der Anlage
– Nummer der Quelle
– Nummer des emissionsverursachenden Vorganges
– Emittierter Stoff
  – Bezeichnung
  – Aggregatzustand
  – Emissionmassenstrom [kg/h]
– Jahresfracht [kg/a]
– Ermittlungsart der Jahresfracht
  – M: gemessen, C: berechnet, E: geschätzt
	Emissionen in die Luft sind von jeder erklärungspflichtigen Anlage gemäß § 3 Abs. 1 als Einzelstoff und nur in einzelnen Fällen wie z. B. NMVOC als Summenparameter anzugeben. Sie sind dabei gemäß § 5 in Messungen, Rechnungen und Schätzungen zu unterteilen. Die zuständige Behörde kann auf die Angabe der Emissionen verzichten, wenn die Emissionen mittels Emissionsfaktoren – z. B. durch softwaregestützte Rechenprogramme – berechnet werden.

Zwölfte Verordnung
zur Durchführung des Bundes-Immissionsschutzgesetzes
(Störfall-Verordnung – 12. BImSchV)

In der Fassung der Bekanntmachung vom 15. März 2017
(BGBl. I S. 483, ber. S. 3527)
(FNA 2129-8-12-1)
zuletzt geändert durch Art. 1a VO zur Änd. der 9. BImSchV
vom 8. Dezember 2017 (BGBl. I S. 3882, 3890)

Inhaltsübersicht

Erster Teil
Allgemeine Vorschriften
§ 1   Anwendungsbereich
§ 2   Begriffsbestimmungen

Zweiter Teil
Vorschriften für Betriebsbereiche

Erster Abschnitt
Grundpflichten
§ 3   Allgemeine Betreiberpflichten
§ 4   Anforderungen zur Verhinderung von Störfällen
§ 5   Anforderungen zur Begrenzung von Störfallauswirkungen
§ 6   Ergänzende Anforderungen
§ 7   Anzeige
§ 8   Konzept zur Verhinderung von Störfällen
§ 8a   Information der Öffentlichkeit

Zweiter Abschnitt
Erweiterte Pflichten
§ 9   Sicherheitsbericht
§ 10   Alarm- und Gefahrenabwehrpläne
§ 11   Weitergehende Information der Öffentlichkeit
§ 12   Sonstige Pflichten

Dritter Abschnitt
Behördenpflichten
§ 13   Mitteilungspflicht gegenüber dem Betreiber
§ 14   (weggefallen)
§ 15   Domino-Effekt
§ 16   Überwachungssystem
§ 17   Überwachungsplan und Überwachungsprogramm

Vierter Abschnitt
Genehmigungsverfahren nach § 23b des Bundes-Immissionsschutzgesetzes
§ 18   Genehmigungsverfahren nach § 23b des Bundes-Immissionsschutzgesetzes

Dritter Teil
Meldeverfahren, Schlussvorschriften

§ 19   Meldeverfahren
§ 20   Übergangsvorschriften
§ 21   Ordnungswidrigkeiten

Anhang I
Mengenschwellen

Anhang II
Mindestangaben im Sicherheitsbericht

Anhang III
Sicherheitsmanagementsystem

Anhang IV
Informationen in den Alarm- und Gefahrenabwehrplänen

Anhang V
Information der Öffentlichkeit

Teil 1: Informationen zu Betriebsbereichen der unteren und der oberen Klasse
Teil 2: Weitergehende Informationen zu Betriebsbereichen der oberen Klasse

Anhang VI
Meldungen

Teil 1: Kriterien
Teil 2: Inhalte

Anhang VII
(weggefallen)

Erster Teil
Allgemeine Vorschriften
§ 1 Anwendungsbereich

(1) [1]Die Vorschriften dieser Verordnung mit Ausnahme der §§ 9 bis 12 gelten für Betriebsbereiche der unteren und der oberen Klasse. [2]Für Betriebsbereiche der oberen Klasse gelten außerdem die Vorschriften der §§ 9 bis 12.[1])

(2) Die zuständige Behörde kann im Einzelfall dem Betreiber eines Betriebsbereichs der unteren Klasse, soweit es zur Verhinderung von Störfällen oder zur Begrenzung ihrer Auswirkungen erforderlich ist, Pflichten nach den §§ 9 bis 12 auferlegen.

(3) Die Absätze 1 und 2 gelten nicht für Einrichtungen, Gefahren und Tätigkeiten, die in Artikel 2 Absatz 2 Unterabsatz 1 der Richtlinie 2012/18/EU des Europäischen Parlaments und des Rates vom 4. Juli 2012 zur Beherrschung der Gefahren schwerer Unfälle mit gefährlichen

---

1) Absatz 1 beschreibt den Anwendungsbereich entsprechend der sog. Seveso-III-Richtlinie (Richtlinie 2012/18/EU). Der Begriff des Betriebsbereichs ist in § 3 Abs. 5 a BImSchG näher erläutert. Die verschiedenen Klassen der Betriebsbereiche sind in § 2 definiert.

Stoffen, zur Änderung und anschließenden Aufhebung der Richtlinie 96/82/EG des Rates (ABl. L 197 vom 24. 7. 2012, S. 1) genannt sind, es sei denn, es handelt sich um eine in Artikel 2 Absatz 2 Unterabsatz 2 der Richtlinie 2012/18/EU genannte Einrichtung, Gefahr oder Tätigkeit.[2]

§ 2 Begriffsbestimmungen

Im Sinne dieser Verordnung sind

1. Betriebsbereich der unteren Klasse:
   ein Betriebsbereich, in dem gefährliche Stoffe in Mengen vorhanden sind, die die in Spalte 4 der Stoffliste in Anhang I genannten Mengenschwellen erreichen oder überschreiten, aber die in Spalte 5 der Stoffliste in Anhang I genannten Mengenschwellen unterschreiten;

2. Betriebsbereich der oberen Klasse:
   ein Betriebsbereich, in dem gefährliche Stoffe in Mengen vorhanden sind, die die in Spalte 5 der Stoffliste in Anhang I genannten Mengenschwellen erreichen oder überschreiten;

3. benachbarter Betriebsbereich:
   ein Betriebsbereich, der sich so nah bei einem anderen Betriebsbereich befindet, dass dadurch das Risiko oder die Folgen eines Störfalls vergrößert werden;

---

2) Artikel 2 der Richtlinie 2012/18/EU hat folgende Fassung:
   (2) Diese Richtlinie gilt nicht für
   a) militärische Einrichtungen, Anlagen oder Lager;
   b) durch ionisierende Strahlung, die von Stoffen ausgeht, entstehenden Gefahren;
   c) die Beförderung gefährliche Stoffe und deren damit unmittelbar in Zusammenhang stehende, zeitlich begrenzte Zwischenlagerung auf der Straße, der Schiene, den Binnenwasserstraßen, dem See- oder Luftweg außerhalb der unter diese Richtlinie fallenden Betriebe, einschließlich des Be- und Entladens sowie des Umladens von einem Verkehrsträger auf einen anderen Verkehrsträger in Hafenbecken, Kaianlagen oder Verschiebebahnhöfen;
   d) die Beförderung gefährlicher Stoffe in Rohrleitungen, einschließlich der Pumpstationen, außerhalb der unter diese Richtlinie fallenden Betriebe;
   e) die Gewinnung, nämlich die Erkundung, den Abbau und die Aufbereitung von Mineralien im Bergbau und in Steinbrüchen, einschließlich durch Bohrung;
   f) die Offshore-Erkundung und -Gewinnung von Mineralien, einschließlich Kohlenwasserstoffen;
   g) die unterirdische Offshore-Speicherung von Gas sowohl in eigenen Lagerstätten als auch an Stätten, wo auch Mineralien, einschließlich Kohlenwasserstoffe, erkundet und gewonnen werden;
   h) Abfalldeponien, einschließlich unterirdischer Abfalllager.
   Unbeschadet Unterabsatz 1 Buchstaben e und h fallen an Land gelegene unterirdische Gasspeicheranlagen in natürlichen Erdformationen, Aquiferen, Salzkavernen und stillgelegten Minen und chemische und thermische Aufbereitungsmaßnahmen und die mit diesen Maßnahmen in Verbindung stehende Lagerung, die gefährliche Stoffe umfasst, sowie in Betrieb befindliche Bergebeseitigungseinrichtungen, einschließlich Bergeteichen oder Absetzbecken, die gefährliche Stoffe enthalten, in den Anwendungsbereich dieser Richtlinie.

4. gefährliche Stoffe:
   Stoffe oder Gemische, die in Anhang I aufgeführt sind oder die dort festgelegten Kriterien erfüllen, einschließlich in Form von Rohstoffen, Endprodukten, Nebenprodukten, Rückständen oder Zwischenprodukten;

5. Vorhandensein gefährlicher Stoffe:[3]
   das tatsächliche oder vorgesehene Vorhandensein gefährlicher Stoffe oder ihr Vorhandensein im Betriebsbereich, soweit vernünftigerweise vorhersehbar ist, dass sie bei außer Kontrolle geratenen Prozessen[4], auch bei Lagerung in einer Anlage innerhalb des Betriebsbereichs, anfallen, und zwar in Mengen, die die in Anhang I genannten Mengenschwellen erreichen oder überschreiten;

6. Ereignis:
   Störung des bestimmungsgemäßen Betriebs in einem Betriebsbereich unter Beteiligung eines oder mehrerer gefährlicher Stoffe;

7. Störfall:
   ein Ereignis, das unmittelbar oder später innerhalb oder außerhalb des Betriebsbereichs zu einer ernsten Gefahr oder zu Sachschäden nach Anhang VI Teil 1 Ziffer I Nummer 4 führt;

8. ernste Gefahr:
   eine Gefahr, bei der
   a) das Leben von Menschen bedroht wird oder schwerwiegende Gesundheitsbeeinträchtigungen von Menschen zu befürchten sind,
   b) die Gesundheit einer großen Zahl von Menschen beeinträchtigt werden kann oder
   c) die Umwelt, insbesondere Tiere und Pflanzen, der Boden, das Wasser, die Atmosphäre sowie Kultur- oder sonstige Sachgüter geschädigt werden können, falls durch eine Veränderung ihres Bestandes oder ihrer Nutzbarkeit das Gemeinwohl beeinträchtigt würde;

9. Überwachungssystem:
   umfasst den Überwachungsplan, das Überwachungsprogramm und die Vor-Ort-Besichtigung sowie alle Maßnahmen, die von der zuständigen Behörde oder in ihrem Namen durchgeführt werden, um die Einhaltung der Bestimmungen dieser Verordnung durch die Betriebsbereiche zu überprüfen und zu fördern;

---

3) Die Begriffsbestimmung kann durch Verwaltungsvorschriften, durch Leitlinien der Kommission für Anlagensicherheit oder durch Sachverständigengutachten konkretisiert werden.

4) Als Ursachen dafür, dass Prozesse außer Kontrolle geraten, kommen Naturereignisse, Brände, Stoffverwechslungen, die Zersetzung von Stoffen oder ähnliche Ereignisse in Betracht.

10. Stand der Sicherheitstechnik:
der Entwicklungsstand fortschrittlicher Verfahren, Einrichtungen und Betriebsweisen, der die praktische Eignung einer Maßnahme zur Verhinderung von Störfällen oder zur Begrenzung ihrer Auswirkungen gesichert erscheinen lässt. Bei der Bestimmung des Standes der Sicherheitstechnik sind insbesondere vergleichbare Verfahren, Einrichtungen oder Betriebsweisen heranzuziehen, die mit Erfolg im Betrieb erprobt worden sind.

Zweiter Teil
Vorschriften für Betriebsbereiche

Erster Abschnitt
Grundpflichten

§ 3 Allgemeine Betreiberpflichten

(1) Der Betreiber hat die nach Art und Ausmaß der möglichen Gefahren erforderlichen Vorkehrungen zu treffen, um Störfälle zu verhindern; Verpflichtungen nach anderen als immissionsschutzrechtlichen Vorschriften[5] bleiben unberührt.

(2) Bei der Erfüllung der Pflicht nach Absatz 1 sind
1. betriebliche Gefahrenquellen,[6]
2. umgebungsbedingte Gefahrenquellen[7], wie Erdbeben oder Hochwasser, und
3. Eingriffe Unbefugter
zu berücksichtigen, es sei denn, dass diese Gefahrenquellen oder Eingriffe als Störfallursachen vernünftigerweise[8] ausgeschlossen werden können.

(3) Über Absatz 1 hinaus sind vorbeugend Maßnahmen zu treffen, um die Auswirkungen von Störfällen so gering wie möglich zu halten.

(4) Die Beschaffenheit und der Betrieb der Anlagen des Betriebsbereichs müssen dem Stand der Sicherheitstechnik entsprechen.[9]

(5) Die Wahrung angemessener Sicherheitsabstände zwischen Betriebsbereich und benachbarten Schutzobjekten stellt keine Betreiberpflicht dar.[10]

---

5) Derartige Vorschriften enthalten z. B. die Verordnungen für überwachungsbedürftige Anlagen nach § 34 Produktsicherheitsgesetz.
6) Hierzu gehören Werkstofffehler, Versagen von Versorgungssystemen, Fehlbedienungen u. Ä.
7) Hierbei handelt es sich um von außen wirkende Gefahrenquellen, die durch den Standort des Betriebsbereichs bedingt sind.
8) Zum Maßstab der praktischen Vernunft vgl. BVerfG in NJW 79, 359.
9) Hierbei handelt es sich um eine standortunabhängige Mindestforderung.
10) Absatz 5 enthält eine Klarstellung zu Art. 13 der Richtlinie 2012/18/EU. Die dort getroffene Regelung enthält Anforderungen an die Politiken der Flächenausweisung oder Flächennutzung oder andere einschlägige Politiken der Mitgliedstaaten.

§ 4 Anforderungen zur Verhinderung von Störfällen

Der Betreiber hat zur Erfüllung der sich aus § 3 Absatz 1 ergebenden Pflicht insbesondere[11)]

1. Maßnahmen zu treffen, damit Brände und Explosionen
    a) innerhalb des Betriebsbereichs vermieden werden,
    b) nicht in einer die Sicherheit beeinträchtigenden Weise von einer Anlage auf andere Anlagen des Betriebsbereichs einwirken können und
    c) nicht in einer die Sicherheit des Betriebsbereichs beeinträchtigenden Weise von außen auf ihn einwirken können,

1a. Maßnahmen zu treffen, damit Freisetzungen gefährlicher Stoffe in Luft, Wasser oder Boden vermieden werden,

2. den Betriebsbereich mit ausreichenden Warn-, Alarm- und Sicherheitseinrichtungen auszurüsten,

3. die Anlagen des Betriebsbereichs mit zuverlässigen Messeinrichtungen und Steuer- oder Regeleinrichtungen auszustatten, die, soweit dies sicherheitstechnisch geboten ist, jeweils mehrfach vorhanden, verschiedenartig und voneinander unabhängig sind,

4. die sicherheitsrelevanten Teile des Betriebsbereichs vor Eingriffen Unbefugter zu schützen.

§ 5 Anforderungen zur Begrenzung von Störfallauswirkungen

(1) Der Betreiber hat zur Erfüllung der sich aus § 3 Absatz 3 ergebenden Pflicht insbesondere

1. Maßnahmen zu treffen, damit durch die Beschaffenheit der Fundamente und der tragenden Gebäudeteile bei Störfällen keine zusätzlichen Gefahren hervorgerufen werden können,

2. die Anlagen des Betriebsbereichs mit den erforderlichen sicherheitstechnischen Einrichtungen auszurüsten sowie die erforderlichen technischen und organisatorischen Schutzvorkehrungen zu treffen.

(2) Der Betreiber hat dafür zu sorgen, dass in einem Störfall die für die Gefahrenabwehr zuständigen Behörden und die Einsatzkräfte unverzüglich, umfassend und sachkundig beraten werden.

§ 6 Ergänzende Anforderungen

(1) Der Betreiber hat zur Erfüllung der sich aus § 3 Absatz 1 oder 3 ergebenden Pflichten über die in den §§ 4 und 5 genannten Anforderungen hinaus

1. die Errichtung und den Betrieb der sicherheitsrelevanten Anlagenteile zu prüfen sowie die Anlagen des Betriebsbereichs in sicherheitstechnischer Hinsicht ständig[12)] zu überwachen und regelmäßig zu warten,

2. die Wartungs- und Reparaturarbeiten nach dem Stand der Technik durchzuführen,

---

11) Die Pflichten sind in §§ 5 und 6 nicht abschließend aufgeführt.

12) Was das konkret bedeutet, hängt von der Art der Anlage ab. Eine Konkretisierung durch Auflagen und Anordnungen ist möglich und u. U. geboten.

3. die erforderlichen sicherheitstechnischen Vorkehrungen zur Vermeidung von Fehlbedienungen zu treffen,

4. durch geeignete Bedienungs- und Sicherheitsanweisungen und durch Schulung des Personals Fehlverhalten vorzubeugen.

(2) Die Betreiber der nach § 15 festgelegten Betriebsbereiche haben im Benehmen mit den zuständigen Behörden

1. untereinander alle erforderlichen Informationen auszutauschen, damit sie in ihrem Konzept zur Verhinderung von Störfällen, in ihren Sicherheitsmanagementsystemen, in ihren Sicherheitsberichten und ihren internen Alarm- und Gefahrenabwehrplänen der Art und dem Ausmaß der Gesamtgefahr eines Störfalls Rechnung tragen können, und

2. zur Information der Öffentlichkeit und benachbarter Betriebsstätten, die nicht unter den Anwendungsbereich dieser Verordnung fallen, sowie zur Übermittlung von Angaben an die für die Erstellung von externen Alarm- und Gefahrenabwehrplänen zuständige Behörde zusammenzuarbeiten.

(3) Der Betreiber hat der zuständigen Behörde auf Verlangen genügend Informationen zu liefern[13], die notwendig sind, damit die Behörde

1. die Möglichkeit des Eintritts eines Störfalls in voller Sachkenntnis beurteilen kann,

2. ermitteln kann, inwieweit sich die Wahrscheinlichkeit des Eintritts eines Störfalls erhöhen kann oder die Auswirkungen eines Störfalls verschlimmern können,

3. Entscheidungen über die Ansiedlung oder die störfallrelevante Änderung von Betriebsbereichen sowie über Entwicklungen in der Nachbarschaft von Betriebsbereichen treffen kann,

4. externe Alarm- und Gefahrenabwehrpläne erstellen kann und

5. Stoffe berücksichtigen kann, die auf Grund ihrer physikalischen Form, ihrer besonderen Merkmale oder des Ortes, an dem sie vorhanden sind, zusätzliche Vorkehrungen erfordern.

§ 7 Anzeige

(1) Der Betreiber hat der zuständigen Behörde mindestens einen Monat vor Beginn der Errichtung eines Betriebsbereichs, oder vor einer störfallrelevanten Änderung nach § 3 Absatz 5b des Bundes-Immissionsschutzgesetzes, Folgendes schriftlich anzuzeigen:[14]

1. Name oder Firma des Betreibers sowie vollständige Anschrift des betreffenden Betriebsbereichs,

2. eingetragener Firmensitz und vollständige Anschrift des Betreibers,

---

13) Die Verpflichtung dient nicht nur wie die nach § 52 Abs. 2 BImSchG der Überwachung, sondern auch der Gefahrenabwehr. Bei Anlagen nach der Industrieemissions-Richtlinie ist auch § 31 BImSchG zu beachten.

14) Soweit zu dem Betriebsbereich genehmigungsbedürftige Anlagen im Sinne des § 4 BImSchG gehören, ist vor Beginn der Errichtung auch eine Genehmigung oder eine Entscheidung nach § 8 a BImSchG einzuholen. Bei nicht genehmigungsbedürftigen Anlagen sind §§ 23a und 23b BImSchG zu beachten.

3. Name und Funktion der für den Betriebsbereich verantwortlichen Person, falls von der unter Nummer 1 genannten Person abweichend,
4. ausreichende Angaben zur Identifizierung der gefährlichen Stoffe und der Gefahrenkategorie von Stoffen, die gemäß § 2 Nummer 5 vorhanden sind,
5. Menge und physikalische Form der gefährlichen Stoffe,
6. Tätigkeit oder beabsichtigte Tätigkeit in den Anlagen des Betriebsbereichs,
7. Gegebenheiten in der unmittelbaren Umgebung des Betriebsbereichs, die einen Störfall auslösen oder dessen Folgen verschlimmern können, einschließlich, soweit verfügbar[15], Einzelheiten zu
   a) benachbarten Betriebsbereichen,
   b) anderen Betriebsstätten, die nicht unter den Anwendungsbereich dieser Verordnung fallen, und
   c) Bereichen und Entwicklungen, von denen ein Störfall ausgehen könnte oder bei denen sich die Wahrscheinlichkeit des Eintritts eines Störfalls erhöhen kann oder die Auswirkungen eines Störfalls und von Domino-Effekten nach § 15 verschlimmern können.

(2) Der Betreiber hat der zuständigen Behörde folgende Änderungen mindestens einen Monat vorher schriftlich anzuzeigen:[16]
1. Änderungen der Angaben nach Absatz 1 Nummer 1 bis 3 und
2. die Einstellung des Betriebs, des Betriebsbereichs oder einer Anlage des Betriebsbereichs.

(3) Der Betreiber hat der zuständigen Behörde störfallrelevante Änderungen nach § 3 Absatz 5b des Bundes-Immissionsschutzgesetzes schriftlich anzuzeigen.[17]

(4) Einer gesonderten Anzeige bedarf es nicht, soweit der Betreiber die entsprechenden Angaben der zuständigen Behörde nach Absatz 1 im Rahmen eines Genehmigungs- oder Anzeigeverfahrens vorgelegt hat.

§ 8 Konzept zur Verhinderung von Störfällen

(1) [1]Der Betreiber hat vor Inbetriebnahme ein schriftliches Konzept zur Verhinderung von Störfällen auszuarbeiten und es der zuständigen Behörde auf Verlangen vorzulegen. [2]Bei Betriebsbereichen der oberen Klasse kann das Konzept Bestandteil des Sicherheitsberichts sein.

---

15) Verfügbar sind Informationen, die auf Seiten des Betreibers bereits vorliegen, öffentlich verfügbar sind oder bei der zuständigen Behörde erfragt werden können.
16) Die Anzeigepflicht nach § 15 oder § 23a BImSchG wird dadurch nicht berührt (vgl. Absatz 3).
17) Auch der Wechsel der Betriebsbereichsklasse (unterer oder oberer Bereich) ist anzuzeigen (§ 3 Abs. 5b a. E. BImSchG).

(2) ¹Das Konzept soll ein hohes Schutzniveau für die menschliche Gesundheit und die Umwelt gewährleisten und den Gefahren von Störfällen im Betriebsbereich angemessen sein. ²Es muss die übergeordneten Ziele und Handlungsgrundsätze des Betreibers, die Rolle und die Verantwortung der Leitung des Betriebsbereichs umfassen sowie die Verpflichtung beinhalten, die Beherrschung der Gefahren von Störfällen ständig zu verbessern und ein hohes Schutzniveau zu gewährleisten.

(3) Der Betreiber hat die Umsetzung des Konzeptes durch angemessene Mittel und Strukturen sowie durch ein Sicherheitsmanagementsystem nach Anhang III sicherzustellen.

(4) Der Betreiber hat das Konzept, das Sicherheitsmanagementsystem nach Anhang III sowie die Verfahren zu dessen Umsetzung zu überprüfen und soweit erforderlich zu aktualisieren, und zwar

1. mindestens alle fünf Jahre nach erstmaliger Erstellung oder Änderung,
2. vor einer Änderung nach § 7 Absatz 3 und
3. unverzüglich nach einem Ereignis nach Anhang VI Teil 1.

§ 8a Information der Öffentlichkeit

(1) ¹Der Betreiber hat der Öffentlichkeit die Angaben nach Anhang V Teil 1 ständig zugänglich zu machen, auch auf elektronischem Weg. ²Die Angaben sind insbesondere bei einer störfallrelevanten Änderung nach § 3 Absatz 5b des Bundes-Immissionsschutzgesetzes auf dem neuesten Stand zu halten. ³Die Informationspflicht ist mindestens einen Monat vor Inbetriebnahme eines Betriebsbereichs oder vor störfallrelevanten Änderungen nach § 3 Absatz 5b des Bundes-Immissionsschutzgesetzes zu erfüllen. ⁴Andere öffentlich-rechtliche Vorschriften zur Information der Öffentlichkeit bleiben unberührt.

(2) Mit Zustimmung der zuständigen Behörde darf aus Gründen des Schutzes öffentlicher oder privater Belange nach den Bestimmungen des Bundes und der Länder über den Zugang zu Umweltinformationen von der Veröffentlichung von Informationen gemäß Absatz 1 abgesehen werden.[18]

Zweiter Abschnitt
Erweiterte Pflichten

§ 9 Sicherheitsbericht

(1) Der Betreiber eines Betriebsbereichs der oberen Klasse hat einen Sicherheitsbericht nach Absatz 2 zu erstellen, in dem dargelegt wird, dass

1. ein Konzept zur Verhinderung von Störfällen umgesetzt wurde und ein Sicherheitsmanagementsystem zu seiner Anwendung gemäß Anhang III vorhanden ist und umgesetzt wurde,
2. die Gefahren von Störfällen und mögliche Störfallszenarien ermittelt sowie alle erforderlichen Maßnahmen zur Verhinderung derartiger

---

18) Als Gründe für das Absehen von einer Veröffentlichung kommen insbesondere in Betracht: Betriebs- oder Geschäftsgeheimnisse, Vertraulichkeit persönlicher Daten und Gefährdung der öffentlichen Sicherheit.

Störfälle und zur Begrenzung ihrer Auswirkungen auf die menschliche Gesundheit und die Umwelt ergriffen wurden,

3. die Auslegung, die Errichtung sowie der Betrieb und die Wartung sämtlicher Teile eines Betriebsbereichs, die im Zusammenhang mit der Gefahr von Störfällen im Betriebsbereich stehen, ausreichend sicher und zuverlässig sind,

4. interne Alarm- und Gefahrenabwehrpläne vorliegen und die erforderlichen Informationen zur Erstellung externer Alarm- und Gefahrenabwehrpläne gegeben werden sowie

5. ausreichende Informationen bereitgestellt werden, damit die zuständige Behörde Entscheidungen über die Ansiedlung neuer Tätigkeiten oder Entwicklungen in der Nachbarschaft bestehender Betriebsbereiche treffen kann.

(2) [1]Der Sicherheitsbericht enthält mindestens die in Anhang II aufgeführten Angaben und Informationen. [2]Er führt die Namen der an der Erstellung des Berichts maßgeblich Beteiligten auf. [3]Er enthält ferner ein Verzeichnis der in dem Betriebsbereich vorhandenen gefährlichen Stoffe auf der Grundlage der Bezeichnungen und Einstufungen in Spalte 2 der Stoffliste des Anhangs I.

(3) Der Betreiber kann auf Grund anderer Rechtsvorschriften vorzulegende gleichwertige Berichte oder Teile solcher Berichte zu einem einzigen Sicherheitsbericht im Sinne dieses Paragraphen zusammenfassen, sofern alle Anforderungen dieses Paragraphen beachtet werden.

(4) Der Betreiber hat der zuständigen Behörde den Sicherheitsbericht nach den Absätzen 1 und 2 unbeschadet des § 4b Absatz 2 Satz 1 der Verordnung über das Genehmigungsverfahren innerhalb einer angemessenen, von der zuständigen Behörde gesetzten Frist vor Inbetriebnahme vorzulegen.

(5) [1]Der Betreiber hat den Sicherheitsbericht zu überprüfen und soweit erforderlich zu aktualisieren, und zwar:

1. mindestens alle fünf Jahre,

2. bei einer störfallrelevanten Änderung nach § 3 Absatz 5b des Bundes-Immissionsschutzgesetzes,

3. nach einem Ereignis nach Anhang VI Teil 1 und

4. zu jedem anderen Zeitpunkt, wenn neue Umstände dies erfordern, oder um den neuen sicherheitstechnischen Kenntnisstand sowie aktuelle Erkenntnisse zur Beurteilung der Gefahren zu berücksichtigen.

[2]Soweit sich bei der Überprüfung nach Satz 1 herausstellt, dass sich erhebliche Auswirkungen hinsichtlich der mit einem Störfall verbundenen Gefahren ergeben könnten, hat der Betreiber den Sicherheitsbericht unverzüglich zu aktualisieren. [3]Er hat der zuständigen Behörde die aktualisierten Teile des Sicherheitsberichts in Fällen der Nummern 1, 3 und 4 unverzüglich und in Fällen der Nummer 2 mindestens einen Monat vor Durchführung der Änderung vorzulegen.

(6) (weggefallen)

§ 10 Alarm- und Gefahrenabwehrpläne

(1) [1]Der Betreiber eines Betriebsbereichs der oberen Klasse hat nach Maßgabe des Satzes 2

1. interne Alarm- und Gefahrenabwehrpläne zu erstellen, die die in Anhang IV aufgeführten Informationen enthalten müssen, und

2. der zuständigen Behörde die für die Erstellung externer Alarm- und Gefahrenabwehrpläne erforderlichen Informationen zu übermitteln.

[2]Die Pflichten nach Satz 1 sind mindestens einen Monat vor Inbetriebnahme eines Betriebsbereichs oder vor Änderungen der Anlage oder der Tätigkeiten, auf Grund derer der Betriebsbereich unter den Anwendungsbereich dieser Verordnung fällt oder auf Grund derer ein Betriebsbereich der unteren Klasse zu einem Betriebsbereich der oberen Klasse wird, zu erfüllen.

(2) Wenn das Hoheitsgebiet eines anderen Staates von den Auswirkungen eines Störfalls betroffen werden kann, hat der Betreiber der zuständigen Behörde nach Absatz 1 Nummer 2 entsprechende Mehrausfertigungen der für die Erstellung externer Alarm- und Gefahrenabwehrpläne erforderlichen Informationen zur Weiterleitung an die zuständige Behörde des anderen Staates zu übermitteln.

(3) [1]Vor der Erstellung der internen Alarm- und Gefahrenabwehrpläne hat der Betreiber die Beschäftigten des Betriebsbereichs über die vorgesehenen Inhalte zu unterrichten und hierzu anzuhören. [2]Er hat die Beschäftigten ferner vor ihrer erstmaligen Beschäftigungsaufnahme und danach mindestens alle drei Jahre über die für sie in den internen Alarm- und Gefahrenabwehrplänen für den Störfall enthaltenen Verhaltensregeln zu unterweisen. [3]Die Pflichten aus den Sätzen 1 und 2 gelten sinngemäß auch gegenüber dem nicht nur vorübergehend beschäftigten Personal von Subunternehmen.

(4) [1]Der Betreiber hat die internen Alarm- und Gefahrenabwehrpläne in Abständen von höchstens drei Jahren zu überprüfen und zu erproben. [2]Bei der Überprüfung sind Veränderungen im betreffenden Betriebsbereich und in den betreffenden Notdiensten, neue technische Erkenntnisse und Erkenntnisse darüber, wie bei Störfällen zu handeln ist, zu berücksichtigen. [3]Soweit sich bei der Überprüfung nach Satz 1 herausstellt, dass sich erhebliche Auswirkungen hinsichtlich der bei einem Störfall zu treffenden Maßnahmen ergeben könnten, hat der Betreiber die Alarm- und Gefahrenabwehrpläne unverzüglich zu aktualisieren. [4]Absatz 1 Satz 1 Nummer 2 und Absatz 2 gelten entsprechend.

§ 11 Weitergehende Information der Öffentlichkeit

(1) [1]Über die Anforderungen des § 8a Absatz 1 hinaus hat der Betreiber eines Betriebsbereichs der oberen Klasse der Öffentlichkeit die Angaben nach Anhang V Teil 2 ständig zugänglich zu machen, auch auf elektronischem Weg. [2]Die Angaben sind auf dem neuesten Stand zu halten, insbesondere bei einer störfallrelevanten Änderung nach § 3 Absatz 5b des Bundes-Immissionsschutzgesetzes. [3]Die Informationspflicht ist mindestens einen Monat vor Inbetriebnahme eines Betriebsbereichs oder vor ei-

ner störfallrelevanten Änderung nach § 3 Absatz 5b des Bundes-Immissionsschutzgesetzes zu erfüllen. [4]Andere öffentlich-rechtliche Vorschriften zur Information der Öffentlichkeit bleiben unberührt.

(2) Mit Zustimmung der zuständigen Behörde darf aus Gründen des Schutzes öffentlicher oder privater Belange nach den Bestimmungen des Bundes und der Länder über den Zugang zu Umweltinformationen von der Veröffentlichung von Informationen gemäß Absatz 1 abgesehen werden.

(3) [1]Der Betreiber eines Betriebsbereichs hat alle Personen und alle Einrichtungen mit Publikumsverkehr, wie öffentlich genutzte Gebäude und Gebiete, einschließlich Schulen und Krankenhäuser, sowie Betriebsstätten oder benachbarte Betriebsbereiche, die von einem Störfall in diesem Betriebsbereich betroffen sein könnten, vor Inbetriebnahme über die Sicherheitsmaßnahmen und das richtige Verhalten im Fall eines Störfalls in einer auf die speziellen Bedürfnisse der jeweiligen Adressatengruppe abgestimmten Weise zu informieren. [2]Die Informationen enthalten zumindest die in Anhang V Teil 1 und 2 aufgeführten Angaben. [3]Soweit die Informationen zum Schutze der Öffentlichkeit bestimmt sind, sind sie mit den für den Katastrophenschutz und die allgemeine Gefahrenabwehr zuständigen Behörden abzustimmen. [4]Die in diesem Absatz genannten Betreiberpflichten gelten auch gegenüber Personen, der Öffentlichkeit und den zuständigen Behörden in anderen Staaten, deren Hoheitsgebiet von den grenzüberschreitenden Auswirkungen eines Störfalls in dem Betriebsbereich betroffen werden könnte.

(4) [1]Der Betreiber hat die Informationen nach Absatz 3 zu überprüfen, und zwar

1. mindestens alle drei Jahre und
2. bei einer störfallrelevanten Änderung nach § 3 Absatz 5b des Bundes-Immissionsschutzgesetzes.

[2]Soweit sich bei der Überprüfung Änderungen ergeben, die erhebliche Auswirkungen hinsichtlich der mit einem Störfall verbundenen Gefahren haben könnten, hat der Betreiber die Informationen unverzüglich zu aktualisieren und zu wiederholen; Absatz 3 gilt entsprechend. [3]Der Zeitraum, innerhalb dessen die nach Absatz 3 übermittelten Informationen wiederholt werden müssen, darf in keinem Fall fünf Jahre überschreiten.

(5) Der Betreiber hat der Öffentlichkeit auf Anfrage den Sicherheitsbericht nach § 9 Absatz 1 und 2 oder Absatz 3 unverzüglich zugänglich zu machen.

(6) [1]Der Betreiber kann von der zuständigen Behörde verlangen, bestimmte Teile des Sicherheitsberichts aus Gründen nach Artikel 4 der Richtlinie 2003/4/EG nicht offenlegen zu müssen. [2]Nach Zustimmung der zuständigen Behörde legt der Betreiber in solchen Fällen der Behörde einen geänderten Sicherheitsbericht vor, in dem die nicht offenzulegenden Teile ausgespart sind und der zumindest allgemeine Informationen über mögliche Auswirkungen eines Störfalls auf die menschliche Gesundheit und die Umwelt umfasst, und macht diesen der Öffentlichkeit auf Anfrage zugänglich.

§ 12 Sonstige Pflichten

(1) Der Betreiber eines Betriebsbereichs der oberen Klasse hat

1. auf Verlangen der zuständigen Behörde zu einer von ihr benannten, zur Informationsweitergabe geeigneten Stelle der öffentlichen Verwaltung eine jederzeit verfügbare und gegen Missbrauch geschützte Verbindung einzurichten und zu unterhalten sowie

2. eine Person oder Stelle mit der Begrenzung der Auswirkungen von Störfällen zu beauftragen[19)] und diese der zuständigen Behörde zu benennen.

(2) [1]Der Betreiber hat Unterlagen über die nach § 6 Abs. 1 Nr. 1 und 2 erforderliche Durchführung

1. der Prüfung der Errichtung und des Betriebs der sicherheitsrelevanten Anlagenteile,

2. der Überwachung und regelmäßigen Wartung der Anlage in sicherheitstechnischer Hinsicht,

3. der sicherheitsrelevanten Wartungs- und Reparaturarbeiten sowie

4. der Funktionsprüfungen der Warn-, Alarm- und Sicherheitseinrichtungen

zu erstellen. [2]Die Unterlagen sind bis zur nächsten Vor-Ort-Besichtigung, jedoch mindestens fünf Jahre ab Erstellung zur Einsicht durch die zuständige Behörde aufzubewahren.[20)]

Dritter Abschnitt
Behördenpflichten

§ 13 Mitteilungspflicht gegenüber dem Betreiber

[1]Vor Inbetriebnahme eines Betriebsbereichs und nach einer Aktualisierung des Sicherheitsberichts auf Grund der in § 9 Absatz 5 vorgeschriebenen Überprüfungen hat die zuständige Behörde dem Betreiber die Ergebnisse ihrer Prüfung des Sicherheitsberichts, gegebenenfalls nach Anforderung zusätzlicher Informationen, innerhalb einer angemessenen Frist nach Eingang des Sicherheitsberichts mitzuteilen, soweit der Sicherheitsbericht nicht Gegenstand eines immissionsschutzrechtlichen Genehmigungsverfahrens ist. [2]Satz 1 gilt entsprechend in den Fällen des § 20 Absatz 2 Nummer 1 und Absatz 4 Nummer 1.

§ 14 (weggefallen)

§ 15 Domino-Effekt

(1) [1]Die zuständige Behörde hat gegenüber den Betreibern festzustellen, bei welchen Betriebsbereichen oder Gruppen von Betriebsbereichen auf Grund ihrer geographischen Lage, ihres Abstands zueinander und der in

---

19) Die Person oder Stelle hat eine andere Funktion als der Störfallbeauftragte nach § 58a BImSchG. Die Aufgaben können jedoch auch (zusätzlich) dem Störfallbeauftragten übertragen werden.

20) Eine entsprechende Vorlagepflicht gegenüber der Behörde folgt aus § 52 Abs. 2 BImSchG.

ihren Anlagen vorhandenen gefährlichen Stoffe eine erhöhte Wahrscheinlichkeit von Störfällen bestehen kann oder diese Störfälle folgenschwerer sein können. [2]Hierfür hat die zuständige Behörde insbesondere folgende Angaben zu verwenden:

1. die Angaben, die der Betreiber in der Anzeige nach § 7 und im Sicherheitsbericht nach § 9 übermittelt hat,

2. die Angaben, die im Anschluss an ein Ersuchen der zuständigen Behörde um zusätzliche Auskünfte vom Betreiber übermittelt wurden, und

3. die Informationen, die die zuständige Behörde durch Überwachungsmaßnahmen erlangt hat.

(2) Die zuständige Behörde hat Informationen, über die sie zusätzlich zu den vom Betreiber nach § 7 Absatz 1 Nummer 7 übermittelten Angaben verfügt, dem Betreiber unverzüglich zur Verfügung zu stellen, sofern dies für die Zusammenarbeit der Betreiber gemäß § 6 Absatz 2 erforderlich ist.

§ 16 Überwachungssystem

(1) [1]Die zuständige Behörde hat unbeschadet des § 13 ein angemessenes Überwachungssystem einzurichten. [2]Das Überwachungssystem hat eine planmäßige und systematische Prüfung der technischen, organisatorischen und managementspezifischen Systeme der betroffenen Betriebsbereiche zu ermöglichen, mit der sich die zuständige Behörde insbesondere vergewissert,

1. dass der Betreiber nachweisen kann, dass er im Zusammenhang mit den verschiedenen betriebsspezifischen Tätigkeiten die zur Verhinderung von Störfällen erforderlichen Maßnahmen ergriffen hat,

2. dass der Betreiber nachweisen kann, dass er angemessene Mittel zur Begrenzung von Störfallauswirkungen innerhalb und außerhalb des Betriebsbereichs vorgesehen hat,

3. dass die im Sicherheitsbericht oder in anderen vorgelegten Berichten enthaltenen Angaben und Informationen die Gegebenheiten in dem Betriebsbereich zutreffend wiedergeben,

4. dass die Informationen nach § 8a Absatz 1 und § 11 Absatz 1 der Öffentlichkeit zugänglich gemacht worden sind und dass die Informationen nach § 11 Absatz 3 erfolgt sind.

(2) Das Überwachungssystem gewährleistet, dass:

1. nach jeder Vor-Ort-Besichtigung von der zuständigen Behörde ein Bericht erstellt wird, welcher die relevanten Feststellungen der Behörde und erforderlichen Folgemaßnahmen enthält,

2. der Bericht dem Betreiber innerhalb von vier Monaten nach der Vor-Ort-Besichtigung durch die zuständige Behörde übermittelt wird,

3. baldmöglichst, aber spätestens innerhalb von sechs Monaten, eine Vor-Ort-Besichtigung oder eine sonstige Überwachungsmaßnahme durchgeführt wird, bei
   a) schwerwiegenden Beschwerden,
   b) Ereignissen nach Anhang VI Teil 1 und

c) bedeutenden Verstößen gegen Vorschriften dieser Verordnung oder anderer für die Anlagensicherheit relevanter Rechtsvorschriften,

4. Vor-Ort-Besichtigungen mit Überwachungsmaßnahmen im Rahmen anderer Rechtsvorschriften wenn möglich koordiniert werden.

(3) Die zuständige Behörde beteiligt sich im Rahmen ihrer Möglichkeiten aktiv an Maßnahmen und Instrumenten zum Erfahrungsaustausch und zur Wissenskonsolidierung auf dem Gebiet der Überwachung von Betriebsbereichen.

(4) ¹Die zuständige Behörde kann einen geeigneten Sachverständigen mit Vor-Ort-Besichtigungen oder sonstigen Überwachungsmaßnahmen, der Erstellung des Berichts nach Absatz 2 Nummer 1 und der Überprüfung der Folgemaßnahmen beauftragen. ²Bestandteil des Auftrags muss es sein, den Bericht nach Absatz 2 Nummer 1 und das Ergebnis der Überprüfung binnen vier Wochen nach Fertigstellung des Berichts oder nach Abschluss der Überprüfung der zuständigen Behörde zu übermitteln. ³Als Sachverständige sind insbesondere die gemäß § 29b des Bundes-Immissionsschutzgesetzes bekannt gegebenen Sachverständigen geeignet.

§ 17 Überwachungsplan und Überwachungsprogramm

(1) ¹Die zuständige Behörde hat im Rahmen des Überwachungssystems einen Überwachungsplan zu erstellen. ²Der Überwachungsplan muss Folgendes enthalten:

1. den räumlichen Geltungsbereich des Plans,
2. eine allgemeine Beurteilung der Anlagensicherheit im Geltungsbereich des Plans,
3. ein Verzeichnis der in den Geltungsbereich des Plans fallenden Betriebsbereiche,
4. ein Verzeichnis der Gruppen von Betriebsbereichen nach § 15,
5. ein Verzeichnis der Betriebsbereiche, in denen sich durch besondere umgebungsbedingte Gefahrenquellen die Wahrscheinlichkeit des Eintritts eines Störfalls erhöhen oder die Auswirkungen eines solchen Störfalls verschlimmern können,
6. die Verfahren für die Aufstellung von Programmen für die regelmäßige Überwachung,
7. die Verfahren für die Überwachung aus besonderem Anlass,
8. Bestimmungen für die Zusammenarbeit zwischen Überwachungsbehörden.

³Die Überwachungspläne sind von der zuständigen Behörde regelmäßig zu überprüfen und, soweit erforderlich, zu aktualisieren.

(2) ¹Auf der Grundlage der Überwachungspläne erstellen und aktualisieren die zuständigen Behörden regelmäßig Überwachungsprogramme, in denen auch die Zeiträume angegeben sind, in denen Vor-Ort-Besichtigungen stattfinden müssen. ²Der Abstand zwischen zwei Vor-Ort-Besichtigungen darf die folgenden Zeiträume nicht überschreiten:

1. ein Jahr, bei Betriebsbereichen der oberen Klasse, sowie
2. drei Jahre, bei Betriebsbereichen der unteren Klasse,

es sei denn, die zuständige Behörde hat auf der Grundlage einer systematischen Beurteilung der mit den Betriebsbereichen verbundenen Gefahren
von Störfällen andere zeitliche Abstände erarbeitet.

(3) Die systematische Beurteilung der Gefahren von Störfällen nach Absatz 2 muss mindestens folgende Kriterien berücksichtigen:

1. mögliche Auswirkungen des Betriebsbereichs auf die menschliche
   Gesundheit und auf die Umwelt,
2. die Einhaltung der Anforderungen dieser Verordnung und anderer für
   die Anlagensicherheit wesentlicher Rechtsvorschriften und
3. für die Anlagensicherheit wesentliche Ergebnisse von Überwachungsmaßnahmen, die im Rahmen anderer Rechtsvorschriften durchgeführt
   worden sind.

Vierter Abschnitt
**Genehmigungsverfahren nach § 23b des Bundes-
Immissionsschutzgesetzes**

**§ 18 Genehmigungsverfahren nach § 23b des Bundes-Immissions-
schutzgesetzes**

(1) [1]Der Träger des Vorhabens hat dem Antrag nach § 23b Absatz 1 des
Bundes-Immissionsschutzgesetzes alle Unterlagen beizufügen, die für die
Prüfung der Genehmigungsvoraussetzungen erforderlich sind. [2]Die zuständige Behörde teilt dem Antragsteller nach Eingang des Antrags und
der Unterlagen unverzüglich mit, welche zusätzlichen Unterlagen sie für
die Prüfung benötigt. [3]Erfolgt die Antragstellung elektronisch, kann die
zuständige Behörde Mehrfertigungen sowie die Übermittlung der dem Antrag beizufügenden Unterlagen auch in schriftlicher Form verlangen.

(2) [1]Hat der Antragsteller den Antrag und die erforderlichen Unterlagen
vollständig übermittelt, macht die zuständige Behörde das Vorhaben in ihrem amtlichen Veröffentlichungsblatt und außerdem entweder im Internet
oder in örtlichen Tageszeitungen, die im Bereich des Standortes des Vorhabens verbreitet sind, öffentlich bekannt. [2]In der Bekanntmachung ist die
Öffentlichkeit über Folgendes zu informieren:

1. über den Gegenstand des Vorhabens,
2. gegebenenfalls über die Feststellung der UVP-Pflicht des Vorhabens
   nach § 5 des Gesetzes über die Umweltverträglichkeitsprüfung sowie
   erforderlichenfalls Durchführung einer grenzüberschreitenden Beteiligung nach den §§ 55 und 56 des Gesetzes über die Umweltverträglichkeitsprüfung oder das Bestehen einer grenzüberschreitenden Informationspflicht des Betreibers nach § 11 Absatz 3 Satz 4,
3. über die für die Genehmigung zuständige Behörde, bei der der Antrag nebst Unterlagen zur Einsicht ausgelegt wird, sowie wo und wann
   Einsicht genommen werden kann,
4. darüber, dass Personen, deren Belange berührt sind, und Vereinigungen, welche die Anforderungen von § 3 Absatz 1 oder § 2 Absatz 2
   des Umwelt-Rechtsbehelfsgesetzes erfüllen (betroffene Öffentlichkeit), Einwendungen bei einer in der Bekanntmachung bezeichneten

Stelle innerhalb der Frist gemäß § 23b Absatz 2 Satz 3 des Bundes-Immissionsschutzgesetzes erheben können,

5. die Art möglicher Entscheidungen oder, soweit vorhanden, den Entscheidungsentwurf,

6. darüber, dass die Zustellung der Entscheidung über die Einwendungen durch öffentliche Bekanntmachung ersetzt werden kann, sowie

7. gegebenenfalls über weitere Einzelheiten des Verfahrens zur Unterrichtung der Öffentlichkeit und Anhörung der betroffenen Öffentlichkeit.

[3]Weitere Informationen, die für die Entscheidung über die Genehmigung von Bedeutung sein können und die der zuständigen Behörde erst nach Beginn der Auslegung vorliegen, sind der Öffentlichkeit nach den Bestimmungen über den Zugang zu Umweltinformationen zugänglich zu machen. [4]Besteht für das Vorhaben eine UVP-Pflicht, muss die Bekanntmachung darüber hinaus den Anforderungen des § 19 Absatz 1 des Gesetzes über die Umweltverträglichkeitsprüfung entsprechen.

(3) [1]Die Auslegung des Antrags und der Unterlagen nach § 23b Absatz 2 Satz 2 des Bundes-Immissionsschutzgesetzes erfolgt bei der Genehmigungsbehörde und, soweit erforderlich, bei einer geeigneten Stelle in der Nähe des Standortes des Vorhabens. [2]Die Einwendungen können bei der Genehmigungsbehörde oder bei der Stelle erhoben werden, bei der Antrag und Unterlagen zur Einsicht ausliegen.

(4) [1]Der Genehmigungsbescheid ist schriftlich zu erlassen, schriftlich zu begründen und dem Antragsteller und den Personen, die Einwendungen erhoben haben, zuzustellen. [2]In der Begründung sind die wesentlichen tatsächlichen und rechtlichen Gründe, die die Behörde zu ihrer Entscheidung bewogen haben, die Behandlung der Einwendungen sowie Angaben über das Verfahren zur Beteiligung der Öffentlichkeit aufzunehmen. [3]Haben mehr als 50 Personen Einwendungen erhoben, kann die Zustellung durch die öffentliche Bekanntmachung nach Absatz 5 ersetzt werden.

(5) [1]Der Genehmigungsbescheid ist öffentlich bekannt zu machen. [2]Die öffentliche Bekanntmachung wird dadurch bewirkt, dass der verfügende Teil des Bescheids und die Rechtsbehelfsbelehrung in entsprechender Anwendung des Absatzes 2 Satz 1 bekannt gemacht werden; auf Auflagen ist hinzuweisen. [3]Eine Ausfertigung des gesamten Genehmigungsbescheids ist vom Tage nach der Bekanntmachung an zwei Wochen zur Einsicht auszulegen. [4]In der öffentlichen Bekanntmachung ist anzugeben, wo und wann der Bescheid und seine Begründung eingesehen und nach Satz 6 angefordert werden können. [5]Mit dem Ende der Auslegungsfrist gilt der Bescheid auch Dritten gegenüber, die keine Einwendungen erhoben haben, als zugestellt; darauf ist in der Bekanntmachung hinzuweisen. [6]Nach der öffentlichen Bekanntmachung können der Bescheid und seine Begründung bis zum Ablauf der Widerspruchsfrist von den Personen, die Einwendungen erhoben haben, schriftlich angefordert werden.

(6) Die Absätze 1 bis 5 gelten für Vorhaben nach § 23c Satz 1 des Bundes-Immissionsschutzgesetzes entsprechend, soweit § 57d des Bundesberggesetzes dies anordnet.

Dritter Teil
Meldeverfahren, Schlussvorschriften
§ 19 Meldeverfahren

(1) Der Betreiber hat der zuständigen Behörde unverzüglich den Eintritt eines Ereignisses, das die Kriterien des Anhangs VI Teil 1 erfüllt, mitzuteilen.

(2) [1]Der Betreiber hat der zuständigen Behörde unverzüglich, spätestens innerhalb einer Woche nach Eintritt eines Ereignisses nach Absatz 1 eine ergänzende schriftliche oder elektronische Mitteilung vorzulegen, die mindestens die Angaben nach Anhang VI Teil 2 enthält. [2]Er hat die Mitteilung bei Vorliegen neuer Erkenntnisse unverzüglich zu ergänzen oder zu berichtigen.

(3) [1]Erhält die zuständige Behörde Kenntnis von einem Ereignis nach Anhang VI Teil 1 Ziffer I, hat sie

1. durch Vor-Ort-Besichtigungen, Untersuchungen oder andere geeignete Mittel die für eine vollständige Analyse der technischen, organisatorischen und managementspezifischen Gesichtspunkte dieses Ereignisses erforderlichen Informationen einzuholen,

2. geeignete Maßnahmen zu ergreifen, um sicherzustellen, dass der Betreiber alle erforderlichen Abhilfemaßnahmen trifft,

3. die von dem Störfall möglicherweise betroffenen Personen über diesen sowie gegebenenfalls über Maßnahmen zu unterrichten, die ergriffen wurden, um seine Auswirkungen zu mildern, und

4. Empfehlungen zu künftigen Verhinderungsmaßnahmen abzugeben, sobald die Analyse nach Nummer 1 vorliegt.

[2]Zur Erfüllung ihrer Verpflichtungen nach den Nummern 1, 2 und 4 kann die zuständige Behörde auch ein Gutachten vom Betreiber fordern.

(4) [1]Die zuständige Behörde hat dem Bundesministerium für Umwelt, Naturschutz, Bau und Reaktorsicherheit über die nach Landesrecht zuständige Behörde unverzüglich eine Kopie der Mitteilung nach Absatz 2 zuzuleiten. [2]Das Bundesministerium für Umwelt, Naturschutz, Bau und Reaktorsicherheit unterrichtet die Europäische Kommission, wenn eines der Kriterien des Anhangs VI Teil 1 Ziffer I oder II erfüllt ist. [3]Die Unterrichtung hat so bald wie möglich zu erfolgen, spätestens jedoch bis zum Ablauf eines Jahres nach dem Ereignis.

(5) [1]Die zuständige Behörde teilt das Ergebnis der Analyse nach Absatz 3 Nummer 1 und die Empfehlungen nach Absatz 3 Nummer 4 dem Bundesministerium für Umwelt, Naturschutz, Bau und Reaktorsicherheit schriftlich oder elektronisch über die nach Landesrecht zuständige Behörde mit. [2]Das Bundesministerium für Umwelt, Naturschutz, Bau und Reaktorsicherheit unterrichtet die Europäische Kommission so bald wie möglich, spätestens jedoch bis zum Ablauf eines Jahres nach dem Ereignis, über das Ergebnis der Analyse und die Empfehlungen. [3]Die Informationen sind zu aktualisieren, sobald Ergebnisse weiterer Analysen und Empfehlungen verfügbar sind. [4]Die Unterrichtung darf zurückgestellt werden, wenn der Abschluss gerichtlicher Verfahren durch eine solche Informationsübermittlung beeinträchtigt werden könnte.

(6) Der Betreiber hat die Beschäftigten oder deren Personalvertretung über eine Mitteilung nach Absatz 1 unverzüglich zu unterrichten und ihnen auf Verlangen eine Kopie der Mitteilung nach Absatz 2 zugänglich zu machen.

§ 20 Übergangsvorschriften

(1) Der Betreiber eines Betriebsbereichs, der am 13. Januar 2017 unter den Anwendungsbereich dieser Verordnung fällt und dessen Einstufung als Betriebsbereich der oberen oder unteren Klasse sich ab dem 14. Januar 2017 nicht ändert, hat

1. der zuständigen Behörde die Angaben nach § 7 Absatz 1 bis zum Ablauf des 14. Juli 2017 schriftlich anzuzeigen, sofern der Betreiber der zuständigen Behörde die entsprechenden Angaben nicht bereits übermittelt hat,

2. das Konzept nach § 8 Absatz 1 Satz 1 unverzüglich, spätestens jedoch bis zum Ablauf des 14. Juli 2017, zu aktualisieren, soweit dies auf Grund der Anforderungen dieser Verordnung erforderlich ist.

(2) Sofern es sich in den Fällen des Absatzes 1 um einen Betriebsbereich der oberen Klasse handelt, hat der Betreiber zusätzlich

1. den Sicherheitsbericht nach § 9 Absatz 1 und 2 oder Absatz 3 bis zum Ablauf des 14. Juli 2017 zu aktualisieren und aktualisierte Teile der zuständigen Behörde bis zu diesem Zeitpunkt vorzulegen,

2. die internen Alarm- und Gefahrenabwehrpläne nach § 10 Absatz 1 Satz 1 Nummer 1 zu aktualisieren und den zuständigen Behörden nach § 10 Absatz 1 Satz 1 Nummer 2 unverzüglich, spätestens jedoch zum Ablauf des 14. Juli 2017 Informationen zu übermitteln, sofern nicht die bestehenden internen Alarm- und Gefahrenabwehrpläne sowie die Informationen nach § 10 Absatz 1 Satz 1 Nummer 2 unverändert geblieben sind und den Anforderungen dieser Verordnung entsprechen.

(3) [1]Der Betreiber eines Betriebsbereichs, der ab dem 1. Juni 2015 aus anderen Gründen als Änderungen seiner Anlagen oder seiner Tätigkeiten, die eine Änderung ihres Inventars gefährlicher Stoffe zur Folge haben, unter den Anwendungsbereich der Richtlinie 2012/18/EU fällt oder eine Änderung seiner Einstufung als Betriebsbereich der unteren oder oberen Klasse erfährt, hat

1. der zuständigen Behörde die Angaben nach § 7 Absatz 1 innerhalb von drei Monaten nach dem Zeitpunkt, zu dem diese Verordnung für den betreffenden Betriebsbereich gilt, schriftlich anzuzeigen, sofern der Betreiber der zuständigen Behörde die entsprechenden Angaben nicht bereits übermittelt hat,

2. das Konzept nach § 8 Absatz 1 Satz 1 unverzüglich, spätestens jedoch bis zum Ablauf von sechs Monaten nach dem Zeitpunkt, zu dem diese Verordnung für den betreffenden Betriebsbereich gilt, auszuarbeiten und seine Umsetzung sicherzustellen.

[2]In den Fällen des Satzes 1 gelten dessen Anforderungen abweichend von Absatz 1, wenn sie vor dem 13. Januar 2017 eintreten.

(4) Sofern es sich in den Fällen des Absatzes 3 um einen Betriebsbereich der oberen Klasse handelt, hat der Betreiber zusätzlich

1. den Sicherheitsbericht nach § 9 Absatz 1 und 2 unverzüglich, spätestens jedoch bis zum Ablauf eines Jahres nach dem Zeitpunkt, zu dem die Anforderungen an Betriebsbereiche der oberen Klasse für den betreffenden Betriebsbereich gelten, zu erstellen und der zuständigen Behörde vorzulegen, wobei § 9 Absatz 3 entsprechend gilt,

2. die Pflichten nach § 10 Absatz 1 Satz 1 unverzüglich, spätestens jedoch bis zum Ablauf eines Jahres nach dem Zeitpunkt, zu dem die Anforderungen an Betriebsbereiche der oberen Klasse für den betreffenden Betriebsbereich gelten, zu erfüllen, wobei § 10 Absatz 2 bis 4 entsprechend gilt.

§ 21 Ordnungswidrigkeiten

(1) Ordnungswidrig im Sinne des § 62 Absatz 1 Nummer 2 des Bundes-Immissionsschutzgesetzes handelt[21], wer vorsätzlich oder fahrlässig

1. einer vollziehbaren Anordnung nach § 1 Absatz 2 zuwiderhandelt,

2. entgegen § 6 Absatz 3 eine Information nicht, nicht richtig, nicht vollständig oder nicht rechtzeitig liefert,

3. entgegen § 7 Absatz 1, 2 oder 3 oder § 20 Absatz 1 Nummer 1 oder Absatz 3 Nummer 1 eine Anzeige nicht, nicht richtig, nicht vollständig, nicht in der vorgeschriebenen Weise oder nicht rechtzeitig erstattet,

4. entgegen § 8 Absatz 3 oder § 20 Absatz 3 Satz 1 Nummer 2 die Umsetzung des Konzepts nicht sicherstellt,

5. entgegen § 8 Absatz 4, § 10 Absatz 4 Satz 3 oder § 20 Absatz 1 Nummer 2 ein Konzept oder einen Alarm- oder Gefahrenabwehrplan nicht, nicht richtig, nicht vollständig oder nicht rechtzeitig aktualisiert,

6. entgegen § 8a Absatz 1 Satz 1 oder § 11 Absatz 1 Satz 1 oder Absatz 5 Satz 1 eine Angabe oder einen Sicherheitsbericht nicht, nicht richtig, nicht vollständig oder nicht in der vorgeschriebenen Weise zugänglich macht,

7. entgegen § 9 Absatz 4 oder 5 Satz 3 oder § 20 Absatz 2 Nummer 1 oder Absatz 4 Nummer 1 oder § 19 Absatz 2 Satz 1 einen Sicherheitsbericht oder dessen aktualisierte Teile oder eine Mitteilung nicht, nicht richtig, nicht vollständig, nicht in der vorgeschriebenen Weise oder nicht rechtzeitig vorlegt,

8. entgegen § 10 Absatz 1 Satz 1, auch in Verbindung mit § 20 Absatz 2 Nummer 2 oder Absatz 4 Nummer 2, einen dort genannten Alarm- oder Gefahrenabwehrplan nicht, nicht richtig, nicht vollständig oder nicht rechtzeitig erstellt oder die erforderliche Information nicht, nicht richtig, nicht vollständig oder nicht rechtzeitig übermittelt,

---

21) Die Ordnungswidrigkeit kann mit einer Geldbuße bis zu 50 000 Euro geahndet werden (§ 62 Abs. 4 BImSchG).

9. entgegen § 10 Absatz 3 Satz 1 einen Beschäftigten nicht, nicht richtig, nicht vollständig oder nicht rechtzeitig unterrichtet oder nicht, nicht richtig, nicht vollständig oder nicht rechtzeitig anhört,

10. entgegen § 10 Absatz 3 Satz 2 einen Beschäftigten nicht, nicht richtig, nicht vollständig oder nicht rechtzeitig unterweist,

11. entgegen § 10 Absatz 4 Satz 1 einen Alarm- oder Gefahrenabwehrplan nicht, nicht richtig oder nicht rechtzeitig erprobt,

12. entgegen § 11 Absatz 3 Satz 1 eine Information nicht, nicht richtig, nicht vollständig, nicht in der vorgeschriebenen Weise oder nicht rechtzeitig gibt,

13. entgegen § 12 Absatz 1 Nummer 1 eine Verbindung nicht, nicht richtig oder nicht rechtzeitig einrichtet,

14. entgegen § 12 Absatz 2 Satz 2 eine Unterlage nicht oder nicht bis zur nächsten Vor-Ort-Besichtigung, jedoch mindestens fünf Jahre aufbewahrt,

15. entgegen § 19 Absatz 1 eine Mitteilung nicht, nicht richtig, nicht vollständig oder nicht rechtzeitig macht oder

16. entgegen § 19 Absatz 2 Satz 2 eine Mitteilung nicht, nicht richtig oder nicht rechtzeitig ergänzt oder nicht, nicht richtig oder nicht rechtzeitig berichtigt.

(2) Ordnungswidrig im Sinne des § 62 Absatz 1 Nummer 7 des Bundes-Immissionsschutzgesetzes handelt[22], wer vorsätzlich oder fahrlässig eine in Absatz 1 bezeichnete Handlung in Bezug auf eine nicht genehmigungsbedürftige Anlage begeht, die Teil eines Betriebsbereichs ist.

Anhang I

Mengenschwellen

1. Dieser Anhang dient der Bestimmung, welche Stoffe oder Gemische als gefährliche Stoffe im Sinne von § 2 Nummer 4 in Betracht kommen, und legt die Mengenschwellen zur Ermittlung von Betriebsbereichen fest.

2. Für die Einstufung von Stoffen und Gemischen ist die Verordnung (EG) Nr. 1272/2008 des Europäischen Parlaments und des Rates vom 16. Dezember 2008 über die Einstufung, Kennzeichnung und Verpackung von Stoffen und Gemischen, zur Änderung und Aufhebung der Richtlinien 67/548/EWG und 1999/45/EG und zur Änderung der Verordnung (EG) Nr. 1907/2006 (ABl. L 353 vom 31.12.2008, S. 1) in ihrer jeweils geltenden Fassung maßgeblich.

Gemische werden in der gleichen Weise behandelt wie reine Stoffe, sofern ihre Zusammensetzung innerhalb der Konzentrationsgrenzen verbleibt, die entsprechend ihren Eigenschaften in der Verordnung (EG) Nr. 1272/2008 festgelegt sind, es sei denn, dass eigens eine prozentuale Zusammensetzung oder eine andere Beschreibung angegeben ist.

---

22) Die Ordnungswidrigkeit kann mit einer Geldbuße bis zu 50 000 Euro geahndet werden (§ 62 Abs. 4 BImSchG).

3. Die in der Stoffliste angegebenen Mengenschwellen (Spalten 4 und 5) gelten je Betriebsbereich.

4. Die für die Anwendung der einschlägigen Vorschriften zu berücksichtigenden Mengen sind die Höchstmengen, die vorhanden sind oder vorhanden sein können. Gefährliche Stoffe, die in einem Betriebsbereich nur in einer Menge von höchstens 2 % der relevanten Mengenschwelle vorhanden sind, bleiben bei der Berechnung der vorhandenen Gesamtmenge unberücksichtigt, wenn sie sich innerhalb eines Betriebsbereichs an einem Ort befinden, an dem sie nicht als Auslöser eines Störfalls an einem anderen Ort des Betriebsbereichs wirken können.

5. Zur Prüfung, ob ein Betriebsbereich besteht, sind die Teilmengen für jeden gefährlichen Stoff unter Beachtung der vorstehenden Nummer 4 über den möglichen Betriebsbereich zu addieren und ist jede Einzelsumme mit den in den Spalten 4 und 5 der Stoffliste angegebenen Mengenschwellen zu vergleichen. Sind mehrere gefährliche Stoffe vorhanden, gelten zusätzlich die folgenden Regeln für das Addieren von Mengen gefährlicher Stoffe und zu bildender Quotienten:
    Ein Betriebsbereich der unteren Klasse besteht, wenn die Summe
    $q_1/Q_{G1} + q_2/Q_{G2} + q_3/Q_{G3} + q_4/Q_{G4} + q_5/Q_{G5} + \dots q_x/Q_{Gx} \geq 1$ ist,
    wobei $q[1, 2\dots x]$ die vorhandene Menge eines gefährlichen Stoffes $[1, 2\dots x]$ (oder gefährlicher Stoffe ein und derselben Gefahrenkategorie) nach der Spalte 2 der Stoffliste und $Q_G[1, 2\dots x]$ die relevante Mengenschwelle eines gefährlichen Stoffes $[1, 2\dots x]$ (oder gefährlicher Stoffe ein und derselben Gefahrenkategorie) nach der Spalte 4 der Stoffliste ist.
    Ein Betriebsbereich der oberen Klasse besteht, wenn die Summe
    $q_1/Q_{E1} + q_2/Q_{E2} + q_3/Q_{E3} + q_4/Q_{E4} + q_5/Q_{E5} + \dots q_x/Q_{Ex} \geq 1$ ist,
    wobei $q[1, 2\dots x]$ die vorhandene Menge eines gefährlichen Stoffes $[1, 2\dots x]$ (oder gefährlicher Stoffe ein und derselben Gefahrenkategorie) nach der Spalte 2 der Stoffliste ist und $Q_E[1, 2\dots x]$ die relevante Mengenschwelle eines gefährlichen Stoffes $[1, 2\dots x]$ (oder gefährlicher Stoffe ein und derselben Gefahrenkategorie) nach der Spalte 5 der Stoffliste ist.
    Diese Berechnungsregeln finden unter folgenden Bedingungen Anwendung:
    a) bei den unter der Nummer 2 der Stoffliste namentlich aufgeführten Stoffen und Gemischen in Mengen unter ihrer individuellen Mengenschwelle, wenn sie zusammen mit Stoffen der gleichen, unter der Nummer 1 der Stoffliste aufgeführten Gefahrenkategorie in einem Betriebsbereich vorhanden sind,
    b) für das Addieren der Mengen von Stoffen und Gemischen der gleichen, unter der Nummer 1 der Stoffliste aufgeführten Gefahrenkategorie,
    c) für das Addieren der Mengen von Stoffen und Gemischen der unter der Nummer 1.1 der Stoffliste aufgeführten Gefahrenkategorien, die zusammen in einem Betriebsbereich vorhanden sind,
    d) für das Addieren der Mengen von Stoffen und Gemischen der unter der Nummer 1.2 der Stoffliste aufgeführten Gefahrenkategorien, die zusammen in einem Betriebsbereich vorhanden sind,
    e) für das Addieren der Mengen von Stoffen und Gemischen der unter der Nummer 1.3 der Stoffliste aufgeführten Gefahrenkategorien, die zusammen in einem Betriebsbereich vorhanden sind.

6. Fällt ein unter der Nummer 2 der Stoffliste namentlich aufgeführter Stoff oder eine dort aufgeführte Gruppe von Stoffen auch unter eine unter der Nummer 1

der Stoffliste aufgeführte Gefahrenkategorie, so sind die unter der Nummer 2 der Stoffliste festgelegten Mengenschwellen in Spalte 4 und 5 anzuwenden.

7. Fallen unter der Nummer 2 der Stoffliste namentlich nicht aufgeführte Stoffe, Stoffgruppen oder Gemische unter mehr als eine der unter der Nummer 1 aufgeführten Gefahrenkategorien, so ist die jeweils niedrigste Mengenschwelle anzuwenden. Bei Anwendung der in der vorstehenden Nummer 5 festgelegten Berechnungsregeln ist jedoch stets die Mengenschwelle zu verwenden, die der jeweiligen Einstufung entspricht.

8. Gefährliche Stoffe, einschließlich Abfälle, die nicht in den Anwendungsbereich der Verordnung (EG) Nr. 1272/2008 fallen, die aber dennoch vorhanden sind oder vorhanden sein können und unter den angetroffenen Bedingungen hinsichtlich ihres Störfallpotenzials gleichwertige Eigenschaften besitzen oder besitzen können, werden vorläufig der ähnlichsten Gefahrenkategorie nach Nummer 1 der Stoffliste oder dem ähnlichsten unter Nummer 2 der Stoffliste namentlich genannten Stoffen zugeordnet.

Stoffliste

Nr.	Gefahrenkategorien gemäß Verordnung (EG) Nr. 1272/2008; namentlich genannte gefährliche Stoffe	CAS-Nr.[1]	Mengenschwellen in kg Betriebsbereiche nach	
			§ 1 Abs. 1 Satz 1	§ 1 Abs. 1 Satz 2
Spalte 1	Spalte 2	Spalte 3	Spalte 4	Spalte 5
1	**Gefahrenkategorien**			
1.1	H Gesundheitsgefahren			
1.1.1	H1 Akut toxisch, Kategorie 1 (alle Expositionswege)		5 000	20 000
1.1.2	H2 Akut toxisch, – Kategorie 2 (alle Expositionswege), – Kategorie 3 (inhalativer Expositionsweg, oraler Expositionsweg)[2]		50 000	200 000
1.1.3	H3 Spezifische Zielorgan-Toxizität nach einmaliger Exposition (STOT SE), Kategorie 1		50 000	200 000
1.2	P Physikalische Gefahren			
1.2.1	P1 Explosive Stoffe/Gemische und Erzeugnisse mit Explosivstoff[3]			

Nr.	Gefahrenkategorien gemäß Verordnung (EG) Nr. 1272/2008; namentlich genannte gefährliche Stoffe	CAS-Nr.[1]	Mengenschwellen in kg	
			Betriebsbereiche nach	
			§ 1 Abs. 1 Satz 1	§ 1 Abs. 1 Satz 2
Spalte 1	Spalte 2	Spalte 3	Spalte 4	Spalte 5
1.2.1.1	P1a Explosive Stoffe/Gemische und Erzeugnisse mit Explosivstoff, – instabile explosive Stoffe und Gemische, – explosive Stoffe/Gemische und Erzeugnisse mit Explosivstoff, Unterklassen 1.1, 1.2, 1.3, 1.5 oder 1.6, – Stoffe oder Gemische mit explosiven Eigenschaften nach Methode A.14 der Verordnung (EG) Nr. 440/2008[4], die nicht den Gefahrenklassen organische Peroxide oder selbstzersetzliche Stoffe und Gemische zuzuordnen sind		10 000	50 000
1.2.1.2	P1b Explosive Stoffe/Gemische und Erzeugnisse mit Explosivstoff, Unterklasse 1.4[5]		50 000	200 000
1.2.2	P2 Entzündbare Gase, Kategorie 1 oder 2		10 000	50 000
1.2.3	P3 Aerosole			
1.2.3.1	P3a Aerosole[6] der Kategorie 1 oder 2, die entzündbare Gase der Kategorie 1 oder 2 oder entzündbare Flüssigkeiten der Kategorie 1 enthalten		150 000 (netto)	500 000 (netto)
1.2.3.2	P3b Aerosole[6] der Kategorie 1 oder 2, die weder entzündbare Gase der Kategorie 1 oder 2 noch entzündbare Flüssigkeiten der Kategorie 1 enthalten[7]		5 000 000 (netto)	50 000 000 (netto)
1.2.4	P4 Oxidierende Gase, Kategorie 1		50 000	200 000
1.2.5	P5 Entzündbare Flüssigkeiten			

Nr.	Gefahrenkategorien gemäß Verordnung (EG) Nr. 1272/2008; namentlich genannte gefährliche Stoffe	CAS-Nr.[1]	Mengenschwellen in kg	
			Betriebsbereiche nach	
			§ 1 Abs. 1 Satz 1	§ 1 Abs. 1 Satz 2
Spalte 1	Spalte 2	Spalte 3	Spalte 4	Spalte 5
1.2.5.1	P5a Entzündbare Flüssigkeiten, – entzündbare Flüssigkeiten der Kategorie 1, – entzündbare Flüssigkeiten der Kategorie 2 oder 3, die auf einer Temperatur oberhalb ihres Siedepunktes gehalten werden, – andere Flüssigkeiten mit einem Flammpunkt von ≤ 60 °C, die auf einer Temperatur oberhalb ihres Siedepunktes gehalten werden[8]		10 000	50 000
1.2.5.2	P5b Entzündbare Flüssigkeiten, – entzündbare Flüssigkeiten der Kategorie 2 oder 3, bei denen besondere Verarbeitungsbedingungen wie hoher Druck oder hohe Temperatur zu Störfallgefahren führen können, – andere Flüssigkeiten mit einem Flammpunkt von ≤ 60 °C, bei denen besondere Verarbeitungsbedingungen wie hoher Druck oder hohe Temperatur zu Störfallgefahren führen können[8]		50 000	200 000
1.2.5.3	P5c Entzündbare Flüssigkeiten der Kategorien 2 oder 3, nicht erfasst unter P5a und P5b		5 000 000	50 000 000
1.2.6	P6 Selbstzersetzliche Stoffe und Gemische oder organische Peroxide			
1.2.6.1	P6a Selbstzersetzliche Stoffe und Gemische, Typ A oder B, oder organische Peroxide, Typ A oder B		10 000	50 000

Nr.	Gefahrenkategorien gemäß Verordnung (EG) Nr. 1272/2008; namentlich genannte gefährliche Stoffe	CAS-Nr.[1]	Mengenschwellen in kg	
			Betriebsbereiche nach	
			§ 1 Abs. 1 Satz 1	§ 1 Abs. 1 Satz 2
Spalte 1	Spalte 2	Spalte 3	Spalte 4	Spalte 5
1.2.6.2	P6b Selbstzersetzliche Stoffe und Gemische, Typ C, D, E oder F, oder organische Peroxide, Typ C, D, E oder F		50 000	200 000
1.2.7	P7 Pyrophore Flüssigkeiten, Kategorie 1, oder pyrophore Feststoffe, Kategorie 1		50 000	200 000
1.2.8	P8 Oxidierende Flüssigkeiten, Kategorie 1, 2 oder 3, oder oxidierende Feststoffe, Kategorie 1, 2 oder 3		50 000	200 000
1.3	E Umweltgefahren			
1.3.1	E1 Gewässergefährdend, Kategorie Akut 1 oder Chronisch 1		100 000	200 000
1.3.2	E2 Gewässergefährdend, Kategorie Chronisch 2		200 000	500 000
1.4	O Andere Gefahren			
1.4.1	O1 Stoffe oder Gemische mit dem Gefahrenhinweis EUH014		100 000	500 000
1.4.2	O2 Stoffe oder Gemische, die in Berührung mit Wasser entzündbare Gase entwickeln, Kategorie 1		100 000	500 000
1.4.3	O3 Stoffe oder Gemische mit dem Gefahrenhinweis EUH029		50 000	200 000
2	**Namentlich genannte gefährliche Stoffe**			
2.1	Verflüssigte entzündbare Gase, Kategorie 1 oder 2, (einschließlich Flüssiggas) und Erdgas[9]		50 000	200 000

Nr.	Gefahrenkategorien gemäß Verordnung (EG) Nr. 1272/2008; namentlich genannte gefährliche Stoffe	CAS-Nr.[1]	Mengenschwellen in kg	
			Betriebsbereiche nach	
			§ 1 Abs. 1 Satz 1	§ 1 Abs. 1 Satz 2
Spalte 1	Spalte 2	Spalte 3	Spalte 4	Spalte 5
2.2	Folgende krebserzeugende Stoffe oder Gemische, die diese Stoffe in Konzentrationen von über 5 Gewichtsprozent enthalten; die Mengenschwellen in Spalte 4 und 5 gelten für die Summe aller im Betriebsbereich vorhandenen Stoffe und Gemische nach den Nummern 2.2.1 bis 2.2.17:		500	2 000
2.2.1	4-Aminobiphenyl und/oder seine Salze	92-67-1		
2.2.2	Benzidin und/oder seine Salze	92-87-5		
2.2.3	Benzotrichlorid	98-07-7		
2.2.4	Bis(chlormethyl)ether	542-88-1		
2.2.5	Chlormethylmethylether	107-30-2		
2.2.6	1,2-Dibrom-3-chlorpropan	96-12-8		
2.2.7	1,2-Dibromethan	106-93-4		
2.2.8	Diethylsulfat	64-67-5		
2.2.9	N,N-Dimethylcarbamoylchlorid	79-44-7		
2.2.10	1,2-Dimethylhydrazin	540-73-8		
2.2.11	N,N-Dimethylnitrosamin	62-75-9		
2.2.12	Dimethylsulfat	77-78-1		
2.2.13	Hexamethylphosphor-säuretriamid (HMPT)	680-31-9		
2.2.14	Hydrazin	302-01-2		
2.2.15	2-Naphthylamin und/oder seine Salze	91-59-8		
2.2.16	4-Nitrobiphenyl	92-93-3		
2.2.17	1,3-Propansulton	1120-71-4		
2.3	Erdölerzeugnisse und alternative Kraftstoffe; die Mengen-schwellen in Spalte 4 und 5 gelten für die Summe aller im Betriebsbereich vorhandenen Stoffe und Gemische nach den Nummern 2.3.1 bis 2.3.5:		2 500 000	25 000 000
2.3.1	Ottokraftstoffe und Naphtha			
2.3.2	Kerosine (einschließlich Flugturbinenkraftstoffe)			
2.3.3	Gasöle (einschließlich Diesel-kraftstoffe, leichtes Heizöl und Gasölmischströme)			
2.3.4	Schweröle			

Nr.	Gefahrenkategorien gemäß Verordnung (EG) Nr. 1272/2008; namentlich genannte gefährliche Stoffe	CAS-Nr.[1]	Mengenschwellen in kg Betriebsbereiche nach	
			§ 1 Abs. 1 Satz 1	§ 1 Abs. 1 Satz 2
Spalte 1	Spalte 2	Spalte 3	Spalte 4	Spalte 5
2.3.5	Alternative Kraftstoffe, die denselben Zwecken dienen wie die unter den Nummern 2.3.1 bis 2.3.4 genannten Erzeugnisse und ähnliche Eigenschaften in Bezug auf Entzündbarkeit und Umweltgefährdung aufweisen			
2.4	Acetylen	74-86-2	5 000	50 000
2.5	Ammoniak, wasserfrei	7664-41-7	50 000	200 000
2.6	Ammoniumnitrat	6484-52-2		
2.6.1	Ammoniumnitrat[10]		5 000 000	10 000 000
2.6.2	Ammoniumnitrat[11]		1 250 000	5 000 000
2.6.3	Ammoniumnitrat[12]		350 000	2 500 000
2.6.4	Ammoniumnitrat[13]		10 000	50 000
2.7	Arsen(V)oxid, Arsen(V)säure und/oder ihre Salze		1 000	2 000
2.8	Arsen(III)oxid, Arsen(III)säure und/oder ihre Salze			100
2.9	Arsenwasserstoff (Arsin)	7784-42-1	200	1 000
2.10	Bis(2-dimethylaminoethyl)-methylamin	3030-47-5	50 000	200 000
2.11	Bleialkylverbindungen		5 000	50 000
2.12	Bortrifluorid	7637-07-2	5 000	20 000
2.13	Brom	7726-95-6	20 000	100 000
2.14	1-Brom-3-chlorpropan[14]	109-70-6	500 000	2 000 000
2.15	tert-Butylacrylat[14]	1663-39-4	200 000	500 000
2.16	Chlor	7782-50-5	10 000	25 000
2.17	Chlorwasserstoff (verflüssigtes Gas)	7647-01-0	25 000	250 000
2.18	Ethylenimin (Aziridin)	151-56-4	10 000	20 000

Nr.	Gefahrenkategorien gemäß Verordnung (EG) Nr. 1272/2008; namentlich genannte gefährliche Stoffe	CAS-Nr.[1]	Mengenschwellen in kg	
			Betriebsbereiche nach	
			§ 1 Abs. 1 Satz 1	§ 1 Abs. 1 Satz 2
Spalte 1	Spalte 2	Spalte 3	Spalte 4	Spalte 5
2.19	Ethylenoxid	75-21-8	5 000	50 000
2.20	3-(2-Ethylhexyloxy)propylamin	5397-31-9	50 000	200 000
2.21	Fluor	7782-41-4	10 000	20 000
2.22	Formaldehyd (≥ 90 Gew.-%)	50-00-0	5 000	50 000
2.23 2.23.1 2.23.2	Kaliumnitrat Kaliumnitrat[15] Kaliumnitrat[16]	7757-79-1	5 000 000 1 250 000	10 000 000 5 000 000
2.24	Methanol	67-56-1	500 000	5 000 000
2.25	Methylacrylat[14]	96-33-3	500 000	2 000 000
2.26	2-Methyl-3-butennitril[14]	16529-56-9	500 000	2 000 000
2.27	4,4´-Methylen-bis(2-chloranilin) (MOCA) und/oder seine Salze, pulverförmig	101-14-4		10
2.28	Methylisocyanat	624-83-9		150
2.29	3-Methylpyridin[14]	108-99-6	500 000	2 000 000
2.30	Natriumhypochlorit-Gemische*, die als gewässergefährdend – akut 1 [H400] eingestuft sind und weniger als 5 % Aktivchlor enthalten und in keine der anderen Gefahrenkategorien dieser Stoffliste eingestuft sind * Vorausgesetzt, das Gemisch wäre ohne Natriumhypochlorit nicht als gewässergefährdend – akut 1 [H400] eingestuft		200 000	500 000
2.31	Einatembare pulverförmige Nickelverbindungen (Nickelmonoxid, Nickeldioxid, Nickelsulfid, Trinickeldisulfid, Dinickeltrioxid)			1 000
2.32	Carbonyldichlorid (Phosgen)	75-44-5	300	750

Nr.	Gefahrenkategorien gemäß Verordnung (EG) Nr. 1272/2008; namentlich genannte gefährliche Stoffe	CAS-Nr.[1)]	Mengenschwellen in kg	
			Betriebsbereiche nach	
			§ 1 Abs. 1 Satz 1	§ 1 Abs. 1 Satz 2
Spalte 1	Spalte 2	Spalte 3	Spalte 4	Spalte 5
2.33	Phosphorwasserstoff (Phosphin)	7803-51-2	200	1 000
2.34	Piperidin	110-89-4	50 000	200 000
2.35	Polychlordibenzofurane und Polychlordibenzodioxine (einschließlich TCDD), in TCDD-Äquivalenten berechnet[17]			1
2.36	Propylamin[14]	107-10-8	500 000	2 000 000
2.37	Propylenoxid (1,2-Epoxypropan)	75-56-9	5 000	50 000
2.38	Sauerstoff	7782-44-7	200 000	2 000 000
2.39	Schwefeldichlorid	10545-99-0		1 000
2.40	Schwefeltrioxid	7446-11-9	15 000	75 000
2.41	Schwefelwasserstoff	7783-06-4	5 000	20 000
2.42	Tetrahydro-3,5-dimethyl-1,3,5-thiadiazin-2-thion (Dazomet)[14]	533-74-4	100 000	200 000
2.43	Toluylendiisocyanat (TDI); die Mengenschwellen in Spalte 4 und 5 gelten für die Summe aller im Betriebsbereich vorhandenen Stoffe und Gemische nach den Nummern 2.43.1 bis 2.43.3:		10 000	100 000
2.43.1	2,4-Toluylendiisocyanat	584-84-9		
2.43.2	2,6-Toluylendiisocyanat	91-08-7		
2.43.3	TDI-Gemische			
2.44	Wasserstoff	1333-74-0	5 000	50 000

Fußnoten zur Stoffliste

[1] Registriernummer des Chemical Abstracts Service.
[2] Gefährliche Stoffe, die unter »akut toxisch, Kategorie 3, oral« (H 301) fallen, fallen unter den Eintrag »H2 Akut Toxisch«, wenn sich weder eine Einstufung in akute Inhalationstoxizität noch eine Einstufung in akute dermale Toxizität ableiten lässt, etwa weil schlüssige Daten zur Inhalations- und zur dermalen Toxizität fehlen.
[3] Die Gefahrenklasse »Explosive Stoffe/Gemische und Erzeugnisse mit Explosivstoff« umfasst Erzeugnisse mit Explosivstoff (siehe Anhang I Abschnitt 2.1 der Verordnung (EG) Nr. 1272/2008). Ist die Menge des explosiven Stoffs oder explosiven Gemisches in dem

Erzeugnis bekannt, ist diese Menge für die Zwecke dieser Verordnung zu beachten. Ist die Menge des explosiven Stoffs oder explosiven Gemisches in dem Erzeugnis unbekannt, ist für die Zwecke dieser Verordnung das gesamte Erzeugnis als explosiv zu betrachten.

4   Die Prüfung auf explosive Eigenschaften von Stoffen und Gemischen ist nur erforderlich, wenn das Screening-Verfahren nach Anhang 6 Teil 3 der Empfehlungen der Vereinten Nationen für die Beförderung gefährlicher Güter, Handbuch über Prüfungen und Kriterien (im Folgenden »UN-Handbuch über Prüfungen und Kriterien«) bei dem Stoff oder dem Gemisch mögliche explosive Eigenschaften nachweist.

Weitere Hinweise zur Befreiung von der Prüfung finden sich in der Beschreibung der Methode A.14 in der Verordnung (EG) Nr. 440/2008 der Kommission vom 30. Mai 2008 zur Festlegung von Prüfmethoden gemäß der Verordnung (EG) Nr. 1907/2006 des Europäischen Parlaments und des Rates zur Registrierung, Bewertung, Zulassung und Beschränkung chemischer Stoffe (REACH) (ABl. L 142 vom 31. 5. 2008, S. 1), die zuletzt durch die Verordnung (EU) Nr. 900/2014 (ABl. L 247 vom 21. 8. 2014, S. 1) geändert worden ist.

5   Werden explosive Stoffe/Gemische und Erzeugnisse mit Explosivstoff der Unterklasse 1.4 aus ihrer Verpackung entfernt oder wiederverpackt, werden sie unter Eintrag P1a eingestuft, es sei denn, die Gefahr entspricht nachweislich nach wie vor der Unterklasse 1.4 im Sinne der Verordnung (EG) Nr. 1272/2008.

6   Entzündbare Aerosole sind im Sinne der Richtlinie 75/324/EWG des Rates vom 20. Mai 1975 zur Angleichung der Rechtsvorschriften der Mitgliedstaaten über Aerosolpackungen (ABl. L 147 vom 9. 6. 1975, S. 40), die zuletzt durch die Richtlinie 2013/10/EU (ABl. L 77 vom 20. 3. 2013, S. 20) geändert worden ist, einzustufen. Die Kategorien »extrem entzündbar« und »entzündbar« für Aerosole gemäß Richtlinie 75/324/EWG entsprechen den Gefahrenkategorien »Aerosole, Kategorie 1 bzw. 2« der Verordnung (EG) Nr. 1272/2008.

7   Um diesen Eintrag zu nutzen, darf die Aerosolpackung nachweislich weder ein entzündbares Gas der Kategorie 1 oder 2 noch eine entzündbare Flüssigkeit der Kategorie 1 enthalten.

8   Gemäß Anhang I Abschnitt 2.6.4.5 der Verordnung (EG) Nr. 1272/2008 müssen Flüssigkeiten mit einem Flammpunkt über 35 °C nicht in die Kategorie 3 eingestuft werden, wenn die Prüfung L.2 zur Bestimmung der selbstunterhaltenden Verbrennung nach dem UN-Handbuch über Prüfungen und Kriterien, Teil III Abschnitt 32, negativ ausgefallen ist. Da dies allerdings nicht bei veränderten Bedingungen wie einer hohen Temperatur oder Hochdruck gilt, sind solche Flüssigkeiten in diesen Eintrag eingeschlossen.

9   Aufbereitetes Biogas

Zur Umsetzung dieser Verordnung kann aufbereitetes Biogas unter Nummer 2.1 der Stoffliste dieses Anhangs eingestuft werden, wenn es nach anwendbaren Standards für gereinigtes und aufbereitetes Biogas aufbereitet wurde, sodass eine dem Erdgas äquivalente Qualität, einschließlich des Methangehalts, gewährleistet ist, und das Biogas höchstens 1 % Sauerstoff enthält.

10   Ammoniumnitrat (5 000 000/10 000 000): Düngemittel, die zu einer selbstunterhaltenden Zersetzung fähig sind

Dies gilt für Ammoniumnitrat-Mischdünger/Volldünger (Mischdünger/Volldünger enthalten Ammoniumnitrat mit Phosphat und/oder Pottasche), bei denen der von Ammoniumnitrat abgeleitete Stickstoffgehalt

–   gewichtsmäßig zwischen 15,75 % und 24,5 % beträgt und die entweder insgesamt höchstens 0,4 % brennbaren organischen Materials enthalten oder die Anforderungen des Anhangs III-2 der Verordnung (EG) Nr. 2003/2003 des Europäischen Parlaments und des Rates vom 13. Oktober 2003 über Düngemittel (ABl. L 304 vom 21. 11. 2003, S. 1), die zuletzt durch die Verordnung (EU) 2016/1618 (ABl. L 242 vom 9. 9. 2016, S. 24) geändert worden ist, erfüllen,

–   gewichtsmäßig höchstens 15,75 % beträgt und brennbares Material keiner Begrenzung unterliegt,

und die nach der Trogprüfung der Vereinten Nationen (siehe »UN-Handbuch über Prüfungen und Kriterien«, Teil III Unterabschnitt 38.2) zu einer selbstunterhaltenden Zersetzung fähig sind.

Ein von Ammoniumnitrat abgeleiteter Stickstoffgehalt von gewichtsmäßig 15,75 % entspricht 45 % Ammoniumnitrat.

Ein von Ammoniumnitrat abgeleiteter Stickstoffgehalt von gewichtsmäßig 24,5 % entspricht 70 % Ammoniumnitrat.

Unter diese Eintragung fallen alle ammoniumnitrathaltigen Zubereitungen, die gemäß Anhang I Nummer 5 der Gefahrstoffverordnung der Gruppe B zugeordnet sind.

[11] Ammoniumnitrat (1 250 000/5 000 000): Düngemittelqualität

Dies gilt für reine Ammoniumnitrat-Düngemittel und für Ammoniumnitrat-Mischdünger/Volldünger, die die Anforderungen des Anhangs III-2 der Verordnung (EG) Nr. 2003/2003 erfüllen und bei denen der von Ammoniumnitrat abgeleitete Stickstoffgehalt

– gewichtsmäßig größer als 24,5 % (vgl. Fußnote 10 Satz 3) ist, ausgenommen Gemische von reinen Ammoniumnitrat-Düngemitteln und Dolomit, Kalkstein und/oder Calciumcarbonat mit einem Reinheitsgrad von mindestens 90 %,

– bei Gemischen von Ammoniumnitrat und Ammoniumsulfat gewichtsmäßig größer als 15,75 % (vgl. Fußnote 10 Satz 2) ist,

– bei Gemischen von reinen Ammoniumnitrat-Düngemitteln und Dolomit, Kalkstein und/oder Calciumcarbonat mit einem Reinheitsgrad von mindestens 90 % gewichtsmäßig größer als 28 % ist.

Ein von Ammoniumnitrat abgeleiteter Stickstoffgehalt von gewichtsmäßig 28 % entspricht 80 % Ammoniumnitrat.

Unter diese Eintragung fallen Düngemittel, die gemäß Anhang I Nummer 5 der Gefahrstoffverordnung der Gruppe A zugeordnet sind und die den Detonationstest bestehen.

[12] Ammoniumnitrat (350 000/2 500 000): Technische Qualität

Dies gilt für Ammoniumnitrat und Gemische von Ammoniumnitrat, bei denen der von Ammoniumnitrat abgeleitete Stickstoffgehalt

– gewichtsmäßig zwischen 24,5 % (vgl. Fußnote 10 Satz 3) und 28 % (vgl. Fußnote 11 Satz 2) beträgt und die höchstens 0,4 % brennbarer Stoffe enthalten,

– gewichtsmäßig größer als 28 % (vgl. Fußnote 11 Satz 2) ist und die höchstens 0,2 % brennbarer Stoffe enthalten.

Dies gilt auch für wässrige Lösungen von Ammoniumnitrat, bei denen die Konzentration von Ammoniumnitrat gewichtsmäßig größer als 80 % ist.

Unter diese Eintragung fallen alle ammoniumnitrathaltigen Gemische, die gemäß Anhang I Nummer 5 der Gefahrstoffverordnung der Gruppe A I, D IV und E zugeordnet sind.

[13] Ammoniumnitrat (10 000/50 000): Nicht spezifikationsgerechtes Material (»Off-Specs«) und Düngemittel, die den Detonationstest nicht bestehen

Dies gilt für

– zurückgewiesenes Material aus dem Produktionsprozess und für Ammoniumnitrat und Gemische von Ammoniumnitrat, reine Ammoniumnitrat-Düngemittel und Ammoniumnitrat-Mischdünger/Volldünger gemäß den Fußnoten 11 und 12, die vom Endverbraucher an einen Hersteller, eine Anlage zur vorübergehenden Lagerung oder eine Wiederaufbereitungsanlage zum Zwecke der Aufarbeitung, Wiederverwertung oder Behandlung zur sicheren Verwendung zurückgegeben werden oder wurden, weil sie den Anforderungen der Fußnoten 11 und 12 nicht mehr entsprechen,

– Düngemittel gemäß der Fußnote 10 erster Gedankenstrich und der Fußnote 11, die den Anforderungen des Anhangs III-2 der Verordnung (EG) Nr. 2003/2003 nicht entsprechen.

Neben den im ersten Gedankenstrich genannten Produkten fallen unter diese Eintragung alle Düngemittel, die den Detonationstest nicht bestehen, und ammoniumnitrathaltige Gemische, die keiner der Rahmenzusammensetzungen der Nummer 5.3 (Tabelle 1) des Anhangs I der Gefahrstoffverordnung zuzuordnen sind bzw. die die Anforderungen der Nummer 5.3 Absatz 5, 6 und 7 des Anhangs I der Gefahrstoffverordnung nicht erfüllen und deren Gefährlichkeitsmerkmale nicht durch Gutachten der Bundesanstalt für Materialforschung und -prüfung gemäß Nummer 5.3 Absatz 8 des Anhangs I der Gefahrstoffverordnung festgestellt wurden.

[14] Wenn dieser gefährliche Stoff auch unter Nummer 1.2.5.1 (P5a Entzündbare Flüssigkeiten) oder Nummer 1.2.5.2 (P5b Entzündbare Flüssigkeiten) der Stoffliste fällt, finden für die Zwecke dieser Verordnung die niedrigsten Mengenschwellen Anwendung.

[15] Kaliumnitrat (5 000 000/10 000 000): Mehrnährstoffdünger in geprillter oder granulierter Form auf der Basis von Kaliumnitrat

Bei Düngemitteln, die Kaliumnitrat und Ammoniumsalze enthalten, sind alle Nitrationen, für die ein Äquivalent Ammoniumionen vorhanden ist, als Ammoniumnitrat zu rechnen. Auf der Grundlage des berechneten Ammoniumnitratgehalts sind entsprechende Eintragungen für Ammoniumnitrat und die Regelungen der Gefahrstoffverordnung zu verwenden.

[16] Kaliumnitrat (1 250 000/5 000 000): Mehrnährstoffdünger in kristalliner Form auf der Basis von Kaliumnitrat

Bei Düngemitteln, die Kaliumnitrat und Ammoniumsalze enthalten, sind alle Nitrationen, für die ein Äquivalent Ammoniumionen vorhanden ist, als Ammoniumnitrat zu behandeln. Auf der Grundlage des berechneten Ammoniumnitratgehalts sind die entsprechenden Eintragungen für Ammoniumnitrat zu verwenden und die Regelungen der Gefahrstoffverordnung anzuwenden.

[17] Die Berechnung der Mengen von Polychlordibenzofuranen und Polychlordibenzodioxinen erfolgt auf Grund der nachstehend aufgeführten Äquivalenzfaktoren:

WHO-T Toxizitätsäquivalenzfaktor (TEF) 2005			
Polychlordibenzodioxine		Polychlordibenzofurane	
2,3,7,8-TCDD	1	2,3,7,8-TCDF	0,1
1,2,3,7,8-PeCDD	1	2,3,4,7,8-PeCDF	0,3
		1,2,3,7,8-PeCDF	0,03
1,2,3,4,7,8-HxCDD		1,2,3,4,7,8-HxCDF	
1,2,3,6,7,8-HxCDD	0,1	1,2,3,7,8,9-HxCDF	0,1
1,2,3,7,8,9-HxCDD		1,2,3,6,7,8-HxCDF	
		2,3,4,6,7,8-HxCDF	
1,2,3,4,6,7,8-HpCDD	0,01	1,2,3,4,6,7,8-HpCDF	0,01
		1,2,3,4,7,8,9-HpCDF	
OCDD	0,0003	OCDF	0,0003

(T = tetra, Pe = penta, Hx = hexa, Hp = hepta, O = octa)
Referenz: Van den Berg et al.: The 2005 World Health Organization Re-evaluation of Human and Mammalian Toxic Equivalency Factors for Dioxins and Dioxin-like Compounds

Anhang II

Mindestangaben im Sicherheitsbericht

I. **Informationen über das Managementsystem und die Betriebsorganisation im Hinblick auf die Verhinderung von Störfällen**
   Diese Informationen müssen die in Anhang III aufgeführten Punkte abdecken.
II. **Umfeld des Betriebsbereichs**
   1. Beschreibung des Betriebsbereichs und seines Umfelds einschließlich der geographischen Lage, der meteorologischen, geologischen und hydrographischen Daten sowie gegebenenfalls der Vorgeschichte des Standorts.
   2. Verzeichnis der Anlagen und Tätigkeiten innerhalb des Betriebsbereichs, bei denen die Gefahr eines Störfalls bestehen kann.
   3. Auf der Grundlage verfügbarer Informationen Verzeichnis benachbarter Betriebsbereiche und Betriebsstätten, die nicht in den Geltungsbereich der Verordnung fallen, sowie Bereiche und Entwicklungen außerhalb des Betriebsbereichs, die einen Störfall verursachen oder die Wahrscheinlichkeit des Eintritts eines Störfalls erhöhen oder die Auswirkungen eines Störfalls und von Domino-Effekten verschlimmern können.
   4. Beschreibung der Bereiche, die von einem Störfall betroffen werden könnten.

III. Beschreibung der Anlagen des Betriebsbereichs

    1. Beschreibung der wichtigsten Tätigkeiten und Produkte der sicherheitsre-
levanten Teile des Betriebsbereichs, der Gefahrenquellen, die zu Störfällen
führen könnten, sowie der Bedingungen, unter denen der jeweilige Störfall eintreten könnte, und Beschreibung der vorgesehenen Maßnahmen zur
Verhinderung von Störfällen.

    2. Beschreibung der Verfahren, insbesondere der Verfahrensabläufe, unter
Verwendung von Fließbildern; gegebenenfalls Berücksichtigung verfügbarer Informationen über bewährte Verfahren.

    3. Beschreibung der gefährlichen Stoffe:

        a) Verzeichnis der gefährlichen Stoffe, das Folgendes umfasst:

            – Angaben zur Feststellung der gefährlichen Stoffe: Angabe ihrer
chemischen Bezeichnung, CAS-Nummer, Bezeichnung nach der
IUPAC-Nomenklatur,

            – Höchstmenge der vorhandenen gefährlichen Stoffe oder der ge-
fährlichen Stoffe, die vorhanden sein können;

        b) physikalische, chemische und toxikologische Merkmale sowie An-
gabe der sich auf die menschliche Gesundheit oder die Umwelt unmittelbar oder später auswirkenden Gefahren;

        c) physikalisches und chemisches Verhalten unter normalen Einsatzbe-
dingungen oder bei vorhersehbaren Störungen.

**IV. Ermittlung und Analyse der Risiken von Störfällen und Mittel zur Verhin-
derung solcher Störfälle**

    1. Eingehende Beschreibung der Szenarien möglicher Störfälle nebst ihrer
Wahrscheinlichkeit oder den Bedingungen für ihr Eintreten, einschließlich
einer Zusammenfassung der Vorfälle, die für das Eintreten jedes dieser
Szenarien ausschlaggebend sein könnten, unabhängig davon, ob die Ursachen hierfür innerhalb oder außerhalb des Betriebsbereichs liegen, insbesondere unter Berücksichtigung:

        a) betrieblicher Gefahrenquellen,

        b) umgebungsbedingter Gefahrenquellen, z. B. Erdbeben, Hochwasser
oder Einwirkungen die von benachbarten Betriebsbereichen oder
Betriebsstätten ausgehen können,

        c) Eingriffe Unbefugter und

        d) anderer Bereiche und Entwicklungen, die einen Störfall verursachen,
die Wahrscheinlichkeit des Eintritts eines Störfalls erhöhen oder
Auswirkungen eines Störfalls verschlimmern können.

    2. Abschätzung des Ausmaßes und der Schwere der Folgen der ermittelten
Störfälle, einschließlich Karten, Bilder oder gegebenenfalls entsprechender Beschreibungen, aus denen die Bereiche ersichtlich sind, die von
derartigen Störfällen betroffen sein können.

    3. Bewertung vergangener Ereignisse im Zusammenhang mit den gleichen
Stoffen und Verfahren, Berücksichtigung der daraus gezogenen Lehren
und ausdrückliche Bezugnahme auf die jeweiligen Maßnahmen, die ergriffen wurden, um entsprechende Ereignisse zu verhindern.

    4. Beschreibung der technischen Parameter sowie Ausrüstungen zur Siche-
rung der Anlagen.

V. Schutz- und Notfallmaßnahmen zur Begrenzung der Auswirkungen von Störfällen

    1.   Beschreibung der Einrichtungen, die in der Anlage zur Begrenzung der Auswirkungen von Störfällen vorhanden sind, beispielsweise Melde-/ Schutzsysteme und technische Vorrichtungen zur Begrenzung von ungeplanten Stofffreisetzungen, einschließlich Berieselungsanlagen, Dampfabschirmung, Auffangvorrichtungen oder -behälter, Notabsperrventilen, Inertisierungssystemen, Löschwasserrückhaltung.

    2.   Alarmplan und Organisation der Notfallmaßnahmen.

    3.   Beschreibung der Mittel, die innerhalb oder außerhalb des Betriebsbereichs für den Notfall zur Verfügung stehen.

    4.   Beschreibung technischer und nicht technischer Maßnahmen, die für die Begrenzung der Auswirkungen eines Störfalls von Bedeutung sind.

Anhang III

Sicherheitsmanagementsystem

1.   Das Sicherheitsmanagementsystem ist den Gefahren, Tätigkeiten und der Komplexität der Betriebsorganisation angemessen und beruht auf einer Risikobeurteilung. In das Sicherheitsmanagementsystem ist derjenige Teil des allgemeinen Managementsystems einzugliedern, zu dem Organisationsstruktur, Verantwortungsbereiche, Handlungsweisen, Verfahren, Prozesse und Mittel gehören, also die für die Festlegung und Anwendung des Konzepts zur Verhinderung von Störfällen relevanten Punkte. Insbesondere bei bereits nach § 32 des Umweltauditgesetzes EMAS-registrierten Standorten kann auf deren Managementstrukturen und Vorgehensweisen aufgesetzt werden.

2.   Folgende Punkte werden durch das Sicherheitsmanagementsystem geregelt:

    a)   Organisation und Personal

        Aufgaben und Verantwortungsbereiche des für die Verhinderung von Störfällen und die Begrenzung ihrer Auswirkungen vorgesehenen Personals auf allen Organisationsebenen; Maßnahmen, die zur Sensibilisierung für die Notwendigkeit ständiger Verbesserungen ergriffen werden. Ermittlung des entsprechenden Ausbildungs- und Schulungsbedarfs sowie Durchführung der erforderlichen Ausbildungs- und Schulungsmaßnahmen. Einbeziehung der Beschäftigten des Betriebsbereichs sowie des im Betriebsbereich beschäftigten Personals von Subunternehmen, soweit dies unter dem Gesichtspunkt der Sicherheit relevant ist.

    b)   Ermittlung und Bewertung der Gefahren von Störfällen

        Festlegung und Anwendung von Verfahren zur systematischen Ermittlung der Gefahren von Störfällen bei bestimmungsgemäßem und nicht bestimmungsgemäßem Betrieb, einschließlich von Tätigkeiten, die als Unteraufträge vergeben sind, sowie Abschätzung der Wahrscheinlichkeit und der Schwere solcher Störfälle.

    c)   Überwachung des Betriebs

        Festlegung und Anwendung von Verfahren und Anweisungen für den sicheren Betrieb, einschließlich der Wartung der Anlagen, für Verfahren und Einrichtung sowie für Alarmmanagement und zeitlich begrenzte Unterbrechungen. Berücksichtigung verfügbarer Informationen über bewährte Verfahren zur Überwachung und Prüfung, um die Wahrscheinlichkeit von Systemausfällen zu verringern. Betrachtung und Beherrschung der durch Alterung oder Korrosion von Anlagenteilen im Betriebsbereich entstehenden Risiken.

Dokumentation der Anlagenteile im Betriebsbereich, verbunden mit einer Strategie und Methodik zur Überwachung und Prüfung des Zustands dieser Anlagenteile. Gegebenenfalls Festlegung von erforderlichen Gegenmaßnahmen und angemessenen Folgemaßnahmen.

d) Sichere Durchführung von Änderungen

Festlegung und Anwendung von Verfahren zur Planung von Änderungen bestehender Anlagen oder Verfahren oder Auslegung einer neuen Anlage oder eines neuen Verfahrens.

e) Planung für Notfälle

Festlegung und Anwendung von Verfahren zur Ermittlung vorhersehbarer Notfälle auf Grund einer systematischen Analyse und zur Erstellung, Erprobung und Überprüfung der Alarm- und Gefahrenabwehrpläne, um in Notfällen angemessen reagieren und um dem betroffenen Personal eine spezielle Ausbildung erteilen zu können. Diese Ausbildung muss allen Beschäftigten des Betriebsbereichs, einschließlich des relevanten Personals von Subunternehmen, erteilt werden.

f) Überwachung der Leistungsfähigkeit des Sicherheitsmanagementsystems

Festlegung und Anwendung von Verfahren zur ständigen Bewertung der Erreichung der Ziele, die der Betreiber im Rahmen des Konzepts zur Verhinderung von Störfällen und des Sicherheitsmanagementsystems festgelegt hat, sowie Einrichtung von Mechanismen zur Untersuchung und Korrektur bei Nichterreichung dieser Ziele. Die Verfahren umfassen das System für die Meldung von Ereignissen, insbesondere von solchen, bei denen Schutzmaßnahmen versagt haben, sowie die entsprechenden Untersuchungen und Folgemaßnahmen, bei denen einschlägige Erfahrungen und Erkenntnisse aus innerbetrieblichen und außerbetrieblichen Ereignissen zugrunde zu legen sind. Die Verfahren können auch Leistungsindikatoren wie sicherheitsbezogene Leistungsindikatoren und andere relevante Indikatoren beinhalten.

g) Systematische Überprüfung und Bewertung

Festlegung und Anwendung von Verfahren zur regelmäßigen systematischen Bewertung des Konzepts zur Verhinderung von Störfällen und der Wirksamkeit und Angemessenheit des Sicherheitsmanagementsystems. Von der Leitung des Betriebsbereichs entsprechend dokumentierte Überprüfung der Leistungsfähigkeit des bestehenden Konzepts und des Sicherheitsmanagementsystems sowie seine Aktualisierung, einschließlich der Erwägung und Einarbeitung notwendiger Änderungen gemäß der systematischen Überprüfung und Bewertung.

Informationen in den Alarm- und Gefahrenabwehrplänen

1. Namen oder betriebliche Stellung der Personen, die zur Einleitung von Sofortmaßnahmen ermächtigt sind, sowie der Person, die für die Durchführung und
   Koordinierung der Abhilfemaßnahmen auf dem Gelände des Betriebsbereichs
   verantwortlich ist.

2. Name oder betriebliche Stellung der Person, die für die Verbindung zu der für
   die externen Alarm- und Gefahrenabwehrpläne zuständigen Behörde verantwortlich ist.

3. Für vorhersehbare Umstände oder Vorfälle, die für das Auslösen eines Stör-
   falls ausschlaggebend sein können, in jedem Einzelfall eine Beschreibung der
   Maßnahmen, die zur Kontrolle dieser Umstände bzw. dieser Vorfälle sowie zur
   Begrenzung der Auswirkungen zu treffen sind, sowie eine Beschreibung der zur
   Verfügung stehenden Sicherheitsausrüstungen und Einsatzmittel.

4. Vorkehrungen zur Begrenzung der Risiken für Personen auf dem Gelände des
   Betriebsbereichs, einschließlich Angaben über die Art der Alarmierung sowie
   das von den Personen bei Alarm erwartete Verhalten.

5. Vorkehrungen zur frühzeitigen Warnung der für die Einleitung der in den externen Alarm- und Gefahrenabwehrplänen vorgesehenen Maßnahmen zuständigen
   Behörde, Art der Informationen, die bei der ersten Meldung mitzuteilen sind,
   sowie Vorkehrungen zur Übermittlung von detaillierteren Informationen, sobald
   diese verfügbar sind.

6. Vorkehrungen zur Ausbildung und Schulung des Personals in den Aufgaben,
   deren Wahrnehmung von ihm erwartet wird, sowie gegebenenfalls zur Koordinierung dieser Ausbildung und Schulung mit externen Notfall- und Rettungsdiensten.

7. Vorkehrungen zur Unterstützung von Abhilfemaßnahmen außerhalb des Geländes des Betriebsbereichs.

Information der Öffentlichkeit

**Teil 1: Informationen zu Betriebsbereichen
der unteren und der oberen Klasse**

1. Name oder Firma des Betreibers und vollständige Anschrift des Betriebsbereichs.

2. Bestätigung, dass der Betriebsbereich den Vorschriften dieser Verordnung unterliegt und dass der zuständigen Behörde die Anzeige nach § 7 Absatz 1 und
   bei Betriebsbereichen der oberen Klasse der Sicherheitsbericht nach § 9 Absatz 1 vorgelegt wurde.

3. Verständlich abgefasste Erläuterung der Tätigkeiten im Betriebsbereich.

4. Gebräuchliche Bezeichnungen oder – bei gefährlichen Stoffen im Sinne der
   Stoffliste in Anhang I Nummer 1 – generische Bezeichnung oder Gefahren-
   einstufung der im Betriebsbereich vorhandenen relevanten gefährlichen Stoffe,

von denen ein Störfall ausgehen könnte, sowie Angabe ihrer wesentlichen Gefahreneigenschaften in einfachen Worten.

5. Allgemeine Informationen darüber, wie die betroffene Bevölkerung erforderlichenfalls gewarnt wird; angemessene Informationen über das Verhalten bei einem Störfall oder Hinweis, wo diese Informationen elektronisch zugänglich sind.

6. Datum der letzten Vor-Ort-Besichtigung nach § 17 Absatz 2 oder Hinweis, wo diese Information elektronisch zugänglich ist; Unterrichtung darüber, wo ausführlichere Informationen zur Vor-Ort-Besichtigung und zum Überwachungsplan nach § 17 Absatz 1 unter Berücksichtigung des Schutzes öffentlicher oder privater Belange nach den Bestimmungen des Bundes und der Länder über den Zugang zu Umweltinformationen auf Anfrage eingeholt werden können.

7. Einzelheiten darüber, wo weitere Informationen unter Berücksichtigung des Schutzes öffentlicher oder privater Belange nach den Bestimmungen des Bundes und der Länder über den Zugang zu Umweltinformationen eingeholt werden können.

**Teil 2: Weitergehende Informationen zu
Betriebsbereichen der oberen Klasse**

1. Allgemeine Informationen zu den Gefahren, die von einem Störfall ausgehen können, einschließlich ihrer möglichen Auswirkungen auf die menschliche Gesundheit und die Umwelt und zusammenfassende Darstellung der wesentlichen Störfallszenarien und der Maßnahmen, mit denen diese Szenarien verhindert werden oder ihre Auswirkungen begrenzt werden sollen.

2. Bestätigung, dass der Betreiber verpflichtet ist, auf dem Gelände des Betriebsbereichs – auch in Zusammenarbeit mit Notfall- und Rettungsdiensten – geeignete Maßnahmen zur Bekämpfung von Störfällen und zur größtmöglichen Begrenzung der Auswirkungen von Störfällen zu treffen.

3. Angemessene Informationen aus den externen Alarm- und Gefahrenabwehrplänen zur Bekämpfung der Auswirkungen von Ereignissen außerhalb des Betriebsgeländes mit der Aufforderung, allen Anordnungen von Notfall- oder Rettungsdiensten im Fall eines Ereignisses Folge zu leisten.

4. Gegebenenfalls Angabe, ob der Betriebsbereich in der Nähe des Hoheitsgebiets eines anderen Mitgliedstaats liegt und damit die Möglichkeit besteht, dass ein Störfall grenzüberschreitende Auswirkungen nach dem Übereinkommen über die grenzüberschreitenden Auswirkungen von Industrieunfällen der Wirtschaftskommission der Vereinten Nationen für Europa (UNECE) hat.

Meldungen

Teil 1: Kriterien

I.   Ein Ereignis, welches unter Nummer 1 fällt oder mindestens eine der in Nummern 2, 3, 4 und 5 beschriebenen Folgen hat, ist der zuständigen Behörde mitzuteilen.

1.   Beteiligte Stoffe
     Jede ereignisbedingte Entzündung, Explosion oder Freisetzung eines gefährlichen Stoffes mit einer Menge von mindestens 5 % der in Spalte 5 der Stoffliste in Anhang I angegebenen Mengenschwelle.

2.   Schädigungen von Personen oder Haus- und Grundeigentum mit nachstehenden Folgen:
     a)   ein Todesfall,
     b)   sechs Verletzungsfälle innerhalb des Betriebsbereichs mit Krankenhausaufenthalt von mindestens 24 Stunden,
     c)   ein Verletzungsfall außerhalb des Betriebsbereichs mit Krankenhausaufenthalt von mindestens 24 Stunden,
     d)   Beschädigung und Unbenutzbarkeit einer oder mehrerer Wohnungen außerhalb des Betriebsbereichs,
     e)   Evakuierung oder Einschließung von Personen für eine Dauer von mehr als 2 Stunden mit einem Wert von mindestens 500 Personenstunden,
     f)   Unterbrechung der Versorgung mit Trinkwasser, Strom oder Gas oder der Telefonverbindung für eine Dauer von mehr als 2 Stunden mit einem Wert von mindestens 1 000 Personenstunden.

3.   Unmittelbare Umweltschädigungen
     a)   Dauer- oder langfristige Schädigungen terrestrischer Lebensräume
          –   gesetzlich geschützter, für Umwelt oder Naturschutz wichtiger Lebensraum: ab 0,5 ha,
          –   großräumiger Lebensraum, einschließlich landwirtschaftlich genutzter Flächen: ab 10 ha.
     b)   Erhebliche oder langfristige Schädigungen von Lebensräumen in Oberflächengewässern oder im Meer
          –   Fluss, Kanal, Bach: ab 10 km,
          –   See oder Teich: ab 1 ha,
          –   Delta: ab 2 ha,
          –   Meer oder Küstengebiet: ab 2 ha.
     c)   Erhebliche Schädigung des Grundwassers
          –   ab 1 ha.

4.   Sachschäden
     a)   Sachschäden im Betriebsbereich: ab 2 Millionen Euro,
     b)   Sachschäden außerhalb des Betriebsbereichs: ab 0,5 Millionen Euro.

5. Grenzüberschreitende Schädigungen
    Jeder unmittelbar durch einen gefährlichen Stoff verursachte Störfall mit
    Folgen, die über das Hoheitsgebiet der Bundesrepublik Deutschland hin-
    ausgehen.

II. Ein Ereignis, das aus technischer Sicht im Hinblick auf die Verhinderung von
    Störfällen und die Begrenzung ihrer Folgen besonders bedeutsam ist, aber den
    vorstehenden mengenbezogenen Kriterien nicht entspricht, ist der zuständigen
    Behörde mitzuteilen.

III. Ein Ereignis, bei dem Stoffe nach Anhang I freigesetzt werden oder zur uner-
    wünschten Reaktion kommen und hierdurch Schäden eintreten oder Gefahren
    für die Allgemeinheit oder die Nachbarschaft nicht offensichtlich ausgeschlos-
    sen werden können, ist der zuständigen Behörde mitzuteilen.

Teil 2: Inhalte

Mitteilung nach § 19 Abs. 2

1.   Allgemeine Angaben

1.1   Einstufung des Ereignisses nach Anhang VI Teil 1

I.   II. ☐   III. ☐

☐ 1   ☐ 2a   ☐ 3a   ☐ 4a   ☐ 5
         ☐ 2b   ☐ 3b   ☐ 4b
         ☐ 2c   ☐ 3c
         ☐ 2d
         ☐ 2e
         ☐ 2f

1.2   Name und Anschrift des Betreibers:

1.3   Datum und Zeitpunkt (Beginn/Ende) des Ereignisses:

Tag	Monat	Jahr	Stunde

1.4   Ort des Ereignisses (PLZ, Anschrift, Bundesland):

1.5   Betriebsbereich (Art, Branche in Anlehnung an Bezeichnung der
      4. BImSchV):
      . . . .
      Betriebsbereich unterliegt: ☐ Grundpflichten
                                         ☐ Erweiterte Pflichten

1.6   Gestörter Teil des Betriebsbereichs:

1.7   Status der schriftlichen Mitteilung nach § 19 Abs. 2:
      ☐ Erstmitteilung
      ☐ Ergänzung oder Berichtigung
      ☐ Abschließende Mitteilung

2. Art des Ereignisses und beteiligte Stoffe

2.1 Art des Ereignisses:

2.1.1 ☐ Explosion   a) Auslösende Stoffe
                                    b) Freigesetzte Stoffe

2.1.2 ☐ Brand   a) In Brand geratene Stoffe
                                    b) Entstandene Stoffe

2.1.3 ☐ Stofffreisetzung in die   a) Freigesetzte Stoffe
        Atmosphäre   b) Entstandene Stoffe

2.1.4 ☐ Stofffreisetzung in   a) Freigesetzte Stoffe
        Gewässer   b) Entstandene Stoffe

2.1.5 ☐ Stofffreisetzung in den   a) Freigesetzte Stoffe
        Boden   b) Entstandene Stoffe

2.2 Beteiligte Stoffe[1]

chem. Be-zeichnung	(a) Ausgangsprodukt (b) Zwischenprodukt (c) Endprodukt (d) Nebenprodukt (e) Rückstand (f) entstandener Stoff	CAS-Nr.	Nr. des Stoffes oder der Gefahren-kategorie nach Anhang I	Mengen-angabe in kg[2]
Stoff 1 Stoff 2 ... ... Stoff x				

3. Beschreibung der Umstände des Ereignisses

3.1 Betriebsbedingungen des gestörten Anlagenteils:

3.2 Auslösendes Ereignis und Ablauf des Ereignisses:

3.3 Funktion des Sicherheitssystems, Einleitung von Sicherheitsmaßnahmen:

3.4 Umgebungs- und atmosphärische Bedingungen (Niederschläge, Windge-schwindigkeit, Windrichtung):

3.5 Hinweis auf ähnliche vorangegangene Ereignisse im Betriebsbereich:

4. Ursachenbeschreibung

4.1 Ursache des Ereignisses:

    ☐ Ursache bekannt

    ☐ Ursachenuntersuchung wird fortgeführt

    ☐ Ursache nach Abschluss der Untersuchung nicht aufklärbar

    Beschreibung/Erläuterung: ....

---

1) Soweit Angaben wegen gering erscheinender Stoffmengen nicht gemacht werden, bitte in den Ausführungen zu Nr. 3.2 erläutern.

2) Soweit Berechnung nicht möglich, Schätzwert angeben.

4.2   Ursachenklassifizierung:
        ☐ betriebsbedingt
        ☐ menschlicher Fehler
        ☐ umgebungsbedingt
        ☐ Sonstiges ....

5.   Art und Umfang des Schadens[3]
5.1   innerhalb des Betriebsbereichs
5.1.1   Personenschäden:
        (Beschäftigte/Einsatzkräfte)

	Explosion	Brand	Freisetzung
Tote:	/	/	/
Verletzte: ambulante Behandlung stationäre Behandlung	/ /	/ /	/ /
Personen mit Vergiftungen: ambulante Behandlung stationäre Behandlung	/ /	/ /	/ /

5.1.2   Sonstige Beeinträchtigung von Personen: ☐ ja   ☐ nein
        Art der Beeinträchtigung/Dauer: ....
        Anzahl der Personen: ....
5.1.3   Sachschäden: ☐ ja   ☐ nein
        Art: ....   Geschätzte Kosten: ....
5.1.4   Umweltschäden: ☐ ja   ☐ nein
        Art: ....   Umfang: ....
        Geschätzte Kosten: ....
5.1.5   ☐ Die Gefahr besteht nicht mehr.
        ☐ Die Gefahr besteht noch.
        ☐ Art der Gefahr: ....
5.2   außerhalb des Betriebsbereichs
5.2.1   Personenschäden:
        (Beschäftigte/Einsatzkräfte/Bevölkerung)

	Explosion	Brand	Freisetzung
Tote:	/ /	/ /	/ /
Verletzte: ambulante Behandlung stationäre Behandlung	/ / / /	/ / / /	/ / / /
Personen mit Vergiftungen: ambulante Behandlung stationäre Behandlung	/ / / /	/ / / /.	/ / / /

---

3) Beschreibung unter Berücksichtigung der Kriterien in Teil I des Anhangs.

5.2.2	Sonstige Beeinträchtigung von Personen:	☐ ja	☐ nein

Art der Beeinträchtigung/Dauer: ....

Anzahl der Personen: ....

5.2.3	Sachschäden:	☐ ja	☐ nein

Art: ....   Geschätzte Kosten: ....

5.2.4	Umweltschäden:	☐ ja	☐ nein

Art: ....   Umfang: ....

Geschätzte Kosten: ....

5.2.5	Störung der öffentlichen Versorgung:	☐ ja	☐ nein

Art: ....   Umfang/Dauer: ....

Geschätzte Kosten: ....

5.2.6	Grenzüberschreitende Schäden:	☐ ja	☐ nein

Art: ....   Umfang: ....

Geschätzte Kosten: ....

5.2.7	Gefahr besteht noch:	☐ ja	☐ nein

Art: ....   Umfang: ....

6.	Notfallmaßnahmen
6.1	Während und nach dem Ereignis ergriffene Schutzmaßnahmen (innerhalb und außerhalb des Betriebsbereichs):
6.2	Maßnahmen zur Beseitigung von Sachschäden (innerhalb und außerhalb des Betriebsbereichs):
6.3	Maßnahmen zur Beseitigung von Umweltschäden (innerhalb und außerhalb des Betriebsbereichs):
6.4	Maßnahmen der externen Gefahrenabwehrkräfte
6.4.1	Schutzmaßnahmen:
6.4.2	Evakuierung:
6.4.3	Dekontamination:
6.4.4	Sanierung:
7.	Folgerungen für die Verbesserung der Anlagensicherheit
7.1	Vorkehrungen zur Vermeidung ähnlicher Ereignisse:
7.2	Vorkehrungen zur Begrenzung der Auswirkungen des Ereignisses (innerhalb und außerhalb des Betriebsbereichs):
8.	Zeitplan für die Umsetzung der Maßnahmen:

---------------------------   ---------------------------

Ort, Datum   Unterschrift

Anhang VII
(weggefallen)

**Dreizehnte Verordnung
zur Durchführung des Bundes-Immissionsschutzgesetzes
(Verordnung über Großfeuerungs-, Gasturbinen- und
Verbrennungsmotoranlagen – 13. BImSchV)**

Vom 2. Mai 2013 (BGBl. I S. 1021, 1023, ber. S. 3754)
(FNA 2129-8-13-2)

zuletzt geändert durch VO vom 19. Dezember 2017 (BGBl. I S. 4007)

Inhaltsübersicht

Abschnitt 1
Allgemeine Vorschriften
§   1   Anwendungsbereich
§   2   Begriffsbestimmungen
§   3   Aggregationsregeln

Abschnitt 2
Anforderungen an die Errichtung und den Betrieb
§   4   Emissionsgrenzwerte für Großfeuerungsanlagen bei Einsatz fester
          Brennstoffe, ausgenommen Biobrennstoffe
§   5   Emissionsgrenzwerte für Großfeuerungsanlagen bei Einsatz von
          Biobrennstoffen
§   6   Emissionsgrenzwerte für Großfeuerungsanlagen bei Einsatz flüssiger
          Brennstoffe
§   7   Emissionsgrenzwerte für Großfeuerungsanlagen bei Einsatz gasförmiger
          Brennstoffe
§   8   Emissionsgrenzwerte für Gasturbinenanlagen
§   9   Emissionsgrenzwerte für Gasmotoranlagen
§ 10   Emissionsgrenzwerte bei Betrieb mit mehreren Brennstoffen
§ 10a   Kompensationsmöglichkeit in Raffinerien
§ 11   Im Jahresmittel einzuhaltende Emissionsgrenzwerte zur Absicherung von
          Umweltqualitätsanforderungen
§ 12   Kraft-Wärme-Kopplung
§ 13   Wesentliche Änderung von Anlagen
§ 14   Anlagen zur Abscheidung und Kompression von Kohlendioxid
§ 15   Begrenzung von Emissionen bei Lagerungs- und Transportvorgängen
§ 16   Ableitbedingungen für Abgase
§ 17   Abgasreinigungseinrichtungen

Abschnitt 3
Messung und Überwachung
§ 18   Messplätze
§ 19   Messverfahren und Messeinrichtungen
§ 20   Kontinuierliche Messungen
§ 21   Ausnahmen vom Erfordernis kontinuierlicher Messungen
§ 22   Auswertung und Beurteilung von kontinuierlichen Messungen
§ 23   Einzelmessungen
§ 24   Berichte und Beurteilung von Einzelmessungen

§ 25 Jährliche Berichte über Emissionen

Abschnitt 4
Gemeinsame Vorschriften

§ 26 Zulassung von Ausnahmen
§ 27 Weitergehende Anforderungen

Abschnitt 5
Schlussvorschriften

§ 28 Zugänglichkeit und Gleichwertigkeit von Normen und Arbeitsblättern
§ 29 Ordnungswidrigkeiten
§ 30 Übergangsregelungen

Anlage 1
(zu § 4 Absatz 1 und 2, § 5 Absatz 1, § 6 Absatz 1 und § 23 Absatz 4)
Emissionsgrenzwerte für krebserzeugende Stoffe

Anlage 2
(zu Anlage 1 Buchstabe d)
Äquivalenzfaktoren

Anlage 3
(zu § 19 Absatz 1 und § 22 Absatz 3)
Anforderungen an die kontinuierlichen Messeinrichtungen und die Validierung der Messergebnisse

Anlage 4
(zu § 2 Absatz 5)
Umrechnungsformel

Abschnitt 1
Allgemeine Vorschriften

§ 1 Anwendungsbereich

(1) Diese Verordnung gilt für die Errichtung, die Beschaffenheit und den Betrieb von Feuerungsanlagen, einschließlich Gasturbinen- und Gasmotoranlagen sowie Gasturbinen- und Gasmotoranlagen zum Antrieb von Arbeitsmaschinen, mit einer Feuerungswärmeleistung von 50 Megawatt oder mehr, unabhängig davon, welche Brennstoffe oder welche Arten von Brennstoffen eingesetzt werden.

(2) Diese Verordnung gilt nicht für folgende Feuerungsanlagen:

1. Anlagen, in denen die Verbrennungsprodukte unmittelbar zum Erwärmen, zum Trocknen oder zu einer anderweitigen Behandlung von Gegenständen oder Materialien verwendet werden, zum Beispiel Wärme- und Wärmebehandlungsöfen und Hochöfen,

2. Nachverbrennungsanlagen, die dafür ausgelegt sind, die Abgase durch Verbrennung zu reinigen, und die nicht als unabhängige Feuerungsanlagen betrieben werden,

3. Einrichtungen zum Regenerieren von Katalysatoren für katalytisches Kracken,

4. Einrichtungen für die Umwandlung von Schwefelwasserstoff in Schwefel nach dem Claus-Prozess,

5. Feuerungsanlagen in der chemischen Industrie, die der unmittelbaren Beheizung von Gütern in Reaktoren dienen,
6. Koksöfen,
7. Winderhitzer,
8. technische Geräte, die unmittelbar zum Antrieb von Fahrzeugen, Schiffen oder Flugzeugen eingesetzt werden,
9. Gasturbinen und Gasmotoren, die auf Offshore-Plattformen eingesetzt werden, und
10. Anlagen, die als Brennstoff andere feste oder flüssige Abfälle als die in § 2 Absatz 6 Nummer 2 genannten Abfälle verwenden.

(3) Diese Verordnung enthält Anforderungen an Feuerungsanlagen
1. zur Vorsorge gegen schädliche Umwelteinwirkungen nach § 5 Absatz 1 Nummer 2 des Bundes-Immissionsschutzgesetzes und zur Nutzung der entstehenden Wärme nach § 5 Absatz 1 Nummer 4 des Bundes-Immissionsschutzgesetzes und
2. zur Erfüllung von Luftqualitätsanforderungen der Europäischen Gemeinschaften oder der Europäischen Union nach § 48a Absatz 1 und 3 des Bundes-Immissionsschutzgesetzes.

§ 2 Begriffsbestimmungen

(1) »Abgas« im Sinne dieser Verordnung ist das Trägergas mit den festen, flüssigen oder gasförmigen Emissionen, angegeben als Volumenstrom in der Einheit Kubikmeter je Stunde (m^3/h) und bezogen auf das Abgasvolumen im Normzustand (Temperatur 273,15 Kelvin (K), Druck 101,3 Kilopascal (kPa)) nach Abzug des Feuchtegehalts an Wasserdampf.

(2) »Abgasreinigungseinrichtung« im Sinne dieser Verordnung ist eine der Feuerung nachgeschaltete Einrichtung zur Verminderung von Luftverunreinigungen einschließlich Einrichtungen zur selektiven nichtkatalytischen Reduktion.

(3) »Altanlage« im Sinne dieser Verordnung ist eine bestehende Anlage,
1. die nach § 67 Absatz 2 oder § 67a Absatz 1 des Bundes-Immissionsschutzgesetzes oder vor Inkrafttreten des Bundes-Immissionsschutzgesetzes nach § 16 Absatz 4 der Gewerbeordnung anzuzeigen war,
2. für die die erste Genehmigung zur Errichtung und zum Betrieb nach § 4 oder § 16 des Bundes-Immissionsschutzgesetzes vor dem 27. November 2002 erteilt worden ist und die vor dem 27. November 2003 in Betrieb gegangen ist oder
3. für die der Betreiber vor dem 27. November 2002 einen vollständigen Genehmigungsantrag zur Errichtung und zum Betrieb nach § 4 oder § 16 des Bundes-Immissionsschutzgesetzes gestellt hat und die vor dem 27. November 2003 in Betrieb gegangen ist.

(4) »Bestehende Anlage« im Sinne dieser Verordnung ist eine Anlage,
1. die nach § 67 Absatz 2 oder § 67a Absatz 1 des Bundes-Immissionsschutzgesetzes oder vor Inkrafttreten des Bundes-Immissionsschutzgesetzes nach § 16 Absatz 4 der Gewerbeordnung anzuzeigen war,
2. für die die erste Genehmigung zur Errichtung und zum Betrieb nach § 4 oder § 16 des Bundes-Immissionsschutzgesetzes

a) vor dem 7. Januar 2013 erteilt worden ist und die vor dem 7. Januar 2014 in Betrieb gegangen ist, oder

b) im Fall von bestehenden Ablaugekesseln bei der Herstellung von Zellstoff vor dem 1. Oktober 2014 erteilt worden ist und die vor dem 1. Oktober 2015 in Betrieb gegangen ist, oder

c) im Fall von bestehenden Feuerungsanlagen in Raffinerien, die Raffinerieheizgase oder Destillations- oder Konversionsrückstände einsetzen, vor dem 29. Oktober 2014 erteilt worden ist und die vor dem 29. Oktober 2015 in Betrieb gegangen ist, oder

3. für die der Betreiber einen vollständigen Genehmigungsantrag zur Errichtung und zum Betrieb

a) vor dem 7. Januar 2013 gestellt hat und die vor dem 7. Januar 2014 in Betrieb gegangen ist, oder

b) im Fall von bestehenden Ablaugekesseln bei der Herstellung von Zellstoff vor dem 1. Oktober 2014 gestellt hat und die vor dem 1. Oktober 2015 in Betrieb gegangen ist, oder

c) im Fall von bestehenden Feuerungsanlagen in Raffinerien, die Raffinerieheizgase oder Destillations- oder Konversionsrückstände einsetzen, vor dem 29. Oktober 2014 gestellt hat und die vor dem 29. Oktober 2015 in Betrieb gegangen ist.

(4a) [1]»Im Jahr 2014 bestehende Anlage« im Sinne dieser Verordnung ist eine Anlage

1. die nach § 67 Absatz 2 oder § 67a Absatz 1 des Bundes-Immissionsschutzgesetzes oder vor Inkrafttreten des Bundes-Immissionsschutzgesetzes nach § 16 Absatz 4 der Gewerbeordnung anzuzeigen war,

2. für die die erste Genehmigung zur Errichtung und zum Betrieb nach § 4 oder § 16 des Bundes-Immissionsschutzgesetzes vor dem 7. Januar 2013 erteilt worden ist und die vor dem 7. Januar 2014 in Betrieb gegangen ist, oder

3. für die der Betreiber vor dem 7. Januar 2013 einen vollständigen Genehmigungsantrag zur Errichtung und zum Betrieb nach § 4 oder § 16 des Bundes-Immissionsschutzgesetzes gestellt hat und die vor dem 7. Januar 2014 in Betrieb gegangen ist.

[2]Satz 1 gilt auch für Ablaugekessel bei der Herstellung von Zellstoff sowie für Feuerungsanlagen in Raffinerien, die Raffinerieheizgase oder Destillations- oder Konversionsrückstände einsetzen.

(5) »Bezugssauerstoffgehalt« im Sinne dieser Verordnung ist der jeweils vorgegebene oder zu berechnende Volumengehalt an Sauerstoff im Abgas, auf den der jeweilige Emissionsgrenzwert unter Berücksichtigung von Anlage 4 zu beziehen ist; er beträgt

1. 3 Prozent bei Feuerungsanlagen für flüssige und gasförmige Brennstoffe,

2. 6 Prozent bei Feuerungsanlagen für feste Brennstoffe und Biobrennstoffe,

3. 15 Prozent bei Gasturbinenanlagen sowie

4. 5 Prozent bei Gasmotoranlagen.

(6) »Biobrennstoffe« im Sinne dieser Verordnung sind
1. die Produkte land- oder forstwirtschaftlichen Ursprungs aus pflanzli-
    chem Material oder Teilen davon, soweit sie zur Nutzung ihres Ener-
    gieinhalts verwendet werden, und
2. nachstehende Abfälle, falls die erzeugte Wärme genutzt wird,
    a) pflanzliche Abfälle aus der Land- und Forstwirtschaft,
    b) pflanzliche Abfälle aus der Nahrungsmittelindustrie,
    c) natürliche, nicht gefährliche Hölzer aus der Landschaftspflege,
        soweit sie auf Grund ihrer stofflichen Beschaffenheit mit den Höl-
        zern aus der Forstwirtschaft vergleichbar sind,
    d) faserige pflanzliche Abfälle und Ablaugen aus der Herstellung
        von natürlichem Zellstoff und aus der Herstellung von Papier aus
        Zellstoff, sofern sie am Herstellungsort mitverbrannt werden,
    e) Korkabfälle,
    f) Holzabfälle mit Ausnahme von Holzabfällen, die infolge einer
        Behandlung mit Holzschutzmitteln oder infolge einer Beschich-
        tung halogenorganische Verbindungen oder Schwermetalle ent-
        halten können und zu denen insbesondere Holzabfälle aus Bau-
        und Abbruchabfällen gehören.
(7) »Brennstoffe« im Sinne dieser Verordnung sind alle festen, flüssigen
oder gasförmigen brennbaren Stoffe einschließlich ihrer nicht brennbaren
Bestandteile; hiervon ausgenommen sind brennbare Stoffe, soweit sie dem
Anwendungsbereich der Verordnung über die Verbrennung und die Mitverbrennung von Abfällen unterliegen.
(8) »Dieselkraftstoff« im Sinne dieser Verordnung ist Dieselkraftstoff
nach DIN EN 590, Ausgabe Mai 2010.
(9) »Dieselmotoranlage« im Sinne dieser Verordnung ist eine nach dem
Dieselprinzip arbeitende Verbrennungsmotoranlage mit Selbstzündung
des Kraftstoffs.
(10) »Emissionen« im Sinne dieser Verordnung sind die von einer Anlage
ausgehenden Luftverunreinigungen, angegeben als Massenkonzentrationen in der Einheit Milligramm je Kubikmeter Abgas (mg/m^3) oder Nanogramm je Kubikmeter Abgas (ng/m^3) oder als Massenstrom in der Einheit
Megagramm pro Jahr (Mg/a); Staubemissionen können auch als Rußzahl
angegeben werden.
(11) »Emissionsgrenzwert« im Sinne dieser Verordnung ist die Emission
einer Anlage, die zulässigerweise in die Luft abgeleitet werden darf, angegeben als Massenkonzentration und bezogen auf den jeweiligen Bezugssauerstoffgehalt, im Fall von Staubemission auch angegeben als zulässige
Rußzahl.
(12) »Erdgas« im Sinne dieser Verordnung ist
1. natürlich vorkommendes Methangas mit nicht mehr als 20 Volumen-
    prozent an Inertgasen und sonstigen Bestandteilen, das den Anforde-
    rungen des DVGW-Arbeitsblattes G 260 vom Mai 2008 für Gase der
    2. Gasfamilie entspricht, sowie
2. Klär-, Bio- und Grubengase nach DVGW-Arbeitsblatt G 262 vom
    September 2011, die die Bedingungen des DVGW-Arbeitsblatts G

260 als Austauschgas oder als Zusatzgas zur Konditionierung erfüllen und insoweit die Grundgase der 2. Gasfamilie in der öffentlichen Gasversorgung ersetzen oder ergänzen.

(13) »Feuerungsanlage« im Sinne dieser Verordnung ist jede Anlage, in der Brennstoff zur Nutzung der erzeugten Wärme oxidiert wird.

(14) »Feuerungswärmeleistung« im Sinne dieser Verordnung ist der auf den unteren Heizwert bezogene Wärmeinhalt der Brennstoffe, der einer Anlage im Dauerbetrieb je Zeiteinheit zugeführt wird, angegeben in Megawatt (MW).

(15) »Gasturbinenanlage« im Sinne dieser Verordnung ist eine Feuerungsanlage mit einer rotierenden Maschine, die thermische Energie in mechanische Arbeit umwandelt und im Wesentlichen aus einem Verdichter, aus einer Brennkammer in der Brennstoff zur Erhitzung des Arbeitsmediums oxidiert wird, und aus einer Turbine besteht.

(16) »Gasturbine mit Zusatzfeuerung« im Sinne dieser Verordnung ist eine Gasturbine, deren Abgase einer nachgeschalteten Feuerung mit eigener Brennstoffzufuhr als Verbrennungsluft zugeführt werden.

(17) »Gasmotoranlage« im Sinne dieser Verordnung ist eine nach dem Ottoprinzip arbeitende Verbrennungsmotoranlage
1. mit Fremdzündung des Kraftstoffs oder
2. im Fall von Zweistoffmotoren mit Selbstzündung des Kraftstoffs.

(18) »Großfeuerungsanlage« im Sinne dieser Verordnung ist eine Feuerungsanlage, die keine Gasturbinenanlage oder Verbrennungsmotoranlage ist.

(19) »Leichtes Heizöl« im Sinne dieser Verordnung ist Heizöl EL nach DIN 51603-1, Ausgabe August 2008.

(20) »Mehrstofffeuerung« im Sinne dieser Verordnung ist eine Einzelfeuerung, die mit zwei oder mehr Brennstoffen wechselweise betrieben werden kann.

(21) »Mischfeuerung« im Sinne dieser Verordnung ist eine Einzelfeuerung, die mit zwei oder mehr Brennstoffen gleichzeitig betrieben werden kann.

(22) »Schwefelabscheidegrad« im Sinne dieser Verordnung ist das Verhältnis der Schwefelmenge, die von einer Feuerungsanlage in einem bestimmten Zeitraum nicht in die Luft abgeleitet wird, zu der Schwefelmenge des Brennstoffs, der im gleichen Zeitraum in die Feuerungsanlage eingebracht und verbraucht wird, angegeben als Prozentsatz.

(23) »Verbrennungsmotoranlage« im Sinne dieser Verordnung ist eine Feuerungsanlage in Form einer Dieselmotoranlage oder einer Gasmotoranlage.

§ 3 Aggregationsregeln

(1) Werden in einer gemeinsamen Anlage im Sinne des § 1 Absatz 3 der Verordnung über genehmigungsbedürftige Anlagen die Abgase von zwei oder mehr gesonderten Feuerungsanlagen gemeinsam über einen Schornstein abgeleitet, so gilt die von solchen Feuerungsanlagen gebildete Kombination als eine einzige Feuerungsanlage; die Feuerungswärmeleistung

dieser Feuerungsanlage ergibt sich durch Addition der Feuerungswärmeleistungen der gesonderten Feuerungsanlagen.

(2) Wird eine gemeinsame Anlage im Sinne des § 1 Absatz 3 der Verordnung über genehmigungsbedürftige Anlagen

1. aus zwei oder mehr gesonderten Feuerungsanlagen derart errichtet
   oder

2. als eine im Jahr 2014 bestehende Anlage durch eine oder mehrere
   neue Feuerungsanlagen derart erweitert,

dass ihre Abgase unter Berücksichtigung technischer und wirtschaftlicher
Faktoren nach Beurteilung der zuständigen Behörde gemeinsam über
einen Schornstein abgeleitet werden können, so gilt die von solchen Feuerungsanlagen gebildete Kombination als eine einzige Feuerungsanlage;
die Feuerungswärmeleistung dieser Feuerungsanlage ergibt sich durch
Addition der Feuerungswärmeleistungen der gesonderten Feuerungsanlagen.

(3) [1]Für die Berechnung der Feuerungswärmeleistung einer in den Absätzen 1 und 2 beschriebenen Kombination gesonderter Feuerungsanlagen werden einzelne Feuerungsanlagen mit einer Feuerungswärmeleistung von weniger als 15 Megawatt nicht berücksichtigt. [2]Die Grenzwerte
dieser Verordnung sind bei diesen Anlagen nicht anzuwenden.

Abschnitt 2
Anforderungen an die Errichtung und den Betrieb

**§ 4 Emissionsgrenzwerte[1) für Großfeuerungsanlagen bei Einsatz fes-
ter Brennstoffe, ausgenommen Biobrennstoffe**

(1) [1]Großfeuerungsanlagen, die feste Brennstoffe mit Ausnahme von Biobrennstoffen einsetzen, sind so zu errichten und zu betreiben, dass die Anforderungen dieses Absatzes und der Absätze 3 bis 11 eingehalten werden.
[2]Der Betreiber hat dafür zu sorgen, dass

1. kein Tagesmittelwert die folgenden Emissionsgrenzwerte überschreitet und kein Tagesmittelwert die folgenden Schwefelabscheidegrade
   unterschreitet:
   a) Gesamtstaub $\qquad$ 10 mg/m³,
   b) Quecksilber und seine Verbindungen, angegeben
      als Quecksilber, $\qquad$ 0,03 mg/m³,
   c) Kohlenmonoxid bei einer Feuerungswärmeleis-
      tung von
      aa) 50 MW bis 100 MW $\qquad$ 150 mg/m³,
      bb) mehr als 100 MW $\qquad$ 200 mg/m³,

---

1) Die in der 13. BImSchV festgelegten Emissionsgrenzwerte stehen nicht der Festlegung niedrigerer Kontrollwerte entgegen, die den genehmigungskonformen Betrieb
   der Anlage nachprüfbar machen (vgl. BVerwG, NVwZ 2007, 1086).

d) Stickstoffmonoxid und Stickstoffdioxid, angegeben als Stickstoffdioxid, bei einer Feuerungswärmeleistung von

    aa) 50 MW bis 100 MW

        aaa) in Braunkohlestaubfeuerungen   400 mg/m^3,

        bbb) in sonstigen Feuerungen   300 mg/m^3,

    bb) mehr als 100 MW bis 300 MW   200 mg/m^3,

    cc) mehr als 300 MW

        aaa) in Braunkohlestaubfeuerungen   200 mg/m^3,

        bbb) in sonstigen Feuerungen   150 mg/m^3,

e) Schwefeldioxid und Schwefeltrioxid, angegeben als Schwefeldioxid, bei einer Feuerungswärmeleistung von

    aa) 50 MW bis 100 MW

        aaa) in Wirbelschichtfeuerungen sowie einen Schwefelabscheidegrad von mindestens 75 Prozent,   350 mg/m^3

        bbb) in sonstigen Feuerungen   400 mg/m^3,

    bb) mehr als 100 MW und bis 300 MW sowie einen Schwefelabscheidegrad von mindestens 85 Prozent,   200 mg/m^3

    cc) mehr als 300 MW

        aaa) in Feuerungen mit zirkulierender oder druckaufgeladener Wirbelschicht sowie einen Schwefelabscheidegrad von mindestens 85 Prozent,   200 mg/m^3

        bbb) in sonstigen Feuerungen sowie einen Schwefelabscheidegrad von mindestens 85 Prozent;   150 mg/m^3

soweit die Anforderung an den Schwefelabscheidegrad nach den Doppelbuchstaben bb oder cc zu Emissionen von weniger als 50 mg/m^3 für den Tagesmittelwert führt, ist mindestens ein Schwefelabscheidegrad einzuhalten, der zu Emissionen von nicht mehr als 50 mg/m^3 für den Tagesmittelwert führt;

2. kein Halbstundenmittelwert das Doppelte der unter Nummer 1 bestimmten Emissionsgrenzwerte überschreitet und

3. kein Mittelwert, der über die jeweilige Probenahmezeit gebildet ist, die Emissionsgrenzwerte nach Anlage 1 überschreitet.

(2) Abweichend von Absatz 1 Satz 2 Nummer 3 gelten die Emissionsgrenzwerte nach Anlage 1 Buchstabe a bis c nicht für den Einsatz von Kohle.

(3) Abweichend von Absatz 1 Satz 2 Nummer 2 darf für die Emissionen an Quecksilber und seine Verbindungen, angegeben als Quecksilber, ein Emissionsgrenzwert von 0,05 mg/m^3 für den Halbstundenmittelwert nicht überschritten werden.

(4) Abweichend von Absatz 1 Satz 2 Nummer 1 Buchstabe e und Nummer 2 darf für die Emissionen an Schwefeldioxid und Schwefeltrioxid,

angegeben als Schwefeldioxid, soweit auf Grund des Schwefelgehalts der eingesetzten einheimischen Brennstoffe die in Absatz 1 bestimmten Emissionsgrenzwerte mit einem verhältnismäßigen Aufwand nicht eingehalten werden können, bei einer Feuerungswärmeleistung von

1. 50 MW bis 100 MW alternativ ein Schwefelabscheidegrad von mindestens 93 Prozent nicht unterschritten werden,

2. mehr als 100 MW bis 300 MW ein Emissionsgrenzwert von 300 mg/m^3 für den Tagesmittelwert und von 600 mg/m^3 für den Halbstundenmittelwert nicht überschritten und zusätzlich ein Schwefelabscheidegrad von mindestens 93 Prozent als Tagesmittelwert nicht unterschritten werden,

3. mehr als 300 MW ein Emissionsgrenzwert von 400 mg/m^3 für den Tagesmittelwert und von 800 mg/m^3 für den Halbstundenmittelwert nicht überschritten und zusätzlich ein Schwefelabscheidegrad von mindestens 97 Prozent als Tagesmittelwert nicht unterschritten werden.

(5) Die Emissionsgrenzwerte dieser Vorschrift sind auch bei der Heizflächenreinigung einzuhalten.

(6) Abweichend von den in Absatz 1 Satz 2 Nummer 1 Buchstabe a und Nummer 2 bestimmten Emissionsgrenzwerten für Gesamtstaub darf bei im Jahr 2014 bestehenden Anlagen ein Emissionsgrenzwert von 20 mg/m^3 für den Tagesmittelwert und von 40 mg/m^3 für den Halbstundenmittelwert nicht überschritten werden.

(7) Abweichend von den in Absatz 1 Satz 2 Nummer 1 Buchstabe c und Nummer 2 bestimmten Emissionsgrenzwerten für Kohlenmonoxid darf bei Altanlagen mit einer Feuerungswärmeleistung von mehr als 100 MW ein Emissionsgrenzwert von 250 mg/m^3 für den Tagesmittelwert und von 500 mg/m^3 für den Halbstundenmittelwert nicht überschritten werden.

(8) Abweichend von den in Absatz 1 Satz 2 Nummer 1 Buchstabe d und Nummer 2 bestimmten Emissionsgrenzwerten für Stickstoffmonoxid und Stickstoffdioxid, angegeben als Stickstoffdioxid, darf

1. bei Altanlagen mit einer Feuerungswärmeleistung von 50 MW bis 100 MW in Braunkohlestaubfeuerungen ein Emissionsgrenzwert von 450 mg/m^3 für den Tagesmittelwert und von 900 mg/m^3 für den Halbstundenmittelwert nicht überschritten werden;

2. bei Altanlagen mit einer Feuerungswärmeleistung von 50 MW bis 100 MW, die im gleitenden Durchschnitt über einen Zeitraum von fünf Jahren höchstens 1 500 Betriebsstunden jährlich in Betrieb sind, ein Emissionsgrenzwert von 450 mg/m^3 für den Tagesmittelwert und von 900 mg/m^3 für den Halbstundenmittelwert nicht überschritten werden;

3. bei Altanlagen mit einer Feuerungswärmeleistung von mehr als 100 MW bis 300 MW, die im gleitenden Durchschnitt über einen Zeitraum von fünf Jahren höchstens 1 500 Betriebsstunden jährlich in Betrieb sind, ein Emissionsgrenzwert von 400 mg/m^3 für den Tagesmittelwert und von 800 mg/m^3 für den Halbstundenmittelwert nicht überschritten werden;

4. bei im Jahr 2014 bestehenden Anlagen mit einer Feuerungswärmeleistung von mehr als 300 MW ein Emissionsgrenzwert von
200 mg/m³ für den Tagesmittelwert und von 400 mg/m³ für den
Halbstundenmittelwert nicht überschritten werden.

(9) Abweichend von den in Absatz 1 Satz 2 Nummer 1 Buchstabe e
und Nummer 2 bestimmten Emissionsgrenzwerten für Schwefeldioxid
und Schwefeltrioxid, angegeben als Schwefeldioxid, darf bei Altanlagen
mit einer Feuerungswärmeleistung von 50 MW bis 100 MW, die im
gleitenden Durchschnitt über einen Zeitraum von fünf Jahren höchstens
1 500 Betriebsstunden jährlich in Betrieb sind, ausgenommen Wirbelschichtfeuerungen, ein Emissionsgrenzwert von 800 mg/m³ für den Tagesmittelwert und von 1 600 mg/m³ für den Halbstundenmittelwert nicht
überschritten werden.

(10) ¹Abweichend von den in Absatz 1 Satz 2 Nummer 1 Buchstabe e
und Nummer 2 bestimmten Emissionsgrenzwerten für Schwefeldioxid
und Schwefeltrioxid, angegeben als Schwefeldioxid, darf

1. bei Altanlagen mit einer Feuerungswärmeleistung von mehr als 100
MW bis 300 MW ein Emissionsgrenzwert von 250 mg/m³ für den
Tagesmittelwert und von 500 mg/m³ für den Halbstundenmittelwert
nicht überschritten werden, wobei der Schwefelabscheidegrad einen
Wert von mindestens 75 Prozent in Wirbelschichtfeuerungen und von
mindestens 60 Prozent in sonstigen Feuerungen nicht unterschreiten
darf;

2. bei im Jahr 2014 bestehenden Anlagen mit einer Feuerungswärmeleistung von mehr als 300 MW ein Emissionsgrenzwert von
200 mg/m³ für den Tagesmittelwert und von 400 mg/m³ für den
Halbstundenmittelwert nicht überschritten werden; die Anforderungen an den Schwefelabscheidegrad nach Absatz 1 Satz 2 Nummer 1
Buchstabe e bleiben unberührt.

²Abweichend von Satz 1 Nummer 1 darf bei Altanlagen, die im gleitenden
Durchschnitt über einen Zeitraum von fünf Jahren höchstens 1 500 Betriebsstunden jährlich in Betrieb sind, ausgenommen Wirbelschichtfeuerungen, ein Emissionsgrenzwert von 800 mg/m³ für den Tagesmittelwert
und von 1 600 mg/m³ für den Halbstundenmittelwert nicht überschritten
werden; die Anforderungen an den Schwefelabscheidegrad bleiben unberührt. ³Abweichend von Satz 1 Nummer 2 darf bei Altanlagen, die im
gleitenden Durchschnitt über einen Zeitraum von fünf Jahren höchstens
1 500 Betriebsstunden jährlich in Betrieb sind, ein Emissionsgrenzwert
von 300 mg/m³ für den Tagesmittelwert und von 600 mg/m³ für den Halbstundenmittelwert nicht überschritten werden; die Anforderungen an den
Schwefelabscheidegrad nach Absatz 1 Satz 2 Nummer 1 Buchstabe e bleiben unberührt.

(11) Abweichend von Absatz 1 Satz 2 Nummer 1 Buchstabe e und Nummer 2 darf bei im Jahr 2014 bestehenden Anlagen für die Emissionen
an Schwefeldioxid und Schwefeltrioxid, soweit auf Grund des Schwefelgehalts der eingesetzten einheimischen Brennstoffe die in Absatz 1
bestimmten Emissionsgrenzwerte mit einem verhältnismäßigen Aufwand

nicht eingehalten werden können, angegeben als Schwefeldioxid, bei einer Feuerungswärmeleistung von
1. 50 MW bis 100 MW alternativ ein Schwefelabscheidegrad von mindestens 92 Prozent als Tagesmittelwert nicht unterschritten werden,
2. mehr als 100 MW bis 300 MW ein Emissionsgrenzwert von 300 mg/m³ für den Tagesmittelwert und von 600 mg/m³ für den Halbstundenmittelwert nicht überschritten und zusätzlich ein Schwefelabscheidegrad von mindestens 92 Prozent als Tagesmittelwert nicht unterschritten werden,
3. mehr als 300 MW ein Emissionsgrenzwert von 400 mg/m³ für den Tagesmittelwert und von 800 mg/m³ für den Halbstundenmittelwert nicht überschritten und zusätzlich ein Schwefelabscheidegrad von mindestens 96 Prozent als Tagesmittelwert nicht unterschritten werden.

(12) ¹Der Betreiber einer Anlage nach Absatz 8 Nummer 2 oder Nummer 3, Absatz 9 oder Absatz 10 Satz 2 oder Satz 3 hat jeweils bis zum 31. März eines Jahres für die vorhergehenden fünf Jahre einen Nachweis über die Einhaltung der Betriebszeit zu führen und der zuständigen Behörde auf Verlangen vorzulegen. ²Der Betreiber hat die Nachweise jeweils fünf Jahre nach Ende des Nachweiszeitraums aufzubewahren.

§ 5 Emissionsgrenzwerte²⁾ für Großfeuerungsanlagen bei Einsatz von Biobrennstoffen

(1) ¹Großfeuerungsanlagen, die Biobrennstoffe einsetzen, sind so zu errichten und zu betreiben, dass die Anforderungen dieses Absatzes und der Absätze 2 bis 7 eingehalten werden. ²Der Betreiber hat dafür zu sorgen, dass
1. kein Tagesmittelwert die folgenden Emissionsgrenzwerte überschreitet:
   a) Gesamtstaub   10 mg/m³,
   b) Quecksilber und seine Verbindungen, angegeben als Quecksilber,   0,03 mg/m³,
   c) Kohlenmonoxid bei einer Feuerungswärmeleistung von
      aa) 50 MW bis 100 MW und bei Einsatz von
          aaa) naturbelassenem Holz   150 mg/m³,
          bbb) sonstigen Biobrennstoffen   250 mg/m³,
      bb) mehr als 100 MW und bei Einsatz von
          aaa) naturbelassenem Holz   200 mg/m³,
          bbb) sonstigen Biobrennstoffen   250 mg/m³,
   d) Stickstoffmonoxid und Stickstoffdioxid, angegeben als Stickstoffdioxid, bei einer Feuerungswärmeleistung von
      aa) 50 MW bis 100 MW   250 mg/m³,
      bb) mehr als 100 MW bis 300 MW   200 mg/m³,
      cc) mehr als 300 MW   150 mg/m³,

----

2) Siehe Fußnote 1 zu § 4.

e) Schwefeldioxid und Schwefeltrioxid, angegeben als Schwefeldioxid, und einer Feuerungswärmeleistung von
    aa) 50 MW bis 300 MW   200 mg/m³,
    bb) mehr als 300 MW   150 mg/m³;
2. kein Halbstundenmittelwert das Doppelte der unter Nummer 1 bestimmten Emissionsgrenzwerte überschreitet;
3. kein Mittelwert, der über die jeweilige Probenahmezeit gebildet ist, die Emissionsgrenzwerte nach Anlage 1 überschreitet.

(2) Der Betreiber hat darüber hinaus dafür zu sorgen, dass für organische Stoffe, angegeben als Gesamtkohlenstoff, ein Emissionsgrenzwert von 10 mg/m³ für den Tagesmittelwert und von 20 mg/m³ für den Halbstundenmittelwert nicht überschritten werden; dies gilt nicht für den Einsatz von Ablaugen aus dem Sulfitverfahren in der Zellstoffindustrie.

(3) Abweichend von Absatz 1 Satz 2 Nummer 2 darf für die Emissionen an Quecksilber und seine Verbindungen, angegeben als Quecksilber, ein Emissionsgrenzwert von 0,05 mg/m³ für den Halbstundenmittelwert nicht überschritten werden.

(3a) Abweichend von den in Absatz 1 Satz 2 Nummer 1 Buchstabe e und Nummer 2 bestimmten Emissionsgrenzwerten für Schwefeldioxid und Schwefeltrioxid, angegeben als Schwefeldioxid, darf bei Einsatz von Ablaugen aus dem Sulfatverfahren in der Zellstoffindustrie ein Emissionsgrenzwert von 50 mg/m³ für den Tagesmittelwert und von 100 mg/m³ für den Halbstundenmittelwert sowie zusätzlich ein Emissionsgrenzwert von 25 mg/m³ für den Jahresmittelwert nicht überschritten werden.

(3b) Bei Einsatz von Ablaugen aus dem Sulfitverfahren in der Zellstoffindustrie darf für Ammoniak, sofern zur Minderung der Emissionen von Stickstoffoxiden ein Verfahren der selektiven nichtkatalytischen Reduktion eingesetzt wird, ein Emissionsgrenzwert von 10 mg/m³ für den Tagesmittelwert und von 15 mg/m³ für den Halbstundenmittelwert sowie zusätzlich ein Emissionsgrenzwert von 5 mg/m³ für den Jahresmittelwert nicht überschritten werden.

(4) Die Emissionsgrenzwerte dieser Vorschrift sind auch bei der Heizflächenreinigung einzuhalten.

(5) Abweichend von den in Absatz 1 Satz 2 Nummer 1 Buchstabe a und Nummer 2 bestimmten Emissionsgrenzwerten für Gesamtstaub darf bei im Jahr 2014 bestehenden Anlagen ein Emissionsgrenzwert von 20 mg/m³ für den Tagesmittelwert und von 40 mg/m³ für den Halbstundenmittelwert nicht überschritten werden.

(6) Abweichend von den in Absatz 1 Satz 2 Nummer 1 Buchstabe d und Nummer 2 bestimmten Emissionsgrenzwerten für Stickstoffmonoxid und Stickstoffdioxid, angegeben als Stickstoffdioxid, darf bei im Jahr 2014 bestehenden Anlagen mit einer Feuerungswärmeleistung von
1. 50 MW bis 100 MW ein Emissionsgrenzwert von 300 mg/m³ für den Tagesmittelwert und 600 mg/m³ für den Halbstundenmittelwert für Anlagen, die andere Biobrennstoffe einsetzen als naturbelassenes Holz, nicht überschritten werden;

2. mehr als 100 MW bis 300 MW ein Emissionsgrenzwert von 250 mg/m^3 für den Tagesmittelwert und von 500 mg/m^3 für den Halbstundenmittelwert nicht überschritten werden;

3. mehr als 300 MW ein Emissionsgrenzwert von 200 mg/m^3 für den Tagesmittelwert und von 400 mg/m^3 für den Halbstundenmittelwert nicht überschritten werden.

(6a) Abweichend von den in Absatz 1 Satz 2 Nummer 1 Buchstabe d Doppelbuchstabe bb und Nummer 2 bestimmten Emissionsgrenzwerten für Stickstoffmonoxid und Stickstoffdioxid, angegeben als Stickstoffdioxid, darf bei Altanlagen mit einer Feuerungswärmeleistung von mehr als 100 bis 300 MW, in denen Ablaugen aus dem Sulfitverfahren in der Zellstoffindustrie eingesetzt werden, ein Emissionsgrenzwert von 325 mg/m^3 für den Tagesmittelwert und von 650 mg/m^3 für den Halbstundenmittelwert nicht überschritten werden.

(7) Abweichend von den in Absatz 1 Satz 2 Nummer 1 Buchstabe e und Nummer 2 bestimmten Emissionsgrenzwerten für Schwefeldioxid und Schwefeltrioxid, angegeben als Schwefeldioxid, darf

1. bei Altanlagen bei Einsatz von Ablaugen aus dem Sulfitverfahren in der Zellstoffindustrie mit einer Feuerungswärmeleistung von mehr als 100 MW bis 300 MW ein Emissionsgrenzwert von 280 mg/m^3 für den Tagesmittelwert und von 560 mg/m^3 für den Halbstundenmittelwert sowie zusätzlich ein Emissionsgrenzwert von 230 mg/m^3 für den Jahresmittelwert nicht überschritten werden,

1a. bei Altanlagen bei Einsatz von Ablaugen aus dem Sulfitverfahren in der Zellstoffindustrie mit einer Feuerungswärmeleistung von mehr als 100 MW bis 300 MW, die mehrstufige Venturiwäscher für die Abscheidung von Staub und Schwefeloxiden einsetzen, ein Emissionsgrenzwert von 375 mg/m^3 für den Tagesmittelwert und von 750 mg/m^3 für den Halbstundenmittelwert sowie zusätzlich ein Emissionsgrenzwert von 320 mg/m^3 für den Jahresmittelwert nicht überschritten werden,

2. für im Jahr 2014 bestehende Anlagen mit einer Feuerungswärmeleistung von mehr als 300 MW ein Emissionsgrenzwert von 200 mg/m^3 für den Tagesmittelwert und von 400 mg/m^3 für den Halbstundenmittelwert nicht überschritten werden.

(8) ^{1}Der Emissionsgrenzwert nach Absatz 1 Satz 2 Nummer 1 Buchstabe b ist bei Einsatz von naturbelassenem Holz nicht anzuwenden. ^{2}Die Emissionsgrenzwerte nach Absatz 1 Satz 2 Nummer 3 gelten nicht für den Einsatz von

1. naturbelassenem Holz,

2. Holzabfällen gemäß § 2 Absatz 6 Nummer 2 Buchstabe f oder

3. ausschließlich aus naturbelassenem Holz hergestellten Brennstoffen, soweit dadurch keine anderen oder höheren Emissionen entstehen als bei Einsatz von naturbelassenem Holz.

^{3}Im Fall von Satz 2 Nummer 3 hat der Betreiber Nachweis über die Einhaltung der Anforderungen, insbesondere durch regelmäßige Kontrollen der Brennstoffe, jeweils bis zum 31. März eines Jahres für das vorhergehende Kalenderjahr zu führen und der zuständigen Behörde auf Verlangen vorzulegen. [4]Der Betreiber hat die Nachweise jeweils fünf Jahre nach Ende des Nachweiszeitraums nach Satz 3 aufzubewahren.

§ 6 Emissionsgrenzwerte[3] für Großfeuerungsanlagen bei Einsatz flüssiger Brennstoffe

(1) [1]Großfeuerungsanlagen, die flüssige Brennstoffe einsetzen, sind so zu errichten und zu betreiben, dass die Anforderungen

1. dieses Absatzes, der Absätze 2 bis 7a, des Absatzes 8 Satz 1, des Absatzes 9 Satz 1 und des Absatzes 10 sowie
2. des Absatzes 8 Satz 2 und des Absatzes 9 Satz 2 eingehalten werden.

[2]Der Betreiber hat dafür zu sorgen, dass

1. kein Tagesmittelwert die folgenden Emissionsgrenzwerte überschreitet:

   a) Gesamtstaub $10\ mg/m^3$,

   b) Kohlenmonoxid $80\ mg/m^3$,

   c) Stickstoffmonoxid und Stickstoffdioxid, angegeben als Stickstoffdioxid, bei einer Feuerungswärmeleistung von

      aa) 50 MW bis 100 MW und bei Einsatz von

         aaa) leichtem Heizöl bei Kesseln mit einem Einstellwert der Sicherheitseinrichtung, insbesondere einen Sicherheitstemperaturbegrenzer oder ein Sicherheitsdruckventil, gegen Überschreitung

            aaaa) einer Temperatur von weniger als 383,15 K oder eines Überdrucks von weniger als 0,05 MPa $180\ mg/m^3$,

            bbbb) einer Temperatur von 383,75 K bis 483,15 K oder eines Überdrucks von 0,05 MPa bis 1,8 MPa $200\ mg/m^3$,

            cccc) einer Temperatur von mehr als 483,15 K oder eines Überdrucks von mehr als 1,8 MPa $250\ mg/m^3$;

         bezogen auf den Referenzwert an organisch gebundenem Stickstoff von 140 mg/kg nach Anhang B der DIN EN 267 Ausgabe April 2010; der organisch gebundene Stickstoffgehalt des Brennstoffs ist nach DIN 51444 Ausgabe 2003 zu bestimmen; die gemessenen Massenkonzentrationen an Stickstoffmonoxid und Stickstoffdioxid, angegeben als Stickstoffdioxid, sind auf den Referenzwert an organisch gebundenem Stickstoff sowie auf die Bezugsbedingungen 10 Gramm je Kilogramm Luftfeuchte und 20 Grad Celsius Verbrennungslufttemperatur umzurechnen;

        bbb) anderen flüssigen Brennstoffen $300\ mg/m^3$,

---

3) Siehe Fußnote 1 zu § 4.

bb) mehr als 100 MW bis 300 MW   150 mg/m^3,

cc) mehr als 300 MW   100 mg/m^3,

d) Schwefeldioxid und Schwefeltrioxid, angegeben als Schwefeldioxid, bei einer Feuerungswärmeleistung von

aa) 50 MW bis 100 MW   350 mg/m^3,

bb) mehr als 100 MW bis 300 MW   200 mg/m^3,

cc) mehr als 300 MW   150 mg/m^3,

bei Großfeuerungsanlagen mit einer Feuerungswärmeleistung von mehr als 100 MW darf zusätzlich zur Begrenzung der Massenkonzentration ein Schwefelabscheidegrad von mindestens 85 Prozent nicht unterschritten werden; soweit diese Anforderung zu Emissionen von weniger als 50 mg/m^3 für den Tagesmittelwert führt, ist mindestens ein Schwefelabscheidegrad einzuhalten, der zu Emissionen von nicht mehr als 50 mg/m^3 für den Tagesmittelwert führt;

2. kein Halbstundenmittelwert das Doppelte der unter Nummer 1 bestimmten Emissionsgrenzwerte überschreitet und

3. kein Mittelwert, der über die jeweilige Probenahmezeit gebildet ist, die Emissionsgrenzwerte nach Anlage 1 überschreitet.

(2) Abweichend von den in Absatz 1 Satz 2 Nummer 1 Buchstabe a bestimmten Emissionsgrenzwerten für Gesamtstaub darf bei Einsatz von leichtem Heizöl die Rußzahl 1 für den Drei-Minuten-Mittelwert nicht überschritten werden.

(3) Abweichend von Absatz 1 Satz 2 Nummer 3 ist bei Anlagen, in denen Destillations- oder Konversionsrückstände zum Eigenverbrauch in Raffinerien eingesetzt werden, der Emissionsgrenzwert ohne die Berücksichtigung von Vanadium zu bilden; für Vanadium und seine Verbindungen, angegeben als Vanadium, darf ein Emissionsgrenzwert von 0,5 mg/m^3 nicht überschritten werden.

(3a) Bei Einsatz von Destillations- oder Konversionsrückständen in Raffinerien darf für Ammoniak, sofern zur Minderung der Emissionen von Stickstoffoxiden ein Verfahren der selektiven katalytischen oder nichtkatalytischen Reduktion eingesetzt wird, ein Emissionsgrenzwert von 10 mg/m^3 für den Tagesmittelwert und von 20 mg/m^3 für den Halbstundenmittelwert nicht überschritten werden.

(4) Die Emissionsgrenzwerte dieser Vorschrift sind auch bei der Heizflächenreinigung einzuhalten.

(5) Abweichend von den in Absatz 1 Satz 2 Nummer 1 Buchstabe a und Nummer 2 bestimmten Emissionsgrenzwerten für Gesamtstaub darf bei im Jahr 2014 bestehenden Anlagen ein Emissionsgrenzwert von 20 mg/m^3 für den Tagesmittelwert und von 40 mg/m^3 für den Halbstundenmittelwert nicht überschritten werden.

(6) Abweichend von den in Absatz 1 Satz 2 Nummer 1 Buchstabe c und Nummer 2 bestimmten Emissionsgrenzwerten für Stickstoffmonoxid und Stickstoffdioxid, angegeben als Stickstoffdioxid, darf bei Altanlagen bei Einsatz von leichtem Heizöl mit einer Feuerungswärmeleistung von 50 MW bis 100 MW, die ausschließlich zur Abdeckung der Spitzenlast bei

der Energieversorgung während bis zu 300 Stunden im Jahr dienen, ein Emissionsgrenzwert von 300 mg/m³ für den Tagesmittelwert und von 600 mg/m³ für den Halbstundenmittelwert nicht überschritten werden.

(7) ¹Abweichend von den in Absatz 1 Satz 2 Nummer 1 Buchstabe c und Nummer 2 bestimmten Emissionsgrenzwerten für Stickstoffmonoxid und Stickstoffdioxid, angegeben als Stickstoffdioxid und vorbehaltlich des Absatzes 7a, darf bei im Jahr 2014 bestehenden Anlagen bei Einsatz von flüssigen Brennstoffen außer leichtem Heizöl mit einer Feuerungswärmeleistung von

1. 50 MW bis 100 MW ein Emissionsgrenzwert von 350 mg/m³ für den Tagesmittelwert und von 700 mg/m³ für den Halbstundenmittelwert nicht überschritten werden,

2. mehr als 100 MW bis 300 MW ein Emissionsgrenzwert von 200 mg/m³ für den Tagesmittelwert und von 400 mg/m³ für den Halbstundenmittelwert nicht überschritten werden,

3. mehr als 300 MW ein Emissionsgrenzwert von 150 mg/m³ für den Tagesmittelwert und von 300 mg/m³ für den Halbstundenmittelwert nicht überschritten werden.

²Abweichend von Satz 1 Nummer 1 darf bei Altanlagen, mit Ausnahme der in Absatz 7a genannten Anlagen, ein Emissionsgrenzwert von 400 mg/m³ für den Tagesmittelwert und von 800 mg/m³ für den Halbstundenmittelwert nicht überschritten werden. ³Abweichend von Satz 1 Nummer 2 darf bei Altanlagen, die im gleitenden Durchschnitt über einen Zeitraum von fünf Jahren höchstens 1 500 Betriebsstunden jährlich in Betrieb sind, ein Emissionsgrenzwert von 400 mg/m³ für den Tagesmittelwert und von 800 mg/m³ für den Halbstundenmittelwert nicht überschritten werden.

(7a) Bei bestehenden Anlagen in Raffinerien, die Destillations- oder Konversionsrückstände einsetzen, darf für Stickstoffmonoxid und Stickstoffdioxid, angegeben als Stickstoffdioxid, der Emissionsgrenzwert für den Tagesmittelwert gemäß Absatz 1 Satz 2 Nummer 1 Buchstabe c Doppelbuchstabe aa Dreifachbuchstabe bbb und für den Halbstundenmittelwert gemäß Nummer 2 nicht überschritten werden.

(8) ¹Abweichend von den in Absatz 1 Satz 2 Nummer 1 Buchstabe d und Nummer 2 bestimmten Emissionsgrenzwerten für Schwefeldioxid und Schwefeltrioxid, angegeben als Schwefeldioxid, darf bei im Jahr 2014 bestehenden Anlagen bei Einsatz anderer flüssiger Brennstoffe als leichtes Heizöl mit einer Feuerungswärmeleistung von

1. mehr als 100 MW bis 300 MW ein Emissionsgrenzwert von 250 mg/m³ für den Tagesmittelwert und von 500 mg/m³ für den Halbstundenmittelwert nicht überschritten werden,

2. mehr als 300 MW ein Emissionsgrenzwert von 200 mg/m³ für den Tagesmittelwert und von 400 mg/m³ für den Halbstundenmittelwert nicht überschritten werden.

²Die Anforderungen an den Schwefelabscheidegrad nach Absatz 1 Satz 2 Nummer 1 Buchstabe d bleiben unberührt.

(9) ¹Abweichend von den in Absatz 1 Satz 2 Nummer 1 Buchstabe d und Nummer 2 bestimmten Emissionsgrenzwerten für Schwefeldioxid und Schwefeltrioxid, angegeben als Schwefeldioxid, darf bei Altanlagen für den Einsatz anderer flüssiger Brennstoffe als leichtes Heizöl, die im gleitenden Durchschnitt über einen Zeitraum von fünf Jahren höchstens 1 500 Betriebsstunden jährlich in Betrieb sind, mit einer Feuerungswärmeleistung von

1. 50 MW bis 100 MW ein Emissionsgrenzwert von 850 mg/m³ für den Tagesmittelwert und von 1 700 mg/m³ für den Halbstundenmittelwert nicht überschritten werden,

2. mehr als 100 MW bis 300 MW ein Emissionsgrenzwert von 850 mg/m³ für den Tagesmittelwert und von 1 700 mg/m³ für den Halbstundenmittelwert nicht überschritten werden sowie ein Schwefelabscheidegrad von mindestens 60 Prozent nicht unterschritten werden,

3. mehr als 300 MW ein Emissionsgrenzwert von 300 mg/m³ für den Tagesmittelwert und von 600 mg/m³ für den Halbstundenmittelwert nicht überschritten werden.

²Soweit dieser Absatz keine abweichenden Regelungen zum Schwefelabscheidegrad vorsieht, bleiben die Vorschriften des Absatzes 1 Satz 2 Nummer 1 Buchstabe d zum Schwefelabscheidegrad unberührt.

(10) Abweichend von Absatz 3 zweiter Halbsatz darf bei im Jahr 2014 bestehenden Anlagen für Vanadium und seine Verbindungen, angegeben als Vanadium, ein Emissionsgrenzwert von 1,0 mg/m³ nicht überschritten werden.

(11) ¹Der Betreiber einer Anlage nach Absatz 6, Absatz 7 Satz 3 Nummer 1 oder Absatz 9 hat jeweils bis zum 31. März eines Jahres für die vorhergehenden fünf Jahre einen Nachweis über die Einhaltung der Betriebszeit zu führen und der zuständigen Behörde auf Verlangen vorzulegen. ²Der Betreiber hat die Nachweise jeweils fünf Jahre nach Ende des Nachweiszeitraums aufzubewahren.

(12) Bei Einsatz von leichtem Heizöl, das die Anforderungen an leichtes Heizöl der Verordnung über die Beschaffenheit und die Auszeichnung der Qualitäten von Kraft- und Brennstoffen vom 8. Dezember 2010 (BGBl. I S. 1849) in der jeweils geltenden Fassung bezüglich des Schwefelgehaltes erfüllt, sind die in Absatz 1 Satz 2 Nummer 1 Buchstabe d genannten Anforderungen zum Schwefelabscheidegrad nicht anzuwenden.

(13) Die Emissionsgrenzwerte nach Absatz 1 Satz 2 Nummer 3 sind beim Einsatz von leichtem Heizöl nicht anzuwenden.

§ 7 Emissionsgrenzwerte[4] für Großfeuerungsanlagen bei Einsatz gasförmiger Brennstoffe

(1) ¹Großfeuerungsanlagen, die gasförmige Brennstoffe einsetzen, sind so zu errichten und zu betreiben, dass die Anforderungen dieses Absatzes

---

4) Siehe Fußnote 1 zu § 4.

und der Absätze 2 bis 4 eingehalten werden. ²Der Betreiber hat dafür zu sorgen, dass

1. kein Tagesmittelwert die folgenden Emissionsgrenzwerte überschreitet:

   a) Gesamtstaub bei Einsatz von

      aa) Hochofengas oder Koksofengas   10 mg/m³,

      bb) sonstigen gasförmigen Brennstoffen   5 mg/m³,

   b) Kohlenmonoxid bei Einsatz von

      aa) Erdgas   50 mg/m³,

      bb) Hochofengas oder Koksofengas   100 mg/m³,

      cc) sonstigen gasförmigen Brennstoffen   80 mg/m³,

   c) Stickstoffmonoxid und Stickstoffdioxid, angegeben als Stickstoffdioxid, bei einer Feuerungswärmeleistung von

      aa) 50 MW bis 300 MW und bei Einsatz von

         aaa) Erdgas   100 mg/m³,

         bbb) sonstigen gasförmigen Brennstoffen beim Einsatz in Raffinerien   100 mg/m³,

         ccc) sonstigen gasförmigen Brennstoffen im Übrigen   200 mg/m³,

      bb) mehr als 300 MW   100 mg/m³,

   d) Schwefeldioxid und Schwefeltrioxid, angegeben als Schwefeldioxid, bei Einsatz von

      aa) Flüssiggas   5 mg/m³,

      bb) Koksofengas   350 mg/m³,

      cc) Hochofengas   200 mg/m³,

      dd) sonstigen gasförmigen Brennstoffen   35 mg/m³;

2. kein Halbstundenmittelwert das Doppelte der unter Nummer 1 bestimmten Emissionsgrenzwerte überschreitet.

(1a) Bei Einsatz sonstiger gasförmiger Brennstoffe in Raffinerien darf für Ammoniak, sofern zur Minderung der Emissionen von Stickstoffoxiden ein Verfahren der selektiven katalytischen oder nichtkatalytischen Reduktion eingesetzt wird, ein Emissionsgrenzwert von 10 mg/m³ für den Tagesmittelwert und von 20 mg/m³ für den Halbstundenmittelwert nicht überschritten werden.

(2) Abweichend von Absatz 1 Satz 2 Nummer 1 Buchstabe c und Nummer 2 darf bei Altanlagen mit einer Feuerungswärmeleistung von mehr als 300 MW bei Einsatz von Hochofengas oder Koksofengas für Stickstoffmonoxid und Stickstoffdioxid, angegeben als Stickstoffdioxid, ein Emissionsgrenzwert von 135 mg/m³ für den Tagesmittelwert und von 270 mg/m³ für den Halbstundenmittelwert nicht überschritten werden.

(3) Abweichend von Absatz 1 Satz 2 Nummer 1 Buchstabe c und Nummer 2 darf bei Altanlagen zum Reformieren von Erdgas oder zur Herstellung von Alkenen durch Spalten von Kohlenwasserstoffen für Stickstoff-

monoxid und Stickstoffdioxid, angegeben als Stickstoffdioxid, bei einer
Feuerungswärmeleistung von

1. mehr als 100 MW bis 300 MW ein Emissionsgrenzwert von
   200 mg/m³ für den Tagesmittelwert und von 400 mg/m³ für den
   Halbstundenmittelwert nicht überschritten werden,
2. mehr als 300 MW ein Emissionsgrenzwert von 150 mg/m³ für den
   Tagesmittelwert und von 300 mg/m³ für den Halbstundenmittelwert
   nicht überschritten werden.

(4) ¹Abweichend von Absatz 1 Satz 2 Nummer 1 Buchstabe c Doppelbuchstabe aa Dreifachbuchstabe bbb und Nummer 2 darf bei bestehenden
Anlagen in Raffinerien für Stickstoffmonoxid und Stickstoffdioxid, angegeben als Stickstoffdioxid, ein Emissionsgrenzwert von 150 mg/m³ für
den Monatsmittelwert und von 500 mg/m³ für den Halbstundenmittelwert
nicht überschritten werden. ²Abweichend von Satz 1 darf bei diesen Anlagen, sofern

1. die zugeführte Verbrennungsluft eine Temperatur von mehr als 200
   Grad Celsius hat, oder
2. der Wasserstoffgehalt des eingesetzten Brennstoffes mehr als 50 Prozent beträgt,

für Stickstoffmonoxid und Stickstoffdioxid, angegeben als Stickstoffdioxid, ein Emissionsgrenzwert von 200 mg/m³ für den Monatsmittelwert
und von 500 mg/m³ für den Halbstundenmittelwert nicht überschritten
werden.

§ 8 Emissionsgrenzwerte[5] für Gasturbinenanlagen

(1) ¹Gasturbinenanlagen sind so zu errichten und zu betreiben, dass die
Anforderungen

1. dieses Absatzes und der Absätze 3, 4, 5 Satz 1, Absätze 6 bis 10 sowie
2. der Absätze 2 und 5 Satz 2 eingehalten werden.

²Der Betreiber hat dafür zu sorgen, dass

1. kein Tagesmittelwert die folgenden Emissionsgrenzwerte überschreitet:
   a) Stickstoffmonoxid und Stickstoffdioxid, angegeben als Stick-
      stoffdioxid, 50 mg/m³,
   b) Kohlenmonoxid 100 mg/m³;
2. kein Halbstundenmittelwert das Doppelte der unter Nummer 1 bestimmten Emissionsgrenzwerte überschreitet.

(2) ¹Die Emissionsgrenzwerte nach Absatz 1 gelten bei Betrieb ab ei-
ner Last von 70 Prozent, unter ISO-Bedingungen (Temperatur 288,15 K,
Druck 101,3 kPa, relative Luftfeuchte 60 Prozent). ²Für den Betrieb bei
Lasten bis 70 Prozent legt die zuständige Behörde den zu überwachenden
Teillastbereich sowie die in diesem Bereich einzuhaltenden Emissionsbe-
grenzungen für die in Absatz 1 genannten Schadstoffe fest.

---

5) Siehe Fußnote 1 zu § 4.

(3) [1]Abweichend von Absatz 1 Satz 2 Nummer 1 Buchstabe a ist bei Gasturbinen im Solobetrieb, deren Wirkungsgrad unter ISO-Bedingungen mehr als 35 Prozent beträgt, der Emissionsgrenzwert entsprechend der prozentualen Wirkungsgraderhöhung heraufzusetzen. [2]Ein Emissionsgrenzwert von 75 mg/m^3 für den Tagesmittelwert darf nicht überschritten werden.

(4) Bei Einsatz flüssiger Brennstoffe darf die Rußzahl im Dauerbetrieb den Wert 2 und beim Anfahren den Wert 4 nicht überschreiten.

(5) [1]Bei Einsatz flüssiger Brennstoffe darf bei Gasturbinen nur leichtes Heizöl, das bezüglich des Schwefelgehaltes die Anforderungen an leichtes Heizöl nach der Verordnung über die Beschaffenheit und die Auszeichnung der Qualitäten von Kraft- und Brennstoffen erfüllt, verwendet werden. [2]Abweichend von Satz 1 dürfen andere Brennstoffe verwendet werden, wenn gleichwertige Maßnahmen zur Emissionsminderung von Schwefeloxiden angewendet werden.

(6) Bei Einsatz gasförmiger Brennstoffe sind die Emissionsgrenzwerte von § 7 Absatz 1 Satz 2 Nummer 1 Buchstabe d und Nummer 2 für Schwefeldioxid und Schwefeltrioxid, angegeben als Schwefeldioxid, auf einen Bezugssauerstoffgehalt von 15 Prozent umzurechnen.

(7) Abweichend von den in Absatz 1 Satz 2 Nummer 1 Buchstabe a und Nummer 2 festgelegten Emissionsgrenzwerten für Stickstoffmonoxid und Stickstoffdioxid, angegeben als Stickstoffdioxid, darf für eine Einzelgasturbine mit einer Feuerungswärmeleistung von weniger als 50 MW, die Bestandteil einer Anlage mit einer Feuerungswärmeleistung von 50 MW oder mehr ist, beim Einsatz von sonstigen gasförmigen Brennstoffen, ausgenommen Erdgas, oder von flüssigen Brennstoffen, ein Emissionsgrenzwert von 120 mg/m^3 für den Tagesmittelwert und von 240 mg/m^3 für den Halbstundenmittelwert nicht überschritten werden.

(7a) Bei Gasturbinenanlagen in Raffinerien darf für Ammoniak, sofern zur Minderung der Emissionen von Stickstoffoxiden ein Verfahren der selektiven katalytischen oder nichtkatalytischen Reduktion eingesetzt wird, ein Emissionsgrenzwert von 10 mg/m^3 für den Tagesmittelwert und von 20 mg/m^3 für den Halbstundenmittelwert nicht überschritten werden.

(8) Abweichend von Absatz 1 Satz 2 Nummer 1 Buchstabe a und Nummer 2 darf bei im Jahr 2014 bestehenden Anlagen beim Einsatz von

1. Erdgas in Anlagen mit Kraft-Wärme-Kopplung mit einem Gesamtwirkungsgrad im Jahresdurchschnitt von mindestens 75 Prozent oder in Anlagen im Kombibetrieb mit einem elektrischen Gesamtwirkungsgrad im Jahresdurchschnitt von mindestens 55 Prozent oder in Anlagen zum Antrieb von Arbeitsmaschinen ein Emissionsgrenzwert von 75 mg/m^3 für den Tagesmittelwert und von 150 mg/m^3 für den Halbstundenmittelwert nicht überschritten werden;

2. sonstigen gasförmigen Brennstoffen oder leichtem Heizöl ein Emissionsgrenzwert von 120 mg/m^3 für den Tagesmittelwert und von 240 mg/m^3 für den Halbstundenmittelwert nicht überschritten werden.

(9) Abweichend von Absatz 1 Satz 2 Nummer 1 Buchstabe a und Nummer 2 darf bei Altanlagen, die im gleitenden Durchschnitt über einen Zeit-

raum von fünf Jahren höchstens 1 500 Betriebsstunden jährlich in Betrieb sind,

1. bei Einsatz von Erdgas ein Emissionsgrenzwert von 75 mg/m^3 für den Tagesmittelwert und von 150 mg/m^3 für den Halbstundenmittelwert nicht überschritten werden;

2. bei Einsatz von sonstigen gasförmigen Brennstoffen oder leichtem Heizöl ein Emissionsgrenzwert von 150 mg/m^3 für den Tagesmittelwert und von 300 mg/m^3 für den Halbstundenmittelwert nicht überschritten werden.

(10) Abweichend von Absatz 1 Satz 2 Nummer 1 Buchstabe a und Nummer 2 darf bei Altanlagen, die ausschließlich zur Abdeckung der Spitzenlast bei der Energieversorgung während bis zu 300 Betriebsstunden jährlich in Betrieb sind,

1. bei Einsatz von Erdgas ein Emissionsgrenzwert von 150 mg/m^3 für den Tagesmittelwert und von 300 mg/m^3 für den Halbstundenmittelwert nicht überschritten werden;

2. bei Einsatz von sonstigen gasförmigen Brennstoffen oder leichtem Heizöl ein Emissionsgrenzwert von 200 mg/m^3 für den Tagesmittelwert und von 400 mg/m^3 für den Halbstundenmittelwert nicht überschritten werden.

(11) Bei Gasturbinen, die dem Notbetrieb während bis zu 300 Stunden im Jahr dienen, sind die Absätze 1 bis 3 nicht anzuwenden.

(12) [1]Der Betreiber einer Anlage nach Absatz 9, 10 oder 11 hat jeweils bis zum 31. März eines Jahres für die vorhergehenden fünf Jahre einen Nachweis über die Einhaltung der Betriebszeit zu führen und der zuständigen Behörde auf Verlangen vorzulegen. [2]Der Betreiber einer Anlage nach Absatz 8 Nummer 1 hat jeweils bis zum 31. März eines Jahres für das vorangegangene Jahr einen Nachweis über die Einhaltung des jeweiligen Gesamtwirkungsgrades zu führen und der zuständigen Behörde auf Verlangen vorzulegen. [3]Die Betreiber haben die Nachweise jeweils fünf Jahre nach Ende des Nachweiszeitraums aufzubewahren.

(13) Für Gasturbinen mit Zusatzfeuerung sind Emissionsgrenzwerte und zugehörige Bezugssauerstoffgehalte auf Grundlage der jeweils maßgeblichen Anforderungen an die Gasturbine nach dieser Vorschrift und den jeweils maßgeblichen Anforderungen an die Zusatzfeuerung nach § 6 oder § 7 durch die Behörde im Einzelfall festzulegen.

§ 9 Emissionsgrenzwerte[6] für Gasmotoranlagen

(1) [1]Gasmotoranlagen sind so zu errichten und zu betreiben, dass die Anforderungen dieses Absatzes und des Absatzes 2 eingehalten werden. [2]Der Betreiber hat dafür zu sorgen, dass

1. kein Tagesmittelwert die folgenden Emissionsgrenzwerte überschreitet:

    a) Stickstoffmonoxid und Stickstoffdioxid, angegeben als Stickstoffdioxid, bei Einsatz von gasförmigen Brennstoffen   200 mg/m^3,

---
6) Siehe Fußnote 1 zu § 4.

b) Kohlenmonoxid   250 mg/m^3;
2. kein Halbstundenmittelwert das Doppelte der unter Nummer 1 bestimmten Emissionsgrenzwerte überschreitet.

(2) Abweichend von Absatz 1 Satz 2 Nummer 1 Buchstabe a und Nummer 2 darf für im Jahr 2014 bestehende Anlagen ein Emissionsgrenzwert für Stickstoffmonoxid und Stickstoffdioxid, angegeben als Stickstoffdioxid, von 250 mg/m^3 für den Tagesmittelwert und von 500 mg/m^3 für den Halbstundenmittelwert nicht überschritten werden.

(3) Bei Gasmotoranlagen, die dem Notbetrieb während bis zu 300 Stunden im Jahr dienen, ist Absatz 1 nicht anzuwenden.

(4) [1]Der Betreiber einer Anlage nach Absatz 3 hat jeweils bis zum 31. März eines Jahres für das vorhergehende Jahr einen Nachweis über die Einhaltung der Betriebszeit zu führen und der zuständigen Behörde auf Verlangen vorzulegen. [2]Der Betreiber hat die Nachweise jeweils fünf Jahre nach Ende des Nachweiszeitraums aufzubewahren.

(5) Andere oder weiter gehende Anforderungen nach anderen Rechtsverordnungen oder nach der Ersten Allgemeinen Verwaltungsvorschrift zum Bundes-Immissionsschutzgesetz (Technische Anleitung zur Reinhaltung der Luft – TA Luft) vom 24. Juli 2002 (GMBl. S. 511) in der jeweils geltenden Fassung bleiben unberührt.

§ 10 Emissionsgrenzwerte[6] bei Betrieb mit mehreren Brennstoffen

(1) [1]Feuerungsanlagen sind beim Betrieb mit mehreren Brennstoffen so zu betreiben, dass die Anforderungen des Satzes 2 eingehalten werden. [2]Der Betreiber hat dafür zu sorgen, dass
1. kein Tagesmittelwert den sich aus den Absätzen 2 bis 4 jeweils ergebenden Emissionsgrenzwert und
2. kein Halbstundenmittelwert das Doppelte des unter Nummer 1 bestimmten Emissionsgrenzwertes überschreitet.

(2) [1]Bei Mischfeuerungen sind die für den jeweiligen Brennstoff maßgeblichen Emissionsgrenzwerte und der jeweilige Bezugssauerstoffgehalt nach dem Verhältnis der mit diesem Brennstoff zugeführten Feuerungswärmeleistung zur insgesamt zugeführten Feuerungswärmeleistung zu ermitteln. [2]Die für die Feuerungsanlage maßgeblichen Emissionsgrenzwerte und der maßgebliche Bezugssauerstoffgehalt ergeben sich durch Addition der nach Satz 1 ermittelten Werte.

(3) [1]Bei im Jahr 2014 bestehenden Mischfeuerungen in Feuerungsanlagen, in denen Destillations- oder Konversionsrückstände zum Eigenverbrauch in Raffinerien eingesetzt werden, gilt
1. der Emissionsgrenzwert für den Brennstoff mit dem höchsten Emissionsgrenzwert, sofern die mit dem Brennstoff mit dem höchsten Emissionsgrenzwert zugeführte Feuerungswärmeleistung mindestens 50 Prozent der insgesamt zugeführten Feuerungswärmeleistung ausmacht,
2. im Übrigen Absatz 2 mit der Maßgabe, dass als Emissionsgrenzwert für den Brennstoff mit dem höchsten Emissionsgrenzwert das

Doppelte dieses Wertes abzüglich des Emissionsgrenzwertes für den Brennstoff mit dem niedrigsten Emissionsgrenzwert angesetzt wird. [2]Abweichend von Satz 1 kann innerhalb einer Raffinerie die zuständige Behörde auf Antrag für im Jahr 2014 bestehende Großfeuerungsanlagen, die Destillations- oder Konversionsrückstände aus der Rohölraffinierung allein oder zusammen mit anderen Brennstoffen für den Eigenverbrauch verfeuern, für Schwefeldioxid und Schwefeltrioxid, angegeben als Schwefeldioxid, einen Emissionsgrenzwert von 600 mg/m^3 für den Tagesmittelwert und von 1 200 mg/m^3 für den Halbstundenmittelwert als über die Abgasvolumenströme gewichteten Durchschnittswert zulassen.

(4) Bei Mehrstofffeuerungen gelten die Anforderungen für den jeweils eingesetzten Brennstoff.

§ 10a Kompensationsmöglichkeit in Raffinerien

(1) [1]Abweichend von den in den §§ 6, 7, 8 und 10 bestimmten Emissionsgrenzwerten für Stickstoffmonoxid und Stickstoffdioxid, angegeben als Stickstoffdioxid, kann die zuständige Behörde auf Antrag innerhalb einer Raffinerie für einige oder sämtliche Feuerungsanlagen, bei Einsatz von Raffinerieheizgasen oder Destillations- oder Konversionsrückständen allein oder gleichzeitig mit anderen Brennstoffen, lediglich einen Emissionsgrenzwert nach folgender Berechnung zulassen:

$$EGW_{NOx} < \frac{\sum [(Q_i) \times (C_{i\,NOx})]}{\sum (Q_i)}$$

[2]Darin bedeuten:

EGW_{NOx} berechneter Emissionsgrenzwert für Stickstoffmonoxid und Stickstoffdioxid, angegeben als Stickstoffdioxid, in mg/m^3 für den Tagesmittelwert

Q_i repräsentativer Abgasvolumenstrom der jeweiligen Anlage im Normalbetrieb in m^3/h

$C_{i\,NOx}$ nach den §§ 6, 7, 8 oder 10 bestimmter Emissionsgrenzwert für Stickstoffmonoxid und Stickstoffdioxid, angegeben als Stickstoffdioxid, der jeweiligen Anlage in mg/m^3 für den Tagesmittelwert, vorhandene Monatsmittelwerte sind nach den Kriterien zur Beurteilung der Einhaltung der Emissionsgrenzwerte für validierte Tagesmittelwerte der Richtlinie 2010/75/EU Anhang V Teil 4 in Tagesmittelwerte umzurechnen

ΣQ_i repräsentativer Abgasvolumenstrom der Anlagen im Normalbetrieb in m^3/h

[3]In dieser Berechnung können auf Antrag bei der zuständigen Behörde innerhalb einer Raffinerie Anlagen nach der Allgemeinen Verwaltungsvorschrift zur Umsetzung des Durchführungsbeschlusses der Kommission vom 9. Oktober 2014 über Schlussfolgerungen zu den besten verfügbaren Techniken gemäß Richtlinie 2010/75/EU des Europäischen Parlaments und des Rates über Industrieemissionen in Bezug auf das Raffinieren von Mineralöl und Gas mit einbezogen werden, für die eine gleichlautende Re-

gelung zur Berechnung vorgegeben ist. [4]Es ist sicherzustellen, dass die bei Anwendung von Satz 1 bis 3 entstehenden Emissionen geringer sind als die, die bei Einhaltung der einzelquellbezogenen Emissionsbegrenzungen entstehen würden. [5]Bei Änderung einer der in dieser Berechnung berücksichtigten Anlage ist der berechnete Emissionsgrenzwert zu überprüfen und gegebenenfalls neu zu ermitteln.

(2) [1]Abweichend von den in den §§ 6, 7 und 10, ausgenommen § 10 Absatz 3 Satz 2, bestimmten Emissionsgrenzwerten für Schwefeldioxid und Schwefeltrioxid, angegeben als Schwefeldioxid, kann die zuständige Behörde auf Antrag innerhalb einer Raffinerie für einige oder sämtliche Großfeuerungsanlagen, bei Einsatz von Raffinerieheizgasen oder Destillations- oder Konversionsrückständen allein oder gleichzeitig mit anderen Brennstoffen, lediglich einen Emissionsgrenzwert nach folgender Berechnung zulassen:

$$EGW_{SOx} < \frac{\sum [(Q_i \times (C_{i\ SOx})]}{\sum (Q_i)}$$

[2]Darin bedeuten:

EGW_{SOx}	berechneter Emissionsgrenzwert für Schwefeldioxid und Schwefeltrioxid, angegeben als Schwefeldioxid, in mg/m³ für den Tagesmittelwert
Q_i	repräsentativer Abgasvolumenstrom der jeweiligen Anlage im Normalbetrieb in m³/h
$C_{i\ SOx}$	nach den §§ 6, 7 und 10, ausgenommen § 10 Absatz 3 Satz 2, bestimmter Emissionsgrenzwert für Schwefeldioxid und Schwefeltrioxid, angegeben als Schwefeldioxid, der jeweiligen Anlage in mg/m³ für den Tagesmittelwert
ΣQ_i	repräsentativer Abgasvolumenstrom der Anlagen im Normalbetrieb in m³/h

[3]In dieser Berechnung können auf Antrag bei der zuständigen Behörde innerhalb einer Raffinerie Anlagen nach der Allgemeinen Verwaltungsvorschrift zur Umsetzung des Durchführungsbeschlusses der Kommission vom 9. Oktober 2014 über Schlussfolgerungen zu den besten verfügbaren Techniken gemäß Richtlinie 2010/75/EU des Europäischen Parlaments und des Rates über Industrieemissionen in Bezug auf das Raffinieren von Mineralöl und Gas mit einbezogen werden, für die eine gleichlautende Regelung zur Berechnung vorgegeben ist. [4]Es ist sicherzustellen, dass die bei Anwendung von Satz 1 bis 3 entstehenden Emissionen geringer sind als die, die bei Einhaltung der einzelquellbezogenen Emissionsbegrenzungen entstehen würden. [5]Bei Änderung einer der in dieser Berechnung berücksichtigten Anlage ist der berechnete Emissionsgrenzwert zu überprüfen und gegebenenfalls neu zu ermitteln.

§ 11 Im Jahresmittel einzuhaltende Emissionsgrenzwerte zur Absicherung von Umweltqualitätsanforderungen

(1) Großfeuerungsanlagen mit einer Feuerungswärmeleistung von mehr als 300 MW sind so zu errichten und zu betreiben, dass kein Jahresmit-

telwert von Gesamtstaub einen Emissionsgrenzwert von 10 mg/m³ überschreitet.

(2) Großfeuerungsanlagen sind bei Einsatz fester Brennstoffe und Biobrennstoffe so zu errichten und zu betreiben, dass kein Jahresmittelwert von Quecksilber und seinen Verbindungen, angegeben als Quecksilber, einen Emissionsgrenzwert von 0,01 mg/m³ überschreitet.

(3) Großfeuerungsanlagen, ausgenommen im Jahr 2014 bestehende Anlagen, sind bei Einsatz von festen und flüssigen Brennstoffen und bei Einsatz von Biobrennstoffen so zu errichten und zu betreiben, dass kein Jahresmittelwert die folgenden Emissionsgrenzwerte von Stickstoffmonoxid und Stickstoffdioxid, angegeben als Stickstoffdioxid, überschreitet:

1. in Anlagen mit einer Feuerungswärmeleistung von 50
   MW bis 100 MW   250 mg/m³;
2. in Anlagen mit einer Feuerungswärmeleistung von
   mehr als 100 MW   100 mg/m³.

(4) Die Anforderungen der Absätze 2 und 3 gelten nicht für Anlagen, die ausschließlich zur Abdeckung der Spitzenlast bei der Energieversorgung während bis zu 300 Stunden im Jahr dienen.

(5) Die Anforderungen der Absätze 2 und 3 gelten nicht für Anlagen, die ausschließlich dem Notbetrieb während bis zu 300 Stunden im Jahr dienen.

(6) [1]Der Betreiber einer Anlage nach Absatz 4 oder 5 hat jeweils bis zum 31. März eines Jahres für das vorhergehende Jahr einen Nachweis über die Einhaltung der Betriebszeit zu führen und der zuständigen Behörde auf Verlangen vorzulegen. [2]Der Betreiber hat die Nachweise jeweils fünf Jahre nach Ende des Nachweiszeitraums aufzubewahren.

§ 12 Kraft-Wärme-Kopplung[7)]

[1]Der Betreiber hat bei der Errichtung oder der wesentlichen Änderung einer Anlage Maßnahmen zur Kraft-Wärme-Kopplung durchzuführen, es sei denn, dies ist technisch nicht möglich oder unverhältnismäßig. [2]Der Betreiber hat der zuständigen Behörde diesen Umstand gemäß Satz 1 anzuzeigen.

§ 13 Wesentliche Änderung von Anlagen

[1]Wird eine Feuerungsanlage wesentlich geändert, sind die Anforderungen der §§ 4 bis 12 auf die Anlagenteile und Verfahrensschritte, die geändert werden sollen, sowie auf die Anlagenteile und Verfahrensschritte, auf die sich die Änderung auswirken wird, sofort anzuwenden. [2]Für die Bestimmung der Anforderungen ist die Gesamtleistung der Anlage nach erfolgter wesentlicher Änderung maßgeblich.

---

7) Die Vorschrift ist eine Konkretisierung des § 5 Abs.1 Nr. 4 BImSchG. Auf ihrer Grundlage kann nicht die Errichtung einer andersartigen Anlage (aliud) verlangt werden. Vgl. auch die unter 2.2 abgedruckte KNV-V.

§ 14 Anlagen zur Abscheidung und Kompression von Kohlendioxid

(1) [1]Vor der erstmaligen Genehmigung zur Errichtung oder zum Betrieb einer Anlage zur Erzeugung von Strom mit einer elektrischen Nennleistung von 300 Megawatt oder mehr hat der Betreiber zu prüfen, ob

1. geeignete Kohlendioxidspeicher zur Verfügung stehen und
2. der Zugang zu Anlagen für den Transport des Kohlendioxids sowie die Nachrüstung von Anlagen für die Abscheidung und Kompression von Kohlendioxid technisch möglich und wirtschaftlich zumutbar sind.

[2]Dies gilt entsprechend für die Änderung oder Erweiterung einer Anlage um eine elektrische Nennleistung von 300 Megawatt oder mehr. [3]Der Betreiber hat das Ergebnis der Prüfung der zuständigen Behörde darzulegen.

(2) Sind die in Absatz 1 genannten Voraussetzungen erfüllt, hat der Betreiber auf dem Betriebsgelände eine hinreichend große Fläche für die Nachrüstung der errichteten Anlage mit den für die Abscheidung und Kompression von Kohlendioxid erforderlichen Anlagen freizuhalten.

§ 15 Begrenzung von Emissionen bei Lagerungs- und Transportvorgängen

(1) Bei der Lagerung und beim Transport von Stoffen sind nach näherer Bestimmung der zuständigen Behörde Maßnahmen zur Begrenzung der Emissionen nach den Anforderungen der Technischen Anleitung zur Reinhaltung der Luft zu treffen.

(2) Staubförmige Emissionen, die beim Entleeren von Filteranlagen entstehen können, sind dadurch zu vermindern, dass die Stäube in geschlossene Behältnisse abgezogen oder an den Austragsstellen befeuchtet werden.

(3) Für staubförmige Verbrennungsrückstände sind geschlossene Transporteinrichtungen und geschlossene Zwischenlager zu verwenden.

§ 16 Ableitbedingungen für Abgase

[1]Die Abgase sind in kontrollierter Weise so abzuleiten, dass ein ungestörter Abtransport mit der freien Luftströmung ermöglicht wird. [2]Zur Ermittlung der Ableitungshöhen sind die Anforderungen der Technischen Anleitung zur Reinhaltung der Luft heranzuziehen. [3]Die näheren Bestimmungen sind in der Genehmigung festzulegen.

§ 17 Abgasreinigungseinrichtungen

(1) Soweit zur Einhaltung der Emissionsgrenzwerte Abgasreinigungsanlagen erforderlich sind, muss der gesamte Abgasstrom behandelt werden.

(2) [1]Der Betreiber einer Anlage hat bei einer Betriebsstörung an einer Abgasreinigungseinrichtung oder bei ihrem Ausfall unverzüglich die erforderlichen Maßnahmen für einen ordnungsgemäßen Betrieb zu ergreifen. [2]Er hat den Betrieb der Anlage einzuschränken oder sie außer Betrieb zu nehmen, wenn ein ordnungsgemäßer Betrieb nicht innerhalb von 24 Stunden sichergestellt werden kann. [3]In jedem Fall hat er die zuständige Behörde unverzüglich, spätestens innerhalb von 48 Stunden zu unterrichten.

(3) [1]Die zuständige Behörde hat in der Genehmigung geeignete Maßnahmen für den Fall einer Betriebsstörung an der Abgasreinigungseinrich-

tung oder ihres Ausfalls vorzusehen. [2]Bei Ausfall einer Abgasreinigungseinrichtung darf eine Anlage während eines Zeitraums von zwölf aufeinanderfolgenden Monaten höchstens 120 Stunden ohne diese Abgasreinigungseinrichtung betrieben werden.

Abschnitt 3
Messung und Überwachung
§ 18 Messplätze
[1]Der Betreiber hat vor Inbetriebnahme einer Anlage für die Messungen zur Feststellung der Emissionen sowie zur Ermittlung der Bezugs- oder Betriebsgrößen Messplätze einzurichten. [2]Die Messplätze nach Satz 1 sollen ausreichend groß, leicht begehbar und so beschaffen sein sowie so ausgewählt werden, dass repräsentative und einwandfreie Messungen gewährleistet sind. [3]Näheres bestimmt die zuständige Behörde.

§ 19 Messverfahren und Messeinrichtungen
(1) [1]Der Betreiber hat sicherzustellen, dass für Messungen die dem Stand der Messtechnik entsprechenden Messverfahren angewendet und geeignete Messeinrichtungen, die den Anforderungen der Anlage 3 Nummer 1 bis 3 entsprechen, verwendet werden. [2]Näheres bestimmt die zuständige Behörde.

(2) [1]Der Betreiber hat sicherzustellen, dass die Probenahme und Analyse aller Schadstoffe sowie die Qualitätssicherung von automatischen Messsystemen und die Referenzmessverfahren zur Kalibrierung automatischer Messsysteme nach CEN-Normen des Europäischen Komitees für Normung durchgeführt werden. [2]Sind keine CEN-Normen verfügbar, so werden ISO-Normen, nationale Normen oder sonstige internationale Normen angewandt, die sicherstellen, dass Daten von gleichwertiger wissenschaftlicher Qualität ermittelt werden.

(3) Der Betreiber hat den ordnungsgemäßen Einbau von Mess- und Auswerteeinrichtungen zur kontinuierlichen Überwachung vor der Inbetriebnahme der Feuerungsanlage der zuständigen Behörde durch die Bescheinigung einer Stelle für Kalibrierungen nachzuweisen, die von der zuständigen Landesbehörde oder der nach Landesrecht bestimmten Behörde nach § 29b Absatz 2 des Bundes-Immissionsschutzgesetzes bekannt gegeben wurde.

(4) Der Betreiber hat Messeinrichtungen, die zur kontinuierlichen Feststellung der Emissionen oder der Betriebsgrößen eingesetzt werden, durch eine Stelle, die von der zuständigen Landesbehörde oder der nach Landesrecht bestimmten Behörde nach § 29b Absatz 2 des Bundes-Immissionsschutzgesetzes bekannt gegeben wurde, gemäß Absatz 5,
1. kalibrieren zu lassen und
2. auf Funktionsfähigkeit prüfen zu lassen.

(5) [1]Die Funktionsfähigkeit ist jährlich mittels Parallelmessung unter Verwendung der Referenzmethode prüfen zu lassen. [2]Die Kalibrierung ist jeweils nach der Errichtung und jeder wesentlichen Änderung durchführen zu lassen, sobald der ungestörte Betrieb erreicht ist, jedoch frühestens drei

Monate und spätestens sechs Monate nach Inbetriebnahme. [3]Die Kalibrierung ist mindestens alle drei Jahre zu wiederholen.

(6) Der Betreiber hat die Berichte über das Ergebnis der Kalibrierung und der Prüfung der Funktionsfähigkeit der zuständigen Behörde innerhalb von zwölf Wochen nach Kalibrierung und Prüfung vorzulegen.

§ 20 Kontinuierliche Messungen

(1) [1]Der Betreiber hat folgende Parameter kontinuierlich zu ermitteln, zu registrieren, gemäß § 22 Absatz 1 auszuwerten und im Fall von § 22 Absatz 2 Satz 3 der zuständigen Behörde unverzüglich zu übermitteln:

1. die Massenkonzentration der Emissionen an Gesamtstaub, Quecksilber, Gesamtkohlenstoff, Kohlenmonoxid, Stickstoffmonoxid, Stickstoffdioxid, Schwefeldioxid, Schwefeltrioxid, Ammoniak und die Rußzahl, soweit Emissionsgrenzwerte oder eine Begrenzung der Rußzahl festgelegt sind,

2. den Volumengehalt an Sauerstoff im Abgas und

3. die zur Beurteilung des ordnungsgemäßen Betriebs erforderlichen Betriebsgrößen, insbesondere Leistung, Abgastemperatur, Abgasvolumenstrom, Feuchtegehalt, Wasserstoffgehalt und Druck.

[2]Der Betreiber hat hierzu die Anlagen vor Inbetriebnahme mit geeigneten Mess- und Auswerteeinrichtungen auszurüsten.

(1a) Geeignete Messeinrichtungen für die kontinuierliche Bestimmung des Wasserstoffgehaltes im eingesetzten gasförmigen Brennstoff sind erforderlich für Großfeuerungsanlagen, für die die Anforderung nach § 7 Absatz 4 Satz 2 Nummer 2 Anwendung finden soll.

(2) [1]Messeinrichtungen für den Feuchtegehalt sind nicht notwendig, soweit das Abgas vor der Ermittlung der Massenkonzentration der Emissionen getrocknet wird. [2]Ergibt sich auf Grund der Bauart und Betriebsweise von Nass-Abgasentschwefelungsanlagen infolge des Sättigungszustandes des Abgases und der konstanten Abgastemperatur, dass der Feuchtegehalt im Abgas an der Messstelle einen konstanten Wert annimmt, soll die zuständige Behörde auf die kontinuierliche Messung des Feuchtegehaltes verzichten und die Verwendung des in Einzelmessungen ermittelten Wertes zulassen. [3]In diesem Fall hat der Betreiber Nachweise über das Vorliegen der vorgenannten Voraussetzungen bei der Kalibrierung zu führen und der zuständigen Behörde auf Verlangen vorzulegen. [4]Der Betreiber hat die Nachweise fünf Jahre nach Kalibrierung aufzubewahren.

(3) Die Gesamtstaubemission ist ohne Beitrag des Schwefeltrioxids zum Messwert auszuweisen.

(4) [1]Ergibt sich auf Grund der Einsatzstoffe, der Bauart, der Betriebsweise oder auf Grund von Einzelmessungen, dass der Anteil des Stickstoffdioxids an den Stickstoffoxidemissionen unter 5 Prozent liegt, soll die zuständige Behörde auf die kontinuierliche Messung des Stickstoffdioxids verzichten und die Bestimmung des Anteils durch Berechnung zulassen. [2]In diesem Fall hat der Betreiber Nachweise über den Anteil des Stickstoffdioxids bei der Kalibrierung zu führen und der zuständigen Behörde

auf Verlangen vorzulegen. [3]Der Betreiber hat die Nachweise jeweils fünf Jahre nach der Kalibrierung aufzubewahren.

(5) Wird die Massenkonzentration an Schwefeldioxid kontinuierlich gemessen, kann die Massenkonzentration an Schwefeltrioxid bei der Kalibrierung ermittelt und durch Berechnung berücksichtigt werden.

(6) [1]Der Betreiber hat zur Feststellung des Schwefelabscheidegrades neben der Messung der Emissionen an Schwefeldioxid und Schwefeltrioxid im Abgas den Schwefelgehalt im eingesetzten Brennstoff regelmäßig zu ermitteln. [2]Dabei bestimmt die zuständige Behörde näher, wie nachgewiesen wird, dass die Schwefelabscheidegrade als Tagesmittelwert eingehalten werden.

(7) Die zuständige Behörde kann bei Feuerungsanlagen mit einer Lebensdauer von weniger als 10 000 Betriebsstunden beschließen, von den kontinuierlichen Messungen gemäß Absatz 1 abzusehen.

(8) Bei Anwendung von § 10a bleiben die Anforderungen zur Messung und Überwachung an der jeweiligen Einzelquelle nach den Absätzen 1 bis 3 und 5 bis 7 sowie der Technischen Anleitung zur Reinhaltung der Luft unberührt.

§ 21 Ausnahmen vom Erfordernis kontinuierlicher Messungen

(1) [1]Abweichend von § 20 Absatz 1 sind bei Feuerungsanlagen, die ausschließlich mit Erdgas betrieben werden, Messungen zur Feststellung der Emissionen an Gesamtstaub und Schwefeloxiden nicht erforderlich. [2]In diesem Fall hat der Betreiber Einzelmessungen für Staub gemäß Absatz 7 durchführen zu lassen und regelmäßig wiederkehrend alle sechs Monate Nachweise über den Schwefelgehalt des eingesetzten Brennstoffs zu führen und der zuständigen Behörde auf Verlangen vorzulegen. [3]Der Betreiber hat die Nachweise jeweils fünf Jahre nach Erstellung aufzubewahren.

(2) [1]Abweichend von § 20 Absatz 1 sind bei Feuerungsanlagen, die ausschließlich mit leichtem Heizöl, Dieselkraftstoff oder Erdgas betrieben werden, Messungen zur Feststellung der Emissionen an Schwefeloxiden nicht erforderlich. [2]In diesem Fall hat der Betreiber regelmäßig wiederkehrend alle sechs Monate Nachweise über den Schwefelgehalt und den unteren Heizwert der eingesetzten Brennstoffe zu führen und der zuständigen Behörde auf Verlangen vorzulegen. [3]Der Betreiber hat die Nachweise jeweils fünf Jahre nach Erstellung aufzubewahren.

(3) [1]Abweichend von § 20 Absatz 1 sind bei Feuerungsanlagen, die ausschließlich mit Biobrennstoffen betrieben werden, Messungen zur Feststellung der Emissionen an Schwefeloxiden nicht erforderlich, wenn die Emissionsgrenzwerte durch den Einsatz entsprechender Brennstoffe eingehalten werden. [2]In diesem Fall hat der Betreiber regelmäßig wiederkehrend alle sechs Monate Nachweise über den Schwefelgehalt und den unteren Heizwert der eingesetzten Brennstoffe zu führen und der zuständigen Behörde auf Verlangen vorzulegen. [3]Der Betreiber hat die Nachweise jeweils fünf Jahre nach Erstellung aufzubewahren.

(4) [1]Abweichend von § 20 Absatz 1 sind bei erdgasbetriebenen Gasturbinen und erdgasbetriebenen Gasmotoren mit einer Feuerungswärmeleis-

tung von weniger als 100 Megawatt Messungen zur Feststellung der Emissionen an Kohlenmonoxid, Stickstoffmonoxid und Stickstoffdioxid nicht erforderlich, wenn durch andere Prüfungen, insbesondere der Prozessbedingungen, sichergestellt ist, dass die Emissionsgrenzwerte eingehalten werden. [2]In diesem Fall hat der Betreiber Einzelmessungen nach Absatz 7 Satz 1 durchführen zu lassen sowie Nachweise über die Korrelation zwischen den Prüfungen und den Emissionsgrenzwerten zu führen und der zuständigen Behörde auf Verlangen vorzulegen. [3]Der Betreiber hat die Nachweise jeweils fünf Jahre nach Erstellung aufzubewahren.

(5) [1]Für Quecksilber und seine Verbindungen, angegeben als Quecksilber, soll die zuständige Behörde auf Antrag auf die kontinuierliche Messung verzichten, wenn durch andere Prüfungen, insbesondere der Brennstoffe, sichergestellt ist, dass die Emissionsgrenzwerte nach den §§ 4 und 5 für Quecksilber und seine Verbindungen zu weniger als 50 Prozent in Anspruch genommen werden und sich aus den Einzelmessungen ergibt, dass der Jahresmittelwert nach § 11 Absatz 2 sicher eingehalten wird. [2]In diesem Fall hat der Betreiber regelmäßig wiederkehrend jährlich Einzelmessungen durchführen zu lassen sowie Nachweise über die Korrelation zwischen den Prüfungen und den Emissionsgrenzwerten zu führen und der zuständigen Behörde auf Verlangen vorzulegen. [3]Der Betreiber hat die Nachweise jeweils fünf Jahre nach Ende des Nachweiszeitraums aufzubewahren.

(6) [1]Die Nachweise in den Fällen der Absätze 1 bis 5 sind durch Verfahren entsprechend einschlägiger CEN-Normen oder, soweit keine CEN-Normen vorhanden sind, anhand nachgewiesenermaßen gleichwertiger Verfahren zu erbringen. [2]Das Verfahren ist der zuständigen Behörde anzuzeigen und von dieser billigen zu lassen. [3]Die Billigung gilt als erteilt, wenn die zuständige Behörde nicht innerhalb einer Frist von vier Wochen widerspricht.

(7) [1]Soweit die vorangehenden Absätze Ausnahmen von der kontinuierlichen Messung von Schwefeldioxid, Stickstoffmonoxid, Stickstoffdioxid, Staub oder Kohlenmonoxid zulassen, und soweit an deren Stelle Einzelmessungen vorzunehmen sind, gilt § 23 Absatz 2 entsprechend. [2]Soweit die vorangehenden Absätze Ausnahmen von der kontinuierlichen Messung von anderen als in Satz 1 genannten Schadstoffen sowie von den Parametern nach § 20 Absatz 1 Satz 1 Nummer 2 oder Nummer 3 zulassen, und soweit an deren Stelle Einzelmessungen vorzunehmen sind, gilt Satz 1 mit der Maßgabe, dass die Einzelmessungen soweit nicht abweichend geregelt wiederkehrend alle drei Jahre durchzuführen sind. [3]Im Übrigen gelten die Vorschriften des § 23 Absatz 3 und 4 und des § 24 entsprechend.

§ 22 Auswertung und Beurteilung von kontinuierlichen Messungen

(1) [1]Während des Betriebes der Anlage ist aus den nach § 20 ermittelten Messwerten für jede aufeinander folgende halbe Stunde jeweils der Halbstundenmittelwert zu bilden und nach Anlage 4 auf den Bezugssauerstoffgehalt umzurechnen. [2]Für die Stoffe, deren Emissionen durch Abgasreinigungseinrichtungen gemindert und begrenzt werden, darf die Umrechnung

der Messwerte nur für die Zeiten erfolgen, in denen der gemessene Sauer-stoffgehalt über dem Bezugssauerstoffgehalt liegt. [3]Aus den Halbstunden-mittelwerten ist für jeden Tag der Tagesmittelwert, bezogen auf die tägliche Betriebszeit, zu bilden. [4]Jeder Tag, an dem mehr als sechs Halbstundenmittelwerte wegen Störung oder Wartung des kontinuierlichen Messsystems ungültig sind, ist ungültig. [5]Für An- und Abfahrvorgänge, bei denen ein Überschreiten des Zweifachen der festgelegten Emissionsbegrenzungen nicht verhindert werden kann, sind durch die zuständige Behörde Sonderregelungen zu treffen. [6]Sind mehr als zehn Tage im Jahr wegen solcher Situationen ungültig, hat die zuständige Behörde den Betreiber zu verpflichten, geeignete Maßnahmen einzuleiten, um die Zuverlässigkeit des kontinuierlichen Überwachungssystems zu verbessern.

(1a) Der Betreiber hat die Jahresmittelwerte nach den §§ 5 und 11 auf der Grundlage der validierten Tagesmittelwerte zu berechnen; hierzu sind die validierten Tagesmittelwerte eines Kalenderjahres zusammenzuzählen und durch die Anzahl der validierten Tagesmittelwerte zu teilen.

(1b) Der Betreiber hat die Monatsmittelwerte nach § 7 Absatz 4 auf der Grundlage der validierten Halbstundenmittelwerte zu berechnen; hierzu sind über einen gleitenden Zeitraum von 30 Tagen die validierten Halbstundenmittelwerte zusammenzuzählen und durch die Anzahl der validierten Halbstundenmittelwerte zu teilen.

(2) [1]Über die Ergebnisse der kontinuierlichen Messungen hat der Betreiber für jedes Kalenderjahr einen Messbericht zu erstellen und der zuständigen Behörde bis zum 31. März des Folgejahres vorzulegen. [2]Der Betreiber hat den Bericht nach Satz 1 sowie die zugehörigen Aufzeichnungen der Messgeräte fünf Jahre nach Ende des Berichtszeitraums nach Satz 1 aufzubewahren. [3]Soweit die Messergebnisse der zuständigen Behörde durch geeignete telemetrische Übermittlung vorliegen, entfällt die Pflicht nach Satz 1, ihr den Messbericht vorzulegen.

(3) Die Emissionsgrenzwerte sind eingehalten, wenn
1. kein Ergebnis eines nach Anlage 3 validierten Jahres-, Monats-, Tages- und Halbstundenmittelwertes den jeweils maßgebenden Emissionsgrenzwert nach den §§ 4 bis 10a und den nach § 11 jeweils im Jahresmittel einzuhaltenden Emissionsgrenzwert überschreitet und
2. kein Ergebnis den jeweils maßgebenden Schwefelabscheidegrad nach § 4 oder § 6 unterschreitet.

(4) [1]Der Betreiber hat für jedes Kalenderjahr bis zum 31. Mai des Folgejahres einen Nachweis über die Jahresmittelwerte nach § 11 zu führen und der zuständigen Behörde auf deren Verlangen vorzulegen. [2]Die Nachweise sind fünf Jahre nach Ende des Nachweiszeitraumes aufzubewahren.

§ 23 Einzelmessungen
(1) Der Betreiber hat nach Errichtung oder wesentlicher Änderung der Anlage Messungen zur Feststellung, ob die Anforderungen nach § 4 Absatz 1 Satz 2 Nummer 3, § 5 Absatz 1 Satz 2 Nummer 3 und § 6 Absatz 1 Satz 2 Nummer 3 erfüllt werden, von einer nach § 29b Absatz 2 in Verbin-

dung mit § 26 des Bundes-Immissionsschutzgesetzes bekannt gegebenen Stelle durchführen zu lassen.

(2) Der Betreiber hat die Messungen nach Absatz 1 nach Erreichen des ungestörten Betriebs, jedoch frühestens nach dreimonatigem Betrieb und spätestens sechs Monate nach Inbetriebnahme, und anschließend wiederkehrend spätestens alle drei Jahre mindestens an drei Tagen durchführen zu lassen (Wiederholungsmessungen).

(3) Der Betreiber hat die Messungen nach Absatz 1 durchführen zu lassen, wenn die Anlage mit der höchsten Leistung betrieben wird, für die sie bei den während der Messung verwendeten Einsatzstoffen für den Dauerbetrieb zugelassen ist.

(4) [1]Zur Überwachung der Anforderungen nach § 4 Absatz 1 Satz 2 Nummer 3, § 5 Absatz 1 Satz 2 Nummer 3 und § 6 Absatz 1 Satz 2 Nummer 3 beträgt die Probenahmezeit für Messungen zur Bestimmung der Emissionen an Stoffen nach

1. Anlage 1 Buchstabe a bis c mit Ausnahme von Benzo(a)pyren mindestens eine halbe Stunde und höchstens zwei Stunden,
2. Anlage 1 Buchstabe d sowie Benzo(a)pyren mindestens sechs Stunden und höchstens acht Stunden.

[2]Für die in Anlage 1 Buchstabe d oder Anlage 2 genannten Stoffe soll die Nachweisgrenze des eingesetzten Analyseverfahrens nicht über 0,005 Nanogramm je Kubikmeter Abgas liegen.

(5) [1]Abweichend von Absatz 2 sind für Großfeuerungsanlagen bei Einsatz fester und flüssiger Brennstoffe und bei Einsatz von Biobrennstoffen die Wiederholungsmessungen zur Feststellung der Emissionen an Stoffen nach § 4 Absatz 1 Satz 2 Nummer 3, § 5 Absatz 1 Satz 2 Nummer 3 und § 6 Absatz 1 Satz 2 Nummer 3 nicht erforderlich, wenn durch regelmäßige Kontrollen der Brennstoffe, insbesondere bei Einsatz neuer Brennstoffe, und der Fahrweise zuverlässig nachgewiesen ist, dass die Emissionen weniger als 50 Prozent der Emissionsgrenzwerte betragen. [2]In diesem Fall hat der Betreiber für jedes Kalenderjahr entsprechende Nachweise zu führen und der zuständigen Behörde auf Verlangen vorzulegen. [3]Der Betreiber hat die Nachweise fünf Jahre nach Ende des Nachweiszeitraums nach Satz 2 aufzubewahren.

§ 24 Berichte und Beurteilung von Einzelmessungen

(1) [1]Der Betreiber hat über die Ergebnisse der Messungen nach § 23 einen Messbericht gemäß Satz 2 zu erstellen und der zuständigen Behörde unverzüglich vorzulegen. [2]Der Messbericht muss Folgendes enthalten:

1. Angaben über die Messplanung,
2. das Ergebnis jeder Einzelmessung,
3. das verwendete Messverfahren und
4. die Betriebsbedingungen, die für die Beurteilung der Messergebnisse von Bedeutung sind.

(2) Die Emissionsgrenzwerte gelten als eingehalten, wenn kein Ergebnis einer Einzelmessung einen Emissionsgrenzwert nach den §§ 4 bis 10 oder Anlage 1 überschreitet.

§ 25 Jährliche Berichte über Emissionen

(1) Der Betreiber hat der zuständigen Behörde erstmals für das Jahr 2016 und dann jährlich jeweils bis zum 31. Mai des Folgejahres für jede einzelne Anlage unter Beachtung der Aggregationsregeln nach § 3 Folgendes zu berichten:

1. die installierte Feuerungswärmeleistung der Feuerungsanlage, in Megawatt,

2. die Art der Feuerungsanlage: Kesselfeuerung, Gasturbine, Gasmotor, Dieselmotor, andere Feuerungsanlage mit genauer Angabe der Art der Feuerungsanlage,

3. das Datum der Betriebsaufnahme und der letzten wesentlichen Änderung der Feuerungsanlage, einschließlich der Benennung der wesentlichen Änderung,

4. die Jahresgesamtemissionen, in Megagramm pro Jahr, an Schwefeloxiden, angegeben als Schwefeldioxid, Stickstoffoxiden, angegeben als Stickstoffdioxid, und Staub, angegeben als Schwebstoffe insgesamt,

5. die jährlichen Betriebsstunden der Feuerungsanlage,

6. den jährlichen Gesamtenergieeinsatz, in Terajoule pro Jahr, bezogen auf den unteren Heizwert, aufgeschlüsselt in die folgenden Brennstoffkategorien:
   a) Steinkohle,
   b) Braunkohle,
   c) Biobrennstoffe,
   d) Torf,
   e) andere feste Brennstoffe mit genauer Angabe der Bezeichnung des festen Brennstoffs,
   f) flüssige Brennstoffe,
   g) Erdgas,
   h) sonstige Gase mit genauer Angabe der Bezeichnung des Gases,

7. für Feuerungsanlagen, auf die § 4 Absatz 4 anzuwenden ist, den Schwefelgehalt der verwendeten heimischen festen Brennstoffe und den erzielten Schwefelabscheidegrad, gemittelt über jeden Monat; im ersten Jahr der Anwendung von § 4 Absatz 4 wird auch die technische Begründung dafür übermittelt, warum die Einhaltung der in § 4 genannten Regel-Emissionsgrenzwerte nicht durchführbar ist,

8. für Feuerungsanlagen, die im gleitenden Durchschnitt über einen Zeitraum von fünf Jahren nicht mehr als 1 500 Stunden pro Jahr in Betrieb sind, die Zahl der Betriebsstunden pro Jahr für das Berichtsjahr und die vorangegangenen vier Kalenderjahre,

9. die Angabe, ob die Feuerungsanlage Teil einer Raffinerie ist.

(2) Bis einschließlich für das Berichtsjahr 2015 hat der Betreiber einer Anlage der zuständigen Behörde jährlich jeweils bis zum 31. Mai des Folgejahres für jede einzelne Anlage gemäß Absatz 1 Nummer 4, 6 und 9 zu berichten.

(3) [1]Die nach Landesrecht zuständigen obersten Landesbehörden oder die von ihnen bestimmten Behörden prüfen den Bericht nach den Absätzen 1

und 2 auf Plausibilität und leiten diesen dem Umweltbundesamt bis zum 31. Oktober des auf das Berichtsjahr folgenden Jahres auf elektronischem Weg zur Weiterleitung an die Europäische Kommission zu. [2]Das Umweltbundesamt hat die Berichte zu Aufstellungen für jedes einzelne Berichtsjahr und Dreijahreszeiträume zusammenzustellen, wobei die Angaben zu Feuerungsanlagen in Raffinerien gesondert aufzuführen sind.

Abschnitt 4
Gemeinsame Vorschriften

§ 26 Zulassung von Ausnahmen

(1) Die zuständige Behörde kann auf Antrag des Betreibers Ausnahmen von Vorschriften dieser Verordnung zulassen, soweit unter Berücksichtigung der besonderen Umstände des Einzelfalls

1. einzelne Anforderungen der Verordnung nicht oder nur mit unverhältnismäßigem Aufwand erfüllbar sind,
2. im Übrigen die dem Stand der Technik entsprechenden Maßnahmen zur Emissionsbegrenzung angewandt werden,
3. die Schornsteinhöhe nach der Technischen Anleitung zur Reinhaltung der Luft in der jeweils geltenden Fassung auch für einen als Ausnahme zugelassenen Emissionsgrenzwert ausgelegt ist, es sei denn, auch insoweit liegen die Voraussetzungen der Nummer 1 vor, und
4. die Ausnahmen den Anforderungen aus der Richtlinie 2010/75/EU nicht entgegenstehen.

(2) Soweit in Übereinstimmung mit der Richtlinie 2010/75/EU Ausnahmen erteilt werden, die zu einer Berichtpflicht an die Europäische Kommission führen, hat die zuständige Behörde eine Ausfertigung der Ausnahmegenehmigung nach Absatz 1 dem Bundesministerium für Umwelt, Naturschutz, Bau und Reaktorsicherheit unverzüglich zur Weiterleitung an die Europäische Kommission zuzuleiten.

§ 27 Weitergehende Anforderungen

(1) Die Befugnis der zuständigen Behörde, andere oder weitergehende Anforderungen, insbesondere zur Vermeidung schädlicher Umwelteinwirkungen nach § 5 Absatz 1 Nummer 1 des Bundes-Immissionsschutzgesetzes, zu stellen, bleiben unberührt.

(2) Hat die zuständige Behörde bei einer Anlage im Einzelfall bereits Anforderungen zur Vorsorge gegen schädliche Umwelteinwirkungen durch Luftverunreinigungen gestellt, die über die Anforderungen dieser Verordnung hinausgehen, sind diese weiterhin maßgeblich.

Abschnitt 5
Schlussvorschriften

§ 28 Zugänglichkeit und Gleichwertigkeit von Normen und Arbeitsblättern

(1) [1]Die in den §§ 2 und 6 genannten DIN-Normen sowie die in §§ 19 und 21 genannten CEN-Normen sind bei der Beuth Verlag GmbH, Berlin, zu beziehen. [2]Die in § 2 Absatz 12 genannten DVGW-Arbeitsblätter sind bei

der Wirtschafts- und Verlagsgesellschaft Gas und Wasser mbH, Bonn, zu beziehen. ³Die genannten DIN-Normen sind in der Deutschen Nationalbibliothek, die genannten CEN-Normen sowie die genannten Arbeitsblätter sind beim Deutschen Patent- und Markenamt in München archivmäßig gesichert niedergelegt.

(2) Den in §§ 2 und 6 genannten DIN-Normen und DVGW-Arbeitsblättern stehen diesen entsprechende einschlägige CEN-Normen und soweit keine solchen CEN-Normen verfügbar sind, ISO-Normen oder sonstige internationale Normen, die den nationalen Normen nachgewiesenermaßen gleichwertige Anforderungen stellen, gleich.

§ 29 Ordnungswidrigkeiten

(1) Ordnungswidrig im Sinne des § 62 Absatz 1 Nummer 2 des Bundes-Immissionsschutzgesetzes[8] handelt, wer vorsätzlich oder fahrlässig

1. entgegen § 4 Absatz 1 Satz 1, § 5 Absatz 1 Satz 1, § 6 Absatz 1 Satz 1 Nummer 1, § 7 Absatz 1 Satz 1, § 8 Absatz 1 Satz 1 Nummer 1, § 9 Absatz 1 Satz 1 oder § 10 Absatz 1 Satz 1 eine dort genannte Anlage nicht richtig errichtet oder nicht richtig betreibt,

2. entgegen § 4 Absatz 12, § 5 Absatz 8 Satz 3 oder Satz 4, § 6 Absatz 11, § 8 Absatz 12, § 9 Absatz 4, § 20 Absatz 2 Satz 3 oder Satz 4, § 20 Absatz 4 Satz 2 oder Satz 3, § 21 Absatz 1 Satz 2 oder Satz 3, § 21 Absatz 2 Satz 2 oder Satz 3, § 21 Absatz 3 Satz 2 oder Satz 3, § 21 Absatz 4 Satz 2 oder Satz 3, § 21 Absatz 5 Satz 2 oder Satz 3, § 23 Absatz 5 Satz 2 oder Satz 3 einen dort genannten Nachweis nicht, nicht richtig oder nicht vollständig führt oder nicht, nicht richtig, nicht vollständig oder nicht rechtzeitig vorlegt oder nicht oder nicht mindestens fünf Jahre aufbewahrt,

3. einer vollziehbaren Anordnung nach § 8 Absatz 2 Satz 2, § 20 Absatz 6 Satz 2 und § 22 Absatz 1 Satz 6 zuwiderhandelt,

4. entgegen § 12 Satz 2 eine Anzeige nicht, nicht richtig oder nicht rechtzeitig macht,

5. entgegen § 14 Absatz 2 eine dort genannte Fläche nicht freihält,

6. entgegen § 17 Absatz 2 Satz 1 eine dort genannte Maßnahme nicht oder nicht rechtzeitig ergreift,

7. entgegen § 17 Absatz 2 Satz 2 den Betrieb einer Anlage nicht oder nicht rechtzeitig einschränkt oder eine Anlage nicht oder nicht rechtzeitig außer Betrieb nimmt,

8. entgegen § 17 Absatz 2 Satz 3 eine Unterrichtung nicht, nicht richtig, nicht vollständig oder nicht rechtzeitig vornimmt,

9. entgegen § 18 Satz 1 einen Messplatz nicht oder nicht richtig einrichtet,

10. entgegen § 19 Absatz 1 Satz 1 nicht sicherstellt, dass ein dort genanntes Messverfahren angewendet oder eine dort genannte Messeinrichtung verwendet wird,

---

8) Die Ordnungswidrigkeit kann mit einer Geldbuße bis zu 50 000 Euro geahndet werden (§ 62 Abs. 4 BImSchG).

11. entgegen § 19 Absatz 2 Satz 1 nicht sicherstellt, dass eine Probenahme oder Analyse oder die Qualitätssicherung nach den dort genannten Normen durchgeführt wird,

12. entgegen § 19 Absatz 3 einen dort genannten Nachweis nicht oder nicht rechtzeitig erbringt,

13. entgegen § 19 Absatz 4 eine Messeinrichtung nicht oder nicht rechtzeitig kalibrieren lässt oder nicht oder nicht rechtzeitig auf Funktionsfähigkeit prüfen lässt,

14. entgegen § 19 Absatz 6, § 22 Absatz 2 Satz 1 oder Satz 2, § 24 Absatz 1 Satz 1, § 25 Absatz 1 oder Absatz 2, § 30 Absatz 2 Satz 2 oder § 30 Absatz 5 einen dort genannten Bericht, eine dort genannte Aufstellung oder eine Übersicht nicht, nicht richtig, nicht vollständig oder nicht rechtzeitig vorlegt oder nicht oder nicht mindestens fünf Jahre aufbewahrt,

15. entgegen § 20 Absatz 1 Satz 1 eine dort genannte Massenkonzentration, einen dort genannten Volumengehalt oder eine dort genannte Betriebsgröße nicht, nicht richtig, nicht vollständig oder nicht rechtzeitig ermittelt, nicht, nicht richtig, nicht vollständig oder nicht rechtzeitig registriert, nicht, nicht richtig, nicht vollständig oder nicht rechtzeitig auswertet oder nicht, nicht richtig, nicht vollständig oder nicht rechtzeitig übermittelt,

16. entgegen § 20 Absatz 1 Satz 2 eine Anlage nicht, nicht richtig oder nicht rechtzeitig ausrüstet,

17. entgegen § 21 Absatz 1 Satz 2, § 21 Absatz 4 Satz 2, § 21 Absatz 5 Satz 2 oder § 23 Absatz 1, 2 oder Absatz 3 eine dort genannte Messung nicht, nicht richtig oder nicht rechtzeitig durchführen lässt,

18. entgegen § 30 Absatz 2 Satz 2 oder Absatz 5 eine dort genannte Aufstellung oder Übersicht nicht oder nicht rechtzeitig vorlegt.

(2) Ordnungswidrig im Sinne des § 62 Absatz 1 Nummer 7 des Bundes-Immissionsschutzgesetzes[9)] handelt, wer vorsätzlich oder fahrlässig

1. entgegen § 11 Absatz 1, 2, 3 oder Absatz 4 eine dort genannte Anlage nicht richtig errichtet oder nicht richtig betreibt oder

2. entgegen § 11 Absatz 6 oder § 22 Absatz 4 Satz 1 oder Satz 2 einen Nachweis nicht, nicht richtig oder nicht vollständig führt, nicht, nicht richtig, nicht vollständig oder nicht rechtzeitig vorlegt oder nicht oder nicht mindestens fünf Jahre aufbewahrt.

§ 30 Übergangsregelungen

(1) Für im Jahr 2014 bestehende Anlagen gelten, soweit sich aus Absatz 1a oder 1b nichts anderes ergibt,

1. die Anforderungen dieser Verordnung, ausgenommen § 11 Absatz 1 und 2, ab dem 1. Januar 2016,

2. die Anforderungen nach § 11 Absatz 1 und 2 ab dem 1. Januar 2019.

(1a) Für bestehende Ablaugekessel bei der Herstellung von Zellstoff gelten die Anforderungen des § 5 Absatz 3a, 3b sowie 7 Nummer 1 und 1a dieser Verordnung ab dem 1. Oktober 2018.

---

9) Siehe Fußnote 8 zu § 29 Abs. 1.

(1b) Für bestehende Feuerungsanlagen in Raffinerien, die Raffinerieheizgase oder Destillations- oder Konversionsrückstände einsetzen, gelten die Anforderungen des § 6 Absatz 3a, 7a, § 7 Absatz 1a und 4, § 8 Absatz 7a sowie § 10a dieser Verordnung ab dem 29. Oktober 2018.

(2) [1]Abweichend von Absatz 1 gelten für Altanlagen mit einer Feuerungswärmeleistung von 50 MW bis 200 MW, die mindestens 50 Prozent der erzeugten Nutzwärme der Anlage, berechnet als gleitender Durchschnitt über einen Zeitraum von fünf Jahren, als Dampf oder Warmwasser in ein öffentliches Fernwärmenetz abgeben, die Anforderungen dieser Verordnung erst ab dem 1. Januar 2023. [2]Der Betreiber einer Anlage nach Satz 1 hat ab dem 1. Januar 2016 für jedes Kalenderjahr eine Aufstellung über den Anteil der erzeugten Nutzwärme der Anlage, der als Dampf oder Warmwasser in ein öffentliches Fernwärmenetz abgegeben wurde, berechnet als Durchschnitt über den Zeitraum der vorangegangenen fünf Jahre, zu erstellen und bis zum 31. März des Folgejahres der zuständigen Behörde vorzulegen.

(3) [1]Bis zu den in den Absätzen 1 und 2 jeweils genannten Stichtagen ist für die betreffenden Anlagen die Verordnung über Großfeuerungs- und Gasturbinenanlagen vom 20. Juli 2004 (BGBl. I S. 1717), die zuletzt durch Artikel 1 der Verordnung vom 27. Januar 2009 (BGBl. I S. 129) geändert worden ist, in der bis zum 2. Mai 2013 geltenden Fassung weiter anzuwenden. [2]Darüber hinaus gelten bis zu den in Satz 1 genannten Stichtagen die Anforderungen aus der Richtlinie 2010/75/EU des Europäischen Parlaments und des Rates vom 24. November 2010 über Industrieemissionen (integrierte Vermeidung und Verminderung der Umweltverschmutzung) (Neufassung) (ABl. L 334 vom 17.12.2010, S. 17), soweit sie über die Anforderungen der in Satz 1 genannten oder der vorliegenden Verordnung hinausgehen. [3]Im Einzelfall durch die zuständige Behörde gestellte Anforderungen zur Vorsorge gegen schädliche Umwelteinwirkungen durch Luftverunreinigungen bleiben unberührt.

(3a) [1]Bis zu den in den Absätzen 1a und 1b jeweils genannten Stichtagen ist für die betreffenden Anlagen die Verordnung über Großfeuerungs-, Gasturbinen- und Verbrennungsmotoranlagen vom 2. Mai 2013 (BGBl. I S. 1021, 1023, 3754), die zuletzt durch Artikel 80 der Verordnung vom 31. August 2015 (BGBl. I S. 1474) geändert worden ist, in der bis zum 23. Dezember 2017 geltenden Fassung weiter anzuwenden. [2]Im Einzelfall durch die zuständige Behörde gestellte Anforderungen zur Vorsorge gegen schädliche Umwelteinwirkungen durch Luftverunreinigungen bleiben unberührt.

(4) [1]Abweichend von Absatz 1 gelten für eine im Jahr 2014 bestehende Anlage, für die der Betreiber bis zum 1. Januar 2014 gegenüber der zuständigen Behörde schriftlich erklärt, dass er diese Anlage unter Verzicht[10] auf die Berechtigung zum Betrieb aus der Genehmigung bis zum 31. Dezember 2023 stilllegt und ab dem 1. Januar 2016 höchstens in 17 500

---

10) Die Verzichtserklärung kann, nachdem sie mit ihrem Zugang wirksam geworden ist, nicht widerrufen werden (BVerwG, NVwZ-RR 2013, 304).

Stunden betreibt, die Anforderungen der Richtlinie 2001/80/EG des Europäischen Parlaments und des Rates vom 23. Oktober 2001 zur Begrenzung von Schadstoffemissionen von Großfeuerungsanlagen in die Luft (ABl. L 309 vom 27.11.2001, S. 1), die zuletzt durch die Richtlinie 2006/105/EG (ABl. L 363 vom 20.12.2006, S. 368) geändert worden ist. [2]Abweichend von Satz 1 gelten die Anforderungen aus der Verordnung über Großfeuerungs- und Gasturbinenanlagen vom 20. Juli 2004 (BGBl. I S. 1717), die zuletzt durch Artikel 1 der Verordnung vom 27. Januar 2009 (BGBl. I S. 129) geändert worden ist, in der bis zum 2. Mai 2013 geltenden Fassung, soweit sie über die Anforderungen der in Satz 1 genannten Richtlinie hinausgehen. [3]Im Einzelfall durch die zuständige Behörde gestellte Anforderungen zur Vorsorge gegen schädliche Umwelteinwirkungen durch Luftverunreinigungen bleiben unberührt.

(5) Der Betreiber einer Anlage nach Absatz 4 hat für jedes Kalenderjahr eine Übersicht über die Zahl der ab dem 1. Januar 2016 geleisteten Betriebsstunden zu erstellen und der zuständigen Behörde bis zum 31. März des Folgejahres vorzulegen.

(6) [1]Die nach Landesrecht zuständigen obersten Landesbehörden oder die von ihnen bestimmten Behörden prüfen die nach Absatz 2 Satz 2 und die nach Absatz 5 vorgelegten Angaben auf Plausibilität. [2]Sie leiten diese Angaben dem Umweltbundesamt bis zum 31. Oktober des auf das Berichtsjahr folgenden Jahres elektronisch zu. [3]Das Umweltbundesamt leitet die übermittelten Daten an die Europäische Kommission weiter.

Anlage 1
(zu § 4 Absatz 1 und 2, § 5 Absatz 1,
§ 6 Absatz 1 und § 23 Absatz 4)

Emissionsgrenzwerte für krebserzeugende Stoffe

Für die in den Buchstaben a bis d genannten krebserzeugenden Stoffe gelten folgende Emissionsgrenzwerte:

a) Cadmium und seine Verbindungen, angegeben als Cadmium,

Thallium und seine Verbindungen, angegeben als Thallium,

insgesamt 0,05 mg/m^3,

b) Antimon und seine Verbindungen, angegeben als Antimon,

Arsen und seine Verbindungen, angegeben als Arsen,

Blei und seine Verbindungen, angegeben als Blei,

Chrom und seine Verbindungen, angegeben als Chrom,

Cobalt und seine Verbindungen, angegeben als Cobalt,

Kupfer und seine Verbindungen, angegeben als Kupfer,

Mangan und seine Verbindungen, angegeben als Mangan,

Nickel und seine Verbindungen, angegeben als Nickel,

Vanadium und seine Verbindungen, angegeben als Vanadium,

Zinn und seine Verbindungen, angegeben als Zinn,

insgesamt 0,5 mg/m^3,

c) Arsen und seine Verbindungen (außer Arsenwasserstoff), angegeben als Arsen,
    Benzo(a)pyren,
    Cadmium und seine Verbindungen, angegeben als Cadmium,
    wasserlösliche Cobaltverbindungen, angegeben als Cobalt,
    Chrom(VI)verbindungen (außer Bariumchromat und Bleichromat),
    angegeben als Chrom

insgesamt 0,05 mg/m^3,

oder

Arsen und seine Verbindungen, angegeben als Arsen,
Benzo(a)pyren,
Cadmium und seine Verbindungen, angegeben als Cadmium,
Cobalt und seine Verbindungen, angegeben als Cobalt,
Chrom und seine Verbindungen, angegeben als Chrom,

insgesamt 0,05 mg/m^3,

und

d) Dioxine und Furane gemäß Anlage 2

insgesamt 0,1 ng/m^3.

Anlage 2
(zu Anlage 1 Buchstabe d)

Äquivalenzfaktoren

Für den nach Anlage 1 zu bildenden Summenwert für polychlorierte Dibenzodioxine, Dibenzofurane und dl-PCB sind die im Abgas ermittelten Konzentrationen
der nachstehend genannten Dioxine, Furane und dl-PCB mit den angegebenen Äquivalenzfaktoren zu multiplizieren und zu summieren:

Stoff		Äquivalenzfaktor
Polychlorierte Dibenzodioxine (PCDD)		**WHO-TEF 2005**
2,3,7,8	– Tetrachlordibenzodioxin (TCDD)	1
1,2,3,7,8	– Pentachlordibenzodioxin (PeCDD)	1
1,2,3,4,7,8	– Hexachlordibenzodioxin (HxCDD)	0,1
1,2,3,7,8,9	– Hexachlordibenzodioxin (HxCDD)	0,1
1,2,3,6,7,8	– Hexachlordibenzodioxin (HxCDD)	0,1
1,2,3,4,6,7,8	– Heptachlordibenzodioxin (HpCDD)	0,01
Octachlordibenzodioxin (OCDD)		0,0003
Polychlorierte Dibenzofurane (PCDF)		**WHO-TEF 2005**
2,3,7,8	– Tetrachlordibenzofuran (TCDF)	0,1
2,3,4,7,8	– Pentachlordibenzofuran (PeCDF)	0,3
1,2,3,7,8	– Pentachlordibenzofuran (PeCDF)	0,03
1,2,3,4,7,8	– Hexachlordibenzofuran (HxCDF)	0,1
1,2,3,7,8,9	– Hexachlordibenzofuran (HxCDF)	0,1
1,2,3,6,7,8	– Hexachlordibenzofuran (HxCDF)	0,1
2,3,4,6,7,8	– Hexachlordibenzofuran (HxCDF)	0,1
1,2,3,4,6,7,8	– Heptachlordibenzofuran (HpCDF)	0,01

1,2,3,4,7,8,9 – Heptachlordibenzofuran (HpCDF)	0,01
Octachlordibenzofuran (OCDF)	0,0003

Polychlorierte Biphenyle	**WHO-TEF 2005**
Non ortho PCB	
PCB 77	0,0001
PCB 81	0,0003
PCB 126	0,1
PCB 169	0,03
Mono ortho PCB	
PCB 105	0,00003
PCB 114	0,00003
PCB 118	0,00003
PCB 123	0,00003
PCB 156	0,00003
PCB 157	0,00003
PCB 167	0,00003
PCB 189	0,00003

Anlage 3
(zu § 19 Absatz 1 und § 22 Absatz 3)

Anforderungen an die kontinuierlichen Messeinrichtungen und die Validierung der Messergebnisse

1. Der Wert des Konfidenzintervalls von 95 Prozent eines einzelnen Messergebnisses darf an der für den Tagesmittelwert festgelegten Emissionsbegrenzung die folgenden Prozentsätze dieser Emissionsbegrenzung nicht überschreiten:

a)	Kohlenmonoxid	10 Prozent
b)	Schwefeldioxid	20 Prozent
c)	Stickstoffoxide	20 Prozent
d)	Gesamtstaub	30 Prozent
e)	organisch gebundener Gesamtkohlenstoff	30 Prozent
f)	Quecksilber	40 Prozent
g)	Ammoniak	40 Prozent

2. Der Wert des Konfidenzintervalls von 95 Prozent eines einzelnen Messergebnisses darf an der für den Monatsmittelwert nach § 7 Absatz 4 festgelegten Emissionsbegrenzung für Stickstoffoxide den Prozentsatz von 20 Prozent nicht überschreiten.

3. Die validierten Halbstunden-, Tages-, Monats- und Jahresmittelwerte werden auf Grund der gemessenen Halbstundenmittelwerte und nach Abzug der in der Kalibrierung ermittelten Messunsicherheit bestimmt.

4. Die Halbstundenmittelwerte vor Abzug der in der Kalibrierung ermittelten Messunsicherheit (normierte Werte) müssen für die Zwecke der nach § 25 zu ermittelnden Jahresemissionsfrachten verfügbar sein.

Anlage 4
(zu § 2 Absatz 5)

Umrechnungsformel

Soweit Emissionsgrenzwerte auf Bezugssauerstoffgehalte im Abgas bezogen sind, sind die im Abgas gemessenen Massenkonzentrationen nach folgender Gleichung umzurechnen:

$$E_B = \frac{21 - O_B}{21 - O_M} \times E_M$$

E_B = Massenkonzentration, bezogen auf den Bezugssauerstoffgehalt
E_M = gemessene Massenkonzentration
O_B = Bezugssauerstoffgehalt
O_M = gemessener Sauerstoffgehalt

**Vierzehnte Verordnung
zur Durchführung des Bundes-Immissionsschutzgesetzes
(Verordnung über Anlagen der Landesverteidigung –
14. BImSchV)**

Vom 9. April 1986 (BGBl. I S. 380)
(FNA 2129-8-14)

§ 1 Zuständigkeit

(1) Dem Bundesminister der Verteidigung oder der von ihm bestimmten Stelle obliegen im Bereich der Bundeswehr der Vollzug der §§ 17, 20, 21, 24, 25, 26, 28, 29, 31, 52, 53 Abs. 2 und des § 55 Abs. 1 Satz 2 des Bundes-Immissionsschutzgesetzes und behördliche Überwachungsmaßnahmen nach Rechtsverordnungen, die auf Grund des Bundes-Immissionsschutzgesetzes erlassen sind,

1. bei Anlagen, die der militärischen Landesverteidigung dienen und sich in militärischen Sicherheitsbereichen befinden, die nach § 2 Abs. 2 des Gesetzes über die Anwendung unmittelbaren Zwanges und die Ausübung besonderer Befugnisse durch Soldaten der Bundeswehr und zivile Wachpersonen vom 12. August 1965 (BGBl. I S. 796) festgesetzt sind,

2. bei Anlagen nach § 3 Abs. 5 Nr. 2 des Bundes-Immissionsschutzgesetzes, die der militärischen Landesverteidigung dienen, soweit sie zu Übungen und Manövern außerhalb militärischer Sicherheitsbereiche eingesetzt werden.

(2) Dem Bundesminister der Verteidigung oder der von ihm bestimmten Stelle obliegen auch die in Absatz 1 genannten behördlichen Überwachungsaufgaben[1] bei Anlagen, die der militärischen Landesverteidigung dienen und von den auf Grund völkerrechtlicher Verträge in der Bundesrepublik Deutschland stationierten Truppen genutzt werden.

§ 2 Besonderheiten des Genehmigungsverfahrens

(1) Ein Genehmigungsantrag für Anlagen, die der militärischen Landesverteidigung dienen, muß Art und Umfang der nach § 60 Abs. 1 des Bundes-Immissionsschutzgesetzes zugelassenen oder geforderten Ausnahmen bezeichnen.

(2) [1]Soweit Unterlagen der militärischen Geheimhaltung unterliegen, sind sie getrennt vorzulegen und zu kennzeichnen. [2]Wenn der Antragsteller begründet darlegt, daß es zur Wahrung des Geheimnisses zwingend erforderlich ist, soll die Genehmigungsbehörde auf die Vorlage dieser Unterlagen ganz oder teilweise verzichten;[2] in diesen Fällen gilt § 10 Abs. 2 Satz 2 des Bundes-Immissionsschutzgesetzes entsprechend.

§ 3 (Inkrafttreten)

---

1) In Absatz 2 wird nicht vorausgesetzt, dass sich die Anlagen in militärischen Sicherheitsbereichen befinden oder dass sie nur zu Übungen oder Manövern außerhalb dieser Bereiche eingesetzt werden. – Absatz 2 findet in den neuen Bundesländern keine Anwendung.

2) Die Genehmigungsbehörde muss dann die Genehmigungsfähigkeit aufgrund anderer Erkenntnisquellen beurteilen.

Fünfzehnte Verordnung
zur Durchführung des Bundes-Immissionsschutzgesetzes
(Baumaschinenlärm-Verordnung
– 15. BImSchV)

Vom 10. November 1986 (BGBl. I S. 1729)

zuletzt geändert durch 2. Zuständigkeitslockerungsgesetz
vom 3. Mai 2000 (BGBl. I S. 632, 633)

Die 15. BImSchV ist mit Inkrafttreten der 32. BImSchV aufgehoben worden.

**Sechzehnte Verordnung
zur Durchführung des Bundes-Immissionsschutzgesetzes
(Verkehrslärmschutzverordnung – 16. BImSchV)**

Vom 12. Juni 1990 (BGBl. I S. 1036)
(FNA 2129-8-16)

zuletzt geändert durch Verordnung
vom 18. Dezember 2014 (BGBl. I S. 2269)

§ 1 Anwendungsbereich

(1) Die Verordnung gilt für den Bau oder die wesentliche Änderung von öffentlichen Straßen sowie von Schienenwegen der Eisenbahnen und Straßenbahnen (Straßen und Schienenwege).

(2) ¹Die Änderung ist wesentlich, wenn

1. eine Straße um einen oder mehrere durchgehende Fahrstreifen für den Kraftfahrzeugverkehr oder ein Schienenweg um ein oder mehrere durchgehende Gleise baulich erweitert wird oder

2. durch einen erheblichen baulichen Eingriff der Beurteilungspegel des von dem zu ändernden Verkehrsweg ausgehenden Verkehrslärms um mindestens 3 Dezibel (A) oder auf mindestens 70 Dezibel (A) am Tage oder mindestens 60 Dezibel (A) in der Nacht erhöht wird.

²Eine Änderung ist auch wesentlich, wenn der Beurteilungspegel des von dem zu ändernden Verkehrsweg ausgehenden Verkehrslärms von mindestens 70 Dezibel (A) am Tage oder 60 Dezibel (A) in der Nacht durch einen erheblichen baulichen Eingriff erhöht wird; dies gilt nicht in Gewerbegebieten.

§ 2 Immissionsgrenzwerte

(1) Zum Schutz der Nachbarschaft vor schädlichen Umwelteinwirkungen durch Verkehrsgeräusche ist bei dem Bau oder der wesentlichen Änderung sicherzustellen, daß der Beurteilungspegel einen der folgenden Immissionsgrenzwerte nicht überschreitet:

	Tag	Nacht
1. an Krankenhäusern, Schulen, Kurheimen und Altenheimen		
	57 Dezibel (A)	47 Dezibel (A)
2. in reinen und allgemeinen Wohngebieten und Kleinsiedlungsgebieten		
	59 Dezibel (A)	49 Dezibel (A)
3. in Kerngebieten, Dorfgebieten und Mischgebieten		
	64 Dezibel (A)	54 Dezibel (A)
4. in Gewerbegebieten		
	69 Dezibel (A)	59 Dezibel (A)

(2) ¹Die Art der in Absatz 1 bezeichneten Anlagen und Gebiete ergibt sich aus den Festsetzungen in den Bebauungsplänen. ²Sonstige in Bebauungsplänen festgesetzte Flächen für Anlagen und Gebiete sowie Anlagen und Gebiete, für die keine Festsetzungen bestehen, sind nach Absatz 1, bauliche Anlagen im Außenbereich nach Absatz 1 Nr. 1, 3 und 4 entsprechend der Schutzbedürftigkeit zu beurteilen.

(3) Wird die zu schützende Nutzung nur am Tage oder nur in der Nacht ausgeübt, so ist nur der Immissionsgrenzwert für diesen Zeitraum anzuwenden.

(4) [1]Die Bundesregierung erstattet spätestens im Jahre 2025 und dann fortlaufend alle zehn Jahre dem Deutschen Bundestag Bericht über die Durchführung der Verordnung. [2]In dem Bericht wird insbesondere dargestellt, ob die in § 2 Absatz 1 genannten Immissionsgrenzwerte dem Stand der Lärmwirkungsforschung entsprechen und ob weitere Maßnahmen zum Schutz vor schädlichen Umwelteinwirkungen durch Verkehrsgeräusche erforderlich sind.

§ 3 Berechnung des Beurteilungspegels für Straßen

[1]Der Beurteilungspegel für Straßen ist nach Anlage 1 zu berechnen. [2]Die Berechnung hat getrennt für den Beurteilungszeitraum Tag (6 Uhr bis 22 Uhr) und den Beurteilungszeitraum Nacht (22 Uhr bis 6 Uhr) zu erfolgen.

§ 4 Berechnung des Beurteilungspegels für Schienenwege

(1) [1]Der Beurteilungspegel für Schienenwege ist nach Anlage 2 zu berechnen. [2]Die Berechnung hat getrennt für den Beurteilungszeitraum Tag (6 Uhr bis 22 Uhr) und den Beurteilungszeitraum Nacht (22 Uhr bis 6 Uhr) zu erfolgen.

(2) Bei der Berechnung sind insbesondere folgende Rahmenbedingungen zu beachten:
1. die Schallpegelkennwerte von Fahrzeugen und Fahrwegen,
2. die Einflüsse auf dem Ausbreitungsweg,
3. die Besonderheiten des Schienenverkehrs durch Auf- oder Abschläge
   a) für die Lästigkeit von Geräuschen infolge ihres zeitlichen Verlaufs, ihrer Dauer, ihrer Häufigkeit und ihrer Frequenz sowie
   b) für die Lästigkeit ton- oder impulshaltiger Geräusche.

(3) [1]Abweichend von Absatz 1 Satz 1 ist für Abschnitte von Vorhaben, für die bis zum 31. Dezember 2014 das Planfeststellungsverfahren bereits eröffnet und die Auslegung des Plans öffentlich bekannt gemacht worden ist, § 3 in Verbindung mit Anlage 2 in der bis zum 31. Dezember 2014 geltenden Fassung weiter anzuwenden. [2]§ 43 Absatz 1 Satz 3 des Bundes-Immissionsschutzgesetzes bleibt unberührt.

§ 5 Festlegung akustischer Kennwerte für abweichende Bahntechnik und schalltechnische Innovationen

(1) [1]Abweichende Bahntechnik oder schalltechnische Innovationen dürfen bei der Berechnung des Beurteilungspegels nach § 4 Absatz 1 Satz 1 nur berücksichtigt werden, wenn die zuständige Behörde in einem Verfahren nach Maßgabe der Absätze 2 bis 4 für die Berechnung akustische Kennwerte festgelegt hat. [2]Abweichende Bahntechnik ist Technik, die nicht in Anlage 2 Nummer 3 bis 6 oder Beiblatt 1 bis 3 aufgeführt ist und die einem der folgenden Bereiche zuzuordnen ist:
1. Fahrbahnarten,
2. Schallminderungsmaßnahmen am Gleis oder am Rad oder
3. bahnspezifische Schallminderungsmaßnahmen im Ausbreitungsweg.

[3]Schalltechnische Innovationen sind technische Neu- und Weiterentwicklungen zu der in Anlage 2 Nummer 3 bis 6 oder Beiblatt 1 bis 3 aufgeführten Bahntechnik, die Auswirkungen auf die Geräuschemission und -immission dieser Bahntechnik haben.

(2) [1]Über die Festlegung akustischer Kennwerte entscheidet auf Antrag für die Eisenbahnen des Bundes das Eisenbahn-Bundesamt und für sonstige Bahnen die jeweils nach Landesrecht zuständige Behörde. [2]Ein akustischer Kennwert ist festzulegen, wenn die Emissionsdaten der abweichenden Bahntechnik oder der schalltechnischen Innovationen für diese Technik bezeichnend sind und wenn bei schalltechnischen Innovationen die akustischen Kennwerte von den in Anlage 2 Nummer 3 bis 6 oder Beiblatt 1 bis 3 jeweils genannten Kennwerten wesentlich abweichen. [3]Eine wesentliche Abweichung muss mindestens die in der Anlage 2 Nummer 9.2.2 genannten Werte erreichen.

(3) Berechtigt, einen Antrag nach Absatz 2 Satz 1 zu stellen, sind
1. Eisenbahninfrastrukturunternehmen,
2. Inhaber der Schutzrechte von abweichenden Bahntechniken oder von schalltechnischen Innovationen und
3. Lizenznehmer von abweichenden Bahntechniken oder von schalltechnischen Innovationen.

(4) Der Antrag nach Absatz 2 Satz 1 muss folgende Angaben und Unterlagen enthalten:
1. eine Beschreibung der abweichenden Bahntechnik oder schalltechnischen Innovation, für die die Festlegung akustischer Kennwerte beantragt wird, wobei insbesondere darzulegen ist, worin sich die abweichende Bahntechnik oder schalltechnische Innovation von der in Anlage 2 aufgeführten entsprechenden Technik unterscheidet,
2. das Gutachten einer anerkannten Messstelle nach Anlage 2 Nummer 9.3,
3. einen Vorschlag, zu welcher Regelung der Anlage 2 Nummer 3 bis 6 oder Beiblatt 1 bis 3 die abweichende Bahntechnik ergänzend oder die schalltechnische Innovation abweichend beschrieben werden kann, unter Beifügung eines Datenblattes, das die in der vorgeschlagenen Zuordnung üblichen akustischen Kennwerte darstellt,
4. eine Beschreibung, wie sich die akustische Wirksamkeit durch betriebsüblichen Verschleiß verändert.

(5) [1]Die zuständige Behörde gibt dem Antragsteller die Entscheidung nach Absatz 2 Satz 1 schriftlich bekannt. [2]Die zuständige Behörde macht zudem eine Festlegung akustischer Kennwerte nach Absatz 2 Satz 1 öffentlich bekannt.

Anlage 1
(zu § 3)

Berechnung der Beurteilungspegel für Straßen

Der Beurteilungspegel $L_{r,T}$ in Dezibel (A) [dB(A)] für den Tag (6.00 bis 22.00 Uhr) und der Beurteilungspegel $L_{r,N}$ in dB(A) für die Nacht (22.00 bis 6.00 Uhr) werden für einen Fahrstreifen nach folgenden Gleichungen berechnet:

$$L_{r,T} = L_{m,T}^{(25)} + D_v + D_{StrO} + D_{Stg} + D_{sL} + D_{BM} + D_B + K \quad (1)$$

$$L_{r,N} = L_{m,N}^{(25)} + D_v + D_{StrO} + D_{Stg} + D_{sL} + D_{BM} + D_B + K \quad (2)$$

Es bedeuten:

$L_{m,T}^{(25)}$ . . . Mittelungspegel in dB(A) für den Tag (6.00 bis 22.00 Uhr) nach Diagramm I.

$L_{m,N}^{(25)}$ . . . Mittelungspegel in dB(A) für die Nacht (22.00 bis 6.00 Uhr) nach Diagramm I.

Die maßgebende stündliche Verkehrsstärke M und der maßgebende Lkw-Anteil p werden mit Hilfe der der Planung zugrundeliegenden, prognostizierten durchschnittlichen täglichen Verkehrsstärke (DTV) nach Tabelle A berechnet, sofern keine geeigneten projektbezogenen Untersuchungsergebnisse vorliegen, die unter Berücksichtigung der Verkehrsentwicklung im Prognosezeitraum zur Ermittlung

a) der maßgebenden stündlichen Verkehrsstärke M (in Kfz/h)

b) des maßgebenden Lkw-Anteils p (über 2,8 t zulässiges Gesamtgewicht) in % am Gesamtverkehr

für den Zeitraum zwischen 22.00 und 6.00 Uhr als Mittelwert über alle Tage des Jahres herangezogen werden können. Das Verkehrsaufkommen einer Straße ist den beiden äußeren Fahrstreifen jeweils zur Hälfte zuzuordnen. Die Immissionsorte sind in 0,5 m Höhe über der Mitte dieser Fahrstreifen anzunehmen.

D_v . . . Korrektur für unterschiedliche zulässige Höchstgeschwindigkeiten in Abhängigkeit vom Lkw-Anteil p nach Diagramm II.

D_{StrO} . . . Korrektur für unterschiedliche Straßenoberflächen nach Tabelle B.

D_{Stg} . . . Korrektur für Steigungen und Gefälle nach Tabelle C.

D_{sL} . . . Pegeländerung durch unterschiedliche Abstände s_L zwischen dem Emissionsort (0,5 m über der Mitte des betrachteten Fahrstreifens) und dem maßgebenden Immissionsort ohne Boden- und Meteorologiedämpfung nach Diagramm III. Der maßgebende Immissionsort richtet sich nach den Umständen im Einzelfall; vor Gebäuden liegt er in Höhe der Geschoßdecke (0,2 m über der Fensteroberkante) des zu schützenden Raumes; bei Außenwohnbereichen liegt der Immissionsort 2 m über der Mitte der, als Außenwohnbereich genutzten Fläche.

D_{BM} . . . Pegeländerung durch Boden- und Meteorologiedämpfung in Abhängigkeit von der mittleren Höhe h_m nach Diagramm IV. Die mittlere Höhe h_m ist der mittlere Abstand zwischen dem Grund und der Verbindungslinie zwischen Emissions- und Immissionsort. In ebenem Gelände ergibt sich h_m als arithmetischer Mittelwert der Höhen des Emissionsortes und des Immissionsortes über Grund.

D_B . . . Pegeländerung durch topographische Gegebenheiten, bauliche Maßnahmen und Reflexionen. Je nach den örtlichen Gegebenheiten sind dies insbesondere Lärmschutzwälle und -wände, Einschnitte, Bodenerhebungen und Abschirmung durch bauliche Anlagen. Die Pegeländerung D_B ist zu ermitteln nach den Richtlinien für den Lärmschutz an Straßen – Ausgabe 1990 – RLS-90, Kapitel 4.0, bekanntgemacht im Verkehrsblatt, Amtsblatt des Bundesministers für Verkehr der Bundesrepublik Deutschland (VkBl.) Nr. 7 vom 14. April 1990 unter lfd. Nr. 79. Die Richtlinien sind zu beziehen von der Forschungsgesellschaft für Straßen- und Verkehrswesen, Alfred-Schütte-Allee 10, 5000 Köln 21.

K . . . Zuschlag für erhöhte Störwirkung von lichtzeichengeregelten Kreuzungen und Einmündungen nach Tabelle D.

Mit Hilfe der Gleichungen (1) und (2) werden die Beurteilungspegel für lange, gerade Fahrstreifen berechnet, die auf ihrer gesamten Länge konstante Emissionen und unveränderte Ausbreitungsbedingungen aufweisen.

Falls eine dieser Voraussetzungen nicht zutrifft, müssen die Fahrstreifen in einzelne Abschnitte unterteilt werden, deren einzelne Beurteilungspegel zu ermitteln sind nach den Richtlinien für den Lärmschutz an Straßen – Ausgabe 1990 – RLS-90, Kapitel 4.0, bekanntgemacht im Verkehrsblatt, Amtsblatt des Bundesministers für Verkehr der Bundesrepublik Deutschland (VkBl.) Nr. 7 vom 14. April 1990 unter lfd. Nr. 79. Die Richtlinien sind zu beziehen von der Forschungsgesellschaft für Straßen- und Verkehrswesen, Alfred-Schütte-Allee 10, 5000 Köln 21.

Die Beurteilungspegel der beiden äußeren Fahrstreifen sind nach Diagramm V zum Gesamtbeurteilungspegel für die Straße zusammenzufassen.

Die Gesamtbeurteilungspegel $L_{r,T}$ und $L_{r,N}$ sind auf ganze dB(A) aufzurunden. Im Falle des § 1 Abs. 2 Nr. 2 ist erst die Differenz der Beurteilungspegel aufzurunden.

Diagramm I : Mittelungspegel $L_{m,T}^{(25)}$ bzw. $L_{m,N}^{(25)}$ in dB(A)

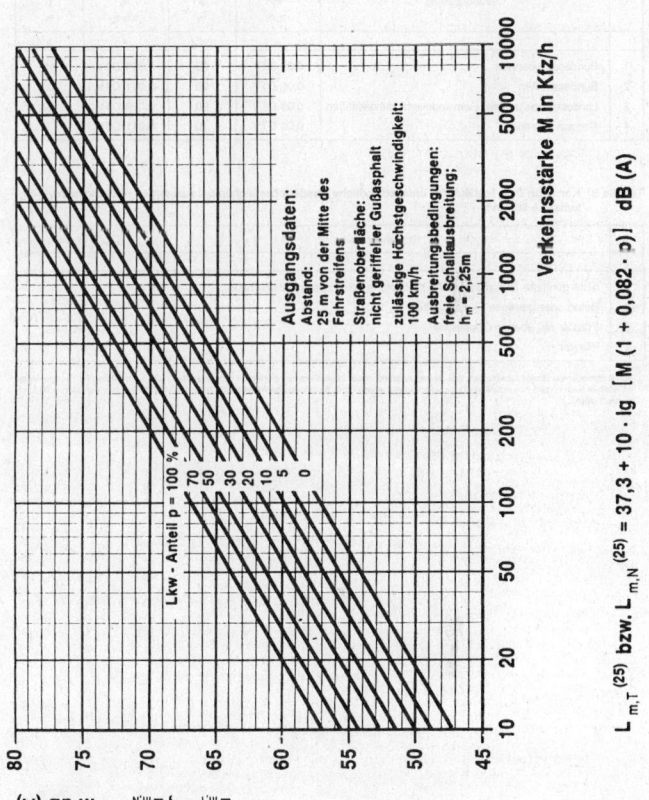

$$L_{m,T}^{(25)} \text{ bzw. } L_{m,N}^{(25)} = 37,3 + 10 \cdot \lg \left[M(1 + 0,082 \cdot p) \right] \; dB\,(A)$$

Tabelle A: Maßgebende Verkehrsstärke M in Kfz/h und maßgebende Lkw-Anteile p (über 2,8 t zul. Gesamtgewicht) in %

	Straßengattung	tags (6 bis 22 Uhr)		nachts (22 bis 6 Uhr)	
		M Kfz/h	p %	M Kfz/h	p %
1	1	2	3	4	5
1	Bundesautobahnen	0,06 DTV	25	0,014 DTV	45
2	Bundesstraßen	0,06 DTV	20	0,011 DTV	20
3	Landes-, Kreisstraßen, Gemeindeverbindungsstraßen	0,06 DTV	20	0,008 DTV	10
4	Gemeindestraßen	0,06 DTV	10	0,011 DTV	3

Tabelle B: Korrektur D_{StrO} in dB(A) für unterschiedliche Straßenoberflächen bei zulässigen Höchstgeschwindigkeiten $\geq$ 50 km/h

	Straßenoberfläche	D_{StrO}*) in dB(A)
	1	2
1	nicht geriffelte Gußasphalte, Asphaltbetone oder Splittmastixasphalte	0
2	Beton oder geriffelte Gußasphalte	2
3	Pflaster mit ebener Oberfläche	3
4	Pflaster	6

*) Für lärmmindernde Straßenoberflächen, bei denen aufgrund neuer bautechnischer Entwicklungen eine dauerhafte Lärmminderung nachgewiesen ist, können auch andere Korrekturwerte D_{StrO} berücksichtigt werden, z.B. für offenporige Asphalte bei zulässigen Höchstgeschwindigkeiten > 60 km/h minus 3 dB(A).

Diagramm II : Korrektur D$_V$ in dB(A) für unterschiedliche zulässige Höchstgeschwindigkeiten in Abhängigkeit vom Lkw-Anteil p

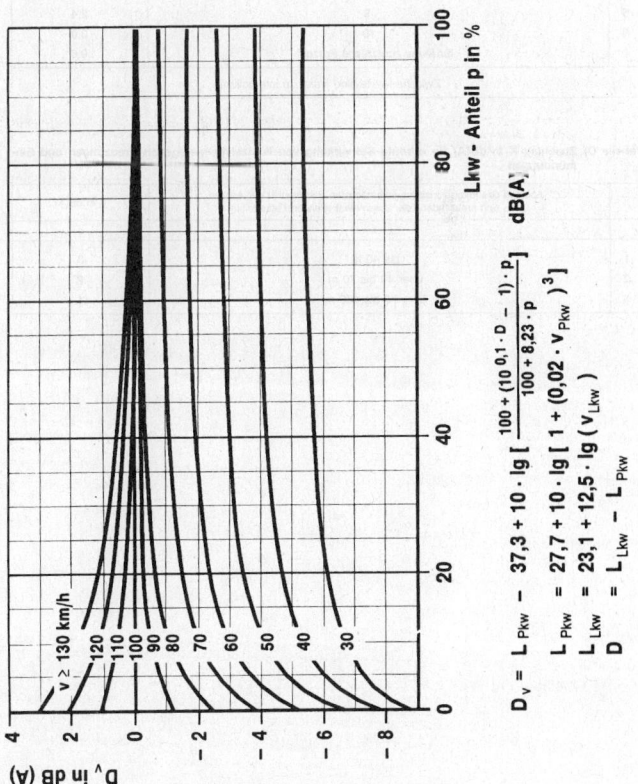

$$D_V = L_{Pkw} - 37,3 + 10 \cdot lg \left[\frac{100 + (10^{0,1 \cdot D} - 1) \cdot p}{100 + 8,23 \cdot p} \right] \quad dB(A)$$

$$L_{Pkw} = 27,7 + 10 \cdot lg \left[1 + (0,02 \cdot v_{Pkw})^3 \right]$$

$$L_{Lkw} = 23,1 + 12,5 \cdot lg (v_{Lkw})$$

$$D = L_{Lkw} - L_{Pkw}$$

Tabelle C: Korrektur D$_{Stg}$ in dB(A) für Steigungen und Gefälle

	Steigung/Gefälle in %	D$_{Stg}$ in dB(A)
	1	2
1	≤ 5	0
2	6	0,6
3	7	1,2
4	8	1,8
5	9	2,4
6	10	3,0
7	für jedes zusätzliche Prozent	0,6
	Zwischenwerte sind linear zu interpolieren	

Tabelle D: Zuschlag K in dB(A) für erhöhte Störwirkung von lichtzeichengeregelten Kreuzungen und Einmündungen

	Abstand des Immissionsortes vom nächsten Schnittpunkt der Achsen von sich kreuzenden oder zusammentreffenden Fahrstreifen	K in dB(A)
	1	2
1	bis 40 m	3
2	über 40 bis 70 m	2
3	über 70 bis 100 m	1

Diagramm III: Pegeländerung $D_{s\perp}$ in dB(A) durch unterschiedliche Abstände $s_\perp$ zwischen dem Emissionsort (0,5 m über der Mitte des betrachteten Fahrstreifens) und dem maßgebenden Immissionsort

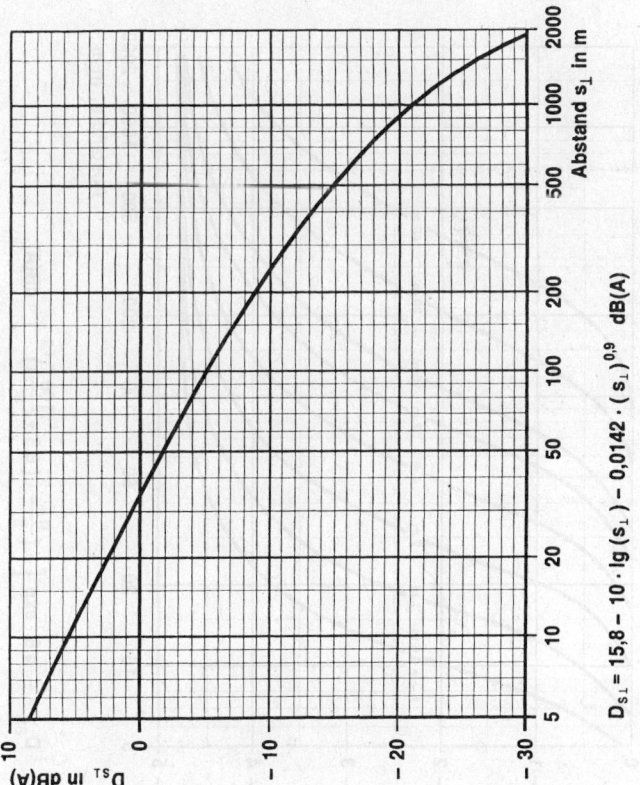

$$D_{s\perp} = 15,8 - 10 \cdot \lg(s_\perp) - 0,0142 \cdot (s_\perp)^{0,9} \ \text{dB(A)}$$

Diagramm IV : Pegeländerung D_{BM} in dB(A) durch Boden- und Meteorologiedämpfung in Abhängigkeit von der mittleren Höhe h_m

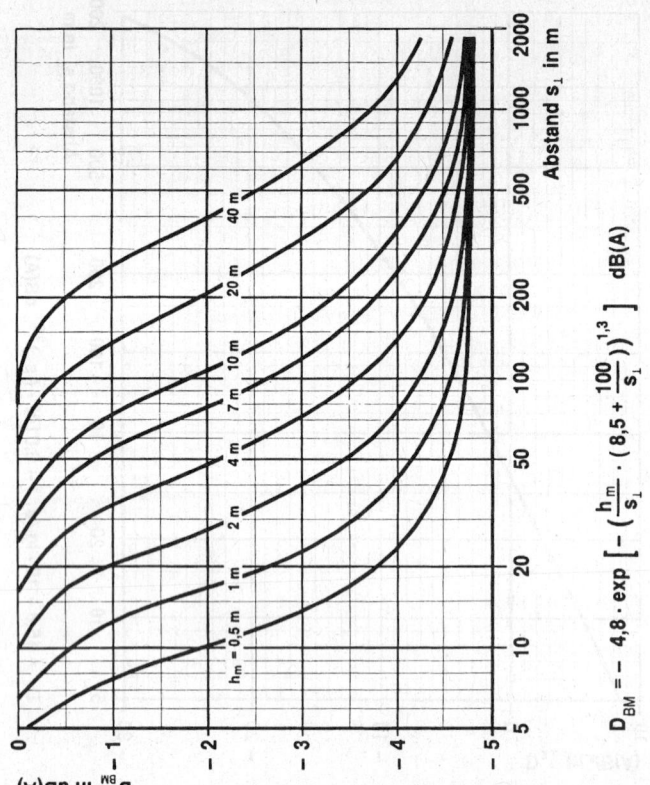

$$D_{BM} = -4{,}8 \cdot \exp\left[-\left(\frac{h_m}{s_\perp} \cdot \left(8{,}5 + \frac{100}{s_\perp}\right)\right)^{1{,}3}\right] \quad \text{dB(A)}$$

Diagramm V : Gesamtbeurteilungspegel $L_{r,ges}$ aus zwei Beurteilungspegeln $L_{r,1}$ und $L_{r,2}$

Schallpegelunterschied zwischen $L_{r,1}$ und $L_{r,2}$ in dB (A)

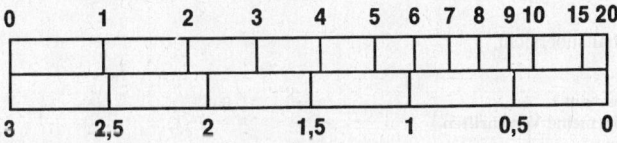

dB (A) zum größeren Pegel addieren

$$L_{r,ges} = 10 \lg (10^{0,1 \cdot L_{r,1}} + 10^{0,1 \cdot L_{r,2}})$$

Anlage 2
(zu § 4)

**Berechnung des Beurteilungspegels für Schienenwege
(Schall 03)**

Inhaltsverzeichnis[1]

1. Berechnungsverfahren
2. Begriffe, Festlegungen
3. Modellierung der Schallquellen
4. Schallemissionen von Eisenbahnen
5. Schallemissionen von Straßenbahnen
6. Schallausbreitung
7. Berechnung der Schallimmission
8. Beurteilungspegel
9. Berücksichtigung von abweichender Bahntechnik und von schalltechnischen Innovationen
10. Zugänglichkeit von technischen Regeln und Normen

---

1) Der Inhalt der sehr umfangreichen Anlage 2 ist hier nicht abgedruckt.

**Siebzehnte Verordnung
zur Durchführung des Bundes-Immissionsschutzgesetzes
(Verordnung über die Verbrennung und die Mitverbrennung
von Abfällen – 17. BImSchV)**

Vom 2. Mai 2013 (BGBl. I S. 1021, 1044, ber. S. 3754)
(FNA 2129-8-17-1)

Inhaltsübersicht

Abschnitt 1
Allgemeine Vorschriften
§ 1   Anwendungsbereich
§ 2   Begriffsbestimmungen

Abschnitt 2
Anforderungen an die Errichtung, die Beschaffenheit und den Betrieb
§ 3   Anforderungen an die Anlieferung, die Annahme und die Zwischenlagerung
          der Einsatzstoffe
§ 4   Errichtung und Beschaffenheit der Anlagen
§ 5   Betriebsbedingungen
§ 6   Verbrennungsbedingungen für Abfallverbrennungsanlagen
§ 7   Verbrennungsbedingungen für Abfallmitverbrennungsanlagen
§ 8   Emissionsgrenzwerte für Abfallverbrennungsanlagen
§ 9   Emissionsgrenzwerte für Abfallmitverbrennungsanlagen
§ 10   Im Jahresmittel einzuhaltende Emissionsgrenzwerte
§ 11   Ableitungsbedingungen für Abgase
§ 12   Behandlung der bei der Abfallverbrennung und Abfallmitverbrennung
          entstehenden Rückstände
§ 13   Wärmenutzung

Abschnitt 3
Messung und Überwachung
§ 14   Messplätze
§ 15   Messverfahren und Messeinrichtungen
§ 16   Kontinuierliche Messungen
§ 17   Auswertung und Beurteilung von kontinuierlichen Messungen
§ 18   Einzelmessungen
§ 19   Berichte und Beurteilung von Einzelmessungen
§ 20   Besondere Überwachung der Emissionen an Schwermetallen
§ 21   Störungen des Betriebs
§ 22   Jährliche Berichte über Emissionen

Abschnitt 4
Gemeinsame Vorschriften
§ 23   Veröffentlichungspflichten
§ 24   Zulassung von Ausnahmen
§ 25   Weitergehende Anforderungen und wesentliche Änderungen

Abschnitt 5
Schlussvorschriften

§ 26 Zugänglichkeit und Gleichwertigkeit von Normen und Arbeitsblättern
§ 27 Ordnungswidrigkeiten
§ 28 Übergangsregelungen

Anlage 1
(zu § 8 Absatz 1, § 18 Absatz 5 und § 20 Absatz 1)
Emissionsgrenzwerte für krebserzeugende Stoffe

Anlage 2
(zu Anlage 1 Buchstabe d)
Äquivalenzfaktoren

Anlage 3
(zu § 9, § 10 Absatz 2, § 16 Absatz 1 und 4, § 17 Absatz 1 und 5, § 18 Absatz 2, § 19 Absatz 2, § 21 Absatz 3, § 22 Absatz 1 und § 28 Absatz 5 und 6)
Emissionsgrenzwerte für die Mitverbrennung von Abfällen

Anlage 4
(zu § 15 Absatz 1, § 16 Absatz 1 und § 17 Absatz 5)
Anforderungen an die kontinuierlichen Messeinrichtungen und die Validierung der Messergebnisse

Anlage 5
(zu § 2 Absatz 10)
Umrechnungsformel

Abschnitt 1
Allgemeine Vorschriften

§ 1 Anwendungsbereich

(1) Diese Verordnung gilt für die Errichtung, die Beschaffenheit und den Betrieb von Abfallverbrennungs- und Abfallmitverbrennungsanlagen, die nach § 4 des Bundes-Immissionsschutzgesetzes in Verbindung mit der in Nummer 2 genannten Verordnung genehmigungsbedürftig sind und in denen folgende Abfälle und Stoffe eingesetzt[1) werden:

1. feste, flüssige oder in Behältern gefasste gasförmige Abfälle oder
2. ähnliche feste oder flüssige brennbare Stoffe, die nicht in den Nummern 1.2.1, 1.2.2 oder Nummer 1.2.3 des Anhangs 1 der Verordnung über genehmigungsbedürftige Anlagen vom 2. Mai 2013 (BGBl. I S. 973) aufgeführt sind, ausgenommen ähnliche flüssige brennbare Stoffe, soweit bei ihrer Verbrennung keine anderen oder keine höheren Emissionen als bei der Verbrennung von leichtem Heizöl auftreten können, oder
3. feste, flüssige oder gasförmige Stoffe, die bei der Pyrolyse oder Vergasung von Abfällen entstehen.

---

1) Einsetzen ist eine zweckgerichtete Handlung, nicht ein unbeabsichtigtes Mitverbrennen geringer Stoffmengen.

(2) Diese Verordnung gilt weder für Abfallverbrennungs- oder -mitverbrennungsanlagen noch für einzelne Abfallverbrennungs- oder -mitverbrennungslinien, die, abgesehen vom Einsatz der in den Nummern 1.2.1, 1.2.2 und 1.2.3 des Anhangs 1 der Verordnung über genehmigungsbedürftige Anlagen aufgeführten Stoffe, ausschließlich bestimmt sind für den Einsatz von

1. Biobrennstoffen gemäß § 2 Absatz 6 Nummer 2 der Verordnung über Großfeuerungs-, Gasturbinen- und Verbrennungsmotoranlagen vom 2. Mai 2013 (BGBl. I S. 1021, 1023) in der jeweils geltenden Fassung,

2. Tierkörpern im Sinne der Verordnung (EG) Nr. 1069/2009 des Europäischen Parlaments und des Rates vom 21. Oktober 2009 mit Hygienevorschriften für nicht für den menschlichen Verzehr bestimmte tierische Nebenprodukte und zur Aufhebung der Verordnung (EG) Nr. 1774/2002 (Verordnung über tierische Nebenprodukte) (ABl. L 300 vom 14.11.2009, S. 1), die durch die Richtlinie 2010/63/EU (ABl. L 276 vom 20.10.2010, S. 33) geändert worden ist, oder

3. Abfällen, die beim Aufsuchen von Erdöl- und Erdgasvorkommen und deren Förderung auf Bohrinseln entstehen und dort verbrannt werden.

(3) Die Verordnung ist nicht anzuwenden auf

1. Abfallverbrennungs- oder -mitverbrennungslinien, die für Forschungs-, Entwicklungs- und Prüfzwecke zur Verbesserung des Verbrennungsprozesses weniger als 50 Megagramm Abfälle im Jahr behandeln, und

2. gasförmige Stoffe nach Absatz 1 Nummer 3, die in Abfallmitverbrennungsanlagen eingesetzt werden, wenn ihre Verbrennung auf Grund ihrer Zusammensetzung keine anderen oder höheren Emissionen verursacht als die Verbrennung von Erdgas.

(4) Diese Verordnung enthält Anforderungen an Abfallverbrennungs- und Abfallmitverbrennungsanlagen,

1. die nach § 5 Absatz 1 Nummer 1 bis 4 des Bundes-Immissionsschutzgesetzes zu erfüllen sind bei der Errichtung und beim Betrieb der Anlagen zur
   a) Bekämpfung von Brandgefahren,
   b) Vorsorge gegen schädliche Umwelteinwirkungen,
   c) Behandlung von Abfällen und
   d) Nutzung der entstehenden Wärme sowie

2. zur Erfüllung von Luftqualitätsanforderungen der Europäischen Gemeinschaften oder Europäischen Union nach § 48a Absatz 1 und 3 des Bundes-Immissionsschutzgesetzes.

§ 2 Begriffsbestimmungen

(1) »Abfall« im Sinne dieser Verordnung sind Stoffe oder Gegenstände, die gemäß den Bestimmungen des Kreislaufwirtschaftsgesetzes vom 24. Februar 2012 (BGBl. I S. 212) in der jeweils geltenden Fassung Abfälle sind.

(2) »Abfallmitverbrennende Großfeuerungsanlage« im Sinne dieser Verordnung ist eine Abfallmitverbrennungsanlage mit einer Feuerungswärmeleistung von 50 Megawatt oder mehr.

(3) [1]»Abfallmitverbrennungsanlage« im Sinne dieser Verordnung ist eine Feuerungsanlage, deren Hauptzweck in der Energiebereitstellung oder der Produktion stofflicher Erzeugnisse besteht und in der Abfälle oder Stoffe nach § 1 Absatz 1, bei gemischten Siedlungsabfällen nur soweit es sich um aufbereitete gemischte Siedlungsabfälle handelt,

1. als regelmäßige oder zusätzliche Brennstoffe verwendet werden oder

2. mit dem Ziel der Beseitigung thermisch behandelt werden.

[2]Die Anlage in diesem Sinne erstreckt sich auf die gesamte Abfallmitverbrennungsanlage, dazu gehören alle Abfallmitverbrennungslinien, die Annahme und Lagerung der Abfälle und Stoffe nach § 1 Absatz 1, die auf dem Gelände befindlichen Vorbehandlungsanlagen, das Zufuhrsystem für Abfälle und Stoffe nach § 1 Absatz 1, für Brennstoffe und Luft, der Kessel, die Abgasbehandlungsanlagen, die auf dem Gelände befindlichen Anlagen zur Behandlung und Lagerung von Abfällen und Abwässern, die bei der Abfallmitverbrennung entstehen, der Schornstein, die Vorrichtungen und Systeme zur Kontrolle der Verbrennungsvorgänge, zur Aufzeichnung und zur Überwachung der Verbrennungsbedingungen. [3]Falls die Abfallmitverbrennung in solch einer Weise erfolgt, dass der Hauptzweck der Anlage nicht in der Energiebereitstellung oder der Produktion stofflicher Erzeugnisse, sondern in der thermischen Behandlung von Abfällen besteht, gilt die Anlage als Abfallverbrennungsanlage im Sinne des Absatzes 4.

(4) [1]»Abfallverbrennungsanlage« im Sinne dieser Verordnung ist eine Feuerungsanlage, deren Hauptzweck darin besteht, thermische Verfahren zur Behandlung von Abfällen oder Stoffen nach § 1 Absatz 1 zu verwenden[2]). [2]Diese Verfahren umfassen die Verbrennung durch Oxidation der oben genannten Stoffe und andere vergleichbare thermische Verfahren wie Pyrolyse, Vergasung oder Plasmaverfahren, soweit die bei den vorgenannten thermischen Verfahren aus Abfällen entstehenden festen, flüssigen oder gasförmigen Stoffe verbrannt werden. [3]Die Anlage in diesem Sinne erstreckt sich auf die gesamte Abfallverbrennungsanlage, dazu gehören alle Abfallverbrennungslinien, die Annahme und Lagerung der Abfälle und Stoffe nach § 1 Absatz 1, die auf dem Gelände befindlichen Vorbehandlungsanlagen, das Zufuhrsystem für Abfälle und Stoffe nach § 1 Absatz 1, für Brennstoffe und Luft, der Kessel, die Abgasbehandlungsanlagen, die auf dem Gelände befindlichen Anlagen zur Behandlung und Lagerung von Abfällen und Abwässern, die bei der Abfallverbrennung entstehen, der Schornstein, die Vorrichtungen und Systeme zur Kontrolle der Verbrennungsvorgänge, zur Aufzeichnung und zur Überwachung der Verbrennungsbedingungen.

---

2) Das Verfahren muss darauf zielen, den Einsatzstoff möglichst vollständig zu zerstören (BVerwG, NVwZ 2013, 437).

(5) »Abfallverbrennungs- oder -mitverbrennungslinie« im Sinne dieser Verordnung ist die jeweilige technische Einrichtung der Abfallverbrennungs- oder -mitverbrennungsanlage; dazu gehören ein Brennraum, gegebenenfalls ein Brenner, und die dazugehörige Steuerungseinheit, eine Abgasreinigungseinrichtung sowie sonstige Nebeneinrichtungen entsprechend § 1 Absatz 2 Nummer 2 der Verordnung über genehmigungsbedürftige Anlagen.

(6) »Abgas« im Sinne dieser Verordnung ist das Trägergas mit den festen, flüssigen oder gasförmigen Emissionen, angegeben als Volumenstrom in der Einheit Kubikmeter je Stunde (m³/h) und bezogen auf das Abgasvolumen im Normzustand (Temperatur 273,15 Kelvin (K), Druck 101,3 Kilopascal (kPa)) nach Abzug des Feuchtegehalts an Wasserdampf.

(7) »Aufbereitete gemischte Siedlungsabfälle« im Sinne dieser Verordnung sind gemischte Siedlungsabfälle, für die zum Zwecke der Mitverbrennung Maßnahmen ergriffen wurden, die eine Belastung mit anorganischen Schadstoffen, insbesondere Schwermetallen, deutlich reduzieren; Trocknen, Pressen oder Mischen zählen in der Regel nicht zu diesen Maßnahmen.

(8) »Bestehende abfallmitverbrennende Großfeuerungsanlage« im Sinne dieser Verordnung ist eine abfallmitverbrennende Großfeuerungsanlage,
1. die nach § 67 Absatz 2 oder § 67a Absatz 1 des Bundes-Immissionsschutzgesetzes oder vor Inkrafttreten des Bundes-Immissionsschutzgesetzes nach § 16 Absatz 4 der Gewerbeordnung anzuzeigen war,
2. für die die erste Genehmigung zur Errichtung und zum Betrieb nach § 4 oder § 16 des Bundes-Immissionsschutzgesetzes vor dem 7. Januar 2013 erteilt worden ist und die vor dem 7. Januar 2014 in Betrieb gegangen ist, oder
3. für die der Betreiber vor dem 7. Januar 2013 einen vollständigen Genehmigungsantrag zur Errichtung und zum Betrieb nach § 4 oder § 16 des Bundes-Immissionsschutzgesetzes gestellt hat und die vor dem 7. Januar 2014 in Betrieb gegangen ist.

(9) »Bestehende Abfallverbrennungs- oder -mitverbrennungsanlage« im Sinne dieser Verordnung ist eine Abfallverbrennungs- oder -mitverbrennungsanlage, ausgenommen abfallmitverbrennende Großfeuerungsanlagen, die vor dem 2. Mai 2013 genehmigt oder errichtet wurde.

(10) »Bezugssauerstoffgehalt« im Sinne dieser Verordnung ist der jeweils vorgegebene oder zu berechnende Volumengehalt an Sauerstoff im Abgas, auf den der jeweilige Emissionsgrenzwert unter Berücksichtigung von Anlage 5 zu beziehen ist.

(11) »Biobrennstoffe« im Sinne dieser Verordnung sind Biobrennstoffe gemäß § 2 Absatz 6 der Verordnung über Großfeuerungs-, Gasturbinen- und Verbrennungsmotoranlagen.

(12) »Emissionen« im Sinne dieser Verordnung sind die von einer Anlage ausgehenden Luftverunreinigungen; angegeben als Massenkonzentration in der Einheit Milligramm je Kubikmeter Abgas (mg/m³) oder Nanogramm je Kubikmeter Abgas (ng/m³) oder als Massenstrom in der Einheit Megagramm pro Jahr (Mg/a).

(13) »Emissionsgrenzwert« im Sinne dieser Verordnung ist die Emission einer Anlage, die zulässigerweise in die Luft abgeleitet werden darf, angegeben als Massenkonzentration und bezogen auf den jeweiligen Bezugssauerstoffgehalt.

(14) »Erdgas« im Sinne dieser Verordnung sind
1. natürlich vorkommendes Methangas mit nicht mehr als 20 Volumenprozent an Inertgasen und sonstigen Bestandteilen, das den Anforderungen des DVGW-Arbeitsblattes G 260 vom Mai 2008 für Gase der 2. Gasfamilie entspricht, sowie
2. Klär-, Bio- und Grubengase nach DVGW-Arbeitsblatt G 262 vom September 2011, die die Bedingungen des DVGW-Arbeitsblattes G 260 als Austauschgas oder als Zusatzgas zur Konditionierung erfüllen und insoweit die Grundgase der 2. Gasfamilie in der öffentlichen Gasversorgung ersetzen oder ergänzen.

(15) »Feuerungsanlage« im Sinne dieser Verordnung ist jede Anlage, in der Brennstoff zur Nutzung der erzeugten Wärme oxidiert wird.

(16) »Feuerungswärmeleistung« im Sinne dieser Verordnung ist der auf den unteren Heizwert bezogene Wärmeinhalt der Brenn- oder Einsatzstoffe, der einer Anlage im Dauerbetrieb je Zeiteinheit zugeführt wird, angegeben in Megawatt (MW).

(17) [1]»Gemischte Siedlungsabfälle« im Sinne dieser Verordnung sind Abfälle aus Haushaltungen sowie gewerbliche, industrielle Abfälle und Abfälle aus Einrichtungen, die auf Grund ihrer Beschaffenheit oder Zusammensetzung den Abfällen aus Haushaltungen ähnlich sind. [2]Zu den gemischten Siedlungsabfällen im Sinne dieser Verordnung gehören weder die unter der Abfallgruppe 20 01 der Abfallverzeichnis-Verordnung[3] genannten Abfallfraktionen, die am Entstehungsort getrennt eingesammelt werden, noch die unter der Abfallgruppe 20 02 derselben Verordnung genannten Abfälle.

(18) »Gefährliche Abfälle« im Sinne dieser Verordnung sind gefährliche Abfälle gemäß der Abfallverzeichnis-Verordnung.

(19) »Leichtes Heizöl« im Sinne dieser Verordnung ist Heizöl EL nach DIN 51603-1, Ausgabe August 2008.

Abschnitt 2
Anforderungen an die Errichtung, die Beschaffenheit und den Betrieb

§ 3 Anforderungen an die Anlieferung, die Annahme und die Zwischenlagerung der Einsatzstoffe

(1) Der Betreiber einer Abfallverbrennungs- oder -mitverbrennungsanlage hat alle erforderlichen Vorsichtsmaßnahmen hinsichtlich der Anlieferung und Annahme der Abfälle zu ergreifen, um die Verschmutzung der

---

3) Abfallverzeichnis-Verordnung vom 10. Dezember 2001 (BGBl. I S. 3379), die zuletzt durch Artikel 5 Absatz 22 des Gesetzes vom 24. Februar 2012 (BGBl. I S. 212) geändert worden ist.

Luft, des Bodens, des Oberflächenwassers und des Grundwassers, andere
Belastungen der Umwelt, Geruchs- und Lärmbelästigungen sowie direkte
Gefahren für die menschliche Gesundheit zu vermeiden oder, so weit wie
möglich zu begrenzen.

(2) [1]Der Betreiber trägt vor Annahme gefährlicher Abfälle in der Ab-
fallverbrennungs- oder -mitverbrennungsanlage die verfügbaren Angaben
über die Abfälle zusammen, damit festgestellt werden kann, ob die Ge-
nehmigungsbedingungen erfüllt sind. [2]Diese Angaben müssen Folgendes
umfassen:

1. alle verwaltungsmäßigen Angaben über den Entstehungsprozess der
    Abfälle, die in den in Absatz 3 Satz 1 Nummer 1 genannten Doku-
    menten enthalten sind,
2. die physikalische und soweit praktikabel die chemische Zusammen-
    setzung der Abfälle,
3. alle sonstigen erforderlichen Angaben zur Beurteilung der Eignung
    der Abfälle für den vorgesehenen Verbrennungsprozess,
4. Gefahrenmerkmale der Abfälle, Stoffe, mit denen sie nicht vermischt
    werden dürfen, und Vorsichtsmaßnahmen beim Umgang mit diesen
    Abfällen.

(3) [1]Der Betreiber muss vor Annahme gefährlicher Abfälle in der Abfall-
verbrennungs- oder -mitverbrennungsanlage mindestens folgende Maßnahmen durchführen:

1. Prüfung der Dokumente, die in der Richtlinie 2008/98/EG des Eu-
    ropäischen Parlaments und des Rates vom 19. November 2008 über
    Abfälle und zur Aufhebung bestimmter Richtlinien (ABl. L 312 vom
    22.11.2008, S. 3, L 127 vom 26.5.2009, S. 24) (Abfallrahmenricht-
    linie) und gegebenenfalls in der Verordnung (EG) Nr. 1013/2006
    des Europäischen Parlaments und des Rates vom 14. Juni 2006 über
    die Verbringung von Abfällen (ABl. L 190 vom 12.7.2006, S. 1, L
    318 vom 28.11.2008, S. 15), die zuletzt durch die Verordnung (EU)
    Nr. 135/2012 (ABl. L 46 vom 17.2.2012, S. 30) geändert worden ist,
    sowie den Rechtsvorschriften für Gefahrguttransporte vorgeschrieben
    sind, sowie
2. Entnahme von repräsentativen Proben und Kontrolle der entnomme-
    nen Proben, um zu überprüfen, ob die Abfälle den Angaben nach Ab-
    satz 2 entsprechen und den zuständigen Behörden die Feststellung der
    Art der behandelten Abfälle zu ermöglichen; die Proben sind vor dem
    Abladen zu entnehmen, sofern dies nicht mit unverhältnismäßigem
    Aufwand verbunden ist.

[2]Die Proben gemäß Satz 1 Nummer 2 sind nach der Verbrennung oder
Mitverbrennung des betreffenden Abfalls mindestens einen Monat lang
aufzubewahren.

(4) Der Betreiber der Anlage hat vor der Annahme des Abfalls in der
Abfallverbrennungs- oder -mitverbrennungsanlage die Masse einer jeden
Abfallart gemäß der Abfallverzeichnis-Verordnung zu bestimmen.

(5) Die zuständige Behörde kann auf Antrag des Betreibers für Abfallverbrennungs- oder -mitverbrennungsanlagen Ausnahmen von den Absätzen 2 bis 4 zulassen, wenn diese Anlagen

1. Teil einer in Anhang 1 der Verordnung über genehmigungsbedürftige Anlagen in Spalte d mit dem Buchstaben E gekennzeichneten Anlage sind und

2. nur Abfälle verbrennen oder mitverbrennen, die innerhalb der Anlage entstanden sind.

(6) [1]Flüssige Abfälle oder Stoffe nach § 1 Absatz 1 sind in geschlossenen, gegen Überdruck gesicherten Behältern zu lagern. [2]Bei der Befüllung der Behälter ist das Gaspendelverfahren anzuwenden oder die Verdrängungsluft zu erfassen. [3]Der Betreiber hat vor Inbetriebnahme einer Abfallverbrennungs- oder -mitverbrennungsanlage offene Übergabestellen mit einer Luftabsaugung auszurüsten. [4]Die Verdrängungsluft aus den Behältern sowie die abgesaugte Luft sind der Feuerung zuzuführen. [5]Bei Stillstand der Feuerung ist eine Annahme an offenen Übergabestellen oder ein Füllen von Lagertanks nur zulässig, wenn emissionsmindernde Maßnahmen, insbesondere die Gaspendelung oder eine Abgasreinigung, angewandt werden.

§ 4 Errichtung und Beschaffenheit der Anlagen

(1) [1]Abfallverbrennungs- oder -mitverbrennungsanlagen sind so auszulegen, zu errichten und zu betreiben, dass ein unerlaubtes und unbeabsichtigtes Freisetzen von Schadstoffen in den Boden, in das Oberflächenwasser oder das Grundwasser vermieden wird. [2]Außerdem muss für das auf dem Gelände der Abfallverbrennungs- oder -mitverbrennungsanlage anfallende verunreinigte Regenwasser und für verunreinigtes Wasser, das bei Störungen oder bei der Brandbekämpfung anfällt, eine ausreichende Speicherkapazität vorgesehen werden. [3]Sie ist ausreichend, wenn das anfallende Wasser geprüft und erforderlichenfalls vor der Ableitung behandelt werden kann.

(2) [1]Der Betreiber hat eine Abfallverbrennungsanlage für feste Abfälle oder Stoffe nach § 1 Absatz 1 vor Inbetriebnahme mit einem Bunker auszurüsten, der mit einer Absaugung zu versehen ist und dessen abgesaugte Luft der Feuerung zuzuführen ist. [2]Für den Fall, dass die Feuerung nicht in Betrieb ist, sind Maßnahmen zur Reinigung und Ableitung der abgesaugten Luft vorzusehen.

(3) [1]Der Betreiber hat eine Abfallmitverbrennungsanlage für feste Abfälle oder Stoffe nach § 1 Absatz 1 vor Inbetriebnahme mit geschlossenen Lagereinrichtungen für diese Stoffe auszurüsten. [2]Die bei der Lagerung entstehende Abluft ist zu fassen.

(4) Die Absätze 2 und 3 gelten nicht für Abfallverbrennungs- oder -mitverbrennungsanlagen, soweit die Abfälle oder Stoffe nach § 1 Absatz 1 der Abfallverbrennung oder Abfallmitverbrennung ausschließlich in geschlossenen Einwegbehältnissen oder aus Mehrwegbehältnissen zugeführt werden.

(5) [1]Für Abfallverbrennungs- oder -mitverbrennungsanlagen sind Maßnahmen und Einrichtungen zur Erkennung und Bekämpfung von Bränden vorzusehen. [2]Die Brandschutzeinrichtungen und -maßnahmen sind so auszulegen sind, dass im Abfallbunker entstehende oder eingetragene Brände erkannt und bekämpft werden können.

(6) [1]Sind auf Grund der Zusammensetzung der Abfälle oder Stoffe nach § 1 Absatz 1 Explosionen im Lagerbereich nicht auszuschließen, sind abweichend von Absatz 4 andere geeignete Maßnahmen durchzuführen. [2]Die Maßnahmen werden von der zuständigen Behörde näherer bestimmt.

(7) [1]Der Betreiber hat vor der Inbetriebnahme jede Abfallverbrennungs- oder -mitverbrennungslinie einer Abfallverbrennungs- oder -mitverbrennungsanlage mit einem oder mehreren Brennern auszurüsten. [2]Satz 1 ist nicht anzuwenden, sofern die Voraussetzungen des § 9 Absatz 1 Satz 1 Nummer 1 erfüllt sind.

(8) Der Betreiber hat eine Abfallverbrennungs- oder -mitverbrennungsanlage vor der Inbetriebnahme mit automatischen Vorrichtungen auszurüsten, durch die sichergestellt wird, dass

1. eine Beschickung der Anlagen mit Abfällen oder Stoffen nach § 1 Absatz 1 erst möglich ist, wenn beim Anfahren die Mindesttemperatur erreicht ist,

2. eine Beschickung der Anlagen mit Abfällen oder Stoffen nach § 1 Absatz 1 nur so lange erfolgen kann, wie die Mindesttemperatur aufrechterhalten wird,

3. eine Beschickung der Anlagen mit Abfällen oder Stoffen nach § 1 Absatz 1 unterbrochen wird, wenn infolge eines Ausfalls oder einer Störung von Abgasreinigungseinrichtungen eine Überschreitung eines kontinuierlich überwachten Emissionsgrenzwertes eintreten kann; dabei sind sicherheitstechnische Belange des Brand- und Explosionsschutzes zu beachten.

(9) Die Abfallverbrennungs- oder -mitverbrennungsanlagen sind mit Registriereinrichtungen auszurüsten, durch die Verriegelungen oder Abschaltungen durch die automatischen Vorrichtungen nach Absatz 8 registriert werden.

(10) Sonstige Anforderungen, die sich aus der Verordnung über Großfeuerungs-, Gasturbinen- und Verbrennungsmotoranlagen oder aus § 5 Absatz 1 Nummer 2 des Bundes-Immissionsschutzgesetzes unter Beachtung der Ersten Allgemeinen Verwaltungsvorschrift zum Bundes-Immissionsschutzgesetz (Technische Anleitung zur Reinhaltung der Luft – TA Luft) vom 24. Juli 2002 (GMBl. S. 511) in der jeweils geltenden Fassung ergeben, bleiben unberührt.

§ 5 Betriebsbedingungen

(1) Eine Abfallverbrennungsanlage ist so zu errichten und zu betreiben, dass

1. ein weitgehender Ausbrand der Abfälle oder der Stoffe nach § 1 Absatz 1 erreicht wird und

2. in der Schlacke und in der Rostasche ein Gehalt an organisch gebundenem Gesamtkohlenstoff von weniger als 3 Prozent oder ein Glühverlust von weniger als 5 Prozent des Trockengewichtes eingehalten wird.

(2) [1]Soweit es zur Erfüllung der Anforderungen nach Absatz 1 erforderlich ist, sind die Abfälle oder Stoffe nach § 1 Absatz 1 vorzubehandeln. [2]Die Vorbehandlung erfolgt in der Regel durch Zerkleinern oder Mischen oder durch das Öffnen von Einwegbehältnissen.

(3) Entgegen den Anforderungen nach Absatz 2 sollen infektiöse krankenhausspezifische Abfälle in die Feuerung gebracht werden, ohne vorher mit anderen Abfallarten vermischt oder anderweitig vorbehandelt worden zu sein.

(4) Die Abfallmitverbrennungsanlagen sind so zu betreiben, dass eine möglichst vollständige Verbrennung von Abfällen und Stoffen nach § 1 Absatz 1 erreicht wird.

(5) Flugascheablagerungen sind möglichst gering zu halten, insbesondere durch geeignete Abgasführung sowie häufige Reinigung von Kesseln, Heizflächen, Kesselspeisewasser-Vorwärmern und Abgaszügen.

§ 6 Verbrennungsbedingungen für Abfallverbrennungsanlagen

(1) Abfallverbrennungsanlagen sind so zu errichten und zu betreiben, dass für die Verbrennungsgase, die bei der Verbrennung von Abfällen oder Stoffen nach § 1 Absatz 1 entstehen, nach der letzten Verbrennungsluftzuführung eine Mindesttemperatur von 850 Grad Celsius eingehalten wird.

(2) Bei der Verbrennung von gefährlichen Abfällen mit einem Halogengehalt aus halogenorganischen Stoffen von mehr als 1 Prozent des Gewichts, berechnet als Chlor, hat der Betreiber dafür zu sorgen, dass abweichend von Absatz 1 eine Mindesttemperatur von 1 100 Grad Celsius eingehalten wird.

(3) Die Mindesttemperatur muss auch unter ungünstigsten Bedingungen bei gleichmäßiger Durchmischung der Verbrennungsgase mit der Verbrennungsluft für eine Verweilzeit von mindestens zwei Sekunden eingehalten werden.

(4) [1]Die Messung der Mindesttemperatur hat in der Nähe der Innenwand des Brennraums zu erfolgen. [2]Die zuständige Behörde kann genehmigen, dass die Messung an einer anderen repräsentativen Stelle des Brennraums oder Nachverbrennungsraums erfolgen kann. [3]Die Überprüfung und gegebenenfalls Anpassung der repräsentativen Stelle erfolgt mit Zustimmung der zuständigen Behörde im Rahmen der Inbetriebnahme der Anlage.

(5) Die Einhaltung der Mindesttemperatur und der Mindestverweilzeit ist zumindest einmal bei Inbetriebnahme der Anlage durch Messungen oder durch ein von der zuständigen Behörde anerkanntes Gutachten nachzuweisen.

(6) [1]Abweichend von den Absätzen 1 bis 3 können die zuständigen Behörden andere Mindesttemperaturen oder Mindestverweilzeiten (Verbrennungsbedingungen) zulassen, sofern

1. die sonstigen Anforderungen dieser Verordnung eingehalten werden und

2. nachgewiesen wird, dass durch die Änderung der Verbrennungsbedingungen keine größeren Abfallmengen und keine Abfälle mit einem höheren Gehalt an organischen Schadstoffen, insbesondere an polyzyklischen aromatischen Kohlenwasserstoffen, polyhalogenierten Dibenzodioxinen, polyhalogenierten Dibenzofuranen oder polyhalogenierten Biphenylen, entstehen, als unter den in Absatz 1 bis 3 festgelegten Bedingungen zu erwarten wären.

[2]Der Nachweis nach Satz 1 Nummer 2 ist zumindest einmal bei der Inbetriebnahme der Abfallverbrennungsanlage unter den geänderten Verbrennungsbedingungen durch Messungen oder durch ein von der zuständigen Behörde anerkanntes Gutachten zu erbringen. [3]Die zuständigen Behörden haben Ausnahmegenehmigungen nach Satz 1 den zuständigen obersten Immissionsschutzbehörden der Länder zur Weiterleitung an die Europäische Kommission vorzulegen.

(7) Für bestehende Anlagen gilt der Nachweis für ausreichende Verbrennungsbedingungen auch als erbracht, sofern zumindest einmal nach der Inbetriebnahme der Anlage durch Messungen nachgewiesen wird, dass keine höheren Emissionen, insbesondere an polyzyklischen aromatischen Kohlenwasserstoffen, polyhalogenierten Dibenzodioxinen, polyhalogenierten Dibenzofuranen oder polyhalogenierten Biphenylen, entstehen als bei den jeweils nach den Absätzen 1 bis 3 festgelegten Verbrennungsbedingungen.

(8) Während des Anfahrens und bei drohender Unterschreitung der Mindesttemperatur müssen die Brenner mit Erdgas, Flüssiggas, Wasserstoff, gasförmigen Brennstoffen nach Nummer 1.2.2 des Anhangs 1 der Verordnung über genehmigungsbedürftige Anlagen, leichtem Heizöl oder sonstigen flüssigen Stoffen nach § 1 Absatz 1, soweit auf Grund ihrer Zusammensetzung keine anderen oder höheren Emissionen als bei der Verbrennung von leichtem Heizöl auftreten können, betrieben werden.

(9) [1]Beim Abfahren von Abfallverbrennungsanlagen oder einzelnen Abfallverbrennungslinien müssen die Brenner zur Aufrechterhaltung der Verbrennungsbedingungen so lange betrieben werden, bis sich keine Abfälle oder Stoffe nach § 1 Absatz 1 mehr im Feuerraum befinden. [2]Die Brenner sind ausschließlich mit den in Absatz 8 genannten Brennstoffen zu betreiben. [3]Satz 1 ist nicht auf die sonstigen flüssigen Stoffe nach § 1 Absatz 1 anzuwenden, soweit auf Grund ihrer Zusammensetzung keine anderen oder keine höheren Emissionen als bei der Verbrennung von leichtem Heizöl auftreten können und sie zur Aufrechterhaltung der Verbrennungsbedingungen eingesetzt werden.

§ 7 Verbrennungsbedingungen für Abfallmitverbrennungsanlagen

(1) Abfallmitverbrennungsanlagen sind so zu errichten und zu betreiben, dass für die Verbrennungsgase, die bei der Abfallmitverbrennung entstehen, eine Mindesttemperatur von 850 Grad Celsius eingehalten wird.

(2) Bei der Verbrennung von gefährlichen Abfällen mit einem Halogengehalt aus halogenorganischen Stoffen von mehr als 1 Prozent des Gewichts, berechnet als Chlor, hat der Betreiber dafür zu sorgen, dass abweichend von Absatz 1 eine Mindesttemperatur von 1 100 Grad Celsius eingehalten wird.

(3) Die Mindesttemperatur muss auch unter ungünstigsten Bedingungen für eine Verweilzeit von mindestens zwei Sekunden eingehalten werden.

(4) [1]Die Messung der Mindesttemperatur hat an einer durch die zuständige Behörde in der Genehmigung festgelegten repräsentativen Stelle des Brennraums oder Nachverbrennungsraums zu erfolgen. [2]Die Überprüfung und gegebenenfalls Anpassung der repräsentativen Stelle erfolgt mit Zustimmung der zuständigen Behörde im Rahmen der Inbetriebnahme der Anlage.

(5) Die Einhaltung der Mindesttemperatur und der Mindestverweilzeit ist zumindest einmal bei Inbetriebnahme der Anlage durch Messungen oder durch ein von der zuständigen Behörde anerkanntes Gutachten nachzuweisen.

(6) [1]Abweichend von den Absätzen 1 bis 3 kann die zuständige Behörde andere Verbrennungsbedingungen zulassen, sofern

1. die sonstigen Anforderungen dieser Verordnung eingehalten werden und

2. die Emissionsgrenzwerte nach § 8 Absatz 1 für organische Stoffe, angegeben als Gesamtkohlenstoff, und für Kohlenmonoxid eingehalten werden.

[2]Die zuständigen Behörden haben Ausnahmegenehmigungen nach Satz 1 den zuständigen obersten Immissionsschutzbehörden der Länder zur Weiterleitung an die Europäische Kommission vorzulegen.

§ 8 Emissionsgrenzwerte[4] für Abfallverbrennungsanlagen

(1) Abfallverbrennungsanlagen sind so zu errichten und zu betreiben, dass

1. kein Tagesmittelwert die folgenden Emissionsgrenzwerte überschreitet:

   a) Gesamtstaub   5 mg/m³,

   b) organische Stoffe, angegeben als Gesamtkohlenstoff,   10 mg/m³,

   c) gasförmige anorganische Chlorverbindungen, angegeben als Chlorwasserstoff,   10 mg/m³,

---

4) Die Emissionsgrenzwerte stehen nicht der Festlegung niedrigerer Kontrollwerte entgegen, die den genehmigungskonformen Betrieb der Anlage nachprüfbar machen (BVerwG, NVwZ 2007, 1086).

   d) gasförmige anorganische Fluorverbindungen, angegeben als Fluorwasserstoff,   1 mg/m³,

   e) Schwefeldioxid und Schwefeltrioxid, angegeben als Schwefeldioxid,   50 mg/m³,

   f) Stickstoffmonoxid und Stickstoffdioxid, angegeben als Stickstoffdioxid,   150 mg/m³,

   g) Quecksilber und seine Verbindungen, angegeben als Quecksilber,   0,03 mg/m³,

   h) Kohlenmonoxid   50 mg/m³,

   i) Ammoniak, sofern zur Minderung der Emissionen von Stickstoffoxiden ein Verfahren zur selektiven katalytischen oder nichtkatalytischen Reduktion eingesetzt wird   10 mg/m³;

2. kein Halbstundenmittelwert die folgenden Emissionsgrenzwerte überschreitet:

   a) Gesamtstaub   20 mg/m³,

   b) organische Stoffe, angegeben als Gesamtkohlenstoff,   20 mg/m³,

   c) gasförmige anorganische Chlorverbindungen, angegeben als Chlorwasserstoff,   60 mg/m³,

   d) gasförmige anorganische Fluorverbindungen, angegeben als Fluorwasserstoff,   4 mg/m³,

   e) Schwefeldioxid und Schwefeltrioxid, angegeben als Schwefeldioxid,   200 mg/m³,

   f) Stickstoffmonoxid und Stickstoffdioxid, angegeben als Stickstoffdioxid,   400 mg/m³,

   g) Quecksilber und seine Verbindungen, angegeben als Quecksilber,   0,05 mg/m³,

   h) Kohlenmonoxid   100 mg/m³,

   i) Ammoniak, sofern zur Minderung der Emissionen von Stickstoffoxiden ein Verfahren zur selektiven katalytischen oder nichtkatalytischen Reduktion eingesetzt wird   15 mg/m³;

3. kein Mittelwert, der über die jeweilige Probenahmezeit gebildet ist, die Emissionsgrenzwerte nach Anlage 1 überschreitet.

(2) Für Abfallverbrennungsanlagen mit einer Feuerungswärmeleistung von weniger als 50 MW gilt

1. abweichend von Absatz 1 Nummer 1 Buchstabe a ein Emissionsgrenzwert für Gesamtstaub von 10 mg/m³ für den Tagesmittelwert und

2. abweichend von Absatz 1 Nummer 1 Buchstabe f ein Emissionsgrenzwert für Stickstoffmonoxid und Stickstoffdioxid, angegeben als Stickstoffdioxid, von 200 mg/m³ für den Tagesmittelwert.

(3) ¹Die Emissionsgrenzwerte nach Absatz 1 beziehen sich auf einen Bezugssauerstoffgehalt von 11 Prozent. ²Soweit ausschließlich gasförmige Stoffe, die bei der Pyrolyse oder Vergasung von Abfällen entstehen, oder Altöle im Sinne von § 1a Absatz 1 der Altölverordnung in der Fassung der

Bekanntmachung vom 16. April 2002 (BGBl. I S. 1368), die zuletzt durch
Artikel 5 Absatz 14 des Gesetzes vom 24. Februar 2012 (BGBl. I S. 212)
geändert worden ist, eingesetzt werden, beträgt der Bezugssauerstoffgehalt 3 Prozent.

§ 9 Emissionsgrenzwerte[5] für Abfallmitverbrennungsanlagen

(1) [1]Abfallmitverbrennungsanlagen sind so zu errichten und zu betreiben,
dass folgende Emissionsgrenzwerte in den Abgasen eingehalten werden:
1. die Emissionsgrenzwerte nach Anlage 3, sofern
    a) die Anlage nicht mehr als 25 Prozent der jeweils gefahrenen Feue-
        rungswärmeleistung einer Abfallmitverbrennungslinie aus Mit-
        verbrennungsstoffen erzeugt, und
    b) bei Einsatz gemischter Siedlungsabfälle nur aufbereitete ge-
        mischte Siedlungsabfälle eingesetzt werden, sowie
2. die Emissionsgrenzwerte nach § 8 Absatz 1 und § 10 Absatz 1, sofern
    a) die Anlage mehr als 25 Prozent der jeweils gefahrenen Feue-
        rungswärmeleistung einer Abfallmitverbrennungslinie aus Mit-
        verbrennungsstoffen erzeugt oder
    b) bei Einsatz gemischter Siedlungsabfälle keine aufbereiteten ge-
        mischten Siedlungsabfälle eingesetzt werden.
[2]Mitverbrennungsstoffe sind dabei die eingesetzten Abfälle und Stoffe
nach § 1 Absatz 1 sowie die für ihre Mitverbrennung zusätzlich benötigten
Brennstoffe.
(2) Für Anlagen zur Herstellung von Zementklinker oder Zementen oder
für Anlagen zum Brennen von Kalkstein gemäß Nummer 2.3 oder 2.4 des
Anhangs 1 der Verordnung über genehmigungsbedürftige Anlagen gelten
die Regelungen in der Anlage 3 Nummer 2 auch dann, wenn abweichend
von Absatz 1 Satz 1 Nummer 1 Buchstabe a der Anteil der Mitverbren-
nungsstoffe an der jeweils gefahrenen Feuerungswärmeleistung 25 Prozent übersteigt.
(3) [1]Werden in Anlagen nach Absatz 2 mehr als 40 Prozent der jeweils gefahrenen Feuerungswärmeleistung aus gefährlichen Abfällen einschließlich des für deren Verbrennung zusätzlich benötigten Brennstoffs erzeugt,
gelten abweichend von Absatz 2 die Grenzwerte nach § 8 Absatz 1 und
§ 10 Absatz 1. [2]Für die Ermittlung des prozentualen Anteils nach Satz 1
unberücksichtigt bleiben flüssige brennbare Abfälle und Stoffe nach § 1
Absatz 1, wenn
1. deren Massengehalt an polychlorierten aromatischen Kohlenwasser-
    stoffen, wie zum Beispiel polychlorierte Biphenyle oder Pentachlor-
    phenol, weniger als 10 Milligramm je Kilogramm und deren unterer
    Heizwert mindestens 30 Megajoule je Kilogramm beträgt oder
2. auf Grund ihrer Zusammensetzung keine anderen oder keine höheren
    Emissionen als bei der Verbrennung von leichtem Heizöl auftreten
    können.

---

5) Siehe Fußnote 4 auf Seite 456.

(4) [1]Die Emissionsgrenzwerte beziehen sich auf einen Volumengehalt an Sauerstoff im Abgas, wie er in Anlage 3 festgelegt oder nach dem in Anlage 3 vorgegebenen Verfahren ermittelt wurde. [2]Soweit in Anlage 3 nicht anders festgelegt ist, dürfen die Halbstundenmittelwerte das Zweifache der jeweils festgelegten Tagesmittelwerte nicht überschreiten. [3]Soweit Emissionsgrenzwerte nach Anlage 3 Nummer 3 von der Feuerungswärmeleistung abhängig sind, ist für abfallmitverbrennende Großfeuerungsanlagen die Feuerungswärmeleistung gemäß § 3 der Verordnung über Großfeuerungs-, Gasturbinen- und Verbrennungsmotoranlagen maßgeblich.

(5) Die zuständige Behörde hat die jeweiligen Emissionsgrenzwerte, insbesondere soweit sie nach Anlage 3 rechnerisch zu ermitteln sind oder abweichend festgelegt werden können, im Genehmigungsbescheid oder in einer nachträglichen Anordnung festzusetzen.

§ 10 Im Jahresmittel einzuhaltende Emissionsgrenzwerte

(1) Abfallverbrennungsanlagen sind so zu errichten und zu betreiben, dass kein Jahresmittelwert folgende Emissionsgrenzwerte überschreitet:
1. Stickstoffmonoxid und Stickstoffdioxid angegeben als
   Stickstoffdioxid, 100 mg/m^3,
2. Quecksilber und seine Verbindungen, angegeben als
   Quecksilber, $0{,}01 \text{ mg/m}^3$.

(2) Abfallmitverbrennungsanlagen sind so zu errichten und zu betreiben, dass kein Jahresmittelwert die Emissionsgrenzwerte gemäß Anlage 3 Nummer 2.3, 3.7 oder 4.3 überschreitet.

(3) Die Absätze 1 und 2 sind für bestehende Anlagen mit einer Feuerungswärmeleistung von 50 MW oder weniger nicht anzuwenden.

§ 11 Ableitungsbedingungen für Abgase

[1]Die Abgase sind in kontrollierter Weise so abzuleiten, dass ein ungestörter Abtransport mit der freien Luftströmung ermöglicht wird. [2]Zur Ermittlung der Ableitungshöhen sind die Anforderungen der Technischen Anleitung zur Reinhaltung der Luft zu berücksichtigen. [3]Die näheren Bestimmungen sind in der Genehmigung festzulegen.

§ 12 Behandlung der bei der Abfallverbrennung und Abfallmitverbrennung entstehenden Rückstände

(1) [1]Rückstände, wie Schlacken, Rostaschen, Filter- und Kesselstäube sowie Reaktionsprodukte und sonstige Abfälle der Abgasbehandlung, sind nach § 5 Absatz 1 Nummer 3 des Bundes-Immissionsschutzgesetzes zu vermeiden, zu verwerten oder zu beseitigen. [2]Soweit die Verwertung der Rückstände technisch nicht möglich oder unzumutbar ist, sind sie ohne Beeinträchtigung des Wohls der Allgemeinheit zu beseitigen.

(2) [1]Der Betreiber hat dafür zu sorgen, dass Filter- und Kesselstäube, die bei der Abgasentstaubung sowie bei der Reinigung von Kesseln, Heizflächen und Abgaszügen anfallen, getrennt von anderen festen Abfällen erfasst werden. [2]Satz 1 gilt nicht für Anlagen mit einer Wirbelschichtfeuerung.

(3) Soweit es zur Erfüllung der Pflichten nach Absatz 1 erforderlich ist, sind die Bestandteile an organischen und löslichen Stoffen in den Abfällen und sonstigen Stoffen zu vermindern.

(4) [1]Die Förder- und Lagersysteme für schadstoffhaltige, staubförmige Rückstände sind so auszulegen und zu betreiben, dass hiervon keine relevanten diffusen Emissionen ausgehen können. [2]Dies gilt besonders hinsichtlich notwendiger Wartungs- und Reparaturarbeiten an verschleißanfälligen Anlagenteilen. [3]Der Betreiber hat dafür zu sorgen, dass trockene Filter- und Kesselstäube, Reaktionsprodukte der Abgasbehandlung und trocken abgezogene Schlacken in geschlossenen Behältnissen befördert oder zwischengelagert werden.

(5) [1]Vor der Festlegung der Verfahren für die Verwertung oder Beseitigung der bei der Abfallverbrennung oder -mitverbrennung entstehenden Abfälle, insbesondere der Schlacken, Rostaschen und der Filter- und Kesselstäube, ist ihr Schadstoffpotenzial, insbesondere deren physikalische und chemische Eigenschaften sowie deren Gehalt an schädlichen Verunreinigungen, durch geeignete Analysen zu ermitteln. [2]Die Analysen sind für die gesamte lösliche Fraktion und die Schwermetalle im löslichen und unlöslichen Teil durchzuführen.

§ 13 Wärmenutzung

[1]Wärme, die in Abfallverbrennungs- oder -mitverbrennungsanlagen entsteht und die nicht an Dritte abgegeben wird, ist in Anlagen des Betreibers zu nutzen, soweit dies nach Art und Standort dieser Anlagen technisch möglich und zumutbar ist. [2]Der Betreiber hat, soweit aus entstehender Wärme, die nicht an Dritte abgegeben wird oder die nicht in Anlagen des Betreibers genutzt wird, eine elektrische Klemmenleistung von mehr als einem halben Megawatt erzeugbar ist, elektrischen Strom zu erzeugen.

Abschnitt 3
Messung und Überwachung

§ 14 Messplätze

[1]Der Betreiber hat vor Inbetriebnahme einer Anlage für die Messungen zur Feststellung der Emissionen oder der Verbrennungsbedingungen sowie zur Ermittlung der Bezugs- oder Betriebsgrößen Messplätze einzurichten. [2]Die Messplätze nach Satz 1 sollen ausreichend groß, leicht begehbar und so beschaffen sein sowie so ausgewählt werden, dass repräsentative und einwandfreie Messungen gewährleistet sind. [3]Näheres bestimmt die zuständige Behörde.

§ 15 Messverfahren und Messeinrichtungen

(1) [1]Der Betreiber hat sicherzustellen, dass für Messungen die dem Stand der Messtechnik entsprechenden Messverfahren angewendet und geeignete Messeinrichtungen, die den Anforderungen der Anlage 4 Nummer 1 bis 4 entsprechen, verwendet werden. [2]Näheres bestimmt die zuständige Behörde.

(2) [1]Der Betreiber hat sicherzustellen, dass die Probenahme und Analyse aller Schadstoffe sowie die Qualitätssicherung von automatischen Mess-

systemen und die Referenzmessverfahren zur Kalibrierung automatischer Messsysteme nach CEN-Normen des Europäischen Komitees für Normung durchgeführt werden. [2]Sind keine CEN-Normen verfügbar, so werden ISO-Normen, nationale Normen oder sonstige internationale Normen angewandt, die sicherstellen, dass Daten von gleichwertiger wissenschaftlicher Qualität ermittelt werden.

(3) Der Betreiber hat den ordnungsgemäßen Einbau von Mess- und Auswerteeinrichtungen zur kontinuierlichen Überwachung vor der Inbetriebnahme der Abfallverbrennungs- oder -mitverbrennungsanlage der zuständigen Behörde durch die Bescheinigung einer Stelle für Kalibrierungen nachzuweisen, die von der zuständigen Landesbehörde oder der nach Landesrecht bestimmten Behörde nach § 29b Absatz 2 des Bundes-Immissionsschutzgesetzes bekannt gegeben wurde.

(4) Der Betreiber hat Messeinrichtungen, die zur kontinuierlichen Feststellung der Emissionen oder der Verbrennungsbedingungen sowie zur Ermittlung der Bezugs- oder Betriebsgrößen eingesetzt werden, durch eine Stelle, die von einer nach Landesrecht zuständigen Behörde nach § 29b Absatz 2 des Bundes-Immissionsschutzgesetzes bekannt gegebenen wurde, gemäß Absatz 5

1. kalibrieren zu lassen und
2. auf Funktionsfähigkeit prüfen zu lassen.

(5) [1]Die Funktionsfähigkeit ist jährlich mittels Parallelmessung unter Verwendung der Referenzmethode prüfen zu lassen. [2]Die Kalibrierung ist jeweils nach der Errichtung und jeder wesentlichen Änderung durchführen zu lassen, sobald der ungestörte Betrieb erreicht ist, jedoch frühestens drei Monate und spätestens sechs Monate nach Inbetriebnahme. [3]Die Kalibrierung ist mindestens alle drei Jahre zu wiederholen.

(6) Der Betreiber hat die Berichte über das Ergebnis der Kalibrierung und der Prüfung der Funktionsfähigkeit der zuständigen Behörde innerhalb von zwölf Wochen nach Kalibrierung und Prüfung vorzulegen.

§ 16 Kontinuierliche Messungen

(1) [1]Der Betreiber hat unter Berücksichtigung der Anforderungen gemäß Anlage 4 folgende Parameter kontinuierlich zu ermitteln, zu registrieren und auszuwerten:

1. die Massenkonzentration der Emissionen nach § 8 Absatz 1 Nummer 1 und 2 sowie der Nummern 2.1, 2.2, 2.3, 3.1 bis 3.6 sowie 4.1 und 4.2 gemäß Anlage 3,
2. den Volumengehalt an Sauerstoff im Abgas,
3. die Temperaturen nach § 6 Absatz 1 oder Absatz 2 sowie § 7 Absatz 1 oder Absatz 2 und
4. die zur Beurteilung des ordnungsgemäßen Betriebs erforderlichen Betriebsgrößen, insbesondere die Abgastemperatur, das Abgasvolumen, den Feuchtegehalt und den Druck.

[2]Der Betreiber hat hierzu die Abfallverbrennungs- oder -mitverbrennungsanlagen vor Inbetriebnahme mit geeigneten Messeinrichtungen und Messwertrechnern auszurüsten. [3]Satz 1 Nummer 1 in Verbindung mit Satz 2 gilt

nicht, soweit Emissionen einzelner Stoffe nach § 8 Absatz 1 Nummer 1 oder nach Nummer 2.1, 2.3, 3.1 bis 3.5 sowie 4.1 der Anlage 3 nachweislich auszuschließen oder allenfalls in geringen Konzentrationen zu erwarten sind und soweit die zuständige Behörde eine entsprechende Ausnahme erteilt hat.

(2) Messeinrichtungen für den Feuchtegehalt sind nicht notwendig, wenn das Abgas vor der Ermittlung der Massenkonzentration der Emissionen getrocknet wird.

(3) [1]Ergibt sich auf Grund der eingesetzten Abfälle oder Stoffe nach § 1 Absatz 1, der Bauart, der Betriebsweise oder von Einzelmessungen, dass der Anteil des Stickstoffdioxids an den Stickstoffdioxidemissionen unter 10 Prozent liegt, soll die zuständige Behörde auf die kontinuierliche Messung des Stickstoffdioxids verzichten und die Bestimmung des Anteils durch Berechnung zulassen. [2]In diesem Fall hat der Betreiber Nachweise über den Anteil des Stickstoffdioxids bei der Kalibrierung zu führen und der zuständigen Behörde auf Verlangen vorzulegen. [3]Der Betreiber hat die Nachweise jeweils fünf Jahre nach der Kalibrierung aufzubewahren.

(4) Absatz 1 Satz 1 Nummer 1 ist auf gasförmige anorganische Fluorverbindungen nicht anzuwenden, wenn Reinigungsstufen für gasförmige anorganische Chlorverbindungen betrieben werden, die sicherstellen, dass die Emissionsgrenzwerte nach § 8 Absatz 1 Nummer 1 Buchstabe c und Nummer 2 Buchstabe c oder nach Nummer 2.1, 2.2, 3.5, 3.6, 4.1 und 4.2 gemäß Anlage 3 nicht überschritten werden.

(5) Der Betreiber hat auf Verlangen der zuständigen Behörde Massenkonzentrationen der Emissionen nach § 8 Absatz 1 Nummer 3 kontinuierlich zu messen, wenn geeignete Messeinrichtungen verfügbar sind.

(6) Abweichend von Absatz 1 Satz 1 Nummer 1 können die zuständigen Behörden auf Antrag des Betreibers Einzelmessungen für Chlorwasserstoff, Fluorwasserstoff, Schwefeltrioxid und Schwefeldioxid zulassen, wenn durch den Betreiber sichergestellt ist, dass die Emissionen dieser Schadstoffe nicht höher sind als die dafür festgelegten Emissionsgrenzwerte.

(7) [1]Der Betreiber hat zur Feststellung des Schwefelabscheidegrades neben der Messung der Emissionen an Schwefeldioxid und Schwefeltrioxid im Abgas den Schwefelgehalt im eingesetzten Brennstoff regelmäßig zu ermitteln. [2]Dabei bestimmt die zuständige Behörde näher, wie nachgewiesen wird, dass die Schwefelabscheidegrade als Tagesmittelwert eingehalten werden.

(8) Für Quecksilber und seine Verbindungen, angegeben als Quecksilber, soll die zuständige Behörde auf Antrag auf die kontinuierliche Messung verzichten, wenn zuverlässig nachgewiesen ist, dass die Emissionsgrenzwerte nach § 8 Absatz 1 Nummer 1 Buchstabe g und Nummer 2 Buchstabe g oder nach Anlage 3 Nummer 2.1, 2.2, 3.5, 3.6, 4.1 und 4.2 nur zu weniger als 20 vom Hundert in Anspruch genommen werden.

§ 17 Auswertung und Beurteilung von kontinuierlichen Messungen

(1) [1]Während des Betriebs der Abfallverbrennungs- oder -mitverbrennungsanlagen ist aus den nach § 16 ermittelten Messwerten für jede aufeinander folgende halbe Stunde jeweils der Halbstundenmittelwert zu bilden und nach Anlage 5 auf den Bezugssauerstoffgehalt umzurechnen. [2]Für die Stoffe, deren Emissionen durch Abgasreinigungseinrichtungen gemindert und begrenzt werden, darf die Umrechnung der Messwerte nur für die Zeiten erfolgen, in denen der gemessene Sauerstoffgehalt über dem Bezugssauerstoffgehalt liegt. [3]Aus den Halbstundenmittelwerten ist für jeden Tag der Tagesmittelwert, bezogen auf die tägliche Betriebszeit einschließlich der An- oder Abfahrvorgänge, zu bilden.

(2) [1]Über die Ergebnisse der kontinuierlichen Messungen hat der Betreiber für jedes Kalenderjahr einen Messbericht zu erstellen und der zuständigen Behörde bis zum 31. März des Folgejahres vorzulegen. [2]Der Betreiber hat den Bericht nach Satz 1 sowie die zugehörigen Aufzeichnungen der Messgeräte fünf Jahre nach Ende des Berichtszeitraums nach Satz 1 aufzubewahren. [3]Soweit die Messergebnisse der zuständigen Behörde durch geeignete telemetrische Übermittlung vorliegen, entfällt die Pflicht nach Satz 1, ihr den Messbericht vorzulegen.

(3) Der Betreiber hat in den Messbericht nach Absatz 2 Folgendes aufzunehmen:

1. die Häufigkeit und die Dauer einer Nichteinhaltung der Anforderungen nach § 6 Absatz 1 bis 3 oder nach § 7 Absatz 1 bis 3 und

2. die Aufzeichnungen der Registriereinrichtungen nach § 4 Absatz 9.

(4) [1]Der Betreiber hat die Jahresmittelwerte gemäß § 10 werden auf der Grundlage der nach Anlage 4 validierten Tagesmittelwerte zu berechnen; hierzu sind die Tagesmittelwerte eines Kalenderjahres zusammenzuzählen und durch die Anzahl der Tagesmittelwerte zu teilen. [2]Der Betreiber hat für jedes Kalenderjahr einen Nachweis über die Jahresmittelwerte zu führen und der zuständigen Behörde bis zum 31. März des Folgejahres auf Verlangen vorzulegen. [3]Die Nachweise sind fünf Jahre nach Ende des Nachweiszeitraums aufzubewahren.

(5) Die Emissionsgrenzwerte sind eingehalten, wenn

1. kein Ergebnis eines nach Anlage 4 validierten Tagesmittelwertes den jeweils maßgebenden Emissionsgrenzwert nach § 8 Absatz 1 Nummer 1 und Anlage 3 Nummer 2.1, 2.3, 3.1 bis 3.5 sowie 4.1 überschreitet,

2. kein Ergebnis eines nach Anlage 4 validierten Halbstundenmittelwertes den jeweils maßgebenden Emissionsgrenzwert nach § 8 Absatz 1 Nummer 2 und Anlage 3 Nummer 2.2, 2.3, 3.4, 3.6 sowie 4.2 überschreitet,

3. kein Ergebnis den jeweils maßgebenden Schwefelabscheidegrad nach Anlage 3 Nummer 3.1 und Nummer 3.3 unterschreitet und

4. kein nach Absatz 4 ermittelter Jahresmittelwert den jeweils maßgebenden Emissionsgrenzwert nach § 10 und Anlage 3 Nummer 2.3, 3.7 sowie 4.3 überschreitet.

§ 18 Einzelmessungen

(1) Der Betreiber hat nach Errichtung oder wesentlicher Änderung einer Abfallverbrennungs- oder -mitverbrennungsanlage bei der Inbetriebnahme durch Messungen einer nach § 29b Absatz 2 in Verbindung mit § 26 des Bundes-Immissionsschutzgesetzes bekannt gegebenen Stelle überprüfen zu lassen, ob die Verbrennungsbedingungen nach § 6 Absatz 1 bis 3 oder nach § 7 Absatz 1 bis 3 erfüllt werden.

(2) Der Betreiber hat nach Errichtung oder wesentlicher Änderung einer Abfallverbrennungs- oder -mitverbrennungsanlage Messungen einer nach § 29b Absatz 2 in Verbindung mit § 26 des Bundes-Immissionsschutzgesetzes bekannt gegebenen Stelle zur Feststellung, ob die Anforderungen nach § 8 Absatz 1 Nummer 3 oder, bei Vorliegen der Voraussetzungen nach § 16 Absatz 6, nach § 8 Absatz 1 Nummer 1 und 2 oder Anlage 3 Nummer 2.1, 2.2, 3.1 bis 3.6 sowie 4.1 und 4.2 festgelegten Anforderungen erfüllt werden, nach Absatz 3 und 4 durchführen zu lassen.

(3) Die Messungen sind im Zeitraum von zwölf Monaten nach Inbetriebnahme alle zwei Monate mindestens an einem Tag und anschließend wiederkehrend spätestens alle zwölf Monate mindestens an drei Tagen durchführen zu lassen.

(4) Die Messungen sind vorzunehmen, wenn die Anlage mit der höchsten Leistung betrieben wird, für die sie bei den während der Messung verwendeten Abfällen oder Stoffen nach § 1 Absatz 1 für den Dauerbetrieb zugelassen ist.

(5) [1]Zur Überwachung der Anforderungen nach § 8 Absatz 1 Nummer 3 beträgt die Probenahmezeit für Messungen zur Bestimmung der Emissionen an Stoffen nach

1. Anlage 1 Buchstabe a bis c mit Ausnahme von Benzo(a)pyren mindestens eine halbe Stunde; sie soll zwei Stunden nicht überschreiten,

2. Anlage 1 Buchstabe d sowie Benzo(a)pyren mindestens sechs Stunden; sie soll acht Stunden nicht überschreiten.

[2]Für die in Anlage 1 Buchstabe d oder Anlage 2 genannten Stoffe soll die Nachweisgrenze des eingesetzten Analyseverfahrens nicht über 0,005 Nanogramm je Kubikmeter Abgas liegen.

§ 19 Berichte und Beurteilung von Einzelmessungen

(1) [1]Der Betreiber hat über die Ergebnisse der Einzelmessungen nach § 18 einen Messbericht zu erstellen und diesen der zuständigen Behörde spätestens acht Wochen nach den Messungen vorzulegen. [2]Der Messbericht muss Folgendes enthalten:

1. Angaben über die Messplanung,

2. das Ergebnis jeder Einzelmessung,

3. das verwendete Messverfahren und

4. die Betriebsbedingungen, die für die Beurteilung der Messergebnisse von Bedeutung sind.

(2) Die Emissionsgrenzwerte gelten als eingehalten, wenn kein Ergebnis einer Einzelmessung einen Mittelwert nach § 8 Absatz 1 oder gemäß Anlage 3 überschreitet.

§ 20 Besondere Überwachung der Emissionen an Schwermetallen

(1) [1]Soweit auf Grund der Zusammensetzung der Abfälle oder Stoffe nach § 1 Absatz 1 oder anderer Erkenntnisse, insbesondere auf Grund der Beurteilung von Einzelmessungen, Emissionskonzentrationen an Stoffen nach Anlage 1 Buchstabe a und b zu erwarten sind, die 60 Prozent der Emissionsgrenzwerte überschreiten können, hat der Betreiber die Massenkonzentrationen dieser Stoffe einmal wöchentlich zu ermitteln und zu dokumentieren. [2]§ 18 Absatz 5 gilt entsprechend.

(2) Auf die Ermittlung der Massenkonzentrationen nach Absatz 1 kann verzichtet werden, wenn durch andere Prüfungen, zum Beispiel durch Funktionskontrollen der Abgasreinigungseinrichtungen, mit ausreichender Sicherheit festgestellt werden kann, dass die Emissionsbegrenzungen nicht überschritten werden.

§ 21 Störungen des Betriebs

(1) [1]Ergibt sich aus Messungen, dass Anforderungen an den Betrieb einer Abfallverbrennungs- oder -mitverbrennungsanlage oder zur Begrenzung von Emissionen nicht erfüllt werden, hat der Betreiber dies der zuständigen Behörde unverzüglich mitzuteilen. [2]Er hat unverzüglich die erforderlichen Maßnahmen für einen ordnungsgemäßen Betrieb zu treffen; § 4 Absatz 8 Nummer 2 und 3 bleiben unberührt.

(2) Die zuständige Behörde trägt durch entsprechende Überwachungsmaßnahmen dafür Sorge, dass der Betreiber

1. seinen rechtlichen Verpflichtungen zu einem ordnungsgemäßen Betrieb nachkommt oder

2. die Anlage außer Betrieb nimmt.

(3) [1]Bei Abfallverbrennungs- oder -mitverbrennungsanlagen, die aus einer oder mehreren Abfallverbrennungslinien mit gemeinsamen Abgaseinrichtungen bestehen, soll die Behörde für technisch unvermeidbare Ausfälle der Abgasreinigungseinrichtungen in der Anlagengenehmigung den Zeitraum festlegen, währenddessen von den Emissionsgrenzwerten nach § 8 und Anlage 3 unter bestimmten Voraussetzungen abgewichen werden darf. [2]Nicht abgewichen werden darf von den Emissionsgrenzwerten für organische Stoffe, angegeben als Gesamtkohlenstoff, und für Kohlenmonoxid nach

1. § 8 Absatz 1 Nummer 1 Buchstabe b und h,

2. § 8 Absatz 1 Nummer 2 Buchstabe b und h und

3. Anlage 3 Nummer 2.1, 3.1, 3.2, 3.3, 3.5 und 4.1.

(4) [1]Die Anlage darf in Fällen des Absatzes 3 nicht länger weiterbetrieben werden als,

1. vier aufeinander folgende Stunden und

2. innerhalb eines Kalenderjahres 60 Stunden.
[2]Die Emissionsbegrenzung für den Gesamtstaub darf eine Massenkonzentration von 150 mg/m^3 Abgas, gemessen als Halbstundenmittelwert, nicht überschreiten. [3]§ 4 Absatz 8 und 9, § 8 Absatz 3 sowie § 9 Absatz 4 gelten entsprechend.

§ 22 Jährliche Berichte über Emissionen

(1) Der Betreiber einer abfallmitverbrennenden Großfeuerungsanlage hat der zuständigen Behörde erstmals für das Jahr 2016 und dann jährlich jeweils bis zum 31. Mai des Folgejahres für jede einzelne Anlage unter Beachtung von § 9 Absatz 4 Satz 3 zu berichten:

1. die installierte Feuerungswärmeleistung der Feuerungsanlage, in Megawatt,

2. die Art der Feuerungsanlage: Kesselfeuerung, Gasturbine, Gasmotor, Dieselmotor, andere Feuerungsanlage mit genauer Angabe der Art der Feuerungsanlage,

3. das Datum der Betriebsaufnahme und der letzten wesentlichen Änderung der Feuerungsanlage, inklusive Benennung der wesentlichen Änderung,

4. die Jahresgesamtemissionen, in Megagramm pro Jahr, an Schwefeloxiden, angegeben als Schwefeldioxid, Stickstoffoxiden, angegeben als Stickstoffdioxid, und Staub, angegeben als Schwebstoffe insgesamt,

5. die jährlichen Betriebsstunden der Feuerungsanlage,

6. den jährlichen Gesamtenergieeinsatz, in Terajoule pro Jahr, bezogen auf den unteren Heizwert, aufgeschlüsselt in die folgenden Brennstoffkategorien:
   a) Steinkohle,
   b) Braunkohle,
   c) Biobrennstoffe,
   d) Torf,
   e) andere feste Brennstoffe mit genauer Angabe der Bezeichnung des festen Brennstoffs,
   f) flüssige Brennstoffe,
   g) Erdgas,
   h) sonstige Gase mit genauer Angabe der Bezeichnung des Gases,

7. für Feuerungsanlagen, auf die Nummer 3.1.2 der Anlage 3 anzuwenden ist, den Schwefelgehalt der verwendeten heimischen festen Brennstoffe und den erzielten Schwefelabscheidegrad, gemittelt über jeden Monat und im ersten Jahr der Anwendung von Nummer 3.1.2 der Anlage 3 auch die technische Begründung dafür, warum die Einhaltung mit den in Nummer 3.1 der Anlage 3 genannten Regel-Emissionsgrenzwerten nicht durchführbar ist,

8. für Feuerungsanlagen, die im gleitenden Durchschnitt über einen Zeitraum von fünf Jahren nicht mehr als 1 500 Betriebsstunden pro Jahr in Betrieb sind, die Zahl der Betriebsstunden pro Jahr für das Berichtsjahr und die vorangegangenen vier Kalenderjahre,

9. die Angabe, ob die Feuerungsanlage Teil einer Raffinerie ist.

(2) Bis einschließlich für das Berichtsjahr 2015 hat der Betreiber einer abfallmitverbrennenden Großfeuerungsanlage der zuständigen Behörde jährlich jeweils bis zum 31. Mai des Folgejahres für jede einzelne Anlage gemäß Absatz 1 Nummer 4, 6 und 9 zu berichten.

(3) [1]Die nach Landesrecht zuständigen obersten Landesbehörden oder die von ihnen bestimmten Behörden prüfen den Bericht nach den Absätzen 1 und 2 auf Plausibilität und leiten diesen dem Umweltbundesamt bis zum 31. Oktober des auf das Berichtsjahr folgenden Jahres auf elektronischem Weg zur Weiterleitung an die Europäische Kommission zu. [2]Das Umweltbundesamt hat die Berichte zu Aufstellungen für jedes einzelne Berichtsjahr und Dreijahreszeiträume zusammenzustellen, wobei die Angaben zu Feuerungsanlagen in Raffinerien gesondert aufzuführen sind.

Abschnitt 4
Gemeinsame Vorschriften
§ 23 Veröffentlichungspflichten
[1]Der Betreiber einer Abfallverbrennungs- oder -mitverbrennungsanlage hat nach erstmaliger Kalibrierung der Messeinrichtungen und danach einmal jährlich Folgendes zu veröffentlichen:
1. die Ergebnisse der Emissionsmessungen,
2. einen Vergleich der Ergebnisse der Emissionsmessungen mit den Emissionsgrenzwerten und
3. eine Beurteilung der Verbrennungsbedingungen.
[2]Satz 1 gilt nicht für solche Angaben, aus denen Rückschlüsse auf Betriebs- oder Geschäftsgeheimnisse gezogen werden können. [3]Die zuständige Behörde legt Art und Form der Veröffentlichung fest.

§ 24 Zulassung von Ausnahmen
(1) Die zuständige Behörde kann auf Antrag des Betreibers Ausnahmen von Vorschriften dieser Verordnung zulassen, soweit unter Berücksichtigung der besonderen Umstände des Einzelfalls
1. einzelne Anforderungen der Verordnung nicht oder nur mit unverhältnismäßigem Aufwand erfüllbar sind,
2. im Übrigen die dem Stand der Technik entsprechenden Maßnahmen zur Emissionsbegrenzung angewandt werden,
3. die Ableitungshöhe nach der Technischen Anleitung zur Reinhaltung der Luft auch für den als Ausnahme zugelassenen Emissionsgrenzwert ausgelegt ist, es sei denn, auch insoweit liegen die Voraussetzungen der Nummer 1 vor, und
4. die Anforderungen folgender Richtlinien eingehalten werden:
   a) Richtlinie 2008/98/EG des Europäischen Parlaments und des Rates vom 19. November 2008 über Abfälle und zur Aufhebung bestimmter Richtlinien (ABl. L 312 vom 22.11.2008, S. 3, L 127 vom 26.5.2009, S. 24) (Abfallrahmenrichtlinie),
   b) Richtlinie 96/59/EG des Rates vom 16. September 1996 über die Beseitigung polychlorierter Biphenyle und polychlorierter Terphenyle (PCB/PCT) (ABl. L 243 vom 24.9.1996, S. 31), die durch die Verordnung (EG) Nr. 596/2009 (ABl. L 188 vom 18.7.2009, S. 14) geändert worden ist, und
   c) Richtlinie 2010/75/EU des Europäischen Parlaments und des Rates vom 24. November 2010 über Industrieemissionen (inte-

grierte Vermeidung und Verminderung der Umweltverschmutzung) (Neufassung) (ABl. L 334 vom 17.12.2010, S. 17).

(2) Abweichend von § 4 Absatz 2 kann die zuständige Behörde Abfallverbrennungsanlagen ohne Abfallbunker oder eine zum Teil offene Bun-
kerbauweise in Verbindung mit einer gezielten Luftabsaugung zulassen,
wenn durch bauliche oder betriebliche Maßnahmen oder auf Grund der
Beschaffenheit der Abfälle oder Stoffe nach § 1 Absatz 1 die Entstehung
von Staub- und Geruchsemissionen so gering wie möglich gehalten wird.

(3) ¹Die zuständige Behörde dokumentiert die Gründe für die Zulassung
von Ausnahmen im Anhang des Genehmigungsbescheids, einschließlich
der Begründung der festgelegten Auflagen. ²Diese Informationen sind der
Öffentlichkeit zugänglich zu machen.

§ 25 Weitergehende Anforderungen und wesentliche Änderungen

(1) Die Befugnis der zuständigen Behörde, andere oder weitergehende
Anforderungen, insbesondere zur Vermeidung schädlicher Umwelteinwirkungen nach § 5 Absatz 1 Nummer 1 des Bundes-Immissionsschutzgesetzes, zu stellen, bleibt unberührt.

(2) ¹Hat die zuständige Behörde bei einer Anlage im Einzelfall bereits
Anforderungen zur Vorsorge gegen schädliche Umwelteinwirkungen
durch Luftverunreinigungen gestellt, die über die Anforderungen dieser
Verordnung hinausgehen, sind diese weiterhin maßgeblich. ²Weiterge-
hende Anforderungen, die sich aus anderen Rechtsvorschriften oder diese
konkretisierenden Verwaltungsvorschriften ergeben, bleiben unberührt.

(3) Der Einsatz gefährlicher Abfälle in einer Anlage, die nur für den Einsatz nicht gefährlicher Abfälle genehmigt ist, ist nach Maßgabe von § 16
Absatz 1 Satz 1 des Bundes-Immissionsschutzgesetzes als eine wesentliche Änderung der Anlage einzustufen.

(4) Nach Maßgabe von § 20 Absatz 3 des Bundes-Immissionsschutzgesetzes kann die zuständige Behörde den Betrieb einer Abfallverbrennungs-
oder -mitverbrennungsanlage untersagen, wenn nicht sichergestellt ist,
dass die mit der Leitung der Anlage betraute Person zur Leitung der
Anlage geeignet ist und die Gewähr für den ordnungsgemäßen Betrieb
der Anlage bietet.

Abschnitt 5
Schlussvorschriften

§ 26 Zugänglichkeit und Gleichwertigkeit von Normen und Arbeits-
blättern

(1) ¹Die in § 2 Absatz 19 genannten DIN-Normen sind bei der Beuth Verlag GmbH, Berlin, zu beziehen. ²Die in § 2 Absatz 14 genannten DVGW-
Arbeitsblätter sind bei der Wirtschafts- und Verlagsgesellschaft Gas und
Wasser mbH, Bonn, zu beziehen. ³Die genannten DIN-Normen sind in
der Deutschen Nationalbibliothek, die genannten Arbeitsblätter sind beim
Deutschen Patent- und Markenamt in München archivmäßig gesichert niedergelegt.

(2) Den in § 2 genannten DIN-Normen und DVGW-Arbeitsblättern stehen diesen entsprechende einschlägige CEN-Normen und soweit keine solchen CEN-Normen verfügbar sind, ISO-Normen oder sonstige internationale Normen, die den nationalen Normen nachgewiesenermaßen gleichwertige Anforderungen stellen, gleich.

§ 27 Ordnungswidrigkeiten

(1) Ordnungswidrig im Sinne des § 62 Absatz 1 Nummer 2 des Bundes-Immissionsschutzgesetzes[6] handelt, wer vorsätzlich oder fahrlässig

1. entgegen § 3 Absatz 6 Satz 3, § 4 Absatz 2 Satz 1, § 4 Absatz 3 Satz 1, § 4 Absatz 7 Satz 1, § 4 Absatz 8 oder § 16 Absatz 1 Satz 2 eine dort genannte Übergabestelle oder eine dort genannte Anlage nicht, nicht richtig oder nicht rechtzeitig ausrüstet,

2. entgegen § 4 Absatz 1 Satz 1, § 5 Absatz 1, § 5 Absatz 4, § 6 Absatz 1, 2, 3, 8 oder Absatz 9 Satz 1, § 7 Absatz 1, 2 oder Absatz 3, § 8 Absatz 1, § 9 Absatz 1 Satz 1, § 13 Satz 1 oder Satz 2, § 24 Absatz 4 Satz 1 oder Satz 2 oder § 28 Absatz 2 eine Abfallverbrennungs- oder -mitverbrennungsanlage nicht richtig errichtet oder nicht richtig betreibt,

3. entgegen § 12 Absatz 2 Satz 1 nicht dafür sorgt, dass dort genannte Abfälle nicht getrennt erfasst werden,

4. entgegen § 12 Absatz 4 Satz 3 nicht dafür sorgt, dass dort genannter Abfall in geschlossenen Behältnissen befördert oder zwischengelagert wird,

5. entgegen § 13 Satz 2 aus der dort genannten Wärme Strom nicht erzeugt,

6. entgegen § 14 einen Messplatz nicht oder nicht richtig einrichtet,

7. entgegen § 15 Absatz 1 Satz 1 nicht sicherstellt, dass ein dort genanntes Messverfahren angewendet oder eine dort genannte Messeinrichtung verwendet wird,

8. entgegen § 15 Absatz 2 Satz 1 nicht sicherstellt, dass eine Probenahme oder Analyse oder die Qualitätssicherung nach den dort genannten Normen durchgeführt werden,

9. entgegen § 15 Absatz 3 einen dort genannten Nachweis nicht oder nicht rechtzeitig vorlegt,

10. entgegen § 15 Absatz 4 eine Messeinrichtung nicht oder nicht rechtzeitig kalibrieren lässt oder nicht oder nicht rechtzeitig auf Funktionsfähigkeit prüfen lässt,

11. entgegen § 15 Absatz 6, § 17 Absatz 2 Satz 1, § 19 Absatz 1 Satz 1 oder § 22 Absatz 1 oder Absatz 2 einen Bericht nicht, nicht richtig, nicht vollständig oder nicht rechtzeitig vorlegt,

12. entgegen § 16 Absatz 1 Satz 1, § 16 Absatz 5 oder § 20 Absatz 1 Satz 1 eine dort genannte Massenkonzentration der Emissionen, den dort genannten Volumengehalt an Sauerstoff, eine dort genannte

---

6) Die Ordnungswidrigkeit kann mit einer Geldbuße bis zu 50 000 Euro geahndet werden (§ 62 Abs. 4 BImschG).

Temperatur oder eine dort genannte Betriebsgröße nicht, nicht richtig oder nicht rechtzeitig ermittelt, nicht, nicht richtig oder nicht rechtzeitig registriert, nicht, nicht richtig oder nicht rechtzeitig auswertet, oder nicht, nicht richtig oder nicht rechtzeitig dokumentiert,

13. entgegen § 16 Absatz 3 Satz 2 oder Satz 3 einen Nachweis nicht, nicht richtig oder nicht vollständig führt, nicht oder nicht rechtzeitig vorlegt oder nicht oder nicht mindestens fünf Jahre aufbewahrt,

14. einer vollziehbaren Anordnung nach § 16 Absatz 7 Satz 2 zuwiderhandelt,

15. entgegen § 17 Absatz 1 Satz 2 einen Messwert für andere als die dort genannten Zeiten umrechnet,

16. entgegen § 17 Absatz 2 Satz 2 einen Bericht oder eine dort genannte Aufzeichnung nicht oder nicht mindestens fünf Jahre aufbewahrt,

17. entgegen § 18 Absatz 1 eine dort genannte Verbrennungsbedingung nicht oder nicht rechtzeitig überprüfen lässt,

18. entgegen § 18 Absatz 2 eine dort genannte Messung nicht, nicht in der vorgeschriebenen Weise oder nicht rechtzeitig durchführen lässt,

19. entgegen § 21 Absatz 1 Satz 1 eine Mitteilung nicht, nicht richtig oder nicht rechtzeitig macht,

20. entgegen § 23 Satz 1 eine Veröffentlichung nicht, nicht richtig, nicht vollständig oder nicht rechtzeitig macht.

(2) Ordnungswidrig im Sinne des § 62 Absatz 1 Nummer 7 des Bundes-Immissionsschutzgesetzes[7]) handelt, wer vorsätzlich oder fahrlässig

1. entgegen § 10 Absatz 1 oder Absatz 2 eine Anlage nicht richtig errichtet oder nicht richtig betreibt, oder

2. entgegen § 17 Absatz 4 Satz 2 oder Satz 3 einen Nachweis nicht, nicht richtig oder nicht vollständig führt, nicht, nicht richtig, nicht vollständig oder nicht rechtzeitig vorlegt oder nicht oder nicht mindestens fünf Jahre aufbewahrt.

§ 28 Übergangsregelungen

(1) Für bestehende Anlagen gelten

1. die Anforderungen dieser Verordnung, ausgenommen § 10, ab dem 1. Januar 2016,

2. die Anforderungen nach § 10 ab dem 1. Januar 2019.

(2) Bei bestehenden Anlagen, bei denen die in § 6 Absatz 3 festgelegte Verweilzeit wegen besonderer technischer Schwierigkeiten nicht erreicht werden kann, ist diese Anforderung spätestens bei einer Neuerrichtung der Verbrennungslinie oder des Abhitzekessels zu erfüllen.

(3) Wird eine Abfallverbrennungs- oder -mitverbrennungsanlage durch Zubau einer oder mehrerer Abfallverbrennungs- oder -mitverbrennungslinien in der Weise erweitert, dass die vorhandenen und die neu zu errichtenden Linien eine gemeinsame Anlage bilden, so bestimmen sich die Anforderungen für die neu zu errichtenden Linien nach den Vorschriften des Zweiten und Dritten Abschnitts, für die vorhandenen Linien richten sich die Anforderungen nach dieser Vorschrift.

---

7) Siehe Fußnote 6 zu § 27 Abs. 1.

(4) Abweichend von Absatz 1 müssen bestehende Abfallverbrennungsanlagen die Anforderungen nach § 8 Absatz 1 Nummer 1 Buchstabe f sowie § 8 Absatz 1 Nummer 2 Buchstabe f für Stickstoffmonoxid und Stickstoffdioxid, angegeben als Stickstoffdioxid, erst ab dem 1. Januar 2019 erfüllen.

(5) Abweichend von Absatz 1 müssen bestehende Anlagen zur Herstellung von Zementklinker und Zementen sowie Anlagen zum Brennen von Kalk die Anforderungen nach Anlage 3 Nummer 2.1 Buchstabe d spätestens ab dem 1. Januar 2019 erfüllen; bis zu diesem Datum sind die Anforderungen der Verordnung über die Verbrennung und die Mitverbrennung von Abfällen in der Fassung der Bekanntmachung vom 14. August 2003 (BGBl. I S. 1633), die durch Artikel 2 der Verordnung vom 27. Januar 2009 (BGBl. I S. 129) geändert worden ist in ihrer bis zum 2. Mai 2013 geltenden Fassung anzuwenden.

(6) Abweichend von Absatz 1 Nummer 2 sind auf bestehende Abfallverbrennungsanlagen die Anforderungen nach § 10 Absatz 1 Nummer 1 nicht anzuwenden.

(7) Abweichend von Absatz 1 Nummer 2 sind auf bestehende abfallmitverbrennende Großfeuerungsanlagen die Anforderungen nach Anlage 3 Nummer 3.7 Buchstabe a nicht anzuwenden.

Anlage 1
(zu § 8 Absatz 1, § 18 Absatz 5 und § 20 Absatz 1)

Emissionsgrenzwerte für krebserzeugende Stoffe

Für die in den Buchstaben a bis d genannten krebserzeugenden Stoffe gelten folgende Emissionsgrenzwerte:

a) Cadmium und seine Verbindungen, angegeben als Cadmium,
    Thallium und seine Verbindungen, angegeben als Thallium,

    insgesamt 0,05 mg/m³,

b) Antimon und seine Verbindungen, angegeben als Antimon,
    Arsen und seine Verbindungen, angegeben als Arsen,
    Blei und seine Verbindungen, angegeben als Blei,
    Chrom und seine Verbindungen, angegeben als Chrom,
    Cobalt und seine Verbindungen, angegeben als Cobalt,
    Kupfer und seine Verbindungen, angegeben als Kupfer,
    Mangan und seine Verbindungen, angegeben als Mangan,
    Nickel und seine Verbindungen, angegeben als Nickel,
    Vanadium und seine Verbindungen, angegeben als Vanadium,
    Zinn und seine Verbindungen, angegeben als Zinn,

    insgesamt 0,5 mg/m³,

c) Arsen und seine Verbindungen (außer Arsenwasserstoff), angegeben als Arsen,
    Benzo(a)pyren,
    Cadmium und seine Verbindungen, angegeben als Cadmium,
    wasserlösliche Cobaltverbindungen, angegeben als Cobalt,

Chrom(VI)verbindungen (außer Bariumchromat und Bleichromat), angegeben als Chrom

insgesamt 0,05 mg/m³

oder

Arsen und seine Verbindungen, angegeben als Arsen,
Benzo(a)pyren,
Cadmium und seine Verbindungen, angegeben als Cadmium,
Cobalt und seine Verbindungen, angegeben als Cobalt,
Chrom und seine Verbindungen, angegeben als Chrom,

insgesamt 0,05 mg/m³ und

d)   Dioxine und Furane gemäß Anlage 2

insgesamt 0,1 ng/m³.

Anlage 2
(zu Anlage 1 Buchstabe d)

Äquivalenzfaktoren

Für den nach Anlage 1 zu bildenden Summenwert für polychlorierte Dibenzodioxine, Dibenzofurane und di-PCB sind die im Abgas ermittelten Konzentrationen der nachstehend genannten Dioxine, Furane und di-PCB mit den angegebenen Äquivalenzfaktoren zu multiplizieren und zu summieren.

Stoff		Äquivalenzfaktor
Polychlorierte Dibenzodioxine (PCDD)		**WHO-TEF 2005**
2,3,7,8	– Tetrachlordibenzodioxin (TCDD)	1
1,2,3,7,8	– Pentachlordibenzodioxin (PeCDD)	1
1,2,3,4,7,8	– Hexachlordibenzodioxin (HxCDD)	0,1
1,2,3,7,8,9	– Hexachlordibenzodioxin (HxCDD)	0,1
1,2,3,6,7,8	– Hexachlordibenzodioxin (HxCDD)	0,1
1,2,3,4,6,7,8	– Heptachlordibenzodioxin (HpCDD)	0,01
Octachlordibenzodioxin (OCDD)		0,0003
Polychlorierte Dibenzofurane (PCDF)		**WHO-TEF 2005**
2,3,7,8	– Tetrachlordibenzofuran (TCDF)	0,1
2,3,4,7,8	– Pentachlordibenzofuran (PeCDF)	0,3
1,2,3,7,8	– Pentachlordibenzofuran (PeCDF)	0,03
1,2,3,4,7,8	– Hexachlordibenzofuran (HxCDF)	0,1
1,2,3,7,8,9	– Hexachlordibenzofuran (HxCDF)	0,1
1,2,3,6,7,8	– Hexachlordibenzofuran (HxCDF)	0,1
2,3,4,6,7,8	– Hexachlordibenzofuran (HxCDF)	0,1
1,2,3,4,6,7,8	– Heptachlordibenzofuran (HpCDF)	0,01
1,2,3,4,7,8,9	– Heptachlordibenzofuran (HpCDF)	0,01

Stoff	Äquivalenzfaktor
Octachlordibenzofuran (OCDF)	0,0003

Polychlorierte Biphenyle   **WHO-TEF 2005**

Non ortho PCB

PCB 77	0,0001
PCB 81	0,0003
PCB 126	0,1
PCB 169	0,03

Mono ortho PCB

PCB 105	0,00003
PCB 114	0,00003
PCB 118	0,00003
PCB 123	0,00003
PCB 156	0,00003
PCB 157	0,00003
PCB 167	0,00003
PCB 189	0,00003

Anlage 3
(zu § 9, § 10 Absatz 2, § 16 Absatz 1 und 4, § 17 Absatz 1 und 5, § 18 Absatz 2,
§ 19 Absatz 2, § 21 Absatz 3, § 22 Absatz 1 und § 28 Absatz 5 und 6)

Emissionsgrenzwerte für die Mitverbrennung von Abfällen

Die Anlage 3 dient der Festlegung von Emissionsgrenzwerten für Abfallmitverbrennungsanlagen. Wenn in dieser Anlage für bestimmte Emissionsparameter ein fester Emissionsgrenzwert oder ein fester Bezugssauerstoffgehalt bereits vorgegeben
wird, ersetzt dieser Emissionsgrenzwert oder Bezugssauerstoffgehalt die rechnerische Ermittlung des Emissionsgrenzwerts oder des Bezugssauerstoffgehalts für diesen Emissionsparameter. Die in dieser Anlage vorgegebenen festen Emissionsgrenzwerte gelten für die jeweiligen Abfallmitverbrennungsanlagen unter Berücksichtigung der dort genannten Ausnahmen.

1. **Rechnerische Festlegung der Emissionsgrenzwerte für die
   Mitverbrennung von Abfällen**
   Soweit in dieser Anlage keine festen Emissionsgrenzwerte oder feste Bezugssauerstoffgehalte vorgegeben sind, ist die folgende Formel (Mischungsregel) anzuwenden. Die Mischungsregel ist zur Berechnung der Emissionsgrenzwerte für jeden unter § 5 Absatz 1 geregelten Emissionsparameter sowie
   zur Berechnung des Bezugssauerstoffgehalts anzuwenden. Emissionsparameter im Sinne dieser Anlage sind die in § 5 Absatz 1 aufgeführten Schadstoffe,
   für die Tagesmittelwerte, Halbstundenmittelwerte oder Mittelwerte über die
   jeweilige Probenahmezeit festgelegt sind.

$$\frac{V_{Abfall} \times C_{Abfall} + V_{Verfahren} \times C_{Verfahren}}{V_{Abfall} + V_{Verfahren}} = C$$

V_{Abfall}:   Abgasstrom, der bei der Verbrennung des höchstzulässigen Anteils der Abfälle oder Stoffe nach § 1 Absatz 1 einschließlich des für die Verbrennung dieser Stoffe zusätzlich benötigten Brennstoffs entsteht. Beträgt der zulässige Anteil der Abfälle oder Stoffe nach § 1 Absatz 1 weniger als 10 Prozent an der unverändert zugrunde gelegten Gesamtfeuerungswärmeleistung einer Mitverbrennungsanlage, so ist der zugehörige Abgasstrom anhand einer angenommenen Menge von 10 Prozent dieser Abfälle oder Stoffe nach § 1 Absatz 1 zu berechnen.

$V_{Verfahren}$:   Verbleibender Teil des normierten Abgasstroms.

C_{Abfall}:   Emissionsgrenzwert für die in § 8 Absatz 1 aufgeführten Emissionsparameter oder Bezugssauerstoffgehalt für die in § 8 Absatz 2 festgelegten Bezugssauerstoffgehalte.

$C_{Verfahren}$:   Emissionswert und Bezugssauerstoffgehalt gemäß den Tabellen in diesem Anhang. Für alle anderen Emissionsparameter, für die in diesem Anhang keine festen Emissionsgrenzwerte oder festen Bezugssauerstoffgehalte vorgegeben werden, gelten die nach den einschlägigen Vorschriften – wie 13. BImSchV oder TA Luft – bei der Verbrennung der üblicherweise zugelassenen Brennstoffe festgelegten Emissionswerte bzw. Bezugssauerstoffgehalte. Bestehen solche Vorgaben nicht, so sind die in der Genehmigung festgelegten Emissionsbegrenzungen bzw. Bezugssauerstoffgehalte zu verwenden. Fehlen derartige Festlegungen, sind die tatsächlichen Emissionen oder Sauerstoffgehalte beim Betrieb der Anlage ohne Einsatz von Abfällen oder Stoffen nach § 1 Absatz 1 zugrunde zu legen.

C: Berechneter Emissionsgrenzwert oder berechneter Bezugssauerstoffgehalt für Mitverbrennungsanlagen, der sich aus der Anwendung der oben aufgeführten Formel ergibt.

2. **Anlagen zur Herstellung von Zementklinker oder Zementen sowie Anlagen zum Brennen von Kalk, in denen Abfälle oder Stoffe nach § 1 Absatz 1 mitverbrannt werden**

Die Emissionen sind zur Überprüfung, ob die Emissionsgrenzwerte eingehalten werden, auf einen festen Bezugssauerstoffgehalt von 10 Prozent zu beziehen. Die in § 8 Absatz 1 Nummer 3 festgelegten Emissionsgrenzwerte für die zu Gruppen zusammengefassten Schadstoffe (Schwermetalle, Benzo(a)pyren, polychlorierte Dibenzodioxine und Dibenzofurane) gelten unter Berücksichtigung des in Satz 1 festgelegten Bezugssauerstoffgehalts.

2.1 Feste Emissionsgrenzwerte (Tagesmittelwerte in mg/m^3)

Emissionsparameter			C
a)	Gesamtstaub		10
b)	gasförmige anorganische Chlorverbindungen, angegeben als Chlorwasserstoff		10
c)	gasförmige anorganische Fluorverbindungen, angegeben als Fluorwasserstoff		1
d)	Stickstoffmonoxid und Stickstoffdioxid, angegeben als Stickstoffdioxid in		
	aa)	Anlagen zur Herstellung von Zementklinkern und Zement	200
	bb)	Anlagen zum Brennen von Kalk	350
e)	Schwefeldioxid und Schwefeltrioxid, angegeben als Schwefeldioxid		50
f)	organische Stoffe, angegeben als Gesamtkohlenstoff		10
g)	Quecksilber und seine Verbindungen, angegeben als Quecksilber		0,03
h)	Ammoniak, sofern zur Minderung der Emissionen von Stickstoffoxiden ein Verfahren zur selektiven katalytischen oder nichtkatalytischen Reduktion eingesetzt wird		30

2.1.1   Bei wesentlichen Änderungen dieser Anlagen bis zum 31. Dezember 2018 ist zu prüfen, ob die Anforderungen zur Begrenzung von Stickstoffmonoxid und Stickstoffdioxid für Neuanlagen unter verhältnismäßigem Aufwand eingehalten werden können. Die Möglichkeiten, die Emissionen an Stickstoffmonoxid und Stickstoffdioxid aus dem Abgas in Anlagen durch feuerungstechnische oder andere dem Stand der Technik entsprechende Maßnahmen weiter zu vermindern, sind auszuschöpfen.

2.1.2   Die zuständige Behörde kann auf Antrag des Betreibers Ausnahmen für Schwefeldioxid und Gesamtkohlenstoff genehmigen, sofern diese Ausnahmen auf Grund der Zusammensetzung der natürlichen Rohstoffe erforderlich sind und ausgeschlossen werden kann, dass durch den Einsatz von Abfällen oder Stoffen nach § 1 Absatz 1 zusätzliche Emissionen an Gesamtkohlenstoff und Schwefeldioxid entstehen.

2.1.3   Die zuständige Behörde kann auf Antrag des Betreibers Ausnahmen für Quecksilber und seine Verbindungen genehmigen, sofern diese Ausnahmen auf Grund der Zusammensetzung der natürlichen Rohstoffe erforderlich sind und ausgeschlossen werden kann, dass durch den Einsatz von Abfällen und Stoffen nach § 1 Absatz 1 zusätzliche Emissionen an Quecksilber entstehen und ein Tagesmittelwert von bis zu 0,05 mg/m^3 nicht überschritten wird. Die Möglichkeiten, die

Emissionen an Quecksilber und seinen Verbindungen, angegeben als Quecksilber, aus dem Abgas durch feuerungstechnische oder andere dem Stand der Technik entsprechende Maßnahmen weiter zu vermindern, sind auszuschöpfen.

2.1.4   Die zuständige Behörde kann auf Antrag des Betreibers Ausnahmen für Ammoniak genehmigen, sofern diese Ausnahmen auf Grund der Zusammensetzung der natürlichen Rohstoffe erforderlich sind und ausgeschlossen werden kann, dass durch den Einsatz von Abfällen oder Stoffen nach § 1 Absatz 1 zusätzliche Emissionen an Ammoniak entstehen. In diesem Fall sind dem Ammoniakgrenzwert die durch Vergleichsmessungen zu ermittelnden rohstoffbedingten Ammoniakemissionen hinzuzurechnen; die aus Abfällen resultierenden Emissionen bleiben dabei unberücksichtigt.

2.2   Feste Emissionsgrenzwerte (Halbstundenmittelwerte in mg/m^3)

Emissionsparameter		C
a)	Gesamtstaub	30
b)	gasförmige anorganische Chlorverbindungen, angegeben als Chlorwasserstoff	60
c)	gasförmige anorganische Fluorverbindungen, angegeben als Fluorwasserstoff	4
d)	Schwefeldioxid und Schwefeltrioxid, angegeben als Schwefeldioxid	200
e)	Quecksilber und seine Verbindungen, angegeben als Quecksilber	0,05

2.2.1   Die zuständige Behörde kann auf Antrag des Betreibers Ausnahmen für Schwefeldioxid und Gesamtkohlenstoff genehmigen, sofern diese Ausnahmen auf Grund der Zusammensetzung der natürlichen Rohstoffe erforderlich sind und ausgeschlossen werden kann, dass durch die Verbrennung von Abfällen oder Stoffen nach § 1 Absatz 1 zusätzliche Emissionen an Gesamtkohlenstoff und Schwefeldioxid entstehen.

2.2.2   Die zuständige Behörde kann auf Antrag des Betreibers Ausnahmen für Quecksilber und seine Verbindungen genehmigen, sofern diese Ausnahmen auf Grund der Zusammensetzung der natürlichen Rohstoffe erforderlich sind und ausgeschlossen werden kann, dass durch den Einsatz von Abfällen und Stoffen nach § 1 Absatz 1 zusätzliche Emissionen an Quecksilber entstehen und ein Halbstundenmittelwert von bis zu 0,1 mg/m^3 nicht überschritten wird. Die Möglichkeiten, die Emissionen an Quecksilber und seinen Verbindungen, angegeben als Quecksilber, aus dem Abgas durch feuerungstechnische oder andere dem Stand der Technik entsprechende Maßnahmen weiter zu vermindern, sind auszuschöpfen.

2.3 Feste Emissionsgrenzwerte (Jahresmittelwerte in mg/m³)

Emissionsparameter	C
Stickstoffmonoxid und Stickstoffdioxid, angegeben als Stickstoffdioxid	200

Abweichend von dem Emissionsgrenzwert für Stickstoffmonoxid und Stickstoffdioxid, angegeben als Stickstoffdioxid, gilt für Anlagen zum Brennen von Kalk in Drehrohröfen mit Rostvorwärmer ein Emissionsgrenzwert von 350 mg/m³.

2.4 Emissionsgrenzwert für Kohlenmonoxid

2.4.1   Die zuständige Behörde hat einen Emissionsgrenzwert für Kohlenmonoxid unter Berücksichtigung der Anforderungen nach § 8 Absatz 1 festzulegen.

2.4.2   Die zuständige Behörde kann auf Antrag des Betreibers von dem in § 8 Absatz 1 für Kohlenmonoxid festgelegten Emissionsgrenzwert abweichen, sofern diese Ausnahmen auf Grund der Zusammensetzung der natürlichen Rohstoffe erforderlich sind und ausgeschlossen werden kann, dass durch den Einsatz von Abfällen oder sonstigen Stoffen nach § 1 Absatz 1 zusätzliche Emissionen an Kohlenmonoxid entstehen.

3. Feuerungsanlagen, in denen Abfälle oder Stoffe gemäß § 1 Absatz 1 mitverbrannt werden

Die Emissionen sind zur Überprüfung, ob die Emissionsgrenzwerte eingehalten werden, auf folgende Bezugssauerstoffgehalte zu beziehen:

a)   bei der Verwendung von festen fossilen Brennstoffen oder Biobrennstoffen auf einen festen Bezugssauerstoffgehalt von 6 Prozent

b)   bei der Verwendung von flüssigen oder gasförmigen Brennstoffen auf einen festen Bezugssauerstoffgehalt von 3 Prozent oder

c)   für Emissionswerte nach Anlage 3 Nummer 3.1, 3.2 und 3.3 auf den nach Anlage 3 Nummer 1 zu berechnenden Bezugssauerstoffgehalt.

Die in § 8 Absatz 1 Nummer 3 festgelegten Emissionsgrenzwerte für die zu Gruppen zusammengefassten Schadstoffe (Schwermetalle, Benzo(a)pyren, polychlorierte Dibenzodioxine und Dibenzofurane) gelten unter Berücksichtigung der in Satz 1 für die jeweiligen Brennstoffe festgelegten Bezugssauerstoffgehalte.

3.1 Emissionswerte ($C_{Verfahren}$) bei Verwendung von festen fossilen Brennstoffen (Tagesmittelwerte in mg/m³) bei unterschiedlichen Feuerungswärmeleistungen (in MW):

Emissionsparameter		1 MW bis < 10 MW	10 MW bis < 50 MW	50 MW bis 100 MW	> 100 MW bis 300 MW	> 300 MW
SO_2 und SO_3	Steinkohle	1 300	1 300	400	200 und Schwefelabscheidegrad ≥ 85 Prozent	150 und Schwefelminderungsgrad ≥ 85 Prozent
	Braunkohle	1 000	1 000	400	200 und Schwefelabscheidegrad ≥ 85 Prozent	200 und Schwefelabscheidegrad ≥ 85 Prozent
	Wirbelschicht	350 oder Schwefelabscheidegrad ≥ 75 Prozent	350 oder Schwefelabscheidegrad ≥ 75 Prozent	350 und Schwefelabscheidegrad ≥ 75 Prozent	200 und Schwefelabscheidegrad ≥ 85 Prozent	200 und Schwefelabscheidegrad ≥ 85 Prozent
NO_X		500, bei Wirbelschichtfeuerung 300	400, bei Wirbelschichtfeuerung 300	300	200	150, bei Braunkohlestaubfeuerungen 200
CO		150*	150	150	200	200

* Bei Einzelfeuerungen mit einer Feuerungswärmeleistung von weniger als 2,5 MW gilt der Emissionswert nur im Betrieb mit Nennlast.

3.1.1   Soweit bei Anlagen mit einer Feuerungswärmeleistung von 100 MW oder mehr die Anforderung an den Schwefelabscheidegrad zu Emissionen von weniger als 50 mg/m³ für den Tagesmittelwert führt, ist mindestens ein Schwefelabscheidegrad einzuhalten, der zu Emissionen von nicht mehr als 50 mg/m³ für den Tagesmittelwert führt.

3.1.2   Soweit auf Grund des erhöhten Schwefelgehalts der eingesetzten Brennstoffe die in der Tabelle aufgeführten Emissionswerte für Steinkohle, Braunkohle und Wirbelschicht mit einem verhältnismäßigen Aufwand nicht eingehalten werden können, kann die zuständige Behörde auf Antrag im Einzelfall höhere Emissionswerte als Berechnungsgrundlage verwenden, soweit bei einer Feuerungswärmeleistung von

a) 50 MW bis 100 MW alternativ ein Schwefelabscheidegrad von 93 Prozent nicht unterschritten wird;

b) mehr als 100 MW bis 300 MW ein Emissionsgrenzwert von 300 mg/m³ nicht überschritten und zusätzlich ein Schwefelabscheidegrad von mindestens 93 Prozent nicht unterschritten wird;

c) mehr als 300 MW ein Emissionsgrenzwert von 400 mg/m³ nicht überschritten und zusätzlich ein Schwefelabscheidegrad von mindestens 97 Prozent nicht unterschritten wird.

Abweichend von Satz 1 kann die zuständige Behörde bei bestehenden abfallmitverbrennenden Großfeuerungsanlagen auf Antrag im Einzelfall höhere Emissionswerte als Berechnungsgrundlage verwenden, soweit bei einer Feuerungswärmeleistung von

a) 50 MW bis 100 MW alternativ ein Schwefelabscheidegrad von 92 Prozent nicht unterschritten wird;

b) mehr als 100 MW bis 300 MW ein Emissionsgrenzwert von 300 mg/m³ nicht überschritten und zusätzlich ein Schwefelabscheidegrad von mindestens 92 Prozent nicht unterschritten wird;

c) mehr als 300 MW ein Emissionsgrenzwert von 400 mg/m³ nicht überschritten und zusätzlich ein Schwefelabscheidegrad von mindestens 96 Prozent nicht unterschritten wird.

Im Fall der Anwendung von Satz 1 oder 2 beträgt C_{Abfall} 0 mg/m³.

3.1.3 Abweichend von den in der Tabelle aufgeführten Emissionswerten gilt für Schwefeldioxid und Schwefeltrioxid, angegeben als Schwefeldioxid, bei bestehenden abfallmitverbrennenden Großfeuerungsanlagen mit einer Feuerungswärmeleistung von 300 MW oder mehr ein Emissionsgrenzwert von 200 mg/m³ für den Tagesmittelwert und von 400 mg/m³ für den Halbstundenmittelwert. Die Anforderungen an den Schwefelabscheidegrad bleiben unberührt.

3.1.4 Abweichend von den in der Tabelle aufgeführten Emissionswerten gilt für Stickstoffmonoxid und Stickstoffdioxid, angegeben als Stickstoffdioxid, bei bestehenden abfallmitverbrennenden Großfeuerungsanlagen mit einer Feuerungswärmeleistung von 300 MW oder mehr ein Emissionsgrenzwert von 200 mg/m³ für den Tagesmittelwert und von 400 mg/m³ für den Halbstundenmittelwert.

3.2 Emissionswerte ($C_{Verfahren}$) bei Verwendung von Biobrennstoffen (Tagesmittelwerte in mg/m³) bei unterschiedlichen Feuerungswärmeleistungen (in MW):

Emissionsparameter		< 50 MW	50 MW bis 100 MW	> 100 MW bis 300 MW	> 300 MW
SO₂ und SO₃	naturbelassenes Holz	200	200	200	150
	sonstiger Biobrennstoff	350			
NOₓ	naturbelassenes Holz	250	250	200	150
	sonstiger Biobrennstoff	400			
CO	naturbelassenes Holz sowie Holzabfälle	150*	150	200	200
	sonstiger Biobrennstoff	250*	250	250	250

* Bei Einzelfeuerungen mit einer Feuerungswärmeleistung von weniger als 2,5 MW gilt der Emissionswert nur im Betrieb mit Nennlast.

3.2.1 Abweichend von den in der Tabelle aufgeführten Emissionswerten gilt für Schwefeldioxid und Schwefeltrioxid, angegeben als Schwefeldioxid, bei bestehenden abfallmitverbrennenden Großfeuerungsanlagen mit einer Feuerungswärmeleistung von 300 MW oder mehr ein Emissionsgrenzwert von 200 mg/m³ für den Tagesmittelwert und von 400 mg/m³ für den Halbstundenmittelwert.

3.2.2   Abweichend von den in der Tabelle aufgeführten Emissionswerten gilt für Stickstoffmonoxid und Stickstoffdioxid, angegeben als Stickstoffdioxid, bei bestehenden abfallmitverbrennenden Großfeuerungsanlagen mit einer Feuerungswärmeleistung von

a) 50 MW bis 100 MW ein Emissionsgrenzwert von 300 mg/m³ für den Tagesmittelwert und von 600 mg/m³ für den Halbstundenmittelwert;

b) mehr als 100 MW bis 300 MW ein Emissionsgrenzwert von 250 mg/m³ für den Tagesmittelwert und von 500 mg/m³ für den Halbstundenmittelwert;

c) mehr als 300 MW ein Emissionsgrenzwert von 200 mg/m³ für den Tagesmittelwert und von 400 mg/m³ für den Halbstundenmittelwert.

3.3   Emissionswerte ($C_{Verfahren}$) bei Verwendung von flüssigen Brennstoffen (Tagesmittelwerte in mg/m³) bei unterschiedlichen Feuerungswärmeleistungen (in MW):

Emissions-parameter		< 50 MW	50 MW bis 100 MW	> 100 MW bis 300 MW	> 300 MW
SO_2 und SO_3	Heizöl EL	10. BImSchV			
	sonstiger Brennstoff	850	350	200 und Schwefel-minderungsgrad ≥ 85 Prozent	150 und Schwefel-minderungsgrad ≥ 85 Prozent
NO_X	Heizöl EL	250	200	150	100
	sonstiger Brennstoff	350	300		
CO		80	80	80	80

3.3.1   Beim Einsatz von leichtem Heizöl gilt als Emissionswert ($C_{Verfahren}$) für Schwefeldioxid und Schwefeltrioxid, angegeben als Schwefeldioxid, der jeweils für den Betrieb ohne Einsatz von Abfällen oder Stoffen nach § 1 Absatz 1 gemessene Emissionswert. Bei Anlagen mit einer Feuerungswärmeleistung mit mehr als 300 MW ist für Schwefeldioxid und Schwefeltrioxid, angegeben als Schwefeldioxid, der Emissionswert ($C_{Verfahren}$) von 150 mg/m³ anzuwenden.

3.3.2   Soweit bei Anlagen mit einer Feuerungswärmeleistung von 100 MW oder mehr die Anforderung an den Schwefelabscheidegrad zu Emissionen von weniger als 50 mg/m³ für den Tagesmittelwert führt, ist mindestens ein Schwefelabscheidegrad einzuhalten, der zu Emissionen von nicht mehr als 50 mg/m³ für den Tagesmittelwert führt.

3.3.3   Abweichend von den in der Tabelle aufgeführten Emissionswerten gilt für Schwefeldioxid und Schwefeltrioxid, angegeben als Schwefeldioxid, bei bestehenden abfallmitverbrennenden Großfeuerungsanlagen, ausgenommen bei Einsatz von leichtem Heizöl, mit einer Feuerungswärmeleistung von

a) mehr als 100 MW bis 300 MW ein Emissionsgrenzwert 250 mg/m³ für den Tagesmittelwert und von 500 mg/m³ für den Halbstundenmittelwert;

b) mehr als 300 MW ein Emissionsgrenzwert 200 mg/m³ für den Tagesmittelwert und von 400 mg/m³ für den Halbstundenmittelwert.

3.3.4 Abweichend von den in der Tabelle aufgeführten Emissionswerten gilt für Stickstoffmonoxid und Stickstoffdioxid, angegeben als Stickstoffdioxid, bei bestehenden abfallmitverbrennenden Großfeuerungsanlagen mit einer Feuerungswärmeleistung von

a) 50 MW bis 100 MW und Einsatz von anderen flüssigen Brennstoffen als leichtem Heizöl ein Emissionsgrenzwert von 350 mg/m³ für den Tagesmittelwert und von 700 mg/m³ für den Halbstundenmittelwert;

b) mehr als 100 MW bis 300 MW ein Emissionsgrenzwert von 200 mg/m³ für den Tagesmittelwert und von 400 mg/m³ für den Halbstundenmittelwert;

c) mehr als 300 MW ein Emissionsgrenzwert von 150 mg/m³ für den Tagesmittelwert und von 300 mg/m³ für den Halbstundenmittelwert.

3.4 Feuerungsanlagen für gasförmige Brennstoffe

Beim Einsatz von gasförmigen Stoffen aus der Pyrolyse oder Vergasung von festen oder flüssigen Abfällen in Feuerungsanlagen für gasförmige Brennstoffe hat die zuständige Behörde einen kontinuierlich zu überwachenden Emissionsgrenzwert (Tagesmittelwert und Halbstundenmittelwert) für SO_2 und SO_3 sowie für NO_x unter Berücksichtigung der spezifischen Brennstoffe gemäß der Verordnung über Großfeuerungs-, Gasturbinen- und Verbrennungsmotoranlagen sowie einen entsprechenden Bezugssauerstoffgehalt in der Genehmigung festzusetzen. Für alle weiteren Emissionsparameter kommen die Nummern 3.5 bis 3.7 sowie als $C_{Verfahren}$ ein Emissionswert für Kohlenmonoxid als Tagesmittelwert von 80 mg/m³ oder bei Einsatz von Erdgas von 50 mg/m³ jeweils bei einem Bezugssauerstoffgehalt von 3 Prozent zur Anwendung.

3.5   **Feste Emissionsgrenzwerte für alle Brennstoffe (Tagesmittelwert in mg/m³)**

Emissionsparameter		C
a)	Gesamtstaub	10
b)	gasförmige anorganische Chlorverbindungen, angegeben als Chlorwasserstoff	20
c)	gasförmige anorganische Fluorverbindungen, angegeben als Fluorwasserstoff	1
d)	organische Stoffe, angegeben als Gesamtkohlenstoff	10
e)	Quecksilber und seine Verbindungen, angegeben als Quecksilber	0,03

3.5.1   Abweichend von den bestimmten Emissionsgrenzwerten gilt bei Wirbelschichtfeuerungen ein Tagesmittelwert für gasförmige anorganische Chlorverbindungen, angegeben als Chlorwasserstoff, von 100 mg/m³.

3.5.2   Abweichend von den bestimmten Emissionsgrenzwerten für gasförmige anorganische Fluorverbindungen, angegeben als Fluorwasserstoff, gilt bei bestehenden abfallmitverbrennenden Großfeuerungsanlagen, bei denen es zum Betrieb der Abgasentschwefelungsanlage erforderlich ist, dem Abgasstrom vor der Abgasentschwefelungsanlage mittels rotierender oder feststehender Speichermassen als Wärmeübertragungsmedium Wärme zu entziehen, wobei diese zur Wiederaufheizung des Abgasstroms nach der Abgasentschwefelungsanlage genutzt wird, ein Tagesmittelwert für gasförmige anorganische Fluorverbindungen, angegeben als Fluorwasserstoff, von 10 mg/m³.

3.6   **Feste Emissionsgrenzwerte für alle Brennstoffe (Halbstundenmittelwerte in mg/m³)**

Emissionsparameter		C
a)	Gesamtstaub	20
b)	gasförmige anorganische Chlorverbindungen, angegeben als Chlorwasserstoff	60
c)	gasförmige anorganische Fluorverbindungen, angegeben als Fluorwasserstoff	4
d)	Quecksilber und seine Verbindungen, angegeben als Quecksilber	0,05

Abweichend von den bestimmten Emissionsgrenzwerten gilt bei Wirbelschichtfeuerungen ein Halbstundenmittelwert für gasförmige anorganische Chlorverbindungen, angegeben als Chlorwasserstoff, von 200 mg/m³. Abweichend von den bestimmten Emissionsgrenzwerten für gasförmige anorganische Fluorverbindungen, angegeben als

Fluorwasserstoff, gilt bei bestehenden abfallmitverbrennenden Großfeuerungsanlagen, bei denen es zum Betrieb der Abgasentschwefelungsanlage erforderlich ist, dem Abgasstrom vor der Abgasentschwefelungsanlage mittels rotierender oder feststehender Speichermassen
als Wärmeübertragungsmedium Wärme zu entziehen, wobei diese
zur Wiederaufheizung des Abgasstroms nach der Abgasentschwefelungsanlage genutzt wird, ein Halbstundenmittelwert für gasförmige
anorganische Fluorverbindungen, angegeben als Fluorwasserstoff von
15 mg/m³.

3.7 **Feste Emissionsgrenzwerte bei Einsatz von festen Brennstoffen, Biobrennstoffen und flüssigen Brennstoffen in Anlagen mit einer Feuerwärmeleistung von 50 MW oder mehr (Jahresmittelwerte in mg/m³)**

Emissionsparameter	C
a) Stickstoffmonoxid und Stickstoffdioxid, ange-geben als Stickstoffdioxid, bei einer Feuerungswärmeleistung von	
aa) 50 MW bis 100 MW	250
bb) mehr als 100 MW	100
b) Quecksilber und seine Verbindungen, angege-ben als Quecksilber	0,01

Die Überwachung der vorgeschriebenen Begrenzungen der Emissionen
an Quecksilber und seinen Verbindungen, angegeben als Quecksilber,
beginnt sechs Monate nach der Bekanntgabe einer geeigneten Messeinrichtung, spätestens jedoch zum 1. Januar 2019.

4. **Sonstige Anlagen, d. h. Anlagen, die nicht in Nummer 2 oder 3 aufgeführt sind und in denen Abfälle oder Stoffe nach § 1 Absatz 1 mitverbrannt werden**

Die Emissionen sind zur Überprüfung, ob die Emissionsgrenzwerte eingehalten werden, auf einen für das jeweilige Verfahren relevanten Bezugssauerstoffgehalt, der jedoch höchstens 11 Prozent betragen darf, zu beziehen. Bei
Anlagen, die mit einem überwiegenden Anteil an betriebsbedingter Neben-
luft sowie im Fall der Verbrennung mit reinem Sauerstoff oder signifikant
mit Sauerstoff angereicherter Luft betrieben werden, soll die Behörde auf Antrag des Betreibers die Emissionsgrenzwerte auf einen an die Verfahrensbe-
dingungen der Anlage angepassten Bezugssauerstoffgehalt beziehen oder auf
die Festlegung eines Bezugssauerstoffgehalts verzichten. Die in § 8 Absatz 1
Nummer 3 festgelegten Emissionsgrenzwerte für die zu Gruppen zusammengefassten Schadstoffe (Schwermetalle, Benzo(a)pyren, polychlorierte Dibenzodioxine und Dibenzofurane) gelten unter Berücksichtigung des nach Satz 1
oder Satz 2 festgelegten Bezugssauerstoffgehalts.

4.1   Feste Emissionsgrenzwerte (Tagesmittelwert in mg/m³)

Emissionsparameter		C
a)	Gesamtstaub	10
b)	gasförmige anorganische Chlorverbindungen, angegeben als Chlorwasserstoff	10
c)	organische Stoffe, angegeben als Gesamtkohlenstoff	10
d)	Quecksilber und seine Verbindungen, angegeben als Quecksilber	0,03

4.2   Feste Emissionsgrenzwerte (Halbstundenmittelwerte in mg/m³)

Emissionsparameter		C
a)	gasförmige anorganische Chlorverbindungen, angegeben als Chlorwasserstoff	60
b)	Quecksilber und seine Verbindungen, angegeben als Quecksilber	0,05

4.3   Feste Emissionsgrenzwerte für feste (ausgenommen bei ausschließlichem Einsatz von Biobrennstoffen) und flüssige Brennstoffe für Anlagen mit einer Feuerungswärmeleistung von mehr als 50 MW (Jahresmittelwerte in mg/m³)

Emissionsparameter		C
Stickstoffmonoxid und Stickstoffdioxid, angegeben als Stickstoffdioxid, bei einer Feuerungswärmeleistung von		
a)	50 MW bis 100 MW	250
b)	mehr als 100 MW	100

Anlage 4

(zu § 15 Absatz 1, § 16 Absatz 1 und § 17 Absatz 5)

**Anforderungen an die kontinuierlichen Messeinrichtungen
und die Validierung der Messergebnisse**

1.   Der Wert des Konfidenzintervalls von 95 Prozent eines einzelnen Messergebnisses darf an der für den Tagesmittelwert festgelegten Emissionsbegrenzung die folgenden Prozentsätze dieser Emissionsbegrenzung nicht überschreiten:

a)	Kohlenmonoxid	10 Prozent,
b)	Schwefeldioxid	20 Prozent,
c)	Stickstoffoxid	20 Prozent,
d)	Gesamtstaub	30 Prozent,
e)	Organisch gebundener Gesamtkohlenstoff	30 Prozent,
f)	Chlorwasserstoff	40 Prozent,

g) Fluorwasserstoff   40 Prozent,
h) Quecksilber   40 Prozent.

2. Für Gesamtstaub bezieht sich abweichend von Nummer 1 der genannte Prozentsatz auf die für den Halbstundenmittelwert festgelegte Emissionsbegrenzung, sofern die Emissionsbegrenzung einen Tagesmittelwert von 10 mg/m³ unterschreitet.

3. Die validierten Halbstunden- und Tagesmittelwerte werden auf Grund der gemessenen Halbstundenmittelwerte und nach Abzug des in der Kalibrierung bestimmten Konfidenzintervalls bestimmt.

4. Die Halbstundenmittelwerte vor Abzug der in der Kalibrierung ermittelten Messunsicherheit (normierte Werte) müssen für die Zwecke der nach § 22 zu ermittelnden Jahresemissionsfrachten verfügbar sein.

Anlage 5
(zu § 2 Absatz 10)

Umrechnungsformel

Soweit Emissionsgrenzwerte auf Bezugssauerstoffgehalte im Abgas bezogen sind, sind die im Abgas gemessenen Massenkonzentrationen nach folgender Gleichung umzurechnen:

$$E_B = \frac{21 - O_B}{21 - O_M} \times E_M$$

$E_B =$ Massenkonzentration, bezogen auf den Bezugssauerstoffgehalt
$E_M =$ gemessene Massenkonzentration
$O_B =$ Bezugssauerstoffgehalt
$O_M =$ gemessener Sauerstoffgehalt

**Achtzehnte Verordnung
zur Durchführung des Bundes-Immissionsschutzgesetzes
(Sportanlagenlärmschutzverordnung – 18. BImSchV)**

Vom 18. Juli 1991 (BGBl. I S. 1588, ber. S. 1790)
(FNA 2129-8-18)

zuletzt geändert durch Art. 1 Zweite ÄndVO
vom 1. Juni 2017 (BGBl. I S. 1468)

§ 1 Anwendungsbereich
(1) Diese Verordnung gilt für die Errichtung, die Beschaffenheit und den
Betrieb von Sportanlagen, soweit sie zum Zwecke der Sportausübung betrieben werden und einer Genehmigung nach § 4 des Bundes-Immissionsschutzgesetzes nicht bedürfen.

(2) Sportanlagen sind ortsfeste Einrichtungen im Sinne des § 3 Abs. 5
Nr. 1 des Bundes-Immissionsschutzgesetzes, die zur Sportausübung bestimmt sind.

(3) [1]Zur Sportanlage zählen auch Einrichtungen, die mit der Sportanlage
in einem engen räumlichen und betrieblichen Zusammenhang stehen. [2]Zur
Nutzungsdauer der Sportanlage gehören auch die Zeiten des An- und Ab-
fahrverkehrs sowie des Zu- und Abgangs.

§ 2 Immissionsrichtwerte
(1) Sportanlagen sind so zu errichten und zu betreiben, daß die in den
Absätzen 2 bis 4 genannten Immissionsrichtwerte unter Einrechnung der
Geräuschimmissionen anderer Sportanlagen nicht überschritten werden.

(2) Die Immissionsrichtwerte betragen für Immissionsorte außerhalb von
Gebäuden

1. in Gewerbegebieten
    tags außerhalb der Ruhezeiten 65 dB(A),
    tags innerhalb der Ruhezeiten am Morgen 60 dB(A), im Übrigen
    65 dB(A),
    nachts 50 dB(A),

1a. in urbanen Gebieten
    tags außerhalb der Ruhezeiten 63 dB(A),
    tags innerhalb der Ruhezeiten am Morgen 58 dB(A), im Übrigen
    63 dB(A),
    nachts 45 dB(A),

2. in Kerngebieten, Dorfgebieten und Mischgebieten
    tags außerhalb der Ruhezeiten 60 dB(A),
    tags innerhalb der Ruhezeiten am Morgen 55 dB(A), im Übrigen
    60 dB(A),
    nachts 45 dB(A),

3. in allgemeinen Wohngebieten und Kleinsiedlungsgebieten
    tags außerhalb der Ruhezeiten 55 dB(A),
    tags innerhalb der Ruhezeiten am Morgen 50 dB(A), im Übrigen
    55 dB(A),
    nachts 40 dB(A),

4. in reinen Wohngebieten
    tags außerhalb der Ruhezeiten 50 dB(A),
    tags innerhalb der Ruhezeiten am Morgen 45 dB(A), im Übrigen
    50 dB(A),
    nachts 35 dB(A),
5. in Kurgebieten, für Krankenhäuser und Pflegeanstalten
    tags außerhalb der Ruhezeiten 45 dB(A),
    tags innerhalb der Ruhezeiten 45 dB(A),
    nachts 35 dB(A).

(3) Werden bei Geräuschübertragung innerhalb von Gebäuden in Aufenthaltsräumen von Wohnungen, die baulich aber nicht betrieblich mit
der Sportanlage verbunden sind, von der Sportanlage verursachte Geräuschimmissionen mit einem Beurteilungspegel von mehr als 35 dB(A)
tags oder 25 dB(A) nachts festgestellt, hat der Betreiber der Sportanlage
Maßnahmen zu treffen, welche die Einhaltung der genannten Immissionsrichtwerte sicherstellen; dies gilt unabhängig von der Lage der Wohnung
in einem der in Absatz 2 genannten Gebiete.

(4) Einzelne kurzzeitige Geräuschspitzen sollen die Immissionsrichtwerte
nach Absatz 2 tags um nicht mehr als 30 dB(A) sowie nachts um nicht
mehr als 20 dB(A) überschreiten; ferner sollen einzelne kurzzeitige Geräuschspitzen die Immissionsrichtwerte nach Absatz 3 um nicht mehr als
10 dB(A) überschreiten.

(5) [1]Die Immissionsrichtwerte beziehen sich auf folgende Zeiten:

1.	tags	an Werktagen	6.00 bis 22.00 Uhr,
		an Sonn- und Feiertagen	7.00 bis 22.00 Uhr,
2.	nachts	an Werktagen	0.00 bis 6.00 Uhr
		und	22.00 bis 24.00 Uhr,
		an Sonn- und Feiertagen	0.00 bis 7.00 Uhr
		und	22.00 bis 24.00 Uhr,
3.	Ruhezeit	an Werktagen	6.00 bis 8.00 Uhr
		und	20.00 bis 22.00 Uhr,
		an Sonn- und Feiertagen	7.00 bis 9.00 Uhr,
			13.00 bis 15.00 Uhr
		und	20.00 bis 22.00 Uhr.

[2]Die Ruhezeit von 13.00 bis 15.00 Uhr an Sonn- und Feiertagen ist nur
zu berücksichtigen, wenn die Nutzungsdauer der Sportanlage oder der
Sportanlagen an Sonn- und Feiertagen in der Zeit von 9.00 bis 20.00 Uhr
4 Stunden oder mehr beträgt.

(6) [1]Die Art der in Absatz 2 bezeichneten Gebiete und Anlagen ergibt sich
aus den Festsetzungen in den Bebauungsplänen. [2]Sonstige in Bebauungsplänen festgesetzte Flächen für Gebiete und Anlagen sowie Gebiete und
Anlagen, für die keine Festsetzungen bestehen, sind nach Absatz 2 entsprechend der Schutzbedürftigkeit zu beurteilen. [3]Weicht die tatsächliche
bauliche Nutzung im Einwirkungsbereich der Anlage erheblich von der im
Bebauungsplan festgesetzten baulichen Nutzung ab, ist von der tatsächlichen baulichen Nutzung unter Berücksichtigung der vorgesehenen baulichen Entwicklung des Gebietes auszugehen.

(7) Die von der Sportanlage oder den Sportanlagen verursachten Geräuschimmissionen sind nach dem Anhang zu dieser Verordnung zu ermitteln und zu beurteilen.

§ 3　Maßnahmen

Zur Erfüllung der Pflichten nach § 2 Abs. 1 hat der Betreiber insbesondere

1. an Lautsprecheranlagen und ähnlichen Einrichtungen technische Maßnahmen, wie dezentrale Aufstellung von Lautsprechern und Einbau von Schallpegelbegrenzern, zu treffen,

2. technische und bauliche Schallschutzmaßnahmen, wie die Verwendung lärmgeminderter oder lärmmindernder Ballfangzäune, Bodenbeläge, Schallschutzwände und -wälle, zu treffen,

3. Vorkehrungen zu treffen, daß Zuschauer keine übermäßig lärmerzeugenden Instrumente wie pyrotechnische Gegenstände oder druckgasbetriebene Larmfanfaren verwenden, und

4. An- und Abfahrtswege und Parkplätze durch Maßnahmen betrieblicher und organisatorischer Art so zu gestalten, daß schädliche Umwelteinwirkungen durch Geräusche auf ein Mindestmaß beschränkt werden.

§ 4　Weitergehende Vorschriften

Weitergehende Vorschriften, vor allem zum Schutz der Sonn- und Feiertags-, Mittags- und Nachtruhe oder zum Schutz besonders empfindlicher Gebiete, bleiben unberührt.

§ 5　Nebenbestimmungen und Anordnungen im Einzelfall

(1) Die zuständige Behörde soll von Nebenbestimmungen zu erforderlichen Zulassungsentscheidungen und Anordnungen zur Durchführung dieser Verordnung absehen, wenn die von der Sportanlage ausgehenden Geräusche durch ständig vorherrschende Fremdgeräusche nach Nummer 1.4 des Anhangs überlagert werden.

(2) Die zuständige Behörde kann zur Erfüllung der Pflichten nach § 2 Abs. 1 außer der Festsetzung von Nebenbestimmungen zu erforderlichen Zulassungsentscheidungen oder der Anordnung von Maßnahmen nach § 3 für Sportanlagen Betriebszeiten (ausgenommen für Freibäder von 7.00 Uhr bis 22.00 Uhr) festsetzen; hierbei sind der Schutz der Nachbarschaft und der Allgemeinheit sowie die Gewährleistung einer sinnvollen Sportausübung auf der Anlage gegeneinander abzuwägen.

(3) [1]Die zuständige Behörde kann von einer Festsetzung von Betriebszeiten absehen, soweit der Betrieb einer Sportanlage dem Schulsport oder der Durchführung von Sportstudiengängen an Hochschulen dient. [2]Dient die Anlage auch der allgemeinen Sportausübung, sind bei der Ermittlung der Geräuschimmissionen die dem Schulsport oder der Durchführung von Sportstudiengängen an Hochschulen zuzurechnenden Teilzeiten nach Nummer 1.3.2.3 des Anhangs außer Betracht zu lassen; die Beurteilungszeit wird um die dem Schulsport oder der Durchführung von Sportstudiengängen an Hochschulen tatsächlich zuzurechnenden Teilzeiten verringert. [3]Die Sätze 1 und 2 gelten entsprechend für Sportanlagen, die der Sportausbildung im Rahmen der Landesverteidigung dienen.

(4) Bei Sportanlagen, die vor Inkrafttreten dieser Verordnung baurechtlich genehmigt oder – soweit eine Baugenehmigung nicht erforderlich

war – errichtet waren und danach nicht wesentlich geändert werden, soll die zuständige Behörde von einer Festsetzung von Betriebszeiten absehen, wenn die Immissionsrichtwerte an den in § 2 Abs. 2 genannten Immissionsorten jeweils um weniger als 5 dB(A) überschritten werden; dies gilt nicht an den in § 2 Abs. 2 Nr. 5 genannten Immissionsorten.

(5) Die zuständige Behörde soll von einer Festsetzung von Betriebszeiten absehen, wenn infolge des Betriebs einer oder mehrerer Sportanlagen bei seltenen Ereignissen nach Nummer 1.5 des Anhangs Überschreitungen der Immissionsrichtwerte nach § 2 Abs. 2

1. die Geräuschimmissionen außerhalb von Gebäuden die Immissionsrichtwerte nach § 2 Abs. 2 um nicht mehr als 10 dB(A), keinesfalls aber die folgenden Höchstwerte überschreiten:

tags außerhalb der Ruhezeiten	70 dB(A),
tags innerhalb der Ruhezeiten	65 dB(A),
nachts	55 dB(A)

   und

2. einzelne kurzzeitige Geräuschspitzen die nach Nummer 1 für seltene Ereignisse geltenden Immissionsrichtwerte tags um nicht mehr als 20 dB(A) und nachts um nicht mehr als 10 dB(A) überschreiten.

(6) In dem in Artikel 3 des Einigungsvertrages genannten Gebiet soll die zuständige Behörde für die Durchführung angeordneter Maßnahmen nach § 3 Nr. 1 und 2 eine Frist setzen, die bis zu zehn Jahre betragen kann.

(7) Im übrigen Geltungsbereich dieser Verordnung soll die zuständige Behörde bei Sportanlagen, die vor Inkrafttreten der Verordnung baurechtlich genehmigt oder – soweit eine Baugenehmigung nicht erforderlich war – errichtet waren, für die Durchführung angeordneter Maßnahmen nach § 3 Nr. 1 und 2 eine angemessene Frist gewähren.

§ 6 Zulassung von Ausnahmen

[1]Die zuständige Behörde kann für internationale oder nationale Sportveranstaltungen von herausragender Bedeutung im öffentlichen Interesse Ausnahmen von den Bestimmungen des § 5 Abs. 5, einschließlich einer Überschreitung der Anzahl der seltenen Ereignisse nach Nummer 1.5 des Anhangs, zulassen. [2]Satz 1 gilt entsprechend auch für Verkehrsgeräusche auf öffentlichen Verkehrsflächen außerhalb der Sportanlage durch das der Anlage zuzurechnende Verkehrsaufkommen nach Nummer 1.1 Satz 2 des Anhangs einschließlich der durch den Zu- und Abgang der Zuschauer verursachten Geräusche.

§ 7 Zugänglichkeit der Norm- und Richtlinienblätter

[1]Die in den Nummern 2.1, 2.3, 3.1 und 3.2 des Anhangs genannten DIN-Normblätter und VDI-Richtlinien sind bei der Beuth Verlag GmbH, Berlin, zu beziehen. [2]Die genannten Normen und Richtlinien sind bei dem Deutschen Patentamt archivmäßig gesichert niedergelegt.

§ 8 (Inkrafttreten)

1.   **Allgemeines**
1.1   Zuzurechnende Geräusche

Den Sportanlagen sind folgende bei bestimmungsgemäßer Nutzung auftretende Geräusche zuzurechnen:

a)   Geräusche durch technische Einrichtungen und Geräte,

b)   Geräusche durch die Sporttreibenden,

c)   Geräusche durch die Zuschauer und sonstigen Nutzer,

d)   Geräusche, die von Parkplätzen auf dem Anlagengelände ausgehen.

Verkehrsgeräusche einschließlich der durch den Zu- und Abgang der Zuschauer verursachten Geräusche auf öffentlichen Verkehrsflächen außerhalb
der Sportanlage durch das der Anlage zuzuordnende Verkehrsaufkommen
sind bei der Beurteilung gesondert von den anderen Anlagengeräuschen zu
betrachten und nur zu berücksichtigen, sofern sie nicht im Zusammenhang
mit seltenen Ereignissen (Nummer 1.5) auftreten und im Zusammenhang
mit der Nutzung der Sportanlage den vorhandenen Pegel der Verkehrsgeräusche rechnerisch um mindestens 3 dB(A) erhöhen. Hierbei ist das Be-
rechnungs- und Beurteilungsverfahren der Verkehrslärmschutzverordnung
vom 12. Juni 1990 (BGBl. I S. 1036) sinngemäß anzuwenden. Lediglich
die Berechnung der durch den Zu- und Abgang der Zuschauer verursachten
Geräusche erfolgt nach diesem Anhang.

1.2   Maßgeblicher Immissionsort

Der für die Beurteilung maßgebliche Immissionsort liegt

a)   bei bebauten Flächen 0,5 m außerhalb, etwa vor der Mitte des geöff-
     neten, vom Geräusch am stärksten betroffenen Fensters eines zum dau-
     ernden Aufenthalt von Menschen bestimmten Raumes einer Wohnung,
     eines Krankenhauses, einer Pflegeanstalt oder einer anderen ähnlich
     schutzbedürftigen Einrichtung;

b)   bei unbebauten Flächen, die aber mit zum Aufenthalt von Menschen
     bestimmten Gebäuden bebaut werden dürfen, an dem am stärksten be-
     troffenen Rand der Fläche, wo nach dem Bau- und Planungsrecht Ge-
     bäude mit zu schützenden Räumen erstellt werden dürfen;

c)   bei mit der Anlage baulich aber nicht betrieblich verbundenen Woh-
     nungen in dem am stärksten betroffenen, nicht nur dem vorübergehen-
     den Aufenthalt dienenden Raum.

Einzelheiten hierzu sind in Nr. 3.2.2.1 geregelt.

1.3   Ermittlung der Geräuschimmission
1.3.1   Beurteilungspegel, einzelne kurzzeitige Geräuschspitzen

Der Beurteilungspegel L_r, kennzeichnet die Geräuschimmission während
der Beurteilungszeit nach Nr. 1.3.2. Er wird gemäß Nr. 1.6 mit den Immissionsrichtwerten verglichen.

Der Beurteilungspegel wird gebildet aus dem für die jeweilige Beurteilungszeit ermittelten Mittelungspegel L_{am} und gegebenenfalls den Zuschlägen K_I für Impulshaltigkeit und/oder auffällige Pegeländerungen nach
Nr. 1.3.3 und K_T für Ton- und Informationshaltigkeit nach Nr. 1.3.4.

Für die Beurteilung einzelner kurzzeitiger Geräuschspitzen wird deren Maximalpegel L_{afmax} herangezogen.

Für die Beurteilung von Geräuschen bei neu zu errichtenden Sportanlagen sind die Geräuschimmissionen nach dem in Nr. 2 beschriebenen Prognoseverfahren, bei bestehenden Sportanlagen in der Regel nach Nr. 3 durch Messung zu bestimmen.

1.3.2   Beurteilungszeiten T_r

1.3.2.1   Werktags

An Werktagen gilt für Geräuscheinwirkungen

tags außerhalb der Ruhezeiten (8 bis 20 Uhr) eine Beurteilungszeit von 12 Stunden,

tags während der Ruhezeiten (6 bis 8 Uhr und 20 bis 22 Uhr) jeweils eine Beurteilungszeit von 2 Stunden, nachts (22 bis 6 Uhr) eine Beurteilungszeit von 1 Stunde (ungünstigste volle Stunde).

1.3.2.2   Sonn- und feiertags

An Sonn- und Feiertagen gilt für Geräuscheinwirkungen

tags außerhalb der Ruhezeiten (9 bis 13 Uhr und 15 bis 20 Uhr) eine Beurteilungszeit von 9 Stunden,

tags während der Ruhezeiten (7 bis 9 Uhr, 13 bis 15 Uhr und 20 bis 22 Uhr) jeweils eine Beurteilungszeit von 2 Stunden,

nachts (0 bis 7 Uhr und 22 bis 24 Uhr) eine Beurteilungszeit von 1 Stunde (ungünstigste volle Stunde).

Beträgt die gesamte Nutzungszeit der Sportanlage oder Sportanlagen zusammenhängend weniger als 4 Stunden und fallen mehr als 30 Minuten der Nutzungszeit in die Zeit von 13 bis 15 Uhr, gilt als Beurteilungszeit ein Zeitabschnitt von 4 Stunden, der die volle Nutzungszeit umfaßt.

1.3.2.3   Teilzeiten T_l

Treten während einer Beurteilungszeit unterschiedliche Emissionen, jeweils unter Einschluß der Impulshaltigkeit, auffälliger Pegeländerungen, der Ton- und Informationshaltigkeit sowie kurzzeitiger Geräuschspitzen, auf, ist zur Ermittlung der Geräuschimmission während der gesamten Beurteilungszeit diese in geeigneter Weise in Teilzeiten T_l aufzuteilen, in denen die Emissionen im wesentlichen gleichartig sind. Eine solche Unterteilung ist z. B. bei zeitlich abgrenzbarem unterschiedlichem Betrieb der Sportanlage erforderlich.

1.3.3   Zuschlag $K_{1,i}$ für Impulshaltigkeit und/oder auffällige Pegeländerungen

Enthält das zu beurteilende Geräusch während einer Teilzeit T_l der Beurteilungszeit nach Nr. 1.3.2 Impulse und/oder auffällige Pegeländerungen, wie z. B. Aufprallgeräusche von Bällen, Geräusche von Startpistolen, Trillerpfeifen oder Signalgebern, ist für diese Teilzeit ein Zuschlag $K_{1,i}$ zum Mittelungspegel $L_{AM,i}$ zu berücksichtigen.

Bei Geräuschen durch die menschliche Stimme ist, soweit sie nicht technisch verstärkt sind, kein Zuschlag $K_{1,i}$ anzuwenden.

Treten die Impulse und/oder auffälligen Pegeländerungen in der Teilzeit T_i im Mittel höchstens einmal pro Minute auf, sind neben dem Mittelungspegel $L_{AM,i}$ der mittlere Maximalpegel $L_{AFmax,i}$ (energetischer Mittelwert) und die mittlere Anzahl n pro Minute der Impulse und/oder auffälligen Pegeländerungen zu bestimmen. Der Zuschlag $K_{1,i}$ beträgt dann:

$$K_{I,i} = 10 \lg (1 + n/12 \cdot 10^{\,0,1(L_{AFmax,i} - L_{Am,i})}) \, dB(A) \tag{1}.$$

Sofern Impulse und/oder auffällige Pegeländerungen in der Teilzeit T_i mehr als einmal pro Minute auftreten, ist der Wirkpegel $L_{AFTm,i}$). Bei Anlagen, die Geräuschimmissionen mit Impulsen und/oder auffälligen Pegeländerungen in der Teilzeit T_i mehr als einmal pro Minute hervorrufen und vor Inkrafttreten dieser Verordnung baurechtlich genehmigt oder – soweit eine Baugenehmigung nicht erforderlich war – errichtet waren, ist für die betreffende Teilzeit ein Abschlag von 3 dB(A) zu berücksichtigen.

1.3.4   Zuschlag $K_{T,i}$ für Ton- und Informationshaltigkeit

Wegen der erhöhten Belästigung beim Mithören ungewünschter Informationen ist je nach Auffälligkeit in den entsprechenden Teilzeiten T_i ein Informationszuschlag $K_{inf,i}$ von 3 dB oder 6 dB zum Mittelungspegel $L_{AM,i}$ zu addieren. $K_{inf,i}$ ist in der Regel nur bei Lautsprecherdurchsagen oder bei Musikwiedergaben anzuwenden. Ein Zuschlag von 6 dB ist zu wählen, wenn Lautsprecherdurchsagen gut verständlich oder Musikwiedergaben deutlich hörbar sind.

Heben sich aus dem Geräusch von Sportanlagen Einzeltöne heraus, ist ein Tonzuschlag $K_{Ton,i}$ von 3 dB oder 6 dB zum Mittelungspegel $L_{AM,i}$ für die Teilzeiten hinzuzurechnen, in denen die Töne auftreten. Der Zuschlag von 6 dB gilt nur bei besonderer Auffälligkeit der Töne. In der Regel kommen tonhaltige Geräusche bei Sportanlagen nicht vor.

Die hier genannten Zuschläge sind so zusammenzufassen, daß der Gesamtzuschlag auf maximal 6 dB begrenzt bleibt:

$$K_{T,i} = K_{inf,i} + K_{Ton,i} \leq 6 \, dB(A) \tag{2}.$$

1.3.5   Bestimmung der Beurteilungspegel

Die Beurteilungspegel werden für die Beurteilungszeit T_r unter Berücksichtigung der Zuschläge $K_{I,i}$ für Impulshaltigkeit und/oder auffällige Pegeländerungen und $K_{T,i}$ für Ton- und Informationshaltigkeit nach Gleichung (3) ermittelt:

$$L_r = 10 \lg \left[\frac{1}{T_r} \sum_i T_i \cdot 10^{\,0,1(L_{Am,i} + K_{I,i} + K_{T,i})} \right] \, dB(A) \tag{3}$$

mit

a)   für den Tag außerhalb der Ruhezeiten

      an Werktagen $T_r = \sum_i T_i = 12 \, h,$

      an Sonn- und Feiertagen $T_r = \sum_i T_i = 9 \, h,$

b)   für den Tag innerhalb der Ruhezeiten $T_r = \sum_i T_i = 2 \, h,$

                                                    $T_r = \sum_i T_i = 1 \, h$

c)   für die Nacht

und $L_{AM,i}$, $K_{I,i}$ und $K_{T,i}$ die Mittelungspegel und Zuschläge für Impulshaltigkeit und/oder auffällige Pegeländerungen oder der Abschlag nach Nr. 1.3.3 sowie der Zuschlag für Ton- und Informationshaltigkeit nach Nr. 1.3.4 während der zugehörigen Teilzeiten T_i.

Im Falle von Nr. 1.3.2.2 Satz 2 beträgt $T_r = 4$ Stunden.

Zur Bestimmung der Beurteilungszeit T_r im Falle von § 5 Abs. 3 sind die Beurteilungszeiten nach Buchstaben a, b oder c um die außer Betracht zu lassenden Teilzeiten $T_{,i}$ nach Nr. 1.3.2.3 (tatsächliche Nutzungszeit) zu kürzen.

1.4   Ständig vorherrschende Fremdgeräusche

Fremdgeräusche sind Geräusche am Immissionsort, die unabhängig von dem Geräusch der zu beurteilenden Anlage oder Anlagen auftreten.

Sie sind dann als ständig vorherrschend anzusehen, wenn der Mittelungspegel des Anlagengeräusches gegebenenfalls zuzüglich der Zuschläge für Impulshaltigkeit und/oder auffällige Pegeländerungen in mehr als 95 % der Nutzungszeit vom Fremdgeräusch übertroffen wird.

1.5   Seltene Ereignisse

Überschreitungen der Immissionsrichtwerte durch besondere Ereignisse und Veranstaltungen gelten als selten, wenn sie an höchstens 18 Kalendertagen eines Jahres in einer Beurteilungszeit oder mehreren Beurteilungszeiten auftreten. Dies gilt unabhängig von der Zahl der einwirkenden Sportanlagen.

1.6   Vergleich des Beurteilungspegels mit dem Immissionsrichtwert

Der durch Prognose nach Nr. 2 ermittelte Beurteilungspegel nach Nr. 1.3.5 ist direkt mit den Immissionsrichtwerten nach § 2 der Verordnung zu vergleichen.

Wird der Beurteilungspegel durch Messung nach Nr. 3 ermittelt, ist zum Vergleich mit den Immissionsrichtwerten nach § 2 der Verordnung der um 3 dB(A) verminderte Beurteilungspegel nach Nr. 1.3.5 heranzuziehen.

2.   Ermittlung der Geräuschimmission durch Prognose

2.1   Grundlagen

Der Mittelungspegel L_{AM} ist in Anlehnung an VDI-Richtlinie 2714 »Schallausbreitung im Freien« (Januar 1988) und Entwurf VDI-Richtlinie 2720/1 »Schallschutz durch Abschirmung im Freien« (November 1987) zu berechnen.

Für die Berechnung der Mittelungspegel werden für alle Schallquellen die mittleren Schallleistungspegel L_{WAm}, die Einwirkzeiten, die Raumwinkelmaße, gegebenenfalls die Richtwirkungsmaße, die Koordinaten der Schallquellen und der Immissionsorte, die Lage und Abmessungen von Hindernissen und außerdem für schallabstrahlende Außenbauteile von Gebäuden die Flächen S und die bewerteten Bauschalldämm-Maße $R'_{<w}$ benötigt.

Als Eingangsdaten für die Berechnung können Meßwerte oder Erfahrungswerte, soweit sie auf den Meßvorschriften dieses Anhangs beruhen, verwendet werden. Wenn aufgrund besonderer Vorkehrungen eine im Vergleich zu den Erfahrungswerten weitergehende dauerhafte Lärmminderung nachgewiesen ist, können die der Lärmminderung entsprechenden Korrekturwerte bei den Eingangsdaten berücksichtigt werden.

Der Mittelungspegel der Geräusche, die von den der Anlage zuzurechnenden Parkflächen ausgehen, ist zu berechnen nach den Richtlinien für den Lärmschutz an Straßen – Ausgabe 1990 – RLS-90, bekanntgemacht im Verkehrsblatt, Amtsblatt des Bundesministers für ёrkehr der Bundesrepublik Deutschland (VkBl.) Nr. 7 vom 14. April 1990 unter lfd. Nr. 79. Bei der Bestimmung der Anzahl der Fahrzeugbewegungen je Stellplatz und Stunde ist, sofern keine genaueren Zahlen vorliegen, von bei vergleichbaren Anlagen gewonnenen Erfahrungswerten auszugehen. Die Richtlinien sind zu beziehen von der Forschungsgesellschaft für Straßen- und Verkehrswesen, Alfred-Schütte-Allee 10, 5000 Köln 21.

Der Beurteilungspegel für den Verkehr auf öffentlichen Verkehrsflächen ist zu berechnen nach den Richtlinien für den Lärmschutz an Straßen – Ausgabe 1990 – RLS-90, bekanntgemacht im Verkehrsblatt, Amtsblatt des Bundesministers für Verkehr der Bundesrepublik Deutschland (VkBl.) Nr. 7 vom 14. April 1990 unter lfd. Nr. 79. Die Richtlinien sind zu beziehen von der Forschungsgesellschaft für Straßen- und Verkehrswesen, Alfred-Schütte-Allee 10, 5000 Köln 21.

2.2   **Von Teilflächen der Außenhaut eines Gebäudes abgestrahlte Schalleistungen**

Wenn sich Schallquellen in einem Gebäude befinden, ist jedes Außenhautelement des Gebäudes als eine Schallquelle zu betrachten. Der durch ein Außenhautelement ins Freie abgestrahlte Schalleistungspegel L_{WAm} ist aus dem mittleren Innenpegel $L_{m.innen}$ im Raum, den es nach außen abschließt, in ca. 1 m Abstand von dem Element, aus seiner Fläche S (in m^2) und aus seinem bewerteten Bauschalldämm-Maß R'_w nach der Gleichung

$$L_{WAm} = L_{m.innen} + 10 \lg(S) - R'_w - 4 \text{ dB} \tag{4}$$

zu berechnen. Für den mittleren Innenpegel kann von Meß- oder Erfahrungswerten ausgegangen werden. Er kann für einen Raum aus dem Schalleistungspegel $L_{WAm.innen}$ aller Schallquellen im Raum zusammen nach der Gleichung

$$_{m.innen} = _{WAm.innen} + 10 \lg(T/V) + 14 \text{ dB} = L_{WAm.innen} - 10 \lg(A/4) \tag{5}$$

berechnet werden, worin T die Nachhallzeit (in s) bei mittleren Frequenzen, V das Volumen (in m^3) und A die äquivalente Absorptionsfläche des Raumes (in m^2) bei mittleren Frequenzen ist.

Für Öffnungen ist das bewerte Bauschalldämm-Maß mit Null anzusetzen.

2.3   **Schallausbreitungsrechnung**

Die Rechnung ist für jede Schallquelle entsprechend VDI-Richtlinie 2714, Abschnitt 3 bis 7, und Entwurf VDI-Richtlinie 2720/1, Abschnitt 3, durchzuführen. Bei den frequenzabhängigen Einflüssen ist von einer Frequenz von 500 Hz auszugehen.

Werden bei der Schallausbreitungsrechnung Abschirmungen berücksichtigt, ist nach Entwurf VDI-Richtlinie 2720/1, Abschnitt 3.1, gegebenenfalls eine feinere Zerlegung in Einzelschallquellen als nach VDI-Richtlinie 2714, Abschnitte 3.3 und 3.4, erforderlich.

Reflexionen, die nicht bereits im Raumwinkelmaß enthalten sind, sind nach VDI-Richtlinie 2714, Abschnitt 7.1, durch die Annahme von Spiegelschallquellen zu berücksichtigen.

Der Mittelungspegel L_{AM} (s_m) von einer Schallquelle an einem Immissionsort im Abstand s_m von ihrem Mittelpunkt ist nach Gleichung (6) zu berechnen:

$$L_{AM} (s_m) = L_{WAm} + DI + K_o - D_s - D_L - D_{BM} - D_e \tag{6}.$$

Die Bedeutung der einzelnen Glieder in Gleichung (6) ist Tabelle 1 zu entnehmen.

Die Eigenabschirmung von Gebäuden ist in Anlehnung an VDI-Richtlinie 2714, Abschnitt 5.1, durch das Richtwirkungsmaß zu berücksichtigen.

Mit DI ≥ – 10 dB für die dem Immissionsort abgewandte Seite darf jedoch nur gerechnet werden, wenn sich ihr gegenüber keine reflektierenden Flächen (z. B. Wände von Gebäuden) befinden.

Das Boden- und Meteorologie-Dämpfungsmaß D_{BM} ist nach VDI-Richtlinie 2714, Abschnitt 6.3, Gleichung (7), anzusetzen.

Die Einfügungsdämpfungsmaße D_e von Abschirmungen sind nach Entwurf VDI-Richtlinie 2720/1, Abschnitt 3, zu berechnen. Dabei ist in Gleichung (5) dieser Richtlinie $C_2 = 20$ zu setzen. Der Korrekturfaktor für Witterungseinflüsse ist für alle Anlagen nach Abschnitt 3.4.3, Gleichung (7a), zu berechnen.

Tabelle 1: Bedeutung der Glieder in Gleichung (6)

Größe	Bedeutung	Fundstelle
L_{WAm}	mittlerer Schalleistungspegel	
		VDI-Richtlinie 2714
DI	Richtwirkungsmaß	Abschnitt 5.1
K_Ω	Raumwinkelmaß	Abschnitt 5.2, Gleichung (3) oder Tabelle 2
D_s	Abstandsmaß	Abschnitt 6.1, Gleichung (4)
D_L	Luftabsorptionsmaß	Abschnitt 6.2, Gleichung (5) in Verbindung mit Tabelle 3
D_{BM}	Boden- und Meteorologiedämpfungsmaß	Abschnitt 6.3, Gleichung (7)
		VDI-Richtlinie 2720/1
D_e	Einführungsdämpfungsmaß von Schallschirmen	Abschnitt 3

2.4 **Bestimmung des Mittelungspegels $L_{Am.i}$ sowie der Zuschläge $K_{I.i}$ und $K_{T.i}$ in der Teilzeit T_i**

Zur Bestimmung des Mittelungspegels $L_{Am,i}$ in der Teilzeit T_i sind die nach Gleichung (6) bestimmten Mittelungspegel aller einwirkenden Schallquellen energetisch zu addieren. Die Zuschläge $K_{I,i}$ für Impulshaltigkeit und/oder auffällige Pegeländerungen und $K_{T,i}$ für Ton- und Informationshaltigkeit sind entsprechend Nr. 1.3.3 und Nr. 1.3.4 nach Erfahrungswerten zu bestimmen.

2.5 **Berechnung der Pegel kurzzeitiger Geräuschspitzen**

Wenn einzelne kurzzeitige Geräuschspitzen zu erwarten sind, ist die Berechnung nach Nr. 2.3 statt mit den mittleren Schalleistungspegeln aller Schallquellen mit den maximalen Schalleistungspegeln L_{WAmax} der Schallquellen mit kurzzeitigen Geräuschspitzen zu wiederholen.

3. **Ermittlung der Geräuschimmission durch Messung**

3.1 **Meßgeräte**

Bei Messungen dürfen Schallpegelmesser der Klasse 1 nach DIN IEC 651, Ausgabe Dezember 1981, oder DIN IEC 804, Ausgabe Januar 1987, verwendet werden, die zusätzlich die Anforderungen des Entwurfes DIN 45657, Ausgabe Juli 1989, erfüllen. Schallpegelmesser müssen den eichrechtlichen Vorschriften entsprechen.

3.2 **Meßverfahren und Auswertung**

3.2.1   Meßwertarten

Meßgröße ist der A-bewertete mit der Zeitwertung F ermittelte Schalldruckpegel $L_{AF}(t)$ nach DIN IEC 651, Ausgabe Dezember 1981. Der Mittelungspegel L_{Am} wird nach DIN 45641, Ausgabe Juni 1990, aus dem zeitlichen
Verlauf des Schalldruckpegels oder mit Hilfe von Schallpegelmessern nach
DIN IEC 804, Ausgabe Januar 1987, gebildet.

Im Falle von Nr. 1.3.3 sind neben dem Mittelungspegel L_{Am} die Maximalpegel L_{AFmax} der Impulse und/oder auffälligen Pegeländerungen oder aus
den im 5-s-Takt ermittelten Taktmaximalpegeln $L_{AFT.5}$ nach DIN 45641,
Ausgabe Juni 1990, der Wirkpegel L_{AFTm} zu bestimmen.

Für die Beurteilung einzelner, kurzzeitiger Geräuschspitzen ist der Maximalpegel L_{AFmax} heranzuziehen.

3.2.2   Ort und Zeit der Messungen

Es ist an den in Nr. 3.2.2.1 genannten Orten und zu den in Nr. 3.2.2.2 genannten Zeiten zu messen.

3.2.2.1 Ort der Messungen

Der Ort der Messungen ist entsprechend Nr. 1.2 zu wählen. Ergänzend gilt:

a)   Bei bebauten Flächen kann abweichend von den Bestimmungen in
     Nr. 1.2 Buchstabe a das Mikrofon an einem geeigneten Ersatzmeß-
     punkt (z. B. in einer Baulücke neben dem betroffenen Gebäude) mög-
     lichst in Höhe des am stärksten betroffenen Fensters aufgestellt wer-
     den, insbesondere wenn der Bewohner nicht informiert oder nicht ge-
     stört werden soll.

b)   Bei unbebauten Flächen ist in mindestens 3 m Höhe über dem Erdbo-
     den zu messen. Besondere Gründe bei der nach Nr. 1.2 erforderlichen
     Auswahl des am stärksten betroffenen Randes der Fläche (z. B. Ab-
     schattung durch Mauern, Hanglage, geplante hohe Wohngebäude) sind
     im Meßprotokoll anzugeben.

c)   Sind Messungen in Wohnungen durchzuführen, die mit der zu beur-
     teilenden Anlage baulich aber nicht betrieblich verbunden sind, ist in
     den Räumen bei geschlossenen Türen und Fenstern und bei üblicher
     Raumausstattung mindestens 0,4 m von den Begrenzungsflächen ent-
     fernt zu messen. Die Messung ist an mehreren Stellen im Raum, in
     der Regel an den bevorzugten Aufenthaltsplätzen, durchzuführen, und
     die gemessenen Mittelungspegel sind entsprechend Gleichung (7) in
     Nr. 3.2.2.2 energetisch zu mitteln.

3.2.2.2 Zeit und Dauer der Messungen

Zeit und Dauer der Messungen haben sich an den für die zu beurteilende
Anlage kennzeichnenden Nutzungen unter Berücksichtigung aller nach
Nr. 1.1 zuzurechnenden Geräusche zu orientieren. Dabei sollen die bei
bestimmungsgemäßer Nutzung der Anlage auftretenden Emissionen, gegebenenfalls getrennt für Teilzeiten T_i mit unterschiedlichen Emissionen,
erfaßt werden.

Die Meßdauer ist nach der Regelmäßigkeit des Pegelverlaufs zu bestimmen. Bei Nutzungszyklen soll sich die Meßdauer für eine Messung mindestens über einen typischen Geräuschzyklus erstrecken.

Treten am Meßort Fremdgeräusche auf, ist grundsätzlich nur dann zu messen, wenn erwartet werden kann, daß der Mittelungspegel des Fremdge-

räusches während der Meßdauer um mindestens 6 dB(A) unter dem Mittelungspegel des Anlagengeräusches liegt. Ist das Fremdgeräusch unterbrochen und ist in diesen Zeiten das Anlagengeräusch pegelbestimmend, ist in den Pausenzeiten zu messen.

Bei Abständen zwischen Quelle und Immissionsort ab 200 m sind die Messungen in der Regel bei Mitwind durchzuführen. Die Mitwindbedingung ist erfüllt, wenn der Wind von der Anlage in Richtung Meßort in einem Sektor bis zu ± 60° weht und wenn die Windgeschwindigkeit im Bereich weitgehend ungestörter Windströmungen (z. B. auf freiem Feld) in ca. 5 m Höhe etwa zwischen 1 m/s und 3 m/s liegt. Im Verlauf der Messungen ist darauf zu achten, daß die am Mikrofon auftretenden Windgeräusche die Meßergebnisse nicht beeinflussen.

Bei außergewöhnlichen Wetterbedingungen sollen keine Schallpegelmessungen vorgenommen werden. Außergewöhnliche Wetterbedingungen können beispielsweise stärkerer Regen, Schneefall, größere Windgeschwindigkeit, gefrorener oder schneebedeckter Boden sein.

In der Regel sind an jedem Meßort drei unabhängige Messungen durchzuführen und die Mittelungspegel $L_{Am,k}$ aus diesen Messungen nach Gleichung (7) zu mitteln (energetische Mittelung):

$$L_{Am} = 10 \lg \left[\frac{1}{3} \sum_{k=1}^{3} 10^{\,0,1\,L_{Am,k}} \right] \text{dB(A)} \tag{7}$$

Sofern aus vorliegenden Erkenntnissen bekannt ist, daß der Schwankungsbereich der Mittelungspegel der zu beurteilenden Geräuschimmissionen in der Beurteilungszeit kleiner ist als 3 dB(A), genügt eine einmalige Messung. Dies gilt auch, wenn der aus dem Meßwert für die Geräuschimmission bestimmte Beurteilungspegel um mehr als 6 dB(A) unter oder über dem geltenden Immissionsrichtwert liegt.

Wenn bei regulärer Nutzung der Anlage innerhalb der Beurteilungszeit der Schwankungsbereich der Mittelungspegel $L_{Am,k}$ aus den drei Einzelmessungen größer ist als 6 dB(A), ist zu prüfen, ob durch getrennte Erfassung von Teilzeiten der Schwankungsbereich auf weniger als 6 dB(A) verringert werden kann. In diesem Fall erfolgt die Bestimmung des Mittelungspegels für jede einzeln erfaßte Teilzeit nach Gleichung (7) aus drei Einzelmessungen. Andernfalls sind an fünf verschiedenen Meßterminen die Mittelungspegel $L_{Am,k}$ zu bestimmen und nach Gleichung (8) energetisch zu mitteln:

$$L_{Am} = 10 \lg \left[\frac{1}{5} \sum_{k=1}^{5} 10^{\,0,1\,L_{Am,k}} \right] \text{dB(A)} \tag{8}$$

Im Falle von Nr. 1.3.3 Abs. 4 gelten Gleichung (7) und (8) für L_{AFTm} entsprechend.

3.3   **Meßprotokoll**

Die Meßwerte sind in einem Protokoll festzuhalten. Das Protokoll muß eine eindeutige Bezeichnung der Meßorte (Lageplan) und die erforderlichen Angaben über Nutzungsarten und -dauern, Meßzeit und Meßdauer, Wetterlage, Geräuschquellen, Einzeltöne, Informationshaltigkeit, Impulshaltigkeit, auffällige Pegeländerungen, Fremdgeräusche und verwendete Meßgeräte oder Meßketten sowie gegebenenfalls über Maßnahmen zur Sicherstellung einer ausreichenden Meßsicherheit bei Verwendung von Meßketten enthalten.

Anhang 2

Maßnahmen, die keine wesentliche Änderung darstellen

Maßnahmen, die in der Regel keine wesentliche Änderung im Sinne von § 5 Absatz 4 darstellen:

– Flutlichtanlagen,
– nicht überdachte Stellplätze bis insgesamt 100 m^2,
– nicht überdachte Lagerflächen bis 300 m^2,
– Einrichtung von Sport- und Spielflächen,
– Werbeanlagen,
– Zugänge und Zufahrten,
– Anlagen zur Nutzung erneuerbarer Energien, insbesondere von Solaranlagen in, an und auf Dach- und Außenwandflächen,
– Änderungen der äußeren Gebäudegestaltung,
– Nutzungsänderungen durch Solaranlagen an Dach und Wänden,
– Auswechseln von Belägen auf Sport- und Spielflächen,
– Instandhaltungsmaßnahmen,
– Sanierungs- und Modernisierungsmaßnahmen, insbesondere die Umwandlung von Tennen- oder Rasenspielflächen in Kunststoffrasenspielflächen,
– Erneuerung von Ballfangzäunen, Einzäunungen, Barrieren, Kantsteinen, Zuschauerplätzen,
– Erweiterung der Sanitär- und Umkleidebereiche,
– Neubau von Garagen,
– Umbau der Spielflächen nach dem Stand der Technik,
– Umbau von Anlagen zur Erfüllung immissionsschutzrechtlicher und anderer öffentlich-rechtlicher Anforderungen,
– Beregnungsanlagen,
– Modifizierung der Sportanlage, insbesondere durch den Neubau von Spiel- und Klettergeräten, Trimm- und Kräftigungsgeräten, Kletterwänden oder Boulebahnen,
– Rückbau von Teilen der Anlage,
– Lärmschutzmaßnahmen,
– Neubau von Vereinsheimen und
– Neubau oder Austausch von Lautsprecheranlagen.

Neunzehnte Verordnung
zur Durchführung des Bundes-Immissionsschutzgesetzes
(Verordnung über Chlor- und Bromverbindungen als
Kraftstoffzusatz – 19. BImSchV)

Vom 17. Januar 1992 (BGBl. I S. 75)
geändert durch Gesetz vom 21. Dezember 2000 (BGBl. I S. 1956, 1963)

Die 19. BImSchV ist mit Inkrafttreten der neuen 10. BImSchV am 14. Dezember 2010 außer Kraft getreten.

**Zwanzigste Verordnung
zur Durchführung des Bundes-Immissionsschutzgesetzes
(Verordnung zur Begrenzung der Emissionen flüchtiger
organischer Verbindungen beim Umfüllen und Lagern von
Ottokraftstoffen, Kraftstoffgemischen oder Rohbenzin –
20. BImSchV)**

In der Fassung der Bekanntmachung vom 18. August 2014
(BGBl. I S. 1447)
(FNA 2129-8-20-1)

geändert durch Art. 2 VO vom 24. März 2017 (BGBl. I S. 656)

Inhaltsübersicht

Erster Teil
Allgemeine Vorschriften
§ 1   Anwendungsbereich
§ 2   Begriffsbestimmungen

Zweiter Teil
Anforderungen an die Errichtung, die Beschaffenheit und den Betrieb
§ 3   Lagerung in Tanklagern
§ 4   Befüllung und Entleerung von Lagertanks oder beweglichen Behältnissen in
            Tanklagern
§ 5   Bewegliche Behältnisse
§ 6   Befüllung der Lagertanks von Tankstellen

Dritter Teil
Verfahren zur Messung und Überwachung
§ 7   Messöffnungen und Messplätze
§ 8   Nicht genehmigungsbedürftige Anlagen
§ 9   Genehmigungsbedürftige Anlagen

Vierter Teil
Gemeinsame Vorschriften
§ 10   Andere oder weitergehende Anforderungen
§ 11   Zulassung von Ausnahmen
§ 12   Zugänglichkeit der Normen
§ 13   Ordnungswidrigkeiten

Fünfter Teil
Übergangs- und Schlussvorschriften
§ 14   Übergangsregelung
§ 15   Inkrafttreten, Außerkrafttreten

Erster Teil
Allgemeine Vorschriften

§ 1 Anwendungsbereich
(1) Diese Verordnung gilt für die Errichtung, die Beschaffenheit und den Betrieb von
1. Anlagen für die Lagerung oder Umfüllung von Ottokraftstoff, Kraftstoffgemischen oder von Rohbenzin in Tanklagern oder an Tankstellen,
2. ortsveränderliche Anlagen für die Beförderung von Ottokraftstoff, Kraftstoffgemischen oder von Rohbenzin.

(2) Die für die in Absatz 1 Nummer 2 genannte Beförderung von Ottokraftstoff, Kraftstoffgemischen oder von Rohbenzin in ortsveränderlichen Anlagen geltenden Bestimmungen der Anlagen A und B des Europäischen Übereinkommens vom 30. September 1957 über die internationale Beförderung gefährlicher Güter auf der Straße (ADR) in der Fassung der Bekanntmachung der Neufassung der Anlagen A und B vom 17. April 2015 (BGBl. 2015 II S. 504), die zuletzt nach Maßgabe der 25. ADR-Änderungsverordnung vom 25. Oktober 2016 (BGBl. 2016 II S. 1203) geändert worden sind, der Ordnung für die internationale Eisenbahnbeförderung gefährlicher Güter (RID) in der Fassung der Bekanntmachung vom 16. Mai 2008 (BGBl. 2008 II S. 475, 899), die zuletzt nach Maßgabe der 20. RID-Änderungsverordnung vom 11. November 2016 (BGBl. 2016 II S. 1258) geändert worden ist, und der Anlage zum Europäischen Übereinkommen vom 26. Mai 2000 über die internationale Beförderung von gefährlichen Gütern auf Binnenwasserstraßen (ADN) vom 26. Mai 2000 (BGBl. 2007 II S. 1906, 1908), die zuletzt nach Maßgabe der 6. ADN-Änderungsverordnung vom 25. November 2016 (BGBl. 2016 II S. 1298) geändert worden ist, in der jeweils geltenden Fassung bleiben unberührt.

§ 2 Begriffsbestimmungen
Im Sinne dieser Verordnung bedeuten die Begriffe
1. Abgasreinigungseinrichtung:
    eine Einrichtung für die Rückgewinnung von Ottokraftstoff, Kraftstoffgemischen oder von Rohbenzin aus Dämpfen (Dämpferückgewinnungsanlage) oder eine Einrichtung für die energetische Verwertung von Dämpfen, insbesondere in einem Gasmotor, jeweils einschließlich etwaiger Puffertanksysteme;
2. bewegliches Behältnis:
    ortsveränderliche Anlage, insbesondere ein Tank oder ein Container, zur Beförderung von Ottokraftstoff, Kraftstoffgemischen oder von Rohbenzin von einem Tanklager zu einem anderen oder von einem Tanklager zu einer Tankstelle auf Straßen, Schienen oder schiffbare Binnengewässer;
3. Binnenschiff:
    ein Schiff gemäß der Definition in Teil 1 Kapitel 1 Artikel 1.01 Nummer 3 des Anhangs II der Richtlinie 2006/87/EG des Europäischen Parlaments und des Rates vom 12. Dezember 2006 über die

technischen Vorschriften für Binnenschiffe und zur Aufhebung der Richtlinie 82/714/EWG des Rates (ABl. L 389 vom 30. 12. 2006, S. 1), die zuletzt durch die Richtlinie 2013/22/EU (ABl. L 158 vom 10. 6. 2013, S. 356) geändert worden ist;

4. Bioethanol:
   Ethanol von 100 Volumenprozent, das aus Biomasse oder dem biologisch abbaubaren Teil von Abfällen hergestellt wird und für die Verwendung in Kraftstoffgemischen bestimmt ist;

5. Dämpfe:
   gasförmige Verbindungen, die aus Ottokraftstoff, Kraftstoffgemischen oder Rohbenzin verdunsten;

6. Durchsatz:
   die größte jährliche Menge an Ottokraftstoff, Kraftstoffgemischen oder Rohbenzin, welche während der letzten drei Jahre von einem Tanklager oder von einer Tankstelle in bewegliche Behältnisse umgefüllt wurde;

7. Emissionen:
   die von einer Anlage ausgehenden Luftverunreinigungen; Konzentrationsangaben beziehen sich auf das unverdünnte Abgasvolumen im Normzustand (273 Kelvin, 1 013 Hektopascal) nach Abzug des Feuchtegehaltes an Wasserdampf;

8. Fachbetrieb:
   ein Betrieb im Sinne des § 3 Absatz 2 der Verordnung über Anlagen zum Umgang mit wassergefährdenden Stoffen vom 31. März 2010 (BGBl. I S. 377), welcher zusätzlich über Geräte und Ausrüstungsteile zum Brand- und Explosionsschutz sowie über sachkundige Personen mit den erforderlichen Kenntnissen des Brand- und Explosionsschutzes verfügt;

9. Füllstelle:
   eine Einrichtung in einem Tanklager, mit der bewegliche Behältnisse mit Ottokraftstoff, Kraftstoffgemischen oder mit Rohbenzin befüllt werden; eine Anlage zum Befüllen von Straßentankfahrzeugen umfasst eine oder mehrere Füllstellen;

10. genehmigungsbedürftige Anlage:
    Anlage, die nach § 4 des Bundes-Immissionsschutzgesetzes einer Genehmigung bedarf;

11. Gaspendelsystem:
    eine Einrichtung, mit der die beim Befüllen eines Lagertanks oder eines beweglichen Behältnisses verdrängten Dämpfe erfasst und durch eine dampfdichte Verbindungsleitung dem abfüllenden beweglichen Behältnis, dem abfüllenden Lagertank oder einem Puffertanksystem zugeführt werden;

12. Kraftstoffgemische:
    Erdölderivate mit einem Anteil von mehr als 10 und weniger als 90 Volumenprozent Bioethanol, die der UN-Nummer 3475 der jeweiligen Tabelle A in Teil 3 Kapitel 3.2.1 der Anlagen A und B zum ADR,

in Teil 3 Kapitel 3.2 der RID oder in Teil 3 Kapitel 3.2.1 der Anlage zum ADN entsprechen;

13. Lagertank:
ein ortsfester Tank oder ortsfester Behälter für die Lagerung von Ottokraftstoff, Kraftstoffgemischen oder von Rohbenzin in einem Tanklager oder an einer Tankstelle;

14. Massenstrom der organischen Stoffe:
die während einer Stunde emittierte Masse an organischen Stoffen, angegeben als Gesamtkohlenstoff abzüglich Methan; der Massenstrom ist die während einer Betriebsstunde bei bestimmungsgemäßem Betrieb einer Anlage unter den für die Luftreinhaltung ungünstigsten Betriebsbedingungen auftretende Emission der gesamten Anlage;

15. nicht genehmigungsbedürftige Anlage:
Anlage, die keiner Genehmigung nach dem Bundes-Immissionsschutzgesetz bedarf;

16. öffentlich bestellter und vereidigter Sachverständiger:
ein nach § 36 der Gewerbeordnung vom 22. Februar 1999 (BGBl. I S. 202), die zuletzt durch Artikel 10 des Gesetzes vom 15. April 2015 (BGBl. I S. 583) geändert worden ist, öffentlich bestellter und vereidigter Sachverständiger;

17. Ottokraftstoffe:
Erdölderivate mit einem Anteil von bis zu 10 Volumenprozent Bioethanol, die der UN-Nummer 1203 der jeweiligen Tabelle A in Teil 3 Kapitel 3.2.1 der Anlagen A und B zum ADR, in Teil 3 Kapitel 3.2 der RID oder in Teil 3 Kapitel 3.2.1 der Anlage zum ADN entsprechen und die zur Verwendung als Kraftstoff für Ottomotoren bestimmt sind;

18. Reinigungsgrad:
das Verhältnis der Differenz zwischen der einer Abgasreinigungseinrichtung zugeführten und in ihrem Abgas emittierten Masse an organischen Stoffen zu der zugeführten Masse an organischen Stoffen, angegeben in Prozent;

19. Rohbenzin:
aus der Raffination von Erdöl oder Erdgas gewonnenes unbehandeltes Erdöldestillat, das der UN-Nummer 1268 in der jeweiligen Tabelle A in Teil 3 Kapitel 3.2.1 der Anlagen A und B zum ADR, in Teil 3 Kapitel 3.2 der RID oder in Teil 3 Kapitel 3.2.1 der Anlage zum ADN entspricht;

20. Tanklager:
eine Einrichtung mit Anlagen für die Lagerung und Umfüllung von Ottokraftstoff, Kraftstoffgemischen oder von Rohbenzin in oder aus Eisenbahnkesselwagen, in Binnenschiffe oder aus Binnenschiffen oder in Straßentankfahrzeuge einschließlich aller Lagertanks am Ort der Einrichtung;

21. Tankstelle:
    eine Einrichtung zur Abgabe von Ottokraftstoff und Kraftstoffgemischen aus Lagertanks an Kraftstofftanks von Kraftfahrzeugen;
22. zugelassene Überwachungsstelle:
    Überwachungsstelle, die nach § 17 Absatz 5 des Geräte- und Produktsicherheitsgesetzes vom 6. Januar 2004 (BGBl. I S. 2), das zuletzt durch Artikel 3 des Gesetzes vom 7. Juli 2005 (BGBl. I S. 1970) geändert worden ist, oder nach § 37 Absatz 5 des Produktsicherheitsgesetzes vom 8. November 2011 (BGBl. I S. 2178) jeweils in Verbindung mit Anhang 2 Abschnitt 1 Nummer 1 der Betriebssicherheitsverordnung vom 3. Februar 2015 (BGBl. I S. 49) von der zuständigen Landesbehörde für die Prüfung von überwachungsbedürftigen Anlagen nach § 18 Absatz 1 Nummer 4 bis 8 und nach Anhang 2 Abschnitt 3 Nummer 1 der Betriebssicherheitsverordnung dem Bundesministerium für Arbeit und Soziales als Prüfstelle benannt und von diesem im Gemeinsamen Ministerialblatt bekannt gemacht worden ist;
23. Zwischenlagerung von Dämpfen:
    die Zwischenlagerung von Dämpfen in einem Festdachtank eines Tanklagers mit dem Ziel, die Dämpfe später zur Rückgewinnung oder energetischen Verwertung in ein anderes Tanklager zu verbringen. Hierzu zählt auch die Dämpfezwischenlagerung im Gasraum eines mit Ottokraftstoff, Kraftstoffgemischen oder mit Rohbenzin teilweise gefüllten Festdachtanks mit dem gleichen Ziel. Die Beförderung von Dämpfen zwischen Lagertanks innerhalb eines Tanklagers gilt nicht als Zwischenlagerung von Dämpfen.

Zweiter Teil
Anforderungen an die Errichtung, die Beschaffenheit und den Betrieb

§ 3 Lagerung in Tanklagern

(1) [1]Oberirdische Lagertanks hat der Betreiber so zu errichten und zu betreiben, dass die Außenwand und das Dach mit geeigneten Farbanstrichen versehen werden, die die Strahlungswärme zu mindestens 70 vom Hundert zurückwerfen. [2]Festdachtanks hat der Betreiber mit Unterdruck-/Überdruckventilen auszustatten und zu betreiben, soweit sicherheitstechnische Gründe dem nicht entgegenstehen.

(2) [1]Schwimmdachtanks hat der Betreiber nach dem Stand der Technik mit Randabdichtungen auszustatten und zu betreiben. [2]Die Dichtungen müssen so beschaffen sein, dass sie die Dämpfe im Verhältnis zu einem vergleichbaren Festdachtank ohne innere Schwimmdecke bei ruhendem Tank zu mindestens 97 vom Hundert zurückhalten.

(3) Festdachtanks mit innerer Schwimmdecke hat der Betreiber mit Randabdichtungen auszustatten und zu betreiben, die die Dämpfe im Verhältnis zu einem vergleichbaren Festdachtank ohne innere Schwimmdecke bei ruhendem Tank zu mindestens 97 vom Hundert zurückhalten.

(4) In Tanklagern mit einem Durchsatz von 25 000 Tonnen oder mehr dürfen Lagertanks nur
1. als Festdachtanks, deren Gasraum an eine den Anforderungen des § 4 Absatz 3 genügende Abgasreinigungseinrichtung angeschlossen ist,
2. als Schwimmdachtanks oder
3. als Festdachtanks mit innerer Schwimmdecke
errichtet und betrieben werden.

(5) Abweichend von den Absätzen 2 und 3 kann bei Tanks mit einem Durchmesser von weniger als 40 Metern eine Rückhaltequote der Dämpfe von weniger als 97 Prozent durch die zuständige Behörde zugelassen werden.

(6) Soweit sicherheitstechnische Aspekte nicht entgegenstehen, sind Gase und Dämpfe, die aus Druckentlastungsarmaturen und Entleerungseinrichtungen austreten, in ein Gassammelsystem einzuleiten oder einer Abgasreinigungseinrichtung zuzuführen.

(7) Abgase, die bei Inspektionen oder bei Reinigungsarbeiten der Lagertanks auftreten, sind einer Nachverbrennung zuzuführen oder es sind gleichwertige Maßnahmen zur Emissionsminderung anzuwenden

§ 4 Befüllung und Entleerung von Lagertanks oder beweglichen Behältnissen in Tanklagern

(1) Anlagen für die Lagerung und Umfüllung von Ottokraftstoff, Kraftstoffgemischen oder Rohbenzin hat der Betreiber so zu entrichten und zu betreiben, dass die bei der Befüllung eines Lagertanks oder eines beweglichen Behältnisses verdrängten Dämpfe erfasst und entweder
1. über eine dampfdichte Verbindungsleitung einer Abgasreinigungseinrichtung nach Absatz 3 oder
2. mittels eines Gaspendelsystems nach dem Stand der Technik, mit dem im Verhältnis zum Einsatz einer Abgasreinigungseinrichtung nach Absatz 3 Nummer 1 bei nicht genehmigungsbedürftigen Anlagen oder nach Absatz 3 Nummer 2 Buchstabe b bei genehmigungsbedürftigen Anlagen jeweils eine mindestens gleich große Emissionsminderung erreicht wird, der abfüllenden Anlage
zugeführt werden.

(2) [1]Gaspendelsysteme entsprechen dem Stand der Technik, wenn insbesondere
1. der Kraftstofffluss nur bei Anschluss des Gaspendelsystems unter Verwendung einer Verriegelungseinrichtung freigegeben wird und
2. das Gaspendelsystem und die angeschlossenen Einrichtungen während des Gaspendelns betriebsmäßig, abgesehen von sicherheitstechnisch bedingten Freisetzungen, keine Dämpfe in die Atmosphäre abgeben.
[2]Satz 1 Nummer 1 gilt nicht für das Umfüllen von Ottokraftstoffen, Kraftstoffgemischen oder Rohbenzin bei Eisenbahnkesselwagen, Tankcontainern oder Binnentankschiffen und für das Umfüllen bei einer ortsfesten Anlage mit einem Rauminhalt von weniger als 1 Kubikmeter oder bei ei-

nem jährlichen Durchsatz von höchstens 100 Kubikmetern Ottokraftstoff, Kraftstoffgemischen oder Rohbenzin.

(3) Abgasreinigungseinrichtungen hat der Betreiber so zu errichten und zu betreiben, dass

1. bei nicht genehmigungsbedürftigen Anlagen

    a) ein Reinigungsgrad von 97 vom Hundert nicht unterschritten wird und

    b) die Emissionen der organischen Stoffe im Abgas eine Massenkonzentration von 12 Gramm pro Kubikmeter als Stundenmittelwert, angegeben als Gesamtkohlenstoff ohne Methan, nicht überschreiten und

2. bei genehmigungsbedürftigen Anlagen

    a) die Emissionen der organischen Stoffe die Massenkonzentration von 50 Milligramm pro Kubikmeter, angegeben als Gesamtkohlenstoff ohne Methan, nicht überschreiten, wenn der Massenstrom insgesamt mehr als 0,50 Kilogramm pro Stunde beträgt,

    b) die Emissionen der organischen Stoffe die Massenkonzentration von 1,7 Gramm pro Kubikmeter, angegeben als Gesamtkohlenstoff ohne Methan, nicht überschreiten, wenn der Massenstrom insgesamt 0,50 Kilogramm pro Stunde oder weniger beträgt.[1]

(4) Tanklager mit Anlagen zur Befüllung von Straßentankfahrzeugen hat der Betreiber so zu errichten und zu betreiben, dass alle Füllstellen die für die Untenbefüllung festgelegten Anforderungen in Anhang IV der Richtlinie 94/63/EG des Europäischen Parlaments und des Rates vom 20. Dezember 1994 zur Begrenzung der Emissionen flüchtiger organischer Verbindungen (VOC-Emissionen) bei der Lagerung von Ottokraftstoff und seiner Verteilung von den Auslieferungslagern bis zu den Tankstellen (ABl. L 365 vom 31. 12. 1994, S. 24), die zuletzt durch die Verordnung (EG) Nr. 1137/2008 (ABl. L 311 vom 21. 11. 2008, S. 1) geändert worden ist, einhalten.

(5) Der Betreiber hat eine Anlage so zu errichten und zu betreiben, dass die Befüllung an einer Füllstelle sofort abgebrochen wird, wenn Dämpfe entweichen.

(6) Der Betreiber hat beim Befüllen eines beweglichen Behältnisses von oben sicherzustellen, dass der Füllstutzen des Ladearms nahe am Boden des beweglichen Behältnisses gehalten wird, um ein Hochspritzen zu verhindern.

§ 5 Bewegliche Behältnisse

(1) [1]Bewegliche Behältnisse dürfen nur so errichtet und betrieben werden, dass

1. die Restdämpfe nach der Entleerung von Ottokraftstoff, Kraftstoffgemischen oder von Rohbenzin im Behältnis zurückgehalten werden,

---

1) Ein Rückgriff auf die Emissionswerte der TA Luft ist daneben ausgeschlossen (BVerwG, NVwZ 2012, 972).

2. sie verdrängte Dämpfe aus den Lagertanks von Tankstellen nach § 6 Absatz 1 oder von Tanklagern nach § 4 Absatz 1 Nummer 2 aufnehmen und zurückhalten.

[2]Satz 1 Nummer 2 gilt für Eisenbahnkesselwagen nur, soweit in ihnen Ottokraftstoff, Kraftstoffgemische oder Rohbenzin an Tanklager geliefert wird, in denen Dämpfe im Sinne des § 2 Nummer 23 zwischengelagert werden.

(2) Der Betreiber eines beweglichen Behältnisses hat sicherzustellen, dass die in Absatz 1 Satz 1 Nummer 1 und 2 bezeichneten Dämpfe, abgesehen von Freisetzungen über die Überdruckventile, solange im beweglichen Behältnis zurückgehalten werden, bis dieses in einem Tanklager wieder befüllt wird oder die Dämpfe einer Abgasreinigungseinrichtung zugeführt werden.

§ 6 Befüllung der Lagertanks von Tankstellen

(1) [1]Anlagen für die Lagerung und Umfüllung von Ottokraftstoff oder Kraftstoffgemischen an Tankstellen dürfen nur so errichtet und betrieben werden, dass die Dämpfe, die bei der Befüllung eines Lagertanks verdrängt werden, mittels eines Gaspendelsystems nach dem Stand der Technik erfasst und dem abfüllenden beweglichen Behältnis zugeleitet werden. [2]§ 4 Absatz 2 gilt entsprechend.

(2) Absatz 1 gilt nicht für vor dem 4. Juni 1998 errichtete Tankstellen, deren jährliche Abgabemenge an Ottokraftstoff oder Kraftstoffgemischen 100 Kubikmeter nicht überschreitet.

Dritter Teil
Verfahren zur Messung und Überwachung

§ 7 Messöffnungen und Messplätze

Soweit zur Kontrolle der Einhaltung von Anforderungen nach den §§ 3 bis 6 Messungen erforderlich sind, hat der Betreiber geeignete Messöffnungen und Messplätze einzurichten.

§ 8 Nicht genehmigungsbedürftige Anlagen

(1) Der Betreiber einer nicht genehmigungsbedürftigen ortsfesten Anlage hat diese der zuständigen Behörde vor der Inbetriebnahme anzuzeigen.

(2) [1]Der Betreiber einer nicht genehmigungsbedürftigen Anlage, die nach § 4 Absatz 1 Nummer 2 oder § 6 Absatz 1 Satz 1 mit einem Gaspendelsystem ausgerüstet ist, hat die Einhaltung der Anforderungen nach § 4 Absatz 2 von einer zugelassenen Überwachungsstelle oder von einem öffentlich bestellten und vereidigten Sachverständigen feststellen zu lassen:

1. erstmals vor der Inbetriebnahme und sodann
2. alle zweieinhalb Jahre bei Kraftstoffgemischen und
3. alle fünf Jahre bei Ottokraftstoff und Rohbenzin.

[2]Festgestellte Mängel hat der Betreiber bei der erstmaligen Prüfung vor der Inbetriebnahme der Anlage und bei wiederkehrenden Prüfungen unverzüglich durch einen Fachbetrieb beseitigen zu lassen.

(3) Der Betreiber einer mit einer Abgasreinigungseinrichtung ausgerüsteten nicht genehmigungsbedürftigen Anlage hat die Einhaltung der Anforderungen des § 4 Absatz 3 Nummer 1

1. erstmalig frühestens drei Monate und spätestens sechs Monate nach der Inbetriebnahme der Abgasreinigungseinrichtung und sodann

2. wiederkehrend alle drei Jahre

von einer nach § 29b Absatz 2 in Verbindung mit § 26 des Bundes-Immissionsschutzgesetzes bekannt gegebenen Stelle durch Messungen nach Absatz 4 feststellen zu lassen.

(4) [1]Die Messungen sind mit geeigneten Messgeräten durchzuführen. [2]Die Reproduzierbarkeit muß mindestens 95 Prozent des Messwertes betragen. [3]Es sind mindestens drei Einzelmessungen der Massenkonzentration an organischen Stoffen im Abgas jeweils vor und nach der Abgasreinigungseinrichtung während eines mindestens siebenstündigen Arbeitstages bei bestimmungsgemäßem Durchsatz vorzunehmen. [4]Aus den Messwerten ist der Stundenmittelwert zu ermitteln und anzugeben. [5]Der sich aus den Messgeräten, dem Kalibriergas und dem Messverfahren ergebende Gesamtfehler darf 10 Prozent des Messwertes nicht überschreiten. [6]Die Anforderungen des § 4 Absatz 3 Nummer 1 gelten als eingehalten, wenn der Stundenmittelwert den vorgeschriebenen Reinigungsgrad nicht unterschreitet und die höchstzulässige Massenkonzentration nicht überschreitet.

(5) [1]Der Betreiber hat über die Ergebnisse der Überprüfung nach Absatz 2 und der Messungen nach Absatz 3 und Absatz 4 jeweils einen Bericht erstellen zu lassen. [2]Die aktuellen Berichte über das Ergebnis der Überprüfungen nach Absatz 2 sowie über das Ergebnis der Messungen nach Absatz 3 sind fünf Jahre ab Erstellung am Betriebsort aufzubewahren; bei beweglichen Behältnissen ist zusätzlich eine Berichtsausfertigung am Geschäftssitz des Betreibers aufzubewahren. [3]Eine Durchschrift des Berichts über ortsfeste Anlagen hat der Betreiber der zuständigen Behörde innerhalb von vier Wochen nach der Überprüfung oder den Messungen zuzuleiten. [4]Bei beweglichen Behältnissen ist der Bericht oder die Berichtsausfertigung der zuständigen Behörde auf Verlangen vorzulegen.

(6) Der Betreiber hat sicherzustellen, dass Verbindungsschläuche und -rohre in regelmäßigen Abständen auf undichte Stellen überprüft werden.

(7) Der Betreiber hat sicherzustellen, dass im Rahmen der nach den Vorschriften über die Beförderung gefährlicher Güter vorgeschriebenen regelmäßigen Prüfungen

1. die Unterdruck-/Überdruckventile an beweglichen Behältnissen und

2. bei Straßentankfahrzeugen die Dampfdichtheit mittels eines Drucktests

überprüft werden.

§ 9 Genehmigungsbedürftige Anlagen

[1]Für die Messung und Überwachung der Emissionen an organischen Stoffen gelten die Anforderungen der Nummer 5.3 der Technischen Anleitung zur Reinhaltung der Luft – TA Luft – vom 24. Juli 2002 (GMBl S. 511) in

der jeweils geltenden Fassung. [2]Dabei gelten mindestens die Anforderungen nach § 8 Absatz 4 und 5. [3]§ 8 Absatz 2 und 6 gilt entsprechend.

Vierter Teil
Gemeinsame Vorschriften
§ 10 Andere oder weitergehende Anforderungen
Die Befugnis der zuständigen Behörde, auf Grund des Bundes-Immissionsschutzgesetzes andere oder weitergehende Anordnungen zu treffen, bleibt unberührt, soweit die Vorschriften der Richtlinie 94/63/EG und die Vorschriften über die Beförderung gefährlicher Güter nicht entgegenstehen.

§ 11 Zulassung von Ausnahmen
(1) [1]Die zuständige Behörde kann auf Antrag des Betreibers Ausnahmen von den Anforderungen dieser Verordnung zulassen, soweit unter Berücksichtigung der besonderen Umstände des Einzelfalls
1. einzelne Anforderungen der Verordnung nicht oder nur mit unverhältnismäßig hohem Aufwand erfüllt werden können,
2. keine schädlichen Umwelteinwirkungen sowie keine Gefahren für Beschäftigte und Dritte zu erwarten sind und
3. die Vorschriften der Richtlinie 94/63/EG eingehalten werden.

[2]Abweichend von § 5 Absatz 2 dürfen Binnentankschiffe, ohne eine Ausnahme im Einzelfall beantragen zu müssen, ventilieren, wenn dies durch einen unerwarteten Werftaufenthalt oder eine unerwartete Vor-Ort-Reparatur durch eine Werft mit der Notwendigkeit einer Entgasung erforderlich wird und die Restdämpfe nach der Entleerung von Ottokraftstoff, Kraftstoffgemischen oder von Rohbenzin nicht einer Abgasreinigungsanlage zugeführt werden können. [3]Die Ventilierung der Binnentankschiffe ist nur zulässig, wenn sie während der Fahrt vorgenommen wird; dabei ist der Unterabschnitt 7.2.3.7 des ADN zu beachten. [4]Eine Ventilierung ist nicht zulässig
1. im Bereich von Schleusen einschließlich ihrer Vorhäfen, unter Brücken oder in dichtbesiedelten Gebieten,
2. in durch Rechtsverordnung festgesetzten Untersuchungsgebieten gemäß § 44 Absatz 2 des Bundes-Immissionsschutzgesetzes.

(2) Gehört die Anlage zu einem Standort, der in das Verzeichnis nach Artikel 8 der Verordnung (EWG) Nr. 1836/93 des Rates vom 29. Juni 1993 über die freiwillige Beteiligung gewerblicher Unternehmen an einem Gemeinschaftssystem für das Umweltmanagement und die Umweltbetriebsprüfung (ABl. EG Nr. L 168 S. 1) in Verbindung mit Artikel 17 Absatz 4 Satz 1 der Verordnung (EG) Nr. 761/2001 des Europäischen Parlaments und des Rates vom 19. März 2001 über die freiwillige Beteiligung von Organisationen an einem Gemeinschaftssystem für das Umweltmanagement und die Umweltbetriebsprüfung (EMAS) (ABl. EG Nr. L 114 S. 1) oder in das Verzeichnis gemäß Artikel 7 Absatz 2 der Verordnung (EG) Nr. 761/2001 eingetragen ist, kann die zuständige Behörde auf Antrag des Betreibers durch Ausnahme zulassen, dass wiederkehrende Messun-

gen nach § 8 Absatz 3 Nummer 2 oder im Sinne der Nummer 5.3.2.1 der Technischen Anleitung zur Reinhaltung der Luft – TA Luft – vom 24. Juli 2002 (GMBl S. 511) nicht durchgeführt werden, wenn das Umweltmanagementsystem des Betreibers eigene, gleichwertige Messungen sowie Berichte vorsieht.

(3) [1]Ausnahmen, die nach § 8 der Verordnung zur Begrenzung der Kohlenwasserstoffemissionen beim Umfüllen und Lagern von Ottokraftstoffen vom 7. Oktober 1992 (BGBl. I S. 1727) erteilt worden sind, gelten als Ausnahmen im Sinne des Absatzes 1 weiter. [2]Die Ausnahmen sind zu widerrufen, soweit ihnen Vorschriften der Richtlinie 94/63/EG entgegenstehen.

§ 12 Zugänglichkeit der Normen

DIN-, DIN-EN Normen sowie VDI-Richtlinien, auf die in dieser Verordnung verwiesen wird, sind bei der Beuth Verlag GmbH, Berlin, zu beziehen und bei der Deutschen Nationalbibliothek archivmäßig gesichert niedergelegt.

§ 13 Ordnungswidrigkeiten

(1) Ordnungswidrig im Sinne des § 62 Absatz 1 Nummer 2 des Bundes-Immissionsschutzgesetzes[2] handelt, wer vorsätzlich oder fahrlässig als Betreiber einer genehmigungsbedürftigen Anlage

1. entgegen § 3 Absatz 1 Satz 1, § 4 Absatz 1, 3 Nummer 2, Absatz 4 oder 5 einen Lagertank, eine Anlage, eine Abgasreinigungseinrichtung oder ein Tanklager nicht oder nicht in der vorgeschriebenen Weise errichtet oder betreibt,

2. entgegen § 3 Absatz 2 Satz 1 oder Absatz 3 Satz 1 einen Schwimmdachtank oder einen Festdachtank nicht in der vorgeschriebenen Weise ausstattet oder betreibt oder

3. entgegen § 3 Absatz 4 einen Lagertank errichtet oder betreibt.

(2) Ordnungswidrig im Sinne des § 62 Absatz 1 Nummer 7 des Bundes-Immissionsschutzgesetzes handelt, wer vorsätzlich oder fahrlässig

1. als Betreiber einer nicht genehmigungsbedürftigen Anlage
   a) entgegen § 3 Absatz 1 Satz 1, § 4 Absatz 1, 3 Nummer 1, Absatz 4 oder 5 einen Lagertank, eine Anlage, eine Abgasreinigungseinrichtung oder ein Tanklager nicht oder nicht in der vorgeschriebenen Weise errichtet oder betreibt,
   b) entgegen § 3 Absatz 2 Satz 1 oder Absatz 3 Satz 1 einen Schwimmdachtank oder einen Festdachtank nicht in der vorgeschriebenen Weise ausstattet oder betreibt,
   c) entgegen § 3 Absatz 4, § 5 Absatz 1 Satz 1 oder § 6 Absatz 1 Satz 1 einen Lagertank, ein Behältnis oder eine Anlage errichtet oder betreibt,

2. entgegen § 8 Absatz 1 eine Anzeige nicht, nicht richtig oder nicht rechtzeitig erstattet,

---

2) Die Ordnungswidrigkeit kann mit einer Geldbuße bis zu 50 000 Euro geahndet werden (§ 62 Abs. 4 BImSchG).

3. entgegen § 8 Absatz 2 oder 3 die Einhaltung der dort genannten Anforderungen nicht oder nicht rechtzeitig feststellen oder festgestellte Mängel nicht oder nicht rechtzeitig beseitigen läßt,

4. entgegen § 8 Absatz 5 Satz 2 einen dort genannten Bericht nicht oder nicht mindestens fünf Jahre aufbewahrt oder

5. entgegen § 8 Absatz 5 Satz 3 oder Satz 4 eine Durchschrift nicht oder nicht rechtzeitig zuleitet oder einen Bericht nicht oder nicht rechtzeitig vorlegt.

Fünfter Teil
Übergangs- und Schlussvorschriften

§ 14 Übergangsregelung

Die Anforderungen des § 3 Absatz 2 und 3 sind bei Anlagen in Tanklagern ab dem 30. Juni 2015 einzuhalten.

§ 15 (Inkrafttreten, Außerkrafttreten)

**Einundzwanzigste Verordnung
zur Durchführung des Bundes-Immissionsschutzgesetzes
(Verordnung zur Begrenzung der Kohlenwasserstoffemissionen
bei der Betankung von Kraftfahrzeugen – 21. BImSchV)**

In der Fassung der Bekanntmachung vom 18. August 2014
(BGBl. I S. 1453)
(FNA 2129-8-21)

zuletzt geändert durch Art. 3 VO
vom 24. März 2017 (BGBl. I S. 656, 657)

Inhaltsübersicht

§ 1   Anwendungsbereich
§ 2   Begriffsbestimmungen
§ 3   Errichtung und Betrieb von Tankstellen
§ 4   Messöffnungen
§ 5   Überwachung
§ 6   Kennzeichnungspflicht
§ 7   Zulassung von Ausnahmen
§ 8   Zugänglichkeit der Normen
§ 9   Ordnungswidrigkeiten
§ 10   Übergangsregelung

Anlage 1
(zu den §§ 3 und 5)   Bestimmung der Dichtheit von Gasrückführungssystemen
                          und Einstellung des Korrekturfaktors bei Kraftstoffgemischen

§ 1 Anwendungsbereich
Diese Verordnung gilt für die Errichtung, die Beschaffenheit und den Betrieb von Tankstellen, soweit Kraftstoffbehälter von Kraftfahrzeugen mit Ottokraftstoffen oder Kraftstoffgemischen betankt werden und die Tankstellen einer Genehmigung nach § 4 des Bundes-Immissionsschutzgesetzes nicht bedürfen.

§ 2 Begriffsbestimmungen
In dieser Verordnung gelten die folgenden Begriffsbestimmungen:
1. Abgasreinigungseinrichtung:
    ein Gasrückführungssystem zur zentralen Rückgewinnung von Ottokraftstoff sowie Kraftstoffgemischen aus Kraftstoffdämpfen;
2. automatische Überwachungseinrichtung:
    eine Einrichtung, die Funktionsstörungen der Ausrüstung für die Kraftstoffdampf-Luft-Gemisch-Rückführung selbst feststellt, diese signalisiert und nach 72 Stunden selbsttätig die Abschaltfunktion auslöst;
3. befähigte Person:
    eine Person gemäß § 2 Absatz 6 der Betriebssicherheitsverordnung vom 3. Februar 2015 (BGBl. I S. 49);

4. bestehende Tankstelle:
    eine Tankstelle, die vor dem 1. Januar 1993 errichtet wurde;

5. Bioethanol:
    Ethanol von 100 Volumenprozent, das aus Biomasse oder dem bio-
    logisch abbaubaren Teil von Abfällen hergestellt wird und für die
    Verwendung in Kraftstoffgemischen bestimmt ist;

6. Durchsatz:
    die jährliche Gesamtmenge an Ottokraftstoff und Kraftstoffgemi-
    schen, die von einem Lagertank einer Tankstelle in bewegliche Be-
    hältnisse umgefüllt worden ist;

7. Emissionen:
    die von einer Anlage ausgehenden Luftverunreinigungen an Kraft-
    stoffdämpfen; Konzentrationsangaben beziehen sich auf das unver-
    dünnte Abgasvolumen im Normzustand (273 Kelvin, 1 013 Hekto-
    pascal) nach Abzug des Feuchtegehaltes an Wasserdampf;

8. Fachbetrieb:
    ein Betrieb im Sinne des § 3 Absatz 2 der Verordnung über Anlagen
    zum Umgang mit wassergefährdenden Stoffen vom 31. März 2010
    (BGBl. I S. 377), welcher zusätzlich über Geräte und Ausrüstungs-
    teile zum Brand- und Explosionsschutz sowie über sachkundige Per-
    sonen mit den erforderlichen Kenntnissen des Brand- und Explosi-
    onsschutzes verfügt;

9. Gasrückführungssystem:
    eine Ausrüstung, die den Kraftstoffdampf, der beim Betanken eines
    Kraftfahrzeugs an einer Tankstelle aus dem Fahrzeugtank entweicht,
    in eine Lagertank auf dem Tankstellengelände oder in die Zapfan-
    lage zurückleitet;

10. Kraftstoffdampf-Luft-Gemisch:
    das Verhältnis zwischen dem Volumen des Kraftstoffdampfes, der
    das Gasrückführungssystem passiert, und dem Volumen des gezapf-
    ten Ottokraftstoffes oder des Kraftstoffgemisches bei atmosphäri-
    schem Druck;

11. Korrekturfaktor:
    Faktor zur Berücksichtigung der unterschiedlichen Dichte von Luft
    und Kraftstoffdampf-Luft-Gemisch;

12. Kraftstoffdämpfe:
    gasförmige Verbindungen, die aus Ottokraftstoff oder Kraftstoffge-
    mischen verdunsten;

13. Kraftstoffgemische:
    Erdölderivate mit einem Anteil von mehr als 10 und weniger als 90
    Volumenprozent Bioethanol, die der UN-Nummer 3475 der Tabelle
    A in Teil 3 Kapitel 3.2.1 der Anlagen A und B zum Europäischen
    Übereinkommen vom 30. September 1957 über die internationale
    Beförderung gefährlicher Güter auf der Straße (ADR) in der Fassung
    der Bekanntmachung der Neufassung der Anlagen A und B vom
    17. April 2015 (BGBl. 2015 II S. 504), die zuletzt nach Maßgabe

der 25. ADR-Änderungsverordnung vom 25. Oktober 2016 (BGBl. 2016 II S. 1203) geändert worden sind, entsprechen;

14. Lagertank:
ein ortsfester Tank oder ortsfester Behälter für die Lagerung von Ottokraftstoff oder Kraftstoffgemischen an einer Tankstelle;

15. öffentlich bestellter und vereidigter Sachverständiger:
ein nach § 36 der Gewerbeordnung vom 22. Februar 1999 (BGBl. I S. 202), die zuletzt durch Artikel 16 des Gesetzes vom 11. November 2016 (BGBl. I S. 2500) geändert worden ist, öffentlich bestellter und vereidigter Sachverständiger;

16. Ottokraftstoffe:
Erdölderivate mit einem Anteil von bis zu 10 Volumenprozent Bioethanol, die der UN-Nummer 1203 der Tabelle A in Teil 3 Kapitel 3.2.1 der Anlagen A und B zum ADR entsprechen und die zur Verwendung als Kraftstoff für Ottomotore bestimmt sind;

17. Tankstelle:
eine Einrichtung zur Abgabe von Ottokraftstoff und Kraftstoffgemischen aus Lagertanks an Kraftstofftanks von Kraftfahrzeugen;

18. Wirkungsgrad:
die Menge des über das Gasrückführungssystem aufgefangenen Kraftstoffdampfes, die am Prüfstand mit dem Messverfahren nach Nummer 5.2 der DIN EN 16321-1, Ausgabe Dezember 2013, und den drei Prüftanks nach Anhang A der DIN EN 16321-1 ermittelt wird, ausgedrückt als Prozentsatz der Menge Kraftstoffdampf, der in die Atmosphäre entweichen würde, wenn es die Ausrüstung nicht gäbe;

19. zugelassene Überwachungsstelle:
Überwachungsstelle, die nach § 17 Absatz 5 des Geräte- und Produktsicherheitsgesetzes vom 6. Januar 2004 (BGBl. I S. 2), das zuletzt durch Artikel 3 des Gesetzes vom 7. Juli 2005 (BGBl. I S. 1970) geändert worden ist, oder nach § 37 Absatz 5 des Produktsicherheitsgesetzes vom 8. November 2011 (BGBl. I S. 2178) jeweils in Verbindung mit Anhang 2 Abschnitt 1 Nummer 1 der Betriebssicherheitsverordnung vom 3. Februar 2015 (BGBl. I S. 49), die zuletzt durch Artikel 2 der Verordnung vom 15. November 2016 (BGBl. I S. 2549) geändert worden ist, von der zuständigen Landesbehörde für die Prüfung von überwachungsbedürftigen Anlagen nach § 18 Absatz 1 Nummer 4 bis 8 und nach Anhang 2 Abschnitt 3 Nummer 1 der Betriebssicherheitsverordnung dem Bundesministerium für Arbeit und Soziales benannt und von diesem im Gemeinsamen Ministerialblatt bekannt gemacht worden ist.

§ 3 Errichtung und Betrieb von Tankstellen

(1) Tankstellen sind so zu errichten und zu betreiben, dass die beim Betanken von Fahrzeugen mit Ottokraftstoff oder einem Kraftstoffgemisch im Fahrzeugtank verdrängten Kraftstoffdämpfe nach dem Stand der Tech-

nik mittels eines Gasrückführungssystems erfasst und dem Lagertank der Tankstelle zugeführt werden.

(2) [1]Tankstellen dürfen nur betrieben werden, wenn für das eingesetzte Gasrückführungssystem durch eine Bescheinigung des Herstellers belegt worden ist, dass sein von einer zugelassenen Überwachungsstelle oder einem öffentlich bestellten und vereidigten Sachverständigen unter Prüfbedingungen nach dem Verfahren gemäß Nummer 5.2 der DIN EN 16321-1, Ausgabe Dezember 2013, ermittelter Wirkungsgrad 85 vom Hundert nicht unterschreitet. [2]Die Bescheinigung ist am Betriebsort aufzubewahren und der zuständigen Behörde auf Verlangen vorzulegen.

(3) Gasrückführungssysteme ohne Unterdruckunterstützung sind so zu errichten und zu betreiben, dass

1. nur solche Zapfventile eingesetzt werden, bei denen ein dichter Übergang zum Fahrzeugtank der Fahrzeuge hergestellt werden kann, deren Tankeinfüllstutzen für die Gasrückführung geeignet ist,

2. der freie Gasdurchgang im Rückführungssystem bei ausreichend geringem Strömungswiderstand gewährleistet ist,

3. der Gegendruck am Zapfventil den nach Angaben des Herstellers maximalen Wert nicht überschreitet,

4. die Rückführungsleitungen von den Zapfsäulen zum Lagertank ein stetes Gefälle von mindestens 1 Prozent haben und

5. die Dichtmanschetten der Zapfventile keine Risse, Löcher oder andere Defekte aufweisen, die zu Undichtigkeiten führen können.

(4) Gasrückführungssysteme mit Unterdruckunterstützung sind so zu errichten und zu betreiben, dass

1. das nach dem Verfahren des § 5 Absatz 2 Satz 3 ermittelte Volumenverhältnis zwischen dem rückgeführten Kraftstoffdampf/Luft-Gemisch und dem getankten Kraftstoff 95 vom Hundert nicht unterschreitet und 105 vom Hundert nicht überschreitet,

2. keine Fremdluft über Einrichtungen der Zapfsäule in die Gasrückführleitung gelangt und somit das gesamte Gasrückführungssystem dicht ist,

3. während der Gasrückführung, abgesehen von sicherheitstechnisch bedingten Freisetzungen, keine Kraftstoffdämpfe über das Gasrückführungssystem und die angeschlossenen Einrichtungen in die Atmosphäre abgegeben werden und

4. die Funktionsfähigkeit des Gasrückführungssystems durch eine automatische Überwachungseinrichtung, die mindestens die Anforderungen nach Absatz 5 erfüllt, fortlaufend überprüft wird.

(5) [1]Die automatische Überwachungseinrichtung nach Absatz 4 Nummer 4 hat

1. Störungen der Funktionsfähigkeit des Gasrückführungssystems automatisch festzustellen und die festgestellten Störungen dem Tankstellenpersonal zu signalisieren,

2. bei Störungen der Funktionsfähigkeit des Gasrückführungssystems, die dem Tankstellenpersonal länger als 72 Stunden signalisiert werden, den Kraftstofffluss automatisch zu unterbrechen,

3. Störungen der Eigenfunktionsfähigkeit automatisch festzustellen und
    dem Tankstellenpersonal zu signalisieren,
4. bei Störungen der Eigenfunktionsfähigkeit, die dem Tankstellenperso-
    nal länger als in dem unter Nummer 2 genannten Zeitraum signalisiert
    werden, den Kraftstofffluss automatisch zu unterbrechen.
[2]Eine Störung der Funktionsfähigkeit des Gasrückführungssystems liegt
vor, wenn die fortlaufende Bewertung der Betankungsvorgänge durch die
automatische Überwachungseinrichtung ergibt, dass das Volumenverhältnis zwischen dem rückgeführten Kraftstoffdampf/Luft-Gemisch und dem
getankten Kraftstoff, gemittelt über die Dauer des Betankungsvorgangs,
bei zehn Betankungsvorgängen in Folge jeweils entweder 85 vom Hundert unterschreitet oder 115 vom Hundert überschreitet. [3]In die Bewertung nach Satz 2 sind nur solche Betankungsvorgänge einzubeziehen, deren Dauer 20 Sekunden oder mehr beträgt und bei denen der Kraftstoffvo-
lumenstrom 25 Liter je Minute oder mehr erreicht.
(6) [1]Abweichend von Absatz 1 können Tankstellen auch so errichtet und
betrieben werden, dass die im Fahrzeugtank verdrängten Kraftstoffdämpfe
vollständig erfasst und einer Abgasreinigungseinrichtung mit stofflicher
Rückgewinnung der Kraftstoffdämpfe zugeführt werden, deren Reinigungsgrad 97 vom Hundert nicht unterschreitet. [2]Eine Kombination dieser
Anlagentechnik mit der nach Absatz 1 ist zulässig.
(7) Absatz 1 gilt nicht für
1. bestehende Tankstellen im Sinne des § 2 Nummer 4, die einen jähr-
    lichen Durchsatz von Ottokraftstoffen oder Kraftstoffgemischen von
    500 Kubikmetern oder weniger haben,
2. bestehende Tankstellen im Sinne des § 2 Nummer 4, die unter ständi-
    gen Wohn- oder Arbeitsräumen liegen und einen jährlichen Durchsatz
    von Ottokraftstoffen oder Kraftstoffgemischen von 100 Kubikmetern
    oder weniger haben,
3. das Betanken von Fahrzeugen, die nicht mittels eines Gasrückfüh-
    rungssystems betankt werden können,
4. Tankstellen, die zur Betankung von Neufahrzeugen in Automobilwer-
    ken dienen.

§ 4 Messöffnungen
Der Betreiber einer Tankstelle hat zur Kontrolle der Anforderungen nach
§ 3 Absatz 3 Nummer 2 oder 3 und Absatz 4 Nummer 1 vor der Inbetriebnahme geeignete dicht verschließbare Messöffnungen einzurichten.

§ 5 Überwachung
(1) Der Betreiber hat die Tankstelle vor der Inbetriebnahme der zuständigen Behörde anzuzeigen.
(2) [1]Der Betreiber hat die Einhaltung der Anforderungen nach § 3 Absatz 3 und 4 von einer zugelassenen Überwachungsstelle oder von einem
öffentlich bestellten und vereidigten Sachverständigen in folgenden Abständen feststellen zu lassen:
1. erstmals bis spätestens sechs Wochen nach der Inbetriebnahme des
    Gasrückführungssystems und sodann

2. alle zweieinhalb Jahre bei der Abgabe von Kraftstoffgemischen,
3. alle fünf Jahre bei der Abgabe von Ottokraftstoffen.

[2]Satz 1 gilt mit der Maßgabe, dass die Einhaltung der Anforderung nach § 3 Absatz 4 Nummer 3 von der zugelassenen Überwachungsstelle oder von einem öffentlich bestellten und vereidigten Sachverständigen durch eine Dichtheitsprüfung nach dem Verfahren der Anlage 1 Nummer 1 feststellen zu lassen ist. [3]Die Einhaltung der Anforderung nach § 3 Absatz 4 Nummer 1 ist mit jeweils einer Messung an jedem Schlauch der Zapfsäule feststellen zu lassen; diese Anforderung gilt als eingehalten, wenn bei jeder Einzelmessung das über die Dauer des Betankungsvorgangs gemittelte Volumenverhältnis zwischen dem rückgeführten Kraftstoffdampf-Luft-Gemisch und dem getankten Kraftstoff innerhalb der nach § 3 Absatz 4 Nummer 1 festgelegten Toleranz bleibt. [4]Die Überprüfung ist entsprechend Nummer 5.4 der DIN EN 16321-2, Ausgabe Dezember 2013, durchzuführen. [5]Das Prüfverfahren nach Nummer 5.5 oder 5.6 nach DIN EN 16321-2 sollte nur dort zur Anwendung kommen, wo eine Messung nach Nummer 5.4 nicht durchgeführt werden kann.

(3) Der Betreiber hat die Einhaltung der Anforderung an den Reinigungsgrad einer Abgasreinigungseinrichtung nach § 3 Absatz 6 in folgenden Abständen von einer nach § 29b des Bundes-Immissionsschutzgesetzes bekannt gegebenen Stelle durch Messungen feststellen zu lassen:
1. erstmals frühestens drei Monate und spätestens sechs Monate nach der Inbetriebnahme der Abgasreinigungseinrichtung und sodann
2. alle drei Jahre.

(4) Ergibt eine Überprüfung nach Absatz 2 oder 3, dass die Anforderungen nicht eingehalten sind, ist
1. die Tankstelle unverzüglich instand zu setzen und
2. durch eine zugelassene Überwachungsstelle, durch einen öffentlich bestellten und vereidigten Sachverständigen oder durch eine nach § 29b des Bundes-Immissionsschutzgesetzes bekannt gegebenen[1]) Stelle innerhalb von sechs Wochen nach der Überprüfung eine Wiederholungsüberprüfung durchführen zu lassen.

(5) [1]Über das Ergebnisse der Überprüfungen nach den Absätzen 2 bis 3 hat der Betreiber jeweils einen Bericht erstellen zu lassen. [2]Der Betreiber hat den jeweiligen Bericht am Betriebsort fünf Jahre ab der Erstellung aufzubewahren. [3]Eine Durchschrift des jeweiligen Berichts hat der Betreiber der zuständigen Behörde innerhalb von vier Wochen nach der Überprüfung zuzuleiten.

(6) [1]Der Betreiber hat ungeachtet der Anforderungen der Absätze 2, 4 und 5 ein Gasrückführungssystem in folgenden Abständen von einer befähigten Person auf einwandfreien Zustand überprüfen und bei festgestellten Mängeln unverzüglich von einem Fachbetrieb instand setzen zu lassen:
1. mit Unterdruckunterstützung und einer automatischen Überwachungseinrichtung nach § 3 Absatz 4 mindestens einmal alle zweieinhalb Jahre,

---

1) Richtig wohl: »gegebene«.

2. ohne Unterdruckunterstützung nach § 3 Absatz 3 mindestens einmal
    vierteljährlich.

[2]Bei Abgasreinigungseinrichtungen nach § 3 Absatz 6 ist ungeachtet der
Anforderungen der Absätze 3 bis 5 entsprechend Satz 1 Nummer 1 zu verfahren. [3]Das Ergebnis der Überprüfung nach den Sätzen 1 und 2 und die
durchgeführten Instandsetzungsmaßnahmen sind schriftlich oder elektronisch festzuhalten und diese Ergebnisse der zugelassenen Überwachungsstelle oder dem öffentlich bestellten und vereidigten Sachverständigen
während der Prüfung nach Absatz 2 vorzulegen.

(7) [1]Der Betreiber hat sicherzustellen, dass die durch eine automatische
Überwachungseinrichtung nach § 3 Absatz 4 Nummer 4 signalisierten
Störungen unverzüglich durch einen Fachbetrieb behoben werden. [2]Die
signalisierten Störungen und die durchgeführten Instandsetzungsmaßnahmen sind schriftlich oder elektronisch festzuhalten.

(8) Der Betreiber hat die Aufzeichnungen nach Absatz 7 Satz 2 und Absatz 9 Satz 2 am Betriebsort drei Jahre ab der Erstellung aufzubewahren
und der zuständigen Behörde auf Verlangen vorzulegen.

(9) [1]Der Betreiber hat den jährlichen Durchsatz von Ottokraftstoffen und
Kraftstoffgemischen zum 1. Februar eines jeden Jahres für das abgelau-
fene Kalenderjahr zu erfassen. [2]Die Aufzeichnungen darüber sind drei
Jahre ab der Erstellung am Betriebsort aufzubewahren und der zuständigen Behörde auf Verlangen vorzulegen. [3]Die Pflichten nach den Sätzen 1
und 2 entfallen, wenn die Anforderungen nach § 3 erfüllt sind.

§ 6 Kennzeichnungspflicht

(1) Der Betreiber hat im Bereich der Zapfsäulen ein Schild, einen Aufkleber oder eine andere Mitteilung spätestens am 1. Juli 2012 gut sichtbar anbringen zu lassen, die den Verbraucher über das Vorhandensein
des Gasrückführungssystems und der automatischen Überwachungseinrichtung informiert.

(2) Absatz 1 gilt nicht für die in § 3 Absatz 7 genannten Tankstellen.

§ 7 Zulassung von Ausnahmen

Die zuständige Behörde kann auf Antrag des Betreibers Ausnahmen von
den Anforderungen der §§ 3 bis 6 zulassen, soweit unter Berücksichtigung
der besonderen Umstände des Einzelfalls einzelne Anforderungen der Verordnung nicht oder nur mit unverhältnismäßig hohem Aufwand erfüllt
werden können und Gefahren für Beschäftigte und Dritte sowie schädliche
Umwelteinwirkungen nicht zu erwarten sind.

§ 8 Zugänglichkeit der Normen

VDI-Richtlinien, auf die in dieser Verordnung verwiesen wird, sind bei der
Beuth Verlag GmbH, Berlin, zu beziehen und bei der Deutschen Nationalbibliothek archivmäßig gesichert niedergelegt.

§ 9 Ordnungswidrigkeiten

Ordnungswidrig im Sinne des § 62 Absatz 1 Nummer 7 des Bundes-Immissionsschutzgesetzes handelt, wer vorsätzlich oder fahrlässig

1. entgegen § 3 Absatz 1 eine Tankstelle nicht richtig errichtet oder
    nicht richtig betreibt,

2. entgegen § 3 Absatz 2 Satz 1 eine Tankstelle betreibt,

3. entgegen § 3 Absatz 2 Satz 2 oder § 5 Absatz 6 Satz 3, Absatz 8 oder Absatz 9 Satz 2 eine dort genannte Unterlage nicht oder nicht rechtzeitig vorlegt,

4. entgegen § 3 Absatz 3 oder Absatz 4 ein Gasrückführungssystem nicht richtig errichtet oder nicht richtig betreibt,

5. entgegen § 4 eine Messöffnung nicht oder nicht rechtzeitig einrichtet,

6. entgegen § 5 Absatz 1 eine Anzeige nicht, nicht richtig, nicht vollständig oder nicht rechtzeitig erstattet,

7. entgegen § 5 Absatz 2 Satz 1 oder Absatz 3 die Einhaltung einer dort genannten Anforderung nicht oder nicht rechtzeitig feststellen lässt,

8. entgegen § 5 Absatz 4 eine Tankstelle nicht oder nicht rechtzeitig instand setzt oder eine Wiederholungsüberprüfung nicht oder nicht rechtzeitig durchführen lässt,

9. entgegen § 5 Absatz 5 Satz 2, Absatz 8 oder Absatz 9 Satz 2 eine dort genannte Unterlage nicht oder nicht für die vorgeschriebene Dauer aufbewahrt,

10. entgegen § 5 Absatz 5 Satz 3 eine Durchschrift nicht oder nicht rechtzeitig zuleitet,

11. entgegen § 5 Absatz 6 Satz 1 ein Gasrückführungssystem nicht oder nicht rechtzeitig überprüfen oder nicht oder nicht rechtzeitig instand setzen lässt,

12. entgegen § 5 Absatz 7 Satz 1 nicht sicherstellt, dass eine signalisierte Störung unverzüglich behoben wird,

13. entgegen § 5 Absatz 9 Satz 1 den jährlichen Durchsatz nicht, nicht richtig oder nicht rechtzeitig erfasst,

14. entgegen § 6 Absatz 1 ein Schild, einen Aufkleber oder eine Mitteilung nicht, nicht richtig oder nicht rechtzeitig anbringt.

§ 10 Übergangsregelung

(1) [1]Bestehende Tankstellen haben die Anforderungen des § 3 Absatz 1 spätestens ab dem 1. Januar 2019 zu erfüllen, wenn sie

1. einen jährlichen Durchsatz von Ottokraftstoffen oder Kraftstoffgemischen von mehr als 500 Kubikmetern bis zu 1 000 Kubikmeter haben oder

2. unter ständigen Wohn- oder Arbeitsräumen liegen und einen jährlichen Durchsatz von Ottokraftstoffen oder Kraftstoffgemischen von mehr als 100 Kubikmetern bis zu 1 000 Kubikmeter haben.

[2]Bezugsjahr für den jährlichen Durchsatz ist das Jahr 2012. [3]Wird die Tankstelle nicht während des gesamten Jahres 2012 betrieben, so ist der tatsächliche Durchsatz auf das Jahr hochzurechnen.

(2) Tankstellen, die zwischen dem 1. Januar 1993 und dem 27. April 2012 errichtet worden sind, haben im Falle der Abgabe von Kraftstoffgemischen die Anforderungen des § 3 Absatz 1 spätestens ab dem 1. Januar 2019 zu erfüllen.

(3) [1]Tankstellen, die bis zum 12. Mai 2016 errichtet wurden, dürfen bis zum 31. Dezember 2018 abweichend von § 3 Absatz 2 mit einem Gasrückführungssystem, bei welchem der Wirkungsgrad von 85 Prozent unter Anwendung der Anlage 1 in der bis zum 12. Mai 2016 geltenden Fassung in Verbindung mit der VDI-Richtlinie: VDI 4205 Blatt 4, Ausgabe August 2005, bestimmt wurde, betrieben werden. [2]Abweichend von § 5 Absatz 2 dürfen bis zum 31. Dezember 2018 die Überprüfungen nach der VDI-Richtlinie: VDI 4205 Blatt 2, Ausgabe Juli 2003, und der VDI-Richtlinie: VDI 4205 Blatt 3, Ausgabe November 2003, erfolgen.

Anlage 1
(zu den §§ 3 und 5)

**Bestimmung der Dichtheit von Gasrückführungssystemen
und Einstellung des Korrekturfaktors bei
Kraftstoffgemischen**

1. **Dichtheitsprüfung von Gasrückführungssystemen**

1.1 Vor der ersten Inbetriebnahme eines Gasrückführungssystems, nach jeder wesentlichen Änderung am System und spätestens im Abstand von zweieinhalb Jahren bei der Abgabe von Kraftstoffgemischen und von fünf Jahren bei der Abgabe von Ottokraftstoffen ist eine Dichtheitsprüfung des kompletten Gasrückführungssystems durchzuführen.

1.2 Zur Überprüfung der Dichtheit der Gasrückführungsleitungen ist das komplette Leitungssystem zwischen dem Fußpunkt der Zapfsäule und dem Lagertank mit 200 Kilopascal Überdruck in geeigneter Art und Weise zu beaufschlagen. Innerhalb von 30 Minuten ist ein maximaler Druckabfall von 100 Hektopascal zulässig.

1.3 Die Dichtheit des Gasrückführungssystems zwischen dem Fußpunkt der Zapfsäule und dem Zapfventil ist systemabhängig mit Überdruck oder Unterdruck nach den Vorgaben des Herstellers zu prüfen. Die Prüfung vor Inbetriebnahme entfällt, wenn eine Bescheinigung des Zapfsäulenherstellers oder der befähigten Person über die Dichtheitsprüfung vorliegt.

2. **Einstellung des Korrekturfaktors bei Kraftstoffgemischen**

Bei Kraftstoffgemischen ist für die Einstellung, Eigenkontrolle und Überwachung der Gasrückführungssysteme (nach dem Messprinzip mit simuliertem Benzindurchfluss – Trockenmessverfahren nach Nummer 5.4 der DIN EN 16321-2, Ausgabe Dezember 2013) ein reduzierter Korrekturfaktor (K-Faktor) erforderlich. Die notwendige Reduzierung des K-Faktors bei Kraftstoffgemischen mit einem Bioethanolanteil von mehr als 5 Volumenprozent ist entsprechend dem im Zertifikat für die jeweilige Kraftstoffart angegebenen K-Faktor vorzunehmen.

Zweiundzwanzigste Verordnung
zur Durchführung des Bundes-Immissionsschutzgesetzes
(Verordnung über Immissionswerte für Schadstoffe in der Luft –
22. BImSchV)

In der Fassung der Bekanntmachung vom 4. Juni 2007 (BGBl. I S. 1006)

Die 22. BImSchV ist mit Inkrafttreten der 39. BImSchV am 6. August 2010 außer Kraft getreten.

Dreiundzwanzigste Verordnung
zur Durchführung des Bundes-Immissionsschutzgesetzes
(Verordnung über die Festlegung von Konzentrationswerten –
23. BImSchV)

Vom 16. Dezember 1996 (BGBl. I S. 1962)

Die 23. BImSchV ist durch Art. 3 der Verordnung vom 13. Juli 2004 (BGBl. I S. 1612) mit Wirkung vom 21. Juli 2004 aufgehoben worden.

**Vierundzwanzigste Verordnung
zur Durchführung des Bundes-Immissionsschutzgesetzes
(Verkehrswege-Schallschutzmaßnahmenverordnung –
24. BImSchV)**

Vom 4. Februar 1997 (BGBl. I S. 172, ber. S. 1253)
(FNA 2129-8-24)

geändert durch Verordnung vom 23. September 1997
(BGBl. I S. 2329, 2344)

§ 1 Anwendungsbereich

Die Verordnung legt Art und Umfang der zum Schutz vor schädlichen Umwelteinwirkungen durch Verkehrsgeräusche notwendigen Schallschutzmaßnahmen für schutzbedürftige Räume in baulichen Anlagen fest,

1. soweit durch den Bau oder die wesentliche Änderung öffentlicher Straßen sowie von Schienenwegen der Eisenbahnen und Straßenbahnen die in § 2 der Verkehrslärmschutzverordnung vom 12. Juni 1990 (BGBl. I S. 1036) oder

2. soweit durch den Bau oder die wesentliche Änderung von Verkehrswegen der Magnetschwebebahnen die in § 2 der Magnetschwebebahn-Lärmschutzverordnung vom 23. September 1997 (BGBl. I S. 2329, 2338)

festgelegten Immissionsgrenzwerte überschritten werden.

§ 2 Art der Schallschutzmaßnahmen, Begriffsbestimmungen

(1) [1]Schallschutzmaßnahmen im Sinne dieser Verordnung sind bauliche Verbesserungen an Umfassungsbauteilen schutzbedürftiger Räume, die die Einwirkungen durch Verkehrslärm mindern. [2]Zu den Schallschutzmaßnahmen gehört auch der Einbau von Lüftungseinrichtungen in Räumen, die überwiegend zum Schlafen benutzt werden, und in schutzbedürftigen Räumen mit sauerstoffverbrauchender Energiequelle.

(2) Schutzbedürftig sind die in Tabelle 1 Spalte 1 der Anlage zu dieser Verordnung genannten Aufenthaltsräume.

(3) Umfassungsbauteile sind Bauteile, die schutzbedürftige Räume baulicher Anlagen nach außen abschließen, insbesondere Fenster, Türen, Rolladenkästen, Wände, Dächer sowie Decken unter nicht ausgebauten Dachräumen.

(4) Schallschutzmaßnahmen im Sinne dieser Verordnung sind nicht erforderlich, wenn eine bauliche Anlage

1. zum Abbruch bestimmt ist oder dieser bauordnungsrechtlich gefordert wird;

2. bei der Auslegung der Pläne im Planfeststellungsverfahren, bei Bekanntgabe der Plangenehmigung oder der Auslegung des Entwurfs der Bauleitpläne mit ausgewiesener Wegeplanung noch nicht genehmigt war oder sonst nach den baurechtlichen Vorschriften mit dem Bau noch nicht begonnen werden durfte.

§ 3 Umfang der Schallschutzmaßnahmen

(1) [1]Die Schalldämmung von Umfassungsbauteilen ist so zu verbessern, daß die gesamte Außenfläche des Raumes das nach der Gleichung (1) oder (2) der Anlage zu dieser Verordnung bestimmte erforderliche bewertete Schalldämm-Maß nicht unterschreitet. [2]Ist eine Verbesserung notwendig, so soll die Verbesserung beim einzelnen Umfassungsbauteil mindestens 5 Dezibel betragen.

(2) [1]Die vorhandenen bewerteten Schalldämm-Maße der einzelnen Umfassungsbauteile werden nach den Ausführungsbeispielen in dem Beiblatt 1 zu DIN 4109, Ausgabe November 1989, bestimmt. [2]Entsprechen die Umfassungsbauteile nicht den Ausführungsbeispielen, werden sie nach der Norm DIN 52 210 Teil 5, Ausgabe Juli 1985, ermittelt.

(3) Das erforderliche bewertete Schalldämm-Maß eines einzelnen zu verbessernden Bauteils wird nach Gleichung (3) der Anlage zu dieser Verordnung berechnet.

(4) Das zu verbessernde bewertete Schalldämm-Maß der gesamten Außenfläche eines Raumes wird nach Gleichung (4) der Anlage zu dieser Verordnung berechnet.

§ 4 Zugänglichkeit der Normblätter

DIN-Normblätter, auf die in dieser Verordnung verwiesen wird, sind bei der Beuth Verlag GmbH, Berlin und Köln, zu beziehen und beim Deutschen Patentamt in München archivmäßig gesichert niedergelegt.

§ 5 (Inkrafttreten)

Anlage
(Zu § 2 Abs. 2 und § 3 Abs. 1, 3 und 4)

Berechnung der erforderlichen bewerteten Schalldämm-Maße

Das erforderliche bewertete Schalldämm-Maß der gesamten Außenfläche des Raumes in Dezibel (dB) wird nach folgenden Gleichungen berechnet:

1. für Räume entsprechend Tabelle 1, Zeile 1
   Gleichung (1):
   $$R'_{w,res} = L_{r,N} + 10 \cdot \lg \frac{S_g}{A} - D + E$$
2. für Räume entsprechend Tabelle 1, Zeilen 2-5
   Gleichung (2):
   $$R'_{w,res} = L_{r,T} + 10 \cdot \lg \frac{S_g}{A} - D + E$$

Es bedeuten:

$R'_{w,res} \cdots$	erforderliches bewertetes Schalldämm-Maß der gesamten Außenfläche des Raumes in dB
$L_{r,N} \cdots$	Beurteilungspegel für die Nacht in dB (A) nach den Anlagen 1 und 2 der Sechzehnten Verordnung zur Durchführung des Bundes-Immissionsschutzgesetzes vom 12. Juni 1990 (BGBl. I S. 1036)
$L_{r,T} \cdots$	Beurteilungspegel für den Tag in dB (A) nach den Anlagen 1 und 2 der Sechzehnten Verordnung zur Durchführung des Bundes-Immissionsschutzgesetzes vom 12. Juni 1990 (BGBl. I S. 1036)

S_g...   vom Raum aus gesehene gesamte Außenfläche in m^2 (Summer
                        aller Teilflächen)

A...   äquivalente Absorptionsfläche des Raumes in m^2 (A = 0,8 x Ge-
                        samtgrundfläche)

D...   Korrektursummand nach Tabelle 1 in dB [zur Berücksichtigung
                        der Raumnutzung]

E...   Korrektursummand nach Tabelle 2 in dB [der sich aus dem Spek-
                        trum des Außengeräusches und der Frequenzabhängigkeit der
                        Schalldämm-Maße von Fenstern ergibt].

Das erforderliche bewertete Schalldämm-Maß eines einzelnen zu verbessernden
Bauteils wird berechnet nach folgender Gleichung (3):

$$R_{w,x} = -10 \cdot \lg[\frac{1}{S_x} (S_g \cdot 10^{-0,1\,R_{w,res}} - S_1 \cdot 10^{-0,1\,R_{w,1}} - \ldots - S_n \cdot 10^{-0,1\,R_{w,n}})]$$

$R_{w,x}$...   erforderliches bewertetes Schalldämm-Maß des zu verbessern-
                        den Umfassungsbauteils (Teilfläche S_x) in dB

$R_{w,1}$ bis $R_{w,n}$ vorhandene bewertete Schalldämm-Maße der übrigen Umfas-
                        sungsbauteile in dB

S_g...   vom Raum aus gesehene gesamte Außenfläche in m^2 (Summer
                        aller Teilflächen)

S_x...   Größe der betrachteten Teilfläche in m^2

S_1 bis S_n...   Größen der übrigen Teilflächen in m^2

Das bewertete Schalldämm-Maß der gesamten Außenfläche S_g, die sich aus den
Teilflächen S_1, S_2, ..., S_n mit den bewerteten Schalldämm-Maßen $R_{w,1}$, $R_{w,2}$, ...,
$R_{w,n}$ zusammensetzt, berechnet sich nach folgender Gleichung (4):

$$R_{w,res} = -10 \lg[\frac{1}{S_g} \cdot (S_1 \cdot 10^{-0,1\,R_{w,1}} + S_2 \cdot 10^{-0,1\,R_{w,2}} + \ldots + S_n \cdot 10^{-0,1\,R_{w,n}})]$$

Die bewerteten Schalldämm-Maße der Umfassungsbauteile (Teilflächen) müssen so
verbessert werden, daß das nach Gleichung (4) berechnete bewertete Schalldämm-
Maß der gesamten Außenfläche $R_{w,res}$ mindestens gleich dem erforderlichen bewerteten Schalldämm-Maß nach Gleichung (1) oder (2) ist.

Tabelle 1: Korrektursummand D in dB zur Berücksichtigung der Raumnutzung

	Raumnutzung	D in dB
	1	2
1	Räume, die überwiegend zum Schlafen benutzt werden	27
2	Wohnräume	37
3	Behandlungs- und Untersuchungsräume in Arztpraxen, Operationsräume, wissenschaftliche Arbeitsräume, Leseräume in Bibliotheken, Unterrichtsräume	37
4	Konferenz- und Vortragsräume, Büroräume, allgemeine Laborräume	42
5	Großraumbüros, Schalterräume, Druckerräume von DV-Anlagen, soweit dort ständige Arbeitsplätze vorhanden sind	47
6	Sonstige Räume, die zum nicht nur vorübergehenden Aufenthalt von Menschen bestimmt sind.	entsprechend der Schutzbedürftigkeit der jeweiligen Nutzung festzusetzen.

Tabelle 2: Korrektursummand E in dB für bestimmte Verkehrswege

	Verkehrswege	E in dB
	1	2
1	Straßen im Außerortsbereich	3
2	Innerstädtische Straßen	6
3	Schienenwege von Eisenbahnen allgemein	0
4	Schienenwege von Eisenbahnen, bei denen im Beurteilungszeitraum mehr als 60 % der Züge klotzgebremste Güterzüge sind, sowie Verkehrswege der Magnetschwebebahnen	2
5	Schienenwege von Eisenbahnen, auf denen in erheblichem Umfang Güterzüge gebildet oder zerlegt werden	4
6	Schienenwege von Straßenbahnen nach § 4 PBefG	3

**Fünfundzwanzigste Verordnung
zur Durchführung des Bundes-Immissionsschutzgesetzes
(Verordnung zur Begrenzung von Emissionen aus der
Titandioxid-Industrie – 25. BImSchV)**

In der Fassung der Bekanntmachung vom 30. Juli 2014
(BGBl. I S. 1316)
(FNA 2129-8-25)
geändert durch Art. 4 VO vom 24. März 2017 (BGBl. I S. 656, 658)

§ 1 Anwendungsbereich
Diese Verordnung gilt für die Errichtung, die Beschaffenheit und den Betrieb von
1. Anlagen zur fabrikmäßigen Herstellung von Titandioxid nach dem Sulfat- und Chloridverfahren,
2. Anlagen zum fabrikmäßigen Aufkonzentrieren von Abfallsäuren.

§ 2 Begriffsbestimmungen
Im Sinne dieser Verordnung bedeuten:
1. Abgase:
    die Trägergase mit festen, flüssigen oder gasförmigen Emissionen;
2. Emissionen:
    die von Anlagen ausgehenden Luftverunreinigungen; sie werden angegeben als Massenkonzentration in der Einheit Milligramm je Kubikmeter, bezogen auf das unverdünnte Abgasvolumen im Normzustand (273,15 Kelvin, 1 013 Hektopascal) nach Abzug des Feuchtegehaltes an Wasserdampf, oder als Massenverhältnis in der Einheit Kilogramm je Tonne Produkt.

§ 3 Anlagen nach dem Sulfatverfahren
(1) Die Emissionen an Staub dürfen bei Anlagen nach dem Sulfatverfahren einen Emissionsgrenzwert von 30 Milligramm je Kubikmeter, bezogen auf 20 Prozent Luftsauerstoff, als Tagesmittelwert nicht überschreiten.
(2) [1]Die in der Aufschluss- und Kalzinierungsphase anfallenden Emissionen an Schwefeldioxid und Schwefeltrioxid einschließlich Schwefelsäuretröpfchen, angegeben als Schwefeldioxid, dürfen einen Emissionsgrenzwert von einem halben Gramm je Kubikmeter als Tagesmittelwert sowie das Massenverhältnis von 4 Kilogramm je Tonne erzeugtem Titandioxid als Jahresmittelwert der gesamten Anlage nicht überschreiten. [2]Die Anlagen sind mit Einrichtungen zur Vermeidung der Emission von Schwefelsäuretröpfchen auszurüsten.
(3) Die bei der Aufkonzentrierung von Abfallsäuren anfallenden Emissionen an Schwefeldioxid und Schwefeltrioxid, angegeben als Schwefeldioxid, dürfen einen Emissionsgrenzwert von ein Viertel Gramm je Kubikmeter als Tagesmittelwert nicht überschreiten.

§ 4 Anlagen nach dem Chloridverfahren

(1) Die Emissionen an Staub dürfen bei Anlagen nach dem Chloridverfahren einen Emissionsgrenzwert von 30 Milligramm je Kubikmeter bezogen auf 20 Prozent Luftsauerstoff als Tagesmittelwert nicht überschreiten.
(2) Die Emissionen an Chlor dürfen einen Emissionsgrenzwert von 3 Milligramm je Kubikmeter als Tagesmittelwert nicht überschreiten.

§ 5 Verfahren zur Messung und Überwachung

(1) In Ergänzung der Anforderungen der Ersten Allgemeinen Verwaltungsvorschrift zum Bundes-Immissionsschutzgesetz (Technische Anleitung zur Reinhaltung der Luft – TA Luft) vom 24. Juli 2002 (GMBl S. 511) hat der Betreiber die Emissionen in die Luft von gasförmigem Schwefeldioxid und Schwefeltrioxid gemessen als Schwefeldioxid kontinuierlich zu überwachen:
1. aus Anlagen zum Aufschluss und zur Kalzinierung oder
2. Anlagen, die das Sulfatverfahren anwenden, bei der Konzentrierung von Abfallsäuren.

(2) [1]Der Betreiber von Anlagen hat die Emissionen von Staub oder von Chlor in die Luft an relevanten Quellen kontinuierlich zu überwachen. [2]Die kontinuierliche Überwachung von Chlor gemäß Satz 1 hat sechs Monate nach Bekanntgabe einer geeigneten Messeinrichtung zu erfolgen.

§ 6 Andere oder weitergehende Anforderungen

Andere oder weitergehende Anforderungen, die sich insbesondere aus Pflichten nach § 5 Absatz 1 Nummer 2 bis 4 des Bundes-Immissionsschutzgesetzes sowie der Technischen Anleitung zur Reinhaltung der Luft ergeben, bleiben unberührt.

§ 7 Ordnungswidrigkeiten

Ordnungswidrig im Sinne des § 62 Abs. 1 Nr. 7 des Bundes-Immissionsschutzgesetzes handelt, wer vorsätzlich oder fahrlässig als Betreiber einer Anlage
1. entgegen § 3 Absatz 1, Absatz 2 Satz 1 oder Absatz 3 oder § 4 Absatz 1 oder Absatz 2 einen dort genannten Emissionsgrenzwert überschreitet,
2. entgegen § 3 Abs. 2 Satz 1 das dort genannte Massenverhältnis überschreitet oder
3. entgegen § 5 Absatz 1 oder Absatz 2 die dort genannten Emissionen nicht, nicht richtig oder nicht rechtzeitig überwacht.

§ 8 (Inkrafttreten)

**Sechsundzwanzigste Verordnung
zur Durchführung des Bundes-Immissionsschutzgesetzes
(Verordnung über elektromagnetische Felder – 26. BImSchV)**

In der Fassung der Bekanntmachung vom 14. August 2013
(BGBl. I S. 3266, ber. S. 3942)[1]
(FNA 2129-8-26)

§ 1 Anwendungsbereich

(1) [1]Diese Verordnung gilt für die Errichtung und den Betrieb von Hochfrequenzanlagen, Niederfrequenzanlagen und Gleichstromanlagen nach Absatz 2. [2]Sie enthält Anforderungen zum Schutz der Allgemeinheit und der Nachbarschaft vor schädlichen Umwelteinwirkungen und zur Vorsorge gegen schädliche Umwelteinwirkungen durch elektrische, magnetische und elektromagnetische Felder. [3]Die Verordnung berücksichtigt nicht die Wirkungen elektrischer, magnetischer und elektromagnetischer Felder auf elektrisch oder elektronisch betriebene Implantate.

(2) Im Sinne dieser Verordnung sind:

1. Hochfrequenzanlagen:
   ortsfeste Anlagen, die elektromagnetische Felder im Frequenzbereich von 9 Kilohertz bis 300 Gigahertz erzeugen, ausgenommen sind Anlagen, die breitbandige elektromagnetische Impulse erzeugen und der Landesverteidigung dienen,

2. Niederfrequenzanlagen:
   ortsfeste Anlagen zur Umspannung und Fortleitung von Elektrizität mit einer Nennspannung von 1 000 Volt oder mehr, einschließlich Bahnstromfern- und Bahnstromoberleitungen und sonstiger vergleichbarer Anlagen im Frequenzbereich von 1 Hertz bis 9 Kilohertz,

3. Gleichstromanlagen:
   ortsfeste Anlagen zur Fortleitung, Umspannung und Umrichtung, einschließlich der Schaltfelder, von Gleichstrom mit einer Nennspannung von 2 000 Volt oder mehr.

§ 2 Hochfrequenzanlagen

(1) [1]Zum Schutz vor schädlichen Umwelteinwirkungen sind Hochfrequenzanlagen mit einer äquivalenten isotropen Strahlungsleistung (EIRP) von 10 Watt oder mehr so zu errichten und zu betreiben, dass in ihrem Einwirkungsbereich an Orten, die zum dauerhaften oder vorübergehenden Aufenthalt von Menschen bestimmt sind, bei höchster betrieblicher Anlagenauslastung

1. die in Anhang 1a und 1b bestimmten Grenzwerte für den jeweiligen Frequenzbereich unter Berücksichtigung von Immissionen durch andere ortsfeste Hochfrequenzanlagen sowie Niederfrequenzanlagen gemäß Anhang 2 nicht überschritten werden und

---

1) Neubekanntmachung der 26. BImSchV v. 16. Dezember 1996 (BGBl. I S. 1966) in der ab dem 22. August 2013 geltenden Fassung. Die VO wurde in ihrer ursprünglichen Fassung erlassen auf Grund von § 23 Abs. 1 BImSchG.

2. bei gepulsten elektromagnetischen Feldern zusätzlich die in Anhang 3
    festgelegten Kriterien eingehalten werden.
[2]Das Gleiche gilt für eine Hochfrequenzanlage mit einer äquivalenten isotropen Strahlungsleistung (EIRP) von weniger als 10 Watt, wenn diese
an einem Standort gemäß § 2 Nummer 3 der Verordnung über das Nachweisverfahren zur Begrenzung elektromagnetischer Felder vom 20. August 2002 (BGBl. I S. 3366), die zuletzt durch Artikel 3 Absatz 20 des Gesetzes vom 7. Juli 2005 (BGBl. I S. 1970) geändert worden ist, in der jeweils geltenden Fassung, mit einer äquivalenten isotropen Strahlungsleistung (EIRP) der dort vorhandenen Hochfrequenzanlagen (Gesamtstrahlungsleistung) von 10 Watt oder mehr errichtet wird oder wenn durch
diese die Gesamtstrahlungsleistung von 10 Watt erreicht oder überschritten wird. [3]Satz 2 gilt nicht für Hochfrequenzanlagen, die eine äquivalente
isotrope Strahlungsleistung (EIRP) von 100 Milliwatt oder weniger aufweisen.
(2) Kurzzeitige Überschreitungen der nach Absatz 1 Satz 1 Nummer 1,
auch in Verbindung mit Absatz 1 Satz 2, zu beachtenden Grenzwerte aufgrund einer vorübergehenden Gefahr für die öffentliche Sicherheit und
Ordnung oder zum Schutz der Sicherheit des Staates bleiben außer Betracht.

§ 3 Niederfrequenzanlagen

(1) [1]Zum Schutz vor schädlichen Umwelteinwirkungen sind Niederfrequenzanlagen, die vor dem 22. August 2013 errichtet worden sind, so zu
betreiben, dass sie in ihrem Einwirkungsbereich an Orten, die zum nicht
nur vorübergehenden Aufenthalt von Menschen bestimmt sind, bei höchster betrieblicher Anlagenauslastung die im Anhang 1a genannten Grenzwerte nicht überschreiten, wobei Niederfrequenzanlagen mit einer Frequenz von 50 Hertz die Hälfte des in Anhang 1a genannten Grenzwertes
der magnetischen Flussdichte nicht überschreiten dürfen. [2]Dabei bleiben,
soweit nicht im Einzelfall hinreichende Anhaltspunkte für insbesondere
durch Berührungsspannungen hervorgerufene Belästigungen bestehen, die
nach Art, Ausmaß oder Dauer für die Nachbarschaft unzumutbar sind, außer Betracht
1. kurzzeitige Überschreitungen der Grenzwerte nach Satz 1 in Verbin-
    dung mit Anhang 1a um nicht mehr als 100 Prozent mit einer Dauer
    von nicht mehr als 5 Prozent eines Beurteilungszeitraumes von einem
    Tag und
2. kleinräumige Überschreitungen der Grenzwerte der elektrischen Feld-
    stärke nach Satz 1 in Verbindung mit Anhang 1a um nicht mehr als
    100 Prozent außerhalb von Gebäuden.
(2) [1]Zum Schutz vor schädlichen Umwelteinwirkungen sind Niederfrequenzanlagen, die nach dem 22. August 2013 errichtet werden, so zu errichten und zu betreiben, dass sie bei höchster betrieblicher Anlagenauslastung in ihrem Einwirkungsbereich an Orten, die zum nicht nur vorübergehenden Aufenthalt von Menschen bestimmt sind, die im Anhang 1a
genannten Grenzwerte nicht überschreiten, wobei Niederfrequenzanlagen

mit einer Frequenz von 50 Hertz die Hälfte des in Anhang 1a genannten Grenzwertes der magnetischen Flussdichte nicht überschreiten dürfen. [2]Bestehende Genehmigungen und Planfeststellungsbeschlüsse bleiben unberührt.

(3) Bei der Ermittlung der elektrischen Feldstärke und der magnetischen Flussdichte nach Absatz 1 und Absatz 2 sind alle Immissionen zu berücksichtigen, die durch andere Niederfrequenzanlagen sowie durch ortsfeste Hochfrequenzanlagen mit Frequenzen zwischen 9 Kilohertz und 10 Megahertz, die einer Standortbescheinigung nach §§ 4 und 5 der Verordnung über das Nachweisverfahren zur Begrenzung elektromagnetischer Felder bedürfen, gemäß Anhang 2a entstehen.

(4) Wirkungen wie Funkenentladungen auch zwischen Personen und leitfähigen Objekten sind zu vermeiden, wenn sie zu erheblichen Belästigungen oder Schäden führen können.

§ 3a Gleichstromanlagen

[1]Zum Schutz vor schädlichen Umwelteinwirkungen sind Gleichstromanlagen so zu errichten und zu betreiben, dass in ihrem Einwirkungsbereich an Orten, die zum dauerhaften oder vorübergehenden Aufenthalt von Menschen bestimmt sind, bei höchster betrieblicher Anlagenauslastung

1. der in Anhang 1a genannte Grenzwert der magnetischen Flussdichte nicht überschritten wird, sowie

2. Wirkungen wie Funkenentladungen auch zwischen Personen und leitfähigen Objekten, die zu erheblichen Belästigungen oder Schäden führen können, vermieden werden.

[2]Dabei sind alle relevanten Immissionen zu berücksichtigen.

§ 4 Anforderungen zur Vorsorge

(1) [1]Zum Zweck der Vorsorge darf eine wesentliche Änderung von Niederfrequenzanlagen in der Nähe von Wohnungen, Krankenhäusern, Schulen, Kindergärten, Kinderhorten, Spielplätzen oder ähnlichen Einrichtungen nur vorgenommen werden, wenn in diesen Gebäuden oder auf diesen Grundstücken abweichend von § 3 Absatz 1 Satz 2 auch die maximalen Effektivwerte der elektrischen Feldstärke und magnetischen Flussdichte den Anforderungen nach § 3 Absatz 1 Satz 1 entsprechen. [2]Für Niederfrequenzanlagen, die nach dem 16. Dezember 1996 errichtet oder wesentlich geändert wurden, gelten die Vorsorgeanforderungen aus der Verordnung über elektromagnetische Felder in der Fassung vom 16. Dezember 1996 weiter fort.

(2) [1]Bei Errichtung und wesentlicher Änderung von Niederfrequenzanlagen sowie Gleichstromanlagen sind die Möglichkeiten auszuschöpfen, die von der jeweiligen Anlage ausgehenden elektrischen, magnetischen und elektromagnetischen Felder nach dem Stand der Technik unter Berücksichtigung von Gegebenheiten im Einwirkungsbereich zu minimieren.[2] [2]Das Nähere regelt eine Verwaltungsvorschrift gemäß § 48 des Bundes-Immissionsschutzgesetzes.

---

2) Die Minimierung wird nur »nach Maßgabe des vernünftigen Optimums« verlangt (BVerwG, Urteil vom 14. 3. 2018, NVwZ 2018, 1322).

(3) [1]Niederfrequenzanlagen zur Fortleitung von Elektrizität mit einer Frequenz von 50 Hertz und einer Nennspannung von 220 Kilovolt und mehr, die in einer neuen Trasse errichtet werden, dürfen Gebäude oder Gebäudeteile nicht überspannen, die zum dauerhaften Aufenthalt von Menschen bestimmt sind. [2]Bestehende Genehmigungen und Planfeststellungsbeschlüsse sowie bis zum 22. August 2013 beantragte Planfeststellungs- und Plangenehmigungsverfahren, für die ein vollständiger Antrag zu diesem Zeitpunkt vorlag, bleiben unberührt.

§ 5 Ermittlung der Feldstärke- und Flussdichtewerte

[1]Messgeräte, Mess- und Berechnungsverfahren, die bei der Ermittlung der elektrischen und magnetischen Feldstärke und magnetischen Flussdichte einschließlich der Berücksichtigung der vorhandenen Immissionen eingesetzt werden, müssen dem Stand der Mess- und Berechnungstechnik entsprechen. [2]Soweit anwendbar sind die Mess- und Berechnungsverfahren der DIN EN 50413 (Ausgabe August 2009) einzusetzen, die bei der VDE-Verlag GmbH oder der Beuth Verlag GmbH, beide Berlin, zu beziehen und beim Deutschen Patent- und Markenamt archivmäßig gesichert niedergelegt ist. [3]Messungen sind an den nach den §§ 2, 3 oder 3a maßgeblichen Einwirkungsorten mit der jeweils stärksten Exposition durchzuführen. [4]Sie sind nicht erforderlich, wenn die Einhaltung der Grenzwerte durch Berechnungsverfahren festgestellt werden kann.

§ 6 Weitergehende Anforderungen

Weitergehende Anforderungen aufgrund anderer Rechtsvorschriften, insbesondere von Rechtsvorschriften zur elektromagnetischen Verträglichkeit und des Telekommunikationsrechts, bleiben unberührt.

§ 7 Anzeige

(1) [1]Die zuständige Behörde ist berechtigt, die vom Betreiber einer ortsfesten Funkanlage, die privaten oder gewerblichen Zwecken dient oder im Rahmen wirtschaftlicher Unternehmungen Anwendung findet, nach den §§ 9, 11 und 12 der Verordnung über das Nachweisverfahren zur Begrenzung elektromagnetischer Felder angezeigten Daten sowie die nach § 5 der vorgenannten Verordnung erteilten Standortbescheinigungen, einschließlich der nach § 4 Absatz 5 der vorgenannten Verordnung vorgelegten Antragsunterlagen, bei der Bundesnetzagentur für Elektrizität, Gas, Telekommunikation, Post und Eisenbahnen abzurufen, soweit dies zur Wahrnehmung ihrer Aufgaben zum Vollzug dieser Verordnung erforderlich ist. [2]Die Bundesnetzagentur für Elektrizität, Gas, Telekommunikation, Post und Eisenbahnen stellt der zuständigen Behörde die Daten nach Satz 1 spätestens eine Woche nach Erhalt elektronisch zur Verfügung.

(2) [1]Der Betreiber einer Niederfrequenzanlage mit einer Nennspannung von 110 Kilovolt und mehr oder einer Gleichstromanlage hat diese der zuständigen Behörde mindestens zwei Wochen vor der Inbetriebnahme oder einer wesentlichen Änderung anzuzeigen, soweit

1. die Anlage auf einem Grundstück im Bereich eines Bebauungsplans oder innerhalb eines im Zusammenhang bebauten Ortsteils oder auf

einem mit Wohngebäuden bebauten Grundstück im Außenbereich belegen ist oder derartige Grundstücke überquert und

2. die Anlage oder ihre wesentliche Änderung nicht einer Genehmigung, Planfeststellung oder sonstigen behördlichen Entscheidung nach anderen Rechtsvorschriften bedarf, bei der die Belange des Immissionsschutzes berücksichtigt werden.

[2]Bei Leitungen genügt die Anzeige derjenigen Leitungsabschnitte, für die die Voraussetzungen nach Satz 1 vorliegen.

(3) [1]Bei Anzeigen nach Absatz 2 soll der Betreiber die für die Anlage maßgebenden Daten angeben und der Anzeige einen Lageplan beifügen. [2]Der Betreiber einer Niederfrequenzanlage mit einer Nennspannung von weniger als 110 Kilovolt hat für diejenigen Leitungsabschnitte, für die die Voraussetzungen nach Absatz 2 Satz 1 Nummer 1 und 2 vorliegen, die maßgeblichen Daten sowie einen Lageplan vorzuhalten und der zuständigen Behörde auf Verlangen unverzüglich vorzulegen.

§ 7a Beteiligung der Kommunen

[1]Die Kommune, in deren Gebiet die Hochfrequenzanlage errichtet werden soll, wird bei der Auswahl von Standorten für Hochfrequenzanlagen, die nach dem 22. August 2013 errichtet werden, durch die Betreiber gehört. [2]Sie erhält rechtzeitig die Möglichkeit zur Stellungnahme und zur Erörterung der Baumaßnahme. [3]Die Ergebnisse der Beteiligung sind zu berücksichtigen.

§ 8 Zulassung von Ausnahmen

(1) Die zuständige Behörde kann auf Antrag Ausnahmen von den Anforderungen der §§ 2, 3 und 3a zulassen, soweit unter Berücksichtigung der besonderen Umstände des Einzelfalls, insbesondere Art und Dauer der Anlagenauslastung und des tatsächlichen Aufenthalts von Personen im Einwirkungsbereich der Anlage, schädliche Umwelteinwirkungen nicht zu erwarten sind.

(2) Die zuständige Behörde kann Ausnahmen von den Anforderungen des § 4 zulassen, soweit die Anforderungen des § 4 im Einzelfall unverhältnismäßig sind.

§ 9 Ordnungswidrigkeiten

Ordnungswidrig im Sinne des § 62 Abs. 1 Nr. 7 des Bundes-Immissionsschutzgesetzes handelt, wer vorsätzlich oder fahrlässig

1. entgegen § 2 Satz 1 auch in Verbindung mit Satz 2, entgegen § 3 Absatz 1 Satz 1 oder Absatz 2 Satz 1 oder entgegen § 3a Satz 1 eine dort genannte Anlage errichtet oder betreibt,
2. entgegen § 4 Absatz 1 eine Niederfrequenzanlage wesentlich ändert,
3. entgegen § 7 Absatz 2 Satz 1 oder entgegen § 10 Absatz 2 eine Anzeige nicht, nicht richtig, nicht vollständig oder nicht rechtzeitig erstattet.

§ 10 Übergangsvorschriften

(1) Niederfrequenzanlagen mit einer Frequenz von 16,7 Hertz, die vor dem 22. August 2013 errichtet worden sind, sind bis zum 22. August 2018 so zu betreiben, dass sie in ihrem Einwirkungsbereich an Orten, die zum

nicht nur vorübergehenden Aufenthalt von Menschen bestimmt sind, bei höchster betrieblicher Anlagenauslastung das Doppelte des im Anhang 1a genannten Grenzwerts der elektrischen Feldstärke nicht überschreiten.

(2) [1]Werden Gleichstromanlagen am 22. August 2013 bereits betrieben, so hat die Anzeige des Betriebs nach § 7 Absatz 2 bis zum 23. September 2013 zu erfolgen. [2]Wurde mit ihrer Errichtung bereits vor dem 22. August 2013 begonnen, erfolgt der Betrieb aber erst vor dem 23. September 2013, so hat die Anzeige des Betriebs nach § 7 Absatz 2 innerhalb von vier Wochen nach Inbetriebnahme zu erfolgen.

Anhang 1
(zu §§ 2, 3, 3a, 10)

Anhang 1a

Frequenz (f) in Hertz (Hz)	Grenzwerte	
	Elektrische Feldstärke in Kilovolt pro Meter (kV/m) (effektiv)	Magnetische Flussdichte in Mikrotesla (µT) (effektiv)
0	–	500
1 – 8	5	$40\,000/f^2$
8 – 25	5	$5\,000/f$
25 – 50	5	200
50 – 400	$250/f$	200
400 – 3 000	$250/f$	$80\,000/f$
3 000 – 10 000 000	0,083	27

Anhang 1b

Frequenz (f) in Megahertz (MHz)	Grenzwerte, quadratisch gemittelt über 6-Minuten-Intervalle	
	Elektrische Feldstärke in Volt pro Meter (V/m) (effektiv)	Magnetische Feldstärke in Ampere pro Meter (A/m) (effektiv)
0,1 – 1	87	$0,73/f$
1 – 10	$87/f^{1/2}$	$0,73/f$
10 – 400	28	0,073
400 – 2 000	$1,375\ f^{1/2}$	$0,0037\ f^{1/2}$
2 000 – 300 000	61	0,16

Berücksichtigung von Immissionsbeiträgen anderer Anlagen

Anhang 2a

Immissionsbeiträge der elektrischen und magnetischen Felder aller Niederfrequenz-anlagen und von Hochfrequenzanlagen mit Frequenzen zwischen 9 kHz und 10 MHz müssen die folgenden Bedingungen erfüllen:

Elektrische Felder:

$$\sum_{1\,Hz}^{10\,MHz} \frac{I_{E,i}}{G_{E,i}} \leq 1$$

mit

$I_{E,i}$ = Immissionsbeitrag des elektrischen Feldes bei der Frequenz i im Bereich von 1 Hz bis 10 MHz,

$G_{E,i}$ = Grenzwert der elektrischen Feldstärke bei der Frequenz i im Bereich von 1 Hz bis 10 MHz, gemäß Anhang 1a

Magnetische Felder:

$$\sum_{1\,Hz}^{10\,MHz} \frac{I_{M,i}}{G_{M,i}} \leq 1$$

mit

$I_{M,i}$ = Immissionsbeitrag des magnetischen Feldes bei der Frequenz i im Bereich von 1 Hz bis 10 MHz,

$G_{M,i}$ = Grenzwert der magnetischen Flussdichte bei der Frequenz i im Bereich von 1 Hz bis 10 MHz, gemäß Anhang 1a in Verbindung mit § 3

Anhang 2b

Immissionsbeiträge der elektrischen und magnetischen Felder von Hochfrequenz-anlagen mit Frequenzen > 100 kHz müssen zusätzlich die folgenden Bedingungen erfüllen:

Elektrische Felder:

$$\sum_{100\,kHz}^{300\,GHz} \left(\frac{I_{E,i}}{G_{E,i}} \right)^2 \leq 1$$

mit

$I_{E,j}$ = Immissionsbeitrag des elektrischen Feldes bei der Frequenz j im Bereich von 100 kHz bis 300 GHz (quadratisch gemittelt über 6-Minuten-Intervalle),

$G_{E,j}$ = Grenzwert der elektrischen Feldstärke bei der Frequenz j im Frequenzbereich von 100 kHz bis 300 GHz (quadratisch gemittelt über 6-Minuten-Intervalle), gemäß Anhang 1b

Magnetische Felder:

$$\sum_{100 \text{ kHz}}^{300 \text{ GHz}} \left(\frac{I_{M,i}}{G_{M,i}} \right)^2 \leq 1$$

mit

$I_{M,j}$ = Immissionsbeitrag des magnetischen Feldes bei der Frequenz j im Bereich von 100 kHz bis 300 GHz (quadratisch gemittelt über 6-Minuten-Intervalle),

$G_{M,j}$ = Grenzwert der magnetischen Feldstärke bei der Frequenz j im Frequenzbereich von 100 kHz bis 300 GHz (quadratisch gemittelt über 6-Minuten-Intervalle), gemäß Anhang 1b.

Anhang 3
(zu § 2)

Gepulste Felder von Hochfrequenzanlagen

Bei gepulsten elektromagnetischen Feldern im Frequenzbereich von 9 kHz bis 100 kHz darf der Spitzenwert für die elektrische und die magnetische Feldstärke das 1,5-fache der Werte des Anhangs 1a nicht überschreiten.

Bei gepulsten elektromagnetischen Feldern im Frequenzbereich über 100 kHz bis 10 MHz darf der Spitzenwert für die elektrische und die magnetische Feldstärke das 6,93 $f^{0,664}$-fache der Werte des Anhangs 1b (f in MHz) nicht überschreiten.

Bei gepulsten elektromagnetischen Feldern im Frequenzbereich über 10 MHz bis 300 GHz darf der Spitzenwert für die elektrische und die magnetische Feldstärke das 32-fache der Werte des Anhangs 1b nicht überschreiten.

Siebenundzwanzigste Verordnung
zur Durchführung des Bundes-Immissionsschutzgesetzes
(Verordnung über Anlagen zur Feuerbestattung –
27. BImSchV)

Vom 19. März 1997 (BGBl. I S. 545)
(FNA 2129-8-27)

zuletzt geändert durch Art. 10 VO
vom 2. Mai 2013 (BGBl. I S. 973, 1020)

§ 1 Anwendungsbereich

Diese Verordnung gilt für die Errichtung, die Beschaffenheit und den Betrieb von Anlagen zur Feuerbestattung.

§ 2 Begriffsbestimmung

Im Sinne dieser Verordnung sind:

1. Abgase:
   die Trägergase mit den festen, flüssigen oder gasförmigen Emissionen;
2. Altanlagen:
   Anlagen, die vor dem Inkrafttreten dieser Verordnung errichtet oder genehmigt worden sind;
3. Anlagen zur Feuerbestattung (Anlagen):
   alle technischen Einrichtungen, die der Einäscherung des menschlichen Leichnams[1] dienen;
4. Emissionen:
   die von der Anlage ausgehenden Luftverunreinigungen; sie werden angegeben als Massenkonzentration in den Einheiten Nanogramm je Kubikmeter (ng/m^3) oder Milligramm je Kubikmeter (mg/m^3), bezogen auf das Abgasvolumen im Normzustand (273 K, 1013 hPa) nach Abzug des Feuchtegehaltes an Wasserdampf; sie beziehen sich auf einen Volumengehalt an Sauerstoff im Abgas von 11 vom Hundert, bei elektrisch betriebenen Anlagen auf einen Volumengehalt an Sauerstoff im Abgas von 15 vom Hundert.

§ 3 Feuerung

(1) Soweit die Anlagen mit Brennern ausgerüstet sind, dürfen diese nur mit Gasen der öffentlichen Gasversorgung, Flüssiggas, Wasserstoff oder Heizöl EL betrieben werden.

(2) Die Temperatur nach der letzten Verbrennungsluftzuführung muß mindestens 850°C, ermittelt als Zehnminutenmittelwert, betragen.

(3) [1]Durch geeignete Vorrichtungen ist sicherzustellen, daß ein Sarg nicht eingefahren werden kann, wenn die Mindesttemperatur nach § 3 Abs. 2 unterschritten ist oder die kontinuierlich ermittelte Konzentration von Kohlenmonoxid oder die Anzeige für die Rauchgasdichte auf eine Störung des ordnungsgemäßen Betriebes hinweist. [2]Eine bereits begonnene Einäscherung ist zu Ende zu führen.

---

1) Tierkrematorien werden von der 27. BImSchV nicht erfasst.

§ 4 Emissionsgrenzwerte

Anlagen dürfen nur so errichtet und betrieben werden, daß

1. die Emissionen von Kohlenmonoxid einen Stundenmittelwert von 50 mg je Kubikmeter Abgas,

2. die Emissionen von Gesamtstaub und organischen Stoffen, gebildet als Stundenmittelwert und in Übereinstimmung mit dem im Anhang 1 festgelegten Verfahren, die folgenden Emissionsgrenzwerte

    a) Gesamtstaub 10 mg/m³,

    b) organische Stoffe, angegeben als Gesamtkohlenstoff, 20 mg/m³ und

3. die Emissionen von den im Anhang 2 genannten Dioxinen und Furanen, angegeben als Summenwert und gebildet als Mittelwert über die jeweilige Probenahmezeit, jeweils in Übereinstimmung mit dem im Anhang 2 festgelegten Verfahren, den Emissionsgrenzwert von 0,1 ng/m³

nicht überschreiten.

§ 5 Ableitbedingungen für Abgase

[1]Abgase sind über einen oder mehrere Schornsteine in die freie Luftströmung so abzuleiten, daß die Höhe der Austrittsöffnung für die Abgase

1. die höchste Kante des Dachfirstes der Anlage um mindestens 3 Meter überragt und

2. mindestens 10 Meter über Flur liegt.

[2]Bei einer Dachneigung von weniger als 20 Grad ist die Höhe der Austrittsöffnung auf einen fiktiven Dachfirst zu beziehen, dessen Höhe unter Zugrundelegung einer Dachneigung von 20 Grad zu berechnen ist.

§ 6 Anzeige

Der Betreiber einer Anlage hat diese der zuständigen Behörde spätestens einen Monat vor der Inbetriebnahme anzuzeigen.

§ 7 Kontinuierliche Messungen

(1) [1]Die Anlagen sind mit Meßeinrichtungen auszurüsten, die

1. den Volumengehalt an Sauerstoff im Abgas,

2. die Massenkonzentration von Kohlenmonoxid im Abgas und

3. die Mindesttemperatur nach § 3 Abs. 2

fortlaufend messen und registrieren. [2]Die Anlagen dürfen nur mit hierzu geeigneten und funktionsfähigen Meßeinrichtungen betrieben werden.

(2) [1]Die Anlagen sind zur Überwachung der Funktionstüchtigkeit der Staubabscheideeinrichtungen mit Meßgeräten auszurüsten, die die Rauchgasdichte kontinuierlich messen. [2]Die Anlagen dürfen nur mit hierzu geeigneten und funktionsfähigen Rauchgasdichtemeßgeräten, die Rückschlüsse auf die ständige Einhaltung des Emissionsgrenzwertes für Gesamtstaub nach § 4 Nr. 2 Buchstabe a ermöglichen, betrieben werden.

(3) [1]Der Betreiber hat durch eine von der zuständigen obersten Landesbehörde oder der nach Landesrecht bestimmten Behörde für Kalibrierungen bekanntgegebene Stelle den ordnungsgemäßen Einbau der Meßeinrichtungen zur kontinuierlichen Überwachung von Kohlenmonoxid, Sauerstoff, Rauchgasdichte und Temperatur bescheinigen zu lassen sowie die Meß-

einrichtungen vor Inbetriebnahme kalibrieren und jeweils spätestens nach Ablauf eines Jahres auf Funktionsfähigkeit prüfen zu lassen. [2]Der Betreiber hat die Kalibrierung spätestens fünf Jahre nach der letzten Kalibrierung wiederholen zu lassen. [3]Die Betreiber hat die Bescheinigung über den ordnungsgemäßen Einbau, die Berichte über das Ergebnis der Kalibrierung und der Prüfung der Funktionsfähigkeit der zuständigen Behörde jeweils innerhalb von drei Monaten nach Durchführung vorzulegen.

§ 8 Beurteilung und Berichte von kontinuierlichen Messungen

(1) Während des Betriebes der Anlage ist für den Kohlenmonoxidmeßwert für jede aufeinanderfolgende Stunde der Mittelwert zu bilden.

(2) [1]Über die Auswertung der kontinuierlichen Messungen hat der Betreiber einen Meßbericht zu erstellen oder erstellen zu lassen und innerhalb von drei Monaten nach Ablauf eines jeden Kalenderjahres der zuständigen Behörde vorzulegen. [2]Der Betreiber muß die Aufzeichnungen fünf Jahre aufbewahren.

(3) Der Grenzwert für Kohlenmonoxid ist eingehalten, wenn kein Stundenmittelwert nach § 7 Abs. 1 Nr. 2 in Verbindung mit Absatz 1 den Grenzwert nach § 4 Nr. 1 überschreitet.

§ 9 Einzelmessungen

[1]Der Betreiber einer nach Inkrafttreten dieser Verordnung errichteten Anlage hat die Einhaltung der Anforderungen für Gesamtstaub, Gesamtkohlenstoff und Dioxine und Furane nach § 4 frühestens drei Monate und spätestens sechs Monate nach der Inbetriebnahme von einer nach § 29b Absatz 2 in Verbindung mit § 26 des Bundes-Immissionsschutzgesetzes bekannt gegebenen Stelle nach Maßgabe von Anhang 1 und Anhang 2 prüfen zu lassen. [2]Der Betreiber hat die Prüfung nach Satz 1 im Abstand von drei Jahren wiederholen zu lassen.

§ 10 Beurteilung und Berichte von Einzelmessungen

(1) [1]Über die Messungen nach § 9 ist ein Meßbericht zu erstellen und der zuständigen Behörde innerhalb von drei Monaten nach Durchführung der Messung vorzulegen. [2]Der Meßbericht muß Angaben über die Meßplanung, das Ergebnis, die verwendeten Meßverfahren und die Betriebsbedingungen, die für die Beurteilung der Meßergebnisse von Bedeutung sind, enthalten. [3]Der Betreiber muß die Berichte fünf Jahre aufbewahren.

(2) Die Emissionsgrenzwerte gelten als eingehalten, wenn kein Ergebnis einer Einzelmessung des Stundenmittelwertes den jeweiligen Emissionsgrenzwert nach § 4 Nr. 2 oder den Mittelwert über die Probenahmezeit nach § 4 Nr. 3 überschreitet.

§ 11 Übergangsregelung

Altanlagen müssen die Anforderungen dieser Verordnung spätestens nach Ablauf von drei Jahren nach Inkrafttreten dieser Verordnung einhalten.

§ 12 Zulassung von Ausnahmen

(1) Die zuständige Behörde kann auf Antrag des Betreibers Ausnahmen von Vorschriften dieser Verordnung zulassen, soweit unter Berücksichtigung der besonderen Umstände des Einzelfalles

1. einzelne Anforderungen der Verordnung nicht oder nur mit unverhältnismäßig hohem Aufwand erfüllbar sind,
2. schädliche Umwelteinwirkungen nicht zu befürchten sind und
3. im übrigen die dem Stand der Technik entsprechenden Maßnahmen zur Emissionsbegrenzung angewandt werden.

(2) Eine Ausnahme von § 5 kommt insbesondere in Betracht, wenn Belange des Denkmalschutzes berührt sind.

(3) Die zuständige Behörde kann die Ausnahme unter Bedingungen erteilen, mit Auflagen verbinden oder befristen.

§ 13 Weitergehende Anforderungen

Die Befugnis der zuständigen Behörde, auf der Grundlage des Bundes-Immissionsschutzgesetzes andere oder weitergehende Anordnungen zu treffen, bleibt unberührt.

§ 14 Ordnungswidrigkeiten

Ordnungswidrig im Sinne des § 62 Abs. 1 Nr. 7 des Bundes-Immissionsschutzgesetzes handelt, wer vorsätzlich oder fahrlässig

1. entgegen § 4 eine Anlage errichtet oder betreibt,
2. entgegen § 5 Satz 1 ein Abgas nicht oder nicht in der vorgeschriebenen Weise ableitet,
3. entgegen § 6 eine Anzeige nicht, nicht richtig oder nicht rechtzeitig erstattet,
4. entgegen § 7 Abs. 1 oder Abs. 2 eine Anlage betreibt,
5. entgegen § 7 Abs. 3 Satz 1 oder 2 eine Meßeinrichtung nicht oder nicht rechtzeitig kalibrieren oder nicht oder nicht rechtzeitig prüfen oder die Kalibrierung nicht oder nicht rechtzeitig wiederholen läßt oder
6. entgegen § 9 Satz 1 oder 2 die Einhaltung der Anforderungen nicht, nicht richtig, nicht in der vorgeschriebenen Weise oder nicht rechtzeitig prüfen läßt oder eine Prüfung nicht, nicht richtig, nicht in der vorgeschriebenen Weise oder nicht rechtzeitig wiederholen läßt.

Anhang 1

Bestimmung der Massenkonzentration von Gesamtstaub und Gesamtkohlenstoff nach § 4 Nr. 2

1. Zur Bestimmung der Massenkonzentration an Gesamtstaub und Gesamtkohlenstoff nach § 4 Nr. 2 beträgt die Probenahmezeit eine Stunde; die Probenahme erfolgt ab Beginn einer Einäscherung.

2. Es sind Proben während fünf aufeinanderfolgender Einäscherungsvorgänge zu ziehen.

3. Pausenzeiten zwischen jeweils zwei Einäscherungen bleiben unberücksichtigt.

4. Die Messung der organischen Stoffe, angegeben als Gesamtkohlenstoff, erfolgt nach der FID-Methode. [1]Die Kalibrierung des Gerätes erfolgt mit Propan oder Butan. [2]Es sind geeignete Meßgeräte zu verwenden, die eine Bekanntgabe für Meßaufgaben nach der 17. BImSchV besitzen.

Anhang 2

Bestimmung der Massenkonzentration von Dioxinen und Furanen nach § 4 Nr. 3

1. Zur Bestimmung der Massenkonzentration von Dioxinen und Furanen nach § 4 Nr. 3 beträgt die Probenahmezeit mindestens sechs Stunden.

2. Die Probenahme erfolgt ab Beginn einer Einäscherung.

3. Pausenzeiten zwischen jeweils zwei Einäscherungen bleiben unberücksichtigt.

4. Für die in diesem Anhang genannten Dioxine und Furane soll die Nachweisgrenze des eingesetzten Analyseverfahrens nicht über 0,005 ng/m³ Abgas liegen.

5. Für den nach § 4 Nr. 3 zu bildenden Summenwert sind die im Abgas ermittelten Konzentrationen der nachstehend genannten Dioxine und Furane mit den angegebenen Äquivalenzfaktoren zu multiplizieren und zu summieren.

		Äquivalenzfaktor
2,3,7,8	– Tetrachlordibenzodioxin (TCDD)	1
1,2,3,7,8	– Pentachlordibenzodioxin (PeCDD)	0,5
1,2,3,4,7,8	– Hexachlordibenzodioxin (HxCDD)	0,1
1,2,3,7,8,9	– Hexachlordibenzodioxin (HxCDD)	0,1
1,2,3,6,7,8	– Hexachlordibenzodioxin (HxCDD)	0,1
1,2,3,4,6,7,8	– Heptachlordibenzodioxin (HpCDD)	0,01
Octachlordibenzodioxin (OCDD)		0,001
2,3,7,8	– Tetrachlordibenzofuran (TCDF)	0,1
2,3,4,7,8	– Pentachlordibenzofuran (PeCDF)	0,5
1,2,3,7,8	– Pentachlordibenzofuran (PeCDF)	0,05
1,2,3,4,7,8	– Hexachlordibenzofuran (HxCDF)	0,1
1,2,3,7,8,9	– Hexachlordibenzofuran (HxCDF)	0,1
1,2,3,6,7,8	– Hexachlordibenzofuran (HxCDF)	0,1
2,3,4,6,7,8	– Hexachlordibenzofuran (HxCDF)	0,1
1,2,3,4,6,7,8	– Heptachlordibenzofuran (HpCDF)	0,01
1,2,3,4,7,8,9	– Heptachlordibenzofuran (HpCDF)	0,01
Octachlordibenzofuran (OCDF)		0,001

**Achtundzwanzigste Verordnung
zur Durchführung des Bundes-Immissionsschutzgesetzes
(Verordnung über Emissionsgrenzwerte
für Verbrennungsmotoren – 28. BImSchV)**

Vom 20. April 2004 (BGBl. I S. 614 ber. S. 1423)
(FNA 2129-8-28-1)

geändert durch VO vom 8. April 2011 (BGBl. I S. 605), durch VO
vom 14. August 2012 (BGBl. I S. 1712) und durch Art. 81 VO
vom 31. August 2015 (BGBl. I S. 1474, 1488)

§ 1 Anwendungsbereich
[1]Diese Verordnung gilt für das Inverkehrbringen von Motoren in mobilen
Maschinen und Geräten und Motoren zum Einbau in mobile Maschinen
und Geräte nach Artikel 2 erster Anstrich in Verbindung mit Anhang I
Nr. 1 der Richtlinie 97/68/EG des Europäischen Parlaments und des Rates vom 16. Dezember 1997 zur Angleichung der Rechtsvorschriften der
Mitgliedstaaten über Maßnahmen zur Bekämpfung der Emission von gasförmigen Schadstoffen und luftverunreinigenden Partikeln aus Verbrennungsmotoren für mobile Maschinen und Geräte (ABl. EG 1998 Nr. L 59
S. 1), zuletzt geändert durch die Richtlinie 2011/88/EU vom 16. November 2011 (ABl. L 305 vom 23. 11. 2011, S. 1), soweit sie nicht ausschließlich von der Bundeswehr oder von Streitkräften, die aufgrund völkerrechtlicher Verträge in der Bundesrepublik Deutschland stationiert sind, benutzt
werden sollen. [2]Diese Verordnung findet keine Anwendung auf Motoren
zum Antrieb von Binnenschiffen.

§ 1a Bezugnahme auf Richtlinien der Europäischen Gemeinschaft
[1]Die in dieser Verordnung in Bezug genommene Richtlinie 97/68/EG der
Europäischen Gemeinschaften ist in der jeweils geltenden Fassung anzuwenden. [2]Wird diese Richtlinie nach dem in dieser Richtlinie vorgesehenen Verfahren an den technischen Fortschritt angepasst, gilt sie in der geänderten im Amtsblatt der Europäischen Union veröffentlichten Fassung
nach Ablauf der in der Anpassungsrichtlinie festgelegten Umsetzungsfrist.

§ 2 Inverkehrbringen
(1) Motoren nach § 1 dieser Verordnung dürfen gewerbsmäßig oder im
Rahmen wirtschaftlicher Unternehmungen nur in den Verkehr gebracht
werden, wenn

1. sie bei Selbstzündungsmotoren der Stufe III A nach der Richtlinie
    97/68/EG
    a) mit nicht konstanter Drehzahl mit einer Nutzleistung von
        aa) 130 kW bis 560 kW ab dem 1. Januar 2006,
        bb) 75 kW bis weniger als 130 kW ab dem 1. Januar 2007,
        cc) 37 kW bis weniger als 75 kW ab dem 1. Januar 2008,
        dd) 19 kW bis weniger als 37 kW ab dem 1. Januar 2007,
    b) mit konstanter Drehzahl mit einer Nutzleistung von
        aa) 130 kW bis 560 kW ab dem 1. Januar 2011,
        bb) 75 kW bis weniger als 130 kW ab dem 1. Januar 2011,

cc) 37 kW bis weniger als 75 kW ab dem 1. Januar 2012,

dd) 19 kW bis weniger als 37 kW ab dem 1. Januar 2011,

c) für Triebwagen mit einer Nutzleistung von über 130 kW ab dem 1. Januar 2006,

d) für Lokomotiven mit einer Nutzleistung von

aa) 130 kW bis 560 kW ab dem 1. Januar 2007,

bb) über 560 kW ab dem 1. Januar 2009

die zulässigen Emissionsgrenzwerte nach der Tabelle in Anhang I Abschnitt 4.1.2.4 der Richtlinie 97/68/EG einhalten,

2. sie bei Selbstzündungsmotoren der Stufe III B nach der Richtlinie 97/68/EG

a) mit nicht konstanter Drehzahl mit einer Nutzleistung von

aa) 130 kW bis 560 KW ab dem 1. Januar 2011,

bb) 75 kW bis weniger als 130 kW ab dem 1. Januar 2012,

cc) 56 kW bis weniger als 75 kW ab dem 1. Januar 2012,

dd) 37 kW bis weniger als 56 kW ab dem 1. Januar 2013,

b) für Triebwagen mit einer Nutzleistung von über 130 kW ab dem 1. Januar 2012,

c) für Lokomotiven mit einer Nutzleistung von über 130 kW ab dem 1. Januar 2012

die zulässigen Emissionsgrenzwerte nach der Tabelle in Anhang I Abschnitt 4.1.2.5 der Richtlinie 97/68/EG einhalten,

3. sie bei Selbstzündungsmotoren außer Motoren mit konstanter Drehzahl der Stufe IV nach der Richtlinie 97/68/EG mit einer Nutzleistung von

a) 130 kW bis 560 kW ab dem 1. Januar 2014,

b) 56 kW bis weniger als 130 kW ab dem 1. Oktober 2014

die zulässigen Emissionsgrenzwerte nach der Tabelle in Anhang I Abschnitt 4.1.2.6 der Richtlinie 97/68/EG einhalten,

4. sie bei Selbstzündungsmotoren mit einer Nutzleistung von 18 kW bis 560 kW, die mit konstanter Drehzahl betrieben werden, die zulässigen Emissionsgrenzwerte nach der Tabelle in Anhang I Nr. 4.1.2.3 der Richtlinie 97/68/EG ab dem 31. Dezember 2006 einhalten,

5. sie bei Fremdzündungsmotoren mit einer Nutzleistung bis 19 kW die zulässigen Emissionsgrenzwerte nach der Tabelle in Anhang I Nr. 4.2.2.1 der Richtlinie 97/68/EG ab dem 11. Februar 2005 einhalten (Stufe I)

6. und sie bei

a) handgehaltenen Fremdzündungsmotoren mit einer Nutzleistung von oder unter 19 kW mit einem Hubraum von

aa) unter 20 ccm ab dem 1. Februar 2008,

bb) von 20 ccm bis weniger als 50 ccm ab dem 1. Februar 2008,

cc) ab 50 ccm ab dem 1. Februar 2009,

b) nicht handgehaltenen Fremdzündungsmotoren mit einer Nutzleistung von oder unter 19 kW mit einem Hubraum von

aa) unter 66 ccm ab dem 1. Februar 2005,

bb) von 66 ccm bis weniger als 100 ccm ab dem 1. Februar 2005,

cc) von 100 ccm bis weniger als 225 ccm ab dem 1. Februar
2008,

dd) ab 225 ccm ab dem 1. Februar 2007

die zulässigen Emissionsgrenzwerte nach der Tabelle in Anhang I
Nr. 4.2.2.2 der Richtlinie 97/68/EG einhalten,

7. die Typgenehmigung für einen Motortyp oder eine Motorenfamilie
oder das Dokument nach Anhang VII der Richtlinie 97/68/EG vorliegt
und wenn

8. sie mit der nach Anhang I Nr. 3 der Richtlinie 97/68/EG erforderlichen EG-Kennzeichnung versehen sind; Motoren, die die Grenzwerte
schon vor den unter den Nummern 1, 2, 3 und 4 genannten Terminen
einhalten, können entsprechend gekennzeichnet werden.

(2) Bei Motoren, deren Herstellungsdatum vor den in Absatz 1 genannten
Terminen liegt, verlängert sich für jede Kategorie der Zeitpunkt für die
Erfüllung der in Absatz 1 genannten Anforderungen um zwei Jahre.

(3) Ein Austauschmotor außer zum Antrieb von Triebwagen und Lokomotiven muss den Grenzwerten entsprechen, die von dem zu ersetzenden
Motor beim ersten Inverkehrbringen einzuhalten waren.

(4) Ein Austauschmotor zum Antrieb von Triebwagen und Lokomotiven
muss den gültigen Grenzwerten für neue Motoren entsprechen.

(5) [1]Weist der Schienenfahrzeugbesitzer nach, dass ein Austauschmotor,
der den Anforderungen nach Absatz 4 entspricht, nur mit erheblichen
technischen Schwierigkeiten verwendet werden könnte, kann die Genehmigungsbehörde auf Antrag folgende Austauschmotoren für Triebwagen
und Lokomotiven genehmigen:

1. Austauschmotoren, die den Emissionsgrenzwerten der Stufe III A der
Richtlinie 97/68/EG entsprechen, zum Austausch von Motoren, die

a) den Emissionsgrenzwerten der Stufe III A der Richtlinie
97/68/EG nicht genügen oder

b) zwar den Emissionsgrenzwerten der Stufe III A der Richtlinie
97/68/EG, jedoch nicht den Emissionsgrenzwerten der Stufe III
B der Richtlinie 97/68/EG genügen;

2. Austauschmotoren, die den Emissionsgrenzwerten der Stufe III A
der Richtlinie 97/68/EG nicht genügen, zum Austausch von Motoren für Triebwagen ohne Steuereinrichtung und ohne Eigenantrieb,
sofern diese Austauschmotoren die Emissionsgrenzwerte erfüllen,
die mindestens den Emissionsgrenzwerten entsprechen, denen die
in den vorhandenen Triebwagen desselben Typs genutzten Motoren
genügen.

[2]Der Antragsteller hat seinen Antrag zu begründen und die von der
Genehmigungsbehörde angeforderten Unterlagen vorzulegen.

(6) An Motoren, die unter die Absätze 3 bis 5 fallen, hat der Hersteller
eine Kennzeichnung mit dem Schriftzug »AUSTAUSCHMOTOR« und
der Referenznummer der Ausnahmegenehmigung, die von der Genehmigungsbehörde im Genehmigungsverfahren vergeben wird, anzubringen.

§ 3 Ausnahmen

(1) Auf Antrag eines Herstellers von Motoren aus auslaufenden Serien, die sich bis zu den in § 2 genannten Zeitpunkten noch auf Lager befinden, verlängert die Genehmigungsbehörde die sich jeweils aus § 2 ergebenden Fristen um zwölf Monate nach Maßgabe der in Artikel 10 Abs. 2 erster bis fünfter Anstrich der Richtlinie 97/68/EG aufgeführten Anforderungen und stellt hierüber eine Konformitätsbescheinigung oder ein konsolidiertes Dokument gemäß Artikel 10 Abs. 2 neunter Anstrich der Richtlinie aus.

(2) Ein Antrag ist abzulehnen, sobald die Summe von den nach Absatz 1 jeweils erfassten Motoren 10 Prozent der im Vorjahr in Deutschland unter den Voraussetzungen des § 2 Abs. 1 Nr. 1 in den Verkehr gebrachten neuen Motoren aller betroffenen Typen übersteigt.

(3) [1]Maschinen und Geräte, die in Artikel 9a Absatz 7 der Richtlinie 97/68/EG genannt werden, sind von der Einhaltung der unter § 2 Absatz 1 Nummer 6 genannten Termine bezüglich der Emissionsgrenzwertanforderungen für einen Zeitraum von drei Jahren nach Inkrafttreten der genannten Emissionsgrenzwertanforderungen ausgenommen. [2]Auf in verschiedenen Stellungen verwendbare handgehaltene Heckenschneider zur gewerblichen Verwendung mit oben angebrachtem Griff zur Baumbeschneidung, in die jeweils Motoren mit einer Nutzleistung von 19 Kilowatt oder weniger und mit einem Hubraum von 20 Kubikzentimetern oder weniger eingebaut sind, sind die unter § 2 Absatz 1 Nummer 6 genannten Emissionsgrenzwertanforderungen ab dem 31. Juli 2013 anzuwenden. [3]Bis zu diesem Zeitpunkt gelten für Maschinen und Geräte im Sinne des Satzes 2 weiterhin die Emissionsgrenzwertanforderungen nach Anhang I Nummer 4.2.2.1 der Richtlinie 97/68/EG. [4]Für Maschinen und Geräte nach Satz 1 gelten bis zum Ablauf der in Satz 1 genannten drei Jahre ebenfalls weiterhin die Emissionsgrenzwertanforderungen nach Anhang I Nummer 4.2.2.1 der Richtlinie 97/68/EG.

(4) Die Erfüllung der unter § 2 Abs. 1 Nr. 6 und § 4 Abs. 13 genannten Anforderungen werden für Motorenhersteller, deren gesamtes Jahresproduktionsvolumen weniger als 25 000 Motoren beträgt, um drei Jahre verschoben.

(5) [1]Für Fremdzündungs-Motorenfamilien, bei denen das gesamte Jahresproduktionsvolumen weniger als 5 000 Einheiten beträgt, und die zusammen nicht 25 000 Einheiten, jeweils in der Bauausführung für den Geltungsbereich der Richtlinie 97/68/EG, eines Herstellers überschreiten, gelten die Anforderungen nach der Tabelle in Anhang I Nr. 4.2.2.1 der Richtlinie 97/68/EG. [2]Die Motorenfamilien müssen dabei alle einen unterschiedlichen Hubraum haben.

(6) Für Motoren, die für die Ausfuhr in Drittländer bestimmt sind, findet § 2 Abs. 1 keine Anwendung.

(7) Motoren, die den Begriffsbestimmungen des Anhangs I Abschnitt 1 Buchstabe A Ziffern i, ii und v der Richtlinie 97/68 EG entsprechen, können nach dem Flexibilitätssystem nach Artikel 2 der Richtlinie 97/68/EG

und unter Beachtung der Vorschriften nach Anhang XIII der Richtlinie
97/68/EG in Verkehr gebracht werden.

§ 4 Typgenehmigung

(1) Motortypen oder Motorenfamilien können eine Typgenehmigung nur
erhalten, wenn sie der Beschreibung in der Beschreibungsmappe entsprechen und den übrigen Anforderungen dieser Verordnung, insbesondere des
§ 2 Abs. 1 und 3, genügen.

(2) Als Typgenehmigung im Sinne des Absatzes 1 gelten bis zu den in den
Absätzen 3 und 4 genannten Zeitpunkten auch Typgenehmigungen, die in
Anhang XII der Richtlinie 97/68/EG genannt werden.

(3) Die für die Typgenehmigung vorzulegenden Unterlagen und durchzuführenden Prüfungen müssen den Anhängen I bis VII der Richtlinie
97/68/EG entsprechen.

(4) Motoren oder Motorenfamilien der Stufe III A (Motorenkategorien H,
I, J und K nach der Richtlinie 97/68/EG) können die Typgenehmigung ge-
mäß Anhang VII der Richtlinie 97/68/EG nur erhalten, wenn sie bei einer
Nutzleistung von

a) 130 kW bis 560 kW mit nicht konstanter Drehzahl ab dem 1. Juli
    2005,
b) 130 kW bis 560 kW mit konstanter Drehzahl ab dem 1. Januar 2010,
c) 75 kW bis weniger als 130 kW mit nicht konstanter Drehzahl ab dem
    1. Januar 2006,
d) 75 kW bis weniger als 130 kW mit konstanter Drehzahl ab dem 1. Ja-
    nuar 2010,
e) 37 kW bis weniger als 75 kW mit nicht konstanter Drehzahl ab dem
    1. Januar 2007,
f) 37 kW bis weniger als 75 kW mit konstanter Drehzahl ab dem 1. Ja-
    nuar 2011,
g) 19 kW bis weniger als 37 kW mit nicht konstanter Drehzahl ab dem
    1. Januar 2006 und
h) 19 kW bis weniger als 37 kW mit konstanter Drehzahl ab dem 1. Ja-
    nuar 2010

die Anforderungen dieser Richtlinie erfüllen und ihre Partikel- und Abgasemissionen, insbesondere die Grenzwerte der Tabelle in Anhang I Abschnitt 4.1.2.4 der Richtlinie 97/68/EG einhalten.

(5) Motoren oder Motorenfamilien der Stufe III B (Motorenkategorien L,
M, N und P nach der Richtlinie 97/68/EG) können die Typgenehmigung
gemäß Anhang VII der Richtlinie 97/68/EG nur erhalten, wenn sie bei einer Nutzleistung von

a) 130 kW bis 560 kW mit nicht konstanter Drehzahl ab dem 1. Januar
    2010,
b) 75 kW bis weniger als 130 kW mit nicht konstanter Drehzahl ab dem
    1. Januar 2011,
c) 56 kW bis weniger als 75 kW mit nicht konstanter Drehzahl ab dem
    1. Januar 2011 und

d) 37 kW bis weniger als 56 kW mit nicht konstanter Drehzahl ab dem
    1. Januar 2012

die Anforderungen dieser Richtlinie erfüllen und ihre Partikel- und Abgasemissionen, insbesondere die Grenzwerte der Tabelle in Anhang I Abschnitt 4.1.2.5 der Richtlinie 97/68/EG einhalten.

(6) Motoren oder Motorenfamilien der Stufe IV (Motorenkategorien Q
und R nach der Richtlinie 97/68/EG) können die Typgenehmigung gemäß
Anhang VII der Richtlinie 97/68/EG nur erhalten, wenn sie bei einer Nutzleistung von

a) 130 kW bis 560 kW mit nicht konstanter Drehzahl ab dem 1. Januar
    2013 und

b) 56 kW bis weniger als 130 kW mit nicht konstanter Drehzahl ab dem
    1. Oktober 2013

die Anforderungen dieser Richtlinie erfüllen und ihre Partikel- und Abgasemissionen, insbesondere die Grenzwerte der Tabelle in Anhang I Abschnitt 4.1.2.6 der Richtlinie 97/68/EG einhalten.

(7) Motoren oder Motorenfamilien der Stufe III A, die als Antriebsmoto-
ren in Triebwagen verwendet werden (Motorenkategorie RC A nach der
Richtlinie 97/68/EG), können die Typgenehmigung gemäß Anhang VII
der Richtlinie 97/68/EG nur erhalten, wenn sie ab dem 1. Juli 2005 die
Anforderungen dieser Richtlinie erfüllen und ihre Partikel- und Abgasemissionen, insbesondere die Grenzwerte der Tabelle in Anhang I Abschnitt 4.1.2.4 der Richtlinie 97/68/EG einhalten.

(8) Motoren oder Motorenfamilien der Stufe III B, die als Antriebsmoto-
ren in Triebwagen verwendet werden (Motorenkategorie RC B nach der
Richtlinie 97/68/EG), können die Typgenehmigung gemäß Anhang VII
der Richtlinie 97/68/EG nur erhalten, wenn sie ab dem 1. Januar 2011
die Anforderungen dieser Richtlinie erfüllen und ihre Partikel- und Abgasemissionen, insbesondere die Grenzwerte der Tabelle in Anhang I Abschnitt 4.1.2.5 der Richtlinie 97/68/EG einhalten.

(9) [1]Motoren oder Motorenfamilien der Stufe III A, die als Antriebsmo-
toren in Lokomotiven verwendet werden (Motorenkategorien RL A und
RH A nach der Richtlinie 97/68/EG), können die Typgenehmigung gemäß
Anhang VII der Richtlinie 97/68/EG nur erhalten, wenn sie bei einer Nutzleistung von

a) 130 kW bis 560 kW ab dem 1. Januar 2006 und

b) über 560 kW ab dem 1. Januar 2008

die Anforderungen dieser Richtlinie erfüllen und ihre Partikel- und Abgasemissionen, insbesondere die Grenzwerte der Tabelle in Anhang I
Abschnitt 4.1.2.4 der Richtlinie 97/68/EG einhalten. [2]Dies gilt nicht für
einen Motor, für den vor dem 20. Mai 2004 ein Kaufvertrag abgeschlossen
wurde, sofern er höchstens zwei Jahre nach dem für die entsprechende
Lokomotivkategorie geltenden Datum in Verkehr gebracht wird.

(10) [1]Motoren oder Motorenfamilien der Stufe III B, die als Antriebsmo-
toren in Lokomotiven verwendet werden (Motorenkategorie R B nach der
Richtlinie 97/68/EG), können die Typgenehmigung gemäß Anhang VII
der Richtlinie 97/68/EG nur erhalten, wenn sie bei einer Nutzleistung von

über 130 kW ab dem 1. Januar 2011 die Anforderungen dieser Richtlinie erfüllen und ihre Partikel- und Abgasemissionen, insbesondere die Grenzwerte der Tabelle in Anhang I Abschnitt 4.1.2.5 der Richtlinie 97/68/EG einhalten. [2]Dies gilt nicht für einen Motor, für den vor dem 20. Mai 2004 ein Kaufvertrag abgeschlossen wurde, sofern er höchstens zwei Jahre nach dem für die entsprechende Lokomotivkategorie geltenden Datum in Verkehr gebracht wird.

(11) Selbstzündungsmotoren mit einer Nutzleistung von 18 kW bis 560 kW, die mit konstanter Drehzahl betrieben werden, können eine Typgenehmigung nur erhalten, wenn sie die zulässigen Emissionsgrenzwerte nach der Tabelle in Anhang I Nr. 4.1.2.3 der Richtlinie 97/68/EG ab dem 31. Dezember 2005 einhalten.

(12) Fremdzündungsmotoren nach § 1 können eine Typgenehmigung nur erhalten, wenn sie mit einer Nutzleistung von oder unter 19 kW die zulässigen Emissionsgrenzwerte nach der Tabelle in Anhang I Nr. 4.2.2.1 der Richtlinie 97/68/EG ab dem 11. August 2004 einhalten (Stufe I).

(13) Fremdzündungsmotoren nach § 1 können eine Typgenehmigung nur erhalten, wenn sie

1. bei handgehaltenen Motoren mit einem Hubraum von
    a) unter 20 ccm ab dem 1. August 2007,
    b) von 20 ccm bis weniger als 50 ccm ab dem 1. August 2007,
    c) ab 50 ccm ab dem 1. August 2008die zulässigen Emissionsgrenzwerte nach der Tabelle in Anhang I Nr. 4.2.2.2 der Richtlinie 97/68/EG einhalten (Stufe II),
2. bei nicht handgehaltenen Motoren mit einem Hubraum von
    a) unter 66 ccm ab dem 1. August 2004,
    b) von 66 ccm bis weniger als 100 ccm ab dem 1. August 2004,
    c) von 100 ccm bis weniger als 225 ccm ab dem 1. August 2007,
    d) ab 225 ccm ab dem 1. August 2006
    die zulässigen Emissionsgrenzwerte nach der Tabelle in Anhang I Nr. 4.2.2.2 der Richtlinie 97/68/EG einhalten (Stufe II).

§ 5 Typgenehmigungsverfahren

(1) [1]Ein Antrag auf Typgenehmigung für einen Motor oder eine Motorenfamilie ist vom Hersteller bei der Genehmigungsbehörde zu stellen. [2]Dem Antrag ist eine Beschreibungsmappe, deren Inhalt im Beschreibungsbogen in Anhang II der Richtlinie 97/68/EG angegeben ist, sowie ein Nachweis beizufügen, dass der Antragsteller dem zuständigen Technischen Dienst einen Motor zur Verfügung gestellt hat, der den in Anhang II Anlage 1 der Richtlinie 97/68/EG aufgeführten wesentlichen Merkmalen des Motortyps entspricht.

(2) [1]Ein Antrag auf Typgenehmigung für einen Motortyp oder eine Motorenfamilie darf nicht in mehr als einem Mitgliedstaat der Europäischen Union gestellt werden. [2]Für jeden zu genehmigenden Motortyp oder jede zu genehmigende Motorenfamilie ist ein gesonderter Antrag zu stellen.

(3) [1]Die Genehmigungsbehörde erteilt die Typgenehmigung unter Verwendung eines EG-Typgenehmigungsbogens nach Anhang VII der

Richtlinie 97/68/EG. [2]Die Genehmigungsbehörde nummeriert den Typ-genehmigungsbogen gemäß Anhang VIII der Richtlinie 97/68/EG und stellt ihn zusammen mit den dort aufgeführten Anlagen dem Antragsteller zu.

(4) Stellt die Genehmigungsbehörde im Falle eines Antrags auf Typ-genehmigung für eine Motorenfamilie fest, dass der eingereichte Antrag hinsichtlich des ausgewählten Stammmotors für die in Anhang II Anlage 2 der Richtlinie 97/68/EG beschriebene Motorenfamilie nicht vollständig repräsentativ ist, so ist ein anderer und bei Bedarf ein zu- sätzlicher, von der Genehmigungsbehörde zu bezeichnender Stammmotor zur Genehmi-gung nach Absatz 1 bereitzustellen.

(5) [1]Erfüllt der zu genehmigende Motor seine Funktion oder hat er spe-zifische Eigenschaften nur in Verbindung mit anderen Teilen der mobi-len Maschine oder des mobilen Gerätes und kann aus diesem Grund die Einhaltung einer oder mehrerer Anforderungen nur geprüft werden, wenn der zu genehmigende Motor mit anderen echten oder simulierten Maschi-nen- oder Geräteteilen zusammen betrieben wird, so ist der Geltungsbe-reich der Typgenehmigung für diesen Motor entsprechend einzuschrän-ken. [2]Im Typgenehmigungsbogen für einen Motortyp oder eine Motoren-familie sind in solchen Fällen alle Einschränkungen ihrer Verwendung so-wie sämtliche Einbauvorschriften aufzuführen.

(6) Die Genehmigungsbehörde, die eine Typgenehmigung erteilt, sorgt hierbei dafür, dass die Identifizierungsnummern der in Übereinstimmung mit den Anforderungen dieser Richtlinie hergestellten Motoren, bei Be-darf in Zusammenarbeit mit den Genehmigungsbehörden der anderen Mit-gliedstaaten der Europäischen Union, registriert und kontrolliert werden.

(7) Die Genehmigungsbehörde vergewissert sich vor Erteilung einer Typ-genehmigung, bei Bedarf in Zusammenarbeit mit den Genehmigungsbe-hörden der übrigen Mitgliedstaaten der Europäischen Union, dass geeig-nete Vorkehrungen getroffen wurden, um eine wirksame Kontrolle der Konformität der Produktion hinsichtlich der Anforderungen des Anhangs I Nr. 5 der Richtlinie 97/68/EG sicherzustellen.

(8) Der Hersteller oder seine in Mitgliedstaaten der Europäischen Union niedergelassenen Beauftragten übermitteln der Genehmigungsbehörde auf Ersuchen im Einzelfall Daten über die Direktkäufer und die Identifizie-rungsnummern der Motoren, die gemäß § 7 Abs. 3 als hergestellt gemeldet worden sind, soweit dies für die Kontrolle der Identifizierungsnummern erforderlich ist.

(9) Ist ein Hersteller nicht in der Lage, auf Ersuchen der Genehmigungs-behörde die in § 7 und insbesondere im Zusammenhang mit Absatz 8 fest-gelegten Anforderungen einzuhalten, so kann die Genehmigung für den betreffenden Motortyp oder die betreffende Motorenfamilie aufgrund die-ser Verordnung widerrufen werden.

§ 6 Änderung von Genehmigungen

(1) Der Hersteller hat der Genehmigungsbehörde nach Erteilung der Typgenehmigung jede Änderung der in den Beschreibungsunterlagen genannten Einzelheiten mitzuteilen.

(2) Der Antrag auf eine Änderung oder Erweiterung einer Typgenehmigung ist ausschließlich an die Genehmigungsbehörde des Mitgliedstaates der Europäischen Union zu stellen, die die ursprüngliche Typgenehmigung erteilt hat.

(3) [1]Sind in den Beschreibungsunterlagen erwähnte Einzelheiten geändert worden, so stellt die Genehmigungsbehörde folgende Unterlagen aus:

1. soweit erforderlich, korrigierte Seiten der Beschreibungsunterlagen, wobei die Behörde jede einzelne Seite so kennzeichnet, dass die Art der Änderung und das Datum der Neuausgabe deutlich ersichtlich sind; bei jeder Neuausgabe von Seiten ist das Inhaltsverzeichnis zu den Beschreibungsunterlagen, das dem Typgenehmigungsbogen als Anlage beigefügt ist, entsprechend auf den neuesten Stand zu bringen;

2. einen revidierten Typgenehmigungsbogen mit einer Erweiterungsnummer, sofern darin mit Ausnahme der Anhänge Angaben geändert wurden oder die Mindestanforderungen der Richtlinie 97/68/EG sich seit dem ursprünglichen Genehmigungsdatum geändert haben; aus dem revidierten Genehmigungsbogen müssen der Grund für seine Änderung und das Datum der Neuausgabe klar hervorgehen.

[2]Stellt die Genehmigungsbehörde fest, dass wegen einer an den Beschreibungsunterlagen vorgenommenen Änderung neue Versuche oder Prüfungen gerechtfertigt sind, so unterrichtet sie hiervon den Hersteller und stellt die Unterlagen nach Satz 1 erst nach der Durchführung erfolgreicher neuer Versuche oder Prüfungen aus.

§ 7 Serienübereinstimmung

(1) Der Hersteller bringt an jeder in Übereinstimmung mit dem genehmigten Typ hergestellten Einheit die in Anhang I Nr. 3 der Richtlinie 97/68/EG festgelegten Kennzeichen einschließlich der Typgenehmigungsnummer an.

(2) [1]Enthält die Typgenehmigung Einschränkungen der Verwendung gemäß § 5 Abs. 5, so fügt der Hersteller jeder hergestellten Einheit detaillierte Angaben über diese Einschränkungen und sämtliche Einbauvorschriften bei. [2]Wird eine Reihe von Motortypen ein und demselben Maschinenhersteller geliefert, so genügt es, dass ihm dieser Beschreibungsbogen, in dem ferner die betreffenden Motoridentifizierungsnummern anzugeben sind, nur einmal übermittelt wird, und zwar spätestens am Tage der Lieferung des ersten Motors.

(3) [1]Der Hersteller übermittelt auf Ersuchen der Genehmigungsbehörde nach Erteilung der Typgenehmigung binnen 45 Tagen nach Ablauf jedes Kalenderjahres und unmittelbar nach jedem Durchführungsdatum gemäß § 2 und sofort nach jedem von der Behörde angegebenen zusätzlichen Datum eine Liste mit den Identifizierungsnummern aller Motortypen, die in Übereinstimmung mit den Vorschriften der Richtlinie 97/68/EG seit dem

letzten Bericht oder seit dem Zeitpunkt, zu dem die Vorschriften dieser Verordnung erstmalig anwendbar wurden, hergestellt wurden. [2]Soweit sie nicht durch das Motorkodierungssystem zum Ausdruck kommen, müssen auf dieser Liste die Korrelationen zwischen den Identifizierungsnummern und den entsprechenden Motortypen oder Motorenfamilien und den Typgenehmigungsnummern angegeben werden. [3]Außerdem muss die Liste besondere Informationen enthalten, wenn der Hersteller die Produktion eines genehmigten Motortyps oder einer genehmigten Motorenfamilie einstellt. [4]Falls die Genehmigungsbehörde keine regelmäßige Übermittlung dieser Liste vom Hersteller verlangt, muss dieser die gespeicherten Daten für einen Zeitraum von mindestens 20 Jahren aufbewahren.

(4) Der Hersteller übermittelt der Genehmigungsbehörde nach Erteilung der Typgenehmigung binnen 45 Tagen nach Ablauf jedes Kalenderjahres und zu jedem Durchführungsdatum gemäß § 2 eine Erklärung, in der die Motortypen, die Motorenfamilien und die entsprechenden Identifizierungscodes der Motoren, die er ab diesem Datum herzustellen beabsichtigt, aufgeführt werden.

(5) Kompressionszündungsmotoren, die nach dem Flexibilitätssystem nach Artikel 2 der Richtlinie 97/68/EG in Verkehr gebracht werden, werden gemäß Anhang XIII der Richtlinie 97/68/EG gekennzeichnet.

(6) Für Motortypen oder Motorfamilien der Stufen III A, III B und IV, die den Grenzwerten der Tabelle in Anhang I Abschnitte 4.1.2.4, 4.1.2.5 und 4.1.2.6 der Richtlinie 97/68/EG schon vor den in § 2 Abs. 1 Nr. 1, 2 oder 3 aufgeführten Terminen entsprechen, gestattet die Genehmigungsbehörde eine besondere Kennzeichnung, aus der hervorgeht, dass die betreffenden Maschinen und Geräte den vorgeschriebenen Grenzwerten bereits vor den festgelegten Terminen entsprechen.

§ 8 Nichtübereinstimmung mit dem genehmigten Typ oder der genehmigten Typfamilie

(1) [1]Stimmen Motoren, die mit einer Konformitätsbescheinigung oder einem Genehmigungszeichen versehen sind, nicht mit dem typgenehmigten Motor oder der typgenehmigten Motorenfamilie überein, hat die Genehmigungsbehörde den Hersteller schriftlich aufzufordern, binnen einer von ihr festzusetzenden Frist und unter Androhung des Widerrufs der Typgenehmigung die in Produktion befindlichen Motoren wieder mit dem genehmigten Motor oder der genehmigten Motorenfamilie in Übereinstimmung zu bringen. [2]Kommt der Hersteller der Aufforderung innerhalb der ihm gesetzten Frist nicht nach, so kann die Genehmigungsbehörde die Typgenehmigung widerrufen.

(2) Eine Nichtübereinstimmung mit dem genehmigten Motortyp oder der genehmigten Motorenfamilie liegt bei Abweichungen von den Merkmalen im Genehmigungsbogen oder von den Beschreibungsunterlagen vor, die von der Genehmigungsbehörde gemäß § 6 Abs. 3 ausgestellt worden sind.

§ 9 Zusammenarbeit mit den Genehmigungsbehörden der übrigen Mitgliedstaaten

(1) Die Genehmigungsbehörde übermittelt

1. den Genehmigungsbehörden der übrigen Mitgliedstaaten der Europäischen Union jeden Monat eine Liste der Motoren und Motorenfamilien mit den in Anhang IX der Richtlinie 97/68/EG geforderten Daten, deren Genehmigung sie in dem betreffenden Monat erteilt, verweigert oder widerrufen hat;

2. auf Ersuchen der Genehmigungsbehörde eines anderen Mitgliedstaates der Europäischen Union

    a) eine Abschrift des Typgenehmigungsbogens für den Motor oder die Motorenfamilie mit oder ohne Beschreibungsunterlagen für jeden Motortyp oder jede Motorenfamilie, deren Genehmigung sie erteilt, verweigert oder widerrufen hat,

    b) die Liste der Motoren, die entsprechend den erteilten Typgenehmigungen hergestellt wurden, gemäß der Beschreibung in § 7 Abs. 3, die die nach Anhang X der Richtlinie 97/68/EG erforderlichen Einzelheiten enthält,

    c) eine Abschrift der Erklärung gemäß § 7 Abs. 4.

(2) Die Genehmigungsbehörde übermittelt der Kommission von Amts wegen jährlich sowie im Einzelfall · auf Ersuchen der Kommission eine Abschrift des Datenblattes gemäß des Anhangs XI der Richtlinie 97/68/EG über die Motoren, für die seit der letzten Benachrichtigung eine Genehmigung erteilt worden ist.

(3) Die Genehmigungsbehörde hat den Genehmigungsbehörden der übrigen Mitgliedstaaten der Europäischen Union binnen eines Monats die Einzelheiten und die Begründung für die einem Hersteller gewährte Ausnahmegenehmigung nach § 3 zu übermitteln.

(4) Die Genehmigungsbehörde übermittelt dem Bundesministerium für Umwelt, Naturschutz, Bau und Reaktorsicherheit zur Weitergabe an die Kommission jedes Jahr eine Liste der erteilten Ausnahmegenehmigungen mit ihren Begründungen.

(5) Die Genehmigungsbehörde teilt den Genehmigungsbehörden der Mitgliedstaaten der Europäischen Union jeden Widerruf einer Typgenehmigung nebst Begründung binnen eines Monats nach Unanfechtbarkeit mit.

§ 10 Vollzugsbehörden und Technische Dienste

(1) Vollzugsbehörden im Sinne dieser Verordnung sind

1. das Kraftfahrt-Bundesamt als Genehmigungsbehörde,

2. für die Marktüberwachung die nach Landesrecht zuständigen Behörden.

(2) Technische Dienste im Sinne dieser Verordnung sind die zur Durchführung der in den Anhängen der Richtlinie 97/68/EG vorgeschriebenen Prüfungen vom Kraftfahrt-Bundesamt benannten und im Bundesanzeiger bekannt gegebenen Stellen.

(3) Das Kraftfahrt-Bundesamt überwacht die ordnungsgemäße Erfüllung der den Technischen Diensten übertragenen Aufgaben.

(4) Das Kraftfahrt-Bundesamt hat den nach Landesrecht zuständigen Behörden die für die Marktüberwachung erforderlichen Informationen auf Anfrage zu übermitteln.

§ 11 Ordnungswidrigkeiten

Ordnungswidrig im Sinne des § 62 Abs. 1 Nr. 7 des Bundes-Immissionsschutzgesetzes handelt, wer vorsätzlich oder fahrlässig entgegen § 2 Abs. 1 oder 3 einen Motor in den Verkehr bringt.

§ 12 (Inkrafttreten, Außerkrafttreten)

**Neunundzwanzigste Verordnung
zur Durchführung des Bundes-Immissionsschutzgesetzes
(Gebührenordnung für Maßnahmen bei Typprüfungen von
Verbrennungsmotoren – 29. BImSchV)**

Vom 22. Mai 2000 (BGBl. I S. 735)
(FNA 2129-8-29)

geändert durch Gesetz vom 9. September 2001 (BGBl. I S. 2331) und
durch Verordnung vom 14. August 2012 (BGBl. I S. 1712, 1713)

§ 1 Gebührentarif
[1]Für Amtshandlungen nach der Verordnung über Emissionsgrenzwerte für
Verbrennungsmotoren werden Gebühren nach dieser Verordnung erhoben.
[2]Die gebührenpflichtigen Tatbestände und die Gebührensätze ergeben sich
aus dem Gebührentarif für Maßnahmen bei Typprüfungen von Verbrennungsmotoren (Anlage).

§ 2 Auslagen
(1) Hinsichtlich der Auslagen gilt § 10 des Verwaltungskostengesetzes.
(2) Zusätzlich hat der Gebührenschuldner folgende Auslagen zu tragen:
1. Entgelte im Zustell-, insbesondere Einschreibverfahren,
2. die bei Geschäften außerhalb der Dienststelle den Bediensteten auf
    Grund gesetzlicher oder tarifvertraglicher Regelungen gewährten Ver-
    gütungen (Reisekostenvergütung, Auslagenersatz) und die Kosten für
    die Bereitstellung von Räumen; für Personen, die weder Bundes- noch
    Landesbedienstete sind, gelten die Vorschriften über die Vergütung
    der Reisekosten der Bundesbeamten entsprechend,
3. die Aufwendungen für den Einsatz von Dienstwagen bei Dienstge-
    schäften außerhalb der Dienststelle,
4. die Kosten für Überprüfungen der Konformität der Produktion nach
    international vereinbartem Recht, wenn ein Verstoß gegen diese Vor-
    schriften nachgewiesen wird.
(3) Soweit die Auslagen insgesamt 2,50 Euro übersteigen, kann die Erstattung auch verlangt werden, wenn der Kostenschuldner seinerseits von
den Kosten befreit ist.

§ 3 Widerspruch
[1]Für die vollständige oder teilweise Zurückweisung eines Widerspruchs
wird eine Gebühr bis zur Höhe der für die angefochtene Amtshandlung
festgesetzten Gebühr erhoben; dies gilt nicht, wenn der Widerspruch nur
deshalb keinen Erfolg hat, weil die Verletzung einer Verfahrens- und
Formvorschrift nach § 45 des Verwaltungsverfahrensgesetzes unbeachtlich ist. [2]Bei einem erfolglosen Widerspruch, der sich ausschließlich gegen
eine Kostenentscheidung richtet, beträgt die Gebühr höchstens 10 vom
Hundert des streitigen Betrages. [3]Wird ein Widerspruch nach Beginn einer
sachlichen Bearbeitung, jedoch vor deren Beendigung zurückgenommen,
beträgt die Gebühr höchstens 75 vom Hundert der Widerspruchsgebühr.

§ 4 Widerruf, Rücknahme, Ablehnung und Zurücknahme von Anträgen

Für den Widerruf oder die Rücknahme einer Amtshandlung, die Ablehnung eines Antrags auf Vornahme einer Amtshandlung sowie in den Fällen der Zurücknahme eines Antrags auf Vornahme einer Amtshandlung werden Gebühren nach Maßgabe des § 15 des Verwaltungskostengesetzes erhoben.

§ 5 (Inkrafttreten)

Anlage
(zu § 1)

Gebührentarif
für Maßnahmen bei Typprüfungen von
Verbrennungsmotoren

Gebühren-Nr.	Gegenstand	Gebühr Euro
1	Erteilung einer Typgenehmigung	655
2	Änderung einer Genehmigung	
2.1	ohne Gutachten	165
2.2	mit Gutachten	327
2.3	Änderungen ohne Gutachten für mehrere Genehmigungen gleichzeitig auf Grund desselben Sachverhalts	Gebühr nach Gebührennummer 2.1 (einmalig) zzgl. 19,- Euro pro weiterer Änderung
3	Erteilung einer Ausnahmegenehmigung	129
4	Überprüfung der Übereinstimmung der Produktion mit der erteilten Typgenehmigung bei	
4.1	Feststellung eines Verstoßes gegen Mitteilungspflichten	138
4.2	Abweichung vom genehmigten Typ oder der genehmigten Motorenfamilie	353
5	Anfangsbewertung von Fertigungsstätten	
5.1	Herstellerbericht für Unternehmen mit einer Fertigungsstätte	700
5.2	Herstellerbericht je weitere Fertigungsstätte	550
6	Sonstige Maßnahmen im Zusammenhang mit Genehmigungen von Verbrennungsmotoren nach Personal- und Sachaufwand je Stunde und Person	40 bis 90

**Dreißigste Verordnung
zur Durchführung des Bundes-Immissionsschutzgesetzes
(Verordnung über Anlagen zur biologischen Behandlung von
Abfällen – 30. BImSchV)**

Vom 20. Februar 2001 (BGBl. I S. 305, 317)
(FNA 2129-8-30)
zuletzt geändert durch Art. 2 VO
vom 13. Dezember 2019 (BGBl. I S. 2739, 2756)[1]

Inhaltsübersicht

Erster Teil
Allgemeine Vorschriften
§ 1   Anwendungsbereich
§ 2   Begriffsbestimmungen

Zweiter Teil
Anforderungen an die Errichtung, die Beschaffenheit und den Betrieb
§ 3   Mindestabstand
§ 4   Emissionsbezogene Anforderungen für Anlieferung, Aufbereitung,
          Stofftrennung, Lagerung und Transport
§ 5   Emissionsbezogene Anforderungen für biologische Behandlung,
          Prozesswässer und Brüdenkondensate
§ 6   Emissionsgrenzwerte
§ 7   Ableitbedingungen für Abgase

Dritter Teil
Messung und Überwachung
§ 8   Messverfahren und Messeinrichtungen
§ 9   Kontinuierliche Messungen
§ 10   Auswertung und Beurteilung von kontinuierlichen Messungen
§ 11   Einzelmessungen
§ 12   Berichte und Beurteilung von Einzelmessungen
§ 13   Störungen des Betriebes

Vierter Teil
Anforderungen an Altanlagen
§ 14   Übergangsregelungen

Fünfter Teil
Gemeinsame Vorschriften
§ 15   Unterrichtung der Öffentlichkeit
§ 16   Zulassung von Ausnahmen
§ 17   Weitergehende Anforderungen
§ 18   Ordnungswidrigkeiten

---

1) Die Änderungsverordnung vom 13. Dezember 2019 ist am 20. Dezember 2019 in
   Kraft getreten.

Erster Teil
Allgemeine Vorschriften

§ 1 Anwendungsbereich

(1) Diese Verordnung gilt für die Errichtung, die Beschaffenheit und den Betrieb von Anlagen, in denen Siedlungsabfälle und Abfälle, die wie Siedlungsabfälle entsorgt werden können, mit biologischen oder einer Kombination von biologischen mit physikalischen Verfahren behandelt werden, soweit

– biologisch stabilisierte Abfälle als Vorbehandlung zur Ablagerung oder vor einer thermischen Behandlung erzeugt,

– heizwertreiche Fraktionen oder Ersatzbrennstoffe gewonnen oder

– Biogase zur energetischen Nutzung erzeugt

werden (biologische Abfallbehandlungsanlagen) und sie nach § 4 des Bundes-Immissionsschutzgesetzes in Verbindung mit der Verordnung über genehmigungsbedürftige Anlagen genehmigungsbedürftig sind.

(2) Diese Verordnung gilt nicht für Anlagen, die

1. für die Erzeugung von verwertbarem Kompost oder Biogas ausschließlich aus Bioabfällen gemäß § 2 Nr. 1 der Bioabfallverordnung vom 21. September 1998 (BGBl. I S. 2955) oder aus Erzeugnissen oder Nebenerzeugnissen aus der Land-, Forst- oder Fischwirtschaft oder aus Klärschlamm nach § 2 Absatz 2, Klärschlammgemisch nach § 2 Absatz 7 oder Klärschlammkompost nach § 2 Absatz 8 der Klärschlammverordnung vom 27. September 2017 (BGBl. I S. 3465), in der jeweils geltenden Fassung, sowie aus einem Gemisch der vorgenannten Stoffe in Kofermentationsanlagen oder

2. für die Ausfaulung von Klärschlamm

bestimmt sind.

(3) Diese Verordnung enthält insbesondere Anforderungen, die nach § 5 Abs. 1 Nr. 2 des Bundes-Immissionsschutzgesetzes bei der Errichtung und beim Betrieb der Anlagen zur Vorsorge gegen schädliche Umwelteinwirkungen durch Luftverunreinigungen zu erfüllen sind.

§ 2 Begriffsbestimmungen

Im Sinne dieser Verordnung sind:

1. Abgase
   die Trägergase mit festen, flüssigen oder gasförmigen Emissionen;

2. Abgasreinigungseinrichtung
   Einrichtungen zur Emissionsminderung von emissionsrelevanten Luftverunreinigungen im Abgas der biologischen Abfallbehandlungsanlage, insbesondere zur Emissionsbegrenzung für Geruchsstoffe, klimarelevante Gase, organische Stoffe und Stäube und zur Reduzierung lebens- und vermehrungsfähiger Mikroorganismen;

3. Altanlagen
   biologische Abfallbehandlungsanlagen, für die bis zum Zeitpunkt des Inkrafttretens dieser Verordnung

   a) eine Anzeige nach § 67 Abs. 2 oder 7 oder § 67a Abs. 1 des Bundes-Immissionsschutzgesetzes oder vor Inkrafttreten des Bun-

des-Immissionsschutzgesetzes nach § 16 Abs. 4 der Gewerbeordnung erfolgen musste,

b) der Planfeststellungsbeschluss nach § 7 Abs. 1 des Abfallgesetzes vom 27. August 1986 (BGBl. I S. 1410, 1501) zur Errichtung und zum Betrieb ergangen ist,

c) der Planfeststellungsbeschluss nach § 31 Abs. 2 oder die Genehmigung nach § 31 Abs. 3 des Kreislaufwirtschafts- und Abfallgesetzes vom 27. September 1994 (BGBl. I S. 2705) zur Errichtung und zum Betrieb ergangen ist,

d) in einem Planfeststellungsverfahren nach § 31 Abs. 2 des Kreis-
laufwirtschafts- und Abfallgesetzes der Beginn der Ausführung
nach § 33 Abs. 1 des Kreislaufwirtschafts- und Abfallgesetzes
vor Feststellung des Planes zugelassen worden ist,

e) die Genehmigung nach § 4 oder § 16 des Bundes-Immissionsschutzgesetzes zur Errichtung und zum Betrieb erteilt ist oder

f) eine Teilgenehmigung nach § 8, eine Zulassung vorzeitigen
Beginns nach § 8a oder ein Vorbescheid nach § 9 des Bundes-
Immissionsschutzgesetzes erteilt ist, soweit darin Anforderungen nach § 5 Abs. 1 Nr. 2 des Bundes-Immissionsschutzgesetzes
festgelegt sind;

4. Anfallende Abfälle
alle festen oder flüssigen Abfälle, die in der biologischen Abfallbehandlungsanlage anfallen;

5. Abfälle mit biologisch abbaubaren Anteilen
Abfälle mit hohem organischen Anteil im Sinne der in Anhang 1
Nr. 1 der Bioabfallverordnung genannten Abfälle sowie andere Abfälle mit hohem biologisch abbaubaren Anteil, die aufgrund ihrer Beschaffenheit oder Zusammensetzung wie Siedlungsabfälle entsorgt
werden, insbesondere Klärschlämme aus Abwasserbehandlungsan-
lagen zur Behandlung von kommunalem Abwasser oder Abwässern
mit ähnlich geringer Schadstoffbelastung, Fäkalien, Fäkalschlamm,
Rückstände aus Abwasseranlagen, Wasserreinigungsschlämme,
Bauabfälle und produktionsspezifische Abfälle. Hierunter fallen
auch Abfälle aus der Behandlung von Siedlungsabfällen und von
Abfällen nach Satz 1;

6. Biologische Abfallbehandlungsanlage
Abfallbehandlungsanlage, in der Siedlungsabfälle oder andere Abfälle mit biologisch abbaubaren Anteilen mit biologischen oder einer
Kombination von biologischen mit physikalischen Verfahren behandelt werden, soweit biologisch stabilisierte Abfälle, heizwertreiche
Fraktionen, Ersatzbrennstoffe oder Biogase erzeugt werden. Zur biologischen Abfallbehandlungsanlage gehören insbesondere

– die Einrichtungen zur biologischen Behandlung der Einsatzstoffe oder der anfallenden Abfälle unter aeroben Bedingungen
(Verrottung) oder unter anaeroben Bedingungen (Vergärung)
mit ihren Austrags-, Eintrags-, Luft- und Abgasführungs- und
Umsetzsystemen und

–   die Einrichtungen zur mechanischen Aufbereitung oder zur physikalischen Trennung der Einsatzstoffe oder der anfallenden Abfälle als Vorbehandlungs- und Nachbehandlungseinrichtungen vor und nach der biologischen Behandlung (wie zum Abscheiden oder Aussortieren von Metallen, Folien oder anderen Stör- oder Wertstoffen, zum Entwässern, zum Homogenisieren oder Mischen, zum Klassieren oder Sortieren durch Sieben, Windsichten oder hydraulisches Trennen, zum Pelletieren, zum Trocknen, zum Verpressen oder zum Zerkleinern),

–   die Einrichtungen zur Anlieferung, Eingangskontrolle und Entladung der Einsatzstoffe, zur Lagerung der Einsatzstoffe und der anfallenden Abfälle sowie zu ihrem Transport, ihrem Umschlag und ihrer Dosierung,

–   die Einrichtungen für die Abgaserfassung,

–   die Einrichtungen für die Abgasreinigung und für die Behandlung von Prozesswässern und Brüdenkondensaten,

–   die Einrichtungen für die Abgasableitungen in die Atmosphäre,

–   die Einrichtungen zur Betriebskontrolle der Behandlungsvorgänge und der Zwischenlagerung sowie zur Überwachung der Behandlungs- und Lagerungsbedingungen und

–   die Einrichtungen zur Überwachung der Emissionen;

7. Einsatzstoffe
alle einer biologischen Abfallbehandlungsanlage zugeführten Siedlungsabfälle oder anderen Abfälle mit biologisch abbaubaren Anteilen;

8. Emissionen
die von einer biologischen Abfallbehandlungsanlage ausgehenden Luftverunreinigungen; sie werden angegeben als:

a) Massenkonzentration in der Einheit Milligramm je Kubikmeter (mg/m^3), bezogen auf das Abgasvolumen im Normzustand (273 K, 1 013 hPa) nach Abzug des Feuchtegehaltes an Wasserdampf,

b) Massenverhältnis in der Einheit Gramm je Megagramm (g/Mg) als Verhältnis der Masse der emittierten Stoffe zu der Masse der zugeführten Einsatzstoffe im Anlieferungszustand,

c) Geruchsstoffkonzentration in der Einheit Geruchseinheit je Kubikmeter (GE/m^3) als olfaktometrisch gemessenes Verhältnis der Volumenströme bei Verdünnung einer Abgasprobe mit Neutralluft bis zur Geruchsschwelle, angegeben als Vielfaches der Geruchsschwelle;

9. Emissionsgrenzwerte
zulässige Emissionen im Abgas, die nach den in § 10 Abs. 4 und § 12 Abs. 2 festgelegten Kriterien beurteilt werden;

10. Siedlungsabfälle
Abfälle aus Haushaltungen sowie Abfälle aus anderen Herkunftsbereichen, die aufgrund ihrer Beschaffenheit oder Zusammensetzung den Abfällen aus Haushaltungen ähnlich sind, insbesondere Haus-

müll, Sperrmüll, hausmüllartige Gewerbeabfälle, Garten- und Park-
abfälle, Marktabfälle und Straßenreinigungsabfälle.

Zweiter Teil
**Anforderungen an die Errichtung, die Beschaffenheit
und den Betrieb**

§ 3 Mindestabstand

Bei der Errichtung von biologischen Abfallbehandlungsanlagen soll ein
Mindestabstand von 300 Meter zur nächsten vorhandenen oder in einem
Bebauungsplan festgesetzten Wohnbebauung nicht unterschritten werden.

§ 4 Emissionsbezogene Anforderungen für Anlieferung, Aufbereitung, Stofftrennung und Lagerung und Transport

(1) [1]Entladestellen, Aufgabe- oder Aufnahmebunker oder andere Einrichtungen für Anlieferung, Transport und Lagerung der Einsatzstoffe sind
in geschlossenen Räumen mit Schleusen oder funktionell gleichwertigen
Einrichtungen, zum Beispiel mit Luftschleieranlagen in Kombination mit
Schnelllauftoren, zu errichten, in denen der Luftdruck durch Absaugung
im Schleusenbereich oder im Bereich der Be- und Entladung und der Lagerung kleiner als der Atmosphärendruck zu halten ist. [2]Das abgesaugte
Abgas ist einer Abgasreinigungseinrichtung zuzuführen.

(2) [1]Maschinen, Geräte oder sonstige Einrichtungen zur mechanischen
Aufbereitung oder zur physikalischen Trennung der Einsatzstoffe oder der
anfallenden Abfälle (zum Beispiel durch Zerkleinern, Klassieren, Sortieren, Mischen, Homogenisieren, Entwässern, Trocknen, Pelletieren, Verpressen) sind zu kapseln. [2]Soweit eine abgasdichte Ausführung, insbesondere an den Aufgabe-, Austrags- oder Übergabestellen, nicht oder nur teilweise möglich ist, sind die Abgasströme dieser Einrichtungen zu erfassen
und einer Abgasreinigungseinrichtung zuzuführen.

(3) Die Abgasströme nach Absatz 1 Satz 2 und Absatz 2 Satz 2 können
auch als Zuluft für die beim Rottevorgang benötigte Prozessluft dienen.

(4) Für den Abtransport staubender Güter sind geschlossene Behälter zu
verwenden.

(5) [1]Die Fahrwege im Bereich der biologischen Abfallbehandlungsanlage
sind mit einer Deckschicht aus Asphalt-Straßenbaustoffen, in Zementbeton oder gleichwertigem Material auszuführen und entsprechend dem Verschmutzungsgrad zu säubern. [2]Es ist sicherzustellen, dass erhebliche Verschmutzungen durch Fahrzeuge nach Verlassen des Anlagenbereichs vermieden oder beseitigt werden, zum Beispiel durch Reifenwaschanlagen
oder regelmäßiges Säubern der Fahrwege.

§ 5 Emissionsbezogene Anforderungen für biologische Behandlung, Prozesswässer und Brüdenkondensate

(1) [1]Einrichtungen zur biologischen Behandlung von Einsatzstoffen oder
von anfallenden Abfällen unter aeroben Bedingungen (Verrottung) oder
unter anaeroben Bedingungen (Vergärung) sind zu kapseln oder in geschlossenen Räumen mit Schleusen zu errichten, in denen der Luftdruck
durch Absaugung im Schleusenbereich oder im Bereich der biologischen

Behandlung kleiner als der Atmosphärendruck zu halten ist. [2]Soweit eine abgasdichte Ausführung an den Aufgabe-, Austrags- oder Übergabestellen und beim Umsetzen des Rottegutes nicht oder nur teilweise möglich ist, sind die Abgasströme zu erfassen und einer Abgasreinigungseinrichtung zuzuführen.

(2) Das beim Rottevorgang in den Rottesystemen entstehende Abgas ist vollständig einer Abgasreinigungseinrichtung zuzuführen.

(3) Die beim Vergärungsvorgang in Einrichtungen zur Nass- oder Trockenfermentation entstehenden Biogase sind einer Gasreinigungsanlage zur Umwandlung in ein nutzbares Gas zuzuführen, soweit sie nicht unmittelbar in einer Verbrennungsanlage energetisch genutzt werden können.

(4) Möglichkeiten, die Emissionen durch den Einsatz emissionsarmer Verfahren und Technologien zu mindern, zum Beispiel durch eine Getrennthaltung unterschiedlich belasteter Abgasströme, eine Mehrfachnutzung von Abgas als Prozessluft beim Rottevorgang oder eine prozessintegrierte Rückführung anfallender Prozesswässer oder schlammförmiger Rückstände, sind auszuschöpfen.

(5) Die Förder- und Lagersysteme sowie die anlageninternen Behandlungseinrichtungen für Prozesswässer und Brüdenkondensate sind so auszulegen und zu betreiben, dass hiervon keine relevanten diffusen Emissionen ausgehen können.

§ 6 Emissionsgrenzwerte

Der Betreiber hat die biologische Abfallbehandlungsanlage so zu errichten und zu betreiben, dass in den zur Ableitung in die Atmosphäre bestimmten Abgasströmen nach § 4 Abs. 1 Satz 2 und Abs. 2 Satz 2 und § 5 Abs. 1 Satz 2 und Abs. 2

1. kein Tagesmittelwert die folgenden Emissionsgrenzwerte überschreitet:
    a) Gesamtstaub   5 mg/m^3
    b) organische Stoffe, angegeben als Gesamtkohlenstoff,   20 mg/m^3
2. kein Halbstundenmittelwert die folgenden Emissionsgrenzwerte überschreitet:
    a) Gesamtstaub   30 mg/m^3
    b) organische Stoffe, angegeben als Gesamtkohlenstoff,   40 mg/m^3
3. kein Monatsmittelwert, bestimmt als Massenverhältnis nach § 10 Abs. 2, die folgenden Emissionsgrenzwerte überschreitet:
    a) Distickstoffoxid   100 g/Mg
    b) organische Stoffe, angegeben als Gesamtkohlenstoff,   55 g/Mg
4. kein Messwert einer Probe den folgenden Emissionsgrenzwert überschreitet:
    Geruchsstoffe   500 GE/m^3
    und
5. kein Mittelwert, der über die jeweilige Probenahmezeit gebildet ist, den folgenden Emissionsgrenzwert überschreitet:
    Dioxine/Furane, angegeben als Summenwert gemäß Anhang zur 17. BImSchV,   0,1 ng/m^3.

§ 7 Ableitbedingungen für Abgase

Der Betreiber hat die Abgasströme nach § 4 Abs. 1 Satz 2 und Abs. 2 Satz 2 und § 5 Abs. 1 Satz 2 und Abs. 2 so abzuleiten, dass ein ungestörter Abtransport mit der freien Luftströmung erfolgt; eine Ableitung über Schornsteine ist erforderlich.

Dritter Teil

Messung und Überwachung

§ 8 Messverfahren und Messeinrichtungen

(1) Für die Messungen sind nach näherer Bestimmung der zuständigen Behörde Messplätze einzurichten; diese sollen ausreichend groß, leicht zugänglich und so beschaffen sein sowie so ausgewählt werden, dass repräsentative und einwandfreie Messungen gewährleistet sind.

(2) Für Messungen zur Feststellung der Emissionen und zur Ermittlung der Bezugs- und Betriebsgrößen sind die dem Stand der Messtechnik entsprechenden Messverfahren und geeignete Messeinrichtungen nach näherer Bestimmung der zuständigen Behörde anzuwenden oder zu verwenden.

(3) Über den ordnungsgemäßen Einbau von Messeinrichtungen zur kontinuierlichen Überwachung ist eine Bescheinigung einer von der nach Landesrecht zuständigen Behörde bekannt gegebenen Stelle zu erbringen.

(4) [1]Der Betreiber hat Messeinrichtungen, die zur kontinuierlichen Feststellung der Emissionen eingesetzt werden, durch eine von der nach Landesrecht zuständigen Behörde bekannt gegebenen Stelle vor Inbetriebnahme der Anlage kalibrieren und jährlich einmal auf Funktionsfähigkeit prüfen zu lassen; die Kalibrierung ist vor Inbetriebnahme einer wesentlich geänderten Anlage, im Übrigen im Abstand von drei Jahren zu wiederholen. [2]Die Berichte über das Ergebnis der Kalibrierung und der Prüfung der Funktionsfähigkeit sind der zuständigen Behörde innerhalb von acht Wochen nach Eingang der Berichte vorzulegen.

§ 9 Kontinuierliche Messungen

[1]Der Betreiber hat

1. die Massenkonzentrationen der Emissionen nach § 6 Nr. 1 und 2,
2. die Massenkonzentrationen der Emissionen an Distickstoffoxid und
3. die zur Auswertung und Beurteilung des ordnungsgemäßen Betriebes erforderlichen Bezugsgrößen, insbesondere Abgastemperatur, Abgasvolumenstrom, Druck, Feuchtegehalt an Wasserdampf sowie Masse der zugeführten Einsatzstoffe im Anlieferungszustand

kontinuierlich zu ermitteln, zu registrieren und gemäß § 10 Abs. 1 und 2 auszuwerten. [2]Messeinrichtungen für den Feuchtegehalt an Wasserdampf sind nicht notwendig, soweit das Abgas vor der Ermittlung der Massenkonzentration der Emissionen getrocknet wird.

§ 10 Auswertung und Beurteilung von kontinuierlichen Messungen

(1) [1]Während des Betriebes der biologischen Abfallbehandlungsanlage ist aus den Messwerten nach § 9 Satz 1 für jede aufeinander folgende halbe Stunde der Halbstundenmittelwert zu bilden und auf die Bedingungen

nach § 2 Nr. 8 Buchstabe a umzurechnen. [2]Aus den Halbstundenmittelwerten ist für jeden Tag der Tagesmittelwert, bezogen auf die tägliche Betriebszeit einschließlich der Anfahr- oder Abstellvorgänge, zu bilden.

(2) [1]Aus den nach Absatz 1 Satz 2 gebildeten Tagesmittelwerten der Massenkonzentrationen für organische Stoffe, angegeben als Gesamtkohlenstoff, und für Distickstoffoxid und der Abgasmenge als Tagessumme der Abgasströme nach § 4 Abs. 1 Satz 2 und Abs. 2 Satz 2 und § 5 Abs. 1 Satz 2 und Abs. 2 sind die emittierten Tagesmassen dieser Luftverunreinigungen zu ermitteln. [2]Aus den emittierten Tagesmassen sind die während des Betriebes der biologischen Abfallbehandlungsanlage emittierten Monatsmassen zu bilden. [3]Die monatliche Einsatzstoffmenge ist als Monatssumme der zugeführten Einsatzstoffe im Anlieferungszustand zu erfassen. [4]Aus den emittierten Monatsmassen nach Satz 2 und der monatlichen Einsatzstoffmenge nach Satz 3 ist das Massenverhältnis nach § 2 Nr. 8 Buchstabe b zu berechnen.

(3) [1]Über die Auswertung der kontinuierlichen Messungen und die Bestimmung der Massenverhältnisse hat der Betreiber einen Messbericht zu erstellen und innerhalb von drei Monaten nach Ablauf eines jeden Kalenderjahres der zuständigen Behörde vorzulegen. [2]Der Betreiber muss die Aufzeichnungen der Messgeräte nach dem Erstellen des Messberichtes fünf Jahre aufbewahren. [3]Satz 1 gilt nicht, soweit die zuständige Behörde die telemetrische Übermittlung der Messergebnisse vorgeschrieben hat.

(4) Die Emissionsgrenzwerte sind eingehalten, wenn kein Tagesmittelwert nach § 6 Nr. 1, kein Halbstundenmittelwert nach § 6 Nr. 2 und kein Monatsmittelwert nach § 6 Nr. 3 den jeweiligen Emissionsgrenzwert überschreitet.

§ 11 Einzelmessungen

(1) [1]Der Betreiber hat nach Errichtung oder wesentlicher Änderung der biologischen Abfallbehandlungsanlage Messungen einer nach § 26 des Bundes-Immissionsschutzgesetzes bekannt gegebenen Stelle zur Feststellung, ob die Anforderungen nach § 6 Nr. 4 und 5 erfüllt werden, durchführen zu lassen. [2]Die Messungen sind im Zeitraum von zwölf Monaten nach Inbetriebnahme alle zwei Monate mindestens an einem Tag und anschließend wiederkehrend spätestens alle zwölf Monate mindestens an drei Tagen durchführen zu lassen. [3]Diese sollen vorgenommen werden, wenn die Anlagen mit der höchsten Leistung betrieben werden, für die sie bei den während der Messung verwendeten Einsatzstoffen für den Dauerbetrieb zugelassen sind. [4]Auf Einzelmessungen nach § 6 Nummer 5 kann verzichtet werden, wenn der Betreiber mit ausreichender Sicherheit nachweist, dass die dort genannten Emissionsbegrenzungen nicht überschritten werden, zum Beispiel durch das Ergebnis einer Prüfung der Wirksamkeit von Einrichtungen zur Emissionsminderung, der Zusammensetzung der Einsatzstoffe oder der Art der Prozessbedingungen.

(2) [1]Für jede Einzelmessung sollen je Emissionsquelle mindestens drei Proben genommen werden. [2]Die olfaktometrische Analyse hat unmittelbar nach der Probenahme zu erfolgen.

(3) [1]Nach Errichtung oder wesentlicher Änderung der biologischen Abfallbehandlungsanlage kann die zuständige Behörde vom Betreiber die Durchführung von Messungen einer nach § 26 des Bundes-Immissionsschutzgesetzes bekannt gegebenen Stelle zur Feststellung, ob durch den Betrieb der Anlage in der Nachbarschaft Geruchsimmissionen hervorgerufen werden, die eine erhebliche Belästigung im Sinne des § 3 Abs. 1 des Bundes-Immissionsschutzgesetzes darstellen, verlangen. [2]Für die Ermittlung der Immissionsbelastung sind olfaktorische Feststellungen im Rahmen von Begehungen vorzunehmen. [3]Die Messungen sind nach Erreichen des ungestörten Betriebes, jedoch spätestens zwölf Monate nach Inbetriebnahme durchführen zu lassen. [4]Diese sollen vorgenommen werden, wenn die Anlagen mit der höchsten Leistung betrieben werden, für die sie bei den während der Messung verwendeten Einsatzstoffen für den Dauerbetrieb zugelassen sind.

(4) Werden in Abgaseinrichtungen Verbrennungstemperaturen von mehr als 800 Grad Celsius eingesetzt, soll für den betreffenden Abgasstrom auf die Festlegung einer Geruchsstoffkonzentration als Emissionsbegrenzung verzichtet werden.

§ 12 Berichte und Beurteilung von Einzelmessungen

(1) [1]Über die Ergebnisse der Messungen nach § 11 hat der Betreiber einen Messbericht zu erstellen und der zuständigen Behörde unverzüglich vorzulegen. [2]Der Messbericht muss Angaben über die Messplanung, das Ergebnis jeder Einzelmessung, das verwendete Messverfahren und die Betriebsbedingungen, die für die Beurteilung der Messergebnisse von Bedeutung sind, enthalten.

(2) Die Emissionsgrenzwerte nach § 6 Nr. 4 und 5 gelten als eingehalten, wenn kein Ergebnis einer Einzelmessung diese Emissionsgrenzwerte überschreitet.

§ 13 Störungen des Betriebes

(1) [1]Ergibt sich aus Messungen und sonstigen offensichtlichen Wahrnehmungen, dass Anforderungen an den Betrieb der Anlagen oder zur Begrenzung von Emissionen nicht erfüllt werden, hat der Betreiber dies den zuständigen Behörden unverzüglich mitzuteilen. [2]Er hat unverzüglich die erforderlichen Maßnahmen für einen ordnungsgemäßen Betrieb zu treffen.

(2) [1]Die Behörde soll für technisch unvermeidbare Abschaltungen, Störungen oder Ausfälle der Abgasreinigungseinrichtungen den Zeitraum festlegen, währenddessen von den Emissionsgrenzwerten nach § 6 unter bestimmten Voraussetzungen abgewichen werden darf. [2]Der Weiterbetrieb der biologischen Abfallbehandlungsanlage darf unter den in Satz 1 genannten Bedingungen acht aufeinander folgende Stunden und innerhalb eines Kalenderjahres 96 Stunden nicht überschreiten. [3]Die Emission von Gesamtstaub darf eine Massenkonzentration von 100 Milligramm je Kubikmeter Abgas, gemessen als Halbstundenmittelwert, nicht überschreiten; § 2 Nr. 8 findet entsprechende Anwendung.

(3) [1]Bei Stillstand der Abgasreinigungseinrichtungen ist das abgesaugte Abgas nach Maßgabe des § 7 abzuleiten. [2]Sind Stillstandszeiten von mehr

als acht Stunden zu erwarten, hat der Betreiber zusätzliche Maßnahmen zu treffen und die zuständige Behörde hierüber unverzüglich zu unterrichten.

Vierter Teil
Anforderungen an Altanlagen
§ 14 Übergangsregelungen
(1) Für Altanlagen gelten die Anforderungen dieser Verordnung nach Ablauf von fünf Jahren seit Inkrafttreten[1] dieser Verordnung.

(2) Wird eine biologische Abfallbehandlungsanlage durch Zubau einer oder mehrerer weiterer Behandlungseinrichtungen in der Weise erweitert, dass die vorhandenen und die neu zu errichtenden Behandlungseinrichtungen eine gemeinsame Anlage bilden, so bestimmen sich die Anforderungen für die neu zu errichtenden Behandlungseinrichtungen nach den Vorschriften des zweiten und dritten Teils und die Anforderungen für die vorhandenen Einrichtungen nach den Vorschriften des vierten Teils dieser Verordnung.

Fünfter Teil
Gemeinsame Vorschriften
§ 15 Unterrichtung der Öffentlichkeit
[1]Der Betreiber der biologischen Abfallbehandlungsanlage hat die Öffentlichkeit nach erstmaliger Kalibrierung der Messeinrichtung zur kontinuierlichen Feststellung der Emissionen nach § 8 Abs. 4 und erstmaligen Einzelmessungen nach § 11 Abs. 1 einmal jährlich sowie nach Messungen nach § 11 Abs. 3 über die Beurteilung der Messungen von Emissionen zu unterrichten. [2]Die zuständige Behörde kann Art und Form der Öffentlichkeitsunterrichtung festlegen. [3]Die Sätze 1 und 2 gelten nicht für solche Angaben, aus denen Rückschlüsse auf Betriebs- oder Geschäftsgeheimnisse gezogen werden können. [4]Abweichend von den Sätzen 1 und 2 können Betreiber von Unternehmen, die in das Verzeichnis der Verordnung (EWG) Nr. 1836/93 des Rates vom 29. Juni 1993 über die freiwillige Beteiligung gewerblicher Unternehmen an einem Gemeinschaftssystem für das Umweltmanagement und die Umweltbetriebsprüfung (ABl. EG Nr. L 168 S. 1) eingetragen sind, die Unterrichtung der Öffentlichkeit durch Dokumente ersetzen, die im Rahmen des Umweltmanagementsystems erarbeitet wurden, sofern die erforderlichen Angaben enthalten sind.

§ 16 Zulassung von Ausnahmen
Abweichend von der in § 5 Abs. 1 Satz 1 festgelegten Kapselung von Einrichtungen zur biologischen Behandlung oder ihrer Ausführung in geschlossenen Räumen mit Schleusen und der in § 5 Abs. 2 festgelegten vollständigen Zuführung des beim Rottevorgang entstehenden Abgases zu einer Abgasreinigung kann die zuständige Behörde auf Antrag des Betreibers bei einer mehrstufigen biologischen Behandlung eine Nachbehandlung unter aeroben Bedingungen (Nachrotte) in nicht gekapselten

---

1) Inkrafttreten am 1. 3. 2001.

Einrichtungen oder in nicht geschlossenen Räumen ohne Abgaserfassung und Abgasreinigung zulassen, wenn der zur Nachrotte vorgesehene Abfall den Wert von 20 mg O_2/g Trockenmasse, bestimmt als Atmungsaktivität gemäß Anhang 4 Nr. 3.3.1 der Deponieverordnung vom 27. April 2009 (BGBl. I S. 900), unterschreitet und durch sonstige betriebliche Maßnahmen sichergestellt wird, dass der Vorsorge gegen schädliche Umwelteinwirkungen auf andere Weise Genüge getan ist.

§ 17 Weitergehende Anforderungen

Die Befugnis der zuständigen Behörde, andere oder weitergehende Anforderungen, insbesondere zur Vermeidung schädlicher Umwelteinwirkungen nach § 5 Abs. 1 Nr. 1 des Bundes-Immissionsschutzgesetzes zu treffen, bleibt unberührt.

§ 18 Ordnungswidrigkeiten

Ordnungswidrig im Sinne des § 62 Abs. 1 Nr. 2 des Bundes-Immissionsschutzgesetzes handelt, wer vorsätzlich oder fahrlässig

1. entgegen § 6 eine Anlage nicht richtig errichtet oder nicht richtig betreibt,
2. entgegen § 8 Abs. 4 Satz 1 eine Messeinrichtung nicht oder nicht rechtzeitig kalibrieren oder nicht oder nicht rechtzeitig prüfen lässt oder die Kalibrierung nicht oder nicht rechtzeitig wiederholt,
3. entgegen § 8 Abs. 4 Satz 2, § 10 Abs. 3 Satz 1 oder § 12 Abs. 1 Satz 1 einen Bericht nicht oder nicht rechtzeitig vorlegt,
4. entgegen § 9 Satz 1 die Massenkonzentration der Emissionen oder eine dort genannte Bezugsgröße nicht, nicht richtig oder nicht vollständig auswertet,
5. entgegen § 10 Abs. 3 Satz 2 eine Aufzeichnung nicht oder nicht mindestens fünf Jahre aufbewahrt,
6. entgegen § 11 Abs. 1 Satz 1 oder 2 eine Messung nicht oder nicht rechtzeitig durchführen lässt,
7. entgegen § 13 Abs. 1 Satz 1 eine Mitteilung nicht, nicht richtig, nicht vollständig oder nicht rechtzeitig macht oder
8. entgegen § 15 Satz 1 die Öffentlichkeit nicht, nicht richtig, nicht vollständig oder nicht rechtzeitig unterrichtet.

31. Verordnung
zur Durchführung des Bundes-Immissionsschutzgesetzes (Verordnung zur Begrenzung der Emissionen flüchtiger organischer Verbindungen bei der Verwendung organischer Lösemittel in bestimmten Anlagen – 31. BImSchV)

Vom 21. August 2001 (BGBl. I S. 2180)
(FNA 2129-8-31)[1)]
zuletzt geändert durch Art. 5 VO
vom 24. März 2017 (BGBl. I. S. 656, 658)

Inhaltsübersicht

Erster Teil
Anwendungsbereich, Begriffsbestimmungen

§ 1   Anwendungsbereich
§ 2   Begriffsbestimmungen

Zweiter Teil
Begrenzung der Emissionen

§ 3   Allgemeine Anforderungen
§ 4   Spezielle Anforderungen

Dritter Teil
Messungen und Überwachung

§ 5   Nicht genehmigungsbedürftige Anlagen
§ 6   Genehmigungsbedürftige Anlagen

Vierter Teil
Gemeinsame Vorschriften

§ 7   Ableitbedingungen für Abgase
§ 8   Berichterstattung an die Europäische Kommission
§ 9   Unterrichtung der Öffentlichkeit
§ 10   Andere oder weitergehende Anforderungen
§ 11   Zulassung von Ausnahmen
§ 12   Ordnungswidrigkeiten

Fünfter Teil
Schlussvorschriften

§ 13   (aufgehoben)

Anhang I: Liste der Anlagen
Anhang II: Liste der Tätigkeiten
Anhang III: Spezielle Anforderungen
Anhang IV: Reduzierungsplan
Anhang V: Lösemittelbilanz
Anhang VI: Anforderungen an die Durchführung der Überwachung

---

1) Die Verordnung vom 21. August 2001 ist auf Grund des § 7 Abs. 1 bis 3 und des § 23 Abs. 1 des Bundes-Immissionsschutzgesetzes erlassen worden.

Erster Teil
Anwendungsbereich, Begriffsbestimmungen
§ 1 Anwendungsbereich
(1) ¹Diese Verordnung gilt für die Errichtung und den Betrieb der in Anhang I genannten Anlagen²⁾, in denen unter Verwendung organischer Lösemittel Tätigkeiten nach Anhang II ausgeführt werden, soweit der Lösemittelverbrauch bei den jeweiligen Tätigkeiten die in Anhang I genannten Schwellenwerte überschreitet. ²Bei Anlagen, in denen eine bestimmte Tätigkeit in mehreren Teilanlagen, Verfahrensschritten oder Nebeneinrichtungen ausgeführt wird, ist für den Lösemittelverbrauch nach Satz 1 die Summe der jeweiligen Teillösemittelverbräuche maßgebend. ³Das Vorhandensein gemeinsamer, verbindender Betriebseinrichtungen zwischen den Teilanlagen ist nicht erforderlich.

(2) Diese Verordnung gilt nicht für Anlagen nach der Zweiten Verordnung zur Durchführung des Bundes-Immissionsschutzgesetzes, in denen organische Lösemittel, die flüchtige halogenierte organische Verbindungen mit einem Siedepunkt bei 1013 Hektopascal bis zu 423 Kelvin [150 Grad Celsius] (leichtflüchtige halogenierte organische Verbindungen) enthalten, verwendet werden.

§ 2 Begriffsbestimmungen
Im Sinne dieser Verordnung bedeuten die Begriffe
1. Abgase:
   die Trägergase mit den Emissionen;
2. Abgasreinigungseinrichtung:
   eine Einrichtung zur Entfernung von flüchtigen organischen Verbindungen aus den Abgasen einer Anlage;
3. Altanlage:
   a) eine genehmigungsbedürftige Anlage, für die am 25. August 2001
      aa) eine Genehmigung zur Errichtung und zum Betrieb nach § 6 oder § 16 des Bundes-Immissionsschutzgesetzes oder eine Zulassung vorzeitigen Beginns nach § 8a des Bundes-Immissionsschutzgesetzes erteilt ist und in dieser Zulassung Anforderungen nach § 5 Abs. 1 Nr. 2 des Bundes-Immissionsschutzgesetzes festgelegt sind;
      bb) eine Teilgenehmigung nach § 8 des Bundes-Immissionsschutzgesetzes oder ein Vorbescheid nach § 9 des Bundes-Immissionsschutzgesetzes erteilt ist, soweit darin Anforderungen nach § 5 Abs. 1 Nr. 2 des Bundes-Immissionsschutzgesetzes festgelegt sind, oder
      cc) ein vollständiger Genehmigungsantrag zur Errichtung und zum Betrieb nach § 6 oder § 16 des Bundes-Immissionsschutzgesetzes gestellt ist und die spätestens bis zum 31. März 2002 in Betrieb genommen wird,

---

2) In Anhang I sind sowohl genehmigungsbedürftige als auch nicht genehmigungsbedürftige Anlagen genannt.

b) eine Anlage, die nach § 67 Abs. 2 des Bundes-Immissionsschutzgesetzes anzuzeigen ist oder die entweder nach § 67a
Abs. 1 des Bundes-Immissionsschutzgesetzes oder vor Inkrafttreten des Bundes-Immissionsschutzgesetzes nach § 16 Abs. 4
der Gewerbeordnung anzuzeigen war oder

c) eine nicht genehmigungsbedürftige Anlage, deren Errichtung
und Betrieb vor dem 25. August 2001 nach sonstigen Vorschriften des öffentlichen Rechts zugelassen worden ist, oder
– soweit eine solche Zulassung nicht erforderlich war – mit der
Errichtung begonnen worden ist;

4. An- und Abfahren:
Vorgänge, mit denen der Betriebs- oder Bereitschaftszustand einer
Anlage oder eines Anlagenteils hergestellt oder beendet wird. Re-
gelmäßig wiederkehrende Phasen der in der Anlage durchgeführten
Tätigkeiten gelten nicht als An- oder Abfahren;

5. Beschichtungsstoff:
flüssiges, pasten- oder pulverförmiges Gemisch, einschließlich aller
enthaltenen oder für seine Gebrauchstauglichkeit zugesetzten organischen Lösemittel, das dazu verwendet wird, auf einer Oberfläche
eine dekorative, schützende oder auf sonstige Art und Weise funktionale Wirkung zu erzielen;

6. diffuse Emissionen:
alle nicht in gefassten Abgasen einer Anlage enthaltenen Emissionen
flüchtiger organischer Verbindungen einschließlich der Emissionen,
die durch Fenster, Türen, Entlüftungsschächte und ähnliche Öffnungen in die Umwelt gelangen sowie die flüchtigen organischen Verbindungen, die in einem von der Anlage hergestellten Produkt enthalten sind, soweit im Anhang III nichts anderes festgelegt ist;

7. Druckfarbe:
ein Gemisch, einschließlich aller organischen Lösemittel oder Gemische, denen für ihre Gebrauchstauglichkeit organische Lösemittel
zugesetzt werden, die in einem Druckverfahren für das Bedrucken
einer Oberfläche mit Text oder Bildern verwendet wird;

8. eingesetzte Lösemittel:
die Menge der organischen Lösemittel und ihre Menge in Gemischen, die bei der Durchführung einer Tätigkeit verwendet werden,
einschließlich der innerhalb und außerhalb der Anlage zurückgewon-
nenen Lösemittel, die zu berücksichtigen sind, wenn sie zur Durchführung der Tätigkeit verwendet werden;

9. Emissionen:
die von einer Anlage ausgehenden Luftverunreinigungen an flüchtigen organischen Verbindungen;

10. Emissionsgrenzwert:
einen Wert für die im Verhältnis zu bestimmten spezifischen Parametern ausgedrückte Masse an Emissionen oder für die Konzentration, den Prozentsatz und/oder die Höhe einer Emission, bezogen

auf Normbedingungen, der in einem oder mehreren Zeiträumen nicht überschritten werden darf;

11. flüchtige organische Verbindung:
eine organische Verbindung, die bei 293,15 Kelvin einen Dampfdruck von 0,01 Kilopascal oder mehr hat oder unter den jeweiligen Verwendungsbedingungen eine entsprechende Flüchtigkeit aufweist. Der Kreosotanteil, der bei 293,15 Kelvin diesen Dampfdruck übersteigt oder unter den jeweiligen Verwendungsbedingungen eine entsprechende Flüchtigkeit aufweist, gilt als flüchtige organische Verbindung;

12. gefasste Abgase:
   a) Abgase, die aus einer Abgasreinigungseinrichtung endgültig in die Luft freigesetzt werden (gefasste behandelte Abgase), oder
   b) Abgase, die ohne Behandlung in einer Abgasreinigungseinrichtung über einen Schornstein oder sonstige Abgasleitungen endgültig in die Luft freigesetzt werden (gefasste unbehandelte Abgase);

13. genehmigungsbedürftige Anlage:
eine Anlage, die nach § 4 des Bundes-Immissionsschutzgesetzes einer Genehmigung bedarf;

14. Gesamtemissionen:
die Summe der diffusen Emissionen an flüchtigen organischen Verbindungen und der Emissionen an flüchtigen organischen Verbindungen in gefassten Abgasen;

15. Grenzwert für diffuse Emissionen:
die Menge der diffusen Emissionen als Vomhundertsatz der eingesetzten organischen Lösemittel;

16. halogeniertes organisches Lösemittel:
ein organisches Lösemittel, das mindestens ein Brom-, Chlor-, Fluoroder Jodatom je Molekül enthält;

17. Klarlack:
einen durchsichtigen Beschichtungsstoff;

18. Klebstoff:
ein Gemisch, einschließlich aller organischen Lösemittel oder Gemische, denen für ihre Gebrauchstauglichkeit organische Lösemittel zugesetzt werden, die dazu verwendet wird, Einzelteile eines Produkts zusammenzukleben;

19. Lösemittelverbrauch:
die Gesamtmenge an organischen Lösemitteln, die in einer Anlage je Kalenderjahr oder innerhalb eines beliebigen Zwölfmonatszeitraums eingesetzt wird, abzüglich aller flüchtigen organischen Verbindungen, die zur Wiederverwendung zurückgewonnen werden;

20. Massenstrom:
die auf die Zeiteinheit bezogene Masse der emittierten flüchtigen organischen Verbindungen;

21. Nennkapazität:
    die maximale Masse der in einer Anlage eingesetzten organischen Lösemittel, gemittelt über einen Tag, sofern die Anlage unter Bedingungen des Normalbetriebs entsprechend ihrer Auslegung betrieben wird;
22. nicht genehmigungsbedürftige Anlage:
    eine Anlage, die keiner Genehmigung nach dem Bundes-Immissionsschutzgesetz bedarf;
23. Normalbetrieb:
    Betrieb einer Anlage zur Durchführung einer Tätigkeit während aller Zeiträume mit Ausnahme der Zeiträume, in denen das An- und Abfahren und die Wartung erfolgen;
24. Normbedingungen:
    eine Temperatur von 273,15 Kelvin und einen Druck von 101,3 Kilopascal;
25. öffentlich bestellter und vereidigter Sachverständiger:
    ein nach § 36 der Gewerbeordnung vom 22. Februar 1999 (BGBl. I S. 202), die zuletzt durch Artikel 10 des Gesetzes vom 11. März 2016 (BGBl. I S. 396) geändert worden ist, öffentlich bestellter und vereidigter Sachverständiger;
26. organisches Lösemittel:
    eine flüchtige organische Verbindung, die, ohne sich chemisch zu verändern, allein oder in Kombination mit anderen Stoffen Rohstoffe, Produkte, oder Abfallstoffe auflöst oder als Reinigungsmittel, Dispersionsmittel, Konservierungsmittel, Weichmacher oder als Mittel zur Einstellung der Viskosität oder der Oberflächenspannung verwendet wird;
27. organische Verbindung:
    eine Verbindung, die mindestens Kohlenstoff und eines der Elemente Wasserstoff, Halogene, Sauerstoff, Schwefel, Phosphor, Silizium oder Stickstoff oder mehrere davon enthält, ausgenommen Kohlenstoffoxide sowie anorganische Karbonate und Bikarbonate;
28. Stoffe:
    chemische Elemente und ihre Verbindungen, wie sie natürlich vorkommen oder hergestellt werden, unabhängig davon, ob sie fest, flüssig oder gasförmig vorliegen;
29. wesentliche Änderung:
    a) bei genehmigungsbedürftigen Anlagen eine Änderung im Sinne von § 16 Abs. 1 des Bundes-Immissionsschutzgesetzes;
    b) bei nicht genehmigungsbedürftigen Anlagen[3)]
        aa) eine Änderung, die nach der Beurteilung durch die zuständige Behörde erhebliche negative Auswirkungen auf die menschliche Gesundheit oder auf die Umwelt haben kann,
        bb) eine Änderung der Nennkapazität, die bei Anlagen

---

3) Es genügt, wenn die Voraussetzungen eines der folgenden Doppelbuchstaben vorliegt.

–   der Nummern 1.1, 1.3, 9.2 oder 11.1 des Anhangs I mit einem Lösemittelverbrauch von 25 t/a oder weniger,

–   der Nummern 4.1 bis 4.5, 8.1, 9.1, 10.1, 10.2, 12.1 oder 14.1 des Anhangs I mit einem Lösemittelverbrauch von 15 t/a oder weniger,

–   der Nummern 2.1, 5.1, 7.2, 13.1 oder 15.1 des Anhangs I mit einem Lösemittelverbrauch von 10 t/a oder weniger,

–   der Nummer 16.1 bis 16.4 des Anhangs I mit einem Lösemittelverbrauch von 500 t/a oder weniger

zu einer Erhöhung der Emissionen flüchtiger organischer Verbindungen um mehr als 25 vom Hundert führt, oder

cc) eine Änderung der Nennkapazität, die bei anderen als den in Doppelbuchstabe bb genannten nicht genehmigungsbedürftigen Anlagen zu einer Erhöhung der Emissionen flüchtiger organischer Verbindungen um mehr als 10 vom Hundert führt;

30. Wiederverwendung organischer Lösemittel:
die stoffliche Verwendung von organischen Lösemitteln, die für technische oder kommerzielle Zwecke zurückgewonnen worden sind, oder deren betriebsinterne energetische Nutzung als Brennstoff;

31. Gemische:
aus zwei oder mehreren Stoffen bestehende Gemenge, Gemische oder Lösungen;

32. zugelassene Überwachungsstelle:
Überwachungsstelle, die nach § 17 Absatz 5 des Geräte- und Produktsicherheitsgesetzes vom 6. Januar 2004 (BGBl. I S. 2, 219), das zuletzt durch Artikel 2 des Gesetzes vom 7. März 2011 (BGBl. I S. 338) geändert worden ist, oder nach § 37 Absatz 5 des Produktsicherheitsgesetzes vom 8. November 2011 (BGBl. I S. 2178, 2179; 2012 I S. 131) jeweils in Verbindung mit Anhang 2 Abschnitt 1 Nummer 1 der Betriebssicherheitsverordnung vom 3. Februar 2015 (BGBl. I S. 49) von der zuständigen Landesbehörde für die Prüfung von überwachungsbedürftigen Anlagen nach § 18 Absatz 1 Nummer 4 bis 8 und nach Anhang 2 Abschnitt 3 Nummer 1 der Betriebssicherheitsverordnung dem Bundesministerium für Arbeit und Soziales als Prüfstelle benannt und von diesem im Gemeinsamen Ministerialblatt bekannt gemacht worden ist.

Zweiter Teil
Begrenzung der Emissionen
§ 3 Allgemeine Anforderungen
(1) Anlagen sind so zu errichten und zu betreiben, dass die Anforderungen nach
1.   Absatz 2 bis 4 und
2.   Absatz 5 und 6

eingehalten werden, soweit durch § 4 in Verbindung mit Anhang III nichts anderes bestimmt ist.

(2) [1]Der Betreiber einer Anlage hat schädliche Stoffe oder Gemische, denen aufgrund ihres Gehaltes an nach der Verordnung (EG) Nr. 1272/2008 des Europäischen Parlaments und des Rates vom 16. Dezember 2008 über die Einstufung, Kennzeichnung und Verpackung von Stoffen und Gemischen, zur Änderung und Aufhebung der Richtlinien 67/548/EWG und 1999/45/EG und zur Änderung der Verordnung (EU) Nr. 1907/2006 (ABl. L 353 vom 31. 12. 2008, S. 1), die zuletzt durch die Verordnung (EU) Nr. 1297/2014 (ABl. L 350 vom 5. 12.2014, S. 1) geändert worden ist, als karzinogen, keimzellmutagen oder reproduktionstoxisch eingestuften flüchtigen organischen Verbindungen die Gefahrenhinweise H340, H350, H350i, H360D, H360D oder H360F zuordnet sind oder die mit diesen Sätzen zu kennzeichnen sind, durch weniger schädliche zu ersetzen. [2]Diese Stoffe oder Gemische sind in kürzestmöglicher Frist so weit wie möglich zu ersetzen, wobei die Gebrauchstauglichkeit, die Verwendung und die Verhältnismäßigkeit zwischen Aufwand und Nutzen zu berücksichtigen sind. [3]Die Emissionen an flüchtigen organischen Verbindungen, die als karzinogen, keimzellmutagen oder reproduktionstoxisch eingestuft sind, dürfen, auch beim Vorhandensein mehrerer dieser Verbindungen, einen Massenstrom von 2,5 Gramm je Stunde oder im gefassten Abgas eine Massenkonzentration von 1 Milligramm je Kubikmeter nicht überschreiten. [4]Abweichend von Satz 3 dürfen die Emissionen an Formaldehyd einen Massenstrom von 10 Gramm je Stunde oder im gefassten Abgas eine Massenkonzentration von 2 Milligramm je Kubikmeter nicht überschreiten.

(3) [1]Die Emissionen flüchtiger organischer Verbindungen dürfen aus einer Anlage, denen die Gefahrenhinweise H341 oder H351 zugeordnet sind, auch wenn mehrere dieser Verbindungen vorhanden sind, folgende Werte nicht überschreiten:
1. einen Massenstrom von 100 Gramm je Stunde oder
2. in gefassten Abgasen eine Massenkonzentration von 20 Milligramm je Kubikmeter.
[2]Satz 1 ist auch bei anderen als den dort genannten Stoffen einzuhalten, soweit diese Stoffe den organischen Stoffen der Klasse I der Ersten Allgemeinen Verwaltungsvorschrift zum Bundes-Immissionsschutzgesetz (Technische Anleitung zur Reinhaltung der Luft – TA Luft) vom 24. Juli 2002 (GMBl. S. 511) in der jeweils geltenden Fassung zuzuordnen sind. [3]Anlagen der Nummer 18 des Anhangs I, in denen n-Hexan als Extraktionsmittel eingesetzt wird, haben die Anforderungen des Satzes 1 spätestens ab dem 1. Januar 2019 zu erfüllen.

(4) Bei Anlagen, bei denen zwei oder mehr Tätigkeiten jeweils die Schwellenwerte nach Anhang I überschreiten, gilt Folgendes:
1. Bei den in Absatz 2 oder 3 genannten Stoffen sind die dort festgelegten Anforderungen für die jeweilige Tätigkeit einzeln einzuhalten.

2. Bei allen anderen Stoffen
    a) sind entweder die Anforderungen nach Anhang III für jede Tätig-
        keit einzeln einzuhalten oder
    b) es dürfen die Gesamtemissionen nicht die Werte überschreiten,
        die bei Anwendung von Buchstabe a erreicht worden wären.

(5) Der Betreiber einer Anlage hat alle geeigneten Maßnahmen zu treffen,
um die Emissionen während des An- und Abfahrens so gering wie möglich
zu halten.

(6) [1]Beim Umfüllen von organischen Lösemitteln mit einem Siedepunkt
bei 1 013 Hektopascal bis zu 423 Kelvin (150 Grad Celsius) sind besondere technische Maßnahmen zur Emissionsminderung zu treffen, wenn
davon jährlich 100 Tonnen oder mehr umgefüllt werden. [2]Auf genehmigungsbedürftige Anlagen finden darüber hinaus die Anforderungen der
Technischen Anleitung zur Reinhaltung der Luft zum Verarbeiten, Fördern, Umfüllen oder Lagern von flüssigen organischen Stoffen Anwendung.

(7) [1]Auf genehmigungsbedürftige Anlagen wird stets der Stand der Technik nach § 5 Absatz 1 Nummer 2 des Bundes-Immissionsschutzgesetzes
angewendet. [2]Hieraus können sich über die Absätze 2 bis 4 hinausgehende
Anforderungen ergeben.

§ 4 Spezielle Anforderungen
[1]Der Betreiber hat eine Anlage so zu errichten und zu betreiben, dass
1. die im Anhang III für die Anlage festgelegten
    a) Emissionsgrenzwerte für gefasste Abgase,
    b) Grenzwerte für diffuse Emissionen und
    c) Grenzwerte für die Gesamtemissionen und
2. die im Anhang III für die Anlage festgelegten besonderen Anforde-
    rungen

eingehalten werden. [2]An Stelle der Einhaltung der Anforderungen nach
Satz 1 Nr. 1 kann ein Reduzierungsplan nach Anhang IV eingesetzt werden, mit dem sich der Betreiber verpflichtet, eine Emissionsminderung in
mindestens der gleichen Höhe wie bei Einhaltung der in Satz 1 Nr. 1 festgelegten Anforderungen sicherzustellen. [3]Dieser Plan muss von realisti-
schen technischen Voraussetzungen ausgehen, insbesondere muss die Verfügbarkeit von Ersatzstoffen zum jeweiligen Zeitpunkt gewährleistet sein.
[4]Auf genehmigungsbedürftige Anlagen wird stets der Stand der Technik
nach § 5 Absatz 1 Nummer 2 des Bundes-Immissionsschutzgesetzes angewendet. [5]Hieraus können sich über die Sätze 1 und 2 hinausgehende
Anforderungen ergeben.

Dritter Teil
Messungen und Überwachung
§ 5 Nicht genehmigungsbedürftige Anlagen
(1) Die Anforderungen nach Absatz 4 bis 9 gelten, soweit in Anhang III
für die jeweilige nicht genehmigungsbedürftige Anlage nichts anderes bestimmt ist.

(2) [1]Der Betreiber einer nicht genehmigungsbedürftigen Anlage, bei der für die jeweilige Tätigkeit der in Anhang I genannte Schwellenwert für den Lösemittelverbrauch überschritten wird, hat diese der zuständigen Behörde vor der Inbetriebnahme anzuzeigen. [2]Nicht genehmigungsbedürftige Anlagen, die zum Zeitpunkt des Inkrafttretens der Verordnung die in Anhang I genannten Schwellenwerte nicht überschreiten, sind bei erstmaliger Überschreitung der Schwellenwerte innerhalb von sechs Monaten anzuzeigen. [3]Der Betreiber hat ferner eine wesentliche Änderung einer nicht genehmigungsbedürftigen Anlage der zuständigen Behörde vorher anzuzeigen. [4]Die Anzeige hat die für die Anlage maßgebenden Daten zu enthalten.

(3) Soweit zur Kontrolle von Anforderungen nach den §§ 3 und 4 Messungen erforderlich sind, hat der Betreiber geeignete Messöffnungen und Messplätze einzurichten.

(4) [1]Der Betreiber einer nicht genehmigungsbedürftigen Anlage, für die in § 3 Absatz 2 Satz 3 oder Abs. 3 oder in § 4 Satz 1 Nr. 1 Buchstabe a Anforderungen festgelegt sind, hat die Einhaltung der jeweiligen Anforderungen

1. erstmals bei Neuanlagen und wesentlich geänderten Anlagen frühestens drei Monate und spätestens sechs Monate nach der Inbetriebnahme und sodann

2. wiederkehrend in jedem dritten Kalenderjahr

von Stellen, die über eine Bekanntgabe für den Tätigkeitsbereich der Gruppe I Nr. 1 und den Stoffbereich G gemäß der Anlage 1 der Bekanntgabeverordnung (41. BImSchV) verfügen, durch Messungen nach Anhang VI Nr. 1 feststellen zu lassen. [2]Satz 1 gilt nicht, wenn die Überwachung der Emissionen durch eine kontinuierlich aufzeichnende Messeinrichtung nach Absatz 5 Satz 1 erfolgt. [3]Luftmengen, die einer Anlage zugeführt werden, um die gefassten Abgase zu verdünnen oder zu kühlen, bleiben bei der Bestimmung der Massenkonzentration im gefassten Abgas unberücksichtigt. [4]Messungen nach Satz 1 oder 2 zur Feststellung der Einhaltung der Emissionsgrenzwerte für gefasste Abgase können entfallen, soweit nach dem Stand der Technik zur Einhaltung dieser Grenzwerte eine Abgasreinigungseinrichtung nicht erforderlich ist.

(5) [1]Nicht genehmigungsbedürftige Anlagen, bei denen der Massenstrom an flüchtigen organischen Verbindungen im gefassten Abgas 10 Kilogramm Gesamtkohlenstoff je Stunde überschreitet, hat der Betreiber vor der Inbetriebnahme oder spätestens bis zum Ablauf der in § 13 Abs. 1 genannten Frist mit einer geeigneten Messeinrichtung auszustatten, die nach Anhang VI Nr. 2 den Gesamtkohlenstoffgehalt und die zur Auswertung und Beurteilung der Messergebnisse erforderlichen Betriebsparameter kontinuierlich ermittelt. [2]Eine kontinuierliche Messung nach Satz 1 kann entfallen, wenn durch eine andere kontinuierliche Überwachung sichergestellt werden kann, dass die Emissionsgrenzwerte für gefasste Abgase eingehalten werden.

(6) [1]Der Betreiber einer nicht genehmigungsbedürftigen Anlage hat die Einhaltung der für die Anlage maßgeblichen Anforderungen nach
1. § 4 Satz 1 Nr. 1 Buchstabe b,
2. § 4 Satz 1 Nr. 1 Buchstabe c oder
3. § 4 Satz 2

mindestens einmal in einem Kalenderjahr durch eine Lösemittelbilanz nach dem Verfahren des Anhangs V feststellen zu lassen. [2]Zur Ermittlung der Ein- und Austragsmengen einer Anlage an flüchtigen organischen Verbindungen kann auf verbindliche Angaben der Hersteller zum Lösemittelgehalt der Einsatzstoffe oder auf andere gleichwertige Informationsquellen zurückgegriffen werden. [3]Die zuständige Behörde kann den Betreiber anweisen, die Lösemittelbilanz, sofern sie offensichtlich mit schwerwiegenden Mängeln behaftet ist und der Betreiber diese nicht in angemessener Frist behebt, von einer zugelassenen Überwachungsstelle oder einem öffentlich bestellten und vereidigten Sachverständigen gemäß den Anforderungen im Anhang V aufstellen zu lassen. [4]Satz 3 gilt nicht für Anlagen des Anhangs I Nummer 3.1. [5]Abweichend von Satz 1 ist bei Anlagen des Anhangs I Nr. 9.1 die Feststellung der Einhaltung der Anforderungen mindestens alle drei Jahre vorzunehmen.

(7) [1]Entscheidet sich der Betreiber für einen Reduzierungsplan im Sinne des § 4 Satz 2, so muss er diesen der zuständigen Behörde rechtzeitig vor Inbetriebnahme der Anlage vorlegen. [2]Die verbindliche Erklärung bedarf der Annahme der zuständigen Behörde. [3]Eine Ausfertigung des Reduzierungsplans hat der Betreiber am Betriebsort der Anlage aufzubewahren, solange der Reduzierungsplan angewendet wird.

(8) [1]Der Betreiber einer Anlage hat über die Ergebnisse der Messungen nach Absatz 4 oder 5 sowie über die Ergebnisse der Lösemittelbilanz für die maßgeblichen Anforderungen nach Absatz 6 Satz 1 jeweils unverzüglich einen Bericht zu erstellen oder erstellen zu lassen. [2]Der Betreiber hat den Bericht am Betriebsort fünf Jahre ab der Erstellung aufzubewahren und der zuständigen Behörde auf Verlangen vorzulegen.

(9) [1]Wird bei einer nicht genehmigungsbedürftigen Anlage festgestellt, dass die Anforderungen nach § 3 oder § 4 Satz 1 nicht eingehalten werden, hat der Betreiber dies der zuständigen Behörde unverzüglich mitzuteilen. [2]Der Betreiber hat unverzüglich die erforderlichen Maßnahmen zu treffen, um den ordnungsgemäßen Betrieb der Anlage sicherzustellen.

§ 6 Genehmigungsbedürftige Anlagen

[1]Für die Messung und Überwachung der Emissionen von genehmigungsbedürftigen Anlagen finden die Anforderungen der TA Luft Anwendung. [2]Dabei gelten mindestens die Anforderungen nach § 5 Abs. 3 bis 5. [3]§ 5 Abs. 6 bis 9 gilt entsprechend.

Vierter Teil
Gemeinsame Vorschriften
§ 7 Ableitbedingungen für Abgase
(1) Die gefassten Abgase von nicht genehmigungsbedürftigen Anlagen hat der Betreiber so abzuleiten, dass ein Abtransport mit der freien Luftströmung nach dem Stand der Technik gewährleistet ist.

(2) Die gefassten Abgase von genehmigungsbedürftigen Anlagen hat der Betreiber nach den Anforderungen für die Ableitung von Abgasen gemäß der Technischen Anleitung zur Reinhaltung der Luft abzuleiten.

§ 8 Berichterstattung an die Europäische Kommission
(1) [1]Der Betreiber einer Anlage hat die für die Berichterstattung an die Europäische Kommission nach Absatz 2 benötigten Informationen der zuständigen Behörde mitzuteilen. [2]Das Bundesministerium für Umwelt, Naturschutz, Bau und Reaktorsicherheit gibt die zur Erfüllung dieser Verpflichtung anzuwendenden Verfahren bekannt, sobald der Fragebogen und das Schema gemäß Artikel 72 Absatz 1 und 2 der Richtlinie 2010/75/EU des Europäischen Parlaments und des Rates vom 24. November 2010 über Industrieemissionen (integrierte Vermeidung und Verminderung der Umweltverschmutzung) (Neufassung) (ABl. L 334 vom 17.12.2010, S. 7) von der Kommission ausgearbeitet sind. [3]Die Informationen schließen die Erfahrungen aus der Anwendung von Reduzierungsplänen ein.

(2) Das Bundesministerium für Umwelt, Naturschutz, Bau und Reaktorsicherheit oder die von ihm beauftragte Stelle übermitteln auf der Grundlage der Stellungnahmen der Länder entsprechend den Anforderungen des Artikels 72 Absatz 1 und 2 der Richtlinie 2010/75/EU einen Bericht über die Durchführung dieser Verordnung.

§ 9 Unterrichtung der Öffentlichkeit
[1]Die zuständige Behörde hat
1. die für Anlagen geltenden allgemein verbindlichen Regeln und die Verzeichnisse der angezeigten und genehmigten Tätigkeiten sowie
2. die ihr vorliegenden Ergebnisse der nach § 5 oder § 6 durchzuführenden Überwachung der Emissionen

der Öffentlichkeit zugänglich zu machen. [2]Satz 1 gilt nicht für solche Angaben, aus denen Rückschlüsse auf Betriebs- oder Geschäftsgeheimnisse gezogen werden können.

§ 10 Andere oder weitergehende Anforderungen
Die Befugnis der zuständigen Behörde, auf Grund des Bundes-Immissionsschutzgesetzes andere oder weitergehende Anordnungen zu treffen, bleibt unberührt, soweit die Anforderungen aus der Richtlinie 2010/75/EU nicht entgegenstehen.

§ 11 Zulassung von Ausnahmen
Die zuständige Behörde kann auf Antrag des Betreibers Ausnahmen von den Anforderungen dieser Verordnung zulassen, soweit unter Berücksichtigung der besonderen Umstände des Einzelfalls
1. einzelne Anforderungen der Verordnung nicht oder nur mit unverhältnismäßig hohem Aufwand erfüllt werden können,

2. keine schädlichen Umwelteinwirkungen zu erwarten sind und
3. die Ausnahmen den Anforderungen aus der Richtlinie 2010/75/EU nicht entgegenstehen.

§ 12 Ordnungswidrigkeiten

(1) Ordnungswidrig im Sinne des § 62 Abs. 1 Nr. 2 des Bundes-Immissionsschutzgesetzes handelt, wer vorsätzlich oder fahrlässig als Betreiber einer genehmigungsbedürftigen

1. entgegen § 3 Abs. 1 Nr. 1 oder § 4 Satz 1 eine Anlage nicht richtig errichtet oder nicht richtig betreibt,
2. entgegen § 6 Satz 3 in Verbindung mit § 5 Absatz 6 Satz 1, 3 oder Satz 5 die Einhaltung der dort genannten Anforderungen nicht, nicht richtig oder nicht rechtzeitig feststellen lässt,
3. entgegen § 6 Satz 3 in Verbindung mit § 5 Abs. 7 Satz 1 einen Reduzierungsplan nicht, nicht richtig, nicht vollständig oder nicht rechtzeitig vorlegt,
4. entgegen § 6 Satz 3 in Verbindung mit § 5 Abs. 9 Satz 1 eine Mitteilung nicht, nicht richtig oder nicht rechtzeitig macht,
5. entgegen § 6 Satz 3 in Verbindung mit § 5 Absatz 7 Satz 3 oder Abs. 8 Satz 2 eine Ausfertigung des Reduzierungsplans oder einen Bericht nicht oder nicht für die vorgeschriebene Dauer aufbewahrt,
6. entgegen § 6 Satz 3 in Verbindung mit § 5 Abs. 8 Satz 1 einen Bericht nicht, nicht richtig, nicht vollständig oder nicht rechtzeitig erstellt und nicht, nicht richtig, nicht vollständig oder nicht rechtzeitig erstellen lässt,
7. entgegen § 6 Satz 3 in Verbindung mit § 5 Abs. 9 Satz 2 eine Maßnahme nicht, nicht richtig oder nicht rechtzeitig trifft,
8. entgegen § 7 Abs. 2 Abgase nicht oder nicht richtig ableitet oder
9. entgegen § 8 Abs. 1 Satz 1 eine Information nicht oder nicht rechtzeitig zuleitet.

(2) Ordnungswidrig im Sinne des § 62 Abs. 1 Nr. 7 des Bundes-Immissionsschutzgesetzes handelt, wer vorsätzlich oder fahrlässig als Betreiber einer nicht genehmigungsbedürftigen Anlage

1. entgegen § 3 Abs. 1 Nr. 1 oder § 4 Satz 1 eine Anlage nicht richtig errichtet oder nicht richtig betreibt,
2. entgegen § 5 Abs. 2 eine Anzeige nicht, nicht richtig oder nicht rechtzeitig erstattet,
3. entgegen § 5 Abs. 4 Satz 1 oder Absatz 6 Satz 1, 3 oder Satz 5 die Einhaltung der dort genannten Anforderungen nicht, nicht richtig oder nicht rechtzeitig feststellen lässt,
4. entgegen § 5 Abs. 5 Satz 1 eine Anlage nicht oder nicht rechtzeitig ausstattet,
5. entgegen § 5 Abs. 7 Satz 1 einen Reduzierungsplan nicht, nicht richtig, nicht vollständig oder nicht rechtzeitig vorlegt,
6. entgegen § 5 Abs. 7 Satz 2 oder Abs. 9 Satz 1 eine Mitteilung nicht, nicht richtig oder nicht rechtzeitig macht,

7. entgegen § 5 Abs. 7 Satz 4 oder Abs. 8 Satz 2 eine Ausfertigung des Reduzierungsplans oder einen Bericht nicht oder nicht für die vorgeschriebene Dauer aufbewahrt,

8. entgegen § 5 Abs. 8 Satz 1 einen Bericht nicht, nicht richtig, nicht vollständig oder nicht rechtzeitig erstellt und nicht, nicht richtig, nicht vollständig oder nicht rechtzeitig erstellen lässt,

9. entgegen § 5 Abs. 9 Satz 2 eine Maßnahme nicht, nicht richtig oder nicht rechtzeitig trifft,

10. entgegen § 7 Abs. 1 Abgase nicht oder nicht richtig ableitet oder

11. entgegen § 8 Abs. 1 Satz 1 eine Information nicht oder nicht rechtzeitig zuleitet.

Fünfter Teil
Schlussvorschriften
§ **13 (aufgehoben)**

Anhang I
(zu § 1)

Liste der Anlagen

Bezeichnung der Anlage	Schwellenwert für den Lösemittelverbrauch (t/a)	Nummer der zugeordneten Tätigkeit im Anhang II
1. Reproduktion von Text oder von Bildern		
1.1 Anlagen mit dem Heatset-Rollenoffset-Druckverfahren	15	1.1
1.2 Anlagen mit dem Illustrationstiefdruckverfahren	25	1.2
1.3 Anlagen für sonstige Drucktätigkeiten	15	1.3
2. Reinigung der Oberflächen von Materialien oder Produkten		
2.1 Anlagen zur Oberflächenreinigung	1	2
3. Textilreinigung		
3.1 Anlagen zur Textilreinigung (Chemischreinigungsanlagen)	0	3
4. Serienbeschichtung von Kraftfahrzeugen, Fahrerhäusern, Nutzfahrzeugen, Bussen oder Schienenfahrzeugen		
4.1 Anlagen zur Serienbeschichtung von Kraftfahrzeugen	0	4.1
4.2 Anlagen zur Serienbeschichtung von Fahrerhäusern	0	4.2

Bezeichnung der Anlage	Schwellen-wert für den Lösemittel-verbrauch (t/a)	Nummer der zugeordneten Tätigkeit im Anhang II
4.3 Anlagen zum Beschichten von Nutzfahrzeugen	0	4.3
4.4 Anlagen zum Beschichten von Bussen	0	4.4
4.5 Anlagen zum Beschichten von Schienen-fahrzeugen	5	4.5
5. Fahrzeugreparaturlackierung		
5.1 Anlagen zur Reparaturlackierung von Fahrzeu-gen	0	5
6. Beschichten von Bandblech		
6.1 Anlagen zum Beschichten von Bandblech	10	6
7. Beschichten von Wickeldraht		
7.1 Anlagen zum Beschichten von Wickeldraht mit phenol-, kresol- oder xylenolhaltigen Be-schichtungsstoffen	0	7
7.2 Anlagen zum Beschichten von Wickeldraht mit sonstigen Beschichtungsstoffen	5	7
8. Beschichten von sonstigen Metall- oder Kunststoffoberflächen		
8.1 Anlagen zum Beschichten von sonstigen Metall- oder Kunststoffoberflächen	5	8
9. Beschichten von Holz oder Holzwerkstoffen		
9.1 Anlagen zum Beschichten von Holz oder Holzwerkstoffen mit einem jährlichen Löse-mittelverbrauch bis zu 15 Tonnen	5	9
9.2 Anlagen zum Beschichten von Holz oder Holzwerkstoffen mit einem jährlichen Löse-mittelverbrauch vom mehr als 15 Tonnen	15	9
10. Beschichten von Textil-, Gewebe-, Folien- oder Papieroberflächen		
10.1 Anlagen zum Beschichten oder Bedrucken von Textilien und Geweben	5	10.1
10.2 Anlagen zum Beschichten von Folien- oder Papieroberflächen	5	10.2
11. Beschichten von Leder		
11.1 Anlagen zum Beschichten von Leder	10	11
12. Holzimprägnierung		
12.1 Anlagen zum Imprägnieren von Holz unter Verwendung von lösemittelhaltigen Holz-schutzmitteln	10	12
12.2 Anlagen zum Imprägnieren von Holz unter Verwendung von Teerölen (Kreosote)	0	12

Bezeichnung der Anlage	Schwellen-wert für den Lösemittel-verbrauch (t/a)	Nummer der zugeordneten Tätigkeit im Anhang II
13. Laminierung von Holz oder Kunststoffen		
13.1 Anlagen zur Laminierung von Holz oder Kunststoffen	5	13
14. Klebebeschichtung		
14.1 Anlagen zur Klebebeschichtung	5	14
15. Herstellung von Schuhen		
15.1 Anlagen zur Herstellung von Schuhen	5	15
16. Herstellung von Anstrich- oder Beschichtungsstoffen sowie Herstellung von Bautenschutz- oder Holzschutzmitteln, Klebstoffen oder Druckfarben		
16.1 Anlagen zur Herstellung von Anstrich- oder Beschichtungsstoffen	100	16
16.2 Anlagen zur Herstellung von Bautenschutz- oder Holzschutzmitteln	100	16
16.3 Anlagen zur Herstellung von Klebstoffen	100	16
16.4 Anlagen zur Herstellung von Druckfarben	100	16
17. Umwandlung von Kautschuk		
17.1 Anlagen zur Umwandlung von Kautschuk	10	17
18. Extraktion von Pflanzenöl oder tierischem Fett sowie Raffination von Pflanzenöl		
18.1 Anlagen zur Extraktion von Pflanzenöl oder tierischem Fett sowie Raffination von Pflanzenöl	10	18
19. Herstellung von Arzneimitteln		
19.1 Anlagen zur Herstellung von Arzneimitteln	50	19

Anhang II
(zu § 1)

Liste der Tätigkeiten

0. Allgemeines

0.1   In der Liste sind die Kategorien der von § 1 erfassten Tätigkeiten aufgeführt. Zu der jeweiligen Tätigkeit gehört auch die Reinigung der hierfür eingesetzten Geräte und Aggregate, jedoch nicht die Reinigung des Produkts, sowie die Instandhaltung der Anlage des Anhangs I, der die Tätigkeit zugeordnet ist, soweit nichts anderes bestimmt ist.

0.2   Beschichten ist jede Tätigkeit, bei der durch einfachen oder mehrfachen Auftrag eine oder mehrere Schichten eines Beschichtungsstoffes auf eine Ober-

fläche aufgebracht werden. Hierzu zählt nicht die Beschichtung von Trägerstoffen mit Metallen durch elektrophoretische und chemische Verfahren.

1.   Reproduktion von Text oder von Bildern

Jede Tätigkeit zur Reproduktion von Text oder Bildern, bei der mit Hilfe von
Bildträgern Farbe auf beliebige Oberflächen aufgebracht wird. Hierzu gehören auch die Aufbringung von Klarlacken und Beschichtungsstoffen innerhalb einer Druckmaschine sowie die Laminierung.

1.1   Heatset – Rollenoffset

Eine Rollendrucktätigkeit, bei der die druckenden und nichtdruckenden Bereiche der Druckplatte auf einer Ebene liegen. Unter Rollendruck ist zu verstehen, dass der Bedruckstoff der Maschine von einer Rolle und nicht in einzelnen Bogen zugeführt wird. Der nichtdruckende Bereich ist wasserannah-
mefähig und damit farbabweisend, während der druckende Bereich farban-
nahmefähig ist und damit Druckfarbe an die zu bedruckende Oberfläche abgibt. Das bedruckte Material wird in einem Heißtrockenofen getrocknet.

1.2   Illustrationstiefdruck

Rotationstiefdruck für den Druck von Magazinen, Broschüren, Katalogen
oder ähnlichen Produkten, bei dem Druckfarben auf Toluolbasis verwendet
werden.

1.3   Sonstige Drucktätigkeiten

1.3.1   Rotationstiefdruck

Eine Drucktätigkeit, bei der ein rotierender Zylinder eingesetzt wird, dessen
druckende Bereiche vertieft sind, und bei der flüssige Druckfarben verwendet werden, die durch Verdunstung des Lösemittels trocknen. Die Vertiefungen füllen sich mit Druckfarbe. Bevor der Bedruckstoff mit dem Zylinder in
Kontakt kommt und die Druckfarbe aus den Vertiefungen abgegeben wird,
wird die überschüssige Druckfarbe von den nichtdruckenden Bereichen ab-
gestrichen.

1.3.2   Rotationssiebdruck

Eine Rollendrucktätigkeit, bei der die Druckfarbe mittels Pressen durch eine
poröse Druckform, bei der die druckenden Bereiche offen und die nichtdruckenden Bereiche abgedeckt sind, auf die zu bedruckende Oberfläche übertragen wird. Hierbei werden nur flüssige Druckfarben verwendet, die durch
Verdunstung des Lösemittels trocknen. Unter Rollendruck ist zu verstehen,
dass der Bedruckstoff der Maschine von einer Rolle und nicht in einzelnen
Bogen zugeführt wird.

1.3.3   Flexodruck

Ein Druckverfahren, bei dem Druckplatten aus Gummi oder elastischen Pho-
topolymeren, deren druckende Teile erhaben sind, sowie flüssige Druckfarben eingesetzt werden, die durch Verdunstung des Lösemittels trocknen.

1.3.4   Klarlackauftrag

Eine Tätigkeit, bei der auf einen flexiblen Bedruckstoff ein Klarlack oder
eine Klebeschicht zum späteren Verschließen des Verpackungsmaterials aufgebracht wird.

1.3.5   Laminierung im Zuge einer Drucktätigkeit

Das Zusammenkleben von zwei oder mehr flexiblen Materialien zur Herstellung von Laminaten.

2. **Reinigung der Oberflächen von Materialien oder Produkten**

Jede Tätigkeit, mit Ausnahme der Textilreinigung, bei der mit Hilfe von organischen Lösemitteln Oberflächenverschmutzungen von Materialien entfernt werden einschließlich durch Entfetten oder Entlacken. Hierzu zählt auch die Reinigung von Fässern und Behältern. Eine Tätigkeit, die mehrere Reinigungsschritte vor oder nach einer anderen Tätigkeit umfasst, gilt als eine Oberflächenreinigungstätigkeit. Diese Tätigkeit bezieht sich nicht auf die Reinigung der Geräte, sondern auf die Reinigung der Oberfläche der Produkte.

3. **Textilreinigung**

Jede industrielle oder gewerbliche Tätigkeit, bei der organische Lösemittel in einer Anlage zur Reinigung von Kleidung, Heimtextilien und ähnlichen Verbrauchsgütern eingesetzt werden, mit Ausnahme der manuellen Entfernung von Flecken in der Textil- und Bekleidungsindustrie.

4. **Serienbeschichtung von Kraftfahrzeugen, Fahrerhäusern, Nutzfahrzeugen, Bussen und Schienenfahrzeugen**

4.1 **Serienbeschichtung von Kraftfahrzeugen**

Eine Tätigkeit zum Serienbeschichten von Fahrzeugen der Klasse M1 gemäß der Richtlinie 70/156/EWG (ABl. EG Nr. L 42 S. 1), zuletzt geändert durch die Richtlinie 2006/40/EG (ABl. L 161 vom 14. 6. 2006, S. 12), sowie der Klasse N1, sofern sie in der gleichen Anlage wie Fahrzeuge der Klasse M1 lackiert werden.

4.2 **Serienbeschichtung von Fahrerhäusern**

Eine Tätigkeit zum Serienbeschichten von Fahrerhäusern sowie alle integrierten Abdeckungen für die technische Ausrüstung von Fahrzeugen der Klassen N2 und N3 gemäß der Richtlinie 70/156/EWG.

4.3 **Beschichten von Nutzfahrzeugen**

Eine Tätigkeit zum Beschichten von Nutzfahrzeugen der Klassen N1, N2 und N3 gemäß der Richtlinie 70/156/EWG, jedoch ohne Fahrerhäuser.

4.4 **Beschichten von Bussen**

Eine Tätigkeit zum Beschichten von Bussen der Klassen M2 und M3 gemäß der Richtlinie 70/156/EWG.

4.5 **Beschichten von Schienenfahrzeugen**

Jede Tätigkeit zum Beschichten von Schienenfahrzeugen.

5. **Fahrzeugreparaturlackierung**

Jede industrielle oder gewerbliche Tätigkeit einschließlich der damit verbundenen Reinigungs- und Entfettungstätigkeiten

a)   zur ursprünglichen Lackierung von Kraftfahrzeugen gemäß der Richtlinie 70/156/EWG oder eines Teils dieser Kraftfahrzeuge mit Hilfe von Produkten zur Reparaturlackierung, sofern dies außerhalb der ursprünglichen Fertigungsstraße geschieht, oder

b)   zur Lackierung von Anhängern (einschließlich Sattelanhängern) der Klasse O nach der Richtlinie 70/156/EWG.

6. **Beschichten von Bandblech**

Jede Tätigkeit, bei der Bandstahl, rostfreier Stahl, beschichteter Stahl, Kupferlegierungen oder Aluminiumbänder in einem Endlosverfahren entweder mit einer filmbildenden Schicht oder einem Laminat überzogen werden.

7. **Beschichten von Wickeldraht**
   Jede Tätigkeit zur Beschichtung von metallischen Leitern, die zum Wickeln von Spulen verwendet werden.

8. **Beschichten von sonstigen Metall- oder Kunststoff-oberflächen**
   Jede Tätigkeit, bei der Metall- oder Kunststoffoberflächen, auch von sperrigen Gütern wie Schiffe oder Flugzeuge, beschichtet werden, einschließlich der Aufbringung von Trennmitteln oder von Gummierungen.

9. **Beschichten von Holz oder Holzwerkstoffen**
   Jede Tätigkeit, bei der durch einfachen oder mehrfachen Auftrag eine Schicht auf Oberflächen von Holz oder Holzwerkstoffen aufgebracht wird.

10. **Beschichten von Textil-, Gewebe-, Folien- oder Papier-oberflächen**

10.1 Jede Tätigkeit zur Veredlung von Textilien und Geweben durch Beschichten oder Bedrucken.

10.2 Jede Tätigkeit zur Veredelung von Folien- oder Papieroberflächen durch Beschichten sowie durch Imprägnieren oder Appretieren.

11. **Beschichten von Leder**
   Jede Tätigkeit zur Beschichtung von Leder.

12. **Holzimprägnierung**
   Jede Tätigkeit, mit der Nutzholz konserviert wird.

13. **Laminierung von Holz oder Kunststoffen**
   Jede Tätigkeit des Zusammenklebens von Holz oder Kunststoff zur Herstellung von Laminaten.

14. **Klebebeschichtung**
   Jede Tätigkeit, bei der ein Klebstoff auf eine Oberfläche aufgebracht wird, mit Ausnahme der Aufbringung von Klebeschichten oder Laminaten im Zusammenhang mit Druckverfahren oder der unter Nummer 13 genannten Tätigkeiten.

15. **Herstellung von Schuhen**
   Jede Tätigkeit zur Herstellung vollständiger Schuhe oder von Schuhteilen.

16. **Herstellung von Anstrich- oder Beschichtungs-stoffen sowie Herstellung von Bautenschutz- oder Holzschutzmitteln, Klebstoffen oder Druckfarben**
   Die Herstellung der oben genannten End- und Zwischenprodukte, soweit diese in derselben Anlage hergestellt werden, durch Mischen von Pigmenten, Harzen und Klebstoffen mit organischen Lösemitteln oder anderen Trägerstoffen. Hierunter fallen auch das Dispergieren und Prädispergieren, die Einstellung der Viskosität und der Tönung sowie die Abfüllung des Endprodukts in Behälter.

17. **Umwandlung von Kautschuk**
   Jede Tätigkeit des Mischens, Zerkleinerns, Kalandrierens, Extrudierens und Vulkanisierens natürlichen oder synthetischen Kautschuks und Hilfsverfahren zur Umwandlung von natürlichem oder synthetischem Kautschuk in ein Endprodukt.

18. Extraktion von Pflanzenöl oder tierischem Fett sowie Raffination von Pflanzenöl
Jede Tätigkeit zur Extraktion von Pflanzenöl aus Samen oder sonstigen pflanzlichen Stoffen, die Verarbeitung von trockenen Rückständen zur Herstellung von Tierfutter, die Klärung von Fetten und Pflanzenölen, die aus Samen, pflanzlichem und/oder tierischem Material gewonnen wurden.

19. Herstellung von Arzneimitteln
Die chemische Synthese, Fermentierung und Extraktion sowie die Formulierung und die Endfertigung von Arzneimitteln und, sofern an demselben Standort hergestellt, von Zwischenprodukten.

Anhang III
(zu den §§ 3 und 4)

Spezielle Anforderungen

1. Reproduktion von Text oder von Bildern

1.1 Anlagen mit dem Heatset-Rollenoffset-Druckverfahren

1.1.1 Emissionsgrenzwerte für gefasste behandelte Abgase

Emissionsgrenzwert (mg C/m³) Lösemittelverbrauch (t/a)		Bemerkungen
> 15 – 25	> 25	
50 20[1]	20	[1] Bei Anwendung von Abgasreinigungseinrichtungen mit thermischer Nachverbrennung.

1.1.2 Grenzwert für diffuse Emissionen
Der Grenzwert für diffuse Emissionen beträgt 30 vom Hundert der eingesetzten Lösemittel. Flüchtige organische Verbindungen, die in gefassten unbehandelten Abgasen enthalten sind, zählen zu den diffusen Emissionen. Der Lösemittelrückstand im Endprodukt gilt nicht als Teil der diffusen Emissionen.

1.1.3 Besondere Anforderungen
Der im Feuchtmittel enthaltene Massengehalt an Isopropanol darf 5 vom Hundert nicht überschreiten. Die Möglichkeiten, den Isopropanolgehalt unter den in Satz 1 genannten Wert nach dem Stand der Technik weiter zu senken, sind auszuschöpfen.

1.1.4 Gesamtemissionsgrenzwert für Anlagen zur Behandlung von Oberflächen von Stoffen, Gegenständen oder Erzeugnissen unter Verwendung von organischen Lösungsmitteln, insbesondere zum Appretieren, Bedrucken, Beschichten, Entfetten, Imprägnieren, Kleben, Lackieren, Reinigen oder Tränken, mit einer Verbrauchskapazität von mehr als 150 Kilogramm organischen Lösungsmitteln pro Stunde oder von mehr als 200 Tonnen pro Jahr
Der Gesamtemissionsgrenzwert beträgt 10 Gewichtsprozent des Druckfarbenverbrauchs.

1.2 Anlagen mit dem Illustrationstiefdruckverfahren

1.2.1 Emissionsgrenzwerte für gefasste Abgase

Emissionsgrenzwert (mg C/m³)	Bemerkungen
50[1]	[1] Gilt nicht bei vollständigem Umluftbetrieb.

1.2.2 Grenzwert für die Gesamtemission
Der Grenzwert für die Gesamtemission beträgt 5 Gewichtsprozente vom eingesetzten Lösemittel.

1.3 Anlagen für sonstige Drucktätigkeiten

1.3.1 Emissionsgrenzwerte für gefasste behandelte Abgase

Emissionsgrenzwert (mg C/m³)	Bemerkungen
50	[1] Bei Anwendung von Abgasreinigungseinrichtungen mit thermischer Nachverbrennung.
20[1]	
90[2]	[2] Bei Anwendung von Abgasreinigungseinrichtungen, die auf der Basis biologischer Prozesse arbeiten.

1.3.2 Grenzwert für diffuse Emissionen

Grenzwert[1]		Bemerkungen
(% der eingesetzten Lösemittel)		
Lösemittelverbrauch (t/a)		
> 15 – 25	> 25	
25	20	[1] Flüchtige organische Verbindungen, die in gefassten unbehandelten Abgasen enthalten sind, zählen zu den diffusen Emissionen.

2. Reinigung der Oberflächen von Materialien oder Produkten

2.1 Anlagen zur Oberflächenreinigung

2.1.1 Emissionsgrenzwerte für gefasste Abgase

Emissionsgrenzwert (mg C/m³)	Bemerkungen
75[1]	[1] Gilt nicht für Reinigungsmittel mit einem Gehalt an organischen Lösemitteln von weniger als 20 vom Hundert, soweit die Reinigungsmittel keine flüchtigen organischen Verbindungen nach § 3 Abs. 2 oder 3 enthalten.

2.1.2 Grenzwert für diffuse Emissionen

Grenzwert (% der eingesetzten Lösemittel) Lösemittelverbrauch (t/a)		Bemerkungen
> 1 – 10	> 10	
20[1),2)]	15[1),2)]	[1)] Abweichend gilt für flüchtige organische Verbindungen nach § 3 Abs. 2 und 3 ein Grenzwert von 10 vom Hundert, für Verbindungen nach § 3 Abs. 2 nur, solange diese Verbindungen nicht durch weniger schädliche Stoffe oder Gemische ersetzt werden können. [2)] Die Grenzwerte gelten nicht für Reinigungsmittel mit einem Gehalt an organischen Lösemitteln von weniger als 20 vom Hundert, soweit die Reinigungsmittel keine flüchtigen organischen Verbindungen nach § 3 Abs. 2 oder 3 enthalten.

2.1.3 Besondere Anforderungen
Die Oberflächenreinigung ist nach dem Stand der Technik in weitestgehend geschlossenen Anlagen durchzuführen.

3.   Textilreinigung

3.1   Chemischreinigungsanlagen

3.1.1 Grenzwert für die Gesamtemissionen

Gesamtemissionsgrenzwert (g/kg)[1)]	Bemerkungen
20	[1)] Angegeben als Verhältnis der Masse der emittierten flüchtigen organischen Verbindungen in Gramm zu der Masse der gereinigten und getrockneten Ware in Kilogramm.

3.1.2 Besondere Anforderungen
Anlagen, die mit organischen Lösemitteln einschließlich Kohlenwasserstofflösemitteln (KWL) betrieben werden, sind so zu errichten und zu betreiben, dass

a)   die Reinigung und Trocknung des Reinigungsgutes im geschlossenen System nach dem Stand der Technik erfolgt,

b)   eine selbsttätige Verriegelung sicherstellt, dass die Beladetür erst nach Abschluss des Trocknungsvorgangs geöffnet werden kann, wenn die Massenkonzentration an organischen Lösemitteln einschließlich KWL in der Trommel nach dem Ergebnis einer laufenden messtechnischen

Überprüfung einen Wert von 5 Gramm je Kubikmeter nicht mehr überschreitet,

c) nur organische Lösemittel einschließlich KWL eingesetzt werden,
- deren Gesamtaromatengehalt 1 Gewichtsprozent nicht überschreitet,
- deren Gehalt an Benzol und polycyclischen Aromaten höchstens 0,01 Gewichtsprozent beträgt,
- deren Halogengehalt 0,01 Gewichtsprozent nicht überschreitet,
- deren Flammpunkt über 55 °C liegt,
- die unter Betriebsbedingungen thermisch stabil sind,
- deren Siedebereiche bei 1013 Hektopascal zwischen 180 °C und 210 °C liegen,

d) nur halogenfreie Hilfs- und Zusatzstoffe mit einem Flammpunkt über 55 °C eingesetzt werden, die unter Betriebsbedingungen thermisch stabil und frei von Stoffen nach § 3 Abs. 2 oder 3 sind,

e) die Massenkonzentration an flüchtigen organischen Verbindungen im abgesaugten, unverdünnten Abgas ab einem Massenstrom von mehr als 0,2 kg/h, gemittelt über die Trocknungs- oder Ausblasphase, 0,15 g/m³ nicht überschreitet.

4. Serienbeschichtung von Kraftfahrzeugen, Fahrerhäusern, Nutzfahrzeugen, Bussen oder Schienenfahrzeugen

4.0 Allgemeines

Der Grenzwert für die Gesamtemissionen bezieht sich auf alle Phasen eines Verfahrens, die in derselben Anlage durchgeführt werden. Dies umfasst die Elektrophorese oder ein anderes Beschichtungsverfahren einschließlich der Transport-, Motorwachs- und Unterbodenkonservierung, die abschließende Wachs- und Polierschicht sowie Lösemittel für die Reinigung der Geräte einschließlich Spritzkabinen und sonstige ortsfeste Ausrüstung sowohl während als auch außerhalb der Fertigungszeiten. Der Grenzwert für die Gesamtemissionen ist als Gesamtmasse der flüchtigen organischen Verbindungen je m² der Gesamtoberfläche des beschichteten Produkts angegeben.

4.1 Anlagen zur Serienbeschichtung von Kraftfahrzeugen

4.1.1 Grenzwert für die Gesamtemissionen

Gesamtemissionsgrenzwert (g/m²)	Bemerkungen
35	

4.1.2 Emissionsgrenzwerte für gefasste Abgase nach dem Trockner

Emissionsgrenzwert (mg C/m³)	Bemerkungen
50	

4.1.3 Besondere Anforderungen

Abweichend von den Nummern 4.1.1 und 4.1.2 gelten für Anlagen mit einem Lösemittelverbrauch von 15 Tonnen pro Jahr oder weniger die Anforderungen nach Nummer 5.1.

4.2 Anlagen zur Serienbeschichtung von Fahrerhäusern

4.2.1   Grenzwert für Gesamtemissionen

Gesamtemissionsgrenzwert (g/m^2)	Bemerkungen
45	

4.2.2   Emissionsgrenzwerte für gefasste Abgase nach dem Trockner

Emissionsgrenzwert ($mg\ C/m^3$)	Bemerkungen
50	

4.2.3   Besondere Anforderungen

Abweichend von den Nummern 4.2.1 und 4.2.2 gelten für Anlagen mit einem Lösemittelverbrauch von 15 Tonnen pro Jahr oder weniger die Anforderungen nach Nummer 5.1.

4.3 Anlagen zum Beschichten von Nutzfahrzeugen

4.3.1   Grenzwert für die Gesamtemissionen

Gesamtemissionsgrenzwert (g/m^2)	Bemerkungen
70	
50[1]	[1] Gilt für Anlagen zur Behandlung von Oberflächen von Stoffen, Gegenständen oder Erzeugnissen unter Verwendung von organischen Lösungsmitteln, insbesondere zum Appretieren, Bedrucken, Beschichten, Entfetten, Imprägnieren, Kleben, Lackieren, Reinigen oder Tränken, mit einer Verbrauchskapazität von mehr als 150 Kilogramm organischen Lösungsmitteln pro Stunde oder von mehr als 200 Tonnen pro Jahr.

4.3.2   Emissionsgrenzwerte für gefasste Abgase nach dem Trockner

Emissionsgrenzwert ($mg\ C/m^3$)	Bemerkungen
50	

4.3.3   Besondere Anforderungen

Abweichend von den Nummern 4.3.1 und 4.3.2 gelten für Anlagen mit einem Lösemittelverbrauch von 15 Tonnen pro Jahr oder weniger die Anforderungen nach Nummer 5.1.

4.4 Anlagen zum Beschichten von Bussen

4.4.1 Grenzwert für die Gesamtemissionen

Gesamtemissionsgrenzwert (g/m²)	Bemerkungen
150	

4.4.2 Emissionsgrenzwerte für gefasste Abgase nach dem Trockner

Emissionsgrenzwert (mg C/m³)	Bemerkungen
50	

4.4.3 Besondere Anforderungen
Abweichend von den Nummern 4.4.1 und 4.4.2 gelten für Anlagen mit einem Lösemittelverbrauch von 15 Tonnen pro Jahr oder weniger die Anforderungen nach Nummer 5.1.

4.5 Anlagen zum Beschichten von Schienenfahrzeugen

4.5.1 Grenzwert für die Gesamtemissionen

Gesamtemissionsgrenzwert (g/m²)	Bemerkungen
110	

4.5.2 Emissionsgrenzwerte für gefasste Abgase nach dem Trockner

Emissionsgrenzwert (mg C/m³)	Bemerkungen
50	

4.5.3 Sonstige Bestimmungen
Der Grenzwert der Nummer 4.5.1 darf bei Schienenfahrzeugen überschritten werden, deren Beschichtung zur Erfüllung von Vorgaben aus

a) Verträgen, die vor dem 25. August 2001 abgeschlossen worden sind, den Einsatz von Beschichtungsstoffen erfordert, mit denen der Grenzwert nicht eingehalten werden kann oder aus

b) Verträgen mit Kunden aus Nicht-Mitgliedstaaten der Europäischen Union für den Deck- und Füllerbereich den Einsatz von Beschichtungsstoffen erfordert, mit denen der Grenzwert nicht eingehalten werden kann,

jedoch nur, soweit die Überschreitung in Übereinstimmung mit den Vorschriften der Richtlinie 1999/13/EG steht. Der Betreiber hat die Vorgaben aus den Verträgen der zuständigen Behörde auf Verlangen vorzulegen. Die Möglichkeiten, den Grenzwert der Nummer 4.5.1 durch Anwendung des Standes der Technik zu erfüllen, sind auszuschöpfen.

5. Fahrzeugreparaturlackierung

5.1 Anlagen zur Reparaturlackierung von Fahrzeugen

5.1.1   Emissionsgrenzwerte für gefasste behandelte Abgase

Emissionsgrenzwert (mg C/m^3)	Bemerkungen
50[1]	[1] Nachweis durch 15-minütige Durchschnittsmessungen.

5.1.2   Grenzwert für diffuse Emissionen
Der Grenzwert für diffuse Emissionen beträgt 25 vom Hundert der einge-setzten Lösemittel. Flüchtige organische Verbindungen, die in gefassten un-behandelten Abgasen enthalten sind, zählen zu den diffusen Emissionen.

5.1.3   Ergänzende Anforderungen
Zur Reinigung der Werkzeuge, die bei der Verarbeitung von Beschichtungs-stoffen in Betriebsstätten und ortsfesten Einrichtungen eingesetzt werden, sind ab dem 1. September 2011 geschlossene oder mindestens halbgeschlos-sene Reinigungsgeräte nach dem Stand der Technik zu verwenden.

6. Beschichten von Bandblech

6.1 Anlagen zum Beschichten von Bandblech

6.1.1   Emissionsgrenzwerte für gefasste behandelte Abgase

Emissionsgrenzwert (mg C/m^3)	Bemerkungen
50	[1] Bei Anwendung von Abgasrei-nigungseinrichtungen mit thermi-scher Nachverbrennung.
20[1]	
75[2]	[2] Gilt für Anlagen mit Wiederver-wendung organischer Lösemittel.

6.1.2   Grenzwert für diffuse Emissionen
Der Grenzwert für diffuse Emissionen von flüchtigen organischen Verbindun-gen beträgt 3 vom Hundert der eingesetzten Lösemittel, für Altanlagen 6 vom Hundert bis zum 31. Dezember 2013. Flüchtige organische Verbindungen, die in gefassten unbehandelten Abgasen enthalten sind, zählen zu den diffu-sen Emissionen.

7. Beschichten von Wickeldraht

7.1 Anlagen zum Beschichten von Wickeldraht mit phenol-, kresol- oder xylenolhaltigen Beschichtungsstoffen

7.1.1 Grenzwert für die Gesamtemissionen

Gesamtemissionsgrenzwert (g/kg Draht)	Bemerkungen
5 10[1]	[1] Mittlerer Drahtdurchmesser ≤0,1 mm.

7.2 Anlagen zum Beschichten von Wickeldraht mit sonstigen Beschichtungsstoffen

7.2.1 Grenzwert für die Gesamtemissionen

Gesamtemissionsgrenzwert (g/kg Draht)	Bemerkungen
5 10[1]	[1] Mittlerer Drahtdurchmesser ≤ 0,1 mm.

8. Beschichten von sonstigen Metall- oder Kunststoffoberflächen

8.1 Anlagen zum Beschichten von sonstigen Metall- oder Kunststoffoberflächen

8.1.1 Emissionsgrenzwerte für gefasste behandelte Abgase

Emissionsgrenzwert (mg C/m^3) Lösemittelverbrauch (t/a)		Bemerkungen
> 5 – 15	> 15	
100[1]	50[1] 20[2]	[1] Gilt für Beschichtungs- und Trocknungsverfahren. [2] Bei Anwendung von Abgasreinigungseinrichtungen mit thermischer Nachverbrennung.

8.1.2 Grenzwert für diffuse Emissionen

Grenzwert[1] (% der eingesetzten Lösemittel) Lösemittelverbrauch (t/a)		Bemerkungen
> 5 – 15	> 15	
15[2]	10[2]	[1] Flüchtige organische Verbindungen, die in gefassten unbehandelten Abgasen enthalten sind, zählen zu den diffusen Emissionen.
25	20	[2] Bei automatisierter Beschichtung bahnenförmiger Materialien.

8.1.3 Besondere Anforderungen
Bei der Beschichtung von Flugzeugen, Schiffen oder anderen sperrigen Gütern, bei denen die Anforderungen nach den Nummern 8.1.1 und 8.1.2 nicht eingehalten werden können, ist ein Reduzierungsplan nach Anhang IV anzuwenden, es sei denn, die Anwendung eines Reduzierungsplans ist nicht verhältnismäßig. In diesem Fall ist der zuständigen Behörde vor der Inbetriebnahme der Anlage nachzuweisen, dass die Anwendung eines Reduzierungsplans nicht verhältnismäßig ist und dass stattdessen die Emissionen nach dem Stand der Technik vermindert werden. Der angewandte Stand der Technik ist alle drei Jahre zu überprüfen und gegebenenfalls anzupassen. Das Ergebnis der Überprüfung ist zu dokumentieren, am Betriebsort bis zur nächsten Überprüfung aufzubewahren und der zuständigen Behörde auf Verlangen vorzulegen.

9.   Beschichten von Holz oder Holzwerkstoffen

9.1 Anlagen zum Beschichten von Holz oder Holzwerkstoffen mit einem jährlichen Lösemittelverbrauch bis zu 15 Tonnen
Der Betreiber einer Anlage mit einem Lösemittelverbrauch bis zu 15 Tonnen hat

a) die Emissionen an flüchtigen organischen Verbindungen durch die Verwendung lösemittelarmer Einsatzstoffe nach dem Stand der Technik zu vermindern,

b) die Emissionen an flüchtigen organischen Verbindungen mindestens einmal jährlich durch eine Lösemittelbilanz nach dem Verfahren des Anhangs V zu ermitteln,

c) ab dem 1. Januar 2013 einen Reduzierungsplan nach Anhang IV einzuhalten.

9.2 **Anlagen zum Beschichten von Holz oder Holzwerkstoffen mit einem jährlichen Lösemittelverbrauch von mehr als 15 Tonnen**

9.2.1 Emissionsgrenzwerte für gefasste behandelte Abgase

Emissionsgrenzwert (mg C/m³) Lösemittelverbrauch (t/a)		Bemerkungen
> 15 – 25	> 25	
100[1]	50[1] 20[2]	[1] Für Beschichten und Trocknen. [2] Bei Anwendung von Abgasreinigungseinrichtungen mit thermischer Nachverbrennung.

9.2.2 Grenzwert für diffuse Emissionen

Grenzwert[1] (% der eingesetzten Lösemittel) Lösemittelverbrauch (t/a)		Bemerkungen
> 15 – 25	> 25	
25	20	[1] Flüchtige organische Verbindungen, die in gefassten unbehandelten Abgasen enthalten sind, zählen zu den diffusen Emissionen.

10. **Beschichten von Textil-, Gewebe-, Folien- oder Papieroberflächen**

10.1 **Anlagen zum Beschichten oder Bedrucken von Textilien und Geweben**

10.1.1 Emissionsgrenzwerte für gefasste Abgase

Emissionsgrenzwert (mg C/m³) Lösemittelverbrauch (t/a)		Bemerkungen
> 5 – 15	> 15	
100[1]	50[1] 20[1],[2] 75[3]	[1] Für Beschichten oder Bedrucken und Trocknen. [2] Bei Anwendung von Abgasreinigungseinrichtungen mit thermischer Nachverbrennung. [3] Gilt für Anlagen mit Wiederverwendung organischer Lösemittel.

10.1.2   Grenzwert für diffuse Emissionen

Grenzwert (% der eingesetzten Lösemittel) Lösemittelverbrauch (t/a)		Bemerkungen
> 5 – 15	> 15	
15	10	

10.2   **Anlagen zum Beschichten von Folien- oder Papieroberflächen**

10.2.1   Emissionsgrenzwerte für gefasste behandelte Abgase

Emissionsgrenzwert (mg C/m^3) Lösemittelverbrauch (t/a)		Bemerkungen
> 5 – 15	> 15	
100[1]	50[1] 20[1],[2]	[1] Für Beschichten und Trocknen. [2] Bei Anwendung von Abgasreinigungseinrichtungen mit thermischer Nachverbrennung.

10.2.2   Grenzwert für diffuse Emissionen

Grenzwert[1] (% der eingesetzten Lösemittel) Lösemittelverbrauch (t/a)		Bemerkungen
> 5 – 15	> 15	
15	10	[1] Flüchtige organische Verbindungen, die in gefassten unbehandelten Abgasen enthalten sind, zählen zu den diffusen Emissionen.

11.   **Beschichten von Leder**

11.1   **Anlagen zum Beschichten von Leder**

11.1.1   Grenzwert für die Gesamtemissionen

Gesamtemissionsgrenzwert (g/m^2) Lösemittelverbrauch (t/a)		Bemerkungen
> 10 – 25	> 25	
85 150[1]	75 150[1]	[1] Für die Beschichtung von besonderen Lederwaren, die als kleinere Konsumgüter verwendet werden, wie Taschen, Gürtel, Brieftaschen und ähnliche Lederwaren sowie für die Beschichtung von hochwertigen Polsterledern. Sofern dem Stand der Technik ein strengerer Wert entspricht, ist dieser einzuhalten.

11.1.2 Besondere Anforderungen
Anlagen der Nummer 6.3 des Anhangs I der Richtlinie 2010/75/EU mit einem Lösemittelverbrauch von 10 Tonnen oder mehr haben einen Gesamtemissionsgrenzwert von 23 g C/m^2 einzuhalten

12. Holzimprägnierung

12.1 Anlagen zum Imprägnieren von Holz unter Verwendung von lösemittelhaltigen Holzschutzmitteln

12.1.1 Grenzwert für die Gesamtemissionen

Gesamtemissionsgrenzwert (kg/m^3)[1]	Bemerkungen
11	[1] Angegeben in Kilogramm emittierter flüchtiger organischer Verbindungen je Kubikmeter imprägniertem Holz.

12.1.2 Emissionsgrenzwerte für gefasste Abgase

Emissionsgrenzwert (mg C/m^3)	Bemerkungen
100	

12.1.3 Grenzwert für diffuse Emissionen
Der Grenzwert für diffuse Emissionen beträgt 35 vom Hundert, für Altanlagen bis zum 31. Dezember 2013 45 vom Hundert der eingesetzten Lösemittel.

12.1.4 Besondere Anforderungen
Der Grenzwert für die Gesamtemissionen an flüchtigen organischen Verbindungen nach Nummer 12.1.1 gilt alternativ zum Emissionsgrenzwert für gefasste Abgase nach Nummer 12.1.2 und zum Grenzwert für diffuse Emissionen nach Nummer 12.1.3. Bei genehmigungsbedürftigen Anlagen gelten aus Vorsorgegründen zusätzlich zum Gesamtemissionsgrenzwert nach Nummer 12.1.1 die Anforderungen nach Nummer 12.1.2 für gefasste behandelte Abgase; die Anwendung des Standes der Technik auf alle gefassten Abgase wird hierbei vorausgesetzt.

12.2   **Anlagen zum Imprägnieren von Holz unter Verwendung von Teerölen (Kreosote)**

12.2.1   Grenzwerte für die Gesamtemissionen

Gesamtemissionsgrenzwert $(kg/m^{3),1)}$ Lösemittelverbrauch (t/a)		Bemerkungen
≤ 25	> 25	
11	5 $11^{2)}$	[1] Angegeben in Kilogramm emittierter flüchtiger organischer Verbindungen je Kubikmeter imprägniertem Holz. [2] Für Heiß-Kalt-Einstelltränkanlagen.

12.2.2   Sonstige Bestimmungen
Der Gesamtemissionsgrenzwert nach Nummer 12.2.1 gilt als eingehalten, soweit ausschließlich Teeröle eingesetzt werden, deren Massengehalt an flüchtigen organischen Verbindungen maximal 2 vom Hundert beträgt.

13.   Laminierung von Holz oder Kunststoffen

13.1   Anlagen zur Laminierung von Holz oder Kunststoffen

13.1.1   Grenzwert für die Gesamtemissionen

Gesamtemissionsgrenzwert (g/m^2)	Bemerkungen
5	

13.1.2   Emissionsgrenzwerte für gefasste Abgase

Emissionsgrenzwert $(mg\ C/m^3)$ Lösemittelverbrauch (t/a) ≥ 25 kg/h	Bemerkungen
50 $20^{1)}$	[1] Bei Anwendung von Abgasreinigungseinrichtungen mit thermischer Nachverbrennung.

14.   Klebebeschichtung

14.1   Anlagen zur Klebebeschichtung

14.1.1   Emissionsgrenzwerte für gefasste behandelte Abgase

Emissionsgrenzwert (mg C/m³) Lösemittelverbrauch (t/a)		Bemerkungen
> 5 – 15	> 15	
50	50	1) Gilt für Abgasreinigungseinrichtungen mit Rückgewinnung.
100[1]	20[2]	2) Bei Anwendung von Abgasreinigungseinrichtungen mit thermischer Nachverbrennung.

14.1.2   Grenzwert für diffuse Emissionen

Grenzwert[1] (% der eingesetzten Lösemittel) Lösemittelverbrauch (t/a)		Bemerkungen
> 5 – 15	> 15	
15[2]	10[2]	1) Flüchtige organische Verbindungen, die in gefassten unbehandelten Abgasen enthalten sind, zählen zu den diffusen Emissionen.
25	20	2) Bei automatisierter Beschichtung bahnenförmiger Materialien.

14.1.3   Besondere Anforderungen

Anstatt des Grenzwertes für diffuse Emissionen in Nummer 14.1.2 muss bei Anlagen zur Behandlung von Oberflächen von Stoffen, Gegenständen oder Erzeugnissen unter Verwendung von organischen Lösungsmitteln, insbesondere zum Appretieren, Bedrucken, Beschichten, Entfetten, Imprägnieren, Kleben, Lackieren, Reinigen oder Tränken, mit einer Verbrauchskapazität von mehr als 150 Kilogramm organischen Lösungsmitteln pro Stunde oder von mehr als 200 Tonnen pro Jahr, in denen Klebebänder beschichtet werden, ein Gesamtemissionsgrenzwert von 1 Prozent der Masse der eingesetzten Lösemittel eingehalten werden.

15.   Herstellung von Schuhen

15.1   Anlagen zur Herstellung von Schuhen

15.1.1   Grenzwert für die Gesamtemissionen

Gesamtemissionsgrenzwert (g)[1]	Bemerkungen
25	1) Angegeben in Gramm emittierter Lösemittel je vollständiges Paar Schuhe.

16. **Herstellung von Anstrich- oder Beschichtungsstoffen sowie Herstellung von Bautenschutz -oder Holzschutzmitteln, Klebstoffen oder Druckfarben**

16.1 **Anlagen zur Herstellung von Anstrich- oder Beschichtungsstoffen**

16.1.1   Grenzwerte für die Gesamtemissionen

Gesamtemissionsgrenzwert[1] Lösemittelverbrauch (t/a)		Bemerkungen
≤ 1 000	> 1 000	
2,5	1	[1] Angegeben in vom Hundert des eingesetzten organischen Lösemittels.

16.1.2   Emissionsgrenzwerte für gefasste Abgase

Emissionsgrenzwert (mg C/m³) Lösemittelverbrauch (t/a)		Bemerkungen
≤ 1 000	> 1 000	
20[1]	20[1]	[1] Bei Anwendung von Abgasreinigungseinrichtungen mit thermischer Nachverbrennung.
100	50	
	100[2]	[2] Gilt für Abgasreinigungseinrichtungen mit Rückgewinnung durch Kondensation, soweit keine flüchtigen organischen Verbindungen nach Klasse II der Technischen Anleitung zur Reinhaltung der Luft in der jeweils geltenden Fassung eingesetzt werden.

16.1.3   Grenzwert für diffuse Emissionen

Grenzwert[1] (% der eingesetzten Lösemittel) Lösemittelverbrauch (t/a)		Bemerkungen
≤ 1 000	> 1 000	
3	1	[1] Flüchtige organische Verbindungen, die als Teil des Beschichtungsstoffes in einem geschlossenen Behälter verkauft werden, gelten nicht als diffuse Emissionen.

16.1.4   Besondere Anforderungen

Der Grenzwert für die Gesamtemissionen an flüchtigen organischen Verbindungen nach Nummer 16.1.1 gilt alternativ zum Emissionsgrenzwert für gefasste Abgase nach Nummer 16.1.2 und zum Grenzwert für diffuse Emissionen nach Nummer 16.1.3. Bei genehmigungsbedürftigen Anlagen gel-

ten aus Vorsorgegründen zusätzlich zum Gesamtemissionsgrenzwert nach
Nummer 16.1.1 die Anforderungen nach Nummer 16.1.2 für gefasste behandelte Abgase; die Anwendung des Standes der Technik auf alle gefassten Abgase wird hierbei vorausgesetzt.

16.2   Anlagen zur Herstellung von Bautenschutz- oder Holzschutzmitteln

16.2.1   Grenzwerte für die Gesamtemissionen

Gesamtemissionsgrenzwert[1]		Bemerkungen
Lösemittelverbrauch (t/a)		
≤ 1 000	> 1 000	
3	1	[1] Angegeben in vom Hundert des eingesetzten organischen Löse-mittels.

16.2.2   Emissionsgrenzwerte für gefasste Abgase

Emissionsgrenzwert (mg C/m³)		Bemerkungen
Lösemittelverbrauch (t/d)		
≤ 1	> 1	
20[1]	20[1]	[1] Bei Anwendung von Abgasreini-gungseinrichtungen mit thermi-scher Nachverbrennung.
100	50	
	100[2]	[2] Gilt für Abgasreinigungseinrich-tungen mit Rückgewinnung durch Kondensation, soweit keine flüch-tigen organischen Verbindungen nach Klasse II der Technischen Anleitung zur Reinhaltung der Luft in der jeweils geltenden Fas-sung eingesetzt werden.

16.2.3   Grenzwert für diffuse Emissionen

Grenzwert[1]		Bemerkungen
(% der eingesetzten Lösemittel)		
Lösemittelverbrauch (t/d)		
≤ 1	> 1	
3	1	[1] Flüchtige organische Verbindun-gen, die als Teil des Beschich-tungsstoffes in einem geschlos-senen Behälter verkauft werden, gelten nicht als diffuse Emissio-nen.

16.2.4   Besondere Anforderungen
         Nummer 16.1.4 gilt entsprechend.

16.3 **Anlagen zur Herstellung von Klebstoffen**

16.3.1 Grenzwerte für die Gesamtemissionen

Gesamtemissionsgrenzwert[1] Lösemittelverbrauch (t/d)		Bemerkungen
≤ 5	> 5	
3	1	[1] Angegeben in vom Hundert des eingesetzten organischen Lösemittels.

16.3.2 Emissionsgrenzwerte für gefasste Abgase

Emissionsgrenzwert (mg C/m³) Lösemittelverbrauch (t/d)		Bemerkungen
≤ 5	> 5	
20[1]	20[1]	[1] Bei Anwendung von Abgasreinigungseinrichtungen mit thermischer Nachverbrennung.
100	50	[2] Gilt für Abgasreinigungseinrichtungen mit Rückgewinnung durch Kondensation, soweit keine flüchtigen organischen Verbindungen nach Klasse II der Technischen Anleitung zur Reinhaltung der Luft in der jeweils geltenden Fassung eingesetzt werden.
	100[2]	

16.3.3 Grenzwert für diffuse Emissionen

Grenzwert[1] (% der eingesetzten Lösemittel) Lösemittelverbrauch (t/d)		Bemerkungen
≤ 5	> 5	
3	1	[1] Flüchtige organische Verbindungen, die als Teil des Beschichtungsstoffes in einem geschlossenen Behälter verkauft werden, gelten nicht als diffuse Emissionen.

16.3.4 Besondere Anforderungen

Nummer 16.1.4 gilt entsprechend.

16.4   Anlagen zur Herstellung von Druckfarben

16.4.1   Grenzwerte für die Gesamtemissionen

Gesamtemissionsgrenzwert[1] Lösemittelverbrauch (t/a)		Bemerkungen
≤ 1 000	> 1 000	
3	1	[1] Angegeben in vom Hundert der eingesetzten organischen Lösemittel.

16.4.2   Emissionsgrenzwerte für gefasste Abgase

Emissionsgrenzwert (mg C/m³) Lösemittelverbrauch (t/a)		Bemerkungen
≤ 1 000	> 1 000	
20[1]	20[1]	[1] Bei Anwendung von Abgasreinigungseinrichtungen mit thermischer Nachverbrennung.
100	50	
	90[2]	[2] Bei Anwendung von Abgasreinigungseinrichtungen, die auf der Basis biologischer Prozesse arbeiten.
	100[3]	[3] Gilt für Abgasreinigungseinrichtungen mit Rückgewinnung durch Kondensation, soweit keine flüchtigen organischen Verbindungen nach Klasse II der Technischen Anleitung zur Reinhaltung der Luft in der jeweils geltenden Fassung eingesetzt werden.

16.4.3   Grenzwert für diffuse Emissionen

Grenzwert[1] (% der eingesetzten Lösemittel) Lösemittelverbrauch (t/a)		Bemerkungen
≤ 1 000	> 1 000	
3	1	[1] Flüchtige organische Verbindungen, die als Teil der Druckfarben in einem geschlossenen Behälter verkauft werden, gelten nicht als diffuse Emissionen.

16.4.4 Besondere Anforderungen
        Nummer 16.1.4 gilt entsprechend.

17.   Umwandlung von Kautschuk

17.1   Anlagen zur Umwandlung von Kautschuk

17.1.1 Grenzwert für die Gesamtemissionen

Gesamtemissionsgrenzwert[1)	Bemerkungen
25	[1) Angegeben in vom Hundert des eingesetzten organischen Lösemittels.

17.1.2 Emissionsgrenzwerte für gefasste Abgase

Emissionsgrenzwert (mg C/m³)	Bemerkungen
20 75[1)	[1) Gilt für Anlagen mit Wiederverwendung zurückgewonnener organischer Lösemittel.

17.1.3 Grenzwert für diffuse Emissionen
        Der Grenzwert für diffuse Emissionen beträgt 25 vom Hundert. Organische
        Lösemittel, die als Teil von Erzeugnissen oder Gemischen in geschlossenen
        Behältern verkauft werden, zählen nicht zu den diffusen Emissionen.

17.1.4 Besondere Anforderungen
        Der Grenzwert für die Gesamtemissionen an flüchtigen organischen Verbin-
        dungen nach Nummer 17.1.1 gilt alternativ zum Emissionsgrenzwert für ge-
        fasste Abgase nach Nummer 17.1.2 und zum Grenzwert für diffuse Emis-
        sionen nach Nummer 17.1.3. Bei genehmigungsbedürftigen Anlagen gel-
        ten aus Vorsorgegründen zusätzlich zum Gesamtemissionsgrenzwert nach
        Nummer 17.1.1 die Anforderungen nach Nummer 17.1.2 für gefasste be-
        handelte Abgase; die Anwendung des Standes der Technik auf alle gefass-
        ten Abgase wird hierbei vorausgesetzt.

18. **Extraktion von Pflanzenöl und tierischem Fett sowie Raffination von Pflanzenöl**

18.1 **Anlagen zur Extraktion von Pflanzenöl und tierischem Fett sowie Raffination von Pflanzenöl**

18.1.1 Grenzwerte für die Gesamtemissionen

Gesamtemissionsgrenzwert[1]		Bemerkungen
Tierisches Fett:	1,5	[1] In Kilogramm je Tonne tierischem
Rizinus:	3,0	oder pflanzlichem Material.
Rapssamen:	1,0	[2] Bei Anlagen, die einzelne Char-
Sonnenblumensamen:	1,0	gen von Samen und sonstiges
Sojabohnen		pflanzliches Material verarbeiten,
(normal gemahlen):	0,8	sind die Gesamtemissionen nach
Sojabohnen		dem Stand der Technik zu vermin-
(weiße Flocken):	1,2	dern.
Sonstige Samen und		[3] Gilt für alle Verfahren zur Frak-
sonstiges pflanzliches		tionierung mit Ausnahme der
Material:		Entschleimung (Reinigung von
	3[2]	Ölen).
	1,5[3]	
	4[4]	[4] Gilt für die Entschleimung.

19. **Herstellung von Arzneimitteln**

19.1 **Anlagen zur Herstellung von Arzneimitteln**

19.1.1 Grenzwerte für die Gesamtemissionen

Die Gesamtemissionen dürfen 5 Prozent der Masse der eingesetzten Löse-mittel nicht überschreiten, bei Altanlagen gilt dies ab dem 1. Januar 2013.

19.1.2 Emissionsgrenzwerte für gefasste Abgase

Emissionsgrenzwert (mg C/m^3)	Bemerkungen
20	[1] Gilt für Anlagen mit Einrichtun-
75[1]	gen, die die Wiederverwendung
	zurückgewonnener organischer
	Lösemittel ermöglichen.

19.1.3 Grenzwert für diffuse Emissionen

Der Grenzwert für diffuse Emissionen beträgt 5 Prozent der Masse der eingesetzten Lösemittel, bei Altanlagen gilt dies ab dem 1. Januar 2013. Der Grenzwert für diffuse Emissionen bezieht sich nicht auf Lösemittel, die als Teil von Erzeugnissen oder Gemischen in einem geschlossenen Behälter verkauft werden.

19.1.4 Besondere Anforderungen

Der Grenzwert für die Gesamtemissionen an flüchtigen organischen Verbin-dungen nach Nummer 19.1.1 gilt alternativ zum Emissionsgrenzwert für ge-fasste Abgase nach Nummer 19.1.2 und zum Grenzwert für diffuse Emis-sionen nach Nummer 19.1.3. Bei genehmigungsbedürftigen Anlagen gel-ten aus Vorsorgegründen zusätzlich zum Gesamtemissionsgrenzwert nach Nummer 19.1.1 die Anforderungen nach Nummer 19.1.2 für gefasste be-handelte Abgase; die Anwendung des Standes der Technik auf alle gefass-ten Abgase wird hierbei vorausgesetzt.

Anhang IV

(zu § 4)

Reduzierungsplan

A Grundsätzliche Anforderungen

Bei Anwendung eines Reduzierungsplans ist eine Emissionsminderung mindestens in gleicher Höhe zu erzielen, wie dies für die jeweilige Anlage bei Einhaltung der Anforderungen nach § 4 Satz 1 Nr. 1 der Fall wäre. Bei Einhaltung der Voraussetzungen von Satz 1 darf der Betreiber einen beliebigen Reduzierungsplan verwenden, der speziell für seine Anlage aufgestellt sein kann. Sind entgegen der bei Aufstellung des Reduzierungsplans gemäß § 4 Satz 2 getroffenen und begründeten Annahmen lösemittelarme oder lösemittelfreie Ersatzstoffe noch in der Entwicklung und ist ein absehbares Ende der Entwicklung gegeben, kann die zuständige Behörde auf Antrag des Betreibers eine angemessene Fristverlängerung zur Umsetzung seines Reduzierungsplans einräumen.

B Reduzierungsplan für das Aufbringen von Beschichtungsstoffen, Klarlacken, Klebstoffen oder Druckfarben

Bei Anwendung des folgenden Reduzierungsplans ist der Nachweis der Gleichwertigkeit nach Abschnitt A Satz 1 nicht erforderlich:

1. Der Betreiber legt der zuständigen Behörde einen Reduzierungsplan vor, der vorsieht, den durchschnittlichen Gehalt an flüchtigen organischen Verbindungen der Einsatzstoffe, insbesondere der Beschichtungsstoffe und Reinigungsmittel, zu verringern oder den Feststoffnutzungsgrad zu erhöhen, um die Gesamtemissionen an flüchtigen organischen Verbindungen aus der Anlage auf einen bestimmten Prozentsatz der jährlichen Bezugsemission, die sogenannte Zielemission, zu reduzieren.

2. Die jährliche Bezugsemission berechnet sich wie folgt:
   Jährliche Bezugsemission = kg Feststoff/a x Multiplikationsfaktor.
   Es ist die Gesamtmasse der Feststoffe in der jährlich verbrauchten Menge an Beschichtungsstoff und/oder Druckfarbe, Lack, Farbe, Klebstoff zu bestimmen. Als Feststoffe gelten alle Stoffe in Beschichtungsstoffen, Druckfarben, Klarlacken, Lacken und Klebstoffen, die sich verfestigen, sobald das Wasser oder die flüchtigen organischen Verbindungen verdunstet sind (wie z. B. Bindemittel, Pigmente, Füllstoffe in Lacken, Farben, Klebstoffen).
   Durch Multiplikation der bestimmten Gesamtmasse an Feststoffen mit dem entsprechenden Multiplikationsfaktor aus der Spalte 3 der nachstehenden Tabelle ist die jährliche Bezugsemission zu berechnen. Die zuständige Behörde kann eine Anpassung der genannten Multiplikationsfaktoren bei einzelnen Anlagen vornehmen, um bei der Anwendung von Applikationsverfahren nach dem Stand der Technik dem nachgewiesenen erhöhten Feststoffnutzungsgrad Rechnung zu tragen.

Nummer der Anlage nach Anhang I	Tätigkeit	Lösemittelverbrauch t/a	Multiplikationsfaktor zur Ermittlung der jährlichen Bezugsemission	Prozentsatz zur Ermittlung der Zielemission
1.1				
1.2				
1.3	Sonstige Druckverfahren außer Rotationssiebdruck	> 15-25	2,5	(25 + 5) %
		> 25	2,5	(20 + 5) %
	• Rotationssiebdruck	> 15-25	1,5	(25 + 5) %
		> 25	1,5	(20 + 5) %
4.1 - 4.4	Fahrzeugserienlackierung	< 15	2,5	(25 + 15) %
4.5	Beschichtung von Schienenfahrzeugen	> 5-15	1,5	(25 + 15) %
		> 15		(20 + 5) %
5.1	Fahrzeugreparaturlackierung		2,5	(25 + 15) %
6.1	Bandbeschichtung	> 10	2,5	(3 + 5) %
8.1	Sonstige Metall- oder Kunststoffbeschichtung			
	• sonstige Beschichtung	> 5-15	1,5	(25 + 15) %
		> 15		(20 + 5) %
	• Beschichtung bahnenförmiger Materialien	> 5-15		(15 + 15) %
		> 15		(10 + 5) %
9.1 9.2	Holzbeschichtung	> 5-15	4	(25 + 15) %
		> 15-25	3[1]	(25 + 15) %
		> 25	3[1]	(20 + 5) %
10.1/ 10.2	Textil-, Gewebe-, Folien- oder Papieroberflächen	> 5-15	4	(15 + 15) %
		> 15		(10 + 5) %
12.1	Holzimprägnierung	> 10	1,5	(45 + 5) %
14.1	Klebebeschichtung			
	• sonstiger Betrieb	> 5-15	3	(25 + 5) %
		> 15		(20 + 5) %
	• Beschichtung bahnenförmiger Materialien	> 5-15		(15 + 5) %
		> 15		(10 + 5) %

Nummer der Anlage nach Anhang I	Tätigkeit	Lösemittelverbrauch t/a	Multiplikationsfaktor zur Ermittlung der jährlichen Bezugsemission	Prozentsatz zur Ermittlung der Zielemission
8.1, 10.1, 10.2, 14.1	Beschichtungen, die mit Lebensmitteln in Berührung kommen; Beschichtungen für die Luft- und Raumfahrt	entsprechende Werte für die Nummern 8.1, 10.1, 10.2, 14.1	2,33	entsprechende Werte aus den Nummern 8.1, 10.1, 10.2, 14.1

1) **Amtliche Anmerkung:** Für Applikationsverfahren mit einem Auftragswirkungsgrad von > 85 % (beispielsweise Walzen) kann der Multiplikationsfaktor 4 zugrunde gelegt werden.

3. Die Zielemission berechnet sich wie folgt:

   Zielemission = Bezugsemission x Prozentsatz

   Die Höhe des Prozentsatzes ist gleich der Summe aus

   a) dem Grenzwert für diffuse Emissionen + 15

      bei den in Spalte 1 der Tabelle in Nummer 2 genannten Anlagen

      – der Nummer 5.1,

      – der Nummern 8.1, 10.1 und 10.2 mit einem Lösemittelverbrauch von jeweils 5 bis 15 t/a und

      – der Nummern 9.1 und 9.2 mit einem Lösemittelverbrauch von jeweils 5 bis 25 t/a;

   b) dem Grenzwert für diffuse Emissionen + 5

      bei allen sonstigen in der Spalte 1 der Tabelle in Nummer 2 genannten Anlagen.

   Die für die einzelnen Anlagenarten maßgeblichen Prozentsätze sind in der vierten Spalte der Tabelle in Nummer 2 angegeben. Die Anforderungen des Reduzierungsplans gelten als eingehalten, wenn die nach dem Verfahren der Lösemittelbilanz des Anhangs V bestimmte tatsächliche Gesamtemission an flüchtigen organischen Verbindungen die Zielemission nicht überschreitet.

4. Hat die Anwendung eines Reduzierungsplans zur Folge, dass die Zielemission auch ohne den Weiterbetrieb einer bereits vorhandenen Abgasreinigungseinrichtung möglich ist und soll diese deshalb außer Betrieb genommen werden, ist dafür eine Zustimmung der zuständigen Behörde erforderlich.

5. Für Anlagen der Nummern 8.1 und 9.2 des Anhangs I, die Teil oder Nebeneinrichtungen von Anlagen zur Behandlung von Oberflächen von Stoffen, Gegenständen oder Erzeugnissen unter Verwendung von organischen Lösungsmitteln, insbesondere zum Appretieren, Bedrucken, Beschichten, Entfetten, Imprägnieren, Kleben, Lackieren, Reinigen oder Tränken, mit einer Verbrauchskapazität von mehr als 150 Kilogramm organischen Lösungsmitteln pro Stunde oder von

mehr als 200 Tonnen pro Jahr sind, sind die folgenden Gesamtemissionsgrenzwerte einzuhalten:

- 0,30 kg VOC bezogen auf 1 Kilogramm des eingesetzten Feststoffs im Beschichtungsstoff bei Anlagen zur Beschichtung von selbstfahrenden landwirtschaftlichen Geräten und Anlagen der Nummer 8.1 des Anhangs I, sofern Kunststoffoberflächen beschichtet werden,
- 0,25 kg VOC bezogen auf 1 Kilogramm des eingesetzten Feststoffs im Beschichtungsstoff bei Anlagen der Nummern 8.1 und 9.2 des Anhangs I ausgenommen Anlagen zur Beschichtung von selbstfahrenden landwirtschaftlichen Geräten und Anlagen der Nummer 8.1 des Anhangs I, sofern Kunststoffoberflächen beschichtet werden.

6. Die Anwendung des Reduzierungsplans IV B ist für Tätigkeiten zur Verarbeitung von flüssigen ungesättigten Polyesterharzen mit Styrolzusatz nicht geeignet.

C Vereinfachter Nachweis zur Einhaltung der Anforderungen

1. Die Zielemission des Reduzierungsplans nach Abschnitt B gilt für Anlagen der Nummer 1.3 des Anhangs I auch als eingehalten, soweit in diesen Anlagen ausschließlich Druckfarben, Klarlacke, Klebstoffe und Hilfsstoffe mit einem Lösemittelgehalt von weniger als 10 vom Hundert eingesetzt werden und der Betreiber einer Anlage dies gegenüber der zuständigen Behörde verbindlich erklärt.

2. Die Zielemission des Reduzierungsplans nach Abschnitt B gilt für nicht genehmigungsbedürftige Anlagen der Nummern 4.1 bis 4.5, 5.1 oder 8.1 des Anhangs I auch als eingehalten, soweit in diesen Anlagen ausschließlich Beschichtungsstoffe mit einem VOC-Wert von höchstens 250 g/l sowie Reinigungsmittel mit einem Massegehalt an flüchtigen organischen Verbindungen von weniger als 20 vom Hundert eingesetzt werden und der Betreiber einer Anlage dies gegenüber der zuständigen Behörde verbindlich erklärt.

3. Für Anlagen der Nummer 9.1 des Anhangs I gilt die Zielemission des Reduzierungsplans nach Abschnitt B auch als eingehalten, soweit

   a) zur Beschichtung von ebenen und planen Oberflächen ausschließlich Beschichtungsstoffe mit einem VOC-Wert von höchstens 250 g/l,

   b) zur Beschichtung sonstiger Oberflächen ausschließlich Beschichtungsstoffe mit einem VOC-Wert von höchstens 450 g/l und

   c) ausschließlich wässrige Beizen mit einem VOC-Wert von höchstens 300 g/l

   eingesetzt werden und der Betreiber einer Anlage dies gegenüber der zuständigen Behörde verbindlich erklärt.

4. Für nicht genehmigungsbedürftige Anlagen der Nummer 5.1 des Anhangs I gilt die Zielemission des Reduzierungsplans nach Abschnitt B auch als eingehalten, soweit die im Folgenden genannten Einsatzstoffe den zugeordneten VOC-Wert nicht überschreiten und der Betreiber einer Anlage dies gegenüber der zuständigen Behörde verbindlich erklärt:

Einsatzstoff	VOC-Wert [g/l]
Werkzeugreiniger	850
Vorreinigungsmittel	200
Spachtel	250
Waschprimer	780
Haftgrundierung	540[1]
Grundierfüller	540[1]
Schleiffüller	540[1]
Nass-in-Nassfüller	540[2]
Einschicht-Uni-Decklack	420
Basislack	420
Klarlack	420[3]
Spezialprodukte	840[3],[4]

[1] Ab 1. Januar 2010 gelten < 250, soweit die Anwendung des Einsatzstoffes nach dem Stand der Technik möglich ist.

[2] Ab 1. Januar 2010 gelten < 420, soweit die Anwendung des Einsatzstoffes nach dem Stand der Technik möglich ist.

[3] Ab 1. Januar 2010 Anpassung an den Stand der Technik.

[4] Der Anteil der Spezialprodukte an den gesamten Beschichtungsstoffen darf 10 vom Hundert nicht überschreiten.

5. Für Anlagen der Nummer 10.1 des Anhangs I gilt die Zielemission nach Abschnitt B auch als eingehalten, soweit die Emissionsfaktoren

    a) für das Beschichten und das Bedrucken 0,8 gC je Kilogramm Textilien und

    b) aus Verschleppung und Restgehalt der Präparation 0,4 gC je Kilogramm Textilien

    nicht überschreiten und der Betreiber einer Anlage dies gegenüber der zuständigen Behörde verbindlich erklärt.

6. Für nicht genehmigungsbedürftige Anlagen der Nummern 13.1 und 14.1 des Anhangs I gilt die Zielemission nach Abschnitt B auch als eingehalten, soweit ausschließlich Klebstoffe und Primer mit einem Massegehalt an organischen Lösemitteln von weniger als 5 vom Hundert eingesetzt werden und der Betreiber einer Anlage dies gegenüber der zuständigen Behörde verbindlich erklärt.

Anhang V
(zu den §§ 5 und 6)

Lösemittelbilanz

1. **Definitionen**

    Die folgenden Definitionen dienen der Erstellung einer Lösemittelbilanz für eine Anlage, bezogen auf den Zeitraum eines Kalenderjahres oder eines beliebigen Zwölfmonatszeitraums:

1.1 Eintrag organischer Lösemittel in eine Anlage (I)

    I1: Die Menge organischer Lösemittel oder ihre Menge in gekauften Gemischen, die in einer Anlage in der Zeitspanne eingesetzt wird, die der Berechnung der Lösemittelbilanz zugrunde liegt.

    I2 : Die Menge organischer Lösemittel oder ihre Menge in zurückgewonnenen Gemischen, die in der Anlage als Lösemittel zur Wiederverwendung eingesetzt wird. Das zurückgewonnene Lösemittel wird jedes Mal dann erfasst, wenn es dazu verwandt wird, die Tätigkeit auszuführen.

1.2 Austrag organischer Lösemittel aus einer Anlage (O)

    O1: Emissionen in gefassten Abgasen

        O1 = O1.1 + O1.2

        O1.1:   Emissionen in den gefassten behandelten Abgasen

        O1.2:   Emissionen in den gefassten unbehandelten Abgasen

    O2: Menge organischer Lösemittel im Abwasser, gegebenenfalls unter Berücksichtigung der Abwasseraufbereitung bei der Berechnung von O5

    O3: Die Menge organischer Lösemittel, die als Verunreinigung oder Rückstand im Endprodukt verbleibt

    O4: Diffuse Emissionen nach § 2 Nr. 6 in die Luft

    O5: Die Menge organischer Lösemittel und/oder organischer Verbindungen, die aufgrund chemischer oder physikalischer Reaktionen, beispielsweise durch Verbrennung oder die Aufbereitung von Abgasen oder Abwasser vernichtet oder aufgefangen werden, sofern sie nicht unter O6, O7 oder O8 fallen

    O6: Die Menge organischer Lösemittel, die in eingesammeltem Abfall enthalten ist

    O7: Organische Lösemittel oder in Gemischen enthaltene organische Lösemittel, die als Produkt verkauft werden oder verkauft werden sollen, beispielsweise Lacke, Farben oder Klebstoffe als Verkaufsprodukte der Herstellungsprozesse

    O8: Die Menge organischer Lösemittel, die zur Wiederverwendung zurückgewonnen wurden oder in für die Wiederverwendung zurückgewonnenen Gemischen enthalten sind, jedoch nicht als Einsatz gelten, sofern sie nicht unter O7 fallen

    O9: Organische Lösemittel, die auf sonstigem Wege freigesetzt werden

2. **Leitlinien für die Verwendung einer Lösemittelbilanz zum Nachweis der Erfüllung von Anforderungen**

    Die Art und Weise wie die Lösemittelbilanz verwendet wird, hängt von der jeweiligen zu überprüfenden Anforderung ab. Neben den nachfolgenden Überprüfungen dient die Lösemittelbilanz ebenfalls zur Bestimmung des Lösemittelverbrauchs, um feststellen zu können, ob eine Anlage in den Geltungsbereich der Richtlinie fällt und welche Anforderungen in Abhängigkeit vom Schwellenwert erfüllt werden müssen.

2.1   Ermittlung des Lösemittelverbrauchs und der Emissionen

2.1.1   Ermittlung des Lösemittelverbrauchs

Der Lösemittelverbrauch LV ist nach folgender Beziehung zu berechnen:

LV = I1 - O8

2.1.2   Ermittlung der Emissionen

Um die Einhaltung eines Gesamtemissionsgrenzwertes oder die Einhaltung der Zielemission des Reduzierungsplans nach Anhang IV Abschnitt B zu überprüfen, ist die Lösemittelbilanz zur Ermittlung der Emissionen zu erstellen. Die Emissionen E lassen sich anhand der folgenden Beziehung aus den diffusen Emissionen F und den Emissionen in gefassten Abgasen berechnen:

a)   E = F + O1   bei Bestimmung der diffusen Emissionen nach der Nummer 2.2 Mittelbare Methode a oder der Nummer 2.2 Direkte Methode a,

b)   E = F + O1.1   bei Bestimmung der diffusen Emissionen nach der Nummer 2.2 Mittelbare Methode b oder der Nummer 2.2 Direkte Methode b

Die berechnete Emission E ist dann anschließend mit der Zielemission oder, nachdem sie gegebenenfalls durch die jeweiligen Produktparameter dividiert worden ist, mit dem festgelegten Gesamtemissionsgrenzwert zu vergleichen.

2.1.3   Um die Einhaltung der Anforderungen nach § 3 Abs. 4 Nr. 2 Buchstabe b zu beurteilen, ist die Lösemittelbilanz aufzustellen, um die Gesamtemissionen aller relevanten Tätigkeiten zu bestimmen. Das Ergebnis ist dann anschließend mit den Gesamtemissionen zu vergleichen, die entstanden wären, wenn die Anforderungen für jede einzelne Tätigkeit erfüllt worden wären.

2.2   Bestimmung der diffusen Emissionen

Die diffusen Emissionen sind entweder mit der nachfolgenden mittelbaren oder der direkten Methode zu bestimmen:

Mittelbare Methode

a)   Ohne Zuordnung der Emissionen in gefassten unbehandelten Abgasen zu den diffusen Emissionen

F = I1 − O1 − O5 − O6 − O7 − O8

für die Anlagen der Nummern 1.2, 2.1, 3.1, 4.1 bis 4.5, 7.1 und 7.2, 10.1, 11.1, 12.1 und 12.2, 13.1, 15.1, 16.1 bis 16.4, 17.1, 18.1, 19.1 nach Anhang I,

b)   mit Zuordnung der Emissionen in gefassten unbehandelten Abgasen zu den diffusen Emissionen

F = I1 − O1.1 − O5 − O6 − O7 − O8

für die Anlagen der Nummern 1.1, 1.3, 5.1, 6.1, 8.1, 9.1 und 9.2, 10.2 oder 14.1. nach Anhang I.

Direkte Methode

a)   Ohne Zuordnung der Emissionen in gefassten unbehandelten Abgasen zu den diffusen Emissionen

F = O2 + O3 + O4 + O9

für die Anlagen der Nummern 1.2, 2.1, 3.1, 4.1 bis 4.5, 7.1 und 7.2, 10.1, 11.1, 12.1 und 12.2, 13.1, 15.1, 16.1 bis 16.4, 17.1, 18.1, 19.1 nach Anhang I,

b) mit Zuordnung der Emissionen in gefassten unbehandelten Abgasen zu den diffusen Emissionen

$$F = O1.2 + O2 + O3 + O4 + O9$$

für die Anlagen der Nummern 1.1,1.3, 5.1, 6.1, 8.1, 9.1 und 9.2, 10.2, 14.1 nach Anhang I.

Die Mengen der einzelnen Ein- oder Austräge werden durch zeitlich begrenzte aber umfassende Messungen bestimmt, die solange nicht wiederholt werden müssen, bis die Anlagenausrüstung verändert wird. Alternative gleichwertige Berechnungen können durchgeführt werden. Der Grenzwert für diffuse Emissionen wird als Anteil am Lösemitteleinsatz ausgedrückt, der sich nach der folgenden Beziehung berechnet:

$$I = I1 + I2.$$

Anhang VI
(zu den §§ 5 und 6)

Anforderungen an die Durchführung der Überwachung

1. Einzelmessungen

1.1 Bei jedem Überwachungsvorgang sind drei Einzelmessungen mit jeweils einer Dauer von einer Stunde im bestimmungsgemäßen Betrieb durchzuführen. Die Anforderungen gelten als eingehalten, wenn der Mittelwert jeder Einzelmessung den festgelegten Emissionsgrenzwert nicht überschreitet.

1.2 Der Bericht über das Ergebnis der Messungen muss insbesondere Angaben über die Messplanung, die verwendeten Messverfahren und die Betriebsbedingungen, die für die Beurteilung der Messergebnisse von Bedeutung sind, enthalten.

2. Kontinuierliche Überwachung

2.1 Der Betreiber hat durch eine von der zuständigen Behörde bekannt gegebenen Stelle den ordnungsgemäßen Einbau der Messeinrichtung und deren Kalibrierung vor Inbetriebnahme feststellen zu lassen. Spätestens nach Ablauf eines Jahres hat der Betreiber die Messeinrichtung auf Funktionsfähigkeit prüfen zu lassen und die Kalibrierung spätestens fünf Jahre nach der letzten Kalibrierung oder nach wesentlicher Änderung der Anlage wiederholen zu lassen. Die Unterlagen über den ordnungsgemäßen Einbau, der Kalibrierung und der Prüfung der Funktionsfähigkeit sind am Betriebsort drei Jahre lang aufzubewahren und der zuständigen Behörde jeweils auf Verlangen vorzulegen.

2.2 Der Emissionsgrenzwert gilt als eingehalten, wenn

a) kein Tagesmittelwert, gebildet aus den Stundenmittelwerten, die Emissionsgrenzwerte überschreitet,

b) keines der Stundenmittel mehr als das 1,5fache der Emissionsgrenzwerte beträgt.

**3.   Ermittlung der flächenbezogenen Gesamtemissionen an flüchtigen orga-
nischen Verbindungen bei Anlagen der Fahrzeugbeschichtung**

Die Fläche eines zu beschichtenden Produkts wird definiert als

a)   die Fläche, die sich aus der gesamten mit Hilfe der Elektrophorese beschichteten Fläche errechnet, sowie die Fläche der Teile, die in aufeinander folgenden Phasen des Beschichtungsverfahrens hinzukommen
und auf die gleiche Schicht wie auf das betreffende Produkt aufgebracht
wird, oder als

b)   die Gesamtfläche des in der Anlage beschichteten Produkts.

Für die Berechnung der mit Hilfe der Elektrophorese beschichteten Fläche
gilt folgende Beziehung:

$$\frac{2 \times \text{Gesamtgewicht}}{\text{durchschnittliche Dicke des Metallblechs} \times \text{Dichte des Metallblechs}}$$

Dieses Verfahren findet auch auf andere beschichtete Blechteile Anwendung.
Die Fläche der hinzukommenden Teile oder die in der Anlage beschichtete
Gesamtfläche ist mit Hilfe von Computer Aided Design oder anderen gleich-
wertigen Verfahren zu berechnen.

**4.   Bestimmung des Gehaltes an flüchtigen organischen Verbindungen im
Beschichtungsstoff (VOC-Wert)**

4.1   Der Gehalt an flüchtigen organischen Verbindungen (VOC-Wert) im Beschichtungsstoff ist gleich der Masse der flüchtigen Anteile abzüglich der
Masse des Wassers, ins Verhältnis gesetzt zum Volumen des Beschichtungsstoffes abzüglich des Volumens des darin enthaltenen Wassers in g/l:

$$\text{VOC-Wert} = \frac{\text{Masse der flüchtigen Anteile - Masse Wasser}}{\text{Volumen Beschichtungsstoffe - Volumen Wasser}} \text{ in g/l}$$

Der VOC-Wert bezieht sich auf den anwendungsfertigen Beschichtungsstoff
einschließlich der vom Hersteller vorgegebenen oder empfohlenen Verdün-
nungen.

4.2   Abweichend von Nummer 4.1 wird der Gehalt an flüchtigen organischen Verbindungen bei Beschichtungsstoffen für Holzoberflächen als Masse, bezogen
auf einen Liter Beschichtungsstoff, wie folgt definiert:

$$\text{VOC-Wert (g/l)} = (100 - \text{nfa} - m_w) \times p_s \times 10$$

Es bedeuten:

p_s: Dichte des Beschichtungsstoffs

nfa: nichtflüchtige Anteile

m_w: Massenanteil des Wassers in Prozent.

32. Verordnung
zur Durchführung des Bundes-Immissionsschutzgesetzes
(Geräte- und Maschinenlärmschutzverordnung
– 32. BImSchV)

Vom 29. August 2002 (BGBl. I S. 3478)
(FNA 2129-8-32)

zuletzt geändert durch Art. 83 VO
vom 31. August 2015 (BGBl. I S. 1474, 1488)

Abschnitt 1
Allgemeine Vorschriften

§ 1 Anwendungsbereich

(1) Diese Verordnung gilt für Geräte und Maschinen, die nach Artikel 2 der Richtlinie 2000/14/EG des Europäischen Parlaments und des Rates vom 8. Mai 2000 zur Angleichung der Rechtsvorschriften der Mitgliedstaaten über umweltbelastende Geräuschemissionen von zur Verwendung im Freien vorgesehenen Geräten und Maschinen (ABl. EG Nr. L 162 S. 1, Nr. L 311 S. 50), die durch die Richtlinie 2005/88/EG des Europäischen Parlaments und des Rates vom 14. Dezember 2005 (ABl. EU Nr. L 344 S. 44) geändert worden ist, in den Anwendungsbereich der Richtlinie fallen; sie sind im Anhang dieser Verordnung aufgelistet.

(2) Die Lärm- und Vibrations-Arbeitsschutzverordnung und die Maschinenverordnung bleiben unberührt.

§ 2 Begriffsbestimmungen

Im Sinne dieser Verordnung bedeuten die Begriffe

1. in Verkehr bringen:
   die erstmalige entgeltliche oder unentgeltliche Bereitstellung eines Gerätes oder einer Maschine auf dem deutschen Markt für den Vertrieb oder die Benutzung in Deutschland oder, entsprechend dem Regelungszusammenhang dieser Verordnung, auf dem Gemeinschaftsmarkt für den Vertrieb oder die Benutzung im Gebiet der Europäischen Gemeinschaft;

2. in Betrieb nehmen:
   die erstmalige Benutzung eines Gerätes oder einer Maschine in Deutschland oder, entsprechend dem Regelungszusammenhang dieser Verordnung, im Gebiet der Europäischen Gemeinschaft;

3. zur Verwendung im Freien vorgesehene Geräte und Maschinen:
   Geräte und Maschinen im Sinne von Artikel 3 Buchstabe a der Richtlinie 2000/14/EG;

4. CE-Kennzeichnung:
   Kennzeichnung im Sinne von Artikel 3 Buchstabe c der Richtlinie 2000/14/EG;

5. Konformitätsbewertungsverfahren:
   Verfahren im Sinne von Artikel 3 Buchstabe b der Richtlinie 2000/14/EG;

6. garantierter Schallleistungspegel:
   Schallleistungspegel im Sinne von Artikel 3 Buchstabe f der Richtlinie 2000/14/EG;
7. lärmarme Geräte und Maschinen:
   Geräte und Maschinen, an die das gemeinschaftliche Umweltzeichen nach den Artikeln 7 und 9 der Verordnung Nr. 1980/2000 des Europäischen Parlaments und des Rates vom 17. Juli 2000 zur Revision des gemeinschaftlichen Systems zur Vergabe eines Umweltzeichens (ABl. EG Nr. L 237 S. 1) vergeben worden ist und die mit dem Umweltzeichen nach Artikel 8 der Verordnung Nr. 1980/2000 gekennzeichnet sind. Liegt eine derartige Kennzeichnung nicht vor, gelten Geräte und Maschinen als lärmarm, die den Anforderungen an den zulässigen Schallleistungspegel der Stufe II in Artikel 12 der Richtlinie 2000/14/EG genügen.

Abschnitt 2
Marktverkehrsregelungen für Geräte und Maschinen
§ 3 Inverkehrbringen
(1) [1]Geräte und Maschinen nach dem Anhang dürfen in Deutschland nur in Verkehr gebracht oder in Betrieb genommen werden, wenn der Hersteller oder sein in der Europäischen Gemeinschaft ansässiger Bevollmächtigter sichergestellt hat, dass
1. jedes Gerät oder jede Maschine mit der CE-Kennzeichnung und der Angabe des garantierten Schallleistungspegels nach Artikel 11 Abs. 1, 2 und 5 der Richtlinie 2000/14/EG und nach Satz 2 und 3 versehen ist,
2. jedem Gerät oder jeder Maschine eine Kopie der EG-Konformitätserklärung nach Artikel 8 Abs. 1 der Richtlinie 2000/14/EG und nach Satz 5 beigefügt ist, die für jeden Typ eines Gerätes oder einer Maschine auszustellen ist,
3. für den Typ des Gerätes oder der Maschine eine Kopie der EG-Konformitätserklärung nach Artikel 8 Abs. 1 der Richtlinie 2000/14/EG der Europäischen Kommission übermittelt worden ist,
4. der Typ des Gerätes oder der Maschine einem Konformitätsbewertungsverfahren unterzogen worden ist nach
   a) Artikel 14 Abs. 1 der Richtlinie 2000/14/EG, soweit es sich um ein Gerät oder eine Maschine nach dem Anhang Spalte 1 handelt,
   b) Artikel 14 Abs. 2 der Richtlinie 2000/14/EG, soweit es sich um ein Gerät oder eine Maschine nach dem Anhang Spalte 2 handelt, und
5. der garantierte Schallleistungspegel des Gerätes oder der Maschine den zulässigen Schallleistungspegel nach Artikel 12 der Richtlinie 2000/14/EG nicht überschreitet, soweit es sich um ein Gerät oder eine Maschine nach dem Anhang Spalte 1 handelt.

[2]Die CE-Kennzeichnung und die Angabe des garantierten Schallleistungspegels müssen sichtbar, lesbar und dauerhaft haltbar an jedem Gerät und jeder Maschine angebracht sein. [3]Die Sichtbarkeit und Lesbarkeit der CE-Kennzeichnung und der Angabe des garantierten Schallleistungspegels

darf durch andere Kennzeichnungen auf den Geräten und Maschinen nicht beeinträchtigt sein. [4]Zeichen oder Aufschriften, die hinsichtlich der Bedeutung oder Form der CE-Kennzeichnung oder der Angabe des garantierten Schallleistungspegels irreführend sein können, dürfen nicht angebracht werden. [5]Ist die beigefügte EG-Konformitätserklärung nicht in deutscher Sprache ausgestellt, muss ferner die Kopie einer deutschen Übersetzung beigefügt sein.

(2) Ist weder der Hersteller noch sein Bevollmächtigter in der Europäischen Gemeinschaft ansässig, gilt Absatz 1 mit der Maßgabe, dass die dort genannten Anforderungen jeder sonstigen Person obliegen, die die Geräte und Maschinen in der Europäischen Gemeinschaft in Verkehr bringt oder in Betrieb nimmt.

§ 4 Übermittlung der Konformitätserklärung

Der in Deutschland ansässige Hersteller oder andernfalls sein in Deutschland ansässiger Bevollmächtigter hat der nach Landesrecht zuständigen Behörde des Landes, in dem er seinen Sitz hat, und der Europäischen Kommission eine Kopie der EG-Konformitätserklärung für jeden Typ eines Gerätes und einer Maschine nach dem Anhang zu übermitteln, wenn Geräte und Maschinen dieses Typs in der Europäischen Gemeinschaft in Verkehr gebracht oder in Betrieb genommen werden.

§ 5 Aufbewahrung und Übermittlung von Informationen aus der Konformitätsbewertung

[1]Der in Deutschland ansässige Hersteller oder andernfalls sein in Deutschland ansässiger Bevollmächtigter hat nach Herstellung des letzten Gerätes oder der letzten Maschine eines Typs zehn Jahre lang alle Informationen, die im Laufe des Konformitätsbewertungsverfahrens für den Geräte- oder Maschinentyp verwendet wurden, insbesondere die in Artikel 14 Abs. 3 der Richtlinie 2000/14/EG angegebenen technischen Unterlagen, sowie ein Exemplar der EG-Konformitätserklärung aufzubewahren. [2]Auf Verlangen hat er der nach Landesrecht zuständigen Behörde Einsicht in die Informationen zu geben und ihr Kopien der Informationen zur Verfügung zu stellen.

§ 6 Mitteilungspflichten

(1) Die zuständige Landesbehörde teilt Marktüberwachungsmaßnahmen nach § 26 des Produktsicherheitsgesetzes dem Bundesministerium für Umwelt, Naturschutz, Bau und Reaktorsicherheit im Hinblick auf die nach Artikel 9 Abs. 2 der Richtlinie 2000/14/EG erforderliche Unterrichtung der anderen Mitgliedstaaten der Europäischen Gemeinschaft und der Europäischen Kommission unverzüglich mit.

(2) [1]Die zuständige Landesbehörde nach § 9 Absatz 1 des Produktsicherheitsgesetzes teilt dem Bundesministerium für Umwelt, Naturschutz, Bau und Reaktorsicherheit im Hinblick auf die nach Artikel 15 Abs. 3 der Richtlinie 2000/14/EG erforderliche Meldung an die Mitgliedstaaten der Europäischen Gemeinschaft und an die Europäische Kommission mit, welche Stellen sie benannt hat. [2]In der Mitteilung ist anzugeben, für welche Geräte und Maschinen sowie Konformitätsbewertungsverfahren die

Benennung gilt. [3]Satz 1 gilt entsprechend für einen Widerruf sowie eine Rücknahme, einen Ablauf oder ein Erlöschen der Benennung im Hinblick auf Artikel 15 Abs. 5 der Richtlinie 2000/14/EG.

Abschnitt 3
Betriebsregelungen für Geräte und Maschinen

§ 7 Betrieb in Wohngebieten

(1) [1]In reinen, allgemeinen und besonderen Wohngebieten, Kleinsiedlungsgebieten, Sondergebieten, die der Erholung dienen, Kur- und Klinikgebieten und Gebieten für die Fremdenbeherbergung nach den §§ 2, 3, 4, 4a, 10 und 11 Abs. 2 der Baunutzungsverordnung sowie auf dem Gelände von Krankenhäusern und Pflegeanstalten dürfen im Freien

1. Geräte und Maschinen nach dem Anhang an Sonn- und Feiertagen ganztägig sowie an Werktagen in der Zeit von 20.00 Uhr bis 07.00 Uhr nicht betrieben werden,

2. Geräte und Maschinen nach dem Anhang Nr. 02, 24, 34 und 35 an Werktagen auch in der Zeit von 07.00 Uhr bis 09.00 Uhr, von 13.00 Uhr bis 15.00 Uhr und von 17.00 Uhr bis 20.00 Uhr nicht betrieben werden, es sei denn, dass für die Geräte und Maschinen das gemeinschaftliche Umweltzeichen nach den Artikeln 7 und 9 der Verordnung Nr. 1980/2000 des Europäischen Parlaments und des Rates vom 17. Juli 2000 zur Revision des gemeinschaftlichen Systems zur Vergabe eines Umweltzeichens (ABl. EG Nr. L 237 S. 1) vergeben worden ist und sie mit dem Umweltzeichen nach Artikel 8 der Verordnung Nr. 1980/2000/EG gekennzeichnet sind.

[2]Satz 1 gilt nicht für Bundesfernstraßen und Schienenwege von Eisenbahnen des Bundes, die durch Gebiete nach Satz 1 führen. [3]Die Länder können für Landesstraßen und nichtbundeseigene Schienenwege, die durch Gebiete nach Satz 1 führen, die Geltung des Satzes 1 einschränken.

(2) [1]Die nach Landesrecht zuständige Behörde kann im Einzelfall Ausnahmen von den Einschränkungen des Absatzes 1 zulassen. [2]Der Zulassung bedarf es nicht, wenn der Betrieb der Geräte und Maschinen im Einzelfall zur Abwendung einer Gefahr bei Unwetter oder Schneefall oder zur Abwendung einer sonstigen Gefahr für Mensch, Umwelt oder Sachgüter erforderlich ist. [3]Der Betreiber hat die zuständige Behörde auf Verlangen über den Betrieb nach Satz 2 zu unterrichten. [4]Von Amts wegen können im Einzelfall Ausnahmen von den Einschränkungen des Absatzes 1 zugelassen werden, wenn der Betrieb der Geräte und Maschinen zur Abwendung einer Gefahr für die Allgemeinheit oder im sonstigen öffentlichen Interesse erforderlich ist.

(3) Weitergehende landesrechtliche Vorschriften zum Schutz von Wohnund sonstiger lärmempfindlicher Nutzung und allgemeine Vorschriften des Lärmschutzes, insbesondere zur Sonn- und Feiertagsruhe und zur Nachtruhe, bleiben unberührt.

§ 8 Betrieb in empfindlichen Gebieten

Die Länder können

1. unter Beachtung des Artikels 17 der Richtlinie Nr. 2000/14/EG weitergehende Regelungen für Einschränkungen des Betriebs von Geräten und Maschinen nach dem Anhang in von ihnen als empfindlich eingestuften Gebieten treffen,
2. unter Beachtung der allgemeinen Vorschriften des Lärmschutzes Regelungen zu weitergehenden Ausnahmen von Einschränkungen des Betriebs von Geräten und Maschinen nach dem Anhang treffen, soweit
   a) lärmarme Geräte und Maschinen eingesetzt werden, deren Betrieb nicht erheblich stört oder unter Abwägung öffentlicher und privater Belange sowie unter Berücksichtigung anderweitiger Lösungsmöglichkeiten Vorrang hat, oder
   b) der Betrieb im öffentlichen Interesse erforderlich ist.

Abschnitt 4
Schlussvorschriften

§ 9 Ordnungswidrigkeiten

(1) Ordnungswidrig im Sinne des § 39 Absatz 1 Nummer 7 Buchstabe a des Produktsicherheitsgesetzes handelt, wer vorsätzlich oder fahrlässig

1. entgegen § 3 Abs. 1 Satz 1, auch in Verbindung mit Abs. 2, ein Gerät oder eine Maschine in Verkehr bringt oder in Betrieb nimmt,
1a. entgegen § 3 Absatz 1 Satz 4 ein Zeichen oder eine Aufschrift anbringt oder
2. entgegen § 4 eine Kopie nicht oder nicht rechtzeitig übermittelt.

(1a) Ordnungswidrig im Sinne des § 39 Absatz 1 Nummer 7 Buchstabe b des Produktsicherheitsgesetzes handelt, wer vorsätzlich oder fahrlässig entgegen § 5 Satz 1 eine Information oder ein Exemplar nicht oder nicht mindestens zehn Jahre aufbewahrt.

(2) Ordnungswidrig im Sinne des § 62 Abs. 1 Nr. 7 des Bundes-Immissionsschutzgesetzes handelt, wer vorsätzlich oder fahrlässig

1. entgegen § 7 Abs. 1 Satz 1 ein Gerät oder eine Maschine betreibt oder
2. entgegen § 7 Abs. 2 Satz 3 die zuständige Behörde nicht, nicht richtig, nicht vollständig oder nicht rechtzeitig unterrichtet.

§ 10 Übergangsvorschrift

(1) Für Geräte und Maschinen nach dem Anhang, die vor dem 6. September 2002 in Verkehr gebracht oder in Betrieb genommen worden sind, gelten nur § 7 Abs. 1 und 2 sowie § 9 Abs. 2.

(2) Soweit ab dem 3. Juli 2001 und vor dem 6. September 2002 der Hersteller oder sein in der Europäischen Gemeinschaft ansässiger Bevollmächtigter auf der Grundlage von Artikel 22 Abs. 2 Satz 2 der Richtlinie 2000/14/EG ein Gerät oder eine Maschine nach dem Anhang mit der CE-Kennzeichnung nach Artikel 11 der Richtlinie 2000/14/EG versehen hat, gelten für diese Geräte und Maschinen ab dem 6. September 2002 die Vorschriften dieser Verordnung.

(3) Baumusterprüfbescheinigungen und Messergebnisse zu Geräten und
Maschinen, die im Rahmen der aufgehobenen Rasenmäherlärm-Verordnung oder der aufgehobenen Baumaschinenlärm-Verordnung ausgestellt
beziehungsweise ermittelt wurden, können bei der Abfassung der technischen Unterlagen nach Anhang V Nr. 3, Anhang VI Nr. 3, Anhang VII
Nr. 2 sowie Anhang VIII Nr. 3.1 und 3.3 der Richtlinie 2000/14/EG verwendet werden.

§ 11 Anpassungsvorschrift

[1]Wird Anhang III der in § 3 in Bezug genommenen Richtlinie 2000/14/EG
im Verfahren nach Artikel 18 Abs. 2 dieser Richtlinie an den technischen
Fortschritt angepasst, so gilt er in der geänderten, im Amtsblatt der
Europäischen Gemeinschaften veröffentlichten Fassung. [2]Die Änderungen gelten von dem Tage an, den die Richtlinie bestimmt. [3]Fehlt eine
solche Bestimmung, so gelten sie vom ersten Tage des dritten auf die
Veröffentlichung folgenden Monats an.

Anhang

Nachstehende Geräte und Maschinen fallen nach § 1 in den Anwendungsbereich der
Verordnung.

Legende:

Nr.	=	Ordnungsnummer des Gerätes oder der Maschine, entsprechend der Auflistung in Anhang I der Richtlinie 2000/14/EG
Gerät/Maschine	=	Art des Gerätes und der Maschine, ggf. mit Leistungswerten
Sp. 1	=	Spalte 1, entsprechend dem Anwendungsbereich von Artikel 12 der Richtlinie 2000/14/EG
Sp. 2	=	Spalte 2, entsprechend dem Anwendungsbereich von Artikel 13 der Richtlinie 2000/14/EG
X in der Spalte 1 bzw. 2	=	Gerät oder Maschine fällt in den Anwendungsbereich der Spalte 1 bzw. der Spalte 2

Nr.	Gerät/Maschine	Sp. 1	Sp. 2
01	Hubarbeitsbühne mit Verbrennungsmotor		X
02	Freischneider		X
03	Bauaufzug für den Materialtransport mit		
03.1	Verbrennungsmotor	X	
03.2	Elektromotor		X
04	Baustellenbandsägemaschine		X
05	Baustellenkreissägemaschine		X
06	Tragbare Motorkettensäge		X

Nr.	Gerät/Maschine	Sp. 1	Sp. 2
07	Kombiniertes Hochdruckspül- und Saugfahrzeug		X
08	Verdichtungsmaschine in der Bauart von		
08.1	Vibrationswalzen und nicht- vibrierende Walzen, Rüttelplatten und Vibrationsstampfer	X	
08.2	Explosionsstampfer		X
09	Kompressor (< 350 kW)	X	
10	Handgeführter Betonbrecher und Abbau-, Aufbruch- und Spatenhammer	X	
11	Beton- und Mörtelmischer		X
12	Bauwinde mit		
12.1	Verbrennungsmotor	X	
12.2	Elektromotor		X
13	Förder- und Spritzmaschine für Beton und Mörtel		X
14	Förderband		X
15	Fahrzeugkühlaggregat		X
16	Planiermaschine (< 500 kW)	X	
17	Bohrgerät		X
18	Muldenfahrzeug (< 500 kW)	X	
19	Be- und Entladeaggregat von Silo- oder Tankfahrzeugen		X
20	Hydraulik- und Seilbagger (< 500 kW)	X	
21	Baggerlader (< 500 kW)	X	
22	Altglassammelbehälter		X
23	Grader (< 500 kW)	X	
24	Grastrimmer/Graskantenschneider		X
25	Heckenschere		X
26	Hochdruckspülfahrzeug		X
27	Hochdruckwasserstrahlmaschine		X
28	Hydraulikhammer		X
29	Hydraulikaggregat	X	
30	Fugenschneider		X
31	Müllverdichter, der Bauart nach ein Lader mit Schaufel (< 500 kW)	X	

Nr.	Gerät/Maschine	Sp. 1	Sp. 2
32	Rasenmäher (mit Ausnahme von – land- und forstwirtschaftlichen Geräten – Mehrzweckgeräten, deren Hauptantrieb eine installierte Leistung von mehr als 20 kW aufweist)	X	
33	Rasentrimmer/Rasenkantenschneider	X	
34	Laubbläser		X
35	Laubsammler		X
36	Gegengewichtsstapler mit Verbrennungsmotor		
36.1	geländegängiger Gabelstapler (Gegengewichtsstapler auf Rädern, der in erster Linie für naturbelassenes gewachsenes und aufgewühltes Gelände, z. B. auf Baustellen, bestimmt ist)	X	
36.2	sonstiger Gegengewichtsstapler mit einer Tragfähigkeit von höchstens 10 Tonnen, ausgenommen Gegengewichtsstapler, die speziell für die Containerbeförderung gebaut sind		X
37	Lader (< 500 kW)	X	
38	Mobilkran	X	
39	Rollbarer Müllbehälter		X
40	Motorhacke (< 3 kW)	X	
41	Straßenfertiger		
41.1	ohne Hochverdichtungsbohle	X	
41.2	mit Hochverdichtungsbohle		X
42	Rammausrüstung		X
43	Rohrleger		X
44	Pistenraupe		X
45	Kraftstromerzeuger		
45.1	< 400 kW	X	
45.2	≥ 400 kW		X
46	Kehrmaschine		X
47	Müllsammelfahrzeug		X
48	Straßenfräse		X
49	Vertikutierer		X
50	Schredder/Zerkleinerer		X

Nr.	Gerät/Maschine	Sp. 1	Sp. 2
51	Schneefräse (selbstfahrend, ausgenommen Anbaugeräte)		X
52	Saugfahrzeug		X
53	Turmdrehkran	X	
54	Grabenfräse		X
55	Transportbetonmischer		X
56	Wasserpumpe (nicht für Unterwasserbetrieb)		X
57	Schweißstromerzeuger	X	

Dreiunddreißigste Verordnung
zur Durchführung des Bundes-Immissionsschutzgesetzes
(Verordnung zur Verminderung von Sommersmog, Versauerung
und Nährstoffeinträgen – 33. BImSchV)

Vom 13. Juli 2004 (BGBl. I S. 1612)

Die 33. BImSchV ist mit Inkrafttreten der 39. BImSchV am 6. August
2010 außer Kraft getreten.

**Vierunddreißigste Verordnung
zur Durchführung des Bundes-Immissionsschutzgesetzes
(Verordnung über die Lärmkartierung – 34. BImSchV)**

Vom 6. März 2006 (BGBl. I S. 516)
(FNA 2129-8-34)

geändert durch Art. 84 VO
vom 31. August 2015 (BGBl. I S. 1474, 1488)

§ 1 Anwendungsbereich
[1]Diese Verordnung gilt für die Kartierung von Umgebungslärm. [2]Sie konkretisiert Anforderungen an Lärmkarten nach § 47c des Bundes-Immissionsschutzgesetzes.

§ 2 Lärmindizes
(1) [1]Die Lärmindizes L_{Day}, $L_{Evening}$ und L_{Night} sind die A-bewerteten äquivalenten Dauerschallpegel in Dezibel gemäß ISO 1996-2: 1987, erschienen bei der Beuth-Verlag GmbH, 10772 Berlin, und archivmäßig niedergelegt beim Deutschen Patent- und Markenamt in München, wobei der Beurteilungszeitraum ein Jahr beträgt und die Bestimmungen an allen Tagen in folgenden Zeiträumen erfolgen:
1. L_{Day}: 12 Stunden, beginnend um 6.00 Uhr,
2. $L_{Evening}$: 4 Stunden, beginnend um 18.00 Uhr,
3. L_{Night}: 8 Stunden, beginnend um 22.00 Uhr.

[2]Ein Jahr ist das für die Schallemission ausschlaggebende und ein hinsichtlich der Witterungsbedingungen durchschnittliches Kalenderjahr.
(2) Der Lärmindex L_{DEN} in Dezibel ist wie folgt definiert:

$$L_{DEN} = 10 \cdot \lg \frac{1}{24} \left(12 \cdot 10^{\frac{L_{Day}}{10}} + 4 \cdot 10^{\frac{L_{Evening}+5}{10}} + 8 \cdot 10^{\frac{L_{Night}+10}{10}} \right)$$

§ 3 Datenerhebung und Datenübermittlung
(1) [1]Soweit die für die Ausarbeitung der Lärmkarten zuständigen Behörden nicht auf Bestände zurückgreifen können, können sie anordnen, dass ihnen vorhandene, nach den §§ 4 und 5 für die Erarbeitung von Lärmkarten erforderliche Daten sowie vorhandene Ergebnisdaten für Lärmkarten unentgeltlich zur Verfügung gestellt werden von
1. Eisenbahninfrastrukturunternehmen für den durch Eisenbahnen hervorgerufenen Umgebungslärm,
2. Verkehrsunternehmen für den durch Straßenbahnen im Sinne des § 4 des Personenbeförderungsgesetzes hervorgerufenen Umgebungslärm,
3. Betreibern von Verkehrsflughäfen für den durch Flugzeuge in der Umgebung von Verkehrsflughäfen hervorgerufenen Umgebungslärm,
4. Anlagenbetreibern und Betreibern von Häfen für den durch Anlagen und Häfen nach § 4 Abs. 1 Nr. 5 hervorgerufenen Umgebungslärm,
5. Trägern der Straßenbaulast für den durch Straßenverkehr hervorgerufenen Umgebungslärm.

[2]Sofern für die Ausarbeitung der Lärmkarten die Erhebung von Daten erforderlich ist, sind die Betreiber und Unternehmen nach Satz 1 zur Mitwirkung verpflichtet, insbesondere dazu, während der üblichen Geschäftszeiten das Betreten von Betriebsgrundstücken und -räumen zu dulden, Anlagen und Einrichtungen zugänglich zu machen oder vorhandene Unterlagen zur Verfügung zu stellen. [3]§ 52 Abs. 5 und 7 des Bundes-Immissionsschutzgesetzes gilt entsprechend.

(2) Die Gemeinden haben die für die Lärmkarten erforderlichen Daten über die vom Umgebungslärm betroffene Wohnbevölkerung, soweit vorhanden, den für die Ausarbeitung der Lärmkarten zuständigen Behörden unentgeltlich zur Verfügung zu stellen.

(3) Andere Behörden haben den für die Ausarbeitung der Lärmkarten zuständigen Behörden die dort vorhandenen und für die Lärmkarten erforderlichen Daten unentgeltlich zur Verfügung zu stellen.

§ 4 Ausarbeitung von Lärmkarten

(1) Lärmkarten für Ballungsräume erstrecken sich auf sämtliche darin gelegene Hauptlärmquellen, sowie ferner auf

1. sonstige Straßen,
2. sonstige Schienenwege von Eisenbahnen nach dem Allgemeinen Eisenbahngesetz,
3. Schienenwege von Straßenbahnen im Sinne des § 4 des Personenbeförderungsgesetzes,
4. sonstige Flugplätze für den zivilen Luftverkehr,
5. Industrie- oder Gewerbegelände, auf denen sich eine oder mehrere Anlagen gemäß Anhang I der Richtlinie 96/61/EG des Rates vom 24. September 1996 über die integrierte Vermeidung und Verminderung der Umweltverschmutzung befinden, einschließlich Häfen für die Binnen- oder Seeschifffahrt mit einer Gesamtumschlagsleistung von mehr als 1,5 Millionen Tonnen pro Jahr,

soweit diese sonstigen Lärmquellen erheblichen Umgebungslärm hervorrufen.

(2) Die Ausarbeitung von Lärmkarten hat getrennt für jede Lärmart (Straßenlärm, Schienenlärm, Fluglärm, Industrie- und Gewerbelärm einschließlich Hafenlärm) auf der Grundlage der Lärmindizes L_{DEN} und L_{Night} zu erfolgen.

(3) [1]Lärmkarten müssen georeferenziert sein. [2]Alle Daten sind in einer Form vorzuhalten, die ihre digitale Weiterverarbeitung ermöglicht. [3]Lärmkarten sind in elektronischer Form zu erstellen; sie müssen in körperlicher Form herstellbar sein.

(4) [1]Lärmkarten bestehen aus

1. einer graphischen Darstellung der Lärmsituation mit den Isophonen-Bändern für
   a) den L_{DEN} über 55 dB(A) bis 60 dB(A), über 60 dB(A) bis 65 dB(A), über 65 dB(A) bis 70 dB(A), über 70 dB(A) bis 75 dB(A) sowie über 75 dB(A), und

b) den L_{Night} über 50 dB(A) bis 55 dB(A), über 55 dB(A) bis 60
   dB(A), über 60 dB(A) bis 65 dB(A), über 65 dB(A) bis 70 dB(A)
   sowie über 70 dB(A) und optional über 45 dB(A) bis 50 dB(A),
   mit den Farben nach DIN 18005 Teil 2, Ausgabe September 1991, erschienen bei der Beuth-Verlag GmbH, 10772 Berlin, und archivmäßig
   niedergelegt beim Deutschen Patent- und Markenamt in München,

2. einer graphischen Darstellung der Überschreitung eines Wertes, bei
   dessen Überschreitung Lärmschutzmaßnahmen in Erwägung gezogen
   oder eingeführt werden,

3. tabellarischen Angaben über die geschätzte Zahl der Menschen, die
   in Gebieten wohnen, die innerhalb der Isophonen-Bänder nach Nummer 1 liegen, wobei die Abschätzung nach Absatz 5 zu erfolgen hat,

4. einer allgemeinen Beschreibung der Hauptlärmquellen nach Lage,
   Größe und Verkehrsaufkommen,

5. einer Beschreibung der Umgebung: Ballungsräume (Lage, Größe,
   Einwohnerzahl), Städte, Dörfer, ländliche Gegend oder nicht ländliche Gegend, Flächennutzung, andere Hauptlärmquellen,

6. Angaben über durchgeführte und laufende Lärmaktionspläne und
   Lärmschutzprogramme,

7. einer tabellarischen Angabe über lärmbelastete Flächen sowie über
   die geschätzte Zahl der Wohnungen, Schulen und Krankenhäuser in
   diesen Gebieten, nach Maßgabe des Absatzes 6,

8. Angaben über die zuständigen Behörden für die Lärmkartierung.
[2]In den Lärmkarten können zusätzliche Texterläuterungen und Informationen verwendet werden.

(5) [1]Die Zahl der in ihren Wohnungen durch Umgebungslärm belasteten
Menschen (Absatz 4 Satz 1 Nr. 3) ist separat für jede Lärmart anzugeben.
[2]Die Zahlenangaben sind auf die nächste Hunderterstelle auf- oder abzu-
runden.

(6) [1]Die Gesamtfläche der lärmbelasteten Gebiete (Absatz 4 Satz 1 Nr. 7)
ist anzugeben. [2]Die Angabe hat in Quadratkilometern zu erfolgen und ist
aufzugliedern nach L_{DEN}-Werten über 55 dB(A), über 65 dB(A) und über
75 dB(A). [3]Entsprechendes gilt für die Zahl der Wohnungen, Schulen und
Krankenhäuser. [4]Bei der Zahlenangabe für Wohnungen ist auf 100 Wohnungen zu runden.

§ 5 Berechnungsverfahren

(1) [1]Die Lärmindizes werden nach Verfahren berechnet, die den allgemein anerkannten Regeln der Technik entsprechen. [2]Die Berechnungsverfahren werden

1. für die Lärmarten nach § 4 Absatz 1 Nummer 1 bis 3 vom Bundesministerium für Verkehr und digitale Infrastruktur,

2. für Fluglärm (§ 4 Absatz 1 Nummer 4) vom Bundesministerium für
   Umwelt, Naturschutz, Bau und Reaktorsicherheit im Einvernehmen
   mit dem Bundesministerium für Verkehr und digitale Infrastruktur,

3. für Industrie- und Gewerbelärm (§ 4 Absatz 1 Nummer 5) vom Bundesministerium für Umwelt, Naturschutz, Bau und Reaktorsicherheit

durch Veröffentlichung im Bundesanzeiger konkretisiert.

(2) Die Berechnungspunkte zur Ermittlung von L_{DEN} und L_{Night} für die Lärmbelastung in der Nähe von Gebäuden liegen in einer Höhe von vier Meter über dem Boden.

(3) [1]Für die Ermittlung der Belastetenzahlen nach § 4 Abs. 5 liegen die Berechnungspunkte auf der Gebäudefassade. [2]Für diesen Fall wird die letzte Reflexion an der Gebäudefassade, auf der der Berechnungspunkt liegt, nicht berücksichtigt. [3]Für die flächenmäßige Darstellung der Lärmbelastung nach § 4 Abs. 4 ist ein Raster von 50 Meter mal 50 Meter oder weniger zu Grunde zu legen.

(4) [1]Das Bundesamt für Kartographie und Geodäsie stellt den für die Ausarbeitung von Lärmkarten zuständigen Behörden zentral das Digitale Geländemodell für Deutschland (DGM-D) zur Verfügung. [2]Liegen in den Ländern detailliertere geographische Daten vor, können diese ergänzend zu dem DGM-D verwendet werden.

(5) [1]Für die Berechnung sind für jede Lärmart dieselben Gebäude- und Einwohnerdaten zu verwenden. [2]Gleiches gilt für sonstige Bauwerke auf dem Ausbreitungsweg.

§ 6 Übermittlung der Lärmkarten

(1) Die nach § 47e Abs. 2 und 3 des Bundes-Immissionsschutzgesetzes zuständigen Behörden übermitteln binnen vier Monaten nach den in § 47c Abs. 1 des Bundes-Immissionsschutzgesetzes aufgeführten Fristen dem Bundesministerium für Umwelt, Naturschutz, Bau und Reaktorsicherheit oder einer von ihm benannten Stelle die vollständigen Lärmkarten.

(2) Die nach § 47e Abs. 1 des Bundes-Immissionsschutzgesetzes zuständigen Behörden übermitteln zu den in § 47c Abs. 1 des Bundes-Immissionsschutzgesetzes aufgeführten Fristen den obersten Landesbehörden oder den von ihnen benannten Stellen die vollständigen Lärmkarten.

§ 7 Information der Öffentlichkeit über Lärmkarten

[1]Geeignete Ausfertigungen der Lärmkarten, die der Unterrichtung der Öffentlichkeit dienen, werden von den zuständigen Behörden nach § 47e Abs. 1 und 3 des Bundes-Immissionsschutzgesetzes verbreitet. [2]Die Verbreitung der Lärmkarten hat in für die Öffentlichkeit verständlicher Darstellung und leicht zugänglichen Formaten zu erfolgen. [3]Erforderlichenfalls ist eine Zusammenfassung mit den wichtigsten Punkten der Öffentlichkeit zur Verfügung zu stellen. [4]Für die Verbreitung sollen, soweit vorhanden, elektronische Kommunikationsmittel verwendet werden. [5]Die Anforderungen an die Unterrichtung der Öffentlichkeit können auch dadurch erfüllt werden, dass Verknüpfungen zu Internet-Seiten eingerichtet werden, auf denen die zu verbreitenden Lärmkarten zu finden sind.

§ 8 (Inkrafttreten)

**Fünfunddreißigste Verordnung
zur Durchführung des Bundes-Immissionsschutzgesetzes
(Verordnung zur Kennzeichnung der Kraftfahrzeuge mit
geringem Beitrag zur Schadstoffbelastung
– 35. BImSchV)**

Vom 10. Oktober 2006 (BGBl. I S. 2218)
(FNA 2129-8-35)

zuletzt geändert durch Art. 85 VO
vom 31. August 2015 (BGBl. I S. 1474, 1488)

§ 1 Anwendungsbereich

(1) [1]Diese Verordnung regelt Ausnahmen von Verkehrsverboten nach § 40 Abs. 1 des Bundes-Immissionsschutzgesetzes und die Zuordnung von Kraftfahrzeugen zu Schadstoffgruppen und bestimmt Anforderungen, welche bei einer Kennzeichnung von Fahrzeugen zu erfüllen sind. [2]Die Verordnung gilt für Kraftfahrzeuge der Klassen M und N gemäß Anhang II A Nr. 1 und Nr. 2 der Richtlinie 70/156/EWG des Rates vom 6. Februar 1970 zur Angleichung der Rechtsvorschriften der Mitgliedstaaten über die Betriebserlaubnis für Kraftfahrzeuge und Kraftfahrzeuganhänger (ABl. EG Nr. L 42 S. 1), die zuletzt durch die Richtlinie 2005/64/EG des Europäischen Parlaments und des Rates vom 26. Oktober 2005 (ABl. EU Nr. L 310 S. 10) geändert worden ist.

(2) Die zuständige Behörde, in unaufschiebbaren Fällen auch die Polizei, kann den Verkehr mit von Verkehrsverboten im Sinne des § 40 Abs. 1 des Bundes-Immissionsschutzgesetzes betroffenen Fahrzeugen von und zu bestimmten Einrichtungen zulassen, soweit dies im öffentlichen Interesse liegt, insbesondere wenn dies zur Versorgung der Bevölkerung mit lebensnotwendigen Gütern und Dienstleistungen notwendig ist, oder überwiegende und unaufschiebbare Interessen Einzelner dies erfordern, insbesondere wenn Fertigungs- und Produktionsprozesse auf andere Weise nicht aufrechterhalten werden können.

§ 2 Zuordnung von Kraftfahrzeugen zu Schadstoffgruppen

(1) Kraftfahrzeuge, die mit einer Plakette nach Anhang 1 gekennzeichnet sind, sind von einem Verkehrsverbot im Sinne des § 40 Abs. 1 des Bundes-Immissionsschutzgesetzes befreit, soweit ein darauf bezogenes Verkehrszeichen dies vorsieht.

(2) [1]Kraftfahrzeuge werden unter Berücksichtigung ihrer Schadstoffemissionen den Schadstoffgruppen 1 bis 4 zugeordnet. [2]Die Zuordnung der Kraftfahrzeuge zu den Schadstoffgruppen im Einzelnen ergibt sich aus Anhang 2.

(3) Kraftfahrzeuge, die in Anhang 3 aufgeführt sind, sind von Verkehrsverboten nach § 40 Abs. 1 des Bundes-Immissionsschutzgesetzes auch dann ausgenommen, wenn sie nicht gemäß Absatz 1 mit einer Plakette gekennzeichnet sind.

§ 3 Kennzeichnung

(1) ¹Zur Kennzeichnung der Kraftfahrzeuge nach den Schadstoffgruppen 2 bis 4 sind nicht wiederverwendbare lichtechte und fälschungserschwerende Plaketten nach dem Muster des Anhangs 1 zu verwenden. ²Die Kennzeichnung der Schadstoffgruppe erfolgt durch die auf der Plakette angegebene Nummer der Schadstoffgruppe und entsprechende Farbgestaltung. ³Die Farbe der Plakette ist für Kraftfahrzeuge der Schadstoffgruppe 2 rot, für Fahrzeuge der Schadstoffgruppe 3 gelb und für Kraftfahrzeuge der Schadstoffgruppe 4 grün.

(2) ¹In die Plakette ist von der zuständigen Ausgabestelle im dafür vorgesehenen Schriftfeld mit lichtechtem Stift das Kennzeichen des jeweiligen Fahrzeuges einzutragen. ²Zur Kennzeichnung eines Kraftfahrzeuges ist die Plakette deutlich sichtbar auf der Innenseite der Windschutzscheibe anzubringen. ³Die Plakette muss so beschaffen und angebracht sein, dass sie sich beim Ablösen von der Windschutzscheibe selbst zerstört.

§ 4 Ausgabe der Plaketten

¹Ausgabestellen für die Plaketten sind die Zulassungsbehörden oder die nach Landesrecht sonst zuständigen Stellen sowie die nach § 47a Abs. 2 der Straßenverkehrs-Zulassungs-Ordnung für die Durchführung von Abgasuntersuchungen anerkannten Stellen. ²Dies gilt auch für Kraftfahrzeuge im Sinne des § 1 der Verordnung über internationalen Kraftfahrzeugverkehr in der im Bundesgesetzblatt Teil III, Gliederungsnummer 9232-4, veröffentlichten bereinigten Fassung, die zuletzt durch Artikel 10 der Verordnung vom 25. April 2006 (BGBl. I S. 988) geändert worden ist.

§ 5 Nachweis der Schadstoffgruppe für im Inland zugelassene Fahrzeuge

(1) Die Zuordnung eines Kraftfahrzeuges zu einer Schadstoffgruppe wird nachgewiesen
1. durch die in der Zulassungsbescheinigung Teil I, im Kraftfahrzeugschein und im Kraftfahrzeugbrief eingetragene emissionsbezogene Schlüsselnummer,
2. für Kraftfahrzeuge, die unter die Regelungen des Autobahnmautgesetzes für schwere Nutzfahrzeuge in der Fassung der Bekanntmachung vom 2. Dezember 2004 (BGBl. I S. 3122) fallen, durch Nachweise nach den §§ 8 und 9 der LKW-Maut-Verordnung vom 24. Juni 2003 (BGBl. I S. 1003).

(2) Das Bundesministerium für Verkehr und digitale Infrastruktur gibt die Zuordnung der in den Fahrzeugpapieren eingetragenen Emissionsschlüsselnummern zu den einzelnen Schadstoffgruppen im Verkehrsblatt bekannt.

§ 6 Nachweis der Schadstoffgruppe für im Ausland zugelassene Fahrzeuge

(1) Bei Fahrzeugen, die im Ausland zugelassen sind und die unter die Regelungen des Autobahnmautgesetzes für schwere Nutzfahrzeuge in der Fassung der Bekanntmachung vom 2. Dezember 2004 (BGBl. I S. 3122) fallen, kann die Zuordnung zu einer Schadstoffgruppe durch Nachweise

nach den §§ 8 und 9 der LKW-MautVerordnung vom 24. Juni 2003
(BGBl. I S. 1003) nachgewiesen werden.

(2) Bei Fahrzeugen, die im Ausland zugelassen sind, wird vermutet, dass
sie nach Maßgabe der Absätze 3 und 4 zu den dort aufgeführten Schadstoffgruppen gehören, wenn für diese Fahrzeuge kein Nachweis über die
Einhaltung der Anforderungen nach

1. der Richtlinie 70/220/EWG des Rates vom 20. März 1970 über die
    Angleichung der Rechtsvorschriften der Mitgliedstaaten über Maß-
    nahmen gegen die Verunreinigung der Luft durch Emissionen von
    Kraftfahrzeugen (ABl. EG Nr. L 76 S. 1) in ihrer jeweils geltenden
    Fassung oder

2. der Richtlinie 88/77/EWG des Rates zur Angleichung der Rechts-
    vorschriften der Mitgliedstaaten über Maßnahmen gegen die Emis-
    sion gasförmiger Schadstoffe und luftverunreinigender Partikel aus
    Selbstzündungsmotoren zum Antrieb von Fahrzeugen und die Emis-
    sion gasförmiger Schadstoffe aus mit Erdgas oder Flüssiggas betriebe-
    nen Fremdzündungsmotoren zum Antrieb von Fahrzeugen (ABl. EG
    Nr. L 36 S. 33) in der jeweils geltenden Fassung vorgelegt werden
    kann.

(3) Kraftfahrzeuge mit Selbstzündungsmotor der Klassen M und N gehören:

1. zur Schadstoffgruppe 1,
    wenn sie nicht unter die Schadstoffgruppen 2 bis 4 fallen,

2. zur Schadstoffgruppe 2,
    a) wenn sie in den Anwendungsbereich der Richtlinie 70/220/EWG
        fallen, bei erstmaliger Zulassung nach dem 31. Dezember 1996
        und vor dem 1. Januar 2001,
    b) wenn sie in den Anwendungsbereich der Richtlinie 88/77/EWG
        fallen, bei erstmaliger Zulassung nach dem 30. September 1996
        und vor dem 1. Oktober 2001,
    c) wenn sie nach dem 1. Januar 1993 erstmalig zugelassen worden
        sind und die im Anhang 2 Abs. 1 Nr. 2 Buchstabe g und h genann-
        ten Anforderungen erfüllen oder ihnen gleichwertig sind und dies
        durch einen Beleg nachgewiesen wird,

3. zur Schadstoffgruppe 3,
    a) wenn sie in den Anwendungsbereich der Richtlinie 70/220/EWG
        fallen, bei erstmaliger Zulassung nach dem 31. Dezember 2000
        und vor dem 1. Januar 2006,
    b) wenn sie in den Anwendungsbereich der Richtlinie 88/77/EWG
        fallen, bei erstmaliger Zulassung nach dem 30. September 2001
        und vor dem 1. Oktober 2006,
    c) wenn sie nach dem 1. Oktober 1996 erstmalig zugelassen worden
        sind und die im Anhang 2 Abs. 1 Nr. 3 Buchstabe j bis l genann-
        ten Anforderungen erfüllen oder ihnen gleichwertig sind und dies
        durch einen Beleg nachgewiesen wird,

4. zur Schadstoffgruppe 4,
   a) wenn sie in den Anwendungsbereich der Richtlinie 70/220/EWG
      fallen, bei erstmaliger Zulassung nach dem 31. Dezember 2005,
   b) wenn sie in den Anwendungsbereich der Richtlinie 88/77/EWG
      fallen, bei erstmaliger Zulassung nach dem 30. September 2006,
   c) wenn sie in den Anwendungsbereich der Richtlinie 70/220/EWG
      fallen, die Anforderungen der Richtlinie 98/69/EG oder der Richt-
      linie 1999/102/EG oder der Richtlinie 2001/1/EG oder der Richtli-
      nie 2001/100/EG oder der Richtlinie 2002/80/EG oder der Richtli-
      nie 2003/76/EG erfüllen und nachweisen können (z. B. durch Her-
      stellerbescheinigung), dass sie über den unter B (2005) der Ta-
      belle im Abschnitt 5.3.1.4 des Anhangs I der Richtlinie vorge-
      schriebenen Partikelgrenzwert hinaus den Partikelgrenzwert von
      5,0 mg/km nicht überschreiten,
   d) wenn sie nach dem 1. Oktober 2000 erstmalig zugelassen worden
      sind und die im Anhang 2 Abs. 1 Nr. 4 Buchstabe q und r genann-
      ten Anforderungen erfüllen oder ihnen gleichwertig sind und dies
      durch einen Beleg nachgewiesen wird,
   e) wenn sie in den Anwendungsbereich der Richtlinie 70/220/EWG
      oder der Richtlinie 2005/55/EG des Europäischen Parlaments
      und des Rates vom 28. September 2005 zur Angleichung der
      Rechtsvorschriften der Mitgliedstaaten über Maßnahmen gegen
      die Emission gasförmiger Schadstoffe und luftverunreinigender
      Partikel aus Selbstzündungsmotoren zum Antrieb von Fahrzeugen
      und die Emission gasförmiger Schadstoffe aus mit Flüssiggas
      oder Erdgas betriebenen Fremdzündungsmotoren zum Antrieb
      von Fahrzeugen (ABl. EU Nr. L 275 S. 1) in der jeweils zuletzt
      geänderten, im Amtsblatt der Europäischen Union veröffentlichten
      Fassung fallen.
(4) Kraftfahrzeuge mit Fremdzündungsmotor der Klassen M und N gehören der Schadstoffgruppe 4 an, wenn sie
1. in den Anwendungsbereich der Richtlinie 70/220/EWG fallen, bei
   erstmaliger Zulassung nach dem 31. Dezember 1992,
2. in den Anwendungsbereich der Richtlinie 88/77/EWG in der Fassung
   der Richtlinie 1999/96/EG des Europäischen Parlaments und des Rates vom 13. Dezember 1999 zur Angleichung der Rechtsvorschriften
   der Mitgliedstaaten über Maßnahmen gegen die Emission gasförmiger
   Schadstoffe und luftverunreinigender Partikel aus Selbstzündungsmotoren zum Antrieb von Fahrzeugen und die Emission gasförmiger
   Schadstoffe aus mit Erdgas oder Flüssiggas betriebenen Fremdzündungsmotoren zum Antrieb von Fahrzeugen und zur Änderung der
   Richtlinie 88/77/EWG des Rates (ABl. EG 2000 Nr. L 44 S. 1) fallen, den Vorschriften der Richtlinie entsprechen und bei den Emissionen der gasförmigen Schadstoffe und luftverunreinigenden Partikel die unter A (2000) oder B 1 (2005) oder B 2 (2008) oder unter
   C (EEV) der Tabellen 1 und 2 im Abschnitt 6.2.1 des Anhangs I der

Richtlinie vorgeschriebenen Grenzwerte nicht überschreiten und die Einhaltung der Grenzwerte durch einen Beleg nachweisen oder

3. in den Anwendungsbereich der Richtlinie 88/77/EWG in der Fassung der Richtlinie 2001/27/EG des Europäischen Parlaments und des Rates vom 10. April 2001 zur Anpassung der Richtlinie 88/77/EWG des Rates zur Angleichung der Rechtsvorschriften der Mitgliedstaaten über Maßnahmen gegen die Emission gasförmiger Schadstoffe und luftverunreinigender Partikel aus Selbstzündungsmotoren zum Antrieb von Fahrzeugen und die Emission gasförmiger Schadstoffe aus mit Erdgas oder Flüssiggas betriebenen Fremdzündungsmotoren zum Antrieb von Fahrzeugen an den technischen Fortschritt (ABl. EG Nr. L 107 S. 10) fallen, den Vorschriften der Richtlinie entsprechen und bei den Emissionen der gasförmigen Schadstoffe und luftverunreinigenden Partikel die unter A (2000) oder B 1 (2005) oder B 2 (2008) oder unter C (EEV) der Tabellen 1 und 2 im Abschnitt 6.2.1 des Anhangs I der Richtlinie 1999/96/EG des Europäischen Parlaments und des Rates vom 13. Dezember 1999 (ABl. EG 2000 Nr. L 44 S. 1) vorgeschriebenen Grenzwerte nicht überschreiten und die Einhaltung der Grenzwerte durch einen Beleg nachgewiesen wird.

(5) Kraftfahrzeuge mit Fremdzündungsmotor der Klassen M und N gehören der Schadstoffgruppe 4 an, wenn

1. durch einen Beleg nachgewiesen wird, dass das Fahrzeug über eine Emissionsminderung verfügt, die den Anforderungen der Anlage XXIII der Straßenverkehrs-Zulassungs-Ordnung in der Fassung der Bekanntmachung vom 28. September 1988 (BGBl. I S. 1793), zuletzt geändert durch die Verordnung vom 24. Mai 2007 (BGBl. I S. 893), entspricht oder ihr gleichwertig ist oder

2. durch einen Beleg nachgewiesen wird, dass das Fahrzeug durch Nachrüstung mit einem Abgasreinigungssystem über eine Emissionsminderung verfügt, die den Bestimmungen der 52. Ausnahmeverordnung zur StVZO vom 13. August 1996 (BGBl. I S. 1319), geändert durch Artikel 1 der Verordnung vom 18. Februar 1998 (BGBl. I S. 390), entspricht oder ihr gleichwertig ist oder

3. sie in den Anwendungsbereich der Richtlinie 70/220/EWG oder der Richtlinie 2005/55/EG in der jeweils zuletzt geänderten, im Amtsblatt der Europäischen Union veröffentlichten Fassung fallen.

Anhang 1
(zu § 2 Abs. 1 und § 3 Abs. 1)

Plakettenmuster

	Schadstoffgruppe 2	Schadstoffgruppe 3	Schadstoffgruppe 4
Plaketten-Durchmesser: 80 mm, schwarz umrandet, Strichdicke der Umrandung 1,5 mm Ziffer der Schadstoffgruppe: Höhe 35 mm Schriftfeld: 60 x 20 mm Schrift: schwarz RAL 9005, mit lichtechtem Stift	**2** S - UM 43	**3** S - UM 43	**4** S - UM 43
Plakettenfarbe:	verkehrsrot RAL 3020, lichtecht	verkehrsgelb RAL 1023, lichtecht	verkehrsgrün RAL 6024, lichtecht
Schriftfeld:	reinweiß RAL 9010, schwarz umrandet	reinweiß RAL 9010, schwarz umrandet	reinweiß RAL 9010, schwarz umrandet

Die Ziffer der Schadstoffgruppe ist nach dem Schriftmuster der Anlage V Seite 3 der Straßenverkehrs-Zulassungs-Ordnung darzustellen.

Die Farbtöne des Untergrundes, des Randes und der Beschriftung sind dem Farbregister RAL 840-HR, herausgegeben vom RAL Deutsches Institut für Gütesicherung und Kennzeichnung e.V., Siegburger Str. 39, 53757 St. Augustin, zu entnehmen.

Anhang 2
(zu § 2 Abs. 2)

Zuordnung der Kraftfahrzeuge zu den Schadstoffgruppen

(1) Kraftfahrzeuge mit Selbstzündungsmotor der Klassen M und N werden unter Berücksichtigung ihrer Schadstoffemissionen den Schadstoffgruppen 1 bis 4 wie folgt zugeordnet:

Schadstoffgruppe 1

Kraftfahrzeuge, die

1. nicht unter die Schadstoffgruppen 2 bis 4 fallen.

2. **Schadstoffgruppe 2**

    Kraftfahrzeuge, die

    a) in den Anwendungsbereich der Richtlinie 70/220/EWG in der Fassung der Richtlinie 94/12/EG des Europäischen Parlaments und des Rates vom 23. März 1994 (ABl. EG Nr. L 100 S. 42) fallen und den Vorschriften der Richtlinie entsprechen und bei den Emissionen der gasförmigen Schadstoffe und luftverunreinigenden Partikel die für die Klasse M mit einer zulässigen Gesamtmasse von nicht mehr als 2 500 kg vorgeschriebenen Grenzwerte der Tabelle im Abschnitt 5.3.1.4 des Anhangs I der Richtlinie nicht überschreiten oder

b) in den Anwendungsbereich der Richtlinie 70/220/EWG in der Fassung
der Richtlinie 96/44/EG des Europäischen Parlaments und des Rates vom
1. Juli 1996 (ABl. EG Nr. L 210 S. 25) fallen und den Vorschriften der
Richtlinie entsprechen und bei den Emissionen der gasförmigen Schadstoffe und luftverunreinigenden Partikel die für die Klasse M mit einer
zulässigen Gesamtmasse von nicht mehr als 2 500 kg vorgeschriebenen
Grenzwerte der Tabelle im Abschnitt 5.3.1.4 des Anhangs I der Richtlinie
nicht überschreiten oder

c) die in den Anwendungsbereich der Richtlinie 70/220/EWG in der Fassung
der Richtlinie 96/69/EG des Europäischen Parlaments und des Rates vom
8. Oktober 1996 (ABl. EG Nr. L 282 S. 64) fallen, den Vorschriften der
Richtlinie entsprechen und bei den Emissionen der gasförmigen Schadstoffe und luftverunreinigenden Partikel die vorgeschriebenen Grenzwerte
der Tabelle im Abschnitt 5.3.1.4 des Anhangs I der Richtlinie nicht überschreiten oder

d) in den Anwendungsbereich der Richtlinie 70/220/EWG in der Fassung
der Richtlinie 98/77/EG der Kommission vom 2. Oktober 1998 (ABl. EG
Nr. L 286 S. 34) fallen, den Vorschriften der Richtlinie entsprechen und
bei den Emissionen der gasförmigen Schadstoffe und luftverunreinigenden
Partikel die vorgeschriebenen Grenzwerte der Tabelle im Abschnitt 5.3.1.4
des Anhangs I der Richtlinie nicht überschreiten oder

e) in den Anwendungsbereich der Richtlinie 88/77/EWG des Rates zur Angleichung der Rechtsvorschriften der Mitgliedstaaten über Maßnahmen gegen die Emission gasförmiger Schadstoffe und luftverunreinigender Partikel aus Selbstzündungsmotoren zum Antrieb von Fahrzeugen und die
Emission gasförmiger Schadstoffe aus mit Erdgas oder Flüssiggas betriebenen Fremdzündungsmotoren zum Antrieb von Fahrzeugen (ABl. EG
Nr. L 36 S. 33) in der Fassung der Richtlinie 91/542/EWG des Rates vom
1. Oktober 1991 (ABl. EG Nr. L 295 S. 1) fallen, den Vorschriften der
Richtlinie entsprechen und bei den Emissionen der gasförmigen Schadstoffe und luftverunreinigenden Partikel die in Zeile B der Tabelle im Abschnitt 8.3.1.1 des Anhangs I der Richtlinie genannten Grenzwerte nicht
überschreiten oder

f) in den Anwendungsbereich der Richtlinie 96/1/EG des Europäischen Parlaments und des Rates vom 22. Januar 1996 zur Änderung der Richtlinie
88/77/EWG zur Angleichung der Rechtsvorschriften der Mitgliedstaaten
über Maßnahmen gegen die Emission gasförmiger Schadstoffe und luftverunreinigender Partikel aus Dieselmotoren zum Antrieb von Fahrzeugen
(ABl. EG Nr. L 40 S. 1) fallen, den Vorschriften der Richtlinie entsprechen
und bei den Emissionen der gasförmigen Schadstoffe und luftverunreinigenden Partikel die in Zeile B der Tabelle im Abschnitt 6.2.1 des Anhangs
I der Richtlinie genannten Grenzwerte nicht überschreiten oder

g) die durch die Ausrüstung mit einem Partikelminderungssystem die Anforderungen der Nummern 2.1.1 und 2.1.2 der Anlage XXVI der Straßenverkehrs-Zulassungs-Ordnung in der Fassung der Bekanntmachung vom
28. September 1988 (BGBl. I S. 1793), zuletzt geändert durch die Verordnung vom 24. Mai 2007 (BGBl. I S. 893), einhalten oder

    h)   die durch Ausrüstung mit einem Partikelminderungssystem die Anforderungen der Nummern 3.4.1 und 3.4.2 der Anlage XIV der Straßenverkehrs-Zulassungs-Ordnung in der Fassung der Bekanntmachung vom 28. September 1988 (BGBl. I S. 1793), zuletzt geändert durch die Verordnung vom 24. Mai 2007 (BGBl. I S. 893), einhalten.

3.   **Schadstoffgruppe 3**
    Kraftfahrzeuge, die

    a)   in den Anwendungsbereich der Richtlinie 70/220/EWG in der Fassung der Richtlinie 98/69/EG des Europäischen Parlaments und des Rates vom 13. Oktober 1998 (ABl. EG Nr. L 350 S. 1) fallen, den Vorschriften der Richtlinie entsprechen und die vorgeschriebenen Grenzwerte unter A (2000) der Tabelle im Abschnitt 5.3.1.4 des Anhangs I der Richtlinie nicht überschreiten oder

    b)   in den Anwendungsbereich der Richtlinie 70/220/EWG in der Fassung der Richtlinie 1999/102/EG der Kommission vom 15. Dezember 1999 (ABl. EG Nr. L 334 S. 43) fallen, den Vorschriften der Richtlinie entsprechen und bei den Emissionen der gasförmigen Schadstoffe und luftverunreinigenden Partikel die unter A (2000) der Tabelle im Abschnitt 5.3.1.4 des Anhangs I der Richtlinie vorgeschriebenen Grenzwerte nicht überschreiten oder

    c)   in den Anwendungsbereich der Richtlinie 70/220/EWG in der Fassung der Richtlinie 2001/1/EG des Europäischen Parlaments und des Rates vom 22. Januar 2001 (ABl. EG Nr. L 35 S. 34) fallen, den Vorschriften der Richtlinie entsprechen und bei den Emissionen der gasförmigen Schadstoffe und luftverunreinigenden Partikel die unter A (2000) der Tabelle im Abschnitt 5.3.1.4 des Anhangs I der Richtlinie vorgeschriebenen Grenzwerte nicht überschreiten oder

    d)   in den Anwendungsbereich der Richtlinie 70/220/EWG in der Fassung der Richtlinie 2001/100/EG des Europäischen Parlaments und des Rates vom 7. Dezember 2001 (ABl. EG Nr. L 16 S. 32) fallen, den Vorschriften der Richtlinie entsprechen und bei den Emissionen der gasförmigen Schadstoffe und luftverunreinigenden Partikel die unter A (2000) der Tabelle im Abschnitt 5.3.1.4 des Anhangs I der Richtlinie vorgeschriebenen Grenzwerte nicht überschreiten oder

    e)   in den Anwendungsbereich der Richtlinie 70/220/EWG in der Fassung der Richtlinie 2002/80/EG der Kommission vom 3. Oktober 2002 (ABl. EG Nr. L 291 S. 20) fallen, den Vorschriften der Richtlinie entsprechen und bei den Emissionen der gasförmigen Schadstoffe und luftverunreinigenden Partikel die unter A (2000) der Tabelle im Abschnitt 5.3.1.4 des Anhangs I der Richtlinie vorgeschriebenen Grenzwerte nicht überschreiten oder

    f)   in den Anwendungsbereich der Richtlinie 70/220/EWG in der Fassung der Richtlinie 2003/76/EG der Kommission vom 11. August 2003 (ABl. EU Nr. L 206 S. 29) fallen, den Vorschriften der Richtlinie entsprechen und bei den Emissionen der gasförmigen Schadstoffe und luftverunreinigenden Partikel die unter A (2000) der Tabelle im Abschnitt 5.3.1.4 des Anhangs I der Richtlinie vorgeschriebenen Grenzwerte nicht überschreiten oder

    g)   in den Anwendungsbereich der Richtlinie 88/77/EWG in der Fassung der Richtlinie 1999/96/EG des Europäischen Parlaments und des Rates vom

13. Dezember 1999 (ABl. EG Nr. L 44 S. 1) fallen, den Vorschriften der Richtlinie entsprechen und bei den Emissionen der gasförmigen Schadstoffe und luftverunreinigenden Partikel die unter A (2000) der Tabellen 1 und 2 im Abschnitt 6.2.1 des Anhangs I der Richtlinie vorgeschriebenen Grenzwerte nicht überschreiten oder

h) in den Anwendungsbereich der Richtlinie 88/77/EWG in der Fassung der Richtlinie 2001/27/EG des Europäischen Parlaments und des Rates vom 10. April 2001 (ABl. EG Nr. L 107 S. 10) fallen, den Vorschriften der Richtlinie entsprechen und bei den Emissionen der gasförmigen Schadstoffe und luftverunreinigenden Partikel die unter A (2000) der Tabellen 1 und 2 im Abschnitt 6.2.1 des Anhangs I der Richtlinie vorgeschriebenen Grenzwerte nicht überschreiten oder

i) die durch die Ausrüstung mit einem Partikelminderungssystem die Anforderungen der Stufe PM 1 der Anlage XXVI der Straßenverkehrs-Zulassungs-Ordnung in der Fassung der Bekanntmachung vom 28. September 1998 (BGBl. I S. 1793), die zuletzt durch Artikel 2 der Verordnung vom 25. April 2006 (BGBl. I S. 988) geändert worden ist, einhalten, ausgenommen Fahrzeuge der Klasse M mit einer zulässigen Gesamtmasse von mehr als 2 500 kg oder

j) die durch Ausrüstung mit einem Partikelminderungssystem die Anforderungen der Nummer 2.1.2 der Anlage XXVI der Straßenverkehrs-Zulassungs-Ordnung in der Fassung der Bekanntmachung vom 28. September 1988 (BGBl. I S. 1793), zuletzt geändert durch die Verordnung vom 24. Mai 2007 (BGBl. I S. 893), einhalten, ausgenommen Fahrzeuge der Klasse M mit nicht mehr als sechs Sitzplätzen einschließlich des Fahrersitzes oder mit einer Höchstmasse von nicht mehr als 2 500 Kilogramm oder

k) die durch Ausrüstung mit einem Partikelminderungssystem die Anforderungen der Nummer 2 der Nummer 3.4.2 der Anlage XIV der Straßenverkehrs-Zulassungs-Ordnung in der Fassung der Bekanntmachung vom 28. September 1988 (BGBl. I S. 1793), zuletzt geändert durch die Verordnung vom 24. Mai 2007 (BGBl. I S. 893), einhalten, ausgenommen Fahrzeuge der Klasse N1, mit einer Bezugsmasse von nicht mehr als 1 250 Kilogramm (Gruppe I) oder

l) die durch Ausrüstung mit einem Partikelminderungssystem die Anforderungen der Nummer 3.4.3 der Anlage XIV der Straßenverkehrs-Zulassungs-Ordnung in der Fassung der Bekanntmachung vom 28. September 1988 (BGBl. I S. 1793), zuletzt geändert durch die Verordnung vom 24. Mai 2007 (BGBl. I S. 893), einhalten.

4. **Schadstoffgruppe 4**
Kraftfahrzeuge, die

a) in den Anwendungsbereich der Richtlinie 70/220/EWG in der Fassung der Richtlinie 98/69/EG des Europäischen Parlaments und des Rates vom 13. Oktober 1998 (ABl. EG Nr. L 350 S. 1) fallen, den Vorschriften der Richtlinie entsprechen und bei den Emissionen der gasförmigen Schadstoffe und luftverunreinigenden Partikel die unter B (2005) der Tabelle im Abschnitt 5.3.1.4 des Anhangs I der Richtlinie vorgeschriebenen Grenzwerte nicht überschreiten oder

b) in den Anwendungsbereich der Richtlinie 70/220/EWG in der Fassung der Richtlinie 1999/102/EG der Kommission vom 15. Dezember 1999 (ABl. EG Nr. L 334 S. 43) fallen, den Vorschriften der Richtlinie entsprechen und bei den Emissionen der gasförmigen Schadstoffe und luftverunreinigenden Partikel die unter B (2005) der Tabelle im Abschnitt 5.3.1.4 des Anhangs I der Richtlinie vorgeschriebenen Grenzwerte nicht überschreiten oder

c) in den Anwendungsbereich der Richtlinie 70/220/EWG in der Fassung der Richtlinie 2001/1/EG des Europäischen Parlaments und des Rates vom 22. Januar 2001 (ABl. EG Nr. L 35 S. 34) fallen, den Vorschriften der Richtlinie entsprechen und bei den Emissionen der gasförmigen Schadstoffe und luftverunreinigenden Partikel die unter B (2005) der Tabelle im Abschnitt 5.3.1.4 des Anhangs I der Richtlinie vorgeschriebenen Grenzwerte nicht überschreiten oder

d) in den Anwendungsbereich der Richtlinie 70/220/EWG in der Fassung der Richtlinie 2001/100/EG des Europäischen Parlaments und des Rates vom 7. Dezember 2001 (ABl. EG Nr. L 16 S. 32) fallen, den Vorschriften der Richtlinie entsprechen und bei den Emissionen der gasförmigen Schadstoffe und luftverunreinigenden Partikel die unter B (2005) der Tabelle im Abschnitt 5.3.1.4 des Anhangs I der Richtlinie vorgeschriebenen Grenzwerte nicht überschreiten oder

e) in den Anwendungsbereich der Richtlinie 70/220/EWG in der Fassung der Richtlinie 2002/80/EG der Kommission vom 3. Oktober 2002 (ABl. EG Nr. L 291 S. 20) fallen, den Vorschriften der Richtlinie entsprechen und bei den Emissionen der gasförmigen Schadstoffe und luftverunreinigenden Partikel die unter B (2005) der Tabelle im Abschnitt 5.3.1.4 des Anhangs I der Richtlinie vorgeschriebenen Grenzwerte nicht überschreiten oder

f) in den Anwendungsbereich der Richtlinie 70/220/EWG in der Fassung der Richtlinie 2003/76/EG der Kommission vom 11. August 2003 (ABl. EU Nr. L 206 S. 29) fallen, den Vorschriften der Richtlinie entsprechen und bei den Emissionen der gasförmigen Schadstoffe und luftverunreinigenden Partikel die unter B (2005) der Tabelle im Abschnitt 5.3.1.4 des Anhangs I der Richtlinie vorgeschriebenen Grenzwerte nicht überschreiten oder

g) in den Anwendungsbereich der Richtlinie 88/77/EWG in der Fassung der Richtlinie 1999/96/EG des Europäischen Parlaments und des Rates vom 13. Dezember 1999 (ABl. EG Nr. L 44 S. 1) fallen, den Vorschriften der Richtlinie entsprechen und bei den Emissionen der gasförmigen Schadstoffe und luftverunreinigenden Partikel die unter B 1 (2005) der Tabellen 1 und 2 im Abschnitt 6.2.1 des Anhangs I der Richtlinie vorgeschriebenen Grenzwerte nicht überschreiten oder

h) in den Anwendungsbereich der Richtlinie 88/77/EWG in der Fassung der Richtlinie 1999/96/EG des Europäischen Parlaments und des Rates vom 13. Dezember 1999 (ABl. EG Nr. L 44 S. 1) fallen, den Vorschriften der Richtlinie entsprechen und bei den Emissionen der gasförmigen Schadstoffe und luftverunreinigenden Partikel die unter B 2 (2008) der Tabellen 1 und 2 im Abschnitt 6.2.1 des Anhangs I der Richtlinie vorgeschriebenen Grenzwerte nicht überschreiten oder

i)   in den Anwendungsbereich der Richtlinie 88/77/EWG in der Fassung der
      Richtlinie 1999/96/EG des Europäischen Parlaments und des Rates vom
      13. Dezember 1999 (ABl. EG Nr. L 44 S. 1) fallen, den Vorschriften der
      Richtlinie entsprechen und bei den Emissionen der gasförmigen Schad-
      stoffe und luftverunreinigenden Partikel die unter C (EEV) Tabellen 1
      und 2 im Abschnitt 6.2.1 des Anhangs I der Richtlinie vorgeschriebenen
      Grenzwerte nicht überschreiten oder

j)   in den Anwendungsbereich der Richtlinie 88/77/EWG in der Fassung der
      Richtlinie 2001/27/EG des Europäischen Parlaments und des Rates vom
      10. April 2001 (ABl. EG Nr. L 107 S. 10) fallen, den Vorschriften der
      Richtlinie entsprechen und bei den Emissionen der gasförmigen Schad-
      stoffe und luftverunreinigenden Partikel die unter B 1 (2005) der Tabellen
      1 und 2 im Abschnitt 6.2.1 des Anhangs I der Richtlinie vorgeschriebenen
      Grenzwerte nicht überschreiten oder

k)   in den Anwendungsbereich der Richtlinie 88/77/EWG in der Fassung der
      Richtlinie 2001/27/EG der Kommission vom 10. April 2001 (ABl. EG
      Nr. L 107 S. 10) fallen, den Vorschriften der Richtlinie entsprechen und
      bei den Emissionen der gasförmigen Schadstoffe und luftverunreinigenden
      Partikel die unter B 2 (2008) der Tabellen 1 und 2 im Abschnitt 6.2.1 des
      Anhangs I der Richtlinie vorgeschriebenen Grenzwerte nicht überschreiten
      oder

l)   in den Anwendungsbereich der Richtlinie 88/77/EWG in der Fassung der
      Richtlinie 2001/27/EG der Kommission vom 10. April 2001 (ABl. EG
      Nr. L 107 S. 10) fallen, den Vorschriften der Richtlinie entsprechen und
      bei den Emissionen der gasförmigen Schadstoffe und luftverunreinigenden
      Partikel die unter C (EEV) der Tabellen 1 und 2 im Abschnitt 6.2.1 des
      Anhangs I der Richtlinie vorgeschriebenen Grenzwerte nicht überschreiten
      oder

m)   die durch die Ausrüstung mit einem Partikelminderungssystem die An-
      forderungen der Stufe PM 2 oder PM 3 der Anlage XXVI der Straßen-
      verkehrs-Zulassungs-Ordnung in der Fassung der Bekanntmachung vom
      28. September 1998 (BGBl. I S. 1793), die zuletzt durch Artikel 2 der Ver-
      ordnung vom 25. April 2006 (BGBl. I S. 988) geändert worden ist, einhal-
      ten oder

n)   Fahrzeuge der Klasse M mit einer zulässigen Gesamtmasse von mehr als
      2 500 kg, die durch Ausrüstung mit einem Partikelminderungssystem die
      Anforderungen der Stufe PM 1 der Anlage XXVI der Straßenverkehrs-
      Zulassungs-Ordnung in der Fassung der Bekanntmachung vom 28. Sep-
      tember 1998 (BGBl. I S. 1793), die zuletzt durch Artikel 2 der Verordnung
      vom 25. April 2006 (BGBl. I S. 988) geändert worden ist, einhalten oder

o)   die die Anforderungen der Stufe PM 5 der Anlage XXVI der Straßen-
      verkehrs-Zulassungs-Ordnung in der Fassung der Bekanntmachung vom
      28. September 1998 (BGBl. I S. 1793), die zuletzt durch Artikel 2 der Ver-
      ordnung vom 25. April 2006 (BGBl. I S. 988) geändert worden ist, einhal-
      ten oder

p)   die durch die Ausrüstung mit einem Partikelminderungssystem die An-
      forderungen der Stufe PM 4 der Anlage XXVI der Straßenverkehrs-
      Zulassungs-Ordnung in der Fassung der Bekanntmachung vom 28. Sep-

tember 1998 (BGBl. I S. 1793), die zuletzt durch Artikel 2 der Verordnung vom 25. April 2006 (BGBl. I S. 988) geändert worden ist, einhalten oder

q)　die durch Ausrüstung mit einem Partikelminderungssystem die Anforderungen der Nummer 2 der Nummer 3.4.3 der Anlage XIV der Straßenverkehrs-Zulassungs-Ordnung in der Fassung der Bekanntmachung vom 28. September 1998 (BGBl. I S. 1793), zuletzt geändert durch die Verordnung vom 24. Mai 2007 (BGBl. I S. 893), einhalten, ausgenommen Fahrzeuge der Klasse N1, mit einer Bezugsmasse von nicht mehr als 1 250 Kilogramm (Gruppe I) oder

r)　die durch Ausrüstung mit einem Partikelminderungssystem die Anforderungen der Nummer 3.4.4, Nummer 3.4.5 oder Nummer 3.4.6 der Anlage XIV der Straßenverkehrs-Zulassungs-Ordnung in der Fassung der Bekanntmachung vom 28. September 1988 (BGBl. I S. 1793), zuletzt geändert durch die Verordnung vom 24. Mai 2007 (BGBl. I S. 893), einhalten oder

s)　in den Anwendungsbereich der Richtlinie 70/220/EWG oder der Richtlinie 2005/55/EG in der jeweils zuletzt geänderten, im Amtsblatt der Europäischen Union veröffentlichten Fassung fallen.

(2) Kraftfahrzeuge mit Fremdzündungsmotor der Klassen M und N nach Anhang II A Nr. 1 und Nr. 2 der Richtlinie 70/156/EWG des Rates werden den Schadstoffgruppen 1 und 4 wie folgt zugeordnet:

1.　Schadstoffgruppe 1

Kraftfahrzeuge, die nicht unter die Schadstoffgruppe 4 fallen,

2.　Schadstoffgruppe 4

Kraftfahrzeuge, die

a)　in den Anwendungsbereich der Richtlinie 70/220/EWG in der Fassung der Richtlinie 91/441/EWG des Rates vom 26. Juni 1991 (ABl. EG Nr. L 242 S. 1) fallen – ausgenommen die Fahrzeuge, die die Übergangsbestimmungen des Anhangs I Nr. 8.1 oder 8.3 in Anspruch nehmen –, den Vorschriften der Richtlinie entsprechen oder

b)　in den Anwendungsbereich der Richtlinie 70/220/EWG in der Fassung der Richtlinie 93/59/EWG des Rates vom 28. Juni 1993 (ABl. EG Nr. L 186 S. 21) fallen, den Vorschriften der Richtlinie entsprechen und die im Anhang I im Abschnitt 5.3.1 der Richtlinie genannte Prüfung Typ I (Prüfung der durchschnittlichen Auspuffemissionen nach einem Kaltstart) nachweisen oder

c)　in den Anwendungsbereich der Richtlinie 70/220/EWG in der Fassung der Richtlinie 94/12/EG des Europäischen Parlaments und des Rates vom 23. März 1994 (ABl. EG Nr. L 100 S. 42) fallen, den Vorschriften der Richtlinie entsprechen und die vorgeschriebenen Grenzwerte der Tabelle im Abschnitt 5.3.1.4 des Anhangs I der Richtlinie nicht überschreiten oder

d)　in den Anwendungsbereich der Richtlinie 70/220/EWG in der Fassung der Richtlinie 96/69/EG des Europäischen Parlaments und des Rates vom 8. Oktober 1996 (ABl. EG Nr. L 282 S. 64) fallen, den Vorschriften der Richtlinie entsprechen und die vorgeschriebenen Grenzwerte der Tabelle im Abschnitt 5.3.1.4 des Anhangs I der Richtlinie nicht überschreiten oder

e)　in den Anwendungsbereich der Richtlinie 70/220/EWG in der Fassung der Richtlinie 98/77/EG der Kommission vom 2. Oktober 1998 (ABl. EG

Nr. L 286 S. 34) fallen, den Vorschriften der Richtlinie entsprechen und die vorgeschriebenen Grenzwerte der Tabelle im Abschnitt 5.3.1.4 des Anhangs I der Richtlinie nicht überschreiten oder

f) in den Anwendungsbereich der Richtlinie 70/220/EWG in der Fassung der Richtlinie 98/69/EG des Europäischen Parlaments und des Rates vom 13. Oktober 1998 (ABl. EG Nr. L 350 S. 1) fallen, den Vorschriften der Richtlinie entsprechen und die vorgeschriebenen Grenzwerte der Tabelle im Abschnitt 5.3.1.4 des Anhangs I der Richtlinie nicht überschreiten oder

g) in den Anwendungsbereich der Richtlinie 70/220/EWG in der Fassung der Richtlinie 1999/102/EG der Kommission vom 15. Dezember 1999 (ABl. EG Nr. L 334 S. 43) fallen, den Vorschriften der Richtlinie entsprechen und die vorgeschriebenen Grenzwerte der Tabelle im Abschnitt 5.3.1.4 des Anhangs I der Richtlinie nicht überschreiten oder

h) in den Anwendungsbereich der Richtlinie 70/220/EWG in der Fassung der Richtlinie 2001/1/EG des Europäischen Parlaments und des Rates vom 22. Januar 2001 (ABl. EG Nr. L 35 S. 34) fallen, den Vorschriften der Richtlinie entsprechen und die vorgeschriebenen Grenzwerte der Tabelle im Abschnitt 5.3.1.4 des Anhangs I der Richtlinie nicht überschreiten oder

i) in den Anwendungsbereich der Richtlinie 70/220/EWG in der Fassung der Richtlinie 2001/100/EG des Europäischen Parlaments und des Rates vom 7. Dezember 2001 (ABl. EG Nr. L 16 S. 32) fallen, den Vorschriften der Richtlinie entsprechen und die vorgeschriebenen Grenzwerte der Tabelle im Abschnitt 5.3.1.4 des Anhangs I der Richtlinie nicht überschreiten oder

j) in den Anwendungsbereich der Richtlinie 70/220/EWG in der Fassung der Richtlinie 2002/80/EG der Kommission vom 3. Oktober 2002 (ABl. EG Nr. L 291 S. 20) fallen, den Vorschriften der Richtlinie entsprechen und die vorgeschriebenen Grenzwerte der Tabelle im Abschnitt 5.3.1.4 des Anhangs I der Richtlinie nicht überschreiten oder

k) in den Anwendungsbereich der Richtlinie 70/220/EWG in der Fassung der Richtlinie 2003/76/EG der Kommission vom 11. August 2003 (ABl. EU Nr. L 206 S. 29) fallen, den Vorschriften der Richtlinie entsprechen und die vorgeschriebenen Grenzwerte der Tabelle im Abschnitt 5.3.1.4 des Anhangs I der Richtlinie nicht überschreiten oder

l) in den Anwendungsbereich der Richtlinie 88/77/EWG in der Fassung der Richtlinie 1999/ 96/EG des Europäischen Parlaments und des Rates vom 13. Dezember 1999 (ABl. EG 2000 Nr. L 44 S. 1) fallen, den Vorschriften der Richtlinie entsprechen und bei den Emissionen der gasförmigen Schadstoffe und luftverunreinigenden Partikel die unter A (2000) oder B 1 (2005) oder B 2 (2008) oder unter C (EEV) der Tabellen 1 und 2 im Abschnitt 6.2.1 des Anhangs I der Richtlinie vorgeschriebenen Grenzwerte nicht überschreiten oder

m) in den Anwendungsbereich der Richtlinie 88/77/EWG in der Fassung der Richtlinie 2001/27/EG des Europäischen Parlaments und des Rates vom 10. April 2001 (ABl. EG Nr. L 107 S. 10) fallen, den Vorschriften der Richtlinie entsprechen und bei den Emissionen der gasförmigen Schadstoffe und luftverunreinigenden Partikel die unter A (2000) oder B 1 (2005) oder B 2 (2008) oder unter C (EEV) der Tabellen 1 und 2 im Abschnitt 6.2.1 des Anhangs I der Richtlinie 1999/96/EG des Europäischen Parla-

ments und des Rates vom 13. Dezember 1999 (ABl. EG 2000 Nr. L 44
S. 1) vorgeschriebenen Grenzwerte nicht überschreiten oder

n) die Anforderungen der Anlage XXIII der Straßenverkehrs-Zulassungs-
   Ordnung in der Fassung der Bekanntmachung vom 28. September 1988
   (BGBl. I S. 1793), zuletzt geändert durch die Verordnung vom 24. Mai
   2007 (BGBl. I S. 893), einhalten oder

o) nach den Bestimmungen der 52. Ausnahmeverordnung zur StVZO vom
   13. August 1996 (BGBl. I S. 1319), zuletzt geändert durch Artikel 1 der
   Verordnung vom 18. Februar 1998 (BGBl. I S. 390), nachgerüstet wurden
   oder

p) in den Anwendungsbereich der Richtlinie 70/220/EWG oder der Richtlinie
   2005/55/EG in der jeweils zuletzt geänderten, im Amtsblatt der Europäischen Union veröffentlichten Fassung fallen.

(3) Kraftfahrzeuge mit Antrieb ohne Verbrennungsmotor (z. B. Elektromotor,
Brennstoffzellenfahrzeuge) werden der Schadstoffgruppe 4 zugeordnet.

Anhang 3
(zu § 2 Abs. 3)

Ausnahmen von der Kennzeichnungspflicht nach § 2 Abs. 1

Folgende Kraftfahrzeuge sind von Verkehrsverboten nach § 40 Abs. 1 des Bundes-Immissionsschutzgesetzes auch dann ausgenommen, wenn sie nicht gemäß § 2
Abs. 1 mit einer Plakette gekennzeichnet sind:

1. mobile Maschinen und Geräte,

2. Arbeitsmaschinen,

3. land- und forstwirtschaftliche Zugmaschinen,

4. zwei- und dreirädrige Kraftfahrzeuge,

5. Krankenwagen, Arztwagen mit entsprechender Kennzeichnung »Arzt Notfall-
   einsatz« (gemäß § 52 Abs. 6 der Straßenverkehrs-Zulassungs-Ordnung),

6. Kraftfahrzeuge, mit denen Personen fahren oder gefahren werden, die außergewöhnlich gehbehindert, hilflos oder blind sind und dies durch die nach § 3
   Abs. 1 Nr. 1 bis 3 der Schwerbehindertenausweisverordnung im Schwerbe-
   hindertenausweis eingetragenen Merkzeichen »aG«, »H« oder »Bl« nachweisen,

7. Fahrzeuge, für die Sonderrechte nach § 35 der Straßenverkehrs-Ordnung in
   Anspruch genommen werden können,

8. Fahrzeuge nichtdeutscher Truppen von Nichtvertragsstaaten des Nordatlantik-
   paktes, die sich im Rahmen der militärischen Zusammenarbeit in Deutschland
   aufhalten, soweit sie für Fahrten aus dringenden militärischen Gründen genutzt werden,

9. zivile Kraftfahrzeuge, die im Auftrag der Bundeswehr genutzt werden, soweit
   es sich um unaufschiebbare Fahrten zur Erfüllung hoheitlicher Aufgaben der
   Bundeswehr handelt,

10. Oldtimer (gemäß § 2 Nr. 22 der Fahrzeug-Zulassungsverordnung), die ein Kennzeichen nach § 9 Abs. 1 oder § 17 der Fahrzeug-Zulassungsverordnung führen, sowie Fahrzeuge, die in einem anderen Mitgliedstaat der Europäischen Union, einer anderen Vertragspartei des Abkommens über den Europäischen Wirtschaftsraum oder der Türkei zugelassen sind, wenn sie gleichwertige Anforderungen erfüllen.

**Sechsunddreißigste Verordnung
zur Durchführung des Bundes-Immissionsschutzgesetzes
(Verordnung zur Durchführung der Regelungen der
Biokraftstoffquote – 36. BImSchV)**

Vom 29. Januar 2007 (BGBl. I S. 60)
(FNA 2129-8-36)
zuletzt geändert durch Art. 1 VO zur Bereinigung quotenrechtlicher Vorschriften und zur Umsetzung europarechtlicher Vorgaben zur Treibhausgas-Minderung von Biokraftstoffen
vom 4. April 2016 (BGBl. I S. 590, ber. BGBl. I S. 1318)

Inhaltsübersicht

§ 1	Einlagerer
§ 2	Ermittlung der für die Erfüllung der Quotenverpflichtung notwendigen Biokraftstoffmenge
§ 3	Erfüllung der Quotenverpflichtung
§ 4	Nachweis der Biokraftstoffeigenschaft
§ 5	Klimatisch abhängige Anforderungen und Prüfverfahren für beigemischte Fettsäuremethylester (FAME)
§ 6	Mitteilungspflichten des Dritten
§ 7	Bagatellgrenze
§ 8	Zuständige Stelle
§ 9	Tierische Fette und Öle
§ 10	Zugänglichkeit der DIN-Normen

§ 1 Einlagerer

[1]Dient das Steuerlager der Einlagerung von Energieerzeugnissen durch Dritte (Einlagerer) im Sinne des § 7 Absatz 4 Satz 1 des Energiesteuergesetzes, hat der Steuerlagerinhaber mit der monatlichen Energiesteueranmeldung die Einlagerer sowie die Energieerzeugnisse nach Art und zugehöriger Menge zu benennen. [2]Andernfalls ist davon auszugehen, dass die Voraussetzungen des § 37a Absatz 2 Satz 2 des Bundes-Immissionsschutzgesetzes in Verbindung mit § 7 Absatz 4 Satz 1 des Energiesteuergesetzes nicht erfüllt sind.

§ 2 Ermittlung der für die Erfüllung der Quotenverpflichtung notwendigen Biokraftstoffmenge

(1) [1]Der nach § 37a Absatz 1 Satz 1 und 2 in Verbindung mit § 37a Absatz 2 des Bundes-Immissionsschutzgesetzes Verpflichtete (Verpflichteter) hat mittels geeigneter Aufzeichnungen für das jeweilige Verpflichtungsjahr die Art und zugehörige Menge der von ihm in Verkehr gebrachten Kraftstoffe nachzuweisen, die nach § 2 Absatz 1 Nummer 1, 4 und, soweit Biomethan zur Anrechnung kommt, nach § 2 Absatz 1 Nummer 7 oder § 2 Absatz 2 Nummer 1 des Energiesteuergesetzes zu versteuern sind. [2]Er hat dabei insbesondere die Art und zugehörige Menge sowie die Treibhausgasemissionen der von ihm in Verkehr gebrachten Biokraftstoffe zu

erfassen. [3]Die Aufzeichnungen müssen so beschaffen sein, dass es einem
sachverständigen Dritten innerhalb einer angemessenen Frist möglich ist,
die Grundlagen für die Berechnung der für die Erfüllung der Quotenverpflichtung notwendigen Treibhausgasminderung festzustellen.
(2) [1]Soweit Kraftstoffe zu einem in § 37a Absatz 1 Satz 3 bis 10 des Bundes-Immissionsschutzgesetzes genannten Zweck abgegeben wurden, sind
auch hierüber Aufzeichnungen nach Absatz 1 Satz 1 zu führen. [2]Die Abgabe zu dem in Satz 1 genannten Zweck ist in geeigneter Form nachzuweisen.

§ 3 Erfüllung der Quotenverpflichtung

(1) Der Verpflichtete hat durch die in § 2 genannten Aufzeichnungen und
sonstige geeignete betriebliche Unterlagen die Erfüllung der Quotenverpflichtung nachzuweisen.
(2) [1]In den Fällen des § 37a Absatz 6 und 7 des Bundes-Immissionsschutzgesetzes hat der Dritte im Hinblick auf die von ihm in Verkehr gebrachten Biokraftstoffmengen die in § 2 genannten Aufzeichnungen zu
führen. [2]Absatz 1 gilt entsprechend. [3]Aus den Aufzeichnungen müssen für
jeden Verpflichteten die in Verkehr gebrachten Mengen Biokraftstoffe ersichtlich sein.
(3) Für die Mengen an Biokraftstoffen, für die eine Rückzahlung der
Steuerentlastung nach § 94 Abs. 5 der Energiesteuer-Durchführungsver-
ordnung durchgeführt wurde, gilt die Steuerentlastung als nicht beantragt
oder nicht gewährt im Sinne des § 37a Absatz 8 Satz 1 und § 37b Absatz 8
Satz 1 Nummer 4 des Bundes-Immissionsschutzgesetzes.

§ 4 Nachweis der Biokraftstoffeigenschaft

[1]Der Verpflichtete hat die Biokraftstoffeigenschaft nachzuweisen. [2]Der
Nachweis ist durch eine Herstellererklärung oder mit Zustimmung der
nach § 8 zuständigen Stelle in anderer geeigneter Form zu führen und
dieser auf Verlangen vorzulegen. [3]Als Herstellererklärung im Sinne von
Satz 2 gelten in Bezug auf die Biomasseeigenschaft im Sinne von § 37b
Absatz 1 des Bundes-Immissionsschutzgesetzes ab dem 1. Januar 2017
der Nachhaltigkeitsnachweis nach § 18 der Biokraftstoff-Nachhaltigkeitsverordnung und der Nachhaltigkeits-Teilnachweis nach § 24 der Biokraftstoff-Nachhaltigkeitsverordnung. [4]Daneben hat er auf Verlangen der nach
§ 8 zuständigen Stelle Proben zu entnehmen, diese auf die aus der Anlage
zu dieser Verordnung ersichtlichen Normparameter zu untersuchen und
der nach § 8 zuständigen Stelle die entsprechenden Analysezertifikate
oder Untersuchungsergebnisse vorzulegen. [5]Soweit Analysezertifikate
oder Untersuchungsergebnisse vorliegen, die auf Grund anderer rechtli-
cher Bestimmungen gefordert sind, können diese anerkannt werden.

§ 5 Klimatisch abhängige Anforderungen für beigemischte Fettsäu-
remethylester (FAME)

[1]Wird FAME Dieselkraftstoff beigemischt, gelten abweichend von § 37b
Absatz 2 des Bundes-Immissionsschutzgesetzes in Verbindung mit § 5 der
Verordnung über die Beschaffenheit und die Auszeichnung der Qualitäten
von Kraft- und Brennstoffen vom 8. Dezember 2010 (BGBl. I S. 1849),

die durch Artikel 1 der Verordnung vom 1. Dezember 2014 (BGBl. I
S. 1890) geändert worden ist, die in der DIN EN 14214, Ausgabe April
2010, im Nationalen Anhang NB unter Punkt 3 geregelten klimatisch
abhängigen Anforderungen für den FAME-Anteil mit der Maßgabe, dass
für den Zeitraum vom 16. November eines Jahres bis zum 28. Februar,
in Schaltjahren bis zum 29. Februar, des Folgejahres der CFPP-Wert
höchstens −10 °C beträgt; der FAME-Anteil muss jedoch so beschaffen
sein, dass durch Hinzufügung geeigneter Additive ein CFPP-Wert von
−20 °C erreicht werden könnte. [2]Der Verpflichtete hat dies der nach § 8
zuständigen Stelle auf deren Verlangen durch eine entsprechende Bescheinigung des Herstellers oder mit Zustimmung der nach § 8 zuständigen
Stelle in anderer geeigneter Form nachzuweisen.

§ 6 Mitteilungspflichten des Dritten
[1]Der Dritte hat der nach § 8 zuständigen Stelle die nach § 37c Absatz 1
Satz 4 bis 6 des Bundes-Immissionsschutzgesetzes erforderlichen Angaben bis zum 15. April des Jahres, das auf die Entstehung der Quotenverpflichtung folgt, mitzuteilen. [2]Auf Verlangen der nach § 8 zuständigen
Stelle ist diese Mitteilung durch die Vorlage der in § 3 Absatz 2 genannten
Aufzeichnungen zu belegen.

§ 7 Bagatellgrenze
[1]Die Verpflichtung nach § 37a Absatz 1 Satz 1 und 2 in Verbindung mit
§ 37a Absatz 3 und 4 des Bundes-Immissionsschutzgesetzes entsteht erst,
wenn im Laufe eines Verpflichtungsjahres insgesamt mindestens 5 000 Liter Otto- und Dieselkraftstoffe, die nach § 2 Absatz 1 Nummer 1 und 4
des Energiesteuergesetzes zu versteuern sind, in Verkehr gebracht werden.
[2]Satz 1 gilt entsprechend, wenn ausschließlich Ottokraftstoff oder ausschließlich Dieselkraftstoff in Verkehr gebracht wird.

§ 8 Zuständige Stelle
Zuständige Stelle im Sinne des § 37d Absatz 1 Satz 1 des Bundes-Immis-
sionsschutzgesetzes ist das Hauptzollamt Frankfurt (Oder), soweit diese
Verordnung nichts anderes bestimmt.

§ 9 Tierische Fette und Öle
(1) Biokraftstoffe, die zielgerichtet vollständig oder teilweise aus tierischen Fetten oder Ölen hergestellt werden, können nicht auf die Erfüllung
der Verpflichtung nach § 37a Absatz 1 Satz 1 und 2 in Verbindung mit
§ 37a Absatz 3 und 4 des Bundes-Immissionsschutzgesetzes angerechnet
werden.
(2) [1]Sofern Biokraftstoffe aus pflanzlichen Rohstoffen hergestellt wurden,
die nicht gewollte, nicht zu vermeidende unwesentliche Verunreinigungen
mit tierischen Fetten und Ölen enthalten, finden die Vorgaben von § 37b
Absatz 8 Satz 1 Nummer 3 des Bundes-Immissionsschutzgesetzes in Bezug auf diese Biokraftstoffe keine Anwendung. [2]Eine nicht zu vermeidende unwesentliche Verunreinigung besteht, wenn die Verunreinigung
mengenmäßig nur geringfügig ist und nicht oder nur mit erheblichem Aufwand beseitigt werden könnte.

(3) Sofern Biokraftstoffe aus pflanzlichen Fetten oder Ölen, die zum Braten oder Frittieren von Speisen verwendet worden sind, hergestellt wurden, die in Folge ihrer üblichen Verwendung zum Frittieren oder Braten von tierischen Produkten einen Anteil an tierischen Fetten oder Ölen enthalten, finden die Vorgaben von § 37b Absatz 8 Satz 1 Nummer 3 des Bundes-Immissionsschutzgesetzes in Bezug auf diese Biokraftstoffe keine Anwendung.

(4) [1]Sofern Biokraftstoffe durch anaerobe Vergärung

1. von Abfällen, die tierische Fette oder Öle enthalten, und die unter die Abfallschlüssel 02 01 06, 02 02 04, 02 05 02, 02 06 01, 02 06 03, 07 01 99, 19 08 09, 20 01 08, 20 01 25 oder 20 03 02 der Anlage der Abfallverzeichnis-Verordnung vom 10. Dezember 2001 (BGBl. I S. 3379), die zuletzt durch Artikel 1 der Verordnung vom 4. März 2016 (BGBl. I S. 382) geändert worden ist, fallen, oder

2. von getrennt erfassten Bioabfällen, die tierische Fette oder Öle enthalten, im Sinne des § 2 Nummer 1 in Verbindung mit Anhang 1 Nummer 1 Buchstabe a Spalte 2 und 3 der Bioabfallverordnung in der Fassung der Bekanntmachung vom 4. April 2014 (BGBl. I S. 658), die durch Artikel 5 der Verordnung vom 5. Dezember 2013 (BGBl. I S. 4043) geändert worden ist, zum Abfallschlüssel 20 03 01 der Anlage der Abfallverzeichnis-Verordnung

hergestellt worden sind und der Betrieb, in dem die Stoffe angefallen sind, nachweislich kein Entgelt für die Abgabe dieser Stoffe erhalten hat, finden die Vorgaben von § 37b Absatz 8 Satz 1 Nummer 3 des Bundes-Immissionsschutzgesetzes in Bezug auf diese Biokraftstoffe keine Anwendung. [2]Satz 1 gilt nur, sofern die tierischen Fette oder Öle den Abfällen oder den getrennt erfassten Bioabfällen nicht zielgerichtet zum Zwecke der Anrechenbarkeit zugefügt wurden. [3]Die Einhaltung der Voraussetzungen nach den Sätzen 1 und 2 ist durch eine Herstellererklärung im Nachweis nach § 14 der Biokraftstoff-Nachhaltigkeitsverordnung nachzuweisen. [4]Die nach § 8 Halbsatz 1 zuständige Stelle, die Zertifizierungsstelle, die ihr das Zertifikat nach § 25 der Biokraftstoff-Nachhaltigkeitsverordnung ausgestellt hat, sowie die Bundesanstalt für Landwirtschaft und Ernährung können verlangen, dass der Betreiber der Biogasanlage ihnen innerhalb einer angemessenen Frist Belege über die Einhaltung der Voraussetzungen nach den Sätzen 1 und 2 zur Verfügung stellt.

§ 10 Zugänglichkeit der DIN-Normen

DIN-Normen, auf die in dieser Verordnung verwiesen wird, sind im Beuth Verlag GmbH, Berlin, erschienen und in der Deutschen Nationalbibliothek archivmäßig gesichert hinterlegt.

Anlage
(zu § 4)

Nachweis der Einhaltung der Normen

Auf Verlangen der nach § 8 zuständigen Stelle hat der Verpflichtete Proben auf folgende Parameter der jeweils für das Energieerzeugnis gemäß § 37b des Bundes-Immissionsschutzgesetzes in Verbindung mit den Vorschriften der Verordnung über die Beschaffenheit und die Auszeichnung der Qualitäten von Kraft- und Brennstoffen geltenden Norm zu untersuchen:

Energieerzeugnis	Normparameter
Fettsäuremethylester	Dichte bei 15 °C
	Schwefelgehalt
	Wassergehalt
	Monoglycerid-Gehalt
	Diglycerid-Gehalt
	Triglycerid-Gehalt
	Gehalt an freiem Glycerin
	Gehalt an Alkali
	Gehalt an Erdalkali
	Phosphorgehalt
	CFPP
	Jodzahl
Pflanzenölkraftstoff – Rapsöl – Pflanzenölkraftstoff – alle Saaten –	Dichte bei 15 Grad Celsius
	Schwefelgehalt
	Wassergehalt
	Säurezahl
	Phosphorgehalt
	Magnesiumgehalt
	Calciumgehalt
	Jodzahl
Ethanolkraftstoff (E 85)	Ethanolgehalt
	Wassergehalt
	Methanol
	Ethergehalt (5 oder mehr C-Atome)
	Höhere Alkohole C3-C5
Bioethanol	Ethanolgehalt
	Wassergehalt

**Siebenunddreißigste Verordnung
zur Durchführung des Bundes-Immissionsschutzgesetzes
(Verordnung zur Anrechnung von strombasierten Kraftstoffen
und mitverarbeiteten biogenen Ölen auf die Treibhausgasquote
– 37. BImSchV)**

Vom 15. Mai 2017 (BGBl. I S. 1195)
(FNA 2129-8-37)

Teil 1
Allgemeine Bestimmungen

§ 1 Anwendungsbereich
Diese Verordnung regelt die Anrechnung von strombasierten Kraftstoffen
und mitverarbeiteten biogenen Ölen auf die gesetzliche Verpflichtung zur
Minderung der Treibhausgasemissionen nach § 37a Absatz 1 Satz 1 und 2
in Verbindung mit Absatz 4 des Bundes-Immissionsschutzgesetzes.

§ 2 Begriffsbestimmungen
(1) Hersteller ist der Betreiber der Anlage zur Herstellung von Kraftstoffen nach Anlage 1.
(2) [1]Erneuerbare Energien nicht-biogenen Ursprungs sind erneuerbare
Energien im Sinne des Erneuerbare-Energien-Gesetzes vom 21. Juli 2014
(BGBl. I S. 1066), das durch Artikel 2 des Gesetzes vom 22. Dezember
2016 (BGBl. I S. 3106) geändert worden ist. [2]Dazu gehört nicht Energie
aus Biomasse einschließlich Biogas, Biomethan, Deponiegas und Klärgas
sowie aus dem biologisch abbaubaren Anteil von Abfällen aus Haushalten
und Industrie.
(3) Erneuerbare Kraftstoffe nicht-biogenen Ursprungs sind Kraftstoffe
nach Anlage 1 Buchstabe a und b.
(4) Biokraftstoffquotenstelle ist die zuständige Stelle nach § 8 der Verordnung zur Durchführung der Regelungen der Biokraftstoffquote vom
29. Januar 2007 (BGBl. I S. 60), die zuletzt durch Artikel 1 der Verordnung vom 4. April 2016 (BGBl. I S. 590, 1318) geändert worden ist, in der
jeweils geltenden Fassung.

Teil 2
Anrechnung strombasierter Kraftstoffe

§ 3 Anrechnungsvoraussetzungen
(1) [1]Die Verpflichtung zur Minderung der Treibhausgasemissionen nach
§ 37a Absatz 1 Satz 1 und 2 in Verbindung mit Absatz 4 des Bundes-
Immissionsschutzgesetzes kann durch Inverkehrbringen von Kraftstoffen
nach Anlage 1 erfüllt werden. [2]Kraftstoffe nach Anlage 1 gelten durch
Abgabe an den Letztverbraucher zur Verwendung im Straßenverkehr als in
den Verkehr gebracht im Sinne des § 37a Absatz 1 Satz 1 und 2 des Bundes-Immissionsschutzgesetzes, soweit diese Kraftstoffe keine Energieerzeugnisse nach § 1 Absatz 2 und 3 des Energiesteuergesetzes vom 15. Juli
2006 (BGBl. I S. 1534; 2008 I S. 660, 1007), das zuletzt durch Artikel 10

des Gesetzes vom 3. Dezember 2015 (BGBl. I S. 2178) geändert worden ist, in der jeweils geltenden Fassung sind. [3]In diesem Fall ist Verpflichteter oder Dritter im Sinne des § 37a Absatz 6 des Bundes-Immissionsschutzgesetzes die Person, in deren Namen und auf deren Rechnung die Abgabe an den Letztverbraucher erfolgt.

(2) [1]Die Treibhausgasemissionen der Kraftstoffe nach Anlage 1 berechnen sich durch Multiplikation der vom Verpflichteten in Verkehr gebrachten energetischen Menge des jeweiligen Kraftstoffs mit dem Wert für dessen spezifische Treibhausgasemissionen nach Anlage 1 und dem jeweils geltenden Anpassungsfaktor für die Antriebseffizienz nach Anlage 2. [2]Für die spezifischen Treibhausgasemissionen von erneuerbaren Kraftstoffen nicht-biogenen Ursprungs ist der in Anlage 1 festgelegte Wert nur dann zugrunde zu legen, sofern ausschließlich Strom aus erneuerbaren Energien nicht-biogenen Ursprungs für die Herstellung dieser Kraftstoffe eingesetzt wurde. [3]Diese Voraussetzung ist erfüllt, wenn der Strom aus erneuerbaren Energien nicht-biogenen Ursprungs

1. nicht aus dem Netz nach § 3 Nummer 35 des Erneuerbare-Energien-Gesetzes entnommen wurde, sondern direkt von einer Stromerzeugungsanlage nach § 61a Nummer 2 des Erneuerbare-Energien-Gesetzes bezogen wird oder

2. aus einem Netz nach § 3 Nummer 35 des Erneuerbare-Energien-Gesetzes entnommen worden ist und

   a) sich die Anlage zur Herstellung der Kraftstoffe zum Zeitpunkt der Herstellung im Netzausbaugebiet nach § 36c Absatz 1 des Erneuerbare-Energien-Gesetzes befindet und

   b) die Anlage zur Herstellung der Kraftstoffe ausschließlich auf Grundlage eines Vertrages nach § 13 Absatz 6 des Energiewirtschaftsgesetzes vom 7. Juli 2005 (BGBl. I S. 1970, 3621), das zuletzt durch Artikel 3 des Gesetzes vom 22. Dezember 2016 geändert worden ist, betrieben wird.

[4]Aus dem Netz nach § 3 Nummer 35 des Erneuerbare-Energien-Gesetzes entnommener Strom, der ausschließlich dazu verwendet wird, die Anlage im Notfall herunterzufahren, steht einer Berücksichtigung des Wertes nach Satz 2 nicht entgegen, auch wenn für diesen Strom die Voraussetzungen nach Satz 3 nicht erfüllt sind.

(3) Der Wert für die spezifischen Treibhausgasemissionen nach Anlage 1 wird für erneuerbare Kraftstoffe nicht-biogenen Ursprungs, die vor dem 1. Januar 2021 in Verkehr gebracht werden und in Anlagen hergestellt wurden, die diese Kraftstoffe erstmals vor dem 25. April 2015 produziert haben, abweichend von Absatz 2 auch dann herangezogen, wenn der Strom aus dem Netz nach § 3 Nummer 35 des Erneuerbare-Energien-Gesetzes entnommen wurde.

(4) Erneuerbare Kraftstoffe nicht-biogenen Ursprungs sind unter den Voraussetzungen der Absätze 1 bis 3 auch dann anrechenbar, wenn sie vor der Mitteilung nach § 5 Absatz 2 Satz 2 und § 7 Absatz 1 Satz 4 hergestellt worden sind, aber erst danach in Verkehr gebracht wurden.

(5) [1]Für die Anrechnung nach Absatz 1 ist § 37a Absatz 4 Satz 3 bis 5, 9 und 10, Absatz 6 bis 8 des Bundes-Immissionsschutzgesetzes entsprechend anzuwenden, soweit diese Verordnung keine anderen Bestimmungen trifft. [2]§ 44b Absatz 5 des Erneuerbare-Energien-Gesetzes ist entsprechend anzuwenden.

§ 4 Nachweise durch den Verpflichteten

(1) [1]Der Verpflichtete hat der Biokraftstoffquotenstelle Nachweise über die Herkunft der Kraftstoffe nach Anlage 1 im Zusammenhang mit der Mitteilung nach § 37c des Bundes-Immissionsschutzgesetzes vorzulegen. [2]Der Verpflichtete legt zusätzlich die Kaufverträge über die genaue energetische Menge der Kraftstoffe sowie eine Erklärung des Herstellers über Ort und Zeitpunkt der Herstellung der Kraftstoffe vor, jeweils differenziert nach Kraftstoffen entsprechend der Anlage 1.

(2) [1]Der Verpflichtete hat durch geeignete Aufzeichnungen für das jeweilige Verpflichtungsjahr die Art und zugehörige Menge der von ihm in Verkehr gebrachten Kraftstoffe nachzuweisen, die nach § 2 Absatz 1 Nummer 7 oder § 2 Absatz 2 Nummer 1 des Energiesteuergesetzes zu versteuern sind oder die er nach § 3 Absatz 1 Satz 2 an den Letztverbraucher abgegeben hat. [2]Der Verpflichtete hat dabei insbesondere die Art und zugehörige Menge sowie die Treibhausgasemissionen der von ihm in Verkehr gebrachten Kraftstoffe nach Anlage 1 zu erfassen. [3]Auf Grundlage der Aufzeichnungen muss es einem sachverständigen Dritten innerhalb einer angemessenen Frist möglich sein, die Grundlagen für die Berechnung der Treibhausgasminderung festzustellen.

(3) § 37c Absatz 1 Satz 1 und 3 bis 6, Absatz 3 Satz 4 und 5 und Absatz 5 des Bundes-Immissionsschutzgesetzes sowie § 3 Absatz 2 und § 6 der Verordnung zur Durchführung der Regelungen der Biokraftstoffquote sind entsprechend anzuwenden, soweit diese Verordnung nichts anderes bestimmt.

§ 5 Spezifische Nachweise für netzentkoppelte Anlagen

(1) [1]Der Hersteller legt dem Umweltbundesamt zum Nachweis der Anrechnungsvoraussetzungen nach § 3 Absatz 2 Satz 3 Nummer 1 Unterlagen vor, aus denen hervorgeht:

1. für welche Anlage die Regelung nach § 3 Absatz 2 Satz 3 Nummer 1 in Anspruch genommen werden soll,
2. der Standort der Anlage,
3. wie hoch die jährliche Produktionskapazität der Anlage ist,
4. aus welchen Stromerzeugungsanlagen der Strom, der für die Herstellung des erneuerbaren Kraftstoffs nicht-biogenen Ursprungs eingesetzt wird, stammt und
5. wie sichergestellt wird, dass der Strom aus erneuerbaren Energien nicht-biogenen Ursprungs nicht aus dem Netz nach § 3 Nummer 35 des Erneuerbare-Energien-Gesetzes entnommen wird.

[2]Sofern der Hersteller von der Regelung nach § 3 Absatz 4 Gebrauch machen will, muss aus den Unterlagen ersichtlich sein, ab welchem Zeitpunkt der Herstellung der Kraftstoffe die Voraussetzungen nach § 3 Absatz 2

Satz 3 Nummer 1 erfüllt sind. [3]Änderungen zu den nach Satz 1 vorgelegten Unterlagen sind dem Umweltbundesamt durch den Hersteller unverzüglich mitzuteilen.

(2) [1]Das Umweltbundesamt prüft anhand der vorgelegten Unterlagen und,
soweit erforderlich, vor Ort, ob die Angaben richtig und die Anrechnungsvoraussetzungen erfüllt sind. [2]Das Umweltbundesamt teilt das Ergebnis der Prüfungen der Biokraftstoffquotenstelle sowie dem Hersteller
mit. [3]Die Mitteilung enthält für jede Anlage das Datum der Herstellung der
Kraftstoffe, ab dem eine Anrechnung der erneuerbaren Kraftstoffe nicht-
biogenen Ursprungs erfolgen kann.

(3) [1]Der Hersteller legt dem Umweltbundesamt jährlich spätestens bis
zum 31. Januar vor:

1　Aufzeichnungen über die im vorangegangenen Kalenderjahr herge-
　　stellte energetische Menge der Kraftstoffe nach Anlage 1 und
2.　eine Dokumentation der Notfälle nach § 3 Absatz 2 Satz 4.

[2]Abweichend von Satz 1 kann der Hersteller die Unterlagen auch für kürzere Zeiträume vorlegen.

(4) [1]Das Umweltbundesamt prüft anhand der nach Absatz 3 vorgelegten
Unterlagen und, soweit erforderlich, vor Ort, ob die Angaben zutreffend
und die Anrechnungsvoraussetzungen erfüllt sind. [2]Das Umweltbundesamt informiert spätestens sechs Wochen nach Vorlage der Unterlagen sowohl die Biokraftstoffquotenstelle als auch den Hersteller über das Ergebnis der Prüfung und teilt dabei mit, welche Kraftstoffe die Anforderungen
von § 3 Absatz 2 Satz 3 erfüllen.

§ 6 Spezifische Nachweise bei Vermeidung der Reduzierung der Einspeiseleistung von Anlagen zur Erzeugung von erneuerbarem Strom

(1) [1]Der Hersteller legt der Bundesnetzagentur zum Nachweis der Anrechnungsvoraussetzungen nach § 3 Absatz 2 Satz 3 Nummer 2 Unterlagen vor, aus denen hervorgeht:

1.　für welche Anlage die Regelung nach § 3 Absatz 2 Satz 3 Nummer 2
　　in Anspruch genommen werden soll,
2.　der Standort der Anlage,
3.　wie hoch die jährliche Produktionskapazität der Anlage ist,
4.　dass sich die Anlage nach Nummer 1 im Netzausbaugebiet nach § 36c
　　Absatz 1 des Erneuerbare-Energien-Gesetzes befindet, und
5.　die vertragliche Vereinbarung nach § 3 Absatz 2 Satz 3 Nummer 2
　　Buchstabe b.

[2]Änderungen zu den vorgelegten Unterlagen hat der Hersteller der Bundesnetzagentur unverzüglich mitzuteilen.

(2) [1]Der Hersteller legt der Bundesnetzagentur jährlich spätestens bis zum
31. Januar vor:

1.　Aufzeichnungen über die im vorangegangenen Kalenderjahr herge-
　　stellte energetische Menge der Kraftstoffe nach Anlage 1 im Zeitver-
　　lauf und
2.　eine Bescheinigung des Netzbetreibers, an den die Anlage zur Her-
　　stellung der erneuerbaren Kraftstoffe nicht-biogenen Ursprungs ange-

schlossen ist, über die im vorangegangenen Kalenderjahr von der Anlage bezogene Strommenge. [2]Abweichend von Satz 1 kann der Hersteller die Unterlagen auch für kürzere Zeiträume vorlegen.

(3) [1]Die Bundesnetzagentur überwacht die Einhaltung der Anrechnungsvoraussetzungen im Rahmen der Überwachung der Vorgaben des § 13 Absatz 6 des Energiewirtschaftsgesetzes. [2]Die Bundesnetzagentur informiert spätestens sechs Wochen nach Vorlage der Unterlagen sowohl die Biokraftstoffquotenstelle als auch den Hersteller über das Ergebnis der Prüfung und teilt mit, welche Kraftstoffe die Anforderungen von § 3 Absatz 2 Satz 3 Nummer 2 erfüllen.

§ 7 Spezifische Nachweise für Bestandsanlagen

(1) Der Hersteller legt dem Umweltbundesamt zum Nachweis der Anrechnungsvoraussetzungen nach § 3 Absatz 3 Unterlagen vor, aus denen Folgendes hervorgeht:

1. für welche Anlage die Regelung nach § 3 Absatz 3 in Anspruch genommen werden soll,
2. der Standort der Anlage,
3. wie hoch die jährliche Produktionskapazität der Anlage ist und
4. zu welchem Zeitpunkt die Produktion des erneuerbaren Kraftstoffs nicht-biogenen Ursprungs aufgenommen wurde.

(2) [1]Das Umweltbundesamt prüft auf Grund der vorgelegten Unterlagen und, soweit erforderlich, vor Ort, ob die Angaben richtig und die Anrechnungsvoraussetzungen erfüllt sind. [2]Das Umweltbundesamt teilt das Ergebnis der Prüfungen der Biokraftstoffquotenstelle sowie dem Hersteller mit.

(3) [1]Der Hersteller legt dem Umweltbundesamt jährlich spätestens bis zum 31. Januar vor:

1. Aufzeichnungen über die im vorangegangenen Kalenderjahr hergestellte energetische Menge der Kraftstoffe nach Anlage 1 und
2. eine Bescheinigung des Netzbetreibers, an den die Anlage zur Herstellung des erneuerbaren Kraftstoffs nicht-biogenen Ursprungs angeschlossen ist, über die im vorangegangenen Kalenderjahr von der Anlage bezogene Strommenge.

[2]Abweichend von Satz 1 kann der Hersteller die Unterlagen auch für kürzere Zeiträume vorlegen.

(4) [1]Das Umweltbundesamt prüft auf Grund der Unterlagen und, soweit erforderlich, vor Ort, ob die Angaben des Herstellers richtig und die Anrechnungsvoraussetzungen erfüllt sind. [2]Das Umweltbundesamt informiert spätestens sechs Wochen nach Vorlage der Unterlagen nach Absatz 3 die Biokraftstoffquotenstelle sowie den Hersteller über das Ergebnis der Prüfung und teilt dabei mit, bei welchen Kraftstoffen die Voraussetzungen nach § 3 Absatz 3 erfüllt sind.

§ 8 Überprüfungsersuchen

(1) [1]Stellt die Biokraftstoffquotenstelle anhand vorliegender Unterlagen Unregelmäßigkeiten fest, die eine Überprüfung durch das Umweltbundes-

amt erforderlich machen, stellt die Biokraftstoffquotenstelle ein Überprüfungsersuchen beim Umweltbundesamt. [2]Das Umweltbundesamt teilt der Biokraftstoffquotenstelle das Ergebnis seiner Überprüfung in angemessener Frist mit.

(2) [1]Stellt die Biokraftstoffquotenstelle anhand vorliegender Unterlagen Unregelmäßigkeiten fest, die eine Überprüfung durch die Bundesnetzagentur erforderlich machen, stellt die Biokraftstoffquotenstelle ein Überprüfungsersuchen bei der Bundesnetzagentur. [2]Die Bundesnetzagentur teilt der Biokraftstoffquotenstelle das Ergebnis seiner Überprüfung in angemessener Frist mit.

§ 9 Bericht

Das Umweltbundesamt veröffentlicht jährlich einen Bericht über die Anrechnung erneuerbarer Kraftstoffe nicht-biogenen Ursprungs auf die Verpflichtung zur Minderung von Treibhausgasemissionen nach § 37a Absatz 1 Satz 1 und 2 in Verbindung mit Absatz 4 des Bundes-Immissionsschutzgesetzes im vorangegangen Verpflichtungsjahr.

Teil 3
Mitverarbeitete biogene Öle

§ 10 Anrechnung von mitverarbeiteten biogenen Ölen auf die Treibhausgasquote

(1) [1]Abweichend von § 37b Absatz 5 Satz 1 des Bundes-Immissionsschutzgesetzes sind hydrierte biogene Öle auch dann Biokraftstoffe, wenn sie in einem raffinerietechnischen Verfahren gemeinsam mit mineralölstämmigen Ölen hydriert worden sind. [2]§ 37b Absatz 5 Satz 2 gilt entsprechend.

(2) [1]Abweichend von § 37b Absatz 8 Satz 1 Nummer 1 des Bundes-Immissionsschutzgesetzes können biogene Öle, die in einem raffinerietechnischen Verfahren gemeinsam mit mineralölstämmigen Ölen hydriert worden sind, bis zum Verpflichtungsjahr 2020 auf die Verpflichtungen nach § 37a Absatz 1 Satz 1 und 2 in Verbindung mit Absatz 4 des Bundes-Immissionsschutzgesetzes angerechnet werden, soweit die landwirtschaftlichen Rohstoffe, die bei der Herstellung von biogenen Ölen verwendet werden sollen, nachhaltig erzeugt worden sind. [2]Anrechenbar ist ausschließlich der Anteil der biogenen Öle, der als Bestandteil des Kraftstoffs in Verkehr gebracht wird.

(3) § 37b Absatz 8 Satz 1 Nummer 3 des Bundes-Immissionsschutzgesetzes in Verbindung mit § 9 der Verordnung zur Durchführung der Regelungen der Biokraftstoffquote bleibt unberührt.

§ 11 Nachweis für mitverarbeitete biogene Öle

[1]Vom Verpflichteten ist die Menge der in Verkehr gebrachten hydrierten biogenen Öle, die in einem raffinerietechnischen Verfahren gemeinsam mit mineralölstämmigen Ölen erzeugt wurde, gegenüber der Biokraftstoffquotenstelle im Zusammenhang mit der Mitteilung nach § 37c des Bundes-Immissionsschutzgesetzes nachzuweisen. [2]Als Nachweise sind Analysezertifikate nach DIN 51637, Ausgabe Februar 2014, in Kombination

mit den Aufzeichnungen nach § 2 der Verordnung zur Durchführung der
Regelungen der Biokraftstoffquote vorzulegen.

Teil 4
Zugänglichkeit der DIN-Normen
§ 12 Zugänglichkeit der DIN-Normen
DIN-Normen, auf die in dieser Verordnung verwiesen wird, sind im Beuth
Verlag GmbH erschienen und in der Deutschen Nationalbibliothek archiv-
mäßig gesichert.

Teil 5
Schlussbestimmung
§ 13 (Inkrafttreten)

Anlage 1
(zu § 3)

Treibhausgasemissionen strombasierter Kraftstoffe

Die Treibhausgasemissionen sind:

	Kraftstoff	Rohstoffquelle und Verfahren	Spezifische Treibhausgasemissionen (in kg CO_2Äq pro GJ)
a)	Komprimiertes synthetisches Methan	Sabatier-Prozess mit Wasserstoff aus der durch nicht-biogene erneuerbare Energien gespeisten Elektrolyse	3,3
b)	Komprimierter Wasserstoff in einer Brennstoffzelle	Vollständig durch nicht-biogene erneuerbare Energien gespeisten Elektrolyse	9,1
c)	Komprimierter Wasserstoff in einer Brennstoffzelle	Vollständig durch aus Kohle gewonnenem Strom gespeiste Elektrolyse	234,4
d)	Komprimierter Wasserstoff in einer Brennstoffzelle	Vollständig durch aus Kohle gewonnenem Strom gespeiste Elektrolyse, sofern bei der Gewinnung der Kohle das CO_2 aus Prozessemissionen abgeschieden und gespeichert worden ist	52,7

Anlage 2
(zu § 3)

Anpassungsfaktoren für die Antriebseffizienz

Die Anpassungsfaktoren für die Antriebseffizienz sind:

Vorherrschende Umwandlungstechnologie	Anpassungsfaktoren für die Antriebseffizienz
Verbrennungsmotor	1
Wasserstoffzellengestützter Elektroantrieb	0,4

**Achtunddreißigste Verordnung
zur Durchführung des Bundes-Immissionsschutzgesetzes
(Verordnung zur Festlegung weiterer Bestimmungen zur
Treibhausgasminderung bei Kraftstoffen – 38. BImSchV)**

Vom 8. Dezember 2017 (BGBl. I S. 3892)
(FNA 2129-8-38-1)

geändert durch Art. 1 ÄndVO vom 21. Mai 2019 (BGBl. I S. 742)

Inhaltsübersicht

Teil 1
Allgemeine Bestimmungen
§ 1   Anwendungsbereich
§ 2   Begriffsbestimmungen

Teil 2
**Berechnung der Treibhausgasemissionen und weitere Optionen zur Erfüllung
der Verpflichtung zur Minderung der Treibhausgasemissionen**

Abschnitt 1
Allgemeine Bestimmungen zur Berechnung
§ 3   Basiswert
§ 4   Erweiterung der Definition der Biokraftstoffe
§ 4a   Regelungen für die Verpflichtungsjahre 2019 bis 2021

Abschnitt 2
Straßenfahrzeuge mit Elektroantrieb
§ 5   Anrechnung von in Straßenfahrzeugen mit Elektroantrieb genutztem
          elektrischem Strom
§ 6   Energetische Menge des elektrischen Stroms aus öffentlich zugänglichen
          Ladepunkten
§ 7   Energetische Menge des elektrischen Stroms in anderen Fällen
§ 8   Mitteilung der energetischen Menge
§ 9   Nachweis durch den Verpflichteten

Abschnitt 3
Kraftstoffe fossilen Ursprungs
§ 10   Treibhausgasemissionen von fossilen Otto- und Dieselkraftstoffen
§ 11   Treibhausgasemissionen von weiteren fossilen Kraftstoffen

Abschnitt 4
Biokraftstoffe
§ 12   Biogenes Flüssiggas
§ 12a   Verflüssigtes Biomethan

Teil 3
Indirekte Landnutzungsänderungen
§ 13   Obergrenze für konventionelle Biokraftstoffe
§ 14   Mindestanteil fortschrittlicher Kraftstoffe

§ 15   Nachweis der Einhaltung der Regelungen zu indirekten
         Landnutzungsänderungen

Teil 4
Berichtspflichten
§ 16   Berichte über in Verkehr gebrachte Kraftstoffe und Energieerzeugnisse
§ 17   Angabe des Ursprungs
§ 18   Angabe des Erwerbsortes
§ 19   Sonderregelungen für kleine und mittlere Unternehmen

Teil 5
Zuständigkeit
§ 20   Zuständige Stellen

Teil 6
Übergangs- und Schlussbestimmungen
§ 21   Übergangsbestimmung
§ 22   Inkrafttreten
Anlage 1   Rohstoffe für die Herstellung von Biokraftstoffen nach § 2 Absatz 6
           Nummer 1
Anlage 2   reibhausgasemissionen fossiler Kraftstoffe
Anlage 3   Anpassungsfaktoren für die Antriebseffizienz
Anlage 4   Rohstoffe für die Herstellung von Biokraftstoffen nach § 1 Absatz 2

Teil 1
Allgemeine Bestimmungen
§ 1 Anwendungsbereich

(1) Diese Verordnung regelt Modalitäten zur Erfüllung der Verpflichtung zur Minderung der Treibhausgasemissionen nach § 37a Absatz 1 Satz 1 und 2 in Verbindung mit § 37a Absatz 4 des Bundes-Immissionsschutzgesetzes und zu den Berichtspflichten nach § 37f des Bundes-Immissionsschutzgesetzes.

(2) ¹Die Verordnung dient auch dazu, den Anteil erneuerbarer Energien am Endenergieverbrauch im Verkehrssektor bis zum Jahr 2020 auf mindestens 10 Prozent zu erhöhen. ²Für die Zwecke dieses Absatzes gilt Folgendes:

1. Bei der Berechnung des Endenergieverbrauchs im Verkehrssektor werden nur Ottokraftstoff, Dieselkraftstoff, im Straßenverkehr und im Schienenverkehr verbrauchter Biokraftstoff und Elektrizität, einschließlich der Elektrizität, die für die Herstellung von im Verkehrssektor eingesetzten flüssigen oder gasförmigen erneuerbaren Kraftstoffen nicht biogenen Ursprungs verwendet wird, berücksichtigt.

2. Bei der Berechnung des Zählers, das heißt der Menge der im Verkehrssektor verbrauchten Energie aus erneuerbaren Quellen, werden alle Arten von Energie aus erneuerbaren Quellen, die bei allen Verkehrsträgern verbraucht werden, berücksichtigt.

3. Bei der Berechnung des Beitrags von Elektrizität, die aus erneuerbaren Energiequellen erzeugt und in allen Arten von Fahrzeugen mit Elektroantrieb und bei der Herstellung von im Verkehrssektor ein-

gesetzten flüssigen oder gasförmigen erneuerbaren Kraftstoffen nicht biogenen Ursprungs verbraucht wird, wird der durchschnittliche Anteil von Elektrizität aus erneuerbaren Energiequellen in der Bundesrepublik Deutschland, gemessen zwei Jahre vor dem jeweiligen Jahr, zugrunde gelegt. Darüber hinaus wird bei der Berechnung der Elektrizitätsmenge, die aus erneuerbaren Energiequellen erzeugt und im elektrifizierten Schienenverkehr verbraucht wird, dieser Verbrauch als der 2,5fache Energiegehalt der zugeführten Elektrizität aus erneuerbaren Energiequellen angesetzt. Bei der Berechnung der Elektrizitätsmenge, die aus erneuerbaren Energiequellen erzeugt und in Straßenfahrzeugen mit Elektroantrieb verbraucht wird, wird dieser Verbrauch als der fünffache Energiegehalt der zugeführten Elektrizität aus erneuerbaren Energiequellen angesetzt.

4. Bei der Berechnung der Biokraftstoffe im Zähler darf der Anteil von Energie aus Biokraftstoffen, die aus Getreide und sonstigen Kulturpflanzen mit hohem Stärkegehalt, Zuckerpflanzen, Ölpflanzen und aus als Hauptkulturen vorrangig für die Energiegewinnung auf landwirtschaftlichen Flächen angebauten Pflanzen hergestellt werden, höchstens 6,5 Prozent des Endenergieverbrauchs im Verkehrssektor im Jahr 2020 betragen. Biokraftstoffe, die aus den in den Anlagen 1 und 4 aufgeführten Rohstoffen hergestellt werden, werden nicht auf diesen Grenzwert angerechnet.

5. Biokraftstoffe, die aus den in den Anlagen 1 und 4 aufgeführten Rohstoffen hergestellt werden, werden für die Zwecke der Einhaltung des in Satz 1 genannten Ziels mit dem Doppelten ihres Energiegehalts angerechnet.

§ 2 Begriffsbestimmungen

(1) Stromanbieter ist jedes Energieversorgungsunternehmen im Sinne des § 3 Nummer 18 des Energiewirtschaftsgesetzes vom 7. Juli 2005 (BGBl. I S. 1970, 3621), das zuletzt durch Artikel 2 Absatz 6 des Gesetzes vom 20. Juli 2017 (BGBl. I S. 2808; 2018 I S. 472) geändert worden ist, das elektrischen Strom an Letztverbraucher liefert.

(2) Ein Straßenfahrzeug mit Elektroantrieb ist ein reines Batterieelektrofahrzeug oder ein von außen aufladbares Hybridelektrofahrzeug im Sinne des § 2 Nummer 1 der Ladesäulenverordnung vom 9. März 2016 (BGBl. I S. 457), die durch Artikel 1 der Verordnung vom 1. Juni 2017 (BGBl. I S. 1520) geändert worden ist, in der jeweils geltenden Fassung.

(3) Ein reines Batterieelektrofahrzeug ist ein Kraftfahrzeug im Sinne des § 2 Nummer 2 der Ladesäulenverordnung.

(4) [1]Konventionelle Biokraftstoffe sind Biokraftstoffe, die hergestellt worden sind aus

1. Getreide und sonstigen Kulturpflanzen mit hohem Stärkegehalt,
2. Zuckerpflanzen,
3. Ölpflanzen und
4. Pflanzen, die als Hauptkulturen vorrangig für die Energiegewinnung auf landwirtschaftlichen Flächen angebaut werden.

[2]Kraftstoffe nach Absatz 6 sind keine konventionellen Biokraftstoffe.

(5) Erneuerbare Energien sind

1. Wasserkraft einschließlich der Wellen-, Gezeiten-, Salzgradienten- und Strömungsenergie,
2. Windenergie,
3. solare Strahlungsenergie,
4. Geothermie,
5. Energie aus Biomasse einschließlich Biogas, Biomethan, Deponiegas und Klärgas sowie aus dem biologisch abbaubaren Anteil von Abfällen aus Haushalten und Industrie.

(6) Fortschrittliche Kraftstoffe sind

1. Biokraftstoffe, die aus den in Anlage 1 genannten Rohstoffen hergestellt wurden,
2. erneuerbare Kraftstoffe nicht-biogenen Ursprungs im Sinne von Anlage 1 Buchstabe a und b der Verordnung zur Anrechnung von strombasierten Kraftstoffen und mitverarbeiteten biogenen Ölen auf die Treibhausgasquote vom 15. Mai 2017 (BGBl. I S. 1195),
3. Kraftstoffe, die mit CO_2-Abscheidung und -Verwendung hergestellt wurden, sofern die zur Herstellung verwendete Energie aus erneuerbaren Energien stammt,
4. Kraftstoffe, die aus Bakterien hergestellt wurden, sofern die zur Herstellung verwendete Energie aus erneuerbaren Energien stammt.

(7) Kulturpflanzen mit hohem Stärkegehalt sind Pflanzen, unter die überwiegend Getreide ungeachtet dessen, ob nur die Körner verwendet werden oder die gesamte Pflanze verwendet wird, Knollen- und Wurzelfrüchte fallen.

(8) Lignozellulosehaltiges Material ist Material, das aus Lignin, Zellulose und Hemizellulose besteht.

(9) Zellulosehaltiges Non-Food-Material ist Material, das überwiegend aus Zellulose und Hemizellulose besteht und einen niedrigeren Lignin-Gehalt als lignozellulosehaltiges Material aufweist.

(10) [1]API-Grad ist eine Maßeinheit für die Dichte von Rohöl. [2]Der API-Grad wird mit dem Testverfahren D287-12b der American Society for Testing and Materials gemessen.

(11) Konventionelles Rohöl ist jeder Raffinerierohstoff, der

1. in einer Lagerstättenformation am Ursprungsort einen API-Grad von mehr als 10 aufweist, und
2. nicht unter die Definition des KN-Codes 2714 gemäß Anhang I der Verordnung (EWG) Nr. 2658/87 des Rates vom 23. Juli 1987 über die zolltarifliche und statistische Nomenklatur sowie den Gemeinsamen Zolltarif (ABl. L 256 vom 7. 9. 1987, S. 1; L 341 vom 3. 12. 1987, S. 38; L 378 vom 31. 12. 1987, S. 120; L 130 vom 26. 5. 1988, S. 42; L 151 vom 8. 6. 2016, S. 22), die zuletzt durch die Durchführungsverordnung (EU) 2017/1344 (ABl. L 186 vom 19. 7. 2017, S. 3) geändert worden ist, fällt.

(12) Naturbitumen ist jede Quelle für Raffinerierohstoffe,
1. die in einer Lagerstättenformation am Förderort einen API-Grad von höchstens 10 aufweist,
2. die eine Viskosität im jährlichen Durchschnitt bei Lagerstättentemperatur hat, die höher ist als die durch die Gleichung Viskosität (in Centipoise) $= 518,98 * e^{-0,038 * T}$ berechnete Viskosität; wobei T die Temperatur in Grad Celsius ist,
3. die unter die Definition für bituminöse Sande des KN-Codes 2714 gemäß der Verordnung (EWG) Nr. 2658/87 fällt und
4. die durch Bergbau oder thermisch unterstützte Schwerkraftdrainage erschlossen wird, wobei die Wärmeenergie hauptsächlich aus anderen Quellen als der Rohstoffquelle selbst gewonnen wird.
(13) Ölschiefer ist jede Quelle für Raffinerierohstoffe,
1. die sich am Förderort innerhalb einer Felsformation befand,
2. die festes Kerogen enthält,
3. die unter die Definition für ölhaltigen Schiefer des KN-Codes 2714 gemäß der Verordnung (EWG) Nr. 2658/87 fällt und
4. die durch Bergbau oder thermisch unterstützte Schwerkraftdrainage erschlossen wird.

Teil 2
Berechnung der Treibhausgasemissionen und weitere Optionen zur Erfüllung der Verpflichtung zur Minderung der Treibhausgasemissionen

Abschnitt 1
Allgemeine Bestimmungen zur Berechnung

§ 3 Basiswert
Der Basiswert nach § 37a Absatz 4 Satz 4 des Bundes-Immissionsschutzgesetzes wird auf 94,1 Kilogramm Kohlenstoffdioxid-Äquivalent pro Gigajoule festgelegt.

§ 4 Erweiterung der Definition der Biokraftstoffe
(1) Zusätzlich zu den Biokraftstoffen nach § 37b Absatz 1 Satz 1 des Bundes-Immissionsschutzgesetzes sind Energieerzeugnisse, die aus den in Anlage 1 genannten Rohstoffen hergestellt wurden, Biokraftstoffe.
(2) Energieerzeugnisse, die anteilig aus den in Anlage 1 genannten Rohstoffen hergestellt wurden, gelten in Höhe dieses Anteils als Biokraftstoffe.
(3) Hiervon unberührt bleiben die Anforderungen an Biokraftstoffe, die nach der Biokraftstoff-Nachhaltigkeitsverordnung vom 30. September 2009 (BGBl. I S. 3182), die zuletzt durch Artikel 2 der Verordnung vom 4. April 2016 (BGBl. I S. 590) geändert worden ist, in der jeweils geltenden Fassung zu erfüllen sind.

§ 4a Regelungen für die Verpflichtungsjahre 2019 bis 2021
(1) Abweichend von § 37a Absatz 6 Satz 5 und Absatz 8 Satz 1 des Bundes-Immissionsschutzgesetzes können Treibhausgasminderungsmen-

gen, die den nach § 37a Absatz 4 des Bundes-Immissionsschutzgesetzes festgelegten Prozentsatz im Verpflichtungsjahr 2019 übersteigen, nicht auf den Prozentsatz des Verpflichtungsjahres 2020 angerechnet werden.

(2) [1]Auf Antrag des Verpflichteten wird die Übererfüllung im Verpflichtungsjahr 2019 auf den Prozentsatz des Verpflichtungsjahres 2021 angerechnet. [2]§ 37a Absatz 6 Satz 5 des Bundes-Immissionsschutzgesetzes gilt für diese Anrechnung entsprechend. [3]Der Antrag ist bis zum 15. April 2020 zu stellen.

Abschnitt 2
Straßenfahrzeuge mit Elektroantrieb

§ 5 Anrechnung von in Straßenfahrzeugen mit Elektroantrieb genutztem elektrischem Strom

(1) [1]Elektrischer Strom, der im Verpflichtungsjahr gemäß § 37a Absatz 1 Satz 1 des Bundes-Immissionsschutzgesetzes von Letztverbrauchern nachweislich zur Verwendung in Straßenfahrzeugen mit Elektroantrieb aus dem Netz entnommen wurde, kann auf die Erfüllung der Verpflichtung zur Minderung der Treibhausgasemissionen angerechnet werden, sofern die Entnahme im Steuergebiet des Stromsteuergesetzes vom 24. März 1999 (BGBl. I S. 378; 2000 I S. 147), das zuletzt durch Artikel 4 des Gesetzes vom 27. August 2017 (BGBl. I S. 3299) geändert worden ist, erfolgte. [2]Dritter im Sinne des § 37a Absatz 6 des Bundes-Immissionsschutzgesetzes ist in diesem Fall der Stromanbieter.

(2) Die Treibhausgasemissionen des elektrischen Stroms werden berechnet durch Multiplikation der energetischen Menge des zur Verwendung in den Straßenfahrzeugen mit Elektroantrieb entnommenen Stroms mit dem Wert für die durchschnittlichen Treibhausgasemissionen pro Energieeinheit des Stroms in Deutschland und dem Anpassungsfaktor für die Antriebseffizienz nach Anlage 3.

(3) Der Wert der durchschnittlichen Treibhausgasemissionen pro Energieeinheit des Stroms in Deutschland wird von der nach § 20 Absatz 1 zuständigen Stelle jährlich auf Basis geeigneter internationaler Normen ermittelt und bis zum 31. Oktober für das darauffolgende Verpflichtungsjahr im Bundesanzeiger bekanntgegeben.

(4) Für die Anrechnung des elektrischen Stroms nach Absatz 1 gilt § 37a Absatz 4 Satz 3 und 5, Absatz 6 bis 8 des Bundes-Immissionsschutzgesetzes entsprechend, soweit sich aus den Regelungen der Absätze 1 bis 3 sowie der §§ 6 und 7 nichts anderes ergibt.

§ 6 Energetische Menge des elektrischen Stroms aus öffentlich zugänglichen Ladepunkten

(1) Der Stromanbieter führt für jedes Verpflichtungsjahr Aufzeichnungen über die einzelnen öffentlich zugänglichen Ladepunkte im Sinne von § 2 Nummer 9 der Ladesäulenverordnung unter Angabe

1. des genauen Standortes, an dem sich der Ladepunkt befindet,
2. der energetischen Menge des zur Verwendung in Straßenfahrzeugen mit Elektroantrieb entnommenen Stroms in Megawattstunden und

3. des Zeitraums, in dem die Strommenge entnommen wurde, sofern der Zeitraum nicht das gesamte Verpflichtungsjahr umfasst.

(2) [1]Der Stromanbieter fügt bei Aufbau und Außerbetriebnahme von Ladepunkten den Aufzeichnungen die Anzeige des Ladepunktbetreibers gegenüber der Bundesnetzagentur für Elektrizität, Gas, Telekommunikation, Post und Eisenbahnen gemäß § 5 Absatz 1 der Ladesäulenverordnung bei. [2]Für bereits bestehende Ladepunkte ist die Anzeige, die zum Zeitpunkt des Aufbaus gegenüber der Bundesnetzagentur für Elektrizität, Gas, Telekommunikation, Post und Eisenbahnen abgegeben wurde, beizufügen.

§ 7 Energetische Menge des elektrischen Stroms in anderen Fällen

(1) Die Anrechnung von Strom, der nicht über öffentlich zugängliche Ladepunkte entnommen wurde, auf die Erfüllung der Verpflichtung zur Minderung der Treibhausgasemissionen ist nur dann möglich, sofern dieser Strom für reine Batterieelektrofahrzeuge genutzt wurde und ein Schätzwert nach Absatz 3 bekanntgegeben wurde.

(2) [1]Der Stromanbieter führt Aufzeichnungen über Stromkunden, auf die nachweislich ein reines Batterieelektrofahrzeug zugelassen ist. [2]Als Nachweis gilt eine gemäß § 11 Absatz 1 Satz 1 der Fahrzeug-Zulassungsverordnung vom 3. Februar 2011 (BGBl. I S. 139), die zuletzt durch Artikel 1 der Verordnung vom 31. Juli 2017 (BGBl. I S. 3090) geändert worden ist, ausgefertigte und vom Stromkunden als Kopie vorgelegte Zulassungsbescheinigung Teil I des reinen Batterieelektrofahrzeugs. [3]Spätestens nach Ablauf von drei Jahren ist eine Kopie der aktuellen Zulassungsbescheinigung Teil I als Nachweis erforderlich. [4]Der Stromanbieter bewahrt die Kopien der Zulassungsbescheinigungen Teil I für die Dauer von fünf Jahren auf. [5]Sofern das reine Batterieelektrofahrzeug nicht auf den Stromkunden zugelassen ist, führt der Stromanbieter zusätzlich einen Nachweis darüber, dass der Halter des reinen Batterieelektrofahrzeugs im Privathaushalt des Stromkunden lebt. [6]Die Sätze 3 und 4 gelten für diese Nachweise entsprechend.

(3) [1]Das Bundesministerium für Umwelt, Naturschutz und nukleare Sicherheit gibt den Schätzwert der anrechenbaren energetischen Menge elektrischen Stroms für ein reines Batterieelektrofahrzeug im Bundesanzeiger bekannt. [2]Der Schätzwert basiert auf aktuellen Daten über den durchschnittlichen Stromverbrauch von reinen Batterieelektrofahrzeugen in Deutschland.

(4) Die energetische Menge des im jeweiligen Verpflichtungsjahr nach § 5 anrechenbaren elektrischen Stroms ergibt sich durch die Multiplikation der Zahl der reinen Batterieelektrofahrzeuge, die nach Absatz 2 zu den Kunden des Stromanbieters gerechnet werden, mit dem Schätzwert.

§ 8 Mitteilung der energetischen Menge

(1) [1]Der Stromanbieter teilt der nach § 20 Absatz 1 zuständigen Stelle die energetischen Mengen des elektrischen Stroms, der nach § 6 zur Verwendung in Straßenfahrzeugen mit Elektroantrieb und nach § 7 zur Verwendung in reinen Batterieelektrofahrzeugen im jeweiligen Verpflichtungsjahr entnommen wurde, bis zum 28. Februar des Folgejahres mit. [2]Die nach

§ 20 Absatz 1 zuständige Stelle kann verlangen, dass der Stromanbieter innerhalb einer angemessenen Frist die in den §§ 6 und 7 genannten Unterlagen zur Prüfung vorlegt. [3]Sie prüft anhand dieser Unterlagen, ob die Voraussetzungen für die Anrechnung erfüllt sind.

(2) [1]Die nach § 20 Absatz 1 zuständige Stelle stellt dem Stromanbieter eine Bescheinigung über die mitgeteilte energetische Menge elektrischen Stroms aus. [2]In der Bescheinigung sind die energetische Menge des elektrischen Stroms in Megawattstunden und die nach § 5 Absatz 2 errechneten Treibhausgasemissionen in Kilogramm CO_2-Äquivalent angegeben. [3]Die Bescheinigung kann auf Antrag des Stromanbieters in mehrere Teilbescheinigungen aufgeteilt werden.

(3) Die nach § 20 Absatz 1 zuständige Stelle kann Näheres zum Format und zur Art und Weise der Datenübermittlung im Bundesanzeiger bekanntgeben.

§ 9 Nachweis durch den Verpflichteten

(1) [1]Im Zusammenhang mit der Mitteilung nach § 37c Absatz 1 des Bundes-Immissionsschutzgesetzes sind vom Verpflichteten folgende Unterlagen vorzulegen:

1. Bescheinigungen über die mitgeteilte Strommenge nach § 8 Absatz 2 und

2. eine Erklärung des Stromanbieters, der den elektrischen Strom abgegeben hat, dass die jeweilige Strommenge nicht anderweitig zur Erfüllung der Verpflichtung zur Minderung der Treibhausgasemissionen verwendet wurde.

[2]§ 37c Absatz 1 Satz 1, Satz 3 bis 6, Absatz 3 Satz 4 und 5 und Absatz 5 des Bundes-Immissionsschutzgesetzes gilt entsprechend, soweit sich aus den Regelungen des Satzes 1 sowie der §§ 5 bis 8 nichts anderes ergibt.

(2) [1]Die Anrechnung elektrischen Stroms auf die Erfüllung der Verpflichtung zur Minderung der Treibhausgasemissionen setzt voraus, dass die entsprechenden Mengen in der Mitteilung nach § 37c Absatz 1 des Bundes-Immissionsschutzgesetzes enthalten sind. [2]§ 37c Absatz 3 Satz 1 bis 3 des Bundes-Immissionsschutzgesetzes ist nicht anzuwenden.

Abschnitt 3
Kraftstoffe fossilen Ursprungs

§ 10 Treibhausgasemissionen von fossilen Otto- und Dieselkraftstoffen

(1) Abweichend von § 37a Absatz 4 Satz 5 des Bundes-Immissionsschutzgesetzes berechnen sich die Treibhausgasemissionen fossiler Ottokraftstoffe durch Multiplikation der vom Verpflichteten in Verkehr gebrachten energetischen Menge fossiler Ottokraftstoffe mit dem Wert 93,3 Kilogramm Kohlenstoffdioxid-Äquivalent pro Gigajoule.

(2) Abweichend von § 37a Absatz 4 Satz 5 des Bundes-Immissionsschutzgesetzes berechnen sich die Treibhausgasemissionen fossiler Dieselkraftstoffe durch Multiplikation der vom Verpflichteten in Verkehr

gebrachten energetischen Menge fossiler Dieselkraftstoffe mit dem Wert 95,1 Kilogramm Kohlenstoffdioxid-Äquivalent pro Gigajoule.

§ 11 Treibhausgasemissionen von weiteren fossilen Kraftstoffen

(1) [1]Die Verpflichtung zur Minderung der Treibhausgasemissionen kann auch durch Inverkehrbringen von in Anlage 2 genannten fossilen Kraftstoffen erfüllt werden. [2]Als Inverkehrbringen gilt die Versteuerung nach § 2 Absatz 1 Nummer 1, 4, 7 oder 8 oder Absatz 2 des Energiesteuergesetzes vom 15. Juli 2006 (BGBl. I S. 1534; 2008 I S. 660, 1007), das zuletzt durch Artikel 2 des Gesetzes vom 27. August 2017 (BGBl. I S. 3299) geändert worden ist, in der jeweils geltenden Fassung. [3]Soweit Kraftstoffe nach Anlage 2 keine Energieerzeugnisse nach § 1 Absatz 2 und 3 des Energiesteuergesetzes sind, gelten sie durch Abgabe an den Letztverbraucher zur Verwendung im Straßenverkehr im Sinne des § 37a Absatz 1 Satz 1 und 2 des Bundes-Immissionsschutzgesetzes als in den Verkehr gebracht. [4]In diesem Fall ist Verpflichteter oder Dritter im Sinne des § 37a Absatz 6 des Bundes-Immissionsschutzgesetzes die Person, in deren Name und auf deren Rechnung die Abgabe an den Letztverbraucher erfolgt.

(2) Die Treibhausgasemissionen der fossilen Kraftstoffe nach Absatz 1 berechnen sich durch Multiplikation der vom Verpflichteten in Verkehr gebrachten energetischen Menge des jeweiligen Kraftstoffs auf Basis des nach § 37b Absatz 9 des Bundes-Immissionsschutzgesetzes bekanntgegebenen Energiegehalts für den unteren Heizwert mit dem in Anlage 2 genannten Wert für dessen Treibhausgasemissionen in Kohlenstoffdioxid-Äquivalent pro Gigajoule und dem jeweils geltenden Anpassungsfaktor für die Antriebseffizienz nach Anlage 3.

(3) Für die Anrechnung der fossilen Kraftstoffe nach Absatz 1 gelten die Regelungen des § 37a Absatz 4 Satz 3, 5, 6, 9 und 10, Absatz 6 bis 8 sowie des § 37c Absatz 1 Satz 1, 3 bis 6, Absatz 3 Satz 4 und 5 und Absatz 5 des Bundes-Immissionsschutzgesetzes entsprechend, soweit sich aus den Regelungen der Absätze 1 und 2 nichts anderes ergibt.

(4) [1]Im Fall von Absatz 1 Satz 3 und 4 hat der Verpflichtete durch geeignete Aufzeichnungen für das jeweilige Verpflichtungsjahr die Art und zugehörige Menge der von ihm in Verkehr gebrachten Kraftstoffe nachzuweisen. [2]Der Verpflichtete hat dabei insbesondere die Art und zugehörige Menge sowie die Treibhausgasemissionen der von ihm in Verkehr gebrachten Kraftstoffe zu erfassen. [3]Auf Grundlage der Aufzeichnungen muss es einem sachverständigen Dritten innerhalb einer angemessenen Frist möglich sein, die Grundlagen für die Berechnung der Treibhausgasminderung festzustellen.

Abschnitt 4
Biokraftstoffe

§ 12 Biogenes Flüssiggas

(1) Die Verpflichtung zur Minderung der Treibhausgasemissionen kann auch erfüllt werden durch Inverkehrbringen von nach § 2 Absatz 1 Num-

mer 8 oder Absatz 2 Nummer 2 des Energiesteuergesetzes versteuerten Flüssiggasen,

1. die ganz oder anteilig aus Biomasse im Sinne der Biomasseverordnung vom 21. Juni 2001 (BGBl. I S. 1234), die zuletzt durch Artikel 8 des Gesetzes vom 13. Oktober 2016 (BGBl. I S. 2258) geändert worden ist, in der jeweils geltenden Fassung, in Verbindung mit § 4, hergestellt wurden und

2. deren Eigenschaften mindestens den Anforderungen an Flüssiggaskraftstoff nach § 7 der Verordnung über die Beschaffenheit und die Auszeichnung der Qualitäten von Kraft- und Brennstoffen vom 8. Dezember 2010 (BGBl. I S. 1849), die zuletzt durch Artikel 1 der Verordnung vom 1. Dezember 2014 (BGBl. I S. 1890) geändert worden ist, in der jeweils geltenden Fassung, entsprechen.

(2) Flüssiggaskraftstoff, der anteilig aus Biomasse hergestellt wurde, gilt in Höhe dieses Anteils als Biokraftstoff.

§ 12a Verflüssigtes Biomethan

(1) Die Verpflichtung zur Minderung der Treibhausgasemissionen kann auch erfüllt werden durch Inverkehrbringen von nach § 2 Absatz 1 Nummer 7 oder Absatz 2 Nummer 1 des Energiesteuergesetzes versteuertem verflüssigtem Biomethan,

1. das ganz oder anteilig aus Biomasse im Sinne der Biomasseverordnung in Verbindung mit § 4 hergestellt wurde und

2. wenn dessen Eigenschaften mindestens den Anforderungen an Erdgas und Biogas als Kraftstoffe nach § 8 der Verordnung über die Beschaffenheit und die Auszeichnung der Qualitäten von Kraft- und Brennstoffen vom 8. Dezember 2010 (BGBl. I S. 1849), die durch Artikel 8 Absatz 1 der Verordnung vom 2. Mai 2013 (BGBl. I S. 1021) geändert worden ist, in der jeweils geltenden Fassung entsprechen.

(2) Verflüssigtes Biomethan, das anteilig aus Biomasse hergestellt wurde, gilt in Höhe dieses Anteils als Biokraftstoff.

Teil 3
Indirekte Landnutzungsänderungen

§ 13 Obergrenze für konventionelle Biokraftstoffe

(1) [1]Sofern in einem Verpflichtungsjahr der energetische Anteil der konventionellen Biokraftstoffe, die auf die Erfüllung der Verpflichtung zur Minderung der Treibhausgasemissionen angerechnet werden sollen und bei denen die Voraussetzungen für eine Anrechnung vorliegen, 6,5 Prozent übersteigt, wird für die Treibhausgasemissionen der diesen Anteil übersteigenden konventionellen Biokraftstoffe der Basiswert zugrunde gelegt. [2]Im Fall von biogenem Flüssiggas wird abweichend von Satz 1 anstelle des Basiswertes der Wert nach Anlage 2 Buchstabe a zugrunde gelegt. [3]Im Fall von Biomethan wird abweichend von Satz 1 anstelle des Basiswertes der Wert nach Anlage 2 Buchstabe b zugrunde gelegt. [4]Im Fall von verflüssigtem Biomethan nach § 12a wird abweichend von Satz 1 anstelle des Basiswerts der Wert nach Anlage 2 Buchstabe c zugrunde gelegt.

(2) Die Obergrenze nach Absatz 1 bezieht sich prozentual auf die energetische Menge der bei der Berechnung des Referenzwertes nach § 37a Absatz 4 Satz 3 des Bundes-Immissionsschutzgesetzes zu berücksichtigenden Kraftstoffe.

(3) [1]Konventionelle Biokraftstoffe, die die Obergrenze nach Absatz 1 übersteigen, können Gegenstand eines Vertrages nach § 37a Absatz 7 Satz 1 des Bundes-Immissionsschutzgesetzes sein. [2]Der Vertrag muss zusätzlich die Angaben nach § 37a Absatz 6 Satz 2 und 3 des Bundes-Immissionsschutzgesetzes enthalten. [3]§ 37a Absatz 6 Satz 7 des Bundes-Immissionsschutzgesetzes gilt entsprechend.

(4) Für die Obergrenze nach Absatz 1 gilt § 37c Absatz 5 des Bundes-Immissionsschutzgesetzes entsprechend, soweit sich aus den Regelungen des Absatzes 1 nichts anderes ergibt.

§ 14 Mindestanteil fortschrittlicher Kraftstoffe

(1) [1]Der Verpflichtete hat jährlich einen Mindestanteil fortschrittlicher Kraftstoffe in Verkehr zu bringen. [2]Als Inverkehrbringen gilt die Versteuerung nach § 2 Absatz 1 Nummer 1, 4, 7 oder 8 oder Absatz 2 des Energiesteuergesetzes. [3]Soweit Kraftstoffe nach Satz 1 keine Energieerzeugnisse nach § 1 Absatz 2 und 3 des Energiesteuergesetzes sind, gelten sie durch Abgabe an den Letztverbraucher zur Verwendung im Straßenverkehr im Sinne des § 37a Absatz 1 Satz 1 und 2 des Bundes-Immissionsschutzgesetzes als in den Verkehr gebracht. [4]In diesem Fall ist Verpflichteter oder Dritter im Sinne des § 37a Absatz 6 des Bundes-Immissionsschutzgesetzes die Person, in deren Name und auf deren Rechnung die Abgabe an den Letztverbraucher erfolgt. [5]Die Höhe des Mindestanteils beträgt

1. 0,05 Prozent ab dem Jahr 2020 für Unternehmen, die im vorangegangenen Verpflichtungsjahr mehr als 20 Petajoule Kraftstoffe im Sinne von § 37a Absatz 1 Satz 1 und 2 des Bundes-Immissionsschutzgesetzes in Verkehr gebracht haben,

2. 0,1 Prozent ab dem Jahr 2021 für Unternehmen, die im vorangegangenen Verpflichtungsjahr mehr als 10 Petajoule Kraftstoffe im Sinne von § 37a Absatz 1 Satz 1 und 2 des Bundes-Immissionsschutzgesetzes in Verkehr gebracht haben,

3. 0,2 Prozent ab dem Jahr 2023 für Unternehmen, die im vorangegangenen Verpflichtungsjahr mehr als 2 Petajoule Kraftstoffe im Sinne von § 37a Absatz 1 Satz 1 und 2 des Bundes-Immissionsschutzgesetzes in Verkehr gebracht haben, und

4. 0,5 Prozent ab dem Jahr 2025.

(2) Der Mindestanteil bezieht sich auf die energetische Menge der bei der Berechnung des Referenzwertes nach § 37a Absatz 4 Satz 3 des Bundes-Immissionsschutzgesetzes zu berücksichtigenden Kraftstoffe sowie der sonstigen zur Erfüllung des Mindestanteils nach Absatz 1 Satz 2 in Verkehr gebrachten oder nach Absatz 1 Satz 3 als in Verkehr gebracht geltenden fortschrittlichen Kraftstoffe.

(3) [1]Für den Mindestanteil nach Absatz 1 gelten § 37a Absatz 4 Satz 7 bis 10, Absatz 6 bis 8, § 37b sowie § 37c Absatz 1 Satz 1, 3 bis 6, Absatz 2

Satz 1, 3 und 7, Absatz 3 Satz 4 und 5 und Absatz 5 des Bundes-Immissionsschutzgesetzes entsprechend soweit sich aus den Regelungen der Absätze 1 und 2 nichts anderes ergibt. [2]Für Verträge nach § 37a Absatz 7 des Bundes-Immissionsschutzgesetzes gilt § 37a Absatz 6 Satz 7 des Bundes-Immissionsschutzgesetzes entsprechend. [3]Sie müssen zusätzlich die Angaben nach § 37a Absatz 6 Satz 2 und 3 des Bundes-Immissionsschutzgesetzes enthalten.

§ 15 Nachweis der Einhaltung der Regelungen zu indirekten Landnutzungsänderungen

(1) [1]Als Nachweis für die Einhaltung der Voraussetzungen nach den §§ 13 und 14 gelten die Nachweise, die der Verpflichtete vorgelegt hat

1. im Zusammenhang mit der Mitteilung nach § 37c Absatz 1 des Bundes-Immissionsschutzgesetzes nach § 14 der Biokraftstoff-Nachhaltigkeitsverordnung und
2. nach § 4 Absatz 1 und 2 der Verordnung zur Anrechnung von strombasierten Kraftstoffen und mitverarbeiteten biogenen Ölen auf die Treibhausgasquote.

[2]Sofern Biokraftstoffe anteilig aus konventionellen Biokraftstoffen und fortschrittlichen Kraftstoffen nach § 2 Absatz 6 Nummer 1 hergestellt wurden, ist die Menge in Litern oder der Anteil in Volumenprozent jedes dieser Kraftstoffe auf dem Nachweis nach § 14 der Biokraftstoff-Nachhaltigkeitsverordnung auszuweisen.

(2) Werden zur Erfüllung des Mindestanteils nach § 14 Absatz 1 Kraftstoffe nicht-biogenen Ursprungs eingesetzt, die nicht zur Erfüllung der Verpflichtung zur Minderung der Treibhausgasemissionen eingesetzt werden können, gilt für den Nachweis der Erfüllung des Mindestanteils § 4 der Verordnung zur Anrechnung von strombasierten Kraftstoffen und mitverarbeiteten biogenen Ölen auf die Treibhausgasquote entsprechend.

Teil 4
Berichtspflichten

§ 16 Berichte über in Verkehr gebrachte Kraftstoffe und Energieerzeugnisse

(1) [1]Verpflichtete haben der nach § 20 Absatz 1 zuständigen Stelle jährlich bis zum 31. März den Bericht nach § 37f des Bundes-Immissionsschutzgesetzes vorzulegen. [2]Der Bericht ist erstmals für das Verpflichtungsjahr 2018 vorzulegen.

(2) Die nach § 20 Absatz 1 zuständige Stelle kann Näheres zum Format und zur Art und Weise der Datenübermittlung im Bundesanzeiger bekanntgeben.

(3) Die nach § 20 Absatz 2 zuständige Stelle übermittelt der nach § 20 Absatz 1 zuständigen Stelle auf Ersuchen jährlich bis zum 31. März eine Liste der Verpflichteten.

§ 17 Angabe des Ursprungs

(1) [1]Im Bericht nach § 37f des Bundes-Immissionsschutzgesetzes ist als Ursprung der Handelsname des zur Herstellung des Kraftstoffs oder Ener-

gieerzeugnisses eingesetzten Rohstoffs anzugeben, sofern der Verpflichtete

1. eine Person oder Gesellschaft ist, die gemäß Artikel 1 der Verordnung (EG) Nr. 2964/95 des Rates vom 20. Dezember 1995 zur Schaffung eines Registrierungssystems für Rohöleinfuhren und -lieferungen in der Gemeinschaft (ABl. L 310 vom 22. 12. 1995, S. 5) eine Einfuhr von Rohöl aus Drittländern vornimmt oder eine Rohöllieferung aus einem anderen Mitgliedstaat erhält, oder
2. mit anderen Verpflichteten eine Vereinbarung über die Weitergabe von Informationen geschlossen hat.

[2]Andere als in Satz 1 genannte Verpflichtete geben, soweit der Ursprung des eingesetzten Rohstoffs nicht bekannt ist, dies im Bericht nach § 37f des Bundes-Immissionsschutzgesetzes entsprechend an.

(2) Im Fall von Biokraftstoffen ist der Ursprung der Herstellungsweg von Biokraftstoffen gemäß Anhang IV der Richtlinie 98/70/EG des Europäischen Parlaments und des Rates vom 13. Oktober 1998 über die Qualität von Otto- und Dieselkraftstoffen und zur Änderung der Richtlinie 93/12/EWG des Rates (ABl. L 350 vom 28. 12. 1998, S. 58), die zuletzt durch die Richtlinie (EU) 2015/1513 (ABl. L 239 vom 15. 9. 2015, S. 1) geändert worden ist.

(3) Werden unterschiedliche Rohstoffe verwendet, so geben die Verpflichteten für jeden Einsatzstoff die Menge des Endprodukts, die im vorangegangenen Verpflichtungsjahr in den entsprechenden Verarbeitungsanlagen produziert wurde, in Tonnen an.

(4) Die Handelsnamen sind in Anhang I Teil 2 Ziffer 7 der Richtlinie (EU) 2015/652 des Rates vom 20. April 2015 zur Festlegung von Berechnungsverfahren und Berichterstattungspflichten gemäß der Richtlinie 98/70/EG des Europäischen Parlaments und des Rates über die Qualität von Otto- und Dieselkraftstoffen (ABl. L 107 vom 25. 4. 2015, S. 26; L 129 vom 27. 5. 2015, S. 53) aufgeführt.

§ 18 Angabe des Erwerbsortes
[1]Im Bericht nach § 37f des Bundes-Immissionsschutzgesetzes ist als Erwerbsort das Land und der Name der Verarbeitungsanlage anzugeben, in der der Kraftstoff oder Energieträger der letzten wesentlichen Be- oder Verarbeitung unterzogen wurde, die gemäß der Verordnung (EWG) Nr. 2454/93 der Kommission vom 2. Juli 1993 mit Durchführungsvorschriften zu der Verordnung (EWG) Nr. 2913/92 des Rates zur Festlegung des Zollkodex der Gemeinschaften (ABl. L 253 vom 11. 10. 1993, S. 1), die zuletzt durch die Durchführungsverordnung (EU) 2016/481 (ABl. L 87 vom 2. 4. 2016, S. 24) geändert worden ist, den Ursprung des Kraftstoffs oder Energieträgers begründet. [2]Falls der Erwerbsort dem Verpflichteten nicht bekannt ist, ist dies abweichend von Satz 1 im Bericht anzugeben.

§ 19 Sonderregelungen für kleine und mittlere Unternehmen
Ist der Verpflichtete ein Kleinstunternehmen oder ein kleines und mittleres Unternehmen nach Artikel 2 Absatz 1 in Verbindung mit Absatz 2 und 3 der Empfehlung der Kommission 2003/361/EG vom 6. Mai 2003 betref-

fend die Definition der Kleinstunternehmen sowie der kleinen und mittleren Unternehmen (ABl. L 124 vom 20. 5. 2003, S. 36), so sind in den Berichten nach § 37f des Bundes-Immissionsschutzgesetzes als Ursprung und Erwerbsort entweder die Europäische Union oder ein Drittland anzugeben.

Teil 5
Zuständigkeit

§ 20 Zuständige Stellen

(1) Das Umweltbundesamt ist zuständig für

1. die Ermittlung und Bekanntgabe des Wertes der durchschnittlichen Treibhausgasemissionen nach § 5 Absatz 3,
2. die Prüfung der nach § 8 Absatz 1 mitgeteilten energetischen Menge elektrischen Stroms,
3. die Ausstellung von Bescheinigungen über die nach § 8 Absatz 2 mitgeteilte energetische Menge elektrischen Stroms,
4. die Bekanntgabe nach § 8 Absatz 3,
5. die Entgegennahme und Prüfung der Berichte nach § 37f des Bundes-Immissionsschutzgesetzes und
6. die Bekanntgabe nach § 16 Absatz 2.

(2) Das Hauptzollamt Frankfurt (Oder) ist zuständig für

1. eine Anrechnung von in Straßenfahrzeugen mit Elektroantrieb genutztem elektrischem Strom nach § 5 Absatz 1,
2. eine Anrechnung von fossilen Kraftstoffen nach § 11,
3. eine Anrechnung von biogenem Flüssiggas nach § 12,
4. die Überwachung der Einhaltung der Obergrenze für konventionelle Biokraftstoffe nach § 13,
5. die Überwachung der Erfüllung des Mindestanteils an fortschrittlichen Kraftstoffen nach § 14 und
6. die Übermittlung der Daten nach § 16 Absatz 3.

Teil 6
Übergangs- und Schlussbestimmungen

§ 21 Übergangsbestimmung

Diese Verordnung ist nicht anzuwenden auf elektrischen Strom, der vor dem 1. Januar 2018 aus dem Netz entnommen wurde, und auf Kraftstoffe, die vor dem 1. Januar 2018 in Verkehr gebracht wurden.

§ 22 (Inkrafttreten)

Anlage 1
(zu § 2 Absatz 6 Nummer 1)

Rohstoffe für die Herstellung von Biokraftstoffen nach § 2 Absatz 6 Nummer 1

Rohstoffe für die Herstellung von Biokraftstoffen nach § 2 Absatz 6 Nummer 1 sind:

1. Algen, die an Land in Becken oder Photobioreaktoren kultiviert worden sind,
2. Biomasse-Anteil an gemischten Siedlungsabfällen, nicht jedoch getrennte Haushaltsabfälle, für die Recycling-Ziele gemäß Artikel 11 Absatz 2 Buchstabe a der Richtlinie 2008/98/EG des Europäischen Parlaments und des Rates vom 19. November 2008 über Abfälle und zur Aufhebung bestimmter Richtlinien (ABl. L 312 vom 22. 11. 2008, S. 3), die zuletzt durch die Verordnung (EU) 2017/997 (ABl. L 150 vom 14. 6. 2017, S. 1) geändert worden ist, in der jeweils geltenden Fassung, gelten,
3. Bioabfall im Sinne des Artikels 3 Absatz 4 der Richtlinie 2008/98/EG aus privaten Haushaltungen, der einer getrennten Sammlung im Sinne des Artikels 3 Absatz 11 der Richtlinie 2008/98/EG unterliegt,
4. Biomasse-Anteil an Industrieabfällen, der ungeeignet zur Verwendung in der Nahrungs- oder Futtermittelkette ist, einschließlich Material aus Groß- und Einzelhandel, Agrar- und Ernährungsindustrie sowie Fischwirtschaft und Aquakulturindustrie; nicht jedoch die Rohstoffe, die aufgeführt sind in Teil B des Anhangs IX der Richtlinie 2009/28/EG des Europäischen Parlaments und des Rates vom 23. April 2009 zur Förderung der Nutzung von Energie aus erneuerbaren Quellen und zur Änderung und anschließenden Aufhebung der Richtlinien 2001/77/EG und 2003/30/EG (ABl. L 140 vom 5. 6. 2009, S. 16; L 216 vom 22. 7. 2014, S. 5 und L 265 vom 5. 9. 2014, S. 33), die zuletzt durch Artikel 2 der Richtlinie (EU) 2015/1513 (ABl. L 239 vom 15. 9. 2015, S. 1) geändert worden ist, in der jeweils geltenden Fassung,
5. Stroh,
6. Gülle und Klärschlamm,
7. Abwasser aus Palmölmühlen und leere Palmfruchtbündel,
8. Tallölpech,
9. Rohglyzerin,
10. Bagasse,
11. Traubentrester und Weintrub,
12. Nussschalen,
13. Hülsen,
14. entkernte Maiskolben,
15. Biomasse-Anteile an Abfällen und Reststoffen aus der Forstwirtschaft und aus forstbasierten Industrien, d. h. Rinde, vorkommerzielles Durchforstungsholz, Sägemehl, Sägespäne, Schwarzlauge, Braunlauge, Faserschlämme, Lignin und Tallöl,
16. anderes zellulosehaltiges Non-Food-Material und
17. anderes lignozellulosehaltiges Material mit Ausnahme von Säge- und Furnierrundholz.

Anlage 2
(zu den §§ 11 und 13)

Treibhausgasemissionen fossiler Kraftstoffe

Für die Treibhausgasemissionen fossiler Kraftstoffe gelten folgende Werte:

	Kraftstoff	Rohstoffquelle und Verfahren	Spezifische Treibhausgasemissionen (in kg CO_2-Äquivalent pro GJ)
a)	Flüssiggaskraftstoff (LPG)	Alle fossilen Quellen	73,6
b)	Komprimiertes Erdgas (CNG)	EU-Mix	69,3
c)	Verflüssigtes Erdgas (LNG)	EU-Mix	74,5
d)	Komprimierter Wasserstoff in einer Brennstoffzelle	Erdgas mit Dampfreformierung	104,3
e)	Komprimierter Wasserstoff in einer Brennstoffzelle	Kohle	234,4
f)	Komprimierter Wasserstoff in einer Brennstoffzelle	Kohle mit Abscheidung und Speicherung von CO_2 aus Prozessemissionen	52,7
g)	Otto-, Diesel- und Gasölkraftstoff	Altkunststoff aus fossilen Rohstoffen	86

Anlage 3
(zu § 5 Absatz 2 und § 11 Absatz 2)

Anpassungsfaktoren für die Antriebseffizienz

Die Anpassungsfaktoren für die Antriebseffizienz sind:

Vorherrschende Umwandlungstechnologie	Anpassungsfaktor für die Antriebseffizienz
Verbrennungsmotor	1
Batteriegestützter Elektroantrieb	0,4
Wasserstoffzellengestützter Elektroantrieb	0,4

Anlage 4
(zu § 1 Absatz 2)

Rohstoffe für die Herstellung von Biokraftstoffen
nach § 1 Absatz 2

Rohstoffe für die Herstellung von Biokraftstoffen, deren Beitrag zu dem in Artikel 3
Absatz 4 Unterabsatz 1 der Richtlinie 2009/28/EG genannten Ziel mit dem Doppelten ihres Energiegehalts angesetzt wird:

1. Gebrauchtes Speiseöl,
2. tierische Fette, die in den Kategorien 1 und 2 der Verordnung (EG)
    Nr. 1069/2009 des Europäischen Parlaments und des Rates vom 21. Okto-
    ber 2009 mit Hygienevorschriften für nicht für den menschlichen Verzehr
    bestimmte tierische Nebenprodukte und zur Aufhebung der Verordnung (EG)
    Nr. 1774/2002 (Verordnung über tierische Nebenprodukte) (ABl. L 300 vom
    14. 11. 2009, S. 1) eingestuft sind.

Neununddreißigste Verordnung zur Durchführung des Bundes-Immissionsschutzgesetzes (Verordnung über Luftqualitätsstandards und Emissionshöchstmengen – 39. BImSchV)

Vom 2. August 2010 (BGBl. I S. 1065)
(FNA 2129-8-39)

zuletzt geändert durch Zweite VO
vom 18. Juli 2018 (BGBl. I S. 1222, 1231)

Inhaltsübersicht

Teil 1
Allgemeine Vorschriften
§ 1   Begriffsbestimmungen

Teil 2
Immissionswerte
§ 2   Immissionsgrenzwerte, Alarmschwelle und kritischer Wert für Schwefeldioxid
§ 3   Immissionsgrenzwerte und Alarmschwelle für Stickstoffdioxid (NO_2); kritischer Wert für Stickstoffoxide (NO_x)
§ 4   Immissionsgrenzwerte für Partikel (PM_{10})
§ 5   Zielwert, Immissionsgrenzwert, Verpflichtung in Bezug auf die Expositionskonzentration sowie nationales Ziel für die Reduzierung der Exposition für Partikel ($PM_{2,5}$)
§ 6   Immissionsgrenzwert für Blei
§ 7   Immissionsgrenzwert für Benzol
§ 8   Immissionsgrenzwert für Kohlenmonoxid
§ 9   Zielwerte, langfristige Ziele, Informationsschwelle und Alarmschwelle für bodennahes Ozon
§ 10   Zielwerte für Arsen, Kadmium, Nickel und Benzo[a]pyren

Teil 3
Beurteilung der Luftqualität
§ 11   Festlegung von Gebieten und Ballungsräumen
§ 12   Einstufung der Gebiete und Ballungsräume für Schwefeldioxid, Stickstoffdioxid und Stickstoffoxide, Partikel (PM_{10} und $PM_{2,5}$), Blei, Benzol und Kohlenmonoxid
§ 13   Vorschriften zur Ermittlung von Schwefeldioxid, Stickstoffdioxid und Stickstoffoxiden, Partikeln (PM_{10} und $PM_{2,5}$), Blei, Benzol und Kohlenmonoxid
§ 14   Probenahmestellen zur Messung von Schwefeldioxid, Stickstoffdioxid und Stickstoffoxiden, Partikeln (PM_{10} und $PM_{2,5}$), Blei, Benzol und Kohlenmonoxid
§ 15   Indikator für die durchschnittliche $PM_{2,5}$-Exposition
§ 16   Referenzmessmethoden für die Beurteilung von Schwefeldioxid, Stickstoffdioxid und Stickstoffoxiden, Partikeln (PM_{10} und $PM_{2,5}$), Blei, Benzol und Kohlenmonoxid

§ 17   Vorschriften zur Ermittlung von Ozonwerten
§ 18   Probenahmestellen zur Messung von Ozonwerten
§ 19   Referenzmessmethoden für die Beurteilung von Ozonwerten
§ 20   Vorschriften zur Ermittlung von Arsen, Kadmium, Nickel und Benzo[a]pyren
         und Quecksilber

Teil 4
Kontrolle der Luftqualität
§ 21   Regelungen für die Einhaltung der Immissionsgrenzwerte für
         Schwefeldioxid, Stickstoffdioxid, Partikel (PM_{10} und $PM_{2,5}$), Blei, Benzol
         und Kohlenmonoxid
§ 22   Anforderungen an Gebiete und Ballungsräume, in denen die Zielwerte für
         Arsen, Kadmium, Nickel und Benzo[a]pyren überschritten sind
§ 23   Einhaltung von langfristigem Ziel, nationalem Ziel und Zielwerten
§ 24   Überschreitung von Immissionsgrenzwerten durch Emissionsbeiträge aus
         natürlichen Quellen
§ 25   Überschreitung von Immissionsgrenzwerten für Partikel PM_{10} auf Grund der
         Ausbringung von Streusand oder -salz auf Straßen im Winterdienst
§ 26   Erhalten der bestmöglichen Luftqualität

Teil 5
Pläne
§ 27   Luftreinhaltepläne
§ 28   Pläne für kurzfristige Maßnahmen
§ 29   Maßnahmen bei grenzüberschreitender Luftverschmutzung

Teil 6
Unterrichtung der Öffentlichkeit und Berichtspflichten
§ 30   Unterrichtung der Öffentlichkeit
§ 31   Übermittlung von Informationen und Berichten für Schwefeldioxid,
         Stickstoffoxide, Partikel PM_{10}, Partikel $PM_{2,5}$, Blei, Benzol, Kohlenmonoxid,
         Staubinhaltsstoffe und Ozon
§ 32   Übermittlung von Informationen und Berichten für Arsen, Kadmium, Nickel
         und Benzo[a]pyren

Teil 7
Emissionshöchstmengen, Programme der Bundesregierung
§ 33   Emissionshöchstmengen, Emissionsinventare und -prognosen
§ 34   Programm der Bundesregierung zur Verminderung der Ozonwerte und zur
         Einhaltung der Emissionshöchstmengen
§ 35   Programme der Bundesregierung zur Einhaltung der Verpflichtung in Bezug
         auf die $PM_{2,5}$-Expositionskonzentration sowie des nationalen Ziels für die
         Reduzierung der $PM_{2,5}$-Exposition

Teil 8
Gemeinsame Vorschriften
§ 36   Zugänglichkeit der Normen

Anlage 1   Datenqualitätsziele
Anlage 2   Festlegung der Anforderungen für die Beurteilung der Werte für
              Schwefeldioxid, Stickstoffdioxid und Stickstoffoxide, Partikel
              (PM_{10} und $PM_{2,5}$), Blei, Benzol und Kohlenmonoxid in der Luft
              innerhalb eines Gebiets oder Ballungsraums

Anlage 3	Beurteilung der Luftqualität und Lage der Probenahmestellen für Messungen von Schwefeldioxid, Stickstoffdioxid und Stickstoffoxiden, Partikeln (PM_{10} und $PM_{2,5}$), Blei, Benzol und Kohlenmonoxid in der Luft
Anlage 4	Messungen an Messstationen für den ländlichen Hintergrund (konzentrationsunabhängig)
Anlage 5	Kriterien für die Festlegung der Mindestzahl der Probenahmestellen für ortsfeste Messungen der Werte für Schwefeldioxid, Stickstoffdioxid und Stickstoffoxide, Partikel (PM_{10}, $PM_{2,5}$), Blei, Benzol und Kohlenmonoxid in der Luft
Anlage 6	Referenzmethoden für die Beurteilung der Werte für Schwefeldioxid, Stickstoffdioxid und Stickstoffoxide, Partikel (PM_{10} und $PM_{2,5}$), Blei, Benzol, Kohlenmonoxid und Ozon
Anlage 7	Zielwerte und langfristige Ziele für Ozon
Anlage 8	Kriterien zur Einstufung von Probenahmestellen für die Beurteilung der Ozonwerte und zur Bestimmung ihrer Standorte
Anlage 9	Kriterien zur Bestimmung der Mindestzahl von Probenahmestellen für die ortsfesten Messungen von Ozonwerten
Anlage 10	Messung von Ozonvorläuferstoffen
Anlage 11	Immissionsgrenzwerte zum Schutz der menschlichen Gesundheit
Anlage 12	Nationales Ziel, auf das die Exposition reduziert werden soll, Ziel- und Immissionsgrenzwert für $PM_{2,5}$
Anlage 13	Erforderlicher Inhalt von Luftreinhalteplänen
Anlage 14	Unterrichtung der Öffentlichkeit
Anlage 15	Festlegung der Anforderungen an die Beurteilung der Werte für Arsen, Kadmium, Nickel und Benzo[a]pyren innerhalb eines Gebiets oder Ballungsraums
Anlage 16	Standort und Mindestanzahl der Probenahmestellen für die Messung der Werte und der Ablagerungsraten von Arsen, Kadmium, Nickel und Benzo[a]pyren
Anlage 17	Datenqualitätsziele und Anforderungen an Modelle zur Bestimmung der Werte für Arsen, Kadmium, Nickel und Benzo[a]pyren
Anlage 18	Referenzmethoden für die Beurteilung der Werte und der Ablagerungsraten von Arsen, Kadmium, Nickel, Quecksilber und Benzo[a]pyren

Teil 1
Allgemeine Vorschriften

§ 1 Begriffsbestimmungen

In dieser Verordnung gelten folgende Begriffsbestimmungen:

1. »Alarmschwelle« ist ein Wert, bei dessen Überschreitung bei kurzfristiger Exposition ein Risiko für die Gesundheit der Gesamtbevölkerung besteht und unverzüglich Maßnahmen ergriffen werden müssen;

2. »AOT40«, ausgedrückt in $\frac{Mikrogramm}{Kubikmeter} \times Stunden$, ist die über einen vorgegebenen Zeitraum summierte Differenz zwischen Ozonwerten über 80 Mikrogramm pro Kubikmeter und 80 Mikrogramm pro Kubikmeter unter ausschließlicher Verwendung der täglichen Einstun-

denmittelwerte zwischen 8.00 Uhr und 20.00 Uhr mitteleuropäischer Zeit (MEZ);

3. »Arsen«, »Kadmium«, »Nickel« und »Benzo[*a*]pyren« bezeichnen den Gesamtgehalt des jeweiligen Elements oder der Verbindung in der PM_{10}-Fraktion;

4. »Ballungsraum« ist ein städtisches Gebiet mit mindestens 250 000 Einwohnern und Einwohnerinnen, das aus einer oder mehreren Gemeinden besteht, oder ein Gebiet, das aus einer oder mehreren Gemeinden besteht, welche jeweils eine Einwohnerdichte von 1 000 Einwohnern und Einwohnerinnen oder mehr je Quadratkilometer bezogen auf die Gemarkungsfläche haben und die zusammen mindestens eine Fläche von 100 Quadratkilometern darstellen;

5. »Beurteilung« ist die Ermittlung und Bewertung der Luftqualität durch Messung, Berechnung, Vorhersage oder Schätzung anhand der Methoden und Kriterien, die in dieser Verordnung genannt sind;

6. »Emissionen« sind Schadstoffe, die durch menschliche Tätigkeit aus Quellen auf dem Gebiet der Bundesrepublik Deutschland und ihrer ausschließlichen Wirtschaftszone freigesetzt werden, ausgenommen Schadstoffe des internationalen Seeverkehrs und von Flugzeugen außerhalb des Lande- und Startzyklus;

7. »Emissionsbeiträge aus natürlichen Quellen« sind Schadstoffemissionen, die nicht unmittelbar oder mittelbar durch menschliche Tätigkeit verursacht werden, einschließlich Naturereignissen wie Vulkanausbrüchen, Erdbeben, geothermischen Aktivitäten, Freilandbränden, Stürmen, Meeresgischt oder der atmosphärischen Aufwirbelung oder des atmosphärischen Transports natürlicher Partikel aus Trockengebieten;

8. »flüchtige organische Verbindungen« (NMVOC = non methane volatile organic compounds) sind alle organischen Verbindungen mit Ausnahme von Methan, die natürlichen Ursprungs sind oder durch menschliche Tätigkeit verursacht werden und durch Reaktion mit Stickstoffoxiden bei Sonnenlicht photochemische Oxidantien erzeugen können; die §§ 33 und 34 umfassen, soweit sie sich auf die Einhaltung der nationalen Emissionshöchstmengen von NMVOC beziehen, nur NMVOC, die durch menschliche Tätigkeit verursacht werden;

9. »Gebiet« ist ein von den zuständigen Behörden für die Beurteilung und Kontrolle der Luftqualität abgegrenzter Teil der Fläche eines Landes;

10. »geplante Maßnahmen« des Programms nach § 34 sind eine Zusammenstellung der von der Bundesregierung beabsichtigten Rechts- oder Verwaltungsvorschriften des Bundes sowie anderer in der Zuständigkeit der Bundesregierung liegender Maßnahmen, mit deren Hilfe die Werte für Ozon und Emissionshöchstmengen eingehalten werden sollen;

11. »Gesamtablagerung« ist die Gesamtmenge der Schadstoffe, die auf einer bestimmten Fläche innerhalb eines bestimmten Zeitraums aus

der Luft auf Oberflächen (zum Beispiel Boden, Vegetation, Gewässer, Gebäude und so weiter) gelangt;

12. »gesamtes gasförmiges Quecksilber« ist elementarer Quecksilberdampf (Hg°) und reaktives gasförmiges Quecksilber; reaktives gasförmiges Quecksilber besteht aus wasserlöslichen Quecksilberverbindungen mit ausreichend hohem Dampfdruck, um in der Gasphase zu existieren;

13. »höchster Achtstundenmittelwert eines Tages« ist ein Wert, der ermittelt wird, indem die gleitenden Achtstundenmittelwerte aus Einstundenmittelwerten gebildet und stündlich aktualisiert werden; jeder auf diese Weise errechnete Achtstundenmittelwert gilt für den Tag, an dem dieser Zeitraum endet; das heißt, dass der erste Berechnungszeitraum für jeden einzelnen Tag die Zeitspanne von 17.00 Uhr des vorangegangenen Tages bis 1.00 Uhr des betreffenden Tages umfasst, während für den letzten Berechnungszeitraum jeweils die Stunden von 16.00 Uhr bis 24.00 Uhr des betreffenden Tages zu Grunde gelegt werden;

14. »Indikator für die durchschnittliche Exposition« ist ein Wert, der anhand von Messungen an Messstationen für den städtischen Hintergrund die durchschnittliche Exposition der Bevölkerung mit $PM_{2,5}$ angibt. Dieser Wert dient der Berechnung des nationalen Ziels der Reduzierung der Exposition und der Berechnung der Verpflichtung in Bezug auf die Expositionskonzentration;

15. »Immissionsgrenzwert« ist ein Wert, der auf Grund wissenschaftlicher Erkenntnisse mit dem Ziel festgelegt wird, schädliche Auswirkungen auf die menschliche Gesundheit oder die Umwelt insgesamt zu vermeiden, zu verhüten oder zu verringern, und der innerhalb eines bestimmten Zeitraums eingehalten werden muss und danach nicht überschritten werden darf;

16. »Informationsschwelle« ist ein Ozonwert in der Luft, bei dessen Überschreitung schon bei kurzfristiger Exposition ein Risiko für die Gesundheit besonders empfindlicher Bevölkerungsgruppen besteht und bei dem unverzüglich geeignete Informationen erforderlich sind;

17. »kritischer Wert« ist ein auf Grund wissenschaftlicher Erkenntnisse festgelegter Wert, dessen Überschreitung unmittelbare schädliche Auswirkungen für manche Rezeptoren wie Bäume, sonstige Pflanzen oder natürliche Ökosysteme, aber nicht für den Menschen haben kann;

18. »Pläne für kurzfristige Maßnahmen« sind Pläne mit den Maßnahmen, die kurzfristig zu ergreifen sind, um die Gefahr der Überschreitung von Alarmschwellen für Schwefeldioxid und Stickstoffdioxid zu verringern oder deren Dauer zu beschränken;

19. »langfristiges Ziel« ist ein Wert zum Schutz der menschlichen Gesundheit und der Umwelt, der unter Berücksichtigung von § 23 langfristig einzuhalten ist;

20. »Luft« ist die Außenluft in der Troposphäre mit Ausnahme von Arbeitsstätten im Sinne der Richtlinie 89/654/EWG des Rates

vom 30. November 1989 über Mindestvorschriften für Sicherheit und Gesundheitsschutz in Arbeitsstätten (ABl. L 393 vom 30. 12. 1989, S. 1), die durch die Richtlinie 2007/30/EG (ABl. L 165 vom 27. 6. 2007, S. 21) geändert worden ist; an diesen Arbeitsstätten, zu denen die Öffentlichkeit normalerweise keinen Zugang hat, gelten die Bestimmungen für Gesundheitsschutz und Sicherheit am Arbeitsplatz;

21. »Luftreinhaltepläne« sind Pläne, in denen Maßnahmen zur Erreichung der Immissionsgrenzwerte oder des $PM_{2,5}$-Zielwerts festgelegt sind;

22. »Messstationen für den städtischen Hintergrund« sind Messstationen an Standorten in städtischen Gebieten, an denen die Werte repräsentativ für die Exposition der städtischen Bevölkerung sind;

23. »nationales Ziel für die Reduzierung der Exposition« ist eine prozentuale Reduzierung der durchschnittlichen Exposition der Bevölkerung der Bundesrepublik Deutschland, die für das Bezugsjahr mit dem Ziel festgesetzt wird, schädliche Auswirkungen auf die menschliche Gesundheit zu verringern;

24. »obere Beurteilungsschwelle« ist ein Wert, unterhalb dessen eine Kombination von ortsfesten Messungen und Modellrechnungen oder orientierenden Messungen angewandt werden kann, um die Luftqualität zu beurteilen;

25. »orientierende Messungen« sind Messungen, die weniger strenge Datenqualitätsziele erfüllen als ortsfeste Messungen;

26. »ortsfeste Messungen« sind kontinuierlich oder stichprobenartig an festen Orten durchgeführte Messungen, um Werte entsprechend den jeweiligen Datenqualitätszielen zu ermitteln;

27. »Ozonvorläuferstoffe« sind Stoffe, die zur Bildung von bodennahem Ozon beitragen;

28. »PM_{10}« sind Partikel, die einen größenselektierenden Lufteinlass passieren, der für einen aerodynamischen Durchmesser von 10 Mikrometern einen Abscheidegrad von 50 Prozent aufweist;

29. »$PM_{2,5}$« sind Partikel, die einen größenselektierenden Lufteinlass passieren, der für einen aerodynamischen Durchmesser von 2,5 Mikrometern einen Abscheidegrad von 50 Prozent aufweist;

30. »polyzyklische aromatische Kohlenwasserstoffe« sind organische Verbindungen, die sich aus mindestens zwei miteinander verbundenen aromatischen Ringen zusammensetzen, die ausschließlich aus Kohlenstoff und Wasserstoff bestehen;

31. »Schadstoff« ist jeder in der Luft vorhandene Stoff, der schädliche Auswirkungen auf die menschliche Gesundheit oder die Umwelt insgesamt haben kann;

32. »Stickstoffoxide« sind die Summe der Volumenmischungsverhältnisse von Stickstoffmonoxid und Stickstoffdioxid, ausgedrückt in der Einheit der Massenkonzentration von Stickstoffdioxid in Mikrogramm pro Kubikmeter;

33.   »Toleranzmarge« bezeichnet den Prozentsatz, um den der in dieser
      Verordnung festgelegte Immissionsgrenzwert überschritten werden
      darf, unter der Voraussetzung, dass die in dieser Verordnung festge-
      legten Bedingungen erfüllt sind; im Fall zukünftiger Grenzwerte be-
      zeichnet »Toleranzmarge« einen in jährlichen Stufen abnehmenden
      Wert, um den der Immissionsgrenzwert bis zur jeweils festgesetzten
      Frist überschritten werden darf, ohne die Erstellung von Plänen zu
      bedingen;

34.   »untere Beurteilungsschwelle« ist ein Wert, unterhalb dessen für die
      Beurteilung der Luftqualität nur Modellrechnungen oder Schätzver-
      fahren angewandt zu werden brauchen;

35.   »Verpflichtung in Bezug auf die Expositionskonzentration« ist ein
      Niveau, das anhand des Indikators für die durchschnittliche Exposi-
      tion mit dem Ziel festgesetzt wird, schädliche Auswirkungen auf die
      menschliche Gesundheit zu verringern, und das in einem bestimmten
      Zeitraum erreicht werden muss;

36.   »Wert« ist die Konzentration eines Schadstoffs in der Luft im Norm-
      zustand gemäß Anlage 6 Abschnitt C oder die Ablagerung eines
      Schadstoffs auf bestimmten Flächen in bestimmten Zeiträumen;

37.   »Zielwert« ist ein Wert, der mit dem Ziel festgelegt wird, schädliche
      Auswirkungen auf die menschliche Gesundheit oder die Umwelt ins-
      gesamt zu vermeiden, zu verhindern oder zu verringern, und der nach
      Möglichkeit innerhalb eines bestimmten Zeitraums eingehalten wer-
      den muss.[1]

Teil 2
Immissionswerte

**§ 2 Immissionsgrenzwerte, Alarmschwelle und kritischer Wert für
Schwefeldioxid**

(1) Zum Schutz der menschlichen Gesundheit beträgt der über eine volle
Stunde gemittelte Immissionsgrenzwert für Schwefeldioxid

350 Mikrogramm pro Kubikmeter

bei 24 zugelassenen Überschreitungen im Kalenderjahr.

(2) Zum Schutz der menschlichen Gesundheit beträgt der über den Tag
gemittelte Immissionsgrenzwert für Schwefeldioxid

125 Mikrogramm pro Kubikmeter

bei drei zugelassenen Überschreitungen im Kalenderjahr.

(3) Die Alarmschwelle für Schwefeldioxid beträgt über eine volle Stunde
gemittelt

500 Mikrogramm pro Kubikmeter,

---

1) Aus der Überschreitung eines Zielwerts kann ein Anspruch auf bestimmte Maßnahmen nicht hergeleitet werden. Nach § 23 müssen jedoch Anstrengungen zur Erreichung des Ziels unternommen werden. Diese Verpflichtung bezieht sich jedoch nicht
   auf bestimmte Maßnahmen.

gemessen an drei aufeinanderfolgenden Stunden an den von den zuständigen Behörden gemäß Anlage 3 eingerichteten Probenahmestellen, die für die Luftqualität in einem Bereich von mindestens 100 Quadratkilometern oder im gesamten Gebiet oder Ballungsraum repräsentativ sind; maßgebend ist die kleinste dieser Flächen.

(4) Zum Schutz der Vegetation beträgt der kritische Wert für Schwefeldioxid für das Kalenderjahr sowie für das Winterhalbjahr (1. Oktober des laufenden Jahres bis 31. März des Folgejahres)

20 Mikrogramm pro Kubikmeter.

§ 3 Immissionsgrenzwerte und Alarmschwelle für Stickstoffdioxid (NO_2); kritischer Wert für Stickstoffoxide (NO_x)

(1) Zum Schutz der menschlichen Gesundheit beträgt der über eine volle Stunde gemittelte Immissionsgrenzwert für Stickstoffdioxid (NO_2)

200 Mikrogramm pro Kubikmeter

bei 18 zugelassenen Überschreitungen im Kalenderjahr.

(2) Zum Schutz der menschlichen Gesundheit beträgt der über ein Kalenderjahr gemittelte Immissionsgrenzwert für Stickstoffdioxid (NO_2)

40 Mikrogramm pro Kubikmeter.

(3) Die Alarmschwelle für Stickstoffdioxid (NO_2) beträgt über eine volle Stunde gemittelt

400 Mikrogramm pro Kubikmeter,

gemessen an drei aufeinanderfolgenden Stunden an den von den zuständigen Behörden gemäß Anlage 3 eingerichteten Probenahmestellen, die für die Luftqualität in einem Bereich von mindestens 100 Quadratkilometern oder im gesamten Gebiet oder Ballungsraum repräsentativ sind; maßgebend ist die kleinste dieser Flächen.

(4) Zum Schutz der Vegetation beträgt der über ein Kalenderjahr gemittelte kritische Wert für Stickstoffoxide (NO_x)

30 Mikrogramm pro Kubikmeter.

§ 4 Immissionsgrenzwerte für Partikel (PM_{10})

(1) Zum Schutz der menschlichen Gesundheit beträgt der über den Tag gemittelte Immissionsgrenzwert für Partikel PM_{10}

50 Mikrogramm pro Kubikmeter

bei 35 zugelassenen Überschreitungen im Kalenderjahr.

(2) Zum Schutz der menschlichen Gesundheit beträgt der über ein Kalenderjahr gemittelte Immissionsgrenzwert für Partikel PM_{10}

40 Mikrogramm pro Kubikmeter.

§ 5 Zielwert, Immissionsgrenzwert, Verpflichtung in Bezug auf die Expositionskonzentration sowie nationales Ziel für die Reduzierung der Exposition für Partikel ($PM_{2,5}$)

(1) Zum Schutz der menschlichen Gesundheit beträgt der über ein Kalenderjahr gemittelte Zielwert für $PM_{2,5}$

25 Mikrogramm pro Kubikmeter.

(2) Zum Schutz der menschlichen Gesundheit beträgt der ab 1. Januar 2015 einzuhaltende über ein Kalenderjahr gemittelte Immissionsgrenzwert für $PM_{2,5}$

25 Mikrogramm pro Kubikmeter.

(3) [1]Für den Grenzwert des Absatzes 2 beträgt die Toleranzmarge 5 Mikrogramm pro Kubikmeter. [2]Sie vermindert sich ab dem 1. Januar 2009 jährlich um ein Siebentel bis auf den Wert 0 zum 1. Januar 2015.

(4) Zum Schutz der menschlichen Gesundheit und um die Verpflichtung in Bezug auf die Expositionskonzentration einzuhalten, darf der Indikator für die durchschnittliche $PM_{2,5}$-Exposition nach § 15 ab dem 1. Januar 2015 den Wert von

20 Mikrogramm pro Kubikmeter

nicht mehr überschreiten.

(5) [1]Ab dem 1. Januar 2020 ist zum Schutz der menschlichen Gesundheit ein nationales Ziel für die Reduzierung der $PM_{2,5}$-Exposition einzuhalten.[2] [2]Die Höhe dieses Ziels ist vom Wert des Indikators für die durchschnittliche $PM_{2,5}$-Exposition nach § 15 im Referenzjahr 2010 abhängig. [3]Die Beurteilung wird gemäß Anlage 12 Abschnitt B vom Umweltbundesamt vorgenommen.

§ 6 Immissionsgrenzwert für Blei

Zum Schutz der menschlichen Gesundheit beträgt der über ein Kalenderjahr gemittelte Immissionsgrenzwert für Blei

0,5 Mikrogramm pro Kubikmeter.

§ 7 Immissionsgrenzwert für Benzol

Zum Schutz der menschlichen Gesundheit beträgt der über ein Kalenderjahr gemittelte Immissionsgrenzwert für Benzol

5 Mikrogramm pro Kubikmeter.

§ 8 Immissionsgrenzwert für Kohlenmonoxid

Zum Schutz der menschlichen Gesundheit beträgt der als höchster Achtstundenmittelwert pro Tag zu ermittelnde Immissionsgrenzwert für Kohlenmonoxid

10 Milligramm pro Kubikmeter.

§ 9 Zielwerte, langfristige Ziele, Informationsschwelle und Alarmschwelle für bodennahes Ozon

(1) [1]Der Zielwert[3] zum Schutz der menschlichen Gesundheit vor Ozon beträgt

120 Mikrogramm pro Kubikmeter

als höchster Achtstundenmittelwert während eines Tages bei 25 zugelassenen Überschreitungen im Kalenderjahr. [2]Maßgebend für die Beurteilung, ob der Zielwert zum 1. Januar 2010 erreicht wurde, ist die Zahl der Überschreitungstage pro Kalenderjahr, gemittelt über drei Jahre. [3]Das Jahr

---

2) Individualschutz kann aus dieser Bestimmung nicht hergeleitet werden.

3) Vgl. Fn. 1. Aus der Definition der Zielwerte folgt, dass sie nur »nach Möglichkeit« einzuhalten sind.

2010 ist das erste Jahr, das zur Berechnung der Zahl der Überschreitungstage pro Kalenderjahr herangezogen wird.

(2) [1]Der Zielwert zum Schutz der Vegetation vor Ozon beträgt

$$18\,000 \; \tfrac{Mikrogramm}{Kubikmeter} \times Stunden$$

als AOT40 für den Zeitraum von Mai bis Juli. [2]Maßgebend für die Beurteilung, ob der Zielwert zum 1. Januar 2010 erreicht wurde, ist der AOT40-Wert für diesen Zeitraum, gemittelt über fünf Jahre. [3]Das Jahr 2010 ist das erste Jahr, das zur Berechnung des AOT40-Werts für den Zeitraum von Mai bis Juli herangezogen wird.

(3) Das langfristige Ziel zum Schutz der menschlichen Gesundheit vor Ozon beträgt

$$120 \; Mikrogramm \; pro \; Kubikmeter$$

als höchster Achtstundenmittelwert während eines Tages.

(4) Das langfristige Ziel zum Schutz der Vegetation vor Ozon beträgt

$$6\,000 \; \tfrac{Mikrogramm}{Kubikmeter} \times Stunden$$

als AOT40 für den Zeitraum von Mai bis Juli.

(5) Die Informationsschwelle für Ozon liegt bei

$$180 \; Mikrogramm \; pro \; Kubikmeter$$

als Einstundenmittelwert.

(6) Die Alarmschwelle für Ozon liegt bei

$$240 \; Mikrogramm \; pro \; Kubikmeter$$

als Einstundenmittelwert.

(7) Die Kriterien zur Prüfung der Werte sind in Anlage 7 Abschnitt A festgelegt.

§ 10 Zielwerte für Arsen, Kadmium, Nickel und Benzo[a]pyren

Um schädliche Auswirkungen von Arsen, Kadmium, Nickel und Benzo[a]pyren als Marker für polyzyklische aromatische Kohlenwasserstoffe auf die menschliche Gesundheit und die Umwelt insgesamt zu vermeiden, zu verhindern oder zu verringern, werden folgende ab dem 1. Januar 2013 einzuhaltende Zielwerte[4] als Gesamtgehalt in der PM_{10}-Fraktion über ein Kalenderjahr gemittelt festgesetzt:

Schadstoff	Zielwert in Nanogramm pro Kubikmeter
Arsen	6
Kadmium	5

---

4) Vgl. Fn. 1. Aus der Definition der Zielwerte folgt, dass sie nur »nach Möglichkeit« einzuhalten sind.

Schadstoff	Zielwert in Nanogramm pro Kubikmeter
Nickel	20
Benzo[a]pyren	1

Teil 3
Beurteilung der Luftqualität

§ 11 Festlegung von Gebieten und Ballungsräumen
Die zuständigen Behörden legen für die gesamte Fläche ihres Landes Gebiete und Ballungsräume fest.

§ 12 Einstufung der Gebiete und Ballungsräume für Schwefeldioxid, Stickstoffdioxid und Stickstoffoxide, Partikel (PM$_{10}$ und PM$_{2,5}$), Blei, Benzol und Kohlenmonoxid
(1) [1]Für Schwefeldioxid, Stickstoffdioxid und Stickstoffoxide, Partikel (PM$_{10}$ und PM$_{2,5}$), Blei, Benzol und Kohlenmonoxid gelten die in Anlage 2 Abschnitt A festgelegten oberen und unteren Beurteilungsschwellen. [2]Alle Gebiete und Ballungsräume werden anhand dieser Beurteilungsschwellen eingestuft.
(2) [1]Die Einstufung nach Absatz 1 wird spätestens alle fünf Jahre gemäß dem in Anlage 2 Abschnitt B festgelegten Verfahren überprüft. [2]Bei signifikanten Änderungen der Aktivitäten, die für die Konzentration von Schwefeldioxid, Stickstoffdioxid oder gegebenenfalls Stickstoffoxiden, Partikeln (PM$_{10}$ und PM$_{2,5}$), Blei, Benzol oder Kohlenmonoxid in der Luft von Bedeutung sind, sind die Einstufungen je nach Signifikanz in kürzeren Intervallen zu überprüfen.

§ 13 Vorschriften zur Ermittlung von Schwefeldioxid, Stickstoffdioxid und Stickstoffoxiden, Partikeln (PM$_{10}$ und PM$_{2,5}$), Blei, Benzol und Kohlenmonoxid
(1) Die Luftqualität wird in Bezug auf die in § 12 Absatz 1 genannten Schadstoffe in allen Gebieten und Ballungsräumen anhand der in den Absätzen 2 bis 4 sowie in der Anlage 3 festgelegten Kriterien beurteilt.
(2) [1]In allen Gebieten und Ballungsräumen, in denen der Wert der in Absatz 1 genannten Schadstoffe die für diese Schadstoffe festgelegte obere Beurteilungsschwelle überschreitet, sind zur Beurteilung der Luftqualität ortsfeste Messungen durchzuführen. [2]Über diese ortsfesten Messungen hinaus können Modellrechnungen sowie orientierende Messungen durchgeführt werden, um angemessene Informationen über die räumliche Verteilung der Luftqualität zu erhalten.
(3) In allen Gebieten und Ballungsräumen, in denen der Wert der in Absatz 1 genannten Schadstoffe die für diese Schadstoffe festgelegte obere Beurteilungsschwelle unterschreitet, kann zur Beurteilung der Luftqualität

eine Kombination von ortsfesten Messungen und Modellrechnungen oder orientierenden Messungen angewandt werden.

(4) In allen Gebieten und Ballungsräumen, in denen der Wert der in Absatz 1 genannten Schadstoffe die für diese Schadstoffe festgelegte untere Beurteilungsschwelle unterschreitet, genügen zur Beurteilung der Luftqualität Modellrechnungen, Techniken der objektiven Schätzung oder beides.

(5) [1]Zusätzlich zu den Beurteilungskriterien gemäß den Absätzen 2 bis 4 sind Messungen an Messstationen im ländlichen Hintergrund abseits signifikanter Luftverschmutzungsquellen gemäß Anlage 3 durchzuführen, um zumindest Informationen über die Gesamtmassenkonzentration und die Konzentration von Staubinhaltsstoffen von Partikeln ($PM_{2,5}$) im Jahresdurchschnitt zu erhalten. [2]Diese Messungen sind anhand der folgenden Kriterien durchzuführen:

1. es ist eine Probenahmestelle je 100 000 Quadratkilometer einzurichten;
2. Anlage 1 Abschnitt A und C gilt für die Datenqualitätsziele für Massenkonzentrationsmessungen von Partikeln; Anlage 4 ist uneingeschränkt anzuwenden.

§ 14 Probenahmestellen zur Messung von Schwefeldioxid, Stickstoffdioxid und Stickstoffoxiden, Partikeln (PM_{10} und $PM_{2,5}$), Blei, Benzol und Kohlenmonoxid

(1) Für die Festlegung des Standorts von Probenahmestellen, an denen die in § 12 Absatz 1 genannten Schadstoffe in der Luft gemessen werden, gelten die Kriterien der Anlage 3.

(2) In Gebieten und Ballungsräumen, in denen ortsfeste Messungen die einzige Informationsquelle für die Beurteilung der Luftqualität darstellen, darf die Anzahl der Probenahmestellen für jeden relevanten Schadstoff nicht unter der in Anlage 5 Abschnitt A festgelegten Mindestanzahl liegen.

(3) [1]Für Gebiete und Ballungsräume, in denen die Informationen aus Probenahmestellen für ortsfeste Messungen durch solche aus Modellrechnungen oder orientierenden Messungen ergänzt werden, kann die in Anlage 5 Abschnitt A festgelegte Gesamtzahl der Probenahmestellen um bis zu 50 Prozent verringert werden, sofern

1. die zusätzlichen Methoden die notwendigen Informationen für die Beurteilung der Luftqualität in Bezug auf Immissionsgrenzwerte und Alarmschwellen sowie angemessene Informationen für die Öffentlichkeit liefern;
2. die Zahl der einzurichtenden Probenahmestellen und die räumliche Repräsentativität anderer Techniken ausreichen, um bei der Ermittlung des Werts des relevanten Schadstoffs die in Anlage 1 Abschnitt A festgelegten Datenqualitätsziele zu erreichen und Beurteilungsergebnisse ermöglichen, die den in Anlage 1 Abschnitt B festgelegten Kriterien entsprechen.

[2]Die Ergebnisse von Modellrechnungen oder orientierenden Messungen werden bei der Beurteilung, ob die Immissionsgrenzwerte eingehalten wurden, berücksichtigt.

(4) Das Bundesministerium für Umwelt, Naturschutz, Bau und Reaktorsicherheit oder die von ihm beauftragte Stelle errichtet und betreibt im Bundesgebiet mindestens drei Messstationen gemäß § 13 Absatz 5.

(5) [1]Die zuständigen Behörden weisen gemäß Anlage 5 Abschnitt C Probenahmestellen aus, die für den Schutz der Vegetation repräsentativ sind. [2]Die Absätze 2 und 3 gelten sinngemäß.

§ 15 Indikator für die durchschnittliche $PM_{2,5}$-Exposition

[1]Der Indikator für die durchschnittliche $PM_{2,5}$-Exposition wird vom Umweltbundesamt berechnet. [2]Die Länder ermitteln die dafür notwendigen $PM_{2,5}$-Werte nach Maßgabe von Anlage 12 Abschnitt A. [3]Die Mindestzahl der Probenahmestellen darf nicht unter der gemäß Anlage 5 Abschnitt B vorgesehenen Anzahl liegen.

§ 16 Referenzmessmethoden für die Beurteilung von Schwefeldioxid, Stickstoffdioxid und Stickstoffoxiden, Partikeln (PM_{10} und $PM_{2,5}$), Blei, Benzol und Kohlenmonoxid

(1) Es gelten die in Anlage 6 Abschnitt A und C festgelegten Referenzmessmethoden und Kriterien.

(2) Andere Messmethoden können angewandt werden, sofern die in Anlage 6 Abschnitt B festgelegten Bedingungen erfüllt sind.

§ 17 Vorschriften zur Ermittlung von Ozonwerten

(1) Liegen in einem Gebiet oder Ballungsraum die Ozonwerte in einem Jahr der vorangehenden fünfjährigen Messperiode oberhalb der in § 9 Absatz 3 und 4 festgelegten langfristigen Ziele, so sind ortsfeste Messungen vorzunehmen.

(2) Liegen die Daten für die vorangehende fünfjährige Messperiode nicht vollständig vor, so können die Ergebnisse von vorliegenden kürzeren Messperioden, während derjenigen Jahreszeit und zu denjenigen Stellen, an denen wahrscheinlich die höchsten Werte für Ozon erreicht werden und die Rückschlüsse auf den Gesamtzeitraum zulassen, mit Informationen aus Emissionskatastern und Modellen verbunden werden, um zu bestimmen, ob die Ozonwerte während dieser fünf Jahre oberhalb der in Absatz 1 genannten langfristigen Ziele lagen.

§ 18 Probenahmestellen zur Messung von Ozonwerten

(1) Für die Festlegung des Standorts von Probenahmestellen zur Messung von Ozon gelten die Kriterien der Anlage 8.

(2) In Gebieten und Ballungsräumen, in denen Messungen die einzige Informationsquelle für die Beurteilung der Luftqualität darstellen, darf die Zahl der Probenahmestellen für ortsfeste Messungen von Ozon nicht unter der in Anlage 9 Abschnitt A festgelegten Mindestanzahl liegen.

(3) [1]Für Gebiete und Ballungsräume, in denen die Informationen aus Probenahmestellen für ortsfeste Messungen durch solche aus Modellrechnungen oder orientierenden Messungen ergänzt werden, kann die in An-

lage 9 Abschnitt A festgelegte Gesamtzahl der Probenahmestellen verringert werden, sofern

1. die zusätzlichen Methoden die notwendigen Informationen für die Beurteilung der Luftqualität in Bezug auf die Zielwerte, die langfristigen Ziele sowie die Informations- und Alarmschwellen liefern;

2. die Zahl der einzurichtenden Probenahmestellen und die räumliche Repräsentativität anderer Techniken ausreichen, um bei der Ermittlung der Ozonwerte die in Anlage 1 Abschnitt A festgelegten Datenqualitätsziele zu erreichen, und Beurteilungsergebnisse ermöglichen, die den in Anlage 1 Abschnitt B festgelegten Kriterien entsprechen;

3. in jedem Gebiet oder Ballungsraum mindestens eine Probenahmestelle je zwei Millionen Einwohner und Einwohnerinnnen oder eine Probenahmestelle je 50 000 Quadratkilometer vorhanden ist, je nachdem, was zur größeren Zahl von Probenahmestellen führt; in jedem Fall muss es in jedem Gebiet oder Ballungsraum mindestens eine Probenahmestelle geben und

4. Stickstoffdioxid an allen verbleibenden Probenahmestellen mit Ausnahme von Stationen im ländlichen Hintergrund im Sinne von Anlage 8 Abschnitt A gemessen wird.

[2]Die Ergebnisse von Modellrechnungen oder orientierenden Messungen werden bei der Beurteilung der Luftqualität in Bezug auf die Zielwerte berücksichtigt.

(4) [1]Die Stickstoffdioxidwerte sind an mindestens 50 Prozent der nach Anlage 9 Abschnitt A erforderlichen Ozonprobenahmestellen zu messen. [2]Außer bei Messstationen im ländlichen Hintergrund im Sinne von Anlage 8 Abschnitt A, wo andere Messmethoden angewandt werden können, sind diese Messungen kontinuierlich vorzunehmen.

(5) In Gebieten und Ballungsräumen, in denen in jedem Jahr während der vorangehenden fünfjährigen Messperiode die Werte unter den langfristigen Zielen liegen, ist die Zahl der Probenahmestellen für ortsfeste Messungen gemäß Anlage 9 Abschnitt B zu bestimmen.

(6) [1]Das Bundesministerium für Umwelt, Naturschutz, Bau und Reaktorsicherheit oder die von ihm beauftragte Stelle errichtet und betreibt im Bundesgebiet mindestens eine Probenahmestelle zur Erfassung der Werte der in der Anlage 10 aufgelisteten Ozonvorläuferstoffe. [2]Sofern die Länder Ozonvorläuferstoffe messen, stimmen sie sich mit dem Bundesministerium für Umwelt, Naturschutz, Bau und Reaktorsicherheit oder der von ihm beauftragten Stelle ab.

§ 19 Referenzmessmethoden für die Beurteilung von Ozonwerten

(1) Es gilt die in Anlage 6 Abschnitt A Nummer 8 festgelegte Referenzmethode für die Messung von Ozon.

(2) Andere Messmethoden können angewandt werden, sofern die in Anlage 6 Abschnitt B festgelegten Bedingungen erfüllt sind.

§ 20 Vorschriften zur Ermittlung von Arsen, Kadmium, Nickel und Benzo[*a*]pyren und Quecksilber

(1) Die zuständigen Behörden erstellen für Arsen, Kadmium, Nickel und Benzo[*a*]pyren jeweils eine Liste von Gebieten und Ballungsräumen, in denen

1. der Wert den jeweiligen Zielwert nach § 10 erreicht oder unter diesem liegt und

2. der Wert den jeweiligen Zielwert überschreitet. Für diese Gebiete und Ballungsräume ist anzugeben, in welchen Teilgebieten die Zielwerte überschritten werden und welche Quellen hierzu beitragen.

(2) Die oberen und unteren Beurteilungsschwellen für Arsen, Kadmium, Nickel und Benzo[*a*]pyren sind in Anlage 15 festgelegt.

(3) ¹In Gebieten und Ballungsräumen, in denen die Werte von Arsen, Kadmium, Nickel und Benzo[*a*]pyren über der unteren Beurteilungsschwelle liegen, ist eine Messung entsprechend den Kriterien aus Anlage 16 Abschnitt A und B vorzusehen. ²In Gebieten und Ballungsräumen, in denen ortsfeste Messungen die einzige Informationsquelle für die Beurteilung der Luftqualität darstellen, darf die Anzahl der Probenahmestellen nicht unter der in Anlage 16 Abschnitt D festgelegten Mindestanzahl liegen.

(4) ¹Die Messungen können durch Modellrechnungen ergänzt werden, damit in angemessenem Umfang Informationen über die Luftqualität gewonnen werden. ²Eine Kombination von Messungen, einschließlich orientierender Messungen nach Anlage 17 Abschnitt A, und Modellrechnungen kann herangezogen werden, um die Luftqualität in Gebieten und Ballungsräumen zu beurteilen, in denen die Werte während eines repräsentativen Zeitraums zwischen der oberen und der unteren Beurteilungsschwelle liegen.

(5) In Gebieten und Ballungsräumen, in denen die Werte unter der unteren Beurteilungsschwelle gemäß Anlage 15 Abschnitt A liegen, brauchen für die Beurteilung der Werte nur Modellrechnungen oder Methoden der objektiven Schätzung angewandt zu werden.

(6) ¹Die Einstufung von Gebieten und Ballungsräumen ist spätestens alle fünf Jahre zu überprüfen. ²Hierfür ist das Verfahren der Anlage 15 Abschnitt B anzuwenden. ³Die Einstufung ist bei signifikanten Änderungen der Aktivitäten, die Auswirkungen auf die Werte von Arsen, Kadmium, Nickel oder Benzo[*a*]pyren haben, früher zu überprüfen.

(7) Dort, wo die Werte von Arsen, Kadmium, Nickel und Benzo[*a*]pyren gemessen werden müssen, sind die Messungen kontinuierlich oder stichprobenartig an festen Orten durchzuführen. Die Messungen sind so häufig durchzuführen, dass die Werte entsprechend beurteilt werden können.

(8) ¹Um den Anteil von Benzo[*a*]pyren-Immissionen an der Gesamtimmission von polyzyklischen aromatischen Kohlenwasserstoffen beurteilen zu können, werden an einer begrenzten Zahl von Probenahmestellen des Umweltbundesamtes andere relevante polyzyklische aromatische Kohlenwasserstoffe überwacht. ²Diese Verbindungen umfassen mindestens:

1. Benzo[*a*]anthracen,

2. Benzo[*b*]fluoranthen,
3. Benzo[*j*]fluoranthen,
4. Benzo[*k*]fluoranthen,
5. Indeno[*1,2,3-cd*]pyren und
6. Dibenz[*a,h*]anthracen.

[3]Die Überwachungsstellen für diese polyzyklischen aromatischen Kohlenwasserstoffe werden mit Probenahmestellen für Benzo[*a*]pyren zusammengelegt und so gewählt, dass geographische Unterschiede und langfristige Trends bestimmt werden können. [4]Es gelten die Bestimmungen der Anlage 16 Abschnitt A bis C. [5]Sofern die Länder diese Stoffe messen, stimmen sie sich mit dem Bundesministerium für Umwelt, Naturschutz, Bau und Reaktorsicherheit oder der von ihm beauftragten Stelle ab.

(9) [1]Ungeachtet der Werte wird für eine Fläche von je 100 000 Quadratkilometern jeweils eine Hintergrundprobenahmestelle installiert, die zur orientierenden Messung von Arsen, Kadmium, Nickel, dem gesamten gasförmigen Quecksilber, Benzo[*a*]pyren und den übrigen in Absatz 8 genannten polyzyklischen aromatischen Kohlenwasserstoffen in der Luft dient. [2]Gemessen wird außerdem die Ablagerung von Arsen, Kadmium, Quecksilber und seinen Verbindungen, Nickel, Benzo[*a*]pyren und der übrigen in Absatz 8 genannten polyzyklischen aromatischen Kohlenwasserstoffe. [3]Das Bundesministerium für Umwelt, Naturschutz, Bau und Reaktorsicherheit oder die von ihm beauftragte Stelle errichtet und betreibt im Bundesgebiet mindestens drei Messstationen, um die notwendige räumliche Auflösung zu erreichen. [4]An einer der Hintergrundprobenahmestellen erfolgt zusätzlich die Messung von partikel- und gasförmigem zweiwertigem Quecksilber. [5]Die Probenahmestellen für diese Schadstoffe werden so gewählt, dass geographische Unterschiede und langfristige Trends bestimmt werden können. [6]Es gelten die Bestimmungen der Anlage 16 Abschnitt A, B und C.

(10) Die Verwendung von Bioindikatoren kann erwogen werden, wo regionale Muster der Auswirkungen der in Absatz 1 genannten Schadstoffe auf Ökosysteme beurteilt werden sollen.

(11) In Gebieten und Ballungsräumen, in denen Informationen von ortsfesten Messstationen durch Informationen aus anderen Quellen, zum Beispiel Emissionskataster, orientierende Messmethoden oder Modellierung der Luftqualität, ergänzt werden, müssen die Zahl einzurichtender ortsfester Messstationen und die räumliche Auflösung anderer Techniken ausreichen, um die Luftschadstoffwerte gemäß Anlage 16 Abschnitt A und Anlage 17 Abschnitt A zu ermitteln.

(12) [1]Die Kriterien für die Datenqualität werden in Anlage 17 Abschnitt A festgelegt. [2]Werden Modelle zur Beurteilung der Luftqualität verwendet, so gilt Anlage 17 Abschnitt B.

(13) [1]Die Referenzmethoden für die Probenahmen und die Analyse der Werte von Arsen, Kadmium, Quecksilber, Nickel und polyzyklischen aromatischen Kohlenwasserstoffen in der Luft sind in Anlage 18 Abschnitte A bis C festgelegt. [2]Anlage 18 Abschnitt D enthält Referenzmethoden zur Messung der Ablagerung von Arsen, Kadmium, Queck-

silber, Nickel und polyzyklischen aromatischen Kohlenwasserstoffen.
[3]Anlage 18 Abschnitt E betrifft Referenzmethoden zur Erstellung von
Luftqualitätsmodellen, soweit solche Methoden verfügbar sind.

Teil 4
Kontrolle der Luftqualität

§ 21 Regelungen für die Einhaltung der Immissionsgrenzwerte für Schwefeldioxid, Stickstoffdioxid, Partikel (PM_{10} und $PM_{2,5}$), Blei, Benzol und Kohlenmonoxid

(1) Die Einhaltung der Immissionsgrenzwerte für Schwefeldioxid, Stickstoffdioxid, Partikel PM_{10}, Partikel $PM_{2,5}$, Blei, Benzol und Kohlenmonoxid wird nach Anlage 3 beurteilt.

(2) Sofern die zuständigen Stellen in den Ländern eine Fristverlängerung
nach Artikel 22 Absatz 1 der Richtlinie 2008/50/EG für die Stoffe Stickstoffdioxid und Benzol oder eine Ausnahme zur Verpflichtung der Einhaltung der Immissionsgrenzwerte für Partikel PM_{10} nach Artikel 22 Absatz 2 der Richtlinie 2008/50/EG in Anspruch nehmen wollen, muss dies
der Kommission nach Maßgabe des Artikels 22 Absatz 4 der Richtlinie
2008/50/EG über die zuständige oberste Landesbehörde durch die Bundesregierung mitgeteilt werden.

(3) [1]Eine Ausnahme zur Verpflichtung zur Einhaltung der Immissionsgrenzwerte für Partikel PM_{10} nach Absatz 2 kann bis einschließlich
11. Juni 2011 in Anspruch genommen werden, wenn diese auf Grund
standortspezifischer Ausbreitungsbedingungen, ungünstiger klimatischer
Bedingungen oder grenzüberschreitender Schadstoffeinträge nicht eingehalten werden. [2]Eine Fristverlängerung nach Absatz 2 bezüglich Stickstoffdioxid und Benzol kann bis einschließlich 31. Dezember 2014 in
Anspruch genommen werden.

(4) [1]Hat die Kommission neun Monate nach Eingang der Mitteilung nach
Absatz 2 keine Einwände erhoben, so entfällt die Verpflichtung zur Einhaltung der Immissionsgrenzwerte bis zu dem in der Mitteilung für den
jeweiligen Stoff genannten Zeitpunkt. [2]Dabei muss sichergestellt werden,
dass der Wert für den jeweiligen Schadstoff den Immissionsgrenzwert um
nicht mehr als die in Anlage 11 festgelegte Toleranzmarge überschreitet.

§ 22 Anforderungen an Gebiete und Ballungsräume, in denen die Zielwerte für Arsen, Kadmium, Nickel und Benzo[a]pyren über-schritten sind

[1]Werden in Teilgebieten nach § 20 Absatz 1 Nummer 2 die Zielwerte für
Arsen, Kadmium, Nickel und Benzo[a]pyren überschritten, stellen die
zuständigen Behörden zur Weiterleitung an die Kommission dar, welche
Maßnahmen für diese Gebiete ergriffen wurden, um die Zielwerte zu erreichen.[5] [2]Dies betrifft vor allem die vorherrschenden Emissionsquellen.

---

5) Aus der Vorschrift kann ein Anspruch auf bestimmte Maßnahmen nicht hergeleitet
werden. Vgl. Fn. 1.

[3]Für Industrieanlagen, die unter die Richtlinie 2008/1/EG des Europäischen Parlaments und des Rates vom 15. Januar 2008 über die integrierte Vermeidung und Verminderung der Umweltverschmutzung (ABl. L 24 vom 29. 1. 2008, S. 8) fallen, bedeutet dies, dass die besten verfügbaren Techniken im Sinne des Artikels 2 Nummer 12 jener Richtlinie angewandt wurden.

§ 23 Einhaltung von langfristigem Ziel, nationalem Ziel und Zielwerten

Die Einhaltung
1. des langfristigen Ziels für Ozon,
2. des nationalen Ziels für $PM_{2,5}$ sowie
3. der Zielwerte für $PM_{2,5}$, Ozon, Arsen, Kadmium, Nickel und Benzo[a]pyren

ist sicherzustellen, soweit dies mit verhältnismäßigen Maßnahmen, insbesondere solchen, die keine unverhältnismäßigen Kosten verursachen, möglich ist.[6]

§ 24 Überschreitung von Immissionsgrenzwerten durch Emissionsbeiträge aus natürlichen Quellen

(1) [1]Die zuständigen Behörden übermitteln dem Bundesministerium für Umwelt, Naturschutz, Bau und Reaktorsicherheit über die nach Landesrecht zuständige Behörde zur Weiterleitung an die Kommission für das jeweilige Jahr eine Aufstellung der ausgewiesenen Gebiete und Ballungsräume, in denen die Überschreitungen der Immissionsgrenzwerte für einen bestimmten Schadstoff Emissionsbeiträgen aus natürlichen Quellen zuzurechnen sind. [2]Sie fügen Angaben zu den Konzentrationen und Quellen sowie Unterlagen dafür bei, dass die Überschreitungen auf natürliche Quellen zurückzuführen sind.

(2) Emissionsbeiträge aus natürlichen Quellen bleiben bei der Ermittlung von Überschreitungen von Immissionsgrenzwerten außer Ansatz.

§ 25 Überschreitung von Immissionsgrenzwerten für Partikel PM_{10} auf Grund der Ausbringung von Streusand oder -salz auf Straßen im Winterdienst

(1) Die zuständigen Behörden übermitteln dem Bundesministerium für Umwelt, Naturschutz, Bau und Reaktorsicherheit über die nach Landesrecht zuständige Behörde zur Weiterleitung an die Kommission eine Liste der Gebiete und Ballungsräume, in denen die Immissionsgrenzwerte für Partikel PM_{10} in der Luft auf Grund der Aufwirbelung von Partikeln nach der Ausbringung abstumpfender Streumittel auf Straßen im Winterdienst überschritten werden, sowie Informationen über die dortigen Werte und Quellen von PM_{10}-Partikeln.

(2) Bei der Übermittlung fügen die zuständigen Behörden die erforderlichen Unterlagen dafür bei, dass die Überschreitungen auf aufgewirbelte Partikel zurückzuführen sind und angemessene Maßnahmen zur Verringerung der Werte getroffen wurden.

---

6) Vgl. Fn. 1.

(3) Für Gebiete und Ballungsräume gemäß Absatz 1 ist ein Luftreinhalteplan gemäß § 27 nur insoweit zu erstellen, als Überschreitungen auf andere Partikel PM_{10}-Quellen als die Ausbringung von Streusand oder -salz auf Straßen im Winterdienst zurückzuführen sind.

(4) Emissionsbeiträge im Sinne des Absatzes 1 bleiben bei der Ermittlung von Überschreitungen von Immissionsgrenzwerten außer Ansatz.

§ 26 Erhalten der bestmöglichen Luftqualität

(1) [1]In Gebieten und Ballungsräumen, in denen die Werte von Schwefeldioxid, Stickstoffdioxid, Partikel PM_{10}, Partikel $PM_{2,5}$, Blei, Benzol und Kohlenmonoxid in der Luft unter den jeweiligen Immissionsgrenzwerten liegen, halten die zuständigen Behörden die Werte dieser Schadstoffe unterhalb dieser Grenzwerte. [2]In Gebieten und Ballungsräumen, in denen die Werte von Arsen, Kadmium, Nickel und Benzo[a]pyren in der Luft unter den jeweiligen in § 10 festgelegten Zielwerten liegen, halten die zuständigen Behörden die Werte dieser Schadstoffe unterhalb dieser Zielwerte.

(2) In Gebieten und Ballungsräumen, in denen die Ozonwerte die langfristigen Ziele erreichen, halten die zuständigen Behörden die Werte unterhalb der langfristigen Ziele, soweit Faktoren wie der grenzüberschreitende Charakter der Ozonbelastung und die meteorologischen Gegebenheiten dies zulassen.

(3) [1]Die zuständigen Behörden bemühen sich darum, die bestmögliche Luftqualität, die mit einer nachhaltigen Entwicklung in Einklang zu bringen ist, aufrechtzuerhalten. [2]Sie berücksichtigen dieses Ziel bei allen für die Luftqualität relevanten Planungen.

Teil 5
Pläne

§ 27 Luftreinhaltepläne

(1) Überschreiten in bestimmten Gebieten oder Ballungsräumen die Werte für Schadstoffe in der Luft einen Immissionsgrenzwert zuzüglich einer jeweils dafür geltenden Toleranzmarge oder den in Anlage 12 Abschnitt D genannten Zielwert, erstellen die zuständigen Behörden für diese Gebiete oder Ballungsräume Luftreinhaltepläne.[7]

(2) [1]Ein Luftreinhalteplan muss geeignete Maßnahmen enthalten, um den Zeitraum einer Nichteinhaltung so kurz wie möglich zu halten, wenn

1. einer der in Anlage 11 Abschnitt B genannten Immissionsgrenzwerte überschritten wird oder diese Überschreitung nach Ablauf einer nach § 21 Absatz 2 bis 4 verlängerten Frist zur Einhaltung von Immissionsgrenzwerten eintritt,

---

7) Betroffene Bürger können die Aufstellung eines Luftreinhalteplans, nicht jedoch einen bestimmten Inhalt des Plans verlangen (EuGH, Urteil vom 25. 7. 2008, NVwZ 2008, 984 f.). Ein Anspruch auf bestimmte Maßnahmen kann jedoch nach § 45 Abs. 1 Satz 1 BImSchG i. V. m. einer anderen Schutznorm gegeben sein. Ein Verkehrsverbot für Dieselfahrzeuge kommt in Betracht, wenn es sich als einzig geeignete Maßnahme zur Einhaltung verbindlicher Grenzwerte erweist; dabei ist jedoch der Grundsatz der Verhältnismäßigkeit zu beachten (BVerwG, Urteile vom 27. 2. 2018, NVwZ 2018, 883 und 890).

2. der in Anlage 12 Abschnitt E genannte Immissionsgrenzwert nach
    Ablauf der Einhaltefrist überschritten wurde.
[2]Die genannten Pläne können zusätzlich gezielte Maßnahmen zum Schutz
empfindlicher Bevölkerungsgruppen, einschließlich Maßnahmen zum
Schutz von Kindern, vorsehen.

(3) Diese Luftreinhaltepläne müssen mindestens die in Anlage 13 aufgeführten Angaben umfassen und können Maßnahmen nach den §§ 22
und 28 enthalten.

(4) Müssen für mehrere Schadstoffe Luftreinhaltepläne ausgearbeitet
oder durchgeführt werden, so arbeiten die zuständigen Behörden gegebenenfalls für alle betreffenden Schadstoffe einen integrierten Luftreinhalteplan aus und führen ihn durch.

(5) Die zuständigen Behörden stellen, soweit möglich, die Übereinstimmung der Luftreinhaltepläne mit den Lärmaktionsplänen nach § 47d des
Bundes-Immissionsschutzgesetzes und mit dem Programm zur Verminderung der Ozonwerte und zur Einhaltung der Emissionshöchstmengen nach
§ 34 sicher, um die entsprechenden Umweltziele zu erreichen.

§ 28 Pläne für kurzfristige Maßnahmen[8]

(1) [1]Besteht in einem bestimmten Gebiet oder Ballungsraum die Gefahr,
dass die Werte für Schadstoffe die in § 2 Absatz 3 und § 3 Absatz 3 genannten Alarmschwellen überschreiten, erstellen die zuständigen Behörden Pläne mit den Maßnahmen, die kurzfristig zu ergreifen sind, um die
Gefahr der Überschreitung zu verringern oder deren Dauer zu beschränken. [2]Besteht diese Gefahr bei einem oder mehreren der in Anlage 11 genannten Immissionsgrenzwerte oder bei dem in Anlage 12 genannten Partikel $PM_{2,5}$-Zielwert, können die zuständigen Behörden Pläne gegebenenfalls für kurzfristige Maßnahmen erstellen.

(2) [1]In diesen Plänen können im Einzelfall Maßnahmen zur Beschränkung und, soweit erforderlich, zur Aussetzung der Tätigkeiten vorgesehen werden, die die Gefahr einer Überschreitung der entsprechenden
Immissionsgrenzwerte, Zielwerte oder Alarmschwellen erhöhen. [2]Diese
Pläne können Maßnahmen enthalten, die den Kraftfahrzeugverkehr,
Bautätigkeiten, Schiffe an Liegeplätzen, den Betrieb von Industrieanlagen,
die Verwendung von Erzeugnissen oder den Bereich Haushaltsheizungen
betreffen. [3]Ausnahmen für Anlagen der Landesverteidigung nach § 60 des
Bundes-Immissionsschutzgesetzes bleiben unberührt. [4]Außerdem können
in diesen Plänen gezielte Maßnahmen zum Schutz empfindlicher Bevölkerungsgruppen, einschließlich Maßnahmen zum Schutz von Kindern,
vorgesehen werden.

---

8) Bis zum Inkrafttreten des 8. BImSchG-Änderungsgesetzes wurden derartige Pläne als
   Alarmpläne bezeichnet.

§ 29 Maßnahmen bei grenzüberschreitender Luftverschmutzung

(1) Wird eine Alarmschwelle, ein Immissionsgrenzwert oder ein Zielwert zuzüglich der dafür geltenden Toleranzmarge oder ein langfristiges Ziel auf Grund erheblicher grenzüberschreitender Transporte von Schadstoffen oder ihrer Vorläuferstoffe überschritten, so arbeiten die zuständigen Behörden mit den betroffenen Mitgliedstaaten der Europäischen Union zusammen und sehen gegebenenfalls gemeinsame Maßnahmen vor, beispielsweise gemeinsame oder koordinierte Luftreinhaltepläne, um solche Überschreitungen durch geeignete, angemessene Maßnahmen zu beheben.

(2) [1]Die zuständigen Behörden arbeiten, gegebenenfalls nach § 28, gemeinsame Pläne für kurzfristige Maßnahmen aus, die sich auf benachbarte Gebiete anderer Mitgliedstaaten der Europäischen Union erstrecken, und setzen sie um. [2]Die zuständigen Behörden gewährleisten, dass die Behörden der benachbarten Gebiete in anderen Mitgliedstaaten der Europäischen Union, die Pläne für kurzfristige Maßnahmen entwickelt haben, alle zweckdienlichen Informationen erhalten.

(3) Werden die Informationsschwelle oder die Alarmschwellen in Gebieten oder Ballungsräumen nahe den Landesgrenzen überschritten, sind die zuständigen Behörden der betroffenen benachbarten Mitgliedstaaten der Europäischen Union so schnell wie möglich zu informieren.

Teil 6
Unterrichtung der Öffentlichkeit und Berichtspflichten

§ 30 Unterrichtung der Öffentlichkeit[9]

(1) [1]Die zuständigen Behörden unterrichten die Öffentlichkeit, insbesondere relevante Organisationen wie Umweltschutzorganisationen, Verbraucherverbände, Interessenvertretungen empfindlicher Bevölkerungsgruppen, andere mit dem Gesundheitsschutz befasste relevante Stellen und die betroffenen Wirtschaftsverbände über

1. die Luftqualität gemäß Anlage 14,
2. Fristverlängerungen und Ausnahmen nach § 21 Absatz 2 bis 4 und
3. Luftreinhaltepläne.

[2]Diese Informationen sind kostenlos über leicht zugängliche Medien einschließlich des Internets oder jede andere geeignete Form der Telekommunikation zur Verfügung zu stellen; sie müssen den Bestimmungen der Richtlinie 2007/2/EG des Europäischen Parlaments und des Rates vom 14. März 2007 zur Schaffung einer Geodateninfrastruktur in der Europäischen Gemeinschaft (INSPIRE) (ABl. L 108 vom 25. 4. 2007, S. 1) entsprechen.

---

9) Vgl. auch § 46a BImSchG.

(2) [1]Die zuständigen Behörden veröffentlichen Jahresberichte für die von dieser Verordnung erfassten Schadstoffe. [2]Die Jahresberichte enthalten eine Zusammenfassung der Überschreitungen von Grenzwerten, Zielwerten und langfristigen Zielen, Informationsschwellen und Alarmschwellen in den relevanten Mittelungszeiträumen gemäß den §§ 2 bis 10. [3]Anhand der in den Jahresberichten enthaltenen Daten werden die Auswirkungen der Überschreitungen von den zuständigen Behörden zusammenfassend bewertet.

(3) Werden die in § 2 oder § 3 festgelegten Alarmschwellen oder die in § 9 festgelegte Alarmschwelle oder Informationsschwelle überschritten, informieren die zuständigen Behörden die Öffentlichkeit über Rundfunk, Fernsehen, Zeitungen oder Internet gemäß der in Anlage 14 festgelegten Maßnahmen.

(4) Wenn die zuständige Behörde in der Bundesrepublik Deutschland von der zuständigen Behörde eines benachbarten Mitgliedstaats der Europäischen Union die Mitteilung erhält, dass in diesem Mitgliedstaat eine Informationsschwelle oder eine Alarmschwelle in Gebieten oder Ballungsräumen nahe der Landesgrenzen überschritten wurde, hat sie die Öffentlichkeit so schnell wie möglich darüber zu informieren.

(5) Falls die zuständigen Behörden einen Plan für kurzfristige Maßnahmen erstellt haben, machen sie der Öffentlichkeit, insbesondere Umweltschutzorganisationen, Verbraucherverbänden, Interessenvertretungen empfindlicher Bevölkerungsgruppen, anderen mit dem Gesundheitsschutz befassten relevanten Stellen und den betroffenen Wirtschaftsverbänden sowohl die Ergebnisse ihrer Untersuchungen zu Durchführbarkeit und Inhalt spezifischer Pläne für kurzfristige Maßnahmen als auch Informationen über die Durchführung dieser Pläne zugänglich.

(6) [1]Die zuständigen Behörden stellen sicher, dass die Öffentlichkeit, insbesondere Umweltschutzorganisationen, Verbraucherverbände, Interessenvertretungen empfindlicher Bevölkerungsgruppen und andere relevante Gruppen im Gesundheitsbereich angemessen und rechtzeitig über die Immissionswerte und Ablagerungsraten von Arsen, Kadmium, Quecksilber, Nickel und Benzo[*a*]pyren und den übrigen polyzyklischen aromatischen Kohlenwasserstoffen zum Beispiel über das Internet unterrichtet werden. [2]Die Informationen nach Satz 1 müssen auch Folgendes enthalten:

1. Angaben zu jeder jährlichen Überschreitung der in § 10 festgelegten Zielwerte für Arsen, Kadmium, Nickel und Benzo[*a*]pyren,
2. Gründe für die Überschreitung und das Gebiet, in dem die Überschreitung festgestellt wurde,
3. eine kurze Beurteilung anhand des Zielwerts sowie
4. einschlägige Angaben über Auswirkungen auf die menschliche Gesundheit und Umweltfolgen.

[3]Darüber hinaus werden alle genannten Stellen darüber informiert, welche Maßnahmen zur Einhaltung der Zielwerte ergriffen wurden.

(7) Das Bundesministerium für Umwelt, Naturschutz, Bau und Reaktorsicherheit veröffentlicht die nach den §§ 34 und 35 erstellten Programme.

(8) Die zuständigen Behörden unterrichten die Öffentlichkeit zum Beispiel über das Internet über ihre Zuständigkeiten bei der Beurteilung der Luftqualität, der Zulassung von Messsystemen und bei der Qualitätssicherung.

§ 31 Übermittlung von Informationen und Berichten für Schwefeldioxid, Stickstoffoxide, Partikel PM_{10}, Partikel $PM_{2,5}$, Blei, Benzol, Kohlenmonoxid, Staubinhaltsstoffe und Ozon

Die zuständigen Behörden übermitteln dem Bundesministerium für Umwelt, Naturschutz, Bau und Reaktorsicherheit oder der von ihm beauftragten Stelle über die nach Landesrecht zuständige Behörde zur Weiterleitung an die Kommission die gemäß der Richtlinie 2008/50/EG erforderlichen Informationen.

§ 32 Übermittlung von Informationen und Berichten für Arsen, Kadmium, Nickel und Benzo[a]pyren

(1) Die zuständigen Behörden übermitteln dem Bundesministerium für Umwelt, Naturschutz, Bau und Reaktorsicherheit oder der von ihm beauftragten Stelle über die nach Landesrecht zuständige Behörde zur Weiterleitung an die Kommission in Bezug auf Gebiete und Ballungsräume, in denen einer der in § 10 festgelegten Zielwerte überschritten wird, folgende Informationen:

1. die Listen der betreffenden Gebiete und Ballungsräume,
2. die Teilgebiete, in denen die Werte überschritten werden,
3. die beurteilten Werte,
4. die Gründe für die Überschreitung der Zielwerte und insbesondere die Quellen, die zur Überschreitung der Zielwerte beitragen,
5. die Teile der Bevölkerung, die den überhöhten Werten ausgesetzt sind.

(2) [1]Die zuständigen Behörden übermitteln ferner zur Weiterleitung an die Kommission alle gemäß § 20 beurteilten Daten, sofern diese nicht bereits auf Grund der Entscheidung 97/101/EG des Rates vom 27. Januar 1997 zur Schaffung eines Austausches von Informationen und Daten aus den Netzen und Einzelstationen zur Messung der Luftverschmutzung in den Mitgliedstaaten (ABl. L 35 vom 5. 2. 1997, S. 14), die zuletzt durch die Richtlinie 2008/50/EG geändert worden ist, gemeldet worden sind. [2]Diese Informationen werden für jedes Kalenderjahr bis spätestens zum 31. Juli des darauffolgenden Jahres übermittelt.

(3) Zusätzlich zu den in Absatz 1 geforderten Angaben melden die zuständigen Behörden zur Weiterleitung an die Kommission alle gemäß § 22 ergriffenen Maßnahmen.

Teil 7
Emissionshöchstmengen, Programme der Bundesregierung

§ 33 Emissionshöchstmengen, Emissionsinventare und -prognosen

(1) Für die Bundesrepublik Deutschland werden für die Stoffe Schwefeldioxid (SO_2), Stickstoffoxide (NO_x), flüchtige organische Verbindungen (NMVOC) und Ammoniak (NH_3) folgende Emissionshöchstmengen

in Kilotonnen pro Kalenderjahr bis einschließlich 31. Dezember 2019 festgelegt:

1. SO_2 520
2. NO_x 1 051
3. NMVOC   995
4. NH_3 550.

(2) Die Emissionen sind mit Maßnahmen des in § 34 beschriebenen Programms spätestens ab dem Jahr 2011 auf die in Absatz 1 genannten Höchstmengen zu begrenzen und dürfen bis einschließlich 31. Dezember 2019 nicht mehr überschritten werden.

(3) Das Umweltbundesamt erstellt für die in Absatz 1 genannten Stoffe jährlich Emissionsinventare und Emissionsprognosen für die Jahre 2015 und 2020.

§ 34 Programm der Bundesregierung zur Verminderung der Ozonwerte und zur Einhaltung der Emissionshöchstmengen

(1) Die Bundesregierung erstellt, nach Anhörung der Länder und der beteiligten Kreise gemäß § 51 des Bundes-Immissionsschutzgesetzes, ein Programm, das dauerhafte Maßnahmen zur Verminderung der Ozonwerte nach § 9 und zur Einhaltung der Emissionshöchstmengen für die in § 33 Absatz 1 genannten Stoffe enthält.

(2) Dieses Programm wird jährlich überprüft und, soweit erforderlich, fortgeschrieben.

(3) Die im Programm enthaltenen Maßnahmen zielen darauf ab,
1. die Emissionen der in § 33 Absatz 1 genannten Stoffe so weit zu vermindern, dass die dort festgelegten Emissionshöchstmengen ab dem genannten Termin eingehalten werden;
2. die in § 9 Absatz 1 und 2 festgelegten Zielwerte einzuhalten;
3. die in § 9 Absatz 3 und 4 festgelegten langfristigen Ziele zu erreichen;
4. in den Gebieten der Bundesrepublik Deutschland, in denen die Ozonwerte unter den langfristigen Zielen liegen, die bestmögliche Luftqualität im Einklang mit einer dauerhaften und umweltgerechten Entwicklung sowie ein hohes Schutzniveau für die Umwelt und die menschliche Gesundheit zu erhalten, soweit insbesondere der grenzüberschreitende Charakter der Ozonbelastung und die meteorologischen Gegebenheiten dies zulassen.

(4) [1]Das Programm enthält Informationen über eingeführte und geplante Maßnahmen zur Schadstoffreduzierung sowie quantifizierte Schätzungen über deren Auswirkungen auf die Schadstoffemissionen ab dem Jahr 2010. [2]Werden erhebliche Veränderungen der geographischen Verteilung der nationalen Emissionen erwartet, sind diese anzugeben. [3]Soweit das Programm auf die Verminderung der Ozonwerte beziehungsweise deren Vorläuferstoffe abzielt, sind die in Anlage 13 genannten Angaben zu machen.

(5) Die Maßnahmen des Programms müssen unter Berücksichtigung von Aufwand und Nutzen verhältnismäßig sein.

§ 35 Programme der Bundesregierung zur Einhaltung der Verpflichtung in Bezug auf die $PM_{2,5}$-Expositionskonzentration sowie des nationalen Ziels für die Reduzierung der $PM_{2,5}$-Exposition

(1) Besteht die Gefahr, dass die Verpflichtung nach Anlage 12 Abschnitt C in Bezug auf die $PM_{2,5}$-Expositionskonzentration gemäß § 5 Absatz 4 bis zum festgelegten Zeitpunkt nicht eingehalten werden kann, erstellt die Bundesregierung, nach Anhörung der Länder und der beteiligten Kreise gemäß § 51 des Bundes-Immissionsschutzgesetzes, ein Programm mit dauerhaften Maßnahmen zur Einhaltung dieser Verpflichtung.

(2) Besteht die Gefahr, dass das nationale Ziel für die Reduzierung der $PM_{2,5}$-Exposition gemäß § 5 Absatz 5 bis zum festgelegten Zeitpunkt nicht eingehalten werden kann, erstellt die Bundesregierung nach Anhörung der Länder und der beteiligten Kreise gemäß § 51 des Bundes-Immissionsschutzgesetzes ein Programm, um das nationale Ziel zu erreichen.

Teil 8
Gemeinsame Vorschriften

§ 36 Zugänglichkeit der Normen

[1]DIN-, DIN EN- sowie DIN ISO-Normen, auf die in Anlage 1, 6, 17 und 18 verwiesen wird, sind bei der Beuth Verlag GmbH Berlin erschienen. [2]Die DIN-, DIN EN- sowie DIN ISO-Normen sind bei dem Deutschen Patent- und Markenamt in München archivmäßig gesichert niedergelegt.

Anlage 1
(zu den §§ 13, 14 und 18)

Datenqualitätsziele

A. Datenqualitätsziele für die Luftqualitätsbeurteilung

	Schwefeldioxid, Stickstoffdioxid, Stickstoffoxide und Kohlenmonoxid	Benzol	Partikel (PM₁₀/PM₂,₅) und Blei	Ozon und damit zusammenhängende(s) NO und NO₂
Ortsfeste Messungen[1]				
Unsicherheit	15 %	25 %	25 %	15 %
Mindestdatenerfassung	90 %	90 %	90 %	90 % im Sommer 75 % im Winter
Mindestmessdauer:				
– städtischer Hintergrund und Verkehr	–	35 %[2]	–	–
– Industriegebiete	–	90 %	–	–
Orientierende Messungen				
Unsicherheit	25 %	30 %	50 %	30 %
Mindestdatenerfassung	90 %	90 %	90 %	90 %
Mindestmessdauer	14 %[4]	14 %[3]	14 %[4]	> 10 % im Sommer
Unsicherheit der Modellrechnungen				
stündlich	50 %	–	–	50 %
8-Stunden-Durchschnittswerte	50 %	–	–	50 %
Tagesdurchschnittswerte	50 %	–	noch nicht festgelegt	–
Jahresdurchschnittswerte	30 %	50 %	50 %	–
Objektive Schätzung Unsicherheit	75 %	100 %	100 %	75 %

1) **Amtliche Anmerkung:** Die zuständigen Behörden können bei Benzol, Blei und Partikeln Stichprobenmessungen anstelle von kontinuierlichen Messungen durchführen, wenn sie nachweisen können, dass die Unsicherheit, einschließlich der Unsicherheit auf Grund der Zufallsproben, das Qualitätsziel von 25 Prozent erreicht und die Messdauer über der Mindestmessdauer für orientierende Messungen liegt. Stichprobenmessungen sind gleichmäßig über das Jahr zu verteilen, um Verzerrungen der Ergebnisse zu vermeiden. Die Unsicherheit bei Stichprobenmessungen kann anhand des Verfahrens ermittelt werden, das in der ISO-Norm »Luftbeschaffenheit – Ermittlung der Unsicherheit von zeitlichen Mittelwerten von Luftbeschaffenheitsmessungen« (ISO 11222:2002) niedergelegt ist. Werden Stichprobenmessungen zur Beurteilung der Anforderungen hinsichtlich der Einhaltung des Immissionsgrenzwerts für Partikel PM10 verwendet, so sollte der 90,4-Prozent-Wert (der höchstens 50 Mikrogramm pro Kubikmeter betragen darf) anstatt der in hohem Maße durch die Datenerfassung beeinflussten Anzahl der Überschreitungen beurteilt werden.

2) **Amtliche Anmerkung:** Über das Jahr verteilt, damit die unterschiedlichen klimatischen und verkehrsabhängigen Bedingungen berücksichtigt werden.

3) **Amtliche Anmerkung:** Eine Tagesmessung (Stichprobe) pro Woche über das ganze Jahr, gleichmäßig verteilt über die Wochentage, oder acht vollständig beprobte Wochen gleichmäßig verteilt über das Jahr.

4) **Amtliche Anmerkung:** Eine Stichprobe pro Woche, gleichmäßig verteilt über das Jahr, oder acht Wochen gleichmäßig verteilt über das Jahr.

Die Unsicherheit der Messmethoden (bei einem Vertrauensbereich von 95 Prozent) wird nach folgenden Kriterien beurteilt:

1. Einklang mit den Grundsätzen des CEN-Leitfadens für die Messunsicherheit (ENV 13005: 1999 vom Juni 1999),

2. Übereinstimmung mit den ISO 5725: 1994 (DIN ISO Teil 1 vom November 1997) – Verfahren und DIN Spec 1168, Luftqualität – Ansatz zur Schätzung der Messsicherheit bei Referenzverfahren für Außenluftmessungen vom Juli 2010.

Die in der obigen Tabelle angegebenen Prozentsätze für die Unsicherheit gelten für Einzelmessungen, gemittelt über den betreffenden Zeitraum bezogen auf den Immissionsgrenzwert (bei Ozon bezogen auf den Zielwert) bei einem Vertrauensbereich von 95 Prozent. Die Unsicherheit für ortsfeste Messungen gilt für den Bereich des jeweiligen Immissionsgrenzwerts (bei Ozon des Zielwerts).

Die Unsicherheit von Modellrechnungen ist definiert als die maximale Abweichung der gemessenen und berechneten Konzentrationswerte für 90 Prozent der einzelnen Messstationen im jeweiligen Zeitraum in Bezug auf den Grenzwert (oder, bei Ozon, den Zielwert) ohne Berücksichtigung des Zeitpunkts der Abweichungen. Die Unsicherheit von Modellrechnungen gilt für den Bereich des jeweiligen Immissionsgrenzwerts (bei Ozon des Zielwerts). Die ortsfesten Messungen, die für den Vergleich mit den Ergebnissen der Modellrechnungen auszuwählen sind, müssen für die von dem Modell erfasste räumliche Auflösung repräsentativ sein.

Die Unsicherheit von objektiven Schätzungen ist definiert als die maximale Abweichung der gemessenen und berechneten Werte in einem bestimmten Zeitraum bezogen auf den Immissionsgrenzwert (bei Ozon bezogen auf den Zielwert) ohne Berücksichtigung des Zeitpunkts der Abweichungen.

Die Anforderungen für die Mindestdatenerfassung und die Mindestmessdauer erstrecken sich nicht auf Datenverlust auf Grund der regelmäßigen Kalibrierung oder der üblichen Wartung der Messgeräte.

B. Ergebnisse der Beurteilung der Luftqualität

Die folgenden Informationen sind für Gebiete oder Ballungsräume zusammenzustellen, in denen anstelle von Messungen andere Datenquellen als ergänzende Informationen zu Messdaten oder als alleiniges Mittel zur Luftqualitätsbeurteilung genutzt werden:

1. Beschreibung der vorgenommenen Beurteilung,

2. eingesetzte spezifische Methoden mit Verweisen auf Beschreibungen der Methode,

3. Quellen von Daten und Informationen,

4. Beschreibung der Ergebnisse, einschließlich der Unsicherheiten, insbesondere der Ausdehnung von Flächen oder gegebenenfalls der Länge des Straßenabschnitts innerhalb des Gebiets oder Ballungsraums, in dem die Schadstoffwerte einen Immissionsgrenzwert, einen Zielwert oder ein langfristiges Ziel zuzüglich etwaiger Toleranzmargen übersteigen, sowie aller geographischen Bereiche, in denen die Werte über oder die untere Beurteilungsschwelle überschreiten,

5. Bevölkerung, die potenziell einem Wert ausgesetzt ist, der über dem zum Schutz der menschlichen Gesundheit festgelegten Immissionsgrenzwert liegt.

C. Qualitätssicherung bei der Beurteilung der Luftqualität –
Validierung der Daten

1. Um zu gewährleisten, dass die Messungen genau sind und die Datenqualitätsziele gemäß Abschnitt A eingehalten werden, müssen die zuständigen Behörden Folgendes sicherstellen:

    a) Alle Messungen, die im Zusammenhang mit der Beurteilung der Luftqualität gemäß den §§ 13 und 17 durchgeführt werden, können im Einklang mit den Anforderungen der harmonisierten Norm gemäß Buchstabe d an die Kompetenz von Prüf- und Kalibrierlaboratorien zurückverfolgt werden.

    b) Die Einrichtungen, die Netze und Einzelstationen zur Messung der Luftqualität betreiben, verfügen über ein Qualitätssicherungs- und Qualitätskontrollsystem, das eine regelmäßige Wartung der Messgeräte vorsieht, um kontinuierlich deren Präzision zu gewährleisten. Dieses System wird bei Bedarf, zumindest jedoch alle fünf Jahre, von den von den zuständigen Behörden beauftragten nationalen Referenzlaboratorien überprüft.

    c) Für die Datenerfassung und Berichterstattung wird ein Qualitätssicherungs- und Qualitätskontrollverfahren eingeführt. Die Einrichtungen, die mit Qualitätssicherungs- und Qualitätskontrollverfahren betraut sind, nehmen aktiv an den entsprechenden unionsweiten Qualitätssicherungsprogrammen teil.

    d) Die nationalen Referenzlaboratorien werden von den zuständigen Behörden mit der Überprüfung der Qualitätssicherungs- und Kontrollsysteme beauftragt. Sie werden für die in Anlage 6 aufgeführten Referenzmethoden akkreditiert, und zwar zumindest für die Schadstoffe, deren Konzentrationen in einem oder mehreren Gebieten oder Ballungsräumen über der unteren Beurteilungsschwelle liegen. Die Akkreditierung erfolgt nach der relevanten harmonisierten Norm zu den allgemeinen Anforderungen an die Kompetenz von Prüf- und Kalibrierlaboratorien, auf die im Amtsblatt der Europäischen Union gemäß Artikel 2 Nummer 9 der Verordnung (EG) Nr. 765/2008 des Europäischen Parlaments und des Rates vom 9. Juli 2008 über die Vorschriften für die Akkreditierung und Marktüberwachung im Zusammenhang mit der Vermarktung von Produkten und zur Aufhebung der Verordnung (EWG) Nr. 339/93 des Rates (ABl. L 218 vom 13. 8. 2008, S. 30) verwiesen wird. Die beauftragten nationalen Referenzlaboratorien arbeiten eng mit den zuständigen Behörden zusammen. Sie koordinieren in Deutschland

        aa) die von der Gemeinsamen Forschungsstelle der Kommission durchgeführten unionsweiten Qualitätssicherungsprogramme,

        bb) die ordnungsgemäße Anwendung von Referenzmethoden und

        cc) den Nachweis der Gleichwertigkeit anderer Methoden als Referenzmethoden.

    Nationale Referenzlaboratorien, die Vergleichsprüfungen auf nationaler Ebene durchführen, sollen nach der relevanten harmonisierten Norm für Eignungsprüfungen, DIN EN ISO/IEC 17043:2010, Ausgabe Mai 2014, ebenfalls akkreditiert werden.

    e) Die nationalen Referenzlaboratorien nehmen mindestens alle drei Jahre an den von der Gemeinsamen Forschungsstelle der Kommission durchgeführten unionsweiten Qualitätssicherungsprogrammen teil. Sind die Ergebnisse dieser Beteiligung unbefriedigend, so sollen die nationalen Referenzlaboratorien bei der nächsten Vergleichsprüfung nachweislich Abhilfe schaffen und darüber der Gemeinsamen Forschungsstelle einen Bericht vorlegen.

f)   Die nationalen Referenzlaboratorien unterstützen die Tätigkeit des von der Kommission errichteten Europäischen Netzes nationaler Referenzlaboratorien.

2.   Alle nach § 31 übermittelten Daten sind gültig, sofern sie nicht als vorläufig gekennzeichnet sind.

Anlage 2
(zu § 12)

Festlegung der Anforderungen für die Beurteilung der Werte für Schwefeldioxid, Stickstoffdioxid und Stickstoffoxide, Partikel (PM$_{10}$ und PM$_{2,5}$), Blei, Benzol und Kohlenmonoxid in der Luft innerhalb eines Gebiets oder Ballungsraums

A. Obere und untere Beurteilungsschwellen

Es gelten die folgenden oberen und unteren Beurteilungsschwellen:

1. Schwefeldioxid

	Schutz der menschlichen Gesundheit	Schutz der Vegetation
Obere Beurteilungsschwelle	60 % des Vierundzwanzigstunden-Immissionsgrenzwerts (75 µg/m^3 dürfen nicht öfter als dreimal im Kalenderjahr überschritten werden)	60 % des kritischen Werts im Winter (12 µg/m^3)
Untere Beurteilungsschwelle	40 % des Vierundzwanzigstunden-Immissionsgrenzwerts (50 µg/m^3 dürfen nicht öfter als dreimal im Kalenderjahr überschritten werden)	40 % des kritischen Werts im Winter (8 µg/m^3)

2. Stickstoffdioxid und Stickstoffoxide

	Einstunden-Immissionsgrenzwert für den Schutz der menschlichen Gesundheit (NO_2)	Jahresgrenzwert für den Schutz der menschlichen Gesundheit (NO_2)	Auf das Jahr bezogener kritischer Wert für den Schutz der Vegetation und der natürlichen Ökosysteme (NO_x)
Obere Beurteilungsschwelle	70 % des Immissionsgrenzwerts (140 µg/m³ dürfen nicht öfter als achtzehnmal im Kalenderjahr überschritten werden)	80 % des Immissionsgrenzwerts (32 µg/m³)	80 % des kritischen Werts (24 µg/m³)
Untere Beurteilungsschwelle	50 % des Immissionsgrenzwerts (100 µg/m³ dürfen nicht öfter als achtzehnmal im Kalenderjahr überschritten werden)	65 % des Immissionsgrenzwerts (26 µg/m³)	65 % des kritischen Werts (19,5 µg/m³)

3. Partikel (PM_{10}/$PM_{2,5}$)

	Vierundzwanzigstundenmittelwert PM_{10}	Jahresmittelwert PM_{10}	Jahresmittelwert $PM_{2,5}$[1)]
Obere Beurteilungsschwelle	70 % des Immissionsgrenzwerts (35 µg/m³ dürfen nicht öfter als fünfunddreißigmal im Kalenderjahr überschritten werden)	70 % des Immissionsgrenzwerts (28 µg/m³)	70 % des Immissionsgrenzwerts (17 µg/m³)

	Vierundzwanzig-stundenmittelwert PM_{10}	Jahresmittelwert PM_{10}	Jahresmittelwert $PM_{2,5}$[1)
Untere Beurteilungs-schwelle	50 % des Immissionsgrenzwerts (25 µg/m³ dürfen nicht öfter als fünfunddreißigmal im Kalenderjahr überschritten werden)	50 % des Immissionsgrenzwerts (20 µg/m³)	50 % des Immissionsgrenzwerts (12 µg/m³)

1) **Amtliche Anmerkung:** Die obere Beurteilungsschwelle und die untere Beurteilungsschwelle für $PM_{2,5}$ gelten nicht für die Messungen, mithilfe derer beurteilt wird, ob der zum Schutz der menschlichen Gesundheit vorgegebene Zielwert für die Reduzierung der Exposition gegenüber $PM_{2,5}$ eingehalten wird.

4. Blei

	Jahresmittelwert
Obere Beurteilungsschwelle	70 % des Immissionsgrenzwerts (0,35 µg/m³)
Untere Beurteilungsschwelle	50 % des Immissionsgrenzwerts (0,25 µg/m³)

5. Benzol

	Jahresmittelwert
Obere Beurteilungsschwelle	70 % des Immissionsgrenzwerts (3,5 µg/m³)
Untere Beurteilungsschwelle	40 % des Immissionsgrenzwerts (2 µg/m³)

6. Kohlenmonoxid

	Achtstundenmittelwert
Obere Beurteilungsschwelle	70 % des Immissionsgrenzwerts (7 mg/m³)
Untere Beurteilungsschwelle	50 % des Immissionsgrenzwerts (5 mg/m³)

B. Überschreitung der oberen und unteren Beurteilungsschwellen

Die Überschreitung der oberen und unteren Beurteilungsschwellen ist auf der Grundlage der Werte der vorangegangenen fünf Jahre zu ermitteln, sofern entsprechende Daten vorliegen. Eine Beurteilungsschwelle gilt als überschritten, wenn sie in den vorangegangenen fünf Jahren in mindestens drei einzelnen Jahren überschritten worden ist.

Liegen Daten für die gesamten fünf vorhergehenden Jahre nicht vor, können die zuständigen Behörden die Ergebnisse von kurzzeitigen Messkampagnen während derjenigen Jahreszeit und an denjenigen Stellen, die für die höchsten Werte für Schadstoffe typisch sein dürften, mit Informationen aus Emissionskatastern und Modellen verbinden, um Überschreitungen der oberen und unteren Beurteilungsschwellen zu ermitteln.

Anlage 3
(zu den §§ 2, 3, 13, 14 und 21)

Beurteilung der Luftqualität und Lage der Probenahmestellen für Messungen von Schwefeldioxid, Stickstoffdioxid und Stickstoffoxiden, Partikeln (PM$_{10}$ und PM$_{2,5}$), Blei, Benzol und Kohlenmonoxid in der Luft

A. Allgemeines

Die Luftqualität wird in allen Gebieten und Ballungsräumen nach folgenden Kriterien beurteilt:

1. Die Luftqualität wird an allen Orten, mit Ausnahme der in Nummer 2 genannten Orte, nach den Kriterien beurteilt, die in den Abschnitten B und C für die Lage der Probenahmestellen für ortsfeste Messungen festgelegt sind. Die in den Abschnitten B und C niedergelegten Grundsätze gelten auch insoweit, als sie für die Bestimmung der spezifischen Orte von Belang sind, an denen die Werte der einschlägigen Schadstoffe ermittelt werden, wenn die Luftqualität durch orientierende Messungen oder Modellrechnungen beurteilt wird.

2. Die Einhaltung der zum Schutz der menschlichen Gesundheit festgelegten Immissionsgrenzwerte wird an folgenden Orten nicht beurteilt:

    a) an Orten innerhalb von Bereichen, zu denen die Öffentlichkeit keinen Zugang hat und in denen es keine festen Wohnunterkünfte gibt;

    b) nach Maßgabe von § 1 Nummer 20 auf dem Gelände von Arbeitsstätten, für die alle relevanten Bestimmungen über Gesundheit und Sicherheit am Arbeitsplatz gelten;

    c) auf den Fahrbahnen der Straßen und, sofern Fußgänger und Fußgängerinnen für gewöhnlich dorthin keinen Zugang haben, auf dem Mittelstreifen der Straßen.

B. Großräumige Ortsbestimmung der Probenahmestellen

1.   Schutz der menschlichen Gesundheit
  a)   Der Ort von Probenahmestellen, an denen Messungen zum Schutz der
       menschlichen Gesundheit vorgenommen werden, ist so zu wählen, dass
       folgende Daten gewonnen werden:
       –   Daten über Bereiche innerhalb von Gebieten und Ballungsräumen,
           in denen die höchsten Werte auftreten, denen die Bevölkerung wahr-
           scheinlich direkt oder indirekt über einen Zeitraum ausgesetzt sein
           wird, der im Vergleich zum Mittelungszeitraum der betreffenden
           Immissionsgrenzwerte signifikant ist;
       –   Daten zu Werten in anderen Bereichen innerhalb von Gebieten und
           Ballungsräumen, die für die Exposition der Bevölkerung allgemein re-
           präsentativ sind.
  b)   Der Ort von Probenahmestellen ist im Allgemeinen so zu wählen, dass die
       Messung von Umweltzuständen, die einen sehr kleinen Raum in ihrer un-
       mittelbaren Nähe betreffen, vermieden wird. Dies bedeutet, dass der Ort
       der Probenahmestelle so zu wählen ist, dass die Luftproben – soweit mög-
       lich – für die Luftqualität eines Straßenabschnitts von nicht weniger als 100
       Meter Länge bei Probenahmestellen für den Verkehr und nicht weniger als
       250 Meter × 250 Meter bei Probenahmestellen für Industriegebiete reprä-
       sentativ sind.
  c)   Messstationen für den städtischen Hintergrund müssen so gelegen sein,
       dass die gemessene Verschmutzung den integrierten Beitrag sämtlicher
       Quellen im Luv der Hauptwindrichtung der Station erfasst. Für die gemes-
       sene Verschmutzung sollte nicht eine einzelne Quelle vorherrschend sein,
       es sei denn, dies ist für eine größere städtische Fläche typisch. Die Probe-
       nahmestellen müssen grundsätzlich für eine Fläche von mehreren Quadrat-
       kilometern repräsentativ sein.
  d)   Sollen die Werte für den ländlichen Hintergrund beurteilt werden, darf die
       Probenahmestelle nicht durch nahe, das heißt näher als 5 Kilometer, lie-
       gende Ballungsräume oder Industriegebiete beeinflusst sein.
  e)   Soll der Beitrag industrieller Quellen beurteilt werden, ist mindestens
       eine Probenahmestelle im Lee der Hauptwindrichtung von der Quelle im
       nächstgelegenen Wohngebiet aufzustellen. Ist der Hintergrundwert nicht
       bekannt, so wird eine weitere Probenahmestelle im Luv der Hauptwind-
       richtung aufgestellt.
  f)   Probenahmestellen sollten möglichst auch für ähnliche Orte repräsentativ
       sein, die nicht in ihrer unmittelbaren Nähe gelegen sind.
  g)   Sofern dies aus Gründen des Gesundheitsschutzes erforderlich ist, sind
       Probenahmestellen auf Inseln einzurichten.
2.   Schutz der Vegetation und der natürlichen Ökosysteme
Die Probenahmestellen, an denen Messungen zum Schutz der Vegetation und der
natürlichen Ökosysteme vorgenommen werden, sollten mehr als 20 Kilometer von
Ballungsräumen beziehungsweise mehr als 5 Kilometer von anderen bebauten Flächen, Industrieanlagen oder Autobahnen oder Hauptstraßen mit einem täglichen Verkehrsaufkommen von mehr als 50 000 Fahrzeugen entfernt gelegen sein. Dies bedeutet, dass der Ort der Probenahmestelle so zu wählen ist, dass die Luftproben für

die Luftqualität einer Fläche von mindestens 1 000 Quadratkilometer repräsentativ sind. Die zuständigen Behörden können auf Grund der geographischen Gegebenheiten oder im Interesse des Schutzes besonders schutzbedürftiger Bereiche vorsehen, dass eine Probenahmestelle in geringerer Entfernung gelegen oder für die Luftqualität einer kleineren Fläche repräsentativ ist.

Es ist zu berücksichtigen, dass die Luftqualität auf Inseln beurteilt werden muss.

C. Kleinräumige Ortsbestimmung der Probenahmestellen

Soweit möglich ist Folgendes zu berücksichtigen:

Der Luftstrom um den Messeinlass darf nicht beeinträchtigt werden, das heißt, bei Probenahmestellen an der Baufluchtlinie soll die Luft in einem Bogen von mindestens 270° oder 180° frei strömen.

Im Umfeld des Messeinlasses dürfen keine Hindernisse vorhanden sein, die den Luftstrom beeinflussen, das heißt, der Messeinlass soll einige Meter von Gebäuden, Balkonen, Bäumen und anderen Hindernissen entfernt sein und Probenahmestellen, die Werte liefern, die für die Luftqualität an der Baufluchtlinie repräsentativ sind, sollen mindestens 0,5 Meter vom nächsten Gebäude entfernt sein.

Der Messeinlass muss sich grundsätzlich in einer Höhe zwischen 1,5 Meter (Atemzone) und 4 Meter über dem Boden befinden. Ein höher gelegener Einlass kann angezeigt sein, wenn die Messstation Werte liefert, die für ein großes Gebiet repräsentativ sind. Abweichungen sollen umfassend dokumentiert werden.

Der Messeinlass darf nicht in nächster Nähe von Emissionsquellen angebracht werden, um die unmittelbare Einleitung von Emissionen, die nicht mit der Umgebungsluft vermischt sind, zu vermeiden.

Die Abluftleitung der Probenahmestelle ist so zu legen, dass ein Wiedereintritt der Abluft in den Messeinlass vermieden wird.

Bei allen Schadstoffen dürfen verkehrsbezogene Probenahmestellen zur Messung höchstens 10 Meter vom Fahrbahnrand entfernt sein; vom Fahrbahnrand verkehrsreicher Kreuzungen müssen sie mindestens 25 Meter entfernt sein. Als verkehrsreiche Kreuzung gilt eine Kreuzung, die den Verkehrsstrom unterbricht und gegenüber den restlichen Straßenabschnitten Emissionsschwankungen (durch Stop-and-go-Verkehr) verursacht.

Die folgenden Faktoren können ebenfalls berücksichtigt werden: Störquellen, Sicherheit, Zugänglichkeit, Stromversorgung und Telefonleitungen, Sichtbarkeit der Messstation in der Umgebung, Sicherheit der Öffentlichkeit und des Betriebspersonals, Vorteile einer Zusammenlegung der Probenahmestellen für verschiedene Schadstoffe, Anforderungen der Bauleitplanung.

Jede Abweichung von den Kriterien dieses Abschnitts ist nach den Verfahrensvorschriften gemäß Abschnitt D umfassend zu dokumentieren.

D. Dokumentation und Überprüfung der Ortswahl

Die für die Beurteilung der Luftqualität zuständigen Behörden dokumentieren für alle Gebiete und Ballungsräume umfassend die Verfahren für die Wahl der Standorte für Probenahmestellen. Sie zeichnen Grundlageninformationen für die Netzplanung und die Wahl der Standorte für Probenahmestellen auf. Die Dokumentation umfasst auch Fotografien der Umgebung in den Haupthimmelsrichtungen und detaillierte Karten. Die Dokumentation für Gebiete oder Ballungsräume, in denen die Informationen aus Probenahmestellen für ortsfeste Messungen durch solche aus Modellrechnungen oder orientierenden Messungen ergänzt werden, umfasst auch die Einzelheiten dieser zusätzlichen Methoden sowie Angaben über die Art und Weise der Erfüllung der Kriterien gemäß § 14 Absatz 3.

Die Dokumentation wird erforderlichenfalls aktualisiert und mindestens alle fünf Jahre überprüft, um sicherzustellen, dass Auswahlkriterien, Netzplanung und Messstellenstandorte stets aktuell und dauerhaft optimal sind. Die Dokumentation wird der Kommission auf Anfrage innerhalb von drei Monaten übermittelt.

Anlage 4
(zu § 13)

Messungen an Messstationen für den ländlichen Hintergrund (konzentrationsunabhängig)

A. Ziele

Mit diesen Messungen soll vor allem gewährleistet werden, dass die notwendigen Informationen über Werte für den Hintergrund zur Verfügung stehen. Diese Informationen sind unerlässlich, um

1. die erhöhten Werte in stärker schadstoffbelasteten Flächen (städtischer Hintergrund, Industriestandorte, verkehrsbezogene Standorte) sowie den möglichen Anteil des Ferntransports von Schadstoffen beurteilen zu können,
2. um die Analyse für die Quellenzuordnung zu unterstützen und
3. um das Verständnis für einzelne Schadstoffe wie z. B. Partikel zu fördern.

Außerdem sind die Informationen auf Grund des verstärkten Einsatzes von Modellen – auch für städtische Gebiete – notwendig.

B. Stoffe

Die Messungen von $PM_{2,5}$ müssen mindestens die Gesamtmassenkonzentration sowie, zur Charakterisierung der chemischen Zusammensetzung, die Konzentrationen entsprechender Verbindungen umfassen. Zumindest die nachstehenden chemischen Spezies sind zu berücksichtigen:

SO_4^{2-}	Na^+	NH_4^+	Ca^{2+}	elementarer Kohlenstoff (EC)
NO_3^-	K^+	Cl^-	Mg^{2+}	organischer Kohlenstoff (OC)

C. Standortkriterien

Die Messungen sollten – im Einklang mit Anlage 3 Abschnitt A, B und C – vor allem im ländlichen Hintergrund vorgenommen werden.

Anlage 5
(zu den §§ 14 und 15)

Kriterien für die Festlegung der Mindestzahl der Probenahmestellen für ortsfeste Messungen der Werte für Schwefeldioxid, Stickstoffdioxid und Stickstoffoxide, Partikel (PM$_{10}$, PM$_{2,5}$), Blei, Benzol und Kohlenmonoxid in der Luft

A. Mindestzahl der Probenahmestellen für ortsfeste Messungen zur Beurteilung der Einhaltung von Immissionsgrenzwerten für den Schutz der menschlichen Gesundheit und von Alarmschwellen in Gebieten und Ballungsräumen, in denen ortsfeste Messungen die einzige Informationsquelle darstellen

1. Diffuse Quellen

Bevölkerung des Ballungsraums oder Gebiets (in Tausend)	Falls der maximale Wert die obere Beurteilungsschwelle überschreitet[1]		Falls der maximale Wert zwischen der oberen und der unteren Beurteilungsschwelle liegt	
	Schadstoffe außer PM	PM[2] (Summe aus PM$_{10}$ und PM$_{2,5}$)	Schadstoffe außer PM	PM[2] (Summe aus PM$_{10}$ und PM$_{2,5}$)
0 – 249	1	2	1	1
250 – 499	2	3	1	2
500 – 749	2	3	1	2
750 – 999	3	4	1	2
1 000 – 1 499	4	6	2	3
1 500 – 1 999	5	7	2	3
2 000 – 2 749	6	8	3	4
2 750 – 3 749	7	10	3	4
3 750 – 4 749	8	11	3	6
4 750 – 5 999	9	13	4	6
≥ 6 000	10	15	4	7

1) **Amtliche Anmerkung:** Für NO$_2$, Partikel, Benzol und Kohlenmonoxid: einschließlich mindestens einer Messstation für städtische Hintergrundquellen und einer Messstation für den Verkehr, sofern sich dadurch die Anzahl der Probenahmestellen nicht erhöht. Im Fall dieser Schadstoffe

darf die Gesamtzahl der Messstationen für städtische Hintergrundquellen von der Anzahl der Messstationen für den Verkehr in jedem Land nicht um mehr als den Faktor 2 abweichen. Die Messstationen, an denen der Immissionsgrenzwert für PM_{10} im Zeitraum der letzten drei Jahre mindestens einmal überschritten wurde, werden beibehalten, sofern nicht auf Grund besonderer Umstände, insbesondere aus Gründen der Raumentwicklung, eine Verlagerung der Stationen erforderlich ist.

2) **Amtliche Anmerkung:** Werden $PM_{2,5}$ und PM_{10} im Einklang mit § 16 an derselben Messstation gemessen, so ist diese als zwei gesonderte Probenahmestellen anzusehen. Die nach Abschnitt A Nummer 1 erforderliche Gesamtzahl der Probenahmestellen für $PM_{2,5}$ und PM_{10} in jedem Land darf nicht um mehr als den Faktor 2 differieren und die Zahl der Messstationen für $PM_{2,5}$ für städtische Hintergrundquellen in Ballungsräumen und städtischen Gebieten muss die Anforderungen von Abschnitt B erfüllen.

2. Punktquellen

Zur Beurteilung der Luftverschmutzung in der Nähe von Punktquellen ist die Zahl der Probenahmestellen für ortsfeste Messungen zu berechnen. Dabei sind zu berücksichtigen:

– die Emissionsdichte,
– die wahrscheinliche Verteilung der Luftschadstoffe,
– die mögliche Exposition der Bevölkerung.

B. Mindestzahl der Probenahmestellen für ortsfeste Messungen, um zu beurteilen, ob die Vorgaben für die Reduzierung der $PM_{2,5}$-Exposition zum Schutz der menschlichen Gesundheit eingehalten werden

Für diesen Zweck ist eine Probenahmestelle pro Million Einwohner und Einwohnerinnen für Ballungsräume und weitere städtische Flächen mit mehr als 100 000 Einwohnern und Einwohnerinnen vorzusehen. Diese Probenahmestellen können mit den Probenahmestellen nach Abschnitt A identisch sein. Die Länder betreiben mindestens folgende Anzahl an Probenahmestellen:

Land	Anzahl der Probenahmestellen
Baden-Württemberg	2
Bayern	3
Berlin	3
Brandenburg	2
Bremen	1
Hamburg	2
Hessen	3
Mecklenburg-Vorpommern	2
Niedersachsen	2
Nordrhein-Westfalen	9
Rheinland-Pfalz	1
Saarland	1
Sachsen	1
Sachsen-Anhalt	2
Schleswig-Holstein	1
Thüringen	1.

Die Länder teilen dem Bundesministerium für Umwelt, Naturschutz, Bau und Reaktorsicherheit die konkreten Standorte der betriebenen Probenahmestellen mit.

C. Mindestzahl der Probenahmestellen für ortsfeste Messungen, um zu beurteilen, ob die kritischen Werte zum Schutz der Vegetation in anderen Gebieten als Ballungsräumen eingehalten werden

Falls der maximale Wert die obere Beurteilungsschwelle überschreitet	Falls der maximale Wert zwischen der oberen und der unteren Beurteilungsschwelle liegt
1 Station je 20 000 km²	1 Station je 40 000 km²

Im Fall von Inselgebieten sollte die Zahl der Probenahmestellen für ortsfeste Messungen so berechnet werden, dass die wahrscheinliche Verteilung der Luftschadstoffe und die mögliche Exposition der Vegetation berücksichtigt werden.

Anlage 6
(zu den §§ 1, 16 und 19)

Referenzmethoden für die Beurteilung der Konzentrationen von Schwefeldioxid, Stickstoffdioxid und Stickstoffoxiden, Partikeln (PM$_{10}$ und PM$_{2,5}$), Blei, Benzol, Kohlenmonoxid und Ozon

A. Referenzmessmethoden

1. Referenzmethode zur Messung der Schwefeldioxidkonzentration
   Als Referenzmethode zur Messung der Schwefeldioxidkonzentration gilt die Methode, die in DIN EN 14212:2012, Ausgabe November 2012, August 2014, »Außenluft – Messverfahren zur Bestimmung der Konzentration von Schwefeldioxid mit Ultraviolett-Fluoreszenz« beschrieben ist.
2. Referenzmethode zur Messung der Konzentration von Stickstoffdioxid und Stickstoffoxiden
   Als Referenzmethode zur Messung von Stickstoffdioxid und Stickstoffoxiden gilt die Methode, die in DIN EN 14211:2012, Ausgabe November 2012, »Außenluft – Messverfahren zur Bestimmung der Konzentration von Stickstoffdioxid und Stickstoffmonoxid mit Chemilumineszenz« beschrieben ist.
3. Referenzmethode für die Probenahme und Messung der Konzentration von Blei
   Als Referenzmethode zur Probenahme von Blei gilt die in Nummer 4 beschriebene Methode. Als Referenzmethode zur Messung der Bleikonzentration gilt die Methode, die in DIN EN 14902:2005 (Oktober 2005) »Außenluftbeschaffenheit – Standardisiertes Verfahren zur Bestimmung von Pb/Cd/As/Ni als Bestandteil der PM$_{10}$-Fraktion des Schwebstaubes« beschrieben ist.
4. Referenzmethode für die Probenahme und Messung der Konzentration von PM$_{10}$

Als Referenzmethode für die Probenahme und Messung der Konzentration von PM_{10} gilt die Methode, die in DIN EN 12341:2014, Ausgabe August 2014, »Außenluft – Gravimetrisches Standardmessverfahren für die Bestimmung der PM_{10}- oder $PM_{2,5}$-Massenkonzentration des Schwebstaubes« beschrieben ist.

5. Referenzmethode für die Probenahme und Messung der Konzentration von $PM_{2,5}$

Als Referenzmethode für die Probenahme und Messung der Konzentration von $PM_{2,5}$ gilt die Methode, die in DIN EN 12341:2014, Ausgabe August 2014, »Außenluft – Gravimetrisches Standardmessverfahren für die Bestimmung der PM_{10}- oder $PM_{2,5}$-Massenkonzentration des Schwebstaubes« beschrieben ist.

6. Referenzmethode für die Probenahme und Messung der Konzentration von Benzol

Als Referenzmethode für die Messung der Benzolkonzentration gilt die Methode, die in DIN EN 14662:2005 (August 2005) »Luftbeschaffenheit – Standardverfahren zur Bestimmung von Benzolkonzentrationen (Teile 1, 2 und 3)« beschrieben ist.

7. Referenzmethode für die Messung der Kohlenmonoxidkonzentration

Als Referenzmethode für die Messung der Kohlenmonoxidkonzentration gilt die Methode, die in DIN EN 14626:2012, Ausgabe Dezember 2012, »Außenluft – Messverfahren zur Bestimmung der Konzentration von Kohlenmonoxid mit nicht-dispersiver Infrarot-Photometrie« beschrieben ist.

8. Referenzmethoden für die Messung der Ozonkonzentration

Als Referenzmethode für die Messung der Ozonkonzentration gilt die Methode, die in DIN EN 14625:2012, Ausgabe Dezember 2012 »Außenluft – Messverfahren zur Bestimmung der Konzentration von Ozon mit Ultraviolett-Photometrie« beschrieben ist.

B. Nachweis der Gleichwertigkeit

Sollen andere Methoden angewendet werden, muss dokumentiert werden, dass damit gleichwertige Ergebnisse wie mit den unter Abschnitt A genannten Methoden erzielt werden. Bei Partikeln kann eine andere Methode angewendet werden, wenn dokumentiert wird, dass diese einen konstanten Bezug zur Referenzmethode aufweist. In diesem Fall müssen die mit dieser Methode erzielten Ergebnisse korrigiert werden, damit diese den Ergebnissen entsprechen, die bei der Anwendung der Referenzmethode erzielt worden wären.

C. Normzustand

Beim Volumen gasförmiger Schadstoffe ist als Normzustand eine Temperatur von 293 Kelvin und ein atmosphärischer Druck von 101,3 Kilopascal zu Grunde zu legen. Bei Partikeln und in Partikeln zu analysierenden Stoffen (zum Beispiel Blei) werden für die Angabe des Probenvolumens die Umgebungsbedingungen Lufttemperatur und Luftdruck am Tag der Messungen zu Grunde gelegt.

D. Anerkennung der Daten anderer Mitgliedstaaten

Für den Nachweis, dass die Messgeräte die Leistungsanforderungen der in Abschnitt A aufgeführten Referenzmethoden erfüllen, akzeptieren die zuständigen Behörden ausführliche Prüfberichte anderer Mitgliedstaaten der Europäischen Union, sofern die Prüflaboratorien nach dem relevanten harmonisierten Standard für Prüf- und Kalibrierlaboratorien nach Anlage 1 Abschnitt C Nummer 1 Buchstabe d akkreditiert wurden.

Die zuständigen Behörden stellen die Prüfberichte und alle Prüfergebnisse anderen zuständigen Behörden oder den von ihnen benannten Stellen zur Verfügung.

Prüfberichte müssen nachweisen, dass die Messgeräte alle Leistungsanforderungen erfüllen, wenn bestimmte Umwelt- und Standortbedingungen typisch für einen bestimmten Mitgliedstaat sind und außerhalb des Spektrums der Bedingungen liegen, für das das Gerät in einem anderen Mitgliedstaat bereits geprüft und typgenehmigt wurde.

Anlage 7
(zu § 9)

Zielwerte und langfristige Ziele für Ozon

A. Kriterien

Bei der Aggregation der Daten und der Berechnung der statistischen Parameter sind zur Prüfung der Gültigkeit folgende Kriterien anzuwenden:

Parameter	Erforderlicher Anteil gültiger Daten
Einstundenmittelwerte	75 % (d. h. 45 Minuten)
Achtstundenmittelwerte	75 % der Werte (d. h. sechs Stunden)
Höchster Achtstundenmittelwert pro Tag aus stündlich gleitenden Achtstundenmittelwerten	75 % der stündlich gleitenden Achtstundenmittelwerte (d. h. 18 Achtstundenmittelwerte pro Tag)
AOT40	90 % der Einstundenmittelwerte während des zur Berechnung des AOT40-Werts festgelegten Zeitraums[1]
Jahresmittelwert	jeweils getrennt: 75 % der Einstundenmittelwerte während des Sommers (April bis September) und 75 % während des Winters (Januar bis März, Oktober bis Dezember)
Anzahl Überschreitungen und Höchstwerte je Monat	90 % der höchsten Achtstundenmittelwerte der Tage (27 verfügbare Tageswerte je Monat) und 90 % der Einstundenmittelwerte zwischen 8.00 und 20.00 Uhr MEZ

Parameter	Erforderlicher Anteil gültiger Daten
Anzahl Überschreitungen und Höchstwerte pro Jahr	fünf von sechs Monaten während des Sommerhalbjahres (April bis September)

1) **Amtliche Anmerkung:** Liegen nicht alle möglichen Messdaten vor, so werden die AOT40-Werte anhand des folgenden Faktors berechnet:

$$\text{AOT40}_{\text{Schätzwert}} = \text{AOT40}_{\text{Messwert}} \times \frac{\textit{mögliche Gesamtstundenzahl *)}}{\textit{Zahl der gemessenen Stundenwerte}}$$

*) **Amtliche Anmerkung:** Stundenzahl innerhalb der Zeitspanne der AOT40-Definition (d. h. 8.00 Uhr bis 20.00 Uhr MEZ vom 1. Mai bis zum 31. Juli jedes Jahres (zum Schutz der Vegetation) und vom 1. April bis zum 30. September jedes Jahres (zum Schutz der Wälder)).

B. Zielwerte

Ziel	Mittelungs-zeitraum	Zielwert	Zeitpunkt, zu dem der Zielwert erreicht werden sollte[1]
Schutz der menschlichen Gesundheit	höchster Achtstundenmittelwert pro Tag	120 µg/m^3 dürfen an höchstens 25 Tagen im Kalenderjahr überschritten werden, gemittelt über drei Jahre[2]	1. 1. 2010
Schutz der Vegetation	Mai bis Juli	AOT40 (berechnet anhand von Einstundenmittel-werten) 18 000 $\frac{\mu g}{m^3} \times h$, *gemittelt über fünf Jahre[2]*	1. 1. 2010

1) **Amtliche Anmerkung:** Die Einhaltung der Zielwerte wird zu diesem Termin beurteilt. Dies bedeutet, dass das Jahr 2010 das erste Jahr sein wird, das herangezogen wird, um zu berechnen, ob die Zielwerte im betreffenden Drei- bzw. Fünfjahreszeitraum eingehalten wurden.

2) **Amtliche Anmerkung:** Können die drei- bzw. fünfjährigen Durchschnittswerte nicht anhand vollständiger und aufeinanderfolgender Jahresdaten ermittelt werden, sind mindestens die folgenden jährlichen Daten vorgeschrieben, um zu überprüfen, ob die Zielwerte eingehalten wurden:

– Zielwert zum Schutz der menschlichen Gesundheit: gültige Daten für ein Jahr,

– Zielwert zum Schutz der Vegetation: gültige Daten für drei Jahre.

C. Langfristige Ziele

Ziel	Mittelungszeit-raum	Langfristiges Ziel	Zeitpunkt, zu dem der Zielwert erreicht werden sollte
Schutz der menschlichen Gesundheit	höchster Achtstundenmittelwert pro Tag innerhalb eines Kalenderjahres	120 µg/m³	nicht festgelegt
Schutz der Vegetation	Mai bis Juli	AOT40 (berechnet anhand von Einstundenmittelwerten) 6 000 $\frac{\mu g}{m^3} \times h$	nicht festgelegt

Anlage 8
(zu § 18)

Kriterien zur Einstufung von Probenahmestellen für die Beurteilung der Ozonwerte und zur Bestimmung ihrer Standorte

Für ortsfeste Messstationen gelten folgende Kriterien:

A. Großräumige Standortbestimmung

Art der Station	Ziele der Messungen	Repräsentativität[1]	Kriterien für die großräumige Standortbestimmung (Makroebene)
Städtisch	Schutz der menschlichen Gesundheit: Beurteilung der Ozonexposition der städtischen Bevölkerung (bei relativ hoher Bevölkerungsdichte und Ozonwerten, die repräsentativ für die Exposition der Bevölkerung allgemein sind)	Einige km²	Außerhalb des Einflussbereichs örtlicher Emissionsquellen wie Verkehr, Tankstellen usw.; Standorte mit guter Durchmischung der Umgebungsluft; Standorte wie Wohn- und Geschäftsviertel in Städten, Grünanlagen (nicht in unmittelbarer Nähe von Bäumen), große Straßen oder Plätze mit wenig oder ohne Verkehr, für Schulen, Sportanlagen oder Freizeiteinrichtungen, charakteristische offene Flächen.

Art der Station	Ziele der Messungen	Repräsentativität[1]	Kriterien für die großräumige Standortbestimmung (Makroebene)
Vorstädtisch	Schutz der menschlichen Gesundheit und der Vegetation: Beurteilung der Exposition der Bevölkerung und Vegetation in vorstädtischen Gebieten von Ballungsräumen mit den höchsten Werten für Ozon, denen Bevölkerung und Vegetation unmittelbar oder mittelbar ausgesetzt sein dürften	Einige Dutzend km^2	In gewissem Abstand von den Gebieten mit den höchsten Emissionen und auf deren Leeseite, bezogen auf die Hauptwindrichtungen, die bei für die Ozonbildung günstigen Bedingungen vorherrschen; Orte, an denen die Bevölkerung, empfindliche Nutzpflanzen oder natürliche Ökosysteme in der Randzone eines Ballungsraums hohen Ozonwerten ausgesetzt sind; gegebenenfalls auch einige Stationen in vorstädtischen Gebieten auf der der Hauptwindrichtung zugewandten Seite (außerhalb der Gebiete mit den höchsten Emissionen), um die Werte für den regionalen Hintergrund für Ozon zu ermitteln.
Ländlich	Schutz der menschlichen Gesundheit und der Vegetation: Beurteilung der Exposition der Bevölkerung, der Nutzpflanzen und der natürlichen Ökosysteme gegenüber Ozonwerten von subregionaler Ausdehnung	Subregionale Ebene (einige Hundert km^2)	Die Stationen können sich in kleinen Siedlungen oder Gebieten mit natürlichen Ökosystemen, Wäldern oder Nutzpflanzenkulturen befinden; repräsentative Gebiete für Ozon außerhalb des Einflussbereichs örtlicher Emittenten wie Industrieanlagen und Straßen; in offenem Gelände, jedoch nicht auf Berggipfeln.
Ländlicher Hintergrund	Schutz der Vegetation und der menschlichen Gesundheit: Beurteilung der Exposition von Nutzpflanzen und natürlichen Ökosystemen gegenüber Ozonwerten von regionaler Ausdehnung sowie der Exposition der Bevölkerung	Regionale/nationale/kontinentale Ebene (1 000 bis 10 000 km^2)	Stationen in Gebieten mit niedrigerer Bevölkerungsdichte, z. B. mit natürlichen Ökosystemen (wie Wäldern), mindestens 20 km entfernt von Stadt- und Industriegebieten und entfernt von örtlichen Emissionsquellen; zu vermeiden sind Gipfel höherer Berge sowie Standorte mit örtlich verstärkter Bildung bodennaher Temperaturinversionen; Küstengebiete mit ausgeprägten täglichen Windzyklen örtlichen Charakters werden ebenfalls nicht empfohlen.

[1] **Amtliche Anmerkung:** Probenahmestellen sollten möglichst für ähnliche Standorte repräsentativ sein, die nicht in ihrer unmittelbaren Nähe gelegen sind.

Für ländliche Stationen und Stationen im ländlichen Hintergrund ist die Standortwahl mit den Überwachungsanforderungen auf Grund der Verordnung (EG) Nr. 1737/2006 der Kommission vom 7. November 2006 mit Durchführungsbestimmungen zur Verordnung (EG) Nr. 2152/2003 des Europäischen Parlaments und des Rates für das Monitoring von Wäldern und Umweltwechselwirkungen in der Gemeinschaft (ABl. L 334 vom 30. 11. 2006, S. 1) abzustimmen.

B. Kleinräumige Standortbestimmung

Die kleinräumige Standortbestimmung sollte gemäß Anlage 3 Teil C vorgenommen werden. Es ist außerdem sicherzustellen, dass der Messeinlass sich in beträchtlicher Entfernung von Emissionsquellen wie Öfen oder Schornsteinen von Verbrennungsanlagen und in mehr als 10 Meter Entfernung von der nächstgelegenen Straße befindet, wobei der einzuhaltende Abstand mit der Verkehrsdichte zunimmt.

C. Dokumentation und Überprüfung der Standortbestimmung

Es ist gemäß Anlage 3 Teil D vorzugehen, wobei eine gründliche Voruntersuchung und Auswertung der Messdaten vorzunehmen ist. Dabei sind die meteorologischen und photochemischen Prozesse, die die an den einzelnen Standorten gemessenen Ozonwerte beeinflussen, zu beachten.

Anlage 9
(zu § 18)

Kriterien zur Bestimmung der Mindestzahl von Probenahmestellen für die ortsfesten Messungen von Ozonwerten

A. Mindestzahl der Probenahmestellen für kontinuierliche ortsfeste Messungen zur Beurteilung der Einhaltung der Zielwerte, der Informations- und Alarmschwellen und der Erreichung der langfristigen Ziele, soweit solche Messungen die einzige Informationsquelle darstellen

Einwohnerzahl (× 1 000)	Ballungsraum[1]	Andere Gebiete[1]	Ländlicher Hintergrund
< 250		1	1 Station/50 000 km^2 (als mittlere Dichte für alle Gebiete pro Land)[2]
< 500	1	2	
< 1 000	2	2	
< 1 500	3	3	
< 2 000	3	4	
< 2 750	4	5	
< 3 750	5	6	
> 3 750	1 zusätzliche Station je 2 Mio. Einwohner	1 zusätzliche Station je 2 Mio. Einwohner	

[1] **Amtliche Anmerkung:** Mindestens eine Station in Gebieten, in denen die Bevölkerung voraussichtlich der höchsten Ozonkonzentration ausgesetzt ist. In Ballungsräumen müssen mindestens 50 Prozent der Stationen in Vorstadtgebieten liegen.

[2] **Amtliche Anmerkung:** Eine Station je 25 000 km^2 in orografisch stark gegliedertem Gelände wird empfohlen.

**B. Mindestzahl der Probenahmestellen für ortsfeste
Messungen in Gebieten und Ballungsräumen, in denen die
langfristigen Ziele erreicht werden**

Die Zahl der Ozon-Probenahmestellen muss in Verbindung mit den zusätzlichen Beurteilungsmethoden – wie Luftqualitätsmodellierung und mit am gleichen Standort durchgeführten Stickstoffdioxidmessungen – ausreichen, um den Trend der Ozonbelastung zu prüfen und zu untersuchen, ob die langfristigen Ziele erreicht wurden. Die Zahl der Stationen in Ballungsräumen und in anderen Gebieten kann auf ein Drittel der in Abschnitt A angegebenen Zahl verringert werden. Wenn die Informationen aus ortsfesten Stationen die einzige Informationsquelle darstellen, muss zumindest eine Messstation beibehalten werden. Hat dies in Gebieten, in denen zusätzliche Beurteilungsmethoden eingesetzt werden, zur Folge, dass in einem Gebiet keine Station mehr vorhanden ist, so ist durch Koordinierung mit den Stationen der benachbarten Gebiete sicherzustellen, dass ausreichend beurteilt werden kann, ob die langfristigen Ziele hinsichtlich der Ozonwerte erreicht werden. Die Anzahl der Stationen im ländlichen Hintergrund muss 1 Station je 100 000 Quadratkilometer betragen.

Anlage 10
(zu § 18)

Messung von Ozonvorläuferstoffen

A. Ziele

Die Hauptzielsetzung dieser Messungen besteht darin, Trends bei den Ozonvorläuferstoffen zu ermitteln, die Wirksamkeit der Emissionsminderungsstrategien sowie die Einheitlichkeit von Emissionsinventaren und die Zuordnung von Emissionsquellen zu gemessenen Schadstoffkonzentrationen zu prüfen.
Ferner soll ein besseres Verständnis der Mechanismen der Ozonbildung und der Ausbreitung der Ozonvorläuferstoffe erreicht sowie die Anwendung photochemischer Modelle unterstützt werden.

B. Stoffe

Die Messung von Ozonvorläuferstoffen muss mindestens Stickstoffoxide (Stickstoffmonoxid und Stickstoffdioxid) sowie geeignete flüchtige organische Verbindungen (VOC) umfassen. Eine Liste der zur Messung empfohlenen flüchtigen organischen Verbindungen ist nachstehend wiedergegeben:

	1-Buten	Isopren	Ethylbenzol
Ethan	trans-2-Buten	n-Hexan	m+p-Xylol
Ethylen	cis-2-Buten	i-Hexan	o-Xylol
Acetylen	1,3-Butadien	n-Heptan	1,2,4-Trimethylbenzol
Propan	n-Pentan	n-Oktan	1,2,3-Trimethylbenzol
Propen	i-Pentan	i-Oktan	1,2,5-Trimethylbenzol

	1-Buten	Isopren	Ethylbenzol
n-Butan	1-Penten	Benzol	Formaldehyd
i-Butan	2-Penten	Toluol	Summe der Kohlenwasser- stoffe ohne Methan

C. Standortkriterien

Die Messungen müssen insbesondere in städtischen oder vorstädtischen Gebieten in allen gemäß dieser Verordnung errichteten Messstationen durchgeführt werden, die für die in Abschnitt A erwähnten Überwachungsziele als geeignet betrachtet werden.

Anlage 11
(zu den §§ 21 und 28)

Immissionsgrenzwerte zum Schutz der menschlichen Gesundheit

A. Kriterien

Unbeschadet der Anlage 1 sind bei der Aggregation der Daten und der Berechnung der statistischen Parameter zur Prüfung der Gültigkeit folgende Kriterien anzuwenden:

Parameter	Erforderlicher Anteil gültiger Daten
Einstundenwerte	75 % (d. h. 45 Minuten)
Achtstundenwerte	75 % der Werte (d. h. 6 Stunden)
Höchster Achtstundenmittelwert pro Tag	75 % der stündlich gleitenden Achtstundenmittelwerte (d. h. 18 Achtstundenmittelwerte pro Tag)
Vierundzwanzigstundenwerte	75 % der stündlichen Mittelwerte (d. h. mindestens 18 Einstundenwerte)
Jahresmittelwert	90 %[1] der Einstundenwerte oder (falls nicht verfügbar) der Vierundzwanzigstundenwerte während des Jahres

[1] **Amtliche Anmerkung:** Datenverluste auf Grund regelmäßiger Kalibrierung oder üblicher Gerätewartung sind in der Anforderung für die Berechnung des Jahresmittelwerts nicht berücksichtigt.

B. Immissionsgrenzwerte

Mittelungs-zeitraum	Immissionsgrenz-wert	Toleranz-marge[2]	Frist für die Einhaltung des Immissionsgrenzwerts
Schwefeldioxid			
Stunde	350 μg/m^3 dürfen nicht öfter als vierundzwanzigmal im Kalenderjahr überschritten werden	150 μg/m^3 (43 %)	[1]
Tag	125 μg/m^3 dürfen nicht öfter als dreimal im Kalenderjahr überschritten werden	Keine	[1]
Stickstoffdioxid			
Stunde	200 μg/m^3 dürfen nicht öfter als achtzehnmal im Kalenderjahr überschritten werden	50 %	1. Januar 2010
Kalenderjahr	40 μg/m^3	50 %	1. Januar 2010
Benzol			
Kalenderjahr	5 μg/m^3	100 %	1. Januar 2010
Kohlenstoffmonoxid			
Höchster Achtstunden-mittelwert pro Tag	10 mg/m^3	60 %	[1]
Blei			
Kalenderjahr	0,5 μg/m^3	100 %	[1]
PM$_{10}$			

Mittelungs-zeitraum	Immissionsgrenz-wert	Toleranz-marge[2]	Frist für die Einhaltung des Immissionsgrenzwerts
Tag	50 µg/m^3 dürfen nicht öfter als fünfunddreißigmal im Kalenderjahr überschritten werden	50 %	[1]
Kalenderjahr	40 µg/m^3	20 %	[1]

[1] **Amtliche Anmerkung:** Bereits seit 1. Januar 2005 in Kraft.

[2] **Amtliche Anmerkung:** Die Toleranzmarge gilt nur im Zusammenhang mit einer nach § 21 dieser Verordnung gewährten Fristverlängerung.

Anlage 12
(zu den §§ 5, 15, 27, 28 und 35)

Nationales Ziel, auf das die Exposition reduziert werden soll, Ziel- und Immissionsgrenzwert für PM$_{2,5}$

A. Indikator für die durchschnittliche Exposition

Der Indikator für die durchschnittliche Exposition (AEI – Average Exposure Indicator) wird in Mikrogramm pro Kubikmeter (µg/m^3) ausgedrückt und anhand von Messungen an Messstationen für den städtischen Hintergrund in Gebieten und Ballungsräumen ermittelt. Er sollte als gleitender Jahresmittelwert für drei Kalenderjahre berechnet werden, indem der Durchschnittswert aller gemäß Anlage 5 Abschnitt B eingerichteten Probenahmestellen ermittelt wird.
Der AEI für das Referenzjahr 2010 ist der Mittelwert der Jahre 2008, 2009 und 2010.
Der AEI für das Jahr 2020 ist der gleitende Jahresmittelwert (Durchschnittswert aller Probenahmestellen nach Anlage 5 Abschnitt B) für die Jahre 2018, 2019 und 2020.
Anhand des AEI wird überprüft, ob das nationale Ziel für die Reduzierung der Exposition erreicht wurde.
Der AEI für das Jahr 2015 ist der gleitende Jahresmittelwert (Durchschnittswert aller Probenahmestellen nach Anlage 5 Abschnitt B) für die Jahre 2013, 2014 und 2015.
Anhand des AEI wird überprüft, ob die Verpflichtung in Bezug auf die Expositionskonzentration erfüllt wurde.

B. Nationales Ziel, auf das die Exposition reduziert werden soll

Ziel, auf das die Exposition gegenüber dem AEI 2010 reduziert werden soll		Jahr, ab dem das Ziel für die Reduzierung der Exposition erreicht werden soll
Ausgangswert in $\mu g/m^3$	Reduktionsziel in Prozent	2020
< 8,5 = 8,5	0 %	
> 8,5 – < 13	10 %	
= 13 – < 18	15 %	
= 18 – < 22	20 %	
≥ 22	Alle angemessenen Maßnahmen, um das Ziel von 18 $\mu g/m^3$ zu erreichen	

Ergibt sich als Indikator für die durchschnittliche Exposition ausgedrückt in Mikrogramm pro Kubikmeter im Referenzjahr 8,5 Mikrogramm pro Kubikmeter oder weniger, ist das Ziel für die Reduzierung der Exposition mit Null anzusetzen. Es ist auch in den Fällen mit Null anzusetzen, in denen der Indikator für die durchschnittliche Exposition zu einem beliebigen Zeitpunkt zwischen 2010 und 2020 einen Wert von 8,5 Mikrogramm pro Kubikmeter erreicht und auf diesem Wert oder darunter gehalten wird.

C. Verpflichtung in Bezug auf die Expositionskonzentration

Verpflichtung in Bezug auf die Expositionskonzentration	Zeitpunkt, zu dem die Verpflichtung zu erfüllen ist
20 $\mu g/m^3$	1. Januar 2015

D. Zielwert

Mittelungszeitraum	Zielwert	Zeitpunkt, zu dem der Zielwert erreicht werden sollte
Kalenderjahr	25 $\mu g/m^3$	1. Januar 2010

E. Immissionsgrenzwert

Mitteilungs- zeitraum[*]	Immissions- grenzwert	Toleranzmarge	Frist für die Einhaltung des Immissionsgrenz- werts
Kalenderjahr	25 µg/m³	20 % am 11. Juni 2008, Reduzierung am folgenden 1. Januar und danach alle 12 Monate um jährlich ein Siebentel bis auf 0 % am 1. Januar 2015	1. Januar 2015

Anlage 13
(zu den §§ 27 und 34)

Erforderlicher Inhalt von Luftreinhalteplänen

1. Ort der Überschreitung:
    a) Region
    b) Ortschaft (Karte)
    c) Messstation (Karte, geographische Koordinaten)
2. Allgemeine Informationen:
    a) Art des Gebiets (Stadt, Industriegebiet oder ländliches Gebiet)
    b) Schätzung der Größe des verschmutzten Gebiets in Quadratkilometern und der der Verschmutzung ausgesetzten Bevölkerung
    c) zweckdienliche Klimaangaben
    d) zweckdienliche topographische Daten
    e) Art der in dem betreffenden Gebiet zu schützenden Ziele
3. Zuständige Behörden:
    Namen und Anschriften der für die Ausarbeitung und Durchführung der Verbesserungspläne zuständigen Personen
4. Art und Beurteilung der Verschmutzung
    a) in den vorangehenden Jahren (vor der Durchführung der Verbesserungsmaßnahmen) festgestellten Werte
    b) seit dem Beginn des Vorhabens gemessene Werte
    c) angewandte Beurteilungstechniken
5. Ursprung der Verschmutzung:
    a) Liste der wichtigsten Emissionsquellen, die für die Verschmutzung verantwortlich sind (Karte)
    b) Gesamtmenge der Emissionen aus diesen Quellen (Tonnen/Jahr)
    c) Informationen über Verschmutzungen, die ihren Ursprung in anderen Gebieten haben

---

[*] Richtig wohl: »Mittelungszeitraum«.

6. Analyse der Lage:
   a) Einzelheiten über Faktoren, die zu den Überschreitungen geführt haben (zum Beispiel Verkehr, einschließlich grenzüberschreitender Verkehr, Entstehung sekundärer Schadstoffe in der Atmosphäre)
   b) Einzelheiten über mögliche Maßnahmen zur Verbesserung der Luftqualität
7. Angaben zu den bereits vor dem 11. Juni 2008 durchgeführten Maßnahmen oder bestehenden Verbesserungsvorhaben:
   a) örtliche, regionale, nationale und internationale Maßnahmen
   b) festgestellte Wirkungen
8. Angaben zu den Maßnahmen oder Vorhaben, die nach dem Inkrafttreten der Richtlinie 2008/50/EG am 11. Juni 2008 zur Verminderung der Verschmutzung beschlossen oder entsprechend Anhang XV Abschnitt B Nummer 3 der Richtlinie 2008/50/EG berücksichtigt wurden:
   a) Auflistung und Beschreibung aller in den Vorhaben genannten Maßnahmen
   b) Zeitplan für die Durchführung
   c) Schätzung der angestrebten Verbesserung der Luftqualität und des für die Verwirklichung dieser Ziele veranschlagten Zeitraums
9. Angaben zu den geplanten oder langfristig angestrebten Maßnahmen oder Vorhaben
10. Liste der Veröffentlichungen, Dokumente, Arbeiten usw., die die in dieser Anlage vorgeschriebenen Informationen ergänzen

Anlage 14
(zu § 30)

Unterrichtung der Öffentlichkeit

1. Die aktuellen Informationen über die Werte der in dieser Verordnung geregelten Schadstoffe in der Luft werden der Öffentlichkeit routinemäßig zugänglich gemacht.
2. Die Werte sind als Durchschnittswerte entsprechend dem jeweiligen Mittelungszeitraum vorzulegen. Die Informationen müssen zumindest die Werte enthalten, die oberhalb der Luftqualitätsziele (Immissionsgrenzwerte, Zielwerte, Alarmschwellen, Informationsschwellen und langfristige Ziele für die regulierten Schadstoffe) liegen. Hinzuzufügen sind ferner eine kurze Beurteilung anhand der Luftqualitätsziele sowie einschlägige Angaben über gesundheitliche Auswirkungen bzw. gegebenenfalls Auswirkungen auf die Vegetation.
3. Die Informationen über die Werte von Schwefeldioxid, Stickstoffdioxid, Partikeln (mindestens PM_{10}), Ozon und Kohlenmonoxid in der Luft sind, falls eine stündliche Aktualisierung nicht möglich ist, mindestens täglich zu aktualisieren. Die Informationen über die Werte von Blei und Benzol in der Luft sind in Form eines Durchschnittswerts für die letzten zwölf Monate vorzulegen und, falls eine monatliche Aktualisierung nicht möglich ist, alle drei Monate zu aktualisieren.

4. Die Bevölkerung wird rechtzeitig über festgestellte oder vorhergesagte Überschreitungen der Alarmschwellen und Informationsschwellen unterrichtet. Die Angaben müssen mindestens Folgendes umfassen:

 a) Informationen über eine oder mehrere festgestellte Überschreitungen:
 – Ort oder Gebiet der Überschreitung
 – Art der überschrittenen Schwelle (Informationsschwelle oder Alarmschwelle)
 – Beginn und Dauer der Überschreitung
 – höchster Einstundenwert und höchster Achtstundenmittelwert für Ozon

 b) Vorhersage für den kommenden Nachmittag/Tag (die kommenden Nachmittage/Tage):
 – geographisches Gebiet erwarteter Überschreitungen der Informationsschwelle oder Alarmschwelle
 – erwartete Änderungen bei der Luftverschmutzung (Verbesserung, Stabilisierung oder Verschlechterung) sowie die Gründe für diese Änderungen

 c) Informationen über die betroffene Bevölkerungsgruppe, mögliche gesundheitliche Auswirkungen und empfohlenes Verhalten:
 – Informationen über empfindliche Bevölkerungsgruppen
 – Beschreibung möglicher Symptome
 – der betroffenen Bevölkerung empfohlene Vorsichtsmaßnahmen
 – weitere Informationsquellen

 d) Informationen über vorbeugende Maßnahmen zur Verminderung der Luftverschmutzung oder der Exposition (Angabe der wichtigsten Verursachersektoren); Empfehlungen für Maßnahmen zur Verringerung der Emissionen.

Im Zusammenhang mit vorhergesagten Überschreitungen ergreifen die zuständigen Behörden die erforderlichen Maßnahmen, um die Bereitstellung dieser Angaben sicherzustellen, soweit dies keinen unverhältnismäßigen Aufwand erfordert.

**Festlegung der Anforderungen an die Beurteilung der Werte
für Arsen, Kadmium, Nickel und Benzo[a]pyren innerhalb
eines Gebiets oder Ballungsraums**

A. Obere und untere Beurteilungsschwellen

Es gelten die folgenden oberen und unteren Beurteilungsschwellen:

	Arsen	Kadmium	Nickel	B(a)P
Obere Beurteilungs-schwelle in Prozent des Zielwerts	60 % ($3{,}6$ ng/m³)	60 % (3 ng/m³)	70 % (14 ng/m³)	60 % ($0{,}6$ ng/m³)
Untere Beurteilungs-schwelle in Prozent des Zielwerts	40 % ($2{,}4$ ng/m³)	40 % (2 ng/m³)	50 % (10 ng/m³)	40 % ($0{,}4$ ng/m³)

B. Ermittlung der Überschreitung der oberen und unteren Beurteilungsschwellen

Die Überschreitung der oberen und unteren Beurteilungsschwellen ist auf der Grundlage der Werte während der vorangegangenen fünf Jahre zu ermitteln, sofern entsprechende Daten vorliegen. Eine Beurteilungsschwelle gilt als überschritten, wenn sie in den vorangegangenen fünf Jahren in mindestens drei einzelnen Kalenderjahren überschritten worden ist.

Wenn weniger Daten als für die letzten fünf Jahre vorliegen, können die zuständigen Behörden eine Überschreitung der oberen und unteren Beurteilungsschwellen ermitteln, indem sie in der Jahreszeit und an den Standorten, während der bzw. an denen typischerweise die stärkste Verschmutzung auftritt, Messkampagnen kurzer Dauer durch Erkenntnisse ergänzen, die aus Daten von Emissionskatastern und aus Modellen abgeleitet werden.

Anlage 16
(zu § 20)

Standort und Mindestanzahl der Probenahmestellen für die Messung der Werte und der Ablagerungsraten von Arsen, Kadmium, Nickel und Benzo[a]pyren

A. Großräumige Standortkriterien

Die Standorte der Probenahmestellen sollten so gewählt werden, dass
– Daten über die Teile von Gebieten und Ballungsräumen erfasst werden können, in denen die Bevölkerung während eines Kalenderjahres auf direktem oder indirektem Weg im Durchschnitt wahrscheinlich den höchsten Werten ausgesetzt ist;
– Daten über Werte in anderen Teilen von Gebieten und Ballungsräumen erfasst werden können, die repräsentative Aussagen über die Exposition der Bevölkerung ermöglichen;
– Daten über die Ablagerungsraten erfasst werden können, die der indirekten Exposition der Bevölkerung über die Nahrungskette entsprechen.

Der Standort der Probenahmestellen sollte im Allgemeinen so gewählt werden, dass die Messung sehr kleinräumiger Umweltbedingungen in unmittelbarer Nähe vermieden wird. In der Regel sollte eine Probenahmestelle für die Luftqualität folgender Flächen repräsentativ sein:
1. in verkehrsnahen Zonen: für nicht weniger als 200 Quadratmeter,
2. an Industriestandorten: für mindestens 250 Meter × 250 Meter und
3. in Gebieten mit typischen Werten für den städtischen Hintergrund: für mehrere Quadratkilometer.

Besteht das Ziel in der Beurteilung von Werten für den Hintergrund, so sollten sich in der Nähe der Probenahmestelle befindliche Ballungsräume oder Industriestandorte nicht auf die Messergebnisse auswirken.

Soll der Beitrag industrieller Quellen beurteilt werden, ist zumindest eine Probenahmestelle im Lee der Hauptwindrichtung von der Quelle im nächstgelegenen Wohngebiet aufzustellen. Ist die Hintergrundkonzentration nicht bekannt, so wird eine weitere Probenahmestelle im Luv der Hauptwindrichtung aufgestellt. Wird § 22 in Verbindung mit § 20 Absatz 1 und 3 angewendet, so sollten die Probenahmestellen so aufgestellt werden, dass die Anwendung der besten verfügbaren Techniken überwacht werden kann.

Probenahmestellen sollten möglichst auch für ähnliche Standorte repräsentativ sein, die nicht in ihrer unmittelbaren Nähe gelegen sind. Sofern sinnvoll, sollten sie mit Probenahmestellen für die PM_{10}-Fraktion zusammengelegt werden.

B. Kleinräumige Standortkriterien

Folgende Leitlinien sollten eingehalten werden:
– Der Luftstrom um den Messeinlass sollte nicht beeinträchtigt werden und es sollten keine den Luftstrom beeinflussenden Hindernisse in der Nähe des Probensammlers vorhanden sein (die Messsonde sollte in der Regel ausreichend weit von Gebäuden, Balkonen, Bäumen und anderen Hindernissen sowie – im

Fall von Probenahmestellen für die Luftqualität an der Baufluchtlinie – mindestens 0,5 Meter vom nächsten Gebäude entfernt sein);

–   im Allgemeinen sollte sich der Messeinlass in einer Höhe zwischen 1,5 Meter (Atemzone) und 4 Meter über dem Boden befinden. Unter bestimmten Umständen kann eine höhere Lage des Einlasses (bis zu 8 Meter) erforderlich sein. Ein höher gelegener Einlass kann auch angezeigt sein, wenn die Messstation für ein größeres Gebiet repräsentativ ist;

–   der Messeinlass sollte nicht in unmittelbarer Nähe von Emissionsquellen platziert werden, um den unmittelbaren Einlass von Emissionen, die nicht mit der Umgebungsluft vermischt sind, zu vermeiden;

–   die Abluftleitung des Probensammlers sollte so gelegt werden, dass ein Wiedereintritt der Abluft in den Messeinlass vermieden wird;

–   Probenahmestellen an verkehrsnahen Messorten sollten mindestens 25 Meter vom Rand verkehrsreicher Kreuzungen und mindestens 4 Meter von der Mitte der nächstgelegenen Fahrspur entfernt sein; die Einlässe sollten so gelegen sein, dass sie für die Luftqualität in der Nähe der Baufluchtlinie repräsentativ sind.

Die folgenden Faktoren können ebenfalls berücksichtigt werden:

–   Störquellen;

–   Sicherheit;

–   Zugänglichkeit;

–   Stromversorgung und Telekommunikationsleitungen;

–   Sichtbarkeit der Messstation in der Umgebung;

–   Sicherheit der Öffentlichkeit und des Betriebspersonals;

–   eventuelle Zusammenlegung der Probenahmestellen für verschiedene Schadstoffe;

–   planerische Anforderungen.

C. Dokumentation und Überprüfung der Standortwahl

Die Verfahren für die Standortwahl sollten in der Einstufungsphase vollständig dokumentiert werden, zum Beispiel mit Fotografien der Umgebung in den Haupthimmelsrichtungen und einer detaillierten Karte. Die Standorte sollten regelmäßig überprüft und wiederholt dokumentiert werden um sicherzustellen, dass die Kriterien für die Standortwahl weiterhin erfüllt sind.

**D. Kriterien zur Festlegung der Zahl von
Probenahmestellen für ortsfeste Messungen der Werte von
Arsen, Kadmium, Nickel und Benzo[a]pyren**

Mindestanzahl von Probenahmestellen für ortsfeste Messungen zur Beurteilung, ob Zielwerte für den Schutz der menschlichen Gesundheit in Gebieten und Ballungsräumen eingehalten werden, in denen ortsfeste Messungen die einzige Informationsquelle darstellen.

a) Diffuse Quellen

Bevölkerung des Ballungsraums oder Gebiets (Tausend)	Wenn der maximale Wert die obere Beurteilungsschwelle überschreitet[1]		Wenn der maximale Wert zwischen der oberen und unteren Beurteilungsschwelle liegt
	As, Cd, Ni	B(a)P	As, Cd, Ni, B(a)P
0 – 749	1	1	1
750 – 1 999	2	2	1
2 000 – 3 749	2	3	1
3 750 – 4 749	3	4	2
4 750 – 5 999	4	5	2
≥ 6 000	5	5	2

1) **Amtliche Anmerkung:** Es ist mindestens eine Messstation für typische Werte für den städtischen Hintergrund und für Benzo[a]pyren auch eine verkehrsnahe Messstation einzubeziehen, ohne dadurch die Zahl der Probenahmestellen zu erhöhen.

b) Punktquellen

Zur Beurteilung der Luftverschmutzung in der Nähe von Punktquellen sollte die Zahl der Probenahmestellen für ortsfeste Messungen unter Berücksichtigung der Emissionsdichte, der wahrscheinlichen Verteilung der Luftschadstoffe und der möglichen Exposition der Bevölkerung festgelegt werden.

Die Orte der Probenahmestellen sollten so gewählt werden, dass die Anwendung der besten verfügbaren Techniken gemäß Artikel 2 Nummer 12 der Richtlinie 2008/1/EG kontrolliert werden kann.

Anlage 17
(zu § 20)

**Datenqualitätsziele und Anforderungen an Modelle zur
Bestimmung der Werte für Arsen, Kadmium, Nickel und
Benzo[a]pyren**

A. Datenqualitätsziele

Folgende Datenqualitätsziele können als Leitfaden für die Qualitätssicherung dienen:

	Benzo[a]-pyren	Arsen, Kadmium und Nickel	Polyzyklische aromatische Kohlenwasserstoffe außer Benzo[a]pyren, gesamtes gasförmiges Quecksilber	Gesamt-ablagerung
– Unsicherheit				
Ortsfeste und orientierende Messungen	50 %	40 %	50 %	70 %
Modellierung	60 %	60 %	60 %	60 %
– Mindestdatenerfassung	90 %	90 %	90 %	90 %
– Mindestzeiterfassung				
Ortsfeste Messungen*)	33 %	50 %		
Orientierende Messungen*)**)	14 %	14 %	14 %	33 %

*) **Amtl. Anm.:** Über das Jahr verteilt, um unterschiedlichen klimatischen und durch menschliche Aktivitäten bedingten Verhältnissen Rechnung zu tragen.

) **Amtl. Anm.: Orientierende Messungen sind Messungen, die weniger häufig vorgenommen werden, jedoch die anderen Datenqualitätsziele erfüllen.

Die (auf der Grundlage eines Vertrauensbereichs von 95 Prozent ausgedrückte) Unsicherheit der bei der Beurteilung der Immissionskonzentrationen verwendeten Methoden wird gemäß folgender Maßgaben errechnet:

1. den Prinzipien des CEN-Leitfadens für die Messunsicherheit (ENV 13005: 1999),

2. den ISO 5725: 1994-Verfahren[1] und

3. den Hinweisen des CEN-Berichts über Luftqualität – Ansatz für die Einschätzung des Unsicherheitsgrads bei Referenzmethoden zur Messung der Luftqualität (CR 14377: 2002 E).

---

1) **Amtliche Anmerkung:** DIN ISO 5725-1: Genauigkeit (Richtigkeit und Präzision) von Messverfahren und Messergebnissen – Teil 1: Allgemeine Grundlagen und Begriffe; Ausgabedatum: 11.1997

DIN ISO 5725-1: Berichtigung 1 Berichtigungen zu DIN ISO 5725-1: 1997-11 Ausgabedatum: 09.1998

DIN ISO 5725-2: Genauigkeit (Richtigkeit und Präzision) von Messverfahren und Messergebnissen – Teil 2: Grundlegende Methode für Ermittlung der Wiederhol- und Vergleichpräzision eines vereinheitlichten Messverfahrens, Ausgabedatum: 12.2002

Die Prozentsätze für die Unsicherheit werden für einzelne Messungen angegeben, die über typische Probenahmezeiten hinweg gemittelt werden, und zwar für einen Vertrauensbereich von 95 Prozent. Die Unsicherheit der Messungen gilt für den Bereich des entsprechenden Zielwerts. Ortsfeste und orientierende Messungen müssen gleichmäßig über das Jahr verteilt werden, um zu vermeiden, dass die Ergebnisse verfälscht werden.

Die Anforderungen an Mindestdatenerfassung und Mindestzeiterfassung berücksichtigen nicht den Verlust von Daten auf Grund einer regelmäßigen Kalibrierung oder der normalen Wartung der Instrumente. Eine 24-stündige Probenahme ist bei der Messung von Benzo[a]pyren und anderen polyzyklischen aromatischen Kohlenwasserstoffen erforderlich. Einzelproben, die während eines Zeitraums von bis zu einem Monat genommen werden, können mit der gebotenen Vorsicht als Sammelprobe zusammengefasst und analysiert werden, vorausgesetzt, die angewandte Methode gewährleistet stabile Proben für diesen Zeitraum. Die drei verwandten Stoffe Benzo[b]fluoranthen, Benzo[j]fluoranthen und Benzo[k]fluoranthen lassen sich nur schwer analytisch trennen. In diesen Fällen können sie als Summe gemeldet werden. Die Probenahmen müssen gleichmäßig über die Wochentage und das Jahr verteilt sein. Die Vorschriften für Einzelproben gemäß den vorhergehenden sieben Sätzen gelten auch für Arsen, Kadmium, Nickel und das gesamte gasförmige Quecksilber. Die Entnahme von Teilproben aus PM$_{10}$-Filtern zur anschließenden Untersuchung auf Metalle ist zulässig, sofern erwiesen ist, dass die Teilprobe für die Gesamtprobe repräsentativ ist und die Nachweiseffizienz beim Abgleich mit den relevanten Datenqualitätszielen nicht beeinträchtigt wird. In Abweichung zur 24-stündigen Probenahme gemäß den Vorschriften für Untersuchung des Metallgehalts von PM$_{10}$ nach der DIN EN 12341:2014, Ausgabe August 2014, und den Bestimmungen zur Messdauer nach Abschnitt 9.3 der DIN EN 15852:2010, Ausgabe November 2010, ist eine wöchentliche Probenahme zulässig, sofern die Erfassungseigenschaften dadurch nicht beeinträchtigt werden. Für die Messung der Ablagerungsraten werden über das Jahr verteilte monatliche oder wöchentliche Proben empfohlen.

Die zuständigen Behörden dürfen anstelle einer »bulk-Probenahme« nur dann eine »wet-only-Probenahme« verwenden, wenn sie nachweisen können, dass der Unterschied zwischen diesen nicht mehr als 10 Prozent ausmacht. Die Ablagerungsraten

---

DIN ISO 5725-3: Genauigkeit (Richtigkeit und Präzision) von Messverfahren und Messergebnissen – Teil 3: Präzisionsmaße eines vereinheitlichten Messverfahrens unter Zwischenbedingungen; Ausgabedatum: 02.2003

DIN ISO 5725-4: Genauigkeit (Richtigkeit und Präzision) von Messverfahren und Messergebnissen – Teil 4: Grundlegende Methoden für die Ermittlung der Richtigkeit eines vereinheitlichten Messverfahrens; Ausgabedatum: 01.2003

DIN ISO 5725-5: Genauigkeit (Richtigkeit und Präzision) von Messverfahren und Messergebnissen – Teil 5: Alternative Methoden für die Ermittlung der Präzision eines vereinheitlichten Messverfahrens; Ausgabedatum: 11.2002

DIN ISO 5725-5 Berichtigung 1: Genauigkeit (Richtigkeit und Präzision) von Messverfahren und Messergebnissen – Teil 5: Alternative Methoden für die Ermittlung der Präzision eines vereinheitlichten Messverfahrens (ISO 5725-5:1998), Berichtigungen zu DIN ISO 5725-5: 2002-11 (ISO 5725-5:1998/Cor. 1:2005); Ausgabedatum: 04.2006

DIN ISO 5725-6: Genauigkeit (Richtigkeit und Präzision) von Messverfahren und Messergebnissen – Teil 6: Anwendung von Genauigkeitswerten in der Praxis; Ausgabedatum: 08.2002

sollten generell in Mikrogramm pro Quadratmeter ($\mu g/m^2$) pro Tag angegeben werden.

Die zuständigen Behörden können die Mindestzeiterfassung der in der Tabelle angegebenen Werte unterschreiten, jedoch nicht weniger als 14 Prozent bei ortsfesten Messungen und 6 Prozent bei orientierenden Messungen, sofern sie nachweisen können, dass die Unsicherheit bei einem Vertrauensbereich von 95 Prozent für den Jahresdurchschnitt, berechnet auf der Grundlage der Datenqualitätsziele in der Tabelle gemäß ISO 11222: 2002 – »Ermittlung der Unsicherheit von zeitlichen Mittelwerten von Luftbeschaffenheitsmessungen« eingehalten wird.

B. Anforderungen an Modelle zur Beurteilung der Luftqualität

Werden Modelle zur Beurteilung der Luftqualität verwendet, sind Hinweise auf Beschreibungen des Modells und Informationen über die Unsicherheit zusammenzustellen. Die Unsicherheit von Modellen wird als die maximale Abweichung der gemessenen und berechneten Werte über ein ganzes Jahr definiert, wobei der genaue Zeitpunkt des Auftretens dieser Abweichungen nicht berücksichtigt wird.

C. Anforderungen an objektive Schätzungstechniken

Werden objektive Schätzungstechniken verwendet, so darf die Unsicherheit 100 Prozent nicht überschreiten.

D. Standardbedingungen

Für Stoffe, die in der PM_{10}-Fraktion zu analysieren sind, bezieht sich das Probenahmevolumen auf die Umgebungsbedingungen.

Anlage 18
(zu § 20)

Referenzmethoden für die Beurteilung der Werte und der Ablagerungsraten von Arsen, Kadmium, Nickel, Quecksilber und Benzo[*a*]pyren

A. Referenzmethode für die Probenahme und Analyse von Arsen, Kadmium und Nickel in der Luft

Als Referenzmethode für die Analyse von Arsen, Kadmium und Nickel in der Luft gilt die Methode, die in DIN EN 14902:2005, berichtigt 2007 »Außenluftbeschaffenheit – Standardisiertes Verfahren zur Bestimmung von Pb/Cd/As/Ni als Bestandteil der PM_{10}-Fraktion des Schwebstaubes«, beschrieben ist.

Die zuständigen Behörden können auch jede andere Methode anwenden, die nachweislich zu Ergebnissen führt, die der vorstehend genannten Methode entsprechen. Als Referenzmethode für die Probenahme von Arsen, Kadmium und Nickel in der Luft gilt die Methode, die in DIN EN 12341:2014, Ausgabe August 2014, beschrieben ist.

B. Referenzmethode für die Probenahme und Analyse polyzyklischer aromatischer Kohlenwasserstoffe in der Luft

Als Referenzmethode für die Analyse von Benzo[*a*]pyren in der Luft gilt die Methode, die in DIN EN 15549:2008 »Luftbeschaffenheit – Messverfahren zur Bestimmung der Konzentration von Benzo[*a*]pyren in Luft« beschrieben ist.

Solange keine genormte CEN-Methode für die Messung der anderen in § 20 Absatz 8 genannten polyzyklischen aromatischen Kohlenwasserstoffe vorliegt, können die zuständigen Behörden genormte nationale Methoden oder genormte ISO-Methoden wie die ISO-Norm 12884:2000 anwenden.

Die zuständigen Behörden können auch jede andere Methode anwenden, die nachweislich zu Ergebnissen führt, die der vorstehend genannten Methode entsprechen. Als Referenzmethode für die Probenahme polyzyklischer aromatischer Kohlenwasserstoffe in der Luft gilt die Methode, die in DIN EN 12341:2014, Ausgabe August 2014, beschrieben ist.

C. Referenzmethode für die Probenahme und Analyse von Quecksilber in der Luft

Als Referenzmethode für die Bestimmung des gesamten gasförmigen Quecksilbers in der Luft gilt die Methode, die in der DIN EN 15852:2010, Ausgabe November 2010, beschrieben ist.

Die zuständigen Behörden können auch jede andere Methode anwenden, die nachweislich zu Ergebnissen führt, die der vorstehend genannten Methode entsprechen.

**D. Referenzmethode für die Probenahme und Analyse der
Ablagerung von Arsen, Kadmium, Quecksilber, Nickel und
polyzyklischen aromatischen Kohlenwasserstoffen**

Als Referenzmethode für die Bestimmung der Ablagerung von Arsen, Kadmium und
Nickel gilt die Methode, die in der DIN EN 15841:2010, Ausgabe April 2010, beschrieben ist.

Als Referenzmethode für die Bestimmung der Ablagerung von Quecksilber gilt die
Methode, die in der DIN EN 15853:2010, Ausgabe November 2010, »Außenluftbeschaffenheit – Standardisiertes Verfahren zur Bestimmung der Quecksilberdepo-
sition« beschrieben ist.

Als Referenzmethode für die Bestimmung der Ablagerung von Benzo[*a*]pyren
und den anderen polyzyklischen Kohlenwasserstoffen gemäß § 20 Absatz 8 gilt
die Methode, die in der DIN EN 15980:2011, Ausgabe August 2011, »Luftqualität – Bestimmung der Deposition von Benz[*a*]anthracen, Benzo[*b*]fluoranthen,
Benzo[*j*]fluoranthen, Benzo[*k*]fluoranthen, Benzo[*a*]pyren, Dibenz[*a,h*]anthracen
und Indeno[*1,2,3-cd*]pyren« beschrieben ist.

**E. Referenzmethoden zur Erstellung von
Luftqualitätsmodellen**

Für die Erstellung von Luftqualitätsmodellen lassen sich zurzeit keine Referenzmethoden festlegen.

Einundvierzigste Verordnung
zur Durchführung des Bundes-Immissionsschutzgesetzes
(Bekanntgabeverordnung – 41. BImSchV)

Vom 2. Mai 2013 (BGBl. I S. 973, 1001, ber. S. 3756)
(FNA 2129-8-41)

zuletzt geändert durch Art. 60 G
vom 29. März 2017 (BGBl. I S. 626, 638)

Inhaltsübersicht

Abschnitt 1
Allgemeine Vorschriften

§ 1   Anwendungsbereich
§ 2   Begriffsbestimmungen

Abschnitt 2
Bekanntgabevoraussetzungen

Unterabschnitt 1
Stellen im Sinne von § 29b Absatz 1 des Bundes-Immissionsschutzgesetzes

§ 3   Organisationsform von Stellen
§ 4   Fachkunde und gerätetechnische Ausstattung von Stellen
§ 5   Unabhängigkeit von Stellen
§ 6   Zuverlässigkeit von Stellen

Unterabschnitt 2
**Sachverständige im Sinne von § 29b Absatz 1 des Bundes-
Immissionsschutzgesetzes**

§ 7   Fachkunde von Sachverständigen
§ 8   Unabhängigkeit von Sachverständigen
§ 9   Zuverlässigkeit von Sachverständigen
§ 10   Gerätetechnische Ausstattung von Sachverständigen
§ 11   Hilfspersonal; Haftpflichtversicherung

Abschnitt 3
Bekanntgabeverfahren; Nebenbestimmungen

§ 12   Antrag; behördliches Verfahren; Bekanntgabeentscheidung
§ 13   Nachweise der Fachkunde und gerätetechnischen Ausstattung
§ 14   Gleichwertigkeit von Befähigungsnachweisen aus anderen Mitgliedstaaten
        der Europäischen Union
§ 15   Nebenbestimmungen

Abschnitt 4
Pflichten bekannt gegebener Stellen und Sachverständiger

§ 16   Pflichten bekannt gegebener Stellen
§ 17   Pflichten bekannt gegebener Sachverständiger

Abschnitt 5
Widerruf

§ 18   Widerruf der Bekanntgabe

Abschnitt 6
Pflichten von Anlagenbetreibern
§ 19   Gleichwertigkeit von Anerkennungen

Abschnitt 7
Schlussvorschriften
§ 20   Zugänglichkeit der Normen
§ 21   Übergangsvorschriften
Anlage 1 Prüfbereiche für Stellen
Anlage 2 Prüfungsbereiche für Sachverständige

Abschnitt 1
Allgemeine Vorschriften

§ 1 Anwendungsbereich

Diese Verordnung gilt für:

1. die Bekanntgabe von Stellen und Sachverständigen gemäß § 29b Absatz 1 des Bundes-Immissionsschutzgesetzes,

2. die Pflichten bekannt gegebener Stellen und Sachverständiger sowie den Widerruf entsprechender Bekanntgaben,

3. die Pflichten von Anlagenbetreibern zur Vorlage der Nachweise über gleichwertige Anerkennungen von Stellen und Sachverständigen aus anderen Mitgliedstaaten der Europäischen Union oder anderen Vertragsstaaten des Abkommens über den Europäischen Wirtschaftsraum.

§ 2 Begriffsbestimmungen

Im Sinne dieser Verordnung sind:

1. Prüfbereich
   die von der zuständigen Behörde in der Bekanntgabe einer Stelle bezeichnete Kombination von Tätigkeitsbereichen und Stoffbereichen nach Anlage 1;

2. Ermittlungen
   Messungen, Kalibrierungen, Prüfungen und Berechnungen, die für die Beurteilung der Emissionen oder Immissionen von Anlagen notwendig sind und von bekannt gegebenen Stellen durchgeführt werden;

3. Fachlich verantwortliche Personen und deren Stellvertreter
   die für die Durchführung von Ermittlungen verantwortlichen natürlichen Personen einer bekannt gegebenen Stelle;

4. Standort
   derjenige geografische Ort, von dem aus eine bekannt gegebene Stelle tätig wird, um Dienstleistungen zur Erfüllung der Ermittlungsaufgaben zu erbringen;

5. Prüfungsbereich
   die von der zuständigen Behörde in der Bekanntgabe von Sachverständigen bezeichnete Kombination aus Anlagenarten und Fachgebieten nach Anlage 2;

6. Sachverständige oder Sachverständiger
   eine natürliche Person.

Abschnitt 2
Bekanntgabevoraussetzungen

Unterabschnitt 1
**Stellen im Sinne von § 29b Absatz 1 des Bundes-
Immissionsschutzgesetzes**

§ 3 Organisationsform von Stellen

Bekannt zu gebende Stellen im Sinne von § 29b Absatz 1 des Bundes-Immissionsschutzgesetzes müssen in einem Mitgliedstaat der Europäischen
Union oder einem anderen Vertragsstaat des Abkommens über den Europäischen Wirtschaftsraum niedergelassene juristische Personen oder Personengesellschaften sein.

§ 4 Fachkunde und gerätetechnische Ausstattung von Stellen

(1) [1]Bekannt zu gebende Stellen im Sinne von § 29b Absatz 1 des Bundes-Immissionsschutzgesetzes müssen in ausreichendem Umfang über
Personal zur Durchführung der Ermittlungen verfügen, das fachkundig
ist und hauptberuflich mit Messungen und Analysen beschäftigt ist. [2]Die
gemäß § 29b Absatz 2 Satz 2 des Bundes-Immissionsschutzgesetzes erforderliche Fachkunde und die erforderliche gerätetechnische Ausstattung
liegt vor, wenn für die jeweiligen Prüfbereiche gemäß Anlage 1 den
folgenden Normen genügt wird:

1. DIN EN ISO/IEC 17025, Ausgabe August 2005 mit Berichtigungen
    vom Mai 2007, sowie VDI-Richtlinie 4220, Ausgabe April 2011,
2. VDI-Richtlinie 4208 Blatt 2, Ausgabe Oktober 2011, oder
3. DIN 45688, Ausgabe April 2005.

(2) [1]Bekannt zu gebende Stellen müssen an jedem Standort mindestens
eine fachlich verantwortliche Person oder deren Stellvertreter hauptberuflich beschäftigen. [2]Die fachlich verantwortlichen Personen und ihre Stellvertreter müssen zusätzlich zur Fachkunde nach Absatz 1 Satz 2 über umfassende Kenntnisse in immissionsschutzrechtlichen Rechts- und Verwaltungsvorschriften für den jeweiligen Prüfbereich, in technischen Normen
sowie in dem Bekanntgabe- und Kompetenzfeststellungsverfahren nach
dieser Verordnung verfügen.

§ 5 Unabhängigkeit von Stellen

Die für eine Bekanntgabe gemäß § 29b Absatz 2 Satz 2 des Bundes-Immissionsschutzgesetzes erforderliche Unabhängigkeit einer Stelle ist in
der Regel dann nicht gegeben, wenn sie

1. Anlagen und Anlagenteile entwickelt, vertreibt, errichtet oder betreibt
    oder bei deren Entwicklung, Errichtung oder Betrieb mitwirkt oder
    mitgewirkt hat,
2. Geräte oder Einrichtungen zur Verminderung von Emissionen oder
    Messgeräte zur kontinuierlichen Überwachung von Emissionen oder
    sicherheitsrelevante Anlagen, insbesondere Schutzsysteme, herstellt
    oder vertreibt,
3. organisatorisch, wirtschaftlich, personell oder hinsichtlich des Ka-
    pitals mit Dritten derart verflochten ist, dass deren Einflussnahme

auf die jeweiligen Aufgaben nicht ausgeschlossen werden kann oder wenn der Anschein einer solchen Einflussnahme besteht, oder

4. fachlich verantwortliche Personen beschäftigt, die nicht hauptberuflich bei ihr tätig sind.

§ 6 Zuverlässigkeit von Stellen

(1) Die erforderliche Zuverlässigkeit im Sinne von § 29b Absatz 2 Satz 2 des Bundes-Immissionsschutzgesetzes liegt vor, wenn die nach Gesetz, Satzung oder Gesellschaftsvertrag zur Vertretung oder Geschäftsführung berechtigten Personen der bekannt zu gebenden Stelle sowie das in § 4 genannte Personal auf Grund ihrer persönlichen Eigenschaften, ihres Verhaltens und ihrer Fähigkeiten zur ordnungsgemäßen Erfüllung der ihnen obliegenden Aufgaben geeignet sind.

(2) Die erforderliche Zuverlässigkeit ist in der Regel nicht gegeben, wenn eine der in Absatz 1 bezeichneten Personen

1. wegen Verletzung der Vorschriften
    a) des Strafrechts über gemeingefährliche Delikte oder Delikte gegen die Umwelt,
    b) des Natur- und Landschaftsschutz-, Chemikalien-, Gentechnik- oder Strahlenschutzrechts,
    c) des Lebensmittel-, Arzneimittel-, Pflanzenschutz- oder Infektionsschutzrechts,
    d) des Gewerbe-, Produktsicherheits- oder Arbeitsschutzrechts oder
    e) des Betäubungsmittel-, Waffen- oder Sprengstoffrechts
    zu einer Freiheitsstrafe, Jugendstrafe oder Geldstrafe rechtskräftig verurteilt worden ist oder

2. wegen Verletzung der Vorschriften
    a) des Immissionsschutz-, Abfall-, Wasser-, Natur- und Landschaftsschutz-, Bodenschutz-, Chemikalien-, Gentechnik- oder Atom- und Strahlenschutzrechts,
    b) des Lebensmittel-, Arzneimittel-, Pflanzenschutz- oder Infektionsschutzrechts,
    c) des Gewerbe-, Produktsicherheits- oder Arbeitsschutzrechts oder
    d) des Betäubungsmittel-, Waffen- oder Sprengstoffrechts
    innerhalb der letzten fünf Jahre vor Antragstellung mit einer Geldbuße in Höhe von mehr als fünfhundert Euro belegt worden ist.

(3) Die erforderliche Zuverlässigkeit ist in der Regel auch dann nicht gegeben, wenn eine der in Absatz 1 bezeichneten Personen

1. wiederholt oder grob pflichtwidrig gegen die in Absatz 2 genannten Vorschriften verstoßen hat,

2. Ermittlungs- oder Prüfungsergebnisse vorsätzlich oder grob fahrlässig verändert oder nicht vollständig wiedergegeben hat,

3. wiederholt gegen Anforderungen des technischen Regelwerkes verstoßen hat, die für die Richtigkeit der Ermittlungs- und Prüfergebnisse relevant sind,

4. vorsätzlich oder grob fahrlässig Pflichten, die sich aus dieser Verord-
    nung oder einer bereits erfolgten Bekanntgabe ergeben, verletzt hat
    oder

5. Dokumentationen und Berichterstattungen zu Ermittlungen oder Prü-
    fungen wiederholt mit erheblichen oder schwerwiegenden Mängeln
    erstellt hat oder vorsätzlich oder grob fahrlässig wiederholt dazu bei-
    getragen hat, dass Fristen für deren Vorlage versäumt wurden.

(4) Die erforderliche Zuverlässigkeit ist in der Regel auch dann nicht
gegeben, wenn

1. eine der in § 4 bezeichneten Personen ohne Fachkundenachweise im
    Sinne von § 4 Absatz 1 für ergebnisrelevante Tätigkeiten selbständig
    eingesetzt wird oder worden ist oder

2. Ringversuche nach § 16 Absatz 4 Nummer 7 wiederholt nicht bestan-
    den wurden.

Unterabschnitt 2
Sachverständige im
Sinne von § 29b Absatz 1 des
Bundes-Immissionsschutzgesetzes

§ 7 Fachkunde von Sachverständigen

[1]Die erforderliche Fachkunde im Sinne des § 29b Absatz 2 Satz 2 des
Bundes-Immissionsschutzgesetzes liegt vor, wenn der oder die bekannt zu
gebende Sachverständige

1. ein Hochschulstudium auf den Gebieten des Ingenieurwesens, der
    Chemie oder der Physik abgeschlossen hat; alternativ kann ein Stu-
    dium in anderen als den genannten Fächern anerkannt werden, wenn
    die Ausbildung in diesem Fach im Hinblick auf die Aufgabenstellung,
    der sich der oder die Sachverständige zuwenden will, als geeignet an-
    zusehen ist;

2. während einer dreijährigen praktischen Tätigkeit Erfahrungen in den
    Prüfungsbereichen nach Anlage 2 erworben hat, für die die Bekannt-
    gabe beantragt wird,

3. über grundlegende Kenntnisse in Verfahrens- und Sicherheitstechnik
    und in systematischen Methoden der Gefahrenanalyse verfügt,

4. in Bezug auf die beantragten Prüfungsbereiche über umfassende
    Fachkenntnisse sowie Kenntnisse in für die Anlagensicherheit maß-
    gebenden Gesetzen, Verordnungen und Technischen Regeln verfügt.

[2]In begründeten Einzelfällen kann abweichend von Satz 1 Nummer 1 und
2 eine nicht akademische Ausbildung mit mindestens fünfjähriger berufli-
cher Praxis im Bekanntgabebereich anerkannt werden, wenn dies im Hinblick auf die Aufgabenstellung im Einzelfall als gleichwertig anzusehen
ist.

§ 8 Unabhängigkeit von Sachverständigen

Die für eine Bekanntgabe gemäß § 29b Absatz 2 Satz 2 des Bundes-Immissionsschutzgesetzes erforderliche Unabhängigkeit eines Sachverständigen ist in der Regel dann nicht gegeben, wenn dieser

1. Anlagen und Anlagenteile entwickelt, vertreibt, errichtet oder betreibt oder bei deren Entwicklung, Errichtung oder Betrieb mitwirkt oder mitgewirkt hat,

2. sicherheitsrelevante Anlagen, insbesondere Schutzsysteme, herstellt oder vertreibt,

3. organisatorisch, wirtschaftlich, personell oder hinsichtlich des Kapitals mit Dritten derart verflochten ist, dass deren Einflussnahme auf die jeweiligen Aufgaben nicht ausgeschlossen werden kann, oder wenn der Anschein einer solchen Einflussnahme besteht.

§ 9 Zuverlässigkeit von Sachverständigen

(1) Die erforderliche Zuverlässigkeit im Sinne von § 29b Absatz 2 Satz 2 des Bundes-Immissionsschutzgesetzes liegt vor, wenn bekannt zu gebende Sachverständige auf Grund ihrer persönlichen Eigenschaften, ihres Verhaltens und ihrer Fähigkeiten zur ordnungsgemäßen Erfüllung der ihnen obliegenden Aufgaben geeignet sind.

(2) ¹§ 6 Absatz 2 und 3 ist entsprechend anzuwenden. ²Die erforderliche Zuverlässigkeit ist in der Regel auch dann nicht gegeben, wenn bekannt zu gebende Sachverständige die erforderlichen geistigen und körperlichen Voraussetzungen für ihre Tätigkeit nicht nur vorübergehend nicht erfüllen.

§ 10 Gerätetechnische Ausstattung von Sachverständigen

Bekannt zu gebende Sachverständige haben hinsichtlich der einzusetzenden Ausstattung, wie Geräten, Programmen und Informationsquellen, zu gewährleisten, dass diese ordnungsgemäß beschaffen ist, dem Stand der Technik entspricht und für die jeweilige Aufgabe geeignet ist, insbesondere dass

1. die Bauart der Messgeräte und Messeinrichtungen dem Stand der Messtechnik entspricht,

2. die erforderliche Aussagegenauigkeit der Ergebnisse sichergestellt ist und

3. Messgrößen, für die der Einsatz geeichter Messgeräte vorgeschrieben ist, nur mit Messgeräten erfasst werden, die den eichrechtlichen Bestimmungen entsprechen; nicht geeichte Messgeräte und -einrichtungen müssen, sofern dies technisch möglich ist, entsprechend den Herstellerangaben kalibriert sowie auf ihre Funktionsfähigkeit geprüft sein.

§ 11 Hilfspersonal; Haftpflichtversicherung

(1) ¹Soweit die Durchführung sicherheitstechnischer Prüfungen im Sinne von § 29a des Bundes-Immissionsschutzgesetzes den Einsatz von Hilfspersonal erfordert, muss dieses in ausreichendem Umfang zur Verfügung stehen. ²Der Einsatz des Hilfspersonals muss durch einen zwischen dem Hilfspersonal und dem oder der Sachverständigen oder dem Arbeit-

geber des oder der Sachverständigen geschlossenen Vertrag sichergestellt sein.

(2) [1]Sachverständige haben sich zu verpflichten, Hilfspersonal nur zur Vorbereitung von Gutachten auf Grund von sicherheitstechnischen Prüfungen im Sinne von § 29a des Bundes-Immissionsschutzgesetzes hinzuzuziehen und das Hilfspersonal dabei nur insoweit mit Teilarbeiten zu beschäftigen, als sie dessen Mitarbeit ordnungsgemäß überwachen können. [2]Durch das Hinzuziehen von Hilfspersonal darf der Charakter einer persönlichen Leistung des oder der Sachverständigen nicht verloren gehen.

(3) [1]Für Hilfspersonal gelten § 9 Absatz 1 und § 6 Absatz 2 und 3 entsprechend. [2]Hilfspersonal muss über eine ausreichende Fachkunde zur Wahrnehmung der ihm zu überlassenden Aufgaben verfügen.

(4) Sachverständige haben den Abschluss einer Haftpflichtversicherung für Personen-, Sach- und Umweltschäden mit einer Deckungssumme von mindestens 2,5 Millionen Euro pro Schadensfall nachzuweisen.

Abschnitt 3
Bekanntgabeverfahren; Nebenbestimmungen
§ 12 Antrag; behördliches Verfahren; Bekanntgabeentscheidung

(1) Der Antragsteller oder die Antragstellerin hat dem Antrag auf Bekanntgabe oder Erweiterung einer Bekanntgabe die Unterlagen beizufügen, die zum Nachweis der Fachkunde, der Unabhängigkeit, der Zuverlässigkeit sowie der gerätetechnischen Ausstattung erforderlich sind.

(2) [1]Die Bekanntgabe erfolgt durch die zuständige Behörde des Landes, in dem der Antragsteller oder die Antragstellerin seinen oder ihren Geschäftssitz hat, und gilt für das gesamte Bundesgebiet; besteht kein Geschäftssitz im Inland, so ist das Land zuständig, in dem die Tätigkeit erstmalig ausgeübt werden soll. [2]Die Bekanntgabe erfolgt bei Stellen bezogen auf den jeweils beantragten Prüfbereich nach Anlage 1 und bei Sachverständigen bezogen auf den jeweils beantragten Prüfungsbereich nach Anlage 2. [3]Die Bekanntgabe kann mit einem Vorbehalt des Widerrufs, mit Bedingungen und Auflagen und dem Vorbehalt von Auflagen versehen werden. [4]Verfahren nach dieser Vorschrift können über eine einheitliche Stelle abgewickelt werden. [5]Das Verfahren für die Prüfung des Antrags auf Bekanntgabe muss innerhalb von vier Monaten abgeschlossen sein; § 42a Absatz 2 Satz 2 bis 4 des Verwaltungsverfahrensgesetzes ist anzuwenden.

(3) [1]Die Länder unterrichten sich gegenseitig über Bekanntgaben, Ablehnungen von Anträgen und Widerrufe von Bekanntgaben. [2]Bekanntgaben sind im Internet zu veröffentlichen.

§ 13 Nachweise der Fachkunde und gerätetechnischen Ausstattung

(1) [1]Der Nachweis der Fachkunde und der gerätetechnischen Ausstattung ist für bekannt zu gebende Stellen durch Vorlage einer Akkreditierung der Akkreditierungsstelle (Kompetenznachweis) zu erbringen. [2]Der Kompetenznachweis muss für alle in die Bekanntgabeentscheidung einzubeziehenden Standorte der Stelle die Fachkunde und gerätetechnische Ausstattung für die beantragten Prüfbereiche nach Anlage 1 belegen und

die Ergebnisse der letzten zwei Ringversuchsteilnahmen dokumentieren. [3]Abweichend von den Sätzen 1 und 2 ist der Kompetenznachweis für den Prüfbereich des Tätigkeitsbereichs Gruppe III der Anlage 1 durch eine Bescheinigung gemäß Abschnitt 7 der VDI-Richtlinie 4208 Blatt 2, Ausgabe Oktober 2011, zu erbringen.

(2) [1]Sachverständige müssen dem Bekanntgabeantrag für jeden Prüfungsbereich nach Anlage 2, auf den sich der Antrag bezieht, mindestens eine Arbeitsprobe beifügen. [2]Arbeitsproben sind schriftliche oder elektronische Ergebnisse von Prüfungen oder Gutachten, die hinsichtlich Anforderungen und Aufgabenstellung mit sicherheitstechnischen Prüfungen gemäß § 29a des Bundes-Immissionsschutzgesetzes vergleichbar sind, oder wissenschaftliche Arbeiten. [3]Die Arbeitsproben müssen erkennen lassen, dass sie vollständig von dem Antragsteller oder der Antragstellerin angefertigt wurden. [4]Sofern die Arbeitsproben nicht vollständig von dem Antragsteller oder der Antragstellerin angefertigt wurden, müssen sie erkennen lassen, in welchen Teilen sie von dem Antragsteller oder der Antragstellerin angefertigt wurden.

(3) [1]Ungeachtet der Anforderungen des Absatzes 2 kann die zuständige Behörde ein Fachgespräch mit dem oder der bekannt zu gebenden Sachverständigen führen. [2]Die gerätetechnische Ausstattung des oder der bekannt zu gebenden Sachverständigen kann vor Ort überprüft werden. [3]Von einer Überprüfung vor Ort und einem Fachgespräch kann abgesehen werden, wenn eine Bekanntgabe für die betreffenden Prüfungsbereiche bereits besteht oder wegen Fristablaufs nicht mehr besteht und erneut beantragt wird.

§ 14 Gleichwertigkeit von Befähigungsnachweisen aus anderen Mitgliedstaaten der Europäischen Union

(1) [1]Anerkennungen aus einem anderen Mitgliedstaat der Europäischen Union oder einem anderen Vertragsstaat des Abkommens über den Europäischen Wirtschaftsraum stehen Bekanntgaben nach § 29 b Absatz 1 des Bundes-Immissionsschutzgesetzes in Verbindung mit § 12 Absatz 2 dieser Verordnung gleich, wenn sie ihnen gleichwertig sind. [2]Bei der Prüfung des Antrags auf Bekanntgabe nach § 12 Absatz 2 stehen Nachweise aus einem anderen Mitgliedstaat der Europäischen Union oder einem anderen Vertragsstaat des Abkommens über den Europäischen Wirtschaftsraum inländischen Nachweisen gleich, wenn aus ihnen hervorgeht, dass der Antragsteller oder die Antragstellerin die betreffenden Bekanntgabevoraussetzungen oder die auf Grund ihrer Zielsetzung im Wesentlichen vergleichbaren Anforderungen des Ausstellungsstaates erfüllt.

(2) [1]Nachweise über die gleichwertige Anerkennung nach Absatz 1 Satz 1 und sonstige Nachweise nach Absatz 1 Satz 2 sind der zuständigen Behörde im Original oder in Kopie vorzulegen; die Vorlage der Nachweise über die gleichwertige Anerkennung hat vor Aufnahme der Tätigkeit zu erfolgen. [2]Eine Beglaubigung der Kopie sowie eine beglaubigte deutsche Übersetzung können verlangt werden. [3]Hinsichtlich der Überprüfung der erforderlichen Fachkunde des Antragstellers oder der Antragstellerin

gilt § 36a Absatz 1 Satz 2, Absatz 2 und 4 Satz 4 der Gewerbeordnung entsprechend; bei vorübergehender und nur gelegentlicher Tätigkeit eines oder einer Staatsangehörigen eines anderen Mitgliedstaates der Europäischen Union oder eines anderen Vertragsstaates des Abkommens über den Europäischen Wirtschaftsraum gilt hinsichtlich der erforderlichen Fachkunde § 13a Absatz 2 Satz 2 bis 5 und Absatz 3 der Gewerbeordnung entsprechend. [4]Eignungsprüfungen gemäß § 13a Absatz 3 und § 36a Absatz 2 der Gewerbeordnung sind vor einer für Bekanntgaben zuständigen Behörde abzulegen.

(3)   Im Fall des § 13a Absatz 3 der Gewerbeordnung sind Anpassungslehrgänge für die Fachkunde von Sachverständigen im Sinne von § 29b Absatz 2 des Bundes-Immissionsschutzgesetzes nur in den Fällen des § 7 Nummer 3 und 4 zulässig; die Anpassungslehrgänge müssen eine Abschlussprüfung beinhalten.

§ 15 Nebenbestimmungen

(1)   [1]Die Bekanntgabe von Stellen ist auf längstens fünf Jahre zu befristen. [2]Falls der Kompetenznachweis für einen kürzeren Zeitraum gilt, ist die Frist entsprechend zu verkürzen. [3]Wird die Kompetenz durch Bescheinigung nach § 13 Absatz 1 Satz 3 nachgewiesen, erfolgt die Bekanntgabe für einen Zeitraum von fünf Jahren mit der Maßgabe, dass die nach der VDI-Richtlinie 4208 Blatt 2, Ausgabe Oktober 2011, alle zwei Jahre zu erbringende Bescheinigung unverzüglich der zuständigen Behörde vorzulegen ist.

(2)   Die Bekanntgabe von Sachverständigen ist auf längstens acht Jahre zu befristen.

Abschnitt 4
Pflichten bekannt gegebener Stellen und Sachverständiger

§ 16 Pflichten bekannt gegebener Stellen

(1)   Die nach Gesetz, Satzung oder Gesellschaftsvertrag zur Vertretung oder Geschäftsführung berechtigten Personen der bekannt gegebenen Stelle sind verpflichtet,

1.   wesentliche Änderungen, die die Erfüllung der Voraussetzungen der Bekanntgabe betreffen, unverzüglich der zuständigen Behörde mitzuteilen, insbesondere diejenigen, die
     a)   die Veränderung der personellen Ausstattung oder die Fachkunde des in § 4 genannten Personals betreffen,
     b)   sich auf den Gesellschaftsvertrag, die Aufnahme oder den Wechsel eines Gesellschafters oder einer Gesellschafterin, Änderungen der Kapital- oder Beteiligungsverhältnisse, die Rechtsform, die Bezeichnung oder den Sitz der Stelle beziehen,
     c)   die Unabhängigkeit berühren,
     d)   die Zuverlässigkeit betreffen oder
     e)   die gerätetechnische Ausstattung betreffen,
2.   die gerätetechnische Ausstattung jeweils dem Stand der Technik anzupassen,

3. zu dulden, dass Beauftragte der für die Bekanntgabe zuständigen Behörde des Landes, in dem die Stelle tätig wird, an Ermittlungen teilnehmen oder das Ergebnis der Ermittlung kostenpflichtig überprüfen,

4. keine Aufträge anzunehmen, bei denen mögliche Beeinträchtigungen der Unparteilichkeit das Ergebnis beeinflussen könnten.

(2) [1]Betriebs- oder Geschäftsgeheimnisse sowie Geheimnisse zum Schutz öffentlicher Belange, die den bekannt gegebenen Stellen im Zusammenhang mit ihrer Tätigkeit bekannt geworden sind, müssen vor unbefugter Offenbarung gewahrt bleiben. [2]Das Personal ist durch die nach Gesetz, Satzung oder Gesellschaftsvertrag zur Vertretung oder Geschäftsführung berechtigten Personen der bekannt gegebenen Stelle entsprechend zu verpflichten.

(3) [1]Die Vergabe von Unteraufträgen an andere Stellen ist nicht zulässig. [2]Ausgenommen sind Analysen von Stoffen entsprechend Anlage 1 Buchstabe B Zeile 5 Stoffbereich Sa.

(4) Bekannt gegebene Stellen sind darüber hinaus verpflichtet,

1. für die Ermittlungen im Rahmen der Bekanntgabe ein Qualitätssicherungssystem auf der Grundlage der DIN EN ISO/IEC 17025, Ausgabe 2005 mit Berichtigungen vom Mai 2007, zu betreiben und ständig fortzuschreiben,

2. sich vor Aufnahme der Tätigkeit in einem Land über länderspezifische Anforderungen an die Tätigkeit, die Art und Weise der Übermittlung der Ergebnisse sowie qualitätssichernde Maßnahmen, die die Mitwirkung der Stelle erfordern, zu informieren,

3. der zuständigen Behörde des Landes, in dem die Stelle tätig wird, auf Verlangen alle Unterlagen zur Verfügung zu stellen, die notwendig sind, um die Tätigkeit der Stellen und die Qualität der Ermittlungsergebnisse zu überwachen,

4. die Messpläne und Messterminanzeigen fristgerecht an die in dem Land der Ermittlungsdurchführung für die Bekanntgabe und die für die Überwachung der zu prüfenden Anlage zuständige Behörde auf deren Verlangen zu übermitteln und abzustimmen,

5. bei Vorliegen bundeseinheitlicher Kriterien Messberichte nach diesen Kriterien zu erstellen,

6. den für die Bekanntgabe zuständigen Behörden der Länder, in denen die Stelle tätig geworden ist, bis zum 31. März eines Jahres mitzuteilen, welche Ermittlungen im Vorjahr gemäß Bekanntgabebescheid durchgeführt worden sind,

7. zweimal im Bekanntgabezeitraum unter Einbeziehung aller Standorte sowie des fachkundigen Personals dieser Standorte auf eigene Kosten

    a) an anerkannten Ringversuchen teilzunehmen, deren Veranstalter hierfür eine Akkreditierung der Akkreditierungsstelle besitzen, oder

    b) an entsprechenden Maßnahmen zur Qualitätssicherung teilzunehmen, falls keine Ringversuche angeboten werden,

    und deren Ergebnisse unverzüglich der für die Bekanntgabe zuständigen Behörde vorzulegen,

8. der für die Bekanntgabe zuständigen Behörde auf Verlangen alle erforderlichen Unterlagen über im Rahmen der Bekanntgabe durchgeführte Ermittlungen vorzulegen und
9. die regelmäßige Teilnahme des in § 4 genannten Personals an Fortbildungsmaßnahmen zum Immissionsschutzrecht sicherzustellen.

(5) Abweichend von Absatz 4 Nummer 1 ist für den Prüfbereich des Tätigkeitsbereiches Gruppe III Nummer 1 der Anlage 1 ein Qualitätssicherungssystem auf der Grundlage der DIN EN ISO 9001, Ausgabe Dezember 2008, ausreichend.

(6) ¹Bekannt gegebene Stellen müssen ihre Geschäftspolitik in Bezug auf Ermittlungen so ausrichten, dass sie bei der Wahrnehmung der Aufgaben keinen wirtschaftlichen oder finanziellen Einflüssen von außen unterworfen sind. ²Die Ausrichtung der Tätigkeit auf einen oder wenige Auftraggeber ist nicht zulässig, wenn durch den Wegfall eines solchen Auftraggebers die wirtschaftliche Existenz der Stelle gefährdet wäre.

§ 17 Pflichten bekannt gegebener Sachverständiger

(1) ¹Für bekannt gegebene Sachverständige gilt § 16 Absatz 1 Nummer 1 Buchstabe c bis e und Nummer 2 und 3 entsprechend. ²Sie sind zusätzlich verpflichtet,

1. neben den im Rahmen ihrer Aufträge anzufertigenden Prüfungsberichten Erfahrungen, die bei der Durchführung der sicherheitstechnischen Prüfungen und der Prüfungen sicherheitstechnischer Unterlagen gemacht werden, so aufzuzeichnen, dass sie ausgewertet werden können; die Aufzeichnungen müssen insbesondere Folgendes enthalten:
   a) Angaben über Anlagenart, Grund, Zeitpunkt, Gegenstand und Umfang der Prüfung,
   b) Angaben über die bei der Prüfung festgestellten Mängel sowie Vorschläge zu deren Abhilfe,
   c) grundlegende Folgerungen für die Verbesserung der Anlagensicherheit, einschließlich Störfallvorsorge, sowie
   d) Angaben über eingegangene Beschwerden, getroffene Abhilfe und Maßnahmen zur Verbesserung der Qualität der Prüfung;
2. die vorgenannten Aufzeichnungen einmal jährlich zusammenzufassen und der zuständigen Behörde auf Verlangen vorzulegen;
3. Aufzeichnungen über die gerätetechnische Ausstattung bereitzuhalten;
4. innerhalb von drei Monaten nach Ablauf eines Kalenderjahres den zuständigen Behörden über jede durchgeführte Prüfung einen Bericht nach behördlichen Vorgaben vorzulegen, in dem eine Zusammenfassung der bei der jeweiligen Prüfung festgestellten bedeutsamen Mängel sowie eine Zusammenfassung der grundlegenden Folgerungen für die Verbesserung der Anlagensicherheit, einschließlich Störfallvorsorge, enthalten ist;

5. die vom Bundesministerium für Umwelt, Naturschutz, Bau und Reaktorsicherheit im Bundesanzeiger veröffentlichten sicherheitstechnischen Regeln zu berücksichtigen;

6. einen Prüfauftrag nicht anzunehmen, wenn sie im Rahmen
   a) der Planung oder des Genehmigungsverfahrens,
   b) der Erstellung des Konzepts zur Verhinderung von Störfällen,
   c) der Erstellung des Sicherheitsberichts oder
   d) der Erstellung des internen Alarm- und Gefahrenabwehrplans
   für den Betreiber der Anlage, auf die sich der Prüfungsauftrag beziehen soll, Aufträge durchgeführt haben, durch die sie bei einer nachfolgenden Prüfungstätigkeit in einen Interessenskonflikt geraten könnten;

7. zur Aufrechterhaltung der Fachkunde
   a) sich entsprechend der Entwicklung des Standes der Technik und der Sicherheitstechnik fortzubilden und
   b) alle zwei Jahre an einem vom Bundesministerium für Umwelt, Naturschutz, Bau und Reaktorsicherheit autorisierten Meinungs- und Erfahrungsaustausch teilzunehmen;

8. den Schutz von Betriebs- und Geschäftsgeheimnissen sowie von Geheimnissen aus Gründen der öffentlichen Sicherheit zu gewährleisten.

(2) In begründeten Einzelfällen können Unteraufträge an andere Sachverständige vergeben werden; vor der Vergabe ist der zuständigen Behörde der Unterauftrag nebst Begründung anzuzeigen.

Abschnitt 5
Widerruf

§ 18 Widerruf der Bekanntgabe

(1) [1]Ergeben sich aus Berichten von bekannt gegebenen Stellen oder Sachverständigen, aus Gutachten, aus den Ergebnissen von Ringversuchen oder anderen Informationsquellen Anhaltspunkte für den Wegfall von Bekanntgabevoraussetzungen oder für die Nichtbefolgung von Auflagen der Bekanntgabe oder von Pflichten nach Abschnitt 4, so überprüft die zuständige Behörde, die die Bekanntgabe vorgenommen hat, ob die Bekanntgabevoraussetzungen noch erfüllt sind. [2]Sie kann hierfür von den bekannt gegebenen Stellen oder Sachverständigen die Vorlage von Unterlagen und die Erteilung von Auskünften verlangen und die Überprüfung der gerätetechnischen Ausstattung vor Ort durchführen oder durch Dritte durchführen lassen.

(2) Ergibt die Überprüfung nach Absatz 1, dass die Bekanntgabevoraussetzungen ganz oder teilweise nicht mehr erfüllt sind, widerruft die zuständige Behörde ganz oder teilweise die Bekanntgabe.

Pflichten von Anlagenbetreibern
§ 19 Gleichwertigkeit von Anerkennungen
(1) [1]Nachweise von nicht nach dieser Verordnung bekannt gegebenen Stellen oder Sachverständigen über die Gleichwertigkeit ihrer Anerkennungen aus anderen Mitgliedstaaten der Europäischen Union oder anderen Vertragsstaaten des Abkommens über den Europäischen Wirtschaftsraum hat der Betreiber der zuständigen Behörde, auch im Fall einer vorübergehenden und nur gelegentlichen Tätigkeit dieser Stellen oder Sachverständigen, vor Beginn der jeweiligen Ermittlung oder der sicherheitstechnischen Prüfung im Original oder in Kopie vorzulegen. [2]Die zuständige Behörde kann eine Beglaubigung der Kopie verlangen. [3]Sie kann darüber hinaus verlangen, dass die Nachweise in beglaubigter deutscher Übersetzung vorgelegt werden.

(2) Die zuständige Behörde prüft die Gleichwertigkeit der nicht inländischen Anerkennung mit den Bekanntgabevoraussetzungen und teilt dem Betreiber das Ergebnis mit.

Schlussvorschriften
§ 20 Zugänglichkeit der Normen
VDI-Richtlinien, ISO-, DIN- und DIN-EN-Normen, auf die in dieser Verordnung verwiesen wird, sind bei der Beuth-Verlag GmbH, Berlin, zu beziehen und sind in der Deutschen Nationalbibliothek archivmäßig gesichert niedergelegt.

§ 21 Übergangsvorschriften
[1]Bestehende Bekanntgaben für Stellen und Sachverständige, die vor dem 2. Mai 2013 erteilt wurden, gelten in ihrem bisherigen Geltungsbereich fort, bis eine neue bundesweite Bekanntgabe erfolgt. [2]Abweichend von Satz 1 gilt § 16 mit Ausnahme von Absatz 4 Nummer 2 für bestehende Bekanntgaben für Stellen und gelten § 11 Absatz 4 und § 17 für bestehende Bekanntgaben für Sachverständige jeweils ab dem 2. Mai 2013.

Anlage 1
(zu § 2 Nummer 1, § 4 Absatz 1, § 12 Absatz 2, § 13 Absatz 1
und § 16 Absatz 3 und 5)

Prüfbereiche für Stellen

Prüfbereiche ergeben sich aus der Kombination von Tätigkeitsbereichen (A.) und Stoffbereichen (B.).

A. Tätigkeitsbereiche

Nr.	Gruppe I Ermittlung der Emissionen (Luft)	Gruppe II Überprüfung des ordnungsgemäßen Einbaus und der Funktion sowie Kalibrierung kontinuierlich arbeitender Emissionsmesseinrichtungen Voraussetzung ist Gruppe I	Gruppe III Überprüfung instationär genutzter Messeinrichtungen (Luft)	Gruppe IV Ermittlung der Immissionen (Luft)	Gruppe V Ermittlung von Geräuschen	Gruppe VI Ermittlung von Erschütterungen
1	Messaufgaben nach §§ 26, 28 BImSchG und entsprechende Messaufgaben nach Verordnungen zur Durchführung des BImSchG	Überprüfungen und Kalibrierungen von Messeinrichtungen an Anlagen, die eine gerätetechnische Ausstattung und Kenntnisse und Erfahrungen erfordern	Überprüfungen und Kalibrierungen von Messeinrichtungen, die im nicht stationären Betrieb eingesetzt werden	§§ 26, 28 BImSchG und entsprechende Messaufgaben nach Verordnungen zur Durchführung des BImSchG	§§ 26, 28 BImSchG und entsprechende Messaufgaben nach Verordnungen zur Durchführung des BImSchG	§§ 26, 28 BImSchG und entsprechende Messaufgaben nach Verordnungen zur Durchführung des BImSchG
2	Nummer 1 und Messaufgaben, die eine spezielle gerätetechnische Ausstattung und spezielle Erfahrungen des fachkundigen Personals erfordern	Nummer 1 und Überprüfungen und Kalibrierungen von Messeinrichtungen an Anlagen, die eine spezielle gerätetechnische Ausstattung und spezielle Erfahrungen des fachkundigen Personals erfordern				

B. Stoffbereiche

Kennung	Aufgabenbereich (für die Gruppen I, II und IV)
P	partikelförmige und an Partikeln adsorbierte Stoffe
G	gasförmige anorganische und organische Stoffe
0	Gerüche
SP	spezielle Probenahme von Stoffen, die einen besonderen Aufwand bei der Probenahme oder Analyse erfordern
Sa	spezielle Analyse von Stoffen, die einen besonderen Aufwand bei der Probenahme oder Analyse erfordern

Die Bekanntgabe innerhalb der vorgenannten Tätigkeits- und Stoffbereiche ist begrenzt durch die im Bekanntgabeverfahren vorgelegte Akkreditierung mit den dort beschriebenen Mess- und Untersuchungsmethoden. Grundsätzlich gilt für eine bekannt gegebene Stelle das Gebot der Einheit von Probenahme und Analytik; davon ausgenommen sind die besonders aufwändigen Messverfahren in den Stoffbereichen Sp und Sa.

Anlage 2
(zu § 2 Nummer 5, § 7 Nummer 2, § 12 Absatz 2 und § 13 Absatz 2)

Prüfungsbereiche für Sachverständige

Prüfungsbereiche ergeben sich aus der Kombination von Anlagenarten (A.) und Fachgebieten (B.).

A. Anlagenarten

1. Anlagenarten oder Gruppen von Anlagenarten gemäß Anhang 1 der Vierten Verordnung zur Durchführung des Bundes-Immissionsschutzgesetzes (Verordnung über genehmigungsbedürftige Anlagen – 4. BImSchV) in der jeweils gültigen Fassung, auch soweit die dort genannten Schwellen unterschritten werden;
2. nicht genehmigungsbedürftige Anlagenarten, die Betriebsbereich oder Teil eines Betriebsbereichs sein können.

B. Fachgebiete

Nr.	Fachgebiet	Beschreibung
1	Auslegung von Anlagen und Anlagenteilen	Auslegung (Festigkeit, Dimensionierung, Standsicherheit etc.) von Anlagen, Anlagenteilen, Apparaten, Rohrleitungen u. Ä. unter besonderer Berücksichtigung der Beanspruchungen bei einer Störung des bestimmungsgemäßen Betriebs
2	Errichtung von Anlagen und Anlagenteilen	
2.1	Prüfung von Anlagenteilen vor Ort	Prüfungen von Anlagenteilen und Komponenten während der Errichtung vor Ort; Prüfungen vor Ort, wie z. B. nach Vorgaben des technischen Regelwerkes; Funktionsprüfungen
2.2	Qualitätssicherung, Prüfung auf Konformität	Qualitätssicherung der Errichtung, Prüfung von Anlagen auf Konformität mit den vorliegenden Unterlagen (z. B. Genehmigungsunterlagen, Baupläne) und den Gegebenheiten vor Ort
3	verfahrenstechnische Prozessführung	verfahrenstechnische Prozessführung und Auslegung von Anlagen oder Anlagenteilen sowie Beherrschung von Störungen des bestimmungsgemäßen Betriebs, beispielsweise Projektierung, Anlagenplanung, Erstellung oder Prüfung von Anlagenschutzkonzepten (z. B. Brandschutz, Explosionsschutz, Mess-, Steuer- und Regeltechnik (MSR-Technik), Prozessleittechnik (PLT)
4	Instandhaltung von Anlagen	
5	Statik von baulichen Anlagenteilen	Prüfung der Auslegung bzw. der Statik von Anlagenteilen (einschließlich der für diese relevanten Pflichten der 12. BImSchV – Störfallverordnung)
6	Werkstoffe	
6.1	Werkstoffprüfung	Werkstoffprüfung (Prüfinstitut, Prüflabor)

Nr.	Fachgebiet	Beschreibung
6.2	Werkstoffbeurteilung	Werkstoffbeurteilung (Werkstoffeignung, Werkstoffverträglichkeit)
7	Versorgung mit Energien und Medien	
8	umgebungsbedingte Gefahrenquellen	
9	Elektrotechnik	
10	MSR-/Prozessleittechnik	Mess-, Steuer- und Regeltechnik, Prozessleittechnik (hard- und softwaremäßige Ausführung, Betrieb und Prüfung von MSR-Technik/PLT)
11	systematische Methoden der Gefahrenanalyse	
12	Stoffeigenschaften	chemische, physikalische, human- und ökotoxikologische Eigenschaften von Stoffen, Gemischen und Abfällen
12.1	Bewertung der Stoffeigenschaften	Bewertung chemischer, physikalischer und reaktionstechnischer Eigenschaften von Stoffen, Gemischen und Abfällen
12.2	Ermittlung von Stoffeigenschaften	Ermittlung chemischer, physikalischer und reaktionstechnischer Eigenschaften von Stoffen, Gemischen und Abfällen
12.3	spezielle toxikologische Fragestellungen	Bearbeitung von speziellen toxikologischen Fragestellungen zu Stoffen, Gemischen und Abfällen
13	Auswirkungsbetrachtungen	Auswirkungen von Störfällen, anderen Schadensereignissen sowie sonstigen Störungen des bestimmungsgemäßen Betriebs, Ermittlung, Berechnung und Bewertung
14	betriebliche Alarm- und Gefahrenabwehrpläne	
15	Brandschutz	
15.1	Fachfragen zum Brandschutz einschließlich Löschwasserrückhaltung	Prüfung von speziellen Fachfragen zum vorbeugenden, baulichen und abwehrenden Brandschutz, einschließlich Löschwasserrückhaltung

Nr.	Fachgebiet	Beschreibung
15.2	experimentelle Untersuchungen zum Brandschutz	Durchführung von experimentellen Untersuchungen zum Brandschutz und zu Brandursachen
16	Explosionsschutz	
16.1	Prüfung von speziellen Fachfragen zum Explosionsschutz	
16.2	experimentelle Untersuchungen zum Explosionsschutz	Durchführung von experimentellen Untersuchungen zum Explosions-schutz (Prüfinstitut, Prüflabor)
17	Sicherheitsmanagement und Betriebsorganisation	Sicherheitsmanagement und Betriebsorganisation (Bearbeitung organisations- und managementspe-zifischer Fragestellungen)
18	Sonstiges	

Zweiundvierzigste Verordnung
zur Durchführung des Bundes-Immissionsschutzgesetzes
(Verordnung über Verdunstungskühlanlagen, Kühltürme und
Nassabscheider – 42. BImSchV)

Vom 12. Juli 2017 (BGBl. I S. 2379, ber. 2018, S. 202)
(FNA 2129-8-42)

Inhaltsübersicht

Abschnitt 1
Allgemeine Vorschriften
§ 1   Anwendungsbereich
§ 2   Begriffsbestimmungen

Abschnitt 2
Anforderungen an die Errichtung, die Beschaffenheit und den Betrieb
§ 3   Allgemeine Anforderungen

Abschnitt 3
**Anforderungen an den Betrieb von Verdunstungskühlanlagen und
Nassabscheidern**
§ 4   Ermittlung des Referenzwertes, betriebsinterne Überprüfungen und
        Laboruntersuchungen in Verdunstungskühlanlagen und Nassabscheidern
§ 5   Maßnahmen bei einem Anstieg der Konzentration der allgemeinen
        Koloniezahl
§ 6   Maßnahmen bei einer Überschreitung der Prüfwerte in
        Verdunstungskühlanlagen und Nassabscheidern

Abschnitt 4
Anforderungen an den Betrieb von Kühltürmen
§ 7   Betriebsinterne Überprüfungen und Laboruntersuchungen in Kühltürmen
§ 8   Maßnahmen bei einer Überschreitung der Prüfwerte in Kühltürmen

Abschnitt 5
**Anforderungen bei Überschreitung der Maßnahmenwerte oder bei Störung des
Betriebs**
§ 9   Maßnahmen bei einer Überschreitung der Maßnahmenwerte
§ 10   Informationspflichten
§ 11   Störungen des Betriebs

Abschnitt 6
Anforderungen an die Überwachung
§ 12   Betriebstagebuch
§ 13   Anzeigepflichten
§ 14   Überprüfung der Anlagen

Abschnitt 7
Gemeinsame Vorschriften
§ 15   Zulassung von Ausnahmen
§ 16   Weitergehende Anforderungen

§ 17   Informationsformate und Übermittlungswege

Abschnitt 8
Schlussvorschriften
§ 18   Zugänglichkeit und Gleichwertigkeit von Normen
§ 19   Ordnungswidrigkeiten
§ 20   Inkrafttreten
Anlage 1 (zu den §§ 3, 4, 6, 8 bis 10, zu Anlage 3 und Anlage 4)
        Prüfwerte und Maßnahmenwerte für die Konzentration von Legionellen im
        Nutzwasser
Anlage 2 (zu § 3 Absatz 6)
        Maßnahmen vor Inbetriebnahme/Wiederinbetriebnahme
Anlage 3 (zu § 10)
        Teil 1 Inhalt der Meldung nach § 10 Satz 1 Nummer 1
        Teil 2 Inhalt der Meldung nach § 10 Satz 1 Nummer 2
Anlage 4 (zu § 12 und § 13)
        Teil 1 Inhalt des Betriebstagebuchs nach § 12
        Teil 2 Inhalt der Anzeigen nach § 13

Abschnitt 1
Allgemeine Vorschriften

§ 1 Anwendungsbereich
(1) Diese Verordnung gilt für die Errichtung, die Beschaffenheit und den Betrieb folgender Anlagen, in denen Wasser verrieselt oder versprüht wird oder anderweitig in Kontakt mit der Atmosphäre kommen kann:
1.   Verdunstungskühlanlagen,
2.   Kühltürme und
3.   Nassabscheider.
(2) Diese Verordnung gilt nicht für
1.   Verdunstungskühlanlagen, bei denen Kondenswasserbildung durch Taupunktunterschreitung möglich ist, insbesondere Anlagen mit Kaltwassersätzen,
2.   Wärmeübertrager, in denen
     a)   das die Prozesswärme aufnehmende Fluid ausschließlich in einem geschlossenen Kreislauf geführt wird und
     b)   die Prozesswärme ausschließlich direkt über Luftwärmeübertragung an die zur Kühlung herangeführte Luft übertragen wird,
3.   Befeuchtungseinrichtungen in Raumlufttechnischen Anlagen, die integrierter Bestandteil der luftführenden Bereiche dieser Anlagen sind und die bei Bedarf auch zur adiabaten Kühlung eingesetzt werden,
4.   Anlagen, in denen das Nutzwasser und die Verrieselungsflächen eine dauerhaft konstante Temperatur von 60 Grad Celsius oder mehr haben,
5.   Nassabscheider, in denen das Nutzwasser dauerhaft einen pH-Wert von 4 oder weniger oder einen pH-Wert von 10 oder mehr hat,
6.   Nassabscheider, bei denen das Abgas nach Verlassen des Abscheiders für mindestens 10 Sekunden auf mindestens 72 Grad Celsius erhitzt wird, wodurch sichergestellt ist, dass trockenes Abgas abgeleitet wird,

7. Anlagen, in denen das Nutzwasser dauerhaft eine Salzkonzentration von mehr als 100 Gramm Halogenide je Liter hat,
8. Nassabscheider, die ausschließlich mit Frischwasser im Durchlaufbetrieb betrieben werden, und
9. Anlagen, die in einer Halle stehen und in diese emittieren.

§ 2 Begriffsbestimmungen

Im Sinne dieser Verordnung ist

1. »Änderung einer Anlage«:
    die Änderung der Lage, der Beschaffenheit oder des Betriebs einer Anlage, die sich auf die Vermehrung oder die Ausbreitung von Legionellen auswirken kann;
2. »Bestandsanlage«:
    eine Anlage, die vor dem 19. August 2017 errichtet und vor dem 19. Februar 2018 in Betrieb genommen worden ist;
3. »Inbetriebnahme«:
    die erstmalige Aufnahme des Betriebs einer neu errichteten Anlage;
4. »Koloniebildende Einheit« (KBE):
    die Einheit, in der die Anzahl anzüchtbarer und auszählbarer Mikroorganismen ausgedrückt wird;
5. »Kühlturm«:
    eine Anlage, bei der durch Verdunstung von Wasser Wärme an die Umgebungsluft abgeführt wird, insbesondere bestehend aus einer Verrieselungs- oder Verregnungseinrichtung für Kühlwasser und einem Wärmeübertrager, in der die Luft im Wesentlichen durch den natürlichen Zug, der im Kaminbauwerk des Kühlturms erzeugt wird, durch den Kühlturm gefördert wird und einer Kühlleistung von mehr als 200 Megawatt je Luftaustritt einschließlich der Nassabscheider, deren gereinigte Rauchgase über den Kühlturm abgeleitet werden; der Einsatz drückend angeordneter Ventilatoren zur Unterstützung der Luftzufuhr ist unschädlich, soweit diese das Charakteristikum des Kühlturms nur unwesentlich beeinflussen;
6. »Legionellen«:
    ein Parameter zur Beurteilung der hygienischen Qualität des Nutzwassers; er umfasst alle Legionellenarten (Legionella spp.), die nach genormten Verfahren auf einem definierten Nährmedium anzüchtbar sind und Kolonien bilden;
7. »Nassabscheider«:
    ein Abscheider, der dem Entfernen fester, flüssiger und gasförmiger Verunreinigungen aus einem Abgas mit Hilfe einer Waschflüssigkeit dient, wobei die Verunreinigungen an die in die Abgasströmung eingebrachte Waschflüssigkeit gebunden und mit dieser zusammen abgeschieden werden; nicht erfasst sind insbesondere Abscheider, bei denen die Reinigungsleistung durch Mikroorganismen bewirkt wird, wie Biofilter oder Rieselbettfilter, unbeschadet einer gegebenenfalls vorhandenen Berieselung des Filters zur Lebenserhaltung der die Abscheideleistung erbringenden Mikroorganismen;

8. »Neuanlage«:
   eine Anlage, die keine Bestandsanlage ist;
9. »Nutzwasser«:
   a) das Wasser, das in einer Verdunstungskühlanlage oder einem
      Kühlturm zum Zweck der Wärmeabfuhr eingesetzt wird und da-
      bei im Kontakt mit der Atmosphäre steht (Kühlwasser) und
   b) das Wasser, das in einem Nassabscheider zum Zwecke der Rei-
      nigung eingesetzt wird und dabei im Kontakt mit der Atmo-
      sphäre steht (Waschflüssigkeit);
10. »Referenzwert«:
    die sich bei ordnungsgemäßem Betrieb einstellende anlagentypische
    allgemeine Koloniezahl im Nutzwasser;
11. »Verdunstungskühlanlage«:
    eine Anlage, bei der durch Verdunstung von Wasser Wärme an die
    Umgebungsluft abgeführt wird, insbesondere bestehend aus einer
    Verrieselungs- oder Verregnungseinrichtung für Kühlwasser und ei-
    nem Wärmeübertrager, ausgenommen Kühltürme;
12. »Wiederinbetriebnahme«:
    die erneute Aufnahme des Betriebs einer Anlage nach einer Ände-
    rung gemäß Nummer 1;
13. »Zusatzwasser«:
    das Wasser, das dem Nutzwasser zugesetzt wird, insbesondere zum
    Ausgleich von Verdunstungsverlusten oder zur Begrenzung der Ein-
    dickung;
14. »akkreditierte Inspektionsstelle Typ A«:
    von einer nationalen Akkreditierungsstelle im Sinne der Verordnung
    (EG) Nr. 765/2008 des Europäischen Parlaments und des Rates vom
    9. Juli 2008 über die Vorschriften für die Akkreditierung und Markt-
    überwachung im Zusammenhang mit der Vermarktung von Produk-
    ten und zur Aufhebung der Verordnung (EWG) Nr. 339/93 des Rates
    (ABl. L 218 vom 13. 8. 2008, S. 30) in der jeweils geltenden Fassung
    für die Durchführung der erforderlichen Inspektionen akkreditierte
    Inspektionsstelle die Inspektionen gemäß DIN EN ISO/IEC 17020,
    Ausgabe Juli 2012, Absatz 4.1.6 Buchstabe a in Verbindung mit Ab-
    schnitt A.1 des Anhangs A als unabhängige Dritte anbietet;
15. »akkreditiertes Prüflaboratorium«:
    von einer nationalen Akkreditierungsstelle im Sinne der Verordnung
    (EG) Nr. 765/2008 des Europäischen Parlaments und des Rates vom
    9. Juli 2008 über die Vorschriften für die Akkreditierung und Markt-
    überwachung im Zusammenhang mit der Vermarktung von Produk-
    ten und zur Aufhebung der Verordnung (EWG) Nr. 339/93 des Rates
    (ABl. L 218 vom 13. 8. 2008, S. 30) in der jeweils geltenden Fassung
    für die Durchführung der erforderlichen Prüfverfahren in der Matrix
    Kühl- und Waschwasser akkreditiertes Labor;
16. »allgemeine Koloniezahl«:
    ein Parameter zur Beurteilung der hygienischen Qualität des Nutz-
    wassers; er umfasst alle Mikroorganismen, die nach genormten Ver-

fahren auf oder in einem definierten Nähragarmedium anzüchtbar
sind und Kolonien bilden;

17. »mikrobiologische Untersuchung«:
   a) die Untersuchung des Nutzwassers nach genormten Prüfverfah-
       ren durch ein dafür akkreditiertes Prüflaboratorium (Laborunter-
       suchung) und
   b) die Untersuchung zur Differenzierung der Legionellen durch ein
       dafür akkreditiertes Prüflaboratorium;

18. »öffentlich bestellter und vereidigter Sachverständiger«:
   ein nach § 36, gegebenenfalls in Verbindung mit § 36a, der Gewer-
   beordnung vom 22. Februar 1999 (BGBl. I S. 202), die zuletzt durch
   Artikel 626 Absatz 3 der Verordnung vom 31. August 2015 (BGBl. I
   S. 1474) geändert worden ist, öffentlich bestellter und vereidigter
   Sachverständiger;

19. »hygienisch fachkundige Person«:
   Person, die an einer Schulung entsprechend der Richtlinie VDI 2047
   Blatt 2, Ausgabe Januar 2015, oder der Richtlinie VDI 6022 Blatt 4,
   Ausgabe August 2012, oder vergleichbarer Art und vergleichbaren
   Umfangs teilgenommen hat.

Abschnitt 2
**Anforderungen an die Errichtung, die Beschaffenheit
und den Betrieb**

§ 3 Allgemeine Anforderungen

(1) Anlagen im Anwendungsbereich dieser Verordnung sind so auszulegen, zu errichten und zu betreiben, dass Verunreinigungen des Nutzwassers durch Mikroorganismen, insbesondere Legionellen, nach dem Stand
der Technik vermieden werden.

(2) Der Betreiber hat dafür zu sorgen, dass Anlagen so ausgelegt und errichtet werden, dass insbesondere

1. die eingesetzten Werkstoffe für die Wasserqualität und die einzuset-
    zenden Betriebsstoffe, einschließlich Desinfektions- und Reinigungs-
    mittel, geeignet sind,
2. Tropfenauswurf durch geeignete Tropfenabscheider oder gleichwer-
    tige Maßnahmen effektiv minimiert wird,
3. Totzonen, in denen das Wasser während des bestimmungsgemäßen
    Betriebs stagniert, möglichst vermieden werden,
4. wasserführende Bauteile möglichst vollständig entleert werden kön-
    nen,
5. Biozide dem Nutzwasser dosiert zugesetzt werden können,
6. Vorkehrungen für die regelmäßige Überprüfung relevanter chemi-
    scher, physikalischer oder mikrobiologischer Parameter getroffen
    werden,
7. Vorkehrungen für die regelmäßige Probenahme für mikrobiologische
    Untersuchungen getroffen werden und
8. Vorkehrungen für die Durchführung regelmäßiger Instandhaltungen
    getroffen werden.

(3) Anlagen nach § 1 Absatz 1 dürfen nur mit Betriebsstoffen betrieben werden, die mit den in der Anlage vorhandenen Werkstoffen verträglich sind.

(4) [1]Der Betreiber hat sicherzustellen, dass vor der Inbetriebnahme oder der Wiederinbetriebnahme für die Anlage eine Gefährdungsbeurteilung unter Beteiligung einer hygienisch fachkundigen Person erstellt wird; diese umfasst die Schritte Risikoanalyse, die mögliche Gefährdungen identifiziert und das Risiko hinsichtlich des potenziellen Schadensausmaßes und der Eintrittswahrscheinlichkeiten für Gefährdungen betrachtet, und der Risikobewertung, die Risiken hinsichtlich ihrer potenziellen Auswirkungen auf die hygienische Sicherheit und die daraus abzuleitenden Maßnahmen priorisiert. [2]Der Betreiber hat vor dem in Satz 1 bestimmten Zeitpunkt die Erstellung der Gefährdungsbeurteilung im Betriebstagebuch zu dokumentieren.

(5) [1]Der Betreiber hat sicherzustellen, dass dem Nutzwasser zugesetztes Zusatzwasser die in Anlage 1 genannten Prüfwerte 2 nicht überschreitet. [2]Satz 1 gilt nicht für Anlagen, in denen die Verweilzeit des Kühlwassers nicht mehr als eine Stunde beträgt.

(6) [1]Der Betreiber hat sicherzustellen, dass vor der Inbetriebnahme oder der Wiederinbetriebnahme einer Anlage die Prüfschritte gemäß Anlage 2 unter Beteiligung einer hygienisch fachkundigen Person durchgeführt wurden. [2]Der Betreiber hat vor dem in Satz 1 bestimmten Zeitpunkt die Durchführung der Prüfschritte im Betriebstagebuch zu dokumentieren. [3]Die Sätze 1 und 2 gelten auch für Anlagen oder Anlagenteile, die nach Trockenlegung oder nach Unterbrechung des Nutzwasserkreislaufs für mehr als eine Woche wieder angefahren werden.

(7) [1]Der Betreiber hat innerhalb von vier Wochen nach der Inbetriebnahme oder der Wiederinbetriebnahme einer Anlage die erste regelmäßige Laboruntersuchung des Nutzwassers gemäß § 4 Absatz 2 und 3 oder § 7 Absatz 2 durchführen zu lassen (Erstuntersuchung). [2]Der Betreiber einer bestehenden Anlage, für die bei Inkrafttreten dieser Verordnung noch keine Laboruntersuchung entsprechend Satz 1 durchgeführt wurde, hat die erste regelmäßige Laboruntersuchung des Nutzwassers bis zum 16. September 2017 durchführen zu lassen. [3]Bei Anlagen, die bestimmungsgemäß an nicht mehr als 90 aufeinanderfolgenden Tagen im Jahr in Betrieb sind, hat der Betreiber innerhalb von zwei Wochen nach der jährlichen Wiederaufnahme des Betriebs die erste regelmäßige Laboruntersuchung des Nutzwassers durchführen zu lassen. [4]Der Betreiber hat die Erstuntersuchung nach deren Veranlassung und die Ergebnisse der Erstuntersuchung nach deren Vorliegen unverzüglich im Betriebstagebuch zu dokumentieren.

(8) [1]Der Betreiber hat die Laboruntersuchungen nach dieser Verordnung und die dafür erforderlichen Probenahmen jeweils von einem akkreditierten Prüflaboratorium durchführen zu lassen; die Probenahme und die Untersuchung zur Bestimmung der Legionellen sind nach genormten Verfahren, unter Berücksichtigung gegebenenfalls vorliegender Empfehlungen des Umweltbundesamtes, durchzuführen. [2]Der Betreiber hat dem Labor

und dem Probenehmer den Zeitpunkt einer erfolgten Biozidzugabe sowie die Menge und die Art des Biozids mitzuteilen.

(9) Der Betreiber hat sicherzustellen, dass während des Betriebs ohne oder mit verminderter Last die Vermehrung von Mikroorganismen und bei Wiederaufnahme des Betriebs unter Last sowie bei Reinigungs- und Desinfektionsmaßnahmen eine Freisetzung mikroorganismenhaltiger Aerosole in die Umgebungsluft weitgehend vermieden wird.

Abschnitt 3
Anforderungen an den Betrieb von Verdunstungskühlanlagen und Nassabscheidern

§ 4 Ermittlung des Referenzwertes, betriebsinterne Überprüfungen und Laboruntersuchungen in Verdunstungskühlanlagen und Nassabscheidern

(1) [1]Nach der Inbetriebnahme oder der Wiederinbetriebnahme einer Verdunstungskühlanlage oder eines Nassabscheiders ist der Referenzwert des Nutzwassers aus mindestens sechs aufeinanderfolgenden Laboruntersuchungen auf den Parameter allgemeine Koloniezahl zu bestimmen. [2]Bei bestehenden Anlagen, für die bei Inkrafttreten dieser Verordnung noch kein Referenzwert entsprechend Satz 1 bestimmt wurde, ist der Referenzwert aus den ersten sechs Laboruntersuchungen nach dem 19. August 2017 zu bestimmen. [3]Die Sätze 1 und 2 finden keine Anwendung bei Anlagen, die bestimmungsgemäß an nicht mehr als 90 aufeinanderfolgenden Tagen im Jahr in Betrieb sind. [4]Als Referenzwert heranzuziehen ist die bei der Erstuntersuchung nach § 3 Absatz 7 ermittelte Konzentration der allgemeinen Koloniezahl, jedoch nicht mehr als 10 000 KBE/Milliliter,

1. bis zur Bestimmung des Referenzwertes nach Satz 1 oder 2,
2. bei Anlagen, die bestimmungsgemäß an nicht mehr als 90 aufeinanderfolgenden Tagen im Jahr in Betrieb sind, oder
3. bei Anlagen, für die der Betreiber erklärt, auf die Bestimmung des Referenzwertes nach Satz 1 oder 2 zu verzichten.

[5]Der Betreiber hat unverzüglich nach der Inbetriebnahme oder der Wiederinbetriebnahme die Art der Bestimmung des Referenzwertes nach den Sätzen 1 bis 3 festzulegen und im Betriebstagebuch zu dokumentieren. [6]In den Fällen der Sätze 1 und 2 hat der Betreiber nach Vorliegen des Ergebnisses der sechsten Laboruntersuchung unverzüglich die Höhe des Referenzwertes im Betriebstagebuch zu dokumentieren.

(2) Der Betreiber hat

1. zur Sicherstellung der hygienischen Beschaffenheit des Nutzwassers regelmäßig mindestens zweiwöchentliche betriebsinterne Überprüfungen chemischer, physikalischer oder mikrobiologischer Kenngrößen des Nutzwassers durchzuführen,
2. zur Überprüfung der Einhaltung des Referenzwertes regelmäßig mindestens alle drei Monate Laboruntersuchungen des Nutzwassers auf den Parameter allgemeine Koloniezahl durchführen zu lassen.

(3) Der Betreiber hat regelmäßig mindestens alle drei Monate Laboruntersuchungen des Nutzwassers auf den Parameter Legionellen durchführen zu lassen.

(4) [1]Werden die in Anlage 1 genannten Prüfwerte 1 in zwei aufeinanderfolgenden Jahren bei keiner Laboruntersuchung nach Absatz 3 überschritten, können die regelmäßigen Laboruntersuchungen nach Absatz 3 alle sechs Monate durchgeführt werden. [2]Dabei muss immer eine Laboruntersuchung zwischen dem 1. Juni und dem 31. August durchgeführt werden.

(5) [1]Der Betreiber hat sicherzustellen, dass er über das Ergebnis der Laboruntersuchungen nach Absatz 2 Nummer 2 und Absatz 3 unverzüglich unterrichtet wird. [2]Der Betreiber hat die betriebsinternen Überprüfungen, die Laboruntersuchungen nach Absatz 2 Nummer 2 und Absatz 3 nach deren Veranlassung und die Ergebnisse der betriebsinternen Überprüfungen und der Laboruntersuchungen jeweils nach deren Vorliegen unverzüglich im Betriebstagebuch zu dokumentieren. [3]Zusätzlich ist der mikrobiologische Untersuchungsbefund als Anlage zum Betriebstagebuch zu nehmen.

§ 5 Maßnahmen bei einem Anstieg der Konzentration der allgemeinen Koloniezahl

(1) Ist aufgrund einer Laboruntersuchung nach § 4 Absatz 2 Nummer 2 ein Anstieg der Konzentration der allgemeinen Koloniezahl um den Faktor 100 oder mehr gegenüber dem Referenzwert festzustellen, hat der Betreiber unverzüglich

1. Untersuchungen zur Aufklärung der Ursachen durchzuführen und
2. die erforderlichen Maßnahmen für einen ordnungsgemäßen Betrieb, insbesondere Sofortmaßnahmen zur Verminderung der mikrobiellen Belastung, zu ergreifen.

(2) Der Betreiber hat die ermittelten Ursachen und die gegebenenfalls ergriffenen Maßnahmen jeweils nach deren Durchführung unverzüglich im Betriebstagebuch zu dokumentieren.

§ 6 Maßnahmen bei einer Überschreitung der Prüfwerte in Verdunstungskühlanlagen und Nassabscheidern

(1) Wird bei einer Laboruntersuchung nach § 4 Absatz 3 eine Überschreitung der in Anlage 1 genannten Prüfwerte 1 oder 2 festgestellt, hat der Betreiber unverzüglich eine zusätzliche Laboruntersuchung auf den Parameter Legionellen durchführen zu lassen.

(2) Bestätigt die zusätzliche Laboruntersuchung nach Absatz 1 eine Überschreitung des in Anlage 1 genannten Prüfwertes 1, hat der Betreiber unverzüglich

1. Untersuchungen zur Aufklärung der Ursachen durchzuführen,
2. die erforderlichen Maßnahmen für einen ordnungsgemäßen Betrieb zu ergreifen,
3. betriebsinterne Überprüfungen wöchentlich durchzuführen und
4. Laboruntersuchungen auf die Parameter allgemeine Koloniezahl und Legionellen monatlich durchführen zu lassen.

(3) Bestätigt die zusätzliche Laboruntersuchung nach Absatz 1 eine Überschreitung des in Anlage 1 genannten Prüfwertes 2, hat der Betreiber unverzüglich

1. die Pflichten nach Absatz 2 zu erfüllen und
2. technische Maßnahmen nach dem Stand der Technik, insbesondere Sofortmaßnahmen zur Verminderung der mikrobiellen Belastung, zu ergreifen, um die Legionellenkonzentration im Nutzwasser unter den in Anlage 1 genannten Prüfwert 2 zu reduzieren.

(4) Der Betreiber hat die zusätzliche Laboruntersuchung nach Absatz 1 nach deren Veranlassung sowie die Ergebnisse der Laboruntersuchung und die Ergebnisse der Untersuchungen jeweils nach deren Vorliegen sowie die gegebenenfalls ergriffenen Maßnahmen nach den Absätzen 2 oder 3 jeweils nach deren Durchführung unverzüglich im Betriebstagebuch zu dokumentieren.

(5) Wird bei drei aufeinanderfolgenden Untersuchungen nach Absatz 2 Nummer 4 festgestellt, dass die in Anlage 1 genannten Prüfwerte 1 eingehalten werden, gelten ab dem Zeitpunkt der letzten Probenahme wieder die Prüfintervalle nach § 4 Absatz 2 und 3.

Abschnitt 4
Anforderungen an den Betrieb von Kühltürmen

§ 7 Betriebsinterne Überprüfungen und Laboruntersuchungen in Kühltürmen

(1) Der Betreiber hat durch regelmäßige mindestens zweiwöchentliche betriebsinterne Überprüfungen chemischer, physikalischer oder mikrobiologischer Kenngrößen die hygienische Beschaffenheit des Nutzwassers sicherzustellen.

(2) Der Betreiber hat regelmäßig mindestens monatlich Laboruntersuchungen des Nutzwassers auf den Parameter Legionellen durchführen zu lassen.

(3) Werden die in Anlage 1 genannten Prüfwerte 1 in zwei aufeinanderfolgenden Jahren bei keiner Laboruntersuchung nach Absatz 2 überschritten, können die regelmäßigen Untersuchungen nach Absatz 2 alle zwei Monate durchgeführt werden.

(4) [1]Der Betreiber hat sicherzustellen, dass er über das Ergebnis der Laboruntersuchungen nach Absatz 2 unverzüglich unterrichtet wird. [2]Der Betreiber hat die betriebsinternen Überprüfungen nach Absatz 1 und die Laboruntersuchungen nach Absatz 2 nach deren Veranlassung sowie deren jeweilige Ergebnisse nach Vorliegen unverzüglich im Betriebstagebuch zu dokumentieren. [3]Zusätzlich ist der mikrobiologische Untersuchungsbefund als Anlage zum Betriebstagebuch zu nehmen.

§ 8 Maßnahmen bei einer Überschreitung der Prüfwerte in Kühltürmen

(1) Wird bei einer Laboruntersuchung nach § 7 Absatz 2 eine Überschreitung des in Anlage 1 genannten Prüfwertes 2 festgestellt, hat der Betreiber

unverzüglich eine zusätzliche Laboruntersuchung auf den Parameter Legionellen durchführen zu lassen.

(2) Bestätigt die zusätzliche Laboruntersuchung nach Absatz 1 eine Überschreitung des in Anlage 1 genannten Prüfwertes 2, hat der Betreiber unverzüglich

1. Untersuchungen zur Aufklärung der Ursachen durchzuführen,

2. die erforderlichen Maßnahmen für einen ordnungsgemäßen Betrieb, insbesondere Sofortmaßnahmen zur Verminderung der mikrobiellen Belastung, zu ergreifen,

3. technische Maßnahmen nach dem Stand der Technik zu ergreifen, um die Legionellenkonzentration im Nutzwasser unter den in Anlage 1 genannten Prüfwert 2 zu reduzieren.

(3) Der Betreiber hat die zusätzliche Laboruntersuchung nach Absatz 1 nach deren Veranlassung sowie die Ergebnisse der Laboruntersuchung und die Ergebnisse der Untersuchungen jeweils nach deren Vorliegen sowie die gegebenenfalls ergriffenen Maßnahmen nach Absatz 2 jeweils nach deren Durchführung unverzüglich im Betriebstagebuch zu dokumentieren.

Abschnitt 5
Anforderungen bei Überschreitung der Maßnahmenwerte oder bei Störung des Betriebs
§ 9 Maßnahmen bei einer Überschreitung der Maßnahmenwerte

(1) Wird bei einer Laboruntersuchung nach § 4 Absatz 3 oder § 7 Absatz 2 eine Überschreitung der in Anlage 1 genannten Maßnahmenwerte festgestellt, hat der Betreiber unverzüglich

1. eine Untersuchung zur Differenzierung der nachgewiesenen Legionellen nach
   a) Legionella pneumophila – Serogruppe 1,
   b) Legionella pneumophila – andere Serogruppen und
   c) andere Legionellenarten (Legionella non-pneumophila)
   durch ein akkreditiertes Prüflaboratorium durchführen zu lassen,

2. bei Verdunstungskühlanlagen und Nassabscheidern die Pflichten nach § 6 Absatz 2 Nummer 1 bis 4 und § 6 Absatz 3 Nummer 2 zu erfüllen oder bei Kühltürmen die Pflichten aus § 8 Absatz 2 zu erfüllen sowie

3. eine zusätzliche Laboruntersuchung auf den Parameter Legionellen durchführen zu lassen.

(2) Bestätigt die zusätzliche Laboruntersuchung nach Absatz 1 Nummer 3 eine Überschreitung der in Anlage 1 genannten Maßnahmenwerte, hat der Betreiber unverzüglich zusätzlich Gefahrenabwehrmaßnahmen, insbesondere zur Vermeidung der Freisetzung mikroorganismenhaltiger Aerosole, zu ergreifen.

(3) Der Betreiber hat die Untersuchung zur Differenzierung der Legionellen nach Absatz 1 Nummer 1 und die zusätzliche Laboruntersuchung nach Absatz 1 Nummer 3 jeweils nach deren Veranlassung, die jeweiligen Ergebnisse nach deren Vorliegen, sowie die gegebenenfalls ergriffenen Gefahrenabwehrmaßnahmen nach Absatz 2 jeweils nach deren Durchführung unverzüglich im Betriebstagebuch zu dokumentieren.

§ 10 Informationspflichten

[1]Wird bei einer Laboruntersuchung eine Überschreitung der in Anlage 1 genannten Maßnahmenwerte festgestellt, hat der Betreiber die zuständigen Behörden

1. unverzüglich gemäß Anlage 3 Teil 1 zu informieren und
2. innerhalb einer Frist von vier Wochen gemäß Anlage 3 Teil 2 zu informieren.

[2]Informations- oder Meldepflichten nach anderen Vorschriften bleiben unberührt.

§ 11 Störungen des Betriebs

[1]Können Anforderungen an den Betrieb einer Anlage im Anwendungsbereich dieser Verordnung aufgrund oder infolge eines technischen Defekts innerhalb oder außerhalb der Anlage, der zur Vermehrung oder Ausbreitung von Legionellen führen kann, nicht eingehalten werden, hat der Betreiber unverzüglich

1. die Ursachen der Störung zu ermitteln und
2. die erforderlichen Maßnahmen für einen ordnungsgemäßen Betrieb zu ergreifen.

[2]Der Betreiber hat die Ursachen jeweils nach deren Ermittlung und die ergriffenen Maßnahmen jeweils nach deren Durchführung unverzüglich im Betriebstagebuch zu dokumentieren.

Abschnitt 6
Anforderungen an die Überwachung

§ 12 Betriebstagebuch

(1) Der Betreiber einer Anlage hat zur Überprüfung des ordnungsgemäßen Anlagenbetriebs ein Betriebstagebuch zu führen, in das unverzüglich mindestens die Informationen gemäß Anlage 4 Teil 1 einzustellen sind.

(2) [1]Das Betriebstagebuch kann durch Speicherung der Angaben gemäß Absatz 1 mittels elektronischer Datenverarbeitung geführt werden. [2]Das Betriebstagebuch muss jederzeit einsehbar sein und in Klarschrift vorgelegt werden können.

(3) [1]Der Betreiber hat die in das Betriebstagebuch eingestellten Angaben der zuständigen Behörde sowie im Rahmen der Überprüfung den gemäß § 14 Beauftragten jederzeit in Klarschrift auf Verlangen vorzulegen. [2]Der Betreiber hat das Betriebstagebuch samt Anlagen jeweils beginnend mit dem Datum der Einstellung des letzten Eintrags fünf Jahre aufzubewahren.

§ 13 Anzeigepflichten

(1) Der Betreiber einer Neuanlage hat diese spätestens einen Monat nach der Erstbefüllung mit Nutzwasser der zuständigen Behörde gemäß Anlage 4 Teil 2 anzuzeigen.

(2) Der Betreiber einer Bestandsanlage hat diese spätestens einen Monat nach dem 19. Juli 2018 der zuständigen Behörde gemäß Anlage 4 Teil 2 anzuzeigen.

(3) Der Betreiber hat unverzüglich, aber spätestens innerhalb eines Monats, Folgendes der zuständigen Behörde gemäß Anlage 4 Teil 2 anzuzeigen:
1. Änderungen der Anlage und
2. die Anlagenstilllegung.
(4) Bei einem Betreiberwechsel hat der neue Betreiber diesen Wechsel unverzüglich, aber spätestens innerhalb eines Monats, der zuständigen Behörde anzuzeigen.

§ 14 Überprüfung der Anlagen

(1) [1]Der Betreiber hat nach der Inbetriebnahme regelmäßig alle fünf Jahre von
1. einem öffentlich bestellten und vereidigten Sachverständigen oder
2. einer akkreditierten Inspektionsstelle Typ A
eine Überprüfung des ordnungsgemäßen Anlagenbetriebs durchführen zu lassen. [2]Für bestehende Anlagen ist die erste Überprüfung gemäß Satz 1 nach Inkrafttreten dieser Verordnung bis zu den nachstehenden Daten fällig:

für Anlagen, die in Betrieb gegangen sind vor dem	erste Überprüfung bis zum
19. August 2011	19. August 2019
19. August 2013	19. August 2020
19. August 2015	19. August 2021
19. August 2017	19. August 2022

(2) Der Betreiber hat den Sachverständigen und die Inspektionsstelle zu beauftragen, die Ergebnisse der Überprüfungen zeitgleich dem Betreiber und der zuständigen Behörde jeweils innerhalb von vier Wochen nach Abschluss der Überprüfung mitzuteilen.
(3) Für Anlagen, die als Anlagenteile oder Nebeneinrichtungen von immissionsschutzrechtlich genehmigungsbedürftigen Anlagen betrieben werden, kann die zuständige Behörde von den Absätzen 1 und 2 abweichende Anforderungen zur Überprüfung dieser Anlagen in der Genehmigung festlegen.

Abschnitt 7
Gemeinsame Vorschriften

§ 15 Zulassung von Ausnahmen

(1) Die zuständige Behörde kann auf Antrag des Betreibers Ausnahmen von den Anforderungen dieser Verordnung, ausgenommen die in Anlage 1 genannten Prüf- und Maßnahmenwerte, zulassen, soweit unter Berücksichtigung der besonderen Umstände des Einzelfalls
1. einzelne Anforderungen der Verordnung nicht oder nur mit unverhältnismäßigem Aufwand erfüllbar sind,

2. im Übrigen die dem Stand der Technik entsprechenden Maßnahmen zur Begrenzung der Vermehrung und Ausbreitung von Legionellen angewandt werden.

(2) [1]Die zuständige Behörde soll auf Antrag des Betreibers zulassen, dass abweichend von den Anforderungen nach Abschnitt 3 Verdunstungskühlanlagen und Nassabscheider die Anforderungen nach Abschnitt 4 einzuhalten haben, mit der Maßgabe, dass die in Anlage 1 genannten Prüfwerte für Verdunstungskühlanlagen und Nassabscheider anzuwenden sind. [2]Absatz 1 bleibt unberührt.

(3) [1]Die zuständige Behörde kann auf Antrag des Betreibers weitere Ausnahmen von den Anforderungen dieser Verordnung zulassen, wenn dies nicht den Grundsätzen der Vorsorge und Gefahrenabwehr entgegensteht. [2]Dies gilt insbesondere für Anlagen, durch deren Betriebsführung nachweislich ein signifikantes Legionellenwachstum über die Zeit ausgeschlossen werden kann.

§ 16 Weitergehende Anforderungen

(1) Die Befugnis der zuständigen Behörde, andere oder weitergehende Anforderungen, insbesondere zur Vermeidung schädlicher Umwelteinwirkungen nach § 22 Absatz 1 Satz 1 Nummer 1 des Bundes-Immissionsschutzgesetzes, zu stellen, bleibt unberührt.

(2) Hat die zuständige Behörde bei einer Anlage im Einzelfall bereits Anforderungen zur Vorsorge gegen schädliche Umwelteinwirkungen durch Luftverunreinigungen gestellt, die über die Anforderungen dieser Verordnung hinausgehen, sind diese weiterhin maßgeblich.

§ 17 Informationsformate und Übermittlungswege

Die zuständige oberste Landesbehörde oder die nach Landesrecht bestimmte Behörde kann vorschreiben, dass der Betreiber für Informationen nach § 10 oder Anzeigen nach § 13, die nach dieser Verordnung der Behörde zu übermitteln sind, das von ihr festgelegte Format und den elektronischen Weg zu nutzen hat.

Abschnitt 8
Schlussvorschriften

§ 18 Zugänglichkeit und Gleichwertigkeit von Normen

Die in § 2 genannten ISO-, DIN-Normen und VDI-Richtlinien sind in der Deutschen Nationalbibliothek archivmäßig gesichert niedergelegt und bei der Beuth Verlag GmbH, Berlin, zu beziehen.

§ 19 Ordnungswidrigkeiten

Ordnungswidrig im Sinne des § 62 Absatz 1 Nummer 7 des Bundes-Immissionsschutzgesetzes handelt, wer vorsätzlich oder fahrlässig

1. entgegen § 3 Absatz 1 eine dort genannte Anlage nicht richtig errichtet oder nicht richtig betreibt,

2. entgegen § 3 Absatz 3 eine Anlage mit Betriebsstoffen betreibt, die mit den in der Anlage vorhandenen Werkstoffen nicht verträglich sind,

3. entgegen § 3 Absatz 4 Satz 1 erster Halbsatz nicht sicherstellt, dass eine Gefährdungsbeurteilung erstellt wird,

4. entgegen § 3 Absatz 4 Satz 2, Absatz 6 Satz 2 oder Absatz 7 Satz 4, § 4 Absatz 1 Satz 6 oder Absatz 5 Satz 2, § 5 Absatz 2, § 6 Absatz 4, § 7 Absatz 4 Satz 2, § 8 Absatz 3, § 9 Absatz 3 oder § 11 Satz 2 eine Dokumentation nicht, nicht richtig, nicht vollständig oder nicht rechtzeitig erstellt,

5. entgegen § 3 Absatz 5 Satz 1 nicht sicherstellt, dass ein Prüfwert nicht überschritten wird,

6. entgegen § 3 Absatz 6 Satz 1 nicht sicherstellt, dass dort genannte Prüfschritte durchgeführt werden,

7. entgegen § 3 Absatz 7 Satz 1, 2 oder 3, § 4 Absatz 2 Nummer 1 oder 2 oder Absatz 3, § 6 Absatz 1 oder 2 Nummer 4, § 7 Absatz 1 oder 2, § 8 Absatz 1 oder § 9 Absatz 1 Nummer 1 oder 3 eine dort genannte Untersuchung oder Überprüfung nicht, nicht richtig oder nicht rechtzeitig durchführt oder durchführen lässt,

8. entgegen § 4 Absatz 1 Satz 5 die Art der Bestimmung des Referenzwertes nicht, nicht richtig oder nicht rechtzeitig festlegt,

9. entgegen § 5 Absatz 1 Nummer 2, § 6 Absatz 2 Nummer 2 oder Absatz 3 Nummer 2, § 8 Absatz 2 Nummer 2 oder 3, § 9 Absatz 2 oder § 11 Satz 1 Nummer 2 eine dort genannte Maßnahme nicht, nicht richtig, nicht vollständig oder nicht rechtzeitig ergreift,

10. entgegen § 10 Satz 1 eine dort genannte Behörde nicht, nicht richtig, nicht vollständig oder nicht rechtzeitig informiert,

11. entgegen § 12 Absatz 1 ein Betriebstagebuch nicht, nicht richtig oder nicht vollständig führt,

12. entgegen § 12 Absatz 3 Satz 2 ein Betriebstagebuch nicht oder nicht mindestens fünf Jahre aufbewahrt,

13. entgegen § 13 Absatz 1 bis 3 oder 4 eine Anzeige nicht, nicht richtig, nicht vollständig oder nicht rechtzeitig erstattet,

14. entgegen § 14 Absatz 1 Satz 1 eine Überprüfung nicht, nicht richtig, nicht vollständig oder nicht rechtzeitig durchführen lässt oder

15. entgegen § 14 Absatz 2 eine Mitteilung nicht, nicht richtig, nicht vollständig oder nicht rechtzeitig macht.

§ 20 (Inkrafttreten)

Anlage 1
(zu den §§ 3, 4, 6, 8 bis 10, zu Anlage 3 und Anlage 4)

Prüfwerte und Maßnahmenwerte für die Konzentration von Legionellen im Nutzwasser

Art der Anlage	Prüfwert 1	Prüfwert 2	Maßnahmen-wert
	Legionellenkonzentration [KBE Legionella spp. je 100 ml]		
Verdunstungskühlanlagen	100	1 000	10 000
Nassabscheider	100	1 000	10 000
Kühltürme	500	5 000	50 000

Anlage 2
(zu § 3 Absatz 6)

Maßnahmen vor Inbetriebnahme/Wiederinbetriebnahme

Checkliste

Maßnahmen vor Inbetriebnahme/Wiederinbetriebnahme einer Anlage gemäß § 3 Absatz 6 der Verordnung über Verdünstungskühlanlagen, Kühltürme und Nassabscheider (42. BImSchV)

Anlagendaten:

Anlagen-ID

Standort der Anlage

Straße, Hausnummer

PLZ, Ort

Betreiber der Anlage

Name

Straße, Hausnummer

PLZ, Ort

Ansprechpartner (Name)

Die Anlage darf erst in Betrieb genommen werden, wenn alle Punkte der Checkliste abgearbeitet sind.

1. Verunreinigungen, Ablagerungen in der Anlage sowie ggf. Rückstände von Zusatzstoffen wurden entfernt.

2. a) Die chemische und mikrobiologische Beschaffenheit des Zusatzwassers wurde bestimmt.

   b) Die Anforderungen gemäß § 3 Abs. 5 der 42. BImSchV werden eingehalten.

3. Zwischen dem Vorliegen der Ergebnisse der Zusatzwasseranalyse nach Punkt 2 und dem Beginn des Befüllens der Anlagen liegen nicht mehr als 7 Tage.

Die Punkte 2 und 3 entfallen, wenn das Zusatzwasser aus einer überwachungspflichtigen Trinkwasser-versorgungsanlage stammt und eine aktuelle Netzanalyse vorliegt.

4. Eine Wasserbehandlung oder Wasseraufbereitung wurde, soweit installiert, entsprechend den Anforderungen an die Wasserqualität bei der Befüllung der Anlage in Betrieb genommen.

5. Die hygienerelevante Ausführung der Anlage wurde auf Übereinstimmung mit der Anlagenplanung überprüft, Abweichungen wurden korrigiert; die Anforderungen gemäß § 3 Abs. 2 bis 4 der 42. BImSchV werden eingehalten.

6. Die Anlagendokumentation – einschließlich der Dokumentation von Änderungen – sind im Betriebstagebuch nachgewiesen.

7. Das Bedienpersonal wurde in den Betrieb der – geänderten – Anlage eingewiesen.

8. Die vom Hersteller der Anlage genannten Anforderungen an die Wasserqualität werden erfüllt.

9. Vorgenannte Einzelschritte wurden vor Wieder-/Inbetriebnahme durchgeführt.

Die vorstehenden Maßnahmen wurden durchgeführt am

vom Betreiber

von einem Beauftragten

Name

Straße, Hausnummer

PLZ, Ort

Ansprechpartner (Name)

Die Anlage wurde in Betrieb genommen/wieder in Betrieb genommen am

Die vollständig ausgefüllte Checkliste ist vom Betreiber – und soweit zutreffend vom Beauftragten – zu unterschreiben.

Ort, Datum, Unterschrift Beauftragter   Ort, Datum, Unterschrift Betreiber

Die unterschriebene Checkliste ist in das Betriebstagebuch einzustellen.

Anlage 3
(zu § 10)

Teil 1
Inhalt der Meldung nach § 10 Satz 1 Nummer 1

1. Anlagen-ID
2. Angaben zum Standort der Anlage
   (Geokoordinaten und Adresse des Anlagenstandorts)
3. Angaben zum Betreiber der Anlage (Name, Adresse, Telefonnummer, E-Mail-Adresse, Ansprechpartner)
4. Datum der Probenahme für die Laboruntersuchung bei der die Überschreitung des Maßnahmenwertes nach Anlage 1 festgestellt wurde
5. Ergebnis der Laboruntersuchung, bei der die Überschreitung des Maßnahmenwertes nach Anlage 1 festgestellt wurde
6. Angabe des mit der Untersuchung beauftragten akkreditierten Prüflabors (Name, Adresse, Ansprechpartner)

Teil 2
Inhalt der Meldung nach § 10 Satz 1 Nummer 2

1. Anlagen-ID
2. Angaben zum Standort der Anlage
   (Geokoordinaten und Adresse des Anlagenstandorts)
3. Angaben zum Betreiber der Anlage
   (Name, Adresse, Ansprechpartner)
4. Angaben zur Art der Anlage
   a) Verdunstungskühlanlage
   b) Nassabscheider
   c) Kühlturm
5. Angaben zum Betriebszustand der Anlage, bei dem die Überschreitung des Maßnahmenwertes nach Anlage 1 festgestellt wurde
6. Ergebnis der Untersuchung zur Differenzierung der Legionellen nach § 9 Absatz 1 Nummer 1
7. Ergebnis der zusätzlichen Laboruntersuchung nach § 9 Absatz 1 Nummer 3
8. Auflistung der Ursachen für die Überschreitung des Maßnahmenwertes
9. Auflistung der Maßnahmen, die nach § 9 Absatz 1 Nummer 2 ergriffen wurden oder ergriffen werden
10. Angabe des/der mit der Untersuchung beauftragten akkreditierten Prüflabors/Prüflabore
    (Name, Adresse, Ansprechpartner)

Anlage 4
(zu § 12 und § 13)

Teil 1
Inhalt des Betriebstagebuchs nach § 12

1. Anlage-ID
2. Angaben zum Standort der Anlage
   (Geokoordinaten und Adresse des Anlagenstandorts)
3. Angaben zum Betreiber der Anlage
   (Name, Adresse, Ansprechpartner)
4. Art der Anlage
   a) Verdunstungskühlanlage
   b) Nassabscheider
   c) Kühlturm
5. Datum der erstmaligen Inbetriebnahme
6. Änderungen an der Anlage mit Angaben zur Art der Änderung, Zeitpunkt des Änderungsbeginns und der Wiederinbetriebnahme
7. Datum der Stilllegung
8. Angaben zum Betriebszustand der Anlage mit Datum der Zustandsänderungen,
   insbesondere Betrieb unter Last, Betrieb ohne Last mit aktiviertem Nutzwasserkreislauf, Betriebsunterbrechung mit gefülltem Nutzwasserkreislauf, Entleerung und Wiederbefüllung des Nutzwasserkreislaufs
9. Überschreitungen der in Anlage 1 genannten Prüfwerte
   a) wurden Überschreitungen im Berichtszeitraum festgestellt?　　　　　　　　　　　　　　　　　　　　　　　»Ja/Nein«
   b) welcher Prüfwert (PW) wurde überschritten?　　　　　　　　　　　»PW1/PW2«
   c) wurden Maßnahmen ergriffen?
      falls ja, Angaben zu den ergriffenen Maßnahmen　　　　　　　　　　»Ja/Nein«
   d) welche Legionellenkonzentration wurde nach Abschluss der Maßnahmen nach § 6 Absatz 3 Nummer 2 oder § 8 Absatz 2 Nummer 3 erreicht?　　　　　　　　　　　　　　　　　　　　　　　»< PW1/< PW2«
10. Überschreitungen der in Anlage 1 genannten Maßnahmenwerte
    a) wurden Überschreitungen im Berichtszeitraum festgestellt?　　　　　　　　　　　　　　　　　　　　　　　»Ja/Nein«
    b) Angaben zu den ergriffenen Maßnahmen
    c) welche Legionellenkonzentration wurde nach Abschluss der Maßnahmen nach § 9 Absatz 1 und 2 erreicht?　　　　　　　　　　　　　　　　　　　　　　　»< PW1/< PW2«
11. Angaben zur Biozidzugabe (Zeitpunkt, Menge und Art des Biozids)
12. sonstige Nachweise gemäß dieser Verordnung
13. Überprüfung nach § 14
    a) Datum der letzten Überprüfung nach Absatz 1
    b) überprüfende Stelle (Name, Adresse, Ansprechpartner) nach Absatz 2

Teil 2
Inhalt der Anzeigen nach § 13

1. Anzeigen nach § 13 Absatz 1 umfassen die Angaben nach Teil 1 Nummer 2 bis 5

2. Anzeigen nach § 13 Absatz 2 umfassen die Angaben nach Teil 1 Nummer 2 bis 5

3. Anzeigen nach § 13 Absatz 3 Nummer 1 umfassen die Angaben nach Teil 1 Nummer 1 bis 6

4. Anzeigen nach § 13 Absatz 3 Nummer 2 umfassen die Angaben nach Teil 1 Nummer 1 bis 5 und 7

**Dreiundvierzigste Verordnung
zur Durchführung des Bundes-Immissionsschutzgesetzes
(Verordnung über nationale Verpflichtungen zur Reduktion der
Emissionen bestimmter Luftschadstoffe – 43. BImSchV)**[1]

Vom 18. Juli 2018 (BGBl. I S. 1222)
(FNA 2129-8-43)

§ 1 Begriffsbestimmungen

(1) »Emission« im Sinne dieser Verordnung ist die Freisetzung von Stoffen aus einer Punktquelle oder einer diffusen Quelle in die Atmosphäre.

(2) »Feinstaub $PM_{2,5}$« im Sinne dieser Verordnung ist Feinstaub mit einem aerodynamischen Durchmesser von höchstens 2,5 Mikrometern.

(3) »Internationaler Seeverkehr« im Sinne dieser Verordnung sind Fahrten auf See und in Küstengewässern von Wasserfahrzeugen unter beliebiger Flagge, ausgenommen Fischereifahrzeuge, die im Hoheitsgebiet eines Landes beginnen und im Hoheitsgebiet eines anderen Landes enden.

(4) »NMVOC« im Sinne dieser Verordnung sind alle flüchtigen organischen Verbindungen außer Methan, die durch Reaktion mit Stickstoffoxiden bei Sonnenlicht photochemische Oxidantien erzeugen können.

(5) »NO_x« im Sinne dieser Verordnung sind Stickstoffmonoxid und Stickstoffdioxid, ausgedrückt als Stickstoffdioxid.

(6) »Ruß« (black carbon) im Sinne dieser Verordnung sind kohlenstoffhaltige lichtabsorbierende Partikel.

(7) »SO_2« im Sinne dieser Verordnung umfasst neben Schwefeldioxid alle Schwefelverbindungen, einschließlich Schwefeltrioxid (SO_3), Schwefelsäure (H_2SO_4) und reduzierter Schwefelverbindungen wie Schwefelwasserstoff (H_2S), Merkaptane und Dimethylsulfide, ausgedrückt als Schwefeldioxid.

(8) »Start- und Landezyklus« im Sinne dieser Verordnung ist der Zyklus, der sich aus Rollen, Starten, Steigflug, Anflug und Landung sowie allen anderen Manövern von Luftfahrzeugen ergibt, die unterhalb einer Höhe von 914,4 Metern stattfinden.

§ 2 Verpflichtungen zur Emissionsreduktion

(1) Die Bundesrepublik Deutschland ist verpflichtet, die jährlichen durch menschliche Tätigkeiten verursachten Emissionen von Luftschadstoffen gegenüber dem Jahr 2005 wie folgt zu reduzieren:

1. ab dem Jahr 2020:
    a) SO_2: 21 Prozent,
    b) NO_x: 39 Prozent,
    c) NMVOC: 13 Prozent,

---

1) Verkündet als Art. 1 VO v. 18. 7. 2018 (BGBl. I S. 1222); Inkrafttreten gem. Art. 3 dieser VO am 31. 7. 2018.

d) NH$_3$: 5 Prozent und
e) Feinstaub PM$_{2,5}$: 26 Prozent und

2. ab dem Jahr 2030:
a) SO$_2$: 58 Prozent,
b) NO$_x$: 65 Prozent,
c) NMVOC: 28 Prozent,
d) NH$_3$: 29 Prozent und
e) Feinstaub PM$_{2,5}$: 43 Prozent.

(2) Folgende Emissionen werden nicht berücksichtigt:

1. Emissionen von Flugzeugen außerhalb des Start- und Landezyklus;
2. Emissionen aus dem internationalen Seeverkehr;
3. Emissionen von NO$_x$ und NMVOC aus Tätigkeiten, die unter die Nomenklatur für die Berichterstattung des Übereinkommens von 1979 über weiträumige grenzüberschreitende Luftverunreinigung (BGBl. 1982 II S. 373, 374) gemäß den Kategorien 3B – Düngewirtschaft – und 3D – landwirtschaftliche Böden – mit Stand 2014 fallen.

§ 3 Indikative Emissionsmengen

(1) [1]Für das Jahr 2025 ist für die Emissionsmengen der in § 2 Absatz 1 aufgeführten Luftschadstoffe ein linearer Reduktionspfad einzuhalten. [2]Dieser führt von den Emissionsmengen, die sich aus den Verpflichtungen zur Emissionsreduktion für das Jahr 2020 ergeben, zu den Emissionsmengen, die sich aus den Verpflichtungen zur Emissionsreduktion für das Jahr 2030 ergeben. [3]§ 2 Absatz 2 gilt entsprechend.

(2) [1]Für die in § 2 Absatz 1 aufgeführten Luftschadstoffe kann anstelle eines linearen Reduktionspfads ein nichtlinearer Reduktionspfad gewählt werden, sofern

1. dies wirtschaftlich oder technisch effizienter als der lineare Reduktionspfad ist und
2. der Pfad sich ab dem Jahr 2025 schrittweise dem linearen Reduktionspfad annähert.

[2]Der Reduktionspfad ist im nationalen Luftreinhalteprogramm festzulegen und im Fall eines nichtlinearen Reduktionspfads zu begründen.

§ 4 Nationales Luftreinhalteprogramm

(1) [1]Die Bundesregierung erstellt ein nationales Luftreinhalteprogramm. [2]Das nationale Luftreinhalteprogramm enthält

1. erforderliche Maßnahmen, um die Emissionsreduktion nach § 2 zu erzielen,
2. zur Erfüllung der Verpflichtungen zur Emissionsreduktion für Feinstaub PM$_{2,5}$ vorrangig Maßnahmen zur Reduktion von Rußemissionen,
3. eine Bewertung des voraussichtlichen Umfangs der Auswirkungen nationaler Emissionsquellen auf die Luftqualität in Deutschland und in benachbarten Mitgliedstaaten,
4. eine abstrakte Darstellung der Zuständigkeiten der mit Luftreinhaltung befassten Behörden auf Bundesebene, auf Landesebene und auf kommunaler Ebene,

5. eine Darstellung der bereits erzielten Fortschritte bei der Emissionsreduktion und bei der Verbesserung der Luftqualität und eine Darstellung, inwieweit diesbezügliche nationale Verpflichtungen und Verpflichtungen der Europäischen Union eingehalten wurden,

6. eine Darstellung der voraussichtlichen Entwicklung der Emissionsreduktion und der Verbesserung der Luftqualität und eine Darstellung, inwieweit diesbezügliche nationale Verpflichtungen und Verpflichtungen der Europäischen Union eingehalten werden auf Grundlage bereits umgesetzter Maßnahmen,

7. die Strategien und Maßnahmen, die in Betracht gezogen werden
   a) für die Erfüllung der Emissionsreduktionsverpflichtungen,
   b) für die Erfüllung der indikativen Emissionsmengen für das Jahr 2025 und
   c) zur weiteren Verbesserung der Luftqualität,

8. die Analyse der Strategien und Maßnahmen nach Nummer 7 und die angewandte Analysemethode; sofern verfügbar, eine Darstellung der einzelnen oder kombinierten Auswirkungen der Strategien und Maßnahmen auf die Emissionsreduktion, die Luftqualität und die Umwelt sowie eine Darstellung der damit verbundenen Unsicherheiten,

9. die zur weiteren Verbesserung der Luftqualität ausgewählten Strategien und Maßnahmen sowie den Zeitplan der Verabschiedung, Durchführung und Überprüfung dieser Strategien und Maßnahmen mit Angabe der zuständigen Behörden,

10. eine Erläuterung der Gründe für den Fall, dass die indikativen Emissionsmengen für das Jahr 2025 nicht erreicht werden können, ohne dass Maßnahmen getroffen werden müssten, die unverhältnismäßige Kosten verursachen,

11. eine Festlegung des nichtlinearen Emissionspfads gemäß § 3 Absatz 2 für den Fall, dass die indikativen Emissionsmengen für das Jahr 2025 nicht erreicht werden können,

12. für den Fall, dass die Flexibilisierungsregelungen gemäß den §§ 10 bis 13 in Anspruch genommen werden, einen Bericht darüber und über sämtliche damit verbundenen Umweltauswirkungen,

13. den nationalen politischen Rahmen für Luftqualität und Luftreinhaltung, in dessen Kontext das Programm erarbeitet wurde, einschließlich der Schwerpunkte der nationalen Luftreinhaltepolitik und deren Verbindung zu Schwerpunkten in anderen Politikfeldern, einschließlich der Klimapolitik und gegebenenfalls der Landwirtschaft, der Industrie und des Verkehrs,

14. eine Bewertung der Kohärenz ausgewählter Strategien und Maßnahmen mit Plänen und Programmen in anderen wichtigen Politikfeldern.

[3]Die Maßnahmen des nationalen Luftreinhalteprogramms müssen unter Berücksichtigung von Aufwand und Nutzen verhältnismäßig sein.

(2) [1]Die Bundesregierung beschließt das nationale Luftreinhalteprogramm nach Anhörung der Länder und der beteiligten Kreise. [2]Für die

Anhörung der beteiligten Kreise gilt § 51 des Bundes-Immissionsschutzgesetzes entsprechend.

(3) Sofern erforderlich, werden bei der Erstellung des nationalen Luftreinhalteprogramms grenzüberschreitende Konsultationen zwischen dem Bundesministerium für Umwelt, Naturschutz und nukleare Sicherheit und den Behörden durchgeführt, die zuständig sind für die Erstellung und den Beschluss des nationalen Luftreinhalteprogramms in anderen Mitgliedstaaten der Europäischen Union.

§ 5 Aktualisierung des nationalen Luftreinhalteprogramms

(1) Die Bundesregierung aktualisiert das nationale Luftreinhalteprogramm mindestens alle vier Jahre.

(2) Die Bundesregierung aktualisiert die im nationalen Luftreinhalteprogramm festgelegten Strategien und Maßnahmen zur Emissionsreduktion innerhalb von 18 Monaten, nachdem das nationale Emissionsinventar oder die nationale Emissionsprognose oder deren Aktualisierungen nach § 17 der Europäischen Kommission und der Europäischen Umweltagentur übermittelt wurden, wenn den übermittelten Emissionsdaten zufolge

1. die in § 2 genannten Verpflichtungen nicht erfüllt werden oder
2. die Gefahr besteht, dass die in § 2 genannten Verpflichtungen nicht erfüllt werden.

(3) Die Aktualisierungen des nationalen Luftreinhalteprogramms umfassen mindestens

1. eine Bewertung der Fortschritte, die mit der Durchführung des Programms sowie der Emissionsreduktion und der Reduktion der Schadstoffkonzentrationen erzielt wurden, sowie
2. alle erheblichen Veränderungen des politischen Kontextes, der Bewertungen des nationalen Luftreinhalteprogramms oder seines Durchführungszeitplans.

(4) § 4 Absatz 2 und 3 gilt entsprechend.

§ 6 Beteiligung der Öffentlichkeit

(1) [1]Das Bundesministerium für Umwelt, Naturschutz und nukleare Sicherheit beteiligt die Öffentlichkeit frühzeitig bei der Erstellung und Aktualisierung des nationalen Luftreinhalteprogramms. [2]Es macht die Erstellung und Aktualisierung des nationalen Luftreinhalteprogramms in einem amtlichen Veröffentlichungsblatt sowie auf seiner Internetseite öffentlich bekannt. [3]Der Bekanntmachung ist Folgendes beizufügen:

1. der Entwurf des nationalen Luftreinhalteprogramms und
2. Informationen über das Recht der Beteiligung am Entscheidungsverfahren, über einzuhaltende Fristen sowie darüber, an welche Stelle Stellungnahmen oder Fragen gerichtet werden können.

[4]Der Entwurf des ersten und des aktualisierten nationalen Luftreinhalteprogramms ist gleichzeitig mit der Bekanntmachung einen Monat am Dienstsitz des Bundesministeriums für Umwelt, Naturschutz und nukleare Sicherheit zur Einsicht auszulegen.

(2) [1]Die Öffentlichkeit kann innerhalb eines Monats nach Ablauf der Auslegungsfrist zum Entwurf des neuen oder aktualisierten nationalen

Luftreinhalteprogramms gegenüber dem Bundesministerium für Umwelt, Naturschutz und nukleare Sicherheit schriftlich oder elektronisch Stellung nehmen. [2]Die Bundesregierung berücksichtigt fristgemäß eingegangene Stellungnahmen beim Beschluss des nationalen Luftreinhalteprogramms.

(3) [1]Das Bundesministerium für Umwelt, Naturschutz und nukleare Sicherheit macht das beschlossene nationale Luftreinhalteprogramm einschließlich einer Darstellung des Ablaufs des Beteiligungsverfahrens und der Gründe und Erwägungen, auf denen der getroffene Beschluss beruht, in einem amtlichen Veröffentlichungsblatt sowie auf seiner Internetseite öffentlich bekannt. [2]Eine Ausfertigung des Programms sowie die weiteren Informationen nach Satz 1 werden zwei Wochen am Dienstsitz des Bundesministeriums für Umwelt, Naturschutz und nukleare Sicherheit zur Einsicht ausgelegt.

(4) Die Absätze 1 bis 3 sind nicht anzuwenden, wenn es sich bei dem nationalen Luftreinhalteprogramm um einen Plan handelt, für den nach dem Gesetz über die Umweltverträglichkeitsprüfung in der Fassung der Bekanntmachung vom 24. Februar 2010 (BGBl. I S. 94), das zuletzt durch Artikel 2 des Gesetzes vom 8. September 2017 (BGBl. I S. 3370) geändert worden ist, eine Strategische Umweltprüfung durchzuführen ist.

§ 7 Nationales Emissionsinventar

(1) [1]Das Umweltbundesamt erstellt für die in Anlage 1 Tabelle A aufgeführten Schadstoffe, für Luftschadstoffe aus dem Sektor Landwirtschaft nach Abstimmung mit dem Johann Heinrich von Thünen-Institut, ein nationales Emissionsinventar und aktualisiert dieses jährlich. [2]Das nationale Emissionsinventar muss transparent, kohärent, vergleichbar zu dem nationalen Emissionsinventar des vorangegangenen Jahres, vollständig und genau sein.

(2) Das Umweltbundesamt erstellt für die in Anlage 1 Tabelle B aufgeführten Schadstoffe ein räumlich aufgeschlüsseltes nationales Emissionsinventar und ein Inventar großer Punktquellen und aktualisiert diese alle vier Jahre.

(3) Die Berechnung der Emissionen für das nationale Emissionsinventar erfolgt gemäß Anlage 2 Teil I.

§ 8 Nationale Emissionsprognose

(1) [1]Das Umweltbundesamt erstellt für die in Anlage 1 Tabelle B aufgeführten Schadstoffe, für Luftschadstoffe aus dem Sektor Landwirtschaft nach Abstimmung mit dem Johann Heinrich von Thünen-Institut, eine nationale Emissionsprognose gemäß Anlage 2 Teil II und aktualisiert diese alle zwei Jahre. [2]Die nationale Emissionsprognose muss transparent, kohärent, vergleichbar zu der vorangegangenen nationalen Emissionsprognose, vollständig und genau sein.

(2) Die nationale Emissionsprognose muss mindestens Folgendes umfassen:

1. die genaue Angabe der beschlossenen oder geplanten Strategien und Maßnahmen zur Emissionsreduktion, die bei der Erstellung der Prognose berücksichtigt wurden,

2. soweit angemessen, die Ergebnisse der für die nationale Emissions-prognose durchgeführten Sensitivitätsanalysen,
3. eine Beschreibung der angewandten Methoden, Modelle, zugrunde liegenden Hypothesen sowie der wichtigsten Eingangs- und Aus-gangsparameter.

§ 9 Informativer Inventarbericht

(1) [1]Das Umweltbundesamt erstellt nach dem Stand von Wissenschaft und Technik der Emissionsberichterstattung einen informativen Inventar-bericht zu den in Anlage 1 Tabelle C aufgeführten Schadstoffen. [2]Für Luft-schadstoffe aus dem Sektor Landwirtschaft erfolgt dies nach Abstimmung mit dem Johann Heinrich von Thünen-Institut.

(2) Der informative Inventarbericht muss mindestens folgende Angaben enthalten:
1. Beschreibungen und Quellenangaben zu den spezifischen Methoden, Hypothesen, Emissionsfaktoren und Aktivitätsdaten sowie die Gründe für ihre Wahl,
2. eine Beschreibung der wichtigsten nationalen Kategorien von Emissi-onsquellen,
3. Informationen über Unsicherheiten, Qualitätssicherung und Prüfung des nationalen Emissionsinventars und der nationalen Emissionspro-gnose,
4. eine Beschreibung der Verfahrensregelungen für die Erstellung des In-ventars,
5. Neuberechnungen und geplante Verbesserungen des nationalen Emis-sionsinventars und der nationalen Emissionsprognose,
6. Angaben über die Inanspruchnahme der Flexibilisierungsregelungen gemäß den §§ 10 bis 13,
7. Angaben über die Gründe für die Abweichung von dem gemäß § 3 Absatz 1 festgelegten Reduktionspfad sowie die Maßnahmen, um auf diesen Pfad zurückzukehren,
8. eine knappe Zusammenfassung zu den Angaben unter den Num-mern 1 bis 7.

(3) Der informative Inventarbericht wird vom Umweltbundesamt wie folgt aktualisiert:
1. im Hinblick auf das nationale Emissionsinventar: jährlich,
2. im Hinblick auf das räumlich aufgeschlüsselte nationale Emissionsin-ventar und auf das Inventar großer Punktquellen: alle vier Jahre und
3. im Hinblick auf die nationale Emissionsprognose: alle zwei Jahre.

§ 10 Anpassung des nationalen Emissionsinventars im Hinblick auf die Einhaltung der Verpflichtungen zur Emissionsreduktion

(1) [1]Das Umweltbundesamt kann auf Grundlage einer Entscheidung nach § 14 Absatz 1 das nationale Emissionsinventar für SO_2, NO_x, NMVOC, NH_3 und Feinstaub $PM_{2,5}$ im Hinblick auf die Einhaltung der Verpflichtun-gen zur Emissionsreduktion anpassen, soweit die Anwendung verbesserter Methoden zur Ermittlung der Emission, die dem neuesten wissenschaftli-chen Kenntnisstand entsprechen, dazu führt, dass die Verpflichtungen zur

Emissionsreduktion nicht erfüllt werden können. [2]Für Luftschadstoffe aus dem Sektor Landwirtschaft erfolgt dies nach Abstimmung mit dem Johann Heinrich von Thünen-Institut.

(2) Um festzustellen, ob die Anforderungen für eine Anpassung des nationalen Emissionsinventars erfüllt sind, gelten die Verpflichtungen zur Emissionsreduktion für die Jahre 2020 bis 2029 als am 4. Mai 2012 festgelegt.

(3) [1]Sofern eine Anpassung des Inventars für die Berichtsjahre ab 2025 mit Sachlagen gemäß § 14 Absatz 4 Buchstabe b oder c begründet werden soll, ist zusätzlich nachzuweisen, dass die erheblich unterschiedlichen Emissionsfaktoren nicht auf die unzureichende innerstaatliche Umsetzung oder Durchführung quellenbezogener Rechtsvorschriften der Europäischen Union zur Reduktion der Luftverschmutzung zurückzuführen sind. [2]Die Europäische Kommission ist zudem vor einer solchen Anpassung über diese unterschiedlichen Emissionsfaktoren zu unterrichten.

§ 11 Mitteilung von Emissionen im Fall außergewöhnlicher meteorologischer Bedingungen

[1]Wenn die nationalen Verpflichtungen zur Emissionsreduktion in einem bestimmten Jahr auf Grund eines außergewöhnlich strengen Winters oder eines außergewöhnlich trockenen Sommers nicht erfüllt werden können, so kann das Umweltbundesamt auf Grundlage einer Entscheidung nach § 14 Absatz 1 bei der Übermittlung des nationalen Emissionsinventars im Nachhinein den Mittelwert der nationalen jährlichen Emissionen aus dem betreffenden Jahr sowie dem vorherigen und dem darauffolgenden Jahr zugrunde legen. [2]In diesem Fall sind die nationalen Verpflichtungen zur Emissionsreduktion eingehalten, wenn der Mittelwert die nationale jährliche Emissionsmenge nicht übersteigt, die sich aus der nationalen Reduktionsverpflichtung ergibt.

§ 12 Kompensation der Verpflichtungen zur Emissionsreduktion für SO_2, NO_x und Feinstaub $PM_{2,5}$ ab dem Jahr 2030

Die Verpflichtungen zur Emissionsreduktion ab dem Jahr 2030 gelten für SO_2, NO_x oder Feinstaub $PM_{2,5}$ für einen Zeitraum von höchstens fünf Jahren als eingehalten, sofern nach Umsetzung aller kosteneffizienten Maßnahmen in dem betreffenden Zeitraum eine gleichwertige Emissionsreduktion bei einem anderen in § 2 Absatz 1 genannten Schadstoff erfolgt.

§ 13 Einhaltung der Verpflichtungen zur Emissionsreduktion bei unvorhersehbaren Entwicklungen im Energiesektor

Die Verpflichtungen zur Emissionsreduktion gelten für einen Zeitraum von höchstens drei Jahren als eingehalten, wenn

1. sich die Nichteinhaltung der Verpflichtung zur Emissionsreduktion für die betreffenden Schadstoffe ergibt aus

   a) einer abrupten und außergewöhnlichen Unterbrechung von Kapazitäten im Stromversorgungs- oder Stromerzeugungssystem oder im Wärmeversorgungs- oder Wärmeerzeugungssystem oder

b) einem abrupten und außergewöhnlichen Verlust von Kapazitäten im Stromversorgungs- oder Stromerzeugungssystem oder im
Wärmeversorgungs- oder Wärmeerzeugungssystem und
2. die Unterbrechung oder der Verlust nach vernünftiger Einschätzung
nicht vorhersehbar war.

§ 14 Inanspruchnahme der Flexibilisierungsregelungen im Hinblick auf die Einhaltung der Verpflichtungen zur Emissionsreduktion

(1) Über die Inanspruchnahme der Flexibilisierungsregelungen nach den
§§ 10 bis 13 entscheidet das Bundesministerium für Umwelt, Naturschutz
und nukleare Sicherheit im Einvernehmen mit dem Bundesministerium
für Ernährung und Landwirtschaft, dem Bundesministerium für Wirtschaft
und Energie sowie dem Bundesministerium für Verkehr und digitale Infrastruktur.

(2) [1]Das Umweltbundesamt teilt der Europäischen Kommission bis zum
15. Februar des betreffenden Berichtsjahres unter Nennung der Schadstoffe und Emittentensektoren mit, ob eine der in den §§ 10 bis 13 aufgeführten Flexibilisierungsregelungen in Anspruch genommen wird. [2]Das
Umweltbundesamt gibt, sofern verfügbar, den Umfang der Auswirkungen
auf das nationale Emissionsinventar an.

(3) [1]Das Umweltbundesamt übermittelt der Europäischen Kommission
zur Inanspruchnahme der in § 10 enthaltenen Flexibilisierungsregelung
mindestens die folgenden Unterlagen:
1. den Nachweis, dass die betreffende nationale Emissionsreduktionsverpflichtung nicht erfüllt wird,
2. den Nachweis, inwieweit die Anpassung des nationalen Emissionsinventars das Ausmaß der Nichterfüllung reduziert und zur Einhaltung
der jeweiligen nationalen Emissionsreduktionsverpflichtung beiträgt,
3. eine Schätzung, ob und wenn ja, wann die betreffende nationale Emissionsreduktionsverpflichtung erfüllt sein wird, auf der Grundlage der
nationalen Emissionsprognose ohne Anpassung,
4. den Nachweis, dass die Anpassung mit mindestens einem der folgenden Sachverhalte begründbar ist:
    a) mit neuen Kategorien von Emissionsquellen,
    b) mit der Neubestimmung von Emissionsfaktoren von Emissionen
    aus Quellen bestimmter Kategorien mit erheblich unterschiedli-
    chen Emissionsfaktoren sowie
    c) mit einer signifikanten Änderung der Methoden zur Bestimmung
    von Emissionen aus Quellen bestimmter Kategorien.
[2]Hierbei kann auf frühere Anpassungen verwiesen werden. [3]Im Einzelnen
ist Folgendes nachzuweisen:
1. bei neuen Kategorien von Emissionsquellen:
    a) Nachweis, dass die neue Emissionsquellkategorie in der wissen-
    schaftlichen Literatur anerkannt ist,
    b) Nachweis, dass diese Quellkategorie zu dem Zeitpunkt, an dem
    die Emissionsreduktionsverpflichtung festgelegt wurde, nicht im
    damaligen nationalen Emissionsinventar enthalten war,

c) Nachweis, dass die Emissionen aus einer neuen Quellkategorie dazu beitragen, dass Deutschland seine Emissionsreduktionsverpflichtungen nicht erfüllen kann, zusammen mit einer ausführlichen Beschreibung der Methode, Daten und Emissionsfaktoren, anhand derer diese Schlussfolgerung gezogen wurde,

2. bei erheblich unterschiedlichen Emissionsfaktoren:

a) Beschreibung der ursprünglichen Emissionsfaktoren, einschließlich einer eingehenden Beschreibung der wissenschaftlichen Grundlage für die seinerzeitige Ableitung des Emissionsfaktors,

b) Nachweis, dass die Bestimmung der Emissionsreduktionen auf Basis der ursprünglichen Emissionsfaktoren erfolgte,

c) Beschreibung der aktualisierten Emissionsfaktoren, einschließlich genauer Angaben zur wissenschaftlichen Grundlage für ihre Ableitung,

d) Vergleich der anhand der ursprünglichen und der aktualisierten Emissionsfaktoren vorgenommenen Emissionsschätzungen, der zeigt, dass die Änderung der Emissionsfaktoren dazu beiträgt, dass Deutschland seine Reduktionsverpflichtungen nicht erfüllen kann,

e) Gründe, aus denen die Änderungen der Emissionsfaktoren für signifikant gehalten werden,

3. bei signifikanter Änderung der Methoden zur Bestimmung von Emissionen aus Quellen bestimmter Kategorien:

a) Beschreibung der ursprünglich angewandten Methode, einschließlich genauer Angaben zur wissenschaftlichen Grundlage für die Ableitung des Emissionsfaktors,

b) Nachweis, dass die Bestimmung der Emissionsreduktionen auf Basis der ursprünglichen Methode erfolgte,

c) Beschreibung der aktualisierten Methode, einschließlich einer eingehenden Beschreibung der wissenschaftlichen Grundlage für die Ableitung des Emissionsfaktors,

d) Vergleich der anhand der ursprünglichen und der aktualisierten Methoden vorgenommenen Emissionsschätzungen, der zeigt, dass die Änderung der Methode dazu beiträgt, dass Deutschland seine Reduktionsverpflichtung nicht erfüllen kann,

e) Gründe, aus denen die Änderung der Methode für signifikant gehalten wird.

4. bei einer Anpassung des Inventars für das Berichtsjahr 2025 und für die folgenden Berichtsjahre ein Nachweis gemäß § 10 Absatz 3.

[4]Bei Inanspruchnahme der in § 13 aufgeführten Flexibilisierungsregelung übermittelt das Umweltbundesamt der Europäischen Kommission folgende Unterlagen:

1. den Nachweis, dass die Unterbrechung oder der Verlust an Kapazitäten nach vernünftiger Einschätzung nicht vorhersehbar war,

2. den Nachweis, dass alle angemessenen Anstrengungen, einschließlich der Durchführung neuer Maßnahmen und Strategien, unternommen

wurden und weiterhin unternommen werden, um den Zeitraum der Nichteinhaltung so kurz wie möglich zu halten, und

3. den Nachweis, dass die Durchführung weiterer Maßnahmen und Strategien zusätzlich zu den unter Nummer 2 genannten Maßnahmen und Strategien

   a) unverhältnismäßige Kosten verursachen würde,

   b) die nationale Energieversorgungssicherheit erheblich gefährden würde oder

   c) einen erheblichen Teil der Bevölkerung der Gefahr der Energiearmut aussetzen würde.

(4) Das Umweltbundesamt nimmt eine Neuberechnung der angepassten Emissionen vor, um so weit wie möglich die Konsistenz der angepassten Emissionsdaten für jedes Jahr zu gewährleisten.

§ 15 Monitoring der Auswirkungen der Luftverschmutzung

(1) [1]Für das Monitoring der negativen Auswirkungen der Luftverschmutzung auf Ökosysteme werden die Daten verwendet, die erhoben werden im Rahmen der Verordnung über Luftqualitätsstandards und Emissionshöchstmengen vom 2. August 2010 (BGBl. I S. 1065), im Rahmen des in Deutschland eingerichteten Netzwerkes zum Monitoring der Luftschadstoffwirkungen auf Oberflächengewässer des Übereinkommens vom 13. November 1979 über weiträumige grenzüberschreitende Luftverunreinigung (BGBl. 1982 II S. 373, 374; 1983 II S. 548) sowie der Verordnung über Erhebungen zum forstlichen Umweltmonitoring vom 20. Dezember 2013 (BGBl. I S. 4384) und von Erhebungen nach § 41a Absatz 6 Satz 1 Nummer 1 des Bundeswaldgesetzes, soweit sie jeweils nach Artikel 9 Absatz 1 der Richtlinie (EU) 2016/2284 des Europäischen Parlaments und des Rates vom 14. Dezember 2016 über die Reduktion der nationalen Emissionen bestimmter Luftschadstoffe, zur Änderung der Richtlinie 2003/35/EG und zur Aufhebung der Richtlinie 2001/81/EG (ABl. L 344 vom 17. 12. 2016, S. 1) erforderlich sind. [2]Die für das Monitoring eingerichteten Standorte müssen jeweils repräsentativ sein für Süßwasserökosysteme, natürliche und naturnahe Ökosysteme sowie für Waldökosysteme.

(2) [1]Die nach Landesrecht zuständigen Stellen übermitteln dem Umweltbundesamt die Daten nach Absatz 1. [2]Sind die Daten nach Absatz 1 einer Stelle des Bundes im Rahmen der Verordnung über Erhebungen zum forstlichen Umweltmonitoring oder einer Erhebung nach § 41a Absatz 6 Satz 1 Nummer 1 des Bundeswaldgesetzes übermittelt worden, werden die Daten von dieser an das Umweltbundesamt weitergegeben. [3]Die Übermittlung der Monitoringstandorte und der verwendeten Indikatoren an das Umweltbundesamt erfolgt ausgehend vom 31. März 2018 alle vier Jahre bis zum 31. März des jeweiligen Jahres. [4]Die Übermittlung der Daten nach Absatz 1 Satz 1 an das Umweltbundesamt erfolgt erstmals bis zum 31. März 2019 und danach alle vier Jahre bis zum 31. März des jeweiligen Jahres.

§ 16 Übermittlung des nationalen Luftreinhalteprogramms
[1]Das Umweltbundesamt übermittelt der Europäischen Kommission das beschlossene nationale Luftreinhalteprogramm bis zum 31. März 2019. [2]Wird das nationale Luftreinhalteprogramm aktualisiert, so übermittelt das Umweltbundesamt der Europäischen Kommission das aktualisierte beschlossene Programm innerhalb von zwei Monaten nach dessen Beschluss.

§ 17 Übermittlung des nationalen Emissionsinventars und der nationalen Emissionsprognose sowie des informativen Inventarberichts
[1]Das Umweltbundesamt übermittelt der Europäischen Kommission und der Europäischen Umweltagentur in Übereinstimmung mit der Berichterstattung an das Sekretariat des Übereinkommens über weiträumige grenzüberschreitende Luftverunreinigung
1. das nationale Emissionsinventar,
2. die nationale Emissionsprognose,
3. das räumlich aufgeschlüsselte nationale Emissionsinventar,
4. das Inventar großer Punktquellen und
5. den informativen Inventarbericht.
[2]Die Übermittlung erfolgt gemäß den Berichterstattungsfristen in Anlage 1.

§ 18 Übermittlung von Informationen zum Monitoring der Auswirkungen der Luftverschmutzung an die Europäische Kommission
(1) Das Umweltbundesamt übermittelt der Europäischen Kommission und der Europäischen Umweltagentur
1. die Monitoringstandorte gemäß § 15 Absatz 1 und die jeweiligen für die Auswirkungen der Luftverschmutzung verwendeten Indikatoren gemäß § 15 Absatz 2 sowie
2. die Monitoringdaten gemäß § 15 Absatz 2.
(2) [1]Die Übermittlung der Monitoringstandorte und der jeweiligen für die Auswirkungen der Luftverschmutzung verwendeten Indikatoren nach Absatz 1 Nummer 1 erfolgt erstmals bis zum 30. Juni 2018 und danach alle vier Jahre bis zum 30. Juni des jeweiligen Jahres. [2]Die Übermittlung der Monitoringdaten nach Absatz 1 Nummer 2 erfolgt erstmals bis zum 30. Juni 2019 und danach alle vier Jahre bis zum 30. Juni des jeweiligen Jahres.

§ 19 Veröffentlichung des nationalen Luftreinhalteprogramms
Das Umweltbundesamt veröffentlicht auf seiner Internetseite das beschlossene nationale Luftreinhalteprogramm und dessen Aktualisierungen.

§ 20 Veröffentlichung des nationalen Emissionsinventars und der nationalen Emissionsprognose sowie des informativen Inventarberichts
Das Umweltbundesamt veröffentlicht auf seiner Internetseite Folgendes:
1. das nationale Emissionsinventar, gegebenenfalls einschließlich Anpassungen,
2. die nationale Emissionsprognose,
3. den informativen Inventarbericht sowie

4.   zusätzliche Berichte und Angaben, die der Europäischen Kommission gemäß den §§ 17 und 18 übermittelt werden.

Anlage 1
(zu § 7 Absatz 1 und 2, § 8 Absatz 1, § 9 Absatz 1 und § 17)

Überwachung von und Berichterstattung über Emissionen

Tabelle A

	Schadstoffe	Zeitreihe	Berichterstattungsfrist gegenüber der Europäischen Kommission und der Europäischen Umweltagentur
Nationale Gesamtemissionen nach Quellkategorien[1] gemäß NFR[2]	– SO_2, NO_x, NMVOC, NH_3, CO[3] – Schwermetalle (Cd, Hg, Pb)[4] – POP[5] (PAK[6], Benzo[a]pyren, Benzo(b)fluoranthen, Benzo(k)fluoranthen, Indeno(1, 2, 3-cd)pyren, Dioxine/Furane, PCB[7], HCB[8] insgesamt)	Jährlich ab dem Jahr 1990 bis zum Berichtsjahr minus 2 (X-2)	15. Februar[9]
Nationale Gesamtemissionen nach Quellkategorien[1] gemäß NFR[2]	$PM_{2,5}$, PM_{10}[10] und falls verfügbar Ruß	Jährlich ab dem Jahr 2000 bis zum Berichtsjahr minus 2 (X-2)	15. Februar[9]

1) **Amtliche Anmerkung:** Natürliche Emissionen werden nach den Methoden gemeldet, die nach dem Stand von Wissenschaft und Technik festgelegt sind. Sie werden nicht in die nationalen Gesamtmengen eingerechnet, sondern gesondert gemeldet.

2) **Amtliche Anmerkung:** NFR: Nomenklatur für die Berichterstattung gemäß dem Übereinkommen von 1979 über weiträumige grenzüberschreitende Luftverunreinigung.

3) **Amtliche Anmerkung:** CO (Kohlenmonoxid).

4) **Amtliche Anmerkung:** Cd (Kadmium), Hg (Quecksilber), Pb (Blei).

5) **Amtliche Anmerkung:** POP (persistente organische Schadstoffe).

6) **Amtliche Anmerkung:** PAK (polyzyklische aromatische Kohlenwasserstoffe).

7) **Amtliche Anmerkung:** PCB (polychlorierte Biphenyle).

8) **Amtliche Anmerkung:** HCB (Hexachlorbenzol).

9) **Amtliche Anmerkung:** Enthält ein Bericht Fehler, so ist er spätestens vier Wochen nach Identifikation des Fehlers oder der Fehler mit einer genauen Erläuterung der vorgenommenen Änderungen erneut einzureichen.

10) **Amtliche Anmerkung:** »PM_{10}« sind Partikel mit einem aerodynamischen Durchmesser von höchstens 10 Mikrometern (µm).

Tabelle B

	Schadstoffe	Zeitreihe/ Zieljahre	Berichterstattungs- frist gegenüber der Europäischen Kommission und der Europäischen Umweltagentur
Nationale Rasterdaten über Emissionen nach Quell- kategorien (GNFR)	– SO$_2$, NO$_x$, NMVOC, CO, NH$_3$, PM$_{10}$, PM$_{2,5}$ – Schwermetalle (Cd, Hg, Pb) – POP (PAK insgesamt, HCB, PCB, Dioxine/Fu- rane) – Ruß (falls verfügbar)	Alle vier Jahre, Berichtsjahr minus 2 (X- 2) ab dem Jahr 2017	1. Mai[1]
Große Punktquellen nach Quell- kategorien (GNFR)	– SO$_2$, NO$_x$, NMVOC, CO, NH$_3$, PM$_{10}$, PM$_{2,5}$ – Schwermetalle (Cd, Hg, Pb) – POP (PAK insgesamt, HCB, PCB, Dioxine/Fu- rane) – Ruß (falls verfügbar)	Alle vier Jahre, Berichtsjahr minus 2 (X- 2) ab dem Jahr 2017	1. Mai[1]
Emissions- prognose nach aggregierten NFR-Sektoren	– SO$_2$, NO$_x$, NMVOC, NH$_3$, PM$_{2,5}$ und, falls verfügbar, Ruß	Alle zwei Jahre für die Pro- gnosejahre 2020, 2025 und 2030 sowie, sofern verfügbar, für die Pro- gnosejahre 2040 und 2050 ab dem Jahr 2017	15. März

1) **Amtliche Anmerkung:** Enthält ein Bericht Fehler, so ist er innerhalb von vier Wochen nach Identifikation des Fehlers oder der Fehler mit einer genauen Erläuterung der vorgenommenen Änderungen erneut einzureichen.

Tabelle C

	Schadstoffe	Zeitreihe/ Zieljahre	Berichterstattungs- frist gegenüber der Europäischen Kommission und der Europäischen Umweltagentur
Informativer Inventar- bericht	– SO$_2$, NO$_x$, NMVOC, CO, NH$_3$, PM$_{10}$, PM$_{2,5}$ – Schwermetalle (Cd, Hg, Pb) und Ruß – POP (PAK insgesamt, Benzo[a]pyren, Benzo(b)fluoranthen, Benzo(k)fluoranthen, Indeno(1,2,3-cd)pyren, Di- oxine/Furane, PCB, HCB) – gegebenenfalls Schwer- metalle (As, Cr, Cu, Ni, Se und Zn und ihre Ver- bindungen) und Gesamt- schwebstaub	Jährlich (wie in den Tabellen A bis C angegeben)	15. März

Anlage 2
(zu § 7 Absatz 3 und § 8 Absatz 1)

Methoden für die Erstellung und Aktualisierung des nationalen Emissionsinventars und der nationalen Emissionsprognose

I. Nationales Emissionsinventar

1. Die Emissionen aus ermittelten Schlüsselkategorien sind nach dem Stand von Wissenschaft und Technik zu berechnen.

2. Für Verkehrsemissionen berechnet und übermittelt das Umweltbundesamt die Emissionen nach Maßgabe der an das Statistische Amt der Europäischen Union übermittelten nationalen Energiebilanzen.

3. Emissionen aus dem Straßenverkehr werden anhand der in Deutschland ver- kauften Kraftstoffe berechnet und mitgeteilt. Die Emissionen aus dem Straßen- verkehr können darüber hinaus auch auf Basis der in Deutschland verbrauchten Kraftstoffe oder der zurückgelegten Kilometer mitgeteilt werden.

4. Das Umweltbundesamt übermittelt die nationalen Jahresemissionen ausge- drückt in der anwendbaren Einheit, die nach dem Stand von Wissenschaft und Technik des Übereinkommens über weiträumige grenzüberschreitende Luftverunreinigung vorgegeben ist.

II. Nationale Emissionsprognose

Die nationale Emissionsprognose wird für die relevanten Quellensektoren geschätzt
und aggregiert. Das Umweltbundesamt übermittelt für jeden Schadstoff gemäß dem
Stand von Wissenschaft und Technik die Prognose für ein Szenario mit bereits beschlossenen Maßnahmen und gegebenenfalls für ein Szenario mit geplanten Maßnahmen. Die nationale Emissionsprognose stimmt mit dem nationalen jährlichen
Emissionsinventar für das dritte vor dem Berichtsjahr liegende Jahr überein und ist
mit den Prognosen, die gemäß der Verordnung (EU) Nr. 525/2013 des Europäischen
Parlaments und des Rates vom 21. Mai 2013 über ein System für die Überwachung
von Treibhausgasemissionen sowie für die Berichterstattung über diese Emissionen
und über andere klimaschutzrelevante Informationen auf Ebene der Mitgliedstaaten
und der Union und zur Aufhebung der Entscheidung Nr. 280/2004/EG (ABl. L 165
vom 18. 6. 2013, S. 13) übermittelt werden, so weit wie möglich zu harmonisie-
ren. Die nationale Emissionsprognose ist kohärent mit dem Ergebnis des nationalen
Luftreinhalteprogramms gemäß § 4.

**Vierundvierzigste Verordnung
zur Durchführung des Bundes-Immissionsschutzgesetzes
(Verordnung über mittelgroße Feuerungs-, Gasturbinen- und
Verbrennungsmotoranlagen – 44. BImSchV)**

Vom 13. Juni 2019 (BGBl. I S. 804)
(FNA 2129-8-44)

Inhaltsübersicht

Abschnitt 1
Allgemeine Vorschriften
§   1   Anwendungsbereich
§   2   Begriffsbestimmungen
§   3   Bezugssauerstoffgehalt
§   4   Aggregationsregeln
§   5   Emissionsrelevante Änderung in einer Feuerungsanlage
§   6   Registrierung von Feuerungsanlagen
§   7   Aufzeichnungs- und Aufbewahrungspflichten des Betreibers
§   8   An- und Abfahrzeiten

Abschnitt 2
Anforderungen an die Errichtung und den Betrieb
§   9   Emissionsgrenzwerte für Ammoniak
§ 10   Emissionsgrenzwerte für Feuerungsanlagen bei Einsatz von festen
           Brennstoffen
§ 11   Emissionsgrenzwerte bei Einsatz von flüssigen Brennstoffen in
           nicht genehmigungsbedürftigen mittelgroßen Feuerungsanlagen mit
           einer Feuerungswärmeleistung von 10 Megawatt oder mehr oder in
           genehmigungsbedürftigen mittelgroßen Feuerungsanlagen
§ 12   Emissionsgrenzwerte bei Einsatz von flüssigen Brennstoffen in nicht
           genehmigungsbedürftigen mittelgroßen Feuerungsanlagen mit einer
           Feuerungswärmeleistung von weniger als 10 Megawatt
§ 13   Emissionsgrenzwerte bei Einsatz von gasförmigen Brennstoffen in
           nicht genehmigungsbedürftigen mittelgroßen Feuerungsanlagen mit
           einer Feuerungswärmeleistung von 10 Megawatt oder mehr oder in
           genehmigungsbedürftigen mittelgroßen Feuerungsanlagen
§ 14   Emissionsgrenzwerte bei Einsatz von gasförmigen Brennstoffen in nicht
           genehmigungsbedürftigen mittelgroßen Feuerungsanlagen mit einer
           Feuerungswärmeleistung von weniger als 10 Megawatt
§ 15   Emissionsgrenzwerte für Gasturbinenanlagen
§ 16   Emissionsgrenzwerte für Verbrennungsmotoranlagen
§ 17   Anforderungen an die Abgasverluste von nicht genehmigungsbedürftigen
           mittelgroßen Öl- und Gasfeuerungsanlagen
§ 18   Anforderungen an Mischfeuerungen und Mehrstofffeuerungen
§ 19   Ableitbedingungen
§ 20   Abgasreinigungseinrichtungen

Abschnitt 3

Messung und Überwachung

§ 21 Messungen an mittelgroßen Feuerungsanlagen bei Einsatz von festen Brennstoffen

§ 22 Messungen an mittelgroßen Feuerungsanlagen bei Einsatz von gasförmigen Brennstoffen

§ 23 Messungen an mittelgroßen Feuerungsanlagen bei Einsatz von flüssigen Brennstoffen

§ 24 Messungen an Verbrennungsmotoranlagen

§ 25 Messungen an Gasturbinenanlagen

§ 26 Messungen an Feuerungsanlagen mit Abgasreinigungseinrichtung für Stickstoffoxide

§ 27 Messplätze

§ 28 Messverfahren und Messeinrichtungen

§ 29 Kontinuierliche Messungen

§ 30 Auswertung und Beurteilung von kontinuierlichen Messungen, Messbericht

§ 31 Einzelmessungen

Abschnitt 4

Gemeinsame Vorschriften

§ 32 Zulassung von Ausnahmen

§ 33 Weitergehende Anforderungen

§ 34 Verhältnis zu anderen Vorschriften

§ 35 Ordnungswidrigkeiten

Abschnitt 5

Anlagenregister, Informationsformate und Übermittlungswege

§ 36 Anlagenregister

§ 37 Informationsformate und Übermittlungswege

Abschnitt 6

Schlussvorschriften

§ 38 Zugänglichkeit und Gleichwertigkeit von Normen

§ 39 Übergangsregelungen

Anlage 1 (zu § 6)

Informationen, die der Betreiber der zuständigen Behörde vorzulegen hat

Anlage 2 (zu § 28)

Anforderungen an die Probenahme und Analyse, an die kontinuierlichen Messeinrichtungen und an die Validierung der Messergebnisse

Anlage 3 (zu § 30)

Umrechnungsformel

Abschnitt 1
Allgemeine Vorschriften

§ 1 Anwendungsbereich

(1) Diese Verordnung gilt für die Errichtung, die Beschaffenheit und den Betrieb von

1. genehmigungsbedürftigen und nicht genehmigungsbedürftigen Feuerungsanlagen (mittelgroße Feuerungsanlagen, Gasturbinen- und Verbrennungsmotoranlagen) mit einer Feuerungswärmeleistung von mindestens 1 Megawatt und weniger als 50 Megawatt, unabhängig davon,

welche Brennstoffe oder welche Arten von Brennstoffen eingesetzt werden;

2. genehmigungsbedürftigen Feuerungsanlagen (mittelgroße Feuerungsanlagen, Gasturbinen- und Verbrennungsmotoranlagen) mit einer Feuerungswärmeleistung von weniger als 1 Megawatt, unabhängig davon, welche Brennstoffe oder welche Arten von Brennstoffen eingesetzt werden; und

3. gemeinsamen Feuerungsanlagen gemäß § 4 mit einer Feuerungswärmeleistung von mindestens 1 Megawatt, unabhängig davon, welche Brennstoffe oder welche Arten von Brennstoffen eingesetzt werden, es sei denn, diese Kombination bildet eine Feuerungsanlage mit einer Feuerungswärmeleistung von 50 Megawatt oder mehr, die unter den Anwendungsbereich der Verordnung über Großfeuerungs-, Gasturbinen- und Verbrennungsmotoranlagen vom 2. Mai 2013 (BGBl. I S. 1021, 1023, 3754), die zuletzt durch Artikel 1 der Verordnung vom 19. Dezember 2017 (BGBl. I S. 4007) geändert worden ist, fällt.

(2) Diese Verordnung gilt nicht für

1. Feuerungsanlagen, die dem Anwendungsbereich der Verordnung über Großfeuerungs-, Gasturbinen- und Verbrennungsmotoranlagen unterliegen;

2. Feuerungsanlagen, die dem Anwendungsbereich der Verordnung (EU) 2016/1628 des Europäischen Parlaments und des Rates vom 14. September 2016 über die Anforderungen in Bezug auf die Emissionsgrenzwerte für gasförmige Schadstoffe und luftverunreinigende Partikel und die Typgenehmigung für Verbrennungsmotoren für nicht für den Straßenverkehr bestimmte mobile Maschinen und Geräte, zur Änderung der Verordnungen (EU) Nr. 1024/2012 und (EU) Nr. 167/2013 und zur Änderung und Aufhebung der Richtlinie 97/68/EG (ABl. L 252 vom 16. 9. 2016, S. 53) unterliegen;

3. Feuerungsanlagen in landwirtschaftlichen Betrieben mit einer Gesamtfeuerungswärmeleistung von höchstens 5 Megawatt, die als Brennstoff ausschließlich unverarbeitete Geflügelgülle gemäß Artikel 9 Buchstabe a der Verordnung (EG) Nr. 1069/2009 des Europäischen Parlaments und des Rates vom 21. Oktober 2009 mit Hygienevorschriften für nicht für den menschlichen Verzehr bestimmte tierische Nebenprodukte und zur Aufhebung der Verordnung (EG) Nr. 1774/2002 (Verordnung über tierische Nebenprodukte) (ABl. L 300 vom 14. 11. 2009, S. 1) verwenden;

4. Feuerungsanlagen, in denen die Verbrennungsprodukte unmittelbar zum Erwärmen, zum Trocknen oder zu einer anderweitigen Behandlung von Gegenständen oder Materialien genutzt werden, zum Beispiel Schmelzöfen und -wannen, Wärme- und Wärmebehandlungsöfen und Hochöfen;

5. Nachverbrennungsanlagen, die dafür ausgelegt sind, die Abgase aus industriellen Prozessen durch Verbrennung zu reinigen, und die nicht als unabhängige Feuerungsanlagen betrieben werden;

6. technische Geräte, die zum Antrieb von Fahrzeugen, Schiffen oder Flugzeugen in diesen eingesetzt werden;
7. Einrichtungen zum Regenerieren von Katalysatoren für katalytisches Kracken;
8. Einrichtungen für die Umwandlung von Schwefelwasserstoff in Schwefel nach dem Claus-Prozess;
9. Reaktoren, die in der chemischen Industrie verwendet werden;
10. Koksöfen;
11. Winderhitzer;
12. Krematorien;
13. Feuerungsanlagen, die Raffineriebrennstoffe allein oder zusammen mit anderen Brennstoffen zur Energieerzeugung in Mineralöl- und Gasraffinerien verfeuern;
14. Ablaugekessel in Anlagen für die Zellstofferzeugung;
15. Feuerungsanlagen, die der Forschung, Entwicklung oder Erprobung neuer Einsatzstoffe, Brennstoffe, Erzeugnisse oder Verfahren im Labor- oder Technikumsmaßstab dienen, sowie Prüfstände für oder mit Verbrennungsmotoren und Prüfstände für oder mit Gasturbinen oder Triebwerke von Luftfahrzeugen;
16. Anlagen, die als Brennstoff andere feste oder flüssige Abfälle als die in § 1 Absatz 2 der Verordnung über die Verbrennung und die Mitverbrennung von Abfällen vom 2. Mai 2013 (BGBl. I S. 1021, 1044, 3754) genannten Stoffe verwenden.

§ 2 Begriffsbestimmungen

(1) »Abgas« im Sinne dieser Verordnung ist das Trägergas mit den festen, flüssigen oder gasförmigen Emissionen, angegeben als Volumenstrom in der Einheit Kubikmeter je Stunde (m^3/h) und bezogen auf das Abgasvolumen im Normzustand, Temperatur 273,15 Kelvin (K), Druck 101,3 Kilopascal (kPa), nach Abzug des Feuchtegehalts an Wasserdampf.

(2) »Abgasreinigungseinrichtung« im Sinne dieser Verordnung ist eine der Feuerung nachgeschaltete Einrichtung zur Verminderung von Luftverunreinigungen einschließlich Einrichtungen zur selektiven katalytischen Reduktion oder Einrichtungen zur selektiven nichtkatalytischen Reduktion.

(3) »Abgasverlust« im Sinne dieser Verordnung ist die Differenz zwischen dem Wärmeinhalt des Abgases und dem Wärmeinhalt der Verbrennungsluft bezogen auf den Heizwert des Brennstoffes.

(4) »Bestehende Anlage« im Sinne dieser Verordnung ist eine Feuerungsanlage,
1. die vor dem 20. Dezember 2018 in Betrieb genommen wurde oder
2. für die vor dem 19. Dezember 2017 nach § 4 oder § 16 des Bundes-Immissionsschutzgesetzes eine Genehmigung erteilt wurde, sofern die Anlage spätestens am 20. Dezember 2018 in Betrieb genommen wurde.

(5) »Betriebsstunden« im Sinne dieser Verordnung ist der in Stunden ausgedrückte Zeitraum, in dem sich eine Feuerungsanlage in Betrieb befindet und Emissionen in die Luft abgibt, ohne An- und Abfahrzeiten.

(6) »Bezugssauerstoffgehalt« im Sinne dieser Verordnung ist der jeweils vorgegebene oder zu berechnende Volumengehalt an Sauerstoff im Abgas, auf den der jeweilige Emissionsgrenzwert zu beziehen ist.

(7) »Biobrennstoffe« im Sinne dieser Verordnung sind

1. die Produkte land- oder forstwirtschaftlichen Ursprungs aus pflanzlichem Material oder aus Teilen davon, sofern sie zur Nutzung ihres Energieinhalts verwendet werden, und

2. folgende Abfälle, falls die erzeugte Wärme genutzt wird:
   a) pflanzliche Abfälle aus der Land- und Forstwirtschaft;
   b) pflanzliche Abfälle aus der Nahrungsmittelindustrie;
   c) natürliche, nicht gefährliche Hölzer aus der Landschaftspflege, sofern sie auf Grund ihrer stofflichen Beschaffenheit mit den Hölzern aus der Forstwirtschaft vergleichbar sind;
   d) faserige pflanzliche Abfälle und Ablaugen aus der Herstellung von natürlichem Zellstoff und aus der Herstellung von Papier aus Zellstoff, sofern sie am Herstellungsort mitverbrannt werden;
   e) Korkabfälle;
   f) Holzabfälle mit Ausnahme von Holzabfällen, die infolge einer Behandlung mit Holzschutzmitteln oder infolge einer Beschichtung halogenorganische Verbindungen oder Schwermetalle enthalten können; hierzu gehören insbesondere Holzabfälle aus Bau- und Abbruchabfällen.

(8) »Brennstoffe« im Sinne dieser Verordnung sind alle festen, flüssigen oder gasförmigen brennbaren Stoffe einschließlich ihrer nicht brennbaren Bestandteile; hiervon ausgenommen sind brennbare Stoffe, die dem Anwendungsbereich der Verordnung über die Verbrennung und die Mitverbrennung von Abfällen unterliegen.

(9) »Brennstofftypen« im Sinne dieser Verordnung sind

1. feste Biobrennstoffe;
2. andere feste Brennstoffe;
3. Gasöl;
4. flüssige Brennstoffe, ausgenommen Gasöl;
5. Erdgas;
6. gasförmige Brennstoffe, ausgenommen Erdgas.

(10) »Brennwertgerät« im Sinne dieser Verordnung ist ein Wärmeerzeuger, bei dem die Verdampfungswärme des im Abgas enthaltenen Wasserdampfes konstruktionsbedingt durch Kondensation nutzbar gemacht wird.

(11) »Dieselmotoranlage« im Sinne dieser Verordnung ist eine nach dem Dieselprinzip arbeitende Verbrennungsmotoranlage mit Selbstzündung des Kraftstoffs.

(12) »Emissionen« im Sinne dieser Verordnung sind die von einer Anlage ausgehenden Luftverunreinigungen, angegeben als Massenkonzentrationen in der Einheit Gramm je Kubikmeter Abgas (g/m^3), Milligramm je Kubikmeter Abgas (mg/m^3) oder Nanogramm je Kubikmeter Abgas

(ng/m³) oder als Massenstrom in der Einheit Megagramm pro Jahr (Mg/a); Gesamtstaubemissionen können auch als Rußzahl angegeben werden.

(13) »Emissionsgrenzwert« im Sinne dieser Verordnung ist der Wert, der die Menge der Emission einer Anlage festlegt, die zulässigerweise in die Luft abgeleitet werden darf, angegeben als Massenkonzentration und bezogen auf den jeweiligen Bezugssauerstoffgehalt der Emission, im Fall von Gesamtstaubemissionen alternativ auch angegeben als zulässige Rußzahl.

(14) »Emissionsrelevante Änderung« im Sinne dieser Verordnung ist jede Änderung an einer Feuerungsanlage, die sich auf die anzuwendenden Emissionsgrenzwerte auswirken würde.

(15) »Erdgas« im Sinne dieser Verordnung ist natürlich vorkommendes Methangas mit nicht mehr als 20 Volumenprozent Inertgasen und sonstigen Bestandteilen, das den Anforderungen des DVGW-Arbeitsblatts G 260 vom März 2013 für Gase der 2. Gasfamilie entspricht.

(16) »Feuerungsanlage« im Sinne dieser Verordnung ist jede Anlage, in der Brennstoff zur Nutzung der erzeugten Wärme oxidiert wird.

(17) »Feuerungswärmeleistung« im Sinne dieser Verordnung ist der auf den unteren Heizwert bezogene Wärmeinhalt der Brennstoffe, der einer Feuerungsanlage im Dauerbetrieb je Zeiteinheit zugeführt wird, angegeben in Kilowatt oder Megawatt.

(18) »Gasöl« im Sinne dieser Verordnung ist

1. aus Erdöl gewonnener flüssiger Kraft- oder Brennstoff der KN-Codes 2710 19 25, 2710 19 29, 2710 19 47, 2710 19 48, 2710 20 17 oder 2710 20 19 nach Anhang I der Verordnung (EWG) Nr. 2658/87 des Rates vom 23. Juli 1987 über die zolltarifliche und statistische Nomenklatur sowie den Gemeinsamen Zolltarif (ABl. L 256 vom 7. 9. 1987, S. 1; L 341 vom 3. 12. 1987, S. 38; L 378 vom 31. 12. 1987, S. 120; L 130 vom 26. 5. 1988, S. 42; L 151 vom 8. 6. 2016, S. 22), die zuletzt durch die Durchführungsverordnung (EU) 2017/1344 (ABl. L 186 vom 19. 7. 2017, S. 3) geändert worden ist, oder

2. aus Erdöl gewonnener flüssiger Kraft- oder Brennstoff, bei dessen Destillation bei 250 °C nach den Methoden, die nach dem Stand von Wissenschaft und Technik festgelegt sind, weniger als 65 Volumenprozent, einschließlich Verlusten, und bei 350 °C mindestens 85 Volumenprozent, einschließlich Verlusten, übergehen.

(19) »Gasturbinenanlage« im Sinne dieser Verordnung ist eine Feuerungsanlage mit einer rotierenden Maschine, die thermische Energie in mechanische Arbeit umwandelt und im Wesentlichen aus einem Verdichter, aus einer Brennkammer, in der Brennstoff zur Erhitzung des Arbeitsmediums oxidiert wird, und aus einer Turbine besteht.

(20) »Genehmigungsbedürftige Anlage« im Sinne dieser Verordnung ist eine Anlage, die nach § 4 des Bundes-Immissionsschutzgesetzes einer Genehmigung bedarf.

(21) »Inbetriebnahme« im Sinne dieser Verordnung ist die erstmalige Aufnahme des Betriebs einer neu errichteten Feuerungsanlage.

(22) »Mittelgroße Feuerungsanlage« im Sinne dieser Verordnung ist eine Feuerungsanlage, die keine Gasturbinenanlage oder Verbrennungsmotoranlage ist.

(23) »Mehrstofffeuerung« im Sinne dieser Verordnung ist eine Einzelfeuerung, die mit zwei oder mehr Brennstoffen wechselweise betrieben werden kann.

(24) »Mischfeuerung« im Sinne dieser Verordnung ist eine Einzelfeuerung, die mit zwei oder mehr Brennstoffen gleichzeitig betrieben werden kann.

(25) [1]»Naturbelassenes Holz« im Sinne dieser Verordnung ist Holz, das ausschließlich mechanischer Bearbeitung ausgesetzt war und bei seiner Verwendung nicht mehr als nur unerheblich mit Schadstoffen kontaminiert wurde. [2]Holzabfälle, mit Ausnahme der Altholzkategorie A I nach § 2 Nummer 4 Buchstabe a der Altholzverordnung vom 15. August 2002 (BGBl. I S. 3302), die zuletzt durch Artikel 62 des Gesetzes vom 29. März 2017 (BGBl. I S. 626) geändert worden ist, stellen kein naturbelassenes Holz im Sinne dieser Verordnung dar. [3]Holzabfälle, die infolge einer Behandlung mit Holzschutzmitteln oder infolge einer Beschichtung halogenorganische Verbindungen oder Schwermetalle enthalten können, stellen kein naturbelassenes Holz im Sinne dieser Verordnung dar; hierzu gehören insbesondere Holzabfälle aus Bau- und Abbruchabfällen.

(26) »Nicht genehmigungsbedürftige Anlage« im Sinne dieser Verordnung ist eine Anlage, die keiner Genehmigung nach dem Bundes-Immissionsschutzgesetz bedarf.

(27) »Raffineriebrennstoffe« im Sinne dieser Verordnung sind alle festen, flüssigen oder gasförmigen brennbaren Stoffe aus den Destillations- und Konversionsstufen der Rohölraffinierung, einschließlich Raffineriebrenngas, Synthesegas, Raffinerieöl und Petrolkoks.

(28) »Verbrennungsmotoranlage« im Sinne dieser Verordnung ist eine Anlage, bei der durch Oxidation von Brennstoffen im Inneren des Arbeitsraums eines Motors die Brennstoffenergie in mechanische Energie umgewandelt wird.

(29) »Zweistoffmotoranlage« im Sinne dieser Verordnung ist eine Verbrennungsmotoranlage mit Selbstzündung des Brennstoffs, die bei der Verbrennung flüssiger Brennstoffe nach dem Dieselprinzip und bei der Verbrennung gasförmiger Brennstoffe nach dem Ottoprinzip arbeitet.

§ 3 Bezugssauerstoffgehalt

Emissionsgrenzwerte beziehen sich auf einen Volumengehalt an Sauerstoff im Abgas von

1. 3 Prozent bei mittelgroßen Feuerungsanlagen für flüssige oder gasförmige Brennstoffe;
2. 6 Prozent bei mittelgroßen Feuerungsanlagen für feste Brennstoffe;
3. 15 Prozent bei Gasturbinenanlagen sowie
4. 5 Prozent bei Verbrennungsmotoranlagen.

§ 4 Aggregationsregeln

(1) [1]Werden in einer Anlage nach § 1 Absatz 3 der Verordnung über genehmigungsbedürftige Anlagen in der Fassung der Bekanntmachung vom 31. Mai 2017 (BGBl. I S. 1440) die Abgase von zwei oder mehr Einzelfeuerungen gemeinsam über einen Schornstein abgeleitet, so gilt die von solchen Feuerungsanlagen gebildete Kombination als eine Feuerungsanlage im Sinne dieser Verordnung. [2]Bei nicht genehmigungsbedürftigen Anlagen gilt § 1 Absatz 3 der Verordnung über genehmigungsbedürftige Anlagen entsprechend.

(2) [1]Absatz 1 gilt auch, wenn in einer Anlage die Abgase aus zwei oder mehr Einzelfeuerungen unter Berücksichtigung technischer und wirtschaftlicher Faktoren gemeinsam über einen Schornstein abgeleitet werden können. [2]Der Betreiber hat die Gründe, aus denen die Aggregationsregel in Satz 1 nicht zur Anwendung kommen kann, der zuständigen Behörde zur Beurteilung vorzulegen.

(3) [1]Bei einer in den Absätzen 1 und 2 beschriebenen Kombination von Einzelfeuerungen werden nur Einzelfeuerungen mit einer Feuerungswärmeleistung von 1 Megawatt oder mehr berücksichtigt. [2]Satz 1 gilt nicht für Einzelfeuerungen, die Teil einer genehmigungsbedürftigen Feuerungsanlage sind.

§ 5 Emissionsrelevante Änderung in einer Feuerungsanlage

(1) Eine emissionsrelevante Änderung an einer nicht genehmigungsbedürftigen Feuerungsanlage liegt regelmäßig vor bei

1. der Umstellung des Brennstoffs auf einen anderen Brennstoff, es sei denn, die Feuerungsanlage ist bereits für wechselweisen Brennstoffeinsatz eingerichtet;

2. dem Austausch eines Kessels.

(2) Eine emissionsrelevante Änderung an einer genehmigungsbedürftigen Feuerungsanlage liegt regelmäßig vor bei einer Änderung einer Feuerungsanlage nach § 16 Absatz 1 des Bundes-Immissionsschutzgesetzes.

§ 6 Registrierung von Feuerungsanlagen

(1) Der Betreiber einer Feuerungsanlage nach § 1 Absatz 1 Nummer 1 und 3 hat vor der Inbetriebnahme den beabsichtigten Betrieb der Feuerungsanlage schriftlich oder elektronisch der zuständigen Behörde anzuzeigen und dabei die in der Anlage 1 genannten Angaben vorzulegen.

(2) Abweichend von Absatz 1 hat der Betreiber einer bestehenden Feuerungsanlage den Betrieb der Feuerungsanlage schriftlich oder elektronisch der zuständigen Behörde bis zum 1. Dezember 2023 anzuzeigen und dabei die in der Anlage 1 genannten Angaben vorzulegen.

(3) Die Absätze 1 und 2 gelten nicht für Einzelfeuerungen, die nach § 4 Absatz 3 Satz 2 als Teil einer genehmigungsbedürftigen Feuerungsanlage zu aggregieren sind, sofern die Feuerungswärmeleistung der Einzelfeuerungen weniger als 1 Megawatt beträgt.

(4) [1]Die zuständige Behörde kann verlangen, dass der Betreiber

1. bei einer schriftlichen Anzeige Mehrfachausfertigungen der Unterlagen, die der Anzeige beizufügen sind, übermittelt oder

2. bei einer elektronischen Anzeige die Unterlagen, die er der Anzeige
    beizufügen hat, auch in schriftlicher Form übermittelt.
²Die zuständige Behörde teilt dem Betreiber nach Eingang der Anzeige
unverzüglich mit, welche zusätzlichen Unterlagen sie für die Registrierung benötigt. ³Sie registriert die Feuerungsanlage innerhalb eines Monats
nach dem Eingang der Anzeige und der vollständigen Unterlagen. ⁴Die
zuständige Behörde unterrichtet den Betreiber über die Registrierung.
(5) ¹Der Betreiber einer nach den Absätzen 1 und 2 anzuzeigenden Feuerungsanlage hat der zuständigen Behörde jede emissionsrelevante Änderung vor ihrer Durchführung sowie den Wechsel des Betreibers und
die endgültige Stilllegung der Anlage unverzüglich, spätestens jedoch innerhalb eines Monats, schriftlich oder elektronisch anzuzeigen. ²Die zuständige Behörde aktualisiert die Registrierung erforderlichenfalls. ³Die
Pflicht zur Durchführung eines Änderungsgenehmigungsverfahrens nach
§ 16 des Bundes-Immissionsschutzgesetzes oder eines Anzeigeverfahrens
nach § 15 des Bundes-Immissionsschutzgesetzes bleibt davon unberührt.

§ 7 Aufzeichnungs- und Aufbewahrungspflichten des Betreibers

(1) Der Betreiber einer Feuerungsanlage hat folgende Aufzeichnungen zu
führen:
1. Aufzeichnungen über Betriebsstunden, auch bei Inanspruchnahme
    folgender Regelungen:
    a) der Regelungen des § 15 Absatz 9, des § 16 Absatz 7 Satz 2 oder
        des § 29 Absatz 2 oder
    b) der Regelungen für den Notbetrieb gemäß § 15 Absatz 6, § 16
        Absatz 5 Satz 1 oder 7 oder Absatz 10 Nummer 4;
2. Aufzeichnungen über die Art und Menge der in der Feuerungsanlage
    verwendeten Brennstoffe;
3. Aufzeichnungen über etwaige Störungen oder Ausfälle der Abgasrei-
    nigungseinrichtung und
4. Aufzeichnungen über die Fälle, in denen die Emissionsgrenzwerte
    nicht eingehalten wurden, und über die diesbezüglich ergriffenen
    Maßnahmen gemäß § 20 Absatz 3.
(2) ¹Der Betreiber einer Feuerungsanlage hat Folgendes aufzubewahren:
1. die Genehmigung zum Betrieb der Feuerungsanlage oder den Nach-
    weis der Registrierung der Feuerungsanlage durch die zuständige Be-
    hörde und, falls vorhanden, die aktualisierte Fassung der Genehmi-
    gung oder der Registrierung sowie die zur Genehmigung oder zum
    Nachweis der Registrierung zugehörigen von der zuständigen Be-
    hörde übersandten Informationen;
2. die Überwachungsergebnisse nach den §§ 21, 22 Absatz 1 bis 6
    Satz 1, § 23 Absatz 1 bis 5 und 7 bis 10 Satz 1, § 24 Absatz 1, 2,
    4, 5, 7 Satz 2, Absatz 8, 10, 11, 12 Satz 1 und 2 und Absatz 13, § 25
    Absatz 1, 2, 5 und 6 und nach § 26 Satz 1 sowie die Nachweise über
    den kontinuierlichen effektiven Betrieb von Abgasreinigungseinrich-
    tungen gemäß § 20 Absatz 2 und gemäß § 24 Absatz 3 und 6;
3. Aufzeichnungen nach Absatz 1 Nummer 1;

4. Aufzeichnungen nach Absatz 1 Nummer 2;

5. Aufzeichnungen nach Absatz 1 Nummer 4.

[2]Der Betreiber hat die in Satz 1 Nummer 1 genannten Unterlagen ein Jahr nach der Einstellung des gesamten Betriebs der Anlage aufzubewahren. [3]Der Betreiber hat die in Satz 1 Nummer 2 bis 5 genannten Unterlagen mindestens sechs Jahre lang ab dem Zeitpunkt des Vorliegens der Überwachungsergebnisse oder der Aufzeichnungen aufzubewahren.

(3) [1]Der Betreiber hat der zuständigen Behörde die in den Absätzen 1 und 2 genannten Unterlagen auf deren Verlangen vorzulegen. [2]Die zuständige Behörde verlangt die Vorlage insbesondere, um sie der Öffentlichkeit nach den Bestimmungen über den Zugang zu Umweltinformationen zugänglich zu machen.

§ 8 An- und Abfahrzeiten
Der Betreiber hält die An- und Abfahrzeiten von Feuerungsanlagen möglichst kurz.

Abschnitt 2
Anforderungen an die Errichtung und den Betrieb

§ 9 Emissionsgrenzwerte für Ammoniak
Feuerungsanlagen, die selektive katalytische Reduktion oder selektive nichtkatalytische Reduktion einsetzen, sind so zu errichten und zu betreiben, dass die Emissionen an Ammoniak im Abgas eine Massenkonzentration von 30 mg/m^3 nicht überschreiten.

§ 10 Emissionsgrenzwerte für Feuerungsanlagen bei Einsatz von festen Brennstoffen
(1) Feuerungsanlagen, die feste Brennstoffe einsetzen, sind so zu errichten und zu betreiben, dass die Anforderungen der Absätze 2 bis 6, 7 Satz 1 und der Absätze 8 bis 19 eingehalten werden.

(2) Der Betreiber hat sicherzustellen, dass die Emissionen an Kohlenmonoxid im Abgas beim Einsatz von

1. Stroh oder ähnlichen halmgutartigen pflanzlichen Stoffen eine Massenkonzentration von 0,37 g/m^3 nicht überschreiten;

2. sonstigen Biobrennstoffen eine Massenkonzentration von 0,22 g/m^3 nicht überschreiten und

3. sonstigen Brennstoffen eine Massenkonzentration von 0,16 g/m^3 nicht überschreiten.

(3) Der Gesamtstaub im Abgas darf eine Massenkonzentration von 20 mg/m^3 nicht überschreiten.

(4) Die Emissionen an Stickstoffmonoxid und Stickstoffdioxid im Abgas dürfen folgende Massenkonzentrationen, angegeben als Stickstoffdioxid, nicht überschreiten:

1. bei Einsatz von Biobrennstoffen

    a) in Anlagen mit einer Feuerungswärmeleistung von 20 Megawatt oder mehr   0,2 g/m^3;

    b) in Anlagen mit einer Feuerungswärmeleistung von 5 Megawatt bis weniger als 20 Megawatt   0,30 g/m^3;

   c) bei Anlagen mit einer Feuerungswärmeleistung
      von weniger als 5 Megawatt   0,37 g/m^3;
2. bei Einsatz von sonstigen Brennstoffen   0,2 g/m^3.

(5) Die Emissionen an Distickstoffoxid im Abgas dürfen bei Wirbelschichtfeuerungen für den Einsatz von Kohle eine Massenkonzentration
von 0,15 g/m^3 nicht überschreiten.

(6) Bei Einsatz von fossilen Brennstoffen dürfen die Emissionen an
Schwefeldioxid und Schwefeltrioxid im Abgas folgende Massenkonzentrationen, angegeben als Schwefeldioxid, nicht überschreiten:

1. bei Wirbelschichtfeuerungen   0,375 g/m^3;
2. bei sonstigen Feuerungen   0,40 g/m^3.

(7) [1]Bei Einsatz von Biobrennstoffen dürfen die Emissionen an Schwefeldioxid und Schwefeltrioxid im Abgas eine Massenkonzentration, angegeben als Schwefeldioxid, von 0,20 g/m^3 nicht überschreiten. [2]Satz 1 gilt
nicht bei Einsatz von naturbelassenem Holz oder Holzabfällen.

(8) [1]Bei Einsatz von Biobrennstoffen, ausgenommen naturbelassenem
Holz, dürfen die Emissionen an gasförmigen anorganischen Chlorverbindungen im Abgas eine Massenkonzentration von 45 mg/m^3, angegeben
als Chlorwasserstoff, nicht überschreiten. [2]Satz 1 gilt nicht für Anlagen
mit nasser Schwefeldioxid-Abgasreinigung.

(9) [1]Bei Einsatz von Biobrennstoffen dürfen die Emissionen an organischen Stoffen im Abgas eine Massenkonzentration von 10 mg/m^3, angegeben als Gesamtkohlenstoff, nicht überschreiten. [2]Abweichend von Satz 1
dürfen bei Einsatz von Biobrennstoffen in bestehenden Anlagen die Emissionen an organischen Stoffen im Abgas eine Massenkonzentration von 15
mg/m^3, angegeben als Gesamtkohlenstoff, nicht überschreiten.

(10) Bei Einsatz von fossilen Brennstoffen oder Holzabfällen, ausgenommen Holzabfälle der Altholzkategorie A I nach § 2 Nummer 4 Buchstabe a
der Altholzverordnung, dürfen die Emissionen an Quecksilber und seinen
Verbindungen im Abgas eine Massenkonzentration von 0,05 mg/m^3 nicht
überschreiten.

(11) [1]Abweichend von den Absätzen 2, 4 und 9 dürfen bei Einsatz von
Biobrennstoffen in genehmigungsbedürftigen Feuerungsanlagen mit einer
Feuerungswärmeleistung von weniger als 1 Megawatt

1. die Emissionen an Stickstoffmonoxid und Stickstoffdioxid im Abgas
    eine Massenkonzentration von 0,75 g/m^3, angegeben als Stickstoffdi-
    oxid, nicht überschreiten;

2. die Emissionen von Kohlenmonoxid im Abgas eine Massenkonzen-
    tration von 0,37 g/m^3 nicht überschreiten;

3. die Emissionen an organischen Stoffen im Abgas eine Massenkon-
    zentration von 50 mg/m^3, angegeben als Gesamtkohlenstoff, nicht
    überschreiten.

(12) [1]Abweichend von Absatz 3 darf der Gesamtstaub im Abgas bei Anlagen mit einer Feuerungswärmeleistung von weniger als 5 Megawatt,
die naturbelassenes Holz verbrennen, eine Massenkonzentration von 35
mg/m^3 nicht überschreiten. [2]Abweichend von Absatz 3 und Satz 1 darf
der Gesamtstaub im Abgas von bestehenden Anlagen, die am 20. Juni

2019 bereits mit filternden oder elektrostatischen Abscheidern ausgerüstet sind, bei Einsatz von naturbelassenem Holz folgende Massenkonzentration nicht überschreiten:

1. bei einer Feuerungswärmeleistung von weniger als
   5 Megawatt   50 mg/m³;
2. bei einer Feuerungswärmeleistung von 5 Megawatt
   oder mehr   30 mg/m³.

(13) [1]Abweichend von Absatz 3 darf der Gesamtstaub im Abgas bei Anlagen mit einer Feuerungswärmeleistung von weniger als 20 Megawatt, die sonstige Biobrennstoffe verbrennen, eine Massenkonzentration von 30 mg/m³ nicht überschreiten. [2]Abweichend von Satz 1 und von Absatz 3 darf der Gesamtstaub im Abgas von bestehenden Anlagen, die sonstige Biobrennstoffe verbrennen, die folgenden Massenkonzentrationen nicht überschreiten:

1. bei einer Feuerungswärmeleistung von weniger als
   1 Megawatt   50 mg/m³;
2. bei einer Feuerungswärmeleistung von 1 Megawatt
   oder mehr   30 mg/m³.

[3]Abweichend von Absatz 3 und den Sätzen 1 und 2 darf der Gesamtstaub im Abgas von bestehenden Anlagen mit einer Feuerungswärmeleistung von weniger als 2,5 Megawatt, die am 20. Juni 2019 bereits mit filternden oder elektrostatischen Abscheidern ausgerüstet sind, bei Einsatz von Holzabfällen, ausgenommen Holzabfälle der Altholzkategorie A I nach § 2 Nummer 4 Buchstabe a der Altholzverordnung, eine Massenkonzentration von 50 mg/m³ nicht überschreiten.

(14) Abweichend von Absatz 4 dürfen bei Einsatz von naturbelassenem Holz in bestehenden Anlagen mit einer Feuerungswärmeleistung von 5 Megawatt oder mehr die Emissionen von Stickstoffmonoxid und Stickstoffdioxid im Abgas eine Massenkonzentration von 0,37 g/m³, angegeben als Stickstoffdioxid, nicht überschreiten.

(15) Abweichend von Absatz 4 dürfen bei Einsatz von sonstigen Biobrennstoffen in bestehenden Anlagen die Emissionen von Stickstoffmonoxid und Stickstoffdioxid im Abgas die folgenden Massenkonzentrationen, angegeben als Stickstoffdioxid, nicht überschreiten:

1. bei einer Feuerungswärmeleistung von 20 Megawatt
   oder mehr   0,37 g/m³;
2. bei einer Feuerungswärmeleistung von weniger als 20
   Megawatt   0,60 g/m³.

(16) Abweichend von Absatz 4 dürfen bei Einsatz fossiler Brennstoffe die Emissionen an Stickstoffmonoxid und Stickstoffdioxid im Abgas von bestehenden Anlagen die folgenden Massenkonzentrationen, angegeben als Stickstoffdioxid, nicht überschreiten:

1. bei Wirbelschichtfeuerungen   0,32 g/m³;
2. bei sonstigen Feuerungen in Anlagen mit einer Feuerungswärmeleistung
   a) von 10 Megawatt bis weniger als 20 Megawatt   0,43 g/m³;
   b) von weniger als 10 Megawatt   0,54 g/m³.

(17) Abweichend von Absatz 6 dürfen bei Einsatz fossiler Brennstoffe die Emissionen an Schwefeldioxid und Schwefeltrioxid im Abgas von bestehenden Anlagen mit einer Feuerungswärmeleistung von weniger als 20 Megawatt, ausgenommen Wirbelschichtfeuerungen, eine Massenkonzentration von 1,0 g/m³, angegeben als Schwefeldioxid, nicht überschreiten.

(18) Abweichend von Absatz 7 dürfen bei Einsatz von Biobrennstoffen die Emissionen an Schwefeldioxid und Schwefeltrioxid im Abgas von bestehenden Anlagen mit einer Feuerungswärmeleistung von weniger als 1 Megawatt eine Massenkonzentration von 0,30 g/m³, angegeben als Schwefeldioxid, nicht überschreiten.

(19) Abweichend von Absatz 7 dürfen bei Einsatz von Stroh die Emissionen an Schwefeldioxid und Schwefeltrioxid im Abgas von bestehenden Anlagen mit einer Feuerungswärmeleistung von weniger als 20 Megawatt eine Massenkonzentration von 0,30 g/m³, angegeben als Schwefeldioxid, nicht überschreiten.

§ 11 Emissionsgrenzwerte bei Einsatz von flüssigen Brennstoffen in nicht genehmigungsbedürftigen mittelgroßen Feuerungsanlagen mit einer Feuerungswärmeleistung von 10 Megawatt oder mehr oder in genehmigungsbedürftigen mittelgroßen Feuerungsanlagen

(1) Nicht genehmigungsbedürftige mittelgroße Feuerungsanlagen mit einer Feuerungswärmeleistung von 10 Megawatt oder mehr und genehmigungsbedürftige mittelgroße Feuerungsanlagen, die flüssige Brennstoffe einsetzen, sind so zu errichten und zu betreiben, dass die Anforderungen der Absätze 2 bis 9 eingehalten werden.

(2) Der Betreiber hat sicherzustellen, dass bei Einsatz von Heizölen nach DIN 51603 Teil 1, Ausgabe März 2017, von Heizölen nach DIN SPEC 51603 Teil 6, Ausgabe März 2017, von Methanol, Ethanol, naturbelassenen Pflanzenölen oder Pflanzenölmethylestern die Rußzahl den Wert 1 nicht überschreitet.

(3) Der Betreiber hat sicherzustellen, dass die Abgase so weit frei von Ölderivaten sind, dass das für die Rußmessung verwendete Filterpapier keine sichtbaren Spuren von Ölderivaten aufweist.

(4) Bei Einsatz von sonstigen flüssigen Brennstoffen dürfen die Gesamtstaubemissionen folgende Massenkonzentrationen nicht überschreiten:

1. bei Feuerungsanlagen mit einer Feuerungswärmeleistung von 20 Megawatt oder mehr   10 mg/m³;
2. bei Feuerungsanlagen mit einer Feuerungswärmeleistung von weniger als 20 Megawatt   20 mg/m³.

(5) Die Emissionen an Kohlenmonoxid im Abgas dürfen eine Massenkonzentration von 80 mg/m³ nicht überschreiten.

(6) Die Emissionen an Stickstoffmonoxid und Stickstoffdioxid im Abgas dürfen folgende Massenkonzentrationen, angegeben als Stickstoffdioxid, nicht überschreiten:

1. bei Einsatz von Heizölen nach DIN 51603 Teil 1, Ausgabe März 2017, und von Heizölen nach DIN SPEC 51603 Teil 6, Ausgabe März 2017, bei Kesseln mit einem Einstellwert der Sicherheitseinrichtung, insbe-

sondere durch einen Sicherheitstemperaturbegrenzer oder ein Sicherheitsdruckventil, gegen Überschreitung

a) einer Temperatur von weniger als 110 °C oder ei-
   nes Überdrucks von weniger als 0,05 MPa   0,15 g/m³;

b) einer Temperatur von 110 °C bis 210 °C oder ei-
   nes Überdrucks von 0,05 MPa bis 1,8 MPa   0,17 g/m³;

c) einer Temperatur von mehr als 210 °C oder eines
   Überdrucks von mehr als 1,8 MPa   0,20 g/m³;

2. bei Einsatz von sonstigen flüssigen Brennstoffen   0,20 g/m³.

(7) Andere flüssige Brennstoffe als Heizöle mit einem Massengehalt an
Schwefel für leichtes Heizöl nach der Verordnung über die Beschaffenheit und die Auszeichnung der Qualitäten von Kraft- und Brennstoffen
vom 8. Dezember 2010 (BGBl. I S. 1849), die zuletzt durch Artikel 1 der
Verordnung vom 1. Dezember 2014 (BGBl. I S. 1890) geändert worden
ist, dürfen nur eingesetzt werden, wenn sichergestellt wird, insbesondere
durch den Schwefelgehalt im Brennstoff oder durch Entschwefelungseinrichtungen, dass keine höheren Emissionen an Schwefeloxiden als bei Einsatz von leichtem Heizöl mit einem Massengehalt an Schwefel nach der
genannten Verordnung entstehen.

(8) Abweichend von Absatz 6 dürfen bei Einsatz von leichten Heizölen
in bestehenden Anlagen mit einer Feuerungswärmeleistung von 10 Megawatt bis weniger als 20 Megawatt, die im gleitenden Durchschnitt über
einen Zeitraum von fünf Jahren höchstens 300 Betriebsstunden jährlich in
Betrieb sind, die Emissionen an Stickstoffmonoxid und Stickstoffdioxid,
angegeben als Stickstoffdioxid, im Abgas bei allen Betriebstemperaturen
die Massenkonzentration von 0,25 mg/m³ nicht überschreiten.

(9) Abweichend von Absatz 7 dürfen bei Einsatz von flüssigen Brennstoffen mit einem höheren Massengehalt an Schwefel als leichtes Heizöl nach
der Verordnung über die Beschaffenheit und die Auszeichnung der Qualitäten von Kraft- und Brennstoffen in der jeweils geltenden Fassung, in
bestehenden Anlagen mit einer Feuerungswärmeleistung von 5 Megawatt
oder mehr die Emissionen an Schwefeldioxid und Schwefeltrioxid im Abgas eine Massenkonzentration von 0,35 g/m³, angegeben als Schwefeldioxid, nicht überschreiten.

§ 12 Emissionsgrenzwerte bei Einsatz von flüssigen Brennstoffen in nicht genehmigungsbedürftigen mittelgroßen Feuerungsanlagen mit einer Feuerungswärmeleistung von weniger als 10 Megawatt

(1) ¹Nicht genehmigungsbedürftige mittelgroße Feuerungsanlagen mit einer Feuerungswärmeleistung von weniger als 10 Megawatt, die flüssige
Brennstoffe einsetzen, sind so zu errichten und zu betreiben, dass die Anforderungen dieses Absatzes, des Absatzes 2 und des § 39 Absatz 4 Nummer 2 eingehalten werden. ²Der Betreiber hat sicherzustellen, dass Ölfeuerungsanlagen so errichtet und betrieben werden, dass

1. die Rußzahl bei Verdampfungsbrennern den Wert 2 und bei Zerstäubungsbrennern den Wert 1 nicht überschreitet;

2. die Abgase frei von Ölderivaten sind;
3. die Emissionen an Kohlenmonoxid im Abgas eine Massenkonzentration von 80 mg/m^3 nicht überschreiten und
4. die Emissionen an Stickstoffoxiden im Abgas eine Massenkonzentration von 200 mg/m^3, angegeben als Stickstoffdioxid, nicht überschreiten.

(2) Abweichend von Absatz 1 Satz 2 Nummer 3 dürfen bei bestehenden Anlagen die Emissionen an Kohlenmonoxid im Abgas eine Massenkonzentration von 150 mg/m^3 nicht überschreiten.

(3) Bei Einsatz von nicht in Absatz 1 genannten flüssigen Brennstoffen gelten die Anforderungen des § 11 entsprechend.

§ 13 Emissionsgrenzwerte bei Einsatz von gasförmigen Brennstoffen in nicht genehmigungsbedürftigen mittelgroßen Feuerungsanlagen mit einer Feuerungswärmeleistung von 10 Megawatt oder mehr oder in genehmigungsbedürftigen mittelgroßen Feuerungsanlagen

(1) Nicht genehmigungsbedürftige mittelgroße Feuerungsanlagen mit einer Feuerungswärmeleistung von 10 Megawatt oder mehr und genehmigungsbedürftige mittelgroße Feuerungsanlagen, die gasförmige Brennstoffe einsetzen, sind so zu errichten und zu betreiben, dass die Anforderungen des Absatzes 2 Satz 1 und der Absätze 3 bis 8 und des § 39 Absatz 4 Nummer 3 eingehalten werden.

(2) [1]Der Betreiber hat sicherzustellen, dass der Gesamtstaub im Abgas folgende Massenkonzentrationen nicht überschreitet:

1. bei Einsatz von Raffineriegas, Klärgas oder Biogas   5 mg/m^3;
2. bei Einsatz sonstiger Gase   10 mg/m^3.

[2]Die in Satz 1 genannten Emissionsgrenzwerte gelten nicht für Gase der öffentlichen Gasversorgung, Flüssiggas und Wasserstoffgas.

(3) Die Emissionen an Kohlenmonoxid im Abgas dürfen folgende Massenkonzentrationen nicht überschreiten:

1. bei Einsatz von Gasen der öffentlichen Gasversorgung   50 mg/m^3;
2. bei Einsatz anderer als in Nummer 1 genannter Gase   80 mg/m^3.

(4) Die Emissionen an Stickstoffmonoxid und Stickstoffdioxid im Abgas dürfen folgende Massenkonzentrationen, angegeben als Stickstoffdioxid, nicht überschreiten:

1. bei Einsatz von Gasen der öffentlichen Gasversorgung oder Flüssiggas   0,10 g/m^3;
2. bei Einsatz anderer als in Nummer 1 genannter Gase   0,20 g/m^3.

(5) Die Emissionen an Schwefeldioxid und Schwefeltrioxid im Abgas dürfen folgende Massenkonzentrationen, angegeben als Schwefeldioxid, nicht überschreiten:

1. bei Einsatz von Flüssiggas   5 mg/m^3;
2. bei Einsatz von Gasen der öffentlichen Gasversorgung   10 mg/m^3;
3. bei Einsatz von Biogas oder Klärgas   0,10 g/m^3;

4. bei Einsatz von Erdölgas auf Offshore-Plattformen,
   das als Brennstoff zur Dampferzeugung bei Tertiärmaßnahmen zur Erdölförderung verwendet wird,   1,7 g/m^3;
5. bei Einsatz von Brenngasen, die im Verbund zwischen Eisenhüttenwerk und Kokerei verwendet werden:
   a) bei Einsatz von Hochofengas   0,20 g/m^3;
   b) bei Einsatz von Koksofengas   0,35 g/m^3;
6. bei Einsatz anderer als in den Nummern 1 bis 5 ge-
   nannter Gase   35 mg/m^3.

(6) Abweichend von Absatz 4 Nummer 1 dürfen die Emissionen an Stickstoffmonoxid und Stickstoffdioxid im Abgas, angegeben als Stickstoffdioxid, in bestehenden Anlagen bei Einsatz von Gasen der öffentlichen Gasversorgung oder bei Einsatz von Flüssiggas bei Kesseln mit einem Einstellwert der Sicherheitseinrichtung gegen Überschreitung
1. einer Temperatur von weniger als 110 °C oder eines
   Überdrucks von weniger als 0,05 MPa eine Massenkonzentration von   0,10 g/m^3;
2. einer Temperatur von 110 °C bis 210 °C oder eines
   Überdrucks von 0,05 MPa bis 1,8 MPa eine Massenkonzentration von   0,11 g/m^3;
3. einer Temperatur von mehr als 210 °C oder eines
   Überdrucks von mehr als 1,8 MPa eine Massenkonzentration von   0,15 g/m^3
nicht überschreiten.

(7) Abweichend von Absatz 3 dürfen bei Einsatz von Gasen der öffentlichen Gasversorgung oder bei Einsatz von Flüssiggas in bestehenden
Anlagen mit einer Feuerungswärmeleistung von weniger als 20 Megawatt die Emissionen an Kohlenmonoxid eine Massenkonzentration von 80
mg/m^3 nicht überschreiten.

(8) Abweichend von Absatz 5 Nummer 3 dürfen bei Einsatz von Biogas
oder Klärgas in bestehenden Anlagen die Emissionen an Schwefeldioxid
und Schwefeltrioxid im Abgas folgende Massenkonzentrationen, angegeben als Schwefeldioxid, nicht überschreiten:
1. in Anlagen mit einer Feuerungswärmeleistung von
   5 Megawatt oder mehr   170 mg/m^3;
2. in Anlagen mit einer Feuerungswärmeleistung von
   weniger als 5 Megawatt   200 mg/m^3.

**§ 14 Emissionsgrenzwerte bei Einsatz von gasförmigen Brennstoffen
in nicht genehmigungsbedürftigen mittelgroßen Feuerungsanlagen
mit einer Feuerungswärmeleistung von weniger als 10 Megawatt**
(1) [1]Nicht genehmigungsbedürftige mittelgroße Feuerungsanlagen mit einer Feuerungswärmeleistung von weniger als 10 Megawatt, die gasförmige Brennstoffe einsetzen, sind so zu errichten und zu betreiben, dass
die Anforderungen dieses Absatzes, der Absätze 2 und 3 und des § 39 Absatz 4 Nummer 3 eingehalten werden. [2]Der Betreiber hat sicherzustellen,

dass Gasfeuerungsanlagen bei Einsatz von Gasen der öffentlichen Gasversorgung und von Flüssiggas so errichtet und betrieben werden, dass

1. die Emissionen an Kohlenmonoxid im Abgas eine Massenkonzentration von 80 mg/m^3 nicht überschreiten;

2. die Emissionen an Stickstoffmonoxid und Stickstoffdioxid im Abgas eine Massenkonzentration von 0,10 g/m^3, angegeben als Stickstoffdioxid, nicht überschreiten.

(2) [1]Abweichend von Absatz 1 Satz 2 Nummer 1 dürfen bei bestehenden Anlagen die Emissionen an Kohlenmonoxid eine Massenkonzentration von 110 mg/m^3 nicht überschreiten. [2]Abweichend von Absatz 1 Satz 2 Nummer 2 dürfen bei bestehenden Anlagen die Emissionen an Stickstoffmonoxid und Stickstoffdioxid im Abgas eine Massenkonzentration von 0,15 g/m^3, angegeben als Stickstoffdioxid, bis zum 31. Dezember 2035 nicht überschreiten.

(3) Bei Einsatz von nicht in Absatz 1 Satz 2 genannten Gasen gelten die Anforderungen des § 13 entsprechend.

§ 15 Emissionsgrenzwerte für Gasturbinenanlagen

(1) Gasturbinenanlagen sind so zu errichten und zu betreiben, dass die Anforderungen der Absätze 2, 3 Satz 1, des Absatzes 4 Satz 1, der Absätze 5, 7 Satz 1, der Absätze 8, 9, 10 Satz 1 bis 3, des Absatzes 11 und des § 39 Absatz 4 Nummer 5 eingehalten werden.

(2) Der Betreiber hat sicherzustellen, dass die Rußzahl bei Einsatz flüssiger Brennstoffe im Dauerbetrieb den Wert 2 und beim Anfahren den Wert 4 nicht überschreitet.

(3) [1]Die Emissionen an Kohlenmonoxid im Abgas dürfen bei Betrieb mit einer Last von 70 Prozent oder mehr eine Massenkonzentration von 0,10 g/m^3 nicht überschreiten. [2]Für den Betrieb bei Lasten unter 70 Prozent legt die zuständige Behörde den zu überwachenden Teillastbereich sowie die in diesem Bereich einzuhaltende Emissionsbegrenzung fest.

(4) [1]Bei Einsatz von Erdgas dürfen die Emissionen an Stickstoffmonoxid und Stickstoffdioxid im Abgas bei Betrieb mit einer Last von 70 Prozent oder mehr eine Massenkonzentration von 50 mg/m^3, angegeben als Stickstoffdioxid, nicht überschreiten. [2]Für den Betrieb bei Lasten unter 70 Prozent legt die zuständige Behörde den zu überwachenden Teillastbereich sowie die in diesem Bereich einzuhaltende Emissionsbegrenzung fest.

(5) Bei Einsatz von sonstigen gasförmigen oder von flüssigen Brennstoffen dürfen die Emissionen an Stickstoffmonoxid und Stickstoffdioxid im Abgas eine Massenkonzentration von 75 mg/m^3, angegeben als Stickstoffdioxid, nicht überschreiten.

(6) Abweichend von Absatz 4 Satz 1 und Absatz 5 sind bei Gasturbinen, die ausschließlich dem Notbetrieb dienen, die Emissionsgrenzwerte für Stickstoffoxide nicht anzuwenden.

(7) [1]Bei Einsatz flüssiger Brennstoffe dürfen nur folgende Brennstoffe verwendet werden:

1. Heizöle nach DIN 51603 Teil 1, Ausgabe März 2017, mit einem Massengehalt an Schwefel für leichtes Heizöl nach der Verordnung über

die Beschaffenheit und die Auszeichnung der Qualitäten von Kraft-
und Brennstoffen;

2. Heizöle nach DIN SPEC 51603 Teil 6, Ausgabe März 2017, mit einem Massengehalt an Schwefel für leichtes Heizöl nach der Verordnung über die Beschaffenheit und die Auszeichnung der Qualitäten
von Kraft- und Brennstoffen;

3. Dieselkraftstoffe mit einem Massengehalt an Schwefel nach der Verordnung über die Beschaffenheit und die Auszeichnung der Qualitäten
von Kraft- und Brennstoffen.

[2]Abweichend von Satz 1 dürfen andere Brennstoffe verwendet werden,
wenn gleichwertige Maßnahmen zur Emissionsminderung angewendet
werden.

(8) Abweichend von Absatz 4 dürfen in bestehenden Anlagen die Emissionen an Stickstoffmonoxid und Stickstoffdioxid im Abgas bei Betrieb
mit einer Last von 70 Prozent oder mehr folgende Massenkonzentrationen,
angegeben als Stickstoffdioxid, nicht überschreiten:

1. bei Einsatz von Erdgas 75 mg/m^3;

2. bei Einsatz von sonstigen gasförmigen oder flüssigen
   Brennstoffen 120 mg/m^3.

(9) Abweichend von Absatz 4 Satz 1 und Absatz 5 dürfen bei bestehenden Anlagen, die ausschließlich zur Abdeckung der Spitzenlast bei der
Energieversorgung bis zu 300 Stunden jährlich in Betrieb sind, die Emissionen an Stickstoffmonoxid und Stickstoffdioxid folgende Massenkonzentrationen, angegeben als Stickstoffdioxid, nicht überschreiten:

1. bei Einsatz von Erdgas $0,15 \text{ g/m}^3$;

2. bei Einsatz von sonstigen gasförmigen Brennstoffen
   oder flüssigen Brennstoffen $0,20 \text{ g/m}^3$.

(10) [1]Bei Einsatz gasförmiger Brennstoffe gelten die Anforderungen des
§ 13 Absatz 5 an die Emissionen von Schwefeloxiden entsprechend. [2]Die
Emissionsgrenzwerte sind auf einen Bezugssauerstoffgehalt von 15 Prozent umzurechnen. [3]Abweichend von Satz 1 dürfen in Anlagen, die keine
bestehenden Anlagen sind, bei Einsatz von Koksofengas oder Hochofengas die Emissionen an Schwefeldioxid und Schwefeltrioxid im Abgas eine
Massenkonzentration von 15 mg/m^3, angegeben als Schwefeldioxid, nicht
überschreiten. [4]Die Anforderungen nach Satz 1 gelten für Anlagen, die
Erdgas einsetzen, als erfüllt, wenn einmalig sowie zusätzlich jeweils nach
Anbieterwechsel oder nach einer Änderung der Gasqualität durch den Anbieter nachgewiesen wird, dass der Gesamtschwefelgehalt des eingesetzten Erdgases den Anforderungen an die Gasbeschaffenheit des DVGW-
Arbeitsblatts G 260 vom März 2013 für Gase der 2. Gasfamilie entspricht.

(11) [1]Die Emissionen an Formaldehyd im Abgas dürfen bei Betrieb mit
einer Last von 70 Prozent oder mehr die Massenkonzentration von 5
mg/m^3 nicht überschreiten. [2]Für den Betrieb bei einer Last unter 70 Prozent legt die zuständige Behörde den zu überwachenden Teillastbereich
sowie die in diesem Bereich einzuhaltende Emissionsbegrenzung fest.

§ 16 Emissionsgrenzwerte für Verbrennungsmotoranlagen

(1) Verbrennungsmotoranlagen sind so zu errichten und zu betreiben, dass die Anforderungen des Absatzes 2 Satz 1, der Absätze 3, 4 Satz 1, des Absatzes 5 Satz 1, 6 und 7, des Absatzes 6 Satz 1, des Absatzes 7 Satz 1, des Absatzes 8 Satz 1, des Absatzes 9 Satz 1, der Absätze 10, 11 Satz 1, der Absätze 12 bis 15, des § 39 Absatz 4 Nummer 5 bis 7 und Absatz 5 bis 8 eingehalten werden.

(2) [1]Bei Einsatz gasförmiger Brennstoffe mit Ausnahme von Gasen der öffentlichen Gasversorgung, Flüssiggas, Biogas, Klärgas und Wasserstoffgas gelten für die Gesamtstaubemissionen die Anforderungen des § 13 Absatz 2 Satz 1 entsprechend. [2]Die in § 13 Absatz 2 Satz 1 genannten Emissionsgrenzwerte sind auf einen Bezugssauerstoffgehalt von 5 Prozent umzurechnen.

(3) Bei Einsatz von Heizöl EL nach DIN 51603 Teil 1, Ausgabe März 2017, von Heizölen nach DIN SPEC 51603 Teil 6, Ausgabe März 2017, von Dieselkraftstoff nach DIN EN 590, Ausgabe April 2014, von Methanol, Ethanol, Pflanzenölen oder Pflanzenölmethylestern darf der Gesamtstaub im Abgas eine Massenkonzentration von 20 mg/m^3 nicht überschreiten.

(4) [1]Bei Einsatz sonstiger flüssiger Brennstoffe gelten für die Emissionen von Gesamtstaub die Anforderungen des § 11 Absatz 4 entsprechend. [2]Die in § 11 Absatz 4 genannten Emissionsgrenzwerte sind auf einen Bezugssauerstoffgehalt von 5 Prozent umzurechnen.

(5) [1]Bei Einsatz flüssiger Brennstoffe in Anlagen, die zur Abdeckung der Spitzenlast bei der Energieversorgung bis zu 300 Stunden jährlich in Betrieb sind oder ausschließlich dem Notbetrieb dienen, hat der Betreiber die Anlage mit einem Rußfilter nach dem Stand der Technik auszustatten. [2]Satz 1 gilt nicht für bestehende Anlagen. [3]Der Betreiber hat der zuständigen Behörde innerhalb von vier Monaten nach Inbetriebnahme eine Prüfbescheinigung darüber vorzulegen, dass die Emissionen an Gesamtstaub eine Massenkonzentration von 5 mg/m^3 nicht überschreiten. [4]Der Betreiber hat den Rußfilter ordnungsgemäß zu warten. [5]Der Betreiber kann auf den Einbau eines Rußfilters nach Satz 1 verzichten. [6]In diesem Fall darf die Emission an Gesamtstaub eine Massenkonzentration von 50 mg/m^3 nicht überschreiten. [7]Bei Einsatz flüssiger Brennstoffe in bestehenden Anlagen, die zur Abdeckung der Spitzenlast bei der Energieversorgung bis zu 300 Stunden jährlich in Betrieb sind oder ausschließlich dem Notbetrieb dienen, darf der Gesamtstaub eine Massenkonzentration von 80 mg/m^3 nicht überschreiten.

(6) [1]Die Emissionen an Kohlenmonoxid im Abgas dürfen folgende Massenkonzentrationen nicht überschreiten:

1. bei Motoren, die mit flüssigen Brennstoffen betrieben
   werden,   0,30 g/m^3;
2. bei Motoren, die mit Biogas, Klärgas, Grubengas oder
   mit Gasen aus der thermochemischen Vergasung von
   naturbelassenem Holz betrieben werden,   0,50 g/m^3;

3. bei Motoren, die mit anderen Brennstoffen, insbesondere mit Gasen der öffentlichen Gasversorgung oder
   mit Flüssiggas, betrieben werden,   0,25 g/m³.

[2]Satz 1 ist nicht anzuwenden bei Verbrennungsmotoranlagen, die zur Abdeckung der Spitzenlast bei der Energieversorgung bis zu 300 Stunden
jährlich in Betrieb sind oder ausschließlich dem Notbetrieb dienen. [3]Bei
Anlagen nach Satz 2 sind die Möglichkeiten der Emissionsminderung für
Kohlenmonoxid durch motorische Maßnahmen nach dem Stand der Technik auszuschöpfen.

(7) [1]Die Emissionen an Stickstoffmonoxid und Stickstoffdioxid im Abgas
dürfen folgende Massenkonzentrationen, angegeben als Stickstoffdioxid,
nicht überschreiten:

1. bei Motoren, die mit flüssigen Brennstoffen betrieben
   werden,   0,1 g/m³;
2. bei Motoren, die mit Klärgas, Grubengas oder Gasen
   aus der thermochemischen Vergasung von naturbelassenem Holz betrieben werden,   0,50 g/m³;
3. bei Motoren, die mit Biogas betrieben werden,   0,1 g/m³;
4. bei Motoren, die mit anderen als in den Nummern 1
   bis 3 genannten Brenstoffen, insbesondere mit Gasen
   der öffentlichen Gasversorgung oder Flüssiggas, betrieben werden,   0,1 g/m³.

[2]Die Emissionsgrenzwerte für Stickstoffoxide nach Satz 1 Nummer 1, 3
und 4 sind nicht anzuwenden bei Verbrennungsmotoranlagen, die weniger als 300 Stunden pro Jahr betrieben werden oder ausschließlich dem
Notbetrieb dienen. [3]Bei Anlagen nach Satz 1 Nummer 3, die weniger als
300 Stunden pro Jahr betrieben werden, gilt der Emissionsgrenzwert nach
Satz 1 Nummer 2. [4]Bei Anlagen nach Satz 2 sind die Möglichkeiten der
Emissionsminderung für Stickstoffoxide durch motorische Maßnahmen
nach dem Stand der Technik auszuschöpfen.

(8) [1]Bei Einsatz flüssiger mineralischer Brennstoffe dürfen nur folgende
Brennstoffe verwendet werden:

1. Heizöle nach DIN 51603 Teil 1, Ausgabe März 2017, mit einem Massengehalt an Schwefel für leichtes Heizöl nach der Verordnung über
   die Beschaffenheit und die Auszeichnung der Qualitäten von Kraft-
   und Brennstoffen;
2. Heizöle nach DIN SPEC 51603 Teil 6, Ausgabe März 2017, mit einem Massengehalt an Schwefel für leichtes Heizöl nach der Verordnung über die Beschaffenheit und die Auszeichnung der Qualitäten
   von Kraft- und Brennstoffen;
3. Dieselkraftstoffe mit einem Massengehalt an Schwefel nach der Verordnung über die Beschaffenheit und die Auszeichnung der Qualitäten
   von Kraft- und Brennstoffen.

[2]Abweichend von Satz 1 dürfen andere Brennstoffe verwendet werden,
wenn gleichwertige Maßnahmen zur Emissionsminderung angewendet
werden.

(9) [1]Bei Einsatz gasförmiger Brennstoffe gelten die Anforderungen des § 13 Absatz 5 an die Emissionen von Schwefeldioxid und Schwefeltrioxid entsprechend. [2]Die Emissionsgrenzwerte sind auf einen Bezugssauerstoffgehalt von 5 Prozent umzurechnen. [3]Abweichend von Satz 1 dürfen die Emissionen von Schwefeldioxid und Schwefeltrioxid im Abgas bei Einsatz von Hochofengas und Koksofengas eine Massenkonzentration von 0,04 g/m³, angegeben als Schwefeldioxid, nicht überschreiten. [4]Die Anforderungen nach Satz 1 gelten für Anlagen, die Erdgas einsetzen, als erfüllt, wenn einmalig sowie zusätzlich jeweils nach Anbieterwechsel oder nach einer Änderung der Gasqualität durch den Anbieter nachgewiesen wird, dass der Gesamtschwefelgehalt des eingesetzten Erdgases den Anforderungen an die Gasbeschaffenheit des DVGW-Arbeitsblatts G 260 vom März 2013 für Gase der 2. Gasfamilie entspricht. [5]Satz 1 ist nicht anzuwenden bei Verbrennungsmotoranlagen, die zur Abdeckung der Spitzenlast bei der Energieversorgung bis zu 300 Stunden jährlich in Betrieb sind oder ausschließlich dem Notbetrieb dienen.

(10) Die Emissionen an Formaldehyd im Abgas dürfen folgende Massenkonzentrationen nicht überschreiten:

1. bei Zündstrahl- oder Magermotoren, die mit Biogas, Erdgas, Klärgas oder Grubengas betrieben werden,   20 mg/m³;
2. bei Motoren, die mit flüssigen Brennstoffen betrieben werden,   20 mg/m³;
3. bei Motoren, die mit sonstigen Brennstoffen, insbesondere mit Gasen aus der thermochemischen Vergasung von naturbelassenem Holz, betrieben werden,   10 mg/m³;
4. bei Motoren, die ausschließlich dem Notbetrieb dienen,   60 mg/m³;
5. bei nicht in den Nummern 1 bis 4 genannten Motoren   5 mg/m³.

(11) [1]Die Emissionen an organischen Stoffen im Abgas dürfen ab dem 1. Januar 2025 folgende Massenkonzentrationen, angegeben als Gesamtkohlenstoff, nicht überschreiten:

1. bei Motoren, die mit Biogas, Klärgas oder Grubengas betrieben werden,   1,3 g/m³;
2. bei Motoren, die mit Gasen der öffentlichen Gasversorgung oder mit Flüssiggas betrieben werden,
    a) bei Fremdzündungsmotoren im Magerbetrieb und bei Selbstzündungsmotoren   1,3 g/m³;
    b) bei nicht in Buchstabe a genannten Fremdzündungsmotoren   0,30 g/m³.

[2]Bis zum 31. Dezember 2024 gelten die Anforderungen der Technischen Anleitung zur Reinhaltung der Luft in der Fassung vom 24. Juli 2002 (GMBl S. 511) fort. [3]Satz 1 ist nicht anzuwenden bei Verbrennungsmotoranlagen, die zur Abdeckung der Spitzenlast bei der Energieversorgung bis zu 300 Stunden jährlich in Betrieb sind oder ausschließlich dem Notbetrieb dienen.

(12) Bei Verbrennungsmotoranlagen, die mit Gasen aus der thermochemischen Vergasung von Holz betrieben werden, dürfen die Emissionen an Benzol eine Massenkonzentration von 1,0 mg/m³ nicht überschreiten.

(13) Abweichend von Absatz 10 dürfen bei bestehenden Zündstrahl- oder Magermotoren, die mit Biogas, Erdgas, Grubengas oder Klärgas betrieben werden, die Emissionen an Formaldehyd im Abgas eine Massenkonzentration von 30 mg/m³ nicht überschreiten.

(14) [1]Bei Einsatz von Deponiegas gelten die Anforderungen des Absatzes 2 für Biogas und Klärgas in Bezug auf die Gesamtstaubemissionen und die Anforderungen des Absatzes 7 Satz 1 Nummer 2 für Klärgas in Bezug auf die Emissionen an Stickstoffmonoxid und Stickstoffdioxid entsprechend. [2]Abweichend von Absatz 6 dürfen bei Einsatz von Deponiegas die Emissionen an Kohlenmonoxid im Abgas eine Massenkonzentration von 0,65 g/m³ nicht überschreiten. [3]Abweichend von Absatz 10 dürfen bei Einsatz von Deponiegas die Emissionen an Formaldehyd im Abgas eine Massenkonzentration von 40 mg/m³ nicht überschreiten.

(15) Abweichend von Absatz 9 dürfen bei Einsatz von Deponiegas die Emissionen an Schwefeldioxid und Schwefeltrioxid im Abgas die folgenden Massenkonzentrationen, angegeben als Schwefeldioxid, nicht überschreiten:

1. bei bestehenden Anlagen mit einer Feuerungswärmeleistung von weniger als 1 Megawatt   0,31 g/m³;
2. bei nicht in Nummer 1 genannten Anlagen   31 mg/m³.

§ 17 Anforderungen an die Abgasverluste von nicht genehmigungsbedürftigen mittelgroßen Öl- und Gasfeuerungsanlagen

(1) Nicht genehmigungsbedürftige mittelgroße Öl- und Gasfeuerungsanlagen sind so zu errichten und zu betreiben, dass der Abgasverlust nicht mehr als 9 Prozent beträgt.

(2) Nicht genehmigungsbedürftige mittelgroße Öl- und Gasfeuerungsanlagen, bei denen der Grenzwert für den Abgasverlust gemäß Absatz 1 auf Grund ihrer bestimmungsgemäßen Funktionen nicht eingehalten werden kann, sind so zu errichten und zu betreiben, dass sie dem Stand der Technik des jeweiligen Prozesses oder der jeweiligen Bauart entsprechen.

§ 18 Anforderungen an Mischfeuerungen und Mehrstofffeuerungen

(1) [1]Mischfeuerungen sind so zu errichten und zu betreiben, dass die Anforderungen dieses Absatzes eingehalten werden. [2]Der Betreiber hat sicherzustellen, dass kein Emissionsgrenzwert der nach den Sätzen 3 und 4 zu ermittelnden Emissionsgrenzwerte überschreitet. [3]Bei Mischfeuerungen sind die für den jeweiligen Brennstoff festgelegten Emissionsgrenzwerte und Bezugssauerstoffgehalte nach dem Verhältnis der mit diesem Brennstoff zugeführten Feuerungswärmeleistung zur insgesamt zugeführten Feuerungswärmeleistung zu ermitteln. [4]Die für die Feuerungsanlage maßgeblichen Emissionsgrenzwerte und der für die Feuerungsanlage maßgebliche Bezugssauerstoffgehalt ergeben sich durch Addition der nach Satz 3 ermittelten Werte.

(2) Mehrstofffeuerungen sind so zu errichten und zu betreiben, dass die Anforderungen für den jeweils verwendeten Brennstoff eingehalten werden.

§ 19 Ableitbedingungen

(1) Der Betreiber einer Anlage hat die Abgase in kontrollierter Weise so abzuleiten, dass ein ungestörter Abtransport mit der freien Luftströmung ermöglicht wird.

(2) [1]Bei nicht genehmigungsbedürftigen Öl- und Gasfeuerungsanlagen mit einer Feuerungswärmeleistung von 1 bis 10 Megawatt hat die Höhe der Austrittsöffnung die höchste Kante des Dachfirstes um mindestens 3 Meter zu überragen und mindestens 10 Meter über Gelände zu liegen. [2]Bei einer Dachneigung von weniger als 20 Grad ist die Höhe der Austrittsöffnung auf einen fiktiven Dachfirst zu beziehen, dessen Höhe unter Zugrundelegung einer Dachneigung von 20 Grad zu berechnen ist.

(3) [1]Bei genehmigungsbedürftigen Anlagen sowie nicht genehmigungsbedürftigen Öl- und Gasfeuerungsanlagen mit einer Feuerungswärmeleistung von 10 bis 20 Megawatt sind die Ableitungshöhen anhand der Anforderungen der Technischen Anleitung zur Reinhaltung der Luft in der jeweils zum Zeitpunkt der Errichtung der Anlage geltenden Fassung zu ermitteln. [2]Die Anforderungen an die Ableitbedingungen sind für genehmigungsbedürftige Anlagen in der Genehmigung festzulegen.

§ 20 Abgasreinigungseinrichtungen

(1) Sofern zur Einhaltung der Emissionsgrenzwerte Abgasreinigungseinrichtungen erforderlich sind, ist der gesamte Abgasstrom zu behandeln.

(2) Bei Feuerungsanlagen, in denen zur Einhaltung der Emissionsgrenzwerte eine Abgasreinigungseinrichtung verwendet wird, hat der Betreiber Nachweise über den kontinuierlichen effektiven Betrieb der Abgasreinigungseinrichtung zu führen.

(3) [1]Der Betreiber einer Anlage hat bei einer Betriebsstörung an einer Abgasreinigungseinrichtung oder bei ihrem Ausfall unverzüglich die erforderlichen Maßnahmen für einen ordnungsgemäßen Betrieb zu ergreifen. [2]Er hat den Betrieb der Anlage einzuschränken oder sie außer Betrieb zu nehmen, wenn ein ordnungsgemäßer Betrieb nicht innerhalb von 24 Stunden sichergestellt werden kann. [3]In jedem Fall hat er die zuständige Behörde unverzüglich, spätestens jedoch innerhalb von 48 Stunden nach dem Zeitpunkt des Eintretens der Betriebsstörung oder des Ausfalls, zu unterrichten.

(4) Bei Ausfall einer Abgasreinigungseinrichtung darf eine Anlage während eines Zeitraums von zwölf aufeinanderfolgenden Monaten höchstens 400 Stunden ohne diese Abgasreinigungseinrichtung betrieben werden.

Abschnitt 3
Messung und Überwachung
§ 21 Messungen an mittelgroßen Feuerungsanlagen bei Einsatz von festen Brennstoffen

(1) [1]Der Betreiber hat bei Einsatz von festen Brennstoffen in Feuerungsanlagen mit einer Feuerungswärmeleistung von 25 Megawatt oder mehr die Massenkonzentration der Gesamtstaubemissionen kontinuierlich zu ermitteln. [2]Der Betreiber hat bei Einsatz von festen Brennstoffen in Feuerungsanlagen mit einer Feuerungswärmeleistung von 20 Megawatt bis weniger als 25 Megawatt die Massenkonzentration der Gesamtstaubemissionen jährlich zu ermitteln.

(2) [1]Der Betreiber hat bei Einsatz von festen Brennstoffen in Feuerungsanlagen mit einer Feuerungswärmeleistung von 5 Megawatt bis weniger als 25 Megawatt die Massenkonzentration der Gesamtstaubemissionen qualitativ kontinuierlich zu ermitteln. [2]Absatz 7 bleibt unberührt.

(3) [1]Für Feuerungsanlagen mit einer Feuerungswärmeleistung von weniger als 5 Megawatt, die mit einer Abgasreinigungseinrichtung für Gesamtstaub ausgerüstet sind, gilt Absatz 2 Satz 1 entsprechend. [2]Abweichend von Satz 1 kann der Betreiber statt einer qualitativ kontinuierlichen Messung auch Nachweise über den kontinuierlichen effektiven Betrieb des Staubabscheiders führen, sobald hierfür ein Verfahren nach dem Stand der Technik zur Verfügung steht. [3]Absatz 7 bleibt unberührt.

(4) [1]Der Betreiber hat bei Feuerungsanlagen mit einer Feuerungswärmeleistung von 2,5 Megawatt oder mehr die Massenkonzentration der Emissionen an Kohlenmonoxid kontinuierlich zu ermitteln. [2]Abweichend von Satz 1 hat der Betreiber bei Einzelfeuerungen in Altanlagen im Sinne von Nummer 2.10 der Technischen Anleitung zur Reinhaltung der Luft mit einer Feuerungswärmeleistung von weniger als 20 Megawatt die Emissionen an Kohlenmonoxid alle drei Jahre zu ermitteln.

(5) Der Betreiber hat bei Feuerungsanlagen, die Entschwefelungsanlagen einsetzen, die Massenkonzentration der Emissionen an Schwefeloxiden kontinuierlich zu ermitteln oder den effektiven kontinuierlichen Betrieb der Entschwefelungsanlage anderweitig nachzuweisen.

(6) Der Betreiber hat bei Feuerungsanlagen mit einer Feuerungswärmeleistung von 20 Megawatt oder mehr folgende Emissionen jährlich zu ermitteln: die Emissionen an

1. Stickstoffmonoxid und Stickstoffdioxid, anzugeben als Stickstoffdioxid;
2. Schwefeldioxid und Schwefeltrioxid, sofern die Feuerungsanlage nicht ausschließlich mit naturbelassenem Holz oder Holzabfällen betrieben wird.

(7) Der Betreiber hat bei Feuerungsanlagen mit einer Feuerungswärmeleistung von weniger als 20 Megawatt folgende Emissionen alle drei Jahre zu ermitteln: die Emissionen an

1. Gesamtstaub;
2. Stickstoffmonoxid und Stickstoffdioxid, anzugeben als Stickstoffdioxid;

3. Schwefeldioxid und Schwefeltrioxid, sofern die Feuerungsanlage
    nicht ausschließlich mit naturbelassenem Holz oder Holzabfällen
    betrieben wird.

(8) Der Betreiber hat bei Feuerungsanlagen mit einer Feuerungswärmeleistung von weniger als 2,5 Megawatt, deren Emissionen an Kohlenmonoxid nicht kontinuierlich gemessen werden müssen, die Emissionen an
Kohlenmonoxid alle drei Jahre zu ermitteln.

(9) Der Betreiber hat die Emissionen an gasförmigen anorganischen
Chlorverbindungen, Quecksilber und seinen Verbindungen sowie an
organischen Stoffen nach § 10 Absatz 8, 10 und 11 Nummer 3 alle drei
Jahre zu ermitteln.

§ 22 Messungen an mittelgroßen Feuerungsanlagen bei Einsatz von gasförmigen Brennstoffen

(1) Bei Einsatz von gasförmigen Brennstoffen in Feuerungsanlagen, die
selektive katalytische Reduktion oder selektive nichtkatalytische Reduktion einsetzen, hat der Betreiber Nachweise über den kontinuierlichen
effektiven Betrieb der Abgasreinigungseinrichtung zur Minderung der
Emissionen an Stickstoffoxiden zu führen.

(2) Der Betreiber hat bei Feuerungsanlagen mit einer Feuerungswärmeleistung von 20 Megawatt oder mehr die Emissionen an Stickstoffmonoxid und Stickstoffdioxid, anzugeben als Stickstoffdioxid, und Kohlenmonoxid jährlich zu ermitteln.

(3) Der Betreiber hat bei Feuerungsanlagen mit einer Feuerungswärmeleistung von weniger als 20 Megawatt die Emissionen an Stickstoffmonoxid und Stickstoffdioxid, anzugeben als Stickstoffdioxid, und Kohlenmonoxid alle drei Jahre zu ermitteln.

(4) Der Betreiber hat bei Feuerungsanlagen für Brennstoffe außer Flüssig-
gas, Wasserstoffgas und Gasen der öffentlichen Gasversorgung mit einer
Feuerungswärmeleistung von 20 Megawatt oder mehr die Emissionen an
Schwefeloxiden und Gesamtstaub jährlich zu ermitteln.

(5) Der Betreiber hat bei Feuerungsanlagen für Brennstoffe außer Flüssig-
gas, Wasserstoffgas und Gasen der öffentlichen Gasversorgung mit einer
Feuerungswärmeleistung von weniger als 20 Megawatt die Emissionen an
Schwefeloxiden und Gesamtstaub alle drei Jahre zu ermitteln.

(6) [1]Der Betreiber hat bei nicht genehmigungsbedürftigen Feuerungsanlagen den Abgasverlust alle drei Jahre nach der Anlage 2 Nummer 3.4 zur
Verordnung über kleine und mittlere Feuerungsanlagen vom 26. Januar
2010 (BGBl. I S. 38), die zuletzt durch Artikel 16 Absatz 4 des Gesetzes
vom 10. März 2017 (BGBl. I S. 420) geändert worden ist, zu ermitteln.
[2]Satz 1 gilt nicht für Brennwertgeräte.

§ 23 Messungen an mittelgroßen Feuerungsanlagen bei Einsatz von flüssigen Brennstoffen

(1) Der Betreiber hat bei Einsatz von flüssigen Brennstoffen in Feuerungsanlagen mit einer Feuerungswärmeleistung von 20 Megawatt oder
mehr die Emissionen an Stickstoffmonoxid und Stickstoffdioxid, anzugeben als Stickstoffdioxid, jährlich zu ermitteln.

(2) Der Betreiber hat bei Einsatz von flüssigen Brennstoffen in Feuerungsanlagen mit einer Feuerungswärmeleistung von weniger als 20 Megawatt die Emissionen an Stickstoffmonoxid und Stickstoffdioxid, anzugeben als Stickstoffdioxid, alle drei Jahre zu ermitteln.

(3) Der Betreiber hat bei Einzelfeuerungen mit einer Feuerungswärmeleistung von 10 Megawatt oder mehr für den Einsatz von Heizölen nach DIN 51603 Teil 1, Ausgabe März 2017, von Heizölen nach DIN SPEC 51603 Teil 6, Ausgabe März 2017, von Methanol, Ethanol, naturbelassenen Pflanzenölen oder Pflanzenölmethylestern, die Bestandteil einer Feuerungsanlage mit einer Feuerungswärmeleistung von 20 Megawatt oder mehr sind, die Rußzahl nach DIN 51402 Teil 1, Ausgabe Oktober 1986, und die Massenkonzentration der Emissionen an Kohlenmonoxid im Abgas kontinuierlich zu ermitteln.

(4) Der Betreiber hat bei Einsatz von Heizölen nach DIN 51603 Teil 1, Ausgabe März 2017, von Heizölen nach DIN SPEC 51603 Teil 6, Ausgabe März 2017, von Methanol, Ethanol, naturbelassenen Pflanzenölen oder Pflanzenölmethylestern in Feuerungsanlagen, die nicht in Absatz 3 genannt sind, die Emissionen an Kohlenmonoxid sowie die Rußzahl

1. an Feuerungsanlagen mit einer Feuerungswärmeleistung von 20 Megawatt oder mehr jährlich zu ermitteln;
2. an Feuerungsanlagen mit einer Feuerungswärmeleistung von weniger als 20 Megawatt alle drei Jahre zu ermitteln.

(5) Der Betreiber hat bei Feuerungsanlagen, die emulgiertes Naturbitumen oder Heizöle, ausgenommen Heizöle nach DIN 51603 Teil 1, Ausgabe März 2017, und Heizöle nach DIN SPEC 51603 Teil 6, Ausgabe März 2017, einsetzen, die Emissionen an Schwefeloxiden

1. an Feuerungsanlagen mit einer Feuerungswärmeleistung von 20 Megawatt oder mehr jährlich zu ermitteln;
2. an Feuerungsanlagen mit einer Feuerungswärmeleistung von weniger als 20 Megawatt alle drei Jahre zu ermitteln.

(6) Bei Feuerungsanlagen, die Methanol, Ethanol, naturbelassenes Pflanzenöl oder Pflanzenölmethylester einsetzen, hat der Betreiber den Schwefelgehalt und den unteren Heizwert des verwendeten Brennstoffs regelmäßig zu überprüfen, einen Nachweis zu führen und den Nachweis

1. bei Anlagen mit einer Feuerungswärmeleistung von 20 Megawatt oder mehr jährlich der zuständigen Behörde vorzulegen;
2. bei Anlagen mit einer Feuerungswärmeleistung von weniger als 20 Megawatt alle drei Jahre der zuständigen Behörde vorzulegen.

(7) Der Betreiber hat bei Einzelfeuerungen mit einer Feuerungswärmeleistung von 20 Megawatt oder mehr, die emulgiertes Naturbitumen oder Heizöle, ausgenommen Heizöle nach DIN 51603 Teil 1, Ausgabe März 2017, und Heizöle nach DIN SPEC 51603 Teil 6, Ausgabe März 2017, einsetzen, die Massenkonzentrationen der Emissionen an Gesamtstaub und Kohlenmonoxid im Abgas kontinuierlich zu ermitteln.

(8) Der Betreiber hat bei Einzelfeuerungen mit einer Feuerungswärmeleistung von weniger als 20 Megawatt, die emulgiertes Naturbitumen oder Heizöle, ausgenommen Heizöle nach DIN 51603 Teil 1, Ausgabe März

2017, und Heizöle nach DIN SPEC 51603 Teil 6, Ausgabe März 2017, einsetzen, die Massenkonzentration der Gesamtstaubemissionen im Abgas qualitativ kontinuierlich zu ermitteln.

(9) Der Betreiber hat bei nicht in Absatz 7 genannten Feuerungsanlagen, die emulgiertes Naturbitumen oder Heizöle, ausgenommen Heizöle nach DIN 51603 Teil 1, Ausgabe März 2017, und Heizöle nach DIN SPEC 51603 Teil 6, Ausgabe März 2017, einsetzen, die Emissionen an Kohlenmonoxid und Gesamtstaub

1. bei Feuerungsanlagen mit einer Feuerungswärmeleistung von 20 Megawatt oder mehr jährlich zu ermitteln;
2. bei Feuerungsanlagen mit einer Feuerungswärmeleistung von weniger als 20 Megawatt alle drei Jahre zu ermitteln.

(10) [1]Der Betreiber hat bei nicht genehmigungsbedürftigen Feuerungsanlagen den Abgasverlust alle drei Jahre nach der Anlage 2 Nummer 3.4 zur Verordnung über kleine und mittlere Feuerungsanlagen zu ermitteln. [2]Satz 1 gilt nicht für Brennwertgeräte.

§ 24 Messungen an Verbrennungsmotoranlagen

(1) Der Betreiber hat bei einer Feuerungswärmeleistung von 1 Megawatt oder mehr bei Verbrennungsmotoranlagen, die mit flüssigen Brennstoffen betrieben werden, sowie bei Zündstrahlmotoren die Emissionen an Gesamtstaub jährlich zu ermitteln.

(2) Der Betreiber hat bei nicht in Absatz 1 genannten Verbrennungsmotoranlagen die Emissionen an Gesamtstaub alle drei Jahre zu ermitteln, sofern die Staubemissionen in § 16 begrenzt sind.

(3) Bei Verbrennungsmotoranlagen, die mit Rußfiltern ausgerüstet sind, hat der Betreiber Nachweise über den kontinuierlichen effektiven Betrieb des Rußfilters zu führen.

(4) [1]Der Betreiber hat bei Verbrennungsmotoranlagen mit einer Feuerungswärmeleistung von 1 Megawatt oder mehr die Emissionen an Kohlenmonoxid jährlich zu ermitteln. [2]Abweichend von Satz 1 sind bei Verbrennungsmotoranlagen mit einer Feuerungswärmeleistung von weniger als 20 Megawatt, die mit thermischer Nachverbrennung ausgestattet sind, die Emissionen an Kohlenmonoxid alle drei Jahre zu messen.

(5) Der Betreiber hat bei Verbrennungsmotoranlagen, die mit thermischer Nachverbrennung ausgestattet sind, die Temperatur der Nachverbrennung kontinuierlich zu ermitteln.

(6) Bei Verbrennungsmotoranlagen, die mit Oxidationskatalysatoren ausgestattet sind, hat der Betreiber Nachweise über den kontinuierlichen effektiven Betrieb des Katalysators zu führen.

(7) [1]Der Betreiber einer Verbrennungsmotoranlage hat Nachweise über die dauerhafte Einhaltung der Emissionsgrenzwerte für Stickstoffoxide, zum Beispiel über den kontinuierlichen effektiven Betrieb der Abgasreinigungseinrichtung, zu führen. [2]Der Betreiber einer Gasmotoranlage nach dem Magergasprinzip hat die Emissionen an Stickstoffoxiden im Abgas jedes Motors mit geeigneten qualitativen Messeinrichtungen wie beispielsweise NO_x-Sensoren als Tagesmittelwert zu überwachen.

(8) Der Betreiber hat bei Verbrennungsmotoranlagen mit einer Feuerungswärmeleistung von 1 Megawatt oder mehr die Emissionen an Stickstoffmonoxid und Stickstoffdioxid, anzugeben als Stickstoffdioxid, jährlich zu ermitteln.

(9) Der Betreiber hat abweichend von Absatz 8 bei Verbrennungsmotoranlagen, die weniger als 300 Stunden pro Jahr betrieben werden oder ausschließlich dem Notbetrieb dienen, die Emissionen an Stickstoffmonoxid und Stickstoffdioxid, anzugeben als Stickstoffdioxid, alle drei Jahre zu ermitteln.

(10) Für die Messung von Schwefeloxiden gelten für Verbrennungsmotoranlagen mit einer Feuerungswärmeleistung von 1 Megawatt oder mehr die Vorgaben des § 22 Absatz 4 und 5 entsprechend.

(11) Der Betreiber hat bei Verbrennungsmotoranlagen mit einer Feuerungswärmeleistung von 1 Megawatt oder mehr, die gasförmige Brennstoffe einsetzen, die Emissionen an organischen Stoffen, anzugeben als Gesamtkohlenstoff, jährlich zu ermitteln.

(12) [1]Der Betreiber hat bei Verbrennungsmotoranlagen zur Verbrennung von Biogas, Erdgas, Grubengas oder Klärgas die Emissionen an Formaldehyd jährlich zu ermitteln. [2]Bei sonstigen Verbrennungsmotoranlagen mit einer Feuerungswärmeleistung von 1 Megawatt oder mehr sind die Emissionen an Formaldehyd alle drei Jahre zu ermitteln. [3]Für nicht genehmigungsbedürftige Verbrennungsmotoranlagen, die ausschließlich dem Notbetrieb dienen, ist ein Nachweis der Einhaltung des Emissionsgrenzwerts einmalig binnen drei Monaten nach der Inbetriebnahme oder der Registrierung als bestehende Anlage zu erbringen.

(13) Der Betreiber hat bei Verbrennungsmotoranlagen, die mit Gasen aus der thermochemischen Vergasung von Holz betrieben werden, die Emissionen an Benzol jährlich zu ermitteln.

(14) Der Betreiber hat bei Verbrennungsmotoranlagen zur Verbrennung von Deponiegas mit einer Feuerungswärmeleistung von weniger als 1 Megawatt die Emissionen an Gesamtstaub, Kohlenmonoxid, Stickstoffmonoxid und Stickstoffdioxid, anzugeben als Stickstoffdioxid, an Schwefeloxiden, an organischen Stoffen, anzugeben als Gesamtkohlenstoff, und an Formaldehyd alle drei Jahre zu ermitteln.

§ 25 Messungen an Gasturbinenanlagen

(1) Der Betreiber hat bei Gasturbinenanlagen mit einer Feuerungswärmeleistung von 20 Megawatt oder mehr die Emissionen an Kohlenmonoxid sowie an Stickstoffmonoxid und Stickstoffdioxid, anzugeben als Stickstoffdioxid, jährlich zu ermitteln.

(2) Der Betreiber hat bei Gasturbinenanlagen mit einer Feuerungswärmeleistung von weniger als 20 Megawatt die Emissionen an Kohlenmonoxid sowie an Stickstoffmonoxid und Stickstoffdioxid, anzugeben als Stickstoffdioxid, alle drei Jahre zu ermitteln.

(3) Die Anforderungen der Absätze 1 und 2 an die Überwachung der Emissionen an Stickstoffoxiden gelten nicht für die Fälle, in denen die

Massenkonzentration an Stickstoffmonoxid und Stickstoffdioxid, anzugeben als Stickstoffdioxid, kontinuierlich gemessen wird.

(4) Für die Messung von Schwefeloxiden gelten für Gasturbinenanlagen
die Vorgaben von § 22 Absatz 4 und 5 bezogen auf den verwendeten
Brennstoff entsprechend.

(5) Der Betreiber hat bei Einsatz flüssiger Brennstoffe in Gasturbinenanlagen mit einer Feuerungswärmeleistung von 20 Megawatt oder mehr die
Rußzahl jährlich zu ermitteln.

(6) Der Betreiber hat bei Einsatz flüssiger Brennstoffe in Gasturbinenanlagen mit einer Feuerungswärmeleistung von weniger als 20 Megawatt die
Rußzahl alle drei Jahre zu ermitteln.

(7) Der Betreiber hat bei Gasturbinen die Emissionen an Formaldehyd
alle drei Jahre zu ermitteln.

§ 26 Messungen an Feuerungsanlagen mit Abgasreinigungseinrichtung für Stickstoffoxide

[1]Der Betreiber hat bei Feuerungsanlagen, die selektive katalytische Reduktion oder selektive nichtkatalytische Reduktion einsetzen, die Emissionen an Ammoniak gleichzeitig mit den Emissionen an Stickstoffmonoxid
und Stickstoffdioxid zu ermitteln. [2]Diese Anforderung gilt nicht für

1. Anlagen, die über eine nasse Rauchgaswäsche verfügen, die der selek-
    tiven katalytischen Reduktion oder selektiven nichtkatalytischen Re-
    duktion nachgeschaltet ist,

2. Anlagen, die über einen der selektiven katalytischen Reduktion nach-
    geschalteten Oxidationskatalysator verfügen.

§ 27 Messplätze

[1]Der Betreiber hat vor Inbetriebnahme einer Anlage für die Messungen zur
Feststellung der Emissionen sowie zur Ermittlung der Bezugs- oder Betriebsgrößen Messplätze einzurichten. [2]Die Messplätze sollen ausreichend
groß, leicht begehbar und so beschaffen sein, dass repräsentative und einwandfreie Messungen gewährleistet sind.

§ 28 Messverfahren und Messeinrichtungen

(1) Der Betreiber hat sicherzustellen, dass für Messungen die dem Stand
der Messtechnik entsprechenden Messverfahren, die den Anforderungen
der Anlage 2 Nummer 3 entsprechen, und Mess- und Auswerteeinrichtungen, die den Anforderungen der Anlage 2 Nummer 1 und 2 entsprechen,
verwendet werden.

(2) [1]Der Betreiber hat Feuerungsanlagen vor Inbetriebnahme mit geeigneten Mess- und Auswerteeinrichtungen auszurüsten. [2]Der Betreiber hat
vor der Inbetriebnahme der Feuerungsanlage der zuständigen Behörde den
ordnungsgemäßen Einbau von Mess- und Auswerteeinrichtungen zur kontinuierlichen Überwachung durch die Vorlage der Bescheinigung einer
Stelle für Kalibrierungen nachzuweisen. [3]Diese Stelle für Kalibrierungen
muss von der zuständigen Landesbehörde oder von der nach Landesrecht
bestimmten Behörde nach § 29b Absatz 2 des Bundes-Immissionsschutzgesetzes in Verbindung mit der Bekanntgabeverordnung vom 2. Mai 2013
(BGBl. I S. 973, 1001, 3756), die zuletzt durch Artikel 60 des Gesetzes

vom 29. März 2017 (BGBl. I S. 626) geändert worden ist, in der jeweils geltenden Fassung, für den Tätigkeitsbereich der Gruppe II Nummer 1 und für die jeweiligen Stoffbereiche gemäß der Anlage 1 zur Bekanntgabeverordnung bekannt gegeben worden sein.

(3) Der Betreiber hat Messeinrichtungen, die zur kontinuierlichen Feststellung der Emissionen oder der Betriebsgrößen eingesetzt werden, durch eine Stelle, die bekannt gegeben wurde von der zuständigen Landesbehörde oder der nach Landesrecht bestimmten Behörde nach § 29b Absatz 2 des Bundes-Immissionsschutzgesetzes in Verbindung mit der Bekanntgabeverordnung, in der jeweils geltenden Fassung, für den Tätigkeitsbereich der Gruppe II Nummer 1 und für die jeweiligen Stoffbereiche gemäß der Anlage 1 zur Bekanntgabeverordnung, gemäß Absatz 4

1. kalibrieren zu lassen und
2. auf Funktionsfähigkeit prüfen zu lassen.

(4) [1]Die Prüfung auf Funktionsfähigkeit ist jährlich, die Kalibrierung jeweils nach der Errichtung und nach jeder wesentlichen Änderung einer Feuerungsanlage durchführen zu lassen, sobald der ungestörte Betrieb erreicht ist, jedoch spätestens vier Monate nach Inbetriebnahme oder der wesentlichen Änderung. [2]Die Kalibrierung ist mindestens alle drei Jahre zu wiederholen.

(5) Der Betreiber hat die Berichte über das Ergebnis der Kalibrierung und der Prüfung der Funktionsfähigkeit der zuständigen Behörde innerhalb von zwölf Wochen nach Kalibrierung und Prüfung vorzulegen.

§ 29 Kontinuierliche Messungen

(1) [1]Abweichend von § 21 Absatz 8, § 22 Absatz 2 und 3, § 23 Absatz 3 und 4 und § 25 Absatz 1 und 2 hat der Betreiber die Emissionen von Kohlenmonoxid durch kontinuierliche Messungen zu ermitteln, sofern ein Massenstrom von 5 Kilogramm Kohlenmonoxid pro Stunde überschritten wird. [2]Satz 1 gilt nicht für Verbrennungsmotoranlagen, die mit thermischer Nachverbrennung ausgestattet sind. [3]Der Betreiber hat Feuerungsanlagen, die den Massenstrom nach Satz 1 überschreiten, vor Inbetriebnahme mit entsprechenden Messeinrichtungen auszurüsten. [4]Für die Bestimmung des Massenstroms ist die Festlegung im Genehmigungsbescheid maßgeblich.

(2) Auf die kontinuierliche Überwachung einer Quelle einer Anlage nach § 21 Absatz 1 Satz 1, Absatz 4 Satz 1 und Absatz 5, § 23 Absatz 3 und 7 und § 24 Absatz 5 wird verzichtet, wenn diese weniger als 500 Stunden im Jahr emittiert oder weniger als 10 Prozent zur Jahresemission der Anlage beiträgt.

(3) Der Betreiber hat folgende Parameter kontinuierlich zu ermitteln, aufzuzeichnen und gemäß § 30 Absatz 1 Satz 1 bis 3 auszuwerten:

1. die Massenkonzentrationen der kontinuierlich zu messenden Emissionen nach Absatz 1, § 21 Absatz 1 Satz 1, Absatz 4 und 5, § 23 Absatz 3 und 7 und § 24 Absatz 5;
2. den Volumengehalt an Sauerstoff im Abgas und

3. die zur Beurteilung des ordnungsgemäßen Betriebs erforderlichen Betriebsgrößen, insbesondere Leistung, Abgastemperatur, Abgasvolumenstrom, Feuchtegehalt und Druck.

(4) [1]Messeinrichtungen für den Feuchtegehalt sind nicht notwendig, sofern das Abgas vor der Ermittlung der Massenkonzentration der Emissionen getrocknet wird. [2]Ergibt sich auf Grund der Bauart und Betriebsweise von Nass-Abgasentschwefelungsanlagen infolge des Sättigungszustands des Abgases und der konstanten Abgastemperatur, dass der Feuchtegehalt im Abgas an der Messstelle einen konstanten Wert annimmt, soll die zuständige Behörde auf die kontinuierliche Messung des Feuchtegehalts verzichten und die Verwendung des in Einzelmessungen ermittelten Wertes zulassen. [3]In diesem Fall hat der Betreiber Nachweise über das Vorliegen der vorgenannten Voraussetzungen bei der Kalibrierung der Messeinrichtungen zu führen und der zuständigen Behörde auf Verlangen vorzulegen. [4]Der Betreiber hat die Nachweise sechs Jahre nach der Kalibrierung aufzubewahren.

(5) [1]Ergibt sich auf Grund der Einsatzstoffe, der Bauart, der Betriebsweise oder auf Grund von Einzelmessungen, dass der Anteil des Stickstoffdioxids an den Stickstoffoxidemissionen unter 5 Prozent liegt, soll die zuständige Behörde auf die kontinuierliche Messung des Stickstoffdioxids verzichten und die Bestimmung des Anteils durch Berechnung zulassen. [2]In diesem Fall ist ein Nachweis über den Anteil des Stickstoffdioxids bei der Kalibrierung zu führen.

(6) Wird die Massenkonzentration an Schwefeldioxid kontinuierlich gemessen, kann die Massenkonzentration an Schwefeltrioxid bei der Kalibrierung ermittelt und durch Berechnung berücksichtigt werden.

(7) Abweichend von den Absätzen 1 und 3 kann die zuständige Behörde auf die kontinuierliche Messung der Emissionen verzichten, wenn durch andere Prüfungen, insbesondere durch fortlaufende Feststellung der Wirksamkeit von Einrichtungen zur Emissionsminderung, der Zusammensetzung von Brenn- und Einsatzstoffen oder der Prozessbedingungen, sichergestellt ist, dass die Emissionsgrenzwerte eingehalten werden.

(8) [1]Abweichend von den §§ 21 bis 26 kann der Betreiber die Emissionen der dort genannten Schadstoffe auch kontinuierlich nach den Vorgaben der Absätze 3, 4 und 6 ermitteln. [2]In diesem Fall entfällt die Pflicht zur Einzelmessung der betreffenden Luftschadstoffe nach § 31. [3]Für die kontinuierlichen Messungen nach Satz 1 gilt § 30 entsprechend.

§ 30 Auswertung und Beurteilung von kontinuierlichen Messungen, Messbericht

(1) [1]Während des Betriebs der Anlage ist aus den nach § 29 Absatz 1 Satz 1, Absatz 3 und 6 ermittelten Messwerten aus kontinuierlichen Messungen für jede aufeinanderfolgende halbe Stunde jeweils der Halbstundenmittelwert zu bilden und nach der Anlage 3 auf den Bezugssauerstoffgehalt umzurechnen. [2]Aus den Halbstundenmittelwerten ist für jeden Tag der Tagesmittelwert, bezogen auf die tägliche Betriebszeit, zu bilden. [3]Für Tage, an denen mehr als sechs Halbstundenmittelwerte wegen Störung

oder Wartung des Messsystems für kontinuierliche Messungen ungültig sind, können keine gültigen Tagesmittelwerte gebildet werden. [4]Für An- und Abfahrvorgänge, bei denen ein Überschreiten des Zweifachen der festgelegten Emissionsbegrenzungen nicht verhindert werden kann, sind durch die zuständige Behörde Sonderregelungen zu treffen. [5]Sind die Tagesmittelwerte für mehr als zehn Tage im Jahr wegen Störung oder Wartung des Messsystems für kontinuierliche Messungen ungültig, hat die zuständige Behörde den Betreiber zu verpflichten, geeignete Maßnahmen einzuleiten, um die Zuverlässigkeit des Messsystems für kontinuierliche Messungen zu verbessern.

(2) [1]Über die Ergebnisse der kontinuierlichen Messungen hat der Betreiber für jedes Kalenderjahr einen Messbericht zu erstellen und der zuständigen Behörde bis zum 31. März des Folgejahres vorzulegen. [2]Der Betreiber hat den Messbericht sowie die zugrunde liegenden Aufzeichnungen der Messgeräte sechs Jahre nach Ende des Berichtszeitraums nach Satz 1 aufzubewahren. [3]Messergebnisse, die der zuständigen Behörde durch geeignete telemetrische Übermittlung vorliegen, müssen nicht im Messbericht enthalten sein.

(3) Die Emissionsgrenzwerte sind eingehalten, wenn

1. kein Ergebnis eines nach der Anlage 2 validierten Tagesmittelwerts den jeweils maßgebenden Emissionsgrenzwert nach den §§ 9 bis 11 Absatz 2, 4 bis 6, 8 und 9, den §§ 12 bis 15 Absatz 2 bis 5 und 8 bis 10, § 16 Absatz 2 Satz 1, Absatz 3 und 4 Satz 1, Absatz 5 Satz 6, Absatz 6 Satz 1, Absatz 7 Satz 1 und 3 und Absatz 9 Satz 1 und 2, Absatz 10, 11 Satz 1, Absatz 12 bis 15 oder § 18 überschreitet und

2. kein Ergebnis eines nach der Anlage 2 validierten Halbstundenmittelwerts das Doppelte der in Nummer 1 genannten Emissionsgrenzwerte überschreitet.

§ 31 Einzelmessungen

(1) [1]Der Betreiber hat innerhalb von vier Monaten nach der Inbetriebnahme der Feuerungsanlage folgende erste Messung nach den Vorgaben der Absätze 3 bis 6 und 9 vornehmen zu lassen:

1. der Emissionen an Stickstoffoxiden nach § 21 Absatz 6 Nummer 1, § 22 Absatz 2 und 3, § 23 Absatz 1 und 2, § 24 Absatz 8, 9 und 14, § 25 Absatz 1 und 2;

2. der Emissionen an Schwefeloxiden nach § 21 Absatz 6 Nummer 2, § 22 Absatz 4 und 5, § 23 Absatz 5, § 24 Absatz 10 und 14, § 25 Absatz 4;

3. der Emissionen an Gesamtstaub beziehungsweise der Rußzahl nach § 21 Absatz 7 Nummer 1, § 22 Absatz 4 und 5, § 23 Absatz 4 und 9, § 24 Absatz 1, 2 und 14, § 25 Absatz 5 und 6;

4. der Emissionen an Kohlenmonoxid nach § 21 Absatz 8, § 22 Absatz 2 und 3, § 23 Absatz 4 und 9, § 24 Absatz 4 und 14, § 25 Absatz 1 und 2;

5. der Emissionen an chlorhaltigen anorganischen Stoffen sowie Quecksilber und seinen Verbindungen nach § 21 Absatz 9;

6.   der Emissionen an organischen Stoffen nach § 21 Absatz 9, § 24 Absatz 11 und 14;
7.   der Emissionen an Formaldehyd nach § 24 Absatz 12 und 14;
8.   der Emissionen an Benzol nach § 24 Absatz 13;
9.   des Abgasverlustes nach § 22 Absatz 6 Satz 1.
[2]Der Betreiber hat zudem Messungen nach Satz 1 spätestens vier Monate nach einer emissionsrelevanten Änderung der Feuerungsanlage vornehmen zu lassen.

(2) Der Betreiber einer bestehenden Anlage, für die bei Inkrafttreten dieser Verordnung noch keine Messung nach Absatz 1 durchgeführt wurde, hat die erste regelmäßige Messung nach § 21 Absatz 6, § 22 Absatz 2 und 4, § 23 Absatz 1, 4 Nummer 1, Absatz 5 Nummer 1 und Absatz 9 Nummer 1, § 24 Absatz 1, 4 Satz 1, Absatz 8, 10 bis 13, § 25 Absatz 1, 4 und 5 bis zum 20. Juni 2020 und nach § 21 Absatz 7 bis 9, § 22 Absatz 3, 5 und 6, § 23 Absatz 2, 4 Nummer 2, Absatz 5 Nummer 2, Absatz 9 Nummer 2 und Absatz 10, § 24 Absatz 2, 4 Satz 2, Absatz 9, 10, 12 und 14, § 25 Absatz 2, 4 und 6 bis zum 20. Juni 2022 nach den Vorgaben der Absätze 3 bis 6 und 9 vornehmen zu lassen.

(3) [1]Während jeder Einzelmessung muss die Anlage unter stabilen Bedingungen und bei einer repräsentativen gleichmäßigen Last laufen. [2]Insbesondere An- und Abfahrzeiten sind in diesem Zusammenhang auszunehmen. [3]Abweichend von Satz 1 hat die Einzelmessung zur Überprüfung der Einhaltung der Anforderungen nach § 16 Absatz 11 bei Volllast zu erfolgen, soweit dies bei Einsatz von Biogas, Grubengas, Klärgas oder Deponiegas möglich ist.

(4) Der Betreiber hat Einzelmessungen zur Feststellung, ob die Emissionsgrenzwerte nach den §§ 9 bis 11 Absatz 1, 2, 4 bis 6, 8 und 9, den §§ 12 bis 15 Absatz 2 bis 5 und 8 bis 10, § 16 Absatz 2 bis 7 und 9 bis 15 und § 18 und die Anforderungen zu den Abgasverlusten nach § 17 erfüllt werden, durch Stellen durchführen zu lassen, die nach § 29b des Bundes-Immissionsschutzgesetzes in Verbindung mit der Bekanntgabeverordnung in der jeweils geltenden Fassung, für den Tätigkeitsbereich der Gruppe I Nummer 1 und für die jeweiligen Stoffbereiche gemäß der Anlage 1 zur Bekanntgabeverordnung bekannt gegeben worden sind.

(5) Die Dauer der Einzelmessung soll eine halbe Stunde betragen; das Ergebnis der Einzelmessung ist als Halbstundenmittelwert zu ermitteln und anzugeben.

(6) [1]Der Betreiber hat über die Ergebnisse der Einzelmessungen einen Messbericht zu erstellen und der zuständigen Behörde unverzüglich vorzulegen. [2]Der Messbericht muss Folgendes enthalten:
1.   Angaben über die Messplanung;
2.   das Ergebnis jeder Einzelmessung nach Absatz 1;
3.   das verwendete Messverfahren und
4.   die Betriebsbedingungen, die für die Beurteilung der Messergebnisse von Bedeutung sind.

(7) [1]Die Emissionsgrenzwerte gelten als eingehalten, wenn kein Ergebnis einer Einzelmessung zuzüglich der Messunsicherheit einen Emissions-

grenzwert nach den §§ 9 bis 11 Absatz 1, 2, 4 bis 6, 8 und 9, den §§ 12 bis 15 Absatz 2 bis 5 und 8 bis 10, § 16 Absatz 2 bis 7 und 9 bis 15 oder § 18 überschreitet. [2]Sollten durch nachträgliche Anordnungen, die auf der Ermittlung von Emissionen beruhen, zusätzliche Emissionsminderungsmaßnahmen gefordert werden, ist die Messunsicherheit zugunsten des Betreibers zu berücksichtigen.

(8) Die Anforderungen an den Abgasverlust gelten als eingehalten, wenn kein Ergebnis einer Einzelmessung einen in § 17 genannten Wert für den zulässigen Abgasverlust überschreitet.

(9) [1]Abweichend von den Absätzen 4 bis 6 kann der Betreiber die Einzelmessungen bei nicht genehmigungsbedürftigen mittelgroßen Feuerungsanlagen mit einer Feuerungswärmeleistung von weniger als 10 Megawatt zur Feststellung, ob die Anforderungen nach § 12 Absatz 1 und 2, § 14 Absatz 1 und 2, den §§ 17 und 18 erfüllt werden, von einem Schornsteinfeger oder einer Schornsteinfegerin vornehmen lassen. [2]Die Messungen sind während der üblichen Betriebszeit einer Feuerungsanlage gemäß den Nummern 1 und 3 der Anlage 2 zur Verordnung über kleine und mittlere Feuerungsanlagen in der jeweils geltenden Fassung durchzuführen. [3]Über das Ergebnis der Messungen hat die Schornsteinfegerin oder der Schornsteinfeger dem Betreiber der Feuerungsanlage eine Bescheinigung auszustellen, die mindestens die in Absatz 6 Satz 2 Nummer 2 bis 4 genannten Angaben enthält. [4]Der Betreiber hat die Bescheinigung der zuständigen Überwachungsbehörde unverzüglich vorzulegen. [5]§ 13 der Verordnung über kleine und mittlere Feuerungsanlagen ist zu beachten.

Abschnitt 4
Gemeinsame Vorschriften
§ 32 Zulassung von Ausnahmen

(1) Die zuständige Behörde kann auf Antrag des Betreibers Ausnahmen von den Anforderungen nach den §§ 9 bis 17 sowie 21 bis 29 zulassen, falls unter Berücksichtigung der besonderen Umstände des Einzelfalls

1. einzelne Anforderungen nicht oder nur mit unverhältnismäßigem Aufwand erfüllbar sind;

2. im Übrigen die dem Stand der Technik entsprechenden Maßnahmen zur Emissionsbegrenzung ausgeschöpft werden;

3. die Schornsteinhöhe auch für einen als Ausnahme zugelassenen Emissionsgrenzwert ausgelegt ist und

4. die Ausnahmen den Anforderungen aus dem Recht der Europäischen Union nicht entgegenstehen, insbesondere nicht

   a) der Richtlinie 2010/75/EU des Europäischen Parlaments und des Rates vom 24. November 2010 über Industrieemissionen (integrierte Vermeidung und Verminderung der Umweltverschmutzung) (ABl. L 334 vom 17. 12. 2010, S. 17; L 158 vom 19. 6. 2012, S. 25),

   b) der Richtlinie (EU) 2015/2193 des Europäischen Parlaments und des Rates vom 25. November 2015 zur Begrenzung der Emissio-

nen bestimmter Schadstoffe aus mittelgroßen Feuerungsanlagen
in die Luft (ABl. L 313 vom 28. 11. 2015, S. 1) und

c) der Richtlinie 2009/125/EG des Europäischen Parlaments und des
Rates vom 21. Oktober 2009 zur Schaffung eines Rahmens für
die Festlegung von Anforderungen an die umweltgerechte Gestaltung energieverbrauchsrelevanter Produkte (ABl. L 285 vom
31. 10. 2009, S. 10).

(2) [1]Die zuständige Behörde kann eine Abweichung von der Verpflichtung zur Einhaltung der in den §§ 13, 14 und 16 vorgesehenen Emissionsgrenzwerte in den Fällen gewähren, in denen eine mittelgroße Feue-
rungs- oder Verbrennungsmotoranlage, in der regelmäßig gasförmiger
Brennstoff eingesetzt wird, wegen einer plötzlichen Unterbrechung der
Gasversorgung ausnahmsweise auf andere Brennstoffe ausweichen muss
und aus diesem Grund mit einer sekundären Emissionsminderungsvor-
richtung ausgestattet werden müsste. [2]Eine solche Abweichung wird für
einen Zeitraum von nicht mehr als zehn Tagen gewährt, es sei denn, der
Betreiber weist der zuständigen Behörde nach, dass ein längerer Zeitraum
gerechtfertigt ist.

§ 33 Weitergehende Anforderungen

(1) Die Befugnis der zuständigen Behörde, andere oder weitergehende
Anforderungen, insbesondere zur Vermeidung schädlicher Umwelteinwirkungen nach § 5 Absatz 1 Nummer 1 oder nach § 22 Absatz 1 Nummer
1 und 2 des Bundes-Immissionsschutzgesetzes, zu stellen, bleibt unberührt.

(2) Hat die zuständige Behörde bei einer Anlage im Einzelfall bereits Anforderungen zur Vorsorge gegen schädliche Umwelteinwirkungen durch
Luftverunreinigungen nach § 5 Absatz 1 Nummer 2 oder nach § 23 Absatz 1 des Bundes-Immissionsschutzgesetzes gestellt, die über die Anforderungen dieser Verordnung hinausgehen, sind die bereits gestellten Anforderungen weiterhin maßgeblich.

§ 34 Verhältnis zu anderen Vorschriften

[1]Andere oder weitergehende Anforderungen nach anderen Gesetzen oder
Rechtsverordnungen bleiben unberührt, insbesondere die Anforderungen

1. der Verordnung über die Verbrennung und die Mitverbrennung von
Abfällen,
2. der Tierische Nebenprodukte-Beseitigungsverordnung vom 27. Juli
2006 (BGBl. I S. 1735), die zuletzt durch Artikel 3 des Gesetzes vom
4. Dezember 2018 (BGBl. I S. 2254) geändert worden ist, und
3. der Verordnung über Großfeuerungs-, Gasturbinen- und Verbrennungsmotoranlagen.

[2]Satz 1 gilt entsprechend für Anforderungen nach der Technischen Anleitung zur Reinhaltung der Luft.

§ 35 Ordnungswidrigkeiten

(1) Ordnungswidrig im Sinne des § 62 Absatz 1 Nummer 2 des Bundes-Immissionsschutzgesetzes handelt, wer vorsätzlich oder fahrlässig

1. entgegen § 7 Absatz 1, § 20 Absatz 2, § 22 Absatz 1 oder § 24 Absatz 3, 6 oder 7 Satz 1 eine Aufzeichnung oder einen Nachweis nicht, nicht richtig oder nicht vollständig führt,

2. entgegen § 7 Absatz 2 Satz 2 eine Genehmigung oder einen Nachweis nicht oder nicht mindestens ein Jahr aufbewahrt,

3. entgegen § 7 Absatz 2 Satz 3, § 29 Absatz 4 Satz 4 oder Absatz 5 Satz 2 oder § 30 Absatz 2 Satz 2 eine Unterlage, einen Nachweis oder einen Bericht nicht oder nicht mindestens sechs Jahre aufbewahrt,

4. entgegen § 7 Absatz 3 Satz 1, § 28 Absatz 5, § 30 Absatz 2 Satz 1 oder § 31 Absatz 6 Satz 1 eine Unterlage oder einen Bericht nicht, nicht richtig, nicht vollständig oder nicht rechtzeitig vorlegt,

5. entgegen § 10 Absatz 1, § 11 Absatz 1, § 13 Absatz 1, § 15 Absatz 1, § 16 Absatz 1 oder § 18 Absatz 1 Satz 1 oder Absatz 2 eine dort genannte Anlage oder eine Misch- oder Mehrstofffeuerung nicht richtig errichtet oder nicht richtig betreibt,

6. einer vollziehbaren Anordnung nach § 15 Absatz 3 Satz 2 oder Absatz 4 Satz 2 zuwiderhandelt,

7. entgegen § 16 Absatz 5 Satz 3, § 28 Absatz 2 Satz 2 oder Absatz 5, § 29 Absatz 4 Satz 3 oder Absatz 5 Satz 2 oder § 31 Absatz 6 Satz 1 eine Prüfbescheinigung, einen Nachweis oder einen Bericht nicht, nicht richtig, nicht vollständig oder nicht rechtzeitig vorlegt,

8. entgegen § 19 Absatz 1 Abgase nicht richtig ableitet,

9. entgegen § 20 Absatz 3 Satz 1 eine dort genannte Maßnahme nicht, nicht richtig oder nicht rechtzeitig ergreift,

10. entgegen § 20 Absatz 3 Satz 2 den Betrieb einer Anlage nicht, nicht richtig oder nicht rechtzeitig einschränkt oder die Anlage nicht, nicht richtig oder nicht rechtzeitig außer Betrieb nimmt,

11. entgegen § 20 Absatz 3 Satz 3 eine Unterrichtung nicht, nicht richtig, nicht vollständig oder nicht rechtzeitig vornimmt,

12. entgegen § 20 Absatz 4 eine dort genannte Anlage betreibt,

13. entgegen § 23 Absatz 6 einen Nachweis nicht, nicht richtig oder nicht vollständig führt oder nicht, nicht richtig, nicht vollständig oder nicht rechtzeitig vorlegt,

14. entgegen § 27 Satz 1 einen Messplatz nicht oder nicht rechtzeitig einrichtet,

15. entgegen § 28 Absatz 1 nicht sicherstellt, dass eine Mess- oder Auswerteeinrichtung nach der Anlage 2 Nummer 1 oder 2 verwendet wird,

16. entgegen § 28 Absatz 3 eine Messeinrichtung nicht, nicht richtig oder nicht rechtzeitig kalibrieren oder nicht, nicht richtig oder nicht rechtzeitig auf Funktionsfähigkeit prüfen lässt oder

17. entgegen § 29 Absatz 1 Satz 3 eine Anlage nicht, nicht richtig oder nicht rechtzeitig ausrüstet.

(2) Ordnungswidrig im Sinne des § 62 Absatz 1 Nummer 7 des Bundes-Immissionsschutzgesetzes handelt, wer vorsätzlich oder fahrlässig

1. entgegen § 6 Absatz 1, 2 oder 5 Satz 1 eine Anzeige nicht, nicht richtig, nicht vollständig, nicht in der vorgeschriebenen Weise oder nicht rechtzeitig erstattet,

2. entgegen § 12 Absatz 1 Satz 1 oder § 14 Absatz 1 Satz 1 eine dort genannte Anlage nicht richtig errichtet oder nicht richtig betreibt oder

3. eine in Absatz 1 Nummer 1 bis 5, 8, 9, 11 bis 15 oder 17 bezeichnete Handlung in Bezug auf eine nicht genehmigungsbedürftige Anlage begeht, die Teil eines Betriebsbereichs ist.

Abschnitt 5
Anlagenregister, Informationsformate und Übermittlungswege
§ 36 Anlagenregister
(1) Die zuständige Behörde führt ein Register mit Informationen über jede gemäß § 6 zu registrierende Feuerungsanlage (Anlagenregister).
(2) Im Anlagenregister werden folgende Informationen aufgezeichnet:

1. die nach der Anlage 1 für jede Anlage mitzuteilenden Informationen und

2. die Informationen, die bei emissionsrelevanten Änderungen einer Anlage mitzuteilen sind.

(3) Bestehende Anlagen werden spätestens bis zum 30. September 2024 in das Anlagenregister aufgenommen.
(4) Die zuständige Behörde macht die im Anlagenregister enthaltenen Informationen nach den Bestimmungen über den Zugang zu Umweltinformationen öffentlich zugänglich, unter anderem auch über das Internet.
(5) [1]Sofern beim Einsatz eines EDV-Systems vom Betreiber gemäß § 30 Absatz 2 und § 31 Absatz 6 über Absatz 2 hinausgehende Angaben elektronisch zu übermitteln sind, gelten diese nicht als Bestandteil des Anlagenregisters. [2]Absatz 4 findet insoweit keine Anwendung.

§ 37 Informationsformate und Übermittlungswege
[1]Die zuständige oberste Landesbehörde oder die nach Landesrecht bestimmte Behörde kann verlangen, dass der Betreiber zur Erfüllung der Anzeigepflichten nach § 6 Absatz 1, 2, 4 oder 5 sowie zur Erfüllung der Vorlagepflichten von Messberichten nach § 30 Absatz 2 oder § 31 Absatz 6 das von ihr festgelegte Format und den elektronischen Weg zu nutzen hat. [2]Die zuständige oberste Landesbehörde oder die nach Landesrecht bestimmte Behörde kann auch verlangen, dass der Betreiber die in § 30 Absatz 2 Satz 1 genannten Ergebnisse der kontinuierlichen Messungen oder die in § 31 Absatz 6 Satz 2 Nummer 2 genannten Ergebnisse der Einzelmessungen im von ihr festgelegten Format vorzulegen und auf elektronischem Weg zu übermitteln hat.

Abschnitt 6
Schlussvorschriften

§ 38 Zugänglichkeit und Gleichwertigkeit von Normen

(1) Die genannten DIN-, DIN-EN- und DIN-SPEC-Normen sind bei der Beuth Verlag GmbH, Berlin, zu beziehen und sind in der Deutschen Nationalbibliothek archivmäßig gesichert niedergelegt.

(2) Den genannten DIN-, DIN-EN- und DIN-SPEC-Normen stehen entsprechende einschlägige CEN-Normen und, sofern keine solchen CEN-Normen verfügbar sind, ISO-Normen oder sonstige internationale Normen, die den nationalen Normen nachgewiesenermaßen gleichwertige Anforderungen stellen, gleich.

(3) Das DVGW-Arbeitsblatt G 260 vom März 2013 ist bei der Wirtschafts- und Verlagsgesellschaft Gas und Wasser mbH, Bonn, zu beziehen.

§ 39 Übergangsregelungen

(1) Für bestehende Anlagen gelten

1. die Anforderungen dieser Verordnung, ausgenommen die §§ 9 bis 17, ab dem 20. Juni 2019;

2. die Anforderungen nach den §§ 9 bis 17 ab dem 1. Januar 2025.

(2) Bis zum 31. Dezember 2024 gelten für bestehende genehmigungsbedürftige Anlagen die Anforderungen der Technischen Anleitung zur Reinhaltung der Luft in der Fassung vom 24. Juli 2002 (GMBl S. 511) fort.

(3) Bis zum 31. Dezember 2024 gelten für bestehende nicht genehmigungsbedürftige Anlagen die Vorschriften der Verordnung über kleine und mittlere Feuerungsanlagen in der vor dem 20. Juni 2019 geltenden Fassung.

(4) Abweichend von Absatz 1 Nummer 2 gilt, dass

1. bestehende Anlagen mit einer Feuerungswärmeleistung von weniger als 5 Megawatt, die feste Biobrennstoffe einsetzen, die Anforderungen nach den §§ 9 und 10 ab dem 1. Januar 2028 einhalten müssen; abweichend von Absatz 2 gilt für diese Anlagen die Technische Anleitung zur Reinhaltung der Luft in der Fassung vom 24. Juli 2002 (GMBl S. 511) bis zum 31. Dezember 2027 fort;

2. bei Anlagen mit Zerstäubungsbrennern, die bis zum 1. Oktober 1988 sowie in dem in Artikel 3 des Einigungsvertrages genannten Gebiet bis zum 3. Oktober 1990 errichtet worden sind, abweichend von § 12 Absatz 1 Satz 2 Nummer 1 bis zum 31. Dezember 2024 die Rußzahl den Wert 2 nicht überschreiten darf; dies gilt nicht für Anlagen, bei denen seit den dort genannten Zeitpunkten eine emissionsrelevante Änderung vorgenommen worden ist oder bei denen eine emissionsrelevante Änderung vorgenommen wird;

3. bei bestehenden Anlagen zur Verbrennung von Prozessgasen, die Stickstoffverbindungen enthalten, abweichend von § 13 Absatz 4 Nummer 2 und § 14 Absatz 1 Satz 2 Nummer 2 die Emissionen an Stickstoffmonoxid und Stickstoffdioxid im Abgas eine Massen-

konzentration von 0,25 g/m³, angegeben als Stickstoffdioxid, nicht überschreiten dürfen; dies gilt für

a) Anlagen mit einer Feuerungswärmeleistung von 5 Megawatt oder mehr ab dem 1. Januar 2025 und

b) Anlagen mit einer Feuerungswärmeleistung von weniger als 5 Megawatt ab dem 1. Januar 2030;

bis zu den genannten Zeitpunkten sind die Emissionen durch Maßnahmen nach dem Stand der Technik zu begrenzen;

4. bei bestehenden mittelgroßen Feuerungsanlagen mit einer Feuerungswärmeleistung von weniger als 5 Megawatt bei Einsatz von Erdölgas, das als Brennstoff zur Dampferzeugung bei Tertiärmaßnahmen zur Erdölförderung verwendet wird, § 13 Absatz 5 Nummer 4 und 6 ab dem 1. Januar 2030 gilt; bei diesen Anlagen dürfen bis zum 31. Dezember 2029 die Emissionen an Schwefeldioxid und Schwefeltrioxid einen Emissionsgrenzwert von 1,7 g/m³, angegeben als Schwefeldioxid, nicht überschreiten;

5. bei bestehenden Gasturbinen- und Verbrennungsmotoranlagen mit einer Feuerungswärmeleistung von weniger als 5 Megawatt bei Einsatz von Erdölgas, das als Brennstoff zur Dampferzeugung bei Tertiärmaßnahmen zur Erdölförderung verwendet wird, § 15 Absatz 10 und § 16 Absatz 9 ab dem 1. Januar 2030 gelten; Nummer 4 zweiter Halbsatz gilt entsprechend; der Emissionsgrenzwert nach Nummer 4 zweiter Halbsatz ist für Gasturbinenanlagen auf einen Sauerstoffbezugswert von 15 Prozent und für Verbrennungsmotoranlagen auf einen Sauerstoffbezugswert von 5 Prozent umzurechnen;

6. bestehende Anlagen zur Verbrennung von Deponiegas

a) mit einer Feuerungswärmeleistung von 5 Megawatt oder mehr die Anforderungen des § 16 Absatz 15 an die Emissionen an Schwefeloxiden ab dem 1. Januar 2025 erfüllen müssen und

b) mit einer Feuerungswärmeleistung von mindestens 1 Megawatt bis weniger als 5 Megawatt die Anforderungen des § 16 Absatz 15 an die Emissionen an Schwefeloxiden ab dem 1. Januar 2030 erfüllen müssen;

bis zu den genannten Zeitpunkten dürfen die Emissionen an Schwefeldioxid und Schwefeltrioxid im Abgas eine Massenkonzentration, angegeben als Schwefeldioxid, von 0,31 g/m³ nicht überschreiten;

7. bestehende Zündstrahl- und Magergasmotoren, die mit Biogas, Erdgas, Grubengas oder Klärgas betrieben werden, die Anforderungen des § 16 Absatz 13 ab dem 20. Juni 2019 einhalten müssen. Abweichend gelten für bestehende Zündstrahl- und Magergasmotoren, die mit Biogas, Erdgas, Grubengas oder Klärgas betrieben werden und bei denen bei der letzten Emissionsmessung vor dem 5. Dezember 2016 Emissionen an Formaldehyd im Abgas von bis zu 40 mg/m³ gemessen wurden, die Anforderungen des § 16 Absatz 13 ab dem 5. Februar 2019.

(5) [1]Abweichend von § 16 Absatz 7 Satz 1 Nummer 4 dürfen bei Motoren, die mit Gasen der öffentlichen Gasversorgung oder mit Flüssiggas

betrieben werden, die Emissionen an Stickstoffmonoxid und Stickstoffdioxid im Abgas bis zum 31. Dezember 2024 die Massenkonzentration,
angegeben als Stickstoffdioxid, von 0,25 g/m^3 nicht überschreiten. [2]Ab-
weichend von § 16 Absatz 7 Satz 1 Nummer 3 dürfen bei Motoren, die mit
Biogas betrieben werden, die Emissionen an Stickstoffmonoxid und Stickstoffdioxid im Abgas bis zum 31. Dezember 2022 die Massenkonzentration, angegeben als Stickstoffdioxid, von 0,50 g/m^3 nicht überschreiten.
[3]Abweichend von den Sätzen 1 und 2 sowie von § 16 Absatz 7 Satz 1 gelten bei bestehenden Motoren, die mit Biogas oder mit anderen als den in
§ 16 Absatz 7 Satz 1 Nummer 1 bis 3 genannten Brennstoffen, insbesondere mit Gasen der öffentlichen Gasversorgung oder Flüssiggas, betrieben
werden, die Anforderungen der Technischen Anleitung zur Reinhaltung
der Luft in der Fassung vom 24. Juli 2002 (GMBl S. 511) bis zum 31. Dezember 2028 fort.

(6) Abweichend von § 16 Absatz 10 Nummer 1 dürfen die Emissionen an
Formaldehyd in Zündstrahl- oder Magermotoren, die mit Biogas, Erdgas,
Klärgas oder Grubengas betrieben werden, bis zum 31. Dezember 2019 im
Abgas eine Massenkonzentration von 30 mg/m^3 nicht überschreiten.

(7) [1]Abweichend von § 16 Absatz 11 Satz 1 dürfen bei Einsatz von Biogas die Emissionen an organischen Stoffen im Abgas die Massenkonzentration, angegeben als Gesamtkohlenstoff, von 1,3 g/m^3 ab dem 1. Januar
2023 nicht überschreiten. [2]Abweichend von Satz 1 dürfen die Emissionen
an organischen Stoffen im Abgas bestehender Motoren die Massenkonzentration, angegeben als Gesamtkohlenstoff, von 1,3 g/m^3 ab dem 1. Januar 2029 nicht überschreiten. [3]Bis zu den in den Sätzen 1 und 2 genannten Zeitpunkten gelten die Anforderungen der Technischen Anleitung zur
Reinhaltung der Luft in der Fassung vom 24. Juli 2002 (GMBl S. 511)
fort.

(8) Abweichend von § 16 Absatz 13 dürfen die Emissionen an Formaldehyd in Zündstrahl- oder Magermotoren, die mit Deponiegas betrieben
werden, bis zum 31. Dezember 2024 eine Massenkonzentration im Abgas
von 60 mg/m^3 nicht überschreiten.

(9) Die in den §§ 21 bis 26 genannten Messungen haben nur ab dem Zeitpunkt zu erfolgen, ab dem Emissionsgrenzwerte für die Anlagen gelten.

Anlage 1
(zu § 6)

Informationen, die der Betreiber der zuständigen Behörde
vorzulegen hat

1. Feuerungswärmeleistung der Feuerungsanlage (in Megawatt);
2. Art der Feuerungsanlage (Dieselmotoranlage, Gasturbine, Zweistoffmotoranlage, sonstige Motoranlage, sonstige Feuerungsanlage);
3. Art der verwendeten Brennstoffe und jeweiliger Anteil am gesamten Energieeinsatz gemäß den in § 2 Absatz 9 genannten Brennstofftypen;
4. Datum der Inbetriebnahme der Feuerungsanlage;
5. der NACE-Code, dem die weitere Tätigkeit zuzuordnen ist, nach dem Anhang I zur Verordnung (EG) Nr. 1893/2006 des Europäischen Parlaments und des Rates vom 20. Dezember 2006 zur Aufstellung der statistischen Systematik der Wirtschaftszweige NACE Revision 2 und zur Änderung der Verordnung (EWG) Nr. 3037/90 des Rates sowie einiger Verordnungen der EG über bestimmte Bereiche der Statistik (ABl. L 393 vom 30. 12. 2006, S. 1);
6. voraussichtliche Zahl der jährlichen Betriebsstunden der Feuerungsanlage und durchschnittliche Betriebslast;
7. wenn von einer Regelung für Anlagen mit wenigen Betriebsstunden gemäß § 15 Absatz 9, § 16 Absatz 7 Satz 2 und 3 oder § 29 Absatz 2 Gebrauch gemacht wird: eine vom Betreiber unterzeichnete Erklärung, der zufolge die Feuerungsanlage nicht mehr als die Zahl der in jenen Absätzen genannten Stunden in Betrieb sein wird;
8. wenn von einer Regelung für den Notbetrieb gemäß § 15 Absatz 6, § 16 Absatz 5, 6 oder Absatz 10 Nummer 4 Gebrauch gemacht wird: eine vom Betreiber unterzeichnete Erklärung, der zufolge die Feuerungsanlage nur im Notfall in Betrieb sein wird;
9. Name und Geschäftssitz des Betreibers sowie Standort der Anlage mit Anschrift;
10. Geokoordinaten des Schornsteins und Höhe über Gelände.

Anlage 2
(zu § 28)

Anforderungen an die Probenahme und Analyse, an die kontinuierlichen Messeinrichtungen und an die Validierung der Messergebnisse

1. Der Wert des Konfidenzintervalls von 95 Prozent eines einzelnen Messergebnisses darf an der für den Tagesmittelwert festgelegten Emissionsbegrenzung die folgenden Prozentsätze dieser Emissionsbegrenzung nicht überschreiten:
   a) Kohlenmonoxid: 10 Prozent;
   b) Schwefeldioxid: 20 Prozent;
   c) Stickstoffoxide: 20 Prozent;
   d) Gesamtstaub: 30 Prozent;
   e) Ammoniak: 40 Prozent.
2. Die validierten Halbstunden- und Tagesmittelwerte werden auf Grund der gemessenen Halbstundenmittelwerte und nach Abzug der in der Kalibrierung ermittelten Messunsicherheit bestimmt.
3. Die Probenahme und die Analyse aller Schadstoffe sowie die Referenzmessverfahren zur Kalibrierung automatischer Messsysteme sind nach CEN-Normen des Europäischen Komitees für Normung durchzuführen. Sind keine CEN-Normen verfügbar, so werden ISO-Normen, nationale Normen oder sonstige internationale Normen angewandt, die sicherstellen, dass Daten von gleichwertiger wissenschaftlicher Qualität ermittelt werden.

Anlage 3
(zu § 30)

Umrechnungsformel

Die gemessenen Emissionen sind nach folgender Gleichung auf den Bezugssauerstoffgehalt umzurechnen:

$$E_B = \frac{21 - O_{2,B}}{21 - O_{2,M}} \cdot E_M$$

Es bedeuten:

E_B = Emissionen, bezogen auf den Bezugssauerstoffgehalt
E_M = gemessene Emissionen
$O_{2,B}$ = Bezugssauerstoffgehalt in Volumenprozent
$O_{2,M}$ = gemessener Sauerstoffgehalt in Volumenprozent.

Verordnung
über immissionsschutz- und abfallrechtliche Überwachungserleichterungen für nach der Verordnung (EG) Nr. 761/2001
registrierte Standorte und Organisationen
(EMAS-Privilegierungs-Verordnung – EMASPrivilegV)

Vom 24. Juni 2002 (BGBl. I S. 2247)
(FNA 2129-27-2-16)

zuletzt geändert durch Art. 5 VO
vom 2. Dezember 2016 (BGBl. I S. 2770, 2794)

§ 1 Begriffsbestimmung

Im Sinne dieser Verordnung ist eine EMAS-Anlage eine Anlage, die Bestandteil einer Organisation oder Standorts ist, die oder der nach den Artikeln 13 bis 15 in Verbindung mit Artikel 2 Nummer 22 der Verordnung
(EG) Nr. 1221/2009 des Europäischen Parlaments und des Rates vom
25. November 2009 über die freiwillige Teilnahme von Organisationen an
einem Gemeinschaftssystem für Umweltmanagement und Umweltbetriebsprüfung und zur Aufhebung der Verordnung (EG) Nr. 761/2001, sowie
der Beschlüsse der Kommission 2001/681/EG oder 2006/196/EG (ABl.
L 342 vom 22. 12. 2009, S. 1) registriert ist.

§ 2 Betriebsorganisation

[1]Die Anzeige- und Mitteilungspflichten zur Betriebsorganisation nach
§ 52b des Bundes-Immissionsschutzgesetzes und § 58 des Kreislaufwirtschaftsgesetzes werden bezüglich EMAS-Anlagen durch die Bereitstellung des Bescheides zur Standort- oder Organisationseintragung erfüllt.
[2]Gleiches gilt für Abfälle, die der Verpflichtete im Rahmen der Tätigkeiten
einer Organisation oder eines Standorts, die oder der nach den Artikeln 13
bis 15 in Verbindung mit Artikel 2 Nummer 22 der Verordnung (EG)
Nr. 1221/2009 registriert ist, nach § 27 des Kreislaufwirtschaftsgesetzes
in Besitz genommen hat. [3]Die Behörde kann im Einzelfall die Vorlage
weitergehender Unterlagen verlangen.

§ 3 Betriebsbeauftragte

(1) [1]Auf die Anordnung der Bestellung eines oder mehrerer Betriebsbeauftragten nach § 53 Abs. 2 des Bundes-Immissionsschutzgesetzes oder
§ 59 Absatz 2 des Kreislaufwirtschaftsgesetzes soll bei einer EMAS-Anlage oder bei einem Entsorgungsfachbetrieb im Sinne des § 56 Absatz 2
des Kreislaufwirtschaftsgesetzes verzichtet werden. [2]Satz 1 gilt entsprechend für eine Anordnung nach § 58a Abs. 2 des Bundes-Immissionsschutzgesetzes. [3]Im Rahmen der Entscheidung über eine Befreiung nach
§ 6 der Verordnung über Immissionsschutz- und Störfallbeauftragte vom
30. Juli 1993 (BGBl. I S. 1433), die zuletzt durch Artikel 2 des Gesetzes
vom 9. September 2001 (BGBl. I S. 2331) geändert worden ist, in der jeweils geltenden Fassung, oder nach § 7 der Verordnung über Betriebsbeauftragte für Abfall vom 2. Dezember 2016, in der jeweils geltenden Fas-

sung, hat die zuständige Behörde zu berücksichtigen, dass es sich um eine EMAS-Anlage handelt.

(2) Jährliche Berichte nach § 54 Abs. 2, § 58b Abs. 2 Satz 1 des Bundes-Immissionsschutzgesetzes und nach § 60 Absatz 2 des Kreislaufwirtschaftsgesetzes sind nicht erforderlich, sofern sich gleichwertige Angaben aus dem Bericht über die Umweltbetriebsprüfung ergeben und der Betriebsbeauftragte für Immissionsschutz oder für Abfall oder der Störfallbeauftragte den Bericht mitgezeichnet hat und mit dem Verzicht auf die Erstellung eines gesonderten jährlichen Berichts einverstanden ist.

(3) Die Pflichten zur Anzeige nach § 55 Abs. 1 Satz 2, § 58c Abs. 1 des Bundes-Immissionsschutzgesetzes und § 60 Absatz 3 des Kreislaufwirtschaftsgesetzes in Verbindung mit § 55 Abs. 1 Satz 2 des Bundes-Immissionsschutzgesetzes werden seitens des Betreibers einer EMAS-Anlage auch dadurch erfüllt, dass er der zuständigen Behörde im Rahmen des Umwelt-Audits erarbeitete Unterlagen zugeleitet hat, die gleichwertige Angaben enthalten.

§ 4 Ermittlungen von Emissionen

[1]Die zuständige Behörde soll bei EMAS-Anlagen Messungen nach § 28 Satz 1 Nr. 2 des Bundes-Immissionsschutzgesetzes erst nach Ablauf eines längeren Zeitraums als drei Jahren anordnen. [2]Darüber hinaus soll die zuständige Behörde dem Betreiber einer EMAS-Anlage gestatten, Messungen nach § 28 Satz 1 Nr. 2 des Bundes-Immissionsschutzgesetzes mit eigenem Personal durchzuführen, wenn der Betreiber, Immissionsschutzbeauftragte oder ein sonstiger geeigneter Betriebsangehöriger die hierfür erforderliche Fachkunde und Zuverlässigkeit besitzt und sichergestellt ist, dass geeignete Geräte und Einrichtungen eingesetzt werden.

§ 5 Wiederkehrende Messungen, Funktionsprüfungen

(1) Die zuständige Behörde soll dem Betreiber einer EMAS-Anlage auf Antrag gestatten, für diese Anlage wiederkehrende

1. Messungen nach § 12 Absatz 3 der Verordnung zur Emissionsbegrenzung von leichtflüchtigen halogenierten organischen Verbindungen vom 10. Dezember 1990 (BGBl. I S. 2694), die zuletzt durch Artikel 1 der Verordnung vom 2. Mai 2013 (BGBl. I S. 1021) geändert worden ist, in der jeweils geltenden Fassung,

2. Wiederholungsmessungen nach § 23 Absatz 2 der Verordnung über Großfeuerungs-, Gasturbinen- und Verbrennungsmotoranlagen vom 2. Mai 2013 (BGBl. I S. 1021, 1023), in der jeweils geltenden Fassung,

3. Wiederholungsmessungen nach § 18 Absatz 3 der Verordnung über die Verbrennung und die Mitverbrennung von Abfällen vom 2. Mai 2013 (BGBl. I S. 1021, 1044), in der jeweils geltenden Fassung,

4. Messungen nach § 8 Absatz 3 der Verordnung zur Begrenzung der Emissionen flüchtiger organischer Verbindungen beim Umfüllen oder Lagern von Ottokraftstoffen, Kraftstoffgemischen oder Rohbenzin vom 27. Mai 1998 (BGBl. I S. 1174), die zuletzt durch Artikel 7 der

Verordnung vom 2. Mai 2013 (BGBl. I S. 1021) geändert worden ist, in der jeweils geltenden Fassung

mit eigenem Personal durchzuführen, wenn der Betreiber, Immissionsschutzbeauftragte oder ein sonstiger geeigneter Betriebsangehöriger die hierfür erforderliche Fachkunde und Zuverlässigkeit besitzt und sichergestellt ist, dass geeignete Geräte und Einrichtungen eingesetzt werden.

(2) [1]Unter den gleichen Voraussetzungen soll die zuständige Behörde dem Betreiber einer EMAS-Anlage auf Antrag gestatten, für diese Anlage Funktionsprüfungen nach

1. § 12 Absatz 7 Satz 2 der Verordnung zur Emissionsbegrenzung von leichtflüchtigen halogenierten organischen Verbindungen,
2. § 19 Absatz 4 Nummer 2 der Verordnung über Großfeuerungs-, Gasturbinen- und Verbrennungsmotoranlagen,
3. § 15 Absatz 4 Nummer 2 der Verordnung über Verbrennung und die Mitverbrennung von Abfällen,
4. § 7 Absatz 3 der Verordnung über Anlagen zur Feuerbestattung vom 19. März 1997 (BGBl. I S. 545), die durch Artikel 11 des Gesetzes vom 3. Mai 2000 (BGBl. I S. 632) geändert worden ist, in der jeweils geltenden Fassung

mit eigenem Personal durchzuführen. [2]Satz 1 gilt nicht für die erstmalige Funktionsprüfung.

§ 6 Sicherheitstechnische Prüfungen

[1]Die zuständige Behörde soll dem Betreiber einer EMAS-Anlage auf Antrag gestatten, sicherheitstechnische Prüfungen nach § 29a Abs. 2 Nr. 1 bis 4 des Bundes-Immissionsschutzgesetzes mit eigenem Personal durchzuführen, wenn die Belange der Anlagensicherheit Gegenstand des Audits und der Prüfung durch einen dafür fachkundigen Umweltgutachter gewesen sind und sichergestellt ist, dass der Betreiber, Störfallbeauftragte oder ein sonstiger geeigneter Betriebsangehöriger die hierfür erforderliche Fachkunde und Zuverlässigkeit besitzt und geeignete Geräte und Einrichtungen eingesetzt werden. [2]Die Ergebnisse der Prüfungen sind der Behörde auf deren Verlangen vorzulegen.

§ 7 Berichte

(1) [1]Betreiber von EMAS-Anlagen können der zuständigen Behörde anstelle einer Emissionserklärung gemäß der Verordnung über Emissionserklärungen eine vom Umweltgutachter validierte Umwelterklärung vorlegen, die den Anforderungen des § 27 Abs. 1 des Bundes-Immissionsschutzgesetzes sowie der Verordnung über Emissionserklärungen genügt. [2]In der Umwelterklärung ist zu erklären, dass die Voraussetzungen nach Satz 1 eingehalten sind.

(2) [1]Der Betreiber einer EMAS-Anlage hat

1. eine Durchschrift des Berichts nach § 12 Abs. 6 der Verordnung zur Emissionsbegrenzung von leichtflüchtigen halogenierten organischen Verbindungen in der jeweils geltenden Fassung,
2. eine Durchschrift des Berichts nach § 8 Abs. 5 Satz 3 der Verordnung zur Begrenzung der Emissionen flüchtiger organischer Verbin-

dungen beim Umfüllen oder Lagern von Ottokraftstoffen, Kraftstoffgemischen oder Rohbenzin in der jeweils geltenden Fassung,

3. eine Durchschrift des Berichts nach § 5 Absatz 5 Satz 3 der Verordnung zur Begrenzung der Kohlenwasserstoffemissionen bei der Betankung von Kraftfahrzeugen vom 7. Oktober 1992 (BGBl. I S. 1730) in der jeweils geltenden Fassung,

4. die Bescheinigung und die Berichte nach § 7 Abs. 3 Satz 3, § 8 Abs. 2, § 10 Abs. 1 der Verordnung über Anlagen zur Feuerbestattung in der jeweils geltenden Fassung

der zuständigen Behörde nur auf deren Verlangen vorzulegen; sind nach den Berichten die zu erfüllenden Anforderungen nicht eingehalten, so sind die Berichte unaufgefordert der zuständigen Behörde vorzulegen. ²Satz 1 gilt nicht für Anlagen, die dem Anwendungsbereich der Verordnung zur Emissionsbegrenzung von leichtflüchtigen halogenierten organischen Verbindungen unterliegen und der Genehmigung in einem Verfahren nach § 4 Abs. 1 des Bundes-Immissionsschutzgesetzes unter Einbeziehung der Öffentlichkeit bedürfen.

§ 8 Verlängerung von Messintervallen
Die zuständige Behörde soll die Messintervalle von Messungen an EMAS-Anlagen nach § 12 Abs. 3 der Verordnung zur Emissionsbegrenzung von leichtflüchtigen halogenierten organischen Verbindungen in der jeweils geltenden Fassung um jeweils ein Jahr verlängern.

§ 9 Unterrichtung der Öffentlichkeit
Der Verpflichtete nach § 18 der Verordnung über Verbrennungsanlagen für Abfälle und ähnliche brennbare Stoffe in der jeweils geltenden Fassung kann nach Anzeige gegenüber der zuständigen Behörde die jährliche Unterrichtung der Öffentlichkeit mittels der jeweils aktualisierten Umwelterklärung vornehmen, sofern diese die erforderlichen Angaben enthält.

§ 10 Widerruf
(1) Die zuständige Behörde kann die nach dieser Verordnung von ihr gestatteten Überwachungserleichterungen auch dann ganz oder teilweise widerrufen, wenn

1. der Betreiber Rechts- oder Strafvorschriften zum Schutz der Umwelt, einer genehmigungsrechtlichen Auflage oder einer nachträglichen Anordnung zuwiderhandelt oder

2. nachträglich Tatsachen bekannt werden, die geeignet sind, die Eintragung einer Organisation in das EMAS-Register zu verweigern, zu streichen oder auszusetzen.

(2) Soweit die zuständige Behörde von der Möglichkeit des Widerrufs gemäß Absatz 1 Gebrauch macht, hat sie die zuständige Register führende Stelle gemäß § 34 des Umweltauditgesetzes darüber zu unterrichten.

**Verordnung
über den Vergleich von Kosten und Nutzen der Kraft-Wärme-
Kopplung und der Rückführung industrieller Abwärme bei der
Wärme- und Kälteversorgung
(KWK-Kosten-Nutzen-Vergleich-Verordnung – KNV-V)**[1]

Vom 28. April 2015 (BGBl. I S. 670)
(FNA 2129-20-2)

geändert durch Art. 2 Abs. 1 G zur Neuregelung des Kraft-Wärme-Kopp-
lungsG vom 21. Dezember 2015 (BGBl. I S. 2498)

Abschnitt 1
Allgemeine Vorschriften

§ 1 Anwendungsbereich

Diese Verordnung gilt für

1. die Genehmigung der Errichtung oder erheblichen Modernisierung
   a) einer Feuerungsanlage zur Erzeugung von Strom mit einer Feue-
      rungswärmeleistung von mehr als 20 MW,
   b) einer sonstigen Anlage, bei der Abwärme mit einem nutzbaren
      Temperaturniveau entsteht, mit einer Feuerungswärmeleistung
      von mehr als 20 MW,
   c) einer Feuerungsanlage zur Erzeugung von Wärme mit einer Feue-
      rungswärmeleistung von mehr als 20 MW in einem bestehenden
      Fernwärme- oder Fernkältenetz,
2. die Planfeststellung für ein neues Fernwärme- oder Fernkältenetz.

§ 2 Begriffsbestimmungen

Im Sinne dieser Verordnung sind:

1. »Kraft-Wärme-Kopplung«:
   Kraft-Wärme-Kopplung im Sinne des § 2 Nummer 13 des Kraft-
   Wärme-Kopplungsgesetzes;
2. »wirtschaftlich vertretbarer Bedarf«:
   Bedarf, der die benötigte Wärme- oder Kühlungsleistung nicht überschreitet und der sonst durch andere Energieerzeugungsprozesse als
   Kraft-Wärme-Kopplung zu Marktbedingungen gedeckt würde;
3. »hocheffiziente Kraft-Wärme-Kopplung«:
   Kraft-Wärme-Kopplung, die den in Anhang II der Richtlinie
   2012/27/EU des Europäischen Parlaments und des Rates vom
   25. Oktober 2012 zur Energieeffizienz, zur Änderung der Richtlinien
   2009/125/EG und 2010/30/EU und zur Aufhebung der Richtlinien
   2004/8/EG und 2006/32/EG (ABl. L 315 vom 14.11.2012, S. 1)
   festgelegten Kriterien entspricht;

---

1) Verkündet als Art. 1 VO v. 28. 4. 2015 (BGBl. I S. 670); Inkrafttreten gem. Art. 12
   dieser VO am 1. 5. 2015. Die VO wurde ua erlassen auf Grund von § 4 Abs. 1 Satz 3,
   § 7 Abs. 1 Satz 1 Nr. 1, 3 und 4, § 23 Abs. 1 Satz 1 Nr. 3 und 5, § 29b Abs. 3 und
   § 58a Abs. 1 Satz 2 BImSchG sowie von § 21 Abs. 4 Satz 1 Nr. 1 UVPG.

4. »Fernwärmenetz«:
   Wärmenetz im Sinne des § 2 Nummer 32 des Kraft-Wärme-Kopplungsgesetzes;
5. »Fernkältenetz«:
   Kältenetz im Sinne des § 2 Nummer 10 des Kraft-Wärme-Kopplungsgesetzes;
6. »Trasse«:
   Trasse im Sinne des § 2 Nummer 29 des Kraft-Wärme-Kopplungsgesetzes;
7. »erhebliche Modernisierung«:
   wesentliche Änderung, deren Kosten mehr als 50 Prozent der Investitionskosten für eine neue vergleichbare Anlage betragen; der Einbau von Ausrüstungen für die Abscheidung des von einer Anlage gemäß § 1 Nummer 1 erzeugten Kohlendioxid im Hinblick auf seine geologische Speicherung gemäß des Kohlendioxid-Speicherungsgesetzes gilt nicht als erhebliche Modernisierung;
8. »effiziente Fernwärme- oder Fernkälteversorgung«:
   Versorgung über ein Fernwärme- oder Fernkältesystem mit einer Nutzung von mindestens
   a) 50 Prozent erneuerbare Energien,
   b) 50 Prozent Abwärme,
   c) 75 Prozent Wärme aus Kraft-Wärme-Kopplung oder
   d) 50 Prozent einer Kombination dieser Energien und dieser Wärme.

Abschnitt 2
Kosten-Nutzen-Vergleich

§ 3 Vorlagepflicht
(1) Für die Errichtung oder erhebliche Modernisierung einer Anlage gemäß § 1 Nummer 1 sind im Rahmen der Antragsunterlagen nach § 4 Absatz 1 Satz 1 der Verordnung über das Genehmigungsverfahren eine Wirtschaftlichkeitsanalyse einschließlich des Kosten-Nutzen-Vergleichs nach § 6 oder eine Darlegung nach § 5 Absatz 4 vorzulegen, es sei denn, die Abwärme soll im Sinne des Vergleichsgegenstandes nach § 4 Absatz 1, 2 oder 3 verwendet werden.
(2) Für die Errichtung eines Fernwärme- oder Fernkältenetzes gemäß § 1 Nummer 2 sind eine Wirtschaftlichkeitsanalyse einschließlich des Kosten-Nutzen-Vergleichs nach § 6 oder eine Darlegung nach § 5 Absatz 4 mit dem Plan gemäß § 22 Satz 1 des Gesetzes über die Umweltverträglichkeitsprüfung in Verbindung mit § 73 Absatz 1 Satz 1 des Verwaltungsverfahrensgesetzes vorzulegen, es sei denn, Abwärme soll im Sinne des Vergleichsgegenstandes nach § 4 Absatz 3 verwendet werden.
(3) [1]Die nach den Absätzen 1 und 2 vorzulegenden Unterlagen müssen die Anforderungen der §§ 4 bis 6 erfüllen. [2]Wurde die Wirtschaftlichkeitsanalyse einschließlich des Kosten-Nutzen-Vergleichs von einer nach gesetzlichen Vorschriften dafür zuständigen Bundesbehörde testiert, ist auch das Testat im Rahmen der Antragsunterlagen vorzulegen.

(4) [1]Die Vorlage der in den Absätzen 1 bis 3 genannten Unterlagen entfällt bei

1. Anlagen, die in der Nähe einer nach § 11 des Kohlendioxid-Speicherungsgesetzes zugelassenen geologischen Speicherstätte angesiedelt werden müssen und

2. Feuerungsanlagen zur Erzeugung von Strom, die im gleitenden Durchschnitt über einen Zeitraum von fünf Jahren unter 1 500 Betriebsstunden jährlich in Betrieb sind.

[2]Die zuständige Behörde prüft bei der Genehmigung der Errichtung oder erheblichen Modernisierung einer Anlage nach Satz 1, ob die in Satz 1 genannten Voraussetzungen vorliegen. [3]Bei Anlagen nach Satz 1 Nummer 2 ist bei der Genehmigung durch den Anlagenbetreiber ein geeigneter Nachweis insbesondere in Form eines Sachverständigengutachtens oder eines Testats eines Wirtschaftsprüfers darüber zu erbringen, dass die betriebswirtschaftliche Kalkulation der Anlage im Hinblick auf die Betriebsstunden auf Szenarien basiert, die unter der genannten Schwelle liegen. [4]Der Anlagenbetreiber muss der zuständigen Behörde auf Verlangen Belege darüber vorlegen, dass die Grenze von 1 500 Betriebsstunden jährlich im gleitenden Durchschnitt über einen Zeitraum von fünf Jahren unterschritten wird.

(5) Die Vorlage der in den Absätzen 1 bis 3 genannten Unterlagen entfällt bei Anlagen nach § 1 Nummer 1 Buchstabe b und c, wenn

1. die zur Verfügung stehende nutzbare Abwärme weniger als 10 MW beträgt oder

2. die Wärmenachfrage weniger als 10 MW beträgt.

(6) [1]Die Vorlage der in den Absätzen 1 bis 3 genannten Unterlagen entfällt bei Fernwärme- und Fernkältenetzen nach § 1 Nummer 2, wenn ein Trassenausbau zwischen dem nächstmöglichen Einspeisepunkt des Fernwärme- oder Fernkältenetzes und der Anlage unzumutbar ist. [2]Ein Trassenausbau ist unzumutbar, wenn die Versorgung des bestehenden Fernwärme- oder Fernkältenetzes bereits effizient im Sinne von § 2 Nummer 8 ist oder die für die Anbindung erforderliche Trasse zu lang würde. [3]Im Übrigen sind bei der Entscheidung über die Zumutbarkeit durch die zuständige Behörde gemäß Satz 1 folgende Kriterien zu berücksichtigen:

1. Umfang des verfügbaren Wärmeangebots der Anlage und Umfang der bestehenden Wärmenachfrage des Netzes,

2. kontinuierliche oder diskontinuierliche Verfügbarkeit des Wärmeangebotes, zu beurteilen anhand der Jahresganglinie und

3. verfügbare Volllastbenutzungsstunden der Wärmeübernahme, zu beurteilen anhand der Jahresganglinie.

(7) Die Antragsteller müssen bei der Planfeststellung für ein neues Fernwärme- oder Fernkältenetz im Sinne des § 1 Nummer 2 gegenüber der zuständigen Behörde die Berechnungsgrundlagen nach § 7 Nummer 3 offenlegen und auf Anfrage begründen.

§ 4 Gegenstand des Kosten-Nutzen-Vergleichs

(1) [1]Vor der Errichtung einer Anlage im Sinne des § 1 Nummer 1 Buchstabe a sind die Kosten und der Nutzen von Vorkehrungen für den Betrieb der Anlage als hocheffiziente Kraft-Wärme-Kopplungsanlage zu bewerten. [2]Im Falle einer erheblichen Modernisierung einer Anlage nach Satz 1 sind die Kosten und der Nutzen der Umrüstung zu einer hocheffizienten Kraft-Wärme-Kopplungsanlage zu bewerten.

(2) Vor der Errichtung oder der erheblichen Modernisierung einer Anlage im Sinne des § 1 Nummer 1 Buchstabe b sind die Kosten und der Nutzen der Verwendung der Abwärme zur Deckung eines wirtschaftlich vertretbaren Bedarfs, auch durch Kraft-Wärme-Kopplung, und der Anbindung an ein Fernwärme- oder Fernkältenetz zu bewerten.

(3) Vor der Errichtung oder erheblichen Modernisierung einer Anlage im Sinne des § 1 Nummer 1 Buchstabe c sowie vor der Errichtung eines neuen Fernwärme- oder Fernkältenetzes im Sinne des § 1 Nummer 2 sind die Kosten und der Nutzen der Verwendung der Abwärme von nahegelegenen Anlagen im Sinne von § 1 Nummer 1 Buchstabe b zu bewerten.

§ 5 Ermittlung zu berücksichtigender Wärme- oder Kältebedarfspunkte und Anlagen

(1) [1]Für den Kosten-Nutzen-Vergleich für Vorhaben gemäß § 1 Nummer 1 Buchstabe a und b sind zunächst geeignete bestehende oder mögliche Wärme- oder Kältebedarfspunkte, die über die Anlage versorgt werden könnten, zu ermitteln. [2]Wärme- oder Kältebedarfspunkte sind insbesondere

1. bestehende Anlagen mit Wärme- oder Kältebedarf,
2. vorhandene Fernwärme- oder Fernkältenetze oder
3. in städtischen Gebieten Gebäudegruppen oder Stadtteile, die ein neues Fernwärme- oder Fernkältenetz erhalten oder an ein solches angeschlossen werden könnten.

(2) Für den Kosten-Nutzen-Vergleich für Vorhaben gemäß § 1 Nummer 1 Buchstabe c und Nummer 2 sind zunächst die zur Anbindung geeigneten Anlagen zu ermitteln.

(3) Die Geeignetheit ist insbesondere nicht gegeben, wenn:

1. die Bereitschaft Dritter zur Abnahme oder Abgabe von Wärme oder Kälte nicht besteht oder eine vertragliche Verpflichtung Dritter zur anderweitigen Nutzung der Wärme oder Kälte besteht,
2. es technisch oder wirtschaftlich nicht möglich ist, das Wärme- oder Kälteangebot der Anlage und die Nachfrage des Fernwärme- oder Fernkältenetzes in Übereinstimmung zu bringen,
3. eine durchgängige Bedarfsdeckung nicht möglich ist und auch Ausgleichsregelungsmechanismen technisch nicht möglich oder wirtschaftlich unzumutbar sind,
4. eine hydraulische Anbindung der Anlage nicht möglich ist oder
5. zwischen dem Fernwärme- oder Fernkältenetz und der Anlage kein miteinander zu vereinbarendes Temperaturniveau sichergestellt werden kann.

(4) Lassen sich keine geeigneten bestehenden oder möglichen Wärme- oder Kältebedarfspunkte oder keine zur Anbindung geeigneten Anlagen ermitteln, ist eine Wirtschaftlichkeitsanalyse nach § 6 nicht erforderlich; der Antragsteller hat der zuständigen Behörde diesen Umstand darzulegen.

§ 6 Wirtschaftlichkeitsanalyse

(1) Vor der Wirtschaftlichkeitsanalyse sind folgende umfassende Beschreibungen vorzunehmen:
1. Vorhaben gemäß § 1 sowie
2. vergleichbare Anlage mit Nutzung der Abwärme unter Berücksichtigung der nach § 5 einzubeziehenden Anlagen und der bestehenden und möglichen Wärme- oder Kältebedarfspunkte.

(2) ^{1}Die umfassenden Beschreibungen der Anlagen nach Absatz 1 enthalten insbesondere Angaben zur elektrischen und thermischen Kapazität, zum Brennstofftyp, zur geplanten Verwendung, zur geplanten Anzahl der Betriebsstunden pro Jahr, zum Standort und zum Strom- und Wärmeenergiebedarf. ^{2}Zudem sind Angaben zu den Arten der Wärme- oder Kälteversorgung, die von den nahegelegenen Wärme- oder Kältebedarfspunkten genutzt werden, erforderlich. ^{3}Die umfassenden Beschreibungen gemäß Absatz 1 enthalten in Bezug auf die Nutzung vorhandener Netze insbesondere die Wärmekapazität und das bereits erreichte Effizienzniveau.

(3) Auf der Grundlage der umfassenden Beschreibungen gemäß Absatz 1 ist eine Wirtschaftlichkeitsanalyse zu erstellen, die insbesondere den folgenden Kriterien Rechnung trägt:
1. Investitionskosten für die Auskopplung, den Transport und die Einspeisung der Wärme,
2. Betriebskosten für die Anbindung von Anlage und Netz,
3. Finanzierungskosten unter Berücksichtigung eines Amortisationszeitraums von mindestens fünf Jahren und einer angemessenen Rendite,
4. sonstige Kosten, insbesondere für Betriebsführung und Ausfallsicherung,
5. Ermittlung des Nutzens, insbesondere der Brennstoffersparnis, und
6. Kosten-Nutzen-Vergleich.

§ 7 Ergebnis des Kosten-Nutzen-Vergleichs

Das Ergebnis des Kosten-Nutzen-Vergleichs der Wirtschaftlichkeitsanalyse gemäß § 6 Absatz 3 Nummer 6 ist positiv, wenn
1. bei Anlagen gemäß § 1 Nummer 1 Buchstabe a die ermittelten Gesamtkosten, die bei der Deckung des Strom- und Wärmebedarfs durch eine hocheffiziente Kraft-Wärme-Kopplung entstünden, niedriger sind als die Kosten zur Deckung desselben Bedarfs ohne Nutzung einer hocheffizienten Kraft-Wärme-Kopplung,
2. bei Anlagen gemäß § 1 Nummer 1 Buchstabe b die ermittelten Gesamtkosten, die zur Deckung des Wärme- und Kältebedarfs mit Anbindung der Anlage an ein Fernwärme- oder Fernkältenetz entstünden, niedriger sind als die Kosten zur Deckung desselben Bedarfs ohne Anbindung der Anlage an ein Fernwärme- oder Fernkältenetz,

3. bei Anlagen gemäß § 1 Nummer 1 Buchstabe c und bei Fernwärme-
   oder Fernkältenetzen gemäß § 1 Nummer 2 die ermittelten Gesamtkosten, die zur Deckung des Wärme- und Kältebedarfs unter Nutzung
   der Abwärme von nahegelegenen Anlagen entstünden, niedriger sind
   als die Kosten zur Deckung desselben Bedarfs aus eigenen Anlagen.

Abschnitt 3
Zulassungsentscheidung der zuständigen Behörde
§ 8 Berücksichtigung des Kosten-Nutzen-Vergleichs
(1) [1]Die zuständige Behörde berücksichtigt bei der Entscheidung über die
Zulässigkeit des Vorhabens das Ergebnis des Kosten-Nutzen-Vergleichs.
[2]Zur Feststellung des Ergebnisses des Kosten-Nutzen-Vergleichs berücksichtigt sie ein Testat nach § 3 Absatz 3.
(2) [1]Die zuständige Behörde darf die Zulassung auch bei einem positiven Ergebnis des Kosten-Nutzen-Vergleichs nicht versagen, wenn Maßnahmen auf Grund von Rechtsvorschriften, bestehenden Eigentumsver-
hältnissen oder der Finanzlage nicht möglich sind. [2]In diesen Fällen muss
die Entscheidung zusammen mit einer Begründung durch die zuständige
oberste Landesbehörde oder die von ihr bestimmte Behörde über die Bundesregierung an die Europäische Kommission übermittelt werden.

Abschnitt 4
Schlussvorschriften
§ 9 Verhältnis zu anderen Vorschriften
§ 12 der Verordnung über Großfeuerungs-, Gasturbinen- und Verbrennungsmotoranlagen vom 2. Mai 2013 (BGBl. I S. 1021, 1023, 3754) sowie § 13 der Verordnung über die Verbrennung und die Mitverbrennung
von Abfällen vom 2. Mai 2013 (BGBl. I S. 1021, 1044, 3754) bleiben unberührt.

§ 10 Erstmalige Anwendung
Die Vorschriften dieser Verordnung gelten nicht für Vorhaben, bei denen
die Vollständigkeit der Antragunterlagen vor dem 1. Mai 2015 von der zuständigen Behörde festgestellt worden ist.

Erste Allgemeine Verwaltungsvorschrift zum Bundes-Immissionsschutzgesetz
(Technische Anleitung zur Reinhaltung der Luft – TA Luft)

Vom 24. Juli 2002 (GMBl. S. 511)

Inhaltsübersicht:

1	Anwendungsbereich
2	Begriffsbestimmungen und Einheiten im Messwesen
2.1	Immissionen
2.2	Immissionskenngrößen, Beurteilungspunkte, Aufpunkte
2.3	Immissionswerte
2.4	Abgasvolumen und Abgasvolumenstrom
2.5	Emissionen
2.6	Emissionsgrad und Emissionsminderungsgrad
2.7	Emissionswerte und Emissionsbegrenzungen
2.8	Einheiten und Abkürzungen
2.9	Rundung
2.10	Altanlagen
3	Rechtliche Grundsätze für Genehmigung, Vorbescheid und Zulassung des vorzeitigen Beginns
3.1	Prüfung der Anträge auf Erteilung einer Genehmigung zur Errichtung und zum Betrieb neuer Anlagen
3.2	Prüfung der Anträge auf Erteilung einer Teilgenehmigung (§ 8 BImSchG) oder eines Vorbescheids (§ 9 BImSchG)
3.3	Prüfung der Anträge auf Zulassung des vorzeitigen Beginns (§ 8a BImSchG)
3.4	Prüfung der Genehmigungsbedürftigkeit einer Änderung (§ 15 Abs. 2 BImSchG)
3.5	Prüfung der Anträge auf Erteilung einer Änderungsgenehmigung
3.5.1	Begriff der Änderung
3.5.2	Angeordnete Änderung
3.5.3	Prüfungsumfang
3.5.4	Verbesserungsmaßnahmen
4.	Anforderungen zum Schutz vor schädlichen Umwelteinwirkungen
4.1	Prüfung der Schutzpflicht
4.2	Schutz der menschlichen Gesundheit
4.2.1	Immissionswerte
4.2.2	Genehmigung bei Überschreiten der Immissionswerte
4.2.3	Genehmigung bei künftiger Einhaltung der Immissionswerte
4.3	Schutz vor erheblichen Belästigungen oder erheblichen Nachteilen durch Staubniederschlag
4.3.1	Immissionswert für Staubniederschlag
4.3.2	Genehmigung bei Überschreiten des Immissionswertes
4.4	Schutz vor erheblichen Nachteilen, insbesondere Schutz der Vegetation und von Ökosystemen
4.4.1	Immissionswerte für Schwefeldioxid und Stickstoffoxide
4.4.2	Immissionswert für Fluorwasserstoff; Ammoniak

4.4.3   Genehmigung bei Überschreitung der Immissionswerte
4.5   Schutz vor schädlichen Umwelteinwirkungen durch Schadstoffdepositionen
4.5.1   Immissionswerte für Schadstoffdepositionen
4.5.2   Genehmigung bei Überschreitung der Immissionswerte für Schadstoffdepositionen oder der Prüf- und Maßnahmenwerte
4.5.3   Sonderfälle bei Überschreitung von Prüf- und Maßnahmenwerten
4.6   Ermittlung der Immissionskenngrößen
4.6.1   Allgemeines
4.6.2   Ermittlung der Vorbelastung
4.6.3   Kenngrößen für die Vorbelastung
4.6.4   Kenngrößen für die Zusatzbelastung
4.7   Einhaltung der Immissionswerte
4.7.1   Immissions-Jahreswert
4.7.2   Immissions-Tageswert
4.7.3   Immissions-Stundenwert
4.8   Prüfung, soweit Immissionswerte nicht festgelegt sind, und in Sonderfällen

5   Anforderungen zur Vorsorge gegen schädliche Umwelteinwirkungen
5.1   Allgemeines
5.1.1   Inhalt und Bedeutung
5.1.2   Berücksichtigung der Anforderungen im Genehmigungsverfahren
5.1.3   Grundsätzliche Anforderungen zur integrierten Vermeidung und Verminderung von Umweltverschmutzungen
5.2   Allgemeine Anforderungen zur Emissionsbegrenzung
5.2.1   Gesamtstaub, einschließlich Feinstaub
5.2.2   Staubförmige anorganische Stoffe
5.2.3   Staubförmige Emissionen bei Umschlag, Lagerung oder Bearbeitung von festen Stoffen
5.2.4   Gasförmige anorganische Stoffe
5.2.5   Organische Stoffe
5.2.6   Gasförmige Emissionen beim Verarbeiten, Fördern, Umfüllen oder Lagern von flüssigen organischen Stoffen
5.2.7   Krebserzeugende, erbgutverändernde oder reproduktionstoxische Stoffe sowie schwer abbaubare, leicht anreicherbare und hochtoxische organische Stoffe
5.2.8   Geruchsintensive Stoffe
5.2.9   Bodenbelastende Stoffe
5.3   Messung und Überwachung der Emissionen
5.3.1   Messplätze
5.3.2   Einzelmessungen
5.3.3   Kontinuierliche Messungen
5.3.4   Fortlaufende Ermittlung besonderer Stoffe
5.3.5   Gleichwertigkeit zu VDI-Richtlinien
5.4   Besondere Regelungen für bestimmte Anlagenarten
5.4.1   Wärmeerzeugung, Bergbau, Energie
5.4.2   Steine und Erden, Glas, Keramik, Baustoffe
5.4.3   Stahl, Eisen und sonstige Metalle einschließlich Verarbeitung
5.4.4   Chemische Erzeugnisse, Arzneimittel, Mineralölraffination und Weiterverarbeitung
5.4.5   Oberflächenbehandlung mit organischen Stoffen, Herstellung von bahnenförmigen Materialien aus Kunststoffen, sonstige Verarbeitung von Harzen und Kunststoffen
5.4.6   Holz, Zellstoff

5.4.7   Nahrungs-, Genuss- und Futtermittel, landwirtschaftliche Erzeugnisse
5.4.8   Verwertung und Beseitigung von Abfällen und sonstigen Stoffen
5.4.9   Lagerung, Be- und Entladung von Stoffen und Zubereitungen
5.4.10   Sonstiges
5.5   Ableitung von Abgasen
5.5.1   Allgemeines
5.5.2   Ableitung über Schornsteine
5.5.3   Nomogramm zur Bestimmung der Schornsteinhöhe
5.5.4   Ermittlung der Schornsteinhöhe unter Berücksichtigung der Bebauung und
         des Bewuchses sowie in unebenem Gelände
5.5.5   Bestehende Anlage

6   Nachträgliche Anordnungen
6.1   Nachträgliche Anordnungen zum Schutz vor schädlichen
         Umwelteinwirkungen
6.1.1   Ermessenseinschränkung
6.1.2   Eingriffsvoraussetzung
6.1.3   Maßnahmen
6.1.4   Fristen
6.1.5   Luftqualitätswerte der EG
6.2   Nachträgliche Anordnungen zur Vorsorge gegen schädliche
         Umwelteinwirkungen
6.2.1   Grundsatz
6.2.2   Unverzügliche Sanierung
6.2.3   Einräumung von Sanierungsfristen
6.2.4   Verzicht auf die Genehmigung
6.2.5   Kompensation

7   Aufhebung von Vorschriften

8   Inkrafttreten

Anhang 1   Ermittlung des Mindestabstandes zu empfindlichen Pflanzen (z. B.
           Baumschulen, Kulturpflanzen) und Ökosystemen im Hinblick auf die
           Anforderungen der Nummer 4.8
Anhang 2   Kurven zur Ableitung von Massenströmen aus Immissionsprognosen
Anhang 3   Ausbreitungsrechnung
Anhang 4   Organische Stoffe der Klasse I nach Nummer 5.2.5
Anhang 5   Äquivalenzfaktoren für Dioxine und Furane
Anhang 6   VDI-Richtlinien und Normen zur Emissionsmesstechnik
Anhang 7   S-Werte

Abbildungsübersicht:

Abbildung 1:   Mindestabstandskurve
Abbildung 2:   Nomogramm zur Ermittlung der Schornsteinhöhe
Abbildung 3:   Diagramm zur Ermittlung des Wertes J
Abbildung 4:   Mindestabstand von Anlagen zu empfindlichen Pflanzen (z. B.
               Baumschulen, Kulturpflanzen) und Ökosystemen, bei dessen Un-
               terschreiten sich Anhaltspunkte für das Vorliegen erheblicher
               Nachteile durch Schädigung dieser Schutzgüter auf Grund der Ein-
               wirkung von Ammoniak ergeben
Abbildung 5:   Arsen und anorganische Arsenverbindungen
Abbildung 6:   Blei und anorganische Bleiverbindungen
Abbildung 7:   Cadmium und anorganische Cadmiumverbindungen sowie Thal-
               lium und anorganische Thalliumverbindungen

Abbildung 8:   Nickel und anorganische Nickelverbindungen
Abbildung 9:   Quecksilber und anorganische Quecksilberverbindungen

Tabellenübersicht:

Tabelle 1:   Immissionswerte für Stoffe zum Schutz der menschlichen Gesundheit
Tabelle 2:   Immissionswert für Staubniederschlag zum Schutz vor erheblichen
                 Belästigungen oder erheblichen Nachteilen
Tabelle 3:   Immissionswerte für Schwefeldioxid und Stickstoffoxide zum Schutz
                 von Ökosystemen und der Vegetation
Tabelle 4:   Immissionswert für Fluorwasserstoff zum Schutz vor erheblichen
                 Nachteilen
Tabelle 5:   Irrelevante Zusatzbelastungswerte für Immissionswerte zum Schutz vor
                 erheblichen Nachteilen
Tabelle 6:   Immissionswerte für Schadstoffdepositionen
Tabelle 7:   Bagatellmassenströme
Tabelle 8:   Depositionswerte als Anhaltspunkte für die Sonderfallprüfung
Tabelle 9:   Emissionswerte für Schwefeldioxid und Schwefeltrioxid, angegeben als
                 Schwefeldioxid, für Anlagen der Nummer 2.8
Tabelle 10:   Faktoren zur Umrechnung von Tierplatzzahlen in Tierlebendmasse,
                 angegeben in Großvieheinheiten
Tabelle 11:   Ammoniakemissionsfaktoren für Anlagen zum Halten oder zur
                 Aufzucht von Nutztieren
Tabelle 12:   Depositionsgeschwindigkeiten für Gase
Tabelle 13:   Depositions- und Sedimentationsgeschwindigkeiten für Stäube
Tabelle 14:   Mittlere Rauhigkeitslänge in Abhängigkeit von den
                 Landnutzungsklassen des CORINE-Katasters
Tabelle 15:   Größen für meteorologische Grenzschichtprofile
Tabelle 16:   Bestimmung von D_h
Tabelle 17:   Bestimmung der Monin-Obukhov-Länge L_M
Tabelle 18:   Klassierung der Windgeschwindigkeiten
Tabelle 19:   Organische Stoffe der Klasse I nach Nummer 5.2.5
Tabelle 20:   Äquivalenzfaktoren für Dioxine und Furane
Tabelle 21:   VDI-Richtlinien und Normen zur Emissionsmesstechnik
Tabelle 22:   S-Werte

1. Anwendungsbereich

Diese Technische Anleitung dient dem Schutz der Allgemeinheit und der
Nachbarschaft vor schädlichen Umwelteinwirkungen durch Luftverunreinigungen und der Vorsorge gegen schädliche Umwelteinwirkungen durch
Luftverunreinigungen, um ein hohes Schutzniveau für die Umwelt insgesamt zu erreichen.

Die Vorschriften dieser Technischen Anleitung sind zu beachten[1] bei der

a) Prüfung der Anträge auf Erteilung einer Genehmigung zur Errichtung und zum Betrieb einer neuen Anlage (§ 6 Abs. 1 BImSchG) sowie zur Änderung der Lage, der Beschaffenheit oder des Betriebs einer bestehenden Anlage (§ 16 Abs. 1, auch in Verbindung mit Abs. 4 BImSchG),

b) Prüfung der Anträge auf Erteilung einer Teilgenehmigung, eines Vorbescheids oder der Zulassung des vorzeitigen Beginns (§§ 8, 8a und 9 BImSchG),

c) Prüfung der Genehmigungsbedürftigkeit einer Änderung (§ 15 Abs. 2 BImSchG),

d) Entscheidung über nachträgliche Anordnungen (§ 17 BImSchG) und

e) Entscheidung zu Anordnungen über die Ermittlung von Art und Ausmaß der von einer Anlage ausgehenden Emissionen sowie der Immissionen im Einwirkungsbereich der Anlage (§ 26, auch in Verbindung mit § 28 BImSchG).

Der Schutz vor schädlichen Umwelteinwirkungen durch Geruchsimmissionen wird in dieser Verwaltungsvorschrift nicht geregelt;[2] dagegen wird die Vorsorge gegen schädliche Umwelteinwirkungen durch Geruchsemissionen in dieser Verwaltungsvorschrift geregelt.[3]

Die Anforderungen der Nummern 5.1 bis 5.4 gelten nicht für genehmigungsbedürftige Anlagen, soweit[4] in Rechtsverordnungen der Bundesregierung Anforderungen zur Vorsorge und zur Ermittlung von Emissionen an luftverunreinigenden Stoffen getroffen werden.

[1]Soweit im Hinblick auf die Pflichten der Betreiber von nicht genehmigungsbedürftigen Anlagen nach § 22 Abs. 1 Nrn. 1 und 2 BImSchG zu beurteilen ist, ob schädliche Umwelteinwirkungen durch Luftverunreinigungen vorliegen, sollen die in Nummer 4 festgelegten Grundsätze zur Ermittlung und Maßstäbe zur Beurteilung von schädliche Umwelteinwirkungen herangezogen werden.[5] [2]Die Ermittlung von Immissionskenngrößen nach Nummer 4.6 unterbleibt, soweit eine Prüfung im Einzelfall ergibt, dass

---

1) Da die TA Luft eine Verwaltungsvorschrift ist, richtet sich die Beachtenspflicht an die zuständigen Behörden. Soweit ihre Regelungen in Nrn. 4 und 5 der Normkonkretisierung dienen, sind sie jedoch auch für die Adressaten der konkretisierten immissionsschutzrechtlichen Vorschriften und für die Gerichte verbindlich (BVerwG NVwZ 95, 994, NVwZ 2000, 440). Die Verbindlichkeit der TA Luft ist nicht (mehr) gegeben, soweit ihre Regelungen mit höherrangigem Recht unvereinbar sind, soweit neue gesicherte Erkenntnisse vorliegen oder soweit ein atypischer Sachverhalt gegeben ist, den der Vorschriftengeber nicht regeln wollte oder konnte.

2) Insoweit liegt eine Regelungslücke vor, die durch Erlasse der Länder oder durch andere Erkenntnisquellen (z. B. die Geruchsimmissionsrichtlinie der Bund/Länder-Arbeitsgemeinschaft für Immissionsschutz) geschlossen werden muss.

3) Nr. 5.2.8.

4) Soweit die anlagebezogenen Durchführungsverordnungen zum BImSchG in Bezug auf bestimmte Schadstoffemissionen Regelungslücken enthalten, ist die TA Luft anwendbar. Nr. 4 TA Luft gilt in jedem Fall (auch neben der 39. BImSchV).

5) Der Begriff der schädlichen Umwelteinwirkungen wird für alle Luftverunreinigungen durch die TA Luft konkretisiert. Die Regelungen zur Feststellung der Luftbelas-

der damit verbundene Aufwand unverhältnismäßig wäre. [3]Tragen nicht genehmigungsbedürftige Anlagen zum Entstehen schädlicher Umwelteinwirkungen in relevanter Weise bei, ist zu prüfen, ob die nach dem Stand der Technik gegebenen Möglichkeiten zu ihrer Vermeidung ausgeschöpft sind. [4]Nach dem Stand der Technik unvermeidbare schädliche Umwelteinwirkungen sind auf ein Mindestmaß zu beschränken. [5]Soweit zur Erfüllung der Pflichten nach § 22 Abs. 1 Nrn. 1 und 2 BImSchG Anforderungen für nicht genehmigungsbedürftige Anlagen festgelegt werden können, können auch die in Nummer 5 für genehmigungsbedürftige Anlagen festgelegten Vorsorgeanforderungen als Erkenntnisquelle herangezogen werden. [6]Luftreinhaltepläne sind bei Anordnungen nach §§ 24 und 25 BImSchG zu beachten.

2. Begriffsbestimmungen und Einheiten im Messwesen

2.1 Immissionen

Immissionen im Sinne dieser Verwaltungsvorschrift sind auf Menschen, Tiere, Pflanzen, den Boden, das Wasser, die Atmosphäre oder Kultur- und Sachgüter einwirkende Luftverunreinigungen.

Immissionen werden wie folgt angegeben:

a) Massenkonzentration als Masse der luftverunreinigenden Stoffe bezogen auf das Volumen der verunreinigten Luft; bei gasförmigen Stoffen ist die Massenkonzentration auf 293,15 K und 101,3 kPa zu beziehen.

b) Deposition als zeitbezogene Flächenbedeckung durch die Masse der luftverunreinigenden Stoffe.

2.2 Immissionskenngrößen, Beurteilungspunkte, Aufpunkte

[1]Immissionskenngrößen kennzeichnen die Höhe der Vorbelastung, der Zusatzbelastung oder der Gesamtbelastung für den jeweiligen luftverunreinigenden Stoff. [2]Die Kenngröße für die Vorbelastung ist die vorhandene Belastung durch einen Schadstoff. [3]Die Kenngröße für die Zusatzbelastung ist der Immissionsbeitrag, der durch das beantragte Vorhaben[5a] voraussichtlich (bei geplanten Anlagen) oder tatsächlich (bei bestehenden Anlagen) hervorgerufen wird. [4]Die Kenngröße für die Gesamtbelastung ist bei geplanten Anlagen aus den Kenngrößen für die Vorbelastung und die Zusatzbelastung zu bilden; bei bestehenden Anlagen entspricht sie der vorhandenen Belastung.

[1]Beurteilungspunkte sind diejenigen Punkte in der Umgebung der Anlage, für die die Immissionskenngrößen für die Gesamtbelastung ermittelt werden. [2]Aufpunkte sind diejenigen Punkte in der Umgebung der Anlage,

---

tung dürfen bei der Prüfung von nicht genehmigungsbedürftigen Anlagen jedoch nicht schematisch angewandt werden.

5a) Ob aus dieser Formulierung geschlossen werden kann, dass im Änderungsgenehmigungsverfahren in Bezug auf die Relevanz des Immissionsbeitrags nur auf die von der Änderung ausgehenden Immissionen abzustellen sei (BVerwGE 148, 155 Rn. 40 f.), ist zweifelhaft (vgl. Friedrich/Heesen in UPR 2014, 256 ff., Hansmann in NVwZ 2014, 522 ff., Koch in FS Jarass S. 324 f.).

für die eine rechnerische Ermittlung der Zusatzbelastung (Immissionsprognose) vorgenommen wird.

2.3 Immissionswerte

Der Immissions-Jahreswert ist der Konzentrations- oder Depositionswert eines Stoffes gemittelt über ein Jahr.

Der Immissions-Tageswert ist der Konzentrationswert eines Stoffes gemittelt über einen Kalendertag mit der zugehörigen zulässigen Überschreitungshäufigkeit (Anzahl der Tage) während eines Jahres.

Der Immissions-Stundenwert ist der Konzentrationswert eines Stoffes gemittelt über eine volle Stunde (z. B. 8.00 bis 9.00 Uhr) mit der zugehörigen zulässigen Überschreitungshäufigkeit (Anzahl der Stunden) während eines Jahres.

2.4 Abgasvolumen und Abgasvolumenstrom

Abgase im Sinne dieser Verwaltungsvorschrift sind die Trägergase mit den festen, flüssigen oder gasförmigen Emissionen.

Angaben des Abgasvolumens und des Abgasvolumenstroms sind in dieser Verwaltungsvorschrift auf den Normzustand (273,15 K; 101,3 kPa) nach Abzug des Feuchtegehaltes an Wasserdampf bezogen, soweit nicht ausdrücklich etwas anderes angegeben wird.

2.5 Emissionen

Emissionen im Sinne dieser Verwaltungsvorschrift sind die von einer Anlage ausgehenden Luftverunreinigungen.

Emissionen werden wie folgt angegeben:

a) Masse der emittierten Stoffe oder Stoffgruppen bezogen auf das Volumen (Massenkonzentration)

　　aa) von Abgas im Normzustand (273,15 K; 101,3 kPa) nach Abzug des Feuchtegehaltes an Wasserdampf,

　　bb) von Abgas (f) im Normzustand (273,15 K; 101,3 kPa) vor Abzug des Feuchtegehaltes an Wasserdampf;

b) Masse der emittierten Stoffe oder Stoffgruppen bezogen auf die Zeit als Massenstrom (Emissionsmassenstrom);

　　der Massenstrom ist die während einer Betriebsstunde bei bestimmungsgemäßem Betrieb einer Anlage unter den für die Luftreinhaltung ungünstigsten Betriebsbedingungen auftretende Emission der gesamten Anlage;

c) Anzahl der emittierten Fasern bezogen auf das Volumen (Faserstaubkonzentration) von Abgas im Normzustand (273,15 K; 101,3 kPa) nach Abzug des Feuchtegehaltes an Wasserdampf;

d) Verhältnis der Masse der emittierten Stoffe oder Stoffgruppen zu der Masse der erzeugten oder verarbeiteten Produkte oder zur Tierplatzzahl (Emissionsfaktor);

　　in das Massenverhältnis geht die während eines Tages bei bestimmungsgemäßem Betrieb einer Anlage unter den für die Luftreinhaltung ungünstigsten Betriebsbedingungen auftretende Emission der gesamten Anlage ein;

e) Anzahl der Geruchseinheiten der emittierten Geruchsstoffe bezogen auf das Volumen (Geruchsstoffkonzentration) von Abgas bei 293,15 K und 101,3 kPa vor Abzug des Feuchtegehaltes an Wasserdampf;
   die Geruchsstoffkonzentration ist das olfaktometrisch gemessene Verhältnis der Volumenströme bei Verdünnung einer Abgasprobe mit Neutralluft bis zur Geruchsschwelle, angegeben als Vielfaches der Geruchsschwelle.

2.6   Emissionsgrad und Emissionsminderungsgrad

Emissionsgrad ist das Verhältnis der im Abgas emittierten Masse eines luftverunreinigenden Stoffes zu der mit den Brenn- oder Einsatzstoffen zugeführten Masse; er wird angegeben als Vomhundertsatz.
[1]Emissionsminderungsgrad ist das Verhältnis der im Abgas emittierten Masse eines luftverunreinigenden Stoffes zu seiner zugeführten Masse im Rohgas; er wird angegeben als Vomhundertsatz. [2]Der Geruchsminderungsgrad ist ein Emissionsminderungsgrad.

2.7   Emissionswerte und Emissionsbegrenzungen

Emissionswerte sind Grundlagen für Emissionsbegrenzungen.
Emissionsbegrenzungen sind die im Genehmigungsbescheid oder in einer nachträglichen Anordnung festzulegenden[6)]

a) zulässigen Faserstaub-, Geruchsstoff- oder Massenkonzentrationen von Luftverunreinigungen im Abgas mit der Maßgabe, dass
   aa) sämtliche Tagesmittelwerte die festgelegte Konzentration und
   bb) sämtliche Halbstundenmittelwerte das 2fache der festgelegten Konzentration
   nicht überschreiten,
b) zulässigen Massenströme, bezogen auf eine Betriebsstunde,
c) zulässigen Massenverhältnisse, bezogen auf einen Tag (Tagesmittelwerte),
d) zulässigen Emissionsgrade, bezogen auf einen Tag (Tagesmittelwerte),
e) zulässigen Emissionsminderungsgrade, bezogen auf einen Tag (Tagesmittelwerte) oder
f) sonstigen Anforderungen zur Vorsorge gegen schädliche Umwelteinwirkungen durch Luftverunreinigungen.

2.8   Einheiten und Abkürzungen

µm	Mikrometer;	1 µm	= 0,001 mm
mm	Millimeter:	1 mm	= 0,001 m
m	Meter:	1 m	= 0,001 km
km	Kilometer		

---

6) Die emissionsbegrenzenden Anforderungen der TA Luft werden für die Anlagenbetreiber erst durch die Festlegung entsprechender Emissionsbegrenzungen in Genehmigungsinhaltsbestimmungen oder Auflagen zum Genehmigungsbescheid oder in nachträglichen Anordnungen verbindlich.

m²	Quadratmeter		
ha	Hektar:	1 ha	= 10 000 m²
l	Liter:	1 l	= 0,001 m³
m³	Kubikmeter		
ng	Nanogramm;	1 ng	= 0,001 µg
µg	Mikrogramm;	1 µg	= 0,001 mg
mg	Milligramm;	1 mg	= 0,001 g
g	Gramm:	1 g	= 0,001 kg
kg	Kilogramm:	1 kg	= 0,001 Mg (t)
Mg	Megagramm (entspricht t: Tonne)		
s	Sekunde		
h	Stunde		
d	Tag (Kalendertag)		
a	Jahr		
°C	Grad Celsius		
K	Kelvin		
Pa	Pascal:	1 Pa	= 0,01 mbar (Millibar)
kPa	Kilopascal:	1 kPa	= 1 000 Pa
MPa	Megapascal:	1 MPa	= 1 000 000 Pa
kJ	Kilojoule		
kWh	Kilowattstunde:	1 kWh	= 3 600 kJ
MW	Megawatt		
GE	Geruchseinheit		
GE/m³	Geruchsstoffkonzentration		
GV	Großvieheinheiten (1 Großvieheinheit entsprechen 500 kg Tierlebendmasse)		

2.9 Rundung

[1]Soweit Zahlenwerte zur Beurteilung von Immissionen oder Emissionen (z. B. Immissionswerte, Zusatzbelastungswerte, Irrelevanzwerte, Emissionswerte) zu überprüfen sind, sind die entsprechenden Mess- und Rechengrößen mit einer Dezimalstelle mehr als der Zahlenwert zur Beurteilung zu ermitteln.[7] [2]Das Endergebnis ist in der letzten Dezimalstelle nach Nummer 4.5.1 der DIN 1333 (Ausgabe Februar 1992) zu runden sowie in der gleichen Einheit und mit der gleichen Stellenzahl wie der Zahlenwert anzugeben.

2.10 Altanlagen

Altanlagen (bestehende Anlagen) im Sinne dieser Verwaltungsvorschrift sind

1. Anlagen, für die am 1. Oktober 2002

    a) eine Genehmigung zur Errichtung und zum Betrieb nach § 6 oder § 16 BImSchG oder eine Zulassung vorzeitigen Beginns nach

---

7) Zum Vergleich mit einem in der TA Luft genannten Zahlenwert von beispielsweise 3,0 (vgl. Nr. 4.2.2) ist der Mess- oder Rechenwert mit zwei Dezimalstellen zu ermitteln; weitere Dezimalstellen sind zu vernachlässigen (nicht zu runden). Ein errechneter Wert von 3,04 ergibt gerundet 3,0, ein Wert von 3,05 ergibt 3,1.

§ 8a BImSchG erteilt ist und in dieser Zulassung Anforderungen nach § 5 Abs. 1 Nrn. 1 oder 2 BImSchG festgelegt sind,[8)]

b) eine Teilgenehmigung nach § 8 BImSchG oder ein Vorbescheid nach § 9 BImSchG erteilt ist, soweit darin Anforderungen nach § 5 Abs. 1 Nrn. 1 oder 2 BImSchG festgelegt sind,

2. Anlagen, die nach § 67 Abs. 2 BImSchG anzuzeigen sind oder die entweder nach § 67a Abs. 1 BImSchG oder vor Inkrafttreten des Bundes-Immissionsschutzgesetzes nach § 16 Abs. 4 der Gewerbeordnung anzuzeigen waren.

3. Rechtliche Grundsätze für Genehmigung, Vorbescheid und Zulassung des vorzeitigen Beginns

3.1 Prüfung der Anträge auf Erteilung einer Genehmigung zur Errichtung und zum Betrieb neuer Anlagen

Eine Genehmigung zur Errichtung und zum Betrieb einer genehmigungsbedürftigen Anlage ist nach § 6 Abs. 1 Nr. 1 in Verbindung mit § 5 Abs. 1 Nrn. 1 und 2 BImSchG nur zu erteilen, wenn sichergestellt ist, dass die Anlage so errichtet und betrieben wird, dass

a) die von der Anlage ausgehenden Luftverunreinigungen keine schädlichen Umwelteinwirkungen für die Allgemeinheit und die Nachbarschaft hervorrufen können und

b) Vorsorge gegen schädliche Umwelteinwirkungen durch Luftverunreinigungen dieser Anlage getroffen ist.

Für die Prüfung der Genehmigungsvoraussetzungen gelten Nummern 4 und 5 dieser Verwaltungsvorschrift.

3.2 Prüfung der Anträge auf Erteilung einer Teilgenehmigung (§ 8 BImSchG) oder eines Vorbescheids (§ 9 BImSchG)

Soweit sich die Prüfung auf den Gegenstand einer Teilgenehmigung oder im Vorbescheidsverfahren auf das Vorliegen bestimmter Genehmigungsvoraussetzungen bezieht, ist Nummer 3.1 anzuwenden.

Bei einem Standortvorbescheid ist nach Nummer 3.1 zu prüfen, ob an dem angegebenen Standort Gründe der Luftreinhaltung der Errichtung und dem Betrieb einer Anlage der vorgesehenen Art entgegenstehen.

[1]Bei der durch §§ 8 und 9 BImSchG weiter geforderten Beurteilung der gesamten Anlage ist die Prüfung darauf zu beschränken, ob dem Vorhaben aus Gründen der Luftreinhaltung unüberwindliche Hindernisse entgegenstehen. [2]Zur Beurteilung der grundsätzlichen Genehmigungsfähigkeit genügt die Feststellung, dass den Anforderungen nach Nummer 3.1 durch technische oder betriebliche Maßnahmen Rechnung getragen werden kann; durch derartige Maßnahmen darf die Art des Vorhabens jedoch nicht verändert werden.

---

8) Nach dem Sinn und Zweck der Vorschrift und nach dem systematischen Zusammenhang genügt es bei der Zulassung des vorzeitigen Beginns nicht, dass überhaupt Anforderungen in der Zulassung festgelegt sind. Entscheidend ist wie bei Buchst. b, welche Anforderungen konkret festgelegt wurden und ob diese hinter den neuen Regelungen der TA Luft zurückbleiben.

3.3 Prüfung der Anträge auf Zulassung des vorzeitigen Beginns (§ 8a BImSchG)

[1]Die Zulassung des vorzeitigen Beginns der Errichtung einer Anlage setzt die Feststellung voraus, dass mit einer Entscheidung zu Gunsten des Antragstellers zu rechnen ist. [2]Dabei ist die Einhaltung der Nummern 4 und 5 summarisch[9)] zu überprüfen.

Eine positive Feststellung kann auch dann getroffen werden, wenn den Anforderungen zur Luftreinhaltung nur bei Beachtung noch festzulegender Auflagen entsprochen werden kann; es muss dann aber ausgeschlossen sein, dass sich die Auflagen auf die nach § 8a BImSchG zugelassenen Errichtungsarbeiten in einem solchen Maße auswirken können, dass deren Durchführung in Frage gestellt wird.

3.4 Prüfung der Genehmigungsbedürftigkeit einer Änderung (§ 15 Abs. 2 BImSchG)

[1]Wird die beabsichtigte Änderung[10)] der Lage, der Beschaffenheit oder des Betriebs einer genehmigungsbedürftigen Anlage angezeigt, ist zu prüfen, ob die Änderung einer Genehmigung bedarf. [2]Das ist der Fall, wenn durch die Änderung nachteilige Auswirkungen auf die Schutzgüter des § 1 BImSchG hervorgerufen werden können, die für die Prüfung nach § 6 Abs. 1 Nr. 1 BImSchG erheblich sein können, es sei denn, die nachteiligen Auswirkungen sind offensichtlich gering und die Erfüllung der sich aus § 6 Abs. 1 Nr. 1 BImSchG ergebenden Anforderungen ist sichergestellt (§ 16 Abs. 1 BImSchG).

[1]Bei der Prüfung, ob durch angezeigte Änderungen nachteilige Auswirkungen für die Luftreinhaltung hervorgerufen werden können, ist Nummer 3.1 nicht anwendbar. [2]Bei dieser Prüfung kommt es nämlich nicht darauf an, ob die Genehmigungsvoraussetzungen eingehalten worden sind; das ist erst Gegenstand eines eventuellen Genehmigungsverfahrens.

Zusätzliche Luftverunreinigungen erfordern – außer in den Fällen des § 16 Abs. 1 Satz 2 BImSchG – eine Änderungsgenehmigung.

3.5 Prüfung der Anträge auf Erteilung einer Änderungsgenehmigung

3.5.1 Begriff der Änderung

[1]Nach § 16 Abs. 1 Satz 1 BImSchG bedarf die wesentliche Änderung der Lage, der Beschaffenheit oder des Betriebes einer genehmigungsbedürftigen Anlage der Genehmigung. [2]Als Änderung ist dabei nur eine Abweichung von dem genehmigten Zustand, nicht eine weitergehende Ausnutzung der vorliegenden Genehmigung anzusehen.

---

9) Summarisch bedeutet nicht »oberflächlich«, sondern »in einer Gesamtschau« und damit formal weniger detailliert. Insbesondere muss die Ermittlung der Immissionskenngrößen nicht in allen Einzelheiten abgeschlossen sein.

10) Zum Begriff der Änderung siehe Nr. 3.5.1 Satz 2.

3.5.2 Angeordnete Änderung

Eine wesentliche Änderung bedarf nicht der Genehmigung, wenn sie der Erfüllung einer nachträglichen Anordnung nach § 17 BImSchG dient, die abschließend bestimmt,[11] in welcher Weise die Lage, die Beschaffenheit oder der Betrieb der Anlage zu ändern sind.

3.5.3 Prüfungsumfang

[1]Bei der Entscheidung über die Erteilung einer Änderungsgenehmigung ist Nummer 3.1 entsprechend anzuwenden.[11a] [2]Zu prüfen sind die Anlagenteile und Verfahrensschritte, die geändert werden sollen, sowie die Anlagenteile und Verfahrensschritte, auf die sich die Änderung auswirken wird. [3]Bei anderen Anlagenteilen und Verfahrensschritten soll geprüft werden, ob Anforderungen nach dieser Verwaltungsvorschrift, die der Vorsorge dienen, mit Zustimmung des Anlagenbetreibers aus Anlass der vorgesehenen Änderung erfüllt werden können.[12] [4]Durch die gleichzeitige Durchführung der Maßnahmen kann u. U. der Aufwand vermindert und eine frühere Anpassung an die Anforderungen dieser Verwaltungsvorschrift erreicht werden.

3.5.4 Verbesserungsmaßnahmen

Eine beantragte Änderungsgenehmigung darf auch dann nicht versagt werden, wenn zwar nach ihrer Durchführung nicht alle Immissionswerte eingehalten werden, wenn aber

a) die Änderung ausschließlich oder weit überwiegend der Verminderung der Immissionen dient,

b) eine spätere Einhaltung der Immissionswerte nicht verhindert wird und

c) die konkreten Umstände einen Widerruf der Genehmigung nicht erfordern.

4. Anforderungen zum Schutz vor schädlichen Umwelteinwirkungen

4.1 Prüfung der Schutzpflicht

Die Vorschriften in Nummer 4 enthalten

– Immissionswerte zum Schutz der menschlichen Gesundheit, zum Schutz vor erheblichen Belästigungen oder erheblichen Nachteilen

---

11) Abschließend bestimmt ist eine nachträgliche Anordnung nur, wenn sie ebenso detaillierte Regelungen enthält wie eine Genehmigung.

11a) Was die entsprechende Anwendung bedeutet, wird in Satz 2 konkretisiert. Ob aus Satz 1 auch geschlossen werden kann, dass bei einer wesentlichen Änderung nicht auf die von der gesamten Anlage ausgehenden Wirkungen abzustellen sei, ist zweifelhaft (vgl. Fn. 5a).

12) Da es nicht um Voraussetzungen für die Erteilung der Änderungsgenehmigung geht, können die Anforderungen nur mit Zustimmung des Anlagenbetreibers in die Genehmigung aufgenommen werden. Ohne eine solche Zustimmung kommt nur eine nachträgliche Anordnung in Betracht, die zwar gleichzeitig mit der Genehmigung erlassen werden kann, bei der jedoch die Fristen nach Nr. 6 zu beachten sind.

und Immissionswerte zum Schutz vor schädlichen Umwelteinwirkungen durch Deposition,
– Anforderungen zur Ermittlung von Vor-, Zusatz- und Gesamtbelastung,
– Festlegungen zur Bewertung von Immissionen durch Vergleich mit den Immissionswerten und
– Anforderungen für die Durchführung der Sonderfallprüfung.

Sie dienen der Prüfung, ob der Schutz vor schädlichen Umwelteinwirkungen durch luftverunreinigende Stoffe durch den Betrieb einer Anlage sichergestellt ist.

Bei der Prüfung, ob der Schutz vor schädlichen Umwelteinwirkungen durch Luftverunreinigungen sichergestellt ist (Nummer 3.1 Absatz 1 Buchstabe a)), hat die zuständige Behörde zunächst den Umfang der Ermittlungspflichten festzustellen.

[1]Bei Schadstoffen, für die Immissionswerte in den Nummern 4.2 bis 4.5 festgelegt sind, soll die Bestimmung von Immissionskenngrößen
a) wegen geringer Emissionsmassenströme (s. Nummer 4.6.1.1),
b) wegen einer geringen Vorbelastung (s. Nummer 4.6.2.1) oder
c) wegen einer irrelevanten Zusatzbelastung (s. Nummern 4.2.2 Buchstabe a), 4.3.2 Buchstabe a), 4.4.1 Satz 3, 4.4.3 Buchstabe a) und 4.5.2 Buchstabe a))

entfallen. [2]In diesen Fällen kann davon ausgegangen werden, dass schädliche Umwelteinwirkungen durch die Anlage nicht hervorgerufen werden können, es sei denn, trotz geringer Massenströme nach Buchstabe a) oder geringer Vorbelastung nach Buchstabe b) liegen hinreichende Anhaltspunkte für eine Sonderfallprüfung nach Nummer 4.8 vor.[13]

[1]Die Festlegung der Immissionswerte berücksichtigt einen Unsicherheitsbereich bei der Ermittlung der Kenngrößen.[14] [2]Die Immissionswerte gelten auch bei gleichzeitigem Auftreten sowie chemischer oder physikalischer Umwandlung der Schadstoffe.

Bei Schadstoffen, für die Immissionswerte nicht festgelegt sind, sind weitere Ermittlungen nur geboten, wenn die Voraussetzungen nach Nummer 4.8 vorliegen.

4.2 Schutz der menschlichen Gesundheit

4.2.1 Immissionswerte

Der Schutz vor Gefahren für die menschliche Gesundheit durch die in Tabelle 1 bezeichneten luftverunreinigenden Stoffe ist sichergestellt, wenn

---

13) Hinreichende Anhaltspunkte für schädliche Umwelteinwirkungen können auch bei einer Zusatzbelastung unterhalb der Irrelevanzgrenzen vorliegen (z. B. bei einer Vorbelastung weit oberhalb der Immissionswerte und Einwirkung mehrerer Anlagen mit Immissionsbeiträgen knapp unterhalb der Irrelevanzschwelle).

14) Den Unsicherheiten des Ermittlungsverfahrens ist dadurch Rechnung getragen worden, dass die Immissionswerte mit einem Sicherheitszuschlag versehen worden sind. Deshalb können nur ungewöhnliche (atypische) Unsicherheiten bei der Ermittlung ein Abweichen von dem in der TA Luft festgelegten Ermittlungsverfahren rechtfertigen.

die nach Nummer 4.7 ermittelte Gesamtbelastung die nachstehenden Immissionswerte an keinem Beurteilungspunkt[15) überschreitet.

Tabelle 1: Immissionswerte für Stoffe zum Schutz der menschlichen Gesundheit

Stoff/Stoffgruppe	Konzentration µg/m^3	Mittelungszeitraum	Zulässige Überschreitungshäufigkeit im Jahr
Benzol	5	Jahr	-
Blei und seine anorganischen Verbindungen als Bestandteile des Schwebstaubes (PM-10), angegeben als Pb	0,5	Jahr	-
Schwebstaub (PM-10)	40 50	Jahr 24 Stunden	– 35
Schwefeldioxid	50 125 350	Jahr 24 Stunden 1 Stunde	– 3 24
Stickstoffdioxid	40 200	Jahr 1 Stunde	– 18
Tetrachlorethen	10	Jahr	–

[1]Werden in Richtlinien der Europäischen Gemeinschaften Grenzwerte zum Schutz der menschlichen Gesundheit für Polyzyklische Aromatische Kohlenwasserstoffe, Arsen, Cadmium, Nickel oder Quecksilber bestimmt, gelten diese als Immissionswerte im Sinne dieser Nummer ab dem Zeitpunkt, in dem die zugehörige nationale Umsetzungsvorschrift in Kraft tritt. [2]Für Cadmium und anorganische Cadmiumverbindungen als Bestandteile des Schwebstaubes (PM-10), angegeben als Cd, gilt bis zu diesem Zeitpunkt ein Immissionswert von 0,02 µg/m^3 bei einem Mittelungszeitraum von einem Jahr.

4.2.2 Genehmigung bei Überschreiten der Immissionswerte

Überschreitet die nach Nummer 4.7 ermittelte Gesamtbelastung eines in Nummer 4.2.1 genannten luftverunreinigenden Stoffs an einem Beurtei-

---

15) Entscheidend ist allein die Gesamtbelastung an den Beurteilungspunkten. Diese müssen nach Nr. 4.6.2.6 zutreffend festgelegt worden sein. Dabei kommt der Einschätzung der zuständigen Behörde ein maßgebendes Gewicht zu (Nr. 4.6.2.6 Abs. 1 Satz 1).

lungspunkt einen Immissionswert, darf die Genehmigung wegen dieser Überschreitung nicht versagt werden,[16] wenn hinsichtlich des jeweiligen Schadstoffes

a) die Kenngröße für die Zusatzbelastung durch die Emissionen der Anlage an diesem Beurteilungspunkt 3,0 vom Hundert des Immissions-Jahreswertes[17] nicht überschreitet und durch eine Auflage sichergestellt ist, dass weitere Maßnahmen zur Luftreinhaltung, insbesondere Maßnahmen, die über den Stand der Technik hinausgehen, durchgeführt werden,[18] oder

b) durch eine Bedingung sichergestellt ist, dass in der Regel spätestens 12 Monate nach Inbetriebnahme der Anlage[19] solche Sanierungsmaßnahmen (Beseitigung, Stilllegung oder Änderung) an bestehenden Anlagen des Antragstellers oder Dritter oder sonstige Maßnahmen durchgeführt sind, die die Einhaltung der Immissionswerte in Nummer 4.2.1 gewährleisten.

Verbesserungen der Ableitbedingungen sind bei der Beurteilung der Genehmigungsfähigkeit nur dann zu berücksichtigen, wenn bei den betroffenen Anlagen hinsichtlich des jeweiligen Schadstoffes die Maßnahmen zur Begrenzung der Emissionen dem Stand der Technik entsprechen.

4.2.3 Genehmigung bei künftiger Einhaltung der Immissionswerte

Überschreitet die nach Nummer 4.7 ermittelte Gesamtbelastung eines in Nummer 4.2.1 genannten luftverunreinigenden Stoffes an einem Beurteilungspunkt einen Immissionswert, darf die Genehmigung wegen dieser Überschreitung auch dann nicht versagt werden, wenn hinsichtlich des jeweiligen Schadstoffes

a) in Rechtsvorschriften nach Artikel 4 Abs. 5 der Richtlinie 96/62/EG über die Beurteilung und Kontrolle der Luftqualität vom 27. September 1996 (ABl. L 296 vom 21. Oktober 1996, S. 55) ein entsprechender Grenzwert festgelegt und dessen Einhaltung für einen in der Zukunft liegenden Zeitpunkt vorgeschrieben ist und

b) sichergestellt ist, dass die Anlage ab dem genannten Zeitpunkt nicht maßgeblich zu einer Überschreitung des Immissionswertes beiträgt.

---

16) Bei einem atypischen Sachverhalt kann eine Sonderfallprüfung nach Nr. 4.8 erforderlich sein (vgl. Fn. 13).

17) Auf den Immissions-Jahreswert ist auch dann abzustellen, wenn der Immissions-Tageswert oder der Immissions-Stundenwert durch die Vorbelastung überschritten wird.

18) Auf eine Immissionsentlastung, die sich in der Immissionskenngröße auswirkt, und auf die künftige Erreichung der Immissionswerteinhaltung kommt es bei Buchst. a – anders als bei Buchst. b – nicht an. Durch die über den Stand der Technik hinausgehenden Maßnahmen soll den Anforderungen des Art. 10 der IVU-Richtlinie entsprochen werden.

19) Wenn Anhaltspunkte dafür bestehen, dass in dem Zeitraum bis zur Durchführung der Sanierungsmaßnahmen konkrete schädliche Umwelteinwirkungen auftreten, ist eine Sonderfallprüfung nach Nr. 4.8 durchzuführen. § 5 Abs. 1 BImSchG kann durch die TA Luft nicht eingeschränkt werden.

[1]Die Voraussetzung nach Absatz 1 Buchstabe b) ist erfüllt, wenn

a) durch zusätzliche Emissionsminderungsmaßnahmen an der Anlage, durch den Einsatz anderer Rohstoffe, Brennstoffe oder Hilfsstoffe, durch Änderungen im Verfahrensablauf oder durch eine Verbesserung der Ableitbedingungen die in Nummer 4.2.2 genannten Voraussetzungen geschaffen werden können und durch Nebenbestimmungen zur Genehmigung (§ 12 BImSchG) vorgeschrieben wird, dass die zur Erfüllung dieser Voraussetzungen erforderlichen Maßnahmen bis zu dem in der EG-Richtlinie genannten Zeitpunkt abgeschlossen sind oder

b) aufgrund eines Luftreinhalteplans, der Stilllegung von Anlagen oder von Änderungen an anderen Quellen, Quellengruppen oder sonstigen Erkenntnissen die Einhaltung des Immissionswertes gesichert erscheint.[20]

[2]In den Fällen des Absatzes 2 gilt Nummer 4.2.2 Satz 2 sinngemäß.

4.3 Schutz vor erheblichen Belästigungen oder erheblichen Nachteilen durch Staubniederschlag

4.3.1 Immissionswert für Staubniederschlag

Der Schutz vor erheblichen Belästigungen oder erheblichen Nachteilen durch Staubniederschlag ist sichergestellt, wenn die nach Nummer 4.7 ermittelte Gesamtbelastung den in Tabelle 2 bezeichneten Immissionswert an keinem Beurteilungspunkt überschreitet.

Tabelle 2: **Immissionswert für Staubniederschlag zum Schutz vor erheblichen Belästigungen oder erheblichen Nachteilen**

Stoffgruppe	Deposition $g/(m^2 \cdot d)$	Mittelungs-zeitraum
Staubniederschlag (nicht gefährdender Staub)	0,35	Jahr

4.3.2 Genehmigung bei Überschreiten des Immissionswertes

Überschreitet die nach Nummer 4.7 ermittelte Gesamtbelastung für Staubniederschlag an einem Beurteilungspunkt den Immissionswert, darf die Genehmigung wegen dieser Überschreitung nicht versagt werden, wenn

a) die Kenngröße für die Zusatzbelastung durch die Emissionen der Anlage an diesem Beurteilungspunkt einen Wert von 10,5 mg/$(m^2 \cdot d)$ – gerechnet als Mittelwert für das Jahr – nicht überschreitet,

---

20) Die fristgerechte Durchführung der in einem Luftreinhalteplan vorgesehenen Maßnahmen kann in aller Regel als gesichert angesehen werden. Bei volitiven Maßnahmen an anderen Anlagen oder sonstigen Quellen muss eine rechtliche oder tatsächliche Bindung (z. B. durch Abschluss eines Vertrages oder die Einleitung eines Normgebungsverfahrens) vorliegen. Sonstige Erkenntnisse müssen eine gesicherte Prognose zulassen.

b) durch eine Bedingung sichergestellt ist, dass in der Regel spätestens 6 Monate nach Inbetriebnahme der Anlage solche Sanierungsmaßnahmen (Beseitigung, Stilllegung oder Änderung) an bestehenden Anlagen des Betreibers oder Dritter durchgeführt sind, die die Einhaltung des Immissionswertes gewährleisten,

c) durch Maßnahmen im Rahmen eines Luftreinhalteplanes die Einhaltung des Immissionswertes nach einer Übergangsfrist[21] zu erwarten ist oder

d) eine Sonderfallprüfung nach Nummer 4.8 ergibt, dass wegen besonderer Umstände des Einzelfalls keine erheblichen Nachteile hervorgerufen werden können.[22]

4.4 Schutz vor erheblichen Nachteilen, insbesondere Schutz der Vegetation und von Ökosystemen

4.4.1 Immissionswerte für Schwefeldioxid und Stickstoffoxide

Der Schutz vor Gefahren für Ökosysteme durch Schwefeldioxid oder für die Vegetation durch Stickstoffoxide ist an den relevanten Beurteilungspunkten der Nummer 4.6.2.6 Absatz 6 sichergestellt, wenn die nach Nummer 4.7 ermittelte Gesamtbelastung die in Tabelle 3 bezeichneten Immissionswerte nicht überschreitet.

Tabelle 3: Immissionswerte für Schwefeldioxid und Stickstoffoxide zum Schutz von Ökosystemen und der Vegetation

Stoff	Konzentration $\mu g/m^3$	Mittelungs-zeitraum	Schutzgut
Schwefeldioxid	20	Jahr und Winter (1. Oktober bis 31. März)	Ökosysteme
Stickstoffoxide, angegeben als Stickstoffdioxid	30	Jahr	Vegetation

[1]Ob der Schutz vor sonstigen erheblichen Nachteilen[23] durch Schwefeldioxid oder Stickstoffoxide sichergestellt ist, ist nach Nummer 4.8 zu prüfen. [2]Eine solche Prüfung ist nicht erforderlich, wenn die in Nummer 4.4.3 festgelegten Zusatzbelastungswerte für Schwefeldioxid und Stickstoffoxide an keinem Beurteilungspunkt überschritten werden.

---

21) Die Länge der zulässigen Übergangsfrist hängt von der Zumutbarkeit der Belästigungen durch Staubniederschlag im jeweiligen Einzelfall ab.

22) Buchstabe d zeigt, dass der Immissionswert nach Tabelle 2 – anders als die Immissionswerte nach Tabelle 1 – unter bestimmten Voraussetzungen überschritten werden darf.

23) Als sonstige erhebliche Nachteile kommen insbesondere Vermögensschäden durch Beeinträchtigungen des Wertes von Tieren oder Materialien (Gebäude, Kunstwerke u. a.) in Betracht.

4.4.2 Immissionswert für Fluorwasserstoff; Ammoniak

Der Schutz vor erheblichen Nachteilen durch Fluorwasserstoff ist vorbehaltlich des Absatzes 2 sichergestellt, wenn die nach Nummer 4.7 ermittelte Gesamtbelastung den in Tabelle 4 bezeichneten Immissionswert an keinem Beurteilungspunkt überschreitet.

Tabelle 4: Immissionswert für Fluorwasserstoff zum Schutz vor erheblichen Nachteilen

Stoff/Stoffgruppe	Konzentration $\mu g/m^3$	Mittelungs-zeitraum
Fluorwasserstoff und gasförmige anorganische Fluorverbindungen, angegeben als Fluor	0,4	Jahr

Der Schutz vor erheblichen Nachteilen durch Schädigung sehr empfindlicher Tiere, Pflanzen und Sachgüter ist gewährleistet, wenn für Fluorwasserstoff und gasförmige anorganische Fluorverbindungen, angegeben als Fluor, gemittelt über ein Jahr, ein Immissionswert von 0,3 $\mu g/m^3$ eingehalten wird.

Ob der Schutz vor erheblichen Nachteilen durch Schädigung empfindlicher Pflanzen (z. B. Baumschulen, Kulturpflanzen) und Ökosysteme durch die Einwirkung von Ammoniak gewährleistet ist, ist nach Nummer 4.8 zu prüfen.

4.4.3 Genehmigung bei Überschreitung der Immissionswerte

Überschreitet die nach Nummer 4.7 ermittelte Gesamtbelastung für einen der in den Nummern 4.4.1 und 4.4.2 genannten luftverunreinigenden Stoffe an einem Beurteilungspunkt einen Immissionswert in Tabelle 3, in Tabelle 4 oder in Nummer 4.4.2 Absatz 2, darf die Genehmigung wegen dieser Überschreitung nicht versagt werden, wenn hinsichtlich des jeweiligen Schadstoffes

a) die Kenngröße für die Zusatzbelastung durch die Emissionen der Anlage an diesem Beurteilungspunkt die in Tabelle 5 bezeichneten Werte – gerechnet als Mittelwert für das Jahr[24] – nicht überschreitet,

b) durch eine Bedingung sichergestellt ist, dass in der Regel spätestens 6 Monate nach Inbetriebnahme der Anlage solche Sanierungsmaßnahmen (Beseitigung, Stilllegung oder Änderung) an bestehenden Anlagen des Betreibers oder Dritter durchgeführt sind, die die Einhaltung der in den Nummern 4.4.1 oder 4.4.2 genannten Immissionswerte gewährleisten,

c) durch Maßnahmen im Rahmen eines Luftreinhalteplanes die Einhaltung der Immissionswerte nach einer Übergangsfrist[25] zu erwarten ist oder

---

24) In Bezug auf den Winterwert nach Tabelle 3 vgl. Fn. 17.

25) Vgl. Fn. 21.

d) eine Sonderfallprüfung nach Nummer 4.8 ergibt, dass wegen besonderer Umstände des Einzelfalls keine erheblichen Nachteile hervorgerufen werden können.[26]

Tabelle 5: **Irrelevante Zusatzbelastungswerte für Immissionswerte zum Schutz vor erheblichen Nachteilen**

Stoff/Stoffgruppe	Zusatzbelastung $\mu g/m^3$
Fluorwasserstoff und gasförmige anorganische Fluorverbindungen, angegeben als Fluor	0,04
Schwefeldioxid	2
Stickstoffoxide, angegeben als Stickstoffdioxid	3

4.5 Schutz vor schädlichen Umwelteinwirkungen durch Schadstoffdepositionen

4.5.1 Immissionswerte für Schadstoffdepositionen

Der Schutz vor schädlichen Umwelteinwirkungen durch die Deposition luftverunreinigender Stoffe, einschließlich der Schutz vor schädlichen Bodenveränderungen, ist sichergestellt, soweit

a) die nach Nummer 4.7 ermittelte Gesamtbelastung an keinem Beurteilungspunkt die in Tabelle 6 bezeichneten Immissionswerte überschreitet und

b) keine hinreichenden Anhaltspunkte dafür bestehen, dass an einem Beurteilungspunkt die maßgebenden Prüf- und Maßnahmenwerte nach Anhang 2 der Bundes-Bodenschutz- und Altlastenverordnung vom 12. Juli 1999 (BGBl. I S. 1554) aufgrund von Luftverunreinigungen überschritten sind.[27]

Tabelle 6: **Immissionswerte für Schadstoffdepositionen**

Stoff/Stoffgruppe	Deposition $\mu g/(m^2 \cdot d)$	Mittelungs-zeitraum
Arsen und seine anorganischen Verbindungen, angegeben als Arsen	4	Jahr

---

26) Vgl. Fn. 22.

27) Die unter a und b genannten Voraussetzungen müssen kumulativ vorliegen. Dabei ist die Voraussetzung nach b nur dann nicht erfüllt, wenn hinreichende Anhaltspunkte (positiv) festgestellt werden. Ist das der Fall, muss ihnen nachgegangen werden. Ergibt die Prüfung eine Überschreitung der Prüf- und Maßnahmenwerte, sind nicht ohne weiteres schädliche Umwelteinwirkungen anzunehmen. Vielmehr ist dann eine Sonderfallprüfung nach Nr. 4.8 geboten (Nr. 4.5.3).

Stoff/Stoffgruppe	Deposition $\mu g/(m^2 \cdot d)$	Mittelungs-zeitraum
Blei und seine anorganischen Verbindungen, angegeben als Blei	100	Jahr
Cadmium und seine anorganischen Verbindungen, angegeben als Cadmium	2	Jahr
Nickel und seine anorganischen Verbindungen, angegeben als Nickel	15	Jahr
Quecksilber und seine anorganischen Verbindungen, angegeben als Quecksilber	1	Jahr
Thallium und seine anorganischen Verbindungen, angegeben als Thallium	2	Jahr

4.5.2 Genehmigung bei Überschreitung der Immissionswerte für Schadstoffdepositionen oder der Prüf- und Maßnahmenwerte

Überschreitet die nach Nummer 4.7 ermittelte Gesamtbelastung für einen der in der Tabelle 6 genannten luftverunreinigenden Stoffe an einem Beurteilungspunkt einen Immissionswert oder sind die in Nummer 4.5.1 genannten Prüf- und Maßnahmenwerte überschritten, darf die Genehmigung wegen dieser Überschreitung nicht versagt werden, wenn hinsichtlich des jeweiligen Schadstoffes

a) aa) die Kenngröße für die Zusatzbelastung für die Deposition durch die Emissionen der Anlage an keinem Beurteilungspunkt mehr als 5 vom Hundert[28] des jeweiligen Immissionswertes in Tabelle 6 beträgt oder

 bb) die Emissionen aus den gefassten Quellen der Anlage in Abhängigkeit von den jeweiligen Schornsteinhöhen die im Anhang 2 dargestellten Massenströme bei 8 760 Betriebsstunden oder bei davon abweichenden Betriebsstunden entsprechend umgerechneten äquivalenten Massenströmen nicht überschreiten,

b) durch eine Bedingung sichergestellt ist, dass in der Regel spätestens 6 Monate nach Inbetriebnahme der Anlage solche Sanierungsmaßnahmen (Beseitigung, Stilllegung oder Änderung) an bestehenden Anlagen des Betreibers oder Dritter durchgeführt sind, die die Einhaltung

---

28) Die Rundungsregel nach Nr. 2.9 ist anzuwenden, d. h. auch bei 5,4 % liegt noch keine Überschreitung vor.

der in der Nummer 4.5.1 genannten Immissionswerte oder der Prüf-
und Maßnahmenwerte gewährleisten,

c) durch Maßnahmen im Rahmen eines Luftreinhalteplanes ihre Einhaltung nach einer Übergangsfrist[29] zu erwarten ist oder

d) eine Sonderfallprüfung nach Nummer 4.8 ergibt, dass wegen besonderer Umstände des Einzelfalls keine schädlichen Umwelteinwirkungen
einschließlich schädlicher Bodenveränderungen hervorgerufen werden können.[30]

4.5.3 Sonderfälle bei Überschreitung von Prüf- und Maßnahmen-werten

[1]Sind die Prüf- und Maßnahmenwerte nach Nummer 4.5.1 Buchstabe b),
die Zusatzbelastungswerte nach Nummer 4.5.2 Buchstabe a) aa) und die
Bagatellemissionsmassenströme nach Nummer 4.5.2 Buchstabe a) bb)
überschritten, ist durch eine Sonderfallprüfung nach Nummer 4.8 zu
untersuchen, ob und inwieweit aufgrund der Überschreitung der Prüf-
und Maßnahmenwerte schädliche Bodenveränderungen vorliegen können,
die durch Luftverunreinigungen verursacht werden. [2]Werden schädliche
Bodenveränderungen durch die natürliche Beschaffenheit des Bodens oder
durch andere Einwirkungen als Luftverunreinigungen, z. B. Düngung,
verursacht, sind bodenschutzrechtliche Maßnahmen zur Vermeidung oder
Verringerung schädlicher Bodenveränderungen in Betracht zu ziehen.[31]

4.6 Ermittlung der Immissionskenngrößen[32]

4.6.1 Allgemeines

4.6.1.1 Ermittlung im Genehmigungsverfahren

[1]Die Bestimmung der Immissions-Kenngrößen ist im Genehmigungsverfahren für den jeweils emittierten Schadstoff nicht erforderlich, wenn

a) die nach Nummer 5.5 abgeleiteten Emissionen (Massenströme) die in
Tabelle 7 festgelegten Bagatellmassenströme nicht überschreiten und

b) die nicht nach Nummer 5.5 abgeleiteten Emissionen (diffuse Emissionen) 10 vom Hundert der in Tabelle 7 festgelegten Bagatellmassenströme nicht überschreiten,

soweit sich nicht wegen der besonderen örtlichen Lage oder besonderer
Umstände etwas anderes ergibt. [2]Der Massenstrom nach Buchstabe a) ergibt sich aus der Mittelung über die Betriebsstunden einer Kalenderwo-

---

29) Vgl. Fn. 21.

30) Vgl. Fn. 22.

31) Durch Nr. 4.5.3 Satz 2 wird das Auswahlermessen der Behörden gesteuert: Um sicherzustellen, dass keine schädlichen Umwelteinwirkungen hervorgerufen werden,
soll durch bodenschutzrechtliche Maßnahmen versucht werden, die Bodenbelastung
so weit zu senken, dass die Anlage keinen kausalen Beitrag zu schädlichen Bodenveränderungen mehr leistet.

32) Die Immissionswerte nach Tabellen 1–4 und 6 und das in Nr. 4.6 beschriebene Verfahren zur Ermittlung der Immissionskenngrößen bilden eine Einheit. Mit den Immissionswerten dürfen nur Kenngrößen verglichen werden, die nach Nr. 4.6 ermittelt
worden sind.

che mit dem bei bestimmungsgemäßem Betrieb für die Luftreinhaltung ungünstigsten Betriebsbedingungen.

Tabelle 7: Bagatellmassenströme[33)]

Schadstoffe	Bagatell-massenstrom kg/h
Arsen und seine Verbindungen, angegeben als As	0,0025
Benzo(a)pyren[*)] (als Leitkomponente für Polyzyklische Aromatische Kohlenwasserstoffe)	0,0025
Benzol	0,05
Blei und seine Verbindungen, angegeben als Pb	0,025
Cadmium und seine Verbindungen, angegeben als Cd	0,0025
Fluorwasserstoff und gasförmige anorganische Fluorverbindungen, angegeben als F	0,15
Nickel und seine Verbindungen, angegeben als Ni	0,025
Quecksilber und seine Verbindungen, angegeben als Hg	0,0025
Schwefeloxide (Schwefeldioxid und Schwefeltrioxid), angegeben als SO_2	20
Staub (ohne Berücksichtigung der Staubinhaltsstoffe)	1
Stickstoffoxide (Stickstoffmonoxid und Stickstoffdioxid), angegeben als NO_2	20
Tetrachlorethen	2,5
Thallium und seine Verbindungen, angegeben als Tl	0,0025

[*)] **Amtliche Anmerkung:** Der Bagatellmassenstrom für diesen Schadstoff kommt erst zur Anwendung, wenn in Nummer 4 ein Immissionswert für Polyzyklische Aromatische Kohlenwasserstoffe festgelegt wird. Dies ist spätestens dann der Fall, wenn nach Nummer 4.2.1 Absatz 2 ein entsprechender Immissionswert gilt.

---

33) Die Bagatellmassenströme entsprechen in den meisten Fällen den Emissionen einer Anlage mit einem Abgasvolumenstrom von 50 000 m³/h bei Einhaltung der in Nr. 5.2 festgelegten Massenkonzentrationen.

¹In die Ermittlung des Massenstroms sind die Emissionen im Abgas der gesamten Anlage einzubeziehen; bei der wesentlichen Änderung sind die Emissionen der zu ändernden sowie derjenigen Anlagenteile zu berücksichtigen, auf die sich die Änderung auswirken wird, es sei denn, durch diese zusätzlichen Emissionen werden die in Tabelle 7 angegebenen Bagatellmassenströme erstmalig überschritten. ²Dann sind die Emissionen der gesamten Anlagen einzubeziehen.

4.6.1.2 Ermittlung im Überwachungsverfahren

¹Zur Ermittlung der Gesamtbelastung im Überwachungsverfahren ist wie bei der Ermittlung der Vorbelastung im Genehmigungsverfahren (s. Nummer 4.6.2) vorzugehen. ²Kommen Anordnungen gegenüber mehreren Emittenten in Betracht, sind die von diesen verursachten Anteile an den Immissionen zu ermitteln, soweit dies zur sachgerechten Ermessensausübung erforderlich ist. ³Dabei sind neben der Messung der Immissionen auch die für die Ausbreitung bedeutsamen meteorologischen Faktoren gleichzeitig zu ermitteln. ⁴Die Sektoren der Windrichtung sowie die Lage der Messstellen und der Aufpunkte sind so zu wählen, dass die gemessenen bzw. gerechneten Immissionen den einzelnen Emittenten zugeordnet werden können.

4.6.2 Ermittlung der Vorbelastung

4.6.2.1 Kriterien für die Notwendigkeit der Ermittlung der Vorbelastung[34)]

Die Ermittlung der Vorbelastung durch gesonderte Messungen ist mit Zustimmung der zuständigen Behörde nicht erforderlich, wenn nach Auswertung der Ergebnisse von Messstationen aus den Immissionsmessnetzen der Länder und nach Abschätzung oder Ermittlung der Zusatzbelastung oder auf Grund sonstiger Erkenntnisse festgestellt wird, dass die Immissionswerte für den jeweiligen Schadstoff am Ort der höchsten Belastung nach Inbetriebnahme der Anlage eingehalten sein werden.

Ferner ist die Ermittlung vorbehaltlich des Absatzes 3 nicht erforderlich, wenn auf Grund sonstigen Vorwissens, z. B. ältere Messungen, Messergebnisse aus vergleichbaren Gebieten, Ergebnisse orientierender Messungen oder Ergebnisse von Ausbreitungsrechnungen oder -schätzungen, festgestellt werden kann, dass für den jeweiligen Schadstoff am Ort der höchsten Vorbelastung

– der Jahresmittelwert weniger als 85 vom Hundert des Konzentrationswertes,

– der höchste 24-Stunden-Wert weniger als 95 vom Hundert des 24-Stunden-Konzentrationswertes (außer Schwebstaub (PM-10)) und

– der höchste 1-Stunden-Wert weniger als 95 vom Hundert des 1-Stunden-Konzentrationswertes

---

34) In den Fällen der Absätze 1 und 2 ist auch die Bestimmung anderer Immissionskenngrößen in der Regel nicht erforderlich (Nr. 4.1 Abs. 4 Satz 1).

beträgt,

– für Schwebstaub (PM-10) eine Überschreitungshäufigkeit des 24-
  Stunden-Konzentrationswertes von 50 µg/m³ Luft als Mittelwert der
  zurückliegenden drei Jahre mit nicht mehr als 15 Überschreitungen
  pro Jahr verzeichnet wird.

Absatz 2 gilt nicht, wenn wegen erheblicher Emissionen aus diffusen
Quellen oder besonderer betrieblicher, topographischer oder meteoro-
logischer Verhältnisse eine Überschreitung von Immissionswerten nicht
ausgeschlossen werden kann.

4.6.2.2 Messplanung

Die Messungen sind nach einem mit der zuständigen Behörde abge-
stimmten Messplan[35]) durchzuführen, in dem die Beurteilungspunkte, die
Messobjekte, der Messzeitraum, die Messverfahren, die Messhäufigkeit,
die Messdauer von Einzelmessungen in Abhängigkeit von den jeweiligen
Quellen bzw. Quellhöhen unter Berücksichtigung der meteorologischen
Situation festgelegt werden.

4.6.2.3 Messhöhe

¹Die Immissionen sind in der Regel in 1,5 m bis 4 m Höhe über Flur
sowie in mehr als 1,5 m seitlichem Abstand von Bauwerken zu messen.
²In Waldbeständen kann es erforderlich sein, höhere Messpunkte entsprechend der Höhe der Bestockung festzulegen.

4.6.2.4 Messzeitraum

¹Der Messzeitraum beträgt in der Regel 1 Jahr. ²Der Messzeitraum kann
auf bis zu 6 Monate verkürzt werden, wenn die Jahreszeit mit den zu erwartenden höchsten Immissionen erfasst wird. ³Im Übrigen ist ein kür-
zerer Messzeitraum möglich, wenn auf Grund der laufenden Messungen
klar wird, dass der Antragsteller von Immissionsmessungen entsprechend
Nummer 4.6.2.1 freigestellt werden kann.

4.6.2.5 Beurteilungsgebiet

Beurteilungsgebiet ist die Fläche, die sich vollständig innerhalb eines
Kreises um den Emissionsschwerpunkt mit einem Radius befindet, der
dem 50fachen der tatsächlichen Schornsteinhöhe entspricht und in der die
Zusatzbelastung im Aufpunkt mehr als 3,0 vom Hundert des Langzeitkon-
zentrationswertes beträgt.[36])
Absatz 1 gilt bei einer Austrittshöhe der Emissionen von weniger als 20 m
über Flur mit der Maßgabe, dass der Radius mindestens 1 km beträgt.

---

35) Der Messplan wird von dem beauftragten Messinstitut aufgestellt. Zur Abstimmung
    mit der Behörde ist er dieser vor Beginn der Messungen vorzulegen. Die Stellung-
    nahme der Behörde ist kein bindender Verwaltungsakt. Wird sie nicht berücksichtigt,
    muss der Vorhabenträger jedoch davon ausgehen, dass die Behörde die Messergeb-
    nisse nicht als ausreichende Sachverhaltsaufklärung anerkennt.
36) Auswirkungen von Luftverunreinigungen außerhalb dieses Gebiets (Fernwirkungen)
    können nicht mehr der Anlage zugerechnet werden. Ihnen kann nur durch Vorsorgean-
    forderungen entgegengewirkt werden. Zu Sonderfällen vgl. Fn. 13 und 16.

4.6.2.6   Festlegung der Beurteilungspunkte

[1]Innerhalb des Beurteilungsgebietes sind die Beurteilungspunkte nach Maßgabe der folgenden Absätze so festzulegen, dass eine Beurteilung der Gesamtbelastung[37)] an den Punkten mit mutmaßlich höchster relevanter Belastung für dort nicht nur vorübergehend exponierte Schutzgüter[38)] auch nach Einschätzung der zuständigen Behörde[39)] ermöglicht wird. [2]Messungen, die nur für einen sehr kleinen Bereich repräsentativ sind, sollen vermieden werden. [3]Bei der Auswahl der Beurteilungspunkte sind somit die Belastungshöhe, ihre Relevanz für die Beurteilung der Genehmigungsfähigkeit und die Exposition zu prüfen.

[1]Zunächst werden der nach Anhang 3 durchgeführten Ausbreitungsrechnung im Genehmigungsverfahren bzw. einer entsprechenden Ausbreitungsrechnung im Überwachungsverfahren die Aufpunkte mit maximaler berechneter Zusatzbelastung entnommen. [2]Für Schadstoffe, für die nur ein Immissionswert als Jahresmittelwert festgesetzt worden ist, ist nur der berechnete Jahresmittelwert zu berücksichtigen, für Schadstoffe mit maximalen Tages- oder Stundenwerten sind auch diese zu berücksichtigen.

[1]In einem zweiten Schritt ist die im Beurteilungsgebiet vorhandene Vorbelastung durch andere Quellen (einschließlich Hausbrand und Verkehr) unter Berücksichtigung der Belastungsstruktur abzuschätzen. [2]Insbesondere ist der mögliche Einfluss vorhandener niedriger Quellen einschließlich Straßen abzuschätzen. [3]Dabei ist das Vorwissen heranzuziehen. [4]Zusätzliche Ermittlungen zur Abschätzung der Vorbelastung sind nur durchzuführen, soweit dies mit verhältnismäßigem Aufwand möglich ist.

[1]In einem dritten Schritt sind auf Grund der Ermittlungen nach den Absätzen 2 und 3 die Punkte mit der zu erwartenden höchsten Gesamtbelastung festzulegen. [2]Daraus sind in der Regel zwei Beurteilungspunkte auszuwählen, so dass sowohl eine Beurteilung des vermutlich höchsten Risikos durch langfristige Exposition als auch durch eine Exposition gegenüber Spitzenbelastungen ermöglicht wird. [3]Falls es sich um einen Schadstoff handelt, für den nur ein Immissionswert für jährliche Einwirkung festgelegt ist, genügt im Regelfall 1 Beurteilungspunkt.

[1]Bei sehr inhomogener Struktur der Vorbelastung (z. B. bei stark gegliedertem Gelände, besonderen meteorologischen Verhältnissen, Einfluss mehrerer niedriger Emittenten im Beurteilungsgebiet) können mehr

---

37) Die Beurteilungspunkte müssen für die einzelnen relevanten Schadstoffe jeweils in Abhängigkeit von der für sie zu erwartenden Gesamtbelastung festgelegt werden.

38) Als Beurteilungspunkte sind nicht stets die Punkte mit der zu erwartenden objektiv höchsten Schadstoffbelastung zu wählen. Vielmehr kommt es auch darauf an, ob an den Punkten die relevanten Schutzgüter nicht nur vorübergehend exponiert sind.

39) Da die Wahl der Beurteilungspunkte auch eine Wertung erfordert (vgl. Fn. 38), kommt es maßgebend auf die Einschätzung der Genehmigungs- bzw. der Überwachungsbehörde an. Ohne Zustimmung der Behörde gewählte Beurteilungspunkte sind nicht maßgeblich. Die Einschätzung der zuständigen Behörde ist gerichtlich nur beschränkt (auf zutreffende Sachverhaltsermittlung und Beachtung des in Nr. 4.6.2.6 beschriebenen Verfahrens) nachprüfbar; das Gericht darf seine Einschätzung nicht an die Stelle der von der TA Luft geforderten behördlichen Einschätzung setzen.

als zwei Beurteilungspunkte erforderlich sein. [2]Wenn sich zeigt, dass die Immissionsstruktur bezüglich kurzfristiger Spitzenbelastungen und langzeitiger Belastungen gleichartig ist, kann auch 1 Beurteilungspunkt genügen.

Beurteilungspunkte zur Überprüfung der Immissionswerte nach Nummer 4.4.1 sind so festzulegen, dass sie mehr als 20 km von Ballungsräumen oder 5 km von anderen bebauten Gebieten, Industrieanlagen oder Straßen entfernt sind.[40]

Die Festlegung der Beurteilungspunkte ist im Messplan zu begründen.

4.6.2.7 Messverfahren

[1]In der Regel ist die Vorbelastung kontinuierlich zu bestimmen, da mit diskontinuierlichen Messmethoden nur die Jahresmittelwerte mit ausreichender Genauigkeit abgeleitet werden können. [2]Insoweit kommen diskontinuierliche Messungen nur dann in Betracht, wenn für den jeweiligen Schadstoff nur ein Immissionswert für jährliche Einwirkung festgelegt ist oder wenn eine Bestimmung kurzzeitiger Spitzenbelastungen entbehrlich ist.

Neben den Verfahren, die in Verordnungen oder Verwaltungsvorschriften zum Bundes-Immissionsschutzgesetz, in VDI-Richtlinien, DIN-, CEN- oder ISO-Normen beschrieben sind, können auch andere, nachgewiesene gleichwertige Verfahren angewandt werden.

4.6.2.8 Messhäufigkeit

[1]Bei kontinuierlicher Messung muss bezogen auf die Stundenmittelwerte eine Mindestverfügbarkeit von 75 vom Hundert gewährleistet sein. [2]Sind weniger als 90 vom Hundert der Stundenmittelwerte verfügbar, ist die Zahl der Überschreitungen des Grenzwertes (gemäß den Nummern 4.7.2 Buchstabe b) und 4.7.3 Buchstabe b) ermittelt) auf 100 vom Hundert hochzurechnen. [3]Diese Anforderungen an die Verfügbarkeit gelten auch für Tagesmittelwerte der Schwebstaubbelastungsmessung.

[1]Bei diskontinuierlicher Messung beträgt die Zahl der Messwerte pro Messpunkt mindestens 52. [2]Sofern die Anforderung einer EG-Richtlinie an die Datenqualität des Jahresmittelwertes durch 52 Messwerte erfahrungsgemäß nicht erfüllt wird, ist die Zahl der Messwerte entsprechend zu erhöhen. [3]Zur Ermittlung der Datenqualität eines Jahresmittelwertes ist DIN ISO 11222 (Entwurf, Ausgabe April 2001) in Verbindung mit DIN V ENV 13005 (Ausgabe Juni 1999) heranzuziehen. [4]Die Probenahmezeiten sind gleichmäßig über den Messzeitraum zu verteilen, um eine zeitlich repräsentative Probenahme sicherzustellen.[41]

---

40) Die Beachtung dieser aus dem Gemeinschaftsrecht folgenden Anforderungen kann dazu führen, dass zur Überprüfung der Einhaltung der Immissionswerte nach Tabelle 3 keine Beurteilungspunkte festzulegen sind. Dann kommt nur eine Sonderfallprüfung unter den in Nr. 4.8 genannten Voraussetzungen in Betracht.

41) Es ist danach nicht mehr zulässig, die Messungen ausschließlich von Montag bis Freitag während der Arbeitszeit durchzuführen.

4.6.2.9 Messwerte

[1]Die Messwerte sind entsprechend den Zeitbezügen der Immissionswerte als Jahresmittelwert, Tagesmittelwert und Stundenmittelwert festzustellen. [2]Bei diskontinuierlichen Messungen soll die Probenahmezeit in der Regel 1 Stunde betragen.

4.6.2.10 Orientierende Messungen

Eine Verminderung des Messaufwands nach den Nummern 4.6.2.7 und 4.6.2.8 kommt in Betracht, um

– bei vorhandenem Vorwissen einen von der Größenordnung her bekannten Jahresmittelwert abzusichern oder

– an Standorten mit vermuteter Unter- oder Überschreitung der Belastungskriterien gemäß Nummer 4.6.2.1 diese durch orientierende Messung nachzuweisen. Je nach Ergebnis sind dann ggf. Messungen nach Nummer 4.6.2.7 vorzunehmen.

4.6.3 Kenngrößen für die Vorbelastung

4.6.3.1 Allgemeines

Immissionsmessungen oder vergleichbare Feststellungen über die Immissionsbelastung dürfen herangezogen werden, wenn sie nicht länger als 5 Jahre zurückliegen und sich die für die Beurteilung maßgeblichen Umstände in diesem Zeitraum nicht wesentlich geändert haben.

Die Kenngrößen für die Vorbelastung sind aus den Stundenmittelwerten der kontinuierlichen Messungen bzw. diskontinuierlichen Messungen für jeden Beurteilungspunkt zu bilden.

4.6.3.2 Ermittlung der Kenngrößen für die Vorbelastung

Die Kenngröße für die Immissions-Jahres-Vorbelastung (IJV) ist der Jahresmittelwert, der aus allen Stundenmittelwerten gebildet wird.

Die Kenngröße für die Immissions-Tages-Vorbelastung (ITV) ist die Überschreitungshäufigkeit (Zahl der Tage) des Konzentrationswertes für 24-stündige Immissionseinwirkung.

Die Kenngröße für die Immissions-Stunden-Vorbelastung (ISV) ist die Überschreitungshäufigkeit (Zahl der Stunden) des Konzentrationswertes für 1-stündige Immissionseinwirkung.

4.6.3.3 Auswertung der Messungen

Aus den Messwerten sind die Kenngrößen IJV, ITV, ISV zu bilden, soweit für die jeweiligen Schadstoffe Immissionswerte für jährliche, tägliche und stündliche Einwirkung festgelegt sind.

Bei der Angabe von ITV und ISV ist gleichzeitig der jeweils höchste gemessene Tagesmittelwert bzw. Stundenmittelwert anzugeben.

4.6.4 Kenngrößen für die Zusatzbelastung

4.6.4.1 Allgemeines

[1]Die Kenngrößen für die Zusatzbelastung sind durch rechnerische Immissionsprognose auf der Basis einer mittleren jährlichen Häufigkeitsverteilung oder einer repräsentativen Jahreszeitreihe von Windrichtung, Wind-

geschwindigkeit und Ausbreitungsklasse zu bilden. [2]Dabei ist das im Anhang 3 angegebene Berechnungsverfahren anzuwenden.

4.6.4.2   Ermittlung der Kenngrößen für die Zusatzbelastung

Die Kenngröße für die Immissions-Jahres-Zusatzbelastung (IJZ) ist der arithmetische Mittelwert aller berechneten Einzelbeiträge an jedem Aufpunkt.

Die Kenngröße für die Immissions-Tages-Zusatzbelastung (ITZ)[42] ist
- bei Verwendung einer mittleren jährlichen Häufigkeitsverteilung der meteorologischen Parameter das 10fache der für jeden Aufpunkt berechneten arithmetischen Mittelwerte IJZ oder
- bei Verwendung einer repräsentativen meteorologischen Zeitreihe der für jeden Aufpunkt berechnete höchste Tagesmittelwert.

Die Kenngröße für die Immissions-Stunden-Zusatzbelastung (ISZ) ist der berechnete höchste Stundenmittelwert für jeden Aufpunkt.

4.7   Einhaltung der Immissionswerte

4.7.1   Immissions-Jahreswert

Der für den jeweiligen Schadstoff angegebene Immissions-Jahreswert ist eingehalten, wenn die Summe aus Vorbelastung und Zusatzbelastung an den jeweiligen Beurteilungspunkten kleiner oder gleich dem Immissions-Jahreswert ist.

4.7.2   Immissions-Tageswert[43]

a) Der Immissions-Tageswert ist auf jeden Fall eingehalten,
   - wenn die Kenngröße für die Vorbelastung IJV nicht höher als 90 vom Hundert des Immissions-Jahreswertes und
   - wenn die Kenngröße ITV die zulässige Überschreitungshäufigkeit des Immissions-Tageswertes zu maximal 80 vom Hundert erreicht und
   - wenn sämtliche für alle Aufpunkte berechneten Tageswerte ITZ nicht größer sind, als es der Differenz zwischen dem Immissions-Tageswert (Konzentration) und dem Immissions-Jahreswert entspricht.

b) Im Übrigen ist der Immissions-Tageswert eingehalten, wenn die Gesamtbelastung – ermittelt durch die Addition der Zusatzbelastung für das Jahr zu den Vorbelastungskonzentrationswerten für den Tag – an den jeweiligen Beurteilungspunkten kleiner oder gleich dem Immissionskonzentrationswert für 24 Stunden ist oder eine Auswertung ergibt, dass die zulässige Überschreitungshäufigkeit eingehalten ist, es

---

42) Die Immissions-Tages-Zusatzbelastung kann nur annähernd prognostiziert werden. Die erste Alternative beruht auf einer Konvention. Andere als die genannten Ermittlungsmöglichkeiten sind nicht zugelassen.

43) Die Einhaltung des Immissions-Tageswertes und des Immissions-Stundenwertes ist im Wege der Prognose nur schwer nachzuweisen. Nrn. 4.7.2 und 4.7.3 führen unter a jeweils Fälle auf, in denen die Einhaltung in jedem Fall anzunehmen ist. Buchst. b beruht jeweils auf einer Konvention, die in der Regel verbindlich ist, von der beim Vorliegen besonderer Umstände aber auch abgewichen werden darf.

sei denn, dass durch besondere Umstände des Einzelfalls, z. B. selten
auftretende hohe Emissionen, eine abweichende Beurteilung geboten
ist.

4.7.3 Immissions-Stundenwert

a) Der Immissions-Stundenwert ist auf jeden Fall eingehalten,
    –   wenn die Kenngröße für die Vorbelastung IJV nicht höher als 90
        vom Hundert des Immissions-Jahreswertes und
    –   wenn die Kenngröße ISV die zulässige Überschreitungshäufigkeit
        des Immissions-Stundenwertes zu maximal 80 vom Hundert er-
        reicht und
    –   wenn sämtliche für alle Aufpunkte berechneten Stundenwerte ISZ
        nicht größer sind, als es der Differenz zwischen dem Immissions-
        Stundenwert (Konzentration) und dem Immissions-Jahreswert
        entspricht.

b) Im Übrigen ist der Immissions-Stundenwert eingehalten, wenn die
    Gesamtbelastung – ermittelt durch die Addition der Zusatzbelastung
    für das Jahr zu den Vorbelastungskonzentrationswerten für die Stunde
    – an den jeweiligen Beurteilungspunkten kleiner oder gleich dem Im-
    missionskonzentrationswert für 1 Stunde ist oder eine Auswertung er-
    gibt, dass die zulässige Überschreitungshäufigkeit eingehalten ist, es
    sei denn, dass durch besondere Umstände des Einzelfalls, z. B. selten
    auftretende hohe Emissionen, eine abweichende Beurteilung geboten
    ist.

4.8 Prüfung, soweit Immissionswerte nicht festgelegt sind, und in Sonderfällen

Bei luftverunreinigenden Stoffen, für die Immissionswerte in den Nummern 4.2 bis 4.5 nicht festgelegt sind, und in den Fällen, in denen auf
Nummer 4.8 verwiesen wird, ist eine Prüfung, ob schädliche Umwelteinwirkungen hervorgerufen werden können, erforderlich, wenn hierfür hinreichende Anhaltspunkte bestehen.[44]

Die Prüfung dient

a) der Feststellung,[45] zu welchen Einwirkungen die von der Anlage
    ausgehenden Luftverunreinigungen im Beurteilungsgebiet führen; Art
    und Umfang der Feststellung bestimmen sich nach dem Grundsatz der
    Verhältnismäßigkeit;

und

b) der Beurteilung, ob diese Einwirkungen als Gefahren, erhebliche
    Nachteile oder erhebliche Belästigungen für die Allgemeinheit oder
    die Nachbarschaft anzusehen sind; die Beurteilung richtet sich nach
    dem Stand der Wissenschaft und der allgemeinen Lebenserfahrung.

---

44) Das Vorliegen hinreichender Anhaltspunkte für schädliche Umwelteinwirkungen ist
     in jedem Fall Voraussetzung für das Erfordernis einer Sonderfallprüfung. Auch im
     Falle des Absatzes 6 müssen *hinreichende* Anhaltspunkte gegeben sein.

45) Hierbei handelt es sich um einen Teil der Sachverhaltsermittlung im Sinne des § 24
     Abs. 1 VwVfG, nicht um eine rechtlich bindende Feststellung.

Für die Beurteilung, ob Gefahren, Nachteile oder Belästigungen erheblich sind, gilt:

a) Gefahren für die menschliche Gesundheit sind stets erheblich. Ob Gefahren für Tiere und Pflanzen, den Boden, das Wasser, die Atmosphäre sowie Kultur- und sonstige Sachgüter erheblich sind, ist nach den folgenden Buchstaben b) und c) zu beurteilen.

b) Nachteile oder Belästigungen sind für die Allgemeinheit erheblich, wenn sie nach Art, Ausmaß oder Dauer das Gemeinwohl beeinträchtigen.

c) Nachteile oder Belästigungen sind für die Nachbarschaft erheblich, wenn sie nach Art, Ausmaß oder Dauer unzumutbar sind.

Bei der Beurteilung nach den Buchstaben b) und c) sind insbesondere zu berücksichtigen:

– die in Bebauungsplänen festgelegte Nutzung der Grundstücke,
– landes- oder fachplanerische Ausweisungen,
– Festlegung in Luftreinhalteplänen,
– eine etwaige Prägung durch die jeweilige Luftverunreinigung,
– die Nutzung der Grundstücke unter Beachtung des Gebots zur gegenseitigen Rücksichtnahme im Nachbarschaftsverhältnis,
– vereinbarte oder angeordnete Nutzungsbeschränkungen und
– im Zusammenhang mit dem Vorhaben stehende Sanierungsmaßnahmen an Anlagen des Antragstellers oder Dritter.

[1]Bei der Prüfung, ob der Schutz vor erheblichen Nachteilen durch Schädigung empfindlicher Pflanzen (z. B. Baumschulen, Kulturpflanzen) und Ökosysteme durch die Einwirkung von Ammoniak gewährleistet ist, ist Anhang 1 Abbildung 4 heranzuziehen. [2]Dabei gibt die Unterschreitung der Mindestabstände einen Anhaltspunkt für das Vorliegen erheblicher Nachteile.

[1]Liegen ferner Anhaltspunkte dafür vor, dass der Schutz vor erheblichen Nachteilen durch Schädigung empfindlicher Pflanzen (z. B. Baumschulen, Kulturpflanzen) und Ökosysteme (z. B. Heide, Moor, Wald) durch Stickstoffdeposition nicht gewährleistet ist, soll dies ergänzend geprüft werden. [2]Dabei ist unter Berücksichtigung der Belastungsstruktur abzuschätzen, ob die Anlage maßgeblich zur Stickstoffdeposition beiträgt. [3]Als ein Anhaltspunkt gilt die Überschreitung einer Viehdichte von 2 Großvieheinheiten je Hektar Landkreisfläche. [4]Bei dieser Prüfung sind insbesondere die Art des Bodens, die Art der vorhandenen Vegetation und der Grad der Versorgung mit Stickstoff zu berücksichtigen.

Ergeben sich Anhaltspunkte für das Vorliegen erheblicher Nachteile durch Schädigung empfindlicher Pflanzen (z. B. Baumschulen, Kulturpflanzen) und Ökosysteme auf Grund der Einwirkung von Ammoniak oder wegen Stickstoffdeposition, soll der Einzelfall geprüft werden.

[1]Ist eine Sonderfallprüfung aufgrund der Nummer 4.5.2 Buchstabe d) durchzuführen, ist insbesondere zu untersuchen, ob und inwieweit die Depositionen bei der derzeitigen oder geplanten Nutzung (z. B. als Kinderspielfläche, Wohngebiet, Park- oder Freizeitanlage, Industrie- oder Gewerbefläche sowie als Ackerboden oder Grünland) zu schädlichen Um-

welteinwirkungen durch eine mittelbare Wirkung auf Menschen, Tiere, Pflanzen, Lebens- und Futtermittel führen können. [2]Die Depositionswerte stellen im Regelfall den Schutz von Kinderspielflächen und Wohngebieten sicher. [3]Für die übrigen Flächen können höhere Depositionswerte herangezogen werden. [4]Dabei geben die in Tabelle 8 bezeichneten Depositionswerte Anhaltspunkte für das Vorliegen schädlicher Umwelteinwirkungen bei Ackerboden oder Grünland.

Tabelle 8: Depositionswerte als Anhaltspunkte für die Sonderfallprüfung

Stoff/Stoffgruppe	Ackerböden $\mu g/(m^2 \cdot d)$	Grünland $\mu g/(m^2 \cdot d)$
Arsen	1 170	60
Blei	185	1 900
Cadmium	2,5	32
Quecksilber	30	3
Thallium	7	25

5. Anforderungen zur Vorsorge gegen schädliche Umwelteinwirkungen

5.1 Allgemeines

5.1.1 Inhalt und Bedeutung

Die folgenden Vorschriften enthalten
– Emissionswerte[46], deren Überschreiten nach dem Stand der Technik vermeidbar ist,
– emissionsbegrenzende Anforderungen, die dem Stand der Technik entsprechen,
– sonstige Anforderungen zur Vorsorge gegen schädliche Umwelteinwirkungen durch Luftverunreinigungen,
– Verfahren zur Ermittlung der Emissionen und
– Anforderungen zur Ableitung von Abgasen.

[1]Die Regelungen in Nummer 5.2 in Verbindung mit Nummer 5.3 gelten für alle Anlagen. [2]Soweit davon abweichende Regelungen in Nummer 5.4 festgelegt sind, gehen diese den jeweils betroffenen Regelungen in den Nummern 5.2, 5.3 oder 6.2 vor. [3]Soweit in Nummer 5.4 Rußzahlen, Massenverhältnisse, Emissionsgrade, Emissionsminderungsgrade

---

46) Der Begriff der Emissionswerte ist in Nr. 2.7 definiert. Wichtig ist insbesondere, dass die aus den Emissionswerten für die Schadstoffkonzentration abzuleitenden Emissionsbegrenzungen gemäß Nr. 2.7 Abs. 2 Buchst. a festzulegen sind. Konzentrationsbezogene Emissionswerte sind demnach grundsätzlich als Tagesmittelwerte zu verstehen. Darüber hinaus darf kein Halbstundenwert das Doppelte des festgelegten Emissionswertes überschreiten.

oder Umsatzgrade für bestimmte Stoffe oder Stoffgruppen festgelegt sind, finden die Anforderungen für Massenkonzentrationen für diese Stoffe oder Stoffgruppen in Nummer 5.2 keine Anwendung. [4]Im Übrigen bleiben die in den Nummern 5.2, 5.3 oder 6.2 festgelegten Anforderungen unberührt. [5]Das Emissionsminimierungsgebot nach Nummer 5.2.7 ist ergänzend zu beachten.

Die Vorschriften berücksichtigen mögliche Verlagerungen von nachteiligen Auswirkungen von einem Schutzgut auf ein anderes; sie sollen ein hohes Schutzniveau für die Umwelt insgesamt gewährleisten.

Soweit bei Erlass dieser Verwaltungsvorschrift Merkblätter über die Besten Verfügbaren Techniken (BVT-Merkblätter) der Europäischen Kommission, die im Rahmen des Informationsaustausches nach Art. 16 Abs. 2 der Richtlinie des Rates vom 24. September 1996 über die integrierte Vermeidung und Verminderung der Umweltverschmutzung (IVU Richtlinie, 96/61/EG, ABl. L 257 vom 10. Oktober 1996, S. 26) veröffentlicht werden, vorlagen, sind die darin enthaltenen Informationen in den Anforderungen der Nummern 5.2, 5.3, 5.4 und 6.2 berücksichtigt.

[1]Soweit nach Erlass dieser Verwaltungsvorschrift neue oder überarbeitete BVT-Merkblätter von der Europäischen Kommission veröffentlicht werden, werden die Anforderungen dieser Verwaltungsvorschrift dadurch nicht außer Kraft gesetzt. [2]Ein vom Bundesministerium für Umwelt, Naturschutz und Reaktorsicherheit (BMU) eingerichteter beratender Ausschuss, der sich aus sachkundigen Vertretern der beteiligten Kreise im Sinne von § 51 BImSchG zusammensetzt, prüft, inwieweit sich aus den Informationen der BVT-Merkblätter weitergehende oder ergänzende emissionsbegrenzende Anforderungen ergeben, als sie diese Verwaltungsvorschrift enthält. [3]Der Ausschuss soll sich dazu äußern, inwieweit sich der Stand der Technik gegenüber den Festlegungen dieser Verwaltungsvorschrift fortentwickelt hat oder die Festlegungen dieser Verwaltungsvorschrift ergänzungsbedürftig sind. [4]Soweit das BMU das Fortschreiten des Standes der Technik oder eine notwendige Ergänzung in einem dem § 31a Abs. 4 BImSchG entsprechenden Verfahren bekannt gemacht hat[46a], sind die Genehmigungs- und Überwachungsbehörden an die der Bekanntmachung widersprechenden Anforderungen dieser Verwaltungsvorschrift nicht mehr gebunden. [5]In diesen Fällen haben die zuständigen Behörden bei ihren Entscheidungen die Fortentwicklung des Standes der Technik zu berücksichtigen.[47]

46a) Vgl. insoweit die Bekanntmachungen vom 14. 10. 2011 (BAnz. S. 3811), vom 16. 12. 2013 (BAnzAT vom 9. 1. 2014 B 3) und vom 27. 4. 2015 (BAnzAT vom 8. 5. 2015 B 7). Zu den betroffenen Anlagearten hat die LAI verschiedene Vollzugsempfehlungen herausgegeben (abgedruckt bei Ule/Laubinger/Repkewitz, BImSchG Bd. 10 LAI 76 ff.).

47) Berücksichtigung bedeutet keine Bindung an die Äußerungen des Ausschusses, sondern erfordert eine Auseinandersetzung mit den neuen Erkenntnissen. Eine behördliche Bindung kann jedoch durch Weisungen der vorgesetzten Behörden herbeigeführt werden.

Für Anlagen, die nur einmal in Deutschland vorkommen, werden keine Regelungen in Nummer 5.4 festgelegt; in einem solchen Fall hat die zuständige Behörde die technischen Besonderheiten in eigener Verantwortung zu beurteilen.

Wurden bei einer genehmigungsbedürftigen Anlage im Einzelfall bereits Anforderungen zur Vorsorge gegen schädliche Umwelteinwirkungen durch Luftverunreinigungen getroffen, die über die Anforderungen der Nummern 5.1 bis 5.4 hinausgehen, sind diese im Hinblick auf § 5 Abs. 1 Nr. 2 BImSchG weiterhin maßgeblich.

Soweit die Nummern 5.2 oder 5.4 keine oder keine vollständigen Regelungen zur Begrenzung der Emissionen enthalten, sollen bei der Ermittlung des Standes der Technik im Einzelfall BVT-Merkblätter oder Richtlinien oder Normen des VDI/DIN-Handbuches Reinhaltung der Luft als Erkenntnisquelle herangezogen werden.[48]

5.1.2 Berücksichtigung der Anforderungen im Genehmigungsverfahren

[1]Die den Vorschriften der Nummer 5 entsprechenden Anforderungen sollen im Genehmigungsbescheid für jede einzelne Emissionsquelle und für jeden luftverunreinigenden Stoff oder jede Stoffgruppe festgelegt werden, soweit die Stoffe oder Stoffgruppen in relevantem Umfang im Rohgas enthalten sind. [2]Werden die Abgase von verschiedenen Anlagenteilen zusammengeführt (Sammelleitung oder Sammelschornstein), sind die emissionsbegrenzenden Anforderungen so festzulegen, dass keine höheren Emissionen als bei einer Ableitung der jeweiligen Abgase ohne Zusammenführung entstehen. [3]Der relevante Umfang eines Stoffes im Rohgas einer Anlage ist gegeben, wenn auf Grund der Rohgaszusammensetzung die Überschreitung einer in Nummer 5 festgelegten Anforderung nicht ausgeschlossen werden kann.

Wird in Nummer 5 die Einhaltung eines bestimmten Massenstroms[49] oder einer bestimmten Massenkonzentration vorgeschrieben, ist im Genehmigungsbescheid entweder der Massenstrom oder – bei Überschreiten des zulässigen Massenstroms[50] – die Massenkonzentration zu begrenzen, es sei denn, dass in den Nummern 5.2 oder 5.4 ausdrücklich bestimmt ist, dass sowohl der Massenstrom als auch die Massenkonzentration zu begrenzen sind.

---

48) Die Regelung betrifft nur die Sachverhaltsaufklärung. Eine Bindung an die BVT-Merkblätter und an die Richtlinien und technischen Normen wird durch sie nicht hervorgerufen.

49) Der Massenstrom ist auf die Emissionen im Reingas (BVerwG NVwZ 2000, 440) der gesamten Anlage (ggf. der gemeinsamen Anlage i. S. des § 1 Abs. 3 der 4. BImSchV) bezogen (Nr. 2.5 Abs. 1).

50) Die Massenkonzentration muss beschränkt werden, wenn der Massenstrom nicht für jeden Betriebszustand begrenzt ist. Die Einräumung einer Alternative in der Weise, dass zu jeder Zeit nur entweder der Massenstrom oder die Massenkonzentration die Emissionswerte der TA Luft einhalten muss, ist unzulässig. Von der Begrenzung der Massenkonzentration ist nur bei kleineren Anlagen abzusehen, d. h. nur bei Anlagen, deren Massenstrom zu keiner Zeit eine bestimmte Grenze überschreitet.

Von Emissionsbegrenzungen entsprechend den in Nummer 5.2 oder
Nummer 5.4 enthaltenen zulässigen Massenkonzentrationen oder Massenströmen kann abgesehen werden, wenn stattdessen zulässige Massenverhältnisse (z. B. g/Mg erzeugtes Produkt, g/kWh eingesetzter Brennstoffenergie) festgelegt werden und wenn durch Vergleichsbetrachtungen
mit Prozess- und Abgasreinigungstechniken, die dem Stand der Technik
entsprechen, nachgewiesen wird, dass keine höheren Emissionsmassenströme auftreten.

[1]Für Anfahr- oder Abstellvorgänge, bei denen ein Überschreiten des
[2]fachen der festgelegten Emissionsbegrenzung nicht verhindert werden
kann, sind Sonderregelungen zu treffen. [2]Hierzu gehören insbesondere
Vorgänge, bei denen

– eine Abgasreinigungseinrichtung aus Sicherheitsgründen (Verpuf-
  fungs-, Verstoppungs- oder Korrosionsgefahr) umfahren werden
  muss,

– eine Abgasreinigungseinrichtung wegen zu geringen Abgasdurchsat-
  zes noch nicht voll wirksam ist oder

– eine Abgaserfassung und -reinigung während der Beschickung oder
  Entleerung von Behältern bei diskontinuierlichen Produktionsprozes-
  sen nicht oder nur unzureichend möglich ist.

Soweit aus betrieblichen oder messtechnischen Gründen (z. B. Chargenbetrieb, längere Kalibrierzeit) für Emissionsbegrenzungen andere als die
nach Nummer 2.7 bestimmten Mittelungszeiten erforderlich sind, sind
diese entsprechend festzulegen.

Wird Abgas einer Anlage als Verbrennungsluft oder Einsatzstoff für eine
weitere Anlage verwendet, sind Sonderregelungen zu treffen.

[1]Die Luftmengen, die einer Einrichtung der Anlage zugeführt werden, um
das Abgas zu verdünnen oder zu kühlen, bleiben bei der Bestimmung der
Massenkonzentration unberücksichtigt. [2]Soweit Emissionswerte auf Sauerstoffgehalte im Abgas bezogen sind, sind die im Abgas gemessenen
Massenkonzentrationen nach folgender Gleichung umzurechnen:

$$E_B = \frac{21 - O_B}{21 - O_M} \times E_M$$

Darin bedeuten:

E_M gemessene Massenkonzentration,

E_B Massenkonzentration, bezogen auf den Bezugssauerstoffgehalt,

O_M gemessener Sauerstoffgehalt,

O_B Bezugssauerstoffgehalt.

[1]Werden zur Emissionsminderung nachgeschaltete Abgasreinigungseinrichtungen eingesetzt, so darf für die Stoffe, für die die Abgasreinigungseinrichtung betrieben wird, die Umrechnung nur für die Zeiten erfolgen,
in denen der gemessene Sauerstoffgehalt über dem Bezugssauerstoffgehalt liegt. [2]Bei Verbrennungsprozessen mit reinem Sauerstoff oder sauer-
stoffangereicherter Luft sind Sonderregelungen zu treffen.

5.1.3 Grundsätzliche Anforderungen zur integrierten Vermeidung und Verminderung von Umweltverschmutzungen[51]

Zur integrierten Emissionsvermeidung oder -minimierung sind Techniken und Maßnahmen anzuwenden, mit denen die Emissionen in die Luft, das Wasser und den Boden vermieden oder begrenzt werden und dabei ein hohes Schutzniveau für die Umwelt insgesamt erreicht wird; die Anlagensicherheit, die umweltverträgliche Abfallentsorgung sowie die sparsame und effiziente Verwendung von Energie sind zu beachten. [1]Nicht vermeidbare Abgase sind an ihrer Entstehungsstelle zu erfassen, soweit dies mit verhältnismäßigem Aufwand möglich ist. [2]Die emissionsbegrenzenden Maßnahmen müssen dem Stand der Technik entsprechen. [3]Die Anforderungen dieser Verwaltungsvorschrift dürfen nicht durch Maßnahmen erfüllt werden, bei denen Umweltbelastungen in andere Medien wie Wasser oder Boden entgegen dem Stand der Technik verlagert werden. [4]Diese Maßnahmen sollen sowohl auf eine Verminderung der Massenkonzentrationen als auch der Massenströme oder Massenverhältnisse der von einer Anlage ausgehenden Luftverunreinigungen ausgerichtet sein. [5]Sie müssen während des Betriebs der Anlage bestimmungsgemäß eingesetzt werden.

Bei der Festlegung der Anforderungen sind insbesondere zu berücksichtigen:

– Wahl von integrierten Prozesstechniken mit möglichst hoher Produktausbeute und minimalen Emissionen in die Umwelt insgesamt,

– Verfahrensoptimierung, z. B. durch weitgehende Ausnutzung von Einsatzstoffen und Gewinnung von Koppelprodukten,

– Substitution von krebserzeugenden, erbgutverändernden oder reproduktionstoxischen Einsatzstoffen,

– Verminderung der Abgasmenge, z. B. durch Anwendung der Umluftführung, unter Berücksichtigung arbeitsschutzrechtlicher Anforderungen,

– Einsparung von Energie und Verminderung der Emissionen an klimawirksamen Gasen, z. B. durch energetische Optimierung bei Planung, Errichtung und Betrieb der Anlagen, anlageninterne Energieverwertung, Anwendung von Wärmedämmungsmaßnahmen,

– Vermeidung oder Verminderung der Emissionen von Stoffen, die zu einem Abbau der Ozonschicht führen, ergänzend zu den in der Verordnung (EG) Nr. 2037/2000 des Europäischen Parlaments und des Rates vom 29. Juni 2000 (ABl. L 244/1 vom 29. September 2000) genannten Maßnahmen, z. B. durch Substitution dieser Stoffe, durch Einhausen von Anlagen, Kapseln von Anlageteilen, Erzeugen eines Unterdrucks im gekapselten Raum und Verhinderung von Undichtigkeiten der Anlagen, durch Erfassung der Stoffe bei der Abfallbehandlung, durch Anwendung optimierter Abgasreinigungstechniken und durch

---

[51] Die in diesem Abschnitt genannten Anforderungen gelten für alle genehmigungsbedürftigen Anlagen, auch wenn deren Emissionen deutlich unter den jeweils maßgebenden Massenstromschwellen liegen.

ordnungsgemäße Entsorgung der rückgewonnenen Stoffe sowie der
Abfälle,
– Optimierung von An- und Abfahrvorgängen und sonstigen besonderen Betriebszuständen,
– die Anforderungen des Tierschutzes und der physiologischen Gegebenheiten beim Tier.
Wenn Stoffe nach Nummer 5.2.2 Klasse I oder II, Nummer 5.2.4 Klasse I
oder II, Nummer 5.2.5 Klasse I oder Nummer 5.2.7 emittiert werden können, sollen die Einsatzstoffe (Roh- und Hilfsstoffe) möglichst so gewählt
werden, dass nur geringe Emissionen entstehen.
[1]Verfahrenskreisläufe, die durch Anreicherung zu erhöhten Emissionen an
Stoffen nach Nummer 5.2.2 Klasse I oder II oder nach Nummer 5.2.7
führen können, sind durch technische oder betriebliche Maßnahmen
möglichst zu vermeiden. [2]Soweit diese Verfahrenskreisläufe betriebs
notwendig sind, z. B. bei der Aufarbeitung von Produktionsrückständen
zur Rückgewinnung von Metallen, müssen Maßnahmen zur Vermeidung
erhöhter Emissionen getroffen werden, z. B. durch gezielte Stoffaus-
schleusung oder den Einbau besonders wirksamer Abgasreinigungseinrichtungen.
[1]Betriebsvorgänge, die mit Abschaltungen oder Umgehungen der Abgasreinigungseinrichtungen verbunden sind, müssen im Hinblick auf geringe
Emissionen ausgelegt und betrieben sowie durch Aufzeichnung geeigneter Prozessgrößen besonders überwacht werden. [2]Für den Ausfall von
Einrichtungen zur Emissionsminderung sind Maßnahmen vorzusehen, um
die Emissionen unverzüglich so weit wie möglich und unter Beachtung
des Grundsatzes der Verhältnismäßigkeit zu vermindern.

5.2   Allgemeine Anforderungen zur Emissionsbegrenzung

5.2.1   Gesamtstaub, einschließlich Feinstaub
[1]Die im Abgas enthaltenen staubförmigen Emissionen dürfen
     den Massenstrom   0,20 kg/h
     oder
     die Massenkonzentration   20 mg/m^3
nicht überschreiten. [2]Auch bei Einhaltung oder Unterschreitung eines
Massenstroms von 0,20 kg/h darf im Abgas die Massenkonzentration
0,15 g/m^3 nicht überschritten werden.[52]
Auf Nummer 5.2.5 Absatz 3 wird hingewiesen.

---

52) In diesem Fall sind sowohl der Massenstrom als auch die Massenkonzentration zu be-
    grenzen (vgl. Nr. 5.1.2 letzter Halbs.). Zum fortgeschrittenen Stand der Technik vgl.
    die Vollzugsempfehlung der UMK vom 12. 11. 2013 (abgedruckt bei Ule/Laubinger/
    Repkewitz, BImSchG, Bd. 10, LAI 65).

5.2.2 Staubförmige anorganische Stoffe

Die nachstehend genannten staubförmigen anorganischen Stoffe dürfen, auch beim Vorhandensein mehrerer Stoffe derselben Klasse, insgesamt folgende Massenkonzentrationen oder Massenströme im Abgas nicht überschreiten; davon abweichend gelten für Stoffe der Klasse I die Anforderungen jeweils für den Einzelstoff:

Klasse I

– Quecksilber und seine Verbindungen,
  angegeben als Hg
– Thallium und seine Verbindungen,
  angegeben als Tl

jeweils den Massenstrom   0,25 g/h
oder
jeweils die Massenkonzentration   0,05 mg/m³;

Klasse II

– Blei und seine Verbindungen,
  angegeben als Pb
– Cobalt und seine Verbindungen,
  angegeben als Co
– Nickel und seine Verbindungen,
  angegeben als Ni
– Selen und seine Verbindungen,
  angegeben als Se
– Tellur und seine Verbindungen,
  angegeben als Te

den Massenstrom   2,5 g/h
oder
die Massenkonzentration   0,5 mg/m³;

Klasse III

– Antimon und seine Verbindungen,
  angegeben als Sb
– Chrom und seine Verbindungen,
  angegeben als Cr
– Cyanide leicht löslich (z. B. NaCN),
  angegeben als CN
– Fluoride leicht löslich (z. B. NaF),
  angegeben als F
– Kupfer und seine Verbindungen,
  angegeben als Cu
– Mangan und seine Verbindungen,
  angegeben als Mn
– Vanadium und seine Verbindungen,
  angegeben als V
– Zinn und seine Verbindungen,
  angegeben als Sn

den Massenstrom   5 g/h
oder
die Massenkonzentration   1 mg/m³.

Beim Vorhandensein von Stoffen mehrerer Klassen dürfen unbeschadet des Absatzes 1 beim Zusammentreffen von Stoffen der Klassen I und II im Abgas insgesamt die Emissionswerte der Klasse II sowie beim Zusammentreffen von Stoffen der Klassen I und III, der Klassen II und III oder der Klassen I bis III im Abgas insgesamt die Emissionswerte der Klasse III nicht überschritten werden.

[1]Die nicht namentlich aufgeführten staubförmigen anorganischen Stoffe mit begründetem Verdacht auf krebserzeugendes, erbgutveränderndes oder reproduktionstoxisches Potenzial (Stoffe der Kategorien K3, M3, RE3 oder RF3 mit der Kennzeichnung R 40, R 62 oder R 63) sind der Klasse III zuzuordnen. [2]Dabei sind

– das »Verzeichnis krebserzeugender, erbgutverändernder oder fortpflanzungsgefährdender Stoffe« (TRGS 905) und
– der Anhang I der Richtlinie 67/548/EWG entsprechend der Liste gefährlicher Stoffe nach § 4a Abs. 1 der Verordnung zum Schutz vor gefährlichen Stoffen (GefStoffV)

zu berücksichtigen. [3]Bei unterschiedlichen Einstufungen innerhalb der Kategorien K, M oder R ist die strengere Einstufung der TRGS oder der GefStoffV zugrunde zu legen.

[1]Solange Einstufungen oder Bewertungen in der TRGS oder der GefStoffV nicht vorliegen, können Bewertungen anerkannter wissenschaftlicher Gremien herangezogen werden, z. B. die Einstufungen der Senatskommission zur Prüfung gesundheitsgefährlicher Arbeitsstoffe der Deutschen Forschungsgemeinschaft. [2]Darüber hinaus wird auf Einstufungen nach § 4a Abs. 3 der GefStoffV hingewiesen.

Soweit Zubereitungen nach § 4b der GefStoffV einzustufen sind, sollen ihre Inhaltsstoffe und ihre Anteile ermittelt und bei der Festlegung der emissionsbegrenzenden Anforderungen berücksichtigt werden.

Sind bei der Ableitung von Abgasen physikalische Bedingungen (Druck, Temperatur) gegeben, bei denen die Stoffe in flüssiger oder gasförmiger Form vorliegen können, sollen die in Absatz 1 genannten Massenkonzentrationen oder Massenströme für die Summe der festen, flüssigen und gasförmigen Emissionen eingehalten werden.[53]

5.2.3 Staubförmige Emissionen bei Umschlag, Lagerung oder Bearbeitung von festen Stoffen

5.2.3.1 Allgemeines

An Anlagen, in denen feste Stoffe be- oder entladen, gefördert, transportiert, bearbeitet, aufbereitet oder gelagert werden, sollen geeignete Anforderungen zur Emissionsminderung gestellt werden, wenn diese Stoffe auf Grund ihrer Dichte, Korngrößenverteilung, Kornform, Oberflächenbeschaffenheit, Abriebfestigkeit, Schwer- und Bruchfestigkeit, Zusammensetzung oder ihres geringen Feuchtegehaltes zu staubförmigen Emissionen führen können.

---

53) Ggf. sind entsprechende Emissionsbegrenzungen festzulegen.

Bei der Festlegung dieser Anforderungen sind unter Beachtung des Grundsatzes der Verhältnismäßigkeit insbesondere
- die Art und Eigenschaften der festen Stoffe und ihrer Inhaltsstoffe (z. B. Gefährlichkeit und Toxizität im Sinne von § 4 GefStoffV, mögliche Wirkungen auf Böden und Gewässer, mögliche Bildung explosionsfähiger Staub-/Luftgemische, Staubungsneigung, Feuchte),
- das Umschlaggerät oder das Umschlagverfahren,
- der Massenstrom und die Zeitdauer der Emissionen,
- die meteorologischen Bedingungen,
- die Lage des Umschlagortes (z. B. Abstand zur Wohnbebauung)
zu berücksichtigen.
Die Maßnahmen sind auch unter Beachtung ihrer möglichen Einwirkungen auf Wasser und Boden festzulegen.

5.2.3.2 Be- oder Entladung

Bei der Festlegung von Anforderungen an die Be- oder Entladung kommen folgende Maßnahmen in Betracht:

Maßnahmen, bezogen auf das Umschlagverfahren
- Minimierung der Fallstrecke beim Abwerfen (z. B. bei Schüttgossen durch Leitbleche oder Lamellen),
- selbsttätige Anpassung der Abwurfhöhe bei wechselnder Höhe der Schüttungen,
- Anpassung von Geräten an das jeweilige Schüttgut (z. B. bei Greifern Vermeidung von Überladung und Zwischenabwurf),
- sanftes Anfahren von Greifern nach der Befüllung,
- Rückführung von leeren Greifern in geschlossenem Zustand,
- Minimierung von Zutrimmarbeiten und Reinigungsarbeiten,
- Automatisierung des Umschlagbetriebes;

Maßnahmen, bezogen auf das Umschlaggerät
- regelmäßige Wartung der Geräte (z. B. bei Greifern Prüfung der Schließkanten auf Dichtheit zur Verminderung von Rieselverlusten),
- vollständig oder weitgehend geschlossene Greifer zur Vermeidung oder Verminderung von Abwehungen von der Schüttgutoberfläche,
- Minimierung von Anhaftungen (insbesondere bei Greifern oder z. B. Einsatz straffbarer Verladebälge bei Senkrechtbeladern/Teleskoprohren),
- Schüttrohr mit Beladekopf und Absaugung,
- Konusaufsatz mit Absaugung bei Senkrechtbeladern,
- Reduzierung der Austrittsgeschwindigkeit bei Fallrohren durch Einbauten oder durch Einsatz von Kaskadenschurren,
- weitgehender Verzicht auf den Einsatz von Schleuderbändern außerhalb geschlossener Räume,
- Radlader möglichst nur bei befeuchteten oder nicht staubenden Gütern;

Maßnahmen, bezogen auf den Umschlagort
- vollständige oder weitgehend vollständige Einhausung (z. B. Tore oder Streifenvorhänge bei Ein- und Ausfahrten) von Einrichtungen

zur Be- und Entladung von Fahrzeugen (z. B. von Füllstationen, Schüttgossen, Grabenbunkern und sonstigen Abwurfplätzen),

– Absaugung von Trichtern, Übergabestellen, Schüttgossen, Beladerohren (ausreichende Dimensionierung der Saugleistung),

– Verbesserung der Wirkung von Absaugungen (z. B. durch Leitbleche),

– Anwendung von Trichtern (z. B. mit Lamellenverschluss, Klappenboden, Pendelklappel, Deckel),

– Anwendung einer Wasservernebelung vor Austrittsöffnungen und Aufgabetrichtern,

– Windschutz bei Be- und Entladevorgängen im Freien,

– Verlängerung der Verweilzeit des Greifers nach Abwurf am Abwurfort,

– Umschlagbeschränkungen bei hohen Windgeschwindigkeiten,

– Planung der Lage des Umschlagortes auf dem Betriebsgelände;

Maßnahmen, bezogen auf feste Stoffe

– Erhöhung der Materialfeuchte, ggf. unter Zusatz von Oberflächenentspannungsmitteln, soweit die Befeuchtung einer anschließenden Weiterbe- oder -verarbeitung, der Lagerfähigkeit oder der Produktqualität der umgeschlagenen Stoffe nicht entgegensteht,

– Einsatz von Staubbindemitteln,

– Pelletierung,

– Vereinheitlichung der Korngröße (Abtrennung des Feinstkornanteils),

– Verhinderung sperriger Verunreinigungen,

– Reduktion der Umschlagvorgänge.

5.2.3.3 Förderung oder Transport

[1]Bei Transport mit Fahrzeugen sollen geschlossene Behältnisse (Silofahrzeuge, Container, Abdeckplanen) eingesetzt werden. [2]Ansonsten sind bei Förderung und Transport auf dem Betriebsgelände geschlossene oder weitgehend geschlossene Einrichtungen (z. B. eingehauste Förderbände, Becherwerke, Schnecken-, Schrauben- oder pneumatische Förderer) zu verwenden. [3]Bei pneumatischer Förderung ist die staubhaltige Förderluft einer Entstaubungseinrichtung zuzuführen oder im Kreislauf zu fahren. [4]Offene kontinuierliche Förder-/Transporteinrichtungen (z. B. Förderbänder) sind soweit wie möglich zu kapseln oder einzuhausen.

Bei Befüllung von geschlossenen Transportbehältern mit festen Stoffen ist die Verdrängungsluft zu erfassen und einer Entstaubungseinrichtung zuzuführen.

[1]Offene Übergabestellen sind zu befeuchten, soweit die Befeuchtung einer anschließenden Weiterbe- oder -verarbeitung, der Lagerfähigkeit oder der Produktqualität der umgeschlagenen Stoffe nicht entgegensteht. [2]Alternativ sind die Übergabestellen zu kapseln; staubhaltige Luft ist einer Entstaubungseinrichtung zuzuführen.

[1]Öffnungen von Räumen (z. B. Tore, Fenster), in denen feste Stoffe offen transportiert oder gehandhabt werden, sind möglichst geschlossen zu halten. [2]Tore dürfen nur für notwendige Fahrzeugein- und -ausfahrten geöffnet werden.

[1]Können durch die Benutzung von Fahrwegen staubförmige Emissionen entstehen, sind diese im Anlagenbereich mit einer Decke aus Asphaltbeton, aus Beton oder gleichwertigem Material zu befestigen, in ordnungsgemäßem Zustand zu halten und entsprechend dem Verschmutzungsgrad zu säubern. [2]Es ist sicherzustellen, dass Verschmutzungen der Fahrwege durch Fahrzeuge nach Verlassen des Anlagenbereichs vermieden oder beseitigt werden. [3]Dazu sind z. B. Reifenwaschanlagen, Kehrmaschinen, Überfahrroste oder sonstige geeignete Einrichtungen einzusetzen. [4]Satz 1 findet regelmäßig keine Anwendung auf Fahrwege innerhalb von Steinbrüchen und Gewinnungsstätten für Bodenschätze.

5.2.3.4 Bearbeitung oder Aufbereitung

Maschinen, Geräte oder sonstige Einrichtungen zur Bearbeitung (z. B. zum Brechen, Mahlen, Sieben, Sichten, Mischen, Pelletieren, Brikettieren, Erwärmen, Trocknen, Abkühlen) von festen Stoffen sind zu kapseln oder mit in der Wirkung vergleichbaren Emissionsminderungstechniken auszurüsten.

[1]Aufgabestellen und Abwurfstellen sind zu kapseln; staubhaltige Luft ist einer Entstaubungseinrichtung zuzuführen. [2]Alternativ sind Aufgabestellen und Abwurfstellen zu befeuchten, soweit die Befeuchtung einer anschließenden Weiterbe- oder -verarbeitung, der Lagerfähigkeit oder der Produktqualität der umgeschlagenen Stoffe nicht entgegensteht.

Staubhaltiges Abgas aus den Bearbeitungsaggregaten ist zu erfassen und zu reinigen.

5.2.3.5 Lagerung

5.2.3.5.1 Geschlossene Lagerung

[1]Bei der Festlegung von Anforderungen an die Lagerung ist grundsätzlich eine geschlossene Bauweise (z. B. als Silo, Bunker, Speicher, Halle, Container) zu bevorzugen. [2]Sofern die Lagerung nicht vollständig geschlossen erfolgt, soll durch entsprechende Gestaltung der Geometrie der Lagerbehälter oder Lagerstätten sowie der Einrichtungen zur Zuführung oder Entnahme des Lagergutes die Staubentwicklung – insbesondere bei begehbaren Lagern – minimiert werden. [3]Abgase aus Füll- oder Abzugsaggregaten sowie Verdrängungsluft aus Behältern sind zu erfassen und einer Entstaubungseinrichtung zuzuführen. [4]Bei allen Füllvorrichtungen ist eine Sicherung gegen Überfüllen vorzusehen. [5]Silo- und Containeraustragsöffnungen können z. B. über Faltenbälge mit kombinierter Absaugung und Kegelverschluss entleert oder staubdicht verschlossen werden; ebenso ist der Einsatz von Zellenradschleusen in Verbindung mit Bandabzug oder pneumatischem Transport möglich.

5.2.3.5.2 Freilagerung

Bei der Festlegung von Anforderungen an die Errichtung oder den Abbau von Halden oder den Betrieb von Vergleichmäßigungsanlagen im Freien kommen folgende Maßnahmen in Betracht:

–   Abdeckung der Oberfläche (z. B. mit Matten),
–   Begrünung der Oberfläche,

–   Besprühung mit staubbindenden Mitteln bei Anlegung der Halde,
–   Verfestigung der Oberfläche,
–   ausreichende Befeuchtung der Halden und der Übergabe- und Ab-
    wurfstellen, ggf. unter Zusatz von Oberflächenentspannungsmitteln,
    soweit die Befeuchtung einer anschließenden Weiterbe- und -verar-
    beitung, der Lagerfähigkeit oder der Produktqualität der gelagerten
    Stoffe nicht entgegensteht,
–   Schüttung oder Abbau hinter Wällen,
–   höhenverstellbare Förderbänder,
–   Windschutzbepflanzungen,
–   Ausrichtung der Haldenlängsachse in Hauptwindrichtung,
–   Begrenzung der Höhe von Halden,
–   weitgehender Verzicht auf Errichtungs- oder Abbauarbeiten bei Wet-
    terlagen, die Emissionen besonders begünstigen (z. B. langanhaltende
    Trockenheit, Frostperioden, hohe Windgeschwindigkeiten).

Durch Überdachung, Umschließung oder Kombination beider Maßnahmen kann eine derartige Lagerung einschließlich der Nebeneinrichtungen
– unter Berücksichtigung von Nummer 5.2.3.1 Absatz 2 – in eine teilweise
oder vollständig geschlossene Lagerung überführt werden.

5.2.3.6   Besondere Inhaltsstoffe

[1]Bei festen Stoffen, die Stoffe nach Nummer 5.2.2 Klasse I oder II, nach
Nummer 5.2.5 Klasse I oder nach Nummer 5.2.7 enthalten oder an denen
diese Stoffe angelagert sind, sind die wirksamsten Maßnahmen anzuwenden, die sich aus den Nummern 5.2.3.2 bis 5.2.3.5 ergeben; die Lagerung
soll entsprechend Nummer 5.2.3.5.1 erfolgen. [2]Satz 1 findet regelmäßig
keine Anwendung, wenn die Gehalte der besonderen Inhaltsstoffe in einer
durch Siebung mit einer Maschenweite von 5 mm von den Gütern abtrenn-
baren Feinfraktion jeweils folgende Werte, bezogen auf die Trockenmasse,
nicht überschreiten:

–   Stoffe nach Nummer 5.2.2 Klasse I, Nummer
    5.2.7.1.1 Klasse I oder Nummer 5.2.7.1.2   50 mg/kg,
–   Stoffe nach Nummer 5.2.2 Klasse II, Nummer
    5.2.7.1.1 Klasse II oder Nummer 5.2.7.1.3   0,50 g/kg,
–   Stoffe nach Nummer 5.2.7.1.1 Klasse III   5,0 g/kg.

5.2.4   Gasförmige anorganische Stoffe

Die nachstehend genannten gasförmigen anorganischen Stoffe dürfen
jeweils die angegebenen Massenkonzentrationen oder Massenströme im
Abgas nicht überschreiten:

Klasse I

–   Arsenwasserstoff
–   Chlorcyan
–   Phosgen
–   Phosphorwasserstoff
    den Massenstrom je   2,5 g/h
    oder
    die Massenkonzentration je Stoff   0,5 mg/m³;

Klasse II
- Brom und seine gasförmigen Verbindungen, angegeben als Bromwasserstoff
- Chlor
- Cyanwasserstoff
- Fluor und seine gasförmigen Verbindungen, angegeben als Fluorwasserstoff
- Schwefelwasserstoff

den Massenstrom je   15 g/h
oder
die Massenkonzentration je Stoff   3 mg/m^3;

Klasse III
- Ammoniak
- gasförmige anorganische Chlorverbindungen, soweit nicht in Klasse I oder Klasse II enthalten, angegeben als Chlorwasserstoff

den Massenstrom je Stoff   0,15 kg/h
oder
die Massenkonzentration je Stoff   30 mg/m^3;

Klasse IV
- Schwefeloxide (Schwefeldioxid und Schwefeltrioxid), angegeben als Schwefeldioxid
- Stickstoffoxide (Stickstoffmonoxid und Stickstoffdioxid), angegeben als Stickstoffdioxid

den Massenstrom je Stoff   1,8 kg/h
oder
die Massenkonzentration je Stoff   0,35 g/m^3.

[1]Im Abgas von thermischen oder katalytischen Nachverbrennungseinrichtungen dürfen die Emissionen an Stickstoffmonoxid und Stickstoffdioxid, angegeben als Stickstoffdioxid, die Massenkonzentration 0,10 g/m^3 nicht überschreiten; gleichzeitig dürfen die Emissionen an Kohlenmonoxid die Massenkonzentration 0,10 g/m^3 nicht überschreiten. [2]Soweit die der Nachverbrennung zugeführten Gase nicht geringe Konzentrationen an Stickstoffoxiden oder sonstigen Stickstoffverbindungen enthalten, sind Festlegungen im Einzelfall zu treffen; dabei dürfen die Emissionen an Stickstoffmonoxid und Stickstoffdioxid, angegeben als Stickstoffdioxid, den Massenstrom 1,8 kg/h oder die Massenkonzentration 0,35 g/m^3 nicht überschreiten.

5.2.5 Organische Stoffe

Organische Stoffe im Abgas, ausgenommen staubförmige organische Stoffe, dürfen

den Massenstrom   0,50 kg/h
oder
die Massenkonzentration   50 mg/m^3,
jeweils angegeben als Gesamtkohlenstoff,
insgesamt nicht überschreiten.

[1]Bei **Altanlagen** mit einem jährlichen Massenstrom an organischen Stoffen von bis zu 1,5 Mg/a, angegeben als Gesamtkohlenstoff, dürfen abweichend von Absatz 1 die Emissionen an organischen Stoffen im Abgas den Massenstrom 1,5 kg/h, angegeben als Gesamtkohlenstoff, nicht überschreiten. [2]Die Anzahl der Betriebsstunden, in denen Massenströme von über 0,5 kg/h bis zu 1,5 kg/h auftreten, soll 8 Betriebsstunden während eines Tages unterschreiten.

Für staubförmige organische Stoffe, ausgenommen für Stoffe der Klasse I, gelten die Anforderungen nach Nummer 5.2.1.

Innerhalb des Massenstroms oder der Massenkonzentration für Gesamtkohlenstoff dürfen die nach den Klassen I (Stoffe nach Anhang 4) oder II eingeteilten organischen Stoffe, auch bei dem Vorhandensein mehrerer Stoffe derselben Klasse, insgesamt folgende Massenkonzentrationen oder Massenströme im Abgas, jeweils angegeben als Masse der organischen Stoffe, nicht überschreiten:

Klasse I

den Massenstrom	0,10 kg/h
oder	
die Massenkonzentration	20 mg/m³;

Klasse II

- 1-Brom-3-Chlorpropan
- 1,1-Dichlorethan
- 1,2-Dichlorethylen, cis und trans
- Essigsäure
- Methylformiat
- Nitroethan
- Nitromethan
- Octamethylcyclotetrasiloxan
- 1,1,1-Trichlorethan
- 1,3,5-Trioxan

den Massenstrom	0,50 kg/h
oder	
die Massenkonzentration	0,10 g/m³.

Beim Vorhandensein von Stoffen mehrerer Klassen dürfen zusätzlich zu den Anforderungen von Absatz 4 Satz 1 beim Zusammentreffen von Stoffen der Klassen I und II im Abgas insgesamt die Emissionswerte der Klasse II nicht überschritten werden.

[1]Die nicht namentlich im Anhang 4 genannten organischen Stoffe oder deren Folgeprodukte, die mindestens eine der folgenden Einstufungen oder Kriterien erfüllen:

- Verdacht auf krebserzeugende oder erbgutverändernde Wirkungen (Kategorien K3 oder M3 mit der Kennzeichnung R 40),
- Verdacht auf reproduktionstoxische Wirkung (Kategorien RE3 oder RF3 mit der Kennzeichnung R 62 oder R 63) unter Berücksichtigung der Wirkungsstärke,
- Grenzwert für die Luft am Arbeitsplatz kleiner als 25 mg/m³,
- giftig oder sehr giftig,

- mögliche Verursachung von irreversiblen Schäden,
- mögliche Sensibilisierung beim Einatmen,
- hohe Geruchsintensität,
- geringe Abbaubarkeit und hohe Anreicherbarkeit,

sind grundsätzlich der Klasse I zuzuordnen.
[2]Dabei sind

- das »Verzeichnis von Grenzwerten in der Luft am Arbeitsplatz« (TRGS 900), das »Verzeichnis krebserzeugender, erbgutverändernder oder fortpflanzungsgefährdender Stoffe« (TRGS 905) und
- der Anhang I der Richtlinie 67/548/EWG entsprechend der Liste gefährlicher Stoffe nach § 4a Abs. 1 der Verordnung zum Schutz vor gefährlichen Stoffen (GefStoffV)

zu berücksichtigen. [3]Bei unterschiedlichen Einstufungen innerhalb der Kategorien K, M oder R ist die strengere Einstufung der TRGS oder der GefStoffV zugrunde zu legen. [4]Soweit für organische Stoffe, die aufgrund dieser Kriterien der Klasse I zugeordnet werden, die Emissionswerte der Klasse I nicht mit verhältnismäßigem Aufwand eingehalten werden können, ist die Emissionsbegrenzung im Einzelfall festzulegen.
[1]Solange Einstufungen oder Bewertungen in der TRGS oder der GefStoffV nicht vorliegen, können Bewertungen anerkannter wissenschaftlicher Gremien herangezogen werden, z. B. die Einstufungen der Senatskommission zur Prüfung gesundheitsgefährlicher Arbeitsstoffe der Deutschen Forschungsgemeinschaft. [2]Darüber hinaus wird auf Einstufungen nach § 4a Abs. 3 der GefStoffV hingewiesen.
Soweit Zubereitungen nach § 4 der GefStoffV einzustufen sind, sollen die Inhaltsstoffe der Zubereitungen und deren Anteile ermittelt und bei der Festlegung der emissionsbegrenzenden Anforderungen berücksichtigt werden.

5.2.6 Gasförmige Emissionen beim Verarbeiten, Fördern, Umfüllen oder Lagern von flüssigen organischen Stoffen

Beim Verarbeiten, Fördern, Umfüllen oder Lagern von flüssigen organischen Stoffen, die
a) bei einer Temperatur von 293,15 K einen Dampfdruck von 1,3 kPa oder mehr haben,
b) einen Massengehalt von mehr als 1 vom Hundert an Stoffen nach Nummer 5.2.5 Klasse I, Nummer 5.2.7.1.1 Klasse II oder III oder Nummer 5.2.7.1.3 enthalten,
c) einen Massengehalt von mehr als 10 mg je kg an Stoffen nach Nummer 5.2.7.1.1 Klasse I oder Nummer 5.2.7.1.2 enthalten oder
d) Stoffe nach Nummer 5.2.7.2 enthalten,
sind die unter den Nummern 5.2.6.1 bis 5.2.6.7 genannten Maßnahmen zur Vermeidung und Verminderung der Emissionen anzuwenden.

5.2.6.1 Pumpen

Es sind technisch dichte Pumpen wie Spaltrohrmotorpumpen, Pumpen mit Magnetkupplung, Pumpen mit Mehrfach-Gleitringdichtung und Vorlage- oder Sperrmedium, Pumpen mit Mehrfach-Gleitringdichtung und atmosphärenseitig trockenlaufender Dichtung, Membranpumpen oder Faltenbalgpumpen zu verwenden.

Bestehende Pumpen für flüssige organische Stoffe nach Nummer 5.2.6 Buchstabe a), die nicht eines der in den Buchstaben b) bis d) genannten Merkmale erfüllen und die die Anforderungen nach Absatz 1 nicht einhalten, dürfen bis zum Ersatz durch neue Pumpen weiterbetrieben werden. Die zuständige Behörde soll nach Inkrafttreten dieser Verwaltungsvorschrift eine Bestandsaufnahme fordern und den kontinuierlichen Ersatz der Pumpen sowie die Wartungsarbeiten bis zu ihrem Ersatz im Rahmen der Betriebsüberwachung verfolgen.

5.2.6.2 Verdichter

[1]Bei der Verdichtung von Gasen oder Dämpfen, die einem der Merkmale der Nummer 5.2.6 Buchstaben b) bis d) entsprechen, sind Mehrfach-Dichtsysteme zu verwenden. [2]Bei Einsatz von nassen Dichtsystemen darf die Sperrflüssigkeit der Verdichter nicht ins Freie entgast werden. [3]Beim Einsatz von trockenen Dichtsystemen, z. B. einer Inertgasvorlage oder Absaugung der Fördergutleckage, sind austretende Abgase zu erfassen und einem Gassammelsystem zuzuführen.

5.2.6.3 Flanschverbindungen

[1]Flanschverbindungen sollen in der Regel nur verwendet werden, wenn sie verfahrenstechnisch, sicherheitstechnisch oder für die Instandhaltung notwendig sind. [2]Für diesen Fall sind technisch dichte Flanschverbindungen entsprechend der Richtlinie VDI 2440 (Ausgabe November 2000) zu verwenden.

Für Dichtungsauswahl und Auslegung der Flanschverbindungen sind Dichtungskennwerte nach DIN 28090-1 (Ausgabe September 1995) oder DIN V ENV 1591-2 (Ausgabe Oktober 2001) zugrunde zu legen.

Die Einhaltung einer spezifischen Leckagerate von 10^{-5}kPa·l/(s·m) ist durch eine Bauartprüfung entsprechend Richtlinie VDI 2440 (Ausgabe November 2000) nachzuweisen.

[1]Für **bestehende Flanschverbindungen** findet Nummer 5.2.6.1 Absatz 2 in Bezug auf den Ersatz von Dichtungen entsprechende Anwendung. [2]Eine Bestandsaufnahme kann bei bestehenden Flanschverbindungen entfallen.

5.2.6.4 Absperrorgane

Zur Abdichtung von Spindeldurchführungen von Absperr- oder Regelorganen, wie Ventile oder Schieber, sind
– hochwertige abgedichtete metallische Faltenbälge mit nachgeschalteter Sicherheitsstopfbuchse oder
– gleichwertige Dichtsysteme
zu verwenden.

Dichtsysteme sind als gleichwertig anzusehen, wenn im Nachweisverfahren entsprechend Richtlinie VDI 2440 (Ausgabe November 2000) die temperaturspezifischen Leckageraten eingehalten werden.

Für **bestehende Absperrorgane** ist Nummer 5.2.6.1 Absatz 2 entsprechend anzuwenden.

5.2.6.5 Probenahmestellen
Probenahmestellen sind so zu kapseln oder mit solchen Absperrorganen zu versehen, dass außer bei der Probenahme keine Emissionen auftreten; bei der Probenahme muss der Vorlauf entweder zurückgeführt oder vollständig aufgefangen werden.

5.2.6.6 Umfüllung
[1]Beim Umfüllen sind vorrangig Maßnahmen zur Vermeidung der Emissionen zu treffen, z. B. Gaspendelung in Verbindung mit Untenbefüllung oder Unterspiegelbefüllung. [2]Die Absaugung und Zuführung des Abgases zu einer Abgasreinigungseinrichtung kann zugelassen werden, wenn die Gaspendelung technisch nicht durchführbar oder unverhältnismäßig ist.
Gaspendelsysteme sind so zu betreiben, dass der Fluss an organischen Stoffen nur bei Anschluss des Gaspendelsystems freigegeben wird und dass das Gaspendelsystem und die angeschlossenen Einrichtungen während des Gaspendelns betriebsmäßig, abgesehen von sicherheitstechnisch bedingten Freisetzungen, keine Gase in die Atmosphäre abgeben.

5.2.6.7 Lagerung
Zur Lagerung von flüssigen organischen Stoffen sind Festdachtanks mit Anschluss an eine Gassammelleitung oder mit Anschluss an eine Abgasreinigungseinrichtung zu verwenden.
Abweichend von Satz 1 kann die Lagerung von Rohöl in Lagertanks mit einem Volumen von mehr als 20 000 m^3 auch in Schwimmdachtanks mit wirksamer Randabdichtung oder in Festdachtanks mit innerer Schwimmdecke erfolgen, wenn eine Emissionsminderung um mindestens 97 vom Hundert gegenüber Festdachtanks ohne innere Schwimmdecke erreicht wird.
Ferner kann abweichend von Satz 1 für flüssige organische Stoffe nach Nummer 5.2.6 Buchstabe a), die nicht eines der in den Buchstaben b) bis d) genannten Merkmale erfüllen und die in Festdachtanks mit einem Volumen von weniger als 300 m^3 gelagert werden, auf einen Anschluss des Tanks an eine Gassammelleitung oder an eine Abgasreinigungseinrichtung verzichtet werden.
Soweit Lagertanks oberirdisch errichtet sind und betrieben werden, ist die Außenwand und das Dach mit geeigneten Farbanstrichen zu versehen, die dauerhaft einen Gesamtwärme-Remissionsgrad von mindestens 70 vom Hundert aufweisen.
Soweit sicherheitstechnische Aspekte nicht entgegenstehen, sind Gase und Dämpfe, die aus Druckentlastungsarmaturen und Entleerungseinrichtungen austreten, in das Gassammelsystem einzuleiten oder einer Abgasreinigungseinrichtung zuzuführen.
Abgase, die bei Inspektionen oder bei Reinigungsarbeiten der Lagertanks auftreten, sind einer Nachverbrennung zuzuführen oder es sind gleichwertige Maßnahmen zur Emissionsminderung anzuwenden.

5.2.7 Krebserzeugende, erbgutverändernde oder reproduktionstoxische Stoffe sowie schwer abbaubare, leicht anreicherbare und hochtoxische organische Stoffe

Die im Abgas enthaltenen Emissionen krebserzeugender, erbgutverändernder oder reproduktionstoxischer Stoffe oder Emissionen schwer abbaubarer, leicht anreicherbarer und hochtoxischer organischer Stoffe sind unter Beachtung des Grundsatzes der Verhältnismäßigkeit so weit wie möglich zu begrenzen (Emissionsminimierungsgebot).

5.2.7.1 Krebserzeugende, erbgutverändernde oder reproduktionstoxische Stoffe

[1]Stoffe gelten als krebserzeugend, erbgutverändernd oder reproduktionstoxisch, wenn sie in eine der Kategorien K1, K2, M1, M2, RE1, RE2, RF1 oder RF2 (mit der Kennzeichnung R 45, R 46, R 49, R 60 oder R 61)

– im »Verzeichnis krebserzeugender, erbgutverändernder oder fortpflanzungsgefährdender Stoffe« (TRGS 905) oder

– im Anhang I der Richtlinie 67/548/EWG entsprechend der Liste gefährlicher Stoffe nach § 4a Abs. 1 der Verordnung zum Schutz vor gefährlichen Stoffen (GefStoffV)

eingestuft sind. [2]Bei unterschiedlichen Einstufungen innerhalb der Kategorien K, M oder R wird die strengere Einstufung der TRGS oder der GefStoffV zugrundegelegt.

[1]Solange Einstufungen oder Bewertungen in der TRGS oder der GefStoffV nicht vorliegen, können Bewertungen anerkannter wissenschaftlicher Gremien herangezogen werden, z. B. die Einstufungen der Senatskommission zur Prüfung gesundheitsgefährlicher Arbeitsstoffe der Deutschen Forschungsgemeinschaft. [2]Darüber hinaus wird auf Einstufungen nach § 4a Abs. 3 der GefStoffV hingewiesen.

Soweit Zubereitungen nach § 4b der GefStoffV einzustufen sind, sollen die Inhaltsstoffe der Zubereitungen und deren Anteile ermittelt und bei der Festlegung der emissionsbegrenzenden Anforderungen berücksichtigt werden.

5.2.7.1.1 Krebserzeugende Stoffe

Die nachstehend genannten Stoffe dürfen, auch bei dem Vorhandensein mehrerer Stoffe derselben Klasse, als Mindestanforderung[54] insgesamt folgende Massenkonzentrationen oder Massenströme im Abgas nicht überschreiten:

Klasse I

– Arsen und seine Verbindungen (außer Arsenwasserstoff), angegeben als As

– Benzo(a)pyren

---

54) Entsprechend dem Emissionsminderungsgebot nach Nr. 5.2.7 können im Genehmigungsbescheid oder durch nachträgliche Anordnungen auch Emissionsbegrenzungen mit niedrigeren Massenströmen oder geringeren Massenkonzentrationen festgelegt werden.

–   Cadmium und seine Verbindungen,
    angegeben als Cd
–   Wasserlösliche Cobaltverbindungen,
    angegeben als Co
–   Chrom(VI)verbindungen
    (außer Bariumchromat und Bleichromat), angege-
    ben als Cr
    den Massenstrom   0,15 g/h
    oder
    die Massenkonzentration   0,05 mg/m³;

Klasse II
–   Acrylamid
–   Acrylnitril
–   Dinitrotoluole
–   Ethylenoxid
–   Nickel und seine Verbindungen
    (außer Nickelmetall, Nickellegierungen, Nickel-
    carbonat, Nickelhydroxid, Nickeltetracarbonyl),
    angegeben als Ni
–   4-Vinyl-1,2-cyclohexen-diepoxid
    den Massenstrom   1,5 g/h
    oder
    die Massenkonzentration   0,5 mg/m³;

Klasse III
–   Benzol
–   Bromethan
–   1,3-Butadien
–   1,2-Dichlorethan
–   1,2-Propylenoxid (1,2-Epoxypropan)
–   Styroloxid
–   o-Toluidin
–   Trichlorethen
–   Vinylchlorid
    den Massenstrom   2,5 g/h
    oder
    die Massenkonzentration   1 mg/m³.

Beim Vorhandensein von Stoffen mehrerer Klassen dürfen unbeschadet
des Absatzes 1 beim Zusammentreffen von Stoffen der Klassen I und II
im Abgas insgesamt die Emissionswerte der Klasse II sowie beim Zusammentreffen von Stoffen der Klassen I und III, der Klassen II und III oder
der Klassen I bis III im Abgas insgesamt die Emissionswerte der Klasse III
nicht überschritten werden.
[1]Die nicht namentlich aufgeführten krebserzeugenden Stoffe sind den
Klassen zuzuordnen, deren Stoffen sie in ihrer Wirkungsstärke am nächsten stehen; dabei ist eine Bewertung der Wirkungsstärke auf der Grundlage des kalkulatorischen Risikos, z. B. nach dem Unit-Risk-Verfahren,
vorzunehmen. [2]Soweit für krebserzeugende Stoffe, die aufgrund dieser

Zuordnung klassiert werden, die Emissionswerte der ermittelten Klasse nicht mit verhältnismäßigem Aufwand eingehalten werden können, sind die Emissionen im Einzelfall unter Beachtung des Emissionsminimierungsgebotes zu begrenzen.

Fasern

Die Emissionen der nachstehend genannten krebserzeugenden faserförmigen Stoffe im Abgas dürfen die nachfolgend angegebenen Faserstaubkonzentrationen nicht überschreiten:

– Asbestfasern $1 \cdot 10^4$ Fasern/m³
   (z. B. Chrysotil, Krokydolith, Amosit),

– biopersistente Keramikfasern $1{,}5 \cdot 10^4$ Fasern/m³
   (z. B aus Aluminiumsilicat, Aluminium-
   oxid, Siliciumcarbid, Kaliumtitanat),
   soweit sie unter »künstliche kristalline
   Keramikfasern« gemäß Nummer 2.3 der
   TRGS 905 oder unter den Eintrag »kera-
   mische Mineralfasern« des Anhangs I der
   Richtlinie 67/548/EWG (entsprechend
   § 4a Abs. 1 GefStoffV) fallen,

– biopersistente Mineralfasern $5 \cdot 10^4$ Fasern/m³,
   soweit sie den Kriterien für »anorganische Faserstäube (außer Asbest)« der Nummer 2.3 der TRGS 905 oder für »biopersistente Fasern« nach Anhang IV Nummer 22 der GefStoffV entsprechen.

Bei unterschiedlichen Kriterien von TRGS und GefStoffV sind die strengeren Kriterien zugrunde zu legen.

Die Emissionen krebserzeugender faserförmiger Stoffe können im Einzelfall unter Beachtung des Emissionsminimierungsgebotes auch durch Festlegung eines Emissionswertes für Gesamtstaub begrenzt werden.

5.2.7.1.2 Erbgutverändernde Stoffe

[1]Soweit erbgutverändernde Stoffe oder Zubereitungen nicht von den Anforderungen für krebserzeugende Stoffe erfasst sind, ist für die Emissionen erbgutverändernder Stoffe im Abgas die Unterschreitung des Massenstroms von 0,15 g/h oder der Massenkonzentration 0,05 mg/m³ anzustreben. [2]Soweit diese Emissionswerte nicht mit verhältnismäßigem Aufwand eingehalten werden können, sind die Emissionen im Abgas unter Beachtung des Emissionsminimierungsgebotes zu begrenzen.

5.2.7.1.3 Reproduktionstoxische Stoffe

Soweit reproduktionstoxische Stoffe oder Zubereitungen nicht von den Anforderungen für krebserzeugende oder erbgutverändernde Stoffe erfasst sind, sind die Emissionen reproduktionstoxischer Stoffe im Abgas unter Beachtung des Emissionsminimierungsgebotes unter Berücksichtigung des Wirkungsstärke der Stoffe zu begrenzen.

5.2.7.2 Schwer abbaubare, leicht anreicherbare und hochtoxische organische Stoffe

[1]Die im Anhang 5 genannten Dioxine und Furane, angegeben als Summenwert nach dem dort festgelegten Verfahren, dürfen als Mindestanforderung[55)]

den Massenstrom im Abgas	0,25 µg/h
oder	
die Massenkonzentration im Abgas	0,1 ng/m^3

nicht überschreiten. [2]Die Probenahmezeit beträgt mindestens 6 Stunden; sie soll 8 Stunden nicht überschreiten.

Bei weiteren organischen Stoffen, die sowohl schwer abbaubar und leicht anreicherbar als auch von hoher Toxizität sind oder die aufgrund sonstiger besonders schädlicher Umwelteinwirkungen nicht der Klasse I in Nummer 5.2.5 zugeordnet werden können (z. B. polybromierte Dibenzodioxine, polybromierte Dibenzofurane oder polyhalogenierte Biphenyle) sind die Emissionen unter Beachtung des Emissionsminimierungsgebotes zu begrenzen.

5.2.8 Geruchsintensive Stoffe

Bei Anlagen, die bei bestimmungsgemäßem Betrieb oder wegen betrieblich bedingter Störanfälligkeit geruchsintensive Stoffe emittieren können, sind Anforderungen zur Emissionsminderung zu treffen, z. B. Einhausen der Anlagen, Kapseln von Anlageteilen, Erzeugen eines Unterdrucks im gekapselten Raum, geeignete Lagerung von Einsatzstoffen, Erzeugnissen und Abfällen, Steuerung des Prozesses.

[1]Geruchsintensive Abgase sind in der Regel Abgasreinigungseinrichtungen zuzuführen oder es sind gleichwertige Maßnahmen zu treffen. [2]Abgase sind nach Nummer 5.5 abzuleiten.

[1]Bei der Festlegung des Umfanges der Anforderungen im Einzelfall sind insbesondere der Abgasvolumenstrom, der Massenstrom geruchsintensiver Stoffe, die örtlichen Ausbreitungsbedingungen, die Dauer der Emissionen und der Abstand der Anlage zur nächsten vorhandenen oder in einem Bebauungsplan festgesetzten schützenswerten Nutzung (z. B. Wohnbebauung) zu berücksichtigen[56)]. [2]Soweit in der Umgebung einer Anlage Geruchseinwirkungen zu erwarten sind, sind die Möglichkeiten, die Emissionen durch dem Stand der Technik entsprechende Maßnahmen weiter zu vermindern, auszuschöpfen.

Sofern eine Emissionsbegrenzung für einzelne Stoffe oder Stoffgruppen, z. B für Amine, oder als Gesamtkohlenstoff nicht möglich ist oder nicht ausreicht, soll bei Anlagen mit einer Abgasreinigungseinrichtung die emissionsbegrenzende Anforderung in Form eines olfaktometrisch zu bestimmenden Geruchsminderungsgrades oder einer Geruchsstoffkonzentration festgelegt werden.

---

55) Vgl. Fn. 54.

56) An dieser Stelle werden nur die aus Vorsorgegründen zu beachtenden Gesichtspunkte genannt. Weitergehende Anforderungen können aus Schutzgründen erforderlich sein. Vgl. Nr. 1 Abs. 3 und Fn. 2.

5.2.9 Bodenbelastende Stoffe

Bei Überschreitung der Boden-Vorsorgewerte für Blei, Cadmium, Nickel oder Quecksilber nach Nummer 4.1 des Anhangs 2 der Bundes-Bodenschutz- und Altlastenverordnung, der Massenströme nach Anhang 2 und der Zusatzbelastungswerte nach Nummer 4.5.2 Buchstabe a) aa) sind zur näheren Bestimmung der immissionsschutzrechtlichen Vorsorgepflichten in Übereinstimmung mit § 3 Abs. 3 Satz 2 des Bundes-Bodenschutzgesetzes über die in Nummer 5 dieser Verwaltungsvorschrift festgelegten Anforderungen hinaus weitergehende Maßnahmen zur Vorsorge anzustreben, wenn die in Nummer 5 von Anhang 2 der Bundes-Bodenschutz- und Altlastenverordnung festgelegten jährlichen Frachten durch den Betrieb der Anlage überschritten werden.

5.3 Messung und Überwachung der Emissionen

5.3.1 Messplätze

[1]Bei der Genehmigung von Anlagen soll die Einrichtung von Messplätzen oder Probenahmestellen gefordert und näher bestimmt werden. [2]Die Messplätze sollen ausreichend groß, leicht begehbar, so beschaffen sein und so ausgewählt werden, dass eine für die Emissionen der Anlage repräsentative und messtechnisch einwandfreie Emissionsmessung ermöglicht wird. [3]Die Empfehlungen der Richtlinie VDI 4200 (Ausgabe Dezember 2000) sollen beachtet werden.[56a]

5.3.2 Einzelmessungen

5.3.2.1 Erstmalige und wiederkehrende Messungen

Es soll gefordert werden,[57] dass nach Errichtung, wesentlicher Änderung und anschließend wiederkehrend durch Messungen einer nach § 26 BImSchG bekannt gegebenen Stelle die Emissionen aller luftverunreinigenden Stoffe, für die im Genehmigungsbescheid nach Nummer 5.1.2 Emissionsbegrenzungen festzulegen sind, festgestellt werden.

Die erstmaligen Messungen nach Errichtung oder wesentlicher Änderung sollen nach Erreichen des ungestörten Betriebes, jedoch frühestens nach dreimonatigem Betrieb und spätestens sechs Monate nach Inbetriebnahme vorgenommen werden.

Von der Forderung nach erstmaligen oder wiederkehrenden Messungen ist abzusehen, wenn die Feststellung der Emissionen nach Nummer 5.3.3 oder Nummer 5.3.4 erfolgt.

Auf Einzelmessungen nach Absatz 1 kann verzichtet werden, wenn durch andere Prüfungen, z. B. durch einen Nachweis über die Wirksamkeit von Einrichtungen zur Emissionsminderung, die Zusammensetzung von

---

56a) Die Richtlinie VDI 4200 ist inzwischen durch die Norm DIN EN 15259 ersetzt worden. Soweit diese Norm nicht inhaltlich der Richtlinie VDI 4200 widerspricht, kann sie auch im Rahmen der TA Luft herangezogen werden.

57) Die Forderung kann durch eine Auflage nach § 12 Abs. 1 BImSchG oder durch eine Anordnung nach § 28 BImSchG gestellt werden. Bei Anordnungen nach § 28 BImSchG ist § 4 EMASPrivilegV zu beachten.

Brenn- oder Einsatzstoffen oder die Prozessbedingungen, mit ausreichender Sicherheit festgestellt werden kann, dass die Emissionsbegrenzungen nicht überschritten werden.
[1]Wiederkehrende Messungen sollen jeweils nach Ablauf von drei Jahren gefordert werden. [2]Bei Anlagen, für die die Emissionen durch einen Massenstrom begrenzt sind, kann die Frist auf fünf Jahre verlängert werden.

5.3.2.2 Messplanung

[1]Messungen zur Feststellung der Emissionen sollen so durchgeführt werden, dass die Ergebnisse für die Emissionen der Anlage repräsentativ und bei vergleichbaren Anlagen und Betriebsbedingungen miteinander vergleichbar sind. [2]Die Messplanung soll der Richtlinie VDI 4200 (Ausgabe Dezember 2000)[57a] und der Richtlinie VDI 2448 Blatt 1 (Ausgabe April 1992)[57b] entsprechen. [3]Die zuständige Behörde kann fordern, dass die Messplanung vorher mit ihr abzustimmen ist.
[1]Bei Anlagen mit überwiegend zeitlich unveränderlichen Betriebsbedingungen sollen mindestens 3 Einzelmessungen bei ungestörter Betriebsweise mit höchster Emission und mindestens jeweils eine weitere Messung bei regelmäßig auftretenden Betriebszuständen mit schwankendem Emissionsverhalten, z. B. bei Reinigungs- oder Regenerierungsarbeiten oder bei längeren An- oder Abfahrvorgängen, durchgeführt werden. [2]Bei Anlagen mit überwiegend zeitlich veränderlichen Betriebsbedingungen sollen Messungen in ausreichender Zahl, jedoch mindestens sechs bei Betriebsbedingungen, die erfahrungsgemäß zu den höchsten Emissionen führen können, durchgeführt werden.
[1]Die Dauer der Einzelmessung beträgt in der Regel eine halbe Stunde; das Ergebnis der Einzelmessung ist als Halbstundenmittelwert zu ermitteln und anzugeben.[58] [2]In besonderen Fällen, z. B. bei Chargenbetrieb oder niedrigen Massenkonzentrationen im Abgas, ist die Mittelungszeit entsprechend anzupassen.
Bei Stoffen, die in verschiedenen Aggregatzuständen vorliegen, sind bei der Messung besondere Vorkehrungen zur Erfassung aller Anteile zu treffen (z. B. entsprechend der Richtlinie VDI 3868 Blatt 1, Ausgabe Dezember 1994).

5.3.2.3 Auswahl von Messverfahren

[1]Messungen zur Feststellung der Emissionen sollen unter Einsatz von Messverfahren und Messeinrichtungen durchgeführt werden, die dem

---

57a) Vgl. Fn. 56a.
57b) Die Richtlinie VDI 2448 Blatt 1 ist im Jahre 2010 zurückgezogen worden. Der VDI empfiehlt nunmehr die Anwendung der Norm DIN EN 15259. Zur Anwendbarkeit im Rahmen der TA Luft vgl. Fn. 56a Satz 2.
58) Das Ergebnis einer Halbstundenmessung ist im Hinblick auf die Einhaltung einer nach Nr. 2.7 Abs. 2 Buchst. a festgelegten Emissionsbegrenzung nur beschränkt aussagefähig. Die Überschreitung des Emissionswertes (Tagesmittelwertes) durch einen einzigen Halbstundenwert kann aber Anlass für weitere Ermittlungen sein (vgl. Nr. 5.3.2.4 Abs. 4 Satz 2).

Stand der Messtechnik entsprechen. [2]Die Nachweisgrenze des Messverfahrens sollte kleiner als ein Zehntel der zu überwachenden Emissionsbegrenzung sein. [3]Die Emissionsmessungen sollen unter Beachtung der in Anhang 6 aufgeführten Richtlinien und Normen des VDI/DIN-Handbuches »Reinhaltung der Luft« beschriebenen Messverfahren durchgeführt werden. [4]Die Probenahme soll der Richtlinie VDI 4200 (Ausgabe Dezember 2000) entsprechen. [5]Darüber hinaus sollen Messverfahren von Richtlinien zur Emissionsminderung im VDI/DIN-Handbuch »Reinhaltung der Luft« berücksichtigt werden.

[1]Die Bestimmung von Gesamtkohlenstoff ist mit geeigneten kontinuierlichen Messeinrichtungen (z. B. nach dem Messprinzip eines Flammenionisationsdetektors) durchzuführen. [2]Die Kalibrierung der eingesetzten Messeinrichtungen ist bei Emissionen von definierten Stoffen oder Stoffgemischen durchzuführen oder auf Grund zu bestimmender Responsefaktoren auf der Grundlage einer Kalibrierung mit Propan rechnerisch vorzunehmen. [3]Bei komplexen Stoffgemischen ist ein repräsentativer Responsefaktor heranzuziehen. [4]In begründeten Ausnahmefällen kann die Bestimmung des Gesamtkohlenstoffes durch die Bestimmung des durch Adsorption an Kieselgel erfassbaren Kohlenstoffs durchgeführt werden.

5.3.2.4 Auswertung und Beurteilung der Messergebnisse

[1]Es soll gefordert werden, dass über das Ergebnis der Messungen ein Messbericht erstellt und unverzüglich vorgelegt wird. [2]Der Messbericht soll Angaben über die Messplanung, das Ergebnis jeder Einzelmessung, das verwendete Messverfahren und die Betriebsbedingungen, die für die Beurteilung der Einzelwerte und der Messergebnisse von Bedeutung sind, enthalten. [3]Hierzu gehören auch Angaben über Brenn- und Einsatzstoffe sowie über den Betriebszustand der Anlage und der Einrichtungen zur Emissionsminderung; er soll dem Anhang B der Richtlinie VDI 4220 (Ausgabe September 1999) entsprechen.

Im Falle von erstmaligen Messungen nach Errichtung, von Messungen nach wesentlicher Änderung oder von wiederkehrenden Messungen sind die Anforderungen jedenfalls dann eingehalten, wenn das Ergebnis jeder Einzelmessung zuzüglich der Messunsicherheit die im Genehmigungsbescheid festgelegte Emissionsbegrenzung nicht überschreitet.[59]

Sollten durch nachträgliche Anordnungen, die auf der Ermittlung von Emissionen beruhen, zusätzliche Emissionsminderungsmaßnahmen gefordert werden, ist die Messunsicherheit zugunsten des Betreibers zu berücksichtigen.

[1]Eine Überprüfung, ob das Messverfahren, besonders im Hinblick auf seine Messunsicherheit, dem Stand der Messtechnik entspricht, ist für den Fall notwendig, dass das Messergebnis zuzüglich der Messunsicherheit

---

59) Der Einhaltung des Emissionswertes (Tagesmittelwertes) durch alle gemessenen Halbstundenwerte wird zur Begrenzung des Messaufwandes eine einseitige Aussagekraft zuerkannt. Bei einer Überschreitung sind weitere Ermittlungen erforderlich (Abs. 4 Satz 2).

die festgelegte Emissionsbegrenzung nicht einhält. ²Im Falle einer Überschreitung werden weitere Ermittlungen (z. B. Prüfung der anlagenspezifischen Ursachen) notwendig.

5.3.2.5 Messungen geruchsintensiver Stoffe

Werden bei der Genehmigung einer Anlage die Emissionen geruchsintensiver Stoffe durch Festlegung des Geruchsminderungsgrades einer Abgasreinigungseinrichtung oder als Geruchsstoffkonzentration begrenzt, sollen diese durch olfaktometrische Messungen überprüft werden.

5.3.3 Kontinuierliche Messungen

5.3.3.1 Messprogramm

¹Eine Überwachung der Emissionen relevanter Quellen durch kontinuierliche Messungen soll, unter Berücksichtigung des Absatzes 4, gefordert werden,[60] soweit die in Nummer 5.3.3.2 festgelegten Massenströme überschritten und Emissionsbegrenzungen festgelegt werden. ²Eine Quelle ist in der Regel dann als relevant zu betrachten, wenn ihre Emission mehr als 20 vom Hundert des gesamten Massenstroms der Anlage beträgt. ³Für die Bestimmung der Massenströme sind die Festlegungen des Genehmigungsbescheides maßgebend.

¹Wenn zu erwarten ist, dass bei einer Anlage die im Genehmigungsbescheid festgelegten zulässigen Massenkonzentrationen wiederholt überschritten werden, z. B. bei wechselnder Betriebsweise einer Anlage oder bei Störanfälligkeit einer Einrichtung zur Emissionsminderung, kann die kontinuierliche Messung der Emissionen auch bei geringeren als den in Nummer 5.3.3.2 angegebenen Massenströmen gefordert werden. ²Bei Anlagen, bei denen im ungestörten Betrieb die Emissionsminderungseinrichtungen aus sicherheitstechnischen Gründen wiederholt außer Betrieb gesetzt oder deren Wirkung erheblich vermindert werden müssen, ist von den Massenströmen auszugehen, die sich unter Berücksichtigung der verbleibenden Abscheideleistung ergeben.

Auf die Forderung nach kontinuierlicher Überwachung einer Quelle soll verzichtet werden, wenn diese weniger als 500 Stunden im Jahr emittiert oder weniger als 10 vom Hundert zur Jahresemission der Anlage beiträgt.

¹Soweit die luftverunreinigenden Stoffe im Abgas in einem festen Verhältnis zueinander stehen, kann die kontinuierliche Messung auf eine Leitkomponente beschränkt werden. ²Im Übrigen kann auf die kontinuierliche Messung der Emissionen verzichtet werden, wenn durch andere Prüfungen, z. B. durch fortlaufende Feststellung der Wirksamkeit von Einrichtungen zur Emissionsminderung (z. B. durch Messung der Brennkammertemperatur bei einer thermischen Nachverbrennung anstelle der Messung der Massenkonzentration der organischen Stoffe oder durch Bestimmung des Differenzdruckes bei filternden Abscheidern anstelle der Messung der Massenkonzentration der staubförmigen Stoffe im Abgas), der Zusammensetzung von Brenn- oder Einsatzstoffen oder der Prozessbedingungen,

---

60) Die Forderung kann durch eine Auflage nach § 12 BImSchG oder durch eine Anordnung nach § 29 BImSchG gestellt werden.

mit ausreichender Sicherheit festgestellt werden kann, dass die Emissionsbegrenzungen eingehalten werden.

5.3.3.2 Massenstromschwellen für die kontinuierliche Überwachung

Bei Anlagen mit einem Massenstrom an staubförmigen Stoffen von 1 kg/h bis 3 kg/h sollen die relevanten Quellen mit Messeinrichtungen ausgerüstet werden, die in der Lage sind, die Funktionsfähigkeit der Abgasreinigungseinrichtung und die festgelegte Emissionsbegrenzung kontinuierlich zu überwachen (qualitative Messeinrichtungen).

Bei Anlagen mit einem Massenstrom an staubförmigen Stoffen von mehr als 3 kg/h sollen die relevanten Quellen mit Messeinrichtungen ausgerüstet werden, die die Massenkonzentration der staubförmigen Emissionen kontinuierlich ermitteln.

Bei Anlagen mit staubförmigen Emissionen an Stoffen nach Nummer 5.2.2 oder Nummer 5.2.5 Klasse I oder Nummer 5.2.7 sollen die relevanten Quellen mit Messeinrichtungen ausgerüstet werden, die die Gesamtstaubkonzentration kontinuierlich ermitteln, wenn der Massenstrom das 5fache eines der dort genannten Massenströme überschreitet.

Bei Anlagen, deren Emissionen an gasförmigen Stoffen einen oder mehrere der folgenden Massenströme[61] überschreiten, sollen die relevanten Quellen[62] mit Messeinrichtungen ausgerüstet werden, die die Massenkonzentration der betroffenen Stoffe kontinuierlich ermitteln:

- Schwefeldioxid   30 kg/h,
- Stickstoffmonoxid und Stickstoffdioxid, angegeben als Stickstoffdioxid   30 kg/h,
- Kohlenmonoxid als Leitsubstanz zur Beurteilung des Ausbrandes bei Verbrennungsprozessen   5 kg/h,
- Kohlenmonoxid in allen anderen Fällen   100 kg/h,
- Fluor und gasförmige anorganische Fluorverbindungen, angegeben als Fluorwasserstoff   0,3 kg/h,
- Gasförmige anorganische Chlorverbindungen, angegeben als Chlorwasserstoff   1,5 kg/h,
- Chlor   0,3 kg/h,
- Schwefelwasserstoff   0,3 kg/h.

[1]Ist die Massenkonzentration an Schwefeldioxid kontinuierlich zu messen, soll die Massenkonzentration an Schwefeltrioxid bei der Kalibrierung ermittelt und durch Berechnung berücksichtigt werden. [2]Ergibt sich auf Grund von Einzelmessungen, dass der Anteil des Stickstoffdioxids an den Stickstoffoxidemissionen unter 10 vom Hundert liegt, soll auf die kontinuierliche Messung des Stickstoffdioxids verzichtet und dessen Anteil durch Berechnung berücksichtigt werden.

Bei Anlagen, bei denen der Massenstrom organischer Stoffe, angegeben als Gesamtkohlenstoff, für

- Stoffe nach Nummer 5.2.5 Klasse I   1 kg/h,

---

61) Die Massenströme sind auf die gesamte (ggf. gemeinsame) Anlage bezogen.
62) Siehe Nr. 5.3.3.1 Abs. 1 Satz 2.

– Stoffe nach Nummer 5.2.5   2,5 kg/h

überschreitet, sollen die relevanten Quellen mit Messeinrichtungen ausgerüstet werden, die den Gesamtkohlenstoffgehalt kontinuierlich ermitteln.

Bei Anlagen mit einem Massenstrom an Quecksilber und seinen Verbindungen von mehr als 2,5 g/h, angegeben als Hg, sollen die relevanten Quellen mit Messeinrichtungen ausgerüstet werden, die die Massenkonzentration an Quecksilber kontinuierlich ermitteln, es sei denn, es ist zuverlässig nachgewiesen, dass die in Nummer 5.2.2 Klasse I genannte Massenkonzentration nur zu weniger als 20 vom Hundert in Anspruch genommen wird.

Die zuständige Behörde soll fordern, Anlagen mit Emissionen an Stoffen der Nummer 5.2.2 Klasse I und II oder Stoffen der Nummer 5.2.7 mit kontinuierlichen Messeinrichtungen zur Ermittlung der Massenkonzentrationen auszurüsten, wenn der Massenstrom das 5fache eines der dort genannten Massenströme überschreitet und geeignete Messeinrichtungen zur Verfügung stehen.

5.3.3.3 Bezugsgrößen

Anlagen, bei denen die Massenkonzentrationen der Emissionen kontinuierlich zu überwachen sind, sollen mit Mess- und Auswerteinrichtungen ausgerüstet werden, die die zur Auswertung und Beurteilung der kontinuierlichen Messungen erforderlichen Betriebsparameter, z. B. Abgastemperatur, Abgasvolumenstrom, Feuchtegehalt, Druck, Sauerstoffgehalt, jeweils einschließlich relevanter Statussignale, kontinuierlich ermitteln und registrieren.

Auf die kontinuierliche Messung der Betriebsparameter kann verzichtet werden, wenn die Parameter erfahrungsgemäß nur eine geringe Schwankungsbreite haben, für die Beurteilung der Emissionen unbedeutend sind oder mit ausreichender Sicherheit auf andere Weise ermittelt werden können.

5.3.3.4 Auswahl von Einrichtungen zur Feststellung der Emissionen

Für die kontinuierlichen Messungen sollen geeignete Mess- und Auswerteinrichtungen eingesetzt werden, die die Werte der nach Nummer 5.3.3.2, Nummer 5.3.3.3 oder Nummer 5.3.4 zu überwachenden Größen kontinuierlich ermitteln, registrieren und nach Nummer 5.3.3.5 auswerten. Es soll gefordert werden, dass eine von der nach Landesrecht zuständigen Behörde bekannt gegebene Stelle über den ordnungsgemäßen Einbau der kontinuierlichen Messeinrichtungen eine Bescheinigung ausstellt.

[1]Das Bundesministerium für Umwelt, Naturschutz und Reaktorsicherheit veröffentlicht nach Abstimmung mit den zuständigen obersten Landesbehörden im Gemeinsamen Ministerialblatt Richtlinien über die Eignungsprüfung, den Einbau, die Kalibrierung und die Wartung von Messeinrichtungen. [2]Von den Ländern als geeignet anerkannte Messeinrichtungen werden vom Bundesministerium für Umwelt, Naturschutz und Reaktorsicherheit im Bundesanzeiger bekannt gegeben.

5.3.3.5 Auswertung und Beurteilung der Messergebnisse

[1]Aus den Messwerten soll grundsätzlich für jede aufeinanderfolgende halbe Stunde der Halbstundenmittelwert gebildet werden. [2]Die Halbstundenmittelwerte sollen gegebenenfalls auf die jeweiligen Bezugsgrößen umgerechnet und mit den dazugehörigen Statussignalen gespeichert werden. [3]Die Auswertung ist durch geeignete Emissionsrechner, deren Einbau und Parametrierung von einer bekannt gegebenen Stelle überprüft wurde, vorzunehmen. [4]Die Übermittlung der Daten an die Behörde soll auf deren Verlangen telemetrisch erfolgen.

Aus den Halbstundenmittelwerten soll für jeden Kalendertag der Tagesmittelwert, bezogen auf die tägliche Betriebszeit, gebildet und gespeichert werden.

Die Anlage entspricht den Anforderungen, wenn die im Genehmigungsbescheid oder in einer nachträglichen Anordnung festgelegten Emissionsbegrenzungen[63] nicht überschritten werden; Überschreitungen sind gesondert auszuweisen und der zuständigen Behörde unverzüglich mitzuteilen.

[1]Es soll gefordert werden,[64] dass der Betreiber über die Ergebnisse der kontinuierlichen Messungen eines Kalenderjahres Auswertungen erstellt und innerhalb von 3 Monaten nach Ablauf eines jeden Kalenderjahres der zuständigen Behörde vorlegt. [2]Der Betreiber muss die Messergebnisse 5 Jahre lang aufbewahren. [3]Die Forderung zur Abgabe der Auswertung entfällt, wenn die Daten der zuständigen Behörde telemetrisch übermittelt werden.

5.3.3.6 Kalibrierung und Funktionsprüfung der Einrichtungen zur kontinuierlichen Feststellung der Emissionen

[1]Es soll gefordert werden, dass die Einrichtungen zur kontinuierlichen Feststellung der Emissionen durch eine von der nach Landesrecht zuständigen Behörde für Kalibrierungen bekannt gegebenen Stelle kalibriert und auf Funktionsfähigkeit geprüft werden. [2]Die Kalibrierung soll nach der Richtlinie VDI 3950 Blatt 1 (Ausgabe Dezember 1994) durchgeführt werden. [3]In besonderen Fällen, z. B. bei Chargenbetrieb, bei einer längeren Kalibrierzeit als einer halben Stunde oder anderen Mittelungszeiten, ist die Mittelungszeit entsprechend anzupassen.

[1]Die Kalibrierung der Messeinrichtungen soll nach einer wesentlichen Änderung, im Übrigen im Abstand von drei Jahren wiederholt werden. [2]Die Berichte über das Ergebnis der Kalibrierung und der Prüfung der Funktionsfähigkeit sollen der zuständigen Behörde innerhalb von 8 Wochen vorgelegt werden.

Die Funktionsüberprüfung der Einrichtungen zur kontinuierlichen Feststellung der Emissionen ist jährlich zu wiederholen.

Es soll gefordert werden, dass der Betreiber für eine regelmäßige Wartung und Prüfung der Funktionsfähigkeit der Messeinrichtungen sorgt.

---

63) Siehe Nr. 2.7. Abs. 2.
64) Rechtsgrundlage für die Forderung ist § 31 Satz 1 BImSchG.

5.3.4 Fortlaufende Ermittlung besonderer Stoffe

Bei Anlagen mit Emissionen an Stoffen nach Nummer 5.2.2, Nummer 5.2.5 Klasse I oder Nummer 5.2.7 soll gefordert werden, dass täglich die Massenkonzentration dieser Stoffe im Abgas als Tagesmittelwert, bezogen auf die tägliche Betriebszeit, ermittelt wird, wenn das 10fache der dort festgelegten Massenströme überschritten wird.

[1]Unterliegen die Tagesmittelwerte nur geringen Schwankungen, kann die Ermittlung der Massenkonzentration dieser Stoffe im Abgas als Tagesmittelwert auch in größeren Zeitabständen, z. B. wöchentlich, monatlich oder jährlich, erfolgen. [2]Auf die Ermittlung der Emissionen besonderer Stoffe kann verzichtet werden, wenn durch andere Prüfungen, z. B. durch kontinuierliche Funktionskontrolle der Abgasreinigungseinrichtungen, mit ausreichender Sicherheit festgestellt werden kann, dass die Emissionsbegrenzungen nicht überschritten werden.

Die Einhaltung der Anforderungen nach Nummer 5.2.7.2 ist durch fortlaufende Aufzeichnung oder Ermittlung geeigneter Betriebsgrößen oder Abgasparameter nachzuweisen, soweit wegen fehlender messtechnischer Voraussetzungen eine kontinuierliche Emissionsüberwachung nicht gefordert werden kann.

[1]Es soll gefordert werden, dass der Betreiber über die Ergebnisse der fortlaufenden Überwachung der Emissionen besonderer Stoffe Auswertungen erstellt und innerhalb von 3 Monaten nach Ablauf eines jeden Kalenderjahres der zuständigen Behörde vorlegt. [2]Der Betreiber muss die Messergebnisse 5 Jahre lang aufbewahren.

5.3.5 Gleichwertigkeit zu VDI-Richtlinien

Neben den Verfahren, die in den in Nummer 5.3 in Bezug genommenen VDI-Richtlinien beschrieben sind, können auch andere, nachgewiesen gleichwertige Verfahren angewandt werden.

5.4 Besondere Regelungen für bestimmte Anlagenarten[65]

[1]Die in Nummer 5.4 enthaltenen besonderen Anforderungen für bestimmte Anlagenarten sind entsprechend dem Anhang der Verordnung über genehmigungsbedürftige Anlagen (4. BImSchV) in der Fassung der Bekanntmachung vom 14. März 1997 (BGBl. I S. 504), zuletzt geändert durch Artikel 4 des Gesetzes vom 27. Juli 2001 (BGBl. I S. 1950), geordnet und gelten nur für die jeweils genannten Anlagenarten. [2]Auf Nummer 5.1.1 Absatz 2 wird hingewiesen.

---

65) Die in diesem Abschnitt enthaltenen Regelungen sind teilweise durch spätere Verwaltungsvorschriften geändert worden (vgl. dazu die Hinweise in den Fußnoten). Zu möglichen Ausnahmen heißt es in Nr. 9 der Allgemeinen Verwaltungsvorschrift vom 19. 12. 2017 (GMBL. Nr. 56/57, S. 1067):
Die zuständige Behörde kann auf Antrag des Betreibers Ausnahmen von Vorschriften dieser Verwaltungsvorschrift zulassen, soweit unter Berücksichtigung der besonderen Umstände des Einzelfalls
1. einzelne Anforderungen dieser Verwaltungsvorschrift nicht oder nur mit unverhältnismäßigem Aufwand erfüllbar sind,

5.4.1 Wärmeerzeugung, Bergbau, Energie

5.4.1.2 Anlagen der Nummer 1.2: Feuerungsanlagen

5.4.1.2.1 Anlagen zur Erzeugung von Strom, Dampf, Warmwasser, Prozesswärme oder erhitztem Abgas in Feuerungsanlagen durch den Einsatz von Kohle, Koks einschließlich Petrolkoks, Kohlebriketts, Torfbriketts, Brenntorf oder naturbelassenem Holz mit einer Feuerungswärmeleistung von weniger als 50 MW

Bezugsgröße

Die Emissionswerte beziehen sich bei Feuerungen für den Einsatz von Kohle, Koks, einschließlich Petrolkoks, oder Kohlebriketts auf einen Volumengehalt an Sauerstoff im Abgas von 7 vom Hundert und bei Feuerungen für den Einsatz von Torfbriketts, Brenntorf oder naturbelassenem Holz auf einen Volumengehalt an Sauerstoff im Abgas von 11 vom Hundert.

Massenströme

Die in Nummer 5.2 festgelegten Massenströme finden keine Anwendung.

Gesamtstaub

Die staubförmigen Emissionen im Abgas dürfen folgende Massenkonzentrationen nicht überschreiten:

a) bei Anlagen mit einer Feuerungswärmeleistung
    von 5 MW oder mehr 20 mg/m^3,

b) bei Anlagen mit einer Feuerungswärmeleistung
    von weniger als 5 MW 50 mg/m^3,

c) bei Anlagen mit einer Feuerungswärmeleistung
    von weniger als 2,5 MW, die ausschließlich naturbelassenes Holz einsetzen, 100 mg/m^3.

Staubförmige anorganische Stoffe

Nummer 5.2.2 findet mit Ausnahme von Feuerungen für den Einsatz von Petrolkoks keine Anwendung.

Kohlenmonoxid

Die Emissionen an Kohlenmonoxid im Abgas dürfen die Massekonzentration $0,15 \text{ g/m}^3$ nicht überschreiten.

Bei Einzelfeuerungen mit einer Feuerungswärmeleistung von weniger als 2,5 MW gilt der Emissionswert nur bei Betrieb mit Nennlast.

---

2. im Übrigen die dem Stand der Technik entsprechenden Maßnahmen zur Emissionsbegrenzung angewandt werden,

3. die Schornsteinhöhe nach der Technischen Anleitung zur Reinhaltung der Luft von 2002 auch für einen als Ausnahme zugelassenen Emissionsgrenzwert ausgelegt ist, es sei denn, auch insoweit liegen die Voraussetzungen der Nummer 1 vor, und

4. die Ausnahmen den Anforderungen aus der Richtlinie 2010/75/EU des Europäischen Parlaments und des Rates vom 24. November 2010 über Instustrieemissionen (ABl. L 334 vom 17. 12. 2010, S. 17) nicht entgegenstehen.

Stickstoffoxide

Die Emissionen an Stickstoffmonoxid und Stickstoffdioxid im Abgas dürfen folgende Massenkonzentrationen, angegeben als Stickstoffdioxid, nicht überschreiten:

a) bei Einsatz von naturbelassenem Holz $0{,}25 \text{ g/m}^3$,

b) bei Einsatz von sonstigen Brennstoffen

    aa) bei Wirbelschichtfeuerungen $0{,}30 \text{ g/m}^3$,

    bb) bei sonstigen Feuerungen in Anlagen mit einer Feuerwärmeleistung

       – von 10 MW oder mehr $0{,}40 \text{ g/m}^3$,

       – von weniger als 10 MW $0{,}50 \text{ g/m}^3$.

Die Emissionen an Distickstoffoxid im Abgas dürfen bei Wirbelschichtfeuerungen für den Einsatz von Kohle die Massenkonzentration $0{,}15 \text{ g/m}^3$ nicht überschreiten.

Schwefeloxide

[1]Bei Einsatz von fossilen Brennstoffen dürfen die Emissionen an Schwefeldioxid und Schwefeltrioxid im Abgas folgende Massenkonzentrationen, angegeben als Schwefeldioxid, nicht überschreiten:

a) bei Wirbelschichtfeuerungen $0{,}35 \text{ g/m}^3$

   oder, soweit diese Massenkonzentration mit verhältnismäßigem Aufwand nicht eingehalten werden kann, einen Schwefelemissionsgrad von   25 vom Hundert,

b) bei sonstigen Feuerungen

    aa) bei Einsatz von Steinkohle $1{,}3 \text{ g/m}^3$,

    bb) bei Einsatz von sonstigen Brennstoffen $1{,}0 \text{ g/m}^3$.

[2]Bei Einsatz von naturbelassenem Holz findet Nummer 5.2.4 keine Anwendung.

Halogenverbindungen

Nummer 5.2.4 findet keine Anwendung.

Organische Stoffe

[1]Bei Einsatz von naturbelassenem Holz dürfen die Emissionen an organischen Stoffen im Abgas die Massenkonzentration 10 mg/m³, angegeben als Gesamtkohlenstoff, nicht überschreiten. [2]Die Anforderungen der Nummer 5.2.5 für die Emissionen an organischen Stoffen der Klassen I und II finden keine Anwendung.

Kontinuierliche Messungen

Einzelfeuerungen mit einer Feuerungswärmeleistung von 5 MW bis 25 MW sollen mit einer Messeinrichtung ausgerüstet werden, die die Massenkonzentration der staubförmigen Emissionen qualitativ kontinuierlich ermittelt.

Einzelfeuerungen mit einer Feuerungswärmeleistung von mehr als 25 MW sollen mit einer Messeinrichtung ausgerüstet werden, die die Massenkonzentration der staubförmigen Emissionen kontinuierlich ermittelt.

Einzelfeuerungen mit einer Feuerungswärmeleistung von 2,5 MW oder mehr sollen mit einer Messeinrichtung ausgerüstet werden, die die Massenkonzentration der Emissionen an Kohlenmonoxid kontinuierlich ermittelt.

Nummer 5.3.3.1 Absatz 4 Satz 2 findet im Hinblick auf die Emissionen an Schwefeloxiden Anwendung, soweit der Betreiber einen Nachweis über den Schwefelgehalt und den unteren Heizwert des verwendeten Brennstoffs sowie die Sorbentienzugabe führt, Nachweis 5 Jahre lang aufbewahrt und auf Verlangen der zuständigen Behörde vorlegt.

ALTANLAGEN

Altanlagen sollen die Anforderungen zur Begrenzung der staubförmigen Emissionen sowie der Emissionen an Kohlenmonoxid und an Schwefeloxiden spätestens acht Jahre nach Inkrafttreten dieser Verwaltungsvorschrift einhalten.

Bei Einzelfeuerungen mit einer Feuerungswärmeleistung von weniger als 2,5 MW dürfen die Emissionen an Kohlenmonoxid im Abgas die Massenkonzentration 0,25 g/m³ nicht überschreiten; der Emissionswert gilt nur bei Betrieb mit Nennlast.

Kontinuierliche Messungen

Bei bestehenden Einzelfeuerungen mit einer Feuerungswärmeleistung von 2,5 MW bis 25 MW findet die Anforderung zur Ausrüstung mit einer Messeinrichtung, die die Massenkonzentration der Emissionen an Kohlenmonoxid kontinuierlich ermittelt, keine Anwendung.

5.4.1.2.2   Anlagen zur Erzeugung von Strom, Dampf, Warmwasser, Prozesswärme oder erhitztem Abgas in Feuerungsanlagen durch den Einsatz von Heizölen, emulgiertem Naturbitumen, Methanol, Ethanol, naturbelassenen Pflanzenölen oder Pflanzenölmethylestern mit einer Feuerungswärmeleistung von weniger als 50 MW

Bezugsgröße

Die Emissionswerte beziehen sich auf einen Volumengehalt an Sauerstoff im Abgas von 3 vom Hundert.

Massenströme

Die in Nummer 5.2 festgelegten Massenströme finden keine Anwendung.

Gesamtstaub

[1]Bei Einsatz von Heizölen nach DIN 51603 Teil 1 (Ausgabe März 1998), von Methanol, Ethanol, naturbelassenen Pflanzenölen oder Pflanzenölmethylestern findet Nummer 5.2.1 keine Anwendung. [2]Bei Einsatz dieser Stoffe darf die Rußzahl den Wert 1 nicht überschreiten. [3]Die Abgase müssen soweit frei von Ölderivaten sein, dass das für die Rußmessung verwendete Filterpapier keine sichtbaren Spuren von Ölderivaten aufweist.

Bei Einsatz von sonstigen flüssigen Brennstoffen darf abweichend von Nummer 5.2.1 ein höherer Staubemissionswert bis zu höchsten 50 mg/m³ zugelassen werden, soweit die Emissionswerte der Nummern 5.2.2 und 5.2.7.1.1 nicht überschritten werden.

Kohlenmonoxid

Die Emissionen an Kohlenmonoxid im Abgas dürfen die Massenkonzentration 80 mg/m³ nicht überschreiten.

Stickstoffoxide

Die Emissionen an Stickstoffmonoxid und Stickstoffdioxid im Abgas dürfen folgende Massenkonzentrationen, angegeben als Stickstoffdioxid, nicht überschreiten:

a) bei Einsatz von Heizölen nach DIN 51603 Teil 1 (Ausgabe März 1998) bei Kesseln mit einem Einstellwert der Sicherheitseinrichtung (z. B. Sicherheitstemperaturbegrenzer, Sicherheitsdruckventil) gegen Überschreitung

    aa) einer Temperatur von weniger als 110 °C oder
           eines Überdrucks von weniger als 0,05 MPa   0,18 g/m³,

    bb) einer Temperatur von 110 °C bis 210 °C oder
           eines Überdrucks von 0,05 MPa bis 1,8 MPa   0,20 g/m³,

    cc) einer Temperatur von mehr als 210 °C oder eines Überdrucks von mehr als 1,8 MPa   0,25 g/m³,

bezogen auf den Referenzwert an organisch gebundenem Stickstoff von 140 mg/kg nach Anhang B der DIN EN 267 (Ausgabe November 1999),

b) bei Einsatz von sonstigen flüssigen Brennstoffen   0,35 g/m³.

[1]Bei Einsatz von Heizölen nach DIN 51603 Teil 1 (Ausgabe März 1998) ist der organisch gebundene Stickstoffgehalt des Brennstoffes nach ASTM 4629-91 (Ausgabe 1991) zu bestimmen. [2]Die gemessenen Massenkonzentrationen an Stickstoffmonoxid und Stickstoffdioxid, angegeben als Stickstoffdioxid, sind auf den Referenzwert an organisch gebundenen Stickstoff sowie auf die Bezugsbedingungen 10 g/kg Luftfeuchte und 20 °C Verbrennungslufttemperatur umzurechnen.

Schwefeloxide

Ein Einsatz von flüssigen Brennstoffen mit einem höheren Massengehalt an Schwefel als leichtes Heizöl nach der Verordnung über Schwefelgehalt von leichtem Heizöl und Dieselkraftstoff (3. BImSchV) vom 15. Januar 1975 (BGBl. I S. 264), zuletzt geändert am 21. Dezember 2000 (BGBl. I S. 1956), in der jeweils gültigen Fassung, dürfen die Emissionen an Schwefeldioxid und Schwefeltrioxid im Abgas die Massenkonzentration 0,85 g/m³, angegeben als Schwefeldioxid, nicht überschreiten.

Abweichend von Satz 1 dürfen bei Einzelfeuerungen mit einer Feuerungswärmeleistung bis 5 MW andere flüssige Brennstoffe als Heizöl mit einem Massengehalt an Schwefel für leichtes Heizöl nach der 3. BImSchV, in der jeweils gültigen Fassung, nur eingesetzt werden, wenn sichergestellt wird (z. B. durch den Schwefelgehalt im Brennstoff oder durch Entschwefelungseinrichtungen), dass keine höheren Emissionen an Schwefeloxiden als bei Einsatz von Schwefel nach der 3. BImSchV, in der jeweils gültigen Fassung, entstehen.

Einzelmessungen

Bei Einsatz von Heizölen nach DIN 51603 Teil 1 (Ausgabe März 1998), die den zulässigen Massengehalt an Schwefel der 3. BImSchV, in der jeweils gültigen Fassung, für leichtes Heizöl nicht überschreiten, von Methanol, Ethanol, naturbelassenen Pflanzenölen oder Pflanzenölmethylestern findet Nummer 5.3.2.1 für Gesamtstaub und Schwefeloxide keine Anwendung.

Kontinuierliche Messungen

Einzelfeuerungen mit einer Feuerungswärmeleistung von 10 MW oder mehr für den Einsatz von Heizölen nach DIN 51603 Teil 1 (Ausgabe März 1998), von Methanol, Ethanol, naturbelassenen Pflanzenölen oder Pflanzenölmethylestern, die Bestandteil einer gemeinsamen Anlage mit einer Feuerungswärmeleistung von 20 MW oder mehr sind, sollen mit Messeinrichtungen ausgerüstet werden, die die Rußzahl nach DIN 51402 Teil 1 (Ausgabe Oktober 1986) und die Massenkonzentration der Emissionen an Kohlenmonoxid im Abgas kontinuierlich ermitteln.

Einzelfeuerungen mit einer Feuerungswärmeleistung von 20 MW oder mehr für den Einsatz von Methanol oder Ethanol sollen mit einer Messeinrichtung ausgerüstet werden, die die Massenkonzentration der Emissionen an Kohlenmonoxid im Abgas kontinuierlich ermittelt.

Einzelfeuerungen mit einer Feuerungswärmeleistung von weniger als 20 MW für den Einsatz von Heizölen, ausgenommen Heizöle nach DIN 51603 Teil 1 (Ausgabe März 1998), oder emulgiertem Naturbitumen sollen mit einer Messeinrichtung ausgerüstet werden, die die Massenkonzentration an staubförmigen Emissionen qualitativ kontinuierlich ermittelt; Einzelfeuerungen mit einer Feuerungswärmeleistung von 20 MW oder mehr sollen mit Messeinrichtungen ausgerüstet werden, die die Massenkonzentrationen der Emissionen an Staub und an Kohlenmonoxid im Abgas kontinuierlich ermitteln.

ALTANLAGEN

Altanlagen für den Einsatz von Heizölen – ausgenommen Heizöle nach DIN 51603 Teil 1 (Ausgabe März 1998), die den zulässigen Massengehalt an Schwefel der 3. BImSchV, in der jeweils gültigen Fassung, für leichtes Heizöl nicht überschreiten – sollen die Anforderungen zur Begrenzung der staubförmigen Emissionen sowie der Emissionen an Schwefeloxiden spätestens zehn Jahre nach Inkrafttreten dieser Verwaltungsvorschrift einhalten.

5.4.1.2.3 Anlagen zur Erzeugung von Strom, Dampf, Warmwasser, Prozesswärme oder erhitztem Abgas in Feuerungsanlagen durch den Einsatz von gasförmigen Brennstoffen, insbesondere Koksofengas, Grubengas, Stahlgas, Raffineriegas, Synthesegas, Erdölgas aus der Tertiärförderung von Erdöl, Klärgas, Biogas, naturbelassenem Erdgas, Flüssiggas, Gasen der öffentlichen Gasversorgung oder Wasserstoff, mit einer Feuerungswärmeleistung von weniger als 50 MW.[66]

Bezugsgröße

Die Emissionswerte beziehen sich auf einen Volumengehalt an Sauerstoff im Abgas von 3 vom Hundert.

Massenströme

Die in Nummer 5.2 festgelegten Massenströme finden keine Anwendung.

Gesamtstaub

Die staubförmigen Emissionen im Abgas dürfen folgende Massenkonzentrationen nicht überschreiten:

a) bei Einsatz von Gasen der öffentlichen Gasversorgung, Flüssiggas, Wasserstoff, Raffineriegas, Klärgas oder Biogas $\quad$ 5 mg/m^3,

b) bei Einsatz sonstiger Gase $\quad$ 10 mg/m^3.

---

[66] Nach Nr. 3 der Allgemeinen Verwaltungsvorschrift vom 19. 12. 2017 (GMBl. Nr. 56/57, S. 1067) ist Nr. 5.4.1.2.3 in der folgenden Fassung anzuwenden:

Bezugsgröße

Die Emissionswerte beziehen sich auf einen Volumengehalt an Sauerstoff im Abgas von 3 Prozent.

Massenströme

Die in Nummer 5.2 der TA Luft von 2002 festgelegten Massenströme finden keine Anwendung.

Gesamtstaub

Die staubförmigen Emissionen im Abgas dürfen folgende Massenkonzentrationen nicht überschreiten:

a) bei Einsatz von Gasen der öffentlichen Gasversorgung, Flüssiggas, Wasserstoff, Raffineriegas, Klärgas oder Biogas, $\quad$ 5 mg/m^3,

b) bei Einsatz sonstiger Gase $\quad$ 10 mg/m^3.

Kohlenmonoxid

Die Emissionen an Kohlenmonoxid im Abgas dürfen beim Einsatz von Gasen der öffentlichen Gasversorgung die Massenkonzentration 50 mg/m^3 und beim Einsatz von sonstigen Gasen 80 mg/m^3 nicht überschreiten.

Stickstoffoxide

Die Emissionen an Stickstoffmonoxid und Stickstoffdioxid im Abgas dürfen folgende Massenkonzentrationen, angegeben als Stickstoffdioxid, nicht überschreiten:

a) bei Einsatz von Gasen der öffentlichen Gasversorgung bei Kesseln mit einem Einstellwert der Sicherheitseinrichtung (z.B. Sicherheitstemperaturbegrenzer, Sicherheitsdruckventil) gegen Überschreitung

aa) einer Temperatur von weniger als 110 °C oder eines Überdrucks von weniger als 0,05 MPa $\quad$ 0,10 g/m^3,

bb) einer Temperatur von 110 °C bis 210 °C oder eines Überdrucks von 0,05 MPa bis 1,8 MPa $\quad$ 0,11 g/m^3,

cc) einer Temperatur von mehr als 210 °C oder eines Überdrucks von mehr als 1,8 MPa $\quad$ 0,15 g/m^3,

Kohlenmonoxid

Die Emissionen an Kohlenmonoxid im Abgas dürfen beim Einsatz von Gasen der öffentlichen Gasversorgung die Massenkonzentration 50 mg/m³ und beim Einsatz von sonstigen Gasen 80 mg/m³ nicht überschreiten.

Stickstoffoxide

Die Emissionen an Stickstoffmonoxid und Stickstoffdioxid im Abgas dürfen folgende Massenkonzentrationen, angegeben als Stickstoffdioxid, nicht überschreiten:

a) bei Einsatz von Gasen der öffentlichen Gasversorgung bei Kesseln mit einem Einstellwert der Sicherheitseinrichtung (z. B. Sicherheitstemperaturbegrenzer, Sicherheitsdruckventil) gegen Überschreitung

    aa) einer Temperatur von weniger als 110 °C oder eines Überdrucks von weniger als 0,05 MPa   0,10 g/m³,

    bb) einer Temperatur von 110 °C bis 210 °C oder eines Überdrucks von 0,05 MPa bis 1,8 MPa   0,11 g/m³,

    cc) einer Temperatur von mehr als 210 °C oder eines Überdrucks von mehr als 1,8 MPa   0,15 g/m³,

b) bei Einsatz sonstiger Gase, ausgenommen Prozessgase, die Stickstoffverbindungen enthalten,   0,20 g/m³;

---

  b) bei Einsatz von sonstigen Gasen in Raffinerien   0,10 g/m³,

  c) bei Einsatz sonstiger Gase im Übrigen, ausgenommen Prozessgase, die Stickstoffverbindungen enthalten,   0,20 g/m³;

  d) bei Einsatz von Prozessgasen, die Stickstoffverbindungen enthalten, sind die Emissionen an Stickstoffoxiden im Abgas durch Maßnahmen nach dem Stand der Technik zu begrenzen.

Schwefeloxide

Die Emissionen an Schwefeldioxid und Schwefeltrioxid im Abgas dürfen folgende Massenkonzentrationen, angegeben als Schwefeldioxid, nicht überschreiten:

  a) bei Einsatz von Flüssiggas   5 mg/m³,

  b) bei Einsatz von Gasen der öffentlichen Gasversorgung   10 mg/m³,

  c) bei Einsatz von Kokereigas   50 mg/m³,

  d) bei Einsatz von Biogas oder Klärgas   0,35 g/m³,

  e) bei Einsatz von Erdölgas, das als Brennstoff zur Dampferzeugung bei Tertiärmaßnahmen zur Erdölförderung verwendet wird,   1,7 g/m³,

  f) bei Einsatz von Brenngasen, die im Verbund zwischen Eisenhüttenwerk und Kokerei verwendet werden,

    aa) bei Einsatz von Hochofengas   0,20 g/m³,

    bb) bei Einsatz von Koksofengas   0,35 g/m³,

  g) bei Einsatz von sonstigen Gasen   35 mg/m³.

Ammoniak

Sofern in Raffinerien zur Minderung der Emissionen von Stickstoffoxiden ein Verfahren der selektiven katalytischen oder selektiven nichtkatalytischen Reduktion eingesetzt wird, darf die Massenkonzentration von Ammoniak 10 mg/m³ im Abgas nicht überschreiten.

c) bei Einsatz von Prozessgasen, die Stickstoffverbindungen enthalten, sind die Emissionen an
Stickstoffoxiden im Abgas durch Maßnahmen
nach dem Stand der Technik zu begrenzen.

Kontinuierliche Messungen
Die Emissionen an Ammoniak bei Einsatz eines Verfahrens der selektiven katalytischen oder selektiven nichtkatalytischen Reduktion zur Minderung von Stickstoffoxiden sind in Raffinerien kontinuierlich zu ermitteln.
Einzelmessungen
Die Emissionen an Schwefeloxiden, Stickstoffoxiden und Staub aus Feuerungsanlagen in Raffinerien sind jährlich und nach maßgeblichem Brennstoffwechsel zu ermitteln. Für den Fall, dass der Maximalwert mit einem Vertrauensniveau von 50 Prozent
nach der VDI-Richtlinie 2448 Blatt 2, Ausgabe Juli 1997, den Emissionswert nicht
überschreitet, kann nach einem Jahr die Messung gemäß Nummer 5.3.2.1 der TA
Luft von 2002 alle drei Jahre erfolgen.
[1]Die Emissionen an Kohlenmonoxid aus Feuerungsanlagen in Raffinerien sind alle
sechs Monate zu ermitteln. [2]Für den Fall, dass der Maximalwert mit einem Vertrauensniveau von 50 Prozent nach der VDI-Richtlinie 2448 Blatt 2, Ausgabe Juli 1997
den Emissionswert nicht überschreitet, kann nach einem Jahr die Messung gemäß TA
Luft Nummer 5.3.2.1 der von 2002 alle drei Jahre erfolgen.
ALTANLAGEN
Stickstoffoxide
Bei Altanlagen bei Einsatz von sonstigen Gasen in Raffinerien darf die Emission
an Stickstoffmonoxid und Stickstoffdioxid, angegeben als Stickstoffdioxid, im
Abgas die Massenkonzentration von 0,15 g/m^3 für den Monatsmittelwert und von
0,50 g/m^3 für den Halbstundenmittelwert nicht überschreiten.
Abweichend von Satz 1 darf bei diesen Altanlagen für Stickstoffmonoxid und
Stickstoffdioxid, angegeben als Stickstoffdioxid, eine Massenkonzentration von
0,20 g/m^3 für den Monatsmittelwert und von 0,50 g/m^3 für den Halbstundenmittelwert nicht überschritten werden, wenn
a) die zugeführte Verbrennungsluft eine Temperatur von mehr als 200 °C hat oder
b) der Wasserstoffgehalt des eingesetzten Brennstoffes mehr als 50 Prozent beträgt.
Kontinuierliche Messungen
Bei Altanlagen in Raffinerien sind die Emissionen an Stickstoffoxid kontinuierlich zu
ermitteln.
Soweit bei Altanlagen in Raffinerien der Emissionswert für Stickstoffoxide im Abgas
nach Satz 2 unter Altanlagen Stickstoffoxide Anwendung finden soll, ist bei Nutzung
der Möglichkeit nach Satz 2 Buchstabe a die Temperatur der zugeführten Verbrennungsluft oder bei Nutzung der Möglichkeit nach Satz 2 Buchstabe b der Wasserstoffgehalt im eingesetzten Brennstoff als kontinuierliche Betriebsgröße zu ermitteln
und der Behörde zu berichten.
Auswertung der Messergebnisse für den Monatsmittelwert
Die Monatsmittelwerte sind auf der Grundlage der validierten Halbstundenmittelwerte zu berechnen; hierzu sind über einen gleitenden Zeitraum von 30 Tagen die
validierten Halbstundenmittelwerte zusammenzuzählen und durch die Anzahl der validierten Halbstundenmittelwerte zu teilen.

Schwefeloxide

Die Emissionen an Schwefeldioxid und Schwefeltrioxid im Abgas dürfen folgende Massenkonzentrationen, angegeben als Schwefeldioxid, nicht überschreiten:

a)	bei Einsatz von Flüssiggas	5 mg/m³,
b)	bei Einsatz von Gasen der öffentlichen Gasversorgung	10 mg/m³,
c)	bei Einsatz von Kokereigas oder Raffineriegas	50 mg/m³,
d)	bei Einsatz von Biogas oder Klärgas	0,35 g/m³,
e)	bei Einsatz von Erdölgas, das als Brennstoff zur Dampferzeugung bei Tertiärmaßnahmen zur Erdölförderung verwendet wird,	1,7 g/m³,
f)	bei Einsatz von Brenngasen, die im Verbund zwischen Eisenhüttenwerk und Kokerei verwendet werden,	
	aa) bei Einsatz von Hochofengas	0,20 g/m³,
	bb) bei Einsatz von Koksofengas	0,35 g/m³,
g)	bei Einsatz von sonstigen Gasen	35 mg/m³.

5.4.1.2.4 Mischfeuerungen und Mehrstofffeuerungen mit einer Feuerungswärmeleistung von weniger als 50 MW[67]

Mischfeuerungen

[1]Bei Mischfeuerungen sind die für den jeweiligen Brennstoff festgelegten Emissionswerte nach dem Verhältnis der mit diesem Brennstoff zugeführten Energie zur insgesamt zugeführten Energie zu ermitteln. [2]Die für die Feuerungsanlage maßgeblichen Emissionswerte ergeben sich durch Addition der so ermittelten Werte.

[1]Abweichend von Absatz 1 finden die Vorschriften für den Brennstoff Anwendung, für den der höchste Emissionswert gilt, wenn während des Betriebes der Anlage der Anteil dieses Brennstoffs an der insgesamt zugeführten Energie mindestens 70 vom Hundert, bei Anlagen in Mineralölraffinerien mindestens 50 vom Hundert beträgt. [2]Der Anteil des maßgeblichen Brennstoffs darf bei Anlagen, die Destillations- und Konversionsrückstände der Erdölverarbeitung im Eigenverbrauch einsetzen, unterschritten werden, wenn die Emissionskonzentration in dem Abgas, das

---

67) Nach Nr. 4 der Allgemeinen Verwaltungsvorschrift vom 19. 12. 2017 (GMBl. Nr. 56/57, S. 1067) ist Nr. 5.4.1.2.4 in der folgenden Fassung anzuwenden:
Mischfeuerungen
[1]Bei Mischfeuerungen sind die für den jeweiligen Brennstoff maßgeblichen Emissionswerte und der jeweilige Bezugssauerstoffgehalt nach dem Verhältnis der mit diesem Brennstoff zugeführten Feuerungswärmeleistung zur insgesamt zugeführten Feuerungswärmeleistung zu ermitteln. [2]Die für die Feuerungsanlage maßgeblichen Emissionswerte und der maßgebliche Bezugssauerstoffgehalt ergeben sich durch Addition der so ermittelten Werte (Mischungsregel).
Abweichend von Absatz 1 finden die Vorschriften für den Brennstoff Anwendung, für den der höchste Emissionswert gilt, wenn während des Betriebes der Anlage der Anteil dieses Brennstoffs an der insgesamt zugeführten Feuerungswärmeleistung mindestens 70 Prozent beträgt.

dem maßgeblichen Brennstoff zuzurechnen ist, den für diesen Brennstoff sich aus Satz 1 ergebenden Wert nicht überschreitet.

Mehrstofffeuerungen

Bei Mehrstofffeuerungen gelten die Anforderungen für den jeweils eingesetzten Brennstoff; davon abweichend gelten bei der Umstellung von festen Brennstoffen auf gasförmige Brennstoffe oder auf Heizöle nach DIN 51603 Teil 1 (Ausgabe März 1998) für eine Zeit von vier Stunden nach der Umstellung hinsichtlich der Begrenzung staubförmiger Emissionen die Anforderungen für feste Brennstoffe.

Wirbelschichtfeuerungen

Bei Wirbelschichtfeuerungen, die als Mischfeuerungen oder Mehrstofffeuerungen betrieben werden, gelten für Gesamtstaub die Emissionswerte der Nummer 5.4.1.2.1.

5.4.1.2.5 Feuerungsanlagen von Trocknungsanlagen

[1]Bei Feuerungsanlagen, mit deren Abgasen oder Flammen Güter nicht in unmittelbarer Berührung getrocknet werden, gelten die Anforderungen der Nummern 5.4.1.2.1, 5.4.1.2.2 oder 5.4.1.2.3. [2]Die nachfolgenden Anforderungen gelten für Feuerungsanlagen, mit deren Abgasen oder Flammen Güter in unmittelbarer Berührung getrocknet werden.

Bezugsgröße

Die Emissionswerte beziehen sich auf einen Volumengehalt an Sauerstoff im Abgas von 17 vom Hundert; soweit aus verfahrenstechnischen Gründen oder aus Gründen der Produktqualität ein anderer Volumengehalt an Sauerstoff im Abgas erforderlich ist, ist der Bezugssauerstoffgehalt im Einzelfall festzulegen.

Brennstoffe

Die Feuerungsanlagen sollen mit folgenden Brennstoffen betrieben werden:

a) gasförmige Brennstoffe,

b) flüssige Brennstoffe, die keine höheren Emissionen an Schwefeloxiden verursachen als Heizöle nach DIN 51603 Teil 1 (Ausgabe März 1998) mit einem Massengehalt an Schwefel für leichtes Heizöl nach der 3. BImSchV, in der jeweils gültigen Fassung, oder

---

Mehrstofffeuerungen

Bei Mehrstofffeuerungen gelten die Anforderungen für den jeweils verwendeten Brennstoff; davon abweichend gelten bei der Umstellung von festen Brennstoffen auf gasförmige Brennstoffe oder auf Heizöle nach DIN 51603 Teil 1, Ausgabe September 2011, für eine Zeit von vier Stunden nach der Umstellung hinsichtlich der Begrenzung staubförmiger Emissionen die Anforderungen für feste Brennstoffe.

Wirbelschichtfeuerungen

Bei Wirbelschichtfeuerungen, die als Mischfeuerungen oder Mehrstofffeuerungen betrieben werden, gelten für Gesamtstaub die Emissionswerte der Nummer 5.4.1.2.1 der TA Luft von 2002.

c) Kohlen, die keine höheren Emissionen an Schwefeloxiden verursachen als Steinkohle mit einem Massengehalt an Schwefel von weniger als 1 vom Hundert, bezogen auf einen unteren Heizwert von 29,3 MJ/kg; soweit im Einzelfall andere feste Brennstoffe verwendet werden, sind Sonderregelungen zu treffen.

5.4.1.3 Anlagen der Nummer 1.3:
Anlagen zur Erzeugung von Strom, Dampf, Warmwasser, Prozesswärme oder erhitztem Abgas in Feuerungsanlagen durch den Einsatz anderer als in Nummer 1.2 genannter fester oder flüssiger Brennstoffe[68]

Bei Einsatz von Stroh oder ähnlichen pflanzlichen Stoffen (z. B. Getreidepflanzen, Gräser, Miscanthus) gelten in Feuerungsanlagen mit einer Feuerungswärmeleistung von weniger als 50 MW folgende Anforderungen:

Bezugsgröße
Die Emissionswerte beziehen sich auf einen Volumengehalt an Sauerstoff im Abgas von 11 vom Hundert.

Massenströme
Die in Nummer 5.2 festgelegten Massenströme finden keine Anwendung.

Gesamtstaub
Die staubförmigen Emissionen im Abgas dürfen folgende Massenkonzentrationen nicht überschreiten:

a) bei Anlagen mit einer Feuerungswärmeleistung
    von 1 MW oder mehr   20 mg/m³,
b) bei Anlagen mit einer Feuerungswärmeleistung
    von weniger als 1 MW   50 mg/m³.

Staubförmige anorganische Stoffe
Nummer 5.2.2 findet keine Anwendung.

Kohlenmonoxid
Die Emissionen an Kohlenmonoxid im Abgas dürfen die Massenkonzentration 0,25 g/m³ nicht überschreiten.
Bei Einzelfeuerungen mit einer Feuerungswärmeleistung von weniger als 2,5 MW gilt der Emissionswert nur bei Betrieb mit Nennlast.

---

68) Nach Nr. 5 der Allgemeinen Verwaltungsvorschrift vom 19. 12. 2017 (GMBl. Nr. 56/57, S. 1067) ist Nr. 5.4.1.3 in der folgenden Fassung anzuwenden:
   5.1 Stroh oder ähnliche pflanzliche Stoffe
   Bei Einsatz von Stroh oder ähnlichen pflanzlichen Stoffen (z.B. Getreidepflanzen, Gräser, Miscanthus) gelten in Feuerungsanlagen mit einer Feuerungswärmeleistung von weniger als 50 MW folgende Anforderungen:
   Bezugsgröße
   Die Emissionswerte beziehen sich auf einen Volumengehalt an Sauerstoff im Abgas von 11 Prozent.
   Massenströme
   Die in Nummer 5.2 der TA Luft von 2002 festgelegten Massenströme finden keine Anwendung.

Stickstoffoxide

Die Emissionen an Stickstoffmonoxid und Stickstoffdioxid im Abgas dürfen folgende Massenkonzentrationen, angegeben als Stickstoffdioxid, nicht überschreiten:

a) bei Anlagen mit einer Feuerungswärmeleistung
   von 1 MW oder mehr $0{,}40$ g/m^3,

b) bei Anlagen mit einer Feuerungswärmeleistung
   von weniger als 1 MW $0{,}50$ g/m^3.

Gesamtstaub

Die staubförmigen Emissionen im Abgas dürfen folgende Massenkonzentrationen nicht überschreiten:

a) bei Anlagen mit einer Feuerungswärmeleistung von
   1 MW oder mehr 20 mg/m^3,

b) bei Anlagen mit einer Feuerungswärmeleistung von weniger als 1 MW 50 mg/m^3.

Staubförmige anorganische Stoffe

Nummer 5.2.2 der TA Luft von 2002 findet keine Anwendung.

Kohlenmonoxid

Die Emissionen an Kohlenmonoxid im Abgas dürfen die Massenkonzentration $0{,}25$ g/m^3 nicht überschreiten.

Bei Einzelfeuerungen mit einer Feuerungswärmeleistung von weniger als 2,5 MW gilt der Emissionswert nur bei Betrieb mit Nennlast.

Stickstoffoxide

Die Emissionen an Stickstoffmonoxid und Stickstoffdioxid im Abgas dürfen folgende Massenkonzentrationen, angegeben als Stickstoffdioxid, nicht überschreiten:

a) bei Anlagen mit einer Feuerungswärmeleistung von
   1 MW oder mehr $0{,}40$ g/m^3,

b) bei Anlagen mit einer Feuerungswärmeleistung von weniger als 1 MW $0{,}50$ g/m^3.

Organische Stoffe

Nummer 5.2.5 der TA Luft von 2002 gilt mit der Maßgabe, dass die Anforderungen für die Emissionen an organischen Stoffe der Klassen I und II keine Anwendung finden.

Kontinuierliche Messungen

Einzelfeuerungen mit einer Feuerungswärmeleistung von 5 MW bis 25 MW sollen mit einer Messeinrichtung ausgerüstet werden, die die Massenkonzentration der staubförmigen Emissionen qualitativ kontinuierlich ermittelt.

Einzelfeuerungen mit einer Feuerungswärmeleistung von mehr als 25 MW sollen mit einer Messeinrichtung ausgerüstet werden, die die Massenkonzentration der staubförmigen Emissionen kontinuierlich ermittelt.

Einzelfeuerungen mit einer Feuerungswärmeleistung von 2,5 MW oder mehr sollen mit einer Messeinrichtung ausgerüstet werden, die die Massenkonzentration der Emissionen an Kohlenmonoxid kontinuierlich ermittelt.

ALTANLAGEN

Kontinuierliche Messungen

Bei bestehenden Einzelfeuerungen im Sinne der Nummer 2.10 der TA Luft von 2002 mit einer Feuerungswärmeleistung von 2,5 MW bis 25 MW findet die Anforderung zur Ausrüstung mit einer Messeinrichtung, die die Massenkonzentration der Emissionen an Kohlenmonoxid kontinuierlich ermittelt, keine Anwendung.

Organische Stoffe
Nummer 5.2.5 gilt mit der Maßgabe, dass die Anforderungen für die Emissionen an organische Stoffe der Klassen I und II keine Anwendung finden.

5.2 Destillations- oder Konversionsrückstände

Bei Einsatz von Destillations- oder Konversionsrückständen zum Eigenverbrauch in Raffinerien gelten in Feuerungsanlagen mit einer Feuerungswärmeleistung von weniger als 50 MW folgende Anforderungen:

Bezugsgröße
Die Emissionswerte beziehen sich auf einen Volumengehalt an Sauerstoff im Abgas von 3 Prozent.

Gesamtstaub
Die staubförmigen Emissionen im Abgas dürfen die Massenkonzentration von 10 mg/m³ nicht überschreiten.

Kohlenmonoxid
Die Emissionen an Kohlenmonoxid im Abgas dürfen die Massenkonzentration von 80 mg/m³ nicht überschreiten.

Stickstoffoxide
Die Emissionen an Stickstoffmonoxid und Stickstoffdioxid im Abgas dürfen die Massenkonzentrationen von 0,30 g/m³, angegeben als Stickstoffdioxid, nicht überschreiten.

Ammoniak
Sofern in Raffinerien zur Minderung der Emissionen von Stickstoffoxiden ein Verfahren der selektiven katalytischen oder selektiven nichtkatalytischen Reduktion eingesetzt wird, darf die Massenkonzentration von Ammoniak 10 mg/m³ im Abgas nicht überschreiten.

Mischfeuerungen
Die Mischungsregel nach Nummer 4 dieser Allgemeinen Verwaltungsvorschrift ist anzuwenden.

Kontinuierliche Messungen
Die Emissionen an Ammoniak bei Einsatz eines Verfahrens der selektiven katalytischen Reduktion oder der selektiven nichtkatalytischen Reduktion zur Minderung von Stickstoffoxiden sind in Raffinerien kontinuierlich zu ermitteln.

Einzelmessungen
[1]Die Emissionen an Schwefeloxid, Stickstoffoxid und Staub aus Feuerungsanlagen in Raffinerien sind jährlich und nach maßgeblichem Brennstoffwechsel zu ermitteln. [2]Für den Fall, dass der Maximalwert mit einem Vertrauensniveau von 50 Prozent nach der VDI-Richtlinie 2448 Blatt 2, Ausgabe Juli 1997, den Emissionswert nicht überschreitet, kann nach einem Jahr die Messung gemäß Nummer 5.3.2.1 der TA Luft von 2002 alle drei Jahre erfolgen.

[1]Die Emissionen an Kohlenmonoxid aus Feuerungsanlagen in Raffinerien sind alle sechs Monate zu ermitteln. [2]Für den Fall, dass der Maximalwert mit einem Vertrauensniveau von 50 Prozent nach der VDI-Richtlinie 2448 Blatt 2, Ausgabe Juli 1997, den Emissionswert nicht überschreitet, kann nach einem Jahr die Messung gemäß Nummer 5.3.2.1 der TA Luft von 2002 alle drei Jahre erfolgen.

[1]Die Emissionen an Nickel, Antimon und Vanadium im Staub aus Feuerungsanlagen in Raffinerien sind alle sechs Monate zu ermitteln. [2]Die Messung von Antimon hat nur bei Zufuhr von Antimon im Prozess zu erfolgen. [3]Für den Fall, dass der Maximalwert mit einem Vertrauensniveau von 50 Prozent nach der VDI-Richtlinie 2448 Blatt

Kontinuierliche Messungen

Einzelfeuerungen mit einer Feuerungswärmeleistung von 5 MW bis 25 MW sollen mit einer Messeinrichtung ausgerüstet werden, die die Massenkonzentration der staubförmigen Emissionen qualitativ kontinuierlich ermittelt.

Einzelfeuerungen mit einer Feuerungswärmeleistung von mehr als 25 MW sollen mit einer Messeinrichtung ausgerüstet werden, die die Massenkonzentration der staubförmigen Emissionen kontinuierlich ermittelt.

Einzelfeuerungen mit einer Feuerungswärmeleistung von 2,5 MW oder mehr sollen mit einer Messeinrichtung ausgerüstet werden, die die Massenkonzentration der Emissionen an Kohlenmonoxid kontinuierlich ermittelt.

ALTANLAGEN

Gesamtstaub

Altanlagen sollen die Anforderungen zur Begrenzung der staubförmigen Emissionen spätestens acht Jahre nach Inkrafttreten dieser Verwaltungsvorschrift einhalten.

Kontinuierliche Messungen

Bei bestehenden Einzelfeuerungen mit einer Feuerungswärmeleistung von 2,5 MW bis 25 MW findet die Anforderung zur Ausrüstung mit einer Messeinrichtung, die die Massenkonzentration der Emissionen an Kohlenmonoxid kontinuierlich ermittelt, keine Anwendung.

2, Ausgabe Juli 1997, den Emissionswert nicht überschreitet, kann nach einem Jahr die Messung gemäß Nummer 5.3.2.1 der TA Luft von 2002 alle drei Jahre erfolgen.

ALTANLAGEN

Gesamtstaub

Die staubförmigen Emissionen im Abgas dürfen die Massenkonzentration von 20 mg/m^3 nicht überschreiten.

Mischfeuerungen

Bei bestehenden Mischfeuerungen, in denen Destillations- oder Konversionsrückstände zum Eigenverbrauch in Raffinerien eingesetzt werden, gilt

a) der Emissionswert für den Brennstoff mit dem höchsten Emissionswert, sofern die mit dem Brennstoff mit dem höchsten Emissionswert zugeführte Feuerungswärmeleistung mindestens 50 Prozent der insgesamt zugeführten Feuerungswärmeleistung ausmacht,

b) im Übrigen die Mischungsregel nach Nummer 4 dieser Verwaltungsvorschrift mit der Maßgabe, dass als Emissionswert für den Brennstoff mit dem höchsten Emissionswert das Doppelte dieses Wertes abzüglich des Emissionswertes für den Brennstoff mit dem niedrigsten Emissionswert angesetzt wird.

Schwefeloxide

Innerhalb einer Raffinerie kann die zuständige Behörde auf Antrag für bestehende Feuerungsanlagen, die Destillations- oder Konversionsrückstände aus der Rohölraffinierung allein oder zusammen mit anderen Brennstoffen für den Eigenverbrauch verfeuern, für Schwefeldioxid und Schwefeltrioxid, angegeben als Schwefeldioxid, einen Emissionswert von 0,60 g/m^3 als über die Abgasvolumenströme gewichteten Durchschnittswert zulassen.

5.4.1.4   Anlagen der Nummer 1.4:
Verbrennungsmotoranlagen (einschließlich Verbrennungsmotoranlagen der Nummern 1.1 und 1.2)

Bezugsgröße
Die Emissionswerte beziehen sich auf einen Volumengehalt an Sauerstoff im Abgas von 5 vom Hundert.

Massenströme
Die in Nummer 5.2 festgelegten Massenströme finden keine Anwendung.

Gesamtstaub, einschließlich der Anteile an krebserzeugenden, erbgutverändernden oder reproduktionstoxischen Stoffen
Die staubförmigen Emissionen im Abgas von Selbstzündungsmotoren, die mit flüssigen Brennstoffen betrieben werden, dürfen als Mindestanforderung die Massenkonzentration 20 mg/m^3 nicht überschreiten.

Die staubförmigen Emissionen im Abgas dürfen bei Verbrennungsmotoranlagen, die ausschließlich dem Notantrieb dienen oder bis zu 300 Stunden je Jahr zur Abdeckung der Spitzenlast (z. B. bei der Stromerzeugung, der Gas- oder Wasserversorgung) betrieben werden, als Mindestanforderung die Massenkonzentration 80 mg/m^3 nicht überschreiten.

Die Möglichkeiten, die Emissionen durch motorische und andere dem Stand der Technik entsprechende Maßnahmen weiter zu vermindern, sind auszuschöpfen.

Kohlenmonoxid
Die Emissionen an Kohlenmonoxid im Abgas dürfen folgende Massenkonzentrationen nicht überschreiten:

a) bei Selbstzündungsmotoren und Fremdzündungsmotoren, die mit flüssigen Brennstoffen betrieben werden, sowie bei Selbstzündungsmotoren (Zündstrahlmotoren) und Fremdzündungsmotoren, die mit gasförmigen Brennstoffen, ausgenommen Biogas, Klärgas oder Grubengas, betrieben werden, 0,30 g/m^3,

b) bei Fremdzündungsmotoren, die mit Biogas oder Klärgas betrieben werden, mit einer Feuerungswärmeleistung von
   aa) 3 MW oder mehr 0,65 g/m^3,
   bb) weniger als 3 MW 1,0 g/m^3,

c) bei Fremdzündungsmotoren, die mit Grubengas betrieben werden, 0,65 g/m^3,

d) bei Zündstrahlmotoren, die mit Biogas oder Klärgas betrieben werden, mit einer Feuerungswärmeleistung von
   aa) 3 MW oder mehr 0,65 g/m^3,
   bb) weniger als 3 MW 2,0 g/m^3;

bei Einsatz von Biogas, Klärgas oder Grubengas sind die Möglichkeiten, die Emissionen an Kohlenmonoxid durch motorische und andere dem Stand der Technik entsprechende Maßnahmen weiter zu vermindern, auszuschöpfen.

Die Emissionswerte für Kohlenmonoxid finden keine Anwendung bei Verbrennungsmotoranlagen, die ausschließlich dem Notantrieb dienen oder bis zu 300 Stunden je Jahr zur Abdeckung der Spitzenlast (z. B. bei der Stromerzeugung, der Gas- oder Wasserversorgung) betrieben werden; die Möglichkeiten der Emissionsminderung durch motorische Maßnahmen sind auszuschöpfen.

Stickstoffoxide

Die Emissionen an Stickstoffmonoxid und Stickstoffdioxid im Abgas dürfen folgende Massenkonzentrationen, angegeben als Stickstoffdioxid, nicht überschreiten:

a) bei Selbstzündungsmotoren, die mit flüssigen Brennstoffen betrieben werden, mit einer Feuerungswärmeleistung von

    aa) 3 MW oder mehr $0{,}50 \text{ g/m}^3$,

    bb) weniger als 3 MW $1{,}0 \text{ g/m}^3$,

b) bei gasbetriebenen Selbstzündungsmotoren (Zündstrahlmotoren) und Fremdzündungsmotoren

    aa) bei Zündstrahlmotoren, die mit Biogas oder Klärgas betrieben werden, mit einer Feuerungswärmeleistung von

        –   3 MW oder mehr $0{,}50 \text{ g/m}^3$,

        –   weniger als 3 MW $1{,}0 \text{ g/m}^3$,

    bb) bei Magergasmotoren und anderen Viertakt-Otto-Motoren, die mit Biogas oder Klärgas betrieben werden, $0{,}50 \text{ g/m}^3$,

    cc) bei Zündstrahlmotoren und Magergasmotoren, die mit sonstigen gasförmigen Brennstoffen betrieben werden, $0{,}50 \text{ g/m}^3$,

c) bei sonstigen Viertakt-Otto-Motoren $0{,}25 \text{ g/m}^3$,

d) bei Zweitaktmotoren $0{,}80 \text{ g/m}^3$;

bei Einsatz von Biogas oder Klärgas in Zündstrahlmotoren mit einer Feuerungswärmeleistung von weniger als 3 MW sind die Möglichkeiten, die Emissionen an Stickstoffoxiden durch motorische Maßnahmen weiter zu vermindern, auszuschöpfen.

Die Emissionswerte für Stickstoffoxide finden keine Anwendung bei Verbrennungsmotoren, die ausschließlich dem Notantrieb dienen oder bis zu 300 Stunden je Jahr zur Abdeckung der Spitzenlast (z. B. bei der Stromerzeugung, der Gas- oder Wasserversorgung) betrieben werden.

Schwefeloxide

Bei Einsatz flüssiger mineralischer Brennstoffe dürfen nur Heizöle nach DIN 51603 Teil 1 (Ausgabe März 1998) mit einem Massengehalt an Schwefel für leichtes Heizöl nach der 3. BImSchV, in der jeweils gültigen Fassung, oder Dieselkraftstoffe mit einem Massengehalt an Schwefel nach der 3. BImSchV, in der jeweils gültigen Fassung, verwendet werden oder es sind gleichwertige Maßnahmen zur Emissionsminderung anzuwenden.

Bei Einsatz gasförmiger Brennstoffe gelten die Anforderungen der Nummer 5.4.1.2.3 mit der Maßgabe, dass auf einen Bezugssauerstoffgehalt im Abgas von 5 vom Hundert umzurechnen ist.

Bei Einsatz von Biogas oder Klärgas sind die Möglichkeiten, die Emissionen an Schwefeloxiden durch primärseitige Maßnahmen nach dem Stand der Technik (Gasreinigung) weiter zu vermindern, auszuschöpfen.

Organische Stoffe
[1]Die Emissionen an Formaldehyd im Abgas dürfen die Massenkonzentration 60 mg/m³ nicht überschreiten. [2]Für die Emissionen an sonstigen organischen Stoffen finden die Anforderungen der Nummer 5.2.5 keine Anwendung.

Die Möglichkeiten, die Emissionen an organischen Stoffen durch motorische und andere dem Stand der Technik entsprechende Maßnahmen, weiter zu vermindern, sind auszuschöpfen.

5.4.1.5   Anlagen der Nummer 1.5:
Gasturbinenanlagen mit einer Feuerungswärmeleistung von weniger als 50 MW (einschließlich Gasturbinenanlagen der Nummer 1.2)[69]

Bezugsgröße
Die Emissionswerte beziehen sich auf einen Volumengehalt an Sauerstoff im Abgas von 15 vom Hundert.

Massenströme
Die in Nummer 5.2 festgelegten Massenströme finden keine Anwendung.

Gesamtstaub
Nummer 5.2.1 findet keine Anwendung.

Bei Einsatz flüssiger Brennstoffe darf im Dauerbetrieb die Rußzahl den Wert 2 und beim Anfahren die Rußzahl den Wert 4 nicht überschreiten.

Kohlenmonoxid
Die Emissionen an Kohlenmonoxid im Abgas dürfen bei Betrieb mit einer Last von 70 vom Hundert oder mehr die Massenkonzentration 0,10 g/m³ nicht überschreiten.

Stickstoffoxide
[1]Bei Einsatz von Erdgas dürfen die Emissionen an Stickstoffmonoxid und Stickstoffdioxid im Abgas bei Betrieb mit einer Last von 70 vom Hundert oder mehr die Massenkonzentration 75 mg/m³, angegeben als Stickstoffdioxid, nicht überschreiten. [2]Bei Gasturbinen im Solobetrieb, deren Wirkungsgrad bei 15 °C, 101,3 kPa und einer relativen Luftfeuchte von 60 vom Hundert (ISO-Bedingungen) mehr als 32 vom Hundert beträgt, ist der Emissionswert 75 mg/m³ entsprechend der prozentualen Wirkungsgraderhöhung heraufzusetzen.

---

69) Nach Nr. 6 der Allgemeinen Verwaltungsvorschrift vom 19. 12. 2017 (GMBl. Nr. 56/57, S. 1067) ist Nr. 5.4.1.5 in der folgenden Fassung anzuwenden:
   Bezugsgröße
   Die Emissionswerte beziehen sich auf einen Volumengehalt an Sauerstoff im Abgas von 15 Prozent.
   Massenströme
   Die in Nummer 5.2 der TA Luft von 2002 festgelegten Massenströme finden keine Anwendung.

Bei Einsatz von sonstigen gasförmigen oder von flüssigen Brennstoffen dürfen die Emissionen an Stickstoffmonoxid und Stickstoffdioxid im Abgas von Gasturbinen die Massenkonzentration 0,15 g/m³, angegeben als Stickstoffdioxid, nicht überschreiten.

Bei Gasturbinen, die ausschließlich dem Notantrieb oder bis zu 300 Stunden je Jahr zur Abdeckung der Spitzenlast bei der Gasversorgung dienen, finden die Emissionswerte für Stickstoffoxide keine Anwendung.

Schwefeloxide

Bei Einsatz flüssiger Brennstoffe dürfen nur Heizöle nach DIN 51603 Teil 1 (Ausgabe März 1998) mit einem Massengehalt an Schwefel für leichtes Heizöl nach der 3. BImSchV, in der jeweils gültigen Fassung, oder Dieselkraftstoffe mit einem Massengehalt an Schwefel nach der 3. BImSchV, in der jeweils gültigen Fassung, verwendet werden oder es sind gleichwertige Maßnahmen zur Emissionsminderung anzuwenden.

ALTANLAGEN

Stickstoffoxide

Altanlagen sollen die Anforderungen zur Begrenzung der Emissionen an Stickstoffoxiden spätestens zehn Jahre nach Inkrafttreten dieser Verwaltungsvorschrift einhalten; für bestehende Einzelaggregate mit einem Massenstrom an Stickstoffoxiden von bis zu 20 Mg/a, angegeben als Stickstoffdioxid, finden die Anforderungen für Neuanlagen zur Begrenzung der Emissionen an Stickstoffoxiden keine Anwendung.

Gesamtstaub

Nummer 5.2.1 der TA Luft von 2002 findet keine Anwendung.

Bei Einsatz flüssiger Brennstoffe darf im Dauerbetrieb die Rußzahl den Wert 2 und beim Anfahren die Rußzahl den Wert 4 nicht überschreiten.

Kohlenmonoxid

Die Emissionen an Kohlenmonoxid im Abgas dürfen bei Betrieb mit einer Last von 70 Prozent oder mehr die Massenkonzentration 0,10 g/m³ nicht überschreiten.

Stickstoffoxide

[1]Bei Einsatz von Erdgas dürfen die Emissionen an Stickstoffmonoxid und Stickstoffdioxid im Abgas bei Betrieb mit einer Last von 70 Prozent oder mehr die Massenkonzentration 75 mg/m³, angegeben als Stickstoffdioxid, nicht überschreiten. [2]Bei Gasturbinen im Solobetrieb, deren Wirkungsgrad bei 15 °C, 101,3 k Pa und einer relativen Luftfeuchte von 60 Prozent (ISO-Bedingungen) mehr als 32 Prozent beträgt, ist der Emissionswert 75 mg/m³ entsprechend der prozentualen Wirkungsgraderhöhung heraufzusetzen.

Bei Einsatz von sonstigen gasförmigen oder flüssigen Brennstoffen in Gasturbinen in Raffinerien dürfen die Emissionen an Stickstoffmonoxid und Stickstoffdioxid im Abgas von Gasturbinen die Massenkonzentration 50 mg/m³, angegeben als Stickstoffdioxid, nicht überschreiten.

Bei Einsatz von sonstigen gasförmigen oder flüssigen Brennstoffen im Übrigen dürfen die Emissionen an Stickstoffmonoxid und Stickstoffdioxid im Abgas von Gasturbinen die Massenkonzentration 0,15 g/m³, angegeben als Stickstoffdioxid, nicht überschreiten.

Bei Gasturbinen, die ausschließlich dem Notantrieb oder bis zu 300 Stunden je Jahr zur Abdeckung der Spitzenlast bei der Gasversorgung dienen, finden die Emissionswerte für Stickstoffoxide keine Anwendung.

5.4.1.9/10   Anlagen der Nummern 1.9 und 1.10:

5.4.1.9.1   Anlagen zum Mahlen oder Trocknen von Kohle

5.4.1.10.1 Anlagen zum Brikettieren von Braun- und Steinkohle

Gesamtstaub

a) Steinkohle
    Die staubförmigen Emissionen in den Schwaden und Brüden dürfen
    die Massenkonzentrationen 75 mg/m^3 (f) nicht überschreiten.

b) Braunkohle
    Die staubförmigen Emissionen im Abgas der Brüdenentstaubung,
    Stempelentstaubung und Pressenmaulentnebelung dürfen die Mas-
    senkonzentration 0,75 mg/m^3 (f) nicht überschreiten.

Ammoniak

Sofern in Raffinerien zur Minderung der Emissionen von Stickstoffoxiden ein Verfahren der selektiven katalytischen oder selektiven nichtkatalytischen Reduktion eingesetzt wird, darf die Massenkonzentration von Ammoniak 10 mg/m^3 im Abgas nicht
überschreiten.

Schwefeloxide

Bei Einsatz flüssiger Brennstoffe dürfen nur Heizöle nach DIN 51603 Teil 1, Ausgabe September 2011, und nach DIN SPEC 51603 Teil 6, Ausgabe Juni 2011, mit
einem Massengehalt an Schwefel für leichtes Heizöl nach der Verordnung über die
Beschaffenheit und die Auszeichnung der Qualitäten von Kraft- und Brennstoffen
vom 8. Dezember 2010 (BGBl. I S. 1849), die durch Artikel 1 der Verordnung vom
1. Dezember 2014 (BGBl. I S. 1890) geändert worden ist, in der jeweils geltenden
Fassung, oder Dieselkraftstoffe mit einem Massengehalt an Schwefel nach der Verordnung über die Beschaffenheit und die Auszeichnung der Qualitäten von Kraft-
und Brennstoffen in der jeweils geltenden Fassung verwendet werden oder es sind
gleichwertige Maßnahmen zur Emissionsminderung anzuwenden.

Kontinuierliche Messungen

Die Emissionen an Ammoniak bei Einsatz eines Verfahrens der selektiven katalytischen Reduktion oder der selektiven nichtkatalytischen Reduktion zur Minderung
von Stickstoffoxiden sind in Raffinerien kontinuierlich zu ermitteln.

Einzelmessungen

[1]Die Emissionen an Schwefeloxid, Stickstoffoxid und Staub aus Gasturbinen in Raffinerien sind jährlich und nach maßgeblichem Brennstoffwechsel zu ermitteln. [2]Für
den Fall, dass der Maximalwert mit einem Vertrauensniveau von 50 Prozent nach der
VDI-Richtlinie 2448 Blatt 2, Ausgabe Juli 1997, den Emissionswert nicht überschreitet, kann nach einem Jahr die Messung gemäß Nummer 5.3.2.1 der TA Luft von 2002
alle drei Jahre erfolgen.

[1]Die Emissionen an Kohlenmonoxid aus Feuerungsanlagen in Raffinerien sind alle
sechs Monate zu ermitteln. [2]Für den Fall, dass der Maximalwert mit einem Vertrauensniveau von 50 Prozent nach der VDI-Richtlinie 2448 Blatt 2, Ausgabe Juli 1997,
den Emissionswert nicht überschreitet, kann nach einem Jahr die Messung gemäß
Nummer 5.3.2.1 der TA Luft von 2002 alle drei Jahre erfolgen.

ALTANLAGEN

Stickstoffoxide

Für bestehende Einzelaggregate im Sinne der Nummer 2.10 der TA Luft von 2002
mit einem Massenstrom an Stickstoffoxiden von bis zu 20 Mg/a, angegeben als Stickstoffdioxid, finden die Anforderungen zur Begrenzung der Emissionen an Stickstoffoxiden keine Anwendung.

ALTANLAGEN
Gesamtstaub
Braunkohle
Bei Altanlagen dürfen die staubförmigen Emissionen im Abgas der Innenentstaubung, soweit aus Gründen der Explosionsgefahr nasse Abgasreinigungsverfahren eingesetzt werden müssen, die Massenkonzentration 75 mg/m^3 nicht überschreiten.

5.4.1.11 Anlagen der Nummer 1.11:
Anlagen zur Trockendestillation von Steinkohle (Kokereien)

Unterfeuerung

a) Bezugsgröße
Die Emissionswerte beziehen sich bei Feuerungsabgasen auf einen Volumengehalt an Sauerstoff im Abgas von 5 vom Hundert.

b) Staub
Die staubförmigen Emissionen im Abgas dürfen die Massenkonzentration 10 mg/m^3 nicht überschreiten.

c) Stickstoffoxide
Bei der erstmaligen Messung dürfen die Emissionen an Stickstoffmonoxid und Stickstoffdioxid im Abgas 0,50 g/m^3, angegeben als Stickstoffdioxid, nicht überschreiten; die Möglichkeiten, ein alterungsbedingtes Ansteigen der Emissionen durch feuerungstechnische oder andere dem Stand der Technik entsprechende Maßnahmen zu vermindern, sind auszuschöpfen.

d) Brennstoff
Die Massenkonzentration an Schwefelverbindungen im Unterfeuerungsgas darf 0,80 g/m^3, angegeben als Schwefel, nicht überschreiten.

Füllen der Koksöfen
Beim Abziehen der Kohle aus dem Kohlebunker in den Füllwagen sind Staubemissionen zu vermeiden.
[1]Die Füllgase sind zu erfassen. [2]Beim Schüttbetrieb sind die Füllgase in das Rohgas überzuleiten. [3]Beim Stampfbetrieb sind die Füllgase so weit wie möglich in das Rohgas oder in den Nachbarofen überzuleiten. [4]Füllgase, die nicht übergeleitet werden können, sind einer Verbrennung zuzuführen. [5]Die staubförmigen Emissionen im Verbrennungsabgas dürfen die Massenkonzentration 10 mg/m^3 nicht überschreiten.
Beim Planieren der Kohleschüttung sind die Emissionen an Füllgasen durch Abdichten der Planieröffnung zu vermindern und möglichst zu vermeiden.

Fülllochdeckel
[1]Emissionen an Fülllochdeckeln sind so weit wie möglich zu vermeiden, z. B. durch Verwendung von Fülllochdeckeln mit großen Dichtflächen, Vergießen der Fülllochdeckel nach jeder Beschickung der Öfen und regelmäßige Reinigung der Fülllochrahmen und Fülllochdeckel vor dem Verschließen der Füllöcher. [2]Die Ofendecke ist regelmäßig von Kohleresten zu reinigen.

Steigrohrdeckel
Steigrohrdeckel sind zur Vermeidung von Emissionen mit Wassertauchungen oder gleichwertigen Einrichtungen auszurüsten; die Steigrohre sind regelmäßig zu reinigen.

Koksofenbedienungsmaschinen
Die Koksofenbedienungsmaschinen sind mit Einrichtungen zum Reinigen der Dichtflächen an den Ofentürrahmen auszurüsten.

Koksofentüren
[1]Es sind Koksofentüren mit technisch gasdichtem Abschluss zu verwenden. [2]Die Dichtleisten sind mit Federkraft oder mit technischen Einrichtungen, die eine gleiche Dichtwirkung erreichen, gegen den Kammerrahmen zu drücken. [3]Die Dichtflächen der Koksofentüren sind regelmäßig zu reinigen. [4]Die Möglichkeiten, die Emissionen durch eine Einzelkammerdruckregelung, Absaugung oder andere dem Stand der Technik entsprechende Maßnahmen weiter zu vermindern, sind auszuschöpfen.

Koksdrücken
Beim Koksdrücken sind die Abgase zu erfassen und einer Entstaubungseinrichtung zuzuführen; die staubförmigen Emissionen dürfen die Massenkonzentration 5 mg/m^3 oder das Massenverhältnis 5 g je Mg Koks nicht überschreiten.

Kokskühlung
Es sind Verfahren zur emissionsarmen Kühlung des Kokses einzusetzen, z. B. die trockene Kokskühlung; die staubförmigen Emissionen im Abgas der trockenen Kokskühlung dürfen die Massenkonzentration 15 mg/m^3 und die staubförmigen Emissionen der nassen Kokskühlung das Massenverhältnis 10 g je Mg Koks nicht überschreiten.

Betriebsanleitung
In einer Betriebsanleitung sind Maßnahmen zur Emissionsminderung beim Koksofenbetrieb festzulegen, insbesondere zur Dichtung der Öffnungen, zur Sicherstellung, dass nur ausgegarte Brände gedrückt werden, und zur Vermeidung des Austritts unverbrannter Gase in die Atmosphäre.

Kohlewertstoffbetriebe
[1]Für Anlagen im Bereich der Kohlewertstoffbetriebe gelten die Anforderungen der Nummer 5.4.4.1m.2, 5.4.4.1p.1 und 5.4.4.4 entsprechend. [2]Ist im Prozessgas neben Ammoniak auch Schwefelwasserstoff vorhanden, so ist bei Anwendung der Nachverbrennung das Abgas einer Schwefelsäure- oder Schwefelgewinnungsanlage zuzuführen.

ALTANLAGEN

Kokskühlung
[1]Bei Altanlagen mit einer Nasslöscheinrichtung zur Kokskühlung dürfen die staubförmigen Emissionen des Löschturms das Massenverhältnis 25 g je Mg Koks nicht überschreiten. [2]Bei einer Grunderneuerung der Kokskühlung sind die Anforderungen für Neuanlagen einzuhalten.

5.4.2   Steine und Erden, Glas, Keramik, Baustoffe

5.4.2.3   Anlagen der Nummer 2.3:
Anlagen zur Herstellung von Zementklinker oder Zementen, soweit ausschließlich Brennstoffe der Nummer 1.2 verwendet werden[70]

Lagerung
Das Klinkermaterial ist in Silos oder in geschlossenen Räumen mit Absaugung und Entstaubung zu lagern.

Bezugsgröße
Die Emissionswerte beziehen sich auf einen Volumengehalt an Sauerstoff im Abgas von 10 vom Hundert.

Ammoniak
[1]Die Anforderungen der Nummer 5.2.4 finden keine Anwendung für die Emissionen an Ammoniak. [2]Soweit Abfälle mit relevanten Gehalten an ammoniumhaltigen Inhaltsstoffen als Rohstoffe eingesetzt werden, deren Einsatz nicht in der Verordnung über Verbrennungsanlagen für Abfälle und ähnliche brennbare Stoffe (17. BImSchV) vom 23. November 1990 (BGBl. I S. 2545), zuletzt geändert durch Verordnung vom 23. Februar 1999 (BGBl. I S. 186), in der jeweils gültigen Fassung, geregelt ist, soll eine Zugabe über den Ofeneinlauf oder den Calcinator erfolgen.

Stickstoffoxide
[1]Die Emissionen an Stickstoffmonoxid und Stickstoffdioxid im Abgas von Zementöfen dürfen die Massenkonzentration $0,50$ g/m^3 angegeben als Stickstoffdioxid, nicht überschreiten. [2]Die Möglichkeiten, die Emissionen durch feuerungstechnische und andere dem Stand der Technik entsprechende Maßnahmen weiter zu vermindern, sind auszuschöpfen.

Organische Stoffe
[1]Die Anforderungen der Nummer 5.2.5 finden keine Anwendung. [2]Soweit Abfälle mit relevanten Gehalten an organischen Inhaltsstoffen als Rohstoffe eingesetzt werden, deren Einsatz nicht in der 17. BImSchV, in der jeweils gültigen Fassung, geregelt ist, soll eine Zugabe über den Ofeneinlauf oder den Calcinator erfolgen.

Krebserzeugende Stoffe
Nummer 5.2.7.1.1 gilt mit der Maßgabe, dass für die Emissionen an Benzol im Abgas von Zementöfen die Massenkonzentration 1 mg/m^3 anzustreben ist und die Massenkonzentration 5 mg/m^3 nicht überschritten werden darf.

Kontinuierliche Messungen
Nummer 5.3.3.2 findet keine Anwendung für die Emissionen an Kohlenmonoxid, Fluor und gasförmigen anorganischen Fluorverbindungen sowie gasförmigen anorganischen Chlorverbindungen.

---

70) Vgl. dazu die Vollzugsempfehlung vom 12. 11. 2013, abgedruckt bei Ule/Laubinger/ Repkewitz, Bundes-Immissionsschutzgesetz, Bd. 10, LAI 63.

5.4.2.4   Anlagen der Nummer 2.4:
Anlagen zum Brennen von Kalkstein, Bauxit, Dolomit, Gips, Kiesel-gur, Magnesit, Quarzit oder Ton zu Schamotte
Bezugsgröße
Die Emissionswerte beziehen sich bei Anlagen zur Herstellung von Kalk-oder Dolomithydrat auf feuchtes Abgas.

Gesamtstaub
Bei Einsatz von elektrischen Abscheidern gilt abweichend von Nummer 2.7 Buchstabe a) bb), dass sämtliche Halbstundenmittelwerte das 2,5fache der Massenkonzentration 20 mg/m^3 nicht überschreiten dürfen.

Stickstoffoxide
[1]Die Emissionen an Stickstoffdioxid und Stickstoffmonoxid dürfen im Abgas die Massenkonzentration 0,50 g/m^3, angegeben als Stickstoffdi-oxid, nicht überschreiten. [2]Für die Herstellung von Hartbranntkalk oder Sinterdolomit in Drehrohröfen gilt abweichend von Satz 1, dass die Emis-sionen an Stickstoffdioxid und Stickstoffmonoxid im Abgas die Massen-konzentration 1,5 g/m^3, angegeben als Stickstoffdioxid, nicht überschrei-ten dürfen; die Möglichkeiten, die Emissionen durch feuerungstechnische und andere dem Stand der Technik entsprechende Maßnahmen zu vermin-dern, sind auszuschöpfen.

Abgasrückführung
Bei Drehrohröfen zum Brennen von Gips ist bei Betrieb mit Abgas-rückführung die ermittelte Massenkonzentration an Schwefeldioxid und Schwefeltrioxid, angegeben als Schwefeldioxid, sowie an Stickstoffdioxid und Stickstoffmonoxid, angegeben als Stickstoffdioxid, auf den Abgasvo-lumenstrom bei Betrieb ohne Abgasrückführung umzurechnen.

ALTANLAGEN
Gesamtstaub
Altanlagen zum Brennen von Gips, die mit Elektrofiltern ausgerüstet sind und als Brennstoff Braunkohlenstaub einsetzen, sollen die Anforderungen zur Begrenzung der staubförmigen Emissionen spätestens acht Jahre nach Inkrafttreten dieser Verwaltungsvorschrift einhalten.

Schwefelwasserstoff
Bei Kalkschachtöfen mit Mischfeuerung ist für die Emissionen an Schwe-felwasserstoff im Abgas die Massenkonzentration 3 mg/m^3 anzustreben; die Möglichkeiten, die Emissionen an Schwefelwasserstoff durch primär-seitige und andere dem Stand der Technik entsprechende Maßnahmen zu vermindern, sind auszuschöpfen.

5.4.2.7   Anlagen der Nummer 2.7:
Anlagen zum Blähen von Perlite, Schiefer oder Ton
Bezugsgröße
Die Emissionswerte beziehen sich auf feuchtes Abgas und einen Volumen-gehalt an Sauerstoff im Abgas von 14 vom Hundert.

Schwefeloxide
Bei Anlagen zum Blähen von Ton oder Schiefer gilt Nummer 5.2.4 mit der Maßgabe, dass die Emissionen an Schwefeldioxid und Schwefeltrioxid im Abgas die Massenkonzentration 0,75 g/m³, angegeben als Schwefeldioxid, nicht überschreiten dürfen.

Krebserzeugende Stoffe
Bei Anlagen zum Blähen von Ton oder Schiefer gilt Nummer 5.2.7.1.1 mit der Maßgabe, dass für die Emissionen an Stoffen der Klasse III im Abgas die Massenkonzentration 1 mg/m³ anzustreben ist und die Massenkonzentration 3 mg/m³ nicht überschritten werden darf.

5.4.2.8   Anlagen der Nummer 2.8:
Anlagen zur Herstellung von Glas, auch soweit es aus Altglas hergestellt wird, einschließlich Anlagen zur Herstellung von Glasfasern[71]

Bezugsgröße
Die Emissionswerte beziehen sich bei flammenbeheizten Glasschmelzöfen auf einen Volumengehalt an Sauerstoff im Abgas von 8 vom Hundert sowie bei flammenbeheizten Hafenöfen und Tageswannen auf einen Volumengehalt an Sauerstoff im Abgas von 13 vom Hundert.

Staubförmige anorganische Stoffe
[1]Soweit aus Gründen der Produktqualität der Einsatz von Blei oder Selen erforderlich ist, gilt Nummer 5.2.2 mit der Maßgabe, dass die Emissionen an Stoffen der Klasse II im Abgas die Massenkonzentration 3 mg/m³ nicht überschreiten dürfen; beim Vorhandensein von Stoffen mehrerer Klassen darf unbeschadet der Nummer 5.2.2 Absatz 1 beim Zusammentreffen von Stoffen der Klassen II und III oder der Klassen I bis III die Massenkonzentration 4 mg/m³ nicht überschritten werden. [2]Der Einsatz von Blei oder Selen ist zu dokumentieren.

[1]Soweit Fremdscherben zur Produktion von Behälterglas eingesetzt werden, gilt Nummer 5.2.2 mit der Maßgabe, dass die Emissionen an Blei und seinen Verbindungen im Abgas die Massenkonzentration 0,8 mg/m³, angegeben als Pb, nicht überschreiten dürfen; beim Vorhandensein von mehreren Stoffen der Klasse II dürfen die Emissionen an Stoffen dieser Klasse insgesamt die Massenkonzentration 1,3 mg/m³ nicht überschreiten. [2]Beim Vorhandensein von Stoffen mehrerer Klassen darf unbeschadet der Nummer 5.2.2 Absatz 1 beim Zusammentreffen von Stoffen der Klassen II und III oder der Klassen I bis III die Massenkonzentration 2,3 mg/m³ nicht überschritten werden. [3]Der Einsatz von Fremdscherben ist zu dokumentieren.

---

71) Vgl. dazu die Vollzugsempfehlung vom 12. 11. 2013, abgedruckt bei Ule/Laubinger/Repkewitz, Bundes-Immissionsschutzgesetz, Bd. 10, LAI 67.

Fluor und seine gasförmigen anorganischen Verbindungen

[1]Nummer 5.2.4 gilt mit der Maßgabe, dass die Emissionen an Fluor und seinen gasförmigen anorganischen Verbindungen im Abgas die Massenkonzentration 5 mg/m^3 , angegeben als Fluorwasserstoff, nicht überschreiten dürfen. [2]Die Möglichkeiten, die Emissionen an Fluor und seinen gasförmigen anorganischen Verbindungen durch die Auswahl von Rohstoffen mit geringen Gehalten an Fluorverbindungen zu mindern, sind auszuschöpfen; soweit aus Gründen der Produktqualität der Einsatz von Fluoriden erforderlich ist, ist die Einsatzmenge auf das notwendige Maß zu beschränken und zu dokumentieren.

Schwefeloxide

Die Emissionen an Schwefeldioxid und Schwefeltrioxid im Abgas, angegeben als Schwefeldioxid, dürfen die in der Tabelle 9 angegebenen Massenkonzentrationen nicht überschreiten.

Bei anderen Betriebsbedingungen, als sie in der Tabelle 9 für die maximal zulässigen Emissionswerte bei einem Glasprodukt angegeben sind, sind niedrigere Emissionswerte im Einzelfall festzulegen, wenn diese Betriebsbedingungen mit einem geringeren Schwefeleintrag in das Gemenge oder mit geringeren Massenkonzentrationen an Schwefeloxiden im Rohgas verbunden sind.

Bei Mischfeuerungen oder Mehrstofffeuerungen ist die Emissionsbegrenzung im Einzelfall festzulegen.

Die Rückführung von Filterstäuben, der Einsatz von Fremdscherben sowie der Sulfatgehalt im Gemenge sind zu dokumentieren.

Tabelle 9: Emissionswerte für Schwefeldioxid und Schwefeltrioxid, angegeben als Schwefeldioxid, für Anlagen der Nummer 2.8

Anlagen zur Herstellung von Glas	gasbeheizt (g/m^3)	ölbeheizt (g/m^3)	Betriebsbedingungen
Behälterglas oder Flachglas	0,40	0,80	
Behälterglas	0,80	1,5	Nahstöchiometrische Fahrweise zur primären NO$_X$- Minderung, vollständige Filterstaubrückführung, Sulfatläuterung sowie Eigen- und Fremdscherbenanteil von mehr als 40 Massenprozent, bezogen auf das Gemenge

Anlagen zur Herstellung von Glas	gasbeheizt (g/m³)	ölbeheizt (g/m³)	Betriebsbedingungen
Flachglas	0,80	1,5	Nahstöchiometrische Fahrweise zur primären NOₓ-Minderung, vollständige Filterstaubrückführung und bei einem für die Glasqualität notwendigen Gehalt an Sulfat von mehr als 0,45 Massenprozent, bezogen auf das Gemenge
Haushaltswarenglas	0,20	0,50	
Haushaltswarenglas	0,50	1,4	Nahstöchiometrische Fahrweise zur primären NOₓ-Minderung, vollständige Filterstaubrückführung und bei einem für die Glasqualität notwendigen Gehalt an Sulfat von mehr als 0,45 Massenprozent, bezogen auf das Gemenge
Glasfasern	0,20	0,80	
Glasfasern	0,80	1,4	Vollständige Filterstaubrückführung; bei einem für die Glasqualität notwendigen Gehalt an Sulfat von mehr als 0,40 Massenprozent, bezogen auf das Gemenge
Glaswolle	0,050	0,80	
Glaswolle	0,10	1,4	Eigen- und Fremdscherbenanteil von mehr als 40 Massenprozent, bezogen auf das Gemenge
Spezialglas	0,20	0,50	
Spezialglas	0,40	1,0	Vollständige Filterstaubrückführung
Wasserglas	0,20	1,2	
Fritten	0,20	0,50	

Stickstoffoxide
[1]Die Emissionen an Stickstoffmonoxid und Stickstoffdioxid im Abgas dürfen die Massenkonzentrationen 0,50 g/m³, angegeben als Stickstoffdioxid,

nicht überschreiten. [2]Für U-Flammenwannen oder Querbrennerwannen mit einem Abgasvolumenstrom von weniger als 50 000 m^3/h gilt abweichend von Satz 1, dass für die Emissionen an Stickstoffmonoxid und Stickstoffdioxid im Abgas, angegeben als Stickstoffdioxid, die Massenkonzentration 0,50 g/m^3 anzustreben ist und die Massenkonzentration 0,80 g/m^3 nicht überschritten werden darf; die Möglichkeiten, die Emissionen durch feuerungstechnische und andere dem Stand der Technik entsprechende Maßnahmen zu vermindern, sind auszuschöpfen.

[1]Soweit aus Gründen der Produktqualität eine Nitratläuterung erforderlich ist, dürfen für die Zeit der Nitratläuterung die Emissionen an Stickstoffmonoxid und Stickstoffdioxid im Abgas die Massenkonzentration 1,0 g/m^3, angegeben als Stickstoffdioxid, nicht überschreiten. [2]Der Nitrateinsatz ist zu dokumentieren.

Krebserzeugende Stoffe

Bei der Herstellung von Behälterglas gilt Nummer 5.2.7.1.1 mit der Maßgabe, dass die Emissionen an Stoffen der Klasse I als Mindestanforderung die Massenkonzentration 0,5 mg/m^3 im Abgas nicht überschreiten dürfen. Soweit aus Gründen der Produktqualität der Einsatz von Arsenverbindungen als Läutermittel erforderlich ist, gilt Nummer 5.2.7.1.1 mit der Maßgabe, dass die Emissionswerte für Stoffe der Klasse I, ausgenommen Arsen und seine Verbindungen, gelten; in diesem Fall dürfen die Emissionen an Arsen und seinen Verbindungen im Abgas, angegeben als As, als Mindestanforderung den Massenstrom 1,8 g/h oder die Massenkonzentration 0,7 mg/m^3 nicht überschreiten; die Möglichkeiten, die Emissionen an Arsen z. B. durch Einsatz von arsen- und antimonfreien Läuterverfahren weiter zu vermindern, sind auszuschöpfen.

Soweit aus Gründen der Produktqualität der Einsatz von Cadmiumverbindungen zur Glasfärbung erforderlich ist, gilt Nummer 5.2.7.1.1 mit der Maßgabe, dass die Emissionswerte für Stoffe der Klasse I, ausgenommen Cadmium und seine Verbindungen, gelten; in diesem Fall dürfen die Emissionen an Cadmium und seinen Verbindungen im Abgas, angegeben als Cd, als Mindestanforderung den Massenstrom 0,5 g/h oder die Massenkonzentration 0,2 mg/m^3 nicht überschreiten.

Der Einsatz von Arsen- sowie von Cadmiumverbindungen ist zu dokumentieren.

Sonderregelung

[1]Bei Brennstoff-Sauerstoff-beheizten und bei elektrisch beheizten Glasschmelzwannen sind Sonderregelungen zu treffen. [2]Als Beurteilungsmaßstab sind der spezifische Energieverbrauch moderner vergleichbarer Brennstoff-Luft-beheizter Glasschmelzwannen und die Leistungsfähigkeit von Abgasreinigungseinrichtungen zu berücksichtigen. [3]Auf die Richtlinie VDI 2578 (Ausgabe November 1999) wird hingewiesen.

ALTANLAGEN

Gesamtstaub

Bei Altanlagen, die mit elektrischen Abscheidern ausgerüstet sind und die den Anforderungen der Nummer 6.2.3.3 entsprechen, dürfen die staubförmigen Emissionen im Abgas die Massenkonzentration 30 mg/m³ nicht überschreiten.

Stickstoffoxide

Bei Altanlagen mit U-Flammenwannen oder Querbrennerwannen dürfen die Emissionen an Stickstoffmonoxid und Stickstoffdioxid im Abgas die Massenkonzentration 0,80 g/m³, angegeben als Stickstoffdioxid, nicht überschreiten; darüber hinaus ist zu prüfen, inwieweit einschließlich zusätzlicher abgasseitiger Minderungsmaßnahmen ein Emissionswert von 0,50 g/m³ gefordert werden kann.

Diese Anforderungen zur Begrenzung der Emissionen an Stickstoffoxiden sind spätestens acht Jahre nach Inkrafttreten dieser Verwaltungsvorschrift einzuhalten; während der genannten Frist sind nach Ablauf jeder Wannenreise die dem Stand der Technik entsprechenden baulichen Veränderungen an der Schmelzwanne zur Senkung der Emissionen an Stickstoffoxiden vorzunehmen.

[1]Soweit aus Gründen der Produktqualität eine Nitratläuterung erforderlich ist, dürfen für die Zeit der Nitratläuterung die Emissionen an Stickstoffmonoxid und Stickstoffdioxid im Abgas folgende Massenkonzentrationen, angegeben als Stickstoffdioxid, nicht überschreiten:

a) bei einem Abgasvolumenstrom von 5 000 m³/h oder
   mehr   1,0 g/m³,

b) bei einem Abgasvolumenstrom von weniger als
   5 000 m³/h   1,2 g/m³.

[2]Der Nitrateinsatz ist zu dokumentieren.

5.4.2.10 Anlagen der Nummer 2.10:
Anlagen zum Brennen keramischer Erzeugnisse

Bezugsgröße

Die Emissionswerte beziehen sich auf einen Volumengehalt an Sauerstoff im Abgas von 17 vom Hundert.

Gesamtstaub

Bei Einsatz von Schüttschichtfiltern gilt Nummer 5.2.1 mit der Maßgabe, dass während der diskontinuierlichen Dosierung oder diskontinuierlichen Umwälzung des Sorptionsmittels die staubförmigen Emissionen im Abgas die Massenkonzentration 40 mg/m³ nicht überschreiten dürfen.

Staubförmige anorganische Stoffe

[1]Beim Einsatz bleihaltiger Glasuren oder Massen gilt Nummer 5.2.2 mit der Maßgabe, dass die Emissionswerte für Stoffe der Klasse II, ausgenommen Blei und seine Verbindungen, gelten. [2]Für die Emissionen an Blei und seinen Verbindungen im Abgas, angegeben als Pb, ist der Massenstrom 2,5 g/h oder die Massenkonzentration 0,5 mg/m³ anzustreben und darf die Massenkonzentration 3 mg/m³ nicht überschritten werden. [3]Die Möglichkeiten, die Emissionen an Blei und seinen Verbindungen durch Einsatz bleifreier Glasuren und Massen weiter zu vermindern, sind auszuschöpfen.

Fluor und seine gasförmigen anorganischen Verbindungen

[1]Nummer 5.2.4 gilt der Maßgabe, dass die Emissionen an Fluor und seinen gasförmigen anorganischen Verbindungen im Abgas die Massenkon-

zentration 5 mg/m³, angegeben als Fluorwasserstoff, nicht überschreiten dürfen. [2]Bei diskontinuierlich betriebenen Öfen dürfen abweichend von Satz 1 die Emissionen an Fluor und seinen gasförmigen anorganischen Verbindungen im Abgas, angegeben als Fluorwasserstoff, den Massenstrom 30 g/h oder die Massenkonzentration 10 mg/m³ nicht überschreiten. Die Möglichkeiten, die Emissionen an Fluor und seinen anorganischen Verbindungen durch die Auswahl von Rohstoffen mit geringen Gehalten an Fluorverbindungen und andere dem Stand der Technik entsprechende primäre und sekundäre Maßnahmen weiter zu vermindern, sind auszuschöpfen.

Schwefeloxide
Die Emissionen an Schwefeldioxid und Schwefeltrioxid im Abgas dürfen die Massenkonzentration 0,50 g/m³, angegeben als Schwefeldioxid, nicht überschreiten.

Stickstoffoxide
Die Emissionen an Stickstoffdioxid und Stickstoffmonoxid im Abgas dürfen die Massenkonzentration 0,50 g/m³, angegeben als Stickstoffdioxid, nicht überschreiten.

Organische Stoffe
Bei Einsatz einer ofenexternen Nachverbrennung dürfen die Emissionen an organischen Stoffen im Abgas die Massenkonzentration 20 mg/m³, angegeben als Gesamtkohlenstoff, nicht überschreiten; die Anforderungen der Nummer 5.2.5 für die Emissionen an organischen Stoffen der Klassen I und II finden keine Anwendung.

Krebserzeugende Stoffe
Bei Ofenanlagen ohne externe Nachverbrennung gilt Nummer 5.2.7.1.1 mit der Maßgabe, dass für die Emissionen an Benzol im Abgas die Massenkonzentration 1 mg/m³ anzustreben ist und die Massenkonzentration 3 mg/m³ nicht überschritten werden darf.

ALTANLAGEN
Gesamtstaub
Bei bestehenden Ofenanlagen, die mit einem Schüttschichtfilter oder ohne Entstaubungseinrichtung betrieben werden, dürfen die staubförmigen Emissionen im Abgas die Massenkonzentration 40 mg/m³ nicht überschreiten; die Möglichkeiten, die staubförmigen Emissionen durch Maßnahmen nach dem Stand der Technik weiter zu vermindern, sind auszuschöpfen.

Schwefeloxide
Bei bestehenden Anlagen dürfen die Emissionen an Schwefeldioxid und Schwefeltrioxid im Abgas die Massenkonzentration 750 mg/m³, angegeben als Schwefeldioxid, nicht überschreiten.

5.4.2.11 Anlagen der Nummer 2.11:
Anlagen zum Schmelzen mineralischer Stoffe einschließlich Anlagen zur Herstellung von Mineralfasern[72)]

Bezugsgröße

Die Emissionswerte beziehen sich bei Anlagen, die mit fossilen Brennstoffen beheizt werden, auf einen Volumengehalt an Sauerstoff im Abgas von 8 vom Hundert.

Fluor und seine gasförmigen anorganischen Verbindungen

[1]Nummer 5.2.4 gilt mit der Maßgabe, dass die Emissionen an Fluor und seinen gasförmigen anorganischen Verbindungen im Abgas die Massenkonzentration 5 mg/m³, angegeben als Fluorwasserstoff, nicht überschreiten dürfen. [2]Die Möglichkeiten, die Emissionen an Fluor und seinen gasförmigen anorganischen Verbindungen durch die Auswahl von Rohstoffen mit geringen Gehalten an Fluorverbindungen weiter zu mindern, sind auszuschöpfen; soweit aus Gründen der Produktqualität der Einsatz von Fluoriden erforderlich ist, ist die Einsatzmenge auf das notwendige Maß zu beschränken und zu dokumentieren.

Schwefeloxide

Bei der Herstellung von Steinwolle dürfen die Emissionen an Schwefeldioxid und Schwefeltrioxid im Abgas, angegeben als Schwefeldioxid, die folgenden Massenkonzentrationen nicht überschreiten:

a) bei Einsatz ausschließlich von Naturstein oder Gemenge   0,60 g/m³,

b) bei Einsatz von weniger als 45 Massenprozent an mineralisch gebundenen Formsteinen, bezogen auf das Gemenge   1,1 g/m³,

c) bei Einsatz von 45 Massenprozent oder mehr an mineralisch gebundenen Formsteinen, bezogen auf das Gemenge, und bei vollständiger Filterstaubrückführung   1,5 g/m³.

Bei anderen Anteilen an mineralisch gebundenen Formsteinen oder nicht vollständiger Filterstaubrückführung ist die Emissionsbegrenzung im Einzelfall festzulegen.

Stickstoffoxide

[1]Die Emissionen an Stickstoffmonoxid und Stickstoffdioxid im Abgas dürfen die Massenkonzentration 0,50 g/m³, angegeben als Stickstoffdioxid, nicht überschreiten. [2]Für U-Flammenwannen oder Querbrennerwannen mit einem Abgasvolumenstrom von weniger als 50 000 m³/h gilt abweichend von Satz 1, dass für die Emissionen an Stickstoffmonoxid und Stickstoffdioxid im Abgas, angegeben als Stickstoffdioxid, die Massenkonzentration 0,50 g/m³ anzustreben ist und die Massenkonzentration 0,80 g/m³ nicht überschritten werden darf; die Möglichkeiten, die Emissionen durch feuerungstechnische und andere dem Stand der Technik entsprechende Maßnahmen zu vermindern, sind auszuschöpfen.

---

72) Vgl. dazu die Vollzugsempfehlung vom 12. 11. 2013, abgedruckt bei Ule/Laubinger/ Repkewitz, Bundes-Immissionsschutzgesetz, Bd. 10, LAI 66.

Bei Kupolöfen mit einer thermischen Nachverbrennung dürfen abweichend von Nummer 5.2.4 die Emissionen an Stickstoffmonoxid und Stickstoffdioxid im Abgas die Massenkonzentration 0,35 g/m³, angegeben als Stickstoffdioxid, nicht überschreiten.

ALTANLAGEN

Gesamtstaub

Bei Altanlagen, die mit elektrischen Abscheidern ausgerüstet sind und die den Anforderungen der Nummer 6.2.3.3 entsprechen, dürfen die staubförmigen Emissionen im Abgas die Massenkonzentration 30 mg/m³ nicht überschreiten.

Stickstoffoxide

Bei Altanlagen mit U-Flammenwannen oder Querbrennerwannen dürfen die Emissionen an Stickstoffmonoxid und Stickstoffdioxid im Abgas die Massenkonzentration 0,80 g/m³, angegeben als Stickstoffdioxid, nicht überschreiten; darüber hinaus ist zu prüfen, inwieweit einschließlich zusätzlicher abgasseitiger Minderungsmaßnahmen ein Emissionswert von 0,50 g/m³ gefordert werden kann.

Diese Anforderungen zur Begrenzung der Emissionen an Stickstoffoxiden sind spätestens acht Jahre nach Inkrafttreten dieser Verwaltungsvorschrift einzuhalten; während der genannten Frist sind nach Ablauf jeder Wannenreise die dem Stand der Technik entsprechenden baulichen Veränderungen an der Schmelzwanne zur Senkung der Emissionen an Stickstoffoxiden vorzunehmen.

[1]Soweit aus Gründen der Produktqualität eine Nitratläuterung erforderlich ist, dürfen für die Zeit der Nitratläuterung die Emissionen an Stickstoffmonoxid und Stickstoffdioxid im Abgas folgende Massenkonzentrationen, angegeben als Stickstoffdioxid, nicht überschreiten:

a) bei einem Abgasvolumenstrom von 5 000 m³/h oder
   mehr   1,0 g/m³,

b) bei einem Abgasvolumenstrom von weniger als
   5 000 m³/h   1,2 g/m³.

[2]Der Nitrateinsatz ist zu dokumentieren.

5.4.2.15   Anlagen der Nummer 2.15: Asphaltmischanlagen

Bezugsgröße

Die Emissionswerte beziehen sich auf einen Volumengehalt an Sauerstoff im Abgas von 17 vom Hundert, abweichend davon für Thermalölheizaggregate auf einen Volumengehalt an Sauerstoff im Abgas von 3 vom Hundert.

Bauliche und betriebliche Maßnahmen

Die staubhaltigen Abgase der Mineralstoff-Trockentrommel, der Asphaltgranulat-Trommel (Paralleltrommel), der Transporteinrichtungen für das Heißmineral, der Siebmaschine sowie des Mischers sind zu erfassen und einer Entstaubungseinrichtung zuzuführen.

Brecher für Ausbauasphalt sind zu kapseln und mit wirksamen Einrichtungen zur Minderung der Staubemissionen, z. B. Bedüsung mit Wasser, auszurüsten.

Die Möglichkeiten zur Absenkung der Herstellungstemperatur für Asphalt durch dem Stand der Technik entsprechende Maßnahmen, z. B. durch Zusätze oder verfahrenstechnische Maßnahmen, sind auszuschöpfen.

Kohlenmonoxid

[1]Beim Einsatz gasförmiger oder flüssiger Brennstoffe dürfen die Emissionen an Kohlenmonoxid im Abgas die Massenkonzentration 0,50 g/m³ nicht überschreiten. [2]Beim Einsatz fester Brennstoffe ist für die Emissionen an Kohlenmonoxid im Abgas die Massenkonzentration 0,50 g/m³ anzustreben und darf die Massenkonzentration 1,0 g/m³ nicht überschritten werden.

Organische Stoffe

Abgas aus dem Bereich des Mischerauslaufes, der Übergabestellen nach dem Mischer, der Transporteinrichtungen für das Mischgut sowie der Übergabestellen in die Verladesilos, die organische Stoffe enthalten, sind zu erfassen und einer geeigneten Abgasreinigungseinrichtung (z. B. durch Einleiten als Verbrennungsluft in die Mineralstoff-Trockentrommel) zuzuführen.

Die Emissionen an organischen Stoffen beim Befüllen der Bitumenlagertanks sind bevorzugt durch Einsatz des Gaspendelverfahrens zu vermeiden.

Die Anforderungen der Nummer 5.2.5 für die Emissionen an organischen Stoffen der Klassen I und II finden keine Anwendung.

Krebserzeugende Stoffe

Nummer 5.2.7.1.1 gilt mit der Maßgabe, dass für die Emissionen von Stoffen der Klasse III im Abgas die Massenkonzentration 1 mg/m³ anzustreben ist und die Massenkonzentration 5 mg/m³ nicht überschritten werden darf.

ALTANLAGEN

Organische Stoffe

Bei Altanlagen ist während des Betriebs einer Asphaltgranulat-Trommel (Paralleltrommel) für die Emissionen an organischen Stoffen im Abgas, angegeben als Gesamtkohlenstoff, die Massenkonzentration 50 mg/m³ anzustreben und darf die Massenkonzentration 0,10 g/m³ nicht überschritten werden; die Anforderungen der Nummer 5.2.5 für die Emissionen an organischen Stoffen der Klassen I und II finden keine Anwendung.

Bei Altanlagen sind die Abgase aus dem Bereich des Mischerauslaufes, der Übergabestellen nach dem Mischer, der Transporteinrichtungen für das Mischgut sowie der Übergabestellen in die Verladesilos, die organische Stoffe enthalten, zu erfassen und in den Abgaskamin der Entstaubungseinrichtung einzuleiten; darüber hinaus ist zu prüfen, ob zusätzliche Emissionsminderungsmaßnahmen, z. B. das Einleiten als Verbrennungsluft in die Mineralstoff-Trockentrommel, gefordert werden können.

Beim Befüllen der Bitumenlagertanks können bei Altanlagen weniger aufwendige Maßnahmen als bei Neuanlagen zur Anwendung kommen, z. B.

das Einleiten der Abgase mit organischen Stoffen in die Transporteinrichtungen für das Heißmineral.

Auf das Erfassen der Abgase aus dem Bereich des Mischerauslaufes, der Übergabestellen nach dem Mischer, der Transporteinrichtungen für das Mischgut und der Übergabestellen in die Verladesilos sowie den Einsatz des Gaspendelverfahrens oder einer vergleichbaren Abgasreinigungseinrichtung kann verzichtet werden, wenn bei Anlagen mit einer Produktionsleistung von

a) 200 Mg je Stunde oder mehr ein Mindestabstand
    von   500 m,
b) weniger als 200 Mg je Stunde ein Mindestabstand
    von   300 m

zur nächsten vorhandenen oder in einem Bebauungsplan festgesetzten Wohnbebauung nicht unterschritten wird.

5.4.3 Stahl, Eisen und sonstige Metalle einschließlich Verarbeitung

5.4.3.1 Anlagen der Nummer 3.1:
Anlagen zum Rösten, Schmelzen oder Sintern von Erzen

5.4.3.1.1 Eisenerz-Sinteranlagen[73]
Bauliche und betriebliche Anforderungen
Abgase sind an der Entstehungsstelle, z. B. Sinterband, Koksmahleinrichtung, Mischbunker, Bereich Sinterbandabwurf, Sinterkühlung und Sintersiebung warm, zu erfassen und einer Abgasreinigungseinrichtung zuzuführen.
Filterstaub ist soweit wie möglich einer Verwertung zuzuführen.
Staubförmige anorganische Stoffe
Nummer 5.2.2 gilt mit der Maßgabe, dass die Emissionen an Blei im Abgas des Sinterbandes die Massenkonzentration 1 mg/m³ nicht überschreiten dürfen.
Störungsbedingte Stillstände
Bei störungsbedingten Stillständen des Sinterbandes finden die Anforderungen für Gesamtstaub und für staubförmige anorganische Stoffe bis zum Erreichen des normalen Betriebszustandes keine Anwendung; die Entstaubungseinrichtung ist jedoch mit der höchstmöglichen Abscheideleistung zu betreiben.
Schwefeloxide
Die Emissionen an Schwefeldioxid und Schwefeltrioxid im Abgas des Sinterbandes dürfen die Massenkonzentration 0,50 g/m³, angegeben als Schwefeldioxid, nicht überschreiten.

---

73) Vgl. dazu die Vollzugsempfehlung vom 12. 11. 2013, abgedruckt bei Ule/Laubinger/ Repkewitz, Bundes-Immissionsschutzgesetz, Bd. 10, LAI 62 Teil A.

Stickstoffoxide
Die Emissionen an Stickstoffmonoxid und Stickstoffdioxid im Abgas des
Sinterbandes dürfen die Massenkonzentration 0,40 g/m³, angegeben als
Stickstoffdioxid, nicht überschreiten.

Organische Stoffe
Nummer 5.2.5 gilt mit der Maßgabe, dass die Emissionen an organischen
Stoffen im Abgas des Sinterbandes die Massenkonzentration 75 mg/m³,
angegeben als Gesamtkohlenstoff, nicht überschreiten dürfen.

Dioxine und Furane
Nummer 5.2.7.2 gilt mit der Maßgabe, dass für die Emissionen an Dioxinen und Furanen im Abgas die Massenkonzentration 0,1 ng/m³ anzustreben ist und die Massenkonzentration 0,4 ng/m³ nicht überschritten werden
darf.

ALTANLAGEN
Gesamtstaub
Bei Altanlagen, die mit elektrischen Abscheidern ausgerüstet sind, dürfen die staubförmigen Emissionen im Abgas des Sinterbandes sowie aus
dem Bereich Sinterbandabwurf, Sinterkühlung und Sintersiebung warm
(Raumentstaubung) die Massenkonzentration 50 mg/m³ nicht überschreiten.

Staubförmige anorganische Stoffe
Bei Altanlagen, die mit elektrischen Abscheidern ausgerüstet sind, gilt
Nummer 5.2.2 mit der Maßgabe, dass die Emissionen an Blei im Abgas
des Sinterbandes die Massenkonzentration 2 mg/m³ nicht überschreiten
dürfen.

**5.4.3.1.2   Anlagen zum Rösten, Schmelzen oder Sintern von Nichtei-
sen-Metallerzen**
Nummer 5.4.3.1.1 gilt entsprechend.

5.4.3.2   Anlagen der Nummer 3.2:
**Anlagen zur Gewinnung, Herstellung oder zum Erschmelzen von
Roheisen oder Stahl**

5.4.3.2a   Integrierte Hüttenwerke

5.4.3.2a.1   Hochofenbetriebe
Bauliche und betriebliche Anforderungen
Staubhaltige Abgase sind an der Entstehungsstelle, z. B. in der Hoch-
ofengießhalle, an der Hochofenmöllerung, an der Hochofenbeschichtung,
zu erfassen und einer Entstaubungseinrichtung zuzuführen; davon abweichend kann beim Hochofenabstich ihre Entstehung auch durch weitgehende Inertisierung, z.B. durch eine Stickstoffatmosphäre, vermieden werden.

Hochofengichtgas
Hochofengichtgas ist energetisch zu verwerten; soweit Hochofengichtgas
aus sicherheitstechnischen Gründen oder in Notfällen nicht verwertet werden kann, ist es einer Fackel zuzuführen.

WINDERHITZER
Bezugsgröße
Die Emissionswerte beziehen sich auf einen Volumengehalt an Sauerstoff
im Abgas von 3 vom Hundert.
Gesamtstaub
Die staubförmigen Emissionen im Abgas dürfen die Massenkonzentration
10 mg/m³ nicht überschreiten.

5.4.3.2a.2 Oxygenstahlwerke
Bauliche und betriebliche Anforderungen
Staubhaltige Abgase sind an der Entstehungsstelle, z. B. beim Roheisen-
umfüllen, Abschlacken, Entschwefeln, Konverterbeschicken und -auslee-
ren, Rohstahlbehandeln, zu erfassen und einer Entstaubungseinrichtung
zuzuführen; davon abweichend kann z. B. beim Umfüllen von flüssigem
Roheisen ihre Entstehung auch durch weitgehende Inertisierung, z. B.
durch eine Kohlendioxidatmosphäre, vermieden werden.
Filterstaub ist soweit wie möglich einer Verwertung zuzuführen.
Konvertergas
[1]Konvertergas ist energetisch zu verwerten. [2]Soweit Konvertergas aus sicherheitstechnischen Gründen oder in Notfällen nicht verwertet werden
kann, ist es einer Fackel zuzuführen.
ALTANLAGEN
Gesamtstaub
Bestehende Sekundärentstaubungen, die mit elektrischen Abscheidern
ausgerüstet sind, sollen die Anforderungen zur Begrenzung der staubförmigen Emissionen spätestens acht Jahre nach Inkrafttreten dieser Verwaltungsvorschrift einhalten.
Konvertergas
[1]Bei Altanlagen ist das Konvertergas möglichst energetisch zu verwerten.
[2]Soweit Konvertergas nicht verwertet werden kann, ist es einer Fackel zuzuführen; in diesem Fall darf der Gehalt an Staub im Fackelgas nach der
Entstaubungseinrichtung die Massenkonzentration 50 mg/m³ nicht überschreiten.

5.4.3.2b Anlagen zur Herstellung oder zum Erschmelzen von Rohei-
sen oder Stahl einschließlich Stranggießen

5.4.3.2b.1 Elektrostahlwerke
Bauliche und betriebliche Anforderungen
Abgase sind an der Entstehungsstelle, z. B. bei Elektrolichtbogenöfen pri-
märseitig über eine Deckellochabsaugung und sekundärseitig über eine
Hallenabsaugung oder Einhausung für die Prozessschritte Chargieren,
Schmelzen, Abstich, zu erfassen und einer Abgasreinigungseinrichtung
zuzuführen.
Filterstaub ist soweit wie möglich einer Verwertung zuzuführen.
Gesamtstaub
Die staubförmigen Emissionen im Abgas von Stahlwerken mit Elektro-
lichtbogenöfen dürfen die Massenkonzentration 5 mg/m³ nicht überschrei-

ten; abweichend von Nummer 2.7 Buchstabe a) bb) gilt, dass sämtliche Halbstundenmittelwerte das 3fache dieser Massenkonzentration nicht überschreiten dürfen.

ALTANLAGEN

Gesamtstaub

Die staubförmigen Emissionen im Abgas von Elektrolichtbogenöfen dürfen, angegeben als Tagesmittelwert, die Massenkonzentration 10 mg/m³ nicht überschreiten.

5.4.3.2b.2 Elektro-Schlacke-Umschmelzanlagen

Fluor und seine gasförmigen anorganischen Verbindungen

Die Emissionen an Fluor und seinen gasförmigen anorganischen Verbindungen im Abgas dürfen die Massenkonzentration 1 mg/m³, angegeben als Fluorwasserstoff, nicht überschreiten.

5.4.3.3 Anlagen der Nummer 3.3: Anlagen zur Herstellung von Nichteisenrohmetallen

5.4.3.3.1 Anlagen zur Herstellung von Nichteisenrohmetallen, ausgenommen Aluminium und Ferrolegierungen

Bauliche und betriebliche Anforderungen

Abgase sind an der Entstehungsstelle, z. B. beim Chargieren, Schmelzen, Raffinieren und Gießen, zu erfassen und einer Abgasreinigungseinrichtung zuzuführen.

Gesamtstaub

Die staubförmigen Emissionen im Abgas dürfen die Massenkonzentration 5 mg/m³ nicht überschreiten.

Staubförmige anorganische Stoffe

Nummer 5.2.2 gilt mit der Maßgabe, dass die Emissionen an staubförmigen anorganischen Stoffen im Abgas folgende Massenkonzentrationen nicht überschreiten dürfen:

a) Stoffe der Klasse II insgesamt die Massenkonzentration 1 mg/m³, in Bleihütten die Massenkonzentration 2 mg/m³,

b) Stoffe der Klasse III insgesamt die Massenkonzentration 2 mg/m³.

Schwefeloxide

Für stark schwefeldioxidhaltige Abgase gilt Nummer 5.4.4.1m.2 entsprechend.

Messung und Überwachung der Emissionen an Schwefeloxiden

Bei Anlagen mit überwiegend veränderlichen Betriebsbedingungen soll bei Einzelmessungen die Dauer der Mittelungszeit der Chargendauer entsprechen, jedoch 24 Stunden nicht überschreiten; bei kontinuierlichen Messungen gilt abweichend von Nummer 2.7 Buchstabe a) bb), dass sämtliche Halbstundenmittelwert das 3fache der festgelegten Massenkonzentrationen nicht überschreiten dürfen.

Brennstoffe

Bei Einsatz von flüssigen oder festen Brennstoffen darf der Massengehalt an Schwefel im Brennstoff 1 vom Hundert, bei festen Brennstoffen bezogen auf einen unteren Heizwert von 29,3 MJ/kg, nicht überschreiten, so-

weit nicht durch den Einsatz einer Abgasreinigungseinrichtung ein äquivalenter Emissionswert für Schwefeloxide erreicht wird; beim Einsatz von
Kohlen dürfen nur Kohlen verwendet werden, die keine höheren Emissionen an Schwefeloxiden verursachen als Steinkohle mit einem Massengehalt an Schwefel von weniger als 1 vom Hundert, bezogen auf einen unteren Heizwert von 29,3 MJ/kg.

Krebserzeugende Stoffe
[1]In Kupferhütten gilt Nummer 5.2.7.1.1 mit der Maßgabe, dass die Emissionswerte für Stoffe der Klasse I, ausgenommen Arsen und seine Verbindungen, gelten. [2]Die Emissionen an Arsen und seinen Verbindungen
(außer Arsenwasserstoff), angegeben als As, im Abgas dürfen als Mindestanforderung den Massenstrom 0,4 g/h oder die Massenkonzentration
0,15 mg/m^3 nicht überschreiten; abweichend davon dürfen im Abgas von
Anodenöfen diese Emissionen als Mindestanforderung die Massenkonzentration 0,4 mg/m^3 nicht überschreiten.

Dioxine und Furane
Nummer 5.2.7.2 gilt mit der Maßgabe, dass für die Emissionen an Dioxinen und Furanen im Abgas die Massenkonzentration 0,1 ng/m^3 anzustreben ist und die Massenkonzentration 0,4 ng/m^3 nicht überschritten werden
darf.

ALTANLAGEN
Schwefeloxide
Bei Altanlagen dürfen die Emissionen an Schwefeldioxid und Schwefeltrioxid im Abgas – ausgenommen Prozessabgase, die Anlagen nach
5.4.4.1m.2 zugeleitet werden – die Massenkonzentration 0,50 g/m^3, angegeben als Schwefeldioxid, nicht überschreiten.

5.4.3.3.2 Anlagen zur Erzeugung von Ferrolegierungen nach elektrothermischen oder metallothermischen Verfahren

Gesamtstaub
Die staubförmigen Emissionen im Abgas dürfen die Massenkonzentration
5 mg/m^3 nicht überschreiten.

5.4.3.3.3 Anlagen zur Herstellung von Aluminium aus Erzen durch elektrolytische Verfahren mit vorgebrannten diskontinuierlichen Anoden

Bauliche und betriebliche Anforderungen
[1]Elektrolyseöfen sind in geschlossener Bauweise auszuführen. [2]Das Öffnen der Öfen sowie die Häufigkeit der Anodeneffekte sind auf das betrieblich unvermeidbare Maß zu beschränken; dabei soll die Betriebsweise der
Elektrolyseöfen soweit wie möglich automatisiert werden.
Filterstaub ist soweit wie möglich einer Verwertung zuzuführen.

Gesamtstaub
Die staubförmigen Emissionen dürfen im Abgas
a)   der Elektrolyseöfen   10 mg/m^3
     und

b) der Elektrolyseöfen einschließlich der Abgase, die
aus dem Ofenhaus abgeleitet werden, das Massenverhältnis   2 kg je Mg Aluminium
nicht überschreiten.

Fluor und seine gasförmigen anorganischen Verbindungen

Die Emissionen an Fluor und seinen gasförmigen anorganischen Fluorverbindungen, angegeben als Fluorwasserstoff, dürfen im Abgas

a) der Elektrolyseöfen 1 mg/m^3
und

b) der Elektrolyseöfen einschließlich der Abgase, die
aus dem Ofenhaus abgeleitet werden, das Massenverhältnis   0,5 kg je Mg Aluminium
nicht überschreiten.

5.4.3.3.4 Anlagen zur Herstellung von Aluminium aus sekundären Rohstoffen

Bauliche und betriebliche Anforderungen

Abgase sind an der Entstehungsstelle, z. B. beim Chargieren, Schmelzen,
Raffinieren, Legieren und Gießen, zu erfassen.

Hexachlorethan darf nicht zur Schmelzebehandlung verwendet werden.

Gesamtstaub

Die staubförmigen Emissionen im Abgas dürfen die Massenkonzentration
10 mg/m^3 nicht überschreiten.

Stickstoffoxide

Die Emissionen an Stickstoffmonoxid und Stickstoffdioxid, angegeben
als Stickstoffdioxid, im Abgas von Drehtrommelöfen, die mit Brennstoff-
Sauerstoff-Brennern betrieben werden, dürfen die Massenkonzentration
$0,50 \text{ g/m}^3$ nicht überschreiten.

Brennstoffe

Bei Einsatz flüssiger Brennstoffe dürfen nur flüssige Brennstoffe verwendet werden, die keine höheren Emissionen an Schwefeloxiden verursachen
als Heizöle nach DIN 51603 Teil 1 (Ausgabe März 1998) mit einem Massengehalt an Schwefel für leichtes Heizöl nach der 3. BImSchV, in der jeweils gültigen Fassung.

5.4.3.4 Anlagen der Nummer 3.4:
Anlagen zum Schmelzen, zum Legieren oder zur Raffination nicht Nichteisenmetallen

5.4.3.4.1 Anlagen zum Schmelzen, zum Legieren oder zur Raffina-tion von Nichteisenmetallen, ausgenommen Aluminium

Bauliche und betriebliche Anforderungen

Abgase sind an der Entstehungsstelle, z. B. beim Chargieren, Schmelzen,
Raffinieren, Legieren und Gießen, zu erfassen.

Hexachlorethan darf nicht zur Schmelzebehandlung verwendet werden.

Gesamtstaub

Die staubförmigen Emissionen im Abgas dürfen den Massenstrom 50 g/h
oder die Massenkonzentration 5 mg/m^3 nicht überschreiten.

Staubförmige anorganische Stoffe
Nummer 5.2.2 gilt mit der Maßgabe, dass die Emissionen an staubförmigen anorganischen Stoffen der Klasse II im Abgas von Bleiraffinationsan-
lagen insgesamt die Massenkonzentrationen 1 mg/m^3 nicht überschreiten
dürfen.

Brennstoffe
Bei Einsatz flüssiger Brennstoffe dürfen nur flüssige Brennstoffe verwendet werden, die keine höheren Emissionen an Schwefeloxiden verursachen
als Heizöle nach DIN 51603 Teil 1 (Ausgabe März 1998) mit einem Massengehalt an Schwefel für leichtes Heizöl nach der 3. BImSchV, in der jeweils gültigen Fassung.

Dioxine und Furane
Nummer 5.2.7.2 gilt mit der Maßgabe, dass für die Emissionen an
Dioxinen und Furanen im Abgas von Kupferschachtöfen die Massenkonzentration 0,1 ng/m^3 anzustreben ist und die Massenkonzentration
0,4 ng/m^3 nicht überschritten werden darf.

5.4.3.4.2   Schmelzanlagen für Aluminium

Bauliche und betriebliche Anforderungen
Abgase sind an der Entstehungsstelle, z. B. beim Chargieren, Schmelzen,
Raffinieren, Legieren und Gießen, zu erfassen.
Hexachlorethan darf nicht zur Schmelzebehandlung verwendet werden.

Gesamtstaub
Die staubförmigen Emissionen im Abgas dürfen die Massenkonzentration
10 mg/m^3 nicht überschreiten.

Stickstoffoxide
Die Emissionen an Stickstoffmonoxid und Stickstoffdioxid, angegeben
als Stickstoffdioxid, im Abgas von Drehtrommelöfen, die mit Brennstoff-
Sauerstoff-Brennern betrieben werden, dürfen die Massenkonzentration
0,50 g/m^3 nicht überschreiten.

Brennstoffe
Bei Einsatz flüssiger Brennstoffe dürfen nur flüssige Brennstoffe verwendet werden, die keine höheren Emissionen an Schwefeloxiden verursachen
als Heizöle nach DIN 51603 Teil 1 (Ausgabe März 1998) mit einem Massengehalt an Schwefel für leichtes Heizöl nach der 3. BImSchV, in der jeweils gültigen Fassung.

5.4.3.6   Anlagen der Nummer 3.6: Walzanlagen

5.4.3.6.1   Wärme- und Wärmebehandlungsöfen

Bezugsgröße
Die Emissionswerte beziehen sich auf einen Volumengehalt an Sauerstoff
im Abgas von 5 vom Hundert.

Stickstoffoxide
Bei Wärmeöfen, z. B. Stoßöfen und Hubbalkenöfen, dürfen die Emissionen an Stickstoffmonoxid und Stickstoffdioxid im Abgas die Massenkonzentration 0,50 g/m^3, angegeben als Stickstoffdioxid, nicht überschreiten.

Organische Stoffe

[1]Bei Wärmebehandlungsöfen für Aluminiumfolien finden die Anforderungen der Nummer 5.2.5 für die Emissionen an organischen Stoffen keine Anwendung. [2]Die Möglichkeiten, die Emissionen an organischen Stoffen durch prozesstechnische oder andere dem Stand der Technik entsprechende Maßnahmen zu vermindern, sind auszuschöpfen.

5.3.3.7/8 Anlagen der Nummern 3.7 und 3.8: Gießereien

5.4.3.7.1 Eisen-, Temper- und Stahlgießereien

5.4.3.8.1 Gießereien für Nichteisenmetalle

Bauliche und betriebliche Anforderungen

[1]Abgase sind an der Entstehungsstelle, z. B. in den Bereichen Sandaufbereitung, Formerei, Gießen, Kühlen, Ausleeren, Kernmacherei und Gussputzen, soweit wie möglich zu erfassen, ausgenommen Eisen-, Temper- und Stahlgießereien mit einer Produktionsleistung von weniger als 20 Mg Gussteile je Tag sowie Gießereien für Nichteisenmetalle von weniger als 4 Mg je Tag bei Blei und Cadmium oder von weniger als 20 Mg je Tag bei sonstigen Nichteisenmetallen; diese Ausnahme gilt auch für Anlagen zum Schmelzen von Nichteisenmetallen. [2]Abgase von Schmelzeinrichtungen in Eisen-, Temper- und Stahlgießereien sind unabhängig von der Produktionsleistung zu erfassen.

[1]Hexachlorethan darf grundsätzlich nicht zur Schmelzebehandlung verwendet werden. [2]Soweit zur Herstellung von Gussprodukten aus Aluminiumlegierungen mit einem hohen Qualitäts- und Sicherheitsstandard und zum Kornfeinen der Magnesiumlegierungen AZ81, AZ91 und AZ92 der Einsatz von Hexachlorethan zur Schmelzebehandlung erforderlich ist, darf der Verbrauch von Hexachlorethan 1,5 kg je Tag nicht überschreiten. [3]Der Einsatz von Hexachlorethan ist zu dokumentieren.

Kohlenmonoxid

[1]Kohlenmonoxidhaltige Abgase bei Kupolöfen mit Untergichtabsaugung sind zu erfassen und nachzuverbrennen. [2]Die Emission an Kohlenmonoxid im Abgas dürfen $0{,}15$ g/m^3 nicht überschreiten.

Schwefeloxide

Die Emissionen an Schwefeldioxid und Schwefeltrioxid im Abgas dürfen die Massenkonzentration $0{,}50$ g/m^3, angegeben als Schwefeldioxid, nicht überschreiten.

Organische Stoffe

[1]Nummer 5.2.5 gilt mit der Maßgabe, dass die Emissionen an Aminen im Abgas den Massenstrom 25 g/h oder die Massenkonzentration 5 mg/m^3 nicht überschreiten dürfen. [2]Die Anforderungen der Nummer 5.2.5 Absatz 1 für Gesamtkohlenstoff finden keine Anwendung.

Benzol

[1]Nummer 5.2.7.1.1 gilt mit der Maßgabe, dass die Emissionen an Benzol im Abgas den Massenstrom 5 g/h oder die Massenkonzentration 5 mg/m^3 nicht überschreiten dürfen. [2]Die Möglichkeiten, die Emissionen an Benzol durch prozesstechnische und andere dem Stand der Technik ent-

sprechende Maßnahmen weiter zu vermindern, z. B. durch Veränderungen bei den Einsatzstoffen zur Kern- und Formherstellung, Einblasen von Luft bei Maskengießanlagen, Verwendung von benzolhaltigen Abgasen als Verbrennungsluft bei Kupolöfen, sind auszuschöpfen.

ALTANLAGEN

Gesamtstaub

Bestehende Anlagen, die mit Nassabscheidern ausgerüstet sind, sollen die Anforderungen zur Begrenzung der staubförmigen Emissionen spätestens acht Jahre nach Inkrafttreten dieser Verwaltungsvorschrift einhalten.

Kohlenmonoxid

Bestehende Kupolöfen mit Untergichtabsaugung sollen die Anforderungen zur Begrenzung der Emissionen an Kohlenmonoxid spätestens acht Jahre nach Inkrafttreten dieser Verwaltungsvorschrift einhalten.

Organische Stoffe

Altanlagen sollen die Anforderungen zur Begrenzung der Emissionen an Aminen spätestens acht Jahre nach Inkrafttreten dieser Verwaltungsvorschrift einhalten.

5.4.3.9   Anlagen der Nummer 3.9:
Anlagen zum Aufbringen von metallischen Schutzschichten

5.4.3.9.1   Anlagen zum Aufbringen von metallischen Schutzschichten auf Metalloberflächen mit Hilfe von schmelzflüssigen Bädern, in denen Flussmittel eingesetzt werden

Bauliche und betriebliche Anforderungen

Bei Anlagen zum Feuerverzinken sind die Abgase des Verzinkungskessels, z. B. durch Einhausung oder Abzugshauben, zu erfassen und einer Abgasreinigungseinrichtung zuzuführen.

Gesamtstaub

Die staubförmigen Emissionen im Abgas des Verzinkungskessels dürfen die Massenkonzentration 5 mg/m³ nicht überschreiten.

Das Ergebnis der Einzelmessung ist über mehrere Tauchvorgänge zu ermitteln; die Messzeit entspricht der Summe der Einzeltauchzeiten und soll in der Regel eine halbe Stunde betragen; die Tauchzeit ist der Zeitraum zwischen dem ersten und letzten Kontakt des Verzinkungsgutes mit dem Verzinkungsbad.

Anorganische Chlorverbindungen

[1]Anlagen zum Feuerverzinken sind so zu errichten und zu betreiben, dass durch Vorhaltung ausreichender Beizkapazitäten und Einhaltung der Beizparameter Temperatur und Säurekonzentration die Emissionen an gasförmigen anorganischen Chlorverbindungen aus dem Beizbad im Abgas minimiert werden und die Massenkonzentration 10 mg/m³, angegeben als Chlorwasserstoff, nicht überschritten wird. [2]Die Vorhaltung ausreichender Beizkapazitäten und die Einhaltung der Beizparameter sind zu dokumentieren.

[1]Soweit aufgrund der Beizparameter Temperatur und Säurekonzentration eine Chlorwasserstoffkonzentration im Abgas von 10 mg/m³ überschritten werden kann, sind die Abgase zu erfassen und einer Abgasreinigungs-

einrichtung zuzuführen. [2]Die Emissionen an gasförmigen anorganischen Chlorverbindungen im Abgas dürfen die Massenkonzentration 10 mg/m^3, angegeben als Chlorwasserstoff, nicht überschreiten.

5.4.3.10 Anlagen der Nummer 3.10:
Anlagen zur Oberflächenbehandlung von Metallen durch Beizen oder Brennen unter Verwendung von Fluss- oder Salpetersäure
ALTANLAGEN
Stickstoffoxide
Bei Altanlagen zum kontinuierlichen Beizen von Edelstählen mit salpetersäurehaltigen Mischbeizen ist für die Emissionen an Stickstoffmonoxid und Stickstoffdioxid, angegeben als Stickstoffdioxid, im Abgas die Massenkonzentration 0,35 g/m^3 anzustreben und darf die Massenkonzentration 0,70 g/m^3 nicht überschritten werden.

5.4.3.21 Anlagen der Nummer 3.21:
Anlagen zur Herstellung von Bleiakkumulatoren
Schwefelsäuredämpfe
Die bei der Formierung auftretenden Schwefelsäuredämpfe sind zu erfassen und einer Abgasreinigungseinrichtung zuzuführen; die Emissionen an Schwefelsäure im Abgas dürfen die Massenkonzentration 1 mg/m^3 nicht überschreiten.

5.4.4 Chemische Erzeugnisse, Arzneimittel, Mineralölraffination und Weiterverarbeitung

5.4.4.1 Anlagen der Nummer 4.1:
Anlagen zur Herstellung von Stoffen oder Stoffgruppen durch chemische Umwandlung
ALTANLAGEN
Gesamtstaub
Nummer 5.2.1 gilt mit der Maßgabe, dass die staubförmigen Emissionen im Abgas von Altanlagen, die bei diskontinuierlicher oder quasikontinuierlicher Betriebsweise jährlich nicht mehr emittieren als Anlagen mit einem Massenstrom von 0,20 kg/h bei kontinuierlicher Betriebsweise, die Massenkonzentration 50 mg/m^3 nicht überschreiten dürfen.

5.4.4.1b Anlagen zur Herstellung von sauerstoffhaltigen Kohlenwasserstoffen

5.4.4.1b.1 Anlagen zur Cyclohexanoxidation
Benzol
Die Emissionen an Benzol im Abgas dürfen als Mindestanforderung die Massenkonzentration 3 mg/m^3 nicht überschreiten.

5.4.4.1d   Anlagen zur Herstellung von stickstoffhaltigen Kohlenwasserstoffen

5.4.4.1d.1   Anlagen zur Herstellung von Acrylnitril

Bauliche und betriebliche Anforderungen

[1]Die aus dem Reaktionssystem und dem Absorber anfallenden Abgase sind einer Verbrennungseinrichtung zuzuführen. [2]Die bei der Reinigung der Reaktionsprodukte (Destillation) sowie bei Umfüllvorgängen anfallenden Abgase sind einer Abgaswäsche zuzuführen.

Acrylnitril

Die Emissionen an Acrylnitril im Abgas der Verbrennungseinrichtung dürfen als Mindestanforderung die Massenkonzentration 0,2 mg/m^3 nicht überschreiten.

5.4.4.1d.2   Anlagen zur Herstellung von Caprolactam

Caprolactam

Die Emissionen an Caprolactam im Abgas dürfen die Massenkonzentration 0,10 g/m^3 nicht überschreiten.

5.4.4.1h   Anlagen zur Herstellung von Basiskunststoffen

5.4.4.1h.1   Anlagen zur Herstellung von Polyvinylchlorid (PVC)

Bauliche und betriebliche Anforderungen

Trocknerabgas ist möglichst als Verbrennungsluft in Feuerungsanlagen einzusetzen.

Restmonomergehalt

[1]An der Übergangsstelle vom geschlossenen System zur Aufbereitung oder Trocknung im offenen System sind die Restgehalte an Vinylchlorid (VC) im Polymerisat so gering wie möglich zu halten; dabei dürfen als Mindestanforderung folgende Höchstwerte im Monatsmittel nicht überschritten werden:

a) Suspensions-PVC   80 mg VC je kg PVC,

b) Emulsions-PVC und Mikrosuspensions-PVC   0,50 g VC je kg PVC.

[2]Die Möglichkeiten, die Restgehalte an Vinylchlorid (VC) durch primärseitige Maßnahmen (z. B. mehrstufige Entgasung) oder durch andere dem Stand der Technik entsprechende Maßnahmen weiter zu vermindern, sind auszuschöpfen.

5.4.4.1h.2 Anlagen zur Herstellung von Viskoseprodukten
Schwefelwasserstoff und Kohlenstoffdisulfid
[1]Im Gesamtabgas, einschließlich Raumluftabsaugung und Maschinenzusatzabsaugung, dürfen
a) bei der Herstellung von textilem Rayon
   aa) die Emissionen an Schwefelwasserstoff die Massenkonzentration   50 mg/m³
   bb) und die Emissionen an Kohlenstoffdisulfid die Massenkonzentration   0,15 g/m³,
b) bei der Herstellung von Kunstdarm und Schwammtuch
   aa) die Emissionen an Schwefelwasserstoff die Massenkonzentration   50 mg/m³
   bb) und die Emissionen an Kohlenstoffdisulfid die Massenkonzentration   0,40 g/m³
nicht überschreiten. [2]Nummer 2.7 Buchstabe a) bb) findet keine Anwendung.

Die Möglichkeiten, die Emissionen an Schwefelwasserstoff und Kohlenstoffdisulfid durch Kapselung der Maschinen mit Abgaserfassung und Abgasreinigung oder durch andere dem Stand der Technik entsprechende Maßnahmen weiter zu vermindern, sind auszuschöpfen.

5.4.4.1h.3 Anlagen zur Herstellung von Polyurethanschäumen, ausgenommen Anlagen nach Nummer 5.11
Bauliche und betriebliche Anforderungen
Abgase sind möglichst an der Entstehungsstelle zu erfassen.
Organische Stoffe
Für Anlagen zur Herstellung von wärmeisolierenden Polyurethanschäumen, die mit reinen Kohlenwasserstoffen (z. B. Pentan) als Treibgas betrieben werden, finden die Anforderungen der Nummer 5.2.5 keine Anwendung.

5.4.4.1h.4 Anlagen zur Herstellung von Polyacrylnitrilfasern
ALTANLAGEN
Bauliche und betriebliche Anforderungen
Bei Altanlagen ist Trocknerabgas möglichst als Verbrennungsluft in Feuerungsanlagen einzusetzen.
Acrylnitril
[1]Bei Altanlagen dürfen die Emissionen an Acrylnitril im Abgas der Trockner als Mindestanforderung die Massenkonzentration 15 mg/m³ nicht überschreiten. [2]Die aus den Reaktionskesseln, der Intensivausgasung, den Suspensionssammelbehältern und den Waschfiltern stammenden acrylnitrilhaltigen Abgase sind einer Abgaswäsche oder einer Adsorption zuzuführen; die Emissionen an Acrylnitril im Abgas dürfen als Mindestanforderung die Massenkonzentration 5 mg/m³ nicht überschreiten.
[1]Bei Altanlagen sind bei der Verspinnung des Polymeren zu Fasern Abgase mit einem Acrylnitrilgehalt von mehr als 5 mg/m³ einer Abgasreinigungseinrichtung zuzuführen. [2]Die Emissionen an Acrylnitril im Ab-

gas der Wäscher des Nassspinnverfahrens dürfen als Mindestanforderung
5 mg/m³ nicht überschreiten.
Die Möglichkeiten, die Emissionen an Acrylnitril durch primärseitige
Maßnahmen (z. B. Verminderung des Restmonomerengehalts) oder durch
andere dem Stand der Technik entsprechende Maßnahmen weiter zu vermindern, sind auszuschöpfen.

5.4.4.1h.5 Anlagen zur Herstellung von Polyethylen durch Hoch-druckpolymerisation
ALTANLAGEN
Organische Stoffe
[1]Bei Altanlagen dürfen die Emissionen an organischen Stoffen im Abgas
der Granulatentgasung die Massenkonzentration 80 mg/m³, angegeben als
Gesamtkohlenstoff, nicht überschreiten [2]Die Anforderungen der Nummer
5.2.5 für Emissionen an organischen Stoffen der Klasse I und II finden
keine Anwendung.

5.4.4.1l Anlagen zur Herstellung von Gasen

5.4.4.1n Anlagen zur Herstellung von Basen

5.4.4.1l.1/5.4.4.1n.1 Anlagen zur Herstellung von Chlor oder Alkali-lauge[74)]
Bauliche und betriebliche Anforderungen
Anlagen zur Herstellung von Chlor oder Alkalilauge dürfen nicht nach
dem Diaphragmaverfahren auf Asbestbasis oder nach dem Amalgamverfahren errichtet werden.

---

74) Bei Anwendung der Nr. 5.4.4.1l.1/5.4.4.1n.1 ist die folgende Allgemeine Verwaltungsvorschrift vom 1. 12. 2014 (GMBl. S. 1603) zu beachten:
  1. Anwendungsbereich
  Diese Allgemeine Verwaltungsvorschrift enthält im Sinne von Nummer 5.4 der Technischen Anleitung zur Reinhaltung der Luft vom 24. Juli 2002 (GMBl. S. 511) –
  TA Luft – besondere Regelungen für Anlagen zur Herstellung von Chlor oder Alkalilauge nach Nummer 4.1.12 und 4.1.14 Anhang 1 der Verordnung über genehmigungsbedürftige Anlagen vom 2. Mai 2013 (BGBl. I S. 973, 3756).
  **2. Besondere Regelung für Anlagen zur Herstellung von Chlor oder Alkali-
    lauge**
  Die Nummer 5.4.4.1l.1/5.4.4.1n.1 der TA Luft von 2002 ist in der folgenden Fassung
  anzuwenden; die Anforderungen der TA Luft im Übrigen bleiben unberührt.
  Bauliche und betriebliche Anforderungen
  Anlagen zur Herstellung von Chlor oder Alkalilauge dürfen nicht nach dem Diaphragmaverfahren auf Asbestbasis oder nach dem Amalgamverfahren errichtet wer-
  den.
  Chlor
  Die Emissionen an Chlor und Chlordioxid, angegeben als Chlor, im Abgas dürfen die
  Massenkonzentration 1 mg/m³ nicht überschreiten.
  Die Emissionen an Chlor und Chlordioxid, angegeben als Chlor, sind jährlich durch
  eine von der zuständigen Landesbehörde zugelassene Stelle am Auslass der Chlorab-
  sorptionsanlage zu überwachen.

Chlor

Die Emissionen an Chlor im Abgas dürfen die Massenkonzentration 1 mg/m³ nicht überschreiten; abweichend davon dürfen bei Anlagen zur Herstellung von Chlor mit vollständiger Verflüssigung die Emissionen an Chlor im Abgas die Massenkonzentration 3 mg/m³ nicht überschreiten.

ALTANLAGEN

Quecksilber

Bei Altanlagen der Alkalichloridelektrolyse nach dem Amalgamverfahren dürfen die Emissionen an Quecksilber in der Zellensaalabluft im Jahresmittel das Massenverhältnis 1,0 g je Mg genehmigter Chlorproduktion nicht überschreiten.

Bei gleichzeitiger Herstellung von Alkalilauge und Dithionit oder Alkoholaten in einer Anlage dürfen die Emissionen an Quecksilber in der Zellensaalabluft im Jahresmittel das Massenverhältnis 1,2 g je Mg genehmigter Chlorproduktion nicht überschreiten.

Wasserstoff

Der bei der Elektrolyse als Nebenprodukt entstehende Wasserstoff, ist so weit wie möglich als chemisches Reagenz oder als Brennstoff zu nutzen.

Kältemittel

[1]In Chlorverflüssigungseinheiten die ab dem 24. Dezember 2014 errichtet werden, dürfen nur Kältemittel mit einem Treibhauspotential von weniger als 150 eingesetzt werden. [2]Für die Definition des Treibhauspotentials gilt die Verordnung EU Nr. 517/2014 des europäischen Parlamentes und des Rates vom 16. April 2014 über fluorierte Treibhausgase und zur Aufhebung der Verordnung (EG) Nr. 842/2006 (ABl. L 150 vom 20. 5. 2014, S. 195).

ALTANLAGEN

Bauliche und betriebliche Anforderungen

[1]Ab dem 12. Dezember 2017 darf aus Anlagen zur Herstellung von Chlor oder Alkalilauge kein Asbest oder Quecksilber mehr emittiert werden. [2]Dies gilt als sichergestellt, wenn bei der Herstellung von Chlor oder Alkalilauge kein Asbest oder Quecksilber mehr verwendet wird. [3]Davon ausgenommen sind Anlagen zur alleinigen Herstellung von Dithionit oder Alkoholaten nach dem Amalgamverfahren.

Quecksilber

Bis zum Ablauf des 11. Dezember 2017 dürfen bei Altanlagen zur Herstellung von Chlor oder Alkalilauge nach dem Amalgamverfahren die Emissionen an Quecksilber in der Zellensaalabluft im Jahresmittel das Massenverhältnis 1,0 g/t genehmigter Chlorproduktion nicht überschreiten.

Bei der Herstellung von Dithionit oder Alkoholaten nach dem Amalgamverfahren dürfen die Emissionen an Quecksilber in der Zellensaalabluft im Jahresmittel die Massenkonzentration von 20 µg/m³ und ab dem 1. Januar 2020 von 15 µg/m³ nicht überschreiten.

Die Möglichkeiten, die Emissionen an Quecksilber bei der Herstellung von Dithionit oder Alkoholaten nach dem Amalgamverfahren durch Maßnahmen nach dem Stand der Technik weiter zu vermindern, sind auszuschöpfen.

SANIERUNGSFRIST

Alle bestehenden Anlagen zur Herstellung von Chlor, Alkalilauge, Alkoholaten oder Dithionit sollen die Anforderungen dieser Allgemeinen Verwaltungsvorschrift ab dem 12. Dezember 2017 erfüllen. Eine Fristverlängerung kann von der zuständigen Behörde nach § 52 Absatz 1 Satz 7 des Bundes-Immissionsschutzgesetzes festgelegt werden.

Die Möglichkeiten, die Emissionen an Quecksilber aus der Alkalichloridelektrolyse nach dem Amalgamverfahren durch Maßnahmen nach dem
Stand der Technik weiter zu vermindern, sind auszuschöpfen.

5.4.4.1m   Anlagen zur Herstellung von Säuren

5.4.4.1m.1   Anlagen zur Herstellung von Salpetersäure

Stickstoffoxide
Die Emissionen an Stickstoffmonoxid und Stickstoffdioxid im Abgas dürfen die Massenkonzentration 0,20 g/m^3, angegeben als Stickstoffdioxid,
nicht überschreiten.
Die Emissionen an Distickstoffoxid im Abgas dürfen die Massenkonzentration 0,80 g/m^3 nicht überschreiten.

ALTANLAGEN
Stickstoffoxide
Altanlagen sollen die Anforderungen zur Begrenzung der Emissionen an
Stickstoffmonoxid, Stickstoffdioxid und Distickstoffoxid spätestens acht
Jahre nach Inkrafttreten dieser Verwaltungsvorschrift einhalten.

5.4.4.1m.2   Anlagen zur Herstellung von Schwefeldioxid, Schwefel-
trioxid, Schwefelsäure und Oleum

Schwefelsäure
Die Bildung von Schwefelsäureaerosolen ist insbesondere bei der Handha-
bung von Schwefelsäure oder Oleum so weit wie möglich zu begrenzen.

Schwefeldioxid
a) Abgasführung
   Bei Anlagen zur Herstellung von reinem Schwefeldioxid durch Verflüssigung ist das Abgas einer Schwefelsäureanlage oder einer anderen Aufarbeitungsanlage zuzuführen.
b) Umsatzgrade
   aa) Bei Anwendung des Doppelkontaktverfahrens ist ein Umsatzgrad
       von mindestens 99,8 vom Hundert einzuhalten oder, soweit nur
       ein Umsatzgrad von mindestens 99,6 vom Hundert eingehalten
       wird, sind die Emissionen an Schwefeldioxid und Schwefeltri-
       oxid durch Einsatz einer nachgeschalteten Minderungstechnik, ei-
       ner fünften Horde oder gleichwertiger Maßnahmen weiter zu ver-
       mindern.
       Abweichend von diesen Anforderungen gilt bei einem mittleren
       SO$_2$-Volumengehalt von weniger als 8 vom Hundert, bei schwan-
       kenden SO$_2$-Eingangskonzentrationen und schwankenden Volu-
       menströmen des Einsatzgases, dass ein Umsatzgrad von mindes-
       tens 99,5 vom Hundert einzuhalten ist.
   bb) Bei Anwendung des Kontaktverfahrens ohne Zwischenabsorption
       und
       (i) bei einem Volumengehalt an Schwefeldioxid im Einsatzgas
            von 6 vom Hundert oder mehr ist ein Umsatzgrad von min-
            destens 98,5 vom Hundert oder

(ii) bei einem Volumengehalt an Schwefeldioxid von weniger als 6 vom Hundert im Einsatzgas ist ein Umsatzgrad von mindestens 97,5 vom Hundert

einzuhalten.

Die Emissionen an Schwefeldioxid und Schwefeltrioxid im Abgas sind bei diesen Verfahrenstypen durch Einsatz nachgeschalteter Minderungsmaßnahmen weiter zu vermindern.

cc) Bei Anwendung der Nasskatalyse ist ein Umsatzgrad von mindestens 98 vom Hundert einzuhalten.

Schwefeltrioxid

Die Emissionen an Schwefeltrioxid im Abgas dürfen die Massenkonzentration 60 mg/m^3 nicht überschreiten.

5.4.4.1o Anlagen zur Herstellung von Salzen wie Ammoniumchlorid, Kaliumchlorat, Kaliumkarbonat, Natriumkarbonat, Perborat, Silbernitrat

5.4.4.1o.1 Anlagen zur Herstellung von Natriumkarbonat

ALTANLAGEN

Ammoniak

Bei Altanlagen dürfen die Emissionen an Ammoniak im Abgas die Massenkonzentration 50 mg/m^3 nicht überschreiten.

5.4.4.1p Anlagen zur Herstellung von anorganischen Verbindungen

5.4.4.1p.1 Anlagen zur Herstellung von Schwefel[75]

Schwefelemissionsgrad

a) Bei Clausanlagen mit einer Kapazität bis einschließlich 20 Mg Schwefel je Tag darf ein Schwefelemissionsgrad von 3 vom Hundert nicht überschritten werden.

b) Bei Clausanlagen mit einer Kapazität von mehr als 20 Mg Schwefel je Tag bis einschließlich 50 Mg Schwefel je Tag darf ein Schwefelemissionsgrad von 2 vom Hundert nicht überschritten werden.

---

75) Nach Nr. 7 der Allgemeinen Verwaltungsvorschrift vom 19. 12. 2017 (GMBl. Nr. 56/57, S. 1067) ist Nr. 5.4.4.1p.1 in der folgenden Fassung anzuwenden:
Schwefelemissionsgrad
Bei Clausanlagen mit einer Kapazität bis einschließlich 50 Mg Schwefel je Tag darf ein Schwefelemissionsgrad von 0,5 Prozent nicht überschritten werden.
Bei Clausanlagen mit einer Kapazität von mehr als 50 Mg Schwefel je Tag darf ein Schwefelemissionsgrad von 0,2 Prozent nicht überschritten werden.
Schwefeloxide
Die Anforderungen der Nummer 5.2.4 der TA Luft von 2002 für die Emissionen an Schwefeloxiden finden keine Anwendung.
Kohlenoxidsulfid und Kohlenstoffdisulfid
Die Abgase sind einer Nachverbrennung zuzuführen; die Emissionen an Kohlenoxidsulfid (COS) und Kohlenstoffdisulfid (CS$_2$) im Abgas dürfen insgesamt die Massenkonzentration 3 mg/m^3, angegeben als Schwefel, nicht überschreiten.
Bei Clausanlagen der Erdgasaufbereitung findet Satz 1 keine Anwendung.

c) Bei Clausanlagen mit einer Kapazität von mehr als 50 Mg Schwefel
    je Tag darf ein Schwefelemissionsgrad von 0,2 vom Hundert nicht
    überschritten werden.

Schwefeloxide
Die Anforderungen der Nummer 5.2.4 für die Emissionen an Schwefeloxiden finden keine Anwendung.

Kohlenoxidsulfid und Kohlenstoffdisulfid
Die Abgase sind einer Nachverbrennung zuzuführen; die Emissionen an
Kohlenoxidsulfid (COS) und Kohlenstoffdisulfid (CS_2) im Abgas dürfen
insgesamt die Massenkonzentration 3 mg/m³, angegeben als Schwefel,
nicht überschreiten.
Bei Clausanlagen der Erdgasaufbereitung findet Satz 1 keine Anwendung.

Schwefelwasserstoff
Bei Clausanlagen der Erdgasaufbereitung gilt abweichend von Nummer
5.2.4, dass die Emissionen an Schwefelwasserstoff die Massenkonzentration 10 mg/m³ nicht überschreiten dürfen.

ALTANLAGEN
Schwefelemissionsgrad
Bei Altanlagen dürfen folgende Schwefelemissionsgrade nicht überschritten werden:

a) bei Clausanlagen mit einer Kapazität bis ein-
    schließlich 20 Mg Schwefel je Tag   3 vom Hundert,

b) bei Clausanlagen mit einer Kapazität von mehr
    als 20 Mg Schwefel je Tag bis einschließlich
    50 Mg Schwefel je Tag   2 vom Hundert,

Schwefelwasserstoff
Bei Clausanlagen der Erdgasaufbereitung darf die Emission an Schwefelwasserstoff
die Massenkonzentration 10 mg/m³ nicht überschreiten.

Einzelmessungen
[1]Der Schwefelemissionsgrad von Clausanlagen ist nach Richtlinie VDI 3454 Blatt 3,
Ausgabe April 2012, zu überwachen. Einzelmessungen zur Bestimmung des Schwefelemissionsgrades erfolgen durch jährlich wiederkehrende Messungen. [2]Die Nummer 5.3.3 der TA Luft von 2002 bleibt unberührt.

ALTANLAGEN
Schwefelemissionsgrad
Bei bestehenden Clausanlagen mit einer Kapazität bis einschließlich 50 Mg Schwefel
je Tag darf ein Schwefelemissionsgrad von 1,5 Prozent nicht überschritten werden.
Bei bestehenden Clausanlagen im Sinne der Nummer 2.10 der TA Luft von 2002 mit
einer Kapazität von mehr als 50 Mg Schwefel je Tag dürfen folgende Schwefelemissionsgrade nicht überschritten werden:

a) bei Clausanlagen, die mit integriertem MODOP-Verfahren
    betrieben werden,   0,6 Prozent,
b) bei Clausanlagen, die mit integriertem Sulfreen-Verfahren
    betrieben werden,   0,5 Prozent,
c) bei Clausanlagen, die mit integriertem Scott-Verfahren be-
    trieben werden,   0,2 Prozent.

c) bei Clausanlagen mit einer Kapazität von mehr
    als 50 Mg Schwefel je Tag
    aa) bei Clausanlagen die mit integriertem MO-
        DOP-Verfahren betrieben werden,   0,6 vom Hundert,
    bb) bei Clausanlagen, die mit integriertem Sul-
        freen-Verfahren betrieben werden,   0,5 vom Hundert,
    cc) bei Clausanlagen, die mit integriertem Scott-
        Verfahren betrieben werden,   0,2 vom Hundert.

5.4.4.1q Anlagen zur Herstellung von phosphor-, stickstoff- oder kaliumhaltigen Düngemitteln (Einnährstoff- oder Mehrnährstoffdünger) einschließlich Ammoniumnitrat und Harnstoff

ALTANLAGEN

Gesamtstaub

Bei Altanlagen dürfen bei der Prillung, Granulation und Trocknung die staubförmigen Emissionen im Abgas die Massenkonzentration 50 mg/m³ nicht überschreiten.

Ammoniak

Bei Altanlagen dürfen bei der Prillung die Emissionen an Ammoniak im Abgas die Massenkonzentration 60 mg/m³ nicht überschreiten.

Bei Altanlagen dürfen bei der Granulierung und Trocknung die Emissionen an Ammoniak im Abgas die Massenkonzentration 50 mg/m³ nicht überschreiten.

5.4.4.1r Anlagen zur Herstellung von Ausgangsstoffen für Pflanzenschutzmittel und von Bioziden

Gesamtstaub, einschließlich schwer abbaubarer, leicht anreicherbarer und hochtoxischer organischer Stoffe

Die staubförmigen Emissionen im Abgas dürfen als Mindestanforderung den Massenstrom 5 g/h oder die Massenkonzentration 2 mg/m³ nicht überschreiten.

5.4.4.2 Anlagen der Nummer 4.2:
Anlagen, in denen Pflanzenschutz- oder Schädlingsbekämpfungsmittel oder ihre Wirkstoffe gemahlen oder maschinell gemischt, abgepackt oder umgefüllt werden

Gesamtstaub, einschließlich schwer abbaubarer, leicht anreicherbarer und hochtoxischer organischer Stoffe

[1]Staubhaltige Angase sind an der Entstehungsstelle zu erfassen und einer Entstaubungseinrichtung zuzuführen. [2]Die staubförmigen Emissionen im Abgas dürfen als Mindestanforderung den Massenstrom 5 g/h oder die Massenkonzentration 5 mg/m³ nicht überschreiten. [3]Bei staubförmigen Emissionen, die zu 10 vom Hundert oder mehr aus sehr giftigen Stoffen oder Zubereitungen bestehen, darf die Massenkonzentration im Abgas 2 mg/m³ nicht überschreiten.

5.4.4.4   Anlagen der Nummer 4.4:
Mineralölraffinerien[76)]

Druckentlastungsarmaturen und Entleerungseinrichtungen

[1]Gase und Dämpfe organischer Stoffe sowie Wasserstoff und Schwefelwasserstoff, die aus Druckentlastungsarmaturen und Entleerungseinrichtungen austreten, sind in ein Gassammelsystem einzuleiten. [2]Die erfassten Gase sind soweit wie möglich in Prozessfeuerungen zu verbrennen. [3]Sofern dies nicht möglich ist, sind die Gase einer Fackel zuzuführen.

Abgasführung

Abgase, die aus Prozessanlagen laufend anfallen, sowie Abgase, die beim Regenerieren von Katalysatoren, bei Inspektionen und bei Reinigungsarbeiten auftreten, sind einer Nachverbrennung zuzuführen oder es sind gleichwertige Maßnahmen zur Emissionsminderung anzuwenden.

---

76) Nach Nr. 8 der Allgemeinen Verwaltungsvorschrift vom 19. 12. 2017 (GMBl. Nr. 56/57 S. 1067) ist Nr. 5.4.4.4 in der folgenden Fassung anzuwenden:

Bauliche und betriebliche Anforderungen

Lösemittel in Anlagen zur primären Herstellung von Grundölen sind in einem geschlossenen Prozess mit Lösemittelrückgewinnung zu führen.

Bei der Errichtung von neuen Anlagen zur primären Herstellung von Grundölen ist zu prüfen, ob eine Lösemittelrückgewinnung in mehreren Stufen zur Vermeidung von Lösemittelverlusten oder Extraktionsanlagenprozesse mit weniger gefährlichen Stoffen, wie zum Beispiel N-Methylpyrrolidon anstelle von Furfural oder Phenol, eingesetzt oder ein katalytischer Prozess auf Basis der Hydrierung angewendet werden kann.

[1]Kopfdämpfe, die bei Bitumenblasanlagen entstehen, sind soweit wie möglich durch eine thermische Nachverbrennung oberhalb von 800 °C zu verbrennen. [2]Ist dies nicht möglich, hat eine Nasswäsche der Kopfdämpfe zu erfolgen.

Druckentlastungsarmaturen und Entleerungseinrichtungen

[1]Gase und Dämpfe organischer Stoffe sowie Wasserstoff und Schwefelwasserstoff, die aus Druckentlastungsarmaturen und Entleerungseinrichtungen austreten, sind in ein Gassammelsystem einzuleiten. [2]Die erfassten Gase sind soweit wie möglich in Prozessfeuerungen zu verbrennen. [3]Sofern dies nicht möglich ist, sind die Gase einer Fackel zuzuführen.

Abgasführung

Abgase, die aus Prozessanlagen laufend anfallen, sowie Abgase, die beim Regenerieren von Katalysatoren, bei Inspektionen und bei Reinigungsarbeiten auftreten, sind einer Nachverbrennung zuzuführen oder es sind gleichwertige Maßnahmen zur Emissionsminderung anzuwenden.

Anfahr- und Abstellvorgänge

[1]Gase, die beim Anfahren oder Abstellen der Anlage anfallen, sind soweit wie möglich über ein Gassammelsystem in den Prozess zurückzuführen oder in Prozessfeuerungen zu verbrennen. [2]Sofern dies nicht möglich ist, sind die Gase einer Fackel zuzuführen. [3]Die Fackeln sollen mindestens die Anforderungen an Fackeln zur Verbrennung von Gasen aus Betriebsstörungen und Sicherheitsventilen erfüllen.

Schwefelwasserstoff

[1]Gase aus Entschwefelungsanlagen oder anderen Quellen mit einem Volumengehalt an Schwefelwasserstoff von mehr als 0,4 Prozent und mit einem Massenstrom an Schwefelwasserstoff von mehr als 1 Mg/d sind weiterzuverarbeiten. [2]Gase, die nicht weiterverarbeitet werden, sind einer Nachverbrennung zuzuführen. [3]Schwefelwasser-

Anfahr- und Abstellvorgänge

[1]Gase, die beim Anfahren oder Abstellen der Anlage anfallen, sind soweit wie möglich über ein Gassammelsystem in den Prozess zurückzuführen oder in Prozessfeuerungen zu verbrennen. [2]Sofern dies nicht möglich ist, sind die Gase einer Fackel zuzuführen. [3]Die Fackeln sollen mindestens die Anforderungen an Fackeln zur Verbrennung von Gasen aus Betriebsstörungen und Sicherheitsventilen erfüllen.

Schwefelwasserstoff

[1]Gase aus Entschwefelungsanlagen oder anderen Quellen mit einem Volumengehalt an Schwefelwasserstoff von mehr als 0,4 vom Hundert und mit einem Massenstrom an Schwefelwasserstoff von mehr als 2 Mg/d sind weiterzuverarbeiten. [2]Gase, die nicht weiterverarbeitet werden, sind einer Nachverbrennung zuzuführen. [3]Schwefelwasserstoffhaltiges Wasser darf nur so geführt werden, dass ein Ausgasen in die Atmosphäre vermieden wird.

Prozesswasser und Ballastwasser

Prozesswasser und überschüssiges Ballastwasser dürfen erst nach Entgasung in ein offenes System eingeleitet werden; die Gase sind einer Abgasreinigungseinrichtung zuzuführen.

Katalytisches Spalten

[1]Die staubförmigen Emissionen und die Emissionen an Schwefeloxiden im Abgas von Anlagen zum katalytischen Spalten im Fließbett-Verfahren dürfen beim Regenerieren des Katalysators folgende Massenkonzentrationen nicht überschreiten:

a) Staub 30 mg/m^3,

---

stoffhaltiges Wasser darf nur so geführt werden, dass ein Ausgasen in die Atmosphäre vermieden wird.

Prozesswasser und Ballastwasser

Prozesswasser und überschüssiges Ballastwasser dürfen erst nach Entgasung in ein offenes System eingeleitet werden; die Gase sind einer Abgasreinigungseinrichtung zuzuführen.

Katalytisches Spalten

[1]Die Emissionswerte beziehen sich auf einen Volumengehalt an Sauerstoff im Abgas von 3 Prozent. [2]Die staubförmigen Emissionen und die Emissionen an Schwefeloxiden im Abgas von Anlagen zum katalytischen Spalten im Fließbett-Verfahren dürfen beim Regenerieren des Katalysators folgende Massenkonzentrationen nicht überschreiten:

a) Staub 25 mg/m^3,

b) Schwefeldioxid und Schwefeltrioxid, angegeben als Schwefeldioxid, $0,30 \text{ g/m}^3$,

c) Stickstoffmonoxid und Stickstoffdioxid, angegeben als Stickstoffdioxid, $0,10 \text{ g/m}^3$

d) Kohlenmonoxid für Anlagen mit vollständiger Verbrennung oder mit partieller Verbrennung 80 mg/m^3.

Kalzinieren

Die staubförmigen Emissionen im Abgas von Anlagen zum Kalzinieren dürfen die Massenkonzentration 10 mg/m^3 nicht überschreiten.

b) Schwefeldioxíd und Schwefeltrioxid, angegeben
    als Schwefeldioxid,   1,2 g/m^3.
[2]Die Möglichkeiten, die Emissionen an Schwefeloxiden durch prozesstechnische Maßnahmen weiter zu vermindern, sind auszuschöpfen.

Kalzinieren
Die staubförmigen Emissionen im Abgas von Anlagen zum Kalzinieren
dürfen die Massenkonzentration 30 mg/m^3 nicht überschreiten.

Organische Stoffe
Die Anforderungen für organische Stoffe der Nummer 5.4.9.2 gelten für
die Lagerung von brennbaren Flüssigkeiten entsprechend.

Gasförmige Emissionen
Die Anforderungen für gasförmige Emissionen der Nummer 5.4.9.2 für
Neu- und Altanlagen gelten beim Verarbeiten, Fördern, Umfüllen oder
Lagern entsprechend.

Organische Stoffe
Die Anforderungen für organische Stoffe der Nummer 5.4.9.2 der TA Luft von 2002
gelten für die Lagerung von brennbaren Flüssigkeiten entsprechend.

Gasförmige Emissionen
Die Anforderungen für gasförmige Emissionen der Nummer 5.4.9.2 der TA Luft von
2002 für Neu- und Altanlagen dieser Verwaltungsvorschrift gelten beim Verarbeiten,
Fördern, Umfüllen oder Lagern entsprechend.

Ammoniak
Sofern zur Minderung der Emissionen von Stickstoffoxiden ein Verfahren der selektiven katalytischen oder selektiven nichtkatalytischen Reduktion eingesetzt wird, darf
die Massenkonzentration von Ammoniak 10 mg/m^3 im Abgas nicht überschreiten.

Kompensationsmöglichkeit für Stickstoffoxide
Abweichend von den für Feuerungsanlagen, bei Einsatz von Raffinerieheizgasen
oder Destillations- oder Konversionsrückständen allein oder gleichzeitig mit anderen
Brennstoffen, und den für Anlagen zum katalytischen Spalten in dieser Verwaltungsvorschrift festgelegten Emissionswerten für Stickstoffmonoxid und Stickstoffdioxid,
angegeben als Stickstoffdioxid, kann die zuständige Behörde auf Antrag für einige
oder sämtliche dieser Anlagen innerhalb einer Raffinerie lediglich einen Emissionswert nach folgender Berechnung zulassen:

$$EW_{NOx} < \frac{\sum [(Q_i) \times (C_{i\,NOx})]}{\sum (Q_i)}$$

Darin bedeuten:

EW_{NOx} berechneter Emissionswert für Stickstoffmonoxid und Stickstoffdioxid,
            angegeben als Stickstoffdioxid, in mg/m^3 für den Tagesmittelwert

Q_i repräsentativer Abgasvolumenstrom der jeweiligen Anlage im Normalbe-
            trieb in m^3/h

$C_{i\,NOx}$ festgelegter Emissionswert für Stickstoffmonoxid und Stickstoffdioxid,
            angegeben als Stickstoffdioxid, der jeweiligen Anlage in mg/m^3 für den
            Tagesmittelwert, vorhandene Monatsmittelwerte sind nach den Kriterien
            zur Beurteilung der Einhaltung der Emissionsgrenzwerte für validierte Ta-
            gesmittelwerte der Richtlinie 2010/75/EU Anhang V Teil 4 in Tagesmit-
            telwerte umzurechnen

ΣQ_i repräsentativer Abgasvolumenstrom der Anlagen im Normalbetrieb in
            m^3/h

ALTANLAGEN
Katalytisches Spalten
Die staubförmigem Emissionen im Abgas von Altanlagen zum katalytischen Spalten im Fließbett-Verfahren dürfen beim Regenerieren des Katalysators die Massenkonzentration 40 mg/m³ nicht überschreiten.
Kalzinieren
Die staubförmigen Emissionen im Abgas von Anlagen zum Kalzinieren dürfen die Massenkonzentration 40 mg/m³ nicht überschreiten.
Die Anforderungen der Nummer 5.2.4 Klasse IV erster Spiegelstrich (Schwefeloxide) sind spätestens zehn Jahre nach Inkrafttreten dieser Verwaltungsvorschrift einzuhalten.

5.4.4.6   Anlagen der Nummer 4.6:
Anlagen zur Herstellung von Ruß

5.4.4.6.1   Anlagen zur Herstellung von Industrieruß
Bauliche und betriebliche Anforderungen
Prozessgase aus Furnace- und Flammrußanlagen sind einer Nachverbrennung zuzuführen und energetisch zu verwerten.

---

[1]In dieser Berechnung können auf Antrag bei der zuständigen Behörde innerhalb einer Raffinerie Anlagen nach der Verordnung über Großfeuerungs-, Gasturbinen- und Verbrennungsmotoranlagen vom 2. Mai 2013 (BGBl. I S. 1021, 1223, 3754) zuletzt geändert durch Artikel 30 der Verordnung vom 31. August 2015 (BGBl. I S. 1474) mit einbezogen werden, für die eine gleichlautende Berechnung vorgegeben ist. [2]Es ist sicherzustellen, dass die bei Anwendung von Satz 1 bis Satz 3 entstehenden Emissionen geringer sind als die, die bei Einhaltung der einzelquellbezogenen Emissionsbegrenzungen entstehen würden. [3]Bei der Änderung einer in dieser Berechnung berücksichtigten Anlage, ist der berechnete Emissionswert zu überprüfen und gegebenenfalls neu zu ermitteln.

Kompensationsmöglichkeit für Schwefeloxide
Abweichend von den in dieser Verwaltungsvorschrift festgelegten Emissionswerten für Schwefeldioxid und Schwefeltrioxid, angegeben als Schwefeldioxid, für Anlagen zum katalytischen Spalten, für Anlagen zur Herstellung von Schwefel und für Feuerungsanlagen, bei Einsatz von Raffinerieheizgasen oder Destillations- oder Konversionsrückständen allein oder gleichzeitig mit anderen Brennstoffen kann die zuständige Behörde auf Antrag für einige oder sämtliche dieser Anlagen innerhalb einer Raffinerie lediglich einen Emissionswert nach folgender Berechnung zulassen:

$$EW_{SO_x} < \frac{\sum [(Q_i) \times (C_{iSO_x})]}{\sum (Q_i)}$$

Darin bedeuten:

EW_{SO_x}	berechneter Emissionswert für Schwefeldioxid und Schwefeltrioxid, angegeben als Schwefeldioxid, in mg/m³ für den Tagesmittelwert
Q_i	repräsentativer Abgasvolumenstrom der jeweiligen Anlage im Normalbetrieb in m³/h
$C_{i\,SO_x}$	festgelegter Emissionswert für Schwefeldioxid und Schwefeltrioxid, angegeben als Schwefeldioxid, der jeweiligen Anlage in mg/m³ für den Tagesmittelwert
$\sum Q_i$	repräsentativer Abgasvolumenstrom der Anlagen im Normalbetrieb in m³/h

Bezugsgröße

Die Emissionswerte beziehen sich in den Abgasen der dampf- oder stromerzeugenden Nachverbrennungseinrichtungen von Furnace- und Flammrußanlagen auf einen Volumengehalt an Sauerstoff im Abgas von 3 vom Hundert.

Kohlenmonoxid

Bei Gasrußanlagen dürfen die Emissionen an Kohlenmonoxid im Abgas die Massenkonzentration 0,50 g/m³ nicht überschreiten.

Stickstoffoxide

[1]Bei Furnace- und Flammrußanlagen dürfen im Abgas der Nachverbrennungseinrichtung abweichend von Nummer 5.2.4 die Emissionen an Stickstoffmonoxid und Stickstoffdioxid die Massenkonzentration 0,6 g/m³, angegeben als Stickstoffdioxid, nicht überschreiten. [2]Die Möglichkeiten, die Emissionen durch verbrennungstechnische Maßnahmen weiter zu vermindern, sind auszuschöpfen.

---

[1]In dieser Berechnung können auf Antrag bei der zuständigen Behörde innerhalb einer Raffinerie Anlagen nach der Verordnung über Großfeuerungs-, Gasturbinen- und Verbrennungsmotoranlagen mit einbezogen werden, für die eine gleichlautende Berechnung vorgegeben ist. [2]Es ist sicherzustellen, dass die bei Anwendung von Satz 1 bis 3 entstehenden Emissionen geringer sind als die, die bei Einhaltung der einzelquellbezogenen Emissionsbegrenzungen entstehen würden. [3]Bei der Änderung einer in dieser Berechnung berücksichtigten Anlage, ist der berechnete Emissionswert zu überprüfen und gegebenenfalls neu zu ermitteln.

Ein Kalzinierer kann auf Antrag in ein integriertes Emissionsmanagement in der Weise einbezogen werden, dass die Frachten an Schwefeloxiden, die beim Kalzinierer über einen Grenzwert von 0,35 g/m³ hinausgehen, im Monatsmittel bei anderen Anlagen der Raffinerie zusätzlich gemindert werden.

Kontinuierliche Messungen

Die Emissionen an Kohlenmonoxid, Schwefeloxiden, Stickstoffoxiden und Staub aus Anlagen zum katalytischen Spalten sind kontinuierlich zu ermitteln.

Die Emissionen an Ammoniak bei Einsatz eines Verfahrens der selektiven katalytischen oder selektiven nichtkatalytischen Reduktion zur Minderung von Stickstoffoxiden sind kontinuierlich zu ermitteln.

Wird von der Kompensationsmöglichkeit für Schwefeloxide oder Stickstoffoxide Gebrauch gemacht, hat der Betreiber die dafür notwendigen Parameter, insbesondere den Abgasvolumenstrom und die Massenkonzentration für Schwefeldioxid und Schwefeltrioxid, angegeben als Schwefeldioxid, oder Stickstoffmonoxid und Stickstoffdioxid, angegeben als Stickstoffdioxid, an der jeweiligen Einzelquelle kontinuierlich zu ermitteln und der zuständigen Behörde zu übermitteln.

Auf Antrag bei der zuständigen Behörde kann die kontinuierliche Messung der Massenkonzentration für Schwefeldioxid und Schwefeltrioxid, angegeben als Schwefeldioxid, oder Stickstoffmonoxid und Stickstoffdioxid, angegeben als Stickstoffdioxid, unter Berücksichtigung der Nummer 5.3.2 der TA Luft von 2002 für Einzelfeuerungen mit einer Feuerungswärmeleistung von weniger als 20 MW entfallen, wenn an diesen Quellen einmal pro Jahr und nach maßgeblichem Brennstoffwechsel Einzelmessungen durchgeführt werden und der maximale Messwert zuzüglich der erweiterten Messunsicherheit als Ersatzwert für diese Quelle eingesetzt wird sowie der Beitrag zum repräsentativen Abgasvolumenstrom der Gesamtanlage kleiner als 10 Prozent ist.

Schwefeloxide

Bei Furnace- und Flammrußanlagen dürfen im Abgas der Nachverbrennungseinrichtung die Emissionen an Schwefeldioxid und Schwefeltrioxid die Massenkonzentration 0,85 g/m³, angegeben als Schwefeldioxid, nicht überschreiten.

Organische Stoffe

Bei Anlagen für die Herstellung von Gasruß dürfen die Emissionen an gasförmigen organischen Stoffen die Massenkonzentration 0,10 g/m³, angegeben als Gesamtkohlenstoff, nicht überschreiten.

Benzol

Bei Anlagen für die Herstellung von Gasruß dürfen die Emissionen an Benzol als Mindestanforderung die Massenkonzentration 5 mg/m³ nicht überschreiten.

Einzelmessungen

[1]Die Emissionen an Nickel, Antimon und Vanadium im Staub aus Anlagen zum katalytischen Spalten sind alle sechs Monate zu ermitteln. [2]Die Messung von Antimon hat nur bei Zufuhr von Antimon im Prozess zu erfolgen. [3]Für den Fall, dass der Maximalwert mit einem Vertrauensniveau von 50 Prozent nach der VDI-Richtlinie 2448 Blatt 2, Ausgabe Juli 1997, den Emissionswert nicht überschreitet, kann nach einem Jahr die Messung gemäß Nummer 5.3.2.1 der TA Luft von 2002 alle drei Jahre erfolgen.

Die Emissionen an Polychlordibenzodioxine/-furane (PCDD/F) aus Anlagen zum katalytischen Reformieren sind jährlich zu ermitteln.

ALTANLAGEN

Katalytisches Spalten

Die staubförmigen Emissionen im Abgas von Altanlagen zum katalytischen Spalten im Fließbett-Verfahren dürfen beim Regenerieren des Katalysators die Massenkonzentration 30 mg/m³ nicht überschreiten.

Die Emissionen an Schwefeldioxid und Schwefeltrioxid, angegeben als Schwefeldioxid, im Abgas von bestehenden Anlagen dürfen folgende Massenkonzentrationen nicht überschreiten:

a) vollständige Verbrennung 0,80 g/m³,
b) partielle Verbrennung 1,20 g/m³.

Bei Einsatz von schwefelarmen Einsatzstoffen mit einem Anteil von Schwefel von weniger als 0,5 Gewichtsprozent, Hydrotreatment oder Wäsche darf für partielle wie vollständige Verbrennung die Massenkonzentration von 0,60 g/m³ nicht überschritten werden.

Die Emissionen an Stickstoffmonoxid und Stickstoffdioxid, angegeben als Stickstoffdioxid, im Abgas von bestehenden Anlagen dürfen folgende Massenkonzentrationen nicht überschreiten:

a) mit vollständiger Verbrennung 0,30 g/m³
b) mit partieller Verbrennung 0,35 g/m³.

Kalzinieren

Die staubförmigen Emissionen im Abgas von Anlagen zum Kalzinieren dürfen die Massenkonzentration von 30 mg/m³ nicht überschreiten.

5.4.4.7   Anlagen der Nummer 4.7:
Anlagen zur Herstellung von Kohlenstoff (Hartbrandkohle) oder Elektrographit durch Brennen oder Graphitieren
ALTANLAGEN
Brennen
Bei Altanlagen für die Herstellung von Kohlenstoffformkörpern dürfen im Abgas von Ringöfen mit elektrischen Abscheidern, Trockensorptionseinrichtungen oder einer Kombination beider Abgasreinigungseinrichtungen die Emissionen an gasförmigen organischen Stoffen die Massenkonzentration 0,15 g/m^3, angegeben als Gesamtkohlenstoff, und die Emissionen an Benzol als Mindestanforderung die Massenkonzentration 3 mg/m^3 nicht überschreiten.

5.4.4.10   Anlagen der Nummer 4.10:
Anlagen zur Herstellung von Anstrich- oder Beschichtungsstoffen (Lasuren, Firnis, Lacke, Dispersionsfarben) oder Druckfarben
Gesamtstaub
Die staubförmigen Emissionen im Abgas dürfen die Massenkonzentration 10 mg/m^3 nicht überschreiten.

5.4.5   Oberflächenbehandlung mit organischen Stoffen, Herstellung von bahnenförmigen Materialien aus Kunststoffen, sonstige Verarbeitung von Harzen und Kunststoffen

5.4.5.1   Anlagen der Nummer 5.1:
Anlagen zur Behandlung von Oberflächen von Stoffen, Gegenständen oder Erzeugnissen einschließlich der zugehörigen Trocknungsanlagen unter Verwendung von organischen Lösungsmitteln
Gesamtstaub
Die staubförmigen Emissionen im Abgas (Lackpartikel) dürfen den Massenstrom 15 g/h oder die Massenkonzentration 3 mg/m^3 nicht überschreiten.[77]

5.4.5.2   Anlagen der Nummer 5.2:
Anlagen zum Beschichten, Imprägnieren, Kaschieren, Lackieren oder Tränken von Gegenständen, Glas- oder Mineralfasern oder bahnen- oder tafelförmigen Materialien einschließlich der zugehörigen Trocknungsanlagen mit Kunstharzen

5.4.5.2.1   Anlagen zum Beschichten, Imprägnieren, Kaschieren, Lackieren oder Tränken von Glas- oder Mineralfasern[78]
Bauliche und betriebliche Anforderungen
Abgase sind an der Entstehungsstelle, z. B. bei Schmelzwannen, Kupolöfen, Sammelkammern, Härteöfen, Säge- und Konfektionierungsstationen, zu erfassen und einer Abgasreinigungseinrichtung zuzuführen.

---

77) Vgl. dazu die Vollzugsempfehlung der UMK vom 16. 9. 2011 (abgedruckt bei Ule/
     Laubinger/Repkowitz, BImSchG, Bd. 10, LAI 59).
78) Vgl. dazu die Vollzugsempfehlung vom 12. 11. 2013, abgedruckt bei Ule/Laubinger/
     Repkewitz, Bundes-Immissionsschutzgesetz, Bd. 10, LAI 65.

Ammoniak

[1]Bei der Imprägnierung und Trocknung von Glaswolle oder Steinwolle gilt Nummer 5.2.4 mit der Maßgabe, dass die Emissionen an Ammoniak im Abgas die Massenkonzentration 65 mg/m^3 nicht überschreiten dürfen. [2]Soweit die Minderung organischer Emissionen durch eine thermische Nachverbrennung erfolgt, dürfen die Emissionen an Ammoniak im Abgas die Massenkonzentration 0,10 g/m^3 nicht überschreiten.

Bei Beschichten von Glasfaser- oder Mineralfaservlies gilt Nummer 5.2.4 mit der Maßgabe, dass die Emissionen an Ammoniak im Abgas die Massenkonzentration 80 mg/m^3 nicht überschreiten dürfen.

Stickstoffoxide

Bei Einsatz einer thermischen Nachverbrennung dürfen abweichend von Nummer 5.2.4 die Emissionen an Stickstoffmonoxid und Stickstoffdioxid im Abgas die Massenkonzentration 0,35 g/m^3, angegeben als Stickstoffdioxid, nicht überschreiten.

ALTANLAGEN

Gesamtstaub

Bei Altanlagen, ausgenommen Konfektionierung und Härteöfen – soweit bei Härteöfen die Abgase getrennt erfasst und behandelt werden, dürfen die staubförmigen Emissionen im Abgas die Massenkonzentration 80 mg/m^3, nicht überschreiten; darüber hinaus ist zu prüfen, inwieweit einschließlich zusätzlicher abgasseitiger Minderungsmaßnahmen ein Emissionswert von 50 mg/m^3 gefordert werden kann.

Die Anforderungen zur Begrenzung der staubförmigen Emissionen für Neuanlagen sind spätestens acht Jahre nach Inkrafttreten dieser Verordnung einzuhalten.

Phenol und Formaldehyd

Beim Imprägnieren und Trocknen von Mineralfasern dürfen die Emissionen an Phenol und Formaldehyd im Abgas insgesamt die Massenkonzentration 30 mg/m^3 nicht überschreiten.

5.4.5.4 Anlagen der Nummern 5.4:
Anlagen zum Tränken oder Überziehen von Stoffen oder Gegenständen mit Teer, Teeröl oder heißem Bitumen

Bauliche und betriebliche Anforderungen

[1]Die Anlagen sind so zu errichten und zu betreiben, dass Schadstoffe nicht in den Boden und das Grundwasser eindringen können. [2]Der Zutritt von Wasser ist zur Verhinderung der Auswaschung von Schadstoffen oder der Entstehung von organischen Emissionen durch Umsetzungsprozesse zu minimieren (z. B. durch Abdeckung oder Überdachung).

Organische Stoffe

[1]Die Emissionen an organischen Stoffen im Abgas dürfen die Massenkonzentration 20 mg/m^3, angegeben als Gesamtkohlenstoff, nicht überschreiten. [2]Die Anforderungen der Nummer 5.2.5 für die Emissionen an organischen Stoffen der Klassen I und II finden keine Anwendung.

5.4.5.5   Anlagen der Nummer 5.5.:
**Anlagen zum Isolieren von Drähten unter Verwendung von phenol-
und kresolhaltigen Drahtlacken**

ALTANLAGEN

Kohlenmonoxid

Nummer 5.2.4 gilt mit der Maßgabe, dass für die Emission an Kohlenmonoxid im Abgas die Massenkonzentration 0,50 g/m^3 nicht überschritten
werden darf; die Möglichkeiten, die Emissionen an Kohlenmonoxid durch
primärseitige Maßnahmen oder durch andere dem Stand der Technik entsprechende Maßnahmen weiter zu vermindern, sind auszuschöpfen.

5.4.5.7   Anlagen der Nummer 5.7:
**Anlagen zur Verarbeitung von flüssigen ungesättigten Polyesterhar-
zen mit Styrol-Zusatz oder flüssigen Epoxidharzen mit Aminen**

Organische Stoffe

[1]Nummer 5.2.5 gilt mit der Maßgabe, dass die Emissionen an organischen Stoffen im Abgas die Massenkonzentration 85 mg/m^3, angegeben
als Gesamtkohlenstoff, nicht überschreiten dürfen. [2]Die Möglichkeiten,
die Emissionen an Styrol durch primärseitige Maßnahmen, z. B. durch
Einsatz styrolarmer oder styrolfreier Harze, weiter zu vermindern, sind
auszuschöpfen.

5.4.5.8   Anlagen der Nummer 5.8:
**Anlagen zur Herstellung von Gegenständen unter Verwendung von
Amino- oder Phenoplasten, wie Furan-, Harnstoff-, Phenol- oder Xy-
lolharzen mittels Wärmebehandlung**

Ammoniak

Die Emissionen an Ammoniak im Abgas dürfen die Massenkonzentration
50 mg/m^3 nicht überschreiten.

5.4.5.11   Anlagen der Nummer 5.11:
**Anlagen zur Herstellung von Polyurethanformteilen, Bauteilen unter
Verwendung von Polyurethan, Polyurethanblöcken in Kastenformen
oder zum Ausschäumen von Hohlräumen mit Polyurethan**

Organische Stoffe

Für Anlagen zur Herstellung von wärmeisolierenden Polyurethanschäumen, die mit reinen Kohlenwasserstoffen (z. B. Pentan) als Treibgas betrieben werden, finden die Anforderungen der Nummer 5.2.5 keine Anwendung.

5.4.6   Holz, Zellstoff[79]

5.4.6.1   Anlagen der Nummer 6.1:
Anlagen zur Gewinnung von Zellstoff aus Holz, Stroh oder ähnlichen Faserstoffen
Lagerplätze
Bei der Lagerung von Stammholz oder stückigem Holz finden die Anforderungen der Nummern 5.2.3.5 und 5.2.3.6 keine Anwendung.

5.4.6.2   Anlagen der Nummer 6.2:
Anlagen zur Herstellung von Papier, Karton oder Pappe
Bauliche und betriebliche Anforderungen
Abgase aus Behältern und Silos, bei denen beim Befüllvorgang staubförmige Emissionen auftreten können, sind zu erfassen und einer Entstaubungseinrichtung zuzuführen.

Abgase aus der Holzschliffherstellung und aus TMP-(Thermo-Mechanical-Pulp-)Anlagen sind zu erfassen und möglichst als Verbrennungsluft einer Feuerungsanlage zuzuführen.
Organische Stoffe
Durch Einsatz emissionsarmer Einsatzstoffe, z. B. Kunstharze oder Elastomerverbindungen mit niedrigem Restmonomergehalt, sind die Emissionen an organischen Stoffen im Abgas zu minimieren.

Bei Anlagen mit direkt beheizten Trocknungsaggregaten sind die Emissionen an organischen Stoffen im Abgas zu minimieren, z. B. durch emissionsbezogene Optimierung der Verbrennung der erdgasbefeuerten Trocknungsaggregate und Anpassung an wechselnde Lastzustände; die Anforderung der Nummer 5.4.1.2.5 hinsichtlich der Bezugsgröße für den Volumengehalt an Sauerstoff im Abgas findet keine Anwendung.

An- und Abfahrvorgänge sind im Hinblick auf geringe Emissionen zu optimieren.

Bei der Holzschliffherstellung und bei TMP-Anlagen finden die Anforderungen der Nummer 5.2.5 keine Anwendung.

Die Möglichkeiten, die Emissionen an organischen Stoffen durch primärseitige andere dem Stand der Technik entsprechende Maßnahmen weiter zu vermindern, z. B. bei TMP-Anlagen durch Kondensation in Wärmerückgewinnungseinrichtungen, sind auszuschöpfen.
Geruchsintensive Stoffe
[1]Durch Planung und Konstruktion sowie prozesstechnische Optimierung und Betriebsführung sind die Emissionen an geruchsintensiven Stoffen, z. B. aus dem Altpapierlager, der Altpapieraufbereitung, der Zwischenlagerung und dem Abtransport der Abfälle aus der Altpapieraufbereitung, den Prozesswasserkreisläufen, der Kläranlage und der Schlammentwässerung, soweit wie möglich zu vermeiden. [2]Soweit in der Umgebung einer Anlage Geruchseinwirkungen zu erwarten sind, sind weitergehende,

---

79) Zum Fortschreiten des Standes der Technik vgl. die Bekanntmachung vom 17. 4. 2018 (BAnzAT vom 3. 5. 2018 B 4).

dem Stand der Technik entsprechende Maßnahmen der Geruchsminderung, z. B. Kapselung der Anlagenteile, Erfassung der Abgase und Zuführung zu einer Abgasreinigungseinrichtung, durchzuführen.

5.4.6.3 Anlagen der Nummer 6.3:
Anlagen zur Herstellung von Holzspanplatten, Holzfaserplatten oder Holzfasermatten

Lagerplätze

Bei der Lagerung von Stammholz oder stückigem Holz finden die Anforderungen der Nummern 5.2.3.5 und 5.2.3.6 keine Anwendung.

Für Industrieresthölzer, die in trockenem Zustand stauben können (z. B. Frässpäne, Hobelspäne, Sägespäne, Sägemehl), oder Hölzer, bei denen die abbrennbare Fraktion bei Siebung mit einer maximalen Maschenweite von 5 mm den Wert von 5,0 g/kg (bezogen auf die Trockenmasse) überschreitet, ist durch betriebliche und technische Maßnahmen sicherzustellen, dass das Entladen ausschließlich in geschlossenen Materialannahmestationen sowie den zugehörigen Siloanlagen erfolgen kann; die Abgase sind zu erfassen und einer Entstaubungseinrichtung zuzuführen.

Gesamtstaub, einschließlich der Anteile an krebserzeugenden, erbgutverändernden oder reproduktionstoxischen Stoffen

Die staubförmigen Emissionen im Abgas dürfen als Mindestanforderung folgende Massenkonzentrationen nicht überschreiten:

a) bei Schleifmaschinen 5 mg/m^3,
b) bei indirekt beheizten Spänetrocknern 10 mg/m^3 (f),
c) bei sonstigen Trocknern 15 mg/m^3 (f).

Brennstoffe

Bei Einsatz von flüssigen oder festen Brennstoffen in Späne- oder Fasertrocknern darf der Massengehalt an Schwefel im Brennstoff 1 vom Hundert, bei festen Brennstoffen bezogen auf einen unteren Heizwert von 29,3 MJ/kg, nicht überschreiten, soweit nicht durch den Einsatz einer Abgasreinigungseinrichtung ein äquivalenter Emissionswert für Schwefeloxide erreicht wird; beim Einsatz von Kohlen dürfen nur Kohlen verwendet werden, die keine höheren Emissionen an Schwefeloxiden verursachen als Steinkohle mit einem Massengehalt an Schwefel von weniger als 1 vom Hundert, bezogen auf einen unteren Heizwert von 29,3 MJ/kg.

Organische Stoffe

[1]Bei Trocknern dürfen die Emissionen an organischen Stoffen im Abgas die Massenkonzentration 300 mg/m^3 (f), angegeben als Gesamtkohlenstoff, nicht überschreiten. [2]Bei Fasertrocknern im Umluftbetrieb dürfen die Emissionen an organischen Stoffen der Nummer 5.2.5 Klasse I im Abgas die Massenkonzentration nach Nummer 5.2.5 überschreiten, wenn dabei der stündliche Massenstrom unterschritten wird, der bei Einhaltung der Massenkonzentration nach Nummer 5.2.5 ohne Umluftbetrieb erreicht würde.

Bei Pressen dürfen die Emissionen an organischen Stoffen der Nummer 5.2.5 Klasse I im Abgas das Massenverhältnis 0,06 kg je Kubikmeter hergestellter Platten nicht überschreiten.

Die Möglichkeiten, die Emissionen an organischen Stoffen durch primärseitige Maßnahmen, z. B. durch Verwendung emissionsarmer Bindemittel, insbesondere durch den Einsatz formaldehydarmer oder formaldehydfreier Bindemittel, oder andere dem Stand der Technik entsprechende Maßnahmen weiter zu vermindern, sind auszuschöpfen.

5.4.7 Nahrungs-, Genuss- und Futtermittel, landwirtschaftliche Erzeugnisse

5.4.7.1 Anlagen der Nummer 7.1:
Anlagen zum Halten oder zur Aufzucht von Nutztieren
Mindestabstand

Bei der Errichtung der Anlagen sollen die sich aus der Abbildung 1 ergebenden Mindestabstände zur nächsten vorhandenen oder in einem Bebauungsplan festgesetzten Wohnbebauung und unter Berücksichtigung der Einzeltiermasse gemäß Tabelle 10 nicht unterschritten werden.

[1]Der Mindestabstand kann unterschritten werden, wenn die Emissionen an Geruchsstoffen durch primärseitige Maßnahmen gemindert werden oder das geruchsbeladene Abgas in einer Abgasreinigungseinrichtung behandelt wird. [2]Die durch die Minderung der Emissionen an Geruchsstoffen mögliche Verringerung des Mindestabstandes ist mit Hilfe eines geeigneten Modells zur Geruchsausbreitungsrechnung festzustellen, dessen Eignung der zuständigen Fachbehörde nachzuweisen ist.

Für Anlagen zum Halten oder zur Aufzucht von anderen als in der Tabelle 10 genannten Tierarten oder Haltungsbedingungen ist der Abstand im Einzelfall festzulegen.

Abbildung 1: Mindestabstandskurve
(Die obere Kurve stellt die Mindestabstandskurve für Geflügel, die untere
die Mindestabstandskurve für Schweine dar.)

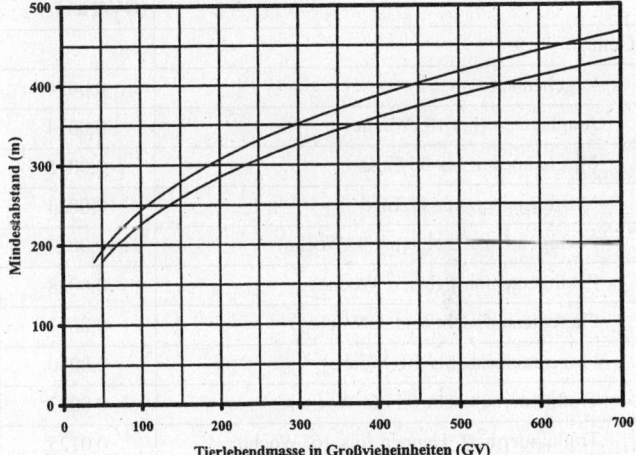

Tierlebendmasse in Großvieheinheiten (GV)

**Tabelle 10: Faktoren zur Umrechnung von Tierplatzzahlen in Tierle-
bendmasse, angegeben in Großvieheinheiten[*]**
(1 Großvieheinheit (GV) = 500 kg Tierlebendmasse)

Tierart	Mittlere Ein-zeltiermasse (GV/Tier)
Schweine	
Niedertragende und leere Sauen, Eber	0,30
Sauen mit Ferkeln bis 10 kg	0,40
Ferkelaufzucht (bis 25 kg)	0,03
Jungsauen (bis 90 kg)	0,12
Mastschweine (bis 110 kg)	0,13
Mastschweine (bis 120 kg)	0,15

---

[*] **Amtliche Anmerkung:** Für Produktionsverfahren, die wesentlich von den in dieser
Tabelle genannten Haltungsverfahren abweichen, kann die mittlere Einzeltiermasse
(in GV/Tier) im Einzelfall festgelegt werden.

Tierart	Mittlere Einzeltiermasse (GV/Tier)
Geflügel	
Legehennen	0,0034
Junghennen (bis 18. Woche)	0,0014
Masthähnchen bis 35 Tage	0,0015
Masthähnchen bis 49 Tage	0,0024
Pekingentenaufzucht (bis 3. Woche)	0,0013
Pekingentenmast (bis 7. Woche)	0,0038
Flugentenaufzucht (bis 3. Woche)	0,0012
Flugentenmast (bis 10. Woche)	0,0050
Truthühneraufzucht (bis 6. Woche)	0,0022
Truthühnermast, Hennen (bis 16. Woche)	0,0125
Truthühnermast, Hähne (bis 21. Woche)	0,0222

Bei der Errichtung der Anlagen soll gegenüber stickstoffempfindlichen Pflanzen (z. B. Baumschulen, Kulturpflanzen) und Ökosystemen (z. B. Heide, Moor, Wald) in der Regel ein Mindestabstand von 150 m nicht unterschritten werden.

Bauliche und betriebliche Anforderungen

[1]Folgende bauliche und betriebliche Maßnahmen sind in der Regel anzuwenden:

a) Größtmögliche Sauberkeit und Trockenheit im Stall
   Hierzu gehören das Trocken- und Sauberhalten der Futtervorlage-, der Kot-, Lauf- und Liegeflächen, der Stallgänge, der Stalleinrichtungen und der Außenbereiche um den Stall. Tränkwasserverluste sind durch eine verlustarme Tränktechnik zu vermeiden.

b) Die vorgelegte Futtermenge ist so zu bemessen, dass möglichst wenig Futterreste entstehen; Futterreste sind regelmäßig aus dem Stall zu entfernen. Verdorbenes oder nicht mehr verwendbares Futter oder Futterreste dürfen nicht offen gelagert werden. Werden geruchsintensive Futtermittel (z. B. Speiseabfälle, Molke) verfüttert, sind diese in geschlossenen Behältern oder abgedeckt zu lagern.

c) Eine an den Nährstoffbedarf der Tiere angepasste Fütterung ist sicherzustellen.

d) Optimales Stallklima

Bei zwangsbelüfteten Ställen ist DIN 18910 (Ausgabe 1992) zu beachten. Die Art und Weise der Abluftführung ist im Einzelfall an den Bedingungen des Standortes auszurichten.

Frei gelüftete Ställe sollen möglichst mit der Firstachse quer zur Hauptwindrichtung ausgerichtet und frei anströmbar sein sowie zusätzliche Lüftungsöffnungen in den Giebelseiten aufweisen.

e) Beim Festmistverfahren ist eine ausreichende Einstreumenge zur Minderung der Geruchsemissionen einzusetzen. Die Einstreu muss trocken und sauber sein.

Dungstätten zur Lagerung von Festmist mit einem Trockenmassegehalt von weniger als 25 vom Hundert sind auf einer wasserundurchlässigen Betonplatte nach DIN 1045 (Ausgabe 1988) oder auf vergleichbar geeignetem Abdichtmaterial zu errichten. Die anfallende Jauche ist in einen abflusslosen Behälter einzuleiten. Zur Verringerung der windinduzierten Emissionen ist eine dreiseitige Umwandung des Lagerplatzes sowie eine möglichst kleine Oberfläche zu gewährleisten.

f) Zur Verringerung der Geruchsemissionen aus dem Stall sind anfallende Kot- und Harnmengen bei Flüssigmistsystemen kontinuierlich oder in kurzen Zeitabständen zum Güllelager zu überführen. Zwischen Stallraum und außen liegenden Flüssigmistkanälen und Flüssigmistbehältern ist ein Geruchsverschluss einzubauen.

g) Anlagern zum Lagern und Umschlagen von flüssigem Wirtschaftsdünger sind entsprechend DIN 11622 (Ausgabe 1994) und DIN 1045 (Ausgabe 1988) zu errichten.

Bei der Güllezwischenlagerung im Stall (Güllekeller) ist die Kapazität so zu bemessen, dass bei Unterflurabsaugung der maximale Füllstand höchstens bis 50 cm unterhalb der Betonroste ansteigt; ansonsten sind 10 cm ausreichend.

Bei Unterflurabsaugung soll die Stalluft mit niedriger Geschwindigkeit (maximal 3m/s) direkt unter dem Spaltenboden abgesaugt werden.

h) Die Lagerung von Flüssigmist (außerhalb des Stalles) soll in geschlossenen Behältern erfolgen oder es sind gleichwertige Maßnahmen zur Emissionsminderung anzuwenden, die einen Emissionsminderungsgrad bezogen auf den offenen Behälter ohne Abdeckung von mindestens 80 vom Hundert der Emissionen an geruchsintensiven Stoffen und an Ammoniak erreicht.

Künstliche Schwimmschichten sind nach etwaiger Zerstörung durch Aufrühren oder Ausbringungsarbeiten nach Abschluss der Arbeiten unverzüglich wieder funktionstüchtig herzustellen.

Bei der Lagerung von Rinderflüssigmist ist keine zusätzliche Abdeckung erforderlich, wenn sich eine natürliche Schwimmdecke bildet.

i) Die Lagerkapazität für flüssigen Wirtschaftsdünger zur Verwendung als Düngemittel im eigenen Betrieb ist so zu bemessen, dass sie für mindestens 6 Monate ausreicht, zuzüglich eines Zuschlages für das anfallende Niederschlags- und Reinigungswasser; der Zuschlag für

Niederschlagswasser kann entfallen, wenn durch eine geeignete Abdeckung sichergestellt ist, dass kein Regenwasser in den Behälter gelangen kann. Für flüssigen Wirtschaftsdünger, der an Dritte zur weiteren Verwertung abgegeben wird, ist die ordnungsgemäße Lagerung und Verwertung vertraglich abzusichern.

[2]Bei Anlagen zum Halten oder zur Aufzucht von Geflügel sind folgende Anforderungen ergänzend anzuwenden:

j) In der Käfighaltung ist eine Kotbandtrocknung oder Kotbandbelüftung vorzusehen (Trocknungsgrad mindestens 60 vom Hundert). Getrockneter Geflügelkot ist so zu lagern, dass eine Wiederbefeuchtung (z. B. durch Regenwasser) im Anlagenbereich ausgeschlossen ist.
Bei der Auslaufhaltung sind die Anlage und die dazugehörigen Auslaufflächen so zu bemessen und zu gestalten, dass die Nährstoffeinträge durch Kotablagerung nicht zu schädlichen Umwelteinwirkungen, insbesondere hinsichtlich des Boden- und Gewässerschutzes, führen.

[3]Bei Anlagen zum Halten oder zur Aufzucht von Pelztieren sind folgende Anforderungen ergänzend anzuwenden:

k) Bei fleischfressenden Pelztieren soll Frischfutter in den Sommermonaten täglich, im Winter mindestens dreimal wöchentlich angeliefert werden. Das Futter soll' in geschlossenen Thermobehältern (Lagertemperatur des Futters 4 °C oder weniger) gelagert werden. Sofern abweichend eine längere Lagerzeit oder eine Futteranlieferung in größeren Zeitabständen erforderlich ist, soll das Futter geschlossen und tiefgekühlt gelagert werden.

l) Zur Verringerung der Emissionen an geruchsintensiven Stoffen ist unter den Käfigen ausreichend einzustreuen.

m) Dung unter den Käfigen ist mindestens einmal wöchentlich zu entfernen.

n) Die Lagerung der Exkremente ist nur in geschlossen Räumen oder Behältern zulässig.

[4]Die baulichen und betrieblichen Anforderungen sind mit den Erfordernissen einer artgerechten Tierhaltung abzuwägen, soweit diese Form der Tierhaltung zu höheren Emissionen führt.

Keime

Die Möglichkeiten, die Emissionen an Keimen und Endotoxinen durch dem Stand der Technik entsprechende Maßnahmen zu vermindern, sind zu prüfen.

5.4.7.2 Anlagen der Nummer 7.2: Anlagen zum Schlachten von Tieren

Mindestabstand

[1]Bei der Errichtung der Anlagen soll möglichst ein Mindestabstand von 350 m zur nächsten vorhandenen oder in einem Bebauungsplan festgesetzten Wohnbebauung nicht unterschritten werden. [2]Der Mindestabstand kann unterschritten werden, wenn die Emissionen an Geruchsstoffen durch primärseitige Maßnahmen gemindert werden oder das geruchsbe-

ladene Abgas in einer Abgasreinigungseinrichtung behandelt wird. [3]Die
durch die Minderung der Emissionen an Geruchsstoffen mögliche Verringerung des Mindestabstandes ist mit Hilfe eines geeigneten Modells zur
Geruchsausbreitungsrechnung festzustellen, dessen Eignung der zuständigen Fachbehörde nachzuweisen ist. [4]Der Mindestabstand kann auch unterschritten werden, wenn die Auslastung der Schlachtanlage 250 h/a nicht
überschreitet; in diesem Fall ist eine Sondergenehmigung erforderlich.

Bauliche und betriebliche Anforderungen
[1]Folgende bauliche und betriebliche Maßnahmen sind anzuwenden:
a) Entladungen sind grundsätzlich bei geschlossenen Hallentoren vorzunehmen.
   Die Aufstallung, die Schlachtstraßen, die Einrichtungen zur Aufarbeitung der Nebenprodukte und der Abfälle sind grundsätzlich in geschlossenen Räumen vorzusehen. Offene Zwischenlagerungen sind zu
   vermeiden.
b) Leckblut von Rindern und Schweinen ist bei Temperaturen von weniger als 10 °C zu lagern. Das Koagulieren des Blutes ist durch Um-
   pumpen zu verhindern. Für die Bluttankentleerung ist das Gaspendelverfahren anzuwenden. Der Bluttank ist regelmäßig zu reinigen.
c) Schlachtabfälle und Schlachtnebenprodukte sind in geschlossenen
   Behältern oder Räumen zu lagern. Die Temperatur der Schlachtabfälle
   und Schlachtnebenprodukte soll weniger als 10 °C betragen oder diese
   sind grundsätzlich in Räumen mit einer Raumtemperatur von weniger
   als 5 °C zu lagern oder täglich abzufahren. Ihr Umfüllen zum Abtransport zur Tierkörperbeseitigungsanlage muss in abgedeckte Behälter
   erfolgen.
d) Abgase aus Produktionsanlagen, Einrichtungen zur Aufarbeitung und
   Lagerung von Schlachtnebenprodukten oder Abfällen sind zu erfassen
   und einer Abgasreinigungseinrichtung zuzuführen oder es sind gleichwertige Maßnahmen zur Emissionsminderung anzuwenden.
[2]Für Anlagen zum Schlachten von Geflügel sowie zum Schlachten sonstiger Tiere von mehr als 10 Mg Lebendgewicht je Tag sind zusätzlich folgende Anforderungen anzuwenden:
e) Unmittelbar nach dem Leeren der Fahrzeuge ist das darin liegende
   Stroh zusammen mit dem Kot auf der Dunglage zu lagern. Die Lieferfahrzeuge sind an einem festen, nahe an der Dunglage befindlichen
   Waschplatz mit Druckwassergeräten zu reinigen. Boxen sind sofort
   nach der Leerung auszuschieben und sauber zu spritzen. Es sind Einrichtungen vorzusehen, um Schweine bei der Aufstallung mit Wasser
   berieseln zu können.
f) Die Verdrängungsluft beim Befüllen der Bluttanks ist zu erfassen und
   einer Abgasreinigungseinrichtung (z. B. Aktivkohlefilter) zuzuführen.
g) Flämmöfen bei der Schweineschlachtung sind so auszulegen, dass die
   Verweilzeit der Abgase in der Reaktionszone möglichst 1 Sekunde,
   mindestens aber 0,5 Sekunden beträgt. Die Temperatur in der Reaktionszone soll zwischen 600 °C und 700 °C liegen. Durch sorgfältige
   Einstellung des Gas-Luft-Gemisches ist ein geruchsarmer Betrieb der

Flämmöfen zu gewährleisten. Flämmöfen dürfen nur mit Erdgas betrieben werden.

h) Ergänzend zu Buchstabe c) soll die Temperatur der Schlachtabfälle und Schlachtnebenprodukte weniger als 10 °C betragen oder diese sind grundsätzlich in Räumen mit einer Raumtemperatur von weniger als 5 °C zu lagern; Schlachtabfälle und Schlachtnebenprodukte sind am Schlachttag zur Tierkörperbeseitigungsanlage oder zu einer anderen dafür zugelassenen Anlage zu transportieren.

5.4.7.3/4   Anlagen der Nummer 7.3 und 7.4:

5.4.7.3.1   Anlagen zur Erzeugung von Speisefetten aus tierischen Rohstoffen oder zum Schmelzen von tierischen Fetten

5.4.7.4.1   Anlagen zur Herstellung von Fleisch- oder Gemüsekonserven oder Anlagen zur fabrikmäßigen Herstellung von Tierfutter durch Erwärmen der Bestandteile tierischer Herkunft

Bauliche und betriebliche Anforderungen

Folgende bauliche und betriebliche Maßnahmen sind anzuwenden:

a) Bei Anlagen zur Erzeugung von Speisefetten aus tierischen Rohstoffen oder zum Schmelzen von tierischen Fetten soll als Prozesstechnik vorzugsweise das Trockenschmelzverfahren eingesetzt werden.

b) Entladungen sind grundsätzlich bei geschlossenen Hallentoren vorzunehmen. Prozessanlagen, einschließlich der Lager, sind in geschlossenen Räumen unterzubringen.

c) Abgase der Prozessanlagen sowie der Lager sind zu erfassen; Abgase mit geruchsintensiven Stoffen sind einer Abgasreinigungseinrichtung zuzuführen oder es sind gleichwertige Maßnahmen zur Emissionsminderung anzuwenden.

d) Roh- und Zwischenprodukte sind in geschlossenen Behältern oder Räumen und bei Temperaturen von weniger als 10 °C zu lagern. Offene Zwischenlagerungen sind zu vermeiden.

5.4.7.5   Anlagen der Nummer 7.5:
Anlagen zum Räuchern von Fleisch- oder Fischwaren

Bauliche und betriebliche Anforderungen

Folgende bauliche und betriebliche Maßnahmen sind anzuwenden:

a) Räucheranlagen sind so zu errichten und zu betreiben,
   – dass die Abgabe von Räuchergas aus der Räucherkammer nur möglich ist, wenn die Abgasreinigungseinrichtung ihre Wirksamkeit zur Einhaltung der Emissionswerte erreicht hat,
   – dass die entstehenden Abfälle in geschlossenen Behältern gelagert werden.

Ferner dürfen während des Räuchervorganges die Räucherkammern nicht geöffnet werden; dies gilt nicht für Kalträucheranlagen sowie für Anlagen, in denen ein Unterdruck besteht und bei denen bei geöffneter Räucherkammertür Rauchgase nicht nach außen gelangen können.

b) Abgase sind an der Entstehungsstelle (z. B. Räucherkammer) zu er-
    fassen und einer Abgasreinigungseinrichtung zuzuführen oder es sind
    gleichwertige Maßnahmen zur Emissionsminderung anzuwenden.
c) Produktionsabfälle sind in geschlossenen Behältern bei einer Tempe-
    ratur von weniger als 10 °C zu lagern.
d) Fischwaren sollen in geschlossenen Räumen mit einer Entlüftung auf-
    bewahrt werden.

5.4.7.8–12   Anlagen der Nummern 7.8 bis 7.12:

**5.4.7.8.1   Anlagen zur Herstellung von Gelatine, Hautleim, Leder-
leim oder Knochenleim**

**5.4.7.9.1   Anlagen zur Herstellung von Futter- oder Düngemitteln
oder technischen Fetten aus den Schlachtnebenprodukten Knochen,
Tierhaare, Federn, Hörner, Klauen oder Blut**

**5.4.7.10.1   Anlagen zum Lagern oder Aufarbeiten unbehandelter
Tierhaare**

5.4.7.11.1   Anlagen zum Lagern unbehandelter Knochen

**5.4.7.12.1   Anlagen zur Beseitigung oder Verwertung von Tierkör-
pern oder tierischen Abfällen sowie Anlagen, in denen Tierkörper,
Tierkörperteile oder Abfälle tierischer Herkunft zum Einsatz in diesen Anlagen gesammelt oder gelagert werden**
Bauliche und betriebliche Anforderungen
Folgende bauliche und betriebliche Maßnahmen sind anzuwenden:
a) Entladungen sind grundsätzlich bei geschlossenen Hallentoren vorzu-
    nehmen.
    Prozessanlagen, einschließlich der Lager, sind in geschlossenen Räu-
    men unterzubringen.
b) Abgase der Prozessanlagen sowie der Lager sind zu erfassen; Abgase
    mit geruchsintensiven Stoffen sind einer Abgasreinigungseinrichtung
    zuzuführen oder es sind gleichwertige Maßnahmen zur Emissions-
    minderung anzuwenden.
c) Roh- und Zwischenprodukte sind in geschlossenen Behältern oder
    Räumen und grundsätzlich gekühlt zu lagern. Offene Zwischenlage-
    rungen sind zu vermeiden.
d) Verunreinigte Transportbehälter dürfen nur in geschlossenen Räumen
    abgestellt und gereinigt werden.

5.4.7.15   Anlagen der Nummer 7.15:
Kottrocknungsanlagen
Mindestabstand
Bei der Errichtung der Anlagen soll ein Mindestabstand von 500 m zur
nächsten vorhandenen oder in einem Bebauungsplan festgesetzten Wohn-
bebauung nicht unterschritten werden.

Bauliche und betriebliche Anforderungen
[1]Prozessanlagen, einschließlich Lager, sind in geschlossenen Räumen unterzubringen. [2]Die Abgase der Prozessanlagen sowie der Lager sind zu erfassen und einer Abgasreinigungseinrichtung zuzuführen.
Keime
Die Möglichkeiten, die Emissionen an Keimen und Endotoxinen durch dem Stand der Technik entsprechende Maßnahmen zu vermindern, sind zu prüfen.

5.4.7.21 Anlagen der Nummer 7.21:
Mühlen für Nahrungs- oder Futtermittel
Bauliche und betriebliche Anforderungen
Staubhaltige Abgase sind an der Entstehungsstelle, z. B. in der Getreideannahme, im Absackbereich, zu erfassen und einer Entstaubungseinrichtung zuzuführen.

5.4.7.22 Anlagen der Nummer 7.22:
Anlagen zur Herstellung von Hefe oder Stärkemehlen

5.4.7.22.1 Anlagen zur Herstellung von Hefe
Organische Stoffe
[1]Nummer 5.2.5 gilt mit der Maßgabe, dass die Emissionen an organischen Stoffen im Abgas die Massenkonzentration 80 mg/m^3, angegeben als Gesamtkohlenstoff, nicht überschreiten dürfen. [2]Die Möglichkeiten, die Emissionen an organischen Stoffen durch primärseitige und andere dem Stand der Technik entsprechende Maßnahmen weiter zu vermindern, sind auszuschöpfen.

5.4.7.23 Anlagen der Nummer 7.23:
Anlagen zur Erzeugung von Ölen oder Fetten aus pflanzlichen Rohstoffen
Bauliche und betriebliche Anforderungen
Abgase sind an der Entstehungsstelle, z. B. Saatensilo, Saatenaufbereitung, Toastung, Trocknung, Kühlung, Schrotsilo, Pelletierung, Schrotverladung, zu erfassen und einer Abgasreinigungseinrichtung zuzuführen oder es sind gleichwertige Maßnahmen zur Emissionsminderung anzuwenden.
Schwefelwasserstoff
Soweit Biofilter zur Geruchsminderung eingesetzt werden, gilt Nummer 5.2.4 mit der Maßgabe, dass die Anforderungen für die Emissionen an Schwefelwasserstoff keine Anwendung finden.
ALTANLAGEN
Gesamtstaub
Soweit Emissionen an feuchten Stäuben auftreten, z. B. bei der Saatenkonditionierung, bei der Saatenaufbereitung, in den Trocknersektionen von Toastern und Kühlern, bei der Schrottrocknung und -kühlung, in der Pelletierung, sollen Altanlagen die Anforderung zur Begrenzung der staubförmigen Emissionen spätestens acht Jahre nach Inkrafttreten dieser Verwaltungsvorschrift einhalten.

5.4.7.24   Anlagen der Nummer 7.24:
Anlagen zur Herstellung oder Raffination von Zucker

5.4.7.24.1   Zuckerrübenschnitzeltrocknungsanlagen

Bauliche und betriebliche Anforderungen

[1]Anlagen zur Zuckerrübenschnitzeltrocknung sind nach der Technik der Indirekttrocknung (Dampftrocknung) zu errichten oder es sind gleichwertige Maßnahmen zur Emissionsminderung anzuwenden. [2]Bei einer wesentlichen Änderung der Anlage im Bereich der Trocknung oder der Energiezentrale ist zu prüfen, ob unter Beachtung des Grundsatzes der Verhältnismäßigkeit die Indirekttrocknung (Dampftrocknung) gefordert werden kann.

Organische Stoffe

[1]Nummer 5.2.5 gilt mit der Maßgabe, dass die Emissionen an organischen Stoffen im Abgas den Massenstrom 0,65 kg/h, angegeben als Gesamtkohlenstoff, nicht überschreiten dürfen. [2]Die Anforderungen der Nummer 5.2.5 für die Emissionen an organischen Stoffen der Klassen I und II finden keine Anwendung.

Die Möglichkeiten, die Emissionen an organischen Stoffen durch primärseitige oder andere dem Stand der Technik entsprechende Maßnahmen weiter zu vermindern, sind auszuschöpfen.

ALTANLAGEN

Die nachfolgenden Anforderungen beziehen sich auf Altanlagen nach dem Direkttrocknungsverfahren.

Bauliche und betriebliche Anforderungen

Zur Verminderung der Geruchsemissionen darf die Trommeleintrittstemperatur 750 °C nicht überschreiten.

Bezugsgröße

Nummer 5.4.1.2.5 gilt mit der Maßgabe, dass sich die Emissionswerte auf einen Volumengehalt an Sauerstoff im Abgas von 12 vom Hundert beziehen.

Gesamtstaub

Die staubförmigen Emissionen im Abgas dürfen die Massenkonzentration 60 mg/m^3 (f) nicht überschreiten.

Brennstoffe

Nummer 5.4.1.2.5 gilt mit der Maßgabe, dass auch andere als in Buchstabe b) genannte flüssige Brennstoffe eingesetzt werden dürfen.

Schwefeloxide

Bei Einsatz von anderen flüssigen Brennstoffen als Heizöle mit einem Massengehalt an Schwefel für leichtes Heizöl nach der 3. BImSchV, in der jeweils gültigen Fassung, dürfen die Emissionen an Schwefeldioxid und Schwefeltrioxid im Abgas die Massenkonzentration 0,85 g/m^3, angegeben als Schwefeldioxid, nicht überschreiten; dabei gilt Nummer 5.1.2 Absatz 8 mit der Maßgabe, dass unabhängig vom Einsatz einer nachgeschalteten Abgasreinigungseinrichtung die Umrechnung nur für die Zeiten erfolgen darf, in denen der gemessene Sauerstoffgehalt über dem Bezugssauerstoffgehalt liegt.

Abweichend von Nummer 6.2.3.3 sollen die Anlagen diese Anforderungen zur Begrenzung der Emissionen an Schwefeloxiden spätestens acht Jahre nach Inkrafttreten dieser Verwaltungsvorschrift einhalten.

Stickstoffoxide

Die Emissionen an Stickstoffmonoxid und Stickstoffdioxid im Abgas dürfen die Massenkonzentration 0,40 g/m³, angegeben als Stickstoffdioxid, nicht überschreiten; dabei gilt Nummer 5.1.2 Absatz 8 mit der Maßgabe, dass unabhängig vom Einsatz einer nachgeschalteten Abgasreinigungseinrichtung die Umrechnung nur für die Zeiten erfolgen darf, in denen der gemessene Sauerstoffgehalt über dem Bezugssauerstoffgehalt liegt.

Organische Stoffe

[1]Die Emissionen an organischen Stoffen, angegeben als Gesamtkohlenstoff, dürfen das Massenverhältnis 0,08 kg je Mg verarbeiteter Rübenmenge nicht überschreiten. [2]Dieser Emissionswert bezieht sich auf die durch Adsorption an Kieselgel erfassbaren organischen Stoffe, angegeben als Gesamtkohlenstoff; wenn die Messung nach dem FID-Verfahren durchgeführt wird, ist eine entsprechende Umrechnung vorzunehmen.

[1]Die Möglichkeiten, die Emissionen an organischen Stoffen durch primärseitige oder andere dem Stand der Technik entsprechende Maßnahmen weiter zu vermindern, sind auszuschöpfen; soweit technisch möglich, sind Altanlagen unter Beachtung des Grundsatzes der Verhältnismäßigkeit auf die Technik der Indirekttrocknung (Dampftrocknung) umzustellen. [2]Die Anforderungen der Nummer 5.2.5 für die Emissionen an organischen Stoffen der Klassen I und II finden keine Anwendung.

Die Anlagen sollen diese Anforderungen zur Begrenzung der Emissionen an organischen Stoffen spätestens acht Jahre nach Inkrafttreten dieser Verwaltungsvorschrift einhalten.

5.4.7.25 Anlagen der Nummer 7.25: Anlagen zur Trocknung von Grünfutter

Mindestabstand

[1]Bei der Errichtung der Anlagen soll ein Mindestabstand von 500 m zur nächsten vorhandenen oder in einem Bebauungsplan festgesetzten Wohnbebauung nicht unterschritten werden. [2]Der Mindestabstand kann unterschritten werden, wenn die Emissionen an Geruchsstoffen durch primärseitige Maßnahmen gemindert werden oder das geruchsbeladene Abgas in einer Abgasreinigungseinrichtung behandelt wird. [3]Die durch die Minderung der Emissionen an Geruchsstoffen mögliche Verringerung des Mindestabstandes ist mit Hilfe eines geeigneten Modells zur Geruchsausbreitungsrechnung festzustellen, dessen Eignung der zuständigen Fachbehörde nachzuweisen ist.

Bauliche und betriebliche Anforderungen

Die Möglichkeit, Anlagen mit mindestens einer Stufe nach der Technik der Indirekttrocknung zu errichten, ist zu prüfen.

Der Trockner ist, z. B. durch Anpassung der Trocknereintrittstemperatur, so zu steuern, dass der CO-Betriebsleitwert nicht überschritten wird.

Gesamtstaub

Die staubförmigen Emissionen im Abgas dürfen die Massenkonzentration 75 mg/m³ (f) nicht überschreiten.

Organische Stoffe

[1]Die Anforderungen der Nummer 5.2.5 finden keine Anwendung. [2]Die spezifischen Emissionen an organischen Stoffen, angegeben als Gesamtkohlenstoff, dürfen 0,25 kg je Mg Wasserverdampfung und an Formaldehyd, Acetaldehyd, Acrolein und Furfural dürfen in der Summe 0,10 kg je Mg Wasserverdampfung nicht überschreiten.

Kontinuierliche Messungen von Kohlenmonoxid

Anlagen sind mit einer Messeinrichtung auszurüsten, die die Massenkonzentration der Emissionen an Kohlenmonoxid kontinuierlich ermittelt.

Auf Grund von Emissionsmessungen ist die maximale Kohlenmonoxidkonzentration im Abgas so festzulegen, dass die spezifischen Emissionen an organischen Stoffen und an Aldehyden im Abgas nicht überschritten werden (CD-Betriebsleitwert).

5.4.7.29/30   Anlagen der Nummern 7.29 und 7.30:

5.4.7.29.1   Anlagen zum Rösten oder Mahlen von Kaffee oder Abpacken von gemahlenem Kaffee

5.4.7.30.1   Anlagen zum Rösten von Kaffee-Ersatzprodukten, Getreide, Kakaobohnen oder Nüssen

Bauliche und betriebliche Anforderungen

Folgende bauliche und betriebliche Maßnahmen sind anzuwenden:

a) Entladungen sind grundsätzlich bei geschlossenen Hallentoren vorzunehmen.

   Prozessanlagen, einschließlich der Lager, sind in geschlossenen Räumen unterzubringen. Offene Zwischenlagerungen sind zu vermeiden.

b) Abgase sind an der Entstehungsquelle, z. B. der Röstanlagen einschließlich der Kühlluft, der Vakuumanlage, der Zentralaspiration Mahlkaffe, der Siloanlage, zu erfassen; Abgase mit geruchsintensiven Stoffen sind einer Abgasreinigungseinrichtung zuzuführen oder es sind gleichwertige Maßnahmen zur Emissionsminderung anzuwenden.

   Die Rückführung der Rösterabgase in die Brennkammer ist anzustreben, soweit sicherheitstechnische Aspekte dem nicht entgegenstehen.

Stickstoffoxide

Nummer 5.2.4 gilt mit der Maßgabe, dass für die Emissionen an Stickstoffmonoxid und Stickstoffdioxid im Abgas, angegeben als Stickstoffdioxid, der Massenstrom 1,8 kg/h oder die Massenkonzentration 0,35 g/m³ anzustreben sind; die Möglichkeiten, die Emissionen an Stickstoffoxiden durch primärseitige und andere dem Stand der Technik entsprechende Maßnahmen zu vermindern, sind auszuschöpfen.

ALTANLAGEN
Stickstoffoxide
Bei Altanlagen mit einer Produktionsleistung von weniger als 250 kg geröstetem Kaffee je Stunde finden die Anforderungen für Neuanlagen zur Begrenzung der Emissionen an Stickstoffoxiden keine Anwendung.

5.4.8 Verwertung und Beseitigung von Reststoffen

5.4.8.1 Anlagen der Nummer 8.1:
Anlagen zur Beseitigung oder Verwertung von festen, flüssigen oder in Behältern gefassten gasförmigen Abfällen oder Deponiegas mit brennbaren Bestandteilen durch thermische Verfahren

5.4.8.1a Anlagen der Nummer 8.1a:
Anlagen zur Beseitigung oder Verwertung von festen, flüssigen oder in Behältern gefassten gasförmigen Abfällen oder Deponiegas mit brennbaren Bestandteilen durch thermische Verfahren und Anlagen zum Abfackeln von Deponiegas oder anderen brennbaren gasförmigen Stoffen

5.4.8.1a.1 Anlagen zur Beseitigung oder Verwertung von Deponiegas mit brennbaren Bestandteilen durch thermische Verfahren
Bei Einsatz von Deponiegas in Feuerungsanlagen finden die Anforderungen der Nummer 5.4.1.2.3 für Biogas oder Klärgas Anwendung.

5.4.8.1a.2 Anlagen zum Abfackeln von Deponiegas oder anderen brennbaren gasförmigen Stoffen
Die Regelungen in Nummer 5.4.8.1a.2 finden bei Fackeln zur Verbrennung von Gasen aus Betriebsstörungen und Sicherheitsventilen keine Anwendung; emissionsbegrenzende Anforderungen sind im Einzelfall festzulegen.

5.4.8.1a.2.1 Anlagen zum Abfackeln von Deponiegas oder anderen brennbaren gasförmigen Stoffen aus Abfallbehandlungsanlagen
Bauliche und betriebliche Anforderungen
Sollen gefasste Deponiegase oder andere brennbare gasförmige Stoffe (z. B. Klärgas, Biogas) nicht in Feuerungs- oder Verbrennungsmotoranlagen mit Energienutzung, sondern wegen schlechter Gasqualität, geringer Gasmenge oder unvermeidbarem Stillstand der Energienutzungsanlage ohne Energienutzung verbrannt werden, sind die Gase einer Bodenfackel (isolierte Hochtemperaturfackel oder Muffel) zuzuführen.
Die Abgastemperatur ab Flammenspitze soll mindestens 1 000 °C und die Verweilzeit der heißen Abgase im Verbrennungsraum ab Flammenspitze mindestens 0,3 Sekunden betragen.
Bezugsgröße
Die Emissionswerte beziehen sich auf einen Volumengehalt an Sauerstoff im Abgas von 3 vom Hundert.
Massenströme
Die in Nummer 5.2 festgelegten Massenströme finden keine Anwendung.

Organische Stoffe

Die Anforderungen der Nummer 5.2.5 finden keine Anwendung.

Messungen

Zur Überwachung des Ausbrandes sollen die Anlagen mit Messeinrichtungen ausgerüstet werden, die die Temperatur im Verbrennungsraum kontinuierlich ermitteln und aufzeichnen; dabei sollen die Messpunkte am Ende der Verweilstrecke positioniert werden.

5.4.8.1a.2.2 Anlagen zum Abfackeln von brennbaren gasförmigen Stoffen, die nicht aus Abfallbehandlungsanlagen stammen

Bauliche und betriebliche Anforderungen

[1]Brennbare gasförmige Stoffe, die nicht in Feuerungs- oder Verbrennungsmotoranlagen mit Energienutzung verbrannt werden, sondern aus sicherheitstechnischen Gründen oder besonderen betrieblichen Erfordernissen ohne Energienutzung verbrannt werden sollen, sind möglichst einer Abgasreinigungseinrichtung mit thermischer oder katalytischer Nachverbrennung zuzuführen; soweit dies nicht möglich ist (z. B. weil infolge diskontinuierlich anfallender, stark schwankender oder nur in kurzen Zeitspannen anfallender Gasmengen eine Abgasreinigungseinrichtung auch bei Einsatz eines Gaspuffers nicht wirksam oder auch unter Berücksichtigung der Gefährlichkeit der Gase nicht mit verhältnismäßigem Aufwand betrieben werden kann), sind diese brennbaren gasförmigen Stoffe einer Fackel zuzuführen. [2]Halogenierte brennbare gasförmige Stoffe sollen diesen Fackeln nicht zugeführt werden.

Bei Fackeln soll die Mindesttemperatur in der Flamme 850 °C betragen.

Schwefeloxide, Stickstoffoxide und Kohlenmonoxid

Die Anforderungen der Nummer 5.2.4 finden keine Anwendung.

Organische Stoffe

[1]Die Anforderungen der Nummer 5.2.5 finden keine Anwendung. [2]Für organische Stoffe darf ein Emissionsminderungsgrad von 99,9 vom Hundert, bezogen auf Gesamtkohlenstoff, nicht unterschritten oder die Massenkonzentration 20 mg/m^3, bezogen auf Gesamtkohlenstoff, nicht überschritten werden; davon abweichend darf bei Fackeln zur Verbrennung von Gasen aus Betriebsstörungen und Sicherheitsventilen ein Emissionsminderungsgrad von 99 vom Hundert, bezogen auf Gesamtkohlenstoff, nicht unterschritten werden.

Messungen

Zur Überwachung der Ausbrandtemperatur sollen die Anlagen mit Messeinrichtungen ausgerüstet werden, die an geeigneter Stelle im Verbrennungsraum die Temperatur kontinuierlich ermitteln und aufzeichnen; sofern dies nicht möglich ist, ist der zuständigen Behörde in geeigneter Weise die Einhaltung der Anforderungen für den Ausbrand nachzuweisen. Die Einhaltung des Emissionsminderungsgrades für organische Stoffe ist der zuständigen Behörde nachzuweisen; dazu sind Sonderregelungen zu treffen.

5.4.8.1b   Anlagen der Nummer 8.1b:
Verbrennungsmotoranlagen für den Einsatz von Altöl oder Deponiegas

5.4.8.1b.1   Verbrennungsmotoranlagen für den Einsatz von Deponiegas

[1]Bei Einsatz von Deponiegas finden die Anforderungen der Nummer 5.4.1.4 für Biogas oder Klärgas Anwendung; abweichend davon dürfen die Emissionen an Kohlenmonoxid im Abgas die Massenkonzentration 0,65 g/m^3 und die Emissionen an Stickstoffoxiden im Abgas die Massenkonzentration 0,50 g/m^3, angegeben als Stickstoffdioxid, nicht überschreiten. [2]Bei Einsatz von Deponiegas sind die Möglichkeiten, die Emissionen an Kohlenmonoxid durch motorische und andere dem Stand der Technik entsprechende Maßnahmen weiter zu vermindern, auszuschöpfen.

5.4.8.2   Anlagen der Nummer 8.2:
Anlagen zur Erzeugung von Strom, Dampf, Warmwasser, Prozesswärme oder erhitztem Abgas durch den Einsatz von
a) **gestrichenem, lackiertem oder beschichtetem Holz sowie daraus anfallenden Resten, soweit keine Holzschutzmittel aufgetragen oder infolge einer Behandlung enthalten sind oder Beschichtungen nicht aus halogenorganischen Verbindungen bestehen,**
b) **Sperrholz, Spanplatten, Faserplatten oder sonst verleimtem Holz sowie daraus anfallenden Resten, soweit keine Holzschutzmittel aufgetragen oder infolge einer Behandlung enthalten sind oder Beschichtungen nicht aus halogenorganischen Verbindungen bestehen,**
mit einer Feuerungswärmeleistung von weniger als 50 MW

Die Anforderungen der Nummer 5.4.1.2.1 für den Einsatz von naturbelassenem Holz, einschließlich der Anforderungen für Altanlagen, finden mit folgenden Abweichungen Anwendung:

Gesamtstaub

Die staubförmigen Emissionen im Abgas dürfen bei Anlagen mit einer Feuerungswärmeleistung von weniger als 2,5 MW die Massenkonzentration 50 mg/m^3 nicht überschreiten.

Stickstoffoxide

Die Emissionen an Stickstoffmonoxid und Stickstoffdioxid im Abgas dürfen die Massenkonzentration 0,40 g/m^3, angegeben als Stickstoffdioxid, nicht überschreiten.

ALTANLAGEN
Stickstoffoxide
Bei Altanlagen dürfen die Emissionen an Stickstoffmonoxid und Stick-
stoffdioxid im Abgas die Massenkonzentration 0,50 g/m³, angegeben als
Stickstoffdioxid, nicht überschreiten.

5.4.8.4   Anlagen der Nummer 8.4:
Anlagen, in denen Stoffe aus in Haushaltungen anfallenden oder aus
hausmüllähnlichen Abfällen, auf die die Vorschriften des Kreislauf-
wirtschafts- und Abfallgesetzes Anwendung finden, durch Sortieren
für den Wirtschaftskreislauf zurückgewonnen werden.
Bauliche und betriebliche Anforderungen
Anlagen sind so zu errichten und zu betreiben, dass während des gesamten
Behandlungsvorgangs, einschließlich Anlieferung und Abtransport, staub-
förmige Emissionen möglichst vermieden werden.
Abgase sind an der Entstehungsstelle zu erfassen und insbesondere zur
Geruchsminderung einer Abgasreinigungseinrichtung zuzuführen.
Gesamtstaub
Die staubförmigen Emissionen im Abgas dürfen die Massenkonzentration
10 mg/m³ nicht überschreiten.

5.4.8.5   Anlagen der Nummer 8.5:
Anlagen zur Erzeugung von Kompost aus organischen Abfällen
Mindestabstand
[1]Bei Anlagen mit einer Durchsatzleistung von 3 000 Mg je Jahr oder mehr
soll bei der Errichtung ein Mindestabstand
a) bei geschlossenen Anlagen (Bunker, Haupt- und
    Nachrotte) von   300 m,
b) bei offenen Anlagen (Mietenkompostierung) von   500 m
zur nächsten vorhandenen oder in einem Bebauungsplan festgesetzten
Wohnbebauung nicht unterschritten werden. [2]Der Mindestabstand kann
unterschritten werden, wenn die Emissionen an Geruchsstoffen durch primärseitige Maßnahmen gemindert werden oder das geruchsbeladene Abgas in einer Abgasreinigungseinrichtung behandelt wird. [3]Die durch die
Minderung der Emissionen an Geruchsstoffen mögliche Verringerung des
Mindestabstandes ist mit Hilfe eines geeigneten Modells zur Geruchsausbreitungsrechnung festzustellen, dessen Eignung der zuständigen Fachbehörde nachzuweisen ist.
Bauliche und betriebliche Anforderungen
Folgende bauliche und betriebliche Maßnahmen sind anzuwenden:
a) Auf der Grundlage der prognostizierten monatlichen Auslastung ist
    eine ausreichende Dimensionierung insbesondere der Lagerkapazität
    vorzusehen.
    Anlagen sind so zu errichten und zu betreiben, dass ein Eindringen
    von Sickerwässern in den Boden vermieden wird.
b) Aufgabebunker sind geschlossen mit einer Fahrzeugschleuse zu er-
    richten; bei geöffneter Halle und beim Entladen der Müllfahrzeuge

sind die Bunkerabgase abzusaugen und einer Abgasreinigungseinrichtung zuzuführen.

c) Anlagen sollen möglichst geschlossen ausgeführt werden. Dies gilt insbesondere für solche Anlagen, die geruchsintensive nasse oder strukturarme Bioabfälle (z. B. Küchen- oder Kantinenabfälle) oder Schlämme verarbeiten. Bei einer Durchsatzleistung der Anlagen von 10 000 Mg je Jahr oder mehr sind die Anlagen (Bunker, Hauptrotte) geschlossen auszuführen.

d) Die bei der Belüftung der Mieten auskondensierten Brüden und die anfallenden Sickerwasser dürfen bei offener Kompostierung nur dann zum Befeuchten des Kompostes verwendet werden, wenn Geruchsbelästigungen vermieden werden und der Hygienisierungsablauf nicht beeinträchtigt wird.

e) In geschlossenen Anlagen oder offenen Anlagen mit einer Absaugeinrichtung sind staubhaltige Abgase an der Entstehungsstelle, z. B. beim Zerkleinern, Absieben oder Umsetzen, soweit wie möglich zu erfassen.

Abgase aus Reaktoren und belüfteten Mieten sind einem Biofilter oder einer gleichwertigen Abgasreinigungseinrichtung zuzuführen. Biofilter sind einer regelmäßigen Leistungsüberprüfung zu unterziehen, um ihre bestimmungsgemäße Reinigungsleistung zu gewährleisten; dies kann z. B. durch eine mindestens jährliche Prüfung der Einhaltung der Geruchsstoffkonzentration von 500 GE/m^3 im Abgas erfolgen.

Gesamtstaub

Die staubförmigen Emissionen im Abgas dürfen die Massenkonzentration 10 mg/m^3 nicht überschreiten.

Geruchsintensive Stoffe

Bei Anlagen mit einer Durchsatzleistung von 10 000 Mg je Jahr oder mehr dürfen die Emissionen an geruchsintensiven Stoffen im Abgas die Geruchsstoffkonzentration 500 GE/m^3 nicht überschreiten.

Keime

Die Möglichkeiten, die Emissionen an Keimen und Endotoxinen durch dem Stand der Technik entsprechende Maßnahmen zu vermindern, sind zu prüfen.

5.4.8.6 Anlagen der Nummer 8.6:
Anlagen zur biologischen Behandlung von Abfällen

5.4.8.6.1 Anlagen zur Vergärung von Bioabfällen und Anlagen, die Bioabfälle in Kofermentationsanlagen mitverarbeiten

Mindestabstand

[1]Bei Anlagen mit einer Durchsatzleistung von 10 Mg Abfällen je Tag oder mehr soll bei der Errichtung ein Mindestabstand

a) bei geschlossenen Anlagen (Bunker, Vergärung, Nachrotte) von   300 m,

b) bei offenen Anlagen von   500 m

zur nächsten vorhandenen oder in einem Bebauungsplan festgesetzten Wohnbebauung nicht unterschritten werden. [2]Der Mindestabstand kann unterschritten werden, wenn die Emissionen an Geruchsstoffen durch primärseitige Maßnahmen gemindert werden oder das geruchsbeladene Abgas in einer Abgasreinigungseinrichtung behandelt wird. [3]Die durch die Minderung der Emissionen an Geruchsstoffen mögliche Verringerung des Mindestabstandes ist mit Hilfe eines geeigneten Modells zur Geruchsausbreitungsrechnung festzustellen, dessen Eignung der zuständigen Fachbehörde nachzuweisen ist.

Bauliche und betriebliche Anforderungen

Folgende bauliche und betriebliche Maßnahmen sind anzuwenden:

a) Auf der Grundlage der prognostizierten monatlichen Auslastung ist eine ausreichende Dimensionierung insbesondere der Lagerkapazität vorzusehen; ggf. ist eine Nachrotte vorzusehen.
   Anlagen sind so zu errichten und zu betreiben, dass ein Eindringen von Sickerwässern in den Boden vermieden wird.

b) Aufgabebunker sind geschlossen mit einer Fahrzeugschleuse zu errichten; bei geöffneter Halle und beim Entladen der Müllfahrzeuge sind die Bunkerabgase abzusaugen und einer Abgasreinigungseinrichtung zuzuführen.

c) Prozesswasser ist sicher aufzufangen und soll prozessintern verwendet werden.

d) Die bei der Belüftung der Mieten (Nachrotte) auskondensierten Brüden und die anfallenden Sickerwasser dürfen bei nicht umhauster Kompostierung nur dann zum Befeuchten des Kompostes verwendet werden, wenn Geruchsbelästigungen vermieden werden.

e) In geschlossenen Anlagen oder offenen Anlagen mit einer Absaugeinrichtung sind staubhaltige Abgase an der Entstehungsstelle, z. B. beim Zerkleinern, Absieben oder Umsetzen, soweit wie möglich zu erfassen.

f) Abgase aus der Nachrotte von belüfteten Mieten sind einem Biofilter oder einer gleichwertigen Abgasreinigungseinrichtung zuzuführen. Biofilter sind einer regelmäßigen Leistungsüberprüfung zu unterziehen, um ihre bestimmungsgemäße Reinigungsleistung zu gewährleisten; dies kann z. B. durch eine mindestens jährliche Prüfung der Einhaltung der Geruchsstoffkonzentration von 500 GE/m^3 im Abgas erfolgen.

Gesamtstaub

Die staubförmigen Emissionen im Abgas dürfen die Massenkonzentration 10 mg/m^3 nicht überschreiten.

Geruchsintensive Stoffe

Bei Anlagen mit einer Durchsatzleistung von 30 Mg Abfällen je Tag oder mehr dürfen die Emissionen an geruchsintensiven Stoffen im Abgas die Geruchsstoffkonzentration 500 GE/m^3 nicht überschreiten.

Keime

Die Möglichkeiten, die Emissionen an Keimen und Endotoxinen durch dem Stand der Technik entsprechende Maßnahmen zu vermindern, sind zu prüfen.

5.4.8.10/11 Anlagen der Nummer 8.10 und 8.11: Abfallbehandlungs-anlagen

5.4.8.10 Anlagen der Nummer 8.10:
Anlagen zur physikalisch-chemischen Behandlung von Abfällen

5.4.8.11 Anlagen der Nummer 8.11:
Anlagen zur sonstigen Behandlung von Abfällen

5.4.8.10.1 Anlagen zum Trocknen von Abfällen
Mindestabstand
Bei der Errichtung der Anlagen soll ein Mindestabstand von 300 m zur nächsten vorhandenen oder in einem Bebauungsplan festgesetzten Wohnbebauung nicht unterschritten werden.

Bauliche und betriebliche Anforderungen
Folgende bauliche und betriebliche Maßnahmen sind anzuwenden:

a) Für Entladestellen, Aufgabe- oder Aufnahmebunker sowie andere Einrichtungen für Anlieferung, Transport und Lagerung der Einsatzstoffe sind geschlossene Räume mit Schleusen zu errichten, in denen der Luftdruck durch Absaugung im Schleusenbereich oder im Bereich der Be- und Entladung sowie der Lagerung kleiner als der Atmosphärendruck zu halten ist. Das Abgas ist einer Abgasreinigungseinrichtung zuzuführen.

b) Abgase sind an der Entstehungsstelle, z. B. direkt am Trockner oder bei Ableitung aus der Einhausung, zu erfassen und einer Abgasreinigungseinrichtung zuzuführen.

c) Abgase aus Anlagen zum Trocknen von Abfällen sind über Schornsteine so abzuleiten, dass eine ausreichende Verdünnung und ein ungestörter Abtransport mit der freien Luftströmung erfolgt; dies ist in der Regel erfüllt, wenn bei der Bestimmung der Schornsteinhöhe die Anforderungen der Nummer 5.5.2 Absatz 1 eingehalten werden.

d) Die Möglichkeiten, die Emissionen durch den Einsatz emissionsarmer Verfahren und Technologien, z. B. durch Minimierung der Abgasmengen und Mehrfachnutzung von Abgas (ggf. nach Reduktion des Feuchtegehaltes) als Prozessluft in der Trocknung, oder andere dem Stand der Technik entsprechende Maßnahmen zu vermindern, sind auszuschöpfen.

Gesamtstaub
Die staubförmigen Emissionen im Abgas dürfen die Massenkonzentration 10 mg/m^3 nicht überschreiten.

Ammoniak
Die Emissionen an Ammoniak im Abgas dürfen den Massenstrom 0,10 kg/h oder die Massenkonzentration 20 mg/m^3 nicht überschreiten.

Gasförmige anorganische Chlorverbindungen
Die Emissionen an gasförmigen anorganischen Chlorverbindungen der Nummer 5.2.4 Klasse III, angegeben als Chlorwasserstoff, dürfen im Abgas den Massenstrom 0,10 kg/h oder die Massenkonzentration 20 mg/m^3 nicht überschreiten.

Organische Stoffe
Für die Emissionen an organischen Stoffen im Abgas darf ein Emissions-
minderungsgrad von 90 vom Hundert, bezogen auf Gesamtkohlenstoff,
nicht unterschritten werden; auch bei Einhalten oder Überschreiten eines
Emissionsminderungsgrades von 90 vom Hundert dürfen die Emissionen
an organischen Stoffen im Abgas die Massenkonzentration 20 mg/m³, an-
gegeben als Gesamtkohlenstoff, nicht überschreiten.
Die Anforderungen der Nummer 5.2.5 für die Emissionen an organischen
Stoffen der Klassen I und II finden keine Anwendung.
Geruchsintensive Stoffe
Die Emissionen an geruchsintensiven Stoffen im Abgas dürfen die Ge-
ruchsstoffkonzentration 500 GE/m³ nicht überschreiten.

5.4.8.10.2 Anlagen zum Trocknen von Klärschlamm
Bauliche und betriebliche Anforderungen
Abgase sind an der Entstehungsstelle, z. B. direkt am Trockner oder bei
Ableitung aus der Einhausung, zu erfassen und einer Abgasreinigungsein-
richtung zuzuführen.
Gesamtstaub
Die staubförmigen Emissionen im Abgas dürfen die Massenkonzentration
10 mg/m³ nicht überschreiten.
Ammoniak
Die Emissionen an Ammoniak im Abgas dürfen den Massenstrom
0,10 kg/h oder die Massenkonzentration 20 mg/m³ nicht überschreiten.
Gasförmige anorganische Chlorverbindungen
Die Emissionen an gasförmigen anorganischen Chlorverbindungen
der Nummer 5.2.4 Klasse III, angegeben als Chlorwasserstoff, dürfen
im Abgas den Massenstrom 0,10 kg/h oder die Massenkonzentration
20 mg/m³ nicht überschreiten.
Organische Stoffe
Die Emissionen an organischen Stoffen im Abgas dürfen die Massenkon-
zentration 20 mg/m³, angegeben als Gesamtkohlenstoff, nicht überschrei-
ten.
Die Anforderungen der Nummer 5.2.5 für die Emissionen an organischen
Stoffen der Klassen I und II finden keine Anwendung.
Geruchsintensive Stoffe
Die Emissionen an geruchsintensiven Stoffen im Abgas dürfen die Ge-
ruchsstoffkonzentration 500 GE/m³ nicht überschreiten.

5.4.8.11.1 Anlagen zur mechanischen Behandlung von gemischten Siedlungsabfällen und ähnlich zusammengesetzten Abfällen
Bauliche und betriebliche Anforderungen
Folgende bauliche und betriebliche Maßnahmen sind anzuwenden:
a) Für Entladestellen, Aufgabe- oder Aufnahmebunker sowie andere
   Einrichtungen für Anlieferung, Transport und Lagerung der Einsatzstoffe sind geschlossene Räume mit Schleusen zu errichten, in denen
   der Luftdruck durch Absaugung im Schleusenbereich oder im Bereich

der Be- und Entladung sowie der Lagerung kleiner als der Atmosphärendruck zu halten ist. Das Abgas ist einer Abgasreinigungseinrichtung zuzuführen.

b) Maschinen, Geräte oder sonstige Einrichtungen zur mechanischen Aufbereitung zur physikalischen Trennung der Einsatzstoffe oder der anfallenden Abfälle (z. B. durch Zerkleinern, Klassieren, Sortieren, Mischen, Homogenisieren, Entwässern, Trocknen, Pelletieren, Verpressen) sind in geschlossenen Räumen zu errichten. Die Abgasströme dieser Einrichtungen sind zu erfassen und einer Abgasreinigungseinrichtung zuzuführen.

c) Abgase aus Anlagen zur mechanischen Behandlung von Abfällen sind über Schornsteine so abzuleiten, dass eine ausreichende Verdünnung und ein ungestörter Abtransport mit der freien Luftströmung erfolgt; dies ist in der Regel erfüllt, wenn bei der Bestimmung der Schornsteinhöhe die Anforderungen der Nummer 5.5.2 Absatz 1 eingehalten werden.

d) Die Möglichkeiten, die Emissionen durch den Einsatz emissionsarmer Verfahren und Technologien, z. B. durch direkte Fassung relevanter Emissionsquellen, separate Behandlung stark belasteter Abluftströme, oder andere dem Stand der Technik entsprechende Maßnahmen zu vermindern, sind auszuschöpfen.

Gesamtstaub
Die staubförmigen Emissionen im Abgas dürfen die Massenkonzentration 10 mg/m^3 nicht überschreiten.

Gasförmige anorganische Chlorverbindungen
Die Emissionen an gasförmigen anorganischen Chlorverbindungen der Nummer 5.2.4 Klasse III, angegeben als Chlorwasserstoff, dürfen im Abgas den Massenstrom 0,10 kg/h oder die Massenkonzentration 20 mg/m^3 nicht überschreiten.

Organische Stoffe
Für die Emissionen an organischen Stoffen im Abgas dürfen die Massenkonzentration 20 mg/m^3, angegeben als Gesamtkohlenstoff, nicht überschreiten.

Die Anforderungen der Nummer 5.2.5 für die Emissionen an organischen Stoffen der Klassen I und II finden keine Anwendung.

Geruchsintensive Stoffe
Die Emissionen an geruchsintensiven Stoffen im Abgas dürfen die Geruchsstoffkonzentration 500 GE/m^3 nicht überschreiten.

5.4.8.11.2 Anlagen zur sonstigen Behandlung von Abfällen

Bauliche und betriebliche Anforderungen
Anlagen sind so zu errichten und zu betreiben, dass während des gesamten Behandlungsvorgangs, einschließlich Anlieferung und Abtransport, staubförmige Emissionen möglichst vermieden werden.

Gesamtstaub
Die staubförmigen Emissionen im Abgas dürfen die Massenkonzentration 10 mg/m^3 nicht überschreiten.

Organische Stoffe
Die Emissionen an organischen Stoffen im Abgas dürfen die Massenkonzentration 20 mg/m^3, angegeben als Gesamtkohlenstoff, nicht überschreiten.

Bei Anlagen zur sonstigen Behandlung von nicht besonders überwachungsbedürftigen Abfällen finden die Anforderungen der Nummer 5.2.5 für die Emissionen an organischen Stoffen der Klassen I und II keine Anwendung.

5.4.8.10.3/5.4.8.11.3   Anlagen zur Entsorgung von Kühlgeräten oder -einrichtungen, die Fluorchlorkohlenwasserstoff (FCKW) enthalten

Bauliche und betriebliche Anforderungen
Bei Anlagen, in denen Kühlgeräte oder -einrichtungen entsorgt werden, die FCKW nach Anhang I der Verordnung (EG) Nr. 2037/2000 des Europäischen Parlaments und des Rates vom 29. Juni 2000 über Stoffe, die zu einem Abbau der Ozonschicht führen (ABl. L 244/1 vom 29. September 2000), enthalten, sind folgende bauliche und betriebliche Maßnahmen anzuwenden:

a) Anlagen sind so zu errichten und zu betreiben, dass die Emissionen dieser Stoffe weitgehend vermieden oder so weit wie möglich vermindert werden.

b) Geräte oder Einrichtungen mit FCKW- oder ammoniakhaltigen Kältemitteln sind so zu behandeln, dass Kältemittel und Kältemaschinenöl aus dem Kältekreislauf weitgehend verlustfrei und vollständig dem geschlossenen System entnommen und rückgewonnen werden (Trockenlegung). FCKW aus dem Kältemaschinenöl sind weitgehend vollständig zu entfernen. Die Kältemittel sind weitgehend vollständig zu erfassen und einer ordnungsgemäßen Entsorgung zuzuführen.

c) Bei der Behandlung von Geräten und Einrichtungen mit anderen Kältemitteln, z. B. Kohlenwasserstoffen wie Butan oder Pentan, oder von mit derartigen Kohlenwasserstoffen geschäumtem Isoliermaterial sind geeignete Maßnahmen gegen Verpuffungen, z. B. durch Inertisierung der Zerkleinerungsstufe, zu treffen.

d) Die Zuverlässigkeit der Trockenlegung ist jährlich durch eine von der zuständigen Landesbehörde zugelassene Stelle zu prüfen; aus mindestens 100 Geräten oder Einrichtungen mit intaktem Kältekreislauf sind die FCKW-Kältemittel-Mengen zu entnehmen und zu sammeln. Die Summe der gesammelten FCKW-Kältemittel-Mengen soll 90 Gew.-% der Summe der FCKW-Kältemittel-Mengen gemäß den Angaben auf den Typenschildern der Geräte oder Einrichtungen nicht unterschreiten. Die FCKW-Gehalte in den entgasten Kältemaschinenölen dürfen 2 g Gesamthalogen/kg nicht überschreiten.

e) Bei der Freisetzung von FCKW aus Isoliermaterial sind Emissionen an FCKW so weit wie möglich zu vermeiden, z. B. durch folgende Maßnahmen:
    –   Die trockengelegten Geräte oder Einrichtungen sind in einer gekapselten Anlage zu behandeln, die z. B. über Schleusensysteme

auf der Eingangs- und der Austragsseite gegen FCKW-Verluste gesichert ist.

– Übergabestellen für FCKW-haltige Isoliermaterialfraktionen sollen technisch gasdicht sein.

– FCKW-haltige Abgase sind an der Entstehungsstelle (z. B. bei der Konfektionierung von Isoliermaterial durch Pressen) zu erfassen und einer Abgasreinigungseinrichtung zuzuführen; rückgewonnene FCKW sind ordnungsgemäß zu entsorgen.

f) Durch geeignete Überwachungsmaßnahmen, z. B. Rauchkerzen, ist regelmäßig zu prüfen und sicherzustellen, dass die Anlagen keine Undichtigkeiten aufweisen; das Ergebnis ist zu dokumentieren. Die Dichtigkeit und die Dokumentation der Eigenüberwachung sind einmal jährlich durch eine von der zuständigen Landesbehörde zugelassene Stelle zu prüfen.

g) In Anlagenbereichen zur Freisetzung der FCKW aus Isoliermaterial sollen die Isoliermaterialanhaftungen an den ausgetragenen Fraktionen (z. B. Metalle, Kunststoffe) soweit technisch möglich vermieden werden; bei den ausgetragenen Metall- und Kunststofffraktionen dürfen die Anhaftungen jeweils 0,5 Gew.-% nicht überschreiten.
Isoliermaterialfraktionen zur stofflichen Verwertung dürfen einen FCKW-Gehalt von 0,2 Gew.-% nicht überschreiten. Isoliermaterialfraktionen mit einem höheren FCKW-Gehalt sind einer thermischen Abfallbehandlungsanlage (Verbrennungsanlage für Abfälle) oder einer anderen Abfallbehandlungsanlage mit einer gleichwertigen Zerstörungseffizienz für FCKW zuzuführen; im zuletzt genannten Fall ist die gleichwertige Zerstörungseffizienz der zuständigen Fachbehörde nachzuweisen.

Fluorchlorkohlenwasserstoffe

Die Emissionen an FCKW im Abgas der FCKW-Rückgewinnung dürfen den Massenstrom 10 g/h und die Massenkonzentration 20 mg/m^3 nicht überschreiten; die Möglichkeiten, die Emissionen durch dem Stand der Technik entsprechende Maßnahmen weiter zu vermindern, sind auszuschöpfen.

Kontinuierliche Messungen

Die Massenkonzentration der Emissionen an FCKW im Abgas ist kontinuierlich zu ermitteln oder es ist durch andere, fortlaufende Prüfungen der Wirksamkeit der Abgasreinigungseinrichtung nachzuweisen, dass die festgelegte Emissionsbegrenzung nicht überschritten wird.

ALTANLAGEN

Fluorchlorkohlenwasserstoffe

Bei Altanlagen dürfen die Emissionen an FCKW im Abgas der FCKW-Rückgewinnung den Massenstrom 25 g/h und die Massenkonzentration 50 mg/m^3 nicht überschreiten; die Möglichkeiten, die Emissionen durch dem Stand der Technik entsprechende Maßnahmen weiter zu vermindern, sind auszuschöpfen.

5.4.8.12–14   Anlagen der Nummer 8.12 bis 8.14: Abfallläger

5.4.8.12.1   Anlagen der zeitweiligen Lagerung von Abfällen, auf die die Vorschriften des Kreislaufwirtschafts- und Abfallgesetzes Anwendung finden.

5.4.8.13.1   Anlagen zur zeitweiligen Lagerung von Schlämmen

5.4.8.14.1   Anlagen zur Lagerung von Abfällen, auf die die Vorschriften des Kreislaufwirtschafts- und Abfallgesetzes Anwendung finden und in diesen Anlagen Abfälle vor deren Beseitigung oder Verwertung jeweils über einen Zeitraum von mehr als einem Jahr gelagert werden

Bauliche und betriebliche Anforderungen

[1]Anlagen sind so zu errichten und zu betreiben, dass Schadstoffe nicht in den Boden und das Grundwasser eindringen können. [2]Der Zutritt von Wasser ist zur Verhinderung von Auswaschungen von Schadstoffen oder der Entstehung von organischen Emissionen durch Umsetzungsprozesse zu minimieren (z. B. durch Abdeckung oder Überdachung).

5.4.9   Lagerung, Be- und Entladung von Stoffen und Zubereitungen

5.4.9.2   Anlagen der Nummer 9.2:
Anlagen zur Lagerung von brennbaren Flüssigkeiten

Organische Stoffe

[1]Bei mineralölhaltigen Produkten mit einem Dampfdruck von weniger als 1,3 kPa bei 293,15 K gilt für organische Stoffe in Nummer 5.2.5 Satz 1 der Massenstrom 3 kg/h und für kontinuierliche Messungen nach Nummer 5.3.3.2 Absatz 6 im 2. Spiegelstrich der Massenstrom 3 kg/h. [2]Für Gasöle mit der Kennzeichnung R 40 sowie für Dieselkraftstoff nach DIN EN 590 (Ausgabe Februar 2000), Heizöle nach DIN 51603 Teil 1 (Ausgabe März 1998) und gleichartige Produkte finden die Anforderungen der Nummer 5.2.5 für die Emissionen an organischen Stoffen der Klasse I keine Anwendung.

Gasförmige Emissionen

Sofern sicherheitstechnische Aspekte nicht entgegenstehen und die brennbaren Flüssigkeiten nicht die in Nummer 5.2.6 Buchstaben b) bis d) genannten Merkmale sowie nicht ein Siedeende von 150 °C oder weniger aufweisen, können abweichend von Nummer 5.2.6.3 bei Flanschen mit Dichtleiste bis zu einem maximalen Nenndruck von 2,5 MPa auch nicht technisch dichte Weichstoffdichtungen entsprechend Richtlinie VDI 2440 (Ausgabe November 2000) eingesetzt werden.

Für Gasöle mit der Kennzeichnung R 40 sowie für Dieselkraftstoff nach DIN EN 590 (Ausgabe Februar 2000), Heizöle nach DIN 51603 Teil 1 (Ausgabe März 1998) und gleichartige Produkte finden die Anforderungen der Nummern 5.2.6.6 und 5.2.6.7 keine Anwendung.

ALTANLAGEN

Gasförmige Emissionen

[1]Altanlagen, in denen Gasöle mit der Kennzeichnung R 40 sowie Dieselkraftstoff nach DIN EN 590 (Ausgabe Februar 2000), Heizöle nach DIN 51603 Teil 1 (Ausgabe März 1998) oder gleichartige Produkte gefördert,

umgefüllt oder gelagert werden, die die Anforderungen der Nummern 5.2.6.1, 5.2.6.3 oder 5.2.6.4 nicht einhalten, dürfen bis zum Ersatz durch neue Dichtsysteme oder Aggregate weiterbetrieben werden. [2]Die zuständige Behörde soll nach Inkrafttreten dieser Verwaltungsvorschrift eine Bestandsaufnahme für Pumpen und Absperrorgane fordern und den kontinuierlichen Ersatz der Dichtsysteme oder Aggregate sowie die durchgeführten Wartungsarbeiten bis zu ihrem Ersatz im Rahmen der Betriebsüberwachung verfolgen.

[1]Nummer 5.2.6.7 Satz 1 gilt für Altanlagen zur Lagerung von brennbaren Flüssigkeiten nach Nummer 5.2.6 Buchstabe a), die nicht eines der in den Buchstaben b) bis d) genannten Merkmale erfüllen, mit der Maßgabe, dass die flüssigen organischen Produkte auch in Schwimmdachtanks mit wirksamer Randabdichtung oder in Festdachtanks mit innerer Schwimmdecke gelagert werden dürfen, wenn eine Emissionsminderung um mindestens 97 vom Hundert gegenüber Festdachtanks ohne innere Schwimmdecke erreicht wird. [2]Dies gilt entsprechend für die Lagerung mineralölhaltiger Produkte, die einen Gehalt an Benzol von weniger als 1 vom Hundert aufweisen.

Die Anforderungen der Nummer 5.2.6 sind bei Altanlagen,

a) in denen brennbare Flüssigkeiten, die eines der Merkmale nach Nummer 5.2.6 Buchstaben a) bis d) erfüllen, gefördert oder umgefüllt werden oder

b) in denen brennbare Flüssigkeiten, die eines der Merkmale nach Nummer 5.2.6 Buchstaben b) bis d) erfüllen, gelagert werden,

spätestens zwölf Jahre nach Inkrafttreten dieser Verwaltungsvorschrift einzuhalten.

5.4.9.36 Anlagen der Nummer 9.36:
Anlagen zur Lagerung von Gülle, die unabhängig von Anlagen der Nummer 7.1 betrieben werden

Mindestabstand

[1]Bei der Errichtung der Anlagen ist ein Mindestabstand von 300 m zur nächsten vorhandenen oder in einem Bebauungsplan festgesetzten Wohnbebauung einzuhalten. [2]Der Mindestabstand kann unterschritten werden, wenn die Emissionen an Geruchsstoffen durch primärseitige Maßnahmen gemindert werden oder das geruchsbeladene Abgas in einer Abgasreinigungseinrichtung behandelt wird. [3]Die durch die Minderung der Emissionen an Geruchsstoffen mögliche Verringerung des Mindestabstandes ist mit Hilfe eines geeigneten Modells zur Geruchsausbreitungsrechnung festzustellen, dessen Eignung der zuständigen Fachbehörde nachzuweisen ist.

Bauliche und betriebliche Anforderungen

Folgende bauliche und betriebliche Maßnahmen sind anzuwenden:

a) Anlagen zum Lagern und Umschlagen von flüssigem Wirtschaftsdünger sind entsprechend DIN 11622 (Ausgabe 1994) und DIN 1045 (Ausgabe 1988) zu errichten.

b) Die Lagerung von Flüssigmist (außerhalb des Stalles) soll in geschlossenen Behältern erfolgen oder es sind gleichwertige Maßnahmen zur Emissionsminderung anzuwenden, die einen Emissionsminderungsgrad bezogen auf den offenen Behälter ohne Abdeckung von mindestens 80 vom Hundert der Emissionen an geruchsintensiven Stoffen und an Ammoniak erreicht.

Künstliche Schwimmschichten sind nach etwaiger Zerstörung durch Aufrühren oder Ausbringungsarbeiten nach Abschluss der Arbeiten unverzüglich wieder funktionstüchtig herzustellen.

c) Für flüssigen Wirtschaftsdünger, der an Dritte zur weiteren Verwertung abgegeben wird, ist ein Nachweis der ordnungsgemäßen Lagerung und Verwertung des Wirtschaftsdüngers zu führen.

5.4.10   Sonstiges

5.4.10.7   Anlagen der Nummer 10.7:
Anlagen zum Vulkanisieren von Natur- oder Synthesekautschuk
Bauliche und betriebliche Anforderungen
Abgase sind möglichst an der Entstehungsstelle zu erfassen und einer Abgasreinigungseinrichtung zuzuführen.
Organische Stoffe
Nummer 5.2.5 gilt mit der Maßgabe, dass die Emissionen an organischen Stoffen im Abgas die Massenkonzentration 80 mg/m³, angegeben als Gesamtkohlenstoff, nicht überschreiten dürfen.

5.4.10.8   Anlagen der Nummer 10.8:
Anlagen zur Herstellung von Bautenschutz-, Reinigungs- oder Holzschutzmitteln sowie Anlagen zur Herstellung von Klebemitteln
Gesamtstaub
Bei der Herstellung von Bautenschutz-, Reinigungs- oder Holzschutzmitteln dürfen die staubförmigen Emissionen im Abgas die Massenkonzentration 5 mg/m³ nicht überschreiten.
Bei der Herstellung von Klebemitteln dürfen die staubförmigen Emissionen im Abgas die Massenkonzentration 10 mg/m³ nicht überschreiten.

5.4.10.15   Anlagen der Nummer 10.15: Prüfstände

5.4.10.15.1   Prüfstände für oder mit Verbrennungsmotoren
Gesamtstaub, einschließlich der Anteile an krebserzeugenden, erbgutverändernden oder reproduktionstoxischen Stoffen, und Schwefeloxide
Bei Prüfständen für oder mit in Serie hergestellten Motoren mit einer Feuerungswärmeleistung von weniger als 2 MW des Einzelaggregats, das mit Dieselkraftstoff betrieben wird, der den zulässigen Massengehalt an Schwefel nach der 3. BImSchV, in der jeweils gültigen Fassung, nicht überschreitet, sind die Abgase einem Rußfilter zuzuführen oder die Emissionen sind gleichwertig zu vermindern.
[1]Bei Prüfständen für oder mit sonstigen Motoren, die mit Dieselkraftstoff betrieben werden, der den zulässigen Massengehalt an Schwefel nach der 3. BImSchV, in der jeweils gültigen Fassung, nicht überschreitet, sind

Sonderregelungen zur Begrenzung der staubförmigen Emissionen zu treffen. [2]Die Möglichkeiten, die staubförmigen Emissionen durch motorische und andere dem Stand der Technik entsprechende Maßnahmen zu vermindern, sind auszuschöpfen.

[1]Werden Motoren im bestimmungsgemäßen Betrieb mit Rückstandsölen oder vergleichbaren Treibstoffen betrieben, sind Sonderregelungen zur Begrenzung der staubförmigen Emissionen und der Emissionen an Schwefeloxiden zu treffen. [2]Die Möglichkeiten, die staubförmigen Emissionen durch motorische und andere dem Stand der Technik entsprechende Maßnahmen zu vermindern, sind auszuschöpfen.

Stickstoffoxide

[1]Nummer 5.2.4 findet keine Anwendung. [2]Bei Prüfständen mit oder für Selbstzündungsmotoren, die mit flüssigen Brennstoffen betrieben werden, sind die Emissionen durch motorische oder andere dem Stand der Technik entsprechende Maßnahmen zu begrenzen.

Organische Stoffe

[1]Nummer 5.2.5 findet keine Anwendung. [2]Die Emissionen an organischen Stoffen sind durch motorische oder andere dem Stand der Technik entsprechende Maßnahmen zu begrenzen.

5.4.10.20 Anlagen der Nummer 10.20:
Anlagen zum Reinigen von Werkzeugen, Vorrichtungen oder sonstigen metallischen Gegenständen durch thermische Verfahren

Bezugsgröße

Die Emissionswerte beziehen sich auf einen Volumengehalt an Sauerstoff im Abgas von 11 vom Hundert, ausgenommen bei katalytischen Nachverbrennungseinrichtungen.

Organische Stoffe

[1]Nummer 5.2.5 gilt mit der Maßgabe, dass die Emissionen an organischen Stoffen im Abgas den Massenstrom 0,10 kg/h oder die Massenkonzentration 20 mg/m³, angegeben als Gesamtkohlenstoff, nicht überschreiten dürfen. [2]Die Anforderungen der Nummer 5.2.5 für die Emissionen an organischen Stoffen der Klassen I und II finden keine Anwendung.

5.4.10.21 Anlagen der Nummer 10.21:
Anlagen zur Innenreinigung von Eisenbahnkesselwagen, Straßentankfahrzeugen, Tankschiffen oder Tankcontainern sowie Anlagen zur automatischen Reinigung von Fässern, soweit die Behälter von organischen Stoffen gereinigt werden

5.4.10.21.1 Anlagen zur Innenreinigung von Eisenbahnkesselwagen, Straßentankfahrzeugen, Tankschiffen oder Tankcontainern

Bauliche und betriebliche Anforderungen

[1]Die Anlagen sind mit Abgaserfassung und -reinigung, Abwassererfassung und -behandlung und ausreichenden Lagerflächen für Abfälle zu errichten und zu betreiben. [2]Zur Abwasserbehandlung kann auch eine vorhandene geeignete Behandlungsanlage genutzt werden.

[1]Zu den Behandlungsschritten, z. B. Restentleerung, Entgasung, Reinigung, Abgaserfassung und -reinigung, Abwassererfassung und -reinigung, Abfallerfassung und -zuordnung, sind stoffgruppenbezogene Betriebsanweisungen festzulegen. [2]Die Behandlungsschritte sind so auszuführen, dass möglichst geringe Emissionen entstehen. [3]Zur Verminderung der Entstehung von Emissionen sollte bei Stoffen, die bei einer Temperatur von 293,15 K einen Dampfdruck von 10 Pa oder mehr aufweisen, vor dem Waschgang mit kalter Waschlösung vorgespült werden. [4]Nicht zulässig ist eine direkte Behandlung leichtflüchtiger Stoffe mit Dampf oder Heißwasser.

Organische Stoffe
[1]Die Emissionen an organischen Stoffen im Abgas, angegeben als Gesamtkohlenstoff, dürfen insgesamt den Massenstrom 0,10 kg/h oder die Massenkonzentration 20 mg/m³ nicht überschreiten. [2]Die Anforderungen der Nummer 5.2.5 für die Emissionen an organischen Stoffen der Klassen I und II finden keine Anwendung.

Krebserzeugende, erbgutverändernde oder reproduktionstoxische Stoffe
Die Emissionen an organischen Stoffen der Nummer 5.2.7.1 dürfen als Mindestanforderung insgesamt den Massenstrom 2,5 g/h oder die Massenkonzentration 5 mg/m³ nicht überschreiten.

5.4.10.21.2 Anlagen zur automatischen Reinigung von Fässern oder vergleichbaren Behältern (z. B. Tankpaletten) einschließlich zugehöriger Aufarbeitungsanlagen

Bauliche und betriebliche Anforderungen
[1]Der Waschbereich ist einzuhausen. [2]Abgase, die z. B. beim Öffnen der Behälter, bei der Restentleerung der Behälter, beim pneumatischen Ausbeulen der Behälter, beim Verschrotten (z. B. Pressen) nicht recyclingfähiger Fässer oder beim Transport der geöffneten, ungereinigten Fässer oder Behälter entstehen, sind zu erfassen. [3]Lagerbehälter für Restinhaltsstoffe aus der Restentleerung, die Waschwasseraufbereitung, Abwasserbehandlung sowie die zugehörigen Lagerbehälter sind soweit wie möglich als geschlossenes System auszulegen und zu betreiben.
Vor dem Waschprozess sind die Behälter soweit wie möglich zu entleeren (Restentleerung).
[1]Beim Betrieb der Fass- oder Behälterreinigung ist darauf zu achten, dass Fässer oder Behälter, die mit Stoffen der Nummer 5.2.5 Klasse I oder Stoffen der Nummer 5.2.7.1 verunreinigt sind, im Wechsel mit Fässern oder Behältern, die mit weniger gefährlichen Stoffen verunreinigt sind, aufgegeben werden. [2]Hierzu ist eine Betriebsanweisung zu erstellen und ein Betriebsbuch zu führen.

Organische Stoffe und Krebserzeugende, erbgutverändernde oder reproduktionstoxische Stoffe
[1]Bei Anlagen, in denen auch Fässer oder Behälter gereinigt werden, die mit Stoffen der Nummer 5.2.5 Klasse I oder Stoffen der Nummer 5.2.7.1 verunreinigt sind, dürfen die Emissionen an organischen Stoffen der Nummer 5.2.5 im Abgas, angegeben als Gesamtkohlenstoff, insgesamt den

Massenstrom 0,10 kg/h oder die Massenkonzentration 20 mg/m^3 nicht überschreiten. [2]Bei Anlagen, in denen schwerpunktmäßig Fässer oder Behälter gereinigt werden, die mit organischen Stoffen der Nummer 5.2.7.1 verunreinigt sind, sind im Einzelfall weitergehende Anforderungen festzulegen.

Bei Anlagen, in denen Fässer oder Behälter gereinigt werden, die nicht mit organischen Stoffen der Nummer 5.2.5 Klasse I oder der Nummer 5.2.7.1 verunreinigt sind, ist für die Emissionen an organischen Stoffen der Nummer 5.2.5 im Abgas insgesamt die Massenkonzentration 75 mg/m^3, angegeben als Gesamtkohlenstoff, anzustreben.

Die Anforderungen der Nummer 5.2.5 für die Emissionen an organischen Stoffen der Klassen I und II finden keine Anwendung.

5.4.10.23   Anlagen der Nummer 10.23: Anlagen zur Textilveredelung

5.4.10.23.1   Anlagen zur Textilveredelung durch Thermofixieren, Thermosolieren, Beschichten, Imprägnieren oder Appretieren, einschließlich der zugehörigen Trocknungsanlagen

Soweit Anlagen Anforderungen zur Begrenzung der Emissionen an flüchtigen organischen Stoffen nach der Verordnung zur Begrenzung der Emissionen flüchtiger organischer Verbindungen bei der Verwendung organischer Lösemittel in bestimmten Anlagen (31. BImSchV) vom 21. August 2001 (BGBl. I S. 2180), in der jeweils gültigen Fassung, zu erfüllen haben, sind die nachfolgenden Anforderungen für organische Stoffe eine Konkretisierung und Ergänzung der Vorschriften des Anhangs IV Buchstabe C Nr. 5 dieser Verordnung.

Bauliche und betriebliche Anforderungen

[1]Der Gehalt an emissionsrelevanten Stoffen in oder auf der zu veredelnden Ware (z. B. Restmonomergehalte, Präparationen wie Spinnöle, Avivagen, Schlichten) ist so weit wie möglich zu vermindern. [2]Hierzu sind insbesondere eine oder mehrere der folgenden Maßnahmen durchzuführen:

a)   Einsatz thermostabiler Präparationen,
b)   Reduzierung der Auftragsmenge,
c)   Vorbehaltung der zur Veredlung vorgesehenen Ware z. B. durch eine Wäsche,
d)   Optimierung der Vorreinigung (z. B. Steigerung der Wascheffizienz).

Bezugsgröße

[1]Die Massenkonzentrationen beziehen sich auf ein Luft-Waren-Verhältnis von 20 m^3/kg; das Luft-Waren-Verhältnis ist der Quotient aus Gesamtabgasvolumenstrom (in m^3/h) eines thermischen Behandlungsaggregats während eines Prozesses (Veredelungsschrittes) und dem Warendurchsatz des zu veredelnden Textils (in kg/h). [2]Durch Multiplikation der zulässigen Massenkonzentration der emittierten Stoffe mit dem Bezugs-Luft-Waren-Verhältnis von 20 m^3/kg ergibt sich der jeweils zulässige spezifische Emissionsfaktor (Massen der emittierten Stoffe (in g) pro Massen des zu veredelnden Textils (in kg)).

Organische Stoffe

Nummer 5.2.5 gilt mit der Maßgabe, dass

a) die Emissionen an organischen Stoffen im Abgas, angegeben als Gesamtkohlenstoff, den Massenstrom 0,80 kg/h oder die Massenkonzentration 40 mg/m³ nicht überschreiten dürfen;

b) aus Verschleppung und Restgehalten an Präparationen darf zusätzlich eine Massenkonzentration von nicht mehr als 20 mg/m³, angegeben als Gesamtkohlenstoff, emittiert werden;

c) soweit aus verfahrenstechnischen Gründen ein oder mehrere von in Nummer 10.23 des Anhangs der 4. BImSchV erfassten Veredelungsschritten gleichzeitig mit einem dort nicht erfassten Veredelungsschritt in einem Behandlungsaggregat durchgeführt werden, ist insgesamt für die Emissionen an organischen Stoffen im Abgas durch eine Optimierung des Prozesses die Massenkonzentration 40 mg/m³, angegeben als Gesamtkohlenstoff, anzustreben. Soweit Anlagen, die die Anforderungen der 31. BImSchV, in der jeweils gültigen Fassung, zu erfüllen haben, gleichzeitig beschichten und bedrucken, dürfen entsprechend dieser Verordnung die Emissionen an organischen Stoffen im Abgas die Massenkonzentration 40 mg/m³, angegeben als Gesamtkohlenstoff, nicht überschreiten.

Auch wenn die Voraussetzungen der Buchstaben a) bis c) gegeben sind, dürfen die Gesamtemissionen an organischen Stoffen im Abgas insgesamt 80 mg/m³, angegeben als Gesamtkohlenstoff, nicht überschreiten; soweit Anlagen, die die Anforderungen der 31. BImSchV, in der jeweils gültigen Fassung, zu erfüllen haben, gleichzeitig beschichten und bedrucken, dürfen – abweichend vom Teilsatz 1 und entsprechend dieser Verordnung – die Emissionen an organischen Stoffen im Abgas insgesamt die Massenkonzentration 60 mg/m³, angegeben als Gesamtkohlenstoff, nicht überschreiten.

Die Anforderungen für die Emissionen an organischen Stoffen der Klasse II finden keine Anwendung.

In begründeten Ausnahmefällen, z. B. bei Beschichtungen und technischen Textilien, kann von diesen Regelungen abgesehen werden; in diesen Fällen gilt Nummer 5.2.5 unverändert.

Krebserzeugende, erbgutverändernde oder reproduktionstoxische Stoffe

Ergänzend zu Nummer 5.2.7.1 gilt, dass Stoffe und Zubereitungen nach Nummer 5.2.7.1 unverzüglich durch weniger schädliche Stoffe und Zubereitungen zu ersetzen sind.

Messungen

Zur Ermittlung der Betriebsbedingungen (Rezepturen), die zu den höchsten Emissionen führen, können Berechnungen der Emissionen auf der Basis von Substanzemissionsfaktoren herangezogen werden, sofern die Substanzemissionsfaktoren nach einer wissenschaftlich anerkannten Methode ermittelt wurden.

Abweichend von Nummer 5.3.2.2 Absatz 2 Satz 2 können bis zu drei Einzelmessungen durch Berechnung der Emissionen auf der Basis von Substanzemissionsfaktoren ersetzt werden, sofern im Rahmen der erstmaligen sowie wiederkehrenden Emissionsmessungen die Substanzemissionsfaktoren der Komponenten von mindestens drei Rezepturen messtechnisch durch eine nach § 26 anerkannte Messstelle ermittelt werden.

Beurteilung von Messwerten

Das tatsächliche Luft-Waren-Verhältnis ist jeweils zu bestimmen und zu dokumentieren.

Die Emissionswerte gelten auch dann als eingehalten, wenn die über das bestimmte Luft-Waren-Verhältnis und die gemessenen Massenkonzentrationen ermittelten spezifischen Emissionsfaktoren die zulässigen spezifischen Emissionsfaktoren nicht überschreiten.

ALTANLAGEN

Organische Stoffe

[1]Bei Altanlagen gilt ergänzend, dass bei direkt beheizten Behandlungsaggregaten die Emissionen an organischen Stoffen aus der Verbrennung bis zu einer maximalen Massenkonzentration von 20 mg/m^3, angegeben als Gesamtkohlenstoff, unberücksichtigt bleiben; die Möglichkeiten, die Emissionen durch feuerungstechnische und andere dem Stand der Technik entsprechende Maßnahmen, z. B. durch Optimierung der Verbrennung, mindestens jährliche Wartung, weiter zu vermindern, sind auszuschöpfen. [2]Soweit der Betreiber, z. B. durch eine fachliche Stellungnahme des Brenner- oder des Spannrahmenherstellers, nachweist, dass für die Emissionen an organischen Stoffen aus der Verbrennung die Massenkonzentration 20 mg/m^3, angegeben als Gesamtkohlenstoff, nicht eingehalten werden kann und diese Emissionen durch primärseitige Maßnahmen nicht weiter vermindert werden können, ist die Emissionsbegrenzung im Einzelfall festzulegen.

5.5 Ableitung von Abgasen

5.5.1 Allgemeines

[1]Abgase sind so abzuleiten, dass ein ungestörter Abtransport mit der freien Luftströmung ermöglicht wird. [2]In der Regel ist eine Ableitung über Schornsteine erforderlich, dessen Höhe vorbehaltlich besserer Erkenntnisse nach den Nummern 5.5.2 bis 5.5.4 zu bestimmen ist.

5.5.2 Ableitung über Schornsteine

[1]Der Schornstein soll mindestens eine Höhe von 10 m über der Flur und eine den Dachfirst um 3 m überragende Höhe haben. [2]Bei einer Dachneigung von weniger als 20° ist die Höhe des Dachfirstes unter Zugrundelegen einer Neigung von 20° zu berechnen; die Schornsteinhöhe soll jedoch das 2fache der Gebäudehöhe nicht übersteigen.

[1]Ergeben sich mehrere etwa gleich hohe Schornsteine mit gleichartigen Emissionen, so ist zu prüfen, inwieweit diese Emissionen bei der Bestimmung der Schornsteinhöhe zusammenzufassen sind. [2]Dies gilt insbesondere, wenn der horizontale Abstand zwischen den einzelnen Schornsteinen nicht mehr als das 1,4fache der Schornsteinhöhe beträgt oder soweit zur Vermeidung von Überlagerungen der Abgasfahnen verschieden hohe Schornsteine erforderlich sind.

[1]Wenn bei einer nach Absatz 1 bestimmten Schornsteinhöhe die nach dem Mess- und Beurteilungsverfahren (Nummer 4.6) zu ermittelnde Kenngröße für die Gesamtbelastung (Nummer 4.7) den Immissionswert für das Kalenderjahr (Nummern 4.2 bis 4.5) überschreitet, ist zunächst eine Verminderung der Emissionen anzustreben. [2]Ist dies nicht möglich, muss die Schornsteinhöhe so weit erhöht werden, dass dadurch ein Überschreiten des Immissionswertes für das Kalenderjahr verhindert wird.

Die Schornsteinhöhe nach Nummer 5.5.3 soll vorbehaltlich abweichender Regelungen 250 m nicht überschreiten; ergibt sich eine größere Schornsteinhöhe als 200 m, sollen weitergehende Maßnahmen zur Emissionsbegrenzung angestrebt werden.

Absatz 1 findet bei anderen als Feuerungsanlagen keine Anwendung bei geringen Emissionsmassenströmen sowie in den Fällen, in denen nur innerhalb weniger Stunden des Jahres aus Sicherheitsgründen Abgase emittiert werden; in diesen Fällen sind die in der Richtlinie VDI 3781 Blatt 4 (Ausgabe November 1980) oder in der Richtlinie VDI 2280 Abschnitt 3 (Ausgabe August 1977) angegeben Anforderungen sinngemäß so anzuwenden, dass eine ausreichende Verdünnung und ein ungestörter Abtransport der Abgase mit der freien Luftströmung sichergestellt sind.

5.5.3   Nomogramm zur Bestimmung der Schornsteinhöhe
Die Schornsteinhöhe ist nach der Abbildung 2 zu bestimmen.

Es bedeuten:

H´ in m	Schornsteinhöhe aus Nomogramm;
d in m	Innendurchmesser des Schornsteins oder äquivalenter Innendurchmesser der Querschnittfläche;
t in °C	Temperatur des Abgases an der Schornsteinmündung;
R in m^3/h	Volumenstrom des Abgases im Normzustand nach Abzug des Feuchtgehaltes an Wasserdampf;
Q in kg/h	Emissionsmassenstrom des emittierten luftverunreinigenden Stoffes aus der Emissionsquelle; für Fasern ist die je Zeiteinheit emittierte Faserzahl in einen Massenstrom umzurechnen;
S	Faktor für die Schornsteinhöhenbestimmung; für S sind in der Regel die in Anhang 7 festgelegten Werte einzusetzen.

Abbildung 2: Nomogramm zur Ermittlung der Schornsteinhöhe

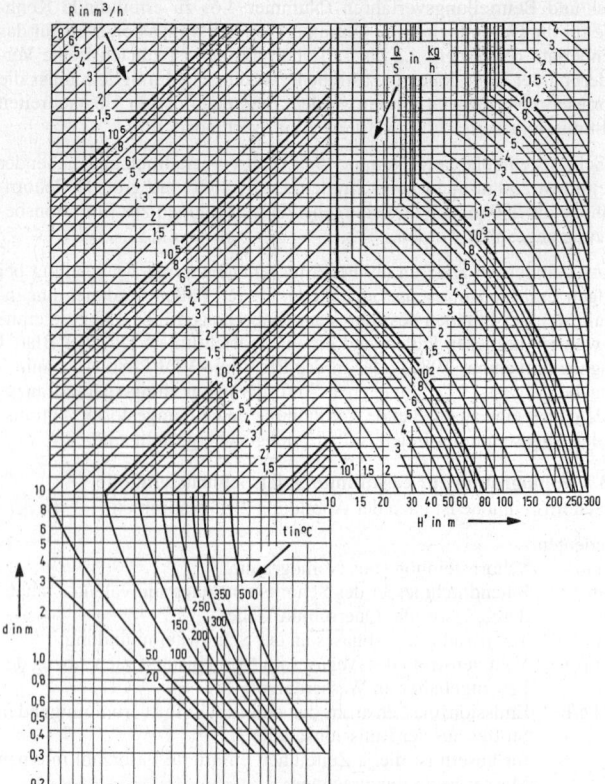

[1]Für t, R und Q sind jeweils die Werte einzusetzen, die sich beim bestimmungsgemäßen Betrieb unter den für die Luftreinhaltung ungünstigsten Betriebsbedingungen ergeben, insbesondere hinsichtlich des Einsatzes der Brenn- bzw. Rohstoffe. [2]Bei der Emission von Stickstoffmonoxid ist ein Umwandlungsgrad von 60 vom Hundert zu Stickstoffdioxid zugrunde zu legen; dies bedeutet, dass der Emissionsmassenstrom von Stickstoffmonoxid mit dem Faktor 0,92 zu multiplizieren und als Emissionsmassenstrom Q von Stickstoffdioxid im Nomogramm einzusetzen ist.

[1]Für S kann die zuständige oberste Landesbehörde[80)] in nach § 44 Abs. 3 BImSchG festgesetzten Untersuchungsgebieten und in den Fällen nach

---

80) Zuständige oberste Landesbehörde ist das innerhalb der jeweiligen Landesregierung für die Luftreinhaltung zuständige Ressort.

Nummer 4.8 kleinere Werte vorschreiben. [2]Sie sollen 75 vom Hundert der in Anhang 7 festgelegten S-Werte nicht unterschreiten.

5.5.4 Ermittlung der Schornsteinhöhe unter Berücksichtigung der Bebauung und des Bewuchses sowie in unebenem Gelände

[1]In den Fällen, in denen die geschlossene, vorhandene oder nach einem Bebauungsplan zulässige Bebauung oder der geschlossene Bewuchs mehr als 5 vom Hundert der Fläche des Beurteilungsgebietes beträgt, wird die nach Nummer 5.5.3 bestimmte Schornsteinhöhe H´ um den Zusatzbetrag J erhöht. [2]Der Wert J in m ist aus Abbildung 3 zu ermitteln.

Abbildung 3: Diagramm zur Ermittlung des Wertes J

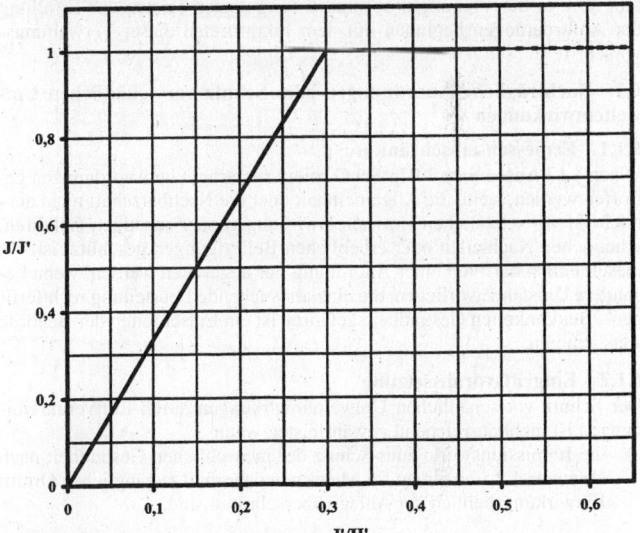

Es bedeuten:

H in m	Schornsteinbauhöhe (H = H´ + J);
J´ in m	Mittlere Höhe der geschlossenen vorhandenen oder nach einem Bebauungsplan zulässigen Bebauung oder des geschlossenen Bewuchses über Flur.

[1]Bei der Bestimmung der Schornsteinhöhe ist eine unebene Geländeform zu berücksichtigen, wenn die Anlage in einem Tal liegt oder die Ausbreitung der Emissionen durch Geländeerhebungen gestört wird. [2]In den Fällen, in denen die Voraussetzungen für eine Anwendung der Richtlinie VDI 3781 Blatt 2 (Ausgabe August 1981) vorliegen, ist die nach den Nummern 5.5.3 und 5.5.4 Absatz 1 bestimmte Schornsteinhöhe entsprechend zu korrigieren.

5.5.5 Bestehende Anlagen

Für bestehende Anlagen, die die Anforderungen der Technischen Anleitung zur Reinhaltung der Luft (TA Luft) vom 27. Februar 1986 (GMBl S. 95) einhalten, finden die Anforderungen der Nummern 5.5.2 bis 5.5.4 keine Anwendung.[81)]

6 Nachträgliche Anordnungen

[1]Soweit bestehende Anlagen[82)] nicht den in den Nummern 4 und 5 festgelegten Anforderungen entsprechen, sollen die zuständigen Behörden unter Beachtung der nachstehenden Regelungen die erforderlichen Anordnungen zur Erfüllung der Pflichten aus § 5 Abs. 1 Nrn. 1 und 2 BImSchG treffen. [2]Die in den Nummern 5.4 und 6 festgelegten Fristen zur Erfüllung der Anforderungen beginnen mit dem Inkrafttreten dieser Verwaltungsvorschrift.[83)]

6.1 Nachträgliche Anordnungen zum Schutz vor schädlichen Umwelteinwirkungen

6.1.1 Ermessenseinschränkung

[1]Nach § 17 Abs. 1 Satz 2 BImSchG sollen nachträgliche Anordnungen getroffen werden, wenn die Allgemeinheit oder die Nachbarschaft nicht ausreichend vor schädlichen Umwelteinwirkungen oder sonstigen Gefahren, erheblichen Nachteilen oder erheblichen Belästigungen geschützt ist. [2]In diesen Fällen darf von einer Anordnung nur abgesehen werden, wenn besondere Umstände vorliegen, die eine abweichende Beurteilung rechtfertigen. [3]Bei konkreten Gesundheitsgefahren ist ein Einschreiten der Behörde stets geboten.

6.1.2 Eingriffsvoraussetzung

Der Schutz vor schädlichen Umwelteinwirkungen durch Luftverunreinigungen ist nicht ausreichend gewährleistet, wenn

a) die Immissionswerte zum Schutz der menschlichen Gesundheit nach Nummer 4.2.1 an einem für Menschen dauerhaft zugänglichen Ort im Einwirkungsbereich der Anlage überschritten sind,

---

81) Das gilt auch, wenn sich nach Nrn. 5.5.2 bis 5.5.4 eine niedrigere Schornsteinhöhe ergeben würde. Festlegungen im Genehmigungsbescheid oder in einer nachträglichen Anordnung bleiben in jedem Fall unberührt.

82) Siehe Nr. 2.10.

83) Fristbeginn war danach der 1. Oktober 2002. Für die in der Allgemeinen Verwaltungsvorschrift vom 19. 12. 2017 (GMBl. Nr. 56/57, S. 1067) verschärften Anforderungen gilt folgende Regelung zur Sanierungsfrist:
Alle bestehenden Anlagen, die gemäß Tabelle 1 des Anhangs 1 der 4. BImSchV mit E gekennzeichnet sind, sollen die Anforderungen dieser Allgemeinen Verwaltungsvorschrift ab dem 29. Oktober 2018 erfüllen. Alle übrigen Anlagen sollen die Anforderungen bis zum 29. Oktober 2022 einhalten.
Sofern bei einer genehmigungsbedürftigen Anlage im Einzelfall bereits Anforderungen zur Vorsorge gegen schädliche Umwelteinwirkungen durch Luftverunreinigungen festgelegt worden sind, die über die Anforderungen dieser Allgemeinen Verwaltungsvorschrift hinausgehen, sind diese weiterhin maßgeblich.

b) die Immissionswerte zum Schutz vor erheblichen Belästigungen nach Nummer 4.3.1 im Einwirkungsbereich der Anlage überschritten sind und nicht ausgeschlossen ist, dass unzumutbare Belästigungen in dem betroffenen Bereich tatsächlich auftreten,

c) die Immissionswerte zum Schutz vor erheblichen Nachteilen, insbesondere zum Schutz der Vegetation und von Ökosystemen, nach den Nummern 4.4.1 oder 4.4.2 im Einwirkungsbereich der Anlage überschritten sind und in dem betroffenen Bereich schutzbedürftige Ökosysteme bestehen oder

d) eine Sonderfallprüfung nach Nummer 4.8 durchzuführen ist und ergeben hat, dass luftverunreinigende Immissionen zu Gefahren, erheblichen Nachteilen oder erheblichen Belästigungen für die Allgemeinheit oder die Nachbarschaft führen,

und der Betrieb der Anlage relevant zu den schädlichen Umwelteinwirkungen beiträgt.

6.1.3 Maßnahmen

[1]Kann ein ausreichender Schutz vor schädlichen Umwelteinwirkungen nicht durch Maßnahmen zur Einhaltung des Standes der Technik sichergestellt werden, sollen weitergehende Maßnahmen zur Emissionsminderung angeordnet werden. [2]Reichen auch derartige Maßnahmen nicht aus, soll eine Verbesserung der Ableitbedingungen gefordert werden. [3]In den Fällen des § 17 Abs. 1 Satz 2 BImSchG ist ein vollständiger oder teilweiser Widerruf der Genehmigung zu prüfen.

6.1.4 Fristen

[1]Nachträgliche Anordnungen zum Schutz vor schädlichen Umwelteinwirkungen sollen unverzüglich nach Klärung der Eingriffsvoraussetzungen getroffen werden. [2]Tragen mehrere Verursacher relevant zu schädlichen Umwelteinwirkungen bei, sind die Eingriffsvoraussetzungen gegenüber allen beteiligten Emittenten zu klären und ggf. mehrere Anordnungen zu treffen. [3]Für die Durchführung der Maßnahmen kann unter Berücksichtigung des Verhältnismäßigkeitsgrundsatzes eine Frist eingeräumt werden. [4]Satz 3 gilt nur, wenn in der Übergangszeit keine konkreten Gesundheitsgefahren auftreten können und zeitlich begrenzte Belästigungen oder Nachteile den Betroffenen zumutbar sind.

6.1.5 Luftqualitätswerte der EG

[1]Sind Immissionswerte nach Nummer 4 überschritten, deren Einhaltung nach den Tochterrichtlinien zur Richtlinie 96/62/EG des Rates vom 27. September 1996 über die Beurteilung und Kontrolle der Luftqualität (»Luftqualitäts-Rahmenrichtlinie«) erst zu einem in der Zukunft liegenden Zeitpunkt gefordert wird, kann ein Beitrag der Anlage zur Überschreitung der Immissionswerte bis zum Ablauf der Übergangszeit zugelassen werden. [2]Die zur künftigen Einhaltung der Immissionswerte erforderlichen

Maßnahmen sind spätestens im Rahmen der Luftreinhalteplanung[84] anzuordnen.

6.2 Nachträgliche Anordnungen zur Vorsorge gegen schädliche Um-welteinwirkungen

6.2.1 Grundsatz

[1]Entspricht eine Anlage nicht den in dieser Verwaltungsvorschrift konkretisierten Anforderungen zur Vorsorge gegen schädliche Umwelteinwirkungen, soll[85] die zuständige Behörde die erforderlichen Anordnungen
treffen, um die Anlage an den in Nummer 5 beschriebenen Stand der Technik[86] und die dort angegebenen sonstigen Vorsorgeanforderungen anzupassen. [2]Werden die in Nummer 5 festgelegten Emissionswerte nur geringfügig überschritten, kann die Anordnung aufwendiger Abhilfemaßnahmen unverhältnismäßig sein. [3]Im Übrigen wird der Grundsatz der Verhältnismäßigkeit (§ 17 Abs. 2 BImSchG) in der Regel durch Einräumung
einer der in den Nummern 5.4 und 6 festgelegten Erfüllungsfristen gewahrt.

6.2.2 Unverzügliche Sanierung

[1]Entspricht eine Anlage nicht den in der Technischen Anleitung zur Reinhaltung der Luft (TA Luft) vom 27. Februar 1986 (GMBl S. 95) festgelegten Anforderungen zur Vorsorge gegen schädliche Umwelteinwirkungen,
soll in der nachträglichen Anordnung eine Frist nur eingeräumt werden,
soweit das zur Durchführung der Maßnahmen zwingend erforderlich ist.
[2]Sind die Anforderungen im Einzelfall durch eine Auflage oder eine nachträgliche Anordnung konkretisiert worden, sollen sie unverzüglich durchgesetzt[87] werden.

6.2.3 Einräumung von Sanierungsfristen

Soweit in dieser Verwaltungsvorschrift neue Anforderungen festgelegt
werden, sollen zu ihrer Erfüllung Fristen eingeräumt werden,[88] bei deren
Festlegung
– der erforderliche technische Aufwand,
– das Ausmaß der Abweichungen von den Anforderungen und
– die Bedeutung für die Allgemeinheit und die Nachbarschaft
zu berücksichtigen sind.

---

84) Gemeint ist »im Rahmen der Umsetzung eines Luftreinhalteplans«. Die in einem Luftreinhalteplan vorgesehenen Maßnahmen sind nicht unmittelbar verpflich-
   tend, sondern müssen durch behördliche Anordnungen oder sonstige Entscheidungen
   durchgesetzt werden (§ 47 Abs. 6 BImSchG).

85) Das durch § 17 Abs. 1 Satz 1 BImSchG eingeräumte Ermessen wird durch die TA
   Luft eingeschränkt.

86) Die TA Luft geht von einem gleichen Stand der Technik bei Neu- und Altanlagen aus.

87) Die Durchsetzung erfolgt mit den Mitteln des Verwaltungszwanges (insbesondere
   Zwangsgeld oder Ersatzvornahme).

88) Maßgebend ist die behördliche Festlegung der Fristen. Die in Nr. 6.2.3 getroffen
   Regelungen steuern insoweit das behördliche Ermessen.

6.2.3.1 Sanierungsfristen für Maßnahmen, deren Erfüllung lediglich organisatorische Änderungen oder einen geringen technischen Aufwand erfordert

In nachträglichen Anordnungen, deren Erfüllung lediglich organisatorische Änderungen oder einen geringen technischen Aufwand erfordert, insbesondere bei Umstellungen auf emissionsärmere Brenn- oder Einsatzstoffe sowie bei einfachen Änderungen der Prozessführung oder Verbesserungen der Wirksamkeit vorhandener Abgasreinigungseinrichtungen, soll festgelegt werden, dass die Durchführung der Maßnahmen innerhalb von drei Jahren nach Inkrafttreten der neuen Anforderungen abgeschlossen ist.

6.2.3.2 Sanierungsfristen für Maßnahmen zur zeitgleichen Erfüllung der bisherigen und der neuen Anforderungen

[1]Bei Anlagen, die weder die Anforderungen der Technischen Anleitung zur Reinhaltung der Luft von 1986 noch die neuen Anforderungen einhalten, soll angestrebt werden, die Maßnahmen zur Erfüllung der bisherigen und der neuen Anforderungen zeitgleich durchzuführen. [2]Die Frist zur Erfüllung aller Anforderungen soll drei Jahre nicht überschreiten.

Bei Anlagen nach Nummer 7.1 Buchstabe b) des Anhangs der 4. BImSchV, die ab dem 3. August 2001 nach § 67 Abs. 2 BImSchG anzuzeigen sind, sind alle Anforderungen spätestens bis zum 30. Oktober 2007 zu erfüllen.

6.2.3.3 Allgemeine Sanierungsfrist

Bei Anlagen, die bisher dem Stand der Technik entsprachen, soll – soweit in den Nummern 6.2.3.1, 6.2.3.4 und 6.2.3.5 nichts anderes bestimmt ist – verlangt werden, dass alle Anforderungen spätestens bis zum 30. Oktober 2007 erfüllen werden.

6.2.3.4 Besondere Sanierungsfristen nach Nummer 5.4 dieser Verwaltungsvorschrift

Soweit in Nummer 5.4 für bestimmte Anlagenarten besondere Sanierungsfristen festgelegt werden, sind diese vorrangig zu beachten.

6.2.3.5 Sanierungsfristen in Luftreinhalteplänen nach § 47 BImSchG

Soweit in Luftreinhalteplänen nach § 47 BImSchG Sanierungsfristen enthalten sind, gehen diese in den Nummern 5.4 und 6.2.3.1 bis 6.2.3.3 bestimmten Fristen vor.

6.2.4 Verzicht auf die Genehmigung

[1]Eine nachträgliche Anordnung ist nicht zu erlassen, wenn der Betreiber durch schriftliche Erklärung gegenüber der Genehmigungsbehörde darauf verzichtet[89)] hat, die Anlage länger als bis zu den in den Nummern

---

89) Der Verzicht ist eine einseitige Erklärung des Betreibers, die mit ihrem Zugang bei der Genehmigungsbehörde die Befugnisse aus der Genehmigung in dem angegebenen Umfang erlöschen lässt (BVerwG NVwZ 90, 464).

6.2.3.2 bis 6.2.3.4 genannten Fristen zu betreiben. [2]Satz 1 gilt nicht für nachträgliche Anordnungen im Sinne von Nummer 6.2.3.1 und Nummer 6.2.3.5.

6.2.5 Kompensation

In den Fällen des § 17 Abs. 3a BImSchG soll die zuständige Behörde von nachträglichen Anordnungen absehen.

7 Aufhebung von Vorschriften

Die Technische Anleitung zur Reinhaltung der Luft (TA Luft) vom 27. Februar 1986 (GMBl S. 95) wird mit Inkrafttreten dieser Allgemeinen Verwaltungsvorschrift aufgehoben.

8 (Inkrafttreten)

Anhang 1:

Ermittlung des Mindestabstandes zu empfindlichen Pflanzen (z. B. Baumschulen, Kulturpflanzen) und Ökosystemen im Hinblick auf die Anforderungen der Nummer 4.8

Prüfung nach Nummer 4.8, ob der Schutz vor erheblichen Nachteilen durch Schädigung empfindlicher Pflanzen (z. B. Baumschulen, Kulturpflanzen) und Ökosysteme durch Einwirkung von Ammoniak gewährleistet ist

Nummer 4.8 bestimmt, dass die Unterschreitung der Mindestabstände in Abbildung 4 einen Anhaltspunkt für das Vorliegen erheblicher Nachteile durch die Schädigung empfindlicher Pflanzen (z. B. Baumschulen, Kulturpflanzen) und Ökosysteme durch die Einwirkung von Ammoniak gibt.

Bei Anlagen zum Halten oder zur Aufzucht von Nutztieren wird mit Hilfe der Emissionsfaktoren der Tabelle 11 für Tierart, Nutzungsrichtung, Aufstallung und Wirtschaftsdüngerlagerung und für die jeweiligen Tierplatzzahlen die unter ungünstigen Bedingungen zu erwartende Ammoniakemission der Anlage je Jahr ermittelt. Bei unterschiedlichen Tierarten, Haltungsarten und Nutzungsarten sind die jeweiligen jährlichen Ammoniakemissionen zu addieren. Mit dieser jährlichen Ammoniakemission kann aus der Abbildung 4 der Mindestabstand entnommen werden, dessen Unterschreiten einen Anhaltspunkt für das Vorliegen erheblicher Nachteile gibt.

Für die Berechnung des Mindestabstandes entsprechend Abbildung 4 gilt die Gleichung

$$X_{min} = \sqrt{F \cdot Q},$$

wobei F den Wert 41668 m² · a/Mg einnimmt und Q die jährliche Ammoniakemission in Mg/a angibt. Diese Gleichung kann auch bei höheren jährlichen Ammoniakemissionen als den in der Abbildung 4 dargestellten 22 Mg/a angewendet werden.

Wenn über eine Ausbreitungsrechnung nach Anhang 3 unter Berücksichtigung der Haltungsbedingungen nachgewiesen wird, dass bei einem geringeren als nach Abbildung 4 zu ermittelnden Abstand eine Zusatzbelastung von Ammoniak von $3 \ \mu g/m^3$ an keinem maßgeblichen Beurteilungspunkt überschritten wird, gibt erst das Unterschreiten dieses neu ermittelten geringeren Abstandes einen Anhaltspunkt auf das Vorliegen erheblicher Nachteile durch Schädigung empfindlicher Pflanzen (z. B. Baumschulen, Kulturpflanzen) und Ökosysteme auf Grund der Einwirkung von Ammoniak.

Anhaltspunkte für das Vorliegen erheblicher Nachteile sind dann nicht gegeben, wenn die Gesamtbelastung an Ammoniak an keinem Beurteilungspunkt $10 \ \mu g/m^3$ überschreitet.

Die Mindestabstandskurve ist für bodennahe Quellen abgeleitet und berücksichtigt eine mögliche Verminderung der Immissionskonzentration durch Ableitung der Abgase über Schornsteine entsprechend Nummer 5.5 nicht. Gegebenenfalls ist zur Berücksichtigung dieser Ableitungsbedingungen eine Ausbreitungsrechnung nach Anhang 3 durchzuführen.

Abbildung 4: Mindestabstand von Anlagen zu empfindlichen Pflanzen (z. B. Baumschulen, Kulturpflanzen) und Ökosystemen, bei dessen Unterschreiten sich Anhaltspunkte für das Vorliegen erheblicher Nachteile durch Schädigung dieser Schutzgüter auf Grund der Einwirkung von Ammoniak ergeben

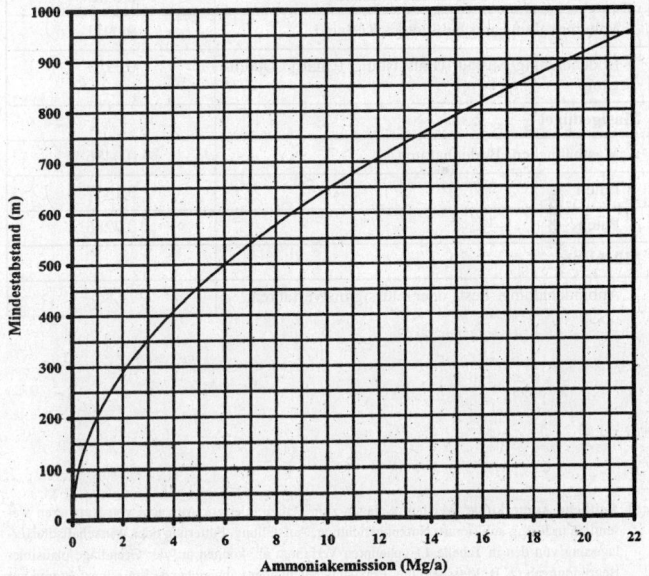

Tabelle 11: **Ammoniakemissionsfaktoren für Anlagen zum Halten oder zur Aufzucht von Nutztieren**[*]

Tierart, Nutzungsrichtung, Aufstallung, Wirtschaftsdüngerlagerung	Ammoniakemissionsfaktor (kg/ Tierplatz · a)
Mastschweine	
Zwangslüftung, Flüssigmistverfahren (Teil- oder Vollspaltenböden)	3,64
Zwangslüftung, Festmistverfahren	4,86
Außenklimastall, Kistenstall (Flüssig- oder Festmistverfahren)	2,43
Außenklimastall, Tiefstreu- oder Kompostverfahren	4,86
Ferkelerzeugung (Zuchtsauenhaltung)	
Alle Bereiche und Aufstallungsformen (Zuchtsauen inkl. Ferkel bis 25 kg)	7.29
Legehennen	
Käfighaltung mit belüftetem Kotband	0,0389
Volierenhaltung mit belüftetem Kotband	0,0911
Bodenhaltung/Auslauf (Entmistung 1 mal je Durchgang)	0,3157
Mastgeflügel	
Masthähnchen, Bodenhaltung	0,0486
Enten	0,1457
Puten	0,7286
Milchvieh	
Anbindehaltung, Fest- oder Flüssigmistverfahren	4,86

[*] **Amtliche Anmerkung:** Weichen Anlagen zum Halten oder zur Aufzucht von Nutztieren wesentlich in Bezug auf Tierart, Nutzungsrichtung, Aufstallung, Fütterung oder Wirtschaftsdüngerlagerung von den in Tabelle 11 genannten Verfahren ab, können auf der Grundlage plausibler Begründungen (z. B. Messberichte, Praxisuntersuchungen) abweichende Emissionsfaktoren zur Berechnung herangezogen werden.

Tierart, Nutzungsrichtung, Aufstallung, Wirtschaftsdüngerlagerung	Ammoniakemissions-faktor (kg/ Tierplatz · a)
Liegenboxenstall, Fest- oder Flüssigmistverfahren	14,57
Laufstall, Tiefstreuverfahren	14,57
Laufstall, Tretmistverfahren	15,79
Mastbullen, Jungvieh inkl. Aufzucht (0,5 bis 2 Jahre)	
Anbindehaltung, Fest- oder Flüssigmistverfahren	2,43
Laufstall, Flüssigmistverfahren	3,04
Laufstall, Tretmistverfahren	3,64

Anhang 2

Kurven zur Ableitung von Massenströmen aus Immissionsprognosen

Abbildung 5: Arsen und anorganische Arsenverbindungen

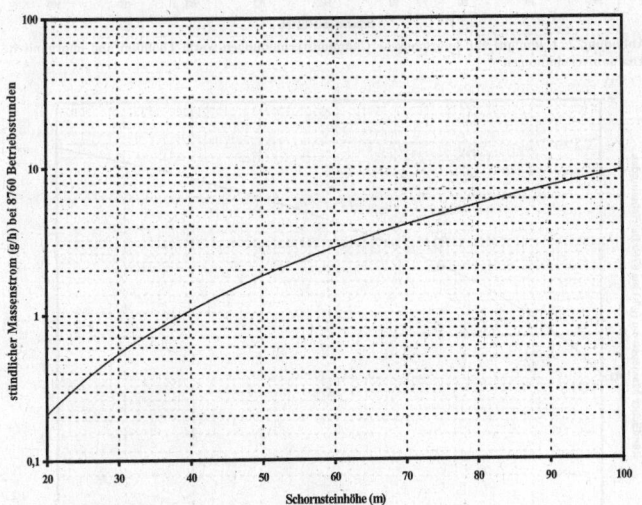

Abbildung 6: Blei und anorganische Bleiverbindungen

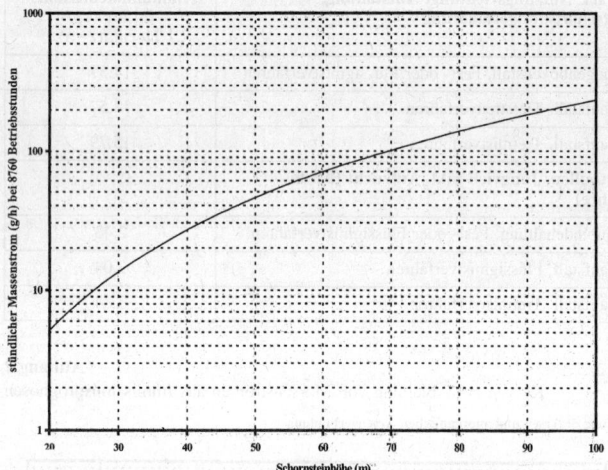

Abbildung 7: Cadmium und anorganische Cadmiumverbindungen sowie Thallium und anorganische Thalliumverbindungen

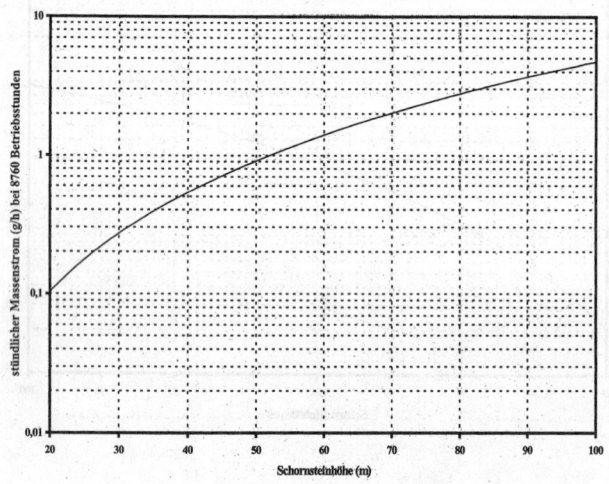

Abbildung 8: Nickel und anorganische Nickelverbindungen

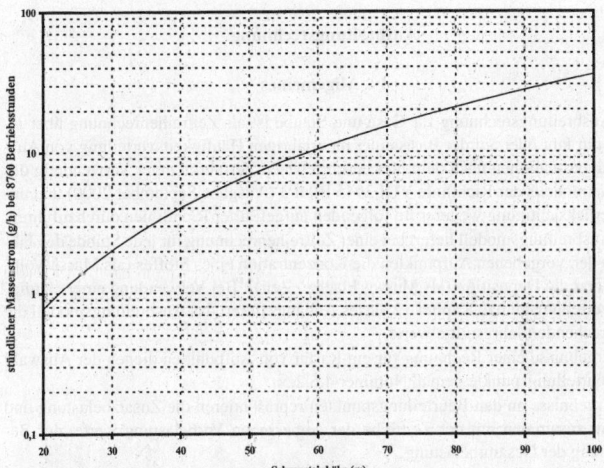

Abbildung 9: Quecksilber und anorganische Quecksilberverbindungen

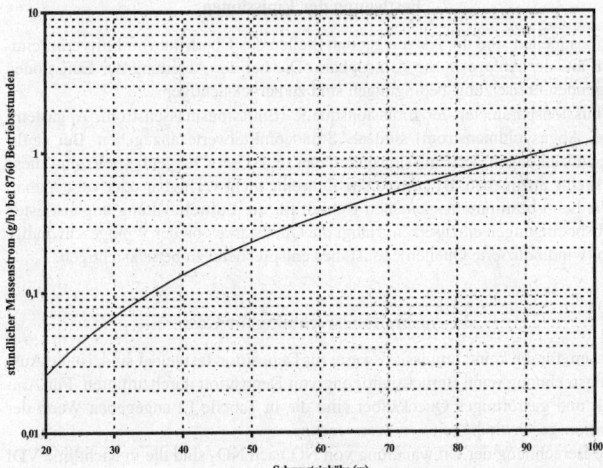

Anhang 3

Ausbreitungsrechnung

1 Allgemeines

Die Ausbreitungsrechnung für Gase und Stäube ist als Zeitreihenrechnung über jeweils ein Jahr oder auf der Basis einer mehrjährigen Häufigkeitsverteilung von Ausbreitungssituationen nach dem hier beschriebenen Verfahren unter Verwendung des Partikelmodells der Richtlinie VDI 3945 Blatt 3 (Ausgabe September 2000) und unter Berücksichtigung weiterer im folgenden aufgeführter Richtlinien durchzuführen.

Das Ausbreitungsmodell liefert bei einer Zeitreihenrechnung für jede Stunde des Jahres an den vorgebenen Aufpunkten die Konzentration eines Stoffes (als Masse/Volumen) und die Deposition (als Masse/(Fläche · Zeit)). Bei Verwendung einer Häufigkeitsverteilung gemäß Kapitel 12 dieses Anhangs liefert das Ausbreitungsmodell die entsprechenden Jahresmittelwerte.

Die Ergebnisse einer Rechnung für ein Raster von Aufpunkten dienen der Auswahl der Beurteilungspunkte gemäß Nummer 4.6.2.5.

Die Ergebnisse an den Beurteilungspunkten repräsentieren die Zusatzbelastung und dienen, zusammen mit der Zeitreihe der gemessenen Vorbelastungswerte, der Bestimmung der Gesamtbelastung.

2 Festlegung der Emissionen

Emissionsquellen sind die festzulegenden Stellen des Übertritts von Luftverunreinigungen aus der Anlage in die Atmosphäre. Die bei der Ableitung der Emissionen vorliegenden Freisetzungsbedingungen sind zu berücksichtigen.

Die Emissionsparameter der Emissionsquelle (Emissionsmassenstrom, Abgastemperatur, Abgasvolumenstrom) sind als Stundenmittelwerte anzugeben. Bei zeitlichen Schwankungen der Emissionsparameter, z. B. bei Chargenbetrieb, sind diese als Zeitreihe anzugeben. Ist eine solche Zeitreihe nicht verfügbar oder verwendbar, sind die beim bestimmungsgemäßen Betrieb für die Luftreinhaltung ungünstigsten Betriebsbedingungen einzusetzen. Hängt die Quellstärke von der Windgeschwindigkeit ab (windinduzierte Quellen), so ist dies entsprechend zu berücksichtigen.

3 Ausbreitungsrechnung für Gase

Bei Gasen, für die keine Immissionswerte für Deposition festgelegt sind, ist die Ausbreitungsrechnung ohne Berücksichtigung von Deposition durchzuführen. Für Ammoniak und gasförmiges Quecksilber sind die in Tabelle 12 angegeben Werte der Depositionsgeschwindigkeit v_d zu verwenden.

Für die Berechnung der Umwandlung von NO nach NO_2 sind die in Richtlinie VDI 3782 Blatt 1 (Ausgabe Dezember 2001) angegebenen Umwandlungszeiten zu verwenden.

Tabelle 12:   Depositionsgeschwindigkeiten für Gase

Stoff	v_d in m/s
Ammoniak	0,010
Quecksilber	0,005

4 Ausbreitungsrechnung für Stäube

Bei der Ausbreitungsrechnung für Stäube sind trockene Deposition und Sedimentation zu berücksichtigen. Die Berechnung ist für folgende Größenklassen der Korngrößenverteilung, angegeben als aerodynamischer Durchmesser d_a des Emissionsmassenstromes durchzuführen, wobei jeweils die angegebenen Werte von Depositionsgeschwindigkeit v_d und Sedimentationsgeschwindigkeit v_s zu verwenden sind:

Tabelle 13:   Deposition und Sedimentationsgeschwindigkeiten für Stäube

Klasse	d_a in μm	v_d in m/s	v_s in m/s
1	kleiner 2,5	0,001	0,00
2	2,5 bis 10	0,01	0,00
3	10 bis 50	0,05	0,04
4	größer 50	0,20	0,15

Die Ausbreitungsrechnung für eine Korngrößenklasse ist mit dem Emissionsmassenstrom der betreffenden Korngrößenklasse durchzuführen. Für die Berechnung der Deposition des gesamten Staubes sind die Depositionswerte der Korngrößenklassen zu addieren. Die Einzelwerte der Konzentration für PM-10 (aerodynamischer Durchmesser kleiner als 10 μm) bestehen aus der Summe der Einzelwerte der Konzentration der Korngrößenklassen 1 und 2.

Ist die Korngrößenverteilung nicht im einzelnen bekannt, dann ist PM-10 wie Staub der Klasse 2 zu behandeln. Für Staub mit einem aerodynamischen Durchmesser größer als 10 μm ist für v_d der Wert 0,07 m/s und für v_s der Wert 0,06 m/s zu verwenden.

5 Bodenrauhigkeit

Die Bodenrauhigkeit des Geländes wird durch eine mittlere Rauhigkeitslänge z_o beschrieben. Sie ist nach Tabelle 14 aus den Landnutzungsklassen des CORINE-Katasters[*]) zu bestimmen (die angegebenen Nummern sind die Kennzahlen des CORINE-Katasters).

---

[*]) **Amtliche Anmerkung:** »Daten zur Bodenbedeckung der Bundesrepublik Deutschland« des Statistischen Bundesamtes, Wiesbaden.

Tabelle 14: Mittlere Rauhigkeitslänge in Abhängigkeit von den Landnutzungsklassen des CORINE-Katasters

z_o in m	CORINE-Klasse
0,01	Strände, Dünen und Sandflächen (331); Wasserflächen (512)
0,02	Deponien und Abraumhalden (132); Wiesen und Weiden (231); Natürliches Grünland (321); Flächen mit spärlicher Vegetation (333); Salzwiesen (421); In der Gezeitenzone liegende Flächen (423); Gewässerläufe (511); Mündungsgebiete (522)
0,05	Abbauflächen (131); Sport- und Freizeitanlagen (142); Nicht bewässertes Ackerland (211); Gletscher und Dauerschneegebiete (335); Lagunen (521)
0,10	Flughäfen (124); Sümpfe (411); Torfmoore (412); Meere und Ozeane (523)
0,20	Straßen, Eisenbahn (122); Städtische Grünflächen (141); Weinbauflächen (221); Komplexe Parzellenstrukturen (242); Landwirtschaft und natürliche Bodenbedeckung (243); Heiden und Moorheiden (322); Felsflächen ohne Vegetation (332)
0,50	Hafengebiete (123); Obst- und Beerenobstbestände (222); Wald-Strauch-Übergangsstadien (324)
1,00	Nicht durchgängig städtische Prägung (112); Industrie- und Gewerbeflächen (121); Baustellen (133); Nadelwälder (312)
1,50	Laubwälder (311); Mischwälder (313)
2,00	Durchgängig städtische Prägung (111)

Die Rauhigkeitslänge ist für ein kreisförmiges Gebiet um den Schornstein festzulegen, dessen Radius das 10fache der Bauhöhe des Schornsteins beträgt. Setzt sich dieses Gebiet aus Flächenstücken mit unterschiedlicher Bodenrauhigkeit zusammen, so ist eine mittlere Rauhigkeitslänge durch arithmetische Mittelung mit Wichtung entsprechend dem jeweiligen Flächenanteil zu bestimmen und anschließend auf den nächstgelegenen Tabellenwert zu runden. Es ist zu prüfen, ob sich die Landnutzung seit Erhebung des Katasters wesentlich geändert hat oder eine für die Immissionsprognose wesentliche Änderung zu erwarten ist.

Variiert die Bodenrauhigkeit innerhalb des zu betrachtenden Gebietes sehr stark, ist der Einfluss des verwendeten Wertes der Rauhigkeitslänge auf die berechneten Immissionsbeiträge zu prüfen.

6 Effektive Quellhöhe

Die effektive Quellhöhe ist gemäß Richtlinie VDI 3782 Blatt 3 (Ausgabe Juni 1985) zu bestimmen. Der emittierte Wärmestrom M in MW wird nach folgender Formel berechnet:

$$M = 1{,}36 \cdot 10^{-3} \cdot R' \, (T - 283{,}15 \, K)$$

Hierbei ist M der Wärmestrom in MW, R' der Volumenstrom des Abgases (f) im
Normzustand in m^3/s und T die Abgastemperatur in K.
Bei der Ableitung der Abgase über Kühltürme ist nach Richtlinie VDI 3784 Blatt 2
(Ausgabe März 1990) entsprechend zu verfahren.

7 Rechengebiet und Aufpunkte

Das Rechengebiet für eine einzelne Emissionsquelle ist das Innere eines Kreises um
den Ort der Quelle, dessen Radius das 50fache der Schornsteinbauhöhe ist. Tragen
mehrere Quellen zur Zusatzbelastung bei, dann besteht das Rechengebiet aus der
Vereinigung der Rechengebiete der einzelnen Quellen. Bei besonderen Geländebe-
dingungen kann es erforderlich sein, das Rechengebiet größer zu wählen.
Das Raster zur Berechnung von Konzentration und Deposition ist so zu wählen, dass
Ort und Betrag der Immissionsmaxima mit hinreichender Sicherheit bestimmt werden können. Dies ist in der Regel der Fall, wenn die horizontale Maschenweite die
Schornsteinbauhöhe nicht überschreitet. In Quellentfernungen größer als das 10fa-
che der Schornsteinbauhöhe kann die horizontale Maschenweite proportional größer
gewählt werden.
Die Konzentration an den Aufpunkten ist als Mittelwert über ein vertikales Intervall
vom Erdboden bis 3 m Höhe über dem Erdboden zu berechnen und ist damit repräsentativ für eine Aufpunkthöhe von 1,5 m über Flur. Die so für ein Volumen oder
eine Fläche des Rechengitters berechneten Mittelwerte gelten als Punktwerte für die
darin enthaltenen Aufpunkte.

8 Meteorologische Daten

8.1 Allgemeines

Meteorologische Daten sind als Stundenmittel anzugeben, wobei die Windgeschwindigkeit vektoriell zu mitteln ist. Die verwendeten Werte sollen für den Standort der
Anlage charakteristisch sein. Liegen keine Messungen am Standort der Anlage vor,
sind Daten einer geeigneten Station des Deutschen Wetterdienstes oder einer anderen entsprechend ausgerüsteten Station zu verwenden. Die Übertragbarkeit dieser
Daten auf den Standort der Anlage ist zu prüfen; dies kann z. B. durch Vergleich
mit Daten durchgeführt werden, die im Rahmen eines Standortgutachtens ermittelt
werden. Messlücken, die nicht mehr als 2 Stundenwerte umfassen, können durch
Interpolation geschlossen werden. Die Verfügbarkeit der Daten soll mindestens 90
vom Hundert der Jahresstunden betragen.
Die vom Partikelmodell benötigten meteorologischen Grenzschichtprofile sind gemäß Richtlinie VDI 3783 Blatt 8 zu bestimmen.[*)] Hierzu werden folgende Größen
benötigt:

[*)] **Amtliche Anmerkung:** Bis zur Einführung der Richtlinie VDI 3783 Blatt 8 sind die in folgender Veröffentlichung angegebenen Profile zu verwenden: L. Janicke, U. Janicke: »Vorschlag
eines meteorologischen Grenzschichtmodells für Lagrangesche Ausbreitungsmodelle«. Berichte
zur Umweltphysik 2, Ingenieurbüro Janicke, ISSN 1439-8222, September 2000.

Tabelle 15: Größen für meteorologische Grenzschichtprofile

r_a	Windrichtung in Anemometerhöhe h_a
u_a	Windgeschwindigkeit in Anemometerhöhe h_a
L_M	Monin-Obukhov-Länge
h_m	Mischungsschichthöhe
z_0	Rauhigkeitslänge
d_0	Verdrängungshöhe

8.2 Windrichtung

Die Windrichtung ist die Richtung, aus der der Wind weht, und ist in Anemometerhöhe als Winkel gegen die Nordrichtung im Uhrzeigersinn gradgenau anzugeben. Enthält die für die Ausbreitungsrechnung verwendete meteorologische Zeitreihe nur gerundete Werte der Windrichtung (Sektorangaben), dann ist hilfsweise in der Ausbreitungsrechnung eine gleichverteilt zufällige Windrichtung aus dem betreffenden Sektor zu verwenden.

Bei umlaufenden Winden ist eine gleichverteilt zufällige Windrichtung aus dem Bereich 1° bis 360° zu wählen. Für Intervalle mit Windstille bis zu 2 Stunden Dauer ist die Windrichtung durch lineare Interpolation zwischen dem letzten Wert vor Beginn der Windstille und dem ersten Wert nach Ende der Windstille zu bestimmen. Für Intervalle größer als zwei Stunden ist die Windrichtung entsprechend der Windrichtungsverteilung für Windgeschwindigkeiten bis zu 1,2 m/s zufällig zu wählen.

Es ist eine Drehung D der Windrichtung r in der Mischungsschicht in Abhängigkeit von der Höhe z über dem Erdboden gemäß der Formeln 2 und 3 zu berücksichtigen:

$$r(z) = r_a + D(z) - D(h_a) \qquad (2)$$
$$D(z) = 1,23 \, D_h \, [1 - exp(-1,75 \, z/h_m)] \qquad (3)$$

Der Wert von D_h ist in Abhängigkeit von der Monin-Obukhov-Länge L_M (Kapitel 8.4 dieses Anhangs) und der Mischungsschichthöhe h_m (Kapitel 8.5 dieses Anhangs) der Tabelle 16 zu entnehmen.

Tabelle 16: Bestimmung von D_h

D_h in Grad	Stabilitätsbereich
0	$h_m/L_M < -10$
$45 + 4,5 \, h_m/L_M$	$-10 \leq h_m/L_M < 0$
45	$L_M > 0$

Für Höhen oberhalb der Mischungsschichthöhe ist die Windrichtung in Mischungsschichthöhe zu verwenden.

8.3   Windgeschwindigkeit

Die Windgeschwindigkeit in Anemometerhöhe ist in m/s mit einer Nachkommastelle anzugeben. Ist in der meteorologischen Zeitreihe die Windgeschwindigkeit in Stufen größer als 0,1 m/s angegeben, dann ist hilfsweise für die Ausbreitungsrechnung eine gleichverteilte zufällige Geschwindigkeit aus dem Stufenbereich auszuwählen.

Bei Windstille und Windgeschwindigkeiten unter 0,8 m/s in Anemometerhöhe ist für die Windgeschwindigkeit in Anemometerhöhe ein rechnerischer Wert von 0,7 m/s zu verwenden.

8.4   Monin-Obukhov-Länge

Die Stabilität der atmosphärischen Schichtung wird durch Angabe der Monin-Obukhov-Länge L_M festgelegt. Ist der Wert der Monin-Obukhov-Länge nicht bekannt, dann ist eine Ausbreitungsklasse nach Klug/Manier nach Richtlinie VDI 3782 Blatt 1 (Ausgabe Dezember 2001) zu bestimmen und die Monin-Obukhov-Länge in Meter ist gemäß Tabelle 17 zu setzen.

Tabelle 17: Bestimmung der Monin-Obukhov-Länge L_M

Ausbreitungs-klasse nach Klug/Manier	Rauhigkeitslänge z_0 in m								
	0,01	0,02	0,05	0,10	0,20	0,50	1,00	1,50	2,00
I (sehr stabil)	7	9	13	17	24	40	65	90	118
II (stabil)	25	31	44	60	83	139	223	310	406
III/1 (indifferent)	99999	99999	99999	99999	99999	99999	99999	99999	99999
III/2 indifferent)	–25	–32	–45	–60	–81	–130	–196	–260	–326
IV (labil)	–10	–13	–19	–25	–34	–55	–83	–110	–137
V (sehr labil)	–4	–5	–7	–10	–14	–22	–34	–45	–56

Der Wert der Monin-Obukhov-Länge an der Grenze zwischen zwei Ausbreitungsklassen ist das harmonische Mittel der Werte in den benachbarten Ausbreitungsklassen, d. h. der reziproke Wert wird durch arithmetische Mittelung der reziproken Werte bestimmt. Diese Klassengrenzen sind zu verwenden, wenn auf Ausbreitungsklassen nach Klug/Manier explizit Bezug genommen wird.

8.5   Mischungsschichthöhe

Ist die Mischungsschichthöhe nicht bekannt, ist sie nach folgendem Verfahren festzulegen. Für Werte der Monin-Obukhov-Länge aus dem Bereich der Ausbreitungsklassen IV und V ist mit einem Wert der Mischungsschichthöhe h_m von 1 100 m zu rechnen. Sonst ist mit einem Wert von 800 m zu rechnen, es sei denn, Formel 4 ergibt einen kleineren Wert:

$$b_m = \begin{cases} \alpha \dfrac{u_*}{f_c} & \text{für } L_M \geq \dfrac{u_*}{f_c} \\[2ex] \alpha \dfrac{u_*}{f_c} \left(\dfrac{f_c L_M}{u_*} \right)^{1/2} & \text{für } 0 < L_M < \dfrac{u_*}{f_c} \end{cases} \quad (4)$$

Hierbei ist α gleich 0,3 und der Coriolis-Parameter f_c gleich 10^{-4} s^{-1}. Die Schubspannungsgeschwindigkeit u$_*$ ist aus dem Windprofil des meteorologischen Grenzschichtmodells zu bestimmen.

8.6 Verdrängungshöhe

Die Verdrängungshöhe d_o gibt an, wie weit die theoretischen meteorologischen Profile aufgrund von Bewuchs oder Bebauung in der Vertikalen zu verschieben sind. Die Verdrängungshöhe ist als das 6fache der Rauhigkeitslänge z_0 (Kapitel 5 dieses Anhangs) anzusetzen, bei dichter Bebauung als das 0,8fache der mittleren Bebauungshöhe. Unterhalb der Höhe $6z_0 + d_0$ ist die Windgeschwindigkeit bis zum Wert Null bei z gleich Null linear zu interpolieren; alle anderen meteorologischen Parameter sind konstant zu halten.

9 Berücksichtigung der statistischen Unsicherheit

Die mit dem hier beschriebenen Verfahren berechneten Immissionskenngrößen besitzen aufgrund der statistischen Natur des in der Richtlinie VDI 3945 Blatt 3 (Ausgabe September 2000) angegebenen Verfahrens eine statistische Unsicherheit. Es ist darauf zu achten, dass die modellbedingte statistische Unsicherheit, berechnet als statistische Streuung des berechneten Wertes, beim Jahres-Immissionskennwert 3 vom Hundert des Jahres-Immissionswertes und beim Tages-Immissionskennwert 30 vom Hundert des Tages-Immissionswertes nicht überschreitet. Gegebenenfalls ist die statistische Unsicherheit durch eine Erhöhung der Partikelzahl zu reduzieren.

Liegen die Beurteilungspunkte an den Orten der maximalen Zusatzbelastung, braucht die statistische Unsicherheit nicht gesondert berücksichtigt zu werden. Andernfalls sind die berechneten Jahres-, Tages- und Stunden-Immissionskennwerte um die jeweilige statistische Unsicherheit zu erhöhen. Die relative statistische Unsicherheit des Stunden-Immissionskennwertes ist dabei der relativen statistischen Unsicherheit des Tages-Immissionskennwertes gleichzusetzen.

10 Berücksichtigung von Bebauung

Einflüsse von Bebauung auf die Immission im Rechengebiet sind zu berücksichtigen. Beträgt die Schornsteinbauhöhe mehr als das 1,2fache der Gebäudehöhen oder haben Gebäude, für die diese Bedingung nicht erfüllt ist, einen Abstand von mehr als dem 6fachen ihrer Höhe von der Emissionsquelle, kann in der Regel folgendermaßen verfahren werden:

a) Beträgt die Schornsteinbauhöhe mehr als das 1,7fache der Gebäudehöhen, ist die Berücksichtigung der Bebauung durch Rauhigkeitslänge (Kapitel 5 dieses Anhangs) und Verdrängungshöhe (Kapitel 8.6 dieses Anhangs) ausreichend.

b) Beträgt die Schornsteinbauhöhe weniger als das 1,7fache der Gebäudehöhen und ist eine freie Abströmung gewährleistet, können die Einflüsse mit Hilfe eines diagnostischen Windfeldmodells für Gebäudeumströmung berücksichtigt

werden. Bis zur Einführung einer geeigneten VDI-Richtlinie sind Windfeldmodelle zu verwenden, deren Eignung der zuständigen obersten Landesbehörde
nachgewiesen wurde.

Maßgeblich für die Beurteilung der Gebäudehöhen nach Buchstabe a) oder b) sind
alle Gebäude, deren Abstand von der Emissionsquelle geringer ist als das 6fache der
Schornsteinbauhöhe.

11   Berücksichtigung von Geländeunebenheiten

Unebenheiten des Geländes sind in der Regel nur zu berücksichtigen, falls innerhalb
des Rechengebietes Höhendifferenzen vom Emissionsort von mehr als dem 0,7fa-
chen der Schornsteinbauhöhe und Steigungen von mehr als 1 : 20 auftreten. Die
Steigung ist dabei aus der Höhendifferenz über eine Strecke zu bestimmen, die dem
2fachen der Schornsteinbauhöhe entspricht.

Geländeunebenheiten können in der Regel mit Hilfe eines mesoskaligen diagnostischen Windfeldmodells berücksichtigt werden, wenn die Steigung des Geländes den
Wert 1 : 5 nicht überschreitet und wesentliche Einflüsse von lokalen Windsystemen
oder anderen meteorologischen Besonderheiten ausgeschlossen werden können.

Bis zur Einführung einer geeigneten VDI-Richtlinie sind Windfeldmodelle zu
verwenden, deren Eignung der zuständigen obersten Landesbehörde nachgewiesen
wurde.

12   Verwendung einer Häufigkeitsverteilung der
stündlichen Ausbreitungssituation

Eine Häufigkeitsverteilung der stündlichen Ausbreitungssituationen kann verwendet
werden, sofern mittlere Windgeschwindigkeiten von weniger als 1 m/s im Stundenmittel am Standort der Anlage in weniger als 20 vom Hundert der Jahresstunden
auftreten. Eine Ausbreitungssituation ist durch Windgeschwindigkeitsklasse, Windrichtungssektor und Ausbreitungsklasse bestimmt.

Die Windgeschwindigkeiten u_a in Anemometerhöhe h_a sind wie folgt zu klassieren:

Tabelle 18: Klassierung der Windgeschwindigkeiten

Windgeschwindig- keitsklasse	Windgeschwindigkeit u_a in ms^{-1}	Rechenwert u_R in ms^{-1}
1	< 1,4	1
2	1,4 bis 1,8	1,5
3	1,9 bis 2,3	2
4	2,4 bis 3,8	3
5	3,9 bis 5,4	4,5
6	5,5 bis 6,9	6
7	7,0 bis 8,4	7,5

Windgeschwindig-keitsklasse	Windgeschwindigkeit u_a in ms^{-1}	Rechenwert u_R in ms^{-1}
8	8,5 bis 10,0	9
9	> 10,0	12

Die Windrichtung ist in 36 Sektoren zu je 10° zu klassieren. Der erste Sektor umfasst die Windrichtungen 6° bis 15°, die weiteren Sektoren folgen im Uhrzeigersinn. Bei der Windgeschwindigkeitsklasse 1 ist die Verteilung auf die Windrichtungssektoren wie bei der Windgeschwindigkeitsklasse 2 maßgebend.

Die Fälle mit umlaufenden Winden werden der entsprechenden Ausbreitungs- und Windgeschwindigkeitsklasse zugeordnet; die Verteilung auf die Windrichtungs-sektoren ist entsprechend der Windrichtungsverteilung in der jeweiligen Windge-schwindigkeitsklasse vorzunehmen.

Die Ausbreitungsklasse ist gemäß Richtlinie VDI 3782 Blatt 1 Anhang A (Ausgabe Dezember 2001) zu bestimmen.

Für jede in der Häufigkeitsverteilung mit einer Eintrittswahrscheinlichkeit größer Null aufgeführte Ausbreitungssituation ist nach dem für die Zeitreihenrechnung an-gegebenen Verfahren eine zeitunabhängige Ausbreitungsrechnung durchzuführen. Dabei ist als Windgeschwindigkeit u_a der Rechenwert u_R zu verwenden. Die Aus-breitungsrechnung für einen Windrichtungssektor von 10° ist in Form von Rechnun-gen über 5 Windrichtungen im Abstand von jeweils 2° durchzuführen mit arithmeti-scher Mittelung der Ergebnisse. Für den ersten Sektor sind dies die Windrichtungen 6°, 8°, 10°, 12°, 14° und entsprechend bei den folgenden Sektoren.

Der Jahresmittelwert von Konzentration oder Deposition ist der Mittelwert der mit den Eintrittswahrscheinlichkeiten gewichteten Konzentrations- bzw. Depositions-werte, die für die einzelnen Ausbreitungssituationen berechnet werden.

Anhang 4

Organische Stoffe der Klasse I nach Nummer 5.2.5

Tabelle 19: Organische Stoffe der Klasse I nach Nummer 5.2.5

Stoff	CAS-Nummer
Acetaldehyd	75-07-0
Acetamid	60-35-5
Acrylsäure	79-10-7
Alkylbleiverbindungen	
Ameisensäure	64-18-6
Amino-4-nitrotoluol,2-	99-55-8
Aminoethanol,2-	141-43-5

Stoff	CAS-Nummer
Anilin	62-53-3
Benzochinon,p-	106-51-4
Benzolsulfonylchlorid	98-09-9
Benzoltricarbonsäure,1,2,4-	528-44-9
Benzoltricarbonsäureanhydrid,1,2,4-	552-30-7
Benzoylchlorid	98-88-4
Bis(3-aminopropyl)-methylamin,N,N-	105-83-9
Bleiacetat (basisch)	1335-32-6
Brommethan	74-83-9
Brompropan,1-	106-94-5
Butanthiol	109-79-5
Butenal,2- (Crotonaldehyd)	123-73-9
Butin-1,4-diol-2	110-65-6
Butylacrylat,n-	141-32-2
Butylamin,iso-	78-81-9
Butylamin,n-	109-73-9
Butylphenol,4-tert-	98-54-4
Butyltoluol	98-51-1
Caprolactam	105-60-2
Chlor-1,3-butadien,2- (Chlorpropen)	126-99-8
Chlor-2-methylpropen,3-	563-47-3
Chlor-2-nitrobenzol,1-	88-73-3
Chlor-4-nitrobenzol,1-	100-00-5
Chlor-o-toluidin,5-	95-79-4
Chloressigsäure	79-11-8
Chlorethan	75-00-3
Chlorethanol,2-	107-07-3
Chlormethan	74-87-3
Chloropropen,3-	107-05-1

Stoff	CAS-Nummer
Cyanacrylsäuremethylester	137-05-3
Cyclohexandicarbonsäureanhydrid,1,2-	85-42-7
Di-(2-ethylhexyl)-phthalat	117-81-7
Di-n-butylzinnchlorid	683-18-1
Diaminobenzidin,3,3'-	91-95-2
Diaminoethan,1,2- (Ethylendiamin)	107-15-3
Dibenzoylperoxid	94-36-0
Dichlorethylen,1,1-	75-35-4
Dichlormethan	75-09-2
Dichlornitroethan,1,1-	594-72-9
Dichlorphenole	
Dichlorpropan,1,2-	78-87-5
Dichlorpropionsäure,2,2-	75-99-0
Dichlortoluol,2,4-	95-73-8
Dichlortoluol,a,a-	98-87-3
Diethylamin	109-89-7
Diethylcarbamidsäurechlorid	88-10-8
Diethylentriamin (3-Azapentan-1,5-diamin)	111-40-0
Difluorethen,1,1- (R1132a)	75-38-7
Diglycidylether	2238-07-5
Dihydroxybenzol,1,2- (Brenzcatechin)	120-80-9
Dihydroxybenzol,1,4- (Hydrochinon)	123-31-9
Diisocyanattoluol,2,4-	584-84-9
Diisocyanattoluol,2,6-	91-08-7
Dimethylamin	124-40-3
Dimethylamino- N,N',N'-trimethyl-1,2-diaminoethan,N-2-	3030-47-5
Dimethylanilin,N,N-	121-69-7
Dimethylethylamin,1,1-	75-64-9

Stoff	CAS-Nummer
Dinitronaphthaline (alle Isomere)	27478-34-8
Dioxan,1,4-	123-91-1
Diphenyl (Biphenyl)	92-52-4
Diphenylamin	122-39-4
Diphenylether	101-84-8
Diphenylmethan-2,4'-diisocyanat	5873-54-1
Diphenylmethan-4,4'-diisocyanat	101-68-8
Essigsäure-(2-ethoxyethyl)-ester	111-15-9
Essigsäureanhydrid	108-24-7
Ethandial (Glyoxal)	107-22-2
Ethanthiol (Ethylmercaptan)	75-08-1
Ethen	74-85-1
Ethylacrylat	140-88-5
Ethylamin	75-04-7
Ethylenglycoldinitrat	628-96-6
Ethylenthioharnstoff	96-45-7
Ethylhexansäure,2-	149-57-5
Formaldehyd	50-00-0
Formamid	75-12-7
Furaldehyd,2- (Furfuraldehyd)	98-01-1
Furanmethanamin,2-	617-89-0
Glutardialdehyd	111-30-8
Glycerintrinitrat	55-63-0
Hexachlor-1,3-butadien,1,1,2,3,4,4-	87-68-3
Hexachlorethan	67-72-1
Hexamethylendiamin	124-09-4
Hexamethylendiisocyanat	822-06-0
Hexanon,2-	591-78-6
Isocyanatmethyl-3,5,5-trimethyl-cyclohexylisocyanat,3-	4098-71-9

Stoff	CAS-Nummer
Isopropoxy-ethanol,2-	109-59-1
Kampfer	76-22-2
Keten	463-51-4
Kohlenoxidsulfid	463-58-1
Kresole	1319-77-3
Maleinsäureanhydrid	108-31-6
Methanthiol (Methylmercaptan)	74-93-1
Methoxyanilin,4-	104-94-9
Methoxyessigsäure	625-45-6
Methyl-2,4,6-N-tetranitroanilin,N-	479-45-8
Methylacrylat	96-33-3
Methylamin	74-89-5
Methylanilin,N-	100-61-8
Methylenbis(2-methyl-cyclohexylamin),4',4'-	6864-37-5
Methylisocyanat	624-83-9
Methyljodid	74-88-4
Methylphenylendiamin,2-	823-40-5
Monochloressigsäure, Na-Salz	3926-62-3
Monochloressigsäure-1-methylethylester	105-48-6
Monochloressigsäureethylester	105-39-5
Monochloressigsäuremethylester	96-34-4
Montanwachssäuren, Zn-Salze	73138-48-5
Morpholin	110-91-8
Naphthylamin,1-	134-32-7
Naphthylen-1,5-diisocyanat	3173-72-6
Naphthylendiamin,1,5-	2243-62-1
Natriumtrichloracetat	650-51-1
Nitro-4-aminophenol,2-	119-34-6
Nitro-p-phenylendiamin,2-	5307-14-2

Stoff	CAS-Nummer
Nitroanilin,2-	88-74-4
Nitroanilin,m-	99-09-2
Nitroanilin,p-	100-01-6
Nitrobenzol	98-95-3
Nitrokresole	
Nitrophenole	
Nitropyrene	5522-43-0
Nitrotoluol,3-	99-08-1
Nitrotoluol,4-	99-99-0
Nitrotoluole (alle Isomere)	1321-12-6
Oxalsäure	144-62-7
Pentachlorethan	76-01-7
Pentachlornaphthalin	1321-64-8
Phenol	108-95-2
Phenyl-1-(p-tolyl)-3-dimethylaminopropan,1-	5632-44-0
Phenyl-2-naphthylamin,N-	135-88-6
Phenyl-acetamid,N-	103-84-4
Phenylhydrazin	100-63-0
Phthalonitril	91-15-6
Phthalsäureanhydrid	85-44-9
Piperazin	110-85-0
Prop-2-in-1-ol	107-19-7
Propenal,2- (Acrolein, Acrylaldehyd)	107-02-8
Propylenglycoldinitrat	6423-43-4
Pyridin	110-86-1
Tetrabromethan,1,1,2,2-	79-27-6
Tetrachlorbenzol,1,2,4,5-	95-94-3
Tetrachlorethan,1,1,2,2-	79-34-5
Tetrachlorethylen	127-18-4

Stoff	CAS-Nummer
Tetrachlormethan	56-23-5
Thioalkohole	
Thioether	
Thioharnstoff	62-56-6
Toluidin,p-	106-49-0
Tribrommethan	75-25-2
Trichlorbenzole (alle Isomere)	12002-48-1
Trichloressigsäure	76-03-9
Trichlorethan,1,1,2-	79-00-5
Trichlorethen	79-01-6
Trichlormethan (Chloroform)	67-66-3
Trichlornaphthalin	1321-65-9
Trichlornitromethan	76-06-2
Trichlorphenol,2,4,5-	95-95-4
Trichlorphenole	
Triethylamin	121-44-8
Trikresylphosphat, (ooo,oom,oop,omm,omp,opp)	78-30-8
Tri-N-butylphosphat	126-73-8
Trimethyl-2-cyclohexen-1-on,3,5,5-	78-59-1
Trinitrofluoren-9-on,2,4,7-	129-79-3
Trinitrotoluol,2,4,6- (TNT)	118-96-7
Vinyl-2-pyrrolidon,N-	88-12-0
Vinylacetat	108-05-4
Xylenole (ausgenommen 2,4-Xylenol)	1300-71-6
Xylidin,2,4-	95-68-1

Anhang 5

Äquivalenzfaktoren für Dioxine und Furane

Für den nach Nr. 5.2.7.2 zu bildenden Summenwert oder für die entsprechenden Anforderungen der Nummern 5.3 oder 5.4 sind die im Abgas ermittelten Konzentrationen der nachstehend genannten Dioxine und Furane mit den angegebenen Äquivalenzfaktoren zu mulitplizieren und zu summieren.

Tabelle 20: Äquivalenzfaktoren für Dioxine und Furane

Stoff	Äquivalenzfaktor
2,3,7,8 – Tetrachlordibenzodioxin (TCDD)	1
1,2,3,7,8 – Pentachlordibenzodioxin (PeCDD)	0,5
1,2,3,4,7,8 – Hexachlordibenzodioxin (HxCDD)	0,1
1,2,3,7,8,9 – Hexachlordibenzodioxin (HxCDD)	0,1
1,2,3,6,7,8 – Hexachlordibenzodioxin (HxCDD)	0,1
1,2,3,4,6,7,8 – Heptachlordibenzodioxin (HpCDD)	0,01
Octachlordibenzodioxin (OCDD)	0,001
2,3,7,8 – Tetrachlordibenzofuran (TCDF)	0,1
2,3,4,7,8 – Pentachlordibenzofuran (PeCDF)	0,5
1,2,3,7,8 – Pentachlordibenzofuran (PeCDF)	0,05
1,2,3,4,7,8 – Hexachlordibenzofuran (HxCDF)	0,1
1,2,3,7,8,9 – Hexachlordibenzofuran (HxCDF)	0,1
1,2,3,6,7,8 – Hexachlordibenzofuran (HxCDF)	0,1
2,3,4,6,7,8 – Hexachlordibenzofuran (HxCDF)	0,1
1,2,3,4,6,7,8 – Heptachlordibenzofuran (HpCDF)	0,01
1,2,3,4,7,8,9 – Heptachlordibenzofuran (HpCDF)	0,01
Octachlordibenzofuran (OCDF)	0,001

Anhang 6

VDI-Richtlinien und Normen zur Emissionsmesstechnik

Tabelle 21: VDI-Richtlinien und Normen zur Emissionsmesstechnik

Messobjekt	Verfahren		VDI-Richtlinie		DIN/EN-Norm	
	kontinu-ierlich	diskonti-nuierlich	Richtlinie/Norm	Ausgabe	Richtlinie/Norm	Ausgabe
Allgemeine Richtlinien						
Kalibrierung			3950 Bl. 1	Jul. 94		
Messplanung			2448 Bl. 1	Apr. 92		
Durchführung von Emissionsmessungen			4200	Dez. 00		
Anforderungen an Prüfstellen			4220	Sep. 99		
Staub						
Staub (allgemein)		X	2066 Bl. 1	Okt. 75		
Staub	X		2066 Bl. 4	Jan. 89		
	X		2066 Bl. 6	Jan. 89		
Staub (niedrige Konzentrationen)		X	2066 Bl. 7	Aug. 93	EN 13284-1	Nov. 01
Staub (höhere Konzentrationen)		X	2066 Bl. 2	Aug. 93		
Fraktionierende Staubmessung		X	2066 Bl. 5	Nov. 94		
Rußzahl		X	2066 Bl. 8	Sep. 95		
Staubinhaltsstoffe						
Schwermetalle (Probenahme)		X	3686 Bl. 1	Dez. 94		
Schwermetalle (Analytik)		X	2268 Bl. 1	Apr. 87		
		X	2268 Bl. 2	Feb. 90		
		X	2268 Bl. 3	Dez. 88		
		X	2268 Bl. 4	Mai 90		
Quecksilber		X			13211	Jun. 01
Asbest		X	3861 Bl. 2	Sep. 96		

Messobjekt	Verfahren		VDI-Richtlinie		DIN/EN-Norm	
	kontinu-ierlich	diskonti-nuierlich	Richtlinie/Norm	Ausgabe	Richtlinie/Norm	Ausgabe
Schwefelverbindungen						
Schwefeldioxid		X	2462 Bl. 8	Mrz. 85		
Schwefeltrioxid		X	2462 Bl. 7	Mrz. 85		
Schwefelwasserstoff		X	3486 Bl. 1	Apr. 79		
		X	3486 Bl. 2	Apr. 79		'
Schwefelkohlenstoff		X	3487 Bl. 1	Nov. 78		
Stickstoff-verbindungen						
Stickstoffmonoxid/-dioxid		X	2456 Bl.8	Jan. 86		
Basische Stickstoff-verbindungen		X	3496 Bl. 1	Apr. 82		
Kohlenmonoxid						
		X	2459 Bl. 1	Dez. 00		
		X	2459 Bl. 7	Feb. 94		
Chlorverbindungen						
Chlorwasserstoff		X			1911-1 1911-2 1911-3	Jul. 98
Chlor		X	3488 Bl. 1	Dez. 79		
		X	3488 Bl. 2	Nov. 80		
Fluorverbindungen						
Fluorwasserstoff		X	2470 Bl. 1	Okt. 75		
Organische Stoffe						
Kohlenwasserstoffe (allgemein)			3481 Bl. 6	Dez. 94		
Kohlenwasserstoffe		X	3481 Bl. 2	Sep. 98		
Kohlenwasserstoffe (FID)	X		3481 Bl. 1	Aug. 75	12619	Sep. 99
	X		3481 Bl. 3	Okt. 95		
Kohlenwasserstoffe (IR)			2460 Bl. 1	Jul. 96		
		X	2460 Bl. 2	Jul. 74		
		X	2460 Bl. 3	Jun. 81		

Messobjekt	Verfahren		VDI-Richtlinie		DIN/EN-Norm	
	kontinu-ierlich	diskonti-nuierlich	Richtlinie/ Norm	Ausgabe	Richtlinie/ Norm	Ausgabe
GC-Bestimmung orga-nischer Verbindungen		X	2457 Bl. 1	Nov. 97	13649 (prEN)	
		X	2457 Bl. 2	Dez. 96		
		X	2457 Bl. 3	Dez. 96		
		X	2457 Bl. 4	Dez. 00		
		X	2457 Bl. 6	Jun. 81		
		X	2457 Bl. 7	Jun. 81		
Aliphatische Alde-hyde (C_1 bis C_3)		X	3862 Bl. 1	Dez. 90		
		X	3862 Bl. 2	Dez. 00		
		X	3862 Bl. 3	Dez. 00		
		X	3862 Bl. 4	Mai 01		
Acrylnitril		X	3863 Bl. 1	Apr. 87		
		X	3863 Bl. 2	Febr. 91		
PAH (allgemein)		X	3873 Bl. 1	Nov. 92		
PAH (anlagenbezogen in der Kohlenstoff-industrie)		X	3467	Mrz. 98		
Vinylchlorid		X	3493 Bl. 1	Nov. 82		
Dioxine und Furane		X			1948-1 1948-2 1948-3	Mai 97
Geruchsstoffe						
		X	3881 Bl. 1	Mai 86		
		X	3881 Bl. 2	Jun. 87		
		X	3881 Bl. 3	Nov. 86		

S-Werte

Tabelle 22: S-Werte

Stoff	S-Wert
Schwebstaub	0,08
Blei und seine anorganischen Verbindungen, angegeben als Pb	0,0025
Cadmium und seine anorganischen Verbindungen, angegeben als Cd	0,00013
Quecksilber und seine anorganischen Verbindungen, angegeben als Hg	0,00013
Chlor	0,09
gasförmige anorganische Chlorverbindungen, angegeben als Chlorwasserstoff	0,1
Fluor und seine gasförmigen anorganischen Verbindungen, angegeben als Fluorwasserstoff	0,0018
Kohlenmonoxid	7,5
Schwefeloxide (Schwefeldioxid und Schwefeltrioxid), angegeben als Schwefeldioxid	0,14
Schwefelwasserstoff	0,003
Stickstoffoxide, angegeben als Stickstoffdioxid	0,1
Für Stoffe der Nummer 5.2.2 · Klasse I · Klasse II · Klasse III	 0,005 0,05 0,1
Für Stoffe der Nummer 5.2.5 · Gesamtkohlenstoff · Klasse I · Klasse II	 0,1 0,05 0,1
Für Stoffe der Nummer 5.2.7 · Nummer 5.2.7.1.1 Klasse I · Nummer 5.2.7.1.1 Klasse II · Nummer 5.2.7.1.1 Klasse III	 0,00005 0,0005 0,005

Sechste Allgemeine Verwaltungsvorschrift zum Bundes-Immissionsschutzgesetz (Technische Anleitung zum Schutz gegen Lärm – TA Lärm)

Vom 26. August 1998 (GMBl S. 503)

geändert durch Allgemeine Verwaltungsvorschrift vom 1. Juni 2017 (BAnz AT vom 8. Juni 2017 B5)[*)]

Inhaltsübersicht

1.	**Anwendungsbereich**
2.	**Begriffsbestimmungen**
2.1	Schädliche Umwelteinwirkungen durch Geräusche
2.2	Einwirkungsbereich einer Anlage
2.3	Maßgeblicher Immissionsort
2.4	Vor-, Zusatz- und Gesamtbelastung; Fremdgeräusche
2.5	Stand der Technik zur Lärmminderung
2.6	Schalldruckpegel $L_{AF}(t)$
2.7	Mittelungspegel L_{Aeq}
2.8	Kurzzeitige Geräuschspitzen
2.9	Taktmaximalpegel $L_{AFT}(t)$, Taktmaximal-Mittelungspegel L_{AFTeq}
2.10	Beurteilungspegel L_r
3.	**Allgemeine Grundsätze für genehmigungsbedürftige Anlagen**
3.1	Grundpflichten des Betreibers
3.2	Prüfung der Einhaltung der Schutzpflicht
3.2.1	Prüfung im Regelfall
3.2.2	Ergänzende Prüfung im Sonderfall
3.3	Prüfung der Einhaltung der Vorsorgepflicht
4.	**Allgemeine Grundsätze für die Prüfung nicht genehmigungsbedürftiger Anlagen**
4.1	Grundpflichten des Betreibers
4.2	Vereinfachte Regelfallprüfung
4.3	Anforderungen bei unvermeidbaren schädlichen Umwelteinwirkungen
5.	**Anforderungen an bestehende Anlagen**
5.1	Nachträgliche Anordnungen bei genehmigungsbedürftigen Anlagen
5.2	Anordnungen im Einzelfall bei nicht genehmigungsbedürftigen Anlagen
5.3	Mehrere zu einer schädlichen Umwelteinwirkung beitragende Anlagen unterschiedlicher Betreiber
6.	**Immissionsrichtwerte**
6.1	Immissionsrichtwerte für Immissionsorte außerhalb von Gebäuden
6.2	Immissionsrichtwerte für Immissionsorte innerhalb von Gebäuden
6.3	Immissionsrichtwerte für seltene Ereignisse
6.4	Beurteilungszeiten

---

*) Zur Auslegung der TA Lärm vgl. die Hinweise der LAI i.d.F. vom 22. 3. 2017 (www.lai-immissionsschutz.de) abgedruckt bei Ule/Laubinger/Repkewitz, Bd. 10 LAI 88.

6.5   Zuschlag für Tageszeiten mit erhöhter Empfindlichkeit
6.6   Zuordnung des Immissionsortes
6.7   Gemengelagen
6.8   Ermittlung der Geräuschimmissionen
6.9   Meßabschlag bei Überwachungsmessungen

7.   Besondere Regelungen
7.1   Ausnahmeregelung für Notsituationen
7.2   Bestimmungen für seltene Ereignisse
7.3   Berücksichtigung tieffrequenter Geräusche
7.4   Berücksichtigung von Verkehrsgeräuschen

8.   Zugänglichkeit der Norm- und Richtlinienblätter

9.   Aufhebung von Vorschriften

10.   Inkrafttreten

Anhang Ermittlung der Geräuschimmissionen

1. Anwendungsbereich

Diese Technische Anleitung dient dem Schutz der Allgemeinheit und der
Nachbarschaft vor schädlichen Umwelteinwirkungen durch Geräusche
sowie der Vorsorge gegen schädliche Umwelteinwirkungen durch Geräusche.

[1]Sie gilt für Anlagen, die als genehmigungsbedürftige oder nicht genehmigungsbedürftige Anlagen den Anforderungen des Zweiten Teils des Bundes-Immissionsschutzgesetzes (BImSchG) unterliegen, mit Ausnahme
folgender Anlagen:

a) Sportanlagen, die der Sportanlagenlärmschutzverordnung (18. BIm-
    SchV) unterliegen,[1]

b) sonstige nicht genehmigungsbedürftige Freizeitanlagen[2] sowie Frei-
    luftgaststätten,

c) nicht genehmigungsbedürftige landwirtschaftliche Anlagen,[3]

d) Schießplätze, auf denen mit Waffen ab Kaliber 20 mm geschossen
    wird,[4]

e) Tagebaue und die zum Betrieb eines Tagebaus erforderlichen Anla-
    gen,

f) Baustellen,[5]

---

1) Insoweit sind nur die Regelungen der weiter oben abgedruckten 18. BImSchV
   heranzuziehen.

2) Beurteilungskriterien können insoweit der von der Bund/Länderarbeitsgemeinschaft
   für Immissionsschutz (LAI) erarbeiteten Freizeitlärm-Richtlinie (Stand: 6. März
   2015; abgedruckt bei Ule/Laubinger/Repkewitz, Bundes-Immissionsschutzgesetz,
   Bd. 10 LAI 82) entnommen werden.

3) Soweit bei diesen Anlagen vergleichbare Verhältnisse vorliegen, kann die TA Lärm
   entsprechend herangezogen werden.

4) Vgl. dazu VDI 3745 Blatt 1 – Beurteilung von Schießgeräuschen – und A.1.6 des
   Anhangs zur TA Lärm.

5) Vgl. dazu die Allgemeine Verwaltungsvorschrift zum Schutz gegen Baulärm-Ge-
   räuschimmissionen (vgl. BImSchG § 66 Abs. 2).

g) Seehafenumschlagsanlagen,
h) Anlagen für soziale Zwecke.
²Die Vorschriften dieser Technischen Anleitung sind zu beachten
a) für genehmigungsbedürftige Anlagen bei
   aa) der Prüfung der Anträge auf Erteilung einer Genehmigung zur
      Errichtung und zum Betrieb einer Anlage (§ 6 Abs. 1 BImSchG)
      sowie zur Änderung der Lage, der Beschaffenheit oder des Be-
      triebs einer Anlage (§ 16 Abs. 1, auch in Verbindung mit Abs. 4
      BImSchG),
   bb) der Prüfung der Anträge auf Erteilung einer Teilgenehmigung
      oder eines Vorbescheids (§§ 8 und 9 BImSchG),
   cc) der Entscheidung über nachträgliche Anordnungen (§ 17 BIm-
      SchG) und
   dd) der Entscheidung über die Anordnung erstmaliger oder wieder-
      kehrender Messungen (§ 28 BImSchG);
b) für nicht genehmigungsbedürftige Anlagen bei
   aa) der Prüfung der Einhaltung des § 22 BImSchG im Rahmen der
      Prüfung von Anträgen auf öffentlich-rechtliche Zulassungen nach
      anderen Vorschriften, insbesondere von Anträgen in Baugenehmi-
      gungsverfahren,
   bb) Entscheidungen über Anordnungen und Untersagungen im Ein-
      zelfall (§§ 24 und 25 BImSchG);
c) für genehmigungsbedürftige und nicht genehmigungsbedürftige Anlagen bei der Entscheidung über Anordnungen zur Ermittlung von Art
   und Ausmaß der von einer Anlage ausgehenden Emissionen sowie der
   Immissionen im Einwirkungsbereich der Anlage (§ 26 BImSchG).
³Ist für eine nicht genehmigungsbedürftige Anlage aufgrund einer Rechtsverordnung nach § 23 Abs. 1a BImSchG antragsgemäß ein Verfahren zur
Erteilung einer Genehmigung nach § 4 Abs. 1 Satz 1 in Verbindung mit
§ 6 BImSchG durchzuführen, so sind die Vorschriften dieser Technischen
Anleitung für genehmigungsbedürftige Anlagen anzuwenden.

2. Begriffsbestimmungen

2.1 Schädliche Umwelteinwirkungen durch Geräusche

Schädliche Umwelteinwirkungen im Sinne dieser Technischen Anleitung
sind Geräuschimmissionen, die nach Art, Ausmaß oder Dauer geeignet
sind, Gefahren, erhebliche Nachteile oder erhebliche Belästigungen für die
Allgemeinheit oder die Nachbarschaft herbeizuführen.

2.2 Einwirkungsbereich einer Anlage

Einwirkungsbereich einer Anlage sind die Flächen, in denen die von der
Anlage ausgehenden Geräusche
a) einen Beurteilungspegel verursachen, der weniger als 10 dB(A) unter
   dem für diese Fläche maßgebenden Immissionsrichtwert liegt, oder
b) Geräuschspitzen verursachen, die den für deren Beurteilung maßgebenden Immissionsrichtwert erreichen.

2.3 Maßgeblicher Immissionsort

[1]Maßgeblicher Immissionsort ist der nach Nummer A.1.3 des Anhangs zu ermittelnde Ort im Einwirkungsbereich der Anlage, an dem eine Überschreitung der Immissionsrichtwerte am ehesten zu erwarten ist.[6] [2]Es ist derjenige Ort, für den die Geräuschbeurteilung nach dieser Technischen Anleitung vorgenommen wird.[7]

Wenn im Einwirkungsbereich der Anlage aufgrund der Vorbelastung zu erwarten ist, daß die Immissionsrichtwerte nach Nummer 6 an einem anderen Ort durch die Zusatzbelastung[8] überschritten werden, so ist auch der Ort, an dem die Gesamtbelastung den maßgebenden Immissionsrichtwert nach Nummer 6 am höchsten übersteigt, als zusätzlicher maßgeblicher Immissionsort festzulegen.

2.4 Vor-, Zusatz- und Gesamtbelastung; Fremdgeräusche

Vorbelastung ist die Belastung eines Ortes mit Geräuschimmissionen von allen Anlagen, für die diese Technische Anleitung gilt,[9] ohne den Immissionsbeitrag der zu beurteilenden Anlage.

Zusatzbelastung ist der Immissionsbeitrag, der an einem Immissionsort durch die zu beurteilende Anlage voraussichtlich (bei geplanten Anlagen) oder tatsächlich (bei bestehenden Anlagen) hervorgerufen wird.

Gesamtbelastung im Sinne dieser Technischen Anleitung ist die Belastung eines Immissionsortes, die von allen Anlagen hervorgerufen wird, für die diese Technische Anleitung gilt.[9]

Fremdgeräusche sind alle Geräusche, die nicht von der zu beurteilenden Anlage ausgehen.[10]

2.5 Stand der Technik zur Lärmminderung

[1]Stand der Technik zur Lärmminderung im Sinne dieser Technischen Anleitung ist der auf die Lärmminderung bezogene Stand der Technik nach § 3 Abs. 6 BImSchG. [2]Er schließt sowohl Maßnahmen an der Schallquelle als auch solche auf dem Ausbreitungsweg ein, soweit diese in engem räumlichen und betrieblichen Zusammenhang mit der Schallquelle stehen. [3]Seine Anwendung dient dem Zweck, Geräuschimmissionen zu mindern.

---

6) Da die Immissionsrichtwerte gebietsabhängig festgelegt sind, kann eine Überschreitung auch »am ehesten« an einem Ort zu erwarten sein, der weiter entfernt ist als andere Einwirkungsorte.

7) Die Beurteilung für **einen** Einwirkungsort ist nur dann ausreichend, wenn daraus geschlossen werden kann, daß auch an keinem anderen Ort im Einwirkungsbereich der Anlage schädliche Umwelteinwirkungen hervorgerufen werden können; anderenfalls wäre die Einhaltung der Pflichten aus § 5 Abs. 1 Nr. 1 BImSchG nicht sichergestellt (vgl. § 6 Abs. 1 Nr. 1 BImSchG).

8) Hier ist nur eine relevante Zusatzbelastung (vgl. Nr. 3.2.1 Abs. 2) zu berücksichtigen.

9) Soweit ein Ort durch Geräusche aus Quellen belastet ist, für die die TA Lärm nicht gilt (z. B. Straßenverkehr oder die in Nr. 1 Abs. 2 angeführten Anlagen), ist das bei der Ermittlung der Vorbelastung und der Gesamtbelastung im Sinne der TA Lärm nicht zu berücksichtigen. Das bedeutet jedoch nicht, dass derartige Geräusche bei der Genehmigungserteilung keine Rolle spielen (vgl. dazu Fn. 11).

10) Hierzu gehören auch Geräusche aus Quellen, für die die TA Lärm nicht gilt.

2.6 Schalldruckpegel $L_{AF}(t)$

[1]Der Schalldruckpegel $L_{AF}(t)$ ist der mit der Frequenzbewertung A und der Zeitbewertung F nach DIN EN 60651, Ausgabe Mai 1994, gebildete momentane Wert des Schalldruckpegels. [2]Er ist die wesentliche Grundgröße für die Pegelbestimmungen nach dieser Technischen Anleitung.

2.7 Mittelungspegel L_{Aeq}

Der Mittelungspegel L_{Aeq} ist der nach DIN 45641, Ausgabe Juni 1990, aus dem zeitlichen Verlauf des Schalldruckpegels oder mit Hilfe von Schallpegelmessern nach DIN EN 60804, Ausgabe Mai 1994, gebildete zeitliche Mittelwert des Schalldruckpegels.

2.8 Kurzzeitige Geräuschspitzen

Kurzzeitige Geräuschspitzen im Sinne dieser Technischen Anleitung sind durch Einzelereignisse hervorgerufene Maximalwerte des Schalldruckpegels, die im bestimmungsgemäßen Betriebsablauf auftreten. Kurzzeitige Geräuschspitzen werden durch den Maximalpegel L_{AFmax} des Schalldruckpegels $L_{AF}(t)$ beschrieben.

2.9 Taktmaximalpegel $L_{AFT}(t)$, Taktmaximal-Mittelungspegel L_{AFTeq}

Der Taktmaximalpegel $L_{AFT}(t)$ ist der Maximalwert des Schalldruckpegels $L_{AF}(t)$ während der zugehörigen Taktzeit T; die Taktzeit beträgt 5 Sekunden.
[1]Der Taktmaximal-Mittelungspegel L_{AFTeq} ist der nach DIN 45641, Ausgabe Juni 1990, aus den Taktmaximalpegeln gebildete Mittelungspegel. [2]Er wird zur Beurteilung impulshaltiger Geräusche verwendet. [3]Zu diesem Zweck wird die Differenz L_{AFTeq}–L_{Aeq} als Zuschlag für Impulshaltigkeit definiert.

2.10 Beurteilungspegel L_r

[1]Der Beurteilungspegel L_r ist der aus dem Mittelungspegel L_{Aeq} des zu beurteilenden Geräusches und gegebenenfalls aus Zuschlägen gemäß dem Anhang für Ton- und Informationshaltigkeit, Impulshaltigkeit und für Tageszeiten mit erhöhter Empfindlichkeit gebildete Wert zur Kennzeichnung der mittleren Geräuschbelastung während jeder Beurteilungszeit. [2]Der Beurteilungspegel L_r ist diejenige Größe, auf die sich die Immissionsrichtwerte nach Nummer 6 beziehen.

3. Allgemeine Grundsätze für genehmigungsbedürftige Anlagen

3.1 Grundpflichten des Betreibers

Eine Genehmigung zur Errichtung und zum Betrieb einer genehmigungsbedürftigen Anlage ist nach § 6 Abs. 1 Nr. 1 in Verbindung mit § 5 Abs. 1 Nr. 1 und 2 BImSchG nur zu erteilen, wenn sichergestellt ist, daß

a) die von der Anlage ausgehenden Geräusche keine schädlichen Umwelteinwirkungen hervorrufen können und

b) Vorsorge gegen schädliche Umwelteinwirkungen durch Geräusche getroffen wird, insbesondere durch die dem Stand der Technik zur Lärmminderung entsprechenden Maßnahmen zur Emissionsbegrenzung.

3.2 Prüfung der Einhaltung der Schutzpflicht

3.2.1 Prüfung im Regelfall

Der Schutz vor schädlichen Umwelteinwirkungen durch Geräusche (§ 5 Abs. 1 Nr. 1 BImSchG) ist vorbehaltlich der Regelungen in den Absätzen 2 bis 5 sichergestellt, wenn die Gesamtbelastung am maßgeblichen Immissionsort die Immissionsrichtwerte nach Nummer 6 nicht überschreitet.[11]

[1]Die Genehmigung für die zu beurteilende Anlage darf auch bei einer Überschreitung der Immissionsrichtwerte aufgrund der Vorbelastung aus Gründen des Lärmschutzes nicht versagt werden, wenn der von der Anlage verursachte Immissionsbeitrag im Hinblick auf den Gesetzeszweck als nicht relevant anzusehen ist. [2]Das ist in der Regel der Fall, wenn die von der zu beurteilenden Anlage ausgehende Zusatzbelastung die Immissionsrichtwerte nach Nummer 6 am maßgeblichen Immissionsort um mindestens 6 dB(A) unterschreitet.

[1]Unbeschadet der Regelung in Absatz 2 soll für die zu beurteilende Anlage die Genehmigung wegen einer Überschreitung der Immissionsrichtwerte nach Nummer 6 aufgrund der Vorbelastung auch dann nicht versagt werden, wenn dauerhaft sichergestellt ist, daß diese Überschreitung nicht mehr als 1 dB(A) beträgt. [2]Dies kann auch durch einen öffentlich-rechtlichen Vertrag der beteiligten Anlagenbetreiber mit der Überwachungsbehörde erreicht werden.

Unbeschadet der Regelungen in den Absätzen 2 und 3 soll die Genehmigung für die zu beurteilende Anlage wegen einer Überschreitung der Immissionsrichtwerte nach Nummer 6 aufgrund der Vorbelastung auch dann nicht versagt werden, wenn durch eine Auflage sichergestellt ist, daß in der Regel spätestens drei Jahre nach Inbetriebnahme der Anlage Sanierungsmaßnahmen (Stillegung, Beseitigung oder Änderung) an bestehenden Anlagen des Antragstellers durchgeführt sind, welche die Einhaltung der Immissionsrichtwerte nach Nummer 6 gewährleisten.

[1]Die Genehmigung darf wegen einer Überschreitung der Immissionsrichtwerte nicht versagt werden, wenn infolge ständig vorherrschender Fremdgeräusche keine zusätzlichen schädlichen Umwelteinwirkungen durch die zu beurteilende Anlage zu befürchten sind. [2]Dies ist insbesondere dann der Fall, wenn für die Beurteilung der Geräuschimmissionen der Anlage weder Zuschläge gemäß dem Anhang für Ton- und Informationshaltigkeit oder Impulshaltigkeit noch eine Berücksichtigung tieffrequenter

---

11) Aus der Regelung kann nicht entnommen werden, dass die Geräuschbelastung durch Quellen, für die die TA Lärm nicht gilt, in keinem Fall zu berücksichtigen sei. Als Verwaltungsvorschrift kann die TA Lärm die Pflichten aus § 5 Abs. 1 Satz 1 Nr. 1 BImSchG nur konkretisieren, aber nicht abändern. Die TA Lärm geht davon aus, dass die Verursachung schädlicher Umwelteinwirkungen durch Lärm unter Berücksichtigung der von der TA Lärm erfassten Quellen beurteilt werden kann. Auch wenn das in den meisten Fällen zutrifft, sind Fälle denkbar, in denen erst durch das Zusammenwirken unterschiedlicher Geräuschquellenarten die Schädlichkeitsgrenze überschritten wird. In einem solchen Fall kann und muss unmittelbar auf das Gesetz zurückgegriffen werden (vgl. Nr. 3.2.2).

Geräusche nach Nummer 7.3 erforderlich sind und der Schalldruckpegel $L_{AF}(t)$ der Fremdgeräusche in mehr als 95 % der Betriebszeit der Anlage in der jeweiligen Beurteilungszeit nach Nummer 6.4 höher als der Mittelungspegel L_{Aeq} der Anlage ist. [3]Durch Nebenbestimmungen zum Genehmigungsbescheid oder durch nachträgliche Anordnung ist sicherzustellen, daß die zu beurteilende Anlage im Falle einer späteren Verminderung der Fremdgeräusche nicht relevant zu schädlichen Umwelteinwirkungen beiträgt.

[1]Die Prüfung der Genehmigungsvoraussetzungen setzt in der Regel eine Prognose der Geräuschimmissionen der zu beurteilenden Anlage und – sofern im Einwirkungsbereich der Anlage andere Anlagengeräusche auftreten – die Bestimmung der Vorbelastung sowie der Gesamtbelastung nach Nummer A.1.2 des Anhangs voraus. [2]Die Bestimmung der Vorbelastung kann im Hinblick auf Absatz 2 entfallen, wenn die Geräuschimmissionen der Anlage die Immissionsrichtwerte nach Nummer 6 um mindestens 6 dB(A) unterschreiten.

3.2.2 Ergänzende Prüfung im Sonderfall

[1]Liegen im Einzelfall besondere Umstände vor, die bei der Regelfallprüfung keine Berücksichtigung finden, nach Art und Gewicht jedoch wesentlichen Einfluß auf die Beurteilung haben können, ob die Anlage zum Entstehen schädlicher Umwelteinwirkungen relevant beiträgt, so ist ergänzend zu prüfen, ob sich unter Berücksichtigung dieser Umstände des Einzelfalls eine vom Ergebnis der Regelfallprüfung abweichende Beurteilung ergibt. [2]Als Umstände, die eine Sonderfallprüfung erforderlich machen können, kommen insbesondere[12] in Betracht:

a) Umstände, z. B. besondere unterschiedliche Geräuschcharakteristiken verschiedener gemeinsam einwirkender Anlagen, die eine Summenpegelbildung zur Ermittlung der Gesamtbelastung nicht sinnvoll erscheinen lassen,

b) Umstände, z. B. besondere betriebstechnische Erfordernisse, Einschränkungen der zeitlichen Nutzung oder eine besondere Standortbindung der zu beurteilenden Anlage, die sich auf die Akzeptanz einer Geräuschimmission auswirken können,

c) sicher absehbare Verbesserungen der Emissions- oder Immissionssituation durch andere als die in Nummer 3.2.1 Abs. 4 genannten Maßnahmen,

d) besondere Gesichtspunkte der Herkömmlichkeit und der sozialen Adäquanz der Geräuschimmission.

3.3 Prüfung der Einhaltung der Vorsorgepflicht

[1]Das Maß der Vorsorgepflicht gegen schädliche Umwelteinwirkungen durch Geräusche bestimmt sich einzelfallbezogen unter Berücksichtigung

---

12) Die nachfolgende Aufzählung ist nur beispielhaft. Eine Sonderfallprüfung kommt auch in Betracht, wenn trotz positiver Regelfallprüfung (Nr. 3.2.1) Anhaltspunkte dafür bestehen, dass schädliche Umwelteinwirkungen durch Geräusche hervorgerufen werden können (vgl. Fn. 11).

der Verhältnismäßigkeit von Aufwand und erreichbarer Lärmminderung nach der zu erwartenden Immissionssituation des Einwirkungsbereichs insbesondere unter Berücksichtigung der Bauleitplanung. [2]Die Geräuschemissionen der Anlage müssen so niedrig sein, wie dies zur Erfüllung der Vorsorgepflicht nach Satz 1 nötig und nach dem Stand der Technik zur Lärmminderung möglich ist.[13]

4. Allgemeine Grundsätze für die Prüfung nicht genehmigungsbedürftiger Anlagen

4.1 Grundpflichten des Betreibers

Nicht genehmigungsbedürftige Anlagen sind nach § 22 Abs. 1 Nr. 1 und 2 BImSchG so zu errichten und zu betreiben, daß

a) schädliche Umwelteinwirkungen durch Geräusche verhindert werden, die nach dem Stand der Technik zur Lärmminderung vermeidbar sind, und

b) nach dem Stand der Technik zur Lärmminderung unvermeidbare schädliche Umwelteinwirkungen durch Geräusche auf ein Mindestmaß beschränkt werden.

4.2 Vereinfachte Regelfallprüfung

Bei der immissionsschutzrechtlichen Prüfung im Rahmen der öffentlichrechtlichen Zulassung einer nicht genehmigungsbedürftigen Anlage ist folgendes vereinfachtes Beurteilungsverfahren anzuwenden:

a) Vorbehaltlich der Regelungen in Nummer 4.3 ist sicherzustellen, daß die Geräuschimmissionen der zu beurteilenden Anlage die Immissionsrichtwerte nach Nummer 6 nicht überschreiten; gegebenenfalls sind entsprechende Auflagen zu erteilen.

b) Eine Prognose der Geräuschimmissionen der zu beurteilenden Anlage nach Nummer A.2 des Anhangs ist erforderlich, soweit nicht aufgrund von Erfahrungswerten an vergleichbaren Anlagen zu erwarten ist, daß der Schutz vor schädlichen Umwelteinwirkungen durch Geräusche der zu beurteilenden Anlage sichergestellt ist. Dabei sind insbesondere zu berücksichtigen:

– emissionsrelevante Konstruktionsmerkmale,
– Schalleistungspegel,
– Betriebszeiten,
– Abschirmung,
– Abstand zum Immissionsort und Gebietsart.

c) Eine Berücksichtigung der Vorbelastung ist nur erforderlich, wenn aufgrund konkreter Anhaltspunkte absehbar ist, daß die zu beurteilende Anlage im Falle ihrer Inbetriebnahme relevant im Sinne von Nummer 3.2.1 Abs. 2 zu einer Überschreitung der Immissionsrichtwerte nach Nummer 6 beitragen wird und Abhilfemaßnahmen nach

---

13) Der Stand der Technik zur Lärmminderung muss gemäß § 5 Abs. 1 Satz 1 Nr. 2 BImSchG stets eingehalten werden.

Nummer 5 bei den anderen zur Gesamtbelastung beitragenden Anlagen aus tatsächlichen oder rechtlichen Gründen[14] offensichtlich[15] nicht in Betracht kommen.

4.3 Anforderungen bei unvermeidbaren schädlichen Umwelteinwirkungen

[1]Anforderungen nach Nummer 4.1 Buchstabe a bestehen für nicht genehmigungsbedürftige Anlagen nur[16] insoweit, als sie mit Maßnahmen nach dem Stand der Technik zur Lärmminderung eingehalten werden können. [2]Danach unvermeidbare schädliche Umwelteinwirkungen sind auf ein Mindestmaß zu beschränken. [3]Als Maßnahmen kommen hierfür insbesondere in Betracht:

- organisatorische Maßnahmen im Betriebsablauf (z. B. keine lauten Arbeiten in den Tageszeiten mit erhöhter Empfindlichkeit),
- zeitliche Beschränkungen des Betriebs, etwa zur Sicherung der Erholungsruhe am Abend und in der Nacht,
- Einhaltung ausreichender Schutzabstände zu benachbarten Wohnhäusern oder anderen schutzbedürftigen Einrichtungen,
- Ausnutzen natürlicher oder künstlicher Hindernisse zur Lärmminderung,
- Wahl des Aufstellungsortes von Maschinen oder Anlagenteilen.

[4]§ 25 Abs. 2 BImSchG ist zu beachten.[17]

5. Anforderungen an bestehende Anlagen

5.1 Nachträgliche Anordnungen bei genehmigungsbedürftigen Anlagen

[1]Bei der Prüfung der Verhältnismäßigkeit nach § 17 BImSchG hat die zuständige Behörde von den geeigneten Maßnahmen diejenige zu wählen, die den Betreiber am wenigsten belastet. [2]Die zu erwartenden positiven und negativen Auswirkungen für den Anlagenbetreiber, für die Nachbarschaft und die Allgemeinheit sowie das öffentliche Interesse an der Durchführung der Maßnahme oder ihrem Unterbleiben sind zu ermitteln und zu bewerten.

[1]Dabei sind insbesondere zu berücksichtigen:

- Ausmaß der von der Anlage ausgehenden Emissionen und Immissionen,
- vorhandene Fremdgeräusche,
- Ausmaß der Überschreitungen der Immissionsrichtwerte durch die zu beurteilende Anlage,

---

14) Tatsächliche Gründe, die Abhilfemaßnahmen entgegenstehen können, sind neben technischen auch wirtschaftliche und Durchsetzungsschwierigkeiten. Rechtliche Hinderungsgründe können sich auch aus der Ermessensausübung ergeben.

15) Offensichtlich ist ein Grund, wenn er ohne nähere (sachverständige) Prüfung bejaht werden kann.

16) Die Regelung muss im Zusammenhang mit dem nachstehenden Satz gesehen werden.

17) Bei Gesundheitsgefahren muss danach stets eingeschritten werden.

– Ausmaß der Überschreitungen der Immissionsrichtwerte durch die
  Gesamtbelastung,
– Gebot zur gegenseitigen Rücksichtnahme,
– Anzahl der betroffenen Personen,
– Auffälligkeit der Geräusche,
– Stand der Technik zur Lärmminderung,
– Aufwand im Verhältnis zur Verbesserung der Immissionssituation im
  Einwirkungsbereich der Anlage,
– Betriebsdauer der Anlage seit der Neu- oder Änderungsgenehmigung
  der Anlage,
– technische Besonderheiten der Anlage,
– Platzverhältnisse am Standort.

[2]Eine nachträgliche Anordnung darf nicht getroffen werden, wenn sich
eine Überschreitung der Immissionsrichtwerte nach Nummer 6 aus einer
Erhöhung oder erstmaligen Berücksichtigung der Vorbelastung ergibt, die
Zusatzbelastung weniger als 3 dB(A) beträgt und die Immissionsrichtwerte um nicht mehr als 5 dB(A) überschritten sind.[18]

5.2 Anordnungen im Einzelfall bei nicht
genehmigungsbedürftigen Anlagen

Bei der Ermessensausübung im Rahmen der Anwendung des § 24
BImSchG können die unter Nummer 5.1 genannten Grundsätze mit Ausnahme der in Nummer 5.1 Abs. 3 getroffenen Regelung, die der Berücksichtigung der Vorbelastung im Genehmigungsverfahren Rechnung trägt,
unter Beachtung der Unterschiede der maßgeblichen Grundpflichten nach
den Nummern 3.1 und 4.1 entsprechend herangezogen werden.

[1]Die Prüfung einer Anordnung im Einzelfall kommt insbesondere in Betracht, wenn

a) bereits eine Beurteilung nach den Nummern 4.2 und 4.3 ergibt, daß
    der Anlagenbetreiber die Grundpflichten nach Nummer 4.1 nicht er-
    füllt oder
b) konkrete Anhaltspunkte dafür vorliegen, daß vermeidbare Geräusche-
    missionen der Anlage einen relevanten Beitrag zu einer durch die Ge-
    räusche mehrerer Anlagen hervorgerufenen schädlichen Umweltein-
    wirkung leisten.

[2]Kommen im Falle des Satzes 1 Buchstabe b Abhilfemaßnahmen auch
gegenüber anderen Anlagenbetreibern in Betracht, ist zusätzlich Nummer 5.3 zu beachten.

5.3 Mehrere zu einer schädlichen Umwelteinwirkung beitragende
Anlagen unterschiedlicher Betreiber

Tragen mehrere Anlagen unterschiedlicher Betreiber relevant zum Entstehen schädlicher Umwelteinwirkungen bei, so hat die Behörde die

---

18) Die TA Lärm führt hier ähnlich wie die 18. BImSchV (vgl. § 5 Abs. 4) eine Relevanz-
    schwelle für nachträgliche Anordnungen ein. Als ermessenslenkende Regelung ist sie
    rechtlich zulässig, soweit die Immissionsrichtwerte nicht die Grenze zu Gesundheits-
    gefahren kennzeichnen.

Entscheidung über die Auswahl der zu ergreifenden Abhilfemaßnahmen und der Adressaten entsprechender Anordnungen nach den Nummern 5.1 oder 5.2 nach pflichtgemäßem Ermessen unter Beachtung des Verhältnismäßigkeitsgrundsatzes zu treffen.
[1]Als dabei zu berücksichtigende Gesichtspunkte kommen insbesondere in Betracht:

a) der Inhalt eines bestehenden oder speziell zur Lösung der Konfliktsituation erstellten Lärmminderungsplans nach § 47a BImSchG,
b) die Wirksamkeit der Minderungsmaßnahmen,
c) der für die jeweilige Minderungsmaßnahme notwendige Aufwand,
d) die Höhe der Verursachungsbeiträge,
e) Vorliegen und Grad eines etwaigen Verschuldens.

[2]Ist mit der alsbaldigen Fertigstellung eines Lärmminderungsplans nach § 47a BImSchG zu rechnen, der für die Entscheidung nach Absatz 1 von maßgebender Bedeutung sein könnte, und erfordern Art und Umfang der schädlichen Umwelteinwirkungen nicht sofortige Abhilfemaßnahmen, so kann die Behörde die Entscheidung nach Absatz 1 im Hinblick auf die Erstellung des Lärmminderungsplans für eine angemessene Zeit aussetzen.

6. Immissionsrichtwerte[19]

6.1 Immissionsrichtwerte für Immissionsorte außerhalb von Gebäuden

[1]Die Immissionsrichtwerte für den Beurteilungspegel betragen für Immissionsorte außerhalb von Gebäuden

a)	in Industriegebieten	70 dB(A)
b)	in Gewerbegebieten	
	tags	65 dB(A)
	nachts	50 dB(A)
c)	in urbanen Gebieten	
	tags	63 dB(A)
	nachts	45 dB(A)
d)	in Kerngebieten, Dorfgebieten und Mischgebieten	
	tags	60 dB(A)
	nachts	45 dB(A)
e)	in allgemeinen Wohngebieten und Kleinsiedlungsgebieten	
	tags	55 dB(A)
	nachts	40 dB(A)
f)	in reinen Wohngebieten	
	tags	50 dB(A)
	nachts	35 dB(A)

---

19) Die Bezeichnung als »Richt«werte macht deutlich, dass bei besonderen Umständen Abweichungen nach oben oder unten zulässig und geboten sein können (vgl. auch Nr. 3.2.2).

g)   in Kurgebieten, für Krankenhäuser und Pflegeanstal-
      ten

             tags   45 dB(A)

             nachts   35 dB(A).

[2]Einzelne kurzzeitige Geräuschspitzen dürfen die Immissionsrichtwerte
am Tage um nicht mehr als 30 dB(A) und in der Nacht um nicht mehr als
20 dB(A) überschreiten.

6.2 Immissionsrichtwerte für Immissionsorte innerhalb
von Gebäuden

[1]Bei Geräuschübertragungen innerhalb von Gebäuden oder bei Körperschallübertragung betragen die Immissionsrichtwerte für den Beurteilungspegel für betriebsfremde schutzbedürftige Räume nach DIN 4109,
Ausgabe November 1989, unabhängig von der Lage des Gebäudes in
einem der in Nummer 6.1 unter Buchstaben a bis g genannten Gebiete

             tags   35 dB(A)

             nachts   25 dB(A).

[2]Einzelne kurzzeitige Geräuschspitzen dürfen die Immissionsrichtwerte
um nicht mehr als 10 dB(A) überschreiten.
Weitergehende baurechtliche Anforderungen bleiben unberührt.

6.3 Immissionsrichtwerte für seltene Ereignisse

[1]Bei seltenen Ereignissen nach Nummer 7.2 betragen die Immissionsrichtwerte für den Beurteilungspegel für Immissionsorte außerhalb von Gebäuden in Gebieten nach Nummer 6.1 Buchstaben b bis g

             tags   70 dB(A)

             nachts   55 dB(A).

[2]Einzelne kurzzeitige Geräuschspitzen dürfen diese Werte
–   in Gebieten nach Nummer 6.1 Buchstabe b am Tag um nicht mehr als
     25 dB(A) und in der Nacht um nicht mehr als 15 dB(A),
–   in Gebieten nach Nummer 6.1 Buchstaben c bis g am Tag um nicht
     mehr als 20 dB(A) und in der Nacht um nicht mehr als 10 dB(A)
überschreiten.

6.4 Beurteilungszeiten

[1]Die Immissionsrichtwerte nach den Nummern 6.1 bis 6.3 beziehen sich
auf folgende Zeiten:

1.   tags   06.00 – 22.00 Uhr
2.   nachts   22.00 – 06.00 Uhr.

[2]Die Nachtzeit kann bis zu einer Stunde hinausgeschoben oder vorverlegt
werden, soweit dies wegen der besonderen örtlichen oder wegen zwin-
gender betrieblicher Verhältnisse unter Berücksichtigung des Schutzes vor
schädlichen Umwelteinwirkungen erforderlich ist.[20] [3]Eine achtstündige

---

20) Wird von der Regelung Gebrauch gemacht, muss sie auf alle auf den betroffenen Im-
    missionsort einwirkenden Geräuschquellen angewandt werden.

Nachtruhe der Nachbarschaft im Einwirkungsbereich der Anlage ist sicherzustellen.
[1]Die Immissionsrichtwerte nach den Nummern 6.1 bis 6.3 gelten während des Tages für eine Beurteilungszeit von 16 Stunden. [2]Maßgebend für die Beurteilung der Nacht ist die volle Nachtstunde (z. B. 1.00 bis 2.00 Uhr)[21] mit dem höchsten Beurteilungspegel, zu dem die zu beurteilende Anlage relevant beiträgt.

6.5 Zuschlag für Tageszeiten mit erhöhter Empfindlichkeit

[1]Für folgende Zeiten ist in Gebieten nach Nummer 6.1 Buchstaben d bis f bei der Ermittlung des Beurteilungspegels die erhöhte Störwirkung von Geräuschen durch einen Zuschlag zu berücksichtigen:

1.	an Werktagen	06.00 – 07.00 Uhr,
		20.00 – 22.00 Uhr
2.	an Sonn- und Feiertagen	06.00 – 09.00 Uhr,
		13.00 – 15.00 Uhr,
		20.00 – 22.00 Uhr.

[2]Der Zuschlag beträgt 6 dB.
Von der Berücksichtigung des Zuschlags kann abgesehen werden, soweit dies wegen der besonderen örtlichen Verhältnisse unter Berücksichtigung des Schutzes vor schädlichen Umwelteinwirkungen erforderlich ist.

6.6 Zuordnung des Immissionsortes

Die Art der in Nummer 6.1 bezeichneten Gebiete und Einrichtungen ergibt sich aus den Festlegungen in den Bebauungsplänen.[22]
Sonstige in Bebauungsplänen festgesetzte Flächen für Gebiete und Einrichtungen sowie Gebiete und Einrichtungen, für die keine Festsetzungen bestehen, sind nach Nummer 6.1 entsprechend der Schutzbedürftigkeit zu beurteilen.

6.7 Gemengelagen

[1]Wenn gewerblich, industriell oder hinsichtlich ihrer Geräuschauswirkungen vergleichbar genutzte und zum Wohnen dienende Gebiete aneinandergrenzen (Gemengelage), können die für die zum Wohnen dienenden Gebiete geltenden Immissionsrichtwerte auf einen geeigneten Zwischenwert der für die aneinandergrenzenden Gebietskategorien geltenden Werte erhöht werden, soweit dies nach der gegenseitigen Pflicht zur Rücksichtnahme erforderlich ist. [2]Die Immissionsrichtwerte für Kern-, Dorf- und Mischgebiete sollen dabei nicht überschritten werden. [3]Es ist vorauszusetzen, daß der Stand der Lärmminderungstechnik eingehalten wird.

---

21) Das Beispiel macht deutlich, dass nicht auf 60 zusammenhängende Minuten, sondern aus Praktikabilitätsgründen auf die Zeit zwischen den vollen Stunden der Tageszeit (22 Uhr, 23 Uhr usw.) abzustellen ist.

22) Der Bebauungsplan ist danach auch maßgebend, wenn die tatsächliche Nutzung von seinen Festsetzungen erheblich abweicht. Ist in absehbarer Zeit nicht mit einer Durchsetzung des Bebauungsplans zu rechnen, kann ein Sonderfall vorliegen (vgl. Nr. 3.2.2).

[1]Für die Höhe des Zwischenwerts nach Absatz 1 ist die konkrete Schutzwürdigkeit des betroffenen Gebietes maßgeblich. [2]Wesentliche Kriterien sind die Prägung des Einwirkungsgebiets durch den Umfang der Wohnbebauung einerseits und durch Gewerbe- und Industriebetriebe andererseits, die Ortsüblichkeit eines Geräusches und die Frage, welche der unverträglichen Nutzungen zuerst verwirklicht wurde. [3]Liegt ein Gebiet mit erhöhter Schutzwürdigkeit nur in einer Richtung zur Anlage, so ist dem durch die Anordnung der Anlage auf dem Betriebsgrundstück und die Nutzung von Abschirmungsmöglichkeiten Rechnung zu tragen.

6.8 Ermittlung der Geräuschimmissionen

Die Ermittlung der Geräuschimmissionen erfolgt nach den Vorschriften des Anhangs.

6.9 Meßabschlag bei Überwachungsmessungen

Wird bei der Überwachung[23] der Einhaltung der maßgeblichen Immissionsrichtwerte der Beurteilungspegel durch Messung nach den Nummern A.1.6 oder A.3 des Anhangs ermittelt, so ist zum Vergleich mit den Immissionsrichtwerten nach Nummer 6 ein um 3 dB(A) verminderter Beurteilungspegel heranzuziehen.

7. Besondere Regelungen

7.1 Ausnahmeregelung für Notsituationen

[1]Soweit es zur Abwehr von Gefahren für die öffentliche Sicherheit und Ordnung oder zur Abwehr eines betrieblichen Notstandes erforderlich ist, dürfen die Immissionsrichtwerte nach Nummer 6 überschritten werden. [2]Ein betrieblicher Notstand ist ein ungewöhnliches, nicht voraussehbares, vom Willen des Betreibers unabhängiges und plötzlich eintretendes Ereignis, das die Gefahr eines unverhältnismäßigen Schadens mit sich bringt.

7.2 Bestimmungen für seltene Ereignisse

[1]Ist wegen voraussehbarer Besonderheiten beim Betrieb einer Anlage zu erwarten, daß in seltenen Fällen oder über eine begrenzte Zeitdauer, aber an nicht mehr als zehn Tagen oder Nächten eines Kalenderjahres und nicht an mehr als jeweils zwei aufeinander folgenden Wochenenden, die Immissionsrichtwerte nach den Nummern 6.1 und 6.2 auch bei Einhaltung des Standes der Technik zur Lärmminderung nicht eingehalten werden können, kann eine Überschreitung im Rahmen des Genehmigungsverfahrens für genehmigungsbedürftige Anlagen zugelassen werden. [2]Bei bestehenden genehmigungsbedürftigen oder nicht genehmigungsbedürftigen Anlagen kann unter den genannten Voraussetzungen von einer Anordnung abgesehen werden.

---

23) Die Regelung gilt nur für die Überwachung bestehender Anlagen, nicht für die Vorbelastungsermittlung im Rahmen eines Genehmigungsverfahrens. Als genereller Abschlag für Messgenauigkeiten ist sie bei dem heutigen Stand der Messtechnik nicht zu rechtfertigen.

[1]Dabei ist im Einzelfall unter Berücksichtigung der Dauer und der Zeiten der Überschreitungen, der Häufigkeit der Überschreitungen durch verschiedene Betreiber insgesamt sowie von Minderungsmöglichkeiten durch organisatorische und betriebliche Maßnahmen zu prüfen, ob und in welchem Umfang der Nachbarschaft eine höhere als die nach den Nummern 6.1 und 6.2 zulässige Belastung zugemutet werden kann. [2]Die in Nummer 6.3 genannten Werte dürfen nicht überschritten werden. [3]In der Regel sind jedoch unzumutbare Geräuschbelästigungen anzunehmen, wenn auch durch seltene Ereignisse bei anderen Anlagen Überschreitungen der Immissionsrichtwerte nach den Nummern 6.1 und 6.2 verursacht werden können und am selben Einwirkungsort Überschreitungen an insgesamt mehr als 14 Kalendertagen eines Jahres auftreten. Nummer 4.3 bleibt unberührt.

7.3 Berücksichtigung tieffrequenter Geräusche

[1]Für Geräusche, die vorherrschende Energieanteile im Frequenzbereich unter 90 Hz besitzen (tieffrequente Geräusche), ist die Frage, ob von ihnen schädliche Umwelteinwirkungen ausgehen, im Einzelfall nach den örtlichen Verhältnissen zu beurteilen. [2]Schädliche Umwelteinwirkungen können insbesondere auftreten, wenn bei deutlich wahrnehmbaren tieffrequenten Geräuschen in schutzbedürftigen Räumen bei geschlossenen Fenstern die nach Nummer A.1.5 des Anhangs ermittelte Differenz L_{Ceq}–L_{Aeq} den Wert 20 dB überschreitet. [3]Hinweise zur Ermittlung und Bewertung tieffrequenter Geräusche enthält Nummer A.1.5 des Anhangs.

[1]Wenn unter Berücksichtigung von Nummer A.1.5 des Anhangs schädliche Umwelteinwirkungen durch tieffrequente Geräusche zu erwarten sind, so sind geeignete Minderungsmaßnahmen zu prüfen. [2]Ihre Durchführung soll ausgesetzt werden, wenn nach Inbetriebnahme der Anlage auch ohne die Realisierung der Minderungsmaßnahmen keine tieffrequenten Geräusche auftreten.

7.4 Berücksichtigung von Verkehrsgeräuschen

[1]Fahrzeuggeräusche auf dem Betriebsgrundstück sowie bei der Ein- und Ausfahrt, die in Zusammenhang mit dem Betrieb der Anlage entstehen, sind der zu beurteilenden Anlage zuzurechnen und zusammen mit den übrigen zu berücksichtigenden Anlagengeräuschen bei der Ermittlung der Zusatzbelastung zu erfassen und zu beurteilen. [2]Sonstige Fahrzeuggeräusche auf dem Betriebsgrundstück sind bei der Ermittlung der Vorbelastung zu erfassen und zu beurteilen. [3]Für Verkehrsgeräusche auf öffentlichen Verkehrsflächen gelten die Absätze 2 bis 4.

Geräusche des An- und Abfahrtverkehrs auf öffentlichen Verkehrsflächen in einem Abstand von bis zu 500 Metern von dem Betriebsgrundstück in

Gebieten nach Nummer 6.1 Buchstaben c bis f sollen durch Maßnahmen organisatorischer Art soweit wie möglich vermindert werden, soweit

– sie den Beurteilungspegel der Verkehrsgeräusche für den Tag oder die Nacht rechnerisch um mindestens 3 dB(A) erhöhen,[24]

– keine Vermischung mit dem übrigen Verkehr erfolgt ist und

– die Immissionsgrenzwerte der Verkehrslärmschutzverordnung (16. BImSchV) erstmals oder weitergehend überschritten werden.

[1]Der Beurteilungspegel für den Straßenverkehr auf öffentlichen Verkehrsflächen ist zu berechnen nach den Richtlinien für den Lärmschutz an Straßen – Ausgabe 1990 – RLS-90, bekanntgemacht im Verkehrsblatt, Amtsblatt des Bundesministeriums für Verkehr der Bundesrepublik Deutschland (VkBl.) Nr. 7 vom 14. April 1990 unter lfd. Nr. 79. [2]Die Richtlinien sind zu beziehen von der Forschungsgesellschaft für Straßen- und Verkehrswesen, Alfred-Schütte-Allee 10, 50679 Köln.

[1]Der Beurteilungspegel für Schienenwege ist zu ermitteln nach der Richtlinie zur Berechnung der Schallimmissionen von Schienenwegen – Ausgabe 1990 – Schall 03, bekanntgemacht im Amtsblatt der Deutschen Bundesbahn Nr. 14 vom 04. April 1990 unter lfd. Nr. 133. [2]Die Richtlinie ist zu beziehen von der Deutschen Bahn AG, Drucksachenzentrale, Stuttgarter Straße 61a, 76137 Karlsruhe.

8. Zugänglichkeit der Norm- und Richtlinienblätter

[1]Die in dieser Technischen Anleitung genannten DIN-Normblätter, ISO-Normen und VDI-Richtlinien sind bei der Beuth Verlag GmbH, 10772 Berlin, zu beziehen. [2]Die genannten Normen und Richtlinien sind bei dem Deutschen Patentamt archivmäßig gesichert niedergelegt.

9. Aufhebung von Vorschriften

Die Technische Anleitung zum Schutz gegen Lärm vom 16. Juli 1968 (Beilage zum BAnz. Nr. 137 vom 26. Juli 1968) wird mit Inkrafttreten dieser Allgemeinen Verwaltungsvorschrift aufgehoben.

10. (Inkrafttreten)

---

24) Praktisch bedeutet das, dass die Hälfte des Verkehrslärms auf den Anlagenbetrieb zurückzuführen sein muss.

Anhang:
Ermittlung der Geräuschimmissionen

Inhaltsübersicht

A.1   **Allgemeine Vorschriften für die Ermittlung der Geräuschimmissionen**

A.1.1   Begriffsbestimmungen und Erläuterungen

A.1.1.1 Mittlerer Schalleistungspegel

A.1.1.2 Immissionswirksamer Schalleistungspegel

A.1.1.3 Einwirkzeit T_E

A.1.1.4 Körperschallübertragung

A.1.2   Ermittlung der Vor-, Zusatz- und Gesamtbelastung

A.1.3   Maßgeblicher Immissionsort

A.1.4   Beurteilungspegel L_r

A.1.5   Hinweise zur Berücksichtigung tieffrequenter Geräusche

A.1.6   Ermittlung von Schießgeräuschimmissionen

A.2   **Ermittlung der Geräuschimmissionen durch Prognose**

A.2.1   Prognoseverfahren

A.2.2   Grundsätze

A.2.3   Detaillierte Prognose

A.2.3.1 Allgemeines

A.2.3.2 Eingangsdaten für die Berechnung

A.2.3.3 Von Teilflächen der Außenhaut eines Gebäudes abgestrahlte Schalleistungen

A.2.3.4 Schallausbreitungsrechnung

A.2.3.5 Berechnung der Pegel kurzzeitiger Geräuschspitzen

A.2.4   Überschlägige Prognose

A.2.4.1 Allgemeines

A.2.4.2 Von Teilflächen der Außenhaut eines Gebäudes abgestrahlte Schalleistungen

A.2.4.3 Überschlägige Schallausbreitungsrechnung

A.2.4.4 Berechnung der Pegel kurzzeitiger Geräuschspitzen

A.2.5   Berechnung des Beurteilungspegels

A.2.5.1 Berechnung des Mittelungspegels der Anlage in den Teilzeiten

A.2.5.2 Zuschlag für Ton- und Informationshaltigkeit K_T

A.2.5.3 Zuschlag für Impulshaltigkeit K_I

A.2.6   Darstellung der Ergebnisse

A.3   **Ermittlung der Geräuschimmissionen durch Messung**

A.3.1   Grundsätze

A.3.2   Meßgeräte

A.3.3   Meßverfahren und Auswertung

A.3.3.1 Meßwertarten

A.3.3.2 Meßorte

A.3.3.3 Durchführung der Messungen

A.3.3.4 Bestimmung des Beurteilungspegels

A.3.3.5 Zuschlag für Ton- und Informationshaltigkeit

A.3.3.6 Zuschlag für Impulshaltigkeit

A.3.3.7   Maßgeblicher Wert des Beurteilungspegels
A.3.4   Ersatzmessungen
A.3.4.1   Allgemeines
A.3.4.2   Vorgehensweise bei Messungen an Ersatzimmissionsorten
A.3.4.3   Vorgehensweise bei der Rundum-Messung
A.3.4.4   Vorgehensweise bei Schalleistungsmessungen
A.3.5   Meßbericht

A.1 Allgemeine Vorschriften für die Ermittlung der Geräuschimmissionen

A.1.1 Begriffsbestimmungen und Erläuterungen

A.1.1.1 Mittlerer Schalleistungspegel

Der mittlere Schalleistungspegel L_{Weq} ist der Pegel der über die Einwirkzeit gemittelten Schalleistung. Die Frequenzbewertung bzw. das Frequenzband, für die der mittlere Schalleistungspegel gilt, werden durch Indizes, z. B. L_{WA}, L_{WOkt}, gekennzeichnet.

A.1.1.2 Immissionswirksamer Schalleistungspegel

Der immissionswirksame Schalleistungspegel einer Anlage ist der Schalleistungspegel, der sich aus der Summe der Schalleistungen aller Schallquellen der Anlage ergibt, abzüglich der Verluste auf dem Ausbreitungsweg innerhalb der Anlage und unter Berücksichtigung der Richtwirkungsmaße der Schallquellen. Er kann z. B. durch eine Rundum-Messung nach ISO 8297, Ausgabe Dezember 1994, bestimmt werden.

A.1.1.3 Einwirkzeit T_E

Die Einwirkzeit T_E einer Schallquelle oder einer Anlage ist die Zeit innerhalb der Beurteilungszeit oder der Teilzeit, während der die Schallquelle oder Anlage in Betrieb ist.

A.1.1.4 Körperschallübertragung

Bei Körperschallübertragung wird Schall von der Quelle über den Boden und/oder Bauteile zu den Begrenzungsflächen der schutzbedürftigen Räume übertragen.

A.1.2 Ermittlung der Vor-, Zusatz- und Gesamtbelastung

Die Geräuschimmissionen sind für die von den zuständigen Behörden vorgegebenen maßgeblichen Immissionsorte nach Nummer A.1.3 zu ermitteln.

Wird die Zusatzbelastung ermittelt, so sind

a)   diejenige bestimmungsgemäße Betriebsart der Anlage – gegebenenfalls getrennt für Betriebsphasen mit unterschiedlichen Emissionen –, die in ihrem Einwirkungsbereich die höchsten Beurteilungspegel erzeugt, zugrunde zu legen und

b)   die verschiedenen Witterungsbedingungen gemäß DIN ISO 9613–2, Entwurf Ausgabe September 1997, Gleichung (6) zu berücksichtigen.

Der Beurteilungspegel L_G der Gesamtbelastung, die nach der Inbetriebnahme einer genehmigungsbedürftigen Anlage zu erwarten ist, wird nach Gleichung (G1) aus der nach Nummer A.3 ermittelten Vorbelastung L_V und der nach Nummer A.2 ermittelten Zusatzbelastung L_Z bestimmt.

$$L_G = 10 \, lg(10^{0,1 \, L_V} + 10^{0,1 \, L_Z}) \quad (G1)$$

A.1.3 Maßgeblicher Immissionsort

Die maßgeblichen Immissionsorte nach Nummer 2.3 liegen

a) bei bebauten Flächen 0,5 m außerhalb vor der Mitte des geöffneten Fensters des vom Geräusch am stärksten betroffenen schutzbedürftigen Raumes nach DIN 4109, Ausgabe November 1989;

b) bei unbebauten Flächen oder bebauten Flächen, die keine Gebäude mit schutzbedürftigen Räumen enthalten, an dem am stärksten betroffenen Rand der Fläche, wo nach dem Bau- und Planungsrecht Gebäude mit schutzbedürftigen Räumen erstellt werden dürfen;

c) bei mit der zu beurteilenden Anlage baulich verbundenen schutzbedürftigen Räumen, bei Körperschallübertragung sowie bei der Einwirkung tieffrequenter Geräusche in dem am stärksten betroffenen schutzbedürftigen Raum.

Ergänzend gelten die Bestimmungen nach DIN 45645–1, Ausgabe Juli 1996, Abschnitt 6.1 zu Ersatzmeßorten sowie zur Mikrofonaufstellung und Meßdurchführung.

A.1.4 Beurteilungspegel L_r

Der Beurteilungspegel wird in Anlehnung an DIN 45645–1, Ausgabe Juli 1996, Gleichung (1) gebildet. Der Zu- oder Abschlag für bestimmte Geräusche und Situationen entfällt. Zusätzlich ist die meteorologische Korrektur nach DIN ISO 9613–2, Entwurf Ausgabe September 1997, Gleichung (6) zu berücksichtigen.

Treten während einer Beurteilungszeit unterschiedliche Emissionen auf oder sind unterschiedliche Zuschläge für Ton- und Informationshaltigkeit, Impulshaltigkeit oder Tageszeiten mit erhöhter Empfindlichkeit erforderlich, so ist zur Ermittlung der Geräuschimmission während der gesamten Beurteilungszeit diese in geeigneter Weise in Teilzeiten T_j aufzuteilen, in denen die Emissionen im wesentlichen gleichartig und die Zuschläge konstant sind. Eine solche Unterteilung ist z. B. bei zeitlich abgrenzbarem unterschiedlichem Betrieb der Anlage erforderlich.

Der Beurteilungspegel wird dann nach Gleichung (G2) berechnet.

$$L_r = 10 \, lg\left[\frac{1}{T_r} \sum_{j=1}^{N} T_j \cdot 10^{0,1(L_{Aeq,j} - C_{met} + K_{T,j} + K_{I,j} + K_{R,j})} \right] \quad (G2)$$

mit

$$T_r = \sum_{j=1}^{N} T_j = 16 \, h \qquad \text{tags}$$

$\qquad\qquad\qquad\quad$ = 1 h oder 8 h $\qquad$ nachts nach Maßgabe von Nummer 6.4

T_j $\qquad\qquad$ Teilzeit j

N $\qquad\qquad$ Zahl der gewählten Teilzeiten

$L_{Aeq,j}$ $\qquad\quad$ Mittelungspegel während der Teilzeit T_j

C_{met} meteorologische Korrektur nach DIN ISO 9613–2, Entwurf Ausgabe September 1997, Gleichung (6)

$K_{T,j}$ Zuschlag für Ton- und Informationshaltigkeit nach den Nummern A.2.5.2 (Prognose) oder A.3.3.5 (Messung) in der Teilzeit T_j

$K_{I,j}$ Zuschlag für Impulshaltigkeit nach den Nummern A.2.5.3 (Prognose) oder A.3.3.6 (Messung) in der Teilzeit T_j

$K_{R,j}$ Zuschlag für Tageszeiten mit erhöter Empfindlichkeit nach Nummer 6.5 in der Teilzeit T_j

Der Beurteilungspegel wird für die Beurteilungszeiten tags und nachts getrennt ermittelt.

A.1.5 Hinweise zur Berücksichtigung tieffrequenter Geräusche

Tieffrequente Geräusche können z. B. durch folgende Schallquellen verursacht werden:

–   langsam laufende Ventilatoren (z. B. bei Kühltürmen),
–   Auspuffanlagen langsam laufender Verbrennungsmotoren,
–   Brenner in Verbindung mit Feuerungsanlagen,
–   Motorenprüfstände,
–   Vakuumpumpen,
–   Rootsgebläse,
–   langsam laufende Siebe, Mühlen und Rinnen,
–   Kolbenkompressoren,
–   Auspacktrommeln.

Bestimmte Anlagen leiten auch tieffrequente Wechselkräfte in den Baugrund ein. Die dadurch erzeugten Schwingungen können als Körperschall in schutzbedürftige Räume übertragen werden und dort tieffrequente Geräusche verursachen.

Hinweise zur Ermittlung und Bewertung tieffrequenter Geräusche enthält DIN 45680, Ausgabe März 1997, und das zugehörige Beiblatt 1. Danach sind schädliche Umwelteinwirkungen nicht zu erwarten, wenn die in Beiblatt 1 genannten Anhaltswerte nicht überschritten werden.

A.1.6 Ermittlung von Schießgeräuschimmissionen

Die Schießgeräuschimmissionen werden nach der Richtlinie VDI 3745 Blatt 1, Ausgabe Mai 1993, ermittelt. Hierbei sind in der Regel die Bestimmungen für gesteuerte Messungen anzuwenden. Weiterhin ist zu beachten:

a)   abweichend von VDI 3745 Blatt 1 gelten die Immissionsrichtwerte, Beurteilungszeiten und der Zuschlag für Tageszeiten mit erhöter Empfindlichkeit nach Nummer 6;

b)   ergänzend zu VDI 3745 Blatt 1 sind die Kriterien für einzelne kurzzeitige Geräuschspitzen nach Nummer 6 auf die Einzelschußpegel nach Abschnitt 4.4 der VDI-Richtlinie anzuwenden;

c)   weiterhin ist die meterorologische Korrektur nach DIN ISO 9613–2, Entwurf Ausgabe September 1997, Gleichung (6) zu berücksichtigen;

d)   bezüglich der Zahl der Stichprobenmessungen ist Nummer A.3.3.7 unter Berücksichtigung von Abschnitt 4.3 der VDI-Richtlinie entsprechend anzuwenden.

A.2 Ermittlung der Geräuschimmissionen durch Prognose

A.2.1 Prognoseverfahren

Für die Prognose der Geräuschimmissionen sind zwei Verfahren angegeben:
a) die detaillierte Prognose (DP),
b) die überschlägige Prognose (ÜP).

Die ÜP ist für die Vorplanung und in Fällen ausreichend, in denen die nach ihr berechneten Beurteilungspegel zu keiner Überschreitung der Immissionsrichtwerte führen. In allen anderen Fällen ist eine DP durchzuführen.

Für die Berechnung von Körperschallübertragungen und für Geräuschübertragungen innerhalb von Gebäuden werden keine Vorschriften angegeben.

A.2.2 Grundsätze

Bei einer Immissionsprognose sind alle Schallquellen der Anlage einschließlich der in Nummer 7.4 Abs. 1 Satz 1 genannten Transport- und Verkehrsvorgänge auf dem Betriebsgrundstück der Anlage zu berücksichtigen.

Wenn zu erwarten ist, daß kurzzeitige Geräuschspitzen von der Anlage die nach Nummer 6 zulässigen Höchstwerte überschreiten können, sind auch deren Pegel zu berechnen.

Die Genauigkeit der Immissionsprognose hängt wesentlich von der Zuverlässigkeit der Eingabedaten ab. Diese sind deshalb stets kritisch zu prüfen. Schalleistungspegel sollen möglichst nach einem Meßverfahren der Genauigkeitsklasse 2 oder 1 bestimmt worden sein, wie sie in DIN 45635–1, in der Normenreihe ISO 3740 bis ISO 3747 (für Maschinen) oder in ISO 8297 (für Industrieanlagen) beschrieben sind. Falls die Umrechnung in Schalleistungspegel möglich ist, können auch Schalldruckpegel in bestimmten Abständen, insbesondere nach der Normenreihe DIN EN ISO 11200 ermittelte Daten, herangezogen werden.

Für die Ermittlung der von Teilflächen der Außenhaut eines Gebäudes abgestrahlten Schalleistungen wird auf die Richtlinie VDI 2571 verwiesen.

Für Verkehrsvorgänge auf dem Betriebsgrundstück nach Nummer 7.4 Abs. 1 Satz 1 können insbesondere die in Nummer 7.4 Abs. 3 und 4 genannten Vorschriften sowie die Berechnungsverfahren nach DIN 18005 Teil 1, Ausgabe Mai 1987, herangezogen werden.

Für die Schallausbreitungsrechnung wird auf die Regelungen der DIN ISO 9613–2, Entwurf Ausgabe September 1997, für die Schallabstrahlung auf VDI 2714, Ausgabe Januar 1988, Abschnitt 5 verwiesen.

A.2.3 Detaillierte Prognose

A.2.3.1 Allgemeines

Bei der Prognose ist von den mittleren Schalleistungspegeln der nach Nummer A.2.2 zu berücksichtigenden Schallquellen, gegebenenfalls getrennt nach Teilzeiten (vgl. Nummer A.1.4) auszugehen.

Die Berechnung der Immissionspegel soll in Oktaven, in der Regel für die Mittenfrequenzen 63 bis 4000 Hz erfolgen. Dabei wird mit den für Oktavbänder ermittelten Schalleistungspegeln und Einflüssen auf dem Schallausbreitungsweg gerechnet. Anteile des Spektrums in der Oktave 8000 Hz sind nur in Ausnahmefällen zu berücksichtigen (z. B. bei geringem Abstand eines Immissionsortes oder Ersatzimmissionsortes von einer Gasreduzierstation im Freien).

Liegen die Emissionsdaten nur als A-bewertete Schallpegel vor, kann die Prognose mit diesen Werten entsprechend DIN ISO 9613–2, Entwurf Ausgabe September 1997, Abschnitt 1 durchgeführt werden.

A.2.3.2 Eingangsdaten für die Berechnung

Für die Berechnung werden für jede zu berücksichtigende Schallquelle der mittlere Schalleistungspegel, die Einwirkzeit T_E gegebenenfalls getrennt nach Teilzeiten, die Richtwirkungskorrektur sowie Angaben zur Ton-, Informations- und Impulshaltigkeit der Geräusche und zur Lage und Höhe der Schallquellen benötigt.

Als Eingangsdaten für die Berechnung können Meßwerte, Erfahrungswerte oder Herstellerangaben verwendet werden, soweit sie den Anforderungen nach Nummer A.2.2 Abs. 3 entsprechen. Wenn aufgrund besonderer Vorkehrungen eine im Vergleich zu den Erfahrungswerten weitergehende dauerhafte Lärmminderung nachgewiesen ist, können die der Lärmminderung entsprechenden Korrekturwerte bei den Eingangsdaten berücksichtigt werden.

Außerdem werden benötigt:

– die Lage und Abmessung relevanter Hindernisse (Bebauung, Bewuchs, Schallschirme) und

– die Lage und Höhe der maßgeblichen Immissionsorte.

Für die Berechnung der Mittelungspegel der Geräusche, die von dem nach Nummer 7.4 Abs. 1 Satz 1 der Anlage zuzurechnenden Kraftfahrzeugverkehr auf Parkflächen ausgehen, ist bei der Bestimmung der Anzahl der Fahrzeugbewegungen je Stellplatz und Stunde, sofern keine genaueren Zahlen vorliegen, von bei vergleichbaren Anlagen gewonnenen Erfahrungswerten auszugehen.

A.2.3.3 Von Teilflächen der Außenhaut eines Gebäudes abgestrahlte Schalleistungen

Die von Teilflächen der Außenhaut eines Gebäudes abgestrahlten Schalleistungen sind nach der Richtlinie VDI 2571, Abschnitt 3 möglichst in Oktavbändern zu ermitteln.

Die in der Richtlinie angegebene Formel zur Berechnung der Innenschallpegel setzt ein diffuses Schallfeld im Raum voraus und ergibt in Fabrikhallen in der Regel zu hohe und nur für nahe an Außenhautelementen gelegene laute Schallquellen etwas zu niedrige Werte. Wenn genauere Berechnungsgrundlagen, z. B. nach VDI 3760, Ausgabe Februar 1996, vorliegen, kann von den damit berechneten Innenschallpegeln ausgegangen werden.

A.2.3.4 Schallausbreitungsrechnung

Die Rechnung ist für jede Schallquelle und jede Oktave entsprechend DIN ISO 9613–2, Entwurf Ausgabe September 1997, Abschnitt 6 durchzuführen. Dabei werden die Schalldämpfung aufgrund von Schallausbreitung durch Bewuchs, Industriegelände und Bebauungsflächen nach Anhang A, Abschirmungen und Reflexionen nach den Abschnitten 7.4 und 7.5 der DIN ISO 9613–2, Entwurf Ausgabe September 1997, berücksichtigt.

Der Mittelungspegel L_{Aeq} am maßgeblichen Immissionsort ergibt sich für jede Schallquelle nach Gleichung (5) der DIN ISO 9613–2, Entwurf Ausgabe September 1997.

A.2.3.5 Berechnung der Pegel kurzzeitiger Geräuschspitzen

Unter den Voraussetzungen von Nummer A.2.2 Abs. 2 ist die Berechnung nach Nummer A.2.3.4 statt mit den mittleren Schalleistungspegeln aller Schallquellen mit den maximalen Schalleistungspegeln der Schallquellen mit kurzzeitigen Geräuschspitzen zu wiederholen. Treten bei mehreren Schallquellen der Anlage derartige Geräuschspitzen gleichzeitig auf, so ist für die gesamte Anlage der Pegel der kurzzeitigen Geräuschspitzen am Immissionsort aus den nach Nummer A.2.3.4 bestimmten Beiträgen $L_{AFmax,i}$ der einzelnen Schallquellen (Index i) entsprechend Gleichung (G3) aufzusummieren.

$$L_{AFmax} = 10 \, lg \sum_i 10^{0,1 L_{AFmax,i}} \qquad (G3)$$

A.2.4 Überschlägige Prognose

A.2.4.1 Allgemeines

Bei der überschlägigen Prognose werden die Mittelungspegel am maßgeblichen Immissionsort mit Hilfe der mittleren A-bewerteten Schalleistungspegel, der Einwirkzeiten und der Richtwirkungskorrekturen der Schallquellen sowie einer vereinfachten Schallausbreitungsrechnung ermittelt, bei der eine schallausbreitungsgünstige Wetterlage zugrundegelegt und nur die geometrische Schallausbreitungsdämpfung berücksichtigt wird.

Die Festlegungen zu den Eingangsdaten und zur Einbeziehung der von Parkplätzen ausgehenden Geräusche nach Nummer A.2.3.2 gelten entsprechend.

A.2.4.2 Von Teilflächen der Außenhaut eines Gebäudes abgestrahlte Schalleistungen

Die von Teilflächen der Außenhaut eines Gebäudes abgestrahlten Schalleistungen sind nach der Richtlinie VDI 2571, Abschnitt 3, Gleichung (9b) zu ermitteln.

Bei Räumen, in denen der Innenpegel durch Schall mit starken tieffrequenten Komponenten bestimmt wird, ergibt die genannte Gleichung zu niedrige Schalleistungspegel. In solchen Fällen muß für die ins Freie abgestrahlte Schalleistung mit einem Sicherheitszuschlag von 5 dB(A) gerechnet oder eine DP durchgeführt werden.

A.2.4.3 Überschlägige Schallausbreitungsrechnung

Für jede Schallquelle ist der Mittelungspegel $L_{Aeq}(s_m)$ am Immissionsort für ihre Einwirkzeit T_E nach Gleichung (G4) zu berechnen.

$$L_{Aeq}(s_m) = L_{WAeq} + DI + K_o - 20 \, lg(s_m) - 11 \, dB \qquad (G4)$$

Darin bedeutet

L_{WAeq}	der mittlere A-bewertete Schalleistungspegel der Schallquelle
DI	das Richtwirkungsmaß nach VDI 2714, Abschnitt 5.1, Bild 2 (nur bei Eigenabschirmung durch das Gebäude)
K_o	das Raumwinkelmaß nach VDI 2714, Abschnitt 5.2, Tabelle 2

s_m   der Abstand des Immissionsortes in m vom Zentrum der Quelle. Wenn der Abstand des Immissionsortes vom Mittelpunkt der Anlage mehr als das Zweifache ihrer größten Ausdehnung beträgt, kann für alle Schallquellen einheitlich statt s_m der Abstand des Immissionsortes vom Mittelpunkt der Anlage eingesetzt werden.

Außer der Eigenabschirmung von schallabstrahlenden Gebäuden sind keine Abschirmungen zu berücksichtigen. Mit DI ≤ – 10 dB für die dem Immissionsort abgewandte Seite des Gebäudes darf nur gerechnet werden, wenn sich ihr gegenüber keine reflektierende Fläche (z. B. Wand eines Gebäudes) befindet.

Reflexionen, die nicht im Raumwinkelmaß enthalten sind, sind nach VDI 2714, Abschnitt 7.1 durch die Annahme von Spiegelschallquellen zu berücksichtigen.

A.2.4.4 Berechnung der Pegel kurzzeitiger Geräuschspitzen

Sofern nach Nummer A.2.2 Abs. 2 erforderlich, ist die Berechnung nach Nummer A.2.4.3 entsprechend Nummer A.2.3.5 mit den maximalen A-bewerteten Schallleistungspegeln der Schallquellen mit kurzzeitigen Geräuschspitzen zu wiederholen.

A.2.5 Berechnung des Beurteilungspegels

A.2.5.1 Berechnung des Mittelungspegels der Anlage in den Teilzeiten

Für jeden maßgeblichen Immissionsort und jeden Ersatzimmissionsort ist der Beurteilungspegel nach Gleichung (G2) zu berechnen. Der Mittelungspegel $L_{Aeq,j}$ der Anlage für die Teilzeit T_j wird aus den Mittelungspegeln $L_{Aeq,k,j}$ und den Einwirkzeiten $T_{E,k,j}$ aller Schallquellen k nach Gleichung (G5) berechnet.

$$L_{Aeq,j} = 10 \, lg \left[\frac{1}{T_j} \sum_k T_{E,k,j} \cdot 10^{0,1 \, L_{Aeq,k,j}} \right] \quad (G5)$$

A.2.5.2 Zuschlag für Ton- und Informationshaltigkeit K_T

Für die Teilzeiten, in denen in den zu beurteilenden Geräuschimmissionen ein oder mehrere Töne hervortreten oder in denen das Geräusch informationshaltig ist, ist für den Zuschlag K_T je nach Auffälligkeit der Wert 3 oder 6 dB anzusetzen.

Bei Anlagen, deren Geräusche nicht ton- oder informationshaltig sind, ist $K_T = 0$ dB.

Falls Erfahrungswerte von vergleichbaren Anlagen und Anlagenteilen vorliegen, ist von diesen auszugehen.

A.2.5.3 Zuschlag für Impulshaltigkeit K_I

Für die Teilzeiten, in denen das zu beurteilende Geräusch Impulse enthält, ist für den Zuschlag K_I je nach Störwirkung der Wert 3 oder 6 dB anzusetzen.

Bei Anlagen, deren Geräusche keine Impulse enthalten, ist $K_I = 0$ dB.

Falls Erfahrungswerte von vergleichbaren Anlagen und Anlagenteilen vorliegen, ist von diesen auszugehen.

A.2.6 Darstellung der Ergebnisse

Die Geräuschimmissionsprognose ist in einem Bericht darzustellen, der die erforderlichen Angaben enthält, um die Datengrundlagen bewerten, das Prognoseverfahren nachvollziehen und die Qualität der Ergebnisse einschätzen zu können. In der Regel sind anzugeben:

– Bezeichnung der Anlage,

- Antragsteller,
- Auftraggeber,
- Name der Institution und des verantwortlichen Bearbeiters,
- Aufgabenstellung,
- verwendetes Verfahren,
- Beschreibung des Betriebsablaufs der Anlage, soweit er schalltechnisch relevant ist,
- Lageplan, aus dem die Anordnung (gegebenenfalls Koordinaten mit Bezugsgrößen) der Anlage, der relevanten Schallquellen, der maßgeblichen Immissionsorte und gegebenenfalls der Ersatzimmissionsorte zu ersehen ist,
- Liste der relevanten Schallquellen mit technischen Daten und Betriebszeiten, bei Gebäuden als Schallquellen die Berechnungsgrundlagen der Schallleistungspegel,
- Angaben über die geplanten Schallschutzmaßnahmen,
- bei der DP Angaben über die relevanten Hindernisse (Schallschirme, Bebauung, Bewuchs),
- Angaben für jeden maßgeblichen Immissionssort:
  • Lage und Höhe,
  • berücksichtigte Einzelschallquellen, einschließlich Ausbreitungsdämpfung (bei der DP),
  • A-bewerteter Mittelungspegel dieser Schallquellen für jede Teilzeit,
  • Zuschlag für Ton- und Informationshaltigkeit,
  • Zuschlag für Impulshaltigkeit,
  • Beurteilungspegel,
  • gegebenenfalls Pegel der kurzzeitigen Geräuschspitzen;
- Qualität der Prognose.

A.3 Ermittlung der Geräuschimmissionen durch Messung
A.3.1 Grundsätze

Geräuschimmissionen sind je nach Aufgabenstellung für die Vorbelastung, die Zusatzbelastung, die Gesamtbelastung oder die Belastung durch Fremdgeräusche an den maßgeblichen Immissionsorten zu ermitteln.

Wenn Messungen an den maßgeblichen Immissionsorten nach Nummer A.1.3 nicht möglich sind, z. B. bei Fremdgeräuscheinfluß oder bei Seltenheit von Mitwindwetterlagen (siehe Verweise in Nummer A.3.3.3), kann die zuständige Behörde festlegen, daß die Geräuschimmissionen an den maßgeblichen Immissionsorten aus Ersatzmessungen nach einem der in Nummer A.3.4 beschriebenen Verfahren ermittelt werden. Hierbei werden Meßergebnisse (Geräuschimmissionen an Ersatzimmissionsorten bzw. Schallleistungspegel) mit Schallausbreitungsrechnungen verknüpft.

Für die einzusetzenden Meßgeräte, die Meßverfahren sowie die Bestimmung des maßgeblichen Beurteilungspegels gilt DIN 45645–1, Ausgabe Juli 1996, soweit dieser Anhang nicht abweichende, eingrenzende oder ergänzende Regelungen trifft.
Hinweise zur Ermittlung tieffrequenter Geräusche enthält Nummer A.1.5.

A.3.2 Meßgeräte

Für die bei den Schallmessungen eingesetzten Meßgeräte gelten die Anforderungen nach DIN 45645–1, Ausgabe Juli 1996. Ergänzend ist zu beachten:
Als Schallpegelmeßgeräte dürfen verwendet werden:

a) geeichte Schallpegelmesser der Klasse 1 nach DIN EN 60651, Ausgabe Mai 1994, oder DIN EN 60804, Ausgabe Mai 1994,

b) geeichte Schallpegelmeßeinrichtungen im Sinne des Abschnitts 3 der Anlage 21 zur Eichordnung.

Können wegen Erschwernissen, die in der Immissionssituation begründet sind, die Messungen nicht mit geeichten Meßeinrichtungen durchgeführt werden (z. B. bei Einsatz von Richtmikrofonen wegen hoher Belastung durch Fremdgeräusche), so dürfen in begründeten Einzelfällen nicht geeichte Meßeinrichtungen verwendet werden, sofern die dabei entstehenden Abweichungen nachvollziehbar quantifiziert und bei der Beurteilung berücksichtigt werden.

3.3 Meßverfahren und Auswertung

A.3.3.1 Meßwertarten

Bei Schallmessungen nach dieser Technischen Anleitung wird in der Regel die Frequenzbewertung A und die Zeitbewertung F nach DIN EN 60651, Ausgabe Mai 1994, benutzt.

Für die Beurteilung der Geräuschimmissionen werden in dieser Technischen Anleitung die in Tabelle 1 aufgeführten Meßwertarten verwendet. Welche Meßwertarten zusätzlich zum Mittelungspegel L_{Aeq} zu erfassen sind, hängt vom Einzelfall ab.

Tabelle 1: Meßwertarten und ihre Anwendung

Meßwertart	Anwendung	Fundstelle
L_{Aeq}	Beurteilung der Geräusch- immissionen	Nummer 2.7 Nummer A.1.4
L_{AFmax}	Beurteilung von Geräusch- spitzen	Nummer 2.8
L_{AFTeq}	Zuschlag für Impulshaltig- keit	Nummer A.3.3.6
L_{AF95}	Prüfung auf ständig vor- herrschende Fremdgeräu- sche	Nummer 3.2.1

A.3.3.2 Meßorte

Die Messungen werden in der Regel an den maßgeblichen Immissionsorten nach Nummer A.1.3 durchgeführt. Zu den Meßorten bei Ersatzmessungen nach Nummer A.3.1 Abs. 2 siehe Nummer A.3.4.

A.3.3.3 Durchführung der Messungen

Für die Durchführung der Messungen sind die Bestimmungen der DIN 45645–1, Ausgabe Juli 1996, Abschnitte 6.2 bis 6.5 zu beachten. Ergänzend wird festgelegt: Ist die Vorbelastung oder die Gesamtbelastung (Nummer 2.4) zu ermitteln, ist bei der Festlegung von Zeit und Dauer der Messung auf die Anlagen abzustellen, die wesentliche Beiträge liefern. Bei Abständen zwischen maßgeblichem Immissionsort und diesen Anlagen ab 200 m sind die Messungen in der Regel bei Mitwind durchzuführen. Für die Ermittlung der Zusatzbelastung durch Messung gilt Satz 2 entsprechend. Bei der Bestimmung des Beurteilungspegels ist die meteorologische

Korrektur nach DIN ISO 9613–2, Entwurf Ausgabe September 1997, Gleichung (6) zu berücksichtigen.

A.3.3.4 Bestimmung des Beurteilungspegels

Der Beurteilungspegel ist nach Gleichung (G2) zu bestimmen.

A.3.3.5 Zuschlag für Ton- und Informationshaltigkeit

Treten in einem Geräusch während bestimmter Teilzeiten T_j ein oder mehrere Töne hörbar hervor oder ist das Geräusch informationshaltig, so beträgt der Zuschlag für Ton- und Informationshaltigkeit $K_{T,j}$ für diese Teilzeiten je nach Auffälligkeit 3 oder 6 dB.

Die Tonhaltigkeit eines Geräusches kann auch meßtechnisch bestimmt werden (DIN 45681, Entwurf Ausgabe Mai 1992).

A.3.3.6 Zuschlag für Impulshaltigkeit

Enthält das zu beurteilende Geräusch während bestimmter Teilzeiten T_j Impulse, so beträgt der Zuschlag $K_{I,j}$ für Impulshaltigkeit für diese Teilzeiten:

$$K_{I,j} = L_{AFTeq.j} - L_{Aeq.j} \qquad (G6)$$

$L_{AFTeq,j}$ ist der Taktmaximal-Mittelungspegel nach Nummer 2.9.

A.3.3.7 Maßgeblicher Wert des Beurteilungspegels

Der maßgebliche Wert des Beurteilungspegels wird nach DIN 45645–1, Ausgabe Juli 1996, Abschnitt 7.2 bestimmt. Bei der Festlegung von Zahl und Umfang der Messungen sind die Vereinfachungen nach DIN 45645–1, Ausgabe Juli 1996, Abschnitt 6.5.1 zu berücksichtigen.

A.3.4 Ersatzmessungen

A.3.4.1 Allgemeines

Die Geräuschimmissionen an den maßgeblichen Immissionsorten können nach einem der folgenden Verfahren aus Ersatzmessungen ermittelt werden:

a) Messungen an Ersatzimmissionsorten,
b) Rundum-Messung,
c) Schalleistungsmessungen von Einzelanlagen oder Anlagengruppen.

Die Verfahren nach den Buchstaben b oder c sollen nur eingesetzt werden, wenn wegen der örtlichen Gegebenheiten das Verfahren nach Buchstabe a nicht angewandt werden kann.

A.3.4.2 Vorgehensweise bei Messungen an Ersatzimmissionsorten

Es werden ein oder mehrere in der Regel näher zur Anlage gelegenen Ersatzimmissionsorte festgesetzt, an denen die für den maßgeblichen Immissionsort kennzeichnende Geräuschsituation ermittelt werden kann und an denen der Pegel des Anlagengeräusches ausreichend weit über dem Fremdgeräuschpegel liegt.

Für jeden Ersatzimmissionsort ist bei der Prognose nach Nummer A.2 der Beurteilungspegel mit den gleichen Anlagendaten zu berechnen wie für die maßgeblichen Immissionsorte. Im Genehmigungsbescheid ist für alle festgelegten Ersatzimmissionsorte anzugeben, bei welchen (höchsten) Beurteilungspegeln die Einhaltung der Immissionsrichtwerte an den maßgeblichen Immissionsorten sichergestellt ist.

A.3.4.3 Vorgehensweise bei der Rundum-Messung

Es wird eine Rundum-Messung, z.B. nach ISO 8297, Ausgabe Dezember 1994, festgesetzt. Als Meßergebnis wird der immissionswirksame Schalleistungspegel der Anlage bestimmt. Daraus sind nach dem unter Nummer A.2 angegebenen Prognoseverfahren die Beurteilungspegel für die maßgeblichen Immissionsorte zu berechnen, wobei die Anlage als eine Schallquelle zu betrachten ist.

A.3.4.4 Vorgehensweise bei Schalleistungsmessungen

Es wird festgesetzt, daß die Schalleistungspegel der Anlage einzeln oder in Gruppen zu messen sind. Die Schalleistungspegel aller relevanten Quellen der Anlage sind in der Regel nach einem der in Nummer A.2.2 genannten Verfahren zu bestimmen. Ansonsten ist in möglichst enger Anlehnung an die dort genannten Normen zu messen. Aus den Schalleistungspegeln aller relevanten Quellen der Anlage sind die Beurteilungspegel an den maßgeblichen Immissionsorten zu berechnen.

A.3.5 Meßbericht

Die Geräuschimmissionsmessungen sind in einem Bericht darzustellen, der die erforderlichen Angaben enthält, um die Durchführung der Ermittlungen und die Darstellung der Ergebnisse nachvollziehen sowie die Qualität der Ergebnisse einschätzen zu können. Im Bericht ist insbesondere anzugeben:

– Bezeichnung der Anlage,
– Antragsteller,
– Auftraggeber,
– Name der Institution und des verantwortlichen Bearbeiters,
– Aufgabenstellung,
– verwendetes Verfahren,
– Lageplan, aus dem die Anordnung (gegebenenfalls Koordinaten mit Bezugsgrößen) der Anlage, der relevanten Schallquellen, der maßgeblichen Immissionsorte und gegebenenfalls der Ersatzimmissionsorte zu ersehen ist,
– Ort und Zeit der Messungen,
– Schallausbreitungsbedingungen,
– Meßgeräte sowie Maßnahmen zur Sicherung einer ausreichenden Meßsicherheit,
– Betriebsweise und Auslastung der Anlage(n) während der Messungen,
– Fremdgeräuschsituation während der Messungen, gegebenenfalls Schallpegelkorrekturen,
– Beurteilungspegel, Maximalpegel sowie die zugehörigen Bestimmungsgrößen,
– Qualität der Ergebnisse,
– gegebenenfalls erforderliche Angaben nach Nummer A.3.4 bei Ersatzmessungen.

**Gesetz
über die Umweltverträglichkeitsprüfung
(UVPG)***)

In der Fassung der Bekanntmachung vom 24. Februar 2010 (BGBl. I S. 94)
(FNA 2129-20)

zuletzt geändert durch Art. 2 G zur Einführung eines Bundesklimaschutz-
gesetzes und zur Änderung weiterer Vorschriften
vom 12. Dezember 2019 (BGBl. I S. 2513, 2521)

– Auszug –

Teil 1
Allgemeine Vorschriften für die Umweltprüfungen

§ 1 Anwendungsbereich

(1) Dieses Gesetz gilt für
1. die in Anlage 1 aufgeführten Vorhaben,[1)]
2. die in Anlage 5 aufgeführten Pläne und Programme,
3. sonstige Pläne und Programme, für die nach den §§ 35 bis 37 eine
   Strategische Umweltprüfung oder Vorprüfung durchzuführen ist, sowie
4. die grenzüberschreitende Behörden- und Öffentlichkeitsbeteiligung
   bei UVP-pflichtigen Vorhaben im Ausland nach den §§ 58 und 59 und
   bei SUP-pflichtigen Plänen und Programmen eines anderen Staates
   nach den §§ 62 und 63.

(2) [1]Bei Vorhaben oder Teilen von Vorhaben, die ausschließlich Zwecken der Verteidigung dienen, kann das Bundesministerium der Verteidigung oder eine von ihm benannte Stelle im Einzelfall entscheiden, dieses Gesetz ganz oder teilweise nicht anzuwenden, soweit sich die Anwendung nach Einschätzung des Bundesministeriums der Verteidigung oder
der von ihm benannten Stelle nachteilig auf die Erfüllung dieser Zwecke auswirken würde, insbesondere wegen Eilbedürftigkeit des Vorhabens
oder aus Gründen der Geheimhaltung. [2]Zwecke der Verteidigung schließen auch zwischenstaatliche Verpflichtungen ein. [3]Bei der Entscheidung

---

*) Das UVPG ist durch das Gesetz zur Modernisierung des Rechts der Umweltverträg-
  lichkeitsprüfung vom 20. Juli 2017 (BGBl. I S. 2808) wesentlich geändert worden.
  Diesem Gesetz ist **folgende amtliche Anmerkung** beigefügt:
  Dieses Gesetz dient der Umsetzung der Richtlinie 2011/92/EU des Europäischen Parlaments und des Rates vom 13. Dezember 2011 über die Umweltverträglichkeitsprüfung bei bestimmten öffentlichen und privaten Projekten in der Fassung der Richtlinie 2014/52/EU (ABl. L 124 vom 25. 4. 2014, S. 1), der Richtlinie 2001/42/EG des
  Europäischen Parlaments und des Rates vom 27. Juni 2001 über die Prüfung der Umweltauswirkungen bestimmter Pläne und Programme (ABl. L 197 vom 21. 7. 2001,
  S. 30).

  1) Für das Immissionsschutzrecht sind insbesondere die Nummern 1 bis 10 der Anlage 1
  von Bedeutung. Die Nummern 11 ff. der Anlage 1 sind deshalb hier nicht abgedruckt.

ist der Schutz vor erheblichen nachteiligen Umweltauswirkungen zu berücksichtigen. [4]Sonstige Rechtsvorschriften, die das Zulassungsverfahren betreffen, bleiben unberührt. [5]Wird eine Entscheidung nach Satz 1 getroffen, unterrichtet das Bundesministerium der Verteidigung hierüber das für Umwelt zuständige Ministerium des betroffenen Landes unverzüglich sowie das Bundesministerium für Umwelt, Naturschutz, Bau und Reaktorsicherheit spätestens bis zum Ablauf des 31. März des Folgejahres.

(3) [1]Bei Vorhaben oder Teilen von Vorhaben, die ausschließlich der Bewältigung von Katastrophenfällen dienen, kann die zuständige Behörde im Einzelfall entscheiden, dieses Gesetz ganz oder teilweise nicht anzuwenden, soweit sich die Anwendung nach Einschätzung der zuständigen Behörde negativ auf die Erfüllung dieses Zwecks auswirken würde. [2]Bei der Entscheidung ist der Schutz vor erheblichen nachteiligen Umweltauswirkungen zu berücksichtigen. [3]Sonstige Rechtsvorschriften, die das Zulassungsverfahren betreffen, bleiben unberührt.

(4) [1]Dieses Gesetz findet Anwendung, soweit Rechtsvorschriften des Bundes oder der Länder die Umweltverträglichkeitsprüfung nicht näher bestimmen oder die wesentlichen Anforderungen dieses Gesetzes nicht beachten. [2]Rechtsvorschriften mit weitergehenden Anforderungen bleiben unberührt.[2)]

§ 2 Begriffsbestimmungen

(1) Schutzgüter im Sinne dieses Gesetzes sind
1. Menschen, insbesondere die menschliche Gesundheit,
2. Tiere, Pflanzen und die biologische Vielfalt,
3. Fläche, Boden, Wasser, Luft, Klima und Landschaft,
4. kulturelles Erbe und sonstige Sachgüter sowie
5. die Wechselwirkung zwischen den vorgenannten Schutzgütern.

(2) [1]Umweltauswirkungen im Sinne dieses Gesetzes sind unmittelbare und mittelbare Auswirkungen eines Vorhabens oder der Durchführung eines Plans oder Programms auf die Schutzgüter. [2]Dies schließt auch solche Auswirkungen des Vorhabens ein, die aufgrund von dessen Anfälligkeit für schwere Unfälle oder Katastrophen zu erwarten sind, soweit diese schweren Unfälle oder Katastrophen für das Vorhaben relevant sind.

(3) Grenzüberschreitende Umweltauswirkungen im Sinne dieses Gesetzes sind Umweltauswirkungen eines Vorhabens in einem anderen Staat.

(4) Vorhaben im Sinne dieses Gesetzes sind nach Maßgabe der Anlage 1
1. bei Neuvorhaben
    a) die Errichtung und der Betrieb einer technischen Anlage,
    b) der Bau einer sonstigen Anlage,
    c) die Durchführung einer sonstigen in Natur und Landschaft eingreifenden Maßnahme,

---

2) Hinsichtlich der Durchführung der Umweltverträglichkeitsprüfung der genehmigungsbedürftigen Anlagen nach § 4 BImSchG (des Wie, nicht des Ob!) ist die 9. BImSchV vorrangig anzuwenden.

2. bei Änderungsvorhaben
   a) die Änderung, einschließlich der Erweiterung, der Lage, der Beschaffenheit oder des Betriebs einer technischen Anlage,
   b) die Änderung, einschließlich der Erweiterung, der Lage oder der Beschaffenheit einer sonstigen Anlage,
   c) die Änderung, einschließlich der Erweiterung, der Durchführung einer sonstigen in Natur und Landschaft eingreifenden Maßnahme.

(5) [1]Windfarm im Sinne dieses Gesetzes sind drei oder mehr Windkraftanlagen, deren Einwirkungsbereich sich überschneidet und die in einem funktionalen Zusammenhang stehen, unabhängig davon, ob sie von einem oder mehreren Vorhabenträgern errichtet und betrieben werden. [2]Ein funktionaler Zusammenhang wird insbesondere angenommen, wenn sich die Windkraftanlagen in derselben Konzentrationszone oder in einem Gebiet nach § 7 Absatz 3 des Raumordnungsgesetzes befinden.

(6) Zulassungsentscheidungen im Sinne dieses Gesetzes sind
1. die Bewilligung, die Erlaubnis, die Genehmigung, der Planfeststellungsbeschluss und sonstige behördliche Entscheidungen über die Zulässigkeit von Vorhaben, die in einem Verwaltungsverfahren getroffen werden, einschließlich des Vorbescheids, der Teilgenehmigung und anderer Teilzulassungen, mit Ausnahme von Anzeigeverfahren,
2. Linienbestimmungen und andere Entscheidungen in vorgelagerten Verfahren nach den §§ 47 und 49,
3. Beschlüsse nach § 10 des Baugesetzbuchs über die Aufstellung, Änderung oder Ergänzung von Bebauungsplänen, durch die die Zulässigkeit von bestimmten Vorhaben im Sinne der Anlage 1 begründet werden soll, sowie Beschlüsse nach § 10 des Baugesetzbuchs über Bebauungspläne, die Planfeststellungsbeschlüsse für Vorhaben im Sinne der Anlage 1 ersetzen.

(7) [1]Pläne und Programme im Sinne dieses Gesetzes sind nur solche bundesrechtlich oder durch Rechtsakte der Europäischen Union vorgesehenen Pläne und Programme, die
1. von einer Behörde ausgearbeitet und angenommen werden,
2. von einer Behörde zur Annahme durch eine Regierung oder im Wege eines Gesetzgebungsverfahrens ausgearbeitet werden oder
3. von einem Dritten zur Annahme durch eine Behörde ausgearbeitet werden.
[2]Ausgenommen sind Pläne und Programme, die ausschließlich Zwecken der Verteidigung oder der Bewältigung von Katastrophenfällen dienen, sowie Finanz- und Haushaltspläne und -programme.

(8) Öffentlichkeit im Sinne dieses Gesetzes sind einzelne oder mehrere natürliche oder juristische Personen sowie deren Vereinigungen.

(9) Betroffene Öffentlichkeit im Sinne dieses Gesetzes ist jede Person, deren Belange durch eine Zulassungsentscheidung oder einen Plan oder ein Programm berührt werden; hierzu gehören auch Vereinigungen, deren satzungsmäßiger Aufgabenbereich durch eine Zulassungsentscheidung oder

einen Plan oder ein Programm berührt wird, darunter auch Vereinigungen zur Förderung des Umweltschutzes.

(10) Umweltprüfungen im Sinne dieses Gesetzes sind Umweltverträglichkeitsprüfungen und Strategische Umweltprüfungen.

(11) Einwirkungsbereich im Sinne dieses Gesetzes ist das geographische Gebiet, in dem Umweltauswirkungen auftreten, die für die Zulassung eines Vorhabens relevant sind.[3]

§ 3 Grundsätze für Umweltprüfungen

[1]Umweltprüfungen umfassen die Ermittlung, Beschreibung und Bewertung der erheblichen Auswirkungen eines Vorhabens oder eines Plans oder Programms auf die Schutzgüter. [2]Sie dienen einer wirksamen Umweltvorsorge nach Maßgabe der geltenden Gesetze und werden nach einheitlichen Grundsätzen sowie unter Beteiligung der Öffentlichkeit durchgeführt.

Teil 2
Umweltverträglichkeitsprüfung

Abschnitt 1
Voraussetzungen für eine Umweltverträglichkeitsprüfung

§ 4 Umweltverträglichkeitsprüfung

Die Umweltverträglichkeitsprüfung ist unselbständiger Teil verwaltungsbehördlicher Verfahren, die Zulassungsentscheidungen dienen.

§ 5 Feststellung der UVP-Pflicht

(1) [1]Die zuständige Behörde stellt auf der Grundlage geeigneter Angaben des Vorhabenträgers sowie eigener Informationen unverzüglich fest, dass nach den §§ 6 bis 14 für das Vorhaben eine Pflicht zur Durchführung einer Umweltverträglichkeitsprüfung (UVP-Pflicht) besteht oder nicht. [2]Die Feststellung trifft die Behörde

1. auf Antrag des Vorhabenträgers oder
2. bei einem Antrag nach § 15 oder
3. von Amts wegen nach Beginn des Verfahrens, das der Zulassungsentscheidung dient.

(2) [1]Sofern eine Vorprüfung vorgenommen worden ist, gibt die zuständige Behörde die Feststellung der Öffentlichkeit bekannt. [2]Dabei gibt sie die wesentlichen Gründe für das Bestehen oder Nichtbestehen der UVP-Pflicht unter Hinweis auf die jeweils einschlägigen Kriterien nach Anlage 3 an. [3]Gelangt die Behörde zu dem Ergebnis, dass keine UVP-Pflicht besteht, geht sie auch darauf ein, welche Merkmale des Vorhabens oder des Standorts oder welche Vorkehrungen für diese Einschätzung maßgebend sind. [4]Bei der Feststellung der UVP-Pflicht kann die Bekanntgabe mit der Bekanntmachung nach § 19 verbunden werden.

---

3) In diesem Zusammenhang kann auch auf die Vorschriften der TA Luft und der TA Lärm über den Einwirkungsbereich zurückgegriffen werden.

(3) ¹Die Feststellung ist nicht selbständig anfechtbar. ²Beruht die Feststellung auf einer Vorprüfung, so ist die Einschätzung der zuständigen Behörde in einem gerichtlichen Verfahren betreffend die Zulassungsentscheidung nur daraufhin zu überprüfen, ob die Vorprüfung entsprechend den Vorgaben des § 7 durchgeführt worden ist und ob das Ergebnis nachvollziehbar ist.

§ 6 Unbedingte UVP-Pflicht bei Neuvorhaben
¹Für ein Neuvorhaben, das in Anlage 1 Spalte 1 mit dem Buchstaben »X« gekennzeichnet ist, besteht die UVP-Pflicht, wenn die zur Bestimmung der Art des Vorhabens genannten Merkmale vorliegen. ²Sofern Größen- oder Leistungswerte angegeben sind, besteht die UVP-Pflicht, wenn die Werte erreicht oder überschritten werden.

§ 7 Vorprüfung bei Neuvorhaben
(1) ¹Bei einem Neuvorhaben, das in Anlage 1 Spalte 2 mit dem Buchstaben »A« gekennzeichnet ist, führt die zuständige Behörde eine allgemeine Vorprüfung zur Feststellung der UVP-Pflicht durch. ²Die allgemeine Vorprüfung wird als überschlägige Prüfung unter Berücksichtigung der in Anlage 3 aufgeführten Kriterien durchgeführt. ³Die UVP-Pflicht besteht, wenn das Neuvorhaben nach Einschätzung der zuständigen Behörde erhebliche nachteilige Umweltauswirkungen haben kann, die nach § 25 Absatz 2 bei der Zulassungsentscheidung zu berücksichtigen wären.

(2) ¹Bei einem Neuvorhaben, das in Anlage 1 Spalte 2 mit dem Buchstaben »S« gekennzeichnet ist, führt die zuständige Behörde eine standortbezogene Vorprüfung zur Feststellung der UVP-Pflicht durch. ²Die standortbezogene Vorprüfung wird als überschlägige Prüfung in zwei Stufen durchgeführt. ³In der ersten Stufe prüft die zuständige Behörde, ob bei dem Neuvorhaben besondere örtliche Gegebenheiten gemäß den in Anlage 3 Nummer 2.3 aufgeführten Schutzkriterien vorliegen. ⁴Ergibt die Prüfung in der ersten Stufe, dass keine besonderen örtlichen Gegebenheiten vorliegen, so besteht keine UVP-Pflicht. ⁵Ergibt die Prüfung in der ersten Stufe, dass besondere örtliche Gegebenheiten vorliegen, so prüft die Behörde auf der zweiten Stufe unter Berücksichtigung der in Anlage 3 aufgeführten Kriterien, ob das Neuvorhaben erhebliche nachteilige Umweltauswirkungen haben kann, die die besondere Empfindlichkeit oder die Schutzziele des Gebietes betreffen und nach § 25 Absatz 2 bei der Zulassungsentscheidung zu berücksichtigen wären. ⁶Die UVP-Pflicht besteht, wenn das Neuvorhaben nach Einschätzung der zuständigen Behörde solche Umweltauswirkungen haben kann.

(3) ¹Die Vorprüfung nach den Absätzen 1 und 2 entfällt, wenn der Vorhabenträger die Durchführung einer Umweltverträglichkeitsprüfung beantragt und die zuständige Behörde das Entfallen der Vorprüfung als zweckmäßig erachtet. ²Für diese Neuvorhaben besteht die UVP-Pflicht. ³Die Entscheidung der zuständigen Behörde ist nicht anfechtbar.

(4) Zur Vorbereitung der Vorprüfung ist der Vorhabenträger verpflichtet, der zuständigen Behörde geeignete Angaben nach Anlage 2 zu den Merk-

malen des Neuvorhabens und des Standorts sowie zu den möglichen erheblichen Umweltauswirkungen des Neuvorhabens zu übermitteln.

(5) [1]Bei der Vorprüfung berücksichtigt die Behörde, ob erhebliche nachteilige Umweltauswirkungen durch Merkmale des Vorhabens oder des Standorts oder durch Vorkehrungen des Vorhabenträgers offensichtlich ausgeschlossen werden. [2]Liegen der Behörde Ergebnisse vorgelagerter Umweltprüfungen oder anderer rechtlich vorgeschriebener Untersuchungen zu den Umweltauswirkungen des Vorhabens vor, bezieht sie diese Ergebnisse in die Vorprüfung ein. [3]Bei der allgemeinen Vorprüfung kann sie ergänzend berücksichtigen, inwieweit Prüfwerte für Größe oder Leistung, die die allgemeine Vorprüfung eröffnen, überschritten werden.

(6) [1]Die zuständige Behörde trifft die Feststellung zügig und spätestens sechs Wochen nach Erhalt der nach Absatz 4 erforderlichen Angaben. [2]In Ausnahmefällen kann sie die Frist für die Feststellung um bis zu drei Wochen oder, wenn dies wegen der besonderen Schwierigkeit der Prüfung erforderlich ist, um bis zu sechs Wochen verlängern.

(7) Die zuständige Behörde dokumentiert die Durchführung und das Ergebnis der allgemeinen und der standortbezogenen Vorprüfung.

§ 8 UVP-Pflicht bei Störfallrisiko

Sofern die allgemeine Vorprüfung ergibt, dass aufgrund der Verwirklichung eines Vorhabens, das zugleich benachbartes Schutzobjekt im Sinne des § 3 Absatz 5d des Bundes-Immissionsschutzgesetzes ist, innerhalb des angemessenen Sicherheitsabstandes zu Betriebsbereichen im Sinne des § 3 Absatz 5a des Bundes-Immissionsschutzgesetzes die Möglichkeit besteht, dass ein Störfall im Sinne des § 2 Nummer 7 der Störfall-Verordnung eintritt, sich die Eintrittswahrscheinlichkeit eines solchen Störfalls vergrößert oder sich die Folgen eines solchen Störfalls verschlimmern können, ist davon auszugehen, dass das Vorhaben erhebliche nachteilige Umweltauswirkungen haben kann.

§ 9 UVP-Pflicht bei Änderungsvorhaben

(1) [1]Wird ein Vorhaben geändert, für das eine Umweltverträglichkeitsprüfung durchgeführt worden ist, so besteht für das Änderungsvorhaben die UVP-Pflicht, wenn

1. allein die Änderung die Größen- oder Leistungswerte für eine unbedingte UVP-Pflicht gemäß § 6 erreicht oder überschreitet oder

2. die allgemeine Vorprüfung ergibt, dass die Änderung zusätzliche erhebliche nachteilige oder andere erhebliche nachteilige Umweltauswirkungen hervorrufen kann.

[2]Wird ein Vorhaben geändert, für das keine Größen- oder Leistungswerte vorgeschrieben sind, so wird die allgemeine Vorprüfung nach Satz 1 Nummer 2 durchgeführt. [3]Wird ein Vorhaben der Anlage 1 Nummer 18.1 bis 18.8 geändert, so wird die allgemeine Vorprüfung nach Satz 1 Nummer 2 nur durchgeführt, wenn allein durch die Änderung der jeweils für den Bau des entsprechenden Vorhabens in Anlage 1 enthaltene Prüfwert erreicht oder überschritten wird.

(2) [1]Wird ein Vorhaben geändert, für das keine Umweltverträglichkeitsprüfung durchgeführt worden ist, so besteht für das Änderungsvorhaben die UVP-Pflicht, wenn das geänderte Vorhaben

1. den Größen- oder Leistungswert für die unbedingte UVP-Pflicht gemäß § 6 erstmals erreicht oder überschreitet oder
2. einen in Anlage 1 angegebenen Prüfwert für die Vorprüfung erstmals oder erneut erreicht oder überschreitet und eine Vorprüfung ergibt, dass die Änderung erhebliche nachteilige Umweltauswirkungen hervorrufen kann.

[2]Wird ein Städtebauprojekt oder eine Industriezone nach Anlage 1 Nummer 18.5, 18.7 und 18.8 geändert, gilt Satz 1 mit der Maßgabe, dass allein durch die Änderung der Größen- oder Leistungswert nach Satz 1 Nummer 1 oder der Prüfwert nach Satz 1 Nummer 2 erreicht oder überschritten wird.

(3) [1]Wird ein Vorhaben geändert, für das keine Umweltverträglichkeitsprüfung durchgeführt worden ist, so wird für das Änderungsvorhaben eine Vorprüfung durchgeführt, wenn für das Vorhaben nach Anlage 1

1. eine UVP-Pflicht besteht und dafür keine Größen- oder Leistungswerte vorgeschrieben sind oder
2. eine Vorprüfung, aber keine Prüfwerte vorgeschrieben sind.

[2]Die UVP-Pflicht besteht, wenn die Vorprüfung ergibt, dass die Änderung erhebliche nachteilige Umweltauswirkungen hervorrufen kann.

(4) Für die Vorprüfung bei Änderungsvorhaben gilt § 7 entsprechend.

(5) Der in den jeweiligen Anwendungsbereich der Richtlinien 85/337/EWG und 97/11/EG fallende, aber vor Ablauf der jeweiligen Umsetzungsfristen erreichte Bestand bleibt hinsichtlich des Erreichens oder Überschreitens der Größen- oder Leistungswerte und der Prüfwerte unberücksichtigt.

§ 10 UVP-Pflicht bei kumulierenden Vorhaben

(1) Für kumulierende Vorhaben besteht die UVP-Pflicht, wenn die kumulierenden Vorhaben zusammen die maßgeblichen Größen- oder Leistungswerte nach § 6 erreichen oder überschreiten.

(2) [1]Bei kumulierenden Vorhaben, die zusammen die Prüfwerte für eine allgemeine Vorprüfung erstmals oder erneut erreichen oder überschreiten, ist die allgemeine Vorprüfung durchzuführen. [2]Für die allgemeine Vorprüfung gilt § 7 Absatz 1 und 3 bis 7 entsprechend.

(3) [1]Bei kumulierenden Vorhaben, die zusammen die Prüfwerte für eine standortbezogene Vorprüfung erstmals oder erneut erreichen oder überschreiten, ist die standortbezogene Vorprüfung durchzuführen. [2]Für die standortbezogene Vorprüfung gilt § 7 Absatz 2 bis 7 entsprechend.

(4) [1]Kumulierende Vorhaben liegen vor, wenn mehrere Vorhaben derselben Art von einem oder mehreren Vorhabenträgern durchgeführt werden und in einem engen Zusammenhang stehen. [2]Ein enger Zusammenhang liegt vor, wenn

1. sich der Einwirkungsbereich der Vorhaben überschneidet und
2. die Vorhaben funktional und wirtschaftlich aufeinander bezogen sind.

[3]Technische und sonstige Anlagen müssen zusätzlich mit gemeinsamen betrieblichen oder baulichen Einrichtungen verbunden sein.

(5) Für die in Anlage 1 Nummer 14.4, 14.5 und 19.1 aufgeführten Vorhaben gilt Absatz 4 mit der Maßgabe, dass zusätzlich ein enger zeitlicher Zusammenhang besteht.

(6) Der in den jeweiligen Anwendungsbereich der Richtlinien 85/337/EWG und 97/11/EG fallende, aber vor Ablauf der jeweiligen Umsetzungsfristen erreichte Bestand bleibt hinsichtlich des Erreichens oder Überschreitens der Größen- oder Leistungswerte und der Prüfwerte unberücksichtigt.

§ 11 UVP-Pflicht bei hinzutretenden kumulierenden Vorhaben, bei denen das Zulassungsverfahren für das frühere Vorhaben abgeschlossen ist

(1) Hinzutretende kumulierende Vorhaben liegen vor, wenn zu einem beantragten oder bestehenden Vorhaben (früheren Vorhaben) nachträglich ein kumulierendes Vorhaben hinzutritt.

(2) [1]Wenn für das frühere Vorhaben eine Zulassungsentscheidung getroffen worden ist, so besteht für den Fall, dass für das frühere Vorhaben bereits eine Umweltverträglichkeitsprüfung durchgeführt worden ist, für das hinzutretende kumulierende Vorhaben die UVP-Pflicht, wenn

1. das hinzutretende Vorhaben allein die Größen- oder Leistungswerte für eine UVP-Pflicht gemäß § 6 erreicht oder überschreitet oder
2. eine allgemeine Vorprüfung ergibt, dass durch sein Hinzutreten zusätzliche erhebliche nachteilige oder andere erhebliche nachteilige Umweltauswirkungen hervorgerufen werden können.

[2]Für die allgemeine Vorprüfung gilt § 7 Absatz 1 und 3 bis 7 entsprechend.

(3) [1]Wenn für das frühere Vorhaben eine Zulassungsentscheidung getroffen worden ist, so ist für den Fall, dass für das frühere Vorhaben keine Umweltverträglichkeitsprüfung durchgeführt worden ist, für das hinzutretende kumulierende Vorhaben

1. die Umweltverträglichkeitsprüfung durchzuführen, wenn die kumulierenden Vorhaben zusammen die maßgeblichen Größen- oder Leistungswerte nach § 6 erreichen oder überschreiten oder
2. die allgemeine Vorprüfung durchzuführen, wenn die kumulierenden Vorhaben zusammen die Prüfwerte für die allgemeine Vorprüfung erstmals oder erneut erreichen oder überschreiten oder
3. die standortbezogene Vorprüfung durchzuführen, wenn die kumulierenden Vorhaben zusammen die Prüfwerte für die standortbezogene Vorprüfung erstmals oder erneut erreichen oder überschreiten.

[2]Für die Vorprüfung gilt § 7 entsprechend.

(4) [1]Erreichen oder überschreiten in den Fällen des Absatzes 3 die kumulierenden Vorhaben zwar zusammen die maßgeblichen Größen- oder Leistungswerte nach § 6, werden jedoch für das hinzutretende kumulierende Vorhaben weder der Prüfwert für die standortbezogene Vorprüfung noch der Prüfwert für die allgemeine Vorprüfung erreicht oder überschritten, so besteht für das hinzutretende kumulierende Vorhaben die UVP-Pflicht

nur, wenn die allgemeine Vorprüfung ergibt, dass durch sein Hinzutreten zusätzliche erhebliche nachteilige oder andere erhebliche nachteilige Umweltauswirkungen eintreten können. [2]Für die allgemeine Vorprüfung gilt § 7 Absatz 1 und 3 bis 7 entsprechend.

(5) In der Vorprüfung für das hinzutretende kumulierende Vorhaben ist das frühere Vorhaben als Vorbelastung zu berücksichtigen.

(6) Der in den jeweiligen Anwendungsbereich der Richtlinien 85/337/EWG und 97/11/EG fallende, aber vor Ablauf der jeweiligen Umsetzungsfristen erreichte Bestand bleibt hinsichtlich des Erreichens oder Überschreitens der Größen- oder Leistungswerte und der Prüfwerte unberücksichtigt.

§ 12 UVP-Pflicht bei hinzutretenden kumulierenden Vorhaben, bei denen das frühere Vorhaben noch im Zulassungsverfahren ist

(1) [1]Wenn für das frühere Vorhaben zum Zeitpunkt der Antragstellung für das hinzutretende kumulierende Vorhaben noch keine Zulassungsentscheidung getroffen worden ist, so besteht für den Fall, dass für das frühere Vorhaben allein die UVP-Pflicht besteht, für das hinzutretende kumulierende Vorhaben die UVP-Pflicht, wenn

1. das hinzutretende Vorhaben allein die Größen- und Leistungswerte für die UVP-Pflicht gemäß § 6 erreicht oder überschreitet oder
2. die allgemeine Vorprüfung ergibt, dass durch das hinzutretende Vorhaben zusätzliche erhebliche nachteilige oder andere erhebliche Umweltauswirkungen hervorgerufen werden können.

[2]Für die allgemeine Vorprüfung gilt § 7 Absatz 1 und 3 bis 7 entsprechend.

(2) [1]Wenn für das frühere Vorhaben zum Zeitpunkt der Antragstellung für das hinzutretende kumulierende Vorhaben noch keine Zulassungsentscheidung getroffen worden ist, so ist für den Fall, dass für das frühere Vorhaben allein keine UVP-Pflicht besteht und die Antragsunterlagen für dieses Zulassungsverfahren bereits vollständig eingereicht sind, für das hinzutretende kumulierende Vorhaben

1. die Umweltverträglichkeitsprüfung durchzuführen, wenn die kumulierenden Vorhaben zusammen die maßgeblichen Größen- oder Leistungswerte nach § 6 erreichen oder überschreiten,
2. die allgemeine Vorprüfung durchzuführen, wenn die kumulierenden Vorhaben zusammen die Prüfwerte für die allgemeine Vorprüfung erstmals oder erneut erreichen oder überschreiten, oder
3. die standortbezogene Vorprüfung durchzuführen, wenn die kumulierenden Vorhaben zusammen die Prüfwerte für die standortbezogene Vorprüfung erstmals oder erneut erreichen oder überschreiten.

[2]Für die Vorprüfung gilt § 7 entsprechend. [3]Für das frühere Vorhaben besteht keine UVP-Pflicht und keine Pflicht zur Durchführung einer Vorprüfung.

(3) [1]Wenn für das frühere Vorhaben zum Zeitpunkt der Antragstellung für das hinzutretende kumulierende Vorhaben noch keine Zulassungsentscheidung getroffen worden ist, so ist für den Fall, dass für das frühere Vorhaben allein keine UVP-Pflicht besteht und die Antragsunterlagen für

dieses Zulassungsverfahren noch nicht vollständig eingereicht sind, für die kumulierenden Vorhaben jeweils

1. eine Umweltverträglichkeitsprüfung durchzuführen, wenn die kumulierenden Vorhaben zusammen die maßgeblichen Größen- oder Leistungswerte nach § 6 erreichen oder überschreiten,
2. eine allgemeine Vorprüfung durchzuführen, wenn die kumulierenden Vorhaben zusammen die Prüfwerte für eine allgemeine Vorprüfung erstmals oder erneut erreichen oder überschreiten, oder
3. eine standortbezogene Vorprüfung durchzuführen, wenn die kumulierenden Vorhaben zusammen die Prüfwerte für eine standortbezogene Vorprüfung erstmals oder erneut erreichen oder überschreiten.

[2]Für die Vorprüfung gilt § 7 entsprechend. [3]Bei einem Vorhaben, das einer Betriebsplanpflicht nach § 51 des Bundesberggesetzes unterliegt, besteht für das frühere Vorhaben keine Verpflichtung zur Durchführung einer Umweltverträglichkeitsprüfung oder einer Vorprüfung nach den Sätzen 1 und 2, wenn für das frühere Vorhaben zum Zeitpunkt der Antragstellung für das hinzutretende kumulierende Vorhaben ein zugelassener Betriebsplan besteht.

(4) [1]Erreichen oder überschreiten in den Fällen des Absatzes 2 oder Absatzes 3 die kumulierenden Vorhaben zwar zusammen die maßgeblichen Größen- oder Leistungswerte nach § 6, werden jedoch für das hinzutretende kumulierende Vorhaben weder der Prüfwert für die standortbezogene Vorprüfung noch der Prüfwert für die allgemeine Vorprüfung erreicht oder überschritten, so besteht für das hinzutretende kumulierende Vorhaben die UVP-Pflicht nur, wenn die allgemeine Vorprüfung ergibt, dass durch sein Hinzutreten zusätzliche erhebliche nachteilige oder andere erhebliche nachteilige Umweltauswirkungen hervorgerufen werden können. [2]Für die allgemeine Vorprüfung gilt § 7 Absatz 1 und 3 bis 7 entsprechend. [3]Im Fall des Absatzes 3 sind die Sätze 1 und 2 für das frühere Vorhaben entsprechend anzuwenden.

(5) Das frühere Vorhaben und das hinzutretende kumulierende Vorhaben sind in der Vorprüfung für das jeweils andere Vorhaben als Vorbelastung zu berücksichtigen.

(6) Der in den jeweiligen Anwendungsbereich der Richtlinien 85/337/EWG und 97/11/EG fallende, aber vor Ablauf der jeweiligen Umsetzungsfristen erreichte Bestand bleibt hinsichtlich des Erreichens oder Überschreitens der Größen- oder Leistungswerte und der Prüfwerte unberücksichtigt.

§ 13 Ausnahme von der UVP-Pflicht bei kumulierenden Vorhaben
Für die in Anlage 1 Nummer 18.5, 18.7 und 18.8 aufgeführten Industriezonen und Städtebauprojekte gelten die §§ 10 bis 12 nicht.

§ 14 Entwicklungs- und Erprobungsvorhaben
(1) [1]Sofern ein in Anlage 1 Spalte 1 mit einem »X« gekennzeichnetes Vorhaben ein Entwicklungs- und Erprobungsvorhaben ist und nicht länger als zwei Jahre durchgeführt wird, besteht für dieses Vorhaben eine UVP-Pflicht abweichend von § 6 nur, wenn sie durch die allgemeine Vorprüfung

festgestellt wird. [2]Für die Vorprüfung gilt § 7 Absatz 1 und 3 bis 7 entsprechend. [3]Bei der allgemeinen Vorprüfung ist die Durchführungsdauer besonders zu berücksichtigen.

(2) Ein Entwicklungs- und Erprobungsvorhaben ist ein Vorhaben, das ausschließlich oder überwiegend der Entwicklung und Erprobung neuer Verfahren oder Erzeugnisse dient.

Abschnitt 2
Verfahrensschritte der Umweltverträglichkeitsprüfung
§ 15 Unterrichtung über den Untersuchungsrahmen

(1) [1]Auf Antrag des Vorhabenträgers oder wenn die zuständige Behörde es für zweckmäßig hält, unterrichtet und berät die zuständige Behörde den Vorhabenträger entsprechend dem Planungsstand des Vorhabens frühzeitig über Inhalt, Umfang und Detailtiefe der Angaben, die der Vorhabenträger voraussichtlich in den UVP-Bericht aufnehmen muss (Untersuchungsrahmen). [2]Die Unterrichtung und Beratung kann sich auch auf weitere Gesichtspunkte des Verfahrens, insbesondere auf dessen zeitlichen Ablauf, auf die zu beteiligenden Behörden oder auf die Einholung von Sachverständigengutachten erstrecken. [3]Verfügen die zuständige Behörde oder die zu beteiligenden Behörden über Informationen, die für die Erarbeitung des UVP-Berichts zweckdienlich sind, so stellen sie diese Informationen dem Vorhabenträger zur Verfügung.

(2) Der Vorhabenträger hat der zuständigen Behörde geeignete Unterlagen zu den Merkmalen des Vorhabens, einschließlich seiner Größe oder Leistung, und des Standorts sowie zu den möglichen Umweltauswirkungen vorzulegen.

(3) [1]Vor der Unterrichtung über den Untersuchungsrahmen kann die zuständige Behörde dem Vorhabenträger sowie den nach § 17 zu beteiligenden Behörden Gelegenheit zu einer Besprechung geben. [2]Die Besprechung soll sich auf den Gegenstand, den Umfang und die Methoden der Umweltverträglichkeitsprüfung erstrecken. [3]Zur Besprechung kann die zuständige Behörde hinzuziehen:

1. Sachverständige,
2. nach § 55 zu beteiligende Behörden,
3. nach § 3 des Umwelt-Rechtsbehelfsgesetzes anerkannte Umweltvereinigungen sowie
4. sonstige Dritte.

[4]Das Ergebnis der Besprechung wird von der zuständigen Behörde dokumentiert.

(4) Ist das Vorhaben Bestandteil eines mehrstufigen Planungs- und Zulassungsprozesses und ist dem Verfahren nach § 4 ein anderes Planungs- oder Zulassungsverfahren vorausgegangen, als dessen Bestandteil eine Umweltprüfung durchgeführt wurde, soll sich die Umweltverträglichkeitsprüfung auf zusätzliche erhebliche oder andere erhebliche Umweltauswirkungen sowie auf erforderliche Aktualisierungen und Vertiefungen beschränken.

(5) Die zuständige Behörde berät den Vorhabenträger auch nach der Unterrichtung über den Untersuchungsrahmen, soweit dies für eine zügige und sachgerechte Durchführung des Verfahrens zweckmäßig ist.

§ 16 UVP-Bericht

(1) [1]Der Vorhabenträger hat der zuständigen Behörde einen Bericht zu den voraussichtlichen Umweltauswirkungen des Vorhabens (UVP-Bericht) vorzulegen, der zumindest folgende Angaben enthält:

1. eine Beschreibung des Vorhabens mit Angaben zum Standort, zur Art, zum Umfang und zur Ausgestaltung, zur Größe und zu anderen wesentlichen Merkmalen des Vorhabens,

2. eine Beschreibung der Umwelt und ihrer Bestandteile im Einwirkungsbereich des Vorhabens,

3. eine Beschreibung der Merkmale des Vorhabens und des Standorts, mit denen das Auftreten erheblicher nachteiliger Umweltauswirkungen des Vorhabens ausgeschlossen, vermindert oder ausgeglichen werden soll,

4. eine Beschreibung der geplanten Maßnahmen, mit denen das Auftreten erheblicher nachteiliger Umweltauswirkungen des Vorhabens ausgeschlossen, vermindert oder ausgeglichen werden soll, sowie eine Beschreibung geplanter Ersatzmaßnahmen,

5. eine Beschreibung der zu erwartenden erheblichen Umweltauswirkungen des Vorhabens,

6. eine Beschreibung der vernünftigen Alternativen, die für das Vorhaben und seine spezifischen Merkmale relevant und vom Vorhabenträger geprüft worden sind, und die Angabe der wesentlichen Gründe für die getroffene Wahl unter Berücksichtigung der jeweiligen Umweltauswirkungen sowie

7. eine allgemein verständliche, nichttechnische Zusammenfassung des UVP-Berichts.

[2]Bei einem Vorhaben nach § 1 Absatz 1, das einzeln oder im Zusammenwirken mit anderen Vorhaben, Projekten oder Plänen geeignet ist, ein Natura 2000-Gebiet erheblich zu beeinträchtigen, muss der UVP-Bericht Angaben zu den Auswirkungen des Vorhabens auf die Erhaltungsziele dieses Gebiets enthalten.

(2) Der UVP-Bericht ist zu einem solchen Zeitpunkt vorzulegen, dass er mit den übrigen Unterlagen ausgelegt werden kann.

(3) Der UVP-Bericht muss auch die in Anlage 4 genannten weiteren Angaben enthalten, soweit diese Angaben für das Vorhaben von Bedeutung sind.

(4) [1]Inhalt und Umfang des UVP-Berichts bestimmen sich nach den Rechtsvorschriften, die für die Zulassungsentscheidung maßgebend sind. [2]In den Fällen des § 15 stützt der Vorhabenträger den UVP-Bericht zusätzlich auf den Untersuchungsrahmen.

(5) [1]Der UVP-Bericht muss den gegenwärtigen Wissensstand und gegenwärtige Prüfmethoden berücksichtigen. [2]Er muss die Angaben enthalten,

die der Vorhabenträger mit zumutbarem Aufwand ermitteln kann. [3]Die Angaben müssen ausreichend sein, um

1. der zuständigen Behörde eine begründete Bewertung der Umweltauswirkungen des Vorhabens nach § 25 Absatz 1 zu ermöglichen und
2. Dritten die Beurteilung zu ermöglichen, ob und in welchem Umfang sie von den Umweltauswirkungen des Vorhabens betroffen sein können.

(6) Zur Vermeidung von Mehrfachprüfungen hat der Vorhabenträger die vorhandenen Ergebnisse anderer rechtlich vorgeschriebener Prüfungen in den UVP-Bericht einzubeziehen.

(7) [1]Der Vorhabenträger muss durch geeignete Maßnahmen sicherstellen, dass der UVP-Bericht den Anforderungen nach den Absätzen 1 bis 6 entspricht. [2]Die zuständige Behörde hat Nachbesserungen innerhalb einer angemessenen Frist zu verlangen, soweit der Bericht den Anforderungen nicht entspricht.

(8) [1]Sind kumulierende Vorhaben, für die jeweils eine Umweltverträglichkeitsprüfung durchzuführen ist, Gegenstand paralleler oder verbundener Zulassungsverfahren, so können die Vorhabenträger einen gemeinsamen UVP-Bericht vorlegen. [2]Legen sie getrennte UVP-Berichte vor, so sind darin auch jeweils die Umweltauswirkungen der anderen kumulierenden Vorhaben als Vorbelastung zu berücksichtigen.

(9) Der Vorhabenträger hat den UVP-Bericht auch elektronisch vorzulegen.

§ 17 Beteiligung anderer Behörden

(1) Die zuständige Behörde unterrichtet die Behörden, deren umweltbezogener Aufgabenbereich durch das Vorhaben berührt wird, einschließlich der von dem Vorhaben betroffenen Gemeinden und Landkreise sowie der sonstigen im Landesrecht vorgesehenen Gebietskörperschaften, über das Vorhaben und übermittelt ihnen den UVP-Bericht.

(2) [1]Die zuständige Behörde holt die Stellungnahmen der unterrichteten Behörden ein. [2]Für die Stellungnahmen gilt § 73 Absatz 3a des Verwaltungsverfahrensgesetzes entsprechend.

§ 18 Beteiligung der Öffentlichkeit

(1) [1]Die zuständige Behörde beteiligt die Öffentlichkeit zu den Umweltauswirkungen des Vorhabens. [2]Der betroffenen Öffentlichkeit wird im Rahmen der Beteiligung Gelegenheit zur Äußerung gegeben. [3]Dabei sollen nach dem Umwelt-Rechtsbehelfsgesetz anerkannte Vereinigungen die zuständige Behörde in einer dem Umweltschutz dienenden Weise unterstützen. [4]Das Beteiligungsverfahren muss den Anforderungen des § 73 Absatz 3 Satz 1 und Absatz 5 bis 7 des Verwaltungsverfahrensgesetzes entsprechen.

(2) [1]In einem vorgelagerten Verfahren oder in einem Planfeststellungsverfahren über einen Wege- und Gewässerplan mit landschaftspflegerischem Begleitplan nach § 41 des Flurbereinigungsgesetzes kann die zuständige Behörde abweichend von Absatz 1 und abweichend von § 73 Absatz 6 des Verwaltungsverfahrensgesetzes auf die Durchführung eines Erörterungs-

termins verzichten. ²Auf eine Benachrichtigung nach § 73 Absatz 5 Satz 3 des Verwaltungsverfahrensgesetzes kann in einem vorgelagerten Verfahren verzichtet werden.

§ 19 Unterrichtung der Öffentlichkeit

(1) Bei der Bekanntmachung zu Beginn des Beteiligungsverfahrens unterrichtet die zuständige Behörde die Öffentlichkeit

1. über den Antrag auf Zulassungsentscheidung oder über eine sonstige Handlung des Vorhabenträgers zur Einleitung eines Verfahrens, in dem die Umweltverträglichkeit geprüft wird,

2. über die Feststellung der UVP-Pflicht des Vorhabens nach § 5 sowie, falls erforderlich, über die Durchführung einer grenzüberschreitenden Beteiligung nach den §§ 54 bis 56,

3. über die für das Verfahren und für die Zulassungsentscheidung jeweils zuständigen Behörden, bei denen weitere relevante Informationen erhältlich sind und bei denen Äußerungen oder Fragen eingereicht werden können, sowie über die festgelegten Fristen zur Übermittlung dieser Äußerungen oder Fragen,

4. über die Art einer möglichen Zulassungsentscheidung,

5. darüber, dass ein UVP-Bericht vorgelegt wurde,

6. über die Bezeichnung der das Vorhaben betreffenden entscheidungserheblichen Berichte und Empfehlungen, die der zuständigen Behörde zum Zeitpunkt des Beginns des Beteiligungsverfahrens vorliegen,

7. darüber, wo und in welchem Zeitraum die Unterlagen nach den Nummern 5 und 6 zur Einsicht ausgelegt werden sowie

8. über weitere Einzelheiten des Verfahrens der Beteiligung der Öffentlichkeit.

(2) ¹Im Rahmen des Beteiligungsverfahrens legt die zuständige Behörde zumindest folgende Unterlagen zur Einsicht für die Öffentlichkeit aus:

1. den UVP-Bericht,

2. die das Vorhaben betreffenden entscheidungserheblichen Berichte und Empfehlungen, die der zuständigen Behörde zum Zeitpunkt des Beginns des Beteiligungsverfahrens vorgelegen haben.

²In Verfahren nach § 18 Absatz 2 und § 1 der Atomrechtlichen Verfahrensverordnung können die Unterlagen abweichend von § 18 Absatz 1 Satz 4 bei der Genehmigungsbehörde oder bei einer geeigneten Stelle in der Nähe des Standorts des Vorhabens ausgelegt werden.

(3) Weitere Informationen, die für die Zulassungsentscheidung von Bedeutung sein können und die der zuständigen Behörde erst nach Beginn des Beteiligungsverfahrens vorliegen, sind der Öffentlichkeit nach den Bestimmungen des Bundes und der Länder über den Zugang zu Umweltinformationen zugänglich zu machen.

§ 20 Zentrale Internetportale; Verordnungsermächtigung

(1) ¹Für die Zugänglichmachung des Inhalts der Bekanntmachung nach § 19 Absatz 1 und der nach § 19 Absatz 2 auszulegenden Unterlagen im Internet richten Bund und Länder zentrale Internetportale ein. ²Die Zugänglichmachung erfolgt im zentralen Internetportal des Bundes, wenn die

Zulassungsbehörde eine Bundesbehörde ist. [3]Für den Aufbau und Betrieb des zentralen Internetportals des Bundes ist das Umweltbundesamt zuständig.

(2) [1]Die zuständige Behörde macht den Inhalt der Bekanntmachung nach § 19 Absatz 1 und die in § 19 Absatz 2 Satz 1 Nummer 1 und 2 genannten Unterlagen über das einschlägige zentrale Internetportal zugänglich. [2]Maßgeblich ist der Inhalt der ausgelegten Unterlagen.

(3) Der Inhalt der zentralen Internetportale kann auch für die Zwecke der Berichterstattung nach § 73 verwendet werden.

(4) Die Bundesregierung wird ermächtigt, durch Rechtsverordnung mit Zustimmung des Bundesrates Folgendes zu regeln:

1. die Art und Weise der Zugänglichmachung nach den Absätzen 1 und 2 sowie

2. die Dauer der Speicherung der Unterlagen.

(5) Alle in das zentrale Internetportal einzustellenden Unterlagen sind elektronisch vorzulegen.

§ 21 Äußerungen und Einwendungen der Öffentlichkeit

(1) Die betroffene Öffentlichkeit kann sich im Rahmen der Beteiligung schriftlich oder zur Niederschrift bei der zuständigen Behörde äußern.

(2) Die Äußerungsfrist endet einen Monat nach Ablauf der Frist für die Auslegung der Unterlagen.

(3) [1]Bei Vorhaben, für die Unterlagen in erheblichem Umfang eingereicht worden sind, kann die zuständige Behörde eine längere Äußerungsfrist festlegen. [2]Die Äußerungsfrist darf die nach § 73 Absatz 3a Satz 1 des Verwaltungsverfahrensgesetzes zu setzende Frist nicht überschreiten.

(4) [1]Mit Ablauf der Äußerungsfrist sind für das Verfahren über die Zulässigkeit des Vorhabens alle Äußerungen, die nicht auf besonderen privatrechtlichen Titeln beruhen, ausgeschlossen. [2]Hierauf weist die zuständige Behörde in der Bekanntmachung der Auslegung oder bei der Bekanntgabe der Äußerungsfrist hin.

(5) Die Äußerungsfrist gilt auch für solche Einwendungen, die sich nicht auf die Umweltauswirkungen des Vorhabens beziehen.

§ 22 Erneute Beteiligung der Öffentlichkeit bei Änderungen im Laufe des Verfahrens

(1) [1]Ändert der Vorhabenträger im Laufe des Verfahrens die Unterlagen, die nach § 19 Absatz 2 auszulegen sind, so ist eine erneute Beteiligung der Öffentlichkeit erforderlich. [2]Sie ist jedoch auf die Änderungen zu beschränken. [3]Hierauf weist die zuständige Behörde in der Bekanntmachung hin.

(2) [1]Die zuständige Behörde soll von einer erneuten Beteiligung der Öffentlichkeit absehen, wenn zusätzliche erhebliche oder andere erhebliche Umweltauswirkungen nicht zu besorgen sind. [2]Dies ist insbesondere dann der Fall, wenn solche Umweltauswirkungen durch die vom Vorhabenträger vorgesehenen Vorkehrungen ausgeschlossen werden.

§ 23 Geheimhaltung und Datenschutz sowie Schutz der Rechte am geistigen Eigentum

(1) [1]Die Rechtsvorschriften über Geheimhaltung und Datenschutz sowie über die Rechte am geistigen Eigentum bleiben unberührt. [2]Insbesondere sind Urkunden, Akten und elektronische Dokumente geheim zu halten, wenn das Bekanntwerden ihres Inhalts dem Wohl des Bundes oder eines Landes Nachteile bereiten würde oder wenn die Vorgänge nach einem Gesetz oder ihrem Wesen nach geheim gehalten werden müssen.

(2) [1]Soweit die nach § 19 Absatz 2 zur Einsicht für die Öffentlichkeit auszulegenden Unterlagen Informationen der in Absatz 1 genannten Art enthalten, kennzeichnet der Vorhabenträger diese Informationen und legt zusätzlich eine Darstellung vor, die den Inhalt der Unterlagen ohne Preisgabe des Geheimnisses beschreibt. [2]Die Inhaltsdarstellung muss so ausführlich sein, dass Dritten die Beurteilung ermöglicht wird, ob und in welchem Umfang sie von den Umweltauswirkungen des Vorhabens betroffen sein können.

(3) Geheimhaltungsbedürftige Unterlagen sind bei der Auslegung durch die Inhaltsdarstellung zu ersetzen.

§ 24 Zusammenfassende Darstellung

(1) [1]Die zuständige Behörde erarbeitet eine zusammenfassende Darstellung

1. der Umweltauswirkungen des Vorhabens,
2. der Merkmale des Vorhabens und des Standorts, mit denen erhebliche nachteilige Umweltauswirkungen ausgeschlossen, vermindert oder ausgeglichen werden sollen, und
3. der Maßnahmen, mit denen erhebliche nachteilige Umweltauswirkungen ausgeschlossen, vermindert oder ausgeglichen werden sollen, sowie
4. der Ersatzmaßnahmen bei Eingriffen in Natur und Landschaft.

[2]Die Erarbeitung erfolgt auf der Grundlage des UVP-Berichts, der behördlichen Stellungnahmen nach § 17 Absatz 2 und § 55 Absatz 4 sowie der Äußerungen der betroffenen Öffentlichkeit nach den §§ 21 und 56. [3]Die Ergebnisse eigener Ermittlungen sind einzubeziehen.

(2) Die zusammenfassende Darstellung soll möglichst innerhalb eines Monats nach dem Abschluss der Erörterung im Beteiligungsverfahren erarbeitet werden.

§ 25 Begründete Bewertung der Umweltauswirkungen und Berücksichtigung des Ergebnisses bei der Entscheidung

(1) [1]Auf der Grundlage der zusammenfassenden Darstellung bewertet die zuständige Behörde die Umweltauswirkungen des Vorhabens im Hinblick auf eine wirksame Umweltvorsorge im Sinne des § 3 nach Maßgabe der geltenden Gesetze. [2]Die Bewertung ist zu begründen.

(2) Bei der Entscheidung über die Zulässigkeit des Vorhabens berücksichtigt die zuständige Behörde die begründete Bewertung nach dem in Absatz 1 bestimmten Maßstab.

(3) Bei der Entscheidung über die Zulassung des Vorhabens müssen die zusammenfassende Darstellung und die begründete Bewertung nach Einschätzung der zuständigen Behörde hinreichend aktuell sein.

§ 26 Inhalt des Bescheids über die Zulassung oder Ablehnung des Vorhabens

(1) Der Bescheid zur Zulassung des Vorhabens muss zumindest die folgenden Angaben enthalten:

1. die umweltbezogenen Nebenbestimmungen, sofern sie mit der Zulassungsentscheidung verbunden sind,
2. eine Beschreibung der vorgesehenen Überwachungsmaßnahmen nach § 28 oder nach entsprechenden bundes- oder landesrechtlichen Vorschriften sowie
3. eine Begründung, aus der die wesentlichen tatsächlichen und rechtlichen Gründe hervorgehen, die die Behörde zu ihrer Entscheidung bewogen haben; hierzu gehören
   a) Angaben über das Verfahren zur Beteiligung der Öffentlichkeit,
   b) die zusammenfassende Darstellung gemäß § 24,
   c) die begründete Bewertung gemäß § 25 Absatz 1 und
   d) eine Erläuterung, wie die begründete Bewertung, insbesondere die Angaben des UVP-Berichts, die behördlichen Stellungnahmen nach § 17 Absatz 2 und § 55 Absatz 4 sowie die Äußerungen der Öffentlichkeit nach den §§ 21 und 56, in der Zulassungsentscheidung berücksichtigt wurden oder wie ihnen anderweitig Rechnung getragen wurde.

(2) Wird das Vorhaben nicht zugelassen, müssen im Bescheid die dafür wesentlichen Gründe erläutert werden.

(3) Im Übrigen richtet sich der Inhalt des Bescheids nach den einschlägigen fachrechtlichen Vorschriften.

§ 27 Bekanntmachung der Entscheidung und Auslegung des Bescheids

[1]Die zuständige Behörde hat in entsprechender Anwendung des § 74 Absatz 5 Satz 2 des Verwaltungsverfahrensgesetzes die Entscheidung zur Zulassung oder Ablehnung des Vorhabens öffentlich bekannt zu machen sowie in entsprechender Anwendung des § 74 Absatz 4 Satz 2 des Verwaltungsverfahrensgesetzes den Bescheid zur Einsicht auszulegen. [2]§ 20 gilt hierfür entsprechend. [3]Soweit der Bescheid geheimhaltungsbedürftige Angaben im Sinne von § 23 Absatz 2 enthält, sind die entsprechenden Stellen unkenntlich zu machen.

§ 28 Überwachung

(1) [1]Soweit bundes- oder landesrechtliche Regelungen keine Überwachungsmaßnahmen vorsehen, ergreift die zuständige Behörde die geeigneten Überwachungsmaßnahmen, um die Einhaltung der umweltbezogenen Bestimmungen des Zulassungsbescheids nach § 26 zu überprüfen. [2]Dies gilt insbesondere für

1. die im Zulassungsbescheid festgelegten Merkmale des Vorhabens und des Standorts sowie

2. die Maßnahmen, mit denen erhebliche nachteilige Umweltauswirkungen ausgeschlossen, vermindert oder ausgeglichen werden sollen, und die Ersatzmaßnahmen bei Eingriffen in Natur und Landschaft.
[3]Die zuständige Behörde kann dem Vorhabenträger Überwachungsmaßnahmen nach den Sätzen 1 und 2 aufgeben.

(2) [1]Soweit bundes- oder landesrechtliche Regelungen keine entsprechenden Überwachungsmaßnahmen vorsehen, ergreift die zuständige Behörde geeignete Maßnahmen zur Überwachung erheblicher nachteiliger Umweltauswirkungen, wenn die Auswirkungen des Vorhabens schwer vorhersehbar oder die Wirksamkeit von Maßnahmen, mit denen erhebliche Umweltauswirkungen ausgeschlossen, vermindert oder ausgeglichen werden sollen, oder die Wirksamkeit von Ersatzmaßnahmen unsicher sind. [2]Die zuständige Behörde kann dem Vorhabenträger Überwachungsmaßnahmen nach Satz 1 aufgeben.

Abschnitt 3
Teilzulassungen, Zulassung eines Vorhabens durch mehrere Behörden, verbundene Prüfverfahren

§ 29 Umweltverträglichkeitsprüfung bei Teilzulassungen

(1) [1]In Verfahren zur Vorbereitung eines Vorbescheids und zur Erteilung einer ersten Teilgenehmigung oder einer sonstigen ersten Teilzulassung hat sich die Umweltverträglichkeitsprüfung vorläufig auf die nach dem jeweiligen Planungsstand erkennbaren Umweltauswirkungen des Gesamtvorhabens zu erstrecken und abschließend auf die Umweltauswirkungen, die Gegenstand der Teilzulassung sind. [2]Dem jeweiligen Umfang der Umweltverträglichkeitsprüfung ist bei der Unterrichtung über den Untersuchungsrahmen und beim UVP-Bericht Rechnung zu tragen.

(2) [1]Bei weiteren Teilzulassungen soll die Umweltverträglichkeitsprüfung auf zusätzliche erhebliche oder andere erhebliche Umweltauswirkungen des Vorhabens beschränkt werden. [2]Absatz 1 gilt entsprechend.

§ 30 Erneute Öffentlichkeitsbeteiligung bei Teilzulassungen

(1) [1]Ist für ein Vorhaben bereits eine Teilzulassung nach § 29 erteilt worden, so ist im Verfahren zur Erteilung der Zulassung oder weiterer Teilzulassungen eine erneute Beteiligung der Öffentlichkeit erforderlich. [2]Sie ist jedoch auf den Gegenstand der weiteren Teilzulassung zu beschränken. [3]Hierauf weist die zuständige Behörde in der Bekanntmachung hin.

(2) [1]Die zuständige Behörde kann von einer erneuten Beteiligung der Öffentlichkeit absehen, soweit zusätzliche erhebliche oder andere erhebliche Umweltauswirkungen nicht zu besorgen sind. [2]Dies ist insbesondere dann der Fall, wenn solche Umweltauswirkungen durch die vom Vorhabenträger vorgesehenen Vorkehrungen ausgeschlossen werden.

§ 31 Zulassung eines Vorhabens durch mehrere Behörden; federführende Behörde

(1) Bedarf ein Vorhaben der Zulassung durch mehrere Landesbehörden, so bestimmen die Länder eine federführende Behörde.

(2) [1]Die federführende Behörde ist zumindest für folgende Aufgaben zuständig:
1. die Feststellung der UVP-Pflicht (§ 5),
2. die Unterrichtung über den Untersuchungsrahmen (§ 15),
3. die Erarbeitung der zusammenfassenden Darstellung (§ 24),
4. die Benachrichtigung eines anderen Staates (§ 54),
5. die grenzüberschreitende Behördenbeteiligung (§ 55 Absatz 1 bis 4 und 6) und
6. die grenzüberschreitende Öffentlichkeitsbeteiligung (§ 56).
[2]Die Länder können der federführenden Behörde weitere verfahrensrechtliche Zuständigkeiten übertragen. [3]Die federführende Behörde nimmt ihre Aufgaben im Zusammenwirken zumindest mit denjenigen Zulassungsbehörden und mit derjenigen für Naturschutz und Landschaftspflege zuständigen Behörde wahr, deren Aufgabenbereich durch das Vorhaben berührt wird. [4]Sie erfüllt diese Aufgaben nach den Verfahrensvorschriften, die für die Umweltverträglichkeitsprüfung in dem von ihr durchzuführenden Zulassungsverfahren gelten.

(3) [1]Bedarf ein Vorhaben einer Genehmigung nach dem Atomgesetz sowie einer Zulassung durch eine oder mehrere weitere Behörden und ist eine der zuständigen Behörden eine Bundesbehörde, so ist die atomrechtliche Genehmigungsbehörde federführende Behörde. [2]Sie ist neben den in Absatz 2 Satz 1 genannten Aufgaben auch für die Beteiligung der Öffentlichkeit (§§ 18 und 19) zuständig.

(4) [1]Wird über die Zulässigkeit eines Vorhabens im Rahmen mehrerer Verfahren entschieden, so wird eine gemeinsame zusammenfassende Darstellung nach § 24 für das gesamte Vorhaben erstellt. [2]Auf der Grundlage der zusammenfassenden Darstellung nehmen die Zulassungsbehörden eine Gesamtbewertung der Umweltauswirkungen des Vorhabens vor und berücksichtigen nach § 25 Absatz 2 die Gesamtbewertung bei den Zulassungsentscheidungen. [3]Die federführende Behörde stellt das Zusammenwirken der Zulassungsbehörden sicher.

§ 32 Verbundene Prüfverfahren
[1]Für ein Vorhaben, das einzeln oder im Zusammenwirken mit anderen Vorhaben, Projekten oder Plänen geeignet ist, ein Natura 2000-Gebiet erheblich zu beeinträchtigen, wird die Verträglichkeitsprüfung nach § 34 Absatz 1 des Bundesnaturschutzgesetzes im Verfahren zur Zulassungsentscheidung des Vorhabens vorgenommen. [2]Die Umweltverträglichkeitsprüfung kann mit der Prüfung nach Satz 1 und mit anderen Prüfungen zur Ermittlung oder Bewertung von Umweltauswirkungen verbunden werden.

Teil 3 bis 6[4)]

---

4) Die Teile 3 bis 6 sind hier nicht wiedergegeben.

Liste »UVP-pflichtige Vorhaben«[5]

Nachstehende Vorhaben fallen nach § 1 Absatz 1 Nummer 1 in den Anwendungsbereich dieses Gesetzes. Soweit nachstehend eine allgemeine Vorprüfung oder eine
standortbezogene Vorprüfung des Einzelfalls vorgesehen ist, nimmt dies Bezug auf
die Regelungen des § 7 Absatz 1 und 2.

Legende:

Nummer	=	Nummer des Vorhabens
Vorhaben	=	Art des Vorhabens mit ggf. Größen- oder Leistungswerten nach § 6 Satz 2 sowie Prüfwerten für Größe oder Leistung nach § 7 Absatz 5 Satz 3
X in Spalte 1	=	Vorhaben ist UVP-pflichtig
A in Spalte 2	=	allgemeine Vorprüfung des Einzelfalls: siehe § 7 Absatz 1 Satz 1
S in Spalte 2	=	standortbezogene Vorprüfung des Einzelfalls: siehe § 7 Absatz 2

Nr.	Vorhaben	Sp. 1	Sp. 2
1.	**Wärmeerzeugung, Bergbau und Energie:**		
1.1	Errichtung und Betrieb einer Anlage zur Erzeugung von Strom, Dampf, Warmwasser, Prozesswärme oder erhitztem Abgas durch den Einsatz von Brennstoffen in einer Verbrennungseinrichtung (wie Kraftwerk, Heizkraftwerk, Heizwerk, Gasturbine, Verbrennungsmotoranlage, sonstige Feuerungsanlage), einschließlich des jeweils zugehörigen Dampfkessels, mit einer Feuerungswärmeleistung von		
1.1.1	mehr als 200 MW,	X	
1.1.2	50 MW bis 200 MW;		A
1.2	Errichtung und Betrieb einer Anlage zur Erzeugung von Strom, Dampf, Warmwasser, Prozesswärme oder erhitztem Abgas in einer Verbrennungseinrichtung (wie Kraftwerk, Heizkraftwerk, Heizwerk, Gasturbinenanlage, Verbrennungsmotoranlage, sonstige Feuerungsanlage), einschließlich des jeweils zugehörigen Dampfkessels, ausgenommen Verbrennungsmotoranlagen für Bohranlagen und Notstromaggregate, durch den Einsatz von		
1.2.1	Kohle, Koks einschließlich Petrolkoks, Kohlebriketts, Torfbriketts, Brenntorf, naturbelassenem Holz, emulgiertem Naturbitumen, Heizölen, ausgenommen Heizöl EL, mit einer Feuerungswärmeleistung von 1 MW bis weniger als 50 MW,		S

---

5) Die Nummern 11 ff. sind hier nicht abgedruckt (vgl. Fn. 3).

Nr.	Vorhaben	Sp. 1	Sp. 2
1.2.2	gasförmigen Brennstoffen (insbesondere Koksofengas, Grubengas, Stahlgas, Raffineriegas, Synthesegas, Erdölgas aus der Tertiärförderung von Erdöl, Klärgas, Biogas), ausgenommen naturbelassenem Erdgas, Flüssiggas, Gasen der öffentlichen Gasversorgung oder Wasserstoff, mit einer Feuerungswärmeleistung von		
1.2.2.1	10 MW bis weniger als 50 MW,		S
1.2.2.2	1 MW bis weniger als 10 MW, bei Verbrennungsmotoranlagen oder Gasturbinenanlagen,		S
1.2.3	Heizöl EL, Dieselkraftstoff, Methanol, Ethanol, naturbelassenen Pflanzenölen oder Pflanzenölmethylestern, naturbelassenem Erdgas, Flüssiggas, Gasen der öffentlichen Gasversorgung oder Wasserstoff mit einer Feuerungswärmeleistung von		
1.2.3.1	20 MW bis weniger als 50 MW,		S
1.2.3.2	1 MW bis weniger als 20 MW, bei Verbrennungsmotoranlagen oder Gasturbinenanlagen,		S
1.2.4	anderen als in Nummer 1.2.1 oder 1.2.3 genannten festen oder flüssigen Brennstoffen mit einer Feuerungswärmeleistung von		
1.2.4.1	1 MW bis weniger als 50 MW,		A
1.2.4.2	100 KW bis weniger als 1 MW;		S
1.3	(weggefallen)		
1.4	Errichtung und Betrieb einer Verbrennungsmotoranlage oder Gasturbinenanlage zum Antrieb von Arbeitsmaschinen für den Einsatz von		
1.4.1	Heizöl EL, Dieselkraftstoff, Methanol, Ethanol, naturbelassenen Pflanzenölen, Pflanzenölmethylestern Koksofengas, Grubengas, Stahlgas, Raffineriegas, Synthesegas, Erdölgas aus der Tertiärförderung von Erdöl, Klärgas, Biogas, naturbelassenem Erdgas, Flüssiggas, Gasen der öffentlichen Gasversorgung oder Wasserstoff mit einer Feuerungswärmeleistung von		
1.4.1.1	mehr als 200 MW,	X	
1.4.1.2	50 MW bis 200 MW,		A
1.4.1.3	1 MW bis weniger als 50 MW, ausgenommen Verbrennungsmotoranlagen für Bohranlagen,		S
1.4.2	anderen als in Nummer 1.4.1 genannten Brennstoffen mit einer Feuerungswärmeleistung von		
1.4.2.1	mehr als 200 MW,	X	
1.4.2.2	50 MW bis 200 MW		A
1.4.2.3	1 MW bis weniger als 50 MW;		S

Nr.	Vorhaben	Sp. 1	Sp. 2
1.5	(weggefallen)		
1.6	Errichtung und Betrieb einer Windfarm mit Anlagen in einer Gesamthöhe von jeweils mehr als 50 Metern mit		
1.6.1	20 oder mehr Windkraftanlagen,	X	
1.6.2	6 bis weniger als 20 Windkraftanlagen,		A
1.6.3	3 bis weniger als 6 Windkraftanlagen;		S
1.7	Errichtung und Betrieb einer Anlage zum Brikettieren von Braun- oder Steinkohle;	X	
1.8	Errichtung und Betrieb einer Anlage zur Trockendestillation von Steinkohle oder Braunkohle (z.B. Kokerei, Gaswerk, Schwelerei) mit einem Durchsatz von		
1.8.1	500 t oder mehr je Tag,	X	
1.8.2	weniger als 500 t je Tag, ausgenommen Holzkohlenmeiler;		A
1.9	Errichtung und Betrieb einer Anlage zur Vergasung oder Verflüssigung von Kohle oder bituminösem Schiefer mit einem Durchsatz von		
1.9.1	500 t oder mehr je Tag,	X	
1.9.2	weniger als 500 t je Tag;		A
1.10	Errichtung und Betrieb einer Anlage zur Abscheidung von Kohlendioxid zur dauerhaften Speicherung		
1.10.1	aus einer Anlage, die nach Spalte 1 UVP-pflichtig ist,	X	
1.10.2	mit einer Abscheidungsleistung von 1,5 Mio. t oder mehr pro Jahr, soweit sie nicht unter Nummer 1.10.1 fällt,	X	
1.10.3	mit einer Abscheidungsleistung von weniger als 1,5 Mio. t pro Jahr;		A
1.11	Errichtung und Betrieb einer Anlage zur		
1.11.1	Erzeugung von Biogas, soweit nicht durch Nummer 8.4 erfasst, mit einer Produktionskapazität von		
1.11.1.1	2 Mio. Normkubikmetern oder mehr Rohgas je Jahr,		A
1.11.1.2	1,2 Mio. bis weniger als 2 Mio. Normkubikmetern Rohgas je Jahr,		S
1.11.2	Aufbereitung von Biogas mit einer Verarbeitungskapazität von		
1.11.2.1	2 Mio. Normkubikmetern oder mehr Rohgas je Jahr,		A
1.11.2.2	1,2 Mio. bis weniger als 2 Mio. Normkubikmetern Rohgas je Jahr;		S
2.	**Steine und Erden, Glas, Keramik, Baustoffe:**		
2.1	Errichtung und Betrieb eines Steinbruchs mit einer Abbaufläche von		

Nr.	Vorhaben	Sp. 1	Sp. 2
2.1.1	25 ha oder mehr,	X	
2.1.2	10 ha bis weniger als 25 ha,		A
2.1.3	weniger als 10 ha, soweit Sprengstoffe verwendet werden;		S
2.2	Errichtung und Betrieb einer Anlage zur Herstellung von Zementklinkern oder Zementen mit einer Produktionskapazität von		
2.2.1	1 000 t oder mehr je Tag,	X	
2.2.2	weniger als 1 000 t je Tag;		A
2.3	Errichtung und Betrieb einer Anlage zur Gewinnung von Asbest;	X	
2.4	Errichtung und Betrieb einer Anlage zur Bearbeitung oder Verarbeitung von Asbest oder Asbesterzeugnissen mit		
2.4.1	einer Jahresproduktion von		
2.4.1.1	20 000 t oder mehr Fertigerzeugnissen bei Asbestzementerzeugnissen,	X	
2.4.1.2	50 t oder mehr Fertigerzeugnissen bei Reibungsbelägen,	X	
2.4.2	einem Einsatz von 200 t oder mehr Asbest bei anderen Verwendungszwecken,	X	
2.4.3	einer geringeren Jahresproduktion oder einem geringeren Einsatz als in den vorstehenden Nummern angegeben;		A
2.5	Errichtung und Betrieb einer Anlage zur Herstellung von Glas, auch soweit es aus Altglas hergestellt wird, einschließlich Anlagen zur Herstellung von Glasfasern mit einer Schmelzkapazität von		
2.5.1	200 000 t oder mehr je Jahr oder bei Flachglasanlagen, die nach dem Floatglasverfahren betrieben werden, 100 000 t oder mehr je Jahr,	X	
2.5.2	20 t je Tag bis weniger als in der vorstehenden Nummer angegeben,		A
2.5.3	100 kg bis weniger als 20 t je Tag, ausgenommen Anlagen zur Herstellung von Glasfasern, die für medizinische oder fernmeldetechnische Zwecke bestimmt sind;		S
2.6	Errichtung und Betrieb einer Anlage zum Brennen keramischer Erzeugnisse (einschließlich Anlagen zum Blähen von Ton) mit einer Produktionskapazität von		
2.6.1	75 t oder mehr je Tag,		A

Nr.	Vorhaben	Sp. 1	Sp. 2
2.6.2	weniger als 75 t je Tag, soweit der Rauminhalt der Brennanlage 4 m³ oder mehr beträgt oder die Besatzdichte mehr als 100 kg je Kubikmeter Rauminhalt der Brennanlage beträgt, ausgenommen elektrisch beheizte Brennöfen, die diskontinuierlich und ohne Abluftführung betrieben werden;		S
2.7	Errichtung und Betrieb einer Anlage zum Schmelzen mineralischer Stoffe, einschließlich Anlagen zur Herstellung von Mineralfasern;		A
3.	**Stahl, Eisen und sonstige Metalle einschließlich Verarbeitung:**		
3.1	Errichtung und Betrieb einer Anlage zum Rösten (Erhitzen unter Luftzufuhr zur Überführung in Oxide) oder Sintern (Stückigmachen von feinkörnigen Stoffen durch Erhitzen) von Erzen;	X	
3.2	Errichtung und Betrieb eines integrierten Hüttenwerkes (Anlage zur Herstellung oder zum Erschmelzen von Roheisen und zur Weiterverarbeitung zu Rohstahl, bei der sich Gewinnungs- und Weiterverarbeitungseinheiten nebeneinander befinden und in funktioneller Hinsicht miteinander verbunden sind);	X	
3.3	Errichtung und Betrieb einer Anlage zur Herstellung oder zum Erschmelzen von Roheisen oder Stahl einschließlich Stranggießen, auch soweit Konzentrate oder sekundäre Rohstoffe eingesetzt werden, mit einer Schmelzkapazität von		
3.3.1	2,5 t Roheisen oder Stahl je Stunde oder mehr,		A
3.3.2	weniger als 2,5 t Stahl je Stunde;		S
3.4	Errichtung und Betrieb einer Anlage zur Herstellung von Nichteisenrohmetallen aus Erzen, Konzentraten oder sekundären Rohstoffen durch metallurgische, chemische oder elektrolytische Verfahren;	X	
3.5	Errichtung und Betrieb einer Anlage zum Schmelzen, zum Legieren oder zur Raffination von Nichteisenmetallen mit einer Schmelzkapazität von		
3.5.1	100 000 t oder mehr je Jahr,	X	
3.5.2	4 t oder mehr je Tag bei Blei und Cadmium oder von 20 t oder mehr je Tag bei sonstigen Nichteisenmetallen, jeweils bis weniger als 100 000 t je Jahr,		A

Nr.	Vorhaben	Sp. 1	Sp. 2
3.5.3	0,5 t bis weniger als 4 t je Tag bei Blei und Cadmium oder von 2 t bis weniger als 20 t je Tag bei sonstigen Nichteisenmetallen, ausgenommen – Vakuum-Schmelzanlagen, – Schmelzanlagen für Gusslegierungen aus Zinn und Wismut oder aus Feinzink und Aluminium in Verbindung mit Kupfer oder Magnesium, – Schmelzanlagen, die Bestandteil von Druck- oder Kokillengießmaschinen sind oder die ausschließlich im Zusammenhang mit einzelnen Druck- oder Kokillengießmaschinen gießfertige Nichteisenmetalle oder gießfertige Legierungen niederschmelzen, – Schmelzanlagen für Edelmetalle oder für Legierungen, die nur aus Edelmetallen oder aus Edelmetallen und Kupfer bestehen, – Schwalllötbäder und – Heißluftverzinnungsanlagen;		S
3.6	Errichtung und Betrieb einer Anlage zur Umformung von Stahl durch Warmwalzen;		A
3.7	Errichtung und Betrieb einer Eisen-, Temper- oder Stahlgießerei mit einer Verarbeitungskapazität an Flüssigmetall von		
3.7.1	200 000 t oder mehr je Jahr,	X	
3.7.2	20 t oder mehr je Tag,		A
3.7.3	2 t bis weniger als 20 t je Tag;		S
3.8	Errichtung und Betrieb einer Anlage zum Aufbringen von metallischen Schutzschichten auf Metalloberflächen mit Hilfe von schmelzflüssigen Bädern mit einer Verarbeitungskapazität von		
3.8.1	100 000 t Rohgut oder mehr je Jahr,	X	
3.8.2	2 t Rohgut je Stunde bis weniger als 100 000 t Rohgut je Jahr,		A
3.8.3	500 kg bis weniger als 2 t Rohgut je Stunde, ausgenommen Anlagen zum kontinuierlichen Verzinken nach dem Sendzimirverfahren;		S
3.9	Errichtung und Betrieb einer Anlage zur Oberflächenbehandlung von Metallen durch ein elektrolytisches oder chemisches Verfahren mit einem Volumen der Wirkbäder von		
3.9.1	30 m^3 oder mehr,		A
3.9.2	1 m^3 bis weniger als 30 m^3 bei Anlagen durch Beizen oder Brennen unter Verwendung von Fluss- oder Salpetersäure;		S

Nr.	Vorhaben	Sp. 1	Sp. 2
3.10	Errichtung und Betrieb einer Anlage, die aus einem oder mehreren maschinell angetriebenen Hämmern oder Fallwerken besteht, wenn die Schlagenergie eines Hammers oder Fallwerkes		
3.10.1	20 Kilojoule oder mehr beträgt,		A
3.10.2	1 Kilojoule bis weniger als 20 Kilojoule beträgt;		S
3.11	Errichtung und Betrieb einer Anlage zur Sprengverformung oder zum Plattieren mit Sprengstoffen bei einem Einsatz von 10 kg Sprengstoff oder mehr je Schuss;		A
3.12	Errichtung und Betrieb einer Schiffswerft		
3.12.1	zum Bau von Seeschiffen mit einer Größe von 100 000 Bruttoregistertonnen,	X	
3.12.2	zur Herstellung oder Reparatur von Schiffskörpern oder Schiffssektionen aus Metall mit einer Länge von 20 m oder mehr, soweit nicht ein Fall der vorstehenden Nummer vorliegt;		A
3.13	Errichtung und Betrieb einer Anlage zum Bau von Schienenfahrzeugen mit einer Produktionskapazität von 600 oder mehr Schienenfahrzeugeinheiten je Jahr (1 Schienenfahrzeugeinheit entspricht 0,5 Lokomotive, 1 Straßenbahn, 1 Wagen eines Triebzuges, 1 Triebkopf, 1 Personenwagen oder 3 Güterwagen);		A
3.14	Errichtung und Betrieb einer Anlage für den Bau und die Montage von Kraftfahrzeugen oder einer Anlage für den Bau von Kraftfahrzeugmotoren mit einer Kapazität von jeweils 100 000 Stück oder mehr je Jahr;		A
3.15	Errichtung und Betrieb einer Anlage für den Bau und die Instandsetzung von Luftfahrzeugen, soweit je Jahr mehr als 50 Luftfahrzeuge hergestellt oder repariert werden können, ausgenommen Wartungsarbeiten;		A
4.	**Chemische Erzeugnisse, Arzneimittel, Mineralölraffination und Weiterverarbeitung:**		
4.1	Errichtung und Betrieb einer integrierten chemischen Anlage (Verbund zur Herstellung von Stoffen oder Stoffgruppen durch chemische Umwandlung im industriellen Umfang, bei dem sich mehrere Einheiten nebeneinander befinden und in funktioneller Hinsicht miteinander verbunden sind und		
	– zur Herstellung von organischen Grundchemikalien,		
	– zur Herstellung von anorganischen Grundchemikalien,		

Nr.	Vorhaben	Sp. 1	Sp. 2
	– zur Herstellung von phosphor-, stickstoff- oder kaliumhaltigen Düngemitteln (Einnährstoff oder Mehrnährstoff),	X	
	– zur Herstellung von Ausgangsstoffen für Pflanzenschutzmittel und von Bioziden,		
	– zur Herstellung von Grundarzneimitteln unter Verwendung eines chemischen oder biologischen Verfahrens oder		
	– zur Herstellung von Explosivstoffen dienen), ausgenommen Anlagen zur Erzeugung oder Spaltung von Kernbrennstoffen oder zur Aufarbeitung bestrahlter Kernbrennstoffe nach Nummer 11.1;		
4.2	Errichtung und Betrieb einer Anlage zur Herstellung von Stoffen oder Stoffgruppen durch chemische Umwandlung im industriellen Umfang, ausgenommen integrierte chemische Anlagen nach Nummer 4.1, Anlagen nach Nummer 10.1 und Anlagen zur Erzeugung oder Spaltung von Kernbrennstoffen oder zur Aufarbeitung bestrahlter Kernbrennstoffe nach Nummer 11.1;		A
4.3	Errichtung und Betrieb einer Anlage zur Destillation oder Raffination oder sonstigen Weiterverarbeitung von Erdöl in Mineralölraffinerien;	X	
4.4	Errichtung und Betrieb einer Anlage zur Herstellung von Anstrich- oder Beschichtungsstoffen (Lasuren, Firnisse, Lacke, Dispersionsfarben) oder Druckfarben unter Einsatz von 25 t flüchtiger organischer Verbindungen oder mehr je Tag, die bei einer Temperatur von 293,15 Kelvin einen Dampfdruck von mindestens 0,01 Kilopascal haben;		A
5.	**Oberflächenbehandlung von Kunststoffen:**		
5.1	Errichtung und Betrieb einer Anlage zur Oberflächenbehandlung von Kunststoffen durch ein elektrolytisches oder chemisches Verfahren mit einem Volumen der Wirkbäder von 30 m³ oder mehr;		A
6.	**Holz, Zellstoff:**		
6.1	Errichtung und Betrieb einer Anlage zur Gewinnung von Zellstoff aus Holz, Stroh oder ähnlichen Faserstoffen;	X	
6.2	Errichtung und Betrieb einer Anlage zur Herstellung von Papier oder Pappe mit einer Produktionskapazität von		
6.2.1	200 t oder mehr je Tag,	X	
6.2.2	20 t bis weniger als 200 t je Tag;		A

Nr.	Vorhaben	Sp. 1	Sp. 2
7.	**Nahrungs-, Genuss- und Futtermittel, landwirt-schaftliche Erzeugnisse:**		
7.1	Errichtung und Betrieb einer Anlage zur Intensivhaltung von Hennen mit		
7.1.1	60 000 oder mehr Plätzen,	X	
7.1.2	40 000 bis weniger als 60 000 Plätzen,		A
7.1.3	15 000 bis weniger als 40 000 Plätzen;		S
7.2	Errichtung und Betrieb einer Anlage zur Intensivhaltung oder -aufzucht von Junghennen mit		
7.2.1	85 000 oder mehr Plätzen,	X	
7.2.2	40 000 bis weniger als 85 000 Plätzen,		A
7.2.3	30 000 bis weniger als 40 000 Plätzen;		S
7.3	Errichtung und Betrieb einer Anlage zur Intensivhaltung oder -aufzucht von Mastgeflügel mit		
7.3.1	85 000 oder mehr Plätzen,	X	
7.3.2	40 000 bis weniger als 85 000 Plätzen,		A
7.3.3	30 000 bis weniger als 40 000 Plätzen;		S
7.4	Errichtung und Betrieb einer Anlage zur Intensivhaltung oder -aufzucht von Truthühnern mit		
7.4.1	60 000 oder mehr Plätzen,	X	
7.4.2	40 000 bis weniger als 60 000 Plätzen,		A
7.4.3	15 000 bis weniger als 40 000 Plätzen;		S
7.5	Errichtung und Betrieb einer Anlage zur Intensivhaltung oder -aufzucht von Rindern mit		
7.5.1	800 oder mehr Plätzen,		A
7.5.2	600 bis weniger als 800 Plätzen;		S
7.6	Errichtung und Betrieb einer Anlage zur Intensivhaltung oder -aufzucht von Kälbern mit		
7.6.1	1 000 oder mehr Plätzen,		A
7.6.2	500 bis weniger als 1 000 Plätzen;		S
7.7	Errichtung und Betrieb einer Anlage zur Intensivhaltung oder -aufzucht von Mastschweinen (Schweine von 30 kg Lebendgewicht oder mehr) mit		
7.7.1	3 000 oder mehr Plätzen,	X	
7.7.2	2 000 bis weniger als 3 000 Plätzen;		A
7.7.3	1 500 bis weniger als 2 000 Plätzen;		S
7.8	Errichtung und Betrieb einer Anlage zur Intensivhaltung oder -aufzucht von Sauen einschließlich dazugehörender Ferkel (Ferkel bis weniger als 30 kg Lebendgewicht) mit		
7.8.1	900 oder mehr Plätzen,	X	
7.8.2	750 bis weniger als 900 Plätzen;		A
7.8.3	560 bis weniger als 750 Plätzen;		S

Nr.	Vorhaben	Sp. 1	Sp. 2
7.9	Errichtung und Betrieb einer Anlage zur getrennten Intensivaufzucht von Ferkeln (Ferkel von 10 bis weniger als 30 kg Lebendgewicht) mit		
7.9.1	9 000 oder mehr Plätzen,	X	
7.9.2	6 000 bis weniger als 9 000 Plätzen;		A
7.9.3	4 500 bis weniger als 6 000 Plätzen;		S
7.10	Errichtung und Betrieb einer Anlage zur Intensivhaltung oder -aufzucht von Pelztieren mit		
7.10.1	1 000 oder mehr Plätzen,		A
7.10.2	750 bis weniger als 1 000 Plätzen;		S
7.11	Errichtung und Betrieb einer Anlage zur Intensivhaltung oder -aufzucht von Tieren in gemischten Beständen, wenn		
7.11.1	die jeweils unter den Nummern 7.1.1, 7.2.1, 7.3.1, 7.4.1, 7.7.1, 7.8.1, 7.9.1 und 7.10.1 genannten Platzzahlen nicht erreicht werden, die Summe der Vom-Hundert-Anteile, bis zu denen die Platzzahlen ausgeschöpft werden, aber den Wert 100 erreicht oder überschreitet,	X	
7.11.2	die jeweils unter den Nummern 7.1.2, 7.2.2, 7.3.2, 7.4.2, 7.5.1, 7.6.1, 7.7.2, 7.8.2, 7.9.2 und 7.10.1 genannten Platzzahlen nicht erreicht werden, die Summe der Vom-Hundert-Anteile, bis zu denen die Platzzahlen ausgeschöpft werden, aber den Wert 100 erreicht oder überschreitet,		A
7.11.3	die jeweils unter den Nummern 7.1.3, 7.2.3, 7.3.3, 7.4.3, 7.5.2, 7.6.2, 7.7.3 und 7.8.3, 7.9.3, 7.10.2 genannten Platzzahlen nicht erreicht werden, die Summe der Vom-Hundert-Anteile, bis zu denen die Platzzahlen ausgeschöpft werden, aber den Wert 100 erreicht oder überschreitet;		S
7.12	(weggefallen)		
7.13	Errichtung und Betrieb einer Anlage zum Schlachten von Tieren mit einer Kapazität von		
7.13.1	50 t Lebendgewicht oder mehr je Tag,		A
7.13.2	0,5 t bis weniger als 50 t Lebendgewicht je Tag bei Geflügel oder 4 t bis weniger als 50 t Lebendgewicht je Tag bei sonstigen Tieren;		S
7.14	Errichtung und Betrieb einer Anlage zur Erzeugung von Speisefetten aus tierischen Rohstoffen, ausgenommen Milch, mit einer Produktionskapazität von		
7.14.1	75 t Fertigerzeugnissen oder mehr je Tag,		A

Nr.	Vorhaben	Sp. 1	Sp. 2
7.14.2	weniger als 75 t Fertigerzeugnissen je Tag, ausgenommen Anlagen zur Erzeugung von Speisefetten aus selbstgewonnenen tierischen Fetten in Fleischereien mit einer Kapazität von bis zu 200 kg Speisefett je Woche;		S
7.15	Errichtung und Betrieb einer Anlage zum Schmelzen von tierischen Fetten mit einer Produktionskapazität von		
7.15.1	75 t Fertigerzeugnissen oder mehr je Tag,		A
7.15.2	weniger als 75 t Fertigerzeugnissen je Tag, ausgenommen Anlagen zur Verarbeitung von selbstgewonnenen tierischen Fetten zu Speisefetten in Fleischereien mit einer Kapazität von bis zu 200 kg Speisefett je Woche;		S
7.16	Errichtung und Betrieb einer Anlage zur Herstellung von Fleischkonserven mit einer Produktionskapazität von		
7.16.1	75 t Konserven oder mehr je Tag,		A
7.16.2	1 t bis weniger als 75 t Konserven je Tag;		S
7.17	Errichtung und Betrieb einer Anlage zur Herstellung von Gemüsekonserven mit einer Produktionskapazität von		
7.17.1	600 t Konserven oder mehr je Tag, wenn die Anlage an nicht mehr als 90 aufeinanderfolgenden Tagen im Jahr in Betrieb ist,		A
7.17.2	300 t Konserven oder mehr je Tag, wenn die Anlage an mehr als 90 aufeinanderfolgenden Tagen im Jahr in Betrieb ist,		A
7.17.3	10 t bis weniger als den in den Nummern 7.17.1 oder 7.17.2 angegebenen Kapazitäten für Tonnen Konserven je Tag und unter den dort genannten Voraussetzungen im Übrigen, ausgenommen Anlagen zum Sterilisieren oder Pasteurisieren dieser Nahrungsmittel in geschlossenen Behältnissen;		S
7.18	Errichtung und Betrieb einer Anlage zur Herstellung von Futtermittelerzeugnissen aus tierischen Rohstoffen, soweit in einer solchen Anlage eine fabrikmäßige Herstellung von Tierfutter durch Erwärmen der Bestandteile tierischer Herkunft erfolgt,		A
7.19	Errichtung und Betrieb einer Anlage zur Beseitigung oder Verwertung von Tierkörpern oder tierischen Abfällen mit einer Verarbeitungskapazität von		
7.19.1	10 t oder mehr je Tag,		A
7.19.2	weniger als 10 t je Tag;		S

Nr.	Vorhaben	Sp. 1	Sp. 2
7.20	Errichtung und Betrieb einer Anlage zum Gerben einschließlich Nachgerben von Tierhäuten oder Tierfellen mit einer Verarbeitungskapazität von		
7.20.1	12 t Fertigerzeugnissen oder mehr je Tag,		A
7.20.2	weniger als 12 t Fertigerzeugnissen je Tag, ausgenommen Anlagen, in denen weniger Tierhäute oder Tierfelle behandelt werden als beim Schlachten von weniger als 4 t sonstigen Tieren nach Nummer 7.13.2 anfallen;		S
7.21	Errichtung und Betrieb einer Anlage zur Herstellung von Fischmehl oder Fischöl;	X	
7.22	Errichtung und Betrieb einer Anlage zur Herstellung von Braumalz (Mälzerei) mit einer Produktionskapazität von		
7.22.1	600 t Darrmalz oder mehr je Tag, wenn die Anlage an nicht mehr als 90 aufeinanderfolgenden Tagen im Jahr in Betrieb ist,		A
7.22.2	300 t Darrmalz oder mehr je Tag, wenn die Anlage an mehr als 90 aufeinanderfolgenden Tagen im Jahr in Betrieb ist,		A
7.22.3	weniger als den in den Nummern 7.22.1 oder 7.22.2 angegebenen Kapazitäten für Tonnen Darrmalz je Tag und unter den dort genannten Voraussetzungen im Übrigen;		S
7.23	Errichtung und Betrieb einer Anlage zur Herstellung von Stärkemehlen mit einer Produktionskapazität von		
7.23.1	600 t Stärkemehlen oder mehr je Tag, wenn die Anlage an nicht mehr als 90 aufeinanderfolgenden Tagen im Jahr in Betrieb ist,		A
7.23.2	300 t Stärkemehlen oder mehr je Tag, wenn die Anlage an mehr als 90 aufeinanderfolgenden Tagen im Jahr in Betrieb ist,		A
7.23.3	1 t bis weniger als den in den Nummern 7.23.1 oder 7.23.2 angegebenen Kapazitäten für Tonnen Stärkemehle je Tag und unter den dort genannten Voraussetzungen im Übrigen;		S
7.24	Errichtung und Betrieb einer Anlage zur Herstellung oder Raffination von Ölen oder Fetten aus pflanzlichen Rohstoffen mit einer Produktionskapazität von		
7.24.1	600 t Fertigerzeugnissen oder mehr je Tag, wenn die Anlage an nicht mehr als 90 aufeinanderfolgenden Tagen im Jahr in Betrieb ist,		A

Nr.	Vorhaben	Sp. 1	Sp. 2
7.24.2	300 t Fertigerzeugnissen oder mehr je Tag, wenn die Anlage an mehr als 90 aufeinanderfolgenden Tagen im Jahr in Betrieb ist,		A
7.24.3	weniger als den in den Nummern 7.24.1 oder 7.24.2 angegebenen Kapazitäten für Tonnen Fertigerzeugnisse je Tag mit Hilfe von Extraktionsmitteln und unter den dort genannten Voraussetzungen im Übrigen, soweit die Menge des eingesetzten Extraktionsmittels 1 t oder mehr je Tag beträgt;		S
7.25	Errichtung und Betrieb einer Anlage zur Herstellung oder Raffination von Zucker unter Verwendung von Zuckerrüben oder Rohzucker,		A
7.26	Errichtung und Betrieb einer Brauerei mit einer Produktionskapazität von		
7.26.1	6 000 hl Bier oder mehr je Tag, wenn die Brauerei an nicht mehr als 90 aufeinanderfolgenden Tagen im Jahr in Betrieb ist,		A
7.26.2	3 000 hl Bier oder mehr je Tag, wenn die Brauerei an mehr als 90 aufeinanderfolgenden Tagen im Jahr in Betrieb ist,		A
7.26.3	200 hl bis weniger als den in den Nummern 7.26.1 oder 7.26.2 angegebenen Kapazitäten für Hektoliter Bier je Tag und unter den dort genannten Voraussetzungen im Übrigen;		S
7.27	Errichtung und Betrieb einer Anlage zur Herstellung von Süßwaren oder Sirup aus tierischen Rohstoffen, ausgenommen Milch, mit einer Produktionskapazität von		
7.27.1	75 t Süßwaren oder Sirup oder mehr je Tag,		A
7.27.2	50 kg bis weniger als 75 t Süßwaren oder Sirup je Tag bei Herstellung von Lakritz;		S
7.28	Errichtung und Betrieb einer Anlage zur Herstellung von Süßwaren oder Sirup aus pflanzlichen Rohstoffen mit einer Produktionskapazität von		
7.28.1	600 t oder mehr Süßwaren oder Sirup je Tag, wenn die Anlage an nicht mehr als 90 aufeinanderfolgenden Tagen im Jahr in Betrieb ist,		A
7.28.2	300 t oder mehr Süßwaren oder Sirup je Tag, wenn die Anlage an mehr als 90 aufeinanderfolgenden Tagen im Jahr in Betrieb ist,		A

Nr.	Vorhaben	Sp. 1	Sp. 2
7.28.3	50 kg bis weniger als den in den Nummern 7.28.1 oder 7.28.2 angegebenen Kapazitäten für Tonnen Süßwaren je Tag und unter den dort genannten Voraussetzungen im Übrigen bei Herstellung von Kakaomasse aus Rohkakao oder bei thermischer Veredelung von Kakao- oder Schokoladenmasse;		S
7.29	Errichtung und Betrieb einer Anlage zur Behandlung oder Verarbeitung von Milch, Milcherzeugnissen oder Milchbestandteilen mit einer Produktionskapazität als Jahresdurchschnittswert von		
7.29.1	200 t Milch oder mehr je Tag,		A
7.29.2	5 t bis weniger als 200 t Milch, Milcherzeugnissen oder Milchbestandteilen je Tag bei Sprühtrocknern;		S
8.	**Verwertung und Beseitigung von Abfällen und sonstigen Stoffen:**		
8.1	Errichtung und Betrieb einer Anlage zur Beseitigung oder Verwertung fester, flüssiger oder in Behältern gefasster gasförmiger Abfälle, Deponiegas oder anderer gasförmiger Stoffe mit brennbaren Bestandteilen durch		
8.1.1	thermische Verfahren, insbesondere Entgasung, Plasmaverfahren, Pyrolyse, Vergasung, Verbrennung oder eine Kombination dieser Verfahren		
8.1.1.1	bei gefährlichen Abfällen,	X	
8.1.1.2	bei nicht gefährlichen Abfällen mit einer Durchsatzkapazität von 3 t Abfällen oder mehr je Stunde,	X	
8.1.1.3	bei nicht gefährlichen Abfällen mit einer Durchsatzkapazität von weniger als 3 t Abfällen je Stunde,		A
8.1.2	Verbrennen von Altöl oder Deponiegas in einer Verbrennungsmotoranlage mit einer Feuerungswärmeleistung von		
8.1.2.1	50 MW oder mehr,		A
8.1.2.2	1 MW bis weniger als 50 MW,		A
8.1.2.3	weniger als 1 MW,		S
8.1.3	Abfackeln von Deponiegas oder anderen gasförmigen Stoffen, ausgenommen über Notfackeln, die für den nicht bestimmungsgemäßen Betrieb erforderlich sind;		S

Nr.	Vorhaben	Sp. 1	Sp. 2
8.2	Errichtung und Betrieb einer Anlage zur Erzeugung von Strom, Dampf, Warmwasser, Prozesswärme oder erhitztem Abgas in einer Verbrennungseinrichtung (wie Kraftwerk, Heizkraftwerk, Heizwerk, sonstige Feuerungsanlage), einschließlich zugehöriger Dampfkessel, durch den Einsatz von		
	– gestrichenem, lackiertem oder beschichtetem Holz oder		
	– Sperrholz, Spanplatten, Faserplatten oder sonst verleimtem Holz sowie daraus anfallenden Resten, soweit keine Holzschutzmittel aufgetragen oder infolge einer Behandlung enthalten sind oder Beschichtungen keine halogenorganischen Verbindungen oder Schwermetalle enthalten, mit einer Feuerungswärmeleistung von		
8.2.1	50 MW oder mehr,	X	
8.2.2	1 MW bis weniger als 50 MW;		S
8.3	Errichtung und Betrieb einer Anlage zur biologischen Behandlung von gefährlichen Abfällen mit einer Durchsatzkapazität an Einsatzstoffen von		
8.3.1	10 t oder mehr je Tag,	X	
8.3.2	1 t bis weniger als 10 t je Tag;		S
8.4	Errichtung und Betrieb einer Anlage zur biologischen Behandlung von		
8.4.1	nicht gefährlichen Abfällen, soweit nicht durch Nummer 8.4.2 erfasst, mit einer Durchsatzkapazität an Einsatzstoffen von		
8.4.1.1	50 t oder mehr je Tag,		A
8.4.1.2	10 t bis weniger als 50 t je Tag,		S
8.4.2	Gülle, soweit die Behandlung ausschließlich durch anaerobe Vergärung (Biogaserzeugung) erfolgt, mit einer Durchsatzkapazität von		
8.4.2.1	50 t oder mehr je Tag,		A
8.4.2.2	weniger als 50 t je Tag, soweit die Produktionskapazität von Rohgas 1,2 Mio. Normkubikmeter je Jahr oder mehr beträgt;		S
8.5	Errichtung und Betrieb einer Anlage zur chemischen Behandlung, insbesondere zur chemischen Emulsionsspaltung, Fällung, Flockung, Neutralisation oder Oxidation, von gefährlichen Abfällen;	X	
8.6	Errichtung und Betrieb einer Anlage zur chemischen Behandlung, insbesondere zur chemischen Emulsionsspaltung, Fällung, Flockung, Neutralisation oder Oxidation, von nicht gefährlichen Abfällen mit einer Durchsatzkapazität an Einsatzstoffen von		

Nr.	Vorhaben	Sp. 1	Sp. 2
8.6.1	100 t oder mehr je Tag,	X	
8.6.2	50 t bis weniger als 100 t je Tag,		A
8.6.3	10 t bis weniger als 50 t je Tag;		S
8.7	Errichtung und Betrieb einer Anlage zur zeitweiligen Lagerung von Abfällen, ausgenommen die zeitweilige Lagerung bis zum Einsammeln auf dem Gelände der Entstehung der Abfälle, bei		
8.7.1	Eisen- oder Nichteisenschrotten, einschließlich Autowracks, mit einer Gesamtlagerkapazität von		
8.7.1.1	1 500 t oder mehr,		A
8.7.1.2	100 t bis weniger als 1 500 t,		S
8.7.2	gefährlichen Schlämmen mit einer Gesamtlagerkapazität von		
8.7.2.1	50 t oder mehr,		A
8.7.2.2	30 t bis weniger als 50 t;		S
8.8	(weggefallen)		
8.9	Errichtung und Betrieb einer Anlage zur Lagerung von Abfällen über einen Zeitraum von jeweils mehr als einem Jahr, bei		
8.9.1	gefährlichen Abfällen mit		
8.9.1.1	einer Aufnahmekapazität von 10 t je Tag oder mehr oder einer Gesamtlagerkapazität von 150 t oder mehr,	X	
8.9.1.2	geringeren Kapazitäten als in Nummer 8.9.1.1 angegeben,		A
8.9.2	nicht gefährlichen Abfällen mit		
8.9.2.1	einer Aufnahmekapazität von 10 t je Tag oder mehr oder einer Gesamtlagerkapazität von 150 t oder mehr,		A
8.9.2.2	geringeren Kapazitäten als in Nummer 8.9.2.1 angegeben;		S
9.	**Lagerung von Stoffen und Gemischen:**		
9.1	Errichtung und Betrieb einer Anlage, die der Lagerung von Stoffen oder Gemischen, die bei einer Temperatur von 293,15 Kelvin einen absoluten Dampfdruck von mindestens 101,3 Kilopascal und einen Explosionsbereich mit Luft haben (brennbare Gase), in Behältern oder von Erzeugnissen, die diese Stoffe oder Gemische z.B. als Treibmittel oder Brenngas enthalten, dient, ausgenommen Erdgasröhrenspeicher und Anlagen, die von Nummer 9.3 erfasst werden,		

Nr.	Vorhaben	Sp. 1	Sp. 2
9.1.1	soweit es sich nicht ausschließlich um Einzelbehältnisse mit einem Volumen von jeweils nicht mehr als 1 000 cm^3 handelt, mit einem Fassungsvermögen von		
9.1.1.1	200 000 t oder mehr,	X	
9.1.1.2	30 t bis weniger als 200 000 t,		A
9.1.1.3	3 t bis weniger als 30 t,		S
9.1.2	soweit es sich ausschließlich um Einzelbehältnisse mit einem Volumen von jeweils nicht mehr als 1 000 cm^3 handelt, mit einem Fassungsvermögen von		
9.1.2.1	200 000 t oder mehr,	X	
9.1.2.2	30 t bis weniger als 200 000 t;		S
9.2	Errichtung und Betrieb einer Anlage, die der Lagerung von Flüssigkeiten dient, ausgenommen Anlagen, die von Nummer 9.3 erfasst werden, soweit		
9.2.1	die Flüssigkeiten einen Flammpunkt von 373,15 Kelvin oder weniger haben, mit einem Fassungsvermögen von		
9.2.1.1	200 000 t oder mehr,	X	
9.2.1.2	50 000 t bis weniger als 200 000 t,		A
9.2.1.3	10 000 t bis weniger als 50 000 t,		S
9.2.2	die Flüssigkeiten einen Flammpunkt unter 294,15 Kelvin haben und deren Siedepunkt bei Normaldruck (101,3 Kilopascal) über 293,15 Kelvin liegt, mit einem Fassungsvermögen von 5 000 t bis weniger als 10 000 t;		S
9.3	Errichtung und Betrieb einer Anlage, die der Lagerung von im Anhang 2 (Stoffliste zu Nummer 9.3 Anhang 1) der Verordnung über genehmigungsbedürftige Anlagen in der jeweils geltenden Fassung genannten Stoffen dient, mit einer Lagerkapazität von		
9.3.1	200 000 t oder mehr,	X	
9.3.2	den in Spalte 4 des Anhangs 2 (Stoffliste zu Nummer 9.3 Anhang 1) der Verordnung über genehmigungsbedürftige Anlagen in der jeweils geltenden Fassung ausgewiesenen Mengen bis weniger als 200 000 t,		A
9.3.3	den in Spalte 3 bis weniger als den in Spalte 4 des Anhangs 2 (Stoffliste zu Nummer 9.3 Anhang 1) der Verordnung über genehmigungsbedürftige Anlagen in der jeweils geltenden Fassung ausgewiesenen Mengen;		S

Nr.	Vorhaben	Sp. 1	Sp. 2
9.4	Errichtung und Betrieb einer Anlage, die der Lagerung von Erdöl, petrochemischen oder chemischen Stoffen oder Erzeugnissen dient, ausgenommen Anlagen, die von den Nummern 9.1, 9.2 oder 9.3 erfasst werden, mit einem Fassungsvermögen von		
9.4.1	200 000 t oder mehr,	X	
9.4.2	25 000 t bis weniger als 200 000 t;		A
10.	**Sonstige Industrieanlagen:**		
10.1	Errichtung und Betrieb einer Anlage zur Herstellung, Bearbeitung oder Verarbeitung von explosionsgefährlichen Stoffen im Sinne des Sprengstoffgesetzes, die zur Verwendung als Sprengstoffe, Zündstoffe, Treibstoffe, pyrotechnische Sätze oder zur Herstellung dieser Stoffe bestimmt sind; hierzu gehört auch eine Anlage zum Laden, Entladen oder Delaborieren von Munition oder sonstigen Sprengkörpern, ausgenommen Anlagen im handwerklichen Umfang oder zur Herstellung von Zündhölzern sowie ortsbewegliche Mischladegeräte;	X	
10.2	Errichtung und Betrieb einer Anlage zur Wiedergewinnung oder Vernichtung von explosionsgefährlichen Stoffen im Sinne des Sprengstoffgesetzes;	X	
10.3	Errichtung und Betrieb einer Anlage zum Vulkanisieren von Natur- oder Synthesekautschuk unter Verwendung von Schwefel oder Schwefelverbindungen mit einem Einsatz von		
10.3.1	25 t Kautschuk oder mehr je Stunde,		A
10.3.2	weniger als 25 t Kautschuk je Stunde, ausgenommen Anlagen, in denen weniger als 50 kg Kautschuk je Stunde verarbeitet wird oder ausschließlich vorvulkanisierter Kautschuk eingesetzt wird;		S
10.4	Errichtung und Betrieb einer Anlage zur Vorbehandlung (Waschen, Bleichen, Mercerisieren) oder zum Färben von Fasern oder Textilien mit		
10.4.1	einer Verarbeitungskapazität von 10 t Fasern oder Textilien oder mehr je Tag,		A
10.4.2	einer Färbekapazität von 2 t bis weniger als 10 t Fasern oder Textilien je Tag bei Anlagen zum Färben von Fasern oder Textilien unter Verwendung von Färbebeschleunigern einschließlich Spannrahmenanlagen, ausgenommen Anlagen, die unter erhöhtem Druck betrieben werden,		S

Nr.	Vorhaben	Sp. 1	Sp. 2
10.4.3	einer Bleichkapazität von weniger als 10 t Fasern oder Textilien je Tag bei Anlagen zum Bleichen von Fasern oder Textilien unter Verwendung von Chlor oder Chlorverbindungen;		S
10.5	Errichtung und Betrieb eines Prüfstandes für oder mit Verbrennungsmotoren, ausgenommen – Rollenprüfstände, die in geschlossenen Räumen betrieben werden, und – Anlagen, in denen mit Katalysator oder Dieselrußfilter ausgerüstete Serienmotoren geprüft werden, mit einer Feuerungswärmeleistung von insgesamt		
10.5.1	10 MW oder mehr,		A
10.5.2	300 KW bis weniger als 10 MW;		S
10.6	Errichtung und Betrieb eines Prüfstandes für oder mit Gasturbinen oder Triebwerken mit einer Feuerungswärmeleistung von insgesamt		
10.6.1	mehr als 200 MW,	X	
10.6.2	100 MW bis 200 MW,		A
10.6.3	weniger als 100 MW;		S
10.7	Errichtung und Betrieb einer ständigen Renn- oder Teststrecke für Kraftfahrzeuge;		A

11.-19. (Hier nicht wiedergegeben.)

Anlage 2

Angaben des Vorhabenträgers zur Vorbereitung der Vorprüfung

1. Nachstehende Angaben sind nach § 7 Absatz 4 vom Vorhabenträger zu übermitteln, wenn nach § 7 Absatz 1 und 2, auch in Verbindung mit den §§ 8 bis 14, eine Vorprüfung durchzuführen ist.

    a) Eine Beschreibung des Vorhabens, insbesondere

    aa) der physischen Merkmale des gesamten Vorhabens und, soweit relevant, der Abrissarbeiten,

    bb) des Standorts des Vorhabens und der ökologischen Empfindlichkeit der Gebiete, die durch das Vorhaben beeinträchtigt werden können.

    b) Eine Beschreibung der Schutzgüter, die von dem Vorhaben erheblich beeinträchtigt werden können.

    c) Eine Beschreibung der möglichen erheblichen Auswirkungen des Vorhabens auf die betroffenen Schutzgüter infolge

    aa) der erwarteten Rückstände und Emissionen sowie gegebenenfalls der Abfallerzeugung,

    bb) der Nutzung der natürlichen Ressourcen, insbesondere Fläche, Boden, Wasser, Tiere, Pflanzen und biologische Vielfalt.

2. Bei der Zusammenstellung der Angaben für die Vorprüfung ist den Kriterien nach Anlage 3, die für das Vorhaben von Bedeutung sind, Rechnung zu tra-

gen. Soweit der Vorhabenträger über Ergebnisse vorgelagerter Umweltprüfungen oder anderer rechtlich vorgeschriebener Untersuchungen zu den Umweltauswirkungen des Vorhabens verfügt, sind diese ebenfalls einzubeziehen.

3. Zusätzlich zu den Angaben nach Nummer 1 Buchstabe a kann der Vorhabenträger auch eine Beschreibung aller Merkmale des Vorhabens und des Standorts und aller Vorkehrungen vorlegen, mit denen erhebliche nachteilige Umweltauswirkungen ausgeschlossen werden sollen.

4. Wird eine standortbezogene Vorprüfung durchgeführt, können sich die Angaben des Vorhabenträgers in der ersten Stufe auf solche Angaben beschränken, die sich auf das Vorliegen besonderer örtlicher Gegebenheiten gemäß den in Anlage 3 Nummer 2.3 aufgeführten Schutzkriterien beziehen.

Anlage 3
Kriterien für die Vorprüfung im Rahmen einer Umweltverträglichkeitsprüfung

Nachstehende Kriterien sind anzuwenden, soweit in § 7 Absatz 1 und 2, auch in Verbindung mit den §§ 8 bis 14, auf Anlage 3 Bezug genommen wird.

1.   Merkmale der Vorhaben

Die Merkmale eines Vorhabens sind insbesondere hinsichtlich folgender Kriterien zu beurteilen:

1.1   Größe und Ausgestaltung des gesamten Vorhabens und, soweit relevant, der Abrissarbeiten,

1.2   Zusammenwirken mit anderen bestehenden oder zugelassenen Vorhaben und Tätigkeiten,

1.3   Nutzung natürlicher Ressourcen, insbesondere Fläche, Boden, Wasser, Tiere, Pflanzen und biologische Vielfalt,

1.4   Erzeugung von Abfällen im Sinne von § 3 Absatz 1 und 8 des Kreislaufwirtschaftsgesetzes,

1.5   Umweltverschmutzung und Belästigungen,

1.6   Risiken von Störfällen, Unfällen und Katastrophen, die für das Vorhaben von Bedeutung sind, einschließlich der Störfälle, Unfälle und Katastrophen, die wissenschaftlichen Erkenntnissen zufolge durch den Klimawandel bedingt sind, insbesondere mit Blick auf:

1.6.1   verwendete Stoffe und Technologien,

1.6.2   die Anfälligkeit des Vorhabens für Störfälle im Sinne des § 2 Nummer 7 der Störfall-Verordnung, insbesondere aufgrund seiner Verwirklichung innerhalb des angemessenen Sicherheitsabstandes zu Betriebsbereichen im Sinne des § 3 Absatz 5a des Bundes-Immissionsschutzgesetzes,

1.7   Risiken für die menschliche Gesundheit, z. B. durch Verunreinigung von Wasser oder Luft.

2.   Standort der Vorhaben

Die ökologische Empfindlichkeit eines Gebiets, das durch ein Vorhaben möglicherweise beeinträchtigt wird, ist insbesondere hinsichtlich folgender Nutzungs- und Schutzkriterien unter Berücksichtigung des Zusammenwirkens mit anderen Vorhaben in ihrem gemeinsamen Einwirkungsbereich zu beurteilen:

2.1   bestehende Nutzung des Gebietes, insbesondere als Fläche für Siedlung und Erholung, für land-, forst- und fischereiwirtschaftliche Nutzungen, für sonstige wirtschaftliche und öffentliche Nutzungen, Verkehr, Ver- und Entsorgung (Nutzungskriterien),

2.2   Reichtum, Verfügbarkeit, Qualität und Regenerationsfähigkeit der natürlichen Ressourcen, insbesondere Fläche, Boden, Landschaft, Wasser, Tiere, Pflanzen, biologische Vielfalt, des Gebiets und seines Untergrunds (Qualitätskriterien),

2.3   Belastbarkeit der Schutzgüter unter besonderer Berücksichtigung folgender Gebiete und von Art und Umfang des ihnen jeweils zugewiesenen Schutzes (Schutzkriterien):

2.3.1   Natura 2000-Gebiete nach § 7 Absatz 1 Nummer 8 des Bundesnaturschutzgesetzes,

2.3.2   Naturschutzgebiete nach § 23 des Bundesnaturschutzgesetzes, soweit nicht bereits von Nummer 2.3.1 erfasst,

2.3.3   Nationalparke und Nationale Naturmonumente nach § 24 des Bundesnaturschutzgesetzes, soweit nicht bereits von Nummer 2.3.1 erfasst,

2.3.4   Biosphärenreservate und Landschaftsschutzgebiete gemäß den §§ 25 und 26 des Bundesnaturschutzgesetzes,

2.3.5   Naturdenkmäler nach § 28 des Bundesnaturschutzgesetzes,

2.3.6   geschützte Landschaftsbestandteile, einschließlich Alleen, nach § 29 des Bundesnaturschutzgesetzes,

2.3.7   gesetzlich geschützte Biotope nach § 30 des Bundesnaturschutzgesetzes,

2.3.8   Wasserschutzgebiete nach § 51 des Wasserhaushaltsgesetzes, Heilquellenschutzgebiete nach § 53 Absatz 4 des Wasserhaushaltsgesetzes, Risikogebiete nach § 73 Absatz 1 des Wasserhaushaltsgesetzes sowie Überschwemmungsgebiete nach § 76 des Wasserhaushaltsgesetzes,

2.3.9   Gebiete, in denen die in Vorschriften der Europäischen Union festgelegten Umweltqualitätsnormen bereits überschritten sind,

2.3.10 Gebiete mit hoher Bevölkerungsdichte, insbesondere Zentrale Orte im Sinne des § 2 Absatz 2 Nummer 2 des Raumordnungsgesetzes,

2.3.11 in amtlichen Listen oder Karten verzeichnete Denkmäler, Denkmalensembles, Bodendenkmäler oder Gebiete, die von der durch die Länder bestimmten Denkmalschutzbehörde als archäologisch bedeutende Landschaften eingestuft worden sind.

3.   Art und Merkmale der möglichen Auswirkungen

Die möglichen erheblichen Auswirkungen eines Vorhabens auf die Schutzgüter sind anhand der unter den Nummern 1 und 2 aufgeführten Kriterien zu beurteilen; dabei ist insbesondere folgenden Gesichtspunkten Rechnung zu tragen:

3.1   der Art und dem Ausmaß der Auswirkungen, insbesondere, welches geographische Gebiet betroffen ist und wie viele Personen von den Auswirkungen voraussichtlich betroffen sind,

3.2   dem etwaigen grenzüberschreitenden Charakter der Auswirkungen,

3.3   der Schwere und der Komplexität der Auswirkungen,

3.4   der Wahrscheinlichkeit von Auswirkungen,

3.5   dem voraussichtlichen Zeitpunkt des Eintretens sowie der Dauer, Häufigkeit und Umkehrbarkeit der Auswirkungen,

3.6   dem Zusammenwirken der Auswirkungen mit den Auswirkungen anderer bestehender oder zugelassener Vorhaben,

3.7   der Möglichkeit, die Auswirkungen wirksam zu vermindern.

Anlage 4

Angaben des UVP-Berichts für die Umweltverträglichkeitsprüfung

Soweit die nachfolgenden Aspekte über die in § 16 Absatz 1 Satz 1 genannten Mindestanforderungen hinausgehen und sie für das Vorhaben von Bedeutung sind, muss nach § 16 Absatz 3 der UVP-Bericht hierzu Angaben enthalten.

1.   Eine Beschreibung des Vorhabens, insbesondere
    a)   eine Beschreibung des Standorts,
    b)   eine Beschreibung der physischen Merkmale des gesamten Vorhabens, einschließlich der erforderlichen Abrissarbeiten, soweit relevant, sowie des Flächenbedarfs während der Bau- und der Betriebsphase,
    c)   eine Beschreibung der wichtigsten Merkmale der Betriebsphase des Vorhabens (insbesondere von Produktionsprozessen), z. B.
        aa) Energiebedarf und Energieverbrauch,
        bb) Art und Menge der verwendeten Rohstoffe und
        cc) Art und Menge der natürlichen Ressourcen (insbesondere Fläche, Boden, Wasser, Tiere, Pflanzen und biologische Vielfalt),
    d)   eine Abschätzung, aufgeschlüsselt nach Art und Quantität,
        aa) der erwarteten Rückstände und Emissionen (z. B. Verunreinigung des Wassers, der Luft, des Bodens und Untergrunds, Lärm, Erschütterungen, Licht, Wärme, Strahlung) sowie
        bb) des während der Bau- und Betriebsphase erzeugten Abfalls.

2.   Eine Beschreibung der vom Vorhabenträger geprüften vernünftigen Alternativen (z. B. in Bezug auf Ausgestaltung, Technologie, Standort, Größe und Umfang des Vorhabens), die für das Vorhaben und seine spezifischen Merkmale relevant sind, und Angabe der wesentlichen Gründe für die getroffene Wahl unter Berücksichtigung der jeweiligen Umweltauswirkungen.

3.   Eine Beschreibung des aktuellen Zustands der Umwelt und ihrer Bestandteile im Einwirkungsbereich des Vorhabens und eine Übersicht über die voraussichtliche Entwicklung der Umwelt bei Nichtdurchführung des Vorhabens, soweit diese Entwicklung gegenüber dem aktuellen Zustand mit zumutbarem Aufwand auf der Grundlage der verfügbaren Umweltinformationen und wissenschaftlichen Erkenntnisse abgeschätzt werden kann.

4.   Eine Beschreibung der möglichen erheblichen Umweltauswirkungen des Vorhabens;
    Die Darstellung der Umweltauswirkungen soll den Umweltschutzzielen Rechnung tragen, die nach den Rechtsvorschriften, einschließlich verbindlicher planerischer Vorgaben, maßgebend sind für die Zulassungsentscheidung. Die Darstellung soll sich auf die Art der Umweltauswirkungen nach Buchstabe a erstrecken. Anzugeben sind jeweils die Art, in der Schutzgüter betroffen sind nach Buchstabe b, und die Ursachen der Auswirkungen nach Buchstabe c.
    a)   Art der Umweltauswirkungen

Die Beschreibung der zu erwartenden erheblichen Umweltauswirkungen soll sich auf die direkten und die etwaigen indirekten, sekundären, kumulativen, grenzüberschreitenden, kurzfristigen, mittelfristigen und langfristigen, ständigen und vorübergehenden, positiven und negativen Auswirkungen des Vorhaben erstrecken.

b) Art, in der Schutzgüter betroffen sind

Bei der Angabe, in welcher Hinsicht die Schutzgüter von den Auswirkungen des Vorhabens betroffen sein können, sind in Bezug auf die nachfolgenden Schutzgüter insbesondere folgende Auswirkungen zu berücksichtigen:

Schutzgut (Auswahl)	mögliche Art der Betroffenheit
Menschen, insbesondere die menschliche Gesundheit	Auswirkungen sowohl auf einzelne Menschen als auch auf die Bevölkerung
Tiere, Pflanzen, biologische Vielfalt	Auswirkungen auf Flora und Fauna
Fläche	Flächenverbrauch
Boden	Veränderung der organischen Substanz, Bodenerosion, Bodenverdichtung, Bodenversiegelung
Wasser	hydromorphologische Veränderungen, Veränderungen von Quantität oder Qualität des Wassers
Klima	Veränderungen des Klimas, z. B. durch Treibhausgasemissionen, Veränderung des Kleinklimas am Standort
kulturelles Erbe	Auswirkungen auf historisch, architektonisch oder archäologisch bedeutende Stätten und Bauwerke und auf Kulturlandschaften

c) Mögliche Ursachen der Umweltauswirkungen

Bei der Beschreibung der Umstände, die zu erheblichen Umweltauswirkungen des Vorhabens führen können, sind insbesondere folgende Gesichtspunkte zu berücksichtigen:

aa) die Durchführung baulicher Maßnahmen, einschließlich der Abrissarbeiten, soweit relevant, sowie die physische Anwesenheit der errichteten Anlagen oder Bauwerke,

bb) verwendete Techniken und eingesetzte Stoffe,

cc) die Nutzung natürlicher Ressourcen, insbesondere Fläche, Boden, Wasser, Tiere, Pflanzen und biologische Vielfalt, und, soweit möglich, jeweils auch auf die nachhaltige Verfügbarkeit der betroffenen Ressource einzugehen,

dd) Emissionen und Belästigungen sowie Verwertung oder Beseitigung von Abfällen, ee) Risiken für die menschliche Gesundheit, für Natur und Landschaft sowie für das kulturelle Erbe, zum Beispiel durch schwere Unfälle oder Katastrophen,

ff) das Zusammenwirken mit den Auswirkungen anderer bestehender oder zugelassener Vorhaben oder Tätigkeiten; dabei ist auch auf Umweltprobleme einzugehen, die sich daraus ergeben, dass ökologisch empfindliche Gebiete nach Anlage 3 Nummer 2.3 betroffen sind oder die sich aus einer Nutzung natürlicher Ressourcen ergeben,

gg) Auswirkungen des Vorhabens auf das Klima, zum Beispiel durch Art und Ausmaß der mit dem Vorhaben verbundenen Treibhausgasemissionen,

hh) die Anfälligkeit des Vorhabens gegenüber den Folgen des Klimawandels (zum Beispiel durch erhöhte Hochwassergefahr am Standort),

ii) die Anfälligkeit des Vorhabens für die Risiken von schweren Unfällen oder Katastrophen, soweit solche Risiken nach der Art, den Merkmalen und dem Standort des Vorhabens von Bedeutung sind.

5. Die Beschreibung der grenzüberschreitenden Auswirkungen des Vorhabens soll in einem gesonderten Abschnitt erfolgen.

6. Eine Beschreibung und Erläuterung der Merkmale des Vorhabens und seines Standorts, mit denen das Auftreten erheblicher nachteiliger Umweltauswirkungen ausgeschlossen, vermindert, ausgeglichen werden soll.

7. Eine Beschreibung und Erläuterung der geplanten Maßnahmen, mit denen das Auftreten erheblicher nachteiliger Umweltauswirkungen ausgeschlossen, vermindert oder ausgeglichen werden soll, sowie geplanter Ersatzmaßnahmen und etwaiger Überwachungsmaßnahmen des Vorhabenträgers.

8. Soweit Auswirkungen aufgrund der Anfälligkeit des Vorhabens für die Risiken von schweren Unfällen oder Katastrophen zu erwarten sind, soll die Beschreibung, soweit möglich, auch auf vorgesehene Vorsorge- und Notfallmaßnahmen eingehen.

9. Die Beschreibung der Auswirkungen auf Natura 2000-Gebiete soll in einem gesonderten Abschnitt erfolgen.

10. Die Beschreibung der Auswirkungen auf besonders geschützte Arten soll in einem gesonderten Abschnitt erfolgen.

11. Eine Beschreibung der Methoden oder Nachweise, die zur Ermittlung der erheblichen Umweltauswirkungen genutzt wurden, einschließlich näherer Hinweise auf Schwierigkeiten und Unsicherheiten, die bei der Zusammenstellung der Angaben aufgetreten sind, zum Beispiel technische Lücken oder fehlende Kenntnisse.

12. Eine Referenzliste der Quellen, die für die im UVP-Bericht enthaltenen Angaben herangezogen wurden.

Anlagen 5 und 6
(Hier nicht wiedergegeben.)

**Gesetz
über die Vermeidung und Sanierung von Umweltschäden
(Umweltschadensgesetz – USchadG)**

Vom 10. Mai 2007 (BGBl. I S. 666)
(FNA 2129-47)

zuletzt geändert durch Art. 4 G
vom 4. August 2016 (BGBl. I S. 1972, 1975)

§ 1 Verhältnis zu anderen Vorschriften

[1]Dieses Gesetz findet Anwendung, soweit Rechtsvorschriften des Bundes oder der Länder die Vermeidung und Sanierung von Umweltschäden nicht näher bestimmen oder in ihren Anforderungen diesem Gesetz nicht entsprechen. [2]Rechtsvorschriften mit weitergehenden Anforderungen bleiben unberührt.

§ 2 Begriffsbestimmungen

Im Sinne dieses Gesetzes sind

1. Umweltschaden:
   a) eine Schädigung von Arten und natürlichen Lebensräumen nach Maßgabe des § 19 des Bundesnaturschutzgesetzes,
   b) eine Schädigung der Gewässer nach Maßgabe des § 90 des Wasserhaushaltsgesetzes,
   c) eine Schädigung des Bodens durch eine Beeinträchtigung der Bodenfunktionen im Sinn des § 2 Abs. 2 des Bundes-Bodenschutzgesetzes, die durch eine direkte oder indirekte Einbringung von Stoffen, Zubereitungen, Organismen oder Mikroorganismen auf, in oder unter den Boden hervorgerufen wurde und Gefahren für die menschliche Gesundheit verursacht;
2. Schaden oder Schädigung: eine direkt oder indirekt eintretende feststellbare nachteilige Veränderung einer natürlichen Ressource (Arten und natürliche Lebensräume, Gewässer und Boden) oder Beeinträchtigung der Funktion einer natürlichen Ressource;
3. Verantwortlicher: jede natürliche oder juristische Person, die eine berufliche Tätigkeit ausübt oder bestimmt, einschließlich der Inhaber einer Zulassung oder Genehmigung für eine solche Tätigkeit oder der Person, die eine solche Tätigkeit anmeldet oder notifiziert, und dadurch unmittelbar einen Umweltschaden oder die unmittelbare Gefahr eines solchen Schadens verursacht hat;
4. berufliche Tätigkeit: jede Tätigkeit, die im Rahmen einer wirtschaftlichen Tätigkeit, einer Geschäftstätigkeit oder eines Unternehmens ausgeübt wird, unabhängig davon, ob sie privat oder öffentlich und mit oder ohne Erwerbscharakter ausgeübt wird;
5. unmittelbare Gefahr eines Umweltschadens: die hinreichende Wahrscheinlichkeit, dass ein Umweltschaden in naher Zukunft eintreten wird;

6. Vermeidungsmaßnahme: jede Maßnahme, um bei einer unmittelbaren Gefahr eines Umweltschadens diesen Schaden zu vermeiden oder zu minimieren;

7. Schadensbegrenzungsmaßnahme: jede Maßnahme, um die betreffenden Schadstoffe oder sonstigen Schadfaktoren unverzüglich zu kontrollieren, einzudämmen, zu beseitigen oder auf sonstige Weise zu behandeln, um weitere Umweltschäden und nachteilige Auswirkungen auf die menschliche Gesundheit oder eine weitere Beeinträchtigung von Funktionen zu begrenzen oder zu vermeiden;

8. Sanierungsmaßnahme: jede Maßnahme, um einen Umweltschaden nach Maßgabe der fachrechtlichen Vorschriften zu sanieren;

9. Kosten: die durch eine ordnungsgemäße und wirksame Ausführung dieses Gesetzes erforderlichen Kosten, einschließlich der Kosten für die Prüfung eines Umweltschadens, einer unmittelbaren Gefahr eines solchen Schadens, von alternativen Maßnahmen sowie der Verwaltungs- und Verfahrenskosten und der Kosten für die Durchsetzung der Maßnahmen, der Kosten für die Datensammlung, sonstiger Gemeinkosten und der Kosten für Aufsicht und Überwachung;

10. fachrechtliche Vorschriften: die Vorschriften des Bundesnaturschutzgesetzes, des Wasserhaushaltsgesetzes und des Bundes-Bodenschutzgesetzes sowie die zu ihrer Ausführung erlassenen Verordnungen.

§ 3 Anwendungsbereich

(1) Dieses Gesetz gilt für

1. Umweltschäden und unmittelbare Gefahren solcher Schäden, die durch eine der in Anlage 1 aufgeführten beruflichen Tätigkeiten verursacht werden;

2. Schädigungen von Arten und natürlichen Lebensräumen im Sinn des § 19 Absatz 2 und 3 des Bundesnaturschutzgesetzes und unmittelbare Gefahren solcher Schäden, die durch andere berufliche Tätigkeiten als die in Anlage 1 aufgeführten verursacht werden, sofern der Verantwortliche vorsätzlich oder fahrlässig gehandelt hat.[1]

(2) Für Schädigungen von Arten und natürlichen Lebensräumen sowie der Meeresgewässer außerhalb der Küstengewässer und die unmittelbare Gefahr solcher Schäden gilt dieses Gesetz im Rahmen der Vorgaben des Seerechtsübereinkommens der Vereinten Nationen vom 10. Dezember 1982 (BGBl. 1994 II S. 1799) auch im Bereich der ausschließlichen Wirtschaftszone und des Festlandsockels.

---

1) Ein rechtswidriges Handeln wir dabei nicht vorausgesetzt (BVerwG, Urteil vom 21. 9. 2017, NVwZ 2018, 427).

(3) Dieses Gesetz findet keine Anwendung auf Umweltschäden oder die unmittelbare Gefahr solcher Schäden, wenn sie durch

1. bewaffnete Konflikte, Feindseligkeiten, Bürgerkrieg oder Aufstände,
2. ein außergewöhnliches, unabwendbares und nicht beeinflussbares Naturereignis,
3. einen Vorfall, bei dem die Haftung oder Entschädigung in den Anwendungsbereich eines der in Anlage 2 aufgeführten internationalen Übereinkommen in der jeweils für Deutschland geltenden Fassung fällt,
4. die Ausübung von Tätigkeiten, die unter den Vertrag zur Gründung der Europäischen Atomgemeinschaft fallen, oder
5. einen Vorfall oder eine Tätigkeit, für die die Haftung oder Entschädigung in den Anwendungsbereich eines der in Anlage 3 aufgeführten internationalen Übereinkünfte in der jeweils geltenden Fassung fällt,

verursacht wurden.

(4) In Fällen, in denen der Umweltschaden oder die unmittelbare Gefahr eines solchen Schadens durch eine nicht klar abgegrenzte Verschmutzung verursacht wurde, findet dieses Gesetz nur Anwendung, wenn ein ursächlicher Zusammenhang zwischen dem Schaden und den Tätigkeiten einzelner Verantwortlicher festgestellt werden kann.

(5) Dieses Gesetz gilt weder für Tätigkeiten, deren Hauptzweck die Verteidigung oder die internationale Sicherheit ist, noch für Tätigkeiten, deren alleiniger Zweck der Schutz vor Naturkatastrophen ist.

§ 4 Informationspflicht

Besteht die unmittelbare Gefahr eines Umweltschadens oder ist ein Umweltschaden eingetreten, hat der Verantwortliche die zuständige Behörde unverzüglich über alle bedeutsamen Aspekte des Sachverhalts zu unterrichten.

§ 5 Gefahrenabwehrpflicht

Besteht die unmittelbare Gefahr eines Umweltschadens, hat der Verantwortliche unverzüglich die erforderlichen Vermeidungsmaßnahmen zu ergreifen.

§ 6 Sanierungspflicht

Ist ein Umweltschaden eingetreten, hat der Verantwortliche

1. die erforderlichen Schadensbegrenzungsmaßnahmen vorzunehmen,
2. die erforderlichen Sanierungsmaßnahmen gemäß § 8 zu ergreifen.

§ 7 Allgemeine Pflichten und Befugnisse der zuständigen Behörde

(1) Die zuständige Behörde überwacht, dass die erforderlichen Vermeidungs-, Schadensbegrenzungs- und Sanierungsmaßnahmen vom Verantwortlichen ergriffen werden.

(2) Im Hinblick auf die Pflichten aus den §§ 4 bis 6 kann die zuständige Behörde dem Verantwortlichen aufgeben,

1. alle erforderlichen Informationen und Daten über eine unmittelbare Gefahr von Umweltschäden, über den Verdacht einer solchen unmittelbaren Gefahr oder einen eingetretenen Schaden sowie eine eigene Bewertung vorzulegen,

2. die erforderlichen Vermeidungsmaßnahmen zu treffen,
3. die erforderlichen Schadensbegrenzungs- und Sanierungsmaßnahmen zu ergreifen.

§ 8 Bestimmung von Sanierungsmaßnahmen

(1) Der Verantwortliche ist verpflichtet, die gemäß den fachrechtlichen Vorschriften erforderlichen Sanierungsmaßnahmen zu ermitteln und der zuständigen Behörde zur Zustimmung vorzulegen, soweit die zuständige Behörde nicht selbst bereits die erforderlichen Sanierungsmaßnahmen ergriffen hat.

(2) Die zuständige Behörde entscheidet nach Maßgabe der fachrechtlichen Vorschriften über Art und Umfang der durchzuführenden Sanierungsmaßnahmen.

(3) Können bei mehreren Umweltschadensfällen die notwendigen Sanierungsmaßnahmen nicht gleichzeitig ergriffen werden, kann die zuständige Behörde unter Berücksichtigung von Art, Ausmaß und Schwere der einzelnen Umweltschadensfälle, der Möglichkeiten einer natürlichen Wiederherstellung sowie der Risiken für die menschliche Gesundheit die Reihenfolge der Sanierungsmaßnahmen festlegen.

(4) [1]Die zuständige Behörde unterrichtet die nach § 10 antragsberechtigten Betroffenen und Vereinigungen über die vorgesehenen Sanierungsmaßnahmen und gibt ihnen Gelegenheit, sich zu äußern; die Unterrichtung kann durch öffentliche Bekanntmachung erfolgen. [2]Die rechtzeitig eingehenden Stellungnahmen sind bei der Entscheidung zu berücksichtigen.

§ 9 Kosten der Vermeidungs- und Sanierungsmaßnahmen

(1) [1]Der Verantwortliche trägt vorbehaltlich von Ansprüchen gegen die Behörden oder Dritte die Kosten der Vermeidungs-, Schadensbegrenzungs- und Sanierungsmaßnahmen. [2]Für die Ausführung dieses Gesetzes durch Landesbehörden erlassen die Länder die zur Umsetzung der Richtlinie 2004/35/EG des Europäischen Parlaments und des Rates vom 21. April 2004 über Umwelthaftung zur Vermeidung und Sanierung von Umweltschäden (ABl. EU Nr. L 143 S. 56) notwendigen Kostenregelungen, Regelungen über Kostenbefreiungen und Kostenerstattungen; dabei können die Länder insbesondere vorsehen, dass der Verantwortliche unter den Voraussetzungen des Artikels 8 Abs. 4 der Richtlinie 2004/35/EG die Kosten der durchgeführten Sanierungsmaßnahmen nicht zu tragen hat. [3]Dabei berücksichtigen die Länder die besondere Situation der Landwirtschaft bei der Anwendung von Pflanzenschutzmitteln. [4]Die Behörde ist befugt, ein Verfahren zur Kostenerstattung bis zu fünf Jahre ab dem Zeitpunkt des Abschlusses der Maßnahme oder der Ermittlung des Kostenschuldners einzuleiten, wobei diese Frist ab dem jeweils späteren Zeitpunkt beginnt; Rechtsvorschriften der Länder, die längere oder keine Fristen vorsehen, bleiben unberührt.

(2) [1]Mehrere Verantwortliche haben unabhängig von ihrer Heranziehung untereinander einen Ausgleichsanspruch. [2]Soweit nichts anderes vereinbart wird, hängt die Verpflichtung zum Ausgleich sowie der Umfang des zu leistenden Ausgleichs davon ab, inwieweit die Gefahr oder der Schaden

vorwiegend von dem einen oder dem anderen Teil verursacht worden ist; § 426 Abs. 1 Satz 2 des Bürgerlichen Gesetzbuchs findet entsprechende Anwendung. [3]Der Ausgleichsanspruch verjährt in drei Jahren; die §§ 438, 548 und 606 des Bürgerlichen Gesetzbuchs sind nicht anzuwenden. [4]Die Verjährung beginnt nach der Beitreibung der Kosten, wenn die zuständige Behörde selbst ausführt, im Übrigen nach der Beendigung der Maßnahmen durch den Verantwortlichen zu dem Zeitpunkt, zu dem der Verantwortliche von der Person des Ersatzpflichtigen Kenntnis erlangt. [5]Der Ausgleichsanspruch verjährt ohne Rücksicht auf diese Kenntnis 30 Jahre nach Beendigung der Maßnahme. [6]Für Streitigkeiten steht der Rechtsweg vor den ordentlichen Gerichten offen.

(3) Dieses Gesetz berührt nicht das Recht des Verantwortlichen, seine Haftung nach § 611 Absatz 1, 4 und 5, den §§ 612 bis 617 des Handelsgesetzbuchs oder nach den §§ 4 bis 5m des Binnenschifffahrtsgesetzes zu beschränken.

§ 10 Aufforderung zum Tätigwerden

Die zuständige Behörde wird zur Durchsetzung der Sanierungspflichten nach diesem Gesetz von Amts wegen tätig oder, wenn ein Betroffener oder eine Vereinigung, die nach § 11 Abs. 2 Rechtsbehelfe einlegen kann, dies beantragt und die zur Begründung des Antrags vorgebrachten Tatsachen den Eintritt eines Umweltschadens glaubhaft erscheinen lassen.

§ 11 Rechtsschutz

(1) Ein Verwaltungsakt nach diesem Gesetz ist zu begründen und mit einer Rechtsbehelfsbelehrung zu versehen.

(2) Für Rechtsbehelfe von Vereinigungen gegen eine Entscheidung oder das Unterlassen einer Entscheidung der zuständigen Behörde nach diesem Gesetz gilt das Umwelt-Rechtsbehelfsgesetz.

§ 12 Zusammenarbeit mit den Mitgliedstaaten der Europäischen Union

(1) Sind einer oder mehrere Mitgliedstaaten der Europäischen Union von einem Umweltschaden betroffen oder wahrscheinlich betroffen, so arbeiten die zuständigen Behörden mit den Behörden der anderen Mitgliedstaaten zusammen und tauschen in angemessenem Umfang Informationen aus, damit die erforderlichen Vermeidungs-, Schadensbegrenzungs- und Sanierungsmaßnahmen durchgeführt werden.

(2) Ist ein Umweltschaden im Geltungsbereich dieses Gesetzes verursacht worden, der sich im Hoheitsgebiet eines anderen Mitgliedstaates der Europäischen Union auswirken kann, so hat die zuständige Behörde die Mitgliedstaaten, die möglicherweise betroffen sind, in angemessenem Umfang zu informieren.

(3) Stellt eine zuständige Behörde einen Umweltschaden fest, der nicht innerhalb des Geltungsbereichs dieses Gesetzes, sondern im Hoheitsgebiet eines anderen Mitgliedstaates der Europäischen Union verursacht wurde, so kann sie Empfehlungen für die Durchführung von Vermeidungs-, Schadensbegrenzungs- oder Sanierungsmaßnahmen geben und sich um die Er-

stattung der ihr im Zusammenhang mit der Durchführung dieser Maßnahmen angefallenen Kosten bemühen.

§ 13 Zeitliche Begrenzung der Anwendung

(1) Dieses Gesetz gilt nicht für Schäden, die durch Emissionen, Ereignisse oder Vorfälle verursacht wurden, die vor dem 30. April 2007 stattgefunden haben, oder die auf eine bestimmte Tätigkeit zurückzuführen sind, die vor dem genannten Zeitpunkt geendet hat.

(2) Dieses Gesetz gilt nicht für Schäden, die vor mehr als 30 Jahren verursacht wurden, wenn in dieser Zeit keine Behörde Maßnahmen gegen den Verantwortlichen ergriffen hat.

§ 14 Übergangsvorschrift zu Anlage 1

Für Verbringungen von Abfällen, die Artikel 62 Abs. 1 der Verordnung (EG) Nr. 1013/2006 des Europäischen Parlaments und des Rates vom 14. Juni 2006 über die Verbringung von Abfällen unterliegen, ist § 3 Abs. 1 in Verbindung mit Anlage 1 (zu § 3 Abs. 1) Nr. 12 in der Fassung von Artikel 1 des Gesetzes zur Umsetzung der Richtlinie des Europäischen Parlaments und des Rates über die Umwelthaftung zur Vermeidung und Sanierung von Umweltschäden vom 10. Mai 2007 (BGBl. I S. 666) anzuwenden.

Anlage 1

(zu § 3 Abs. 1)

Berufliche Tätigkeiten

1. Betrieb von Anlagen, für den eine Genehmigung gemäß der Richtlinie 2010/75/EU des Europäischen Parlaments und des Rates vom 24. November 2010 über Industrieemissionen (integrierte Vermeidung und Verminderung der Umweltverschmutzung) (Neufassung) (ABl. L 334 vom 17. 12. 2010, S. 17) erforderlich ist. Dies umfasst alle in Anhang I der Richtlinie 2010/75/EU aufgeführten Tätigkeiten, mit Ausnahme von Anlagen oder Anlagenteilen, die für Zwecke der Forschung, Entwicklung und Prüfung neuer Erzeugnisse und Verfahren genutzt werden.

2. Abfallbewirtschaftungsmaßnahmen (die Sammlung, die Beförderung, die Verwertung und die Beseitigung von Abfällen, einschließlich der Überwachung dieser Verfahren, der Nachsorge von Beseitigungsanlagen sowie der Tätigkeiten, die von Händlern und Maklern durchgeführt werden), soweit diese Maßnahmen einer Erlaubnis, einer Genehmigung, einer Anzeige oder einer Planfeststellung nach dem Kreislaufwirtschaftsgesetz bedürfen.
Diese Maßnahmen umfassen unter anderem den Betrieb von Deponien, die gemäß § 35 Absatz 2 und 3 des Kreislaufwirtschaftsgesetzes einer Planfeststellung oder Plangenehmigung bedürfen, und den Betrieb von Verbrennungsanlagen, die gemäß § 4 des Bundes-Immissionsschutzgesetzes (BImSchG) in Verbindung mit dem Anhang der Verordnung über genehmigungsbedürftige Anlagen (4. BImSchV) einer Genehmigung bedürfen.

3. Einbringung, Einleitung und sonstige Einträge von Schadstoffen in Oberflächengewässer gemäß § 9 Absatz 1 Nummer 4 und Absatz 2 Nummer 2 bis

4 des Wasserhaushaltsgesetzes, die einer Erlaubnis gemäß § 8 Absatz 1 des Wasserhaushaltsgesetzes bedürfen.

4. Einbringung, Einleitung und sonstige Einträge von Schadstoffen in das Grundwasser gemäß § 9 Absatz 1 Nummer 4 und Absatz 2 Nummer 2 bis 4 des Wasserhaushaltsgesetzes, die einer Erlaubnis gemäß § 8 Absatz 1 des Wasserhaushaltsgesetzes bedürfen.

5. Entnahmen von Wasser aus Gewässern gemäß § 9 Absatz 1 Nummer 1 und 5 des Wasserhaushaltsgesetzes, die einer Erlaubnis oder Bewilligung gemäß § 8 Absatz 1 des Wasserhaushaltsgesetzes bedürfen.

6. Aufstauungen von oberirdischen Gewässern gemäß § 9 Absatz 1 Nummer 2 des Wasserhaushaltsgesetzes, die einer Erlaubnis oder Bewilligung gemäß § 8 Absatz 1 oder gemäß § 68 Absatz 1 oder Absatz 2 des Wasserhaushaltsgesetzes einer Planfeststellung oder Plangenehmigung bedürfen.

7. Herstellung, Verwendung, Lagerung, Verarbeitung, Abfüllen, Freisetzung in die Umwelt und innerbetriebliche Beförderung von

    a) gefährlichen Stoffen im Sinn des § 3a Abs. 1 des Chemikaliengesetzes (ChemG);

    b) gefährlichen Zubereitungen im Sinn des § 3a Abs. 1 ChemG;

    c) Pflanzenschutzmittel im Sinn des Artikels 2 Absatz 1 der Verordnung (EG) Nr. 1107/2009 des Europäischen Parlaments und des Rates vom 21. Oktober 2009 über das Inverkehrbringen von Pflanzenschutzmitteln und zur Aufhebung der Richtlinien 79/117/EWG und 91/414/EWG des Rates (ABl. L 309 vom 24. 11. 2009, S. 1);

    d) Biozid-Produkten im Sinn des Artikels 3 Absatz 1 Buchstabe a der Verordnung (EU) Nr. 528/2012 des Europäischen Parlaments und des Rates vom 22. Mai 2012 über die Bereitstellung auf dem Markt und die Verwendung von Biozidprodukten (ABl. L 167 vom 27. 6. 2012, S. 1).

8. Beförderung gefährlicher oder umweltschädlicher Güter auf der Straße, auf der Schiene, auf Binnengewässern, auf See oder in der Luft gemäß der Definition in § 2 Nr. 9 der Gefahrgutverordnung Straße und Eisenbahn oder der Definition in den Nummern 1.3 und 1.4 der Anlage zu § 1 Abs. 1 der Anlaufbedingungsverordnung.

9. (aufgehoben)

10. Gentechnische Arbeiten gemäß der Definition in § 3 Nr. 2 des Gentechnikgesetzes (GenTG) an Mikroorganismen in gentechnischen Anlagen gemäß der Definition in § 3 Nr. 4 GenTG sowie der außerbetriebliche Transport gentechnisch veränderter Mikroorganismen.

11. Jede absichtliche Freisetzung genetisch veränderter Organismen in die Umwelt gemäß der Definition in § 3 Nr. 5 erster Halbsatz GenTG sowie der Transport und das Inverkehrbringen gemäß der Definition in § 3 Nr. 6 GenTG dieser Organismen.

12. Grenzüberschreitende Verbringung von Abfällen in der, in die oder aus der Europäischen Union, für die eine Zustimmungspflicht oder ein Verbot im Sinne der Verordnung (EG) Nr. 1013/2006 des Europäischen Parlaments und des Rates vom 14. Juni 2006 über die Verbringung von Abfällen besteht.

13. Bewirtschaftung von mineralischen Abfällen gemäß der Richtlinie 2006/21/EG des Europäischen Parlaments und des Rates vom 15. März

2006 über die Bewirtschaftung von Abfällen aus der mineralgewinnenden Industrie.

14. Betrieb von Kohlendioxidspeichern nach § 3 Nummer 7 des Kohlendioxid-Speicherungsgesetzes.

Anlage 2
(zu § 3 Abs. 3 Nr. 3)

Internationale Abkommen

a) Internationales Übereinkommen vom 27. November 1992 über die zivilrechtliche Haftung für Ölverschmutzungsschäden (Haftungsübereinkommen von 1992, BGBl. 1996 II S. 670);

b) Internationales Übereinkommen vom 27. November 1992 über die Errichtung eines Internationalen Fonds zur Entschädigung für Ölverschmutzungsschäden (Fondsübereinkommen von 1992, BGBl. 1996 II S. 685);

c) Internationales Übereinkommen vom 23. März 2001 über die zivilrechtliche Haftung für Schäden durch Bunkerölverschmutzung;

d) Internationales Übereinkommen vom 3. Mai 1996 über Haftung und Entschädigung für Schäden bei der Beförderung schädlicher und gefährlicher Stoffe auf See;

e) Übereinkommen vom 10. Oktober 1989 über die zivilrechtliche Haftung für die während des Transports gefährlicher Güter auf dem Straßen-, Schienen- und Binnenschifffahrtsweg verursachten Schäden.

Anlage 3
(zu § 3 Abs. 3 Nr. 5)

Internationale Übereinkünfte

a) Pariser Übereinkommen vom 29. Juli 1960 über die Haftung gegenüber Dritten auf dem Gebiet der Kernenergie und Brüsseler Zusatzübereinkommen vom 31. Januar 1963 zum Pariser Übereinkommen vom 29. Juli 1960 über die Haftung gegenüber Dritten auf dem Gebiet der Kernenergie (BGBl. 1975 II S. 957);

b) Wiener Übereinkommen vom 21. Mai 1963 über die zivilrechtliche Haftung für nukleare Schäden (BGBl. 2001 II S. 202);

c) Übereinkommen vom 12. September 1997 über zusätzliche Entschädigungsleistungen für nuklearen Schaden;

d) Gemeinsames Protokoll vom 21. September 1988 über die Anwendung des Wiener Übereinkommens und des Pariser Übereinkommens (BGBl. 2001 II S. 202);

e) Brüsseler Übereinkommen vom 17. Dezember 1971 über die zivilrechtliche Haftung bei der Beförderung von Kernmaterial auf See (BGBl. 1975 II S. 957).

Gesetz
über den Handel mit Berechtigungen zur Emission von Treibhausgasen
(Treibhausgas-Emissionshandelsgesetz – TEHG)[1]

Vom 21. Juli 2011 (BGBl. I S. 1475)

(FNA 2129-55)

zuletzt geändert durch G vom 18. Januar 2019 (BGBl. I S. 37)[1a]

Inhaltsübersicht

Abschnitt 1
Allgemeine Vorschriften
§ 1   Zweck des Gesetzes
§ 2   Anwendungsbereich
§ 3   Begriffsbestimmungen

Abschnitt 2
Genehmigung und Überwachung von Emissionen
§ 4   Emissionsgenehmigung
§ 5   Ermittlung von Emissionen und Emissionsbericht
§ 6   Überwachungsplan

Abschnitt 3
Berechtigungen und Zuteilung
§ 7   Berechtigungen
§ 8   Versteigerung von Berechtigungen
§ 9   Zuteilung von kostenlosen Berechtigungen an Anlagenbetreiber
§ 10   (weggefallen)
§ 11   Zuteilung von kostenlosen Berechtigungen an Luftfahrzeugbetreiber
§ 12   (weggefallen)
§ 13   (weggefallen)
§ 14   Ausgabe von Berechtigungen
§ 15   Durchsetzung von Rückgabeverpflichtungen
§ 16   Anerkennung von Emissionsberechtigungen
§ 17   Emissionshandelsregister

Abschnitt 4
Globaler marktbasierter Mechanismus für den internationalen Luftverkehr
§ 18   Überwachung, Berichterstattung und Prüfung

---

1) In einem engen Zusammenhang mit dem TEHG steht das Gesetz über einen nationalen Zertifikatehandel für Brennstoffemissionen (Brennstoffemissionshandelsgesetz – BEHG) vom 12. Dezember 2019 (BGBl. I S. 2728). Das BEHG ist in dieser Sammlung nicht abgedruckt.

1a) Die Änderungen durch Art. 4 Abs. 27 G v. 18. 7. 2016 (BGBl. I S. 1666), die die Gebührenerhebung betreffen (vgl. § 8 Abs. 3, § 22 und § 33), treten erst **mWv 1. 10. 2021** in Kraft und sind im Text noch nicht berücksichtigt.

Abschnitt 5
Gemeinsame Vorschriften

§ 19   Zuständigkeiten
§ 20   Überwachung, Datenübermittlung
§ 21   Prüfstellen
§ 22   Gebühren für individuell zurechenbare öffentliche Leistungen von
        Bundesbehörden
§ 23   Elektronische Kommunikation
§ 24   Einheitliche Anlage
§ 25   Änderung der Identität oder Rechtsform des Betreibers
§ 26   Ausschluss der aufschiebenden Wirkung
§ 27   Kleinemittenten, Verordnungsermächtigung
§ 28   Verordnungsermächtigungen

Abschnitt 6
Sanktionen

§ 29   Durchsetzung der Berichtpflicht
§ 30   Durchsetzung der Abgabepflicht
§ 31   Betriebsuntersagung gegen Luftfahrzeugbetreiber
§ 32   Bußgeldvorschriften

Abschnitt 7
Übergangsregelungen

§ 33   Übergangsregelung zur Gebührenerhebung
§ 34   Übergangsregelung für Anlagenbetreiber
§ 35   Übergangsregelung für Luftfahrzeugbetreiber
Anhang 1   Einbezogene Tätigkeiten und Treibhausgase
Anhang 2   Anforderungen an die Vorlage und Genehmigung von
            Überwachungsplänen nach § 6 sowie an die Ermittlung von Emissionen
            und die Berichterstattung nach § 5
Anhänge 3 und 4 (weggefallen)

Abschnitt 1
Allgemeine Vorschriften

§ 1 Zweck des Gesetzes

[1]Zweck dieses Gesetzes ist es, für die in Anhang 1 Teil 2 genannten Tätigkeiten, durch die in besonderem Maße Treibhausgase emittiert werden, die Grundlagen für den Handel mit Berechtigungen zur Emission von Treibhausgasen in einem gemeinschaftsweiten Emissionshandelssystem zu schaffen, um damit durch eine kosteneffiziente Verringerung von Treibhausgasen zum weltweiten Klimaschutz beizutragen. [2]Das Gesetz dient auch der Umsetzung der europäischen und internationalen Vorgaben zur Einbeziehung des Luftverkehrs in Maßnahmen zur Erfassung, Reduktion und Kompensation von Treibhausgasen und zur Umsetzung der europäischen Vorgaben zur Erfassung von Treibhausgasen im Seeverkehr.

§ 2 Anwendungsbereich

(1) [1]Dieses Gesetz gilt für die Emission der in Anhang 1 Teil 2 genannten Treibhausgase durch die dort genannten Tätigkeiten. [2]Für die in Anhang 1 Teil 2 genannten Anlagen gilt dieses Gesetz auch dann, wenn sie Teile

oder Nebeneinrichtungen einer Anlage sind, die nicht in Anhang 1 Teil 2 aufgeführt ist.[2]

(2)[3] [1]Der Anwendungsbereich dieses Gesetzes erstreckt sich bei den in Anhang 1 Teil 2 Nummer 2 bis 31 genannten Anlagen auf alle

1. Anlagenteile und Verfahrensschritte, die zum Betrieb notwendig sind, und

2. Nebeneinrichtungen, die mit den Anlagenteilen und Verfahrensschritten nach Nummer 1 in einem räumlichen und betriebstechnischen Zusammenhang stehen und die für das Entstehen von den in Anhang 1 Teil 2 genannten Treibhausgasen von Bedeutung sein können.

[2]Satz 1 gilt für Verbrennungseinheiten nach Anhang 1 Teil 2 Nummer 1 entsprechend.

(3)[4] [1]Die in Anhang 1 bestimmten Voraussetzungen liegen auch vor, wenn mehrere Anlagen derselben Art in einem engen räumlichen und betrieblichen Zusammenhang stehen und zusammen die nach Anhang 1 maßgeblichen Leistungsgrenzen oder Anlagengrößen erreichen oder überschreiten werden. [2]Ein enger räumlicher und betrieblicher Zusammenhang ist gegeben, wenn die Anlagen

1. auf demselben Betriebsgelände liegen,

2. mit gemeinsamen Betriebseinrichtungen verbunden sind und

3. einem vergleichbaren technischen Zweck dienen.

(4) [1]Bedürfen Anlagen nach Anhang 1 Teil 2 Nummer 2 bis 30 einer Genehmigung nach § 4 Absatz 1 Satz 3 des Bundes-Immissionsschutzgesetzes, so sind hinsichtlich der Abgrenzung der Anlagen nach den Absätzen 2 und 3 die Festlegungen in der immissionsschutzrechtlichen Genehmigung für die Anlage maßgeblich. [2]Satz 1 gilt für Verbrennungseinheiten nach Anhang 1 Teil 2 Nummer 1 entsprechend. [3]In den Fällen des Absatzes 1 Satz 2 gilt Satz 1 hinsichtlich der Festlegungen in der immissionsschutzrechtlichen Genehmigung zu den Anlagenteilen oder Nebeneinrichtungen entsprechend.

(5)[5] Dieses Gesetz gilt nicht für:

1. Anlagen oder Anlagenteile, soweit sie der Forschung oder der Entwicklung oder Erprobung neuer Einsatzstoffe, Brennstoffe, Erzeugnisse oder Verfahren im Labor- oder Technikumsmaßstab dienen; hierunter fallen auch solche Anlagen im Labor- oder Technikumsmaßstab, in denen neue Erzeugnisse in der für die Erprobung ihrer Eigenschaften durch Dritte erforderlichen Menge vor der Markteinführung hergestellt werden, soweit die neuen Erzeugnisse noch weiter erforscht oder entwickelt werden,

---

2) Die Vorschrift stellt klar, dass alle in Anhang 1 genannten Anlagen vom Anwendungsbereich des Gesetzes erfasst werden, auch wenn sie Teil oder Nebeneinrichtung einer dort nicht aufgeführten Anlage sind und dann gemäß § 1 Abs. 4 der 4. BImSchV nur für diese Anlage eine Genehmigung einzuholen ist.

3) Vgl. § 1 Abs. 2 der 4. BImSchV.

4) Vgl. § 1 Abs. 3 der 4. BImSchV.

5) Vgl. § 1 Abs. 6 der 4. BImSchV.

2. Anlagen, die nach § 4 Absatz 1 Satz 3 des Bundes-Immissionsschutzgesetzes genehmigungsbedürftig sind und bei denen nach ihrer immissionsschutzrechtlichen Genehmigung außer für Zwecke der Zünd-
und Stützfeuerung als Brennstoff nur Klärgas, Deponiegas, Biogas
oder Biomasse im Sinne des Artikels 2 Absatz 2 Satz 2 Buchstabe a
und e der Richtlinie 2009/28/EG des Europäischen Parlaments und
des Rates vom 23. April 2009 zur Förderung der Nutzung von Energie aus erneuerbaren Quellen und zur Änderung und anschließenden
Aufhebung der Richtlinien 2001/77/EG und 2003/30/EG (ABl. L 140
vom 5. 6. 2009, S. 16) in der jeweils geltenden Fassung eingesetzt
werden darf und

3. Anlagen oder Verbrennungseinheiten nach Anhang 1 Teil 2 Nummer 1 bis 6 zur Verbrennung von gefährlichen Abfällen oder Siedlungsabfällen, die nach Nummer 8.1 des Anhangs zur Verordnung
über genehmigungsbedürftige Anlagen genehmigungsbedürftig sind.

(6) ¹Bei Luftverkehrstätigkeiten erstreckt sich der Anwendungsbereich
dieses Gesetzes auf alle Emissionen eines Luftfahrzeugs, die durch den
Verbrauch von Treibstoffen entstehen. ²Zum Treibstoffverbrauch eines
Luftfahrzeugs zählt auch der Treibstoffverbrauch von Hilfsmotoren. ³Die-
ses Gesetz gilt nur für Luftverkehrstätigkeiten, die von Luftfahrzeugbe-
treibern durchgeführt werden,

1. die eine gültige deutsche Betriebsgenehmigung im Sinne des Artikels 3 der Verordnung (EG) Nr. 1008/2008 des Europäischen Parlaments und des Rates vom 24. September 2008 über gemeinsame Vorschriften für die Durchführung von Luftverkehrsdiensten in der Gemeinschaft (ABl. L 293 vom 31. 10. 2008, S. 3) in der jeweils geltenden Fassung besitzen oder

2. die der Bundesrepublik Deutschland als zuständigem Verwal-
tungsmitgliedstaat zugewiesen sind nach der Verordnung (EG)
Nr. 748/2009 der Kommission vom 5. August 2009 über die Liste
der Luftfahrzeugbetreiber, die am oder nach dem 1. Januar 2006
einer Luftverkehrstätigkeit im Sinne von Anhang I der Richtlinie
2003/87/EG nachgekommen sind, mit Angabe des für die einzelnen Luftfahrzeugbetreiber zuständigen Verwaltungsmitgliedstaats
(ABl. L 219 vom 22. 8. 2009, S. 1), die durch die Verordnung (EU)
Nr. 82/2010 (ABl. L 25 vom 29. 1. 2010, S. 12) geändert worden
ist, in der jeweils geltenden Fassung, und keine gültige Betriebsgenehmigung eines anderen Vertragsstaats des Abkommens über den
Europäischen Wirtschaftsraum besitzen.

⁴Alle Luftverkehrstätigkeiten, die der Luftfahrzeugbetreiber ab Beginn des
Kalenderjahres durchführt, in dem die Voraussetzungen nach Satz 3 erstmals erfüllt sind, fallen in den Anwendungsbereich dieses Gesetzes.

(7) Dieses Gesetz gilt auch für Aufgaben im Zusammenhang mit der Bewilligung von Beihilfen zur Kompensation indirekter CO_2-Kosten, soweit
solche Beihilfen nach einer Förderrichtlinie nach Artikel 10a Absatz 6 der
Richtlinie 2003/87/EG vorgesehen sind.

(8) Dieses Gesetz gilt auch für Aufgaben im Zusammenhang mit der Überwachung und der Ahndung von Verstößen gegen die Überwachungs- und Berichterstattungspflichten der MRV-Seeverkehrsverordnung.

(9) Für Luftfahrzeugbetreiber nach Absatz 6 Satz 3 Nummer 1 gelten im Hinblick auf ihre Verpflichtungen nach dem globalen marktbasierten Mechanismus der Internationalen Zivilluftfahrt-Organisation gemäß einer nach Artikel 28c der Richtlinie 2003/87/EG erlassenen Verordnung zur Überwachung, Berichterstattung oder Prüfung von Treibhausgasemissionen nach dem globalen marktbasierten Mechanismus Abschnitt 4 sowie § 32 Absatz 3 Nummer 6 dieses Gesetzes.

§ 3 Begriffsbestimmungen

Für dieses Gesetz gelten die folgenden Begriffsbestimmungen:

1. Anlage
   eine Betriebsstätte oder sonstige ortsfeste Einrichtung;

2. Anlagenbetreiber
   eine natürliche oder juristische Person oder Personengesellschaft, die die unmittelbare Entscheidungsgewalt über eine Anlage innehat, in der eine Tätigkeit nach Anhang 1 Teil 2 Nummer 1 bis 32 durchgeführt wird, und die dabei die wirtschaftlichen Risiken trägt; wer im Sinne des Bundes-Immissionsschutzgesetzes eine genehmigungsbedürftige Anlage betreibt, in der eine Tätigkeit nach Anhang 1 Teil 2 Nummer 1 bis 30 durchgeführt wird, ist Anlagenbetreiber nach Halbsatz 1;

3. Berechtigung
   die Befugnis zur Emission von einer Tonne Kohlendioxidäquivalent in einem bestimmten Zeitraum; eine Tonne Kohlendioxidäquivalent ist eine Tonne Kohlendioxid oder die Menge eines anderen Treibhausgases, die in ihrem Potenzial zur Erwärmung der Atmosphäre einer Tonne Kohlendioxid entspricht;

4. Betreiber
   ein Anlagenbetreiber oder Luftfahrzeugbetreiber;

5. Emission
   die Freisetzung von Treibhausgasen durch eine Tätigkeit nach Anhang 1 Teil 2; die Weiterleitung von Treibhausgasen steht nach Maßgabe der Monitoring-Verordnung der Freisetzung gleich;[6]

6. (aufgehoben)

7. Luftfahrzeugbetreiber
   eine natürliche oder juristische Person oder Personengesellschaft, die die unmittelbare Entscheidungsgewalt über ein Luftfahrzeug zu dem Zeitpunkt innehat, zu dem mit diesem eine Luftverkehrstätigkeit durchgeführt wird, und die dabei die wirtschaftlichen Risiken der Luftverkehrstätigkeit trägt, oder, wenn die Identität dieser Person

---

6) Die Begriffsbestimmung weicht von der in § 3 Abs. 3 BImSchG ab. § 3 Abs. 3 bezieht sich auf die emittierten Stoffe, Wellen, Strahlen u.ä., § 3 Nr. 5 TEHG auf den Vorgang der Freisetzung.

nicht bekannt ist oder vom Luftfahrzeugeigentümer nicht angegeben wird, der Eigentümer des Luftfahrzeugs;

8. Luftverkehrsberechtigung
eine Berechtigung, die für Emissionen des Luftverkehrs vergeben wird;

9. Luftverkehrstätigkeit
eine Tätigkeit nach Anhang 1 Teil 2 Nummer 33;

10. Monitoring-Verordnung
die Verordnung (EU) Nr. 601/2012 der Kommission vom 21. Juni 2012 über die Überwachung von und die Berichterstattung über Treibhausgasemissionen gemäß der Richtlinie 2003/87/EG des Europäischen Parlaments und des Rates (ABl. L 181 vom 12.7.2012, S. 30) in der jeweils geltenden Fassung;

11. MRV-Seeverkehrsverordnung
die Verordnung (EU) 2015/757 des Europäischen Parlaments und des Rates vom 29. April 2015 über die Überwachung von Kohlendioxidemissionen aus dem Seeverkehr, die Berichterstattung darüber und die Prüfung dieser Emissionen und zur Änderung der Richtlinie 2009/16/EG (ABl. L 123 vom 19. 5. 2015, S. 55);

12. (aufgehoben)

13. Produktionsleistung
die tatsächlich und rechtlich maximal mögliche Produktionsmenge pro Jahr;

14. Tätigkeit
eine in Anhang 1 Teil 2 genannte Tätigkeit;

15. Transportleistung
das Produkt aus Flugstrecke und Nutzlast;

16. Treibhausgase
Kohlendioxid (CO_2), Methan (CH_4), Distickstoffoxid (N_2O), teilfluorierte Kohlenwasserstoffe (HFKW), perfluorierte Kohlenwasserstoffe (PFC) und Schwefelhexafluorid (SF_6);

17. Überwachungsplan
eine Darstellung der Methode, die ein Betreiber anwendet, um seine Emissionen zu ermitteln und darüber Bericht zu erstatten;

Abschnitt 2
Genehmigung und Überwachung von Emissionen
§ 4 Emissionsgenehmigung

(1) [1]Der Anlagenbetreiber bedarf zur Freisetzung von Treibhausgasen durch eine Tätigkeit nach Anhang 1 Teil 2 Nummer 1 bis 32 einer Genehmigung. [2]Die Genehmigung ist auf Antrag des Anlagenbetreibers von der zuständigen Behörde zu erteilen, wenn die zuständige Behörde auf der Grundlage der vorgelegten Antragsunterlagen die Angaben nach Absatz 3 feststellen kann.

(2) Der Antragsteller hat dem Genehmigungsantrag insbesondere folgende Angaben beizufügen:

1. Name und Anschrift des Anlagenbetreibers,

2. eine Beschreibung der Tätigkeit, des Standorts und der Art und des Umfangs der dort durchgeführten Verrichtungen und der verwendeten Technologien,

3. in den Fällen des § 2 Absatz 1 Satz 2 eine Beschreibung der räumlichen Abgrenzung der Anlagenteile, Verfahrensschritte und Nebeneinrichtungen nach § 2 Absatz 2,

4. die Quellen von Emissionen und

5. den Zeitpunkt, zu dem die Anlage in Betrieb genommen worden ist oder werden soll.

(3) Die Genehmigung enthält folgende Angaben:

1. Name und Anschrift des Anlagenbetreibers,

2. eine Beschreibung der Tätigkeit und des Standorts, an dem die Tätigkeit durchgeführt wird,

3. in den Fällen des § 2 Absatz 1 Satz 2 eine Beschreibung der räumlichen Abgrenzung der einbezogenen Anlagenteile, Verfahrensschritte und Nebeneinrichtungen nach § 2 Absatz 2 und

4. eine Auflistung der einbezogenen Quellen von Emissionen.

(4) ^{1}Bei Anlagen, die vor dem 1. Januar 2013 nach den Vorschriften des Bundes-Immissionsschutzgesetzes genehmigt worden sind, ist die immissionsschutzrechtliche Genehmigung die Genehmigung nach Absatz 1.[7] ^{2}Der Anlagenbetreiber kann aber auch im Fall des Satzes 1 eine gesonderte Genehmigung nach Absatz 1 beantragen. ^{3}In diesem Fall ist Satz 1 nur bis zur Erteilung der gesonderten Genehmigung anwendbar.

(5) ^{1}Der Anlagenbetreiber ist verpflichtet, der zuständigen Behörde eine geplante Änderung der Tätigkeit in Bezug auf die Angaben nach Absatz 3 mindestens einen Monat vor ihrer Verwirklichung vollständig und richtig anzuzeigen, soweit diese Änderung Auswirkungen auf die Emissionen haben kann.[8] ^{2}Die zuständige Behörde ändert die Genehmigung entsprechend. ^{3}Die zuständige Behörde überprüft unabhängig von Satz 2 mindestens alle fünf Jahre die Angaben nach Absatz 3 und ändert die Genehmigung im Bedarfsfall entsprechend. ^{4}Für die genannten Änderungen der Genehmigung gilt Absatz 4 Satz 3 entsprechend.

(6) In den Verfahren zur Erteilung oder Änderung der Emissionsgenehmigung nach den Absätzen 1, 4 Satz 2 und Absatz 5 ist der nach § 19 Absatz 1 Nummer 3 zuständigen Behörde Gelegenheit zur Stellungnahme in angemessener Frist zu geben.

---

7) Gegenstand der immissionsschutzrechtlichen Genehmigung ist neben der Errichtung (der Beschaffenheit) der Betrieb der Anlage. Soweit der Anlagenbetrieb mit CO_2-Emissionen verbunden ist, betrifft deren Freisetzung die Betriebsweise. Die immissionsschutzrechtliche Genehmigung, mit der eine bestimmte Betriebsweise zugelassen wird, hat deshalb stets auch die damit verbundene Freisetzung von Kohlendioxid zum Gegenstand.

8) Die Anzeige kann mit der nach § 15 Abs. 1 oder 3 BImSchG verbunden werden. Dabei sind jedoch die unterschiedlichen Anforderungen zu beachten.

§ 5 Ermittlung von Emissionen und Emissionsbericht

(1) Der Betreiber hat die durch seine Tätigkeit in einem Kalenderjahr verursachten Emissionen nach Maßgabe des Anhangs 2 Teil 2 zu ermitteln und der zuständigen Behörde bis zum 31. März des Folgejahres über die Emissionen zu berichten.

(2) Die Angaben im Emissionsbericht nach Absatz 1 müssen von einer Prüfstelle nach § 21 verifiziert worden sein.

§ 6 Überwachungsplan

(1) [1]Der Betreiber ist verpflichtet, bei der zuständigen Behörde für jede Handelsperiode einen Überwachungsplan für die Emissionsermittlung und Berichterstattung nach § 5 Absatz 1 einzureichen. [2]Dabei hat er die in Anhang 2 Teil 1 Nummer 1 genannten Fristen einzuhalten.

(2) [1]Die Genehmigung ist zu erteilen, wenn der Überwachungsplan den Vorgaben der Monitoring-Verordnung, der Rechtsverordnung nach § 28 Absatz 2 Nummer 1 und, soweit diese keine Regelungen treffen, des Anhangs 2 Teil 2 Satz 3 entspricht. [2]Entspricht ein vorgelegter Überwachungsplan nicht diesen Vorgaben, ist der Betreiber verpflichtet, die festgestellten Mängel innerhalb einer von der zuständigen Behörde festzusetzenden Frist zu beseitigen und den geänderten Überwachungsplan vorzulegen. [3]Im Verfahren zur Genehmigung des Überwachungsplans ist in den Fällen des § 19 Absatz 1 Nummer 1 der danach zuständigen Behörde Gelegenheit zur Stellungnahme zu geben. [4]Die zuständige Behörde kann die Genehmigung mit Auflagen für die Überwachung von und Berichterstattung über Emissionen verbinden.

(3) [1]Der Betreiber ist verpflichtet, den Überwachungsplan innerhalb einer Handelsperiode unverzüglich anzupassen und bei der zuständigen Behörde einzureichen, soweit sich folgende Änderungen bezüglich der Anforderungen an die Emissionsermittlung oder an ihre Berichterstattung ergeben:

1. Änderung der Vorgaben nach Absatz 2 Satz 2,
2. Änderung seiner Emissionsgenehmigung oder
3. eine erhebliche Änderung der Überwachung nach Artikel 15 Absatz 3 und 4 der Monitoring-Verordnung.

[2]Für den angepassten Überwachungsplan gilt Absatz 2 entsprechend.

Abschnitt 3
Berechtigungen und Zuteilung

§ 7 Berechtigungen

(1) Der Betreiber hat jährlich bis zum 30. April an die zuständige Behörde eine Anzahl von Berechtigungen abzugeben, die den durch seine Tätigkeit im vorangegangenen Kalenderjahr verursachten Emissionen entspricht.

(2) [1]Berechtigungen, die ab dem 1. Januar 2013 ausgegeben werden, sind unbegrenzt gültig. [2]Beginnend mit der Ausgabe für die am 1. Januar 2021 beginnende Handelsperiode ist auf den Berechtigungen die Zuordnung zu einer jeweils zehnjährigen Handelsperiode erkennbar; diese Berechtigungen sind für Emissionen ab dem ersten Jahr der jeweiligen Handelsperiode

gültig. [3]Der Inhaber von Berechtigungen kann jederzeit auf sie verzichten und ihre Löschung verlangen.

(3) [1]Berechtigungen sind übertragbar. [2]Die Übertragung von Berechtigungen erfolgt durch Einigung und Eintragung auf dem Konto des Erwerbers im Emissionshandelsregister nach § 17. [3]Die Eintragung erfolgt auf Anweisung des Veräußerers an die kontoführende Stelle, Berechtigungen von seinem Konto auf das Konto des Erwerbers zu übertragen.

(4) [1]Soweit für jemanden eine Berechtigung in das Emissionshandelsregister eingetragen ist, gilt der Inhalt des Registers als richtig. [2]Dies gilt nicht für den Empfänger ausgegebener Berechtigungen, wenn ihm die Unrichtigkeit bei Ausgabe bekannt ist.

§ 8 Versteigerung von Berechtigungen

(1) [1]Die Versteigerung von Berechtigungen erfolgt nach den Regeln der Verordnung (EU) Nr. 1031/2010 der Kommission vom 12. November 2010 über den zeitlichen und administrativen Ablauf sowie sonstige Aspekte der Versteigerung von Treibhausgasemissionszertifikaten gemäß der Richtlinie 2003/87/EG des Europäischen Parlaments und des Rates über ein System für den Handel mit Treibhausgasemissionszertifikaten in der Gemeinschaft (ABl. L 302 vom 18.11.2010, S. 1) in der jeweils geltenden Fassung. [2]Im Fall der Stilllegung von Stromerzeugungskapazitäten aufgrund zusätzlicher nationaler Maßnahmen kann die Bundesregierung festlegen, dass Berechtigungen aus der zu versteigernden Menge an Berechtigungen gelöscht werden, soweit dies den Vorgaben nach Artikel 12 Absatz 4 der Richtlinie 2003/87/EG entspricht.

(2) Das Bundesministerium für Umwelt, Naturschutz, Bau und Reaktorsicherheit beauftragt im Einvernehmen mit dem Bundesministerium der Finanzen und dem Bundesministerium für Wirtschaft und Energie eine geeignete Stelle mit der Durchführung der Versteigerung.

(3) [1]Die Erlöse aus der Versteigerung der Berechtigungen nach Absatz 1 stehen dem Bund zu. [2]Die Kosten, die dem Bund durch die Wahrnehmung der ihm im Rahmen des Emissionshandels zugewiesenen Aufgaben entstehen und nicht durch Gebühren nach § 22 gedeckt sind, werden aus den Erlösen nach Satz 1 gedeckt.

(4) [1]Zur Gebotseinstellung auf eigene Rechnung oder im Namen der Kunden ihres Hauptgeschäftes bedürfen die in § 3 Absatz 1 Nummer 8 des Wertpapierhandelsgesetzes genannten Unternehmen einer Erlaubnis der Bundesanstalt für Finanzdienstleistungsaufsicht (Bundesanstalt). [2]Die Erlaubnis wird erteilt, sofern das Unternehmen die Bedingungen des Artikels 59 Absatz 5 der Verordnung (EU) Nr. 1031/2010 erfüllt. [3]Die Bundesanstalt kann die Erlaubnis außer nach den Vorschriften des Verwaltungsverfahrensgesetzes aufheben, wenn ihr Tatsachen bekannt werden, welche eine Erteilung der Erlaubnis nach Satz 2 ausschließen würden.

§ 9 Zuteilung von kostenlosen Berechtigungen an Anlagenbetreiber

(1) Anlagenbetreiber erhalten eine Zuteilung von kostenlosen Berechtigungen nach Maßgabe einer nach Artikel 10a Absatz 1 Satz 1 der Richtlinie 2003/87/EG erlassenen Verordnung der Kommission.

(2) ¹Die Zuteilung von kostenlosen Berechtigungen setzt einen Antrag bei der zuständigen Behörde voraus. ²Der Antrag auf Zuteilung ist innerhalb einer Frist zu stellen, die von der zuständigen Behörde mindestens drei Monate vor Fristablauf im Bundesanzeiger bekannt gegeben wird. ³Dem Antrag sind die zur Prüfung des Anspruchs erforderlichen Unterlagen beizufügen. ⁴Die tatsächlichen Angaben im Zuteilungsantrag müssen von einer Prüfstelle nach § 21 verifiziert worden sein. ⁵Bei verspätetem Antrag besteht kein Anspruch auf kostenlose Zuteilung.

(3) ¹Die zuständige Behörde berechnet die vorläufigen Zuteilungsmengen, veröffentlicht eine Liste aller unter den Anwendungsbereich dieses Gesetzes fallenden Anlagen und der vorläufigen Zuteilungsmengen im Bundesanzeiger und meldet die Liste der Europäischen Kommission. ²Bei der Berechnung der vorläufigen Zuteilungsmengen werden nur solche Angaben des Betreibers berücksichtigt, deren Richtigkeit ausreichend gesichert ist. ³Rechtsbehelfe im Hinblick auf die Meldung der Zuteilungsmengen können nur gleichzeitig mit den gegen die Zuteilungsentscheidung zulässigen Rechtsbehelfen geltend gemacht werden.

(4) ¹Die zuständige Behörde entscheidet⁹⁾ vor Beginn der Handelsperiode über die Zuteilung von kostenlosen Berechtigungen für eine Anlage an Anlagenbetreiber, die innerhalb der nach Absatz 2 Satz 2 bekannt gegebenen Frist einen Antrag gestellt haben. ²Im Übrigen gelten für das Zuteilungsverfahren die Vorschriften des Verwaltungsverfahrensgesetzes.

(5) ¹Die Zuteilungsentscheidung ist aufzuheben, soweit sie auf Grund eines Rechtsakts der Europäischen Union nachträglich geändert werden muss. ²Die §§ 48 und 49 des Verwaltungsverfahrensgesetzes bleiben im Übrigen unberührt.

§ 10 (aufgehoben)

§ 11 Zuteilung von kostenlosen Berechtigungen an Luftfahrzeugbetreiber

(1) ¹Für Luftfahrzeugbetreiber, die nach § 11 oder § 12 in der bis zum 24. Januar 2019 geltenden Fassung eine Zuteilung von kostenlosen Berechtigungen für die Handelsperiode 2013 bis 2020 erhalten haben, gilt die Zuteilung in Höhe der für das Jahr 2020 zugeteilten Anzahl an Berechtigungen für die Jahre 2021 bis 2023 nach Artikel 28a Absatz 2 der Richtlinie 2003/87/EG fort. ²Auf die Zuteilung ist der für die Jahre ab 2021 geltende lineare Reduktionsfaktor nach Artikel 9 der Richtlinie 2003/87/EG anzuwenden.

(2) ¹Die Zuteilung für die nachfolgende Zuteilungsperiode setzt einen Antrag bei der zuständigen Behörde voraus, der spätestens zwölf Monate vor Beginn der Zuteilungsperiode gestellt werden muss. ²Bei einem verspäteten Antrag besteht kein Anspruch mehr auf Zuteilung kostenloser Luftverkehrsberechtigungen.

---

9) Der Anspruch auf Zuteilung und auf Ausgabe der nach dem Zuteilungsgesetz zustehenden Berechtigungen kann ggf. im Wege der verwaltungsgerichtlichen Klage durchgesetzt werden. Die Klage hat jedoch keine aufschiebende Wirkung (§ 26).

(3) [1]In dem Antrag muss der Antragsteller die nach Artikel 56 der Monitoring-Verordnung ermittelte Transportleistung angeben, die er im Basisjahr durch seine Luftverkehrstätigkeit erbracht hat. [2]Die Angaben zur Transportleistung müssen von einer Prüfstelle nach § 21 verifiziert worden sein.

(4) [1]Die zuständige Behörde überprüft die Angaben des Antragstellers zur Transportleistung und übermittelt nur solche Angaben an die Europäische Kommission, deren Richtigkeit ausreichend gesichert ist. [2]Der Luftfahrzeugbetreiber ist verpflichtet, auf Verlangen der zuständigen Behörde zur Prüfung des Antrags zusätzliche Angaben oder Nachweise zu übermitteln.

(5) Die zuständige Behörde veröffentlicht im Bundesanzeiger eine Liste mit den Namen der Luftfahrzeugbetreiber und der Höhe der zugeteilten Berechtigungen.

(6) [1]Die Zuteilungsentscheidung ist aufzuheben, soweit sie auf Grund eines Rechtsakts der Europäischen Union, insbesondere auch in Folge der Überprüfung nach Artikel 28b der Richtlinie 2003/87/EG, nachträglich geändert werden muss oder wenn ein Luftfahrzeugbetreiber keine Luftverkehrstätigkeit mehr ausübt. [2]Die §§ 48 und 49 des Verwaltungsverfahrensgesetzes bleiben im Übrigen unberührt.

§§ 12 und 13 (aufgehoben)

§ 14 Ausgabe von Berechtigungen

(1) Die zuständige Behörde gibt die nach § 9 Absatz 4 zugeteilten Berechtigungen nach Maßgabe der Zuteilungsentscheidung bis zum 28. Februar eines Jahres, für das Berechtigungen abzugeben sind, aus.

(2) [1]Abweichend von Absatz 1 werden für Anlagen, die nach Beginn der Handelsperiode in Betrieb genommen wurden, für das erste Betriebsjahr zugeteilte Berechtigungen unverzüglich nach der Zuteilungsentscheidung ausgegeben. [2]Ergeht die Zuteilungsentscheidung vor dem 28. Februar eines Kalenderjahres, so werden Berechtigungen nach Satz 1 erstmals zum 28. Februar desselben Jahres ausgegeben.

(3) Bei der Zuteilung für Luftfahrzeugbetreiber nach § 11 gibt die zuständige Behörde die Luftverkehrsberechtigungen jeweils bis zum 28. Februar eines Jahres aus.

§ 15 Durchsetzung von Rückgabeverpflichtungen

[1]Soweit der Betreiber im Fall der Aufhebung der Zuteilungsentscheidung zur Rückgabe zu viel ausgegebener Berechtigungen verpflichtet ist, kann die zuständige Behörde diese Verpflichtung nach den Vorschriften des Verwaltungs-Vollstreckungsgesetzes durchsetzen. [2]Die Höhe des Zwangsgeldes beträgt bis zu 500 000 Euro.

§ 16 Anerkennung von Emissionsberechtigungen

Emissionsberechtigungen, die von Drittländern ausgegeben werden, mit denen Abkommen über die gegenseitige Anerkennung von Berechtigungen gemäß Artikel 25 Absatz 1 der Richtlinie 2003/87/EG geschlossen wurden, stehen nach Maßgabe der Vorgaben einer nach Artikel 19 Absatz 3 und 4 der Richtlinie 2003/87/EG erlassenen Verordnung der Kommission Berechtigungen gleich.

§ 17 Emissionshandelsregister

Berechtigungen werden in einem Emissionshandelsregister nach der Verordnung gemäß Artikel 19 Absatz 3 der Richtlinie 2003/87/EG gehalten und übertragen.

Abschnitt 4
Globaler marktbasierter Mechanismus für den internationalen Luftverkehr

§ 18 Überwachung, Berichterstattung und Prüfung

(1) Die Verpflichtungen für Luftfahrzeugbetreiber zur Überwachung, Berichterstattung und Prüfung der von ihnen bei internationalen Flügen freigesetzten Treibhausgase nach dem globalen marktbasierten Mechanismus der Internationalen Zivilluftfahrt-Organisation bestimmen sich nach einer nach Artikel 28c der Richtlinie 2003/87/EG erlassenen Verordnung und der Rechtsverordnung nach Absatz 4.

(2) ¹Das Umweltbundesamt ist die zuständige Behörde für den Vollzug des globalen marktbasierten Mechanismus. ²§ 19 Absatz 2 gilt entsprechend.

(3) Die §§ 3, 20 und 22 Absatz 3 sowie § 23 gelten entsprechend.

(4) Die Bundesregierung wird ermächtigt, durch Rechtsverordnung, die nicht der Zustimmung des Bundesrates bedarf, Einzelheiten zur Ermittlung von und Berichterstattung über Emissionen nach dem globalen marktbasierten Mechanismus sowie zur Verifizierung der berichteten Angaben zu regeln, soweit diese Sachverhalte in einer nach Artikel 28c der Richtlinie 2003/87/EG erlassenen Verordnung nicht abschließend geregelt sind.

Abschnitt 5
Gemeinsame Vorschriften

§ 19 Zuständigkeiten

(1) Zuständige Behörde ist
1. für den Vollzug des § 4 bei genehmigungsbedürftigen Anlagen nach § 4 Absatz 1 Satz 3 des Bundes-Immissionsschutzgesetzes die nach Landesrecht für den Vollzug des § 4 zuständige Behörde,
1a. für den Vollzug des § 2 Absatz 8 im Rahmen der Hafenstaatkontrolle die Berufsgenossenschaft Verkehrswirtschaft Post-Logistik Telekommunikation; hiervon ausgenommen sind die Aufgaben der Bußgeldbehörde,
2. für den Vollzug des § 31 Absatz 2 im Fall eines gewerblichen Luftfahrzeugbetreibers das Luftfahrt-Bundesamt,
3. im Übrigen das Umweltbundesamt.

(2) Ist für Streitigkeiten nach diesem Gesetz der Verwaltungsrechtsweg gegeben, ist für Klagen, die sich gegen eine Handlung oder Unterlassung des Umweltbundesamtes richten, das Verwaltungsgericht am Sitz der Deutschen Emissionshandelsstelle im Umweltbundesamt örtlich zuständig.

(3) Soweit die nach Absatz 1 Nummer 3 zuständige Behörde Aufgaben nach § 2 Absatz 7 wahrnimmt, unterliegt sie der gemeinsamen Fachaufsicht durch das Bundesministerium für Wirtschaft und Energie und das Bundesministerium für Umwelt, Naturschutz und nukleare Sicherheit.

(4) [1]Die Berufsgenossenschaft Verkehrswirtschaft Post-Logistik Telekommunikation überprüft im Rahmen der Hafenstaatkontrolle nach § 6 Absatz 1 des Seeaufgabengesetzes in der Fassung der Bekanntmachung vom 17. Juni 2016 (BGBl. I S. 1489), das zuletzt durch Artikel 21 des Gesetzes vom 13. Oktober 2016 (BGBl. I S. 2258) geändert worden ist, in Verbindung mit § 12 der Schiffssicherheitsverordnung vom 18. September 1998 (BGBl. I S. 3013, 3023), die zuletzt durch Artikel 177 des Gesetzes vom 29. März 2017 (BGBl. I S. 626) geändert worden ist, auch, ob eine gültige Konformitätsbescheinigung nach Artikel 18 der MRV-Seeverkehrsverordnung an Bord mitgeführt wird. [2]Zu diesem Zweck kann sie in den Betriebsräumen des Schiffes zu den üblichen Betriebs- und Geschäftszeiten Kontrollen durchführen. [3]Stellt die Berufsgenossenschaft Verkehrswirtschaft Post-Logistik Telekommunikation fest, dass eine gültige Konformitätsbescheinigung nach Satz 1 fehlt, meldet sie dies an die nach Nummer 3 zuständige Behörde zur Prüfung, ob ein Verstoß gegen § 32 Absatz 3a vorliegt. [4]§ 9e des Seeaufgabengesetzes ist in diesem Fall entsprechend anzuwenden.

§ 20 Überwachung, Datenübermittlung

(1) Die nach § 19 jeweils zuständige Behörde hat die Durchführung dieses Gesetzes und der auf dieses Gesetz gestützten Rechtsverordnungen zu überwachen.

(2) [1]Betreiber sowie Eigentümer und Besitzer von Luftfahrzeugen oder von Grundstücken, auf denen sich Luftfahrzeuge befinden oder auf denen Anlagen betrieben werden, sind verpflichtet, den Angehörigen der zuständigen Behörde und deren Beauftragten unverzüglich

1. den Zutritt zu den Anlagen, Luftfahrzeugen oder Grundstücken zu den Geschäftszeiten zu gestatten,

2. die Vornahme von Prüfungen einschließlich der Ermittlung von Emissionen zu den Geschäftszeiten zu gestatten sowie

3. auf Anforderung die Auskünfte zu erteilen und die Unterlagen vorzulegen, die zur Erfüllung ihrer Aufgaben erforderlich sind.

[2]Im Rahmen der Pflichten nach Satz 1 haben die Betreiber Arbeitskräfte sowie Hilfsmittel bereitzustellen.

(3) Für die zur Auskunft verpflichtete Person gilt § 55 der Strafprozessordnung entsprechend.

(4) [1]Auf Ersuchen einer nach § 19 Absatz 1 Nummer 1 zuständigen Behörde kann das Umweltbundesamt nach § 5 übermittelte Daten von Anlagen aus dem betroffenen Land an die ersuchende Behörde übermitteln, soweit diese Daten zur Erfüllung der Aufgaben der ersuchenden Behörde erforderlich sind. [2]Die ersuchende Behörde hat darzulegen, für welche Zwecke und in welchem Umfang sie die Daten benötigt. [3]Enthalten die Daten Betriebs- und Geschäftsgeheimnisse, weist das Umweltbundesamt die er-

suchende Behörde ausdrücklich darauf hin. [4]Die ersuchende Behörde ist für den Schutz der Vertraulichkeit der übermittelten Daten verantwortlich.

§ 21 Prüfstellen

(1) Zur Prüfung von Emissionsberichten nach § 5 Absatz 2 und zur Prüfung von Zuteilungsanträgen nach § 9 Absatz 2 Satz 4, § 11 Absatz 3 Satz 2 sind berechtigt:

1. akkreditierte Prüfstellen nach der Verordnung (EU) Nr. 600/2012 der Kommission vom 21. Juni 2012 über die Prüfung von Treibhausgasemissionsberichten und Tonnenkilometerberichten sowie die Akkreditierung von Prüfstellen gemäß der Richtlinie 2003/87/EG des Europäischen Parlaments und des Rates (ABl. L 181 vom 12. 7. 2012, S. 1) in der jeweils geltenden Fassung,

2. zertifizierte Prüfstellen, die durch die auf Grundlage des § 28 Absatz 4 Satz 1 Nummer 1 beliehene Zulassungsstelle oder durch die entsprechende nationale Behörde eines anderen Mitgliedstaates nach Artikel 54 Absatz 2 der Verordnung (EU) Nr. 600/2012 zertifiziert sind.

(2) Die Prüfstelle hat die Emissionsberichte, die Zuteilungsanträge und die Datenmitteilungen nach den Vorgaben der Verordnung (EU) Nr. 600/2012 in der jeweils geltenden Fassung, einer nach Artikel 10a Absatz 1 Satz 1 der Richtlinie 2003/87/EG erlassenen Verordnung sowie den nach § 28 Absatz 1 Nummer 3 und Absatz 2 Nummer 1 erlassenen Rechtsverordnungen zu prüfen.

(3) Die Prüfstelle nimmt die ihr nach Absatz 2 zugewiesenen Aufgaben nur im öffentlichen Interesse wahr.

§ 22 Gebühren für individuell zurechenbare öffentliche Leistungen von Bundesbehörden

(1) Für die Eröffnung eines Personen- oder Händlerkontos im Emissionshandelsregister erhebt die zuständige Behörde von dem Kontoinhaber eine Gebühr von 170 Euro, für die Verwaltung eines Personen- oder Händlerkontos eine Gebühr von 600 Euro pro Handelsperiode sowie für die Umfirmierung eines Kontos oder für die Änderung eines Kontobevollmächtigten eine Gebühr von jeweils 60 Euro.

(2) Für Amtshandlungen der Zulassungsstelle nach § 28 Absatz 4 Satz 1 Nummer 1 werden Gebühren und Auslagen erhoben.

(3) [1]Wird ein Widerspruch gegen Entscheidungen nach diesem Gesetz vollständig oder teilweise zurückgewiesen, mit Ausnahme des Widerspruchs gegen Entscheidungen nach § 4, beträgt die Gebühr entsprechend dem entstandenen Verwaltungsaufwand 50 bis 4 000 Euro. [2]Dies gilt nicht, wenn der Widerspruch nur deshalb keinen Erfolg hat, weil die Verletzung einer Verfahrens- oder Formvorschrift nach § 45 des Verwaltungsverfahrensgesetzes unbeachtlich ist. [3]Wird der Widerspruch nach Beginn der sachlichen Bearbeitung jedoch vor deren Beendigung zurückgenommen, ermäßigt sich die Gebühr um mindestens 25 Prozent.

(4) Die Befugnis der Länder zur Erhebung von Gebühren und Auslagen für Amtshandlungen nach § 4 bleibt unberührt.

§ 23 Elektronische Kommunikation

(1) [1]Die zuständige Behörde kann für die in Satz 3 genannten Dokumente, für die Bekanntgabe von Entscheidungen und für die sonstige Kommunikation die Verwendung der Schriftform oder der elektronischen Form vorschreiben. [2]Wird die elektronische Form vorgeschrieben, kann die zuständige Behörde eine bestimmte Verschlüsselung sowie die Eröffnung eines Zugangs für die Übermittlung elektronischer Dokumente vorschreiben. [3]Die zuständige Behörde kann auch vorschreiben, dass Betreiber oder Prüfstellen zur Erstellung von Überwachungsplänen oder Berichten oder zur Stellung von Anträgen nur die auf ihrer Internetseite zur Verfügung gestellten elektronischen Formularvorlagen zu benutzen und die ausgefüllten Formularvorlagen in elektronischer Form sowie unter Verwendung einer qualifizierten Signatur zu übermitteln haben. [4]Wenn die Benutzung elektronischer Formatvorlagen vorgeschrieben ist, ist die Übermittlung zusätzlicher Dokumente als Ergänzung der Formatvorlagen unter Beachtung der Formvorschriften des Satzes 3 möglich. [5]Soweit das Umweltbundesamt zuständige Behörde ist, werden Anordnungen nach den Sätzen 1 bis 3 im Bundesanzeiger bekannt gemacht; im Übrigen werden sie im amtlichen Veröffentlichungsblatt der zuständigen Behörde bekannt gemacht.

(2) Für Verfahren zur Bewilligung von Beihilfen im Sinne von § 2 Absatz 7 gilt Absatz 1 entsprechend.

§ 24 Einheitliche Anlage

Auf Antrag stellt die zuständige Behörde fest, dass das Betreiben mehrerer Anlagen im Sinne von Anhang 1 Teil 2 Nummer 7 sowie Nummer 8 bis 11, die von demselben Betreiber an demselben Standort in einem technischen Verbund betrieben werden, zur Anwendung der §§ 5 bis 7 und 9 als Betrieb einer einheitlichen Anlage gilt, wenn die erforderliche Genauigkeit[10] bei der Ermittlung der Emissionen gewährleistet ist.

§ 25 Änderung der Identität oder Rechtsform des Betreibers

(1) [1]Ändert sich die Identität oder die Rechtsform eines Betreibers, so hat der neue Betreiber dies unverzüglich nach der Änderung der Behörde anzuzeigen, die für den Vollzug von § 6 Absatz 3 Satz 1 zuständig ist, und bei immissionsschutzrechtlich genehmigten Anlagen der Behörde, die für den Vollzug von § 4 Absatz 5 Satz 1 zuständig ist. [2]Der neue Betreiber übernimmt die noch nicht erfüllten Pflichten des ursprünglichen Betreibers nach den §§ 5 und 7.

(2) [1]Ein Wechsel des Betreibers im Verlauf der Handelsperiode lässt die Zuteilungsentscheidung unberührt. [2]Noch nicht ausgegebene Berechtigungen werden ab dem Nachweis des Betreiberwechsels an den neuen Betreiber ausgegeben, soweit er die Tätigkeit übernommen hat.

---

10) Die Daten müssen die tatsächlichen Emissionen ebenso exakt wiedergeben wie bei einer Ermittlung in Bezug auf die einzelnen Anlagen. Die Darlegungslast dafür liegt bei dem Betreiber, der die Ausnahmeregelung nach § 24 in Anspruch nehmen will. Zum Begriff der einheitlichen Anlagen vgl. auch BVerwG, NVwZ 2013, 860.

(3) [1]Wird über das Vermögen eines Betreibers das Insolvenzverfahren eröffnet, hat der Insolvenzverwalter die zuständige Behörde unverzüglich darüber zu unterrichten. [2]Soweit der Betrieb im Rahmen eines Insolvenzverfahrens fortgeführt wird, bestehen die Verpflichtungen des Betreibers aus diesem Gesetz fort. [3]Der Insolvenzverwalter teilt der zuständigen Behörde die natürlichen Personen mit, die während des Insolvenzverfahrens berechtigt sind, Übertragungen nach § 7 Absatz 3 vorzunehmen. [4]Die Sätze 1 bis 3 gelten entsprechend für den vorläufigen Insolvenzverwalter mit Verfügungsbefugnis über das Vermögen des Betreibers sowie für den Betreiber als eigenverwaltenden Schuldner.

§ 26 Ausschluss der aufschiebenden Wirkung
Widerspruch und Anfechtungsklage gegen Zuteilungsentscheidungen oder Entscheidungen nach § 29 Satz 1 oder § 31 Absatz 2 Satz 1 haben keine aufschiebende Wirkung.

§ 27 Kleinemittenten, Verordnungsermächtigung
Die Bundesregierung wird ermächtigt, durch Rechtsverordnung, die nicht der Zustimmung des Bundesrates bedarf, im Rahmen der Vorgaben der Artikel 27 und 27a der Richtlinie 2003/87/EG den Ausschluss von Kleinemittenten aus dem europäischen Emissionshandelssystem auf Antrag des Anlagenbetreibers sowie weitere Erleichterungen für Kleinemittenten zu regeln, insbesondere
1. Erleichterungen bei der Emissionsberichterstattung für Anlagen mit jährlichen Emissionen von bis zu 5 000 Tonnen Kohlendioxid,
2. vereinfachte Emissionsnachweise für Anlagen mit jährlichen Emissionen von bis zu 2 500 Tonnen Kohlendioxid,
3. Vereinfachungen für die Verifizierung von Emissionsberichten,
4. Ausnahmen für die Verifizierung von Emissionsberichten,
5. im Rahmen der Umsetzung des Artikels 27 der Richtlinie 2003/87/EG die Festlegung gleichwertiger Maßnahmen, insbesondere die Zahlung eines Ausgleichsbetrages als Kompensation für die wirtschaftlichen Vorteile aus der Freistellung von der Pflicht nach § 7, einschließlich Regelungen zur Erhöhung dieses Ausgleichsbetrages im Falle nicht rechtzeitiger Zahlung; die Höhe des Ausgleichsbetrages orientiert sich am Zukaufbedarf von Berechtigungen für die Anlage,
6. den Ausschluss von Kleinemittenten auf einzelne Zuteilungsperioden zu begrenzen.

§ 28 Verordnungsermächtigungen
(1) Die Bundesregierung wird ermächtigt, durch Rechtsverordnung, die nicht der Zustimmung des Bundesrates bedarf,
1. die Kohlendioxidäquivalente im Sinne des § 3 Absatz 1 Nummer 3 für die einzelnen Treibhausgase nach Maßgabe internationaler Standards zu bestimmen;
2. Einzelheiten für die Versteigerung nach § 8 vorzusehen; dabei kann die Bundesregierung insbesondere Vorschriften erlassen über die Zulassung von Stellen, die Versteigerungen durchführen, über die Auf-

sicht über diese Stellen sowie über die Zulassung von weiteren Bietern;

3. Einzelheiten zu regeln für die Zuteilung von kostenlosen Berechtigungen an Anlagenbetreiber nach § 9 Absatz 1, soweit diese Sachverhalte nicht in einer nach Artikel 10a Absatz 1 Satz 1 der Richtlinie 2003/87/EG erlassenen Verordnung abschließend geregelt sind, sowie weiterhin Einzelheiten zu regeln für die Anpassung der Zuteilung zur Umsetzung des Durchführungsrechtsakts nach Artikel 10a Absatz 21 der Richtlinie 2003/87/EG; insbesondere:

   a) die Erhebung von Daten über die Emissionen und die Produktion von Anlagen und sonstiger für das Zuteilungsverfahren relevanter Daten,

   b) die Bestimmung der Produktionsmenge oder sonstiger Größen, die zur Berechnung der Zuteilungsmenge und ihrer dynamischen Anpassung während der Handelsperiode erforderlich sind,

   c) die Zuteilung für Neuanlagen, einschließlich der Bestimmung der Auslastung dieser Anlagen,

   d) die Bestimmung der jährlich auszugebenden Mengen von kostenlosen Berechtigungen in der Zuteilungsentscheidung sowie den Übergang der Zuteilung im Falle der Teilung oder Zusammenlegung von Anlagen,

   e) die im Antrag nach § 9 Absatz 2 Satz 1
      aa) erforderlichen Angaben und
      bb) erforderlichen Unterlagen sowie die Art der beizubringenden Nachweise und

   f) die Anforderungen an die Verifizierung von Zuteilungsanträgen und Datenmitteilungen im Zusammenhang mit der Zuteilung sowie Ausnahmen von der Verifizierungspflicht;

4. Einzelheiten zur Anwendung des § 24 für Anlagen, die von demselben Betreiber am gleichen Standort in einem technischen Verbund betrieben werden, zu regeln; dies umfasst insbesondere Regelungen, dass

   a) der Antrag nach § 24 auch zulässig ist für einheitliche Anlagen aus Anlagen nach Anhang 1 Teil 2 Nummer 1 bis 6 und anderen Anlagen nach Anhang 1 Teil 2,

   b) bei Anlagen nach Anhang 1 Teil 2 Nummer 8 bis 11 die Produktionsmengen der in den einbezogenen Anlagen hergestellten Produkte anzugeben sind,

   c) Anlagen nach Anhang 1 Teil 2 Nummer 7 mit sonstigen in Anhang 1 Teil 2 aufgeführten Anlagen als einheitliche Anlage gelten;

5. Einzelheiten zur Erstellung und Änderung des Überwachungsplans nach § 6 zu regeln, soweit diese Sachverhalte nicht in der Monitoring-Verordnung abschließend geregelt sind; abweichend von § 6 Absatz 3 Satz 1 können dabei auch für bestimmte Fallgruppen von Änderungen der Überwachung verlängerte Fristen für die Vorlage des geänderten Überwachungsplans festgelegt werden.

(2) Das Bundesministerium für Umwelt, Naturschutz und nukleare Sicherheit wird ermächtigt, durch Rechtsverordnung, die nicht der Zustimmung des Bundesrates bedarf, zu regeln:

1. Einzelheiten zur Ermittlung von und Berichterstattung über Emissionen nach § 5 Absatz 1, zur Verifizierung der Angaben in Emissionsberichten nach § 5 Absatz 2 und zur Verifizierung der Angaben zur Transportleistung in Anträgen nach 11 Absatz 3 Satz 2, soweit diese Sachverhalte nicht den Vollzug des § 4 betreffen und nicht in der Monitoring-Verordnung oder in der Verordnung (EU) Nr. 600/2012 in ihrer jeweils geltenden Fassung abschließend geregelt sind;

2. im Einvernehmen mit dem Bundesministerium für Wirtschaft und Energie Einzelheiten zur Überführung von Emissionsberechtigungen, die von Drittländern ausgegeben werden, nach § 16 und

3. Einzelheiten zur Einrichtung und Führung eines Emissionshandelsregisters nach § 17, insbesondere die in der Verordnung nach Artikel 19 Absatz 3 der Richtlinie 2003/87/EG aufgeführten Sachverhalte zur ergänzenden Regelung durch die Mitgliedstaaten.

(3) [1]Das Bundesministerium für Umwelt, Naturschutz und nukleare Sicherheit wird ermächtigt, durch Rechtsverordnung, die nicht der Zustimmung des Bundesrates bedarf, eine juristische Person des Privatrechts mit der Wahrnehmung aller oder eines Teils der Aufgaben des Umweltbundesamtes nach diesem Gesetz und den hierfür erforderlichen hoheitlichen Befugnissen zu beleihen, wenn diese Gewähr dafür bietet, dass die übertragenen Aufgaben ordnungsgemäß und zentral für das Bundesgebiet erfüllt werden. [2]Dies gilt nicht für Befugnisse nach § 20 Absatz 2 Nummer 1 und 2 und Abschnitt 6 dieses Gesetzes sowie für Maßnahmen nach dem Verwaltungs-Vollstreckungsgesetz. [3]Eine juristische Person bietet Gewähr im Sinne des Satzes 1, wenn

1. diejenigen, die die Geschäftsführung oder die Vertretung der juristischen Person wahrnehmen, zuverlässig und fachlich geeignet sind,

2. die juristische Person über die zur Erfüllung ihrer Aufgaben notwendige Ausstattung und Organisation verfügt und ein ausreichendes Anfangskapital hat und

3. eine wirtschaftliche oder organisatorische Nähe zu Personen ausgeschlossen ist, die dem Anwendungsbereich dieses Gesetzes unterfallen.

[4]Die Beliehene untersteht der Aufsicht des Umweltbundesamtes.

(4) [1]Das Bundesministerium für Umwelt, Naturschutz und nukleare Sicherheit wird ermächtigt, durch Rechtsverordnung, die nicht der Zustimmung des Bundesrates bedarf,

1. eine juristische Person mit den Aufgaben und Befugnissen einer Zulassungsstelle für Prüfstellen zu beleihen;

2. Anforderungen an die Zulassungsstelle und den Informationsaustausch mit der zuständigen Behörde nach § 19 Absatz 1 Nummer 3 sowie mit den für den Emissionshandel zuständigen Behörden anderer Mitgliedstaaten zu regeln;

3. Einzelheiten zum Zertifizierungsverfahren, insbesondere zu Anforderungen an die zu zertifizierenden Prüfstellen nach § 21 und zu deren Aufgaben und Pflichten, sowie zur Aufsicht über die Prüfstellen zu regeln;
4. die Erhebung von Gebühren und Auslagen für Amtshandlungen der Zulassungsstelle zu regeln.

[2]Die Beleihung nach Satz 1 Nummer 1 ist nur zulässig, wenn die zu beleihende juristische Person die Gewähr für die ordnungsgemäße Erfüllung der Aufgaben der Zulassungsstelle im Einklang mit den Anforderungen der Verordnung (EU) Nr. 600/2012 in ihrer jeweils geltenden Fassung bietet; die Beliehene untersteht der Aufsicht des Bundesministeriums für Umwelt, Naturschutz und nukleare Sicherheit.

Abschnitt 6
Sanktionen

§ 29 Durchsetzung der Berichtspflicht

[1]Kommt ein Betreiber seiner Berichtspflicht nach § 5 Absatz 1 nicht nach, so verfügt die zuständige Behörde die Sperrung seines Kontos. [2]Die Sperrung ist unverzüglich aufzuheben, sobald der Betreiber der zuständigen Behörde einen den Anforderungen nach § 5 entsprechenden Bericht vorlegt oder eine Schätzung der Emissionen nach § 30 Absatz 2 Satz 1 erfolgt.

§ 30 Durchsetzung der Abgabepflicht

(1) [1]Kommt ein Betreiber seiner Pflicht nach § 7 Absatz 1 nicht nach, so setzt die zuständige Behörde für jede emittierte Tonne Kohlendioxidäquivalent, für die der Betreiber keine Berechtigungen abgegeben hat, eine Zahlungspflicht von 100 Euro fest. [2]Die Zahlungspflicht erhöht sich entsprechend dem Anstieg des Europäischen Verbraucherpreisindex für das Berichtsjahr gegenüber dem Bezugsjahr 2012; diese Jahresindizes werden vom Statistischen Amt der Europäischen Union (Eurostat) veröffentlicht. [3]Von der Festsetzung einer Zahlungspflicht kann abgesehen werden, wenn der Betreiber seiner Pflicht nach § 7 Absatz 1 auf Grund höherer Gewalt nicht nachkommen konnte.

(2) [1]Soweit ein Betreiber nicht ordnungsgemäß über die durch seine Tätigkeit verursachten Emissionen berichtet hat, schätzt die zuständige Behörde die durch die Tätigkeit verursachten Emissionen entsprechend den Vorgaben des Anhangs 2 Teil 2. [2]Die Schätzung ist Basis für die Verpflichtung nach § 7 Absatz 1. [3]Die Schätzung unterbleibt, wenn der Betreiber im Rahmen der Anhörung zum Festsetzungsbescheid nach Absatz 1 seiner Berichtspflicht ordnungsgemäß nachkommt.

(3) [1]Der Betreiber bleibt verpflichtet, die fehlenden Berechtigungen bis zum 31. Januar des Folgejahres abzugeben; sind die Emissionen nach Absatz 2 geschätzt worden, so sind die Berechtigungen nach Maßgabe der erfolgten Schätzung abzugeben. [2]Gibt der Betreiber die fehlenden Berechtigungen nicht bis zum 31. Januar des Folgejahres ab, so werden Berech-

tigungen, auf deren Zuteilung oder Ausgabe der Betreiber einen Anspruch hat, auf seine Verpflichtung nach Satz 1 angerechnet.

(4) [1]Die Namen der Betreiber, die gegen ihre Verpflichtung nach § 7 Absatz 1 verstoßen, werden im Bundesanzeiger veröffentlicht. [2]Die Veröffentlichung setzt einen bestandskräftigen Zahlungsbescheid voraus.

§ 31 Betriebsuntersagung gegen Luftfahrzeugbetreiber

(1) [1]Erfüllt ein Luftfahrzeugbetreiber seine Pflichten aus diesem Gesetz nicht und konnte die Einhaltung der Vorschriften nicht durch andere Durchsetzungsmaßnahmen gewährleistet werden, so kann die zuständige Behörde die Europäische Kommission ersuchen, eine Betriebsuntersagung für den betreffenden Luftfahrzeugbetreiber zu beschließen. [2]Die zuständige Behörde hat dabei eine Empfehlung für den Geltungsbereich der Betriebsuntersagung und für Auflagen, die zu erfüllen sind, abzugeben. [3]Die zuständige Behörde hat bei dem Ersuchen im Fall eines gewerblichen Luftfahrzeugbetreibers Einvernehmen mit dem Luftfahrt-Bundesamt herzustellen.

(2) [1]Hat die Europäische Kommission gemäß Artikel 16 Absatz 10 der Richtlinie 2003/87/EG die Verhängung einer Betriebsuntersagung gegen einen Luftfahrzeugbetreiber beschlossen, so ergreift im Fall eines gewerblichen Luftfahrzeugbetreibers das Luftfahrt-Bundesamt und im Fall eines nichtgewerblichen Luftfahrzeugbetreibers das Umweltbundesamt die zur Durchsetzung dieses Beschlusses erforderlichen Maßnahmen. [2]Dazu können sie insbesondere

1. ein Startverbot verhängen,
2. ein Einflugverbot verhängen und
3. die Erlaubnis nach § 2 Absatz 7 des Luftverkehrsgesetzes oder die Betriebsgenehmigung nach § 20 Absatz 4 oder § 21a des Luftverkehrsgesetzes, soweit vorhanden, widerrufen.

§ 32 Bußgeldvorschriften

(1) Ordnungswidrig handelt, wer

1. entgegen § 5 Absatz 1 in Verbindung mit Anhang 2 Teil 2 Satz 1 einen Bericht nicht, nicht richtig, nicht vollständig oder nicht rechtzeitig erstattet,
2. entgegen § 11 Absatz 3 Satz 1 eine Angabe nicht richtig macht,
3. entgegen § 11 Absatz 4 Satz 2 eine Angabe oder einen Nachweis nicht, nicht richtig, nicht vollständig oder nicht rechtzeitig übermittelt oder
4. einer Rechtsverordnung nach § 28 Absatz 1 Nummer 3 Buchstabe e Doppelbuchstabe aa oder einer vollziehbaren Anordnung auf Grund einer solchen Rechtsverordnung zuwiderhandelt, soweit die Rechtsverordnung für einen bestimmten Tatbestand auf diese Bußgeldvorschrift verweist.

(2) Ordnungswidrig handelt, wer eine in Absatz 1 bezeichnete Handlung fahrlässig begeht.

(3) Ordnungswidrig handelt, wer vorsätzlich oder fahrlässig

1. ohne Genehmigung nach § 4 Absatz 1 Satz 1 Treibhausgase freisetzt,

2. entgegen § 4 Absatz 2 eine Angabe nicht richtig oder nicht vollständig beifügt,
3. entgegen § 4 Absatz 5 Satz 1 oder § 25 Absatz 1 Satz 1 eine Anzeige nicht, nicht richtig, nicht vollständig oder nicht rechtzeitig erstattet,
4. entgegen § 6 Absatz 1 oder 3 Satz 1 einen Überwachungsplan nicht, nicht richtig, nicht vollständig oder nicht rechtzeitig einreicht,
5. (aufgehoben)
6. einer Rechtsverordnung nach § 18 Absatz 4, § 27 Nummer 1 bis 3 oder § 28 Absatz 1 Nummer 3 Buchstabe a oder Buchstabe e Doppelbuchstabe bb oder einer vollziehbaren Anordnung auf Grund einer solchen Rechtsverordnung zuwiderhandelt, soweit die Rechtsverordnung für einen bestimmten Tatbestand auf diese Bußgeldvorschrift verweist, oder
7. entgegen § 20 Absatz 2 eine dort genannte Handlung nicht gestattet, eine Auskunft nicht, nicht richtig, nicht vollständig oder nicht rechtzeitig erteilt, eine Unterlage nicht, nicht richtig oder nicht rechtzeitig vorlegt oder eine Arbeitskraft oder ein Hilfsmittel nicht oder nicht rechtzeitig bereitstellt.

(3a) Ordnungswidrig handelt, wer vorsätzlich oder fahrlässig entgegen Artikel 11 Absatz 1 der Verordnung (EU) 2015/757 des Europäischen Parlaments und des Rates vom 29. April 2015 über die Überwachung von Kohlendioxidemissionen aus dem Seeverkehr, die Berichterstattung darüber und die Prüfung dieser Emissionen und zur Änderung der Richtlinie 2009/16/EG (ABl. L 123 vom 19. 5. 2015, S. 55) einen Emissionsbericht zu den CO_2-Emissionen nicht oder nicht rechtzeitig vorlegt.

(4) Die Ordnungswidrigkeit kann in den Fällen des Absatzes 1 mit einer Geldbuße bis zu fünfhunderttausend Euro und in den Fällen der Absätze 2 bis 3a mit einer Geldbuße bis zu fünfzigtausend Euro geahndet werden.

Abschnitt 7
Übergangsregelungen

§ 33 Übergangsregelung zur Gebührenerhebung

[1]§ 22 Absatz 1 ist für die Erhebung von Gebühren für die Eröffnung und Verwaltung von Konten erst ab der Handelsperiode 2021 bis 2030 anzuwenden. [2]§ 22 Absatz 1 in der bis zum Ablauf des 24. Januar 2019 geltenden Fassung, ist für die Verwaltung von Konten für die Handelsperiode 2013 bis 2020 weiter anzuwenden.

§ 34 Übergangsregelung für Anlagenbetreiber

(1) [1]Für die Freisetzung von Treibhausgasen durch Tätigkeiten im Sinne des Anhangs 1 sind in Bezug auf die Handelsperiode 2013 bis 2020 die §§ 1 bis 36 in der bis zum Ablauf des 24. Januar 2019 geltenden Fassung weiter anzuwenden. [2]Dies gilt auch, wenn die Anlage, in der die Tätigkeit ausgeübt wird, erst zwischen dem 25. Januar 2019 und dem 31. Dezember 2020 in Betrieb genommen wird.

(2) [1]Für Anlagenbetreiber gelten die Pflichten nach den §§ 4, 5 und 7 erst ab dem 1. Januar 2021. [2]Soweit sich diese Vorschriften auf Emissionen

beziehen, sind sie für Treibhausgase, die ab dem 1. Januar 2021 freigesetzt werden, anzuwenden. [3]Die §§ 9 und 14 sind erst auf die Zuteilung und die Ausgabe von Berechtigungen für die Handelsperiode 2021 bis 2030 anzuwenden. [4]§ 24 ist auf die Feststellung einheitlicher Anlagen ab der Handelsperiode 2021 bis 2030 anzuwenden. [5]Die zuständige Behörde kann Feststellungen nach § 24 in der bis zum Ablauf des 24. Januar 2019 geltenden Fassung mit Wirkung ab der Handelsperiode 2021 bis 2030 widerrufen, sofern diese Feststellungen nach § 24 oder nach der Rechtsverordnung nach § 28 Absatz 1 Nummer 4 nicht getroffen werden durften.

§ 35 Übergangsregelung für Luftfahrzeugbetreiber

(1) [1]Für die Freisetzung von Treibhausgasen durch Luftverkehrstätigkeiten im Sinne des Anhangs 1 Teil 2 Nummer 33 sind in Bezug auf die Handelsperiode 2013 bis 2020 die §§ 1 bis 36 in der bis zum Ablauf des 24. Januar 2019 geltenden Fassung weiter anzuwenden. [2]Dies gilt auch, wenn die Luftverkehrstätigkeit erst zwischen dem 25. Januar 2019 und dem 31. Dezember 2020 aufgenommen wird.

(2) Abweichend von § 6 Absatz 1 und 2 gilt der für das Jahr 2020 genehmigte Überwachungsplan für die Jahre 2021 bis 2023 fort.

Anhang 1

(zu § 1, § 2 Absatz 1 bis 3 Satz 1, Absatz 4 Satz 1, Absatz 5 Nummer 3, § 3 Nummer 2, 5 und 9, § 4 Absatz 1 Satz 1, § 7 Absatz 2 Satz 1 Nummer 1, § 24 und § 28 Absatz 1 Nummer 4)

Einbezogene Tätigkeiten und Treibhausgase

Teil 1
Grundsätze

1. Zur Berechnung der Gesamtfeuerungswärmeleistung einer in Teil 2 Nummer 2 bis 6, 11, 13, 19 und 22 genannten Anlage oder der Gesamtfeuerungswärmeleistung der Verbrennungseinheiten einer Anlage nach Teil 2 Nummer 1 werden die Feuerungswärmeleistungen aller technischen Einheiten addiert, die Bestandteil der Anlage sind und in denen Brennstoffe verbrannt werden. Bei diesen Einheiten handelt es sich insbesondere um alle Arten von Heizkesseln, Turbinen, Erhitzern, Industrieöfen, Verbrennungsöfen, Kalzinierungsöfen, Brennöfen, sonstigen Öfen, Trocknern, Motoren, Brennstoffzellen, Fackeln und thermischen oder katalytischen Nachbrennern. Einheiten mit einer Feuerungswärmeleistung von weniger als 3 Megawatt (MW), Notfackeln zur Anlagenentlastung bei Betriebsstörungen, Notstromaggregate und Einheiten, die ausschließlich Biomasse nutzen, werden bei dieser Berechnung nicht berücksichtigt. Ist der Schwellenwert für die Gesamtfeuerungswärmeleistung überschritten, sind alle Einheiten erfasst, in denen Brennstoffe verbrannt werden.
2. Für die Zuordnung einer Anlage, die sowohl einer Tätigkeit mit einem als Produktionsleistung angegebenen Schwellenwert als auch einer Tätigkeit mit ei-

nem als Gesamtfeuerungswärmeleistung angegebenen Schwellenwert zugeordnet werden kann, gilt Folgendes:

a) Wenn die Anlage sowohl den Schwellenwert der Produktionsleistung als auch den Schwellenwert der Gesamtfeuerungswärmeleistung erreicht oder überschreitet, so ist die Anlage derjenigen Tätigkeit zuzuordnen, für die der Schwellenwert als Produktionsleistung angegeben ist.

b) Wenn die Anlage entweder nur den Schwellenwert der Gesamtfeuerungswärmeleistung oder nur den Schwellenwert der Produktionsleistung erreicht oder überschreitet, ist sie derjenigen Tätigkeit zuzuordnen, deren Schwellenwert sie erreicht.

Teil 2
Tätigkeiten

Nr.	Tätigkeiten	Treibhausgas
1	Verbrennungseinheiten zur Verbrennung von Brennstoffen mit einer Gesamtfeuerungswärmeleistung von insgesamt 20 MW oder mehr in einer Anlage, soweit nicht von einer der nachfolgenden Nummern erfasst	CO_2
2	Anlagen zur Erzeugung von Strom, Dampf, Warmwasser, Prozesswärme oder erhitztem Abgas durch den Einsatz von Brennstoffen in einer Verbrennungseinrichtung (wie Kraftwerk, Heizkraftwerk, Heizwerk, Gasturbinenanlage, Verbrennungsmotoranlage, sonstige Feuerungsanlage), einschließlich zugehöriger Dampfkessel, mit einer Feuerungswärmeleistung von 50 MW oder mehr	CO_2
3	Anlagen zur Erzeugung von Strom, Dampf, Warmwasser, Prozesswärme oder erhitztem Abgas durch den Einsatz von Kohle, Koks, einschließlich Petrolkoks, Kohlebriketts, Torfbriketts, Brenntorf, naturbelassenem Holz, emulgiertem Naturbitumen, Heizölen, gasförmigen Brennstoffen (insbesondere Koksofengas, Grubengas, Stahlgas, Raffineriegas, Synthesegas, Erdölgas aus der Tertiärförderung von Erdöl, Klärgas, Biogas), Methanol, Ethanol, naturbelassenen Pflanzenölen, Pflanzenölmethylestern, naturbelassenem Erdgas, Flüssiggas, Gasen der öffentlichen Gasversorgung oder Wasserstoff mit einer Feuerungswärmeleistung von mehr als 20 MW bis weniger als 50 MW in einer Verbrennungseinrichtung (wie Kraftwerk, Heizkraftwerk, Heizwerk, Gasturbinenanlage, Verbrennungsmotoranlage, sonstige Feuerungsanlage), einschließlich zugehöriger Dampfkessel	CO_2

Nr.	Tätigkeiten	Treibhausgas
4	Anlagen zur Erzeugung von Strom, Dampf, Warmwasser, Prozesswärme oder erhitztem Abgas durch den Einsatz anderer als in Nummer 3 genannter fester oder flüssiger Brennstoffe in einer Verbrennungseinrichtung (wie Kraftwerk, Heizkraftwerk, Heizwerk, Gasturbinenanlage, Verbrennungsmotoranlage, sonstige Feuerungsanlage), einschließlich zugehöriger Dampfkessel, mit einer Feuerungswärmeleistung von mehr als 20 MW bis weniger als 50 MW	CO_2
5	Verbrennungsmotoranlagen zum Antrieb von Arbeitsmaschinen für den Einsatz von Heizöl EL, Dieselkraftstoff, Methanol, Ethanol, naturbelassenen Pflanzenölen, Pflanzenölmethylestern oder gasförmigen Brennstoffen (insbesondere Koksofengas, Grubengas, Stahlgas, Raffineriegas, Synthesegas, Erdölgas aus der Tertiärförderung von Erdöl, Klärgas, Biogas, naturbelassenem Erdgas, Flüssiggas, Gasen der öffentlichen Gasversorgung, Wasserstoff) mit einer Feuerungswärmeleistung von 20 MW oder mehr	CO_2
6	Gasturbinenanlagen zum Antrieb von Arbeitsmaschinen für den Einsatz von Heizöl EL, Dieselkraftstoff, Methanol, Ethanol, naturbelassenen Pflanzenölen, Pflanzenölmethylestern oder gasförmigen Brennstoffen (insbesondere Koksofengas, Grubengas, Stahlgas, Raffineriegas, Synthesegas, Erdölgas aus der Tertiärförderung von Erdöl, Klärgas, Biogas, naturbelassenem Erdgas, Flüssiggas, Gasen der öffentlichen Gasversorgung, Wasserstoff) mit einer Feuerungswärmeleistung von mehr als 20 MW	CO_2
7	Anlagen zur Destillation oder Raffination oder sonstigen Weiterverarbeitung von Erdöl oder Erdölerzeugnissen in Mineralöl- oder Schmierstoffraffinerien	CO_2
8	Anlagen zur Trockendestillation von Steinkohle oder Braunkohle (Kokereien)	CO_2

Nr.	Tätigkeiten	Treibhausgas
9	Anlagen zum Rösten, Schmelzen, Sintern oder Pelletieren von Metallerzen	CO_2
10	Anlagen zur Herstellung oder zum Erschmelzen von Roheisen oder Stahl einschließlich Stranggießen, auch soweit Konzentrate oder sekundäre Rohstoffe eingesetzt werden, mit einer Schmelzleistung von 2,5 Tonnen oder mehr je Stunde, auch soweit in integrierten Hüttenwerken betrieben	CO_2
11	Anlagen zur Herstellung oder Verarbeitung von Eisenmetallen (einschließlich Eisenlegierung) bei Betrieb von Verbrennungseinheiten mit einer Gesamtfeuerungswärmeleistung von 20 MW oder mehr, soweit nicht von Nummer 10 erfasst; die Verarbeitung umfasst insbesondere Walzwerke, Öfen zum Wiederaufheizen, Glühöfen, Schmiedewerke, Gießereien, Beschichtungs- und Beizanlagen	CO_2
12	Anlagen zur Herstellung von Primäraluminium	CO_2, PFC
13	Anlagen zum Schmelzen, zum Legieren oder zur Raffination von Nichteisenmetallen bei Betrieb von Verbrennungseinheiten mit einer Gesamtfeuerungswärmeleistung (einschließlich der als Reduktionsmittel verwendeten Brennstoffe) von 20 MW oder mehr	CO_2
14	Anlagen zur Herstellung von Zementklinker mit einer Produktionsleistung von mehr als 500 Tonnen je Tag in Drehrohröfen oder mehr als 50 Tonnen je Tag in anderen Öfen	CO_2
15	Anlagen zum Brennen von Kalkstein, Magnesit oder Dolomit mit einer Produktionsleistung von mehr als 50 Tonnen Branntkalk, gebranntem Magnesit oder gebranntem Dolomit je Tag	CO_2
16	Anlagen zur Herstellung von Glas, auch soweit es aus Altglas hergestellt wird, einschließlich Anlagen zur Herstellung von Glasfasern, mit einer Schmelzleistung von mehr als 20 Tonnen je Tag	CO_2

Nr.	Tätigkeiten	Treibhausgas
17	Anlagen zum Brennen keramischer Erzeugnisse mit einer Produktionsleistung von mehr als 75 Tonnen je Tag	CO_2
18	Anlagen zum Schmelzen mineralischer Stoffe, einschließlich Anlagen zur Herstellung von Mineralfasern, mit einer Schmelzleistung von mehr als 20 Tonnen je Tag	CO_2
19	Anlagen zum Trocknen oder Brennen von Gips oder zur Herstellung von Gipskartonplatten und sonstigen Gipserzeugnissen bei Betrieb von Verbrennungseinheiten mit einer Gesamtfeuerungswärmeleistung von 20 MW oder mehr	CO_2
20	Anlagen zur Gewinnung von Zellstoff aus Holz, Stroh oder ähnlichen Faserstoffen	CO_2
21	Anlagen zur Herstellung von Papier, Karton oder Pappe mit einer Produktionsleistung von mehr als 20 Tonnen je Tag	CO_2
22	Anlagen zur Herstellung von Industrieruß bei Betrieb von Verbrennungseinheiten mit einer Gesamtfeuerungswärmeleistung von 20 MW oder mehr	CO_2
23	Anlagen zur Herstellung von Salpetersäure	CO_2, N_2O
24	Anlagen zur Herstellung von Adipinsäure	CO_2, N_2O
25	Anlagen zur Herstellung von Glyoxal oder Glyoxylsäure	CO_2, N_2O
26	Anlagen zur Herstellung von Ammoniak	CO_2
27	Anlagen zur Herstellung von a) organischen Grundchemikalien (Alkene und chlorierte Alkene; Alkine; Aromaten und alkylierte Aromaten; Phenole, Alkohole; Aldehyde, Ketone; Carbonsäuren, Dicarbonsäuren, Carbonsäureanhydride und Dimethylterephthalat; Epoxide; Vinylacetat, Acrylnitril; Caprolactam und Melamin) oder	CO_2

Nr.	Tätigkeiten	Treibhausgas
	b) Polymeren (Polyethylen, Polypropylen, Polystyrol, Polyvinylchlorid, Polycarbonate, Polyamide, Polyurethane, Silikone) mit einer Produktionsleistung von mehr als 100 Tonnen je Tag	
28	Anlagen zur Herstellung von Wasserstoff oder Synthesegas durch Reformieren, partielle Oxidation, Wassergas-Shiftreaktion oder ähnliche Verfahren mit einer Produktionsleistung von mehr als 25 Tonnen je Tag	CO_2
29	Anlagen zur Herstellung von Natriumkarbonat und Natriumhydrogenkarbonat	CO_2
30	Anlagen zur Abscheidung von Treibhausgasen aus Anlagen nach den Nummern 1 bis 29 zum Zwecke der Beförderung und geologischen Speicherung in einer in Übereinstimmung mit der Richtlinie 2009/31/EG des Europäischen Parlaments und des Rates vom 23. April 2009 über die geologische Speicherung von Kohlendioxid und zur Änderung der Richtlinie 85/337/EWG des Rates sowie der Richtlinien 2000/60/EG, 2001/80/EG, 2004/35/EG, 2006/12/EG und 2008/1/EG des Europäischen Parlaments und des Rates sowie der Verordnung (EG) Nr. 1013/2006 (ABl. L 140 vom 5. 6. 2009, S. 114) zugelassenen Speicherstätte	CO_2
31	Rohrleitungsanlagen zur Beförderung von Treibhausgasen zum Zwecke der geologischen Speicherung in einer in Übereinstimmung mit der Richtlinie 2009/31/EG zugelassenen Speicherstätte	CO_2
32	Speicherstätte zur geologischen Speicherung von Treibhausgasen, die in Übereinstimmung mit der Richtlinie 2009/31/EG zugelassen ist	CO_2

Nr.	Tätigkeiten	Treibhausgas
33	Flüge, die von einem Flugplatz abgehen oder auf einem Flugplatz enden, der sich in einem Hoheitsgebiet eines Vertragsstaats des Abkommens über den Europäischen Wirtschaftsraum befindet, bei Mitgliedstaaten der Europäischen Union jedoch nur, soweit der Vertrag über die Europäische Union in dem Gebiet Anwendung findet. Nicht unter diese Tätigkeit fallen: a) Flüge, die ausschließlich durchgeführt werden, um aa) regierende Monarchinnen und Monarchen und ihre unmittelbaren Familienangehörigen, bb) Staatschefinnen und Staatschefs, Regierungschefinnen und Regierungschefs und zur Regierung gehörende Ministerinnen und Minister eines Nichtmitgliedstaats des Abkommens über den Europäischen Wirtschaftsraum in offizieller Mission zu befördern, soweit dies durch einen entsprechenden Statusindikator im Flugplan vermerkt ist; b) Militärflüge in Militärluftfahrzeugen sowie Zoll- und Polizeiflüge; c) Flüge im Zusammenhang mit Such- und Rettungseinsätzen, Löschflüge, Flüge im humanitären Einsatz sowie Ambulanzflüge in medizinischen Notfällen, soweit eine Genehmigung der jeweils zuständigen Behörde vorliegt; d) Flüge, die ausschließlich nach Sichtflugregeln im Sinne der §§ 28 und 31 bis 34 der Luftverkehrs-Ordnung durchgeführt werden; e) Flüge, bei denen das Luftfahrzeug ohne Zwischenlandung wieder zum Ausgangsflugplatz zurückkehrt; f) Übungsflüge, die ausschließlich zum Erwerb eines Pilotenscheins oder einer Berechtigung für die Cockpit-Besatzung durchgeführt werden, sofern dies im Flugplan vermerkt ist; diese Flüge dürfen nicht zur Beförderung von Fluggästen oder Fracht oder zur Positionierung oder Überführung von Luftfahrzeugen dienen;	CO_2

Nr.	Tätigkeiten	Treibhausgas
	g) Flüge, die ausschließlich der wissenschaftlichen Forschung oder der Kontrolle, Erprobung oder Zulassung von Luftfahrzeugen oder Ausrüstung dienen, unabhängig davon, ob es sich um Bord- oder Bodenausrüstung handelt;	
	h) Flüge von Luftfahrzeugen mit einer höchstzulässigen Startmasse von weniger als 5 700 Kilogramm;	
	i) Flüge im Rahmen von gemeinwirtschaftlichen Verpflichtungen nach Maßgabe des Artikels 16 der Verordnung (EG) Nr. 1008/2008 auf Routen innerhalb von Gebieten in äußerster Randlage im Sinne des Artikels 349 des Vertrags über die Arbeitsweise in der Europäischen Union oder auf Routen mit einer angebotenen Kapazität von höchstens 30 000 Sitzplätzen pro Jahr,	
	j) Flüge, die nicht bereits von den Buchstaben a bis i erfasst sind und von einem Luftfahrzeugbetreiber durchgeführt werden, der gegen Entgelt Linien- oder Bedarfsflugverkehrsleistungen für die Öffentlichkeit erbringt, bei denen er Fluggäste, Fracht oder Post befördert (gewerblicher Luftfahrzeugbetreiber), sofern	
	aa) dieser Luftfahrzeugbetreiber innerhalb eines Kalenderjahres jeweils weniger als 243 solcher Flüge in den Zeiträumen Januar bis April, Mai bis August und September bis Dezember durchführt oder	
	bb) die jährlichen Gesamtemissionen solcher Flüge dieses Luftfahrzeugbetreibers weniger als 10 000 Tonnen betragen;	
	diese Ausnahme gilt nicht für Flüge, die ausschließlich zur Beförderung von regierenden Monarchinnen und Monarchen und ihren unmittelbaren Familienangehörigen sowie von Staatschefinnen und Staatschefs, Regierungschefinnen und Regierungschefs und zur Regierung gehörenden Ministerinnen und Ministern eines Mitgliedstaats des Abkommens über den Europäischen Wirtschaftsraum in Ausübung ihres Amtes durchgeführt werden, sowie	

Nr.	Tätigkeiten	Treibhausgas
k)	bis zum 31. Dezember 2030 Flüge, die nicht unter die Buchstaben a bis j fallen und von einem nicht-gewerblichen Luftfahrzeugbetreiber durchgeführt werden, dessen Flüge jährliche Gesamtemissionen von weniger als 1 000 Tonnen aufweisen.	

Anhang 2
(zu § 5 Absatz 1, § 6 Absatz 1 Satz 2, Absatz 2 Satz 2, § 30 Absatz 2 Satz 1 und § 32 Absatz 1 Nummer 1)

Anforderungen an die Vorlage und Genehmigung von Überwachungsplänen nach § 6 sowie an die Ermittlung von Emissionen und die Berichterstattung nach § 5

Teil 1
Fristen für die Vorlage eines Überwachungsplans

Für die Einreichung eines Überwachungsplans nach § 6 Absatz 1 Satz 1 gelten folgende Fristen:

a) Für Betreiber von Anlagen, die spätestens zehn Monate vor Beginn einer Handelsperiode in Betrieb genommen wurden, endet die Frist fünf Monate vor Beginn der Handelsperiode;

b) Betreiber von Anlagen, die später als zehn Monate vor Beginn einer Handelsperiode erstmalig den Pflichten nach § 5 unterliegen, müssen den Überwachungsplan vor dem Zeitpunkt, zu dem sie erstmals den Pflichten nach § 5 unterliegen, vorlegen;

c) Luftfahrzeugbetreiber, die ihre Luftverkehrstätigkeit in einer laufenden Handelsperiode aufnehmen, müssen unverzüglich nach Aufnahme der Luftverkehrstätigkeit einen Überwachungsplan über die Emissionsberichterstattung für diese Handelsperiode vorlegen.

Teil 2
Anforderungen an die Ermittlung von Emissionen und an die Emissionsberichterstattung

Der Betreiber hat seine Emissionen nach seinem genehmigten Überwachungsplan zu ermitteln. Soweit dieser Überwachungsplan keine Regelungen trifft, hat er die Emissionen nach der Monitoring-Verordnung und nach einer nach § 28 Absatz 2 Nummer 1 erlassenen Rechtsverordnung zu ermitteln und darüber zu berichten. Soweit diese Verordnungen keine Regelungen treffen, ist bei Oxidationsprozessen ein Oxidationsfaktor von 1 zugrunde zu legen; eine unvollständige Verbrennung bleibt auch bei der Bestimmung des Emissionsfaktors unberücksichtigt.

Die CO_2-Emissionen von Anlagen im Sinne des Anhangs 1 Teil 2 Nummer 8 bis 10 sind über die Bilanzierung und Saldierung der Kohlenstoffgehalte der CO_2-relevanten Inputs und Outputs zu erfassen, soweit diese Anlagen nach § 24 als einheitliche

Anlage gelten; Verbundkraftwerke am Standort von Anlagen zur Eisen- und Stahler-
zeugung dürfen nicht gemeinsam mit den übrigen Anlagen bilanziert werden.

Anhang 3 bis 5
(aufgehoben)

Verordnung
über die Zuteilung von Treibhausgas-Emissionsberechtigungen in der Handelsperiode 2013 bis 2020 (Zuteilungsverordnung 2020 – ZuV 2020)

Vom 26. September 2011 (BGBl. I S. 1921)
(FNA 2129-55-1)

geändert durch Art. 2 G vom 13. Juli 2017 (BGBl. I S. 2354, 2356)

Inhaltsübersicht

Abschnitt 1
Allgemeine Vorschriften
§ 1   Anwendungsbereich und Zweck
§ 2   Begriffsbestimmungen

Abschnitt 2
Zuteilungsregeln für Bestandsanlagen

Unterabschnitt 1
Allgemeine Zuteilungsregeln
§ 3   Bildung von Zuteilungselementen
§ 4   Bestimmung der installierten Anfangskapazität von Bestandsanlagen
§ 5   Erhebung von Bezugsdaten
§ 6   Bestimmung von Bezugsdaten
§ 7   Anforderungen an die Verifizierung von Zuteilungsanträgen
§ 8   Maßgebliche Aktivitätsrate
§ 9   Zuteilung für Bestandsanlagen

Unterabschnitt 2
Besondere Zuteilungsregeln
§ 10   Zuteilungsregel für die Wärmeversorgung von Privathaushalten
§ 11   Zuteilungsregel für die Herstellung von Zellstoff
§ 12   Zuteilungsregel für Steamcracking-Prozesse
§ 13   Zuteilungsregel für Vinylchlorid-Monomer
§ 14   Wärmeflüsse zwischen Anlagen
§ 15   Austauschbarkeit von Brennstoff und Strom

Abschnitt 3
Neue Marktteilnehmer
§ 16   Antrag auf kostenlose Zuteilung von Berechtigungen
§ 17   Aktivitätsraten neuer Marktteilnehmer
§ 18   Zuteilung für neue Marktteilnehmer

Abschnitt 4
Kapazitätsverringerungen und Betriebseinstellungen
§ 19   Wesentliche Kapazitätsverringerung
§ 20   Betriebseinstellungen
§ 21   Teilweise Betriebseinstellungen
§ 22   Änderungen des Betriebs einer Anlage

Abschnitt 5
Befreiung von Kleinemittenten
§ 23   Angaben im Antrag auf Befreiung für Kleinemittenten
§ 24   Bestimmung des Emissionswertes der Anlage in der Basisperiode
§ 25   Nachweis anlagenspezifischer Emissionsminderungen
§ 26   Ausgleichszahlungs- und Abgabepflicht
§ 27   Öffentlichkeitsbeteiligung
§ 28   Erleichterungen bei der Emissionsberichterstattung von Kleinemittenten

Abschnitt 6
Sonstige Regelungen
§ 29   Einheitliche Anlagen
§ 30   Auktionierung
§ 31   Ordnungswidrigkeiten
§ 32   Übergangsregelung zur Einbeziehung von Polymerisationsanlagen
§ 33   Inkrafttreten
Anhang 1   Anwendung besonderer Zuteilungsregeln
Anhang 2   Anforderungen an die sachverständigen Stellen und die Prüfung

Abschnitt 1
Allgemeine Vorschriften

§ 1 Anwendungsbereich und Zweck

[1]Diese Verordnung gilt im Anwendungsbereich des Treibhausgas-Emissionshandelsgesetzes. [2]Sie dient

1. der nationalen Umsetzung des Beschlusses 2011/278/EU der Kommission vom 27. April 2011 zur Festlegung EU-weiter Übergangsvorschriften zur Harmonisierung der kostenlosen Zuteilung von Emissionszertifikaten gemäß Artikel 10a der Richtlinie 2003/87/EG des Europäischen Parlaments und des Rates (ABl. L 130 vom 17. 5. 2011, S. 1) sowie der Festlegung der Angaben, die im Zuteilungsverfahren nach § 9 des Treibhausgas-Emissionshandelsgesetzes zu fordern sind, und

2. der Konkretisierung der Anforderungen nach den §§ 8, 24 und 27 des Treibhausgas-Emissionshandelsgesetzes.

§ 2 Begriffsbestimmungen

Für diese Verordnung gelten neben den Begriffsbestimmungen des § 3 des Treibhausgas-Emissionshandelsgesetzes die folgenden Begriffsbestimmungen:

1. Aufnahme des geänderten Betriebs
   der erste Tag eines durchgängigen 90-Tage-Zeitraums oder, falls der übliche Produktionszyklus in dem betreffenden Sektor keine durchgängige Produktion vorsieht, der erste Tag eines sektorspezifischen Produktionszyklen unterteilten 90-Tage-Zeitraums, in dem im Fall einer Kapazitätserweiterung die zusätzliche Produktionsleistung oder im Fall einer Kapazitätsverringerung die verbliebene verringerte Produktionsleistung des geänderten Zuteilungselements mit durchschnittlich mindestens 40 Prozent arbeitet, gegebenenfalls

unter Berücksichtigung der für das geänderte Zuteilungselement
spezifischen Betriebsbedingungen;

2. Aufnahme des Regelbetriebs
   der erste Tag eines durchgängigen 90-Tage-Zeitraums oder, falls der
   übliche Produktionszyklus in dem betreffenden Sektor keine durchgängige Produktion vorsieht, der erste Tag eines in sektorspezifische
   Produktionszyklen unterteilten 90-Tage-Zeitraums, in dem die Anlage mit durchschnittlich mindestens 40 Prozent der Produktionsleistung arbeitet, für die sie ausgelegt ist, gegebenenfalls unter Berücksichtigung der anlagenspezifischen Betriebsbedingungen;

3. Bestandsanlage
   eine Anlage, die eine oder mehrere der in Anhang 1 des Treibhausgas-Emissionshandelsgesetzes aufgeführten Tätigkeiten durchführt
   und der vor dem 1. Juli 2011 eine Genehmigung zur Emission von
   Treibhausgasen erteilt wurde;

4. einheitliche EU-Zuteilungsregeln
   Beschluss 2011/278/EU der Kommission vom 27. April 2011 zur
   Festlegung EU-weiter Übergangsvorschriften zur Harmonisierung
   der kostenlosen Zuteilung von Emissionszertifikaten gemäß Artikel 10a der Richtlinie 2003/87/EG des Europäischen Parlaments und
   des Rates (ABl. L 130 vom 17. 5. 2011, S. 1);

5. installierte Kapazität nach einer wesentlichen Kapazitätsänderung
   der Durchschnitt der zwei höchsten Monatsproduktionsmengen innerhalb der ersten sechs Monate nach Aufnahme des geänderten Betriebs, hochgerechnet auf ein Kalenderjahr;

6. messbare Wärme
   ein über einen Wärmeträger, beispielsweise Dampf, Heißluft, Wasser, Öl, Flüssigmetalle oder Salze, durch Rohre oder Leitungen
   transportierter Nettowärmefluss, für den ein Wärmezähler installiert
   wurde oder installiert werden könnte;

7. Monitoring-Leitlinien
   die Entscheidung 2007/589/EG der Kommission vom 18. Juli 2007
   zur Festlegung von Leitlinien für die Überwachung und Berichterstattung betreffend Treibhausgasemissionen im Sinne der Richtlinie
   2003/87/EG des Europäischen Parlaments und des Rates (Monitoring-Leitlinien) (ABl. L 229 vom 31. 8. 2007, S. 1), die zuletzt durch
   den Beschluss 2010/345/EU (ABl. L 155 vom 22. 6. 2010, S. 34) geändert worden ist;

8. NACE-Code Rev 1.1
   statistische Systematik der Wirtschaftszweige in der Europäischen
   Gemeinschaft »NACE Rev 1.1« nach Anhang I der Verordnung
   (EWG) Nr. 3037/90 des Rates vom 9. Oktober 1990 betreffend die
   statistische Systematik der Wirtschaftszweige in der Europäischen
   Gemeinschaft (ABl. L 293 vom 24. 10. 1990, S. 1), die zuletzt durch
   die Verordnung (EG) Nr. 1893/2006 (ABl. L 393 vom 30. 12. 2006,
   S. 1) geändert worden ist;

9. NACE-Code Rev 2
statistische Systematik der Wirtschaftszweige in der Europäischen Gemeinschaft »NACE Rev 2« nach Anhang I der Verordnung (EG) Nr. 1893/2006 des Europäischen Parlaments und des Rates vom 20. Dezember 2006 zur Aufstellung der statistischen Systematik der Wirtschaftszweige NACE Revision 2 und zur Änderung der Verordnung (EWG) Nr. 3037/90 des Rates sowie einiger Verordnungen der EG über bestimmte Bereiche der Statistik (ABl. L 393 vom 30. 12. 2006, S. 1), die durch die Verordnung (EG) Nr. 295/2008 (ABl. L 97 vom 9. 4. 2008, S. 13) geändert worden ist;

10. Neuanlagen
alle neuen Marktteilnehmer gemäß Artikel 3 Buchstabe h erster Gedankenstrich der Richtlinie 2003/87/EG;

11. nicht messbare Wärme
jede Wärme mit Ausnahme messbarer Wärme;

12. Privathaushalt
Gebäude, die überwiegend zu Wohnzwecken genutzt werden, oder anteilig andere Gebäude, soweit sie zu Wohnzwecken genutzt werden;

13. Prodcom-Code 2007
Code gemäß Anhang der Verordnung (EG) Nr. 1165/2007 der Kommission vom 3. September 2007 zur Erstellung der »Prodcom-Liste« der Industrieprodukte für 2007 gemäß der Verordnung (EWG) Nr. 3924/91 des Rates (ABl. L 268 vom 12. 10. 2007, S. 1);

14. Prodcom-Code 2010
Code gemäß Anhang der Verordnung (EU) Nr. 860/2010 der Kommission vom 10. September 2010 zur Erstellung der »Prodcom-Liste« der Industrieprodukte für 2010 gemäß der Verordnung (EWG) Nr. 3924/91 des Rates (ABl. L 262 vom 5. 10. 2010, S. 1);

15. Produkt-Emissionswert
in Anhang I Nummer 1 Spalte 5 und Nummer 2 Spalte 5 der einheitlichen EU-Zuteilungsregeln unter der Bezeichnung »Benchmarkwert« angegebene Anzahl Berechtigungen pro Produkteinheit;

16. Produktionsmenge
die Menge erzeugter Produkteinheiten je Jahr, bei den in Anhang I oder Anhang II der einheitlichen EU-Zuteilungsregeln genannten Produkten bezogen auf die dort angegebenen Produktspezifikationen, im Übrigen bezogen auf die jährliche Nettomenge marktfähiger Produkteinheiten;

17. Restgas
eine Mischung von Gasen, die unvollständig oxidierten Kohlenstoff als Nebenprodukt aus Prozessen gemäß Nummer 29 Buchstabe b enthält, so dass der chemische Energieinhalt ausreicht, um eigenständig ohne zusätzliche Brennstoffzufuhr zu verbrennen oder im Fall der Vermischung mit Brennstoffen mit höherem Heizwert signifikant zu der gesamten Energiezufuhr beizutragen;

18. Richtlinie 2003/87/EG
    Richtlinie 2003/87/EG des Europäischen Parlaments und des Rates
    vom 13. Oktober 2003 über ein System für den Handel mit Treib-
    hausgasemissionszertifikaten in der Gemeinschaft und zur Änderung
    der Richtlinie 96/61/EG des Rates (ABl. L 275 vom 25. 10. 2003,
    S. 32), die zuletzt durch die Richtlinie 2009/29/EG (ABl. L 140 vom
    5. 6. 2009, S. 63) geändert worden ist, in der jeweils geltenden Fas-
    sung;

19. Sektor mit Verlagerungsrisiko
    Sektor oder Teilsektor, der einem erheblichen Risiko der Verlage-
    rung von Kohlendioxid-Emissionen ausgesetzt ist, entsprechend den
    Festlegungen im Anhang des Beschlusses 2010/2/EU der Kommis-
    sion vom 24. Dezember 2009 zur Festlegung eines Verzeichnisses
    der Sektoren und Teilsektoren, von denen angenommen wird, dass
    sie einem erheblichen Risiko einer Verlagerung von CO_2-Emissionen
    ausgesetzt sind, gemäß der Richtlinie 2003/87/EG des Europäischen
    Parlaments und des Rates (ABl. L 1 vom 5. 1. 2010, S. 10) in der
    jeweils geltenden Fassung;

20. stillgelegte Kapazität
    die Differenz zwischen der installierten Anfangskapazität eines
    Zuteilungselements und der installierten Kapazität dieses Elements
    nach einer wesentlichen Kapazitätsverringerung;

21. Stromerzeuger
    Anlage, die nach dem 31. Dezember 2004 Strom erzeugt und an
    Dritte verkauft hat und in der ausschließlich eine Tätigkeit gemäß
    Anhang 1 Teil 2 Nummer 1 bis 4 des Treibhausgas-Emissionshan-
    delsgesetzes durchgeführt wird;

22. Wärmezähler
    ein Gerät zur Messung und Aufzeichnung der erzeugten Wär-
    memenge auf der Basis des Durchflusses und der Temperaturen,
    insbesondere Wärmezähler im Sinne des Anhangs MI-004 der
    Richtlinie 2004/22/EG des Europäischen Parlaments und des Rates
    vom 31. März 2004 über Messgeräte (ABl. L 135 vom 30. 4. 2004,
    S. 1), die zuletzt durch die Richtlinie 2009/137/EG (ABl. L 294 vom
    11. 11. 2009, S. 7) geändert worden ist;

23. wesentliche Kapazitätsänderung
    wesentliche Kapazitätserweiterung oder wesentliche Kapazitätsver-
    ringerung;

24. wesentliche Kapazitätserweiterung
    wesentliche Erhöhung der installierten Anfangskapazität eines Zutei-
    lungselements, bei der folgende Merkmale vorliegen:
    a) eine oder mehrere bestimmbare physische Änderungen der tech-
       nischen Konfiguration des Zuteilungselements und seines Be-
       triebs, ausgenommen der bloße Ersatz einer existierenden Pro-
       duktionslinie, und

b) eine Erhöhung
   aa) der Kapazität des Zuteilungselements um mindestens 10 Prozent gegenüber seiner installierten Anfangskapazität vor der Änderung oder
   bb) der Aktivitätsrate des von der physischen Änderung im Sinne des Buchstaben a betroffenen Zuteilungselements in erheblichem Maß, die bei entsprechender Anwendung der für neue Marktteilnehmer geltenden Zuteilungsregel zu einer zusätzlichen Zuteilung von mehr als 50 000 Berechtigungen pro Jahr führen würde, sofern diese Anzahl Berechtigungen mindestens 5 Prozent der vorläufigen jährlichen Anzahl zuzuteilender Berechtigungen für dieses Zuteilungselement vor der Änderung entspricht;

25. wesentliche Kapazitätsverringerung
eine oder mehrere bestimmbare physische Änderungen, die eine wesentliche Verringerung der installierten Anfangskapazität eines Zuteilungselements oder seiner Aktivitätsrate in derselben Größenordnung wie eine wesentliche Kapazitätserweiterung bewirken;

26. zusätzliche Kapazität
die Differenz zwischen der installierten Kapazität nach einer wesentlichen Kapazitätserweiterung und der installierten Anfangskapazität eines Zuteilungselements;

27. Zuteilungselement mit Brennstoff-Emissionswert
Zusammenfassung von nicht von einem Zuteilungselement nach Nummer 28 oder Nummer 30 umfassten Eingangsströmen, Ausgangsströmen und diesbezüglichen Emissionen für Fälle der Erzeugung von nicht messbarer Wärme durch Brennstoffverbrennung, soweit die nicht messbare Wärme
   a) zur Herstellung von Produkten, zur Erzeugung mechanischer Energie, zur Heizung oder zur Kühlung verbraucht wird oder
   b) durch Sicherheitsfackeln erzeugt wird, soweit die damit verbundene Verbrennung von Pilotbrennstoffen und sehr variablen Mengen an Prozess- oder Restgasen genehmigungsrechtlich zur ausschließlichen Anlagenentlastung bei Betriebsstörungen oder anderen außergewöhnlichen Betriebszuständen vorgesehen ist;
   hiervon jeweils ausgenommen ist nicht messbare Wärme, die zur Stromerzeugung verbraucht oder für die Stromerzeugung exportiert wird;

28. Zuteilungselement mit Produkt-Emissionswert
Zusammenfassung von Eingangsströmen, Ausgangsströmen und diesbezüglichen Emissionen im Zusammenhang mit der Herstellung eines Produktes, für das in Anhang I der einheitlichen EU-Zuteilungsregeln ein Emissionswert festgesetzt ist;

29. Zuteilungselement mit Prozessemissionen
     Zusammenfassung von
     a) Emissionen anderer Treibhausgase als Kohlendioxid, die außer-
         halb der Systemgrenzen eines Zuteilungselements mit Produkt-
         Emissionswert auftreten;
     b) Kohlendioxid-Emissionen, die außerhalb der Systemgrenzen
         eines Zuteilungselements mit Produkt-Emissionswert auftreten,
         die aus einem der nachstehenden Prozesse resultieren:
         aa) chemische oder elektrolytische Reduktion von Metallver-
              bindungen in Erzen, Konzentraten und Sekundärstoffen;
         bb) Entfernung von Unreinheiten aus Metallen und Metallver-
              bindungen;
         cc) Zersetzung von Karbonaten, ausgenommen Karbonate für
              die Abgasreinigung;
         dd) chemische Synthesen, bei denen das kohlenstoffhaltige Ma-
              terial an der Reaktion teilnimmt und deren Hauptzweck
              nicht die Wärmeerzeugung ist;
         ee) Verwendung kohlenstoffhaltiger Zusatzstoffe oder Roh-
              stoffe, deren Hauptzweck nicht die Wärmeerzeugung ist;
         ff) chemische oder elektrolytische Reduktion von Halbmetall-
              oxiden oder Nichtmetalloxiden wie Siliziumoxiden und
              Phosphaten;
     c) Emissionen aus der Verbrennung von unvollständig oxidiertem
         Kohlenstoff, der im Rahmen der unter Buchstabe b genannten
         Prozesse entsteht und zur Erzeugung von messbarer Wärme,
         nicht messbarer Wärme oder Strom genutzt wird, sofern Emis-
         sionen abgezogen werden, die bei der Verbrennung einer Menge
         Erdgas entstanden wären, die dem technisch nutzbaren Energie-
         gehalt des unvollständig oxidierten Kohlenstoffs entspricht,
30. Zuteilungselement mit Wärme-Emissionswert
     Zusammenfassung von nicht von einem Zuteilungselement nach
     Nummer 28 umfassten Eingangsströmen, Ausgangsströmen und
     diesbezüglichen Emissionen im Zusammenhang mit der Erzeugung
     messbarer Wärme oder deren Import aus einer unter den Anwen-
     dungsbereich des Treibhausgas-Emissionshandelsgesetzes fallenden
     Anlage, soweit die Wärme nicht aus Strom erzeugt oder bei der
     Herstellung von Salpetersäure angefallen ist und nicht zur Stromer-
     zeugung verbraucht oder für die Stromerzeugung exportiert wird und
     die Wärme
     a) in der Anlage außerhalb eines Zuteilungselements nach Num-
         mer 28 zur Herstellung von Produkten, zur Erzeugung mechani-
         scher Energie, zur Heizung oder Kühlung verbraucht wird oder
     b) an Anlagen und andere Einrichtungen, die nicht unter den An-
         wendungsbereich des Treibhausgas-Emissionshandelsgesetzes
         fallen, abgegeben wird.

Zuteilungsregeln für Bestandsanlagen
Unterabschnitt 1
Allgemeine Zuteilungsregeln

§ 3 Bildung von Zuteilungselementen

(1) Im Antrag auf kostenlose Zuteilung von Berechtigungen für eine Anlage ist die Gesamtheit der für die Zuteilung relevanten Eingangsströme, Ausgangsströme und diesbezüglichen Emissionen in dem nach § 8 Absatz 1 festgelegten Bezugszeitraum folgenden Zuteilungselementen zuzuordnen:

1. einem Zuteilungselement oder mehreren Zuteilungselementen mit Produkt-Emissionswert nach § 2 Nummer 28,

2. einem Zuteilungselement mit Wärme-Emissionswert nach § 2 Nummer 30, soweit nicht von Zuteilungselementen nach Nummer 1 umfasst,

3. einem Zuteilungselement mit Brennstoff-Emissionswert nach § 2 Nummer 27, soweit nicht von Zuteilungselementen nach den Nummern 1 und 2 umfasst, und

4. einem Zuteilungselement mit Prozessemissionen nach § 2 Nummer 29, soweit nicht von Zuteilungselementen nach den Nummern 1 bis 3 umfasst.

(2) [1]Für die Bestimmung des Zuteilungselements nach Absatz 1 Nummer 2 gilt die Abgabe von messbarer Wärme an ein Wärmeverteilnetz als Abgabe an eine andere Einrichtung nach § 2 Nummer 30 Buchstabe b. [2]Abweichend von Satz 1 gilt die an ein Wärmeverteilnetz abgegebene Wärme als an einen an das Wärmeverteilnetz angeschlossenen Wärmeverbraucher abgegeben, soweit dieser Wärmeverbraucher nachweist, dass die Wärme auf Grundlage eines direkten Versorgungsvertrages mit dem Wärmeerzeuger in das Wärmeverteilnetz abgegeben wurde.

(3) [1]Bei Zuteilungselementen nach Absatz 1 Nummer 2 bis 4 hat der Antragsteller getrennte Zuteilungselemente zu bilden für Prozesse zur Herstellung von Produkten, die Sektoren mit Verlagerungsrisiko betreffen, und solchen Prozessen, auf die dieses nicht zutrifft. [2]Abweichend von Satz 1 ist die Bildung getrennter Zuteilungselemente ausgeschlossen, soweit der Antragsteller

1. den Nachweis erbringt, dass mindestens 95 Prozent der Aktivitätsrate dieses Zuteilungselements Sektoren mit Verlagerungsrisiko betreffen, oder

2. nicht den Nachweis erbringt, dass mindestens 5 Prozent der Aktivitätsrate des Zuteilungselements Sektoren mit Verlagerungsrisiko betreffen.

(4) [1]Bei Zuteilungselementen mit Wärme-Emissionswert gilt für die Zuordnung zu den getrennten Zuteilungselementen nach Absatz 3 Folgendes:

1. Bei der direkten Abgabe von Wärme an einen Abnehmer, der nicht unter den Anwendungsbereich des Treibhausgas-Emissionshandelsgesetzes fällt, ist diese Wärme den Sektoren mit Verlagerungsrisiko

zuzurechnen, soweit der Betreiber nachweist, dass der Abnehmer einem Sektor mit Verlagerungsrisiko angehört; im Übrigen ist diese Wärme den Sektoren ohne Verlagerungsrisiko zuzuordnen;

2. Bei Abgabe der Wärme an Wärmeverteilnetze ist der Anteil an der insgesamt abgegebenen Wärmemenge den Sektoren mit Verlagerungsrisiko zuzurechnen, der dem Verhältnis der vom Wärmenetzbetreiber an Abnehmer in Sektoren mit Verlagerungsrisiko zur insgesamt von ihm abgegebenen Wärmemenge in dem nach § 8 Absatz 1 maßgeblichen Bezugszeitraum entspricht; im Übrigen ist diese Wärme den Sektoren ohne Verlagerungsrisiko zuzuordnen.

[2]Für die Zuordnung nach Satz 1 Nummer 1 hat der Antragsteller im Antrag zusätzlich den jeweiligen Prodcom-Code 2007 und 2010 sowie den jeweiligen NACE-Code Rev 1.1 und Rev 2 der abnehmenden Anlagen oder Einrichtungen und die zugehörigen Wärmemengen anzugeben. [3]Bei Abgabe der Wärme an ein Wärmeverteilnetz hat der Antragsteller die Gesamtmenge an Wärme anzugeben, die der Wärmenetzbetreiber innerhalb des nach § 8 Absatz 1 gewählten Bezugszeitraums abgegeben hat, sowie die Menge an Wärme, die der Wärmenetzbetreiber in diesem Zeitraum an Sektoren mit Verlagerungsrisiko abgegeben hat. [4]Die Daten des Wärmenetzbetreibers sind zu verifizieren.

§ 4 Bestimmung der installierten Anfangskapazität von Bestandsanlagen

(1) Zur Bestimmung der installierten Anfangskapazität eines Zuteilungselements mit Produkt-Emissionswert ist der Durchschnitt der zwei höchsten Monatsproduktionsmengen in den Kalendermonaten im Zeitraum vom 1. Januar 2005 bis 31. Dezember 2008 auf ein Kalenderjahr hochzurechnen; dabei wird davon ausgegangen, dass das Zuteilungselement mit dieser Auslastung 720 Stunden pro Monat und zwölf Monate pro Jahr in Betrieb war.

(2) [1]Soweit der Antragsteller belegt, dass die installierte Anfangskapazität für Zuteilungselemente mit Produkt-Emissionswert mangels vorhandener Daten oder bei einem Betrieb des Zuteilungselements von weniger als zwei Monaten in dem Zeitraum nach Absatz 1 nicht bestimmt werden kann, wird als Anfangskapazität die Produktionsmenge des Zuteilungselements unter Aufsicht und nach Prüfung durch eine sachverständige Stelle nach Maßgabe folgender Merkmale experimentell bestimmt:

1. Ermittlung der Menge verkaufsfertiger Produkte anhand eines ununterbrochenen, für den bestimmungsgemäßen stationären Betrieb repräsentativen Testlaufs von 48 Stunden,
2. Ermittlung der Produktionsmenge anhand eines ununterbrochenen Testlaufs über 48 Stunden,
3. Berücksichtigung früherer Produktionsmengen des Zuteilungselements,
4. Berücksichtigung sektortypischer Werte und Normen,
5. Berücksichtigung der Produktqualität der tatsächlich verkauften Produkte.

[2]Die durchschnittliche monatliche Kapazität des Zuteilungselements errechnet sich aus der nach vorstehenden Merkmalen bestimmten durchschnittlichen täglichen Produktionsmenge multipliziert mit 30, die installierte Anfangskapazität durch eine Multiplikation dieses Wertes mit zwölf.

(3) [1]Für ein Zuteilungselement mit einer wesentlichen Kapazitätsänderung im Zeitraum vom 1. Januar 2005 bis zum 30. Juni 2011 ist abweichend von Absatz 1 der Zeitraum vom 1. Januar 2005 bis zum Zeitpunkt der Aufnahme des geänderten Betriebs maßgeblich. [2]Bei Kapazitätserweiterungen im Jahr 2005 gilt Absatz 1 im Fall eines Antrags nach § 8 Absatz 8 Satz 3 erster Halbsatz. [3]Für Anlagen mit Aufnahme des Regelbetriebs nach dem 1. Januar 2007 ist abweichend von Absatz 1 der Zeitraum von der Aufnahme des Regelbetriebs bis zum 30. Juni 2011 maßgeblich.

(4) Zur Bestimmung der installierten Anfangskapazität für ein Zuteilungselement gemäß § 2 Nummer 27, 29 oder Nummer 30 gelten die Absätze 1 bis 3 entsprechend.

(5) [1]Für Zuteilungselemente von Bestandsanlagen, die bis zum 30. Juni 2011 ihren Regelbetrieb noch nicht aufgenommen haben, beträgt die installierte Anfangskapazität null. [2]Dies gilt bei wesentlichen Kapazitätserweiterungen mit Aufnahme des geänderten Betriebs nach dem 30. Juni 2011 auch für die zusätzliche Kapazität.

§ 5 Erhebung von Bezugsdaten

(1) Der Anlagenbetreiber ist verpflichtet, im Antrag auf kostenlose Zuteilung für Bestandsanlagen insbesondere folgende Angaben zu machen:

1. Allgemeine Angaben zu der Anlage:
   a) die Bezeichnung der Tätigkeit nach Anhang 1 Teil 2 des Treibhausgas-Emissionshandelsgesetzes,
   b) die NACE-Codes Rev 2 und Rev 1.1 der Anlage,
   c) eine Beschreibung der Anlage, ihrer wesentlichen Anlagenteile und Nebeneinrichtungen sowie der Betriebsart,
   d) eine Beschreibung der angewandten Erhebungsmethodik, der verschiedenen Datenquellen und der angewandten Berechnungsschritte,
   e) die Gesamtfeuerungswärmeleistung, soweit für die Tätigkeit in Anhang 1 Teil 2 des Treibhausgas-Emissionshandelsgesetzes ein Schwellenwert als Feuerungswärmeleistung angegeben ist,
   f) sofern es sich um einen Stromerzeuger handelt, eine Bezeichnung als solcher,
   g) die Bezeichnung der für die Genehmigung nach § 4 Absatz 1 Satz 1 des Treibhausgas-Emissionshandelsgesetzes zuständigen Behörde, deren Genehmigungsaktenzeichen, das Datum der Genehmigung, die zu dem Zeitpunkt gegolten hat, zu dem die Anlage erstmals unter den Anwendungsbereich des Treibhausgas-Emissionshandelsgesetzes gefallen ist, und das Datum der letztmaligen Änderung der Genehmigung,
   h) die für die Zuteilung maßgeblichen Zuteilungselemente,

    i)   Veränderungen der Angaben zu den Buchstaben a bis h in den Kalenderjahren 2005 bis 2010;

2. Zusätzliche Angaben zu der Anlage:
   a) sämtliche zuteilungsrelevanten Ein- und Ausgangsströme,
   b) im Fall des Austausches von messbarer Wärme, Restgasen oder Treibhausgasen mit anderen Anlagen oder Einrichtungen auch die Angabe, in welcher Menge und mit welchen Anlagen oder Einrichtungen dieser Austausch stattfand, im Fall von Anlagen nach Anhang 1 Teil 2 des Treibhausgas-Emissionshandelsgesetzes zusätzlich die Genehmigungskennungen dieser Anlagen aus dem Emissionshandelsregister,
   c) im Fall von Anlagen, die Strom erzeugen, eine Bilanz der elektrischen Energie der Anlage und die Mengen an Emissionen und Wärme sowie die Energien der Brennstoffe, die der Stromerzeugung zuzuordnen sind;

3. Allgemeine Angaben zu jedem Zuteilungselement:
   a) die installierte Anfangskapazität nach § 4; für Zuteilungselemente mit Produkt-Emissionswert zusätzlich der Durchschnitt der zwei höchsten Monatsproduktionsmengen in den Kalendermonaten im Zeitraum vom 1. Januar 2005 bis 31. Dezember 2008,
   b) die anteilig zuzuordnenden Emissionen und Energien der eingesetzten Brennstoffe,
   c) die anteilig zuzuordnenden Eingangs- und Ausgangsströme nach Nummer 2 Buchstabe a, sofern für die Anlage mindestens zwei Zuteilungselemente gebildet wurden und davon mindestens ein Zuteilungselement dem § 3 Absatz 1 Nummer 2 bis 4 unterfällt,
   d) die maßgebliche Aktivitätsrate nach § 8,
   e) bei Produkten, die in Anhang I Nummer 2 Spalte 2 der einheitlichen EU-Zuteilungsregeln aufgeführt sind, den maßgeblichen Stromverbrauch für die Herstellung des betreffenden Produktes innerhalb der Systemgrenzen nach Anhang I Nummer 2 Spalte 3 der einheitlichen EU-Zuteilungsregeln,
   f) die Bezeichnung der hergestellten Produkte mit deren Prodcom-Codes 2007 und 2010 und NACE-Codes Rev 1.1 und Rev 2 und die produzierten Mengen;

4. Zusätzliche Angaben zu Zuteilungselementen in Sonderfällen:
   a) bei Aufnahme des Regelbetriebs zwischen dem 1. Januar 2005 und dem 30. Juni 2011 das Datum der Aufnahme des Regelbetriebs,
   b) bei Zuteilungselementen, deren Kapazität zwischen dem 1. Januar 2005 und dem 30. Juni 2011 wesentlich geändert wurde, zusätzlich zu der installierten Anfangskapazität die installierte Kapazität nach jeder wesentlichen Kapazitätsänderung und das Datum der Aufnahme des geänderten Betriebs,
   c) bei Zuteilungselementen, die in den Jahren 2005 bis 2010 messbare Wärme bezogen haben, die Menge an messbarer Wärme so-

wie die Menge, die von nicht dem Emissionshandel unterliegenden Anlagen oder anderen Einrichtungen bezogen wurde,

d) bei Zuteilungselementen, die in den Jahren 2005 bis 2010 messbare Wärme abgegeben haben, die Bezeichnung der Anlagen oder anderen Einrichtungen, an die die messbare Wärme abgegeben wurde, bei Anlagen nach Anhang 1 Teil 2 des Treibhausgas-Emissionshandelsgesetzes mit Angabe der Genehmigungskennung des Emissionshandelsregisters sowie Angaben über die an die einzelnen Anlagen oder andere Einrichtungen abgegebene Menge an Wärme,

e) bei Zuteilungselementen mit Wärme-Emissionswert für die in gekoppelter Produktion erzeugte Wärme eine Zuordnung der Eingangsströme und der diesbezüglichen Emissionen zu den in gekoppelter Produktion hergestellten Produkten nach Maßgabe von Anhang 1 Teil 3 sowie die hierfür zusätzlich erforderlichen Angaben nach Anhang 1 Teil 3 Nummer 4,

f) bei Produkten nach Anhang III der einheitlichen EU-Zuteilungsregeln die dort genannten Daten,

g) bei Prozessen zur Herstellung von Synthesegas und Wasserstoff in Anlagen im Sinne des Anhangs 1 Teil 2 Nummer 7 des Treibhausgas-Emissionshandelsgesetzes die Daten entsprechend Anhang III Nummer 6 und 7 der einheitlichen EU-Zuteilungsregeln,

h) bei der Herstellung von Produkten nach Anhang I der einheitlichen EU-Zuteilungsregeln die Menge der eingesetzten Zwischenprodukte im Sinne des § 9 Absatz 5 Satz 2 und aus dem Emissionshandelsregister die Genehmigungskennung der Anlage, von der das Zwischenprodukt bezogen wird,

i) bei Abgabe eines Zwischenproduktes im Sinne des § 9 Absatz 5 Satz 2 an eine andere Anlage im Anwendungsbereich des Treibhausgas-Emissionshandelsgesetzes die Menge der abgegebenen Zwischenprodukte und aus dem Emissionshandelsregister die Genehmigungskennung der Anlage, an die das Produkt oder Zwischenprodukt abgegeben wird,

j) bei Anlagen, die durch den Einsatz von Biomasse messbare Wärme in gekoppelter Produktion mit einer nach dem Erneuerbare-Energien-Gesetz vergüteten Strommenge erzeugt haben, die Angabe dieser in gekoppelter Produktion erzeugten Wärmemenge.

(2) [1]Angaben zu Absatz 1 Nummer 2 bis 4 sind mit Ausnahme der Angaben zu Absatz 1 Nummer 3 Buchstabe a und Nummer 4 Buchstabe a und b erforderlich für jedes der Kalenderjahre in dem vom Antragsteller nach § 8 Absatz 1 gewählten Bezugszeitraum. [2]Von Satz 1 erfasst sind alle Kalenderjahre, in denen die Anlage in Betrieb war, auch wenn sie nur gelegentlich oder saisonal betrieben oder in Reserve oder in Bereitschaft gehalten wurde. [3]Im Fall des Austausches von messbarer Wärme, Zwischenprodukten, Restgasen oder Treibhausgasen zwischen Anlagen nach Anhang 1 Teil 2 des Treibhausgas-Emissionshandelsgesetzes sind die Angaben für

jedes der Kalenderjahre 2005 bis 2010 erforderlich. [4]Bei Anlagen mit mindestens einem Zuteilungselement mit Produkt-Emissionswert, für die als maßgeblicher Bezugszeitraum die Jahre 2009 und 2010 gewählt wurden, sind die Angaben auch für jedes der Kalenderjahre 2005 bis 2008 erforderlich.

(3) [1]Der Antragsteller kann auf Angaben zu den Eingangs- und Ausgangsströmen der Anlage nach Absatz 1 Nummer 2 Buchstabe a verzichten, soweit er diese Angaben für die gesamte Anlage, wie sie zum Zeitpunkt der Antragstellung der Emissionshandelspflicht unterliegt, bereits im Rahmen der Emissionsberichterstattung oder im Rahmen der Datenerhebung auf Grund der Datenerhebungsverordnung 2020 für die Jahre 2005 bis 2010 mitgeteilt hat. [2]Verzichtet der Antragsteller auf die Angaben im Zuteilungsantrag, werden auch die auf der Basis einheitlicher Stoffwerte mitgeteilten Emissionsdaten übernommen.

§ 6 Bestimmung von Bezugsdaten

(1) [1]Aktivitätsraten, Eingangs- und Ausgangsströme, zu denen nur für die Gesamtanlage Daten vorliegen, werden den jeweiligen Zuteilungselementen auf Basis der nachstehenden Methoden anteilig durch den Antragsteller zugeordnet:

1. soweit an derselben Produktionslinie nacheinander unterschiedliche Produkte hergestellt werden, werden Aktivitätsraten, Eingangs- und Ausgangsströme auf Basis der Nutzungszeit pro Jahr und Zuteilungselement zugeordnet;

2. soweit Aktivitätsraten, Eingangs- und Ausgangsströme nicht gemäß Nummer 1 zugeordnet werden können, erfolgt die Zuordnung auf Basis

    a) der Masse oder des Volumens der jeweils hergestellten Produkte,
    b) von Schätzungen, die sich auf die freien Reaktionsenthalpien der betreffenden chemischen Reaktionen stützen, oder
    c) eines anderen geeigneten wissenschaftlich fundierten Verteilungsschlüssels.

[2]Bei dieser Zuordnung darf die Summe der Emissionen aller Zuteilungselemente die Gesamtemissionen der Gesamtanlage nicht überschreiten. [3]Die Annahmen und Methoden, die der Zuordnung der Emissionen zu den jeweiligen Zuteilungselementen zugrunde gelegt worden sind, sind in der in § 5 Absatz 1 Nummer 1 Buchstabe c und d genannten Beschreibung der Anlage darzustellen.

(2) [1]Soweit die Angaben im Zuteilungsantrag die Durchführung von Berechnungen voraussetzen, ist neben den geforderten Angaben jeweils auch die angewandte Berechnungsmethode zu erläutern und die Ableitung der Angaben in der Beschreibung der Anlage nach § 5 Absatz 1 Nummer 1 Buchstabe c und d darzustellen. [2]Soweit die zuständige Behörde für die Berechnungen Formulare vorgibt, sind diese zu verwenden. [3]Der Betreiber ist verpflichtet, die den Angaben zugrunde liegenden Einzelnachweise auf Verlangen der zuständigen Behörde vorzuweisen.

(3) [1]Soweit diese Verordnung keine abweichenden Regelungen enthält, sind die im Zuteilungsantrag anzugebenden Daten und Informationen im Einklang mit den Monitoring-Leitlinien zu erheben und anzugeben. [2]Soweit die Anforderungen der Monitoring-Leitlinien nicht eingehalten werden können oder keine Regelungen enthalten, sind Daten und Informationen mit dem im Einzelfall höchsten erreichbaren Grad an Genauigkeit und Vollständigkeit zu erheben und anzugeben. [3]Dabei darf es weder zu Überschneidungen noch zu Doppelzählungen zwischen den Zuteilungselementen kommen.

(4) [1]Wenn Daten fehlen, ist der Grund dafür anzugeben. [2]Fehlende Daten sind durch konservative Schätzungen zu ersetzen, die insbesondere auf bewährter Industriepraxis und auf aktuellen wissenschaftlichen und technischen Informationen beruhen. [3]Liegen Daten teilweise vor, so bedeutet konservative Schätzung, dass der zur Füllung von Datenlücken geschätzte Wert maximal 90 Prozent des Wertes beträgt, der bei Verwendung der verfügbaren Daten erzielt wurde. [4]Liegen für ein Zuteilungselement mit Wärme-Emissionswert keine Daten über messbare Wärmeflüsse vor, so kann ein Ersatzwert abgeleitet werden. [5]Dieser errechnet sich durch Multiplikation des entsprechenden Energieeinsatzes mit dem Nutzungsgrad der Anlage zur Wärmeerzeugung, der von einer sachverständigen Stelle geprüft wurde. [6]Liegen keine Daten zur Bestimmung des Nutzungsgrades vor, so wird auf den entsprechenden Energieeinsatz für die Erzeugung messbarer Wärme als Bezugseffizienzwert ein Nutzungsgrad von 70 Prozent angewendet.

(5) Soweit im Rahmen der Berechnung der vorläufigen Zuteilungsmenge die Verwendung eines Oxidationsfaktors von Bedeutung ist, wird generell ein Oxidationsfaktor von 1 angewendet.

(6) Soweit bei einem Zuteilungselement mit Wärme-Emissionswert die Wärme in gekoppelter Produktion erzeugt wurde, sind die Eingangsströme und die diesbezüglichen Emissionen den in gekoppelter Produktion hergestellten Produkten nach Maßgabe von Anhang 1 Teil 3 zuzuordnen.

§ 7 Anforderungen an die Verifizierung von Zuteilungsanträgen

(1) [1]Die tatsachenbezogenen Angaben im Zuteilungsantrag sowie die Erhebungsmethodik sind von einer sachverständigen Stelle im Sinne des § 21 des Treibhausgas-Emissionshandelsgesetzes im Rahmen der Verifizierung des Zuteilungsantrags nach § 9 Absatz 2 Satz 6 des Treibhausgas-Emissionshandelsgesetzes zu überprüfen. [2]Die Prüfung betrifft insbesondere die Zuverlässigkeit, Glaubhaftigkeit und Genauigkeit der von den Anlagenbetreibern übermittelten Daten. [3]Dabei ist die Aufteilung der Anlage in Zuteilungselemente gesondert zu bestätigen.

(2) Die sachverständige Stelle muss im Prüfbericht darlegen, ob der Antrag und die darin enthaltenen Daten mit hinreichender Sicherheit frei von wesentlichen Falschangaben und Abweichungen von den Anforderungen des Treibhausgas-Emissionshandelsgesetzes und dieser Verordnung sind.

(3) [1]Die sachverständige Stelle muss die in Anhang 2 Teil 1 geregelten Anforderungen erfüllen. [2]Unbeschadet der Anforderungen der Monito-

ring-Leitlinien gelten für die sachverständige Stelle im Rahmen der Prüfung nach Absatz 1 die in Anhang 2 Teil 2 näher geregelten Anforderungen.

(4) [1]Die sachverständige Stelle hat in ihrem externen Prüfbericht an Eides statt zu versichern, dass

1. bei der Verifizierung des Zuteilungsantrags die Unabhängigkeit und Unparteilichkeit ihrer Tätigkeit nach den jeweiligen Regelungen ihrer Zulassung als Umweltgutachter oder ihrer Bestellung als Sachverständiger gemäß § 36 der Gewerbeordnung gewahrt war und

2. sie bei der Erstellung des Zuteilungsantrags oder der Entwicklung der Erhebungsmethodik nicht mitgewirkt hat.

[2]Für Sachverständige, die auf Grund der Gleichwertigkeit ihrer Akkreditierung in einem anderen Mitgliedstaat nach § 21 Absatz 3 Satz 1 des Treibhausgas-Emissionshandelsgesetzes bekannt gegeben wurden, gilt Satz 1 entsprechend.

(5) Die sachverständige Stelle hat im externen Prüfbericht zu bestätigen, dass der geprüfte Antrag weder Überschneidungen zwischen Zuteilungselementen noch Doppelzählungen enthält.

§ 8 Maßgebliche Aktivitätsrate

(1) Für Bestandsanlagen bestimmt sich die maßgebliche Aktivitätsrate auf Basis der gemäß § 5 erhobenen Daten nach Wahl des Antragstellers einheitlich für alle Zuteilungselemente der Anlage entweder nach dem Bezugszeitraum vom 1. Januar 2005 bis einschließlich 31. Dezember 2008 oder nach dem Bezugszeitraum vom 1. Januar 2009 bis einschließlich 31. Dezember 2010.

(2) [1]Die maßgebliche Aktivitätsrate ist für jedes Produkt der Anlage, für das ein Zuteilungselement im Sinne des § 3 Absatz 1 Nummer 1 zu bilden ist, der Medianwert aller Jahresmengen dieses Produktes in dem nach Absatz 1 gewählten Bezugszeitraum. [2]Abweichend von Satz 1 bestimmt sich die Aktivitätsrate für die in Anhang III der einheitlichen EU-Zuteilungsregeln genannten Produkte nach den dort für diese Produkte festgelegten Formeln.

(3) Die maßgebliche Aktivitätsrate für ein Zuteilungselement mit Wärme-Emissionswert ist der in Gigawattstunden pro Jahr angegebene Medianwert aller Jahresmengen der nach § 2 Nummer 30 einbezogenen Wärme in dem nach Absatz 1 gewählten Bezugszeitraum.

(4) Die maßgebliche Aktivitätsrate für ein Zuteilungselement mit Brennstoff-Emissionswert ist der in Gigajoule pro Jahr angegebene Medianwert aller Jahresenergiemengen der für die Zwecke nach § 2 Nummer 27 verbrauchten Brennstoffe als Produkt von Brennstoffmenge und unterem Heizwert in dem nach Absatz 1 gewählten Bezugszeitraum.

(5) Die maßgebliche Aktivitätsrate für ein Zuteilungselement mit Prozessemissionen ist der Medianwert der in Tonnen Kohlendioxid-Äquivalent angegebenen Jahreswerte der nach § 2 Nummer 29 einbezogenen Prozessemissionen in dem nach Absatz 1 gewählten Bezugszeitraum.

(6) [1]Zur Bestimmung der Medianwerte nach den Absätzen 2 bis 5 werden nur die Kalenderjahre berücksichtigt, in denen die Anlage an mindestens einem Tag in Betrieb war. [2]Abweichend hiervon werden für die Bestimmung der Medianwerte bei Anlagen auch die Kalenderjahre berücksichtigt, in denen die Anlage während des Bezugszeitraums nicht an mindestens einem Tag in Betrieb war, soweit

1. die Anlage gelegentlich genutzt wird, insbesondere als Bereitschafts- oder Reservekapazität, oder als Anlage mit saisonalem Betrieb regelmäßig in Betrieb ist,

2. die Anlage über eine Genehmigung zur Emission von Treibhausgasen sowie über alle anderen vorgeschriebenen Betriebsgenehmigungen verfügt und regelmäßig gewartet wird und

3. es technisch möglich ist, die Anlage kurzfristig in Betrieb zu nehmen.

(7) Abweichend von den Absätzen 2 bis 5 werden die Aktivitätsraten berechnet auf der Basis der installierten Anfangskapazität jedes Zuteilungselements, multipliziert mit dem gemäß § 17 Absatz 2 bestimmten, maßgeblichen Auslastungsfaktor, sofern

1. der Zeitraum von der Inbetriebnahme einer Anlage bis zum Ende des nach Absatz 1 gewählten Bezugszeitraums weniger als zwei volle Kalenderjahre beträgt,

2. auf Grund von Absatz 6 Satz 1 die Aktivitätsraten der Zuteilungselemente von weniger als zwei Kalenderjahren des Bezugszeitraums zu berücksichtigen sind oder

3. der Betrieb einer Anlage nach Anhang 1 Teil 2 Nummer 7 bis 29 des Treibhausgas-Emissionshandelsgesetzes in dem nach Absatz 1 gewählten Bezugszeitraum länger als ein Kalenderjahr unterbrochen war und die Anlage nicht als Bereitschafts- oder Reservekapazität vorgehalten oder saisonal betrieben wird.

(8) [1]Bei wesentlichen Kapazitätserweiterungen zwischen dem 1. Januar 2005 und dem 30. Juni 2011 entspricht die maßgebliche Aktivitätsrate des Zuteilungselements der Summe des nach den Absätzen 2 bis 5 bestimmten Medianwertes ohne die wesentliche Kapazitätserweiterung und der Aktivitätsrate der zusätzlichen Kapazität. [2]Die Aktivitätsrate der zusätzlichen Kapazität entspricht dabei der Differenz zwischen der installierten Kapazität des Zuteilungselements nach der Kapazitätserweiterung und der installierten Anfangskapazität des geänderten Zuteilungselements bis zur Aufnahme des geänderten Betriebs, multipliziert mit der durchschnittlichen Kapazitätsauslastung des betreffenden Zuteilungselements im Zeitraum vom 1. Januar 2005 bis zum Ende des Kalenderjahres vor Aufnahme des geänderten Betriebs. [3]Bei wesentlichen Kapazitätserweiterungen im Jahr 2005 werden diese auf Antrag des Betreibers als nicht wesentliche Kapazitätserweiterungen behandelt; ansonsten ist in diesen Fällen für die Bestimmung der durchschnittlichen Kapazitätsauslastung des betreffenden Zuteilungselements die durchschnittliche monatliche Kapazitätsauslastung im Jahr 2005 bis zum Kalendermonat vor Aufnahme des geänderten Betriebs maßgeblich. [4]Bei mehreren Kapazitätserweiterungen ist die durchschnitt-

liche Kapazitätsauslastung des betreffenden Zuteilungselements vor der Aufnahme des Betriebs der ersten Änderung maßgeblich.

(9) [1]Bei wesentlichen Kapazitätsverringerungen zwischen dem 1. Januar 2005 und dem 30. Juni 2011 entspricht die maßgebliche Aktivitätsrate des Zuteilungselements der Differenz des gemäß den Absätzen 2 bis 5 bestimmten Medianwertes ohne die wesentliche Kapazitätsverringerung und der Aktivitätsrate der stillgelegten Kapazität. [2]Die Aktivitätsrate der stillgelegten Kapazität entspricht dabei der Differenz zwischen der installierten Anfangskapazität des geänderten Zuteilungselements bis zum Kalenderjahr vor Aufnahme des geänderten Betriebs und der installierten Kapazität des Zuteilungselements nach der Kapazitätsverringerung, multipliziert mit der durchschnittlichen Kapazitätsauslastung des betreffenden Zuteilungselements im Zeitraum vom 1. Januar 2005 bis zum Ende des Kalenderjahres vor Aufnahme des geänderten Betriebs. [3]Bei mehreren Kapazitätsverringerungen ist die durchschnittliche Kapazitätsauslastung des betreffenden Zuteilungselements vor der Aufnahme des Betriebs der ersten Kapazitätsverringerung maßgeblich. [4]Bei wesentlichen Kapazitätsverringerungen im Jahr 2005 gilt Absatz 8 Satz 3 zweiter Halbsatz entsprechend.

§ 9 Zuteilung für Bestandsanlagen

(1) [1]Zur Ermittlung der kostenlosen Zuteilungsmenge für Bestandsanlagen wird zunächst für jedes Zuteilungselement die vorläufige jährliche Anzahl Berechtigungen nach Maßgabe der Absätze 2 bis 4 errechnet. [2]Die Summe der vorläufigen jährlichen Anzahl Berechtigungen, die allen Zuteilungselementen kostenlos zuzuteilen sind, bildet die vorläufige Zuteilungsmenge für die Anlage. [3]Die zuständige Behörde meldet die vorläufigen Zuteilungsmengen für alle Anlagen nach § 9 Absatz 3 des Treibhausgas-Emissionshandelsgesetzes an die Europäische Kommission.

(2) Die vorläufige jährliche Anzahl Berechtigungen für ein Zuteilungselement ergibt sich

1. für jedes Zuteilungselement mit Produkt-Emissionswert aus dem Produkt-Emissionswert multipliziert mit der maßgeblichen produktbezogenen Aktivitätsrate nach § 8 Absatz 2,

2. für

   a) Zuteilungselemente mit Wärme-Emissionswert aus dem Emissionswert für messbare Wärme gemäß Anhang I der einheitlichen EU-Zuteilungsregeln multipliziert mit der wärmebezogenen Aktivitätsrate nach § 8 Absatz 3,

   b) Zuteilungselemente mit Brennstoff-Emissionswert aus dem Brennstoff-Emissionswert gemäß Anhang I der einheitlichen EU-Zuteilungsregeln multipliziert mit der brennstoffbezogenen Aktivitätsrate nach § 8 Absatz 4,

   c) Zuteilungselemente mit Prozessemissionen aus der prozessbezogenen Aktivitätsrate nach § 8 Absatz 5 multipliziert mit dem Faktor 0,97.

(3) [1]Auf die nach den Regeln dieser Verordnung für jedes Zuteilungselement für das betreffende Jahr ermittelte vorläufige jährliche Anzahl

kostenlos zuzuteilender Berechtigungen werden die jeweiligen jährlichen Faktoren gemäß Anhang VI der einheitlichen EU-Zuteilungsregeln angewandt. [2]Betreffen die in diesen Zuteilungselementen hergestellten Produkte Sektoren mit Verlagerungsrisiko, so ist für die Jahre 2013 und 2014 sowie für die Jahre 2015 bis 2020 der Faktor 1 anzuwenden. [3]Bei Änderungen der gemäß Artikel 10a Absatz 13 der Richtlinie 2003/87/EG durch die Europäische Kommission festgelegten Sektoren oder Teilsektoren für die Jahre 2013 und 2014 oder für die Jahre 2015 bis 2020 ist die Zuteilungsentscheidung insoweit von Amts wegen zu widerrufen und anzupassen.

(4) Die vorläufige jährliche Anzahl Berechtigungen für Zuteilungselemente mit Produkt-Emissionswert, welche messbare Wärme aus Zuteilungselementen bezogen haben, die Produkte herstellen, welche unter die Salpetersäure-Emissionswerte gemäß Anhang I der einheitlichen EU-Zuteilungsregeln fallen, wird um die Anzahl Berechtigungen gekürzt, die dem Produkt aus dem Jahresverbrauch dieser Wärme während der Jahre, die den Medianwert für die Zuteilung nach dem Salpetersäure-Emissionswert bilden, und dem Wert des Wärme-Emissionswertes für diese messbare Wärme gemäß Anhang I der einheitlichen EU-Zuteilungsregeln entspricht.

(5) [1]Bei der Berechnung der vorläufigen Zuteilungsmenge für die Anlage dürfen Eingangs- und Ausgangsströme sowie Emissionen nicht doppelt gezählt werden. [2]Stellt eine Anlage Zwischenprodukte her, die von dem Produkt-Emissionswert eines Produktes gemäß den jeweiligen Systemgrenzen nach Spalte 3 des Anhangs I der einheitlichen EU-Zuteilungsregeln umfasst sind, erhält die Anlage für die Zwischenprodukte keine Zuteilung, soweit diese Zwischenprodukte von einer Anlage aufgenommen werden und dort bei der Zuteilung berücksichtigt sind.

(6) [1]Die endgültige Zuteilungsmenge für die Anlage entspricht dem Produkt aus der nach den Absätzen 1 bis 5 berechneten vorläufigen Zuteilungsmenge für die Anlage und dem von der Europäischen Kommission gemäß Artikel 15 Absatz 3 der einheitlichen EU-Zuteilungsregeln festgesetzten sektorübergreifenden Korrekturfaktor. [2]Bei der Zuteilung für die Wärmeerzeugung bei Stromerzeugern wird statt des in Satz 1 genannten Korrekturfaktors der lineare Faktor gemäß Artikel 10a Absatz 4 der Richtlinie 2003/87/EG angewandt, ausgehend von der vorläufigen jährlichen Anzahl Berechtigungen, die dem betreffenden Stromerzeuger für das Jahr 2013 kostenlos zuzuteilen sind.

(7) Soweit die Europäische Kommission die vorläufige Zuteilungsmenge für eine Anlage ablehnt, lehnt die zuständige Behörde die beantragte Zuteilung ab.

Unterabschnitt 2
Besondere Zuteilungsregeln
§ 10 Zuteilungsregel für die Wärmeversorgung von Privathaushalten
(1) Soweit messbare Wärme an Privathaushalte abgegeben wird und sofern der auf die Produktion dieser Wärme entfallende Teil der nach § 9 Absatz 2 Nummer 2 Buchstabe a bestimmten vorläufigen jährlichen Anzahl Berechtigungen für 2013 niedriger ist als der für den Zeitraum vom 1. Januar 2005 bis zum 31. Dezember 2008 berechnete Medianwert der jährlichen Emissionen des Zuteilungselements, die aus der Produktion messbarer Wärme resultieren, die an Privathaushalte abgegeben worden ist, wird auf Antrag die vorläufige jährliche Anzahl Berechtigungen für 2013 um die Differenz erhöht.

(2) [1]In jedem der Jahre 2014 bis 2020 wird die nach Absatz 1 festgestellte vorläufige jährliche Anzahl Berechtigungen so angepasst, dass sie für das betreffende Jahr einem Prozentsatz des Medianwertes der jährlichen Emissionen nach Absatz 1 entspricht. [2]Dieser Prozentsatz beträgt 90 Prozent im Jahr 2014 und verringert sich in jedem der Folgejahre um 10 Prozentpunkte. [3]Die Anpassung nach den Sätzen 1 und 2 unterbleibt, sobald der auf die Produktion dieser Wärme entfallende Teil der nach § 9 Absatz 2 Nummer 2 Buchstabe a bestimmten vorläufigen jährlichen Anzahl Berechtigungen für das betreffende Jahr unterschritten würde.

(3) [1]Im Antrag nach Absatz 1 hat der Antragsteller zusätzlich die anteiligen Treibhausgasemissionen anzugeben, die der Produktion von messbarer Wärme in den Jahren 2005 bis 2008, die an Privathaushalte abgegeben worden ist, zuzurechnen sind; bei gekoppelter Wärmeproduktion sind die anteiligen Treibhausgasemissionen nach Maßgabe von Anhang 1 Teil 3 zu ermitteln und anzugeben. [2]Weiterhin anzugeben sind:
1. der Anteil der an Privathaushalte abgegebenen Wärmemenge an der Wärmemenge, die jährlich insgesamt an Anlagen und Einrichtungen abgegeben wird, die nicht dem Anwendungsbereich des Treibhausgas-Emissionshandelsgesetzes unterliegen, jeweils gesondert für die Jahre 2005 bis 2008, oder
2. die Menge der abgegebenen Wärme mit einer Vorlauftemperatur von weniger als 130 Grad Celsius im Auslegungszustand.

(4) [1]Im Fall von Absatz 3 Satz 2 Nummer 1 und der Wärmeabgabe an ein Wärmeverteilnetz hat der Antragsteller die Gesamtmenge an Wärme anzugeben, die der Wärmenetzbetreiber abgegeben hat, sowie die Menge an Wärme, die der Wärmenetzbetreiber an Privathaushalte abgegeben hat. [2]Die Daten des Wärmenetzbetreibers sind zu verifizieren. [3]Für den Antragsteller bestimmt sich die an Privathaushalte abgegebene Wärmemenge anhand des Verhältnisses der vom Wärmenetzbetreiber an Privathaushalte abgegebenen Wärmemenge zur insgesamt von ihm abgegebenen Wärmemenge.

(5) Im Fall von Absatz 3 Satz 2 Nummer 2 und der Wärmeabgabe an ein Wärmeverteilnetz gelten 39 Prozent dieser Wärme als an Privathaushalte abgegeben.

§ 11 Zuteilungsregel für die Herstellung von Zellstoff

Besteht eine Anlage aus Zuteilungselementen, in denen Zellstoff hergestellt wird, unabhängig davon, ob dieser Zellstoff unter einen Produkt-Emissionswert fällt, und wird aus diesen Zuteilungselementen messbare Wärme an andere Zuteilungselemente abgegeben, so wird für die Berechnung der vorläufigen Zuteilungsmenge dieser Anlage gemäß § 9 Absatz 1 Satz 2 die vorläufige jährliche Anzahl Berechtigungen für das Zellstoff herstellende Zuteilungselement nur berücksichtigt, soweit die von diesem Zuteilungselement hergestellten Zellstoffprodukte in den Verkehr gebracht und nicht in derselben Anlage oder in anderen, technisch angeschlossenen Anlagen zu Papier verarbeitet werden.

§ 12 Zuteilungsregel für Steamcracking-Prozesse

Abweichend von § 9 Absatz 2 Nummer 1 berechnet sich die vorläufige jährliche Anzahl Berechtigungen, die einem Zuteilungselement mit Produkt-Emissionswert für die Herstellung chemischer Wertprodukte zuzuteilen sind, nach Maßgabe von Anhang 1 Teil 1.

§ 13 Zuteilungsregel für Vinylchlorid-Monomer

[1]Abweichend von § 9 Absatz 2 Nummer 1 berechnet sich die vorläufige jährliche Anzahl der einem Zuteilungselement für die Herstellung von Vinylchlorid-Monomer zuzuteilenden Berechtigungen nach Anhang 1 Teil 2. [2]Bei diesen Zuteilungselementen muss der Zuteilungsantrag ergänzend zu den sonstigen Bestimmungen dieser Verordnung Angaben enthalten über den Wasserstoff, der für die Herstellung von Vinylchlorid-Monomer als Brennstoff verwendet wurde.

§ 14 Wärmeflüsse zwischen Anlagen

Soweit in einem Zuteilungselement mit Produkt-Emissionswert messbare Wärme aus einer nicht unter den Anwendungsbereich des Treibhausgas-Emissionshandelsgesetzes fallenden Anlage oder anderen Einrichtung bezogen wurde, wird die nach § 9 Absatz 2 Nummer 1 berechnete vorläufige jährliche Anzahl der dem betreffenden Zuteilungselement mit Produkt-Emissionswert zuzuteilenden Berechtigungen gekürzt um die Anzahl Berechtigungen, die dem Produkt entspricht aus

1. der Wärmemenge, die in den die Aktivitätsrate des Zuteilungselements bestimmenden Jahren des nach § 8 Absatz 1 gewählten Bezugszeitraums bezogen wurde, und
2. dem Wärme-Emissionswert für messbare Wärme gemäß Anhang I der einheitlichen EU-Zuteilungsregeln.

§ 15 Austauschbarkeit von Brennstoff und Strom

(1) Für jedes Zuteilungselement mit Produkt-Emissionswert, bei dem die Austauschbarkeit von Brennstoff und Strom nach Anhang I Nummer 2 der einheitlichen EU-Zuteilungsregeln berücksichtigt wird, entspricht die vorläufige jährliche Anzahl Berechtigungen nach § 9 Absatz 2 Nummer 1 dem mit der produktbezogenen Aktivitätsrate multiplizierten Wert des maßgeblichen Produkt-Emissionswertes, multipliziert mit dem Quotienten aus den in Tonnen Kohlendioxid-Äquivalent angegebenen gesamten direkten Emissionen nach Absatz 4 und der in Tonnen Kohlendioxid-Äqui-

valent angegebenen Summe der direkten Emissionen und der nach Absatz 2 zu berechnenden indirekten Emissionen während des Bezugszeitraums.

(2) Für die Berechnung nach Absatz 1 beziehen sich die maßgeblichen indirekten Emissionen auf den in Megawattstunden angegebenen maßgeblichen Stromverbrauch im Sinne der Definition der Prozesse und Emissionen der in Anhang I Nummer 2 der einheitlichen EU-Zuteilungsregeln aufgeführten Produkte für die Herstellung des betreffenden Produktes während des Bezugszeitraums gemäß § 8 Absatz 1, multipliziert mit 0,465 Tonnen Kohlendioxid pro Megawattstunde Strom und ausgedrückt als Tonnen Kohlendioxid.

(3) Für die Berechnung nach Absatz 1 beziehen sich die Emissionen aus dem Nettowärmebezug auf die für die Herstellung des betreffenden Produktes benötigte Menge an messbarer Wärme, die während des nach § 8 Absatz 1 gewählten Bezugszeitraums bezogen wurde, multipliziert mit dem Wärme-Emissionswert gemäß Anhang I Nummer 3 der einheitlichen EU-Zuteilungsregeln.

(4) [1]Die direkten Emissionen beinhalten die nach Absatz 3 zu berechnenden Emissionen aus der bezogenen Nettowärme während des nach § 8 Absatz 1 gewählten Bezugszeitraums. [2]Nicht enthalten sind die Emissionen aus der Stromproduktion sowie aus messbarer Wärme, die über die Systemgrenzen des Zuteilungselements hinaus abgegeben wurde. [3]Die Emissionen aus der gekoppelten Erzeugung von Strom und Wärme werden nach Maßgabe von Anhang 1 Teil 3 aufgeteilt.

Abschnitt 3
Neue Marktteilnehmer
§ 16 Antrag auf kostenlose Zuteilung von Berechtigungen

(1) Anträge auf kostenlose Zuteilung für neue Marktteilnehmer sind innerhalb eines Jahres nach Aufnahme des Regelbetriebs der Anlage zu stellen, bei wesentlichen Kapazitätserweiterungen innerhalb eines Jahres nach Aufnahme des geänderten Betriebs.

(2) Der Anlagenbetreiber ist verpflichtet, im Antrag folgende Angaben zu machen:

1. Allgemeine Angaben zu der Anlage:
   a) die Bezeichnung der Tätigkeit im Sinne des Anhangs 1 Teil 2 des Treibhausgas-Emissionshandelsgesetzes,
   b) die NACE-Codes Rev 2 und Rev 1.1 der Anlage, dem die Tätigkeit zuzuordnen ist,
   c) eine Beschreibung der Anlage, ihrer wesentlichen Anlagenteile und Nebeneinrichtungen sowie der Betriebsart,
   d) eine Beschreibung der angewandten Erhebungsmethodik, der verschiedenen Datenquellen und der angewandten Berechnungsschritte,
   e) die Gesamtfeuerungswärmeleistung, soweit für die Tätigkeit in Anhang 1 Teil 2 des Treibhausgas-Emissionshandelsgesetzes ein Schwellenwert als Feuerungswärmeleistung angegeben ist,

  f) sofern es sich um einen Stromerzeuger handelt, eine Bezeichnung
      als solcher,

  g) die Bezeichnung der für die Genehmigung nach § 4 Absatz 1
      Satz 1 des Treibhausgas-Emissionshandelsgesetzes zuständigen
      Behörde, deren Genehmigungsaktenzeichen, das Datum der Ge-
      nehmigung zu dem Zeitpunkt, zu dem die Anlage erstmals unter
      den Anwendungsbereich des Treibhausgas-Emissionshandels-
      gesetzes gefallen ist, und gegebenenfalls das Datum der letzten
      Änderung der Genehmigung,

  h) bei Neuanlagen das Datum der Aufnahme des Regelbetriebs so-
      wie die Emissionen der Anlage bis zu diesem Zeitpunkt,

  i) die für die Zuteilung maßgeblichen Zuteilungselemente;

2. Angaben für die Anlage bis einschließlich des vorletzten Kalendermonats vor der Antragstellung:

  a) sämtliche zuteilungsrelevanten Eingangs- und Ausgangsströme,

  b) im Fall des Austausches von messbarer Wärme, Restgasen oder
      Treibhausgasen mit anderen Anlagen oder Einrichtungen Anga-
      ben, in welcher Menge und mit welchen Anlagen oder Einrich-
      tungen dieser Austausch stattfand; bei einem Austausch mit Anla-
      gen nach Anhang 1 Teil 2 des Treibhausgas-Emissionshandels-
      gesetzes zusätzlich die Angabe der Genehmigungskennungen dieser
      Anlagen aus dem Emissionshandelsregister,

  c) im Fall von Anlagen, die Strom erzeugen, eine Bilanz der elek-
      trischen Energie der Anlage und die Mengen an Emissionen und
      Wärme sowie die Energie der Brennstoffe, die der Stromerzeu-
      gung zuzuordnen sind;

3. Angaben zu jedem Zuteilungselement:

  a) die installierte Anfangskapazität,

  b) bei einer wesentlichen Kapazitätserweiterung eines Zuteilungs-
      elements nach dem 30. Juni 2011 das Datum der Aufnahme des
      geänderten Betriebs, die zusätzliche Kapazität und die installierte
      Kapazität nach der wesentlichen Kapazitätserweiterung sowie die
      Nachweise, dass die Kriterien für eine wesentliche Kapazitätser-
      weiterung nach § 2 Nummer 24 erfüllt sind,

  c) zusätzliche Angaben nach § 17 Absatz 2;

4. Angaben zu jedem Zuteilungselement bis einschließlich des vorletzten Kalendermonats vor der Antragstellung:

  a) die anteilig zuzuordnenden Emissionen und Energien der einge-
      setzten Brennstoffe,

  b) die anteilig zuzuordnenden Eingangs- und Ausgangsströme nach
      Nummer 2 Buchstabe a, sofern für die Anlage mindestens zwei
      Zuteilungselemente gebildet wurden und davon mindestens ein
      Zuteilungselement unter § 3 Absatz 1 Nummer 2 bis 4 fällt,

  c) die durchschnittliche Kapazitätsauslastung des Zuteilungsele-
      ments,

  d) bei Produkten, die in Anhang I Nummer 2 der einheitlichen EU-
      Zuteilungsregeln aufgeführt sind, den maßgeblichen Stromver-

brauch für die Herstellung des betreffenden Produktes im Sinne der Definition der Prozesse und Emissionen der in Anhang I Nummer 2 der einheitlichen EU-Zuteilungsregeln aufgeführten Produkte,

e) die Bezeichnung der hergestellten Produkte mit deren Prodcom-Code 2007 und 2010 und NACE-Code Rev 1.1 und Rev 2 und den produzierten Mengen;

5. Zusätzliche Angaben zu Zuteilungselementen in Sonderfällen bis einschließlich des vorletzten Kalendermonats vor der Antragstellung:

a) bei Zuteilungselementen, die messbare Wärme beziehen, die Menge an messbarer Wärme sowie die Menge, die von nicht dem Emissionshandel unterliegenden Anlagen oder Einrichtungen bezogen wird,

b) bei Zuteilungselementen, die messbare Wärme abgeben, die Bezeichnung der Anlagen oder anderen Einrichtungen, an die die messbare Wärme abgegeben wird; wird die Wärme an Anlagen nach Anhang 1 Teil 2 des Treibhausgas-Emissionshandelsgesetzes abgegeben, so sind zusätzlich die Genehmigungskennungen dieser Anlagen aus dem Emissionshandelsregister sowie die Wärmemengen anzugeben, die an die einzelnen Anlagen oder Einrichtungen abgegeben werden,

c) bei Zuteilungselementen mit Wärme-Emissionswert für die in gekoppelter Produktion erzeugte Wärme eine Zuordnung der Eingangsströme und der diesbezüglichen Emissionen zu den in gekoppelter Produktion hergestellten Produkten nach Maßgabe von Anhang 1 Teil 3 sowie die hierfür zusätzlich erforderlichen Angaben nach Anhang 1 Teil 3 Nummer 4,

d) bei Produkten nach Anhang III der einheitlichen EU-Zuteilungsregeln die nach den dort angegebenen Formeln zu ermittelnden Daten,

e) bei Prozessen zur Herstellung von Synthesegas und Wasserstoff in Anlagen im Sinne des Anhangs 1 Teil 2 Nummer 7 des Treibhausgas-Emissionshandelsgesetzes die entsprechend den in Anhang III Nummer 6 und 7 der einheitlichen EU-Zuteilungsregeln angegebenen Formeln zu ermittelnden Daten,

f) bei der Herstellung von Produkten nach Anhang I der einheitlichen EU-Zuteilungsregeln die Menge der eingesetzten Zwischenprodukte im Sinne des § 9 Absatz 5 Satz 2 und aus dem Emissionshandelsregister die Genehmigungskennung der Anlage, von der das Zwischenprodukt bezogen wird,

g) bei Abgabe eines Zwischenproduktes im Sinne des § 9 Absatz 5 Satz 2 an eine andere Anlage im Anwendungsbereich des Treibhausgas-Emissionshandelsgesetzes die jeweilige Menge der abgegebenen Zwischenprodukte und aus dem Emissionshandelsregister die Genehmigungskennung der Anlage, an die das Produkt oder Zwischenprodukt abgegeben wird.

(3) § 6 gilt entsprechend.

(4) Die installierte Anfangskapazität für Neuanlagen entspricht für jedes Zuteilungselement abweichend von § 4 dem Durchschnitt der zwei höchsten Monatsproduktionsmengen innerhalb des durchgängigen 90-Tage-Zeitraums, auf dessen Grundlage die Aufnahme des Regelbetriebs bestimmt wird, hochgerechnet auf ein Kalenderjahr.

(5) [1]Die zuständige Behörde bestätigt unverzüglich den Eingang des Antrags und der beigefügten Unterlagen und Nachweise. [2]Im Fall einer durch die zuständige Behörde vorgeschriebenen elektronischen Übermittlung des Antrags genügt die automatisch erzeugte Eingangsbestätigung. [3]Die zuständige Behörde teilt dem Antragsteller innerhalb von sechs Wochen mit, welche zusätzlichen Angaben, Unterlagen und Nachweise für die Berechnung der vorläufigen Jahresgesamtzuteilungsmenge benötigt werden.

(6) Die zuständige Behörde soll innerhalb von drei Monaten nach Eingang der vollständigen Antragsunterlagen die vorläufige Jahresgesamtzuteilungsmenge ermitteln und an die Europäische Kommission melden.

§ 17 Aktivitätsraten neuer Marktteilnehmer

(1) Für die nach § 3 zu bestimmenden Zuteilungselemente von Neuanlagen bestimmen sich die für die Zuteilung von Berechtigungen maßgeblichen Aktivitätsraten wie folgt:

1. die produktbezogene Aktivitätsrate für ein Zuteilungselement mit Produkt-Emissionswert entspricht der installierten Anfangskapazität des betreffenden Zuteilungselements für die Herstellung dieses Produktes multipliziert mit dem von der Kommission hierfür nach Artikel 18 Absatz 2 Satz 1 der einheitlichen EU-Zuteilungsregeln veröffentlichten Standardauslastungsfaktor;

2. die wärmebezogene Aktivitätsrate für ein Zuteilungselement mit Wärme-Emissionswert entspricht der installierten Anfangskapazität des betreffenden Zuteilungselements multipliziert mit dem maßgeblichen Auslastungsfaktor;

3. die brennstoffbezogene Aktivitätsrate für ein Zuteilungselement mit Brennstoff-Emissionswert entspricht der installierten Anfangskapazität des betreffenden Zuteilungselements multipliziert mit dem maßgeblichen Auslastungsfaktor;

4. die auf Prozessemissionen bezogene Aktivitätsrate für ein Zuteilungselement mit Prozessemissionen entspricht der installierten Anfangskapazität des betreffenden Zuteilungselements multipliziert mit dem maßgeblichen Auslastungsfaktor.

(2) Der maßgebliche Auslastungsfaktor gemäß Absatz 1 Nummer 2 bis 4 wird bestimmt auf der Grundlage der Angaben des Antragstellers über

1. den tatsächlichen Betrieb des Zuteilungselements bis zur Antragstellung und den geplanten Betrieb der Anlage oder des Zuteilungselements, ihrer geplanten Wartungszeiträume und Produktionszyklen,

2. den Einsatz energie- und treibhausgaseffizienter Techniken, die den maßgeblichen Auslastungsfaktor der Anlage beeinflussen können,

3. die typische Auslastung innerhalb der betreffenden Sektoren.

(3) Für Zuteilungselemente, deren Kapazität nach dem 30. Juni 2011 wesentlich erweitert wurde, sind die Aktivitätsraten nach Absatz 1 nur für die zusätzliche Kapazität der Zuteilungselemente zu bestimmen, auf die sich die wesentliche Kapazitätserweiterung bezieht.

§ 18 Zuteilung für neue Marktteilnehmer

(1) Für die Zuteilung von Berechtigungen für Neuanlagen berechnet die zuständige Behörde die vorläufige jährliche Anzahl der bei Aufnahme des Regelbetriebs der Anlage für die verbleibenden Jahre der Handelsperiode 2013 bis 2020 kostenlos zuzuteilenden Berechtigungen wie folgt und für jedes Zuteilungselement separat:

1. für jedes Zuteilungselement mit Produkt-Emissionswert entspricht die vorläufige jährliche Anzahl der kostenlos zuzuteilenden Berechtigungen dem Produkt aus dem jeweiligen Produkt-Emissionswert und der produktbezogenen Aktivitätsrate;
2. für jedes Zuteilungselement mit Wärme-Emissionswert entspricht die vorläufige jährliche Anzahl der kostenlos zuzuteilenden Berechtigungen dem Produkt aus dem Emissionswert für messbare Wärme und der wärmebezogenen Aktivitätsrate;
3. für jedes Zuteilungselement mit Brennstoff-Emissionswert entspricht die vorläufige jährliche Anzahl der kostenlos zuzuteilenden Berechtigungen dem Produkt aus dem Brennstoff-Emissionswert und der brennstoffbezogenen Aktivitätsrate;
4. für jedes Zuteilungselement mit Prozessemissionen entspricht die vorläufige jährliche Anzahl der kostenlos zuzuteilenden Berechtigungen der prozessbezogenen Aktivitätsrate multipliziert mit dem Faktor 0,97.

(2) [1]Für die Berechnung der vorläufigen jährlichen Anzahl Berechtigungen gemäß Absatz 1 gelten § 3 Absatz 3, § 9 Absatz 3 bis 5 sowie die §§ 11 bis 15 entsprechend. [2]Dabei ist der in den §§ 11 bis 15 maßgebliche Zeitraum derjenige, welcher zur Bestimmung der installierten Anfangskapazität für Neuanlagen oder zur Bestimmung der installierten Kapazität nach einer wesentlichen Kapazitätsänderung herangezogen wurde. [3]Für das Kalenderjahr, in dem die Neuanlage ihren Regelbetrieb aufgenommen hat, ist die Zuteilungsmenge taganteilig zu kürzen.

(3) Wurde die Kapazität eines Zuteilungselements nach dem 30. Juni 2011 wesentlich erweitert, so berechnet die zuständige Behörde auf Antrag des Anlagenbetreibers und unbeschadet der Zuteilung für die Anlage gemäß § 9 die Anzahl der für die zusätzliche Kapazität kostenlos zuzuteilenden Berechtigungen entsprechend den Zuteilungsregeln nach Absatz 1.

(4) Für Emissionen der Zuteilungselemente, die vor Aufnahme des Regelbetriebs erfolgt sind, werden für die Neuanlage auf Basis dieser in Tonnen Kohlendioxid-Äquivalent angegebenen Emissionen zusätzliche Berechtigungen zugeteilt.

(5) Die vorläufige Jahresgesamtmenge der kostenlos zuzuteilenden Berechtigungen entspricht der Summe der nach den Absätzen 1 und 2 oder

nach Absatz 3 berechneten vorläufigen jährlichen Anzahl der allen Zuteilungselementen kostenlos zuzuteilenden Berechtigungen und der zusätzlichen Berechtigungen gemäß Absatz 4.

(6) [1]Die vorläufige Jahresgesamtmenge wird ab 2014 jährlich um den Kürzungsfaktor nach Artikel 10a Absatz 7 der Richtlinie 2003/87/EG gekürzt. [2]Daraus ergibt sich die endgültige Jahresgesamtmenge. [3]§ 9 Absatz 7 gilt entsprechend.

(7) Zur Bewertung weiterer Kapazitätsänderungen legt die zuständige Behörde nach einer wesentlichen Kapazitätsänderung die installierte Kapazität des Zuteilungselements nach dieser wesentlichen Kapazitätsänderung gemäß § 2 Nummer 5 als installierte Anfangskapazität des Zuteilungselements zugrunde.

Abschnitt 4
Kapazitätsverringerungen und Betriebseinstellungen

§ 19 Wesentliche Kapazitätsverringerung

(1) [1]Im Fall einer wesentlichen Kapazitätsverringerung eines Zuteilungselements ab dem 30. Juni 2011 ist die Anzahl der für eine Anlage kostenlos zugeteilten Berechtigungen um die der Kapazitätsverringerung entsprechenden Menge zu kürzen. [2]Für die Berechnung der zu kürzenden Menge an Berechtigungen gilt § 18 Absatz 3 entsprechend. [3]Dabei sind in entsprechender Anwendung von § 17 Absatz 1 die Aktivitätsraten für die stillgelegte Kapazität der Zuteilungselemente zu bestimmen, auf die sich die wesentliche Kapazitätsverringerung bezieht.

(2) [1]Die Zuteilungsentscheidung für die Anlage ist ab dem Jahr, das auf das Jahr der Kapazitätsverringerung folgt, von Amts wegen aufzuheben und anzupassen, bei wesentlichen Kapazitätsverringerungen vor dem 1. Januar 2013 ab dem Jahr 2013. [2]Die Aufhebung der Zuteilungsentscheidung steht unter der auflösenden Bedingung einer Ablehnung durch die Europäische Kommission.

(3) Zur Bewertung anschließender wesentlicher Kapazitätsänderungen legt die zuständige Behörde die installierte Kapazität des Zuteilungselements nach der wesentlichen Kapazitätsverringerung als installierte Anfangskapazität des Zuteilungselements zugrunde.

§ 20 Betriebseinstellungen

(1) Der Betrieb einer Anlage gilt als eingestellt, wenn eine oder mehrere der folgenden Bedingungen gegeben sind:

1. die Genehmigung zur Emission von Treibhausgasen ist erloschen;
2. die Genehmigung zur Emission von Treibhausgasen wurde aufgehoben;
3. der Betrieb der Anlage ist aus technischer Sicht unmöglich;
4. die Anlage ist nicht in Betrieb, war jedoch zuvor in Betrieb, und der Betrieb kann aus technischen Gründen nicht wieder aufgenommen werden;
5. die Anlage ist nicht in Betrieb, war jedoch zuvor in Betrieb, und der Anlagenbetreiber kann nicht garantieren, dass diese Anlage ihren Be-

trieb innerhalb von maximal sechs Monaten nach der Betriebseinstellung wieder aufnehmen wird; die zuständige Behörde kann auf
Antrag diese Frist auf bis zu 18 Monate verlängern, wenn der Anlagenbetreiber nachweisen kann, dass die Anlage den Betrieb innerhalb von sechs Monaten nicht wieder aufnehmen kann auf Grund au-
ßergewöhnlicher und unvorhersehbarer Umstände, die selbst bei aller
gebührenden Sorgfalt nicht hätten verhindert werden können und die
außerhalb der Kontrolle des Betreibers der betreffenden Anlage liegen, insbesondere auf Grund von Umständen wie Naturkatastrophen,
Krieg, Kriegsdrohungen, Terroranschlägen, Revolutionen, Unruhen,
Sabotageakten oder Sachbeschädigungen.

(2) Absatz 1 Nummer 5 gilt weder für Anlagen, die in Reserve oder Bereitschaft gehalten werden, noch für Saisonanlagen, soweit die Anlage
über eine Genehmigung zur Emission von Treibhausgasen sowie über
alle anderen vorgeschriebenen Betriebsgenehmigungen verfügt, regelmäßig gewartet wird und es technisch möglich ist, die Anlage kurzfristig in
Betrieb zu nehmen, ohne dass hierzu physische Änderungen erforderlich
sind.

(3) [1]Im Fall der Betriebseinstellung nach Absatz 1 hebt die zuständige
Behörde ab dem Jahr, das auf das Jahr der Betriebseinstellung folgt, die
Zuteilungsentscheidung von Amts wegen auf und stellt die Ausgabe von
Berechtigungen an diese Anlage ein. [2]Die Aufhebung der Zuteilungsent-
scheidung steht unter der auflösenden Bedingung einer Ablehnung durch
die Europäische Kommission.

§ 21 Teilweise Betriebseinstellungen

(1) Es wird davon ausgegangen, dass eine Anlage ihren Betrieb teilweise
eingestellt hat, wenn ein Zuteilungselement, auf das mindestens 30 Prozent der der Anlage endgültig jährlich kostenlos zugeteilten Berechtigungen entfallen oder für das jährlich mehr als 50 000 Berechtigungen zugeteilt wurden, seine Aktivitätsrate in einem Kalenderjahr gegenüber der in
der Zuteilung nach den §§ 9, 18 oder 19 zugrunde gelegten Aktivitätsrate
(Anfangsaktivitätsrate) um mindestens 50 Prozent verringert.

(2) [1]Die zuständige Behörde hebt die Zuteilungsentscheidung von Berechtigungen an eine Anlage, die ihren Betrieb teilweise einstellt, ab dem
auf die teilweise Betriebseinstellung folgenden Kalenderjahr, bei teilweiser Betriebseinstellung vor dem 1. Januar 2013 ab dem Jahr 2013, von
Amts wegen auf und passt die Zuteilungsentscheidung wie folgt an:

1. verringert sich die Aktivitätsrate des Zuteilungselements gegenüber
   der Anfangsaktivitätsrate um 50 bis 75 Prozent, so erhält das Zuteilungselement die Hälfte der zugeteilten Berechtigungen;
2. verringert sich die Aktivitätsrate des Zuteilungselements gegenüber
   der Anfangsaktivitätsrate um 75 bis 90 Prozent, so erhält das Zuteilungselement 25 Prozent der zugeteilten Berechtigungen;
3. verringert sich die Aktivitätsrate des Zuteilungselements gegenüber
   der Anfangsaktivitätsrate um 90 Prozent oder mehr, so werden diesem
   Zuteilungselement keine Berechtigungen zugeteilt.

²Die zuständige Behörde kann bei Zuteilungselementen mit Produkt-Emissionswert im Rahmen der Berechnung der prozentualen Verringerung nach Satz 1 eine Verringerung der Aktivitätsrate unberücksichtigt lassen, soweit diese Verringerung durch eine Mehrproduktion eines vergleichbaren Produktes mit Produkt-Emissionswert in derselben Produktionslinie der Anlage kompensiert wird.

(3) Erreicht das Zuteilungselement nach einer Anpassung der Zuteilung nach Absatz 2 in einem der auf die teilweise Betriebseinstellung folgenden Kalenderjahre eine Aktivitätsrate von über 50 Prozent der Anfangsaktivitätsrate, so teilt die zuständige Behörde der betreffenden Anlage ab dem Jahr, das auf das Kalenderjahr folgt, in dem die Aktivitätsrate des Zuteilungselements den Schwellenwert von 50 Prozent überschritten hat, die ihr vor der Anpassung der Zuteilung nach Absatz 2 zugeteilten Berechtigungen von Amts wegen zu.

(4) Erreicht das Zuteilungselement nach einer Anpassung der Zuteilung nach Absatz 2 Nummer 2 oder Nummer 3 in einem der auf die teilweise Betriebseinstellung folgenden Kalenderjahre eine Aktivitätsrate von über 25 Prozent der Anfangsaktivitätsrate, so teilt die zuständige Behörde der betreffenden Anlage ab dem Jahr, das auf das Kalenderjahr folgt, in dem die Aktivitätsrate des Zuteilungselements den Schwellenwert von 25 Prozent überschritten hat, die Hälfte der ihr vor der Anpassung der Zuteilung nach Absatz 2 zugeteilten Berechtigungen von Amts wegen zu.

(5) Die Anpassungen von Zuteilungsentscheidungen nach den Absätzen 2 bis 4 stehen unter der auflösenden Bedingung einer Ablehnung durch die Europäische Kommission.

(6) Bei Zuteilungselementen mit Wärme-Emissionswert bleibt bei der Bestimmung der Aktivitätsraten nach den vorstehenden Absätzen unberücksichtigt:

1. die an andere Anlagen im Anwendungsbereich des Treibhausgas-Emissionshandelsgesetzes abgegebene Wärme und
2. die aufgenommene Wärme von anderen Anlagen, die nicht dem Anwendungsbereich des Treibhausgas-Emissionshandelsgesetzes unterliegen.

§ 22 Änderungen des Betriebs einer Anlage

(1) Der Anlagenbetreiber hat der zuständigen Behörde alle relevanten Informationen über geplante oder tatsächliche Änderungen der Kapazität, der Aktivitätsraten und des Betriebs der Anlage bis zum 31. Januar des Folgejahres, erstmals zum 31. Januar 2013, mitzuteilen.

(2) ¹Im Fall einer wesentlichen Kapazitätsverringerung nach § 19 ist der Anlagenbetreiber verpflichtet, der zuständigen Behörde die stillgelegte Kapazität und die installierte Kapazität des Zuteilungselements nach der wesentlichen Kapazitätsverringerung unverzüglich mitzuteilen. ²Im Fall einer Betriebseinstellung nach § 20 Absatz 1 ist der Anlagenbetreiber verpflichtet, der zuständigen Behörde das Datum der Betriebseinstellung unverzüglich mitzuteilen.

Abschnitt 5
Befreiung von Kleinemittenten
§ 23 Angaben im Antrag auf Befreiung für Kleinemittenten

(1) Im Rahmen der Antragstellung nach § 27 Absatz 2 Satz 1 des Treibhausgas-Emissionshandelsgesetzes kann der Anlagenbetreiber im Fall der Auswahl des Ausgleichsbetrages als gleichwertige Maßnahme auf die Anrechnung des Kürzungsfaktors nach § 27 Absatz 3 Satz 2 des Treibhausgas-Emissionshandelsgesetzes verzichten; in diesem Fall sind die zusätzlich erforderlichen Angaben nach den Absätzen 3 und 4 sowie § 25 entbehrlich.

(2) Der Antrag muss folgende Angaben enthalten:
1. die jährlichen Emissionen der Anlage in den Kalenderjahren 2008 bis 2010 und
2. bei Anlagen nach Anhang 1 Teil 2 Nummer 1 bis 6 des Treibhausgas-Emissionshandelsgesetzes die Feuerungswärmeleistung der Anlage.

(3) Zusätzlich sind als Grundlage für den Nachweis spezifischer Emissionsminderungen folgende Angaben erforderlich:
1. die Produktionsmenge der Anlage nach § 24 in der Basisperiode;
2. die durch die Produktion nach Nummer 1 verursachten Emissionen in der Basisperiode;
3. für Anlagen nach Anhang 1 Teil 2 Nummer 7 bis 29 des Treibhausgas-Emissionshandelsgesetzes die Mengen an Strom und messbarer Wärme, die in der Basisperiode von anderen Anlagen bezogen oder an andere Anlagen abgegeben wurden, und
4. im Fall des gemeinsamen Minderungsnachweises nach Anhang 5 Teil 1 Nummer 1 Buchstabe b des Treibhausgas-Emissionshandelsgesetzes die Bezeichnung der einbezogenen Anlagen sowie der Name für den gemeinsamen Anlagenverbund.

(4) [1]Für Anlagen nach Anhang 1 Teil 2 Nummer 1 bis 6 des Treibhausgas-Emissionshandelsgesetzes sind die auf die Erzeugung von Strom, Wärme und mechanische Arbeit entfallenden Emissionen getrennt anzugeben. [2]Für die Zuordnung der Emissionen zu den in gekoppelter Produktion hergestellten Produkten Strom und Wärme gilt Anhang 1 Teil 3; im Fall gekoppelter Produktion von mechanischer Arbeit und Wärme gilt Anhang 1 Teil 3 entsprechend.

(5) [1]Bei der Bestimmung von Emissionen nach den Absätzen 2 bis 4 sind die Vorgaben der Datenerhebungsverordnung 2020 zu beachten. [2]§ 5 Absatz 3 gilt entsprechend. [3]Produktionsmengen sind bezogen auf die jährliche Nettomenge marktfähiger Produkteinheiten anzugeben, für Anlagen nach Anhang 1 Teil 2 Nummer 1 bis 6 des Treibhausgas-Emissionshandelsgesetzes in Megawattstunden und für andere Anlagen bezogen auf die Gesamtheit der unter der jeweiligen Tätigkeit hergestellten Produkte in Tonnen.

(6) [1]Basisperiode ist der nach § 8 Absatz 1 gewählte Bezugszeitraum. [2]Für Anlagen, die im Jahr 2007 oder 2008 in Betrieb genommen wurden und als Bezugszeitraum nach § 8 Absatz 1 nicht die Jahre 2009 und 2010

gewählt haben, besteht die Basisperiode aus den zwei auf das Jahr der Inbetriebnahme folgenden Jahren.

§ 24 Bestimmung des Emissionswertes der Anlage in der Basisperiode

(1) [1]Der Emissionswert der Anlage bezieht sich

1. bei Anlagen nach Anhang 1 Teil 2 Nummer 1 bis 6 des Treibhausgas-
   Emissionshandelsgesetzes auf die Emissionsmenge je Produkteinheit
   für die Produkte Strom, Wärme oder mechanische Arbeit, jeweils getrennt nach gekoppelter und nicht gekoppelter Produktion;

2. bei Anlagen nach Anhang 1 Teil 2 Nummer 7 bis 29 des Treibhausgas-Emissionshandelsgesetzes auf die Emissionsmenge je Produkteinheit für die Gesamtheit der unter der jeweiligen Tätigkeit hergestellten Produkte.

[2]Der Emissionswert der Anlage je Produkteinheit in der Basisperiode ergibt sich nach Maßgabe der nachfolgenden Absätze aus der Division der
jahresdurchschnittlichen Emissionen der Anlage in der Basisperiode durch
die jahresdurchschnittliche Produktionsmenge der Anlage in der Basisperiode.

(2) [1]Stellt eine Anlage nach Absatz 1 Satz 1 Nummer 1 mehrere der dort
genannten Produkte her, so werden zur Bestimmung des Emissionswertes der Anlage in der Basisperiode die Emissionswerte der einzelnen Produkte entsprechend dem jahresdurchschnittlichen Anteil der dem jeweiligen Produkt zuzuordnenden Emissionsmenge an den jahresdurchschnittlichen Gesamtemissionen der Anlage in der Basisperiode gewichtet. [2]§ 23
Absatz 4 Satz 2 gilt entsprechend. [3]Werden in einer unter Absatz 1 Satz 1
Nummer 2 fallenden Anlage mehrere der in Anhang 1 Teil 2 Nummer 7
bis 29 des Treibhausgas-Emissionshandelsgesetzes genannten Tätigkeiten
durchgeführt, gilt Satz 1 entsprechend.

(3) [1]Soweit eine Anlage in der Basisperiode Strom oder messbare Wärme
von anderen Anlagen bezogen hat, sind die auf diese Mengen entfallenden
Emissionen bei der Bestimmung des Emissionswertes der Anlage hinzuzurechnen. [2]Die Emissionen, die auf den aus einer anderen Anlage bezogenen Strom entfallen, werden bestimmt, indem die jahresdurchschnittlich bezogene Strommenge mit einem Emissionswert von 0,465 Tonnen
Kohlendioxid pro Megawattstunde multipliziert wird. [3]Die auf den Bezug
messbarer Wärme entfallenden Emissionen werden bestimmt, indem die
jahresdurchschnittlich bezogene Wärmemenge mit einem Emissionswert
von 62,3 Tonnen Kohlendioxid pro Terajoule multipliziert wird.

(4) Soweit eine Anlage nach Anhang 1 Teil 2 Nummer 7 bis 29 des
Treibhausgas-Emissionshandelsgesetzes in der Basisperiode Strom oder
messbare Wärme an eine andere Anlage abgegeben hat, werden die
jahresdurchschnittlichen Emissionen, die der Produktion des abgegebenen Stroms oder der abgegebenen Wärme nach Absatz 3 Satz 2 und 3
zuzurechnen sind, bei der Bestimmung des Emissionswertes der Anlage
von der Emissionsmenge abgezogen.

(5) Im Fall des gemeinsamen Minderungsnachweises nach Anhang 5 Teil 1 Nummer 1 Buchstabe b des Treibhausgas-Emissionshandelsgesetzes werden zur Bestimmung des Emissionswertes des Verbundes in der Basisperiode die Emissionswerte aller einbezogenen Anlagen in entsprechender Anwendung von Absatz 2 Satz 1 gewichtet.

§ 25 Nachweis anlagenspezifischer Emissionsminderungen

(1) Für die anlagenspezifische Emissionsminderung ist die Reduzierung des Emissionswertes der Anlage in einem Berichtsjahr der Handelsperiode 2013 bis 2020 gegenüber dem nach § 24 bestimmten Emissionswert der Anlage in der Basisperiode maßgeblich.

(2) [1]Der Emissionswert der Anlage je Produkteinheit in einem Berichtsjahr der Handelsperiode 2013 bis 2020 ergibt sich aus der Division der Emissionen der Anlage in diesem Berichtsjahr und der Produktionsmenge der Anlage in diesem Berichtsjahr. [2]§ 24 Absatz 2 bis 5 gilt entsprechend.

(3) Der Anlagenbetreiber muss für jedes Berichtsjahr der Handelsperiode 2013 bis 2020 berichten über

1. die Produktionsmenge der nach § 24 bestimmten Produkte der Anlage und

2. die Mengen an Strom und messbarer Wärme, die von anderen Anlagen bezogen oder an andere Anlagen abgegeben wurden.

(4) [1]Die Mengen, über die nach Absatz 3 zu berichten ist, sind durch die kaufmännische Buchführung nachzuweisen. [2]Die Nachweise sind zehn Jahre aufzubewahren.

(5) Wird in einem Berichtsjahr eines der Produkte nicht hergestellt, bleibt es bei der Bestimmung der anlagenspezifischen Emissionsminderung in diesem Jahr unberücksichtigt.

(6) [1]Bei gemeinsamer Nachweisführung nach Anhang 5 Teil 1 Nummer 1 Buchstabe b des Treibhausgas-Emissionshandelsgesetzes sind die Überwachungs- und Berichtspflichten nach dem Treibhausgas-Emissionshandelsgesetz und dieser Verordnung für jede Anlage gesondert zu erfüllen. [2]In den Überwachungsplänen und Berichten sind der Name des Verbunds und die gemeinsamen Ansprechpersonen zu benennen. [3]Anlagen, die in einem Jahr keine Produktionsleistung erbracht haben, bleiben bei der Bestimmung der Emissionsminderung unberücksichtigt.

§ 26 Ausgleichszahlungs- und Abgabepflicht

(1) [1]Bei Ermittlung des Ausgleichsbetrages nach § 27 Absatz 3 des Treibhausgas-Emissionshandelsgesetzes für ein Berichtsjahr der Handelsperiode 2013 bis 2020 ist eine Anzahl kostenloser Berechtigungen zugrunde zu legen, die sich für die Anlage ohne eine Befreiung aus der Anwendung von § 9 Absatz 1 des Treibhausgas-Emissionshandelsgesetzes und den Zuteilungsregeln dieser Verordnung für dieses Berichtsjahr ergeben würde. [2]Dies gilt auch für Änderungen der Anlage oder ihrer Betriebsweise.

(2) [1]In den Fällen nach § 27 Absatz 6 des Treibhausgas-Emissionshandelsgesetzes ist es dem Anlagenbetreiber gestattet, Berechtigungen für das Kalenderjahr, in dem er erstmals die dort genannte Emissionsschwelle erreicht hat, bis zum 30. April des übernächsten Jahres abzugeben. [2]Abwei-

chend davon muss der Anlagenbetreiber für das Kalenderjahr 2020 Berechtigungen bis zum 30. April 2021 abgeben.

§ 27 Öffentlichkeitsbeteiligung

(1) Die zuständige Behörde gibt auf ihrer Internetseite folgende Informationen bekannt:

1. die Namen der Anlagen, für die eine Befreiung nach § 27 des Treibhausgas-Emissionshandelsgesetzes beantragt wurde;
2. für jede dieser Anlagen die festgelegte gleichwertige Maßnahme nach § 27 Absatz 2 des Treibhausgas-Emissionshandelsgesetzes und
3. für jede dieser Anlagen die jährlich zwischen 2008 und 2010 verursachten Treibhausgasemissionen.

(2) [1]Nach Bekanntgabe hat die Öffentlichkeit vier Wochen Gelegenheit, zu den beabsichtigten Befreiungen Stellung zu nehmen. [2]Nach Ablauf der Frist teilt die zuständige Behörde der Europäischen Kommission das Ergebnis der Öffentlichkeitsbeteiligung mit. [3]Diese Mitteilung macht die zuständige Behörde auf ihrer Internetseite bekannt.

§ 28 Erleichterungen bei der Emissionsberichterstattung von Kleinemittenten

(1) Für Betreiber von Anlagen, die in den Jahren 2008 bis 2010 oder in den drei Kalenderjahren vor dem Berichtsjahr jeweils weniger als 5 000 Tonnen Kohlendioxid-Äquivalent emittiert haben, gelten bei der Ermittlung von Emissionen und der Emissionsberichterstattung nach § 5 des Treibhausgas-Emissionshandelsgesetzes folgende Erleichterungen:

1. Emissionsfaktoren, Heizwerte und Kohlenstoffgehalte von Brennstoffen und Materialien können durch Lieferantenangaben bestimmt werden, soweit für die betreffenden Brennstoffe keine entsprechenden standardisierten Parameter durch Rechtsvorschrift bestimmt sind; eines Nachweises der Unsicherheit, mit der die einzelnen Parameter ermittelt wurden, bedarf es nicht.
2. Bestimmt der Betreiber die Parameter in eigener Verantwortung oder durch Beauftragung eines Dritten, genügt der Nachweis, dass normierte Verfahren zur Beprobung und Analyse der einzelnen Stoffparameter angewendet und Herstellerhinweise zum Betrieb der verwendeten Messgeräte beachtet wurden; die in Anspruch genommenen Laboratorien müssen nicht akkreditiert sein; Vergleichsuntersuchungen sind entbehrlich.
3. Für die Überwachung von und die Berichterstattung über Aktivitätsdaten gelten die Nummern 1 und 2 entsprechend.
4. Die fossilen Anteile von Stoffen gleicher Herkunft mit überwiegend biogenem Kohlenstoffanteil müssen vierteljährlich nur einmal durch repräsentative Probenahme und Analyse ermittelt werden; von gleicher Herkunft kann ausgegangen werden, wenn auf Grund des Ursprungs der Stoffe nur eine unwesentlich verschiedene Zusammensetzung anzunehmen ist.
5. Im Überwachungsplan ist eine Beschreibung der Verfahren zur Festlegung von Verantwortlichkeiten und Kompetenzen entbehrlich.

6. Eine Beschreibung des Verfahrens zur regelmäßigen Revision des Überwachungsplans ist entbehrlich.

7. In den Überwachungsplan ist ein nachvollziehbares Datenflussdiagramm aufzunehmen; eine verbale Beschreibung der Datenerhebung und -verwaltung ist daneben entbehrlich.

8. Informationen zu anderen in der Anlage angewandten Umweltmanagementsystemen sind nicht erforderlich.

9. Im Rahmen der Verifizierung des Emissionsberichts ist es ausreichend, wenn die sachverständige Stelle die berichteten Sachverhalte alle vier Jahre mit den Verhältnissen vor Ort abgleicht, soweit die Methode zur Überwachung der Aktivitätsdaten oder Stoffparameter nicht geändert wurde.

(2) Für andere Anlagen nach § 27 Absatz 5 Satz 1 des Treibhausgas-Emissionshandelsgesetzes gilt bei der Ermittlung von Emissionen und der Emissionsberichterstattung Absatz 1 Nummer 1 bis 6 und 8 entsprechend.

Abschnitt 6
Sonstige Regelungen

§ 29 Einheitliche Anlagen

(1) Auf Antrag des Betreibers stellt die zuständige Behörde fest, dass Anlagen nach Anhang 1 Teil 2 Nummer 1 bis 6 des Treibhausgas-Emissionshandelsgesetzes gemeinsam mit anderen Anlagen nach Anhang 1 Teil 2 Nummer 12 bis 22 des Treibhausgas-Emissionshandelsgesetzes eine einheitliche Anlage bilden, sofern die Voraussetzungen des § 24 des Treibhausgas-Emissionshandelsgesetzes erfüllt sind.

(2) Betreiber von Anlagen im Sinne des Anhangs 1 Teil 2 Nummer 8 bis 11 des Treibhausgas-Emissionshandelsgesetzes, die nach § 24 des Treibhausgas-Emissionshandelsgesetzes als einheitliche Anlage gelten, sind verpflichtet, im Rahmen der Emissionsberichterstattung auch die Produktionsmengen der in den einbezogenen Anlagen hergestellten Produkte anzugeben.

(3) Anlagen nach Anhang 1 Teil 2 Nummer 7 des Treibhausgas-Emissionshandelsgesetzes gelten gemeinsam mit sonstigen in Anhang 1 Teil 2 des Treibhausgas-Emissionshandelsgesetzes aufgeführten Anlagen als einheitliche Anlage, sofern sie von demselben Anlagenbetreiber an demselben Standort in einem technischen Verbund betrieben werden.

(4) Die zuständige Behörde hat Feststellungen nach § 24 des Treibhausgas-Emissionshandelsgesetzes zu widerrufen, soweit nachträglich unmittelbar geltende Rechtsakte der Europäischen Union der Bildung einer solchen einheitlichen Anlage entgegenstehen.

§ 30 Auktionierung

(1) Anbieter der gemäß § 8 Absatz 1 Satz 1 des Treibhausgas-Emissionshandelsgesetzes zu versteigernden Berechtigungen ist das Umweltbundesamt oder ein von ihm beauftragter Dritter.

(2) [1]Erlöse gemäß § 8 Absatz 3 Satz 1 des Treibhausgas-Emissionshandelsgesetzes sind die Einnahmen nach Abzug der Umsatzsteuer (Nettoer-

löse). [2]Im Rahmen des § 8 Absatz 3 Satz 2 des Treibhausgas-Emissions-handelsgesetzes sind Überdeckungen und Unterdeckungen der entstandenen Kosten der Deutschen Emissionshandelsstelle im Umweltbundesamt auf den Refinanzierungsbedarf des darauffolgenden Jahres anzurechnen.

§ 31 Ordnungswidrigkeiten

(1) Ordnungswidrig im Sinne des § 32 Absatz 1 Nummer 2 und Absatz 2 des Treibhausgas-Emissionshandelsgesetzes handelt, wer vorsätzlich oder fahrlässig entgegen § 5 Absatz 1, § 6 Absatz 4 Satz 1, § 10 Absatz 3 Satz 1 erster Halbsatz oder Satz 2 oder § 16 Absatz 2 eine Angabe nicht richtig macht.

(2) Ordnungswidrig im Sinne des § 32 Absatz 3 Nummer 6 des Treibhausgas-Emissionshandelsgesetzes handelt, wer vorsätzlich oder fahrlässig

1. entgegen § 6 Absatz 2 Satz 3 einen Einzelnachweis nicht, nicht richtig oder nicht rechtzeitig vorweist,

2. entgegen § 22 Absatz 1 eine Mitteilung über Aktivitätsraten der Anlage nicht, nicht richtig, nicht vollständig oder nicht rechtzeitig macht,

3. entgegen § 22 Absatz 2 eine Mitteilung nicht, nicht richtig, nicht vollständig oder nicht rechtzeitig macht oder

4. entgegen § 29 Absatz 2 eine Angabe nicht, nicht richtig oder nicht vollständig macht.

§ 32 Übergangsregelung zur Einbeziehung von Polymerisationsanlagen

Für Polymerisationsanlagen gelten für die Jahre 2018 bis 2020 folgende Übergangsregelungen:

1. Als Bestandsanlage gelten alle Anlagen, denen vor dem 1. Juli 2011 eine Genehmigung zur Emission von Treibhausgasen erteilt wurde; als Neuanlage gelten alle Anlagen, denen zum ersten Mal nach dem 30. Juni 2011 eine Genehmigung zur Emission von Treibhausgasen erteilt wurde.

2. Abweichend von § 16 Absatz 1 sind Anträge auf kostenlose Zuteilung von Berechtigungen für neue Marktteilnehmer, die ihren Regelbetrieb oder ihren geänderten Betrieb in dem Zeitraum vom 1. Juli 2011 bis zum 30. September 2016 aufgenommen haben, bis zum Ablauf der Frist nach § 36 Absatz 3 des Treibhausgas-Emissionshandelsgesetzes zu stellen.

3. Abweichend von § 18 Absatz 4 werden für Emissionen der Zuteilungselemente, die vor Aufnahme des Regelbetriebs erfolgt sind, zusätzliche Berechtigungen nur zugeteilt, wenn die Emissionen nach dem 31. Dezember 2017 erfolgt sind.

4. Abweichend von § 21 Absatz 2 Satz 1 hebt die zuständige Behörde die Entscheidung über die Zuteilung von Berechtigungen an eine Anlage, die ihren Betrieb teilweise einstellt, ab dem auf die teilweise Betriebseinstellung folgenden Kalenderjahr, bei teilweisen Betriebseinstellungen vor dem 1. Januar 2017 ab dem Jahr 2018, von Amts wegen auf und passt die Zuteilung nach den Vorgaben nach § 21 an.

5. Abweichend von § 22 Absatz 1 hat der Anlagenbetreiber der zuständigen Behörde alle relevanten Informationen über geplante oder tatsächliche Änderungen der Kapazität, der Aktivitätsraten und des Betriebs der Anlage bis zum 31. Januar des Folgejahres, erstmals zum 31. Januar 2018, mitzuteilen.

§ 33 (Inkrafttreten)

Anhang 1
(zu § 5 Absatz 1 Nummer 4 Buchstabe e, § 6 Absatz 6, § 10 Absatz 3 Satz 1,
§§ 12, 13 Satz 1, § 15 Absatz 4 Satz 3, § 16 Absatz 2 Nummer 5 Buchstabe c,
§ 23 Absatz 4 Satz 2)

Anwendung besonderer Zuteilungsregeln

Teil 1
Zuteilung für Steamcracking-Prozesse nach § 12

Die vorläufige jährliche Anzahl Berechtigungen, die einem Zuteilungselement mit Produkt-Emissionswert für die Herstellung chemischer Wertprodukte zuzuteilen sind, berechnet sich nach folgender Formel:

$$F_{cWP} = \frac{Em_{direkt}}{Em_{direkt} + Em_{indirekt}} \cdot BM_{Steamcracken} \cdot MEDIAN\left(HAR_{cWP,insg.,k} - HZE_{H,k} - HZE_{E,k} - HZE_{O,k}\right)$$
$$+ 1,78 \cdot MEDIAN(HZE_{H,k}) + 0,24 \cdot MEDIAN(HZE_{E,k}) + 0,16 \cdot MEDIAN(HZE_{O,k})$$

Erläuterung der Abkürzungen

F_{cWP}	vorläufige jährliche Zuteilung für ein Zuteilungselement, das die Produktion von chemischen Wertprodukten durch Steamcracken abbildet, in Anzahl Berechtigungen;
$BM_{Steamcracken}$	Produkt-Emissionswert für Steamcracken;
Em_{direkt}	direkte Emissionen nach Maßgabe von § 15 Absatz 4. Die in den direkten Emissionen enthaltenen Emissionen aus allen Nettoimporten messbarer Wärme werden nach § 15 Absatz 3 berechnet;
$Em_{indirekt}$	indirekte Emissionen aus dem Verbrauch von Strom innerhalb der Systemgrenzen des Steamcrackens während des gewählten Bezugszeitraums, berechnet anhand des Emissionsfaktors nach § 15 Absatz 2;
$HAR_{cWP,insg.,k}$	historische Aktivitätsrate für die Gesamtproduktion an chemischen Wertprodukten im Jahr k des gewählten Bezugszeitraums, ausgedrückt in Tonnen chemische Wertprodukte;
$HZE_{H,k}$	historische Wasserstoff-Produktion aus zusätzlichen Einsatzstoffen im Jahr k des gewählten Bezugszeitraums, ausgedrückt in Tonnen Wasserstoff;
$HZE_{E,k}$	historische Ethen-Produktion aus zusätzlichen Einsatzstoffen im Jahr k des gewählten Bezugszeitraums, ausgedrückt in Tonnen Ethen;

$HZE_{O,k}$ historische Produktion anderer chemischer Wertprodukte aus zusätzlichen Einsatzstoffen im Jahr k des gewählten Bezugszeitraums, ausgedrückt in Tonnen anderer chemischer Wertprodukte, hier als Summe der Massen von Ethin, Propen, Butadien und Benzol.

Teil 2
Zuteilung für Vinylchlorid-Monomer nach § 13

Die vorläufige jährliche Anzahl Berechtigungen, die einem Zuteilungselement mit Produkt-Emissionswert für die Herstellung von Vinylchlorid-Monomer zuzuteilen sind, berechnet sich nach folgender Formel:

$$F_{VCM} = \frac{Em_{direkt}}{Em_{direkt} + Em_{Wasserstoff}} \cdot BM_{VCM} \cdot HAH_{VCM}$$

Erläuterung der Abkürzungen

F_{VCM} vorläufige jährliche Zuteilung für die Produktion von Vinylchlorid-Monomer, in Anzahl Berechtigungen;

BM_{VCM} Produkt-Emissionswert für Vinylchlorid-Monomer;

HAR_{VCM} historische Aktivitätsrate für die Produktion von Vinylchlorid-Monomer als Median der jährlichen Produktionsmengen während des jeweiligen Bezugszeitraums, ausgedrückt in Tonnen Vinylchlorid (Chlorethylen);

Em_{direkt} historische direkte Emissionen nach Maßgabe von § 15 Absatz 4 aus der Produktion von Vinylchlorid-Monomer, einschließlich Emissionen aus dem Nettowärmeimport während des jeweiligen Bezugszeitraums, ausgedrückt in Tonnen Kohlendioxid-Äquivalent; die in den direkten Emissionen enthaltenen Emissionen aus allen Nettoimporten messbarer Wärme berechnen sich nach § 15 Absatz 3;

$Em_{Wasserstoff}$ historische virtuelle Emissionen aus der Verbrennung von Wasserstoff zur Produktion von Vinylchlorid-Monomer während des jeweiligen Bezugszeitraums, berechnet als historischer Wasserstoffverbrauch multipliziert mit 56,1 Tonnen Kohlendioxid pro Terajoule, ausgedrückt in Tonnen Kohlendioxid-Äquivalent.

Teil 3
Zuordnung der Eingangsströme und Emissionen bei der Erzeugung von Wärme in Kraft-Wärme-Kopplung

1. Für die Zuordnung der Eingangsströme und Emissionen bei der Erzeugung von Wärme in Kraft-Wärme-Kopplung auf die in gekoppelter Produktion hergestellten Produkte ist folgende Formel maßgeblich:

$$E_Q = E_{KWK} \cdot \frac{\frac{\eta_Q}{\eta_{Q,ref}}}{\frac{\eta_{el}}{\eta_{el,ref}} + \frac{\eta_Q}{\eta_{Q,ref}}}$$

Erläuterung der Abkürzungen

E_Q	die auf die in gekoppelter Erzeugung von Wärme entfallende Emissionsmenge in Tonnen Kohlendioxid-Äquivalente oder die auf die in gekoppelter Erzeugung von Wärme entfallenden Stoffströme, bezogen auf ein Zuteilungselement;
η_Q	Wirkungsgrad der Wärmeerzeugung in gekoppelter Wärmeproduktion;
$\eta_{Q.ref}$	Referenzwirkungsgrad der Wärmeerzeugung in gekoppelter Wärmeproduktion;
η_{el}	Wirkungsgrad der Stromproduktion in gekoppelter Stromerzeugung;
$\eta_{el.ref}$	Referenzwirkungsgrad der Stromproduktion in gekoppelter Stromerzeugung;
E_{KWK}	die auf die in gekoppelter Erzeugung von elektrischer und thermischer Energie entfallende Emissionsmenge in Tonnen Kohlendioxid-Äquivalente oder die auf die in gekoppelter Erzeugung von elektrischer und thermischer Energie entfallenden Stoffströme.

2. Zur Anwendung der Formel nach Nummer 1 sind die Wirkungsgrade für die Strom- und Wärmeproduktion entweder aus den Auslegungsparametern der Anlage anzugeben oder durch verifizierte Messungen zu ermitteln; alternativ zur Angabe der Wirkungsgrade können auch die Nutzungsgrade angegeben werden.

Für die Ermittlung der Wirkungsgrade durch verifizierte Messungen sind folgende Formeln maßgeblich:

$$\eta_Q = \frac{Q_W}{Q_{Br}} \quad \text{bzw.} \quad \eta_{el} = \frac{Q_{el}}{Q_{Br}}$$

Erläuterung der Abkürzungen

Q_W	die auf die in gekoppelter Erzeugung von elektrischer und thermischer Energie entfallende Wärmemenge, ausgedrückt in Gigajoule;
Q_{Br}	die für die gekoppelte Erzeugung von elektrischer und thermischer Energie benötigte Brennstoffmenge, ausgedrückt in Gigajoule;
Q_{el}	die auf die in gekoppelter Erzeugung von elektrischer und thermischer Energie entfallende Strommenge, ausgedrückt in Gigajoule.

Sofern diese Angaben nicht vorliegen oder nicht ermittelt werden können, ist für η_Q ein Wert von 0,7, für η_{el} ein Wert von 0,525 anzunehmen.

3. Zur Anwendung der Formel nach Nummer 1 gelten für $\eta_{Q,ref}$ und $\eta_{el,ref}$ die folgenden Referenzwirkungsgrad-Werte der getrennten Strom- und Wärmeerzeugung:

	Steinkohle, Koks und sonstige feste Brennstoffe	Braunkohle, Braunkohle-briketts	Gasöl, Heizöl, Flüssiggas und sonstige flüssige Brennstoffe	Erdgas und weitere gasförmige Brennstoffe
Strom	44,2 %	41,8 %	44,2 %	52,5 %
Wärme	88 %	86 %	89 %	90 %

Werden in einem Zuteilungselement mehrere Brennstoffe eingesetzt, so ist ein Mischwert für den Referenzwirkungsgrad auf Basis einer Gewichtung nach Brennstoffenergie zu bilden.

4. Zusätzliche Angaben im Zuteilungsantrag

   Soweit Regelungen dieser Verordnung auf diesen Teil des Anhangs 1 verweisen, sind im Zuteilungsantrag folgende Angaben zu den Verbrennungseinheiten der Anlage zusätzlich erforderlich:

   a) die Bezeichnung der Verbrennungseinheit,

   b) die Feuerungswärmeleistung zum Zeitpunkt der Antragstellung,

   c) die zugehörigen Zuteilungselemente,

   d) Veränderungen der Angaben zu den Buchstaben a bis c in den Kalenderjahren 2005 bis 2010.

Anhang 2
(zu § 7 Absatz 3)

Anforderungen an die sachverständigen Stellen und die Prüfung

Teil 1
Anforderungen an die sachverständigen Stellen

Die sachverständige Stelle muss vom Anlagenbetreiber unabhängig sein, ihre Aufgabe objektiv und unparteiisch ausführen und vertraut sein mit

1. den für die zu prüfenden Tätigkeiten relevanten Rechts- und Verwaltungsvorschriften, insbesondere mit der Richtlinie 2003/87/EG, den Monitoring-Leitlinien, den einheitlichen EU-Zuteilungsregeln, dem Treibhausgas-Emissionshandelsgesetz, der Datenerhebungsverordnung 2020 sowie dieser Verordnung und den einschlägigen Normen;

2. dem Zustandekommen aller Informationen über die einzelnen Parameter und Emissionsquellen in der Anlage, insbesondere im Hinblick auf Erfassung, messtechnische Erhebung, Berechnung und Übermittlung von Daten.

Teil 2
Anforderungen an die Prüfung

I. Allgemeine Grundsätze

1. Planung und Durchführung der Prüfung müssen unter Beachtung professioneller Skepsis erfolgen und insbesondere solche Umstände berücksichtigen, die zu wesentlichen Fehlern und Falschangaben der vorgelegten Informationen und Daten führen könnten.
2. Im Rahmen des Verifizierungsverfahrens dürfen vom Anlagenbetreiber mitgeteilte Parameter und Daten nur validiert werden, wenn sie mit einem hohen Grad an Sicherheit bestimmt werden konnten. Zur Gewährleistung eines hohen Grades an Sicherheit muss die sachverständige Stelle bei der Prüfung der vom Anlagenbetreiber vorgelegten Nachweise zur Überzeugung gelangen, dass
    a) die mitgeteilten Parameter und Daten zuverlässig und schlüssig sind,
    b) die Daten in Übereinstimmung mit den geltenden Normen, Leitlinien und wissenschaftlichen Standards erhoben worden sind und
    c) die einschlägigen Aufzeichnungen und Dokumentationen der Anlage vollständig und schlüssig sind.
3. Die sachverständige Stelle erhält Zugang zu allen Standorten und zu allen Informationen, die mit dem Gegenstand der Prüfung in Zusammenhang stehen.

II. Methodik

1. Die Prüfung basiert auf einer strategischen Analyse aller Tätigkeiten, die in der Anlage durchgeführt werden. Dazu verschafft sich die sachverständige Stelle insbesondere ein vollständiges und detailliertes Verständnis sämtlicher relevanter Tätigkeiten und ihrer Bedeutung für die Zuteilung.
2. Bei der Prüfung sind sämtliche relevanten Informationen der Emissionsgenehmigung, der immissionsschutzrechtlichen Genehmigung oder sonstiger Betriebsgenehmigungen zu berücksichtigen. Dies gilt insbesondere auch hinsichtlich der Bewertung der installierten Anfangskapazität von Zuteilungselementen.
3. Im Rahmen einer Risikoanalyse sind die inhärenten Risiken und die Kontrollrisiken, die sich jeweils aus dem Umfang und der Komplexität der Tätigkeiten des Anlagenbetreibers und den Zuteilungsparametern ergeben und zu wesentlichen Falschangaben führen könnten, sowie die Entdeckungsrisiken zu untersuchen und zu bewerten. Basierend auf den Ergebnissen der strategischen Analyse und der Risikoanalyse ist der Prüfplan aufzustellen.
4. Für die Prüfung ist sowohl eine technische Vor-Ort-Besichtigung der Anlage als auch eine Vor-Ort-Einsichtnahme in Nachweise und Belege erforderlich, um das Funktionieren von Zählern und Überwachungssystemen zu kontrollieren, Interviews durchzuführen, Stichproben und hinreichende Informationen zu erheben sowie Belege zu überprüfen. Die sachverständige Stelle kann auf eine Vor-Ort-Besichtigung verzichten, soweit die in Satz 1 genannten Umstände bereits Gegenstand einer nicht länger als zwei Jahre zurückliegenden Vor-Ort-Überprüfung durch die sachverständige Stelle waren.

5. Bei der Umsetzung des Prüfplans sind anhand der vorgesehenen Probenahme-
    verfahren, Durchgangstests, Dokumentenprüfungen, Analyseverfahren und Da-
    tenprüfungen sämtliche Daten zu erheben und Informationen einzuholen, auf
    die das spätere Prüfgutachten gestützt wird.

6. Die sachverständige Stelle fordert den Anlagenbetreiber auf, alle fehlenden Da-
    ten oder fehlende Teile des Prüfpfads zu vervollständigen, Abweichungen bei
    den Parametern oder Emissionsdaten zu erklären sowie Berechnungen erneut
    durchzuführen oder mitgeteilte Daten anzupassen.

7. Der Sachverständige hat wesentliche Prüftätigkeiten selbst auszuführen. Soweit
    er Hilfstätigkeiten delegiert, hat er dies in seinem externen Prüfbericht zu ver-
    merken.

III. Bericht

1. Die sachverständige Stelle erstellt einen internen Prüfbericht, in dem dokumen-
    tiert und nachgewiesen wird, dass die strategische Analyse, die Risikoanalyse
    und der Prüfplan vollständig durchgeführt und umgesetzt wurden. Der interne
    Prüfbericht muss hinreichende Informationen zu den tragenden Erwägungen
    des Prüfgutachtens enthalten. Der interne Prüfbericht dient auch dazu, der zu-
    ständigen Behörde und der Aufsichtsbehörde eine etwaige Bewertung der Prü-
    fung zu erleichtern.

2. Die Entscheidung, ob die mitgeteilten Parameter wesentliche Falschangaben
    enthalten oder irgendwelche anderen Fragen offengeblieben sind, die für das
    Prüfgutachten von Belang sind, ist auf der Grundlage der Ergebnisse und Fest-
    stellungen des internen Prüfberichts zu treffen.

3. Prüfmethode, Feststellungen und Prüfgutachten sind in einem externen Prüf-
    bericht zusammenzufassen, welcher durch den Betreiber zusammen mit dem
    Zuteilungsantrag an die zuständige Behörde übermittelt wird. Der externe Prüf-
    bericht muss in nachvollziehbarer Weise Inhalt und Ergebnis der Prüfung er-
    kennen lassen. Er muss Angaben zu sämtlichen Feldern enthalten, die in der
    elektronischen Formatvorlage zur Ausfüllung durch die sachverständige Stelle
    vorgesehen sind. Im elektronischen Format sind die jeweils zutreffenden Prüf-
    vermerke auszuwählen. Hat die sachverständige Stelle in den Antragsangaben
    Fehler oder Abweichungen von den rechtlichen Anforderungen festgestellt, so
    muss sie im externen Prüfbericht darauf hinweisen und erläutern, warum sie das
    Testat trotzdem erteilen konnte. Soweit eine Überprüfung nicht oder nur bedingt
    möglich ist, ist im externen Prüfbericht zu vermerken, inwieweit der Nachweis
    geführt werden konnte. Es ist zu begründen, warum die eingeschränkte Prüfbar-
    keit der Erteilung des Testats nicht entgegenstand.

Verordnung
zur Durchführung des Treibhausgas-Emissionshandelsgesetzes
in der Handelsperiode 2021 bis 2030
(Emissionshandelsverordnung 2030 – EHV 2030)

Vom 29. April 2019 (BGBl. I S. 538)
(FNA 2129-55-3)

Abschnitt 1
Allgemeine Vorschriften

§ 1 Anwendungsbereich und Zweck

[1]Diese Verordnung gilt innerhalb des Anwendungsbereichs des Treibhaus-gas-Emissionshandelsgesetzes. [2]Sie dient der Konkretisierung der Anfor-derungen der §§ 5, 6, 8, 9, 21, 22 und 24 des Treibhausgas-Emissions-handelsgesetzes und der Umsetzung eines Systems zur Privilegierung von Kleinemittenten für die Handelsperiode 2021 bis 2030.

§ 2 Begriffsbestimmungen

Für diese Verordnung gelten die folgenden Begriffsbestimmungen:

1. Flüssige Biobrennstoffe:
   Brennstoffe im Sinne von Artikel 3 Nummer 21 der Monitoring-Ver-ordnung, die zum Zeitpunkt des Eintritts in den Brenn- oder Feuer-raum flüssig sind;
2. Biokraftstoffe:
   Biokraftstoffe im Sinne von Artikel 3 Nummer 22 der Monitoring-Verordnung;
3. EU-Zuteilungsverordnung:
   Delegierte Verordnung (EU) 2019/331 der Kommission vom 19. De-zember 2018 zur Festlegung EU-weiter Übergangsvorschriften zur Harmonisierung der kostenlosen Zuteilung von Emissionszertifikaten gemäß Artikel 10a der Richtlinie 2003/87/EG des Europäischen Par-laments und des Rates (ABl. L 59 vom 27. 2. 2019, S. 8);
4. Akkreditierungs- und Verifizierungsverordnung:
   Durchführungsverordnung (EU) 2018/2067 der Kommission vom 19. Dezember 2018 über die Prüfung von Daten und die Akkredi-tierung von Prüfstellen gemäß der Richtlinie 2003/87/EG des Euro-päischen Parlaments und des Rates (ABl. L 334 vom 31. 12. 2018, S. 94), in der jeweils geltenden Fassung.

Abschnitt 2
Emissionsberichterstattung
(Zu § 5 des Gesetzes)

§ 3 Emissionsfaktor beim Einsatz flüssiger Biobrennstoffe

(1) [1]Für den Einsatz flüssiger Biobrennstoffe zur Stromproduktion gilt Artikel 38 Absatz 2 Satz 1 der Monitoring-Verordnung, soweit die ein-gesetzten flüssigen Biobrennstoffe die Nachhaltigkeitsanforderungen der §§ 4 bis 8 der Biomassestrom-Nachhaltigkeitsverordnung vom 23. Juli

2009 (BGBl. I S. 2174) erfüllen, die zuletzt durch Artikel 1 der Verordnung vom 26. Juni 2018 (BGBl. I S. 872) geändert worden ist, in der jeweils geltenden Fassung. [2]§ 3 Absatz 2 und 3 der Biomassestrom-Nachhaltigkeitsverordnung gilt entsprechend, zu Absatz 3 mit der Maßgabe, dass anstelle des § 3 Absatz 1 der Biomassestrom-Nachhaltigkeitsverordnung auf Satz 1 abzustellen ist. [3]Für flüssige Biomasse, die aus Abfall oder aus Reststoffen hergestellt worden ist, ist Satz 1 mit der Maßgabe anzuwenden, dass lediglich die Nachhaltigkeitsanforderungen nach § 8 der Biomassestrom-Nachhaltigkeitsverordnung erfüllt sein müssen; diese Einschränkung gilt nicht für flüssige Biomasse aus Reststoffen der Land-, Forst- oder Fischwirtschaft oder aus Aquakulturen.

(2) Beim Einsatz flüssiger Biobrennstoffe zur Wärmeerzeugung gilt Absatz 1 mit der Maßgabe, dass zur Berechnung des Treibhausgas-Minderungspotenzials anstelle des Vergleichswertes für Fossilbrennstoffe nach Nummer 4 der Anlage 1 zur Biomassestrom-Nachhaltigkeitsverordnung folgende Vergleichswerte gelten:

1. für flüssige Biomasse, die zur Wärmeerzeugung verwendet wird, 77 Gramm CO_2eq/MJ und

2. für flüssige Biomasse, die zur Wärmeerzeugung in Kraft-Wärme-Kopplung verwendet wird, 85 Gramm CO_2eq/MJ.

(3) Die Einhaltung der Anforderungen nach den Absätzen 1 und 2 für die eingesetzten flüssigen Biobrennstoffe ist nachzuweisen durch einen anerkannten Nachhaltigkeitsnachweis nach § 14 Nummer 1, 2 oder 3 der Biomassestrom-Nachhaltigkeitsverordnung oder durch einen Nachhaltigkeits-Teilnachweis nach § 24 der Biomassestrom-Nachhaltigkeitsverordnung, der in der Datenbank der nach § 74 Absatz 1 Nummer 4 der Biomassestrom-Nachhaltigkeitsverordnung zuständigen Behörde auf das Konto der nach § 19 Absatz 1 Nummer 3 des Treibhausgas-Emissionshandelsgesetzes zuständigen Behörde überwiesen wird.

(4) [1]Für den Einsatz flüssiger Biobrennstoffe in Anlagen, die keine Schnittstelle nach § 2 Absatz 3 der Biomassestrom-Nachhaltigkeitsverordnung sind und denen keine solche Schnittstelle vorgelagert ist, ist der Nachweis über die Einhaltung der Nachhaltigkeitsanforderungen abweichend von Absatz 3 durch eine Prüfbescheinigung einer nach § 42 Nummer 1 oder 2 der Biomassestrom-Nachhaltigkeitsverordnung anerkannten Zertifizierungsstelle zu erbringen. [2]Die §§ 48, 49, 52 bis 55 der Biomassestrom-Nachhaltigkeitsverordnung gelten entsprechend.

(5) Für flüssige Biobrennstoffe als Bestandteil eines Brennstoffgemischs sowie für die Bestimmung des Kohlenstoffgehalts bei Anwendung einer Massenbilanz gelten die Absätze 1 bis 4 entsprechend.

(6) Die Absätze 1 bis 5 gelten nicht für den Einsatz von Ablauge, die bei der Herstellung von Zellstoff angefallen ist.

(7) Soweit die Anforderungen nach den Absätzen 1 bis 5 nicht erfüllt sind, ist der Emissionsfaktor beim Einsatz flüssiger Biobrennstoffe nach den Vorgaben der Monitoring-Verordnung zur Ermittlung des Emissionsfaktors für fossile Brennstoffe zu bestimmen.

§ 4 Emissionsfaktor beim Einsatz von Biokraftstoffen im Luftverkehr

(1) [1]Beim Einsatz von Biokraftstoffen im Luftverkehr beträgt der Emissionsfaktor Null, soweit die eingesetzten Biokraftstoffe die Nachhaltigkeitsanforderungen der §§ 4 bis 8 der Biokraftstoff-Nachhaltigkeitsverordnung vom 30. September 2009 (BGBl. I S. 3182) erfüllen, die zuletzt durch Artikel 2 der Verordnung vom 26. Juni 2018 (BGBl. I S. 872) geändert worden ist, in der jeweils geltenden Fassung. [2]§ 3 Absatz 2 und 3 der Biokraftstoff-Nachhaltigkeitsverordnung gilt entsprechend, zu Absatz 3 mit der Maßgabe, dass anstelle des § 3 Absatz 1 der Biokraftstoff-Nachhaltigkeitsverordnung auf Satz 1 abzustellen ist. [3]Für Biokraftstoffe, die aus Abfall oder aus Reststoffen hergestellt worden sind, ist Satz 1 mit der Maßgabe anzuwenden, dass lediglich die Nachhaltigkeitsanforderungen nach § 8 der Biokraftstoff-Nachhaltigkeitsverordnung erfüllt sein müssen; diese Einschränkung gilt nicht für Biokraftstoffe aus Reststoffen der Land-, Forst- oder Fischwirtschaft oder aus Aquakulturen.

(2) Die Einhaltung der Anforderungen nach Absatz 1 ist nachzuweisen durch einen anerkannten Nachhaltigkeitsnachweis nach § 14 Nummer 1, 2 oder 3 der Biokraftstoff-Nachhaltigkeitsverordnung oder durch einen Nachhaltigkeits-Teilnachweis nach § 24 der Biokraftstoff-Nachhaltigkeitsverordnung, der in der Datenbank der nach § 66 Absatz 1 Nummer 3 dritter Halbsatz der Biokraftstoff-Nachhaltigkeitsverordnung zuständigen Behörde auf das Konto der nach § 19 Absatz 1 Nummer 3 des Treibhausgas-Emissionshandelsgesetzes zuständigen Behörde überwiesen wird.

(3) Für Biokraftstoffe als Bestandteil eines Treibstoffgemischs gelten die Absätze 1 und 2 entsprechend.

(4) Soweit die Anforderungen nach den Absätzen 1 bis 3 nicht erfüllt sind, ist der Emissionsfaktor beim Einsatz von Biokraftstoffen nach den Vorgaben der Monitoring-Verordnung zur Ermittlung des Emissionsfaktors für fossile Treibstoffe zu bestimmen.

§ 5 Nachweisanforderungen für angewendete Analysemethoden

Soweit zur Bestimmung der Emissionen Berechnungsfaktoren verwendet werden, die auf Analysen basieren, gelten die Nachweisanforderungen in den Artikeln 32 bis 35 der Monitoring-Verordnung für alle angewendeten Analysemethoden.

Abschnitt 3
Überwachung
(Zu § 6 des Gesetzes)

§ 6 Anpassung des Überwachungsplans bei nicht erheblichen Änderungen der Überwachung

(1) [1]Abweichend von § 6 Absatz 3 Satz 1 des Treibhausgas-Emissionshandelsgesetzes ist ein Betreiber bei folgenden nicht erheblichen Änderungen der Überwachung verpflichtet, den Überwachungsplan anzupassen

und innerhalb der bis zum 31. Dezember desselben Kalenderjahres verlängerten Vorlagefrist bei der zuständigen Behörde einzureichen:

1. Kapazitätsänderung einer Anlage ohne Änderung der Emissionsgenehmigung und ohne Aufnahme neuer Emissionsquellen oder Stoffströme;
2. Austausch eines Messgeräts gegen ein geeichtes Messgerät;
3. Wechsel des beauftragten Labors, sofern ein akkreditiertes Labor im Sinne von Artikel 34 Absatz 1 der Monitoring-Verordnung beauftragt wird;
4. Wechsel des Ansprechpartners für die Anlage oder Änderung von Zuständigkeiten innerhalb der Anlage.

[2]Satz 1 Nummer 2 und 3 gilt auch im Fall der Datenerhebung durch einen Lieferanten.

(2) Die zuständige Behörde kann Betreibern in weiteren Fällen nicht erheblicher Änderungen der Überwachung gestatten, den geänderten Überwachungsplan bis spätestens zum 31. Dezember des Kalenderjahres, in dem die Überwachung geändert wurde, zu übermitteln.

Abschnitt 4
Versteigerung von Berechtigungen
(Zu § 8 des Gesetzes)

§ 7 Versteigerung

(1) Anbieter der gemäß § 8 Absatz 1 Satz 1 des Treibhausgas-Emissionshandelsgesetzes zu versteigernden Berechtigungen ist das Umweltbundesamt oder ein von ihm beauftragter Dritter.

(2) [1]Erlöse gemäß § 8 Absatz 3 Satz 1 des Treibhausgas-Emissionshandelsgesetzes sind die Einnahmen nach Abzug der Umsatzsteuer (Nettoerlöse). [2]Im Rahmen des § 8 Absatz 3 Satz 2 des Treibhausgas-Emissionshandelsgesetzes sind Überdeckungen und Unterdeckungen der entstandenen Kosten der Deutschen Emissionshandelsstelle im Umweltbundesamt auf den Refinanzierungsbedarf des darauffolgenden Jahres anzurechnen.

Abschnitt 5
Zuteilung von Berechtigungen
(Zu § 9 des Gesetzes)

§ 8 Erhebung von Bezugsdaten

Der Anlagenbetreiber ist verpflichtet, im Antrag auf kostenlose Zuteilung für Bestandsanlagen zusätzlich zu den Angaben, die nach der EU-Zuteilungsverordnung gefordert sind, folgende Angaben zu machen:

1. allgemeine Angaben zu jedem Zuteilungselement:
   a) die anteilig zuzuordnenden Eingangs- und Ausgangsströme,
   b) im Fall eines Zuteilungselements mit Wärme-Emissionswert, bei dem Wärme zur Herstellung von Produkten in der Anlage verbraucht wird: für jedes der nach Anhang IV Nummer 2.6 Buchstabe b der EU-Zuteilungsverordnung anzugebenden Produkte die Menge an messbarer Wärme, die zu seiner Herstellung aufgewendet wurde,

   c) im Fall des Exports von messbarer Wärme an Anlagen oder Einrichtungen, die nicht in den Anwendungsbereich des Treibhausgas-Emissionshandelsgesetzes fallen: die Wärmemenge in Verbindung mit den Prodcom-Codes 2010 und NACE-Codes Rev 2 der Produkte dieser Anlagen oder Einrichtungen;

2. zusätzliche Angaben zu Zuteilungselementen in Sonderfällen:
bei Anlagen, die durch den Einsatz von Biomasse messbare Wärme in gekoppelter Produktion mit einer nach dem Erneuerbare-Energien-Gesetz vergüteten Strommenge erzeugt haben, die Angabe dieser in gekoppelter Produktion erzeugten Wärmemenge.

Abschnitt 6
Zertifizierung von Prüfstellen
(Zu § 21 des Gesetzes)

§ 9 Beleihung

(1) Die im Handelsregister, Abteilung B des Amtsgerichts Bonn unter der Nummer 6946 eingetragene DAU-Deutsche Akkreditierungs- und Zulassungsgesellschaft für Umweltgutachter mbH wird mit den Aufgaben der Zulassungsstelle nach Artikel 55 Absatz 2 der Akkreditierungs- und Verifizierungsverordnung beliehen (Beliehene).

(2) Die Beliehene und das Bundesministerium für Umwelt, Naturschutz und nukleare Sicherheit vereinbaren in einem öffentlich-rechtlichen Vertrag, wie die nach dieser Verordnung übertragenen Aufgaben im Einzelnen auszuführen sind.

(3) [1]Die Beliehene ist verpflichtet, alle personellen, organisatorischen und finanziellen Voraussetzungen zur ordnungsgemäßen Erfüllung der ihr übertragenen Aufgaben fortlaufend sicherzustellen. [2]Hierzu gehört auch, dass bei ihr keine Personen angestellt sind, die gleichzeitig auch als zertifizierte Prüfstelle oder bei einer akkreditierten Prüfstelle tätig sind.

(4) Im Widerspruchsverfahren gegen einen von der Zulassungsstelle erlassenen Verwaltungsakt ist die Zulassungsstelle für die Entscheidung über den Widerspruch zuständig.

§ 10 Anwendbare Vorschriften

(1) Hinsichtlich der Anforderungen an die zu zertifizierenden Prüfstellen, die Zulassungsstelle und das Zertifizierungsverfahren gilt die Akkreditierungs- und Verifizierungsverordnung entsprechend mit der Maßgabe, dass anstelle der Akkreditierung auf die Zertifizierung abzustellen ist.

(2) [1]Unbeschadet des Absatzes 1 gilt Artikel 37 Absatz 6 der Akkreditierungs- und Verifizierungsverordnung mit der weiteren Maßgabe, dass die Aufgaben des kompetenten Bewerters von einem Dritten wahrgenommen werden, der nicht bei der zertifizierten Prüfstelle tätig ist. [2]Dies gilt auch für die Aufgaben des unabhängigen Überprüfers nach Artikel 37 Absatz 3 der Akkreditierungs- und Verifizierungsverordnung.

§ 11 Ausschluss von der Zertifizierung

(1) Von der Zertifizierung als Prüfstelle sind natürliche Personen ausgeschlossen, die

1. in einem Beschäftigungsverhältnis mit einer juristischen Person oder einer Personengesellschaft stehen, die nach der Akkreditierungs- und Verifizierungsverordnung in der gültigen Fassung als Prüfstelle akkreditiert ist oder einen Antrag auf eine solche Akkreditierung gestellt hat,

2. einem Organ einer juristischen Person oder einer Personengesellschaft nach Nummer 1 angehören oder

3. Gesellschafter einer juristischen Person oder einer Personengesellschaft nach Nummer 1 sind; im Fall der Beteiligung an einer Kapitalgesellschaft gilt dies nur, sofern die Beteiligung insgesamt den fünften Teil des Nennkapitals dieser Gesellschaft überschreitet.

(2) ¹Im Fall des Absatzes 1 Nummer 1 kann bei einem laufenden Akkreditierungsverfahren über den Antrag auf Zertifizierung als Prüfstelle erst nach der Entscheidung über den Akkreditierungsantrag entschieden werden. ²Tritt einer der Ausschlussgründe nach Absatz 1 Nummer 1 bis 3 nachträglich ein, hebt die Beliehene die Zertifizierung als Prüfstelle auf.

§ 12 Aufsicht über die Tätigkeit der Beliehenen

(1) Die Aufsicht über die Beliehene erstreckt sich auf die Rechtmäßigkeit der Zertifizierungs- und Aufsichtstätigkeit und auf die Entscheidungen der Beliehenen über Aufsichtsmaßnahmen nach Artikel 54 der Akkreditierungs- und Verifizierungsverordnung.

(2) Die Beliehene hat jährlich bis zum 1. Juni in einem Bericht an das Bundesministerium für Umwelt, Naturschutz und nukleare Sicherheit nachzuweisen, dass die in der Akkreditierungs- und Verifizierungsverordnung genannten Anforderungen an die Zulassungsstelle und an das Zertifizierungsverfahren eingehalten werden.

§ 13 Beendigung der Beleihung

(1) Die Beleihung endet mit dem Inkrafttreten einer Verordnung, durch die die Beleihung aufgehoben wird.

(2) ¹Die Beliehene kann die Beendigung der Beleihung jederzeit in schriftlicher oder elektronischer Form verlangen. ²Das Bundesministerium für Umwelt, Naturschutz und nukleare Sicherheit hat diesem Verlangen innerhalb einer Frist von drei Jahren zu entsprechen.

(3) Die Beliehene ist zur ordnungsgemäßen Wahrnehmung der ihr übertragenen Aufgaben bis zur Beendigung der Beleihung oder bis zum Ablauf der in Absatz 2 genannten Frist verpflichtet.

Abschnitt 7
Gebühren und Auslagen für Amtshandlungen der Zulassungsstelle
(Zu § 22 des Gesetzes)

§ 14 Gebühren und Auslagen

(1) Die Gebühren für Amtshandlungen der nach § 9 Absatz 1 Beliehenen in Zusammenhang mit der Zertifizierung als Prüfstelle und der Überwa-

chung der zertifizierten Prüfstellen bestimmen sich nach dem anliegenden Gebührenverzeichnis.

(2) [1]Die Erhebung von Auslagen richtet sich nach § 23 Absatz 6 des Bundesgebührengesetzes. [2]Aufwendungen für Telekommunikationsdienstleistungen der nach § 9 Absatz 1 Beliehenen sind mit der Gebühr abgegolten; dies gilt auch für die Reisekosten externer Gutachter, die diesen im Rahmen der vorgesehenen Heranziehung zu den Amtshandlungen entstanden sind, soweit diese Reisekosten den Betrag von 300 Euro je Begutachtungstag nicht übersteigen.

(3) Den Gebühren und Auslagen ist die gesetzliche Umsatzsteuer hinzuzurechnen.

Abschnitt 8
Verfahren zur Feststellung einheitlicher Anlagen
(Zu § 24 des Gesetzes)

§ 15 Einheitliche Anlage

(1) Auf Antrag des Betreibers stellt die zuständige Behörde fest, dass Anlagen nach Anhang 1 Teil 2 Nummer 1 bis 6 des Treibhausgas-Emissionshandelsgesetzes gemeinsam mit anderen Anlagen nach Anhang 1 Teil 2 Nummer 12 bis 22 des Treibhausgas-Emissionshandelsgesetzes eine einheitliche Anlage bilden, sofern die Voraussetzungen des § 24 des Treibhausgas-Emissionshandelsgesetzes erfüllt sind.

(2) Betreiber von Anlagen im Sinne des Anhangs 1 Teil 2 Nummer 8 bis 11 des Treibhausgas-Emissionshandelsgesetzes, die nach § 24 des Treibhausgas-Emissionshandelsgesetzes als einheitliche Anlage gelten, sind verpflichtet, im Rahmen der Emissionsberichterstattung auch die Produktionsmengen der in den einbezogenen Anlagen hergestellten Produkte anzugeben.

(3) Anlagen nach Anhang 1 Teil 2 Nummer 7 des Treibhausgas-Emissionshandelsgesetzes gelten gemeinsam mit sonstigen in Anhang 1 Teil 2 des Treibhausgas-Emissionshandelsgesetzes aufgeführten Anlagen als einheitliche Anlage, sofern sie von demselben Anlagenbetreiber an demselben Standort in einem technischen Verbund betrieben werden.

(4) Die zuständige Behörde hat Feststellungen nach § 24 des Treibhausgas-Emissionshandelsgesetzes zu widerrufen, soweit nachträglich unmittelbar geltende Rechtsakte der Europäischen Union der Bildung einer solchen einheitlichen Anlage entgegenstehen.

Abschnitt 9
Kleinemittenten
(Zu § 27 des Gesetzes)

§ 16 Befreiung von Kleinemittenten

(1) Die zuständige Behörde befreit den Betreiber einer Anlage auf Antrag jeweils für die Dauer eines Zuteilungszeitraums nach Artikel 2 Absatz 15

der EU-Zuteilungsverordnung von der Pflicht nach § 7 Absatz 1 des Treibhausgas-Emissionshandelsgesetzes, sofern

1. die Anlage in jedem Jahr des Bezugszeitraums des jeweiligen Zuteilungszeitraums weniger als 15 000 Tonnen Kohlendioxidäquivalent emittiert hat,

2. der Betreiber sich für den jeweiligen Zuteilungszeitraum zur Durchführung einer gleichwertigen Maßnahme nach § 18 verpflichtet und

3. die Europäische Kommission keine Einwände nach Artikel 27 Absatz 2 Satz 1 der Richtlinie 2003/87/EG des Europäischen Parlaments und des Rates vom 13. Oktober 2003 über ein System für den Handel mit Treibhausgasemissionszertifikaten in der Gemeinschaft und zur Änderung der Richtlinie 96/61/EG des Rates (ABl. L 275 vom 25. 10. 2003, S. 32), die zuletzt durch die Richtlinie (EU) 2018/410 (ABl. L 76 vom 19. 3. 2018, S. 3) geändert worden ist, gegen die Befreiung erhebt.

(2) Der Bezugszeitraum für den Zuteilungszeitraum 2021 bis 2025 sind die Jahre 2016 bis 2018; der Bezugszeitraum für den Zuteilungszeitraum 2026 bis 2030 sind die Jahre 2021 bis 2023.

(3) Bei Anlagen der in Anhang 1 Teil 2 Nummer 2 bis 6 des Treibhausgas-Emissionshandelsgesetzes genannten Tätigkeiten ist eine Befreiung nach Absatz 1 ausgeschlossen, sofern die Feuerungswärmeleistung der Anlage 35 Megawatt oder mehr beträgt; dies gilt für die Gesamtfeuerungswärmeleistung von Verbrennungseinheiten nach Anhang 1 Teil 2 Nummer 1 des Treibhausgas-Emissionshandelsgesetzes in einer Anlage entsprechend.

(4) Für die Dauer der Befreiung besteht kein Anspruch auf eine Zuteilung von kostenlosen Berechtigungen nach § 9 Absatz 1 des Treibhausgas-Emissionshandelsgesetzes.

§ 17 Form und Inhalt des Antrags

(1) [1]Die Befreiung nach § 16 Absatz 1 setzt einen Antrag des Betreibers bei der zuständigen Behörde auf Befreiung für den jeweiligen Zuteilungszeitraum voraus. [2]Der Antrag auf Befreiung ist innerhalb einer Frist, die von der zuständigen Behörde mindestens einen Monat vor ihrem Ablauf im Bundesanzeiger bekannt gegeben wird, zu stellen. [3]Bei verspätetem Antrag besteht kein Anspruch auf Befreiung.

(2) Der Antrag muss folgende Angaben enthalten:

1. bei Anlagen nach Anhang 1 Teil 2 Nummer 1 bis 6 des Treibhausgas-Emissionshandelsgesetzes die Feuerungswärmeleistung der Anlage und

2. die Festlegung auf eine der gleichwertigen Maßnahmen nach § 18.

§ 18 Gleichwertige Maßnahme

(1) Während der Dauer der Befreiung nach § 16 Absatz 1 unterliegt der Betreiber entsprechend seiner nach § 16 Absatz 1 Nummer 2 getroffenen Auswahl einer der nachfolgenden gleichwertigen Maßnahmen:

1. Zahlung eines Ausgleichsbetrages für ersparte Kosten des Erwerbs von Emissionsberechtigungen nach § 19 oder

2. Selbstverpflichtung zu Emissionsminderungen der Anlage nach § 20.

(2) Betreiber von Anlagen, die Stromerzeuger im Sinne von Artikel 10a
Absatz 4 der Richtlinie 2003/87/EG sind, und Betreiber von Anlagen,
die Restgase oder Wärme mit anderen Anlagen austauschen, dürfen die
gleichwertige Maßnahme nach Absatz 1 Nummer 2 nicht wählen.

§ 19 Ausgleichsbetrag

(1) Während der Dauer der Befreiung nach § 16 Absatz 1 hat der Betreiber für jedes Berichtsjahr einen Ausgleichsbetrag für ersparte Kosten des
Erwerbs von Berechtigungen zu leisten.

(2) Der zu zahlende Ausgleichsbetrag ist das Produkt aus

1. der anzusetzenden Menge an Berechtigungen, die dem Zukaufbedarf
   einer Anlage für das jeweilige Berichtsjahr entspricht, und

2. dem durchschnittlichen, volumengewichteten Zuschlagspreis der Versteigerungen nach § 8 des Treibhausgas-Emissionshandelsgesetzes im
   Berichtsjahr oder in dem Kalenderjahr vor dem Berichtsjahr, je nachdem, welcher der beiden Zuschlagspreise der niedrigere ist; die zuständige Behörde gibt den maßgeblichen Zuschlagspreis für das jeweilige Berichtsjahr bis zum 31. März des auf das Berichtsjahr folgenden Kalenderjahres auf ihrer Internetseite bekannt.

(3) [1]Die anzusetzende Menge an Berechtigungen nach Absatz 2 Nummer 1 entspricht der Differenz zwischen der Emissionsmenge der Anlage
im Berichtsjahr und der Menge an Berechtigungen, die dem Betreiber
anstelle der Befreiung für das Berichtsjahr nach den Vorgaben des § 9
des Treibhausgas-Emissionshandelsgesetzes zugeteilt worden wäre. [2]So-
fern der Wert der anzusetzenden Menge an Berechtigungen einen negativen Wert erreicht, entfällt die Pflicht nach Absatz 1 für dieses Berichtsjahr
und der Betreiber kann im Folgejahr desselben Zuteilungszeitraums bei
der Differenzbildung nach Satz 1 den negativen Wert des Vorjahres anrechnen. [3]Sofern sich durch diese Anrechnung auch für das Folgejahr ein
negativer Wert ergibt, gilt Satz 2 für das Folgejahr entsprechend.

(4) [1]Die zuständige Behörde setzt die Menge an Berechtigungen, die dem
Betreiber anstelle der Befreiung für die einzelnen Jahre des jeweiligen Zuteilungszeitraums zugeteilt worden wäre, mit der Befreiung nach § 16 Absatz 1 fest. [2]Veränderungen der Produktionsmenge gegenüber dem für die
Festsetzung nach Satz 1 maßgeblichen Zeitraum bleiben unberücksichtigt.

(5) [1]Der Ausgleichsbetrag ist für jedes Berichtsjahr bis zum 30. April des
auf das Berichtsjahr folgenden Kalenderjahres als Schicksschuld an die zuständige Behörde zu leisten. [2]Soweit der Ausgleichsbetrag nicht rechtzeitig geleistet wurde, setzt die zuständige Behörde den rückständigen Ausgleichsbetrag fest. [3]Für die Berechnung des rückständigen Ausgleichsbetrages gilt abweichend von Absatz 2 Nummer 2 als maßgeblicher Zuschlagspreis der durchschnittliche volumengewichtete Zuschlagspreis der
Versteigerungen nach § 8 des Treibhausgas-Emissionshandelsgesetzes im
Berichtsjahr oder in dem Kalenderjahr vor dem Berichtsjahr, je nachdem,
welcher der beiden Zuschlagspreise der höhere ist.

(6) [1]Soweit ein Ausgleichsbetrag ohne rechtlichen Grund entrichtet
wurde, kann derjenige, auf dessen Rechnung die Zahlung bewirkt worden

ist, von der zuständigen Behörde die Erstattung des entrichteten Betrages fordern. [2]Ansprüche des Bundes auf Zahlung des Ausgleichsbetrages sowie Erstattungsansprüche nach Satz 1 verjähren nach den Vorschriften des Bürgerlichen Gesetzbuches über die regelmäßige Verjährung.

(7) Die Einnahmen aus dem Ausgleichsbetrag stehen dem Bund zu und fließen in das Sondervermögen »Energie- und Klimafonds«.

§ 20 Selbstverpflichtung zu Emissionsminderungen

(1) Gegenstand der Selbstverpflichtung des Betreibers zu Emissionsminderungen der Anlage ist die Reduzierung der Gesamtemissionen der Anlage gegenüber dem Basiswert beginnend ab dem Jahr 2021 um jährlich 2,2 Prozent.

(2) Der Basiswert ist der Median der Emissionen der Anlage in den Jahren 2014 bis 2018, in denen die Anlage vom Anwendungsbereich des Treibhausgas-Emissionshandelsgesetzes erfasst war, reduziert um den Prozentsatz, der der prozentualen Minderung der gemeinschaftsweiten Menge der vergebenen Zertifikate nach den Artikeln 9 und 9a der Richtlinie 2003/87/EG von der Mitte des Zeitraums der Kalenderjahre 2014 bis 2018 bis zum Ende der Handelsperiode 2013 bis 2020 entspricht.

(3) Die zuständige Behörde setzt mit der Befreiung nach § 16 Absatz 1 den Basiswert nach Absatz 2 sowie den jeweiligen Zielwert für jedes Kalenderjahr des Zuteilungszeitraums fest.

(4) [1]Erfüllt ein Betreiber die Selbstverpflichtung nach Absatz 1 in einem Berichtsjahr nicht, so hat er für dieses Berichtsjahr einen Überschreitungsbetrag zu zahlen. [2]Der zu zahlende Überschreitungsbetrag ist das Produkt aus

1. der Differenz zwischen der tatsächlichen Emissionsmenge der Anlage im Berichtsjahr und dem sich aus Absatz 1 ergebenden Zielwert für dieses Berichtsjahr und

2. dem durchschnittlichen, volumengewichteten Zuschlagspreis der Versteigerungen nach § 8 des Treibhausgas-Emissionshandelsgesetzes im Berichtsjahr oder in dem Kalenderjahr vor dem Berichtsjahr, je nachdem, welcher der beiden Zuschlagspreise der niedrigere ist; die zuständige Behörde gibt den maßgeblichen Zuschlagspreis für das jeweilige Berichtsjahr bis zum 31. März des auf das Berichtsjahr folgenden Kalenderjahres auf ihrer Internetseite bekannt.

(5) [1]Sofern die Emissionsmenge der Anlage geringer ist als der sich aus Absatz 1 ergebende Zielwert für das jeweilige Berichtsjahr, kann der Betreiber die Differenzmenge bei der Differenzbildung nach Absatz 4 Satz 2 Nummer 1 im Folgejahr desselben Zuteilungszeitraums anrechnen. [2]Sofern sich durch diese Anrechnung auch für das Folgejahr ein negativer Wert ergibt, gilt Satz 1 für das Folgejahr entsprechend.

(6) Für die Leistung des Überschreitungsbetrags gilt § 19 Absatz 5 bis 7 entsprechend.

§ 21 Erlöschen der Befreiung

[1]Die Befreiung nach § 16 Absatz 1 erlischt, wenn die Anlage in einem Berichtsjahr 25 000 Tonnen Kohlendioxidäquivalent oder mehr emittiert. [2]In

diesem Fall unterliegt der Betreiber ab dem Kalenderjahr der Überschreitung der Emissionsgrenze der Pflicht nach § 7 Absatz 1 des Treibhausgas-Emissionshandelsgesetzes.

§ 22 Öffentlichkeitsbeteiligung

(1) Die zuständige Behörde gibt im Rahmen des Antragsverfahrens folgende Informationen auf ihrer Internetseite bekannt:

1. die Namen der Anlagen, für die eine Befreiung nach § 16 beantragt wurde,
2. für jede dieser Anlagen die gleichwertige Maßnahme nach § 18 und
3. für jede dieser Anlagen die in den Jahren des jeweiligen Bezugszeitraums verursachten Treibhausgasemissionen.

(2) [1]Nach der Bekanntgabe hat die Öffentlichkeit vier Wochen Gelegenheit, zu den beabsichtigten Befreiungen Stellung zu nehmen. [2]Nach Ablauf der Frist zur Stellungnahme teilt die zuständige Behörde der Europäischen Kommission das Ergebnis der Öffentlichkeitsbeteiligung mit. [3]Diese Mitteilung gibt die zuständige Behörde auf ihrer Internetseite bekannt.

§ 23 Erleichterungen bei Überwachung und Berichterstattung

(1) [1]Für die Dauer der Befreiung nach § 16 gilt die Pflicht zur Emissionsberichterstattung nach § 5 des Treibhausgas-Emissionshandelsgesetzes mit der Maßgabe, dass die Pflicht zur Verifizierung des Emissionsberichts jeweils nur für das dritte Jahr des jeweiligen Zuteilungszeitraums gilt. [2]Abweichend von Satz 1 sind Anlagen, die in jedem Jahr des Bezugszeitraums nach § 16 Absatz 2 weniger als 5 000 Tonnen Kohlendioxidäquivalent emittiert haben, von der Pflicht zur Verifizierung des Emissionsberichts befreit, solange die Anlagen in jedem Berichtsjahr des Zuteilungszeitraums weniger als 5 000 Tonnen Kohlendioxidäquivalent emittieren.

(2) Für die Dauer der Befreiung nach § 16 gilt die Pflicht nach § 6 des Treibhausgas-Emissionshandelsgesetzes mit den Maßgaben, dass

1. der nach § 6 Absatz 1 des Treibhausgas-Emissionshandelsgesetzes zur Genehmigung vorzulegende Überwachungsplan keine Angaben nach Artikel 12 Absatz 2 Buchstabe c bis g der Monitoring-Verordnung zu den innerbetrieblichen Verfahren zur Überwachung und Berichterstattung nach Anhang I Teil 1 der Monitoring-Verordnung enthalten muss;
2. eine Anpassung des Überwachungsplans nach § 6 Absatz 3 des Treibhausgas-Emissionshandelsgesetzes nur bei Änderungen des Anlagenumfangs oder der Emissionsquellen oder bei der Aufnahme zusätzlicher Stoffströme erforderlich ist.

(3) [1]Bestimmt der Betreiber einer Anlage, die in jedem Jahr des Bezugszeitraums nach § 16 Absatz 2 weniger als 5 000 Tonnen Kohlendioxidäquivalent emittiert hat, Berechnungsfaktoren eines Stoffstroms mittels Analysen, so ist er von der Pflicht nach Artikel 33 der Monitoring-Verordnung zur Übermittlung eines Probenahmeplans befreit. [2]Nimmt der Betreiber zur Durchführung der Analysen sein betriebseigenes Labor in An-

spruch, ist er von der Pflicht nach Artikel 34 Absatz 3 der Monitoring-Verordnung zur Vorlage eines Gleichwertigkeitsnachweises befreit.

(4) Für die Dauer der Befreiung nach § 16 ist der Betreiber einer Anlage, die in jedem Jahr des Bezugszeitraums nach § 16 Absatz 2 weniger als 5 000 Tonnen Kohlendioxidäquivalent emittiert hat, von der Pflicht zur Übermittlung eines Verbesserungsberichtes nach Artikel 69 Absatz 4 der Monitoring-Verordnung befreit.

(5) Für die Dauer der Befreiung nach § 16 ist der Betreiber der Anlage von der Pflicht zur Mitteilung der Aktivitätsraten nach dem Durchführungsrechtsakt nach Artikel 10a Absatz 21 der Richtlinie 2003/87/EG befreit.

Abschnitt 10
Schlussvorschriften
§ 24 Inkrafttreten, Außerkrafttreten
(1) Diese Verordnung tritt am Tag nach der Verkündung[1] in Kraft.

(2) § 14 und die Anlage treten am 1. Oktober 2021 außer Kraft.

Anlage
(zu § 14)

Gebührenverzeichnis

Tarifstelle	Amtshandlungen der Zulassungsstelle	Gebührensatz (Nettobetrag zuzüglich Umsatzsteuer) Angaben in Euro
1	**Erstzertifizierung**	
1.1	**Antragsprüfung und Bescheid**	
1.1.1	nach Aktenlage für bis zu drei Tätigkeitsgruppen gemäß Anhang I der Akkreditierungs- und Verifizierungsverordnung	945
1.1.1.1	– je weitere drei beantragte Tätigkeitsgruppen gemäß Anhang I der Akkreditierungs- und Verifizierungsverordnung zusätzlich zu 1.1.1	315
1.1.2	mit Gespräch in den Räumen der Zulassungsstelle für bis zu drei Tätigkeitsgruppen gemäß Anhang I der Akkreditierungs- und Verifizierungsverordnung	1 260
1.1.2.1	– je weitere drei beantragte Tätigkeitsgruppen gemäß Anhang I der Akkreditierungs- und Verifizierungsverordnung zusätzlich zu 1.1.2	315

---

1) Verkündet am 3. 5. 2019.

Tarifstelle	Amtshandlungen der Zulassungsstelle	Gebührensatz (Nettobetrag zuzüglich Umsatzsteuer) Angaben in Euro
1.1.2.2	– Hinzuziehung externer Gutachter, je Gutachter und jeweils bis zu drei beantragten Tätigkeitsgruppen zusätzlich zu 1.1.2	250–335
1.2	**Durchführung der Begutachtung (je Office-Audit oder je Witness-Audit)**	840
1.2.1	zuzüglich Personal der Zulassungsstelle vor Ort, je Person und Tag	840
1.2.2	zuzüglich externer Begutachter vor Ort, je Begutachter und je Tag	750–1 000
2	**Rezertifizierung**	
2.1	**Antragsprüfung und Bescheid nach Aktenlage** entsprechend Tarifstellen 1.1.1 und 1.1.1.1	
2.2	**Begutachtung im Rahmen der Rezertifizierung**	Kosten entsprechend Tarifstellen 1.2 bis 1.2.2
3	**Begutachtung nach Artikel 50 der Akkreditierungs- und Verifizierungsverordnung im Zeitraum zwischen Zertifizierung und Rezertifizierung**	Kosten entsprechend Tarifstellen 1.2 bis 1.2.2
4	**Anlassabhängige Überprüfung auf Basis der Artikel 52, 62 und 73 der Akkreditierungs- und Verifizierungsverordnung im Zeitraum zwischen Zertifizierung und Rezertifizierung**	
4.1	**Dokumentenprüfung und Bescheid, ohne Begutachtung**	1 000–5 000
4.2	**Anlassabhängige Begutachtung**	Kosten entsprechend Tarifstellen 1.2 bis 1.2.2
5	**Änderung des Zertifizierungsbereichs**	
5.1	**Antragsprüfung und Bescheid**	
5.1.1	nach Aktenlage für bis zu drei Tätigkeitsgruppen gemäß Anhang I der Akkreditierungs- und Verifizierungsverordnung	525
5.1.1.1	– je weitere drei beantragte Tätigkeitsgruppen gemäß Anhang I der Akkreditierungs- und Verifizierungsverordnung zusätzlich zu Tarifstelle 5.1.1	525

Tarifstelle	Amtshandlungen der Zulassungsstelle	Gebührensatz (Nettobetrag zuzüglich Umsatzsteuer) Angaben in Euro
5.1.2	mit Gespräch in den Räumen der Zulassungsstelle für bis zu drei Tätigkeitsgruppen gemäß Anhang I der Akkreditierungs- und Verifizierungsverordnung	840
5.1.2.1	– je weitere drei beantragte Tätigkeitsgruppen gemäß Anhang I der Akkreditierungs- und Verifizierungsverordnung zusätzlich zu Tarifstelle 5.1.2	315
5.1.2.2	Hinzuziehung externer Gutachter, je Gutachter und jeweils bis zu drei beantragten Tätigkeitsgruppen zusätzlich zu Tarifstelle 5.1.2	250–335
5.2	**Begutachtung im Rahmen der Änderung des Zertifizierungsbereichs**	Kosten entsprechend Tarifstellen 1.2 bis 1.2.2

Gesetz
zum Schutz gegen Fluglärm

In der Fassung der Bekanntmachung vom 31. Oktober 2007
(BGBl. I S. 2550)
(FNA 2129-4)

§ 1 Zweck und Geltungsbereich

Zweck dieses Gesetzes ist es, in der Umgebung von Flugplätzen bauliche
Nutzungsbeschränkungen und baulichen Schallschutz zum Schutz der Allgemeinheit und der Nachbarschaft vor Gefahren, erheblichen Nachteilen
und erheblichen Belästigungen durch Fluglärm sicherzustellen.

§ 2 Einrichtung von Lärmschutzbereichen

(1) In der Umgebung von Flugplätzen werden Lärmschutzbereiche eingerichtet, die das Gebiet der in dem nachfolgenden Absatz genannten
Schutzzonen außerhalb des Flugplatzgeländes umfassen.

(2) ^{1}Der Lärmschutzbereich eines Flugplatzes wird nach dem Maße der
Lärmbelastung in zwei Schutzzonen für den Tag und eine Schutzzone für
die Nacht gegliedert. ^{2}Schutzzonen sind jeweils diejenigen Gebiete, in
denen der durch Fluglärm hervorgerufene äquivalente Dauerschallpegel
L_{Aeq} sowie bei der Nacht-Schutzzone auch der fluglärmbedingte Maximalpegel L_{Amax} die nachfolgend genannten Werte übersteigt, wobei die Häufigkeit aus dem Mittelwert über die sechs verkehrsreichsten Monate des
Prognosejahres bestimmt wird (Anlage zu § 3):

1. Werte für neue oder wesentlich baulich erweiterte zivile Flugplätze im
    Sinne des § 4 Abs. 1 Nr. 1 und 2:

    Tag-Schutzzone 1:

    $L_{Aeq\ Tag}$ =   60 dB(A),

    Tag-Schutzzone 2:

    $L_{Aeq\ Tag}$ =   55 dB(A),

    Nacht-Schutzzone

    a) bis zum 31. Dezember 2010:

        $L_{Aeq\ Nacht}$ =   53 dB(A),
        L_{Amax} =   6 mal 57 dB(A),

    b) ab dem 1. Januar 2011:

        $L_{Aeq\ Nacht}$ =   50 dB(A),
        L_{Amax} =   6 mal 53 dB(A);

2. Werte für bestehende zivile Flugplätze im Sinne des § 4 Abs. 1 Nr. 1
    und 2:

    Tag-Schutzzone 1:

    $L_{Aeq\ Tag}$ =   65 dB(A),

    Tag-Schutzzone 2:

    $L_{Aeq\ Tag}$ =   60 dB(A),

Nacht-Schutzzone:

$L_{Aeq\ Nacht}$ = 55 dB(A),

L_{Amax} = 6 mal 57 dB(A);

3. Werte für neue oder wesentlich baulich erweiterte militärische Flugplätze im Sinne des § 4 Abs. 1 Nr. 3 und 4:

Tag-Schutzzone 1:

$L_{Aeq\ Tag}$ = 63 dB(A),

Tag-Schutzzone 2:

$L_{Aeq\ Tag}$ = 58 dB(A),

Nacht-Schutzzone

a) bis zum 31. Dezember 2010:

$L_{Aeq\ Nacht}$ = 53 dB(A),

L_{Amax} = 6 mal 57 dB(A),

b) ab dem 1. Januar 2011:

$L_{Aeq\ Nacht}$ = 50 dB(A),

L_{Amax} = 6 mal 53 dB(A);

4. Werte für bestehende militärische Flugplätze im Sinne des § 4 Abs. 1 Nr. 3 und 4:

Tag-Schutzzone 1:

$L_{Aeq\ Tag}$ = 68 dB(A),

Tag-Schutzzone 2:

$L_{Aeq\ Tag}$ = 63 dB(A),

Nacht-Schutzzone:

$L_{Aeq\ Nacht}$ = 55 dB(A),

L_{Amax} = 6 mal 57 dB(A).

[3]Neue oder wesentlich baulich erweiterte Flugplätze im Sinne dieser Vorschrift sind Flugplätze, für die ab dem 7. Juni 2007 eine Genehmigung, eine Planfeststellung oder eine Plangenehmigung nach § 6 oder § 8 des Luftverkehrsgesetzes für ihre Anlegung, den Bau einer neuen Start- oder Landebahn oder eine sonstige wesentliche bauliche Erweiterung erteilt wird. [4]Die sonstige bauliche Erweiterung eines Flugplatzes ist wesentlich, wenn sie zu einer Erhöhung des äquivalenten Dauerschallpegels $L_{Aeq\ Tag}$ an der Grenze der Tag-Schutzzone 1 oder des äquivalenten Dauerschallpegels $L_{Aeq\ Nacht}$ an der Grenze der Nacht-Schutzzone um mindestens 2 dB(A) führt. [5]Bestehende Flugplätze im Sinne dieser Vorschrift sind Flugplätze, bei denen die Voraussetzungen der Sätze 3 und 4 nicht erfüllt sind.

(3) Die Bundesregierung erstattet spätestens im Jahre 2017 und spätestens nach Ablauf von jeweils weiteren zehn Jahren dem Deutschen Bundestag Bericht über die Überprüfung der in Absatz 2 genannten Werte unter Berücksichtigung des Standes der Lärmwirkungsforschung und der Luftfahrttechnik.

§ 3 Ermittlung der Lärmbelastung

(1) Der äquivalente Dauerschallpegel $L_{Aeq\ Tag}$ für die Tag-Schutzzonen 1 und 2 sowie der äquivalente Dauerschallpegel $L_{Aeq\ Nacht}$ und der Maximalpegel L_{Amax} für die Nacht-Schutzzone werden unter Berücksichtigung von Art und Umfang des voraussehbaren Flugbetriebs nach der Anlage zu diesem Gesetz ermittelt.

(2) Die Bundesregierung wird ermächtigt, nach Anhörung der beteiligten Kreise (§ 15) durch Rechtsverordnung mit Zustimmung des Bundesrates Art und Umfang der erforderlichen Auskünfte der nach § 11 Verpflichteten und die Berechnungsmethode für die Ermittlung der Lärmbelastung[1] zu regeln.

§ 4 Festsetzung von Lärmschutzbereichen

(1) Ein Lärmschutzbereich ist für folgende Flugplätze festzusetzen:
1. Verkehrsflughäfen mit Fluglinien- oder Pauschalflugreiseverkehr,
2. Verkehrslandeplätze mit Fluglinien- oder Pauschalflugreiseverkehr und mit einem Verkehrsaufkommen von über 25 000 Bewegungen pro Jahr; hiervon sind ausschließlich der Ausbildung dienende Bewegungen mit Leichtflugzeugen ausgenommen,
3. militärische Flugplätze, die dem Betrieb von Flugzeugen mit Strahltriebwerken zu dienen bestimmt sind,
4. militärische Flugplätze, die dem Betrieb von Flugzeugen mit einer höchstzulässigen Startmasse von mehr als 20 Tonnen zu dienen bestimmt sind, mit einem Verkehrsaufkommen von über 25 000 Bewegungen pro Jahr; hiervon sind ausschließlich der Ausbildung dienende Bewegungen mit Leichtflugzeugen ausgenommen.

(2) ¹Die Festsetzung des Lärmschutzbereichs erfolgt durch Rechtsverordnung der Landesregierung. ²Karten und Pläne, die Bestandteil der Rechtsverordnung sind, können dadurch verkündet werden, dass sie bei einer Amtsstelle zu jedermanns Einsicht archivmäßig gesichert niedergelegt werden. ³In der Rechtsverordnung ist darauf hinzuweisen.

(3) ¹Der Lärmschutzbereich für einen neuen Flugplatz im Sinne des § 2 Abs. 2 Satz 2 Nr. 1 und 3 ist auf der Grundlage der dort angegebenen Werte festzusetzen. ²Auf derselben Grundlage ist der Lärmschutzbereich für einen wesentlich baulich erweiterten Flugplatz im Sinne des § 2 Abs. 2 Satz 2 Nr. 1 und 3 neu festzusetzen oder erstmalig festzusetzen, wenn bislang noch keine Festsetzung erfolgt ist. ³Die Festsetzung soll vorgenommen werden, sobald die Genehmigung, die Planfeststellung oder die Plangenehmigung für die Anlegung oder die Erweiterung des Flugplatzes erteilt ist.

---

1) Die Datenerfassung und das Berechnungsverfahren für die Festsetzung von Lärmschutzbereichen sind in der 1. FlugLSV vom 27. 12. 2008 (BGBl. I S. 2980), geändert durch Art. 72 VO vom 31. August 2015 (BGBl. I S. 1474, 1486), geregelt. Diese Verordnung ist hier nicht abgedruckt.

(4) ^{1}Der Lärmschutzbereich für einen bestehenden Flugplatz im Sinne des § 2 Abs. 2 Satz 2 Nr. 2 und 4 ist auf der Grundlage der dort angegebenen Werte spätestens bis zum Ende des Jahres 2009 neu festzusetzen oder erstmalig festzusetzen, wenn bislang noch keine Festsetzung erfolgt ist. ^{2}Ist eine wesentliche bauliche Erweiterung beantragt, ist eine Festsetzung für den bestehenden Flugplatz, die den bisherigen Bestand zur Grundlage hat, nicht mehr erforderlich, wenn eine Festsetzung des Lärmschutzbereichs für den wesentlich baulich erweiterten Flugplatz vorgenommen wird und die Inbetriebnahme des erweiterten Flugplatzes unmittelbar folgt. ^{3}Die Festsetzungen für verschiedene Flugplätze sollen nach Prioritäten vorgenommen werden, die sich aus der voraussichtlichen Größe der Lärmschutzbereiche und der betroffenen Bevölkerung ergeben; die vorgesehene Abfolge der Festsetzungen und ihr voraussichtlicher Zeitpunkt sind festzulegen und der Öffentlichkeit mitzuteilen.

(5) ^{1}Der Lärmschutzbereich für einen neuen, wesentlich baulich erweiterten oder bestehenden Flugplatz im Sinne des § 2 Abs. 2 Satz 2 Nr. 1 bis 4 ist neu festzusetzen, wenn eine Änderung in der Anlage oder im Betrieb des Flugplatzes zu einer wesentlichen Veränderung der Lärmbelastung in der Umgebung des Flugplatzes führen wird. ^{2}Eine Veränderung der Lärmbelastung ist insbesondere dann als wesentlich anzusehen, wenn sich die Höhe des äquivalenten Dauerschallpegels $L_{Aeq\ Tag}$ an der Grenze der Tag-Schutzzone 1 oder des äquivalenten Dauerschallpegels $L_{Aeq\ Nacht}$ an der Grenze der Nacht-Schutzzone um mindestens 2 dB(A) ändert. ^{3}Die Neufestsetzung ist für einen neuen oder wesentlich baulich erweiterten Flugplatz im Sinne des § 2 Abs. 2 Satz 2 Nr. 1 und 3 auf der Grundlage der dort angegebenen Werte vorzunehmen. ^{4}Die Neufestsetzung ist für einen bestehenden Flugplatz im Sinne des § 2 Abs. 2 Satz 2 Nr. 2 und 4 auf der Grundlage der dort angegebenen Werte vorzunehmen, solange kein Fall des Absatzes 4 Satz 2 vorliegt.

(6) ^{1}Spätestens nach Ablauf von zehn Jahren seit Festsetzung des Lärmschutzbereichs ist zu prüfen, ob sich die Lärmbelastung wesentlich verändert hat oder innerhalb der nächsten zehn Jahre voraussichtlich wesentlich verändern wird. ^{2}Die Prüfung ist in Abständen von zehn Jahren zu wiederholen, sofern nicht besondere Umstände eine frühere Prüfung erforderlich machen.

(7) ^{1}Für einen Flugplatz nach Absatz 1 ist kein Lärmschutzbereich festzusetzen oder neu festzusetzen, wenn dieser innerhalb einer Frist von zehn Jahren nach Vorliegen eines Festsetzungserfordernisses nach den Absätzen 4 und 5 geschlossen werden soll und für seine Schließung das Verwaltungsverfahren bereits begonnen hat. ^{2}Nach der Schließung eines Flugplatzes ist ein bestehender Lärmschutzbereich aufzuheben. ^{3}Die Sätze 1 und 2 gelten entsprechend für einen Flugplatz nach Absatz 1, wenn dieser die dort genannten Merkmale in sonstiger Weise dauerhaft verliert; Absatz 8 bleibt unberührt.

(8) ^{1}Wenn der Schutz der Allgemeinheit es erfordert, sollen auch für andere als in Absatz 1 genannte Flugplätze Lärmschutzbereiche festgesetzt werden. ^{2}Die Absätze 2 bis 7 gelten entsprechend.

§ 5 Bauverbote

(1) [1]In einem Lärmschutzbereich dürfen Krankenhäuser, Altenheime, Erholungsheime und ähnliche in gleichem Maße schutzbedürftige Einrichtungen nicht errichtet werden. [2]In den Tag-Schutzzonen des Lärmschutzbereichs gilt Gleiches für Schulen, Kindergärten und ähnliche in gleichem Maße schutzbedürftige Einrichtungen. [3]Die nach Landesrecht zuständige Behörde kann Ausnahmen zulassen, wenn dies zur Versorgung der Bevölkerung mit öffentlichen Einrichtungen oder sonst im öffentlichen Interesse dringend geboten ist.

(2) In der Tag-Schutzzone 1 und in der Nacht-Schutzzone dürfen Wohnungen nicht errichtet werden.

(3) [1]Das Verbot nach Absatz 2 gilt nicht für die Errichtung von

1. Wohnungen für Aufsichts- und Bereitschaftspersonen von Betrieben oder öffentlichen Einrichtungen sowie für Betriebsinhaber und Betriebsleiter,

2. Wohnungen, die nach § 35 Abs. 1 des Baugesetzbuchs im Außenbereich zulässig sind,

3. Wohnungen und Gemeinschaftsunterkünften für Angehörige der Bundeswehr und der auf Grund völkerrechtlicher Verträge in der Bundesrepublik Deutschland stationierten Streitkräfte,

4. Wohnungen im Geltungsbereich eines vor der Festsetzung des Lärmschutzbereichs bekannt gemachten Bebauungsplans,

5. Wohnungen innerhalb der im Zusammenhang bebauten Ortsteile nach § 34 des Baugesetzbuchs,

6. Wohnungen im Geltungsbereich eines nach der Festsetzung des Lärmschutzbereichs bekannt gemachten Bebauungsplans, wenn dieser der Erhaltung, der Erneuerung, der Anpassung oder dem Umbau von vorhandenen Ortsteilen mit Wohnbebauung dient.

[2]Satz 1 Nr. 4 gilt nicht für Grundstücke, auf denen die Errichtung von Wohnungen bauplanungsrechtlich mehr als sieben Jahre nach einer nach dem 6. Juni 2007 erfolgten Festsetzung des Lärmschutzbereichs vorgesehen gewesen ist, sofern im Geltungsbereich des Bebauungsplans noch nicht mit der Erschließung oder der Bebauung begonnen worden ist.

(4) Absatz 1 Satz 1 und 2 und Absatz 2 gelten nicht für bauliche Anlagen, für die vor der Festsetzung des Lärmschutzbereichs eine Baugenehmigung erteilt worden ist, sowie für nichtgenehmigungsbedürftige bauliche Anlagen, mit deren Errichtung nach Maßgabe des Bauordnungsrechts vor der Festsetzung des Lärmschutzbereichs hätte begonnen werden dürfen.

§ 6 Sonstige Beschränkungen der baulichen Nutzung

Die nach § 5 Abs. 1 Satz 3, Abs. 2 Satz 2 und Abs. 3 zulässigen baulichen Anlagen sowie Wohnungen in der Tag-Schutzzone 2 dürfen nur errichtet werden, sofern sie den nach § 7 festgesetzten Schallschutzanforderungen genügen.

§ 7 Schallschutz

Die Bundesregierung wird ermächtigt, nach Anhörung der beteiligten Kreise (§ 15) durch Rechtsverordnung mit Zustimmung des Bundesrates

Schallschutzanforderungen einschließlich Anforderungen an Belüftungseinrichtungen unter Beachtung des Standes der Schallschutztechnik im Hochbau festzusetzen, denen die baulichen Anlagen zum Schutz ihrer Bewohner vor Fluglärm in dem Fall des § 6 genügen müssen.[2)]

§ 8 Entschädigung bei Bauverboten

(1) [1]Wird durch ein Bauverbot nach § 5 Abs. 1 Satz 1 und 2 oder Absatz 2 Satz 1 die bisher zulässige bauliche Nutzung aufgehoben und tritt dadurch eine nicht nur unwesentliche Wertminderung des Grundstücks ein, so kann der Eigentümer insoweit eine angemessene Entschädigung in Geld verlangen. [2]Der Eigentümer kann ferner eine angemessene Entschädigung in Geld verlangen, soweit durch das Bauverbot Aufwendungen für Vorbereitungen zur baulichen Nutzung des Grundstücks an Wert verlieren, die der Eigentümer im Vertrauen auf den Bestand der bisher zulässigen baulichen Nutzung gemacht hat.

(2) Die Vorschriften des § 93 Abs. 2, 3 und 4, des § 95 Abs. 1, 2 und 4, der §§ 96, 97, 98 und 99 Abs. 1 des Baugesetzbuchs sowie die Vorschriften der §§ 17, 18 Abs. 1, 2 Satz 1, Abs. 3 und der §§ 19 bis 25 des Schutzbereichgesetzes vom 7. Dezember 1956 (Bundesgesetzbl. I S. 899), zuletzt geändert durch Artikel 1 Abs. 6 der Verordnung vom 5. April 2002 (BGBl. I S. 1250), sind sinngemäß anzuwenden.

§ 9 Erstattung von Aufwendungen für bauliche Schallschutzmaßnahmen, Entschädigung für Beeinträchtigungen des Außenwohnbereichs

(1) [1]Dem Eigentümer eines in der Tag-Schutzzone 1 gelegenen Grundstücks, auf dem bei Festsetzung des Lärmschutzbereichs Einrichtungen nach § 5 Abs. 1 Satz 1 und 2 oder Wohnungen errichtet sind oder auf dem die Errichtung von baulichen Anlagen nach § 5 Abs. 4 zulässig ist, werden auf Antrag Aufwendungen für bauliche Schallschutzmaßnahmen nach Maßgabe der Absätze 3 und 4 und des § 10 erstattet. [2]Soweit für einen bestehenden zivilen Flugplatz im Sinne des § 2 Abs. 2 Satz 2 Nr. 2 der durch Fluglärm hervorgerufene äquivalente Dauerschallpegel $L_{Aeq\ Tag}$ bei einem Grundstück den Wert von 70 dB(A) übersteigt, entsteht der Anspruch mit der Festsetzung des Lärmschutzbereichs; ansonsten entsteht der Anspruch mit Beginn des sechsten Jahres nach Festsetzung des Lärmschutzbereichs. [3]Für einen bestehenden militärischen Flugplatz im Sinne des § 2 Abs. 2 Satz 2 Nr. 4 gilt Satz 2 mit der Maßgabe, dass auf einen Wert von 73 dB(A) abzustellen ist. [4]Für einen neuen oder wesentlich baulich erweiterten zivilen Flugplatz im Sinne des § 2 Abs. 2 Satz 2 Nr. 1 gilt Satz 2 mit der Maßgabe, dass auf einen Wert von 65 dB(A) abzustellen ist. [5]Für einen neuen oder wesentlich baulich erweiterten militärischen Flugplatz im Sinne des § 2 Abs. 2 Satz 2 Nr. 3 gilt Satz 2 mit der Maßgabe, dass auf einen Wert von 68 dB(A) abzustellen ist.

---

2) Siehe dazu § 3 der unter Nr. 8.1 abgedruckten 2. FlugLSV.

(2) ¹Dem Eigentümer eines in der Nacht-Schutzzone gelegenen Grundstücks, auf dem bei Festsetzung des Lärmschutzbereichs Einrichtungen nach § 5 Abs. 1 Satz 1 oder Wohnungen errichtet sind oder auf dem die Errichtung von solchen baulichen Anlagen gemäß § 5 Abs. 4 zulässig ist, werden für Räume, die in nicht nur unwesentlichem Umfang zum Schlafen benutzt werden, Aufwendungen für bauliche Schallschutzmaßnahmen, bei einem zivilen Flugplatz im Sinne des § 2 Abs. 2 Satz 2 Nr. 1 und 2 einschließlich des Einbaus von Belüftungseinrichtungen, nach Maßgabe der Absätze 3 und 4 und des § 10 erstattet. ²Soweit für einen bestehenden Flugplatz im Sinne des § 2 Abs. 2 Satz 2 Nr. 2 und 4 der durch Fluglärm hervorgerufene äquivalente Dauerschallpegel $L_{Aeq\ Nacht}$ bei einem Grundstück den Wert von 60 dB(A) übersteigt, entsteht der Anspruch mit der Festsetzung des Lärmschutzbereichs; ansonsten entsteht der Anspruch mit Beginn des sechsten Jahres nach Festsetzung des Lärmschutzbereichs. ³Für einen neuen oder wesentlich baulich erweiterten Flugplatz im Sinne des § 2 Abs. 2 Satz 2 Nr. 1 Buchstabe a und Nr. 3 Buchstabe a gilt Satz 2 mit der Maßgabe, dass auf einen Wert von 58 dB(A) abzustellen ist; für einen Flugplatz im Sinne des § 2 Abs. 2 Satz 2 Nr. 1 Buchstabe b und Nr. 3 Buchstabe b ist auf einen Wert von 55 dB(A) abzustellen.

(3) ¹Ist ein Lärmschutzbereich auf Grund des § 4 Abs. 3, 4 oder 5 neu festgesetzt worden, werden Aufwendungen für bauliche Schallschutzmaßnahmen nicht erstattet, wenn gemäß § 6 bauliche Anlagen sowie Wohnungen schon bei der Errichtung in der bis zur Neufestsetzung geltenden Tag-Schutzzone 2 den Schallschutzanforderungen genügen mussten und die danach erforderlichen Schallschutzmaßnahmen sich im Rahmen der nach § 7 erlassenen Rechtsverordnung halten. ²Ferner ist eine Erstattung ausgeschlossen, wenn der nach § 12 Zahlungspflichtige bereits im Rahmen freiwilliger Schallschutzprogramme oder in sonstigen Fällen Aufwendungen für bauliche Schallschutzmaßnahmen erstattet hat, die sich im Rahmen der nach § 7 erlassenen Rechtsverordnung halten. ³Einer Erstattung steht nicht entgegen, dass ein Grundstückseigentümer oder ein sonstiger nach Absatz 7 Anspruchsberechtigter bauliche Schallschutzmaßnahmen vor dem Zeitpunkt des Entstehens des Anspruchs auf Erstattung der Aufwendungen durchgeführt hat, soweit die Durchführung nach der Festsetzung des der Anspruchsentstehung zugrunde liegenden Lärmschutzbereichs erfolgt ist.

(4) ¹Die Aufwendungen für bauliche Schallschutzmaßnahmen werden nur erstattet, soweit sich die Maßnahmen im Rahmen der nach § 7 erlassenen Rechtsverordnung halten. ²Die Bundesregierung wird ermächtigt, durch Rechtsverordnung mit Zustimmung des Bundesrates den Höchstbetrag der Erstattung je Quadratmeter Wohnfläche und die Berechnung der Wohnfläche, pauschalierte Erstattungsbeträge sowie Art und Umfang der erstattungsfähigen Nebenleistungen zu regeln.³⁾

---

3) Siehe dazu § 5 Abs. 4 der unter 8.1 abgedruckten 2. FlugLSV.

(5) [1]Der Eigentümer eines in der Tag-Schutzzone 1 gelegenen Grundstücks, auf dem bei Festsetzung des Lärmschutzbereichs für einen neuen oder wesentlich baulich erweiterten Flugplatz im Sinne des § 2 Abs. 2 Satz 2 Nr. 1 und 3 Einrichtungen nach § 5 Abs. 1 Satz 1 und 2 oder Wohnungen errichtet sind oder auf dem die Errichtung von solchen baulichen Anlagen gemäß § 5 Abs. 4 zulässig ist, kann eine angemessene Entschädigung für Beeinträchtigungen des Außenwohnbereichs in Geld nach Maßgabe der nach Absatz 6 erlassenen Rechtsverordnung verlangen.[4] [2]Soweit für einen neuen oder wesentlich baulich erweiterten zivilen Flugplatz im Sinne des § 2 Abs. 2 Satz 2 Nr. 1 der durch Fluglärm hervorgerufene äquivalente Dauerschallpegel $L_{Aeq\,Tag}$ bei einem Grundstück den Wert von 65 dB(A) übersteigt, entsteht der Anspruch auf Erstattung mit der Inbetriebnahme des neuen oder wesentlich baulich erweiterten Flugplatzes; ansonsten entsteht der Anspruch mit Beginn des sechsten Jahres nach Festsetzung des Lärmschutzbereichs. [3]Für einen neuen oder wesentlich baulich erweiterten militärischen Flugplatz im Sinne des § 2 Abs. 2 Satz 2 Nr. 3 gilt Satz 2 mit der Maßgabe, dass auf einen Wert von 68 dB(A) abzustellen ist.

(6) [1]Die Bundesregierung wird ermächtigt, durch Rechtsverordnung mit Zustimmung des Bundesrates Regelungen über die Entschädigung für Beeinträchtigungen des Außenwohnbereichs zu treffen, insbesondere über den schutzwürdigen Umfang des Außenwohnbereichs und die Bemessung der Wertminderung und Entschädigung, auch unter Berücksichtigung der Intensität der Fluglärmbelastung, der Vorbelastung und der Art der baulichen Nutzung der betroffenen Flächen. [2]Im Übrigen gelten für das Verfahren die Enteignungsgesetze der Länder.

(7) [1]An die Stelle des nach den Absätzen 1, 2 und 5 anspruchsberechtigten Grundstückseigentümers tritt der Erbbauberechtigte oder der Wohnungseigentümer, wenn das auf dem Grundstück stehende Gebäude oder Teile des Gebäudes im Eigentum eines Erbbauberechtigten oder eines Wohnungseigentümers stehen. [2]Der Anspruch nach den Absätzen 1, 2 und 5 kann nur innerhalb einer Frist von fünf Jahren nach Entstehung des Anspruchs geltend gemacht werden.

§ 10 Verfahren bei der Erstattung von Aufwendungen
[1]Die nach Landesrecht zuständige Behörde setzt nach Anhörung der Beteiligten (Zahlungsempfänger und Zahlungspflichtiger) durch schriftlichen Bescheid fest, in welcher Höhe die Aufwendungen erstattungsfähig sind. [2]Der Bescheid muss eine Rechtsmittelbelehrung enthalten. [3]Er ist den Beteiligten zuzustellen.

§ 11 Auskunft
(1) Der Halter eines Flugplatzes und die mit der Flugsicherung Beauftragten sind verpflichtet, der nach Landesrecht zuständigen Behörde die zur Ermittlung der Lärmbelastung nach § 3 erforderlichen Auskünfte zu erteilen sowie die erforderlichen Daten, Unterlagen und Pläne vorzulegen.

---

4) Siehe dazu die unter Nr. 8.2 abgedruckte 3. FlugLSV.

(2) Der zur Erteilung einer Auskunft Verpflichtete kann die Auskunft auf solche Fragen verweigern, deren Beantwortung ihn selbst oder einen der in § 383 Abs. 1 Nr. 1 bis 3 der Zivilprozessordnung bezeichneten Angehörigen der Gefahr strafgerichtlicher Verfolgung oder eines Verfahrens nach dem Gesetz über Ordnungswidrigkeiten aussetzen würde.

(3) [1]Auf die nach Absatz 1 erlangten Kenntnisse und Unterlagen sind §§ 93, 97, 105 Abs. 1, § 111 Abs. 5 in Verbindung mit § 105 Abs. 1 sowie § 116 Abs. 1 der Abgabenordnung nicht anzuwenden. [2]Dies gilt nicht, soweit die Finanzbehörden die Kenntnisse für die Durchführung eines Verfahrens wegen einer Steuerstraftat sowie eines damit zusammenhängenden Besteuerungsverfahrens benötigen, an deren Verfolgung ein zwingendes öffentliches Interesse besteht, oder soweit es sich um vorsätzlich falsche Angaben des Auskunftspflichtigen oder der für ihn tätigen Personen handelt.

§ 12 Zahlungspflichtiger

(1) Zur Zahlung der Entschädigung nach § 8, zur Erstattung der Aufwendungen für bauliche Schallschutzmaßnahmen nach § 9 Abs. 1 und 2 und zur Zahlung der Entschädigung für Beeinträchtigungen des Außenwohnbereichs nach § 9 Abs. 5 ist der Flugplatzhalter verpflichtet.

(2) [1]Soweit die auf Grund völkerrechtlicher Verträge in der Bundesrepublik Deutschland stationierten Streitkräfte Flugplätze im Bundesgebiet benutzen und ein Entsendestaat als Flugplatzhalter zahlungspflichtig ist, steht die Bundesrepublik für die Erfüllung der Zahlungspflicht ein. [2]Rechtsstreitigkeiten wegen der Zahlung einer Entschädigung oder der Erstattung von Aufwendungen für bauliche Schallschutzmaßnahmen werden von der Bundesrepublik Deutschland im eigenen Namen für den Entsendestaat geführt, gegen den sich der Anspruch richtet.

§ 13 Sonstige Vorschriften

(1) [1]Dieses Gesetz regelt in der ab dem 7. Juni 2007 geltenden Fassung für die Umgebung von Flugplätzen mit Wirkung auch für das Genehmigungsverfahren nach § 6 des Luftverkehrsgesetzes sowie das Planfeststellungs- und Plangenehmigungsverfahren nach § 8 des Luftverkehrsgesetzes die Erstattung von Aufwendungen für bauliche Schallschutzmaßnahmen, einschließlich der zugrunde liegenden Schallschutzanforderungen, nach § 9 Abs. 1 bis 4 und die Entschädigung für Beeinträchtigungen des Außenwohnbereichs in der Umgebung neuer und wesentlich baulich erweiterter Flugplätze nach § 9 Abs. 5 und 6. [2]Soweit in einer Genehmigung, Planfeststellung oder Plangenehmigung, die bis zum 6. Juni 2007 erteilt worden ist, weitergehende Regelungen getroffen worden sind, bleiben diese unberührt. [3]Solange die Genehmigung, Planfeststellung oder Plangenehmigung nicht bestandskräftig ist, ist die Vollziehung der weitergehenden Regelungen ausgesetzt.

(2) Vorschriften, die weitergehende Planungsmaßnahmen zulassen, bleiben unberührt.

§ 14 Schutzziele für die Lärmaktionsplanung

Bei der Lärmaktionsplanung nach § 47d des Bundes-Immissionsschutzgesetzes sind für Flugplätze die jeweils anwendbaren Werte des § 2 Abs. 2
des Gesetzes zum Schutz gegen Fluglärm zu beachten.

§ 15 Anhörung beteiligter Kreise

Soweit Ermächtigungen zum Erlass von Rechtsverordnungen die Anhörung der beteiligten Kreise vorschreiben, ist ein jeweils auszuwählender
Kreis von Vertretern der Wissenschaft, der Technik, der Flugplatzhalter,
der Luftfahrtunternehmen, der kommunalen Spitzenverbände, der Lärm-
schutz- und Umweltverbände, der Kommissionen nach § 32b des Luftverkehrsgesetzes und der für die Luftfahrt und den Immissionsschutz zuständigen obersten Landesbehörden zu hören.

§§ 16 bis 18 (weggefallen)

Anlage

(zu § 3)

Der äquivalente Dauerschallpegel für die Tag-Schutzzonen 1 und 2 wird nach Gleichung (1) und für die Nacht-Schutzzone nach Gleichung (2) ermittelt:

(1)
$$L_{Aeq\,Tag} = 10\,lg\left[\frac{0{,}75}{T}\sum_{i=1}^{n}t_{10,\,i}\cdot 10^{0{,}1\,L_{Amax,i}}\right]$$

(2)
$$L_{Aeq\,Nacht} = 10\,lg\left[\frac{1{,}5}{T}\sum_{i=1}^{n}t_{10,\,i}\cdot 10^{0{,}1\,L_{Amax,i}}\right]$$

mit

$L_{Aeq\,Tag}$	–	äquivalenter Dauerschallpegel während der Beurteilungszeit T tags (6 bis 22 Uhr) in dB(A)
$L_{Aeq\,Nacht}$	–	äquivalenter Dauerschallpegel während der Beurteilungszeit T nachts (22 bis 6 Uhr) in dB(A)
lg	–	Logarithmus zur Basis 10
T	–	Beurteilungszeit T in s; die Beurteilungszeit umfasst die sechs verkehrsreichsten Monate (180 Tage) des Prognosejahres
$\sum_{i=1}^{n}$	–	Summe über alle Flugbewegungen tags (6 bis 22 Uhr) bzw. nachts (22 bis 6 Uhr) während der Beurteilungszeit T, wobei die prognostizierten Flugbewegungszahlen für die einzelnen Betriebsrichtungen jeweils um einen Zuschlag zur Berücksichtigung der zeitlich variierenden Nutzung der einzelnen Betriebsrichtungen erhöht werden. Für die Tag-Schutzzonen 1 und 2 sowie für die Nacht-Schutzzone beträgt der Zuschlag dreimal die Streuung der Nutzungsanteile der jeweiligen Betriebsrichtung in den zurückliegenden 10 Jahren (3 Sigma).
i	–	laufender Index des einzelnen Fluglärmereignisses
$t_{10,\,i}$	–	Dauer des Geräusches des i-ten Fluglärmereignisses am Immissionsort in s (Zeitdauer des Fluglärmereignisses, während der der Schallpegel höchstens 10 dB(A) unter dem höchsten Schallpegel liegt (10 dB-down-time))
$L_{Amax,\,i}$	–	Maximalwert des Schalldruckpegels des i-ten Fluglärmereignisses am Immissionsort in dB(A), ermittelt aus der Geräuschemission des Luftfahrzeuges unter Berücksichtigung des Abstandes zur Flugbahn und der Schallausbreitungsverhältnisse.

Zusätzlich wird auf der Grundlage der nach § 3 Abs. 2 erlassenen Rechtsverordnung für die Nachtzeit (22 bis 6 Uhr) die Kontur gleicher Pegelhäufigkeit für das Häufigkeits-Maximalpegelkriterium unter Berücksichtigung eines Pegelunterschiedes zwischen außen und innen von 15 dB(A) ermittelt. Die Nacht-Schutzzone bestimmt sich als Umhüllende dieser Kontur und der Kontur gleichen äquivalenten Dauerschallpegels während der Beurteilungszeit T nachts.

**Zweite Verordnung
zur Durchführung des Gesetzes zum Schutz gegen Fluglärm
(Flugplatz-Schallschutzmaßnahmenverordnung – 2. FlugLSV)**

Vom 8. September 2009 (BGBl. I S. 2992)
(FNA 2129-4-5-2)

§ 1 Anwendungsbereich
[1]Diese Verordnung mit Schallschutzanforderungen zum Schutz gegen
Fluglärm gilt für die Errichtung von schutzbedürftigen Einrichtungen und
Wohnungen nach § 5 Absatz 1 und 3 des Gesetzes zum Schutz gegen
Fluglärm in dem Lärmschutzbereich eines Flugplatzes sowie für die
Errichtung von Wohnungen in der Tag-Schutzzone 2 eines Flugplatzes.
[2]Diese Verordnung gilt auch für die Erstattung von Aufwendungen für
bauliche Schallschutzmaßnahmen an schutzbedürftigen Einrichtungen
und Wohnungen, die bei der Festsetzung des Lärmschutzbereichs errichtet
sind oder deren Errichtung nach § 5 Absatz 4 des Gesetzes zum Schutz
gegen Fluglärm zulässig ist.

§ 2 Aufenthaltsräume
Aufenthaltsräume sind
1. in Wohnungen: Wohnräume einschließlich Wohndielen, Wohnküchen
   und Arbeitsräume sowie Räume, die in nicht nur unwesentlichem Umfang zum Schlafen genutzt werden (Schlafräume), das heißt Schlaf-
   zimmer sowie Kinder- und Jugendzimmer;
2. in Erholungsheimen, Altenheimen, Krankenhäusern und ähnlichen
   in gleichem Maße schutzbedürftigen Einrichtungen: Wohn- und
   Schlafräume einschließlich Übernachtungs- und Bettenräume, Gemeinschaftsräume sowie Untersuchungs-, Behandlungs- und Operati-
   onsräume;
3. in Kindergärten, Schulen und ähnlichen in gleichem Maße schutzbedürftigen Einrichtungen: Gemeinschaftsräume, Unterrichts- und Vor-
   tragsräume, Leseräume in Bibliotheken sowie wissenschaftliche Arbeitsräume.

§ 3 Schallschutzanforderungen
(1) [1]Bei der Errichtung baulicher Anlagen nach § 1 Satz 1 muss das resultierende bewertete Bauschalldämm-Maß $R'_{w,res}$ der DIN 4109, Ausgabe
November 1989, der Umfassungsbauteile von Aufenthaltsräumen abhängig von der Zugehörigkeit der baulichen Anlage zu den nachstehenden
Isophonen-Bändern mindestens betragen:

1. in der Tag-Schutzzone 1 und in der Tag-Schutzzone 2:

bei einem äquivalenten Dauerschallpegel für den Tag ($L_{Aeq\ Tag}$) von	$R'_{w,res}$ für Aufenthaltsräume
weniger als 60 dB(A)	30 dB
60 bis weniger als 65 dB(A)	35 dB
65 bis weniger als 70 dB(A)	40 dB
70 bis weniger als 75 dB(A)	45 dB
75 dB(A) und mehr	50 dB

2. in der Nacht-Schutzzone:

bei einem äquivalenten Dauerschallpegel für die Nacht ($L_{Aeq\ Nacht}$) von	$R'_{w,res}$ für Schlafräume
weniger als 50 dB(A)	30 dB
50 bis weniger als 55 dB(A)	35 dB
55 bis weniger als 60 dB(A)	40 dB
60 bis weniger als 65 dB(A)	45 dB
65 dB(A) und mehr	50 dB

[2]Für Aufenthaltsräume einer baulichen Anlage, deren Grundfläche in zwei Isophonen-Bändern liegt, wird einheitlich das resultierende bewertete Bauschalldämm-Maß $R'_{w,res}$ des höheren Isophonen-Bandes zugrunde gelegt.

(2) [1]Umfassungsbauteile von Aufenthaltsräumen sind insbesondere Wände einschließlich Fenster, Türen, Rollladenkästen oder anderer Einzelflächen, Dächer sowie Decken, die Aufenthalträume umschließen. [2]Besteht die Gesamtfläche eines Umfassungsbauteils von Aufenthaltsräumen aus Einzelflächen mit unterschiedlichen Bauschalldämm-Maßen, so ist das bewertete Bauschalldämm-Maß dieses Umfassungsbauteils das nach Gleichung 15 des Beiblatts 1 zur DIN 4109, Ausgabe November 1989, bestimmte resultierende Schalldämm-Maß $R'_{w,R,res}$.

(3) [1]Die in Absatz 1 Satz 1 genannten Isophonen-Bänder mit den äquivalenten Dauerschallpegeln für den Tag und für die Nacht werden nach § 4 der Verordnung über die Datenerfassung und das Berechnungsverfahren für die Festsetzung von Lärmschutzbereichen vom 27. Dezember 2008 (BGBl. I S. 2980) ermittelt und in den Listen und Karten nach § 4 Absatz 4 der genannten Verordnung dargestellt. [2]Dies gilt auch für Gebiete, die allein aufgrund des Häufigkeits-Maximalpegelkriteriums nach § 4 Ab-

satz 1 Satz 2 Nummer 3 der genannten Verordnung zur Nacht-Schutzzone gehören.

(4) Das resultierende bewertete Bauschalldämm-Maß $R'_{w,res}$ nach Absatz 1 Satz 1 ist in Abhängigkeit vom Verhältnis der gesamten Außenfläche eines Raumes $S_{(W+F)}$ zur Grundfläche des Raumes S_G nach Tabelle 9 der DIN 4109, Ausgabe November 1989, zu erhöhen oder zu vermindern.

(5) [1]Das resultierende bewertete Bauschalldämm-Maß $R'_{w,res}$ nach Absatz 1 Satz 1 und Absatz 4 ist von den Umfassungsbauteilen einzuhalten, die Aufenthaltsräume unmittelbar nach außen abschließen. [2]Soweit Aufenthaltsräume an nicht zu schützende Räume grenzen, muss das resultierende bewertete Bauschalldämm-Maß $R'_{w,res}$ nach Absatz 1 Satz 1 und Absatz 4 von allen Umfassungsbauteilen zusammen eingehalten werden, die zwischen den betreffenden Aufenthaltsräumen und dem Freien liegen. [3]Diese Anforderung ist als erfüllt anzusehen, wenn Umfassungsbauteile, die nicht zu schützende Räume nach außen abschließen, ein resultierendes bewertetes Bauschalldämm-Maß $R'_{w,res}$ einhalten, das um nicht mehr als 20 Dezibel unter den in Absatz 1 Satz 1 angegebenen Bauschalldämm-Maßen liegt. [4]Satz 3 gilt nur, wenn die Umfassungsbauteile des Aufenthaltsraums keine unverschließbaren Öffnungen enthalten.

(6) [1]Belüftungseinrichtungen dürfen nicht zu einer Minderung des resultierenden bewerteten Bauschalldämm-Maßes $R'_{w,res}$ führen. [2]Sie sind bei dem nach Absatz 1 Satz 1 Nummer 2 und Absatz 4 erforderlichen Schallschutz von Schlafräumen in der Nacht-Schutzzone mit zu berücksichtigen. [3]In der Tag-Schutzzone 1 ist bei Aufenthaltsräumen für eine größere Zahl von Personen nach § 2 Nummer 3 (zum Beispiel Schul- oder Gruppenräume) ebenfalls der Einbau von Belüftungseinrichtungen vorzusehen. [4]Die Eigengeräusche von Belüftungseinrichtungen in Schlafräumen dürfen nicht höher sein, als nach dem Stand der Schallschutztechnik im Hochbau unvermeidbar; maßgeblich ist der Zeitpunkt des Einbaus. [5]Die Lüftungsleistung schallgedämmter Lüftungsgeräte für die dezentrale Belüftung oder sonstiger erforderlicher Belüftungseinrichtungen in Schlafräumen ist unter Beachtung des Standes der Schallschutztechnik im Hochbau zu bemessen.

§ 4 Einhaltung der Anforderungen

(1) Die Anforderungen nach § 3 gelten vorbehaltlich des § 3 Absatz 5 Satz 2 bis 4 für Aufenthaltsräume in Wohngebäuden als eingehalten, wenn die in Tabelle 10 der DIN 4109, Ausgabe November 1989, angegebenen Anforderungen an die Bauschalldämm-Maße für die Wand und für das Fenster unter Beachtung der in dieser Tabelle genannten Raumhöhen, Raumtiefen und Fensterflächenanteile jeweils einzeln eingehalten werden.

(2) [1]Die bewerteten Bauschalldämm-Maße der einzelnen Umfassungsbauteile werden nach den Ausführungsbeispielen in dem Beiblatt 1 zur DIN 4109, Ausgabe November 1989, bestimmt. [2]Entsprechen die Umfassungsbauteile nicht den Ausführungsbeispielen, ist für die Bestimmung der Bauschalldämm-Maße auf die Erkenntnisse nach dem Stand der Schallschutztechnik zurückzugreifen.

§ 5 Erstattung von Aufwendungen für bauliche Schallschutzmaßnahmen

(1) [1]Bauliche Schallschutzmaßnahmen einschließlich Belüftungseinrichtungen, für die nach § 9 Absatz 1 bis 4 des Gesetzes zum Schutz gegen Fluglärm ein Anspruch auf Erstattung von Aufwendungen besteht, sind bauliche Verbesserungen des Schallschutzes von Umfassungsbauteilen von Aufenthaltsräumen, die die Einwirkung durch Fluglärm mindern. [2]Der Anspruch auf Erstattung von Aufwendungen für bauliche Schallschutzmaßnahmen umfasst als Nebenleistungen die Ermittlung der erforderlichen Bauschalldämm-Maße der einzelnen Umfassungsbauteile und die für den Ausbau und den Einbau erforderlichen Arbeiten einschließlich der Putz- und Anstricharbeiten.

(2) [1]Bei baulichen Anlagen nach § 1 Satz 2 werden Aufwendungen für bauliche Schallschutzmaßnahmen insoweit erstattet, wie sich diese bei Bauschalldämm-Maßen ergeben, die um 3 Dezibel unter den Bauschalldämm-Maßen für die Errichtung baulicher Anlagen nach § 3 liegen. [2]Ein Erstattungsanspruch für Maßnahmen des baulichen Schallschutzes besteht nur, wenn die baulichen Anlagen den sich aus Satz 1 ergebenden Bauschalldämm-Maßen nicht bereits entsprechen.

(3) Bei baulichen Anlagen nach § 1 Satz 2, die vor dem 15. September 2009 schon bei ihrer Errichtung den Schallschutzanforderungen genügen mussten oder für die vor dem 15. September 2009 bereits im Rahmen freiwilliger Schallschutzprogramme oder in sonstiger Weise Aufwendungen für bauliche Schallschutzmaßnahmen erstattet worden sind oder ein Anspruch auf die Erstattung solcher Aufwendungen bestand, werden Aufwendungen für weitere bauliche Schallschutzmaßnahmen nach Maßgabe des Absatzes 2 erstattet, wenn die Bauschalldämm-Maße der früheren Schallschutzmaßnahmen um mehr als 8 Dezibel unter den Bauschalldämm-Maßen für die Errichtung baulicher Anlagen nach § 3 liegen.

(4) [1]Der Höchstbetrag für die Erstattung von Aufwendungen für bauliche Schallschutzmaßnahmen beträgt 150 Euro je Quadratmeter Wohnfläche. [2]In dem Höchstbetrag sind die Kosten für die erstattungsfähigen Nebenleistungen nach Absatz 1 Satz 2 und für Belüftungseinrichtungen enthalten.

(5) [1]Für die Berechnung der Wohnflächen nach Absatz 4 gelten die Vorschriften der Wohnflächenverordnung vom 25. November 2003 (BGBl. I S. 2346) entsprechend. [2]Beheizbare und unbeheizbare Wintergärten, Schwimmbäder und ähnliche nach allen Seiten geschlossene Räume sowie Balkone, Loggien, Dachgärten und Terrassen werden nicht angerechnet.

(6) Im Falle der Erstattung von Aufwendungen für bauliche Schallschutzmaßnahmen ist die tatsächliche oder zu erwartende Raumnutzung zum Zeitpunkt der Entscheidung über den Erstattungsantrag maßgeblich.

§ 6 Zugänglichkeit der Normblätter

DIN-Normen, auf die in dieser Verordnung verwiesen wird, sind bei der Beuth Verlag GmbH, Berlin, zu beziehen und beim Deutschen Patent- und Markenamt in München archivmäßig gesichert niedergelegt.

§ 7 (Inkrafttreten, Außerkrafttreten)

**Dritte Verordnung
zur Durchführung des Gesetzes zum Schutz gegen Fluglärm
(Fluglärm-Außenwohnbereichsentschädigungs-Verordnung –
3. FlugLSV)**

Vom 20. August 2013 (BGBl. I S. 3292)
(FNA 2129-4-5-3)

§ 1 Anwendungsbereich

(1) [1]Diese Verordnung gilt für Grundstücke, auf denen bei Festsetzung des Lärmschutzbereichs für einen neuen oder wesentlich baulich erweiterten Flugplatz im Sinne des § 2 Absatz 2 Satz 2 Nummer 1 und 3 des Gesetzes zum Schutz gegen Fluglärm Wohnungen oder schutzbedürftige Einrichtungen nach § 5 Absatz 1 Satz 1 und 2 des genannten Gesetzes zulässigerweise errichtet sind oder zulässigerweise gemäß § 5 Absatz 4 des genannten Gesetzes errichtet werden dürfen und die in der Tag-Schutzzone 1 des Flugplatzes gelegen sind. [2]Für diese Grundstücke enthält sie nähere Bestimmungen über die Entschädigung für Beeinträchtigungen des Außenwohnbereichs nach § 9 Absatz 5 des genannten Gesetzes.

(2) Entschädigungsansprüche nach anderen öffentlich-rechtlichen Vorschriften bleiben unberührt.

§ 2 Entschädigungsgrundsätze

Die Entschädigung für fluglärmbedingte Beeinträchtigungen des Außenwohnbereichs bestimmt sich nach der Schutzwürdigkeit des Außenwohnbereichs und nach der Wertminderung durch die Fluglärmbelastung unter Berücksichtigung der Intensität der Fluglärmbelastung, der Vorbelastung und der Art der baulichen Nutzung der betroffenen Flächen.

§ 3 Außenwohnbereich

(1) Zum Außenwohnbereich einer Wohnung auf einem Grundstück im Sinne des § 1 gehören Balkone, Dachgärten und Loggien, die mit der baulichen Anlage verbunden sind, Terrassen, Grillplätze und Gärten sowie ähnliche Außenanlagen, die der Wohnnutzung im Freien dienen.

(2) Nicht zum Außenwohnbereich gehören Balkone und Vorgärten, die aufgrund ihrer Größe oder Beschaffenheit nicht für den regelmäßigen Aufenthalt geeignet sind, sowie reine Nutzgärten und sonstige Flächen, die anderen Zwecken als der Wohnnutzung im Freien dienen oder deren Nutzung für das Wohnen im Freien nicht zulässig ist.

(3) Befinden sich auf dem Grundstück mehrere Wohnungen, weist die einzelne Wohnung einen Außenwohnbereich auch dann auf, wenn nur eine gemeinschaftliche Nutzung des Außenwohnbereichs gegeben ist.

(4) Als Außenwohnbereich einer schutzbedürftigen Einrichtung auf einem Grundstück im Sinne des § 1 gilt der Außenbereich, der einer der Wohnnutzung im Freien vergleichbaren Nutzung dient.

§ 4 Fluglärmbelastung von Grundstücken

(1) [1]Die Intensität der Fluglärmbelastung im Sinne dieser Verordnung bestimmt sich nach der Lage des betroffenen Grundstücks in der Tag-Schutz-

zone 1. ²Innerhalb der Tag-Schutzzone 1 werden zwei Isophonen-Bänder festgelegt.

(2) ¹Das Isophonen-Band 1 umfasst

1. bei zivilen Flugplätzen im Sinne des § 2 Absatz 2 Satz 2 Nummer 1 des Gesetzes zum Schutz gegen Fluglärm den Bereich der Tag-Schutzzone 1, in dem der fluglärmbedingte äquivalente Dauerschallpegel für den Tag ($L_{Aeq\ Tag}$) den Wert von 65 Dezibel (A) überschreitet,

2. bei militärischen Flugplätzen im Sinne des § 2 Absatz 2 Satz 2 Nummer 3 des genannten Gesetzes den Bereich der Tag-Schutzzone 1, in dem der fluglärmbedingte äquivalente Dauerschallpegel für den Tag ($L_{Aeq\ Tag}$) einen Wert von 68 Dezibel (A) überschreitet.

²Das Isophonen-Band 2 umfasst jeweils den restlichen Bereich der Tag-Schutzzone 1.

(3) ¹Die Isophonen-Bänder 1 und 2 werden nach § 4 der Verordnung über die Datenerfassung und das Berechnungsverfahren für die Festsetzung von Lärmschutzbereichen ermittelt und in Listen und Karten gemäß § 4 Absatz 4 der genannten Verordnung dargestellt. ²Grundstücke, die in zwei Isophonen-Bändern liegen, werden dem Isophonen-Band 1 zugeordnet.

§ 5 Entschädigungspauschalen bei Wohnungen

(1) Bei einem Einfamilienhaus mit Außenwohnbereich beträgt die Höhe der Entschädigung pauschal:

1. für ein im Isophonen-Band 1
    gelegenes Grundstück: 5 000 Euro,
2. für ein im Isophonen-Band 2
    gelegenes Grundstück: 3 700 Euro.

(2) Bei einem Zweifamilienhaus mit Außenwohnbereich beträgt die Höhe der Entschädigung pauschal:

1. für ein im Isophonen-Band 1
    gelegenes Grundstück: 6 000 Euro,
2. für ein im Isophonen-Band 2
    gelegenes Grundstück: 4 440 Euro.

(3) Bei einem Mehrfamilienhaus mit Außenwohnbereich erhöht sich die Entschädigung pauschal gegenüber Absatz 2 mit jeder weiteren abgeschlossenen Wohnung

1. für ein im Isophonen-Band 1
    gelegenes Grundstück um: 2 000 Euro,
2. für ein im Isophonen-Band 2
    gelegenes Grundstück um: 1 480 Euro.

(4) Bei einer Eigentumswohnung mit Außenwohnbereich beträgt die Höhe der Entschädigung pauschal:

1. für ein im Isophonen-Band 1
gelegenes Grundstück: 3 000 Euro,
2. für ein im Isophonen-Band 2
gelegenes Grundstück: 2 220 Euro.

§ 6 Erhöhte Entschädigung aufgrund des Verkehrswertes

(1) [1]Abweichend von § 5 beträgt die Höhe der Entschädigung bei einem Einfamilienhaus, einem Zweifamilienhaus oder einem Mehrfamilienhaus 2,00 Prozent des Verkehrswertes eines im Isophonen-Band 1 gelegenen Grundstücks und 1,48 Prozent des Verkehrswertes eines im Isophonen-Band 2 gelegenen Grundstücks, sofern der Anspruchsberechtigte nachweist, dass die hiernach ermittelte Entschädigung die Entschädigung nach § 5 übersteigt. [2]Bei einer Eigentumswohnung gilt Satz 1 mit der Maßgabe, dass der Verkehrswert der Eigentumswohnung einschließlich des Wertes des Miteigentumsanteils an dem Grundstück und an dem sonstigen gemeinschaftlichen Eigentum zugrunde zu legen ist.

(2) [1]Maßgeblich für die Ermittlung des Verkehrswertes ist der Tag der öffentlichen Bekanntmachung des Plans für den neuen oder wesentlich baulich erweiterten Flugplatz im Sinne von § 1 Absatz 1. [2]Bei landwirtschaftlich, gewerblich oder gemischt genutzten Grundstücken ist nur der Anteil des Verkehrswertes zu berücksichtigen, der auf die Wohnnutzung entfällt. [3]Satz 2 gilt entsprechend für Eigentumswohnungen.

(3) [1]Der Verkehrswert kann nachgewiesen werden durch ein Gutachten des Gutachterausschusses für Grundstückswerte. [2]Sofern der Gutachterausschuss gehindert ist, ein Verkehrswertgutachten zu erstatten, kann eine andere Stelle mit der Erstattung betraut werden. [3]Die erforderlichen Kosten für den Nachweis des Verkehrswertes trägt der Flugplatzhalter, sofern sich aufgrund des Nachweises eine höhere Entschädigung als nach § 5 ergibt.

§ 7 Berücksichtigung der Art der baulichen Nutzung sowie der Vorbelastung

[1]Die Entschädigung nach den §§ 5 und 6 wird um die Hälfte gemindert, sofern Grundstücke

1. in Industriegebieten im Sinne des § 9 der Baunutzungsverordnung oder in folgenden Sondergebieten im Sinne des § 11 Absatz 2 der Baunutzungsverordnung
   a) Ladengebiete,
   b) Gebiete für Einkaufszentren und großflächige Handelsbetriebe,
   c) Gebiete für Messen, Ausstellungen und Kongresse,
   d) Hafengebiete
   gelegen sind und der fluglärmbedingte äquivalente Dauerschallpegel für den Tag ($L_{Aeq\ Tag}$) den Wert von 70 Dezibel (A) nicht erreicht,
2. in Gewerbegebieten im Sinne des § 8 der Baunutzungsverordnung gelegen sind und der fluglärmbedingte äquivalente Dauerschallpegel für den Tag ($L_{Aeq\ Tag}$) den Wert von 65 Dezibel (A) nicht erreicht.

²Die Art der in Satz 1 bezeichneten Gebiete ergibt sich aus den Festlegungen in den Bebauungsplänen. ³Gebiete, für die keine Festsetzungen bestehen, sind entsprechend ihrer Schutzbedürftigkeit zu beurteilen.

§ 8 Entschädigung in besonderen Fällen

(1) Bei Wohnungen kann abweichend von den §§ 5 bis 7 eine höhere oder niedrigere Entschädigung festgesetzt werden, wenn aufgrund besonderer Umstände des Einzelfalls eine deutlich abweichende Höhe der Entschädigung angemessen ist.

(2) Bereits früher für fluglärmbedingte Beeinträchtigungen des Außenwohnbereichs geleistete Entschädigungen sind auf die Entschädigung nach dieser Verordnung in voller Höhe anzurechnen.

(3) Eine Außenwohnbereichsentschädigung ist nicht zu leisten, sofern Wohnungen auf einem Grundstück zum Abbruch bestimmt sind oder dieser bauordnungsrechtlich angeordnet wird.

§ 9 Entschädigung bei schutzbedürftigen Einrichtungen

(1) Bei einer schutzbedürftigen Einrichtung mit Außenwohnbereich beläuft sich die Höhe der Entschädigung pauschal für im Isophonen-Band 1 oder 2 gelegene Grundstücke auf den in § 5 Absatz 1 Nummer 1 oder Nummer 2 jeweils genannten Betrag.

(2) Bei einer schutzbedürftigen Einrichtung mit Wohnnutzung erhöht sich die Entschädigung pauschal gegenüber Absatz 1

1. mit jeder abgeschlossenen Wohnung um den in § 5 Absatz 3 Nummer 1 oder Nummer 2 genannten Betrag,

2. mit jedem Einzel-, Doppel- oder Mehrbettzimmer um die Hälfte des in § 5 Absatz 3 Nummer 1 oder Nummer 2 genannten Betrages.

(3) Bei einer schutzbedürftigen Einrichtung ohne Wohnnutzung erhöht sich die Entschädigung pauschal gegenüber Absatz 1 mit jedem dauerhaft genutzten Gruppen- oder Gemeinschaftsraum um den in § 5 Absatz 3 Nummer 1 oder Nummer 2 genannten Betrag.

(4) Im Übrigen gelten für schutzbedürftige Einrichtungen mit Außenwohnbereich die §§ 6 bis 8 entsprechend.

§ 10 Auszahlung

Die Außenwohnbereichsentschädigung wird als einmalige Zahlung geleistet.

§ 11 (Inkrafttreten)

Bundes-Klimaschutzgesetz (KSG)

Vom 12. Dezember 2019 (BGBl. I S. 2513)[1]
(FNA 2129-64)

Inhaltsübersicht

Abschnitt 1
Allgemeine Vorschriften
§ 1   Zweck des Gesetzes
§ 2   Begriffsbestimmungen
Abschnitt 2
Klimaschutzziele und Jahresemissionsmengen
§ 3   Nationale Klimaschutzziele
§ 4   Zulässige Jahresemissionsmengen, Verordnungsermächtigung
§ 5   Emissionsdaten, Verordnungsermächtigung
§ 6   Bußgeldvorschriften
§ 7   Durchführungsvorschriften zur Europäischen Klimaschutzverordnung
§ 8   Sofortprogramm bei Überschreitung der Jahresemissionsmengen
Abschnitt 3
Klimaschutzplanung
§ 9   Klimaschutzprogramme
§ 10   Berichterstattung
Abschnitt 4
Expertenrat für Klimafragen
§ 11   Unabhängiger Expertenrat für Klimafragen, Verordnungsermächtigung
§ 12   Aufgaben des Expertenrats für Klimafragen
Abschnitt 5
Vorbildfunktion der öffentlichen Hand
§ 13   Berücksichtigungsgebot
§ 14   Bund-Länder-Zusammenarbeit
§ 15   Klimaneutrale Bundesverwaltung
Anlage 1 (zu den §§ 4 und 5)
         Sektoren
Anlage 2 (zu § 4)
         Zulässige Jahresemissionsmengen

---

1) Vgl. Einführung Nr. 13.

Abschnitt 1
Allgemeine Vorschriften

§ 1 Zweck des Gesetzes

[1]Zweck dieses Gesetzes ist es, zum Schutz vor den Auswirkungen des weltweiten Klimawandels die Erfüllung der nationalen Klimaschutzziele sowie die Einhaltung der europäischen Zielvorgaben zu gewährleisten. [2]Die ökologischen, sozialen und ökonomischen Folgen werden berücksichtigt. [3]Grundlage bildet die Verpflichtung nach dem Übereinkommen von Paris aufgrund der Klimarahmenkonvention der Vereinten Nationen, wonach der Anstieg der globalen Durchschnittstemperatur auf deutlich unter 2 Grad Celsius und möglichst auf 1,5 Grad Celsius gegenüber dem vorindustriellen Niveau zu begrenzen ist, um die Auswirkungen des weltweiten Klimawandels so gering wie möglich zu halten, sowie das Bekenntnis der Bundesrepublik Deutschland auf dem Klimagipfel der Vereinten Nationen am 23. September 2019 in New York, Treibhausgasneutralität bis 2050 als langfristiges Ziel zu verfolgen.

§ 2 Begriffsbestimmungen

Im Sinne dieses Gesetz[2] ist oder sind:

1. Treibhausgase: Kohlendioxid (CO_2), Methan (CH_4), Distickstoffoxid (N_2O), Schwefelhexafluorid (SF_6), Stickstofftrifluorid (NF_3) sowie teilfluorierte Kohlenwasserstoffe (HFKW) und perfluorierte Kohlenwasserstoffe (PFKW) gemäß Anhang V Teil 2 der Europäischen Governance-Verordnung in der jeweils geltenden Fassung;

2. Treibhausgasemissionen: die anthropogene Freisetzung von Treibhausgasen in Tonnen Kohlendioxidäquivalent, wobei eine Tonne Kohlendioxidäquivalent eine Tonne Kohlendioxid oder die Menge eines anderen Treibhausgases ist, die in ihrem Potenzial zur Erwärmung der Atmosphäre einer Tonne Kohlendioxid entspricht; das Potenzial richtet sich nach der Delegierten Verordnung (EU) Nr. 666/2014 der Kommission vom 12. März 2014 über die grundlegenden Anforderungen an ein Inventarsystem der Union und zur Berücksichtigung von Veränderungen der Treibhauspotenziale und der international vereinbarten Inventarleitlinien gemäß der Verordnung (EU) Nr. 525/2013 des Europäischen Parlaments und des Rates (ABl. L 179 vom 19. 6. 2014, S. 26) oder nach einer aufgrund von Artikel 26 Absatz 6 Buchstabe b der Europäischen Governance-Verordnung erlassenen Nachfolgeregelung;

3. Europäische Governance-Verordnung: die Verordnung (EU) 2018/1999 des Europäischen Parlaments und des Rates vom 11. Dezember 2018 über das Governance-System für die Energieunion und für den Klimaschutz, zur Änderung der Verordnungen (EG) Nr. 663/2009 und (EG) Nr. 715/2009 des Europäischen Parlaments und des Rates, der Richtlinien 94/22/EG, 98/70/EG, 2009/31/EG,

---

2) Richtig wohl: »Gesetzes«.

2009/73/EG, 2010/31/EU, 2012/27/EU und 2013/30/EU des Europäischen Parlaments und des Rates, der Richtlinien 2009/119/EG und (EU) 2015/652 des Rates und zur Aufhebung der Verordnung (EU) Nr. 525/2013 des Europäischen Parlaments und des Rates (ABl. L 328 vom 21. 12. 2018, S. 1), die durch den Beschluss (EU) 2019/504 (ABl. L 85 I vom 27. 3. 2019, S. 66) geändert worden ist;

4. Europäische Klimaschutzverordnung: die Verordnung (EU) 2018/842 des Europäischen Parlaments und des Rates vom 30. Mai 2018 zur Festlegung verbindlicher nationaler Jahresziele für die Reduzierung der Treibhausgasemissionen im Zeitraum 2021 bis 2030 als Beitrag zu Klimaschutzmaßnahmen zwecks Erfüllung der Verpflichtungen aus dem Übereinkommen von Paris sowie zur Änderung der Verordnung (EU) Nr. 525/2013 (ABl. L 156 vom 19. 6. 2018, S. 26);

5. Europäische Klimaberichterstattungsverordnung: die Durchführungsverordnung (EU) Nr. 749/2014 der Kommission vom 30. Juni 2014 über die Struktur, das Format, die Verfahren der Vorlage und die Überprüfung der von den Mitgliedstaaten gemäß der Verordnung (EU) Nr. 525/2013 des Europäischen Parlaments und des Rates gemeldeten Informationen (ABl. L 203 vom 11. 7. 2014, S. 23);

6. Übereinkommen von Paris: das von den Vertragsstaaten der Klimarahmenkonvention der Vereinten Nationen unterzeichnete und mit Gesetz vom 28. September 2016 ratifizierte Übereinkommen von Paris vom 12. Dezember 2015 (BGBl. 2016 II S. 1082, 1083);

7. Klimaschutzplan: die deutsche Langfriststrategie nach dem Übereinkommen von Paris und nach Artikel 15 der Europäischen Governance-Verordnung;

8. Landnutzung, Landnutzungsänderung und Forstwirtschaft: der in Anlage 1 Nummer 7 definierte Sektor Landnutzung, Landnutzungsänderung und Forstwirtschaft; für diesen Sektor sind § 3 Absatz 1 und die §§ 4, 7 und 8 nicht anzuwenden.

9. Netto-Treibhausgasneutralität: das Gleichgewicht zwischen den anthropogenen Emissionen von Treibhausgasen aus Quellen und dem Abbau solcher Gase durch Senken.

Abschnitt 2
Klimaschutzziele und Jahresemissionsmengen

§ 3 Nationale Klimaschutzziele

(1) [1]Die Treibhausgasemissionen werden im Vergleich zum Jahr 1990 schrittweise gemindert. [2]Bis zum Zieljahr 2030 gilt eine Minderungsquote von mindestens 55 Prozent.

(2) Die Möglichkeit, die nationalen Klimaschutzziele teilweise im Rahmen von staatenübergreifenden Mechanismen zur Minderung von Treibhausgasemissionen zu erreichen, bleibt unberührt.

(3) [1]Sollten zur Erfüllung europäischer oder internationaler Klimaschutzziele höhere nationale Klimaschutzziele erforderlich werden, so leitet die Bundesregierung die zur Erhöhung der Zielwerte nach Absatz 1 notwen-

digen Schritte ein. [2]Klimaschutzziele können erhöht, aber nicht abgesenkt werden.

§ 4 Zulässige Jahresemissionsmengen, Verordnungsermächtigung

(1) [1]Zur Erreichung der nationalen Klimaschutzziele nach § 3 Absatz 1 werden jährliche Minderungsziele durch die Vorgabe von Jahresemissionsmengen für die folgenden Sektoren festgelegt:

1. Energiewirtschaft,
2. Industrie,
3. Verkehr,
4. Gebäude,
5. Landwirtschaft,
6. Abfallwirtschaft und Sonstiges.

[2]Die Emissionsquellen der einzelnen Sektoren und deren Abgrenzung ergeben sich aus Anlage 1. [3]Die Jahresemissionsmengen für den Zeitraum bis zum Jahr 2030 richten sich nach Anlage 2. [4]Im Sektor Energiewirtschaft sinken die Treibhausgasemissionen zwischen den angegebenen Jahresemissionsmengen möglichst stetig. [5]Für Zeiträume ab dem Jahr 2031 werden die jährlichen Minderungsziele durch Rechtsverordnung gemäß Absatz 6 fortgeschrieben. [6]Die Jahresemissionsmengen sind verbindlich, soweit dieses Gesetz auf sie Bezug nimmt. [7]Subjektive Rechte und klagbare Rechtspositionen werden durch dieses Gesetz oder aufgrund dieses Gesetzes nicht begründet.

(2) Die Bundesregierung wird ermächtigt, durch Rechtsverordnung, die nicht der Zustimmung des Bundesrates bedarf, die Zuordnung von Emissionsquellen zu den Sektoren in Anlage 1 zu ändern, sofern dies zur Sicherstellung der einheitlichen internationalen Berichterstattung über Treibhausgasemissionen erforderlich ist und unionsrechtliche Vorgaben nicht entgegenstehen.

(3) [1]Über- oder unterschreiten die Treibhausgasemissionen ab dem Jahr 2021 in einem Sektor die jeweils zulässige Jahresemissionsmenge, so wird die Differenzmenge auf die verbleibenden Jahresemissionsmengen des Sektors bis zum nächsten in § 3 Absatz 1 genannten Zieljahr gleichmäßig angerechnet. [2]Die Vorgaben der Europäischen Klimaschutzverordnung bleiben unberührt.

(4) [1]Für die Einhaltung der Jahresemissionsmengen ist das aufgrund seines Geschäftsbereichs für einen Sektor überwiegend zuständige Bundesministerium verantwortlich. [2]Es hat die Aufgabe, die für die Einhaltung erforderlichen nationalen Maßnahmen zu veranlassen, insbesondere die Maßnahmen nach den §§ 8 und 9 vorzulegen und umzusetzen. [3]Die Zuständigkeitsverteilung innerhalb der Bundesregierung bleibt unberührt. [4]Die Bundesregierung kann bei Überschneidungen zwischen den Zuständigkeiten einzelner Bundesministerien nach Satz 1, insbesondere in Ansehung der Klimaschutzprogramme nach § 9, die Verantwortlichkeit nach Satz 1 zuweisen.

(5) [1]Die Bundesregierung wird ermächtigt, durch Rechtsverordnung ohne Zustimmung des Bundesrates die Jahresemissionsmengen der Sektoren in

Anlage 2 mit Wirkung zum Beginn des jeweils nächsten Kalenderjahres zu ändern. [2]Diese Veränderungen müssen im Einklang mit der Erreichung der Klimaschutzziele dieses Gesetzes und mit den unionsrechtlichen Anforderungen stehen. [3]Die Rechtsverordnung bedarf der Zustimmung des Deutschen Bundestages. [4]Hat sich der Deutsche Bundestag nach Ablauf von drei Sitzungswochen seit Eingang der Rechtsverordnung nicht mit ihr befasst, gilt seine Zustimmung zu der unveränderten Rechtsverordnung als erteilt.

(6) [1]Im Jahr 2025 legt die Bundesregierung für weitere Zeiträume nach dem Jahr 2030 jährlich absinkende Emissionsmengen durch Rechtsverordnung fest. [2]Diese müssen im Einklang mit der Erreichung der Klimaschutzziele dieses Gesetzes und mit den unionsrechtlichen Anforderungen stehen. [3]Wenn jährlich absinkende Emissionsmengen für Zeiträume nach dem Jahr 2030 festgelegt werden, bedarf die Rechtsverordnung der Zustimmung des Deutschen Bundestages. [4]Hat sich der Deutsche Bundestag nach Ablauf von sechs Sitzungswochen seit Eingang der Rechtsverordnung nicht mit ihr befasst, gilt seine Zustimmung zu der unveränderten Rechtsverordnung als erteilt.

§ 5 Emissionsdaten, Verordnungsermächtigung

(1) [1]Das Umweltbundesamt erstellt die Daten der Treibhausgasemissionen in den Sektoren nach Anlage 1 (Emissionsdaten) für das zurückliegende Kalenderjahr (Berichtsjahr), beginnend mit dem Berichtsjahr 2020 auf der Grundlage der methodischen Vorgaben der Europäischen Klimaberichterstattungsverordnung oder auf der Grundlage einer nach Artikel 26 der Europäischen Governance-Verordnung erlassenen Nachfolgeregelung. [2]Das Umweltbundesamt veröffentlicht und übersendet bis zum 15. März eines jeden Jahres die Emissionsdaten des Berichtsjahres an den Expertenrat für Klimafragen nach § 10.

(2) Ab dem Berichtsjahr 2021 wird zusätzlich zu den Emissionsdaten Folgendes dargestellt:

1. für das jeweilige Berichtsjahr die Angabe für jeden Sektor, ob die Emissionsdaten die Jahresemissionsmengen nach Anlage 2 über- oder unterschreiten,
2. die Jahresemissionsmengen der einzelnen Sektoren für die auf das Berichtsjahr folgenden Jahre gemäß § 4 Absatz 3,
3. für den Sektor Landnutzung, Landnutzungsänderung und Forstwirtschaft auch Quellen und Senken von Treibhausgasen,
4. ein Anhang, in dem die an die Europäische Kommission übermittelten Emissionsdaten der Vorjahre ab dem Berichtsjahr 2020 beigefügt sind und in dem diejenigen Emissionsanteile der Sektoren separat ausgewiesen werden, die der Europäischen Klimaschutzverordnung unterliegen.

(3) [1]Das Umweltbundesamt darf die zur Erfüllung der Aufgaben nach den Absätzen 1 und 2 erforderlichen Daten erheben. [2]Die Erhebung der Daten von natürlichen und juristischen Personen des privaten und öffentlichen Rechts sowie von Personenvereinigungen ist ausgeschlossen, soweit diese

Daten bereits auf der Grundlage sonstiger Rechtsvorschriften gegenüber Behörden des Bundes oder der Länder mitgeteilt wurden oder werden. [3]Dem Umweltbundesamt wird jedoch insoweit Zugang zu diesen Daten eingeräumt, als die Erhebung der Daten zur Erfüllung der Aufgaben gemäß Absatz 1 erforderlich ist. [4]Dies gilt auch, wenn die Daten für andere Zwecke erhoben wurden.

(4) Die Bundesregierung kann durch Rechtsverordnung, die nicht der Zustimmung des Bundesrates bedarf,

1. die Verantwortlichkeit für die Ermittlung und die Mitteilung der Daten festlegen,

2. bestimmen, welche Daten ermittelt und mitgeteilt werden müssen,

3. Anforderungen an die Ermittlung und die Mitteilung der Daten festlegen sowie

4. das Verfahren für die Ermittlung und die Mitteilung der Daten regeln.

§ 6 Bußgeldvorschriften

(1) Ordnungswidrig handelt, wer vorsätzlich oder fahrlässig einer Rechtsverordnung nach § 5 Absatz 4 oder einer vollziehbaren Anordnung aufgrund einer solchen Rechtsverordnung zuwiderhandelt, soweit die Rechtsverordnung für einen bestimmten Tatbestand auf diese Bußgeldvorschrift verweist.

(2) Die Ordnungswidrigkeit kann mit einer Geldbuße bis zu fünfzigtausend Euro geahndet werden.

§ 7 Durchführungsvorschriften zur Europäischen Klimaschutzverordnung

(1) [1]Der Ankauf von Emissionszuweisungen zur Erfüllung der Pflichten nach der Europäischen Klimaschutzverordnung wird zentral durch das für die Durchführung der Europäischen Klimaschutzverordnung zuständige Bundesministerium nach Maßgabe der im Bundeshaushalt zur Verfügung stehenden Mittel durchgeführt. [2]Beim Ankauf von Emissionszuweisungen hat das Bundesministerium nach Satz 1 darauf zu achten, dass der Verkäuferstaat zusichert, die erzielten Einnahmen für die Bekämpfung des Klimawandels zu verwenden.

(2) [1]Die Bundesregierung legt dem Deutschen Bundestag und dem Bundesrat zusammen mit dem Entwurf des Bundeshaushaltsplans eine zahlenmäßige Übersicht vor, die insbesondere Folgendes enthält:

1. eine Übersicht über die Einhaltung und die Über- oder Unterschreitungen der Jahresemissionsmengen der Sektoren nach Anlage 2 im jeweils zurückliegenden Kalenderjahr und seit dem Jahr 2021,

2. eine Übersicht über die nach der Europäischen Klimaschutzverordnung zur Verfügung stehenden Emissionszuweisungen im Haushaltsjahr und

3. die Anzahl der im zurückliegenden Kalenderjahr erworbenen Emissionszuweisungen und die Anzahl der seit dem Jahr 2021 insgesamt erworbenen Emissionszuweisungen.

[2]Darüber hinaus ist eine Übersicht der aufgewendeten Haushaltsmittel für den Erwerb beizufügen.

§ 8 Sofortprogramm bei Überschreitung der Jahresemissionsmengen

(1) Weisen die Emissionsdaten nach § 5 Absatz 1 und 2 eine Überschreitung der zulässigen Jahresemissionsmenge für einen Sektor in einem Berichtsjahr aus, so legt das nach § 4 Absatz 4 zuständige Bundesministerium der Bundesregierung innerhalb von drei Monaten nach der Vorlage der Bewertung der Emissionsdaten durch den Expertenrat für Klimafragen nach § 11 Absatz 1 ein Sofortprogramm für den jeweiligen Sektor vor, das die Einhaltung der Jahresemissionsmengen des Sektors für die folgenden Jahre sicherstellt.

(2) ¹Die Bundesregierung berät über die zu ergreifenden Maßnahmen im betroffenen Sektor oder in anderen Sektoren oder über sektorübergreifende Maßnahmen und beschließt diese schnellstmöglich. ²Dabei kann sie die bestehenden Spielräume der Europäischen Klimaschutzverordnung berücksichtigen und die Jahresemissionsmengen der Sektoren gemäß § 4 Absatz 5 ändern. ³Vor Erstellung der Beschlussvorlage über die Maßnahmen sind dem Expertenrat für Klimafragen die den Maßnahmen zugrunde gelegten Annahmen zur Treibhausgasreduktion zur Prüfung zu übermitteln. ⁴Das Prüfungsergebnis wird der Beschlussvorlage beigefügt.

(3) Die Bundesregierung unterrichtet den Deutschen Bundestag über die beschlossenen Maßnahmen.

(4) Für den Sektor Energiewirtschaft sind die Absätze 1 bis 3 beginnend mit dem Berichtsjahr 2023 im Turnus von drei Jahren entsprechend anzuwenden.

Abschnitt 3
Klimaschutzplanung

§ 9 Klimaschutzprogramme

(1) ¹Die Bundesregierung beschließt mindestens nach jeder Fortschreibung des Klimaschutzplans ein Klimaschutzprogramm; darüber hinaus wird bei Zielverfehlungen eine Aktualisierung des bestehenden Klimaschutzprogramms um Maßnahmen nach § 8 Absatz 2 vorgenommen. ²In jedem Klimaschutzprogramm legt die Bundesregierung unter Berücksichtigung des jeweils aktuellen Klimaschutz-Projektionsberichts nach § 10 Absatz 2 fest, welche Maßnahmen sie zur Erreichung der nationalen Klimaschutzziele in den einzelnen Sektoren ergreifen wird. ³Maßgeblich für die Maßnahmen nach Satz 2 ist die Einhaltung der nach § 4 in Verbindung mit Anlage 2 festgelegten zulässigen Jahresemissionsmengen. ⁴Zudem legt die Bundesregierung fest, welche Maßnahmen sie zum Erhalt der Netto-Senke bei Landnutzung, Landnutzungsänderung und Forstwirtschaft ergreifen wird.

(2) ¹Das Klimaschutzprogramm wird spätestens im Kalenderjahr nach der Fortschreibung des Klimaschutzplans beschlossen. ²Die nach § 4 Absatz 4 für die Sektoren zuständigen Bundesministerien schlagen innerhalb von sechs Monaten nach Fortschreibung des Klimaschutzplans Maßnahmen vor, die geeignet sind, die in den jeweiligen Sektoren erforderlichen zusätzlichen Treibhausgasminderungen zu erzielen. ³Die Maßnahmenvorschläge enthalten neben wissenschaftlichen Abschätzungen zu den vor-

aussichtlichen Treibhausgasminderungswirkungen auch wissenschaftliche Abschätzungen zu möglichen ökonomischen, sozialen und weiteren ökologischen Folgen. [4]Diese Abschätzungen schließen soweit möglich auch Auswirkungen auf die Effizienz des Einsatzes von natürlichen Ressourcen ein. [5]Das Bundesministerium für Umwelt, Naturschutz und nukleare Sicherheit ermittelt in Abstimmung mit dem Bundesministerium für Wirtschaft und Energie die voraussichtliche Treibhausgasgesamtminderungswirkung der vorgeschlagenen Maßnahmen.

(3) Für jedes Klimaschutzprogramm bezieht die Bundesregierung in einem öffentlichen Konsultationsverfahren Länder, Kommunen, Wirtschaftsverbände und zivilgesellschaftliche Verbände sowie die Wissenschaftsplattform Klimaschutz und wissenschaftliche Begleitgremien der Bundesregierung ein.

§ 10 Berichterstattung

(1) [1]Die Bundesregierung erstellt jährlich einen Klimaschutzbericht, der die Entwicklung der Treibhausgasemissionen in den verschiedenen Sektoren, den Stand der Umsetzung der Klimaschutzprogramme nach § 9 und der Sofortprogramme nach § 8 sowie eine Prognose der zu erwartenden Treibhausgasminderungswirkungen enthält. [2]Die Bundesregierung leitet den Klimaschutzbericht für das jeweilige Vorjahr bis zum 30. Juni dem Deutschen Bundestag zu.

(2) [1]Die Bundesregierung erstellt ab dem Jahr 2021 alle zwei Jahre einen Klimaschutz-Projektionsbericht nach den Vorgaben des Artikels 18 der Europäischen Governance-Verordnung, der die Projektionen von Treibhausgasemissionen, einschließlich der Quellen und Senken des Sektors Landnutzung, Landnutzungsänderung und Forstwirtschaft, und die nationalen Politiken und Maßnahmen zu deren Minderung enthält. [2]Die Bundesregierung leitet den Klimaschutz-Projektionsbericht bis zum 31. März des jeweiligen Jahres dem Deutschen Bundestag zu.

(3) Der Klimaschutz-Projektionsbericht ist maßgeblich für die integrierten nationalen Fortschrittsberichte gemäß Artikel 17 der Europäischen Governance-Verordnung, die das Bundesministerium für Wirtschaft und Energie im Einvernehmen mit dem Bundesministerium für Umwelt, Naturschutz und nukleare Sicherheit erstellt.

Abschnitt 4
Expertenrat für Klimafragen

§ 11 Unabhängiger Expertenrat für Klimafragen, Verordnungsermächtigung

(1) [1]Es wird ein Expertenrat für Klimafragen aus fünf sachverständigen Personen verschiedener Disziplinen eingerichtet. [2]Die Bundesregierung benennt für die Dauer von fünf Jahren die Mitglieder, davon jeweils mindestens ein Mitglied mit hervorragenden wissenschaftlichen Kenntnissen und Erfahrungen aus einem der Bereiche Klimawissenschaften, Wirtschaftswissenschaften, Umweltwissenschaften sowie soziale Fragen. [3]Der Expertenrat soll als Ganzes auch übergreifende Expertise zu den Sektoren

nach § 4 Absatz 1 abbilden. [4]Die gleichberechtigte Vertretung von Frauen und Männern ist sicherzustellen. [5]Eine einmalige Wiederernennung ist möglich.

(2) [1]Der Expertenrat für Klimafragen wählt aus seiner Mitte in geheimer Wahl eine vorsitzende Person und eine Stellvertretung für die vorsitzende Person. [2]Der Expertenrat für Klimafragen gibt sich eine Geschäftsordnung.

(3) [1]Der Expertenrat für Klimafragen ist nur an den durch dieses Gesetz begründeten Auftrag gebunden und in seiner Tätigkeit unabhängig. [2]Der Bund trägt die Kosten des Expertenrats für Klimafragen nach Maßgabe des Bundeshaushaltes.

(4) [1]Der Expertenrat für Klimafragen wird bei der Durchführung seiner Arbeit von einer Geschäftsstelle unterstützt. [2]Diese wird durch die Bundesregierung eingesetzt und untersteht fachlich dem Expertenrat für Klimafragen.

(5) Die Bundesregierung wird ermächtigt, durch Rechtsverordnung ohne Zustimmung des Bundesrates Regelungen zum Sitz, zur Geschäftsstelle, zur pauschalen Entschädigung der Mitglieder, zur Reisekostenerstattung, zur Verschwiegenheit sowie zu sonstigen organisatorischen Angelegenheiten zu bestimmen.

§ 12 Aufgaben des Expertenrats für Klimafragen

(1) Der Expertenrat für Klimafragen prüft die Emissionsdaten nach § 5 Absatz 1 und 2 und legt der Bundesregierung und dem Deutschen Bundestag innerhalb von einem Monat nach Übersendung durch das Umweltbundesamt eine Bewertung der veröffentlichten Daten vor.

(2) Vor der Erstellung der Beschlussvorlage für die Bundesregierung über die Maßnahmen nach § 8 Absatz 2 prüft der Expertenrat für Klimafragen die den Maßnahmen zugrunde gelegten Annahmen zur Treibhausgasreduktion.

(3) [1]Die Bundesregierung holt zu folgenden Maßnahmen eine Stellungnahme des Expertenrats für Klimafragen im Hinblick auf die diesen zugrunde liegenden Annahmen zur Treibhausgasreduktion ein, bevor sie diese veranlasst:

1. Änderungen der Jahresemissionsmengen durch Verordnung nach § 4 Absatz 5;
2. Fortschreibung des Klimaschutzplans;
3. Beschluss von Klimaschutzprogrammen nach § 9.

[2]Darüber hinaus können der Deutsche Bundestag oder die Bundesregierung durch Beschluss den Expertenrat für Klimafragen mit der Erstellung von Sondergutachten beauftragen.

(4) [1]Alle öffentlichen Stellen des Bundes im Sinne des § 2 Absatz 1 des Bundesdatenschutzgesetzes gewähren dem Expertenrat für Klimafragen Einsicht in die zur Wahrnehmung seiner Aufgaben benötigten Daten und stellen diese zur Verfügung. [2]Die Bundesregierung stellt sicher, dass der Schutz von Betriebs- und Geschäftsgeheimnissen Dritter sowie personenbezogener Daten gewährleistet ist. [3]Der Expertenrat für Klimafragen kann

zu klimaschutzbezogenen Themen Behörden, sowie Sachverständige, insbesondere Vertreter und Vertreterinnen von Organisationen der Wirtschaft und der Umweltverbände, anhören und befragen.

Abschnitt 5
Vorbildfunktion der öffentlichen Hand

§ 13 Berücksichtigungsgebot

(1) [1]Die Träger öffentlicher Aufgaben haben bei ihren Planungen und Entscheidungen den Zweck dieses Gesetzes und die zu seiner Erfüllung festgelegten Ziele zu berücksichtigen. [2]Die Kompetenzen der Länder, Gemeinden und Gemeindeverbände, das Berücksichtigungsgebot innerhalb ihrer jeweiligen Verantwortungsbereiche auszugestalten, bleiben unberührt.

(2) [1]Der Bund prüft bei der Planung, Auswahl und Durchführung von Investitionen und bei der Beschaffung, wie damit jeweils zum Erreichen der Klimaschutzziele nach § 3 beigetragen werden kann. [2]Kommen mehrere Möglichkeiten bei der Planung, Auswahl und Durchführung von Investitionen und bei der Beschaffung in Frage, dann ist in Abwägung mit anderen relevanten Kriterien mit Bezug zum Zweck der Investition solchen der Vorzug zu geben, mit denen das Ziel der Minderung von Treibhausgasemissionen über die gesamte Nutzungsdauer des Investitionsguts oder Beschaffungsguts zu den geringsten Kosten erreicht werden kann. [3]Mehraufwendungen bei der Investition oder Beschaffung sollen nicht außer Verhältnis zu ihrem Beitrag zur Treibhausgasminderung stehen. [4]Soweit vergaberechtliche Bestimmungen anzuwenden sind, sind diese zu beachten.

(3) [1]Bei der Anwendung von Wirtschaftlichkeitskriterien sind bei vergleichenden Betrachtungen die Kosten und Einsparungen über die jeweilige gesamte Nutzungsdauer der Investition oder Beschaffung zugrunde zu legen. [2]Die zu erwartenden volkswirtschaftlichen Kosten für den Klimaschutz sind auf geeignete Weise zu berücksichtigen.

§ 14 Bund-Länder-Zusammenarbeit

(1) [1]Unbeschadet der Vereinbarkeit mit Bundesrecht können die Länder eigene Klimaschutzgesetze erlassen. [2]Die bestehenden Klimaschutzgesetze der Länder gelten unbeschadet der Vereinbarkeit mit Bundesrecht fort.

(2) Der Bund und die Länder arbeiten in geeigneter Form zusammen, um die Ziele dieses Gesetzes zu erreichen.

§ 15 Klimaneutrale Bundesverwaltung

(1) [1]Der Bund setzt sich zum Ziel, die Bundesverwaltung bis zum Jahr 2030 klimaneutral zu organisieren. [2]Zur Verwirklichung dieses Zieles verabschiedet die Bundesregierung spätestens im Jahr 2023 und im Folgenden alle fünf Jahre Maßnahmen, die von den Behörden des Bundes und von sonstigen Bundeseinrichtungen ohne eigene Rechtspersönlichkeit, wenn sie der unmittelbaren Organisationsgewalt des Bundes unterliegen, einzuhalten sind. [3]Sind zur Verwirklichung des in Satz 1 genannten Zieles gesetzliche Regelungen erforderlich, legt die Bundesregierung dem Deut-

schen Bundestag innerhalb von sechs Monaten nach dem Beschluss der Maßnahmen einen Entwurf vor.

(2) [1]Die Klimaneutralität der Bundesverwaltung soll insbesondere durch die Einsparung von Energie, durch die effiziente Bereitstellung, Umwandlung, Nutzung und Speicherung von Energie sowie durch die effiziente Nutzung erneuerbarer Energien und die Wahl möglichst klimaschonender Verkehrsmittel erreicht werden. [2]Dabei ist auf die effiziente Nutzung natürlicher Ressourcen zu achten. [3]Bei Verwaltungshandeln des Bundes im Ausland, wie etwa der Errichtung oder Sanierung von Gebäuden des Bundes, sind lokale Vorschriften und technische Standards sowie Marktverhältnisse zu berücksichtigen.

(3) Der Bund wirkt in den unter seiner Aufsicht stehenden Körperschaften, Anstalten und Stiftungen, in seinen Sondervermögen sowie in den sich ausschließlich oder zum Teil in seinem Eigentum befindenden juristischen Personen des Privatrechts darauf hin, dass auch diese ihre Verwaltungstätigkeit klimaneutral organisieren.

(4) Die Bundesregierung führt mit den Ländern einen Erfahrungsaustausch durch, um die Länder bei der Prüfung und im Falle der Erstellung von Regelungen, die mit den Regelungen nach den Absätzen 1 bis 3 vergleichbar sind, für ihren Verantwortungsbereich zu unterstützen.

Anlage 1
(zu den §§ 4 und 5)

Sektoren

Die Abgrenzung der Sektoren erfolgt entsprechend der Quellkategorien des gemeinsamen Berichtsformats (Common Reporting Format – CRF) nach der Europäischen Klimaberichterstattungsverordnung oder entsprechend einer auf der Grundlage von Artikel 26 Absatz 7 der Europäischen Governance-Verordnung erlassenen Nachfolgeregelung.

Sektoren	Beschreibung der Quellkategorien des gemeinsamen Berichtsformats (Common Reporting Formats – CRF)	Quellkategorie CRF
1. Energiewirtschaft	Verbrennung von Brennstoffen in der Energiewirtschaft;	1.A.1
	Pipelinetransport (übriger Transport);	1.A.3.e
	Flüchtige Emissionen aus Brennstoffen	1.B
2. Industrie	Verbrennung von Brennstoffen im verarbeitenden Gewerbe und in der Bauwirtschaft;	1.A.2
	Industrieprozesse und Produktverwendung;	2
	CO_2-Transport und -Lagerung	1.C

Sektoren	Beschreibung der Quellkategorien des gemeinsamen Berichtsformats (Common Reporting Formats – CRF)	Quellkategorie CRF
3. Gebäude	Verbrennung von Brennstoffen in: Handel und Behörden; Haushalten. Sonstige Tätigkeiten im Zusammenhang mit der Verbrennung von Brennstoffen (insbesondere in militärischen Einrichtungen)	1.A.4.a 1.A.4.b 1.A.5
4. Verkehr	Transport (ziviler inländischer Luftverkehr; Straßenverkehr; Schienenverkehr; inländischer Schiffsverkehr) ohne Pipelinetransport	1.A.3.a; 1.A.3.b; 1.A.3.c; 1.A.3.d
5. Landwirtschaft	Landwirtschaft; Verbrennung von Brennstoffen in Land- und Forstwirtschaft und in der Fischerei	3 1.A.4.c
6. Abfallwirtschaft und Sonstiges	Abfall und Abwasser; Sonstige	5 6
7. Landnutzung, Landnutzungsänderung und Forstwirtschaft	Wald, Acker, Grünland, Feuchtgebiete, Siedlungen; Holzprodukte; Änderungen zwischen Landnutzungskategorien	4

Anlage 2
(zu § 4)

Zulässige Jahresemissionsmengen

Jahresemissionsmenge in Mio. Tonnen CO_2-Äquivalent	2020	2021	2022	2023	2024	2025	2026	2027	2028	2029	2030
Energiewirtschaft	280		257								175
Industrie	186	182	177	172	168	163	158	154	149	145	140
Gebäude	118	113	108	103	99	94	89	84	80	75	70
Verkehr	150	145	139	134	128	123	117	112	106	101	95
Landwirtschaft	70	68	67	66	65	64	63	61	60	59	58
Abfallwirtschaft und Sonstiges	9	9	8	8	7	7	7	6	6	5	5

1181

Schlagwortverzeichnis

(Die Ziffern hinter dem Buchstaben »E« verweisen auf die entsprechende Gliederungsnummer der Einführung. Paragraphenangaben ohne nähere Erläuterung beziehen sich auf das Bundes-Immissionsschutzgesetz. Römische Ziffern hinter der Bezeichnung eines Paragraphen weisen auf den entsprechenden Absatz der Bestimmung hin.)

Abfall	17. BImSchV § 2 I
Abfallbehandlung	E 5.3, E 6.1, E 8.2, § 5, § 12 II c, § 22 I,
	4. BImSchV Anh. 1 Nr. 8
Abfallentsorgungsanlagen	§ 4 I, § 12 I, § 17 IVa
Abfallmitverbrennungsanlage	17. BImSchV § 2 III
Abfallverbrennungsanlagen	17. BImSchV § 2 IV
Abfallvermeidung und -verwertung	E 5.3, § 5 I, III , 9. DImSchV § 4c
Abgabe von Emissionsberechtigungen	TEHG § 7 I, § 30, ZuV 2020
Ableitbedingungen	1. BImSchV § 19, 13. BImSchV § 16,
	17. BImSchV § 11, 27. BImSchV § 5,
	30. BImSchV § 7, 31. BImSchV § 7,
	44. BImSchV § 19
Ableitung von Abgasen	TA Luft Nr. 5.5
Abstand	E 9.2, § 50
Abwärmenutzung	17. BImSchV § 13
Änderung genehmigungsbedürftiger Anlagen	
Anzeige	§ 15
emissionsrelevante	44. BImSchV § 5
wesentliche	§§ 16, 16a, 4. BImSchV § 2 IV, TA Luft
	Nr. 3.5.1
Änderung UVP-pflichtiger Vorhaben	UVPG § 3e
Alarmschwelle	§ 47 II, 39. BImSchV § 1
	Nr. 1, §§ 2, 3 und 9
Alarm- und Gefahrenabwehrpläne	12. BImSchV § 10 und Anhang IV
Altanlagen	13. BImSchV § 2 III
	TA Luft Nrn. 2.10 und 6
Anlagen	
Begriff –	E 4.2, § 3 V, TEHG § 3 Nr. 1
Beschaffenheit von –	E 6.22, § 32
– der Landesverteidigung	§ 59, § 60, 14. BImSchV
einheitliche –	TEHG § 24, ZuV 2020 § 29
gemeinsame –	4. BImSchV § 1 III, TEHG § 2 III
genehmigungsbedürftige –	E 5, §§ 4 ff., 4. BImSchV
nach der Industrieemissions-	
Richtlinie	§ 3 VIII, 4. BImSchV § 3,
	Anhang 1 Sp. d
nicht genehmigungsbedürftige –	E 6, §§ 22 ff.

Regieanlagen	E 5.2
– zur biologischen Abfall-	
behandlung	30. BImSchV
– zur Feuerbestattung	27. BImSchV
UVP-pflichtige –	9. BImSchV § 1 II, UVPG Anlage 1
Anlagengrundstück	§ 5 III, IV
Anordnungen	
bei nicht genehmigungsbedürftigen	
Anlagen	E 6.23, E 6.32, § 24
nachträgliche – bei genehmigungs-	
bedürftigen Anlagen	E 5.71, § 17, TA Luft Nr. 6,
	TA Lärm Nr. 5
Ansprüche, privatrechtliche	§ 14
Anzeigepflicht	E 5.1, § 15, § 23a, § 67 II, § 67a I,
	12. BImSchV § 7, 26. BImSchV § 7,
	27. BImSchV § 6, TEHG § 4 V
Arbeitsschutz	E 5.33, E 6.23, § 5, § 23b I, § 24
Atomrecht	§ 2 II, § 13
Auditierte Unternehmensstandorte	§ 58e, EMASPrivilegV
Auflage	E 5.5, § 12
Auflagenvorbehalt	§ 12 I a, III
Ausgabe von Berechtigungen	ZuV 2020
Ausgangszustand	E 5.3, § 5 IV, § 10 I a, 9. BImSchV § 4a
Auskunftspflicht	E 5.6, § 31, § 52 II
Ausnahmen	§ 40 III, 1. BImSchV § 22,
	2. BImSchV § 19,
	5. BImSchV § 6, 7. BImSchV § 6,
	10. BImSchV § 16, 12. BImSchV § 18 II,
	13. BImSchV § 26, 17. BImSchV § 24,
	20. BImSchV § 11, 21. BImSchV § 7,
	26. BImSchV § 8, 27. BImSchV § 12,
	28. BImSchV § 3, 30. BImSchV § 16
	31. BImSchV § 11, 44. BImschV § 32
Austauscharme Wetterlage	E 9.1, § 49 II
Auszeichnung von Kraft- und Brenn-	
stoffen	10. BImSchV § 13
Bauartzulassung	E 6.22, § 4 I, § 33
Baumaschinenlärm	32. BImSchV
Bauverbote	FluglärmSchG § 5
Bedingung	E 5.5, § 12, § 23b I
Befristung	E 5.5, § 12, § 23b I
Bekanntgabe von Stellen	§ 29b, 41. BImSchV
Bekanntmachung	§ 10 III und IV, 9. BImSchV
	§§ 8 und 9, 10. BImSchV § 15

Belästigungen
    Begriff   E 4.1

Beleihung   EHV 2020 § 8

Beseitigung von Anlagen   E 5.73, § 20 II, § 25a

Beste verfügbare Techniken (BVT)   E 4.3, § 3 VI a ff.

Betriebsbeauftragter für   E 3.23, E 5.6, E 9.3, § 52 II,
    Immissionsschutz   §§ 53 ff., 5. BImSchV,
                           EMASPrivilegV § 3

Betriebsbereich   § 3 V a, 12. BImSchV § 2

Betriebsgelände   E 5,31, s. Anlagengrundstück

Betriebsorganisation   § 52b

Betriebsstilllegung   E 5.31, § 5 III, IV, § 15 III, § 17 IV a,
                           ZuV 2020 § 20

Betriebsuntersagung   § 20 I

Beurteilungsgebiet   TA Luft Nr. 4.6.2.5

Beurteilungspunkt   TA Luft Nr. 2.2, 4.6.2.6

Beurteilungszeiten   TA Lärm Nr. 6.4

Bewertung   9. BImSchV § 20 I b

Biodiesel   10. BImSchV § 5

Biokraftstoffe   §§ 37a ff., § 5 10. BImSchV,
                           36. BImSchV

Biologische Abfallbehandlung   30. BImSchV

Bodenverschmutzung   § 5 IV, USchadG § 2

Brennstoffe   E 8.1, § 34, 1. BImSchV, 3.
                           BImSchV, 13. BImSchV, 44. BImSchV

BVT-Merkblatt   § 3 VI a, Anlage Nr. 13

BVT-Schlussfolgerungen   § 3 VI b, § 7 I a, § 12 I a,
                           § 31 I, § 48 I a, § 52 II a

CAK-Verwaltungsvorschrift   TALuft Fn. 65e

Chlor- und Bromverbindungen   10. BImSchV § 2

Darstellung, zusammenfassende   9. BImSchV § 20 I a

Dieselkraftstoff   10. BImSchV § 4 f.

Domino-Effekt   12. BImSchV § 15

EG-Recht, EU-Recht   E 2.3, § 7 IV, §§ 37, 39, 48a,
                           28. BImSchV § 1a

Einwendungen   § 10, § 23b II, 9. BImSchV § 12

Einwirkungsbereich   § 26, TA Lärm Nr. 2.2

Elektromagnetische Felder   26. BImSchV

Emissionen
    Begrenzung der –   TA Luft Nr. 5

Begriff	E 4.1, § 3 III, 11. BImSchV § 2 I, 13. BImSchV § 2, 17. BImSchV § 2, 27. BImSchV § 2, 30. BImSchV § 2 31. BImSchV § 2, 43. BImSchV § 1 I
Ermittlung von –	E 3.23, E 5.6, E 6.31, §§ 26 ff., § 52 II, 11. BImSchV § 5, 13. BImSchV §§ 20 ff., 17. BImSchV §§ 6 ff.
größere –	12. BImSchV § 2 Nr. 3
Emissionsbandbreiten	§ 3 VI c
Emissionsbegrenzungen	§ 12 I a, TA Luft Nr. 2.7
Emissionsberechtigungen	TEHG § 7, ZuV 2020
Emissionsbericht	§ 31, TEHG § 5, EHV 2020 §§ 3 ff.
Emissionserklärung	E 5.6, § 27, 11. BImSchV
Emissionsgrenzwerte	13. BImSchV § 2 XI und §§ 4 ff., 17. BImSchV § 2 XIII und §§ 8 ff. sowie Anhänge 1 bis 3, 27. BImSchV § 4, 28. BImSchV § 2, 30. BImSchV § 6, 31. BImSchV § 2 Nr. 10 und Anhang III
Emissionshandelsregister	TEHG § 17
Emissionshöchstmengen	39. BImSchV § 33, KSG § 4, Anlage 2
Emissionskataster	§ 46
Emissionsreduktion	43. BImSchV
Emissionswerte	§ 3 Fn. 15, § 48, 7. BImSchV § 4, TA Luft Nr. 5.2
Energienutzung	E 5.31, § 5 I, 9. BImSchV § 4d
Entschädigung	E 7.32, § 21 IV, § 42, FluglärmschutzG § 8, 3. FlugLSV
Erdgas	10. BImSchV § 8
Ereignis (Störfallrecht)	12. BImSchV § 2 Nr. 6
Ereignisse, seltene	TA Lärm Nr. 7.2
Erheblichkeit	TA Luft Nr. 4.8
Erlöschen der Genehmigung	§ 18
Ermittlung von Geräuschimmissionen	TA Lärm Anhang, FluglärmschutzG § 3
von Luftverunreinigungen	TA Luft Nr. 4.6
Erörterungstermin	§ 10, 9. BImSchV §§ 14 bis 19
Expertenrat für Klimafragen	KSG §§ 11, 12
Fachkunde des Immissionsschutz- und des Störfallbeauftragten	5. BImSchV §§ 7 ff.
Fahrzeuge	E 4.2, E 7.1, E 7.2, § 38
Feuerungsanlagen	1. BImSchV, 4. BImSchV Anhang 1 Nr. 1.1 und 1.2, 13. BImSchV § 2 XIV,

	§§ 4 ff., 17. BImSchV,
	27. BImSchV § 3, KNV-V § 1
Fluglärmschutzgesetz	E 12
Flüssiggaskraftstoff	10. BImSchV § 7
Fortgeltung von Vorschriften	§ 66
Fremdgeräusche	TA Lärm Nr. 2.4 IV und 3.2.1 V
Gasmotoranlagen	13. BImSchV § 2 XVII, § 9
Gasturbinenanlagen	13. BImSchV § 2 XV, § 8
Gebühren	§ 33 I, 29. BImSchV
Gefahren	
Begriff	E 4.1
ernste	12. BImSchV § 2 Nr. 4
unmittelbare –	USchadG § 2 Nr. 5
Gefahrenschutz,	
allgemeiner	E 3.1, E 5.2, § 1, § 4 I,
	§ 5 I Nr. 1 und 2, § 23 I,
	12. BImSchV § 3, USchadG § 5
Geltungsbereich	E 3.1, § 2
Gemengelage	TA Lärm Nr. 6.7
Genehmigung nach § 16 der	
Gewerbeordnung	§ 67 I
Genehmigungsantrag	9. BImSchV §§ 2 und 3, TEHG § 4
Genehmigungsbedürftigkeit	E 5.2, § 4, § 23b, 4. BImSchV,
	TEHG § 4 I
Genehmigungsverfahren	
bei nicht genehmigungs-	
bedürftigen Anlagen	
als Bestandteilen von	
Betriebsbereichen –	E 5.2, 6.23, § 23b, 12. BImSchV § 18
fakultatives –	§ 16 IV, § 23 I a
förmliches –	E 5.41, § 10, 4. BImSchV Anhang 1
	Spalte c, 9. BImSchV §§ 8 ff.
vereinfachtes –	E 5.42, § 19, 4. BImSchV Anhang 1
	Spalte c, 9. BImSchV § 24
Genehmigungsvoraussetzungen	E 5.3, § 6
Gerätelärmschutz	32. BImSchV
Geräuschspitzen	TA Lärm Nr. 2.8 und Nr. 6.1 II
Gesamtbelastung	TA Luft Nr. 4.7.2, 4.7.3, TA Lärm
	Nr. 2.4 III und Nr. 3.2.1 I
Gesundheitsgefahren	TA Luft Nrn. 4.2 und 4.8
Gleichstromanlagen	26. BImSchV § 3a

Grenzwerte (vgl. auch Immissionsgrenzwerte) — 26. BImSchV Anhang 1a und 1b

Großfeuerungsanlagen — 13. BImSchV

Grundpflichten — E 5.31, 6.1, § 5, § 22

Grundstück

– als Anlage — E 4.2, § 3 V

Halogenverbindungen — 2. BImSchV, 31. BImSchV

Handel mit Emissionsberechtigungen — TEHG § 7 III

Heizöl, leichtes — 10. BImSchV § 10

Hochfrequenzanlagen — 26. BImSchV § 2

Holzstaub — 7. BImSchV

Immissionen

Begriff — E 1.1, E 4.1, § 3 II, TA Luft Nr. 2.1

Ermittlung von – — E 3.23, E 5.6, E 6.31, §§ 26 ff., § 52
II, TA Luft Nr. 4.6, TA Lärm
Nr. 6.8

Immissionsgrenzwerte — § 47, 39. BImschV § 1 Nr. 15
sowie §§ 2 bis 8

Immissionskenngrößen — TA Luft Nr. 4.6

Immissionsort, maßgeblicher — TA Lärm Nr. 2.3 und Anhang A 1.3

Immissionsrichtwerte — 18. BImSchV § 2, TA Lärm Nr. 6

Immissionsschutz — E 1.1

Immissionsschutzrecht — E 1.2

Immissionswerte — § 48, TA Luft Nr. 4.2–4.5

Industrieemissions-Richtlinie — E 2.3, § 3 VI a ff.,
4. BImSchV Anhang 1 Sp. d

Information der Öffentlichkeit — § 5 IV, § 46a, § 52a V, 12. BImSchV
§ 11 und Anhang V, 17. BImSchV
§ 24 III, EMASPrivilegV § 9,
34. BImSchV § 6, 39. BImSchV §§ 30-32

Informationspflicht bei Umweltschäden — USchadG § 4

Integration — E 5.3, § 1 II, TA Luft Nr. 5.1.3

Internet — § 10 III, VIIIa, § 61,
9. BImSchV § 8 I

Inverkehrbringen

von Geräten und Maschinen — 32. BImSchV § 3

von Motoren — 28. BImSchV § 2

von Stoffen und Erzeugnissen — § 35

Kennzeichnung — E 8.2, § 32 II, § 35 III, 10. BImSchV
§ 13, 32. BImSchV § 3, 35. BImSchV § 3

Klageerhebung — § 14a

Klimaschutz — E 13, KSG

Klimaschutzplanung — KSG §§ 9, 10

Klimaschutzziele — KSG § 3

Kohlenwasserstoffemissionen	20. BImSchV, 21. BImSchV
Kommission für Anlagensicherheit	§ 51a
Kommunikation, elektronische	TEHG § 23
Kompensation	§ 7 III, § 17 III a, TA Luft
	Nr. 6.2.5
Konformitätserklärung	32. BImSchV § 4
Konzept zur Verhinderung von Störfällen	12. BImSchV § 8
Kosten	
von Messungen	§ 30, § 52 IV
von Vermeidungs- und Sanierungs-	
maßnahmen	USchadG § 9
Kraftfahrzeuge	E 7.2, § 38, 21. BImSchV, 35. BImschV
Kraftstoffgemische	20. BImSchV, 21. BImSchV
Kraftstoffqualität	10. BImSchV
Kraftstoffzusatz	10. BImSchV § 2
Kraft-Wärme-Kopplung	13. BImSchV § 12, KNV-V
Krematorien	27. BImSchV
Laboranlagen	4. BImSchV § 1 VI
Lagern	4. BImSchV Anhang Nr. 9,
	13. BImSchV § 15, 17. BImSchV § 3
	20. BImSchV, TA Luft Nr. 5.2.3.5
Lärm	TA Lärm
Lärmaktionspläne	§ 47d, FluglärmschutzG § 14
Lärmindizes	34. BImSchV § 2
Lärmkarten	§ 47c, 34. BImSchV § 4
Lärmminderungsplanung	§§ 47a bis 47f
Lärmschutz	16., 18. und 32. BImSchV, TA Lärm
Lärmschutzbereich	FluglärmschutzG § 2, § 4
Landesverteidigung	
Anlagen der –	§§ 59, 60, 14. BImSchV
Lösemittel, organische	2. BImSchV, 31. BImSchV
Luftreinhaltepläne	§ 47
Luftreinhalteprogramm	43. BImSchV §§ 4 f.
Luftverunreinigungen	
Begriff	§ 3 IV
Magnetschwebebahnen	§ 2 I, § 41
Maschinenlärmschutz	32. BImSchV
Mehrzweck- und Vielstoffanlagen	§ 6 II, § 12 II b
Meldung von Betriebsstörungen	§ 31 III ff., 12. BImSchV § 19
Messungen	
– allgemein	E 5.6, E 6.31, § 7 I, § 23 I, §§ 26 ff.,
	§ 43 I, § 45, § 48, § 52 II und III, 1.
	BImSchV §§ 12 ff., 13. BImSchV
	§§ 18 ff., 17. BImSchV §§ 14 ff.,

	31. BImSchV §§ 5 und 6, 44. BImSchV
	§§ 21-31, TA Luft Nr. 5.3, TA Lärm
	Anhang A 3
– aus besonderem Anlass	§ 26
– durch Immissionsschutz-	
beauftragten	§§ 28, 54 I
– kontinuierliche	§ 29, 13. BImSchV § 20, 17. BImSchV
	§ 16, 27. BImSchV § 7, 30. BImSchV
	§ 9, TA Luft Nr. 5.3.3
– von Luftverunreinigungen	TA Luft Nrn. 4.6.2 f., Nr. 5.3
– von Ozon	39. BImSchV §§ 17 ff.
– wiederkehrende	§ 28, 1. BImSchV § 15,
	13. BImSchV § 23 II,
	17. BImSchV § 18 III,
	EMASPrivilegV § 5
Mindestabstand	30. BImSchV § 3, TA Luft Nr. 5.4.7.1
	und Nr. 5.4.7.2
Mitverbrennungsanlagen	17. BImSchV § 2 III, § 9
Nachbarschaft	§ 43 (Fußnote)
Nachteil, Begriff	E 4.1
Niederfrequenzanlagen	26. BImSchV § 3
Notsituationen	TA Lärm Nr. 7.1
Öffentlichkeitsbeteiligung	§ 10 III, § 17 I a, § 23b II, § 47 V a,
	9. BImSchV §§ 8 ff., 43. BImSchV
	§ 8, UVPG § 9
Ordnungswidrigkeiten	E 3.23, § 62, 1. BImSchV § 24,
	2. BImSchV § 20, 7. BImSchV § 7,
	10. BImSchV § 20, 12. BImSchV § 21,
	13. BImSchV § 29, 17. BImSchV § 27,
	20. BImSchV § 13, 21. BImSchV § 9,
	25. BImSchV § 7, 26. BImSchV § 9,
	27. BImSchV § 14, 28. BImSchV § 11,
	31. BImSchV § 12, 32. BImSchV § 10,
	44. BImSchV § 35, TEHG § 32,
	ZuV 2020 § 31
Organische Verbindungen	2. BImSchV, 31. BImSchV
Ottokraftstoffe	10. BImSchV § 3, 20. BImSchV,
	21. BImSchV
Ozon	39. BImSchV §§ 9, 34
Parameter, äquivalente	§ 7 I, § 48 I
Partikel	39. BImSchV §§ 4, 5, 13, 21, 31 und 35
Plaketten	35. BImSchV Anhang 1
Planung	E 3.22, E 9.2, § 50
Präklusion	E 5.41, § 10 III 5, § 19 IV

Privilegierung	§ 58e, EMASPrivilegV
Prüfungen, sicherheitstechnische	E 5.6, § 7 I, § 29a, EMASPrivilegV § 6
Raffinierien	13. BImSchV § 10a
Rasenmäher	32. BImSchV
Rohbenzin	20. BImSchV
Rückführung in den Ausgangszustand	E 5.3, § 5 IV, § 7 I
Rücknahme der Genehmigung	E 5.72
Rundung	TA Luft Nr. 2.9
Sachverständige	
Bekanntgabe	§ 29 b, 41. BImSchV
Gutachten	9. BImSchV § 13
Sanierungspflicht	§ 5 IV, USchadG § 6
Sanktionen	TEHG §§ 29 ff.
	(siehe auch unter Ordnungswidrigkeiten
	und unter Strafbestimmungen)
Schadstofffreisetzungsgesetz	E 5.6
Schalldruckpegel	TA Lärm Nr. 2.6
Schallleistungspegel	32. BImSchV § 3
Schallschutzanforderungen	FluglärmschutzG § 7, 2. FlugLSV § 3
Schallschutz, passiver	E 7.32, § 42, 24. BImSchV,
	2. FlugLSV § 5
Schienenwege	E 7.31, § 41, 16. BImSchV
Schmierstoffe	E 8.1, § 34
Schornsteinhöhe	TA Luft Nr. 5.5.3 und 5.5.4
Schutzzone	FluglärmSchG § 2
Schwefelabscheidegrad	13. BImSchV § 2 XXII
Schwefelgehalt	10. BImSchV § 10
Schwellenwert	39. BImSchV § 1 Nrn. 16, 24, 34
	(siehe auch unter Alarmschwelle)
Sicherheitsabstand	§ 3 V c, § 16a, § 17 IV, §§ 23a ff.
Sicherheitsbericht	9. BImSchV § 4b II, 12. BImSchV § 9
	und Anhang II
Sicherheitsleistung	§ 12 I, § 17 IVa
Sicherheitsmanagementsystem	12. BImSchV Anhang III
Sicherheitspflichten	12. BImSchV § 3
Smog	E 9.1, § 49 II
Sonderfallprüfung	TA Luft Nr. 4.8, TA Lärm Nr. 3.2.2
Sportanlagen	18. BImSchV
Stand der Sicherheitstechnik	12. BImSchV § 2 Nr. 5, § 3 IV
Stand der Technik	
Begriff	E 4.3, § 3 VI, Anhang
zur Lärmminderung	TA Lärm Nr. 2.5
zur Luftreinhaltung	TA Luft Nr. 5.1.1
Stillegung von Anlagen	E 5.73, § 5 III, § 15 III, IV, § 20 II, § 25a

Störfall	12. BImSchV § 2 Nr. 7
Störfallbeauftragter	E 9.3, § 52 II, §§ 58a bis 58d,
	5. BImSchV
Stoffe	
– gefährliche	§ 3 V a, IX, 12. BImSchV § 2 Nr. 1
– karzinogene	TA Luft Nr. 5.2.7
Störfallrelevanz	§ 3 V b, § 15 II a, § 16a, § 17 IV,
	§§ 23a ff.
Strafbestimmungen	E 3.23
Straßen	E 7.31, § 41
Tankstellen	21. BImSchV § 3
Technikumsanlagen	4. BImSchV § 1 VI
Technische Normen	E 3.3, § 7 II, § 23 I, § 32 I, § 34 I,
	§ 35 II, § 43 II
TEHG	E 11.1
Teilgenehmigung	E 5.43, § 8, § 11, § 12 III,
	9. BImSchV § 22
Titandioxid-Industrie	25. BImSchV
Treibhausgase	TEHG § 3 Nr. 16
Treibhausgasemissionsberechtigungen	E 10, TEHG, ZuV 2020
Treibstoffe	E 8.1, § 34, 10. BImSchV
Typgenehmigung	28. BImSchV § 4
Überwachung	E 3.23, E 5.6, E 6.31, § 52, § 52a,
	1. BImSchV §§ 12–18, 2. BImSchV
	§ 12, 10. BImSchV § 18, 13. BImSchV
	§§ 18 ff., 17. BImSchV § 14 ff.,
	20. BImSchV § 7 ff., 21. BImSchV § 5,
	25. BImSchV § 5, 30 BImSchV §§ 8–13,
	31. BImSchV §§ 5 f., USchadG § 7
	TEHG §§ 6, 20
Überwachungserleichterungen	EMASPrivilegV
Überwachungspläne	§ 52 I b, § 52a I
Überwachungsprogramme	§ 52 I b, § 52a II
Umfüllen	20. BImSchV, TA Luft Nr. 5.2.6.6
Umgebungslärm	§§ 47a bis 47f
Umweltbegriff	9. BImSchV § 4e; UVPG § 16
Umwelteinwirkungen, schädliche	
Begriff	E 4.1, § 3 I
Konkretisierung	39. BImSchV, TA Luft, TA Lärm
Umweltverträglichkeitsprüfung	E 5.41, § 10 X, 9. BImSchV, UVPG
Umweltschaden	USchadG § 2 Nr. 1
Umweltschadensgesetz	E 10
Unterlagen	9. BImSchV §§ 4 ff.

Unternehmung
    wirtschaftliche   § 32 I (Fußnote)
Unterrichtung
    der Öffentlichkeit   §§ 5 IV, 17 I a, 23b II, 46a, 52 a V,
    2. BImSchV § 15a, 12. BImSchV
    § 11, 17. BImSchV § 23
    30. BImSchV § 15,
    31. BImSchV § 9, 39. BImSchV § 30
    über Unterlagen   9. BImSchV § 2a
Untersagung des Betriebes   E 5.73, E 6.32, § 20 I und I a, § 25
Untersuchungsgebiet   § 44 II
UVP-Pflicht   UVPG §§ 3 ff. und Anlage 1
Verbrennungsmotoren   13. BImSchV, 28. BImSchV,
    29. BImSchV
Verhältnismäßigkeit   E 5.71, § 7 I b, § 12 I b, § 17 II, II b,
    § 48 I b, TA Luft Nr. 6.2.1,
    TA Lärm Nr. 5.1
Verkehr   E 7, §§ 38 ff.
Verkehrsbeschränkungen   § 40
Verkehrsgeräusche   TA Lärm Nr. 7.4
Verkehrsverbote   § 40
Verkehrswege   E 7.3, §§ 41 ff., 16. BImSchV,
    24. BImSchV
Verlagerung   § 7 I, § 48, TA Luft Nr. 5.1.1
Versteigerung von Emissionsberechtigungen   TEHG § 8
Versuchsanlagen   4. BImSchV § 2 III
Verursacherprinzip   E 3.21
VOC-Verordnung   31. BImSchV
Vorbelastung   TA Luft Nr. 4.6.3, TA Lärm Nr. 2.4 I
Vorbescheid   E 5.43, § 9, § 10 IX, § 11,
    9. BImSchV § 23
Vorsorge   E 3.22, § 1, § 5, § 23, 26. BImSchV
    § 4, TA Luft Nr. 5, TA Lärm
    Nr. 3.3
Wärmenutzung   17. BImSchV § 13
Widerruf
    der Genehmigung   E 5.72, § 21
    der Privilegierung   EMASPrivilegV § 10
Widerrufsvorbehalt   E 5.5, § 12 II und III
Windkraftanlagen   § 67 IX, 4. BImSchV Anhang 1 Nr. 1.6

Zielanforderungen	E 6.22, E 8.1, § 32 I, § 34 I, § 35 II, § 38, 39. BImSchV
Zielwerte	§ 47 II, § 50, 39. BImSchV § 1 Nr. 37, §§ 9 und 10, Anlage 7
Zukunftstechniken	§ 3 VI e, § 7 I b, § 12 I b, § 17 II b, § 48 I b
Zulassung vorzeitigen Beginns	§ 8a
Zusammenfassende Darstellung	9. BImSchV § 20 I b, § 21 I, UVPG § 11
Zusatzbelastung	TA Luft Nr. 4.6.4, TA Lärm Nr. 2.4 II
Zusatzbelastungswerte	TA Luft Tabelle 5
Zuschläge bei der Geräuschbeurteilung	TA Lärm Nr. 6.5 und Anhang A 2.5 und A 3.3
Zuständigkeit	E 3.3, TEHG § 19
Zuteilung von Berechtigungen	TEHG § 9, ZuV 2020
Zuverlässigkeit	
– des Betreibers einer genehmigungsbedürftigen Anlage	E 5.3, E 5.73, § 20 III
– des Immissionsschutz- und Störfallbeauftragten	5. BImSchV § 10